Bockhorst/Reinwand/Zacharias (Hrsg.)
Handbuch Kulturelle Bildung

KULTURELLE BILDUNG ///30

Eine Reihe der BKJ – Bundesvereinigung Kulturelle Kinder- und Jugendbildung, Remscheid (vertreten durch Hildegard Bockhorst und Wolfgang Zacharias) **bei kopaed**

Beirat

Karl Ermert	(Bundesakademie Wolfenbüttel a.D.)
Burkhard Hill	(Hochschule München)
Birgit Jank	(Universität Potsdam)
Peter Kamp	(Vorstand BKJ/BJKE)
Birgit Mandel	(Universität Hildesheim)
Wolfgang Sting	(Universität Hamburg)
Rainer Treptow	(Universität Tübingen)

Kulturelle Bildung setzt einen besonderen Akzent auf den aktiven Umgang mit künstlerischen und ästhetischen Ausdrucksformen und Wahrnehmungsweisen: von Anfang an und lebenslang. Sie umfasst den historischen wie aktuellen Reichtum der Künste und der Medien. Kulturelle Bildung bezieht sich zudem auf je eigene Formen der sich wandelnden Kinderkultur und der Jugendästhetik, der kindlichen Spielkulturen und der digitalen Gestaltungstechniken mit ihrer Entwicklungsdynamik.

Entsprechend der Vielfalt ihrer Lernformen, Inhaltsbezüge und Ausdrucksweisen ist Kulturelle Bildung eine Querschnittsdisziplin mit eigenen Profilen und dem gemeinsamen Ziel: Kultur leben lernen. Sie ist gleichermaßen Teil von Sozial- und Jugendpolitik, von Kunst- und Kulturpolitik wie von Schul- und Hochschulpolitik bzw. deren Orte, Institutionen, Professionen und Angebotsformen.

Die Reihe „Kulturelle Bildung" will dazu beitragen, Theorie und Praxis Kultureller Bildung zu qualifizieren und zu professionalisieren: Felder, Arbeitsformen, Inhalte, Didaktik und Methodik, Geschichte und aktuelle Entwicklungen. Die Reihe bietet dazu die Bearbeitung akzentuierter Themen der ästhetisch-kulturellen Bildung, der Kulturvermittlung, der Kinder- und Jugendkulturarbeit und der Kulturpädagogik mit der Vielfalt ihrer Teildisziplinen: Kunst- und Musikpädagogik, Theater-, Tanz-, Museums- und Spielpädagogik, Literaturvermittlung und kulturelle Medienbildung, Bewegungskünste, Architektur, Stadt- und Umweltgestaltung.

Hildegard Bockhorst /
Vanessa-Isabelle Reinwand /
Wolfgang Zacharias (Hrsg.)

Handbuch Kulturelle Bildung

www.kopaed.de

Bibliografische Information Der Deutschen Nationalbibliothek
Die Deutsche Nationalbibliothek verzeichnet diese Publikation in der Deutschen Nationalbibliografie; detaillierte bibliografische Daten sind im Internet über http://dnb.ddb.de abrufbar

Das „Handbuch Kulturelle Bildung" wird aus Mitteln des Beauftragten der Bundesregierung für Kultur und Medien gefördert.

 Der Beauftragte der Bundesregierung
für Kultur und Medien

Unter Mitarbeit von Franziska Isabelle Schönfeld

Umschlagfoto: kallejipp/ photocase.com

ISBN 978-3-86736-330-3

Druck: Kessler Druck+Medien, Bobingen

© kopaed 2012
Pfälzer-Wald-Str. 64, 81539 München
Fon: 089. 688 900 98 Fax: 089. 689 19 12
E-Mail: info@kopaed.de Internet: www.kopaed.de

Inhaltsverzeichnis

Vorwort von Kulturstaatsminister Bernd Neumann (BKM) — 17
Vorwort von Gerd Taube (BKJ) — 19
Einführung der HerausgeberInnen — 21

Teil I Theoretische Grundlagen Kultureller Bildung — 25

1 Mensch und Kultur — 27

Max Fuchs/Eckart Liebau
Kapiteleinführung: Mensch und Kultur — 28

Eckart Liebau
Anthropologische Grundlagen — 29

Max Fuchs
Die kulturelle Evolution des Menschen und die Bedeutung der Symbole — 36

Karsten Lichau/Christoph Wulf
Arbeit am Sinn. Anthropologie der Sinne und Kulturelle Bildung — 41

Johannes Bilstein
Anthropologie der Künste — 47

Ursula Stenger
Spiel als anthropologische Konstante — 52

Benjamin Jörissen
Anthropologien der Medialität — 57

Max Fuchs
Kulturbegriffe, Kultur der Moderne, kultureller Wandel — 63

Leopold Klepacki/Jörg Zirfas
Die Geschichte der Ästhetischen Bildung — 68

Volker Steenblock
Zur Bedeutung der Kulturwissenschaften für die Kulturelle Bildung — 78

Petra Missomelius
Digitale Medienkulturen — 82

Andreas Mertin
Religion – Künste – Bildung — 86

Max Fuchs
Kulturelle Bildung als Menschenrecht? — 91

2 Mensch und Bildung — 95

Vanessa-Isabelle Reinwand
Kapiteleinführung: Mensch und Bildung — 96

Heiner Keupp
Subjektgenese, Enkulturation und Identität — 98

Rainer Treptow
Biografie, Lebenslauf und Lebenslage — 103

Vanessa-Isabelle Reinwand
Künstlerische Bildung – Ästhetische Bildung – Kulturelle Bildung — 108

Gundel Mattenklott
Ästhetisch-Aisthetisches Lernen — 115

Cornelie Dietrich
Ästhetische Erziehung — 121

Tom Braun/Brigitte Schorn
Ästhetisch-kulturelles Lernen und kulturpädagogische Bildungspraxis — 128

Hildegard Bockhorst
„Lernziel Lebenskunst" in der Kulturellen Bildung — 135

Siegfried J. Schmidt
Kulturelle Kompetenz als Schlüsselkompetenz — 142

Alexander Wenzlik
Schlüsselkompetenzen in der Kulturellen Bildung — 146

Jürgen Oelkers
Schule, Kultur und Pädagogik — 151

Kathrin Demmler/Ulrike Wagner
Mediensozialisation und kulturelles Lernen — 155

Gisela Ulmann
Kreativität und Kulturelle Bildung — 160

3 Mensch und Künste — 165

Wolfgang Zacharias
Kapiteleinführung: Mensch und Künste — 166

Jörg Zirfas
Die Künste und die Sinne — 168

Ursula Brandstätter
Ästhetische Erfahrung — 174

Dagmar Fenner
Ethik und Ästhetik — 181

Amrei Bahr
Funktionen der Kunst — 188

Max Fuchs
Kunstfreiheit und Kunstautonomie – Facetten einer komplexen Leitformel — 193

Doris Schuhmacher-Chilla
Körper – Leiblichkeit — 199

Wolfgang Zacharias
Medien und Ästhetik — 202

Ulf Otto
Mimesis — 208

Malte Pfeiffer
Performativität und Kulturelle Bildung — 211

Wolfgang Sting
Inszenierung — 217

Michaela Pfadenhauer
Ereignis – Erlebnis – Event — 220

4 Mensch und Gesellschaft — 227

Rainer Treptow
Kapiteleinführung: Mensch und Gesellschaft — 228

Albrecht Göschel
Gesellschaftlicher Wandel und Kulturelle Bildung — 230

Karl Ermert
Demografischer Wandel und Kulturelle Bildung in Deutschland — 237

Bianca Fischer
Kulturelle Bildung für nachhaltige Entwicklung — 241

Bernd Wagner
Von der Multikultur zur Diversity — 245

Susanne Keuchel/Ernst Wagner
Poly-, Inter- und Transkulturalität — 252

Olaf Zimmermann
Kulturelle Globalisierung — 258

Mark Schrödter
Wohlergehensfreiheit – Welche Lebenschancen brauchen junge Menschen?
Der Capabilitys-Ansatz als möglicher Orientierungsrahmen — 262

Anne Sliwka
Soziale Ungleichheit – Diversity – Inklusion — 269

Larissa von Schwanenflügel/Andreas Walther
Partizipation und Teilhabe — 274

Birgit Mandel
Kulturvermittlung, Kulturmanagement und Audience Development als Strategien
für Kulturelle Bildung — 279

Kaspar Maase
Kulturkritik und Kommerzialisierung 284

Andreas Kohlmann
Kultur- und Kreativwirtschaft 288

Hermann Glaser
Erinnerungskultur und Denkmalpflege 292

Hilmar Hoffmann/Dieter Kramer
Kultur für alle. Kulturpolitik im sozialen und demokratischen Rechtsstaat 298

Literaturverzeichnis Teil I **305**
Internetquellen **341**

Teil II Praxisfelder Kultureller Bildung 343

1 Rahmenbedingungen und Strukturen Kultureller Bildung 345

Peter Kamp
Kapiteleinführung: Rahmenbedingungen und Strukturen Kultureller Bildung 346

Hildegard Bockhorst
Überblick für die Bundesebene: Rahmenbedingungen, Zuständigkeiten und Förderschwerpunkte von Jugend-, Kultur- und Bildungspolitik 348

Klaus Schäfer
Jugendpolitik und Kulturelle Bildung 356

Kerstin Hübner
Bildungspolitik für Kulturelle Bildung 363

Wolfgang Schneider
Kulturpolitik für Kulturelle Bildung 370

Oliver Scheytt
Pflichtaufgabe, Grundversorgung, Infrastruktur: Begründungsmodelle der Kulturpolitik 376

Norbert Sievers
Kulturelle Bildung zwischen Staat, Markt und Zivilgesellschaft 382

Johanna Wanka
Querschnittsaufgabe Kulturelle Bildung am Beispiel Niedersachsen 388

Dieter Rossmeissl
Kommunale Politik für Kulturelle Bildung 391

Christine M. Merkel
Internationale Entwicklungen für Kulturelle Bildung 395

Hans Fleisch
Förderung der Kulturellen Bildung durch Stiftungen 399

Katharina Donath/Thomas Krüger
Zivilgesellschaftliche Akteure in der Kulturellen Bildung · 403

Peter Kamp
Konzeptionen und Empfehlungen Kultureller Bildung · 408

Mareike Berghaus
Von Modellen zu Strukturen – zur Bedeutung von Modellprojekten in der Kulturellen Bildung · 414

Kirsten Witt
Bundesweite Wettbewerbe und Preise Kultureller Bildung · 420

2 Handlungsfelder Kultureller Bildung · 425

Hildegard Bockhorst
Kapiteleinführung: Handlungsfelder Kultureller Bildung · 426

2.1 Bildende/Visuelle Künste und Kommunikation · 431

Kathrin Herbold/Johannes Kirschenmann
Bild- und Kunstvermittlung · 432

Georg Peez
Kunstpädagogik · 437

Andreas Brenne
Kunstunterricht in Schule und Kindergarten · 443

Leonie Baumann
Kunstvereine: Kunstvermittlung dezentral und experimentell · 448

Barbara Shatry/Ernst Wagner
Architektur und Design · 451

Katharina Matzig
Architektur und Vermittlung · 455

Friederike Holländer/Katharina Stahlhoven
Architektur in Kita und Schule · 457

2.2 Literatur/Sprache · 463

Doris Breitmoser
(Kinder- und Jugend-)Literatur und Kulturelle Bildung · 464

Jan-Pieter Barbian
Öffentliche Bibliotheken als gesellschaftliche Orte Kultureller Bildung · 468

Stephanie Jentgens
Außerschulische Literaturvermittlung · 474

Norbert Kruse
Literaturvermittlung in formalen Bildungsinstitutionen · 480

Kristin Wardetzky
Erzählkunst — 485

Marion Glück-Levi
Hören und Sprechen lernen — 488

Lino Wirag
Zeitgenössische Formen informeller Literaturvermittlung — 491

2.3 Medien — 495

Kai Hugger
Bildung im gegenwärtigen Mediatisierungsprozess — 496

Barbara Hornberger/Stefan Krankenhagen
Pop- und Medienkultur in der Kulturellen Bildung — 501

Eva Bürgermeister
Medienbildungsorte — 506

Vera Haldenwang
Medienbildung in der Schule — 511

Hans-Jürgen Palme
Medien in der Kita — 515

Jan Schmolling
Fotografie in der Kulturellen Bildung — 519

Christian Exner
(Jugend-)Film in der Kulturellen Bildung — 524

Michael Jahn
Kino und Schule am Beispiel der SchulKinoWochen — 530

Franz Josef Röll
Medienkommunikation und Web 2.0 — 534

Christoph Deeg
Digitale Spielkulturen — 537

Horst Niesyto
Medienkritik und pädagogisches Handeln — 540

2.4 Musik/Klang — 545

Christian Höppner
Musik und Kulturelle Bildung — 546

Gerald Mertens
Konzerthäuser und Orchester als Orte Kultureller Bildung — 553

Ortwin Nimczik
Musik in formalen Bildungsinstitutionen — 557

Matthias Pannes
Musizieren ist Sprache der Persönlichkeit – Ein Weg zur Musik durch die Musikschule 565

Stephan Schmitz
Musikalische Bildung in der Laienmusik 572

Susanne Binas-Preisendörfer
Selbst-Bildungen. Praktiken musikalischer und kultureller Sozialisation im Zeitalter medialer Multioptionalität 575

2.5 Tanz/Bewegung 581

Claudia Fleischle-Braun
Tanz und Kulturelle Bildung 582

Ronit Land
Tanzerfahrung und professionelle Tanzvermittlung 589

Ulla Ellermann/Barbara Flügge-Wollenberg
Tanz als Alltagskultur 593

Linda Müller
Tanz in formalen Bildungseinrichtungen 597

Marie Beyeler/Livia Patrizi
Tanz – Schule – Bildung. Überlegungen auf der Erfahrungsgrundlage eines Berliner Tanz-in-Schulen-Projekts 600

Jovana Foik
Zehn Jahre Tanzfieber. Eine Zwischenbilanz 604

Gabriele Klein
Choreografien des Alltags. Bewegung und Tanz im Kontext Kultureller Bildung 608

2.6 Theater 615

Gerd Taube
Theater und Kulturelle Bildung 616

Rolf Bolwin
Theater als Ort Kultureller Bildung 622

Gabi dan Droste
Theater von Anfang an 628

Leopold Klepacki/Dieter Linck
Schule und Theater 633

Norbert Radermacher
Kulturelle Bildung im Mehrgenerationenmodell Amateurtheater 637

Eckhard Mittelstädt
Formen und Formate Freier Darstellender Künste 641

2.7 Museum — 647

Hannelore Kunz-Ott
Museum und Kulturelle Bildung — 648

Matthias Hamann
Orte und Organisationsformen von Museen — 654

Matthias Henkel
Museen als Orte Kultureller Bildung — 659

Doris Lewalter/Annette Noschka-Roos
Museum und formale Bildungsinstitutionen — 665

Gabriele König
Kinder- und Jugendmuseen und Museen als Orte für alle Generationen — 669

2.8 Interdisziplinäre Perspektiven — 673

Peter Kamp/Julia Niersteimer
Alle Künste unter einem Dach – Jugendkunstschule als konzeptioneller Rahmen — 674

Ulrich Baer
Spiel und Bildung — 680

Gerhard Knecht
Mobile Spielanimation — 687

Andrea Winter
Spiel zwischen leiblichen und digitalen Spielräumen — 692

Helga Theunert
Die konvergente Medienwelt – Veränderter Rahmen für den Mediengebrauch — 696

Wolfgang Pruisken/Gisela Winkler
Zirkus — 700

Marion Thuswald
Urbanes Lernen – Kulturelle Bildung in städtischen öffentlichen Räumen — 703

Wolfgang Zacharias
Pluralität und Praxisvielfalt Kultureller Bildung — 708

3 Kontexte Kultureller Bildung — 715

Burkhard Hill
Kapiteleinführung: Kontexte Kultureller Bildung — 716

Viola Kelb
Kulturelle Bildung und Schule — 718

Tom Braun
Kulturelle Schulentwicklung — 722

Inhaltsverzeichnis 13

Brigitte Schorn
Kulturelle Bildung in kommunalen Gesamtkonzepten 728

Wolfgang Mack
Kulturelle Bildung in lokalen Bildungslandschaften 732

Burkhard Hill
Kulturelle Bildung in der Sozialen Arbeit 738

Benedikt Sturzenhecker
Kulturelle Bildung in der Kinder- und Jugendarbeit 743

Hans-Hermann Groppe
Kulturelle Bildung an den Volkshochschulen 747

Wiltrud Gieseke
Kulturelle Erwachsenenbildung 752

Rolf Witte
jugend.kultur.austausch: Kulturelle Bildung mit internationalen Partnern 758

Kristin Bäßler
Kulturelle Bildung in Migrantenorganisationen 762

Ina Bielenberg
Politische Bildung kreativ. Über die gelingende Verbindung von Kultureller und
Politischer Bildung 767

Reiner Bode/Bernd Hesse/Torsten Nagel
Kulturelle Bildung in den Soziokulturellen Zentren 773

Kerstin Hübner
Kulturelle Bildung im freiwilligen/bürgerschaftlichen Engagement 778

Jens Maedler
Kulturelle Bildung in Freiwilligendiensten 783

Birgit Dorner
Gedenkstätten als kulturelle Lernorte – Gedenkstättenpädagogik mit
ästhetisch-künstlerischen Mitteln 786

Birgit Mandel
Kulturelle Bildung im Tourismus 789

Eva Leipprand
Kultur, Bildung und Nachhaltige Entwicklung 793

4 Adressatengruppen Kultureller Bildung 797

Hildegard Bockhorst
Kapiteleinführung: Adressatengruppen Kultureller Bildung 798

Vanessa-Isabelle Reinwand
Kulturelle Bildung für U6 800

Rainer Treptow
Kulturelle Bildung für benachteiligte Kinder und Jugendliche 805

Tom Braun
Kulturelle Jugendbildung im Übergang von Schule, Ausbildung und Beruf — 810

Peter Cloos
Kulturelle Bildung und Eltern — 815

Christian Schmidt
Jugendkulturelle Szenen und Kulturelle Bildung — 819

Kim de Groote
Kulturelle Bildung im Alter — 822

Almuth Fricke
Kulturelle Bildung im Dialog zwischen Jung und Alt — 825

Elisabeth Braun
Kulturelle Bildung für Menschen mit Behinderung — 828

Dorothea Kolland
Kulturelle Bildung zwischen den Kulturen — 832

5 Ausbildung – Weiterbildung – Professionalisierung — 835

Karl Ermert
Kapiteleinführung: Ausbildung – Weiterbildung – Professionalisierung — 836

5.1 Professionen und Berufsfelder Kultureller Bildung — 839

Michael M. Roth
Professionalisierung im Feld der Kulturellen Bildung — 840

Wolfgang Zacharias
Kulturpädagogische Fachlichkeit und Berufsfeldentwicklung — 844

Ulrike Blumenreich
Das Studium der Kulturvermittlung an Hochschulen in Deutschland — 849

Gabriele Schulz
Arbeitsmarkt Kulturelle Bildung — 855

Karl Ermert
Weiterbildung für Handlungsfelder Kultureller Bildung — 858

5.2 Spartenspezifische Ausbildung — 863

Manfred Blohm
Ausbildung in Bildender Kunst für Kulturelle Bildung — 864

Regina Pantos
Ausbildung für Kinder- und Jugendliteratur als Gegenstand Kultureller Bildung — 867

Olaf Kutzmutz
Literatur lehren — 870

Birgit Jank
Ausbildung in Musik für Kulturelle Bildung — 875

Ulrike Hentschel
Theaterpädagogische Ausbildung — 879

Antje Klinge
Ausbildung im Tanz für Kulturelle Bildung — 882

Andreas Grünewald Steiger
Ausbildung für Vermittlung im Museum — 885

Dagmar Hoffmann
Ausbildung in Medienbildung, Medienpädagogik, Medienwissenschaft — 888

Irmgard Merkt
Ausbildung für inklusive Kulturelle Bildung — 893

6 Evaluation und Forschung in der Kulturellen Bildung — 899

Vanessa-Isabelle Reinwand
Kapiteleinführung: Evaluation und Forschung in der Kulturellen Bildung — 900

6.1 Statistik und Kulturnutzung — 903

Patrick Glogner-Pilz
Kulturstatistiken und Kulturberichte in der Kulturellen Bildung — 904

Susanne Keuchel
Empirische kulturelle Bildungsforschung – Methodik, Themen und aktueller Forschungsstand — 907

Mariana Grgic/Thomas Rauschenbach
Kulturelle Bildung im Horizont der Bildungsberichterstattung des Bundes — 912

Anke Schad/Peter Szokol
Ressourcen Kultureller Bildung in Europa — 918

6.2 Forschung und Forschungsmethoden — 923

Manfred Prenzel/Johanna Ray
Bildungsqualität, Bildungsforschung und Kulturelle Bildung — 924

Christian Rittelmeyer
Die Erforschung von Transferwirkungen künstlerischer Tätigkeiten — 928

Annette Scheunpflug
Kulturelle Bildung im Kontext biowissenschaftlicher Forschung und Reflexion — 931

Verena Buddenberg
Biografieforschung — 935

Annemarie Matzke
Künstlerische Praktiken als Wissensproduktion und künstlerische Forschung 939

Vera Hennefeld
Zum Einsatz sozialwissenschaftlicher Datenerhebungsmethoden im Rahmen der
Evaluation Kultureller Bildung 943

6.3 Qualität und Evaluation 947

Tobias Fink
Evaluationen im Feld der Kulturellen Bildung 948

Helle Becker
Evaluation in der Praxis der kulturellen Kinder- und Jugendbildung 952

Christiane Liebald
Qualitätsstandards und Qualitätssicherung in der Kulturellen Bildung 955

Brigitte Schorn/Vera Timmerberg
Kompetenznachweis Kultur 958

Eva Maria Gauß/Kati Hannken-Illjes
Vermittlung von wissenschaftlichen Erkenntnissen in künstlerischer Form 961

Literaturverzeichnis Teil II 965
Internetquellen 1015

Anhang 1025

Hildegard Bockhorst/Nina Selig
Zivilgesellschaftliche Organisationen für Kulturelle Bildung in Deutschland 1026

Autorinnen und Autoren 1047
Stichwortverzeichnis 1073

Vorwort von Kulturstaatsminister Bernd Neumann (BKM)

Mit dem „Handbuch Kulturelle Bildung" werden erstmalig das Feld der Kulturellen Bildung vermessen und neueste Erkenntnisse aus Theorie und Praxis gebündelt. 176 Themen wurden von 181 AutorInnen bearbeitet; entstanden ist so ein reicher Ideenfundus für alle Initiativen der Kulturellen Bildung – gleich ob sie öffentlich gefördert, privatwirtschaftlich betrieben oder durch bürgerschaftliches Engagement getragen werden.

Das Erscheinen des Buches verbinde ich mit dem an alle Verantwortlichen in den Ländern und Kommunen gerichteten Wunsch, auch in Zukunft trotz absehbarer Sparzwänge dafür zu kämpfen, dass die Kulturelle Bildung dauerhafte und verlässliche Unterstützung erhält. Kulturelle Bildung schafft gesellschaftlichen Reichtum – hier zu sparen, würde keine Haushalte sanieren, aber die Perspektiven unseres Gemeinwesens empfindlich schwächen.

Der Bund bekennt sich zur Mitverantwortung und wird auch in Zukunft seinen Beitrag für die Kulturelle Bildung leisten – ob durch die Förderprogramme der *Kulturstiftung des Bundes*, durch die Vergabe von Projektmitteln, durch die Unterstützung bei der Gestaltung von Angeboten der Kulturellen Bildung oder durch die Vergabe des *BKM*-Preises für Kulturelle Bildung. Jährlich kommen so über 20 Millionen Euro allein an Mitteln des *BKM* für die Kulturelle Bildung im ganzen Land zusammen. Hiermit sinnvolle Projekte zu fördern, ist keine Subvention, sondern eine Investition in unsere Zukunft.

Bernd Neumann MdB
Staatsminister bei der Bundeskanzlerin
Der Beauftragte der Bundesregierung für Kultur und Medien

Vorwort von Gerd Taube (BKJ)

Kaum eine kultur- oder bildungspolitische Debatte kommt in den letzten Jahren ohne den Verweis auf die Kulturelle Bildung aus. Seit „PISA 2001/2002" und z.B. dem Erfolg des Films „Rhythm is it" ist das Thema auch medial stark präsent. Das ist gut so, denn Kulturelle Bildung als Daseinsvorsorge steht damit im Fokus der öffentlichen Aufmerksamkeit. Und die bewegt sich zwischen den Polen vorbehaltloser Zustimmung und grundsätzlich-kritischer Skepsis. Kulturelle Bildung wird als Konzept für die selbstbestimmte Gestaltung eines gelingenden und zufriedenen Lebens geschätzt oder daraufhin kritisch befragt, ob zu viele Angebote das einzelne Kind, den einzelnen Jugendlichen gar überfordern. Und jeder hat seine eigene Vorstellung davon, was Kulturelle Bildung denn sei.

Diese Entwicklung wird verstärkt durch eine Vielzahl von Akteuren, die in den letzten Jahren Kulturelle Bildung als Diskursthema und Arbeitsfeld neu entdeckt oder wieder entdeckt haben und die ihre eigenen Vorstellungen von Kultureller Bildung öffentlich machen. Damit die Vielfalt Kultureller Bildung sich als ihre Stärke entfalten kann und dies nicht zu einer Schwäche wird, ist es notwendig ein klares Profil zu beschreiben. Solange das Ziel klar ist, sind viele Wege gangbar. Die AutorInnen des Handbuchs schildern und analysieren die pluralistischer gewordene Bildungs- und Kulturlandschaft der Kulturellen Bildung, wie sie ist, und entwickeln Visionen, wie sie werden könnte.

Die Genese des Projektes „Handbuch Kulturelle Bildung" kann als paradigmatisch für die gelungene Zusammenführung unterschiedlichster Diskursebenen und verschiedenster Akteure gelten. An dieser Stelle ist den Mitgliedern der ehrenamtlichen Redaktion und des ehrenamtlichen Beirats für ihre intensive Arbeit und die kompetente fachliche Begleitung zu danken und selbstverständlich den HerausgeberInnen. Dank gilt der *Universität Hildesheim*, wo die Arbeitsstelle für das Handbuch eingerichtet werden konnte. Das Projekt hat von der kreativen Atmosphäre dieser Hochschule und der fachlichen Kompetenz ihres akademischen Personals sehr profitiert. Nicht zuletzt ist dem *Beauftragten der Bundesregierung für Kultur und Medien* zu danken, der das Projekt mit seiner Förderung überhaupt erst möglich gemacht und damit das Interesse der Bundesregierung an der Entwicklung der Kulturellen Bildung erneut unterstrichen hat.

Ich wünsche diesem Handbuch, das schon jetzt als Standardwerk der Kulturellen Bildung gelten darf, dass es seinen Weg auch in die Kultur-, Jugend- und Schulverwaltungen der Länder und Kommunen finden möge und dass die Lektüre zur Veränderung der trotz der Vielfalt noch immer als prekär einzuschätzenden Landschaft der Kulturellen Bildung beitragen möge. Und selbstverständlich wünscht sich die *Bundesvereinigung Kulturelle Kinder- und Jugendbildung*, dass auch die unterschiedlichen professionellen und kulturpädagogischen Akteure im Feld der Kulturellen Bildung von der systematischen und vielschichtigen Darstellung ihres Metiers profitieren mögen. Außerdem wird das Handbuch sicherlich zu einem Grundlagenwerk in der Hochschulausbildung von Fachkräften für alle Bereiche der Kultur und der Bildung. Movens des Bemühens aller dieser Adressaten des Handbuchs ist und bleibt aber der Anspruch, allen Kindern und Jugendlichen den Zugang zu Angeboten einer lebenswelt- und subjektorientierten Kulturellen Bildung auf hohem Niveau zu ermöglichen. Dafür ist das Handbuch ein gutes Kursbuch.

Dr. Gerd Taube
Vorsitzender der Bundesvereinigung Kulturelle Kinder- und Jugendbildung (BKJ)

Einführung der HerausgeberInnen

Warum ein Handbuch Kulturelle Bildung?

Die wachsende Aktualität und erweiterte Bedeutung Kultureller Bildung generell im deutschen und im internationalen Diskurs insbesondere nach 2000 ist evident. Vielerlei allgemeine und fachliche Analysen, Beschreibungen wie politische Stellungnahmen, Positionspapiere, Forderungen und Fördermodelle auf allen möglichen Ebenen zeigen dies nachweislich. Einzelne Sparten, Formate sowie Einrichtungstypen und Institutionskontexte haben in den letzten Jahren ein differenziertes und reichhaltiges, aber auch nicht mehr so recht überschaubares Feld Kultureller Bildung ausgebildet. Dieses entfaltet sich entsprechend lokaler, kommunaler, föderaler, nationaler und internationaler Dimensionen und in unterschiedlichen Politikfeldern sowie gesellschaftlichen Kontexten (Staat, Markt, Zivilgesellschaft). Den Überblick über die phänomenologische nahezu labyrinthische Komplexität können daher auch ExpertInnen kaum mehr haben.

Gesetzliche Grundlagen für Kulturelle Bildung etwa in der Spannweite von früher Bildung und Erziehung, Schule, Ausbildung und Erwachsenenbildung bis zur Kultur-, Jugend- und Sozialarbeit mit den entsprechenden Zuständigkeiten unter föderaler Kultur- und Bildungshoheit sind systematisch schwer durchschau- und nachvollziehbar. Mit Kultureller Bildung befasste Ausbildungen und Wissenschaften scheinen eher zufällig situativ, partial oder anwendungspragmatisch lehrend und vor allem häufig spartenspezifisch erkenntnisleitend tätig zu sein.

Dennoch: Kulturelle Bildung hat Konjunktur. Die Akteure im Feld entwickeln zunehmend in Theorie und Praxis programmatisch produktive Strukturen mit kreativen Innovationen und Qualitätsentwicklungen – so lautet zumindest die allgemeine und plausible Feldeinschätzung im Horizont der letzten Jahrzehnte und insbesondere in den letzten Jahren.

Insofern ist es eigentlich überraschend, dass bisher kein Versuch für eine Gesamtübersicht zur Kulturellen Bildung, etwa in der bewährten Form eines Handbuchs, vorliegt. Dem soll dieser Erstversuch abhelfen, der nun ehrgeizig und in erstaunlich kurzer Zeit realisiert werden konnte: 176 Artikel von 181 AutorInnen auf über 1000 Seiten innerhalb von zwei Jahren!

Was ist eigentlich „Kulturelle Bildung?"

Die Definitionsfrage „Was ist Kulturelle Bildung?" umfassend und allgemeingültig sowie in einer dem Handbuch zugrundeliegenden Definition zu beantworten, war und ist nicht Ausgangspunkt und Anspruch hier versammelter Beiträge. Das vorliegende Handbuch Kulturelle Bildung versteht sich vielmehr als ein erster Versuch, das „Universum Kulturelle Bildung" in einer kollektiven und theoriefundierenden wie auch praxisdifferenzierenden Bestandsaufnahme Kultureller Bildung abzubilden und damit auch einen Beitrag zur definitorischen Präzisierung der Begrifflichkeiten und Handlungsfelder zu liefern.

Im Sinne der Pluralität als Prinzip bildet das Handbuch in systematischer Gliederung diskursive und heuristische aktuelle „Baustellen" des umfassenden Feldes Kultureller Bildung ab. Dieser Orientierungsversuch betrifft auch die teilweise ungeklärte Vielfalt unterschiedlicher historischer Feldbezeichnungen wie: Ästhetische Erziehung/Bildung, musische Erziehung, Kinder- und Jugendkulturarbeit, Kulturpädagogik, Kunst- und Kulturvermittlung, Ästhetisches Lernen, künstlerische Kinder- und Jugendbildung sowie Begrifflichkeiten unterschiedlicher Sparten, Adressaten und einrichtungsspezifischer Teilfelder.

„Kulturelle Bildung" als eine maximale und rahmende Feldbezeichnung, etwa in Differenz zu den Naturwissenschaften, der Mathematik und Sprache (Kontext PISA) oder zu den MINT-Disziplinen (Mathematik, Informatik, Naturwissenschaften, Technik) liegt ein Pluralitätsverständnis zugrunde, das den ästhetischen Phänomenen von Künsten, Kulturen, Sinneswahrnehmungen, Symbolwelten und Medien mit historischen wie je sich wandelnden aktuellen Phänomenen und Erfahrungs- bzw. Wirkungsformen gerecht zu werden versucht. Man kann – im Handbuch daher durchweg großgeschrieben – „Kulturelle Bildung" auch als „Containerbegriff" bezeichnen. Gemeint ist damit das gesamte Feld in der Schnittmenge von Kultur und Bildung. In der Bezüglichkeit und Wechselwirkung von „Ich" und „Welt", also der subjektiven wie der objektiven Seite von Bildung, meint Kulturelle Bildung einerseits den subjektiven Bildungsprozess jedes einzelnen wie auch die Strukturen eines Bildungsfeldes mit seinen zahlreichen Angeboten. Kulturelle Bildung bezeichnet also immer ein Praxisfeld, aber eben auch einen biografisch individuellen Bildungsprozess in, mit den und durch die Künste, eine Haltung oder ein sogar ein spezifisches Verständnis von Pädagogik.

Unser Handbuch Kulturelle Bildung ist damit weder ein reines Praxishandbuch noch ein theoretisch, begriffliches Lexikon. Es orientiert sich an dem Anspruch einer geordneten Zusammenstellung eines Ausschnitts des menschlichen Wissens und soll als Nachschlagewerk dienen. Im Gegensatz zu einem Wörterbuch ist es in fortlaufender Prosa verfasst und erhebt den Anspruch, einen spezifischen Ausschnitt der Wirklichkeit nahezu umfassend zu beschreiben. Das Handbuch Kulturelle Bildung spiegelt den Vermessungsversuch des Feldes und der Bezüge Kultureller Bildung aus unterschiedlichen Sichtweisen, Handlungs- und Reflexionsperspektiven, absichtsvoll als Kartographierung angelegt, wider. Dies legt jedoch gleichzeitig den Verzicht und Anspruch auf prinzipielle Widerspruchsfreiheit nahe. So finden wir unterschiedliche, den Betrachtungen zugrundeliegende engere und weitere Kulturbegriffe und unterschiedliche Interpretationen des Ästhetischen sowie der Rolle der Künste auch im Verhältnis zu deren je ethischen, sozialen und politischen Dimensionen. Antworten auf die Frage „Was ist Kulturelle Bildung?" muss sich der Leser anhand der Texte damit selbst erarbeiten.

Wie ist das Handbuch Kulturelle Bildung entstanden? Wie ist es zu lesen?

Dem Gegenstand, insbesondere dem künstlerischen und transformatorisch Ereignishaften durchaus angemessen, entsprang dieses Handbuchprojekt einem ausgesprochen „fruchtbaren Moment", einer günstigen Gelegenheit („kairos") am richtigen Ort („oikos") und damit eher intuitiver und zufälliger Kommunikation: Es war Ende November 2009 in der *Akademie der Bildenden Künste* in München. Eine anvisierte Möglichkeit ist nun Wirklichkeit geworden, schwarz auf weiß und im Ergebnis mit doppeltem Umfang wie vor dem Produktionsprozess ursprünglich geplant!

Das vorhandene Wissen vieler ExpertInnen wurde zusammengetragen und soll Entwicklungen, Herausforderungen und Potentiale der Kulturellen Bildung Standard setzend und qualitätssichernd aufzeigen und herausarbeiten. Die Auswahl der AutorInnen wurde gemeinsam mit einem bundesweit exzellenten Beirat vorgenommen. Durch dieses Auswahlverfahren repräsentieren die AutorInnen unterschiedliche Theoriebezüge und Wissenschaftsdisziplinen wie auch kompetente Praxisfelder, einschlägiges Fach-, Sparten- und Institutionswissen sowie entsprechendes didaktisches Handeln. Die Beiträge fallen entsprechend ihrem Sprachstil sowie vom Aufbau und der Argumentationsweisen allerdings dadurch durchaus unterschiedlich aus. Die Beiräte des

Handbuches Kulturelle Bildung arbeiteten zusammen mit den HerausgeberInnen des Weiteren an der Auswahl und Formulierung von Themen für die einzelnen Beiträge und übernahmen zum Teil die Verantwortung für einzelne Kapitel (siehe Einführungen). Die Auswahl der Stichworte und Themen insgesamt und die Suche nach repräsentativen AutorInnen dafür war insofern ein langwieriger Prozess, als einige angefragte AutorInnen absagen mussten und manche Texte nicht dem objektivierenden Format und Anspruch eines Handbuchs entsprachen. Im Verfahren selbst kamen zudem immer wieder neue Stichworte dazu, für die weitere AutorInnen angefragt wurden. Einige eigentlich unverzichtbare Themen wie ein Artikel zur Geschichte der Kulturpädagogik oder ein Artikel zur Kulturellen Bildung aus philosophischer Dimension oder die Bedeutung der Kirchen in der Kulturellen Bildung fehlen aufgrund dieses teilweise schwierigen, umfangreichen und zeitlich begrenzten Prozesses bedauerlicherweise in diesem ersten Aufschlag.

Folgende Gliederungslogik liegt dem Handbuch Kulturelle Bildung nun zugrunde:

Der Teil I „Theoretische Grundlagen Kultureller Bildung" beschäftigt sich mit zentralen Begriffen und theoretischen Fundierungen der Kulturellen Bildung in vier Kapiteln: „Mensch und Kultur", „Mensch und Bildung", „Mensch und Künste" und „Mensch und Gesellschaft".

Der Teil II „Praxisfelder Kultureller Bildung" systematisiert das Praxisfeld anhand der Kapitel: „Rahmenbedingungen und Strukturen", „Handlungsfelder" (geordnet alphabetisch nach Kunstsparten und Einrichtungsformen bzw. interdisziplinärer Handlungsfelder und Querschnittsthemen) „Kontexte", „Adressatengruppen", „Ausbildung, Weiterbildung, Professionalisierung" und „Evaluation und Forschung". Abschließend enthält das Handbuch einen Anhang mit der Auflistung institutioneller Akteure im Feld, eine Liste mit zentralen Stichworten, die in mehreren Artikeln bedeutsam sind und eine Orientierung nach Themen ermöglichen, sowie ein Autorenverzeichnis.

Teil I und Teil II verfügen jeweils über ein eigenes Gesamtliteraturverzeichnis (siehe Markierungen an den Seitenrändern). Dem jeweiligen Artikelende selbst sind meist einige allgemeine Literaturempfehlungen zum Weiterlesen angefügt. Wo es uns inhaltlich passend erschien, sind Verweise auf andere Texte mit anschlussfähigen und weiterführenden bzw. differenzierenden Themen und Bezügen eingebunden. Für die einzelnen Artikel gab es die Empfehlung einer Gliederungsstruktur für die Darstellung der Inhalte nach Thema und Begriff, historischer Dimension, aktueller Situation sowie nach Perspektiven und Herausforderungen, die auch von vielen AutorInnen aufgegriffen wurde und den Lesefluss sowie die Orientierung erleichtern soll.

Für wen ist das Handbuch Kulturelle Bildung?

Die Adressaten des Handbuchs sind zunächst alle, die sich in der Regel professionell mit Kultureller Bildung befassen: PraktikerInnen, PädagogInnen, VermittlerInnen und KünstlerInnen, WissenschaftlerInnen, Ausbildende und Studierende und anderen Personen in Fort- und Weiterbildung. Ihnen, als interner Szene Kultureller Bildung, dienen die Stichworte zugunsten des objektivierenden und vertiefenden Wissens über das eigene Handlungsfeld entsprechend der Option einer umfassender Kartographie der Landschaften und Territorien Kultureller Bildung. Aber auch LeserInnen, die – fachfremd – einen ersten Einblick in die Szene Kultureller Bildung gewinnen möchten, sind angesprochen. Das Handbuch wendet sich also, fachliche, gesellschaftliche und wissenschaftliche Kultur-, Sozial- und Bildungskontexte identifizierend und vermittelnd, auch an externe Diskurs- und Handlungsfelder, Fachlichkeiten und Symbolsysteme, politische Entscheidungsträger, Wissenschaften sowie Personen in Öffentlichkeitsarbeit und Pressestrukturen.

Wie geht es weiter?

Als erster Versuch und Premiere eines Handbuchs Kultureller Bildung ist die weitere qualifizierende und präzisierende Bearbeitung eine Selbstverständlichkeit. In welchem Rahmen und in welcher Form innerhalb eines engen Theorie-Praxisverbundes dies möglich sein wird, ist derzeit noch offen. Es besteht dazu allerdings bereits die Konzeption einer auf den Inhalten des Handbuches beruhenden dialogischen Online-Plattform, die von den HerausgeberInnen in der Anlage entworfen wurde. Auf dieser soll die weitere partizipative Karthographierung und (wissenschaftliche) Qualifizierung des Feldes Kultureller Bildung redaktionell begleitet, fortlaufend und stetig aktualisierend möglich werden.

Zu erwähnen ist schließlich noch, dass dieses Handbuch im Rahmen der BKJ-Reihe „Kulturelle Bildung" (Vol. 1-30) im kopaed-Verlag erscheint. Zu hoffen ist, dass damit auch Impulse für weitere Veröffentlichungen zur detaillierten Vermessung und Entwicklung des kulturpädagogischen und kulturvermittelnden Feldes gegeben werden.

Dank

Ein derartiges erstmaliges und einzigartiges Produkt gelingt nur in sehr konstruktiv-kollegialer Zusammenwirkung Vieler. Hier gilt es Dank zu sagen!

Als erstes und entsprechend der auslösenden Initiative ist der *Beauftragte der Bundesregierung für Kultur und Medien (BKM)*, insbesondere Staatsminister Bernd Neumann und sein Mitarbeiter Dr. Sebastian Saad zu nennen. Ohne diese wohlwollende und sehr hilfreiche Unterstützung über den gesamten Produktionsprozess hätte dieses Werk nicht entstehen können.

Von Anfang an und über den Zeitraum 2010-2012 als aktive BegleiterInnen und qualifizierte AutorInnen tätig, ist dem Handbuchbeirat zu danken, der namentlich und in alphabetischer Reihenfolge wie folgt zusammengesetzt war: Dr. Karl Ermert (Wolfenbüttel), Prof. Dr. Max Fuchs (Remscheid), Christel Hartmann-Fritsch (Genshagen/Berlin), Prof. Dr. Burkhard Hill (München), Prof. Dr. Birgit Jank (Potsdam), Peter Kamp (Münster/Unna), Prof. Dr. Eckart Liebau (Erlangen), Prof. Dr. Birgit Mandel (Hildesheim), Prof. Dr. Wolfgang Sting (Hamburg) und Prof. Dr. Rainer Treptow (Tübingen). Der Produktionsprozess wurde tatkräftig von Franziska Isabelle Schönfeld unterstützt, die nicht müde wurde in der manchmal aufwendigen und langwierigen Korrespondenz mit den AutorInnen.

Die Buchproduktion selbst im kopaed-Verlag verlief Dank der solidarischen und effizienten Kooperation mit dem Verleger Ludwig Schlump reibungslos und aufmunternd: ein deutliches Dankeschön!

Und natürlich wäre alles nichts, wenn nicht die Vielzahl fachlich kompetenter und für das Handbuch engagierter AutorInnen die inhaltliche Substanz geliefert hätten – unentgeltlich und unter manchmal zeitlich schwierigen Bedingungen: Allen herzlichen Dank!

Bleibt zu wünschen, dass dieses Handbuch den Akteuren und Interessenten im pluralen Feld Kultureller Bildung, insbesondere aber auch der nachwachsenden professionellen kulturpädagogischen und kulturvermittelnden Generation nützt im gemeinsamen Interesse von Entwicklung, Qualifizierung und Fundierung Kultureller Bildung im Kontext von Kunst, Kultur, Ästhetik, Medien und Bildung, Vermittlung, Lernen und Lehren insgesamt.

Hildegard Bockhorst, Prof. Dr. Vanessa-Isabelle Reinwand, Prof. Dr. Wolfgang Zacharias
Remscheid/Hildesheim/München im September 2012

Teil I Theoretische Grundlagen Kultureller Bildung

Teil I
Theoretische Grundlagen Kultureller Bildung

1
Mensch und Kultur

Max Fuchs/Eckart Liebau
Kapiteleinführung: Mensch und Kultur

Der Begriff der „Kulturellen Bildung" führt mit „Kultur" und „Bildung" zwei der komplexesten Begriffe der deutschen Sprache zusammen. Die Komplexität bezieht sich zum einen auf die Weite der darunter zu erfassenden Gegebenheiten und Prozesse. Sie bezieht sich aber auch auf die Möglichkeit und Notwendigkeit unterschiedlicher wissenschaftlicher Zugänge: Die Pädagogik hat selbstverständlich kein Deutungsmonopol im wissenschaftlichen und öffentlichen Diskurs, auch wenn die Begriffe „Kultur" und „Bildung" zweifellos im Zentrum dieser Disziplin liegen und somit zugleich konstituierende und legitimierende Bedeutung für das Fach haben. Auch Psychologie, Soziologie, Geschichte, Ethnologie, Philosophie etc. beschäftigen sich aus ihren disziplinären Perspektiven mit diesen Begriffen und den dahinter liegenden Gegenständen. Dazu kommt, dass beide Begriffe auch als alltägliche Deutungsmuster verwendet werden und in ihrer Geschichte als politische Kampfbegriffe verwendet wurden. Daher sind abschließende, für alle konsensfähige begriffliche Definitionen nicht zu erwarten; Bildung und Kultur bleiben relativ offene Containerbegriffe, die je kontextbezogen präzisiert werden müssen. Entscheidend ist also der Versuch zur inhaltlich präzisen Klärung der je gemeinten Sachverhalte und Problematiken.

Kultur und Bildung können sowohl in einer ethnografisch-anthropologischen als auch in philosophischer Perspektive als komplementäre Begriffe gefasst werden. „Kultur" kann als die Art und Weise verstanden werden, wie der Mensch die Welt zu seiner gemacht hat und macht; Bildung kann demgegenüber als die Art und Weise verstanden werden, wie der Mensch sich selbst in der Welt gemacht hat und macht. Diese Komplementarität lässt sich auch an den beiden Leitkategorien aufzeigen: Kultur kann als die objektive Seite von Bildung und Bildung als die subjektive Seite von Kultur betrachtet werden. Ein anthropologischer Blick schlüsselt diese zunächst einmal sehr allgemeine Bestimmung auf und zeigt Dimensionen des Menschseins (wie Leiblichkeit, die Fülle der Zugangsmöglichkeiten zur Welt und zu sich selbst), die gemeinsam Grundlagen und auch Ergebnis kultureller Bildungsprozesse darstellen. Dies wird vertiefend am Beispiel der Genese der Sinne und des Spiels gezeigt. Es spielt auch in der Geistes- und Kulturgeschichte der ästhetischen Bildung eine zentrale Rolle: In der Moderne werden Reflexionen zur Rehabilitation der sinnlichen Erkenntnis, Reflexionen über das Schöne und Reflexionen über den Geschmack einerseits zusammengeführt, andererseits aber auch radikal getrennt. Die Entwicklung der Reflexionsgeschichte zeigt auch eine zunehmende Ausdifferenzierung und Pluralisierung der Diskurse. Während international inzwischen der empirisch-ethnografische Kulturbegriff vorherrscht, der mit empirischen Bildungs- und Sozialisationskonzepten verknüpft ist, findet man in Deutschland – als späte Folge des deutschen Sonderwegs – immer auch einen starken normativen, mit emphatischen Bildungskonzepten verbundenen Kulturbegriff, der gesellschaftlich und kulturpolitisch nach wie vor hoch wirksam ist. „Kulturelle Bildung" ist dementsprechend eine spezifisch deutsche Begriffsprägung, die nicht ohne weiteres in anderen kulturellen Kontexten verständlich und auch nicht ohne weiteres in andere Sprachen übersetzbar ist. Vor diesem Hintergrund ist es gerade für eine zeitgemäße kulturpädagogische Theorie und Praxis relevant, das Konzept der Kulturellen Bildung mit den internationalen Diskursen über arts education, human rights education, education for sustainable development etc. systematisch zu verknüpfen. Denn damit wird die Verbindung mit den internationalen Konzepten der cultural education möglich.

Eckart Liebau
Anthropologische Grundlagen

Allen Konzepten Kultureller Bildung liegen Vorstellungen vom Menschen, also anthropologische Basisannahmen, zugrunde. Dabei hat es die Kulturelle Bildung wie die Pädagogik insgesamt immer mit der Differenz von Sein und Sollen, der Differenz zwischen der Wahrnehmung eines empirisch-tatsächlichen Zustandes und der Bestimmung von Veränderungszielen (und dem Versuch, diese Ziele zu erreichen) zu tun. Pädagogische Menschenbilder reflektieren genau diese Differenzen. Daher bildet die Auseinandersetzung mit ihnen eine grundlegende Bedingung jeglicher wissenschaftlich aufgeklärter Pädagogik.

Die Unausweichlichkeit von Menschenbildern

Dass alle Pädagogik in Theorie und Praxis mit Menschenbildern zu tun hat, ist nicht trivial. In allem pädagogischen Handeln stecken, wenn nicht explizite, so doch immer mindestens implizite Menschenbilder. Sie enthalten also Aussagen darüber, was der Mensch und was seine Bestimmung ist. Menschenbilder verbinden dementsprechend immer empirische und normative Elemente; sie dienen als komplexe Entwürfe menschlicher Lebenspraxis im Alltag ebenso wie in der Wissenschaft der Orientierung über gut und böse, wahr und falsch, schön und hässlich, gesund und krank etc. (Meinberg 1988, Weber 1995, Wulf 1997). In ihnen spiegeln sich, in unterschiedlichen Graden der Bewusstheit und der Reflexion, Erfahrungen, Befürchtungen und Hoffnungen nicht nur der Gegenwart, sondern vor allem auch der Vergangenheit. Menschenbilder sind dementsprechend unausweichlich; sie bilden eine wesentliche Grundlage nicht nur allen pädagogischen Handelns, sondern allen Handelns überhaupt, weil sie die Erwartungen strukturieren, die mit Handeln verbunden sind. Sie sind, gewissermaßen als Tiefenstruktur, ein genuiner Teil des „normalen" menschlichen Bewusstseins – und sie sind in Geschichte und Gegenwart genauso different wie die historischen Seins- und Bewusstseinsformen von Menschen. Menschenbilder enthalten in der Regel auch eine implizite Pädagogik, mit entsprechenden Aussagen über die richtige Entwicklung des Menschen und ihre Anleitung bzw. Beförderung, über die Lebensphasen und den Lebenslauf, über den richtigen Umgang mit Zeit, Raum und Sozialität und, natürlich, über den richtigen Umgang mit dem Anderen, der Transzendenz. „Nimm das Messer in die rechte Hand!" oder „Halt Dich gerade!" waren z.B. im 20. Jh. gerne im bürgerlichen deutschen Familienkreis mit väterlicher oder mütterlicher Autorität verbundene Äußerungen, in denen komplette Pädagogiken, ganze Kosmologien von Normen und Werten und pädagogischen Praktiken enthalten waren. Nicht zufällig ging es da um Geschmacks- und Haltungsfragen (Bourdieu 1982, Liebau/Zirfas 2011). Das ließe sich z.B. in historischer, soziologischer, psychologischer, medizinischer, pädagogischer Perspektive im einzelnen entfalten und würde die Geschichtsgebundenheit dieser Äußerungen ebenso sichtbar machen wie die Geschichtsgebundenheit der wissenschaftlichen und öffentlichen Diskurse über diese Äußerungen. Das ist mit der Rede von der doppelten Historizität gemeint, der „zweifache(n) Geschichtlichkeit und Kulturalität" also, „die sich durch die Geschichtlichkeit und Kulturalität der Perspektiven der anthropologischen Forscher und durch den geschichtlichen und kulturellen Charakter der Inhalte und Gegenstände der Forschungen ergeben" (Wulf 2009:9).

Normalerweise bleiben implizite Menschenbilder implizit und dementsprechend stabil; sie realisieren sich in weitgehend unbewussten habituellen Praktiken. In Krisen (existentielle Erfahrungen, unerwartete Kulturkontakte u.ä.) können sie freilich aufbrechen und mehr oder minder neu strukturiert werden (Liebau 1987:93).

Der bei weitem größte Teil pädagogischer Interaktionen im Alltag wird wesentlich durch implizite Menschenbilder reguliert, denen die beteiligten Akteure folgen. Bereits diese schlichte Feststellung verdeutlicht die moderne Situation der Pluralität. In allen Alltagssituationen und auch in allen pädagogischen Situationen treffen Menschen unter modernen Bedingungen immer auf Situationen, in denen höchst unterschiedliche implizite Menschenbilder gleichzeitig oder auch nacheinander präsent sind, ohne dass über ihren Rang, ihre Legitimität und Plausibilität entschieden wäre; alle Beteiligten müssen dementsprechend unausweichlich in irgendeiner Weise mit dieser Pluralität umgehen und sich in ihr orientieren (Wulf 2001). Das gilt selbstverständlich auch für alle pädagogischen Situationen.

In explizit pädagogischen Zusammenhängen findet sich indessen eine andere Ausgangssituation. Explizite Pädagogik ruht ihrer Tradition nach immer auch auf der expliziten Frage nach dem Menschen und seiner Ontogenese; sie hat diese Frage zur Voraussetzung, so historisch und kulturell different die Antworten auch immer ausfallen mögen (Bollnow 1975, Flitner 1963, Gerner 1986, Wulf 1997, Scheunpflug 2001).

Dass die Frage nach dem Menschenbild daher immer wieder neu in den Diskursen der Pädagogik aufgeworfen wurde und wird, kann nicht überraschen. Es macht einen Unterschied, ob man mit Jean-Jacques Rousseau glaubt, dass alles gut sei, „wie es aus den Händen des Schöpfers kommt" und dann erst alles „unter den Händen des Menschen" verderbe (Rousseau 1993:9), und sich deshalb auf die Suche nach einer der guten menschlichen Natur entsprechenden Erziehung macht, ob man mit August-Hermann Francke an die durch die Erbsünde bestimmte abgründige Sündigkeit jedes einzelnen Menschen glaubt und Erziehung als reinigenden Weg zur Buße denkt (Menck 2001) oder ob man den Menschen primär im Kontext der biologischen Evolutionstheorie als ein genetisch gesteuertes Naturwesen sieht (Scheunpflug 2001). Pädagogik kommt ohne Menschenbilder oder vorsichtiger: ohne die Suche nach Menschenbildern offensichtlich nicht aus. Das gilt selbstverständlich auch für die Kulturelle Bildung (Fuchs 1999a).

Da Menschenbilder, wie bereits erwähnt, in hohem Maße historisch und kulturell variabel sind, ist ihre Entwicklung immer im historischen und kulturellen Kontext zu sehen. Im Zeitalter der Globalisierung kann und darf man dabei nicht bei einer eurozentristischen Perspektive stehen bleiben, wie sie nahezu dem gesamten Traditionsbestand pädagogischen Wissens und pädagogischer Praxis zugrunde liegt. Bezieht man aber außereuropäische Entwicklungen ein, radikalisiert sich die Varianz und die Situation der Pluralität um ein Vielfaches; besonders deutlich wird dies an der religiösen Vielfalt. Dabei endet die Vielfalt keineswegs bei der Vielfalt der Kulturen, der Multikulturalität; unter Bedingungen der Globalisierung entscheidend sind vielmehr die transkulturellen Prozesse der Überlagerung, Mischung, Amalgamierung, die zu zahllosen Hybrid-Formen führen und die Individualisierung immer stärker vorantreiben (Breinig u.a. 2002, Göhlich u.a. 2006, Bilstein/Ecarius/Keiner 2011).

Bereits aus dieser Skizze lässt sich daher der Schluss ziehen, dass sich unter modernen Bedingungen keine Pädagogik mehr denken lässt, die sich auf ein einziges, geschlossenes Menschenbild beziehen oder gar aus einem solchen deduzieren ließe. Die historischen Erfahrungen des vergangenen Jh.s haben solche Ableitungen endgültig diskreditiert und desavouiert; geschlossene Gesellschafts- und Menschenbilder sind a priori antipädagogisch. Eine positive Bestimmung des Menschen ist also allein schon aus historisch-anthropologischen Gründen nicht möglich. Was bleibt, ist ein negatives Ausschlussverfahren – man versucht, Aspekte des Menschen zu identifizieren, für die unter allen bekannten Umständen Geltung behauptet werden kann, ohne Anspruch auf „Vollständigkeit" und im Bewusstsein des Fragmentarischen der möglichen Bilder.

Negative Pädagogische Anthropologie

Die aktuelle pädagogische Anthropologie (Wulf 2002, Bilstein/Liebau 2003, Zirfas 2004) hat sich daher von der Idee der Möglichkeit eines geschlossenen, verbindlichen Menschenbildes bewusst verabschiedet und sich zu einer Umkehrung entschlossen: Nicht der positive Entwurf, sondern allein die negative Perspektive scheint weiter zu führen. Dass die menschliche Natur sich nicht positiv bestimmen lässt, bildet den Ausgangspunkt aller Überlegungen – egal, ob sie eher vor einem biologisch-naturwissenschaftlichen oder einem philosophisch-kulturwissenschaftlichen Hintergrund entwickelt werden. Als positive Bestimmung lässt sich lediglich festhalten, dass jedes Wesen Mensch ist, das, auf welche Weise auch immer gezeugt, von Menschen abstammt und dementsprechend dem Lebenszyklus bis zum Tod in seiner Entwicklung unterworfen ist. Daraus folgt, dass sich die menschliche Natur – ganz im Gegensatz zu manchen Aufklärungsvorstellungen – nicht durch das Reflexions- oder das Sprachvermögen bestimmen lässt: „Das Kind wird nicht erst ein Mensch, es ist schon einer", lautet eine mit Recht berühmte Sentenz von Janusz Korczak. Das lässt sich für jede, auch jede von der Normalität differente Form menschlicher Existenz verallgemeinern. Diese allgemeinste anthropologische Bestimmung ist notwendig, weil sie nach modernem Verständnis eine zentrale ethische Implikation hat: sie schließt die Möglichkeit aus, Normabweichungen als nicht menschlich zu klassifizieren und damit zu dehumanisieren: Menschliches Leben gilt per se als wertvoll und damit als ein schützens- und entwickelnswertes Gut. Das ist auch die fundamentale ethische Grundlage aller Kulturellen Bildung.

Mit dieser grundlegenden Bestimmung ist zwar bereits Entscheidendes gewonnen; für die Fragen einer pädagogischen Anthropologie bildet sie jedoch nur einen notwendigen, aber keineswegs hinreichenden Horizont: Sie muss ja im Blick auf pädagogische Grundstrukturen und Aufgaben nach den Dimensionen des Menschlichen fragen. Aus dem oben skizzierten negativen Verfahren folgt methodisch ein Ausschlussprinzip: „Man fragt nicht danach, was die menschliche Natur ist, sondern danach, was ihr nicht fehlen darf, was also mindestens zu ihr gehört" (Bilstein u.a. 2003:7). Für eine pädagogische Anthropologie stellt sich dabei grundlegend die Frage nach den Bedingungen der Möglichkeit pädagogischen Handelns, die die Frage nach dem homo educandus aufwirft. Heinrich Roth hat in den 1960er Jahren seine auf der abendländischen pädagogischen Tradition ebenso wie auf der modernen empirischen Wissenschaft ruhende Antwort mit der Doppelperspektive der „Bildsamkeit" und der „Bestimmung" gegeben, wobei Bildsamkeit zugleich auf die Lern- und Entwicklungsfähigkeit wie auf die Sozialisierbarkeit aufmerksam macht und Bestimmung auf die Frage der normativen Orientierung, der pädagogischen Ziele (Roth 1966, 1971). Auch wenn Roths großer Entwurf in den Einzelheiten heute gewiss nicht mehr zu überzeugen vermag, so ist doch die Kernaussage nach wie vor plausibel: Eine pädagogische Anthropologie muss davon ausgehen, dass Menschen in einem empirischen Sinn bildsam, also entwicklungsfähig und entwicklungsbedürftig sind, und dass pädagogisches Handeln zur Bildung und Entwicklung in gezielter Weise beitragen kann. Dabei ist von der konstitutiven Doppelnatur des Menschen auszugehen, der von allem Anfang an ein zugleich natürliches wie kulturelles Wesen ist. Bildsamkeit und Bildungsbedürftigkeit, jeweils empirisch verstanden, stellen also die Grundlage aller pädagogischen Anthropologie dar; diese Annahmen sind schon aus logischen Gründen notwendig.

Aber es lassen sich durchaus weitere Bestimmungen finden, wenn man dem Ausschlussverfahren folgt. Dabei sind für eine pädagogische Anthropologie nur jene Dimensionen interessant, in denen sich pädagogisch beeinflussbare Entwicklungen abspielen können. Dementsprechend geht es nicht um die allgemeinsten apriorischen Bedingungen (Raum, Zeit, Kontingenz), sondern immer um historisch und kulturell näher bestimmte Konstellationen.

Nach gegenwärtigem Diskussionsstand sind dabei wenigstens fünf Dimensionen in den Blick zu nehmen: „Leiblichkeit, Sozialität, Historizität, Subjektivität und Kulturalität des Menschen" (Bilstein u.a. 2003:7).

Pädagogisch-anthropologisches Denken braucht erstens von vornherein den Blick auf die Leiblichkeit des Menschen, die mit der doppelten Konstitution (genetisch-naturgegebene Anlagen, kulturelles Lernen) gegeben ist. Die Leiblichkeit bildet die Grundlage allen pädagogischen Handelns; der biologisch disponierte Lebenszyklus, der von der Zeugung über die Geburt durch die Lebensalter bis zum Tod führt, wird von einem seinen Körper wahrnehmenden (und dadurch den Leib konstituierenden) kulturellen Wesen durchlaufen. Die leiblichen Zustände (Wachheit, Schlaf; Bewusstheit, Rausch, Traum; Gesundheit, Krankheit etc.) sind immer mit sichtbarer oder unsichtbarer körperlicher Bewegung und (bewusster oder unbewusster) Wahrnehmung verbunden; sinnliche Wahrnehmungen, Gefühle, Denk- und Urteilsvorgänge sind konstitutiver Teil menschlichen Handelns, ja allen menschlichen Verhaltens und menschlicher Existenz. Die Dimension der Leiblichkeit weist also auf die Einheit von Körper, Seele und Geist hin: „In der Bestimmung des Menschen als zugleich natürlichem und kulturellem Wesen ist die doppelte Fundierung allen pädagogischen Geschehens in Natur und Kultur enthalten, zugleich also die Fundierung des Menschlichen mit und in Natur und Kultur [...] Auch alles pragmatisch-gestalterische Nachdenken über mögliche Verbesserungen der tatsächlichen erzieherischen Verhältnisse bleibt auf den Leib bezogen, und zwar ebenso auf die leiblichen Bedingungen derer, die erzogen werden, wie derer, die erziehen." (a.a.O.:7f.) Für diese und für Kulturelle Bildung ist dabei besonders bedeutsam, dass sich Leiblichkeit in wenigstens fünf differenten Dimensionen realisiert. Unterscheiden lassen sich nach Günter Bittner (1990) der Sinnenleib (sinnliche Wahrnehmung), der Werkzeugleib (aktives Handeln) und der Erscheinungsleib (Auftritt und Selbstdarstellung). Diese Liste hat Jürgen Funke-Wieneke (1995) um den Symbolleib (körpersprachlicher Ausdruck) und den Sozialleib (Intersubjektivität) ergänzt. Leibliches Lernen bildet nicht nur die Grundlage, sondern auch den Kern allen auf Können, auf praktische Beherrschung zielenden Lernens in alltäglichen wie nicht-alltäglichen Kontexten (Liebau 2007, Liebau/Zirfas 2008, Bilstein 2011c).

Zweitens geht es in pädagogisch-anthropologischer Hinsicht immer um Sozialität. Menschen leben in Beziehungen; sie können gar nicht anders. Wie immer die menschlichen Beziehungen organisiert sein, auf welcher historischen Entwicklungsstufe sich Gesellschaften auch befinden mögen: konstitutiv ist Kollektivität, die aufeinander bezogene und miteinander verwobene Mehrzahl. Gemeinschaften, Familien, Gruppen, Organisationen, Gesellschaft und Staat bilden die Rahmungen, in denen sich das einzelne Leben vollzieht. Jedes Kind wächst in diese Rahmungen hinein; jedes Kind braucht dabei pädagogische Hilfen, die durch die Art der Vergesellschaftung und den Stand der gesellschaftlichen Entwicklung näher bestimmt werden. Um sozial werden zu können, muss das Kind Soziales lernen; es ist zum Aufwachsen nicht nur in materieller Hinsicht auf andere Menschen elementar angewiesen und von der Sorge anderer Menschen elementar abhängig. „Als ` zoon politikon ´ (Aristoteles) ist der Mensch von seiner Grundanlage her auf aktives und praktisches Zusammensein mit seinesgleichen verwiesen

[…] Pädagogik definiert sich geradezu über die anthropologisch begründete Tatsache, dass der Mensch zwar als Einzelner geboren wird, lebt und stirbt, dass er aber nicht alleine ist und dass auch alle Verbesserungen und alles Weiterdenken von Erziehung und Bildung sich auf ein menschliches Miteinander richten: Individualität und Sozialität bilden von vornherein ein wechselseitiges Bedingungspaar" (Bilstein u.a. 2003:8). Künstlerische und Kulturelle Bildung zielt auf eben diese Dialektik, die sich in der Spannung zwischen einsam-individuellen und gemeinschaftlich-sozialen Rezeptions- und Produktionsprozessen realisiert.

Die dritte Dimension bildet die oben schon angesprochene Historizität, die Geschichtlichkeit von Gesellschaften und Menschen. Zeit und Zeitlichkeit sind in mehrerer Hinsicht konstitutiv für alle pädagogischen Prozesse. Ontogenese und Phylogenese folgen unterschiedlichen temporalen Ordnungen. Die Endlichkeit des individuellen Lebens und die Unendlichkeit der Geschichte bilden die Grundlage aller Kultur und aller Pädagogik. Sie machen die Weitergabe und Weiterentwicklung des kulturellen Erbes sowohl nötig wie möglich (Sünkel 2002). Die historische Differenz der Lebenszeiten und der Erfahrungen von älterer und jüngerer Generation bilden den Stoff, aus dem die pädagogische Tatsache als anthropologisch-allgemeine hervorgeht. Durch Pädagogik sichern Primärgruppen, sichern aber auch komplexe Gesellschaften ihren Bestand. Dabei geht es um die Tradierung zentraler Kompetenzen (Haltungen, Wissen, Fähigkeiten, Fertigkeiten) und Wissensbestände. So wird auch das kollektive Gedächtnis mit seinen Mythen, Erzählungen und Erinnerungen durch Pädagogik konstituiert. Was für die Gesellschaft im großen gilt, gilt analog auch für die Primärgruppen. Die Differenz der Perspektiven, die aus der Differenz in der Zeit resultiert, konstituiert den Generationenzusammenhang als Zusammenhang von Tradierung und Umgestaltung, Tradition und Innovation (Liebau/Wulf 1996, Liebau 1997). Dabei „rückt der Prozesscharakter allen erzieherischen Handelns in den Blick. Erziehung hat immer mit Veränderung, mit dem Werden und dem Werdenden zu tun. Das bezieht sich zunächst auf das Kind, das im Laufe des Erziehungsprozesses per definitionem irgendwie ‚wird', jedenfalls nachher anders ist als vorher […] Dabei ist es keineswegs nur die Entwicklung des Kindes, die aus einer historisch-genetischen Perspektive in den Blick kommt, sichtbar werden vielmehr auch die Veränderungen und Entwicklungen von Gesellschaft und Kultur mit ihren spezifischen Habitus-Formen, Mentalitäten, Denkmustern und Konventionen" (Bilstein u.a. 2003:8). Hier geht es offensichtlich in ontogenetischer und phylogenetischer Perspektive um die Substanz der künstlerischen und Kulturellen Bildung, die immer auch eine Auseinandersetzung mit dem Stand der historischen Entwicklungen in den verschiedenen kulturellen Feldern beinhaltet.

Die vierte Dimension der Pädagogischen Anthropologie ist die Subjektivität. Auch sie steht unter der doppelten Frage des empirischen und des normativen Zugangs. Empirisch geht es um alles das, was dem einzelnen Menschen in seiner Entwicklung und seiner Gegenwart eigen ist, was seine Denk-, Wahrnehmungs-, Urteils- und Handlungsformen vor dem Hintergrund von Biografie und Lebenslauf als unverwechselbar und einmalig kennzeichnet (siehe Rainer Treptow „Biografie, Lebenslauf und Lebenslage" in diesem Band). Auch wenn Trieb, Begehren, Sehnsucht, Wunsch und auch Interesse allgemein menschliche Aspekte bezeichnen, so ist doch die besondere Konstellation immer eine je einmalige; auch Handlungen, Rituale, Gesten sind in Produktion und Rezeption immer an die Subjektivität gebunden. Subjektivität ist nicht hintergehbar; alles menschliche Empfinden, Denken, Handeln wird von einzelnen Menschen vollzogen und geht mit ihrem Tod unter, soweit es sich nicht objektiviert hat. Alles Lernen, alle Bildung, alle Gewohnheit und alle Erfindung muss subjektiv vollzogen werden. Die Erfahrung von Glück – wie immer es verstanden werden mag: Schönheit, Weisheit, Tugend, Liebe, Frieden, Zukunft, Gesundheit, Dauer, Unsterblichkeit – ist per definitionem nur subjektiv möglich. In normativer Hinsicht steht die Frage nach der Subjektivität und dem Subjekt in der deutschen Pädagogik seit der Aufklärung im Zentrum des Interesses. Sie hat „seit etwa 1800 unter dem emphatisch aufgeladenen Begriff der Bildung den Blick auf die zugleich unhintergehbaren und unauflösbaren Paradoxien einer Bildung zur Mündigkeit gelenkt, einer Kultivierung der ‚Freiheit bei dem Zwange' (Kant), einer kontrafaktisch unterstellten Autonomie, die nicht erreichbar, deren Unterstellung aber denk-notwendig für die Erziehung modern-aufgeklärter Individuen sei" (a.a.O.:9). Im bildungsidealistischen Entwurf der deutschen Klassik wird Subjektivität mit dem autonomen Subjekt enggeführt. Den Bezugspunkt bildet der erwachsene, mündige Mensch und Bürger. „Diese Konstruktion ist indessen mit normativen Ansprüchen überladen, die dann sofort auftauchen, wenn die Menschen, um die es geht, aus welchen Gründen auch immer, noch nicht, nicht mehr oder von vornherein nicht in der Lage oder willens sind, diese Autonomie zu erreichen. Subjektivität lässt sich also gerade nicht durch Autonomie definieren; Subjektivität kommt vielmehr von vornherein und von allem Anfang an jedem Menschen zu, in welchem tatsächlichen Zustand er oder sie sich auch befinden mag. Nur unter dieser Perspektive der apriorischen Anerkennung der Tatsache der und des Rechts auf Subjektivität lässt sich dann auch ein pädagogisches Konzept der Entfaltung von Subjektivität fundieren" (ebd.). Die Frage nach der Subjektivität wirft also zugleich die Frage nach dem Verhältnis des empirisch-subjektiv-einmaligen Menschen zum normativen Entwurf des Menschen auf, und die Frage nach der Entwicklung und der pädagogischen Beeinflussbarkeit dieses Verhältnisses: das Kernproblem aller Pädagogik und damit auch der künstlerischen und Kulturellen Bildung.

Pädagogische Anthropologie kann fünftens nicht ohne die Annahme der Kulturalität des Menschen auskommen. Menschen sind symbolgebrauchende Wesen, die auf den Bühnen der Welt mit Bildern und Sprachen auftreten, die sich mit Hilfe von sprachlichen, bildlichen, klanglichen, gestischen Symbolen ausdrücken und verständigen und die für ihre Sinnverständigung auf eben diese Symbole angewiesen sind. „Die kulturell-symbolische Perspektive richtet die Aufmerksamkeit auf die Frage, wie Symbole die topologische Verschränkung von innen und außen, unten und oben und die chronologische Verkettung von Vergangenheit, Gegenwart und Zukunft leisten. Daraus ergibt sich eine besondere Aufmerksamkeit für die Funktion und die zentrale Position von Sprache und außersprachlicher Symbolik in Erziehungsprozessen, und zwar nicht nur als Medium der Verständigung, sondern darüber hinaus als wesentliches Mittel und Element aller menschlichen Weltaneignung: und der Erfahrung ihrer Grenzen in der Konfrontation mit dem Anderen des Alltags und der Normalität, das nur geahnt, gespürt, gefühlt, aber nicht gesagt und nicht ausgedrückt werden kann" (ebd., vgl. auch Fuchs 2011d). Es ist evident, dass es hier zunächst einmal um die verschiedenen kulturellen Wahrnehmungs-, Ausdrucks-, Darstellungs- und Gestaltungsformen geht, also um die Kernbereiche der künstlerischen und Kulturellen Bildung. An dieser Stelle kommt aber darüber hinaus die Religion ins Spiel; die Erfahrung der Grenze und des Unsagbaren verweist auch auf das Heilige, das Transzendente, das nicht Erfahrbare jenseits der Grenze. Die Erfahrung von Anfang und Ende, von Zufall und Geschick führt auf die Frage nach dem Sinn und damit zur religiösen Dimension. Auch sie gehört, trotz aller Säkularisierung in manchen modernen Gesellschaften, zu den ubiquitären Erscheinungen, die dementsprechend im Rahmen einer pädagogischen Anthropologie von vornherein einzubeziehen ist. Es ist daher nicht überraschend, dass nach langem Schweigen die religiöse Dimension nun auch von Seiten der Pädagogischen Anthropologie und damit der Allgemeinen Pädagogik wieder ins Spiel gebracht wird (Wulf u.a. 2004). Auch die künstlerische und Kulturelle Bildung setzt sich mit Fragen des Sinns auseinander und kann hier ein besonderes Feld interkultureller und interreligiöser Kommunikation begründen.

Dass der Mensch ein natürlich-kulturelles Doppelwesen ist, dass er ein leibliches, sterbliches, sich selbst spürendes (oder mit Plessner 1975: exzentrisch positioniertes) Wesen ist, dass er nicht allein ist, sondern mit anderen Menschen, mit der Natur und den Dingen und mit dem Anderen, auch dem Heiligen lebt, dass er ein Gewordener und Werdender ist, dass er durch Subjektivität gekennzeichnet ist und dass er ein sich ausdrückendes und sich verständigendes Wesen ist – über solche empirischen pädagogisch-anthropologischen Aussagen lässt sich wohl Konsens erzielen. Leiblichkeit, Sozialität, Historizität, Subjektivität und Kulturalität (einschließlich Religiosität) können also als unverzichtbare Dimensionen pädagogisch-anthropologischen Denkens anerkannt werden. Daraus folgen gewisse normative Implikationen für das pädagogische Denken und Handeln: „Pädagogisches Denken und Handeln wird nur dann zu tragfähigen Ergebnissen führen, wenn die pädagogisch-anthropologischen Dimensionen hinreichend berücksichtigt werden" (Bilstein u.a. 2003:10).

Das gilt selbstverständlich auch und gerade in den Kontexten Kultureller Bildung.

Der Text stellt eine gekürzte und zugleich für die Zwecke dieses Handbuchs überarbeitete Neufassung von Liebau 2004 dar.

Zum Weiterlesen

Huizinga, Johan (1939/1994): Homo ludens. Vom Ursprung der Kultur im Spiel. Reinbek: Rowohlt.

Liebau, Eckart (1992): Die Kultivierung des Alltags. Das pädagogische Interesse an Bildung, Kunst und Kultur. Weinheim und München: Juventa.

Meyer-Drawe, Käte (1987): Leiblichkeit und Sozialität. Phänomenologische Beiträge zu einer Theorie der Inter-Subjektivität. München: Wilhelm Fink.

Mollenhauer, Klaus (1983): Vergessene Zusammenhänge. Über Kultur und Erziehung. Weinheim und München: Juventa.

Rittelmeyer, Christian (2002): Pädagogische Anthropologie des Leibes. Biologische Voraussetzungen der Erziehung und Bildung. Weinheim und München: Juventa.

Max Fuchs
Die kulturelle Evolution des Menschen und die Bedeutung der Symbole

Zur Begrifflichkeit

Die Rede von einer „kulturellen Evolution" birgt zahlreiche Fallstricke. Ein erstes Problem ergibt sich bereits aus der Zusammenstellung der beiden Begriffe „Kultur" und „Evolution". Denn eine traditionsreiche, nicht nur im marxistischen Denken verankerte Sichtweise unterscheidet in der Anthropogenese zwischen einer Naturgeschichte des Menschen, die den Gesetzen der (biowissenschaftlich) verstandenen Evolution gehorcht (vgl. Scheunpflug 2001, Teil I), und einer Kulturgeschichte des Menschen, bei der der Mensch seine Geschichte selbst macht und aus den Gesetzen der Evolution ausbricht. Kultur wird hier geradezu zu einem Gegensatz zur Evolution. Allerdings kann man sinnvollerweise danach fragen, wie sich die Fähigkeiten des Menschen, seine Geschichte selber machen zu können, entwickelt haben, welches also die naturgeschichtlichen Grundlagen von Kultur sind. „Kultur" wiederum ist ein ausgesprochen schillernder Begriff (Fuchs 2008). In dem Zusammenhang dieses Beitrages muss man den weiten Kulturbegriff wählen, der alle Aktivitäten und Fähigkeiten des Menschen – und deren Ergebnisse – erfasst, mit denen dieser die Welt zu einer Welt des Menschen macht. „Kultur" erfasst hier die Breite dessen, was Ernst Cassirer als Summe der „symbolischen Formen" betrachtet, nämlich Sprache, Religion und Mythos, Technik, Politik und Wirtschaft, Wissenschaft und Kunst (vgl. Cassirer 1990). Mit dieser begrifflichen Annäherung lässt sich die Themenstellung so präzisieren, dass man nach der Genese der Fähigkeiten der Menschen fragen kann, zu sprechen, technisch, politisch und ökonomisch aktiv zu werden, sich über Religion und Mythos seinen Platz in der Welt zu erklären und natürlich auch: künstlerisch aktiv zu werden. Allerdings ist damit die Brisanz der Themenstellung keineswegs aufgehoben. Denn es stellen sich nicht nur die – vor allem in den USA relevanten – Konflikte zwischen denen, die an eine Schöpfung Gottes glauben (die „Kreationisten"), und denen, die eine Erklärung der Entstehung des Menschen durch Evolution bevorzugen (vgl. Müller 2008), man hat es auch mit dem Jahrhundertproblem zu tun, was am Menschen genetisch bedingt ist und was dieser (sozialkulturell) durch Lernen erwirbt. Immerhin ist dadurch ein weiteres wesentliches Charakteristikum des Menschen benannt: Seine Fähigkeit zu lernen. Nur durch diese Fähigkeit entstehen so wichtige „Gesetze" der menschlichen Entwicklung wie die Tatsache der Kumulation, dass nämlich die jeweils folgende Generation auf den Erfahrungen und Erkenntnissen der Vorgänger aufbauen kann und nicht wieder am Nullpunkt anfangen muss. Dadurch ist auch das Faktum der Entwicklung gesetzt, das sich in dieser Form bei keinem anderen Lebewesen findet. Bei der Erklärung dieses kumulativen Prozesses spielt wiederum eine Rolle, dass die Fähigkeiten und Fertigkeiten des Menschen nicht bloß als rein geistige Kompetenzen im Menschen verbleiben, sondern vielmehr dazu genutzt werden, die Umwelt zu gestalten: Diese gestaltete Umwelt wird – in Anlehnung an eine Formulierung von Marx – zum „aufgeschlagenen Buch der menschlichen Wesenskräfte". Ein weiteres Spannungsfeld bei jeglicher Rede von Evolution besteht darin, dass man hierbei eine kontinuierliche Vorwärtsentwicklung – und diese seit der Entdeckung der Geschichtlichkeit des Menschen in der Neuzeit zielgerichtet („teleologisch") als ständigen Verbesserungsprozess – betrachtete. Bekanntlich ist jedoch der Kulturdiskurs der Moderne über weite Strecken ein kritischer Diskurs, der die optimistische Vorstellung einer ständigen Verbesserung bestreitet. Es wird auch bestritten, dass gesellschaftliche und individuelle Veränderungsprozesse nur kontinuierlich und harmonisch verlaufen: Bei Gesellschaften rechnet man durchaus mit Revolutionen und auch in der individuellen Entwicklung, der Ontogenese, geht man von Sprüngen aus. Politisch bedeutsam ist zudem die Frage danach, ob es verschiedene (evolutionäre oder revolutionäre) Entwicklungspfade gibt. So ist eine verbreitete Entwicklungstheorie der modernen Gesellschaft, die soziologische Modernisierungstheorie, auch dadurch in Verruf geraten, dass sie nur das westliche Entwicklungsmodell hin zur Moderne kannte und es im Rahmen der Entwicklungspolitik allen anderen Ländern vorschreiben wollte. Man sieht, dass es recht schwierig ist, gerade über das Thema der kulturellen Evolution ohne Einbeziehung seiner weltanschaulichen und politischen Dimensionen zu verhandeln. Dies kommt auch in der Bewegung des Sozialdarwinismus zum Ausdruck, bei der das Gesetz des „survival of the fittest" zur Begründung ungerechter gesellschaftlicher Verhältnisse (bis hin zum Genozid) hat herhalten müssen (Scheunpflug a.a.O.:34).

Trotz all dieser Problematik lohnt jedoch ein Blick auf die kulturelle Evolution, weil zum einen sowohl Kulturtheorie und Anthropologie ohne Berücksichtigung des Entwicklungsaspektes kaum sinnvoll betrieben werden können und zum zweiten dieser Blick Aufschluss über die kulturelle und anthropologische Relevanz von ästhetisch-künstlerischer Praxis geben kann. Es gibt zudem seit einiger Zeit interessante Forschungsansätze und Forschungsergebnisse, die für das Arbeitsfeld der Kulturellen Bildung relevant sind.

Umstrittene Anthropogenese

An Theorien zur Menschwerdung ist kein Mangel. Der Gebrauch oder die Herstellung von Werkzeugen, Sprache, Denkfähigkeit, Religion, Kunst: es gibt kaum eine menschliche Fähigkeit, die nicht in einer der zahlreichen, meist hochspekulativen Theorien als die entscheidende Ursache für die Entwicklung des Menschen genommen wurde (vgl. Fuchs 1999a). Heute noch gültige ältere Anthropologiekonzeptionen (wie etwa die von Helmut Plessner oder Ernst Cassirer) haben bei allem philosophisch-spekulativen Überschuss sehr genau den Erkenntnisstand in Biologie, Verhaltensforschung, Archäologie etc. berücksichtigt. Dies gilt auch heute noch. So stützt sich Michael Tomasello (2006, 2010a), Direktor des *Max-Planck-Instituts für evolutionäre Anthropologie* in Leipzig, auf Experimente im Bereich der Verhaltensforschung bei Primaten und Kleinkindern. Die *Human Ethnology Group des Max-Planck-Instituts für Ornithologie* in Andechs (eine Gründung von Konrad Lorenz) macht vielfältige ethologische und ethnologische Studien insbesondere in ihrem Projekt „EthArts – The Ethology of Arts" zur Untersuchung der Reichweite evolutionärer Erklärungsmodelle im Umgang mit den Künsten (Eibl-Eibesfeldt/Sütterlin 2008; Schievenhövel 2011). Auch in einigen Schulen der Psychologie befasst man sich mit naturgeschichtlichen Grundlagen der menschlichen Existenzweise. So finden sich etwa im Rahmen der kulturhistorischen Schule (Wygotski, Leontiew) und der Kritischen Psychologie, die auf deren Ergebnissen aufbaut, umfangreiche Studien zur Naturgeschichte des Psychischen und zur Entstehung des Bewusstseins. Klaus Holzkamp hat dies zu einem methodischen Dreischritt weiterentwickelt, der die Naturgeschichte, die Sozialgeschichte und schließlich die Ontogenese der Psyche unterscheidet (Holzkamp 1983). Ähnlich verfährt Günter Dux (2005) in seiner „Historisch-genetischen Theorie der Kultur", wobei er als Schlüssel zum Verständnis der kulturellen Evolution die jeweils individuelle

Aneignung eines vorhandenen kulturellen Entwicklungsstandes in der Ontogenese, also die Enkulturation, sieht. Hierfür sieht er in der konstruktivistischen Entwicklungspsychologie von Jean Piaget den relevanten Ansatz.

Sein Anliegen: „Die Evolution von den prähumanen Anthropoiden zum Menschen ist eine Evolution von einer genetisch präfixierten zu einer konstruktiven Autonomie" (ebd.:56). In diesem Konzept lassen sich Reflexivität des Menschen (auch als Basis für die Plessnersche exzentrische Positionalität) sowie die Bedeutsamkeit der Symbole im Sinne von Ernst Cassirer integrieren. Soviel sollte deutlich geworden sein: Fragen der kulturellen Evolution lassen sich nur mehrdimensional und unter Einbeziehung der Erkenntnisse unterschiedlicher Disziplinen klären.

Evolutionäre Anthropologie: Denken, Kommunikation, Kooperation

Dass ein Naturwissenschaftler den ansonsten PhilosophInnen und SoziologInnen vorbehaltenen Hegel-Preis der Stadt Stuttgart erhält, ist unüblich. Dass auch noch Jürgen Habermas, in dessen Lebenswerk die Bedeutung der Kommunikation bei der Konstitution von Gesellschaft im Mittelpunkt steht, die Laudatio hält, unterstreicht die Besonderheit der Arbeiten des Leipziger Entwicklungspsychologen Tomasello. Kulturelle Lernprozesse, so Tomasello, treten beim Menschen an die Stelle genetischer Anpassungsprozesse. Zu diesen gehört nicht nur die Entwicklung eines symbolisch gestützten Systems der Repräsentation der Welt, also der Sprache oder der Bilder, es gehört auch die Fähigkeit einer zwischenmenschlichen Verständigung dazu. Bei aller Respektierung des Aspekts der je individuellen Konstruktion des eigenen Bildes von der Welt: Wenn sich diese je individuellen Konstruktionen nicht auf ein Gemeinsames beziehen, ist Kommunikation und Kooperation nicht möglich. Ausgangspunkt eines solchen verständigungsbasierten Handelns ist das Zeigen auf ein Objekt, wobei gemeinsam geteiltes Wissen entsteht. Menschliche Kommunikation, so Tomasello, entsteht aus dem sinnlichen Akt der Gestenkommunikation. Interpersonalität bedeutet dann auch, dass man die Absichten anderer versteht, was offenbar selbst die höchstentwickelten Primaten (unterhalb des Menschen) nicht können. Offensichtlich werden so von der Sozialpsychologie und der Sozialphilosophie entwickelte Konzepte der Perspektivverschränkung und der Empathie eingeholt, wobei Tomasello all diese Aussagen auf der Basis von Experimenten (mit Primaten und Kleinkindern) entwickelt.

Auch bei Tomasello ist die Ontogenese der Schlüssel der Anthropogenese: „Was den Menschen vom Affen trennt, ist eine Art von Kommunikation, die sowohl die intersubjektive Bündelung wie die generationsübergreifende Weitergabe und erneute Bearbeitung kognitiver Ressourcen möglich macht." (Habermas 2009:3). Interessant ist zudem eine offenbar genetisch bedingte Tendenz des Menschen, altruistisch zu handeln (was ihm die spätere Erziehung offensichtlich austreibt).

Evolutionäre Ästhetik

Dass Ästhetik im Sinne einer Wahrnehmungslehre („aisthesis") nicht bloß PhilosophInnen und KunsttheoretikerInnen, sondern auch PsychologInnen und BiologInnen beschäftigt, liegt nahe. Es könnte sogar so sein, dass eine Ausweitung der Themen über eher enge kunstphilosophische Themen hinaus zu epistemologischen Fragestellungen eine „unübersehbaren akademischen Ermattung der Ästhetik in den letzten 10 Jahren" (so Ch. Menke, zitiert nach Lauschke 2007:20) beheben könnte. Diese Ausweitung des Fragespektrums erfasst dann auch die kultur- und naturgeschichtliche Gewordenheit unserer Sinne wie Sehen, Hören, Schmecken etc., also die körperliche Basis einer jeglichen ästhetischen Weltzugangsweise. Zwanglos lassen sich dann die Forschungen aus dem Bereich der Historischen Anthropologie (Wulf 1997) anschließen, die sich (unter anderem) mit der Kulturgeschichte der Sinne (und der entsprechenden philosophischen Reflexionen) befasst (siehe Karsten Lichau /Christoph Wulf „Arbeit am Sinn. Anthropologie der Sinne und Kulturelle Bildung" in diesem Band). Eine „evolutionäre Ästhetik" versteht sich als biologisch informierter Zugang nicht bloß zu den Sinnen, sondern durchaus auch zum Problem der Schönheit und ihrer Rolle in der Evolution. Unter Bezug auf Charles Darwin lässt sich daher fragen, welche Entwicklungsvorteile eine so verstandene ästhetische Disposition in der Evolution der Menschen erbringt. Vergleiche mit dem Tierreich zeigen, dass prächtige Ausgestaltungen beim Männchen die Funktion haben, sich Weibchen als geeigneter Sexualpartner anzudienen. Bestimmte „ästhetische Kategorien" (etwa der Körperbau) identifizieren die Träger solcher Eigenschaften als besonders durchsetzungsstark im Kampf um das Überleben und die Erhaltung der Art. Andere „Schönheits"-Leitlinien unterstützen die notwendigen Instinkte zur Hege und Pflege des Nachwuchses. Ellen Dissanayake (2002), in diesem Feld anerkannte Forscherin, zeigt in ihren Arbeiten, dass eine für die (kulturelle) Evolution des Menschen bedeutsame Funktion des Ästhetischen darin bestand, im alltäglichen Überlebenskampf hochrelevante Dinge oder Handlungsabläufe durch Schmuck oder andere Hervorhebungen in ihrer Besonderheit und Bedeutung hervorzuheben. Der Psychologe Eckhard Neumann (1996) zeigte wiederum, dass die Herausbildung ästhetischer Expressivität beim Menschen notwendig war, um die Emotionen zu beherrschen.

Auch ÄsthetikerInnen scheuen sich nicht, in dieser Form naturwissenschaftliche Forschungen zur Klärung von Problemen zuzuziehen. Einen ambitionierten Entwurf hat die Cassirer-Schülerin Susanne Langer (1979) vorgelegt. Auch Wolfgang Welsch (2004) befasst sich mit evolutionärer Ästhetik. Unterstützt werden solche Ansätze durch eine Verbindung von ethnologischen und ethologischen Forschungsansätzen. Das Ziel ist es, neben der philosophischen Aufgabe, die Künste und das Ästhetische als unverzichtbaren Teil der conditio humana nachzuweisen, naturwissenschaftliche Belege für diese These zu erbringen. Dabei kommen – neben der kognitiven Zugangsweise des Menschen zu sich und zur Welt – die nichtintellektuellen Welt- und Selbstverhältnisse des Leibes sowie andere als diskursive Kommunikationsformen in das Blickfeld. Es geht um Bilder, Gesten, musikalische, theatrale und tänzerische Ausdrucksformen. Es ist dabei daran zu erinnern, dass diese Vielfalt menschlicher Welt- und Selbstverhältnisse gerade die Spezifik der Cassirerschen Philosophie der symbolischen Formen ausmacht, wobei es um eine Überwindung falscher Dichotomien (Geist/Körper; Verstand/Sinne etc.) geht. Dabei sind gerade diejenigen Prozesse von Interesse, die im Tier-Mensch-Übergangsfeld geschehen, an deren Ende die Naturgeschichte des Menschen in die Kulturgeschichte des Menschen übergeht. Es geht um das Rätsel der Kunst als einer Vermittlung von Sinn und Sinnlichkeit: „Kunst", so Eibl-Eibesfeldt/Sütterlin mit ihrem Schwerpunkt auf Bildkunst, „ist ein Medium der Mitteilung, das die Zeit überdauert (2008:19). Sie wirkt, wie das geschriebene Wort, nachhaltig über Generationen. Sie appelliert an unsere Sinne, unser Gefühl, auch an ethische Normen." Ein solcher kultur-evolutionärer Zugang zum Ästhetischen und zur Kunst kann jedoch nicht von Kunsttheorie und Ästhetikkonzeptionen ausgehen, die aufs Engste mit der Moderne verbunden sind. Insbesondere ist eine – oft auch nur verkürzte – Verständnisweise von Kunstautonomie zu überwinden, die die Kunst von den Erfordernissen des (Über-)Lebens abtrennen will, da es gerade um ihre kulturelle Relevanz geht (siehe Max Fuchs „Kunstfreiheit und Kunstautonomie – Facetten einer komplexen Leitformel" in diesem Band).

Zur kulturellen Evolution von Symbolen

Das Kreuz ist zunächst einmal ein materieller Gegenstand. Wäre es nur dies, könnte man nicht verstehen, warum sich Menschen dafür umbringen. Hinter dem materiellen Ding, das zudem sehr unterschiedlich aussehen und aus verschiedensten Materialien hergestellt sein kann, steckt eine nicht sichtbare, aber im Bewusstsein der Menschen vorhandene Bedeutung. Das materielle Ding repräsentiert diese, macht sie kommunizierbar, organisiert Diskurse und soziale Gruppierungen und transportiert die Bedeutung über Raum und Zeit (Fuchs 2011d). Offensichtlich hat diese Kombination von Materialität und Bedeutung, eben: ein „Symbol", eine erhebliche Macht im Leben der Menschen. Alles kann dabei zu einem Symbol werden, wobei der Kreis derer, für die ein beliebiges Ding eine Symbolqualität gewinnt, ein Träger von Bedeutung wird, unterschiedlich groß sein kann. Sprache – wie jede andere Form von Kommunikation – ist offensichtlich ein Symbolsystem. Symbole sind so zentral für den Menschen, dass Cassirer diesen als „animal symbolicum" definiert: Es ist nur der Mensch, der die Fähigkeit zur Symbolbildung hat. Wie diese Fähigkeit zustande gekommen ist, ist für jede der symbolisch gestützten Formen der Welt- und Selbstverhältnisse des Menschen im einzelnen zu untersuchen: Wie entsteht Sprache? Wie entsteht die Fähigkeit zum Gebrauch von Bildern und Gesten? Wie entsteht die Fähigkeit zur Musik? (Zur Komplexität der Symboltheorien siehe Rolf 2006). Damit geht aber auch die „Zuständigkeit" für die weitere Untersuchung in die Kompetenz der jeweiligen Fachgebiete über.

Zum Weiterlesen

Fuchs, Max (2011): Kunst als kulturelle Praxis. Eine Einführung in die Ästhetik und Kunsttheorie für die Praxis. München: kopaed.

Habermas, Jürgen: Laudatio für Michael Tomasello am 16.12.2009 in Stuttgart www.stuttgart.de/item/show/383875 (Letzter Zugriff am 27.07.12).

Müller, Helmut A. (Hrsg.) (2008): Evolution: Woher und Wohin? Göttingen: Vandenhoeck & Ruprecht.

Tomasello, Michael (2010b): Warum wir kooperieren? Berlin: Suhrkamp.

Karsten Lichau/Christoph Wulf
Arbeit am Sinn. Anthropologie der Sinne und Kulturelle Bildung

Kulturelle Bildung als ‚Arbeit am Sinn'

Die „Sinne als anthropologische Grundlage" Kultureller Bildung zu begreifen, ist alles andere als selbstverständlich, sondern vielmehr selbst Ausdruck einer bestehenden Kultur, ihrer Wissenschaften und Praktiken: Denn lange Zeit galten im europäischen Denken die Sinne des Menschen als widerspenstiger Gegenpart, als das beunruhigende, ja gefährliche Andere von Kultur und Zivilisation.

Von der griechischen Antike über Rationalismus und Aufklärung bis in die Spät-Moderne des 20. Jh.s wiesen die anthropologisch-philosophischen sowie die kunst- und kulturästhetischen Disziplinen die Sinne zumeist den niederen menschlichen Vermögen zu oder erblickten in ihnen gar Feinde der Vernunft, die es zu bekämpfen und zu unterdrücken galt. Die Aufgabe von Kultur und Bildung sehen einflussreiche Autoren von Platon über René Descartes und Immanuel Kant bis hin zu Sigmund Freud eher in der Zähmung oder Disziplinierung der menschlichen Sinne, als dass sie Kultur auf ihnen aufruhen ließen.

Und noch die aufklärungs- und rationalismuskritischen Strömungen des 19. und 20. Jh.s werten zwar die Sinne auf und erklären sie zum Refugium humaner Authentizität oder zum Quell von Widerstand und Subversion gegen kulturelle Zurichtung; Sinne und Kultur des Menschen bleiben jedoch Gegenspieler. Das Verhältnis zwischen ihnen lässt sich auch hier nicht als „Grundlage" begreifen, sondern als Antagonismus.

Erst mit dem Ende des 20. Jh.s und im Zuge des „cultural turn", der Kultur selbst als beunruhigendes, nicht berechenbares und historisch höchst wandlungsfähiges Phänomen fasst, setzt sich ein neues Paradigma durch: Es setzt die Sinne in ein zwar noch immer komplexes, aber dennoch ‚grundlegendes' Verhältnis zur Kultur und fasst die enge Wechselwirkung zwischen ihnen nicht mehr in antagonistische Verhältnisse von Über- oder Unterordnung. Ein tieferer Blick in die Geschichte von Philosophie, Anthropologie, Kunst und Ästhetik zeigt allerdings, dass diese Position keine Erfindung des 20. Jh.s ist: Neben den oft dominanten Positionen der Sinnes-Abwehr oder Sinnes-Unterwerfung, ja oft auch innerhalb dieser Positionen selbst (etwa bei Kant), regen sich immer wieder andere Stimmen, die die Sinne in ihrer Eigenständigkeit und Eigenart würdigen, ihre kritischen und kulturschaffenden Potentiale wertschätzen und ihrer Reduktion auf bloße Diener oder gar Feinde des Geistes und der Vernunft entgegentreten. Étienne Bonnot de Condillac und Johann Gottfried von Herder gehören zu den wichtigsten Vertretern dieser Strömung.

Eine erste umfassende anthropologische Theorie der Unruhe und Offenheit menschlicher Sinnestätigkeit, die der Spezifizität ihrer körperlich-organischen Materialität sowie ihrer fundamental kulturellen Dimension gerecht zu werden versucht, hat Helmuth Plessner verfasst. Dabei zeigt sich in Plessners Werk selbst ein Positionswandel: In „Die Einheit der Sinne", seiner 1923 erschienenen Suche nach den „Grundlinien einer Ästhesiologie des Geistes" (so der Untertitel) hatte er die über die Sinne verlaufenden Empfindungs- und Ausdrucksphänomene noch eher als eine ahistorische und passive, über die Leibeshaltungen vermittelte Angleichung des Menschen an den „apriorischen Charakter der natürlichen Umwelt hinsichtlich ihrer materialen Modi" (Plessner 1980 [1923]:19) verstanden.

Dagegen fasst er später das Verhältnis von Kultur, Körper und Sinnen – ebenso wie diese drei Instanzen selbst – als offen und historisch unabgeschlossen, dynamisch und gebrochen: „Denn der Mensch beruhigt sich nicht bei dem puren Faktum seiner sinnlichen Organisation, er sieht etwas darin, einen Sinn – und wenn er ihn nicht findet, *gibt* er ihm einen und macht etwas daraus" (Plessner 1980 [1970]:332 Hervorhebung im Original). Interessanterweise suggeriert Plessner im Kontext dieser 1970 geäußerten These, diese liege schon 1923 seiner „Einheit der Sinne" zugrunde. Die Sinne werden so zu einer dem Menschen gesetzten Aufgabe und Möglichkeit, an der er sich mithilfe seiner Kultur abzuarbeiten hat. Ein zentrales Anliegen seiner verschiedenen anthropologischen Auseinandersetzungen mit den Sinnen bleibt jedoch auch hier erhalten: Die „Einheit der Sinne" meint nicht eine ver- und berechenbare Einheit der einzelnen Sinne – im Sinne einer gegenseitigen semantischen Vertretbarkeit und organischen Komplementarität –, sondern die Einheit des Mannigfaltigen, in der die einzelnen Sinnesmodalitäten ihren historisch-kulturellen wie materiellen ‚Eigensinn' behaupten.

Für Plessner wie für andere von der Phänomenologie inspirierte philosophische und anthropologische Auseinandersetzungen (Jean-Paul Sartre, Maurice Merleau-Ponty, Erwin Straus) zeichnen Offenheit, Reflexivität, Verschränkung und Differenzierung die menschliche Sinnestätigkeit aus: Die sinnliche Reaktion auf die Welt vergegenwärtigt dem Menschen seine eigene Existenz und die des Anderen; sie vermittelt Körper und Subjekt mit der Welt und den Objekten und ermöglicht Erfahrungen von Wandlung und Kontinuität. Straus fasst all diese Dimensionen sinnlichen Erlebens – die Verweisung auf die Gegenwart des Anderen und die Selbst-Gegenwärtigkeit, aber auch die erinnernd-verschränkende und dadurch differenzierende Dimension sinnlicher Erfahrung – zusammen: „Das Gegenwärtigsein des sinnlichen Empfindens – und damit das sinnliche Empfinden überhaupt – ist das Erleben des Mit-seins, das sich zum Subjekt und zum Gegenstand hin entfaltet. [...] Aus einzelnen Empfindungen wäre die sinnliche Gewissheit der Außenwelt nicht abzuleiten; sie müsste uns fehlen, wären einzelne Empfindungen etwas anderes als eine Differenzierung und Begrenzung der ursprünglichen ‚Ich-Welt-Beziehung' des Empfindens" (Straus 1956:372).

An diese Arbeiten kann eine heutige historisch-kulturelle Anthropologie der Sinne – nicht zuletzt dank Plessners dynamischem Kulturbegriff – anknüpfen.

Zwar hat das heute wirkmächtige Paradigma einer *Performativität der Sinne* und ihres Körpers die Hoffnung auf sinnliche Authentizität enttäuscht. Doch verlieren die Sinne damit nicht notwendigerweise ihren beunruhigenden Charakter – als Organe, die die Grenzen des menschlichen Körpers überschreiten und seine Offenheit zur Welt und zum Mitmenschen ermöglichen, zeigen sie zugleich auch die Grenzen des Humanen an und werden etwa dort zum Störfaktor, wo die Unterwerfung der Menschen und ihrer unterschiedlichen Körper unter die Formen kultureller, politischer und ökonomischer Zurichtung enorm und grotesk wird.

Als ‚anthropologische Grundlage von Kultur und Bildung' lassen sich die Sinne begreifen, weil sie in ihrer „sinnlichen Organisation" selbst dynamisch und bildungsbedürftig sind. Sie treiben den Menschen zu einer – so ließe sich in Anlehnung an Plessner und Hans Blumenberg sagen – ‚Arbeit am Sinn'.

Die historische, kulturelle und gesellschaftliche ‚Arbeit am Sinn'

Um diese Arbeit am Sinn in ihrer kulturellen Komplexität und Differenziertheit zu rekonstruieren, bedarf es einer historischen, ethnologischen und soziologischen Perspektive.

Seit der ersten Hälfte des 20. Jh.s haben Vertreter der französischen *Annales-Schule* (Lucien Febvre, Robert Mandrou) darauf aufmerksam gemacht, dass historische Konfigurationen mit sinnlichen Wahrnehmungs- und Deutungsmustern in einem Wechselverhältnis gegenseitiger Hervorbringung, Stabilisierung oder Destabilisierung stehen. An ihre Theorien und Methoden knüpfen zeitgenössische HistorikerInnen der Sinne (wie Alain Corbin und Mark M. Smith) an.

Die noch weitgehend ungeschriebene (und wohl in weiten Teilen auch in Zukunft nur fragmentarisch zu schreibende) Geschichte der Sinne hätte nicht allein die unterschiedlichen Deutungsmuster, Sinngebungssysteme und diskursiven Kontexte zu untersuchen, in denen die Sinne beschrieben, kommuniziert oder diszipliniert werden; sie sollte auch vor dem hochgesteckten Ziel nicht zurückschrecken, Sinnes-Praktiken der Vergangenheit zu erforschen. So hält Corbin es für durchaus möglich, etwas über die „Aufmerksamkeitsweisen, die Wahrnehmungsschwellen, die Geräuschbedingungen und das aus Erträglichem und Unerträglichem geschaffene Beziehungsgefüge" (Corbin 1998:124), also die „sinnliche Organisation" anderer Zeiten, zu erfahren. Er warnt jedoch erstens davor, diese Zusammenhänge ahistorisch vorauszusetzen, verweist zweitens darauf, dass die Spuren des Sinnesgebrauchs äußerst flüchtig sind und HistorikerInnen drittens leicht „dazu verleitet [werden], die Wirklichkeit des Sinnesgebrauchs mit dem von den Zeitzeugen vorgeschriebenen Bild dieses Gebrauchs zu verwechseln" (Corbin 1998:129). Wo allerdings „unterschiedliche Wahrnehmungs- und Affektsysteme hart aufeinanderprallen, zeichnen sich die widerstreitenden Beziehungsgefüge bisweilen mit einer aufschlussreichen Genauigkeit ab" (Corbin 1998:128).

Schon seit einigen Jahren hat sich die Ethnologie den Sinnen gewidmet. David Howes spricht gar von einem „sensual turn" (Howes 2003:29), der der lange Zeit übersehenen oder zumindest vernachlässigten Beobachtung Rechnung trägt, dass die „sinnliche Organisation" des Menschen in unterschiedlichen Kulturen voneinander abweichende Formen der Wahrnehmung und Deutung sowie differente Verbindungen und Hierarchien hervorbringt. Wie Corbin betont auch Howes die grundlegende Bedeutung sinnlicher Erfahrung für Kulturelle Bildung, warnt jedoch zugleich vor der Illusion, sich in die „sinnliche Organisation" anderer Kulturen vollständig einfühlen zu können. Und er erinnert an die rassistische Vergangenheit ethnologischer Beschäftigung mit den Sinnen. So hat etwa Lorenz Oken im 19. Jh. die klassische Hierarchie der fünf Sinne in eine Hierarchie der Rassen übersetzt.

Schließlich gehen die Formen der „sinnlichen Organisation" des Menschen auch auf die Formen seiner ‚gesellschaftlichen Organisation' zurück – und umgekehrt: Der Antagonismus zwischen Sinnen und ‚Kultur' artikuliert den gesellschaftlichen Antagonismus zwischen verschiedenen Klassen und Gruppen, ihren Kampf um die Anerkennung sinnlich verfasster sozialer Lebenswelten und um die Durchsetzung politischer und kultureller Macht. Pierre Bourdieu, der vielleicht einflussreichste Soziologe der Gegenwart, hat sein opus magnum „Die feinen Unterschiede" explizit als eine Soziologie entworfen, die nicht nur den Sinnen einen großen Stellenwert für die (wissenschaftliche) Beobachtung und Darstellung sozialer Prozesse einräumt, sondern darüber hinaus auch gegen eine sozial und politisch motivierte Disqualifizierung bestimmter Sinnlichkeiten eintritt. Er zielt auf einen Begriff von Kultur, der die Degradierung des sinnlichen Vergnügens und die Reduktion von Kultur auf die ‚high culture' durchbricht. Und nicht zufällig spielt ein ‚niederer Sinn' dabei die Hauptrolle: „Ein umfassendes Verständnis des kulturellen Konsums ist […] erst dann gewährleistet, wenn ‚Kultur' im eingeschränkten und normativen Sinn von ‚Bildung' dem globaleren ethnologischen Begriff von ‚Kultur' eingefügt und noch der raffinierteste Geschmack für erlesenste Objekte wieder mit dem elementaren Schmecken von Zunge und Gaumen verknüpft wird" (Bourdieu 1982:17).

Die Sinnesmodalitäten

Schmecken

Die soziale Distinktion ist also eine Geschmacksfrage: Denn erst die ‚Arbeit am gustatorischen Sinn', die Kulturelle Bildung und soziale Differenzierung des Schmeckens zum Geschmack, heben das Essen vom (tierischen) ‚Fressen' ab. Beim Schmecken liegt damit die historische, kulturelle und gesellschaftliche Bildbarkeit des Sinnes auf der Hand – oder genauer: auf der Zunge.

Eine ernsthafte kulturwissenschaftliche Auseinandersetzung mit dem Schmecken steht allerdings – trotz der ihr von Bourdieu zugeschriebenen Bedeutung – noch aus. Bourdieus Arbeiten zum Geschmack aufgreifend, hätte sie zunächst einmal die vermeintlichen Selbstverständlichkeiten und Klischees zu hinterfragen, die dem Schmecken seine kulturelle Vielfalt nehmen. Inspirieren lassen könnte sie sich dabei von den EthnologInnen Paul Stoller und Cheryl Olkes, die nicht zuletzt durch das olfaktorische und gustatorische Erlebnis einer „sauce [that] smelled and tasted like bird droppings" (Stoller/Olkes 1989:19) auf die Fährte einer Ethnologie der Sinne gelangten. Als höchst wirkungsvoller Ausdruck eines sozialen Konfliktes lässt diese Sauce nicht nur den europäisch schmeckenden EthnologInnen ‚Hören und Sehen' vergehen.

Riechen

Das Riechen ist nicht allein aufgrund seiner Beteiligung am Schmecken, dessen Feinheiten zu großen Teilen über Geruchsnerven wahrgenommen werden (vgl. Barlösius 1999:78ff.), eng mit letzterem verbunden. Wie dieses geht es einher mit einem zwar subtilen, aber doch recht stofflich-materiellen Akt der Inkorporierung. Und doch verlaufen über den in der oberen Nasenhöhle angesiedelten Nahsinn des Geruchs oft Akte der Distanzierung: Sich ‚nicht riechen zu können' schließt ja keineswegs den Austausch olfaktorischer Reize aus.

Welch große historische und soziale Sprengkraft das Riechen freisetzen kann, hat Alain Corbin exemplarisch gezeigt. Sein Buch „Pesthauch und Blütenduft" zeigt, wie die gesellschaftlichen Auseinandersetzungen zwischen Adel und Bürgertum, aber auch die soziale Ausgrenzung der ‚Armen', als sinnliche Inszenierungen aufgeführt werden und einen historischen ‚Sinneswandel' der olfaktorischen Bildung in Gang setzen: Die Protagonisten seiner Geruchsgeschichte sind die schweren, tierischen Duftnoten Moschus, Amber und Zibet, die im 19. Jh. sich durchsetzenden leichten, fruchtigen Blüten-Parfums, der „köstliche Hauch der individuellen Atmosphäre" und sein Gegenteil, der „Gestank des Armen" (Corbin 1984:188f), den im 19. Jh. nicht allein das Prädikat ästhetischer Belästigung umweht, sondern in dem wissenschaftliche Nasen eine Bedrohung der Gesundheit, ja zuweilen sogar den Hauch des Todes wittern.

Fühlen und Tasten

Mit der Haptik verlassen wir die Sphäre der niederen, oft als animalisch geltenden Sinne und tasten uns langsam in die Gefilde jener Sinne vor, die trotz der traditionellen Abwertung der Sinne im Allgemeinen und der ‚niederen' Nahsinne im Besonderen als einer gewissen Nobilität fähig erscheinen. So wird das Tasten und Fühlen in der europäischen Ästhetik, Philosophie und Anthropologie wiederholt (etwa bei Étienne Bonnot de Condillac, Herder oder Michel Serres) zur ‚stärksten' und ‚gründlichsten' (Herder) bzw. zur elementaren und eigentlichen Sinnesmodalität erklärt, auf die alle anderen zurückgehen.

Die nicht nur metaphorische Assoziierung der Haptik mit rationalen Vorgängen des ‚Be-Greifens' und ‚Er-Fassens', ihre insbesondere im 19. Jh. betonte Nähe zur Sphäre des

Emotionalen (die Herkunft der ‚Rührung' aus der Berührung, des ‚Gefühls' aus dem Fühlen), aber auch der Hinweis darauf, dass die „sinnliche Organisation" des Menschen sich an der offenen Grenze seiner tastenden Haut vollzieht, ziehen sich durch die anthropologische, philosophische und psychologische Beschäftigung mit den Sinnen (etwa bei Jean Piaget, Plessner, Maurice Merleau-Ponty oder Serres).

Dieser Wertschätzung des Taktilen als rationales, emotionales oder weltoffenes Vermögen des Menschen steht jedoch die Neigung zum allzu Sinnlichen, sprich: zur Erregung sexueller Lüste und tierischer, irrationaler Triebe entgegen, die dem Tasten, Fühlen und Berühren ebenfalls zugeschrieben werden. Dieser Aspekt und zugleich die historische und kulturelle Bildbarkeit der „sinnlichen Organisation" zeigen sich auch in der modernen Pädagogik. Die taktile Berührung von Kindern oder gar das Streicheln und Küssen gelten lange Zeit als gefährliche und schädliche Erziehungspraxis (vgl. Synnott 2005); die pädagogischen ‚Berührungsängste' lösen sich erst in der zweiten Hälfte des 20. Jh.s, reichen aber bis in die Gegenwart hinein.

Hören und Sehen

Das Hören (siehe Marion Glück-Levi „Hören und Sprechen lernen" in diesem Band) und das Sehen eint nicht nur ihre exklusive Zugehörigkeit zu den sogenannten Fernsinnen, sondern auch zu den ‚höheren' Sinnen, denen eine besondere Bedeutung für die Erkenntnis- und Verstandestätigkeit des Menschen zugemessen wird. Gleichwohl wird – auch in der kulturwissenschaftlichen Forschung – das Hören oft gegenüber dem Sehen vernachlässigt; erst in letzter Zeit und lange nach dem Einsetzen des *visual turn* macht sich auch so etwas wie ein *acoustic turn* in den Kulturwissenschaften bemerkbar (vgl. Schulze/Wulf 2007), etwa in der Frage nach der „Kultur als Resonanzraum" (Lichau/Tkaczyk/Wolf 2009:20).

Besondere Bedeutung innerhalb der einsetzenden Beschäftigung mit auditiven Kulturen kommt der akustischen Konstruktion von Räumen zu. Auch hier hat Corbin in einer vorbildhaften Studie dargelegt, wie der Klang von Glocken soziale Räume hervorbringt und begrenzt, gliedert und strukturiert (vgl. Corbin 1995, insbesondere 139ff.). Die synchrone und das Territorium einende Wahrnehmung des Glockenklangs stiftete kollektive Identitäten (oder Konflikte) und übte eine soziale Bindungskraft aus, wie sie heute modernen Massenmedien zugeschrieben wird. In ähnliche Richtung zielen auch aktuelle Versuche, vergangene und gegenwärtige ‚Klanglandschaften' zu rekonstruieren und aufzuzeichnen. Zum Vorbild für wissenschaftliche ebenso wie für klangkünstlerische Arbeiten wurde das von Murray R. Schafer und seinen MitarbeiterInnen entworfene Konzept des „soundscape" und ihr „World Soundscape Project" (vgl. Schafer 1994).

Es kann, bei aller Vorsicht, Kritik und Relativierung, jedoch kaum einen Zweifel daran geben, dass das Sehen in den modernen europäischen Kulturen seit langer Zeit der vorherrschende Sinn ist. Seine kulturelle Bedeutung oszilliert dabei zwischen den Funktionen von Macht und Kontrolle, Wunsch und Begehren sowie *Anschaulichkeit und Aisthesis*.

Seit Beginn der Neuzeit und insbesondere im Zuge von Rationalismus und Aufklärung unterwirft das Auge die sichtbare Welt den Kategorien einer sprachlich verfassten Vernunft. Diese Entwicklung führt eine schon in der Antike einsetzende Tendenz zur *Literalität* fort, die das Sehen dem Einfluss der Schrift unterwirft und durch die Erfindung von Buchdruck und optischen Instrumenten nochmals verstärkt wird (vgl. McLuhan 1968). In den Disziplinaranstalten von Schule, Klinik und Gefängnis richtet sich der kontrollierende Blick auch auf die soziale Welt.

Doch mit dem Zunehmen optischer Beherrschung wachsen auch die Skepsis gegenüber der *Hyperästhetik* und der *Hypertrophie* des Sehens. Schon lange vor der aktuellen Klage über eine ‚Bilderflut' hat Martin Heidegger kritisch auf die Ubiquität und Einförmigkeit des ‚Weltbildes' hingewiesen (vgl. Heidegger 1950). Jacques Lacans einflussreiche Auseinandersetzung mit dem *Spiegelstadium* hat die Begehrensstrukturen aufgedeckt, die den Anmaßungen des Blickes zugrundeliegen und von denen das Subjekt sich nur scheinbar mithilfe seiner optischen Dispositive befreien kann. Dabei stellen Lacans Texte über das Spiegelstadium bezeichnenderweise selbst ein Beispiel für ein seiner Sinne nicht gegenwärtiges Denken dar, das noch im Nachweis des optischen Trugs seine Ohren verschließt und den Klang der Stimme überhört (vgl. hierzu Deleuze 1993:239f).

Als Versuche, die Verbindung von visuellen Macht- und Begehrensstrukturen wahrnehmbar zu machen und ihnen nicht völlig zu verfallen, lassen sich Formen eines *anschaulichen* oder *aisthetischen* Denkens begreifen (vgl. Wulf 2010, 2009).

Zusammenfassend lässt sich sagen, dass eine Anthropologie der Sinne heute nur noch als eine historisch-kulturelle Anthropologie verstanden werden kann. Als Weiterentwicklung der Plessner'schen Auseinandersetzung mit den Sinnen betont sie die historische, kulturelle und gesellschaftliche ‚Arbeit am Sinn': Der kulturelle und körperliche Ausdruck von Sinnesphänomenen, aber auch deren Wahrnehmung, zeichnen sich durch Relativität, Offenheit und Plastizität aus; die Sinne sind auf Kulturelle Bildung angelegt. Das bedeutet für eine aktuelle kulturelle Bildungspraxis, dass sie die Sinne nicht einfach als körperlich-materielle Objekte oder Substrate vorfindet, sondern selbst hervorbringt. Es gilt daher die kulturellen Stereotypen und Hierarchien einzelner Sinnesmodalitäten ebenso zu hinterfragen wie den Begriff der ‚Kultur' selbst, insofern dieser eine Tendenz zur Disqualifikation von bestimmten Formen ‚sinnlichen Erlebens' und damit zur ‚ästhetischen' Reduktion von Kultur in sich trägt.

Zum Weiterlesen

Plessner, Helmuth (1980 [1970]): Anthropologie der Sinne. In: Ders.: Anthropologie der Sinne. Gesammelte Schriften III. Frankfurt/M.: Suhrkamp.

Plessner, Helmuth (1980 [1923]): Die Einheit der Sinne. Grundlinien einer Ästhesiologie des Geistes. In: Ders.: Anthropologie der Sinne. Gesammelte Schriften III. Frankfurt/M.: Suhrkamp.

Schulze, Holger/Wulf, Christoph (Hrsg.) (2007): Klanganthropologie. Performativität - Imagination - Narration. Berlin: Akadamie.

Wulf, Christoph (2009): Anthropologie. Geschichte, Kultur, Philosophie. Köln: Anaconda (1. Auflage 2004 bei Rowohlt.)

Johannes Bilstein
Anthropologie der Künste

Begriffsgeschichte

Mit „Kunst" ist heute in der Regel ein Erfahrungs- und Handlungssystem gemeint, das mit der Schönheit, dem Bereich des Ästhetischen und mit Vorstellungen genialischer Schöpferkraft verbunden ist. Das war nicht immer so (Bilstein 2009a).

Begriffsgeschichtlich geht „Kunst" auf die griechischen „technai" zurück. Damit sind handwerkliche und intellektuelle Fertigkeiten benannt, die lebensnotwendig sind und deren Begriff – „techné" – sich immer mehr verallgemeinert. Schließlich gibt es eine Vielzahl von technai, zusammengefasst im Kreis umfassender Bildung (enkyklios paideia), die allgemeine Fähigkeiten benennen, ihren Bezug zu den Notwendigkeiten des Alltagslebens noch behalten haben und deren Verständnis sich mit den zeitgleichen Diskursen über die Schönheit und über die Künstler kaum berühren.

Im Lateinischen übersetzen Cicero, Seneca, Plinius und Quintilian „technai" dann mit „artes", und diese Künste sind als „artes liberales" ausdrücklich auf die enkyklios paideia, also den Gesamtkreis der Bildung, bezogen (Bilstein 2001). Über Jahrhunderte werden diese artes immer wieder geordnet, gegliedert und systematisiert (Ballauff 1969:184-227; Fuhrmann 1999:45-55), werden die freien (artes liberales) den mechanischen Künsten (artes mechanicae) gegenübergestellt, wird zwischen schönen und nützlichen, zwischen gewöhnlichen und schmutzigen oder auch kindlichen Künsten unterschieden (Pochat 1986:54). Freilich bringt die vor allem theologisch geprägte Diskussion den Künsten immer auch Misstrauen entgegen: sie könnten sich verselbständigen, müssen deshalb immer wieder unter den Primat der Theologie, später dann der Philosophie gestellt werden. Weiblich allegorisiert, werden sie als Helferinnen und Zulieferinnen disqualifiziert, sie haben bestenfalls vorbereitenden, propädeutischen Wert (Curtius 1948:46-49; Kristeller 1952:164-175).

Mit der Renaissance beginnt dann die Emanzipation der einstigen Mägde. Die artes wollen nun auf ihre je eigene Weise zum Fortschritt der Menschheit und zur Vervollkommnung der Welt beitragen. In einem langen Prozess der Ausdifferenzierung entwickelt sich langsam die – auch institutionelle – Selbständigkeit von Künsten, Schönen Künsten und Wissenschaften. In Grimms Wörterbuch von 1873 findet sich dann eine Art Zusammenfassung dieser langen sprachgeschichtlichen Entwicklung: Unterschieden werden vier Bedeutungsfelder von Kunst als Wissen, Kunst als abstraktes Können, Kunst als Fertigkeit und schließlich „der heutige erhöhte Sinn von Kunst" (Grimm 1873:2666-2684). Damit quittieren die Grimms einen langen Prozess, in dessen Verlauf „Kunst" sich immer mehr mit ästhetischen und genialischen Qualitäten verbindet und schließlich in einer sich zunehmend säkularisierenden Kultur zur Repräsentantin idealer, quasi-religiöser Wertsphären wird (Ehrenspeck 1998; Bilstein 2009b).

„Die Künste" – damit ist also vor dem Hintergrund dieser Entwicklung ein Handlungssystem gemeint, das sich einerseits immer noch auf Fertigkeiten und Können bezieht, das jedoch andererseits mit „erhöhten", irgendwie transzendent legitimierten Ansprüchen verbunden ist.

Differentia spezifica des Humanen

Parallel zu den begriffsgeschichtlichen Verschiebungen entwickelt sich auch der Rang, welcher den Künsten in Bezug auf das Selbstverständnis des Menschen zugemessen wird. Eine Art Ausgangs-Geschichte liefert am Ende des 15. Jh.s Giovanni Pico della Mirandola. In seiner Rede „Über die Würde des Menschen" erzählt er einen letztlich auf Platon zurückgehenden Mythos von der Erschaffung des Menschen durch den christlichen Schöpfer-Gott, in dem dieser als der „höchste Künstler", als „artifex" bzw. „optimus opifex" (Pico 1496: 9/10) in einer Rede dem gerade erschaffenen Adam erklärt, welcher Rang dem Menschen in der Schöpfung zugewiesen ist:

> „Wir haben dir keinen bestimmten Wohnsitz noch ein eigenes Gesicht, noch irgendeine besondere Gabe verliehen, o Adam, damit du jeden beliebigen Wohnsitz, jedes beliebige Gesicht und alle Gaben, die du dir sicher wünschst, auch nach deinem Willen und nach deiner eigenen Meinung haben und besitzen mögest [...] Du bist durch keinerlei unüberwindliche Schranken gehemmt, sondern du sollst nach deinem eigenen freien Willen, in dessen Hand ich dein Geschick gelegt habe, sogar jene Natur dir selber vorherbestimmen" (Pico 1496:10).
>
> „...damit du als dein eigener, vollkommen frei und ehrenhalber schaltender Bildhauer und Dichter (‚plastes et fictor') dir selbst die Form bestimmst, in der du zu leben wünschst" (Pico 1496:9; Bilstein 2009c).

So wird der Mensch bei Pico als kunstfertiges Wesen konzipiert, das sich über seine Kunstfertigkeit definiert, und durch diese Fähigkeiten zu einer Art Vize-Gott wird. Die Künstler wiederum bieten die Prototypen dieser Gott-Ähnlichkeit. Sie sind für die Erfindung des Neuen zuständig, ihnen geht es nicht mehr so sehr um Nachahmung, sondern um Originalität und ingenium. Der „furore dell´arte" befähigt sie, Neues und Unerhörtes zu empfinden und zu erfinden und macht sie dadurch zu Stellvertretern Gottes auf Erden. Kunst-Tätigkeit wird nun auch im Selbstverständnis der KünstlerInnen selbst zu einem „gleichförmig Geschöpf nach Gott" (Dürer), der Künstler wird – in der Sprache der italienischen Kunstlehre bei Leon Battista Alberti – zum anderen Gott, zum „alter deus" (Kris/Kurz 1934:75). Das ihn auszeichnende ingenium ist göttlicher Herkunft, und so wird der Künstler hier auf Erden zu einem Vize-Gott, der fortsetzt, was ein als Künstler (Bildhauer, Architekt etc.) imaginierter Schöpfer-Gott einst begonnen hat (Löhr 2011).

Die Künste und die Künstler sind damit ins Zentrum menschlicher Selbstverständigung gerückt, sie haben im anthropologischen Diskurs einen unvergleichlichen und nicht zu überbietenden Rang eingenommen: sie bestimmen die besten und höchsten Möglichkeiten des Menschen, Kunst wird zur differentia specifica des Menschen (Kris/Kurz 1934:84-85; Bilstein 2011a; Bilstein 2011b).

Diese Hochschätzung der Künste und der Künstler hält sich bis in die Epoche des deutschen Idealismus, findet sich schließlich noch in dem Zentraldokument des deutschen Diskurses über Ästhetische Erziehung und letztlich auch Kulturelle Bildung, in Friedrich Schillers Briefen „Über die Ästhetische Erziehung des Menschen". Die Künste und das Spiel (siehe Ursula Stenger „Spiel als anthropologische Konstante" in diesem Band) machen für ihn das zentrale Charakteristikum menschlichen Daseins in der Welt aus, denn es sind die Künste, in denen das eigentliche Humanum in Erscheinung tritt:

> „Denn, um es endlich auf einmal herauszusagen, der Mensch spielt nur, wo er in voller Bedeutung des Wortes Mensch ist, und er ist nur da ganz Mensch, wo er spielt" (Schiller 1793:291).

Nirgendwo verwirklicht sich diese Fähigkeit, im Spiel Form- und Stofftrieb auszubalancieren so deutlich und so eindeutig wie in den Künsten, die direkt an eine überirdisch legitimierte und transzendent definierte Schönheit gebunden sind:

> „der Mensch soll mit der Schönheit nur spielen, und er soll nur mit der Schönheit spielen" (Schiller 1793:291).

Der Mensch als Gattungswesen verwirklicht sich also in einem in der Kunst und nur dort angesiedelten Ausgleich von Materie und Geist, von Stoff- und Formtrieb, und diese prominente, letztlich auch politisch entscheidende Synthese ist im Bereich der Künste angesiedelt. Eine als säkularisierte Heilsgeschichte konzipierte Fortschrittsgeschichte der Menschheit kann sich insofern nur in den und durch die Künste abspielen (Mollenhauer 1990a; Parmentier 2004b). Seine Kunst-Fähigkeit macht den Reichtum des Menschen aus (Bilstein 2011b).

Notbehelf des Mängelwesens

Dabei ist die Bewertung dieser künstlerischen Potenzen des Menschen seit der Antike durchaus umstritten. Geradezu stereotyp nämlich stehen langen Traditionen „reicher" Anthropologien ebenso wirksame „arme" Überlieferungen (Blumenberg 1971:113) gegenüber. Die gehen davon aus, dass eine als „Stiefmutter" verstandene Natur den Menschen höchst defizitär ausgestattet hat und ihn so dazu zwingt, mit allerlei Geschicklichkeiten und Kunstfertigkeiten diese Defekte irgendwie zu kompensieren (Brede 1980; Pöhlmann 1970). Dieser Streit zwischen eher optimistischen, auf Reichtum akzentuierten und eher pessimistischen, die Ausstattungsarmut betonenden Menschenbildern zieht sich durch die gesamte europäische Philosophiegeschichte, findet dann noch einmal eine besonders ausgeprägte Akzentuierung in den Anthropologien des 18. und frühen 19. Jh.s.

Für Johann Gottfried Herder z.B. ist die Vorstellung einer nur und alleine „schwachen" menschlichen Natur kaum auszuhalten:

Zur Anthropologie des Kindes beklagt er:

> „Mit einer so zerstreuten, geschwächten Sinnlichkeit, mit so unbestimmten, schlafenden Fähigkeiten, mit so geteilten und ermatteten Trieben geboren, offenbar auf tausend Bedürfnisse verwiesen, zu einem großen Kreise bestimmt – und doch so verwaiset und verlassen, daß es selbst nicht mit einer Sprache begabt ist, seine *Mängel* zu äußern – Nein! ein solcher Widerspruch ist nicht die Haushaltung der Natur" (Herder 1772:24; vgl. Wulf 1996).

Aus einer solchen Perspektive heraus muss dann alle Kunstfertigkeit, müssen auch alle Künste als Notbehelf, als Ersatzmittel in Mangelsituationen erscheinen. Dies prägt – mit deutlichen Folgen für die weiteren anthropologischen Diskurse – noch die Kulturtheorie bei Sigmund Freud.

Dessen Vortrag „Der Dichter und das Phantasieren" fungiert schon bald nach seinem Erscheinen 1908 als eine Art Grund-Dokument aller psychoanalytischen Kunst-Theorie. Freud behandelt darin die Frage, warum ein psychischer Apparat Zeit, körperliche Anstrengung und affektive Energie auf eine nicht direkt der körperlichen Befriedigung dienende Tätigkeit wie das Dichten – hier stellvertretend für alle kulturelle Tätigkeit – verwendet. Letztlich geht es Freud also um die Grundlage dessen, was er als Sublimation schon früher immer wieder zum Kernelement der Kultur und zur menschlich-seelischen Höchstleistung zugleich erhoben hat (Freud 1908).

Grundlage – so Freud – aller künstlerischer Tätigkeit ist das Fantasieren. Und bei seinem Versuch einer Psychoanalyse des Fantasierens kommt er zu dem Ergebnis, dass es eigentlich nur ein Motiv geben kann, und das ist der Mangel.

Wenn Befriedigung, also eine vom Konstanzprinzip beherrschte Abfuhr von Energie, Ziel aller seelischen Aktivitäten ist, dann sind alle fantastischen Tätigkeiten immer nur zweitbeste Lösungen, dann wird ein solcherart konzipiertes Seelenleben immer zunächst und vor allem anderen nach der ungebrochenen und ungefilterten Befriedigung suchen. Und ein Psychismus, der solche direkte Befriedigung erfährt, hat keinerlei Veranlassung zu irgendeiner Fantasie-Tätigkeit. Freud formuliert das in einem lakonischen Satz, der in der Folge für die Psychologie der Kunst und umfassender: für jede Kulturpsychologie entscheidende Bedeutung gewonnen hat:

> „Man darf sagen, der Glückliche phantasiert nie, nur der Unbefriedigte. Unbefriedigte Wünsche sind die Triebkräfte der Phantasien, und jede einzelne Phantasie ist eine Wunscherfüllung, eine Korrektur der unbefriedigenden Wirklichkeit" (Freud 1908:216).

Ausgehend von einem ökonomischen Modell des Seelenlebens werden alle menschlichen Aktivitäten, die nicht direkt der Re-Äquilibrierung letztlich körperlich determinierter Energien dienen, als abgeleitete und Umweg-Produkte angesehen, als ein für die Entstehung der menschlichen Kultur unverzichtbarer Überschuss, der dem Subjekt einiges an seelischer Arbeit abverlangt. Und die Fähigkeit zu dieser Arbeit wird im Laufe einer komplizierten Entwicklungsgeschichte allererst aufgebaut (Bilstein 2005).

Unter dem Einfluss Schopenhauers und der deutschen Romantik (Marquard 1963) entsteht bei Freud so das Bild eines unter konstanter Unbefriedigung leidenden Menschenwesens, das sich durch Fantasieren und durch die aus der Fantasie entstehenden vielfältig-bunten Künste über seine libidinöse Mangelsituation hinweghilft. Diese eher „arme" Anthropologie lässt dann auch alle Sozialität, alle zwischen den Menschen entstehenden Praxen als alleine defizitkompensierend erscheinen: das menschliche Miteinander regelt sich über Sublimationsleistungen, die aus dem Mangel heraus entstehen und der Kompensation von Mangel dienen. Dieses Konzept ist bei Freud in eine letztlich dann doch aufklärerisch akzentuierte Zivilisationstheorie eingebettet (Thurn 1976:42-52; Brumlik 2006:231-264), die sublimatorische Kompensation des Mangels gerade als Generator kultureller Leistungen feiert.

Ein solcher Akzent auf dem Mangel kann dann durchaus zu radikal-misanthropischen Perspektiven insbesondere auf die moderne, nicht mehr weltanschaulich gebundenen Künste führen, kann auch die Leistungen der zeitgenössischen Künste insgesamt als nur noch scheinhaft und oberflächlich diskreditieren (Rehberg 2008). Dabei bleibt dann jedoch auch die Leistung der Künste gebunden an eine nicht historisch reflektierte und auch von den realen praktischen Kontexten abgelöste Anthropologie. Umgekehrt kann man aber auch davon ausgehen, dass die Besonderheit des Gattungswesens Mensch sich gerade in seinem sozialen Charakter konkretisiert. „Mitverhältnisse tragen alles, was lebt" (Plessner 1961:193) – eine solche Ausgangsbestimmung der conditio humana weist auch den Künsten einen anderen, letztlich sozial verankerten Rang zu. Keineswegs als „Invalide seiner obern Kräfte" (Herder 1784:143; Kritik: Plessner 1961) wird der Mensch zu kulturellen Leistungen fähig, die sich nicht zuletzt und vor allem in den Künsten manifestieren. In den Werken, den Bildern und Plastiken, den großen Dramen oder Musikstücken manifestieren sich übersummative Effekte, die aus diesen Werken mehr machen als bloße Repräsentanten eines Schöpfer-Willens, als bloße Abbilder von anderem, wirklich Vorhandenem oder als Antworten auf NutzerInnen-Bedarf: Sie produzieren und repräsentieren durch ihr bloßes Dasein einen „Zuwachs an Sein" (Gadamer 1960:133), und dieser Zuwachs markiert in der Tat einen nicht überbietbaren Reichtum.

Könnerschaft und Erneuerungssehnsucht

Aus dem historischen Verlauf des Diskurses über die Künste lassen sich für die zeitgenössische Diskussion vor allem zwei Akzente herausdestillieren. Zum einen stehen die Künste in den sich säkularisierenden und modernisierenden Gesellschaften zunehmend für Erneuerung und Innovation. Gerade Konzepte der Kulturellen Bildung setzen darauf, dass die Beschäftigung mit den Künsten den Individuen die Fähigkeiten vermittelt, mit denen sie die Originalitäts-, Innovations- und Kreativitätsansprüche sich stetig wandelnder Gesellschaften befriedigen können. Insbesondere unter dem Slogan „Kreativität" (siehe Gisela Ulmann „Kreativität und Kulturelle Bildung" in diesem Band) spielen Imaginationen von künstlerisch inspirierten Erneuerungsfähigkeiten in den Diskursen über die Reform und Weiterentwicklung unseres Bildungswesens eine entscheidende Rolle – auch wenn diese Berufung auf menschliche Schöpferkräfte oftmals eher deklamatorischen Charakter hat und die historischen Wurzeln von Innovationsfantasien konsequent missachtet (Bilstein 1999). Die Erschaffung des Neuen, einstmals ein göttliches Urrecht, ist zum geradezu verpflichtenden Programm alltäglich handelnder Menschen geworden, und dabei sollen die Künste irgendwie als Vorbild dienen.

Diese ihnen zugeschriebene Kompetenz für Innovation haben die Künste durch ihr eigenes, seit dem 18. Jh. vor allem im Rahmen des Genialismus immer mehr forciertes Erneuerungs-Pathos selbst beansprucht. Wenn in der Auseinandersetzung zwischen den Alten und den Modernen auf Seiten der Modernen gerade die Fähigkeit zur Erneuerung immer mehr in den Vordergrund der Selbstlegitimation tritt, dann wird über kurz oder lang auch ein entsprechender gesellschaftlicher Anspruch entstehen (Pochat 1986:351-354): die Künste sollen für das Neue zuständig sein, sie werden im kulturellen Diskurs über ihre Innovations-Kompetenzen legitimiert. Dabei kann es ihnen im Einzelfall gelingen, diese Erneuerungs-Sehnsüchte zu befriedigen, in der Regel jedoch werden sie davon utopisch überfrachtet werden (Baader 2007; Bilstein 2007).

Zum anderen aber bleibt der Anspruch auf Können und Fertigkeit, den auch in unserer Zeit die Künste immer noch zu erfüllen haben. Die Arbeit in und mit den Künsten bleibt an die Voraussetzungen von Kultur gebunden, also an Sorge, Pflege und Arbeit, an das Sich-Bemühen um eigene Könnerschaft und eigene Leistung und an das unterscheidende Trennen zwischen dem Gelingenden und dem Misslungenen (Bilstein 2009d). Dieser Anspruch geht auf die alte, vor-genialische Definition von Kunst zurück, und ihn mit den kulturkonstitutiven Erneuerungssehnsüchten zu verbinden – das ist eine Kunst für sich.

Zum Weiterlesen

Bilstein, Johannes/Dornberg, Bettina/Kneip, Winfried (Hrsg.) (2007): Curriculum des Unwägbaren. I. Ästhetische Bildung im Kontext von Schule und Kultur. Oberhausen: Athena.

Ehrenspeck, Yvonne (1989): Versprechungen des Ästhetischen. Opladen: Leske + Budrich.

Mollenhauer, Klaus (1990): Die vergessene Dimension des Ästhetischen in der Erziehungs- und Bildungstheorie. In: Lenzen, Dieter (Hrsg.): Kunst und Pädagogik (3-17). Darmstadt: Wissenschaftliche Buchgesellschaft.

Ursula Stenger
Spiel als anthropologische Konstante

Thema und Begriffsbestimmung

Die Begriffsbestimmung des Spiels ist keine leichte Angelegenheit, da der Begriff so vielfältig verwendet wird. Schon Tiere spielen indem sie sich balgen, verschiedenste Verhaltensmuster probeweise in unzähligen Variationen durchspielen und dabei grundlegende Fähigkeiten einüben (vgl. Papousek 2003:17-28). Wir sprechen von Festspielen, Olympischen Spielen, Liebesspiel und Sprachspiel, Kinderspiel usw. Was ist diesen Spielen gemeinsam? Was macht das Spielerische des Spiels aus? Eine Definition für all diese Phänomene finden zu wollen wäre vermessen. Gegenstand dieses Beitrages ist daher das Spiel als anthropologische Konstante, als Bestimmungsmerkmal des Menschen aus dem Blick historisch sich entfaltender Diskurse. Warum spielen Menschen? Worin besteht jeweils der Sinn des Spiels?

Historische Dimension

Zu allen Zeiten haben Menschen in allen Kulturen gespielt. Einige Spiele halten sich über sehr lange Zeit und sind kulturübergreifend zu finden, andere beziehen sich stärker auf den Zeithintergrund und geraten gewissermaßen aus der Mode. Bereits in der griechischen Antike waren etwa Ball und Schaukel, Wippe und Wägelchen beliebt (vgl. auch im Folgenden Parmentier 2004a:930-934). Mutter-Kind Rollenspiele sind zeitlos, nicht aber das in der Antike beliebte Rollenspiel: Priesterin und Göttin, das heute hierzulande vergleichsweise selten zu finden sein dürfte. Auch Brett- und Rollenspiele zum Leben der Ritter bedürfen historischer Kontexte, auf die sie sich beziehen können.

Parmentier arbeitet (ebd.) heraus, dass das Spiel im christlich geprägten Mittelalter als Sünde und Laster angesehen wurde und zu Beginn der Neuzeit bis ins 18. Jh. eher die Funktion der Regeneration oder Kompensation des Alltags zukam, bis es bei den Philanthropen als didaktisches Instrument genutzt wurde (vgl. ebd.:932).

Im Rückgriff auf die antike Hochschätzung des Spiels wird es bei Friedrich Schiller zum eigentlichen Bestimmungsmerkmal des Menschen. „Denn, um es endlich auf einmal herauszusagen, der Mensch spielt nur, wo er in voller Bedeutung des Wortes Mensch ist, und er ist nur da ganz Mensch, wo er spielt" (Schiller 1965:15. Brief). Die durch René Descartes und auch Immanuel Kant vollzogene Trennung von Materie und Geist, von Sinnlichkeit und Vernunft wird für Schiller im Spiel zur lebendigen Gestalt des Menschen aufgehoben. Schönheit und Freiheit werden so realisiert.

Ebenso zentral sieht auch Johan Huizinga das Spiel als anthropologisches Merkmal an. In seinem 1938 veröffentlichten Werk „Homo ludens" geht er davon aus, „dass menschliche Kultur im Spiel – als Spiel – aufkommt und sich entfaltet" (Huizinga 2001:7). Im Spiel geht es dabei entweder um einen Wettkampf, um etwas oder um die Darstellung von etwas (ebd.:22) oder um beides. Zentrales Merkmal ist die Verbildlichung des Daseins, die im Spiel entwickelt, entfaltet und zur Schau gestellt wird. Der Spieler handelt in einer Welt, in der er schön wie eine Prinzessin oder gefährlich wie ein Drache sein kann. Was er in der Spielwelt erlebt, wirkt nach und möchte von ihm immer wieder erlebt werden. Dieses Phänomen des Sehens und Handelns in einer anderen, einer verbildlichten Welt sieht Huizinga auch in Ritualen und kultischen Handlungen, in Tänzen und Musikspielen usw., in denen durch eine Gemeinschaft eine gemeinsame Deutung in Bildern artikuliert und zur Schau gestellt wird (vgl. ebd.:57). Erst im Laufe der Kulturentwicklung tritt dann häufig das eher spielerische Element der Kultur in den Hintergrund.

Weitere Entwicklungen und aktuelle Diskurse

In Weiterführung von Huizinga entwickelten sich *sozial- und kulturwissenschaftliche Ansätze* der Spieltheorie. George Herbert Mead etwa beschreibt die Kommunikation zwischen Menschen als eine Art Rollenspiel, in dem Rollenerwartungen auch über Symbole kommuniziert werden. Einkaufen, zum Doktor gehen usw. bedeutet, eine Rolle einzunehmen und die Rollenerwartungen der anderen zu kennen und darauf zu reagieren (vgl. Mead 1956:112f.). Ein Kind, das gerade lernt sich zu verstecken, hält sich gern die Augen zu, da es die Rolle (Perspektive) des anderen noch nicht vollständig imaginieren kann. Indem es Spiele mit vielen Rollenerwartungen erlernt, die in der Gesellschaft bedeutsam sind, wird es zum Teil der Gesellschaft und entwickelt zugleich seine eigene Persönlichkeit. Die Frage, wie diese Rollen und Symbole entstehen, stellt Mead sich allerdings nicht, er beschreibt nur die Kommunikation innerhalb bereits entwickelter Rollenkonstellationen.

Clifford Geertz wiederum geht davon aus, dass Grundprinzipien einer Gruppierung sich in den jeweils beliebten und verbreiteten Spielen der Gruppe widerspiegeln (vgl. die Analyse des Hahnenkampfs auf Bali, in dem die soziale Matrix simuliert wird, Geertz 1983:202-260). Auf diese Weise können Spiele zum Lernfeld für Kultur und Gesellschaft werden. Gunter Gebauer weist darauf hin, dass Geertz den Aufführungscharakter der Spiele nicht ausreichend berücksichtigt hat, sprich die „körperlich-sinnliche Präsenz des Spielgeschehens" (Gebauer 1997:1044). Diese performative, ostentative Seite von Spielen arbeitet Christoph Wulf (2005:18f.) heraus und weist auf die „Erregungs- und Ausdruckskomponente" hin, die zu „Momenten gesteigerten Lebens" führen kann. So gerät neben der historisch-kulturellen Dimension die Bedeutung des Spiels für die SpielerInnen selbst mehr in den Blick, ihr praktisches Spielwissen, ihr Körpergedächtnis, ihre Art im Medium des Spiels Welt zu deuten und dieses Verständnis praktisch zu inszenieren (vgl. ebd.:19-21).

Will man neben den im Spiel abgebildeten und zu erwerbenden Strukturen verstehen, wie Kinder die Fähigkeit zu spielen entwickeln und welche Bildungsbedeutungen damit konnotiert sind, so wendet man sich *entwicklungspsychologischen und psychoanalytischen Theorieansätzen* zu, die das Spielsubjekt in seiner kognitiven und emotionalen Entwicklung stärker fokussieren (siehe Ulrich Baer „Spiel und Bildung" in diesem Band). Jean Piaget sieht die Entwicklung des kindlichen Spiels in drei Stufen. Zunächst geht das Kind, wenn es etwas exploriert hat und seine Neugier befriedigt ist dazu über, die erworbenen Schemata erneut anzuwenden und zu üben. Es zieht also immer wieder an der Schnur, die das Mobile in Gang setzt. Nicht, weil es wissen will, wie das funktioniert, sondern aus purer Lust an der Funktion, die es immer und immer wieder ausüben möchte (vgl. auch im Folgenden Piaget 1969).

Der nächste Schritt ist dann das Symbolspiel, bei dem das Kind in der Lage ist, auch Schemata, die sich auf Dinge beziehen, die ihm nicht direkt vor Augen sind, auszuführen und immer komplexer zu kombinieren. Das Kind kann nun spielerisch einen nicht vorhandenen Löffel zum Mund einer Puppe führen, vielfältige spielerische Handlungen an seinem „Baby" ausführen, bis die Puppe schließlich einen Namen und eine eigene Persönlichkeit bekommt, mit der das Kind interagiert. Das Handeln in einer imaginären Welt spielt hier eine zentrale Rolle. Das Kind erwirbt die für die weitere Entwicklung so zentrale Symbolfähigkeit, mit der Menschen sich unabhängig von Zeit und Raum Zusammenhänge erschließen können, die ihnen nicht konkret vor Augen liegen. Sie lernen auch vorauszuplanen und zwischen vielen Möglichkeiten abzuwägen.

Schließlich im dritten Schritt wendet sich das Kind stärker der Realität zu. Seine Spiele werden geordneter und geregelter (Regelspiele).

Piagets Theorie berücksichtigt jedoch nur in geringem Maße die Rolle der anderen Kinder als MitspielerInnen. Auch spielen kulturelle und gesellschaftliche Kontexte auf die sich die Spiele beziehen, keine Rolle.

In der entwicklungspsychologischen Perspektive steht, ebenso wie in der psychoanalytischen, das Individuum im Vordergrund. Wenngleich die psychoanalytische Spieltheorie ausgehend von Sigmund Freud (1920), Anna Freud (2010) und Hans Zulliger (1991) wesentliche Kernpunkte im therapeutischen Setting entwickelte, so leistet sie doch, weiterentwickelt und übertragen in pädagogische Kontexte durch Donald. W. Winnicott (1997), Günther Bittner (1981) und Gerd E. Schäfer (1995), u.a. einen wichtigen Beitrag zum Verständnis des Spiels. Im Spiel können Konflikte bearbeitet, symbolisch dargestellt und auch verarbeitet werden. Das Kind, das etwa unter der Abwesenheit der Mutter leidet, kann dies im Spiel aufgreifen und so selbst zum Akteur werden und eine aktive Rolle einnehmen. Für Zulliger entfaltet das Spiel dann seine heilenden Kräfte, wenn dem Kind seine dargestellten Themen nicht gedeutet werden, da es nichts wissen, sondern etwas erleben möchte, das ihm weiter hilft (vgl. Zulliger 1991:80). Für Winnicott ist der zentrale Gewinn des Spiels, dass das Kind in einer bestimmten Weise des Vertieftseins durch Entfaltung von Spielbereich und Handlung etwas äußerlich darstellt, wofür es Vorstellungen und Themen aus seiner inneren Realität nutzt. Auch Winnicott hält wenig von Deutungen des Spiels, die Kindern angeboten werden, da sie zu Anpassungen führen können und so die wesentliche Funktion des Spiels, die Veräußerlichung des Inneren nicht mehr erfüllen könnte (vgl. Winnicott 1997:62f.) Während Bittner (1981:200-206, 1996:154-160) Spielmaterial fordert, das offen ist für kreative Sinngebungen, die zu Selbst-Symbolisierungen führen können, weist Schäfer (1995:141-196) darauf hin, dass beispielsweise auch Technik und Science-Fiction-Spielzeug Gelegenheit zum Selbstausdruck bietet, indem Spielgeschichten inszeniert werden, die etwa auch eine Auseinandersetzung mit der Geschlechtsidentität bieten. Spielzeug, wie es etwa in den Spielzeugkatalogen für Jungen und Mädchen angeboten wird, fokussiert auch heute noch eindeutig gesellschaftlich vorgegebene Rollenmuster, die in entsprechenden Farben und den passenden Utensilien (Puppen oder Werkzeuge etc.) nahegelegt werden. Das Spiel stellt ein wichtiges Erfahrungsmedium des Kindes dar, über das es seine subjektiven Erfahrungen verdichten, deuten und in seine persönliche Geschichte, aber auch in kulturelle Kontexte einordnen kann (Schäfer 1995:247).

Rolf Oerter greift in seiner „Psychologie des Spiels" (1999) entwicklungspsychologische Aspekte auf (z.B. die Zone der nächsten Entwicklung im Spiel, ebd.:147-170), fragt aber auch grundlegend, warum Kinder überhaupt spielen (ebd.:172-277). Für ihn ist der übergeordnete Gegenstandsbezug im Spiel zentral, das heißt der Bezug der Handlung auf das Spielthema, welches das Kind aktuell oder längerfristig beschäftigt (vgl. Oerter 2003:156-172). Das kann ein Entwicklungs- oder Beziehungsthema sein oder ein sozialer Konflikt, welcher narrativ in Form von Spielgeschichten, räumlich durch Entfernungen und materialisierend durch Gegenstände oder Figuren dargestellt und „übersetzt" wird (vgl. ebd.:171).

Phänomenologische Zugänge zum Spiel fragen nicht nach dem Nutzen der Verarbeitung individueller Problemlagen oder dem Spiel als Daseinsberechtigung im Sinne der emotionalen und kognitiven Entwicklung. Spiegelung und Ermöglichung von Teilhabe an Grundprinzipien von Kultur und Gesellschaft liegen außerhalb des Spielsinns, den die Phänomenologie zu fassen sucht. Der Mensch spielt um zu spielen. Phänomenologische Zugänge zum Spiel angefangen mit Frederik Buytendijk (1933b), Hans Scheuerl (1979) oder Ursula Stenger (2005) fragen nach charakteristischen Merkmalen des Spiels. Welche Art der Selbst- und Welterfahrung wird durch die Dynamik des Spiels konstituiert? Auf welche Weise entsteht die eigentümliche Spielwelt, vom Beginn eines Spiels mit seinen Unterbrechungen, Wendungen und Höhepunkten. Was muss stattfinden, damit die Spieler ins Spiel kommen? Die Dynamik der Entstehung des Spiels und der SpielerInnen betrachtet Buytendijk und bemerkt, dass jedes Spiel sich erst entwickeln muss. „Das bedeutet, dass es nicht von Anfang an in einer vollendeten Entfaltung auftritt, sondern allmählich zunimmt in Intensität und Geformtheit" (Buytendijk 1933a:138). Die Dynamik des Spiels ist für ihn ebenso wesentlich wie der Verwandlungsaspekt, der auftritt, indem der Spieler sich nicht nur aktiv verändert, sondern auch vom Spiel mit den Bildern selbst ergriffen wird (vgl. ebd.:134-142). Als Spieler reicht der Mensch über sich selbst als Individuum hinaus, indem er an einem größeren Geschehen teilnimmt.

Im Anschluss an Scheuerl (1979) kann festgestellt werden: Das Spiel durchbricht den Alltag, es ist zweckfrei, wird um seiner selbst willen gespielt und ermöglicht dort, wo es gelingt, ein Erleben von Freiheit und Überschuss (vgl. auch Parmentier 2004a). Scheuerl spricht von der Scheinhaftigkeit des Spiels (Scheuerl 1979:79-88), was bedeutet, dass ein Angriff im Spiel zwar im Spiel ernsthaft vorgetragen wird, aber im Letzten nicht so gemeint ist. Wer im Spiel fest zuschlägt, der foult und muss vom Spiel ausgeschlossen werden.

Aber kann man das Spiel eines Fußballprofis als zweckfrei bezeichnen? Verdient er nicht seinen Lohn mit dem Spiel? Aus der Perspektive phänomenologischer Spielbetrachtung ist das kein Widerspruch? Selbst hohe Prämien und ein Trainer an der Seitenlinie, der mit allen Mitteln versucht, auf das Spiel einzuwirken, können ein gutes Spiel nicht wirklich lenken oder erzwingen. Alleine das Teilnehmen am Spiel über 90 Minuten macht noch nicht den Spieler aus. Das Spiel muss gelingen, der Spieler muss „im Spiel sein" und das ist keine Frage der Berufsbezeichnung.

Ausblick und Herausforderungen

Die unterschiedlichen theoretischen Perspektiven auf das Spiel beleuchten es jeweils aus einem bestimmten Fokus und vernachlässigen dabei andere Fragestellungen. Eine wichtige Herausforderung entsteht, wenn die Frage nach dem Spiel empirisch gestellt und untersucht wird. Hier wäre es wichtig, Fragestellungen und Untersuchungsmethoden weiter zu entwickeln, die auch die anthropologische Bedeutung des Spiels, den sinnstiftenden Charakter nicht aus dem Auge verlieren und die der Komplexität des Spielgeschehens, wie es im Blick unterschiedlicher Theorien erscheint, auch gerecht werden.

Insbesondere im Bereich der expandierenden Nutzung von Computerspielen sind bislang häufig MedienpädagogInnen und JugendforscherInnen tätig. Beiträge zur Spieltheorie des Computerspielens zu der eigentypischen Variation des Spiels könnten Aufschluss geben über fundamentale Veränderungen. So weist etwa Benedikta Neuhausen (2011:115-130) darauf hin, dass Computerspiele häufig im Diskurs um Gewalt und Suchtverhalten thematisiert werden, während die besondere Art des Computerspiels sowie die spezifischen Lern- und Erfahrungsräume seltener aufgegriffen werden. Benjamin Jörissen befasst sich in einem

Handbuchartikel zu Avataren zunächst mit Rahmungs-, Präsentations-, Interaktions- und Präsenzstrukturen digitaler Umgebungen, bevor er die Bildungsrelevanz der Avatare für deren SchöpferInnen und NutzerInnen herausarbeitet (Jörissen 2009:982-989). Benannt werden hier die „Inszenierung von Identitäten" (ebd.:982), die „Thematisierung von Erfahrungsgehalten" (ebd.) sowie die „Reichhaltigkeit an Ausdrucks- und Handlungsmöglichkeiten im medialen sozialen Raum" (ebd.:983). Jörissen sieht eine „besonders dichte, reichhaltige Gesamterfahrung" (ebd.:982), in die der Spielende involviert ist, ohne distanzlos hineingezogen zu werden.

Vollständige Immersion würde das Ende des Spiels bedeuten, denn ein Spieler, der nicht mehr weiß, dass er spielt, spielt nicht mehr. Wie fundamental jedoch die Veränderungen sind, die durch die Nutzung von Computerspielen hervorgerufen werden, könnte man etwa sehen, wenn man Beobachtungen von einem Abenteuerspielplatz und dort inszenierten Spielen von Gruppen mit denen von thematisch vergleichbaren Kampfspielen vergleichen würde. Hierzu kann man im Internet ein Video „Immersion" von Robbie Cooper (2008) betrachten, das vor allem Jungen beim Spielen von Shooterspielen zeigt. Wenn man in diese auf das Spiel fixierten Gesichter blickt, ihre punktuellen Gefühlsäußerungen und Kommentare (z.B. „Let me kill you") wahrnimmt, wenn man die angestrengten Blicke der weitaufgerissenen Augen sieht, (ein Junge weint stumm, andere äußern Freude über Erfolge), – dann weiß man, dass noch viele Fragen offen sind nach den Veränderungen des Menschen, die durch neue Medien und Spielformen angestoßen werden.

Zum Weiterlesen

Cooper, Robbie (2008): Immersion: http://www.robbiecooper.org/small.html (Letzter Zugriff am 27.07.12).

Huizinga, Johann (2001): Homo ludens. Vom Ursprung der Kultur im Spiel. Reinbek: Rowohlt.

Stenger, Ursula (2005): Zum Phänomen des Spielens. In: Bilstein, Johannes u.a. (Hrsg.): Anthropologie und Pädagogik des Spiels (231-248). Weinheim/ Basel: Beltz.

Winnicott, Donald Woods (1997): Vom Spiel zur Kreativität. Stuttgart: Klett-Cotta.

Wulf, Christoph (2005): Spiel. Mimesis und Imagination, Gesellschaft und Performativität. In: Bilstein, Johannes u.a. (Hrsg.): Anthropologie und Pädagogik des Spiels (15-22). Weinheim/ Basel: Beltz.

Benjamin Jörissen
Anthropologien der Medialität

Dass Medien ein eminent anthropologisches Thema darstellen, scheint angesichts der Bedeutung von Sprache, Zeichen und Bildern in der menschlichen Evolution und Kulturgeschichte evident. Dennoch existiert keine homogene oder systematische „Anthropologie der Medien", die uns zuverlässig über die anthropologischen Aspekte „des Medialen" informieren könnte. Und dies ist kein Zufall: Da es keine allgemeine und allgemein anerkannte „Theorie der Medien" gibt – und möglicherweise wenig Aussicht auf eine solche besteht – ist der Gegenstandsbereich medienanthropologischer Beiträge entsprechend weitläufig. Das „Handbuch Historische Anthropologie" (Wulf 1997) etwa, als ein zentraler Bezugspunkt der neueren anthropologischen Diskussion, listet im Abschnitt „Medien und Bildung" die Artikel „Bild", „Geld", „Kommunikationsmedien", „Neue Medien", „Rhythmus", „Schrift", „Sprache", „Zahl" und „Zeichen". Hier sind gleich mehrere nicht ineinander überführbare Arten von Medienbegriffen involviert – Kommunikationsmedien, Artikulationsmedien, Speichermedien, Containermedien sowie der genuin soziologische Begriff der generalisierten Interaktions- bzw. Erfolgsmedien (z.B. Geld).

Wenn mithin eine medientheoretische Ordnung sich nicht ohne Weiteres anbietet, so lassen sich dennoch unterschiedliche Zugangsweisen erkennen. Medienanthropologische Diskussionsbeiträge lassen sich in systematischer Hinsicht nach der Art und Weise unterscheiden, wie sie Anthropologie und Medienthematik jeweils aufeinander beziehen:

Eine Strategie besteht darin, von Medienphänomenen im Sinne eines Ensembles alltagsweltlich-gegenständlich „gegebener" Medien auszugehen und sie auf bestimmte anthropologische Themen hin zu befragen. Daraus ergeben sich Themen wie etwa: religiöse Formen im Fernsehen, rituelle/mythische Aspekte von News, ritualisierte Kommunikation im Chat, das Menschenbild in der Werbung, Körperkonzepte in postmodernen Autobiografien etc. In einem weiter gefassten Verständnis von „Anthropologie" etwa als „cultural anthropology", also Ethnologie und Ethnografie, zählen hierzu auch Ansätze der „Visual Culture" (Mirzoeff 1998; Sturken/Cartwright 2004). Im Rahmen dieser Strategie werden also ein oder mehrere anthropologische Themen auf ein oder mehrere mediale Felder bezogen, wobei die medialen Formaspekte selbst eher nicht im Zentrum der Diskussion stehen (vgl. Rothenbuhler/Coman 2005; Pirner/Rath 2003; Ginsburg/Abu-Lughod/Larkin 2002; Müller-Funk/Reck 1996; Gumbrecht/Pfeiffer 1988). (Ferner – im Folgenden nicht weiter berücksichtigt – werden im erweiterten Verständnis von „Anthropologie" unter dem Titel „Medienanthropologie" bisweilen auch mediale Forschungszugänge in anthropologischen Feldern subsumiert, also etwa der ethnografische Film.)

Eine zweite Strategie geht von *einem* Medientyp oder -bereich aus, wobei nicht auf mediale Alltagsbegriffe, sondern auf eine dezidiert medientheoretische Beschreibung des Gegenstands Bezug genommen wird. Prominentes Beispiel hierfür ist der Diskurs der bild- und kunstwissenschaftlich verorteten Bildanthropologie (vgl. Belting 2001; Schäfer/Wulf 1999; Kamper 1999). Bei dieser Strategie werden medienspezifische Formaspekte auf anthropologische Sachverhalte (etwa: Ritual, Körper, Imagination) bezogen. Weitere Beispiele für diesen Zugang stellen Anthropologien des Klangs (Schulze/Wulf 2007) oder des Cyberspace (Lévy 1996) dar.

Eine dritte Strategie besteht darin, vom Phänomen der Medialität auszugehen. Es geht hierbei um eine Mediumtheorie, die, sowohl von einzelnen Medienerscheinungen als auch von bestimmten Medientypen abstrahierend, auf übergreifende Form- und Strukturaspekte fokussiert (und von dort aus beispielsweise mediale Architekturen vergleichend differenzieren kann). Anthropologie und Medialität werden aus dieser Perspektive stärker grundlagentheoretisch verknüpft: Aspekte der medialen Konstitution des Anthropologischen und Aspekte der anthropologischen Konstitution des Medialen werden eng aufeinander bezogen, sodass sich daraus zugleich eine Anthropologie der Medialität wie auch eine „medialitätstheoretisch" fundierte Anthropologie ergibt. So gefasste Anthropologien der Medialität nehmen die Konstitutivität von Medialität für das, was jeweils als „Mensch" die historischen Bühnen betritt, in den Blick. Medialität ist aus dieser Perspektive nicht ein anthropologisches Themenfeld unter vielen anderen, sondern ein anthropologisches Kernkonzept, so wie es etwa Körper, Kultur und Imagination darstellen. Im Zentrum stehen dabei – im Schnittfeld von Anthropologie und Medientheorie – Begriffe wie Artikulation (Jung 2009; Schwemmer 2005; Trabant 1998), Performativität (Krämer 2004), Kybernetik (Rieger 2003), das Imaginäre (Pfeiffer 1999), Symbol (Leroi-Gourhan 1988) oder Extension (McLuhan 1969).

Welcher dieser Zugänge für die Erkenntnisinteressen im Feld der Kulturellen Bildung am ehesten hilfreich ist, kann nicht pauschal angegeben werden. Der erste Zugang verfolgt primär ein ethnografisches oder empirisch-anthropologisches Erkenntnisinteresse, das etwa für die pädagogische Praxis vielerlei Einsichten bereithält, jedoch medientheoretisch eher wenig aussagekräftig ist. Der zweite Zugang stellt de facto keinen homogenen Diskussionszusammenhang dar; vielmehr handelt es sich um jeweils eigenständige fachwissenschaftliche Zugänge (Bildwissenschaft, Sound Studies, New Media Studies etc.), die lediglich aufgrund ihrer Strukturverwandtschaft unter eine Kategorie versammelt werden können. In jedem Fall steht hierbei das jeweilige Medienphänomen im ausschließlichen Fokus der Betrachtung, was für die entsprechenden Praxis- und Forschungsbereiche Kultureller Bildung, insbesondere im Hinblick auf Aisthesis und Ästhetik, jeweils von besonderer Relevanz ist (etwa: Stimme/theatrale Bildung, Bild/bildende Kunst, Klang/musische Bildung etc.). Der dritte Zugang betont in seinem allgemeineren Fokus auf Medialität die anthropologischen Grundlagen der Kulturellen Bildung insbesondere aus theoretisch-systematischer Forschungsperspektive.

Historische Dimensionen und gegenwärtige Diskurse

Geht man aus vom Phänomen der *Medialität* als etwas, in das die jeweiligen Selbstbeschreibungen und Selbstverständnisse des Menschen, insofern sie symbolisch, also kulturell vermittelt sind, eingelassen sind, so verweist dies auf eine weit zurückreichende historische Dimension. Hierbei ist *erstens* die Medialität menschlicher Artikulationen von Bedeutung, die in jeder ästhetischen Äußerungsform implizit thematisch wird. Beispielsweise verweisen Gesang und gebundene Sprache auf ein praktisches Wissen über Struktur- und Formaspekte ihrer Hervorbringung, mithin auf die Medialität von Stimme und Sprache, die in ihrer konkreten Formbestimmtheit wiederum auf Mythen und Kosmologien Bezug nimmt. Bereits in der griechischen Antike wurde aber *zweitens* dieses implizit-praktische Wissen expliziert und somit reflexiver Kritik zugänglich – so etwa in Platons Medienkritik, die Formaspekte von Medien sowohl in praktisch-pädagogischer und anthropologischer (Wirkung von Tanz und Gesang auf Moral und Seele) wie auch erkenntnispraktischer und erkenntnistheoretischer Perspektive (gedächtnistheoretische Schriftkritik; erkenntnistheoretische Bildkritik) thematisiert.

Während das mediale Wissen über den Menschen spätestens seit der Renaissance einen immer größeren Einfluss auf das sich anbahnende Verständnis vom Menschen als Gegenstand wissenschaftlicher Auseinandersetzung gewann (Hilgert/Wink 2012), ist eine explizite Reflexion auf die Bedeutung des Medialen in seinen Strukturaspekten für menschliche Selbstverständnisse und -verhältnisse im Wesentlichen ein neueres Phänomen. Friedrich Nietzsches Thematisierung des Einflusses der Schreibmaschine auf den Schreibenden (Nietzsche 2002) mag als ein historischer Vorläufer gelten, während erst die medienanthropologischen Thesen Marshall McLuhans (McLuhan 1969) Medienstruktur und (Sinnes-) Anthropologie explizit zusammendachten, indem sie Medien einerseits als „extensions of men" und andererseits als eigenstrukturelle Phänomene verstanden („the medium is the message"). Je nach Anthropologiebegriff (siehe Eckart Liebau „Anthropologische Grundlagen" in diesem Band) kann man gegenwärtig zahlreiche unterschiedliche, miteinander zum Teil vernetzte Thematisierungsformate von Medien bzw. Medialität ausmachen, so dass sich ein ausgesprochen komplexes Bild ergibt. Vereinfachend lassen sich hervorheben:

>> Cultural Anthropology/Cultural Studies;
>> Medienwissenschaften (im weitesten Sinne incl. Kommunikationswissenschaft, Literaturwissenschaft, Medienpädagogik, Mediologie);
>> Medienphilosophien (unterschiedlichster Provenienz) und ferner, insbesondere im deutschsprachigen Raum;
>> Kulturphilosophie/Sprachphilosphie/Philosophische Anthropologie

Entsprechend ergibt sich nicht nur ein wie oben aufgezeigt systematisch, sondern auch ein diskursgeschichtlich ausgesprochen heterogenes Feld, das von ethnografischer Feldforschung über praxeologische, strukturalistisch-postmarxistische, poststrukturalistische Ansätze bis zur hermeneutischen Kulturphilosophie reicht. Diese Komplexität kann und soll an dieser Stelle nicht Gegenstand der Rekonstruktion sein. Vielmehr wird im Folgenden die Strategie gewählt, die Bedeutung medienanthropologischer Forschung anhand eines für alle Bereiche der Kulturellen Bildung relevanten, wenngleich genuin medienanthropologischen Phänomens darzustellen: das der *Artikulation*.

„Artikulation" als anthropologisches Moment im Schnittfeld von Kultureller Bildung und Medialität

Der Artikulationsbegriff verweist diskursgeschichtlich auf zwei zu unterscheidende Linien. Die erste verläuft von Wilhelm von Humboldts sprachphilosophischem Konzept der „doppelten Artikulation" über Wilhelm Dilthey und Ernst Cassirer (Prägnanzbegriff) hin zur gegenwärtigen (vor allem sprach-)philosophischen Anthropologie (Schwemmer, Trabant, Jung). Die zweite verläuft von Karl Marx zu Louis Althusser; von dort aus weiter etwa zu Stuart Hall und Judith Butler, also zu Cultural Studies und Gendertheorie. Auch wenn diese Linien paradigmatisch und theoriepolitisch weit auseinanderliegen und es im Folgenden insbesondere um den erstgenannten Artikulationsbegriff gehen soll, ist doch die Verknüpfung von Artikulation als individueller Äußerung und Wahrnehmung einerseits und Artikulation als „Gelenkstelle" kulturell-sozialer Formen und individueller Äußerungsformen andererseits für diesen Begriff charakteristisch.

Das Phänomen der Artikulation wird im Folgenden in drei Perspektiven entwickelt. Erstens unter Bezug auf Oswald Schwemmers „medientheoretische Grundlegung" der Kulturphilosophie, die ihrerseits deutlich an Ernst Cassirers Philosophie der symbolischen Formen anknüpft (Schwemmer 2002; 2005); zweitens im Anschluss an die sprachphilosophisch begründete

„Anthropologie der Artikulation" bei Matthias Jung (Jung 2005; 2009); drittens schließlich in pädagogisch-anthropologischer Perspektive.

Der zentrale Aspekt von Artikulation liegt für Schwemmer in der symbolischen Prägnanz, die durch Artikulation erreicht wird. Der Grundgedanke Ernst Cassirers, auf den Schwemmer dabei rekurriert, liegt darin, dass nur in der artikulierten Form kulturellen Ausdrucks überhaupt von Kultur zu sprechen ist. Das Thema betrifft insofern den Kern Kultureller Bildung, als diese Artikulationsprozesse ihr Grundelement darstellen.

Artikulationen versteht Schwemmer dabei im Anschluss an Cassirer als immanente Gliederung geistiger Äußerungen, die „auf ein charakteristisches Sinn-Ganzes" bezogen sind (Cassirer 2002:231). Sie strukturieren und restrukturieren Wahrnehmungsweisen, indem sie „Prozesse der Musterbildung und -anwendung", die „Grammatiken der Sinneswelten" betreffen und verändern – und hierin liegt vornehmlich ihre Bildungsrelevanz: „Wir sehen sozusagen durch die Bilder unserer Bildwelten hindurch, was wir sehen. Wir hören durch die Werke unserer Tonwelten und übrigens auch Geräusch- und Lautwelten hindurch, was wir hören" (ebd.:165).

Neu und entscheidend an Schwemmers Argumentation ist der medientheoretische Aspekt: denn kulturelle Formen sind medial situiert. Die „Prägnanzmuster" selbst – also z.B. die Art, wie Sehen notwendig mit dem Übersehen (im doppelten Wortsinn) verbunden ist – unterliegen, so Schwemmer, als „Formbildungsformen" medialen Strukturen: es gibt keine Artikulation außerhalb medialer Strukturbedingungen. Jede Artikulation bedarf also eines Mediums (ebd.:53), und mediale Formbildungsmöglichkeiten sind „für die innere Gliederung der Artikulation konstitutiv"; ihre Analyse sei daher eine der „Hauptaufgaben jeglicher kulturtheoretischen Reflexion" (ebd.:55). Medien sind also *Strukturbedingungen der Möglichkeit von Artikulation*. Artikulationen setzen die strukturalen Eigendynamiken von Medien in Bewegung (ebd.). Zusammenfassend kann man festhalten: Jede menschliche Artikulation ist prinzipiell auf mediale Eigenstrukturen und ihre (zum Teil selbstreferenziellen) Dynamiken verwiesen. Artikulationen beruhen auf „Prägnanzmustern", die auf diesen Strukturen basieren. Sie bilden die „Grammatiken der Sinneswelten", bestimmen also auf struktureller Ebene Welt- und Selbstsichten.

Während der Körper für Schwemmer in diesen Prozessen allenfalls eine marginale Position einnimmt – im Anschluss an Cassirer geht es um die „geistige" Welt –, zeigt Matthias Jung geradezu entgegengesetzt die Bedeutung von Körperlichkeit für Artikulationsprozesse auf. Im Rückgriff auf Humboldts sprachphilosophisches Konzept der „doppelten Artikulation" (die „unzertrennliche Verbindung des Gedankens, der Stimmwerkzeuge und des Gehörs zur Sprache […]"; vgl. Humboldt 1998:180), verweist Jung auf die enge Verwobenheit von Körper und Sinn bzw. körperlichem und sinnhaftem Ausdruck. Hier sind also die Strukturbedingungen des *Körpers* für die Artikulation von Sinn entscheidend. Artikulation erscheint aus dieser Perspektive als ein übergreifender, körpervermittelter Prozess der Explikation von Erfahrung:

> „Unter Artikulation verstehe ich die – meist okkasionelle, manchmal planmäßige – Explikation menschlicher Erfahrung durch die Performanz von symbolischen Akten […], in denen die implizit-qualitative Gestalt gelebter Erfahrung in die explizit-semantische Gestalt eines prägnanten Symbolismus transformiert wird. […] Sie stellt das vernachlässigte Medium dar, das Wahrnehmung und Sprache, Subjekt und Intersubjektivität, fließenden Bewusstseinsstrom und objektive Bedeutung, somatischen Ausdruck und Geist zusammenbringt" (Jung 2005:105).

Jung betont also erstens den Aspekt der Explikation von zuvor Implizitem – und somit den reflexiven Charakter von Artikulation. Damit liegt der logischen Form nach eine Prozessbeschreibung vor. Artikulation ist somit etwas, das in seinem Charakter zwischen Prozess (des

Artikulierens) und Produkt (des Artikulierten) oszilliert. Zweitens, damit zusammenhängend, wird deutlich, dass Artikulation nicht nur ein subjektiv-reflexiver, sondern wesentlich auch ein performativer und somit sozial situierter, intersubjektiver Prozess ist. Artikulationen sind als Äußerungen Kommunikationsakte, die als solche Geltungsansprüche erheben. Soziale Erfahrungen sind mithin impliziter Bestandteil schon des Artikulationsprozesses, wenn und insofern diese als Maßstab der Anerkennungsfähigkeit von Artikulationen herangezogen werden: insofern geht es um eine Form der Reflexivität, die zugleich „Inneres" medial expliziert und diese Explikation bereits (im Sinne innerer Kommunikation) an sozialen Erfahrungen ausrichtet.

Zeigt Schwemmer auf, dass Artikulationen in mediale Strukturdynamiken eingelassen sind (und sich nicht jenseits dieser denken lassen), so verweist Jung wie gesehen vor allem auf die Körpergebundenheit von Artikulationsprozessen. Medialität und Körperlichkeit werden somit als zwei Aspekte von Artikulation sichtbar: Denn was zunächst als Gegensatz erscheinen kann (zumal in der eher körperfernen Argumentation Schwemmers), lässt sich tatsächlich als Ausdruck der Tatsache verstehen, dass „Körper" als Erscheinender (also sichtbarer, sozial signifikanter Körper) selbst Ergebnis und Aspekt von Artikulationsprozessen ist; sowohl hinsichtlich der von ihm vorgegeben Strukturbedingungen für Artikulation als auch der Kulturalität der Formen, die ihn zum sozialen Körper werden lassen. Letztere hat Pierre Bourdieu als Inkorporation von Habitus und praktischem Wissen an vielfältigen Beispielen dargelegt (Bourdieu 1979a; vgl. auch Gebauer/Wulf 1998). *Medialität durchzieht den Körper*: aufgrund seiner eigenen Hervorbringungsdynamiken ist er insbesondere offen für das, was Schwemmer als „artikulative Prägnanzmuster" bezeichnet. Er ist, wo er nicht auf genetische Dispositionen zurückgreift, angewiesen auf diese Muster (man denke an die Kapazitäten der Musteranalyse bei Neugeborenen und ihre Bedeutung für frühkindliche Eltern-Kind-Kommunikation; vgl. Stern 1985). Die Grenzen des Körpers sind nicht die Grenzen des Organismus; Körper ist artikulativ, mithin medial (co-)konstituiert und somit zugleich qua Symbolhaftigkeit entgrenzt. Zugleich entzieht sich der Körper dem identifikativen Zugriff, denn er ist immer auch Zugrundeliegendes (hypokeimenon, subjectum) von Artikulationsprozessen.

Die Annahme einer basalen Verbindung von Körper und Ausdruck bedeutet jedoch nicht, dass Ausdrucksprozesse in jedem Akt unmittelbar körperliche sein müssen. Vielmehr schreibt sich der Körper historisch in die „Prägnanzmuster" der Ausdrucksformen ein – gerade auch dort, wo Artikulationen nicht (mehr) unmittelbar körperlich hervorgebracht werden. So verweist die Schrift qua Sprachgebundenheit wesentlich auf die körperlichen Artikulationsbedingungen. Gerade der Moment, in dem Schrift sich von der gesprochenen Sprache vollends emanzipiert – wie etwa in der Typographie oder, deutlicher noch, in nicht wenigen Werken der modernen Lyrik – verweist als Grenzüberschreitung auf sein Anderes, die „sprechbare" Schriftsprache. In ähnlicher Weise verweisen etwa digitale Instrumentensimulationen höchst präzise auf die qua Modellierung ersetzten Körper. Die Symbolhaftigkeit des medial Artikulierten erlaubt mithin stets eine Remediatisierung und insofern eine Abstraktion von der unmittelbaren Körperlichkeit des Hervorbringens von Artikulationen (vgl. Mersch 2002). Die körperabstrahierten Formen von Medialität sind wiederum de facto entkoppelt, was die Freisetzung einer Eigendynamik ermöglicht (die im übrigen neue Körperbilder hervorbringt, was insbesondere in visuellen Medien ein zentrales Thema darstellt).

Ausblick

Das Phänomen der Artikulation verweist, wie gesehen, auf einen dreiseitigen Zusammenhang von kultureller Formation/Performanz, Medialität und körperlich-leiblichen Formen der Subjektivation. Der Bildungsbezug von Artikulationsprozessen ist insofern ein ausgesprochen grundlegender. Er setzt nicht erst bei kognitiv verstandener Bildung ein, sondern bei der körperlichen Artikulation von Welt und Selbst. Gleichwohl ist er durchaus im Sinne transformatorischer Prozesse der Veränderung von Welt- und Selbstbezügen zu verstehen; wenn auch nicht unbedingt im Sinne expliziter Reflexion.

Am Phänomen der Artikulation wird somit der Bezug von Medienanthropologie und Kultureller Bildung deutlich. Der Geltungsanspruch Kultureller Bildung wird medienanthropologisch weiter fundiert und (aus dieser Perspektive) differenziert. Kulturelle Bildung wird als Feld sichtbar, in dem über die reflexive Formbetontheit ästhetischer Bildung hinaus das Mediale als Grundaspekt thematisch wird (und zwar bereits dort, wo ein Mediendiskurs explizit nicht geführt wird).

Zugleich wird die Bedeutung der von Schwemmer geforderten Aufgabe eines medialen Strukturverständnisses kultureller Artikulationsformen auch als Aufgabenfeld Kultureller Bildung deutlich. Dies gilt gerade nicht nur in Bezug auf „Mediendinge", also technische und lebensweltlich gegenständliche Medien, sondern ebenso für körpergebundene Artikulationsformen – deren Überführung in andere mediale Architekturen wie gesehen im Medialitätscharakter von Artikulation grundlegend angelegt ist (von den Subdisziplinen Kultureller Bildung her betrachtet, werden hier Schnittstellen zu einer kulturpädagogisch verstandenen Medienpädagogik deutlich; sie werden mittels des medienanthropologischen Diskurses auch theoretisch ausweisbar).

Neben dem hier exemplarisch diskutierten Phänomen der Artikulation ließen sich weitere einschlägige Felder medienanthropologischer Forschung von ähnlicher Relevanz für die Kulturelle Bildung aufzeigen. Neben thematischen Foki – wie etwa Ritual, Spiel, Raum, Zeit, Virtualität, Imagination etc. – ist hier die methodologisch-methodische Dimension zu nennen, die auch für Forschung im Bereich Kultureller Bildung informativ ist. Abschließend sei jedoch noch einmal der Entwicklungsbedarf der Medienanthropologie bzw. der Anthropologie der Medialität hervorgehoben. Die Herausforderung liegt in der Weiterentwicklung der Medientheorie, in der medientheoretisch struktursensiblen Thematisierung anthropologischer Kernthemen, der methodologisch-methodischen Arbeit (Methodeninnovation), der darin begründeten empirischen medienanthropologischen Forschung sowie – aus Perspektive der Kulturellen Bildung insbesondere relevant – der Diskussion ihrer lern-, erziehungs- und bildungstheoretischen Implikationen.

Zum Weiterlesen

Albertz, Jörg (Hrsg.) (2002): Anthropologie der Medien – Mensch und Kommunikationstechnologien. Berlin: Freie Akademie.

Dewey, John (1896): The Reflex Arc Concept in Psychology. In: Psychological Review 3, 357-370.

Krämer, Sybille (Hrsg.) (2004): Performativität und Medialität. München: Fink.

Müller-Funk, Wolfgang/Reck, Hans Ulrich (Hrsg.) (1996): Inszenierte Imagination. Beiträge zu einer historischen Anthropologie der Medien. Berlin/New York: Springer.

Pirner, Manfred L./Rath, Matthias (Hrsg.) (2003): Homo medialis. Perspektiven und Probleme einer Anthropologie der Medien. München: kopaed.

Rothenbuhler, Eric W./Coman, Mihai (Hrsg.) (2005): Media Anthropology. Thousand Oakes: Sage.

Max Fuchs
Kulturbegriffe, Kultur der Moderne, kultureller Wandel

Begrifflichkeiten

„Das Wort ‚Kultur' ist wohl eines der komplexesten in unserer Sprache" – so beginnt Terry Eagleton (2001:7) seine Einführung in die Kulturtheorie. Was für das Englische gilt, gilt erst recht für die deutsche Sprache: Der Kulturbegriff ist in aller Munde. In den Wissenschaften gibt es fast überall einen „cultural turn" (Bachmann-Medick 2006). Die aktuelle Konjunktur des Kulturbegriffs weist darauf hin, dass mit ihm etwas erfasst wird, was bisherige Konzepte und Begriffe offenbar übersehen haben. Seine vielseitige Verwendung in vielfältigen Praxis- und Wissenschaftskontexten lässt zudem erwarten, dass man es mit einer Pluralität unterschiedlicher Definitionen zu tun hat. Eine Vielfalt von Kulturen – was auch immer darunter verstanden wird – entspricht einer Vielfalt der Kulturbegriffe und -theorien. Es kann sich aber auch um Paradigmenwechsel in den Wissenschaften handeln, die ihre Ursache in der Untauglichkeit bislang verwendeter Konzepte haben oder auch bloß Moden sind (Fuchs 2008b).

„Kultur" ist jedenfalls ein Pluralitätsbegriff, ein Begriff, der Relevanz in Theorie und Praxis hat, ein Begriff, an dem sich bestimmte Professionen festmachen. Er hat mit Entwicklung zu tun. Seine Vielfältigkeit und seine Dynamik weisen zudem darauf hin, dass man nicht sicher über seinen Gegenstandsbereich sein kann. Dirk Baeckers (2000:33) Vorschlag, „Kultur" aus all den genannten Gründen als Suchbegriff zu verstehen, macht deshalb Sinn. Auf welche Problemlagen reagiert man also bei der Verwendung des Kulturbegriffs? Wie kommt seine Attraktivität zustande? Welche Problemlage verdeckt aber auch möglicherweise der Kulturbegriff?

Als erste Orientierung sollen zwei Kulturbegriffe wiedergegeben werden. „Kulturphilosophie", so Ralf Konersmann (2003:26), „ist die verstehende Auseinandersetzung mit der endlichen, von Menschen gemachten Welt – und das ist die Kultur." Es geht darum, dass der Mensch handelnd in die Welt eingreift, um diese zu seiner Welt zu machen und auch sich selbst in diesem Prozess gestaltet. Damit wird die Beschäftigung mit der Kultur (als Menschenwerk) zur komplementären Ergänzung von Anthropologie (als Lehre vom Menschen selbst): Kulturtheorie und Anthropologie sind zwei Seiten derselben Medaille. Die tätige Auseinandersetzung mit der Welt, dieser Prozess der Selbst- und Weltgestaltung will verstanden werden – auch dies ist offenbar eine Mitgift der Anthropogenese: der Bedarf an Deutung. „Kultur" kann sich daher sowohl auf Dinge und Prozesse, aber auch auf Geistiges beziehen. Der Kulturbegriff stellt eine Brücke zwischen Basis und Überbau dar (vgl. Eagleton 2001).

Als Kontrast zu dieser philosophischen Annäherung dient eine für die politische und pädagogische Praxis einflussreiche Definition von der *UNESCO*-Weltkonferenz zur Kulturpolitik in Mexiko 1982 (Deutsche UNESCO-Kommission 1983). Die hier festgelegte Bestimmung von „Kultur" ist Grundlage für eine Reihe von völkerrechtlich relevanten Konventionen und Pakten. „Kultur" erhält neben der oben erwähnten alltäglichen, wissenschaftlichen, philosophischen und professionsbezogenen Dimension damit auch eine politische und rechtliche Dimension. So kann „Kultur" gemäß der *UNESCO* „in ihrem weitesten Sinne als die Gesamtheit der einzigartigen geistigen, materiellen, intellektuellen und emotionalen Aspekte angesehen werden, die eine Gesellschaft oder eine soziale Gruppe heranziehen. Dies schließt nicht nur Kunst und Literatur ein, sondern auch Lebensformen, die Grundrechte des Menschen, Wertsysteme, Traditionen und Glaubensrichtungen" (ebd.:121).

Aufschlussreich ist diese Begriffsbestimmung in mehrfacher Hinsicht: Der Begriff der „Kultur" bezieht sich nicht auf den einzelnen Menschen, sondern er ist eine Kategorie des Sozialen, „Kultur" ist ein Totalitätsbegriff. „Kultur" geht von Unterschieden aus, die man wiederum nur durch Vergleiche feststellen kann. Wer von „Kultur" spricht, spricht sofort von Andersartigkeit. „Kultur" ist Lebensweise (also Alltag), erfasst aber auch die Künste. Sie erfasst zudem Werte, Wissenschaften und Religionen.

Angesichts dieser Weite des Bedeutungsspektrums ergibt sich sofort die Frage, wie tauglich ein Begriff sein kann – gerade wenn es um begrenzte Arbeitsfelder und Professionen geht –, der alles erfassen will. Hier setzt das Glossar von Pro Helvetia (2005:31) daher eine Grenze „Diese Definition [...] geht klar über das Tätigkeitsfeld der Kulturpolitik hinaus [...]".

Zur historischen Entwicklung des Kulturbegriffs

Nur wenige, allerdings relevante Etappen des Kulturdiskurses sollen hier erwähnt werden (vgl. umfassend Fisch 1992).

Die tusculanischen Schriften von Cicero stehen am Beginn des Kulturdiskurses. Sein Vergleich der *cultura animi* mit der *cultura agri* ist dabei aufschlussreich: Das Verb *colere*, auf das cultura zurückgeht, bedeutet hegen, pflegen, bewahren und schützen. Ein Stück Land wird durch Arbeit zum fruchtbaren Acker, durch den durch Hege und Pflege die Sicherung des Lebens in der Zukunft sichergestellt wird: Bereits die Agrikultur verbindet Vergangenheit, Gegenwart und Zukunft. Die Parallelisierung der *cultura animi*, also der Philosophie, mit dieser überlebensrelevanten Tätigkeit ist aussagekräftig: Auch das Geistige muss gehegt, gepflegt und geschützt werden. Es gibt zudem eine Entwicklung (dynamischer Aspekt). Der Kulturbegriff verschwindet dann allerdings für Jahrhunderte, bis er in der „Sattelzeit" (also zwischen 1770 und 1830) erneut aufgegriffen und geradezu ein Leitbegriff der Debatten wird. Johann Gottlieb Herder spielt hierbei eine entscheidende Rolle. „Kultur" hat inzwischen seinen Genitiv verloren (Pflege des Ackers, Pflege des Geistes). Kultur wird bei Herder zur Lebensweise von Völkern, wobei nicht nur die Pluralität der Völker und ihrer Lebensweisen (also der Kulturen), sondern auch (fast) ihre Gleichwertigkeit behauptet wird (Fisch 1992:710f.). Herder gilt als Vordenker der Ethnologie, wobei man heute kritisiert, dass er den dynamischen und den interkulturellen Aspekt übersehen hat: Das „Kugelmodell" von Kultur (Kulturen als abgeschlossene Systeme) geht auf ihn zurück. Nunmehr greifen unter anderem Immanuel Kant, Friedrich Schiller und Wilhelm von Humboldt immer häufiger auf den Kulturbegriff zurück. Die Konjunktur verläuft parallel zur wachsenden Rolle des Bildungsbegriffs. In der Tat verwendet man beide häufig synonym, wobei der Prozess der Selbstbildung als Selbstkultivierung, also als Veredelung gedacht wird. Der Kulturbegriff ist ebenso wie der Bildungsbegriff normativ aufgeladen. Auch der Begriff der Zivilisation wird vom Französischen übernommen, wobei es zu ersten Differenzierungen kommt: „Doch während das französische Wort „Zivilisation" hauptsächlich das politische, wirtschaftliche und technische Leben abdeckte, hatte das deutsche Wort „Kultur" einen engeren, überwiegend religiösen, künstlerischen und geistigen Bezug" (Eagleton 2001:17).

Es bahnt sich die durchaus verhängnisvolle Entwicklung des 19. Jh.s an, in der der (scheinbar oberflächlichen) westlichen Zivilisation die (tiefgründige) deutsche Kultur entgegengestellt wird (vgl. Bollenbeck 1994).

Der Diskurs über die Künste und der Kulturdiskurs werden dabei zunächst einmal getrennt voneinander geführt. Man erinnere sich, dass Mitte des 18. Jh.s Alexander Baumgarten in seiner „Aesthetica" zwei Leistungen vollbracht hat: Zum einen setzt er sich für eine Rehabilitation der sinnlichen Erkenntnis ein. Zum zweiten führt er einen einheitlichen Begriff von Kunst ein, der alle Künste wie Literatur, Bildende Kunst, Musik etc. erfasst. Die derart reflektierten Künste werden spätestens seit der „Kritik der Urteilskraft" aus dem Jahr 1790 von Kant und vor allem durch deren einflussreiche Rezeption durch Schiller in dessen „Briefen zur ästhetischen Erziehung" aus dem Jahre 1795 Teil, ja sogar zentraler Motor einer kulturellen Entwicklung und somit Teil einer politischen Vision der Freiheit (vgl. Fuchs 2011a).

Ein weiterer Entwicklungsstrang ergibt sich im 19. Jh. durch die Entstehung der Soziologie. Die Klassiker wie Emile Durkheim, Ferdinand Tönnies, Max Weber und Georg Simmel betreiben diese neue systematische Selbstreflexion der Gesellschaft im wesentlichen als Kultursoziologie. Denn sie befassen sich mit Religion und mit gesellschaftlichen Werten als Basis für einen vom Zerfall bedrohten sozialen Zusammenhalt. „Kultur" wird in den Wissenschaften, in der populären Publizistik, in der Philosophie und in den Künsten zu einem Kernbegriff der Gesellschaftsanalyse mit einer starken kritischen Tendenz. Man kann feststellen, dass die Kulturanalyse der modernen Gesellschaft seit den Preisschriften von Jean-Jacques Rousseau Kulturkritik ist (Bollenbeck 2007). „Kultur" wird zum wichtigsten Konzept, um all die Pathologien der Moderne, die immer deutlicher formuliert werden, auf den Begriff zu bringen. Dies hat bis heute nicht aufgehört: Man spricht im Hinblick auf Kultur von Unbehagen, von der Tragödie, von der Krise. Man sieht besorgt die Auswirkungen auf den Menschen: Nervosität und Neurasthenie als Grundbefunde um die Jahrhundertwende 1900, der eindimensionale Mensch, der außengeleitete Mensch, heute die Depression: Das Subjekt steht unter starkem, meist als deformierend verstandenem Druck der Kultur der Gesellschaft, in der es lebt.

Man kann also unterscheiden:
>> einen anthropologischen Kulturbegriff: Der Mensch als Gestalter seiner Welt und von sich selbst. Kultur als das Gemachte. Dieser Begriff erfasst die Totalität des Gattungswesens Mensch.
>> einen ethnologischen Kulturbegriff: Kultur als Lebensweise. Dieser Begriff erfasst die Totalität der Lebensweise bestimmter Gruppen.
>> einen normativen Kulturbegriff: Dieser Begriff erfasst die Entwicklung und „Veredelung" des Menschen.
>> einen soziologischen Kulturbegriff: Dieser Begriff erfasst das Subsystem Kultur mit den Kulturmächten Kunst, Religion, Sprache, Wissenschaft und hat die Aufgabe der Selbstbeobachtung und -deutung der Gesellschaft unter dem Aspekt des Sinns.
>> einen engen Kulturbegriff, der „Kultur" auf die Künste einengt. Dieser Begriff kommt etwa dort zur Anwendung, wo eine „Hochkultur" von einer Alltags- oder populären Kultur unterschieden wird.

Eine alternative Typologie stammt von Andreas Reckwitz (2000). Er unterscheidet:
>> einen normativen Kulturbegriff (von Cicero bis Alfred Weber);
>> einen totalitätsorientierten Kulturbegriff (von Herder bis zur aktuellen Ethnologie);
>> einen differenztheoretischen Kulturbegriff, der Kultur in einem unterscheidbaren Subsystem verortet (von Friedrich Schiller bis Talcott Parsons);
>> einen bedeutungs-, symbol- und wissensorientierten Kulturbegriff (von Ernst Cassirer über den amerikanischen Pragmatismus bis heute).

Reckwitz hält nur den Letztgenannten heute für relevant.

Die aktuellen Debatten

Die Kulturdebatten sind heute ausdifferenziert und werden in den verschiedenen Disziplinen geführt (vgl. Fuchs 2008b, 2011a). Keine dieser Disziplinen hat dabei ein prioritäres Deutungsrecht. Für die Kulturpädagogik und die Kulturpolitik ergibt sich daraus die Schwierigkeit, dass sehr unterschiedliche Diskurstraditionen unvermittelt aufeinander treffen. Relevanzbehauptungen wie die von Reckwitz haben daher wenig Bedeutung für die praktische Arbeit. Man muss vielmehr davon ausgehen, dass in den praktischen Disziplinen totgesagte Ansätze weiter fortbestehen und Bedeutung haben. So ist der normative Kulturbegriff wegen der Formulierung und Begründung von Zielen und Werten weiterhin wichtig in der Pädagogik. Auch der Gedanke der Veredelung ist lebendig. Es ist also aus der Perspektive der Kulturpädagogik im Detail zu klären, welche Theorieansätze für welche Zwecke bedeutsam sind. So bleiben philosophische Kulturtheorien relevant für die Einübung in eine allgemeine (Selbst-)Reflexion individueller und gesellschaftlicher Entwicklungen. Soziologische Kulturtheorien, von denen einige in Moebius/Quadflieg (2006:44) vorgestellt werden, sind hilfreich bei der Analyse konkreter gesellschaftlicher Trends. Eine genuin pädagogische Kulturtheorie gibt es nicht. Vorhandene Kulturdiskurse orientieren sich oft an einem Konglomerat ethnologischer, philosophischer oder soziologischer Versatzstücke oder setzen die Tradition der geisteswissenschaftlichen Pädagogik fort (Beispiel: Helmer 2004). Für die Kulturpädagogik ergiebiger sind entsprechende Reflexionen etwa in der Sozialpädagogik (z.B. Treptow 2001).

Die Vieldimensionalität des Kulturbegriffs mit seinen politischen, theoretischen, praktischen, ideologischen etc. Akzenten muss von der Kulturpädagogik eingeholt werden. Speziell bei der Rede von der „Kulturellen Bildung" ist zu beachten, welche Dimension verloren geht, wenn man diesen Begriff durch alternative Begriffe wie „künstlerische" oder „ästhetische Bildung" ersetzt (Fuchs 2008a). Der Kulturbegriff in seiner ideologischen Dimension kann dazu führen, dass ökonomische, politische oder soziale Prozesse eingeengt als „kulturelle Prozesse", also bloß als Prozesse des Symbolischen und der Bedeutungsebene interpretiert werden. Dies ist eine Form des Kulturalismus. Zumindest als heuristisches Mittel ist es nach wie vor von Nutzen, die „klassischen" Gegenbegriffe von „Kultur" im Auge zu behalten: Kultur als Gegenpol von Natur, Technik, Zivilisation, Politik, Wissenschaft etc.

Herausforderungen

Kultureller Wandel

Studien über kulturellen Wandel behandeln vorzugsweise Wertewandel. Es scheint so, dass sich der Wandel beschleunigt. Wichtige Studien hierzu hat der Kulturhistoriker Richard Sennett (z.B. 1998) vorgelegt. Die Moderne ist ein Gegenbegriff zur Tradition. Damit ist eine ständige Umstellung der Menschen gefordert. „Flexibilität" heißt der gegenwärtig aktuelle Schlüsselbegriff, wobei Studien, die sich an Michel Foucault annähern, hierbei vor allem neue Strategien der Unterwerfung („Gouvernementalismus", „Subjektivierung") sehen (vgl. Bröckling u.a. 2004). Vor diesem Hintergrund scheint Kulturpädagogik ein geeignetes Arbeitsfeld zu sein, das von seiner Betonung der Kreativität gut geeignet erscheint, die Subjektform der neoliberal organisierten Wirtschaft und Gesellschaft zu produzieren. Eine Zukunftsaufgabe wird daher darin bestehen, Räume der Emanzipation im Rahmen subtiler werdender Machtverhältnisse zu erhalten.

Neue Formen von Subjektivität

Diese Überlegungen können erweitert werden auf die Frage, in welcher Weise insgesamt die gesellschaftliche Formung des Subjekts – vor allem in Bildungs- und Erziehungseinrichtungen – erfolgt.

Historische Studien zeigen (Reckwitz 2006; Fuchs 2012), wie gravierend der Wandel gesellschaftlich erwünschter Subjektformen in den letzten 200 Jahren war. Es ist eine weitere Herausforderung für die wissenschaftliche Forschung in der Kulturpädagogik, diese Studien zu rezipieren und in Beziehung zu den eigenen Bildungsleistungen zu setzen. Dabei rückt die Notwendigkeit in den Mittelpunkt, das Forschungsdesiderat in Hinblick auf eine Theorie (kultur-)pädagogischer Institutionen, in denen wesentlich eine solche Subjektkonstitution erfolgt, zu verringern.

Interkultur

Kultur funktioniert im Modus des Interkulturellen. Kulturbegegnung kann sogar als Motor der Kulturentwicklung gesehen werden. Dies gilt nicht erst für die jüngere Vergangenheit. Doch fällt es trotzdem schwer, die Dialektik von Eigenem und Fremdem, den Umgang mit Anderen als notwendig und unumgänglich zu akzeptieren. Politisch zeigt sich diese Hilflosigkeit an der immer wieder belebten Debatte über Leitkultur bzw. an der oft populistisch geführten Integrationsdebatte. Kulturpädagogik hat in diesem Kontext besondere Möglichkeiten, im Schonraum kulturpädagogischer Projekte handlungsentlastet Kulturbegegnung zu organisieren. Aber gerade wegen ihrer besonderen Eignung zur interkulturellen Praxis besteht die Gefahr, dass politische Probleme (etwa die Integrationsverhinderung durch Politik und Verwaltung) auf pädagogischen Wegen gelöst werden sollen. Wichtig ist daher eine Unterscheidung, welche Probleme politisch, ökonomisch oder pädagogisch zu lösen sind.

Teilhabe

„Kultur" wurde bereits von Herder zum Zwecke der Unterscheidung benötigt. Die Pluralität von Kulturen und Kulturbegriffen relativiert die Einzigartigkeit der eigenen Kultur. Pierre Bourdieu (1987) fügt dieser allgemeinen Erkenntnis noch die politische Bedeutung kultureller Unterschiede hinzu: „Kultur" ist kein harmloses Konzept eines harmonischen Miteinanders, sondern gelegentlich konfliktreiches Aufeinandertreffen unterschiedlicher Milieus und Lebensstile. Diese wiederum werden sehr unterschiedlich gesellschaftlich anerkannt und bewertet. Sie werden auch unterschiedlich von der öffentlichen Förderung „bedient". Damit stellt sich das Problem der Teilhabe, der gerechten Möglichkeit zur Partizipation (siehe Larissa von Schwanenflügel/Andreas Walther „Partizipation und Teilhabe" in diesem Band). Kulturpädagogik, die mit ihren ästhetisch-künstlerischen Arbeitsformen über ein zentrales Medium der Differenzierung der Gesellschaft verfügt, braucht daher eine besondere Sensibilität für die soziale Wirksamkeit ihrer Arbeitsformen, will sie nicht – unbeabsichtigt – Ausgrenzung vergrößern oder zumindest stabilisieren.

Zum Weiterlesen

Brackert, Helmut/Wefelmeyer, Fritz (Hrsg.) (1984): Naturplan und Verfallskritik. Zu Begriff und Geschichte der Kultur. Frankfurt/M.: Suhrkamp.

Brackert, Helmut/Wefelmeyer, Fritz (Hrsg.) (1990): Kultur. Bestimmungen im 20. Jahrhundert. Frankfurt/M.: Fischer.

Breidenbach, Joana/Zukrigl, Ina (2000): Tanz der Kulturen. Kulturelle Identität in einer globalisierten Welt. Reinbek: Rowohlt.

Hügel, Hans-Otto (2003): Handbuch Populäre Kultur. Stuttgart/Weimar: J.B.Metzler.

Lepenies, Wolf (2006): Kultur und Politik. München: Hanser.

Leopold Klepacki/Jörg Zirfas
Die Geschichte der Ästhetischen Bildung

Zum Begriff der Ästhetischen Bildung

Beabsichtigt man eine historische Rekonstruktion Ästhetischer Bildung, so erscheint es unumgänglich, zunächst einmal einen Begriff dieser Bildungsform zu entwickeln. Dies ist deshalb notwendig, weil es erstens keine allgemeingültige Definition der „Ästhetischen Bildung" gibt und weil zweitens die Ästhetik im wörtlichen Sinn erst seit den 1750er Jahren – begründet durch Alexander Gottlieb Baumgartens (1714-1762) Schrift *Aesthetica* (2 Bde. 1750-58) – zur Entfaltung kam, ein Nachdenken über Ästhetik jedoch seit der griechischen Antike belegbar ist. Darüber hinaus ist mit Blick auf die weitläufige deutschsprachige Diskussion über den Bildungsbegriff und dessen Implikationen ein vielschichtiges semantisches Feld zu konstatieren, das ebenfalls systematisch in den Blick zu nehmen ist, wenn man eine historische Perspektive eröffnen und nachvollziehen möchte.

Vor dem Hintergrund dieser Überlegungen soll es im weiteren Verlauf nun darum gehen, wie sich das theoretische Nachdenken über das, was man aus einer heutigen Perspektive als Ästhetische Bildung bezeichnen kann, historisch in theoretischen Grundpositionen entwickelt hat. Die Fokussierung von Theorien über Ästhetische Bildung erscheint hierbei deshalb als angemessen, weil die vorhandenen historischen textlichen Quellen im Kern Überlegungen und Reflexionen darstellen und kaum Berichte tatsächlicher historischer Praxen Ästhetischer Bildung beinhalten.

Die Tatsache, dass ein Nachdenken über Ästhetik und Bildung seit der griechischen Antike zwar nachweisbar, aber weder mit unseren heutigen Begrifflichkeiten noch in der Fokussierung auf den expliziten Zusammenhang von Ästhetischer Bildung geführt worden ist, macht es notwendig, dass man über weite Strecken implizite Vorstellungen und Konzeptionen sichtbar machen muss. Aus diesem Grund erscheint schließlich ein weiter Begriff von Ästhetischer Bildung eine adäquate Ausgangsbasis zu sein. Ästhetische Bildung soll aus diesem Grund im Folgenden im Sinne einer sinnlich-reflexiven und performativ-handlungsbezogenen menschlichen Praxis verstanden werden „als reflektierende und in Urteilen sich präsentierende Bildungsform, die in besonderer Weise die prozessualen Möglichkeiten für Übergänge, Verknüpfungen und das In-Beziehung-Setzen von Wahrnehmungen, Erfahrung und Imaginationen auf der einen und Kunst, Schönheit und die mit ihr verbundenen Zeichen und Symbole auf der anderen Seite betrifft" (Zirfas u.a. 2009: 20).

Griechische und Römische Antike (8. Jh. v. Chr. bis 6. Jh. n. Chr.)

Das pädagogische Denken der griechischen Antike verweist mit dem Erziehungs- und Bildungsideal der *kalokagathia* als einer Verbindung von Schönheit und Tugend an zentraler Stelle auf die Relevanz eines ästhetischen Moments, da die Auseinandersetzung mit dem objektiv Schönen eine moralische Notwendigkeit bedeutet. Insbesondere bei Platon und Aristoteles finden sich deutliche Hinweise auf das Erkennen und Wertschätzen einer qualitativen Eigenständigkeit derjenigen Bildungsprozesse, die man heute als ästhetische erachten würde, wobei es im Kern Aristoteles war, der der *aisthesis*, also der sinnlichen Wahrnehmung im Allgemeinen, eine grundsätzlich eigenständige Bedeutsamkeit zusprach.

Trotz seiner ansonsten kritischen Haltung der Kunst gegenüber äußert Platon (427-347 v. Chr.) eine explizite Wertschätzung der Musik für die Erziehung, und zwar deshalb, weil die richtige, also wohlklingende, Musik positiv auf die Seele des Menschen einwirkt und damit die Liebe zur Schönheit und deshalb schließlich auch zu Moral und Wahrheit angebahnt wird. Objektive Schönheit als letztgültige Einheit der Differenzen wird hier – wie in der gesamten Antike – gerade auch in einer pädagogischen Perspektive zu einer idealen Bezugsnorm. Dem Prinzip der Nachahmung (*mimesis*) kommt dabei eine zentrale Bedeutung zu: In der Erziehung darf nur Schönes zur Nachahmung gebracht werden, da alles, was Menschen früh und intensiv aufnehmen, zur zweiten Natur wird (siehe Ulf Otto „Mimesis" in diesem Band).

Bei Aristoteles (384-322 v. Chr.) entwickelt sich Ästhetische Bildung zu einer grundlegenden Notwendigkeit bürgerlicher Existenz in der antiken Polis als einer Mußegesellschaft, in der zum einen ästhetisches Tun integraler Bestandteil des Lebens war und in der zum anderen ein tugendhaftes Leben direkt mit den Tätigkeiten der Muße in Verbindung gebracht wurde. Die ästhetische Bildung als Teil der persönlichen tugendhaften Vervollkommnung eines jeden Menschen ist hier also zweckhaft und überindividuell und somit normativ. Es geht nicht um freie ästhetische Entfaltung als Selbstzweck, sondern um die Bildung eines ganz bestimmten Menschen, nämlich des Athener Staatsbürgers. Rezeptive (z.B. das Theater-Sehen) und produktive (z.B. das Erlernen des Musizierens) ästhetische Erlebnisse und damit die Auseinandersetzung mit Kunst entwickeln sich bei Aristoteles in diesem Kontext zu eigenständigen pädagogisch wirksamen Bildungsdimensionen, die sowohl kathartisch (sinnlich reinigend) als auch hedonistisch (sinnlich genießerisch) und erkenntnisleitend wirksam werden konnten.

War für die Griechen die *kalokagathia* der Inbegriff bürgerlicher Vollkommenheit, so äußerte sich die vollkommene Übereinstimmung von Schönheit und Güte im Denken der Römer analog in der Gestalt des *vir bonus*, des guten, tadellosen Mannes. In ihm gehen das Soziale, das Ethische und das Ästhetische eine enge Verbindung ein. Hier wie da wurde eine Beziehung von Körper und Seele angestrebt, in der der schöne Körper Ausdruck der moralisch guten Seele sein soll.

Bei Marcus Tullius Cicero (106-43 v. Chr.) schlägt sich dieses Ideal des *vir bonus* in der Begrifflichkeit des *decorums* als einem äußeren Zeichen für ästhetisch-sittliche Bildung nieder. Das decorum bezeichnet bei Cicero eine ideale, äußerlich wahrnehmbare Analogie von körperlicher und charakterlicher Schönheit. Objektive Schönheit als äußere Manifestation eines inneren Seinszustandes ist damit ein Zeichen von menschlicher Anmut und Würde. Nach Cicero sollte der einzelne Mensch ein schickliches, d.h. harmonisches Leben ausbilden, um letztlich in erster Linie zu einem gesitteten Mitglied des Staates zu werden.

Deutlich weniger staats- als vielmehr subjektbezogen proklamiert der Stoiker Lucius Aeneas Seneca (4 v. Chr.- 65 n. Chr.) eine Kunst des Lebens (*ars vivendi*), die einen muße- und kontemplationsbezogenen Lebensstil impliziert. Diese beiden im Kern ästhetischen Tätigkeiten sollen dem Menschen einen anderen Umgang mit dem Leben ermöglichen. Die tätige Untätigkeit sowie die Hingabe an ein interesseloses Wohlgefallen an der Welt werden dabei zum zentralen Bezugspunkt einer Lebenskunst, die schließlich einen biografischen Selbstfindungsprozess bedeutet, der es dem Einzelnen ermöglichen soll, sich kontinuierlich an den Zustand der Weisheit anzunähern.

Mittelalter (6. Jh. bis Anfang 16. Jh.)

Das europäische Mittelalter, die dazwischen liegende, durch die Humanisten des 14. Jh.s zu einer namen- und identitätslosen Epoche zwischen der Antike und der Neubesinnung auf die Antike in der europäischen Renaissance herab gestufte Zeit von beinahe 1.000 Jahren europäischer Kulturgeschichte, ist in ihrem Denken zutiefst geprägt durch den Nachklang der Antike, den Einfluss germanischer Elemente sowie das Welt- und Menschenbild der christlichen Kirche. In diesem Kontext entwickelt das Schöne für den mittelalterlichen Menschen eine tiefe ontologische und spirituelle Bedeutung. Schönheit ist nicht nur ein abstrakter Begriff, mit dem die ästhetische Wertigkeit eines Kunstobjekts beschrieben werden kann, sondern Schönheit ist in dem von Gott geschaffenen großen Weltengefüge ganz konkret erfahrbar. Eine Bildung an der Schönheit der Dinge wurde deshalb in Verbindung gebracht mit der Entwicklung eines Bewusstseins für die metaphysische Schönheit des Göttlichen. Bildungstheoretisch betrachtet muss der Mensch folglich in seinem Leben zur Schau der transzendenten Schönheit Gottes geführt werden. Diese ist jedoch nicht ohne den Umweg des Erfassens irdischer Schönheit zu denken, die sich in Maß, Zahl, Proportion und Harmonie ausdrücken lässt. Aus diesem Grund ist mittelalterlichen Kunstwerken neben ihrer metaphysisch-kontemplativen Gesamtcharakteristik auch stets ein eigentümlich gebrauchsbezogener Aspekt zu Eigen: Sie können den Weg zu göttlicher Schönheit anbahnen.

Schon bei Aurelius Augustinus (354-430) hatte die Kunst die Funktion, die Schönheit der Welt sichtbar zu machen. Die Zweckdienlichkeit der regelgerechten Kunst, vor allem der Musik sieht Augustinus insbesondere darin, die Wahrnehmung der mathematischen Verhältnisse der Welt zu fördern. Der Bildungsweg führt bei Augustinus dabei weg vom Erfassen des Äußeren, hin zur Beschäftigung des Menschen mit seiner Innenwelt, sprich seiner Seele, deren göttlicher Ursprung aufzudecken ist. Die Wahrnehmung weltlicher Schönheit ist somit nur der Anfang eines Prozesses, der eigentlich auf die Bildung der Seele im Sinne ihrer Befähigung zur Schau der göttlichen Schönheit abzielt. Bildung soll den Menschen zur inneren Einsicht befähigen, dass Schönheit und Wahrheit mit Christus identisch sind.

Allgemein schien es im Mittelalter durch die Musik möglich zu sein, die transzendente Harmonie der Welt erfahrbar zu machen, da man annahm, in der Regelhaftigkeit der Musik würde sich die göttliche Weltenordnung in einer besonderen Art und Weise widerspiegeln. In wirkungsästhetischer Hinsicht geht es dabei darum, die Musik als ein Hilfsmittel aufzufassen, das sinnlich-ästhetische Erlebnisse anbahnt, die dann im weiteren Verlauf in der Lage sind, den Verstand des Menschen auf die unhörbaren göttlichen Harmonien zu lenken. Grundsätzlich wurde die Welt im Mittelalter als ein in sich logisch geschaffener, umfassender harmonischer Korrespondenzbau erachtet, in dem alles auf die göttliche Schönheit verweist. Dementsprechend ist es nahe liegend, eine implizite ästhetische Bildungsvorstellung des Mittelalters anzunehmen, die daraufhin zielt, mittels einer Schärfung des sinnlichen Erkenntnisvermögens die göttliche Wahrheit hinter den Dingen besser erkennen zu können. Derartige Vorstellungen verbleiben jedoch über weite Strecken auf einer nicht ausformulierten Ebene. Vorstellungen Ästhetischer Bildung sind im Mittelalter somit auch nichts Eigenständiges sondern erscheinen in strikt theologischen Argumentationskontexten und sind auch nur vor dem Hintergrund der mittelalterlichen Theologie zu lesen.

Überaus deutlich zeigt sich diese theologische Rück- bzw. Einbindung von Kunst und Schönheit auch bei Thomas von Aquin (1225-1274): Als gebildet erweist sich der Mensch dann, wenn er sich als Konzentrat und Repräsentant einer göttlichen Einheit versteht, die die Welt und das Selbst nach Maßgabe dieser Einheit organisch im Hinblick auf seine Vollendbarkeit formen. Bildung zielt auf den unendlichen Vollzug des Selbst als *Imago Dei*, als Ebenbild Gottes. Von daher ist die Erfahrung der Schönheit nicht gleichzusetzen mit einem psychologischen Überwältigungserlebnis oder mit einer imaginativen Transformationserfahrung oder gar mit der kreativen Hervorbringung eines Gegenstandes. Schönheit bedeutet im prinzipiellen Sinn des Mittelalters das Wissen um die komplexe Ordnung des Seins.

Frühe Neuzeit (12. Jh. bis Ende 17. Jh.)

Unter dem Begriff „Frühe Neuzeit" werden hier die Epochen der Renaissance, der Reformation und des Barock zusammengefasst. Historisch ergeben sich bei diesen Epochen hinsichtlich der europäisch-abendländischen Kulturgeschichte allerdings Überscheidungen mit dem Spätmittelalter und damit auch Schnittstellen zu einer Koexistenz mittelalterlicher und neuerer ästhetischer Vorstellungen. Bis in das 15. Jh. hinein erschien die Welt immer noch als ein zumindest latent wohlgeordneter, ganzheitlicher Kosmos, dem jedoch insbesondere in der Zeit des 30-jährigen Krieges das Bild des Weltenlabyrinths bzw. der aus den Fugen geratenen hiesigen Welt, zur Seite gestellt wurde. Verbindende Kennzeichen dieser sehr heterogenen Strömungen sind unter anderem die Erneuerung antiken Gedankenguts, ein neues dynamisches Menschenbild, das das Subjekt fokussierte, eine verstärkte Hinwendung zur empirischen Erfassung der Wirklichkeit, eine Bedeutungszunahme der Städte als Bildungsräume, die mit einer Zunahme der Bedeutung öffentlicher, kulturell-ästhetischer Bildung einhergeht, sowie insbesondere ein sich stetig von der Religion lösender künstlerischer Diskurs. Im Zuge dieser letztgenannten Entwicklung vollzog sich auch eine Ablösung der Naturschönheit als oberste Schönheit durch die Kunstschönheit. Doch nach wie vor galt Gott als Schöpfer der Welt und damit als erster Künstler.

Bildungstheoretisch wurde in der italienischen Renaissance mit der Idee des *uomo universale*, des universal gebildeten Menschen bzw. des *gentil uomo*, des allseitig gebildeten adligen Mannes, ein Ideal entworfen, das mit seiner engen Verbindung von Bildung und Kultur äußerst nachhaltig das europäische Bildungsdenken beeinflusste und in vielfältigen Formen, z.B. in der des englischen *gentleman*, weiterexistierte.

Das Ideal des *gentil uomo* wurde zuerst im Jahre 1528 von Baldassare Castiglione (1478-1529) in seinem Buch über die Geschicke des Hofmannes (*Il libro del cortegiano*) beschrieben. Dieses Bildungsmodell entwirft ein Ideal ästhetisch-höfischer Bildung, bei dem die Menschen weniger für die Belange von Hof und Stadt ausgebildet, sondern umgekehrt diese Bildungsräume für die Zu-Bildenden und Gebildeten funktionalisiert werden. Realisiert werden sollte eine umfassende literarisch-künstlerisch-philosophisch-ästhetische Bildung, die dem Menschen zu einer eleganten, geistreichen, anmutigen und geschliffenen Lebensweise verhelfen sollte. Dabei setzte auch dieses Modell voraus, dass – wie in der Antike – eine Bildungsschicht vorhanden war, die das Bedürfnis nach Bildung empfand und die entsprechenden Mittel hatte, um in Muße ihrer Bildung nachzugehen.

Noch sehr viel umfassender zeigt sich das Konzept des Universalmenschen der Renaissance bei Leon Battista Alberti (1404-1472), der sich selbst paradigmatisch zu einem ästhetisch-tugendhaft vollendeten Menschen stilisierte. Zeit seines Lebens war er bestrebt, sich selbst und die Dinge der Welt – er war unter anderem Baumeister – vollendet harmonisch kunstförmig zu gestalten. Bildung ist bei Alberti dabei sehr deutlich als ein doppelt gerichteter Formschaffungsprozess aufzufassen, der sich sowohl auf die äußere Welt als auch auf das innere Selbst bezieht.

Obwohl in beiden Fällen die Ästhetische Bildung stark auf das sich bildende Subjekt bezogen ist, so ist das Streben nach umfassender Selbstvervollkommnung bei Castiglione und Alberti nicht zweckfrei sondern zielt im Kern immer auch auf gesellschaftliche Anerkennung ab. Mit Leonardo da Vinci (1452-1519) und Giorgio Vasari (1511-1574) wird die ästhetische Bildung im Kontext einer Kunst als Wissenschaft der Erfahrung und einer normativen Entwicklung hin zur artistischen Vollkommenheit diskutiert.

Das Zeitalter der Reformation ist zutiefst geprägt durch das Wirken Martin Luthers (1483-1546) und Philipp Melanchthons (1497-1560). Obwohl sich Luther nicht explizit zu bildungstheoretischen oder ästhetischen Fragen geäußert hat, so ist er doch in diesem Kontext von besonderem Interesse, da seine theologischen Überlegungen so etwas wie eine medientheoretische Rezeptionsästhetik beinhalten: Luther rückt das Wort Gottes als Schrift und als Musik in den Mittelpunkt seiner pädagogischen Überlegungen und verbindet mit diesen Medien ganz spezifische, nämlich theologische Wirkungserwartungen. Die Gnade Gottes zeigt sich für Luther darin, dass Schrift und Musik für die Menschen eine besondere Bedeutung gewinnen, indem sie zu Gottes Wort werden. Das Lesen und das Singen sind damit zentrale menschliche Tätigkeiten, in denen Gott erfahren werden kann. Bei Philipp Melanchthon waren die theologischen Fragen noch enger als bei Luther mit pädagogischen und vor allem auch humanistischen Überlegungen verbunden. Das Prinzip der *Eloquenz*, also die Fähigkeit eines Menschen, sowohl objektiv schöne als auch argumentativ logische und sachlich korrekte Reden zu halten, ist für ihn die grundlegende Bedingung zu umfassender moralischer und religiöser Bildung. Die aus der analytischen, ästhetischen und mimetischen Beschäftigung mit antiken Sprachvorbildern resultierende Eloquenz beinhaltet bei Melanchthon demnach keinen Selbstzweck, sondern sie ist ausgerichtet am wahren Ziel der Bildung, nämlich die göttliche Wahrheit erfahren zu können.

Aufklärung (Ende 17. Jh. bis Ende 18. Jh.)

Die Aufklärung kann als das Zeitalter der Begründung der Eigenständigkeit, der Relationierung und der Subjektivierung der Ästhetischen Bildung verstanden werden – der Eigenständigkeit, weil Baumgarten die Ästhetik als gesonderte Logik der nicht-rationalen, sinnlichen Erkenntnis entwirft, die der nur der Philosophie vorbehaltenen Wissenschaftlichkeit entgegentritt; der Relationierung, weil die Aufklärung sich in ihren jeweiligen – englischen, französischen und deutschen – Spielarten von der antiken und mittelalterlichen objektiven Maßästhetik löst, die aus kosmologischen und religiösen Kontexten gewonnen wurde, und damit – holzschnittartig formuliert – die Ästhetische Bildung mit der Sozialität, mit der Sinnlichkeit oder mit der Vernunft in Verbindung bringt; und schließlich der Subjektivierung: Die Aufklärung rekurriert auf das Subjekt als entscheidende Instanz in der Erfahrung von Kunst und Schönheit; dabei wird die ästhetische Geschmacksbildung je nach Autor durchaus unterschiedlich ausbuchstabiert, bezogen auf eine statusgerechte Gentleman-Erziehung bei John Locke, auf eine empfindsame Moralität bei Francis Hutcheson, auf eine Ausbildung der Sinnlichkeit bei den französischen Materialisten, auf die identitätsästhetische Transparenz bei Jean-Jacques Rousseau, auf einen spielerisch-fantastischen Umgang mit Kunst und Realität bei Denis Diderot, auf einen an den Mustern der antiken Klassiker geschulten Geschmack bei Johann Joachim Winckelmann, auf die in der moralisch-ästhetischen Anstalt des Theaters gewonnenen Reflexionen und Empfindsamkeiten bei Gotthold Ephraim Lessing oder auch auf den Geschmack am ästhetischen Spiel bei Immanuel Kant usw.

Deutlich wird hierbei, dass mit der Aufklärung beginnend sich bis heute ein kaum mehr in einem Überblick zusammenzufassender Diskurs über Ästhetische Bildung entwickelt hat, der sich mit der Ausdifferenzierung der Wissenschaften und deren unterschiedlichen Methoden und erkenntnistheoretischen Ansätzen im 19. und 20. Jh. noch einmal diffundiert und intensiviert hat.

Bedeutsam für diesen Diskurs erscheint zunächst das Modell von Winckelmann (1717-1768), der mit seinen Überlegungen die Epoche des Klassizismus einleitet und Ästhetische Bildung als eine nostalgische Nachahmung der antiken künstlerischen Überlieferungen in „edler Einfalt und stiller Größe" begreift. Dabei werden die antiken Kunstwerke nicht als Katalysatoren der produktiven, ästhetischen Kräfte, sondern als unmittelbare Vorbilder für Rezeption und Produktion verstanden. Rezeptionsästhetisch ist für Winckelmann das sinnliche Erleben des Kunstwerks mit seiner inneren Organizität und Lebendigkeit für die Bildung konstitutiv.

Im Unterschied zu Winckelmann denkt Lessing (1729-1781) Ästhetische Bildung nicht von der Sinnlichkeit des einzelnen Kunstwerkes, sondern von der begrifflichen Abgrenzung einzelner Kunstgattungen aus. Der von ihm eingeführte Begriff der bildenden Kunst bezieht sich ausdrücklich auf Malerei und Plastik; darüber hinaus gibt es bedeutsame Reflexionen über die Ästhetische Bildung des Theaters, das ihm als ästhetisch-moralische Anstalt für bürgerliche Empfindungen und Haltungen gilt. Im Theater als „Schule der moralischen Welt" kann man etwas für das Leben in der Welt lernen, nämlich Eloquenz, Menschenkenntnis, Beherrschung des körperlichen und sprachlichen Ausdrucks, Selbstbewusstsein und soziales Verhalten usw., also Kompetenzen, die für das korrekte Rollenhandeln und für repräsentative Aufgaben in der Öffentlichkeit bedeutsam sind.

Kants (1724-1804) Reflexionen zum Geschmack legen nahe, ästhetische Qualitäten und Ästhetische Bildung nicht auf Eigenschaften von Dingen oder Sachverhalten und auch nicht auf die Übereinstimmung mit bestimmten, als objektiv oder natürlich geltenden Kunstregeln, sondern auf die Übereinstimmung von Einbildungskraft und Verstand zu beziehen. Man kann daher Kants implizite Theorie der Ästhetischen Bildung vor allem als Versuch verstehen, die Bedingungen der Möglichkeit von Geschmacksurteilen zu bestimmen: Dazu sollte man eine kontemplative Haltung einnehmen können, die mit einem interesselosen Wohlgefallen einhergeht; man sollte in der Lage sein, dem Gegenstand angemessene Geschmacksurteile zu fällen; man sollte sich der Verallgemeinerungsfähigkeit seiner Urteile bewusst sein und diese immer wieder im Diskurs zu überprüfen versuchen; man sollte sich daher auch durch eine grundsätzliche moralische Einstellung auszeichnen. Im engeren Sinne am bedeutsamsten aber erscheint die Fähigkeit, überhaupt in ein ästhetisches Spiel von Verstand und Einbildungskraft einzutreten.

Klassik (Ende 18. Jh. bis Anfang 19. Jh.)

Die in der Geschichte der Ästhetischen Bildung in der jüngeren Zeit vielleicht bedeutsamste Position nimmt wohl Friedrich Schiller (1759-1805) ein; vermutlich auch deshalb, weil sein Konzept weitreichende soziale und politische Perspektiven mit anthropologischen Annahmen konvergieren lässt. Ausgehend von einer Diagnose der Entfremdung oder Zerrissenheit von Vernunft und Sinnlichkeit, von Ratio und Einbildungskraft, bietet die Ästhetische Bildung eine Überwindung dieser Situation an. Denn in dem von ihm propagierten ästhetischen Zustand sind Sinnlichkeit und Vernunft gleichermaßen tätig. Die Aufhebung der Entzweiung ist nur in der Welt des Scheins und des Spiels möglich, im freien und selbstbestimmten Bereich der Einbildungskraft. Denn das ästhetische Spiel macht den Menschen erst zum humanen Menschen. Für Schiller entfaltet sich der Mensch nur im Spiel in seiner ihm möglichen Humanität, d.h. er kann nur dann ein vollständiger Mensch sein, wenn er spielt. Ästhetische Bildung wird als Spiel mit der Schönheit – mit der lebendigen Form – bestimmt, in dem der sinnliche und der formale Trieb des Menschen gleichermaßen zum Ausdruck kommen können. Der Umgang mit Kunst und Schönheit bzw. die Ästhetische Bildung werden dabei als gesellschafts- und politikverändernde Momente verstanden, die über die Sensibilisierung des Menschen und die Veredelung seines Charakters geschieht. Diese politische Utopie soll im „ästhetischen" Staat Ausdruck finden, in dem humanistische Ideale gelebt werden. Denn nur im schönen Schein des Spielens realisiert sich das egalitär gedachte Wesen des Menschen.

Wilhelm von Humboldt (1767-1835) liefert nicht nur für die Modellgeschichte der Bildung einen wichtigen Beitrag, indem er diese in einen humanistischen Kontext der möglichst vollständigen und harmonischen Entfaltung von Kräften versetzt, sondern durch die Betonung von Sprache, Kultur und Sozialität als Medien jeglicher humanistischer Bildung liefert er zudem wichtige Anregungen für die Ästhetische Bildung. Vor allem die Reflexionen zur Sprachbildung erscheinen hier von Belang, da Sprache die Menschen in ganz besonderer Weise kultiviert, findet doch Denken, Fühlen und Leben nach Humboldt allein in der Sprache statt. Wenn die Sprache letztlich ihre Bestimmung durch das Individuum selbst erhält, so stellt sie doch auch die Verbindung von Individualität und Allgemeinheit her. Konsequent erscheint daher die Betonung des (geselligen) Gespräches als Ort der Ästhetischen Bildung, da dort die freie individuelle Bestimmung von Bedeutungen mit dem Pluralismus der Meinungen konvergiert und im Wechsel der Ansichten unterschiedliche Lebens- und Weltperspektiven entwickelt werden können.

Für Johann Friedrich Herbart (1776-1841) ist das zentrale pädagogische Geschäft die ästhetische Vermittlung von Welt. Zum zentralen Ort der Ästhetischen Bildung avanciert der (erziehende) Unterricht, der für die Bildung des Gedankenkreises und die Formung des moralischen Charakters zuständig wird. Herbart bringt hierbei den Gedanken der ästhetischen Notwendigkeit als einer ursprünglichen und eigentümlichen Erfahrung von gelungenen Formen ins Spiel, der eine entsprechende moralische Erkenntnis und Haltung promovieren soll. Ästhetische Bildung bekommt hierbei einen dezidiert psychologischen Charakter, da sie in einen fundamentalen Zusammenhang mit dem Vorstellen und Empfinden, dem Bestimmen und Denken und dem Wollen und Handeln gebracht wird.

Romantik (Anfang 19. Jh. bis Anfang 20. Jh.)

In der Romantik dominiert – etwa bei Jean Paul (1763-1825) oder Friedrich Fröbel (1782-1852) – das Modell der Ästhetischen Bildung als organische Entfaltung von natürlichen Anlagen. Ästhetische Bildung wird hier stark kindzentriert, gegenwartsbezogen und mit dem Blick auf eine kindliche Genieästhetik betrachtet. Bildungsmedien sind vor allem Spiele und künstlerische Betätigungen, die die unverwechselbaren Eigenheiten und die individuellen Entwicklungsprozesse am ehesten zur Geltung bringen können. Durch diese Formen der Ästhetischen Bildung sollen das Paradies der Kindheit erhalten und kindliche Potentiale gefördert werden. In dieser Perspektive kommt der (rousseauistische) Glaube an eine Natur zur Geltung, in der eine selbständig schaffende und gestaltende Kraft, die Formen und Modelle des Universums, des Sozialen und des Individuums künstlerisch-spielerisch hervorbringen kann.

Arthur Schopenhauer (1788-1860), der zu Unrecht in der Geschichte der Pädagogik eine kaum wahrgenommene Rolle spielt, gibt der Ästhetischen Bildung eine lebensphilosophische Bedeutung, da sie eine Antwort auf die Frage nach dem Sinn des Lebens bereithält. Vor allem mit seinem Konzept der Kontemplation entwickelt er eine Programmatik der Ästhetischen Bildung, die über die Kunsterziehungsbewegung und die Modelle der Musischen Erziehung bis in zeitgenössische kunstwissenschaftliche Hermeneutiken reicht. Dabei spielt vor allem die musikalische Bildung für ihn eine entscheidende Rolle, da diese in der Lage sein soll, das Wesen des Menschen und der Welt – den unendlichen metaphysisch gedachten Willen, der rast- und ruhelos nach Befriedigung strebt, ohne diese finden zu können – zugleich zum Ausdruck wie zur Aufhebung zu bringen. Die Musikrezeption vermittelt dem Menschen eine Mimesis und Transzendenz des mit dem metaphysischen Willen unmittelbar verbundenen Leidens an der Welt und am Selbst. Insofern hat die Ästhetische Bildung teil an der Erlösung von einem pessimistisch verstandenen Leben.

Mit Friedrich Nietzsche (1844-1900) bekommt die Ästhetische Bildung eine leibliche Fundierung, die bis in die Reformpädagogiken des frühen 20. Jh.s nachwirkt. Ihre Aufgabe besteht darin, einen individuellen und originären Geschmack zu entwickeln, der bis zur Bildung des Körpers und seiner Organe führt. (Der Umgang mit) Kunst wird damit zur eigentlichen Aufgabe des Lebens; die daraus resultierende Lebenskunst hat einen religiösen Charakter, insofern sie das Leben selbst möglich und sinnvoll machen soll. Ästhetische Bildung wird so zur grundlegenden anthropologischen Bildung und das Leben selbst zu einer künstlerischen Grundübung. In seiner Gegenüberstellung von apollinischer (bildnerischer) und dionysischer (musikalischer) Kunst erinnert Nietzsche zudem daran, dass im ästhetischen Bildungsgeschehen nicht nur (apollinische) Form- und Harmoniemomente, Sublimation und maßvolle Rationalität ihren Ort haben sollen, sondern auch (dionysische) Schreckens- und Leidensmomente sowie Verschmelzungs- und Rauscherfahrungen.

Moderne (Anfang 20. Jh. bis zur Gegenwart)

Die mit dem 20. Jh. eingehenden Veränderungen, seien es die der technischen Entwicklungen, die der Beschleunigung und Urbanisierung, die der kulturellen Krisen und politischen Katastrophen sowie die der sozialen und pädagogischen Mobilitäten, haben auch ihre Spuren in den Modellen der Ästhetischen Bildung hinterlassen. Denn diese wird immer stärker nicht nur als Kompensation der mit diesen Veränderungen einhergehenden Verlusterfahrungen von Individualität, Gemeinschaftlichkeit, Sinnlichkeit etc., sondern als ein Feld der Kritik anthropologischer Vereinseitigungen, als ein Ausweg aus kulturellen Schieflagen und als eine hermeneutische und performative Notwendigkeit angesichts einer sich stetig vollziehenden Ästhetisierung der Welt verstanden. Das Gefühl, die Phantasie, das Genießen, der Geschmack und das Verstehen in der Rezeption und vor allem in der Produktion von Kunst und Kultur werden zu zentralen Bestimmungsmomenten einer zeitgenössischen Theorie Ästhetischer Bildung.

Diese Tendenz lässt sich z.B. bei Alfred Lichtwark (1852-1914), einem der zentralen Protagonisten der Kunsterziehungsbewegung, nachzeichnen, dem es nicht nur um eine Ausbildung der Sinnlichkeiten, sondern auch um eine kollektive (nationale) Geschmacksbildung ging. Dass die menschliche Entfaltung der Sinne (vor allem des Auges) nur in der Auseinandersetzung mit der Kunst gelingen kann, und dementsprechend die Entwicklung der Sinne kein bloßes Naturereignis darstellt, das natürlichen Entwicklungsgesetzen folgt, hat schon Rousseau (1712-1778) gewusst und später auch Otto Friedrich Bollnow (1903-1991) betont. Angesichts der Diagnose eines gegenüber Frankreich und England als inferior eingeschätzten deutschen Geschmacks verfolgt Lichtwark aber nicht nur das Ziel einer sinnlichen Erziehung, sondern auch das einer nationalen moralisch-ästhetischen Geschmacksbildung, die alle Lebensbereiche – von der äußeren Erscheinung bis hin zur individuellen Lebensführung – umfassen sollte, womit er einer Demokratisierung der Ästhetischen Bildung Vorschub leistet, die dann von der Bauhaus-Pädagogik aufgegriffen werden konnte.

Die Attraktivität der impliziten Ästhetischen Bildungstheorie von John Dewey (1859-1952), liegt wohl ebenfalls darin, dass er sie aus der Fixierung auf die Ästhetik der Kunst herauslöst, und sie im Alltagsleben und seinen Erfahrungen und Erlebnissen verortet. Der für ihn zentrale Begriff ist der ins Deutsche kaum unverkürzt übertragbare Begriff *experience*, der den Ausgangspunkt, den Prozess und das Ergebnis einer sinnlichen Auseinandersetzung des Menschen mit seiner Umgebung beschreibt. Ästhetische Bildung bekommt hierbei einen imaginativen Grundton, da in ihr das Alte und Neue, das Individuelle und Allgemeine sowie das Reale und das Mögliche in einem ästhetischen Abenteuer zusammengefasst werden. Kunst von der Alltagserfahrung aus zu denken, impliziert nicht nur eine Nivellierung der Differenz von „hoher" und „niedriger" Kunst, sondern auch ein Konzept der Kunst als Verdichtung und Intensivierung der Möglichkeiten von *experience* und ein Modell der Schönheit als einer intensiven *experience*, die aus einer Harmonie sinnlicher Spannungen resultiert.

Klaus Mollenhauer (1928-1998) schließlich gebührt das Verdienst, nicht nur als Theoretiker, sondern auch als empirischer Erforscher ästhetischer Bildungsprozesse hervorgetreten zu sein. Theoretisch bestimmt er Ästhetische Bildung einerseits als hermeneutische bzw. ästhetische Alphabetisierung, bei der es darum geht, nicht-sprachliche ästhetische Figurationen historisch-kulturell zu lokalisieren und sie in einem umfangeichen Sinne verstehbar werden zu lassen; andererseits auch als kreative Leistung, insofern Menschen in Ästhetischer Bildung ihre eigene, individuelle Symbolisierungsfähigkeit erfahren können. Anders formuliert: Nur derjenige versteht etwas von der Kunst und Kultur, der sie auch zu „lesen" versteht; und nur derjenige kann sich selbst zum Ausdruck bringen, der eine Form für seine sinnlichen Impressionen und Imaginationen (er-)findet. Im Umgang mit der Kunst lassen sich aber nicht nur die domänenspezifischen Kompetenzen, sondern auch allgemeine Schlüsselkompetenzen, Kreativität, Wahrnehmungsfähigkeit etc., die in der Moderne immer wichtiger werden, erlernen.

Schlussbemerkung

Rekonstruiert man den Begriff der Ästhetischen Bildung über die zwei Jahrtausende seiner abendländischen Geschichte, so fällt nicht nur auf, wie kontinuierlich diese Bildungsform immer wieder Gegenstand der Diskurse von PhilosophInnen, TheologInnen, KünstlerInnen und PädagogInnen sowie – in den letzten zweihundert Jahren – VertreterInnen unterschiedlichster Disziplinen war; es fällt zudem auf, wie durchgängig man doch der Ansicht war, dass der Umgang mit Kunst und Schönheit Menschen in einer, mit kaum einer anderen Lebenspraxis zu vergleichenden Intensität zu bilden imstande ist; dies haben ErzieherInnen seit Platons Zeiten immer wieder gefürchtet, aber auch in ihrem Sinne instrumentell zu nutzen gewusst. Kunstwerke und kunstspezifische Handlungsformen sind immer auch Ausdruck und Reflexion eines, je nach historisch-kultureller Situation, spezifisch gestalteten menschlichen Selbst- und Weltverhältnisses, das in seiner Gestaltung, Wahrnehmung und Erfahrung für die Pädagogik immer – und auch und gerade in ihren kunstkritischen und -negierenden Tendenzen – hoch bedeutsam war.

Dabei erscheint es konsequent, dass es einen großen Umbruch in der Debatte gab, der mit dem in der Frühen Neuzeit beginnenden Übergang von einem metaphysischen zu einem nachmetaphysischen Denken verbunden ist und der mit dem Wechsel von einem objektiven zu einem subjektiven Modell der Ästhetischen Bildung einhergeht (siehe Vanessa Isabelle Reinwand „Kulturelle Bildung – Ästhetische Bildung – Künstlerische Bildung" in diesem Band). Auch spielt in der Antike und im Mittelalter die Werkästhetik eine größere Rolle, als die Produktions- und Rezeptionsästhetik, die wiederum erst mit der Frühen Neuzeit an Gewicht gewinnen. Im Zuge der neuzeitlichen Entwicklungen der Rezeptions- und Produktionsorientierung sowie der Subjektivierung und Pluralisierung im Bereich der Kunst und Ästhetik erscheint es nunmehr fast aussichtslos, noch allgemeingültige objektive Standards dieser Bildungsform etablieren zu können.

Doch nach wie vor werden mit der Ästhetischen Bildung eine ganze Reihe von Hoffnungen und Versprechen verbunden, die genau vor 250 Jahren – am Beginn der Moderne und der wissenschaftlichen Entdeckung der genuinen Leistungen der Kunst und der Ästhetik in der Aufklärung – von Alexander Gottlieb Baumgarten, gewissermaßen schon erahnt und folgendermaßen zusammengefasst wurden: „Wenn man bei den Alten von der Verbesserung des Verstandes redete, so schlug man die Logik als das allgemeine Hilfsmittel vor, das den ganzen Verstand verbessern sollte. Wir wissen jetzt, dass die sinnliche Erkenntnis der Grund der deutlichen ist; soll also der Verstand gebessert werden, so muss die Ästhetik der Logik zur Hilfe kommen" (Baumgarten 1983:80).

Zum Weiterlesen

Baumgarten, Alexander Gottlieb (1983): Texte zur Grundlegung der Ästhetik. Hamburg: Felix Meiner.

Kultermann, Udo (1987): Kleine Geschichte der Kunsttheorie. Darmstadt: Wissenschaftliche Buchgesellschaft.

Majetschak, Stefan (2010): Ästhetik zur Einführung. Hamburg: Junius.

Mollenhauer, Klaus (1996): Grundfragen ästhetischer Bildung. Weinheim/München: Juventa.

Müller, Hans-Rüdiger (1997): Ästhesiologie der Sinne. Bildungstheoretische Rückblicke auf die Anthropologie der Sinne im 18. Jahrhundert. Würzburg: Königshausen & Neumann.

Perpeet, Wilhelm (1961): Antike Ästhetik. Freiburg/München: Alber.

Ritter, Joachim (1971): Ästhetik. In: Ders. u.a. (Hrsg.): Historisches Wörterbuch der Philosophie. Band: A-C (Sp. 555-580). Darmstadt: Wissenschaftliche Buchgesellschaft.

Schneider, Norbert (1996): Geschichte der Ästhetik von der Aufklärung bis zur Postmoderne. Stuttgart: Reclam.

Tatarkiewicz, Wladyslaw (2002): Geschichte der sechs Begriffe. Kunst, Schönheit, Form, Kreativität, Mimesis, ästhetisches Erlebnis. Frankfurt/M.: Suhrkamp.

Wundram, Manfred (2000): Kleine Kunstgeschichte des Abendlandes. Stuttgart: Reclam.

Volker Steenblock
Zur Bedeutung der Kulturwissenschaften für die Kulturelle Bildung

Der Begriff der Kulturellen Bildung wird im Sinne ästhetischer und musischer Bildung gebraucht, d.h. zur Darstellung der Bedeutung sowie der Aufgaben der Künste und ihrer Vermittlungsstrukturen im Hinblick auf die Persönlichkeitsbildung des Menschen (Fuchs 2008a:13). Er bezieht sich z.B. auf Bildende Kunst, Kreatives Schreiben und Darstellende Künste (Theater, Tanz), wie sie in einer Vielzahl von Initiativen unserer Lebenswelt entwachsen. Der Begriff der Kulturellen Bildung kann in einem zweiten Sinne auch verwendet werden als eine Grundkategorie zur lebensweltlichen Aufgabenbestimmung der Kulturwissenschaften, verstanden als institutionalisierte Reflexionsformen anthropologisch verankerter kultureller Tätigkeiten des Menschen, wie wissenschaftsfähige Gesellschaften sie sich leisten. Für die Kulturelle Bildung im erstgenannten Sinne kommen die Kulturwissenschaften teils in einer Bildungsprozesse möglicherweise befördernden und hilfreichen Funktion in Betracht (Pädagogik), teils, indem sie sich direkt mit zugehörigen Fachgebieten beschäftigen (Kunstgeschichte, Literaturwissenschaft, Philosophie).

Zur historischen Entwicklung der Kulturwissenschaften

Eine bedeutende Blüte des (im Englischen *Humanities* genannten) Wissenschaftsfeldes fand an der deutschen Universität des 19. Jh.s statt. Eine zusammenfassende Theorie gibt Wilhelm Dilthey (1833-1911) in seiner „Einleitung in die Geisteswissenschaften" von 1883 (vgl. Lessing 2001). Prägend sind die drei Paradigmata: (1) historisches Denken/Historismus, (2) avancierteste Quellenkritik der aus der Vergangenheit überkommenen Zeugnisse menschlicher Kultur/Philologie und (3) Verstehensmethode/Hermeneutik. Obwohl der *Geist* im Sinne der Philosophie Georg Wilhelm Friedrich Hegels als metaphysisches Konstrukt außer Kurs gerät, werden die Geisteswissenschaften zu einer untereinander methodisch verwandten Formation je spezifischer Untersuchungsprogramme im Sinne dieser drei Paradigmata. Im 20. Jh. kommt es in einer Epoche, in der alles gesellschaftlich bestimmt scheint, eine Zeitlang dazu, dass die Kulturwissenschaften selbst fast bereits jene Sozialwissenschaften darstellen wollen, zu denen sie bis heute in einem nicht ganz genau geklärten Verhältnis stehen. Auch die Aufgaben der Geisteswissenschaften werden im 20. Jh. unterschiedlich beschrieben: „konservativ" unter Rekurs auf den Begriff der Kompensation, nämlich im Sinne eines „Traditionen festhaltenden" und erinnernden Ausgleichs für alltagsweltliche Veränderungen angesichts der naturwissenschaftlich-technisch induzierten und ökonomisch befeuerten Beschleunigung in der globalisierten Welt (Joachim Ritter, Hermann Lübbe, Odo Marquard) oder „progressiv" im Anschluss an die Philosophie von Jürgen Habermas unter Rekurs auf den Begriff der Emanzipation.

Stand der Theorie

Zum Vergleich: Als naturwissenschaftliche Bildung kann man heute das Gesamt derjenigen kulturellen Formen bezeichnen, in denen das Wissen über die natürliche Welt, die Paradigmata seines Erwerbes und die Konsequenzen beider für ein menschliches Selbst- und Weltverhältnis präsent sind. So sehr jene „andere Bildung" (Fischer 2005) ihrerseits zu unserer Orientierung hinzugehört, so sehr erscheint diese Orientierung in besonderer Weise an den Bereich der Kulturwissenschaften gebunden, weil in ihnen das Bildungssubjekt in einer nicht abreißenden Kette von Relevanzzuweisungen mit den Gehalten des eigenen Selbst- und Weltverhältnisses konfrontiert wird und zugleich in je aktuellen Herausforderungen steht (Steenblock 1996).

Nach Gunter Scholtz gibt es die Kultur- oder Geisteswissenschaften, weil es einen zusammenhängenden Komplex menschlicher Verhaltensformen gibt, die mit kulturell erreichtem Stand der Wissenschaftsfähigkeit eine kohärente Wissenschaftsgruppe beschäftigen. „Die Geisteswissenschaften entstehen durch Reflexion auf Handlungsnormen, Sprache, Geschichte und Selbstverständnis des Menschen. Denn es spricht viel dafür, dass die Menschen nicht leben, nicht miteinander als Menschen leben können, ohne 1. miteinander zu sprechen, ohne 2. nach bestimmten Regeln sich zu verhalten, ohne 3. sich zu sich selbst zu verhalten und sich ihr Dasein zu deuten und – damit zusammenhängend – ohne 4. sich Geschichten zu erzählen. Die Nichtnaturwissenschaften gründen demnach in vorwissenschaftlichen Verhaltensformen, die den Menschen zum Menschen machen, und sie heben dies Verhalten ins Bewusstsein, um es zu reflektieren und damit zu ordnen, zu stabilisieren oder zu kritisieren. [...] So gründen auf der Sprache die älteren Disziplinen Grammatik, Rhetorik, Dialektik und die späteren Philologien und Sprachwissenschaften. Das durch Regeln bestimmte praktische Verhalten ist die Basis für Ethik, Ökonomie, Politik, Rechtswissenschaft, Pädagogik und die Sozialwissenschaften insgesamt. Die in Mythos und Religion tradierte Daseinsdeutung wird der Ausgang für Philosophie und Theologie, für Kunst und Dichtung und von diesen ausgehend auch für Philologie und Kunstwissenschaften. Die zuerst in der Sage sich artikulierende kollektive Erinnerung wird in Historie transformiert (teils in Dichtung)" (Scholtz 1991:33). Entsprechend haben die Kulturwissenschaften vier Aufgabenfelder: „1. Sie ermöglichen die Kommunikation zwischen verschiedenen Traditionen und Sprachgemeinschaften [...]. Ohne die Geisteswissenschaften würde die menschliche Welt dem Menschen zum größten Teil fremd und unverstehbar. 2. Sie halten [...] orientierende Normen und damit auch Maßstäbe für die Kritik präsent [...]. 3. Sie bewahren und explizieren Deutungen des Daseins [...]. 4. Sie erinnern als historische Wissenschaften unsere Vergangenheit und sagen uns so, wer wir sind" (Scholtz 1991:34f.).

Die Geisteswissenschaften lassen sich so verstehen als die wissenschaftlich-methodische Auseinandersetzung mit jenen anthropologischen Grundbedürfnissen, denen sie ihre Entstehung verdanken. Ihr Metier sind Fragen, in denen jeder Einzelne seine Entscheidungen nicht delegieren kann. Denn mag er auch Wahl und Reparatur seiner technischen Geräte oder seine Gesundheitsfürsorge zuständigen Fachleuten überlassen, so muss er sich z.B. zu der sich aufdrängenden Frage nach dem Grund seines Daseins selbst verhalten und ist hierzu auf das Wissen von Theologie und Philosophie angewiesen.

Herausforderungen und Perspektiven

Durch die vorstehenden Bestimmungen erscheinen die Kulturwissenschaften in relativer Distanz zur Gesellschaft, aber als ein Teil von ihr und auf sie bezogen. Ihr Expertentum, dessen Notwendigkeit nicht in Frage steht, würde freilich zur bloßen Wissensakkumulation im Soziotop „Universität" verkümmern, wenn Kulturelle Bildung als „Sinnkompetenz in der kulturellen Orientierung der menschlichen Lebenspraxis" (Rüsen 2006:164) nicht zur inneren Logik ihres Denkens gehörte und eine wirkliche und systematische Vermittlung in die Erziehungs- und Bildungssysteme nicht konstitutiver Teil ihrer disziplinären Identität wäre. Umgekehrt verarmt unsere Lebenswelt, wenn ihr nicht die Erkenntnis- und Rationalisierungsfortschritte der eigenlogisch immens fortentwickelten, zugleich aber alltagsweltlich „eingekapselt[en]" Expertenkulturen immer wieder neu zuwachsen können (Habermas 1981:484).

Das Wissenschaftssystem erkennt dies auch, zumindest in Ansätzen. Institutionalisiert sind die Fachdidaktiken zuständig, zu deren Aufgaben neben der Lehrerausbildung als Gewinnung der entscheidenden Multiplikatoren in einem etablierten Bildungs- und Schulsystem (inkl. Erwachsenenbildung, Volkshochschule) auch allgemein und im Prinzip die Beförderung ästhetischer, literarischer, religiöser und philosophischer Bildung in unserer Gesellschaft, von Geschichtsbewusstsein und Geschichtskultur gehört (vgl. Demantowsky/Steenblock 2011). Zugleich sind hier Elemente Kultureller Bildung im engeren Sinne auch über die fachdidaktisch diskutierten Methoden präsent (z.B. Theatrale Bildung, Leibliches Lehren und Lernen).

Im traditionsreichen Begriff der Bildung (Lessing/Steenblock 2010) wird bereits bei Wilhelm von Humboldt (1767-1819) in der Verbindung von Forschung und Lehre die Wissensproduktion zugleich in einem Modus der Teilhabe begriffen. Die zwischen objektiven Kulturgehalten und je individueller Orientierung vermittelnde Bildungsstruktur kann das Eintreten der Individuen in Kulturprozesse und deren lebendigen Fortgang gemäß jener Sinnperspektive der Bildung bestimmen, die im Eigenwert humaner Selbstkultivierung und einer von hierher ermöglichten sozial verantwortlichen Handlungsfähigkeit liegt. Indem Humboldts Bildungstheorie davon ausgeht, dass unsere individuelle Selbstwerdung sich Zug um Zug mit unserer Weltgewinnung vollzieht, können die Fachdidaktiken ihre spezifischen Bildungsbegriffe ihrerseits in der geistigen Auseinandersetzung mit denjenigen kulturellen Objektivationen bestimmen, für die sie jeweils zuständig sind (als literarische, historische, philosophische usw. Bildung). Dies ist ein Grund dafür, dass es an den Bildungsorten „Fächer" zu lernen und zu studieren gibt, durch deren Teilleistungen hindurch die Vision eines sich geistig gleichsam „anreichernden" Individuums Gestalt gewinnt. (Im Zeichen „neuer Steuerung" in Schule und Hochschule sowie der PISA-Leistungsmessungen gewinnt freilich gegenwärtig auch ein ganz anderer Begriff von „Bildung" an Boden, dem es um die Ausbildung funktional nötiger Kompetenzen für Gesellschaft und Wirtschaft geht und dem „Individualisierung" Flexibilität und Mobilität bedeutet; vgl. Münch 2011.) (Siehe auch Jürgen Oelkers „Schule, Kultur und Pädagogik" in diesem Band)

Die Selbstbegegnung des Menschen in der Auseinandersetzung mit seiner Kultur impliziert die Notwendigkeit, deren Zukunfts- und Bildungsfragen nicht dem freien Spiel jeweils wirksamer, z.B. ökonomischer Kräfte zu überantworten, sondern zu versuchen, sie zu Gegenständen bewusster Gestaltung werden zu lassen. Für deren normative Sinnbestimmung steht der Begriff der Humanität. Gegenüber seiner naturhaften Existenz, gegenüber den Chancen wie Folgekosten seiner eigenen technisch-zivilisatorischen Errungenschaften, aber auch gegenüber den eigenen undurchschauten Sinnbildungen etwa des Mythos gewinnt der Mensch in der Arbeit kultureller Orientierung die Freiheit, das „uneingelöste Versprechen"

(Helmut Peukert) der Bildung für Individuum und Gesellschaft zur Wirkung zu bringen. Die Kulturwissenschaften speisen zugleich „das öffentliche Gedächtnis, aus dem die[se] Freiheit lebt und sich nährt" (Metz 1995:131).

Zum Weiterlesen

> Demantowsky, Marko/Steenblock, Volker (Hrsg.) (2011): Selbstdeutung und Fremdkonzept. Die Fachdidaktiken der kulturwissenschaftlichen Fächer im Gespräch. Bochum: Projekt.
>
> Rüsen, Jörn u.a. (2004): Handbuch der Kulturwissenschaften. 3 Bde. Stuttgart/Weimar: Metzler.
>
> Scholtz, Gunter (1991): Zwischen Wissenschaftsanspruch und Orientierungsbedürfnis. Zu Grundlage und Wandel der Geisteswissenschaften. Frankfurt/M.: Suhrkamp.
>
> Steenblock, Volker (1999): Theorie der kulturellen Bildung. Zur Philosophie und Didaktik der Geisteswissenschaften. München: Fink.

Petra Missomelius
Digitale Medienkulturen

Thema und Begriffsbestimmung

Im Zuge der Aneignung von Technologien verlieren diese ihren Werkzeugcharakter und werden zu untrennbaren Bestandteilen menschlicher Sozialisation und menschlichen Daseins schlechthin. Kontinuierlich prägen Prozesse des Wandels aktuelle digitale Medienkulturen. Neben ihrem transitorischen Charakter zeichnen sie sich durch Vorläufigkeit sowie wechselnde Inhalte und Nutzungsstrukturen aus. Darüber hinaus sind temporäre medientechnologische Kommunikationsformen, gesteigerte Komplexität sowie ein signifikanter Umgang mit privaten und öffentlichen Räumen für sie kennzeichnend. Diese Aspekte haben Auswirkungen auf Ebenen des privaten und beruflichen Lebens der Menschen, aber auch auf ihr kulturelles Bewusstsein der Mediennutzung. Mit den digitalen Medien begegnen wir neuen sinnlichen Wahrnehmungskonstellationen. Wahrnehmungsformen, die sich angesichts bisheriger medialer Angebote ausgebildet haben, finden sich in veränderten Kontexten sowie Mischformen und transformieren Wahrnehmungs- und Partizipationskonfigurationen. Bildungsinstitutionen heute bewegen sich in einer veränderten Wissenskultur, in welcher der Wissensbegriff von der Kontextualisierung und dem kritischen Hinterfragen von Informationen sowie dem Zugriff auf und der Evaluation von verschiedenen Wissensbeständen als notwendige Schlüsselqualifikationen lebt. Insofern sind Bildungsarbeit und Praktiken der Mediennutzung in einer weltweit werdenden Wissensgesellschaft unmittelbar miteinander verbunden. Die Berücksichtigung veränderter Mediennutzung sowie neuer Kommunikations- und Kooperationsformen hat langfristig Einfluss auf das institutionelle sowie disziplinäre Selbstverständnis und impliziert Prozesse tiefgreifender Organisationsentwicklung an den beteiligten Institutionen.

Veränderte Wahrnehmung

Wird die durch die Digitalisierung zunehmende Tendenz zu abstrakter Sinnlichkeit gerne als Entsinnlichung begriffen, so ist zugleich eine hohe Beanspruchung innerer Vorstellungsfähigkeit zu konstatieren. Dabei handelt es sich um ein paradoxes Zusammentreffen von Unterforderung und Überforderung im Feld von Auge und Hand: Irritationen bezüglich des Gebrauchs der Hände und der Reichweite des Blickes im Vergleich zu realweltlichen Anforderungen treten ein. Mag die Fülle der Sinnesreize und Möglichkeiten, die das Spektrum digitaler Medien kennzeichnet, im Vergleich zu traditionellen Medienangeboten auch umfangreicher erscheinen, so ist das Gewahr-Werden von Entsinnlichung sicherlich den vielfältigen Einsatzformen und damit dem breiten Raum der Computernutzung im Alltag zu Lasten von Erlebnissen im realen Leben zuzuschreiben. Erfolgt im realen Leben nach dem Blick die Berührung, so verschwindet das Betrachtete als Objekt visueller Wahrnehmung. In der taktilen Wahrnehmung ergreifen wir ein Objekt mit der Hand. Der Abstand zum Objekt reduziert sich. Wird nun an dieser Stelle – wie es bei digitalen Medien geschieht – eine technische Schnittstelle zwischengeschaltet, so entstehen bizarre Veränderungen dieser Konstellation. Ein Bedürfnis beim Sehen war immer das Verlangen, mehr zu sehen, Ungesehenes sichtbar zu machen. Diesen Wunsch erfüllt scheinbar das Internet durch seine grenzenlose Tiefe und bildet damit ein Fenster in die Unendlichkeit. Aber auch bildgebende Verfahren ermöglichen mutmaßliche Einblicke in vormalige Regionen des Unsichtbaren wie die vermeintlichen Hirnaktivitäten in der funktionalen Magnetresonanztomografie oder die Visualisierung von Atomen in der Rastertunnelmikroskopie. Dem auf das Display gerichteten Blick wird große Flexibilität angesichts der gebotenen Reize abverlangt, das Konzept der Kontemplation rückt dabei eher in den Hintergrund. Fest steht, dass das immense visuelle Angebot der Netzkultur den scannenden Blick beim Suchen erfordert, der sich an einem optischen Raster orientiert, das schnell Orientierung bietet. Dieser Blick begegnet der Fülle der Reize, indem er das Vorhandene überfliegt, immer unersättlich der Frage „Was gibt es noch?" nachgehend. Dabei interessiert lediglich der kurze Blick, ein Aha-Erlebnis, bevor die Reise mit dem nächsten Hyperlink fortgesetzt wird. Einen wichtigen Aspekt greift Annette Spohn auf: Mehr denn je habe der Spruch „Man sieht nur, was man weiß" im Netz seine Entsprechung (Spohn 2002:269). Wichtigkeit und Wahrheit sind individuelle Entscheidungen der NutzerInnen, die Vergleiche mit bereits Gesehenem und Geschehenem ziehen. Es erscheint nur natürlich, dass wir das, was wir sehen, berühren möchten. Die Lust am Anfassen und Berühren wird im Umgang mit digitalen Medien auf die abstrakte Ebene verschoben. Das Gesetz des Begehrens, nie ans Ziel zu kommen, ist der Motor des Mediums Internet selbst. Das Internet als produktive Kraft hat dem alten Theaterspiel von Verbergen und Zeigen, Verhüllen und Entfalten das Prinzip der Erotik abgeschaut, wobei der Zuschauer stets vom sicheren Sessel des Voyeurs aus agiert.

Digitale Medienkonfigurationen und Kulturtechniken

Das Display der unterschiedlichsten Ausprägungen mobiler und smarter Medienapparaturen steht als Benutzeroberfläche in einem Spannungsfeld zwischen Illusionsraum und Navigationsfeld. Denn die Bildschirmfläche ist einerseits Bildfenster in einem Illusionsraum, andererseits virtuelles Kontrollbrett mit vorgegebenen festgelegten Funktionen. Es ist als optische Kommunikationsfläche zu verstehen: Diese stellt Funktionen, Dateien, Programme und Hardware-Teile des Computers bildlich dar und dient der intuitiven Benutzung. Der Rechenprozess verschwindet dabei völlig. ComputeranwenderInnen kommunizieren nicht mehr in Form von Befehlen mit dem Computer, sondern treten mittels Dialogfeldern und Menüoptionen in Dialog mit der Maschine. Mit zunehmender Verbreitung ist die technische Funktionsweise der Systeme endgültig als Blackbox akzeptiert und wird nicht oder kaum noch hinterfragt. Die Manipulation der Oberfläche und das Arbeiten in Unkenntnis der zugrundeliegenden computertechnischen Mechanismen ist hier zum Prinzip erhoben. Das Auge bleibt auf die Benutzeroberfläche als zu erkundendem Terrain fixiert, es kann sie nicht durchdringen, nicht in das Innere der Maschine schauen. Der Bildschirm zeigt uns ein Gefüge aus vielerlei Elementen: Texte, hierarchische Menüs, 3D-Räume, Hypertext und Bilder. Der Rand des Bildschirmes bildet zwar die Begrenzung der Übersicht, dank Hypertextstruktur und Scrollbarkeit der Bildschirminhalte scheint der Blick jedoch unbegrenzt. Insofern folgen digitale Medien der Ästhetik der Addition, welche visuelles und akustisches Material übergangslos aneinander fügt und somit End- und Grenzenlosigkeit suggeriert. Aus produktionstechnischer Sicht finden Aufmerksamkeitslenkungen durch Verdichtungen von Wahrnehmungsangeboten dort statt, wo Hypertextstrukturen Linearität abgelöst haben. Die entstehende Komplexität bringt die Notwendigkeit zu reduzieren, zu standardisieren und zu trivialisieren hervor. Die in diesen Zusammenfügungen erfolgende Navigation ist ebenfalls als ununterbrochener Vorgang ohne Anfang und Ende angelegt. Vor diesem Hintergrund erscheint die zerstreute Rezeption als ästhetisches Paradigma des Digitalen. Denn die Selektion wird zum zentralen Prinzip: Menüs und Katalogfunktionen machen Auswahlvorgänge notwendig. Dazu bedarf es individueller Selektionsstrategien von Inhalten und Vermittlungstechniken, die hoch flexibel sind und es ermöglichen, Eigeninteressen umzusetzen. Nicht mehr das einverleibende Auge, sondern das Auge, das streicht und streunt, vollzieht die Wahrnehmung. Die Elemente sind hierbei weniger in einer Tiefen- als einer Oberflächenstruktur ausgerichtet, darauf ausgerichtet, dass alles wiederholt auftauche und immer wieder verfügbar sei.

Das digitale Selbst

Variabilität ist auch zum Ausdruck einer Lebensform geworden. Das Subjekt organisiert und konstruiert sich in online-Identitäten selbst. Damit verleiht es der gesellschaftlichen Pluralisierungsdynamik auf der Ebene des Individuums Ausdruck. Die Vervielfachung von Identitätsentwürfen spiegelt wider, wie sehr Identität sozial mit dem Spielen und Inszenieren einer Rolle zu tun hat. Die Kommunikationsmöglichkeiten der vernetzten Technologien bieten der Auflösung, dem Wandel und Wechsel der Identität Raum durch die Übernahme unterschiedlichster Rollen in Chats und multiplen Web-Gestalten. Diese Spielarten offerieren Möglichkeiten einer dualistischen Existenz: eine neue Identität der BenutzerInnen als Andere wird konstruiert. Dies geschieht durch Selbstinszenierung des Subjekts als virtuelles Double. Die Gestaltung flexibler, manipulierbarer, fragmentarischer Subjekte, nicht das Gesamtbild des Betrachters steht dabei im Vordergrund. Es handelt sich um eine zeitlich hypothetische Identität, welche konstruiert, modifiziert sowie zerstört werden kann und neue soziale Erfahrungswelten eröffnet. Die Vermischung von Grenzen zwischen Ich und Rolle eröffnen Möglichkeiten, die Frage nach dem Ich zu reflektieren und die Konstruktion von Wirklichkeit zu hinterfragen.

Der medientechnologische Wandel geht zudem einher mit Selbsttechnologien der Gegenwart, die durch Selbststeuerung, Selbst-Kontrolle und Selbstdarstellung der Subjekte geprägt sind. Diese Selbstpraktiken spiegeln Persönlichkeitsprofile, Rankingsysteme und Feedbackmechanismen aktueller Internettechnologien. Diese Eigensteuerung ist auch in Anbetracht entgrenzten Lernens in zunehmend informellen Kontexten notwendig, um die Anpassungsfähigkeit und Flexibilität des Individuums angesichts des sich beschleunigenden Wandels sowie der schwindenden Gewissheiten und Orientierungsmöglichkeiten des vom Buchdruck geprägten Zeitalters zu gewährleisten.

Möglichkeitsräume

Der Zusammenhang von Raum und Bildung wurde bereits vor langer Zeit erkannt und in Konzepten der Reformpädagogik berücksichtigt. Mobile Anbindung und allgegenwärtiger Zugang haben Formen der Telepräsenz digitaler Medienkulturen (siehe Christoph Deeg „Digitale Spielkulturen" in diesem Band) hervor gebracht, welche als technisch generierte Räume und Umgebungen konstitutive Bestandteile Kultureller Bildung sein können. Gemeint sind nicht-euklidische Räume als medial gestaltete Begegnungsräume und Umgebungsstrukturen, als Kommunikations-, Handlungs- und Möglichkeitsräume. Diese können Lernorte des Findens, Speicherns und Teilens von Informationen sein, kollaborative Projekträume, in welchen Lernende User und ProduzentInnen sind, individualisierbare Lern- und andere

Plattformen wie google, facebook, edu-Blogs sowie Wikis, aber auch die digital generierten oder computergestützten Räume der Medienkunst, wie sie im Karlsruher Zentrum für Kunst und Medientechnologie zu erproben sind.

Zentrales Element von Bildungsangeboten ist die von Motivationspsychologie und konstruktivistischem Lernverständnis nahe gelegte Eigenaktivität. Weit davon entfernt, Medientechnologie als Selbstzweck oder gar potentielle künftige Elektronikschrottansammlung misszuverstehen, sollte es sich bei Bildungsangeboten, welche die Konfiguration digitaler Medienkulturen fruchtbar machen, um Mischformen aus Präsenz- und virtuellem Angebot handeln, wie es Konzepte des blended learning oder des inverted classroom nahe legen. Hierbei ist beispielsweise die Selbstlernphase der Informationsaufnahme der diskussions- und erprobungsorientierten Präsenzveranstaltung vorgelagert. Damit geht sogleich ein Aufbrechen bisher geschlossener institutioneller Kommunikationsformen einher.

Abschließende Betrachtung

Medientechnologien sind weder deterministisch noch vorhersehbar – sie sind als gesellschaftliche Konstrukte zu begreifen, die Freiräume und Wahlmöglichkeiten eröffnen. In Reaktion auf neue Formen des Sozialen müssen Bildungsinstitutionen angesichts digitaler Medienkulturen Produktions-, Aneignungs- und Legitimationsformen kulturellen Wissens berücksichtigen. Hierbei ist besonderes Augenmerk auf das veränderte Rollenverständnis in Prozessen des formellen und informellen Lernens zu legen. Die konsequente Berücksichtigung der Struktur von bottom-up-Technologien dient der Überwindung hierarchischer Bildungskonfigurationen. Lernende können in ihrem Technikverständnis und Anwendungswissen durchaus als ExpertInnen im dialogischen Lernszenario verstanden werden, welche technisches Know How beisteuern, während Lehrende reflexive Prozesse initiieren, moderieren und begleiten. Dies kann, jenseits der Spaltung in digital immigrants und digital natives, nur mit einem grundlegenden Wandel im Selbstverständnis oder gar einem Neustart bisheriger Bildungsinstitutionen einher gehen. Kenntnisse und mediale Kompetenzen angesichts der digital veränderten Lebenswelt sind aktiv und adäquat in kulturpädagogischen Angebotsformen zu berücksichtigen, um Zugänge zu und mündige Partizipation an den vielfältigen Erscheinungsformen von Kultur und Gesellschaft offen zu halten. Die Reflexion und Gestaltung der Potentiale und Grenzen der IT-gestützten Wissensgesellschaft ist eine zentrale Schlüsselqualifikation zu Beginn des 21. Jh.s.

Zum Weiterlesen

Manovich, Lev (2001): The Language of New Media. Cambridge: MIT.

Meyer, Thorsten/Tan, Wey-Han/Schwalbe, Christina/Appelt, Ralf (Hrsg.) (2011): Medien und Bildung. Institutionelle Kontexte und kultureller Wandel. Wiesbaden: VS.

Missomelius, Petra (2006): Digitale Medienkultur. Wahrnehmung – Konfiguration – Transformation. Bielefeld: transcript.

Scheibel, Michael (2008): Architektur des Wissens: Bildungsräume im Informationszeitalter. München: kopaed.

Andreas Mertin
Religion – Künste – Bildung

Wer sich mit Kultur unter dem Aspekt der Bildung beschäftigt, kommt an den Religionen nicht vorbei. Weniger im Sinne des Bekenntnisses zu einer bestimmten Religion oder gar zur institutionalisierten Religion, als vielmehr im Sinne des religiös inspirierten Gehalts eines Großteils der Kultur von den Anfängen des Cro-Magnon-Menschen bis in die Gegenwart des Homo sapiens sapiens. Wirft man einen Blick auf den prozentualen Anteil religiöser Themen allein in der Bildenden Kunst der letzten 1200 Jahre, dann kann man zwar einerseits einen spektakulären Prozess der Säkularisierung der Kultur beobachten (Morel 1975:237ff.), zum anderen aber auch feststellen, dass die Bildende Kunst zwischen 800 und 1700 n.Chr. ohne wenigstens elementare Kenntnisse (nicht nur) der christlichen Religion gar nicht verstanden werden kann. Zwischen 1100 und 1300 war nahezu jedes Werk der Bildenden Kunst religiös bestimmt, erst mit Beginn der Renaissance ändert sich dies allmählich.

Aber selbst wenn wir einen Blick in die Zeit der Renaissance werfen, dann können wir feststellen, dass auch damals noch zwischen 85 % und 66 % aller Werke sich unmittelbar mit religiösen Themen auseinander setzten. Selbstverständlich weist die Art, wie Renaissance-Künstler die religiösen Themen angegangen sind, darauf hin, dass die Kunst nun begann, sich über den religiösen Rahmen hinaus zu bewegen (gut ablesbar schon früh an Künstlern wie Giotto und Masaccio und später dann an Caravaggio), dennoch ist ihr Themenfundus zunächst religiöser, später verstärkt mythologischer Art und sie behandeln diesen Fundus – anders als die Moderne – tatsächlich auch noch in religiöser Perspektive. Erst nach der Aufklärung und der Romantik reduziert sich die religiöse Ikonographie auf ein Minimum von etwa 4 %.

Die religiöse Physiognomie einer Stadt

Diese grundsätzliche Beobachtung einer religiösen Ausgestaltung der abendländischen Kultur gilt aber eben nicht nur für die Religion und die Erzählwelt des Christentums. Wer einmal im Rahmen einer Städtereise zum Beispiel in die spanische Stadt Toledo gelangt ist, kommt ohne elementare Kenntnisse der drei abrahamitischen Religionen nicht weit im Verstehen der Stadt.

Alle großen Religionen haben sich unmittelbar in die Physiognomie der Stadt eingeschrieben. Seien es die zwei verbliebenen (von ursprünglich zehn) mittelalterlichen Synagogen, „El Tránsito" und „Santa Maria la Blanca" (die nach der Vertreibung der Juden 1492 als Kirchen genutzt wurden), oder sei es die Kirche „El Cristo de la Luz", die im ausgehenden 10. Jh. als Moschee errichtet wurde und an deren Fassadeninschrift bis in die Gegenwart der Lobpreis Allahs steht: „Im Namen Allahs. Ahmad ibn Hadidi ließ diese Moschee auf eigene Kosten und in Erwartung einer Belohnung durch Allah im Paradies erbauen. Das Bauwerk wurde vollendet mit der Hilfe Allahs und unter der Leitung von Musa ibn Ali". Diese drei Bauten können zu Recht als Spiegelbild der Kulturgeschichte der Stadt und ganz Spaniens begriffen werden. Wer heute durch Toledo geht, kann selbstverständlich die kulturelle Vielfalt einfach nur staunend zur Kenntnis nehmen, aber verstehen wird er diese Stadt nur, wenn er etwas von den drei in ihr in unterschiedlichen Zeitabschnitten beheimateten Religionen, ihre Kulturen und Erzählwelten, ihr Zusammenspiel und ihre Konflikte begreift. Wie unterschiedlich die religiösen Räume durch die verschiedenen Künste gestaltet sind, warum dennoch die Synagoge sich am muslimischen Stil orientiert und trotzdem später als Kirche Verwendung finden kann – das alles setzt im Verstehen ein Nachvollziehen der ästhetischen Raumkonzepte der drei beteiligten Religionen voraus.

Zunächst sagt das alles aber nicht mehr als die simple und vermutlich allen einsichtige Erkenntnis: kein Verstehen der allgemeinen Kultur ohne eine wenigstens ansatzweise Kenntnis der kulturellen Sedimentierungen der religiösen Gedankenwelt. Und dieser Grundsatz gilt weit über das Zeitalter der Dominanz der Religionen in der Frühzeit und Neuzeit der Menschheit hinaus. Noch in jedem Triptychon aus der Bildenden Kunst der Gegenwart schwingt eine Resonanz des religiösen Erbes mit (Ackermann 2009), noch in jedem Film-Blockbuster das heilsgeschichtliche Szenario der abrahamitischen Religionen, alternativ auch der griechischen Mythologie (Herrmann 2002; Vogler 2004).

Kann man Kultur ohne Religion verstehen?

Wie weit man sich dabei auf die jeweiligen Religionen bzw. Mythologien intellektuell einlassen muss, ist in der aktuellen Debatte der KulturwissenschaftlerInnen und TheologInnen umstritten. Jüngst hat die Kulturwissenschaftlerin Julia Henke gefragt: „Kann man modernen Menschen als moderner Mensch den Glauben lehren, glaubwürdig machen und wie lässt sich der Akt des Glaubens in Anthropologie, Literatur, Psychoanalyse – in Kultur überführen, ohne das Religiöse im Profanen aufzulösen?" (Henke 2011:o.S.) bzw. noch zugespitzter: „Muss man glauben, um ein Bild zu verstehen?" Was sind mit anderen Worten die hermeneutischen Voraussetzungen, um einem religiös inspirierten Werk der Künste angemessen begegnen zu können? Wenn ich es ohne den spezifischen Kontext wahrnehme, was nehme ich dann noch wahr? Und kann ich die religiösen Grundierungen eines Werkes sozusagen „simulieren" um seinem Verständnis auf die Spur zu kommen? Und wie weit muss dieses „Einlassen auf …" gehen?

Theodor W. Adorno hat in einem treffenden Aphorismus der „Minima Moralia" darauf verwiesen, dass grundsätzlich jeder, der sich mit den Künsten beschäftigt, dies sinnvoll nur tun könne, wenn er sich auf bestimmte Voraussetzungen einlässt. Das heißt, das Verstehen der Kultur entwickelt sich nur dann, wenn man sich als in der Tradition stehend begreift oder erfährt. Adorno macht dies deutlich an der Wahrnehmung der Operette „Die Fledermaus" von Johann Strauss: „In der Tradition stehen hieß: das Kunstwerk als ein bestätigtes, geltendes erfahren; in ihm teilhaben an den Reaktionen all derer, die zuvor es sahen. Fällt das einmal fort, so liegt das Werk in seiner Blöße und Fehlbarkeit zutage. Die Handlung wird aus einem Ritual zur Idiotie, die Musik aus einem Kanon sinnvoller Wendungen schal und abgestanden" (Adorno 2004:255) Tatsächlich können wir anhand bestimmter ausbleibender Reaktionen heutiger Rezipienten feststellen, dass sowohl Kunst wie Religion offenkundig die Bereitschaft voraussetzen, „mehr sehen und verstehen zu wollen als zu sehen ist" (Henke 2011: o.S.).

„Der unentrinnbare Hintergrund"

Das ist für kulturelle Bildungsprozesse des 21. Jh.s eine Herausforderung, vor allem, weil zunehmend die gesellschaftliche Bereitschaft schwindet, sich auf derartige Voraus-Setzungen einzulassen. Man meint, „jeder habe das Recht, seine eigene Lebensweise zu gestalten und sich dabei auf sein eigenes Gefühl für das wirklich Wichtige oder Wertvolle zu stützen" (Taylor 1995:20).

In diesem Falle bleibt dann nur noch die Orientierung am unmittelbar und vor allem subjektiv Wahrgenommenen, ohne dass man sich über dessen „unentrinnbaren Horizont" klar würde. Die Frage ist, ob das funktionieren kann. „Wollte ich", so schreibt der Philosoph Charles Taylor, „die Geschichte, die Natur, die Gesellschaft, die Forderungen der Solidarität und überhaupt alles ausklammern, was ich nicht in meinem eigenen Inneren vorfinde, so würde ich alles ausschließen, worauf es möglicherweise ankommen könnte. Nur wenn ich in einer Welt lebe, in der die Geschichte, die Forderungen der Natur, die Bedürfnisse meiner Mitmenschen, die Pflichten des Staatsbürgers, der Ruf Gottes oder sonst etwas von ähnlichem Rang eine ausschlaggebende Rolle spielt, kann ich die eigene Identität in einer Weise definieren, die nicht trivial ist. Die Authentizität ist keine Widersacherin der Forderungen aus dem Bereich jenseits des eigenen Selbst, sondern sie setzt solche Forderungen voraus" (Taylor 1995:21).

Daher dürfte zunächst die Beschäftigung und dann die Auseinandersetzung mit dem „unentrinnbaren Horizont" der europäischen Kultur die Voraussetzung dafür sein, dass der Einzelne eine Identität ausbilden kann, so dass er sagen kann: dieser kulturellen Ausgestaltung folge ich und jener aus diesen oder jenen Gründen nicht. Authentizität kann nur entwickelt werden, wenn man weiß, wovon man sich abwendet und wozu man sich bekennt. Und dazu anzuregen und zu motivieren, sich auf diesen Aneignungs- und Abgrenzungsprozess einzulassen, ist Teil der Bildung. Kulturelle Bildung gehört damit zur „Logik der Sorge", wie Bernard Stiegler, Leiter der Abteilung für kulturelle Entwicklung im *Centre Georges Pompidou*, geschrieben hat, also jenem Prozess der „Formierung von Aufmerksamkeit", mit der eine Generation der nächsten das Überlieferswerte weitergibt, und dieser plausibel zu machen sucht, warum das Überlieferte kulturell bedeutsam ist (Stiegler 2008).

Versteht man Erziehung daher als jenen aktiven Vorgang, „in dem die ältere Generation die nachwachsende in die Kulturtechniken einweist, Sach-, Sinn-, Wert- und soziales Wissen vermittelt und so einerseits die Gesellschaft sich regeneriert, andererseits das Kind in seinem Wachstums- und Reifeprozess mit Hilfe der Erwachsenen in die Gesellschaft sich eingliedert"(Fraas 2000:31), dann gehört auch die Kulturelle Bildung in Sachen Religion dazu.

Kulturelle Kompetenzen in religiöser Tradition

Zu den auszubildenden bzw. zu vermittelnden Kompetenzen gehört ein Verständnis dessen, wie die verschiedenen Religionen in der jeweiligen Kultur zum Ausdruck kommen, wie sie die Kultur ihrerseits deuten, aber auch, wie die Religionen die Kulturen modifizieren und damit auf die Geschichte und die Entwicklung der Künste insgesamt Einfluss nehmen. An epochalen Brüchen wie etwa der Entdeckung und Kultivierung der Ästhetik der Hässlichkeit durch das noch junge Christentum im Gegenüber zum Schönheitskult der hellenistischen Welt (Martin 2011), oder einer Ästhetik, die sich aus der religiös begründeten Bilderlosigkeit entwickelt wie im Fall der Mauren, wird das besonders deutlich.

Sprache

Im deutschsprachigen Raum geschah Analoges nicht zuletzt als ein Prozess der Einflussnahme auf die Sprache. Martin Luthers Übersetzung der Heiligen Schrift in die deutsche Sprache ist das einschlägige Beispiel dafür, wie religiöses Sprachgut eine Folgewirkung bis in die Gegenwart entwickelt. Johannes Anderegg hat am selben Beispiel darauf verwiesen, wie an dieser religiös geprägten Sprache medialer Sprachgebrauch erkundet wird. „In immer schon erschlossenen und vertrauten Welten bewegen wir uns mit der instrumentellen Sprache des Alltags; die Sprache des Glaubens dagegen hat es allenfalls mit Vertrauen zu tun, und sie zielt darauf, eine Welt allererst zu erschließen, die ihrem Wesen nach weder konventionell noch selbstverständlich oder vertraut sein kann. [...] Ihre Aufgabe ist es, Fernes nahe zu bringen, oder uns dem Fernen nahe zu bringen, und von ihr erwarten wir, daß sie uns nahegeht. Eben dies vermag die Alltagssprache nicht zu leisten, weil sie als eine selbstverständliche mit Selbstverständlichem, mit ohnehin schon Begriffenem zu tun hat" (Anderegg 1985:83). Religiöse Sprache ist demnach Sinngebungssprache. Freilich erweitert und formt der mediale Sprachgebrauch auch den Alltagsgebrauch von Sprache, wie sich an der Populärkultur oder auch an der Werbesprache ablesen lässt (siehe Barbara Hornberger/Stefan Krankenhagen „Pop- und Medienkultur in der Kulturellen Bildung" in diesem Band). Die direkte Reflexion auf die religiös inspirierte ästhetische Gestalt der Sprache ist in Deutschland eher noch unterentwickelt, anders als etwa in den Kulturen, die von der Auseinandersetzung mit der ästhetischen Gestalt und dem ästhetischen Erleben des Koran geprägt wurden (Kermani 2001). Durch die lange vorherrschende christliche Ausdrucksästhetik, die sich eher am Illustrativen und am Inhaltlichen orientierte, ist die an der Dimension des Formalen sich orientierende Wahrnehmung, die für Religionen wie das Judentum oder den Islam wichtig ist, bei uns bisher eher auf Spezialdiskurse begrenzt geblieben.

In der Literatur sind zwar die Zeiten vorbei, in denen ein guter Teil der Schriftsteller aus protestantischen Pfarrhäusern stammte (unter anderem Andreas Gryphius, Johann Christoph Gottsched, Christian Fürchtegott Gellert, Christoph Maria Wieland, Gotthold Ephraim Lessing, Georg Christoph Lichtenberg, Matthias Claudius, Friedrich Schleiermacher, August Wilhelm von Schlegel, Jean Paul, Friedrich Wilhelm Schelling, Wilhelm Dilthey, Friedrich Nietzsche, Hermann Hesse, Albert Schweitzer, Gottfried Benn, Jochen Klepper, Arnold Ludwig Hohl, Friedrich Dürrenmatt, Christine Brückner, Klaus Harpprecht, Gabriele Wohmann, Friedrich Christian Delius), aber die Religion als Hintergrund der Sprach- und Metaphernbildung ist in der zeitgenössischen Literatur immer noch deutlich zu spüren. Es sind die kleinen Nebensätze mit dem Bezug auf die religiöse Erzählwelt oder die formale Gestaltung von Sprachelementen, die aus der Religion stammen, die das verdeutlichen.

Das gilt eingeschränkt auch für den Bereich des Theaters und der Oper, wiewohl das Theater über lange Zeit von der christlichen Religion äußerst kritisch betrachtet wurde, bevor es seine eigenen theatralen Wurzeln erkannte und mit den Passionsspielen auch so etwas wie eine eigene Theater- und Inszenierungskultur entwickelte (Mertin 2006a).

Bilder/streit

Die Welt der Bilder ist dagegen als Begegnungs- und Konflikt-Ort von Kultur und Religion in der Gegenwart außerordentlich präsent und in den letzten Jahren aufgrund weltweiter Bilderstreitigkeiten noch bewusster geworden. Der Streit um die sogenannten Mohammed-Karikaturen, aber auch die immer wiederkehrenden Auseinandersetzungen um Kruzifixe oder scheinbar blasphemische Bilder zeigt, dass hier ein Problembewusstsein weiterhin öffentlich virulent ist (Mertin 2006b). Bestimmte Bildinszenierungen werden quasi automatisch bestimmten Religionen zugeordnet und weithin auch als exklusiv für diese betrachtet. So wird nahezu weltweit eine bestimmte Anordnung einer Gruppe von Personen an einem quer gestellten Tisch mit zentraler Figur in der Mitte mit dem christlichen Abendmahl assoziiert (bis dahin, dass diese Bildkomposition in Frankreich kurzfristig als unmittelbar zur Religion gehörig und daher schützenswert angesehen wurde). So ist trotz der eingangs geschilderten deutlich wahrnehmbaren Säkularisierung im Bereich der Bildenden Kunst das Konfliktpotential im Bereich der Bilder eher gestiegen. Auch das ist eine Herausforderung für Kulturelle Bildung, insoweit nationale wie internationale Konflikte heutzutage auch mit Hilfe von Bildern als Iconoclash (Latour 2002) ausgefochten werden.

Musik

Vielleicht noch am selbstverständlichsten, weil am unproblematischsten sind die religiösen Sedimentierungen in der Kultur im Bereich der Musik und hier sowohl im Bereich der populären Musik wie in der E-Musik. In der Popmusik gehört der religiöse Hintergrund vor allem aufgrund der amerikanische Dominanz fast zur Selbstverständlichkeit. Und im Bereich der sogenannten E-Musik ist nach einer Phase der religiösen Distanz in letzter Zeit wieder die Religion entdeckt worden. Auf der Ebene des Bürgertums hatte religiöse Musik wie die von Johann Sebastian Bach seit deren Wiederentdeckung im 19. und 20. Jh. immer Gewicht.

Kultur verstehen

Der Stellenwert der Religion in der Kultur hat sich in den letzten 1000 Jahren dramatisch verändert, das wurde einleitend deutlich. Diese Veränderung betrifft vor allem die Verbindlichkeit dieser Kultur, also ihren normativen Teil. Die Verbindlichkeit ist erodiert. Und trotzdem kann man sagen, dass in den letzten Jahrzehnten die Komplexität der Auseinandersetzung mit der Überlieferung eher zugenommen hat. Die postmoderne Zitatenkultur sorgt dafür, dass die Texte, Töne und Bilder immer anspielungsreicher und immer dichter werden. Zum Verstehen auch der zeitgenössischen Kultur (bis hin zum Kino-Blockbuster à la „Matrix") ist daher weiterhin eine Kenntnis und ein zumindest rudimentäres Verstehen der religiösen Überlieferung nötig. Für die zeitgenössische Kultur bildet die kulturelle Tradition, zu der dann auch die Religion gehört, ein Bearbeitungsfeld, mit dem man arbeitet, mit dessen frei flottierenden Motiven man spielt, sie sampelt und zu neuen kulturellen Produkten zusammensetzt.

Zum Weiterlesen

Henke, Silvia/Spalinger, Nika/Zürcher, Isabel (Hrsg.) (2012): Kunst und Religion im Zeitalter des Postsäkularen. Ein kritischer Reader. Bielefeld: transcript.

4. Forum für Fragen von Kunst und Öffentlichkeit: Orte und Bedeutung des Religiösen in der Kultur der Gegenwart: http://holy.kunstforschungluzern.ch/category/activities/ (Letzter Zugriff am 27.07.12).

Mertin, Andreas (2006a): Alles nur Theater. Was Religion mit dem Theater zu tun hat. In: tà katoptrizómena - Magazin für Kunst | Kultur | Theologie | Ästhetik, Jg. 8, H. 43. http://www.theomag.de/43/am197.htm (Letzter Zugriff am 27.07.12).

Mertin, Andreas/Mertin, Jörg (2006b): Das verletzte Gefühl. Eine Chronologie religiöser Empfindsamkeiten. In: tà katoptrizómena - Magazin für Kunst | Kultur | Theologie | Ästhetik, Jg. 8, H. 41. www.theomag.de/41/mm2.htm (Letzter Zugriff am 27.07.12).

Mertin, Andreas/Wendt, Karin (2004): Mit zeitgenössischer Kunst unterrichten. Religion - Ethik - Philosophie. Göttingen: Vandenhoeck & Ruprecht.

Schwebel, Horst (2002): Die Kunst und das Christentum. Geschichte eines Konflikts. München: Beck.

Max Fuchs
Kulturelle Bildung als Menschenrecht?

Menschenrechte – Einige Hinweise

Die Allgemeine Erklärung der Menschenrechte (AEMR) wurde feierlich am 10.12.1948 von der *Generalversammlung der Vereinten Nationen* beschlossen. Sie gilt als eines der wichtigsten Dokumente des 20. Jh.s. Ihre Grundidee: Alle Menschen sind alleine aufgrund ihres Menschseins mit gleichen Rechten ausgestattet. Diese Rechte gelten überall, sie sind universell, sie sind unveräußerlich und unteilbar. Der Wert dieser Deklaration ist bereits daran zu erkennen, dass sie im Grundsatz (!) von jedem der fast 200 Staaten, die es weltweit gibt, anerkannt wird. Sie ist politisch, rechtlich und philosophisch ausgesprochen anspruchsvoll – und sie hat hierbei Rechtskraft. Einige Hinweise sollen dies verdeutlichen.

Für das Verständnis der Menschenrechte muss man unterschiedliche Fachdiskurse hinzuziehen. Zunächst eröffnet sich die Perspektive auf Rechtswissenschaften und auf Rechtsphilosophie. Von dort ist der Weg zur praktischen Philosophie nicht weit. Denn dies ist diejenige Disziplin, die sich mit der Bewertung des Verhaltens der Menschen befasst. Es handelt sich zudem um Menschen, sodass die Anthropologie eine Rolle spielen muss. Mit Menschenbildern befassen sich aber auch Weltanschauungen und Religionen. Die Geschichtswissenschaft wird sich melden, um die Genese der einzelnen Menschenrechte zu erläutern. Das Ganze war zudem eingebettet in politische Abstimmungsprozesse. Bei rechtlichen Fragen weiß man zudem, dass die Durchsetzung der Regelungen und die Sanktionierung von Verstößen wichtig sind. Wer ist Kläger, wer ist Angeklagter, wo ist der Ort, wo man Klage erheben kann? Am Vorabend der geplanten Abstimmung protestierte zudem der damalige Präsident der *Amerikanischen Anthropologischen Gesellschaft*, Melville Herskovits, gegen die AEMR, weil er – als überzeugter Vertreter des Kulturrelativismus – universellen Rechten grundsätzlich skeptisch gegenüberstand. In der Tat lässt sich unschwer am Menschenbild der AEMR eine westliche Traditionslinie erkennen: das einzelne Subjekt, das eigenverantwortlich für die Gestaltung seines Lebens ist (vgl. Krenberger 2008). Es ist an die Aussage des Ethnologen Clifford Geertz zu erinnern, derzufolge „die abendländische Vorstellung von der Person als einem fest umrissenen, einzigartigen, mehr oder weniger integrierten motivationalen und kognitiven Universum, einem dynamischen Zentrum des Bewusstseins, Fühlens, Urteilens und Handelns [ausgeht], das als unterscheidbares Ganzes organisiert ist und sich sowohl von anderen solchen Ganzheiten als auch von einem sozialen und natürlichen Hintergrund abhebt, [dies] erweist sich […] im Kontext der anderen Weltkulturen als eine recht sonderbare Idee" (Geertz 1987:294).

Ein weiteres Problem war die nicht vorhandene Bindekraft der AEMR. Man wollte daher diese Erklärung in bindendes Völkerrecht, also in einen Pakt oder eine Konvention gießen. Es setzte sich eine Zweiteilung in einen Internationalen Pakt über bürgerliche und politische Rechte (ICCPR) und einen Internationalen Pakt über wirtschaftliche, soziale und kulturelle Rechte (ICESCR) durch, die 1966, also fast zwanzig Jahre nach der ersten Abstimmung, von der Generalversammlung beschlossen und wiederum erst zehn Jahre später im Jahre 1976 in Kraft gesetzt wurden. Die in der AEMR zusammengefassten Rechte fassen nämlich zwei sehr unterschiedliche Rechtstypen zusammen: die klassischen Schutz- und Abwehrrechte, die historisch auf den langen Kampf um den Schutz des Einzelnen gegenüber dem Staat zurückgehen (ICCPR, so die „Erste Generation" der Menschenrechte), und solche Rechte, bei denen es um Umverteilung geht („Zweite Generation"). Auch die Frage der Gruppenrechte und das Recht auf eine eigene kulturelle Entwicklung („Kulturrelativismus") stellt sich immer wieder von neuem. So hat man bei der großen Menschenrechtskonferenz in Wien im Jahre 1992 mit der Proklamation eines Rechtes auf Entwicklung ein Gruppenrecht beschlossen („Dritte Generation" der Menschenrechte).

Heute gibt es eine Fülle von Konventionen, Pakten und regionalen Chartas der Menschenrechte (für Asien, Afrika, Europa etc.), in denen die AEMR konkretisiert und verbindlich gemacht wird. Der Sammelband der Bundeszentrale für politische Bildung (2004) stellt 54 einschlägige Dokumente vor, wobei es bei den verschiedenen Pakten und Konventionen jeweils unterschiedliche Zahlen von Mitgliedsstaaten gibt.

Das Menschenrecht auf Bildung und Kultur

Die Forderung nach Bildung ist sehr alt. Bereits Johann Amos Comenius (Comenius 1970) forderte während des Dreißigjährigen Krieges „Bildung für alle". Man verknüpfte mit dieser Forderung die Hoffnung, dass eine friedliche Gesellschaft leichter entsteht, wenn die Menschen gebildet sind. Bildung gehört daher zu den „Versprechungen der Moderne". Das Nichteinhalten solcher Versprechungen kann daher zu erheblichen Delegitimationsprozessen gegenüber der politischen Organisation der modernen Gesellschaft führen. „Bildung" wird auch aufgrund dieser Tradition zu einem essentiellen Teil dessen, was man seit der Renaissance unter dem Begriff der „Menschenwürde" diskutiert. In der AEMR wird „Bildung" und „Kultur" in den Artikeln 26 und 27 abgesichert.

Das Recht auf Bildung und das Recht auf Kultur, genauer: auf kulturelle Teilhabe, wird auch in weiteren Pakten angesprochen. Beide gehören zu den Rechten der zweiten Generation, sind also nicht mehr Abwehrrechte, sondern Anspruchsrechte. Daher finden sie sich im Pakt über wirtschaftliche, soziale und kulturelle Rechte: Art. 13 spricht von einem „Recht eines jeden auf Bildung". Es geht um die volle Entfaltung der Persönlichkeit, und dies für jedermann. Grundschulunterricht muss kostenfrei sein, höhere Bildungswege müssen jedem offen stehen. Analoges gilt für Kultur. Art. 15 spricht nicht nur von dem Recht auf kulturelle Teilhabe, sondern formuliert auch das „Recht auf Schutz des geistigen Eigentums derer, die in Wissenschaft, Kunst und Literatur" Werke schaffen.

Die Kinderrechtskonvention (CRC) aus dem Jahr 1989 garantiert in Art. 28 und 29 das Recht auf höchstmögliche (!) Bildung und in Art. 31 das Recht auf Spiel und „freie Teilnahme am kulturellen und künstlerischen Leben". Für eine multiethnische Gesellschaft ist Art. 30 wichtig: Kinder ethnischer, religiöser oder sprachlicher Minderheiten haben das Recht, die eigene Kultur zu pflegen und die eigene Sprache zu verwenden. Ähnliche Formulierungen finden sich in dem Übereinkommen über die Rechte von Menschen mit Behinderungen (CRPD) aus dem Jahre 2008 oder im *UNESCO*-„Übereinkommen über Schutz und Förderung der Vielfalt kultureller Ausdrucksformen" aus dem Jahre 2005.

In weiteren rechtlich verbindlichen Dokumenten werden solche Rechte ebenfalls gesichert, z.B. in der Charta der Grundrechte der *Europäischen Union* aus dem Jahre 2000, die über Art. 6 des *EU*-Vertrages von Lissabon aus dem Jahre 2007 nunmehr offizielle und bindende Vertragsgrundlage für die *Europäische Union* ist. Interessant ist, dass im Grundgesetz der Bundesrepublik Deutschland explizit von einem Recht auf Bildung und auf kulturelle Teilhabe <u>nicht</u> die Rede ist. Allerdings gehen Deutungen des Art. 1 („Die Würde des Menschen ist unantastbar.") in die Richtung, diese Anspruchsrechte unter dem hochgradig aufgeladenen Begriff der Menschenwürde zu subsumieren (vgl. Maihofer 1967). Zudem ist in allen Länderverfassungen das Recht auf Bildung und in fast allen Länderverfassungen ein Recht auf Förderung der Kultur und der kulturellen Teilhabe gesichert. Zudem ist auf einzelgesetzliche Regelungen hinzuweisen. So ist das Recht auf Bildung in jedem Schulgesetz und – unter ausdrücklicher Einbeziehung von „kultureller Bildung" – auch im Kinder- und Jugendhilfegesetz verankert (siehe Klaus Schäfer „Jugendpolitik und Kulturelle Bildung" in diesem Band). Weitere gesetzliche Regelungen sprechen von dem Recht auf „soziale Teilhabe" – etwa die Präambel des Sozialgesetzbuches. Dabei ist von einem engeren Zusammenhang von ökonomischer, sozialer, politischer und kultureller Teilhabe auszugehen. Allerdings gibt es in den letzten Jahren erhebliche Probleme mit der Teilhabe. Damit stellt sich die Frage danach, inwieweit Abweichungen von den genannten Rechtsansprüchen auf Bildung und Kultur festgestellt werden und welche Sanktionsmöglichkeiten es gibt.

Prüfinstanzen

Die völkerrechtlich relevanten Verträge und Pakte haben in der Regel interne Überprüfungsinstrumente. So müssen in regelmäßigen Zeitabständen bestimmten Gremien Umsetzungsberichte vorgelegt werden, die überprüft und bewertet werden. So ist bei dem internationalen Pakt über wirtschaftliche, soziale und kulturelle Rechte der *Wirtschafts- und Sozialrat der Vereinten Nationen* der Adressat für die Nationalberichte. Auf nationaler Ebene ist das *Wirtschafts- und Sozialministerium* in der Bundesregierung federführend für die Erstellung des Berichtes gemäß Art. 16 und 17 des Internationalen Paktes. Zur Zeit (2011) ist der „Fünfte Staatenbericht" aus dem Jahre 2008 relevant. Der vorliegende Bericht umfasst 110 Seiten. Er reagiert auf kritische Bemerkungen, die der *UN*-Ausschuss für wirtschaftliche, soziale und kulturelle Rechte am 31.08.2001 zu dem vierten Staatenbericht gemacht hat, der 1999 vorgelegt wurde. So äußert der Ausschuss Besorgnis über Studiengebühren, die im Widerspruch zu dem Grundsatz einer kostenfreien Bildung stehen. Immerhin wird im letzten Bericht unter Bezug auf die PISA-Studie zugestanden, dass der Bildungserfolg in Deutschland in beträchtlichem Ausmaß durch die soziale Herkunft präjudiziert wird.

In Hinblick auf kulturelle Teilhabe (109f.) heißt es:
„Trotz zahlreicher Initiativen in der kulturellen Breitenarbeit wird das bestehende Kulturangebot von vielen Menschen nicht genutzt. Kultureinrichtungen werden oft als Orte der Hochkultur (miss)verstanden, sodass bildungsferne Schichten die kulturellen Angebote zu selten wahrnehmen."

>> Inzwischen hat der Ausschuss für ökonomische, soziale und kulturelle Rechte des *Wirtschafts- und Sozialrates der Vereinten Nationen* am 20.05.2011 „abschließende Beobachtungen" vorgelegt (Dokument Nr. E/C.12/Deu/CO/5): Man zeigt sich „deeply concerned" darüber, dass viele der früheren Empfehlungen nicht umgesetzt wurden.
>> Es wird nachdrücklich angemerkt, dass Staat und Wirtschaft soziale und kulturelle Rechte bei ihren Außenwirtschaftsbeziehungen respektieren.
>> Es wird der niedrige Anteil von Frauen in Entscheidungspositionen bemängelt, eine mangelhafte Berücksichtigung von Menschen mit Behinderung, ein fehlendes Streikrecht im öffentlichen Dienst.
>> Es geht um wachsende Armut – vor allem bei Kindern –, um Diskriminierung, um die humane Versorgung alter Menschen, um kostenfreie höhere Bildung, um unzureichende Entwicklungshilfe.
>> Nicht zuletzt wird die Regierung deutlich ermutigt, bei dem nächsten vorzulegenden Bericht (30.06.2016) zivilgesellschaftliche Organisationen einzubeziehen.

Insgesamt keine Erfolgsbilanz! Ähnliches ist allerdings bereits in früheren Jahren bei dem ebenfalls regelmäßig vorzulegenden Umsetzungsbericht zur Kinderrechtskonvention geschehen.

Als Folge der Kritik gab es einen Besuch des „Sonderberichterstatters für das Recht auf Bildung", Prof. Vernor Muñoz aus Costa Rica, der vom 13.- 21.2.2006 Deutschland besuchte (vgl. Owerwien 2007). Einige wenige Ergebnisse aus der Liste von 19 Schlussfolgerungen und Empfehlungen aus dem Bericht, den Muñoz dem Rat für Menschenrechte der Vereinten Nationen vorlegte, lauten:

>> Das Recht auf Bildung sollte in Länderverfassungen und in das Grundgesetz aufgenommen werden.
>> Die Dreigliedrigkeit des Schulwesens sollte überdacht werden.
>> Die Vorschulerziehung sollte kostenfrei sein.
>> Die Behindertenrechtskonvention sollte ratifiziert werden (inzwischen geschehen).

Gibt es ein Menschenrecht auf Kulturelle Bildung?

Ein explizites Menschenrecht auf Kulturelle Bildung gibt es nicht. Ein solches ist allerdings ableitbar aus den beiden genannten Menschenrechten auf Bildung und auf kulturelle Teilhabe. Zudem ist in relevanten Konventionen, etwa in der Konvention zur kulturellen Vielfalt, der Bildungsaspekt (Art. 10) explizit benannt. Auch in den Staatenberichten wird das Konzept der Kulturellen Bildung als Umsetzungsinstrument zur Realisierung kultureller Teilhabe angeführt. Schließlich gibt es unterhalb der Pakte und Konventionen internationale Referenzdokumente, vor allem im Kontext der *UNESCO*. So gab es inzwischen zwei Weltkonferenzen zur Kulturellen Bildung (2006 in Lissabon; 2010 in Seoul), in deren Kontext eine „Roadmap für Arts Education" (Lissabon) und eine komprimierte „Seoul Agenda Entwicklungsziele für kulturelle Bildung" (Seoul) entstanden. Diese Initiativen sind eingebunden in den Aktionsplan „Bildung für alle" (Education for All, EFA) der *Vereinten Nationen* (Römer/Steinkamp 2011:19ff.). Ein jährlicher „Weltbildungsbericht" der *UNESCO* dokumentiert die Umsetzung.

Kulturelle Bildung kommt zwar explizit in diesem Kontext nicht vor. Auch haben die Papiere von Lissabon und Seoul keinerlei bindende Wirkung. Man muss sogar feststellen, dass sie sehr wenig auf nationaler Ebene bekannt sind. Doch taugen sie allemal als wichtige internationale Referenzpapiere, mit denen nationale Initiativen verstärkt werden können. So werden sie auch in offiziellen oder offiziösen Dokumenten wie dem Abschlussbericht der *Enquête-Kommission* „Kultur in Deutschland" oder in Positionspapieren wichtiger zivilgesellschaftlicher Verbände genutzt. Neben einer bislang noch nicht praktizierten juristischen Nutzung (etwa einer Klage vor einem relevanten Menschenrechtsgerichtshof) liegt die Stärke dieser Texte in einer politischen Nutzung.

Zum Weiterlesen

Bielefeldt, Heiner (1998): Philosophie der Menschenrechte. Grundlagen eines weltweiten Freiheitsethos. Darmstadt: WBG.

Fuchs, Max (2007): Kulturpolitik. Wiesbaden: VS.

Sturma, Dieter (1997): Philosophie der Person. Die Selbstverhältnisse von Subjektivität und Moralität. Paderborn u.a.: Schöningh.

Teil I
Theoretische Grundlagen Kultureller Bildung

2
Mensch und Bildung

Vanessa-Isabelle Reinwand
Kapiteleinführung: Mensch und Bildung

Während im ersten Kapitel Kultur als objektive Seite von Bildung im Mittelpunkt stand, wird nun in den folgenden Beiträgen die Bildung als subjektive Seite von Kultur stärker in den Blick genommen und Kulturelle Bildung damit aus einer subjektzentrierten Perspektive betrachtet. Bildung bedeutet, vor allem in der Tradition des Deutschen Idealismus um 1800 und im Kontext Ästhetischer Erziehung/Kultureller Bildung, immer Selbstbildung durch Eigenaktivität, Reflexion und lebenslange aktive Auseinandersetzung des Individuums mit seiner kulturellen und sozialen Umwelt. Dabei erhält Bildung einen humanen Selbstzweck und ist nicht bloßes Mittel zur Erreichung äußerer Ziele, wie z.B. die Ausbildung und Professionalisierung für ein bestimmtes Berufsfeld nahe legt.

Bildung findet aber natürlich nicht im „luftleeren" Raum statt: Sie steht immer im Spannungsfeld zwischen individuellen Gestaltungswünschen und gesellschaftlichen Macht- und Herrschaftsverhältnissen. Dieses Spannungsfeld entsteht notwendigerweise aus der doppelten Bezüglichkeit von Kultur und Bildung: Der Mensch wird durch Kultur, durch die symbolischen Formen (Cassirer) und die Bearbeitung dieser gebildet, bringt aber dadurch selbst immer wieder neu Kultur hervor und gestaltet diese. Enkulturation, also Verinnerlichung von Kultur, formt damit in ganz spezifischer Weise den Menschen und bestimmt die weiteren Voraussetzungen und individuell erkennbaren Möglichkeiten seiner Bildungs- und Reflexionstätigkeit. Das heißt, dass sich eine gelingende kulturelle Bildungspraxis notwendigerweise an den Lebenslagen und biografischen Erfahrungen ihrer Akteure orientieren muss, aber auch Potentiale zur Veränderung und zum Überschreiten von gewohnten Sicht- und Handlungsweisen bieten sollte, um individuelle Entwicklung und damit Bildung zu ermöglichen. Dabei geht es nicht nur um kognitive und intellektuelle Möglichkeiten, sondern Bildungsprozesse sind immer leibgebunden und sinnes- bzw. wahrnehmungsbasiert. Bildung, besonders Kulturelle Bildung, kommt durch dieses implizite, intuitive, imaginative und inkorporierte Körperwissen erst vollständig zum Ausdruck. Das Erlebnis ästhetischer Erfahrungen stellt daher ein Grundprinzip Kultureller Bildung dar, denn es ermöglicht eine Differenzerfahrung, einen anderen und auch verfremdenden Blick auf die Welt, einen Perspektivwechsel, der wiederum einlädt, sich zu reiben, umzusortieren, neu zu strukturieren, sich und seine Umwelt also zu formen und dabei die eigene Persönlichkeit zu bilden: Bildung als Transformation.

Wie bereits mehrmals in diesem Handbuch angeklungen, thematisieren die folgenden Beiträge auch ähnliche Begrifflichkeiten rund um den Terminus „Kulturelle Bildung". Eine einheitliche Definition verschiedener Begriffe ist sicherlich aufgrund der Vielzahl an thematischen Bezügen und historischen Konzepten nicht möglich. Allerdings muss der Gefahr einer Beliebigkeit in der Begriffsverwendung im Feld Kultureller Bildung entgegengewirkt werden, um einen qualifizierten (wissenschaftlichen) Dialog zu ermöglichen. So stehen im folgenden Kapitel neben Kultureller Bildung auch zentrale Begriffe wie ästhetische Erfahrung, ästhetische Erziehung und Bildung, Kulturpädagogik und ästhetisch-kulturelles Lernen, aber auch Themen wie Lebenskunst, Kompetenzerwerb und Schlüsselkompetenz zur Diskussion. Dahinter steht die Frage, wie eine „gute" bzw. situativ angemessene Allgemeinbildung angesichts zunehmend komplexer, teilweise schnelllebiger Informationsfülle und -verfügbarkeit sowie einer zeitlich enger getakteten Wissensvermittlung und Sozialisation (z.B. G8) aussehen kann und welches die zentralen Aufgaben einer öffentlich geförderten Aus-Bildung sind. Dabei wird deutlich, dass Bildung mehr beinhaltet, als formale Bildungsinstitutionen anbieten können. Kindergarten und Schule haben für eine erste ästhetische Alphabethisierung (Mollenhauer) Aller zwar Sorge zu tragen, aber lebenslange Kulturelle Bildung geht weit über den Auftrag dieser Institutionen hinaus.

Eine wesentliche Herausforderung Kultureller Bildung stellt sich im 21. Jh. des Weiteren im Zusammenhang mit der Mediensozialisation und -bildung von Kindern und Jugendlichen vor dem Hintergrund stark gestiegener Medienkommunikation. Elektronische Medienwelten repräsentieren aber nicht nur Gefahren, sondern auch neue Formen der Identitätsarbeit, der Ausdrucks- und Gestaltungsmöglichkeit sowie der Interaktion und damit kulturelle Lern- und Erfahrungsräume, die neben den klassischen Bildungsinstitutionen zunehmend an Bedeutung gewinnen. Abschließend leitet in diesem Kapitel ein Beitrag zur Kreativität über zum dritten Kapitel „Mensch und Künste", weil Imagination, Fantasie und Kreativität Bildungsprozesse aktiv in Gang halten bzw. setzen. Kreativität, als Mut zu unerprobten Alternativen und Differenzsuche betrachtet, eröffnet neue Denk- und Handlungsmöglichkeiten – darum geht es bei Kultureller Bildung.

Heiner Keupp
Subjektgenese, Enkulturation und Identität

Begriffliche Klärungen

Die Frage der „Subjektgenese" mit der „Enkulturation" zu verknüpfen, macht schon deshalb Sinn, weil ein Subjektverständnis ohne die je spezifische Rahmung durch den kulturellen Kontext gar nicht vorstellbar ist. Der Begriff „Subjekt" setzt die einzelne Person in eine doppelte Relation zur sozialen Wirklichkeit und sieht diese zum einen als aktive Instanz der Erkenntnis und Praxis, die zielgerichtet auf die natürliche und soziale Umwelt einwirkt. Der Subjektbegriff transportiert also auch eine spezifisch normative Vorstellung von der Person: Sie setzt sich in ein gestaltendes Verhältnis zu ihrer Welt und ist nicht nur passives Produkt ihrer natürlichen und gesellschaftlichen Lebensbedingungen. Zum anderen wird die Handlungsfähigkeit einer Person, die sie zum Subjekt macht, über die Aneignung kultureller Selbstverständlichkeiten, Symbolwelten und Praktiken im Umgang mit der Realwelt erworben (siehe Max Fuchs „Die kulturelle Evolution des Menschen und die Bedeutung der Symbole" in diesem Band). Diese fordern eine Einordnung oder auch Unterwerfung unter die Imperative der jeweiligen Kultur. Die Begriffsherkunft des Subjektbegriffs transportiert diesen Aspekt der Unterwerfung („Subjekt"), wenngleich die geläufige Bedeutung eher das seiner selbst bewusste und handlungswirksame Individuum anklingen lässt.

Die einfachen Begriffe im alltagssprachlichen Gebrauch erweisen sich bei genauerer Analyse als höchst voraussetzungsvoll und komplex. Wer wüsste nicht sofort, was gemeint ist, wenn vom „Individuum" die Rede ist: Eine einzelne Person in ihrer von anderen Personen unterscheidbaren Verknüpfung spezifischer Merkmale. Vom lateinischen Wortstamm her soll mit dem Individuumsbegriff etwas „Unteilbares" erfasst sein. In der griechischen und mittelalterlichen Philosophie ist er für das Atom verwendet worden, also für eine nicht weiter aufspaltbare Grundeinheit der Welt. Aber so wie inzwischen die Spaltbarkeit des Atoms möglich ist, so ist auch die Vorstellung, das Individuum sei etwas Letztes und nicht mehr hintergehbares, längst dekonstruiert.

Theodor Litt sieht im Zusammenhang mit dem Individuumsbegriff die „Gefahr vielfacher Begriffsverwirrung" (1926:163). Das hat zum einen damit zu tun, dass er ungenügend von solchen Begriffen wie „Individualität", „Individualismus", „Individuation" oder „Individualisierung" abgegrenzt ist, die ihn ja alle im Wortstamm aufbewahren. Hinzu kommen andere Begriffe, wie „Subjekt" oder „Identität", die im gleichen Bedeutungsfeld für sich Sinn beanspruchen. Alle diese Begriffe thematisieren den einzelnen Menschen unter einer je spezifischen Perspektive:

„Individualität" bezieht sich auf die individuelle Besonderheit. Der Mensch wird als Einzelwesen in seiner einmaligen Existenz und mit unverwechselbaren Merkmalen wahrgenommen. Für Richard Müller-Freienfels (1923:9) ist das Individuum der „physisch-psychische ‚Träger' der Individualität", in der sich die naturale Ausstattung des Menschen mit kulturell-historischen Einflüssen so spezifisch verknüpft, dass von einer „individuellen Färbung" gesprochen werde könne.

„Individuation" formuliert eine normative Vorstellung für die Herausbildung einer individuellen Besonderheit: Gewinnung einer eigen- und selbständigen Persönlichkeit. In der

Individualpsychologie eines C. G. Jung und esoterischen Psychologien wird darunter die allmähliche innere Entdeckung, Erarbeitung und Annahme des „wahren Selbst" verstanden. Erst dadurch würde persönliche Autonomie erlangt werden.

„Individualismus" drückt ebenfalls eine starke Wertung aus. In den Diskursen über die Rechte der Gemeinschaft gegenüber den Individualinteressen wird vom Individualismus den individuellen Rechten und Interessen Priorität eingeräumt. In aller Regel wird er deshalb in einer Verwandtschaft zum Egoismus gesehen und negativ konnotiert.

„Individualisierung" ist am präzisesten als soziologische Kategorie im Rahmen von Modernisierungstheorien bestimmt worden (vgl. Schroer 2000) und bezeichnet in aller Regel einen Prozess, „in dem die Abhängigkeit des Individuums von seiner unmittelbaren Umgebung" abnimmt (van der Loo/van Reijen 1992:161). Traditionelle Lebensformen mit ihren hohen Normierungsleistungen für individuelles Handeln verlieren in diesem Prozess an Bedeutung für die individuelle Lebensführung, und das einzelne Subjekt muß sich im Rahmen seiner gesellschaftlichen Ressourcen eine eigene Lebensform erarbeiten.

„Identität" kann als innere Selbstthematisierung des Subjekts verstanden werden, das sich Antworten auf folgende Fragen zu geben versucht: „Wer bin ich? Was will ich, was kann ich sein? Wo ist mein Platz in der Gesellschaft?" (Bauman 1995:54).

In der Identitätsforschung (vgl. das Handbuch von Wetherell/Mohanty 2010) wird deutlich, wie bereits die Kategorie Individuum einen Rahmen aufspannt, in dem Kultur und Gesellschaft notwendigerweise bereits enthalten sind. Selbst die traditionsreichen Annahmen über das „innerste Wesen" des Individuums sind gesellschaftliche Konstruktionen und Produktionen. Das ist deshalb zu betonen, weil große Teile der Psychologie, der Zentraldisziplin des Individuums, in einem naturalistischen Missverständnis noch immer von der Annahme bestimmt sind, sie könnten Aussagen über das Individuum formulieren, die ahistorisch und universell gültig sind. Das ist nur für die biologisch-naturhaften Basisprozesse psychischer Funktionen möglich (z.B. über die physiologisch-anatomischen Bedingungen der Wahrnehmung), nicht aber für die qualitativ-inhaltlichen Dimensionen des Psychischen (z.B. ist Wahrnehmen immer soziales Wahrnehmen, also sinnliche Erkenntnis im Rahmen der soziokulturell geprägten Wahrnehmungskategorien).

Die historische Bühne der Subjektgenese

Schon in den Sozialphilosophien von Platon und Aristoteles ist das Verhältnis von Gesellschaft und Individuum höchst unterschiedlich gedacht worden (vgl. zur Geschichte: Keupp 1998). Die „platonische" und die „aristotelische" Sichtweise der Zuordnung von Individuum und Gesellschaft, die später als Gegensatzpaar von „soziozentriertem" und „individuozentriertem Ansatz" bezeichnet werden, durchziehen die lange Vorgeschichte der Sozialwissenschaften. Der „platonische" oder „soziozentrierte Ansatz" geht von der Prämisse aus, dass der einzelne Mensch nur dann zu einem sozialen Wesen werden kann, wenn er von gesellschaftlichen Prägeinstanzen dazu erzogen wird. Für den „aristotelischen" oder „individuozentrierten Ansatz" ist das Individuum von Natur aus auf Gesellschaft hin angelegt. Er bringt die Befähigung zum Zusammenleben von Natur aus mit, kann Beziehungen zu anderen Menschen eingehen und auf dieser Voraussetzung aufbauend, können sich soziale Mikro- und Makrogebilde (von der Familie, über Sippen, Stämme bis zum Staat) entwickeln.

Mit dem Christentum haben sich die sozialphilosophischen Grundfragen der griechischen Klassik deutlich zugespitzt, denn es hat den Menschen in den Mittelpunkt gerückt und hat so entscheidend zu einem individuozentrierten Welt- und Menschenbild beigetragen. Die volle

Entfaltung des individualisierenden Potentials des Christentums hat sich dann aber erst in der protestantischen Reformation vollzogen, die sich an der Epochenschwelle zur Moderne vollzog. Das Individuum tritt voll in die Geschichte ein und definiert sich zunehmend als selbstbewusster Produzent und Herrscher gesellschaftlicher Ordnung. Die oben formulierten Fragen nach dem Verhältnis von Individuum und Gesellschaft treten mit der Herausformung der Moderne voll ins Zentrum der Aufmerksamkeit.

Das Ende des Mittelalters und die mit der Renaissance anbrechende Neuzeit sind durch einen paradigmatischen Wendepunkt bezeichnet: Der Mensch wird als Subjekt zum Angelpunkt. Das Individuum erkennt sich als handelndes und begreifendes Zentrum der Welt, das nicht mehr bereit ist, sich von einer äußeren Instanz definitiv sagen zu lassen, „was die Welt im Innersten zusammenhält". Letzte Instanz von Wahrheit werden jetzt Zweifel und Gewissheit des Individuums. Nur die Erkenntnisse, die die eigene Vernunft verifizieren kann, können Sicherheit und Orientierung in der Welt garantieren. Alle Lebensmaximen, die sich auf traditionelle Autoritäten und Gewohnheiten berufen, werden prinzipiell angezweifelt. Die gemeinschaftliche Übereinkunft, die der vernunftgesteuerten Nachprüfung durch den Einzelnen nicht standhält, verliert jede Legitimation.

Diese aus einem naturhaft gedachten Kosmos heraustretenden Individuen sind nicht mehr selbstverständlich miteinander verbunden, nicht mehr Teil einer Ordnung, die jedem einzelnen seinen Platz zuwies und damit zugleich die Relation der Individuen zueinander bestimmte. Der sich jetzt individuierende Einzelne muss die Beziehungen zu den anderen Individuen regeln. Kein göttlicher Heilsplan kann mehr das geordnete Zusammenleben garantieren, es muss in vertraglicher Form ausgehandelt und vereinbart werden. Im Verhältnis zur bis dahin gültigen sozialen Ordnung stellen solche neuen Grundüberzeugungen ein revolutionäres Potential dar. Das sich in ihnen neu konstituierende bürgerliche Subjekt bricht prinzipiell mit den bisherigen Autoritäten (vor allem Kirche und Feudalherrschaft) und sucht sich seine neue Ordnung, die weniger durch äußere Regulative und Zwänge bestimmt ist, sondern vielmehr die „innere Welt" der Motive und Bedürfnisse der Subjekte sozialkonform zur entstehenden kapitalistischen Industriegesellschaft zu modellieren versucht. Wie Max Weber (1963), Erich Fromm (1966) und vor allem Norbert Elias (1976) aufgezeigt haben, benötigte die entstehende bürgerliche Ordnung spezifische Sozialcharaktere, die sich vor allem durch eine tiefe Identifikation mit Arbeit und durch eine verinnerlichte Selbstkontrolle auszeichneten. In den Individuen wurden spezifische Motivbündel kulturell verankert, die zu einem „Wollen des Gesollten" führten. Verallgemeinernd kann man sagen, das Individuum erhält durch die jeweiligen gesellschaftlichen Verhältnisse eine innere „Zurichtung", die in seinen persönlichen Habitus eingeht und nicht nur einfach ein Mantel ist, der je nach Gelegenheit übergestreift, aber dann auch wieder abgelegt werden kann. Max Weber spricht anschaulich von einem „stahlharten Mantel der Hörigkeit", einem Identitätsgehäuse, das den Subjekten außerhalb der kapitalistischen Produktionsethik wenige Gestaltungsspielräume belässt.

Das Subjekt der Gegenwart: Die Dezentrierung von Identität

Das Konstrukt Identität verweist auf das menschliche Grundbedürfnis nach Anerkennung und Zugehörigkeit und dieses Bedürfnis sucht schon deshalb immer nach Befriedigung, weil es ontologisch in der conditio humana nicht abgesichert ist. Es soll dem anthropologisch als „Mängelwesen" bestimmbaren Subjekt eine Selbstverortung ermöglichen, liefert eine individuelle Sinnbestimmung und soll den individuellen Bedürfnissen sozial akzeptable Formen der Befriedigung eröffnen. Identität bildet ein selbstreflexives Scharnier zwischen der inneren und der äußeren Welt. Genau in dieser Funktion wird der Doppelcharakter von Identität sichtbar: Sie soll einerseits das unverwechselbar Individuelle, aber auch das sozial Akzeptable darstellbar machen. Insofern stellt sie immer eine Kompromissbildung zwischen „Eigensinn" und Anpassung dar.

Identität ist die Frage nach den Bedingungen der Möglichkeit für eine lebensgeschichtliche und situationsübergreifende Gleichheit in der Wahrnehmung der eigenen Person und für eine innere Einheitlichkeit trotz äußerer Wandlungen. Dieses Problem der Gleichheit in der Verschiedenheit beherrscht auch die aktuellen Identitätstheorien. Für Erik Erikson, der den durchsetzungsfähigsten Versuch zu einer psychologischen Identitätstheorie unternommen hat, besteht „das Kernproblem der Identität in der Fähigkeit des Ichs, angesichts des wechselnden Schicksals Gleichheit und Kontinuität aufrechtzuerhalten" (1964:87).

Die Konzeption von Erikson ist in den 1980er Jahren teilweise heftig kritisiert worden. Die Kritik bezog sich vor allem auf seine Vorstellung eines kontinuierlichen Stufenmodells, dessen adäquates Durchlaufen bis zur Adoleszenz eine Identitätsplattform für das weitere Erwachsenenleben sichern würde. Das Subjekt hätte dann einen stabilen Kern ausgebildet, ein „inneres Kapital" (Erikson 1966:107) akkumuliert, das ihm eine erfolgreiche Lebensbewältigung sichern würde. Thematisiert wurde auch die Eriksonsche Unterstellung, als würde eine problemlose Synchronisation von innerer und äußerer Welt gelingen. Die Leiden, der Schmerz und die Unterwerfung, die mit diesem Einpassungsprozess gerade auch dann, wenn er gesellschaftlich als gelungen gilt, verbunden sind, werden nicht aufgezeigt.

Das Konzept von Erikson ist offensichtlich unauflöslich mit dem Projekt der Moderne verbunden. Es überträgt auf die Identitätsthematik ein modernes Ordnungsmodell regelhaftlinearer Entwicklungsverläufe. Es unterstellt eine gesellschaftliche Kontinuität und Berechenbarkeit, in die sich die subjektive Selbstfindung verlässlich einbinden kann. Gesellschaftliche Prozesse, die mit Begriffen wie Individualisierung, Pluralisierung, Globalisierung angesprochen werden, haben das Selbstverständnis der klassischen Moderne grundlegend in Frage gestellt. Der dafür stehende Diskurs der Postmoderne hat auch die Identitätstheorie erreicht (vgl. Keupp/Ahbe/Gmür et al. 2006). In ihm wird ein radikaler Bruch mit allen Vorstellungen von der Möglichkeit einer stabilen und gesicherten Identität vollzogen. Es wird unterstellt, „dass jede gesicherte oder essentialistische Konzeption der Identität, die seit der Aufklärung den Kern oder das Wesen unseres Seins zu definieren und zu begründen hatte, der Vergangenheit angehört" (Hall 1994:181).

In der Dekonstruktion grundlegender Koordinaten modernen Selbstverständnisses sind vor allem Vorstellungen von Einheit, Kontinuität, Kohärenz, Entwicklungslogik oder Fortschritt zertrümmert worden. Begriffe wie Kontingenz, Diskontinuität, Fragmentierung, Bruch, Zerstreuung, Reflexivität oder Übergänge sollen zentrale Merkmale der Welterfahrung thematisieren. Identitätsbildung unter diesen gesellschaftlichen Signaturen wird von ihnen durch und durch bestimmt. Identität wird deshalb auch nicht mehr als Entstehung eines inneren Kerns thematisiert, sondern als ein Prozessgeschehen beständiger „alltäglicher Identitätsarbeit", als permanente Anpassungsarbeit zwischen inneren und äußeren Welten. Die Vorstellung von Identität als einer fortschreitenden und abschließbaren Kapitalbildung wird zunehmend abgelöst durch die Idee, dass es bei Identität um „einen ‚Projektentwurf' des eigenen Lebens" (Fend 1991:21) geht oder um die Abfolge von Projekten, wahrscheinlich sogar um die gleichzeitige Verfolgung unterschiedlicher und teilweise widersprüchlicher Projekte.

Das ambivalente Subjekt: Konstrukteur und konstruiert

Der soziale Konstruktivismus (Gergen 2002; Gergen/Gergen 2009) betont den symbolischen und realen Herstellungsprozess sozialer Zuordnungen und „dekonstruiert" dadurch die Vorstellung, als sei das Subjekt in einer unbefragten naturalen Beziehung zur umgebenden Welt und als müsste man dann nur allgemeine Gesetzmäßigkeiten psychischer Abläufe aufstellen und überprüfen. Im Gefolge dieser Dekonstruktion wird ein Subjektverständnis möglich, das dem Individuum einen aktiv-gestaltenden Status (zurück-)gibt. Allerdings wird diese Position nicht selten zu einem naiven Idealismus, so als ob es ganz beliebig wäre, wie sich Subjekte konstruieren. Die konstruktive Kritik an dieser Position nimmt dem Subjekt nicht die prinzipielle Möglichkeit, sich nach eigenen Vorstellungen zu seiner Welt symbolisch in Beziehung zu setzen, aber sie fragt nach realen gesellschaftlichen Lebensbedingungen der Subjekte, die in den Selbstkonstruktionen aufgenommen und verarbeitet werden, also darin enthalten sind (vgl. Parker 1998; Nightingale/Cromby 1999).

Das Subjekt als „sozialer Konstrukteur" und „Baumeister" verfügt nicht über beliebige Ressourcen, nicht über alle denkbaren Baumaterialien. Sein Zugang zu materiellen, sozialen und kulturellen Kapitalien im Sinne von Bourdieu (1983), die man durchaus noch durch „psychische Kapitalien" erweitern könnte, bestimmt den Rahmen und die Bedingungen seiner konstruktiven Möglichkeiten.

Im Anschluss an die Ideologietheorie von Louis Althusser könnte man formulieren, soziale Konstruktionen stellen „das imaginäre Verhältnis der Individuen zu ihren wirklichen Existenzbedingungen dar" (1973:147). Die alltäglichen Diskurse, jene „Systeme sprachlicher Äußerungen, die ein Objekt konstruieren" (Parker 1990:191), schlagen diese Brücke, die das Subjekt als „imaginäres Verhältnis" zu seinen „wirklichen Existenzbedingungen" herstellt. Und unter dieser Fragestellung können sie Gegenstand empirischer Sozialwissenschaft werden. Die diskursanalytische englische Sozialpsychologie (Potter/Wetherell 1987; McKinlay/MvVittie 2008; Edwards/Potter 2009; Benwell/Stokoe 2009) hat hier vielsprechende Ansätze entwickelt. Ihr zentraler Ansatzpunkt ist in der Desynchronisation von subjektiver und gesellschaftlicher Ebene zu sehen. Das zerfallende Lebensgehäuse der Moderne, das Ideologien Vorschub geleistet hat, als gäbe es für die Integration des zu sozialisierenden Subjekts eine „natürliche Passform", zeigt auf, in welcher Weise sich Subjekte durch ihre subjektiven Konstruktionen jeweils ihr Lebensgehäuse selbst bauen müssen. Natürlich spielen dabei kulturelle Muster und Identifikationsobjekte eine erhebliche Rolle, und das eröffnet der Kulturellen Bildung ihr systematisches Handlungsfeld.

Zum Weiterlesen

Demirovic, Alex/Kaindl, Christina/Krovoza, Alfred (Hrsg.) (2010): Das Subjekt – zwischen Krise und Emanzipation. Münster: Westfälisches Dampfboot.

Hafeneger, Benno (Hrsg.) (2004): Subjektdiagnosen. Schwalbach: Wochenschau.

Keller, Reiner/Schneider, Werner/Viehöver, Willy (Hrsg.) (2012): Diskurs – Macht – Subjekt: Theorie und Empirie von Subjektivierung in der Diskursforschung. Wiesbaden: VS.

Keupp, Heiner/Hohl, Joachim (Hrsg.) (2008): Subjektdiskurse im gesellschaftlichen Wandel: Zur Theorie des Subjekts in der Spätmoderne. Bielefeld: transcript.

Reckwitz, Andreas (2010²): Subjekt. Bielefeld: transcript.

Rainer Treptow
Biografie, Lebenslauf und Lebenslage

Kulturelle Bildung und Lebensgeschichte

Ob aus den Kritzelbildern der frühen Kindheit ein stetiges Interesse an Malerei entsteht, ob aus der Freude am tonalen Ausdruck Kontinuität oder Diskontinuität musikalischen Schaffens und aus der Spiel- und Bewegungsfreude die selbsterzeugte Zuwendung zu Tanz oder Theater, ob und in welcher Weise Erfahrungen von Kontinuitätsbruch, Krise oder Übergang gestalterisch bewältigt werden, wie anhaltend, ja prägend die Auseinandersetzung Einzelner mit den Welten ästhetischer Gestaltung ist und welche Unterstützung ihnen dabei zuteil oder vorenthalten wird – dies alles sind Fragen, die die individuelle Lebensgeschichte zu einem Kernthema Kultureller Bildung werden lässt (Mollenhauer 1996).

Kulturelle Bildung entfaltet sich, wie jeder Bildungsverlauf, in der Aufeinanderfolge lebensgeschichtlicher Phasen eines Menschen. Sie sind durchzogen von einer Vielzahl sozialer, visueller und haptischer Erlebnisse und Erfahrungen, wechselnden und kontinuierlichen Beziehungen zu Menschen und Dingen, die in unterschiedlich intensiver Weise die Empfänglichkeit für ästhetische Signale und Symbole beeinflussen und ihre Deutung und Bewältigung anregen oder hemmen. Dies betrifft besonders jene Gestaltungen, die für kulturelle Ausdrucktätigkeit charakteristisch sind (vgl. Herrlitz/Rittelmeyer 1993; Hellekamps 1998; Ecarius/Friebertshäuser 2005). Lebensgeschichtlich entwickelt sich so in regionalen und sozialstrukturellen Kontexten ein unterschiedlich umfangreiches persönliches Repertoire, das in emotionaler, motivationaler und kognitiver Hinsicht die Grundlage für kulturell-ästhetische Wahrnehmungs-, Urteils- und Gestaltungsvermögen bildet (Alheit/Brandt 2006). Rekonstruktiv lassen sich mitunter, z.B. bei KünstlerInnen, frühe, mittlere und spätere Perioden unterscheiden, die durch markante Stil- oder Themenveränderungen gekennzeichnet sind und den werkgeschichtlichen Wandel innerhalb eines Lebenslaufs dokumentieren (vgl. Gombrich 1996).

Dieser – letztlich anthropologische Prozess – entfaltet sich keineswegs nur in jeweils gesellschaftlich bereitgestellten Lern- und Bildungsorten wie Schulen, Museen oder religiösen Stätten, sondern bezieht parallel oder gar quer dazu liegende Erfahrungswelten ein, sei es in der Auseinandersetzung mit relevanten Ereignissen innerhalb lebensweltlicher settings (z.B. Familie, Freundschaften), sei es mit Erlebnissen jenseits dafür vorgesehener institutionalisierter Räume und Zwecke, also in „freier" Zuwendung zu ausgewählten Weltausschnitten: z.B. der Straße, der Natur, der technisch-industriellen Welt. Kulturelle Gestaltung, etwa Schriftstellerei, findet dabei keineswegs nur in Form beruflicher Tätigkeit statt, sondern häufig als Ergänzung oder Kontrast zu dieser.

Bildung zwischen Selbst, Anderen und der strukturellen Rahmung ihrer Lebensgeschichte

Um zu verstehen, welche lebensgeschichtlichen Entwicklungspfade kulturelle Bildungs- und Gestaltungsprozesse nehmen, und welche Einflussfaktoren zusammentreffen, gilt es, biografische, chronologische und strukturelle Dimensionen zu unterscheiden.

Biografie (von: bios=Leben, gráphein=schreiben) bezeichnet die Beschreibung von Ereignissen, Erfahrungen und Ausdruckstätigkeiten, die ein Individuum im Verlauf dieses lebensgeschichtlichen Prozesses entweder selbst anfertigt (Autobiografie) oder die andere, teils aus zeitgenössischer Sicht, teils aus gewissen Zeitabständen heraus, zusammenstellen (Baacke/Schulze 1993 und siehe Verena Buddenberg „Biografieforschung" in diesem Band). Biografien zehren vom Vertrauen in die Glaubwürdigkeit des Geschilderten, indessen von Dritten angefertigte Texte können jedoch aus dem Blickwinkel der Beschriebenen selbst für unangemessen, ja unzutreffend gehalten werden. Für die Kulturelle Bildung sind alle diejenigen Dokumente von Interesse, die die Entstehung und den Wandel von Wahrnehmung und Gestaltung zu unterschiedlichen Phasen und Orten schildern. Das kann in voluminösen Beschreibungen geschehen, die Dokumente (Briefe, Akten, Fragmente, Bilder, Archive) heranziehen, können die ausgewählten Themen aber auch ohne Einpassung in eine lückenlose Chronologie behandeln. Für das Verstehen kultureller Bildungsprozesse ist relevant, wenn die reflexiv beschreibende Zuwendung zu Lebensphasen besondere gestalterische Momente hervorhebt, die zur Wahl bzw. zur Blockierung individuell gewählter Ausdrucks-, mehr noch Lebensformen beigetragen haben, angesiedelt zwischen freier und pflichtförmiger kultureller Tätigkeit (Treptow 2011).

Lebenslauf bezeichnet die von normativ beeinflussten Beschreibungen relativ unabhängige Chronologie von Zeitabschnitten, in der „objektive" Daten besonders markanter Zeitpunkte hervorgehoben sind (z.B. erste Übungen auf einem Instrument, Veröffentlichungen, Aufführungen etc.). Obwohl selbst selektiv verfahrend sieht die Konstruktion eines Lebenslaufs subjektive Einschätzungen der Bedeutung solcher Lebensphasen kaum vor, aber in einer Biografie können sie als hochsignifikant gelten, je nachdem, in welche Sinnstruktur sie eingeordnet werden (z.B. als Schlüsselsituationen, in denen Objekte, Personen, Geschehnisse Relevanz für die weitere Entwicklung gewonnen haben). Neben Ereignissen von fundamentalem Charakter (z.B. Geburten, kritische Lebensereignisse, Partnerschaften, Tod) werden Phasen und Zeitpunkte besonders betont, die das Individuum mit institutionalisierten Zeit- und Aufgabenstrukturen sowie öffentlich relevanten Geschehnissen (Schule, Ausbildung, Beruf, Ortswechsel, Werkpräsentationen etc.) verbindet (Kohli 1985). Diese haben einen standardisierenden Effekt, können allerdings auch diffundieren (Destandardisierung), also die prägende Kraft für die Entwicklung von Lebensentwürfen und ihrer Realisierung in Bildung und Beschäftigung verlieren. Dadurch wird die riskante Zumutung verstärkt – aber auch die Chance vergrößert – Übergänge und Risiken eigenständig und individualisiert zu bewältigen, unkonventionelle, „originelle" Ideen zu realisieren. Die international vergleichende Sozialforschung verwendet den Begriff „Lebenslaufregime", um die Typik zu skizzieren, gegenüber der z.B. eine – von KünstlerInnen durchaus auch erwartete – differente Lebensform unterschieden werden kann.

Die lebensgeschichtlich relevanten Zugänge zu und die Teilhabe an öffentlichen und privaten Bildungsgelegenheiten hängen von Voraussetzungen ab, die nicht auf die subjektive Deutungs- und Gestaltungsleistung der Individuen allein zurückzuführen sind; vielmehr entstammen sie darüber hinausreichenden, oft vorgängig gelegten sozialen, wirtschaftlichen und kulturellen Strukturen, innerhalb derer die Individuen ihre lebensweltlich-gestaltende Auseinandersetzung betreiben können und müssen. Ein Teil dessen wird in ästhetischen Formen symbolisiert, die meist unspektakulär, ja privat bleiben; anderes, oft professionell Erzeugtes, bekommt in den herausgehobenen Werken der Kunstgeschichte einen allgemeinen „Wert" zugesprochen, der von partikularem bis hin zum universellen Geltungsanspruch reicht (Weltkulturerbe). Solche Formgebungen werden, etwa in der Kunstkritik, nicht selten vom biografischen Hintergrund gelöst, kann doch in der „autonomen" Wertsphäre der Kunst der Eigensinn der gestalteten Form (Stil) auch dann im Zentrum stehen, wenn über die Lebensläufe ihrer SchöpferInnen gar nichts bekannt ist. Diese „Verselbständigung" des gestalteten Objekts von seiner subjektiven Entstehungsgeschichte, seine vom zeitlichem und räumlichen Ursprungsrahmen unabhängige Präsenz ist einer der evolutionären Entwicklungsschritte, die durch Symbolbildung möglich wird und den lebenszeitlichen Rahmen von Biografien über Jahrhunderte und Jahrtausende hinweg ebenso verbindet wie überschreitet (vgl. Conard 2008).

Lebenslage bezeichnet nun die strukturelle Ressourcenausstattung, die durch wirtschaftliche, sozial- und bildungspolitische Rahmungen der individuellen Lebensgeschichte einen Möglichkeits- und Verwirklichungsraum (capabilities) zuweist (Böhnisch/Schefold 1989; Otto/Ziegler 2008). Sozialgeschichtliche und kultursoziologische Untersuchungen zeigen, wie stark diese strukturelle Seite die Aneignung und Ausdifferenzierung sozialen, kulturellen und ökonomischen Kapitals durch das Individuum prägt, ja ihre soziale Platzierung in der gesellschaftlichen Topografie bis hinein in die Habitusformen der Gesellschaftsmitglieder sichtbar werden lässt (Bourdieu 1982).

Der Zusammenhang Kultureller Bildung mit der Biografie, Lebenslauf und Lebenslage von Individuen, ihrer Auseinandersetzung mit ihrem sozialen und kulturellen Umfeld scheint schon deshalb offensichtlich, weil jeder Prozess ästhetischer Wahrnehmung und jedes Produkt ästhetischen Gestaltens innerhalb gewisser Zeitspannen im Ablauf eines Lebens platziert ist. Mit anderen Worten: alle Ausdruckstätigkeit muss irgendwann in einer Lebensgeschichte ihrer UrheberInnen Bedeutung gehabt haben, sei sie herausgehoben oder profan. Die lebensgeschichtlich sich wandelnden Artikulationsformen und Werke sind häufig kunsthistorisch und sozialwissenschaftlich bestimmbar (Hauser 1983). Dies sollen einige sehr verschiedene Beispiele aus der klassischen und populären Kunst illustrieren.

Beispiele aus der klassischen und populären Ästhetik

Wolfgang Amadeus Mozart, Pablo Picasso oder Alberto Giacometti finden bereits im Kindesalter eine stark professionell geprägte Aufmerksamkeit und Förderung ihrer frühen künstlerischen Äußerungen, alle drei hatten recht wohlhabende Eltern und besonders signifikante Väter, die bereits im selben Metier wie später ihre Söhne tätig waren. Von Paul Cézanne hingegen ist bekannt, dass er sich nur gegen den Widerstand seines Vaters, eines Bankiers, zum Maler hat entwickeln können, Franz Kafka sieht in seiner künstlerischen Tätigkeit des Schreibens den Weg, selbständig von seiner Furcht vor dem Vater, einem Handlungsreisenden, wegzukommen: Kulturelle Bildung und Ausdruck als Rettung des Selbst.

Zwar lässt sich aus diesen höchst verschiedenen Umständen des Aufwachsens keine zwingende Entwicklung in Richtung auf die sich später abzeichnenden Karrieren herleiten, aber immerhin waren für die einen hinreichende familiale Bedingungen gegeben, ihren Bildungsprozess zu optimieren, für die anderen, sich eben davon abzugrenzen und aus außerfamilialen Ressourcen und Milieus zu schöpfen.

Dies zeigt die Lebensgeschichte von Charles Dickens. Sein Vater, ein Büroangestellter, wird verarmt ins Schuldgefängnis von London eingewiesen, Charles zieht mit seiner Mutter und sieben Geschwistern in diesen Bau, er muss mit anderen Kindern in einer Lagerhalle arbeiten. Über den Weg des Journalismus gelingt Dickens schließlich der mühsame soziale Aufstieg zum vielgelesenen Romancier, dessen Themen von eben jenen teils traumatischen Erfahrungen der eigenen Kindheit geprägt waren. Auch hier hätte die belastete Kindheitserfahrung dazu beitragen können, die künstlerische Entfaltung zu verhindern, wären nicht im späteren Alter andere Einflussfaktoren hinzugekommen.

Die heute lebende Pianistin Hélène Grimaud wiederum entstammt einer wohlhabenden Familie, indessen berichtet sie in ihrer Autobiografie über selbstverletzendes, teils aggressives Verhalten in ihrer Kindheit, bis sie im Alter von elf Jahren, angeregt durch die geduldige Suche der Eltern nach einem Tätigkeitsfeld für ihre Tochter, mit dem Klavier und klassischer Musik in eine leidenschaftliche, lebenslang anhaltende Beziehung tritt (Grimaud 2006). Schließlich: die Bedeutung außerfamilialer Förderung lässt sich klar an der Lebensgeschichte des aus ärmsten Verhältnissen stammenden Dirigenten Gustavo Dudamel ablesen, dessen Fähigkeiten im Rahmen eines vom Staate Venezuela initiierten Programms zur Musikförderung entdeckt werden.

Wendet man sich der eher populären Ästhetik zu, so ist auch hier die Zahl der allein im 20. Jh. vorliegenden Bezüge zu Biografie, Lebenslauf und Lebenslage unüberschaubar. In sämtlichen Sparten darstellender und bildender Ausdrucksformen werden nicht nur Phasen der eigenen Lebensgeschichte in direkten Zusammenhang mit der ästhetischen Gestaltung gebracht. Blues und Folk, Jazz und Hip-Hop/Rap thematisieren offen die Leidenserfahrungen auf den Baumwollfeldern, auf der Straße und in den Kellern der Hinterhöfe. Lebenslagen werden Gegenstand von Komposition und Bild, mehr noch: die Hintergründe für gegebene Verhältnisse werden zur Inspiration. So bringt Jimi Hendrix die für ihn und seine Generation schier elementare Auseinandersetzung mit dem Vietnam-Krieg akustisch-kritisch auf den Punkt („Star Spangeled Banner" 1969), Bob Marley artikuliert die Hoffnungen der Armenviertel auf soziale Gerechtigkeit („Survival" 1979). Der ebenso hoch umstrittene wie kommerziell erfolgreiche Rapper Bushido rekurriert thematisch auf die eigene Lebensgeschichte, die ihrerseits von familialen und sozialen Problemlagen geprägt ist („Zeiten ändern dich"; vgl. Amend 2008). War hier Graffiti, also meist illegale Straßenkunst, Teil seiner Symbolwelt, so findet diese, wie in den Arbeiten eines Keith Haring, ihren Weg in die anerkanntesten Galerien – als Fortsetzung einer Tradition, die die biografische Bedeutung alltäglicher Medienästhetik in den Raum universell ambitionierter Geltung übersetzt, wie dies schon bei Andy Warhol oder Roy Liechtenstein der Fall ist. Im Falle des Straßentheaters, des freien Tanzes oder komplexer Inszenierungen bilden jedoch nicht authentische, sondern fiktive Biografien die Grundlage, etwa die eines taubstummen Blinden wie in der Rockoper „Tommy" von „The Who" (1969); im Musical „Les Miserables" (1980), das auf dem gleichnamigen Roman von Victor Hugo basiert, sind es die Geschehnisse im Lebenslauf eines Sträflings.

Folgerungen für pädagogische Unterstützung

Selbstverständlich stehen solche außerordentlichen Biografien in Kontrast zu jenen, deren kulturelle Bildungsprozesse sich nicht derart spektakulär entwickelt haben. Kulturelle Bildung treibt auch gar nicht zu außergewöhnlichen Gestaltungsleistungen an, wenn sie nur dazu beitragen kann, die Wahrnehmungsfähigkeit zu differenzieren, ästhetische Urteilskraft im Umgang mit der medial präsentierten Welt zu stärken und der Eigenmotivation Entfaltungsmöglichkeiten zu bieten. Die Beispiele machen jedoch den Variantenreichtum biografisch-ästhetischer Produktivität ebenso deutlich wie den der lebensgeschichtlichen Entwicklungspfade, sowie den wichtigen, dennoch relativen Einfluss organisierter pädagogisierter Absichtlichkeit.

Zu fragen ist, wie sich zwischen der routinierten Alltäglichkeit von Wahrnehmung und dem Außerordentlichen besonderer Erfahrungen kulturelle Bildungsprozesse konkretisieren, genauer: wie sich jene Profile kultureller Aneignung und Ausdrucksstätigkeit bilden, die teils spartenspezifisch dem Feld der bildenden oder darstellen Kunst zugeordnet werden können, teils quer zu dieser Einteilung liegen. Sie lassen häufig eine aktive Beziehung erkennen, die das Individuum zu Symbolen und Dingen, zu Material und Instrumenten, zu Deutungen und Urteilen auf- und einnimmt, und zwar zu unterschiedlichen Zeitpunkten. Das Spektrum reicht hier von der flüchtigen, unstetigen Rezeption bzw. Aktion zur hohen Kontinuität, gar der Spezialisierung auf eine einzige Ausdrucksform bis hin zur Verbindung mehrerer, gar zur beruflich-professionellen Ausübung führender Karrieren.

Pädagogisch reflektierte Unterstützung hat sich zunächst behutsam der lebensgeschichtlichen Voraussetzungen ihrer Adressaten zu vergewissern, sei es im engeren Sinne einer Bestandsaufnahme über den Stand des Wissens und Könnens, aber auch der emotionalen und kognitiven Einstellung zu ästhetischen Wahrnehmungs- und Gestaltungsprozessen, sei es im weiteren über die soziale Lage und die darin enthaltenen Verwirklichungschancen. Die gestaltungsbezogene Biografizität bietet die Chance, individuell angemessene Förderung zu konzipieren, sei es spielerisch frei oder pflichtmäßig unterrichtend. Von der Musikwerkstatt, die auf die selbstreflexive Beobachtung eigenen Lernfortschritts und der Organisation von Anerkennung in der musikalischen Bildung zielt (Biburger/Wenzlik 2009) bis hin zur selbstreflexiven Biografiearbeit, wie sie Biografisches Theater unternimmt (Karl 2005; Köhler 2009), kann der „Stoff" des eigenen Lebenslaufs ästhetisch zur Thematisierung der Lebenslage und deren Kontingenz Gestaltungsgegenstand werden, etwa in der Darstellung aus der Perspektive von Menschen in Armutslagen (Messner/Wrentschur 2011), aus der von ehemaligen Drogenabhängigen oder von Menschen mit Behinderung.

Die Unvermeidlichkeit des biografischen Bezugs in der Kulturellen Bildung bedeutet indessen nicht, dass die Distanzierung von eben diesem nicht auch angestrebt werden könnte. Ein Gutteil kultureller Ausdruckstätigkeit besteht gerade in der Überschreitung des jeweils aktuell gegebenen biografischen Wissens- und Gestaltungsrahmens durch Abstandsgewinnung und fantasiegeleitete Zuwendung zu Sinneserfahrungen, die der eigenen, nahen Lebenswelt zunächst fremd, kaum zugänglich, gar abweisend sind. Hier bietet Kulturelle Bildung dem Lebenslauf einen Ort, sei er Zuflucht, sei er Aufbruch.

Zum Weiterlesen

Alheit, Peter/Brandt, Morten (2006): Autobiographie und ästhetische Erfahrung - Entdeckung und Wandel des Selbst in der Moderne. Frankfurt/M.: Campus

Bourdieu, Pierre (1982): Die feinen Unterschiede. Kritik der gesellschaftlichen Urteilskraft. Frankfurt/M.: Suhrkamp.

Ecarius, Jutta/Friebertshäuser, Barbara (Hrsg.) (2005): Literalität, Bildung und Biographie. Perspektiven erziehungswissenschaftlicher Biographieforschung. Opladen: Budrich.

Karl, Ute (2005): Zwischen/Räume. Eine empirisch-bildungstheoretische Studie zur ästhetischen und psychosozialen Praxis des Altentheaters. Münster: LIT.

Vanessa-Isabelle Reinwand
Künstlerische Bildung – Ästhetische Bildung – Kulturelle Bildung

Spätestens seitdem im Nachgang zur ersten PISA-Studie um die Jahrtausendwende die Diskussion um ein besseres und gerechteres Bildungssystem in Deutschland wieder einmal entbrannt ist, erlebt auch die Kulturelle Bildung einen Aufschwung. Dass dieser „Boom" über zehn Jahre hinweg noch immer anhält, wird aktuell beispielsweise im Bildungsbericht 2012 des *Deutschen Instituts für Internationale Pädagogische Forschung (DIPF)* (siehe Mariana Grgic/Thomas Rauschenbach „Kulturelle Bildung im Horizont der Bildungsberichterstattung des Bundes" in diesem Band) mit dem Schwerpunkt „Kulturelle/musisch-ästhetische Bildung im Lebenslauf" oder im neu und finanzstark aufgelegten Programm „Kultur macht stark! Bündnisse für Bildung" des *Bundesministeriums für Bildung und Forschung (BMBF)* deutlich, das Kooperationsprojekte für benachteiligte Kinder und Jugendliche fördert. Bei aller Rede um „Kulturelle Bildung", „ästhetische Bildung", „musische Erziehung" oder „künstlerische Ausbildung" bleibt jedoch häufig unklar, welche Konzepte sich tatsächlich hinter den Begriffen verbergen, wie diese voneinander abzugrenzen sind und dass diese Konzepte mitnichten neu sind, sondern häufig in der Geschichte der Philosophie und Pädagogik eine lange Tradition haben (vgl. z.B. zum Begriff der ästhetischen Bildung: Leopold Klepacki/Jörg Zirfas „Die Geschichte der Ästhetischen Bildung" in diesem Band).

Der folgende Artikel stellt sich dem Versuch, zentrale Begrifflichkeiten rund um das Theorie- und Praxisfeld „Kulturelle Bildung" in aller Knappheit zu differenzieren. Die hier vorgenommenen – zugegebenermaßen teilweise schablonenartigen – Abgrenzungen stellen einen Vorschlag und eine Anregung zur weiterführenden Begriffsdiskussion dar, die unbedingt geführt werden muss, wenn der Dialog um Kulturelle Bildung eine neue Qualität erhalten soll. Es geht aktuell nicht mehr darum, danach zu fragen, ob und warum Kulturelle Bildung wichtiger Bestandteil einer breiten Allgemeinbildung sein soll, sondern darum zu definieren, was „gute" Kulturelle Bildung heißt, welche Anthropologien, welches Kultur- und Kunstverständnis und welche Vermittlungsansprüche und -formate mit welchen Begriffen und Programmen verbunden werden und letztlich wie Qualität darauf aufbauend festgestellt und gesichert werden kann. Dies ist jedoch nur möglich, wenn geschichtliche Hintergründe, Ideen und Konzepte, welche den jeweiligen Begriffen inhärent sind, allgemein bekannt sind und damit klar ist, welche Erwartungen mit der Anwendung der Konzepte in der Praxis verbunden sein können und sollten.

Bildung und Erziehung – Von Unterschieden und Gemeinsamkeiten

Bildung und Erziehung – im Englischen ein Begriff: *education* – umschreiben im deutschen Sprachgebrauch unterschiedliche Konzepte. Erziehung meint einen intentionalen Prozess, der in einem kommunikativen und performativen Akt meist von einer älteren Generation an eine Jüngere weitergegeben wird und irgendwann, wenn der zu Erziehende den Sozialisationsprozess durchlaufen hat und vollkommen selbständig und verantwortungsvoll handeln kann, abgeschlossen ist (vgl. Marotzki et al. 2005).

Bildung hingegen ist ein Prozess, der – wie es Wilhelm von Humboldt 1792 beschreibt – in der Wechselwirkung von Selbst und Welt stattfindet und damit zunächst keinen Erzieher braucht. Was hier „erzieht", besser „bildet", ist das lernende Subjekt selbst, ist die Situation, in die sich das Individuum aus freiem Willen hineinbegibt oder der Gegenstand, mit dem sich das Subjekt – aus Interesse oder Neugier – auseinandersetzt. Bildung, in erster Linie also Selbstbildung, kommt damit nie zu einem Abschluss, sondern dauert so lange an, wie eine lebendige Wechselwirkung zwischen sozialer Umwelt und Individuum stattfindet, also lebenslang. Daher ist auch ein Curriculum der Bildung kaum zu entwerfen, sondern jedes „Bildungscurriculum" ist individuell und abhängig von der spezifischen Biografie zu sehen.

Im Gegensatz zur Bildung verfügt jede Erziehung über einen impliziten, meist den Erziehenden nicht gänzlich bewussten Lehrplan. Jeder Erziehungsstil ist an bestimmte Erziehungsvorstellungen und -inhalte gekoppelt (Werte, Geschmack, Tugenden…), und das Ergebnis eines bestimmten Erziehungsstils ist also zumindest in der Tendenz vorhersagbar. Das Ergebnis eines Bildungsprozesses ist ungleich schwieriger zu bestimmen, vorherzusagen oder zu überprüfen, da der „Lehrplan" allein durch das Individuum und dessen Motivation, Interessen und Zielvorstellungen bestimmt wird.

Künstlerische Bildung und Erziehung

Als künstlerische Bildung oder Erziehung wird hauptsächlich eine Erziehung oder Bildung *in* den Künsten verstanden, die allerdings immer auch eine Bildung *durch* die Künste nach sich zieht. Es geht darum, eine bestimmte Kunstfertigkeit, ein Handwerk, eine Technik, d.h. Grundkenntnisse einer bestimmten Kunstform beherrschen zu lernen. Dies kann im obigen Sinne eher erzieherischen oder eher bildenden Charakter haben, je nachdem ob die Beschäftigung nach einem bestimmten Curriculum und einer spezifischen Didaktik durch einen Erzieher geschieht, der im Sinne einer ästhetischen Alphabethisierung in die Kunstform einführt oder ob sich die Beschäftigung mit den Inhalten in freier Wechselwirkung bestimmt und daher in unterschiedlichste Lernsituationen und Erfahrungen münden kann. Natürlich ist es in der künstlerischen Bildung und Erziehung nicht damit getan, nur die technische Seite einer Kunstform zu beherrschen oder zu lehren, sondern das Wissen um Historie, Entwicklung, Ausdrucks- und Rezeptionsarten einer künstlerischen Disziplin, also eine ästhetische Alphabethisierung (vgl. Mollenhauer 1990a) gehören als elementarer Bestandteil zum „Lernen" und „Können" dazu. Klavierspielen, Zeichnen oder Tanzen will in seiner je spezifischen Formen- und Symbolsprache geübt sein und verlangt daher immer eine intensive, sich wiederholende Eigenaktivität des Subjektes, wie es für Bildungsprozesse notwendig ist. Es wird also deutlich, dass die Begriffe künstlerische Erziehung und künstlerische Bildung in der Praxis gar nicht voneinander zu trennen sind, allerdings geht es immer um ein Lernen, das zum Ziel hat, die jeweilige Kunstform in produktiver und rezeptiver Form (bis zur Perfektion) zu beherrschen und zu verstehen.

Ist dies gelungen, so kann man den Lernprozess gleichzeitig als ein Bilden durch Kunst beschreiben.

Anne Bamford differenziert den internationalen Begriff arts education beispielsweise in diesem Sinne als einen engeren Begriff education in the arts (Erlernen künstlerischer Fertigkeiten, künstlerischer Darstellung und künstlerischen Denkens) und einen weiteren *education through the arts*, der sich auf Transfereffekte und der Beschäftigung mit den Künsten zusätzlich inhärenten Kompetenzen bezieht (vgl. Bamford 2006). Kunst ist nach den „Symptomen des Ästhetischen" von Nelson Goodman gekennzeichnet durch eine „syntaktische und semantische Dichte sowie Fülle", sie exemplifiziert Eigenschaften in besonderer Weise und sie lässt komplexe Bezugnahmen (vgl. Goodman 1998:88ff.) zu bzw. fordert den Betrachter regelrecht dazu auf. Kunst stellt also aufgrund der in ihr symbol- und zeichenhaft enthaltenen, verdichteten menschlichen Erfahrungen ein besonders gutes Mittel dar, um Wahrnehmung und Geschmack zu schulen und ästhetische Erfahrungen zu ermöglichen, den Kern jeder ästhetischen Bildung. Das heißt auch, dass es nicht egal ist, an welchen Objekten sich künstlerische Bildung vollzieht – es gibt ästhetisch geeignete und weniger geeignete.

Ästhetische/aisthetische Bildung und Erziehung

Die ästhetische Bildung beinhaltet im Gegensatz zur künstlerischen Bildung und Erziehung einen breiteren Gegenstandsbereich. Abgeleitet vom griechischen *aisthesis*, was soviel wie sinnliche Wahrnehmung, Empfindung und Erkenntnis bedeutet, bezieht sie sich nicht nur auf die Künste als Disziplin oder Form, sondern richtet sich auf alles, das einer ästhetischen Betrachtungsweise unterliegt. Liebau, Klepacki und Zirfas drücken das folgendermaßen aus: „Ästhetische Bildung bezeichnet also, zusammenfassend, die Prozesse und Resultate derjenigen reflexiven und performativen Praxen, die sich aus der Auseinandersetzung mit kunstförmigen und als ästhetisch qualifizierten Gegenständen und Formen ergeben" (Liebau et al. 2009:104). Eine ästhetische Erziehung und Bildung kann also auch an Gegenständen erfolgen, die als ästhetisch wahrgenommen werden und erst einmal nicht als Kunstwerk klassifiziert sind. Es können Objekte und Gegenstände sein, bei denen die Betrachtungsweise sich auf ästhetische Kriterien richtet. So kann jeder Alltagsgegenstand zu einem Gegenstand ästhetischer Erziehung und Bildung werden, wenn er unter diesen Gesichtspunkten betrachtet wird.

Ästhetische Bildung und Erziehung beziehen sich also in einem engen Begriffsverständnis nicht ausschließlich auf die Künste, sondern sind dann gegeben, wenn eine erhöhte Aufmerksamkeit auf den Gegenstand und die eigene Wahrnehmung gerichtet ist, das Wahrgenommene nach Herkunft, Bedeutung und Funktion innerhalb einer Kultur eingeordnet werden kann, also Kenntnis und Erkenntnis gegeben ist, und wenn abschließend eine reflektierte Äußerung über das Wahrgenommene, z.B. in Form von Sprache, möglich ist (siehe Cornelie Dietrich „Ästhetische Erziehung" in diesem Band). Während ästhetische Erziehung eher in der pädagogischen Tradition einer ästhetischen Alphabethisierung steht, damit ein konkretes Ziel hat und Wissen dazu von Älteren an Jüngere weitergegeben wird, betont der Begriff der ästhetischen Bildung die bereits geschulte, „erwachsene" Form der Auseinandersetzung mit ästhetischen Gegenständen und Formen und setzt auf die Eigenaktivität und Selbstbestimmtheit des Subjektes in einem lebenslangen, nie endenden Reflexionsprozess.

Blickt man in die Geschichte des Begriffes der ästhetischen Erziehung, so wird dieser maßgeblich durch Friedrich Schillers „Über die ästhetische Erziehung des Menschen in einer Reihe von Briefen" geprägt. Schiller sieht in der ästhetischen Beschäftigung mit Kunst ein Mittel, um den Menschen zur Vernunft zu führen, d.h. einen moralischen Staat zu schaffen. Die Kunst nimmt also hier gleichsam die Funktion eines Erziehers ein und sie gibt dem Menschen im Zustand des Spiels die Freiheit zurück, die ihn in Kontakt mit seinen menschlichsten Bedürfnissen bringt und ihn letztlich also zur Gestaltung und Ausführung eines humaneren gesellschaftlichen Zusammenlebens befähigt. So wird der viel zitierte Satz „... der Mensch spielt nur, wo er in voller Bedeutung des Wortes Mensch ist, und er ist nur da ganz Mensch, wo er spielt" (Schiller 1795/1964:107) verständlich.

Ästhetische Erziehung und Bildung werden auch heute noch oft in einem Atemzug mit ethischen und moralischen Vorstellungen im Sinne der Verbindung eines „Schönen und

Guten" genannt (siehe Dagmar Fenner „Ethik und Ästhetik" in diesem Band). So soll die Beschäftigung mit ästhetischen Gegenständen dem Menschen „höhere Kreativität, bessere soziale Ausgeglichenheit, höhere soziale Kommunikationsfähigkeit" (Deutscher Bundestag 2007b:379), teilweise sogar eine höhere Intelligenz bescheren. Es gibt mittlerweile durch neurowissenschaftliche Untersuchungen Belege dafür, dass die produktive und rezeptive Beschäftigung mit den Künsten zahlreiche positive Auswirkungen auf unser psychisches und physisches Wohlbefinden und unsere Entwicklung hat (siehe z.B. Rittelmeyer 2010) und zu einer humanen Gesellschaft eine Allgemeinbildung in den Künsten für alle Menschen selbstverständlich dazugehört. Die Künste aber als „Allheilmittel" zur Erziehung eines besseren Menschen anzusehen, käme einer utopischen Überfrachtung gleich.

Kulturelle Bildung als Erweiterung zu musischer Bildung und Kulturpädagogik

Der Begriff „Kulturelle Bildung" ist neueren Datums, d.h. ein Kind des 20. Jh.s. Er wird offiziell durch die 1968 erfolgte Umbenennung der *Bundesvereinigung Musische Bildung* in die *Bundesvereinigung Kulturelle Jugendbildung* eingeführt, steht aber in einer Reihe nach und nach folgender Umbenennungen wie die des Programms „Musische Bildung" in den Förderrichtlinien des Kinder- und Jugendplans im Jahr 1973 in „Kulturelle Bildung" (vgl. Fuchs 2008a:98). Allerdings wird die frühere Verwendung des Begriffs „Musische Bildung" damit noch längst nicht obsolet. „Musische Erziehung" steht noch heute im Kontext der künstlerischen Erziehung im Nachkriegsdeutschland. Geprägt von der politischen Vereinnahmung der Künste im Faschismus legte man in den 1950er und 1960er Jahren Wert auf einen politikfreien Raum, in dem die schönen Künste als bürgerlicher Zeitvertreib und Mußestunden gepflegt wurden. Gegen die mit diesem Konzept einhergehende Gefahr eines Abdriftens der musischen Bildung in Volkstümelei und qualitätsloses Musikantentum wandten sich Intellektuelle wie Theodor W. Adorno, was auf Verbands- und Vereinsebene zahlreiche weitere Abgrenzungen von diesem Begriff beförderte (vgl. Deutscher Kulturrat 2009:14ff.) und ein neues Bild der „Bildung durch die Künste" prägte.

In den 1970er Jahren erhielt das Thema damit nicht nur einen neuen Namen, sondern inhaltlich politische Relevanz, und Verbände wie die heutige *Bundesvereinigung Kulturelle Kinder- und Jugendbildung (BKJ)* ermöglichten große Modellprojekte und traten zusammen mit Verbänden wie der *Kulturpolitischen Gesellschaft* für Teilhabegerechtigkeit von Kindern und Jugendlichen an Kultur und offensive Jugendhilfe ein. Unter dem soziokulturellen Motto „Kultur für alle und von allen" wurde kreatives und künstlerisches Gestalten des Einzelnen als gleichwertig zur Rezeption von Hochkultur und als Hauptbestandteil einer kulturellen und sozialen Praxis erkannt.

Eine entscheidende Begriffsverlagerung bewirkten darauf folgend in den 1980er und 1990er Jahren die beiden Konzeptionen Kultureller Bildung I und II (1988 und 1994). „Kulturelle Bildung" erfuhr hier nochmals eine Erweiterung, indem die lebenslange Perspektive und damit unterschiedliche Ziel- und Altersgruppen explizit benannt wurden. Neben dem klassischen Spartendenken etablierten sich neue Orte Kultureller Bildung wie das Museum und die interdisziplinären Jugendkunstschulen, aber auch Kulturmanagement und die Rahmenbedingungen einer fördernden Kultur-, Bildungs- und Sozialpolitik wurden als Strukturen Kultureller Bildung und als „Feld" thematisiert (vgl. auch Fuchs 2006). Verbände und Dachorganisationen rund um die Künste (*BKJ, Deutscher Kulturrat, Kulturpolitische Gesellschaft*) bekamen ein stärkeres Gewicht in der Ausgestaltung des Konzeptes Kultureller Bildung. In der öffentlichen Diskussion setze sich jedoch in den 1980er bis 1990er Jahren neben den spartenspezifischen Bezeichnungen wie Theaterpädagogik, Kunstpädagogik etc. für das Handlungsfeld Kultureller Bildung der Leitbegriff „Kulturpädagogik" durch.

Noch heute ist der wesentliche Unterschied des Dachbegriffes Kulturelle Bildung zu dem Konzept ästhetischer Bildung in der nicht nur inhärenten, sondern explizit genannten und umzusetzenden sozialen und politischen Dimension eines breiten Kulturbegriffs zu sehen. Dieser beinhaltet den anthropologischen Kulturbegriff (Kultur ist von Menschen gemacht), den ethnologischen Kulturbegriff (Kultur als Lebensweise), den soziologischen und normativen Kulturbegriff (Kultur als Werte- und Normengerüst und Kultur als Idee der Humanisierung und Sozialisierung) sowie einen engen Kulturbegriff, der die Künste beschreibt (vgl. Fuchs 2008a:111f. und Fuchs „Kulturbegriffe, Kultur der Moderne und kultureller Wandel" in diesem Band). Zu diesem breiten Kulturverständnis gesellt sich ein spezifisches Verständnis von Bildung und Pädagogik, das sich beispielsweise in Prinzipien Kultureller Bildung wie Teilhabe und Partizipation, Stärkenorientierung und Fehlerfreundlichkeit, Interessensorientierung und Freiwilligkeit sowie Öffentlichkeit und Anerkennung (vgl. weitere unter BKJ o.J. und Tom Braun/Brigitte Schorn „Ästhetisch-kulturelles Lernen und kulturpädagogische Bildungspraxis" in diesem Band) äußert. Das Konzept Kultureller Bildung versteht sich somit nicht nur als (lebenslange) Allgemeinbildung im und durch das Medium künstlerischer und symbolhafter Ausdrucksformen wie Musik, Tanz, Theater, bildende Kunst, Literatur, Architektur etc., sondern zielt eben auch auf kulturelle Teilhabe für alle und die Entwicklung von biografischer Lebenskunst (vgl. Schmid 1998) und also ein gutes, humanes Leben ab (vgl. Hildegard Bockhorst „Lernziel Lebenskunst in der Kulturellen Bildung" in diesem Band). Der Begriff „Kulturelle Bildung" beschreibt damit nicht nur Bildungsinhalte (die Künste) und kulturpädagogische Formate, sondern versteht sich als Bildungskonzept und pädagogische Haltung, die zahlreiche Ideen der internationalen reformpädagogischen Bewegungen um 1900 wieder aufleben lässt, aber auch Wurzeln in der geisteswissenschaftlichen Pädagogik der 1920er bis 60er Jahre hat.

Die oben bereits erwähnte Begriffstradition „Kulturpädagogik" ist wohl am ehesten hier anzusiedeln und bezeichnet die Vermittlung von oder begleitete Selbstbildung an Werten und Normen einer Kultur, welche jedoch die Gefahr birgt, „dass Erziehung als kulturpädagogische Aufgabe unter der Hand zum Erfüllungsgehilfen einer Entwicklung wird, die die Synthese der Kultur um jeden Preis will" (Karsch 2007) und damit Kultur unreflektiert reproduziert, ohne sie produktiv und kritisch weiterzuentwickeln. Das in diesem Zitat explizierte Unbehagen an der „alten" Kulturpädagogik entsprang der geisteswissenschaftlichen Pädagogik um Eduard Spranger, Wilhelm Flitner, Theodor Litt und Herman Nohl, die Kulturpädagogik als Erziehung innerhalb eines geistigen kulturgeschichtlichen Rahmens in der Weitergabe von „objektiven" Kulturgütern definierten. Das Konzept der Hinführung des Menschen zur Hoch-Kultur („musischen Bildung") galt bis in die 1960er Jahre, in denen die Pädagogik als Sozialwissenschaft begründet wurde. Mit der „neuen" – auch heute noch aktuellen – Kulturpädagogik, die in den 1970er Jahren wie oben beschrieben unter dem Einfluss soziokultureller Bewegungen entstanden ist und durch einen Boom der Kultureinrichtungen in den 1980er Jahren an Fahrt gewann, hat diese „alte" Kulturpädagogik nichts mehr zu tun. Als Kulturpädagogik bezeichnet man auch heute noch eine „Teildisziplin der Erziehungswissenschaft" und eine „außerschulische kulturpädagogische *Praxis*" (Herv. im Original) (Müller-Rolli 1988:11ff.), die sich in den 1980er Jahren auch strukturell auszugestalten begann. Kennzeichnend war und ist eine eher produktive als rezeptive außerschulische pädagogische Arbeit in unterschiedlichen Handlungsfeldern, von Museum bis Zirkus und von Medienwerkstätten bis soziokulturellen Zentren. Dieses breite und vielfältige Praxisfeld wurde in den 1980ern durch eine intensive

Berufsfeldentwicklung untermauert: (Fach-)Hochschulen, Akademien, aber auch vereinzelt Universitäten gründeten erfolgreiche kulturpädagogische Studiengänge. Trotz dieser Berufsfeldentwicklung begann man allerdings in den 1990er Jahren teilweise wieder von dem Begriff der Pädagogik Abstand zu nehmen. Die Universität Hildesheim z.B. benannte ihren Diplomstudiengang „Kulturpädagogik" um in „Kulturwissenschaften und ästhetische Praxis", auch um die Orientierung an den Künsten vor einer Orientierung an pädagogischen Zusammenhängen zu betonen. Noch heute besteht ein Spannungsverhältnis im Selbstverständnis zwischen künstlerischen und pädagogischen Professionen.

Das Konzept „Kulturelle Bildung" im 21. Jh. geht über das oben nur kurz skizzierte Konzept einer neuen Kulturpädagogik jedoch noch hinaus: Ein konsequent gedachtes Konzept Kultureller Bildung ist heute nicht mehr nur allein durch ein Mehr an außerschulischen kulturpädagogischen Angeboten und Musik-, Bildender Kunst- oder vielleicht sogar Theaterunterricht (Darstellendes Spiel) in Kindergärten und Schulen ausgefüllt, sondern ist vielmehr Ausdruck einer kritischen pädagogischen und gesellschaftlich politischen Haltung, welche z.B. gerade die Lernumfelder „Kindergarten" und „Schule" und die in diesen Strukturen handelnden PädagogInnen mit ihren Handlungsmaximen selbst zur Disposition stellt. Kulturelle Bildung, im Sinne des 21. Jh.s verstanden, besitzt die Kraft zur Transformation bestehender pädagogischer Verhältnisse, die immer Ausdruck eines herrschenden Verhältnisses von Individuum und Kultur sind. Neben den oben bereits erwähnten Grundprinzipien eines heutigen Verständnisses Kultureller Bildung und seiner Begriffstraditionen wird das Konzept damit anschlussfähig an eine Vielzahl weiterer aktueller Themen: ökonomische, ökologische und soziale Nachhaltigkeit, Kulturelle Vielfalt und Internationalisierung, Interdisziplinarität, Städtebau und demografische Entwicklung..., alles Themen, welche die Kernfrage Kultureller Bildung nach einem guten und menschenwürdigen Leben für alle in sich tragen. In einem modernen Konzept Kultureller Bildung steckt die ästhetische Grundfrage: Wie wollen wir als Menschen im 21. Jh. zusammen leben, wie wollen wir unsere Kultur(en) gestalten und welche Aufgabe kommt dem einzelnen Subjekt dabei zu? Vielleicht macht das das Konzept Kultureller Bildung so attraktiv.

Die Ermöglichung Kultureller Bildung: Kulturvermittlung und Künstlerische Kunstvermittlung

Während Kultureller Bildung immer zunächst die Frage nach dem Subjekt des Bildungsprozesses inhärent ist und dieses mit seinen individuellen biografischen Hintergründen in den Blick genommen wird, beschreibt Kulturvermittlung diesen Prozess aus einer anderen Perspektive. Kulturvermittlung fragt nach den äußeren Bedingungen einer Vermittlung von künstlerischen und ästhetischen Objekten und beschäftigt sich demnach mit Kulturvermittlungsstrategien, fragt nach dem Kulturnutzerverhalten von spezifischen Zielgruppen, untersucht Formate und Situationen, in denen Kunst und Kultur erfolgreich vermittelt werden kann und beschäftigt sich nicht zuletzt mit der Ausbildung von VermittlerInnen, welche eine Brückenfunktion zwischen Kunsterfahrung/Kunstwerk und Betrachter/Zuhörer oder Nutzer einnehmen. Damit ist aber Kulturvermittlung noch nicht erschöpfend beschrieben. Ein besonderer Zweig der Kulturvermittlung, die künstlerische Kunstvermittlung beispielsweise, will durch eine Institutionen-kritische Perspektive die Vermittlung selbst von einer affirmativen Haltung gegenüber der Kunst befreien und stellt damit selbst wieder eine eigene partizipative und transformative künstlerische Praxis dar (vgl. Publikationen von Carmen Mörsch). So bringt das folgende Zitat von Birgit Mandel das erweiterte professionelle Verständnis einer modernen Kulturvermittlung zum Ausdruck: „Kulturvermittlung ist nicht nur Verständnishilfe zwischen Kunst und Publikum, sondern meint auch die spezifischen Stärken der Künste für das Zusammenleben im Alltag zu nutzen, ihre Fähigkeit, kommunikative Prozesse in Gang zu setzen, die Wahrnehmung auf das Gewohnte zu verrücken, zu zeigen, dass alles auch ganz anders sein könnte" (Mandel 2005:16).

Wenn Kulturvermittlung erfolgreich ist, so können kulturelle Bildungsprozesse beim Individuum angeregt werden. Die Erfahrung, „...dass alles auch ganz anders sein könnte" ist die wohl wichtigste Erfahrung in Bildungsprozessen. Die Entdeckung von Möglichkeiten, Perspektivwechseln und transformatorischen Selbst-Bildungsprozessen ist zentral für eine gelungene kulturelle Bildungssituation und das, wofür es sich lohnt, Strukturen und Qualitäten Kultureller Bildung zu entwickeln!

Zum Weiterlesen

BKJ (Hrsg.) (o.J.): Grundprinzipien Kultureller Bildung: http://www.plus-punkt-kultur.de (Letzter Zugriff am 28.08.12).

Dietrich, Cornelie/Krinniger, Dominik/Schubert, Volker (2012): Einführung in die Ästhetische Bildung. Weinheim/Basel: Beltz/Juventa.

Fuchs, Max (2011): Kunst als kulturelle Praxis. Kunsttheorie und Ästhetik für Kulturpolitik und Pädagogik. München: kopaed.

Fuchs, Max (2006): Die Konzeption kulturelle Bildung des Deutschen Kulturrates – Präsentation bei der UNESCO Weltkonferenz zur künstlerischen Bildung: http://www.kulturrat.de/detail.php?detail=707&rubrik=5 (Letzter Zugriff am 28.08.12).

Liebau, Eckart/Klepacki, Leopold/Zirfas, Jörg (2009): Theatrale Bildung. Theaterpädagogische Grundlagen kulturpädagogischer Perspektiven für die Schule. Bielefeld: transcript.

Zacharias, Wolfgang (2001): Kulturpädagogik: Kulturelle Jugendbildung. Eine Einführung. Opladen: Leske + Budrich.

Gundel Mattenklott
Ästhetisch-Aisthetisches Lernen

Begriffsbestimmungen

Das Adjektivpaar *ästhetisch/aisthetisch* weist auf eine zweifache Bedeutung hin, die die Geschichte des Substantivs *Ästhetik* spiegelt. Durch die Geschichte der Ästhetik seit der langsamen Einbürgerung dieses Begriffs im 18. Jh. zieht sich ein Changieren zwischen einerseits der Bedeutung von griechisch *aisthesis* als sinnliche Wahrnehmung/sinnliche Erkenntnis, deren Philosophie die Ästhetik sei, andererseits der Definition der Ästhetik als Philosophie der Kunst. Wie zwei farblich unterschiedliche Garnstränge sind beide Bedeutungen in historisch je unterschiedlichen Akzentuierungen miteinander verflochten. Mal scheint die eine, mal die andere zu dominieren, aber selbst in Phasen deutlicher Abgrenzung bleiben sie einander verbunden (vgl. Barck u.a. 2010:308-400). Nicht zufällig freilich, denn trotz des historischen Wandels ist all dem, was im Lauf der Jahrhunderte als „Kunst" bezeichnet worden ist und wird, gemeinsam, dass es in Produktion und Rezeption der Aisthesis bedarf. Diese beschränkt sich nicht auf die Reize und Leistungen der Sinnesorgane, sondern umfasst die Fähigkeit, sich Abwesendes vorzustellen. Daher gehört auch die geschriebene Literatur in den Bereich der Aisthesis: Die Lesenden verharren nicht bei den sinnlich wahrnehmbaren Schriftzeichen, sie erkennen in ihnen eine unsichtbare Welt als Schöpfung der Einbildungskraft.

Während in der frühen Diskussion über den Begriff „Ästhetik" die griechische Wortbedeutung von „aisthesis" auf die neuen deutschen Wörter Ästhetik und ästhetisch übertragen wurde, gewann vor allem in der zweiten Hälfte des 20. Jh.s das Adjektiv „ästhetisch" ein recht diffuses Eigenleben. Umgangssprachlich oft gleichgesetzt mit schön, meint ästhetisch in den gegenwärtigen geistes- und kulturwissenschaftlichen Diskursen ein weites Bedeutungsfeld verschiedener Natur-, Alltags-, Lebenserfahrungen und -gestaltungen, wobei es stets mit einer Reflexion auf den Gegenstand ebenso wie auf das Subjekt des Erlebens gekoppelt ist. Dieser weite Begriff wurde in den 1980er Jahren durch den sprachlichen Rückgriff auf Aisthesis zu einem emphatisch das Leibsinnliche betonenden *aisthetisch* zugleich differenziert und verdoppelt, sodass heute drei einander nahe Adjektive im Begriffsfeld verwendet werden: „ästhetisch/aisthetisch/künstlerisch" (siehe Vanessa-Isabelle Reinwand „Künstlerische Bildung – Ästhetische Bildung – Kulturelle Bildung" in diesem Band).

Zum Abschluss dieser Begriffsdifferenzierung steht noch die Bestimmung von „Kunst" aus. Doch welche menschlichen Schöpfungen ihr zuzuordnen sind, ob sie als Qualitätssiegel oder als Ding-Kategorie gilt, als aus dem Zeitstrom herausragendes Würde-Objekt oder als mit ihm sich Wandelndes, nie geht ihre Vielfalt glatt auf in den philosophischen Definitionen. Es bleibt ein unreiner Rest – ein Zeichen ihrer Fülle.

Historischer Rückblick 1: Sinnliche Erkenntnis, Kunst und Spiel

Der Philosoph Alexander Gottlieb Baumgarten bezeichnet in seinen Vorlesungen (1750-1758) Ästhetik als „Theorie der freien Künste, als untere Erkenntnislehre, als Kunst des schönen Denkens und als Kunst des der Vernunft analogen Denkens" sowie als „die Wissenschaft der sinnlichen Erkenntnis" (Baumgarten 1988:§ 1:3). Sein Werk ist keine Theorie der Sinne bzw. der Leibsinnlichkeit. Baumgarten ist eingebunden in die ästhetischen Diskurse seiner Epoche, die um das Wesen der Schönheit und die Empfindungen kreisen, die das Schöne hervorruft. Baumgarten setzt als Ziel der Ästhetik „die Vollkommenheit (Vervollkommnung) der sinnlichen Erkenntnis als solcher. Damit aber ist die Schönheit gemeint" (Baumgarten 1988:§ 14:11) Das Schöne ist in den Künsten realisiert; im Fokus seines Interesses stehen Dichtkunst und Rhetorik. Unter der Überschrift „Die natürliche Ästhetik" (ebd.:17) legt er die Anlagen dar, mit denen der innerlich schön Denkende begabt sein muss, ebenso wie der, „der das schön Gedachte auch unter die Menschen trägt" (§ 37:23): die scharfe Empfindung (§ 30:18/19); „die natürliche Fähigkeit, sich etwas in der Phantasie vorzustellen" (§ 31:19); die durchdringende Einsicht (§ 32:19f.); „die natürliche Fähigkeit, etwas wiederzuerkennen, und das Gedächtnis" (§ 33:21); die Fähigkeit, „die Bilder der Phantasie zueinander in Beziehung" zu setzen und sie zu beschneiden (§ 34:21). Neben weiteren Fähigkeiten betont Baumgarten auch den „Gebrauch des Verstandes und der Vernunft".

Die natürliche ästhetische Begabung bedarf der Übung, der eine spontane kindliche Übungslust das Feld bereitet: „Ferner wird das schöne Naturtalent auch dann geübt – und es übt sich offensichtlich schon selbst, auch wenn es nicht weiß, was es tut – , wenn etwa ein Knabe plaudert und erzählt, wenn er spielt, vor allem, wenn er Spiele erfindet und sich als kleiner Spielleiter erweist, wenn er, mit großem Ernst auf die Spiele mit den Kameraden konzentriert, zum Schwitzen kommt und hin und her mit allem möglichen beschäftigt ist: wenn er Dinge sieht, hört, liest, die er schön zu erkennen vermag [...]" (§ 55:35).

Diese und ähnliche Übungen des Erwachsenen versteht Baumgarten als Improvisationen, „die der Geist aus eigener Kraft von selbst hervorbringt" (§ 55:36f.); zu ihnen muss dann die „ausgebildete Kunstlehre" treten, die vor allem durch die Lektüre der antiken Autoren die Regeln und ihre Spielräume in den einzelnen Künsten einübt. Baumgartens Lehre von den „unteren Erkenntnisvermögen" ist also weiter gespannt als eine Theorie der Sinnlichkeit.

Eine solche hat eindringlich Johann Gottfried Herder wenige Jahre nach Baumgartens Ästhetik-Vorlesungen entworfen. In seinem Aufsatz über Plastik (1768-70), in dem er den traditionell als niedrig eingestuften Tastsinn aufwertet, holt er ähnlich wie Baumgarten den Leser in die „Spielkammer des Kindes" und entwirft eine entwicklungspsychologische Skizze:

> „sehet wie der kleine Erfahrungsmensch faßt, greift, nimmt, wägt, tastet, mißt mit Händen und Füßen, um sich überall die schweren, ersten und nothwendigsten Begriffe von Körpern, Gestalten, Größe, Raum, Entfernung und dgl. treu und sicher zu verschaffen. Worte und Lehren können sie ihm nicht geben; aber Erfahrung, Versuch, Proben. In wenigen Augenblicken lernt er da mehr und alles lebendiger, wahrer, stärker, als ihm in zehntausend Jahren Angaffen und Worterklären beibringen würde. Hier, indem er Gesicht und Gefühl unaufhörlich verbindet, eins durchs andere untersucht, erweitert, hebt, stärket – formt er sein erstes Urtheil" (Herder 1853:26).

Nur ein Schritt vom ersten tastenden Begreifen des kleinsten Kindes ist es zur hervorbringenden Tätigkeit, die die Spielkammer zum Modell werden lässt für die Entstehung der Bildhauerkunst: „Ich könnte zeigen daß die Bildhauerkunst überall nur so habe entstehen können wie sie bei unseren Kindern entsteht, in deren Händen sich Wachs, Brod, Thon selbst bildet [...]" (Herder 1853:93).

Indem beide Autoren das Kinderspiel als elementaren Ausdruck ästhetischer Aktivität in den Diskurs über Schönheit und Kunst einbeziehen, werten sie es auf und legen damit den Grund für die Bedeutung, die Friedrich Schiller dem Spiel zuschreibt (auch wenn er selbst nicht vom Kinderspiel spricht). In seiner Schrift „Über die ästhetische Erziehung des Menschen in einer Reihe von Briefen" (1795) setzt er das „ästhetische Vermögen" gleichbedeutend mit dem Spieltrieb, dessen Gegenstand die „lebende Gestalt" sei, „ein Begriff, der allen ästhetischen Beschaffenheiten der Erscheinungen und mit einem Worte dem, was man in weitester Bedeutung Schönheit nenne, zur Bezeichnung dient" (Schiller 1959b:614). Spiel als ästhetisches Phänomen und als eine Metapher für das Ästhetische ist bei Schiller das entscheidende Dritte zwischen den agonalen Kräften Sinnlichkeit und Vernunft, das den Menschen aus den Fesseln der beiden Kräfte löst und ihn dazu befreit „aus sich selbst zu machen, was er will" (Schiller 1959b:635). In dieser Phase der Herausbildung der Ästhetik als einer philosophischen Disziplin verbinden die drei hier genannten Autoren ihre je verschiedenen Auffassungen des Ästhetischen und seiner Beziehung zur Sinnlichkeit und zu den Künsten wesentlich mit dem Spiel.

Historischer Rückblick 2: Philosophie der Kunst und psychologische Ästhetik

Zum Ende des 18. Jh.s hatte sich Baumgartens Begriff „Ästhetik" weitgehend durchgesetzt. Immanuel Kants „Kritik der Urteilskraft" (1790) wurde und wird bis heute als seine Ästhetik bezeichnet. Kant verlegt die Schönheit ins Auge und Ohr des Betrachters oder Hörers und setzt mit dem subjektiven Geschmack den Akzent auf die sinnliche Fundierung des ästhetischen Urteils. Wenige Jahre später dagegen bestimmt die jüngere Generation um Friedrich Hölderlin, Friedrich Wilhelm Joseph Schelling, Friedrich Schlegel und Georg Wilhelm Friedrich Hegel die Kunst (im emphatischen Wortsinn, der alle Künste umfasst) als Gegenstand der Ästhetik. Hegel betont in der Eröffnung seiner Vorlesungen über Ästhetik (ab 1820-29), dass der Begriff „genauer die Wissenschaft des Sinnes, des Empfindens" bezeichnet, und grenzt davon seine Ästhetik als „Philosophie der schönen Kunst" ab (Hegel 1965:13). Zwar konzediert er, dass die Kunst sich „allerdings für das sinnliche Auffassen" darbietet, dass sie aber „als Sinnliches zugleich wesentlich für den Geist ist, der Geist davon affiziert werden und irgendeine Befriedigung darin finden soll" (Hegel 1965:45). Die Beziehung zwischen Sinnlichem und Geist in der Kunst fasst er im Begriff des Scheins:

> „Deshalb ist das Sinnliche im Kunstwerk im Vergleich mit dem unmittelbaren Dasein der Naturdinge zum bloßen Schein erhoben, und das Kunstwerk steht in der Mitte zwischen der unmittelbaren Sinnlichkeit und dem ideellen Gedanken. Es ist noch nicht reiner Gedanke, aber seiner Sinnlichkeit zum Trotz auch nicht mehr bloßes materielles Dasein, wie Steine, Pflanzen und organisches Leben, sondern das Sinnliche im Kunstwerk ist selbst ein ideelles, das aber, als nicht das Ideelle des Gedankens, zugleich als Ding noch äußerlich vorhanden ist" (Hegel 1965:48).

Schein ist hier nicht als Täuschung zu verstehen: „Denn der Schein selbst ist dem Wesen wesentlich, die Wahrheit wäre nicht, wenn sie nicht schiene und erschiene [...]" (Hegel 1965:19).

Hegels bis weit in die zweite Hälfte des 20. Jh.s hinein führende Ästhetik hat noch Theodor W. Adornos ebenfalls der Kunst verpflichtete Ästhetik beeinflusst. Allerdings rückte bereits im letzten Drittel des 19. Jh.s die sinnliche Wahrnehmung wieder stärker ins Blickfeld – diesmal vonseiten der Psychologie, die sich inzwischen zur selbständigen Wissenschaft entwickelt hatte. Als ungewöhnlich origineller Denker entwickelt der Leipziger Physiker und Naturphilosoph Gustav Theodor Fechner in seiner „Vorschule der Aesthetik" eine empirische Ästhetik „von Unten". Er untersucht „Erfahrungen über das, was gefällt und missfällt" und leitet daraus „Begriffe und Gesetze" ab, „die in der Aesthetik Platz zu greifen haben" (Fechner 1876:1). Mit Fechner beginnt die Geschichte der Experimentalpsychologie und der psychologischen Ästhetik, die im 20. Jh. die in bildender Kunst, Design und Kunstpädagogik der Moderne einflussreiche Gestaltpsychologie hervorbrachte. Sinne und sinnliche Wahrnehmung blieben auf Jahrzehnte hinaus Schwerpunkte psychologischen, philosophischen und anthropologischen Denkens, das stets die Kunst und die Künste einbezieht und sie im Zusammenhang der elementaren Beziehungen zwischen Leib und Geist, Wahrnehmen und Erkennen, Empfinden und Wissen untersucht. (vgl. u.a. Straus 1935; Plessner 1923, 1970; Merleau-Ponty 1945; Schmitz 1964-1980).

Pädagogik und Didaktik der Aisthesis

Baumgartens und Herders Hinweise auf die Sinnesentwicklung des Kindes und auf seine spontane aisthetische Selbstbildung im Spiel wurden von der romantischen Generation mit ihrem Interesse am Kind und an der Kindheit zu einem bis heute einflussreichen Mythos vom schöpferischen Kind verdichtet. Das pädagogische Denken wurde auf eine Entfaltung und Förderung des Spiels und der kindlichen Sinnlichkeit gelenkt, die ihrer traditionell rigiden Zähmung und Unterdrückung widersprach. Erst die neuromantische Jugend- und Reformbewegung um 1900 setzt diese Gedanken in breitenwirksame pädagogische Konzeptionen um, die in experimentellen Bildungseinrichtungen, in den 1920er Jahren dann auch in der Regelschule realisiert werden. Der traditionelle Zeichenunterricht wird durch *Kunsterziehung* abgelöst; vergleichbare Modelle entwickeln Musik-, Theater- und Literaturpädagogik. Anders als Maria Montessori, deren Sinnesübungen den Weg zur wissenschaftlichen Intelligenz bahnen sollten, verstand die deutsche Reformpädagogik die ästhetisch/aisthetische Bildung als Antagonistin oder zumindest als Kompensation einseitiger intellektuell-abstrakter Lehre. Die emotionalen, sinnlichen und kreativen Energien des Kindes sollten wahrgenommen und gefördert werden, wo sie erscheinen: im Spiel, im freien schriftlichen Ausdruck, in Zeichnungen, im Basteln und Handwerken, in der Betrachtung von Kunstwerken, im Tanz und im intensiven Musikhören. In den Jahren des nationalsozialistischen Regimes zerbrach die ohnehin nicht einheitliche Bewegung. Trotz eines Nachlebens der Reform nach 1945 verlor sich ihr Einfluss in den 1950er und 1960er Jahren. Erst unter dem Eindruck der „68er" Jugend- und Emanzipationsbewegung entstand in den 1980er Jahren eine neue Reformbewegung, die sich nicht mehr nur an der deutschen Reform-Geschichte, sondern auch an anderen europäischen und amerikanischen Vorbildern orientierte.

Diese Reformbewegung, wie die erste zu einem guten Teil von LehrerInnen ausgehend, traf zusammen mit der „aisthetischen Wende in der Ästhetik" (Barck 2006:4), die Wolfgang Welsch mit dem Rückgriff auf die antike Wortbedeutung *Aisthesis* markierte (Welsch 1987). Von den reformorientierten PädagogInnen wurde das Signal umso bereitwilliger aufgenommen, als einige sich seit den 1968er Jahren von der als verkommenes bürgerliches Relikt verachteten Kunst abgewendet und „ästhetisch" zum klassenkämpferischen Gegenbegriff umgedeutet hatten; den Unterricht sollten fortan die ästhetischen Vorlieben der SchülerInnen prägen. Das Aisthesis-Konzept schien einen Weg jenseits der „hohen" Kunst zu öffnen. Von reformerischem Elan getragen entwickelten vor allem Früh- und GrundschulpädagogInnen

Modelle der Wahrnehmungsförderung: Sinnesübungen wurden in den Unterricht integriert, Tastkästen gebaut, Blindenführungs-Spiele entworfen, Streichelaktionen eingeführt. Dabei trat die klassenkämpferische Position zugunsten der ökologischen nach und nach zurück. Faszination lösten die Überlegungen und praktischen Vorschläge von Hugo Kükelhaus aus. Der 1900 geborene charismatische Handwerker und Künstler, Philosoph und Pädagoge hatte bereits mit seinem ab 1939 entwickelten Baby-Spielzeug, den „Greiflingen Allbedeut", sorgfältig bearbeitetes Holz und elementare Formen und Funktionen als frühe Impulse zur Sensibilisierung vorgeschlagen (vgl. Münch 1995).Vor allem mit seinen „Erfahrungsfeldern zur Entfaltung der Sinne" (Kükelhaus/zur Lippe 1982) betont er die Bedeutung von (Tages-) Lichtwechsel, Farben, Naturmaterialien und Gleichgewichtsspielen. Er inszeniert vielfältige Oberflächenreize für Füße und Hände, Erfahrungen mit selbst ausgelösten akustischen Phänomenen wie Resonanz und Echo. Kükelhaus, wie viele seiner Generation ein engagierter Goethe-Leser, stand der Pädagogik Rudolf Steiners nahe, ohne Anthroposoph zu sein.

Eine andere Quelle der Inspiration aisthetischer Pädagogik war und ist die italienische Reggio-Pädagogik, eine reformpädagogische und konstruktivistisch fundierte Früherziehungskonzeption demokratischer und humanistischer Ausrichtung, die wie der romantische Kindheitsmythos das „reiche Kind" voraussetzt und die Wahrnehmung und Förderung seiner kreativen Energien und seiner künstlerischen Ausdrucksformen in den Mittelpunkt stellt (vgl. Göhlich 1988, Dreier 1993). Von erziehungswissenschaftlicher Seite wurde und wird die *aisthetische* Position theoretisch fundiert und unterstützt durch die pädagogische (leiborientierte) Phänomenologie (vgl. u.a. Lippitz 1981), durch Jürgen Seewalds verstehenden Ansatz der Psychomotorik (1992), durch Klaus Mollenhauer und seine SchülerInnen (1996) sowie durch Christoph Wulfs pädagogische Anthropologie (u.a. Wulf 1994; Liebau/Zirfas 2008; Rittelmeyer 2002).

Was kann und sollte *aisthetisches* Lernen leisten? (vgl. auch Mattenklott 2007). Einige Bildungsaufgaben seien hier zusammengefasst: Die Lernenden erfahren den eigenen Leib und die Sinne als Energiepotential der Erkenntnis, des Genusses und der Verständigung mit anderen Lebewesen; die intensivierte und reflektierte Selbstwahrnehmung erhöht die Aufmerksamkeit für die Leiblichkeit des anderen (siehe Doris Schuhmacher-Chilla „Körper – Leiblichkeit" in diesem Band). Für Leib- und Sinneserlebnisse werden sprachliche und außersprachliche Ausdrucksformen entwickelt. Leib- und Gefühlsthemen und ihre sozialen und ästhetischen Kulturen werden reflektiert und gestaltet (z.B. die Mahlzeit). Materialien und Dinge der analogen Welt werden in ihrem Eigensinn wie in ihren historischen und symbolischen Dimensionen erforscht, gesammelt, geordnet, miteinander kombiniert und verändert. Kunstwerke und künstlerische Manifestationen werden als reiches Feld leibsinnlicher Erfahrungen entdeckt, fordern das Denken heraus und inspirieren zu eigener künstlerischer Tätigkeit. Schließlich wird Hegels *Schein* der Kunst erfahrbar als das wesentliche, sinnlich wahrnehmbare Kleid einer nur in ihm erscheinenden Fülle von Bedeutungen.

Ausblick: Ästhetisches – aisthetisches – künstlerisches Lernen heute

Die leib- und sinnesorientierte Pädagogik blieb die 1990er Jahre über aktuell, verlor aber seit der Etablierung der PISA-Tests durch die *OECD* vom Jahr 2000 an ihre Strahlkraft. Sie kann weder mit evidenzbasierten Forschungsergebnissen aufwarten, noch lässt sie sich mit standardisierten Tests evaluieren. Ihre Begründungen zieht sie aus geisteswissenschaftlichen Traditionen, die in der ökonomisierten Bildungslandschaft Europas immer weniger Rückhalt finden. In Programmen wie „Bewegte Grundschule" bleiben manche Inhalte und Methoden aisthetischen Lernens erhalten, der Zusammenhang aber zum Ästhetischen und zur Welt der Künste löst sich zugunsten der ökonomisch leichter zu vermittelnden Gesundheitserziehung. Trotz des Vorrangs, den Schulpädagogik und empirische Erziehungswissenschaft den sogenannten Kernkompetenzen im mathematisch-naturwissenschaftlichen und sprachlichen Lernen einräumen, hat sich in den letzten Jahren eine vielfältige Kultur schulischer und außerschulischer kunstbezogener Initiativen entwickelt. Popmusik, „hohe" klassische Musik und die Avantgarde-Tradition um John Cage agieren friedlich nebeneinander und ebenso erfolgreich wie neuer Tanz und die Zusammenarbeit mit bildenden KünstlerInnen aller Richtungen einschließlich der virtuellen Welten von Digitalfotografie, Film und Game. Diese Kultur aisthetisch/ästhetisch/künstlerischen Lernens schließt leibsinnliches Erleben und Erfahren ebenso ein wie spielerische Übung und eigene künstlerische Produktivität samt der dem Ästhetischen inhärenten (Selbst-) Reflexion und dem Wissenszuwachs, der jede künstlerische Aktivität begleitet. Sie erfüllt ein ganzes Bündel pädagogischer und therapeutischer Aufgaben von der Erfahrung der Selbstwirksamkeit bis zum Dialog mit Fremdem und Unbekanntem. Zu fordern ist, dass diese Aktivitäten nicht nur als Freizeitpädagogik neben den „Kernfächern" geduldet werden, sondern als gleichberechtigt, als elementare Voraussetzung und unverzichtbarer Beitrag zur Bildung emanzipierter Individuen anerkannt wird. Dass ihre lebenswichtigen Leistungen nicht in Tests abzufragen sind, sollte nicht ausreichen, sie zu marginalisieren.

Zum Weiterlesen

Barck, Karlheinz/Kliche, Dieter (2010): Ästhetik/ästhetisch. In: Barck, Karlheinz/Fontius, Martin/Schlenstedt, Dieter/Steinwachs, Burkhart/Wolfzettel, Friedrich (Hrsg.) (2010): Ästhetische Grundbegriffe. Historisches Wörterbuch in sieben Bänden (308-400). Bd.1. Stuttgart: Metzler.

Baumgarten, Alexander Gottlieb (1988): Theoretische Ästhetik. Hamburg: Meiner.

Herder, Johann Gottfried von (1853): Plastik. Einige Wahrnehmungen über Form und Gestalt aus Pygmalions bildendem Traume. Sämmtliche Werke (21-109). 25.Bd. Stuttgart/Tübingen: Cotta.

Schiller, Friedrich (1959): Über die ästhetische Erziehung des Menschen in einer Reihe von Briefen. In: Fricke, Gerhard/Göpfert, Herbert G. (Hrsg.): Sämtliche Werke. Bd.5: Theoretische Schriften (570-669). München: Hanser.

Cornelie Dietrich
Ästhetische Erziehung

Der Begriff der Ästhetischen Erziehung wird heute, außerhalb von einigen speziellen Fachdidaktiken oder Feldern der Elementarbildung (Schäfer 2006), wenig verwendet. Viel häufiger tauchen Begriffe wie Ästhetische Bildung (Dietrich/Krinninger/Schubert 2012; Liebau/Zirfas 2008), Kulturelle Bildung (Fuchs 2008a; Bockhorst 2011) oder Kulturvermittlung (Mandel 2004) auf. Ästhetische Erziehung scheint nicht mehr zu sein als ein Oberbegriff für Einzeldidaktiken wie Musikerziehung, Bewegungserziehung oder Kunsterziehung (aber schon die Worte Theatererziehung, Performanceerziehung oder Filmerziehung erscheinen ebenso ungebräuchlich wie absurd). Das ist unbefriedigend angesichts der Tatsache, dass ästhetische Erziehung als eine soziale Praxis Tag für Tag stattfindet, offensichtlich aber in einer von neueren erziehungstheoretischen Diskursen übersehenen Nische. So bleiben die erzieherischen Prozesse ästhetischer Bildung oder kultureller Vermittlung begrifflich und theoretisch weitgehend ungeklärt. Man kann zwar den Begriff der Erziehung vermeiden oder ignorieren, man kann aber nicht nicht erziehen (Mollenhauer 1983), auch nicht in ästhetischer Hinsicht. Aus dieser Differenz von Diskurs und Praxis heraus ist das Anliegen des folgenden Textes zu verstehen: nach Gründen für und Wegen aus dieser wissenschaftlichen Scheu dem Begriff der ästhetischen Erziehung gegenüber zu fragen. Dies geschieht in drei Schritten: Zunächst sollen einige begriffliche Schwierigkeiten des Erziehungsbegriffs, die im Konstrukt der *ästhetischen* Erziehung noch an Zuspitzung erfahren, aufgezeigt werden. Im zweiten Abschnitt frage ich nach möglichen historischen Gründen für die aktuelle Zurückhaltung. Aus der Geschichte der ästhetischen Erziehung heraus ist sie nur allzu gut verständlich, zeigt sie doch Konjunkturen eines Konzepts ästhetischer Erziehung in Verbindung mit – aus heutiger Sicht vielfach überzogen scheinenden – Hoffnungen auf einen durch Ästhetik auch politisch und moralisch erzogenen Menschen. Schließlich werde ich im dritten Abschnitt einige systematische und über die Fachdidaktiken hinausgehende Dimensionen ästhetischer Erziehung aufzeigen.

Doppelbedeutung/en des Begriffs

In der Erziehungstheorie wird zwischen einem weiten und einem engeren Bedeutungshorizont des Erziehungsbegriffs unterschieden (Mollenhauer 1972; Winkler 2006; Sünkel 2010). In weiter Bedeutung versteht man das soziale System der Erziehung in seiner Funktion der Reproduktion und Erneuerung gesellschaftlicher Grundverhältnisse. Ihr dienen die Institutionen der Erziehung; ihre Verfahren sind solche, die die Weitergabe kulturellen Wissens, kultureller Fertigkeiten sowie der damit verbundenen Werthaltungen und Verhaltensnormen in der Sozialität sichern. Neben der Reproduktionsfunktion besteht seit der Moderne eine zweite wichtige Funktion der Erziehung in der Ermöglichung menschlicher Individualität und Selbstbestimmung. Erziehung zu Gemeinschaft und staatsbürgerlicher Pflichterfüllung dürfe niemals Selbstzweck, sondern müsse stets ergänzt und getragen sein durch den humanisierenden Zweck der Selbstbestimmung. Beide Ziele, die Erziehung zum Menschen und zum Bürger, stehen in einem unauflöslichen Spannungsverhältnis, das in jedem konkreten

Erziehungsverhältnis zu bearbeiten ist. Erziehung ist somit immer von ihren Zielen her zu begründen und zu legitimieren, Intentionalität ist notwendiger, wenn auch nicht hinreichender Bestandteil von Erziehung. Aus diesen Intentionen des weiten Erziehungsverständnisses leiten sich dann Ziele ab, an denen sich Erziehung im engeren Sinne als eine kulturelle Praxis (in Schule, Familie, Fachunterricht etc.) orientiert.

Ästhetischer Erziehung in dieser strukturalen Perspektive ist es um die Sicherung der kulturell-ästhetischen Anschlussfähigkeit der jüngeren Generation an die ältere zu tun. Sie setzt es sich zum Ziel, das ästhetische Wissen, die Fähigkeiten und Wertschätzungen gegenüber künstlerischen Prozessen und Produkten weiter zu geben, allerdings so, dass die Jüngeren nicht einfach kopieren, imitieren und erhalten, was ihnen übergeben wurde, sondern so, dass sie eigenständig damit weiterarbeiten.

Deshalb funktioniert „Weitergabe" auch nicht einfach wie bei einem Staffellauf, sondern ist selbst ein hoch komplexes Geschehen, dessen Ergebnis zwar mitunter sichtbar, aber niemals vorhersagbar ist. Erziehung muss verstanden werden als ein kommunikatives Handeln (Mollenhauer 1972) zwischen zwei Subjekten. Als dritter Faktor tritt als Objekt der Erziehung dasjenige, was vermittelt und angeeignet werden soll, hinzu. Im Unterschied zum Unterricht geht es dabei zunächst weniger um Stoffe und Inhalte, sondern um – wie Wolfgang Sünkel sagt, „nicht-genetische Handlungsdispositionen" (Sünkel 2008, 2010), um das Ensemble von Kenntnissen, Fähigkeiten, Haltungen und Motiven, die zum Handeln befähigen. Dabei handelt es sich in Erziehungsprozessen immer um nicht-symmetrische Kommunikationen, um Beziehungen mit Gefälle. Denn die generationale Ordnung zwischen Älteren und Jüngeren, die das Erziehungsverhältnis trägt und zugleich Teil der kulturellen Überlieferung ist, liegt auf einem Wissens-, Könnens- und Machtvorsprung der Erziehenden gegenüber den Zu-Erziehenden. Theoretisch wie praktisch folgenreich ist jedoch die Differenz zwischen Vermittlung und Aneignung. Sie zwingt dazu, Erziehung als einen zweiteiligen Prozess aufzufassen, dessen erster Teil durch die Vermittlungsabsichten und -bemühungen und dessen zweiter Teil durch die Aneignungsintentionen, -motive und -praktiken gekennzeichnet ist. Während eine weitgehende *Übereinstimmung* von Präsentation und Aneignung die reproduktive, System erhaltende und in diesem Sinne affirmative Dimension der Erziehung stärkt, kann eine starke *Differenz* zwischen Vermittlung und Aneignung eher Kritik, Weiterentwicklung, unter Umständen aber auch Ablehnung oder Umsturz dessen, was Gegenstand der Erziehung hat sein sollen, bewirken.

Eine besondere Schwierigkeit betrifft nun die *ästhetische* Erziehung, da ihr seit der Moderne eine grundlegende Zwiegesichtigkeit innewohnt: Gegenstand der ästhetischen Erziehung ist die ästhetische Erfahrung, da das, was Ästhetik ausmacht, nicht als Schönheit im Objekt zu finden, sondern nur als spezifische Erfahrung gegeben sein kann (zur historischen Entwicklung Parmentier 2004b). Diese Erfahrung ist fundiert in *sinnlicher* Erkenntnis und Empfindung, über die man keine bestimmenden, sondern nur „reflexive" Urteile fällen kann, so meinte Immanuel Kant. Damit ist sie in besonderer Weise eine egologische, letztlich subjektive Erfahrung, die man zunächst einmal mit sich selbst macht. Andererseits sind diese Erfahrungen immer kontextualisiert in kulturell-kollektive Sinnmuster. Diese betreffen sowohl Muster der ästhetischen Materialbearbeitung (ästhetische Stile), als auch Verstehensmuster ästhetischer Objekte und Prozesse sowie schließlich ästhetische Verhaltensmuster der sozialen Distinktion durch die geschmackliche Orientierung. Aus der Spannung zwischen Subjektivität und Intersubjektivität entsteht die Dynamik des Neuen, entsteht das, was ästhetisch-kulturelle Entwicklungen in Gang hält, entsteht auch die subversive Kraft des Künstlerischen. Der Motor künstlerischer Entwicklung bleibt jedoch der vernünftigen Rede darüber fremd, er ist in Curricula und Stundenpläne nicht einzuholen – sonst wäre er im Kern nicht ästhetisch, sondern allenfalls die illustrative oder dekorative Außenseite vernünftiger Lehrinhalte. Insofern ist der Gang der künstlerischen Entwicklung seit der Autonomisierung der Kunst im 18./19. Jh. immer mit – nicht selten radikalen – Verneinungen des Bestehenden verbunden. Die ästhetische Erfahrung sei, so Klaus Mollenhauer, „Sperrgut in einem Projekt von Pädagogik, das seine Fluchtpunkte in klaren Verstandesbegriffen und zuverlässigen ethischen Handlungsorientierungen sucht" (Mollenhauer 1990b:484). An dieser Grundproblematik hat sich bis heute nichts geändert, man könnte das Theorem sogar noch zuspitzen: Ästhetische Erziehung ist ein Widerspruch in sich. Denn eine *ästhetische* Erziehung, die Anschluss sucht an ein aktuelles Kunstverständnis, kann keine Erziehung sein, deren Intention immer auch Stabilisierung und Reproduktion sowie intersubjektiv verbindliche Selbst-Aufklärung ist. Und ästhetische *Erziehung*, die ausgeht von eben dieser Reproduktions- und Aufklärungsfunktion, kann dann niemals ästhetisch, sondern allenfalls mit Hübschheit dekorierte praktische oder moralische Erziehung sein. Insofern ist all denjenigen, die auf den Begriff der ästhetischen Erziehung jenseits einzelner als Propädeutik der jeweiligen Kunst aufzufassenden Fachdidaktiken verzichten, nur zuzustimmen. Wer die Entpädagogisierung der künstlerischen Arbeit mit Kindern und Jugendlichen fordert, den sollte man tatkräftig unterstützen. Ganz so einfach ist die Sache indes nicht – denn mit dem Verzicht auf ein Konzept ästhetischer Erziehung würde eine Denktradition aufgegeben, die sich der Herausforderung stellt, die Notwendigkeit der ästhetischen Erziehung *auch* durch ihre Bedeutung für außerästhetische Lebensbereiche zu begründen, ohne dabei den Autonomiecharakter der Künste aufzugeben (Dietrich 1998). Dass dieses Denken es immer schwer hatte und seine Widersprüche letztlich nicht in wissenschaftlicher Rede auflösbar sind, zeigt ein Blick in die Anfangsgeschichte dieses Denkens.

Aus der Geschichte der ästhetischen Erziehung

Im Humanismus erfolgte eine theoretische Grundlegung, in der die ästhetische Erziehung insofern als Grundlage und Kern *aller* Erziehung angesehen wurde, da nur durch die ästhetische Erfahrung der Mensch zur individuellen wie politischen Freiheit gelangen könne. Hier waren Ästhetik, Politik und Erziehung eng miteinander verbunden. Die Gründungsurkunde dieses Humanisierungsprogramms liefern Friedrich Schillers „Briefe zur ästhetischen Erziehung des Menschen" von 1796 (Schiller 2009). Schillers Ausgangspunkt für diese Schrift war nicht etwa in erster Linie die Idee der Vermittlung einer Theorie des Schönen, sondern seine tiefe politische Verunsicherung, hervorgerufen durch die Entwicklungen im revolutionären Frankreich. Wie kann es geschehen, dass die ursprünglich humanen Ideen der Revolution sich nach kurzer Zeit dermaßen in unmenschliches Blutvergießen verwandeln? Und wie könnte eine solche Entwicklung für andere europäische Länder, denen Schiller ebenfalls das Ende feudaler Willkürherrschaft wünscht, verhindert werden? Schillers Antwort lautete, die Menschen seien noch nicht reif für die Errichtung eines vernünftigen Staates gleichberechtigter Menschen. Sie lebten in einer Zeit der Zerrissenheit und Selbstentfremdung, die es ihnen unmöglich macht, sowohl vernünftig ihr Leben und das der Gemeinschaft zu gestalten, als auch in Kontakt zu ihrer Sinnlichkeit und zu ihren Leidenschaften das Leben zu genießen und Glück zu empfinden. Versöhnung könne nur durch ästhetische Erziehung erfolgen, die nämlich den Menschen zum freien Spiel von Einbildungskraft, Sinnlichkeit und Vernunft befähige. Allein dadurch gelinge es, sich in eine Art Nullzustand zu versetzen, in dem Freiheit erfahrbar werden kann. Im ästhetischen Zustand könne man sich, so Schiller, der Welt noch einmal grenzenlos öffnen, indem man von dem durch Alltag, Pragmatik und Zweckrationalität geprägten Bestimmt-Sein gelöst ist. Gleichzeitig nehme man in die ästhetische Situation die Formkraft, die Fähigkeit zur Reflexion, zur distanzierenden Sicht auf die Dinge mit hinein, so dass man zur Aktivität bereit und fähig wird, die Freiheit erlangt, „der zu werden, der wir sein wollen".

Gegen Ende seiner Schrift kommen Schiller allerdings starke Zweifel, ob sich die politische Freiheit durch den Zustand der ästhetisch erzeugten Freiheit tatsächlich einstelle oder ob es nicht vielmehr beim behaglichen Genießen des „schönen Scheins" der Fiktionalität bleibe. Alle Kritik an Schillers Theorie setzt hier an (Parmentier 2004b), und die weitere Geschichte der bürgerlichen Ästhetik, die oft beschrieben wurde als eine Flucht aus dem öffentlichen und politischen Leben in einen privat-ästhetisierten Lebensstil, scheint Schillers Befürchtungen zu bestätigen (Menze 1980). Die hier erstmals gestellte Frage beschäftigt uns bis heute: Gibt es einen Übergang von der Ästhetik zur Ethik oder lassen sich beide Welten nur getrennt voneinander auffassen? In Schillers Theorie ist es Ziel der ästhetischen Erziehung, sich selbst als harmonische Persönlichkeit auszubilden und in Freiheit über sein Leben zu entscheiden, um *dadurch* auf humane Weise eine Veränderung der politischen Verhältnisse herbeizuführen. Dieses idealistische Konzept der europäischen Moderne findet sich auch heute noch in zahlreichen, wenngleich moderneren Vokabularien wieder. In der sogenannten Transferforschung (Rittelmeyer 2010) wird heute differentiell untersucht, ob ästhetische Erziehung auch der Intelligenzentwicklung, Sozialkompetenz, der Entwicklung von Ich-Stärke und der Ausbildung kreativer Kompetenzen diene (siehe Christian Rittelmeyer „Die Erforschung von Transferwirkungen künstlerischer Tätigkeiten" in diesem Band). Aus den Sonntagsreden zum Erhalt der öffentlichen Verantwortung für ästhetische Bildung sind solche Bezugnahmen auf außerästhetische Wirkungsfelder nicht wegzudenken.

Yvonne Ehrenspeck (1998) spricht in diesem Zusammenhang von den stets uneingelösten „Versprechungen des Ästhetischen": „Dabei scheinen es mehr die ‚Versprechungen des Ästhetischen' selbst als deren tatsächliche Erfüllung zu sein, die ästhetische Erziehung so attraktiv erscheinen lassen. Es ist insofern gerade die Differenz zwischen Versprechungen und Umsetzungswirklichkeiten, die die Perpetuierungen der ‚Versprechungen des Ästhetischen' ermöglicht, wobei die jeweiligen ‚Versprechungen des Ästhetischen' zum Ausdruck dieser Differenz werden" (Ehrenspeck 1998:290). Was hier über ästhetische Erziehung gesagt wird, lässt sich allerdings auch für Erziehungsprozesse generell behaupten, die ihre Ziele je aus Vorstellungen über die Zukunft der Heranwachsenden ableiten muss. In der Tat aber eignet sich das Feld der Ästhetik aufgrund seiner Offenheit und Polyvalenz besonders für die Formulierung von pädagogischen Versprechungen. Das Problematische an Schillers Utopie ästhetischer Erziehung ist jedoch nicht so sehr die Utopie und die vielleicht überzogene Hoffnung auf politische Veränderung, sondern vielmehr das implizite Menschenbild der harmonisch gebildeten Persönlichkeit. Der auf Autonomie und Selbstbestimmung zielende humanistische Bildungsbegriff ist inzwischen gründlich revidiert. So ist in der Bildungstheorie seit der Dialektik der Aufklärung, ist in den Kultur- und Sozialwissenschaften durch zahlreiche sozialgeschichtliche Studien, ist auch in den gender-studies der letzten Jahre die hegemoniale Geste dieses Humanisierungsideals entdeckt und dekonstruiert worden (vgl. Meyer-Drawe 2000), er eignet sich nicht mehr zur Begründungsfigur ästhetischer Erziehung.

Systematische Dimensionen ästhetischer Erziehung

Es muss nun darum gehen, den in den Einzeldidaktiken verwendeten engen Erziehungsbegriff einer Erziehung *zur* Kunst und einen weiten Begriff der Erziehung *durch* Kunst aufeinander zu beziehen (Bamford 2009), und zwar vorbehaltlich der im ersten Abschnitt erläuterten

Selbstwidersprüchlichkeit. Die dabei entstehenden Schwierigkeiten ergeben sich aus dem Vorstehenden: Auf der einen Seite droht eine Überfrachtung der sozialen Praxis der ästhetischen Erziehung mit abstrakten politischen und moralischen Erwartungen oder mit Versprechungen an Persönlichkeitsbildung, die das Spezifische des Ästhetischen nur unzulänglich oder gar nicht in den Blick nehmen. Auf der anderen Seite droht durch bequemen Verzicht auf ein Konzept ästhetischer Erziehung eine Verharmlosung und Affirmation an eine kulturindustriell hervorgebrachte Massenkultur, die gerade das Gegenteil von Subjektivierung und Kritik konstituiert (Parmentier 1988).

Ästhetische Erziehung besteht in dem Bemühen um Befähigung zur Partizipation an ästhetischen Prozessen der Vergangenheit, der Gegenwart und Zukunft, die auf der Fähigkeit zur ästhetischen Erfahrung beruht. Sie bedarf der Anstrengung einer Arbeit an der Differenz zwischen Präsentation und Aneignung mit dem Ziel des theoretischen wie praktischen, rezeptiven wie produktiven, leiblichen wie kognitiven und historischen Nachvollzugs künstlerischer Prozesse. Als Objekt der Erziehung spitzt sich im Gegenstandsbereich der Ästhetik die Doppelstruktur der Erziehung als zur Reproduktion verpflichtende und zur Produktion freisetzende zu. Diese Spitze muss wie ein Stachel im Fleisch der ästhetischen Erziehung als Sparten-Propädeutik und Sinnesschulung virulent bleiben, will ästhetische Erziehung nicht in einer „fatalen Harmlosigkeit" (Meyer-Drawe 2004) aufgehen, die alle Verbindung zu moralischer und politischer Verantwortung aufgegeben hat. Im Folgenden werden vier Dimensionen ästhetischer Erziehung vorgestellt, die in je unterschiedlicher Weise auf die angesprochenen Fragen Bezug nehmen.

Fingerfertigkeiten. Ästhetische Erziehung ist zunächst eine auf praktische Fähigkeiten ausgerichtete Vermittlung von Fertigkeiten. Auch im zeitlichen Sinn ist die tätige Zuwendung zu ästhetischen Materialien das erste, was Kinder betreiben. Sie erwerben im alltäglichen Umgang mit Klängen, Lauten, Farben, Stoffen oder Sprache praktische Fähigkeiten der Differenzierung und Gestaltung ihres Verhältnisses zur Welt. Sie erkunden über die Sinne einen spezifischen Zugang zu Wahrnehmungs- und Ausdrucksmöglichkeiten. Die fortschreitende Kenntnis und Beherrschung eines Instruments (allen voran die eigene Stimme, der eigene Körper), verschiedener Maltechniken oder das praktische Wissen darum, wie man eine Kugel oder einen Quader formt, befähigt die Kinder zur selbständigen Wahl der Mittel. Zu diesen praktischen Fähigkeiten gehören aber auch das aktive Hören und Sehen, Begreifen und Mitvollziehen von dargestellten ästhetischen Objekten, z.B. Kunstwerken. Ebenso zählt dazu die suchende Aufmerksamkeit, etwas als ein ästhetisches Objekt wahrzunehmen bzw. die ästhetischen Seiten eines Objektes aufzunehmen. Die Vermittlungsformen dieser Dimension sind zu großen Teilen mimetisch bestimmt und vollziehen sich sowohl im informellen wie im formalen Bezugsrahmen. Vermittelt wird dabei eine praktische Habitualisierung und Haltung dem je spezifischen Medium gegenüber. So spielt etwa in der Musikerziehung das geduldige Üben des Immer Gleichen eine größere Rolle als in der Kunsterziehung.

Alphabetisierung. Im Laufe des Lebens und Lernens lassen sich die tätigen Umgangsweisen mit ästhetischen Stoffen nur dann weiter ausdifferenzieren, wenn man Kenntnisse über ästhetische Symbolbestände und ihre Traditionen sammelt. Denn man muss Geschichten kennen, um sie aufführen zu können; man muss verschiedene Erscheinungs- und Gebrauchsweisen von Musik, Malerei oder Literatur kennen, um ihre Eigenheiten wert- und einschätzen zu können. Man muss (irgendwann) wissen, wie man z.B. Freude oder Traurigkeit ins Bild bringt, damit ästhetische Tätigkeit nicht beim Individuum stehen bleibt, sondern sich in die bestehende(n) Kultur(en) hinein entwickelt. An Ästhetik als einer kulturellen Praxis in einer komplex ausdifferenzierten und diversifizierten Sozialität kann nur partizipieren, wer auch kognitiv unterscheiden kann zwischen Herkünften, Bedeutungen, aber auch sozialen Funktionen und Machtgefügen, die den ästhetischen Einzelzeichen innewohnen und auf die sie verweisen. Zuständig für ästhetische Alphabetisierungsprozesse sind traditionell die Institutionen der Allgemeinbildung: Schule, Hochschule und Einrichtungen der Erwachsenenbildung geben in der Regel das kulturell gesammelte Wissen über die verschiedenen Künste weiter. Darüber hinaus übernehmen aber mehr und mehr die Kulturanbieter selbst diese Alphabetisierungskurse: In Gestalt von MuseumspädagogInnen, Gesprächs- oder Kinderkonzerten und Theaterworkshops bieten die Kulturinstitutionen Gelegenheiten zu die Rezeption begleitenden Verstehensbemühungen. Zentral an der Alphabetisierung bleibt allerdings die gesellschaftliche Selbstverpflichtung, sie in kontinuierlichen Lehrgängen für *alle* anzubieten und sich dessen nicht durch unregelmäßig verteilte Projektgelder zu entledigen.

Selbstaufmerksamkeit. Ästhetische Erfahrung beginnt bei der Sinneswahrnehmung, die selbst thematisch wird (vgl. Mollenhauer u.a. 1996). Ist dieser Schritt von der Wahrnehmung zur Wahrnehmung der eigenen Wahrnehmung vollzogen, begibt sich das Subjekt in einen Modus der Selbstaufmerksamkeit oder Selbstbegegnung, in dem es sich selbst und den Gegenstand auf andere Weise wahrnimmt als im Zustand der pragmatischen Welt- und Selbstzuwendung. Es befindet sich in einem Modus des fiktiven „als-ob". Alltagssprachlich nähern wir uns dem Phänomen mit Worten wie Ergriffenheit, Gänsehaut oder „einfach nur total geil". Alle meinen etwas ähnliches, nämlich die deutliche und gewisse Wahrnehmung, dass zwischen ästhetischem Medium und dem Ich-Selbst-Gefüge des Subjektes etwas Einzigartiges geschieht, gepaart mit einer Ahnung davon, dass dieses Geschehen nicht nur den Moment, sondern mehr betreffen könnte.

So gehört es zu den Vermittlungsbemühungen ästhetischer Erziehung, durch die Bereitstellung günstiger situativer Rahmenbedingungen eine Konzentration auf die eigene Sinnestätigkeit, die damit verbundene Leiblichkeit und die im ästhetischen Kontext entstehenden Empfindungen überhaupt zu ermöglichen. Dazu gehört das Anbieten und Gestalten geeigneter Räume (oder Ateliers, wie sie die Reggiopädagogik z.B. favorisiert) und Zeitstrukturen, die Störungen möglichst ausschließen. Dazu gehört das allmähliche Einüben in die je medienspezifischen Haltungen und Gewohnheiten: Musik und Tanz sind meist Gruppenaktivitäten, bei denen das Zuhören, Zusehen, Rücksichtnehmen eine besondere Rolle spielt. Malen, Basteln, (Vor-)Lesen hingegen sind eher individuelle, ruhige Tätigkeiten. Die Schule mit ihrem kulturellen Festgeschrieben-Sein auf die Funktion der Selektion hat es für diese Dimension ästhetischer Erfahrung schwerer als andere pädagogische Einrichtungen, die z.B. auf Bewertungen verzichten können.

Sprache. Schließlich gehört zur ästhetischen Erziehung, dass Heranwachsende befähigt werden, die ästhetische Erfahrung zu artikulieren, anderen und sich selbst darüber etwas mitzuteilen. Die ästhetische Erfahrung drängt zum Ausdruck; sie wird dadurch nicht nachträglich benannt, sondern sie wird in ihrer Artikulation allererst konstituiert. Das muss nicht immer wortsprachlich geschehen; die Wortsprache ist hier oft sogar besonders hilflos. Auch in weniger diskursiven, eher gestischen Ausdrucksweisen zeigt sich diese Dimension ästhetischer Erfahrung: gemalte Bilder werden gezeigt, auf dem Popkonzert werden begeisterte Blicke getauscht oder im Tanz gemeinsame Körperbewegungen aufeinander abgestimmt. Alle Formen des nach außen hin artikulierten Beeindruckt-Seins münden wiederum in eine Praxis der Verständigung über das Gesehene und Gehörte, deren Nuancenreichtum im Prozess der ästhetischen Bildung durchaus unterschiedliche Formen annehmen kann.

Alle vier Dimensionen müssen an der Konzeption ästhetischer Erziehung beteiligt sein und ineinander spielen, keine ist – auf Dauer – entbehrlich. Sie bedürfen je unterschiedlicher Anstrengungen durch die Pädagogik und sind auch unterschiedlich begrenzt in ihrer Machbarkeit. Im Ganzen besteht das Ziel darin, ästhetische Erziehung in einen Prozess ästhetischer Selbst-Bildung übergehen zu lassen. Die in Schulen arbeitende Tänzerin Wiebke Dröge (2009) bespricht den Punkt des „over-taking" als denjenigen Zielpunkt ästhetischer Erziehung, an dem die Adressaten den ästhetischen Prozess selbst in die Hand nehmen und zu *ihrem* Produkt zu Ende führen. Dieser Punkt kann vielfach verfehlt werden. Ästhetische Erziehung wird so, will sie Anschluss halten zur aktuellen Kunstproduktion wie auch zum aktuellen Diskurs über Erziehung und ästhetische Bildung, im besten Sinne unbequem – wie gleichermaßen unverzichtbar.

Zum Weiterlesen

Dietrich, Cornelie/Krinniger,Dominik/Schubert, Volker (2012): Einführung in die ästhetische Bildung. Weinheim/Basel: Beltz/Juventa.

Ehrenspeck, Yvonne (1998): Versprechungen des Ästhetischen. Die Entstehung eines modernen Bildungsprojekts. Opladen: Leske + Budrich.

Liebau, Eckart/Zirfas, Jörg (Hrsg.) (2008): Die Sinne und die Künste. Perspektiven ästhetischer Bildung. Bielefeld: transcript.

Mollenhauer, Klaus (1983): Vergessene Zusammenhänge. Über Kultur und Erziehung. Weinheim: Juventa.

Schiller, Friedrich (2009/1795): Über die ästhetische Erziehung des Menschen in einer Reihe von Briefen. Kommentar von Stefan Matuschek. Frankfurt/M.: Suhrkamp.

Tom Braun/Brigitte Schorn
Ästhetisch-kulturelles Lernen und kulturpädagogische Bildungspraxis

Einleitung

Die Möglichkeit, ein selbstbestimmtes und auf freien Willensentscheidungen basierendes Leben zu führen, ist eng mit dem Begriff des „Lernens" verknüpft. Lernen bedeutet eine produktive Lebensbewältigung, in der die Reflexion von Erfahrungen in eine Veränderung der Handlungsmöglichkeiten, Deutungsmuster und Wertestrukturen des Individuums einmündet (vgl. Göhlich 2007). Diese Veränderung des Wissens und Könnens des Subjekts ist gleichermaßen immer ein aisthetischer, d.h. sinnlicher (vgl. gr. aisthesis: Wahrnehmung), wie auch ein kultureller Prozess, in dem das Individuum sein Selbst- und Weltverhältnis immer wieder neu verhandelt. Zwar nimmt das Lernen seinen Ausgang von den sinnlichen Wahrnehmungen des Subjekts. Die Möglichkeit einer in ein Verstehen einmündenden Reflexion ist jedoch auf eine Beurteilung und Einordnung des Wahrgenommenen angewiesen. Den Hintergrund für dieses Beurteilen und Verstehen bietet die kulturelle Praxis der Lebensgemeinschaft des Subjekts. Hermann Veith verweist in diesem Sinne auf eine kulturelle Täuschung der Sinne, die für das Individuum lebensnotwendig ist: „Eine verlässliche Auskunft auf die Frage, ob das, was wir [...] (bei der sinnlichen Wahrnehmung) erleben, angenehm und schön ist oder als Missempfindung Abwehr provoziert, geben uns die Sinne nicht. Ganz offenbar steht die Kulturbedeutung eines Objekts im Zusammenhang mit den lebensweltlichen Praktiken von Gemeinschaften" (Fauser/Veith 2011). Hinter der scheinbar nur sinnlichen Informationsverarbeitung verbergen sich, so Veith, „gesellschaftlich imprägnierte subjektive Konstruktionen, die nur im Kontext bestimmter sozialer Praktiken sinnvoll und verstehbar sind" (ebd.).

Kulturpädagogik reflektiert diese sozialisatorische Dimension des Lernens. Ihre Arbeitsweisen und Handlungsprinzipien zielen jedoch zugleich darauf, das Subjekt nach anderen, abweichenden Bedeutungen und Identitätsentwürfen zu fragen, die sich jenseits des Gewohnten befinden. Ziel einer solchermaßen emanzipatorischen Kulturpädagogik ist es, dem Subjekt die doppelte Bedingtheit seines Lernens erfahrbar und damit für eine selbstbestimmte Lebensführung zugänglich zu machen.

Ästhetische Erfahrung und Möglichkeitssinn

Kulturpädagogik setzt aus diesen Gründen nicht allein an den Sinnen als basalen Lernvoraussetzungen an. Sie rekurriert gleichermaßen auf das menschliche Potential, sich ein Bild von sich und der Welt zu machen. Das, was Helmut Plessner die „exzentrische Positionalität" des Menschen nannte, beschreibt die Fähigkeit des Menschen zum Beobachter seiner selbst zu werden (vgl. Plessner 1983). Für eine emanzipatorische Kulturpädagogik ist die Ermöglichung des Abstands insofern relevant, weil sie die eigene Lebenssituation für das Subjekt als eine zu bewältigende und gestaltbare erkennbar macht (vgl. Fuchs 2008a). Dieser Abstand von sich selbst und der Welt ist für das Subjekt aber nur produktiv zu bewältigen, wenn seine Erfahrung zugleich mit dem Erlebnis der Wirksamkeit des eigenen Handelns verbunden ist. Um dieses

Zusammenspiel gewährleisten zu können, fokussiert kulturpädagogisches Handeln sowohl auf die Intensivierung von Wahrnehmungssituationen als auch auf die Erfahrung von Distanz und Differenz. Im Mittelpunkt steht daher ein Instrumentarium, das die aisthetische Wahrnehmung um eine reflexive Ebene erweitert, ohne die Unmittelbarkeit ihres Erlebens aufzuheben. In den Erfahrungs- und Kommunikationsgelegenheiten, die in der Kulturpädagogik angeboten werden, steht nicht nur das sinnliche Erleben, sondern das Wie des eigenen Wahrnehmens und Handelns im Zentrum der Aufmerksamkeit.

In dieser selbstreflexiven *ästhetischen* Erfahrung geht es, so Martin Seel, „um ein Verweilen *in* einer Wahrnehmung und *bei* einem Objekt dieser Wahrnehmung" (Seel 1996:48). In der ästhetischen Erfahrung verweilen wir bei der Besonderheit eines Gegenstandes oder Augenblicks. Um ihn in seiner Eigenart erfassen zu können sind wir nicht nur darauf angewiesen, seine Erscheinung sinnlich nachzuvollziehen, sondern wir müssen zugleich darauf achten, wie unsere eigene Wahrnehmung durch den Gegenstand moduliert wird. Indem so die Wahrnehmung der eigenen Wahrnehmung zum Schlüssel für ein Verstehen wird, gerät das Subjekt in seinen eigenen Blick. Es wird sich selbst als Mitspieler des äußeren Gegenstands auffällig, dessen Wahrnehmungstätigkeit nicht nur unentbehrlicher Schlüssel, sondern mitgestaltende Kraft seiner eigenen Erfahrungswirklichkeit ist. In der ästhetischen Situation erfährt sich daher das Subjekt *als* Subjekt (vgl. Henrich 2001).

Ästhetische Erfahrung macht das eigene In-der-Welt-Sein daher als einen sich fortwährend ereignenden Prozess des Wahrnehmens und Handelns gegenwärtig. Darüber hinaus beinhaltet sie ein produktives „Denken aus dem Augenwinkel" (vgl. Braun 2011b:264). Indem das Subjekt sich selbst als Mitschöpfer seiner Erfahrungen spürbar wird, spielt es in der Wahrnehmung seiner Wahrnehmung mit dem Blickwechsel zwischen den Dingen und Situationen, wie sie in seiner Wahrnehmung erscheinen und wie sie und es selbst *sein könnten*. Auf diese Weise lässt ästhetische Erfahrung das Subjekt erahnen, dass die Situationen seines täglichen Lebens voller ungegriffener Möglichkeiten des Handelns, Denkens und Fühlens sind. Zugleich vergegenwärtigt die ästhetische Erfahrung dem Subjekt, dass diese übersehenen Möglichkeiten unmittelbar von seiner eigenen Wahrnehmung abhängen. Dieser „Möglichkeitssinn" stellt das grundlegende Bildungsmoment ästhetischer Erfahrung dar.

Ästhetische Erfahrung und kulturelle Praxis

Dass dieser Möglichkeitssinn ästhetischer Erfahrung eine zentrale und für das Überleben des Individuums notwendige kulturelle Praxis darstellt, verdeutlicht die Ethnologin Ellen Dissnayake anhand ihrer Analyse der frühesten Kommunikation von Kleinstkindern mit Erwachsenen (vgl. Dissanayake 1995). Sprach- und Stimmodulationen, die Muster wie Formalisierung, Wiederholung, Übertreibung, Elaboration und Überraschung aufweisen, beschreibt Dissanayake als „inherently aesthetic" und verweist auf deren lebensnotwendige Funktion in der frühen Mutter-Kind-Beziehung. Die Gelegenheit zu ästhetischer Erfahrung wird somit von den ersten Tagen menschlichen Lebens durch gezielte Handlungen initiiert. Die Muster, die Dissanayake für die frühe Kommunikation von Mutter und Kind analysiert, lassen sich gleichermaßen für Handlungen im Tanz, Musik, Theater, Bildender Kunst u.a. beschreiben (vgl. Dissanayake 2001). Alltägliche Gegenstände, Wörter, Äußerungen oder Situationen werden dort durch eine besondere kulturelle Praxis zu etwas Nichtalltäglichem. Diese „Artifizierung" (Dissanayake 2001:218) zeichnet sich dadurch aus, dass die Verfahren, über die ein Wort oder ein Gegenstand hervorgebracht wird, in das Zentrum der Aufmerksamkeit gerückt werden. Die Funktion dieser kulturellen Praxis besteht darin, „eine ästhetische Erfahrung hervorzurufen, die in ein Verstehen einmünden kann und will" (Schmücker 2001:26). Dieses Verstehen wiederum kann sich jedoch nur durch den *sinnlich erfahrenden Nachvollzug* des Gegenstands, der Melodie, des Textes etc. einstellen. Es bleibt daher an die unmittelbare Erfahrung des Subjekts gebunden.

Die oben beschriebene ästhetische Praxis stellt also eine dezidiert kulturelle Praxis dar, weil sie nicht nur mit einem kommunikativen Kalkül ausgestattet ist, sondern weil sie darauf fokussiert, Erfahrungszusammenhänge nicht nur zu beschreiben, sondern sie zugleich als für das eigene Leben *bedeutsam* erleben zu lassen. Kunstwerke sind in diesem Sinne nicht nur schöne Objekte, sondern Objekte, die darauf angelegt sind, die Bedeutsamkeit subjektiver Sichtweisen für andere spürbar werden zu lassen (vgl. Seel 1991 und 2000). Die ganzheitliche Erfahrung der Bedeutsamkeit von fremden Sichtweisen in Kunstwerken wie auch das eigene künstlerische Gestalten beinhalten für das Individuum daher die Möglichkeit zu einer sinnfälligen Herausbildung aus historischen und biografischen Grenzen.

Das Potential der ästhetisch-kulturellen Praxis liegt demnach darin, eine Selbst-Bildung jenseits des Gewohnten und Üblichen zu erproben. Ihre Aufgabe kann es daher sein, das Subjekt als eine sich „verändernde Erprobung seiner selbst" (Foucault 1986:16) erfahrbar, verstehbar und im Sinne eines Kunstwerks für dritte sichtbar, hörbar, spürbar zu machen. Das Erlernen der spezifischen Praxis einer Kunstform bedeutet daher nicht nur das Erlernen eines Handwerks. Vielmehr liegt darin die Gelegenheit zu einer intersubjektiv kommunizierbaren Möglichkeitsorientierung, d.h. zu einem selbstbestimmten Leben.

Kulturpädagogische Praxis

Kulturpädagogische Praxis mit dem Ziel ästhetisch-kulturellen Lernens bedeutet somit die aktive und bewusste Auseinandersetzung mit der ästhetischen Qualität von Gegenständen, Prozessen und Phänomenen. Sie ermöglicht nicht nur einen veränderten Zugang zum sozialen, gesellschaftlichen Umfeld, sondern vertieft auch das Verstehen der eigenen Person. Dabei ist sie in Rezeption ebenso wie in künstlerisch-ästhetischer Produktion eng gebunden an die Lebenserfahrungen derjenigen Person, die künstlerisch wahrnimmt oder handelt. In dieser speziellen Form der Vergegenständlichung im künstlerischen Prozess werden immer auch die eigene Verfasstheit, werden Einstellungen, Meinungen, subjektive und gesellschaftliche Werte sichtbar.

Das didaktische Dreieck, Grundmodell für Vermittlungsprozesse, bestehend aus „Sache", „Lehrendem" und „Lernendem" verschiebt sich im ästhetisch-künstlerischen Prozess: Die Sache ist mit dem Lernenden eng verbunden, die Sache wird zur subjektiven, „eigenen Angelegenheit".

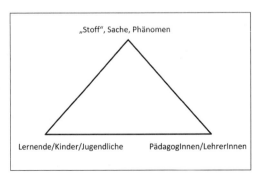

Es liegt in der Eigenart des künstlerischen Prozesses, dass dieser innersubjektive Prozess der Auseinandersetzung nur bedingt geplant werden kann. Das Subjekt selbst bestimmt die Intensität, Richtung und das Ergebnis der Auseinandersetzung mit der „Sache".

Und doch ist die kulturpädagogische Praxis und sind ihre Vermittlungsprozesse nicht frei von Vorentscheidungen – weder in Bezug auf Ziele noch auf Inhalte, noch hinsichtlich ihrer Methoden. Die besondere Konstitution künstlerisch-ästhetischer Tätigkeit stellt besondere Anforderungen an die Planung, Gestaltung und Anleitung solcher Prozesse. Die selbstbildenden, persönlichkeitsstärkenden Prozesse entwickeln sich nur unter bestimmten Grundvoraussetzungen, für die entsprechende Handlungsprinzipien wichtige Orientierung bieten.

Kulturpädagogische Handlungsprinzipien

Das ästhetisch-kulturelle Lernen stellt das Subjekt als eigenverantwortlich und kompetent in eigener Sache in den Mittelpunkt des Geschehens und zielt auf Selbstklärung, Selbstbewusstwerdung, kritische Reflexions- und Urteilskompetenz. Im Rahmen ästhetischer Produktions- und Rezeptionsprozesse soll das Subjekt dazu befähigt werden, komplexe Inhalte zu begreifen, einen eigenen Standpunkt dazu zu formulieren und aktiv mitzugestalten. Die konkrete kulturpädagogische Praxis erfordert entsprechend die Schaffung eines Handlungsrahmens, der diese subjektorientierten, offen strukturierten Prozesse ermöglicht.

Die kulturpädagogischen Handlungsprinzipien entsprechen in Teilen den allgemeinen Prinzipien der außerschulischen Jugendarbeit (siehe z.B. Achter Jugendbericht des BmfJFG 1990), die sich einer emanzipatorischen und auf Mündigkeit des Subjekts zielenden Bildungsarbeit verpflichtet fühlt. Sie wurden jedoch erweitert um die spezifische Perspektive des ästhetisch-kulturellen Lernens und ergänzt auf der Grundlage kulturpädagogischer Praxis.

Handlungsorientierung und Ganzheitlichkeit

Die Bereitstellung von ästhetisch-künstlerischen Erfahrungs- und Gestaltungsräumen, die ganzheitliche Zugänge zu einem Thema, einem künstlerischen Prozess ermöglichen, ist eine grundlegende Leitlinie kulturpädagogischen Handelns. Inszeniert werden handlungsorientierte Prozesse, die sich bewusst abgrenzen von rein kognitiven Lerndimensionen und gleichermaßen sensomotorische sowie affektiv-emotionale Aspekte betonen. So wie die Produktions- und Rezeptionsprozesse ganzheitliche Zugänge zu einem Phänomen, Thema ermöglichen, sind die daraus entstehenden Produkte sinnlich fassbarer Ausdruck einer ganzheitlichen, subjektiv bedeutsamen Auseinandersetzung mit der Wirklichkeit.

Freiwilligkeit

Das kulturpädagogische Praxisfeld ist Teil des nicht-formalen Bildungsbereichs und damit frei von Lehrplänen und von außen gesetzten Leistungsansprüchen. Entsprechend ist schon die Entscheidung zur Teilnahme an den (außerschulischen) Angeboten grundsätzlich freiwillig. Das Prinzip der Freiwilligkeit ist ein entscheidender Motor für z.B. Motivation und Verantwortungsbereitschaft der tätigen Subjekte. Im besonderen Feld der ästhetischen Produktion und Rezeption ist Freiwilligkeit eine Grundbedingung für die Auseinandersetzung mit sich selbst und dem eigenen „In-der-Welt-Sein", die nur unter dieser Bedingung gelingen kann. Das Individuum muss die Intensität und die Form des gestaltenden Ausdrucks selbst bestimmen können.

Partizipation

Partizipation, also die Mitbestimmung und Beteiligung von Betroffenen an allen Entscheidungen und Ereignissen, ist eine der wichtigsten Leitlinien der Kinder- und Jugendarbeit (siehe Larissa von Schwanenflügel/Andreas Walther „Partizipation und Teilhabe" in diesem Band). Ziel ist die Entwicklung mitverantwortlicher Selbstbestimmung. In der kulturpädagogischen Praxis gelten Mitbestimmung und -gestaltung als grundlegende Handlungsprinzipien, die Entwicklung von Partizipationsfähigkeit wird aktiv unterstützt. In allen Dimensionen der Projektplanung und -durchführung sind die Teilnehmenden einbezogen und auch Projektkorrekturen im Verlauf sind durch sie möglich. Zugrunde liegt eine dialogische Haltung, die die Expertenschaft der Subjekte für ihr eigenes Leben, für ihre Weltsicht, ihre Empfindungen anerkennt und ernst nimmt.

Lebensweltorientierung

Spätestens seit dem Achten Jugendbericht der Bundesregierung (BmfJFG 1990) gilt die „Lebensweltorientierung" als ein zentrales Paradigma der Kinder- und Jugendhilfe. Gemeint ist damit, die individuelle Lebenssituation der Betroffenen in den Blick zu nehmen sowie den Selbstdeutungen und Problembewältigungsversuchen der Betroffenen mit Respekt, aber auch mit wohlwollend-kritischer Provokation im Zielhorizont eines „gelingenderen Alltags" (Thiersch 2005) zu begegnen. Kulturpädagogische Angebote und Projekte knüpfen an der Lebenswirklichkeit der Subjekte an und bieten den Teilnehmenden die Möglichkeit, einem selbstgestellten Thema, einer ihre Lebenswirklichkeit betreffende Frage ästhetisch forschend nachzugehen. Durch Perspektivenwechsel, Verfremdung und Übersetzung in ästhetische Formen gelingt eine Distanz zur eigenen Lebenswirklichkeit, die Reflexion, kritische Bewertung, die Einnahme eines eigenen Standpunkts und ggf. verändertes Handeln ermöglicht. Unterbleibt die Ausdehnung ästhetisch-kulturellen Lernens auf die Lebenswirklichkeit hin, so werden die fachspezifischen emanzipatorischen Möglichkeiten vergeben.

Erfahrung von Selbstwirksamkeit

Selbstwirksamkeit meint die Überzeugung eines Menschen, in unterschiedlichen Lebenssituationen subjektiv Kontrolle zu erleben und sich kompetent zu fühlen. Für Heranwachsende ist die Erfahrung von Selbstwirksamkeit von großer Bedeutung für ihre positive Selbst-Bewertung. In künstlerisch-ästhetischen Handlungszusammenhängen ist es für die Teilnehmenden möglich, die eigenen Ausdrucksmöglichkeiten und -grenzen zu erkunden und zu erproben. Experimentierend und mit wachsender Wahrnehmungsfähigkeit entwickeln die Kinder und Jugendlichen grundlegende Problemlösungsfähigkeiten. Sie erleben sich selbst als Handelnde, als AkteurInnen, deren individuelles Dazutun von Bedeutung ist, wirkt und sinnvoll ist. Kinder und Jugendliche machen die Erfahrung, dass angenommen und beachtet wird, was sie aus sich heraus schöpfen: Ideen, Emotionen, Handlungen.

Fehlerfreundlichkeit und Stärkenorientierung

Die kulturpädagogische Praxis ist gekennzeichnet durch das Handlungsprinzip des Experiments. Echte Experimente bergen immer auch das Risiko des Scheiterns. Dieses mögliche Scheitern ist Teil jedes offenen, künstlerisch-ästhetischen Handlungsprozesses. Scheitern ist eine wesentliche Quelle von Erkenntnis und Erfahrung. Die Kinder und Jugendlichen erfahren durch die positive Resonanz auch auf das Nicht-Gelingen, dass man „Fehler" machen darf und machen muss, um zu wachsen.

Stärkenorientierung bedeutet in der kulturpädagogischen Praxis, den Blick konsequent auf die bei den Teilnehmenden bereits vorhandenen Kompetenzen und Fähigkeiten zu richten, an diesen anzusetzen und die vermeintlichen Grenzen des Handlungsvermögens zu überschreiten. Diese Form der Anerkennung als handlungskompetenter Subjekte ermöglicht es den Teilnehmenden, Zutrauen zu sich selbst zu fassen, und ermutigt, neue Herausforderungen anzunehmen.

Selbstgesteuertes Lernen in Gruppen

Sollen der produktive Umgang mit Kunst und Kultur als ein Instrument der Wirklichkeitsdeutung und der Selbstreflexion erkannt werden, müssen die Wege der Auseinandersetzung offen sein, dürfen nicht auf ein bestimmtes Ziel hin fixiert sein. Die Handlungsprozesse müssen selbstbestimmt sein – nur so kann ästhetisch-kulturelles Lernen Anregungen zur Selbstbildung und Entfaltung auslösen. Im Mittelpunkt steht die Initiative der Subjekte, die ihre Lernerfahrungen selber planen, ihren Bedürfnissen entsprechend umsetzen und dabei an eigene Bedeutungskontexte anknüpfen. In der kulturpädagogischen Praxis wird selbstgesteuertes, gemeinsames Lernen in möglichst kleinen Gruppen gefördert. Jeder Einzelne bringt sich mit seinen Möglichkeiten, Kenntnissen und Ideen ein und kann dabei auf die Gruppe als Unterstützungssystem zurückgreifen. Die Gruppe setzt ihre Ziele gemeinsam um, und sie kann bei Bedarf die unterschiedlichen Formen der Unterstützung durch die AnleiterInnen nutzen.

Offenheit für Vielfalt

Die Anerkennung und Wertschätzung kultureller Differenzen ist ein wesentliches Ziel kulturpädagogischer Praxis. Indem sie den Umgang mit vieldeutigen Situationen, Sachverhalten und Ausdrucksformen einübt und fördert, stärkt sie die Toleranz gegenüber dem scheinbar Fremden und Neuen. Ästhetisch-kulturelles Lernen schafft Raum, Differenzen zu erkennen, sich auf sie einzulassen, damit umzugehen und sie als Bereicherung wertzuschätzen. Kulturpädagogische Arbeit zielt darüber hinaus darauf ab, allen Beteiligten unabhängig von ihrem sozialen und kulturellen Hintergrund mit dem gleichen Respekt zu begegnen und diese Vielfalt als Potential für das ästhetisch-kulturelle Lernen zu nutzen. Sie tut dies auch, indem sie entsprechend den individuellen Voraussetzungen der Teilnehmenden angemessene und unterschiedliche Zugänge zum Projektthema ermöglicht und den unterschiedlichen Erfahrungshintergründen, Potentialen und Stärken der TeilnehmerInnen verschiedene Formen der Umsetzung ermöglicht.

Zusammenarbeit mit KulturpädagogInnen und KünstlerInnen

Die Qualität kulturpädagogischer Praxis hängt wesentlich auch von der gelungenen Einbeziehung der schöpferischen Fähigkeiten und dem fachlichen Können von KünstlerInnen ab. Ihre „Art" sich mit einem Thema auseinanderzusetzen, begeistert und animiert die Teilnehmenden kulturpädagogischer Angebote, künstlerische Wege zu beschreiten, spielerisch experimentelle Ideen zu entwickeln und umzusetzen. KünstlerInnen, die situationsbezogen arbeiten, sich auf spezifische Bedingungen vor Ort einlassen und diese als Anlass für ihr künstlerisches Konzept nehmen, ermöglichen neue Perspektiven auf das Bekannte und scheinbar Unveränderbare. Das Einlassen auf einen künstlerischen Prozess steht hier gegenüber dem Erreichen pädagogischer Ziele im Vordergrund.

Öffentlichkeit und Anerkennung
Vielen Kunstformen ist die öffentliche Darstellung inhärent, die Herstellung von Öffentlichkeit ist gleichzeitig auch ein pädagogisches Prinzip: Die AkteurInnen wollen und sollen zeigen, zu welchen Ergebnissen sie gekommen sind. Mit der Veröffentlichung erleben sie sich selbst als an der Produktion kulturellen Lebens Beteiligte. Sie werden mit den Aussagen, die sie über ihre künstlerische Produktion machen, öffentlich gehört; sie werden wahrgenommen mit dem, was sie bewegt. Und sie erhalten Anerkennung und eine Wertschätzung für das, was sie geschaffen haben.

Zum Weiterlesen

Fuchs, Max (2011): Kunst als kulturelle Praxis. Eine Einführung in die Ästhetik und Kunsttheorie für die Praxis. München: kopaed.

Fuchs, Max (2008): Kulturelle Bildung. Grundlagen, Praxis, Politik. München: kopaed.

Richter-Reichenbach, Karin-Sophie (1998): Ästhetische Bildung. Aachen: Shaker.

Seel, Martin (2000): Ästhetik des Erscheinens, München/Wien: Hanser.

Hildegard Bockhorst
„Lernziel Lebenskunst" in der Kulturellen Bildung

Unterschiedlichste Vorstellungen von Glück, Freiheit, Lebensbewältigung, Lebensstil, gutem Leben werden mit dem vieldeutigen Begriff der Lebenskunst verbunden. Allesamt sind sie von Bedeutung für eine bildungstheoretische Auseinandersetzung mit der „Leitformel" (Fuchs 1999b:29) Lebenskunst und die folgende Erörterung dieses subjektorientierten Allgemeinbildungs-Konzepts einer Lebens-Kunst-Bildung.

„Lernziel Lebenskunst" lautet der Titel dieses Beitrages, weil so der gleichnamige *BKJ*-Modellversuch (BKJ 1999; BKJ 2001) übertitelt war, mit dem der Dachverband der Kulturellen Bildung seit den späten 1990er Jahren das Konzept der Lebenskunst mit den Leitbildern von „Kultur öffnet Welten", „Leben lernen" und „Kultur macht Schule" prominent machte (Bockhorst 2008; Zacharias 2001) und im folgenden für die Theorie und Praxis einer gesellschaftspolitischen, subjektorientierten Kulturellen Bildung programmatisch weiterentwickelte (Fuchs 2008a; Fuchs 2012). Die dementsprechend in den *BKJ*-Fachstrukturen vertretenen Konzepte zeichnen sich dadurch aus, dass diese Kulturelle Bildung in ihrer Fokussierung auf Bildung als „Kultur leben lernen" (BKJ 2002) den Menschen in den Mittelpunkt stellt und ihn in ihrer Spezifik als „Bildung in und durch Künste" dazu anregt, seine Selbst- und Weltwahrnehmung, seine Urteilskraft und Handlungsfähigkeit, seine Selbstbestimmung und Selbstwirksamkeit zu stärken und einen für sich selbst sinnhaften Lebensentwurf zu gestalten. Eine Kulturelle Bildung der Lebenskunst versucht – im Spannungsfeld von Alltag und Künsten, Individualität und Gesellschaftlichkeit, Ästhetik und Ethik – dahin zu wirken, dass sich der Mensch als gebildetes und reflexiv handelndes Subjekt nicht nur für sein eigenes Glück interessiert, sondern auch für das Wohlergehen und Glück des Anderen (Bockhorst 2001).

Zur Genese einer ästhetischen Lebenskunst-Perspektive in der *BKJ*

Für die *BKJ* wurde das „Prinzip" Lebenskunst (Zacharias 2001:218) in den 90er Jahren des letzten Jh.s zu einem breit reflektierten Paradigma einer neuen Kulturpädagogik und Kulturellen Bildung als Vermittlung von Kunst und Gesellschaft. Ulrich Baer, ehemaliger Studienleiter der *Akademie Remscheid (ARS)*, eröffnete 1997 den kulturpädagogischen Diskurs zur Lebenskunst, dokumentiert in der Arbeitshilfe „Lernziel: Lebenskunst" (Baer u.a. 1997). Seine Konzeptimpulse, ebenso wie das Interesse der *BKJ*-Fachorganisationen an der Frage eines gelingenden Aufwachsens von Kindern- und Jugendlichen, fußen zu dieser Zeit allerdings nicht auf philosophischen Theorien. Sie begründeten sich vielmehr durch die Reflexion gesellschaftlicher Wandlungsprozesse und Ergebnisse der Jugendforschung sowie durch die überwiegende Verortung der Strukturen der Kulturellen Bildung in der Kinder- und Jugendhilfe bzw. Jugendarbeit. Sich angesichts der Risiken der Moderne und der Bedingungen der Individualisierung und Pluralisierung – überzeugend dargelegt in den von der Bundesregierung in Auftrag gegebenen Kinder- und Jugendberichten (BMJFFG 1990; BMFSFJ 2002) – mitverantwortlich zu sehen für eine „Kultur des Aufwachsens" motivierte die *BKJ* und ihre Mitgliedsorganisationen, sich mit der Lebenskunst auseinanderzusetzen.

Systematisch ging man daran, ein kulturpädagogisches Lebenskunstkonzept als Vermittlung von Kunst und Gesellschaft weiterzuentwickeln und es mit den zentralen jugend- und kulturpolitischen Vorstellungen einer „emanzipatorischen Jugendarbeit" und „Kulturpolitik als Gesellschaftspolitik" zu verzahnen. In mehreren *BKJ*-Modellprojekten zum „Lebenskunst lernen" hinterfragten die Träger der Kulturellen Bildung die Qualität ihrer bisherigen Theoriebildung und kulturpädagogischen Praxis und erprobten, wie die Erfahrung der Künste zu Partizipation, Selbstbestimmung, Bildungserfolg und gesellschaftlicher Integration befähigen könne. Sicherlich gibt es hierfür keine „Glücksrezepte", so der langjährige Vorsitzende der *BKJ* und Direktor der *Akademie Remscheid*, Max Fuchs. Die kulturpädagogische Verantwortung und Leistung der Akteure Kultureller Bildung besteht aber darin, die erlebte Freude des Einzelnen bei der Bewältigung seines Lebens, bei der Überwindung des eigenen Ohnmachtempfindens, bei dem Verstehen gesellschaftlicher Zusammenhänge zu unterstützen und dem Individuum in der Balance zwischen dem Ausschöpfen von (Einfluss-)Möglichkeiten und Grenzen ein glückliches Leben zu eröffnen. Fuchs war es auch, der – mit Bezug vor allem auf Alexander von Humboldt, Helmut Plessner, Ernst Cassirer, Friedrich Schiller, Martha Nussbaum, Michel Foucault und Pierre Bourdieu – für die wissenschaftliche Fundierung der „Leitformel" Lebenskunst sorgte und den inzwischen vorherrschenden ganzheitlichen, gesellschaftspolitischen Konzeptansatz einer modernen Kulturellen Bildung entscheidend beeinflusst hat (Fuchs 1999b; BKJ 2001; Fuchs 2008a; Fuchs 2012).

Zu Beginn der Auseinandersetzung mit dem Lernziel Lebenskunst war die Rezeption der philosophischen Überlegungen von Wilhelm Schmid und Martin Seel bedeutsam (BKJ 1999, 2001). Erst Jahre später wurde verstärkt auf Foucault und seine wichtigen Analysen des Zusammenhangs von Macht und Subjektivität und den Möglichkeiten eines gelingenden Lebens zwischen Anpassung und Widerstand Bezug genommen (Fuchs 2008a; Fuchs 2012).

„Philosophie der Lebenskunst" in der Kulturellen Bildung

Als „Philosophie der Lebenskunst" (Schmid 1998) ist allgemein das Nachdenken über die Grundlagen und möglichen Formen der Gestaltung des Lebens und des Selbst zu verstehen. Das Leben erscheint dabei als das Material, die Arbeit des Selbst an sich und der Gestaltung des Lebens als die Kunst bzw. als das „Kunstwerk". Bei dem „Versuch zur Neubegründung einer Philosophie der Lebenskunst" (Schmid 1999:15) geht es dezidiert nicht um eine „populäre Lebenskunst" spontaner Lebenshilfen und unmittelbarer Genussbefriedigung, sondern es geht um eine „reflektierte philosophische Lebenskunst". Zu ihr gehört – wie es die Geschichte der Philosophie bis zurück in die Antike lehrt – die Konzentration auf die Frage der reflektierten, gekonnten Lebensführung, verbunden mit der theoretischen Einsicht in die Zusammenhänge des Lebens und die Erkenntnis der Wahrheit des Seins (Schmid 1999:16). Zu diesem Lebenskunstdiskurs gehört unverzichtbar die theoretische Reflexion struktureller Bedingungen und individueller Möglichkeiten eines gekonnten Lebensvollzugs – ebenso wie der praktische Versuch zu dessen Realisierung und dessen Unterstützung durch Angebote der Kulturellen Bildung (vgl. auch Dieter Sturma, Luise Behringer, Wolfgang Zacharias, Rainer Treptow in BKJ 2001; BKJ 2002; BKJ 2004).

Sowohl Schmid als auch Seel und Foucault übernehmen aus den Konzepten antiker philosophischer Lebenskunst den wichtigen Begriff der Selbstsorge bzw. der Sorge des Selbst um sich. Eine Sorge, die angesichts der Ambivalenzen der Moderne „zunächst ängstlicher Natur sein kann, unter philosophischer Anleitung jedoch zu einer klugen, vorausschauenden Sorge wird, die das Selbst nicht nur auf sich, sondern ebenso auf andere und die Gesellschaft bezieht" (Schmid 1999:16). Das Beharren auf der philosophischen – gegenüber der populären – Lebenskunst begründet Schmid damit, dass diese nahe legt, nicht nur an sich selbst und das eigene Leben zu denken. „Lebenskunst bedeutet auch, in die Verhältnisse, in die Strukturen der ‚Welt um uns herum' einzugreifen, wenn es nötig erscheint" (Schmid 1999:54).

Prüfstein der philosophischen Lebenskunst ist die „Ästhetik der Existenz", zu verstehen als ein schönes Leben und die Realisierung einer erfüllten, bejahenswerten Existenz. „Sollte das Leben so, wie es gelebt wird, nicht bejahenswert sein, dann wäre es zu ändern, denn es gibt nur diese eine Sünde wieder den heiligen Geist: Ein Leben zu führen, das nicht bejaht werden kann. Das schöne Leben ist auch politisch zum Argument zu wenden, um an gesellschaftlichen Verhältnissen zu arbeiten, die bejahenswerter sein könnten als die gegenwärtigen, und die im Gegenzug wiederum eine bejahenswerte Existenz ermöglichen würden" (Schmid 1999:28).

„Kritik der Lebenskunst" in der Kulturellen Bildung

Aber wie kann es mit dieser Art der „unablässigen Reflektiertheit" (Kersting/Langbehn 2007:58) gelingen, die Frage nach der ethisch-ästhetischen Güte einer „Ästhetik der Existenz" zu beantworten, so die kritischen Überlegungen im Feld der Träger Kultureller Bildung. Lässt sich mit der Schmidschen Philosophie ein Bildungskonzept der Lebenskunst generieren, wo doch die Vielfalt gesellschaftlicher Machtverhältnisse die Frage aufdrängt, ob es „überhaupt noch vertretbar ist, von einem starken Subjekt auszugehen, das die Welt der Dinge, des Sozialen und letztlich sich selbst so beherrscht, dass es ein autonomes Steuerungszentrum seines Lebens sein kann?" (Fuchs 2011c:80).

In ihrer „Kritik der Lebenskunst" (2007) lehnen Wolfgang Kersting und Claus Langbehn Schmids philosophische Grundlegung der Lebenskunst als zu „vages Konzept der Postmoderne" (Kersting 2007:58) ab; vor allem, weil darin unangemessen sorglos am Gedanken der Autonomie und der freien Wahl des Individuums zur Gestaltung seiner Existenz festgehalten wird, wo doch mit dem Eintritt in die Moderne eine selbstbestimmte Verfügung des Individuums über seine Existenz in wachsendem Maß in Zweifel zu ziehen ist.

„Ohne das robuste Ich der Aufklärungstradition wird aus dem anspruchsvollen Autonomieunternehmen der Lebenskunst eine Chimäre" (Kersting 2007:78). Kersting/Langbehn bemängeln, dass sich bei Foucault, aber vor allem bei Schmid nicht erschließt, „in welcher lebensethischen Gestaltungsweise Lebenskunst ihren unverwechselbaren Ausdruck finden (kann). [...] Gerade weil das Schicksal der Freiheit des Subjekts in der modernen Disziplinierungsgesellschaft auf dem Spiel steht, benötigt man Kriterien, mit denen man die ästhetische Selbstsorge identifizieren kann" (Kersting/Langbehn 2007:35).

Produktiv für die Weiterarbeit an diesen kritischen Punkten erwiesen sich für die Träger der Kulturellen Bildung die Studien zur Ethik und Ästhetik von Seel (1995; 1996) und seine Qualitätsvorstellungen eines „guten, glücklichen und gelungenen Lebens" (Seel 1995). Fuchs (1997:22ff.) und Zacharias (2001:218ff.) positionierten sich für die BKJ dazu, auf Seels Indikatoren gelingender Lebenskunst Bezug zu nehmen und damit einer möglichen inhaltlichen Beliebigkeit der Leitformel Lebenskunst zu begegnen. Zu diesen zählen:
>> Gelingende Arbeit: Der Mensch sichert sich – und anderen – die Existenz.
>> Gelingende Interaktion: Der Mensch lebt in sozialer und politischer Gemeinschaft.
>> Gelingendes Spiel: Der Mensch hat die Möglichkeit zur freien Entfaltung von Fantasie und Kunst mit Erlebnis- und Bildungsqualität.
>> Gelingende Betrachtung (Kontemplation): Der Mensch hat die Chance zu Erkenntnis und Verstehen über sich und die Welt (vgl. Seel 1995:138ff.).

Lebenskunst lernen und die Rolle der Künste

Seel war es auch, der die für die Kulturelle Bildung anschlussfähige Bedeutung der anthropologischen Perspektive einer Philosophie der Lebenskunst besonders betonte, welche sich an dem grundlegenden Bedürfnis der Menschen orientiert, ihrem Leben eine Form zu geben, es durch Handlungen und eben auch durch Kunst und ästhetische Praxis zu ordnen und sinnvoll und selbstbestimmt zu führen (vgl. Seel 2007).

Lebenskunst lernen, sich bilden mit Künsten, diese Chancen bestehen in der Kulturellen Bildung, weil mit den Künsten die Begrenzung auf die kognitive Seite der Bildung überschritten und ebenso die emotionale Seite der Persönlichkeitsbildung und die Erweiterung eigener Gestaltungsfähigkeiten angesprochen sind. „Durch die sinnliche Erfahrung der Veränderung von Dingen, Bewegungs- und Ausdrucksformen sowie durch das Verstehen von Unterschieden werden subjektive Wahrnehmungs-, Deutungs- und Wissensbestände differenziert. Ästhetische Urteilsfähigkeit, kritischer Vergleich und Erweiterung eigener Gestaltungsfähigkeiten tragen so zur Grundlegung menschlicher Bildung bei. Sie wird verstanden als Vermögen, das Selbst im Horizont kultureller Praxis urteils- und handlungsfähig werden zu lassen. Es kann dadurch am gesellschaftlichen Leben teilhaben und eben jene kulturellen Rahmungen beeinflussen, in denen es sich befindet" (Treptow 2008:264).

Eine Didaktik der Lebenskunst ist eigentlich nur denkbar in Form einer Didaktik der Kunst, so vertritt es Wolfgang Zacharias. Er bezieht sich mit dieser Aussage weniger auf die Metapher des „Lebens als Kunstwerk" (Foucault) als auf Seel und dessen Ausführungen über eine künstlerische und ästhetische Praxis als „eine – aber eben auch nur eine – Form" gelingender Lebenspraxis, die dem Subjekt einen „Zustand positiver Freiheit" eröffnet und geeignet ist, ihm „den Spielraum des ungehinderten Lebens offen zu halten" (Seel 1996:23). Entscheidend für ein „Leben lernen im Prinzip Lebenskunst" (Zacharias 2001:218ff.) ist es, an eben dieser Besonderheit ästhetischer Erfahrung und Begegnung mit den Künsten festzuhalten. Bildung – im Medium der Künste – hat diese besonderen Möglichkeitsräume, in denen „das Hinausdenken und –fühlen über die Grenzen des geltenden Realitätsprinzips" (Keupp 2001:32) gelingen kann.

Bildungstheoretisch, so Zacharias, ist zudem zu berücksichtigen, dass es in kulturpädagogischen Konzepten der Lebenskunst, wo die „Lebenswelt als Lehrplan" gilt, eine klassische „Lernziel-Kontrolle" und einen „kanonisierten" Bildungsinhalt lehr- und lernbarer Wissensbestände der Lebenskunst nicht geben kann (Zacharias 2001:220). Eine Kulturpädagogik der Lebenskunst kann nur Fragestellungen nach einem schönen Leben, nach Bildern des eigenen Selbst und des Anderen aufwerfen. Mittels der Künste kann sie Wahrnehmungshorizonte erweitern und durch eine ergebnisoffene, experimentelle, partizipative, gestaltende Beschäftigung mit Musik, Medien, Theater, Tanz und Spiel Antworten für das Projekt eines guten, glücklichen und gelingenden Lebens provozieren.

Die persönlichkeitsbildende Bedeutung einer ästhetischen Lebenskunstbildung konnte in mehreren Praxisforschungsprojekten und Wirkungsstudien nachgewiesen werden (vgl. Hill/Biburger/Wenzlik 2008; Schorn 2009; Mack 2011). In „Ich lerne zu leben" umschreibt Werner Lindner das Bildungspotential der kulturellen Kinder- und Jugendarbeit (Lindner 2003). Seinen Studien zufolge sind es vor allem die Kernaspekte von „Spaß" und „Interesse", die in einer Lebens-Kunst-Bildung als Qualitätsdimensionen und „Motoren des Lernens" wirksam werden (Lindner 2003:20). „Hervorzuheben ist, dass die kulturelle Kinder- und Jugendarbeit eine der wenigen gesellschaftlichen Instanzen ist, die es erlauben, die essentielle Freiheit der Bildung gegen alle Funktionalisierungen wirklich ernst zu nehmen, und die deshalb für umfassende Bildungsaufgaben in besonderem Maße geeignet ist" (Lindner 2003:83).

Lebenskunst als Bildungsziel einer modernen Bildung

Kulturelle Bildung nach der Leitformel Lebenskunst verbindet also ambitioniert die Dimensionen „Humanisierung der Natur"(Annemarie Gethmann-Siefert), „Kultivierung des Alltags" (Eckart Liebau) und „Emanzipation des Subjekts" (Fuchs) zu einem Konzept gelingender Bildung (Fuchs 2008a:91ff.). Eine Lebens-Kunst-Bildung – als sinnliche Wahrnehmung, Gestaltung und Erkenntnis in der Verbindung von Alltag und Künsten – ist ein zukunftsfähiges Bildungsziel für sowohl soziale, politische als auch Kulturelle Bildung im 21. Jh. Sie scheint konzeptionell tragfähig für eine auf Handlungsfähigkeit, Inklusion und Lebensqualität ausgerichtete Bildung in Schule, Jugendarbeit, Kunst und Kultur. Als Leitformel unterstreicht Lebenskunst den Allgemeinbildungsanspruch in der Kulturellen Bildung und die bildungstheoretische und politische Herausforderung, nicht nur den Wissenserwerb zu fördern, sondern auch die notwendigen kommunikativen, interkulturellen, kreativen und flexiblen Grundkompetenzen, die es angesichts der Komplexität und Widersprüchlichkeit gesellschaftlicher Realität für eine gelungene Lebensführung braucht.

Fazit

Folgende Punkte fassen zusammen, warum es die *BKJ* für angeraten hält, die „Leitformel Lebenskunst" der Kulturellen Bildung in Theorie und Praxis zugrunde zu legen:

1) Eine an der Lebenskunst ausgerichtete kulturpädagogische Praxis führt auf alle Fälle zu einem streng auf das Subjekt ausgerichteten Konzept, welches jede Art der Funktionalisierung und Instrumentalisierung der Mitwirkenden verbietet. In dieser Art kultureller Bildungsarbeit steht der Mensch im Mittelpunkt, die Künste „nutzend" für die bewusste und gezielte Entwicklung seiner subjektiven Selbst- und Weltverhältnisse. Die Chancen dieses „Gebrauchs" der Künste, um sich aus Unmündigkeit zu befreien und als handlungsfähiges Subjekt selbst zu schaffen, machen die Kulturelle Bildung interessant für viele Bereiche des Lernens und begründen ihre zunehmende gesellschaftliche Relevanz. „Der Kompetenznachweis Kultur", Kultur und Schule Projekte wie „TUSCH – Theater und Schule" oder das 2011 gestartete Programm „Kulturagenten für kreative Schulen" sind hierfür positive Beispiele (siehe Brigitte Schorn/Vera Timmerberg „Kompetenznachweis Kultur" in diesem Band).

2) Die Leitformel Lebenskunst fundiert die Ausgestaltung kultureller Bildungsarbeit als soziokulturelles, gesellschaftspolitisches Konzept des Lernens mit und durch Künste, denn Lebenskunst lernen gelingt nicht ohne Berücksichtigung sozialer Kontexte. „Kunst allein reicht nicht mehr!" (Eichler 2010:14). Eine Kulturpädagogik der Lebenskunst, als qualifiziertes Konzept der Ermöglichung von „Menschsein", politisiert die Theorie und Praxis Kultureller Bildung. Die Auseinandersetzung um eine gelingende Lebens-Kunst-Bildung führt unweigerlich zu Fragen nach sozialer Benachteiligung und nach Teilhabechancen, nach „Verteilungs- und Befähigungsgerechtigkeit" (Bundesjugendkuratorium 2009a). Das Subjekt der Lebenskunst kann nur unter Berücksichtigung der „von Foucault immer wieder betonten Dialektik von Unterdrückung und Ermöglichung" unterstützt werden (Fuchs 2008a:90). Eine Lebenskunst-Bildung fordert immer wieder aufs Neue dazu heraus, sozialphilosophische und demokratietheoretische Fragen danach, inwie-

weit das gute individuelle und das richtige soziale Leben zusammenpassen, verstärkt im Kontext der Kulturellen Bildung zu berücksichtigen. Es ist daher kein Zufall, dass der Dachverband der Kulturellen Bildung im Anschluss an das Modellprojekt „Lernziel Lebenskunst" große Kongresse zu den Themen „Kulturarbeit und Armut", „Kultur und Bildung für TeilhabeNichtse" und „KUNSTstück FREIHEIT" ausrichtete und Vorreiter wurde für kulturelle Schulentwicklung „Auf dem Weg zur Kulturschule" (Braun/Fuchs/Kelb 2010), um so Erreichbarkeit und Zugänglichkeit zu Kunst und Kultur zu verbessern und eine teilhabegerechte Bildungskultur an allen Orten des Lebens weiterzuentwickeln.

3) Durch Kooperation zum Bildungserfolg – dies ist die zentrale strategische Schlussfolgerung, die die Träger der Kulturellen Bildung aus den *BKJ*-Modellversuchen zur Lebenskunst gezogen haben. Kooperationen der Kulturellen Bildung mit Kitas und Schulen, Vernetzungen im Sozialraum und Verankerung eines reichhaltigen kulturellen Bildungsangebots in lokalen Bildungslandschaften sind Voraussetzung für viele, um an Kunst und Kultur teilhaben und durch eine andere Lernkultur Lebenskunst lernen zu können. Der Lebenskunst-Anspruch in der Kulturellen Bildung geht zwar vom Individuum aus, er ist aber keine individuelle Angelegenheit. Vielmehr liegt es in der Verantwortung der für Kunst, Kultur und Bildung engagierten Organisationen, für entsprechende Teilhabe-Verhältnisse zu sorgen. Die Hoffnung ist groß, dass sich das Bildungsziel „Lebenskunst für alle" nicht nur im freiwilligen Feld der außerschulischen Bildung durchsetzt, sondern auch im Schulleben ein größeres Gewicht bekommt. Ein Schulprofil „Lebenskunst lernen" könnte die „Lernanstalt Schule" zu einem Ort der Anerkennung und des Vertrauens, zu einem kompetenzorientierten Bildungsort der Lebensfreude und erfolgreichen Befähigung für ein „gutes Leben in aufrechtem Gang" verändern (Braun/Fuchs/Kelb 2010).

4) Die Arbeit nach dem Konzept der Lebenskunst erhöht die Professionalität der Akteure Kultureller Bildung. Eine Pädagogik der Anerkennung und des Dialogs, des Lebensweltbezugs, der Stärkenorientierung und des Respekts sind in einem „Curriculum der Lebenskunst" unverzichtbar. Als entsprechendes „Handwerkszeug", um Fachkräfte hierfür zu qualifizieren und Wirkungen einer kulturpädagogischen Lebenskunstpraxis dokumentieren zu können, wurde der „Kompetenznachweis Kultur – Stärken sichtbar machen" (Timmerberg/Schorn 2009) für die kulturelle Jugendbildung erarbeitet.

5) Einen entscheidenden Mehrwert haben die Teilnehmenden, wenn das Leitbild der Lebenskunst die Ergebnisqualität von Kultureller Bildung auszeichnet. Sie gewinnen – neben dezidiert ästhetisch-künstlerischer Gestaltungs- und Kommunikationskompetenz – an Fähigkeit, die Komplexität gesellschaftlicher Prozesse bewerten und sich darin als handelndes Subjekt emanzipiert verhalten zu können (Timmerberg/Schorn 2009; Braun 2011a). Die Teilhabe an solcher Art ambitionierter Bildungspraxis in und durch Künste eröffnet ihnen einen überlebenswichtigen Freiraum, in welchem Ideen für die Vision eines guten Lebens erprobt, ausgewählt, ausgedrückt, neu gedacht, verändert und öffentlich in die Gesellschaft eingebracht werden können. Lebenskunst-Projekte sind gut geeignet, Menschen in ihren „Capabilities" (Schrödter 2011) und ihren „Widerstandsressourcen" (Keupp 2011) zu stärken – trotz der Krise der Moderne und in hohem Maße erlebter ambivalent-widersprüchlicher sozialer, ökonomischer, politischer und kultureller Entwicklungen. „Will unsere Gesellschaft überleben mit Menschen, die nicht an ihr erkranken, braucht sie starke Subjekte, die sie nach Prinzipien der Humanität gestalten. Kulturelle Bildungsarbeit (nach der Leitformel Lebenskunst) kann hierbei einen guten Beitrag leisten und ihre wichtigste Legitimation finden" (Fuchs 2012:125).

Zum Weiterlesen

Bockhorst, Hildegard (Hrsg.) (2011): KUNSTstück FREIHEIT. Leben und lernen in der Kulturellen BILDUNG. München: kopaed.

Bundesjugendkuratorium (Hrsg.) (2009): Zur Neupositionierung von Jugendpolitik. Notwendigkeit und Stolpersteine. München: www.bundesjugendkuratorium.de/pdf/2007-2009/bjk_2009_1_stellungnahme_jugendpolitik.pdf (Letzter Zugriff am 10.08.12).

Bundesvereinigung Kulturelle Jugendbildung (BKJ) (Hrsg.) (1999): Lernziel Lebenskunst. Konzepte und Perspektiven. Remscheid: BKJ.

Fuchs, Max (2012): Subjekt und Kultur. Bildungsprozesse zwischen Emanzipation und Anpassung. München: kopaed.

Fuchs, Max (2011): Kunst als kulturelle Praxis. Kunsttheorie und Ästhetik für Kulturpolitik und Pädagogik. München: kopaed.

Kersting, Wolfgang/Langbehn, Claus (2007): Kritik der Lebenskunst. Frankfurt/M.: Suhrkamp.

Siegfried J. Schmidt
Kulturelle Kompetenz als Schlüsselkompetenz

Kulturelle Kompetenz im Zeitalter der Globalisierung

In allen gesellschaftlichen Handlungsbereichen verstärkt sich seit Jahrzehnten der Prozess der Globalisierung. Und in diesem Prozess wird seit langem unübersehbar, welche bedeutende Rolle kulturelle Phänomene im weiteren Sinne spielen, wobei das Spektrum von der Menschenrechtsdebatte bis zu Problemen der Unternehmenskultur (vgl. dazu ausführlich Schmidt 2004) bei globalen Firmenaktivitäten reicht. Längst mehren sich die politischen Forderungen nach dem Erwerb von kultureller Kompetenz im Umgang mit fremden Kulturen. Wirtschaftsfachleute empfehlen den Firmen „Cultural Due Diligence", KulturwissenschaftlerInnen differenzieren den Kulturbegriff aus in Multi-, Inter- und Transkulturalität (siehe Susanne Keuchel/Ernst Wagner „Poly-, Inter- und Transkulturalität" und Bernd Wagner „Von der Multikultur zur Diversity" in diesem Band). Aber in Theorie und Praxis stoßen alle Bemühungen immer wieder an eine Grenze, die dadurch gezogen wird, dass die beiden zentralen Konzepte, nämlich „Kultur" und „Kompetenz" unklar bzw. unterbestimmt sind.

Zum Kompetenzdiskurs

Im Folgenden werden die wichtigsten Argumentationstendenzen des Kompetenzdiskurses (vgl. dazu Erpenbeck 2003; Jünger/Schmidt 2002; Schmidt 2005; Veith 2003) der letzten Jahrzehnte zusammengefasst.

Konsensfähig ist die Auffassung, dass „Kompetenz" ein Beobachterbegriff ist, dessen Bestimmung eine Fülle von Voraussetzungen in Anspruch nimmt. Daher ist „Kompetenz" nicht beobachterfrei (objektiv) definierbar, sondern nur im Kontext von Diskursen explizierbar und beurteilbar. Als Diskursprodukt hat „Kompetenz" eine lange Vorgeschichte avant la lettre seit Wilhelm von Humboldt, Johann Heinrich Pestalozzi und Friedrich Schleiermacher hinter sich, die eindeutig auf eine Orientierung dieses Konzepts an Modellen der Selbstorganisation hinausläuft. Die Orientierung auf Selbstorganisation findet ihren grundlegenden Ausdruck in Versuchen, „Kompetenz" als Einheit der Differenz von Disposition und Performanz zu erklären. In dieser Erklärung werden verschiedene Annahmen gebündelt. So zum einen die Implikation, dass Kompetenz qua Disposition nicht beobachtbar, sondern nur über Performanzen erschließbar ist, die man auf die Disposition als Ursache zurückführt, womit zugleich die Logik der Kompetenzmessung konstituiert wird. So zum anderen die Implikation, dass Kompetenz ein Versprechen auf künftig erwartete erfolgreiche Performanzen darstellt. Und schließlich die generelle Implikation, dass Kompetenz als Disposition kognitiver (und eventuell auch sozialer) Systeme nur selbstorganisiert entwickelt und in Performanz umgesetzt werden kann.

Wenn Kompetenz nicht als eine feste Identität konzipiert werden kann, dann muss sie Prozess-orientiert gedacht werden. Sowohl der Erwerb als auch der Einsatz von Kompetenzen verläuft prozessartig, wobei beim Erwerb Erfahrungen und Lernresultate allmählich in Dispositionen, im Performanzprozess dann die Dispositionen wieder in beobachtbares Handeln umgesetzt werden müssen. Deshalb erscheint es plausibel, Transformationskapazität als ein wesentliches Merkmal von Kompetenz zu betrachten.

Nach allem, was man heute über kognitive Systeme zu wissen glaubt, ist es unplausibel, Kompetenzen als säuberlich bestimmbare und deutlich voneinander trennbare Dispositionen zu modellieren. Plausibler dürfte es sein, eine Mehrebenenbetrachtung anzulegen und von einem Kompetenzen*system* auszugehen, in dem Einzelkompetenzen sich überlappen und sich gegenseitig in ihren Funktionsmöglichkeiten bestimmen. Entsprechend muss auch die Bestimmung und Beschreibung von Kompetenzen als Mehrebenenanalyse angelegt werden.

Der Erwerb von Kompetenzen (Sach-, Fach-, Methoden-, Sozial- und Selbstkompetenz) kann – je nach Kompetenztyp – in unterschiedlichen Graden von Bewusstseinsfähigkeit und Bewusstseinspflichtigkeit sowie in unterschiedlichen Graden der Institutionalisierung erfolgen (formell, nicht-formell, informell; in Lerninstitutionen, am Arbeitsplatz, in Gruppen oder in Unternehmen) und ganz unterschiedlich motiviert sein. Dabei spielen Lernorte, soziale Erwartungs- und Bewertungszusammenhänge sowie unterschiedliche Performanzversprechen eine wichtige Rolle.

Kompetenzerwerb kann Individuen und sozialen Gruppen bzw. Organisationen oder Wirtschaftsunternehmen zugeschrieben werden. Dabei muss zwischen der Trägerschaft und der Erwerbs- und Funktionsspezifik solcher Kompetenzen und den ihnen zugeordneten Performanzen unterschieden werden. Als Träger kommen nach heutigem Kenntnisstand wohl nur kognitive Systeme in Frage. Aber durch eine formelle oder informelle Vernetzung von Einzelkompetenzen, die dazu noch in den Gruppen oder Unternehmen erworben worden sind, kann die emergierende Problemlösungskompetenz innerhalb der Gruppe, der Organisation oder dem Unternehmen beobachtbar so gesteigert werden, dass sie nicht mehr linear auf die einzelnen Kompetenzträger zurückgerechnet werden kann. Aufgrund dieser Spezifik scheint es dann auch gerechtfertigt, von „Organisations- bzw. Unternehmenskompetenz" und „kollektivem/organisationalem Lernen" zu sprechen und es als Modus der Kompetenzentwicklung zu interpretieren.

Kompetenzerwerber und Kompetenzerwarter und -bewerter bilden ein soziales Prozess-System (das Kompetenzsystem), in dem sich Erwartungen, Anforderungen und Bewertungen durch gegenseitig unterstellten Bezug auf die jeweils relevante Kompetenzkultur wechselseitig konstituieren. Insofern operiert auch dieses Prozess-System selbstorganisierend, indem sich die Ordnungen im Kompetenzsyndrom von der Konzeptkonzeption über die Erwerbsverfahren bis hin zur Kompetenzmessung Kultur-orientiert systemintern entwickeln. Für diese Ordnungsbildungen beansprucht das Kompetenzsystem gesellschaftliche Legitimation (einschließlich entsprechender Alimentierung), indem das Kompetenzsystem als effektive Antwort auf eine gesellschaftliche Problemstellung „ausgeflaggt" wird, die durch Stichworte wie Globalisierung, Ökonomisierung, Individualisierung, Beschleunigung, Wissensmanagement oder Informations- und Kommunikations-Gesellschaft öffentlich markiert wird.

Der Kompetenzdiskurs blickt nicht nur in die Vergangenheit, sondern auch in die Zukunft. Hier spielt als Szenario die Netzwerk-Thematik eine wichtige Rolle. Vieles deutet darauf hin, dass formelle, bürokratische und hierarchische Organisations- und Unternehmensformen in Zukunft durch informelle, variable und sich selbst organisierende Netzwerkstrukturen abgelöst werden, die spezifische Kompetenzen sozialer, (inter)kultureller und persönlicher Art – neben fach- und methodenbezogenen Kompetenzen – erfordern werden. „Netzwerkkompetenz" wird im Kompetenzdiskurs als Kandidat für eine solche Hybridkompetenz gehandelt, die plausibel nur als Mehrebenenkompetenz konzipiert werden kann. Und als Grundlage für

Netzwerkkompetenz fordern einige AutorInnen bereits Selbstorganisationskompetenz (= Kompetenz-Kompetenz) ein.

Für Lernen wie für Kompetenzerwerb gilt heute das Ziel, systemspezifische Selbstorganisation zu einem strategischen Ziel zu machen. Gegen die Verwirklichung dieser Zielsetzung durch die Aktanten stehen bis heute allerdings zahlreiche soziale Widerstände, die als Machtstrukturen in Institutionen, als zählebige Traditionen oder auch in Gestalt konkurrierender Theorien wirken. Eine Erfüllung dieser Zielsetzung setzt geeignete Lehr-Lern-Systeme voraus, in denen alters- und zielspezifische Lern- und Kompetenzerwerbs-Arrangement ausgehandelt werden können, die durch Bezug auf gemeinsam interessierendes Wissen und Können kulturell orientierte Motivation wecken können.

Wirklichkeitsmodell & Kulturprogramm

In einem zweiten Schritt soll nun versucht werden, den Kulturbegriff genauer zu bestimmen. Dazu muss der Zusammenhang zwischen gesellschaftlichen Ordnungsbildungen (= Wirklichkeitsmodellen) und deren Handlungs-orientierenden Verwirklichungen (= Kulturprogrammen, vgl. dazu Schmidt 2003) geklärt werden.

Wirklichkeitsmodelle lassen sich bestimmen als das aus Handeln und Kommunizieren hervorgegangene und durch Praxis und Kommunikation systematisierte und stabilisierte kollektive Wissen der Mitglieder einer Gemeinschaft, das über gemeinsam geteilte Erwartungen (im Hinblick auf Wissen) und Unterstellungen (im Hinblick auf Motive und Intentionen) deren Interaktionen co-orientiert und Aktanten von Geburt an durch den (bzw. im) gemeinsamen Bezug auf solche Modelle kommunalisiert. Wirklichkeitsmodelle sind mithin Instrumente für die Lösung von Problemen, die sich für Gesellschaften bzw. im sozialen Handeln von Aktanten stellen. Sie entstehen evolutionär ohne Masterplan auf dem Wege der kognitiven Herausbildung und Systematisierung von Kategorien und Differenzierungen, die sich im Handeln wie in der Interpretation und Bewertung von Handlungen als dauerhaft problemlösungsfähig bewährt haben.

Dabei geht es vor allem um den Umgang mit der Umwelt, mit Aktanten in der Umwelt, mit Vergesellschaftungsformen (Institutionen, Organisationen), mit Werten und Emotionen. Dass gerade diese Dimensionen besonders relevant sind, lässt sich theoretisch wie empirisch plausibilisieren. Theoretisch gesehen müssen Systeme aus Gründen der Identitätskonstitution die System-Umwelt-Differenz (Umwelt) sowie die System-System-Differenz (Aktant) systemspezifisch bestimmen können. Ferner müssen sie die Modi der Selbstbeschränkung zum Zwecke gemeinschaftlicher Problemlösungen in Institutionalisierungsformen (= Vergesellschaftungsformen) definieren. In der Mensch-Mensch-Beziehung muss die Werteinschätzung der anderen fortlaufend geregelt werden (Moral), und die Körper- und Gehirngebundenheit menschlicher Systeme macht Emotionen zu Dauerattraktoren aller Arten von Handlungen (Emotion). Die für den Problemlösungszusammenhang einer Gemeinschaft oder Gesellschaft relevanten Kategorien und Differenzierungen werden im Rahmen dieser theoretischen Modellierung des Wirklichkeitsmodells nicht nur affektiv und normativ besetzt modelliert, sondern auch hinsichtlich ihrer Bedeutsamkeit gewichtet.

Ein Wirklichkeitsmodell als Kategoriensystem kann darum erst dann handlungs- und kommunikationsorientierend wirken, wenn zugleich mit seiner Entstehung ein Programm (= Vorschrift) emergiert, das Differenzierungen gezielt (also entsprechend gesellschaftlichen Sinnerwartungen im Hinblick auf Problemlösungen) miteinander verbindet und die jeweiligen Verbindungen nach ihrer emotionalen und moralischen Seite markiert bzw. auszeichnet.

Dieses für eine Gesellschaft relevante Programm der semantischen Kombination (bzw. Relationierung) von Kategorien und Differenzierungen des Wirklichkeitsmodells, ihrer affektiven Gewichtung und moralischen Evaluation nenne ich *Kulturprogramm*. Als Programm ist Kultur in jedem Akt der Anwendung lernunwillig, langfristig gesehen aber durchaus lernfähig, was sich dadurch erklären lässt, dass das Programm sich über die Beobachtung und Bewertung seiner Anwendungsresultate selbst beobachten und reflexiv nachjustieren bzw. verändern kann.

Kommunalisierung (Emergenz von Gesellschaft) setzt nach dieser Überlegung die Co-Genese von Wirklichkeitsmodell und Kulturprogramm voraus, wobei sich beide in der Folgezeit ausdifferenzieren können. Wirklichkeitsmodelle und Kulturprogramme entstehen nicht nur gleichzeitig, sondern sie bilden einen sich gegenseitig konstituierenden Wirkungszusammenhang, auf den alle Sinnoperationen (in) einer Gesellschaft ausgerichtet sind. Es gibt keine Gesellschaft ohne Kultur und keine Kultur ohne Gesellschaft, und beide werden faktisch realisiert von kognitiv und kommunikativ aktiven Individuen. Die Entstehung von Kultur kann deshalb als eine nicht hintergehbare evolutionäre Errungenschaft bezeichnet werden, die Kognition, Kommunikation und Interaktion kognitiv autonomer Aktanten koordiniert.

Kulturelle Kompetenz als Schlüsselkompetenz

Wenn Kultur theoretisch als für alle Aktanten verbindliches Problemlösungsprogramm einer Gesellschaft konzipiert wird, dann folgt daraus, dass die Kompetenz zur Beherrschung dieses Programms als zentrale Schlüsselkompetenz angesehen werden muss. Das gilt sowohl für die Anwendung des nationalen Kulturprogramms als auch für den Umgang mit anderen Kulturprogrammen, der im Globalisierungsprozess ständig an Bedeutung zunimmt. Transkulturelle Kompetenz ist daher die Schlüsselkompetenz in einer globalisierten Welt. Dieser Herausforderung muss sich Kulturelle Bildung in der Vielfalt ihrer Möglichkeiten stellen.

Zum Weiterlesen

Erpenbeck, John (2003): KulturKompetenz: Kultur, Werte und Kompetenzen. In: Behring, Kunibert et al. (Hrsg.): Kultur-Kompetenz: Aspekte der Theorie, Probleme der Praxis (224-245). Oberhausen: Athena.

Schmidt, Siegfried J. (2005): Lernen, Wissen, Kompetenz, Kultur. Vorschläge zur Bestimmung von vier Unbekannten. Heidelberg: Carl-Auer.

Veith, Hans (2003): Kompetenzen und Lernkulturen. Zur historischen Rekonstruktion moderner Bildungssemantiken. Münster/New York/Berlin: Waxmann.

Alexander Wenzlik
Schlüsselkompetenzen in der Kulturellen Bildung

Im aktuellen bundesweiten und internationalen Bildungsdiskurs wird der Frage, welche Fähigkeiten die Menschen heute ausbilden müssen, um sich in einer vernetzten, zunehmend komplexer werdenden und sich immer schneller verändernden Welt zurechtzufinden, eine zentrale Bedeutung zugemessen. Es wird davon ausgegangen, dass Kinder und Jugendliche eine Vielzahl von Fertigkeiten und Kompetenzen benötigen und in der Lage sein müssen, verschiedene Fähigkeiten situations- und kontextangemessen anzuwenden und miteinander zu kombinieren, um mit den sich ständig verändernden Lebensumständen und den vielfältigen Anforderungen, die die Gesellschaft an sie stellt, umgehen zu können.

Dabei sind sich Gesellschaft, Politik, Bildung und Wirtschaft einig: Die Zauberformel, um mit den Herausforderungen einer globalisierten Welt erfolgreich umgehen zu können, heißt Erwerb von Schlüsselkompetenzen (siehe Siegfried J. Schmidt „Kulturelle Kompetenz als Schlüsselkompetenz" in diesem Band). Heute „wird die Fähigkeit, Wissen aufzufinden, auszuwählen, zu bewerten und anzuwenden, für die jeweils beste Lösung einer aktuellen Aufgabe immer entscheidender für persönliche Chancen, gesellschaftliche Teilhabe und für Erfolg im wirtschaftlichen Wettbewerb [...] Entscheidend ist dabei der Erwerb von fachübergreifenden Kompetenzen, die insbesondere folgende Fähigkeiten umfassen: Lernen lernen, soziale Kompetenzen wie Empathie, Teamfähigkeit, Kommunikations- und Konfliktlösefähigkeit, Sprachbeherrschung, Konzentrationsfähigkeit, Kreativität als Grundlage für Innovationsfähigkeit" (Koch 2004:13).

Für den Erwerb solcher und einer Vielzahl weiterer Kompetenzen, die alle unter dem Sammelbegriff Schlüsselkompetenzen zusammengefasst sind, wird der Kulturellen Bildung zunehmend eine besondere Rolle zugemessen. In der Seoul Agenda, einem der prominentesten Beispiele für den hohen Stellenwert, der der Kulturellen Bildung für den Einzelnen im Umgang mit den gesellschaftlichen und globalen Herausforderungen beigemessen wird, wird als eines von drei Hauptzielen formuliert, dass Prinzipien und Praktiken künstlerischer und Kultureller Bildung anzuwenden sind, um zur Bewältigung der heutigen sozialen und kulturellen Herausforderungen beizutragen. Durch künstlerische und Kulturelle Bildung soll das kreative und innovative Potential der Gesellschaft gesteigert werden. In den zu diesem Ziel formulierten Handlungsempfehlungen heißt es weiter, dass künstlerische und Kulturelle Bildung in allen Schulen und außerschulischen Einrichtungen umzusetzen sind, um die kreativen und innovativen Kapazitäten von Individuen zu fördern und so eine neue Generation kreativer BürgerInnen heranzubilden (vgl. Lohwasser/Wagner 2011:7).

Für die Kulturelle Bildung sind sowohl mit der Bedeutung, die ihr für den Erwerb von Schlüsselkompetenzen zugesprochen wird, als auch mit der Forderung, durch die Anwendung ihrer Prinzipien und Praktiken zur Lösung sozialer und kultureller Problemlagen beizutragen, einerseits große Chancen und andererseits auch Gefahren verbunden.

Im Folgenden werde ich zunächst den Begriff der Schlüsselkompetenz und einige seiner zentralen Bedeutungsdimensionen genauer erläutern und einen Blick in die Geschichte des Begriffs werfen. Davon ausgehend werde ich anhand aktueller Kompetenzdiskurse die Chancen und Risiken herausarbeiten, die für die Kulturelle Bildung mit der Diskussion um Schlüsselkompetenzen verbunden sind, um abschließend damit verbundene Perspektiven und Herausforderungen vorzustellen.

Schlüsselkompetenzen

Nach dem *OECD*-Projekt „Definition and Selection of Competencies (DeSeCo)" zeichnen sich Schlüsselkompetenzen durch folgende Merkmale aus:
>> sie tragen zu wertvollen Ergebnissen für die Gesellschaft und die Menschen bei;
>> sie helfen den Menschen dabei, wichtige Anforderungen unter verschiedenen Rahmenbedingungen zu erfüllen und
>> sie sind nicht nur für die SpezialistInnen, sondern für alle wichtig (vgl. DeSeCo 2005:6).

DeSeCo unterscheidet weiterhin drei Kategorien von Schlüsselkompetenzen: Interaktion in sozial heterogenen Gruppen, autonome Handlungsfähigkeit und interaktive Nutzung von Medien und Tools.

Die *Bundesvereinigung Kulturelle Kinder- und Jugendbildung (BKJ)* hat im Rahmen ihres Projektes „Der Kompetenznachweis Kultur. Ein Nachweis von Schlüsselkompetenzen durch kulturelle Bildung" diese Klassifizierung um die Bereiche künstlerische und kulturelle Kompetenzen erweitert und kommt auf diese Weise zu folgender Systematik von Schlüsselkompetenzen:

1. Selbstkompetenzen, wie z.B. Selbststeuerungsfähigkeit, Belastbarkeit, Eigeninitiative, Entscheidungsfähigkeit und Flexibilität.
2. Sozialkompetenzen, wie z.B. Einfühlungsvermögen, Teamfähigkeit, Kommunikationsfähigkeit und Kritikfähigkeit (erweitert um kulturelle Kompetenzen).
3. Methodenkompetenzen, wie z.B. Lernfähigkeit, Organisationsfähigkeit, Problemlösefähigkeit, Reflexionsfähigkeit und Medienkompetenz (erweitert um allgemeine künstlerische Kompetenzen im Handlungsfeld kultureller Bildungsarbeit) (vgl. Timmerberg 2006).

Ausgehend von dieser grundlegenden Definition sollen nun einige zentrale Bedeutungsdimensionen von Schlüsselkompetenzen dargestellt werden.

Reflexivität

Uwe Bittlingmayer und Ullrich Bauer sprechen in ihrem Artikel „Erwerb sozialer Kompetenzen" der reflexiven Dimension von Kompetenzen eine wichtige Bedeutung zu (Bittlingmayer/Bauer 2008:166). Und auch DeSeCo beschreibt Reflexivität als den Kern des Schlüsselkompetenzmodells (DeSeCo 2005:10). Reflexives Denken und Handeln ermöglicht es, sich zum eigenen Tun in Beziehung zu setzen, sich gewissermaßen selbst zum Objekt zu machen. Auf diese Weise ist es möglich, den Erwerb einer Kompetenz zu reflektieren, sie entsprechend unterschiedlichen Anforderungssituationen zu modifizieren, mit anderen Kompetenzen zu kombinieren und sich über Art und Umfang der mit dem Kompetenzeinsatz erreichten Zielsetzung oder Problemlösung bewusst zu werden.

Bereichsspezifität und Kontextabhängigkeit

Für die Betrachtung von Schlüsselkompetenzen spielt die Bedeutung des Kontextes eine wesentliche Rolle. Der Erwerb von und der Umgang mit Kompetenzen hängen entscheidend von den spezifischen Gegebenheiten des jeweiligen Bereichs und den Rahmenbedingungen des Kontextes ab, in dem eine Zielsetzung oder eine Problemlösung erreicht werden soll. In unterschiedlichen Situationen wird jeweils anderen Kompetenzen ein Wert beigemessen, und unterschiedliche (Gruppen-) Kontexte sind in jeweils unterschiedlicher Weise mit Anerkennung oder Sanktionierung von Kompetenzen verbunden. Aus der Perspektive der

Bereichsspezifität ist es z.B. wenig sinnvoll, die allgemeine Forderung aufzustellen, bei SchülerInnen soziale Kompetenzen zu erhöhen (Bittlingmayer/Bauer 2008:167). Denn einzelne Kompetenzen setzen sich aus vielen verschiedenen Facetten zusammen, sodass ein sinnvoller Diskurs über Schlüsselkompetenzen stets benennen muss, auf welche Aspekte von Kompetenzen er sich bezieht, von welchen Bereichsspezifitäten und Kontextbedingungen die jeweilige Kompetenz beeinflusst wird und für welches Ziel bzw. für den Umgang mit welchen Problemlagen genau welche Kompetenz oder Kombination von Kompetenzen wichtig ist.

Kompetenz und Performanz

In der Diskussion um die Bedeutung der Kulturellen Bildung für den Erwerb von Schlüsselkompetenzen spielt die Frage, welche Praktiken und Methoden welche Kompetenzen befördern können und wie eine solche Wirkung kultureller Praxis gemessen bzw. nachgewiesen werden kann, eine wichtige Rolle. Dabei ist zu beachten, dass sich vorhandene Kompetenzen niemals vollständig in Handlungen realisieren, da dies immer durch äußere und innere Einwirkungen verhindert wird. Wolfgang Nieke zieht daraus den Schluss, dass Kompetenzen grundsätzlich nicht gemessen werden können, sondern nur Performanzen (Nieke 2008:208).

Dies ist insofern von großer Bedeutung, da die Entwicklung von Kompetenzen nicht allein durch äußere Einwirkung hergestellt werden kann, sondern nur, wenn äußere Einflussnahme auf eine innere Haltung trifft, die von der Motivation und dem Willen geprägt ist, sich eine bestimmte Kompetenz anzueignen. „Bildung ist in ihrem Ergebnis grundsätzlich unverfügbar, kann nur angeregt und ermöglich werden, nicht aber zuverlässig hergestellt werden. Zwang kann nicht zu Kompetenzaufbau führen" (Nieke 2008:210). Hier liegt ein besonderes Potential der Kulturellen Bildung, da sie in ihrem grundsätzlichen Bildungsverständnis von einer Bildung als Selbstbildung ausgeht und an der Selbstbestimmung und den Stärken der Individuen ansetzt. Dies wird besonders deutlich, wenn man einen Blick in die Entstehungs- und Entwicklungsgeschichte des Begriffs wirft.

Historische Dimension

Dieter Mertens stellte bereits in der Bildungsdiskussion Anfang der 1970er Jahre die Frage nach Qualifikationen, die das Indivisuum in die Lage versetzen, mit jeweils neuem Wissen produktiv umzugehen. Diese Qualifikationen nannte Mertens Schlüsselqualifikationen, die er wie folgt definierte: „Schlüsselqualifikationen sind solche Kenntnisse, Fähigkeiten und Fertigkeiten, welche nicht unmittelbaren und begrenzten Bezug zu bestimmten, disparaten praktischen Tätigkeiten erbringen, sondern vielmehr a) die Eignung für eine große Zahl von Positionen und Funktionen als alternative Optionen zum gleichen Zeitpunkt und b) die Eignung für die Bewältigung einer Sequenz von (meist unvorhersehbaren) Änderungen von Anforderungen im Laufe des Lebens" (Mertens 1974:207). In seiner Auseinandersetzung mit dem Begriff der Schlüsselqualifikation griff Mertens auf die von Heinrich Roth bereits 1971 in seinem Buch „Pädagogische Anthropologie" getroffene Unterscheidung zwischen Sachkompetenz, Sozialkompetenz und Selbstkompetenz zurück (Roth 1971). Die *BKJ* entdeckte bei ihren Bestrebungen, ein Nachweisverfahren für die Bildungswirkungen non-formaler Bildung zu entwickeln, eine starke strukturelle Ähnlichkeit in der Logik der Begriffe Schlüsselkompetenzen und Kulturelle Bildung (Fuchs 2006:9). In der Folge löste man sich zunehmend vom Begriff der Qualifikation zugunsten des Begriffs der Kompetenz, mit dem mehr die subjektiven Stärken der Einzelnen in den Mittelpunkt gestellt werden.

Schlüsselkompetenzen und Kulturelle Bildung am Beispiel ausgewählter Kompetenzdiskurse

Der aktuelle Diskurs um Schlüsselkompetenzen fokussiert stark auf die Anforderungen von Gesellschaft und Wirtschaft: Sie brauchen für Fortbestand, Wachstum und Konkurrenzfähigkeit im internationalen Wettbewerb schlüsselkompetente Menschen. Vor diesem Hintergrund droht der Kulturellen Bildung die Gefahr, sich zu sehr zur Verwirklichung solcher Zielsetzungen vereinnahmen zu lassen. Die subjektive Bedeutung von Schlüsselkompetenzen droht dabei in den Hintergrund zu geraten. Kulturelle Bildung hat im Diskurs um Schlüsselkompetenzen also die Aufgabe, die subjektive Seite des Kompetenzerwerbs zu betonen. Dies soll anhand ausgewählter Kompetenzdiskurse verdeutlich werden.

Definition und Selection of Competencies

Das *OECD*-Projekt „Definition and Selection of Competencies" (DeSeCo) wurde ausgehend von der Grundannahme durchgeführt, dass der Lebenserfolg nicht nur vom Erwerb von Fähigkeiten in den Bereichen Lesen, Mathematik und Naturwissenschaft, sondern von einer breiteren Palette von Kompetenzen abhängt. DeSeCo liefert einen konzeptuellen Referenzrahmen für die Ausweitung der Kompetenzmessungen auf neue Bereiche und teilt Schlüsselkompetenzen in drei Kategorien ein. Erstens sollten Menschen in der Lage sein, verschiedene Medien, Hilfsmittel oder Werkzeuge (Tools) wie z.B. Informationstechnologien oder die Sprache wirksam einzusetzen. Zweitens sollten Menschen in einer zunehmend vernetzten Welt in der Lage sein, mit Menschen aus verschiedenen Kulturen umzugehen und innerhalb sozial heterogener Gruppen zu interagieren. Drittens sollten Menschen befähigt sein, Verantwortung für ihre Lebensgestaltung zu übernehmen, ihr Leben im größeren Kontext zu situieren und eigenständig zu handeln (vgl. DeSeCo 2005:5).

Kompetenznachweis Kultur

Der Kompetenznachweis Kultur (KNK) soll dazu beitragen, dass künftig nicht nur Resultate und Erfolge (oder Misserfolge; Anm. d. Verf.) der (Schul-)Ausbildung offiziell anerkannt werden, sondern auch diejenigen, die über die Schule hinaus erworben werden (BKJ 2006:7; siehe auch Brigitte Schorn/Vera Timmerberg „Kompezenznachweis Kultur" in diesem Band). Der KNK ist ein auf den Prinzipien Beschreibung, Beobachtung, Reflexion und Dialog beruhendes Nachweisverfahren zur Erfassung von Schlüsselkompetenzen, die in außerschulischen Projekten der Kinder- und Jugendkulturarbeit erworben werden können, und zugleich ein „Nachweis der Wirkung kultureller Bildungsarbeit am Beispiel einzelner, individueller Kompetenznachweise" (Timmerberg 2006:56). Dem KNK wird oftmals vorgeworfen, nur die Interessen von Wirtschaft und Arbeitswelt zu bedienen (BKJ 2008:8) und den Erwerb von Schlüsselkompetenzen vor allem in Bezug auf die Anforderungen der Gesellschaft zu protegieren.

Auch wenn dieser Vorwurf sicher zu einseitig ist und dem KNK nicht gerecht wird, wird daran sehr deutlich, dass die Betonung der Notwendigkeit des Schlüsselkompetenzerwerbs für das Funktionieren der Gesellschaft die Gefahr birgt, die individuelle Selbstbestimmtheit von Lern- und Bildungsprozessen zu vernachlässigen. Manche gesellschaftlich erwünschte Kompetenz wie zum Beispiel Selbstkompetenz deckt sich mit dem Ziel der Verwirklichung eigener Bildungsziele, aber aus der gesellschaftlichen Perspektive bleibt der Kompetenzerwerb Mittel zur Erfüllung eines von außen bestimmten Zwecks und eine vom Einzelnen zu erbringende Leistung, um am gesellschaftlichen Leben angemessen teilzuhaben (vgl. Fink/Hill/Reinwand/Wenzlik 2011:14).

Capability approach

Im Zusammenhang mit Kultureller Bildung und der Frage nach ihrer Bedeutung für die Ausbildung von Schlüsselkompetenzen bietet der Capability Approach, der auf Amartya Sen und Martha Nussbaum zurückgeht, eine das Kompetenzmodell erweiternde Perspektive. Sowohl interne wie auch externe, personale wie soziale Voraussetzungen bestimmen die Fähigkeit eines Individuums, die eigenen Potentiale zu verwirklichen. In ihrer sogenannten Nussbaum-Liste, führt die Philosophin basic human capabilities an, die Wohlergehen und ein individuell als erfolgreich empfundenes Leben erst ermöglichen. Darunter befinden sich neben grundlegenden Voraussetzungen wie körperlicher Gesundheit und Unversehrtheit auch die notwendige Möglichkeit der Entwicklung der Sinne, Vorstellungskraft und des Denkens oder des Spiels, also elementare Aufgaben Kultureller Bildung (vgl. Fink/Hill/Reinwand/Wenzlik 2011:14).

Perspektiven und Herausforderungen

Der Diskurs um Schlüsselkompetenzen wirkt in zwei Richtungen: Unterstützung von Kindern und Jugendlichen und als Nachweis der Qualität Kultureller Bildung. Der Nachweis des „entscheidenden Beitrags" der Kulturellen Bildung für den Erwerb von Schlüsselkompetenzen steht nach wie vor aus, eine diesbezügliche Forschung steht noch immer am Anfang.

Aus diesem Grund stehen die Kulturelle Bildung und ihre Akteure in einer doppelten Verantwortung: Sie müssen in Praxis, Theorie und öffentlicher Darstellung um diesen Nachweis kämpfen, ohne – und darin liegt der zweite Teil der Herausforderung – in die Falle zu tappen, die Legitimität Kultureller Bildung ausschließlich in ihrer Wirkung hinsichtlich der allseits geforderten Schlüsselkompetenzen zu sehen. Sie müssen die Bedeutung der Kulturellen Bildung für den Erwerb von Schlüsselkompetenzen betont in den Vordergrund stellen und gleichzeitig für den Erhalt und die strukturelle Anerkennung der spezifischen Eigenarten von Kunst und Kultur kämpfen.

Zum Weiterlesen

Bundesvereinigung Kulturelle Kinder- und Jugendbildung (BKJ) (2008): Stärken sichtbar machen. Der Kompetenznachweis Kultur in der Praxis. 20 Projektbeispiele. Remscheid.

Bundesvereinigung Kulturelle Kinder- und Jugendbildung (BKJ) (2002): Schlüsselkompetenzen durch kulturelle Bildung. Grundlagen, Sachstand, Positionen. Remscheid.

Groppe, Hans-Hermann (2003): „Können durch Kunst." Kompetenzerwerb auch für den Beruf. In: Stang, Richard/Peez, Georg (u.a.): Kulturelle Bildung. Perspektive Praxis (28-30). Bielefeld: W. Bertelsmann.

Lohwasser, Diana/Wagner, Ernst (2011): Zweite Weltkonferenz für Kulturelle Bildung. Seoul Agenda: Entwicklungsziele für Künstlerische/Kulturelle Bildung: www.unesco.de/fileadmin/medien/Dokumente/Kultur/Kulturelle_Bildung/111024_Seoul_Agenda_DE_final.pdf (Letzter Zugriff am 08.08.12).

OECD (2005): Definition und Auswahl von Schlüsselkompetenzen: www.oecd.org/dataoecd/36/56/ 35693281.pdf (Letzter Zugriff am 08.08.12).

Stang, Richard/Peez, Georg u.a. (2003): Kulturelle Bildung. Perspektive Praxis. Bielefeld: W. Bertelsmann.

Jürgen Oelkers
Schule, Kultur und Pädagogik

Kultur und Bildung haben in der deutschen Literatur und Philosophie traditionell einen engen Zusammenhang (Witsch 2008). „Bildung" ist gleichsam die subjektive Seite von „Kultur". Gemeint ist immer die intellektuelle Hochkultur, die sich seit der Renaissance in höfischen Kontexten herausgebildet hat. „Gebildet" konnte sich nur nennen, wer einen bestimmten Kanon beherrschte und mit seiner Person repräsentierte. Der Kanon ist seit der Antike mit den sieben Artes liberales bestimmt worden, zu ihm gehörten neben Grammatik (Latein), Dialektik, Geometrie, Arithmetik und Astronomie auch Musik und Rhetorik. Zur Kultur zählten daneben auch Künste wie Tanzen oder Fechten, die ebenfalls der Selbstdarstellung dienten.

Die habituelle Bildung der Renaissancekultur war nicht auf Subjektivierung zugeschnitten. Sowohl der Bildungskanon wie auch die Verhaltensregel standen nicht unter einem subjektiven Vorbehalt, vielmehr wurden sie als objektive Maßstäbe verstanden, an denen sich die Bildung der Person ausrichten musste. Wie man Briefe schrieb, Konversationen führte, Klassikerzitate anbrachte und so Bildung unter Beweis stellte, war weder beliebig noch einer persönlichen Ausdeutung unterworfen. Bildung hatte in der höfischen Gesellschaft einen Resonanzraum, in dem man sich schnell einmal blamieren konnte.

Die Subjektivierung der Bildung im Bildungsroman

Die Subjektivierung der Bildung hängt mit der Entwicklung der bürgerlichen Gesellschaft zusammen (Kraus 2008). Der Ausdruck dafür waren im deutschen Sprachraum die Bildungsromane. Hier wird beschrieben, wie idealerweise die Vermittlung von Kultur und Subjekt vorzustellen ist, nämlich als individuelle Erfahrung der Welt ohne eine Vermittlungsmacht. Bildungsromane entstanden in einer Zeit, als der Staat noch nicht über ein Schulmonopol verfügte. Ansätze zu einer staatlichen Schulpflicht gab es seit den Schulordnungen der Reformation, die aber nie flächendeckend durchzusetzen waren.

In Bildungsromanen wird die Selbstformung des Subjekts beschrieben. Die kulturelle Welt wird nicht auf didaktische Weise vermittelt, sondern besteht aus Herausforderungen, die bestanden werden müssen. Noch in Goethes „Wilhelm Meister" lenkt eine „Turmgesellschaft" die Geschicke des Protagonisten, während in nachfolgenden Romanen wie Gottfried Kellers „Der grüne Heinrich" die Welt ohne geheime Lenkung erfahren werden muss. Darin letztlich formt sich die Persönlichkeit, die also nicht pädagogisch betreut wird. Das erklärt, warum Bildungsromane immer mit Schulkritik verbunden sind.

Kulturelle Bildung in der Schule

„Kultur" war immer auch Thema der Schule, in dem Sinne, dass sie seit dem Mittelalter Elementarbildung vermittelte und allmählich zur Institution einer eigenen Bildungskultur wurde. Diese Kultur bezieht sich auf Wissen und Können, soweit diese in der Form von Fächern und Fertigkeiten an je neue Generationen überliefert werden. Die Bildungskultur ist daher gegenüber ihrem Zweck nicht frei. Auf der anderen Seite hat sich das schulische Angebot seit Beginn des 19. Jh.s, als das Schulmonopol des Staates aufgebaut wurde, ständig weiterentwickelt, ohne sich dabei strukturell zu verändern.

Die Besonderheit „Kultureller Bildung" (Fuchs 2008a) ergibt sich aus dem Tatbestand, dass öffentliche Schulen nie das ganze Spektrum von Kultur und Bildung anbieten und erst recht nicht vermitteln können (siehe Viola Kelb „Kulturelle Bildung und Schule" in diesem Band). Das Problem lässt sich an den periodischen Kanondiskussionen der Sprachfächer veranschaulichen. Hier werden regelmäßig Listen des Wünschenswerten entwickelt, die nicht ansatzweise zu den schulischen Fächern und ihren Zeitressourcen passen. Hinzu kommt, dass jeder Kanon, und sei er noch so ausführlich, immer eine Selektion darstellt. Selbst wer nur die Klassiker zählt, wird nie auf die Gesamtmenge der relevanten Titel kommen. Das schulische Bildungsangebot setzt eine exklusive Hierarchie von Fächern voraus und damit zusammenhängend die Unterscheidung von Kern und Rändern. Dahinter steht eine deutliche Nutzenkalkulation. Die Schule dient nicht einfach der Bildung, vielmehr setzt der Staat Ressourcen ein, damit Mindeststandards vermittelt werden, die lebenstauglich sein sollen. Auf dieser Linie ist Mathematik wichtiger als Musik und erhält im Curriculum signifikant mehr Zeit, obwohl der Bildungswert beider Fächer identisch ist. Seit der Antike ist das eine feststehende Grösse in der Bildungstheorie, ohne im schulischen Angebot berücksichtigt zu werden. Das zeigt, dass die staatliche Schule nicht einfach einer Bildungstheorie folgt, und sei sie noch so überzeugend.

Die Orientierung einzig an der Hochkultur ist mit der Öffnung der Gymnasien seit den 60er-Jahren des 20. Jh.s fraglich geworden. Auch das klassische humanistische Gymnasium hat Fächer wie Musik, Kunst und Rhetorik stets wie Randfächer behandelt, wobei Rhetorik schon im 19. Jh. nicht mehr zum Lehrplan zählte. Instrumentalunterricht ist lange erteilt worden, stellt aber heute, ausgenommen in der Schweiz, kein durchgehendes Angebot mehr dar. Der Literaturunterricht folgt einem erprobten Kanon, der sich auf das bezieht, was heutige SchülerInnen als Lektüre akzeptieren. Zudem spielt das Zentralabitur bei der Lektüreauswahl eine wichtige Rolle. Persönliche Künste wie das Tanzen sind aus der Schule weitgehend verschwunden. Von Fechten oder der Kunst der Selbstverteidigung nicht zu reden.

Auf diesem Wege haben sich verschiedene Bildungskulturen herausgebildet. Wesentliche Erfahrungen finden außerhalb der Schule statt, man denke an selbstorganisierte Musikgruppen, Theaterinitiativen oder künstlerische Vereinigungen, die sich privat zusammenfinden und eigene Ziele verfolgen. Das Motiv hinter diesen Zusammenschlüssen ist einfach Interesse und nicht ein staatlicher Lehrplan. Große Nachfrage erleben private Musikschulen, die in Ländern wie Baden-Württemberg nahezu ein Monopol für den Instrumentalunterricht aufgebaut haben und steigende Nachfrage erleben. Was Schulen mangels zeitlicher Ressourcen und aufgrund fehlender Spezialisierung nicht können, übernehmen private Anbieter, allerdings nur unter der Voraussetzung von Subventionen.

Schon an diesen Beispielen ist abzulesen, dass es ein historischer Irrtum ist, sich Bildung allein durch den Staat organisiert und verantwortet vorzustellen. Was immer begrifflich unter „Kultur" vorgestellt werden kann, damit verbunden ist immer Spontaneität und Nichtberechenbarkeit. Mit Musik und Kunst soll sich nicht nur Freude verbinden, sondern auch persönliche Entwicklung und in gewisser Hinsicht auch Widerständigkeit. Wer ein Instrument beherrscht, ist nicht auf die „Rieselfelder" der Unterhaltungsindustrie angewiesen. Wer selbst malt oder zeichnet, hat einen anderen Zugang zur ästhetischen Wirklichkeit, als der, der diese Kunst nicht beherrscht. Und wer mit Freunden Musikstücke schreibt, selber aufführt und über das Internet vermittelt, wird unabhängig von der kommerziellen Musikbranche. In diesem Sinne kann Kunst als „pädagogische Herausforderung" verstanden werden (Schulz 2003).

Bezogen auf das schulische Bildungsalter lässt sich festhalten, dass Eltern in Umfragen und Interviews eine Verstärkung der Kulturellen Bildung und so der ästhetischen Fächer wünschen (Barz/Kosubek 2011; Vasarik Staub 2012). Hätten die Eltern die Wahl zwischen Frühenglisch und Musik in der Grundschule, würden sie Musik wählen, weil kompetenter Englischunterricht auch später noch einsetzen kann und aber musikalische Frühförderung als unverzichtbar angenommen wird, wenn tatsächlich ein Instrument gelernt und im Ensemble gespielt werden soll. Das Gleiche gilt für kreative Erfahrungen in der Kunst oder auch im Bewegungsverhalten heutiger Kinder. Grundschulen sind hier vergleichsweise weit entwickelt, dennoch investieren immer mehr Eltern in außerschulische Angebote, die zunehmend mehr auch die kommunalen Bildungslandschaften bestimmen.

Bildungstheoretisch ist diese Entwicklung zu begrüßen. Einerseits hat die Entwicklung von Leistungstests dazu geführt, nur noch bestimmte Fächer im schulischen Angebot ernst zu nehmen, was alleine schon einen Ausgleich auf Angebotsseite erforderlich macht. Andererseits ist die Entwicklung von Kindern nicht so zu verstehen, dass allein kognitive Leistungen gefördert werden müssten, umso weniger, wenn „kognitiv" sich alleine auf Mathematik, Naturwissenschaften und Lesen bezieht. Musik und Kunst sind von ihrem Symbolgehalt her kognitive Herausforderungen. Das bedeutet, ihnen kommt in der Bildungserfahrung nicht einfach ein „Erholungswert" zu.

Bildungsprozesse in theoretischer Perspektive

Die theoretische Erfassung von Bildungsprozessen muss daher von einem allseitigen Verständnis ausgehen und überflüssige Dualismen vermeiden. Die Gleichsetzung von „kognitiv" und „Leistung" verstellt den Blick in mehrfacher Hinsicht. Kognitiv kann nicht einfach genannt werden, was die Schule an Wissen abverlangt. Daher ist in der neueren Diskussion zu Recht davon die Rede, Lernaufgaben als Aufforderung zur Problemlösung zu verstehen und Lernen nicht länger als Reproduktion wahrzunehmen. Mit einem solchen Verständnis von Lernen lassen sich auch die ästhetischen Fächer berücksichtigen, zumal dann, wenn unter „Problem" auch ästhetische Irritationen und Fremdheiten verstanden werden (Peez 2005; Papst 2007). „Bildung" wäre dann die Anreicherung von Lösungen mit je neuen Problemen.

Die deutsche Pädagogik müsste sich auf dieser Linie von ihrer grundlegenden Relation von „Subjekt" einerseits und „Welt" andererseits trennen (Oelkers 2009). „Bildung" ist nicht einfach Übernahme von Kultur, wie die Klassikerkonstruktionen annehmen, sondern Auseinandersetzung mit Problemen und die Steigerung des Schwierigkeitsgrades (Dewey 1910). In diesem Sinne kann von einem Prozess die Rede sein, der an kein Ziel führt, wohl aber mit Niveausteigerungen verbunden ist. Am Ende von Wilhelm Meisters Reise durch die Welt findet er seine „innere Form", die er auf Dauer behält, während heute Bildungsprozesse nur fortgesetzt werden können. Herausforderungen gibt es genug, sofern ein Zugang gefunden wird.

Diese Bedingung ist für alle Bildungsprozesse anzunehmen, auch wenn sie sich inhaltlich wie didaktisch noch so sehr unterscheiden. Man akzeptiert nur dann Schwierigkeiten und Probleme, wenn man sich für sie öffnen kann und ihnen so mit Interesse begegnet. Die Interessen sind spezifiziert. Das Problem ist nicht, dass möglichst alle alles lernen, sondern wie Zugänge gefunden werden können, die dauerhafte Interessen und Verknüpfungen ermöglichen.

Das begrenzt den Anspruch der allgemeinen Bildung innerhalb und außerhalb der Schule. Wohl ist damit das Bildungsangebot begründet, aber nicht die tatsächliche Bildungserfahrung.

Gerade wer Bildung an die Entwicklung des Subjekts bindet, muss „Ganzheitlichkeit" in aller Regel ausschliessen. Wer sich für Musik interessiert, muss nicht notwendig ein Literaturliebhaber sein, und wer sich das Erlernen von Sprachen zutraut, hat nicht zwingend auch Interesse für Probleme der Ökonomie.

Zusammengefasst gesagt: Kulturelle Bildung ist mehr als das, was die staatlichen Bildungskulturen in Form von Schulen anbieten. Schulen können nie das gesamte Spektrum abbilden, sollten in Zukunft aber gerade im Bereich der ästhetischen Fächer Kooperationen eingehen, die sich auf sinnvolle Weise curricular verrechnen lassen. Ganztagsschulen bieten sich dafür an (Lehmann-Wermser 2010). Auch die Reduktion von Bildung auf Schul- und Ausbildungszeit ist irreführend. Soweit Bildung mit Lernen und dem Öffnen von Zugängen zu tun hat, ist damit eine lebenslange Aufgabe verbunden.

Zum Weiterlesen

Oelkers, Jürgen: (2009): John Dewey und die Pädagogik. Weinheim/Basel: Beltz.

Schulz, Frank (2003): Kunst als pädagogische Herausforderung. In: Friedenthal-Haase, Martha/ Georg, Walter/Heinemann, Manfred u.a. (Hrsg.): Bildung und Erziehung, 56 (47-64). Boehlau.

Witsch, Monika (2008): Kultur und Bildung – Ein Beitrag für eine kulturwissenschaftliche Grundlegung von Bildung im Anschluss an Georg Simmel, Ernst Cassirer und Richard Hönigswald. Würzburg: Königshausen & Neumann.

Kathrin Demmler/Ulrike Wagner
Mediensozialisation und kulturelles Lernen

Die Rolle der Medien im Sozialisationsprozess wird unterschiedlich wahrgenommen. Auf Seiten der SozialisationstheoretikerInnen bilden Medien eine Sozialisationsinstanz unter anderen, der in der Regel wenig Bedeutung beigemessen wird. Demgegenüber betont die Kommunikations- und Medienwissenschaft, die sich mit dem Medienumgang von Heranwachsenden beschäftigt, dass Medien einen festen Platz im Sozialisationsprozess von Kindern und Jugendlichen einnehmen (siehe Kai Hugger „Bildung im gegenwärtigen Mediatisierungsprozess" in diesem Band). Wie vollzieht sich die Sozialisation mit und über Medien unter aktuellen gesellschaftlichen und medialen Bedingungen? Welche Herausforderungen und Potentiale für kulturelles Lernen sind damit verbunden?

Mediensozialisation – eine Begriffsbestimmung

Die Aneignung von Medien, also von medialen Inhalten, Angebotsformen und Kanälen vollzieht sich ebenfalls „in gesellschaftlicher Einbettung und vor dem Hintergrund konkreter Lebenswelten und ihrer Bedingungen" (Theunert/Schorb 2004:203). Medien bieten dabei Orientierungsvorlagen, sie werden zum Amüsement und zur Information gleichermaßen herangezogen, und sie bieten zunehmend kommunikative Werkzeuge an, die es den NutzerInnen gestatten, sich zu anderen in Beziehung zu setzen und eigene Werke zu gestalten und zu veröffentlichen. Medien sind als „Agenturen der Alltagskultur" (Weiß 2008:175) auf komplexe Weise von Bedeutung im Verlauf des Sozialisationsprozesses. Die Heranwachsenden wenden sich mit vielfältigen Motiven und handlungsleitenden Anliegen ihren Medienfavoriten und medialen Interaktions- und Ausdrucksformen zu. Vor allem folgende Aspekte sind dabei für die Jugendlichen relevant:

>> Sich in Beziehung setzen: Die Heranwachsenden stehen in einem regen Austausch mit anderen Gleichaltrigen und suchen in ihren medialen Selbstkonstruktionen ein Gegenüber, dass ihnen die Möglichkeit der Bestätigung des Eigenen gibt, aber bei dem sie durchaus auch mit Widerspruch zurechtkommen müssen.
>> Sich selbstbestimmte Freiräume suchen: Auf der Suche nach Abgrenzung, z.B. von Erwachsenen, bieten die Medien den Heranwachsenden vielfältige Vorgaben und Vorlagen, die sie aufgreifen und sich in eigener Gestaltung erproben.
>> Sich beteiligen: Die Heranwachsenden finden in medialen Räumen Möglichkeiten, um sich zu positionieren und zu verorten. Diese Verortung bildet die Voraussetzung dafür, dass die Jugendlichen sich mit der eigenen Lebenswelt und der weiteren sozialen, kulturellen und politischen Welt auseinandersetzen können.
>> Sich als kompetent erleben: Nicht zuletzt wird in der Betrachtung des Medienhandelns von Jugendlichen deutlich, dass sie über das Ausleben ihrer Interessen in medialen Räumen eine Bestätigung für ihr Handeln suchen und dabei stolz auf ihre Fähigkeiten und Kenntnisse sind und diese beständig weiterentwickeln wollen.

Historische Dimension

Ab etwa Mitte der 1980er Jahre wurden jene Stränge der Rezeptionsforschung, die das Verstehen des Medienumgangs von Heranwachsenden in den Vordergrund rücken, sich dem interpretativen Paradigma der Sozialwissenschaften zuordnen und ihre theoretischen Bezüge unter anderem aus der Entwicklungspsychologie wie der Sozialisationstheorie beziehen, immer weiter ausdifferenziert. Damit liegt ein breiter Fundus an theoretischen Zugängen und empirischen Befunden vor, der vertiefte Einblicke in den Medienumgang von Kindern und Jugendlichen erlaubt. Insbesondere das Fernsehen als eines der Leitmedien des Aufwachsens stand dabei in vielen Arbeiten im Vordergrund (vgl. z.B. Paus-Hasebrink 1999 u.a.; Barthelmes/Sander 2001).

Gerade neuere Veröffentlichungen belegen ein stärkeres Interesse an der Explizierung der Fragen zur sozialisatorischen Bedeutung der Medien (vgl. z.B. Süss 2004, Hoffmann/Mikos 2007, Paus-Hasebrink/Bichler 2008, Vollbrecht/Wegener 2010). Reflektiert werden dabei sowohl die theoretischen und methodischen Ansätze als auch die jeweils untersuchten Ausschnitte des Medienumgangs von Heranwachsenden. Einigkeit besteht in der Mediensozialisationsforschung darin, dass bislang „keine konzise Theorie der Mediensozialisation vor[liegt], die ihrer Dynamik, Kontingenz, Varietät und Komplexität annähernd gerecht wird" (Kübler 2010:23, vgl. auch Hoffmann 2007). Gleichwohl bietet die Kinder- und Jugendmedienforschung eine Fülle an Ergebnissen, die die verschiedenen Aspekte der Medienaneignung von Heranwachsenden im Detail betrachtet und wertvolle Befunde zur Sozialisationsrelevanz von Medien liefert.

Dimensionen des Medienhandelns von Jugendlichen in aktuellen Medienwelten

Ein Kennzeichen jugendlicher Medienaneignung ist es, sich nicht mehr nur den Einzelmedien zuzuwenden, sondern sich die Vorzüge einer konvergenten Medienwelt, insbesondere über die digitalen, meist auch gleichzeitig multifunktionalen Medien, Computer und Internet zu Nutze zu machen (vgl. Wagner/Theunert 2006; Wagner 2011): Sie verfolgen ihre medialen Vorlieben über die Medien hinweg, z.B. ein bevorzugtes Computerspiel mit dem entsprechenden Film und den zugehörigen Internetforen. Jene, die sich tief in die konvergente Medienwelt begeben, zeigen ausgeprägte mediale Vorlieben oder Spezialinteressen, häufig verstärkt durch die Eltern und vor allem die Peergroup. Sie messen Computer und Internet hohen Stellenwert bei und zeigen sich interessiert daran, ihre medienbezogenen Fähigkeiten auszubauen. Phänomene der Medienkonvergenz tragen dazu bei, eine Art Netz aufzuspannen, das verschiedene Inhalte miteinander verknüpft, ehemals getrennte Strukturen zusammenführt und damit neue Räume entstehen lässt, in denen die NutzerInnen selbst Gestaltungsmöglichkeiten haben. Nicht übersehen werden darf dabei, dass diese technischen Entwicklungen von wirtschaftlichen Interessen geprägt sind, wie es Jenkins als „corporate driven process" beschreibt (Jenkins 2006a). Die Subjekte nutzen diese mediale ‚Infrastruktur' und richten sich in ihr ein: Sie nehmen sie in Gebrauch und entwickeln ihre eigenen Aneignungsweisen. Sie nutzen die Möglichkeiten der Medien auch dazu, ihre eigenen Handlungsspielräume zu erweitern, indem sie kreative Wege finden, die Medien an ihre Bedürfnisse anzupassen. In der Medienwelt finden die NutzerInnen Inhalte, sie machen sich mit dem Umgang mit Apparaturen und Strukturen vertraut und sie finden in dieser Infrastruktur Räume, die sie selbst ausgestalten können.

Soziale Netzwerkdienste als Interaktions- und Resonanzräume

Online zu sein ist ein fester Bestandteil in der Medienzuwendung von Jugendlichen: 65 % der 12- bis 19-Jährigen gehen täglich online, weitere 25 % sind zumindest mehrmals pro Woche im Internet. Sogenannte Social-Web-Angebote wie Facebook oder SchuelerVZ sind ein Muss für viele Jugendliche. Besonders wichtig sind dabei die Pflege und der Ausbau bestehender sozialer Beziehungen. Neben den Möglichkeiten des kommunikativen Austauschs erleichtert das „Mitmach-Netz" (Fisch/Gscheidle 2008) auch die Möglichkeiten, sich über die eigenen Produkte online in verschiedenen Facetten des eigenen Selbst zu präsentieren, z.B. über die Profile in den Online-Communitys oder eigenen „Channels" auf Videoplattformen. Die Jugendlichen greifen dabei gerne auf bildhafte und präsentative Ausdrucksformen zurück (vgl. z.B. Wagner/Brüggen/Gebel 2009). In den Artikulationsformen der Jugendlichen in Online-Communitys finden sich zudem vielfältige Spuren massenmedialer Inhalte: Bevorzugte Musikstile, aber auch Fernsehvorlieben und Lieblingsfilme oder -computerspiele werden aufgegriffen und vielfältig weiterverarbeitet, z.B. in Form von Mashups. Mashups bezeichnen das Integrieren und Verweben von fremdproduzierten Inhalten in eigene Produkte, z.B. das Unterlegen einer eigenen Slideshow mit fremdproduzierter Musik. Dabei greifen Jugendliche auf unterschiedliche Quellen für diese massenmedialen Inhalte zurück: Zum Teil auf Material, das von den Anbietern selbst zur Verfügung gestellt wird, zum Teil auf Material, das andere NutzerInnen in Umlauf bringen und dessen Herkunft nicht mehr klar festzustellen ist (Wagner/Brüggen/Gebel 2009). Den Anregungen aus der Peergroup kommt dabei eine wesentliche Rolle zu. Fähigkeiten im Umgang mit multifunktionalen Medien, die gerade die gestalterischen Tätigkeiten erst ermöglichen, sind bei den Heranwachsenden hoch angesehen. Medien-ExpertInnen zu sein hat einen hohen Stellenwert unter vielen Jugendlichen (vgl. Wagner 2008).

Identitätsarbeit in konvergierenden Medienwelten

Für die Arbeit an der eigenen Identität finden die Heranwachsenden in Social Web-Angeboten vielfältige Präsentationsflächen, die dazu einladen, Facetten des eigenen Selbst zu erproben. Gleichzeitig bieten das Internet und seine Angebote einen Fundus an Material, in dem massenmediale Versatzstücke ebenso zu finden sind wie User Generated Content, mit dem die alltägliche Auseinandersetzung mit dem Selbst betrieben werden kann. Die Auseinandersetzung findet dabei auf drei Ebenen statt: Auf der persönlichen, der sozialen und auch der gesellschaftlich-kulturellen Ebene. Die Peergroup ist dabei ein Dreh- und Angelpunkt. Zentral für diese Prozesse der Identitätsarbeit werden nicht nur die gestalterischen Tätigkeiten der Heranwachsenden, sondern auch die Möglichkeiten, sich selbst und die eigenen Werke zur Diskussion stellen zu können (vgl. zu den Ausformungen von Identitätsarbeit ausführlich der Band von Theunert 2009). Jugendliche finden in diesen Räumen zudem die Möglichkeit, sich selbstbestimmte Freiräume zu schaffen. Es konturiert sich ein deutlicher Zusammenhang zwischen den Entwicklungsaufgaben im Jugendalter und dem Medienhandeln der Jugendlichen. Neben der Erfahrung sozialer Eingebundenheit bilden Kompetenzerleben und die Erfahrung von Autonomie zwei weitere, zentrale Dimensionen gelingender Identitätsarbeit. Sich selbst als kompetent zu erleben ist für die Heranwachsenden dort möglich, wo sie sich mit ihren Fähigkeiten einbringen können und ihr Wissen als ExpertInnen geschätzt wird: Dies kann z.B. in verschiedenen Jugendszenen wie Computerspielszenen etc., in denen Medien eine wichtige Rolle spielen, erfahren werden. Die Erfahrung von Autonomie tangiert ein wesentliches Motiv, nämlich den Wunsch, sich zur Geltung zu bringen: Gerade über die produktiv-gestalterischen Tätigkeiten kann dieser Wunsch erfüllt werden.

Gestaltungsräume für kulturelles Lernen

Die Jugendlichen greifen für ihre Selbstdarstellung auf das zurück, was sie in den Medien vorfinden, sie bedienen sich daraus und sie werden kreativ tätig, indem sie Fotos und Videos selbst produzieren. So entstehen neue, eigene Ausdrucksformen, die auch veröffentlicht werden können und so einem mehr oder weniger großen, mehr oder wenig genau definierten Publikum zugänglich gemacht werden. Damit stellt sich die Frage nach den Teilhabemöglichkeiten der Subjekte auf eine neue Weise: Öffentlichkeit wird zu einer Art integrativem Bestandteil, um dem Wunsch nach Zugehörigkeit und nach Beteiligung nachgehen zu können. Publizieren und seine Themen auszudrücken, öffentlich zu machen und eigene Positionen zu vertreten scheint nun nicht mehr an aufwändige Technik gebunden zu sein, sondern im Rahmen des alltäglichen Medienhandelns potentiell zu verwirklichen sein. Jugendliche artikulieren sich in Online-Räumen der Sozialen Netzwerkdienste (z.B. Facebook) auf vielfältige und kreative Art und Weise – ob über eigene Produkte wie Videos oder Fotos oder über Profilbeschreibungen auf Social Network Sites: Sie können dort Themen platzieren, Standpunkte und Meinungen vertreten sowie die eigene Person und das eigene Erleben thematisieren und mit anderen darüber in Austausch treten. In diesen Prozess der medialen Artikulation werden stets auch Deutungsmuster und Erfahrungen eingebracht, die im Diskurs weiterentwickelt werden (vgl. dazu ausführlich Marotzki 2008).

Ausblick

Die Betrachtung der Medien als Gestaltungs-, Produktions- und Lebensräume erhält durch Angebote des Social Web neue Akzentuierungen (vgl. Ertelt/Röll 2008). In derartigen Online-Räumen, in denen sich Heranwachsende bewegen und verschiedenartigen Tätigkeiten nachgehen können, haben sie nun mehr denn je Möglichkeiten, sich mit ihren handlungsleitenden Themen und mit unterschiedlich gelagerten Motiven auseinander zu setzen. Sie sind zum einen Rezeptionsfläche für mediale Inhalte und zum anderen Räume zur Interaktion mit anderen und zur Präsentation eigener Werke (vgl. Wagner/Brüggen/Gebel 2009). Diese Räume sind neben den klassischen Sozialisationsinstanzen wie Schule und Elternhaus als informelle Lernräume von großer Bedeutung, gerade in Bezug auf das kulturelle Lernen. Im alltäglichen Austausch werden Handlungsweisen erprobt und Beziehungen gestaltet. Gleichzeitig bietet sich die Möglichkeit, Inhalte nicht mehr nur zu rezipieren, sondern auch aktiv zu generieren, zu bearbeiten und zu veröffentlichen, neue Potentiale für pädagogische Prozesse, die eine nachhaltige Unterstützung für eine souveräne Lebensführung darstellen.

Zum Weiterlesen

Marotzki, Winfried (2008): Multimediale Kommunikationsarchitekturen. Herausforderungen und Weiterentwicklungen der Forschungen im Kulturraum Internet. In: MedienPädagogik vom 11.4.2008: www.medienpaed.com/14/marotzki0804.pdf (Letzter Zugriff am 08.08.12).

Moser, Heinz/Grell, Petra/Niesyto, Horst (Hrsg.) (2011): Medienbildung und Medienkompetenz. Beiträge zu Schlüsselbegriffen der Medienpädagogik. München: kopaed.

Schorb, Bernd/Anfang, Günther/Demmler, Kathrin (Hrsg.) (2009): Grundbegriffe Medienpädagogik Praxis. München: kopaed.

Theunert, Helga (Hrsg.) (2009): Jugend – Medien – Identität. München: kopaed.

Vollbrecht, Ralf/Wegener, Claudia (Hrsg.) (2010): Handbuch Mediensozialisation. Wiesbaden: VS.

Wagner, Ulrike (2011): Medienhandeln, Medienkonvergenz und Sozialisation. Empirie und gesellschaftswissenschaftliche Perspektiven. München: kopaed.

Gisela Ulmann
Kreativität und Kulturelle Bildung

Wie kann die Schwerkraft überwunden werden?: Begriffsbestimmung von „Kreativität" durch historische Rekonstruktion der psychologischen Kreativitätsforschung

Statt wie üblich zu fragen, was Kreativität ist, also eine Definition zu geben, ist es wissenschaftlich fruchtbarer, danach zu fragen, welches Forschungsproblem mit dem Begriff „Kreativität" bezeichnet wurde, um zu verstehen, was damit gemeint ist.

„Creativity" taucht als Wort in der psychologischen Forschung zum ersten Mal 1950 in einem Vortrag von Joy Paul Guilford auf, den er als Präsident der *American Psychological Association* hielt. In diesem Vortrag ging es darum, dass die einseitige Sicht auf „Intelligenz" nicht dazu beitrage, ErfinderInnen und EntdeckerInnen zu identifizieren. Um zu erfinden und zu entdecken brauche man nicht nur Intelligenz – sondern auch creativity! Das Problem, das ErfinderInnen und EntdeckerInnen lösen sollten, war z.B. „Dinger" zu erfinden, die „oben bleiben", also von der Erde aus in den Himmel geschossen, nicht so wie bislang alles wieder auf diese zurückfallen. Sieben Jahre später schickte die Sowjetunion und nicht die USA den ersten „Sputnik" ins Weltall, und dieser „Sputnikschock" kurbelte vor allem die amerikanische Kreativitätsforschung gewaltig an.

Vier Problemgebiete taten sich dabei auf: zunächst (1) potentielle ErfinderInnen erfolgreich zu erkennen (also ggf. per Test zu diagnostizieren), sodann (2) entsprechende Denkprozesse zu erforschen (auch um Kreativität fördern bzw. lehren zu können), weiterhin (3) Situationen bzw. „Umfelder", die Kreativität ermöglichen, zu eruieren. Obwohl sich eigentlich aus der Problemstellung ergibt, was (4) mit einem „kreativen Produkt" gemeint ist, nämlich eine Erfindung bzw. Entdeckung, wurde dennoch auch viel über die Bestimmung dessen diskutiert, was ein kreatives Produkt und was „nonsense" ist. Diese vier „p" – person, process, product, „press" (für Umwelt*druck*) – gelten seitdem als die abgrenzbaren Forschungsbereiche – obwohl diese Abgrenzungen auch immer wieder als forschungsbehindernd kritisiert wurden, weil sie nicht als analytische Trennungen verstanden wurden.

Guilford ging deshalb davon aus, dass Intelligenztests nicht geeignet sind, potentielle ErfinderInnen und EntdeckerInnen zu diagnostizieren – weil diese Tests nur logisches, „konvergierendes", Denken erfordern, während ein noch nie gelöstes Problem eher „divergierendes" Denken erfordere. Damit meinte Guilford die Fähigkeit, möglichst viele Lösungsideen in verschiedene Richtungen zu produzieren, also „flüssig" und „flexibel" zu denken. Eine entsprechende Testaufgabe war z.B.: Was kann man mit einer Blechbüchse alles machen? Wer viele und ganz verschiedene Antworten findet, wäre – so die Hypothese – eher in der Lage, bisher ungelöste Probleme zu lösen, also kreativ zu denken. Diese Art von Tests erwiesen sich jedoch nicht als erfolgreich, mit ihnen konnten nicht potentielle ErfinderInnen bzw. EntdeckerInnen diagnostiziert werden. Deshalb wurden als kreativ anerkannte WissenschaftlerInnen, ArchitektInnen, unter Umständen auch KünstlerInnen, mit konventionellen Persönlichkeitstests untersucht, um den Schlüssel zur kreativen Persönlichkeit zu finden. Dabei wurden Persönlichkeitsmerkmale wie Unkonventionalität, nicht-konkurrentes Verhalten und eine gewisse Aggressivität gefunden, was jedoch auch nicht weiterhalf, weil keineswegs generell unkonventionelle, nicht-konkurrente und aggressive Menschen zu wissenschaftlichen Erfindungen neigen.

Die KreativitätsforscherInnen hätten sich an „Gestaltpsychologen" orientieren können: Karl Duncker (1935) und Max Wertheimer (1945) erforschten „produktives Denken". Die Leitfrage für produktives Denken anlässlich eines vorgegebenen Problems nach Duncker war: Warum erscheint das Problem unlösbar? Dabei stellte meines Erachtens schon Duncker heraus, dass es darauf ankommt, falsche Prämissen im eigenen Denken zu erkennen und durch solche zu ersetzen, die eine Lösung ermöglichen: also nicht „viele verschiedene" Denkansätze – sondern (mindestens) *einen* anderen, aber *adäquaten* zu finden. Wertheimer interviewte Albert Einstein, der berichtete, dass es sieben Jahre gedauert habe, bis es ihm schließlich gelang, sein Problem der relativen Zeit so zu präzisieren, dass es lösbar wurde.

Die psychologische Kreativitätsforschung bezog sich jedoch eher auf die Beschreibung von Entdeckungen, z.B. von Henri Poincaré (1913), der sie in vier Phasen unterteilte: „Vorbereitungsphase", „Inkubationsphase", „Erleuchtung" und „Verifikation" – samt Ausarbeitung.

Die *erste* Phase ist also die Problemstellung selbst, denn ein Problem ist nicht einfach vorhanden, sondern setzt (mindestens einen) Menschen voraus, der es sieht und formuliert. Dazu gehört auch, den bisherigen Wissensstand zu eruieren, um zu erkennen, inwiefern er nicht ausreicht, um das Problem zu lösen. Damit wird auch die oft vertretene Vorstellung revidiert, kreative Ideen kämen „Kreativen" mühelos durch plötzliche Eingebungen und glückliche Zufälle. Oft sind Generationen von ForscherInnen problemformulierend beschäftigt: so war der Menschenwunsch zu fliegen, erst erfüllbar, als die Vorstellung, dass ein Mensch mit Flügeln fliegen könnte, dadurch ersetzt wurde, dass es „Dinger" sein müssten, *in* denen Menschen (nach Loriot) sitzend im Flug sogar eine warme Mahlzeit zu sich nehmen können.

In der *zweiten* Phase geschieht eigentlich nichts – außer erfolglosem Suchen samt eventueller Frustration, wobei die Forschungsfrage aber außerordentlich interessiert verfolgt wird (Mihàly Csikszentmihàly (2008) nennt dies „flow") – sie enthält aber auch entspannte Situationen, in der nicht mehr an das Problem gedacht wird. Da die Erleuchtung, also die Problemlösung, der Inkubationsphase folgt, ist von größtem Interesse, was in dieser geschieht. EntdeckerInnen selbst schilderten hier kaum Verwertbares: Der Legende nach stieg Archimedes aus der Badewanne, als er die Möglichkeit, das Volumen unmessbarer Gegenstände zu bestimmen, fand. August Kekulé hat ins Feuer geschaut und so die Formel für Benzol, den Benzol*ring* erfunden (vgl. Cackowski 1973). Poincaré war in einen Bus gestiegen, als er die Fuchs'sche Formel erfand (Poincaré 1973). Naheliegend war so die Annahme, dass unbewusstes oder nicht bewusstes Denken zu kreativen Problemlösungen führe. Daraus wäre lediglich zu schließen, dass Kreativität einer möglichst entspannten Situation (sozusagen: non-„*press*") bedarf (was für Auftraggeber aber zur Frage führte, wie sich entscheiden lässt, ob ein Mitarbeiter wirklich denkt – oder nur so tut). Immerhin führte diese Nahelegung zu Kreativitätstechniken wie „brainstorming": Eine Gruppe von potentiellen ErfinderInnen trägt alle Ideen vor, die ihnen einfallen – keine dieser Ideen darf bewertet werden; die Bewertung erfolgt erst anschließend. Kognitionspsychologische Ansätze sahen in der Assoziation verschiedener (Fach-)Gebiete die Lösung, was zur Kreativitätstechnik „Synectics" führte: Mit ihr sollen sich z.B. BiologInnen und PhysikerInnen zusammen über Analogien und Metaphern einem Problem nähern.

Die *dritte* Phase ist eher ein „Moment" – ein „Heureka-" oder ein „Aha-Erlebnis", das meist von Glücksgefühlen begleitet wird.

In der *vierten* Phase muss geprüft werden, ob die neue Idee das Problem tatsächlich löst oder „nonsense" ist – und meist muss die Idee weiter ausgearbeitet werden, um eine Theorie, ein Produkt, oder ein Kunstwerk zu werden.

Die Frage, wie man brauchbare von skurrilen Ideen unterscheiden kann, führte zur Frage, was als kreatives Produkt zu verstehen sei. Zwar war doch von Beginn der Kreativitätsforschung an klar, dass ein kreatives Produkt neu und brauchbar sein muss – kurioseweise wurde aber ausgiebig diskutiert, ob ein Produkt neu für die gesamte Menschheit – oder nur neu für den jeweiligen „Erfinder", z.B. ein Kind, sein muss (Morris Stein 1973). Was bedeutet „brauchbar"? Bislang wird „brauchbar" bzw. „wertvoll" fast immer als „anerkannt" – von der Wissenschaftsgemeinschaft, von den KäuferInnen – konzipiert (Stein, 1973, aber so auch Csikszentmihalyi 2010). Gegen diese Annahme spricht, so wurde angeführt, dass viele wissenschaftliche Erfindungen oder Kunstwerke zur Zeit ihrer Entstehung nicht (an-) erkannt wurden, was die Frage aufwarf, wie man dies verhindern könne: Warum wurde der Erfinder des Telefons Alexander Bell ausgelacht? Warum konnte Vincent van Gogh seine Bilder kaum verkaufen?

Die naheliegenden Antworten wären aus meiner Sicht: Sicher sind viele wissenschaftliche Erfindungen oder Theorien umstritten, manchmal wird auch gefeiert, was sich später als Irrtum herausstellt, wie die Vorstellung, dass es *ein* Gen für jede menschliche Fähigkeit bzw. Krankheit geben müsse. Oft besteht aber kein Bedarf für eine „Erfindung", oder deren Potential wird zunächst nicht erkannt, wie bei der Erfindung des Telefons. Van Gogh traf offenbar nicht den Geschmack seiner Zeitgenossen (oder er traf keinen Kunstkritiker, der ihn populär machte). Aber so wurde in der Kreativitätsforschung nicht gedacht – insofern ist es nicht verwunderlich, dass in ihr diese Frage nicht geklärt wurde.

Der psychologische Kreativitätsforschungsboom endete Ende der 1970er Jahre so abrupt, wie er ab 1957 entstanden war. Weil er erfolglos war oder unmodern wurde?

Insbesondere in der BRD, in der die amerikanische Forschung zwar rezipiert wurde (Ulmann 1969, 1973), wurde und wird der Begriff „Kreativität" eher auf alle Arten eher *künstlerischer Betätigungen* angewandt, ob nun als Freizeitbeschäftigung, als kulturelle Unterweisung in der Schule, oder als Therapie zur Selbstfindung oder Selbstverwirklichung. Dabei geht es nicht zuvörderst um Qualität, sondern vor allem um Originalität, Spontaneität, Konstruktivität. Kreativ ist es, zu basteln, zu töpfern, zu malen, musikalisch zu improvisieren, (frei) zu tanzen, Theater oder Rollen zu spielen, (gemeinsam) eine Collage zu kleben. Auch kreativ zu kochen oder zu gärtnern wird diskutiert – und kreativ zu protestieren; dies allermeist humorvoll und medienwirksam.

Meine Sicht auf kreatives Denken

Die Menschheit braucht Erfindungen und Entdeckungen – und Menschen stehen oft vor Problemen, die unlösbar erscheinen. Welche Schlüsse lassen sich aus der Forschung bezüglich wissenschaftlicher Kreativität ziehen und ggf. auf künstlerische übertragen?

Alle KreativitätsforscherInnen sind sich einig: Um etwas zu erfinden oder zu entdecken muss man anders, abweichend denken, neue Wege gehen, nicht logisch denken. Aber: wie? Welche Wege? Wie denkt man „nicht logisch", ohne „unlogisch" zu denken?

Man kann bei dem Bericht über Archimedes ansetzen, der mit einem „Heureka!" aus der Badewanne stieg, weil ihm klar wurde, wie das Volumen eines unmessbaren Schmucks zu bestimmen war – war es eine Assoziation des angenehmen Badeerlebnis mit Volumenmessung? Oder hatte er vielmehr realisiert, dass er statt an das Volumen seines Körpers an das

Volumen des nun körperlosen Wassers denken müsse? Man kann auch bei Duncker (1935) ansetzen. Er hat seine geschulten Versuchspersonen laut denken lassen und so auch protokolliert, wie sie während der Situationsanalyse mithilfe der Frage „Warum geht es eigentlich nicht?" nach vielen unbrauchbaren Ideen doch auf die Lösung eines scheinbar unlösbaren Problems kamen. Wertheimer (1945) befragte Einstein zur Problemformulierung und analysierte dessen Antworten. Zdzislaw Cackowski (1973) hat die Vorgänge um die Entdeckung des Benzolrings von Kekulé genauer erforscht. Edward De Bono (1969) unterschied vertikales von lateralem Denken; vertikales Denken nutze nur Wissen – laterales Denken geht in die Breite und produziere so unvorhergesehen Problemlösungen.

Die *Gemeinsamkeiten* dieser Ansätze, aus denen ich meine These ableite, sind wohl: Die Probleme waren so lange unlösbar, wie der Denkende sie nicht richtig stellte – oder von einer falschen Prämisse ausging und an ihr festhielt:

Duncker fragte z.B., wie es möglich ist, krankes Gewebe im Körper so zu bestrahlen, dass es zerstört wird, ohne das umliegende gesunde Gewebe zu schädigen. Dieses Problem ist unlösbar, wenn man von *einem* Strahl aus einer *feststehenden* Quelle ausgeht; es ist lösbar, wenn man diese Prämisse verwirft. Die Alternativen sind: *mehrere* sich bündelnde schwache Strahlen aus mehreren Quellen – oder eine *rotierende* Quelle mit starker Strahlung.

Kekulé war berühmt geworden, weil er viele chemische Formeln erfunden hatte; diese waren alle linear. Kekulé berichtete, dass er auf die Lösung, also den Ring, kam, als er müde im Kaminfeuer eine sich in den Schwanz beißende Schlange erblickte. Assoziation von Schlange und Benzol-Formel? Cackowski zeigt auf, dass dies das Symbol der Freimaurer war, zu denen Kekulé gehörte, wesentlich aber war, dass Kekulé sich von der Vorstellung, chemische Formeln müssten linear sein, verabschiedete; die Alternative war eine geschlossene Form. Jeder „hint" wäre dazu geeignet.

Ein Beispiel de Bonos ist eine Geschichte: Ein reicher Mann bietet einer jungen Frau, deren Vater bei ihm hoch verschuldet ist, folgendes zu dessen Entschuldung an: er steckt einen schwarzen und einen weißen Kiesel in einen Sack, wenn die Frau den schwarzen Kiesel zieht, muss sie ihn heiraten – wenn sie den weißen zieht, ist sie frei. Die Frau sieht, dass der Mann heimlich zwei schwarze Kieselsteine vom Boden aufhebt und in den Sack tut. Wenn sie bei der Prämisse bleibt, dass sie nun nur noch einen schwarzen Kiesel aus dem Sack holen kann, ist sie verloren und muss den Mann heiraten. Sie formuliert das Problem anders: sie denkt an den Kiesel, der im Sack verbleibt! Sie zieht einen Kiesel, lässt ihn blitzschnell fallen und im Sack ist ein schwarzer Kiesel.

In einem empirischen Praktikum im Studiengang Psychologie der *Freien Universität Berlin* haben Studierende mit mir meine These geprüft. Sie haben diese und andere, ähnliche, Probleme „Versuchspersonen" vorgelegt, und als diese sagten: „Das Problem ist unlösbar", nur entgegnet: „Du gehst davon aus, dass ..., aber das ist nicht gegeben/habe ich nicht gesagt", und die „Versuchspersonen" fanden meist gleich oder bald die Lösung – oft mit dem Heureka-Ausruf und Glücksgefühlen. Von der neuen bzw. oft einzigen alternativen Prämisse aus konnten sie logisch schließend auf die Lösung kommen. Der viel diskutierte Unterschied zwischen logischem und kreativem Denken besteht also darin, dass im logischen Denken die Prämisse nicht hinterfragt werden darf.

Wohl alle wissenschaftlichen Erfindungen wurden gemacht, indem das „Selbstverständliche" hinterfragt, als nicht (zwingend) gegeben erkannt und durch eine alternative Problemstellung oder eine alternative Prämisse ersetzt wurde. Dies ließe sich in Kultureller Bildung vermitteln.

Ist künstlerische Kreativität ganz anders als wissenschaftliche Kreativität?

In der bildenden Kunst, in der Literatur und in der Musik wird Originalität als Kriterium für Kreativität hoch gehalten. Ob Pablo Picasso, als er Guernica malte, originell sein wollte oder nicht – sicher hat er sich aber gefragt, wie man die Schrecknisse des Krieges anders als verbal oder mit Fotografien vermitteln kann.

Friedrich Dürrenmatt hat versucht, in den „Physikern" das Problem aufzuzeigen, wie Erfinder eine fürchterliche Erfindung verbergen können bzw. die Unmöglichkeit dessen aufzeigen wollen. Igor Strawinsky suchte mit „le sacre du printemps" das Problem zu lösen, wie sowohl der Mythos des Frühlingserschaffens erfahrbar als auch das reale Frühlingserwachen erlebbar werden könne.

KünstlerInnen wollen ebenfalls Probleme lösen, wenn auch mit anderen Medien als WissenschaftlerInnen: Ihre „Sprache" ist nicht verbal, sondern eben Malerei, Theaterspiel, Musik, etc. Viele dieser auch lange nach ihrer Kreation uns heute anrührende, uns begeisternde Werke lösten gleich nach ihrer Kreation Entrüstung aus, weil die Kreatoren die jeweiligen „Regeln" nicht beachteten, sondern mindestens eine geradezu missachteten. Aber anders wären die Kreationen nicht so eindruckvoll und aufrüttelnd.

Wie steht es um „Anerkennung"? Wenn der *Kunstmarkt* als Kriterium für Anerkennung gilt, dann heißt das, „dass man buchstäblich Scheiße, wenn sie nur Kunst ist, zu Geld machen kann": Piero Manzoni wollte den Kunstmarkt karikieren – indem er Dosen mit je 30 Gramm seiner Exkremente befüllte; eine wurde 2005 für 110 000 Euro ersteigert (vgl. Dossi 2007:200). Yves Klein fragte sich, was den Wert von Kunstwerken ausmache. Er malte 11 identische blaue Gemälde, versah sie in einer Ausstellung mit unterschiedlichen Preisen und stellte erstaunt fest, dass die Käufer sorgfältig ihr je eigenes Werk auswählten – und den verlangten Preis bezahlten, womit sie den jeweils angegebenen Wert anerkannten (vgl. Dossi, 2007:203).

Statt sich am Kunstmarkt zu orientieren, sollte sich in Kultureller Bildung jedoch vermitteln lassen, sowohl bei Rezeptionen von Kunst im weitesten Sinne, als auch dann, wenn künstlerische Laien produzieren, dass Kreativität Mut für richtige Problemformulierungen, Wissen um das „Feld", und gelungene Problemlösungen bedeutet.

Zum Weiterlesen

Bielenberg, Ina (Hrsg.) (2006): Bildungsziel Kreativität. Kulturelles Lernen zwischen Kunst und Wissenschaft. München: kopaed.

Teil I
Theoretische Grundlagen
Kultureller Bildung

3
Mensch und Künste

Wolfgang Zacharias
Kapiteleinführung: Mensch und Künste

Kulturelle Bildung in ihren pluralen Bezügen und mit anthropologischen und gesellschaftlichen Dimensionen definiert ihre Besonderheit im Horizont Allgemeiner Bildung im Lebenslauf durch ihren Gegenstand: die Künste und, erweitert, das Ästhetische. Kunst und Künste in einem weiten Verständnis bestimmen die Sache und den zugespitzten Fokus dessen, was Kulturelle Bildung in ihren variantenreichen Spielarten vermittelt und ermöglicht.

Die Realitäten der Künste sind dabei der Referenzrahmen, worum es bei Kultureller Bildung eigentlich geht und welche Qualitäten entsprechend der Formenvielfalt hier vorzufinden und zu beachten sind. Es geht dabei auch um die Differenz zu anderen bildenden Feldern und Lernformen. Der erfahrungsstiftende und transformatorische Selbst- und Weltbezug als Kern aller subjektorientierten Bildungsprozesse und Bildungsbiografien konkretisiert sich hier durch besondere künstlerische und verallgemeinert kulturell-symbolische Verfahren und Strategien der Wirklichkeitsaneignung und vor allem der auch interpretierenden Wirklichkeitsgestaltung – als Erfahrung, als Möglichkeit, als Entwurf und Imagination.

Das beispielhafte Zusammenspiel künstlerischer Potentiale, Werke und Prozesse einerseits und menschlicher Neugierde, Experimentierfreude und Ausdrucksinteressen andererseits ist der zentrale Antrieb aller Kulturellen Bildung. Entsprechende Lernformen und Erfahrungsmotivationen haben ihre bildende Einmaligkeit in der wahrnehmbaren Anschaulichkeit und materiellen wie auch symbolischen Verfasstheit des Künstlerischen und Kulturellen, auch unabhängig von inhaltlichen Themen und sozialen Kontexten. Das fundamentale Alleinstellungsmerkmal dabei ist die gestaltete Formqualität künstlerischer Prozesse und Produkte, die Differenzen und gleichermaßen Bezüglichkeiten manifestieren. Es ist das Ästhetische im Wechselspiel von Sinnen und Künsten, Wahrnehmung und Bedeutung, dem Materiellen und dem Ideell-Inhaltlichen, in medialer bzw. symbolischer Funktion und Formatierung.

Es geht dabei um eine besondere Art der Auseinandersetzung von Mensch und Welt, der Aneignung, Codierung und Decodierung sowie Formung von auch neu gestalteten Wirklichkeiten – sowohl mit individuell subjektiven wie sozial gesellschaftlichen Wirkungshorizonten. Wie sich das alles vollzieht, was dabei geeignete, dann auch kulturpädagogische und kulturvermittelnde professionelle Verfahren und Lernumwelten sind, ist dann die offene Fragestellung aller Kulturellen Bildung und ihrer Sparten, Felder, Verfahren auch entsprechend der möglichen Versprechungen des Ästhetischen in der Weite der Hoffnungen Friedrich Schillers zugunsten einer ‚Ästhetischen Erziehung des Menschen' zur Freiheit und als Möglichkeit.

Dies ist auch die das Verhältnis ‚Mensch und Künste' bestimmende und darzustellende abendländische Diskurstradition einer kulturell-künstlerischen Bildung. Sie reicht auch zurück auf Bedeutungszuschreibungen und Wertsetzungen in der altgriechischen Tradition seit Platon und Aristoteles um das Ästhetische als ‚aisthesis', die sich von sinnlicher Wahrnehmung bis zum Kunstschönen spannt, mit unendlichen phänomenologischen Ausformungen. Idealerweise realisiert sich hier subjektive Freiheit auch als symbolischer Vorschuss und ästhetische Erfahrung von Freiheit und Schönheit generell – so die plausible Hoffnung und mögliche bildende Chance des Ästhetischen, mit dem Höhepunkt der Künste, dem dann auch das Ethische werthaltig inhärent sein kann und soll.

Die Künste und das Ästhetische qualifizieren den Sinn der Sinne in besonderer Weise. Sensibilisierung und Qualifizierung sinnlicher Wahrnehmung und produktiver Gestaltung zugunsten von Anschaulichkeit und transformatorischer Transzendenz im Rahmen des „Auslegens" ist dann die bildende und intentionale Programmatik Kultureller Bildung, ihrer Methoden und Medien. *Ästhetische Erfahrung* als Schlüsselbegriff erweiterbar als ästhetische Produktivität und Aktivität wird mehrfach in den folgenden Beiträgen benannt und wird zur Chance des Lebenlernens auch mit dem Akzent Lebenskunst, orientiert eben spezifisch an den Künsten mit der Möglichkeit einer auch lebensweltlich qualifizierenden Anwendbarkeit zugunsten eines „gelingenden Lebens". Inwieweit die Künste entsprechend ihrer Werke, Verfahren und Strategien, aber auch entsprechend ihres immanenten und permanenten Wandels hier modellhaft sind und dabei Funktionen übernehmen, wird zur Aufgabe kunst- und kulturvermittelnder gesellschaftlicher Felder und Professionen.

Die dialektische Wechselbeziehung von Ethik und Ästhetik erweitert immer wieder neu den Kunstdiskurs, potentiell folgenreich für Kulturelle Bildung. Auch die Bezüglichkeit von Kunstfreiheit und einer postulierten Kunstautonomie thematisiert gesellschaftliche Dimensionen des Ästhetischen allgemein. Es geht hierbei sowohl um den jeweiligen Kanon der Künste wie auch um ästhetische Produkte und Werke in einem weiten Verständnis.

Unverzichtbar ist mit einem komplexen Begriff des Ästhetischen bzw. des Ästhetischen Lernens die Beschäftigung mit Körperlichkeit und Leiblichkeit, insbesondere mit Blick und Interesse an Kultureller Bildung. Komplementär dazu gilt es allerdings und nach 2000 verstärkt Medialität und ihre alltägliche Expansionsdynamik in den Blick zu nehmen. Es besteht Bedarf an einer zu entwickelnden und neu kulturpädagogisch zu gestaltenden kulturell-ästhetischen Medienbildung 2.0.

Wirkungs- und Produktionsformen, die dem Künstlerischen im weiten Verständnis von symbolischer, medialer, ästhetischer, sinnlicher Erfahrung und Erkenntnis sowie für Lernen und Interpretieren eigen sind, betreffen die Mimesis, also die Potentiale der bildenden, nicht-sprachlichen Nachahmung, die Bedeutung auch kunstspartenübergreifender Performativität, die Methode der Inszenierung und die besondere Qualität von gestalteten und wahrnehmungsintensiven, sowohl inhaltsbezogen wie emotionalisierenden und erinnerungsmächtigen Erlebnissen, Ereignissen und Events.

Für kulturell-ästhetische Bildung und ihren Kunstbezug ist entscheidend, sich ihrer ureigenen Herkunft und einmaligen Qualität als zentraler Gegenstand und als fundamentale Kraftquelle bewusst zu sein. Es gilt, diese Potentiale in historischen und je aktuellen Formaten und stilistischen Herausforderungen zu nutzen bzw. daraufhin ästhetische Erfahrung und ästhetische Aktivität exemplarisch zu orientieren. Die Künste und das Ästhetische sind diesbezüglich auch zu verstehen als gesamtgesellschaftliches Kapital zugunsten von Kreativität, Fantasie und Imagination in Form von Möglichkeitsentwürfen, in reflexiven wie wahrnehmbaren, veranschaulichenden Formen von Interaktionen, Interventionen, Innovationen und verfremdenden Irritationen als legitime ästhetische Verfahren, Symbolisierungen und gestaltende Strategien des Künstlerischen.

Jörg Zirfas
Die Künste und die Sinne

Das Wechselspiel

Die Sinne und die Künste stehen in einem komplexen Relationsverhältnis: Denn es gibt wohl keine Form der Sinnlichkeit, die nicht auch einen künstlichen und künstlerischen Charakter hat, wie es umgekehrt wohl keine Kunstform gibt, die nicht auch durch eine spezifische Form der Sinnlichkeit ausgezeichnet ist. So wie die Sinne die Welt wahrnehmen, sind sie auf Kultur und Kunst bezogen, indem sie in ihrem Bezug auf etwas achtgeben, dieses zur Erscheinung bringen, es erkennen und stilisieren (siehe Karsten Lichau/Christoph Wulf „Arbeit am Sinn. Anthropologie der Sinne und Kulturelle Bildung" in diesem Band). Und: *Je* nach kulturellem oder artifiziellem Bezugspunkt der Sinne ergeben sich unterschiedliche Formen der Wahrnehmung, Erfahrung und Stilisierung, ja unterschiedliche Formen der Welt und des Subjekts. Die Künste und die Sinne befinden sich in einem symbolischen, einem performativen und einem sinnlichen Wechselspiel (vgl. Waldenfels 2010), das ein enormes Bildungspotential beinhaltet. Denn in ihm geht es um die sinnliche Bildung des Menschen, um die Bildung der Künste und um das sich bildende Verhältnis von Mensch und Kunst.

Von sinnlicher Bildung lässt sich mit Bezug auf den griechischen Begriff der aisthesis als sinnliche Wahrnehmung oder Sinnesempfindung bzw. als Einheit und Zusammenspiel aller Sinne zunächst in einem recht einfachen und einschränkenden Sinn von der Entwicklung der Sinneswahrnehmung sprechen (vgl. Barck 1990; Zirfas 2000). Aisthesis zielt auf das, was die Sinne beschäftigt, was den Menschen mit Empfindungen und Gefühlen verknüpft und mit Bewusstsein – nicht als reflexive Durchdringung eines Sachverhaltes, sondern – als eine Form des Beteiligtseins erfüllt (vgl. zur Lippe 2000; Böhme 2001). Von einer aisthetischen Bildung abzugrenzen wäre eine ästhetische Bildung, die eine Reflexion des sinnlichen Wechselspiels zwischen Mensch und Welt betrifft (vgl. Mollenhauer/Wulf 1996).

Im Folgenden kann nicht auf den spezifischen, allerdings in einem differenzierend epistemischen Sinne notwendigen Zusammenhang der einzelnen Sinne in Bezug auf die je unterschiedlichen Künste mit ihren in sich unterschiedlichen Kunstgegenständen und -praktiken und ihren je historisch-kulturell heterogenen Formen und Funktionen eingegangen werden. So wird fast durchgängig die pauschale Rede von „den" Sinnen und „den" Künsten gebraucht. Dabei werden unter dem Begriff Kunst (implizit) die „klassischen" Künste wie Musik, Theater, Tanz, bildende Kunst, Literatur etc. verstanden; wobei Kunst sowohl einen Gegenstand als auch einen Handlungsvollzug meinen kann. Natürlich bleiben dadurch eine Reihe von Künsten, die über Jahrhunderte hinweg bis heute zu einer Kunst im Sinne von *techne* oder *ars* erklärt worden sind, unberücksichtigt, wie etwa das Steuern eines Schiffes, das Kochen, das Heilen, das Kriegführen oder auch das Erziehen. Man könnte in diesem Sinne auch die Ästhetische Bildung *cum grano salis* von der Kulturellen Bildung differenzieren: Während die erstere die Auseinandersetzung mit den „schönen" Künsten betrifft, bezieht sich die letztere auch auf die „nützlichen" Künste.

Die Sinnesleistungen

Die Sinne vermitteln zwischen äußerer und innerer Welt und sind daher bildungstheoretisch enorm bedeutsam. Blickt man auf pädagogische Programme und Modelle, die von einer Erziehung, Bildung oder Kultivierung der Sinne sprechen, so trifft man in der Neuzeit vor allem auf den (reform-)pädagogischen, fast gebetsmühlenartigen Standarddiskurs der sogenannten „Bildung mit allen Sinnen". Obgleich diese Bildungsform legitimatorisch, erkenntnistheoretisch, anthropologisch und bildungstheoretisch absolut sinnvoll ist, findet sich in vielen Bildungsdiskursen und kulturellen Praktiken bis heute eine Engführung, die die Bildung mit allen Sinnen auf die Bildung von Auge und Ohr reduziert (vgl. Kamper/Wulf 1984; Bilstein 2011c). Ein Grund dafür könnte sein, dass viele aisthetische (und ästhetische) Modelle immer noch den klassischen Ästhetiken verhaftet sind, denen nur dasjenige als schön galt, das man in Zahlenverhältnissen ausdrücken, d.h., was man – wie in Malerei und Musik – messen konnte. Ein anderer Grund könnte darin bestehen, dass die Nahsinne dem Menschen buchstäblich zu nah sind, um dessen Selbstbezüglichkeit und Reflexionsfähigkeit, d.h. Abstrahierungs- und Symbolisierungsfähigkeit, in Gang zu bringen. Den Nahsinnen Riechen, Tasten und Schmecken scheinen die für die ästhetischen Belange so wichtigen symbolischen Dimensionen weitgehend zu fehlen, da sie nur begrenzt Intersubjektivität zuzulassen in der Lage zu sein scheinen.

Klaus Mollenhauer jedenfalls spricht den Nahsinnen rundum einen „organischen Bildungssinn" ab, da sie weder dauerhaft repräsentierbar seien, keine intersubjektiv vertretbare Symbolik aufwiesen und zu den Gegenständen keine Distanz bzw. Reflexivität einzunehmen in der Lage seien (Mollenhauer 1988:455). Nahsinne werden so auf die Selbstwahrnehmung, auf die Schnittstelle von Ich und Welt oder auf die von Natur und Kultur bezogen, ohne dass sie für die Fremdwahrnehmung, für die Welt oder die Kultur eine bedeutsame Relevanz reklamieren könnten. Sie bilden zwar das aisthesiologische Fundament der ästhetischen Bildung, haben aber für deren Entwicklung und Ausdifferenzierung kein großes Gewicht. Natürlich lässt sich hier festhalten, dass die Nahsinne im Kontext der kulturellen Evolution ihre enorme Bedeutung für die Lebenserhaltung und für die Sozialität weitgehend eingebüßt haben. Dennoch sind sie, gerade auch im kulturellen Kontext, immer noch unverzichtbar. Ihre Habitualisierungen und ihre Reiz-Reaktions-Schemata erscheinen eben wegen ihrer Nähe und Unmittelbarkeit zu den Dingen „natürlicher" und schwerer bildbar.

Eine umfassende aisthetische (und ästhetische) Bildungstheorie hätte die Verschränkung und die Bewegung von Außen und Innen, von (Kunst-)Gegenstand und Wahrnehmung, Bewusstwerdung, Reflexion und Urteil in *allen* Sinnlichkeiten zu rekonstruieren (vgl. Serres 1985). Wer versucht, den organisierten Sinn von sinnlichen Bildungsprozessen zu erfassen, sollte nicht von vorneherein eine mimetische, repräsentative, spiegelbildliche, athematische oder selbstschöpferische Referenz von (inneren) Sinnen und (äußeren) Gegebenheiten unterstellen. Ohnehin versagen sich hier einseitige Wege, die auf eine bloße Gegenstands- und Werkbeschreibung einerseits und auf eine nur auf Innerlichkeit ansetzende assoziative Semantik andererseits abheben (Mollenhauer u.a. 1996). Auch die interessanten sinnlichen Zwischen-Phänomene wie Atmosphäre, Rhythmus, Aroma, Aufmerksamkeit, Idiosynkrasie, Aura u.v.a.m. lassen sich nur im Wechselspiel zwischen der Sinnesphysiologie und den sozialen und kulturellen Kodierungen klären (vgl. Hauskeller 1995).

Versucht man die Leistungen der Sinne als eine eigenständige Wahrnehmungs- und Denkleistung anzuerkennen und die mit ihnen verbundenen sinnlichen Phänomene als Einsichten und Erkenntnisse zu bewerten, so bietet sich dafür die Differenz von *propositionalem* und *nichtpropositionalem* Wissen an. Sinnliche Wahrnehmungen enthalten nichtpropositionales

Wissen, insofern in sie Eindrücke, Empfindungen, Intuitionen, Erinnerungen, Imaginationen und Ahnungen eingehen. Das propositionale Wissen ist ein Wissen, das in Form von Aussagen und Sätzen repräsentiert wird, die – mehr oder weniger – eindeutig festlegen, was der Fall ist, und die daher auch wahr oder falsch sein können, weil mit ihnen Mitteilbarkeit und Überprüfbarkeit verbunden sind. Dagegen ist das nichtpropositionale Wissen der sinnlichen Wahrnehmung metaphorischer und bildhafter, nicht unbedingt auf Kommunikativität und Falsifizierbarkeit angelegt, somit wesentlich individueller und stärker leiblich gebunden. Das nichtpropositionale Wissen der Sinne ist durchzogen von individuellen Bedeutsamkeiten und Prägnanzen, es ist fragmentarischer, pointierter und ereignishafter als das propositionale Wissen und es bietet diesem gegenüber auch ein höheres individuelles Maß an ästhetischen Präferenzen sowie ungeschützten normativen Orientierungen auf. Die Sinne können daher den Ursprung von Täuschungen wie auch von Erkenntnissen bieten; und die Diskussionen darüber, welchen Sinn und welche Funktion die Sinne in der Wahrheitsfindung (Epistemologie der Ästhetik) und der Bestimmung der Moral (Ethik der Ästhetik) haben, finden in den Wissenschaften seit der Antike immer wieder in sehr ambivalenter und kontroverser Form statt.

Die Sinne machen also immer schon Sinn: Sie verleihen Bedeutungen, schreiben Werte zu, konstituieren Strukturen und etablieren Ordnungen. Dabei haben diese Bedeutungen aber eine leibliche, emotionale, tentative und offene Grundierung. Sie reklamieren einen Eigensinn, der nicht in den kulturellen, artifiziellen und kognitiven Codierungen des propositionalen Wissens aufgeht. Andererseits ist die Bedeutung der Sinne „natürlich" abhängig vom historisch-kulturellen Umfeld; und sie (re-)präsentieren dementsprechend eine je historisch-kulturelle Sichtweise, Hörweise, Riechweise etc. von Selbst und Welt (vgl. Bourdieu 1979b). Denn die Kinder lernen in der Regel genau jene Wahrnehmungs- und Geschmacksmuster, die in ihrer individuellen sozio-kulturellen Umwelt Gültigkeit besitzen (Meyer-Drawe 1987; Liebau 2007).

Sinneswahrnehmungen oder -vorstellungen lassen sich definieren als Erleben oder Bewusstwerden eines äußeren oder inneren Gegenständlichen. In der Wahrnehmung wird das Gegenständliche schon strukturiert, gewinnt eine spezifische Gestalt und auch eine gewisse Einschätzung. Davon zu unterscheiden ist die (artifizielle) Sinneserfahrung, in die sensorische Daten, Erinnerungsbilder, Erfahrungen und Fantasien mit eingehen. Anders als die „gewohnte Erfahrung" zielt die *Sinneserfahrung* auf eine (Einstellungs-)Veränderung ab, die mit dem Vollziehen von sinnlichen Tätigkeiten verbunden ist. Sie sind Grenz- und Fremderfahrungen, in denen es zu einem anderen Sehen, Hören, Schmecken etc. kommt. Sie sind stärker strukturiert und mit der Biografie des Erlebenden verknüpft.

Schließlich kann man auch noch *Metawahrnehmungen* als Wahrnehmungen von Wahrnehmungen thematisieren. In Metawahrnehmungen steht der Vollzug der Wahrnehmung mit seinem Spielraum an sinnlich-selbstbezüglichen Leistungen im Mittelpunkt (Seel 1996:23,30). Der Metawahrnehmung geht es nicht, wie dem ästhetischen Werturteil, um das Begründen oder die Begründbarkeit künstlerischer Gestaltungen, sondern um die Selbstbezüglichkeit der Wahrnehmung. Im Vorherrschen der Vollzugsorientierung in der Metawahrnehmung wird erstens die Wahrnehmungstätigkeit selbst zum Zweck der Wahrnehmung; zweitens rückt im Verweilen der Wahrnehmung auch ihr Objekt stärker in den Fokus, und drittens sind mit der sinnlichen Wahrnehmung auch leibliche Wahrnehmungsprozesse, propriozeptive Spürensqualitäten verknüpft. Mit dem Verweilen in der Gegenwärtigkeit der Wahrnehmung ist primär keine Theoretisierung der Leistungen, Bedingungen und Implikationen dieser Wahrnehmung verbunden, sondern ein anderer Erfahrungshorizont von Welt, Anderer und Ich. Damit kennzeichnet die Sinnlichkeit ein synästhetisches Vernehmen der Erscheinungsqualitäten von Gegenständen, das sich durch die Momente der Offenheit und Pluralität, durch Unmittelbarkeit,

Prägnanz und Gegenwärtigkeit auszeichnet. Die mit der Metawahrnehmung verknüpfte Selbstzweckhaftigkeit verweist darauf, dass es in ihr nicht um genuin theoretisch-explikative noch um pragmatisch-poietische Anstrengungen, sondern um eine in einer gleichschwebenden Aufmerksamkeit gewonnene sinnliche Konstellation von sich wechselseitig ins Spiel bringenden Erscheinungsqualitäten von Ich, Welt und Wahrnehmung geht: Die Metawahrnehmung ist die Entlastung vom Sinn der Sinne, denn sie spielt mit ihm.

Die Kunst in der Sinnenbildung

Während man in der Antike und im Mittelalter davon ausging, dass die Sinnlichkeit mit der Geburt vollständig ausgebildet und zur Wahrnehmung tauglich sei (vgl. Jütte 2000), wird in der Moderne deutlich, dass das Lernen im Sinne der Ausbildung der Weltwahrnehmungsprozesse den fundamentaleren Vorgang darstellt, d.h. dass auch die sinnliche Wahrnehmung gelernt werden muss. Denn die qualitative Beschaffenheit der Welt ist einerseits vom kausalen Affiziertwerden der Sinne durch die Reize von Gegenständen und Situationen und andererseits von Erziehungs-, Lern-, Sozialisations- und Bildungsprozessen, d.h. vom kulturellen Kontext einer Lebenspraxis abhängig, in der die Sinnesempfindungen und Eindrücke differenziert werden und in denen ihnen Bedeutung zugeschrieben wird (vgl. Müller 1997).

Nun hat man gelegentlich die Künste als Kompensationsfelder für die mit der modernen Mediengesellschaft verbundenen Verkürzungen und Verflachungen der Sinnesbildungen verstanden, sollte doch der Umgang mit der Kunst eine (produktive) „Erfahrung aus erster Hand" ermöglichen. Allerdings reicht die Kunst in der Sinnenbildung anthropologisch noch tiefer, wie Otto Friedrich Bollnow (1903-1991) im Anschluss an Karl Marx erläutert: „Die in der menschlichen Leibesorganisation gegebenen Sinnesorgane [werden] erst durch die menschliche Arbeit, worunter hier vor allem die Werke der Kunst zu verstehen sind, zu eigentlich menschlichen Sinnen" (Bollnow 1988:31). Nur in Auseinandersetzung mit den Werken der Kunst „werden die Sinne zu Organen einer differenzierten Auffassung"; und der Mensch ist erst dann „im vollen Sinne Mensch, wenn er die ganze Breite der bisher verkümmerten Sinne zur Entfaltung gebracht hat" (ebd.:31f.). Bollnow konstatiert einen „Kreisprozess" zwischen gestalteter Wirklichkeit und Entwicklung der entsprechenden Auffassungsorgane im Menschen: „Die gelungene Gestaltung einer bisher ungestalteten oder weniger gestalteten Wirklichkeit entwickelt im Menschen ein ihr entsprechendes Organ des Auffassens, und so leben wir in einer Welt, wie die Kunst uns sie zu sehen gelehrt hat" (ebd.).

Mit dieser Bemerkung hält Bollnow aus phänomenologischer Sicht einerseits fest, dass die Welt immer perspektivisch wahrgenommen wird; und anderseits macht er darauf aufmerksam, dass die Kunst maßgeblich an diesem Perspektivismus beteiligt ist: Nicht der Alltag, nicht die Arbeit, nicht die Wissenschaft, sondern die Kunst belehrt und entwickelt die Menschen. Die menschliche Entfaltung der Sinne kann nur in der Auseinandersetzung mit der entfalteten Kunst gelingen. Die Entwicklung der Sinne und der Sinnlichkeit ist kein bloßes Naturereignis, das natürlichen Entwicklungsgesetzen folgt, sondern kulturell und artifiziell konstituiert. So wird durch das Hören von Musik das Ohr für die akustische Schönheit empfänglich, durch Betrachten von Kunstwerken das Auge für Formen und Farben geschult und durch das Theaterspielen der Körper für Darstellungspraktiken gebildet (vgl. Liebau/Zirfas 2009).

Denn obwohl die Sinnesbildungen auch an nicht künstlerischen Gegenständen geschehen können, besitzen kunstförmige Gegenstände insofern eine erhöhte (ästhetische) bildungstheoretische wie -praktische Bedeutsamkeit, als sie in der Lage sind, ein verdichtetes und differenziertes Spiel von Erscheinungen und Bedeutsamkeiten zu evozieren. Diese Einschätzung trifft sowohl auf die antike wie mittelalterliche Idee der Kunst als techne (τέχνη) – als ein praktisches, auf Herstellung zielendes Wissen, ein regelorientiertes Handwerk – wie auf die neuzeitliche Kunstvorstellung, als kreatives, dem Neuen, Originellen und Irritierenden verpflichtetes Schaffen, zu (vgl. Ullrich 2005). Dass Kunst Menschen in einer, mit kaum einer anderen Lebenspraxis zu vergleichenden, Intensität zu bilden imstande ist, haben ErzieherInnen zwar seit Platons Zeiten immer wieder gefürchtet, aber auch in ihrem Sinne instrumentell zu nutzen gewusst. Kunstwerke und kunstspezifische Handlungsformen sind immer auch Ausdruck und Reflexion eines, je nach historisch-kultureller Situation, spezifisch gestalteten menschlichen Selbst- und Weltverhältnisses, das in seiner Gestaltung, Wahrnehmung und Erfahrung für die Pädagogik immer – und auch und gerade in ihren kunstkritischen und -negierenden Tendenzen – hoch bedeutsam war. Denn Kunst hat es *von Hause aus* mit Wahrnehmung, Ausdruck, Gestaltung und Darstellung, eben mit Sinnlichkeit zu tun (vgl. Liebau/Zirfas 2008).

Schon Aristoteles (384-322 v.Chr.) hatte in seiner „Ethik" (1139b) darauf hingewiesen, dass die Künste die Gelegenheiten dafür bieten, differenzierte Formen der Wahrnehmung zu erlernen (Winzen 2007). Denn die Kunst hat im Vergleich zu Alltagsgegenständen vielfältige strukturelle Vorteile.

1. Im Umgang mit der Kunst sind Menschen – in der Regel – von existentiellen Sorgen, von objektiven Wahrheitsinteressen und auch von pragmatischen Handlungsinteressen befreit. Zweckfreiheit der Kunst lautet der diesbezügliche Sachverhalt, der einerseits dazu führt, dass man die Welt, das Selbst und das Selbst-Weltverhältnis neu verstehen und entwerfen und andererseits dazu, dass man in der Erfahrung dieses Entwerfens die Erfahrung der Selbstbestimmung und der Emanzipation machen kann (vgl. Egger/Hackl 2010 und siehe Max Fuchs „Kunstfreiheit und Kunstautonomie – Facetten einer komplexen Leitformel" in diesem Band).
2. Der Umgang mit der Kunst spannt die Menschen in die Dialektik von Bezug- und Distanznahme ein: Man lässt sich auf Kunstwerke so ein, dass man gleichwohl – mehr oder weniger bewusst – vergegenwärtigt, *dass* und *wie* man sich auf sie einlässt. Kunstwerke lassen Spielräume für sinnliche Wahrnehmungs- und Gestaltungsmöglichkeiten. Denn sie verweisen immer auf die Art und Weise, in der sie Gegenstände präsentieren bzw. repräsentieren.
3. Das bedeutet, dass Kunstwerke und kunstspezifische Handlungsformen Menschen in einen sinnlichen (reflexiv-ästhetischen) Selbstbezug verwickeln können, da in ihrer Wahrnehmung und Erfahrung der alltägliche Weltbezug aufgehoben ist. In der sinnlichen Wahrnehmung von Kunst sind intensive und reflexive Erfahrungen der Gegenständlichkeit und der leiblichen Subjektivität gleichsam eingelagert (Merleau-Ponty 1945). In diesem Sinne sind Kunstwerke ein besonderer Ausdruck der Erfahrungsfähigkeit des Menschen, die mit ihrer modellhaften Intensität eine besondere Relevanz für das Subjekt besitzen.
4. Dies bedeutet, dass Kunstwerke Wahrnehmungen *verdichten* und somit Erfahrungen der Offenheit, Mehrdeutigkeit, Differenzierung, Kontingenz und Reflexivität ermöglichen.

Die Künste lassen sich insofern als eine besonders *erscheinende* Form des Wissens und der Wissenschaft verstehen: Sie bilden eine mittlere Abstraktionsebene, die konkrete Wahrnehmungserfahrungen mit theoretischen Abstrahierungen verbindet. Die Künste können hier Aufmerksamkeiten und Wahrnehmungsperspektiven für die Möglichkeiten des Spiels zwischen eintauchendem Gewahrsein, symbolischer Interpretation, reflexiver Distanznahme und entwerfender Imagination erzeugen. Im Experimentieren mit bestimmten Wahrnehmungsformen und unterschiedlichen Erkenntniszugängen und ihren Verhältnissen untereinander wird das sinnlich-wahrnehmende Selbst- und Welterlebnis gebildet. Die Künste können dabei als Ausdruck (Expressionstheorie) oder als Verursacher (Evokationstheorie) von sinnlichen Erfahrungen verstanden werden. In der Auseinandersetzung mit der Kunst können die Menschen ihr sinnlich-leibliches, nicht-propositionales Wissen produktiv entfalten; und sie können sich rezeptiv mit ihrem sinnlichen Potential, mit ihren Wahrnehmungsvollzügen und ihren Selbsterfahrungen konfrontieren.

Kurz: Die Sinne machen Sinn, indem sie die Künste entwickeln und die Künste machen Sinn, indem sie die Sinne bilden. Erst im Wechselspiel von Sinnen und Künsten wird die Welt in einer besonderen Weise sicht-bar, hör-bar, riech-bar, schmeck-bar, tast-bar, darstell-bar etc. Es sollte darauf hingewiesen werden, dass die Nachsilbe „bar" mit dem „Gebären" verwandt ist.

Zum Weiterlesen

Bilstein, Johannes (Hrsg.) (2011): Anthropologie und Pädagogik der Sinne. Opladen/Farmington Hills: Barbara Budrich.

Böhme, Gernot (2001): Aisthetik. Vorlesungen über Ästhetik als allgemeine Wahrnehmungslehre. München: Fink.

Liebau, Eckart/Zirfas, Jörg (Hrsg.) (2008): Die Sinne und die Künste. Perspektiven Ästhetischer Bildung. Bielefeld: transcript.

Meyer-Drawe, Käte (1987): Leiblichkeit und Sozialität. 2. Auflage, München: Fink.

Waldenfels, Bernhard (2010): Sinne und Künste im Wechselspiel. Modi ästhetischer Erfahrung. Frankfurt/M.: Suhrkamp.

zur Lippe, Rudolf (2000): Sinnenbewußtsein. Grundlegung einer anthropologischen Ästhetik. 2 Bände. Baltmannsweiler: Schneider.

Ursula Brandstätter
Ästhetische Erfahrung

So selbstverständlich der Begriff des Ästhetischen im sowohl wissenschaftlichen wie auch alltagssprachlichen Diskurs verwendet wird, so schwierig ist es, den Begriff eindeutig zu definieren. Etymologisch leitet er sich aus dem griechischen Wort „aisthesis" ab und bezeichnet „sinnlich vermittelte Wahrnehmung". Mit seiner 1750 erschienenen „Aesthetica" verankerte Alexander Gottlieb Baumgarten den Begriff in der philosophischen Diskussion und etablierte damit das Fach Ästhetik als wissenschaftliche Disziplin. Im Zuge der geschichtlichen Entwicklung des Begriffs ist zunächst eine Zuspitzung „von der Sinneswahrnehmung im allgemeinen zur Kunst im besonderen" (Arnheim 1977:9) zu beobachten. Das bedeutet, dass durch mehr als zwei Jahrhunderte hindurch die Auseinandersetzung mit Fragen zur Kunst im Brennpunkt des Ästhetik-Diskurses stand. Im Zuge der Postmoderne schließlich wurde die Bedeutung des Begriffs wieder geweitet, indem einerseits eine verstärkte Besinnung auf die sprachgeschichtlichen Wurzeln und damit auf den allgemeinen Bezug zu den sinnlichen Wahrnehmungen stattfand und andererseits mit dem Schlagwort der Ästhetisierung der Lebenswelt der Geltungsbereich der Ästhetik über die Künste hinaus erweitert wurde. Wenn also im Folgenden von ästhetischer Erfahrung die Rede ist, so sind damit keineswegs nur Erfahrungen im Umgang mit Kunst gemeint, sondern darüber hinaus auch sinnlich-ästhetische Erfahrungen, die unabhängig von Kunstwerken gemacht werden können. Ästhetische Erfahrungen sind im Spannungsfeld zwischen Kunsterfahrungen und Alltagserfahrungen situiert. Da die Erfahrung von Kunst in gewisser Weise als modellhaft für ästhetische Erfahrungen insgesamt gesehen werden kann, steht sie im Zentrum der folgenden Überlegungen.

Merkmale ästhetischer Erfahrung

Um die Vielfalt möglicher ästhetischer Erfahrungen in den Blick zu bekommen, ist es wichtig, noch eine weitere Unterscheidung zu treffen. Ästhetische Erfahrungen ergeben sich nicht nur im rezeptiven Umgang mit vorhandenen Objekten (seien es Kunstwerke oder andere materielle und immaterielle Anlässe für Erfahrungen), sondern auch im produktiven Umgang, also dort wo etwas ästhetisch gestaltet wird. Im Konzept der ästhetischen Erfahrung sind ästhetische Rezeption und ästhetische Produktion gleichermaßen mitbedacht. Angesichts der Fülle unterschiedlicher Erfahrungen, die unter dem Begriff der ästhetischen Erfahrung subsumiert werden können, ist eine allgemeine und abschließende Definition nicht leistbar und auch nicht unbedingt wünschenswert – sie würde dem offenen Charakter des Ästhetischen widersprechen. Wenn im Folgenden Kernmerkmale der ästhetischen Erfahrung begrifflich benannt werden, so ist dies als Versuch zu werten, Besonderheiten ästhetischer Erfahrung bewusst zu machen – ohne den Anspruch auf Vollständigkeit und ohne den Anspruch, den „Wesenskern" ästhetischer Erfahrungen zu erfassen. Im Sinne der von Ludwig Wittgenstein eingeführten Idee der „Familienähnlichkeit" (Wittgenstein 1984:283; vgl. auch Welsch 1996:23f.) gibt es eben nicht die für alle Mitglieder einer Familie zutreffenden gemeinsamen Eigenschaften, sondern Familienmitglieder sind durch einander überlappende Eigenschaften miteinander verbunden. Bezogen auf ästhetische Erfahrungen bedeutet dies, dass die hier genannten Merkmale nicht immer alle gleichzeitig auftreten müssen, damit man von ästhetischer Erfahrung sprechen kann.

Synästhesie und Leiblichkeit

Ästhetische Erfahrung ist in der Sinnlichkeit der Wahrnehmung verankert, d.h. sie nimmt dort ihren Ausgang und bleibt stets auf die Sinne bezogen. Als besonderes Merkmal ästhetischer Wahrnehmung wird immer wieder ihr grundsätzlich synästhetischer Charakter genannt. Martin Seel spricht von der „latenten oder offenen Synästhesie" ästhetischer Wahrnehmung (Seel 2003:59). Ähnlich sieht dies Dieter Mersch, wenn er die „ungeteilte" Aufmerksamkeit ästhetischer Wahrnehmung thematisiert, die „noch vor der Zerlegung in Sondersensibilitäten wirksam wird" (Mersch 2001:282).

Die ungeteilte, synästhetische Aufmerksamkeit hat mit der Leiblichkeit der ästhetischen Wahrnehmung zu tun. Zwar stellt die Leibbezogenheit eine grundlegende Bedingung jeder Art von Wahrnehmung dar (Maurice Merleau-Ponty spricht von den „Leibapriori" der Sinnlichkeit, Merleau-Ponty 1974:239ff.), in der ästhetischen Wahrnehmung jedoch wird die Leiblichkeit selbst thematisch, das heißt die Präsenz des Leibes stellt eine zentrale und bewusste Erfahrensdimension dar. Die Leibbezogenheit der ästhetischen Wahrnehmung hat dabei eine doppelte Bezugsrichtung: zum einen ist damit der Körper des wahrnehmenden Subjekts angesprochen, zum anderen aber auch die „leibliche Präsenz" (Mersch 2001:276) des wahrgenommenen Kunstwerks bzw. ästhetischen Objekts (siehe Doris Schuhmacher-Chilla „Körper – Leiblichkeit" in diesem Band).

Selbstzweck und Selbstbezüglichkeit

Im Unterschied zu sinnlichen Wahrnehmungserfahrungen im Alltag sind ästhetische Erfahrungen im gewissen Sinn frei von einer primären Bindung an äußere Aufgaben, Funktionen und Ziele. Das bedeutet nicht, dass ästhetische Erfahrungen keine Funktionen erfüllen (die möglichen Funktionen sind vielfältig: sie reichen über Unterhaltung, Bestätigung, Ausdruck bis zu Erkenntnis, um nur einige wenige zu nennen), aber die Beziehung, die wir in der ästhetischen Erfahrung zu Objekten aufbauen, unterliegt keiner einseitigen handlungsorientierten Zweckorientierung, sondern der Sinn und Zweck liegt in der Erfahrung selbst begründet. Immanuel Kant spricht vom „freien Spiel der Erkenntniskräfte" (Kant 1790), Seel von der „Vollzugsorientierung" der ästhetischen Erfahrung (Seel 1996:48).

Denkt man die Idee des Selbstzwecks konsequent weiter, so lässt sich daraus noch ein weiteres Merkmal ästhetischer Erfahrung ableiten: die Bezogenheit der Erfahrung auf sich selbst als Wahrnehmung. Gegenstand ästhetischer Wahrnehmung und Erfahrung ist nicht nur das Wahrgenommene, sondern gleichzeitig auch der Akt der Wahrnehmung selbst. In der ästhetischen Wahrnehmung nehmen wir also nicht nur etwas wahr, sondern wir nehmen den Prozess des Wahrnehmens und auch uns selbst als Wahrnehmende wahr. Die Selbstbezüglichkeit der ästhetischen Erfahrung wird im Umgang mit Kunst besonders deutlich. Erst wenn wir ein Bild als Bild wahrnehmen, ein akustisches Ereignis als Musik, kann man von ästhetischer Erfahrung sprechen.

Selbstbezug und Weltbezug

Die Selbstbezüglichkeit der ästhetischen Wahrnehmung führt direkt zu einem weiteren Merkmal ästhetischer Erfahrung: zum Ineinander von Selbst- und Weltbezug. Wann immer wir uns dem „ästhetischen Genuss" hingeben, führt dies zu einem intensiven Erleben der eigenen Person. Die ästhetische Erfahrung erschöpft sich jedoch nicht nur im Akt intensiver Selbsterfahrung, ebenso wesentlich ist der Bezug zur äußerlich erfahrenen Wirklichkeit: sei es zum ästhetischen Objekt selbst wie auch ggf. zu der durch das Objekt vermittelten Wirklichkeit. (Von der doppelten Existenzweise von Kunst bzw. von ästhetischen Objekten wird weiter unten noch im Zusammenhang mit dem Zeichencharakter von Kunst die Rede sein.)

In der ästhetischen Erfahrung gehen Ich-Erfahrung und Welt-Erfahrung eine Einheit ein. Hans Robert Jauß charakterisiert diese spezifische Art der Erfahrung als „Erfahrung seiner selbst in der Erfahrung des anderen" und – pointiert formuliert – als „Selbstgenuß im Fremdgenuß" (Jauß 1982:681).

An dieser Stelle stellt sich die Frage, inwiefern alle bisher genannten Merkmale im Grunde nicht auf jede Art der sinnlichen Wahrnehmung und Erfahrung zutreffen. Sind nicht auch nicht-ästhetische Wahrnehmungen in der „Einheit der Sinne" (Plessner 1923/1965) und ihrer Leiblichkeit verankert? Schwingt nicht in jeder Wahrnehmung eines Anderen auch die reflexive Selbstwahrnehmung untergründig mit? Wenn dies auch tendenziell zutrifft, so bleibt doch zumindest ein gradueller Unterschied bestehen zwischen einer Wahrnehmungsweise, die z.B. auf ein Handlungsziel hin orientiert ist und sich aufgrund dieser Orientierung gleichsam selbst vergisst, und einer ästhetischen Wahrnehmung, die unabhängig von äußeren Zielen den Prozess des Wahrnehmens selbst genießt.

Eigenzeitlichkeit und Eigenräumlichkeit

Die Besonderheit ästhetischen Erfahrens zeigt sich in einer besonderen Art des Zeiterlebens. Bedingt durch die Bezogenheit der Wahrnehmung auf sich selbst, verliert die objektiv messbare „Außenzeit" an Bedeutung. Ästhetische Erfahrungen ereignen sich im „Modus des Verweilens" (Seel 1996:50), also in einer Art des Erlebens, in der der Gegenwart und dem Augenblick eine zentrale Rolle zukommen. In einem ähnlichen Sinn thematisiert Wolfgang Iser die „Gegenwärtigkeit des Ästhetischen" (Iser 2003:176ff.) und spricht Dieter Mersch von der „Sensibilität des Augenblicks" (Mersch 2001:279). Die besondere zeitliche Struktur der ästhetischen Erfahrung spielt auch bei Hans Ulrich Gumbrecht eine hervorgehobene Rolle. Ästhetische Erlebnisse zeichnen sich durch „Insularität und Plötzlichkeit" aus, sie unterbrechen den Fluss der Zeit und werden von ihm als „Epiphanien" charakterisiert (Gumbrecht 2003:204ff.). Ebenso wie in der ästhetischen Erfahrung die Zeit gewissermaßen angehalten werden kann, so kann die Zeit auch beschleunigt oder verlangsamt oder überhaupt außer Kraft gesetzt werden.

Der Bezogenheit auf die „ästhetische Präsenz" (Seel 1996:48) entspricht auch ein besonderes Verhältnis zum Raum. Wenn wir uns einer ästhetischen Erfahrung hingeben, so begeben wir uns damit in ästhetische Räume, die von den faktischen Räumen durchaus unterschieden sind. Dies gilt gleichermaßen für literarische Räume, die wir bei der Lektüre eines Romans imaginativ betreten, wie für visuelle Räume, die sich bei der Betrachtung eines Bildes eröffnen, wie auch für musikalische Räume, die gewohnten Alltagsräumen einen völlig neuen Charakter verleihen können.

Eigenzeitlichkeit und Eigenräumlichkeit können als Begleiterscheinungen bestimmt werden, die sich aus der Idee des Selbstzwecks und der Selbstbezüglichkeit ästhetischer Wahrnehmung ergeben. Die Loslösung von der Bindung an äußere Zwecke und reflexive Bezugnahme auf sich selbst hat die Generierung von Zeit-Räumen mit eigenen Gesetzlichkeiten zur Folge.

Zwischen Ding- und Zeichencharakter der Welt

Ästhetische Erfahrungen sind durch einen doppelten Zugang zur Welt gekennzeichnet. Dieser wird besonders deutlich im Umgang mit Kunstwerken und ihrer „doppelten Existenzweise" (Brandstätter 2008:74ff.). Zu den Besonderheiten von Kunstwerken gehört es, dass sie einerseits als Zeichen verstanden werden können, die auf Wirklichkeiten außerhalb ihrer selbst verweisen, dass sie aber andererseits auch Wirklichkeiten für sich darstellen: Ein Bild stellt etwas dar (eine Landschaft, eine Person, ein Farben-Formgefüge), gleichzeitig aber ist es als Objekt mit einer bestimmten Materialität erlebbar. Auch wenn der Zeichencharakter von Kunst – etwa bezogen auf stilistische Entwicklungen in der Bildenden Kunst im 20. Jh. oder bezogen auf bestimmte Kunstformen wie z.B. die Musik – nicht unumstritten ist, so ist unser abendländisches Verständnis von Kunst doch sehr stark von der Frage nach der „Bedeutung" von Kunstwerken geprägt. Der Doppelcharakter von Kunstwerken wird in den ästhetischen Theorien vielfältig diskutiert. Dieter Mersch spricht in diesem Zusammenhang von der „Duplizität zwischen Materialität und Bedeutung" (Mersch 2001:276). Es gibt eine „leibliche Präsenz", die „ohne Regreß nicht wieder auf Zeichen rückführbar" erscheint, „etwas, das nicht spricht, sondern sich nur zeigen kann" (Mersch 2001:276). Während das „Sprechen" des Kunstwerks seinen Zeichencharakter konstituiert, erschließen sich im Akt des „Zeigens" seine primären sinnlichen und materialen Qualitäten. Dieses „Oszillieren zwischen Präsenz und Bedeutung" (Gumbrecht 2003:210ff.) bzw. die Differenz zwischen „Präsenz und Repräsentation" (Boehm 2003:95f.) kennzeichnet nicht nur Kunstwerke und den Umgang mit Kunstwerken, sondern ästhetische Erfahrungen insgesamt. Bedingt durch ihre unauflösbare Verankerung in der sinnlichen Wahrnehmung, führt die ästhetische Erfahrung immer wieder – auch dort, wo sie reflexiv wird und nach möglichen Bedeutungen fragt – in die Erfahrung der sinnlich-leiblichen Präsenz zurück.

Zwischen Differenz und Affirmation

Ästhetische Erfahrung wird oft als Differenzerfahrung charakterisiert – das Merkmal der Differenz ist dabei aus der Erfahrung mit Kunst abgeleitet. Im postmodernen Verständnis von Kunst spielt das Moment der „Verfremdung" (im weitesten Sinn) eine besondere Rolle. Eine wesentliche Funktion von Kunst besteht demnach darin, traditionelle Wahrnehmungs- und Denkweisen aufzubrechen. Das Gewohnte wird in Frage gestellt, das Vertraute wird fremd gemacht, Irritationen sollen zu einer Umstrukturierung der Wahrnehmung und des Denkens führen. Wolfgang Welsch spricht von „Blitz, Störung, Sprengung, Fremdheit" (Welsch 1998:39), um die irritierende Wirkweise ästhetischer Phänomene zu fassen; Rüdiger Bubner von der „Umkehr eingeschliffener Welterfahrung" (Bubner 1989:118).

Die Orientierung der ästhetischen Erfahrung an einem bestimmten – differenzorientierten – Verständnis von Kunst läuft Gefahr, einseitig zu werden und Dimensionen der ästhetischen Erfahrung auszuklammern, denen es gerade nicht um Differenz, sondern vielmehr um Bestätigung und Affirmation geht. Zweifelsohne muss etwa das Hören von vertrauter Musik (das seine spezifische Lust aus dem Wiedererkennen von Bekanntem zieht) durchaus als mögliche ästhetische Erfahrung anerkannt werden, auch wenn daraus keine „neuen" Wahrnehmungen und Erfahrungen erwachsen. Einen Gegenpol zur Differenzerfahrung stellt die von Seel so benannte „Ästhetik der Korrespondenz" dar (Seel 1996:130f.).

Seel unterscheidet drei Arten der „Praxis der Kunst" – damit meint er „jede menschliche Tätigkeit des wahrnehmenden oder herstellenden Umgangs mit Werken der Kunst": die Ästhetik der Korresponsion (in deren Zentrum die ästhetische Gestaltung der Lebenswelt steht), die Ästhetik der Kontemplation (die in „sinnabstinenter Aufmerksamkeit" aus der Alltagswirklichkeit herausführt) und die Ästhetik der Imagination (die sich im reflexiv bewussten Umgang mit Kunstwerken erfüllt) (Seel 1996:126-144). Die korresponsive ästhetische Praxis sucht – im Sinne der Gestaltung der eigenen Lebenswelt – nach Übereinstimmung. Ihr geht es gerade nicht um Differenzerfahrung, sondern um Korrespondenzen zwischen ästhetischem Objekt und der eigenen Lebenswelt bzw. dem eigenen Lebensgefühl. Um also die Vielfalt möglicher ästhetischer Erfahrungen in den Blick zu bekommen, muss das Spannungsfeld zwischen der Erfahrung von Differenz und der Erfahrung von Übereinstimmung bedacht werden.

Ästhetische Erfahrung und Sprache

Das Verhältnis der ästhetischen Erfahrung zur Verbalsprache stellt ein zentrales Thema des ästhetischen Diskurses dar. Ästhetische Erfahrung widersetzt sich in ihrer Bezogenheit auf die Sinnlichkeit in gewisser Weise dem sprachlichen Zugriff. Das im Rahmen der Erkenntnistheorie viel diskutierte Wechselverhältnis zwischen Anschauung und Begriff erfährt im Zusammenhang mit ästhetischen Fragestellungen eine besondere Brisanz. Die ästhetische Anschauung findet ihre Erfüllung niemals in definierenden Begriffen – das Einzigartige der ästhetischen sinnlichen Erfahrung kann niemals vom allgemeinen Charakter der Begriffe erfasst werden. Das heißt, die ästhetische Erfahrung bleibt begrifflich unbestimmbar, sie entzieht sich einer abschließenden begrifflichen Zuordnung. Damit ist die ästhetische Erfahrung in eine unaufhörliche Bewegung zwischen Anschauung und Begriff eingebunden. Bubner charakterisiert dieses zirkuläre Aufeinander-Verwiesensein von Anschauung und Begriff mit folgenden Worten: „Es entsteht eine Spannung, die sich zwischen der sinnlichen Bedürftigkeit und der begrifflichen Unbedürftigkeit bewegt" (Bubner 1989:62). Die Unbestimmtheit und Unabschließbarkeit ästhetischer Erfahrung findet ihren Ausdruck in unabschließbaren Wechselspielen zwischen einmaligen, individuellen Wahrnehmungen und verallgemeinernden Begriffen. An dieser Stelle muss jedoch kritisch gefragt werden, ob die Verbalsprache tatsächlich hinlänglich beschrieben ist, wenn man ihren abstrahierenden, verallgemeinernden Charakter ins Zentrum der Aufmerksamkeit rückt. Verfügt die Sprache nicht auch über Möglichkeiten, das Besondere und Einmalige auf den Begriff zu bringen? Gibt es nicht auch eine Sprache, die sich ihrem Gegenstand (wie etwa der Kunst) annähert, indem sie sich ihm ähnlich macht? Die Möglichkeiten eines „mimetischen Sprechens" (Brandstätter 2011) müssen mit bedacht werden, gerade auch wenn in pädagogischen Zusammenhängen die Sprache als Weg zum Verstehen von Kunst und zur Kommunikation über ästhetische Erfahrungen eingesetzt wird.

Ästhetische Erkenntnis

Die Überlegungen zum Verhältnis von ästhetischer Erfahrung und Sprache (von Anschauung und Begriff) führen mitten in grundsätzliche Fragen der Erkenntnistheorie. Kann ästhetische Erfahrung zu Erkenntnissen führen? Ist Kunst erkenntnisfähig? Dabei müssen zwei unterschiedliche Bezugspunkte ästhetischer Erkenntnis unterschieden werden: Zum einen richtet sich ästhetische Erkenntnis auf die Erkenntnis eines Kunstwerks selbst (seine Machart, seine Erscheinungsweise, seine Geschichte), zum andern können Kunstwerke aber auch zu Erkenntnissen führen, die über das Werk selbst hinausweisen. Ästhetische Erkenntnis bewegt sich also im Spannungsfeld zwischen Erkenntnis von Kunst (Kunst als Gegenstand der Erkenntnis) und Erkenntnis durch Kunst (Kunst als Mittel der Erkenntnis).

Die Idee der ästhetischen Erkenntnis blickt bereits auf eine lange Geschichte zurück. Am Anfang steht Baumgartens „Aesthetica" und seine Theorie der „sinnlichen Erkenntnis" (Baumgarten 1750/1988). Baumgarten setzte sich für die Besonderheiten der sinnlichen Erkenntnis als einer Erkenntnisform ein, in der sich der Gegenstand noch nicht in der Abstraktheit der begrifflichen fixierten Rationalität verflüchtigt. Die Auseinandersetzung mit den Erkenntnisfunktionen von Kunst stellt eine Konstante in der inzwischen über 250 Jahre alten Disziplin der Ästhetik dar: Sie findet sich in Kants Theorie der „ästhetischen Urteilskraft" ebenso wie in Hegels Konzept des „sinnlichen Scheinens der Idee", in Nietzsches Entlarvung der „Wahrheit als Illusion" wie in Adornos Theorie der „mimetischen Rationalität" (vgl. Brandstätter 2012). Gemeinsam ist all diesen Denkern, dass sie der Kunst einen eigenständigen Erkenntniswert zuerkennen, der sich von der wissenschaftlichen Erkenntnis unterscheidet. Zur Kennzeichnung der Unterschiede werden sowohl zeichentheoretische Aspekte ins Treffen geführt (vgl. Goodman 1973 und 1984) als auch allgemeine Überlegungen zu verschiedenen Formen des Denkens: So wird die Stärke der Kunst darin gesehen, ergänzend zum schlussfolgernden logischen Denken auch das vergleichende Denken in Ähnlichkeiten anzuregen (vgl. Brandstätter 2008:21ff).

In der aktuellen ästhetischen und auch hochschulpolitischen Diskussion stellt der Erkenntnischarakter von Kunst eine wichtige Fragestellung dar. Unter Schlagwörtern wie „artistic research" oder „Künstlerische Forschung" wird nach Möglichkeiten gesucht, die Erkenntnisformen der Wissenschaften und der Künste in einen neuen produktiven Zusammenhang zu bringen. Freilich ist der Erkenntnisstatus von Kunst keineswegs unumstritten. „Wahrheit ist keine überzeugende Leitkategorie zur Untersuchung ästhetischer Erfahrung" – so kritisiert etwa der Literaturwissenschaftler Bernd Blaschke die aktuelle Konzentration auf erkenntnistheoretische Fragen (Blaschke 2004:14). Wie immer man sich gegenüber der Frage der ästhetischen Erkenntnis positioniert, Einigkeit scheint darüber zu bestehen, dass ästhetischen Erfahrungen gerade in unserer aktuellen Welt eine besondere Bedeutung zukommt.

Der Modellcharakter ästhetischer Erfahrung

„Meine These lautet, daß ästhetisches Denken gegenwärtig das eigentlich realistische ist" (Welsch 1996:142) – damit will Welsch auf den Umstand verweisen, dass angesichts einer Wirklichkeit, die immer stärker ästhetische Züge annimmt, der bewusste ästhetische Umgang mit der Welt der eigentlich adäquate ist. Die Omnipräsenz der Medien und damit die grundsätzlich mediale Vermitteltheit der Welt hat dazu geführt, dass wir immer weniger in der Lage sind, zwischen Fiktionen und Realität zu unterscheiden. Inzwischen haben wir es nicht mehr mit der „einen, wirklichen" Realität zu tun, sondern stattdessen mit einer Fülle verschiedener Wirklichkeiten. Genau diesen Umgang mit unterschiedlichen, auch widersprüchlichen Wirklichkeiten vermag uns die Kunst zu lehren: Wenn wir uns auf ästhetische Phänomene einlassen, lernen wir, mit Pluralität, Heterogenität, Differenzen und Widersprüchen umzugehen. In ästhetischen Erfahrungen wird uns bewusst, dass die Wirklichkeiten, in denen wir leben, in gewisser Weise nur „Bilder mit Rahmen" sind, die jederzeit durch andere „Bilder" mit anderen „Rahmen" ersetzt werden können.

Ästhetische Erfahrungen haben aber auch noch in einem anderen Sinn Modellcharakter. Sie sind in der Sinnlichkeit der Wahrnehmung verankert, drängen aber zur reflexiven Verarbeitung, ohne dabei den Bezug zur Körperlichkeit zu verlieren. In ästhetischen Erfahrungen erleben wir uns selbst und die Welt gleichzeitig und werden zu vielfältigen Wechselspielen angeregt: zwischen Sinnlichkeit und Reflexion, zwischen Emotionalität und Vernunft, zwischen Bewusstem und Unbewusstem, zwischen Materialität und Zeichencharakter, zwischen Sagbarem und Unsagbarem, zwischen Bestimmtem und Unbestimmtem. Vielleicht ist die grundsätzliche Offenheit, die diese Wechselspiele ausmacht, modellhaft für menschliches Erfahren, Erleben und Erkennen überhaupt.

Dies hat Konsequenzen für ein Konzept Kultureller Bildung. Kulturelle Bildung in diesem Verständnis bedeutet: Rahmenbedingungen zu schaffen für ästhetische Erfahrungen in einem umfassenden, viele Dimensionen des Menschseins aktivierenden Sinn.

Zum Weiterlesen

Brandstätter, Ursula (2008): Grundfragen der Ästhetik. Bild – Musik – Körper – Sprache. Köln/Weimar/Wien: Böhlau.

Bubner, Rüdiger (1989): Ästhetische Erfahrung. Frankfurt/M.: Suhrkamp.

Küpper, Joachim/Menke, Christoph (Hrsg.) (2004): Dimensionen ästhetischer Erfahrung. Frankfurt/M.: Suhrkamp.

Seel, Martin (1996): Ethisch-ästhetische Studien. Frankfurt/M.: Suhrkamp.

Welsch, Wolfgang (1998): Ästhetisches Denken. Stuttgart: Reclam.

Dagmar Fenner
Ethik und Ästhetik

Die beiden Perspektiven der Ethik und der Ästhetik

In der Philosophie ist das Verhältnis von Ethik und Ästhetik seit Platon Thema. Um dieses Verhältnis näher beleuchten zu können, sind zunächst die beiden Begriffe „Ethik" und „Ästhetik" zu klären: „Ethik" geht zurück auf das griechische „ethos": „Sitte, Brauch, Charakter" und wurde bereits in der Antike von Aristoteles als Bezeichnung für eine bestimmte Art des philosophischen Denkens verwendet. Ethik ist die philosophische Disziplin, die allgemeine Prinzipien oder Beurteilungskriterien zur Bestimmung des richtigen menschlichen Handelns zu begründen sucht (vgl. Fenner 2008:5f.). Die Grundfrage der Ethik lautet entsprechend: „Wie soll ich handeln?" Man kann sich diese Frage entweder mit Blick auf die persönlichen Bedürfnisse, Wünsche und Interessen (Individual- oder Strebensethik) oder aber hinsichtlich des Wohlergehens der vom Handeln Betroffenen (Sozial- oder Sollensethik) stellen. Ziele der Ethik sind sowohl das Glück und gute Leben der Individuen als auch das gerechte Zusammenleben. Ethik lässt sich daher auch als Theorie des guten und gerechten Handelns definieren.

Anders als die Ethik wurde die Ästhetik viel später, nämlich erst im 18. Jh. von Alexander Gottlieb Baumgarten als eine eigenständige philosophische Disziplin begründet. Das Wort „Ästhetik" stammt vom griechischen Wort „aisthesis" ab, das so viel meint wie „sinnliche Wahrnehmung, Sinn, Erkenntnis". Baumgarten definierte die Ästhetik entsprechend als „Wissenschaft der sinnlichen Erkenntnis" (§1). Bis heute plädieren viele PhilosophInnen für einen solchen weiten Begriff von Ästhetik und lehnen die heute übliche Verengung der Ästhetik auf das Schöne und die Kunst ab. Statt sich nur mit schönen Erscheinungen auseinander zu setzen, beschäftige sich die Ästhetik mit allen Arten von Wahrnehmungen (vgl. Welsch 1960:9f.). Ihr Ziel sei dabei nicht begriffliche Erkenntnis, sondern die Verfeinerung und Erweiterung der sinnlichen Aneignung der Wirklichkeit, damit das sinnlich Erscheinende in seiner ganzen Reichhaltigkeit erfahren werde (vgl. Waibl 2009:14f.). Zum Leitbegriff gegenwärtiger Ästhetik avancierte die „Ästhetische Erfahrung" (vgl. Bubner 1989; Düwell 1999). Gemeint ist damit eine sinnengeleitete Erfahrung, bei der die Aufmerksamkeit den vielfältigen sinnlichen Qualitäten von wahrgenommenen Erscheinungen gewidmet wird und die folgende Charakteristika aufweist (vgl. dazu Düwell 1999:64; Fenner 2000:22f.): 1. Selbstzwecklichkeit und Vollzugsorientiertheit, 2. Reflexivität und das spielerische Experimentieren mit neuen Perspektiven auf die Wirklichkeit und 3. ästhetischen Genuss bzw. ästhetisches Wohlgefallen.

Typisch für die ästhetische Einstellung zur Wirklichkeit ist also erstens die Herauslösung des Subjekts aus dem unmittelbaren Eingebundensein in die alltägliche Lebenswelt mit subjektiven Bedürfnissen und Interessen und äußeren Erwartungshaltungen zugunsten der totalen Hingabe an die ästhetische Praxis um ihrer selbst willen, frei von äußeren Zwecken wie Welterkenntnis oder richtiges Handeln.

Das reflexive Moment der ästhetischen Erfahrung macht zweitens das eigene Verhältnis zur Welt bewusst und eröffnet neue Möglichkeiten der Weltsicht (vgl. Düwell 1999:93).

Das ästhetische Wohlgefallen wird drittens nicht wie ein rein sinnlicher Genuss unmittelbar durch angenehme Sinnesreizungen wie etwa beim Verzehr einer leckeren Speise ausgelöst, sondern erfordert eine Auseinandersetzung mit der Form des Wahrgenommenen mittels der Fantasie und des Denkvermögens.

Ästhetik ist zwar mehr als „Theorie der Kunst", weil ästhetische Einstellungen nicht nur durch Kunstwerke, sondern auch durch außerkünstlerische Objekte der Natur oder des Alltags angestoßen werden können. Gleichwohl steht bei den meisten philosophischen Reflexionen zum Verhältnis von Ästhetik und Ethik die Kunst im Vordergrund. Genau genommen fragt man dabei nicht nach den Beziehungen zwischen den beiden philosophischen Disziplinen, sondern vielmehr nach dem Zusammenhang zwischen ihren beiden Gegenstandsbereichen: Leistet die ästhetische Erfahrung einen Beitrag zu einem persönlichen guten Leben oder einem gerechten Zusammenleben? Kann die Auseinandersetzung mit Kunst uns zum richtigen Handeln anleiten? Diese Fragen haben sich Philosophen bereits in der Antike gestellt, bevor also die Ästhetik als eigenständige Disziplin etabliert wurde. Es kann im Folgenden nur eine Auswahl der wichtigsten Antworten vorgestellt werden, die auch mit Blick auf die Kulturelle Bildung von Interesse sind.

Platon: Kunst im Idealstaat

Auf der einen Seite hat Platon beim Entwurf seines „Idealstaates" im 4. Jh. v. Chr. die Künstler verbannt, weil sie nicht die Wahrheit sagen und die Seelen der Zuschauer verderben: Statt dass sie die Urbilder oder Ideen der Dinge erkennen, würden sie in ihren Gedichten oder auf Bildern nur das oberflächlich sinnlich Wahrnehmbare äußerlich abbilden (vgl. Platon 1991:596a-599b). Die illusionistischen Künstler seiner Zeit sprächen nur die Sinnlichkeit der Rezipienten an und zerstörten durch die Darstellung unüberlegter und leidenschaftlicher Handlungen sogar deren Vernunft (vgl. ebd.:604e-606d). Auf der anderen Seite gesteht Platon der Kunst jedoch sogar einen erzieherischen Charakter zu, sofern sie nur bestimmten ontologischen und ethischen Kriterien genüge. Unter einer strengen Zensur sollen daher diejenigen Künstler im Idealstaat tätig sein dürfen, die edle und anständige Charaktere darstellen und die Gerechtigkeit loben (vgl. ebd.:401c f.). In der musischen Erziehung werden nur gewisse ausgewählte Tonarten zugelassen, die in den Heranwachsenden Tugenden, d.h. ethische Charakterhaltungen wie Tapferkeit oder Besonnenheit herausbilden (vgl. ebd.:399a ff.).

Angesichts der Vielfalt der Einflussfaktoren auf die Charakterbildung lässt sich allerdings empirisch schwer belegen, dass Musik tatsächlich nicht nur die Gefühlslage eines Menschen beeinflusst, sondern sogar seinen Charakter verbessern kann (vgl. Rinderle 2011:149ff.). Grundsätzlich widerspricht Platons Entwurf einer Verstaatlichung und Instrumentalisierung der Kunst für ethische Zwecke natürlich unseren neuzeitlichen Vorstellungen von einer autonomen Kunst (siehe Max Fuchs „Kunstfreiheit und Kunstautonomie – Facetten einer komplexen Leitformel" in diesem Band).

Aristoteles: Katharsis durch Kunst

Wie sein Lehrer Platon hat auch Aristoteles die ethische und pädagogische Bedeutung von Musik, Tanz und Drama hervorgehoben und besonders geeignete Tonarten, Rhythmen und Instrumente benannt (Aristoteles 1991:1340b,40-1341b,10). Seine berühmt gewordene Katharsis-Theorie hat er primär auf der Grundlage seiner Beobachtungen bei den Aufführungen griechischer Musikdramen entwickelt: Enthusiastische, leidenschaftliche Musik könne in den

Zuschauern heftige Affekte wie beispielsweise Jammer und Schrecken hervorrufen, von denen sich diese aber, nachdem sie ihnen während der Dauer des Spiels freien Lauf ließen, wie nach einer Entladung gereinigt fühlten (vgl. ebd.:1342a,5-17). In seiner Poetik-Abhandlung erläutert Aristoteles die optimalen Erfüllungsbedingungen der Katharsis bei Tragödienaufführungen wie eine bestimmte Charakterdisposition des tragischen Helden und wichtige Wendepunkte im Handlungsverlauf (vgl. Aristoteles 1993:Kap.11-16).

Leider wurde die Katharsistheorie des Aristoteles bis heute nur unzulänglich erforscht (vgl. Scheff 1983:31ff.). Empirisch untersucht und als falsch verworfen wurde sie nur in abgewandelter Form der „Aggressionskatharsis": Vorhandene Aggressionspotentiale scheinen beim Anschauen medialer Gewaltdarstellungen nicht verringert, sondern eher gesteigert zu werden (vgl. Zumkley 1978:85f.). Näher am aristotelischen Katharsiskonzept sind die an Sigmund Freuds „kathartische Methode" anknüpfenden Therapiekonzepte, bei denen durch das Wiedererleben verdrängter Gefühle in einem ruhigen und sicheren Kontext eine innere emotionale Spannung abgebaut werden soll (vgl. Scheff 1983:24ff.). Allgemein berufen sich auf die aristotelische Katharsis künstlerische Therapien, bei denen durch ästhetische Praxis Emotionen geweckt werden, die dank der künstlerischen Gestaltung aus Distanz betrachtet, anerkannt und bearbeitet werden können (vgl. Heimes 2010:40).

Friedrich Schiller: Ästhetische Erziehung

Anlässlich der Enttäuschung über das Scheitern der Französischen Revolution verfasste Friedrich Schiller die Abhandlung „Über die ästhetische Erziehung des Menschen" (1795). Sie hebt mit der Zeitdiagnose an, die Menschen seien noch nicht bereit für die hehren revolutionären Ziele Gleichheit, Freiheit und Brüderlichkeit und einen „moralischen Staat" (vgl. Schiller 1991:2.1/3.2/7.1). Sie benötigten erst einmal eine ästhetische Erziehung, weil die Menschen nur durch den Umgang mit schöner Kunst zur Freiheit und zu einem vernünftigen Handeln gemäss ihren moralischen Einsichten befähigt würden (vgl. 2.5/3.5). Das harmonische Gleichgewicht von Materie und Form, Sinnlichkeit und Geistigkeit in schönen Kunstwerken soll die Menschen gleichsam dazu auffordern, sich im ästhetischen Zustand des „Spiels" ebenfalls in eine solche Ganzheit zu verwandeln (vgl. 16.1/18 und Waibl 2009:153f.). Dieser ästhetische Zustand bedeute nicht nur individualethisch gesehen das größte Glück der Menschen (vgl. 27.2), sondern ermögliche die sozialethisch wünschbare Umsetzung der humanistischen Ziele in der Praxis (vgl. 8.7).

Da die Einsicht in die Moralprinzipien dabei vorausgesetzt wird, wäre die ästhetische Erziehung wohl nur als Ergänzung zu einer rationalen moralischen Erziehung sinnvoll. Wie die Kunst den Menschen nicht nur aus dem unmittelbaren Verhaftetsein ans materielle Dasein befreien, sondern die Blockade bei der Realisierung der moralischen Vernunftprinzipien lösen kann, scheint mir allerdings fraglich zu sein. Aus eigener Erfahrung und Beobachtung lässt sich jedenfalls nicht bestätigen, dass Menschen dank des höchst beglückenden ästhetischen Zustands völliger Unbestimmtheit und Freiheit verstärkt zu moralischem oder politischem Engagement motiviert wären. Am Ende der Schrift wird denn auch der „ästhetische Staat" als vermeintliche Durchgangsstufe zum „moralischen Staat" als Endzweck verklärt, sodass sich die Erziehung durch Kunst als Erziehung zur Kunst entpuppt (vgl. Gethmann-Siefert 1995:174). Gleichzeitig erkennt Schiller den utopischen Charakter eines solchen „ästhetischen Staates", weil er sich nur in auserlesenen Künstlergemeinschaften realisieren lasse (vgl. 27.11). Das ethische Ideal von Freiheit und Gleichheit für alle Menschen ist damit in weite Ferne gerückt.

Michel Foucault/Wilhelm Schmid: Ethik der Lebenskunst

Die Hochkonjunktur der Ethik der Lebenskunst im 20. Jh. verdankt sich einer Renaissance der Strebensethik nach einer langen Vorherrschaft der Sollensethik innerhalb der neuzeitlichen Ethik. Michel Foucault versteht sein Programm einer „Ästhetik der Existenz" als Antwort auf das Verschwinden der traditionellen Vorstellung einer Moral als Gehorsam gegenüber einem Regelkodex (vgl. Foucault 1985:136). Infolgedessen müsse man sich vermehrt sich selbst zuwenden und sich selbst „wie ein Kunstwerk begründen, herstellen und anordnen" (ebd.: 81). Die Menschen sollen „sich selbst zu transformieren, sich in ihrem besonderen Sein zu modifizieren und aus ihrem Leben ein Werk zu machen suchen, das gewisse ästhetische Werte trägt und gewissen Stilkriterien entspricht" (Foucault 1986:18). Offen bleibt, auf welche ästhetischen Kriterien es dabei ankommt und was es genau bedeutet, sein Leben als Kunstwerk zu gestalten.

Auch der Lebenskunst-Philosoph Wilhelm Schmid spricht vage von einer „kunstvollen Gestaltung der Existenz" und erklärt, „schön" bedeute in der Moderne soviel wie „subjektiv bejahenswert" (Schmid 1998:166ff.). Wo konkretere Lebenskunst-Techniken empfohlen werden, scheint es nur noch im weiten Sinn von griechisch „techne" um Kunst zu gehen. Letztlich beschränkt sich die Analogie zwischen der Arbeit an sich selbst und der Gestaltung eines „guten Lebens" wohl auf das schöpferische Moment, die Prozesshaftigkeit und das Sich-Befreien von konventionellen Erwartungshaltungen. Sie appelliert an die Kreativität und die Eigenständigkeit des Einzelnen, damit er seinen eigenen Stil und sein eigenes Gesetz finde. Ethisch problematisch wird die individualethische Lebenskunst da, wo sie zu einer Vernachlässigung oder Abwertung der sozialethischen Belange führt.

Martha Nussbaum/Richard Rorty: Narrative Ethik

Seit den 1980er Jahren sind zahlreiche Publikationen zum Verhältnis von Ethik und Literatur erschienen (vgl. Zimmermann/Salheiser 2006; Mandry 2003). In der Literaturwissenschaft spricht man von einem „ethical turn", der wesentlich durch PhilosophInnen wie Martha Nussbaum und Richard Rorty angestoßen wurde. Zur „narrativen Ethik" kann man alle Reflexionen über die Vermittlung ethischer Einsichten durch die „narrativen Künste" zählen. Obwohl die „narrativen", d.h. erzählenden Künste auch die Film- und Videokunst umfassen, konzentriert man sich meist auf die Literatur. Narrative EthikerInnen gehen davon aus, dass literarische Werke Werte oder ethisch relevante Erfahrungen vermitteln oder sogar zu Einsichten in allgemeine Moralprinzipien verhelfen. Nach Nussbaum und Rorty vermag die Literatur im Gegensatz zu philosophischen Abhandlungen für die Leidensfähigkeit und Verletzlichkeit der Menschen zu sensibilisieren, weil sie neben dem Intellekt auch Fantasie und Gefühl anspricht und sich die LeserInnen so optimal in die dargestellten Figuren hineinversetzen können. Nussbaum schätzt insbesondere die griechischen Tragödien, die menschliche Verwundbarkeit und die Zerbrechlichkeit des Glücks erfahrbar machen (vgl. Nussbaum 1986:2). Aber auch Romane wie die von Charles Dickens oder Henry James seien mit ihrer reichhaltigen dichterischen Sprache und der Förderung von Einbildungskraft und Mitgefühl viel wichtiger für die Lösung zwischenmenschlicher Konflikte als universelle rationale Prinzipien (vgl. Nussbaum 1985:512ff.).

Rorty hebt hervor, dass Literatur die LeserInnen für die Wahrnehmung von Grausamkeiten und Demütigungen sensibilisiere und damit die Solidarität zwischen den Menschen steigere (vgl. Rorty 1992:281,305f.).

Auch wenn die Wahrnehmung von Verletzlichkeit und Hilfsbedürftigkeit anderer Menschen zumindest im Nahbereich unverzichtbar für sozialethisch richtiges Handeln ist, sollten Gefühle meines Erachtens nicht gegen rationale Prinzipien ausgespielt werden. Denn Gefühle können ungerechtfertigt, subjektiv und parteiisch sein, sodass sie einer rationalen Prüfung bedürfen (vgl. Fenner 2008:209f.). Viele moralische Konflikte betreffen ohnehin die Gesellschaft oder öffentliche Institutionen und erfordern allgemeine begründbare Entscheidungen. Zudem können nachweislich auch hochsensible DichterInnen oder Kunstliebhabernnen, wie z.B. gewisse klavierspielende SS-Leute in der Realität taub sein für den Schmerz ihrer Mitmenschen (vgl. Düwell 1999:136).

Wolfgang Welsch: Ästhetische Gerechtigkeit

Infolge einer „Ästhetisierung der Lebenswelt" schwinden in den Augen vieler postmoderner DenkerInnen die Differenzen zwischen Ästhetik und Ethik bzw. ihren jeweiligen Gegenstandsbereichen. Nach Wolfgang Welsch ist die Ethik im Begriff, sich in eine „Subdisziplin der Ästhetik zu verwandeln" (Welsch 1993:44). Während im individualethischen Bereich die ästhetische Perfektionierung von Körper, Seele und Geist ins Zentrum rücke, sollen in sozialethischer Hinsicht ästhetische Kompetenzen im zwischenmenschlichen Zusammenleben den Verlust moralischer Standards ausgleichen (vgl. ebd.:20f.). Welsch hebt dabei die Bedeutung der Kunsterfahrung hervor, weil die moderne Kunst „geradezu eine Werkstatt und Schule vollendeter Pluralität" darstelle (Welsch 1960:69). Im Umgang mit Kunst würde die Sensibilität für abweichende Perspektiven und Widersprüche gesteigert und man könne lernen, sich besser auf Pluralität, Heterogenität und das je Partikulare in der postmodernen Lebenswelt einzulassen (vgl. ebd.:76,16). Statt sich nur mit dem schönen Schein zu beschäftigen, soll die Ästhetik ein ethisch bedeutsames Konzept einer „ästhetischen Gerechtigkeit" als Gerechtigkeit gegenüber dem Heterogenen entwickeln (vgl. Welsch 1996:133f.). Welsch nennt diesen Schnittbereich von Ästhetik und Ethik „Aisthet/hik" (ebd.:108). Er statuiert das Ideal eines „ästhetischen Bewusstseins" mit den Merkmalen Spezifitäts- und Pluralitätsbewusstsein, Wachsamkeit, Aufmerksamkeit gegenüber dem Ausgeschlossenen und Nichtswürdigen, Anerkennungs- und Gerechtigkeitstendenz (ebd.:131ff.). Wo es aber beispielsweise um die Verteilung knapper Güter geht, reicht die Aufmerksamkeit gegenüber jedem Einzelnen für gerechtes Handeln nicht aus, weil vielmehr rational begründbare Verteilungskriterien erforderlich wären. Welsch gesteht denn auch ein, die Aisthet/hik könne die übliche Ethik nicht ersetzen, sondern sie nur ergänzen (vgl. ebd.:108).

Systematischer Ausblick

Bei Reflexionen über das Verhältnis von Ethik und Ästhetik bzw. ihren Gegenstandsbereichen sollte meines Erachtens grundsätzlich die Autonomie der beiden Perspektiven gewahrt bleiben: In der ethischen Perspektive sind wir in faktische Lebensvollzüge involviert, und es geht um die Begründung des richtigen und verantwortlichen Handelns (vgl. Düwell 1999:11f., 235f.). Aus ästhetischer Perspektive hingegen tritt man aus den alltäglichen Interessenzusammenhängen hinaus, nimmt ein sinnlich-sinnenhaftes Verhältnis zum Dargebotenen ein und spielt in einem Freiraum der Möglichkeiten mit verschiedenen Welt- und Selbstsichten. Während man im Alltag z.B. verpflichtet ist, Menschen in Bedrängnis zu helfen, ist im Theater niemand zum Eingreifen in eine Gewaltszene aufgefordert. Der Respekt vor der Autonomie beider Perspektiven verbietet einerseits eine Ästhetisierung der Moral bzw. eine Ästhetisierung der Ethik, bei der man die Ästhetik zum Fundament der Ethik erklärt. Josef Früchtl nennt letztere Position eine „fundamentalästhetische Ethik" und ordnet ihr Lyotard und Welsch zu (vgl. Früchtl 1996:21). Genauso unangemessen ist aber andererseits eine Moralisierung der Kunst, d.h. ihre Indienstnahme für die moralische Besserung der Menschen, wie sie bei Platon und teilweise bei Rorty und Nussbaum zu verzeichnen ist. Als unhaltbar erscheint mir schließlich auch die dritte alternative Position einer „antiästhetischen Ethik", die jeden Beitrag der Ästhetik zur Ethik leugnet (vgl. ebd.). Denn offenkundig gibt es zahlreiche Bezüge zwischen ästhetischen Phänomenen und dem guten und gerechten menschlichen Handeln. Ohne dass Kunstwerke instrumentalisiert werden, können sie verschiedene direkt oder indirekt ethisch relevante Funktionen übernehmen. Einige sind generelle Funktionen, die in der Struktur ästhetischer Erfahrungen gründen, einige sind lediglich potentielle und können einzelnen konkreten Kunstwerken zukommen oder auch nicht.

In individualethischer Hinsicht wären in erster Linie Entlastung vom Alltagsstress, Entspannung, positive Gefühle des ästhetischen Wohlgefallens und der Freude zu nennen, welche mit der ästhetischen Erfahrung zumeist verbunden sind und zu einem glücklichen Leben beitragen. Die ästhetische Praxis ist nach Martin Seel eine wesentliche Form eines guten Lebens, weil sie im Unterschied zu vielen alltäglichen instrumentellen Tätigkeiten aufgrund ihrer Selbstzweckhaftigkeit in sich selbst lohnenswert ist (vgl. Seel 1996:14f.). Kunst artikuliert zudem Welt- und Lebenserfahrungen, eröffnet neue Sichtweisen, Lebens- und Handlungsmöglichkeiten und erweitert somit den Handlungsspielraum (vgl. Seel 1991:44ff.; Wolf 1991:111f.; Düwell 1999:281f.). Die in narrativen Künsten erzählten Lebensgeschichten können Hilfe bieten bei der Identitätsfindung und „Modelle" für das Leben und Handeln des Menschen bereitstellen (vgl. Haker 1999:166f.; Mieth 2008:40). Eher indirekt kann Kunst das Gelingen des Lebens befördern, indem sie für die Lebensgestaltung wichtige Vermögen wie Wahrnehmen und Erkennen verfeinert oder Fantasie und Kreativität anregt. Ästhetische Praxis kann auch psychohygienische oder therapeutische Wirkungen zeitigen, weil belastende Erfahrungen besser bearbeitet und leichter ertragen werden können, wenn ihnen eine Gestalt gegeben wird (vgl. Heimes 2010:40).

In sozialethischer Hinsicht liefert Seel zufolge die Ästhetik der Moralphilosophie Aufschluss über einen zentralen Bereich moralischer Rücksichtnahme, weil die ästhetische Daseinsweise eine wichtige Grundform menschlichen Lebens darstelle (vgl. Seel 1996:13). Aus meiner Sicht ist allerdings nicht nur der individualethische Stellenwert ästhetischer Praxis neben anderen Möglichkeiten selbstzweckhafter Praxis fraglich, sondern es gibt zweifellos wichtigere Dimensionen moralischer Rücksichtnahme, wie z.B. diejenige auf menschliche Grundbedürfnisse. Von der Förderung von Empathie und Solidarität im zwischenmenschlichen Bereich war bereits die Rede. Kunst kann zudem auf moralische Probleme und Konflikte aufmerksam machen und die Konsequenzen des Befolgens oder Verletzens moralischer Normen für die Betroffenen veranschaulichen. Mit der Darstellung von Normenanwendungen in konkreten Einzelfällen werden bestimmte Werthaltungen suggeriert, hinterfragt, oder lediglich Anstöße zu ethischen Überlegungen gegeben. Oft manifestieren Kunstwerke eine wertende Haltung („attitude") gegenüber dem Handeln der Figuren oder den ihnen zugrunde liegenden Normen und schreiben damit den RezipientInnen gleichsam eine bestimmte „moralische Reaktion" vor (vgl. Gaut 2007:68; Carroll 1998:136f.). In einem simplen Beispiel wird Gewalt implizit verurteilt, indem eine gewalttätige Figur ein schreckliches Ende nimmt. Anders als in der nicht-narrativen Ethik werden aber selbst in narrativen Künsten die entsprechenden Normen nicht diskursiv-argumentativ begründet oder kritisiert. Stattdessen können Kunstwerke die Komplexität einer moralischen Konfliktsituation reduzieren, die ethischen Reflexionen in eine einseitige Richtung lenken oder irrationale Hoffnungen und Ängste wecken. Es wäre daher gefährlich, den Künsten die alleinige ethische Orientierungsmacht zu übertragen und sich im Handeln unmittelbar von literarisch vermittelten Werten oder Normen leiten zu lassen (vgl. Düwell 1999:14f.). Die Kunst und die sie reflektierende Ästhetik können immer nur eine Ergänzung zu einer rationalen Ethik bilden, die sich um eine möglichst umfassende, systematische, argumentative Auseinandersetzung mit strittigen ethischen Fragen bemüht.

Zum Weiterlesen

Düwell, Marcus (1999): Ästhetische Erfahrung und Moral. Zur Bedeutung des Ästhetischen für die Handlungsspielräume des Menschen. Freiburg/München: Alber.

Fenner, Dagmar (2000): Kunst – jenseits von Gut und Böse? Kritischer Versuch über das Verhältnis von Ästhetik und Ethik. Tübingen/Basel: Francke.

Früchtl, Josef (1996): Ästhetische Erfahrung und moralisches Urteil. Frankfurt/M.: Suhrkamp.

Nussbaum, Martha C. (1986): The fragility of goodness: luck and ethics in Greek tragedy and philosophy. Cambridge: University Press.

Seel, Martin (1996): Ethisch-ästhetische Studien. Frankfurt/M.: Suhrkamp.

Amrei Bahr
Funktionen der Kunst

Die Fragen, ob Kunstwerken Funktionen zukommen und, wenn ja, welche, stellen wichtige Fragen philosophischer Ästhetik dar. Insbesondere für die Analyse der Möglichkeiten Kultureller Bildung ist ihre Beantwortung von zentraler Bedeutung. Dazu gilt es zuerst, zu bestimmen, welche Phänomene sich überhaupt sinnvollerweise dem Begriff „Kunstfunktion" subsumieren lassen.

Die Frage danach, was wir meinen, wenn wir von Kunstfunktionen sprechen, erfragt zweierlei: Erstens zielt sie darauf ab, zu bestimmen, was Funktionen eigentlich sind. Es ist jedoch nicht allgemein nach den Funktionen beliebiger Wahrnehmungsdinge gefragt, sondern speziell nach den Funktionen derjenigen Wahrnehmungsdinge, die Vorkommnisse von Kunst sind. Damit ist aber zweitens zugleich die Kardinalfrage der philosophischen Ästhetik aufgeworfen, die Frage nämlich, deren Beantwortung die Bedingung der Möglichkeit darstellt, überhaupt philosophische Ästhetik zu betreiben (vgl. Koppe 1983:119): Was ist Kunst? In der kunstphilosophischen Diskussion ist nicht nur strittig, wie sich diese Frage nach dem Wesen der Kunst überzeugend beantworten lässt, sondern auch, ob eine Antwort darauf überhaupt möglich ist. Kunstästhetische SkeptikerInnen (u.a. Weitz 1956/57; Kennick 1958; Lüdeking 1988) verneinen die Möglichkeit einer Definition des Kunstbegriffs, indem sie eine allen Kunstphänomenen gemeinsame Eigenschaft prinzipiell ausschließen. Der kunstästhetische Skeptizismus ruft jedoch schwerwiegende Einwände hervor (vgl. Schmücker 1998:84ff.), weshalb kunstästhetische EssentialistInnen an der Möglichkeit der Beantwortung der Wesensfrage festhalten und unterschiedliche Vorschläge machen, welche die aller Kunst gemeinsame Eigenschaft sei (für eine Übersicht wichtiger Kunsttheorien vgl. Carroll 1999). Auch die Funktionslosigkeit der Kunst wird als kunstspezifische Eigenschaft vorgeschlagen (vgl. u.a. Heidegger 1960); die Behauptung, dass alle Kunst funktionslos sei, ist allerdings unhaltbar.

Tatsächlich lässt sich der Kunstbegriff sowohl deskriptiv, als auch evaluativ verwenden. Deskriptiv verwenden SprecherInnen den Kunstbegriff genau dann, wenn der von ihnen als Kunst bezeichnete Gegenstand gemäß einem weitreichenden intersubjektiven Konsens innerhalb ihrer Sprachgemeinschaft als Kunst gilt. Evaluativ wird der Kunstbegriff hingegen genau dann gebraucht, wenn SprecherInnen einen Gegenstand als Kunst bezeichnen, dessen Kunstcharakter in ihrer Sprachgemeinschaft nicht konsensuell anerkannt ist, um damit einem subjektiven Werturteil Ausdruck zu verleihen (vgl. Schmücker 1998:112ff.). Die Zielrichtung der Frage, was Kunstfunktionen eigentlich sind, tritt durch diese Bestimmung des Kunstbegriffs deutlicher hervor: Gefragt ist nach den Funktionen derjenigen Wahrnehmungsdinge, die in einer gegebenen Kultur als Kunst aufgefasst werden.

Was genau jedoch behaupten wir, wenn wir einem Kunstphänomen eine Funktion zuschreiben? Bestrebungen, den Funktionsbegriff zu bestimmen, finden sich gegenwärtig hauptsächlich in der Philosophie der Biologie (vgl. Krohs 2004). Diese Bestimmungen des Funktionsbegriffs sind jedoch im Hinblick auf Kunstfunktionen nur bedingt hilfreich: In der Philosophie der Biologie geht es um Funktionen biologischer Entitäten, nicht um Artefaktfunktionen. Da Kunstphänomene jedenfalls in einem weiten Sinn des Begriffs, der auch Performances, Happenings und Kunst-Projekte umfasst, Artefakte sind, lässt sich die Analyse der Funktion biologischer Entitäten jedoch nicht ohne Weiteres auf die Analyse von Kunstfunktionen übertragen: Für Artefaktfunktionen ist die Abhängigkeit von Intentionen bewusst handelnder AkteurInnen charakteristisch, während Funktionen biologischer Entitäten von den Intentionen solcher AkteurInnen unabhängig sind. Funktionen von Artefakten können sowohl von den Intentionen ihrer UrheberInnen, als auch von den Intentionen der NutzerInnen bzw. RezipientInnen der Artefakte abhängig sein. Neben dem Vorliegen einer Intention muss eine Artefaktfunktion zudem faktisch erfüllt oder zumindest prinzipiell erfüllbar sein: Wenn ein Urheber oder ein Nutzer eines Artefakts dieses zu einem Zweck zu nutzen beabsichtigt, zu dem das Artefakt völlig ungeeignet ist, oder wenn die Nutzung des Artefakts zu einem solchen Zweck misslingt, würden wir nicht davon sprechen wollen, dass es eine Funktion des Artefakts sei, dem angestrebten Zweck zu dienen – obwohl die Intention eines bewussten Akteurs vorliegt.

Für die Bestimmung dessen, was Kunstfunktionen sind, lässt sich also Folgendes festhalten: Kunstwerke sind diejenigen Artefakte, über deren Kunststatus ein weitreichender intersubjektiver Konsens besteht. Ein Kunstwerk hat eine bestimmte Kunstfunktion genau dann, wenn entweder der Urheber bei der Erschaffung des Werkes oder ein Rezipient bei der Rezeption des Werkes diese Funktion intendiert und das Kunstwerk die Funktion tatsächlich erfüllt oder prinzipiell erfüllen könnte.

L'art pour l'art – die Doktrin von der Funktionslosigkeit der Kunst

Die Behauptung, dass Kunst Funktionen erfüllt bzw. erfüllen könnte, ist alles andere als unumstritten: Besonders in der deutschsprachigen Kunstphilosophie des 20. Jh.s war die Auffassung, dass sich Kunst gerade durch ihre Funktionslosigkeit auszeichne, lange Zeit die *opinio communis* (vgl. Schmücker 2009:18). Vertreter dieser Auffassung sind unter anderem Heidegger (vgl. Heidegger 1960), Luhmann (vgl. Luhmann 1999) und Adorno (vgl. Adorno 1973). Die Ablehnung jeglicher Funktionalität der Kunst verbindet sich dabei in der Regel mit der Berufung auf ihre Autonomie. Was genau mit dem Verweis auf die Autonomie der Kunst ausgesagt werden soll, bleibt jedoch oft unklar. Die These von der Autonomie der Kunst lässt sich zunächst im Hinblick auf den Gegenstand, über den sie eine Aussage treffen soll, auf zwei Arten verstehen: Zum einen kann es sich um eine These über Kunstwerke handeln, um die These nämlich, dass Kunstwerke autonom seien. Zum anderen kann es eine These über die Regeln sein, denen KünstlerInnen beim Schaffensprozess eines Kunstwerks verpflichtet sind bzw. sein sollten – in dieser Variante der Autonomiethese sind es die KünstlerInnen, deren Autonomie postuliert oder gefordert wird. Wird die Autonomie der Kunst im zweiten Sinne behauptet, beispielsweise, indem darauf verwiesen wird, dass der Künstler sich in seinem Schaffensprozess nicht (mehr) nach überlieferten Normen zu richten habe oder dass er von den Vorgaben seiner Auftraggeber unabhängig sei (vgl. Schmücker 2009:19), folgt daraus allerdings nicht zwangsläufig eine Autonomie des Kunstwerks. Die Behauptung, KünstlerInnen seien ihre eigenen GesetzgeberInnen (und auch die Forderung, sie sollten es sein), ist sowohl mit der grundsätzlichen Möglichkeit von Kunstfunktionen, als auch mit deren tatsächlichem Vorliegen ohne Weiteres vereinbar. Sind KünstlerInnen in ihrem Schaffen wirklich frei von äußeren Zwängen oder wird ihre diesbezügliche Freiheit geltend gemacht, wäre es im Gegenteil sogar naheliegend, anzunehmen, dass es ihnen auch freistünde, in ihrem Werk Funktionen anzulegen. KünstlerInnen könnten also ihre Werke auch etwa dazu bestimmen, der Kulturellen Bildung einer bestimmten sozialen Gruppe zu dienen. Diese Annahme wäre nur dann abwegig, wenn sich zeigen ließe, dass Funktionslosigkeit der Kunst wesentlich ist, d.h. wenn die These von der Autonomie der Kunstwerke zuträfe (siehe Max Fuchs „Kunstfreiheit und Kunstautonomie – Facetten einer komplexen Leitformel" in diesem Band). Bezieht sich die Autonomiethese auf die Autonomie der KünstlerInnen, spielt sie also für die Beantwortung der Frage, ob es Kunstfunktionen gibt oder geben könnte, dagegen keine Rolle.

Wie verhält es sich aber mit der These, dass Kunstwerke autonom seien? Versteht man diese These als schwache These über die zufälligerweise gegebene Autonomie gegenwärtig vorliegender Kunstwerke, wäre es zumindest prinzipiell möglich, dass Kunstwerke Funktionen erfüllten – auch, wenn alle derzeit vorhandenen Kunstwerke jeglicher Funktionalität entbehren. Fasst man die These dagegen als starke These auf, der zufolge Kunstwerke notwendigerweise autonom sind, schließen sich Kunststatus und Funktionalität eines Gegenstandes gegenseitig aus. Die Autonomiethese, die Kunstwerke zum Gegenstand hat, ist sowohl in ihrer schwachen, als auch in ihrer starken Lesart unplausibel, wenn es Kunstwerke gibt, die Funktionen aufweisen.

Über dieses deskriptive Verständnis hinaus lässt sich die These von der Autonomie der Kunstwerke auch in einer normativen Variante formulieren; diese Variante beinhaltet die Forderung, dass Kunst autonom und damit funktionslos sein sollte. Die Plausibilität der normativen Variante der Autonomiethese hängt nicht davon ab, ob es Kunstwerke gibt, die Funktionen erfüllen.

Die deskriptive These, Kunst entbehre jeglicher Funktionalität, ist im Hinblick auf unseren Umgang mit Kunst wenig überzeugend. Tatsächlich übernehmen Kunstphänomene in unserer lebensweltlichen Praxis ganz unterschiedliche Funktionen: Werke der bildenden Künste erfüllen oftmals eine dekorative Funktion; Musikstücke ermuntern zum Tanz; Kunstwerke verschiedener Art dienen ihren BesitzerInnen als Geldanlage; ein Gemälde kann eine informative Funktion erfüllen, indem es Aufschluss über Kleidungsgewohnheiten oder andere spezifische Vorlieben vergangener Zeiten gibt. Zudem haben Kunstwerke auch eine die Kunst betreffende informative Funktion, denn ihre Rezeption kann das Verständnis der Eigenheiten bestimmter künstlerischer Stile, Epochen und Praktiken vertiefen.

Auch religiöse Funktionen von Kunst lassen sich kaum bestreiten: Insbesondere der europäischen Kunst kam in den ersten 1.000 Jahren ihrer Geschichte eine Vielzahl religiöser Funktionen zu (vgl. Busch 1987). Zudem erfüllen Kunstwerke bisweilen die Funktion von Statussymbolen (vgl. Ullrich 2000). Kunstwerke haben aber auch Funktionen für die Kunstwelt, indem Werke mit innovativen Sujets oder originellen Gestaltungsformen für weitere Entwicklungen innerhalb der Institution Kunst richtungsweisend sind (vgl. hierzu und zum Folgenden Schmücker 2009:20).

Für KünstlerInnen selbst können die eigenen Werke ebenfalls vielfältige Funktionen haben, unter anderem auch kommunikative Funktionen: So kann ein Künstler sein Werk als Medium zur Abgabe eines Statements nutzen. Oder der Künstler weist seinem Werk eine expressive Funktion zu, indem er darin seine Gefühle ausdrückt. Für RezipientInnen von Kunst kann ein Kunstwerk nicht nur emotive Funktionen haben (wie beispielsweise die Funktion, Freude hervorzurufen), sondern auch kognitive Funktionen erfüllen – was dies im Einzelnen heißt, wird im Folgenden noch zu klären sein.

Die wichtigste Kunstfunktion dürfte die Funktion sein, „eine bestimmte ästhetische Erfahrung hervorzurufen, die sich von der ästhetischen Erfahrung, die andere Sinnesdinge hervorrufen, in spezieller Weise unterscheidet. Man hat die spezifische ästhetische Erfahrung von Kunst zum Beispiel als eine ästhetische Erfahrung zu fassen gesucht, die in ein Verstehen einmünden kann und will, das niemals definitiv gelingt" (ebd.:23), und die auf die Ermöglichung einer solchen Erfahrung gerichtete Funktion als „kunstästhetische Funktion" bezeichnet (Schmücker 2001:26). Weil die Funktion, eine solche ästhetische Erfahrung hervorzurufen, jedem Kunstwerk qua Kunstwerk zukommt, kann sie als eine konstitutive Funktion von Kunst gelten. Die genannten Beispiele verschiedener Arten von Kunstfunktionen belegen, dass die deskriptive Autonomiethese, die die empirische Funktionalität von Kunstwerken verneint, offenkundig unzutreffend ist.

Demgegenüber ist die normative Autonomiethese mit der Tatsache vereinbar, dass es Kunstwerke gibt, die Funktionen erfüllen. Wäre es also vorstellbar und sogar wünschenswert, dass

Kunstwerke – entgegen unserer derzeitigen Praxis – keinerlei Funktionen mehr hätten? Dies scheint äußerst fragwürdig – denn offenbar haben Kunstfunktionen einen erheblichen Einfluss auf unsere Wertschätzung von Kunst: Es sind gerade die Funktionen von Kunstwerken, die unser Interesse an ihnen begründen (vgl. Kleimann/Schmücker 2001). Nähme man an, Kunst habe keine Funktion, ließe sich ihre Bedeutung für unsere Lebenspraxis nicht mehr erklären, und auch die Bedeutung künstlerischer Werke und künstlerischer Verfahren für Bildungsprozesse ließe sich nicht mehr einsichtig machen. Dass man die Kunst ihrer konstitutiven, kunstästhetischen Funktion beraubt, ist ohnehin gar nicht möglich. Die Forderung der normativen Autonomiethese nach völliger Funktionslosigkeit der Kunst erweist sich also als unzureichend begründet.

Kognitive Funktionen von Kunst – die Debatte um den kunstphilosophischen Kognitivismus

Gegenwärtig spielen Kunstfunktionen besonders in der Debatte um den kunstphilosophischen Kognitivismus eine zentrale Rolle. Wenn von einem kunstphilosophischen Kognitivismus die Rede ist, können damit zwei unterschiedliche Positionen gemeint sein: Zum einen werden Positionen als kunstphilosophischer Kognitivismus bezeichnet, deren Hauptthese es ist, dass Kunstwerke kognitive Funktionen erfüllen (können). Zum anderen bezeichnet der Begriff Theorien über ästhetische Werturteile, die die Behauptung eint, ästhetische Werturteile seien nicht allein Ausdruck subjektiven Geschmacks, sondern objektiv begründbar (vgl. Jäger 2005:10; Gaut fasst als kunstphilosophischen Kognitivismus die Verbindung beider Thesen auf, vgl. Gaut 2003:436f.). Zur klaren Unterscheidung lässt sich die erste Klasse von Positionen als „kunstphilosophischer Kognitivismus" bezeichnen, während die zweite Klasse von Positionen stattdessen unter dem Ausdruck „kunstphilosophischer Werturteilsobjektivismus" subsumiert wird. Für die Frage nach der Plausibilität des kunstphilosophischen Kognitivismus spielen Kunstfunktionen unmittelbar eine zentrale Rolle, da der kunstphilosophische Kognitivismus behauptet, Kunst erfülle kognitive Funktionen. Die Plausibilität des kunstphilosophischen Werturteilsobjektivismus hängt hingegen allenfalls sekundär von Kunstfunktionen ab, und zwar insofern, als ein Werturteilsobjektivist behaupten könnte, dass der Wert eines Kunstwerks von dem Maß abhängt, in dem dieses bestimmte Funktionen erfüllt.

Kunstphilosophische KognitivistInnen in einem engen Sinn vertreten die Auffassung, dass ein Kunstwerk genau dann kognitive Funktionen erfüllt, wenn der Rezipient des Werkes durch die Rezeption zu propositionalem Wissen gelangt. Kunstphilosophische KognitivistInnen in einem weiten Sinn nehmen hingegen an, dass ein Kunstwerk eine kognitive Funktion auch dann erfüllt, wenn der Rezipient durch die Rezeption etwas versteht oder eine Fähigkeit erlangt. Diese Auffassung trägt der Kritik Rechnung, die die traditionelle erkenntnistheoretische Auffassung gefunden hat, kognitive Ziele bestünden grundsätzlich im Erwerb propositionalen Wissens (vgl. z.B. Baumann 2006:30). Die Annahme, unsere kognitiven Anstrengungen seien allein darauf gerichtet, möglichst viel propositionales Wissen zu akquirieren, ist nämlich wenig plausibel (so z.B. Elgin 1989:182ff.; Scholz 2001:36f.), denn Menschen verfolgen über den Erwerb von propositionalem Wissen hinaus offensichtlich auch noch andere kognitive Ziele. Beispielsweise suchen Menschen verschiedene Fähigkeiten zu erwerben und diverse Sachverhalte zu verstehen. Die weite Auffassung kognitiver Funktionen stellt deshalb die plausiblere Auffassung dar. Kognitive Funktionen sind ihr zufolge genau dann erfüllt, wenn ein Subjekt von einem Zustand des Nichtwissens in einen Zustand des Wissens gelangt oder wenn ein Subjekt eine Fähigkeit erwirbt (beispielsweise eine Unterscheidungs-, Urteils-, Evaluationsfähigkeit oder Fähigkeit des logischen Schließens) oder wenn ein Subjekt etwas versteht, sei es die kommunikative Absicht eines Sprechers, das Verhalten einer Person, einen komplexen Zusammenhang oder etwas Ähnliches.

Die Debatte um den kunstphilosophischen Kognitivismus ist nicht nur im akademischen Kontext von Belang. Kognitive Kunstfunktionen können auch für die Kunstwelt und für Bildungsprozesse von besonderer Relevanz sein. Für die Kunstwelt stellt sich die Frage, ob Werturteile über Kunst sich unter Verweis auf kognitive Funktionen eines Werks objektiv begründen lassen; eine positive Antwort auf diese Frage hat weitreichende Konsequenzen für die künstlerische Praxis, den gesellschaftlichen Umgang mit Kunst sowie die Auswahl von Werken für Ausstellungen und Sammlungen oder für den Schulunterricht. Es wäre nämlich nicht folgenlos, wenn der Wert eines Kunstwerks davon abhinge, wie stark seine kognitiven Funktionen ausgeprägt sind, so dass das Werk desto höherwertig wäre, je vielfältigere und/oder gehaltvollere kognitive Funktionen es erfüllt.

Auch Bildungsprozesse könnten von kognitiven Kunstfunktionen profitieren: Wenn Kunst zum Erwerb von Fähigkeiten beizutragen vermag sowie zum Verstehen von Akteuren, Phänomenen und komplexen Sachverhalten, ergeben sich zahlreiche Anwendungsmöglichkeiten für die Kunst im Bildungsbereich. So können durch die Rezeption unterschiedlicher Kunstwerke Unterscheidungsfähigkeiten verschiedener Art erworben und verfeinert werden: Die Rezeption verschiedener Gemälde kann nicht nur die Fähigkeit stimulieren, Farbnuancen zu unterscheiden, sondern auch zur Entwicklung der Fähigkeit beitragen, Werke unterschiedlicher Epochen oder eines bestimmten Künstlers zu identifizieren. Auch das Verstehen komplexer Zusammenhänge kann mit Hilfe eines Gemäldes befördert werden. Die Rezeption von Werken der Musik hingegen schult das musikalische Gehör und fördert beispielsweise die Fähigkeiten, die Tongeschlechter Moll und Dur voneinander zu unterscheiden oder klassische Akkordfolgen zu erkennen. Zur Vermittlung moralischer Urteilsfähigkeit oder zum Verstehen des Verhaltens von Personen in schwierigen oder dilemmatischen Situationen bietet sich die gemeinsame Rezeption geeigneter Theaterstücke oder Filme an. Die Anwendungskontexte, in denen von kognitiven Kunstfunktionen profitiert werden kann, sind also äußerst vielfältig.

Ausblick

Allen Zweifeln an der Funktionalität von Kunst zum Trotz sind Kunstfunktionen in unserer Lebenswelt unverkennbar. Ihre Relevanz für die Bewertung von Kunst ist nur ein zentraler Aspekt, der für eine weitere Erforschung der Funktionalität der Kunst spricht; auch die vielfältigen Möglichkeiten, Kunst im Rahmen der Kulturellen Bildung zu nutzen, legen es nahe, das Feld der Kunstfunktionen weiter zu untersuchen. Für die (Kulturelle) Bildung sind dabei insbesondere von der Erforschung emotiver, informativer und kognitiver Funktionen von Kunst wichtige Aufschlüsse zu erwarten. Dabei gilt es vor allem, zu ermitteln, wie Kunstfunktionen zustande kommen, was sie leisten können und wo die Grenzen der Funktionalität von Kunst liegen. Aber auch die Frage danach, ob neue Kunstformen auch neue Arten von Kunstfunktionen hervorbringen, stellt eine spannende Frage dar, die es zu beantworten gilt.

Zum Weiterlesen

Heidegger, Martin (1960): Der Ursprung des Kunstwerkes. Stuttgart: Reclam.

Kleimann, Bernd/Schmücker, Reinold (Hrsg.) (2001): Wozu Kunst? Die Frage nach ihrer Funktion. Darmstadt: Wissenschaftliche Buchgesellschaft.

Luhmann, Niklas (1999): Die Kunst der Gesellschaft. Frankfurt/M.: Suhrkamp.

Schmücker, Reinold (1998): Was ist Kunst? Eine Grundlegung. München: Wilhelm Fink.

Max Fuchs
Kunstfreiheit und Kunstautonomie – Facetten einer komplexen Leitformel

Problemstellung

Eigentlich dürfte es kein Problem bei der Betrachtung des Zusammenhangs von Kunst und Freiheit geben. Denn Artikel 5 des deutschen Grundgesetzes (GG) lautet lapidar: „Kunst und Wissenschaft, Forschung und Lehre sind frei". In der Auslegung dieses Artikels versteht man diesen nicht bloß als klassisches Abwehrrecht, das das bürgerliche Individuum gegen willkürliche Eingriffe des Staates schützt, so wie es das ursprüngliche Anliegen der Grund- und Menschenrechte in der Geschichte war. Das *Bundesverfassungsgericht* interpretierte diesen Artikel sogar als Aufforderung an die öffentliche Hand, Kunst (und KünstlerInnen) finanziell zu fördern. Unabhängig von der Frage, ob es nicht zu Spannungen zwischen Grundrechten kommen kann, wenn etwa künstlerische Werke die Persönlichkeitsrechte anderer tangieren (oder sogar deren Menschenwürde – Art. 1 GG – verletzen), verschwindet das scheinbar Unproblematische an der Frage nach der „Freiheit der Kunst", wenn man sich auf differenzierende Fragestellungen einlässt. So kann man fragen: Wer oder was sollen eigentlich frei sein: Das Werk, der Künstler, der Schaffensprozess, der Verwertungsprozess, die Rezeption, die Einrichtung, in der das Werk geschaffen bzw. aufgeführt wird? Man muss zudem das Bedeutungsfeld von „Freiheit" anschauen, also auch solche Begriffe hinzuziehen, die einen ähnlichen Inhalt haben. Im Bereich der Künste ist dies der Begriff der Autonomie. Wörtlich bedeutet er „Selbstgesetzgebung", sodass man auch hier analog fragen kann: Wer oder was gibt sich die Gesetze? Mit welcher Legitimation geschieht dies? Wer muss sie befolgen? Gibt es Sanktionen bei Nichtbefolgung? Man wird sich zudem fragen, seit wann man nicht nur von Künsten oder sogar nur von dem Pluralbegriff „Kunst" spricht – und in welchen Teilen der Erde dies geschieht –, sondern auch seit wann dies geschieht und seit wann man eine solche „Kunst" mit Freiheit und Autonomie in Verbindung bringt. Und falls sich dies beantworten lässt, man also Entstehungszeit und -ort des Topos der Kunstfreiheit angeben kann, muss man sich die Frage stellen, wieso man dafür universelle Geltung beansprucht. Man stellt zudem fest, dass es sehr unterschiedliche Diskurse sind, in denen von Kunstfreiheit gesprochen wird. Ein juristischer Zusammenhang war unser Einstieg. Verfassungen sind jedoch auch politische Texte, sodass auch mit einem politischen Diskurs zu rechnen ist. Die Geschichtswissenschaft ist in Hinblick auf die Genealogie des Begriffs relevant. Und natürlich handeln die Kunstwissenschaften und die Ästhetik darüber. Es lohnt sich also, die Diskurse zu sortieren und zumindest einige näher zu betrachten. Hilfreich ist dabei, „Kunstfreiheit" oder „Kunstautonomie" als Leitformeln zu betrachten. Denn eine – zumindest in Ansätzen existierende – Theorie solcher Kernbausteine einer öffentlichen Kommunikation (Fuchs 2010) kann dabei helfen, Dimensionen, Ebenen und Facetten der Begrifflichkeit auszuleuchten.

Autonomie als Kampf um das Deutungsrecht

Plato kämpfte aus gutem Grund dafür, das Theater in der Polis zu verbieten. Denn seine Vision war, dass die neue Berufsgruppe der Philosophen, wenn sie nicht schon gleich die Polis als

Könige regieren konnte, so doch zumindest ein privilegiertes Deutungsrecht für gesellschaftliche Verhältnisse haben sollte. Und genau dies machten die Stückeschreiber ihnen streitig: Lieber schauten sich die Bürger tragische Aktionen der Schauspieler an, als dass sie den umständlichen Erörterungen der neuen Weltdeuter zuhörten – die zudem ständig im Streit untereinander waren. Im Mittelalter kämpfte man dann gegen eine theologisch-religiöse Bevormundung der Philosophie. Die neuen Naturwissenschaften wollten später weder von der Theologie noch von der Philosophie Vorschriften für ihre Forschungen bekommen. Im 19. Jh. gab es Streit zwischen den Geistes- und den Naturwissenschaften um das Deutungsrecht. Als Deutungsmacht entstand dann auch noch die Soziologie (Fuchs 2011b). Heute gibt es einen Streit über die jeweilige Leitwissenschaft: Mal war es die Kybernetik, dann waren es die Lebenswissenschaften, heute sind es die Neurowissenschaften, die den Ton angeben. Und im politischen Geschäft kann man sich kaum der Dominanz des ökonomischen Denkens erwehren. Neu ist also der Kampf um Eigenständigkeit und Autonomie von Reflexionsbereichen nicht. Und dieser Streit war oft genug verbunden mit einem Ringen um ein privilegiertes Deutungsrecht. Dies gilt auch für die Ästhetik und die Künste. Hierbei geht es um mindestens zwei Fragekomplexe: Zum einen geht es um das Reflexionsfeld rund um das Schöne. Alexander Baumgarten „erfand" geradezu als neue philosophische Disziplin die Ästhetik, zumindest gab er diesem Feld den Namen. Dabei war die Nähe zum griechischen aisthesis Absicht: Denn es ging ihm (auch) um die Rehabilitation der sinnlichen Erkenntnis. Dies wiederum war kurze Zeit später bereits der entscheidende Grund für Immanuel Kant, sich von Baumgarten zu distanzieren: Das Ästhetische sollte gerade nicht als spezifische Erkenntnisweise betrachtet werden. Ein zweites Anliegen Baumgartens war die Zusammenführung der Diskurse über Bildende Kunst, Musik und Dichtung unter einem einheitlichen Kunstbegriff. Bei beidem war er nicht der erste. Englische Philosophen machten schon vor ihm die Sinne gegen einen kontinentalen Rationalismus stark (John Locke gegen René Descartes und später gegen Gottfried Wilhelm Leibniz). Französische Kunsttheoretiker wiederum versuchten, alle Künste auf ein einziges Prinzip, nämlich das der Mimesis zurückzuführen. Die Ästhetik als eigenständige philosophische Disziplin existierte dann also. Doch sehr lange glaubte auch Kant nicht daran, dass dieses Feld seinen Ansprüchen an eine transzendental vorgehende Philosophie genügen könnte, nämlich synthetische Urteile a priori aussprechen zu können. Als letzte seiner Kritiken veröffentlichte er 1790 seine Kritik der Urteilskraft. Die Umsetzung seiner „kopernikanischen Wende" bestand auch in diesem Feld darin, dass es nicht objektive Gegenstandsqualitäten sind, auf die sich ästhetische Urteile beziehen. Es sind auch nicht – wie bei den englischen Ästhetikern des 17. und 18. Jh.s – rein psychologische Befunde: Gefühle der Lust und der Unlust als Basis solcher Urteile werden vielmehr dadurch ausgelöst, dass unser System von Vermögen – er hat deren Anzahl erheblich reduziert – angemessen und harmonisch auf den Mikrokosmos wohlgestalteter Kunstwerke reagiert. Der Mensch erlebt lustvoll, dass seine geistige Ausstattung auf Strukturen der Welt passt. Und dies gelingt nur dann, wenn keine äußeren Einflüsse sowohl das Zusammenspiel der Formen im Werk, als auch das freie Spiel der Kräfte stören. Die „Autonomie der Kunst" wird hier eingeführt als notwendiges Konstruktionsprinzip in einer philosophischen Architektur.

„Autonomie" hat aber auch eine weitere, nämlich unmittelbar praxisbezogene Dimension, deren Beginn man in der Renaissance sieht (vgl. Müller in Müller u.a. 1972:9ff.): die Freistellung des Künstlers und seines Schaffens „von einer materiellen und feudal-ideologischen Bindung" (ebd.). Bis tief ins 19. Jh. mussten Künstler aller Sparten hinnehmen, dass sich Auftraggeber ungeniert in die künstlerische Produktion einmischten – allerdings: Diese konnten es auch, denn sie waren oft sachkundige „Amateure" (im Sinne von amare: lieben). Heute weiß man, dass dabei der Hofkünstler erhebliche Freiheiten besaß. Seit der Renaissance gab es dabei in allen Sparten Bemühungen, sich bloß ästhetischen Kriterien verpflichtet zu fühlen. In Theater und Literatur versuchte man zudem, ohne einen weiteren Brotberuf bzw. ohne Zugeständnisse an ein Publikum zu schreiben bzw. ein Theater zu führen (Gotthold Ephraim Lessings Versuche in Hamburg sind eines der bekanntesten Beispiele). Es gelang – letztlich bis heute – nur sehr wenigen. Man erinnere sich, dass selbst die bedeutendsten Künstler wie Johann Wolfgang von Goethe oder Friedrich Schiller nicht von ihrer Kunst leben konnten und einen „Brotberuf" brauchten. Eine andere Frage betrifft nicht das Einzelschicksal von KünstlerInnen, sondern die Genese eines künstlerischen Feldes. Die Moderne – so zumindest die verbreitete Meinung – bedeutet einen Wandel von einer Ständegesellschaft hin zu einer funktional differenzierten Gesellschaft: Es entstehen immer mehr teilautonome Gesellschaftsbereiche, die nach bereichsspezifischen Regeln funktionieren. Man hat daher untersucht, wie dieser Prozess der gesellschaftlichen Modernisierung in verschiedenen künstlerischen Feldern verlief. Pierre Bourdieu (1999) zeigte dies am Beispiel der französischen Literatur im 19. Jh., wobei Gustave Flaubert die entscheidende Persönlichkeit war. Hierbei zeigt es sich, dass nicht ein Einzelner, sondern eine Gemeinschaft bereichsspezifische Regeln definiert. Zur Erinnerung: Der romantische Geniebegriff wurde dadurch bestimmt, dass nur ein Genie sich selbst die Regeln seiner Produktivität gibt. Dagegen sprechen zeitgenössische Kunsttheorien davon (etwa Peter Bürger oder Arthur Danto), dass im Kunstbetrieb jeweils gültige Regeln performativ entstehen.

Kunstautonomie – so eine Zwischenbilanz – kann also verschiedenes bezeichnen:
>> die Emanzipation eines Feldes;
>> die Abwehr von der Bevormundung eines einzelnen Künstlers;
>> den Kampf um das Deutungsrecht;
>> die Möglichkeit, sich ohne Störung bei gesicherter Existenz um die Kunst zu kümmern;
>> den Schutz der Kunst und des Künstlers vor staatlichen Eingriffen;
>> die innertheoretische Architektonik eines speziellen philosophischen Systems.

„Kunstautonomie" ist also gleichzeitig ein theorieimmanenter, ein berufssoziologischer, ein sozialer, ein politischer und natürlich auch ein ästhetischer Begriff mit einer historischen Dynamik. Dabei ist zu berücksichtigen, dass mit der Existenz eines „autonomen" künstlerischen Feldes der Streit um die Selbstgesetzgebung innerhalb dieses Feldes nicht nur nicht beigelegt ist, sondern vielmehr eine neue Schwungkraft erhält: Denn dann kämpfen KünstlerInnen und Künstlergruppen darum, sich mit ihrer Kunst (und ihrem jeweiligen expliziten oder impliziten Kunstbegriff) gegenüber anderen durchzusetzen.

In der historischen Perspektive sind zudem nationale Besonderheiten zu berücksichtigen. Es sind dabei nicht bloß realgeschichtlich die Entwicklungen der sozialen Felder der verschiedenen Künste – sowohl in Hinblick auf die verschiedenen Künste in demselben Land als auch im Vergleich zwischen verschiedenen Ländern – höchst unterschiedlich, auch die Begrifflichkeiten sind zum Teil unterschiedlich bzw. bei Verwendung derselben Worte von unterschiedlicher Relevanz. So diskutierten seinerzeit junge Kunsthistoriker (Müller u.a. 1972) – alle wurden später veritable Lehrstuhlinhaber – Kunstautonomie als „bürgerliche Kategorie", sahen also ebenso wie Bürger (1983) einen politisch-sozialen Zusammenhang zwischen dem Konzept der Kunstautonomie und politisch-gesellschaftlichen Prozessen, den eine rein immanente philosophiegeschichtliche Analyse nicht offen legt. Dass ein solcher Ansatz, der regionale Besonderheiten und Kontexte in Rechnung stellt, auch heute noch Relevanz hat, konnte man an der documenta XI unter der Leitung von Okwui Enwezor sehen. Die Kunstausstellung in Kassel war dabei nur die fünfte Etappe eines internationalen politischen

(!) Diskurses, der sehr stark von theoretischen Ansätzen des Postkolonialismus geprägt war (siehe documenta 2002). Die Kategorie der Kunstautonomie wäre hier kaum angemessen bei der Beurteilung der ausgestellten Werke, da es sehr stark um die Freiheit der Menschen ging, deren Fehlen – oft sogar ungeniert plakativ – verhandelt wurde. Ähnliche Erfahrungen konnte man bei nichtwestlichen Teilnehmern bei der 2. *UNESCO*-Weltkonferenz zu arts education im Jahre 2010 in Seoul machen.

Freiheit und Autonomie – Begriffe der Kunsttheorie?

Gleichgültig ob man den Einzelkünstler oder ein gesellschaftliches Feld betrachtet: Sich selber Gesetze des Handelns zu geben kann sich sinnvollerweise nur auf Menschen beziehen. In der Tat macht dies in anthropologischen Ansätzen auch ein Charakteristikum des Menschseins aus (Gerhardt 1999). Selbstgesetzgebung in der Kunst ist dann lediglich ein spezifischer Anwendungsfall einer allgemeiner zu verstehenden Autonomie. Und diese gehört zunächst einmal nicht in das Feld der Ästhetik und der Künste, sondern in den Bereich der praktischen Philosophie, genauer: zur Ethik und zur Moralphilosophie. In der Tat lässt sich die Geschichte der Ethik unter diesem Leitbegriff schreiben. Wie ist daher das Verhältnis zwischen der Autonomie der Menschen als Problem der Ethik und der Kunstautonomie? Denn es geht in der Geschichte dieses Topos wesentlich um einen Streit über die politische oder moralische Aufladung ästhetischer Prozesse. Bekanntlich hat der junge Schiller noch das Theater als moralische Anstalt beschrieben, während er nach seiner Kant-Lektüre in den 1790er Jahren die Autonomie der Künste fordert. Aber auch dann stolpert man über Redeweisen wie „Schönheit als Freiheit in der Erscheinung" oder wie den berühmten § 59 „Von der Schönheit als Symbol der Sittlichkeit" (in der Kritik der Urteilskraft). Immerhin wiederholt Kant in diesem Paragrafen wesentliche, vorher systematisch entwickelte Bestimmungen:

>> das Schöne gefällt unmittelbar (ohne Begriff);
>> es gefällt ohne alles Interesse;
>> die Freiheit (!) der Einbildungskraft wird in der Beurteilung des Schönen mit der Gesetzmäßigkeit des Verstandes als einstimmig vorgestellt.

„Freiheit" meint hier also das freie Spiel der inneren Kräfte des Menschen, die Feststellung, dass die Kräfte (Einbildungskraft und Verstand) in der Reaktion auf die Rezeption eines Kunstwerkes zueinander passen und dies das Subjekt als lustvoll erlebt: Es geht also um das „Passen" des Subjekts in die Welt als Grundlage für dessen Freiheit. Bei Schiller wird später die Lust an der zweckfreien künstlerischen Gestaltung, die Lust an der künstlerischen Freiheit also, die Grundlage für die Hoffnung, die lustvoll erlebte Bereichs-Freiheit auszudehnen auf die Gestaltung der Gesellschaft. Die Autonomie der Künste, verstanden als Freiheit von außerkünstlerischen Einflüssen, ist daher die Grundlage für die politische Freiheit. Man könnte dies durchaus als Instrumentalisierung der Autonomie bezeichnen.

Auch in der Sozialgeschichte des Bürgertums im 19. Jh. spielte die „autonome Kunst" eine wichtige Rolle. Denn das in Deutschland chronisch erfolglose Bürgertum brauchte geradezu als identitätsstiftenden Bereich ein eigenes Betätigungsfeld. Der Historiker Thomas Nipperdey (1990) zeigt eindrucksvoll in seiner Geschichte des 19. Jh.s, wie ein ständig weiter ausgebautes System von Einrichtungen, in denen diese „autonome Kunst" gepflegt wird, diese Rolle der Identitätsstiftung übernommen hat. Die „reichste Theater- und Museumslandschaft der Welt" in Deutschland hat hierin ihren Ursprung. Diese identitätsstiftende Funktion des Kunstbereichs beschreibt auch Richard Münch (1986:824f.):

> „Die hohe Kultur von Literatur, Musik, Bildender Kunst und Schauspiel ist eine Sache der Eingeweihten, von der die Masse der Bevölkerung ausgeschlossen bleibt. Unverständlichkeit für den Durchschnittsbürger und leere Reihen im Schauspielhaus gelten hier als gute Zeichen hoher Kultur. Ungleichheit der kulturellen Teilnahme ist eine Tradition, die so fest eingewurzelt ist, dass sie als ebenso selbstverständlich hingenommen wird wie die kräftige Subventionierung einer reinen Intellektuellenkultur durch Steuergelder von eben jener Masse der Bevölkerung, auf deren Unverständnis für die angebotene Kultur der Künstler sich noch etwas einbildet."

Man wird kaum sagen können, dass sich seit dieser Analyse vor 30 Jahren etwas wesentlich verändert hat.

Dieser besondere historische Entwicklungsweg in Deutschland (vgl. Plessner 1974) hat auch Einfluss auf die politisch-soziale Sprache. In seiner praktischen Philosophie begründet Kant die Forderung, dass der Mensch niemals Mittel für einen Zweck sein dürfe, der außer ihm liegt. Dies macht die moralphilosophische Bedeutung seiner Autonomie aus. Dieser Ansatz steht in einer spezifischen Traditionslinie. In einem historischen Vergleich vierer westlicher Länder hat Münch (1986) – durchaus kompatibel mit den Analysen, die Helmut Plessner (1974) 50 Jahre vor ihm durchgeführt hat – die Besonderheit des deutschen Freiheitsverständnisses herausgearbeitet: Freiheit als Kernbegriff der politisch-sozialen Sprache (vgl. Conze 2004) meint in der deutschen (von Martin Luther geprägten) Tradition weniger die (äußere) politische oder ökonomische Freiheit (wie in England oder den USA), sondern vielmehr die innere Freiheit:

> „Über allen Differenzierungen des Freiheitsverständnisses steht ein heroischer Individualismus der inneren Freiheit, der Individualität und Universalität zur Identität bringt und nur in der Einsamkeit außerhalb der Gesellschaft verwirklicht werden kann" (ebd.:816).

Auch in einer weiteren Perspektive ist der Zusammenhang zwischen der Funktionalität des Ästhetischen und seiner Autonomie zumindest dialektisch. Volker Gerhardt weist darauf hin, dass es kein Zufall ist, dass – bis auf wenige Ausnahmen – in philosophischen Systemen der Baustein „Ästhetik" zuletzt eingefügt wird: Er sieht eine systematische Ursache darin, dass ein eigenes Bewusstsein für das Schöne erst dann aufkomme, wenn man zur Selbständigkeit des eigenen Handelns entwickelt sei (Gerhardt 2000:212). Der Mensch müsse selbständig entscheiden und handeln können, um für ästhetische Reize empfänglich zu sein. Moralphilosophische Autonomie wäre dann die unverzichtbare Grundlage für ästhetische Autonomie, der Mensch als Ästhet somit nur zu verantworten, wenn er zuvor ein ethisches Bewusstsein entwickelt hat. Andererseits kann dem handlungsfähigen Menschen das Ästhetische dabei helfen, ethische Probleme zu lösen (Fuchs 2011:Kap.4). Dass das ästhetische (autonome) Erlebnis den Menschen in seinem Willen zur Freiheit stärkt, beschreibt der Musiker und Psychologe Klaus Holzkamp in Bezug auf Musik:

> „So gesehen sind in vorfindlicher Musik stets auf irgendeine Weise Möglichkeiten zur Bewältigung, Gestaltung, Steigerung subjektiver Befindlichkeit historisch kumuliert. Im Vollzug der musikalischen Bewegung hebt sich in meinem Befinden das Wesentliche, Überdauernde, Typische gegenüber deren bloßen Zufälligkeiten und Zerstreutheiten meines Befindens heraus [...]. Meine eigene Befindlichkeit tritt mir in der Musik in überhöhter, verallgemeinerter, verdichteter Form entgegen, ohne dass dabei die sinnlich-körperliche Unmittelbarkeit meiner Betroffenheit reduziert wäre [...]. Ich mag aber über die Musik [...] eine neue Distanz zu meinen aktuellen emotionalen Lebensäußerungen gewinnen, wobei diese Distanz nicht nur „kognitiver" Art ist, sondern ihre eigene unverwechselbare Erfahrungsqualität gewinnt: Als „innere Ruhe", Übersicht, Gelassenheit, bis hin zur kontemplativen Versunkenheit als Gegenpol zu musikalischer Extase. In jedem Fall gewinne ich aber über die Musik eine neue Freiheit und Unabhängigkeit

gegenüber den Anfechtungen und Wirrnissen des Naheliegenden – ändere ich durch meine Ergriffenheit von Musik, die mir keiner wegnehmen oder ausreden kann, mich selbst, meine Lebendigkeit, meine widerständige Präsenz in dieser Welt, quasi in reiner und gesteigerter Form erfahre, bin ich – mindestens vorübergehend – weniger bestechlich und nicht mehr so leicht einzuschüchtern" (Holzkamp 1993:70).

Der Mensch kann also im Umgang mit den Künsten stärker werden, an Souveränität gewinnen. Offenbar gelingt dies – so die Visionen von Schiller bis Holzkamp – besonders gut in einer handlungsentlasteten Situation, mit „autonomen" Künsten. Wenn an starken selbstbewussten Menschen gelegen ist und daher das Interesse besteht, den Souveränitätsgewinn durch einen Umgang mit Kunst zu erreichen: Was nützt in dieser Situation die Redewendung von Kunstautonomie?

Letztlich geht es nicht um das Abstraktum Kunst und deren Autonomie, sondern es geht um die Autonomie des Menschen. Von Kant bis zu Theorien der ästhetischen Erfahrung (siehe Ursula Brandstätter „Ästhetische Erfahrung" in diesem Band) der Gegenwart geht man davon aus, dass sich im Umgang mit den Künsten der Mensch in seinen Möglichkeiten entdeckt und entwickelt. Was bedeutet dies für das Konzept der „Kunstautonomie"? Natürlich gehören Eigensinn der Künste und Handlungsentlastung der künstlerischen Tätigkeit zu den Standardtopoi im Kunstbereich. Doch ist auch folgendes zu bedenken: „Der ästhetische Begriff Autonomie bleibt auf den engen Bereich der deutschen „Kunstperiode" zwischen Weimarer Klassik und Romantik beschränkt und tritt selbst da nur bei Kant, Schiller, Friedrich Wilhelm Schelling und August Wilhelm Schlegel auf" (Wolfzettel/Einfalt 2000:432). Dieser historische Kontext zeigt zudem, dass man die Wirkungsgeschichte des Begriffs kaum versteht, wenn man nicht gleichzeitig die Debatte über „Kunstreligion" und insgesamt die Sakralisierung des Künstlerischen im frühen 19. Jh. einbezieht. Zu diesem Zugang gehört dann auch, die Umwandlung des Autonomiegedankens in die l'Art pour l'Art-Bewegung zu berücksichtigen. Insgesamt kann dieser ganze Prozess kaum verstanden werden, wenn man ihn von der Entwicklung der Moderne – vor allem den bereits früh erkannten Pathologien der Moderne – loslöst. Auch in der Selbstbeschreibung von KünstlerInnen wird der Begriff kaum verwendet. Eine verbreitete Nutzung gibt es heute lediglich in der Kulturpolitik und in der Kulturpädagogik. Könnte es daher sein, dass es sich bei seiner Verwendung lediglich um Selbstvergewisserungs- und Legitimationsrituale handelt und daher eher eine ideologiegeschichtliche Untersuchung angebracht wäre?

Zum Weiterlesen

Bockhorst, Hildegard (Hrsg.) (2011): KUNSTstück FREIHEIT. München: kopaed.

Gerhardt, Volker (1999): Selbstbestimmung. Das Prinzip der Individualität. Leipzig: Reclam.

Münch, Richard (1986): Die Kultur der Moderne. 2 Bde. Frankfurt/M.: Suhrkamp.

Plessner, Helmut (1974): Die verspätete Nation. Frankfurt/M.: Suhrkamp.

Doris Schuhmacher-Chilla
Körper – Leiblichkeit

Definition

Leiblichkeit ist ein phänomenologischer Grundbegriff, der aufs Engste mit dem Begriff der Körperlichkeit des Menschen verknüpft ist. Mit dem Begriff *Leiblichkeit* wird die Bedingung der Möglichkeit und Wirklichkeit gegeben, Sozialität als dem Menschen inhärente Fähigkeit zu verstehen. Diese Fähigkeit ist ambiguitär; weder über Identität noch Alterität ist vollständig zu verfügen (Meyer-Drawe 1984).

Der zweifache Körper

Menschen haben einen Körper und sind Körper. Das Besondere liegt in der Bezugnahme beider Modi. Als Leib im phänomenologischen Sinn ist der Mensch Angelpunkt der Perspektiven, mit denen er die reale Welt und alle Gegenstände wahrnimmt. Ohne die leibliche Perspektive ließe sich nicht von Gegenständen sprechen. Die leibliche Perspektive ermöglicht und begrenzt zugleich unsere Erkenntnis. Als sehender oder berührender Leib ist er nicht in der Lage, selber gesehen oder berührt zu werden. In kritischer Weiterentwicklung der Phänomenologie Edmund Husserls untersucht Maurice Merleau-Ponty die paradigmatische Ambiguität von Sinn und Sinnlichkeit des Leibes und spricht von ihm als Mittel des Zur-Welt-Seins (Merleau-Ponty 1966 und 1986). Damit knüpft er auch an die philosophischen Anthropologen Arnold Gehlen, Max Scheler und Helmuth Plessner an. Die von Plessner (1982) hervorgehobenen beiden Modi des Menschen, zum einen die exzentrische Position des Körper-Habens, die das zielgerichtete Handeln in der Welt verbürgt, wie die andere, der gegebenen Existenz als Körper im Körper, welche der exzentrischen Position vorgeordnet ist, überwinden aber nicht den traditionellen, von René Descartes konstruierten Dualismus der Trennung von Körper und Geist, denn die Einheit wird zwar vorausgesetzt, nicht aber sichergestellt, da es kein inneres Kriterium für die Gleichheit innerer Entitäten gibt (vgl. Wulf 2009). Der eigene Handlungstrieb gilt als Aktivposten des Ichs. Die Gegenüberstellungen und Verkürzungen in der Erklärung des zweifachen Körpers werden durch zwei Kernpunkte Merleau-Pontys vermieden. Erstens handelt es sich um eine Beschreibung des Leibes, die am Rande der wissenschaftlichen Paradigmen von Philosophie und Psychologie diesen vorangeht, ihren empiristischen und intellektualistischen Epistemen nicht verfällt, sondern ursprünglich ist. Zweitens und über die Beschreibung des Leibes hinaus liefert Merleau-Ponty eine Philosophie, die die traditionellen Kategorien von Subjekt und Objekt, Form und Inhalt, Aktivität und Passivität in Frage stellt. Der Modus der Leibgebundenheit besagt in seiner lebenslangen, permanenten Präsenz, „daß ich niemals ihn eigentlich vor mir habe, daß er sich nicht vor meinem Blick entfalten kann, vielmehr immer am Rand meiner Wahrnehmung bleibt und dergestalt mit mir ist" (Merleau-Ponty 1966:115). Diese Situation bestimmt das Weltverhältnis dahingehend, dass Welt und Körper unmittelbar miteinander verwoben sind. Die chiastische Verschränkung von Welt und Subjekt ist im Modus der Leibgebundenheit begründet. Sie ermöglicht es, die Spaltung von Denken und Ich und

Körper zu überwinden. Der Körper ist entsprechend der Erfahrung der Welt in Außen-, Innen- und Sozialwelt strukturiert. Die im Französischen gegebene sprachliche Unterscheidung zwischen chair (Fleisch im Sinne von Leibhaftigkeit) und corps (Körperabbild) macht die Differenz deutlich, die zwischen Leiblichkeit als zweifachem Körper und Körper als Körperabbild im landläufigen Sinn besteht (Merleau-Ponty 1986)). Die Einschreibungsprozesse in das rätselhaft bleibende Gewebe sind mimetisch und begründen auf der Basis des Körpers ein unmittelbares und zum großen Teil unbewusstes Weltverhältnis (Bourdieu 1987). Der Körper wird in den Prozessen der Einverleibung von Welt dahingehend erweitert, dass er zum Erzeuger weiterer Prozesse wird (Gebauer/Wulf 1992; Wulf 2009; Schuhmacher-Chilla 1995).

Geschichte des Körpers/Körperdiskurse

Leben war in früheren Zeiten immer fraglos an Körperlichkeit gebunden wie Körperlichkeit an Leben. Der komplexe Zusammenhang von Körper-Leib-Seele wurde mit dem neuzeitlichen Paradigma des „Cogito Ergo Sum" von René Descartes aufgelöst. Der von der Seele getrennte Körper wurde für den theoretischen Diskurs zum Schweigen gebracht, aber institutionell und technisch verwertbar gemacht. In Folge der Machtkritik Michel Foucaults und einer im Zusammenhang mit der Kritik am Herrschaftsverhältnisse verdeckenden Vernunftprinzip, erstarkten Anthropologiekritik wird der Körper wieder zur Sprache gebracht (Kamper/Rittner 1976). Foucault (1977) analysiert in seinen theoretischen Schriften den gesellschaftlich geformten, zugerichteten und zwanghaften Körper. Er zeigt die von Institutionen, wie z.B. Gefängnis, Militär und Schule, durchgeführten Disziplinierungsprozesse, in deren historischer Entwicklung der Körper als Produkt von Machtstrategien erkennbar wird. Pierre Bourdieu stellt in soziologischen Analysen die Inkorporierungsstrategien dar, mit denen Macht qua Körperlichkeit subtil in die Subjekte selbst implantiert wird. Der zentrale Begriff des „Habitus" wirkt neben dem „sens pratique" (Handlungssinn) als Leitmedium dieses unmerklichen Transfers in die Körper, die im sozialen Raum über Fragen des Geschmacks und Stils mit ihren Sinnen entscheiden. Aus der anfänglichen Zivilisations- und Wissenschaftskritik am eindimensionalen Vernunftprinzip, als Herrschaftsprinzip über den Körper (Böhme/Böhme 1985), entwickelt sich ein erneutes Interesse am Körper als reflektierte Wende unabhängig von einer bestimmten Disziplin. Das Projekt einer neuen Körperlichkeit, die nicht reduzierter Sinnlichkeit oder vom Rahmen gesellschaftlicher Bedingungen losgelöster Subjektivität verfällt, hat sich seit den frühen 1980er Jahren immer stärker herauskristallisiert (Kamper/Wulf 1982). Aus Sicht der historisch-kulturellen Anthropologie, die nach dem Ende einer verbindlich anthropologischen Norm die Geschichtlichkeit ihres Gegenstandes und die ihrer Perspektiven und Methoden aufeinander bezieht, nimmt der Körper als endlicher, d.h. geburtlicher und sterblicher, eine zentrale Stellung in der Erforschung des Menschlichen ein (Arendt 1967). Die in den gesellschaftlich konkreten Körpern liegenden Unterschiede beziehen sich explizit auf Geschlecht (vgl. Butler 1997), Stil, Kleidung, Sinne, Auge, Geste, Bewegung, Hand, Sprache, die zugleich Artikulation und Hören des Artikulierten ist, Imagination und Bild (Belting 2001). Die durch Neue Medien und zunehmende gesellschaftliche Verbildlichung bedingte Veränderung der Wahrnehmung, zugleich der Behandlung und Stellung des Körpers, bleibt für alle Bildungsprozesse relevant (Benthien/Wulf 2001).

Schnittstelle Körper-Bild-Medium

Der Mensch ist Hans Belting zufolge der Ort der Bilder. Bilder, vor allem mentale, als Imagination und Fantasie lassen sich nicht vom Körper trennen (Belting 2001; Belting/Kamper/Schulz 2002). Ähnlich wie in der Sprache zeigt sich bei den Bildern die Doppelstrukur des Körpers, der Bilder sieht und Bilder erzeugt. Repräsentationsfragen müssen beim menschlichen Körper ansetzen, der immer auch Erscheinungskörper ist. Eines seiner Hauptmerkmale liegt in seiner performativen Repräsentation und gilt als die „erste Bedingung körperlicher Präsenz in der Welt" (Belting 2002:X). Indem der Körper als lebendes Medium verstanden wird, können die Geschichte der technischen Bildmedien und die Kulturgeschichte des Körpers aufeinander bezogen werden. Die Frage nach dem Bild tangiert sowohl die Frage nach dem Körper, nach unterschiedlichen Medien wie dem Verständnis von Repräsentation. Durch das Medium des Bildes erhält der Körper eine neue Präsenz und kann gegenwärtig bleiben. Die Anwesenheit erfolgt als Referenz auf eine Abwesenheit und kann durch unterschiedliche Rituale und Techniken bis hin zu computeranimierten Bildprozessen zum Leben erweckt werden (vgl. Schulz 2002:16f.; Wulf 2009:299ff.). Eine besondere Stellung in der bildlichen Repräsentation kommt der Fotografie (siehe Jan Schmolling „Fotografie in der Kulturellen Bildung" in diesem Band) zu, die seit Roland Barthes als indexikalisches Aufzeigen der gewesenen Anwesenheit eines Menschen fungiert, dessen Körper nun Bild geworden ist.

Transformationen des Körpers

Transformationen des Körpers finden in vielfältigsten Formen und Medien seit den 60er Jahren des 20. Jh.s statt (Virilio 1996). Sie beinhalten einen veränderten Umgang mit der eigenen Wahrnehmung des Körpers und seiner Herauslösung aus dem abbildhaften Erscheinungsbild. Der Körper wird z.B. in der Kunst zum Material, das zerlegt in Haut, Haare, Fleisch und Blut, in digitalen Mutationen bis hin zu Verflüssigung und Verschwinden, seine menschliche Form an die immer schnelleren Zirkulationen des Netzes abgibt (Schuhmacher-Chilla 2000; Schneede 2002). Ausgehend von Selbstexperimenten und der Untersuchung des Verhältnisses Körper-Raum in den 1960er Jahren, vergewissern sich die KünstlerInnen der 1970er Jahre ihrer Körperlichkeit, während sie in den 1980er und 1990er Jahren die Angreifbarkeit des Körpers in Prozessen der Fragmentarisierung und Zerstückelung darstellen. Gegen Ende des 20. Jh.s wird nach einer noch möglichen Rolle des Körpers in Performances z.B. von Orlan (L'Art Charnel) und in unmittelbaren, rituellen von Marina Abramović gefragt, bevor filmische Entwürfe den fiktiven Morphingkörper einer Übergangsphase entwerfen. Ebenso relevant bleibt in Zukunft die Erforschung des sehenden/wahrnehmenden Körpers in der Person der BetrachterInnen künstlerischer/medialer Werke und Prozesse. Die leiblich/körperliche Wahrnehmung ist eine Grundbedingung ästhetisch-kultureller Bildung, die besonders auch beim Betrachten von Kunstwerken zur unhintergehbaren Erfahrung gehört (vgl. Hustvedt 2010).

Zum Weiterlesen

Hustvedt, Siri (2010): Mit dem Körper sehen: Was es bedeutet, ein Kunstwerk zu sehen. Berlin/München: Deutscher Kunstverlag.

Müller, Michael, R./Soeffner, Hans-Georg/Sonnenmoser, Anne (Hrsg.) (2011): KÖRPER HABEN. Weilerswist.

Wolfgang Zacharias
Medien und Ästhetik

Künste, Medien und Bildung verbinden sich im Fokus eines weit verstandenen kulturellästhetischen Lernens, Erfahrens und Handelns zu einer je nach Frage- und Ausgangsinteresse spezifisch akzentuierbaren Einheit. Die zu bewältigende Aufgabe besteht darin, jeweils dem Alter und der Situation angemessene Umgangs- und Aneignungsformen zu finden und plurale Arbeitsweisen differenziert so anzuwenden, dass sie der Vielfalt Kultureller Bildung in allen ihren Formen entsprechen: medial, leiblich, symbolisch, analog, digital, von Tönen, Worten über Bilder und Tanz, Spiel bis Film, Computer und Web 2.0.

Die ästhetische Form als Botschaft

Der Zusammenhang von Medien und Ästhetik ist insofern unhintergehbar, als Medien per se ästhetisch formatiert sind. Das Ästhetische in der Spannweite von sinnlich-leiblicher Wahrnehmung bis zu den Künsten und allen kulturell-symbolischen Formen beruht immer auch auf Medialität, auf Bildern, Tönen, Bewegungen, Zeichen, Sprache, Kommunikation, Aktion, Dramaturgie, Theatralität und Gefühlen in gestalteter Form. Daraus werden Wirklichkeitswahrnehmungen, Bedeutungen, Interessen und Handlungen konstituiert und gesteuert sowie Wissen und Gefühl generiert bzw. transformiert. Insofern hat das Verweisungsverhältnis des Medialen und des Ästhetischen eine schon immer fundamentale anthropologische wie auch bildende Dimension, speziell insbesondere für Künste und Kulturen aller Art und aller Zeiten. Das Mediale, das sich als Formung und Gestaltung ästhetisch und im Prinzip zunächst ohne bedeutungsrelevante Inhaltlichkeit zwischen Sender und Empfänger spannt, vermittelt damit zwischen menschlicher Sinneswahrnehmung und vorhandenem Vorwissen einerseits und Sachen, Informationen, Botschaften andererseits. Mediale Zeichen lösen so inhaltliche Erfahrungen und Erkenntnisse, spezifische Emotionen und Reflexionen aus. Dies betrifft individuell subjektive wie auch kollektiv gesellschaftliche Reaktionen und Werte, die Lerneffekte und Handlungsimpulse auslösen, also im weitesten Sinn Wissens- und Bildungswirkungen haben – zunächst durchaus unabhängig von ihrer Qualität. Das Medium ist das „Dazwischen", wie etwa auch in der lateinischen Vorsilbe „inter" enthalten.

Schon die ersten menschlichen Kulturleistungen haben symbolisch-mediale Informationen und Bedeutungen, vermittelnden Charakter als symbolische Formen (vgl. Cassirer 1953/54) des ‚homo ludens' (vgl. Huizinga 1994): Bilder z.B. schon als Höhlenmalerei, Träume, Gesänge, Worte, Rituale, Spiele, Instrumente, weltanschauliche Projektionen, später dann Schrift, Buch, Foto, Film, Computer, Web 2.0 sind sowohl Ausdruck als auch Formen der Weltwahrnehmung. Das ästhetische Verhältnis von Mensch und Medien lässt sich so als Urphänomen und Ursprung aller Künste, Kommunikationen, Kulturen und Spielformen bezeichnen. In der globalisierten „Netzwerkgesellschaft" des elektronisch-digitalen Zeitalters (vgl. Castells 2001) haben sich die Erscheinungsformen und Wirkungsweisen des Medialen expansiv verändert. Ein zentrales medienästhetisches Motiv lieferte der kanadische Medienanalytiker Marshall McLuhan: „The medium is the message" (McLuhan 1968). Es ist die Art und Form der gestalteten medialen Botschaft, die auch die inhaltlich-werthaltige Information und Aussage qualitativ zumindest mitbestimmt: die Formatierung.

Der Soziologe Niklas Luhmann hat das Phänomen dieser auch qualitativen Dominanz medialer Form gegenüber inhaltlicher Vielfalt und Welthaftigkeit in seiner Analyse der „Realität der Massenmedien" so beschrieben: „Ihre reale Realität, könnte man sagen, besteht in ihren eigenen Operationen" (Luhmann 1996:12). Er konstatierte eine Art paradoxe Verdopplung des Realen. Die mediale Konstruktion wird zu einer eigenen Wirklichkeit als „erfundene Wirklichkeit" (vgl. Watzlawick 1981). Die zentrale Frage: „Was ist Medialität?" hat sich im Horizont des Web 2.0 allerdings radikalisiert: „Medien übertragen nicht einfach nur Botschaften, sondern entfalten eine Wirkungskraft, welche die Modalitäten unseres Denkens, Wahrnehmens, Erfahrens, Erinnerns und Kommunizierens prägt" (Krämer 1998:14). Dies prägt und transformiert Kunst, Kultur und Ästhetik entscheidend und damit auch im Kern alle damit identifizierten Bildungsformen, soweit Medialität und Symbolvermittlung dabei eine Rolle spielen, welcher Inhaltlichkeit auch immer.

Allgemeine wahrnehmungsorientierte und künstlerische Diskurse betonen den Aspekt des „Erscheinens" (vgl. Seel 2000) als besonderes ästhetisches Phänomen. Dabei geht es auch um Schönheit und die durchaus positive Bewertung des mehr oder weniger „schönen Scheins" (vgl. Schiller 1793/2000) als Qualitätsmerkmal aller Künste und Medien, des Illusionären, Simulativen, Spielerischen, Vorstellbaren, Imaginären als Möglichkeit. Durch mediale Präsentation, Transformation und Performation wird dieser kulturelle ästhetische Schein wahrnehmbar, anschaulich und Teil von Wirklichkeit – und damit auch zum kulturellen Träger und Medium von bildenden Inhalten und Ideen. Dies betrifft in neuen und extrem expansiven technologischen Formaten die digitale Medienkultur (siehe Barbara Hornberger/Stefan Krankenhagen „Pop- und Medienkultur in der Kulturellen Bildung" in diesem Band), ihre Nutzungen und Gestaltungsmöglichkeiten (vgl. Bolz 1991), natürlich auch alle Medien- und Netzkunst (vgl. Rötzer/Weibel 1991). Fehlen noch die „games" und „social networks" aus heutiger Sicht, die damals, 1991, noch nicht die globale Bedeutung hatten wie heute.

Der Begriff „Medienästhetik"

Der Begriff „Medienästhetik" selbst erhält historisch Bedeutung mit dem Aufkommen technisch reproduzierbarer audiovisueller Ausdrucks- und Wahrnehmungsformen. Er bezieht sich auf „die Entwicklung audiovisueller Wahrnehmungsformen am Beispiel des Films unter produktionsästhetischen Aspekten wie Kamera, Montage, Film und Literatur und Film-‚Sprache'. Sie diskutiert die weitere audiovisuelle Entwicklung am Beispiel des Fernsehens, der elektronischen Medien und der Digitalisierung bis hin zu aktuellen Phänomenen wie Internet-Ästhetik, Videoclips und Computerkunst" (Schnell 2000:12).

In Reflexionskontexten über Medialität generell, akzentuiert etwa als Medienanthropologie, Medientheorie, Medienwissenschaft, Medienkritik, Medienethik, Medienphilosophie oder Medienökologie, ist Medienästhetik als Thema eher marginalisiert. Sie wird in der Regel (kunst-)spartentechnisch abgehandelt, etwa im Kontext Literatur, Film, Audio, Fernsehen, Popkulturen – mit wenigen Ausnahmen: „Ästhetische Wahrnehmung ist nicht identisch mit dem was gezeigt oder gesagt wird, sondern sie besitzt ihre Spezifik in der Art und Weise, wie sie ihre eigenen Möglichkeiten und Fähigkeiten, ihre Techniken, ihre Mittel […] zur Verarbeitung einsetzt. Das Wie dieser Wahrnehmung steht im Mittelpunkt dieser Medienästhetik" (Schnell 2000:22). Eben dies begründet die besondere und entgrenzte Bedeutung des Verhältnisses von Medien, Kultur und Ästhetik allgemein, insbesondere dann in Bezug auf Bildung, Lernen, Wissen und Handeln, Individuum und Gesellschaft.

Als „Vater" der Medienästhetik im engeren Sinn gilt Walter Benjamin mit seinem Text „Das Kunstwerk im Zeitalter seiner technischen Reproduzierbarkeit" von 1936 (Benjamin 2002a:351). „Benjamin hat darin dem Problem der Medienkonkurrenz mit der Begründung den Boden entzogen, dass im Zeitalter der technischen Reproduzierbarkeit von Kunst der Kunstbegriff selbst einer Revision bedürfte. Dies konnte nur deshalb gelingen, weil Benjamin seine Ästhetik nicht als philosophische Theorie, auch nicht als Kulturphilosophie entfaltet, sondern – im getreuen Sinn des Wortes – als Lehre von der Wahrnehmung" (Schnell 2000:9). Benjamins zentrale medienästhetischen Sätze lauten: „Noch bei der höchstvollendeten Reproduktion fällt eines auf: Das Hier und Jetzt des Kunstwerks – sein einmaliges Dasein an dem Ort, an dem es sich befindet" (Benjamin 2002a:354). Das, was wegfällt, nennt Benjamin die „Aura". Aura meint das Authentische, Einmalige, Nichtvervielfältigbare etwa bei Kunstwerken und Kunstereignissen zugunsten ästhetischer Erfahrung (vgl. Schöttker 2002).

Zusammenfassend lässt sich Medienästhetik bzw. das Zusammenspiel von Künsten, Medien und dem Ästhetischen, Kulturellen für und in Bildungskontexten so beschreiben: „Medienästhetik als Theorie der Wahrnehmung unter den Bedingungen neuer Medien klingt griffig und plausibel. Die Formel schließt an ästhetische Konzeptionen an, die auf Wahrnehmungen aller Art bezogen sind [...]. Medienästhetik liefert Konstruktions- und Sinnangebote für medial geprägte Lebenswelten und Weltsicht. ‚Leben auf gigantischer Benutzeroberfläche', ‚Verführung als Dienstleistung des Marktes' oder ‚medial inszenierte Heilsversprechen' sind einige der Schlagwörter, die hier komplementär und kritisch zu nennen wären. Dennoch ist Medienästhetik mehr als ein ‚Effekt der Unterhaltungsindustrie'." (Imort/Müller/Niesyto 2009:7). Franz Josef Röll mit einem Basisverständnis von „Ästhetik" als „Aisthesis", also vorrangig als Wahrnehmungsphänomen, schlussfolgert zum Zusammenhang von Ästhetik und Internet: „Die Medienästhetik des aktuellen und zukünftigen Internets ist orientiert an Interaktion, Einmischung und Partizipation. Sie richtet sich vor allem an den Interessen der Prosumenten aus" (Röll 2009:29). Dies kann auch Kunst sein, in einem erweiterten und auch kollektiven Verständnis. Röll spricht in diesem Zusammenhang auch von einem unabweisbaren *ästhetischen Imperativ* jedweden medialen, rezeptiven wie produktiven Medienumgangs, welcher Formatierung und Inhaltlichkeit („content") auch immer (vgl. Röll 2003:51).

Mediengestaltung als Möglichkeitsentwurf

Digital vernetzte und gestaltete Medienästhetik ist – da es keine Authenzität im eigentlichen Sinne mehr gibt – diesbezüglich sozusagen der „Supergau" traditioneller, authentisch-einmaliger Ästhetik. Andererseits ist sie aber auch eine „Superchance", da sie „für alle, immer und überall" produzierbar und konsumierbar ist – die entsprechende mediale Kompetenz vorausgesetzt.

Mediale Produktion und Rezeption schaffen symbolische Möglichkeitsräume. Diese eröffnen sich sozusagen medial-ästhetisch neben, oberhalb und auch konträr zu real existierenden Wirklichkeiten im existentiellen Hier und Jetzt, dem „Reich der Notwendigkeiten und Zwänge", wie Friedrich Schiller dies in den „Briefen zur Ästhetischen Erziehung des Menschen" (Schiller 1793/2000) nannte. Er setzte diesem das „Reich der Möglichkeiten", des Vorstellungswissens, von Fantasie und Imagination als Potential des Künstlerischen, Kulturellen und Gestaltenden sowie Dramaturgischen entgegen.

Eben dies ermöglichen die Neuen Medien insbesondere in ihrer digitalen und globalen Vernetzung in bisher ungeahnter Weise und prinzipiell „für alle und überall". Das ‚Bild der Welt' entsteht in der Welt der Bilder, der Abbilder und der Fantasiebilder. Alle Bilder haben die Macht und bildende Kraft bzw. Freiheiten, durch die imaginären Räume des schönen, ästhetischen Scheins – durchaus mit der Möglichkeit ethischer Dimensionen – Fantasien, Weltentwürfe, Gestaltungen und Interessen, die über das Hier und Heute hinausweisen, anzustoßen. Der mögliche bildende Gewinn: „Die Schulung der Wahrnehmung könnte zu einer entscheidenden Kompetenz werden, um die Beziehung zwischen realer und medialer Wirklichkeit einschätzen zu können" (Baacke/Röll 1995:20).

Eher informationstechnisch akzentuierte Medienkompetenz wird hier ergänzt und erweitert um eine innovative, impulsgebende und gleichermaßen spezifisch kulturell-ästhetische Kompetenz des reflexiven wie produktiven Umgangs mit Wirklichkeiten, Fantasien und Wünschen – diese eben in symbolischer Gestalt zu anschaulichem Erscheinen gebracht. Der medienästhetische Gewinn liegt hierbei auf Interaktion, Transformation, Performation und Partizipation in einem prozessualen Vorgang und in subjektiv-individuellen Varianten.

Dabei gilt auch: „Medien sind sozial: alle Medien, schon immer. Denn Medien vermitteln; sie sind […] Mittel und Mittler in Tauschprozessen zwar unterschiedlicher, aber immer auch und prinzipiell verbindender Art" (Münker 2009:9). Wir sprechen heute wie selbstverständlich von der herrschenden Medienkultur, oder auch angemessen von „digitaler Medienkultur", in der „Wahrnehmung, Konfiguration, Transformation" neue und entscheidende gesellschaftliche Konstellationen ausbilden (Missomelius 2006). Dies ist die kulturell-ästhetische Dimension: „All diese Entwicklungen kreisen um die Erweiterung und Transformationen der Optionen zu kommunizieren, zu kollaborieren, Kontakte zu knüpfen und Gemeinschaften zu bilden, kurz: Sie betreffen das ganze Spektrum der Sozialität, ihrer Modi und Herstellungsbedingungen" (Jörissen/Marotzki 2008:151).

Medienbildung als Chance ästhetischen Lernens 2.0

Das experimentelle Vorbild der „Medienkünste" kann neue Wege, ungewöhnliche Umgangsformen und innovativ-überraschende Nutzungen z.B. digitaler Kommunikation und Präsentation aufzeigen. Das ist eigentlich schon immer Auftrag, Interesse und Aufgabe avantgardistischer Kunstpraxis im Umgang mit je Neuem, etwa dem digitalen und vernetzten Medium, natürlich und vor allem auch medienästhetisch.

Interaktive „Medienkunst" und „Netzkunst" sind aktuelle Spielarten insbesondere im Kontext der bildenden Kunst, aber eigentlich nicht mehr kunstsparten-spezifisch definitiv eingrenzbar und nicht mehr im Traditionskanon der Künste aufgehoben (Gendolla u.a. 2001). Es geht dann um eine erweiterte Sichtweise von Kunst durch Medien: „Kunst ist nicht mehr Kunst der Darstellung, sondern – vorrangig – Kunst der Transformation. Den stetigen Wandel der Ansprüche an Kunst zu bedenken, die Medien des Austausches zwischen den als Kunst verfassten Aussagen und den in Kunstwerken wahrgenommenen Erkenntnisansprüchen zu erwägen, ist der Kern der medienbewussten Kunst und Kunsttheorie" (Reck 2002:94).

Das medienästhetische Bildungsziel: Lebenskunst 2.0

Lebenskunst als weitestmögliche Zielperspektive Kultureller Bildung spannt sich auf zwischen alltagskultureller leiblicher Wahrnehmung, ästhetischer Praxis und künstlerischer Gestaltung mit Bezug auf das jeweilige lernende, sich bildende Subjekt zugunsten der je

eigenen ‚Ästhetik der Existenz' und eines gelingenden Lebens (vgl. Schmid 1998). Für Kulturelle Bildung im Rahmen der Fachorganisation *Bundesvereinigung Kulturelle Kinder- und Jugendbildung (BKJ)* hat sich hier in Bezug zur Lebenskunst ein komplex-qualifiziertes Leitbild ergeben (vgl. BKJ 1999), dem sich auch kulturell-ästhetische Medienbildung (siehe Eva Bürgermeister „Medienbildungsorte" in diesem Band) verpflichtet fühlt (vgl. Zacharias 2010:267ff.). *Medienästhetisch zugespitzte Orientierungen* sind dabei:
>> Wer bin ich eigentlich? Womit identifiziere ich mich? Was bedeute ich anderen? Welches Bild habe ich von mir? Welches Bild haben andere von mir? Wo überall kommuniziere ich dies medial? Mit wem und mit welchen jeweiligen Interessen?
>> Wie will ich später als Erwachsener leben? Wie will ich im Alter leben? Welche medialen und realen Vorbilder habe ich bzw. interessieren mich?
>> Wie kann ich an meinem Selbstbild, an den mich betreffenden Fremdbildern arbeiten, sie beeinflussen und entwickeln? Was ist mir technisch möglich? Wie kann ich darüber permanent verfügen, die mich betreffenden Daten beherrschen und kontrollieren?
>> Bleibe ich in der Hinwendung und Nutzung medialer Welten meiner leiblich-sinnlichen Natur sozusagen „anthropologisch" verbunden auch in sozialen und ästhetisch positiven Lebensumgebungen?

Mögliche *didaktisch-pädagogische Strukturen und Angebotskonstellationen* hätten dann etwa folgende und weiter in der Differenz von Handlungsfeldern auszuarbeitende Aufgaben:
>> Erreichbare Anlässe, Aufgaben und Angebote zur aktiven Beschäftigung bereitzustellen z.B. mit den oben genannten Fragerichtungen und dazu zu motivieren – im Querschnitt kultureller und medienästhetischer Erfahrungs- und Handlungsfelder.
>> Diese alters-, milieu- und geschlechtsspezifisch zu gestalten sowie zeit-räumlich, atmosphärisch und technisch in angemessene Formen zu bringen, Orte und Gruppierungen sowie reale wie digitale Plattformen dafür anzubieten.
>> Weitgehende Freiwilligkeit der Teilnahme unter Berücksichtigung der unterschiedlichen Interessen der Adressaten zu ermöglichen, auch durch qualifizierte anregungsreiche Umgebungen, Vorbilder und partizipative Gestaltungsräume – insbesondere auch im Netz.

Ausblick und Herausforderungen: Komplementarität von Medialität und Leiblichkeit

Die zentrale medienästhetische Herausforderung ist das, was Wolfgang Welsch bereits 1990 im Horizont einer neuen Aktualität und Prominenz des Ästhetischen so formuliert: „Ästhetisches Denken ist eines, für das Wahrnehmungen ausschlaggebend sind. Und zwar sowohl als Inspirationsquelle wie als Leit- und Vollzugsmedium" (Welsch 1990:48). Es geht dann um neue – mediale – Verhältnisse zwischen Künstlichkeit und Natürlichkeit, Symbolisierung und Leiblichkeit, wie es auch in der Formel einer Vermittlung zwischen „Sinne und Cyber" zum Ausdruck kommt. Welsch formulierte diesbezüglich auch die neue ästhetische Programmatik von „Komplementarität" und „Revalidierung", also von Balance und zunehmendem Wiederinstandsetzungsbedarf körperlich-authentischer Erfahrung gegenüber Simulation, Medialisierung und Digitalisierung: „Wir sollten die Doppelfigur der Moderne weder medieneuphorisch noch leibfanatisch auf nur einen Pol verkürzen. Wir sollten unsere Zweiäugigkeit bewahren – oder neu gewinnen" (Welsch 1995:92). Dieses Doppelmotiv hat insbesondere kultur- und kunstpädagogische Bedeutungen und ist medienästhetisch und dann auch didaktisch orientierend (vgl. Kirschenmann 2003).

Eine neue und zukünftig weiter zu bearbeitende Fragestellung betrifft das Verhältnis von „Wahrnehmung – Kognition – Ästhetik" mit neurobiologischen Interessen und im Horizont von Digitalität: „Wie verarbeiten wir Wahrnehmungsprozesse? In welchem Verhältnis stehen der menschliche Wahrnehmungsapparat und die Umbrüche in der Medienentwicklung zueinander? Und welche Rolle spielen in diesem Verhältnis die künstlerischen Avantgarden, insbesondere die der Mediengeschichte?" (Schnell 2005:10).

Zum Weiterlesen

Benjamin, Walter (2002): Medienästhetische Schriften. Frankfurt/M.: Suhrkamp.

Imort, Peter/Müller, Renate/Niesyto, Horst (Hrsg.) (2009): Medienästhetik in Bildungskontexten. München: kopaed.

Rötzer, Florian/Weibel, Peter (Hrsg.) (1991): Strategien des Scheins. KunstComputerMedien. München: Boer.

Schnell, Ralf (2000): Medienästhetik: Zur Geschichte und Theorie audiovisueller Wahrnehmungsformen. Stuttgart: Metzler.

Watzlawick, Paul (1981): Die erfundene Wirklichkeit. München: Piper.

Zacharias, Wolfgang (2010): Kulturell-ästhetische Medienbildung. Sinne – Künste – Cyber. München: kopaed.

Ulf Otto
Mimesis

Thema und Begriffsbestimmung

Mimesis, von altgr. μίμησις, wird seit der Renaissance mit dem lat. imitatio gleichgestellt und seit Martin Opitz' „Buch von teutscher Poeterey" von 1624 im Sinne von „Nachäfferey", später dann lange als Nachahmung übersetzt. Seit den Anfängen der Moderne ist Mimesis innerhalb der ästhetischen und poetischen Theoriebildung einer nicht abreißenden Kritik ausgesetzt, die der mimetischen Bezugnahme auf Wirklichkeit mit Forderungen nach einer autonomen und nicht-repräsentationalen Kunst begegnet (Iser 1991). Nicht zuletzt die Betonung der selbstreferentiellen und wirklichkeitskonstituierenden Aspekte von Kunst und Theater im Kontext einer performativen Wende der Kulturwissenschaften scheint maßgeblich von einem solchen „antimimetischen Affekt" (Ott 2010) getragen zu sein. Die rezente Auseinandersetzung mit dem Begriff beginnt daher seit der zweiten Hälfte des 20. Jh.s zumeist mit der Rehabilitierung und Ausweitung des Konzeptes und untersucht Mimesis auch jenseits der Kunst als ein kulturelles Vermögen mit anthropologischen Fundamenten. Damit knüpft die gegenwärtige Diskussion auch an mögliche Ursprünge des altgriechischen Begriffs an, der einerseits im Umfeld von Chor und Tanz gesucht wird, andererseits mit der possenhaften Kunst des atellanischen Mimos in Verbindung gebracht wird (Koller 1954). Anschließend an ein solches Verständnis von Mimesis als ästhetischer und theatraler Praxis ließe sich denn auch das Potential der Mimesis im Bereich der Kulturellen Bildung ausloten. Denn anders als das bürgerliche Projekt ästhetischer Erziehung und Menschenbildung durch empfindsame Selbstreflexion zielt Mimesis als aktive ästhetische Aneignung von Welt und Wirklichkeit zuvorderst auf gesellschaftliche Teilhabe (siehe Larissa von Schwanenflügel/Andreas Walther „Partizipation und Teilhabe" in diesem Band).

Historische Dimension

In diesem Zusammenhang ist es bedeutsam, dass die Karriere der Mimesis mit der didaktisch und pädagogisch begründeten Ausweisung aus Platons idealem Staat beginnt und lange Zeit von der antitheatralen Kulturpolitik der Kirchenväter bestimmt bleibt. Denn als Prinzip der Kunst ist Mimesis in Platons Augen schon nur begrenzt nützlich, weil sie in der Abbildung einer Welt, die ohnehin selbst nur eine Abbildung ist, dem Wahren nicht allzu nahe zu kommen vermag; als anthropologische Eigenart des Menschen hingegen, sich nachahmend, nacheifernd und angleichend auf Welt zu beziehen, erscheint sie Platon als eine Macht, die es zu fürchten gilt. Denn gefährlich kann die Mimesis vor allem dann werden, wenn es die falschen Vorbilder sind, die zur Darstellung kommen, oder – schlimmer noch – die Darstellung selbst falsch ist, d.h. beispielsweise Götter und große Männer als unzulänglich dargestellt sind und anderen Despektierlichkeiten ausgesetzt werden. Im Sinne einer staatstragenden Erziehung und um Verderbnis und Verführung von den heranwachsenden Generationen fernzuhalten, spricht sich Platon daher dafür aus, die realen Mimen aus dem Staate zu verbannen.

Aristoteles, der an Platon anschließend in der Poetik die künstlerischen Spielarten der Mimesis vornehmlich in Hinblick auf ihre ästhetischen Mittel differenziert, verhält sich ambivalent zum platonischen Ausschluss der Mimesis. Einerseits wertet er die Mimesis auf, indem er ihr mit der kathartischen Wirkungsästhetik eine positive soziale Funktion zuordnet, andererseits aber domestiziert er sie so zugleich, weil er ihre Wirkung auf die psychosoziale Reinigung des Gesellschaftskörpers reduziert – und setzt damit das platonische Projekt der Entmachtung der Mimesis in subtilerer Form fort. Dementsprechend sind es bei Aristoteles auch nicht die konkreten Tatsachen aus Geschichte und Gesellschaft, auf die sich Mimesis darstellend bezieht, sondern ein Mögliches und Allgemeines, das als Gegenstand der Darstellung dienen soll. Wenn von Nachahmung der Natur bei Aristoteles die Rede ist, dann meint das insofern nicht die Natur als vorhandenes Gegebenes, sondern als ein schaffendes Werden. Mimesis ist so als ein ästhetisches Verfahren des vergegenwärtigenden Erscheinen-Lassens zu verstehen (Neschke 1980). Erst Renaissance und Aufklärung legen Mimesis dann für lange Zeit aufs Abbild fest. Ohne jedoch dabei aus den Augen zu verlieren, dass jedes Abbild immer auch ein Vorbild ist.

Wenn es fortan also für Kunst und Theater gleichermaßen gilt, eine außerhalb des Cartesischen Geistes angenommene Wirklichkeit in den Rahmen der nun von den nützlichen Techniken geschiedenen *schönen* Künste zu stellen, dann hat dies nicht nur unter Maßgabe rationalistischer Wahrscheinlichkeit, sondern gleichzeitig aristokratischer Schicklichkeiten zu geschehen. Während die höfische Gesellschaft die Mimesis so in ihrem Sinne zur Repräsentation von Macht und Maßstäben zu nutzen weiß und ihr eine architektonisch und literarisch abgesicherte Institution zuweist, baut das Bürgertum diese Institution zur *Bildungsanstalt* um und stellt sie ins Zentrum der Emanzipation und Disziplinierung der sich formierenden bürgerlichen Öffentlichkeit. Der *Bildungsauftrag* stellt Mimesis fortan in den Dienst der empfindsamen Reifung innerer Persönlichkeit und richtet sie auf individuelle Spiegelbilder statt auf kollektive Vorbilder aus. Ein gutes Theaterstück solle nicht jedermann zum Helden machen, schreibt Richard Steele, der Herausgeber der Moralischen Wochenschrift „The Tatler" 1710, aber es gebe ihm sicherlich „ein lebendigeres Gefühl von Tugend und Verdienst, als er vor Betreten des Theaters besaß" (Kindermann 1961:175).

Wurde also auch schon zuvor die pädagogische Wirkung repräsentativer Mimesis genutzt und gefürchtet, so erlangt die Mimesis erst im bürgerlichen Theater den umfassenden Auftrag zur Bildung von Mensch und Nation (Fiebach 2007). Damit aber ist auch schon der moderne Bruch in und mit der Mimesis angelegt, der schließlich in Kants dritter Kritik endgültig hervorbricht. Denn je deutlicher die Kunst auf die Abbildung einer objektivierten Außenwelt festgelegt wird, desto stärker tritt ihr im Gegenzug eine subjektivierte Innenwelt entgegen, sodass die Mimesis im 19. Jh. zugleich als Abbildung gefeiert und verfemt wird. Während im Naturalismus Alltag und Armut zum Gegenstand einer mit wissenschaftlichen Ansprüchen betriebenen Darstellung werden (Auerbach 1946), gerät mit der Romantik und der Autonomie des Genies der mimetische Weltbezug unter Verdacht – hundert Jahre bevor die Avantgarden mit der Wende zum 20. Jh. die Abbildung der Wirklichkeit dann durch den Angriff auf sie ersetzen und Mimesis den Anschein des Reaktionären verleihen.

Aktuelle Situation

Anfang des 20. Jh.s wird Mimesis dann wiederholt als außerkünstlerisches und vorsprachliches *Vermögen* (Benjamin 1933/2002b) wiederentdeckt, aus dem funktionalen Korsett der Kunstautonomie befreit und als anthropologische Kompetenz geweitet. Damit wird nicht zuletzt an Aristoteles' Bestimmung der Mimesis als menschlicher Spezifik angeschlossen, die sich mit Anbeginn der Kindheit im Lernen und in der Freude am Schauen äußere (Aristoteles 1984:11). Mimesis wird hieran anknüpfend häufig als Anverwandlung an ein Anderes gedacht, als eine Möglichkeit, sich ähnlich zu machen und stellvertretend für Anderes einzustehen, die nicht unbedingt mit Abbildung im bildlichen Sinne zusammenfällt. (Gebauer/Wulff 1992). Für Theodor W. Adorno stammt ein solches *mimetisches Verhalten* von der Magie ab und findet innerhalb der verwalteten Rationalität der Moderne seine *Zuflucht* in der Kunst (Adorno 1970:86f.). Bei René Girard hingegen hat Mimesis einen zutiefst ambivalenten Charakter, da er von einem *mimetischen Wunsch* ausgeht, der durch den Antrieb zur nachahmenden Angleichung nicht nur den Fortbestand der Kultur gewährleistet, sondern zugleich auch Rivalität und Gewalt hervorbringt und den Bestand der Gesellschaft somit zugleich gefährdet (Girard 1972). Auch Robert Weimann, der ausgehend von der Rolle des Shakespeare'schen Theaters in den frühneuzeitlichen Umbrüchen des elisabethanischen Englands und in Auseinandersetzung mit der Mimesis im französischen Poststrukturalismus (Derrida 1967) einen pragmatischen und historisch fundierten Begriff von Mimesis entwickelt, versteht Mimesis als eine Form ästhetischer Aneignung, die mit Ähnlichkeiten operiert und dem Zeichengebrauch voraus liegt (Weimann 1988). Mimesis wird so einerseits als ein sinnlich-körperlicher Vorgang begriffen und ist andererseits immer schon auf das Verhältnis von Darstellung und Macht bezogen: „Mimesis wäre im Gegenteil als Tätigkeit, Performanz und Aneignung *innerhalb des Repräsentationsvorgangs* [Herv. i. O.] selbst aufzuspüren" (Weimann 1988:12).

Ausblick

Im Anschluss an diese Überlegungen lässt sich Mimesis – in Abgrenzung von Doktrinen rationaler Weltabbildung und in Anknüpfung an Formen spielerischer Weltaneignung – als eine historischen Wandlungen ausgesetzte ästhetische Praxis verstehen, die nicht nur alltäglich und körperlich, weltgebunden und gemeinschaftsbildend ist, sondern auch beständig das Verhältnis des Eigenen zum Anderen problematisiert (Taussig 1993). Eben darin aber erweist sich die Reichweite des Konzepts für das Feld der Kulturellen Bildung. Denn statt eines autonomen und elitären Kunstbegriffs, der sich in der Betonung von postmoderner Selbstreferenz und performativer Wirklichkeitskonstitution tendenziell noch verschärft, treten mit der Betonung der mimetischen Aspekte der Künste ästhetische Erfahrungen und kulturelle Teilhabe in den Vordergrund. Kunst weniger als Werk, denn als Praxis und Prozess beschreibend, erfährt das Machen gegenüber dem Betrachten eine Aufwertung, und die mimetische Aneignung von Welt hört auf, den ExpertInnen vorbehalten zu sein. Jenseits der philosophischen Angst vor der Macht der Mimesis, ihrer politischen Funktionalisierung oder ihrer künstlerischen Institutionalisierung ließe sich mimetisches Agieren als aneignendes, widerständiges und sich selbst in Frage stellendes Handeln als wesentlich für kulturelle Bildungsprozesse begreifen. Denn für gesellschaftliche Teilhabe könnte gegenwärtig nicht nur die Fähigkeit zur spielerischen Aufgabe der eigenen Identität eine entscheidende Fähigkeit sein – die im frappierenden Einklang mit den Anforderungen postfordistischer Ökonomie stände –, sondern auch immer noch das, was schon Platon an der Mimesis gefürchtet hat: die Möglichkeit, große Männer klein zu machen – und sei es nur zum Schein.

Zum Weiterlesen

Auerbach, Erich (1946): Mimesis. Dargestellte Wirklichkeit in der abendländischen Literatur. Bern: Francke.

Gebauer, Günther/Wulf, Christoph (1992): Mimesis. Kultur-Kunst-Gesellschaft. Reinbek: Rowohlt.

Taussig, Michael (1993): Mimesis and Alterity. A Particular History of the Senses. New York/London: Routledge.

Weimann, Robert (1988): Shakespeare und die Macht der Mimesis. Autorität und Repräsentation im elisabethanischen Theater. Berlin/Weimar: Aufbau.

Malte Pfeiffer
Performativität und Kulturelle Bildung

Performance ist längst nicht mehr nur ein theoretischer Begriff der Kulturwissenschaften, sondern in Casting-Juries und Managementetagen, bei Theaterschaffenden und SportlerInnen in aller Munde. Geprägt wurde der Begriff „performativ" im Kontext der Sprachwissenschaft durch John Austin (1962/1979) und beschreibt dort einen zentralen Aspekt der Sprechakttheorie: Als ‚performativ' bezeichnete Austin sprachliche Äußerungen, die nicht rein verbal bleiben, sondern durch die gleichzeitig eine Handlung vollzogen und Wirklichkeit verändert, gar erst konstituiert wird („Das Büffet ist eröffnet", „Zum Ersten, zum Zweiten, zum Dritten – verkauft!", „Hiermit taufe ich dich auf den Namen ..."). Der Begriff „performativ", vor allem seine Vergegenständlichung, die Performance, eroberte aber in den vergangenen Jahrzehnten beinahe inflationär sowohl die wissenschaftlichen Disziplinen als auch zunehmend den allgemeinen Sprachgebrauch. Heute kann sich hinter Performance – nicht mehr nur im Englischen – eine ganze Reihe von Bedeutungen verbergen: von öffentlicher Darstellung oder Aufführung im Bereich Theater, Tanz, Oper und Film, über eine eigenständige Gattung der bildenden Kunst, Alltags-, Selbst- oder Event-Inszenierung und die Leistung von SportlerInnen, bis hin zu technischen und wirtschaftlichen Begrifflichkeiten wie Effizienz, Kapazität, Leistungsfähigkeit, Entwicklung von Aktienkursen und Unternehmen oder das Fahrverhalten von Fahrzeugen beim berüchtigten Elchtest.

Herstellen und Konstruieren

Performativität ist quer durch die Disziplinen zu einem Schlüssel- und Sammelbegriff, einem *umbrella turn*, des ausgehenden 20. und anfänglichen 21. Jh.s geworden. Das hat gerade in den Kulturwissenschaften seit den 1990er Jahren eine Vielzahl innovativer Forschungen hervorgebracht, macht es aber auch schwer, Trennschärfe zu behalten, was Performativität denn nun eigentlich umschreibt und in den Überschneidungsbereichen zu anderen Begrifflichkeiten von denen unterscheidet. Teilweise wird der Begriff sehr weit gefasst. Für Christoph Wulf beispielsweise, der Performativität in Bezug auf (Alltags-)Rituale untersucht, wird durch das Performative die ästhetische Dimension sozialer Arrangements fokussiert: Momente des Herstellens und konkrete Handlungsvollzüge, deren Dynamiken, Materialien, Rahmungen, Austauschprozesse zwischen Akteuren und ZuschauerInnen, sowie Aspekte der Körperlichkeit, Dramaturgie und Inszenierung (Wulf u.a. 2001; Wulf/Zirfas 2004). In anderen Bereichen wie der sozialwissenschaftlichen Methodenforschung wiederum differenziert man noch einmal sehr genau *innerhalb* des Begriffskomplexes zwischen Performativität und Performanz, wobei sich erster Begriff auf die Struktur von Handlungen bezieht, zweiter auf deren konkreten Vollzug, den Herstellungsakt (vgl. z.B. Bohnsack 2007).

Unabhängig von der Begriffsweite lassen sich die meisten geisteswissenschaftlichen Performativitäts-Konzeptionen mit einem konstruktivistischen Weltbild in Verbindung bringen. Der Konstruktivismus geht davon aus, dass jegliche Erkenntnis standortgebunden ist. Es gibt keine festen Begriffe, keine objektiv definierbare Wirklichkeit oder Wahrheit, keine unveränderlichen Normen und Bezugsgrößen oder Parameter wie richtig oder falsch. All das wird konstruiert, hergestellt – und zwar durch das Individuum, den Kontext und die Interaktion. Die Perspektive auf das Performative rückt eben diese Herstellungsvorgänge und prozesshaften Handlungsvollzüge innerhalb sozialer Interaktion in den Blick.

Die Theorie der Philosophin und Gendertheoretikerin Judith Butler (1993) hat in diesem Zusammenhang den Begriff der Performativität für das kulturwissenschaftliche Performativitäts-Konzept entscheidend geprägt. „Performativität" bezeichnet nach Butler die kulturelle Konstitution von Geschlecht durch sprachliche Äußerungen und körperliche Handlungen. Wirklichkeit, in Butlers Forschungsfokus die Wirklichkeit von Geschlechtsidentität, wird als soziale Konstruktion definiert, die durch das ständige Wiederholen und Zitieren von (kulturell überlieferten) Sprechakten und Handlungsweisen erst entsteht.

Folglich ist wissenschaftliches Erkenntnisinteresse im Sinne des Performativitätsdiskurses in erster Linie darauf ausgerichtet, *wie* Wirklichkeit, Normen und Regeln in der alltäglichen Praxis, der Kommunikation und Interaktion von Menschen hergestellt oder konstruiert werden. Und auch die Forschungspraxis selbst – beispielsweise in der Sozial- oder Erziehungswissenschaft – verändert sich durch den Einfluss des Performativen. Die Frage nach dem *Wie* legt statt den bisher als allgemeingültig geltenden quantitativen Verfahren qualitative Herangehensweisen nahe: Verfahren wie teilnehmende Beobachtung, Leitfadeninterviews oder Gruppendiskussionen versuchen im Gegensatz zur quantitativen Forschung nicht, scheinbar objektive Allgemeingültigkeit zu beobachten, sondern rücken das *Wie* des konkreten Einzelfalls in den Blick, um Aufschluss über soziale Interaktions- und Konstruktionsprozesse zu erlangen (vgl. Bohnsack 2007, 2010).

Performativität umschreibt in diesem Sinne weniger ein neues Phänomen, als vielmehr eine „neue Art der Betrachtung bekannter Phänomene – eine andere Weise, auf sie zu reagieren, sie zu erfahren und über sie nachzudenken" (George 1998).

Die performative Wende in den Künsten

Um den Begriff der Performativität für den Bereich kultureller Praxis und Bildung produktiv zu machen, lohnt sich ein Blick auf die Entwicklung der Künste im vergangenen Jahrhundert. In den 1960er Jahren entsteht innerhalb der bildenden Kunst eine eigenständige Gattung, die Aktionskunst, zu der neben Body Art, Happening, Live-Art, Fluxus oder Living Sculpture vor allem die Performance Kunst gerechnet wird. Die Anfänge dieser aktionsorientierten Form sind in den 1970er Jahren vor allem geprägt von der körperlichen Präsenz der KünstlerInnen, die wie beispielsweise Marina Abramovic, Chris Burden oder die Künstler des Wiener Aktionismus sich und ihren Körper oftmals Extremsituationen und Grenzerfahrungen aussetzen: da werden in unterschiedlichsten Variationen Selbstverletzungen und Bewegungsstudien durchgeführt oder körperliche Belastungsgrenzen ausgetestet – immer in Anwesenheit des Kunstpublikums (vgl. hierzu u.a. Jappe 1993).

Worum ging es den VertreterInnen dieser damals neuen Kunstgattungen? Zum einen zweifelsohne um das Ausloten gesellschaftlicher und persönlicher Grenzen und Tabus mit den Mitteln der Kunst. Zum andern wird Performance Kunst aber bewusst auch als Gegenposition zum traditionellen Werkbegriff und als Kritik an dem am käuflichen Werk orientierten Kunstmarkt konzipiert. Performance Kunst steht im Sinne eines erweiterten Kunstbegriffs gegen die Trennung von Werk und Schaffensprozess ein, tritt nicht nur aus den Ateliers und Galerien zugunsten informeller Produktions- und Präsentationsräume heraus, sondern rückt darüber hinaus das Agieren der KünstlerInnen in Anwesenheit des Publikums ins Zentrum der

Betrachtung und schafft Kunstwerke, die nur im Moment des Handelns der KünstlerInnen entstehen und keine materiell verkäuflichen Werke im Sinne eines Gemäldes, einer Skulptur oder Installation sind. Allgemeiner formuliert kann man daraus folgend davon sprechen, dass mit dem Begriff der Performativität andere Dimensionen von Kunst und Kultur in den Blick der Betrachtung und auch des kulturwissenschaftlichen Interesses rücken: körperliche Präsenz, Ereignishaftigkeit, Flüchtigkeit und das Momenthafte, sowie der Prozess des Herstellens, sich-Ereignens und Handelns in der leiblichen Kopräsenz von KünstlerInnen und Publikum.

Theater wiederum erfüllt nach Erika Fischer-Lichte (2001, 2004) immer gleichzeitig eine referentielle *und* eine performative Funktion. Während sich die referentielle Funktion auf die Ebene der Darstellung und des Verweises bezieht und zeichenhaft Figuren, Beziehungen und Situationen entwirft, ist die performative auf den *konkreten Handlungsvollzug* der Agierenden (Darstellende wie Zuschauende) und dessen unmittelbare Wirkung bezogen. Der referentielle oder performative Gehalt ist von Situation zu Situation unterschiedlich stark ausgeprägt. So ist das pantomimische Trinken aus einer imaginierten Weinflasche mit anschließend schauspielerisch gemimter Trunkenheit stark referentiell, das tatsächliche Trinken aus einer realen Weinflasche mit anschließend realem Effekt auf die Artikulationsfähigkeit des Schauspielers stark performativ. Dennoch sind beide Aspekte in jeder der beiden Situation identifizierbar. Seit circa den 1960er Jahren lässt sich im Theater eine Verschiebung im Verhältnis dieser beiden Funktionen zugunsten des Performativen beobachten.

Veränderung künstlerischer Perspektiven

Hans-Thies Lehmann beschreibt diese Entwicklung Ende der 1990er Jahre als postdramatisches Theater (Lehmann 1999), das in diesem Sinne zuvor zentrale Parameter wie Text, Figur und Illusion nur noch als Teile eines möglichen Repertoires an ästhetischen Mitteln und Formen begreift und sich zunehmend performativer Elemente bedient. Fischer-Lichte macht dann das Konzept der Performativität für das Theater stark, in dem sie Theater als liminales Ereignis zwischen ZuschauerInnen und Akteuren definiert (Fischer-Lichte 2004).

Eine Bildende Kunst, die sich auf der anderen Seite bereits seit Mitte des 20. Jh.s immer stärker theatralisiert und sich der Aktion und dem Ereignis zuwendet, sowie die zunehmende Inszenierung und Ästhetisierung von gesellschaftlichen Ereignissen (siehe Wolfgang Sting „Inszenierung" in diesem Band), deuten darauf hin, dass das von der jüngeren Kultur- und Theaterwissenschaft als *performative turn* bezeichnete Phänomen die Grenzen zwischen den Künsten ins Wanken gebracht hat. Produktionen des inzwischen verstorbenen Theaterregisseurs Christoph Schlingensief beispielsweise, oder Arbeiten von She She Pop, Gob Squad, Showcase Beat le Mot, Rimini Protokoll, Turbopascal oder Fräulein Wunder AG sind nicht mehr eindeutig als Theaterstücke im klassischen Sinne zu definieren, sondern integrieren Strategien von Aktionskunst, Happening und Performance Kunst. Ins Blickfeld künstlerischer Praxis rücken damit häufig:

>> Konkreter Handlungsvollzug und Präsentation von theatraler Repräsentation im Sinne eines „so-tun-als-ob";
>> Selbstdarstellung statt Rollen- und Figurendarstellung;
>> Ereignishaftigkeit, offene Dramaturgien, Interaktions- und Improvisationsmomente und unmittelbare Zuschaueransprache;
>> Multiperspektivität durch das Nebeneinander von Erzählsträngen, Deutungsmöglichkeiten und Perspektiven auf den Gegenstand.

Auch die Beziehung von Kunst und Alltag hat sich unter dem Einfluss des Performativen stark gewandelt: Ein Interesse der Künste am Alltäglichen, am Nicht-Perfekten, am Realen und damit vor allem im Theater der Bruch mit der Konvention des „Als-Ob" – mit Lehmann (1999) der „Einbruch des Realen" – lässt sich dabei besonders in der Entwicklung des Theaters beobachten.

Und gerade in diesen Alltagsbezügen und der Ausrichtung auf Handlungsvollzug bedient sich performative Kunst künstlerischer Ausdruckmittel und Arbeitsformen, die nicht wie das Schauspiel oder die Malerei langjährige Ausbildung benötigen, um ästhetisch anspruchsvolle Ergebnisse zu erzielen. In Theaterproduktion mit Laien beispielsweise wird im ästhetischen Ausdruck oft die Differenz zum ausgebildeten Schauspieler sichtbar: Körperbeherrschung, Sprechen oder Präsenz kommen – logischer Weise – nur sehr selten an das heran, was in jahrelanger Ausbildung von SchauspielerInnen trainiert und perfektioniert wird. Natürlich ist es nicht der Anspruch von Laien- oder Schultheater, professionelles Schauspiel zu imitieren – oder das von Kunstunterricht, handwerklich professionell zu malen. Da aber die gewählten Ausdrucksmittel oft ästhetisch nicht weit von ihren Vorbildern entfernt sind, fällt die Differenz schnell als Mangel ins Auge. Performance Kunst geht einen ästhetisch völlig anderen Weg und ermöglicht es, künstlerisch anspruchsvolle Ergebnisse auch ohne perfekt ausgebildetes Handwerkzeug zu erzielen. Hierin liegt ein großes Potential für Kulturelle Bildung, das den Einsatz klassischer Gestaltungsmittel nicht ausschließen soll, sondern das Spektrum künstlerischer Strategien erweitert. Eine Schwerpunktverschiebung hin zum Performativen kann dabei einen Zugang schaffen, der Teilnehmende ermutigt, ihre Alltagserfahrung und Subjektivität in künstlerische Arbeit einzubeziehen. Verschiedene Publikationen (Lange 2002; Pinkert 2004; Sting 2004; Hentschel 2005; Pfeiffer 2009 u.a.) haben in diesem Zusammenhang bereits untersucht, wie kulturelle Vermittlungsarbeit mit einer solchen Schwerpunktverschiebung konkret umgehen kann.

Wie das Performative die Bildung verändert

Wie lässt sich nun Performativität jenseits konkreter künstlerischer Strategien für Konzepte Kultureller Bildung bildungstheoretisch und pädagogisch wenden? Im Fokus des Performativen wird der Begriff der Bildung erweitert. Bis Ende der 1980er Jahre gehen Theorien ästhetischer Bildung in der Tradition von Wilhelm von Humboldt noch davon aus, dass Bildung die kognitive Verarbeitung von Erfahrungen meint. Klaus Mollenhauer beispielsweise spricht von ästhetischer Bildung erst dann, wenn ästhetisches Empfinden/Erfahrung durch theoretisches Denken gebunden wird, Gert Selle versteht ästhetische Bildungsprozesse als Verarbeitung und Reflexion gemachter Erfahrungen (Mollenhauer 1986; Selle 1988). Dieser hierarchische Dualismus zwischen Sinnlichkeit/Erfahrung und Vernunft wird jedoch zunehmend in Frage gestellt (vgl. z.B. Waldenfels 2000; Westphal 2004), das gleichberechtigte Wechselspiel zwischen kognitiven Prozessen und der Leiblichkeit der Erfahrung hervorgehoben. Das reflexive Moment der traditionellen Bestimmung wird um die sich vollziehenden körperlichen, sozialen, situativen und inszenierten Bildungsprozesse ergänzt (vgl. Wulf/Zirfas 2007) und Bildung somit als reflexive *und* performative Konstitution und Transformation des Verhältnisses definiert, in dem Menschen zur Welt, zu sich selbst und zu anderen stehen (vgl. Rose/Koller 2011). Folglich rücken damit innerhalb der Bildungsforschung die Handlungs- und Veränderungsprozesse von Bildungssituationen in den Blickwinkel – und damit das Interesse an Gelingbedingungen, die das Wie und die Qualität der Inszenierung und Aufführung von Bildung bestimmen (Wulf/Zirfas 2007:18).

Letztlich konstatiert eine solche Erweiterung des Bildungsbegriffs im Rückschluss auch, dass sich Bildung nur dann wirklich ereignen kann, wenn auch ihre performative Seite entfaltet wird, wenn das sich bildende Subjekt auch performativ handelnd aktiv agiert. Um mit Wulf zu sprechen: beim Ballett einer eigenen tänzerischen Aufführung, bei der Literatur eigenen Schreibens, bei der Kunst des eigenen Malens, bei der Musik des eigenen Musizierens (Wulf 2007:47). Auch Noam Chomskys (1980) Verwendung des Begriffes „Performanz" als Gegenbegriff zur „Kompetenz" kann in diesem Zusammenhang herangezogen werden. Unter Kompetenz versteht Chomsky grammatisches Wissen, Diskurswissen, Vokabeln etc., Performanz meint für ihn die tatsächliche Anwendung dieses Wissens innerhalb des Sprachgebrauchs (vgl. Nünning 2001:497f.). Und obwohl Chomsky als Linguist die reine Sprache im Bereich der Kompetenz klar favorisiert, so lenkt er doch die Aufmerksamkeit auf die performative Aktualisierung des Sprachsystems in situationsgebundener Artikulation (Krämer 2001:53, Nünning 2001:497) und macht damit deutlich, dass sich Bildung nicht mit dem Erreichen bestimmter Wissensbestände und Fähigkeiten erschöpft hat, sondern dass diese Kompetenzen erst in ihrer performativen Verwendung und Ausführung, ihrer Performanz, eine reale Erweiterung der Handlungsfähigkeit des Individuums ausmachen. In einer Zeit, in der globale Wissensbestände immer leichter zugänglich werden – und damit Kompetenzen selbst in sehr speziellen Fachgebieten immer einfacher selbst anzueignen sind, ist in Hinblick auf die aktuelle Kompetenzdebatte zu überprüfen, inwieweit Wissens- und Kompetenzerwerb innerhalb unserer Bildungseinrichtungen stärker handlungs- und anwendungsorientiert – stärker auf seine Performativität hin – gedacht werden müssen

Das widerständige Potential des Performativen

Nadine Rose und Hans-Christoph Koller (2011) arbeiten in der aktuellen Bildungsdiskussion in Bezugnahme auf die Theorie Butlers heraus, dass im Moment des Performativen das beständige politische Versprechen liegt, sich neue Handlungsmöglichkeiten durch das Spiel mit Zuschreibungen und scheinbaren Gewissheiten zu eröffnen – und in diesem Spiel mit Verunsicherungen und ständiger Wandelbarkeit einen souveränen Umgang mit Welt und letztendlich der eigenen Identität zu erlangen. Auch Wulf und Zirfas heben hervor, dass im „Vollziehen performativer Akte immer auch die Möglichkeit (besteht) im Vollzug selbst die Normen und Regeln außer Kraft zu setzen, sie zu ironisieren, umzucodieren, die Fraglosigkeit in Frage zustellen" (Wulf/Zirfas 2007:17).

Dies kann für das Feld Kultureller Bildung Anstoß geben, Performativität nicht nur als neuen Blickwinkel auf Welt und ihre Phänomene und Prozesse zu begreifen, sondern auch als Impuls kulturelle Praxis im Sinne Butlers als performative „Akte des Widerstands" (Butler 2006:266) zuzulassen und herauszufordern. Es war das Widerständige, das schon in den 1960er Jahren zur Entstehung der Performance Kunst führte. Und das Widerständige liegt heute, da Bildung nicht selten instrumentalisiert gedacht wird und vor allem effizient und zielgerichtet auf den Arbeitsmarkt vorbereiten soll, vielleicht mehr denn je gerade in der Prozesshaftigkeit performativer Praxis, dem immerwährenden-Neu-Definieren von Werten und Normen durch das Handeln und der Multiperspektivität. Denn dadurch ergibt sich letztlich eine radikale, beinahe anarchische Unverfügbarkeit aller Bezugssysteme und in letzter Konsequenz eine Verantwortungsübergabe für Inhalte und Prozesse an diejenigen, die wir in ihren Bildungsprozessen begleiten wollen. Das wirklich zuzulassen, ist eine Herausforderung für jeden noch so progressiven Pädagogen oder Prozessbegleiter – nicht zuletzt, weil auch unsere Bildungssysteme, unsere Schulstrukturen und Rahmenrichtlinien konkrete

Vorstellungen davon haben, was am Ende erreicht sein soll. Spielräume gibt es dennoch und widerständig gedacht hört das Performative in der Bildung nicht dort auf, wo es dem Gegenstand nach sowieso vorhanden ist – im Theater, der Kunst, der Musik oder dem Sport –, sondern greift über und wird weitergedacht in anderen Disziplinen und Fächern, die bisher eher an scheinbar Objektivem und Unverrückbarem festhalten.

Zum Weiterlesen

Fischer-Lichte, Erika (2004): Ästhetik des Performativen. Frankfurt/M.: Suhrkamp.

Lange, Marie-Luise (2002): Grenzüberschreitungen. Wege zur Performance. Königstein: Ulrike Helmer.

Sting, Wolfgang (2004): Performance und Theaterpädagogik – Chancen und Grenzen einer Zusammenarbeit, In: Bundesverband Darstellendes Spiel e.V. (Hrsg.): Echt authentisch. Fokus Schultheater 04 (57-60). Hamburg: Edition Körber-Stiftung.

Wulf, Christoph/Zirfas, Jörg (2007): Pädagogik des Performativen. Theorien, Methoden, Perspektiven (7-40). Weinheim/Basel: Beltz.

Wulf, Christoph/Göhlich, Michael/Zirfas, Jörg (Hrsg.) (2001): Grundlagen des Performativen. Weinheim/München: Beltz/Juventa.

Wolfgang Sting
Inszenierung

Begriff

Unter Inszenierung versteht man den intentionalen Prozess der Gestaltung, Erprobung und Ordnung ausgewählter Stoffe, Materialien, Handlungen in Raum und Zeit, also allgemein etwas „zur Erscheinung zu bringen", das im performativen Akt der Aufführung öffentlich wahrnehmbar wird (vgl. im folgenden Fischer-Lichte 2005:146-153).

Der Begriff der Inszenierung wird im Theaterkontext Anfang des 19. Jh.s aus dem Französischen übernommen als Übersetzung von mise-en-scène. 1837 liefert August Lewald die erste Definition: „'In die Szene zu setzen' heißt, ein dramatisches Werk vollständig zur Anschauung (zu) bringen, um durch äußere Mittel die Intention des Dichters zu ergänzen und die Wirkung des Werkes zu verstärken" (1991:306). Zu einer eigenständigen künstlerischen Tätigkeit avanciert das Inszenieren erst im Zuge der Theateravantgarde der Jahre 1900-1930 und der Entwicklung des Theaters zu einer eigenen Kunstform in Abgrenzung zur dramatischen Literatur. Mit dieser Fokusverschiebung auf die szenische Arbeit und der Ausdifferenzierung des Theaterbegriffs wird der Regisseur, vormals eher Theaterleiter oder Produzent, auch als Künstler etabliert. Inszenierung wird nun nicht mehr vorrangig als Anschaulichmachen des Dramenwerks verstanden, sondern als „eine Erzeugungsstrategie, mit der ein ganz neues Kunstwerk, nämlich das theatrale Kunstwerk hervorgebracht wird" (Fischer-Lichte 2005:148).

Inszenierung in den performativen Künsten

Der Inszenierungsprozess lässt sich in unterschiedliche Phasen und Tätigkeiten einteilen, wobei von einer Abfolge von Inszenierungsidee, Inszenierungskonzept und Inszenierungsstrategien gesprochen werden kann. Dieser Prozess reicht von der Stoffauswahl und thematischen Recherchearbeit über das Übersetzen und Erproben von theatralen Vorgängen und Zeichen, Darstellungsoptionen und szenischen Handlungen bis hin zur Festlegung von ästhetischen Formaten, Dramaturgien, szenischen Abläufen und letztlich der Bühnenhandlung bis somit eine Inszenierung entsteht.

Inszenierung heißt, dass das ästhetische Potential des Ausgangsstoffes und die Intention des Gestalters transformiert wird in und durch die Materialität und das Zeichensystem des Theaters. Die Materialität des Theaters setzt sich zusammen aus Körperlichkeit und Stimme der AkteurInnen, Bewegung und (verbale und nonverbale) Interaktion in Raum und Zeit, Bühne, Licht, Ton, Kulisse, Kostüm, Maske bis zur dramaturgisch festgelegten Szenenabfolge. Inszenierung als intentionaler Prozess hat damit eine planerisch-konzeptionelle, eine experimentelle-ausprobierende und eine gestalterische, dramaturgisch-kompositorische Ebene, der die zukünftige Aufführung antizipiert und sich erst in der Aufführung realisiert. Martin Seel beschreibt Inszenierung als „ein auffälliges Herstellen und Herausstellen von Gegenwart" (2001:53) und „absichtsvoll eingeleitete oder ausgeführte sinnliche Prozesse, die vor einem Publikum dargeboten werden" (ebd.:50). Inszenierung und Aufführung oder Performance gehören also elementar zusammen, sind aber nicht dasselbe. Während die Inszenierung das geplante und geprobte Arrangement darstellt, ist die Aufführung die einmalige und flüchtige Performance des intendierten (oder improvisierten) Ablaufs vor Publikum.

Erst die Ko-Präsenz der ZuschauerInnen und deren Wahrnehmung und Reaktion konstituieren die Aufführung und kennzeichnet deren performative Qualität (siehe Malte Pfeiffer „Performativität und Kulturelle Bildung" in diesem Band). Die szenische Realisation als Aufführung ist ein einmaliger Akt, der performativ vor Publikum hervorgebracht wird, wogegen die Inszenierung als Ablauf- und Gestaltungsplan des Zur-Erscheinung-Bringens eine reflektierte ästhetische Konzeption darstellt.

Dabei ist der Begriff der Inszenierung auch eng mit dem Begriff der Theatralität verbunden, wie Fischer-Lichte (vgl. 1998) herausstellt. Mit Theatralität als theaterwissenschaftlicher Kategorie lässt sich der Theaterprozess als eigenständige Kunstform charakterisieren in seinem wahrnehmbaren Gesamt an Materialien, Zeichen, Symbolen und Aktionen. Dabei wird Theatralität bestimmt durch vier Aspekte: Inszenierung, Performance, Korporalität und Wahrnehmung. Theatralität wird demnach realisiert durch die mit der Inszenierung (Semiotisierung der Darstellung) gestalteten Performance (Aufführung) als Darstellungsereignis vor ZuschauerInnen, die durch Materialität und Korporalität ästhetisch hergestellt und durch die Wahrnehmung der ZuschauerInnen rezipiert und interpretiert wird. Inszenierung vermittelt sich also erst, wenn die Semiotisierung und ästhetische Gestaltung in der Aufführung zur Darstellung kommt und von ZuschauerInnen wahrgenommen wird.

Inszenierung zielt immer auf Wirkung und Rezeption, kann also ohne RezipientInnen und ZuschauerInnen nicht auskommen. Damit eine Inszenierung zum wirksamen Ereignis wird, bedarf es unbedingt der beiden Dimensionen Aufführung und Wahrnehmung. Letztlich ist es eine Frage der Wahrnehmung und ästhetischen Kompetenz, ob eine Inszenierung als solche erkannt und als theatrale oder soziale Situation gelesen werden kann. Performative Theaterformen wie ortspezifisches Theater, Flashmob, Straßenparaden oder Unsichtbares Theater etablieren bewusst Aktionen im öffentlichen Raum, die durch ihre Rahmung nicht sofort eindeutig als Kunstaktion erkennbar sind, sondern gerade in dem offenen Dazwischen und Mischen von performativem Handeln als theatralem und sozialem Tun Wirkung entfalten und mit der Uneindeutigkeit spielen, um Wirkung zu erzeugen.

Inszenierung in Alltag und Medien

Neben dem engen Verständnis als künstlerische Inszenierung ist Inszenierung auch in einem erweiterten Verständnis als alltagskultureller, sozialer und anthropologischer Begriff von Bedeutung. Wenn man davon ausgeht, dass Aufführungen und Ausdruck immer eine Form von Inszenierung voraussetzen, wird deutlich, dass das Nachdenken über Inszenierung nicht nur den künstlerischen, sondern auch den allgemein öffentlichen, d.h. den gesellschaftlichen und sozialen Bereich betrifft. Dort finden im Zuge der zunehmenden Medialisierung permanent Aufführungen auf öffentlichen Bühnen und in den Medien statt, sei es in der Populärkultur, in Politik, Wirtschaft, Sport oder auch im Alltag. So ist mit der Rede von der „Inszenierungsgesellschaft" der Begriff der Inszenierung seit den 1980er Jahren kulturwissenschaftlich bedeutsam geworden, um ausgehend von dem Theaterbegriff die sich ausdifferenzierenden Formen und Strategien des gesellschaftlichen und sozialen (Sich-)In-Szene-Setzens zu reflektieren. Über den Inszenierungsbegriff werden Formen der sozialen Interaktion von Selbstdarstellung bis zur Darstellung in Medien und Politik beschreibbar und in ihrer Herstellung reflektierbar, nämlich wie Subjekte und Ereignisse zur Erscheinung gebracht werden. Die Ästhetisierung weiter Bereiche der Lebenswelt verlangt nicht nur von Institutionen, sondern auch von Subjekten, die Fähigkeit „in Erscheinung zu treten", (sich) zu präsentieren, zu gestalten und einer Idee und Wirkungsabsicht Ausdruck zu verleihen.

Anhand der künstlerischen Inszenierung als engerem Begriff lässt sich beschreiben, welche ästhetischen Gestaltungselemente, wie und warum verdichtet zusammen und/oder in einer Abfolge Wirkung entfalten können. Das erfordert ein sehr präzises Abstimmen, kritisches Erproben und reflektiertes Entscheiden über die einzusetzenden Mittel, also die Fähigkeit ästhetische Mittel, Verfahren, Formate gezielt und gestaltend einzusetzen.

Ein erweiterter Begriff umfasst die alltagskulturelle und anthropologische Dimension der Inszenierung. Dass Inszenierung nicht nur als ästhetischer, sondern auch als anthropologischer Begriff bedeutsam ist, hat Wolfgang Iser mit Rückgriff auf Helmuth Plessner gezeigt (vgl. Fischer-Lichte 2005: 152). Denn durch das Gegenüber von Leib-Sein und Körper-Haben, das Helmuth Plessner in seiner „Anthropologie des Schauspielers" (1948) als die „exzentrische Position" des Menschen beschreibt, wird es ihm ermöglicht, sich selbst gegenüber zu treten und sich in Erscheinung zu bringen. Dieses menschliche Grundvermögen befähigt ihn somit, sich zu sich selbst und zu anderen ins Verhältnis zu setzen und so auch – wie bei einer Inszenierung – einen planerischen Entwurf seines Handelns und Erscheinens zu machen. Hier ist ein notwendiges Ineinandergreifen von ästhetischer und anthropologischer Ebene festzumachen, denn der Mensch muss sich inszenieren, um in Erscheinung zu treten. Nur über das ästhetisch gestaltete körperliche Auftreten, das sich in Sprache und Körper, Mimesis, Rollenspiel oder symbolischem und performativem Handeln äußern kann, kann er Ideen, Haltungen, Wahrnehmungen vermitteln und Interaktion gestalten.

Die Inszenierung des Sozialen als ausdifferenziertes Rollenspiel hat Erving Goffmann mit seinem Werk „The Presentation of Self in Everyday Life" (dt. „Wir alle spielen Theater", 1969) schon 1959 als Soziologie des szenischen Selbst ausformuliert.

Inszenierung und Kulturelle Bildung

Die alltags- und jugendkulturellen Sprachen und Ausdrucksformen sind geprägt von einer Vielzahl differenzierter ästhetischer Codes und Merkmale, wie Stilisierung, Symbolisierung, Überzeichnung, Multichiffrierung, Zitierung, die es zu entziffern, zu entwickeln sowie reflexiv und kritisch zu gebrauchen gilt (siehe Christian Schmidt „Jugendkulturelle Szenen und Kulturelle Bildung" und Burkhard Hill „Kulturelle Bildung in der Sozialen Arbeit" in diesem Band). Mediale Inszenierungsstrategien und -formate zu durchschauen ist eine wichtige Kompetenz, um in der alltäglichen selbstverständlichen und notwendigen Selbstinszenierung nicht von den medialen Vorbildern überformt zu werden, sondern eigene Akzente setzen zu können. Inszenierung und Performance sind daher Schlüsselbegriffe des 21. Jh.s. Ohne den kompetenten und kritischen Umgang damit, fehlt die Distanzierung zum medialen Muster sowie zu sich selbst und zu anderen.

Ästhetische Praxis in den Künsten als Aufgabe Kultureller Bildung schult deshalb nicht nur die Wahrnehmung, sondern vermittelt auch den (selbst-)reflexiven Umgang und Einsatz von Inszenierungsstrategien und performativen Aktivitäten. Lernfelder im Kontext Kultureller Bildung zeichnen sich durch die Bereitstellung und Inszenierung von Lernsituationen und -räumen aus, die Möglichkeiten zur künstlerischen und sozialen Inszenierung von Subjekten (Rolleninszenierung auf der Bühne und im Alltag) schaffen. Der Begriff der Inszenierung wird im (kultur-)pädagogischen Kontext vielfältig benutzt, wenn es um die Konzipierung, Strukturierung und Bereitstellung von Lernsituationen oder -räumen geht. Inszenierung verweist dann explizit auf die methodischen und didaktischen Gestaltungsmöglichkeiten von Vermittlung.

Zum Weiterlesen

Fischer-Lichte, Erika (2005): Inszenierung. In: Fischer-Lichte, Erika/Kolesch, Doris/Warstat, Matthias (Hrsg.): Metzler Lexikon Theatertheorie (146-153). München: Metzler.

Früchtl, Josef/Zimmermann, Jörg (Hrsg.) (2001): Ästhetik der Inszenierung. Frankfurt/M.: Suhrkamp.

Goffman, Erving (1969): Wir alle spielen Theater. Die Selbstdarstellung im Alltag. München: Piper.

Michaela Pfadenhauer
Ereignis – Erlebnis – Event

Kulturanthropologische Bestimmung

Kulturanthropologisch betrachtet sind Events „anberaumte Zusammenkünfte einer größeren Zahl von Handelnden, die sich für eine bestimmte Zeit an einem bestimmten Schauplatz einfinden und bereit sind, einen oder mehrere gemeinsame Foci der Interaktion zu teilen" (Knoblauch 2000b:36). Das Event ist nicht nur ein interaktives, sondern ein performatives, d.h. als Aufführung bzw. Vorführung angelegtes Ereignis, wobei hierfür nicht zwingend eine ‚Bühne' für die Aufführung aufgebaut wird, wie Hubert Knoblauch (2000a) am Beispiel von Kaffeefahrten verdeutlicht. Auch sind hierbei die einer Vorführung korrelierenden Rollen – Aufführende und Publikum – nicht fest vergeben, sondern die Teilnehmenden sind sich, etwa bei jugendkulturellen Events wie denen der Techno-Szene, gegenseitig Aufführende und Publikum zugleich (vgl. Hitzler/Pfadenhauer 2009). Dabei kommunizieren Aufführende und Publikum nicht nur miteinander, sondern wechselseitig, d.h., sie machen sich gegenseitig und anderen deutlich, dass und wie sie kommunizieren.

Diese Kommunikation und Interaktion in körperlicher Ko-Präsenz läuft zumeist nach einem festgelegten rituellen Muster ab. Diese Konventionen und Rituale rahmen das Event als aus dem Alltag herausgehobenes Ereignis, d.h., die Erfahrung setzt sich in der Wahrnehmung des Subjekts deutlich gegen alltägliche Routinen ab. Diese Außeralltäglichkeit wird nicht nur reflexiv, sondern körperlich erfahren, weil und insofern das Subjekt sich aktiv (z.B. klatschend, singend oder tanzend) am performativen Geschehen beteiligt. Events sind also performativ-interaktive Ereignisse, die von ihrer Erlebnisqualität her raum-zeitlich verdichtet aus dem Alltag, d.h. aus dem Insgesamt des subjektiven Erlebens herausgehoben sind. Aufgrund des Versprechens gewünschter außergewöhnlicher Erlebnisse üben sie eine hohe Anziehungskraft auf relativ viele Menschen aus (vgl. Hitzler 2000:402).

Phänomenologische Bestimmung

Erleben und Erfahren – diese beiden phänomenologischen Grundbegriffe – deuten darauf hin, dass es bei Events um die Ansprache der Sinne geht (statt um rationale Diskurspraxis), ja mehr noch: um ‚Sensation', d.h. mehrkanalige Sinneserfahrungen geht. Erfahrungen – als Erlebnisse, die sich nicht nur aus dem Bewusstseinsstrom abheben, sondern die durch relevanzgebundene Aufmerksamkeit ausgezeichnet sind (Schütz/Luckmann 2003:449) – sind immer Erfahrungen *von etwas*, etwas, das *nicht* mit dem zeitlichen Vorgang des Erfahrens identisch ist. Anders ausgedrückt: Das vom Bewusstsein gegebene Erfahrene transzendiert den Vorgang des Erfahrens. Aus phänomenologischer Perspektive ist ‚Transzendenz' ein Merkmal menschlichen Erfahrens schlechthin, da Bewusstseinsprozesse durch Intentionalität ausgezeichnet sind: Die zeitlich und räumlich zumindest unmittelbare Unzugänglichkeit von Erfahrbarem ist eine *kleine* Transzendenz – klein deshalb, weil viele räumliche Unzugänglichkeiten zumindest prinzipiell, und zeitliche Unzugänglichkeiten, zumindest was die

Zukunft betrifft, überwunden werden können. Demgegenüber sind die Bewusstseinsvorgänge anderer immer nur *mittelbar*, durch Kommunikation, zu erschließen, weshalb der Umgang mit anderen, denen wir Intentionalität zuschreiben, eine *mittlere* Transzendenz ist. Während diese Erfahrungen routinemäßig bewältigt werden können, also Routinen im Umgang mit kleinen und mittleren Transzendenzen ausgebaut oder technische Hilfsmittel entwickelt und Institutionen gebildet werden können, die bei der Bewältigung von aus Transzendenzen resultierenden Problemen helfen, gibt es eine dritte, mit Angst oder Ekstase einhergehende Art von Erfahrungen, die dem Subjekt (wie Krankheit oder Tod) auferlegt werden, oder die es (wie Ent-Spannung oder Rausch) sucht.

Ein außergewöhnliches Erlebnis, bei dem der übliche Bereich der täglichen Aufmerksamkeit willentlich überschritten wird, kann vielerlei Anlässe haben. In Gesellschaften wie der unseren stehen kulturell vielerlei ‚Vehikel' bereit, die dezidiert dazu dienen, uns in ‚außergewöhnliche' Bewusstseinsenklaven, in „Erlebniswelten", verstanden „als Korrelate dieser ‚außergewöhnlichen' Ausschnitte des Erlebens" (Hitzler 2008) zu befördern. Ronald Hitzler (2011:12) bezeichnet „alle besonderen (besser: besonderten) Bewusstseinsenklaven, deren Rahmenbedingungen von anderen dergestalt mit der Intention vorproduziert und/oder bereitgestellt werden, um vom erlebenden Subjekt benutzt, also im weitesten Sinne konsumiert zu werden, als ‚kulturelle Erlebniswelten'." Events sind jene Art sozialer Veranstaltungen, die – warum auch immer gewünschte – besondere Erlebnisse versprechen, und bei denen von anderen geeignet erscheinende Vorkehrungen getroffen werden, die die Chance des Einlösens dieses Versprechen erhöhen.

Events als zeitgenössische Form ‚kultureller Erlebniswelten' und ihre historischen Vorgänger

Gilt die Herausgehobenheit des Erlebnisses aus dem zeitgenössischen, also *spätmodernen* Erlebensstrom als Kennzeichen von Events, wie Hitzler (2000:402) dies betont, dann wäre es keine universale, sondern eine historisch relativ junge Ereignisform. Hubert Knoblauch zufolge handelt es sich dabei jedoch nicht per se um eine Ausformung der Spätmoderne. Michael N. Ebertz (2000) zufolge weisen schon die großen Prozessionen und Wallfahrten, die wie die im 13. Jh. eingeführte Fronleichnamsprozession seit Jahrhunderten einen festen Bestandteil der katholischen Tradition bilden, Elemente von Events auf. Demzufolge kann die Katholische Kirche zu recht als „Mutter aller Event-Agenturen" (Gerhards 2002a:86; vgl. auch Gerhards 2002b) bezeichnet werden. Ein offensiver Umgang dieser Kirche mit Eventformen lässt sich vor allem bei den im Pontifikat von Johannes Paul II. entwickelten Papst-Messen nachweisen (vgl. Knoblauch 2000b).

Aber nicht nur Kirchen und Glaubensgemeinschaften organisieren heute religiöse Massen-Events bis hin zu religiösen Hybrid-Events (vgl. Forschungskonsortium Weltjugendtag 2007), sondern Veranstaltungen, die von ihren Organisatoren als ‚Event' angepriesen werden, nehmen allerorten an Zahl und Bedeutung zu (vgl. Gebhardt/Hitzler/Pfadenhauer 2000). Sie prägen zunehmend die ökonomische, politische, kulturelle und soziale Wirklichkeit spätmoderner Gesellschaften. Und nicht zuletzt wird die Chance auf Effervezsenz, d.h. auf Gemeinsamkeits- und Gemeinschaftsseligkeit, zu einem relevanten Faktor der Integration der vielen Einzelnen in die Stadtgesellschaft des 21. Jh.s (vgl. Betz/Hitzler/Pfadenhauer 2011).

Kennzeichen heutiger Events: Mediatisierung und Reflexivität

Veranstaltungen, die *heute* als Events bezeichnet werden, sind durch zwei zusätzliche Momente gekennzeichnet, die diese nicht als „zeitlose Formen gesellschaftlicher Ritualpraxis" (Knoblauch 2000b:40), sondern als etwas epochal Neues erscheinen lassen: Erstens wird das Ereignis nicht nur für die leibhaftig anwesenden Teilnehmenden veranstaltet, sondern kann auch zuhause am (TV- oder Computer-)Bildschirm mit-erlebt werden. Damit ist zunächst einmal impliziert, dass es nicht mehr ‚bloß' ein Ereignis des Augenblicks ist, sondern dass es konserviert und reproduziert und folglich nicht nur in der eigenen Erinnerung, sondern als archivierbares Dokument für die Nachwelt abgelegt werden kann. Vor allem aber ermöglicht die mediale (Live-)Übertragung eine besondere Verbindung bzw. Verbundenheit zwischen den leibhaftig am Event Teilhabenden und den Nicht-Präsenten: Indem diejenigen, die dabei sind, permanent mit denen, die daheim geblieben sind, kommunizieren (können), erhält die Event-‚Gemeinde' vor Ort – auch der Selbstwahrnehmung nach – eine Art Stellvertreterrolle für (irgend-)ein Ganzes, für eine (spezifische) Allgemeinheit. Aber nicht nur das im technologischen Sinne sogenannte „alte" Medium Fernsehen, sondern „neue" Medien (Mobile Computer und Internet usw.) gewinnen quantitativ zunehmend an Bedeutung in den kinetischen, poietischen und praktischen Aktionen und Interaktionen der Menschen (siehe Kathrin Demmler/ Ulrike Wagner „Mediensozialisation und kulturelles Lernen" in diesem Band). Weil hier die Vermehrung und Intensivierung von Mediennutzungen (sozusagen emergenztheoretisch gesehen) in eine neue Qualität von Inter-Aktionen umschlägt, lassen sich Events heute als Korrelate *mediatisierter* Erlebniswelten beschreiben (vgl. auch Hepp 2011).

Ebenso entscheidend für Events in der Spätmoderne ist ein Aspekt, den Knoblauch (2000b) als *Reflexivität*, Gerhard Schulze (1992) als *Erlebnisrationalität* bezeichnet: Die TeilnehmerInnen vollziehen die je typischen Rituale zum einen im Wissen darum, dass diese die Funktion der Gemeinschaftsbildung haben, und sie vollziehen sie im Bewusstsein, dass diese von den Organisatoren kalkuliert eingesetzt werden. Mehr noch: die Teilnehmenden erwarten von den Organisatoren, dass diese die Wirkung von Ritualen kennen und diese kalkuliert einsetzen, damit sie selber zweckrational ihre eigenen „irrationalen Handlungen" planen können. Diese Handlungen sind allerdings nicht an der Gemeinschaft orientiert. Die Gemeinschaft wird vielmehr genutzt, um die durch sie ermöglichte besondere individuelle Erfahrung machen zu können. Aus diesem Grund lassen sich Events als „strategische Rituale der kollektiven Einsamkeit" begreifen (Knoblauch 2000b:49).

Feste und Feiern als universalhistorische Grundkategorien

Die Forschung zu Events wird seit jeher von der Frage begleitet, ob die als Event bezeichneten Veranstaltungen qualitativ und nicht nur aufgrund ihrer Massenhaftigkeit ein sozialwissenschaftlich relevantes Phänomen sind. Winfried Gebhardt zufolge erweisen sie sich aus einer historisch-kultursoziologischen Perspektive als eine spezifische Ausprägung des Fests. Nicht das Event, aber das Fest einerseits und die Feier andererseits lassen sich demnach als zwei universalhistorische Grundkategorien rekonstruieren, die jeweils in ihrem Verhältnis zum Alltag zu charakterisieren sind, denn beide dienen der Bewältigung des Alltags. Dies allerdings auf unterschiedliche Weise: Die *Feier* dient der Bewältigung des Alltags, indem sie diesen – durch die Pflege von Bräuchen, Riten, Ritualen, Konventionen – bewusst macht, ja mehr noch „ihn als ein sinnvolles Geschehen ins Bewusstsein hebt" (Gebhardt 1987:53). Das vorgegebene Zeremoniell, das häufig an einem festgelegten (Feier-)Tag, Ort und Zeitpunkt in getragener

Atmosphäre zu zelebrieren ist, erzwingt ein kontrolliertes, selbstbeherrschtes, die subjektiven Befindlichkeiten hintanstellendes Benehmen. Demgegenüber lassen *Feste* den Alltag bewältigen, indem sie diesen aufheben. Sie stellen eine geplante oder spontan aufbrechende Auszeit dar, die affektuelles, spontanes, unbeherrschtes Verhalten erlaubt. Dieser Auffassung liegt die anthropologische Annahme zugrunde, dass eine alltägliche, routinehafte Befriedigung von Bedürfnissen einen von Friedrich Tenbruck so genannten „Gratifikationsverfall" erfährt. Dieser Effekt lasse den Menschen nach neuen Befriedigungsformen, nach Außeralltäglichem bzw. der Aufhebung der Alltagsroutine verlangen. „Insofern bieten alle uns bekannten Gesellschaften", so Alois Hahn, „ihren Mitgliedern nicht nur Festlegungen ihres Handelns, Gewohnheiten und Routinen, sondern auch deren zeitweise exstatische oder rauschhafte Aufhebung" (Hahn 1972:425).

„Eventisierung" in der Kritik

Das eigentlich Neue ist das, was Gebhardt (2000:24) die „akzelerierende Eventisierung der Festlandschaft" in spätmodernen Gesellschaften nennt. Die Festkultur moderner Gesellschaften unterliegt demnach Prozessen der Deinstitutionalisierung, Entstrukturierung, Profanisierung, Multiplizierung und Kommerzialisierung. Zusammengenommen befördern diese eine *Veralltäglichung des Festlichen*, in deren Zuge die sinnstiftende und die gemeinschaftsstabilisierende Funktion des Fests, so Gebhardts Diagnose, sukzessive abhanden kommt. Damit stellt er allerdings keineswegs in Abrede, dass Events eine vergemeinschaftende Wirkung haben. Impliziert ist darin vielmehr die Umkehrung des Konstitutionsverhältnisses von (eventförmigem) Fest und Gemeinschaft: „Es ist eben nicht (mehr) die Gemeinschaft, die ein Fest ‚feiert', sondern das Fest konstituiert – für den Moment – eine Gemeinschaft" (Gebhardt 2000:28). Gelingenderweise bringt das Event das hervor, was Victor Turner (1986) als „Communitas" und Georg Simmel (1970) als „Geselligkeit" bezeichnet haben: einen Zustand situativer Gemeinschaftlichkeit – nicht immer über Milieugrenzen, häufig aber über Klassen- und Schichtunterschiede hinweg. Die *situative* Event-Gemeinschaft vermittelt also eine weitgehend emotional bestimmte Zusammengehörigkeit bzw. ein infolge kollektiver Erregung massenhaft identitätsstiftendes Erlebnis von Einheit trotz bzw. wegen aller Verschiedenheit.

Allerdings ist die „situative Event-Vergemeinschaftung" (Gebhardt 2008:202) eben auf das inszenierte Massenspektakel selber beschränkt. Und für Event-Teilnehmende dürfte der Reiz nicht nur in der ‚Kurzweiligkeit', sondern auch in der Kurzfristigkeit der Gemeinschaftlichkeit, d.h. in der eben nicht auf Dauer angelegten Abwechslung von der gewohnten ‚Normalität' liegen. Zumindest für solche Veranstalter jedoch, die einen (wie auch immer gearteten) Mehr-Wert mit ihrem Veranstaltungsangebot intendieren, ist deren ‚Nachhaltigkeit' im Sinne einer die Veranstaltung *überdauernden* Wirkung ein virulentes Thema (vgl. Lucas/Wilts 2004). Die Frage nach der ‚Nachhaltigkeit' bzw. nach einer lang- bzw. zumindest längerfristigen Wirkung eines Events ist infolgedessen ein durchgängiges Motiv der Kritik, mit der ,Eventisierung' hierzulande begleitet wird, wobei damit zum einen eine „gesamtgesellschaftliche Entwicklung", zum anderen „Projektion und Produktion, kurz: das Machen irgendeines konkreten Events" (Hitzler 2011:20) konnotiert ist.

Idealtypisierende Kontrastierung von Event-Typen

Die Kritik an Eventisierung im letzteren Verstande entzündet sich gerade daran, dass nicht jedes Event auf einen wie auch immer gearteten Mehr-Wert hin ausgerichtet ist. Dem an einem fremden Zweck orientierten Veranstaltungstypus (Marketing-Event) lässt sich idealtypisch jener Typus kontrastieren, bei dem *ausschließlich* das außergewöhnliche Erleben Zweck der Unternehmung ist (Szene-Event). Damit wird der kommerzielle Charakter eines jeden Events nicht in Abrede gestellt. Deren Anziehungskraft resultiert ja wesentlich aus dem ‚Versprechen' eines typischerweise verschiedene kulturelle Äußerungsformen und Handlungskomplexe übergreifenden hohen Erlebniswertes. Und eine klar erkennbare Dramaturgie mit Vorlauf, Ablauf, Höhepunkt und Ausklang, eine multisensitive Emotionalisierung durch choreografierte visuelle Reize und technisch perfekte Musik-Darbietungen und eine sowohl im Hinblick auf den kommunikativen Vorlauf als auch auf die diskursive Nachbereitung langfristig angelegte Medialisierung über unterschiedliche ‚Kanäle' erweisen sich als probate Maßnahmen zur Erzeugung eines dergestalt inszenierten Ereignisses mit außeralltäglichem Erlebniswert. Aufgrund der Inszenierungs-Mittel, auf die für deren Herstellung zurückgegriffen wird, sind Events grundsätzlich ressourcenintensive Angelegenheiten und gehen Eventisierung und Kommerzialisierung Hand in Hand.

Bei den von uns sogenannten Szene-Events, deren Zweck das außeralltägliche Erleben selber ist, ist ein ökonomisches Interesse nicht selten die wesentliche Antriebskraft für deren Organisation (vgl. Pfadenhauer 2008). Demgegenüber werden Marketing-Events, d.h. solche Events, bei denen Absatzförderung das erklärte Ziel der Veranstaltung ist, häufig ohne direkte Gewinnabsichten bzw. Gewinnchancen durchgeführt (vgl. Zanger/Sistenich 1998:41). Gerade bei diesen wird die Gesamt- oder zumindest die Teilplanung und deren Umsetzung in die Hände professioneller Event-Agenturen gelegt. Deren zentrale Aufgabe besteht darin, die Zielsetzung(en) ihres Auftraggebers, der in der Regel als Veranstalter firmiert, zu eruieren und ein Event zu planen, vorzubereiten und durchzuführen, das (der Überzeugung des Auftraggebers nach) zur Realisierung dieser Zielsetzung(en) als möglichst geeignet erscheint. In den letzten Jahren hat sich die Erfolgskontrolle mittels nicht standardisierter Verfahren (z.B. Stimmungsbild), vor allem aber mittels standardisierter Evaluationsinstrumente (Teilnehmendenbefragungen) als fester Bestandteil des Eventmarketings etabliert. Da die Zufriedenheit des auftraggebenden ‚Kunden' vom positiven und nachhaltigen Eindruck abhängt, den das Event (augenscheinlich oder wie auch immer sonst ‚überprüfbar') bei den als Zielgruppe definierten Event-Adressaten hinterlässt, ist die Zufriedenstellung der Event-Teilnehmenden indirekt ein relevanter Faktor für die Event-Organisatoren.

Typen der Eventorganisation

Wesentlich für das professionelle Selbstverständnis des in einschlägigen Event-Agenturen tätigen Organisators eines Marketing-Events ist die emotionale Distanz zum Event-Veranstalter einerseits, zum Event-Teilnehmer andererseits. Damit ist ein entscheidender Unterschied zwischen den Organisatoren der beiden Eventtypen angesprochen: Denn im zweiten Fall, d.h. bei Szene-Events, fungieren die Organisatoren zugleich als Veranstalter ‚ihrer' Events, weshalb in ihrem Fall ‚Event-Produzent' die treffendere Bezeichnung sein dürfte (vgl. Pfadenhauer 2000): Sie gehören in der Regel dem ‚Milieu' an, das sie mit ihrer Veranstaltung ansprechen wollen und sind deshalb mit deren (Konsum-)Gewohnheiten und Vorlieben, Verhaltensweisen und Umgangsformen hochgradig vertraut, weil sie mit ihren eigenen weitgehend deckungsgleich sind. Der Produzent eines solchen Events kann sich relativ ‚beruhigt' darauf verlassen, dass die Spaßerwartungen des adressierten Publikums und seine eigenen Spaßvorstellungen mehr oder minder identisch sind. Mit der Organisation von Events realisiert dieser Event-Produzent folglich gelingenderweise die Integration des Lebensziels ‚Selber-Spaß-haben' in die Erwerbsidee ‚Anderen-Spaß-bereiten'.

Der wesentliche Unterschied zwischen den beiden Eventtypen besteht also darin, dass im einen Fall das Erlebnispotential lediglich das Mittel zu einem (wie auch immer gearteten) Fremd-Zweck darstellt, während im anderen Fall ‚nur' die Ermöglichung von Spaß der Zweck der Unternehmung ist. Im ersten Fall geht es darum, mittels eines erlebenswerten Ereignisses einen Mehr-Wert im Sinne eines Werts aus Veranstalterperspektive (wie Klientelbindung, Aufmerksamkeit, Imagegewinn für den Veranstalter usw.) zu schaffen. Der Zweck von Events als typische Fest- und Feierform posttraditionaler Vergemeinschaftung (vgl. Hitzler/Honer/Pfadenhauer 2008) ist demgegenüber ‚nur' das Spaß-Erleben. ‚Spaß' ist allerdings keineswegs ein Oberflächenphänomen: Es ist vielmehr synonym für das je gewünschte außeralltägliche Erleben, das den subjektiven Präferenzen entsprechend eben sehr unterschiedlich sein kann (vgl. grundlegend dazu Hitzler 2002).

Das, was dem Konsumenten intendiertermaßen Spaß macht, ist für den Produzenten der Voraussetzungen dieses Spaßes zunächst einmal und vor allem Arbeit – und zwar des Organisierens. Organisieren – auch von Events – ist ein Handeln, das anderes Handeln bzw. das Handeln anderer vorbereitet, auf eine Zielsetzung hin beeinflusst und hinsichtlich ihres Beitrags zur Zielerreichung bewertet. Kompetentes Organisieren – auch von Events – aber ist eine Form des Handelns, bei der anderes Handeln bzw. das Handeln anderer nicht *irgendwie*, sondern im Rückgriff auf Wissen (zur Arbeitsgliederung, -verteilung und -anweisung), auf (Kontroll-)*Strategien*, (Motivations-)*Techniken*, (Evaluations-)*Verfahren* und *Reflexionsvermögen* ‚bewirkt' wird. Die Trias des Bereitens, Beeinflussens und Bewertens erfordert also ein mehrdimensionales Kompetenzbündel, dessen Zusammensetzung in dem Maße weitergehender Analysen bedarf, indem Eventorganisation zum Gegenstand Kultureller Bildung avanciert (vgl. grundlegend Pfadenhauer 2008).

Zum Weiterlesen

Betz, Gregor/Hitzler, Ronald/Pfadenhauer, Michaela (Hrsg.) (2011): Urbane Events. Wiesbaden: VS.

Gebhardt, Winfried/Hitzler, Ronald/Pfadenhauer, Michaela (Hrsg.) (2000): Events. Soziologie des Außergewöhnlichen. Opaden: Leske+Budrich.

Hitzler, Ronald (2011): Eventisierung. Drei Fallstudien zum marketingstrategischen Massenspaß. Wiesbaden: VS.

Pfadenhauer, Michaela (2008): Organisieren. Zum Erhandeln von Events. Wiesbaden: VS.

Schulze, Gerhard (1992): Die Erlebnisgesellschaft. Kultursoziologie der Gegenwart. Frankfurt/M./New York: Campus.

Turner, Victor (1986): Images and reflextions. Ritual, drama, carnival, form, and spectacle in cultural performance. In: The Anthropology of Performance. New York: PAJ Publ.

**Teil I
Theoretische Grundlagen
Kultureller Bildung**

**4
Mensch und Gesellschaft**

Rainer Treptow
Kapiteleinführung: Mensch und Gesellschaft

Die Anthropologie Kultureller Bildung befasst sich mit der Rolle des Menschen bei der Entwicklung symbolischer Aneignung und künstlerischer Gestaltung. Konkret praktisch wird diese in differenzierten sozialen Gebilden – in Gesellschaften. Von den archaischen Stammesgesellschaften über die feudalen Formationen bis zu den modernen sozialen Komplexitäten bilden Gesellschaften jenen umfassenden Rahmen, innerhalb dessen die Individuen Zugänge und Ausschließungen zur Welt kultureller Gestaltung erfahren. Dabei sieht sich Kulturelle Bildung einer Vielfalt von Gesellschaftsbeschreibungen gegenüber. Sie reicht z.B. von der Industrie-, der Konkurrenz-, der Dienstleistungs-, Risiko-, Erlebnis-, der Wissens-, Einwanderungs- bis hin zur Weltgesellschaft. Doch um welche Formation auch immer es sich handelt: Kulturelle Bildung wird auch von den jeweilig sich entwickelnden Kräfteverhältnissen und Interessen beeinflusst. Zugleich wirkt sie auf diese zurück: als symbolische Deutung gesellschaftlicher Strömungen, als ästhetische Gestaltung und als organisatorische Rahmung. Manchmal steht Kulturelle Bildung in Ungleichzeitigkeit zu gesellschaftlich dominanten Wahrnehmungs- und Gestaltungsgewohnheiten, indem sie sie unterläuft, herausfordert, ja ihnen vorauseilt; und sie steht dazu in Konformität, indem sie sie bestätigt, sich an Überlieferungen orientiert, Vergangenheit, etwa als Aktualisierung der Klassik und als Erinnerungskultur, neu thematisiert.

Jede Gesellschaft steht vor der Aufgabe, die Weitergabe kultureller Güter an die jüngere Generation mit der Gestaltung des Wandels zu verbinden und entsprechend zu organisieren. Demografische Wissensgrundlagen geben darin Orientierung, denn die Bevölkerungsentwicklung, genauer: der Wandel der Verteilung von Altersstufen innerhalb einer Gesellschaft ist ein wichtiger Faktor für Thematisierung, Ausprägung und Rezeption Kultureller Bildung. Wenn, wie in der Bundesrepublik, der Trend auf eine abnehmende Zahl junger und eine zunehmende Zahl älterer Menschen gerichtet ist, kann dies nicht ohne Folgen für die Themen Kultureller Bildung und die Kulturpolitik bleiben.

Für die Bundesrepublik hat die Stärkung einer demokratischen Kulturpolitik nach der Zerschlagung des Nationalsozialismus eine nicht zu übertreffende Bedeutung. Die Impulse des Aufbruchs in den siebziger Jahren des 20. Jh.s und die Forderung „Kultur für Alle" halten bis heute an. Sie haben an Aktualität trotz der erweiterten Zugangschancen in der sogenannten Informations- bzw. Wissensgesellschaft nicht verloren. Diese Chancen werden durch die Wahrnehmung von Bildungsvoraussetzungen der Individuen und ihrer wirtschaftlichen Situation stark beeinflusst.

Die Zukunft eines demokratisch vielfältigen kulturellen Lebens einer Gesellschaft hängt davon ab, ob es nachwachsenden Generationen gelingt, ihr Projekt der Kulturellen Bildung entsprechend zu entwerfen. Ob und welche Gelegenheiten zur Partizipation an Kultureller Bildung bereit gestellt werden, wie verlässlich diese sind und ob sie den unterschiedlichen Lebenslagen von Kindern und Jugendlichen entsprechen, Antworten auf diese Fragen sind auch Voraussetzung für die Sicherung kultureller Gestaltungsprozesse.

Diese sind folglich auf eine Kulturkritik angewiesen, die die kontroversen Standpunkte gegenüber ästhetischen Ausdrucksformen und -inhalten offenlegt. Denn Kulturkritik und demokratische Kulturpolitik sind untrennbar miteinander verbunden. Sie ermöglichen erst jene Vielfalt, auf die offene Gesellschaften angewiesen sind, indem sie Grenzen, Grenzverletzungen, Grenzerweiterungen und schließlich Entgrenzungen thematisieren. Darin folgt Kulturkritik Traditionen, die von der Klassik bis in zeitgenössische Kritikformen hineinreichen. Als intermediäre Instanz übernimmt Kulturkritik beschreibende und normative Aufgaben und vermittelt zwischen kulturellen Artefakten und Öffentlichkeit. Ihr Gegenstand ist die der Relevanz von Inhalten, ihrer symbolischen Formgebung, der Konfrontation mit Güte- und Qualitätskriterien. Dies gilt insbesondere für die Frage nach den Chancen und Risiken der Kommerzialisierung.

Qualifiziertes Kulturmanagement und professionelle Kulturvermittlung sind als organisatorische Voraussetzung im Spannungsfeld von öffentlicher Kulturverwaltung und wirtschaftlichen Interessen angesiedelt. Kultur- und Kreativwirtschaft als eigenständiges Feld nimmt Gesellschaft teils und Markt- und Marketingaspekte wahr, in der Angebot und Nachfrage von Konkurrenz und Gewinnorientierungen ebenso beeinflusst werden wie von der Verantwortung, Kulturelle Bildung gerade auch angesichts von Kommerzialisierung und Warenästhetik kritisch zu betreiben.

Die Erinnerung an die gegen die Ethik des Ästhetischen möglich gewordene Barbarei zu erneuern, ist in dem modernen Projekt der Zukunftsfähigkeit Kultureller Bildung eine unhintergehbare Forderung. Sie ist nicht nur eine Pflicht, sondern konstitutionelle Grundlage für die deutsche Gesellschaft. Erinnerungskultur wird sich daher auch deshalb erneuern müssen, weil es immer weniger ZeitzeugInnen gibt, die noch berichten können.

Albrecht Göschel
Gesellschaftlicher Wandel und Kulturelle Bildung

Wandel als komplexes Grundphänomen von Gesellschaft

Alle, vor allem aber alle modernen, industrialisierten Gesellschaften unterliegen einem Wandel, meist sogar ähnlichen Formen von Wandel, der immer auch einen kulturellen Wandel, also einen Wandel sowohl von Lebensformen (Kultur im weiten Sinne) als auch von künstlerisch-symbolischen Äußerungen (Kultur im engeren Sinne) einschließt. Allerdings ist Wandel niemals linear oder kontinuierlich, vor allem niemals monokausal. Er variiert zudem zwischen verschiedenen nationalen Gesellschaften, selbst dann, wenn sich globale Gemeinsamkeiten feststellen lassen. Jeder Wandel ist von Gegenströmungen, Verzögerungen oder Beschleunigungen und Brüchen geprägt. Sozialer Wandel resultiert aus einer Vielzahl von Ursachen, die sich in der Regel nicht gegenseitig isolieren lassen. Gesellschaftlicher Wandel ist damit sowohl in seinen Erscheinungsformen als auch in seinen Ursachen und Bedingungen ein hochkomplexer Vorgang (Bolz 2005). Es ist diese Komplexität, die das Verständnis von Wandel zwar erschwert und die Möglichkeit für Prognosen von Wandel in eine weitere Zukunft erheblich einschränkt (Lübbe 1994; 1996), aber aus eben diesen Gründen zum zentralen sozialwissenschaftlichen Thema werden lässt.

Tiefe und Umfang von Wandel

Neben der Dynamik von Wandel ist seine Tiefe strittig. Ob sich nur Oberflächenphänomene oder Basisinstitutionen wandeln, wie es für die Gegenwart behauptet wird (Beck u.a. 1996), ist eine Frage, die die Forschung zum gesellschaftlichen Wandel berührt. Daneben interessieren die Wechselwirkungen zwischen Einzelphänomenen, also Komplexitätsgrad (Bolz 2005; Horx 2009; 2011), Dauerhaftigkeit, Prognostizierbarkeit (Lübbe 1994) sowie Verluste, Krisen oder Gewinne, die Wandel zur Folge haben können.

Zielrichtung von Wandel

Wandel löst in der Regel Unsicherheiten aus, da er durch die hohe Komplexität nicht überschaubar und vor allem seine Richtung unklar ist. Gegen solche Verunsicherungen werden häufig vereinfachende, unterkomplexe Wandelsmodelle entworfen, die dem sozialen Wandel eine Richtung oder gar ein Ziel zuzuschreiben suchen. Als solche Ziele konkurrieren Katastrophen-, Verfalls- oder Untergangsszenarien mit Modellen ständigen Fortschritts und ständiger Verbesserung aller Lebensbedingungen, also utopistische Szenarien. Als populärstes Untergangsszenario gilt vermutlich noch heute Oswald Spenglers „Untergang des Abendlandes" (1972/1923), in dem Gesellschaften ein biologistisches Modell von Wachstum, Verfall und Tod unterstellt wird, während sich optimistische Interpretationen z.B. in neueren Studien zum ständigen Rückgang von Gewalt (Pinker 2011) oder einer ständigen Zunahme von Empathie (Rifkin 2010) finden. Die berühmteste Verbindung pessimistischer Verfallsperspektive mit optimistischer Utopie stellt wohl die marxistische Krisentheorie dar, die Wandel aus der Entwicklung von Produktivkraft mit katastrophischen wie utopistisch-revolutionären Zügen ableitet (Marx/Engels 1970/1890). Als Krisenmodell, aber immer noch mit einer langfristigen Richtung auf das Ziel „Sozialismus", hat das Marxsche Revolutionsmodell Eingang in neuere ökonomische Theorie zum sozialen Wandel nach dem Prinzip der „produktiven Zerstörung" z.B. bei Joseph Schumpeter (1950) gefunden.

Solchen Modellen von Wandel mit einer Art Zielgerichtetheit stehen Konzepte gegenüber, die nicht nur jeder Art der Zieldefinition, sondern darüber hinaus jeder Aussage zu langfristigen Tendenzen skeptisch begegnen (z.B. Lübbe 1994). Der sich ständig steigernde Komplexitätsgrad von Wandel, insgesamt von modernen Gesellschaften, vor allem ihre wachsende Abhängigkeit von sich beschleunigt vermehrendem und erneuerndem Wissen würde nach dieser Auffassung jede Aussage zu Zielrichtungen unmöglich machen, da in wachsendem Maße Wissen die modernen Gesellschaften bestimmt, man zukünftiges Wissen aber heute noch nicht wissen kann. Selbst dann, wenn sich Wandel krisenhaft entwickeln sollte, lässt sich nach dieser Sicht wenig über Art und Ausmaß derartiger Krisen der Zukunft sagen, so dass auch die Krisenbehauptung selbst fraglich wird.

Stellenwert von Kultur im gesellschaftlichen Wandel

Die Aussagen über „Kultur" im gesellschaftlichen Wandel schwanken erheblich. Soweit „Kultur" die Lebensformen in bestimmten Gesellschaften einschließlich ihrer Geschmackspräferenzen, also ihrer Kunsturteile bezeichnen soll, gilt sie meist als komplexer Ausdruck der Lebensbedingungen dieser Gesellschaft oder einer Teilgruppe, einschließlich der Privilegien, die diese, sei sie als Klasse, Schicht oder Milieu verstanden, durchsetzt (Bourdieu 1970; 1982; Schulze 1992), auch wenn unterkomplexen Basis-Überbau- oder Widerspiegelungstheorien (z.B. Lukacs 1992/1954) heute mit Skepsis begegnet wird. Auch einer Kultur im engeren Sinne, also ästhetisch-symbolischen Äußerungen, die als Kunst gelten, wird in der Regel eine solche Bindung an soziale Bedingungen zugeschrieben (Hauser 1974), die allerdings durch Distinktionsfunktionen zu Herrschaft im Sinne einer „Naturalisierung sozialer Ungleichheit" (Bourdieu/Darbel 2006/1966; Bourdieu/Passeron 1971; Bourdieu u.a. 1981) und damit zur Selbstverstärkung neigt. Das Geschmacksurteil, zu dem Kunst in Produktion und Rezeption auffordert, lässt die sozial bedingten Ungleichheiten gleichsam als natürliche, als Intelligenz- oder Charakterunterschiede erscheinen, um so Ungleichheit gegen Kritik zu immunisieren. Allerdings wird der Kunst auch ein Potential zum „Sichtbarmachen von Unsichtbarem" zuerkannt, also eine Erkenntnismöglichkeit dessen, was in anderen gesellschaftlichen Bereichen noch nicht begrifflich fassbar ist (Welsch 1990) und was sich auch als gesellschaftliche Bedingung noch nicht durchgesetzt hat. Auf dieser Möglichkeit des Vorgriffs basiert die Vorstellung einer Avantgarde in der Kunst, die gleichsam ihrer Zeit voraus zu sein scheint (Bürger 1974). Angesichts der Dynamik sozialer Entwicklungen unterliegen solche Avantgarden jedoch in verstärktem Maße der Gefahr, übermäßig schnell zu veralten (Lübbe 1994), und dies umso mehr, je mehr sie vorgeben, ihrer Zeit voraus zu sein.

Komplexe Modelle gesellschaftlichen Wandels

Auch Erklärungen von Wandel mit hohem Komplexitätsgrad bestimmen in der Regel einzelne gesellschaftliche Teilbereiche als Motor von Wandel. Kultur im Sinne von Lebensformen kann dabei sowohl als Ursache wie als Folge von Wandel in anderen Bereichen erscheinen, während

Kultur im engeren Sinne – als Kunst – in der Regel als verursachte Folge von Wandlungen in anderen gesellschaftlichen Feldern verstanden wird. Selbst da, wo Kunst auf begrifflich noch nicht Gewusstes verweist, löst sie selbst demnach keinen Wandel aus, sondern symbolisiert diesen als bereits wirksame Tendenz, auch wenn sie ihn damit verstärken könnte.

Theorien des Wandels mit ökonomischem Schwerpunkt

Als ein Modell von gesellschaftlichem Wandel mit zwar hohem Komplexitätsgrad, dennoch aber mit einem ökonomischen Schwerpunkt als Erklärung für Wandel gelten die sogenannten „Kondratieffschen Zyklen" (nach dem russischen Ökonomen Nikolai D. Kondratieff 1892-1938). In den 1930er Jahren konzipierte er ein Modell wirtschaftlicher Entwicklung, das diese als eine Abfolge von Produktionszyklen mit Hoch- und Tiefpunkten, als einen regelmäßigen Wechsel von hoher Produktivität und hohen Gewinnen mit tiefen Rezessionen oder Wirtschaftskrisen beschreibt. Jeder einzelne der bisher sechs unterschiedenen Zyklen mit einer Dauer von jeweils ca. 50 bis 60 Jahren basiert nach dieser Vorstellung auf einem zentralen Mangel, den es zu beheben gilt, und damit auf einem zentralen Energieträger und einer industriellen Produktionsform, die versprechen, des jeweiligen Mangels Herr zu werden. Die Gesamtheit aus Energieträger, Produktionsform und zentralen Produkten induziert demnach nicht nur bestimmte Arbeits-, sondern umfassende Lebensformen, die als kulturelle Muster jeden einzelnen Zyklus prägen (Horx 2011:318).

Während das Kondratieffsche Konzept von ökonomischen Faktoren ausgeht, zielt die wenige Jahre zuvor entwickelte Theorie der kapitalistischen Entwicklung von Max Weber (1864-1920) auf die Bedeutung kultureller Bedingungen für gesellschaftlichen Wandel. So erklärt Weber den modernen Kapitalismus, wie er sich bis dahin in den westlichen Industrienationen herausgebildet hatte, aus der Tradition des christlichen Protestantismus mit seinen Normen der innerweltlichen Askese, des Glücks- und Konsumverzichts, die zur Re-Investition von Gewinnen statt zu ihrem Verbrauch zwingen und damit das Wachstumsprinzip kapitalistischer Produktion begründen (Weber 1979/1920). Tradierte kulturelle Normen werden als Ursache und nicht als Folge eines ökonomischen und damit umfassend werdenden gesellschaftlichen Wandels verstanden.

Theorien des Wandels mit kulturellem Schwerpunkt

Als ein Modell des Wandels mit kulturellem Schwerpunkt kann die Unterscheidung von Persönlichkeitskonstruktionen in drei Phasen der industriellen Moderne seit Mitte des 19. Jh.s, eine „bürgerliche", eine „organisierte" und eine „Postmoderne" gelten (Reckwitz 2006). Die weitgehende Parallelität dieser Gliederung mit den drei letzten Kondratieffschen Zyklen scheint den Ansatz zu stützen. Sowohl die Ausprägungen als auch die Antriebe des Wandels von einer Phase zur nächsten werden allerdings kulturell bestimmt. Die einzelnen Persönlichkeitsbilder erscheinen für jede Phase zwar konsistent, entwickeln jedoch inhärente Widersprüche, die in Verbindung mit äußeren Bedingungen zu Neuformulierungen drängen, wie sie dann die jeweils folgende Epoche bestimmen.

Dieses Modell von Wandel zielt nicht nur auf Erklärungen epochenprägender Kulturen im Sinne von Lebensformen und Persönlichkeitsbildern, sondern bietet darüber hinaus direkte Hinweise auf zeittypische Konzepte Kultureller Bildung. So weist die bürgerliche Moderne (ca. 1850 bis 1920), die von rigiden Klassengegensätzen bestimmt ist, in ihren Bildungskonzepten für das Bürgertum eine deutliche Tendenz zur Kunstreligiosität im Sinne eines innerweltlichen

Erlösungskonzeptes auf, das allerdings mit einem „bürgerlichen Realismus" konkurriert. Realismusströmungen sowohl in der Kunst wie in der Bildung verstehen sich in dieser Phase der Moderne eher als reformerische oder sozialistische Opposition (z.B. Dahlhaus 1982; Geck 2001; Herding/Hollein 2010). Demgegenüber beginnt in der organisierten Moderne (ca. 1920 bis 1970) Realismus zur zentralen Strömung zu werden, gegen Ende jedoch konterkariert von Selbsterfahrungskonzepten, in denen sich die Postmoderne ankündigt. Pädagogische Konzepte der „organisierten" Moderne zielen weniger auf Persönlichkeitsentwicklung, sondern eher auf qualifikatorische, also für Berufskarrieren geeignete Inhalte, wie sie in der „bürgerlichen" Moderne eher für untere sozialen Schichten als angemessen gelten. In der Postmoderne (seit ca. 1970/80) dagegen beginnen wieder Selbstverwirklichungsvorstellungen zu dominieren, die Ähnlichkeiten mit Konzepten der bürgerlichen Moderne aufweisen, sich jetzt jedoch dem „Selbst" in subjektbetonter Weise zuwenden (Beck/Beck-Gernsheim 1994; Horx 2011:111; Reckwitz 2006), im Gegensatz zu den Objektivitätsvorstellungen, die die „bürgerliche" Moderne prägen. Besonders in Deutschland reißen jedoch während dieser ganzen Zeit kunstreligiöse Strömungen nicht ab, zuletzt z.B. deutlich in der Person Joseph Beuys (Kaufmann 1988).

Ein enger Bezug zu diesem Phasenmodell zeigt sich in den Theorien des Wertewandels, die sich ausschließlich auf den Übergang von „organisierter" zur „Postmoderne", in anderer Diktion auf den von „Erster" zu „Zweiter" (Beck u.a. 1996), bzw. von „industrieller" zu „nachindustrieller" oder „postindustrieller" Moderne, also auf den Wandel von Normen und Orientierungen zwischen ca. 1960 und ca. 1980 beziehen. Alle Untersuchungen zu diesem Wertewandel in der Übergangszeit um die 1970er Jahre zeigen Veränderungen in zentralen Werten, die sich von Akzeptanz- und Pflicht- zu Selbstverwirklichungswerten wandeln (Inglehart 1989; 1998; Klages 1984; Klages/Kmiecik 1979) und damit an Stelle der Zugehörigkeit die Individualität des Selbst und seiner Optionen betonen (Dahrendorf 1979; 1994).

Als detaillierte Betrachtungen dieses Wandels lassen sich Generationsstudien verstehen. Ausgehend von kunsthistorischen Befunden, die stilistische Gemeinsamkeiten bei KünstlerInnen einer Generation, also einer historischen Lagerung zeigen, auch wenn sich die entsprechenden KünstlerInnen persönlich nie begegnet sind (Pinder 1961/1926), oder ausgehend von entsprechenden kulturhistorischen Untersuchungen (Bude 1985; Mannheim 1976/1928), werden aufeinander folgende Generationen zwischen 1950 und 1980 jeweils zum Zeitpunkt ihres Erwachsenwerdens betrachtet. Zwischen den Generationen können schrittweise die Veränderungen in Form einer kulturellen Typik herausgearbeitet werden, die auch der Wertewandel beschreibt (Göschel 1991 unter Bezug auf eine kulturelle Typik von Spranger 1966/1914). Vier Generationen markieren diesen Übergang: die um 1930 geborene, die auch als Flakhelfergeneration bezeichnet wird (Bude 1987) mit einer Orientierung auf materielle, gegenständliche Werte, die 1940er-Generation, später dann als ´68er bezeichnet, mit einer Erkenntnis- oder Aufklärungsorientierung (Bude/Kohli 1989; Bude 1995), die in den 1950er Jahren geborene Generation mit einer Wendung zu Innerlichkeit und Selbsterfahrung und schließlich die in den 1960er Jahren Geborenen mit einer auf Oberflächen zielenden Ästhetikorientierung. Die Kulturbegriffe aller vier Generationen, die den Wertewandel markieren, lassen sich sehr stringent als Ausdruck der jeweils herrschenden ökonomischen Bedingungen verstehen (Göschel 1991).

Erst der in den 1950er-Jahren geborenen Generation gelingt die Artikulation von Selbstverwirklichungswerten, während sich bei den 1960ern in 1980er und 1990er Jahren bereits die Widersprüche zu zeigen beginnen, die auf neuerlichen Wandel hinweisen. Bedingungen der neuen Dienstleistungsgesellschaft erzwingen Anpassungen, die Selbstverwirklichung zur marktkonformen Profilierung unter Konkurrenzdruck wandeln und eher eine ästhetisierende

Inszenierung der Persönlichkeit verlangen, als eine Entfaltung des Selbst zu ermöglichen (Reckwitz 2006). Das Erstaunliche an derartigen Generationslagerungen ist, dass sich ähnliche Entwicklungen in verschiedenen Schichten und nationalen Gesellschaften und sogar über Systemgrenzen hinweg zeigen lassen (Göschel 1991; 1999; Preuss-Lausitz u.a. 1983; Zinnecker 1985). Befunde und Thesen der kunst- und kulturhistorischen Forschung werden damit bestätigt.

Diese vier Generationen im Wertewandel um die 1970er Jahre unterscheiden sich erheblich in ihren Konzepten zur Kulturellen Bildung. Die 1930er Generation insistiert, ganz im Sinne der „organisierten" Moderne, der sie noch angehört, entweder auf praktische Verwendbarkeit der Bildungsinhalte im Sinne von Ausbildung für das Berufsleben oder auf die Vermittlung eines Kanons klassischer Bildungsgüter, noch im Sinne einer tradierten, an festen Werten orientierten, tendenziell kunstreligiösen Tradition. Die 1940er Generation betont zwar gleichfalls den instrumentellen Charakter von Kultureller Bildung, will diesen aber weniger auf das Berufsleben, sondern eher im Sinne rationaler Aufklärung verstehen. Der 1950er Generation dagegen dient Kulturelle Bildung zur Selbsterfahrung, tendenziell zur Selbstheilung des – beschädigten – Selbst, häufig mit innerlichkeitsorientierten kunstreligiösen Implikationen, während sich in der 1960er Generation ein Konzept ästhetisierender Selbstdarstellung in einer von individueller Konkurrenz geprägten Dienstleistungsökonomie durchsetzt (Zinnecker 1985), spürbar an den zahlreichen, ästhetisch definierten Jugendstilen, die in dieser Zeit entstehen und entsprechende Herausforderungen an die Kulturpädagogik stellen.

Die skizzierten Kulturbegriffe stehen zueinander in Distinktionskonkurrenz einer Generationenprofilierung, die sich aber an historischen, nicht an biologischen Generationen orientiert, also nicht etwa „Alt" gegen „Jung" ausspielt. Ihre Brisanz erhält die Konkurrenz zwischen historischen Generationen um 1970, weil sich in ihr nicht nur Wertewandel manifestiert, sondern auch eine Konkurrenz von Karriereleitern ausdrückt. Ein entscheidendes Element des sozialen Wandels dieser Zeit ist demnach, dass sich kulturell vermittelte Statuskonkurrenzen seit ca. 1950 nicht nur innerhalb eines einzelnen, in der Regel eines materiellen Kapitals, sondern zwischen unterschiedlichen Kapitalarten, einem materiellen, einem kulturellen und einem sozialen Kapital abspielen (zur Definition dieser Kapitalarten vgl. Bourdieu 1982).

Megatrends des Wandels

Einen dritten Ansatz zur Analyse gesellschaftlichen Wandels bietet das Konzept der „Megatrends". Mit diesem Begriff sollen stabile und langfristige Einzelentwicklungen bezeichnet werden, die sich zu komplexen Wandlungsvorgängen überlagern: Demografischer Wandel, Globalisierung, Anstieg von Bildung, Urbanisierung, Übergang zur Dienstleistungsgesellschaft, Frauenemanzipation und Konnektivität (Horx 2011), mit Konsequenzen für Kulturelle Bildung, in ihren Überlagerungen jedoch hochkomplex.

Demografischer Wandel

Der demografische Wandel, der sich in fast allen nationalen Gesellschaften, wenn auch auf unterschiedlichem Niveau zeigt, also nicht auf Industrienationen beschränkt ist (Kaufmann 2005; Lloyd-Sherlock 2011), resultiert aus Rückgang der Geburtenraten und Verlängerung der Lebenserwartung (Birg 2001, 2005; Kaufmann 2005). Vor allem diese Verlängerung hat erhebliche Konsequenzen für Bildungsvorgänge, da neue Lebensphasen entstehen, die die gesamte Biografie prägen. So hat sich erst in den letzten 100 bis 150 Jahren, in denen die durchschnittliche Lebenserwartung um 30 bis 40 Jahre gestiegen ist, die Lebensphase der

Jugend herausgebildet, also der Lebensabschnitt, der für Bildungsvorgänge als der entscheidende gilt. Jugend ist heute nicht mehr nur ein kurzes Moratorium, eine kurze Warteposition vor dem Erwachsenenalter, sondern ein eigenständiger Lebensabschnitt, der mit seinen besonderen Qualitäten der Selbsterfahrung, der Erprobung von Neuem, seiner Lust- und Erlebnisbetonung die gesamte Biografie des Einzelnen zu bestimmen beginnt. Ähnliches gilt für Bildungskonzepte des lebenslangen Lernens, die durch neu entstehende Lebensphasen des „jungen Alters" in Verbindung mit Anforderungen moderner Dienstleistungsgesellschaften angeregt werden. Vermutlich ist dieser demografische Wandel in Verbindung mit steigendem Wohlstand einer der Auslöser des Wertewandels (siehe Karl Ermert „Demografischer Wandel und Kulturelle Bildung in Deutschland" in diesem Band).

Globalisierung

Neben ihren zum Teil als problematisch erachteten ökonomischen und politischen Konsequenzen (Albrow 1998; Baumann 1997; Beck 2009; Dahrendorf 2000; Habermas 1998; Zürn 1998) führen ökonomische Internationalisierung und kulturelle Globalisierung (Kaufmann 1997) zwar einerseits zu einer weltweiten Vernetzung von Informations- und Warenströmen und damit zu einer gravierenden Ausweitung von Optionen, im Gegenzug aber auch zu Abgrenzungen, zu neuen Identitätsansprüchen (Castells 1997; Kaufmann 1989), mit denen sich der Einzelne in undurchschaubarer, tendenziell überfordernder Globalität zu behaupten sucht. Beide Tendenzen können widersprüchliche kulturelle Folgen nach sich ziehen, entweder wachsende universale Empathie (Rifkin 2010) oder wachsende Ablehnung von universaler Verantwortung und Teilnahme (Niethammer 2000; Offe 2001), eine Ambivalenz, die Gegenwart und nahe Zukunft gravierend prägen wird.

Anstieg von Bildung

Wenn auch nie linear und nicht in allen nationalen Gesellschaften in gleicher Weise oder gar auf gleichem Niveau, ist doch ein langfristiger Anstieg von Bildungsteilnahme und Qualifikationen international unverkennbar. Höhere Bildung aber führt zum einen zu wachsenden Selbstbestimmungs- und Selbstverantwortungsansprüchen, zum anderen zu wachsender Bildungsteilname, sodass wachsende Bildung ein sich selbst verstärkender Prozess wird, der sich nachdrücklich auf die Wahrnehmung des Selbst und der Gesellschaft auswirkt. In der Regel führt wachsende Bildung zu gleichfalls wachsender Toleranz, unter den Bedingungen einer Dienstleistungsgesellschaft aber auch zur Verschärfung von Konkurrenz und damit einhergehender kultureller Distinktion (Reckwitz 2006). Vor allem aber trägt der Bildungsanstieg die Frauenemanzipation, die als eigener „Megatrend" zu verstehen ist (Horx 2011).

Anstieg von Urbanisierung

Unverkennbar sowohl national wie international ist der Anstieg von Urbanisierung, d.h. die Bevölkerungsanteile, die in Städten leben, wachsen, sodass sich im Gegenzug ländliche Gebiete entleeren (Horx 2011:155). Urbanisierung aber bedeutet zum einen Vervielfältigung individueller Vernetzung, d.h. die Anzahl der Beziehungen und Optionen jedes Einzelnen steigt. Gleichzeitig setzen sich aber auch typisch urbane Verhaltensformen wie Distanz und Blasiertheit gegenüber dem Anderen und Fremden durch (Simmel 1995/1903). Zugehörigkeit geht zurück oder wird zumindest prekär. Wenige enge, vorgegebene Beziehungen, wie sie traditionelles Leben in dörflichen Kontexten bestimmten, werden abgelöst durch viele lose, aber in hohem Maße selbst gewählte. „Beziehungsmanagement" und Beziehungsselektivität werden zu hoch relevanten kulturellen Kompetenzen und damit zu Inhalten Kultureller Bildung.

Übergang zur Dienstleistungsgesellschaft

Im Gegensatz zur Arbeit in der Industriegesellschaft wird die der Dienstleistungsgesellschaft in wachsendem Maße durch Informationsverarbeitung, Commitment oder Selbstverpflichtung, Kreativität und Flexibilität bestimmt (Häußermann/Siebel 1995; Florida 2002; Sennett 1998). Alle drei Faktoren stehen in der Ambivalenz von Selbstverwirklichung gegenüber Selbstzwang im Sinne einer Verlagerung der Arbeitszwänge in die Persönlichkeit. Bildung, vor allem Kulturelle Bildung kann sich unter diesen Bedingungen nicht mehr auf instrumentelle Qualifikationen zur Berufsausübung beschränken, sondern muss zur Selbstreflexivität befähigen, mit der die Integrität des Subjektes im Alltag gesichert werden kann.

Connectivity / Konnektivität / Informationsgesellschaft

Mit diesem Stichwort soll ein Megatrend der Vervielfältigung von Zusammenhängen, sei es durch Informationsflüsse, sei es durch persönliche Beziehungen, sei es durch Warenströme und Konsumvorgänge bezeichnet werden (Horx 2011), wie sie auch im Begriff der Informationsgesellschaft oder des Informationszeitalters (Castells 2001) zum Ausdruck kommen. Zentrale Qualifikation zur Beherrschung dieser Zusammenhangssteigerung wird ein Selektionsvermögen, das in die Lage versetzt, die für einen bestimmten Moment, ein bestimmtes Problem, eine bestimmte Lebenslage relevanten Informationen, Personen und Waren auszuwählen. Diese Fähigkeit der Auswahl, der Konzentration auf das jeweils Relevante, Hilfreiche, Notwendige wird zur Schlüsselqualifikation, zu der Kulturelle Bildung beiträgt.

Resümee

Alle Tendenzen des sozialen Wandels, nach welchen Modellen auch immer er beschrieben wird, verweisen auf einen wachsenden Stellenwert von Bildung, besonders auch von Kultureller Bildung, auch wenn entsprechende Institutionen dem häufig nicht zu entsprechen scheinen.

Zum Weiterlesen

Bourdieu, Pierre (1982): Die feinen Unterschiede. Kritik der gesellschaftlichen Urteilskraft. Frankfurt/M.: Suhrkamp.

Göschel, Albrecht (1991): Die Ungleichzeitigkeit in der Kultur. Wandel des Kulturbegriffs in vier Generationen. Stuttgart/Berlin/Köln: W. Kohlhammer.

Horx, Matthias (2011): Das Megatrend-Prinzip. Wie die Welt von morgen entsteht. München: DVA.

Inglehart, Ronald (1989): Kultureller Umbruch. Wertewandel in der westlichen Welt. Frankfurt/M./New York: Campus.

Schulze, Gerhard (1992): Die Erlebnisgesellschaft. Kultursoziologie der Gegenwart. Frankfurt/M./New York: Campus.

Karl Ermert
Demografischer Wandel und Kulturelle Bildung in Deutschland

Mit dem Begriff des demografischen Wandels wird gemeinhin die Tatsache bezeichnet, dass die Bevölkerung in Deutschland „älter, bunter und weniger" wird (vgl. Stiftung Niedersachsen 2006). Der Altersdurchschnitt steigt an, die kulturelle Diversität vergrößert sich, die Bevölkerung schrumpft.

„Älter"

Deutschland wird kollektiv älter. Dieser Trend ist auch nicht schnell zu ändern, sondern beschleunigt sich vorläufig noch. Waren 2010 noch 20 % der Bevölkerung 65 Jahre und älter, werden es 2030 rund 28 % sein (vgl. Bundesinstitut für Bevölkerungsforschung 2008:11). Dazu trägt steigende Lebenserwartung bei, vor allem aber, dass in Deutschland schon seit den 1970er Jahren durchschnittlich nur knapp 1,4 Kinder pro Frau geboren werden. Die „magische" Zahl, um die Bevölkerungszahl auf gleichem Stand zu halten und zu einer altersdemografisch ausgewogenen Bevölkerungsstruktur zu kommen, liegt bei 2,1 Kindern pro Frau. Ursachenbezogen müsste man also eigentlich nicht von einer Überalterung der Gesellschaft sprechen, sondern von einer „Unterjüngung". Die kollektive Alterung gilt in Abstufungen für fast alle EU-Länder (vgl. Kommission der Europäischen Gemeinschaften 2005:18).

Das Phänomen trifft in Deutschland die verschiedenen Regionen unterschiedlich. In den meisten westdeutschen Bundesländern verläuft der Alterungsprozess relativ moderat, in den ostdeutschen Bundesländern ist der Anteil der Älteren schon jetzt hoch und wird noch höher werden. Das ist vor allem in Binnenwanderungen seit den 1990er Jahren begründet.

Wie Alter und Altern – in der gesellschaftlichen Außenwahrnehmung und in der Selbstwahrnehmung der Betroffenen – gesehen wird, ist auch eine Einstellungsfrage, also eine kulturelle Frage. In den letzten Jahren ist ein gesellschaftlicher Perspektivwechsel von der einseitigen Defizitperspektive auf das Alter zur unvoreingenommenen Wahrnehmung auch seiner Werte und Potentiale festzustellen. Standen früher in Bezug auf die Älteren der „Bedarfs- und Versorgungsdiskurs" sowie der „Belastungsdiskurs" im Vordergrund, ist es jetzt der „Potentialdiskurs" (vgl. BMFSFJ 2006). Dieser stellt positive Aspekte des Alters und Alterns und die bestehenden oder herauszubildenden, jedenfalls zu nutzenden Kompetenzen der Älteren heraus.

Kollektives Altern und das Schrumpfen der Bevölkerung bedeuten für die Älteren ebenso wie für die Jüngeren Herausforderungen, die weit über den Erhalt der sozialen Sicherheitssysteme hinausgehen. Die Gesellschaft kann es sich auf Dauer weder ökonomisch noch ideell oder sozial leisten, auf die Potentiale zu verzichten, die viele der Älteren in Gesellschaft und Arbeitswelt einbringen können und auch wollen. Der 5. Altenbericht der Bundesregierung (BMFSFJ 2006) sagt eine lebhafte Konkurrenz um dieses Potential voraus.

„Bunter"

Deutschland ist seit den 1960er Jahren Einwanderungsland. Ursache war vor allem die Arbeitsmigration durch Anwerbung und späteren Familiennachzug. Politische und wirtschaftliche Fluchtbewegungen trugen das ihre bei. Deutschlandspezifisch war die hohe Zuwanderung Russlanddeutscher mit Angehörigen in den 1990er Jahren. Es hat aber vierzig Jahre gedauert, bis Politik und Gesellschaft diese Realität anerkannt und begonnen haben, daraus Konsequenzen zu ziehen, etwa mit der Reform des Staatsbürgerrechts (1999/2001) und dem Inkrafttreten des Zuwanderungsgesetzes (2005).

Voraussetzung und Konsequenz zugleich war, bei der Erfassung des Zuwanderungsgeschehens an die Stelle des bisherigen „Ausländerkonzeptes" ein „Migrationskonzept" zu setzen. Die neue statistische Erfassung von „Personen mit Migrationshintergrund" (Personen, die selbst oder deren Eltern Migrationserfahrung haben) offenbarte: 2005 betrug ihr Anteil an der Gesamtbevölkerung schon nahezu ein Fünftel (18,6 %). Zwischen den Altersgruppen variieren die Anteile erheblich. Unter den bis zu 25-Jährigen war ein Anteil von schon 27,2 % zu verzeichnen, unter den bis 6-Jährigen Kindern schon 32,5 %, also rund ein Drittel. Von den 15,3 Millionen Personen mit Migrationshintergrund sind 7,3 Millionen AusländerInnen, 8 Millionen deutsche Staatsangehörige (vgl. Konsortium Bildungsberichterstattung 2006:140ff.).

Die MigrantInnen verteilen sich in Deutschland geografisch sehr unterschiedlich: Sie konzentrieren sich vor allem auf die westlichen und südlichen Bundesländer, auf die urbanen Ballungsräume und auf die Stadtstaaten, wo sie unter der jüngeren Bevölkerung oft schon mehr als ein Drittel ausmachen. In den ostdeutschen Bundesländern stellen sie kaum mehr als 5 % der Gesamtbevölkerung.

Die Gruppe ist sehr heterogen. Zwischen westlichen und östlichen EU-AusländerInnen, Balkanflüchtlingen, SpätaussiedlerInnen mit russischem Hintergrund, TürkInnen und SchwarzafrikanerInnen und deren erster, zweiter oder dritter Generation gibt es kulturell, religiös und sozial mehr Unterscheidendes als Übereinstimmendes – bis auf die Tatsache, dass ihr Herkommen nicht grundständig deutsch ist. Dazu kommt: Insbesondere im ArbeitsmigrantInnenmilieu ist ein niedriger Sozial- und Bildungsstatus immer noch überdurchschnittlich verbreitet: „Ein hoher Migrantenanteil [in Schulklassen] ist in der Regel verbunden mit einem Übergewicht von Schülerinnen und Schülern aus Familien mit niedrigem Sozialstatus. Hier fallen dann verschiedene Problemlagen zusammen, ergänzen oder verstärken sich wechselseitig. Soziale Segregation und 'ethnische' Segregation sind in Deutschland eng aneinander gekoppelt und stellen eine wichtige Herausforderung für die Bildungspolitik dar" (Konsortium Bildungsberichterstattung 2006:171). Jedenfalls ist damit eine größere kulturelle Diversität verbunden: sowohl im weiteren Sinne von Normen, Werten und Verhaltensmustern als auch im engeren Sinne von *ästhetischen* Vorlieben, Bildung und Praxis.

„Weniger"

In Deutschland gibt es seit langem mehr Sterbefälle als Geburten. Die Bevölkerung schrumpft (zu den Ursachen s. o. unter „Älter"). Der Schrumpfungsprozess wurde gebremst, solange mehr Menschen nach Deutschland zu- als abwanderten. Ein wenig bremste auch der Zuwachs an Lebenszeit der Individuen. Inzwischen wirkt aber auch die Zuwanderung nicht mehr als Kompensationsfaktor. In manchen Jahren wandern in Deutschland sogar mehr Menschen ab als zu. Die Schrumpfungstendenz steigt: „Heute leben in Deutschland gut 82 Millionen Menschen. Bis 2020 dürften es – je nach Höhe der Zuwanderung – etwa 1 bzw. 2 Millionen weniger sein.

Danach beschleunigt sich die Abnahme. 2050 wird Deutschland voraussichtlich noch knapp 69 bzw. 74 Millionen Einwohner haben, 17 bzw. 10 % weniger als jetzt" (Bundesinstitut für Bevölkerungsforschung 2008:17).

Infolge innerdeutscher Wanderungsbewegungen prägt sich die Schrumpfungstendenz regional unterschiedlich aus. Die ostdeutschen Bundesländer sind generell sehr viel stärker betroffen als die westdeutschen (mit Ausnahme des Saarlands). Die urbanen Ballungsgebiete sind im Allgemeinen weniger berührt als die ländlichen Räume.

Herausforderungen für Kultur und Kulturelle Bildung

Auf Kulturelle Bildung als Bildung „in den Künsten" und als Bildung „durch die Künste" (vgl. Bamford 2006/2010) richten sich inzwischen große kultur- und gesellschaftspolitische Hoffnungen. „Die Vermittlung kultureller Bildung – ob in Bildungs-, Jugend- oder Kultureinrichtungen – wird zu einem Dreh- und Angelpunkt kultureller Integration und damit zu einer neuen Schwerpunktaufgabe. Kulturelle Bildung ist ein Schlüsselfaktor der Integration, sie öffnet den Zugang zu Kunst und Kultur und zum gesellschaftlichen Leben schlechthin" (Presse- und Informationsamt der Bundesregierung 2007: 128). Dieses Zitat aus dem Nationalen Integrationsplan der Bundesregierung bringt die Herausforderungen auf den Punkt. Kulturelle Bildung ist in dieser Perspektive kein Selbstzweck, der „nur" der individuellen Persönlichkeits- und Geschmacksbildung diente. Kunst und Kultur sowie der Zugang dazu sollen die Bindekräfte in der Gesellschaft stärken. Dazu gehört grundlegend die Weitergabe des kulturellen Erbes. Hinzu kommt die Erwartung, dass Kulturelle Bildung auch ganz allgemein Kreativität, d.h. kreative Problemlösungskompetenzen, stärkt (vgl. zu Transferwirkungen ästhetischer Bildung Rittelmeyer 2010 und siehe Christian Rittelmeyer „Die Erforschung von Transferwirkungen künstlerischer Tätigkeiten" in diesem Band).

Zur Kulturellen Bildung gehören nicht nur im engeren oder weiteren schulischen Sinne curricular organisierte Vorgänge, sondern auch die offeneren Vorgänge der Kulturvermittlung, wie sie für Kultureinrichtungen und meist auch für Einrichtungen der außerschulischen Kulturellen Bildung charakteristisch sind. Kulturbetriebe sowie Systeme und Orte Kultureller Bildung sind im Hinblick auf alle Dimensionen der demografischen Entwicklung gefordert: Altersstruktur, kulturelle Diversität und Schrumpfungsprozesse der Gesellschaft (vgl. zum Folgenden auch: Kultur und demografischer Wandel 2007).

Alle Altersgruppen haben den gleichen Anspruch und ein eigenes Recht auf kulturelle Aktivitäten und Kulturelle Bildung. Dazu sind nötig, aber noch nicht ausreichend vorhanden, kulturpolitische sowie kultursparttenspezifische pädagogische Konzepte, die *allen* Altersgruppen der Bevölkerung *gleichermaßen* verpflichtet sind. Intergenerationelle und generationsspezifische Angebote sind gleichermaßen wichtig (siehe Almuth Fricke „Kulturelle Bildung im Dialog zwischen Jung und Alt" in diesem Band). Dazu braucht es präzises Wissen über die Lebenslagen, Interessen und Potentiale, die auch Ältere einbringen und darstellen, sowie eine systematische Rezeption und Auswertung der Altersforschung und der demografischen Forschung, um zuverlässige quantitative und qualitative Aussagen machen zu können. Die Kategorie Alter ist nicht nur biologisch, sondern gesellschaftlich, also kulturell definiert. Generationenspezifische Biografien unterscheiden sich je nach Geschichte, Milieu, Bildung der Betroffenen.

Der migrationsbedingte kulturelle Wandel bedeutet größere kulturelle Diversität – von Werthaltungen und Handlungsmustern bis zu künstlerisch-kulturellen Ausdrucksformen. Die konservative Reaktion darauf operiert mit Begriff und Konzept einer deutschen „Leitkultur" (ohne über Schlichtheiten hinaus sagen zu können, was das sein möchte). (Zur Geschichte des Begriffs vgl. Wikipedia s. v. Leitkultur, zur Kritik vgl. Oberndörfer 2001.) Die liberale Reaktion betont den Gewinn an Vielfalt (und erliegt gerne der Versuchung, das Andersartige zu romantisieren; vgl. als Überblick Leicht 2009). Tatsächlich liegen in einer großen kulturellen Diversität Chancen *und* Gefahren. In jedem Falle sind kulturelle Teilhabe und Kulturelle Bildung eine zentrale Antwort auf die Herausforderungen der kulturell diversen Gesellschaft. Gerade Kulturorte können zu einer „Beheimatung" der ZuwandererInnen beitragen (vgl. Institut für Kulturpolitik der Kulturpolitischen Gesellschaft 2007). Ältere und jüngere MigrantInnen haben ein Recht auf Teilhabe an Kultur und Bildung in ihrer eigenen wie der Mehrheitskultur, beginnend mit der Sprache. Die praktischen Voraussetzungen dafür sind weithin noch zu schaffen. Interkulturelle oder transkulturelle Bildung als Begriffe müssen konzeptionell und praktisch für Kulturpolitik, Bildungspolitik sowie kulturelle Bildungs- und Vermittlungsprozesse noch besser gefüllt werden. Auch das gehört zu den Aufgaben des „audience development" (siehe Birgit Mandel „Kulturvermittlung, Kulturmanagement und Audience Development als Strategien für Kulturelle Bildung" in diesem Band), also der eigenen Publikumsbildung, auf die Kultureinrichtungen sich einstellen müssen. Generell gilt: Bildungs- und Kulturstrukturen müssen Synergieeffekte suchen. Das beginnt bei der frühkindlichen Bildung und gilt für den gesamten lebensbegleitenden Prozess der Kulturellen Bildung.

Dies gilt umso mehr bei zurückgehenden Bevölkerungszahlen, die auf Dauer neben allen anderen Infrastrukturen auch die kulturelle und Bildungsinfrastruktur ökonomisch in Frage stellen werden.

Demografischer Wandel braucht ressortübergreifende politische Antworten: Die beschriebenen Herausforderungen betreffen neben Kultur- und Bildungspolitik auch Wirtschafts- und Sozialpolitik. Gesellschaftliche Aufgaben und Probleme richten sich nicht nach Ressortgrenzen. So wie die Arbeit der Akteure eine integrative ist und sein muss zwischen den Feldern von Kultur, Bildung, Sozialem und Wirtschaft, so muss auch deren Unterstützung durch Politik und Administration sehr viel besser als jetzt ressort- und ebenenübergreifend erfolgen, gerade im Interesse von mehr Effizienz und Nutzung positiver Synergieeffekte. Die Akteure können ihre Aufgaben optimal nur erfüllen, wenn die politischen und gesellschaftlichen Rahmenbedingungen es ihnen ermöglichen.

Zum Weiterlesen

Ermert, Karl/Dallmann, Gerd/Ehlert, Andrea/Lang, Thomas (Hrsg) (2008): „Alte Meister" – Wie Ältere Kompetenzen in kultureller Bildung leben und nutzen. Wolfenbüttel (Wolfenbütteler Akademie-Texte Bd. 35).

Ermert, Karl/Lang, Thomas (Hrsg.) (2006): Alte Meister. Über Rolle und Ort Älterer in Kultur und kultureller Bildung. Wolfenbüttel (Wolfenbütteler Akademie-Texte Bd. 25).

Krüger-Potratz, Marianne/Schiffauer, Werner (Hrsg.) (2010): Migrationsreport 2010: Fakten – Analysen – Perspektiven. Frankfurt/New York: Campus.

Leicht, Imke (2009): Multikulturalismus auf dem Prüfstand. Kultur, Identität und Differenz in modernen Einwanderungsgesellschaften. Berlin: Metropol.

Oberndörfer, Dieter (2001): Leitkultur und Berliner Republik. Die Hausordnung der multikulturellen Gesellschaft Deutschlands ist das Grundgesetz. In: Aus Politik und Zeitgeschichte, H. 1-2/2001.

Bianca Fischer
Kulturelle Bildung für nachhaltige Entwicklung

Nachhaltige Entwicklung gilt als eine globale Herausforderung und als Leitbild des 21. Jh.s. Erreicht werden kann sie jedoch nur, wenn auch ein grundlegender gesellschaftlicher Wandel hin zu mehr Nachhaltigkeit stattfindet, der sich im Denken und Handeln der Menschen widerspiegelt. „Bildung für nachhaltige Entwicklung" (BNE) stellt den Schlüssel einer solchen Entwicklung dar (siehe Eva Leipprand „Kultur, Bildung und Nachhaltige Entwicklung" in diesem Band).

Bildung für nachhaltige Entwicklung soll Menschen dazu befähigen, an der „nachhaltigen" Gestaltung ihres eigenen und des gesellschaftlichen Lebens verantwortlich und aktiv mitzuwirken. Ziel ist die Herstellung und Erhaltung von Zukunftsfähigkeit bei einer möglichst ausgewogenen Berücksichtigung ökonomischer Wettbewerbsfähigkeit, ökologischer Verträglichkeit, kultureller Vielfalt und sozialer, wie auch globaler Gerechtigkeit. Neben die ethischen Prinzipien von Menschenwürde, Mitbestimmung und Gleichheit tritt dabei die Verantwortung für den Erhalt und die gerechte Nutzung der natürlichen Lebensgrundlagen (Stoltenberg 2008:34). Die Lebensqualität der gegenwärtigen Generation soll deshalb ebenso gesichert sein, wie die Wahlmöglichkeiten zukünftiger Generationen zur Gestaltung ihres Lebens (vgl. WCED 1987:8). BNE fragt nach zentralen lokalen und globalen Wechselwirkungen und Verantwortlichkeiten und vermittelt Kompetenzen zur Mitgestaltung, Problemlösungs- und Handlungsfähigkeit.

Von der Agenda 21 zur Bildung für nachhaltige Entwicklung

Grundlage für die Verbreitung des Bildungskonzeptes BNE und seiner politischer Verankerung war das 1992 auf der *UN*-Konferenz über Umwelt und Entwicklung in Rio de Janeiro verabschiedete umwelt- und entwicklungspolitische Aktionsprogramm „Agenda 21". Das Programm sollte dem Streben der Entwicklungsländer nach sozialer Gerechtigkeit und wirtschaftlichem Wachstum und dem Wunsch der Industrieländer nach mehr Umweltschutz gleichermaßen gerecht werden und die unterschiedlichen Zukunftsinteressen vereinen. Ziel war es, das Leitbild einer nachhaltigen Entwicklung, das ökologische und ökonomische sowie soziale Faktoren gleichermaßen berücksichtigt, weltweit in alle gesellschaftlichen Handlungsfelder hineinzutragen und als Leitlinie öffentlichen Handelns zu etablieren und zu verankern. Der Bildung wurde dabei eine besondere Rolle zugeschrieben (vgl. BMU o.J.:Kapitel 36).

Zehn Jahre später wurde Bildung gar als Schlüsselkatalysator zur nachhaltigen Entwicklung auf dem Weltgipfel Rio+10 in Johannesburg (2002) hervorgehoben. Allein durch sie könne der notwendige Wandel erreicht werden, denn ohne Bildung kann kein Wissen, keine Persönlichkeitsentwicklung und letztlich auch keine soziale und gesellschaftliche Teilnahme und Verantwortungsübernahme gefördert werden. Auf Empfehlung des Weltgipfels in Johannesburg rief die Vollversammlung der *Vereinten Nationen* in New York noch im gleichen Jahr von 2005 bis 2014 die Weltdekade (*UN*-Dekade) für „Bildung für nachhaltige Entwicklung" aus. Im Mittelpunkt der Zielvereinbarungen steht der mentale Wandel zu mehr Nachhaltigkeit durch die Vermittlung von Verhaltensweisen und Lebensstilen, die eine lebenswerte Zukunft ermöglichen und die Weltgemeinschaft positiv verändern. Die *UN*-Mitgliedstaaten verpflichteten sich, das Leitbild in ihre nationalen Bildungssysteme und -strategien zu integrieren.

Politische Grundlagen der Verbreitung und Umsetzung von BNE in Deutschland

In Deutschland wurde der Nachhaltigkeitsgedanke 1994 in Bezug auf die staatliche Verantwortung für die Erhaltung der natürlichen Lebensgrundlagen der künftigen Generationen als Staatsziel in Artikel 20a im Grundgesetz verankert. In den Jahren 1998 und 2000 haben die Bundesregierung und die Bundesländer das Bildungskonzept „Bildung für nachhaltige Entwicklung" als übergreifende Aufgabe für alle Bildungsbereiche formuliert und als Ausgangspunkt zur Weiterentwicklung einer zukunftsfähigen Bildungspolitik benannt (vgl. Deutscher Bundestag 2000:2, BLK 1998:4). Es folgten weitere Beschlüsse, Berichte und Programme des *Deutschen Bundestages*, des *Bundesministeriums für Bildung und Forschung* (z.B. „Transfer 21"), der *Bund-Länder-Kommission* (BLK-Programm „21") und der *Kultusministerkonferenz*, in denen BNE verankert und explizit als Herausforderung für das Bildungssystem benannt werden.

Seit 2005 setzt die *Deutsche UNESCO-Kommission (DUK)* auf Grundlage eines einstimmigen Bundestagsbeschlusses die *UN*-Dekade BNE in einem nationalen Aktionsplan um. Sie verfolgt dabei vier strategische Ziele: Die Weiterentwicklung und Bündelung nachhaltiger Aktivitäten sowie den Transfer guter Praxis in die Breite, die Vernetzung der Akteure der Bildung für nachhaltige Entwicklung, die Verbesserung der öffentlichen Wahrnehmung von BNE und die Verstärkung internationaler Kooperationen (BMBF 2005:11ff.). Zur Realisation, Verbreitung und Diskussion des Konzeptes wurden verschiedene Gremien wie ein Nationalkomitee, ein jährlich stattfindender Runder Tisch mit mehr als 100 Mitgliedern aus Zivilgesellschaft und Wirtschaft sowie Arbeitsgruppen zu unterschiedlichen Themen und Bildungsbereichen einberufen, unter anderem aus der außerschulischen Bildung, aus der beruflichen Aus- und Weiterbildung, aus Hochschulen sowie aus der schulischen Bildung. Zusammen mit diesen Akteuren ruft die *DUK* zu lokalen, kommunalen und nationalen Bildungsprogrammen und -maßnahmen im Kontext BNE auf, zeichnet gute Praxis als *UN*-Dekade-Projekte aus und veröffentlicht diese im BNE-Portal (www.bne-portal.de).

Trotz über 1.500 ausgezeichneten *UN*-Dekade-Projekten ist fast 20 Jahre nach der Verabschiedung der Agenda 21 und sieben Jahre nach Beginn der *UN*-Dekade die Verankerung von BNE im non-formalen wie auch im formalen Bildungssektor in Deutschland nur begrenzt gelungen. Bei der überwiegenden Mehrzahl der Projekte findet nur eine punktuelle Umsetzung einzelner BNE-Elemente statt. Der Anspruch einer umfassenden Durchdringung des individuellen und institutionellen Denkens und Handelns mit den Prinzipien und Handlungsparadigmen der BNE wird in der Regel nur in Ansätzen eingelöst (Michelsen u.a. 2011:20f.).

BNE als Leitbild Kultureller Bildung?

Bereits seit nahezu zwei Jahrzehnten unterstützen zahlreiche NachhaltigkeitsexpertInnen und -gremien, WissenschaftlerInnen, Kulturinstitutionen und -verbände, wie die *UNESCO*, der *Rat für Nachhaltigkeit,* die *Kulturpolitische Gesellschaft*, der *Deutsche Kulturrat* und die *Bundesvereinigung Kulturelle Kinder- und Jugendbildung (BKJ)* u.a., die Verknüpfung von Ästhetik, Kunst und Kultur sowie Kultureller Bildung mit Nachhaltigkeit. Auf Fachtagungen und in Publikationen bringen sie zum Ausdruck, dass ästhetisch-künstlerische Zugänge und (Bildungs-)Prozesse für einen gesellschaftlichen Wandel hin zu einer nachhaltigen Entwicklung unverzichtbar sind (vgl. Goehler 2012:13ff.). Diese Parameter wurden und werden in den Nachaltigkeits-Diskussionen häufig vernachlässigt und fanden bisher kaum Eingang in Theoriebildung und den politischen Diskurs, obwohl den grundlegenden Definitionen von nachhaltiger Entwicklung der kulturelle Anspruch im Sinne einer „Gestaltung" von Zukunftsfähigkeit bereits immanent ist. Auf der anderen Seite hat sich eine Kulturelle Bildung, die sich als Lebenskunst-Bildung versteht, längst in den Dienst des Leitbildes BNE gestellt (Fuchs 2008c:287). Im Positionspapier der *BKJ*-Mitgliedsverbände heißt es z.B.: „Kulturelle Bildung bietet in allen Lebensphasen die Möglichkeit, sich kritisch und kreativ mit dem eigenen Selbstverständnis, dem kulturellen Erbe sowie mit der politischen und gesellschaftlichen Situation und den Zukunftsperspektiven Deutschlands, Europas und der Welt auseinanderzusetzen. Damit können die eigene Rolle in globalen Fragen neu definiert und die Formen des weltweiten Zusammenlebens mit gestaltet werden" (BKJ 2011:10).

Geht man von der eingangs genannten Definition von Bildung für nachhaltige Entwicklung aus, scheint das Konzept in vielen Grundsätzen (Anspruch, Intention, didaktischen Prinzipien, Lernzielen, Qualitätsentwicklung) nahezu deckungsgleich mit den Bildungszielen Kultureller Bildung zu sein. Wenn man in Anlehnung an den Kulturbegriff der *UNESCO* Kultur neben den Künsten auch als Lebensweise versteht, ist kulturelle Bildungsarbeit ein guter Weg, sein eigenes Projekt des guten Lebens zu erfinden und zu gestalten (Fuchs 2008c:287). Allein die inhaltliche Dimension nachhaltiger Entwicklung unter Berücksichtigung ökologischer, sozialer, kultureller und ökonomischer Faktoren gleichermaßen ist kein explizites und grundsätzliches Ziel Kultureller Bildung.

Ohne hier einen vollständigen systematischen Vergleich der beiden Konzepte leisten zu können, lassen sich exemplarisch einige Gemeinsamkeiten benennen: Beide Bildungskonzepte sollen zur Reflexions- und „Wahrnehmungsfähigkeit für komplexe soziale Zusammenhänge beitragen, das Urteilsvermögen stärken und zur aktiven und verantwortlichen Mitgestaltung der Gesellschaft ermutigen", wie es im Kinder- und Jugendplan des Bundes (BMFSFJ 2012:145) im Kapitel zur Kulturellen Bildung heißt. Gemein sind beiden unter anderem auch ihre didaktischen Prinzipien der Visions- und Partizipationsorientierung.

Pädagogisches Ziel beider Konzepte ist es, Schlüsselkompetenzen zu fördern (siehe Alexander Wenzlik „Schlüsselkompetenzen in der Kulturellen Bildung" in diesem Band). Im BNE-Diskurs werden diese Teilkompetenzen zu einer nachhaltigen Entwicklung in dem von Dorothee Harenberg und Gerhard de Haan entwickelten „Gestaltungskompetenz"-Modell beschrieben (vgl. ebd. 1990:61ff.). In der Kulturellen Bildung wird der Ansatz der Kompetenzförderung z.B. in dem von der *BKJ* entwickelten partizipativen Erfassungsverfahren und Reflexionstool des „Kompetenznachweises Kultur" deutlich (siehe Brigitte Schorn/Vera Timmerberg „Kompetenznachweis Kultur" in diesem Band). Zudem liegt sowohl der Kulturellen Bildung als auch der BNE ein ganzheitliches Bildungsverständnis – im Sinne eines „Lernens mit Kopf, Herz und Hand" – zu Grunde, welches eine rein kognitive Wissensvermittlung kritisiert.

Mehrwert Kultureller Bildung im Kontext BNE

Kulturelle Bildung kann bei der gesamtgesellschaftlichen Herausforderung einer nachhaltigen Entwicklung und eines mentalen Wandels „eine wichtige Aufgabe als kritisches Korrektiv erfüllen, deren Qualität weniger in der Formulierung von machbaren Zukunftsszenarien, sondern in deren Befragungen und Infragestellung besteht" (Wimmer 2007:31). Des Weiteren kann sie aufzeigen, wie Nachhaltigkeits- und Zukunftsfragen in Tanz-, Theater-, bildenden Kunst-, Literatur-, Medien-, Spiel-, Zirkus- oder Musik-Projekten durch Gestaltungs-, Wahrnehmungs- und/oder Auseinandersetzungsprozesse Menschen befähigt, einen Perspektivwechsel zu vollziehen und jenseits von kognitiven Prozessen eine sinnliche und bleibende Erfahrung zu ermöglichen. „Gerade mit ihren ästhetischen Zugängen kann Kulturelle Bildung deutlich machen, dass Entwicklung nicht nur eine Sache des Verstandes sondern aller Sinne ist" (Wimmer 2007:31). Eine umfassende Persönlichkeits- und Gesellschaftsentwicklung muss deshalb nicht nur kognitive, sondern auch affektive und emotionale Fähigkeiten fördern.

Herausforderungen Kultureller Bildung für nachhaltige Entwicklung

Die Erfolge des Konzepts Kultureller Bildung dürfen nicht über dessen Entwicklungsbedarf hinwegtäuschen. Denn nicht jede kulturelle Bildungsarbeit teilt die Prinzipien und den gesellschaftspolitischen Anspruch einer nachhaltigen Entwicklung. Ein Blick in die Liste der ausgezeichneten *UN*-Dekade-Projekte zeigt (vgl. BNE-Portal), dass Maßnahmen aus dem Feld der Kulturellen Bildung nach wie vor unterrepräsentiert sind und sich trotz der Nähe der Konzepte bisher wenige Einrichtungen, PädagogInnen und KünstlerInnen bewusst in diesem Bildungskontext verorten.

Zugleich machen gelungene Praxisbeispiele deutlich, dass und wie eine Verknüpfung von BNE und Kultureller Bildung gelingen kann und welchen Mehrwert künstlerische Zugänge und Herangehensweisen insbesondere in Kooperation mit anderen Bildungsbereichen, die häufig eine inhaltliche Nachhaltigkeitsexpertise mitbringen, im Kontext einer BNE bieten.

Für eine Kulturelle Bildung für nachhaltige Entwicklung muss sich die kulturelle Bildungspraxis nicht neu erfinden, sondern sich vielmehr auf ihre Prinzipien besinnen und diese angemessen berücksichtigen. Vor diesem Hintergrund sind die Akteure der Kulturellen Bildung herausgefordert, ihre Bildungsarbeit hinsichtlich einer nachhaltigen Entwicklung und Kompetenzvermittlung zu reflektieren und das Leitbild von Zukunftsfähigkeit neu zu justieren.

Der Schlüssel zu einer Kulturellen Bildung für nachhaltige Entwicklung liegt sowohl bei den einzelnen Fachkräften als auch bei den Institutionen. Nur wenn beide sich der gesellschaftlichen Herausforderung stellen und eine gemeinsame positive Haltung hinsichtlich einer nachhaltigen Entwicklung und ihrer Rolle bei der Gestaltung der Zukunft entwickeln, kann der Nachhaltigkeitsgedanke langfristig in den Strukturen der Kulturellen Bildung verankert werden. Kooperationen mit Akteuren aus dem Wirtschaft-, dem Umwelt- und dem sozialen Sektor, aber auch aus anderen Bildungsbereichen können dabei eine Kulturelle Bildung für nachhaltige Entwicklung bereichern. Sie begünstigen das Querdenken und das gemeinsame Gestalten von Zukunft unter möglichst ausgewogener Berücksichtigung ökonomischer, ökologischer, kultureller und sozialer Faktoren.

Zum Weiterlesen

Bildung für nachhaltige Entwicklung. Weltdekade der Vereinten Nationen 2005-2014: www.bne-portal.de

De Haan, Gerhard/Harenberg, Dorothee (1999)/Bund-Länder-Kommission für Bildungsplanung und Forschungsförderung (BLK) (Hrsg.): Bildung für eine nachhaltige Entwicklung: Gutachten zum Programm, Heft 72. Bonn.

Deutscher Bundestag (2000): Bildung für eine nachhaltige Entwicklung. Beschlussempfehlung und Bericht des Ausschusses für Bildung, Forschung und Technikfolgenabschätzung (19. Ausschuss), Drucksache 14/3319. Bonn.

Michelsen, Gerd/Rode, Horst/Wendler, Maya (2011): Bildung für nachhaltige Entwicklung (BNE) bei außerschulischen Anbietern. Lüneburg: Institut für Umweltkommunikation, Universität Lüneburg.

Wimmer, Michael (2007): Nachhaltige Entwicklung im Spiegel kultureller Bildung. In: Leicht, Alexander/Plum, Jacqueline (Hrsg.): Kulturelle Bildung und Bildung für nachhaltige Entwicklung (21-32). Sankt Augustin/Berlin.

Bernd Wagner
Von der Multikultur zur Diversity

Begrifflichkeiten: Multikultur. Interkultur. Integration. Kulturelle Vielfalt

Eine Gesellschaft, in der eine Vielzahl von Kulturen nebeneinander existieren, ist – rein begrifflich – eine *multikulturelle Gesellschaft*. In diesem Verständnis sind auch alle ethnisch homogenen Gesellschaften – Benjamin Barber weist darauf hin, dass heute weniger als 10 % der Staaten homogen sind und sich wie Dänemark und Holland nicht weiter ethnisch untergliedern lassen (Barber 1999:18) – multikulturell, denn ab einer bestimmten Stufe ihrer Entwicklung bestehen dort immer mehrere Kulturen nebeneinander. Schon bei einem engen Kulturbegriff stehen in entwickelten gegenwärtigen Gesellschaften neben der traditionellen „legitimen" staatlich geförderten Kultur verschiedene Formen von Breiten-, Sub- und Alternativkulturen, vielfältige Jugend-, Frauen-, Senioren- und sonstige Kulturen, die Kulturen der jeweiligen Lebensstilgruppen und Milieus und Ähnliches.

Bei einem weiten Kulturbegriff, der sich nicht auf kulturell-ästhetische Präferenzen und symbolische Produktionen beschränkt, ist eine multikulturelle Gesellschaft dadurch bestimmt, dass hier Menschen unterschiedlicher religiöser Zugehörigkeit, ethnischer Herkunft und gesellschaftlicher Wertesysteme zusammenleben. Das ist die heute gebräuchliche Kennzeichnung von multikultureller Gesellschaft. Da Menschen aus anderen Herkunftsregionen als derjenigen, in der sie leben, ihre eigenen Traditionen, Gewohnheiten, Werte, kulturellen Praxen haben, ist jede multiethnische Gesellschaft eine multikulturelle und häufig eine multireligiöse Gesellschaft.

Multikulturalität ist dabei weder eine Norm noch ein Wert an sich, sondern heute in nahezu allen entwickelten Ländern eine Tatsache, eine Folge von wirtschaftlichen Entwicklungen, Migrationsbewegungen und Globalisierungsprozessen, von politischer Verfolgung, kriegerischen Auseinandersetzungen, sozialer Not und ökologischem Raubbau.

Neben Multikultur als Realitätsbeschreibung in den wissenschaftlichen Debatten der 1990er Jahre ist das Wort *Interkultur* getreten, wo es um Aktivitäten und Handeln in der multikulturellen Gesellschaft geht. Interkultur geht wie Multikultur von der Existenz unterschiedlicher Kulturen in einer Gesellschaft aus, die ausdrücklich als legitime und schützenswerte Ausdrucksformen anerkannt werden, sofern sie nicht die Rechte anderer und den demokratischen Minimalkonsens verletzen. Dabei thematisiert der Begriff stärker als Multikultur die vorhandenen kulturellen Differenzen und hat einen Austausch, einen Dialog, eine Kommunikation „zwischen", das heißt „inter" den Menschen unterschiedlicher Kulturen im Blick. Die Betonung liegt hier auf Partizipation, dem beiderseitigen Kennenlernen, dem gegenseitigen Austausch und der gemeinsamen Kommunikation über Trennendes und Verbindendes, aus denen etwas Neues, Drittes entstehen kann und oft auch entsteht.

„Interkulturalität" (siehe Susanne Keuchel/Ernst Wagner „Poly-, Inter- und Transkulturalität" in diesem Band), heißt es im *UNESCO*-Übereinkommen über den Schutz und die Förderung der Vielfalt kultureller Ausdrucksformen, „bezieht sich auf die Existenz verschiedener Kulturen und die gleichberechtigte Interaktion zwischen ihnen sowie die Möglichkeit, durch den

Dialog und die gegenseitige Achtung gemeinsame kulturelle Ausdrucksformen zu schaffen" (Deutsche UNESCO-Kommission 2006:21).

Als ein solches gesellschaftspolitisches Konzept steht Interkultur in einem Spannungsfeld zum inzwischen minimalen allgemeinen gesellschaftlichen Konsens von *Integration* als politische und gesellschaftliche Aufgabe in der Bundesrepublik. Dabei wird Integration vielfach, wenn auch nicht durchgängig, als Anpassung der „Anderen", der „Fremden" an das Bestehende, das Vorgefundene verstanden und die doppelseitige An- und Herausforderung übersehen. Zudem geht es, wenn von Integration die Rede ist, fast immer um die Defizite derer, die der Norm nicht entsprechen (vgl. zum gegenwärtigen Integrationsverständnis ausführlicher Scherer 2009:71-81; Terkessidis 2010:39-76).

Durch die internationale Diskussion, vor allem die vielfältigen Ansätze und Aktivitäten der *UNESCO*, hat sich etwa seit der Jahrhundertwende die Begrifflichkeit *Kulturelle Vielfalt* in Deutschland verbreitet. Einen Meilenstein bildet hier die im Oktober 2005 verabschiedete „Konvention über den Schutz und die Förderung der Vielfalt kultureller Ausdrucksformen". Sie trat am 18. März 2007 in Kraft und wurde von der Bundesrepublik Deutschland am 12. März 2007 ratifiziert.

Kulturelle Vielfalt bezieht sich danach „auf die mannigfaltige Weise, in der die Kulturen von Gruppen und Gesellschaften zum Ausdruck [...] gebracht, bereichert und weitergegeben (werden und auf die) vielfältigen Arten des künstlerischen Schaffens, der Herstellung, der Verbreitung, des Vertriebs und des Genusses von kulturellen Ausdrucksformen, unabhängig davon, welche Mittel und Technologien verwendet werden" (Deutsche UNESCO-Kommission 2006:20, 17f.).

Zentrales Ziel der Konvention ist

„a) die Vielfalt kultureller Ausdrucksformen zu schützen und zu fördern;
b) die Voraussetzungen dafür zu schaffen, dass Kulturen sich entfalten und frei in einer für alle Seiten bereichernden Weise interagieren können;
c) den Dialog zwischen den Kulturen anzuregen, um weltweit einen breiteren und ausgewogeneren kulturellen Austausch zur Förderung der gegenseitigen Achtung der Kulturen und einer Kultur des Friedens zu gewährleisten;
d) die Interkulturalität zu fördern, um die kulturelle Interaktion im Geist des Brückenbaus zwischen den Völker weiterzuentwickeln ..." (ebd.).

Herausbildung und Entwicklung der Begriffe

Die Ende der 1970er Jahre von kirchlichen Kreisen in die Diskussion eingeführte Bezeichnung der Bundesrepublik als „multikulturelle Gesellschaft" wurde etwa ein Jahrzehnt später von VertreterInnen politischer Parteien, vor allem den *Grünen*, aber auch der *CDU* und der *SPD* aufgegriffen und zu einer vagen politischen Konzeption der Multikulturalität oder des Multikulturalismus weiterentwickelt. Dabei standen nordamerikanische und englische Vorstellungen Pate. Die damit verbundenen unterschiedlichen Vorstellungen waren selten genau ausbuchstabiert. Letztlich verbindet sie die gesellschaftspolitische Anerkennung der Bundesrepublik als Einwanderungsland und der Kulturen der in Deutschland lebenden Menschen aus anderen Ländern als Ausdruck von deren kulturellen Traditionen und Bedürfnissen, denen sie hier ebenso nachgehen dürfen sollen wie in ihren Heimatregionen, sofern sie die Menschenrechte achten und nicht die Rechte anderer Menschen verletzen.

Zum Verständnis der multikulturellen Gesellschaft gehört die Abkehr von Vorstellungen einer wie auch immer gearteten Homogenität der Kultur einer Gesellschaft, die in modernen

Gemeinwesen weder durch eine gemeinsame Nationalgeschichte oder die staatsbürgerliche Einheit noch durch eine wie auch immer definierte Leitkultur begründet sein kann. Die Basis des Zusammenlebens ist die Anerkennung eines gemeinsamen demokratischen Wertekonsenses und die Schaffung vernünftiger Verfahren, mit kulturellen Differenzen umzugehen, und hat nichts mit einem „folkloristischen Multikultur"-Verständnis zu tun, nach dem andere, fremde Kulturen idealisiert und per se als Bereicherung der „öden, farblosen Bundesrepublik" begriffen werden.

In vielen in den 1990er Jahren entwickelten und diskutierten Überlegungen und Vorschlägen stehen die Probleme des Zusammenlebens von Menschen unterschiedlicher Nationalitäten und divergierender kultureller Traditionen im Mittelpunkt, das „Wagnis der multikulturellen Demokratie", wie der Untertitel des für die damalige Diskussion einflussreichsten Buches „Heimat Babylon" von Daniel Cohn-Bendit, dem damaligen Frankfurter „Dezernent für Multikulturelle Angelegenheit", und Thomas Schmid heißt. Hier wie in den meisten anderen Beiträgen von grün-linker und kirchlicher Seite zum politischen Konzept einer multikulturellen Gesellschaft werden immer auch die Schwierigkeiten und die aus unterschiedlichen Kulturen und Gewohnheiten entstehenden Konflikte des Zusammenlebens von MigrantInnen und einheimischer Bevölkerung, der religiöse Fundamentalismus, Sprachprobleme sowie die höhere Kriminalitätsrate betont und gefordert, was später „Leitkulturbefürworter" als Hauptargument gegen die Vorstellungen einer multikulturellen Gesellschaft einwenden: „Eine Gesellschaft, die von Einwanderung geprägt ist", heißt es in „Heimat Babylon", „untergräbt ihre Grundlagen, wenn sie es bei einem Nebeneinander der Zuwandererkulturen und Ethnien belässt, wenn sie also auf Integration und die Herausbildung eines für *alle* verbindlichen Wertekanons verzichtet" (Cohn-Bendit/Schmid 1992:318).

Von der Mehrzahl der konservativen KritikerInnen des Konzepts der multikulturellen Gesellschaft wurde dieses Bemühen um das „Wagnis einer multikulturellen Demokratie" nicht zur Kenntnis genommen und darin lediglich die Gefahr gesehen, dass die vermeintlich einigende Kraft deutscher Geschichte, Sprache, Tradition und Kultur, mithin die „Homogenität" und „Identität des deutschen Volkes", untergraben würden. Folgen wären danach letztlich eine Preisgabe der Nation als Rechts- und Schicksalsgemeinschaft, ein Verlust an Identität und Zusammengehörigkeitsgefühl.

Diese Ängste führten dazu, dass der eher beschreibende und außerhalb der Bundesrepublik weitgehend anerkannte Begriff Multikultur von periodisch wiederkehrenden Feststellungen seines „Endes", „Todes", oder der „endgültigen Widerlegung" der „Lebenslüge" von „Multikulti" begleitet wird. „Die einzigen Orte, wo Multikulti am Ende ist", schreibt der Schriftsteller Ilija Trojanow, „sind die Friedhöfe und die Köpfe der Dogmatiker. Multikulti ist der Normalzustand kultureller Entwicklung, es ist wie die Luft zum Atmen. […] Wo Einfalt herrscht, kann jeder Unsinn zum Blühen gebracht werden. Ohne Multikulti gebe es keine deutsche Kultur. Die Minnesänger waren Multikulti, Goethe war es, wie auch Franz Kafka und Paul Celan, ebenso wie [Albrecht] Dürer und [Georg] Baselitz oder [Wolfgang Amadeus] Mozart und Roberto Blanco" (2009:10).

Inzwischen haben auch konservative KritikerInnen, nachdem sie anerkennen mussten, dass auch die Bundesrepublik eine Einwanderungsgesellschaft ist und heute über 20 % der hier lebenden Bevölkerung über eine Migrationsgeschichte verfügen, langsam „ihren Frieden" mit dem Begriff der Multikulturellen Gesellschaft gemacht, auch wenn sie ihn nicht gebrauchen. An seine Stelle ist vielfach „Kulturelle Vielfalt" getreten. Der Begriff wurde vor allem durch die *UNESCO*-Aktivitäten bei uns gebräuchlich und vielfach aufgegriffen, teilweise auch anstelle von „Integration" (siehe hierzu u.a. auch Forum der Kulturen 2007, 2009, 2011).

Zur Verbreitung hat die *Deutsche UNESCO-Kommission* sich frühzeitig bemüht, möglichst viele zivilgesellschaftliche Akteure neben den staatlich-kommunalen Vertretern in den Umsetzungsprozess der *UNESCO*-Konvention in Form der „Bundesweiten Koalition kulturelle Vielfalt" einzubinden. Hierin sind ExpertenInnen aus Kultur, Verbänden, Parteien, Wirtschaft, Kommunen, öffentlich-rechtlichen Körperschaften, Forschung und Publizistik vertreten. Seit Juni 2004 fanden neun Konsultationsrunden der Bundesweiten Koalition Kulturelle Vielfalt statt.

Im Dezember 2009 hat die *Deutsche UNESCO-Kommission* das Weißbuch „Kulturelle Vielfalt gestalten" herausgegeben. Es ist ein Projekt der Bundesweiten *Koalition Kulturelle Vielfalt* und wurde von über 60 ExpertInnen erarbeitet. Es enthält politische Handlungsempfehlungen aus der Zivilgesellschaft zur Umsetzung des *UNESCO*-Übereinkommens zur Vielfalt kultureller Ausdrucksformen in und durch Deutschland.

Bis Frühjahr 2012 wird die Bundesrepublik Deutschland – zeitgleich mit weiteren 94 Vertragsparteien – erstmalig einen Umsetzungsbericht erstellen. Als Fachbeitrag der Zivilgesellschaft wird dazu ein Kaleidoskop aus Projekten, Initiativen und Maßnahmen entstehen, das die Vielfalt kultureller Ausdrucksformen und die Umsetzung der Konvention in und durch Deutschland spiegelt.

Im Zusammenhang mit der internationalen Diskussion haben in den interkulturellen Diskursen in den letzten Jahren auch immer stärker die Begrifflichkeiten „Diversity" oder „Cultural Diversity", so der originale Wortlaut der Konvention, Verbreitung gefunden. Sie bedeuten mehr als das deutsche „Vielfalt" im Sinne von Mannigfaltigkeit, sondern auch *Diversität* und *Verschiedenheit*.

Darin werden „die differierenden Werte, Traditionen, Erfahrungen, Lebenspraxen erkannt, zueinander in Bezug gesetzt, in der gesellschaftlichen Interaktion erprobt und einvernehmlich in diesem Prozess entstandenen Regeln unterworfen. Dieses Konzept von *Vielfalt* und *Verschiedenheit*, das *diversity* bedeutet, scheint mir die einzig mögliche langfristige Leitlinie für moderne demokratische, plurale Kulturpolitik und damit Förderung zu sein" (Kolland 2007:42; siehe hierzu auch ausführlicher Kolland 2006 und Dorothea Kolland „Kulturelle Bildung zwischen den Kulturen" in diesem Band).

Dabei hat diversity zwei entscheidende andere Stoßrichtungen als andere Konzepte: „Zum einen zielt", wie Mark Terkissidis schreibt, „das Konzept auf die Institutionen selbst [...], nicht auf die Personen, die in diesen Institutionen nicht der Norm entsprechen. Zum anderen stehen nicht bestimmte Gruppen im Zentrum des Konzepts, sondern das Individuum. Hierin besteht der Unterschied zum Ansatz der Integration. Dieser geht weiterhin davon aus, dass es ein großes Ganzes gibt mit einer Normgruppe und abweichenden Gruppen. Das Ziel ist erreicht, wenn die abweichenden Gruppen in der Norm aufgehen und so ein idealer, aber letztlich nie da gewesener Ursprungszustand wiederhergestellt wird" (2007:15).

Theoretische Grundlagen: Identität und Kultur

Das Problem aller bisher skizzierten Ansätze – am geringsten bei „diversity" – besteht darin, dass sie vielfach mit einer Ethnisierung von Lebenslagen und gesellschaftlichen Konflikten einhergehen. Ethnizität bekommt eine zentrale Bedeutung, die nicht ihrer realen in den sozialen Lebenspraxen entspricht und wird als Grundlage „kultureller Identität" begriffen beziehungsweise diese darauf reduziert. Identität wird hier oft als in sich ruhende, von kulturellen Traditionen und Herkunftsregionen geprägte Einheit gesehen, bei der eindeutig das Eigene und das Fremde unterschieden werden können.

Ein solches „essentialistisches" Verständnis von Identität als einem mit einer konkreten Gruppe von Menschen oder einem Ort fest verbundenen Traditions- und Wertesystem entspricht aber nicht dem „normalen" Vorgang der Heraus- und Weiterbildung von Identität und von individuellen Kulturen. Kulturen entstehen immer aus der wechselseitigen Durchdringung der verschiedenen Einflüsse. Sie sind immer Produkte von Beziehungen und Durchquerungen und bilden sich im Kontakt und der Auseinandersetzung mit Fremdem und Anderem sowie deren Aufnahme und Verarbeitung aus. Kultur bedeutet schon immer „zwischen den Kulturen" (Alexander Düttmann), ist nie „rein" und homogen, sondern hybrid und heterogen, ein Bastard. Kulturen sind immer Vermischungen, ein ständiger Prozess, der sich eine Zeitlang mit einer Gegend und einer Gruppe von Menschen verbindet, aber auch da bleiben sie nicht stationär. Aus diesem Grund sind auch „authentische Kulturen", die ohne prägende Einflüsse von außen ihre Ursprünglichkeit bewahren, eine Fiktion, da Kulturen nie in „Reinform" existieren, nicht statisch und homogen sind, sondern hybrid, heterogen und „multikulturell".

Trotz dieses kontinuierlichen Wandels und des Bastardcharakters aller Kulturen konstituieren sie immer für eine gewisse Zeit ein gemeinsames „Wir", schaffen eine – mal länger, mal kürzer dauernde – Einheit und heben sich in ihrem eigenen Zusammenhang von anderen ab. Von daher ist das Reden von „Kultur" immer etwas Widersprüchliches, da etwas Prozesshaftes als Festes begriffen wird: „Kultur" bezeichnet – wie „Bildung" – immer zugleich den Stand und das Mittel des Bildungsprozesses des Menschen und einer Personengruppe.

Wie die Kulturen sind die darin verankerten individuellen Identitäten ebenso etwas Flüssiges, sich Veränderndes. Kulturen helfen der Verortung der eigenen Person in geschichtlichen, geografischen und kulturellen Kontexten, sind aber nichts Wesenseigenes, sondern entwickeln sich weiter, auch in Spannung und Auseinandersetzung mit der sozialen, kulturellen und politischen Umwelt und damit auch im Kontakt mit den anderen Kulturen. Zumal in heutiger Zeit von Enträumlichung und Mobilität, Enttraditionalisierung und Pluralisierung sind sie etwas Widersprüchliches und Sich-Überschneidendes, geprägt vom Ort, der Herkunft, der sozialen Lage, den Alltagserfahrungen, den kulturellen Zusammenhängen, die selbst immer weniger etwas Festes, Starres sind.

Der indisch-stämmige, in Harvard lehrende Wirtschaftswissenschaftler und Ökonomie-Nobel-Preisträger Amartya Sen hat in seinem Buch „Die Identitätsfalle" (2007:33f.) seine Kritik an der vielfach anzutreffenden Reduktion der Identität des Menschen auf eine Eigenschaft und die darauf basierende eindimensionale Zu- und Einordnung auf eine soziale Gruppe, vornehmlich die Religion und die Ethnie oder, damit eng zusammenhängend bzw. diese zusammenbindend, die „Kultur" eindrucksvoll zusammengefasst, indem er zeigt, dass jeder Mensch aus einer Fülle sehr unterschiedlicher Eigenschaften, die erst zusammengenommen seine komplexe Identität ausmachen, besteht: „Eine Person kann ganz widerspruchsfrei amerikanische Bürgerin von karibischer Herkunft mit afrikanischen Vorfahren, Christin, Liberale, Frau, Vegetarierin, Langstreckenläuferin, Feministin, Heterosexuelle, Tennisfan et cetera sein" (ebd.). Allein bei der Aufzählung seiner eigenen Persönlichkeitsmerkmale füllt Sen eine halbe Buchseite. So ist er nach eigenen Angaben Asiate, Bürger Indiens, Ökonom, Autor, Feminist, Anhänger des Laizismus usw. Als solche komplexe Persönlichkeit gehört jeder Mensch einer Vielzahl sehr unterschiedlicher gesellschaftlicher Gruppen an. Und was auf den Einzelnen zutrifft, gilt auch für die großen sozialen Gebilde wie Staat, Religion oder Nation. Viele Konflikte und Gewalttätigkeiten in der Gegenwart beruhen nach Sen auf der Illusion einer einzigen Identität.

Handlungsempfehlungen

Im Prozess der Entwicklung von Formen des Zusammenlebens in einer zunehmend kulturell, ethnisch und religiös vielgestaltigeren Gesellschaft kommt kulturell-künstlerischen Aktivitäten und hier besonders Kultureller Bildung sowie der Verbindung von Schule und kulturellem Leben eine wichtige Bedeutung zu. Neben ihrer Funktion zu unterhalten fungieren künstlerisch-ästhetische und kulturell-kreative Betätigungen immer auch als Selbstausdruck und dienen der Selbstvergewisserung. Kunst und Kultur sind gestaltete Formen der Auseinandersetzung mit Selbst- und Welterfahrung, in denen es neben Unterhaltung und Genuss auch um Sinn und Bedeutung geht.

Dieser Selbstvergewisserung von Individuen und Selbstverständigung von Gruppen mittels Kunst und Kultur kommt bei gesellschaftlichen Minderheiten — gleich welcher Art — immer eine größere Bedeutung zu als in der jeweiligen Mehrheitsgesellschaft. Durch ihre minoritäre Stellung sind sie in der Regelung oft von vielen Bereichen allgemeiner Gesellschaftlichkeit ausgegrenzt und auf ihre eigene, ursprüngliche Bezugsgruppe aus dem gleichen Herkunftsland und der gleichen Herkunftsgegend verwiesen, über die man sich über die gemeinsamen kulturellen Traditionen versichert. Diskriminierungen und Zurücksetzungen im Beruf, im Alltagsleben, auf dem Wohnungsmarkt, im Schul- und Ausbildungsbereich und auf anderen wichtigen gesellschaftlichen Feldern verstärken die Bedeutung der kulturell-künstlerischen Verarbeitung dieser Erfahrungen und dabei oft den Rückzug auf die traditionelle Herkunftskultur.

Als gestaltete Formen sinnlicher Auseinandersetzung mit Erfahrungen von sich und der Mitwelt in Breakdance, Straßenrap und Graffiti, in einer traditionellen Volksweise, einem arabischen Liebeslied und einem alten persischen Theaterstück oder neuen, gemeinsam erarbeiteten Tanz-, Musik- und Theateraufführungen eignen sich Kunst und verwandte Formen kulturell-künstlerischer Selbst- und Weltaneignung besonders gut für die Begegnung von Menschen unterschiedlicher Kulturen. Entscheidend ist dabei, dass es ein wechselseitiger Austausch – also Interkultur – ist, der erst zu gegenseitiger kultureller Anerkennung führt und das Bewusstwerden von Differenz und Gemeinsamkeit möglich macht.

Allerdings benötigt die Debatte über das Leben und Zusammenleben in einer kulturell vielfältigen Gesellschaft bei allen Fortschritten der letzten Jahre auch einen gedanklich-konzeptionellen Perspektivwechsel – und damit das damit verbundene Handeln. Danach sollte(n)
>> kulturelle Vielfalt als Wesensmerkmal aller modernen Gesellschaften, Interkulturalität als ihr Strukturkennzeichen und Multikultur als Normalzustand kultureller Entwicklung begriffen werden;
>> nicht oder weniger von nationalen, ethnischen, religiösen und kulturellen Gruppen, sondern von Individuen ausgegangen werden und diese als Adressaten kulturpolitischer Förderung in den Blick genommen werden;
>> die Strukturen der Institutionen sich ändern und sich nicht die Menschen den Strukturen anpassen müssen;
>> statt der Defizite von Anderssein, dessen Potentiale Ausgangspunkte des Denkens und Handelns sein;
>> wir uns alle bemühen, mehr über die Vielfalt und Andersheit wissen zu wollen und weniger von unseren gewohnten Vorstellungen und Denkbildern ausgehen;
>> anstelle von „Integration" mehr „diversity" zum Ausgangs- und Zielpunkt unserer kultur- wie gesellschaftspolitischen Aktivitäten gemacht werden.

Im Zentrum einer an diversity orientierten Kulturpolitik und Kulturellen Bildung stehen die Begegnung, der Dialog und der Austausch zwischen den kulturellen Aktivitäten und Akteuren der verschiedenen gesellschaftlichen Gruppen sowie die Schaffung der Voraussetzungen der kulturellen Teilhabe von Menschen mit Migrationshintergrund an Kulturaktivitäten, Kulturorten und Kultureinrichtungen in der Zuwanderungsgesellschaft. Diese beziehen sich dabei vor allem auf drei Dimensionen, die eng miteinander zusammenhängen, aber nicht zusammenfallen und bei einzelnen Sparten und Institutionen sehr unterschiedlich ausgeprägt sind. Zum einen handelt es sich dabei darum, dass die Barrieren abgebaut werden, die es Kulturakteuren und -produzenten migrantischer Herkunft erschweren, als KünstlerIn aktiv werden zu können und die gleichen Chancen wie deutschsprachige BewerberInnen zu bekommen sowie dass sie verantwortliche Positionen in Leitungen von Kulturinstitutionen und Kunstjurys wahrnehmen.

Zum anderen geht es darum, inwieweit sich die Kultureinrichtungen den Themen von Migration, MigrantInnen und der multikulturellen Gesellschaft öffnen sowie kulturelle Stoffe, Stücke und Kunstformen aus Herkunftsländern von MigrantInnen ins Programm integrieren. *Zum Dritten* steht die Aufgabe, dass sich die Kultureinrichtungen und Kunstinstitutionen verstärkt um MigrantInnen als Kulturpublikum bemühen, was mit der thematischen Gestaltung des Programms zusammenhängt, aber sich nicht darauf reduziert.

In den einzelnen Sparten, Kunstformen und Einrichtungsarten ist die Umsetzung dieser drei Partizipationsarten – Personal, Programm, Publikum – sehr unterschiedlich ausgeprägt. Am größten ist sie bislang im Bereich der kommerziellen Kultur, der Kulturwirtschaft und der audiovisuellen Medien. Im frei-gemeinnützigen Bereich der Kulturellen Bildung, der Soziokultur und der sozialen Kultur- und Bildungsarbeit wurden in den letzten Jahre zahlreiche neue Aktivitäten, Projekte und Programme im Sinne einer interkulturellen Praxis durchgeführt. Am schwersten tun sich vielfach immer noch – allerdings in inzwischen sehr unterschiedlicher Abstufung – die traditionellen Kunstinstitutionen in kommunaler und staatlicher Trägerschaft und die Kulturpolitik selbst. Dabei sind entsprechende Ansätze in kulturellen Bildungseinrichtungen wie Bibliotheken und Volkshochschulen bedeutend weiter als in traditionellen Kunstinstitutionen wie Theater und Museen (siehe hierzu die Beispiele für die Entwicklung bei einzelnen Kulturangeboten und in verschiedenen Kunsteinrichtungen wie Theater, Museen, Bibliotheken, freie Kultur bei Wagner 2009: 578–585 sowie Institut für Kulturpolitik 2008).

Zum Weiterlesen

Cohn-Bendit, Daniel/Schmid, Thomas (1992): Heimat Babylon. Das Wagnis der multikulturellen Demokratie. Hamburg: Hofmann & Campe.

Deutsche UNESCO-Kommission (Hrsg.) (2006): Übereinkommen über Schutz und Förderung der Vielfalt kultureller Ausdrucksformen. Magna Charta der Internationalen Kulturpolitik. Bonn: Deutsche UNESCO-Kommission.

Institut für Kulturpolitik der Kulturpolitischen Gesellschaft (Hrsg.) (2008): Interkulturelle Bildung – Ein Weg zur Integration. Bonn/Essen: Klartext.

Sen, Amartya (2007): Die Identitätsfalle. Warum es keinen Krieg der Kulturen gibt. München: C.H. Beck.

Terkessidis, Mark (2007): Interkultur. Berlin: Suhrkamp.

Susanne Keuchel/Ernst Wagner
Poly-, Inter- und Transkulturalität

Thema und Begriffe

Globalisierungseffekte nehmen zunehmend Einfluss auf die gesellschaftlichen Entwicklungen. Ihre Merkmale sind: Herausbildung einer globalen Ökonomie, Mobilität und Migrationsbewegungen sowie neue Kommunikationstechnologien. Traditionelle Strukturen, Praktiken und Habitusformen verflüssigen sich unter diesen Bedingungen in immer höherer Beschleunigung und in immer weiteren räumlichen Kontexten. Transkulturelle und transnationale Differenzierungen, Pluralisierungs- und Individualisierungsprozesse nehmen an Bedeutung zu.

Globalisierungseffekte fördern aber nicht nur Prozesse der Entgrenzung und Vernetzung, sondern auch gegenläufige Tendenzen, die sich unter dem Stichwort „Lokalisierung" zusammenfassen lassen. Hier spielen vor allem Fragen der Zugehörigkeit eine zentrale Rolle: Es geht immer um Abgrenzung und Differenzierung zwischen dem Eigenen und dem Anderen/Fremden.

Durch diese gegenläufigen Tendenzen entstehen neue gesellschaftliche Herausforderungen, die auch die Kulturelle Bildung massiv betreffen. Während bei der Beschreibung der Globalisierungseffekte in Wissenschaft und Öffentlichkeit weitgehend Konsens herrscht, sind die Deutungsmuster für die kulturellen Prozesse, die die Globalisierung beeinflussen, sehr unterschiedlich und häufig durch politische Kontexte und Interessen geprägt. Dementsprechend sind auch die zu ziehenden Konsequenzen umstritten. Derzeit existieren drei Grundansätze:

Polykulturalität bzw. Diversität betont (in deutlicher Nähe zum älteren Multikulturalismus-Konzept) das Nebeneinander unterschiedlicher, vielfältiger Lebenswelten, -konzepte und Kulturen, die gemeinsam in einem (wie auch immer zu definierenden) Raum gegenseitiger Wahrnehmung existieren (siehe Bernd Wagner „Von der Multikultur zur Diversity" in diesem Band).

Interkulturalität akzentuiert den Dialog und die Interaktion zwischen den Lebenswelten und die Selbstdefinition in Bezug auf die Definition des jeweils Anderen. Hervorgehoben wird die konstitutive Relationalität aller Kultur und aller Kulturen.

Transkulturalität betont insbesondere die Verschmelzungs- und Neuausprägungsprozesse der Lebenswelten (Hybridisierung) und die Möglichkeiten multipler und variabler Orientierungen sowie von global citizenship.

Historische Dimension

Die Bundesrepublik hat seit dem Ende des Zweiten Weltkriegs verschiedene Formen von Einwanderung und damit entsprechende demografische Transformationsprozesse erlebt. Die Formen und Methoden der Bewältigung dieser Herausforderungen im Bereich der Bildung unterscheiden sich stark. So verlief die Integration der Kriegsflüchtlinge und der Vertriebenen unmittelbar nach dem Krieg nicht ohne Spannungen, die jedoch in der Öffentlichkeit kaum thematisiert wurden. Dementsprechend gab es auch keine expliziten Konzepte und Praktiken, wie mit den dabei entstehenden Problemen umgegangen werden sollte.

Im Rahmen der Eingliederung in die politischen und militärischen Blöcke spielten dann vor allem internationale Kultur- und Schüleraustauschprogramme eine besondere Rolle, im Osten wie im Westen. Der Ansatz, durch interkulturelle Verständigung die nationale Perspektive zugunsten einer internationalen zu überwinden, war an sich zukunftsweisend, auch wenn hier nationale Identität durch eine entsprechende Blockzugehörigkeit ausgetauscht wurde.

Der Zuzug von GastarbeiterInnen und ZuwanderInnen in den 1960er und 1970er Jahren in Westdeutschland kehrte diese Perspektive um: Nun ging es nicht mehr darum, Kontakte mit AusländerInnen – in einem zeitlich begrenzten Rahmen und meist in geschützten Räumen – zu gestalten, sondern darum, wie man mit den AusländerInnen, die schnell dauerhafter Teil der Gesellschaft wurden, umgehen sollte. Erste Ansätze einer sogenannten „Ausländerpädagogik" entstanden in den 1980er Jahren und wurden bald durch multikulturelle Konzepte ersetzt, die die Vielfalt von nebeneinander existierenden Teilkulturen zum Leitbild erhoben. Das Straßenfest mit türkischen, italienischen und spanischen Ständen war die Leitpraxis. Dementsprechend wurden z.B. auch die heute kaum noch existierenden sogenannten National- bzw. Ausländerklassen, in denen ausschließlich Kinder aus bestimmten Herkunftsgebieten unterrichtet wurden, eingerichtet (vgl. Nohl 2006:81).

Schnell wurde jedoch klar, dass ein solcher Ansatz zu kurz greift, da dieser wesentliche Probleme vernachlässigt. Seit Ende der 1990er Jahre wurde deshalb das Repertoire der Ansätze um Interkulturelle bzw. Transkulturelle Bildungsarbeit erweitert. Gleichzeitig verschob sich das Paradigma einer ethnischen, nationalen Orientierung hin zu einer Orientierung an realistischeren, komplexeren Milieuansätzen. Neben „Herkunft" konnte man damit z.B. auch sozial bzw. religiös definierte Werteorientierungen oder Konsumgewohnheiten berücksichtigen. Mit diesem erstmals von Gerhard Schulze (vgl. Schulze 1992) verwendeten Modell sind präzisere Beschreibungen und Analysen ebenso möglich wie die Entwicklung entsprechender Handlungsstrategien.

Stand der Praxis

Welchen Stellenwert hat die Reflexion der Globalisierungseffekte in der aktuellen kulturellen Bildungsarbeit? Eine Befragung der *Kulturpolitischen Gesellschaft* 2004/2005 zu interkulturellen Konzepten in kommunalen Kultur- und Jugendämtern ergab hier eine ernüchternde Bilanz für den Kulturbereich: „Danach ist die interkulturelle Kultur- und Bildungsarbeit, wenn überhaupt, nur ein untergeordnetes Thema der kommunalen Kultur- und Jugendpolitik" (Institut für Kulturpolitik der Kulturpolitischen Gesellschaft 2007:10). Dennoch lassen sich Fortschritte vor allem in drei Bereichen verzeichnen:

Zur Personalentwicklung

Es kann immer mehr beobachtet werden, dass interkulturelle Bildungsprojekte mit einem erhöhten Einsatz an VermittlerInnen mit Migrationshintergrund arbeiten. Zum einen wollen Träger hiermit ein „Zeichen für Normalität" setzen, zum anderen mit der Vorbildfunktion dieser VermittlerInnen für die Zielgruppen pädagogisch arbeiten. Ein weiterer Grund liegt in deren besonderer fachlicher Qualifikation, die die Träger auf diese Weise gewinnen wollen. So wurde beispielsweise bei einer empirischen Analyse der NRW-Tanz-in-Schulen-Projekte (Keuchel/Günsche/Groß 2009) deutlich, dass TanzvermittlerInnen mit Migrationshintergrund auch nicht-europäische Tanzformen in die Projekte einbringen und damit kulturelle Vielfalt thematisieren können. So wurde in einer weiteren Infrastrukturerhebung des *Zentrums für*

Kulturforschung (ZfKf) zu Bildungsangeboten in klassischen Kultureinrichtungen (Keuchel/ Weil 2010) nachgewiesen, dass Museen und Bibliotheken, die in verantwortlichen Positionen Personal mit Migrationshintergrund beschäftigen, verstärkt Angebote für migrantische Zielgruppen anbieten.

Zur Zielgruppenausrichtung

Viele Träger beginnen, ihre Zielgruppen vor dem Hintergrund des demografischen Wandels neu zu definieren und dafür auch spezifische Formate zu entwickeln (Audience Development). In der aktuellen kulturellen Bildungspraxis fehlen aber für die Entwicklung entsprechender Vorhaben offensichtlich Konzepte. Betrachtet man z.B. die Ausrichtung an migrantischen Zielgruppen, so zeigt die eben erwähnte *ZfKf*-Infrastrukturerhebung, dass im Jahr 2008 von knapp 90.000 Bildungsveranstaltungen in den klassischen Kultureinrichtungen sich nur 1 % explizit auch an migrantische Zielgruppen richten. In der außerschulischen Bildung wiederum findet man Projekte, die migrantische Zielgruppen einbinden, beispielsweise bei künstlerisch-kreativer Projektarbeit mit Integrationskursen oder Flüchtlingsgruppen.

Die ausschließliche Orientierung an der Zielgruppe der MigrantInnen kann dabei möglicherweise für einzelne, speziell fokussierte Themenfelder sinnvoll sein (vgl. Yildiz 2009:73ff.), grundsätzlich stellt sich aber die Frage, ob eine solche Homogenisierung nicht zu einer Stereotypisierung und zur Bildung von In- und Outgroups beiträgt. In der Regel gilt es wohl, Vermittlungsangebote zu entwickeln, die vielfältige Zielgruppen mit und ohne Migrationshintergrund gemeinsam ansprechen, um poly-, inter- und/oder transkulturelle Bildungsarbeit realisieren zu können.

Zur inhaltlichen Ausrichtung

In der Praxis geht es vielen „interkulturellen" Bildungsangeboten meist um das generelle Erreichen neuer Zielgruppen, wobei die Vermittlungsaspekte konzeptionell kaum differenziert und konkretisiert werden. Analysiert man die zugrundeliegenden impliziten Muster, fällt oft eine deutliche Defizitorientierung auf: Im Rahmen der Infrastrukturerhebung des *ZfKf* wurden z.B. die Profile der Projekte, die sich an migrantische Zielgruppen richteten, untersucht. Diese konzentrieren sich im Wesentlichen auf schulische Angebote in sozialen Brennpunkten (66 %). An zweiter Stelle stehen Angebote zur Sprachförderungen (15 %). Selten werden dagegen „interkulturelle" Angebote, die den Austausch zwischen migrantischen und nichtmigrantischen Bevölkerungsgruppen fördern (7 %) oder polykulturelle Ansätze aufgegriffen (4 %). Die Untersuchung zeigt deutlich den Vorrang einer defizitorientierten Perspektive. Auch eine Studie des *Zentrums für Audience Development* 2009 führt zu der Vermutung, dass viele Kultureinrichtungen das Merkmal „Migrationshintergrund" mit dem Merkmal „Bildungsferne" koppeln, was schon statistisch nicht zu rechtfertigen ist.

Auffällig ist, dass Bildungsprojekte, die den nationalen Rahmen überschreiten (z.B. internationale Kooperationsprojekte), selten bei der Entwicklung neuer Konzepte im nationalen Raum herangezogen werden, obwohl es hier eine lange Tradition der Austauschpädagogik gibt.

Stand der Forschung

In den letzten Jahren wurden zahlreiche empirische Studien zur Migration in Deutschland durchgeführt, vereinzelt auch mit kulturellen Themenfeldern, wobei Kultur hier im Sinne einer sehr breiten Begriffsdefinition verwendet wird – als Gesamtheit der geistigen Errungenschaften einer Gesellschaft – und meist sehr selektiv Bereiche wie Schulbildung, Sprache, Mediennutzung, soziale Kontaktpersonen in der Familie, politische und vor allem religiöse Einstellungen und Werte thematisiert werden. Für das Themenfeld „Künste und Migration" gibt es dagegen eine deutliche Forschungslücke. Dies wird auch in einer Studie zur Integration ethnischer Minderheiten in Deutschland und den Niederlanden thematisiert: Die Einschätzung sei zwar weit verbreitet, dass die kulturelle Seite des Integrationsprozesses „eine der wichtigsten und unumstrittensten Dimensionen" darstelle. Diese hätte jedoch „in der empirischen Forschung bisher nur geringe Aufmerksamkeit erfahren" (Duyvené de Wit/Koopmans 2001:26-41).

Auch der Bericht der *Beauftragten der Bundesregierung für Migration, Flüchtlinge und Integration* von 2007 weist auf ein Defizit der „Daten zu Kulturverhalten und kulturellen Präferenzen speziell von Migrantinnen und Migranten" hin, die „bisher nur sehr unzureichend erhoben wurden. Die Fragen, ob und in welchem Maße MigrantInnen künstlerisch aktiv sind oder welche Kultureinrichtungen und Angebote sie nutzen, lassen sich für viele Kultursparten und Institutionen kaum oder gar nicht beantworten" (Deutscher Bundestag 2007a:93f.). So sind die einzigen Zahlen zur Kulturpartizipation, die im Bericht der Bundesbeauftragten zitiert werden, bisher die des 1. Jugend-Kultur-Barometers (Keuchel/Wiesand 2006). Hier wird das Kulturverhalten der Jugendlichen mit und ohne Migrationshintergrund gegenübergestellt, soweit Datenlage und Fallzahl der Studie dies zuließen.

Die Studien zum Thema MigrantInnen als Ziel- oder Interessengruppe in der hiesigen Kulturlandschaft bemühen sich um eine erste Eingrenzung des Potentials, behandeln jedoch in der Regel nicht die Hintergründe kultureller Interessensbildung und die räumlich-geografische Kulturorientierung. Einen interessanten Ansatz bietet Sinus-Sociovision mit einer Übertragung des qualitativ-psychologischen Ansatzes der aus der Marktforschung bekannten Milieu-Studien auf Menschen mit Migrationshintergrund (Sinus Sociovision 2007). Als wichtiges Ergebnis wurde die Vielfalt der Migranten-Population hervorgehoben; auch könne man, so die Studie, meist nicht von der Herkunftskultur auf die Milieuzugehörigkeit schließen und umgekehrt. 2011 wurde dieser Ansatz auf eine bundesweite quantitative Erhebung ausgeweitet.

Außerdem legte im Jahr 2006 *interkultur.pro* die Studie „Kulturelle Vielfalt in Dortmund" vor, in welcher die kulturellen Interessen und Gewohnheiten Dortmunder BürgerInnen mit Migrationshintergrund dargestellt sind (Interkultur.pro 2010). Schließlich wurde in Berlin eine Studie vom *ZAD* (Zentrum für Audience Development 2009) durchgeführt, die sich mit MigrantInnen als potentiellem Publikum öffentlicher deutscher Kulturinstitutionen beschäftigt. Die schon erwähnte Infrastrukturerhebung des *ZfKf* (Keuchel/Weil 2010), die die Angebotsseite der klassischen Kultureinrichtungen für MigrantInnen analysiert, differenziert auch die Zielgruppen Kinder, Jugendliche und SeniorInnen und thematisiert darüber hinaus Kooperationen von Kultureinrichtungen mit MigrantInnenvereinen.Für die Stadt Köln wurden darüber hinaus in der Studie „Kulturwelten in Köln" neben einer Angebotsanalyse des öffentlichen Kulturlebens – bezogen auf die Herkunft der KünstlerInnen und Werke – auch qualitative Gespräche sowie eine Bestandsaufnahme des Kulturangebots der dort ansässigen MigrantInnenkulturvereine vorgenommen (Keuchel/Larue 2011).

In den bisher vom *ZfKf* durchgeführten zielgruppenspezifischen Bevölkerungsanalysen, dem „Jugend-KulturBarometer" (Keuchel/Wiesand 2006) und dem „KulturBarometer 50+" (Keuchel/Wiesand 2008) wurden die Bevölkerungsgruppen mit Migrationshintergrund zwar gesondert betrachtet, die Anteile dieser Gruppen innerhalb der Gesamtstichprobe boten aber nur die Möglichkeit zu ersten Pilot-Analysen. 2011 wurde daher das Inter-KulturBarometer vom *ZfKf* für den *Bundesbeauftragten für Kultur und Medien* sowie die Länder Niedersachsen und Nordrhein-Westfalen durchgeführt. In qualitativen Gesprächen und einer bundesweit repräsentativen Befragung wurde die Bevölkerung mit und ohne Migrationshintergrund zu ihren kulturellen Interessen, ihrer kulturellen Biografie im Rahmen ihrer Migrationsgeschichte und ihrer kulturellen Identität befragt. In der Studie wurde deutlich, dass neben der Bildung auch das Geburtsland der Familie Personen mit Migrationshintergrund in ihrer Identität prägt.

Im Kontext der Kulturellen Bildung ist jedoch entscheidend, dass die Künste, die die Fähigkeit zum Perspektivwechsel fördern, helfen, Migrationserfahrung positiv zu verarbeiten, stärker noch als die Schulbildung. Dies verdeutlichen die Ergebnisse des „InterKulturBarometers":

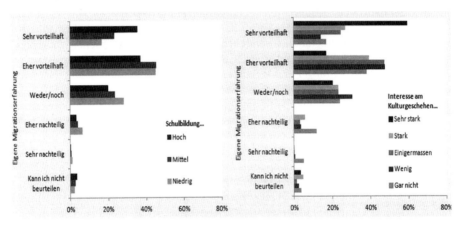

Abbildung: Bewertung der eigenen Migrationserfahrung in Beziehung zur Schulbildung und zum Interesse am Kulturgeschehen bei der migrantischen Bundesbevölkerung ZfKf/Ipsos 2011

Ausblick

Die demografischen Entwicklungen stellen eine außerordentliche Herausforderung für die Entwicklung der gesamten Gesellschaft dar. Darauf müssen – im Interesse eines friedlichen Zusammenlebens – Antworten gefunden werden. Die Konzentration auf ästhetische, sinnlich wahrnehmbare künstlerische Dimensionen schafft Möglichkeiten eines nicht konfliktfreien, aber bei allen Differenzen friedlichen und produktiven Zusammenlebens und Zusammenarbeitens. Die Künste fungieren dabei als „dritte Sprache" über existierende Sprachbarrieren hinweg, oder (mit Homi K. Bhabba) als „dritter Raum", in dem Unterschiede von (in sich selbst wieder hybriden) Kulturen bewusst zur Bereicherung von prozessualen und kreativen Neukonstruktionen genutzt werden. Neue kulturelle Bildungskonzepte, die Globalisierungseffekte reflektieren und im Spannungsfeld von gewachsenen Kulturtraditionen, kultureller Vielfalt und transkulturellen Effekten stehen, können hierzu einen wichtigen Beitrag leisten.

Zum Weiterlesen

Interkultur.pro (Hrsg.) (2010): Kulturelle Vielfalt in Dortmund: http://www.interkulturpro.de/material.html (Letzter Zugriff: 28.07.2012).

Keuchel, Susanne: InterKulturBarometer (im Erscheinen).

Keuchel, Susanne/Weil, Benjamin (2010): Lernorte oder Kulturtempel. Infrastrukturerhebung: Bildungsangebot in klassischen Kultureinrichtungen. Köln: ARCult Media.

Schneider, Wolfgang (Hrsg.): Theater und Migration. Herausforderung für Kulturpolitik und Theaterpraxis. Bielefeld: transcript.

Sinus Sociovision (Hrsg.) (2007): Die Milieus der Menschen mit Migrationshintergrund in Deutschland. Heidelberg: Sinus Sociovision.

Trunk, Wiebke (2011): Voneinander lernen – Kunstvermittlung im Kontext kultureller Diversität (Ifa-Edititon Kultur und Außenpolitik). Stuttgart.

Zentrum für Audience Development (2009): Migranten als Publika von öffentlichen deutschen Kulturinstitutionen: http://www.geisteswissenschaften.fu-berlin.de/v/zad/news/zadstudie.html (Letzter Zugriff am 28.07.12).

Olaf Zimmermann
Kulturelle Globalisierung

Spätestens seit der Ratifizierung der „UNESCO-Konvention über den Schutz und die Förderung der Vielfalt kultureller Ausdrucksformen" im Jahr 2005 ist das Thema Globalisierung in der Kulturpolitik und mithin auch in der Kulturellen Bildung angekommen. Bereits Ende der 1990er Jahre zeichnete sich bei den GATS-Verhandlungen (Generell Agreement on Trade in Services) der *Welthandelsorganisation (WTO)* ab, dass Kultur- und Mediendienstleistungen von großem ökonomischen Interesse sind und daher insbesondere die USA, aber auch aufstrebende Länder wie Indien oder Südkorea ein großes Interesse an der Liberalisierung in diesem Feld haben. Unternehmen aus diesen Ländern streben auf die europäischen Märkte, so auch den deutschen. Sie wollen nicht nur ihre Produkte und Dienstleistungen hier absetzen, sondern ebenso an Fördergeldern partizipieren wie die vergleichbaren deutschen Anbieter. Nicht zuletzt alarmiert durch den öffentlich-rechtlichen Rundfunk, der in Deutschland durch seine Gebührenfinanzierung privilegiert ist, hat der *Deutsche Kulturrat* als erster Alarm geschlagen und auf die möglichen Auswirkungen einer Liberalisierung für den Kultur- und Bildungssektor hingewiesen.

Musik und Buch im Mittelpunkt der GATS-Verhandlungen 2000

Im Januar 2001 wurde die „Stellungnahme des Deutschen Kulturrates zu den GATS-2000-Verhandlungen der *WTO* über bestimmte audiovisuelle Dienstleistungen und über Kulturdienstleistungen" verabschiedet. In dieser Stellungnahme wurde die Bedeutung der öffentlichen Kultur- und Bildungsfinanzierung für das kulturelle Leben und die Landschaft der Kulturellen Bildung mit Nachdruck unterstrichen. Da im Jahr 2000 der Musik- und der Buchmarkt einen Verhandlungsschwerpunkt bei den GATS-Verhandlungen spielen sollte, wurde unterstrichen, dass in diesem Sektor den regionalen Märkten besondere Aufmerksamkeit geschenkt werden muss. Denn in diesen regionalen Märkten werden junge Künstler entdeckt und gefördert.

Appell an Europa zu GATS-Verhandlungen im Jahr 2003

Zu der weiteren Verhandlungsrunde der GATS-Verhandlungen 2000, die im Jahr 2003 in Cancún stattfand, hat der *Deutsche Kulturrat* sich erneut positioniert. In der „Resolution des Deutschen Kulturrates zu den GATS-2000 Verhandlungen der WTO über bestimmte audiovisuelle Dienstleistungen und über Kulturdienstleitungen vom 31.01.2003" formuliert der *Deutsche Kulturrat*: „Museen, Bibliotheken, Theater und Orchester werden in der Bundesrepublik Deutschland öffentlich gefördert. Die öffentliche Kulturförderung ermöglicht, dass die Einrichtungen ohne den Blick auf höchstmögliche wirtschaftliche Erträge ein breites qualitatives Repertoire an Kulturgut erwerben und vermitteln können. Bibliotheken zählen zu den öffentlichen Gütern. Sie sind einzigartige soziale Einrichtungen, die sich der Aufgabe widmen, die Allgemeinheit mit einem möglichst breiten Spektrum an Informationen und Ideen zu versorgen, unabhängig vom Alter, Religion, physischer und psychischer Gesundheit, sozialem Status, Rasse, Geschlecht oder Sprache. Der freie Zugang zur Information ermöglicht eine breite Partizipation an der Gesellschaft. Dies alles könnte durch zu weitgehende Liberalisierungsverpflichtungen in Frage gestellt werden."

Er verdeutlicht damit einmal mehr, dass öffentliche Kultureinrichtungen eine wichtige Aufgabe für die Bewahrung und Präsentation von Kultur sowie für die Erforschung und Vermittlung von Kultur haben. Es wird unterstrichen, dass Kultureinrichtungen in besonderem Maße verpflichtet sind, kulturelle Teilhabe zu ermöglichen. Kulturelle Bildung schafft Zugang zu kultureller Teilhabe (siehe Rainer Treptow „Kulturelle Bildung für benachteiligte Kinder und Jugendliche" in diesem Band).

In seinen Stellungnahmen und Resolutionen zu den GATS-Verhandlungen machte sich der *Deutsche Kulturrat* dafür stark, dass öffentliche Kultureinrichtungen sowie Einrichtungen der Kulturellen Bildung nicht in die rein ökonomisch orientierten Verhandlungen einbezogen werden. Sie sollten, gleichwohl sie Dienstleistungen erbringen, ihren Sonderstatus erhalten, damit ihre öffentliche Förderung nicht gefährdet wird.

Debatten auf *UNESCO*-Ebene

Parallel zu den Diskussionen im Rahmen der GATS-Verhandlungen fanden die Diskussionen zu einer *UNESCO*-Konvention Kulturelle Vielfalt statt. Die *UNESCO* erfuhr in diesem Rahmen eine beträchtliche Aufwertung. Sie war nicht mehr nur die Weltorganisation, die Appelle zum Schutz von Kultur verabschiedet, sondern ihr wurde eine Rolle als Gegenspieler zur Welthandelsorganisation zugewiesen.

Entsprechend euphorisch wurde der gesamte Erarbeitungsprozess der Konvention Kulturelle Vielfalt auch in Deutschland begleitet. Das latent vorhandene Misstrauen gegenüber weltweit agierenden Konzernen, speziell US-amerikanischen, fand ein Ventil in der Konvention Kulturelle Vielfalt, der fast schon eine Heilserwartung beigemessen wurde.

Ernüchterung

Sieben Jahre nach Erarbeitung und fünf Jahre nach der Ratifizierung der Konvention Kulturelle Vielfalt stellt sich im Jahr 2012 Ernüchterung, wenn nicht Enttäuschung ein. Festzuhalten ist zunächst, dass die GATS-Verhandlungen immer noch laufen. In zunehmendem Maße werden plurilaterale Abkommen, also Abkommen verschiedener Staaten untereinander geschlossen, um den Handel mit Dienstleistungen passgenauer zu liberalisieren. Ob das erwartete große Abkommen tatsächlich unterzeichnet werden kann, ist derzeit offen, zu unterschiedlich sind die Interessen der verschiedenen Staaten oder auch Handelszusammenschlüsse von Staaten.

Mit dem Zusammenschluss der wachstumsstarken Staaten Brasilien, Russland, Indien, China und Südafrika als BRICS-Staaten haben sich die globalen Gewichte einmal mehr verschoben. Es handelt sich hierbei um Staaten, die angesichts ihres Wachstums und ihrer weltwirtschaftlichen Bedeutung kaum mehr als Schwellenländer bezeichnet werden können. Sie beanspruchen selbstbewusst eine entsprechende Berücksichtigung bei internationalen Verhandlungen und Abkommen, so dass sie ein noch stärkeres Mitspracherecht bei den GATS-Verhandlungen und einen entsprechenden Marktzugang zu den etablierten Industriestaaten einfordern werden, als es noch im ersten Jahrzehnt des 21. Jh.s der Fall war.

Zur Umsetzung der Konvention Kulturelle Vielfalt legten im Frühjahr 2012 insgesamt 90 Unterzeichnerstaaten ihren Staatenbericht vor. Für Deutschland lässt sich sagen, dass die Wirkung der Konvention Kulturelle Vielfalt vor allem in der Schärfung des Bewusstseins liegt.

Die kulturelle Vielfalt in Deutschland, die Vielzahl der Kultureinrichtungen, die Vielfältigkeit der gewachsenen und der neu hinzugekommenen Ausdrucksformen, dies alles ist stärker in das Bewusstsein gerückt worden. Speziell die interkulturelle Bildung, das Nachdenken über die kulturelle Partizipation von Migranten, die kulturelle Öffnung von Kultureinrichtungen und Institutionen der Kulturellen Bildung haben einen höheren Stellenwert gewonnen (siehe Susanne Keuchel/Ernst Wagner „Poly-, Inter- und Transkulturalität" in diesem Band).

Manchmal wird darüber hinaus die Konvention Kulturelle Vielfalt als Argumentationshilfe genutzt, um Kultureinrichtungen oder Einrichtungen der Kulturellen Bildung vor dem Aus zu retten. Weder musste aber bislang auf die Konvention Kulturelle Bildung zurückgegriffen werden, um ausländischen Kulturdienstleistern Subventionen zu verwehren, noch hat sie tatsächlich eine kulturwirtschaftliche Wirkung bislang in Deutschland entfaltet.

Globalisierung schreitet voran

Nichtsdestotrotz schreitet auch im Kulturbereich die Globalisierung voran. Dabei ist ein wesentliches Movens die Digitalisierung. Kulturelle Globalisierung heißt natürlich auch, dass Kunst aus anderen Staaten, anderen Erdteilen, anderen Kulturen in Deutschland gezeigt, rezipiert oder gekauft wird. Kulturelle Globalisierung bedeutet selbstverständlich auch, dass deutsche Künstler im Ausland präsent sind und ihre Werke dort eine entsprechende Wertschätzung durch Aufführung oder Kauf erfahren. Dieser Kulturaustausch hat sich in den letzten Jahrzehnten nicht zuletzt durch schnelle Reisewege, den Fall des eisernen Vorhangs und anderes weiter verstärkt. Die eigentliche Veränderung mit massiven Auswirkungen auf die Kulturrezeption, Kulturvermittlung und Kulturelle Bildung ist die Digitalisierung.

In Bruchteilen von Minuten können Daten, also Musik, Filme, Texte, Bilder, um die ganze Welt geschickt werden. Wer eine virtuelle Runde in einem Museum drehen möchte, braucht einen leistungsfähigen Computer und ein schnellen Zugang zum Internet. Wo dieser Computer steht, ist letztlich egal. Entscheidend ist die Infrastruktur an Strom und Telefonleitungen. Social media wie facebook oder twitter finden einen regen Zuspruch gerade bei jüngeren Menschen, und wer sich nicht beteiligt, gilt schnell als von gestern.

Diese kulturelle Globalisierung verändert die Kulturrezeption. Wurde zu Beginn des GATS-Prozesses noch energisch an das internationale Abkommen zu Urheber- und Patentrechten, das TRIPS-Abkommen (Trade-Related Aspects of Intellectual Property Rights), erinnert und dessen Einhaltung angemahnt, geht es nunmehr darum, zu verdeutlichen, dass Kulturproduktion Arbeit ist und daher die Urheber künstlerischer Werke zum einen das unverbrüchliche Recht haben, selbst darüber zu entscheiden, ob ein Werk veröffentlicht oder verändert werden kann. Dass also das Urheberpersönlichkeitsrecht von herausragender Bedeutung für den Schöpfer ist. Zum anderen geht es darum, dass die Urheber einen wirtschaftlichen Ertrag aus der Verwertung ihrer Rechte ziehen können (Verwertungsrecht). Dabei muss es jedem Urheber selbst überlassen bleiben, ob er mit einem Verwerter, wie einem Verlag, einer Plattenfirmen oder einem Filmproduzenten zusammenarbeitet oder nicht.

Die entscheidende Herausforderung der kulturellen Globalisierung ist derzeit, das Bewusstsein für den Wert der Kreativität zu schärfen. Gerade der Kulturellen Bildung kommt dabei eine herausragende Bedeutung zu. Kulturelle Bildung sollte Respekt vor der künstlerischen Schöpfung vermitteln. In der unmittelbaren Auseinandersetzung mit Kunst kann durch Kulturelle Bildung erlernt werden, was schöpferische Tätigkeit bedeutet.

Die Gewichte in der Welt verschieben sich. Die aufstrebenden BRICS-Staaten sind nur ein Beispiel dafür, dass Europa in der Welt eine neue Rolle einnehmen wird. Gekennzeichnet vom demografischen Wandel, reich an kulturellem Erbe, innovativ in avantgardistischer Kunst, ideenreich in der Vermittlung von Kunst, kann Europa angesichts der kulturellen Globalisierung eine wichtige Rolle spielen und ein Kontinent der Impulse sein. Dafür ist es aber erforderlich, dass die materialisierten Ideen einen angemessenen Schutz erfahren. Der Kulturellen Bildung kommen hierbei ein herausragender Stellenwert zu.

Zum Weiterlesen

Resolution des Deutschen Kulturrates zu den GATS-2000 Verhandlungen der WTO über bestimmte audiovisuelle Dienstleistungen und über Kulturdienstleitungen vom 31.01.2003: http://www.kulturrat.de/detail.php?detail=202&rubrik=4 (Letzter Zugriff am 1.10.2012).

Stellungnahme des Deutschen Kulturrates zu den GATS-2000-Verhandlungen der WTO über bestimmte audiovisuelle Dienstleistungen und über Kulturdienstleistungen: http://www.kulturrat.de/detail.php?detail=192&rubrik=4 (Letzter Zugriff am 1.10.2012).

Zimmermann, Olaf/Geißler, Theo (2010) (Hrsg.): Digitalisierung: Kunst und Kultur 2.0. Berlin: Deutscher Kulturrat.

Zimmermann, Olaf/Geißler, Theo (2012) (Hrsg.): Kulturelle Vielfalt leben: Chancen und Herausforderungen interkultureller Bildung. Berlin: Deutscher Kulturrat.

Mark Schrödter
**Wohlergehensfreiheit –
Welche Lebenschancen brauchen junge Menschen?
Der Capabilitys-Ansatz als möglicher Orientierungsrahmen**

Jugendpolitik als Investition in Humankapital?

In der Kinder- und Jugendpolitik dominiert derzeit die Orientierung an der ökonomischen Funktion von Bildungsangeboten (siehe Klaus Schäfer „Jugendpolitik und Kulturelle Bildung" in diesem Band). Kindheit und Jugend ist in diesem politischen Diskurs nicht primär als eine eigenständige Lebensphase thematisch, in der ein besonderer Bildungsbedarf anfällt, sondern als Phase des Aufbaus von Humankapital. Nun ist es aber bereits aus einer rein ökonomischen Perspektive wenig sinnvoll, Kinder- und Jugendpolitik ausschließlich unter dem Gesichtspunkt der Humankapitalinvestition zu betrachten. Kinder- und Jugendpolitik muss vor allem auch Gerechtigkeitsfragen im Blick halten, und darunter fällt auch die Frage nach der Verteilung von Bildungsgütern, die wir um ihrer selbst willen anstreben, selbst wenn sie keinen unmittelbaren ökonomischen Ertrag zeigen. Zu betonen, dass der Wert von Bildungsgütern nicht ausschließlich aus einer ökonomischen Effizenzperspektive betrachtet werden sollte, bedeutet aber nicht, dass die Realisierung gerechter Verteilung von Bildungsgütern stets im Konflikt mit der Realisierung ökonomischer Ziele stünde. So läßt sich zeigen, dass jeder Begriff von ökonomischer Effizienz zwingend auf das soziale Wohlergehen der Bevölkerung bezogen sein muß (vgl. Otto/Schrödter 2007). In diesem Sinne schlägt etwa John Roemer (2006) vor, ökonomische Entwicklung als die Rate zu operationalisieren, in der die Chancen zur Erzielung von Einkommen in einer Gesellschaft angeglichen werden. Umfassender noch wird ökonomische Entwicklung bei Amartya Sen (1999) als Angleichung von Verwirklichungschancen bzw. als Zunahme an Freiheit im Sinne einer Ökonomie für den Menschen bestimmt. In vergleichbarer Weise kann auch die Effizienz des Bildungssystems betrachtet werden, indem es daran bemessen wird, inwiefern es den am schlechtesten Gestellten gleiche Bildungschancen eröffnet.

Normativer Referenzrahmen von Gerechtigkeitsurteilen

Welche Konzepte sind nun geeignet, Bildungsungleichheiten normativ gehaltvoll zu fassen, sodass sich eine Bildungspolitik, die sich der sozialen Gerechtigkeit verschrieben hat, daran orientieren kann? Bislang werden in Politik und Wissenschaft vor allem die Konzepte des Wohlbefindens, der Grundgüter, der Kompetenz und der Verwirklichungschancen verwendet. Diese Konzepte formulieren normative Referenzrahmen, innerhalb deren jugend- oder bildungspolitische Entscheidungen als vernünftig, rational und geboten erscheinen. Mit ihnen wird jeweils beurteilt, ob und inwiefern Gerechtigkeit vorliegt oder nicht.

(1) Im Rahmen des klassischen Utilitarismus orientieren sich Gerechtigkeitsurteile am subjektiven Wohlbefinden, d.h. an der erfolgten Befriedigung subjektiver Bedürfnisse. Eine Gesellschaft gilt dann als gerecht, wenn die BürgerInnen (in ihrer Gesamtheit) so glücklich sind, wie es technologisch maximal erreichbar ist. Gerechtigkeitsurteile orientieren sich hier an den tatsächlich erreichten Zuständen. Würde aber eine Jugendbildungspolitik sich an den

subjektiven und womöglich wenig reflektierten Wünschen der Bedürfnisbefriedigung der Jugendlichen orientieren, würde mitunter auch das subjektive (Un-)Zufriedenheitsniveau affirmiert werden. Wenn Jugendliche aus der Existenz von umfassenden Bildungsmöglichkeiten zunächst keine unmittelbare subjektive Befriedigung erfahren – und für Bildungsprozesse ist dies wahrscheinlich, da Bildungsprozesse immer krisenhaft sind, weil sie das eigene Welt- und Selbstverständnis transformieren –, gäbe es für eine solche Politik keinen Grund, diese Möglichkeiten auszubauen.

(2) John Rawls (1975) hat daher mit seinem Grundgüteransatz vorgeschlagen, dass sich Gerechtigkeitsurteile an dem Ausmaß verfügbarer zentraler Güter wie Grund-, Freiheits- und Zugangsrechte und basaler, materieller Ressourcen orientieren sollen. Demnach gilt eine Gesellschaftsordnung dann als gerecht, wenn gewährleistet ist, dass jedem Bürger unabhängig von seinen individuellen, subjektiv geäußerten Bedürfnissen ein gewisses Maß an Mitteln zur Verfügung steht. Problematisch an dem Referenzrahmen „Grundgüter" ist allerdings, dass er bestimmte Ungleichheiten nicht in den Blick bekommt. So haben Menschen unterschiedliche Möglichkeiten, die Mittel zur Verwirklichung ihrer Bedürfnisse zu nutzen. Diese Verwirklichungsmöglichkeiten werden zum einen durch große Unterschiede in der körperlichen und geistigen Konstitution bestimmt und zum anderen können die jeweiligen sozialen Umweltbedingungen die Verwirklichungsmöglichkeiten beeinflussen (vgl. Roemer 1998:6; Sen 2009:253ff.). Diese Variation ist der Normalfall, nicht der Ausnahmefall, weil Menschen über unterschiedliche interne Fähigkeiten verfügen. Jugendliche mit Behinderungen, Jugendliche unterschiedlicher Sozialmilieus oder Jugendliche mit Migrationserfahrungen brauchen oftmals ein Mehr an bestimmten Gütern, um ein gewisses Maß an Autonomie zu realisieren. Gerechtigkeitsurteile können also nicht lediglich die Mittel und Ressourcen in den Blick nehmen, da beispielsweise die Forderung nach Chancengleichheit im Sinne der Gleichverteilung von Mitteln zu starken Ungleichheiten führt, die sich mitunter als strukturelle Diskriminierung bezeichnen lassen.

(3) In der derzeitigen, durch die Schulsystemvergleichsstudien (PISA) angestoßenen bildungspolitischen Diskussion dominiert derzeit der Begriff der Kompetenz, sei es zur Beschreibung der Ziele von formeller, nonformeller und informeller Bildung (vgl. Jude/Hartig/Klieme 2008). Der Kompetenzbegriff bezieht sich auf eine Handlungsfähigkeit und -bereitschaft in konkreten Situationen bzw. für konkrete Aufgaben, die zugleich in ähnlichen Situationen bzw. für ähnliche Aufgaben nutzbar ist. Als Ziel von Bildungspolitik erscheint es in diesem Rahmen, Jugendliche in die Lage zu versetzen, auf Basis von flexiblen Fähigkeiten auch in neuen Situationen angemessen handeln zu können (vgl. Otto/Schrödter 2010) (siehe Kerstin Hübner „Bildungspolitik für Kulturelle Bildung" in diesem Band). Kompetenzkonzepte beanspruchen, die funktionalen Vermögen des Menschen zu explizieren, die er benötigt, um in modernen hochkomplexen Gesellschaften gut zu leben. Es empfiehlt sich aus zweckrationalen Gründen, sich bestimmte Schlüsselkompetenzen anzueignen. Schlüsselkompetenzen (z.B. Flexibilität) werden nicht in erster Linie aus wertrationalen Gründen um ihrer selbst willen angestrebt. Menschen eignen sie sich nicht deshalb an, weil sie sich andernfalls nicht mehr als Menschen im Spiegel anblicken könnten. Kaum jemand will deshalb „flexibel" sein, weil er glaubt, dass ihn dies menschlicher macht. BürgerInnen moderner Gesellschaften müssen flexibel sein, wenn sie in der Gesellschaft „mithalten" wollen.

(4) Als alternativer normativer Referenzrahmen von Gerechtigkeitsurteilen im Rahmen von Bildungspolitik und -forschung wird hier im Sinne des Capability Approach die Orientierung an „Vermögen" (capabilitys) vorgeschlagen. Hier liegen die Möglichkeiten für einen realistischen und zugleich tragfähigen Ansatz einer kritischen empirischen Bildungspolitik, die die Einsicht begründet, dass Bildung mehr ist als Humankapitalpolitik.

Das Konzept der Verwirklichungschancen

Der von Amartya Sen und Martha Nussbaum entwickelte Capability Approach nimmt die umfassenden Potentiale des Menschen in den Blick. „Capabilitys" sind nicht als „Fähigkeiten" oder „Kompetenzen" zu betrachten, sondern werden von Martha Nussbaum als das Potential eines Menschen verstanden, etwas Bestimmtes zu tun. „Capabilitys" wird daher auch als „Befähigung" oder „Verwirklichungschance" übersetzt, um zu betonen, dass ein solches Ver-

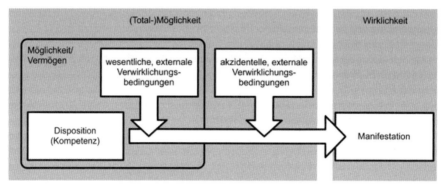

Abbildung 1 : Der Vermögens-Begriff bei Aristoteles

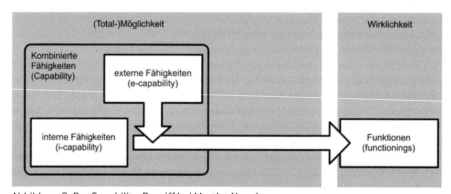

Abbildung 2: Der Capability-Begriff bei Martha Nussbaum

mögen nicht auf das von seinen sozialen Kontextbedingungen abstrahierte Individuum allein reduziert werden kann. Vielmehr ist es immer schon sozial kontextualisiert. In diesem Sinne befähigen Kontextbedingungen das Individuum. Doch was ist nun das Besondere des Vermögensbegriffes, den der Capability Approach der Aristotelischen Begriffstradition entnimmt?

Es ist zunächst zu unterscheiden zwischen den Dispositionen des Individuums und den externen Verwirklichungsbedingungen, die diesen Dispositionen zur Realisierung verhelfen (vgl. Abbildung 1).

Als Verwirklichungsbedingungen, die unmittelbar zu einem solchen Vermögen selbst gehören, kommen aber – wie unten deutlich werden wird – nur die wesentlichen, nicht die akzidentellen bzw. nebensächlichen Realisierungsbedingungen in Betracht. Es ist Sens und Nussbaums Verdienst, nicht nur den Vermögensbegriff für die politische Philosophie reetabliert, sondern ihn vor allem der empirischen Forschung zugänglich gemacht zu haben. Nussbaum bezeichnet die Dispositionen als „I-Capabilitys", die wesentlichen Verwirklichungsbedingungen als „E-Capabilitys" und die daraus zusammengesetzten Vermögen als „Combined Capabilitys" (siehe Abbildung 2).

Nun steht und fällt die Bildungspolitik, die sich auf empirische Daten stützt mit der Operationalisierung der Vermögen im Sinne solcher kombinierter Fähigkeiten. Je nachdem, wie die jeweils interessierenden Vermögen beschrieben werden, geraten unterschiedliche

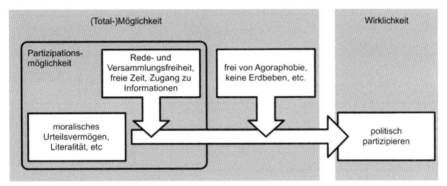

Abbildung 3: Nussbaums Capability Nr. 10: „Peter ist imstande, effektiv an politischen Entscheidungen teilzuhaben, die das eigene Leben betreffen"

personale und soziale Bedingungen in den Blick. Dies lässt sich am Beispiel des Vermögens zur politischen Partizipation illustrieren (siehe Larissa von Schwanenflügel/Andreas Walther „Partizipation und Teilhabe" in diesem Band). Martha Nussbaum hat eine Liste von zehn Vermögen ausgearbeitet, die als jene Vermögen gelten, die unser Menschsein ausmachen. Die Capability Nr. 10 ihrer Capability-Liste beschreibt das Vermögen, „Kontrolle über die eigene Umgebung" zu haben. Im politischen Sinne meint dies, imstande zu sein, „effektiv an politischen Entscheidungen teilzuhaben, die das eigene Leben betreffen; das Recht der politischen Teilnahme und des Schutzes der Redefreiheit und der Versammlungsfreiheit genießen" zu können. Die Unterscheidung zwischen Dispositionen, wesentlichen und unwesentlichen Verwirklichungschancen zwingt dazu, die Bestandteile herauszuarbeiten, die wir in der Rede von politischer Partizipation oftmals unexpliziert lassen (siehe Abbildung 3).

So könnte als dispositionale Komponente die Kompetenz zum moralischen Urteilsvermögen und die Kompetenz der Literalität definiert werden und als externe Verwirklichungsbedingung die Rede- und Versammlungsfreiheit, der freie Zugang zu Information und ausreichend freie Zeit zur Beteiligung. Ohne diese externen Verwirklichungsbedingungen könnten sich die Kompetenzen gar nicht verwirklichen. Ohne diese externen Bedingungen bestünde das Vermögen der politischen Mitbestimmungsfähigkeit gar nicht.

Damit die Kompetenzen sich im Zusammenspiel mit den externen, wesentlichen Verwirklichungsbedingungen realisieren können, das Vermögen also besteht, müssen unzählige weitere Bedingungen erfüllt sein. So muss die Person, um partizipieren zu können, beispielsweise hinreichend gut ernährt und ausgeschlafen sein, sie sollte – wenn es um Beteiligung an einer Demonstration geht – nicht an einer Agoraphobie leiden und die Versammlung sollte nicht durch Erdbeben oder Stromausfälle gestört werden, die das Verkehrsnetz lahmlegen. Zwar mag es – unter gegebenen Umständen (!) – eine Voraussetzung für die Realisierung der politischen Mitbestimmungsfähigkeit sein, gut ernährt und ausgeschlafen zu sein, keine Angst vor öffentlichen Plätzen zu haben und nicht durch Erdbeben und Stromausfälle gestört zu werden, solche externen Verwirklichungsbedingungen erscheinen uns aber für die Definition des Vermögens der Mitbestimmungsfähigkeit als analytisch nebensächlich, als akzidentell. Es handelt sich hier um externe, akzidentelle Verwirklichungsbedingungen. Mit dieser komplexen Konzeption von Vermögen lässt sich bestimmen, was es bedeuten kann, wenn Jugendbildungspolitik sich an dem Vermögen zur Verwirklichung von Wohlergehen ausrichtet.

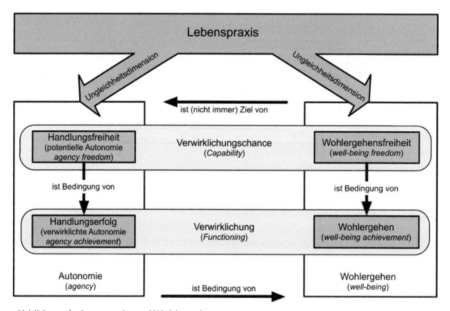

Abbildung 4 : Autonomie und Wohlergehen

Wohlergehen und Realisierung des Menschseins

Der Begriff des „Wohlergehens" dient der Beurteilung einer Lebenspraxis in Hinblick auf soziale Ungleichheit. Sen unterscheidet zwischen der (1) Freiheit, zielgerichtet zu handeln (agency freedom), der (2) Freiheit, Wohlergehen anzustreben (well-being freedom), dem (3) Erreichen von gesteckten Zielen (agency achievement) und (4) Erreichen von Wohlergehen (well-being achievement). Mit dem „zielgerichteten Handeln" und dem „Wohlergehen" sind zwei Aspekte von Lebenspraxis bezeichnet, die nicht aufeinander reduziert werden können (siehe Abbildung 4).

Im Begriff des zielgerichteten Handelns ist der Mensch thematisch, der handelnd in die Welt eingreift, wertend Stellung nimmt und sich begründet Handlungsziele setzt, die er verwirklichen will. Mit dem Begriff des Wohlergehens geht es um den Menschen, dem etwas in der Welt widerfährt, der von ihr profitiert oder unter ihr leidet. „Wohlergehen" ist dabei nicht als egoistische Orientierung misszuverstehen. Das Wohlergehen kann sich durchaus aus der Hinwendung zu Dingen oder anderen Menschen ergeben. So kann es mir wohlergehen, wenn ich meinen Mitmenschen helfe oder mich für eine gute Sache einsetze. Solche Tätigkeiten tragen dann indirekt zu meinem Wohlergehen bei.

Die Maximierung von Wohlergehen ist häufig ein wichtiges Handlungsmotiv, jedoch lediglich eines unter vielen anderen. Zwar liegt in der Regel das Wohlergehen im Horizont der persönlichen Handlungsziele – wir setzen uns das Ziel, Wohlergehen durch unser Handeln zu verwirklichen. Aber unsere Handlungsziele müssen nicht notwendigerweise zu unserem Wohlergehen beitragen. So kann ich mir zum Ziel setzten, anderen Menschen zu helfen oder mich für eine gute Sache einzusetzen, auch wenn sich dies nicht auf mein Wohlergehen auswirkt. Menschliches Handeln ist oft auch durch deontologische Forderungen, wie der Pflicht gegenüber anderen motiviert. Damit können meine Handlungsziele sogar meinem Wohlergehen zuwiderlaufen. Wenn ich in dem Moment, in dem ich (etwa aus religiösen oder gesundheitlichen Gründen) faste, leide, dann laufen meine Handlungsziele meinem aktualen Wohlergehen entgegen. Auch im künstlerischen oder politischen Engagement, bei dem ich große persönliche Entbehrungen auf mich nehmen muss, laufen meine Handlungsziele meinem Wohlergehen entgegen. Die Lebenspraxis kennt Zustände wie „kreativen Unmut" oder „schöpferische Unzufriedenheit". Wohlergehen ist insofern lediglich ein erstrebenswerter Aspekt von Lebenspraxis von vielen anderen. Es wäre reduktionistisch, menschliches Handeln so zu konzipieren, als sei es grundsätzlich auf die Steigerung des Wohlbefindens gerichtet. Wenn aber menschliches Handeln auch auf andere Dinge als Wohlbefinden gerichtet ist, dann ist Wohlergehen bestenfalls ein Indikator der subjektiven Konzeption des guten Lebens. Wohlergehen bezeichnet lediglich, wie glücklich eine Person mit bestimmten Aspekten ihrer Lebenspraxis ist, nicht aber, ob es ein gutes Leben ist und nicht einmal ob die Person selbst dies für ein gutes Leben hält.

Für das „gute Leben" spielen viel mehr Dinge eine Rolle als realisiertes Wohlergehen. Mit dem Fall der Mauer zwischen Ost- und Westdeutschland mag mein aktuales Wohergehen nicht tangiert sein, sofern ich nicht beabsichtige, auszureisen. Allerdings wird durch den Fall der Mauer meine Freiheit erhöht, Wohlergehen zu erreichen. Schließlich könnte ich ja irgendwann beabsichtigen, auszureisen und daher wirkt es sich auf unser Wohlergehen aus, wenn wir Handlungsfreiheiten haben. Handlungsfreiheit ist also zum einen notwendige (aber nicht hinreichende) Bedingung, um Wohlergehen zu erreichen. Ohne die Freiheit zu zielgerichtetem Handeln kann ich nicht die Dinge tun, die mein Wohlergehen befördern. Zum anderen ist Handlungsfreiheit zugleich Selbstzweck. Es geht uns gut, wenn wir wissen, dass wir viele Handlungsoptionen haben.

Aus der Perspektive des Befähigungsansatzes hätte Jugendpolitik zu gewährleisten, dass alle Kinder und Jugendlichen ein soziales Minimum an Chancen bekommen, ihr Wohlergehen zu verwirklichen. Dabei ist es entscheidend, Kindern und Jugendlichen die Freiheit zu geben, darüber entscheiden zu können, ob sie ein bestimmtes Vermögen ausbilden und realisieren wollen oder nicht. Erst diese Freiheit, zwischen der Realisierung von bestimmten Potentialen entscheiden zu können – und das bedeutet dann, entsprechende Ressourcen zur Verfügung gestellt zu bekommen –, charakterisiert aus der Perspektive des Capability Approach reale menschliche Freiheit. Diese positive Freiheit, wertvolle Dinge tun zu können, repräsentiert den Referenzrahmen, innerhalb dessen Gerechtigkeitsurteile zu bilden sind.

Die basalen menschlichen Verwirklichungschancen, wie Nussbaum sie beschreibt, können lediglich als ein Ausgangspunkt von Jugend- und Bildungspolitik dienen. Sie sind jeweils regional- und kontextspezifisch zu konkretisieren. Diese Konkretion soll zum einen vor dem Hintergrund des technisch Möglichen in einer Gesellschaft stattfinden, sodass das soziale Minimum in hochentwickelten Industriegesellschaften anders angesiedelt wird als beispielsweise in sogenannten Entwicklungsgesellschaften. Zum anderen ist jede konkrete, lokale Politik anleitende Liste von Verwirklichungschancen unter Einbeziehung aller relevanten AkteurInnen – hier vor allem: der Kinder und Jugendlichen selbst – zu konzipieren. Eine Liste von Verwirklichungschancen kann vernünftig nur in deliberativen Prozessen der Aushandlung zwischen den betroffenen AkteurInnen entstehen. Eine solche Liste kann dann beanspruchen, jene essentiellen Vermögen zu explizieren, die in dieser Gesellschaft für einen Menschen gegeben sein müssen, damit überhaupt von einem guten menschlichen Leben die Rede sein kann. Die so bestimmten Verwirklichungschancen gelten dann als Ausdruck eines Lebens in Würde. Eine umfassend verstandene Bildungspolitik muss in diesem Sinne Kindern und Jugendlichen die reale Freiheit geben, entscheiden zu können, welche Vermögen sie ausbilden wollen, um ihr Wohlergehen zu realisieren.

Zum Weiterlesen

Nussbaum, Martha Craven (2006): Die Grenzen der Gerechtigkeit: Behinderung, Nationalität und Spezieszugehörigkeit (dt. 2010). Frankfurt/M.: Suhrkamp.

Nussbaum, Martha Craven (2002): Aristotelische Sozialdemokratie. Die Verteidigung universaler Werte in einer pluralistischen Welt. In: Nida-Rümelin, Julian/Nussbaum, Martha C. (Hrsg.): Für eine aristotelische Sozialdemokratie (17-40). Essen: Klartext.

Otto, Hans-Uwe/Ziegler, Holger (Hrsg.) (2008): Capabilities - Handlungsbefähigung und Verwirklichungschancen in der Erziehungswissenschaft. Wiesbaden: VS.

Roemer, John E. (2006): Economic development as opportunity equalization. Cowles Foundation Discussion Paper. New Haven: http://cowles.econ.yale.edu/P/cd/d15b/d1583.pdf%5D (Letzter Zugriff am 28.07.12).

Sen, Amartya Kumar (2009): Die Idee der Gerechtigkeit (dt. 2010). München: Beck.

Sen, Amartya Kumar (1999): Ökonomie für den Menschen. Wege zu Gerechtigkeit und Solidarität in der Marktwirtschaft (dt. 2000). München: DTV.

Anne Sliwka
Soziale Ungleichheit – Diversity – Inklusion

Ethnische, linguistische und religiöse Pluralität sind schon seit langer Zeit eine Realität in der bundesdeutschen Gesellschaft. Das Wirtschaftswunder der 1960er Jahre löste eine Zuwanderungswelle in die Bundesrepublik Deutschland aus, allerdings wurden die MigrantInnen, die überwiegend aus der Türkei, Spanien, Italien und Griechenland einwanderten, bis zum Ende des 20. Jh.s nicht als dauerhafte „Zuwanderer" sondern als „Gastarbeiter" auf Zeit gesehen, in der Annahme, dass die meisten von ihnen sich nur für begrenzte Zeit in Deutschland aufhalten würden. Die Realität war jedoch eine andere: Der weitaus größte Teil der Zuwanderer zog mitsamt der Familie nach Deutschland. Der Osten Deutschlands erlebte Zuwanderung zwar in begrenzterem Umfang, aber auch in die ehemalige DDR wanderten Menschen aus unterschiedlichen Ländern Afrikas und Asiens ein. Dieser dauerhafte Zuzug von MigrantInnen hat die Demografie deutscher Klassenzimmer nachhaltig verändert: Ethnische, linguistische und religiöse Diversität bildet heute überall in Deutschland die Ausgangsbasis für die Gestaltung von Bildungsprozessen (siehe Karl Ermert „Demografischer Wandel und Kulturelle Bildung in Deutschland). Die bewusste Wahrnehmung von Diversität als Gestaltungsaufgabe in Bildungsprozessen hat durch die „empirische Wende" in der Bildungsforschung deutlichen Auftrieb erfahren. Erst durch die großen internationalen Schulstudien wie TIMSS und PISA wurden Fragen des Zusammenhangs zwischen sozialer Herkunft, Bildungsbeteiligung und Bildungserfolg systematisch untersucht. Die PISA-Daten haben erstmals in großem Stile gezeigt, dass soziale Herkunft in Deutschland in einem erheblichen Maße den Bildungserfolg beeinflusst (Baumert/Stanat/Watermann 2006; Stanat/Christensen 2006). Dass Kinder aus bildungsfernen Familien sowie Kinder von Einwandern in die Bundesrepublik Deutschland in den weniger anspruchsvollen Schulformen auf Sekundarstufe I stark überrepräsentiert sind, hängt damit zusammen, dass das Schulsystem bis Ende des vergangenen Jh.s wenig unternommen hat, um bestimmte Faktoren der Bildungsbenachteiligung, wie zum Beispiel geringe Kompetenzen im Sprechen und Schreiben der deutschen Sprache, systematisch durch frühe Förderangebote zu kompensieren. Seit der Jahrtausendwende genießt die Integration von Zuwanderern Priorität in den Programmen der Regierungen (Bommes/Krüger-Potratz 2008). Nach dem derzeitigen Diskurs gilt ein Zuwanderer als „integriert", wenn er oder sie die deutsche Sprache beherrscht und auf dem Arbeitsmarkt den eigenen Lebensunterhalt verdienen kann. Eine logische Konsequenz aus diesem Verständnis gelungener Integration ist, dass staatliche Bildungssysteme Angebote machen müssen, die junge Menschen – unabhängig von familiären Sozialisationsbedingungen – bestmöglich fördern, damit diese Bildungsabschlüsse erreichen, die ihnen als Erwachsene politische und ökonomische Teilhabe sowie ein autarkes und selbstbestimmtes Leben ermöglichen (Auernheim 2006; Gogolin 2008; Neumann 2008).

Neben der deutlichen Verbesserung der Rahmenbedingungen für den Bildungserfolg von Zuwandern stellt die Inklusion von Kindern und Jugendlichen mit Behinderung in Regelschulen, die durch die Ratifizierung der *UN*-Konvention zu einem politischen Gebot geworden ist (Wansing 2005), einen weiteren, erheblichen Lernprozess dar, den das deutsche Bildungssystem derzeit durchläuft. Nach der Verfolgung und Diskriminierung von Menschen mit

Behinderung durch das nationalsozialistische Regime (1933-1945) empfand es die Politik Westdeutschlands als moralische Verpflichtung, behinderten Menschen „geschützte Räume" im Bildungssystem zu schaffen, in denen eine professionelle Förderung und Lernunterstützung von Individuen mit unterschiedlichen Behinderungen möglich sein würde. Das Resultat war die Schaffung eines hochdifferenzierten Systems an sogenannten „Sonder-" bzw. später „Förderschulen", an denen SchülerInnen mit Behinderung in kleinen Gruppen von gut ausgebildetem und spezialisiertem Fachpersonal gebildet wurden. Die Grundannahme dieses Systems war, dass Kinder und Jugendliche mit Behinderungen sich am besten entwickeln können, wenn sie außerhalb des Regelschulwesens in besonderen Lernumgebungen von hochspezialisiertem Personal beschult würden. Trotz wiederholter öffentlicher Debatten über ein Mehr an Inklusion, blieb dieses „Sonderschul"-System mehr oder weniger stabil bis ins neue Jahrtausend bestehen. Zunächst waren es – zumeist sehr gut ausgebildete – Eltern von Kindern mit Behinderungen, die die kategorische Trennung zwischen ihren eigenen behinderten Kindern und den vermeintlich „normalen" Kindern im Regelschulwesen in Frage stellten. In den vergangenen Jahrzehnten gelang es einzelnen Eltern immer wieder, das System auch rechtlich herauszufordern, indem sie eine inklusive Beschulung ihres Kindes mit Erfolg einklagten. Bis vor wenigen Jahren hatten diese Urteile jedoch keine Auswirkungen auf die separierende Logik des Gesamtsystems. Nur in einigen Bundesländern wurden vor allem im Bereich der Grundschulbildung sukzessive inklusive Bildungssettings für Kinder mit und ohne Behinderung geschaffen. Im Jahr 2009 vollzog die Bundesrepublik Deutschland dann den Paradigmenwechsel hin zu einem inklusiven Schulsystem: Im März 2009 wurde nach ihrer Ratifizierung die so genannte *UN*-Behindertenrechtskonvention für die Bundesrepublik Deutschland rechtsverbindlich. Mit diesem Schritt gilt der Zugang zu inklusiver Bildung nun als ein Menschenrecht, dessen Umsetzung Staaten durch gesetzliche Rahmenbedingungen gewährleisten müssen. Die Ratifizierung der *UN*-Behindertenrechtskonvention stellt einen Meilenstein in der Umsetzung von Diversitätskonzepten im Bildungsbereich der Bundesrepublik Deutschland dar. Im internationalen Vergleich schließt Deutschland damit zu einer Entwicklung auf, die in vielen Ländern international längst vollzogen ist. In England z.B. wird der „Index for Inclusion" seit Jahren erfolgreich eingesetzt, um Schulprogramme auf ihre Tauglichkeit im Hinblick auf die Inklusion aller Kinder, unabhängig von deren sozialer Herkunft oder kognitiver Entwicklung, zu evaluieren. In Kanada erfolgte der Paradigmenwechsel hin zur inklusiven Beschulung aller Kinder in Regelschulen mit unterrichtlicher und schulorganisatorischer Binnendifferenzierung bereits seit Anfang der 70er Jahre des vergangenen Jh.s, als ein wegweisendes Verfassungsgerichtsurteil bereits das Menschenrecht auf inklusive Bildung zu einer kanadischen Rechtsnorm erhob. Der Begriff „special needs" beschreibt im kanadischen Kontext die Tatsache, dass es in jeder Schule in größerer Zahl Kinder und Jugendliche gibt, deren besondere Bedürfnisse beim Lernen Berücksichtigung finden müssen, damit sie sich erfolgreich entwickeln können. Der Begriff ist weit gefasst und deckt neben Kindern mit Behinderungen und Lernbeeinträchtigungen auch Kinder mit Hochbegabungen ab. Die Diversität von Individuen wird im kanadischen Schulsystem als positive Ressource betrachtet und auch so kommuniziert. Die inklusive Beschulung von Kindern und Jugendlichen mit besonderem Förderbedarf wird in der Zukunft dazu führen, dass auch jede deutsche Schule ein Konzept im Umgang mit Diversität entwickeln muss, das sich auf so unterschiedliche Bereiche wie die innere Differenzierung im Unterricht, die Binnenorganisation von Schulen, die Einbindung außerschulischer Partner und nicht zuletzt auch die Leistungsbewertung und -rückmeldung beziehen muss. Entscheidend für den Erfolg dieser Schulkonzepte wird sein, ob es ihnen gelingt, Diversität als Gewinn und nicht als Bedrohung zu rahmen und entsprechend zu leben.

Frühe Selektion als Barriere einer Entwicklung von Diversitätskonzepten im Bildungsbereich

Durch die frühe Selektion der Kinder in unterschiedliche Schulformen je nach kognitiven Leistungsfähigkeiten wurde in Deutschland – zumindest auf der Ebene der Sekundarstufen I und II – lange Zeit die Fiktion homogener Lerngruppen aufrecht erhalten. Durch das hohe Maß an Spezialisierung in unterschiedliche Typen von Sonderschulen und durch die sukzessive Einführung von Spezialschulen für hochbegabte SchülerInnen haben sich Schulformen so stark ausdifferenziert, dass Lehrkräfte von weitgehend homogenen Lerngruppen ausgehen konnten, auch wenn die Forschung im Nachklang zu PISA eindeutig zeigen konnte, dass Homogenität durch Selektion eine Fiktion ist. Die PISA-Daten zeigen, dass statistisch gesehen die Spitzengruppe der SchülerInnen an Realschulen bessere Lernergebnisse zeigt als ein Teil der GymnasiastInnen. Begabungen verlaufen zum einen domainspezifisch, so dass eine eindeutige und trennscharfe Zuordnung zu den Schulformen gar nicht leistbar ist, wie das Beispiel von autistischen SchülerInnen mit hoher mathematischer Begabung zeigt, die in der Vergangenheit zu Unrecht teilweise in Sonderschulen beschult wurden. Jüngere Forschung zur Entwicklung von Intelligenz im Jugendalter zeigen zudem, dass sich die durch Tests messbare Intelligenz im Laufe des Jugendalters deutlich verändern kann (Ramsden/Richardson u.a. 2011).

Das grundlegende Paradigma, dass Selektion im Schulsystem zu homogenen Lerngruppen führt und dass diese lernförderlich ist, wird also derzeit in mehrfacher Weise herausgefordert. Das Denken entlang von „Normalität" und den Abweichungen davon hat im deutschen Schulsystem bis ins 21. Jh. eine lange Tradition (Tillmann 2006). Nach der schwierigsten Aufgabe im Lehrerberuf gefragt, antwortete der Pädagoge Johann Friedrich Herbart (1776-1841) „die Verschiedenheit der Köpfe". Der erste deutsche Pädagogikprofessor, Ernst Christian Trapp (1745-1818) vertrat die Ansicht, dass Lehrkräfte sich am Durchschnitt orientieren sollten, da es unmöglich sei, die momentane Disposition jedes einzelnen Schülers in einer Schülergruppe zu berücksichtigen (Trapp 1780). Trapps Rat war, sich an den „Mittelköpfen" zu orientieren. Die logische Konsequenz dieser Tradition war die Schaffung und Aufrechterhaltung eines Schulsystems, das auf homogene Lerngruppen ausgerichtet war. Die Ausrichtung am „Durchschnitt" legitimierte ein relativ uniformes Lehren, das die gleichen Lerninhalte und Lernziele, ähnliche Lernschritte und eine zeitliche Gleichtaktung des Lernens von SchülerInnen einer Lerngruppe vorsah. In der Leistungsbewertung spielte die soziale Bezugsnorm, also der Vergleich der SchülerInnen in einer Lerngruppe untereinander gegenüber der individuellen Bezugsnorm (dem Vergleich der Leistung eines Schülers mit den eigenen Vorleistungen) und der kriterialen Bezugsnorm (dem Vergleich mit Bildungsstandards oder übergeordneten Kriterien) eine dominante Rolle.

Studien zur Lehrerrolle und Lehrerprofession zeigen, dass eine Orientierung an einem imaginierten „Durchschnittsschüler" angesichts der enormen ethnischen, linguistischen und sozio-ökonomischen Diversität der Gegenwartsgesellschaft nicht mehr tragfähig sind (Gomolla 2005; Gomolla/Radtke 2009). Professionelles Handeln im Bildungskontext impliziert im 21. Jh. immer auch das bewusste Wahrnehmen und Reflektieren von unterschiedlichen Ausgangsbedingungen, dem unterschiedlichen Vorwissen der Lernenden und erheblichen Unterschieden in den familialen Sozialisations- und damit auch Lernbedingungen von Kindern und Jugendlichen. Die Forschung zu diesem Themenfeld entwickelt sich seit der Veröffentlichung der ersten PISA-Studie (2000) dynamisch, befindet sich aber insgesamt noch in den Kinderschuhen (Stanat/Segeritz 2009). Aufgrund des fehlenden Bewusstseins für die Diversität von Lernenden in unserem Bildungssystem standen differenzierte Daten über Lernbedingungen und Lernerfolge von Kindern aus unterschiedlichen gesellschaftlichen Sozialisationsmilieus lange Zeit nicht in einer Form zur Verfügung, die ein bewusstes Diversity-Management zugunsten der beiden Zieldimensionen „Chancengerechtigkeit" und „Exzellenz" ermöglicht hätte. Erst im vergangenen Jahrzehnt wurde auf nationaler und kommunaler Ebene ein systematisches Bildungsmonitoring zum Zwecke der Qualitätsentwicklung implementiert (z.B. Autorengruppe Bildungsberichterstattung 2012).

Es sind aber über das neue Diversitätsbewusstsein hinausgehend auch die mittlerweile von einer breiten Öffentlichkeit diskutierten Forschungsergebnisse der pädagogischen Psychologie und der neurowissenschaftlichen Hirnforschung, die zu Beginn des 21. Jh.s dazu führen, jedes Kind – unabhängig von seiner Herkunft – als individuelles Wesen mit einem hohen Lern- und Entwicklungspotential zu sehen (Istance/Dumont 2010). Das Resultat dieser veränderten Betrachtungsweise ist ein neuer Fokus auf die Personalisierung von Lernprozessen und die individuelle Förderung.

Von der Homogenität zur Diversität im deutschen Bildungssystem

Das deutsche Bildungswesen befindet sich mitten in einem Paradigmenwechsel: Begriffe wie „individuelle Förderung", „Binnendifferenzierung" und „Heterogenität" haben Hochkonjunktur in der Bildungsforschung und den pädagogischen Fachpublikationen. Regionale und nationale Programme dienen der Stärkung des Schulsystems im Umgang mit heterogenen Lerngruppen. Während noch bis zum Ende des 20. Jh.s das Paradigma der homogenen Lerngruppen vorherrschte, zeigt eine Analyse der im Bildungsbereich verwendeten Semantik eine Weiterentwicklung des Systems zugunsten der Wahrnehmung und Anerkennung von Heterogenität. Kaum ein Wort findet sich in bildungswissenschaftlichen Veröffentlichungen des frühen 21. Jh.s so häufig, wie der Begriff der Heterogenität. Dennoch ist auffällig, dass Heterogenität häufig noch in einem Atemzug genannt wird mit Begriffen wie „Problem" oder „Herausforde-

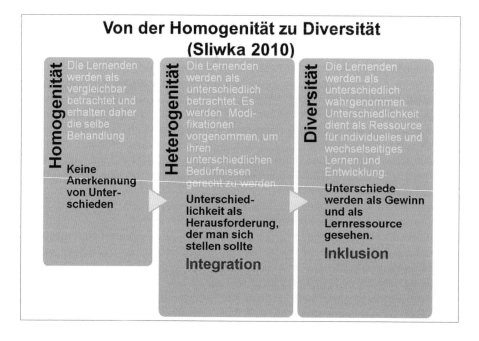

rung". Länder mit einer längeren Tradition der Zuwanderung, so wie Kanada, Australien oder Neuseeland, scheinen in puncto Diversität einen Schritt weiter zu sein: Statt Heterogenität als Herausforderung zu betrachten, wird Diversität als Bildungsgewinn und zentrale Ressource von Bildung gesehen. Interindividuelle Unterschiede zwischen Menschen dienen als Ressource für wechselseitiges Lernen. Bildungsräume ohne Unterschiede in Interessen, Fähigkeiten und Sichtweisen einerseits und ohne Unterschiede in kulturellen, ethnischen und religiösen Identitäten andererseits, würden als karge und inspirationslose Orte betrachtet.

Das deutsche Bildungswesen hat den entscheidenden Paradigmenwechsel von der Leitidee der Homogenität zu der der Heterogenität bereits vollzogen. Der Weg, der dem deutschen Bildungssystem in den nächsten Jahren bevorsteht, führt vom Verständnis der Heterogenität als Problem bzw. Herausforderung zu einem Verständnis von Diversität als Bildungsgewinn und als Bildungsressource. „Schulen der Diversität" müssen sich dazu in mehrfacher Hinsicht weiter entwickeln: Neben der Personalisierung und Binnendifferenzierung von Lernprozessen, der Nutzung unterschiedlicher Sozialformen wie kooperatives Lernen, projektorientiertes Lernen und Peer-Lernen sowie der verstärkten Anwendung der individuellen und der kriterialen Bezugsnorm in der formativen Leistungsrückmeldung und der Leistungsbewertung, impliziert dies auch, dass Diversität als Wert kommuniziert und als Bildungsressource genutzt wird. Individuen haben multiple, hybride und sich wandelnde Identitäten, ihr kulturelles Wissen und ihre individuelle Perspektiven lassen sich nicht nur in sozial-emotionaler sondern auch in kognitiver Hinsicht in der Gestaltung von Lernprozessen nutzen. Der Weg von der „Herognität als Herausforderung" zur „Diversität als Ressource und als Gewinn" wird das deutsche Bildungssystem eine guten Schritt weiter in die Lebensrealität des 21. Jh.s führen. Kulturelle Bildung sollte ihren Beitrag dazu leisten.

Zum Weiterlesen

Autorengruppe Bildungsberichterstattung (2012): Bildung in Deutschland 2012: www.bildungsbericht.de (Letzter Zugriff am 02.09.12).

Gogolin, Ingrid (2008): Migration und Bildungsgerechtigkeit. In: Liebau, Eckart/Zirfas, Jörg (Hrsg.): Ungerechtigkeit der Bildung – Bildung der Ungerechtigkeit (55-68). Opladen: Barbara Budrich.

Hradil, Stefan (2005): Soziale Ungleichheit in Deutschland. Wiesbaden: VS.

Tillmann, Klaus-Jürgen (2006): Lehren und Lernen in heterogenen Schülergruppen: Forschungsstand und Perspektiven: http://www.reformzeit.de/fileadmin/reformzeit/dokumente/pdf/heterogenitaet_tillmann.pdf (Letzter Zugriff am 02.09.12).

Wansing, Gudrun (2005): Teilhabe an der Gesellschaft: Menschen mit Behinderung zwischen Inklusion und Exklusion. Wiesbaden: VS.

Larissa von Schwanenflügel/Andreas Walther
Partizipation und Teilhabe

Partizipation zielt wie auch Kultur auf das Vermittlungsverhältnis und Vermittlungshandeln zwischen Individuum, Gemeinschaft und Gesellschaft, allerdings weniger bezogen auf die symbolisch-ästhetische Vermittlung von Praktiken als auf die politische Vermittlung von Interessen. Wie beim Kulturbegriff lässt sich auch in Bezug auf Partizipation ein enges (konventionelles) von einem weiten (non-konventionellen) Verständnis unterscheiden. Diskurse zu Partizipation und Kultureller Bildung überschneiden sich etwa dort, wo Kulturelle Bildung „eine Teilhabe am kulturellen Leben erschließen soll" (BMFSFJ 2009:786). Dieser Überschneidungsbereich soll im Folgenden umrissen werden, aufbauend auf einer Klärung des Partizipationsbegriffs sowie einer Darstellung ausgewählter Forschungsbefunde sowohl zum engen als auch zum weiten Verständnis von Partizipation.

Was bedeutet Partizipation?

Die politische Philosophie markiert Partizipation als das zentrale Prinzip des Politischen, durch das „Menschen wechselseitig Einfluss aufeinander nehmen, um im sozialen Zusammenhang mehr zu erreichen, als ihnen als Einzelwesen möglich ist" (Gerhardt 2007:14). Partizipation bezieht sich demzufolge auf Entscheidungen, die sowohl das Leben der Individuen als auch das jeweilige Gemeinwesen betreffen und ist deshalb durch die wechselseitige Begründung und Begrenzung von Selbst- und Mitbestimmung bestimmt (ebd.:24f.). Ein solches Verständnis des Politischen, das von der griechischen Philosophie bis in moderne Demokratietheorien reicht, basiert auf einem Verständnis des Individuums als Subjekt und als Bürger. Der Subjektstatus verweist auf die Fähigkeit zu und das – in der westlichen Geschichte normativ begründete – Recht des Individuums auf eigene Willensentscheidung, der Bürgerstatus auf die Einbettung dieser Fähigkeit und dieses Rechts in eine politisch verfasste Gemeinschaft. Die Autonomie, die in beiden Begriffen mitschwingt, bedeutet demzufolge nicht die vollständige Ungebundenheit als vielmehr die Mündigkeit im Sinne von Freiheit bei gleichzeitigem Bewusstsein sozialer Abhängigkeit und Einbettung. Partizipation verweist dabei in mehrfacher Weise auf Repräsentation: erstens als Vorstellung (bzw. Bewusstsein) und Mitteilung eigener Interessen; zweitens als Vorstellung von den Anderen und damit vom Gemeinwesen (oder der Öffentlichkeit), innerhalb dessen eigene Interessen entwickelt und realisiert werden; drittens die Vorstellung (Präsentation) „von anderen Dingen vor anderen Menschen" durch institutionalisierte Vertretung durch Andere (ebd.: 32ff.). Im Kontext der Demokratie erfordert Repräsentation deshalb kommunikative Aushandlung (Deliberation) und Vertrauen im Rahmen intersubjektiver Anerkennungsverhältnisse (Honneth 1992; Habermas 1999).

In funktional ausdifferenzierten Gesellschaften erfuhren diese Anerkennungsverhältnisse zum einen eine Institutionalisierung als formale Bürgerrechte, politische Rechte und soziale Rechte (vgl. Marshall 1950). Diese Institutionalisierung sicherte Mitbestimmungsmöglichkeiten ab, führte aber zum anderen zu einer tendenziellen Entkoppelung und Entfremdung zwischen Mitbestimmung und Selbstbestimmung, umso mehr als der gesellschaftliche

Individualisierungsprozess formalisierte Repräsentationsverfahren und -verhältnisse tendenziell ad absurdum führt, der Partizipationsbegriff zunehmend diffus und als „Teilhabe *oder* Teilnahme" definiert wird (vgl. Schnurr 2011).

Partizipation erweitert sich dabei erstens sukzessive von der politischen Ebene auf die Ebene sozialer Partizipation – vor allem das Ehrenamt und die Mitgliedschaft in Vereinen – sowie die kulturelle Ebene.

Zweitens wird der Partizipationsbegriff zu einer Diskursarena, die sich stellvertretend vor allem auf Jugendliche bezieht und durch die Pole Emanzipation und Selbstverantwortlichkeit markiert wird; so lässt sich die steigende Bezugnahme auf Partizipation seit den 1990er Jahren als kulturelle Unterfütterung eines neoliberalen Aktivierungstrends interpretieren (vgl. Masschelein/Quaghebeur 2003).

Drittens werden sowohl Partizipationsmöglichkeiten als auch Partizipationshandeln immer mehr zum Gegenstand dichotomer Sichtweisen – etwa im Verweis auf zu wenig oder abnehmende Partizipation oder die Unterscheidung „richtiger" und „falscher" Partizipation (vgl. Walther 2010).

Damit ist viertens Partizipation – bzw. Partizipationskompetenz als Wissen und Fähigkeit zur „richtigen" Partizipation – als Ziel pädagogischer Praxis begründet: Jugendliche sollen im Rahmen von Partizipationsprojekten in Schule, Jugendarbeit und Kommune lernen, sich im Sinne formal institutionalisierter Verfahren zu beteiligen (z.B. Jugendforum oder Jugendgemeinderat). Sie werden also erst einmal außerhalb von politischer Macht, Kultur und oder Gesellschaft verortet, Partizipation als Prinzip und Voraussetzung jeglichen pädagogischen Handelns tritt dagegen in den Hintergrund (Bundesjugendkuratorium 2009b).

Wer partizipiert woran und warum (nicht)? Forschungsbefunde

Sozialwissenschaftliche Forschung hat sich traditionellerweise damit auseinandergesetzt, ob und wie Gesellschaftsmitglieder die vorgesehenen Beteiligungsformen und Teilhabeverfahren nutzen, für deren Akzeptanz und Geltung besonders die Partizipation Jugendlicher stellvertretend im Fokus steht. So fragen *Shell-Jugendstudien* und *DJI-Survey* traditionell nach dem politischen Interesse, der Wahlbeteiligung, Mitgliedschaft in Parteien, Gewerkschaften und Vereinen, und kommen – mit widersprüchlichen Befunden, die auf einen kontinuierlichen Abwärtstrend (vgl. Deutsche Shell 2010) oder eine Stabilität politischer und sozialer Partizipation hinweisen (vgl. Gaiser u.a. 2008). Sowohl der *DJI-Jugendsurvey* als auch der *Freiwilligen-Survey* der Bundesregierung fragen darüber hinaus inzwischen auch nach nonkonventionellen Formen politischer und sozialer Partizipation, ob dies die Teilnahme an Demonstrationen und politisch motiviertem Konsum (bzw. Boykott) oder eher projekt- statt mitgliedschaftsförmiges kulturelles, sportliches oder soziales Engagement betrifft (vgl. Picot 2006). Diese Studien stellen eher eine Veränderung als einen Rückgang von Partizipation fest. Ein genereller Befund – quer zur Unterscheidung konventioneller und non-konventioneller Partizipation – ist dagegen der einer sozialen Ungleichheit von Partizipationsverhalten. Danach überwiegen Jungen und Männer eher bei den formalen bzw. konventionellen, Mädchen und Frauen dagegen bei den informellen, non-konventionellen Partizipationsformen. Generell steigt der Partizipationsgrad mit dem Bildungsniveau sowie der sozialen Klasse, was sich außerdem in einer unterdurchschnittlichen Beteiligung von MigrantInnen spiegelt. Dies führt zur Frage, wie und wo unterschiedliches Partizipationsverhalten gelernt wird. Einer Studie der *Bertelsmann Stiftung* zufolge sehen Kinder und Jugendliche die meisten Beteiligungsmöglichkeiten in der Familie, mit weitem Abstand gefolgt von Schule und Kommune

(Bertelsmann Stiftung 2007:74ff.). Ungleichheiten werden dabei sowohl infolge ungleicher familiärer Ressourcen als auch durch segmentierte öffentliche Institutionen wie etwa das dreigliedrige Schulsystem reproduziert (vgl. Helsper u.a. 2006). Dabei sind die Partizipationsmöglichkeiten im Gymnasium keineswegs umfassender als in der Hauptschule, sondern die Tatsache des Besuch des Gymnasiums selbst bedeutet ein höheres Maß an Wahl- und Entscheidungsmöglichkeiten und ein höheres Maß an (Selbst)Vertrauen, eigene Interessen in bzw. mittels öffentlicher Institutionen umzusetzen (Walther 2010).

Auch die Analyse einer sozialen Ungleichheit von Partizipation impliziert die Unterscheidung zwischen Partizipation und Nicht-Partizipation auf Seiten der Benachteiligten. In der Forschung wird deshalb zunehmend dafür plädiert, nicht nur den Blick auf Formen, sondern auch auf Inhalte von Partizipation zu weiten. Dies lässt sich sowohl mit individualisierten Formen der Vergesellschaftung als auch mit entstandardisierten Lebensläufen begründen, die die Individuen mit Ungewissheit und Unsicherheit konfrontieren und verbindlichen Mitgliedschaften tendenziell widersprechen. Hier wird die tendenzielle Entfremdung zwischen Mitbestimmung und Selbstbestimmung besonders virulent. Sie wirft die Frage nach der biografischen Relevanz und Passung von gesellschaftlichen Handlungsaufforderungen auf – die immer weniger vorausgesetzt werden kann, sondern individuell hergestellt werden muss (vgl. Jakob 1993).

So wie sich ein erweiterter Partizipationsbegriff aus der Notwendigkeit ableitet, subjektive Konstruktionsprozesse von Partizipation in den Blick zu nehmen, ergibt sich gleichzeitig für die Analyse von Partizipation die Notwendigkeit, ihre biografischen Konstruktionsprozesse und -bedingungen auf Seiten der Subjekte zu rekonstruieren. So verdeutlicht eine ethnografische Studie zu Engagement- und Beteiligungsprozessen in einem benachteiligten Stadtteil zum einen, dass vielfältige Formen nachbarschaftlicher Solidarität und Unterstützung, wie sie in „benachteiligten" Milieus vielfach zu finden sind, unsichtbar bleiben, weil nur bestimmte, institutionalisierte Formen von Partizipation als solche anerkannt werden. Sie verdeutlicht zum anderen, dass diese institutionalisierten Formen des Engagements über die Dominanz bestimmter Formen der Kommunikation, Interaktion und Thematisierung von Anliegen als Ausschließungsmechanismus gegenüber Menschen wirken können, die in Bezug auf den Zugang zu sozialen Gütern und Positionen ohnehin schlechter gestellt sind (Munsch 2005). Diese Menschen finden sich mit ihren Anliegen dort nicht wieder, können also keine biografische Passung herstellen, sodass Partizipation möglicherweise zu einem weiteren „Ort des Ausschlusses" wird (ebd.:77). Aus einer sozialräumlichen Perspektive lässt sich diese „Krise" institutionalisierter Formen der Partizipation als ein Problem unterschiedlicher Raumvorstellungen identifizieren. Ihnen liegen „absolutistische" Raumvorstellungen zugrunde, die davon ausgehen, dass Institutionen oder Territorien (Stadtteil, Kommune, Wahlbezirk) politisch gestaltbare Räume sind, die als solche beispielsweise für Jugendliche bedeutsam sind. Die sozialräumliche Realität Jugendlicher, die subjektive Bedeutung von Räumen liegen hierzu jedoch oftmals quer, außerhalb oder gehen mitten durch territoriale Einheiten, sie haben einen anderen subjektiv bedeutsamen „Zuschnitt". Dort wo es ausreichend „Schnittmengen" unterschiedlicher Sozialraumvorstellungen gibt, entstehen „Kristallisationspunkte" für Partizipation (Reutlinger 2003), kann biografische Passung hergestellt werden. Solche Kristallisationspunkte finden sich beispielsweise in jugendkulturellen Kontexten in Form der Entwicklung politischer Orientierungen. Diese kulturelle Dimension politischer Meinungs- und Einstellungsbildung und Entwicklung von Mentalitäten und Verhaltensweisen wird im Partizipationsdiskurs weitgehend ausgeblendet. Wie Nicolle Pfaff (2006) in einer multimethodischen Studie zeigen konnte, stellen jugendkulturelle Szenen Räume einer Politisierung dar, die auf unterschiedliche, szenespezifische Weise ihren Ausdruck findet (siehe Christian Schmidt „Jugendkulturelle Szenen und Kulturelle Bildung" in diesem Band). Musik und eine szenespezifische Sprache sind beispielsweise ästhetische Mittel, sich gesellschaftliche Realität anzueignen, zu bearbeiten und eigenen Positionen zu Politik und aktuellen gesellschaftlichen Problemen Ausdruck zu verleihen bzw. eigenen Bedürfnissen Sichtbarkeit zu verschaffen. Eine qualitative Studie zur biografischen Relevanz von Partizipation für „benachteiligte" Jugendliche in der Jugendarbeit zeigt, dass Kristallisationspunkte für Partizipation dort entstehen, wo Partizipation als ein Mittel zur Bewältigung zentraler biografischer Herausforderungen, Interessen und Bedürfnisse zugänglich und anerkannt wird – als ein Mittel zur Herstellung von Zugehörigkeit, Anerkennung und Selbstinszenierung (Schwanenflügel 2011; vgl. Keupp 2007). Wo dies gelingt, können Identitätsbildungs- und Emanzipationsprozesse in Gang gesetzt werden, die Handlungsspielräume und damit die Teilhabemöglichkeiten dieser Jugendlichen erweitern. Aus einer bildungstheoretischen Perspektive bedeutet dies, dass die Erweiterung von Teilhabechancen zugleich Teilhabe voraussetzt (vgl. Dewey 1993).

Andreas Walther u.a. (2006) verdeutlichen dies in einer europäischen Studie zu Maßnahmen am Übergang Schule-Beruf, welche in der Regel darauf zielen, die formalen Teilhabechancen dieser Jugendlichen auf dem Ausbildungs- und Arbeitsmarkt zu erhöhen. Dort wo Partizipation integrales Prinzip (und nicht nur ein indirektes Ziel) der Maßnahmen selbst ist, wo sie also den Adressaten Möglichkeiten der Mitbestimmung von Zielen und Inhalten sowie Mitgestaltung der Arbeitsformen zubilligt, wird Identifikation möglich und entsteht über die Möglichkeit, selbst subjektiv sinnvolle Perspektiven zu entwickeln Motivation; oder: durch die subjektive Erfahrung von Teilhabe entsteht intrinsische Motivation zur Teilhabe. Und nur dort, wo die Nutzung öffentlicher Institutionen intrinsisch motiviert ist, kann wirklich die Rede von Teilhabe sein.

Schlussfolgerungen

Zusammenfassend kann festgestellt werden, dass Partizipation als ein interessegeleitetes Handeln, das sich auf Gemeinschaft bezieht, immer biografisch geprägt ist und unterschiedliche Äußerungsformen und -inhalte bildet. Aus dieser Perspektive wird deutlich, dass sich Partizipation nicht auf bestimmte Formen und Inhalte beschränken darf, sondern jedes Handeln eines Individuums im Gemeinwesen potenziell als Partizipationsäußerung anerkannt werden muss, d.h. als (öffentliche) Äußerung eines Anspruchs auf Mitbestimmung im Gemeinwesen bzw. in der Nutzung öffentlicher Institutionen zur Verfolgung biografisch relevanter Handlungsziele (Walther 2010). Dies impliziert auch die Anerkennung unterschiedlicher kultureller Praktiken der Interaktion, Kommunikation, Äußerung und Vorstellung subjektiver Interessen und Bedürfnisse sowie die Anerkennung unterschiedlicher Anliegen als berechtigt und aushandlungswürdig. So lassen sich etwa jugendkulturelle Praktiken im öffentlichen Raum beispielsweise als Äußerung eines Anspruchs auf Sichtbarkeit interpretieren, d.h. eines Anspruchs auf die Gestaltung von Anerkennungsverhältnissen angesichts der Prekarität und Fragilität von Identitätsbildungsprozessen in der Spätmoderne (vgl. Keupp 2007).

Im Hinblick auf Befähigung zur Partizipation stellen Bildung und Partizipation einen wechselseitigen Entstehungszusammenhang dar. Die Anerkennung subjektiv bedeutsamer Partizipationsäußerungen ermöglicht den Aufbau von Selbstbewusstsein, Selbstvertrauen und Identitätsbildung und führt im besten Fall zu einer Erweiterung von Handlungsmöglichkeiten. Bildung – verstanden als ein Prozess der Identitätsentwicklung – ist gebunden an die Eigentätigkeit des Einzelnen und setzt als solcher Partizipation – die Aushandlung von

Interessen, Bedürfnissen und Zielen – voraus. Insofern als diese Anerkennungsverhältnisse Bildungsprozessen vorausgehen müssen, ist die Befähigung zur Partizipation deshalb zuallererst eine Frage ihrer rechtlichen Absicherung.

Ein weiter Partizipationsbegriff wie er hier skizziert wurde, ist für Kulturelle Bildung deshalb relevant, weil er die Frage aufwirft, welche kulturellen Praktiken der Aushandlung von Interessen, der (ästhetischen) Kommunikations- und Interaktionsmittel, des sozialräumlichen Zuschnitts von einer (Mehrheits-) Gesellschaft miteinbezogen und als legitime Mittel und Äußerungsformen von Partizipation anerkannt werden. Ein weiter Partizipations- und Kulturbegriff beziehen auf der einen Seite per definitionem mehr Menschen mit ihren Bedürfnissen nach und Akten der Teilhabe bzw. ihren kulturellen Repräsentationen und Praktiken mit ein (vgl. Treptow 2005). Auf der anderen Seite verdeutlichen sie auch, dass gesellschaftliche und kulturelle Teilhabe nicht nur eine Frage der Bildung (im Sinne der Vermittlung von Kompetenzen und Zugängen) ist, sondern auch der Anerkennung der kulturellen Praktiken und Teilhabeakte, die Menschen im Kontext ihrer lebensweltlichen und biografischen Alltagspraxis und Identitätsarbeit vollziehen – unabhängig davon, ob sie formal institutionalisierten Vorstellungen von „Kultur" und „Partizipation" entsprechen.

Zum Weiterlesen

Bundesjugendkuratorium (2009): Partizipation von Kindern und Jugendlichen – Zwischen Anspruch und Wirklichkeit. Stellungnahme des Bundesjugendkuratoriums: http://www.bundesjugendkuratorium.de/positionen.html (Letzter Zugriff am 29.07.12).

Honneth, Axel (1992): Kampf um Anerkennung. Zur Grammatik sozialer Konflikte. Frankfurt/M.: Suhrkamp.

Schwanenflügel, Larissa (2011): „...dass ich ja doch was ändern kann" Biographische Relevanz von Partizipation für benachteiligte Jugendliche in der Jugendarbeit. In: Pohl, Axel/Stauber, Barbara/Walther, Andreas: Jugend als Akteurin sozialen Wandels (237-262). Weinheim/München: Juventa.

Walther, Andreas (2010): Partizipation oder Nicht-Partizipation. Sozialpädagogische Vergewisserung eines scheinbar eindeutigen Konzepts zwischen Demokratie, sozialer Integration und Bildung. In: neue praxis, 40(2), 115-137.

Birgit Mandel
Kulturvermittlung, Kulturmanagement und Audience Development als Strategien für Kulturelle Bildung

Thema und Begriffsbestimmung

Kulturvermittlung, Kulturmanagement und Audience Development sind professionelle Funktionen des Kulturbetriebs, die vor allem im strategischen Zusammenspiel Rahmenbedingungen herstellen, unter denen Kulturelle Bildung stattfinden kann.

Kulturvermittlung und Kulturmanagement gehen von der professionellen Seite des Vermittlers aus, Kulturelle Bildung von der Seite des sich bildenden Subjekts.

Auch wenn Kulturelle Bildung ein Selbstbildungsprozess in Auseinandersetzung mit Kunst und Kultur ist, braucht es häufig professioneller Kulturvermittlung, um diesen Prozess zu initiieren. Kulturmanagement und Kulturvermittlung sorgen dafür, dass Kunst und Kultur in möglichst optimaler Weise wahrgenommen und von möglichst vielen produktiv angeeignet werden können.

Kulturelle Bildung ist in der Regel Voraussetzung, um Interesse für kulturelle Angebote entwickeln, sie wahrnehmen und gewinnbringend rezipieren zu können und zugleich entwickelt sich Kulturelle Bildung erst durch reflektierte Kunst-Rezeption und/oder eigene gestalterische Praxis bzw. reflektierte ästhetische Erfahrungen. Der Begriff Kulturelle Bildung impliziert zum einen den Besitz kulturellen Wissens und ästhetisch-künstlerischer Kompetenzen und zum anderen den Erwerb dieser Kompetenzen.

Kulturvermittlung ist der Oberbegriff für verschiedene Funktionen, die zwischen künstlerischer Produktion und Rezeption sowie zwischen verschiedenen kulturellen Ausdrucksformen Brücken bauen und ästhetische, künstlerische und kulturelle Gestaltungsfähigkeiten und -prozesse von Laien unterstützen (vgl. Mandel 2004, 2008).

Sprach man in den 1970er Jahren vor allem von „ästhetischer Erziehung" und in den 80er Jahren von „Kulturpädagogik", so wird seit den 1990er Jahren eher der Begriff der Kulturvermittlung verwendet, der breiter und neutraler auch für indirekte Formen der „Mediation" jenseits von pädagogischen Wirkungsabsichten stehen kann.

Der Begriff der Kulturvermittlung kann sich auf kulturelle Ausdrucksformen im weitesten Sinne beziehen und ebenso die Vermittlung zwischen Kulturen meinen wie Vermittlung im Kontext von Alltagskultur. Der Begriff der Kunstvermittlung bezeichnet hingegen im engeren Sinne die Vermittlung der verschiedenen Künste, in der schulischen Kunstvermittlung wird diese häufig unter dem Begriff Kunstpädagogik gefasst (siehe Georg Peez „Kunstpädagogik" in diesem Band), in der außerschulischen Kunstvermittlung häufig unter speziellen Begrifflichkeiten wie Museumspädagogik, Theaterpädagogik, Konzertpädagogik, Tanzpädagogik. Vor allem in der Bildenden Kunst gibt es einen intensiven kritischen Diskurs über die Ziele und Herangehensweisen von Kunstvermittlung, die der Gefahr widerstehen solle, in der Rolle „autorisierter Sprecher" vorgegebenes Wissen als nicht hinterfragbar weiterzugeben und damit Machtstrukturen des Kunstbetriebs zu reproduzieren (vgl. u.a. Mörsch 2009). Gefordert wird hingegen häufig eine künstlerische Kunstvermittlung, die den Teilnehmenden/RezipientInnen eigene Interpretationshoheit und eigene Gestaltungsmöglichkeiten einräumt.

Kulturmanagement bezeichnet strategische Prozesse der Konzeption und Organisation der Rahmenbedingungen kultureller Produktion und Rezeption bei möglichst effizientem Umgang mit den vorhandenen Ressourcen.

Kulturmanagement lässt sich auch als indirekte Form der Kulturvermittlung begreifen, die vor allem in der Funktion des Kulturmarketings als Steuerung von Aufmerksamkeit virulent wird (vgl. Mandel 2009).

Marketing umfasst sämtliche Austauschbeziehungen einer Institution oder eines Projekts mit seinen verschiedenen Interessengruppen. PR bezeichnet Prozesse der strategischen Kommunikation mit den verschiedenen Teilöffentlichkeiten und Zielgruppen und beinhaltet Aufgaben der Information, Positionierung und Imagebildung, Aufmerksamkeitsmanagement sowie den Aufbau dialogischer Beziehungen.

Audience Development ist die aus dem Englischen übernommene Bezeichnung für die Gewinnung und Bindung neuen Publikums für kulturelle Veranstaltungen und Institutionen. Audience Development kombiniert dabei Strategien und Methoden des Kulturmarketings und der Kultur-PR mit Formen der Kunstvermittlung auf der Basis von Kenntnissen der Publikumsforschung, um mehr oder andere und neue Kultur-NutzerInnen zu erreichen (vgl. u.a. Arts Council England 2003).

Historische Dimension

Kulturvermittlung begann sich in größerem Umfang in Deutschland in den 1970er Jahren zu etablieren, nicht zuletzt durch die sogenannte „Neue Kulturpolitik" und ihre prominentesten Protagonisten Hilmar Hoffmann und Hermann Glaser, die aus ihren Forderungen einer „Kultur für alle" (siehe Hilmar Hoffmann/Dieter Kramer „Kultur für alle. Kulturpolitik im sozialen und demokratischen Rechtsstaat" in diesem Band) und ihrem Engagement für ein „Bürgerrecht Kultur" auch die Notwendigkeit einer professionellen Kulturvermittlung ableiteten (Hoffmann 1979; Glaser/Stahl 1983 sowie auch Schwenke 1972). In den traditionellen Kulturinstitutionen wurden museums-, theater- und konzertpädagogische Dienste etabliert, daneben entwickelten sich vielfältige Formen von Soziokultur und außerschulischen kulturpädagogischen Diensten und Einrichtungen. Dennoch blieben diese Kulturvermittlungsangebote quantitativ marginal im Verhältnis zur sonstigen Kunst- und Kulturförderung wie auch im Ansehen und der Hierarchie von Kultureinrichtungen und in der Kulturpolitik (Mandel 2004). Erst seit wenigen Jahren wird in Deutschland die Bedeutsamkeit von Kulturvermittlung auf breiter Ebene anerkannt, und es werden zunehmend Positionen dafür geschaffen (Keuchel/Weil 2010). Der wesentliche Grund für diese Aufwertung liegt vermutlich im demografischen Wandel, durch den die traditionellen (bildungsbürgerlichen) KulturnutzerInnen, für die der Besuch hochkultureller Einrichtungen selbstverständlich und selbsterklärend ist, immer weniger werden, sodass Kultureinrichtungen gezwungen sind, sich um neue NutzerInnen jenseits dieses schrumpfenden Milieus zu bemühen. Kulturvermittlung wird zur Überlebensstrategie von Kultureinrichtungen. Weitere Gründe sind die Probleme des Bildungssektors, die auch mit Hilfe von Kulturvermittlung als Voraussetzung für Kulturelle Bildung gelöst werden sollen sowie auch die zunehmende Internationalisierung des Kultursektors, wodurch Konzepte und ProtagonistInnen von Kulturvermittlung aus anderen europäischen Ländern in Deutschland Eingang finden und Kulturpolitik beeinflussen.

Audience Development als Strategie, um mehr und andere NutzerInnen für Kulturprogramme zu finden, entstand in Großbritannien und den USA bereits in den 1990ern. Während es in den USA vor allem als Marketingtool genutzt wird, um Veranstaltungen attraktiver für ein breiteres Publikum zu machen, damit mehr Tickets verkauft werden und Kulturbetriebe ohne Förderungen existieren können, wird Audience Development in Großbritannien durch kulturpolitische Vorgaben initiiert, mit dem Ziel, ein vielfältigeres, für die Gesellschaft als Ganzes repräsentativeres Publikum zu erreichen (Arts Council 2003). Audience Development umfasst nicht nur Marketing- und Vermittlungsformen, sondern beinhaltet auch die Entwicklung neuer künstlerischer Programme in Auseinandersetzung mit neuen Nutzergruppen.

In Deutschland, wo das Publikum lange Zeit eine untergeordnete Rolle im Kulturbetrieb spielte, da man eine Beeinträchtigung der „Autonomie der Künste" durch Publikumswünsche befürchtete, gab es bis vor kurzem keine gezielten Strategien, sich um bestehende und um potentielle NutzerInnen von Kultureinrichtungen zu bemühen. Insofern gibt es auch keinen eigenen deutschen Begriff für Audience Development, ein Wort, das stattdessen direkt in das kulturbetriebliche Vokabular übernommen wurde.

Kulturmanagement etablierte sich als Profession in Deutschland wie in den meisten anderen europäischen Ländern Anfang der 1990er Jahre. Grund dafür war vor allem die finanzielle Notwendigkeit, effizienter und effektiver mit vorhandenen öffentlichen Kulturfördermitteln umzugehen ebenso wie kulturelle Projekte und Institutionen stärker kulturwirtschaftlich zu ermöglichen.

Wurde Kulturmanagement in seiner Anfängen sehr stark als Instrumentarium zur effizienten Organisation von (öffentlichen) Kultureinrichtungen betrachtet, so beginnt sich das Rollenbild des Kulturmanagers zu weiten: Vom Kunstinstitutionen-Manager, der Kultureinrichtungen „rationalisiert" und ihnen zu ökonomischem Erfolg verhilft, zum „Management kultureller Kontexte", das nicht nur die Interessen eines einzelnen „Betriebs" im Blick hat, sondern auch die gesellschaftspolitischen Dimensionen (Mandel 2009).

Im aktuellen kulturmanagerialen Diskurs im deutschsprachigen Raum (vgl. Fachverband für Kulturmanagement 2009-2012) wird nicht mehr darüber reflektiert, wie möglichst viele kulturelle Angebote zu erhalten sind, sondern vielmehr darüber, wie auch im Kulturmanagement ein Ende der Wachstumslogik einzuleiten wäre und statt dessen eher eine neue Qualität und Nachhaltigkeit ermöglicht werden könnte im Management von Kunst und Kultur. Damit gerät auch die Kulturelle Bildung in den Aktionsradius des Kulturmanagements.

Aktuelle Ziele, Aufgaben und Vorgehensweisen von Kulturvermittlung und Kulturmanagement

Kulturvermittlung (einschließlich Kulturmanagement und Audience Development) kann unterschiedliche Ziele haben:
>> Aufmerksamkeit schaffen für Kunst und Kultur und Images von Kunst und Kultur beeinflussen
>> Zugänge zu Kunst vermitteln und damit die Rezeption von Kunst und Kultur ermöglichen
>> Kreatives Ausdrucksvermögen und künstlerische Techniken und Kompetenzen vermitteln
>> Empowerment / Stärkung des Einzelnen anregen
>> Schlüsselkompetenzen fördern wie Kreativität, Wahrnehmungs-, Reflexions-, Kommunikationsfähigkeit
>> Interkulturelle Sensibilität fördern
>> Kommunikation, Identität und Gemeinschaft stiften

Kulturvermittlung kann sowohl Marketingziele durch Aufmerksamkeitsmanagement und Steigerung von BesucherInnen- und Einnahmezahlen verfolgen wie auch zur individuellen Bereicherung des einzelnen Kulturnutzers beitragen sowie auch gemeinnützige gesellschaftspolitische Ziele verfolgen, die über den Kultursektor hinausreichen.

Auch wenn ein ausschließlich im Interesse einer spezifischen Institution handelndes Kulturmanagement Vermittlungsinstrumente nur einsetzt, um mehr Besucher zu gewinnen, können dabei als parallele Effekte individuelle kulturelle Bildungsprozesse und gesellschaftliche Reflexionsprozesse ausgelöst werden.

Es gibt direkte Methoden der Kulturvermittlung personaler wie medialer Art, zu denen etwa Führungen, Workshops, Publikumsgespräche, Informationstafeln, Computeranimationen gehören. Kulturvermittlung kann aber auch dramaturgische und kuratorische Vermittlungs-

Konzepte beinhalten, die sehr eng mit einer künstlerischen Produktion verbunden oder sogar kunstimmanent sein können.

Darüber hinaus gibt es indirekte Kulturvermittlungsformen aus dem Bereich Marketing und PR, die z.B. Werbemaßnahmen, Informationsbroschüren, aber auch Kampagnen und Aktionen umfassen. Auch ein indirektes Vermittlungsformat wie das Event kann ein wirkungsvolles Instrument der Kulturvermittlung sein, weil es auf emotionale Weise aktiviert und im gemeinschaftlichen Erleben bleibende Erfahrungen ermöglichen kann, - jedoch nur dann, wenn das Event direkt an die Inhalte künstlerischer Produktionen anknüpft und zu diesen hinführt (Mandel 2010).

Über indirekte Vermittlungsformen können Images von Kunst und Kultur und Kultureinrichtungen geprägt werden, was Attraktivität und emotionale Zugänglichkeit stark beeinflussen kann.

Kenntnisse aus der Kulturbesucherforschung von Kulturinstitutionen und aus Bevölkerungsbefragungen bieten Grundlagen für die Optimierung von Maßnahmen der Kulturvermittlung im Sinne des Audience Development. Nur wenn die verschiedenen Interessen und Bedürfnisse, die mit einem Kulturbesuch oder einem Kunstereignis verbunden sind, berücksichtigt werden durch entsprechende zielgruppen-adäquate Kommunikations-, Service-, Vermittlungsleistungen, kann Kulturnutzung ein attraktives Gesamterlebnis werden, das zu hoher Zufriedenheit und zur Identifikation mit einer Kultur-Einrichtung bzw. mit Kunst und Kultur als einem bereichernden Faktor für das eigene Leben führt.

Kulturvermittlung hat die Aufgabe, möglichst vielfältige Anknüpfungspunkte zwischen professioneller Kunst und Kultur und den kulturellen Interessen und Lebenswelten verschiedener Gruppen der Gesellschaft herzustellen und ein vielfältiges kulturelles Leben zu moderieren, das ebenso die traditionellen „Hochkulturangebote" umfasst wie Popkultur, Soziokultur, Breitenkultur, digitale Kultur und vieles mehr.

Ausblick/Perspektiven/Herausforderungen

Kulturelle Bildung ist auf Kulturmanagement und Kulturvermittlung angewiesen, ebenso wie Kulturmanagement und Kulturvermittlung erst dann nachhaltig erfolgreich sein können, wenn sie sich auch darum bemühen, dass Prozesse Kultureller Bildung stattfinden. Die Auseinandersetzung mit Kunst und Kultur erfordert immer den aktiven, folglich also zu aktivierenden Rezipienten, damit sich ihre Wirksamkeit entfalten kann. Nur wenn der Rezeptionsprozess zwischen Kunst und Kunstnutzer/Betrachter glückt, wird ein intrinsisches Bedürfnis im einzelnen Nutzer entstehen, Kulturbesuche wiederholen zu wollen, nur wenn Kunst als Bereicherung empfunden wird, kann sich ein von vielen getragenes kulturelles Leben in einer Gesellschaft entwickeln.

Das größte Problem des Kultursektors, für das Kulturmanagement und Kulturvermittlung Lösungen finden müssen, ist derzeit nicht das mangelnde kulturelle Angebot, sondern die mangelnde Nachfrage (Klein 2004:10).

Nur eine kleine privilegierte Gruppe der Bevölkerung interessiert sich für die von (öffentlich geförderten) Kulturinstitutionen bereitgestellten Angebote. Regelmäßige KulturnutzerInnen gehören in der Regel zu den formal hoch gebildeten und gut verdienenden Milieus. Die bereits in den 1970er Jahren von Bourdieu kritisierte Distinktionsfunktion kultureller Einrichtungen ist also bis heute nicht gebrochen. Hohe formale Bildung und Kulturelle Bildung korrelieren aufs Engste (vgl. Zentrum für Kulturforschung 2006).

Allgemeine Bildung wird in der Regel durch Elternhaus und Schule vermittelt. KulturvermittlerInnen müssen also unter anderem Wege finden, wie sie kulturelle Bildungsmöglichkeiten an die Schule koppeln können, um möglichst alle Kinder und Jugendlichen zu erreichen. Sie müssen Wege entwickeln, um Menschen außerhalb von Kultureinrichtungen anzusprechen, zu interessieren und zu aktivieren, unter anderem durch Kooperationen mit den unterschiedlichsten Partnern über den Kultursektor hinaus.

Ging es in früheren Jahren vor allem darum, das in seinen Ansprüchen und Rezeptionsweisen relativ homogene bildungsbürgerliche „Kernpublikum" anzusprechen, so besteht die aktuelle Herausforderung darin, sich in einer stark ausdifferenzierten Gesellschaft mit den unterschiedlichen gesellschaftlichen Milieus auseinanderzusetzen und diese als potentielle KulturnutzerInnen und KulturgestalterInnen zu begreifen.

Damit würde Kulturvermittlung auch zur Herausbildung „kultureller Vielfalt" beitragen, einem hierarchischen Kulturbegriff entgegenarbeiten sowie den Kultursektor insgesamt repräsentativer entsprechend der Vielfalt der Gesellschaft gestalten. Dafür werden auch differenzierte Kenntnisse über die Barrieren von Nicht-KulturnutzerInnen aus verschiedenen gesellschaftlichen Gruppen benötigt. Der stark wachsende Anteil von Menschen mit Migrationshintergrund an der Gesamtbevölkerung verlangt zusätzliches Wissen über herkunftsspezifische Vorstellungsbilder von Kunst und Kultur, national geprägte kulturelle Präferenzen und Rezeptionsweisen als Voraussetzung für interkulturelle Kulturvermittlung.

KulturvermittlerInnen in Institutionen stehen vor der Herausforderung, diese nicht nur in ihrer Kommunikation, ihrem Ambiente und ihren Vermittlungsformaten zu verändern, sondern auch in ihrer Programmatik, damit sie für neue Zielgruppen interessant und relevant werden. Zugleich müssen sie dabei inhaltliche und ästhetische Qualitätskriterien durchsetzen, ohne die Kulturangebote nur bedingt kulturelle Bildungseffekte entfalten können.

Professionelle KulturmanagerInnen und KulturvermittlerInnen müssen sich immer neu die Frage stellen, welche Ziele und welche Wirkungen von den jeweils zu erarbeitenden und vertreibenden Kulturangeboten auf die Gesellschaft ausgehen und überprüfen, ob diese tatsächlich eintreten.

Zwar gibt es konsumtive kulturelle Angebote im Überfluss, jedoch großen Nachholbedarf an Möglichkeiten kultureller Selbstbildungsprozesse und eigenen künstlerischen und kulturellen Ausdrucksmöglichkeiten sowie kommunikativen und Gemeinschaft bildenden kulturellen Aktivitäten.

Eine wichtige Aufgabe einer nachhaltigen Kulturvermittlung besteht nicht zuletzt auch darin, nachwachsende Generationen kulturell kompetent zu machen und zu bilden, damit diese ihre eigenen kulturellen Vorstellungen entwickeln und realisieren können.

Kulturvermittlung ist Voraussetzung dafür, dass Kunst und Kultur relevant werden für das Leben unterschiedlicher sozialer Milieus, dass Brücken gebaut werden zwischen verschiedenen Sprach- und Denkebenen, dass Kommunikation entsteht in der Auseinandersetzung mit Kunst, dass Kunst und Kultur zur Lebensqualität für viele, statt nur für eine kleine gesellschaftliche Elite beitragen können, aber auch, dass die in künstlerischen Auseinandersetzungen stattfindenden (inter-)kulturellen Prozesse bewusst reflektiert und zu (Inter-)Kultureller Bildung werden können.

Zum Weiterlesen

Glaser, Hermann/Stahl, Karl-Heinz (1974): Die Wiedergewinnung des Ästhetischen. München: Juventa.

Keuchel, Susanne/Wiesand, Andreas (2006): 1. Jugendkulturbarometer. Bonn: ARCult Media.

Keuchel, Susanne (2005): 8. Kulturbarometer. Bundesweite Bevölkerungsumfrage. Bonn: ARCult Media.

Kulturmanagement (Fachverband): www.fachverband-kulturmanagement.de

Kulturvermittlung online: www.kulturvermittlung-online.de

Mandel, Birgit (2008): Audience Development, Kulturmanagement, Kulturelle Bildung. Konzeptionen und Handlungsfelder der Kulturvermittlung. München: kopaed.

Kaspar Maase
Kulturkritik und Kommerzialisierung

„Kulturkritik" bezeichnet ein recht heterogenes Feld von Denkansätzen, die soziale Zustände be- und anklagen und in eine allgemeine Geschichte des Verfalls von Werten und Verhaltensnormen einordnen. Im engeren Sinn stellt Kulturkritik einen „Reflexionsmodus der Moderne [dar], der mit ihr entsteht und gegen ihre Zumutungen Einspruch erhebt" (Bollenbeck 2007:10). Für zunehmende *Entfremdung* und Veräußerlichung, für den Verlust sozialmoralischer Werte und geistiger Maßstäbe werden sehr unterschiedliche Entwicklungen verantwortlich gemacht. Vereinfachend kann man vier Grundlinien unterscheiden, die sich konkret in wechselnden Mischungsverhältnissen verbinden. Der antimodernen Perspektive gilt der Verlust einer verbindlichen Werte- und Sozialordnung in der Folge rationalistischer *Aufklärung* als entscheidende Ursache. Aus elitärer Sicht ist der Aufstieg der *Massen* zur dominierenden sozialen und politischen Kraft verantwortlich. Für die KritikerInnen der Technik hat vor allem die Unterwerfung unter die mit Großtechnologien verbundenen Zwänge zerstörerische Folgen. Kapitalismuskritische Varianten schließlich skandalisieren die Verwandlung aller sozialen Bindungen in Ware-Geld-Beziehungen.

Der deutsche Diskurs über Kulturelle Bildung ist historisch wie aktuell in zweifacher Hinsicht mit kulturkritischem Denken verbunden. Zum einen werden *Kunst* und *ästhetische Erziehung* überhöhend mit der Aufgabe betraut, dem epochalen kulturellen Niedergang entgegenzuwirken. Als Ursache der Abwärtsspirale gilt zweitens häufig die Ausbreitung marktwirtschaftlicher Strukturen in geistig-künstlerische Felder hinein. Die sogenannte Kommerzialisierung bewirke über die Bindung kultureller Produktion an Marktgängigkeit zum einen den Verlust kreativer *Autonomie* und führe zur anhaltenden Senkung ästhetischer und geistiger Standards (siehe Max Fuchs „Kunstfreiheit und Kunstautonomie – Facetten einer komplexen Leitformel" in diesem Band); zum anderen untergrabe die vorrangige Orientierung an wirtschaftlichem Nutzen und Gewinn die Anerkennung und Förderung von Kultur durch die Gesellschaft. Die beiden Aspekte werden daher hier besonders beachtet.

Ästhetische Erziehung

Kulturkritik wie Kommerzialisierungskritik sind keine spezifisch deutschen Phänomene. Sie liefern allen westlich-modernen Gesellschaften herausfordernde Impulse zur Selbstreflexion; dafür stehen der Franzose Jean-Jacques Rousseau wie der Brite Matthew Arnold oder der Amerikaner Henry David Thoreau. Reichweite und Geltung kulturkritischer Argumente sind jeweils im Einzelfall zu erörtern. Im deutschen Sprachraum artikuliert der Diskurs über *Bildung* und Kultur seit Klassik und Romantik eine ausgeprägte Distanz zur politischen und ökonomischen Praxis der bürgerlichen Gesellschaft (Bollenbeck 1994). Bildung und Kultur werden meist im Gegensatz zu Markt und Erwerbstätigkeit gedacht; eine wichtige Rolle spielt dabei die Rezeption von Friedrich Schillers „Briefen über die ästhetische Erziehung" (1966/1795). Nach deren Diagnose beschränken Arbeitsteilung, Spezialisierung und Abstraktifizierung des Denkens wie der beruflichen Tätigkeit zunehmend die Möglichkeit der Einzelnen, sich als ganze Menschen zu entfalten. „Ewig nur an ein einzelnes kleines Bruchstück des Ganzen gefesselt, bildet sich der Mensch selbst nur als Bruchstück aus, ewig nur das eintönige Geräusch des Rades, das er umtreibt, im Ohre, entwickelt er nie die Harmonie seines Wesens" (a.a.o.:455). Schillers bildungsidealistische Antwort geht – zugespitzt– nicht in die einige Jahrzehnte später von Karl Marx verfolgte Richtung, der angesichts dehumanisierender Strukturen die Verhältnisse menschlich bilden wollte. Schiller sieht den Ausweg in der „ästhetischen Erziehung" mithilfe der Potentiale der Kunst: Nur im freien Spiel mit dem im Kunstwerk geformten vernünftigen Schönen sei die sinnlich-geistige Ganzheit des Menschen wieder zu gewinnen (siehe Cornelie Dietrich „Ästhetische Erziehung" in diesem Band).

Schiller appelliert an den Künstler als letzte Hoffnung der Kultur und der Menschen: „Verjage die Willkür, die Frivolität, die Rohigkeit aus ihren Vergnügungen, so wirst du sie unvermerkt auch aus ihren Handlungen, endlich aus ihren Gesinnungen verbannen" (465). Erst und einzig der Durchgang durch die ästhetische Freiheit gegenüber der Welt eröffne den Weg zur umfassenden Freiheit des Menschen und zum Ideal des „ästhetischen Staats" (519).

„Kultureller Antikapitalismus"

Die Dominanz bildungsbürgerlich geprägter Intellektueller über wirtschaftsbürgerliche Sichtweisen führte in der kulturellen Öffentlichkeit des 19. Jh.s zu einer ausgeprägt kritischen Sicht auf die Dynamik des Kultur- und Medienmarkts. Zwar waren es auch in Deutschland innovative unternehmerische Initiativen, die – in Verbindung mit Alphabetisierung und Verstädterung – der Bevölkerung Zugang zu Künsten und ästhetisch gestalteten Gütern des täglichen Gebrauchs eröffneten. Und obwohl vieles in der *Populärkultur* klassische Schönheitsmaßstäbe verletzte und aufgeklärt-humanistischer Moral widersprach – es gab durchaus Konzepte ästhetischer Volkserziehung, die positiv daran ansetzten. Vorrangig jedoch und mit breiter Resonanz kritisierte der Diskurs über die entstehende Massenkultur Aspekte, die man aus bürgerlicher Perspektive als Sensationalismus, Zerstörung von Werten und Geschmack, Schüren von Sozialneid u.ä. wahrnahm. Als Erklärungs- und Deutungsrahmen diente dabei seit dem letzten Drittel des 19. Jh.s weithin jenes Modell, das später als Kommerzialisierung etikettiert wurde. Danach nötigte die Logik des Marktes mit dem Streben nach möglichst breitem Verkauf der Kulturwaren und nach intensiver Bindung der KäuferInnen die ProduzentInnen (auch die geistigen), ständig die Anspruchsschwellen zu senken und an den niedrigsten Trieben der größten Zahl anzuknüpfen.

Der Einfluss einer grundsätzlich in Distanz zur Sphäre von Geschäft, Erwerb, praktischem Nutzen stehenden Kulturkritik zeigte sich vor allem darin, dass weit über alle konkreten Monita hinaus die Verknüpfung von Gewinninteresse und „Kultur" grundsätzlich als illegitim und schädlich galt (Maase 2001). Angesichts der vermuteten Unfähigkeit von Volk und Jugend, den sinnlich-triebhaften Verführungen durch „sex and crime" zu widerstehen, lehnte man kommerzielle Kulturaktivitäten als Übergriff in den Zuständigkeitsbereich kulturpädagogischer ExpertInnen ab, die einzig ästhetisch-ideellen Maßstäben verpflichtet seien. HistorikerInnen haben diese Einstellung, die sogar Forderungen zur Verstaatlichung beispielsweise der Filmindustrie einschloss, als „sozialkonservativen", „regressiven" oder „kulturellen Antikapitalismus" bezeichnet (a.a.o.:328-339). Radikale Kommerzialisierungskritik hat, teilweise mit antisemitischen Subtexten, bis in die zweite Hälfte des 20. Jh.s hinein etwa die Bewegungen gegen „Schmutz und Schund" und für ästhetische Volkserziehung geprägt (Jäger 1988; Maase 2002).

Kulturindustrie und kulturelle Ökonomie

Vor diesem Hintergrund fand kulturkritisches Denken bis in die 1960er Jahre erhebliche Resonanz (vgl. Bollenbeck 2007:233-251, 263-273). Zwei Ansätze beeinflussen die intellektuelle Sicht auf die Gegenwartskultur bis heute: die Kritische Theorie der Frankfurter Schule und Günter Anders' Technik- und Medienkritik. Vielleicht müsste man umgekehrt formulieren: Diese Gedanken wurden breiter rezipiert, insoweit sie sich ins Raster überkommener Kommerzialisierungs- und Kulturkritik einpassen ließen. Die grundlegende Kritik von Max Horkheimers und Theodor W. Adornos (1991/1947) „Dialektik der Aufklärung" an der beschränkten Zweckrationalität der westlichen Moderne (vgl. Wiggershaus 2010; Honneth 2007) erreichte nur wenige. Wichtig für die „intellektuelle Gründung der Bundesrepublik" (Albrecht 1999) und für den Blick auf die Gegenwart wurden ausgewählte Gedanken aus dem Kapitel „Kulturindustrie". Den Begriff kommerzialisierungskritisch verkürzend, konzentrierte man sich auf die Kritik der Massenkultur und beklagte als Ursache für ästhetischen Niedergang und Werteverlust die Verwandlung populärer Kultur in Ware. Dass die Autoren sich von selbstgerechter konservativer Kulturkritik abgrenzten (Adorno 1955), dass sie gerade nicht eine kommerziell verdummende Massenkultur den vermeintlich bleibenden Werten der tradierten Hochkultur gegenüberstellten, dass sie vielmehr in der Spaltung von leichter und autonomer Kunst das Grundproblem der Kultur sahen (Horkheimer/Adorno 1991:121) – all das überging die mehrheitliche Rezeption der Kritischen Theorie und verwandelte so die radikale Selbstkritik der europäischen Aufklärung in das Lamento intellektueller Eliten über den Niveauverlust der anderen.

Günter Anders (1956) konzentriert seine Kulturdiagnose im Bild des „prometheischen Gefälles". Der moderne Mensch sei der Perfektion seiner Produkte und technischen Apparaturen nicht gewachsen; er stelle mehr her, als er sich mit Blick auf die Effekte vorstellen und verantworten könne. Aus dieser Perspektive ist seine Kritik an Rundfunk und Fernsehen auch keine am Programm und an dessen „Niveau". Dass es sich hier um kommerzielle Unternehmen handele, ist impliziert (Anders machte seine diesbezüglichen Erfahrungen wie Horkheimer und Adorno in den USA), aber nicht wesentlich für die Argumentation. Die setzt vielmehr an der ontologischen Konstellation an, dass über Lautsprecher und Bildschirm die Welt zum Menschen komme statt er zu ihr; dass er sie so nur in Gestalt von leicht verdaulichen „Phantomen" erfahre und dass letztlich das wirkliche Geschehen so hergerichtet werde, dass es zum Bild nach den Erwartungen der Medien tauge.

Kulturkritische Denkmuster sind quasi in den Genpool deutscher Kulturreflexion eingegangen. Doch hat die These, wonach vom Kulturmarkt im Grunde nur Negatives zu erwarten sei, in neuerer Zeit erheblich an Durchschlagskraft verloren. Dafür sind Entwicklungen in der Theorie wie in der Empirie verantwortlich. Vor allem die britischen Cultural Studies (vgl. Hepp 2009) haben die Annahme erschüttert, das Massenpublikum sei den Botschaften kommerzieller Anbieter passiv ausgesetzt. So unterscheidet John Fiske (1989:23-47, 2001) im Feld der populären Kultur „zwei Ökonomien". Die Imperative der Gewinnmaximierung beherrschen danach den finanziellen Bereich zwischen der Produktion entsprechender Waren und deren Kauf bzw. dem „Verkauf" der durch Programme und Medien versammelten Publika an die werbetreibende Industrie. Daran schließe die „kulturelle Ökonomie" an, in der Menschen kommunikativ und auf der Suche nach durchaus vielfältigen Varianten von Vergnügen *ihre* Lesarten der Botschaften entwickeln und austauschen. Die von ihnen erzeugten Bedeutungen könnten bis zur widerständigen Umkehrung dessen reichen, was die ProduzentInnen beabsichtigten.

In konkreten Studien hat etwa Werner Faulstich (Faulstich 1996; Faulstich/Strobel 1987) an einem zutiefst kommerziellen Phänomen wie dem Bestseller gezeigt, dass dessen Durchsetzung mit einem Zugewinn an künstlerischer Komplexität der Werke sowie an demokratischer Autonomie und ästhetischer Kompetenz des Publikums verbunden war. Ebenso weisen Untersuchungen zur „participatory culture" aktiver NutzerInnen von elektronischen und internetbasierten Medien darauf hin, dass sich neue Konflikte und Aushandlungsformen zwischen kommerziellen AnbieterInnen und NutzerInnen, die sich an der Inhaltsproduktion beteiligen wollen, entwickeln (vgl. exemplarisch Jenkins 2006b; anregend auch Johnson 2006). Ohne Illusionen über Reichweite und Unabhängigkeit der Kreativität im Web 2.0 und in Social Media zu hegen, erweist sich angesichts derartiger Veränderungen die Gleichsetzung von Kommerzialisierung mit Werte- und Individualitätsverlust als eindeutig unterkomplex.

Relevanz für Kulturelle Bildung

Konzepte Kultureller Bildung in Deutschland sind seit weit über 100 Jahren in Diskursumwelten entstanden, die fraglose Annahmen über kulturelle Abwärtsspiralen, Entfremdungsprozesse und den Verlust ganzheitlicher Individualität als Folge moderner Massenkultur pflegten. Das hat dazu beigetragen, dass kulturpädagogische AkteurInnen sich häufig im prinzipiellen Gegensatz zur zunehmend medientechnisch und marktförmig vermittelten kulturellen Kommunikation und kreativen Praxis der Massendemokratie positioniert haben (vgl. etwa Schormann 2011). Daher gehört differenzierte Auseinandersetzung mit kulturkritischen Axiomen weiterhin zu einem zeitgemäßen Selbstverständnis Kultureller Bildung.

Zum Weiterlesen

Adorno, Theodor W. (1955): Kulturkritik und Gesellschaft. In: Ders.: Prismen. Kulturkritik und Gesellschaft (7-31). Frankfurt/M.: Suhrkamp.

Bollenbeck, Georg (2007): Eine Geschichte der Kulturkritik – von J.J. Rousseau bis G. Anders. München: C.H. Beck.

Bollenbeck, Georg (1994): Bildung und Kultur. Glanz und Elend eines deutschen Deutungsmusters. Frankfurt/M.: Insel.

Faulstich, Werner (1996): Bestseller – ein Phänomen des 20. Jahrhunderts. In: Wolfenbütteler Notizen zur Buchgeschichte 21, 1996, 132-146.

Fiske, John (1989): Understanding Popular Culture. Boston: Unwin Hyman.

Andreas Kohlmann
Kultur- und Kreativwirtschaft

Begriffsklärung, Entstehungs- und Begründungszusammenhang

Die Kultur- und Kreativwirtschaft (KuK) ist die gesamtgesellschaftliche Wertschöpfungskette der Erzeugung, Herstellung und Verbreitung von Dienstleistungen und Waren, die Kreativität und intellektuelles Kapital als vorrangige Inputfaktoren zur Erstellung von Leistungen nutzen. Haupterlösquelle der KuK sind der Handel und Verkauf von Immaterialgüterrechten. Die Wertschöpfungskette der KuK umfasst aus gesamtgesellschaftlicher Sicht sowohl privatwirtschaftliche, an Erwerbszielen orientierte Akteure, als auch gemeinwirtschaftliche Akteure, deren Ziele an gesellschaftspolitischen Zielsystemen ausgerichtet sind (UNESCO/UNCTAD 2008:13).

Zur statistischen Messung der KuK existiert international kein einheitliches Modell. Bei der Rezeption von KuK-Studien muss das jeweilige Referenzmodell deswegen Beachtung finden (UNESCO/UNCTAD 2008: 11 ff.). In Deutschland umfasst die KuK die folgenden elf Teilmärkte: Architektur, Buch, Design, Film, Bildende Kunst, Darstellende Kunst, Musik, Presse, Rundfunk, Software/Games und Werbung. Die Bruttowertschöpfung der KuK betrug in Deutschland im Jahr 2009 schätzungsweise 2,6 % des BIP (Söndermann 2009:4). Der weltweit größte Exporteur für Waren der KuK ist China mit einem Anteil von 20,8 % am globalen Weltmarkt im Jahr 2008, gefolgt von den USA mit einem Anteil von 8,6 % (UNESCO/UNCTAD 2010:132).

In Deutschland ist der gesellschaftliche Diskurs zur KuK erst in jüngerer Zeit durch die Empfehlungen der *Enquete-Kommission* „Kultur in Deutschland" ins Zentrum des öffentlichen Interesses gerückt (Deutscher Bundestag 2007b:333). International lässt sich der Diskurs zur Kultur- und Kreativwirtschaft in eine Entwicklungslinie globaler kulturpolitischer Leitideen einreihen, der mit einer zunehmenden Ausdehnung des Kulturbegriffes qua Hochkultur zu einem weiten Kulturbegriff parallel läuft und mit einer Operationalisierung kulturpolitischer Prozesse verbunden ist. Einen Höhepunkt dieser Entwicklungen bildet der erste globale Bericht zur Kreativen Ökonomie der UNESCO im Jahr 2008 (UNESCO & UNCTAD 2008).

Verortung im Feld der Kulturellen Bildung und Gegenstandsbeschreibung

Die KuK ist mit dem gesellschaftlichen System der Kulturellen Bildung in zweierlei Weise verschränkt. Erstens sind die Akteure der Kulturellen Bildung als KonsumentInnen auf den Märkten der KuK aktiv und tragen dort zur Nachfrage nach Waren und Dienstleistungen bei. Zweitens sind die Akteure der Kulturellen Bildung selbst als ProduzentInnen von Dienstleistungen und Waren innerhalb der Angebotskette der KuK einzuordnen. Die Beziehung der Kulturellen Bildung zur Wertschöpfungskette der KuK lässt sich deswegen treffend mit dem Kunstwort *Prosument* bezeichnen (Toffler 1982).

Die konkrete Organisation des Systems der Kulturellen Bildung innerhalb der Wertschöpfungskette der KuK ist systematisch bisher unerforscht. Aus phänomenologischer Sicht lässt sich feststellen, dass die Prosumentenrolle des Systems der Kulturellen Bildung durch ihr Nachfrageverhalten die Ausformung eines *Bildungsprogramms* bewirkt, während ihr ProduzentInnenverhalten *Bildungseffekte* innerhalb der Leistungserstellungsprozesse der KuK hervorruft. Zur empirischen Beschreibung des Systems der Kulturellen Bildung an der Schnittstelle zur KuK ist eine Untergliederung in ein Bildungsprogramm und ein System der Bildungseffekte entsprechend angemessen.

Eine Untersuchung des Bildungsprogramms der Kulturellen Bildung kann Aufschluss darüber geben, in welcher konkreten Zusammensetzung sich das System der Kulturellen Bildung an den elf verschiedenen Teilmärkten der KuK bedient. Dadurch eröffnet sich die Möglichkeit für regionale bzw. internationale Vergleichsstudien. Des Weiteren ist bei Betrachtung der KonsumentInnenseite der Kulturellen Bildung die Frage der Qualifizierung von Dienstleistungen zu erörtern, um zu erkunden, inwieweit unterschiedliche Qualitätsaspekte der Dienstleistungserbringung eine Rolle im Leistungserstellungsprozess der Kulturellen Bildung spielen. Betrachtet man das System der Kulturellen Bildung von der ProduzentInnenseite her, so ist einerseits zu klären, wie sich die Akteure der Kulturellen Bildung in bestehende Klassifikationssysteme und Datenmodelle der KuK eingliedern lassen. Andererseits ist das System der Kulturellen Bildung als ProduzentIn von Bildungsleistungen ein Teilspektrum des allgemeinen Bildungsangebots einer Gesellschaft. Eine Erfassung der Leistungserstellungsprozesse der Akteure der Kulturellen Bildung im Kontext der KuK kann damit Erkenntnisse liefern, welche gesamtwirtschaftlichen Wertschöpfungseffekte das System der Kulturellen Bildung bewirkt und welche Auswirkung das System der Kulturellen Bildung auf das gesamtwirtschaftliche Nachfrage- und Investitionsverhalten hat.

Wissenschaftsbezug und Theorien

Der Bedeutungszuwachs der Kultur- und Kreativwirtschaft ist ein Zeichen für den gesamtgesellschaftlichen Wandel von Industrie- zur Wissensökonomien. Populär wurde diese Betrachtung erstmals durch den Engländer John Howkins, der in seinem Buch „The Creative Economy" die Strukturen der Kreativen Ökonomie umreißt (Howkins 2002). Howkins verweist darin auf das hohe Ausmaß immaterieller Vermögenswerte im Kontext von Wissensgesellschaften einerseits, andererseits auf den hohen Stellenwert des *Faktors Kreativität* bei der Erzeugung neuen Wissens und innovativer Ideen und zeigt damit erstmals die volkswirtschaftliche Bedeutung der KuK in einer globalen Gesamtdarstellung auf (siehe Gisela Ulmann „Kreativität und Kulturelle Bildung" in diesem Band).

Innerhalb dieses gesamtwirtschaftlichen Rahmens verortet sich ebenfalls die Untersuchung „The Rise of the Creative Class" des Amerikaners Richard Florida (Florida 2002). Florida berechnet in seiner Studie einen Indexmaß zur näherungsweisen Abbildung der kreativen Ressourcen einer Gesellschaft und kann damit regionale Wachstumsunterschiede erklären. Floridas Kreativitätsindex ist aus diesen Gründen ein wichtiges Maß für wissenschaftliche Untersuchungen zur Messung des Potentials einer Gesellschaft, Kreativität in ökonomisch relevante Wachstumsoptionen zu transferieren. Zur Einordnung und Reflexion der KuK ist eine weitere theoretische Perspektive relevant, die sich diesem gesellschaftlichen Wandel unter dem Begriff der „Experience Economy" (dt. Erfahrungsökonomie) nähert. Vorreiter dieser Perspektive sind die Autoren Joseph Pine II und James H. Gilmore, die in ihrem Buch „The Experience Economy" die These vertreten, dass Gesellschaften mit zunehmendem Wohlstand dazu übergehen, neben Waren und Dienstleistungen auch Erfahrungen zu kapitalisieren und in Güterform zu tauschen (Pine/Gilmore 1999). Erfahrungen sind für Pine und

Gilmore eine Form ökonomischer Wertschöpfung, die zwar Bestandteil aller wirtschaftlichen Transaktionen ist, aber erst in modernen Gesellschaften in ausdifferenzierter Form auftritt.

Die Autorengruppe Albert Boswijk, Thomas Thijssen und Ed Peelen erweitern die theoretische Perspektive der Erfahrungsökonomie und sehen sie mit einem neuen Koordinationsprinzip verbunden, das sie als „dialogische Selbststeuerung" bezeichnen (Boswijk u.a. 2007). Darunter verstehen sie eine Ordnung wirtschaftlicher Transaktionen, die auf kooperativer Ko-Kreation von Erfahrungen beruht. Dementsprechend verstehen die AutorInnen Erfahrung als kontinuierlichen Interaktionsprozess der Handlung und Reflexion, welcher für Individuen einen sinnhaften Bedeutungshorizont in ihrem Lebensraum entwickelt. Erfahrungen vermitteln Individuen dadurch neue Betrachtungsperspektiven auf die Welt bzw. sich selbst (Boswijk u.a. 2007:24).

Herausforderungen an der Schnittstelle von KuK und Kultureller Bildung

Die gesellschaftlichen Entwicklungen im Kontext der KuK und ihre theoretische Reflexion durchbrechen tradierte Überzeugungen an der Schnittstelle von Wirtschaft und Kultur. In Wissensgesellschaften, deren Produktionssystem hauptsächlich auf dem Austausch immaterieller *geistiger* Güter aufbaut, bilden Kreativität und Ökonomie keinen unüberbrückbaren Graben, sondern werden durch einen gemeinsamen Interessenmechanismus verbunden, dessen Form noch weitestgehend unbekannt ist. Der Begriff des „Innovationstausches" des Kunsttheoretikers Boris Groys liefert einen Versuch, sich explizit mit der Schnittstelle von Kreativität und Ökonomie auseinanderzusetzen (Groys 2004).

Die Entwicklungen der KuK betreffen jedoch auch ganz praktisch das System der Kulturellen Bildung; denn während es sich im Kontext der Industriegesellschaften zu Recht als Eigensystem aufstellt, zerfließen diese Grenzen in Ökonomien, die vornehmlich durch symbolische Prozesse organisiert sind (Dolgin 2010). Eine Erforschung der Akteure der KuK an der Schnittstelle zum System der Kulturellen Bildung kann deswegen helfen, die spezifischen Muster der Interdependenzbewältigung innerhalb dieses gesellschaftlichen Feldes samt seiner sozialen Ordnungen zu verstehen. Darauf aufbauend wird es möglich, Lösungsvorschläge für eine Governance der Kulturellen Bildung zu formulieren, die einerseits gemein- und privatwirtschaftliche Akteure miteinander koordiniert und sich andererseits der Herausforderungen einer gesellschaftlich sich wandelnden Umwelt bewusst ist.

Ausblick

Es ist in Zukunft wünschenswert, den politischen Elan rund um die KuK zu nutzen, um wissenschaftlich orientierte Forschungsvorhaben im Kontext der KuK anzustoßen, gerade auch an der Schnittstelle zum System der Kulturellen Bildung. Erkenntnisse zu einer kritisch reflektierten Funktionsweise der KuK, die eine freiheitliche Gesellschaftsentwicklung zulässt, sind jedoch ausschließlich im interdisziplinären Diskurs zu gewinnen. Als Hilfswissenschaft kann die Ökonomie den Akteure der Kulturellen Bildung dazu dienen, die prekären, gesellschaftlichen Rahmenbedingungen der Kulturellen Bildung auf wertungsoffene Faktoren zurückzuführen und wissenschaftlich geleitete Empfehlungsvorschläge der Gegensteuerung auszuarbeiten. Denn nur ein wirtschaftswissenschaftlich fundierter Forschungskontext kann garantieren, dass die ökonomischen Effekte Kultureller Bildung erkannt und durch intersubjektiv messbare Ursache-Wirkungszusammenhänge erklärt werden. Insbesondere in einem zunehmend globalisierten Kontext der Kulturpolitik kann eine systematische ökonomische Forschung z.B.

dann auch die spezifisch deutschen best practices der Kulturpolitik herausarbeiten, ohne die Notwendigkeit eines bestimmten Kulturmodells voraussetzen zu müssen. Die kulturwissenschaftliche Forschung darf sich deswegen vor der Verwendung wirtschaftswissenschaftlicher Instrumentarien nicht versperren. Kann es der wissenschaftlichen Gemeinschaft deshalb gelingen, die gedanklichen Hürden in der gemeinsamen Kommunikation zu überwinden, dann kann die gemeinsame Erforschung der KuK und der Kulturellen Bildung in Zukunft mit Sicherheit einen wichtigen Beitrag zur Gestaltung einer kreativen Gesellschaft leisten.

Zum Weiterlesen

Florida, Richard (2002): The Rise of the Creative Class. New York: Basic Books.

Groys, Boris (2004): Über das Neue. Versuch einer Kulturökonomie (3. Auflage). Frankfurt/M.: Fischer.

Howkins, John (2002): The Creative Economy. How People Make Money From Ideas. London: Penguin Press.

UNESCO & UNCTAD (2010): Creative Economy Report 2010. Creative Economy: A Feasible Development Option. United Nations.

Hermann Glaser
Erinnerungskultur und Denkmalpflege

Der Vorgang der Vergegenwärtigung von Vergangenem bedarf der Impulse. Diese sind oft „endogen" (innen entstehend, von innen kommend); sie wirken zufällig, sind aber wohl ein Zu-Fall; wir werden uns nur nicht bewusst, was das Erinnern in Gang gesetzt hat, warum wir aus unserem Gedächtnis etwas „hervorgeholt" haben. Vielfach sind es auch von außen entstehende, von außen eindringende, also „exogene" Reize (Anreize), die Gespeichertes aktivieren. Der Geschmack einer Madeleine (eines Sandplätzchens), in einen Tee eingetaucht, evoziert zum Beispiel bei Marcel Proust in seinem Romanwerk „Auf der Suche nach der verlorenen Zeit" die Bilder der Kindheit, die eine beseligende, von der Schwerkraft des Lebens enthebende Wirkung ausüben. Was aus dem Gedächtnis aufsteigt, hat zwar die naive Direktheit verloren, doch die Qualität nachdenkender Reflexion hinzugewonnen (Proust [1913] 1984:257). Das Wechselspiel von individueller und kollektiver Erinnerung kann sehr unterschiedlich ablaufen, zumal beide Formen des Gedächtnisses auf verschieden wahrgenommenen „Materialien" (z.B. „Tagesresten") beruhen.

Musealer Paradigmenwechsel

Die Repräsentanten und Institutionen des kollektiven Gedächtnisses, wenn demokratisch legitimiert und entsprechend akzeptiert, stellen für das individuelle Erinnern Orientierungsmuster bereit; bei autoritärer Anmaßung wird dieses Erinnern gelenkt bzw. manipuliert. Besonders die sogenannten „Agenturen der Gesellschaft", wie Schule, Universität, Kirche, Verwaltung, Verbände, Parteien etc. beeinflussen in ihrer häufig aus der Tradition abgeleiteten Gewichtigkeit die Art und Weise, wie der Einzelne seine Erlebnisse und Erfahrungen sichtet und zusammenfügt. Eine große Rolle spielen natürlich auch gesellschaftlich bzw. staatlich etablierte Erinnerungsorte wie Archive, Bibliotheken und vor allem Museen (siehe Matthias Henkel „Museen als Orte Kultureller Bildung" in diesem Band).

In den Museen, das war wohl lange die Überzeugung der dort kulturell, vielfach gouvernemental Tätigen, werde kanonisch präsentiert, was wert sei, erinnert zu werden und als Vorbild zu dienen habe. Die Defizite waren dabei eklatant; im Germanischen Nationalmuseum zum Beispiel wurden die Zeugnisse und Artefakte der Industriekultur, also vorwiegend des Arbeitslebens und der Lebensweisen des 19. und 20. Jh.s, nicht gesammelt, zumindest nicht ausgestellt. Etwa die Arbeiterküche oder das Arbeitszimmer des Unternehmers, der Eisenbahn-Wartesaal dritter oder auch erster Klasse wurden ausgespart; das Fahrrad wie das Automobil, Warenverpackungen wie die ersten Waschmaschinen oder Radios gehörten nicht zu den zu „verehrenden" Gegenständen, an denen man sich als Vorbildern orientieren sollte. Das waren jedoch die Waffensammlungen, die man sehr dekorativ dargeboten in vielen Museen fand. Tempi passati? Jedenfalls erfolgte nach 1945 eine Entmythologisierung des Orientierungsanspruchs; es war weniger Schwellenangst als despektierliche Ablehnung der museal dekretierten Erinnerungskultur, die Kritiker der Museen von „Erinnerungsdeponien" sprechen ließen.

Man wird für die meisten Erinnerungsstätten generalisierend sagen können, dass sie nicht lebensverändernd wirken. Was Rainer Maria Rilke beim Anblick eines archaischen Torsos des Apollo empfindet: „Du musst dein Leben ändern", wird nur im Rahmen freier Wahrnehmung und diskursiver Offenheit, die zu kommunikativer Auseinandersetzung einlädt, erfolgen; das Individuum muss sich gedächtnis-autonom verhalten können, aber stetig anregend-eindrucksvolle Angebote erhalten.

Erinnerung und Geschichte

Das individuelle Erinnern, bestimmt durch persönliche Erfahrungen, aber auch durch familiale Erzählungen, ist ein Kurzzeitgedächtnis, dessen Eindrücklichkeit nach etwa zwei bis drei Generationen vergeht. Aus memory wird dann history. Historisierung als Ersatz für das Fehlen unmittelbarer persönlicher Erlebnisse und befragbarer Zeitzeugen bringt Relativierung und Distanzierung mit sich; die kulturellen Vermittlungsformen (wie Literatur Bildende Kunst, Theater) können allerdings solchen Verlust an persönlicher Anschaulichkeit virtuell ausgleichen. Seit Vergangenheit mit Hilfe der Technik reproduzierbar wurde (Buch, Schallplatte, Film, Tonband bis zu den heutigen digitalen Aufzeichnungs- und Wiedergabemöglichkeiten) besteht die Chance, history wieder als memory, also im Status unmittelbarer stellvertretender Daseinserfahrung erlebbar zu machen.

Eine besondere kulturpolitische Aufgabe besteht somit darin, der Geschichtsbetrachtung als Entfernung von personaler Betroffenheit diese ihr wieder „anzumuten", ohne dass deshalb die kognitive Analyse-Fähigkeit, welche Distanz fordert, beeinträchtigt wird. Zukunft braucht Herkunft: eine solche, von Odo Marquard formulierte Maxime bedarf in der jeweiligen Gegenwart einer möglichst emphatischen Verstärkung, die vor allem der humanen Entwicklung der Menschheit zugute kommt. In seiner Antrittsvorlesung 1789 als Professor der Geschichte in Jena sieht Friedrich Schiller die derart Vergangenheit, Gegenwart und Zukunft zusammenschließende Form von Erinnerungsarbeit aus dem Studium der Universalgeschichte hervorgehen. „Licht wird sie in Ihrem Verstande und eine wohltätige Begeisterung in Ihrem Herzen entzünden [...] Unser *menschliches* Jahrhundert herbeizuführen, haben sich – ohne es zu wissen oder zu erzielen – alle vorhergehenden Zeitalter angestrengt. Unser sind alle Schätze, welche Fleiß und Genie, Vernunft und Erfahrung im langen Alter der Welt endlich heimgebracht haben. Aus der Geschichte erst werden *Sie* lernen, einen Wert auf die Güter zu legen, denen Gewohnheit und unangefochtener Besitz so gern unsre Dankbarkeit rauben: kostbare teure Güter, an denen das Blut der Besten und Edelsten klebt, die durch die schwere Arbeit so vieler Generationen haben errungen werden müssen! Und welcher unter Ihnen, bei dem sich ein heller Geist mit einem empfindenden Herzen gattet, könnte dieser hohen Verpflichtung eingedenk sein, ohne daß sich ein stiller Wunsch in ihm regte, an das *kommende* Geschlecht die Schuld zu entrichten, die er dem vergangenen nicht mehr abtragen kann? Ein edles Verlangen muß in uns entglühen, zu dem reichen Vermächtnis von Wahrheit, Sittlichkeit und Freiheit, das wir von der Vorwelt überkamen und reich vermehrt an die Folgewelt wieder abgeben müssen, auch aus *unsern* Mitteln einen Beitrag zu legen und an dieser unvergänglichen Kette, die durch alle Menschengeschlechter sich windet, unser fliehendes Dasein zu befestigen." (Schiller 1976:765f.)

Damit das Gedächtnis nicht seine Dynamik und seine Offenheit für Wandlung und Verwandlung verliert, sollte es die Fähigkeit zu einer dreifachen Form des „Aufhebens" besitzen: geübt im Bewahren, Überwinden und damit Höherbringen. In den Briefen „Über die ästhetische Erziehung des Menschen" spricht Schiller von der Notwendigkeit des „ästhetischen Nullzustandes": gewissermaßen einer Katharsis (Reinigung) des Erinnerungsvermögens, welche die Blockierungen seiner Vieldimensionalität zu beseitigen vermag. Durch die ästhetische Kultur werde es erreicht, dass es dem Menschen wieder möglich werde, aus sich selbst zu machen, was er will; zugleich sei dies die Freiheit, zu sein, was er paradox sein soll. Eben ein menschliches Menschsein via Geschichtskenntnis und -erkenntnis (Schiller o.J.:141f.).

Identitäten-Plural

Strukturell gesehen, ist gesellschaftlich und politisch motivierte Gedächtniskultur immer in Gefahr – im Gegensatz zum pluralen und pluralistischen individuellen Erinnern –, eine gemeinsame Identität bewirken zu wollen. Ein liberales, demokratisches, die Würde des Einzelmenschen beachtendes Staatswesen begreift aber Identität als ein vielfältiges Bei-sich-selbst-Sein, als ein Bündel von Identitäten, die nebeneinander bestehen, jedoch zugleich in der Lage sind, sich friedlich im steten Diskurs zu kommunikativem Handeln zusammenzufinden – so wie ein Gewölbe eine große Tragkraft dadurch entwickelt, dass die vielen „fallenden" Einzelsteine, in ihrer Fliehkraft sich gegenseitig abstützend, miteinander verfugt sind.

Es ist von einer gewissen „höheren Ironie", dass aufgrund unbedachter Traditionspflege die pluralistisch, zudem föderativ und interkonfessionell geprägte Bundesrepublik in ihrer Nationalhymne eine gegenteilige Gedächtniskultur intoniert. Erinnert wird an ein deutsches Vaterland der *Einigkeit*, das noch dazu paternalistisch bzw. patriarchalisch dominiert ist. (Schöner wäre übrigens statt „Vater"- oder „Mutterland" die Vokabel „Kinderland".) „Einigkeit und Recht und Freiheit / für das deutsche Vaterland! / Danach laßt uns alle streben / brüderlich mit Herz und Hand! / Einigkeit und Recht und Freiheit / sind des Glückes Unterpfand – / Blüh' im Glanze dieses Glückes, / blühe deutsches Vaterland!"

Der regressive Charakter des Liedes liegt in seinen Ursprüngen: Es entstand in der Mitte des 19. Jh.s, als die Deutschen in Abweichung vom Ideal der Kulturnation ihr Heil in der Staatsnation, bald nationalistischer Ausprägung, zu finden glaubten. 1849 sah Franz Grillparzer in einem düster-visionären Epigramm die fatale Entwicklung voraus: Der Weg der neueren Bildung führe von der Humanität über die Nationalität zur Bestialität.

Aufhebung des Aufgehobenen

Auch wenn kollektive Gedächtniskultur sich vor der Verdrängung des Vergangenen hüten sollte, in einem philosophisch-anthropologischen Sinne kann das Individuum nicht völlig ohne eine gewisse „Vergesslichkeit" auskommen; denn diese hilft ihm bei der Aufhebung des Aufgehobenen, nämlich beim Wegräumen hindernder Traditionen, was die Hereinnahme anderer wichtigerer und zukunftsträchtigerer „Speicherdaten" erleichtert. Im Vorwort seines Buches „Lethe. Kunst und Kritik des Vergessens" meint Harald Weinrich: „In häuslich-privaten Angelegenheiten ein bißchen vergeßlich zu sein, kann einen ganz sympathischen Eindruck machen. Der Vergeßliche scheint wenigstens kein Pedant zu sein. So macht es vielen Leuten nichts aus, sich über ihr hoffnungslos schlechtes Gedächtnis zu beklagen, während dieselben Personen, wie schon La Rochefoucauld bemerkt hat, niemals über ihre schlechte Urteilskraft klagen würden. Neben dem privaten Vergessen hat das Vergessen jedoch auch eine öffentliche Bedeutung, die in extremen Situationen des politischen Lebens einerseits als verordnetes, andererseits als verbotenes Vergessen zum Ausdruck kommen kann. Das verordnete Vergessen äußert sich in rechtlicher Form vor allem als Amnestie, Verjährung und Begnadigung und verbindet sich in diesen Zusammenhängen gerne mit dem (christlichen)

Vergeben. Doch hat dieses ‚gnädige Vergessen' eine unübersteigbare Grenze angesichts solcher Untaten und Verbrechen, die gegen die Menschenrechte gerichtet sind, vor allem in der Form des Genozids und namentlich der Shoah" (Weinrich 2000:8f.).

Aufgeworfen wird von Weinrich auch die Frage nach den Bedingungen des Erinnerns und Vergessens in der modernen und postmodernen Informationsgesellschaft. „Sind wirklich alle heutigen Gedächtnisprobleme dadurch gelöst, daß wir ihre Lösung an die elektronischen Gedächtnisse unserer Computer mit ihrer fast unbegrenzten Speicherkapazität delegieren können? Leben wir also endlich im Paradies einer authentischen Gedächtniskultur? Das dürfte eine gefährliche Täuschung sein. Gerade wenn wir uns täglich einer Informatik bedienen, die – wirklich oder scheinbar – ‚nichts vergißt', wird die Frage dringlich, welchen vernünftigen Gebrauch wir heutzutage von der Löschtaste zu machen wissen, eingedenk der sehr klugen Maxime von Edouard Herriot: „Kultur [...] ist das, was im Menschen verbleibt, wenn er alles vergessen hat" (ebd.).

Einer sich des Essentiellen erinnernden Gedächtniskultur, mit dem Pendant einer gewissen Vergesslichkeit, die übrigens auch für geschichtliche Gerechtigkeit sorgt – sic transit gloria mundi (bei Schiller: „... denn das Gemeine geht klanglos zum Orkus hinab"] –, einer solchen Gedächtniskultur, die sich freilich stets dann, wenn es darauf ankommt, des an sich Vergessenen zu erinnern vermag, stehen Kanonisierungen, welche die Inhalte des Erinnerns in verbindliche Systeme einzuzwängen suchen, entgegen. Die individuelle Gedächtniskultur bleibt vital, wenn sie sich „unter aller Kanone" (sub omni canone) immer wieder aufgezwungenen Maßstäben und Richtlinien als „Erinnerungsgeboten" entzieht und sich der Aleatorik, einem Denken und Erinnern in freiheitlichen Spielräumen, überlässt. Allerdings benötigt Gedächtniskultur gleichermaßen konträr dazu orientierende Grenzziehungen. Zwei Gefahren drohen: das konturlose Chaos und der starr festgelegte Zwang beim Erinnern. Es kann eben nicht beliebig sein, was eine gesellschaftliche Gedächtniskultur dem individuellen Erinnern als besonders erinnerungswert vorschlägt; aber es darf auch die „Beliebigkeit" des persönlichen Erinnerns nicht ausgeschaltet werden. „Chaosmos" wäre der Begriff, der die notwendige Synthesis charakterisiert.

„Gedächtnis und Erinnerung" haben seit den 1980er Jahren immer mehr an Bedeutung gewonnen, „von den Köpfen in Ost und West Besitz ergriffen". Nach Jan Assmann ist das kein Zufall, sondern darin begründet, „dass wir eine Epochenschwelle überschreiten, in der mindestens drei Faktoren die Konjunktur des Gedächtnisthemas begründen. Zum einen erleben wir mit den neuen elektronischen Medien externer Speicherung (und damit: des künstlichen Gedächtnisses) eine kulturelle Revolution, die an Bedeutung der Erfindung des Buchdrucks und vorher der Schrift gleichkommt. Zum anderen, und damit zusammenhängend, verbreitet sich gegenüber unserer eigenen kulturellen Tradition eine Haltung der ‚Nach-Kultur' (George Steiner), in der etwas Zu-Ende-Gekommenes – ‚Alteuropa' nennt es Niklas Luhmann – allenfalls als Gegenstand der Erinnerung und kommentierender Aufarbeitung weiterlebt. Drittens, und hier liegt vielleicht das entscheidende Motiv, kommt gegenwärtig etwas zu Ende, was uns viel persönlicher und existentieller betrifft. Eine Generation von ZeitzeugInnen der schwersten Verbrechen und Katastrophen in den Annalen der Menschheitsgeschichte beginnt nun auszusterben. 40 Jahre markieren eine Epochenschwelle in der kollektiven Erinnerung: wenn die lebendige Erinnerung vom Untergang bedroht und die Formen kultureller Erinnerung zum Problem werden" (Assmann 2002:11).

Der französische Historiker Henri Rousso, Leiter des *Pariser Instituts für Zeitgeschichte*, warnt jedoch vor einem inflationären Gerede vom „Gedächtnis". „Der Ausdruck ist allgegenwärtig und vieldeutig, er hat das Vokabular der Medien, der Kultur und der Ästhetik durchdrungen.

Sobald die nähere oder fernere Vergangenheit in Rede steht, die Geschichte im klassischen Sinne, taucht er fast unvermeidlich auf, so als besitze er magische Kraft, einen Mehrwert an Seele, gleich ob die Reden nun lyrisch oder bloß trivial sind" (Raulff 1998:41).

Der „weiche" Begriff des Gedächtnisses habe sich an die Stelle des „harten" Begriffs der Geschichte und der Schuld gesetzt. „Rousso betont den Unterschied zwischen der Historie, die er als wissenschaftliche Rekonstruktion der Vergangenheit versteht, und der als ‚Gedächtnis' memorierten Vergangenheit. Bei der Historie geht es um Erkenntnis: ‚Sie entspringt einem Willen zum Wissen, sie hält sich an Verfahren zur Aufstellung von Beweisen, die sich überprüfen und wieder umstoßen lassen.' Das Gedächtnis dagegen geht auf Identität aus, es berührt Gefühle, ‚es strebt nach einer idealisierten oder diabolisierten Vergangenheit. Es kann die Zeit beliebig zusammenpressen oder ausdehnen.' Nicht um Erkenntnis geht es dem Gedächtnis, sondern um die Existenz: Während die Geschichte die Vergangenheit auf Distanz rückt und die Unterschiede sichtbar machen will, sucht das Gedächtnis die Vergangenheit in die Gegenwart zu ziehen, Gefühlsbeziehungen anzuknüpfen, die Distanz zu löschen. Die Geschichte, so der Historiker, sei eine Schule der Freiheit, das Gedächtnis eine nicht dem Verstand gehorchende Verbindung" (Raulff 1998:41).

Denkmale

Gesellschaftliche Gedächtniskultur kann ohne Lokalisierungen nicht auskommen: Topoi, da die Individuen in ihrem Erinnern sich mit der kollektiven, diskursiv zu entwickelnden Erinnerung verbinden. Das Holocaust-Mahnmal in Berlin ist, bei aller Problematik, von einmaliger Bedeutsamkeit. „Europas politische Monumente stehen seit der Antike in der Tradition sinnstiftender Heldenverehrung. Die kriegerische Germania oberhalb von Rüdesheim und das Hermannsdenkmal im Teutoburger Wald erinnern an die ersten kulturpolitischen Versuche des Deutschen Reichs nach 1871, künstlerische Allegorien nationaler Gemeinsamkeit zu bauen. Es entstanden patriotisch überladene Ausflugsziele. Ein Zentraldenkmal, das in einer Hauptstadt an die nationale Schande oder ihre Opfer erinnert, hatte es weder in Deutschland noch anderswo gegeben. Ein Verbrechen vom Ausmaß des Holocaust allerdings auch nicht" (Naumann 2005).

Die wichtigste kulturpolitische Aufgabe ist freilich, über Denkmäler hinaus eine lebendige Kommunikationslandschaft zu schaffen, und das schließt ein, dass der persönliche dialogische Austausch von Erinnerungen durch gespeicherte „Materialien" (Bücher, Filme, Aufzeichnungen, Dokumente, Artefakte etc.) genügend Kristallisationspunkte erhält. Damit das die Erinnerung in Gang setzende „Material" Rezipienten findet, bedarf es der VermittlerInnen (z.B. der Pädagogen und Pädagoginnen); sie dürfen sich nicht durch die weit verbreitete Gedächtnislosigkeit, Ergebnis sowohl kommerzieller, vor allem medialer als auch ideologischer Desensibilisierungs-Strategien, abschrecken lassen. Eine „schwierige arbeit":

„ungeduldig
im namen der zufriedenen
verzweifeln

geduldig
im namen der verzweifelten
an der verzweiflung zweifeln

ungeduldig geduldig
im namen der unbelehrbaren
lehren"
(Enzensberger 1964:58f.)

Zum Weiterlesen

Assmann, Aleida (2006): Der lange Schatten der Vergangenheit. Erinnerungskultur und Geschichtspolitik. München: C. H. Beck.

Bock, Petra/Wolfrum, Edgar (Hrsg.) (1999): Umkämpfte Vergangenheit. Geschichtsbilder, Erinnerung und Vergangenheitspolitik im internationalen Vergleich. Göttingen: Sammlung Vandenhoeck, Band 98.

Etienne, François/Schulze, Hagen (Hrsg.) (2001): Deutsche Erinnerungsorte. Band I-III. München: C. H. Beck.

Heinrich, Horst-Alfred (2002): Kollektive Erinnerungen der Deutschen. Theoretische Konzepte und empirische Befunde zum sozialen Gedächtnis. Weinheim/München: Juventa.

Horn, Sabine (Hrsg.) (2009): Geschichte und Öffentlichkeit. Orte – Medien – Institutionen. Göttingen: Vandenhoeck & Ruprecht.

Institut für Kulturpolitik der Kulturpolitischen Gesellschaft e.V. (Hrsg.) (2009): Jahrbuch für Kulturpolitik 2009. Band 9. Essen: Klartext.

Zacharias, Wolfgang (Hrsg.) (1990): Zeitphänomen Musealisierung. Das Verschwinden der Gegenwart und die Konstruktion der Erinnerung. Essen: Klartext.

Hilmar Hoffmann/Dieter Kramer
Kultur für alle
Kulturpolitik im sozialen und demokratischen Rechtsstaat

Ein neues Paradigma der Kulturpolitik

Als Hilmar Hoffmann nach seinen Lehrjahren in der Bergarbeiterstadt Oberhausen, wo er als erfolgreichstes Projekt die dortigen Internationalen Kurzfilmtage ins Leben gerufen hatte, 1970 als 45-Jähriger nach Frankfurt am Main als Dezernent berufen wurde, war ein neuer Aufbruch der Kulturpolitik nicht nur in der Theorie überfällig, sondern auch in der Praxis. Es war die Zeit der Sozialliberalen Koalition und des Neokeynesianismus. Jene optimistischen Worte der Regierungserklärung aus dem Munde von Willy Brandt vom 21. Oktober 1969 waren gleichsam das Motto: „Wir wollen mehr Demokratie wagen." Was er allgemein forderte, wollte Hilmar Hoffmann mit Hilfe der Kulturpolitik erreichen: „Das Ziel ist die Erziehung eines kritischen, urteilsfähigen Bürgers, der imstande ist, durch einen permanenten Lernprozeß die Bedingungen seiner sozialen Existenz zu erkennen und sich ihnen entsprechend zu verhalten" (Brandt 1969:1125).

Die Einführungsrede von Hilmar Hoffmann vor der *Frankfurter Stadtverordnetenversammlung* vom 12. November 1970, also gut ein Jahr nach dem Amtsantritt von Willy Brandt, war ganz in diesem Geiste verfasst. Sie signalisierte den Abschied von der Vorherrschaft des Bildungsbürgertums in der Kulturpolitik und wies den Weg hin zur Öffnung und Erweiterung des kulturellen Lebens. Betont wird darin, Kultur sei „kein absoluter Wert, der an sich selbst gemessen werden kann, sondern nur an den gesellschaftlichen Entwicklungen, die sie bewirkt oder deren Bedingungen ihre Entfaltung unterworfen ist" (Hoffmann 1970). Vor dem Stadtparlament hat er dann das Programm einer stark bildungsorientierten Kulturpolitik entwickelt, bezogen auf Erwachsenenbildung (siehe Wiltrud Gieseke „Kulturelle Erwachsenenbildung" in diesem Band), Büchereien, pädagogische Arbeit bei den Bühnen und in den Museen. Ähnlich war der Tenor des ersten Rechenschaftsberichtes von 1971 (vgl. Hoffmann 1971).

Das damals geplante *Audiovisuelle Kommunikationszentrum* für den zentralen Platz zwischen Römerberg und Dom (den heute die Schirn dominiert) hätte einen potenten und für alle offenen Einstieg in die erst dann sich entwickelnden neuen Kommunikationstechnologien und -wege bedeutet. Seine Planung zeigt, dass Kulturpolitik sich damals schon als Bestandteil der Qualifikation und Entwicklung von Humankapital verstand, und dies bezog sich nicht allein auf das wirtschaftliche Leben, sondern vorzüglich auf das soziale Zusammenleben und eine lebensdienliche Politik.

Die Kulturinitiativen des *Deutschen Städtetages* der folgenden Jahre, unter der Mitwirkung von Kurt Hackenberg, Hermann Glaser und Hilmar Hoffmann entstanden, schienen speziell auf Frankfurt gemünzt. Das Motto des *Deutschen Städtetages* „Rettet unsere Städte jetzt" von 1971 wurde 1973 wieder aufgegriffen und durch das Programm „Bildung und Kultur als Element der Stadtentwicklung" (Röbke 1993:117/118) mit Inhalt gefüllt. Dort lesen wir: „In allen Industrieländern stehen heute die Städte vor den gleichen schwierigen Problemen: Der rasche ökonomische und technische Strukturwandel hat tiefgreifende Einwirkungen auf die soziale und städtebauliche Struktur und einen Verlust an Umwelt- und Wohnqualität zur

Folge. Die Stadt droht ihre menschlichen Züge und damit die Eigenschaften zu verlieren, die sie einst anziehend und begehrt gemacht haben." Und:
>> „Kultur in der Stadt bedeutet daher
>> die Kommunikation zu fördern und damit der Vereinzelung entgegen zu wirken,
>> Spielräume zu schaffen und damit ein Gegengewicht gegen die Zwänge des heutigen Lebens zu setzen,
>> die Reflexion herauszufordern und damit bloße Anpassung und oberflächliche Ablenkung zu überwinden" (ebd.).

Diese Thesen wurden in Frankfurt programmatisch in die Tat umgesetzt. Mit den informell durch den *Städtetag* und die Kulturpolitischen Tagungen in Loccum verbundenen KulturpolitikerInnen entstand 1974 eine erste Bestandsaufnahme der neuen Kulturpolitik in der Bundesrepublik (Hoffmann 1974). Eine zweite wegweisende Publikation wurde herausgegeben von Olaf Schwencke, Klaus H. Revermann und Alfons Spielhoff (1974). 1976 kristallisierte sich aus diesem Geiste heraus die *Kulturpolitische Gesellschaft*.

Mit einer Spurensuche hat Kurt H. Biedenkopf 1986 versucht, Ansätze einer „Kultur für alle" im Neheim-Hüstener Programm der *NRW-CDU* vom März 1946 aufzuspüren, weil dort gefordert wurde, die „Teilnahme an den kulturellen Gütern für das ganze Volk" zu sichern (Biedenkopf 1986:13). Das sind aber damals bloß Deklamationen geblieben. Erst mit der Sozialliberalen Koalition kam es zur Abkehr von dem bis dahin noch dominierenden bildungsbürgerlichen schillernden Kulturbegriff der „kulturellen Güter". Das neue Kulturverständnis war statt am „Schönen, Wahren, Guten" am alltäglichen kulturellen Leben insgesamt orientiert und verzichtete weitgehend auf die Unterscheidung zwischen den verschiedenen sozialen und ästhetischen Sphären der kulturellen Teilhabe, ohne dass dadurch der Anspruch auf Qualität vernachlässigt wurde (siehe auch Kramer 2011:109ff., Kramer 2012:179ff.). Erst mit der konkreten Politik in Frankfurt und dem Titel des Buches „Kultur für alle" entstand ein gängiger und wirkungsvoller Programm-Slogan.

Die entscheidenden Texte

Kaum irgendwo sonst war nach übereinstimmender Meinung der KritikerInnen die Krise der Stadt stärker zu spüren als in Frankfurt am Main. Alexander Mitscherlich (1965) schrieb sein Buch über die Unwirtlichkeit der Städte nicht von ungefähr in dieser hektischen Metropole des Hermes, des Gottes der Kaufleute und der Diebe, aber auch des Gelingens.

Auch für die Kulturpolitik war es in diesem Zusammenhang endlich an der Zeit, ein Buch über deren Ziele zu schreiben. Der Band „Kultur für alle" (Hoffmann 1979) war, was die hohe Auflage und die Resonanz betraf, von einzigartiger Wirkung. Im Vorwort der zweiten Auflage sind die wichtigsten Argumente und Einwände der bis Herbst 1980 erschienenen über hundert Rezensionen zusammengefasst (Hoffmann 1981:9-28). Das Buch hat den Vorteil, dass die Arbeitsfelder der alten und neuen Kulturpolitik (in der zweiten Auflage auch die Erwachsenenbildung) erstmals einheitlich gegliedert und zusammengefasst sind. Denn gerade darin bestand ja eine der wichtigen Neuerungen: Neben den traditionellen Institutionen wurden neue Felder wie Film, Jazz, Medien, Alternative Kultur, Kulturelle Zielgruppen und kulturelle Freizeit als satisfaktionsfähige Größen nobilitiert. Und an *alle* richtete sich das neue Programm, nicht nur an das habituelle Bildungsbürgertum.

Im Folgeband „Kultur für morgen" von 1985 ging es dann auch um Kultur und Arbeit, um die Sparkrise, die konservative Wende, die Instrumentalisierung der Kultur für die verschiedensten Nebennutzen wie Umwegrentabilität und konsumistische Attraktivität, um Städteranking mit Hilfe kultureller Highlights, aber auch um internationale Kulturbeziehungen (beeinflusst durch

Themen der 1971 ins Leben gerufenen Römerberggespräche, lange Zeit eine der wichtigsten Diskussionsveranstaltungen der Republik).

Der letzte Band (Kultur als Lebensform) erschien 1990 zum Abschied von Hilmar Hoffmann als Kulturdezernent. Der Text lässt Kultur und Gesellschaft Revue passieren, thematisiert kulturelle Vielfalt als Ressource für das Überleben und resümiert Praxis-Erfahrungen.

Neben diesem Dreiteiler erschien 2006 ein umfangreicher Sammelband, in dem manche Themen, aber keine Texte sich wiederholen. In all diesen Bänden, die organisch aus der Weiterentwicklung des Konzepts hervorgehen, sind die wichtigsten Texte nachlesbar.

Das Werkzeug des Kulturpolitikers

In der Frankfurter Antrittsrede hat Hilmar Hoffmann im Herbst 1970 die Prinzipien seiner Arbeit erläutert. Sie sind bedenkenswert geblieben, auch wenn manche Vokabeln heute anders gewählt werden würden.

Für die etatisierten Institutionen soll der Kulturdezernent „folgende Hilfen anbieten":

>> „den Institutsleitern bürokratisches Gestrüpp aus dem Wege räumen, um ihre Kräfte freizusetzen für die eigentlichen pädagogischen oder künstlerischen Aufgaben;
>> Denkanstöße geben und Aktivierungshilfen leisten, wo die Sache dies fordert;
>> Nach gewonnener Einsicht in die Notwendigkeit einer Ausgabenerhöhung die entscheidenden Gremien hiervon überzeugen, damit das Klinkenputzen einzelner Direktoren bei Parlamentariern nicht zur Übervorteilung anderer Institutionen gerät;
>> überall dort, wo es an aktiver Kooperation mangelt, diese herstellen helfen, um entweder durch klare Abgrenzung (etwa der Sammelgebiete der Museen) oder durch die Organisation von Wechselwirkungen optimale Effektivität sicherzustellen;
>> wo sich noch Relikte engen Ressortdenkens oder Betriebsblindheit registrieren lassen, diese einebnen und die jeweiligen Institute den Gesamtzusammenhang bewusst werden lassen, in dem sie ein integraler (funktionstüchtiger) Teil sind, aber nicht der wichtigste;
>> die Prioritäten überdenken, ob sie im Wandel zur mündigen Leistungsgesellschaft so noch, und in der bisherigen Subventionshöhe, vertretbar sind. Die Unverhältnismäßigkeit bestimmter Etatansätze zu ihrem gesellschaftspolitischen Stellenwert muß öffentlich diskutiert werden;
>> wo immer bestimmte Institute in einer teilweise selbstgewählten isolationistischen Exklusivität oder einem falsch verstandenen Wissenschaftsanspruch im Elfenbeinturm sich allzu wohl fühlen, sind sie zur lebendigen Popularisierung dessen zu ermuntern, was als kostspieliger und kostbarer Kunst- oder Archivbesitz ansonsten nur wenigen Eingeweihten („Gebildeten") vorbehalten bleibt;
>> wo Bedeutung und Kostenaufwand einer Institution in einem umgekehrten Verhältnis zu den Besucherzahlen stehen, wird über die Möglichkeiten eines Besucherzuwachses nachgedacht werden müssen. Nicht nur Reisende mit dem Baedeker unterm Arm, sondern zuallererst die Bürger einer Stadt selbst sind aufgefordert, von ihrer Chance zu vermehrten Kenntnissen Gebrauch zu machen;
>> für den Fall, dass innerhalb des einen oder anderen Instituts noch autoritäre Herrschaftsstrukturen resistent geblieben sind, die die Verhältnisse vertikal statt horizontal regeln, werden Demokratisierungshilfen auch unaufgefordert gewährt werden müssen;
>> die im städtischen Kulturhaushalt registrierten Institute müssen sich in Konsequenz einer extensiven und langfristigen Bildungsplanung sowohl mit den Schulen als auch mit den Hochschulen als eine bildungspolitische Einheit begreifen, die sich nicht darin erschöpft, über die Studierenden die Besucherzahlen zu erhöhen" (Hoffmann 2006: 52/53).

Alternative Kultur jenseits der Institutionen

1972 wurde das Frankfurter Dezernat in *Dezernat Kultur und Freizeit* umbenannt, und es erhielt die Querschnittskompetenz für Freizeit und war lange Zeit auch zuständig für Erwachsenenbildung, Bürgerhäuser, Zoo, Palmengarten, Forst.

Programmatische Texte des *Europarates*, die Entschließung der *Konferenz der Europäischen Kultusminister* zur Kulturpolitik als Instrument zur Verbesserung der Lebensqualität in Stadt und Land in Oslo 1976 und die Empfehlung über die Teilnahme und Mitwirkung aller Bevölkerungsschichten am kulturellen Leben, angenommen von der *UNESCO-Generalkonferenz* in Nairobi 1976 (alle bei Röbke 1992), erwiesen sich damals als nützliche Argumentationshilfen für eine neue Kulturpolitik. Noch keiner davon bezieht sich auf die Kulturwirtschaft, im Gegenteil: In einer „Erklärung über die kulturellen Zielsetzungen" des *Europarates* von 1982 wird benannt, was damals auch für die Kulturpolitik prägende Überzeugung war: „Unsere Gesellschaft leidet unter einer zu starken Ausrichtung auf wirtschaftliche Ziele, dies schränkt den kulturellen Bereich ein und verurteilt die Kultur zu einer Randerscheinung" (Schwencke 2010:101). Das hat sich dann später deutlich geändert.

Bei diesem Aufbruch in die Nach-Achtundsechziger Jahre folgten wir Bertolt Brechts Anweisung, aus dem kleinen Kreis der KennerInnen einen großen Kreis zu machen, und förderten Kulturelle Bildung, weil die Kunstrezeption Kenntnisse auch der Wahrnehmung voraussetzt.

„Demokratisierung der Kultur" – verstanden als Abbau von Barrieren beim Zugang zum kulturellen Leben, verbunden mit Kultureller Bildung als konstitutivem Element der Sozialisation, war die Essenz der „Kultur für alle". Aber ebenso gehörte die „Kulturelle Demokratie" dazu, die Anerkennung der Existenz unterschiedlicher Kulturen und ihre Einbeziehung in die Kulturförderung. Die Würdigung alternativer Kulturformen, die Aufnahme neuer Bereiche wie Kino, Jazz und Vereinsarbeit in die Kulturförderung waren keine Nebensache.

Schon am 12. November 1970 hat Hilmar Hoffmann darauf hingewiesen, dass auch die sogenannte alternative Kultur ein Essential der Kulturpolitik ist. Die Förderung von Stadtteilkultur, Vereinen und Freizeiteinrichtungen wurde in Frankfurt fester Bestandteil der Kulturpolitik, sie musste neu geregelt und auch solide etatisiert werden. Tendenziell weitgehend übernommen hat Hilmar Hoffmann 1982 die Förderkriterien der Hamburger Stadtteilarbeit (Hoffmann 2006:659/660). Unterstützt werden sollten Maßnahmen und Aktivitäten, die geeignet waren, freies Engagement mit verantwortungsvoller Verwendung öffentlicher Mittel zu koppeln:

>> Die beabsichtigten Maßnahmen sollen das kulturelle Leben im Stadtteil bereichern bzw. ergänzen und erweitern.
>> Durch die Aktivitäten soll die Kommunikation zwischen einzelnen und Gruppen im Stadtteil gefördert werden.
>> Die kulturelle Aktivität soll das Image des Stadtteils verbessern und damit zu einer positiven Stadtteilentwicklung beitragen, die wiederum zu einem höheren Maß an Identifikation der Bewohner mit dem Stadtteil führen kann.
>> Die Eigenaktivitäten von Gruppen im Stadtteil sollen unterstützt werden, d.h. dass ein Engagement des möglichen Zuwendungsempfängers schon vor der Förderung erkennbar sein sollte.
>> Die geförderten Maßnahmen dürfen nicht auf Vereins- und Gruppenmitglieder beschränkt bleiben, sondern sollen der Öffentlichkeit im Stadtteil zugänglich sein.

Damals schienen die unterschiedlichen Kulturmilieus vor allem durch soziale Unterschiede geprägt. Dass es auch unterschiedliche religiös-ethnische Prägungen und Traditionen sein könnten, die ein förderungswürdiges Milieu der Vielfalt produzieren, das wurde als „Gastarbeiterkultur", als Kultur der ArbeitsmigrantInnen damals aber auch schon erkennbar. Kulturentwicklung wurde verstanden als Prozess, an dem alle Schichten der Gesellschaft, auch die ZuwandererInnen, aktiv an der Veränderung und Neugestaltung des kulturellen Lebens beteiligt sind und in dessen Verlauf auch das kulturelle Erbe neu von den jetzigen NutzerInnen angeeignet wird. Die Vorstellung einer ausformulierten „Leitkultur" war dem damaligen Denken fremd.

Zeitgebundenheit

Rückblickend wird erkennbar, wie stark die Kulturpolitik in den 1970er Jahren in die politischen Zusammenhänge dieser Epoche eingebettet war. Damals ahnte noch niemand, wie radikal sich der neoliberale schlanke Staat später darauf konzentrieren würde, die Rahmenbedingungen für die internationalisierte Wirtschaft und Finanzwelt zu optimieren. Zu dieser Zeit waren allerdings auch Kunst und Kultur als Kreativitätsressource und als Hilfe zur Akzeptanzpflege für eben diese wirtschaftliche Tätigkeit noch nicht instrumentalisiert, sie sollten vielmehr auf der sozialen Ebene Teil der Gesellschaftspolitik sein.

Konflikte um Kulturprogramme wie „Lieder im Park" oder Kinder- und Jugendtheater etwa zur sexuellen Aufklärung blieben nicht aus. Aber es gab auch schöne Erfolge. Als ein Beispiel für die Tragfähigkeit des Demokratisierungs-Ansatzes sei die beispielhafte öffentliche Sammelaktion zum Ankauf des Gemäldes „Die Synagoge" von Max Beckmann für die Städtische Galerie im Städel genannt. Vor den Thespiskarren aus dem Theaterfundus ließen sich 1972 Politikgrößen auf der Hauptwache spannen. Die Sammlung brachte zwar nicht die nötige Summe zusammen, aber es war eine pressewirksame Aktion, die den Bankier Jürgen Ponto so stark beeindruckte, dass er den Reste der Summe spendete, ohne dies für die Imagewerbung „an die große Glocke zu hängen" (Hoffmann 1999:118-119; Hoffmann 2003:118-120).

Widersprüche und Spannungen begleiten die Entwicklung auch heute. Einerseits soll Kulturpolitik einen Beitrag zur gesellschaftlichen Integration leisten, etwa im Zusammenhang mit Kommunalpolitik, mit Jugendrevolten oder mit den Parallelkulturen von MigrantInnen in der Einwanderungsgesellschaft; auf der anderen Seite verteidigen die privilegierten Eliten ihre Sphären. Auf der einen Seite will der neoliberale Staat die Ausgaben für die öffentliche Kulturpolitik möglichst niedrig halten, auf der anderen Seite möchte er die Kulturwirtschaft als ökonomische Ressource entwickeln.

Die Kritik an dem Programm

Trotz aller Unklarheiten und mancher Verschwommenheiten, wie sie einer breiten kulturellen Bewegung immer anhaften, blieb die demokratische Kulturpolitik der 1970er Jahre mehrdimensional: Sie war damals nie, wie Thomas Assheuer meinte, ein „Angriff auf die inneren Angelegenheiten der Kunst, die Bewirtschaftung der Ästhetik, ihre Inbetriebnahme als Bindemittel für die Gesellschaft" (1997); heute (2011) ist sie viel eher dazu geworden. Sie konnte das auch genauso wenig sein wie eine „konsensstiftende Einheitskultur", und sie wollte auch nicht „nur eine maßgebliche Tradition" für eine „Kulturnation" verordnen. Während sie doch einerseits der sozialen und ethnischen Vielfalt den notwendigen Entfaltungsraum bieten sollte, gilt es andererseits aber, ergebnisoffenen Kulturprozessen als die Gesellschaft integrierenden Kräften der gemeinschaftlichen Produktion von Lebensverhältnissen zur Wirkung zu verhelfen. Diesen Spagat hatte die Kulturpolitik damals auszuhalten. Deswegen musste sie auch zwischen dem Anspruch der Künste vermitteln, sich an Wahrheit und Qualität zu orientieren, während sie gleichzeitig den ästhetischen Ausdrucksformen verschiedener Milieus ihr Recht zugestehen musste. Dieses Spannungsverhältnis war nur solange ins Gelingen zu wenden, als künstlerische Tätigkeit als unabgeschlossener Prozess verstanden wurde. Sobald einer sich auf vollendete und kanonische Werke konzentrieren wollte, war der sozialkulturellen Vielfalt nicht mehr Genüge zu tun.

Die Politik der „Kultur für alle" hat sich gegen den auch in Frankfurt am Main verbreiteten Pessimismus und Fatalismus jener Linken gewendet, die das kapitalistische System prinzipiell abschaffen wollten und die in ihm keinerlei Chancen sahen, weil sie sich an jener gern verabsolutierten, aber falsch verstandenen These Theodor W. Adornos orientierten „Es gibt kein richtiges Leben im falschen" (Adorno 1980 (1951):40). Sie hat sich auch auf Kompromisse eingelassen, wie sie nach der politischen Wende von 1977 und der Dominanz der CDU in Frankfurt angesagt waren. Dass die alternative Kultur bis auf wenige Relikte dann abstarb oder den Kontakt zu den hegemonialen Milieus verlor, ist nur zum Teil der Politik anzulasten. Es fehlte schließlich auch das engagierte nachfragende Publikum.

Die „gesellschaftspolitische In-Wert-Setzung des kulturellen Erbes" gehört zu den Prinzipien des ambitionierten Programms einer „Kultur für alle", das ein anregungsreiches lebendiges kulturelles Milieu für möglichst breite Schichten der Bevölkerung produzieren wollte und dazu auch das heute noch gültige kulturelle Erbe für die ständige Überprüfung und Neu-Aneignung bereithielt (Hoffmann 2006:188,119).

Kulturpolitik ist Gesellschaftspolitik, nicht umgekehrt

Auch einem anderen kritischen Einwand braucht nicht ausgewichen zu werden. Was kann kulturelle Spezifik uns heute noch bedeuten, wenn alles und jedes als Kultur firmiert, fragten konservative Bildungseliten. In der Tat wird bei der Integration des Alltags in die Kulturdiskussion gern übersehen, dass dieser nur insoweit genuin mit Kultur zu tun hat, wie er wesentlich von den Charakteristika einer Kultur geprägt ist. Nicht der Alltag als solcher, sondern die ihn prägenden Wertungen sind Bestandteil der Kultur.

Mit den Prinzipien einer Politik von „Kultur für alle" sollte seit den 1970er Jahren verhindert werden, dass relevante Teile der Bevölkerung von dem Kontakt mit dem kulturellen Leben und dem Erbe ausgeschlossen blieben. Auch wenn es mit dem erweiterten Kulturbegriff kaum gelang, neue Bevölkerungsschichten an die klassischen Kulturinstitutionen zu binden, so bedeuteten Museumspädagogik, Bürgerhäuser, die Förderung von Straßenfesten und relevanten Vereinsinitiativen, Veranstaltungen wie „Lieder im Park", „Jazz im Museum" sowie neue Vermittlungsformen in den „Musentempeln" doch immer auch die Chance, dass „kulturferne" Gruppen sich am kulturellen und gesellschaftlichen Leben beteiligt sehen konnten und in nicht wenigen günstigen Fällen impulsgebende Partner für neue ästhetische Ausdrucksformen wurden.

Als Folge einer neoliberalen Politik wurde seit den 1990er Jahren die wachsende Kluft zwischen Arm und Reich, wurden die neue Armut und die Prekarisierung und damit die Entstehung von Parallelwelten in ausgegrenzten sozialen Milieus billigend in Kauf genommen. Auch wenn dieser neoliberale ‚schlanke Staat' erst recht in der Krise sein völliges Versagen eingestehen musste, wurde gleichwohl die Kluft zwischen Arm und Reich aber deswegen nicht verkleinert, eher klafft die Schere noch weiter auseinander. Darunter leidet das ganze Gemeinwesen insgesamt, denn immer mehr Menschen igeln sich in abgeschotteten Privatwelten ein, und der Diskurs einer kulturellen Öffentlichkeit über Sinn und Grundwerte der Gemeinschaft wird immer brüchiger.

Zukunft ist ein kulturelles Programm

Eher beiläufig hat Hilmar Hoffmann einmal formuliert: „Zukunft ist ein kulturelles Programm" (1997). Gleichwohl hat diese Formel schnell Beachtung gefunden. Eine Gesellschaft, die heute die Maßstäbe und Modelle auf lebensdienliche Weise fortentwickelt, die Lebensqualität als Folge von Nachhaltigkeit und Verantwortung für die Zukunft ermöglicht, wird nicht nur selbst zukunftsfähig; sie wird auch für andere zugkräftig und kann das Interesse jener auf sich lenken, die noch nicht wissen, was sie alles ohne kulturelles Interesse versäumen.

Wir müssen wissen, wohin wir wollen und wie wir was erreichen möchten. Nicht der Fortschritt der Technik allein, nicht die boomende Wirtschaft für sich, sondern die Kultur im umfassenden Sinne ist es, was das Dasein in einer Gesellschaft lebenswert und zukunftsfähig, interessant und abwechslungsreich macht.

In der „Erlebnisgesellschaft" und der „Gesellschaft der Lebensstile" werden die milieuspezifischen unterscheidenden ästhetischen Kodierungen, das kennerschaftliche Vergnügen an exklusiven Kunstereignissen, die Ausstaffierungen mit den Attributen der kulturellen Highlights als soziales und kulturelles Kapital und als Elemente der Distinktion sowie der marktgerechten Positionierung wahrgenommen und genutzt. Deswegen meinen manche, das Programm der „Kultur für alle" sei überholt. Aber wer so argumentiert, sei daran erinnert, dass Kultur als „ideelle Lebensgrundlage" einer Gemeinschaft darauf angewiesen ist, dass mindestens rudimentär alle einbezogen sind in jene Prozesse der kulturellen Öffentlichkeit, in denen die Regeln des Miteinander ausgehandelt und bestätigt werden.

Künstlerische Arbeit ist Teil der ständigen Selbstreflexion einer Gesellschaft, hat man gesagt, und so wurde auch das Programm „Kultur für alle" immer verstanden. Wir spüren angesichts der Herausforderungen der Gegenwart, dass mehr als das selbstreferentielle Spiel der Eventgesellschaft oder der Kunst des aktuellen Akademismus notwendig ist, um Kulturpolitik in ihrer vermutlich seit langem größten Finanzkrise zu legitimieren. Auch in finanziellen Krisenzeiten wurden in Frankfurt am Main seit den 1970er Jahren 11 % des Städtischen Etats für die Kultur zur Verfügung gestellt, der höchste Betrag aller europäischen Städte: Eine Bringschuld der Politik an den kulturmündigen Steuerzahler.

Zum Weiterlesen

Assheuer, Thomas: Souverän und staatenlos. In: Die Zeit (10.1.1997), 03/1997: http://www.zeit.de/1997/03/Souveraen_und_staatenlos (Letzter Zugriff am 29.07.12).

Hoffmann, Hilmar (2006): Lebensprinzip Kultur. Vorträge, Leitartikel und Essays 1957 – 2006. Frankfurt/M.: Societätsverlag.

Hoffmann, Hilmar (1981): Kultur für alle. Perspektiven und Modelle. 2. Auflage, Frankfurt/M.: Fischer Tb.

Kramer, Dieter (2011): Von der Freizeitplanung zur Kulturpolitik. Frankfurt/M.: P. Lang.

Schwencke, Olaf (2010): Das Europa der Kulturen – Kulturpolitik in Europa. Dokumente, Analysen und Perspektiven – von den Anfängen bis zum Vertrag von Lissabon. Bonn: Kulturpolitische Gesellschaft/Essen: Klartext (3. überarb. u. erw. Auflage) (Edition Umbruch 26).

Literaturverzeichnis Teil I

Ackermann, Marion (2009): Drei. Das Triptychon in der Moderne. Ostfildern: Hatje Cantz.

Adorno, Theodor W. (2004): Minima Moralia. Reflexionen aus dem beschädigten Leben. In: Adorno, Theodor W. (1997): Gesammelte Schriften (255). Frankfurt/M.: Suhrkamp Taschenbuch Wissenschaft.

Adorno, Theodor W. (1973): Ästhetische Theorie. Frankfurt/M.: Suhrkamp.

Adorno, Theodor W. (1970): Ästhetische Theorie, Frankfurt/M.: Suhrkamp.

Adorno, Theodor W. (1951): Minima Moralia. Reflexionen aus dem beschädigten Leben. Frankfurt/M.: Suhrkamp.

Albrecht, Clemens u.a. (1999): Die intellektuelle Gründung der Bundesrepublik. Eine Wirkungsgeschichte der Frankfurter Schule. Frankfurt/M./New York: Campus.

Albrow, Martin (1998): Abschied vom Nationalstaat. Staat und Gesellschaft im Globalen Zeitalter. Frankfurt/M.: Suhrkamp.

Alheit, Peter/Brandt, Morten (2006): Autobiographie und ästhetische Erfahrung – Entdeckung und Wandel des Selbst in der Moderne. Frankfurt/M.: Campus.

Althusser, Louis (1973): Marxismus und Ideologie. Berlin: VSA.

Amend, Lars (2008): Bushido. München: Riva.

Anderegg, Johannes (1985): Sprache und Verwandlung. Zur literarischen Ästhetik. Göttingen: Vandenhoeck & Ruprecht.

Anders, Günter (1956): Die Antiquiertheit des Menschen. Über die Seele im Zeitalter der zweiten industriellen Revolution. München: C. H. Beck.

Arendt, Hannah (1967): Vita Activa oder vom tätigen Leben. München: Fink.

Aristoteles (1993): Politik. Stuttgart: Reclam (zitiert nach der Bekker-Ausgabe).

Aristoteles (1991): Poetik. Stuttgart: Reclam (zitiert nach der Bekker-Ausgabe).

Aristoteles (1987): Poetik. Stuttgart: Reclam.

Arnheim, Rudolf (1977): Anschauliches Denken. Köln: DuMont.

Arts council England/Johnson, Gill (2003): New audiences for the arts: The new audiences programme 1998 – 2003. London.

Assmann, Jan (2002): Das kulturelle Gedächtnis. Schrift, Erinnerung und politische Identität in frühen Hochkulturen. München: C. H. Beck.

Assunto, Rosario (1982): Die Theorie des Schönen im Mittelalter. Köln: DuMont.

Auerbach, Erich (1946): Mimesis. Dargestellte Wirklichkeit in der abendländischen Literatur. Bern: Francke.

Auernheimer, Georg (2006): Schieflagen im Bildungssystem. Die Benachteiligung der Migrantenkinder. Wiesbaden: VS.

Austin, John (1962/1979): How to do things with Words. Oxford. (Deutsche Ausgabe: Zur Theorie der Sprechakte Reclam/Stuttgart 1979.)

Autorengruppe Bildungsberichterstattung (2012). Bildung in Deutschland 2012. Ein indikatorengestützter Bericht mit einer Analyse zur kulturellen Bildung im Lebenslauf. Bielefeld: W. Bertelsmann.

Baacke, Dieter/Röll, Franz Josef (Hrsg.) (1995): Weltbilder, Wahrnehmung, Wirklichkeit. Der ästhetisch organisierte Lernprozeß. Opladen: Leske + Budrich.

Baacke, Dieter/Schulze, Theodor (1993): Aus Geschichten lernen. Zur Einübung pädagogischen Verstehens. München/Weinheim: Juventa.

Baader, Meike Sophia (2007): Weitreichende Hoffnungen der ästhetischen Erziehung – eine Überfrachtung der Künste? In: Bilstein, Johannes/Dornberg, Bettina/Kneip, Winfried (Hrsg.): Curriculum des Unwägbaren (113-131). Oberhausen: Athena.

Bachmann-Medick, Doris (Hrsg.) (2006): Cultural turn. Reinbek: Rowohlt.

Baecker, Dirk (2000): Wozu Kultur? Berlin: Kadmos.

Baer, Ulrich u.a. (Hrsg.) (1997): Lernziel: Lebenskunst. Spiele, Projekte, Konzepte und Methoden für Jugendarbeit und Schule. Seelze-Velbert: Kallmeyer'sche Verlagsbuchhandlung.

Ballauff, Theodor (1969): Pädagogik. Eine Geschichte der Bildung und Erziehung. Bd.1. Freiburg/München: Alber.

Bamford, Anne (2010): Der Wow-Faktor. Eine weltweite Analyse der Qualität künstlerischer Bildung. Münster u.a.: Waxmann.

Bamford, Anne (2009): Education in and through the arts. The challenge of arts education in schools. Bilden und Erziehen durch und in den Künsten. Eine Herausforderung für Schulen. In: Westphal, Kristin/Liebert, Wolf-Andreas (Hrsg.): Gegenwärtigkeit und Fremdheit. Wissenschaft und Künste im Dialog über Bildung (55-67). Weinheim/München: Juventa.

Bamford, Anne (2006). The Wow Factor. Global research compendium on the impact of the arts in education. Münster u.a.: Waxmann.

Barber, Benjamin (1999): Demokratie im Würgegriff. Kapitalismus und Fundamentalismus – eine unheilige Allianz. Frankfurt/M.: Fischer.

Barck, Karlheinz (2006): Aisthesis/Aisthetisch. In: Trebeß, Achim (Hrsg.) (2006): Metzler Lexikon Ästhetik. Kunst, Medien, Design und Alltag (3-6). Stuttgart/Weimar: J.B. Metzler.

Barck, Karlheinz/Kliche, Dieter (2010): Ästhetik/ästhetisch. In: Barck, Karlheinz u.a. (Hrsg.) (2010): Ästhetische Grundbegriffe. Historisches Wörterbuch in sieben Bänden, Bd. 1 (308-400). Stuttgart: Metzler.

Barck, Karlheinz u.a. (Hrsg.) (1990): Aisthesis. Wahrnehmung heute oder Perspektiven einer anderen Ästhetik. Leipzig: Reclam.

Barthelmes, Jürgen/Sander, Ekkehard (2001): Erst die Freunde, dann die Medien. Medien als Begleiter in Pubertät und Adoleszenz. Opladen: Leske + Budrich.

Barz, Heiner/Kosubek, Tanja (2011): Begleitforschung zu „Jedem Kind seine Stimme". Ein Projekt der Musikschule der Stadt Neuss in Kooperation mit Neusser Grundschulen. Ausgewählte Ergebnisse. Düsseldorf: Heinrich-Heine-Universität.

Bauman, Zygmunt (2004): Identity. Conversations with Benedetto Vecchi. Cambridge: Polity.

Bauman, Zygmunt (1997): Schwache Staaten. Globalisierung und die Spaltung der Weltgesellschaft. In: Beck, Ulrich (Hrsg.): Kinder der Freiheit (315-332). Frankfurt/M.: Suhrkamp.

Bauman, Zygmunt (1995): Identität bedeutet immer: noch nicht. In: Psychologie heute 22, Heft 8, 7-23.

Baumann, Peter (2006): Erkenntnistheorie. Stuttgart/Weimar: Metzler.

Baumert, Jürgen/Stanat, Petra/Watermann, Rainer (Hrsg.) (2006): Herkunftsbedingte Disparitäten im Bildungswesen: Differenzielle Bildungsprozesse und Probleme der Verteilungsgerechtigkeit: Vertiefende Analysen im Rahmen von PISA 2000. Wiesbaden: VS.

Baumgarten, Alexander Gottlieb (1988): Theoretische Ästhetik (2. durchges. Auflage). Hamburg: Meiner.

Baumgarten, Alexander Gottlieb (1983): Texte zur Grundlegung der Ästhetik. Hamburg: Felix Meiner.

Beck, Ulrich (2009): Macht und Gegenmacht im globalen Zeitalter. Neue weltpolitische Ökonomie. Frankfurt/M.: Suhrkamp.

Beck, Ulrich/Anthony Giddens/Lash, Scott (1996): Reflexive Modernisierung. Eine Kontroverse. Frankfurt/M.: Suhrkamp.

Beck, Ulrich/Beck-Gernsheim, Elisabeth (Hrsg.) (1994): Riskante Freiheiten. Individualisierung in modernen Gesellschaften. Frankfurt/M.: Suhrkamp.

Belting, Hans (2002): Vorwort. In: Belting, Hans/Kamper, Dietmar/Schulz, Martin (Hrsg.): Quel Corps? Eine Frage der Repräsentation (IX-X). München: Fink.

Belting, Hans (2001): Bild-Anthropologie. Entwürfe für eine Bildwissenschaft. München: Fink.

Belting, Hans/Kamper, Dietmar/Schulz, Martin (Hrsg.) (2002): Quel Corps? Eine Frage der Repräsentation. München: Fink.

Benjamin, Walter (2002a): Medienästhetische Schriften. Frankfurt/M.: Suhrkamp.

Benjamin, Walter (1933/2002b): Über das mimetische Vermögen. In: Ders. (Hrsg.): Medienästhetische Schriften (123-126). Frankfurt/M.: Suhrkamp.

Benthien, Claudia/Wulf, Christoph (Hrsg.) (2001): Körperteile. Eine kulturelle Anatomie. Reinbek: Rowohlt.

Benwell, Bethan/Stokoe, Elizabeth (2009): Discourse and identity. Edinburgh: Edinburgh University Press.

Bertelsmann Stiftung (Hrsg.) (2007): Kinder- und Jugendbeteiligung in Deutschland. Entwicklungsstand und Handlungsansätze. Gütersloh: Bertelsmann Stiftung.

Betz, Gregor/Hitzler, Ronald/Pfadenhauer, Michaela (2011): Zur Einleitung: Eventisierung des Urbanen. In: Betz, Gregor/Hitzler, Ronald/Pfadenhauer, Michaela (Hrsg.): Urbane Events (9-24). Wiesbaden: VS.

Biburger, Tom/Wenzlik, Alexander (Hrsg.) (2009): „Ich hab' gar nicht gemerkt, dass ich was lern'!". Untersuchungen zu künstlerisch- kulturpädagogischer Lernkultur in Kooperationsprojekten mit Schulen. München: kopaed.

Biedenkopf, Kurt H. (1986): Kultur für alle. In: Der Mensch lebt nicht vom Brot allein. Kultur für alle oder Träume von Spinnern (11-32). 77. Fachtagung der KPV/NW in Oberhausen (Kommunalpolitische Vereinigung der CDU in Nordrhein-Westfalen). Recklinghausen.

Bilstein, Johannes (2011a): Zur Imaginationsgeschichte von Stellvertretung. In: Ackermann, Karl-Ernst/Dederich, Markus (Hrsg.): An Stelle des Anderen (45-66). Oberhausen: Athena.

Bilstein, Johannes (2011b): Zur metaphorischen Potenz der Kunst. In: Bilstein, Johannes (Hrsg.): Die Künste als Metaphern (13-41). Oberhausen: Athena.

Bilstein, Johannes (Hrsg.) (2011c): Anthropologie und Pädagogik der Sinne. Opladen/Farmington Hills: Barbara Budrich.

Bilstein, Johannes (2009a): Enthusiasmus und Könnerschaft: Die griechischen Mythen. In: Zirfas, Jörg/Klepacki, Leopold/Bilstein, Johannes/Liebau, Eckart: Geschichte der Ästhetischen Bildung. Antike und Mittelalter (47-57). Paderborn: Schöningh.

Bilstein, Johannes (2009b): Musen als Mägde. In: Bilstein, Johannes/Kneip, Winfried (Hrsg.): Curriculum des Unwägbaren II. Die Musen als Mägde (13-30). Oberhausen: Athena.

Bilstein, Johannes (2009c): Giovanni Pico della Mirandola: Oratio de hominis dignitate. In: Böhm, Winfried/Fuchs, Birgitta/Seichter, Sabine (Hrsg.): Hauptwerke der Pädagogik (351-353). Paderborn: Ferdinand Schöningh.

Bilstein, Johannes (2009d): Cultura – zum Bedeutungshof einer Metapher. In: Klepacki, Leopold/Schröer, Andreas/Zirfas, Jörg (Hrsg.): Der Alltag der Kultivierung (101-119). Münster: Waxmann.

Bilstein, Johannes (2007): Paradoxien des Unnützen. In: Bilstein, Johannes/Dornberg, Bettina/Kneip, Winfried (Hrsg.): Curriculum des Unwägbaren. I. Ästhetische Bildung im Kontext von Schule und Kultur (165-180). Oberhausen: Athena.

Bilstein, Johannes (2005): Der Glückliche spielt nicht. In: Bilstein, Johannes/Winzen, Matthias/Wulf, Christoph (Hrsg.): Anthropologie und Pädagogik des Spiels (139-153). Weinheim: Beltz.

Bilstein, Johannes (2001): Vom nützlichen Wissen der schönen Künste. In: Liebau, Eckart (Hrsg.): Die Bildung des Subjekts. Beiträge zur Pädagogik der Teilhabe (269-290). Weinheim: Juventa.

Bilstein, Johannes (1999): Die ersten Kreativen. In: Ränsch-Trill, Barbara (Hrsg.): Kreativität (17-36). St. Augustin: Richarz.

Bilstein, Johannes/Ecarius, Jutta/Keiner, Edwin (Hrsg.) (2011): Kulturelle Differenzen und Globalisierung. Herausforderungen für Erziehung und Bildung. Wiesbaden: VS.

Bilstein, Johannes/Liebau, Eckart/Peskoller, Helga/Wulf, Christoph (2003): Einleitung. In: Liebau, Eckart/Peskoller, Helga/Wulf, Christoph (Hrsg.): Natur. Pädagogisch-anthropologische Perspektiven (7-10). Weinheim u.a.: Beltz.

Birg, Herwig (2005): Die ausgefallene Generation. Was die Demographie über unsere Zukunft sagt. München: Beck.

Birg, Herwig (2001): Die demographische Zeitenwende. Der Bevölkerungsrückgang in Deutschland und Europa. München: Beck.

Bittlingmayer, Uwe H./Bauer, Ullrich (2008): Erwerb sozialer Kompetenzen. In: Coelen, Thomas/Otto, Hans-Uwe (Hrsg.): Grundbegriffe der Ganztagsbildung. Das Handbuch (164-172). Wiesbaden: VS.

Bittner, Günther (1996): Kinder in die Welt, die Welt in die Kinder setzen. Stuttgart: Kohlhammer.

Bittner, Günther (1990): Erscheinungsleib, Werkzeugleib, Sinnenleib. Zur Ästhetik kindlichen Leiberlebens. In: Duncker, Ludwig/Maurer, Friedemann/Schäfer, Gerd E. (Hrsg.): Kindliche Phantasie und ästhetische Erfahrung. Wirklichkeiten zwischen Ich und Welt (63-78). Langenau/Ulm: Vaas.

Bittner, Günther (1981): Eine Theorie des Spiels und der Phantasie. In: Ders. (Hrsg.): Selbstwerden des Kindes (200-206). Fellbach: Bonz.

Blaschke, Bernd (2004): Ästhetik und Ideologie. Zur Kritik ästhetischer Erfahrung als epistemischer bei Adorno und Paul de Man. In: Mattenklott, Gert (Hrsg.): Ästhetische Erfahrung im Zeichen der Entgrenzung der Künste. Epistemische, ästhetische und religiöse Formen von Erfahrung im Vergleich (1-17). Hamburg: Meiner.

Blumenberg, Hans (1971): Anthropologische Annäherung an die Aktualität der Rhetorik. In: Ders.: Wirklichkeiten in denen wir leben (104-136). Stuttgart: Reclam.

Bockhorst, Hildegard (Hrsg.) (2011): KUNSTstück FREIHEIT. Leben und lernen in der Kulturellen Bildung. München: kopaed.

Bockhorst, Hildegard (2008): Kulturelle Bildung - Schlüssel für Lebenskunst und Teilhabe. Konzeptionelle Grundlagen und Strategien in der BKJ. In: Maedler, Jens (Hrsg.) (2008): TeileHabeNichtse. Chancengerechtigkeit und Kulturelle Bildung (78-101). München: kopaed.

Bockhorst, Hildegard (2001): Kulturelle Bildung – Schlüsselkompetenzen für die Kunst des Lebens. In: Bundesvereinigung Kulturelle Jugendbildung (BKJ) (Hrsg.) (2001): Kulturelle Bildung und Lebenskunst. Ergebnisse und Konsequenzen aus dem Modellprojekt „Lernziel Lebenskunst" (199-208). Remscheid: BKJ.

Boehm, Gottfried (2003): Der Topos des Lebendigen. Bildgeschichte und ästhetische Erfahrung. In: Küpper, Joachim/Menke, Christoph (Hrsg.): Dimensionen ästhetischer Erfahrung (94-112). Frankfurt/M.: Suhrkamp.

Böhme, Gernot (2001): Aisthetik. Vorlesungen über Ästhetik als allgemeine Wahrnehmungslehre. München: Fink.

Böhme, Gernot/Böhme, Hartmut (1985): Das Andere der Vernunft. Zur Entwicklung der Rationalitätsstrukturen am Beispiel Kants. Frankfurt/M.: Suhrkamp.

Böhnisch, Lothar/Schefold, Werner (1989): Lebensbewältigung. Soziale und pädagogische Verständigungen an den Grenzen der Wohlfahrtsgesellschaft. München/Weinheim: Juventa.

Bohnsack, Ralf (2010): Dokumentarische Evaluationsforschung. In: Bohnsack, Ralf/Nentwig-Gesemann, Iris (Hrsg.): Dokumentarische Evaluationsforschung. Theoretische Grundlagen und Beispiele aus der Praxis (9-20). Opladen/Farmington Hills: Barbara Budrich.

Bohnsack, Ralf (2007): Performativität, Performanz und dokumentarische Methode. In: Wulf, Christoph/Zirfas, Jörg (Hrsg.): Pädagogik des Performativen. Theorien. Methoden, Perspektiven (200-212). Weinheim/Basel: Beltz.

Bollenbeck, Georg (2007): Eine Geschichte der Kulturkritik. Von Rousseau bis Günther Anders. München: Beck.

Bollenbeck, Georg (1994): Bildung und Kultur. Glanz und Elend eines deutschen Deutungsmusters. München: Insel.

Bollnow, Otto Friedrich (1988): Zwischen Philosophie und Pädagogik. Aachen: Weitz.

Bollnow, Otto Friedrich (1975): Die anthropologische Betrachtungsweise in der Pädagogik. Essen: Neue Deutsche Schule.

Bolz, Norbert (2005): Blindflug mit Zuschauer. München: Wilhelm Fink.

Bolz, Norbert (1991): Eine kurze Geschichte des Seins. München: Fink.

Bommes, Michael/Krüger-Potratz, Marianne (Hrsg.) (2008): Migrationsreport 2008: Fakten – Analysen – Perspektiven. Frankfurt/M.: Campus.

Bono, Edward de (1973): Informationsverarbeitung und neue Ideen – Laterales und vertikales Denken. In: Ulmann, Gisela (Hrsg.): Kreativitätsforschung (322-333). Köln: Kiepenheuer & Witsch.

Boswijk, Albert/Thijssen, Thomas/Peelen, Ed (2007): The Experience Economy. A New Perspective. Amsterdam: Pearson.

Bourdieu, Pierre (1999): Die Regeln der Kunst. Genese und Struktur des literarischen Feldes. Frankfurt/M.: Suhrkamp.

Bourdieu, Pierre (1987): Sozialer Sinn. Kritik der theoretischen Vernunft. Frankfurt/M.: Suhrkamp.

Bourdieu, Pierre (1983): Ökonomisches Kapital, kulturelles Kapital, soziales Kapital. In: Kreckel, Reinhard (Hrsg.): Soziale Ungleichheit (183-198). Göttingen: Schwartz.

Bourdieu, Pierre (1982): Die feinen Unterschiede. Kritik der gesellschaftlichen Urteilskraft. Frankfurt/M.: Suhrkamp.

Bourdieu, Pierre u.a. (1981): Titel und Stelle. Über die Reproduktion sozialer Macht. Frankfurt/M.: EVA.

Bourdieu, Pierre (1979a): Entwurf einer Theorie der Praxis – auf der ethnologischen Grundlage der kabylischen Gesellschaft. Frankfurt/M.: Suhrkamp.

Bourdieu, Pierre (1979b): La distinction. Critique sociale du jugement. Paris: Édition de Minuit.

Bourdieu, Pierre (1970): Zur Soziologie der symbolischen Formen. Frankfurt/M.: Suhrkamp.

Bourdieu, Pierre/Darbel, Alain (2006): Die Liebe zur Kunst. Europäische Kunstmuseen und ihre Besucher. Konstanz: UVK.

Bourdieu, Pierre/Passeron, Jean-Claude (1971): Die Illusion der Chancengleichheit – Untersuchungen zur Soziologie des Bildungswesens am Beispiel Frankreich. Stuttgart: Klett.

Brandstätter, Ursula (2011): „In jeder Sprache sitzen andere Augen" – Herta Müller. Grundsätzliche Überlegungen zur Thematik „Reden über die Künste". In: Kirschenmann, Johannes (Hrsg.): Reden über die Künste. Fachdidaktisches Symposium in Literatur, Kunst und Musik (29-43). München: kopaed.

Brandstätter, Ursula (2008): Grundfragen der Ästhetik. Bild – Musik – Körper – Sprache. Köln u.a.: Böhlau.

Brandstätter, Ursula (2004): Bildende Kunst und Musik im Dialog. Ästhetische, zeichentheoretische und wahrnehmungspsychologische Überlegungen zu einem kunstspartenübergreifenden Konzept ästhetischer Bildung. Augsburg: Wissner.

Brandt, Willy (1969): Im Bewußtsein der Verantwortung für die Zukunft unseres Landes. Reform von Staat und Gesellschaft – Wille zur Kontinuität und konsequenter Weiterentwicklung. Regierungserklärung des Bundeskanzlers vor dem Deutschen Bundestag. In: Bulletin des Presse- und Informationsamtes der Bundesregierung 132, 1121-1128.

Braun, Tom (Hrsg.) (2011a): Lebenskunst lernen in der Schule. Mehr Chancen durch Kulturelle Schulentwicklung. München: kopaed.

Braun, Tom (2011b): Kulturelle Schulentwicklung auf der Schwelle zwischen Kunst und Schulalltag. In: Ders. (Hrsg.): Lebenskunst lernen in der Schule. Mehr Chancen durch Kulturelle Schulentwicklung (261-284). München: kopaed.

Brede, Werner (1980): Mängelwesen. In: Ritterm, Joachim/Gründer, Karlfried (Hrsg.): Historisches Wörterbuch der Philosophie (Sp. 712-713). Basel: Schwabe.

Breinig, Helmbrecht/Gebhardt, Jürgen/Lösch, Klaus (Hrsg.) (2002): Multiculturalism in Contemporary Societies: Perspectives on Difference and Transdifference. Erlangen: Universitätsbund Erlangen-Nürnberg e.V.

Bröckling, Ulrich/Krasmann, Susanne/Lemke, Thomas (Hrsg.) (2004): Glossar der Gegenwart. Frankfurt/M.: Suhrkamp.

Brumlik, Micha (2006): Sigmund Freud, der Denker des 20. Jahrhunderts. Weinheim: Beltz.

Bubner, Rüdiger (1989): Ästhetische Erfahrung. Frankfurt/M.: Suhrkamp.

Bude, Heinz (1995): Das Altern einer Generation. Die Jahrgänge 1938-1948. Frankfurt/M.: Suhrkamp.

Bude, Heinz (1987): Deutsche Karrieren. Frankfurt/M.: Suhrkamp.

Bude, Heinz (1985): Lebenskonstruktionen haben ihre Zeit. In: Neue Sammlung, 1/1985, 207-213.

Bude, Heinz/Kohli, Martin (Hrsg.) (1989): Radikalisierte Aufklärung. Studentenbewegung und Soziologie in Berlin 1965 bis 1970. Weinheim/Basel: Juventa.

Bürger, Peter (1983): Zur Kritik der idealistischen Ästhetik. Frankfurt/M.: Suhrkamp.

Bürger, Peter (1974): Theorie der Avantgarde. Frankfurt/M: Suhrkamp.

Bundesinstitut für Bevölkerungsforschung (Hrsg.) (2008): Bevölkerung. Daten, Fakten, Trends zum demographischen Wandel in Deutschland. Wiesbaden.

Bundesministerium für Bildung und Forschung (BMBF) (2005): Nationaler Aktionsplan für Deutschland. UN-Dekade „Bildung für nachhaltige Entwicklung" 2005-2014. Berlin.

Bundesministerium für Familie, Senioren, Frauen und Jugend (BMFSFJ) (Hrsg.) (2006): Fünfter Bericht zur Lage der älteren Generation in der Bundesrepublik Deutschland. Potenziale des Alters in Wirtschaft und Gesellschaft. Der Beitrag älterer Menschen zum Zusammenhalt der Generationen. Bericht der Sachverständigenkommission. Berlin: Bundestagsdrucksache 16/2190.

Bundesministerium für Familie, Senioren, Frauen und Jugend (BMFSFJ) (Hrsg.) (2005): Elfter Kinder- und Jugendbericht. Bericht über die Lebenssituation junger Menschen und die Leistungen der Kinder- und Jugendhilfe in Deutschland. Berlin: Bmfsfj.

Bundesministerium für Familie, Senioren, Frauen und Jugend (BMFSFJ)/Bundesministerium des Inneren (BMI) (Hrsg.) (2012): Kinder- und Jugendplan des Bundes (KJP). Gemeinsames Ministerialblatt, 63. Jg., Nr. 9. Berlin.

Bundesministerium für Jugend, Familie, Frauen und Gesundheit (BmfJFG) (Hrsg.) (1990): Achter Jugendbericht. Bericht über Bestrebungen und Leistungen der Jugendhilfe. Bonn: Bonner Universitäts-Buchdruckerei.

Bundesministerium für Umwelt, Naturschutz und Reaktorsicherheit (BMU) (Hrsg.) (o.J.): Konferenz der Vereinten Nationen für Umwelt und Entwicklung im Juni 1992 in Rio de Janeiro, Dokumente, „Agenda 21". Bonn.

Bundesvereinigung Kulturelle Kinder- und Jugendbildung (BKJ) (Hrsg.) (2011): Positionspapier „Kultur öffnet Welten. Mehr Chancen durch Kulturelle Bildung". Remscheid: BKJ.

Bundesvereinigung Kulturelle Kinder- und Jugendbildung (BKJ) (Hrsg.) (2009): Projekt Lebenskunst lernen. Mit Kunst und Kultur Schule gestalten. Remscheid: BKJ.

Bundesvereinigung Kulturelle Kinder- und Jugendbildung (BKJ) (2006): Der Kompetenznachweis Kultur. Ein Nachweis von Schlüsselkompetenzen durch kulturelle Bildung. Ergebnisse aus dem Modellprojekt „Schlüsselkompetenzen durch kulturelle Bildung" der Bundesvereinigung Kulturelle Kinder- und Jugendbildung. Remscheid: BKJ.

Bundesvereinigung Kulturelle Kinder- und Jugendbildung (BKJ) (Hrsg.) (2004): Kultur öffnet Welten. Soziale und kreative Kompetenz durch kulturelle Bildung. Remscheid: BKJ.

Bundesvereinigung Kulturelle Kinder- und Jugendbildung (BKJ) (Hrsg.) (2002): Kultur leben lernen. Bildungswirkungen und Bildungsauftrag in der Kinder- und Jugendkulturarbeit. Remscheid: BKJ.

Bundesvereinigung Kulturelle Kinder- und Jugendbildung (BKJ) (Hrsg.) (2001): Kulturelle Bildung und Lebenskunst. Ergebnisse und Konsequenzen aus dem Modellprojekt „Lernziel Lebenskunst". Remscheid: BKJ.

Bundesvereinigung Kulturelle Kinder- und Jugendbildung (BKJ) (1999): Lernziel Lebenskunst – Konzepte und Perspektiven. Remscheid: BKJ.

Bundeszentrale für politische Bildung (2004): Menschenrechte. Dokumente und Deklarationen. Bonn.

Bund-Länder-Kommission für Bildungsplanung und Forschungsförderung (BLK) (1998): Orientierungsrahmen Bildung für nachhaltige Entwicklung, Heft 69. Berlin.

Busch, Werner (1987): Vorbemerkung. In: Ders. (Hrsg.): Funkkolleg Kunst (I-IV). München: Piper.

Butler, Judith (2006): Hass spricht. Zur Politik des Performativen. Frankfurt/M.: Suhrkamp.

Butler, Judith (1997): Körper von Gewicht. Frankfurt/M.: Suhrkamp.

Butler, Judith (1993): Das Unbehagen der Geschlechter. Frankfurt/M.: Suhrkamp.

Buytendijk, Frederik J. J. (1933a): Die spielerische Dynamik. In: Scheuerl, Hans (Hrsg.) (1991): Das Spiel. Theorien des Spiels (134-142). Weinheim/Basel: Beltz.

Buytendijk, Frederik J. J. (1933b): Wesen und Sinn des Spiels. Berlin: Wolff.

Cackowski, Zdzislaw (1973): Ein kreativer Problemlösungsprozess. In: Ulmann, Gisela (Hrsg.): Kreativitätsforschung (279-286). Köln: Kiepenheuer & Witsch.

Carroll, Noel (1999): Philosophy of Art. A contemporary introduction. London: Routledge.

Carroll, Noel (1998): Art, narrative, and moral understanding. In: Levinson, Jerrold (Hrsg.): Aesthetics and ethics. Essays at the intersection (126-160). Cambridge: University Press.

Cassirer, Ernst (2002): Philosophie der symbolischen Formen. Dritter Teil: Phänomenologie der Erkenntnis. Hamburg: Meiner.

Cassirer, Ernst (1990/1944): Versuch über den Menschen. Einführung in eine Philosophie der Kultur. Frankfurt/M.: Fischer.

Cassirer, Ernst (1961): Freiheit und Form. Studien zur deutschen Geistesgeschichte. Darmstadt: WBG.

Cassirer, Ernst (1953/54): Philosophie der symbolischen Formen, Band 1-3. Darmstadt: WBG.

Castells, Manuel (2001): Das Informationszeitalter, Bd. 1: Der Aufstieg der Netzwerkgesellschaft. Opladen: Leske + Budrich.

Castells, Manuel (1997): The power of Identity. The Informations Age: Economy, Society and Culture. Vol II. Malden/Mass: Blackwell.

Chomsky, Noam (1980): Regeln und Repräsentationen. Frankfurt/M.: Suhrkamp.

Chouillet, Jacques (1974): L'esthétique des Lumières. Paris: PUF.

Coelen, Thomas/Otto, Hans-Uwe (Hrsg.) (2008): Grundbegriffe der Ganztagsbildung. Das Handbuch. Wiesbaden: VS.

Cohn-Bendit, Daniel/Schmid, Thomas (1992): Heimat Babylon. Das Wagnis der multikulturellen Demokratie. Hamburg: Hofmann & Campe.

Comenius, Johann Amos (1970): Große Didaktik. Düsseldorf/München: Helmut Küpper (vormals Georg Bondi).

Conard, Nicolas J. (2006): Die Entstehung kultureller Modernität. In: Ders.: Woher kommt der Mensch? (2., aktualisierte Auflage). Tübingen: Attempto.

Conze, Werner (1972/2004): Freiheit. In: Brunner, O./Conze, W./Koselleck, R. (Hrsg.): Geschichtliche Grundbegriffe. Bd. 2 (425-542). Stuttgart: Klett-Cotta.

Csikszentmihàly, Mihàly (2010): Kreativität. Stuttgart: Klett-Cotta.

Curtius, Ernst Robert (1948): Europäische Literatur und lateinisches Mittelalter. Bern/München: Francke.

Dahlhaus, Carl (1982): Musikalischer Realismus. Zur Musikgeschichte des 19. Jahrhunderts. München: Piper.

Dahrendorf, Ralf (2000): Die globale Klasse und die neue Ungleichheit. In: Merkur 54/II, 1057-1068.

Dahrendorf, Ralf (1994): Das Zerbrechen der Ligaturen und die Utopie der Weltbürgergesellschaft. In: Beck, Ulrich (Hrsg.): Riskante Freiheiten. Individualisierung in modernen Gesellschaften (421-436). Frankfurt/M.: Suhrkamp.

Dahrendorf, Ralf (1979): Lebenschancen. Anläufe zur sozialen und politischen Theorie. Frankfurt/M: Suhrkamp.

Demantowsky, Marko/Steenblock, Volker (Hrsg.) (2011): Selbstdeutung und Fremdkonzept. Die Fachdidaktiken der kulturwissenschaftlichen Fächer im Gespräch. Bochum: Projekt.

Derrida, Jacques (1967): De la grammatologie, Paris: Les Éditions de Minuit.

Deutscher Bundestag (Hrsg.) (2007a): Unterrichtung durch die Beauftragte der Bundesregierung für Migration, Flüchtlinge und Integration. 7. Bericht über die Lage der Ausländerinnen und Ausländer in Deutschland.

Deutscher Bundestag (2007b): Schlussbericht der Enquete-Kommission „Kultur in Deutschland". Drucksache 16/7000. Berlin.

Deutscher Bundestag (2000): Bildung für eine nachhaltige Entwicklung. Beschlussempfehlung und Bericht des Ausschusses für Bildung, Forschung und Technikfolgenabschätzung (19. Ausschuss). Drucksache 14/3319. Bonn.

Deutscher Kulturrat (2009) (Hrsg.): Kulturelle Bildung: Aufgaben im Wandel. Berlin: Deutscher Kulturrat.

Deutscher Städtetag (1971): Rettet unsere Städte jetzt! Vorträge, Aussprachen und Ergebnisse der 16. Hauptversammlung des Deutschen Städtetages vom 25. bis 27. Mai 1971 in München. Stuttgart.

Deutsche Shell (2010): Jugend 2010. 16. Shell-Jugendstudie. Frankfurt/M.: Fischer.

Deutsche UNESCO-Kommission (Hrsg.) (2008): Kulturelle Bildung für alle. Von Lissabon nach Seoul. Bonn.

Deutsche UNESCO-Kommission (Hrsg.) (2006): Übereinkommen über Schutz und Förderung der Vielfalt kultureller Ausdrucksformen. Magna Charta der Internationalen Kulturpolitik. Bonn.

Dewey, John (1993): Demokratie und Erziehung. Eine Einleitung in die philosophische Pädagogik. Weinheim/Basel: Beltz.

Dewey, John: (1910): How We Think. Boston/New York/Chicago: D.H. Heath & Co.

Dietrich, Cornelie (1998): Wozu in Tönen denken? Historische und empirische Studien zur bildungstheoretischen Bedeutung von musikalischer Autonomie. Kassel: Gustav Bosse.

Dietrich, Cornelie/Krinninger, Dominik/Schubert, Volker (2012): Einführung in die Ästhetische Bildung. Weinheim/Basel: Beltz/Juventa.

Dilthey, Wilhelm (1982): Leben und Erkennen. In: Dilthey, Wilhelm: Ges. Schr. XIX (58-173). Göttingen: Vandenhoeck & Ruprecht.

Dissanayake, Ellen (2002): What is art for? Seattle: University of Washington Press.

Dissanayake, Ellen (2001): Kunst als menschliche Universalie. Eine adaptionistische Betrachtung. In: Hejl, Peter M. (Hrsg.): Universalien und Konstruktivismus (206-234). Frankfurt/M: Suhrkamp.

Dissanayake, Ellen (1995): Homo Aestheticus. Where Art comes from an Why. Seattle/London:University of Washington Press.

documenta (Hrsg.) (2002): Dokumenta 11 – Plattform 5: Ausstellung. Katalog. Ostfildern-Ruit: Cantz.

Dolgin, Alexander (2010): The Economics of Symbolic Exchange. Berlin u.a.: Springer.

Dossi, Piroschka (2007): Hype! Kunst und Geld. München: Deutscher Taschenbuchverlag.

Dreier, Annette (1993): Was tut der Wind, wenn er nicht weht. Begegnung mit der Kleinkindpädagogik in Reggio Emilia. Berlin: FIPP.

Dröge, Wiebke (2009): Bevor Form entsteht. Entsichern und Begleiten als Verwebungsprozess von dynamischen Wissensfeldern. In: Westphal, Kristin/Liebert, Wolf-Andreas (Hrsg.): Gegenwärtigkeit und Fremdheit. Wissenschaft und Künste im Dialog über Bildung (235-252). Weinheim/München: Juventa.

Düwell, Marcus (1999): Ästhetische Erfahrung und Moral. Zur Bedeutung des Ästhetischen für die Handlungsspielräume des Menschen. Freiburg/München: Alber.

Duncker, Karl (1935): Zur Psychologie des produktiven Denkens. Berlin u.a.: Springer.

Dux, Günter (2005): Historisch-genetische Theorie der Kultur. Weilerswist: Velbrück.

Duyvené de Wit, Thom/Koopmans, Ruud (2001): Die politisch-kulturelle Integration ethnischer Minderheiten in den Niederlanden und Deutschland. In: Forschungsjournal Neue soziale Bewegung, 1/01, 26-41.

Eagleton, Terry (2001): Was ist Kultur? München: Beck.

Ebertz, Michael N. (2000): Transzendenz im Augenblick. Über die ‚Eventisierung' des Religiösen – dargestellt am Beispiel der Katholischen Weltjugendtage. In: Gebhardt, Winfried/Hitzler, Ronald/Pfadenhauer, Michaela (Hrsg.): Events. Soziologie des Außergewöhnlichen (345-362). Opladen: Leske + Budrich.

Ecarius, Jutta/Friebertshäuser, Barbara (Hrsg.) (2005): Literalität, Bildung und Biographie. Perspektiven erziehungswissenschaftlicher Biographieforschung. Opladen: Barbara Budrich.

Eco, Umberto (1991): Kunst und Schönheit im Mittelalter. München: dtv.

Edwards, Derek (1997): Discourse and cognition. London: Sage.

Edwards, Derek/Potter, Jonathan (2009).Discursive Psychology. London: Sage.

Egger, Rudolf/Hackl, Bernd (Hrsg.) (2010): Sinnliche Bildung? Pädagogische Prozesse zwischen vorprädikativer Situierung und reflexivem Anspruch. Wiesbaden: VS.

Ehrenspeck, Yvonne (1998): Versprechungen des Ästhetischen. Die Entstehung eines modernen Bildungsprojekts. Opladen: Leske + Budrich.

Ehrenspeck, Yvonne (1989): Versprechungen des Ästhetischen. Opladen: Leske + Budrich.

Eibl-Eibesfeldt, Irenäus/Sütterlin, Christa (2008): Weltsprache Kunst. Zur Natur- und Kunstgeschichte bildlicher Kommunikation. Wien: Brandstätter.

Eichler, Kurt (2010): Kunst allein reicht nicht mehr! Kulturpolitik und soziale Verantwortung. In: Fonds Soziokultur (Hrsg.): Shortcut Europe 2010. Dokumentation des europäischen Kongresses zum Thema „Kulturelle Strategien gegen Ausgrenzung" (14-15). Bonn: Klartext.

Elgin, Catherine (1989): Die epistemische Wirkweise der Dummheit. In: Elgin, Catherine/Goodman, Nelson (Hrsg.): Revisionen. Philosophie und andere Künste und Wissenschaften (179-201). Frankfurt/M.: Suhrkamp.

Elias, Norbert (1976): Über den Prozess der Zivilisation. Frankfurt/M.: Suhrkamp.

Enzensberger, Hans Magnus (1964): schwierige arbeit. In: Ders.: blindenschrift (58). Frankfurt/M.: Suhrkamp.

Erikson, Erik H. (1966): Identität und Lebenszyklus. Frankfurt/M.: Suhrkamp.

Erikson, Erik H. (1964): Einsicht und Verantwortung. Stuttgart: Klett-Cotta.

Erpenbeck, John (2003): KulturKompetenz: Kultur, Werte und Kompetenzen. In: Behring, Kunibert u.a. (Hrsg.): Kultur-Kompetenz: Aspekte der Theorie, Probleme der Praxis (224-245). Oberhausen: Athena.

Ertelt, Jürgen/Röll, Franz Josef (Hrsg.) (2008): Web 2.0: Jugend online als pädagogische Herausforderung. München: kopaed.

Faulstich, Werner/Strobel, Ricarda (1987): Innovation und Schema. Medienästhetische Untersuchungen zu den Bestsellern „James Bond", „Airport", „Und Jimmy ging zum Regenbogen", „Love story" und „Der Pate". Wiesbaden: Harrassowitz.

Fechner, Gustav Theodor (1876): Vorschule der Ästhetik. Leipzig: Breitkopf & Härtel.

Fend, Helmut (1991): Vom Kind zum Jugendlichen. Der Übergang und seine Risiken. Bern: Huber.

Fenner, Dagmar (2008): Ethik. Wie soll ich handeln? Tübingen/Basel: Francke.

Fenner, Dagmar (2000): Kunst – jenseits von Gut und Böse? Kritischer Versuch über das Verhältnis von Ästhetik und Ethik. Tübingen/Basel: Francke.

Fiebach, Joachim (2007): Inszenierte Wirklichkeit. Kapitel einer Kulturgeschichte des Theatralen. Berlin: Theater der Zeit.

Fina, Anna de/Schiffrin, Deborah/Bamberg, Michael (Hrsg.) (2006): Discourse and identity. Cambridge: Cambridge University Press.

Fisch, Jörg (1992): Zivilisation/Kultur. In: Brunner, Otto u.a. (Hrsg.): Geschichtliche Grundbegriffe, Historisches Lexikon zur politisch-sozialen Sprache in Deutschland. Bd. 7 (679-774). Stuttgart: Klett-Cotta.

Fisch, Martin/Gscheidle, Christoph (2008): Mitmachnetz Web 2.0: Rege Beteiligung nur in Communitys. In: Media Perspektiven 7/2007, 356-364.

Fischer, Ernst Peter (2005): Die andere Bildung: Was man von den Naturwissenschaften wissen sollte. Berlin: Ullstein.

Fischer-Lichte, Erika (2005): Inszenierung. In: Fischer-Lichte, Erika/Kolesch, Doris/Warstat, Matthias (Hrsg.): Metzler Lexikon Theatertheorie (146-153). München: Metzler.

Fischer-Lichte, Erika (2004): Ästhetik des Performativen. Frankfurt/M.: Suhrkamp.

Fischer-Lichte, Erika (1998): Inszenierung und Theatralität. In: Willems, Herbert/Jurga, Martin (Hrsg.): Inszenierungsgesellschaft (81-90). Opladen/Wiesbaden: Westdeutscher Verlag.

Fischer-Lichte, Erika/Roselt, Jens (2001): Attraktion des Augenblicks – Aufführung, Performance, performativ und Performativität als theaterwissenschaftliche Begriffe. In: Fischer-Lichte, Erika/Wulf, Christoph (Hrsg.): Paragrana. Internationale Zeitschrift für Historische Anthropologie, Band 10, Heft 1, 237-254.

Fiske, John (2001): Die populäre Ökonomie. In: Winter, Rainer/Mikos, Lothar (Hrsg.): Die Fabrikation des Populären. Der John Fiske-Reader (111-137). Bielefeld: transcript.

Flitner, Andreas (Hrsg.) (1963): Wege zur Pädagogischen Anthropologie. Heidelberg: Quelle & Meyer.

Florida, Richard (2004): The Rise of the Creative Class. And how it's transforming Work, Leisure, Community and Everyday Life. New York: Basic Books.

Florida, Richard (2002): The Rise of the Creative Class. New York: Basic Books.

Forschungskonsortium WJT (2007): Megaparty Jugendfest. Weltjugendtag: Erlebnis – Medien – Organisation. Wiesbaden: VS.

Forum der Kulturen (Hrsg.) (2011): Offen für Vielfalt – Zukunft der Kultur. 3. Bundesfachkongress Interkultur. Stuttgart: Selbstverlag.

Forum der Kulturen (Hrsg.) (2009): Kulturelle Vielfalt und Teilhabe. 2. Bundesfachkongress Interkultur. Stuttgart: Selbstverlag.

Forum der Kulturen (Hrsg.) (2007): Kulturelle Vielfalt – Differenzieren statt Pauschalisieren. Stuttgart: Selbstverlag.

Foucault, Michel (1986): Der Gebrauch der Lüste. Sexualität und Wahrheit. Bd. 2. Frankfurt/M.: Suhrkamp.

Foucault, Michel (1985): Von der Freundschaft. Michel Foucault im Gespräch. Berlin: Merve.

Foucault, Michel (1977): Überwachen und Strafen. Die Geburt des Gefängnisses. Frankfurt/M.: Suhrkamp.

Foucault, Michel (1966): Les Mots et les Choses. Une archéologie des sciences humaines. Paris: Gallimard.

Fraas, Hans-Jürgen (2000): Bildung und Menschenbild in theologischer Perspektive. Göttingen: Vandenhoeck & Ruprecht.

Freud, Anna (2010): Einführung in die Technik der Kinderanalyse (8., durchgesehene Auflage). München: Reinhardt.

Freud, Sigmund (1920): Deutung des Spiels eines anderthalbjährigen Knaben. In: Scheuerl, Hans (1991) (Hrsg.): Das Spiel. Theorien des Spiels (80-83). Weinheim/Basel: Beltz.

Freud, Sigmund (1908): Der Dichter und das Phantasieren. In: Freud, Sigmund: Gesammelte Werke. Bd. 7 (213-223). London: Imago 1941.

Friboulet, Jean-Jacques. u.a. (Hrsg.) (2006): Measuring the Right to Education. Hamburg: Schulthess.

Fromm, Erich (1966): Die Furcht vor der Freiheit. Frankfurt/M.: Europäische Verlagsanstalt.

Früchtl, Josef (2007): The Times are Changing. Thesen für eine offensive Kulturwissenschaft. In: Heidbrink, Ludger/Welzer, Harald (Hrsg.): Das Ende der Bescheidenheit. Zur Verbesserung der Geistes- und Kulturwissenschaften (90-93). München: C. H. Beck.

Früchtl, Josef (1996): Ästhetische Erfahrung und moralisches Urteil. Frankfurt/M.: Suhrkamp.

Fuchs, Max (2012): Kultur und Subjekt. Bildungsprozesse zwischen Emanzipation und Anpassung. München: kopaed.

Fuchs, Max (2011a): Kunst als kulturelle Praxis. Eine Einführung in die Ästhetik und Kunsttheorie für die Praxis. München: kopaed.

Fuchs, Max (2011b): Der Kampf um Sinn – Kulturmächte der Moderne im Widerstreit. München: Herbert Utz.

Fuchs, Max (2011c): Kulturpädagogik zwischen Freiheit und Disziplinierung. Überlegungen im Anschluss an Michel Foucault. In: Bockhorst, Hildegard (Hrsg.) (2011): Kunststück Freiheit. Leben und lernen in der Kulturellen Bildung (80-92). München: kopaed.

Fuchs, Max (2011d): Die Macht der Symbole. Ein Versuch über Kultur, Medien und Subjektivität. München: Herbert Utz.

Fuchs, Max (2010): Leitformeln und Slogans in der Kulturpolitik. Wiesbaden: VS.

Fuchs, Max (2008a): Kulturelle Bildung. Grundlagen – Praxis – Politik. München: kopaed.

Fuchs, Max (2008b): Kultur macht Sinn. Wiesbaden: VS.

Fuchs, Max (2008c): Kultur – Teilhabe – Bildung. Reflexionen und Impulse aus 20 Jahren. München: kopaed.

Fuchs Max (2006): Eröffnung. In: Bundesvereinigung Kulturelle Kinder- und Jugendbildung: Der Kompetenznachweis Kultur. Ein Nachweis von Schlüsselkompetenzen durch kulturelle Bildung. Ergebnisse aus dem Modellprojekt „Schlüsselkompetenzen durch kulturelle Bildung" der Bundesvereinigung Kulturelle Kinder- und Jugendbildung (8-10). Remscheid: BKJ.

Fuchs, Max (1999a): Mensch und Kultur: zu den anthropologischen Grundlagen von Kulturarbeit und Kulturpolitik. Opladen/Wiesbaden: Westdeutscher Verlag.

Fuchs, Max (1999b): Kulturelle Bildung und Lebenskunst. In: Bundesvereinigung Kulturelle Kinder- und Jugendbildung (Hrsg.) (1999): Lernziel Lebenskunst. Konzepte und Perspektiven (29-40). Remscheid: BKJ.

Fuchs, Max (1997): Das gute, glückliche und gelungene Leben. In: Baer, Ulrich u.a. (Hrsg.) (1997): Lernziel: Lebenskunst. Spiele, Projekte, Konzepte und Methoden für Jugendarbeit und Schule (22-30). Seelze-Velbert: Kallmeyer'sche Verlagsbuchhandlung.

Fuhrmann, Manfred (1999): Der europäische Bildungskanon des bürgerlichen Zeitalters. Frankfurt/M.: Insel.

Funke-Wieneke, Jürgen (1995): Sportpädagogik heute: Ansatz, Lehre, Forschung. In: Dietrich, Knut (Hrsg.): Bewegungskultur als Gegenstand der Sportwissenschaft (91-98). Fachbereichsinterne Publikation. Hamburg: Mimeo.

Gadamer, Hans-Georg (1960): Wahrheit und Methode. Tübingen: Mohr.

Gaiser, Wolfgang/de Rijke, Johann (2008): Partizipation im Wandel? Veränderungen seit Beginn der 1990er Jahre. In: Gille, Martina (Hrsg.): Jugend in Ost und West seit der Wiedervereinigung. Ergebnisse aus dem replikativen Längsschnitt des DJI Jugendsurvey (211-237). Wiesbaden: VS.

Gaut, Berys (2007): Art, Emotion and Ethics. Oxford: University Press.

Gaut, Berys (2003): Art and Knowledge. In: Levinson, Jerrold (Hrsg.): The Oxford Handbook of Aesthetics (436-450). New York: OUP.

Gebauer, Gunter (1997): Spiel. In: Wulf, Christoph (Hrsg.): Vom Menschen. Handbuch Historische Anthropologie (1038-1048). Weinheim/Basel: Beltz.

Gebauer, Gunter/Wulf, Christoph (1998): Spiel – Geste – Ritual. Reinbek: Rowohlt.

Gebauer, Gunter/Wulf, Christoph (1992): Mimesis. Kultur – Kunst – Gesellschaft. Reinbek: Rowohlt.

Gebhardt, Winfried (2008): Gemeinschaften ohne Gemeinschaft. Über situative Event-Gemeinschaften. In: Hitzler, Ronald/Honer, Anne/Pfadenhauer, Michaela (Hrsg.): Posttraditionale Gemeinschaften. Theoretische und ethnographische Erkundungen (202-213). Wiesbaden: VS.

Gebhardt, Winfried (2000): Feste, Feiern und Events. Zur Soziologie des Außergewöhnlichen. In: Gebhardt, Winfried/Hitzler, Ronald/Pfadenhauer, Michaela (Hrsg.): Events. Soziologie des Außergewöhnlichen (17-23). Opladen: Leske + Budrich.

Gebhardt, Winfried (1987): Fest, Feier und Alltag. Über die gesellschaftliche Wirklichkeit der Menschen und ihre Deutung. Frankfurt/M. u.a.: Lang.

Gebhardt, Winfried/Hitzler, Ronald/Pfadenhauer, Michaela (2000): Einleitung. In: Gebhardt, Winfried/Hitzler, Ronald/Pfadenhauer, Michaela (Hrsg.): Events. Soziologie des Außergewöhnlichen (9-13). Opladen: Leske + Budrich.

Geck, Martin (2001): Zwischen Romantik und Restauration. Musik im Realismus-Diskurs der Jahre 1848-1871. Stuttgart: J. B. Metzler/Bärenreiter.

Geertz, Clifford (1987): Dichte Beschreibung. Beiträge zum Verstehen kultureller Systeme. Frankfurt/M.: Suhrkamp.

Geertz, Clifford (1983): „Deep Play": Bemerkungen zum balinesischen Hahnenkampf. In: Ders. (Hrsg.): Dichte Beschreibung. Beiträge zum Verstehen kultureller Systeme (202-260). Frankfurt/M.: Suhrkamp.

Gendolla, Peter u.a. (Hrsg.) (2001): Formen interaktiver Medienkunst. Frankfurt/M.: Suhrkamp.

George, David E.R. (1998): Performance Epistomology. In: Gough, Richard/Allsopp, Ric (Hrsg.): Performance Research 1/1: The temper of time (Theatre Studies) (o.S.). London: Taylor & Francis.

Gergen, Kenneth (2002): Konstruierte Wirklichkeiten: Eine Hinführung zum sozialen Konstruktionismus. Stuttgart: Kohlhammer.

Gergen, Kenneth/Gergen, Mary (2009): Einführung in den sozialen Konstruktionismus. Heidelberg: Auer.

Gerhards, Klaus (2002a): „God is a DJ". Zur pop- und jugendkulturellen Religionsproduktivität von Events. In: Hobelsberger, Hans/Hüster, Paul (Hrsg.): Event im Trend. Beiträge zu einem verantworteten Umgang mit einer neuen Sozialform der Jugendpastoral (75-90). Düsseldorf: Haus Altenberg.

Gerhards, Klaus (2002b): „Wer ankommen will, muss sich auch auf den Weg machen...". Pastoraltheologische Positionierung zum Phänomen Event(-Kultur). In: Hobelsberger, Hans/Hüster, Paul (Hrsg.): Event im Trend. Beiträge zu einem verantworteten Umgang mit einer neuen Sozialform der Jugendpastoral (112-128). Düsseldorf: Haus Altenberg.

Gerhardt, Volker (2007): Partizipation. Das Prinzip der Politik. München: C. H. Beck.

Gerhardt, Volker (2000): Individualität. Das Element der Welt. München: C. H. Beck.

Gerhardt, Volker (1999): Selbstbestimmung. Das Prinzip der Individualität. Leipzig: Reclam.

Gerner, Berthold (1986): Einführung in die Pädagogische Anthropologie. Darmstadt: Wissenschaftliche Buchgesellschaft.

Gethmann-Siefert, Annemarie (1995): Einführung in die Ästhetik. München: Fink.

Ginsburg, Faye D./Abu-Lughod, Lila/Larkin, Brian (Hrsg.) (2002): Media Worlds. Anthropology on New Terrain. Berkeley: University of California Press.

Glaser, Hermann/Stahl, Karl-Heinz (1983): Bürgerrecht Kultur. Wien: Ullstein.

Goehler, Adrienne (2012): Konzeptgedanken zur Errichtung eines Fonds Ästhetik und Nachhaltigkeit. Schriftenreihe zu Bildung und Kultur . Band 10. Berlin: Heinrich-Böll-Stiftung.

Göhlich, Michael (1988): Reggiopädagogik – innovative Pädagogik heute. Zur Theorie und Praxis der kommunalen Kindertagesstätten von Reggio Emilia. Frankfurt/M.: Fischer.

Göhlich, Michael/Wulf, Christoph/Zirfas, Jörg (Hrsg.) (2007): Pädagogische Theorien des Lernens. Weinheim/Basel: Beltz.

Göhlich, Michael u.a. (Hrsg.) (2006): Transkulturalität und Pädagogik. Interdisziplinäre Annäherungen an eine kulturwissenschaftliches Konzept und seine pädagogische Relevanz. Weinheim/München: Juventa.

Göschel, Albrecht (1999a): Kontrast und Parallele. Kulturelle und politische Identitätsbildung ostdeutscher Generationen. Stuttgart u.a.: Kohlhammer.

Göschel, Albrecht (1999b): Kulturelle und politische Generationen in Ost und West. Zum Gegensatz von wesenhafter und unterscheidender Identität. In: Heinrich-Böll-Stiftung/Probst, Lothar (Hrsg.): Differenz in der Einheit. Über die kulturellen Unterschiede der Deutschen in Ost und West. 20 Essays, Reden und Gespräche. Berlin: Chr. Links.

Göschel, Albrecht (1991): Die Ungleichzeitigkeit in der Kultur. Wandel des Kulturbegriffs in vier Generationen. Stuttgart u.a.: W. Kohlhammer.

Goffman, Erving (1969): Wir alle spielen Theater. Die Selbstdarstellung im Alltag. München: Piper.

Gogolin, Ingrid (2008): Migration und Bildungsgerechtigkeit. In: Liebau, Eckart/Zirfas, Jörg (Hrsg.): Ungerechtigkeit der Bildung – Bildung der Ungerechtigkeit (55-68). Opladen: Barbara Budrich.

Gombrich, Ernst (1996): Die Geschichte der Kunst (16. Auflage). Frankfurt/M.: Fischer.

Gomolla, Mechthild (2005): Schulentwicklung in der Einwanderungsgesellschaft. Strategien gegen institutionelle Diskriminierung in Deutschland, England und in der Schweiz. Münster: Waxmann.

Gomolla, Mechthild/Radtke, Frank-Olaf (2009): Institutionelle Diskriminierung: Die Herstellung ethnischer Differenz in der Schule. Wiesbaden: VS.

Goodman, Nelson (1984): Weisen der Welterzeugung. Frankfurt/M.: Suhrkamp.

Goodman, Nelson (1973): Sprachen der Kunst. Entwurf einer Symboltheorie. Frankfurt/M.: Suhrkamp.

Grassi, Ernesto (1962): Die Theorie des Schönen in der Antike. Köln: DuMont.

Grimaud, Hélène (2006): Wolfssonate. München: Blanvalet.

Grimm, Jakob/Grimm, Wilhelm (1873): Deutsches Wörterbuch. Fünfter Band. Leipzig: Hirzel.

Groys, Boris (2004): Über das Neue. Versuch einer Kulturökonomie (3. Auflage). Frankfurt/M.: Fischer.

Guilford, Joy Paul (1973): Kreativität. In: Ulmann, Gisela (Hrsg.): Kreativitätsforschung (25-43). Köln: Kiepenheuer & Witsch.

Gumbrecht, Hans Ulrich (2003): Epiphanien. In: Küpper, Joachim/Menke, Christoph (Hrsg.): Dimensionen ästhetischer Erfahrung (203-222). Frankfurt/M.: Suhrkamp.

Gumbrecht, Hans Ulrich/Pfeiffer, Karl Ludwig (Hrsg.) (1988): Materialität der Kommunikation. Frankfurt/M.: Suhrkamp.

Habermas, Jürgen (1999): Einbeziehung des Anderen. Frankfurt/M.: Suhrkamp.

Habermas, Jürgen (1998): Die postnationale Konstellation. Politische Essays. Frankfurt/M.: Suhrkamp.

Habermas, Jürgen (1981): Theorie des kommunikativen Handelns. Bd. 2. Frankfurt/M.: Suhrkamp.

Häußermann, Hartmut/Siebel, Walter (1995): Dienstleistungsgesellschaften. Frankfurt/M.: Suhrkamp.

Hahn, Alois (1972): Religion. In: Bellebaum, Alois (Hrsg.): Die moderne Gesellschaft (398-434). Freiburg: Herder.

Haker, Hille (1999): Moralische Identität. Literarische Lebensgeschichten als Medium ethischer Reflexion. Tübingen: Francke.

Hall, Stuart (1994): Rassismus und kulturelle Identität. Hamburg: Argument.

Hann, Gerhard de/Harenberg, Dorothee (1999): Expertise "Förderprogramm Bildung für nachhaltige Entwicklung" verfaßt für die Projektgruppe "Innovation im Bildungswesen" der Bund-Länder-Kommission für Bildungsplanung und Forschungsförderung im Auftrage des Bundesministeriums für Bildung, Wissenschaft, Forschung und Technologie. Gutachten zum Programm. Heft 72. Bonn: BLK.

Hauser, Arnold (1983): Sozialgeschichte der Kunst und Literatur. München: Beck.

Hauser, Arnold (1974): Soziologie der Kunst. München: Beck.

Hauskeller, Michael (1995): Atmosphären erleben. Philosophische Untersuchungen zur Sinneswahrnehmung. Berlin: Akademie.

Hegel, Georg Wilhelm Friedrich (1965): Ästhetik. Berlin/Weimar: Aufbau.

Heidegger, Martin (1960): Der Ursprung des Kunstwerkes. Stuttgart: Reclam.

Heimes, Silke (2010): Künstlerische Therapien. Ein intermedialer Ansatz. Göttingen: Vandenhoeck & Ruprecht.

Hellekamps, Stefanie (Hrsg.) (1998): Ästhetik und Bildung. Das Selbst im Medium von Musik, Bildender Kunst, Literatur und Fotografie. Weinheim: Deutscher Studienverlag.

Helmer, Karl (2004): Kultur. In: Benner, Dietrich/Oelkers, Jürgen (Hrsg.): Historisches Wörterbuch der Pädagogik (527-547). Weinheim/Basel: Beltz.

Helsper, Werner u.a. (2006): Unpolitische Jugend. Eine Studie zum Verhältnis von Schule, Anerkennung und Politik. Wiesbaden: VS.

Henrich, Dieter (2001): Versuch über Kunst und Leben. Subjektivität, Weltverstehen, Kunst. München/Wien: Hanser.

Hentschel, Ulrike (2005): Das sogenannte Reale. Realitätsspiele im Theater und in der Theaterpädagogik. In: Klein, Gabriele/Sting, Wolfgang: Performance. Positionen zur zeitgenössischen szenischen Kunst (131-146). Bielefeld: transcript.

Hepp, Andreas (2011): Medienkultur. Die Kultur mediatisierter Welten. Wiesbaden: VS.

Hepp, Andreas (Hrsg.) (2009): Schlüsselwerke der Cultural Studies. Wiesbaden: VS.

Herder, Johann Gottfried von (1853): Plastik. Einige Wahrnehmungen über Form und Gestalt aus Pygmalions bildendem Träume. Sämtliche Werke (21-109). 25.Bd. Stuttgart/Tübingen: Cotta.

Herder, Johann Gottfried von (1998/1784): Ideen zur Philosophie der Geschichte der Menschheit. Frankfurt/M.: Deutscher Klassiker Verlag.

Herder, Johann Gottfried von (1993/1772): Abhandlung über den Ursprung der Sprache. Stuttgart: Reclam.

Herding, Klaus/Hollein, Max (Hrsg.) (2010): Courbet. Ein Traum von der Moderne. Frankfurt/M.: Schirn Kunsthalle.

Herrlitz, Hans-Günter/Rittelmeyer, Christian (Hrsg.) (1993): Exakte Fantasie. Pädagogische Erkundungen bildender Wirkungen in Kunst und Kultur. Weinheim/München: Juventa.

Herrmann, Jörg (2002): Sinnmaschine Kino. Sinndeutung und Religion im populären Film. München: Gütersloher Verlagshaus.

Hilgert, Markus/Wink, Michael (Hrsg.) (2012): Menschen-Bilder. Darstellungen des Humanen in der Wissenschaft. Heidelberg: Springer.

Hill, Burkhard/Biburger, Tom/Wenzlik, Alexander (Hrsg.) (2008): Lernkultur und Kulturelle Bildung. München: kopaed.

Hitzler, Ronald (2011): Eventisierung. Drei Fallstudien zum marketingstrategischen Massenspaß. Wiesbaden: VS.

Hitzler, Ronald (2008): Von der Lebenswelt zu den Erlebniswelten. Ein phänomenologischer Weg in soziologische Gegenwartsfragen. In: Raab, Jürgen u.a. (Hrsg.): Phänomenologie und Soziologie (131-140). Wiesbaden: VS.

Hitzler, Ronald (2002): Trivialhedonismus. Eine Gesellschaft auf dem Weg in die Spaßkultur. In: Göttlich, Udo/Albrecht, Clemens/Gebhardt, Winfried (Hrsg.): Populäre Kultur als repräsentative Kultur (244-258). Köln: Halem.

Hitzler, Ronald (2000): „Ein bisschen Spaß muss sein!" Zur Konstruktion kultureller Erlebniswelten. In: Gebhardt, Winfried/Hitzler, Ronald/Pfadenhauer, Michaela (Hrsg.): Events. Soziologie des Außergewöhnlichen (401-412). Opladen: Leske + Budrich.

Hitzler, Ronald/Pfadenhauer, Michaela (2009): „Vergesst die Party nicht!" Das Techno-Publikum aus Sicht der Macher. In: Willems, Herbert (Hrsg.): Theatralisierungen und Enttheatralisierungen in der Gegenwartsgesellschaft (377-394). Wiesbaden: VS.

Hitzler, Ronald/Honer, Anne/Pfadenhauer, Michaela (2008): Zur Einleitung: „Ärgerliche" Gesellungsgebilde? In: Hitzler, Ronald/Honer, Anne/Pfadenhauer, Michaela (Hrsg.): Postraditionale Gemeinschaften. Theoretische und ethnographische Erkundungen (9-31). Wiesbaden: VS.

Hoffmann, Dagmar (2007): Plädoyer für eine integrative Mediensozialisationstheorie. In: Hoffmann, Dagmar/Mikos, Lothar (Hrsg.): Mediensozialisationstheorien. Neue Modelle und Ansätze in der Diskussion (1. Aufl.) (11-26). Wiesbaden: VS.

Hoffmann, Dagmar/Mikos, Lothar (Hrsg.) (2007): Mediensozialisationstheorien. Neue Modelle und Ansätze in der Diskussion (1. Auflage) Wiesbaden: VS.

Hoffmann, Hilmar (2006): Lebensprinzip Kultur. Vorträge, Leitartikel und Essays 1957-2006. Frankfurt/M.: Societätsverlag.

Hoffmann, Hilmar (2003): Erinnerungen. „Ihr naht Euch wieder, schwankende Gestalten." (Neufassung). Frankfurt/M.: Suhrkamp Tb.

Hoffmann, Hilmar (1999): Erinnerungen. „Ihr naht Euch wieder, schwankende Gestalten." Hamburg: Hoffman u. Campe.

Hoffmann, Hilmar (1997): Zukunft ist ein kulturelles Programm. In: Brockhaus. Die Bibliothek. Kunst und Kultur Bd. 1 (8-11). Leipzig, Mannheim: Brockhaus.

Hoffmann, Hilmar (1990): Kultur als Lebensform. Aufsätze zur Kulturpolitik. Frankfurt/M.: Fischer Taschenbuch.

Hoffmann, Hilmar (1985): Kultur für morgen. Ein Beitrag zur Lösung der Zukunftsprobleme. Frankfurt/M.: Fischer Taschenbuch.

Hoffmann, Hilmar (1981): Kultur für alle. Perspektiven und Modelle. 2. Aufl. Frankfurt/M.: Fischer Tb.

Hoffmann, Hilmar (1979): Kultur für alle. Perspektiven und Modelle. Frankfurt/M.: Suhrkamp.

Hoffmann, Hilmar (Hrsg.) (1974): Perspektiven der kommunalen Kulturpolitik. Beschreibungen und Entwürfe. Frankfurt/M.: Suhrkamp.

Hoffmann, Hilmar (1971): Ein Jahr Kulturarbeit in Frankfurt. Ein Rechenschaftsbericht von Hilmar Hoffmann. Frankfurt/M.: Presse- und Informationsamt der Stadt Frankfurt am Main.

Hoffmann, Hilmar (1970): Kulturarbeit ist heute praktische Bildungsarbeit. Einführungsrede des neuen Kulturdezernenten Hilmar Hoffmann. In: Mitteilungen der Stadtverwaltung Frankfurt a. M. 74 v. 21. November 1970, 433-437.

Holzkamp, Klaus (1993): Musikalische Lebenspraxis und schulische Musik lernen. In: Forum Kritische Psychologie 32, 67-85.

Holzkamp, Klaus (1983): Grundlegung der Psychologie. Frankfurt/M.: Campus.

Honneth, Axel (2007): Pathologien der Vernunft. Geschichte und Gegenwart der Kritischen Theorie. Frankfurt/M.: Suhrkamp.

Honneth, Axel (1992): Kampf um Anerkennung. Zur Grammatik sozialer Konflikte. Frankfurt/M.: Suhrkamp.

Horkheimer, Max/Adorno, Theodor W. (1991): Dialektik der Aufklärung. Philosophische Fragmente. Frankfurt/M.: S. Fischer

Horx, Matthias (2011): Das Megatrend-Prinzip. Wie die Welt von morgen entsteht. München: DVA.

Horx, Matthias (2009): Das Buch des Wandels. Wie Menschen Zukunft gestalten. München: DVA.

Howkins, John (2002): The Creative Economy. How People Make Money From Ideas. London: Penguin Press.

Huizinga, Johan (1994): Homo ludens. Vom Ursprung der Kultur im Spiel. Reinbek: Rowohlt.

Humboldt, Wilhelm von (1998): Über die Verschiedenheit des menschlichen Sprachbaus und ihren Einfluß auf die geistige Entwicklung des Menschengeschlechts. Paderborn: Schöningh.

Humboldt, Wilhelm von (1792/1991): Ideen zu einem Versuch, die Grenzen der Wirksamkeit des Staats zu bestimmen. Reclam: Stuttgart.

Hustvedt, Siri (2010): Mit dem Körper sehen: Was es bedeutet, ein Kunstwerk zu sehen. Berlin/München: Deutscher Kunstverlag.

Imort, Peter/Müller, Renate/Niesyto, Horst (Hrsg.) (2009): Medienästhetik in Bildungskontexten. München: kopaed.

Inglehart, Ronald (1998): Modernisierung und Postmodernisierung. Kultureller, wirtschaftlicher und politischer Wandel in 43 Gesellschaften. Frankfurt/M. u.a.: Campus.

Inglehart, Ronald (1989): Kultureller Umbruch. Wertewandel in der westlichen Welt. Frankfurt/M. u.a.: Campus.

Institut für Kulturpolitik der Kulturpolitischen Gesellschaft (Hrsg.) (2008): Interkulturelle Bildung – Ein Weg zur Integration. Bonn/Essen: Klartext.

Institut für Kulturpolitik der Kulturpolitischen Gesellschaft (Hrsg.) (2007): Beheimatung durch Kultur. Kulturorte als Lernorte interkultureller Kompetenz. Bonn/Essen: Klartext.

Iser, Wolfgang (2003): Von der Gegenwärtigkeit des Ästhetischen. In: Küpper, Joachim/Menke, Christoph (Hrsg.): Dimensionen ästhetischer Erfahrung (176-202). Frankfurt/M.: Suhrkamp.

Iser, Wolfgang (1991): Mimesis und Performanz. In: Ders. (Hrsg.): Das Fiktive und das Imaginäre. Perspektiven literarischer Anthropologie, Frankfurt/M.: Suhrkamp.

Istance, David/Dumont, Hanna (2010): Future directions for learning environments in the 21st century. In: Dumont, Hanna/Istance, David/Benavides, Francisco (Hrsg.): The nature of learning. Using research to inspire practice (317-338). Paris: OECD.

Jäger, Christoph (2005): Kunst, Kontext und Erkenntnis. Eine Einführung. In: Jäger, Christoph/Meggle, Georg (Hrsg.): Kunst und Erkenntnis (9-40). Paderborn: Mentis.

Jäger, Georg (1988): Der Kampf gegen Schmutz und Schund. Die Reaktion der Gebildeten auf die Unterhaltungsindustrie. In: Archiv für Geschichte des Buchwesens 31/1988, 163-191.

Jakob, Gisela (1993): Zwischen Dienst und Selbstbezug. Opladen: Leske + Budrich.

Jappe, Elisabeth (1993): Performance, Ritual, Prozess. Handbuch der Aktionskunst in Europa. München/New York: Prestel.

Jauß, Hans Robert (1982): Ästhetische Erfahrung und literarische Hermeneutik. Frankfurt/M.: Suhrkamp.

Jenkins, Henry (2006a): Convergence Culture. New York/London: New York University Press.

Jenkins, Henry (2006b): Fans, Bloggers, and Gamers. Exploring Participatory Culture. New York: New York University Press.

Jörissen, Benjamin (2009): Avatare. In: Mertens, Gerhard u.a. (Hrsg.): Handbuch der Erziehungswissenschaft Band III/2: UMWELTEN (977-991). Paderborn: Schöningh.

Jörissen, Benjamin/Marotzki, Winfried (2008): Neue Bildungskulturen im „Web 2.0". In: Gross, Friederike von/Marotzki, Winfried/Sander, Uwe (Hrsg.): Internet – Bildung –Gemeinschaft (203-225). Wiesbaden: VS.

Johnson, Steven (2006): Neue Intelligenz. Warum wir durch Computerspiele und TV klüger werden. Köln: Kiepenheuer & Witsch.

Jude, Nina/Hartig, Johannes/Klieme, Eckhard (Hrsg.) (2008): Kompetenzerfassung in pädagogischen Handlungsfeldern. Theorien, Konzepte und Methoden. Berlin: BMBF.

Jünger, Sebastian/Schmidt, Siegfried J. (2002): Forschungen zum Zusammenhang von Selbstorganisation, Lernkultur und Kompetenzentwicklung. Abschlussgutachten zum Forschungsprojekt „Lernkultur und Kompetenzentwicklung" des Bundesministeriums für Bildung und Forschung. Institut für Kommunikationswissenschaft. Universität Münster.

Jütte, Robert (2000): Geschichte der Sinne. Von der Antike bis zum Cyberspace. München: Beck.

Jung, Matthias (2009): Der bewusste Ausdruck. Berlin/New York: De Gruyter.

Jung, Matthias (2005): „Making us explicit". Artikulation als Organisationsprinzip von Erfahrung. In: Schlette, Magnus/Jung, Matthias (Hrsg.): Anthropologie der Artikulation. Begriffliche Grundlagen und transdisziplinäre Perspektiven (103-142). Würzburg: Königshausen & Neumann.

Kamper, Dietmar (1999): Die Ästhetik der Abwesenheit: Die Entfernung der Körper. München: Fink.

Kamper, Dietmar (1997) Körper. In: Wulf, Christoph (Hrsg.): Vom Menschen. Handbuch Historische Anthropologie (407-416). Weinheim: Beltz.

Kamper, Dietmar/Wulf, Christoph (Hrsg.) (1984): Das Schwinden der Sinne. Frankfurt/M.: Suhrkamp.

Kamper, Dietmar/Wulf, Christoph (Hrsg.) (1982): Die Wiederkehr des Körpers. Frankfurt/M.: Suhrkamp.

Kamper, Dietmar/Rittner, Volker (Hrsg.) (1976): Zur Geschichte des Körpers. Perspektiven einer Anthropologie. München/Wien: Hanser.

Kant, Immanuel (1963/1794): Kritik der Urteilskraft (1790). Hamburg: Meiner.

Karl, Ute (2005): Zwischen/Räume. Eine empirisch-bildungstheoretische Studie zur ästhetischen und psychosozialen Praxis des Altentheaters. Münster: LIT.

Karsch, Manfred (2007): Identitätsarbeit und hermeneutische Reflexion – der Beitrag der Kulturpädagogik zur gegenwärtigen Bildungsdiskussion. In: IfBM. Impuls – Schriftenreihe des Instituts für Bildungswissenschaft und Medienforschung, 1/2007, 4.

Kaufmann, Franz-Xaver (2005): Schrumpfende Gesellschaft. Vorm Bevölkerungsrückgang und seinen Folgen. Frankfurt/M.: Suhrkamp.

Kaufmann, Franz-Xaver (1997): Herausforderungen des Sozialstaates. Frankfurt/M.: Suhrkamp.

Kaufmann, Franz-Xaver (1989): Religion und Modernität. Sozialwissenschaftliche Perspektiven. Tübingen: Mohr.

Kaufmann, Franz-Xaver (1988): Homo Religiosus. In: Bastian, Heiner (Hrsg.): Joseph Beuys. Skulpturen und Objekte (45 ff.). München: Schirmer.

Kennick, William E. (1958): Does Traditional Aesthetics Rest on a Mistake? In: Mind, 67, 317-334.

Kermani, Navid (2001): Gott ist schön. Das ästhetische Erleben des Koran. München: Beck.

Kersting, Wolfgang/Langbehn, Claus (2007): Kritik der Lebenskunst. Frankfurt/M.: Suhrkamp.

Keuchel, Susanne/Weil, Benjamin (2010): Lernorte oder Kulturtempel. Infrastrukturerhebung: Bildungsangebote in klassischen Kultureinrichtungen. Köln: ARCULT Media.

Keuchel, Susanne/Günsche, Carolin/Groß, Stefanie (2009): Tanz in Schulen in NRW. Ein empirischer Blick in die Praxis. Bonn: Bundesverband Tanz in Schulen.

Keuchel, Susanne/Wiesand, Andreas Johannes (2008): Das KulturBarometer 50+. Bonn: ARCult Media.

Keuchel, Susanne/Wiesand, Andreas Johannes (Hrsg.) (2006): Das 1. Jugend-KulturBarometer. „Zwischen Eminem und Picasso ....". Bonn: ARCult Media.

Keupp, Heiner (2011): Verwirklichungschancen für Kinder und Jugendliche in einer globalisierten Welt und wie sie gefördert werden können. Vortrag beim Landespsychotherapeutentag 2011 der Landespsychotherapeutenkammer Baden-Württemberg am 09. Juli 2011 in Stuttgart.

Keupp, Heiner (2007): Sozialpsychologische Dimensionen der Teilhabe. In: deutsche Jugend. Zeitschrift für Jugendarbeit, 55 (11), 465-474.

Keupp, Heiner (2001): Vom Möglichkeitssinn: Spielerische Zukünfte entwerfen. In: Grüneisl, Gerd/Knecht, Gerd/Zacharias, Wolfgang (Hrsg.): Mensch und Spiel (21-33). Unna: LKD.

Keupp, Heiner (Hrsg.) (1998): Der Mensch als soziales Wesen. Sozialpsychologisches Denken im 20. Jahrhundert. München: Piper.

Keupp, Heiner u.a. (2006): Identitätskonstruktionen. Das Patchwork der Identitäten in der Spätmoderne. Reinbek: Rowohlt.

Kindermann, Heinz (1961): Theatergeschichte Europas, Bd. IV. Salzburg: Otto Müller.

Kirschenmann, Johannes (2003): Medienbildung in der Kunstpädagogik: Zu einer Didaktik der Komplementarität und Revalidierung. Weimar: Vdg.

Klages, Helmut (1984): Wertorientierungen im Wandel. Rückblick, Gegenwartsanalysen, Prognosen. Frankfurt/M. u.a.: Campus.

Klages, Helmut/Kmieciak, Peter (Hrsg.) (1979): Wertwandel und gesellschaftlicher Wandel. Frankfurt/M.: Campus.

Kleimann, Bernd/Schmücker, Reinold (Hrsg.) (2001): Wozu Kunst? Die Frage nach ihrer Funktion. Darmstadt: Wissenschaftliche Buchgesellschaft.

Klein, Armin (2004): Nachhaltigkeit als Ziel von Kulturpolitik und Kulturmanagement. In: Klein, Armin/Knubben, Thomas (Hrsg.): Deutsches Jahrbuch für Kulturmanagement 2003/2004 (9-28). Baden-Baden: Nomos.

Klepacki, Leopold/Zirfas, Jörg (2011): Geschichte der Ästhetischen Bildung. Bd. 2: Frühe Neuzeit. Paderborn: Ferdinand Schöningh.

Knoblauch, Hubert (2000a): „Jeder sich selbst sein Gott in der Welt" – Subjektivierung, Spiritualität und der Markt der Religion. In: Hettlage, Robert/Vogt, Ludgera (Hrsg.): Identitäten im Umbruch (201-216). Opladen: Westdeutscher Verlag.

Knoblauch, Hubert (2000b): Das strategische Ritual der kollektiven Einsamkeit. Zur Begrifflichkeit und Theorie des Events. In: Gebhardt, Winfried/Hitzler, Ronald/Pfadenhauer, Michaela (Hrsg.): Events. Soziologie des Außergewöhnlichen (33-50). Opladen: Leske + Budrich.

Koch, Konrad (2004): Grußwort des Bundesministeriums für Bildung und Forschung. Vortrag auf der Fachtagung „Lernen sichtbar machen. Der Kompetenznachweis Kultur – ein Nachweis von Schlüsselkompetenzen durch kulturelle Bildung. In: Bundesvereinigung Kulturelle Kinder- und Jugendbildung: Der Kompetenznachweis Kultur. Ein Nachweis von Schlüsselkompetenzen durch kulturelle Bildung. Ergebnisse aus dem Modellprojekt „Schlüsselkompetenzen durch kulturelle Bildung" der Bundesvereinigung Kulturelle Kinder- und Jugendbildung. Remscheid.

Köhler, Norma (2009): Biografische Theaterarbeit zwischen kollektiver und individueller Darstellung. Ein theaterpädagogisches Modell. München: kopaed.

Kohli, Martin (1985): Die Institutionalisierung des Lebenslaufs. Historische Befunde und theoretische Argumente. In: Kölner Zeitschrift für Soziologie und Sozialpsychologie, 37 (1), 1-29.

Kolland, Dorothea (2007): Cultural Diversity als Leitlinie für kommunale Kultur-Förderpolitik. In: Forum der Kulturen (Hrsg.): Kulturelle Vielfalt – Differenzieren statt Pauschalisieren (42f.). Stuttgart: Selbstverlag.

Kolland, Dorothea (2006): Kulturelle Vielfalt: Diversity und Differenz. In: Institut für Kulturpolitik (Hrsg.): Jahrbuch für Kulturpolitik 2006. Thema: Diskurs Kulturpolitik (139-148). Essen: Klartext.

Koller, Hermann (1954): Die Mimesis in der Antike. Nachahmung, Darstellung, Ausdruck. Bern: Francke.

Kommission der Europäischen Gemeinschaften (2005): Grünbuch „Angesichts des demografischen Wandels – eine neue Solidarität zwischen den Generationen." Mitteilungen der EU-Kommission KOMM (2005)94 endgültig. Brüssel.

Konersmann, Ralf (2003): Kulturphilosophie zur Einführung. Hamburg: Junius.

Konsortium Bildungsberichterstattung (2006): Bildung in Deutschland. Ein indikatorengestützter Bericht mit einer Analyse zu Bildung und Migration. Im Auftrag der Ständigen Konferenz der Kultusminister der Länder in der Bundesrepublik Deutschland und des Bundesministeriums für Bildung und Forschung. Berlin. (Hier bes. Kap. H: Integration, 137-180)

Koppe, Franz (1983): Grundbegriffe der Ästhetik. Frankfurt/M.: Suhrkamp.

Krämer, Sybille (Hrsg.) (2004): Performativität und Medialität. München: Fink.

Krämer, Sybille (2001): Sprache, Sprechakt, Kommunikation. Sprachtheoretische Positionen des 20. Jahrhunderts. Frankfurt/M.: Suhrkamp.

Krämer, Sibylle (1998): „Medien Computer Realität. Wirklichkeitsvorstellungen und Neue Medien. Frankfurt/M.: Suhrkamp.

Kramer, Dieter (2012): Kulturpolitik neu erfinden. Die Bürger als Nutzer und Akteure im Zentrum des kulturellen Lebens. Essen: Klartext (Edition Umbruch. Texte zur Kulturpolitik 28).

Kramer, Dieter (2011): Von der Freizeitplanung zur Kulturpolitik. Frankfurt/M.: P. Lang.

Kraus, Hans-Christof (2008): Kultur, Bildung und Wissenschaft im 19. Jahrhundert. München: Oldenbourg (Enzyklopädie deutscher Geschichte, Bd. 82).

Krenberger, Verena (2008): Anthropologie der Menschenrechte. Hermeneutische Untersuchungen rechtlicher Quellen. Würzburg: Ergon.

Kris, Ernst/Kurz, Otto (1934): Die Legende vom Künstler. Frankfurt/M.: Suhrkamp 1980.

Kristeller, Paul Oskar (1976/1952): Das moderne System der Künste. In: Ders.: Humanismus und Renaissance Bd. II (164-206, 287-312). München: Fink.

Krohs, Ulrich (2004): Eine Theorie biologischer Theorien. Status und Gehalt von Funktionsaussagen und informationstheoretischen Modellen. Berlin/Heidelberg: Springer.

Kübler, Hans-Dieter (2010): Medienwirkungen versus Mediensozialisation. In: Vollbrecht, Ralf/Wegener, Claudia (Hrsg.): Handbuch Mediensozialisation (17-31). Wiesbaden: VS.

Kükelhaus, Hugo/zur Lippe, Rudolf (1982): Entfaltung der Sinne. Ein „Erfahrungsfeld" zur Bewegung und Besinnung. Frankfurt/M.: S. Fischer.

Lange, Marie-Luise (2002): Grenzüberschreitungen. Wege zur Performance. Königstein: Ulrike Helmer.

Langer, Susanne K. (1979): Philosophie auf neuem Wege. Das Symbol im Denken, im Ritus und in der Kunst. Mittenwald: Mäander.

Latour, Bruno (2002): Iconoclash oder Gibt es eine Welt jenseits des Bilderkrieges? Berlin: Merve.

Latour, Bruno/Weibel, Peter (2002): Iconoclash. Beyond the image wars in science, religion, and art. 1. Edition, Cambridge, Mass: MIT Press.

Lauschke, Marion (2007): Ästhetik im Zeichen des Menschen. Hamburg: Meiner.

Lehmann, Hans-Thies (1999): Postdramatisches Theater.Frankfurt/M.: Verlag der Autoren.

Lehmann-Wermser, Andreas (2010): Musisch-kulturelle Bildung an Ganztagsschulen, empirische Befunde, Chancen und Perspektiven. Weinheim: Juventa.

Leicht, Imke (2009): Multikulturalismus auf dem Prüfstand. Kultur, Identität und Differenz in modernen Einwanderungsgesellschaften. Berlin: Metropol.

Leroi-Gourhan, André (1988). Hand und Wort. Die Evolution von Technik, Sprache und Kunst. Frankfurt/M.: Suhrkamp.

Lessing, Hans-Ulrich (2001): Wilhelm Diltheys Einleitung in die Geisteswissenschaften. Darmstadt: Wissenschaftliche Buchgesellschaft.

Lessing, Hans-Ulrich/Steenblock, Volker (2010): „Was den Menschen eigentlich zum Menschen macht ..." – Klassische Texte einer Philosophie der Bildung, Freiburg/München: Alber.

Lévy, Pierre (1996): Die kollektive Intelligenz. Für eine Anthropologie des Cyberspace. Mannheim: Bollmann.

Lewald, August (1991): In die Scene setzen (1837). In: Lazarowicz, Klaus/Balme, Christopher (Hrsg.): Texte zur Theorie des Theaters (306-311). Stuttgart: Reclam.

Liebau, Eckart (2007): Leibliches Lernen. In: Göhlich, Michael/Wulf, Christoph/Zirfas, Jörg (Hrsg.): Pädagogische Theorien des Lernens (102-112) Weinheim/Basel: Beltz.

Liebau, Eckart (2004): Braucht die Pädagogik ein Menschenbild? In: Bizer, Christoph u.a. (Hrsg.): Menschen Bilder im Umbruch – Didaktische Impulse. Jahrbuch für Religionspädagogik (123-135). Bd. 20. Neukirchen-Vluyn: Neukirchener Verlagsgesellschaft.

Liebau, Eckart (Hrsg.) (1997): Das Generationenverhältnis. Über das Zusammenleben in Familie und Gesellschaft. Weinheim/München: Juventa.

Liebau, Eckart (1987): Gesellschaftliches Subjekt und Erziehung. Zur pädagogischen Bedeutung der Sozialisationstheorien von Pierre Bourdieu und Ulrich Oevermann. Weinheim/München: Juventa.

Liebau, Eckart/Zirfas, Jörg (Hrsg.) (2011): Die Bildung des Geschmacks. Über die Kunst der sinnlichen Unterscheidung. Bielefeld: transcript.

Liebau, Eckart/Klepacki, Leopold/Zirfas, Jörg (2009): Theatrale Bildung. Theaterpädagogische Grundlagen kulturpädagogischer Perspektiven für die Schule. Bielefeld: transcript.

Liebau, Eckart/Zirfas, Jörg (Hrsg.) (2009): Die Kunst der Schule. Über die Kultivierung der Schule durch die Kunst. Bielefeld: transcript.

Liebau, Eckart/Zirfas, Jörg (Hrsg.) (2008): Die Sinne und die Künste. Perspektiven Ästhetischer Bildung. Bielefeld: transcript.

Liebau, Eckart/Wulf, Christoph (Hrsg.) (1996): Generation. Versuche über eine pädagogisch-anthropologische Grundbedingung. Weinheim: Deutscher Studien Verlag.

Lindner, Werner (2003): Ich lerne zu leben. Evaluation von Bildungswirkungen in der kulturellen Kinder- und Jugendarbeit in Nordrhein-Westfalen. Qualitätsanalyse zum Wirksamkeitsdialog. Unna: LKD.

Lippe, Rudolf zur (2000): Sinnenbewußtsein. Grundlegung einer anthropologischen Ästhetik. 2 Bände. Baltmannsweiler: Schneider.

Lippitz, Wilfried/Plaum, Jutta (1981): Tasten, Gestalten, Genießen. Königstein/Ts.: Scriptor.

Litt, Theodor (1926): Erlebnis und Standpunkt. In: Oppenheimer, Franz/Salomon, Gottfried (Hrsg.): Individuum und Gesellschaft (162-172). Karlsruhe: G. Braun.

Lloyd-Sherlock, Peter (2011): Ageing and international development – A critical view. In: Leisering, Lutz (Hrsg.): Die Alten der Welt. Neue Wege der Alterssicherung im globalen Norden und Süden (144-164). Frankfurt/M. u.a.: Campus.

Löhr, Wolf-Dietrich (2010): Von Gottes »I« zu Giottos »O«. Schöpferhand und Künstlerkörper zwischen Mittelalter und Früher Neuzeit. In: Bilstein, Johannes/Reuter, Guido (Hrsg.): Auge und Hand (51-76). Oberhausen: Athena.

Loo, Hans van de/Reijen, Willem van (1992): Modernisierung. Projekt und Paradox. München: dtv.

Lucas, Rainer/Wilts, Henning (2004): „Events für Nachhaltigkeit" – ein neues Geschäftsfeld für die Eventwirtschaft? Wuppertal Papers Nr. 149. Wuppertal: Inst. für Klima, Umwelt, Energie.

Lübbe, Hermann (1996): Zeit-Erfahrungen. Stuttgart: EVA.

Lübbe, Hermann (1994): Im Zug der Zeit. Verkürzter Aufenthalt in der Gegenwart. Berlin: Springer.

Lüdeking, Karlheinz (1988): Analytische Philosophie der Kunst. Frankfurt/M.: Athenäum.

Luhmann, Niklas (1999): Die Kunst der Gesellschaft. Frankfurt/M.: Suhrkamp.

Luhmann, Niklas (1996): Die Realität der Massenmedien. Opladen: Westdeutscher Verlag.

Lukács, Georg (1992/1954): Kunst und objektive Wahrheit. In: Henrich, Dieter/Iser, Wolfgang (Hrsg.): Theorien der Kunst (260-312). Frankfurt/M.: Suhrkamp.

Maase, Kaspar (2002): Die soziale Bewegung gegen Schundliteratur im deutschen Kaiserreich. Ein Kapitel aus der Geschichte der Volkserziehung. In: Internationales Archiv für Sozialgeschichte der deutschen Literatur 27, II/2002, 45-123.

Maase, Kaspar (2001): Krisenbewusstsein und Reformorientierung. Zum Deutungshorizont der Gegner der modernen Populärkünste 1880-1918. In: Ders./Kaschuba, Wolfgang (Hrsg.): Schund und Schönheit. Populäre Kultur um 1900 (290-342). Köln: Böhlau.

Mack, Wolfgang (2011): Kultur und Schule auf dem Weg zu mehr Teilhabegerechtigkeit. Das Modellprojekt Lebenskunst lernen im Spiegel der empirischen Ergebnisse der wissenschaftlichen Begleitung. In: Braun, Tom (Hrsg.): Lebenskunst lernen in der Schule. Mehr Chancen durch Kulturelle Schulentwicklung (153-175). München: kopaed.

Maihofer, Werner (1967): Menschenwürde im Rechtsstaat. Hannover: Niedersächsische Landeszentrale.

Mandel, Birgit (2010): PR für Kunst und Kultur. Handbuch für Theorie und Praxis. 3. Auflage. Bielefeld: transcript.

Mandel, Birgit (2009): Kulturmanagementforschung. Ziele, Fragestellungen, Forschungsstrategien. In: Bekmeier-Feuerhahn, Sigrid u.a. (Hrsg.): Forschen im Kulturmanagement. Jahrbuch für Kulturmanagement (13-29). Bielefeld: transcript.

Mandel, Birgit (2008): Kulturvermittlung als Schlüsselfunktion auf dem Weg in eine Kulturgesellschaft. In: Dies. (Hrsg.): Audience Development, Kulturmanagement, Kulturelle Bildung. Konzeptionen und Handlungsfelder der Kulturvermittlung (17-72). München: kopaed.

Mandel, Birgit (Hrsg.) (2005): Kulturvermittlung zwischen kultureller Bildung und Kulturmarketing. Eine Profession mit Zukunft. Bielefeld: transcript.

Mandry, Christoph (Hrsg.) (2003): Literatur ohne Moral. Münster u.a.: Lit.

Mannheim, Karl (1976/1928) Das Problem der Generationen. In: Friedeburg, Ludwig (Hrsg.): Jugend in der modernen Gesellschaft (23-48). Köln: Kiepenheuer u. Witsch.

Marotzki, Winfried/Nohl, Arnd-Michael/Ortlepp, Wolfgang (Hrsg.) (2005): Einführung in die Erziehungswissenschaft. Wiesbaden: VS.

Marquard, Odo (1987/1963): Transzendentaler Idealismus, romantische Naturphilosophie, Psychoanalyse. Köln: Dinter.

Marshall, Thomas H. (1950): Class, citizenship and social development. Chicago: University of Chicago Press.

Marx, Karl/Engels, Friedrich (1970/1890): Das Kapital. Kritik der politischen Ökonomie. Bd. I-II. Berlin: Dietz.

Masschelein, Jan/Quaghebeur, Kerlyn (2003): Participation as strategy of immunisation? In: Ästhetik & Kommunikation 34, 73-76.

Mattenklott, Gundel (1998/2007): Grundschule der Künste. Vorschläge zur Musisch-Ästhetischen Erziehung. Baltmannsweiler: Schneider.

McKinlay, Andrew/McVittie, Chris (2008): Social psychology and discourse. Chichester: Wiley-Blackwell.

McLuhan, Marshall (1969): Die magischen Kanäle. Understanding Media. Düsseldorf: Econ.

McLuhan, Marshall (1968): Die magischen Kanäle. Düsseldorf/Wien: Econ.

Mead, George Herbert (1956): Spiele und Spielen als Beiträge zur Genese des Ich. In: Scheuerl, Hans (Hrsg.) (1991): Das Spiel. Theorien des Spiels. Band 2 (112f.) (12. Auflage). Weinheim/Basel: Beltz.

Medienpädagogischer Forschungsverbund Südwest (Hrsg.) (2011): JIM 2011. Jugend, Information, (Multi-)Media. Basisstudie zum Medienumgang 12- bis 19-Jähriger in Deutschland. Stuttgart.

Meinberg, Eckhard (1988): Das Menschenbild der modernen Erziehungswissenschaft. Darmstadt: Wissenschaftliche Buchgesellschaft.

Menck, Peter (2001): Die Erziehung der Jugend zur Ehre Gottes und zum Nutzen des Nächsten. Die Pädagogik August Hermann Franckes. Tübingen: Max Niemeyer.

Menze, Clemens (1980): Bildung und Bildungswesen. Aufsätze zu ihrer Theorie und ihrer Geschichte. Hildesheim/New York: Georg Olms.

Merleau-Ponty, Maurice (1986/1966): Das Sichtbare und das Unsichtbare. München: Fink.

Merleau-Ponty, Maurice (1974/1966): Phänomenologie der Wahrnehmung. Berlin: de Gruyter.

Merleau-Ponty, Maurice (1945): Phénoménologie de la perception. Paris: Gallimard.

Mersch, Dieter (2002). Ereignis und Aura. Untersuchungen zu einer Ästhetik des Performativen. Frankfurt/M.: Suhrkamp.

Mersch, Dieter (2001): Aisthetik und Responsivität. Zum Verhältnis von medialer und amedialer Wahrnehmung. In: Fischer-Lichte, Erika u.a. (Hrsg.): Wahrnehmung und Medialität (273-300). Tübingen/Basel: Francke.

Mertens, Dieter (1974): Schlüsselqualifikationen. In: Faltin, Günter/Herz, Otto (Hrsg.): Berufsforschung und Hochschuldidaktik. Sondierung des Problems. Blickpunkt Hochschuldidaktik. Hamburg: Arbeitsgemeinschaft f. Hochschuldidaktik.

Mertin, Andreas (2011): Wenn das Hässliche schön wird. Der (revolutionäre) Beitrag des Christentums zur Kunst. In: Paprotny, Thorsten (Hrsg.): Schönheit des Glaubens (137-151). Münster u.a.: LIT (Thomas-Morus-Impulse, 4).

Messner, Bettina/Wrentschur, Michael (2011): Konzepte und Praxis. Soziokulturelle Initiativen. In: Dies. (Hrsg.): Initiative Soziokultur. Diskurse, Konzepte, Praxis. Münster: LIT.

Metz, Johann Baptist (1995): Geisteswissenschaften als Aufklärungswissenschaften? In: Hermanni, Friedrich/Steenblock, Volker (Hrsg.): Philosophische Orientierung. Festschrift W. Oelmüller (127-138). München: Fink.

Meyer-Drawe, Käte (2004): Kulturwissenschaftliche Pädagogik. In: Jaeger, Friedrich/Straub, Jürgen (Hrsg.): Handbuch der Kulturwissenschaften. Band 2: Paradigmen und Disziplinen (602-614). Stuttgart/Weimar: J. B. Metzler.

Meyer-Drawe, Käte (2000): Illusionen von Autonomie. Diesseits von Ohnmacht und Allmacht des Ich (2. Auflage). München: P. Kirchheim.

Meyer-Drawe, Käte (1987): Leiblichkeit und Sozialität. Phänomenologische Beiträge zu einer pädagogischen Theorie der Inter-Subjektivität (2. Auflage). München: Fink.

Michelsen, Gerd/Rode, Horst/Wendler, Maya (2011): Bildung für nachhaltige Entwicklung (BNE) bei außerschulischen Anbietern. Lüneburg.: Institut für Umweltkommunikation der Universität Lüneburg.

Mieth, Dietmar (2008): Literarische Texte als Quelle ethischer Verunsicherung oder ethischer Modellbildung?. In: Krepold, Christian/Krepold, Susanne (Hrsg.): Schön und gut? Studien zu Ethik und Ästhetik in der Literatur (19-40). Würzburg: Königshausen und Neumann.

Mirzoeff, Nicholas (1998): An Introduction to Visual Culture. London: Routledge.

Missomelius, Petra (2006): Digitale Medienkultur. Wahrnehmung – Konfiguration – Transformation. Bielefeld: transcript.

Mitscherlich, Alexander (1965): Die Unwirtlichkeit unserer Städte. Frankfurt/M.: Edition Suhrkamp.

Moebius, Stephan/Quadflieg, Dirk (Hrsg.) (2006): Kultur. Theorien der Gegenwart. Wiesbaden: VS.

Mörsch, Carmen (2009): Am Kreuzpunkt von vier Diskursen: Die documenta 12 Vermittlung zwischen Affirmation, Reproduktion, Dekonstruktion und Transformation. In: Dies. (Hrsg.): Kunstvermittlung (9-33). Zürich/Berlin: diaphanes.

Mollenhauer, Klaus (1990a): Die vergessene Dimension des Ästhetischen in der Erziehungs- und Bildungstheorie. In: Lenzen, Dieter (Hrsg.): Kunst und Pädagogik (3-17). Darmstadt: Wissenschaftliche Buchgesellschaft.

Mollenhauer, Klaus (1990b): Ästhetische Bildung zwischen Kritik und Selbstgewissheit. In: Zeitschrift für Pädagogik 36, 481-492.

Mollenhauer, Klaus (1988): Ist ästhetische Bildung möglich? In: Zeitschrift für Pädagogik 34/1988, 443-461.

Mollenhauer, Klaus (1986): Umwege. Über Bildung, Kunst und Interaktion. Weinheim u.a.: Juventa.

Mollenhauer, Klaus (1983): Vergessene Zusammenhänge. Über Kultur und Erziehung. Weinheim: Juventa.

Mollenhauer, Klaus (1972): Theorien zum Erziehungsprozess. München: Juventa.

Mollenhauer, Klaus u.a. (1996): Grundfragen ästhetischer Bildung. Theoretische und empirische Befunde zur ästhetischen Erfahrung von Kindern. Weinheim/München: Juventa.

Mollenhauer, Klaus/Wulf, Christoph (Hrsg.) (1996): Aisthesis/Ästhetik. Zwischen Wahrnehmung und Bewußtsein. Weinheim: Deutscher Studien Verlag.

Morel, Julius (1975): Säkularisierung und die Zukunft der Religion. In: Hanf, Theodor (Hrsg.): Funk-Kolleg sozialer Wandel (204-272). Frankfurt/M.: Fischer Taschenbuch.

Müller, Hans-Rüdiger (1997): Ästhesiologie der Sinne. Bildungstheoretische Rückblicke auf die Anthropologie der Sinne im 18. Jahrhundert. Würzburg: Königshausen & Neumann.

Müller, Helmut A. (Hrsg.) (2008): Evolution: Woher und Wohin? Göttingen: Vondenhoeck & Ruprecht.

Müller, Michael (Hrsg.) (1972): Autonomie der Kunst. Frankfurt/M.: Suhrkamp.

Müller-Freienfels, Richard (1923): Philosophie der Indvidualität. Leipzig: Felix Meiner.

Müller-Funk, Wolfgang/Reck, Hans Ulrich (Hrsg.) (1996): Inszenierte Imagination. Beiträge zu einer historischen Anthropologie der Medien. Berlin/New York: Springer.

Müller-Rolli, Sebastian (Hrsg.) (1988): Kulturpädagogik und Kulturarbeit. Grundlagen, Praxisfelder, Ausbildung. Weinheim/München: Juventa.

Münch, Jürgen (1995): Hugo Kükelhaus und das Spielzeug Allbedeut. Soest: Hugo Kükelhaus Gesellschaft.

Münch, Richard (2011): Akademischer Kapitalismus, Frankfurt/M.: Suhrkamp.

Münch, Richard (1986): Die Kultur der Moderne (2 Bände). Frankfurt/M.: Suhrkamp.

Münker, Stefan (2009): Emergenz digitaler Öffentlichkeiten. Frankfurt/M.: Suhrkamp.

Munsch, Chantal (2005): Die Effektivitätsfalle. Bürgerschaftliches Engagement und Gemeinwesenarbeit zwischen Ergebnisorientierung und Lebensbewältigung. Hohengehren: Schneider.

Neuenhausen, Benedikta (2011): Spielstrukturen in World of Warcraft. In: Klaas, Marcel u.a. (Hrsg): Kinderkultur(en) (115-130). Wiesbaden: VS.

Neumann, Eckhard (1996): Funktionshistorische Anthropologie der ästhetischen Produktivität. Habil. Berlin: FU Berlin.

Neumann, Ursula (2008): Integration and Education in Germany. In: Becker, Frans/Duffek, Karl/Mörschel, Tobias (Hrsg.): Social Democracy and Education (198-220). Amsterdam: Mets & Schilt.

Nieke, Wolfgang (2008): Kompetenzen. In: Coelen, Thomas/Otto, Hans-Uwe (Hrsg.): Grundbegriffe der Ganztagsbildung. Das Handbuch (205-212). Wiesbaden: VS.

Niethammer, Lutz (2000): Kollektive Identität. Heimliche Quellen einer unheimlichen Konjunktur. Reinbek: Rowohlt.

Nietzsche, Friedrich (2002): Schreibmaschinentexte. Vollständige Edition. Faksimiles und kritischer Kommentar. Aus dem Nachlaß hg. v. Stephan Günzel u. Rüdiger Schmidt-Grépály. Weimar: Bauhaus Universität.

Nightingale, David J./Cromby, John (Hrsg.) (1999): Social constructionist psychology. A critical analysis of theory and practice. Buckingham: Open University Press.

Nipperdey, Thomas (1998): Deutsche Geschichte 1800-1918. 3 Bände. München: Beck.

Nohl, Arnd-Michael (2006): Konzepte interkultureller Pädagogik: eine systematische Einführung. Bad Heilbrunn: Klinkhardt.

Nünning, Ansgar (Hrsg.) (2001): Metzler Lexikon Literatur- und Kulturtheorie (2., überarbeitete und erweiterte Auflage). Stuttgart/Weimar: Metzler.

Nussbaum, Martha Craven (2002): Die Verteidigung universaler Werte in einer pluralistischen Welt. Programm für eine aristotelische Sozialdemokratie. In: Frankfurter Hefte, 4/2010, 210-213.

Nussbaum, Martha Craven (1986): The fragility of goodness: luck and ethics in Greek tragedy and philosophy. Cambridge: University Press.

Nussbaum, Martha (1985): Finely aware and richly responsible: Moral attention and the moral task of literature. In: The Journal of Philosophy 82, 10/1985, 516-529.

Oelkers, Jürgen (2009): John Dewey und die Pädagogik. Weinheim/Basel: Beltz.

Oerter, Rolf (2003): Als-ob-Spiele als Form der Daseinsbewältigung in der frühen Kindheit. In: Papousek, Mechthild/Gontard, Alexander von (Hrsg.): Spiel und Kreativität in der frühen Kindheit (153-173). Stuttgart: Klett Cotta.

Oerter, Rolf (1999): Psychologie des Spiels. München: Beltz.

Offe, Claus (2001): Wessen Wohl ist das Gemeinwohl? In: Wingert, Lutz/Günther, Klaus (Hrsg.): Die Öffentlichkeit der Vernunft und die Vernunft der Öffentlichkeit (459-488). Frankfurt/M.: Suhrkamp.

Ott, Karl-Heinz (2010): Die vielen Abschiede von der Mimesis. Wiesbaden: Franz Steiner.

Otto, Hans-Uwe/Schrödter, Mark (2010): „Kompetenzen" oder „Capabilities" als Grundbegriffe einer kritischen Bildungsforschung und Bildungspolitik? In: Krüger, Heinz-Hermann u.a. (Hrsg.): Bildungsungleichheit revisited. Bildung und soziale Ungleichheit vom Kindergarten bis zur Hochschule (163-184). Wiesbaden: VS.

Otto, Hans-Uwe/Ziegler, Holger (2008): Capabilities - Handlungsbefähigung und Verwirklichungschancen in der Erziehungswissenschaft. Der Capabilities-Ansatz als neue Orientierung in der Erziehungswissenschaft. Wiesbaden: VS.

Otto, Hans-Uwe/Schrödter, Mark (2007): Befähigungsgerechtigkeit statt Bildungsgerechtigkeit. Zum Verhältnis von Gerechtigkeit und Effizienz. In: Grunert, Cathleen/Wensierski, Hans Jürgen von (Hrsg.): Jugend und Bildung. Modernisierungsprozesse und Strukturwandel von Erziehung von Bildung im 21. Jahrhundert (55-77). Opladen: Barbara Budrich

Owerwien, Bernd (Hrsg.) (2007): Recht auf Bildung. Opladen: Barbara Budrich.

Papousek, Hannus (2003): Spiel in der Wiege der Menschheit. In: Papousek, Mechthild/Gontard, Alexander von (Hrsg.): Spiel und Kreativität in der frühen Kindheit (17-55). Stuttgart: Klett Cotta.

Papst, Joachim (2007): Kulturelle Bildung und Innovation: Bildungspotenzial für eine Entwicklung von Innovativität. Saarbrücken: VDM.

Parker, Ian (Hrsg.) (1998): Social constructionism, discourse and realism. London: Sage.

Parker, Ian (1992): Discourse dynamics. Critical analysis for social and individual psychology. London: Routledge.

Parker, Ian (1990): Discourse: definitions and contradictions. Philosophical Psychology, 3, 189-204.

Parmentier, Michael (2004a): Spiel. In: Benner, Dietrich/Oelkers, Jürgen (Hrsg.): Historisches Wörterbuch der Pädagogik (929-945). Darmstadt: WBG.

Parmentier, Michael (2004b): Ästhetische Bildung. In: Benner, Dietrich/Oelkers, Jürgen (Hrsg.): Historisches Wörterbuch der Pädagogik (11-32). Weinheim/Basel: Beltz.

Parmentier, Michael (1988): Ästhetische Bildung zwischen Avantgardekunst und Massenkultur. In: Neue Sammlung 28, 1/1988, 63-74.

Paus-Hasebrink, Ingrid/Bichler, Michelle (2008): Mediensozialisationsforschung. Theoretische Fundierung und Fallbeispiel sozial benachteiligte Kinder. Innsbruck: StudienVerlag.

Paus-Hasebrink, Ingrid u.a. (1999): Talkshows im Alltag von Jugendlichen. Der tägliche Balanceakt zwischen Orientierung, Amüsement und Ablehnung. Opladen: Leske + Budrich.

Peez, Georg (2005): Evaluation ästhetischer Erfahrungs- und Bildungsprozesse. Beispiele zu ihrer empirischen Forschung. München: kopaed.

Pfadenhauer, Michaela (2008): Organisieren. Zum Erhandeln von Events. Wiesbaden: VS.

Pfadenhauer, Michaela (2000): Spielerisches Unternehmertum. Zur Professionalität von Event-Produzenten in der Techno-Szene. In: Gebhardt, Winfried/Hitzler, Ronald/Pfadenhauer, Michaela (Hrsg.): Events. Soziologie des Außergewöhnlichen (95-114). Opladen: Leske + Budrich.

Pfaff, Nicole (2006): Jugendkultur und Politisierung. Eine multiethnische Studie zur Entwicklung politischer Orientierung im Jugendalter. Wiesbaden: VS.

Pfeiffer, Karl Ludwig (1999): Das Mediale und das Imaginäre. Dimensionen kulturanthropologischer Medientheorie. Frankfurt/M.: Suhrkamp.

Pfeiffer, Malte (2009): Theater des Handelns. Strategien der Performance-Art als Methode in der Theaterarbeit mit Jugendlichen. Weinheim: Deutscher Theaterverlag.

Piaget, Jean (1969): Nachahmung, Spiel und Traum. Die Entwicklung der Symbolfunktion beim Kinde. Stuttgart: Klett.

Pico della Mirandola, Giovanni (1989/1496): De hominis dignitate. Über die Würde des Menschen. Zürich: Manesse.

Picot, Sibylle (2006): Freiwilliges Engagement Jugendlicher im Zeitvergleich 1999-2004. In: Bundesministerium für Familie, Senioren, Frauen und Jugend (BMFSFJ) (Hrsg.): Freiwilliges Engagement in Deutschland 1999-2004 (202-258). Berlin: BMFSFJ.

Pinder, Wilhelm (1961/1926): Das Problem der Generation in der Kunstgeschichte Europas. München: Bruckmann.

Pine II, James/Gilmore James H. (1999): The Experience Economy. Work is Theatre and Every Business a Stage. Boston: Harvard Business School Press.

Pinker, Steven (2011): The better angels of our nature: The decline of violence in history and ist causes. London: Allen Lane.

Pinkert, Ute (2004): Transformationen des Alltags. Modelle, Konzepte und Verfahren kultureller Bildung. Berlin: Schibri.

Pirner, Manfred L./Rath, Matthias (Hrsg.) (2003): Homo medialis. Perspektiven und Probleme einer Anthropologie der Medien. München: kopaed.

Platon (1991): Der Staat. In: Hülser, Karl-Heinz (Hrsg.): Sämtliche Werke in zehn Bänden. Bd. 5 (zitiert nach der Stephanus-Paginierung).

Platon (1962): Politeia, übersetzt v. Friedrich Schleiermacher. Hamburg: Rowohlt.

Plessner, Helmuth (1983): Gesammelte Schriften, Bd. VIII. Conditio humana. Frankfurt/M: Suhrkamp.

Plessner, Helmuth (1982): Gesammelte Schriften Bd. IV. Frankfurt/M.: Suhrkamp

Plessner, Helmuth (1983/1961): Die Frage nach der Conditio humana. In: Plessner, Helmuth: Gesammelte Schriften. Bd. VIII (136-217). Frankfurt/M.: Suhrkamp.

Plessner, Helmuth (1974): Die verspätete Nation. Frankfurt/M.: Suhrkamp.

Plessner, Helmuth (1970): Anthropologie der Sinne. In: Plessner, Helmuth: Philosophische Anthropologie (187-251). Frankfurt/M.: S. Fischer.

Plessner, Helmuth (1928/1975): Die Stufen des Organischen und der Mensch. Einleitung in die philosophische Anthropologie. Berlin/New York: Göschen.

Plessner, Helmuth (1923): Die Einheit der Sinne. Grundlinien einer Ästhesiologie des Geistes. Bonn: Bouvier.

Pochat, Götz (1986): Geschichte der Ästhetik und Kunsttheorie. Köln: Dumont.

Pöhlmann, Egert (1970): Der Mensch – das Mängelwesen? Zum Nachwirken antiker Anthropologie bei Arnold Gehlen. In: Archiv für Kulturgeschichte 52, 1970, 297-312.

Poincaré, August (1973): Die mathematische Erfindung. In: Ulmann, Gisela (Hrsg.): Kreativitätsforschung (219-229). Köln: Kiepenheuer & Witsch.

Potter, Jonathan/Wetherell, Margaret (1987): Discourse and social psychology. London: Sage.

Presse- und Informationsamt der Bundesregierung (Hrsg.) (2007): Der nationale Integrationsplan. Neue Wege und Chancen. Berlin.

Preuss-Lausitz, Ursula (1983): Kriegskinder, Konsumkinder, Krisenkinder. Zur Sozialgeschichte seit dem Zweiten Weltkrieg. Weinheim/Basel: Juventa.

pro helvetia (2005): Glossar zur Schweizer Kulturpolitik. Bern.

Proust, Marcel (1984): Die wiedergefundene Zeit. Auf der Suche nach der verlorenen Zeit. Siebter Teil. Frankfurt/M.: Suhrkamp.

Ramsden, Sue/Richardson, Fiona u.a. (2011): Verbal and non-verbal intelligence changes in the teenagebrain. In: Nature 479, 2011, 113-116.

Raulff, Ulrich (1998): Marktwert der Erinnerung. Ein Historiker bekämpft den aktuellen Gedächtniskult. In: Frankfurter Allgemeine Zeitung (5.5.1998), Nr 103, 41.

Rawls, John (1975): Eine Theorie der Gerechtigkeit (für die dt. Übers. überarb. Auflage 1975, 1. Auflage 1971). Frankfurt/M.: Suhrkamp.

Reck, Hans Ulrich (2002): Mythos Medienkunst. Köln: Walter König.

Reckwitz, Andreas (2006): Das hybride Subjekt. Eine Theorie der Subjektkulturen von der bürgerlichen Moderne bis zur Postmoderne. Weilerswist: Velbrück.

Reckwitz, Andreas (2000): Die Transformation der Kulturtheorien. Zur Entwicklung eines Theorieprogramms. Weilerswist: Velbrück.

Rehberg, Karl-Siegbert (2008): Begegnung in Bildern. Anthropologische und soziologische Analysen der bildenden Künste bei Plessner und Gehlen. In: Accarino, Bruno/Schloßberger, Matthias (Hrsg.): Expressivität und Stil (219-234). Berlin: Akademie.

Reutlinger, Christian (2003): Jugend, Stadt, Raum. Sozialgeographische Grundlagen einer Sozialpädagogik des Jugendalters. Unsichtbare Jugend und verdeckte Engagementstrukturen. Opladen: Leske & Budrich.

Rieger, Stefan (2003): Kybernetische Anthropologie. Eine Geschichte der Virtualität. Frankfurt/M.: Suhrkamp.

Rifkin, Jeremy (2010): Die empathische Zivilisation. Wege zu einem globalen Bewusstsein. Frankfurt/M. u.a.: Campus.

Rinderle, Peter (2011): Musik, Emotionen und Ethik. Freiburg/München: Karl Alber.

Rittelmeyer, Christian (2010): Warum und wozu ästhetische Bildung? Über Transferwirkungen künstlerischer Tätigkeiten. Ein Forschungsüberblick. Oberhausen: Athena.

Rittelmeyer, Christian (2002): Pädagogische Anthropologie des Leibes. Weinheim/München: Juventa.

Röbke, Thomas (1993): Zwanzig Jahre Neue Kulturpolitik. Erklärungen und Dokumente 1972-1992 (Edition Umbruch, Bd. 1). Hagen/Essen: Kulturpolitische Gesellschaft/Klartext.

Röll, Franz Josef (2009): Medienästhetik im Internet. In: Imort, Peter/Müller, Renate/Niesyto, Horst (Hrsg.): Medienästhetik in Bildungskontexten (15-20). München: kopaed.

Röll, Franz Josef (2003): Pädagogik der Navigation. München: kopaed.

Roemer, John E. (1998): Equality of opportunity. Cambridge/MA.: Harvard University Press.

Römer, Katja/Steinkamp, Anna (2011): Inklusive Kulturelle Bildung. In: Braun, Tom (Hrsg.): Lebenskunst lernen in der Schule (17-27). München: kopaed.

Rötzer, Florian/Weibel, Peter (Hrsg.) (1991): Strategien des Scheins. KunstComputerMedien. München: Boer.

Rolf, Eckard (2006): Symboltheorien. Berlin u.a.: de Gruyter.

Rorty, Richard (1992): Kontingenz, Ironie und Solidarität. Frankfurt/M.: Suhrkamp.

Rose, Nadine/Koller, Hans-Christoph (2011): Interpellation – Diskurs – Performativität. Sprachtheoretische Konzepte im Werk Judith Butlers und ihre bildungstheoretischen Implikationen. In: Ricken, Norbert/Balzer, Nicole (Hrsg.): Judith Butler: Pädagogische Lektüren (75-94). Wiesbaden: Springer VS.

Roth, Heinrich (1971): Pädagogische Anthropologie. Bd.2. Entwicklung und Erziehung. Hannover: Schroedel.

Roth, Heinrich (1966): Pädagogische Anthropologie. Bd. 1: Bildsamkeit und Bestimmung. Hannover: Schroedel.

Rothenbuhler, Eric W./Coman, Mihai (Hrsg.) (2005): Media Anthropology. Thousand Oakes: Sage.

Rousseau, Jean-Jacques (1993/1762): Emil oder Über die Erziehung. Paderborn: Schöningh.

Rüsen, Jörn (2006): Kultur macht Sinn. Orientierung zwischen Gestern und Morgen. Köln: Böhlau.

Schäfer, Gerd (2006): Kinder sind von Anfang an notwendig kreativ. In: Bockhorst, Hildegard (Hrsg.): Kinder brauchen Spiel und Kunst. Bildungschancen von Anfang an – Ästhetisches Lernen in Kindertagesstätten (37-50). München: kopaed.

Schäfer, Gerd (1995): Bildungsprozesse im Kindesalter. Weinheim/München: Juventa.

Schäfer, Gerd/Wulf, Christoph (Hrsg.) (1999): Bild – Bilder – Bildung. Weinheim: Beltz.

Scheff, Thomas J. (1983): Explosion der Gefühle. Über die kulturelle und therapeutische Bedeutung kathartischen Erlebens. Weinheim/Basel: Beltz.

Scherer, Albert (2009): Leitbilder in der politischen Debatte: Integration. Multikulturalismus und Diversity. In: Gesemann, Frank/Roth, Roland (Hrsg.): Lokale Integrationspolitik in der Einwanderungsgesellschaft (71-88). Wiesbaden: VS.

Scheuerl, Hans (1979): Das Spiel (9. Auflage). Weinheim/Basel: Beltz.

Scheunpflug, Annette (2001): Biologische Grundlagen des Lernens. Berlin: Cornelsen.

Schievenhövel, Wulf u.a. (2011): Ethnology of the Arts. Andechs: MPIO.

Schiller, Friedrich (2009/1795): Über die ästhetische Erziehung des Menschen in einer Reihe von Briefen. Kommentar von Stefan Matuschek. Frankfurt/M.: Suhrkamp.

Schiller, Friedrich (1991/1795): Über die ästhetische Erziehung des Menschen in einer Reihe von Briefen. Stuttgart: Reclam (zitiert nach Briefen und Abschnitt).

Schiller, Friedrich (1976): Sämtliche Werke. Hrsg. Fricke, Gerhard von/Göpfert, Herbert G. Band 4. München/Wien: Carl Hanser.

Schiller, Friedrich (1966/1795): Über die ästhetische Erziehung des Menschen in einer Reihe von Briefen. In: Ders.: Werke in drei Bänden, Bd. II (445-520). München: Hanser.

Schiller, Friedrich (1959a): Sämtliche Werke. Bd. V: Erzählungen, theoretische Schriften. München: Hanser.

Schiller, Friedrich (1959b): Über die ästhetische Erziehung des Menschen in einer Reihe von Briefen. In: Fricke, Gerhard/Göpfert, Herbert G. (Hrsg.): Sämtliche Werke. Bd. 5: Theoretische Schriften (570-669). München: Hanser.

Schiller, Friedrich (1964/1795): Über die ästhetische Erziehung des Menschen in einer Reihe von Briefen. München: Wilhelm Goldmann.

Schiller, Friedrich (2000/1793): Über die Ästhetische Erziehung des Menschen in einer Reihe von Briefen. Stuttgart: Reclam.

Schiller, Friedrich (1994/1793): Über die Ästhetische Erziehung des Menschen, In einer Reihe von Briefen. In: Schiller, Friedrich: Ausgewählte Werke. Band VI (237-291). Stuttgart/Wien: Cotta.

Schiller, Friedrich (o.J.): Philosophische Schriften und Dichtungen. Berlin: Deutsche Bibliothek.

Schmid, Wilhelm (1999): Über den Versuch zur Neubegründung einer Philosophie der Lebenskunst nach Foucault. In: Bundesvereinigung Kulturelle Jugendbildung (Hrsg.) (1999): Lernziel Lebenskunst. Konzepte und Perspektiven (15-28). Remscheid: BKJ.

Schmid, Wilhelm (1998): Philosophie der Lebenskunst. Eine Grundlegung. Frankfurt/M.: Suhrkamp.

Schmidt, Siegfried J. (2005): Lernen, Wissen, Kompetenz, Kultur. Vorschläge zur Bestimmung von vier Unbekannten. Heidelberg: Carl-Auer.

Schmidt, Siegfried J. (2004): Unternehmenskultur. Die Grundlage für den wirtschaftlichen Erfolg von Unternehmen (5. Auflage). Weilerswist: Velbrück Wissenschaft.

Schmidt, Siegfried J. (2003): Kognitive Autonomie und soziale Orientierung (3. Auflage). Münster: LIT.

Schmitz, Hermann (1964-1980): System der Philosophie. Bonn: Bouvier.

Schmücker, Reinold (2009): Lob der Kunst als Zeug. In: Feige, Daniel M./Köppe, Tillmann/zur Nieden, Gesa (Hrsg.): Funktionen von Kunst (17-30). Frankfurt/M.: Peter Lang.

Schmücker, Reinold (2001): Funktionen der Kunst. In: Kleimann, Bernd/Schmücker, Reinold (Hrsg.): Wozu Kunst? Die Frage nach ihrer Funktion (13-33). Darmstadt: Wissenschaftliche Buchgesellschaft.

Schmücker, Reinold (1998): Was ist Kunst? Eine Grundlegung. München: Wilhelm Fink.

Schneede, Marina (2002): Mit Haut und Haaren. Der Körper in der zeitgenössischen Kunst. Köln: Dumont.

Schnell, Ralf (Hrsg.) (2005): Wahrnehmung – Kognition – Ästhetik. Neurobiologie und Medienwissenschaften. Bielefeld: transcript.

Schnell, Ralf (2000): Medienästhetik: Zur Geschichte und Theorie audiovisueller Wahrnehmungsformen. Stuttgart: Metzler.

Schnurr, Stefan (2001): Partizipation. In: Otto, Hans-Uwe/Thiersch, Hans (Hrsg.): Handbuch Sozialarbeit/Sozialpädagogik (2. Auflage) (1330-1345). Neuwied/Kriftel: Luchterhand.

Schöttker, Detlev (2002): Benjamins Medienästhetik. In: Benjamin, Walter: Medienästhetische Schriften (411-433). Frankfurt/M.: Suhrkamp.

Scholtz, Gunter (1991): Zwischen Wissenschaftsanspruch und Orientierungsbedürfnis. Zu Grundlage und Wandel der Geisteswissenschaften. Frankfurt/M.: Suhrkamp.

Scholz, Oliver R. (2001): Kunst, Erkenntnis und Verstehen. Eine Verteidigung einer kognitivistischen Ästhetik. In: Kleimann, Bernd/Schmücker, Reinold (Hrsg.): Wozu Kunst? Die Frage nach ihrer Funktion (34-48). Darmstadt: Wissenschaftliche Buchgesellschaft.

Schormann, Carola (2011): Der Bildungsbürger und seine Musik. In: Faulstich, Werner (Hrsg.): Die Kultur des 20. Jahrhunderts im Überblick (203-210). München: Fink.

Schrödter, Mark (2011): Wohlergehensfreiheit – Welche Lebenschancen brauchen junge Menschen? Der Capabilities-Ansatz als möglicher Orientierungsrahmen. In: Bockhorst, Hildegard (Hrsg.): Kunststück Freiheit. Leben und lernen in der Kulturellen Bildung (48-59). München: kopaed.

Schroer, Markus (2007). Das Individuum der Gesellschaft: Synchrone und diachrone Theorieperspektiven (2. Auflage). Frankfurt/M.:Suhrkamp.

Schütz, Alfred/Luckmann, Thomas (2003): Strukturen der Lebenswelt. Frankfurt/M.: Suhrkamp.

Schuhmacher-Chilla, Doris (Hrsg.) (2000): Das Interesse am Körper. Strategien und Inszenierungen in Bildung, Kunst und Medien. Essen: Klartext.

Schuhmacher-Chilla, Doris (1995): Ästhetische Sozialisation. Zur Kritik an der Reduktion von Sinnlichkeit. Berlin: Reimer.

Schulz, Frank (2003): Kunst als pädagogische Herausforderung. In: Friedenthal-Haase, Martha/Georg, Walter/Heinemann, Manfred u.a. (Hrsg.): Bildung und Erziehung (47-64). Wien u.a.: Boehlau.

Schulz, Martin (2002): Körper sehen – Körper haben? Eine Frage der bildlichen Repräsentation. Eine Einleitung. In: Belting, Hans/Kamper, Dietmar/Schulz, Martin (Hrsg.): Quel Corps? Eine Frage der Repräsentation (1-27). München: Fink.

Schulze, Gerhard (1992): Die Erlebnisgesellschaft. Kultursoziologie der Gegenwart. Frankfurt/M. u.a.: Campus.

Schulze, Holger/Wulf, Christoph (Hrsg.) (2007): Klanganthropologie. Performativität – Imagination – Narration. Paragrana. Internationale Zeitschrift für Historische Anthropologie. Band 16, Heft 1. Berlin: Akademie.

Schumpeter, Joseph A. (1950): Kapitalismus, Sozialismus und Demokratie. Bern: A. Francke.

Schwanenflügel, Larissa (2011): „...dass ich ja doch was ändern kann" Biographische Relevanz von Partizipation für benachteiligte Jugendliche in der Jugendarbeit. In: Pohl, Axel/Stauber, Barbara/Walther, Andreas (Hrsg.): Jugend als Akteurin sozialen Wandels (237-262). Weinheim/München: Juventa.

Schwemmer, Oswald (2005): Kulturphilosophie. Eine medientheoretische Grundlegung. München: Fink.

Schwemmer, Oswald (2002): Die symbolische Existenzform des Menschen – Zur Anthropologie der Medien. In: Albertz, Jörg (Hrsg.): Anthropologie der Medien – Mensch und Kommunikationstechnologien (9-36). Berlin: Freie Akademie.

Schwencke, Olaf (2010): Das Europa der Kulturen – Kulturpolitik in Europa. Dokumente, Analysen und Perspektiven – von den Anfängen bis zum Vertrag von Lissabon (3. überarb. u. erw. Auflage). Bonn: Kulturpolitische Gesellschaft/Essen: Klartext.

Schwencke, Olaf (1972): Ästhetische Erziehung und Kommunikation. Frankfurt/M.: Diesterweg.

Schwencke, Olaf/Revermann, Klaus H./Spielhoff, Alfons (1974): Plädoyer für eine neue Kulturpolitik. München: Hanser.

Seel, Martin (2007): Rhythmen des Lebens. Kant über erfüllte und leere Zeit. In: Kersting, Wolfgang/Langbehn, Claus: Kritik der Lebenskunst (181-200). Frankfurt/M.: Suhrkamp.

Seel, Martin (2003): Ästhetik des Erscheinens. Frankfurt/M.: Suhrkamp.

Seel, Martin (2000): Ästhetik des Erscheinens. München: Hanser.

Seel, Martin (2001): Inszenieren als Erscheinenlassen. Thesen über die Reichweite eines Begriffs. In: Früchtl, Josef/Zimmermann, Jörg (Hrsg.): Ästhetik der Inszenierung (48-62). Frankfurt/M.: Suhrkamp.

Seel, Martin (1996): Ethisch-ästhetische Studien. Frankfurt/M.: Suhrkamp.

Seel, Martin (1995): Versuch über die Form des Glücks. Frankfurt/M.: Suhrkamp.

Seel, Martin (1991): Kunst, Wahrheit, Welterschliessung. In: Koppe, Franz (Hrsg.): Perspektiven der Kunstphilosophie (36-80). Frankfurt/M.: Suhrkamp.

Seewald, Jürgen (1992): Leib und Symbol. Ein sinnverstehender Zugang zur kindlichen Entwicklung. München: Fink.

Selle, Gert (1988): Gebrauch der Sinne. Reinbek: Rowohlt.

Sen, Amartya Kumar (2009): The idea of justice. London: Penguin Books.

Sen, Amartya Kumar (2007): Die Identitätsfalle. Warum es keinen Krieg der Kulturen gibt. München: C.H. Beck.

Sen, Amartya Kumar (1999): Ökonomie für den Menschen. Wege zu Gerechtigkeit und Solidarität in der Marktwirtschaft (dt. 2000). München: dtv.

Sennett, Richard (1998): Der flexible Mensch. Die Kultur des neuen Kapitalismus. New York/Berlin: Berlin-Verlag.

Serres, Michel (1985): Les cinq sens. Philosophie des corps mêlés 1. Paris: Grasset.

Simmel, Georg (1995/1903): Die Großstädte und das Geistesleben. In: Ders.: Gesamtausgabe Band 7, Aufsätze und Abhandlungen 1901-1908, Bd.I (116-131). Frankfurt/M.: Suhrkamp.

Simmel, Georg (1970): Grundfragen der Soziologie. Berlin: Göschen.

Sinus Sociovision (Hrsg.) (2007): Die Milieus der Menschen mit Migrationshintergrund. Heidelberg.

Sliwka, Anne (2010): From homogeneity to diversity in German education. In: OECD (Hrsg.): Effective Teacher Education for Diversity: Strategies and Challenges (205-217). Paris.

Söndermann, Michael (2009): Monitoring zu ausgewählten wirtschaftlichen Eckdaten der Kultur- und Kreativwirtschaft 2009. Kurzfassung. Bundesministerium für Wirtschaft und Technologie: Forschungsbericht Nr. 589.

Spengler, Oswald (1972/1923): Der Untergang des Abendlandes. Umrisse einer Morphologie der Weltgeschichte. München: dtv.

Spohn, Annette (2002): „What you get is what you want". In: Münker, Stefan/Roesler, Alexander (Hrsg.): Praxis Internet. Kulturtechniken der vernetzten Welt (249-275). Frankfurt/M.: Suhrkamp.

Spranger, Eduard (1966/1914): Lebensformen. Geisteswissenschaftliche Psychologie und Ethik der Persönlichkeit. Tübingen: Max Niemeyer.

Stanat, Petra/Segeritz, Michael (2009): Migrationsbezogene Indikatoren für eine Bildungsberichterstattung. In: Tippelt, R. (Hrsg.): Steuerung durch Indikatoren? Methodologische und theoretische Reflexionen zur deutschen und internationalen Bildungsberichterstattung (141-156). Opladen: Barbara Budrich.

Stanat, Petra/Christensen, Gayle (2006): Where immigrant students succeed – a comparative review of performance and engagement in PISA 2003. Paris: OECD.

Steenblock, Volker (1996): Die Geisteswissenschaften im Medienzeitalter und in der Informationsgesellschaft. In: Information – Kultur – Informationskultur. Beiträge zum Kongreß an der Univ. Klagenfurt 15.-17. 5. 1995. Klagenfurt.

Stein, Morris I. (1973): Kreativität und Kultur. In: Ulmann, Gisela (Hrsg.): Kreativitätsforschung (219-229). Köln: Kiepenheuer & Witsch.

Stenger, Ursula (2005): Zum Phänomen des Spielens. In: Bilstein, Johannes u. a. (Hrsg.): Anthropologie und Pädagogik des Spiels (231-248). Weinheim/Basel: Beltz.

Stern, Daniel (1985): Die Lebenserfahrung des Säuglings. Stuttgart: Klett-Cotta.

Stiegler, Bernard (2008): Die Logik der Sorge. Verlust der Aufklärung durch Technik und Medien (1. Auflage) (edition unseld, 6). Frankfurt/M.: Suhrkamp.

Stiftung Niedersachsen (Hrsg.) (2006): „älter – bunter – weniger". Die demographische Herausforderung an die Kultur. Bielefeld: transcript.

Sting, Wolfgang (2004): Performance und Theaterpädagogik – Chancen und Grenzen einer Zusammenarbeit, In: Bundesverband Darstellendes Spiel e.V. (Hrsg.): Echt authentisch. Fokus Schultheater 04 (57-60). Hamburg: Edition Körber-Stiftung.

Stoltenberg, Ute (2008): Bildungspläne im Elementarbereich. Ein Beitrag zur Bildung für nachhaltige Entwicklung? Bonn: Deutsche UNESCO-Kommission.

Straus, Erwin (1935): Vom Sinn der Sinne. Berlin: Springer.

Sturken, Marita/Cartwright, Lisa (Hrsg.) (2004): Practices of Looking. An Introduction to Visual Culture. Oxford: Oxford University Press.

Sünkel, Wolfgang (2010): Erziehungsbegriff und Erziehungsverhältnis. Weinheim: Juventa.

Sünkel, Wolfgang (2008): Protopädie und Pädeutik. Über eine notwendige Differenzierung im Erziehungsbegriff. In: Marotzki, Winfried/Wigger, Lothar (Hrsg.): Erziehungsdiskurse (15-28). Bad Heilbrunn: Klinkhardt.

Sünkel, Wolfgang (2002): Phänomenologie des Unterrichts. Grundriss der theoretischen Didaktik. Weinheim/München: Juventa.

Süss, Daniel (2004): Mediensozialisation von Heranwachsenden. Dimensionen – Konstanten – Wandel. Wiesbaden: VS.

Tatarkiewicz, Wladyslaw (1978ff.): Geschichte der Ästhetik. 3 Bände. Basel/Stuttgart: Schwabe & Co.

Taussig, Michael (1993): Mimesis and Alterity. A Particular History of the Senses. New York/London: Routledge.

Taylor, Charles (1995): Das Unbehagen an der Moderne (1. Auflage). Frankfurt/M.: Suhrkamp (Suhrkamp-Taschenbuch Wissenschaft, 1178).

Terkessidis, Mark (2010): Interkultur. Berlin: Suhrkamp.

Terkessidis, Mark (2009): Diversity statt Integration – Kultur- und integrationspolitische Entwicklungen der letzten Jahre. In: Forum der Kulturen (Hrsg.) (2009): Kulturelle Vielfalt und Teilhabe. 2. Bundesfachkongress Interkultur (12-15). Stuttgart: Selbstverlag.

Terkessidis, Mark (2007): Interkultur. Berlin: Suhrkamp.

Theunert, Helga (Hrsg.) (2009): Jugend – Medien – Identität. München: kopaed.

Theunert, Helga/Schorb, Bernd (2004): Sozialisation mit Medien: Interaktion von Gesellschaft – Medien – Subjekt. In: Hoffmann, Dagmar/Merkens, Hans (Hrsg.): Jugendsoziologische Sozialisationstheorie. Impulse für die Jugendforschung (203-219).Weinheim: Juventa.

Thiersch, Hans (2005): Lebensweltorientierte Soziale Arbeit. Aufgaben der Praxis im sozialen Wandel (6. Auflage). Weinheim/München: Juventa.

Thurn, Hans Peter (1976): Soziologie der Kultur. Stuttgart: Kohlhammer.

Timmerberg, Vera (2006): Der Kompetenznachweis Kultur. In: Bundesvereinigung Kulturelle Kinder- und Jugendbildung (Hrsg.): Der Kompetenznachweis Kultur. Ein Nachweis von Schlüsselkompetenzen durch kulturelle Bildung. Ergebnisse aus dem Modellprojekt „Schlüsselkompetenzen durch kulturelle Bildung" der Bundesvereinigung Kulturelle Kinder- und Jugendbildung (55-67). Remscheid: BKJ.

Timmerberg, Vera/Schorn, Brigitte (Hrsg.) (2009): Neue Wege der Anerkennung von Kompetenzen in der Kulturellen Bildung. München: kopaed.

Toffler, Alvin (1982): Die dritte Welle. Zukunftschance. Perspektiven für die Gesellschaft des 21. Jahrhunderts. München: Goldmann.

Tomasello, Michael (2010): Die Ursprünge der menschlichen Kommunikation. Frankfurt/M.: Suhrkamp.

Tomasello, Michael (2006): Die kulturelle Entwicklung des menschlichen Denkens. Frankfurt/M.: Suhrkamp.

Trabant, Jürgen (1998): Artikulationen. Historische Anthropologie der Sprache. Frankfurt/M.: Suhrkamp.

Treptow, Rainer (2011): Freiheit gestalten? Über Grenzen und Reichweiten der Gemeinsamkeit zwischen künstlerischer Tätigkeit und Kultureller Bildung. In: Bockhorst, Hildegard (Hrsg.): Kunststück Freiheit. Leben und Lernen in der Kulturellen Bildung (120-139). München: kopaed.

Treptow, Rainer (2008): Kunst und Kultur. In: Coelen, Thomas/Otto, Hans-Uwe (Hrsg.): Grundbegriffe Ganztagsbildung. Das Handbuch (263-271). Wiesbaden: VS.

Treptow, Rainer (2005): Kulturtheorien. In: Otto, Hans-Uwe/Thiersch, Hans (Hrsg.): Handbuch Sozialarbeit/Sozialpädagogik (3. Auflage) (1110-1118). München/Basel: Ernst Reinhardt.

Treptow, Rainer (2001): Kulturtheorie. In: Otto, Hans-Uwe/Thiersch, Hans (Hrsg.): Handbuch Sozialarbeit – Sozialpädagogik (2. Auflage) (1110-1118). Neuwied: Luchterhand.

Trojanow, Ilija (2009): Laute und lautere Multikultibinsen. In: Forum der Kulturen (Hrsg.) (2009): Kulturelle Vielfalt und Teilhabe. 2. Bundesfachkongress Interkultur (8-11). Stuttgart: Selbstverlag.

Turner, Victor (1986): Images and reflextions. Ritual, drama, carnival, form, and spectacle in cultural performance. In: The Anthropology of Performance (o.S.). New York: PAJ Publ.

Ullrich, Wolfgang (2005): Was war Kunst? Biographien eines Begriffs. Frankfurt/M.: Fischer.

Ullrich, Wolfgang (2000): Mit dem Rücken zur Kunst. Berlin: Wagenbach.

Ulmann, Gisela (Hrsg.) (1973): Kreativitätsforschung. Köln: Kiepenheuer & Witsch.

Ulmann, Gisela (1969): Kreativität. Weinheim u.a.: Beltz.

UNESCO & UNCTAD (2010): Creative Economy Report 2010. Creative Economy: A Feasible Development Option. United Nations.

UNESCO & UNCTAD (2008): Creative Economy Report 2008. The Challenge of Assesing the Creative Economy. Towards Informed Policy-making. United Nations.

United Nations/General Assembly/Human Rights Council (2006): Report of the Special Rapporteur on the Right to Education, Vernor Munoz. Addendum: Mission to Germany GE.07-11759(E)200307, 13-21.

Vasarik Staub, K. (2012): Ansichten, Einstellungen und Handeln der Eltern in der Übergangsphase von der Primarstufe in die Sekundarstufe I. Diss. phil. Universität Zürich Institut für Erziehungswissenschaft. Ms. Zürich.

Veith, Hans (2003): Lernkultur, Kompetenz, Kompetenzentwicklung und Selbstorganisation. In: Arbeitsgemeinschaft Betriebliche Weiterbildungsforschung (Hrsg.): QUEM-Report 8.2., 2003, 179-231.

Veith, Hans (2003): Kompetenzen und Lernkulturen. Zur historischen Rekonstruktion moderner Bildungssemantiken. Münster u.a.: Waxmann.

Virilio, Paul (1996): Die Eroberung des Körpers. Vom Übermenschen zum überreizten Menschen. Frankfurt/M.: Fischer.

Vogler, Christopher (2004): Die Odyssee des Drehbuchschreibers. Über die mythologischen Grundmuster des amerikanischen Erfolgskinos (4. Auflage). Frankfurt/M.: Zweitausendeins.

Vollbrecht, Ralf/Wegener, Claudia (Hrsg.) (2010): Handbuch Mediensozialisation. Wiesbaden: VS.

Wagner, Bernd (2009): Kultur, Kunst und Kulturpolitik in der Einwanderungsgesellschaft. In: Gesemann, Frank/Roth, Roland (Hrsg.): Lokale Integrationspolitik in der Einwanderungsgesellschaft (573-592). Wiesbaden: VS.

Wagner, Ulrike (2011): Medienhandeln, Medienkonvergenz und Sozialisation. Empirie und gesellschaftswissenschaftliche Perspektiven. München: kopaed.

Wagner, Ulrike (Hrsg.) (2008): Medienhandeln in Hauptschulmilieus. Mediale Interaktion und Produktion als Bildungsressource. München: kopaed.

Wagner, Ulrike/Brüggen, Niels/Gebel, Christa (2009): Web 2.0 als Rahmen für Selbstdarstellung und Vernetzung Jugendlicher. Analyse von jugendnahen Internetplattformen und ausgewählten Selbstdarstellungen von 14- bis 20-Jährigen. Erster Teil der Studie „Das Internet als Rezeptions- und Präsentationsfläche für Jugendliche". Unter Mitarbeit von Peter Gerlicher und Kristin Vogel. München: JFF - Institut für Medienpädagogik.

Wagner, Ulrike/Theunert, Helga (Hrsg.) (2006): Neue Wege durch die konvergente Medienwelt. München: Reinhard Fischer.

Waibl, Elmar (2009): Ästhetik und Kunst von Pythagoras bis Freud. Wien: facultas wuv.

Waldenfels, Bernhard (2010): Sinne und Künste im Wechselspiel. Modi ästhetischer Erfahrung. Frankfurt/M.: Suhrkamp.

Waldenfels, Bernhard (2000): Das leibliche Selbst. Vorlesungen zur Phänomenologie des Leibes. Frankfurt/M.: Suhrkamp.

Walther, Andreas (2010): Partizipation oder Nicht-Partizipation. Sozialpädagogische Vergewisserung eines scheinbar eindeutigen Konzepts zwischen Demokratie, sozialer Integration und Bildung. In: neue praxis, 40(2), 115-137.

Walther, Andreas/du Bois-Reymond, Manuela/Biggart, Andy (Hrsg.) (2006): Participation in transition. Motivation of young people in Europe for learning and working, Frankfurt/M.: Peter Lang.

Wansing, Gudrun (2005): Teilhabe an der Gesellschaft: Menschen mit Behinderung zwischen Inklusion und Exklusion. Wiesbaden: VS.

Warnke, Martin (1996): Hofkünstler. Zur Vorgeschichte des modernen Künstlers. Köln: Dumont.

Watzlawik, Paul (1981): Die erfundene Wirklichkeit. München: Piper.

Weber, Erich (1995): I. Band: Grundfragen und Grundbegriffe. Teil 1: Pädagogische Anthropologie – Phylogenetische (bio- und kulturevolutionäre Voraussetzungen der Erziehung). Donauwörth: Ludwig Auer.

Weber, Max (1979/1920): Die Protestantische Ethik. Bd. I und II. Gütersloh: Gütersloher Verlagshaus Mohn.

Weber, Max (1963): Die protestantische Ethik und der Geist des Kapitalismus. In: Ders (Hrsg.).: Gesammelte Aufsätze zur Religionssoziologie (1-206). I. Tübingen: J. C. B. Mohr.

Weimann, Robert (1988): Shakespeare und die Macht der Mimesis. Autorität und Repräsentation im elisabethanischen Theater. Berlin/Weimar: Aufbau.

Weinrich, Harald (2000): Lethe. Kunst und Kritik des Vergessens. München: C. H. Beck.

Weiß, Ralph (2008): Das entblößte Ich – verlorene Privatheit? In: Jurczyk, Karin/Oechsle, Mechthild (Hrsg.): Das Private neu denken. Erosionen, Ambivalenzen, Leistungen (174-191). Münster: Westfälisches Dampfboot.

Weitz, Morris (1956/57): The Role of Theory in Aesthetics. In: The Journal of Aesthetics and Art Criticism 15, 27-35.

Welsch, Wolfgang (2004): Animal Aesthetics. Contemporary Aesthetics 2. Paper given at the XVIth International Congress of Aesthetics, "Changes in Aesthetics", Rio de Janeiro, July 18-23, 2004.

Welsch, Wolfgang (1996): Grenzgänge der Ästhetik. Stuttgart: Reclam.

Welsch, Wolfgang (1995): Künstliche Paradiese? Betrachtung zur Welt der elektronischen Medien und anderer Welten. In: Baacke, Dieter/Röll, Franz Josef (Hrsg.) (1995): Weltbilder, Wahrnehmung, Wirklichkeit. Der ästhetisch organisierte Lernprozeß (71-95). Opladen: Leske + Budrich.

Welsch, Wolfgang (1993): Die Aktualität des Ästhetischen. München: Wilhelm Fink.

Welsch, Wolfgang (1990): Ästhetisches Denken. Stuttgart: Reclam.

Welsch, Wolfgang (1987): Aisthesis. Grundzüge und Perspektiven der Aristotelischen Sinneslehre. Stuttgart: Klett-Cotta.

Welsch, Wolfgang (1960): Ästhetisches Denken. Stuttgart: Reclam.

Weltkommission für Umwelt und Entwicklung (WCED = engl. World Commission on Environment and Development) (Hrsg.) (1987): Brundtland Bericht „Unsere gemeinsame Zukunft". New York.

Wertheimer, Max (1945/1964): Produktives Denken. Frankfurt/M.: Waldemar Kramer.

Westphal, Kristin (2004): Bildungsprozesse durch Theater. Verortung der Theaterpädagogik auf dem Hintergrund ästhetisch-aisthesiologischer Diskurse in der Pädagogik und der Philosophie. In: Dies. (Hrsg.): Lernen als Ereignis. Zugänge zu einem theaterpädagogischen Konzept (15-48). Hohengehren: Schneider.

Wiggershaus, Rolf (2010): Die Frankfurter Schule. Reinbek: Rowohlt.

Wimmer, Michael (2007): Nachhaltige Entwicklung im Spiegel kultureller Bildung. In: Leicht, Alexander/ Plum, Jacqueline (Hrsg.): Kulturelle Bildung und Bildung für nachhaltige Entwicklung (21-32). Sankt Augustin/Berlin: Konrad-Adenauer-Stiftung e.V.

Winkler, Michael (2006): Kritik der Pädagogik. Der Sinn der Erziehung. Stuttgart: Kohlhammer.

Winzen, Matthias (2007): Eine eigene Form der Wissenschaft: Kunst. In: Bilstein, Johannes u.a.. (Hrsg.): Curriculum des Unwägbaren. Ästhetische Bildung im Kontext von Schule und Kultur (133-156). Oberhausen: Athena.

Winnicott, Donald Woods (1997): Vom Spiel zur Kreativität. Stuttgart: Klett-Cotta.

Witsch, Monika (2008): Kultur und Bildung – Ein Beitrag für eine kulturwissenschaftliche Grundlegung von Bildung im Anschluss an Georg Simmel, Ernst Cassirer und Richard Hönigswald. Würzburg: Königshausen & Neumann.

Wittgenstein, Ludwig (1984): Philosophische Untersuchungen. Frankfurt/M.: Suhrkamp.

Wolf, Ursula (1991): Kunst, Philosophie und die Frage nach dem guten Leben. In: Koppe, Franz (Hrsg.): Perspektiven der Kunstphilosophie (109-132). Frankfurt/M.: Suhrkamp.

Wolfzettel, Friedrich/Einfalt, Michael (2000): Autonomie. In: Barck, Karlheinz (Hrsg.): Ästhetische Grundbegriffe (431-479) (Bd. 1). Stuttgart/Weimar: Metzler.

Wulf, Christoph (2009): Anthropologie. Geschichte – Kultur – Philosophie (Aktualisierte Neuauflage von 2004). Köln: Anaconda.

Wulf, Christoph (2005): Spiel. Mimesis und Imagination, Gesellschaft und Performativität. In: Bilstein, Johannes u.a. (Hrsg.): Anthropologie und Pädagogik des Spiels (15-22). Weinheim, Basel: Beltz.

Wulf, Christoph (Hrsg.) (1997): Vom Menschen. Handbuch Historische Anthropologie. Weinheim/Basel: Beltz.

Wulf, Christoph (Hrsg.) (1996): Anthropologisches Denken in der Pädagogik 1750-1850. Weinheim: Deutscher Studien Verlag.

Wulf, Christoph (Hrsg.) (1994): Einführung in die pädagogische Anthropologie. Weinheim/Basel: Beltz.

Wulf, Christoph/Zirfas, Jörg (2007): Performative Pädagogik und performative Bildungstheorien. In: Dies.: Pädagogik des Performativen. Theorien. Methoden, Perspektiven (7-40). Weinheim/Basel: Beltz.

Wulf, Christoph/Zirfas, Jörg (Hrsg.) (2004): Die Kultur des Rituals. Inszenierungen. Praktiken. Symbole. München: Wilhelm Fink.

Wulf, Christoph/Macha, Hildegard/Liebau, Eckart (Hrsg.) (2004): Formen des Religiösen. Pädagogisch-anthropologische Annäherungen. Weinheim/Basel: Beltz.

Wulf, Christoph/Kamper, Dietmar (Hrsg.) (2002): Logik und Leidenschaft. Erträge Historischer Anthropologie. Berlin: Dietrich Reimer.

Wulf, Christoph/Göhlich, Michael/Zirfas, Jörg (Hrsg.) (2001): Grundlagen des Performativen. Weinheim/ München: Beltz/Juventa.

Wulf, Christoph u.a. (2001): Das Soziale als Ritual. Zur performativen Bildung von Gemeinschaften. Opladen: Leske+Budrich.

Yildiz, Safiye (2009): Interkulturelle Erziehung und Pädagogik: Wiesbaden: VS/GWV Fachverlage GmbH.

Zacharias, Wolfgang (2010): Kulturell-ästhetische Medienbildung. Sinne – Künste – Cyber. München: kopaed.

Zacharias, Wolfgang (2001): Kulturpädagogik. Kulturelle Jugendbildung. Eine Einführung. Opladen: Leske + Budrich.

Zanger, Cornelia/Sistenich, Frank (1998): Theoretische Ansätze zur Begründung des Kommunikationserfolgs von Eventmarketing – illustriert an einem Fallbeispiel. In: Nickel, Oliver (Hrsg.): Eventmarketing. Grundlagen und Erfolgsbeispiele (39-60). München: Vahlen.

Zimbrich, Ulrike (1984): Mimesis bei Platon. Frankfurt/M.: P. Lang.

Zimmermann, Jutta/Salheiser, Britta (2006): Ethik und Moral als Problem der Literatur und Literaturwissenschaft. Berlin: Duncker und Humblot.

Zinnecker, Jürgen (1985): Kindheit. Erziehung, Familie. In: Fischer, Arthur/Fuchs, Werner/Zinnecker, Jürgen/Jugendwerk der Deutschen Shell (Hrsg.): Jugendliche und Erwachsene `85: Generationen im Vergleich. Bd. 3: Jugendliche der Fünfziger Jahre – Heute (97-292). Leverkusen: Leske + Budrich.

Zirfas, Jörg (2004): Pädagogik und Anthropologie. Eine Einführung. Stuttgart: Kohlhammer.

Zirfas, Jörg (2000): Aisthesis. In: Der Blaue Reiter 12: Schön Sein. Journal für Philosophie, 70-72.

Zirfas, Jörg/Klepacki, Leopold/Bilstein, Johannes (2012): Geschichte der Ästhetischen Bildung. Bd. 3.1: Aufklärung. Paderborn: Ferdinand Schöningh.

Zirfas, Jörg/Klepacki, Leopold/Bilstein, Johannes/Liebau, Eckart (2009): Geschichte der Ästhetischen Bildung. Bd. 1: Antike und Mittelalter. Paderborn: Ferdinand Schöningh.

Zürn, Michael (1998): Regieren jenseits des Nationalstaates. Globalisierung und Denationalisierung als Chance. Frankfurt/M.: Suhrkamp.

Zulliger, Hans (1991): Heilende Kräfte im kindlichen Spiel. Fischer Frankfurt/M.: Fischer.

Zumkley, Horst (1978): Aggression und Katharsis. Göttingen: Hogrefe.

Internetquellen
(Letzter Zugriff am 13.09.12)

Assheuer, Thomas (1997): Souverän und staatenlos, in: Die Zeit (10.1.1997), 03/1997: www.zeit.de/1997/03/Souveraen_und_staatenlos

Autorengruppe Bildungsberichterstattung (2012): Bildung in Deutschland 2012: www.bildungsbericht.de

Bildung für nachhaltige Entwicklung. Weltdekade der Vereinten Nationen 2005-2014: www.bne-portal.de

Bundesjugendkuratorium (Hrsg.) (2009a): Zur Neupositionierung von Jugendpolitik. Notwendigkeit und Stolpersteine. München: www.bundesjugendkuratorium.de/pdf/2007-2009/bjk_2009_1_stellungnahme_jugendpolitik.pdf

Bundesjugendkuratorium (2009b): Partizipation von Kindern und Jugendlichen – Zwischen Anspruch und Wirklichkeit. Stellungnahme des Bundesjugendkuratoriums. www.bundesjugendkuratorium.de

Bundesministerium für Familie, Senioren, Frauen und Jugend (BMFSFJ) (2009): Kinder- und Jugendplan des Bundes. Richtlinien: www.bmfsfj.de/BMFSFJ/kinder-und-jugend,did=3520.html

Bundesvereinigung Kulturelle Kinder- und Jugendbildung (BKJ) (Hrsg.) (o.J.): Grundprinzipien Kultureller Bildung: http://plus-punkt-kultur.de/?p=2982

Cooper, Robbie: Immersion Blog. Ideas, bad science and art. www.robbiecooper.org/small.html

Fachportal des Instituts für Kulturpolitik der Universität Hildesheim: www.kulturvermittlung-online.de

Fachverband Kulturmanagement: www.fachverband-kulturmanagement.de

Fauser, Peter/Veith, Hermann (2011): Kulturelle Bildung und ästhetisches Lernen: www.ganztaegig-lernen.de/kulturelle-bildung-und-aesthetisches-lernen

Fuchs, Max (2006). Die Konzeption kulturelle Bildung des Deutschen Kulturrates – Präsentation bei der UNESCO Weltkonferenz zur künstlerischen Bildung: www.kulturrat.de/detail.php?detail=707&rubrik=5

Habermas, Jürgen: Laudatio für Michael Tomasello am 16.12.2009 in Stuttgart: www.stuttgart.de/item/show/383875

Hochschule Luzern (2011): 4. Forum für Fragen von Kunst und Öffentlichkeit. Orte und Bedeutung des Religiösen in der Kultur der Gegenwart: http://holy.kunstforschungluzern.ch/category/activities/

Interkultur.pro (Hrsg.) (2010): Kulturelle Vielfalt in Dortmund: www.interkulturpro.de/material.html

Lohwasser, Diana/Wagner, Ernst (2011): Zweite Weltkonferenz für Kulturelle Bildung. Seoul Agenda: Entwicklungsziele für Künstlerische/Kulturelle Bildung: www.unesco.de/fileadmin/medien/Dokumente/Kultur/Kulturelle_Bildung/111024_Seoul_Agenda_DE_final.pdf

Marotzki, Winfried (2008): Multimediale Kommunikationsarchitekturen. Herausforderungen und Weiterentwicklungen der Forschungen im Kulturraum Internet: www.medienpaed.com/14/marotzki0804.pdf

Mertin, Andreas (2006): Alles nur Theater. Was Religion mit dem Theater zu tun hat. In: tà katoptrizómena – Magazin für Kunst | Kultur | Theologie | Ästhetik 8, 43/2006: www.theomag.de/43/am197.htm

Mertin, Andreas/Mertin, Jörg (2006): Das verletzte Gefühl. Eine Chronologie religiöser Empfindsamkeiten. In: tà katoptrizómena – Magazin für Kunst | Kultur | Theologie | Ästhetik 8, 41/2006: www.theomag.de/41/mm2.htm

Naumann, Michael (2005): Ohne Antwort, ohne Trost. In: Die Zeit (4.5.2005), 19/2005: www.zeit.de/2005/19/Mahnmal

Oberndörfer, Dieter (2001): Leitkultur und Berliner Republik. Die Hausordnung der multikulturellen Gesellschaft Deutschlands ist das Grundgesetz: www.bpb.de/apuz/26537/leitkultur-und-berliner-republik?p=all

OECD (2005): Definition und Auswahl von Schlüsselkompetenzen. Zusammenfassung: www.oecd.org/dataoecd/36/56/35693281.pdf

Rat für Soziokultur und kulturelle Bildung im Deutschen Kulturrat (2007): Kultur und demografischer Wandel: Konsequenzen für kulturelle Bildung und Soziokultur. Positionspapier vom 18. Januar 2007: www.bundesakademie.de/pdf/positionspapier.pdf

Roemer, John E. (2006): Economic development as opportunity equalization. Cowles Foundation Discussion Paper: http://cowles.econ.yale.edu/P/cd/d15b/d1583.pdf%5D

Tillmann, Klaus-Jürgen (2006): Lehren und Lernen in heterogenen Schülergruppen: Forschungsstand und Perspektiven: www.gsv-berlin.de/doc/fundgrube/2006_heterogenitaet_tillmann.pdf

Zentrum für Audience Development (2009): Migranten als Publika von öffentlichen deutschen Kulturinstitutionen: www.geisteswissenschaften.fu-berlin.de/v/zad/news/zadstudie.html

Teil II

Praxisfelder Kultureller Bildung

Teil II
Praxisfelder Kultureller Bildung

1
Rahmenbedingungen und Strukturen Kultureller Bildung

Peter Kamp
Kapiteleinführung: Rahmenbedingungen und Strukturen Kultureller Bildung

Unübersichtlichkeit ist die Leitmetapher für ein Entwicklungsfeld, das in aller Munde und dennoch unzulänglich alimentiert ist. Es ist nicht lange her, da konnte man darauf wetten, dass die öffentlich geäußerte Wertschätzung Kultureller Bildung im umgekehrten Verhältnis zum förderpolitischen Engagement stand. Heute muss man Kulturelle Bildung gleich mehrfach in Schutz nehmen: einerseits gegen Vereinnahmung von allen möglichen Seiten; andererseits auch gegen Erwartungsüberfrachtung; drittens sicher auch gegen Überdehnung. Stimmt das Verhältnis von Regel und Ausnahme in der Kulturellen Bildung? Sind wir auf dem richtigen Weg? Blickt überhaupt noch einer durch im Dschungel vorhandener und fehlender Zuständigkeiten?

Schneisen ins Dickicht schlagen will das vorliegende Kapitel, dessen AutorInnen allesamt die doppelte Perspektive von Mangel und Überfluss, Ungeduld und Selbstbescheidung einnehmen. Wie auch anders auf einem Terrain, dessen Erschließung, Urbarmachung und Befestigung sich mittlerweile im Takt halber Jahrhunderte messen lässt, was nicht abgeht ohne auch berufsbiografische Grenzüberschreitungen! Mehr als eine der nachstehenden Stimmen kennt aus eigenem Erleben sowohl die praktischen Mühen der Ebene wie das Versanden von Energie auf den Kommandohöhen von Politik und Verwaltung. Das vor allem macht sie authentisch und – zumindest im Chor – auch realistisch.

Das elegante Wort von der „Querschnittsaufgabe" hatte lange den ambivalenten Charme eines verantwortungsflüchtigen Herakles: Wenn alle zuständig sind, kann keiner in die Pflicht genommen werden. Heute kommt es mehr denn je auf die Verbindungsstellen und Kooperationsschnittmengen an und vor allem auf die Zeit, Kraft, Energie und Kreativität, die in solche Übergänge und Schwellenphänomene investiert werden können und sollen. Dies ist selbst schon eine Anforderung an die kulturelle Bildungsaffinität aller Akteure auch auf der Leitungsebene.

Die klassischen Politikfelder Jugend, Bildung und Kultur unterliegen einem tiefgreifenden Wandel, dessen Konturen für die Bundesebene aller drei Felder sowie systematisch und aus Landessicht für die Jugendpolitik (KJHG-Perspektive), für die Kulturpolitik und für die Bildungspolitik nachgezeichnet werden. Dabei wird deutlich, wie prekär die Auswirkungen unterschiedlich tief verankerter Gestaltungsvorgaben sind, mit starker Rendite des Jugendhilferechts. Welche Rechtsgeltung und Rechtsverbindlichkeit Kulturelle Bildung im Rahmen kulturpolitischer Begründungsfiguren reklamieren kann, zeigt ein historisch ausgerichteter Beitrag an den Regulativen „Pflichtaufgabe, Grundversorgung, Infrastruktur" auf. Diesen nationalen Leitmetaphern steht eine beachtliche internationale Kodifizierungs- und Vernetzungsdynamik gegenüber, die vor allem um Fragen der Qualitätsentwicklung und Evaluation kreist.

Auf sensible Stellen in einer plural geprägten Kultur- und Bildungslandschaft, in der die Kluft zwischen Wissen und Handeln zumindest nicht erkennbar kleiner wird, macht eine Reihe von AutorInnen aufmerksam, die dem Akteursfeld nicht originär angehören, jedoch fach- oder förderpolitisch zugewandt sind: Seismografisch werden die Verschiebungen in einem ‚trisektoral' strukturierten Politikfeld registriert, auf dem öffentlich-rechtliche, privatkommerzielle und frei-gemeinnützige Akteure mit ihren jeweils eigenen gesellschaftlichen

Funktionen, Organisationsstrukturen und Handlungslogiken zunehmend aktiv werden. So wenig das enorme Potential zivilgesellschaftlichen Engagements in der Kulturellen Bildung Ausfallbürge für klamme Kassen in Bund, Ländern und Gemeinden sein kann, so wenig können oder wollen die rasant zunehmenden Stiftungen jenseits einer Hebel- oder Katalysatorenfunktion Strukturpolitik im föderalen System ersetzen, in dem die Kommunen weiterhin die finanzielle Hauptlast tragen.

Wie sich in einer auf Lücke gebauten kulturellen Bildungslandschaft Innovationsimpulse „auf Dauer stellen" (Arnold Gehlen) lassen, skizzieren die abschließenden Beiträge aus drei verschiedenen Perspektiven: Wettbewerbe und Preise sind von jeher das Regelinstrument zur Feier der Ausnahme und als solches durchaus traditions-, struktur- und schulbildend. Modelle und Modellversuche waren (und sind nach wie vor) Innovationskonstrukte zur kreativen Umgehung förderrechtlicher Restriktionen mit nachweisbarem Nachhaltigkeitseffekt. Vom Fehlenden ausgehend Gesamtkonzepte zu entwickeln war schon immer ein starker Impuls für Zukunftsträume – gerade auch im Zusammenspiel sonst unverbundener Ebenen von freien Trägern, öffentlicher Hand und Staat einerseits, Stadt, Land und Bund andererseits.

Wenn es zutrifft (auch hierüber muss gestritten werden dürfen), dass Kulturelle Bildung ein „Umsetzungsproblem" hat (Kulturenquete) oder „Achillesferse" ist im deutschen Bildungssystem (Bundestagspräsident Dr. Norbert Lammert), dann muss man unablässig und beharrlich fragen, ob wenigstens die Richtung stimmt, oder besser: die Richtungen. Es mag ja sein, dass gerade die Richtungskämpfe oder der Konflikt zwischen Richtungsvielfalt und umstrittener Deutungshoheit das Genuine der hiesigen kulturellen Bildungslandschaft ist, worum uns manche in der Welt beneiden.

Hildegard Bockhorst
Überblick für die Bundesebene:
Rahmenbedingungen, Zuständigkeiten und Förderschwerpunkte von Jugend-, Kultur- und Bildungspolitik

In Deutschland sind rechtliche Rahmenbedingungen und Förderstrukturen für die Kulturelle Bildung nur in Abhängigkeit von folgenden Aspekten zu betrachten:
>> dem kooperativen Föderalismus, in welchem sich die föderalen Ebenen von Bund, Ländern und Kommunen die staatliche Verantwortung für die Förderung von Kultur und Bildung teilen,
>> den zwischen den drei Sektoren Staat bzw. öffentliche Hand, Markt und frei-gemeinnützigem Bereich/Drittem Sektor zu differenzierenden Verantwortlichkeiten für Strukturen und Angebote der Kulturellen Bildung (siehe Norbert Sievers „Kulturelle Bildung zwischen Staat, Markt und Zivilgesellschaft" in diesem Band);
>> der Dualität von Kultureller Bildung sowohl in der Schule wie außerhalb von Schule;
>> der arbeitsteiligen Zuordnung der Kulturellen Bildung zu unterschiedlichen politischen Handlungsfeldern mit von Bundesland zu Bundesland anders entschiedenen Ressortzuständigkeiten. Da staatliche Verantwortlichkeiten für die Querschnittsaufgabe der Kulturellen Bildung selten eindeutig geregelt sind, sprechen die Akteure der Kulturellen Bildung auch von einem „magischen Dreieck", in welchem sie sich zwischen Jugend-, Kultur- und Bildungspolitik bewegen.

Wollte man also, entsprechend obigen Aspekten, alle Rahmenbedingungen für die Kulturelle Bildung systematisch erfassen, so müsste man mit einem Strukturierungs- und Beschreibungsraster arbeiten, welches zum einen die verschiedenen föderalen Ebenen in ihrem Tun unterscheidet, zum anderen trisektoral differenziert und zum dritten fachpädagogische und -politische Dimensionen systematisch durchdekliniert und nach Politikfeldern, künstlerischen Sparten, Zielgruppen und gesellschaftlichen Themen unterscheidet (Fuchs 2008a:121). Für diese Topografie von Zuständigkeiten und Strukturen kann an dieser Stelle nur auf die umfassenden und weiterführenden Dokumentationsmaterialien und Informationsquellen des Enquete-Berichts „Kultur in Deutschland" verwiesen werden (Deutscher Bundestag 2008).

Dieser Beitrag wird sich auf das Engagement des Bundes und seine Gestaltungsschwerpunkte für die Unterstützung von Rahmenbedingungen und Strukturen der Kulturellen Bildung konzentrieren. Doch bevor die Bundesaufgaben und -aktivitäten der insbesondere verantwortlichen Ressorts für Kinder und Jugend, Kultur und Bildung konkret dargestellt werden, sollen kurz die allgemeine gesellschaftspolitische Situation für Entwicklungen im Feld der Kulturellen Bildung umrissen und rechtliche Rahmenbedingungen sowie staatliche Zuständigkeiten benannt werden.

Kulturelle Bildung als öffentlicher Auftrag

Auch wenn das Staatsziel Kultur nicht im Grundgesetz verankert ist, ist die Bundesrepublik Deutschland nach ihrem Selbstverständnis wie auch der Rechtssprechung des *Bundesverfassungsgerichts* als sozialer Rechtsstaat in der Verantwortung für Kunst, Kultur und Kulturelle Bildung. „Öffentliche Kulturförderung ist Verfassungsauftrag" (Lammert 2002:75).

Die *Enquete-Kommission* spricht von der „Sicherung der kulturellen Infrastruktur" (Deutscher Bundestag 2008:114) als öffentlichem Auftrag und bezieht in diesen staatlichen Gewährleistungsauftrag die Kulturelle Bildung ausdrücklich mit ein. Die öffentliche Aufgabe wird dabei insbesondere in der Ausgestaltung der rechtlichen Rahmenbedingungen und der Bereitstellung von Ressourcen gesehen (a.a.O.:115). Als Rahmenbedingung für Kulturelle Bildung fordert die *Enquete-Kommission*, die kulturelle Infrastruktur so auszugestalten, „dass die Kulturkompetenz jedes Einzelnen nach seinen eigenen individuellen Fähigkeiten optimal gefördert wird. Sie [die kulturelle Infrastruktur] sollte Einrichtungen, Leistungen und Angebote umfassen, die jedem Bürger die Möglichkeit geben, seine individuellen künstlerischen und kulturellen Fähigkeiten frei zu entfalten. Unbedingt sollte die kulturelle Infrastruktur einen offenen und möglichst chancengerechten Zugang zur Kulturellen Bildung gewährleisten" (siehe Oliver Scheytt „Pflichtaufgabe, Grundversorgung, Infrastruktur: Begründungsmodelle der Kulturpolitik" in diesem Band).

Kulturföderalismus und die Zuständigkeiten des Bundes

Verfassungsrechtlich hat der Bund nur mittelbare Zuständigkeiten, denn die Zuständigkeiten für die Kultur und das Bildungswesen liegen gemäß Art. 30 GG auf der Länderebene; ebenso der Großteil der öffentlichen Ausgaben, welche Länder und Kommunen mit ca. 90 % tragen. Alleinige Zuständigkeit hat der Bund lediglich im Bereich der Hauptstadtkulturförderung und für die Auswärtige Kulturpolitik, ein Feld, dem für die Zukunft Kultureller Bildung eine wichtige Bedeutung zukommt (siehe Wolfgang Schneider „Kulturpolitik für Kulturelle Bildung" in diesem Band). In allen anderen Feldern besteht eine nationale Förderkompetenz für Kunst- und Kulturvorhaben ausschließlich dann, wenn das Kriterium der gesamtstaatlichen Bedeutung erfüllt ist und von einem erheblichen Bundesinteresse auszugehen ist (Nida-Rümelin 2002).

Von den Kulturverbänden heftig kritisiert wird die im Jahre 2006 abgeschlossene Föderalismusreform I, welche die Bundeskompetenzen für die Kulturelle Bildung in den wichtigen Paragrafen §§ 91b, 104a und 104b neu regelt. Die gewollte Entflechtung der Aufgaben von Bund und Ländern schränkt die Finanzhilfe- und Mitwirkungsmöglichkeiten des Bundes an Projekten zur Kulturellen Bildung weiter ein, sodass die frei-gemeinnützigen Träger der Kulturellen Bildung und zunehmend auch engagierte Bildungs- und KulturpolitikerInnen fordern, das „Kooperationsverbot" wieder aufzuheben.

Die Bedeutung des Bundes für die Kulturelle Bildung ergibt sich durch seine ordnungspolitische Rolle. In der Ausgestaltung seiner Gesetzgebungskompetenz wirkt der Bund, wenn auch nur mittelbar, entscheidend auf die Rahmenbedingungen und Perspektiven der Strukturen Kultureller Bildung ein. Über das Steuer- und Urheberrecht, das Arbeits- und Sozialversicherungsrecht, das Vereins- und Verlagsrecht, das Stiftungsrecht, die wirtschaftliche Filmförderung und Wissenschafts- und Forschungsförderung und seine Gesetzgebungskompetenz im Bereich des Postwesens und der Telekommunikation sowie für die öffentliche Fürsorge (Künstlersozialversicherungsgesetz, Kinder- und Jugendhilfegesetz) nimmt Bundespolitik Einfluss und stellt wichtige kulturpolitische Weichen (Rübsaamen 2010:157ff.). Die Akteure der Kulturellen Bildung sind sich dieser Tatsache nach Meinung von Olaf Zimmermann, *Deutscher Kulturrat e.V.*, wenig bewusst und unterschätzen die Möglichkeiten des Bundes, die Kulturelle Bildung in ihrer Qualität und ihren Perspektiven über diese mittelbaren Zuständigkeiten positiv zu beeinflussen.

Förderpolitische Perspektiven für die Kulturelle Bildung als Querschnittsaufgabe

Seit Beginn des 21. Jh.s ist grundsätzlich festzuhalten, dass sich die förderpolitischen Perspektiven für die Kulturelle Bildung in Deutschland verbessert haben. Auch wenn allein das „Kinder- und Jugendhilfegesetz" (KJHG) die Kulturelle Bildung als sozial- und jugendpolitische Gewährleistungsaufgabe ausweist und es für den Bund im Kultur- und Bildungsbereich vergleichbar hierzu keine gesetzliche Grundlage gibt, erkennen sowohl die Bundeskultur- als auch die Bundesbildungspolitik die gesellschaftliche Bedeutung der Kulturellen Bildung zunehmend an und engagieren sich im Rahmen ihrer Anregungskompetenz über Modellprojekte, Wettbewerbe und besondere Fördervorhaben; sichtbar beispielsweise durch den seit 2009 vom *Bundesbeauftragen für Kultur und Medien (BKM)* vergebenen „Preis für Kulturelle Bildung", die Akzentsetzungen in der *Bundeskulturstiftung* mit der Förderung von „Jedem Kind ein Instrument" und „Kulturagenten für kreative Schulen" oder den jüngsten *BMBF*-Initiativen einer „kulturellen Bildungspolitik" mit dem Start des Programms „Lesestart – Drei Meilensteine für das Lesen" im Dezember 2010, der Gründung einer „Allianz für Bildung" sowie dem für 2013 angekündigten Förderprogramm „Kultur macht stark. Bündnisse für Bildung".

Sicherlich haben die prominente Positionierung der Kulturellen Bildung im Enquete-Bericht „Kultur in Deutschland", Beispiele internationaler Entwicklungen und die Impulse der zwei großen *UNESCO*-Weltkonferenzen zur Kulturellen Bildung die Kulturelle Bildung auf bundespolitischer Ebene gestärkt. Nicht zu vergessen ist auch, dass die deutsche Einheit und die damit verbundene Übergangsfinanzierung des Bundes zur Unterstützung der kulturpolitischen Strukturen in den ostdeutschen Ländern, zu einem selbstbewussten Umgang des Bundes mit seiner kulturpolitischen Verantwortung geführt haben. Vor allem aber waren es der sogenannte PISA-Schock und die gravierenden Probleme der Chancenungerechtigkeit des deutschen Bildungssystems, die die Jugend-, Bildungs- und KulturpolitikerInnen unter Handlungsdruck setzten und bedingten, dass in politischen Debatten die kulturelle Akzentuierung des Bildungsbegriffs zunehmend betont wie auch umgekehrt die inhärenten Bildungsqualitäten von Kunst und Kultur vermehrt hervorgehoben wurden, was in allen drei Ressorts Verbesserungen für die Kulturelle Bildung mit sich brachte.

Welche Schwerpunkte dabei jeweils von welchem Ressort gesetzt wurden und in welcher Art und Weise über die Bundesjugend-, Kultur- und Bildungspolitik Einfluss genommen wird auf die Gestaltung von Rahmenbedingungen und Strukturen, soll im Folgenden weiter differenziert werden.

Kulturelle Bildung in der Kinder- und Jugendpolitik des Bundes

Als Bereich „Öffentlicher Fürsorge" auf der Basis von Art. 74 GG benennt das „Sozialgesetzbuch VIII" (KJHG) in § 11 die „kulturelle Bildung" als Aufgabe der Jugendarbeit. Dort heißt es: „Jungen Menschen sind die zur Förderung ihrer Entwicklung erforderlichen Angebote der Jugendarbeit zur Verfügung zu stellen." Hierzu gehören Angebote der Kulturellen Bildung (§11 Abs. 3, 1 KJHG). Die Besonderheit dieses Gesetzes ist die Aufforderung an die öffentliche Jugendhilfe, mit den freien Trägern zum Wohle junger Menschen und ihrer Familien partnerschaftlich zusammenzuarbeiten. „Sie [die öffentliche Jugendhilfe] hat dabei die Selbständigkeit der freien Jugendhilfe in Zielsetzung und Durchführung ihrer Arbeiten sowie in der Gestaltung der Organisationsstruktur zu achten" (KJHG § 4). Das KJHG geht sogar so weit, dass die öffentliche Jugendhilfe von eigenen Maßnamen absehen soll, soweit geeignete Einrichtungen oder Veranstaltungen von freien Trägern betrieben werden bzw. betrieben werden können (ebd.).

Auf der Grundlage des KJHG stellt der „Kinder und Jugendplan des Bundes" (KJP) – als Teil des Haushalts des *Bundesministeriums für Familie, Senioren, Frauen und Jugend (BMFSFJ)* – das entscheidende Förderinstrument für die bundesweiten Trägerstrukturen der Kulturellen Kinder- und Jugendbildung dar. Zu den konkreten „Förderzielen" heißt es dort für das Förderprogramm 2 Kulturelle Bildung: „Kulturelle Bildung soll Kinder und Jugendliche befähigen, sich mit Kunst, Kultur und Alltag phantasievoll auseinander zu setzen. Sie soll das gestalterisch-ästhetische Handeln in den Bereichen Bildende Kunst, Film, Fotografie, Literatur, elektronische Medien, Musik, Rhythmik, Spiel, Tanz, Theater, Video u.a. fördern. Kulturelle Bildung soll die Wahrnehmungsfähigkeit für komplexe soziale Zusammenhänge entwickeln, das Urteilsvermögen junger Menschen stärken und sie zur aktiven und verantwortlichen Mitgestaltung der Gesellschaft ermutigen" (GMBI/BMFSFJ 2009:786).

8,64 Millionen Euro weist der KJP 2012 an Mitteln für die Förderung von bundesweiten Infrastrukturen, Wettbewerben und Preisen der Kulturellen Kinder- und Jugendbildung aus. Zuwendungspartner sind die *Bundesvereinigung Kulturelle Kinder- und Jugendbildung (BKJ)* und 30 ihrer bundesweiten Mitgliederstrukturen, also Fachverbände wie der *Bundesverband der Musikschulen (VdM)*, der *Bundesverband der Jugendkunstschulen und Kulturpädagogischen Einrichtungen (BJKE)*, der *Arbeitskreis für Jugendliteratur (AKJ)*, der *Bundesverband Jugend- und Film (BJF)*, die *Bundesarbeitsgemeinschaft Spiel und Theater* oder Bundesakademien und Bundesinstitutionen wie die *Akademie Remscheid (ARS)*, die *Bundesakademie Trossingen*, das *Kinder- und Jugendfilmzentrum (KJF)*, das *Kinder- und Jugendtheaterzentrum (KJTZ)*. Die vom *Deutschen Jugendinstitut (DJI)* im Auftrag des *BMSFJ* seit 2010 durchgeführte KJP-Evaluation unterstreicht die jugendpolitische Verantwortung des Bundes für die Förderung einer auf Dauer angelegten Infrastruktur bundeszentraler Träger; eine entscheidende Struktursicherung für die bundeszentralen kulturellen Träger, die im KJP-Programm 2 ressortiert sind.

Eine politisch wichtige Rolle für die Kulturelle Bildung nimmt das *Bundesjugendministerium* auch dadurch ein, dass es nach dem Kinder- und Jugendhilfegesetz für das „Bundesjugendkuratorium" (§ 83 KJHG) und die nationalen „Jugendberichte" (§ 84 KJHG) Ressortverantwortung hat. So hat beispielsweise der 11. Kinder- und Jugendbericht mit dem Thema „Bildung, Erziehung und Betreuung" auch die Rolle der Kulturellen Bildung für die Persönlichkeitsentwicklung umfassend analysiert, und er wurde für die Trägerstrukturen nach § 11 KJHG deshalb bedeutsam, weil er herausarbeitete, dass Bildungsprozesse auch nonformal und informell stattfinden und dass somit auch der Kinder- und Jugendhilfe Bildungsverantwortung zukommt, welche die oberste Bundesbehörde im Rahmen ihrer Zuständigkeiten anzuregen und zu fördern hat.

Das *Bundesjugendkuratorium (BJK)*, welches als Sachverständigengremium die Bundesregierung in grundsätzlichen Fragen der Jugendhilfe berät, hat vor allem durch seine jugendpolitischen Positionspapiere die Konzepte in der Kulturellen Bildung unterstützt und die Strukturen zu Qualitätsentwicklungsprozessen im Hinblick auf mehr Befähigungs-, Teilhabe-, Bildungs- und Generationengerechtigkeit herausgefordert.

Bedeutung für die Kulturelle Bildung von Kindern bis 18 Jahren bekommt die Kinder- und Jugendpolitik zudem durch ihre Federführung für die nationale Umsetzung der UN-Kinderrechtskonvention vom 20.11.1989. Mit der Unterzeichnung verpflichtet sich die Bundesrepublik Deutschland – laut Artikel 31 – auch das Recht auf Kulturelle Bildung zu gewährleisten: „Die Vertragsstaaten erkennen das Recht des Kindes auf Ruhe und Freizeit an, auf spiel- und altersgemäße aktive Erholung sowie auf freie Teilnahme am kulturellen und künstlerischen Leben [...] Die Vertragsstaaten achten und fördern das Recht des Kindes auf volle Beteiligung am kulturellen und künstlerischen Leben und fördern die Bereitstellung geeigneter und gleicher Möglichkeiten für die kulturelle und künstlerische Betätigung sowie für aktive Erholung und Freizeitbeschäftigung" (National Coalition 2000:14).

Als letztes benannt werden soll noch die Zuständigkeit des *Bundesjugend- und Familienministeriums* im Bereich der Jugendfreiwilligendienste und des Bundesfreiwilligendienstes. 2011 feierte der von der *BKJ* als Zentralstelle koordinierte Trägerverbund für das Freiwillige Soziale Jahr Kultur das zehnjährige Bestehen des FSJ Kultur. Ca. 1.500 Jugendfreiwilligendienstplätze für Kultur und Bildung werden für Aufgaben der pädagogischen Begleitung vom Bund gefördert (siehe Jens Maedler „Kulturelle Bildung in Freiwilligendiensten" in diesem Band). 2012 soll nach Planung des *BMFSFJ* die Förderung von 500 Bundesfreiwilligendienstplätzen für die Kultur hinzukommen. Die *Enquete-Kommission* hat keinen Zweifel daran gelassen, dass die öffentliche Verantwortung für die Förderung des ehrenamtlichen und freiwilligen Engagements in der Kultur angesichts seiner Bedeutung für das gesellschaftliche kulturelle Leben und die Persönlichkeitsbildung des Einzelnen ausgebaut gehört und dass das FSJ Kultur „ein wichtiger Baustein im staatlichen Engagement zur Förderung des bürgerschaftlichen Engagements" ist (Deutscher Bundestag 2008:591).

Bildungspolitische Schwerpunkte des Bundes zur Stärkung Kultureller Bildung

Ein wichtiger Teil der Bundesförderung Kultureller Bildung findet über die Förderung der „kulturellen Bildungspolitik" im *Bundesministerium für Bildung und Forschung (BMBF)* statt. Nicht auf Dauer, aber über bundesweite Modellprojekte, Studien und Forschung, förderte das *Bundesbildungsministerium* beispielsweise den *Verband deutscher Musikschulen* mit einem Modellprojekt zur frühkindlichen Bildung oder die *Stiftung Lesen* für das bekannte bundesweite Lesestart-Vorhaben, den *Deutschen Kulturrat* für das Projekt „Strukturbedingungen für eine nachhaltige interkulturelle Bildung", die *Bundesvereinigung Kulturelle Kinder- und Jugendbildung* für die Entwicklung des „Kompetenznachweises Kultur" und den *Bundesverband der Jugendkunstschulen* für das Modellprojekt „Der Kunstcode". Des weiteren wurden Untersuchungen wie die „Kulturbarometer" des *Zentrums für Kulturforschung*, Studien des *Instituts für Bildung und Kultur* über „Kulturelle Bildung im Alter" oder der *Kulturpolitischen Gesellschaft* über Hochschulstudiengänge zur Kunst- und Kulturvermittlung von diesem Ressort mit finanziert. Innerhalb des *BMBF*-Rahmenprogramms zur Empirischen Bildungsforschung verantwortet das *BMBF* auch kulturelle Forschungsprojekte, beispielsweise das Forschungsprogramm zu „Jedem Kind ein Instrument". Dies ist unabhängig von den beiden JeKi-Programmen in Nordrhein-Westfalen und Hamburg und zunächst für vier Jahre (2009-2013) konzipiert, umfasst acht größere Forschungsvorhaben, dreizehn Einzelprojekte und ist mit einem Fördervolumen von jährlich rund einer Million Euro ausgestattet.

Kontinuierlich – schon seit den 1980er Jahren – engagiert sich die Bundesbildungspolitik in der Unterstützung verschiedenster künstlerischer Wettbewerbe für SchülerInnen und StudentInnen. Hierzu zählen die Bundeswettbewerbe „Komposition", „Theatertreffen der Jugend", „Treffen Junge Musik-Szene", „Treffen junger Autoren" ebenso wie das „up-and-coming"-Festival in Hannover, welches mit einem bundesweiten und einem internationalen Wettbewerb jungen Leuten einen Anreiz bietet, sich mit Film, Video und Medienkunst auseinanderzusetzen, oder der Bundeswettbewerb „Kunststudentinnen und Kunststudenten stellen aus", den das *BMBF* 2011 zum 20. Mal gefördert hat und den das *Deutsche Studentenwerk* organisiert. Mit diesen Förderinstrumenten will das *Bundesbildungsministerium* Kunst und Kultur in Schulen und Freizeiteinrichtungen anregen, junge Talente und Begabungen fördern, den Erfahrungsaustausch junger KünstlerInnen unterstützen und zum beruflichen und wissenschaftlichen Erfolg beitragen.

Vor allem die für notwendig anerkannte Veränderung der deutschen Schullandschaft war mit deutlich mehr Chancen für die Kulturelle Bildung in der Bildungspolitik verbunden. Vier Milliarden Euro stellte der Bund für das gemeinsam mit den Ländern getragene Investitionsprogramm „Zukunft Bildung und Betreuung" (IZBB) zwischen 2003 und 2009 zur Verfügung. Über das Begleitprogramm „Ideen für mehr. Ganztägig lernen" und die Begleitforschung „Studie zur Entwicklung von Ganztagsschulen – STEG" unterstützte das *BMBF* die nachhaltige inhaltliche Ausgestaltung der Ganztagsschulen, welche sich positiv für eine neue Lernkultur und die Zusammenarbeit von Schule mit kulturellen Infrastrukturen auswirkte (BMBF 2012a).

Neue Impulse und Chancen für die Kulturelle Bildung sind von der durch die Bundesbildungsministerin Annette Schavan angeregten „Allianz für Bildung" zu erwarten, zu deren Gründungsmitgliedern unter anderem die *BKJ*, der *Deutsche Bibliotheksverband* und die *Stiftung Lesen* zählten. Diese Vernetzungsinitiative bündelt seit Februar 2011 die Expertise von VertreterInnen aus Kommunen, Ländern, Stiftungen, Jugend-, Sozial- und Kulturverbänden, um Bildungschancen für bildungsbenachteiligte Kinder und Jugendliche zu verbessern und lokale Bildungsbündnisse zu unterstützen. Sie „bildet auf Bundesebene das Dach über den lokalen Bildungsbündnissen" (BMBF 2011a:2) und wird das vom *BMBF* im Mai 2012 bekannt gemachte Förderprogramm „Kultur macht stark. Bündnisse für Bildung" fachlich begleiten. Die Bundesbildungsministerin hat in ihrer Pressemitteilung herausgestellt: „Im Rahmen der Förderrichtlinie ‚Kultur macht stark. Bündnisse für Bildung' fördert das BMBF außerschulische Angebote vor allem aus dem kulturellen Bereich [...] Die Förderung beginnt 2013 und erstreckt sich über einen Zeitraum von bis zu fünf Jahren. 2013 stellt das BMBF dafür 30 Millionen Euro zur Verfügung. Für die Folgejahre ist eine Steigerung auf bis zu 50 Millionen Euro geplant. [...] Ein wichtiger Partner des Programms ‚Kultur macht stark' ist der Deutsche Kulturrat mit seinen Mitgliedsorganisationen" (BMBF 2012b).

Kulturpolitische Schwerpunkte des Bundes für Kulturelle Bildung

Ein bundespolitisches Signal für die klare und nach außen sichtbare Wahrnehmung von kulturpolitischer Verantwortung waren die Schaffung des Amtes eines Staatsministers, als *Beauftragten der Bundesregierung für Angelegenheiten der Kultur und der Medien (BKM)* im Jahre 1998, und die Gründung der *Kulturstiftung des Bundes (KSB)* 2002. Entsprechend seiner Zuständigkeiten für die Förderung von Kunst und Kultur von gesamtstaatlicher Bedeutung hat sich der BKM insbesondere für bessere Rahmenbedingungen eingesetzt und versucht, für die Entfaltung von Kunst und Kultur „wichtige Neuerungen gesetzlich zu verankern: Urheberrechtsreformen, Reform des Gemeinnützigkeitsrechts, Umsatzsteuer, Soziale Lage der Künstler: Künstlersozialversicherung und Neuregelung des SGB III, Buchpreisbindung" (BKM 2012).

Weil Kulturelle Bildung die Grundlagen für den gesellschaftlichen Zusammenhang schafft und weil es in der Bundesrepublik verstärkt darum gehen muss, auch jene Menschen (Kinder und Jugendliche, SeniorInnen und Menschen mit Migrationshintergrund) zu erreichen, die bisher kaum von Museen, Bibliotheken, Theatern oder Philharmonien erreicht werden, hat die Bundeskulturpolitik unter dem amtierenden *Kulturstaatsminister* Bernd Neumann sichtbare Zeichen für die Kulturelle Bildung gesetzt: Als Plattform für die Kulturelle Bildung in Europa fördert der *BKM* seit 2005 die *Stiftung Genshagen*. 2008 lud er dann alle bundesweit relevanten Akteure ein zu einer „Qualitätsoffensive Kulturelle Bildung". Um beispielhafte Projekte der Kulturellen Bildung stärker fördern und bundesweit bekanntmachen zu können, vergibt der

BKM seit 2009 jährlich den „BKM-Preis Kulturelle Bildung", ausgestattet mit 60.000 Euro für in der Regel drei Preise à 20.000 Euro. Seit 2010 gibt es im Kulturressort auf Bundesebene auch ein eigenes Förderprogramm, ausgestattet mit derzeit jährlich um die 1,5 Millionen Euro, welches modellhaft Projekte unterstützt, die die kulturell-künstlerische Vermittlungsarbeit für diejenigen zu optimieren versuchen, die bislang von den Angeboten der öffentlich geförderten Kultureinrichtungen kaum oder wenig Gebrauch machen.

Als bundeskulturpolitisches Engagement für die Kulturelle Bildung nicht unerwähnt bleiben darf die Gründung der *Kulturstiftung des Bundes (KSB)* im Jahr 2002. Zeigte die *KSB* zu Beginn noch wenig Profil in Richtung Kulturelle Bildung, so ist sie mit dem inzwischen akzentuierten Programmschwerpunkt „Kunst der Vermittlung", dem Förderprojekt „Heimspiel" beispielsweise oder der Förderung der Großprojekte „Jedem Kind ein Instrument" und „Kulturagenten für kreative Schulen" zu einem bedeutsamen „Player" und Partner der Strukturen Kultureller Bildung avanciert. Bei der *Kulturstiftung des Bundes* liegt auch die Förderzuständigkeit für die selbstverwalteten Kulturförderfonds wie beispielsweise den *Fonds Soziokultur* oder den *Fonds Darstellende Kunst*. Die ca. eine Million Euro beispielsweise, die vom *Fonds Soziokultur* jährlich für Projektförderungen vergeben werden, haben nachhaltig zur Struktur- und Qualitätsentwicklung in der Kulturellen Bildung beigetragen. Um mehrjährige Allianzen zwischen Einrichtungen des Tanzes und Schulen anzuregen, wurde von der *KSB* 2012 der „Tanzfonds Partner" neu eingerichtet. Dieser Fonds für die Kulturelle Bildung im Tanz ist mit 2,5 Millionen Euro ausgestattet (Kulturstiftung des Bundes 2012).

Bundespolitische Rahmenbedingungen durch länderübergreifende Koordinierung

Der Vollständigkeit halber erwähnt werden sollen wegen ihrer bundespolitischen Relevanz für Rahmenbedingungen und Strukturen Kultureller Bildung auch noch die Aktivitäten der *Kultusministerkonferenz*, welche beispielsweise die Herausgabe des 4. Bildungsberichts 2012 mit dem Schwerpunkt „Kulturelle, musisch-ästhetische Bildung im Lebenslauf" verantwortet, und das Engagement der *Kulturstiftung der Länder*, welche mit ihrer Bildungsinitiative „Kinder zum Olymp" junge Menschen für Kultur begeistern und ihre Kreativität anregen will.

Fazit: Hemmnisse, Herausforderungen, Handlungsempfehlungen

Gelungene Modellprogramme, neue Preise, große Förderprogramme und Ressortöffnungen zur verbesserten Unterstützung von Strukturen und Angeboten Kultureller Bildung sind Schritte in die richtige Richtung. Ein Grund, sich auf den bisher geschaffenen Rahmenbedingungen auszuruhen, sind sie nicht. Bei aller Komplexität der Förderung von Kultur und Bildung sollte eine zukünftige Politik für Kulturelle Bildung folgende Orientierungen berücksichtigen:

1. Auch wenn eine abgestimmte und gemeinsame Verantwortungswahrnehmung aller föderalen Ebenen viele Hürden der Umsetzung birgt, muss doch endlich die Kritik an starren Ressortgrenzen und Zuständigkeiten gehört werden. Hier besteht dringender Handlungsbedarf. Kulturverbände fordern dringlich – mit zunehmender Unterstützung von Sozial-, Bildungs- und KulturpolitikerInnen – die Aufhebung des „Kooperationsverbots" und die Verankerung des Staatsziels Kultur auch im Grundgesetz. Prinzipiell alle Politikfelder sollten ihre Aktivitäten einer „Kulturverträglichkeitsprüfung" hinsichtlich möglicher Folgen für die Kulturelle Bildung unterziehen und auch aufmerksam verfolgen, ob sich durch internationale Veränderungen rechtlicher Rahmenbedingungen die nationale Situation verschlechtert.

2. Besondere Anstrengungen sind nötig, um die multiethnische und multikulturelle Zusammensetzung der Gesellschaft in Politik und Praxis von Bildung, Kultur- und Jugendarbeit stärker zu berücksichtigen. Die Förderung von kultureller Vielfalt und Teilhabe ist als wichtige Leitaufgabe von Bildungs- und Kulturpolitik zu verstärken.
3. Alle Kultur- und Bildungspartner brauchen hierfür eine auskömmliche Finanzierung, die den Veränderungswillen von Kunst- und Kulturorganisationen unterstützt, die die Kooperationsvoraussetzungen dauerhaft verbessert und stabile Strukturbedingungen für die Zusammenarbeit von Schulen und außerschulischen Kulturpartnern schafft. Hierzu gehört eine Kinder- und Jugendhilfeförderung auf allen föderalen Ebenen, welche die „freiwillige Leistung" der Kulturellen Bildung in eine „Pflichtaufgabe" überführt. Hierzu gehören bildungspolitische Förderanstrengungen, die der Kulturellen Bildung in allen Schulformen einen höheren Stellenwert geben, die die Künste und die Kulturvermittlung in den Ausbildungen von ErzieherInnen und LehrerInnen stärken und die Rahmenbedingungen und Ressourcen für kulturelle Schulentwicklung finanziell entscheidend verbessern. Hierzu gehört eine Kulturförderung, die es den Kultureinrichtungen ermöglicht, Kulturelle Bildung zu ihrer Kernaufgabe zu machen und das eigene Bildungsprofil für neue Zielgruppen und ein jugendliches Publikum zu erproben und zu festigen.
4. Staatliche Verantwortung für die Kulturelle Bildung sollte sich auf die Sicherung von Rahmenbedingungen und Ressourcen konzentrieren und die Autonomie und Vielfalt zivilgesellschaftlicher Strukturen sowie deren Kontinuität, deren Fachlichkeit, deren Vernetzung und deren politische Mitwirkungsmöglichkeiten unterstützen. Von den zentralen bundespolitischen Interessensverbänden der Kulturellen Bildung werden in diesem Zusammenhang eine Reform des Zuwendungsrechts, eine Abkehr vom Dauerstadium der Modellprojektförderung hin zu einer verlässlichen Regelförderung sowie die wirksamere Förderung und Absicherung des freiwilligen und ehrenamtlichen Engagements in der Kultur erwartet.

Ein Erkenntnisdefizit darüber, wie die Rahmenbedingungen und Strukturen für die Kulturelle Bildung zu verbessern wären, gibt es in Deutschland nicht (Völckers 2009); wohl aber ein Umsetzungsdefizit, das es mit allen politischen und zivilgesellschaftlichen Kräften anzugehen gilt.

Zum Weiterlesen

Deutscher Bundestag (Hrsg.) (2008): Kultur in Deutschland. Schlussbericht der Enquete-Kommission des Deutschen Bundestages. Regensburg: ConBrio Verlagsgesellschaft.

Deutscher Kulturrat (Hrsg.) (2009): Kulturelle Bildung: Aufgaben im Wandel. Berlin: Deutscher Kulturrat.

Deutscher Kulturrat (Hrsg.) (2005): Kulturelle Bildung in der Bildungsreformdiskussion - Konzeption Kulturelle Bildung III. Berlin: Deutscher Kulturrat.

Institut für Kulturpolitik der Kulturpolitischen Gesellschaft (Hrsg.) (2010): Jahrbuch für Kulturpolitik 2010. Thema: Kulturelle Infrastruktur. Bonn/Essen: KuPoGe/Klartext.

Institut für Kulturpolitik der Kulturpolitischen Gesellschaft (Hrsg.) (2002): Jahrbuch für Kulturpolitik 2001. Thema: Kulturföderalismus. Bonn/Essen: KuPoGe/Klartext.

Klaus Schäfer
Jugendpolitik und Kulturelle Bildung

Jugendpolitik im Wandel

Wie notwendig eine offensive Kinder- und Jugendpolitik ist, ist in den letzten Jahren immer deutlicher geworden. Einerseits hat der gesellschaftliche Wandel mit seinen sozialen und ökonomischen Veränderungen und den daraus resultierenden Folgen für junge Menschen den Schutz- und Unterstützungsgedanken und die Begleitung junger Menschen auf dem Weg ins Erwachsenenalter immer dringlicher gemacht. Andererseits steht heute im Zentrum pädagogischen Handelns primär das Ziel der Ermöglichung von Teilhabe aller jungen Menschen am gesellschaftlichen Fortschritt, an den Bildungschancen und an den sozialen und kulturellen Perspektiven (siehe Larissa von Schwanenflügel/Andreas Walther „Partizipation und Teilhabe" in diesem Band). Dies ist kein Gegensatz, bezieht aber vor allem den Bildungsgedanken ein und erweitert den Horizont. Angesichts der Tatsache, dass heute immer noch 29 % aller jungen Menschen nur geringe Chancen haben (aufgrund einer finanziellen oder sozialen Notlage und einem bildungsfernen Elternhaus), muss dieses Ziel vorrangig im Blick bleiben (Autorengruppe Bildungsberichterstattung 2012:8).

Diese Perspektive erfordert jedoch einen deutlich erweiterten Rahmen der Kinder- und Jugendpolitik. Sie ist insoweit nicht auf eine reine Ressortpolitik zu begrenzen, wodurch sie allein auf die Gestaltung der Bereiche der Kinder- und Jugendhilfe und der Familienpolitik und auf eine reine Förderpolitik beschränkt bliebe. Das soll diese Bereiche keineswegs schmälern, denn sie sind außerordentlich bedeutsam, wenn es um die Gestaltung der Lebenswelten und der Einflussnahme auf ihre Veränderungen geht. Angesichts der Herausforderungen junger Menschen bei der Suche nach ihrer Zukunftssicherung aber sind weit mehr Politikfelder in den Blick zu nehmen, die den Alltag von Kindern und Jugendlichen wesentlich beeinflussen, im positiven wie im negativen Sinn. Eine solche Querschnittsbetrachtung ermöglicht, den Blick über den Tellerrand hinaus zu wagen und junge Menschen zur Mitwirkung daran zu gewinnen, dass Voraussetzungen geschaffen werden, die für ein gelingendes Aufwachsen erforderlich sind.

Eine solche Betrachtungsweise gibt der Jugendpolitik das Kinder- und Jugendhilfegesetz auf, wenn es jedem jungen Menschen „ein Recht auf Förderung seiner Entwicklung und auf Erziehung zu einer eigenverantwortlichen und gemeinschaftsfähigen Persönlichkeit" einräumt (§ 1 Abs.1 SGB VIII). Diese „sozialpädagogische Leitbildfunktion" (Münder u.a. 2009, zu § 1 Rz. 8) macht es erforderlich, ein Profil der „Einmischung" (Mielenz 1981) zu entwickeln und Jugendpolitik in ihren unterschiedlichen Dimensionen als Teilhabe- und Befähigungspolitik zu verstehen und zu gestalten. Das *Bundesjugendkuratorium* (2006-2009) hat hierzu eine interessante Darstellung vorgenommen (BJK o.J.). Es gilt gerade diesen Blick zu reaktivieren und zu profilieren. Das wird schon deshalb erforderlich, weil sich die Lebenslage junger Menschen verändert und viel zu komplex geworden ist, als dass eine Jugendpolitik als bloße Ressortpolitik ausreichend wäre. Denn für junge Menschen ist die Jugendphase als eine Art „Durchgangspassage" ins Erwachsenenleben längst kein Schonraum mehr. Sie ist vielmehr zu einer von großen Wagnissen charakterisierten Strecke geworden, die durch zahlreiche

Einflüsse aus anderen Politikfeldern geprägt und beeinflusst wird und nicht mehr einfach zu durchschreiten ist. Das zeigen insbesondere Veränderungen im Schulsystem wie die Verkürzung der Schulzeit und die Einführung von Ganztagsschulen, auf dem Arbeitsmarkt und in der Technologie, aber auch die Übergangsprobleme von der Schule in den Beruf (siehe Tom Braun „Kulturelle Jugendbildung im Übergang von Schule, Ausbildung und Beruf" in diesem Band).

Der Bildungsaspekt in der Jugendpolitik

Zugleich ist die Bildung zur zentralen Ressource eines jeden geworden, weil sie für ihn Zukunft ermöglicht. Es ist daher längst anerkannt, dass Bildung mehr ist als Schule (z.B. BJK 2002) und dass den außerschulischen, non-formalen Bildungsprozessen mehr Beachtung gewidmet werden muss. Was für den Elementarbereich inzwischen selbstverständlich ist, muss in der Kinder- und Jugendarbeit noch stärker akzentuiert werden.

Ein aktuelles Beispiel übergreifender Perspektive der Jugendpolitik ist die seit nunmehr über zehn Jahren andauernde fachliche und öffentliche Debatte über den Stellenwert der Bildung und die Notwendigkeit früher umfassender individueller Bildungsförderung. Nie zuvor ist so intensiv über die Bedeutung dieser Bildungsorte diskutiert worden wie in der Zeit nach der ersten PISA-Studie. Zwar hat es bereits in den 1970er Jahren vor dem Hintergrund des Bildungsgesamtplans Überlegungen zu den sich daraus ergebenen Konsequenzen für die Organisation und Architektur der Bildungsprozesse gegeben (Bund-Länderkommission für Bildungsplanung 1973). Doch setzten sich die Forderungen nach einer größeren Beachtung und Einbettung der bildungspolitischen Leistungen der außerschulischen Jugendarbeit – und auch der Kulturellen Bildung – nur wenig durch. Das lag einerseits daran, dass es an einer gesetzlichen Grundlage fehlte, andererseits aber auch an einem Mangel an Erkenntnis und Durchsetzungsvermögen auch der JugendpolitikerInnen in den Länderparlamenten. Erst in jüngster Zeit erscheint es im Kern anerkannt, dass mehr als bisher außerschulische Lern- und Bildungsorte in eine Strategie individueller Bildungsförderung einbezogen und aufgenommen werden müssen. Erfolgreiche Ansätze zeigen sich bereits dort, wo kommunale Bildungslandschaften entstanden oder im Entstehen begriffen sind (Deutscher Verein 2007). Diese haben zum Ziel, die lokalen Bildungsorte in ein Verhältnis zueinander zu bringen und eine lokale Gesamtkonzeption der Bildungsorte und der Bildungsförderung zu entwickeln.

In solchen Konzepten spielt die Kulturelle Bildung eine wichtige Rolle. Denn sie kann sich als ein profilierter Bildungsort präsentieren, der in vielfältiger Weise junge Menschen außerhalb von Schule (im Rahmen des Ganztags aber auch immer mehr am Schulort) erreicht und mit seinen Angeboten bildungspolitisch relevant ist. Jugendpolitik wird daher auch zunehmend bildungspolitische Akzente haben müssen (Landtag NRW 2008). Es ist daher gut, wenn die Förderung junger Menschen durch Angebote der außerschulischen Bildung – sowohl in den jeweils fachspezifischen Feldern und in der Politik als auch in der Wissenschaft – einen entsprechenden Stellenwert erhält.

Kulturelle Bildung ist unverzichtbar

Kulturelle Bildung ist ein besonders wichtiges Standbein in der Förderung von Kindern und Jugendlichen. Dies gilt auch und insbesondere für die Kulturelle Bildung in der Kinder- und Jugendarbeit. Bereits in den 1970er Jahren wurde ihr ein wesentlicher Stellenwert in der individuellen Bildungsentwicklung und für die Herausbildung einer eigenständigen Persönlichkeit attestiert. Im Rahmen des Bildungsgesamtplans (1973) kam es auch zu einem

Ergänzungsplan „Musisch-kulturelle Bildung" (1977). Zwar entwickelten sich daraus neue Angebote, und es kam auch zu einer verstärkten Förderung durch die Länder und Kommunen. Doch im Bereich der Kinder- und Jugendhilfe kam ihr Ausbau nur zögernd voran. In der Praxis jedoch haben sich Impulse der Kulturellen Bildung durchgesetzt. Denn die Erkenntnis, dass die Auseinandersetzung junger Menschen mit Kunst und Kultur für die persönliche Entwicklung viel an positiven Erfahrungen und Erkenntnissen mit sich bringt, war schon zu diesem Zeitpunkt naheliegend. So ist z.B. mit der Gründung der ersten Jugendkunstschulen in Nordrhein-Westfalen (1968 und 1969 in Wuppertal und Wesel) ein wichtiger erster Schritt getan worden. Weitere Schritte folgten und die Kulturelle Bildung entwickelte sich im Rahmen der Kinder- und Jugendarbeit konzeptionell weiter und „eroberte" allmählich auch die Akzeptanz von Politik, vor allem gegenüber einer stark dominierenden Auffassung von politischer Bildung durch die Organisationen der Jugendarbeit.

Heute ist das Feld der Kulturellen Bildung sehr breit angelegt. Das belegen die vielfältigen und sehr unterschiedlichen Angebotsformen in allen Bundesländern. Inzwischen – und das ist eine Folge der jugendpolitischen Überzeugungsarbeit – kann sie jedenfalls in der Kinder- und Jugendarbeit auch auf gesetzliche Grundlagen zurückgreifen, so auf § 11 Abs. 3 SGB VIII und auf Ausführungsgesetze zum SGB VIII in den Ländern (z.B. § 10 des Dritten AG-KJHG NRW) oder aber auf Förderinstrumente wie den Kinder- und Jugendplan des Bundes und die Landesjugendpläne. Im Gegensatz dazu fehlt es in anderen Feldern gänzlich an entsprechenden Regelungen (sieht man einmal vom Schulfach „Kunst" oder spezifischen Regelungen zur Förderung von Musikschulen und Projekten durch Länder und Kommunen ab).

Die Vielfalt der bestehenden Angebote der Kulturellen Jugendbildung sowohl in der Kinder- und Jugendarbeit als auch in den Feldern Kunst und Kultur macht es immer notwendiger, eine Verbindung zwischen den Bereichen herzustellen. Die *Jugendministerkonferenz* hat bereits in ihrem 2009 beratenen Bericht zur Situation der Kulturellen Jugendbildung aus der Sicht der Kinder- und Jugendhilfe auf Entwicklungen hingewiesen, dass die Förderpraxis in den Ländern eine klare Abgrenzung zwischen den einzelnen Bereichen nicht zulässt und die Länder die Förderung von Einrichtungen der Kulturellen Bildung unterschiedlich verorten. So ist z.B. die Förderung der Musikschulen in Baden-Württemberg dem Landesjugendplan zugeordnet, in Nordrhein-Westfalen ist sie Teil der Kulturförderung. Museen, Theater und auch Orchester gehen bereits neue Wege und wenden sich ganz speziell an Kinder und Jugendliche.

Festzustellen ist, dass Kulturelle Bildung heute vor allem in die Bereiche der Kinder- und Jugendhilfe, der Kunst und Kultur, der Schule und der Medien und zum Teil auch in den Bereich des Sports hineinreicht. Der Blick auf solche Verbindungen ist einerseits möglich geworden durch eine Öffnung der Felder und andererseits durch einen Prozess der Entgrenzung, der vor allem mit der konzeptionellen Einbindung der Kulturellen Bildung und anderer Bereiche in die Ganztagsschulen (insbesondere Ganztagsgrundschulen) einhergeht. Auch das Bestreben der klassischen Kultureinrichtungen, junge Menschen auf sich aufmerksam zu machen und für Kunst und Kultur zu gewinnen, wird derzeit ausgebaut und geht weit über Nachwuchspflege und Talentsuche hinaus.

Die Auflösung der Trennschärfe und die damit einhergehende Entgrenzung der Aufgabenfelder darf jedoch nicht darüber hinwegtäuschen, dass aus der Sicht der Kinder- und Jugendhilfe, im Sinne des § 11 SGB VIII, der sozialpädagogische Aspekt immer noch bedeutend bleibt und eindeutig von der Kinder- und Jugendhilfe, insbesondere von der Kinder- und Jugendarbeit, wahrgenommen wird. Kulturelle Jugendbildung nach SGB VIII kann daher nicht die Kunstförderung ins Zentrum stellen. Dies kann zwar durchaus ein Produkt der Arbeit sein. Ihrer Zielsetzung nach haben sich die Angebote jedoch in die sozialpädagogische

Perspektive einzuordnen. Sie haben insoweit zwei Seiten und müssen ihr Profil auch durch diese beiden Seiten definieren. Das muss – aus jugendpolitischer, aber auch aus kulturpolitischer Sicht – kein Gegensatz sein. Es kommt vielmehr auf die Verortung, den Zugang und die professionelle Kompetenz an. Es kann ein Gewinn sein – und ist es zumeist auch –, dass sich die unterschiedlichen Ansätze miteinander verbinden. Denn auch die Kulturelle Bildung im Zuständigkeitsbereich der Kultureinrichtungen und Kulturämter zielt auf das Erreichen von Kindern und Jugendlichen auch aus den sogenannten bildungsfernen bzw. den weniger kulturaffinen Schichten ab.

Mit ihrem Zugewinn an Bedeutung, ihrem Bildungsauftrag und ihrem enormen Verbreitungsgrad hat sich die Kulturelle Bildung in eine weitreichende gesellschaftliche Verantwortung hineinbegeben. Sie ist auch Instrument und Ort geworden, um Teilhabe zu erreichen oder möglich zu machen. Der in früheren Zeiten immer wieder eingebrachte Vorwurf, Kulturelle Bildung hätte lediglich das sogenannte „Bildungsbürgertum" im Auge, ist durch diese Akzentuierung und die Praxis längst widerlegt worden. Das ist auch gut so. Jugendpolitisch gesehen leitet sich diese Notwendigkeit nicht allein daraus ab, dass Kinder und Jugendliche durch solche Angebote ihre Stärken im künstlerisch-kulturellen Bereich entdecken. Sie ist vielmehr so konzipiert, dass junge Menschen aus benachteiligten Lebensbereichen über die Auseinandersetzung mit Kultur eben auch andere Fähigkeiten und Begabungen entdecken, sich besonders wichtige Kompetenzen und Verhaltensweisen (z.B. in der Kommunikation) aneignen und damit ihre Persönlichkeit weiterentwickeln.

Teilhabe als Ziel der Kulturellen Bildung

Wenn es ein zentrales Ziel der individuellen Bildungsförderung ist, „individuelle Regulationsfähigkeit, gesellschaftliche Teilhabe und Chancengleichheit […]" (Autorengruppe Bildungsberichterstattung 2010:2) zu erreichen, dann kann dies – bezogen auf die Kulturelle Jugendbildung – nur heißen, sie sollte so ausgestaltet werden, dass sie eine wesentliche Rolle im Prozess des Aufwachsens junger Menschen wahrnehmen kann. Das heißt, dass sie sich auch zunehmend als Teil dieses Prozesses des Aufwachsens versteht und sich an die Orte begeben muss, an denen Kinder und Jugendliche, die besonders gefördert werden sollten, auch leben und aufwachsen. Es ist daher richtig und wichtig, dass sich die Angebote auch entlang der Biografie der Menschen orientieren und in zunehmendem Maße – so weit dies möglich ist – auch in kleineren sozialen Räumen (z.B. in Stadtteilen) stattfinden. Ein sozialräumlicher Blick ist für die Ermöglichung von Teilhabe von ganz zentraler Bedeutung. Er steht in direktem Zusammenhang zur Aufgabenstellung der Kinder- und Jugendhilfe, wie sie in § 1 und auch in § 11 SGB VIII für die Kulturelle Bildung formuliert ist.

Kulturelle Jugendbildung bedarf der Unterstützung durch Politik

Ohne Frage aber bedarf es dazu einer profilierten Jugendpolitik, die auch darauf angelegt sein muss, dass sich die Wege einer individuellen und nachhaltigen Bildungsförderung neben der Schule auch andere soziale und kulturelle Zusammenhänge erobern. Sie muss auch erkennen, welche Chancen sich durch eine Politik ergeben, die alle jungen Menschen im Blick hat und für die das Ziel, Teilhabe zu ermöglichen, auch für die einzelnen Felder und Bereiche der Kulturellen Bildung gilt. Durch die teilweise Auflösung der Trennung formaler Bildung von non-formalen Bildungsprozessen im Zuge des Entstehens neuer Ganztagsschulen kann dies sehr gut gelingen, wie zahlreiche Praxisbeispiele zeigen.

Daher wird es in der Bildungsförderung allgemein, aber auch in der Kulturellen Bildung um eine „Strategie der Befähigung" (Otto u.a. 2009) gehen müssen, denn Teilhabefähigkeit muss man sich aneignen (können). Das Bundesjugendkuratorium hat in seiner Streitschrift 2001 unterschiedliche Szenarien und damit verbundene Herausforderungen beschrieben (BJK 2002).

Die primären Bildungsorte Schule und Elternhaus werden diese notwendigen Kompetenzen allein nicht vermitteln können. Daher brauchen junge Menschen auch abseits der klassischen Orte diese ergänzenden, aber eigenständig agierenden Lebens- und Erfahrungsräume. Diese finden sie in den außerschulischen Angeboten der Kinder- und Jugendarbeit, aber auch in der Kulturellen Bildung vor. Denn diese ist ja nicht ein Ort, der sich wie eine Insel von der gesellschaftlichen Realität abhebt, sondern sie mischt sich als gesellschaftlicher Akteur auch selbst in die gesellschaftliche Gestaltung ein. Sie hat – das ist ihre „Bringschuld" – daher auch möglichst viele junge Menschen mitzunehmen und ihnen den Zugang zu ihren Chancen und Möglichkeiten zu eröffnen.

Hier hat die Politik immer wieder Impulse aus der Praxis aufgegriffen oder auch selber gesetzt, um so die Kulturelle Bildung als Teil des „wirklichen Alltags" zu verstehen und zu fördern. So war es eine logische Konsequenz, bei der Schaffung von Ganztagsschulen nicht den Blick auf die schulische Bildung, als rein unterrichtsbezogene Form, zu reduzieren. Vielmehr kam (und kommt) es auf den multiprofessionellen Angebotsmix an und darauf, zwischen unterrichtsbezogenen und außerunterrichtlichen (auch außerschulischen) Angeboten zu unterscheiden und sie zueinander in Beziehung zu bringen.

Beispiele hierfür sind vor allem:

>> Die Entdeckung der neuen Medien für die Kulturelle Bildung. Aktuell kommt die Herausforderung durch die Digitalisierung hinzu. Denn sie greift grundlegend in die kulturelle Praxis und ihre Teilhabemöglichkeiten ein und verändert die Kommunikation, das Verhältnis von öffentlich und privat, aber auch die individuellen Zugänge. Junge Menschen gehen anders und selbstverständlicher mit den Medien um; diese sind quasi ihre Alltagsbeschäftigung. Daraus ist auch für sie ein völlig neuer und eigenständig wirkender Kulturraum geworden mit eigenen Symbolen und Formaten. Dies konstruktiv zu nutzen und die Optionsvielfalt ebenso zu erkennen und zu gewichten wie den Risiken oder Verlusten zu begegnen, wird eine spannende Herausforderung für die Kulturelle Bildung sein. Die klassische Sozialpädagogik reagiert auf diese besondere Anforderung oftmals eher mit Hilflosigkeit. Konzepte einer kritischen Medienerziehung vor allem hinsichtlich einer gerechten Teilhabepolitik greifen zudem oft nicht tief genug (und können dies wahrscheinlich auch nicht). Es geht dabei nicht allein um einen kritischen Blick auf die Szene der Computerspiele. Ein solcher würde zu kurz greifen. Es geht vielmehr – und vor allem – darum, der vermuteten Produktion oder Verstärkung von Ungleichheit (Brenner 2010) durch medien- und sozialpädagogische Konzepte entgegenzuwirken und die Befähigung junger Menschen ins Zentrum der Kulturellen Bildung zu stellen.

>> Die seit langem praktizierte, aber verbesserungsbedürftige Kooperation von Schule und Einrichtungen der Kulturellen Jugendbildung. Hier ist die Einführung der Ganztagsschule ein weiterer grundlegender Schritt, der den Lernort Schule deutlich verändert und außerschulische Akteure in die Schulgestaltung einbezieht. Andererseits haben sich die Einrichtungen und Träger Kultureller Bildung auch den Schulen dadurch stärker geöffnet als in früheren Jahren. Sie bringen ihre Kompetenz in die Gestaltung des Ganztags ein. Ebenso hat sich aber auch die Bereitschaft der Schule erhöht, Kulturelle Bildung auch als ihren Auftrag zu verstehen und eigene Angebote zu entwickeln. Beispiele sind: Angebote

zur Verbindung von Sprachförderung und Singen oder Theater-Spielen; die Zusammenarbeit mit Museen; die Verbindung des Sportunterrichts mit künstlerischen Bewegungsformen durch die Einbeziehung des Tanzes, aber auch zwischen Literatur und Theater. Insbesondere in der Grundschule und der Sekundarstufe I sind Träger von Kultureinrichtungen und Jugendkunstschulen regelmäßiger Anbieter solcher Ansätze. Hierzu sind auch neue Formen der Zusammenarbeit entstanden, z.B. in NRW die Arbeitsstelle „Kulturelle Bildung in Schule und Jugendarbeit", angesiedelt bei der *Akademie Remscheid*, oder das Modellprojekt „Kultur macht Schule – Netzwerke der Kooperation" der *Bundesvereinigung Kulturelle Kinder- und Jugendbildung (BKJ)*.

>> Die Entwicklung neuer Förderbereiche, die die Kulturelle Bildung der klassischen Kultureinrichtungen ausweiten und besondere Angebote und Strategien entwickeln, um Kinder und Jugendliche aus allen sozialen Schichten zu gewinnen: Orchester proben zusammen mit Kindern, gehen teilweise in benachteiligte Stadtteile und zeigen Kindern Musik; Museen öffnen sich und entwickeln neue museumspädagogische Ansätze. Theater haben besonders durch ihre Kinder- und Jugendtheater längst attraktive Angebote für Kinder und Jugendliche entwickelt, die großen Zuspruch erfahren. Ein wichtiger Schritt in der Erweiterung der Möglichkeiten stellen die kostenlosen bzw. ermäßigten Eintritte in Museen oder Theater dar. Ergänzt wird dies durch neue Ansätze, wie z.B. den „Kulturrucksack" in Nordrhein-Westfalen. Dieser konzentriert sich auf die Altersgruppe der 10- bis 14-Jährigen und ermöglicht es den Kommunen, durch eine pauschale finanzielle Pro-Kopf-Förderung spezielle Angebote für bestimmte Zielgruppen vorzuhalten. Im kommunalen Raum gibt es bereits ähnliche Ansätze, z.B. in Moers, Nürnberg und Düsseldorf.

Abschluss und Perspektive

Trotz positiver Entwicklungen und eines mehr und mehr wachsenden Zusammenwirkens zwischen den verschiedenen Fachbereichen und Sparten bleibt die Sicherung der Förderung der Kulturellen Bildung eine permanente Herausforderung. Dies liegt vor allem an der Förderstruktur, die besonders dann zu Schwierigkeiten führen kann, wenn die öffentliche Hand – vor allem die Kommunen – in einer finanziell schwierigen Situation ist, entweder in der Haushaltssicherung oder im Nothaushalt. Dann reichen auch gesetzliche Grundlagen oftmals nicht aus, weil Kommunen gehalten sind, ihre Schwerpunkte so zu setzen, dass zunächst die gesetzlich verpflichtenden Aufgaben wahrgenommen werden müssen (siehe Dieter Rossmeissl „Kommunale Politik für Kulturelle Bildung" in diesem Band).

Das Kinder- und Jugendhilfegesetz und teilweise auch die Ausführungsgesetze der Länder haben die Kulturelle Bildung als Teil der Kinder- und Jugendarbeit aufgenommen. Das ist ein Gewinn. Diese Aufnahme sollte daher auch als eine wichtige Grundlage gesehen werden, mit der man Eingriffe in die Förderstruktur verhindern kann. Das geht auch über eine Festschreibung des Kinder- und Jugendförderplans bzw. des Landesjugendplans und dort – wo es sie gibt – auch lokaler Förderpläne. Nordrhein-Westfalen hat sich entschieden, den Kinder- und Jugendförderplan für eine ganze Legislaturperiode festzuschreiben, was zu der notwendigen Planungssicherheit führt, die die Träger benötigen, um verbindliche Partnerschaften und längerfristige Projekte auch angehen zu können. Damit entsteht eine große Sicherheit in der Förderung, die sich dann auch auf die kommunale Ebene auswirkt. Es stärkt die Kulturelle Jugendbildung auch in ihrem Prozess der Modernisierung, denn gerade in diesen Feldern ist sowohl eine rasche Veränderung erkennbar wie eine Expansion, eben weil sie an außerschulischen Lern- und Bildungsorten eine immer wichtiger werdende Rolle einnimmt.

Zum Weiterlesen

Brenner, Gerd (2010): Jugend und Medien. In: deutsche jugend, 3/2010, 103-113.

Bundesjugendkuratorium (BJK) – Sachverständigenkommission für den Elften Kinder- und Jugendbericht – Arbeitsgemeinschaft für Jugendhilfe (AGJ) (2002): Bildung ist mehr als Schule. Leipziger Thesen.

Deutscher Kulturrat (Hrsg.) (2010): Kulturelle Bildung: Aufgabe im Wandel. Berlin: Deutscher Kulturrat e.V.

Institut für Kulturpolitik der Kulturpolitischen Gesellschaft (Hrsg.) (2012): Jahrbuch für Kulturpolitik 2011. Bonn/Essen: Klartext.

Münder, Johannes/Meysen, Thomas/Trenczek, Thomas (Hrsg.) (2009): Frankfurter Kommentar SGB VIII Kinder- und Jugendhilfe. 6. Auflage. Baden-Baden: Nomos.

Rauschenbach, T./Borrmann, S./Düx, W./Liebig, R./Pothmann, J./Züchner, I. (2010): Lage und Zukunft der Kinder- und Jugendarbeit in Baden-Württemberg. Eine Expertise. Dortmund u.a.: o.V.

Rauschenbach, T./Leu, H. R./Lingenauber, S./Mack, W./Schilling, M./Schneider, K./Züchner, I. (2004): Konzeptionelle Grundlagen für einen Nationalen Bildungsbericht – Non-formale und informelle Bildung im Kindesalter. Berlin/Bonn: o.V.

Kerstin Hübner
Bildungspolitik für Kulturelle Bildung

So wie sich Kulturelle Bildung zentral und gleichberechtigt in den drei fachlichen Feldern Jugend, Kultur und Bildung bewegt, hat Politik für Kulturelle Bildung die Bezugsgrößen Jugendpolitik, Kulturpolitik und Bildungspolitik. Dieser Beitrag fokussiert die bildungs- und noch enger die schulpolitische Dimension, die im Wesentlichen von den Kultusministerien auf Länderebene verantwortet wird. Dabei wird im Folgenden zumeist „unterschlagen", dass auch die Bildungspolitik eine Erweiterung ihres Bildungsverständnisses auf informelle und non-formale Kontexte und hin auf das lebensbegleitende Lernen vollzogen hat. So beschränkt sie sich nicht mehr nur auf die formale Bildung, und entsprechend betreiben auch andere Ressorts, z.B. für Kultur und Jugend, Bildungspolitik.

Zuständigkeiten für und von Bildungspolitik

Bildungspolitik ist Sache der Bundesländer, findet aber in Verzahnung mit anderen politischen Ebenen statt. Im internationalen Rahmen ist die Ratifizierung von bildungspolitischen *UN*-Beschlüssen relevant, z.B. die Road Map for Arts Education der *UNESCO* aus dem Jahr 2006, welche die Bedeutung von Kunst und Kultur in der Bildung hervorhebt (UNESCO 2006b).

In der Verfassung der *Europäischen Union* werden unter den Koordinierungs- und Ergänzungsmaßnahmen unter anderem Kultur, Jugend sowie allgemeine Bildung aufgeführt; in diesen Feldern kann die *Europäische Union* unterstützend tätig werden (Deutscher Kulturrat 2005:25), z.B. mit ihrem wichtigen Förderprogramm SOKRATES. In den internationalen Zusammenhang gehört auch der Bologna-Prozess, den die Regierungen der *EU*-Länder miteinander vereinbart haben und mit dem die Hochschullandschaft in Europa verändert wurde (unter anderem durch Einführung von Bachelor- und Masterstudiengängen).

Nach Art. 30 Grundgesetz sind die Länder für Bildung und Kultur zuständig (Länderhoheit), was zusätzlich in den Landesverfassungen niedergelegt ist. Um für bestimmte Fragen gemeinsame Regelungen zu treffen, wurden 1959 die regelmäßigen *Kultusministerkonferenzen* eingeführt. Die KultusministerInnen haben z.B. 2007 in einem Beschluss Empfehlungen zur Kulturellen Kinder- und Jugendbildung formuliert und sich zu deren Förderung bekannt. Die Kulturelle Bildung wird dort als unverzichtbarer Beitrag zur Persönlichkeitsentwicklung junger Menschen und als herausragendes Zukunftsthema wertgeschätzt und in Schule und Kultureinrichtung, in Kita und Aus- wie Weiterbildung, Familie und Kommune verankert (KMK 2007). Im Dokument fehlen allerdings konkrete Maßnahmen und Verpflichtungen.

Die Länder übernehmen spätestens im Rahmen der Elementarbildung eine „offizielle" Bildungsverantwortung für Kinder. 2004 haben die *KMK* und die *Jugendministerkonferenz* einen „Gemeinsamen Rahmen der Länder für die frühe Bildung in Kindertageseinrichtungen" verabschiedet. Ausgehend von einem ganzheitlichen Förderansatz hat die ästhetische Bildung als musikalische Früherziehung, künstlerisches Gestalten und Medienerziehung in diesen Rahmen Eingang gefunden (Deutscher Kulturrat 2009:277). In Teilen haben die Länder gemeinsame Bildungs- und Erziehungskonzeptionen für Kinder von null bis zehn Jahren, d.h.

für Kita und Grundschule, erarbeitet, was die Kooperation der Ressorts für Jugendhilfe und Schule voraussetzt (z.B. Hessen, Mecklenburg-Vorpommern).

In der Hochschulpolitik hat sich die *KMK* beispielsweise 2005 auf „Ländergemeinsame Strukturvorgaben gemäß § 9 Abs. 2 HRG für die Akkreditierung von Bachelor- und Masterstudiengängen" verständigt, in die auch besondere Regelungen für künstlerische Studiengänge an Kunst- und Musikhochschulen aufgenommen wurden. An diesen Hochschulen, aber auch an denen, die KulturpädagogInnen, -managerInnen und -vermittlerInnen ausbilden, wird der Bologna-Prozess sehr unterschiedlich bewertet: Für den pädagogischen Teil, z.B. die Lehramtsausbildung, erscheinen die Praxisanteile zu gering und für die künstlerische Ausbildung das zweistufige System grundsätzlich nicht geeignet; die Breite der Studieninhalte ist zurückgegangen (Deutscher Kulturrat 2005:31). Neben Elementarbildung, Schule (s.u.) und Hochschule umfasst die Länderzuständigkeit auch die Weiter- und Erwachsenenbildung, geregelt in entsprechenden Gesetzen (siehe Wiltrud Gieseke „Kulturelle Erwachsenenbildung" in diesem Band).

Die Länder legen großen Wert auf ihre Autonomie im Kultur- und Bildungsbereich. Besonders fatal wurde dies 2004 in der „Gemeinsamen Kommission von Bundestag und Bundesrat zur Modernisierung der bundesstaatlichen Ordnung" (Föderalismuskommission) sichtbar, die letztlich ihr Ziel verfehlte und zum sog. Kooperationsverbot nach den neu gestalteten §§ 91b und 104a und b im GG führte (Deutscher Kulturrat 2005:6,33).

Während dem Bund 1969 die Zuständigkeit für die Hochschulen sowie die außerschulische Berufsbildung übertragen wurde, verblieben ihm nach der Föderalismuskommission z.B. lediglich die Kompetenzen zur Regelung der Hochschulzulassung und der Hochschulabschlüsse, von der die Länder abweichen können. Mit dem Bundesbildungsministerium besitzt der Bund dennoch ein Ressort, das bildungspolitische Aufgaben der Anregung und Förderung übernimmt (siehe Hildegard Bockhorst „Überblick für die Bundesebene: Rahmenbedingungen, Zuständigkeiten und Förderschwerpunkte von Jugend-, Kultur- und Bildungspolitik" in diesem Band).

Bis zur Föderalismusreform wurden Gemeinschaftsaufgaben kooperativ umgesetzt. So diente neben der *Kultusministerkonferenz* auch die *Bund-Länder-Kommission für Bildungsplanung und Forschungsförderung* dazu, die Bildungspolitiken von Bundesländern und Bund zu koordinieren. Ihr sind Meilensteine für die Kulturelle Bildung, wie der „Ergänzungsplan Musisch-kulturelle Bildung zum Bildungsgesamtplan" 1977 (siehe Peter Kamp „Konzeptionen und Empfehlungen Kultureller Bildung" in diesem Band) oder die zumeist auf fünf Jahre angelegten Modellvorhaben, die Bundesländer und Bund gemeinsam umsetzten, zu verdanken. Die vollzogene Föderalismusreform ist bis heute stark in der Kritik, auch wegen der Folgen für die Bildungsfinanzierung. Vorstöße zur Aufhebung des Kooperationsverbotes gibt es inzwischen auch auf Seiten der Bundesländer (Oelkers 2011).

Im Rahmen der kommunalen Selbstverwaltung haben die deutschen Städte und Gemeinden sowohl pflichtige als auch freiwillige Bildungsaufgaben. Ihre Entscheidungskompetenzen sind allerdings vor allem im Bereich Schule stark eingeschränkt, die Gestaltungsmöglichkeiten für den außerschulischen Bereich oder lokale Bildungslandschaften umso größer (Deutscher Städtetag 2007).

Schulpolitik für Kulturelle Bildung

Die allgemeinbildende Schule ist der Ort, an dem alle Kinder und Jugendlichen mit ästhetischer Bildung in Berührung kommen, weshalb sie im Zentrum dieses Beitrags steht. Die Schulgesetze, deren Grundlage die Landesverfassungen bilden, legen den Bildungsauftrag der Schule fest. Die damit verbundene Umsetzung wird in Rechts- und Verwaltungsvorschriften einschließlich der Bildungspläne geregelt. Diese sind allesamt mit ihren programmatischen Aussagen unmittelbar anschlussfähig zu den Konzepten Kultureller Bildung, denn Schule und Unterricht sollen unter anderem (soziale, personale, methodische, fachliche) Kompetenzen vermitteln, zu selbstständigem kritischem Urteil, eigenverantwortlichem Handeln und schöpferischer Tätigkeit befähigen, zu Toleranz und Achtung, Freiheit und Demokratie erziehen, ethische Normen sowie kulturelle Werte verständlich machen, die Bereitschaft zu sozialem Handeln und zu politischer Verantwortlichkeit wecken, zur Wahrnehmung von Rechten und Pflichten in der Gesellschaft befähigen (KMK 2004). Zudem wird gesetzlich die individuelle Förderung und die Persönlichkeitsentwicklung aller SchülerInnen und das Ziel der Chancengerechtigkeit proklamiert. Wertschätzung und Sicherung der kulturell-ästhetischen Bildung und Erziehung werden zum Ausdruck gebracht.

Kern der Schule ist der zumeist in Fächern organisierte Unterricht. Sowohl das Fach Musik als auch das Fach Kunst sind fester Bestandteil der Stundentafeln; Tanz ist in den Lehrplänen des Faches Sport verankert; das Fach Theater hat in fast allen Bundesländern Eingang in den Unterricht gefunden; Filmbildung findet sich in verschiedenen Fachplänen. Die *KMK* hat 2003 und 2004 mit Rahmenvereinbarungen zu den Unterrichtsfächern Musik und Kunst für alle Lehrämter entscheidende Qualitäten abgesteckt. Dort wird jeweils die Bedeutung dieser Fächer für die schulische Ausbildung der Kinder und Jugendlichen sowie das Profil der Schule unterstrichen (Deutscher Kulturrat 2005:125).

Die Ergebnisse der PISA-Studie führten zu einschneidenden Entwicklungen in der Schulpolitik. Diese internationale Vergleichsstudie konstatierte dem deutschen Bildungssystem nicht nur mittelmäßige Schülerleistungen. Viel prekärer ist der hochselektive Mechanismus des deutschen Bildungssystems: In keinem anderen Land ist der Bildungserfolg so wenig von den individuellen Potenzialen, sondern so sehr vom sozialen, ökonomischen und intellektuellen Status der Eltern abhängig. Bereits in der Schulpolitik der 1970er Jahre ging es darum, bildungsfernen Schichten den Zugang zu höherer Schulbildung und anschließendem Studium zu ermöglichen (Gründung von Universitäten, Gesamthochschulen und Fachhochschulen). Seit der Veröffentlichung der PISA-Studie geschieht dies unter einem veränderten Fokus – dem Leitbild des Wettbewerbs von SchülerInnen, Schulen, Programmen, Bundesländern etc. (Deutscher Kulturrat 2005:5f.).

Bildungsstandards und Strukturreformen

Die in Deutschland vorrangige Inputsteuerung (Lehrpläne) hat nicht zu den erwünschten Ergebnissen geführt. Dieses Problems hat sich die *KMK* infolge von PISA angenommen und nationale Bildungsstandards formuliert, um so die Unterrichtsqualität zu erhöhen und die Vergleichbarkeit schulischer Abschlüsse sowie die Durchlässigkeit des Bildungssystems zu sichern. Die nationalen Bildungsstandards „greifen allgemeine Bildungsziele auf und legen fest, welche Kompetenzen Schülerinnen und Schüler bis zu einer bestimmten Jahrgangsstufe an wesentlichen Inhalten erworben haben sollen" (KMK 2004:7). Sie konzentrieren sich auf Kernbereiche eines Faches und sind eine Mischung aus Inhalts- und Outputstandards, die individuelle Lernwege für die Zielerreichung zulassen. In den Ländern entstehen auf dieser Grundlage jeweils eigene Texte.

KritikerInnen weisen auf die Nähe zu herkömmlichen Lehrplänen hin. Auch fokussieren die Bildungsstandards vorrangig fachliche und kognitive Inhalte; interdisziplinäre, soziale, kommunikative und personale Kompetenzen finden nur wenig Berücksichtigung. So kann das Spezifische der ästhetischen Bildung nicht abgebildet werden (Niessen et. al 2008:4).

Als Grundlage von Bildungsstandards sind Unterrichtsziele und Kompetenzmodelle vonnöten, die beispielsweise in der Musik-, Kunst- oder Theaterpädagogik aber nicht vorliegen.

Bisher haben die ästhetischen Fächer keinen Eingang in die nationalen Bildungsstandards gefunden, was ein Fingerzeig auf die bildungspolitische Bedeutung dieser Fächer ist. Gleichwohl haben die Fachlehrerverbände für Kunst und Theater Entwürfe für Bildungsstandards erarbeitet.

Da der Bologna-Prozess in Deutschland zu lange Ausbildungszeiten konstatierte, entschieden sich alle Bundesländer für eine Verkürzung der Oberstufe, sodass die Schullaufbahn in der Regel nach zwölf Jahren bzw. acht Jahren Gymnasium endet. Parallel dazu hat der Diskurs um die Selektivität des deutschen Bildungssystems in einigen Ländern zur Erweiterung der Primarstufe (Einführung der Vorschule bzw. Verlängerung der Grundschule auf sechs Jahre) und Zusammenlegung der Schulformen Haupt- und Realschule geführt.

In allen Bundesländern wurde nach PISA der Ausbau der Ganztagsschule vorangetrieben. Der Ganztagsschule wird eine wichtige Rolle für mehr Teilhabe und Bildungsgerechtigkeit zugeschrieben, da hier im Besonderen individuelle und inhaltlich-methodisch breite Förderkonzepte realisiert werden können. Die Prioritäten werden in den Ländern auf offene, teilgebundene oder gebundene Ganztagsschulen ebenso unterschiedlich verteilt wie auf die verschiedenen Schulformen.

In den länderspezifischen Konzepten zur Ganztagsschule ist vorgesehen, dass die Zusammenarbeit mit der außerschulischen Kinder- und Jugendarbeit sowie dem sozialen Umfeld gesucht werden soll (Lebenswelt- und Gemeinwesenorientierung). Zusätzliche Lerngelegenheiten (z.B. Projekte, Arbeitsgemeinschaften) sowie sozialpädagogische Angebote (z.B. interkulturell, geschlechtspezifisch, ökologisch, partizipativ, freizeitorientiert) werden geschaffen. Dies eröffnet neue Möglichkeiten für Kulturelle Bildung, gerade für bisher in der Schule vernachlässigte Disziplinen wie Baukultur, Film und Tanz sowie die Medienpädagogik (Deutscher Kulturrat 2005:138). Die Herausforderung liegt für die Kulturelle Bildung darin, dass sie nicht zum Lückenfüller am Nachmittag und zum Ersatz für künstlerische Schulfächer wird. Auch ist es nicht im Interesse der Träger Kultureller Bildung, dass die SchülerInnen den ganzen Tag im Schulgebäude verbringen, sondern dass Kinder und Jugendliche andere Bildungsorte kennen lernen (Deutscher Kulturrat 2005:53).

Kooperation Kultur und Schule und Kulturelle Schulentwicklung

Schulen sollen zunehmend autonom handeln können und sind zugleich gehalten, sich zu profilieren – nicht zuletzt, weil sie sich im Wettbewerb mit anderen Schulen befinden. Die Schulpolitik ermöglicht dies, indem Schulen über Kooperations- und Schulschwerpunkte entscheiden können und Budgets erhalten.

Alle Schulgesetze, sehr prominent z.B. in Bayern, implementieren außerschulische Kooperationen, um Bildungs- und Freizeit-, Betreuungs- und Beratungsangebote zu erweitern. Neben Kultureinrichtungen, -vereinen und weiteren Trägern der Kulturellen Bildung zählen zu diesen Orten non-formaler Bildung auch z.B. Sportvereine, freie Träger der Jugendhilfe, kommunale und kirchliche Einrichtungen oder Weiterbildungseinrichtungen. Häufig wird der Ausbau der Kooperationspraxis nicht nur durch dezidierte Richtlinien, sondern auch mit Förderprogrammen und Modellprojekten möglich. Besonders weit verbreitet ist das Instrument der Rahmenvereinbarungen mit entsprechenden Zielen und Bedingungen der Zusammenarbeit, z.B. zwischen den Kultusministerien und Fachverbänden auf Landesebene (Musikschulen, Jugendkunstschulen, Bibliotheken etc.).

Es entstehen zudem, aus eigenem Antrieb der Schulen oder mit Hilfe entsprechender Unterstützungsprogramme der Kultusbehörden (z.B. Hamburg, Hessen, Rheinland-Pfalz), kulturaktive Profilschulen und Kulturschulen. Profilschulen richten sich auf einen bestimmten künstlerischen Schwerpunkt aus (z.B. Musikgymnasien); Kulturschulen zeichnen sich dadurch aus, dass sie kulturelle Praxis und ästhetisches Lernen grundsätzlich und in einer Spannweite an Sparten zum Ausgangspunkt ihrer Schulkultur machen (sieh Viola Kelb „Kulturelle Bildung und Schule" in diesem Band).

Bildungspolitische Aktualitäten

Europäischer und Deutscher Qualifikationsrahmen (EQR und DQR) haben das Ziel, die Qualifikationen, die das Bildungssystem eines Landes hervorbringt, systematisch einzuordnen und damit vergleichbar zu machen. Bildungsgänge und -abschlüsse zwischen den europäischen Staaten, aber auch innerhalb Deutschlands, sollen transparenter, Mobilität von Fachkräften gefördert werden. In die acht Niveaustufen des DQR werden alle Abschlüsse der Allgemeinbildung, der Hochschulbildung und der beruflichen Bildung einbezogen. Es wird deutlich, dass sich der DQR damit aktuell auf die formale Bildung konzentriert – hier aber unter Einbezug der künstlerischen Schulfächer.

Das non-formale und informelle Lernen soll perspektivisch in den DQR einbezogen werden, womit eine Bedeutungsaufwertung dieser Bildungsfelder verbunden ist. Die Umsetzung indes ist ungeklärt. Voraussetzung wäre, dass entsprechende Testinstrumentarien vorhanden sind. Die Debatte um den DQR ist, gerade für die außerschulische (Kulturelle) Bildung, zudem ambivalent: Mit der Einführung von Zertifizierungen – egal ob sich diese auf Einrichtungen oder auf die Kompetenzen von BürgerInnen beziehen – wären für die non-formale und informelle Bildung Normierung und Formalisierung verbunden. Ob darin z.B. ästhetisch-künstlerische Prozesse überhaupt abbildbar sind, wird bezweifelt.

Eine weitere Herausforderung könnte zu fundamentalen Veränderungen in der formalen Bildung führen. Mit der Ratifizierung der *UN*-Konvention über die Rechte von Menschen mit Behinderungen erkennt Deutschland unter anderem das Recht von Menschen mit Behinderungen auf Bildung ohne Diskriminierung an und verpflichtet sich zu einem inklusiven Bildungssystem, in dem der gemeinsame Unterricht von SchülerInnen mit und ohne Behinderung der Regelfall ist. Die inklusive Schule ist vom Grundsatz her eine Schule, die allen Kindern und Jugendlichen ungeachtet ihrer individuellen Voraussetzungen oder ihrer aktuellen Lebenslagen gleiche Bildungschancen eröffnet. Zentrales Prinzip der inklusiven Pädagogik ist die Individualisierung und die Wertschätzung von Diversität. Es käme darauf an, „neben der sprachlichen und logisch-mathematischen Intelligenz, auch musikalisch-rhythmische, bildlich-räumliche, körperlich-kinästhetische, inter- oder intrapersonelle sowie existenzielle Intelligenzen zu fördern. Die verschiedenen Angebote der kulturellen Bildung haben sich als besonders geeignet erwiesen, genau diese Lücken zu schließen und zu einer Erweiterung des schulischen Lern- und Leistungsbegriffs beizutragen, der hilfreich ist, den unterschiedlichen Begabungen der Schüler/-innen gerecht zu werden" (Burow 2010).

Bildungspolitische Strategien und Impulse

Die Länder haben sich des Themas Förderung der Kulturellen Bildung mit unterschiedlichen Maßnahmen angenommen. Den umfassendsten Überblick hierzu bietet das Fachportal www.kultur-macht-schule.de. An dieser Stelle seien Beispiele genannt:

>> „Kulturrucksack", „TuSch", „JeKi", „Ohrwurm-Projekt", „Literatur und Schule", „Klasse – wir singen!", „KIDS", „klasse.im.puls", „Artus" oder „Kultur und Schule" heißen Förderprogramme vor allem unter dem Schwerpunkt der Kooperation mit außerschulischen Bildungsträgern oder KünstlerInnen, die in Teilen von Kultur- oder Jugendressorts unterstützt oder verantwortet werden.
>> Ohne Beteiligung der Kultusministerien, ohne private und öffentliche Förderung (*Stiftung Mercator*, *Bundeskulturstiftung*) und ohne zivilgesellschaftliche Expertise (*BKJ*, *Deutsche Kinder- und Jugendstiftung*) wäre ein Modellprojekt wie „Kulturagenten für kreative Schulen" in Baden-Württemberg, Berlin, Hamburg, NRW und Thüringen nicht denkbar.
>> Eine besondere Anregungsfunktion haben die landauf, landab verbreiteten Wettbewerbsformate zu Kooperationen (z.B. „Kultur prägt!", „Kinder zum Olymp") oder kommunalen Gesamtkonzepte für Kulturelle Bildung.
>> Die Länder bieten berufsbegleitende Qualifizierungen, z.B. zum Filmlehrer, Weiterbildungsmaßnahmen, z.B. für fachfremd unterrichtende Lehrkräfte in den künstlerischen Fächern sowie kontinuierliche Fortbildung und Beratung von LehrerInnen und Schulen via Kultur-FachberaterInnen in Schulämtern, Mentorenprogramme für Nachwuchskräfte in kulturpädagogischen Berufen, praxisorientierte Leitfäden und Handreichungen, regionale Schulentwicklungskonferenzen.
>> Projektbüros Kulturelle Bildung, Bildungsbüros und landesweite Servicestellen (Hessen, Baden-Württemberg, NRW, Niedersachsen) sind regionale Anlaufstellen für die Förderung, Koordination und Qualifikation von Kooperation zwischen Schulen und Kultur.
>> In einigen Ländern wurden interministerielle Arbeitsgruppen der drei Ressorts Kultur, Jugend und Bildung gebildet (u.a. in Baden-Württemberg, Hessen, Niedersachsen, Sachsen). In Hamburg und NRW sind daraus gemeinsame Rahmenkonzepte für Kulturelle Bildung entstanden, in Mecklenburg-Vorpommern gemeinsame Empfehlungen zur Zusammenarbeit zwischen Schulen und Jugendhilfeträgern.
>> Zur Information haben alle Bundesländer Portale eingerichtet, von denen einige ausdrücklich als Wegweiser „Kultur und Schule" fungieren, wie der Kooperations-Kompass Kulturelle Bildung (Baden-Württemberg) oder das Kulturportal (Hessen).
>> Für die Qualitätsentwicklung, welche immer auch die ästhetische Bildung inner- und außerhalb der künstlerischen Schulfächer und die Kooperationspraxis zwischen Schule und Kultur einbezieht, stellen die Bundesländer Handlungsrahmen, Qualitätsanalysen, Besuche, Selbstevaluationsinstrumente oder Qualitätsagenturen zur Verfügung.
>> Bildungsberichterstattung leistet mittels einmaliger oder regelmäßiger Erhebung und Datenauswertung einen Beitrag zur Qualitätssicherung und Weiterentwicklung des Bildungswesens (z.B. „MUKUS, Studie zur musisch-kulturellen Bildung" in der Ganztagsschule Rheinland-Pfalz).
>> Begabten- und Exzellenzförderung spielt neben der Breitenförderung gerade auch in der Kulturellen Bildung eine wichtige Rolle (Wettbewerbe, Landesgymnasien, Hochbegabten-Akademien und Institute).

Zusammenfassend ist festzustellen: Die Bildungsreformdiskussion stellt für die Kinder und Jugendlichen, die interne Schulentwicklung wie die außerschulischen Träger eine besondere Chance dar. Sie wird allerdings sehr auf die Erarbeitung von Bildungsstandards sowie die Ausweitung von Ganztagsschulangeboten verengt. Da Kulturelle Bildung nicht direkt „verwertbar" ist, hat sie es besonders schwer, sich in der Bildungspolitik durchzusetzen. Auch wenn ihr verbal große Bedeutung beigemessen wird, findet sie keine systematische und flächendeckende Beachtung. Die schulbezogene Bildungspolitik ist nach wie vor auf die vermeintlich wichtigeren Kernfächer fixiert und setzt ihre Ressourcen dementsprechend einseitig ein. Künstlerisch-kultureller Fachunterricht, der immer häufiger von fachfremden Lehrkräften erteilt wird, ist seit Jahren in einer gefährdeten und randständigen Position. Zu leicht werden auf der anderen Seite die außerschulischen Kulturpartner auf (kostengünstige) Betreuungsangebote im Nachmittagsbereich reduziert.

Zum Weiterlesen

Bundesministerium für Bildung und Forschung (BMFSFJ) (Hrsg.) (2007): Zur Entwicklung nationaler Bildungsstandards. Eine Expertise. Bonn/Berlin: http://www.bmbf.de/pub/zur_entwicklung_nationaler_bildungsstandards.pdf (Letzter Zugriff am 27.08.12).

Burow, Olaf-Axel (2010): Warum brauchen wir kulturelle Bildung in der Schule? Ein Plädoyer: http://www.bpb.de/gesellschaft/kultur/kulturelle-bildung/59965/kulturelle-bildung-in-der-schule?p=all (Letzter Zugriff am 27.08.12).

Deutscher Städtetag (2007): Aachener Erklärung des Deutschen Städtetages anlässlich des Kongresses „Bildung in der Stadt": http://ec.europa.eu/education/migration/germany9_de.pdf (Letzter Zugriff am 27.08.12).

Fuchs, Max (2008): Kulturelle Bildung. Grundlagen – Praxis – Politik. München: kopaed.

Hoffmann-Ocon, Andreas/Schmidke, Adrian (Hrsg.) (2012): Reformprozesse im Bildungswesen: Zwischen Bildungspolitik und Bildungswissenschaft. Wiesbaden: VS.

Kultusministerkonferenz (KMK) (2004): Bildungsstandards der Kultusministerkonferenz. Erläuterungen zur Konzeption und Entwicklung: http://www.kmk.org/fileadmin/veroeffentlichungen_beschluesse/2004/2004_12_16-Bildungsstandards-Konzeption-Entwicklung.pdf (Letzter Zugriff am 27.08.12).

Niessen, Anne/Lehmann-Wermser, Andreas/Knigge, Jens/Lehmann, Andreas C. (2008): Entwurf eines Kompetenzmodells ‚Musik wahrnehmen und kontextualisieren': http://www.zfkm.org/sonder08-niessenetal.pdf (Letzter Zugriff am 27.08.12).

Oelkers, Jürgen (2011): Bildungsföderalismus und Kooperationsverbot: http://www.telekom-stiftung.de/dtag/cms/contentblob/Telekom-Stiftung/de/1520810/blobBinary/Expertise.pdf (Letzter Zugriff am 27.08.12).

Sekretariat der Ständigen Konferenz der Kultusminister der Länder in der Bundesrepublik Deutschland (KMK) (2007): Empfehlung der Kultusministerkonferenz zur kulturellen Kinder- und Jugendbildung: http://www.kmk.org/fileadmin/veroeffentlichungen_beschluesse/2007/2007_02_01-Empfehlung-Jugendbildung.pdf (Letzter Zugriff am 27.08.12).

United Nations Educational, Scientific and Cultural Organization (UNESCO 2006): Road Map for Arts Education: http://portal.unesco.org/culture/en/files/40000/12581058115Road_Map_for_Arts_Education.pdf/Road%2BMap%2Bfor%2BArts%2BEducation.pdf (Letzter Zugriff am 14.08.2012).

Wernstedt, Rolf/John-Ohnesorg, Marei (Hrsg.) (2010): Inklusive Bildung. Die UN-Konvention und ihre Folgen. Schriftenreihe Netzwerk Bildung. Berlin: http://library.fes.de/pdf-files/studienfoerderung/07621.pdf (Letzter Zugriff am 27.08.12).

Wolfgang Schneider
Kulturpolitik für Kulturelle Bildung

Kulturpolitik ist die gesellschaftliche Auseinandersetzung mit der Kulturlandschaft und will Infrastrukturen schaffen, um Kultur zu ermöglichen. Kulturpolitik für Kulturelle Bildung will die Rahmenbedingungen dafür schaffen, erhalten und ausbauen, dass Bildung mit und durch Kunst und Kultur gelingen kann. Im politischen Mehrebenensystem der Bundesrepublik Deutschland betrifft das die Kommunalpolitik, die Politik der Länder und des Bundes, vor allem aber auch die Zivilgesellschaft und eher im geringeren Maße den Markt.

Aber auch die KünstlerInnen und die KulturvermittlerInnen entfalten kulturpolitische Wirkung. Das Kunstwerk steht in Kommunikation mit dem Rezipienten. Und dieser Rezipient bringt seine Erfahrungen ein, lässt sich auf die Kommunikation mit dem Kunstwerk ein. Am Ende gelingt – im besten Falle – Bereicherung, Erkenntnis oder Erweiterung von Erfahrungen. Das ist eine der Grundlagen für Veränderungen, und zwar im Menschen selbst mit Blickrichtung auf die Welt. Kunst verändert niemals direkt und verträgt auch nicht so viele fremdbestimmte Kategorien, schon gar nicht didaktische Forderungen der Pädagogik. Deshalb geht es neben dem Handwerklichen, dem Können im eigenen Fach, immer auch um die inspirative Kraft von Kunst, die künstlerische Handschrift, die Subjektivität des Ausdrucks, die Komplexität des Kunstwerks.

„Kultur für alle" als unabgegoltene Forderung

Es geht also um eine Auseinandersetzung mit künstlerischen Ausdrucksformen, um eine Allgemeinbildung mit kulturpädagogischen Mitteln, um eine Heranführung an den Umgang mit Kunst und Kultur, um eine Verständnisförderung für künstlerische und kulturelle Phänomene, um eine Vermittlung künstlerischer Techniken. 1979 klang die daraus resultierende kulturpolitische Formulierung folgendermaßen:

> „Eine kritische Forderung alternativer Kulturpolitik ist das kulturelle Lernen. Über die Ausbildung aktiver Wahrnehmung mittels kultureller Medien soll jeder Mensch dazu befähigt werden, sich die ihm angebotenen Fertigkeiten und Informationen zu erwerben und nach Erlangung kultureller und sozialer Kompetenz selbst produktiv zu werden" (Hoffmann 1979:54).

Das von Hilmar Hoffmann formulierte Credo einer „Kultur für alle" wurde nicht nur durch die Kommunalpolitik als Slogan für eine neue Kulturpolitik aufgegriffen (siehe Hilmar Hoffmann/ Dieter Kramer „Kultur für alle. Kulturpolitik im sozialen und demokratischen Rechtsstaat" in diesem Band). In den mehr als drei Jahrzehnten bis heute gab es in der Tat gute Beispiele und noch mehr gute Absichtserklärungen. Dennoch konstatierte die *Kulturenquete* auch 2007 noch das Auseinandertreten von „Sonntagsreden und Alltagshandeln". Kulturelle Bildung ist in aller Munde, doch ein Konzept lebenslangen Lernens, das die bisher stark segmentierten Bildungsbereiche verzahnen und Kita, Schule, Berufs- und Hochschulbildung sowie allgemeine und berufliche Weiterbildung zu einem kohärenten, d.h. aufeinander aufbauenden und vor allem durchlässigen Gesamtsystem zu integrieren versucht, fehlt. Auch deshalb, weil sich die rigide Abgrenzung der verschiedenen Ressorts – Kulturpolitik, Bildungspolitik, Jugendpolitik – auf allen politischen Ebenen als kontraproduktiv darstellt.

Zahlreiche Akteure der Kulturellen Bildung (z.B. die *Bundesvereinigung Kulturelle Kinder- und Jugendbildung* (BKJ), der *Deutsche Kulturrat*, die *Kulturpolitische Gesellschaft* (KuPoGe), der *Deutsche Städtetag*, die *Bundesakademien für Kulturelle Bildung* in Remscheid, Trossingen und Wolfenbüttel, die *Kulturstiftungen* der Länder und des Bundes) haben sich seit Jahren theoretisch und in Modellversuchen eingehend mit dem Thema befasst und fundierte Konzepte vorgelegt. Von Ausnahmen abgesehen scheint es dennoch so, dass der Alltag der meisten Schulen und vieler Kulturinstitutionen noch nicht durch eine verbreitete Praxis Kultureller Bildung bestimmt ist – auch weil eine durchgreifende Kulturpolitik für Kulturelle Bildung noch keine Priorität genießt. Nach wie vor besteht ein krasses Missverhältnis zwischen Theorie und Praxis. Dies ist nicht hinzunehmen, denn Kunst und Kultur vermitteln sich nicht von allein.

Legitimation durch Transfereffekte?

Immer wieder wird betont, warum gerade dem kulturellen Bildungsbereich hohe gesellschaftliche Relevanz zukommt. In diesen Diskursen ist vermehrt zu beobachten, dass Plädoyers für Kulturelle Bildung sich eher von Transfereffekten als von den Künsten her legitimieren, wie etwa der Förderung von sozialen Kompetenzen, Schlüsselqualifikationen oder Interkulturalität. Mareike Elbertzhagen hat in ihrer kulturwissenschaftlichen Diplomarbeit an der *Universität Hildesheim* (Elbertzhagen 2010:71) allein 125 Argumente identifiziert. Eine Auswahl: Direkter Kunstbezug – Künstlerische Kompetenzen, Rezeptionskompetenzen, Teilhabe an Kunst und Kultur; Indirekter Kunstbezug – Kreativität, Interkulturelle Kompetenz, Gesellschaftliche Teilhabe; Kein Kunstbezug – Persönlichkeitsbildung, Schlüsselkompetenzen, Gesellschaftsfähigkeit.

Manchmal scheint es, als wäre Kulturelle Bildung so etwas wie ein Allheilmittel für die Probleme in der Gesellschaft. Hier besteht die Gefahr, Kulturelle Bildung zu instrumentalisieren. Elbertzhagen kommt zu dem Schluss: „Es bedarf vielmehr professioneller Konzepte, wie sich Kulturelle Bildung in die Gesellschaft einbringen kann. Dies bedeutet in Bezug auf Argumente, dass genau überlegt werden muss, was Kulturelle Bildung in welchen Kontexten wirklich leisten kann. Dass Kulturelle Bildung imstande ist, positiv auf die Gesellschaft und ihre einzelnen Mitglieder zu wirken, steht außer Frage. Eine naive Verherrlichung Kultureller Bildung führt ebenso wenig weiter, wie ihre Unterschätzung. Es sollte vielmehr um eine ganzheitliche Bildung des Menschen gehen als um die Konkurrenz zwischen verschiedenen Bildungsdomänen" (ebd.).

Kulturelle Bildung „ist auch Mittel der Integration", pointiert es die Koalitionsvereinbarung der Bundesregierung von 2009, Kulturelle Bildung „vermittelt Werte und Orientierung", postuliert der *Staatsminister für Kultur und Medien* im Bundeskanzleramt 2010, und 2011 propagiert die *BKJ* in ihrem Positionspapier „Kultur öffnet Welten – Mehr Chancen durch Kulturelle Bildung" das magische Dreieck „mit den Eckpfeilern Kultur, Bildung und Jugend" als Politikfeld. Die Zuschreibungen in Politik und Zivilgesellschaft sind evident, die Verortungen in der Praxis expandieren: Nordrhein-Westfalen ruft sich zum „Modelland" aus, die *Mercator-Stiftung* definiert ein „Themencluster" Kulturelle Bildung, die *BKJ* entwickelt ein „Modellprojekt" nach dem anderen, der Bund stiftet einen „Preis für beispielhafte Projekte" und auch die Freie und Hansestadt Hamburg sieht sich gern als „Modellregion".

Kulturpolitik für Kinder

Auffällig ist, dass Kulturelle Bildung zumeist Kulturpolitik für Kinder ist. Eine Studie (Schneider 2010) der *Universität Hildesheim* bestätigt diesen Trend. Dies ist Stärke und Schwäche zugleich – Schwerpunktbildung und Entwicklungsdefizit. Eine Erkenntnis ist, dass Kinder als Zielgruppe vor allem im Zusammenhang mit Kultureller Bildung kulturpolitische Berücksichtigung finden. Zumeist wird Kulturpolitik als Querschnittsaufgabe angesehen und offenbart zwei Seiten einer Medaille: die ästhetische Erfahrung, also die Teilhabe an Theater, Literatur, Bildender Kunst, Medien und Musik sowie die künstlerische Praxis, also die kulturpädagogischen Programme der Kultur- und Bildungseinrichtungen. Ein erstes Ergebnis der Studie ist deshalb auch ein klares Plädoyer für eine eigenständige Konzeption einer Kulturpolitik für Kinder, ihre Umsetzung auf allen politischen Ebenen sowie in der schulischen und außerschulischen Kulturellen Bildung.

Eine „Kulturpolitik für Kinder" in Deutschland bedarf der Sichtung von Beispielen aus Bund und Ländern. Selbstverständlich kann es aber nicht nur Aufgabe der staatlichen Kulturpolitik allein sein, für eine neue Zielgruppenorientierung Sorge zu tragen. Kulturpolitik in Deutschland ist nach wie vor auch eine kommunale Aufgabe, vor allem verankert in den Städten, aber auch in den Landkreisen und Gemeinden. Auch das wäre eine Untersuchung wert, was sich kommunal tut, wenn es um Kinder, Kunst und Kultur geht. Viele Maßnahmen des Bundes und der Länder kommen natürlich „unten" an. Aber viele Initiativen gehen auch von „unten" aus. Die Wechselwirkungen sind dabei nicht zu unterschätzen, insbesondere wenn man die Mischfinanzierungen in der kulturellen Infrastruktur – ob Projekt oder Institution – betrachtet. Selten ist es nur eine politische Ebene, die zur Förderung beiträgt. Und ganz besonders hervorzuheben wäre auch das Engagement der vielen freien Träger, der Vereine und Verbände, der ehrenamtlich Tätigen und der vernetzten Hauptamtlichen in Theater, Museen und Bibliotheken, in Musik- und Jugendkunstschulen, in den Landes- und Bundesvereinigungen der KünstlerInnen und KulturvermittlerInnen. Deren Rolle wird in der Politik auch weiterhin zu stärken sein; denn Politik kann nur dann erfolgreich Kulturpolitik betreiben, wenn diese auch im Alltag von Menschen umgesetzt wird. Und Kulturpolitik für Kinder bedarf der besonderen Verantwortung, weil sie auch Stellvertreterfunktion hat.

Die Bundesrepublik Deutschland versteht sich als „Kulturstaat" und im Wettbewerb des Kulturföderalismus sieht sich jedes der deutschen Bundesländer selbstverständlich als „Kulturland". Doch kann sich ein Bundesland deshalb auch schon als „Kulturland für Kinder" bezeichnen? Die Hildesheimer Studie will nicht ein Ranking sämtlicher Projekte und Programme, die von Landesministerien initiiert und unterstützt werden, vornehmen. Vielmehr interessieren programmatische Schritte und die dazugehörigen Fragestellungen. Ist eine Sensibilität für das Thema „Kulturpolitik für Kinder" vorhanden? Werden daraus auf der Ebene der Kompetenzfelder Konsequenzen gezogen? Inwieweit folgt von Seiten der politisch Verantwortlichen eine konzeptionelle Rahmensetzung für eine solche Politik?

Das vorbildliche Beispiel Hamburg und die beiden Länder Berlin und Nordrhein-Westfalen zeigen, dass die Teilhabe an Kultur durch eine dezidierte kulturpolitische Konzeption zur Aufgabe gemacht werden kann. Dies gilt im Besonderen für ein Recht auf Kunst und Kultur für Kinder. Die Verpflichtung der politisch Verantwortlichen zu einer kulturellen Daseinsvorsorge impliziert, dass besonders im Bereich Kinderkulturpolitik klare Konzepte formuliert werden müssen, die eine Unterstützung nicht nur auf Seiten der KulturpolitikerInnen verbindlich regeln und eine entsprechende finanzielle Förderung festlegen.

In der Kulturellen Bildung wird viel kooperiert (Theater mit Schulen, der Musikunterricht mit der Musikschule, die Museumspädagogik mit der Jugendkunstschule), aber die Kulturinstitutionen haben nicht ausreichend Personal, um eine flächendeckende Nachfrage zu generieren. Es wird viel projektiert, aber die Bildungsinstitutionen sind nicht bereit, Zeit, Räume und Mittel in angemessener Form bereitzustellen. Die Curricula der Schulen sind nicht auf künstlerische Praxis und kulturelle Teilhabe umgestellt. Die Stundentafeln sind nach wie vor der Allgemeinbildung verpflichtet und politisch zum Teil sakrosankt. Eine Kulturpolitik für Kinder braucht aber eine umfängliche Konzeption, einen politischen Wandel hin zur Kulturgesellschaft, die heute über das Zusammenleben von morgen entscheidet.

Im Bund mit der Kultur

Kulturelle Bildung war auch Gegenstand der *Enquete-Kommission* „Kultur in Deutschland" des Deutschen Bundestags. In ihren Handlungsempfehlungen von 2007 wird konstatiert, dass Kulturelle Bildung „unverzichtbarer, integraler Bestandteil von Bildung wie von Kultur" ist. Bund, Länder und Kommunen werden aufgefordert, in die Kulturelle Bildung zu investieren, Kultur- und Bildungseinrichtungen angeregt, Kooperationsvereinbarungen zu vereinbaren, und den Ländern wird empfohlen, die Fächer der Kulturellen Bildung qualitativ und quantitativ aufzuwerten. In einem Sondervotum hat der Verfasser als Sachverständiges Mitglied der *Kulturenquete* für einen eigenen Lernbereich „Kulturelle Bildung" plädiert, der Kunst, Musik, Film, Theater und Literatur miteinander vereint (Deutscher Bundestag 2008). Hochschulen werden angeregt, Kulturvermittlung in den Curricula zu verankern. Auch die *Kinderkommission* des Deutschen Bundestages kommt 2009 zu dem Schluss, dass Kulturelle Bildung auf die politische Agenda gehört und empfiehlt der *Kultusministerkonferenz* einen diesbezüglichen Ausschuss.

Bundes- und länderpolitisch übergreifend arbeiten die *Kulturstiftung der Länder* und die *Kulturstiftung des Bundes* auch im Bereich der Kulturellen Bildung unter anderem mit den Großvorhaben „Jedem Kind ein Instrument" und „Kulturagenten für kreative Schulen". 2003 startete die *Kulturstiftung der Länder* die Bildungsinitiative „Kinder zum Olymp", mit der die „kulturelle Bildung besser im Alltag von Schulen oder auch Kindergärten sowie im Bewusstsein der Öffentlichkeit" verankert werden soll. Mit Publikationen, Kongressen und dem Wettbewerb „Schulen kooperieren mit Kultur" regt die *Kulturstiftung* neue Initiativen an und baut Netzwerke auf und aus.

Stadt und Land, Hand in Hand

Länder und Kommunen arbeiten zudem an Konzeptionen für die Kulturelle Bildung, um die inhaltlichen und organisatorischen Voraussetzungen für eine Stärkung dieses Praxisfeldes zu schaffen. Die Bundeshauptstadt hat ebenso wie der Stadtstaat Hamburg oder die bayerische Landeshauptstadt einen Prozess eingeleitet, der die besondere Entwicklung von Kultureller Bildung als politische Querschnittsaufgabe fördern soll. Im Rahmenkonzept für Berlin von 2008 ist zu lesen: „Ziel kultureller Bildung ist es daher, Kinder und Jugendliche zu befähigen, am kulturellen Leben der Gesellschaft aktiv und selbstverantwortlich teilnehmen zu können. Dazu gehören das Vertrautwerden mit der Kunst als Sprache, die Sensibilisierung auf Kunst hin ebenso wie das Verständnis für den Eigenwert von Kunst, die sich jeglicher Verzweckung verweigert, die Freisetzung schöpferischer Kräfte und Phantasien durch die Ausbildung künstlerisch-ästhetischer Ausdrucksformen. Ein ganzheitliches Verständnis kultureller Bildung begreift den Menschen daher immer im Zusammenspiel seiner kognitiven, sinnlichen, emotionalen und ästhetischen Aneignungsweisen und zielt darauf, diese individuell zu fördern und auszuprägen" (Schneider 2010b:152).

Programmatisch versteht sich auch die Konzeption „Kulturelle Bildung für München" von 2009. Kulturelle Bildung wird als ganzheitliche und vielfältige Aktivität und Erfahrung beschrieben, die sich im Wechselspiel und in der Verantwortung von kulturellen, schulischen, jugendbildenden und familiären Handlungs- und Wirkungsfeldern realisieren. Besonders herausgestellt wird die Rolle der Künste. „Die Instrumentalisierung von Kunst und Kultur – egal zu welchem Zweck – widerspricht deren Wesen. Kulturelle Bildung darf künstlerische Produktion und Rezeption nicht pädagogischen oder didaktischen Zielen unterordnen" (Schneider 2010b:167).

Auf Länderebene kamen in jüngster Zeit weitere kulturpolitische Manifeste zur Veröffentlichung. „Kultur 2020. Kunstpolitik für Baden-Württemberg" beschreibt unter dem Titel „Kulturelle Bildung – Den ganzen Menschen stärken" Fantasie und Kreativität als grundlegende Faktoren zeitgemäßer Bildung. Ein Bündnis für Kulturelle Bildung soll die institutionelle Rahmung vornehmen. „Um die Potentiale der schulischen und außerschulischen Kulturellen Bildung wechselseitig fruchtbar zu machen, wird von Kultusministerium und Kunstministerium ein Bündnis für Kulturelle Bildung initiiert, das gemeinsam mit den Kommunen als Schulträgern und den Kultureinrichtungen auf möglichst vielen Ebenen ansetzt" (Baden-Württemberg 2010:40). Nordrhein-Westfalen gehört seit Jahrzehnten zu den Schrittmachern Kultureller Bildung auch im Bundesmaßstab. Jüngste Initiativen sind die „Arbeitsstelle Kulturelle Bildung in Schule und Jugendarbeit" und das 2012 eingeführte Landesprogramm „Kulturrucksack" mit kostenlosen bzw. kostenreduzierten Angeboten speziell für Kinder und Jugendliche zwischen zehn und 14 Jahren (siehe Klaus Schäfer „Jugendpolitik und Kulturelle Bildung" in diesem Band). Kulturelle Bildung steht auch an erster Stelle der Kulturpolitik des Landes Niedersachsen, zumindest wenn es um die Formulierung von Zielen und Schwerpunkten geht. Ein erster Kulturbericht belegt, dass es die großen Institutionen in den großen Städten sind, die die großen Anteile des Kulturhaushaltes erhalten. Als ausbaufähig wird allerdings die Kulturelle Bildung gesehen, die es zu intensivieren gelte.

Von der Kulturbildung zur Interkulturalität

Mittels Kultureller Bildung soll auch die interkulturelle Öffnung von Kultureinrichtungen forciert werden. Menschen mit Migrationshintergrund sollen Zugang zum und Teilnahme am kulturellen Leben ermöglicht werden. Diversity-Management wird für Theater, Museen und Kulturzentren gefordert. Im „Nationalen Aktionsplan Integration" der Bundesregierung werden vor allem die Länder ermutigt, der kulturellen Integration eine hohe Bedeutung beizumessen und ihre Kulturpolitik konsequent international auszurichten. „Interkulturalität und internationale Orientierung müssen überall selbstverständlich sein" (Bundesregierung 2011:464).

Kulturpolitisch ist in Sachen Kulturelle Bildung in Deutschland einiges in Bewegung gekommen. Allerdings fehlen noch der große Wurf, die konzertierte Aktion, der grundsätzliche Wille, entscheidende Veränderungen herbeizuführen, von der Produktionsorientierung umzuverteilen auf die Rezeptionsförderung. Der Präsident des Deutschen Bundestages, Norbert Lammert, teilt diese Skepsis und hat sich 2012 an exponierter Stelle („Bunte" 4/2012:90) warnend in die Debatte eingemischt: „Es gibt eine notorische Unterschätzung der Bedeutung von Kultureller Bildung im Verhältnis zur sonstigen allgemeinen beziehungsweise beruflichen Ausbildung. Das ist nach meiner Überzeugung die Achillesferse des deutschen Kultursystems.

Durch jahrelange Vernachlässigung der Kulturellen Bildung sowohl auf der Angebots- wie auf der Nachfrageseite wächst nicht das nach, was diese Kultureinrichtungen zum Überleben brauchen: nämlich Leute, die in Zukunft Mitglieder von Orchestern werden oder Theater spielen können, die Bücher schreiben, und umgekehrt Leute, die sich für diese Angebote interessieren" (Lammert 2012:90).

Zum Weiterlesen

Arbeitsstelle Kulturelle Bildung in Schule und Jugendarbeit NRW: www.kulturellebildung-nrw.de

Deutscher Bundestag (Hrsg.) (2008): Kultur in Deutschland. Schlussbericht der Enquete-Kommission des Deutschen Bundestages. Regensburg: Con Brio.

Hoffmann, Hilmar (1979): Kultur für alle. Perspektiven und Modelle. Frankfurt/M.: S. Fischer.

Schneider, Wolfgang (2010): Kulturpolitik für Kinder. Eine Studie zum Recht auf ästhetische Erfahrung und künstlerische Praxis in Deutschland. München: kopaed.

Oliver Scheytt
Pflichtaufgabe, Grundversorgung, Infrastruktur: Begründungsmodelle der Kulturpolitik

Kulturpolitik bedarf einer integralen Begründung, deren inhaltliche Bezugsfelder die Künste, die Kulturelle Bildung und die Geschichtskultur bilden. Die Künste stärken den Eigen-Sinn, Kulturelle Bildung fördert soziale Handlungskompetenz. Geschichtskultur reflektiert Historie im Spektrum von Bildung, Wissenschaft und Ästhetik.

Kulturpolitische Diskussionen haben sich in den letzten Jahrzehnten immer wieder an „Leitvokabeln" festgemacht. „Kulturelle Vielfalt" und „kulturelle Teilhabe" etwa beschreiben Auftragslagen des kulturpolitischen Pflichtenheftes. Eine durchgehende Diskussion gibt es in Bezug auf die Rolle des Staates und der Kommunen im kulturellen Leben. Eine juristische Begründungslinie knüpft an der Frage an, ob Kulturarbeit eine freiwillige Leistung oder eine Pflichtaufgabe sei. Eine kulturpolitische Begründungslinie basiert auf den Leitbegriffen „kulturelle Grundversorgung" und „kulturelle Daseinsvorsorge". In den letzten Jahren gibt es eine integrale Begründungslinie, die an der Begrifflichkeit der „kulturellen Infrastruktur" festgemacht wird und insbesondere in den Diskussionen der *Enquete-Kommission* „Kultur in Deutschland" des Deutschen Bundestages (2003-2007) entwickelt wurde.

Bei der Rollenbeschreibung von Staat und Kommunen in den drei Sektoren Staat, Markt und Gesellschaft, die jeweils ihren eigenen Beitrag zur kulturellen Infrastruktur leisten, finden sich Elemente der Diskussion um die Pflichtaufgabe wie die Grundversorgung wieder (siehe Norbert Sievers „Kulturelle Bildung zwischen Staat, Markt und Zivilgesellschaft" in diesem Band). Daher soll in diesem Beitrag anhand der drei wesentlichen Begründungsstränge auch ein Rückblick auf die Geschichte integraler kulturpolitischer Begründung gegeben werden:

1. Die juristische Diskussion der „Pflichtaufgabe Kultur" hat Teilerfolge insoweit erzielt, als die Kulturelle Bildung heute in der Regel nicht mehr als freiwillige Leistung eingestuft wird. Hier hat die Differenzierung zwischen den Künsten auf der einen Seite und der Kulturellen Bildung auf der anderen Seite Wirkung gezeigt. Eine offene Aufgabe bleibt die Hereinnahme einer kulturellen Staatszielbestimmung in das Grundgesetz. Doch zeigt sich, dass die Vorschriften der Landesverfassungen und der Gemeindeordnungen hinreichende Anknüpfungspunkte bieten, Kultur aus dem Reich der „freiwilligen Leistung" herauszuführen, zumal es weitere verpflichtende gesetzliche Regelungen gibt, wie etwa das Sächsische Kulturraumgesetz.
2. Die Diskussion um die kulturelle Grundversorgung und die kulturelle Daseinsvorsorge hat vor allem mit Blick auf die Begründung der Kulturellen Bildung als (politische) Pflichtaufgabe ihre Wirkung nicht verfehlt. Der Begriff der „kulturellen Grundversorgung" hat Eingang in zahlreiche kulturpolitische Texte, in die kulturjuristische Literatur und in Parteiprogramme und Koalitionsvereinbarungen gefunden.
3. Der Begriff der „kulturellen Infrastruktur" ermöglicht eine Gesamtbetrachtung und eine Integration der juristischen und der kulturpolitischen Argumentationslinien. Er ist neutraler (allerdings auch offener) und kann daher für verschiedene Handlungs- und Anwendungsfelder „politisch aufgeladen" werden.

Im Mittelpunkt kulturrechtlicher Erörterungen stand in den letzten drei Jahrzehnten vor allem ein zentrales Thema: die Diskussion darüber, ob Kulturarbeit als „freiwillige Leistung" oder als „Pflichtaufgabe" einzuordnen sei. Nach einer Phase polarisierender Debatten in der juristischen Literatur zwischen BefürworterInnen einer pflichtigen „Aufgabe Kultur" (vor allem Ernst Pappermann und Peter Häberle) und entschiedenen VerfechterInnen der „Freiwilligkeit" (Steiner 1984:24) hat sich die Diskussion heute ausdifferenziert. Zum einen ist deutlich herausgearbeitet worden, dass die unterschiedlichen Bereiche der Künste (Theater, Kunstförderung, Museen etc.) und der Kulturellen Bildung (Musikschulen, Jugendkunstschulen, Volkshochschulen, Bibliotheken etc.) sehr unterschiedliche rechtliche Bezugspunkte haben. Zudem gibt es mitunter Spezialgesetze etwa zu den Musikschulen und Volkshochschulen, inzwischen auch zu den Bibliotheken. Des Weiteren gibt es einige spezialgesetzliche Regelungen wie etwa das Sächsische Kulturraumgesetz mit dessen § 2 Abs. 1: „Im Freistaat Sachsen ist die Kulturpflege eine Pflichtaufgabe der Gemeinden und Landkreise."

Doch auch ohne dezidierte Vorgaben kann eine Kulturaufgabe pflichtigen Charakter haben, was sich schon aus zahlreichen Bestimmungen des Landesverfassungsrechts ergibt. In nahezu allen Bundesländern sind der Schutz, die Pflege und die Förderung von Kunst und Kultur als staatliche Aufgabe mit Verfassungsrang festgelegt. Diese Staatszielbestimmungen in den Landesverfassungen enthalten zwar keine subjektiven, einklagbaren Ansprüche, konstituieren aber eine allgemeine Pflicht zur Förderung der Künste, der Kulturellen Bildung und des kulturellen Erbes.

Wenn sich eine Kommune etwa auf die Förderung privater Anbieter von Kulturveranstaltungen konzentriert und sie auf diese Weise ein vielfältiges Veranstaltungsangebot sicherstellen kann, kann sie damit auch dem Kulturauftrag gerecht werden. Bei der Ausgestaltung des Systems der öffentlichen Einrichtungen und der von der Kommune zu verantwortenden kulturellen Infrastruktur kommt den Bedürfnissen der EinwohnerInnen und deren Ermittlung besondere Bedeutung zu. Das kulturelle Wohl der EinwohnerInnen, auf das die Gemeinde- und Kreisordnungen abstellen, ist der entscheidende Maßstab für die Ausgestaltung des Systems an öffentlichen Kultureinrichtungen der Kommunen. Was die Kommunen im Einzelnen im Rahmen der Kulturarbeit unter Berücksichtigung der Einwohnerinteressen initiieren, ist damit der Ermessensentscheidung der örtlichen Gemeinschaft übertragen. Kulturarbeit ist generell eine pflichtige Selbstverwaltungsaufgabe. Konkret entscheiden die Gemeindeorgane über die Ausgestaltung der Kulturangelegenheiten im Einzelnen weitgehend nach freiem Ermessen. Der *Deutsche Städtetag* spricht insoweit von einer „politischen Pflichtaufgabe", einer Pflicht zur Gestaltung des kulturellen Angebotes. Die notwendige kulturpolitische Prioritätensetzung bedarf eines fortlaufenden Gestaltungsprozesses unter Einbeziehung der BürgerInnen und der „kulturellen Öffentlichkeit" (eine Schlüsselkategorie im Kulturentwicklungsplan der Stadt Bremen, einem der ersten in Deutschland). Damit lässt sich festhalten, dass der Kulturauftrag der Kommunen ein kulturpolitisch zu konkretisierender Kulturgestaltungsauftrag ist, dem sich Städte, Kreise und Gemeinden stellen müssen. Sie haben ihre Verantwortung für die Sicherung der kulturellen Infrastruktur aktiv wahrzunehmen.

Kulturpolitische Begründungslinie: „Kulturelle Grundversorgung/Daseinsvorsorge"

Der Begriff „kulturelle Grundversorgung" ist seit Mitte der 1990er Jahre ein zentraler Begriff in kulturpolitischen Begründungen und Diskussionen. Bis heute ist er ein wichtiges Element kulturpolitischer Begründungen geblieben, in den letzten Jahren zunehmend überlagert vom Begriff der „kulturellen Infrastruktur", nicht zuletzt auch durch die *Enquete-Kommission Kultur*, bei deren intensiven Debatten sich der Begriff der „kulturellen Infrastruktur" als zentraler Leitbegriff herausgeschält hat. Demgegenüber hat der Begriff der „kulturellen Grundversorgung" insbesondere im Bereich der einrichtungsbasierten Kulturellen Bildung (Musikschulen, Jugendkunstschulen, Volkshochschulen etc., z.B. im § 11 Weiterbildungsgesetz NRW) große Akzeptanz gefunden.

Strukturen zu konstituieren, die Freiräume für individuelle künstlerische Entfaltung ermöglichen, ist Aufgabe der öffentlichen Hand. Kulturelle Grundversorgung äußert sich in von der öffentlichen Hand (mit-)garantierten Angeboten an das Individuum. Diese Angebote zielen auf etwas, das sich im Englischen vielleicht besser ausdrücken lässt als im Deutschen: auf Cultural Empowerment. Bei der „kulturellen Grundversorgung" geht es im Kern darum, kulturelle Leistungen, Einrichtungen und Qualitätsstandards in einer Weise zu werten und zu verteidigen, dass ihre Bedeutung als conditio sine qua non zur Sicherung der Grundlagen unseres Kulturlebens nachvollziehbar wird.

Für die Einlösung der beiden konstitutiven kulturpolitischen Leitmotive „Kulturelle Teilhabe" und „Kulturelle Vielfalt" (also „Kultur für alle" und „von allen") hat die öffentliche Hand eine Garantiefunktion. Sie hat für deren Einlösung Verantwortung, die sie selbstverständlich im Zusammenspiel mit Wirtschaft und Zivilgesellschaft wahrnehmen sollte. Alle Erfahrung lehrt, dass Markt und Bürgerschaft allein nicht die notwendigen Ressourcen aufbringen, um kulturelle Teilhabe und Vielfalt für alle KulturbürgerInnen (und eben nicht nur die BildungsbürgerInnen) sicherzustellen.

Kulturelle Grundversorgung sollte deshalb mit dem Konzept einer „aktivierenden Kulturpolitik" (hierzu grundlegend Scheytt 2008) korrespondieren: Der „aktivierende Staat" garantiert ein qualifiziertes, rechtlich wie finanziell planvoll gesichertes kulturelles Angebot unter Einbeziehung von Akteuren aus der Zivilgesellschaft und der (Kultur-)Wirtschaft. Dem liegt ein Gemeinwohlverständnis zugrunde, das auf Inklusion aller Gesellschaftsmitglieder zielt und insofern mehr als die Summe der um Verteilungsgewinne konkurrierenden Partialinteressen umfasst.

Die Garantiefunktionen, die an eine so verstandene kulturelle Grundversorgung gekoppelt sind, bedeuten nicht, dass ausschließlich die öffentlichen Hände kulturelle Verantwortung wahrnehmen. Staat und Kommunen sollen aber dafür einstehen, dass ihre kulturellen Leistungen und Einrichtungen auch in schwierigen Zeiten gesichert werden. Grundlegend dafür ist, dass sich die politisch Verantwortlichen der Definition des öffentlichen (Kultur-)Auftrages bewusst bleiben und ihn mit Blick auf die gesellschaftliche Entwicklung und das kulturelle Engagement von Bürgergesellschaft und Wirtschaft fortwährend reflektieren. Dieser elementare Gedanke gerät angesichts einer nicht immer hinreichend differenzierten Diskussion um Kommunitarismus, sponsorship und Privatisierung von Kultureinrichtungen bisweilen aus dem Blickfeld.

Festzuhalten ist, dass die Begriffe der kulturellen Grundversorgung und kulturellen Daseinsvorsorge die „staatliche Seite" des kulturellen Lebens in den Blick nehmen und auf die „Gewährleistung einer kulturellen Infrastruktur" im öffentlichen Interesse abzielen. Kultur wird mit ihren Handlungsfeldern – den Künsten, der Kulturellen Bildung und der Geschichtskultur – als ein „öffentliches Gut" erfasst, für das (öffentliche) Verantwortung zu übernehmen ist.

Umfassende/ganzheitliche Begründung: Kulturelle Infrastruktur

Will man Freiräume für Kunst und Kultur sichern und verteidigen, so kann die Begründung der kulturellen Grundversorgung im Kontext der (politischen) Gestaltung der kulturellen Infrastruktur entscheidende Erkenntnisse bringen. Der schon länger (vgl. nur Fohrbeck/Wiesand 1989) geläufige Begriff der „kulturellen Infrastruktur" hat sich im kulturpolitischen Wortschatz etabliert. Er ist vor allem für eine Gesamtsicht auf das Zusammenwirken von Staat, Markt und

Gesellschaft und die verschiedenen Rollen des Bürgers als Souverän, Engagierter und Nutzer sehr gut geeignet, weil er neben den kulturellen Aktivitäten verschiedener Träger auch Stiftungen oder andere Institutionen der Zivilgesellschaft sowie die Angebote bzw. Anbieter der Kulturwirtschaft erfasst. Allerdings hat das Wort für sich genommen (ganz anders als etwa die „Pflichtaufgabe") noch keine normativ-politische Dimension, die ihm erst zugeordnet werden muss.

Zur Ausgestaltung der kulturellen Infrastruktur bedarf es des Nachdenkens über die Auftragsgrößen, von denen ausgehend kulturpolitisches Handeln zu begründen ist. Als zentrale Gesichtspunkte möchte ich hervorheben:
>> die Sicherung künstlerischer Entfaltungsmöglichkeiten und eines nachhaltig zu sichernden Bestandes kultureller Leistungen, Angebote und Einrichtungen, was diese Institutionen als Gesamtheit umfasst und nicht nur Teile ihrer Arbeit;
>> die Entfaltung ästhetischer Wahrnehmung und die Förderung der kreativen Selbsttätigkeit möglichst vieler Individuen;
>> die Wahrung des offenen und möglichst chancengleichen Zugangs vor allem zu den Einrichtungen und Angeboten der Kulturellen Bildung;
>> die Gewährleistung von Offenheit und Vielfalt in Kunst und kultureller Produktion, und das heißt auch: die Förderung von Innovativem, Irritierendem und Kreativem, das es schwer hat, sich durchzusetzen.

Bei diesen Kriterien geht es letztlich um die Gewährleistung struktureller und finanzieller Freiräume für Kunst und Kultur. Diese können, wie Rechtssprechung und juristische Praxis zu Artikel 5 Absatz 3 des Grundgesetzes (Kunstfreiheitsgarantie) zeigen, in sinnvoller Weise durch Rechtsnormen flankiert und gesichert werden: Die Bestimmungen zur Kulturförderung in den Landesverfassungen oder auch die Festschreibung der Kultur als Pflichtaufgabe im Sächsischen Kulturraumgesetz normieren einen allgemeinen Rahmen und eine Auftragslage zur Kulturförderung, ohne die Kultur in ein Korsett gestaltungsfeindlicher Verrechtlichung und Bürokratisierung zu schnüren.

Der öffentliche Kulturauftrag mündet in einen Kulturgestaltungsauftrag, der aktives staatliches und kommunales Handeln erfordert. Der Konsens zur Sicherung der kulturellen Infrastruktur lässt sich in folgenden vier Schritten konstituieren:

Zunächst ist der öffentliche Kulturauftrag unter Berücksichtigung der Spezifika des jeweiligen Gestaltungsfeldes der Kulturpolitik (Künste, Kulturelle Bildung, Geschichtskultur) herauszuarbeiten, da die Kultur in Deutschland in den verschiedenen Handlungsfeldern eine sehr unterschiedlich ausgeprägte Infrastruktur aufweist. Der Infrastrukturauftrag, der als Basis für den politischen Konsens dient, lässt sich mit Blick auf die einzelnen Gestaltungsfelder stichwortartig mit folgenden zentralen kulturpolitischen Auftragsgrößen skizzieren:
>> Die kulturelle Infrastruktur sollte im Hinblick auf die Kulturelle Bildung so ausgestaltet sein, dass die Kulturkompetenz jedes Einzelnen nach seinen eigenen individuellen Fähigkeiten optimal gefördert wird. Sie sollte Einrichtungen, Leistungen und Angebote umfassen, die jedem Bürger die Möglichkeit geben, seine individuellen künstlerischen und kulturellen Fähigkeiten frei zu entfalten. Unbedingt sollte die kulturelle Infrastruktur einen offenen und möglichst chancengleichen Zugang zur Kulturellen Bildung mit ihren schöpferischen und künstlerischen Impulsen gewährleisten.
>> Die kulturelle Infrastruktur sollte im Hinblick auf die Künste dem Experiment Raum geben und den Eigensinn der Individuen stärken. Sie sollte künstlerische und kulturelle Produktion in Offenheit und Vielfalt gewährleisten sowie die Förderung von Innovativem, Irritierendem und Kreativem.

>> Die kulturelle Infrastruktur sollte mit der Förderung der Geschichtskultur die gesamte Spannbreite der Inszenierung von Historie im Spektrum von Aufklärung und Bildung, Wissenschaft und politischer Verantwortung, Ästhetik und spielerischer Aneignung umfassen. Sie sollte auf ein umfassendes Geschichtsbewusstsein abzielen, damit jeder Einzelne Vergangenheit und Gegenwart begreifen und zukunftsorientiert reflektieren kann.

Aus diesem Infrastrukturauftrag lässt sich im kulturpolitischen Diskurs eine Programmatik in Form von Zielen und Standards zur Sicherung bestimmter Qualitäten der Infrastrukturleistungen ableiten und festlegen. Ohne eine Diskussion, Beschreibung und ggf. Festlegung von (Qualitäts-) Standards würde die Gewährleistung der kulturellen Infrastruktur vielfach leer laufen.

Infrastruktur kann nicht „irgendwie" sichergestellt werden, sondern sollte eine je nach Handlungsfeld generell zu umschreibende Qualität haben (ein Beispiel ist der Strukturplan des *Verbandes deutscher Musikschulen* (*VdM*), der eine Grundstruktur der Musikschulen mit einem ausreichenden Fächerangebot und einer bestimmten Qualität von MusikschullehrerInnen vorsieht) oder eine im Einzelfall gegebenenfalls vor Ort in Zielen für die Infrastrukturleistung festzulegende Qualität aufweisen (zum Beispiel Theater mit eigenem Ensemble in bestimmter Größe oder lediglich Gastspieltheater).

Dabei kann es weder darum gehen, dass Standards jeweils mit Blick auf ein zu garantierendes „Minimum" ausgerichtet werden, noch, dass die im Kulturbereich so wichtige kulturelle Vielfalt durch „Gleichmacherei" in Form von Standards abgelöst wird. Es liegt in der Verantwortung der jeweiligen kommunalen und staatlichen Träger, wie Standards zu definieren und zu erfüllen sind. Auch muss im Einzelfall beachtet werden, welches Angebot vor Ort bereits vorhanden ist und wie das jeweilige kulturelle Profil und die kulturelle Schwerpunktsetzung zur Geltung gebracht werden können. Ähnlich wie nach den Regelungen des Sächsischen Kulturraumgesetzes vorgesehen, sollte die Eigeninitiative der für kulturelle Infrastruktur Verantwortlichen gestärkt werden. Standards können dazu beitragen, dass die Gewährleistungsfunktion, die die Verantwortlichen für die kulturelle Infrastruktur haben, nachvollziehbar und überprüfbar konkretisiert wird.

Ein Element der Programmatik ist die Orientierung an der regulativen Idee der gesellschaftlichen Inklusion im Sinne einer Neuformulierung der Forderung nach einer „Kultur für alle": Die Infrastruktur ist einerseits integral, andererseits spezifisch auf das jeweilige Handlungsfeld und die wechselnden Minderheiten der angesprochenen und beteiligten KulturbürgerInnen sowie deren Bedürfnisse auszurichten.

Im dritten Schritt geht es sodann um die Vereinbarung und Gestaltung von Verantwortungspartnerschaften mit Akteuren aus Wirtschaft und Gesellschaft mit wechselseitiger Bindungswirkung für die öffentlichen Kulturträger und ihre Partner. Zum einen wird der öffentliche Auftrag zum Erhalt der kulturellen Infrastruktur durch die öffentliche Hand selbst wahrgenommen, vor allem in Form der Bereitstellung von Ressourcen und der Ausgestaltung der rechtlichen Rahmenbedingungen. Zum anderen wird der Auftrag dadurch erfüllt, dass die öffentliche Hand ihre grundsätzliche Verantwortung mit anderen Partnern in Gesellschaft und Wirtschaft teilt oder die von privaten und kirchlichen Trägern und Akteuren wahrgenommene Verantwortung unterstützt. Dem Staat wird durch das Zusammenwirken mit anderen seine Gewährleistungspflicht nicht (und schon gar nicht komplett) „abgenommen"; er bleibt in der Grundverantwortlichkeit für die Sicherung der kulturellen Infrastruktur, doch aktiviert er die anderen Partner und Beteiligten zur Übernahme von Verantwortung und zu eigenständigen Beiträgen für den Erhalt und den Aufbau der kulturellen Infrastruktur. Gerade durch die aktive Ansprache und Hereinnahme von BürgerInnen, Stiftungen und Unternehmen in diese Verantwortlichkeit stiftet der Kulturstaat kulturpolitischen Konsens.

Schließlich geht es um die Ausgestaltung der kulturellen Infrastruktur im Einzelnen mit unterschiedlichsten Instrumenten, die den Beteiligten zur Verfügung stehen, wie die Bereitstellung von Ressourcen, Fördermitteln, Personal oder auch die Gestaltung der rechtlichen Grundlagen und Rahmenbedingungen. Wenn sich sodann das Leitbild eines „aktivierenden Kulturstaates" und das Konsensziel einer nachhaltig gesicherten flexiblen kulturellen Infrastruktur in einer partnerschaftlichen und flexiblen Ausgestaltung niederschlagen, lösen sich auch Interessenkonflikte zwischen „Obrigkeitsstaat" und „aktiver Bürgergesellschaft" auf.

Mit diesem kulturpolitischen Viererschritt wird auch der Sinn für Prioritätensetzung, Rollenklärung und potentielle Konfliktlinien geschärft jenseits der kulturtechnologischen Planungseuphorie der 1970er und frühen 1980er Jahre, deren Schematismus einer „Kulturentwicklungsplanung" zweifellos mitunter Elemente des Fantasiefeindlichen in sich barg. Eine so konzipierte und in diesen vier Schritten sich zielbewusst neu definierende und entwickelnde aktivierende Kulturpolitik für die kulturelle Infrastruktur hat keinen strukturkonservativen Charakter. Vielmehr ist sie in der Lage, das je spezifische kulturelle Profil des Bundes, des Landes oder der Kommune zu berücksichtigen und zu stärken, mobilen Angeboten, temporären Programmen und kleinräumigen oder zielgruppenorientierten Einrichtungen Rechnung zu tragen sowie Experimentelles und Unvorhergesehenes zu fördern. Die Garantie der kulturellen Infrastruktur gewährleistet letztlich strukturelle und finanzielle Freiräume für die Künste, die Geschichtskultur und die Kulturelle Bildung. Gleichzeitig bietet diese Handlungsweise die Chance, bürgerschaftliche Eigenaktivität produktiv zu machen und die damit verbundenen Risiken zu begrenzen, liegt doch ein zentrales Problem des Kommunitarismus darin, dass aktive und einflussreiche gesellschaftliche Gruppen einseitig bevorzugt werden. Für den aktivierenden Kulturstaat ist eine steuernde und d.h. bisweilen auch gegensteuernde Funktion demokratisch legitimierter Instanzen konstitutiv. Der Staat bleibt in der grundsätzlichen Verantwortung für die kulturelle Infrastruktur als wesentlicher (Mit-)Gestalter des kulturellen Lebens vor allem durch Ressourcen und Recht. Die kulturpolitische Debatte in Parlamenten, Gemeinde- und Kreisräten, Kulturausschüssen und -beiräten bleibt dabei das entscheidende Element der kulturellen Öffentlichkeit, der politischen Wahrnehmung und programmatischen Erfüllung dieser Verantwortung. Der öffentliche Diskurs sollte zu einer unentwegten Reflexion der gesellschaftlichen Entwicklungen beitragen, um die kulturelle Infrastruktur immer wieder neu auf die Bedürfnisse der Akteure und der KulturbürgerInnen auch unter Berücksichtigung demografischer Entwicklungen auszurichten und kontinuierlich effektive kreative Allianzen zu begründen. Durch eine solche beharrliche aktivierende Kulturpolitik mit einer permanenten Stimulierung der kulturellen Öffentlichkeit lassen sich alle gesellschaftlichen Kräfte motivieren, um die Infrastruktur für die Kultur in Deutschland substantiell zu gestalten und lebendig zu halten.

> Der vorliegende Beitrag ist die vom Autor überarbeitete Fassung eines Grundsatzbeitrags, mit dem der Verfasser das „Jahrbuch Kulturpolitik 2010" der Kulturpolitischen Gesellschaft zum Thema „Kulturelle Infrastruktur" eröffnet hat.

Zum Weiterlesen

Deutscher Bundestag (Hrsg.) (2007): Schlussbericht der Enquete-Kommission „Kultur in Deutschland". Drucksache 16/7000. Berlin.

Fohrbeck, Karla/Wiesand, Andreas Johannes (1989): Von der Industriegesellschaft zur Kulturgesellschaft? Kulturpolitische Entwicklungen in der Bundesrepublik Deutschland. München: Beck.

Scheytt, Oliver (2008): Kulturstaat Deutschland. Plädoyer für eine aktivierende Kulturpolitik. Bielefeld: transcript.

Norbert Sievers
Kulturelle Bildung zwischen Staat, Markt und Zivilgesellschaft

Spätestens seit der Veröffentlichung des Berichts der *Enquete-Kommission* „Kultur in Deutschland" des Deutschen Bundestages im Dezember 2007 ist von Trisektoralität und Governance in der Kulturpolitik die Rede. Die *Enquete-Kommission* hatte unter anderem den Auftrag, sich mit den Organisationsformen und Steuerungsmodellen im Kulturbereich auseinanderzusetzen, und hat in diesem Zusammenhang das Thema „Governance" und das Drei-Sektoren-Modell in die Diskussion gebracht (Deutscher Bundestag 2007:93ff.) Im Enquete-Bericht findet sich die Auseinandersetzung mit dem Governance-Konzept im Kapitel 3.1 „Lage und Strukturwandel der öffentlichen Kulturförderung" auf den Seiten 92-96. Es heißt darin unter anderem: „Governance versucht, vielfältige Interaktionen zwischen Staat, Wirtschaft und Zivilgesellschaft zur Lösung von gesellschaftlichen Problemen zu organisieren und setzt hierbei auf eine Kooperation statt auf Konkurrenz von staatlichen und nichtstaatlichen Akteuren" (Deutscher Bundestag 2007:92). Kennzeichnendes Merkmal des Konzeptes ist es, dass es nicht auf staatliche Kulturförderung fixiert bleibt, sondern auf Verantwortungsteilung und kooperative Arrangements zwischen den drei Sektoren Staat, Markt und Gesellschaft ausgerichtet ist. Verbunden ist damit ein Perspektivenwechsel in der Kulturpolitik, der sich im Grunde seit den 1970er Jahren in Deutschland vollzieht: von einer etatistischen, staatsmäzenatisch orientierten Kulturförderung klassischer Prägung zu einer stärker pluralistischen und auf Beteiligung weiterer gesellschaftlicher Akteure angelegten Kulturpolitikkonzeption (Sievers 2001). Was bedeutet dies konkret und wie zeigt sich dies im Bereich der Kulturellen Bildung?

Der Governance-Ansatz in der Kulturpolitik

Die Idee, die drei Sektoren Staat, Markt und Zivilgesellschaft und ihre Austauschbeziehungen stärker in den Blick zu nehmen, ist als ordnungspolitische Leitvorstellung nicht neu, sondern hat in den 1990er Jahren im Zusammenhang mit der (Kultur-)Verwaltungsreform (Stichwort: Neues Steuerungsmodell, New Public Management) und den Diskussionen um den sogenannten „aktivierenden Staat" (Sievers 2001) auch in der Kulturpolitik eine prominente Rolle gespielt. Der (kommunalen) Kulturpolitik wird darin empfohlen, sich nicht nur der innerorganisatorischen Verwaltungsmodernisierung, sondern auch der interorganisatorischen Beziehungen im trisektoralen Feld der Kultur(politik) anzunehmen. Die staatsfixierte Ein-Sektor-Perspektive, wonach es vor allem öffentliche Institutionen sein müssen, die für die Produktion kultureller Leistungen zuständig sind, wurde zugunsten einer differenzierten Sichtweise relativiert, in welcher der privat-kommerzielle und der frei-gemeinnützige Sektor eine größere Rolle spielen sollten. Public-Private-Partnerships (PPP) und andere kooperative Arrangements zur Finanzierung bzw. Trägerschaft kultureller Einrichtungen und Programme entstanden, und auch zivilgesellschaftliche Akteure wie Vereine, Stiftungen, gemeinnützige GmbHs und Initiativen genossen eine größere Wertschätzung und übernahmen im Rahmen einer Delegations- und Verselbständigungsstrategie immer mehr öffentliche Aufgaben, um den

Staat zu entlasten. Von „Verantwortungspartnerschaft" (Scheytt 1996) und einem „contrat culturel" (Löffelholz von Colberg 1997) war die Rede.

Der sich durch Kooperation und Delegation entlastende Staat wird in dieser Funktionszuschreibung nicht mehr nur als Hoheits- und Interventionsstaat klassischer Prägung verstanden, sondern eher als befähigender und ermöglichender Staat, der auch aktivierend und moderierend tätig wird, um eine möglichst reibungslose Kombination von öffentlicher Regulierung, marktvermittelter Produktion und bürgerschaftlichem Engagement zu erreichen. Zunächst standen dabei vor allem die zivilgesellschaftlichen Akteure im Fokus des Interesses, um den sogenannten „ordnungspolitischen Dualismus" (Warnfried Dettling), der entweder dem Staat oder dem Markt die Lösung gesellschaftlicher Aufgaben abverlangt, zu überwinden und dem Dritten Sektor mehr Selbststeuerungsfähigkeit zuzutrauen. Mit der Veröffentlichung des ersten Schweizer Kulturwirtschaftsberichts im Jahr 2003 (Weckerle/Söndermann 2003) und der darin enthaltenen Vorstellung des Drei-Sektoren-Modells (ebd.:6ff.), spätestens aber mit der Aufnahme dieses Modells in den Enquete-Bericht „Kultur in Deutschland" (Deutscher Bundestag 2007:344) wird die Mehrsektoralität auch aus der Perspektive der Kultur- und Kreativwirtschaft zum Thema gemacht. Im Enquete-Bericht heißt es dazu im Kapitel über Kultur- und Kreativwirtschaft: „Kultur- und Kreativwirtschaft, öffentliche Hand und Zivilgesellschaft bilden einen Handlungsraum […] Kulturpolitik muss stärker als bisher in den Dialog mit anderen Kulturakteuren eintreten" (Deutscher Bundestag 2007:340).

Kulturpolitik als Netzwerkstruktur

Die ohnehin schon komplexe Akteurskonstellation im Kulturbereich wird durch diese Entwicklung noch weiter ausdifferenziert. Ferner begründet die systemische Sichtweise des kulturpolitischen Aktionsfeldes neue Anforderungen an die kulturpolitische Steuerung. Das interorganisatorische Beziehungsgeflecht, in dem die Kulturpolitik agieren soll, bekommt zunehmend mehr den Charakter eines „Netzwerkes" (Sievers 1998 und 2000) oder „Mehr-Agenten-Systems" (Pankoke 2006), in dem die verschiedenen Akteure miteinander verbunden sind und interagieren. Öffentliche Kulturpolitik hat es vor diesem Hintergrund als primus inter pares nicht mehr nur mit der Ausgestaltung von Rahmenbedingungen und der Bereitstellung von Ressourcen zu tun, sondern auch mit der Berücksichtigung von Relationen, also Beziehungen. Dies erfordert jedoch andere Förderstrategien und -kompetenzen, um sektorübergreifend und in Kenntnis der je spezifischen Rationalitätskriterien und Handlungslogiken der beteiligten Akteure aktiv werden zu können. Auf den damit verbundenen kulturpolitischen Perspektiven- und Führungswechsel hat der Verwaltungs- und Kultursoziologe Eckart Pankoke schon in den 1970er Jahren und seitdem immer wieder hingewiesen. Er beschreibt ihn „als Umstellung von direktiver zu non-direktiver, von regulativer zu kontextueller, von transitiver zu reflexiver Steuerung" (Pankoke 2006:324). Notwendig sei dafür weniger „strategisches Genie" der Akteure als das Vorhandensein einer „intelligenten Assoziation". Angesichts der beschriebenen Anforderungen gehe es nicht mehr um die „personalisierende Heroisierung kultureller und politischer ‚Helden', [sondern, d. V.] eher um die Konzertierung komplexer ‚Felder' der unterschiedlich Beteiligten und Betroffenen" (ebd.:322). Dabei sind nicht nur die drei Sektoren zu berücksichtigen, sondern auch spezifische Funktionsgruppen, die im kulturpolitischen Produktionsprozess eine wichtige Rolle spielen, wie z.B. das Feuilleton, die Kulturinstitutionen und vor allem das Publikum (s. Abb. 1).

Die Tatsache, dass Kulturpolitik es mit einer komplexen Umwelt zu tun hat, ist nicht neu. Schon das Strukturprinzip des „kulturellen Trägerpluralismus" (Häberle 1985:26) begründet dies. Kultureller Trägerpluralismus bedeutet, dass private und öffentliche Träger grundsätzlich gleichrangig und gleichwertig nebeneinander stehen. Diese plurale Struktur – so wird argumentiert – führe zu einer Vielfalt von Kulturleistungen sowie zu einem „freiheitlichen Klima" für Kunst und Kultur und sichere auf diese Weise die Ausgestaltung der Kunstfreiheitsgarantie des Grundgesetzes strukturell. Es sind danach also nicht nur die staatlichen und kommunalen Institutionen, die im Sinne eines „kooperativen Kulturföderalismus" zusammenwirken und sich gegenseitig ergänzen und kontrollieren sollen; auch die nicht-staatlichen und freien Träger gehören im Sinne einer (erweiterten) gesellschaftlichen Verantwortungsteilung zu diesem offenen Kultursystem (vgl. Häberle 1985:26f.). Neu ist jedoch, dass Kulturpolitik – schon aus finanziellen Gründen – immer mehr gezwungen scheint, sie zur Kenntnis zu nehmen und darauf zu reagieren. Kulturpolitik ist deshalb immer stärker verwoben und verquickt mit den Strukturen und den Assoziationen der Zivilgesellschaft, die sie als

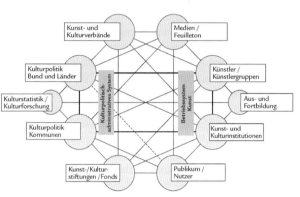

Abbildung 1: Kulturpolitisches Akteursnetzwerk

Kooperationspartner und mitwirkende Ressource braucht. Sie ist dadurch zunehmend auf Verfahren angewiesen, die schon Ende der 1980er Jahre als die „vier Ks" moderner Kulturpolitik bezeichnet wurden: Kooperation, Koordination, Konzertierung und Konsensbildung. Diese sind notwendig, um jene institutionellen Beziehungen zu schaffen, die eine reibungslose Interaktion der gesellschaftlichen Sektoren und kulturpolitischen Funktionsgruppen ermöglichen.

Dazu bedarf es zwischensystemischer (intermediärer) Vermittlungsinstitutionen sowie selbstbewusster und verantwortungsvoller Akteure, „Mittler und Makler" (Pankoke 2006) auf allen Seiten, die diese Funktionen im Sinne eines Netzwerkmanagements auch ausfüllen wollen und auf Augenhöhe miteinander verhandeln können, weil „öffentliche Interaktionen nur glücken, wenn alle Akteure und Aktionssysteme auf beiden Seiten wechselseitig steuerungsfähig, vermittlungsfähig, sprachfähig und lernfähig werden, sich also auf die riskanten Interaktionen und Relationen kultureller Selbststeuerung einlassen können" (ebd.:325). Vor allem aber bedarf es dafür vereinbarter Regeln, Verträge und Arrangements, die auch schwierigen kooperativen Beziehungen eine verlässliche Struktur geben. Jede Partnerschaft, die Bestand haben soll, gründet auf der Qualität der Kontrakte, auch diejenigen, an denen der Staat beteiligt ist. Konkret wird dies nicht zuletzt bei PPP-Arrangements, z.B. wenn es um die gemeinsame Trägerschaft kultureller Programme und Einrichtungen geht.

Im Zusammenhang mit der trisektoralen Orientierung der Kulturpolitik ändern sich jedoch nicht nur die Netzwerkbeziehungen und die dadurch begründeten Verfahren der Kommunikation und Abstimmung, sondern auch die Strategien der kulturpolitischen Förderung und Steuerung. Die direkte Finanzierung und Unterstützung konkreter Einrichtungen und Angebote, Werke und Projekte, KünstlerInnen oder Künstlergruppen wird erweitert um solche Maßnahmen und Programme, die nicht zuvörderst auf Personen und Einrichtungen orientiert sind, sondern auf Kontexte (z.B. Stadtteile, Regionen, Netzwerke) und strukturelle Zusammenhänge (z.B. Nachfragesituation, Sozialstruktur). Steuerungstheoretisch könnte dieser Strategiewechsel, der im eigentlichen Sinne kein Wechsel, sondern eher eine Ergänzung ist, im Sinne von Pankoke als Umschalten von einer direkten zu einer eher indirekten Kulturförderung, von einer „transitiven" zu einer „reflexiven" Kulturförderung beschrieben werden, die solche Entwicklungshilfen beinhaltet, die dafür sorgen, dass Situationen, Felder, Kontexte, Szenen nicht entwickelt werden, sondern sich-entwickeln können (siehe dazu Pankoke 1982 und zusammenfassend Sievers 1988:55-61). Verbunden sind damit unter anderem neue Konzepte und Formate der Kulturförderung. So hat die Förderung von Projekten und Programmen enorm zugenommen, die eher indirekt Anreize stiften oder Impulse geben.

Kulturelle Bildung als trisektorale Kooperationsstruktur

Es gibt kaum einen anderen Kulturbereich, für den sich die oben skizzierte Entwicklung plausibler nachvollziehen lässt, als für die Kulturelle Bildung. Vor allem die außerschulische kinder- und jugendkulturelle Bildung ist in vielerlei Hinsicht ein Musterbeispiel für Mehrsektoralität, sektorübergreifende Kooperationsbeziehungen und für einen neuen Modus der Kulturförderung. Die institutionelle Angebotsebene ist gekennzeichnet durch eine plurale Trägerlandschaft mit öffentlichen, frei-gemeinnützigen und zunehmend auch kommerziellen Einrichtungen. Auf der Ebene der Förderer und Mittler gibt es eine Vielzahl von intermediären Instanzen (Verbände, Fonds, Stiftungen), die mit dem Staat und untereinander in vielfältigen Kooperationsbeziehungen stehen. Als wichtige Förderakteure sind erst vor kurzer Zeit der *Beauftragte der Bundesregierung (BKM)* und die *Stiftung Mercator* hinzugekommen, die beide mit ambitionierten Programmen im Feld der Kulturellen Bildung aktiv werden. Von den Ländern ist Nordrhein-Westfalen mit verschiedenen Programmen außerordentlich aktiv. Die vielen öffentlich finanzierten Programmangebote auf Bundes- und Länderebene folgen in der Regel einer Förderlogik, die oben als non-direktive Kulturförderung charakterisiert wurde: Zielorientiert, konzeptbasiert, kontextorientiert, Impulse gebend und Kooperationen anstiftend.

Exemplarisch stehen dafür z.B. Wettbewerbe auf der Basis von Ausschreibungen, von denen es immer mehr gibt (siehe Kirsten Witt „Bundesweite Wettbewerbe und Preise Kultureller Bildung" in diesem Band). Dabei besteht die Logik der Förderung nicht nur darin, einen Künstler, ein Werk oder ein Projekt auszuzeichnen oder zu ermöglichen. Vielmehr geht es auch darum, die kulturelle Szene anzusprechen, zu motivieren, einen Anreiz für kulturelle Aktivität zu geben. Solche Förderungspolitik fördert nicht nur Bestehendes, sondern will proaktiv kulturelle Prozesse auslösen, die Neues schaffen. Häufig sind entsprechende Wettbewerbe mit bestimmten Themen verbunden (z.B. „Inklusion" oder „Kultur & Konflikt"), was die programmatische Absicht weiter verstärkt.

Die Förderpolitik des *Fonds Soziokultur e.V.* kann exemplarisch für diese Strategie angeführt werden. Als eingetragener Verein der wichtigsten Bundesverbände im Bereich der Soziokultur und Kulturellen Bildung, der seine Fördermittel von der *Kulturstiftung des Bundes (KSB)* erhält, ist er eine intermediäre Instanz, die zwischen den Förderinteressen der Kulturszene und des Staates vermitteln kann. Ihm geht es nicht nur darum, einzelne Projekte und Vorhaben zu fördern; er will vielmehr die soziokulturelle Szene strukturell stabilisieren und entwickeln. So heißt es etwa in den „Grundsätzen der Förderung", dass es um die Unterstützung solcher Projekte gehe, „die für die demokratische Kulturentwicklung in der Bundesrepublik Deutschlands insgesamt von Bedeutung sind und konkret die Qualifizierung der soziokulturellen Praxis bewirken. Die Vorhaben sollen in diesem Sinne Modellcharakter besitzen und beispielgebend sein für die weitere Entwicklung der Soziokultur" (www.fonds-soziokultur.de/Ziele/Aufgaben). Hier ist also der Modus der kontextorientierten Kulturförderung exemplarisch umgesetzt, der sich nicht werk- oder personenbezogen als Spitzenförderung definiert, sondern eher im Sinne des Subsidiaritätsprinzips als Hilfe zur Selbsthilfe für die Akteure in einem bestimmten kulturellen Praxisfeld (www.fonds-soziokultur.de).

Nach einer vergleichbaren Logik arbeiten mittlerweile viele Programme zur Förderung der Kulturellen Bildung. Bund, Länder, öffentliche und private Fonds und Stiftungen haben eine Fülle von Wettbewerben, Projektfördertöpfen, Preisausschreiben aufgelegt, um die Kulturelle Bildung an den Schulen und im außerschulischen Bereich gezielt zu fördern. Vor allem das Programm „Jedem Kind ein Instrument" der *Kulturstiftung des Bundes (KSB)* und des Landes Nordrhein-Westfalen hat Furore gemacht. Neu aufgelegt wurden kürzlich die Programme „Agenten für kreative Schulen" (ebenfalls *KSB*) und der „Kulturrucksack" in Nordrhein-Westfalen und durch das große Programm des *Bundesministeriums für Bildung und Forschung* „Kultur macht stark". Gestärkt wurden dadurch nicht nur die Optionen der Förderung, sondern auch die operativen Akteure, die die Programme umsetzen. Dabei gibt es kaum eine zivilgesellschaftliche Fachorganisation, die nicht bei der Umsetzung der Programme beteiligt wäre. Dies gilt insbesondere für die Verbände auf Bundes- und Landesebene, insbesondere die *Bundesvereinigung Kulturelle Kinder- und Jugendbildung (BKJ)* und die entsprechenden Landesvereinigungen, aber etwa auch für die Landesmusikräte und die Landesverbände der Musikschulen.

Riskanter Fortschritt

Was ist von dieser Entwicklung zu halten? Die Koproduktion der drei Sektoren Staat, Markt und Dritter Sektor ist sicher eine gute Idee, wenn es darum geht, unnötige Konkurrenzen abzubauen, Reibungsverluste zu minimieren und die Zusammenarbeit der Akteure anzuregen. Wenn es nur darum ginge und nur dies bedacht werden müsste, wäre gegenüber dem Governance-Ansatz nichts einzuwenden. Bedauerlicherweise führt die trisektorale Kooperation der Akteure aber auch zu einer problematischen Grenzverwischung, wenn öffentlich-rechtliche, privat-kommerzielle und frei-gemeinnützige Akteure mit ihren jeweils eigenen gesellschaftlichen Funktionen, Organisationsstrukturen und Handlungslogiken in einen Topf geworfen werden. Kommerzielle Kulturträger richten sich bei der Produktion und Vermittlung kultureller Güter und Dienstleistungen nach dem Prinzip von Angebot und Nachfrage und sind auf Gewinnerzielung ausgerichtet. Öffentliche Einrichtungen „handeln" mit öffentlichen Gütern; sie sind dem Gemeinwohl verpflichtet und haben anderen Vorgaben und Kriterien zu genügen. Frei-gemeinnützige Akteure sind unverzichtbar, weil durch sie Bürgerengagement manifestiert, Sozialkapital generiert und möglicherweise auch Kritik artikuliert wird.

Wer die Kooperation dieser Akteure voranbringen will, muss deren Eigenarten erkennen und sie beachten. Gesellschaftlich sinnvolle Kooperationen und tragfähige Verantwortungspartnerschaften kann es längerfristig nur auf der Basis geben, dass der Eigensinn, die Differenz und die Freiheit der Partner anerkannt werden, einschließlich der Ziele, die sie sich selbst setzen. Deshalb ist von der Prämisse der Differenz auszugehen, bevor das Programm der Kooperation formuliert werden kann. Davon kann aber nur bedingt die Rede sein, wenn sich die Fachverbände, die sich auch als Organisationen der Interessenvertretung verstehen, als Dienstleistungsagenturen für öffentliche Förderer anbieten. Zumindest sollten sie sich des Rollenkonflikts, in den sie sich begeben, bewusst sein. Mit Blick auf den fördernden Staat spricht nichts dagegen, gemeinsame Ziele und Leitbilder zu entwickeln und Kooperationen zu verabreden. Wenn dies jedoch darauf hinausläuft, dass öffentliche Kultureinrichtungen und zivilgesellschaftliche Akteure auf einen staatlichen Plan verpflichtet werden und dessen

Erfüllung auch noch kontrolliert wird, werden womöglich Freiheitsräume eingeschränkt und die umworbenen Partner zu Erfüllungsgehilfen staatlicher Behörden. Dies ist solange kein Problem, wie dadurch ihre Kritik- und Einspruchsfähigkeit als verbandliche Organisationen nicht in Mitleidenschaft gezogen werden und sie ihre Funktion als kritische Instanzen der Zivilgesellschaft behalten. Diese Gratwanderung gilt es zu bestehen.

Zum Weiterlesen

Fonds Soziokultur: www.fonds-soziokultur.de

Knoblich, Tobias J./Scheytt, Oliver (2009): Zur Begründung von Cultural Governance. In: aus politik und zeitgeschichte, 8/2009, 34-40.

Scheytt, Oliver (2008a): Aktivierender Kulturstaat. In: Kulturpolitische Mitteilungen 122, 3/2008, 36-39.

Scheytt, Oliver (2008b): Kulturstaat Deutschland. Plädoyer für eine aktivierende Kulturpolitik. Bielefeld: transcript.

Sievers, Norbert (2005), Aktivierende Kulturpolitik in Nordrhein-Westfalen. Aufstieg und Fall einer landeskulturpolitischen Konzeption. In: Behrens, Fritz/Heinze, Rolf G./Hilbert, Josef/Stöbe-Blossey, Sybille (Hrsg.): Ausblicke auf den aktivierenden Staat. Von der Idee zur Strategie (337-363). Berlin: sigma.

Weckerle, Christoph/Söndermann, Michael (2003): Kultur.Wirtschaft.Schweiz. Das Umsatz- und Beschäftigungspotential des kulturellen Sektors: http://www.buchlobby.ch/pdf/HGKZ_kulturwirtschaft_deutsch.pdf (Letzter Zugriff am 28.08.12).

Johanna Wanka
Querschnittsaufgabe Kulturelle Bildung am Beispiel Niedersachsen

Demokratische und kulturelle Teilhabe

Die Kulturelle Bildung als Bestandteil lebenslangen Lernens hat einen hohen Stellenwert. Allen Kindern soll von Anfang und begleitend zu ihrem Alltag, Angebote aus Musik, Theater, Tanz, Literatur, Kunst und Medien offenstehen. Diese sollen die Teilhabe am kulturellen und gesellschaftlichen Leben ermöglichen und die persönliche Entwicklung stärken. Niedersachsen fördert Projekte und unterstützt die Schaffung und Erhaltung von Strukturen für Kulturelle Bildung auf vielfältige Art und Weise. Das Ziel des Landes ist es, dass die hier lebenden Menschen ein umfangreiches Angebot an Kultureller Bildung nutzen können.

Bildungspolitik für Kulturelle Bildung

Kulturelle Bildung bedarf einer gesamtgesellschaftlichen Übereinkunft und verstärkter Anstrengungen von Bund, Land, Kommunen, aber auch der Unterstützung der Wirtschaft und von Stiftungen und engagierten Menschen. Wenn wir Kulturelle Bildung im Sinne eines erweiterten Bildungsbegriffs verstehen, der auch die Angebotsformen der nicht-formellen Bildungsprozesse als wichtige Bestandteile von Leistung, Herausforderung und Persönlichkeitsentwicklung einbezieht, dann benötigen wir ein Bildungskonzept, das nicht an Ressort- und Landesgrenzen halt macht. Kulturelle Bildung ist daher eine Querschnittsaufgabe der Kultur- und Bildungspolitik. Allerdings ist Kulturelle Bildung nicht als etwas Statisches zu verstehen, das Inhalte für einen bestimmten Zweck vermittelt. Sie birgt in sich das Potenzial, flexibel auf gesellschaftliche Veränderungen einzugehen und zeitgemäße Angebote zu unterbreiten, die vielfältig, kreativ und generationen-, nationen- und spartenübergreifend sind.

Auch wenn die Kulturelle Bildung heute in aller Munde und in zahlreichen Schriften, Stellungnahmen und Statements zu finden ist: Der Einbezug aller Menschen in das kulturelle Leben hat sich damit nicht wesentlich verbessert. Trotz der Ausweitung des öffentlichen Kulturangebots, trotz erhöhter Kaufkraft, trotz mehr Freizeit, neuer digitaler Möglichkeiten und trotz eines formal höheren Bildungsniveaus nimmt die kulturelle Teilhabe in den letzten Jahrzehnten kaum zu. Die Wahlmöglichkeiten der potentiellen KulturnutzerInnen sind zwar stärker gestiegen, doch wer früher nicht ins Konzert, in die Oper, ins Theater oder in Ausstellungen ging, der nutzt diese Angebote auch heute nicht.

Aus einer Bevölkerungs-Befragung vom *Institut für Kulturpolitik* der Universität Hildesheim für das Kulturhauptstadtjahr Ruhr 2010 ergab sich: 10 % Kernbesucherinnen und Kernbesucher nutzen mindestens einmal im Monat Kulturangebote. 40 % Gelegenheitsbesucher haben ebenfalls Interesse an Kunst und Kultur, jedoch nicht so viel, dass sie danach ihre Freizeitplanung ausrichten würden. Sie bevorzugen mehrheitlich „lockere Veranstaltungen" mit hohem Unterhaltungswert. Die 50 % Nicht-Besucherinnen und -besucher nutzen zum einen überhaupt keine Kulturangebote und zeigen zum anderen auch kein eigenes Interesse daran. Entsprechend schwierig ist es, sie zu erreichen. Damit stagniert die Nutzung von Kulturangeboten nach wie vor bei 50% der Bevölkerung.

Umso mehr bedeutet dies: Kulturelle Bildung in Kindergarten, Schule, Jugendarbeit und Berufsbildung ist das Tor zur Kultur. Kulturelle Bildung ist wichtig für die Fähigkeit zur Selbstreflexion, Toleranz und Demokratie und ein Ausgleich zur digitalen Welt. Und deshalb ist Kulturvermittlung, gerade auch in den Kultureinrichtungen, genauso wichtig wie die Künste selbst. Kulturelle Bildung aber, dessen sollten wir uns auch bewusst sein, führt nicht automatisch zu mehr Besuchen in den Kultureinrichtungen. Das ist auch nicht ihr vorrangiges Ziel, sondern allenfalls ein erwünschter Nebeneffekt.

Perspektiven der Kulturellen Bildung

Unabhängig von allen Statistiken und finanziellen Vorgaben benötigt unser Land eine Kultur- und Bildungspolitik, die motiviert und eine Balance findet zwischen kultureller Identität und Neugierde auf Anderes, die Bewährtes und Neues ermöglicht. Gemeinsame Aufgabe von Kulturpolitik und Kulturschaffenden ist es, die kulturelle Infrastruktur in den Bundesländern zu erhalten und diese weiter zu entwickeln. Entscheidend ist dabei der Selbstwert Kultureller Bildung für Kinder und Jugendliche. Besonders Kinder sind erst auf dem Weg, ihre Persönlichkeit herauszubilden. Die Begegnung mit Kunst und Kultur bietet ihnen die Chance, die eigenen kreativen Kräfte spielerisch zu erkennen und zu entfalten. Vorhandene Entwicklungsmöglichkeiten werden besser ausgeschöpft, die Persönlichkeitsentwicklung wird gestärkt und die gesellschaftliche Teilhabe verbessert. Umso bedeutsamer ist es, kulturelle Teilhabe und Kulturelle Bildung in bestehende und künftige Bildungskonzepte zu integrieren. Diese darüber hinaus als notwendigen Bestandteil unserer Demokratie zu verstehen, ist die wohl wichtigste Voraussetzung für eine Politik für Kulturelle Bildung.

Fazit

So bleiben aktuell zwei Aufgabenschwerpunkte für die Kulturpolitik, um Kulturelle Bildung noch fester als bisher zu etablieren: Erstens muss die Kulturelle Bildung als ernsthafte Aufgabe der Kultureinrichtungen definiert und umgesetzt werden. Kultureinrichtungen sollten diese als Grundsatzaufgabe denken. Für das Land Niedersachsen haben wir das bereits in der Ausgestaltung unserer aktuellen Zielvereinbarungen mit den kulturellen Partnern verankert, beispielsweise mit den Staatstheatern, den kommunalen Theatern oder mit den Landesmuseen. Ergebnisse in Zahlen dazu werden im kommenden Jahr vorliegen.

Zweitens ist es wichtig, die Kulturelle Bildung als Teil der Allgemeinbildung im Bildungssystem zu installieren. Nur wenn es gelingt, Kulturelle Bildung in den Kitas und Schulen zu etablieren und zu verankern, erreichen wir die Menschen in dem Lebensalter, in dem sie besonders lernfähig und auf der Suche nach persönlichen Leitbildern sind. Das landesweit vernetzte *Niedersächsische Institut für frühkindliche Bildung und Entwicklung (nifbe)* will beispielsweise dazu beitragen, die ersten Lebensjahre der Kinder möglichst optimal zu gestalten, und dazu gehört auch die Kulturelle Bildung. Mit der *Landesvereinigung kulturelle Jugendbildung* sowie dem *Landesverband der Kunstschulen in Niedersachsen* hat das *Niedersächsische Ministerium für Wissenschaft und Kultur* wichtige Partner, die in und außerhalb von Schulen, gemeinsam mit weiteren Kooperationspartnern Projekte Kultureller Bildung installieren sowie für deren Verbreitung und Verstetigung sorgen.

Die Kulturelle Bildung benötigt für die kommenden Jahre nicht nur eine zielgerichtete Bildungspolitik, sondern noch mehr eine Allianz aus Politik, Bildung, Wirtschaft und natürlich Kunst und Kultur, um ihren Beitrag für kulturelle Teilhabe und Demokratie auch leisten zu können.

Zum Weiterlesen

Niedersächsisches Ministerium für Wissenschaft und Kultur (MWK) (Hrsg.) (2011): Kulturbericht Niedersachsen 2010. Hannover.

Dieter Rossmeissl
Kommunale Politik für Kulturelle Bildung

Kultur ist kommunal – Bildung auch

Bildungspolitik gilt gemeinhin als Ländersache, Kulturpolitik dagegen ist in den Verfassungen fast aller Bundesländer gemeinsame Aufgabe von Ländern und Kommunen. Dabei tragen die Kommunen jedoch im föderalen System die finanzielle Hauptlast. Nach einer von Michael Söndermann vorgelegten Studie übernehmen die Gemeinden mit jährlich 3,66 Milliarden Euro 44 % der 8,3 Milliarden Euro öffentlicher Kulturausgaben, unter Einschluss der Stadtstaaten sogar 52,7 %. Der Anteil der Flächenländer beschränkt sich dagegen auf 32,6 % (2,7 Milliarden Euro), der des Bundes gar auf nur 14,7 % (Söndermann 2008:399).

Auch die Orte Kultureller Bildung sind weitgehend kommunal: Musikschulen, Jugendkunstschulen, Bibliotheken und Volkshochschulen sind ganz überwiegend in Trägerschaft der Städte oder doch wesentlich von ihnen finanziert. Zudem tragen auch die nicht primär auf Bildung orientierten Kultureinrichtungen der Städte wie Museen, Galerien und Theater mit eigenen pädagogischen Angeboten zur Kulturellen Bildung bei. Auch die allgemeinen Bildungseinrichtungen wie Kindertagesstätten und Schulen, zu deren Auftrag die Kulturelle Bildung gleichfalls gehört, werden erheblich von den Kommunen getragen oder finanziert, in Bayern teilweise sogar durch kommunales Lehrpersonal.

Auf dem Weg zur kommunalen Kulturellen Bildung

In der Geschichte der Bundesrepublik haben sich die meisten Städte lange Zeit auf die Erbringung des schulischen Sachaufwands beschränkt. Daneben trat die Einrichtung eigener Institutionen Kultureller Bildung sowie der Erwachsenenbildung. Nach lokalen Vorstößen erkannten die Städte seit Beginn des 21. Jh.s die Bedeutung lokaler Vernetzungen für den Bildungsprozess und forderten eine kommunale Beteiligung ein.

Nach einer Empfehlung zur kommunalen Weiterbildungspolitik von 1996 (Deutscher Städtetag 1996) legte der *Deutsche Städtetag* 2005 „Thesen zur kulturellen Jugendbildung" vor, in denen Kulturelle Bildung als notwendiger Teil der allgemeinen Bildung beschrieben wird. „Ziel muss es sein, ein integriertes Ganztagsangebot kognitiver, kultureller und sozialer Bildung zu erreichen." Dieses ganzheitliche Konzept, das von der gegenseitigen Ergänzungsfähigkeit und Ergänzungsbedürftigkeit sowohl der Bildungsinstitutionen als auch der dort beschäftigten Professionen ausgeht, hat sich seither zur eingeforderten Grundlage kommunaler Bildungspolitik entwickelt (Rossmeissl 2009).

Gezielte Aussagen zur Kulturellen Jugendbildung erfolgten durch den Kulturausschuss des *Städtetags* 2003. Hier wurde Kulturelle Bildung nicht nur als „unverzichtbarer Teil einer umfassenden Persönlichkeitsbildung" beschrieben, sondern als „Basis für die Zukunft der Städte" bezeichnet (Deutscher Städtetag 2003:6). Durch ihre partizipativen Elemente vermittle sie Identitätsangebote und trage zur Stärkung der lokalen Demokratie bei (ebd.:7).

2010 legten die kommunalen Spitzenverbände gemeinsame „Leitlinien" für Musikschulen vor, in denen auch der soziale Aspekt Kultureller Bildung thematisiert sowie eine Verantwortungs- und Finanzierungsgemeinschaft von Ländern und Kommunen eingefordert wurden (Deutscher Städtetag 2010:3).

Bereits 2007 hat der *Deutsche Städtetag* in seiner Aachener Erklärung festgestellt: „Ausgangspunkt für Bildungsprozesse in den verschiedenen Lebensphasen ist die kommunale Ebene", und deshalb bei der Steuerung und Moderation eine zentrale Rolle für die Städte im Rahmen kommunaler Bildungslandschaften eingefordert. Ausdrücklich heißt es dabei: „Die kulturelle Bildung wird als wichtiger Teil ganzheitlicher Bildung einbezogen."

Für diese Entwicklung müssen sich die Schulen ebenso zur Stadt öffnen wie die Kultureinrichtungen zur Schule und sich auf der Basis gegenseitiger Anerkennung ihrer unterschiedlichen Strukturen und Kompetenzen begegnen. Damit dies gelingt, müssen die Städte Gesamtkonzepte Kultureller Bildung entwerfen (Rossmeissl 2008; BKJ 2011e:30-33). Der Schulsozialarbeit kommt dabei als Motor einer Öffnung der Schule zum sozialen und kulturellen Umfeld der Stadt eine wesentliche Rolle zu, ohne dass sie selbst kulturpädagogische Aufgaben übernehmen müsste. „So tritt Kulturpädagogik als dritte Kraft neben Schul- und Sozialpädagogik [...] und vermittelt neue Kompetenzen für persönliche und soziale Entwicklung" (Rossmeissl/Przybilla 2006:108).

Kulturelle Bildung als kommunale Aufgabe erfordert somit Fachpersonal mit kultureller und pädagogischer Qualifikation, ein Selbstverständnis aller Kultureinrichtungen als Teil von Bildung (ohne sich auf diese zu beschränken) und eine dazu ausreichende Finanzausstattung. Die Städte bestehen deshalb auf einer „staatlich-kommunalen Verantwortungsgemeinschaft", die auch finanzielle Konsequenzen einschließt.

Aktuelle Lage kommunaler Kultureller Bildung

Bibliotheken gehören überall zur kommunalen Grundstruktur (siehe Jan-Pieter Barbian „Öffentliche Bibliotheken als gesellschaftliche Orte Kultureller Bildung" in diesem Band). Mit besucherspezifischen Vermittlungsangeboten wie Lesungen, Einführung in Internet-Nutzung, Onleihe, Lesekisten für Kitas und Grundschulen u.a. stellen sie nicht nur Medien zur Verfügung, sondern nehmen aktiv an der Kulturellen Bildung teil. Ihre Angebote sind oft sinnvoll mit denen der Volkshochschulen gekoppelt, in deren Kursspektrum Kulturelle Bildung zwar keine dominante, wohl aber eine ständige Präsenz aufweist (siehe Hans-Hermann Groppe „Kulturelle Bildung an den Volkshochschulen" in diesem Band). Sing- und Musikschulen sind im ländlichen Raum zwar nicht flächendeckend etabliert, sind in den Städten jedoch eigenständige Einrichtungen in direkter kommunaler Trägerschaft oder der Rechtsform von GmbH bzw. e.V. mit städtischer Finanzausstattung. Defizitär ist immer noch die Verbreitung von Jugendkunstschulen, von denen die meisten zudem ihre Existenz in freier und damit ungesicherter Trägerschaft gründen, wenn auch mit Unterstützung durch kommunale Zuschüsse.

Darüber hinaus wird Kulturelle Bildung seit den 1990er Jahren zunehmend von nahezu allen Kultureinrichtungen, welche die Städte vorhalten, als integraler Teil ihres kulturellen Auftrags anerkannt und institutionell verankert. Museums- wie Ausstellungspädagogik als aktive Vermittlungsformen, Theaterpädagogik, oft mit eigenen Jugendclubs, gehören zur Normalausstattung der Stadttheater. Der frühere Trend zu eigenen Kinder- bzw. Jugendtheatern ist zugunsten der Integration in die „Erwachsenen-Theater" zurückgegangen, wodurch Kulturelle Jugendbildung erfreulich in das „normale" kulturelle Angebot eingefügt wurde.

Die pädagogisch notwendige und kommunal mögliche Vernetzung traditionell „außerschulischer" Angebote Kultureller Bildung mit der Institution Schule führen zu einer größeren Abhängigkeit jeder Seite von der Entwicklung der anderen. Für die Träger Kultureller Bildung – wie für die kulturell engagierten Jugendverbände – stellt deshalb die Ausweitung der Ganztagsschule ein erhebliches Problem dar, da sie den zeitlichen Spielraum der Kinder und Jugendlichen für außerschulische Aktivitäten minimiert. Zugleich ist die Ganztagsschule durch den Wegfall außerschulischer Ergänzungen in Sport, Freizeit und Kultur auf einen wesentlich umfassenderen Bildungsbegriff verwiesen. Für beide ist also die Integration ihrer Angebote notwendig.

Da der Bildungsort Schule als einziger alle Kinder und Jugendlichen erreicht, bietet seine Vernetzung mit den weiteren Kultur- und Bildungsinstitutionen in der Differenziertheit und lokalen Dichte der Stadt die dreifache Chance, unterschiedliche Vermittlungskompetenzen, die im kommunalen Raum vorhanden sind, zu nutzen, durch abwechselnde Zugänge Bildungsmotivation zu stärken und schließlich Kulturelle Bildung über das Schulangebot hinaus allen zu öffnen. Der pädagogische Begriff der „Ko-Konstruktion" von Wassilios Fthenakis (2009:6) erhält damit eine Ausweitung auf die unterschiedlichen Bildungsorte im kulturellen Kontext der Stadt.

So gibt es bereits zahlreiche Ansätze kommunaler Gestaltung lokaler oder übergreifender Konzepte kultureller Bildungsprozesse. Als Beispiele seien genannt:

>> „Jedem Kind ein Instrument" (JeKi) als Programm der *Kulturstiftung des Bundes*, des Landes NRW und der schultragenden Städte;
>> „Kinder zum Olymp!" Initiative der *Kulturstiftung der Länder* für Schulen im Rahmen kommunaler Bildungslandschaften (Rossmeissl 2009);
>> „Kultur- und Schulservice" (KS:KOM): „kommunale Kooperation Kultur und Schule" in München, Nürnberg, Coburg, Bamberg, Augsburg sowie „Kulturservice für Schulen und Kindertagesstätten" in Erlangen (BKJ 2011e:34-42);
>> „schule@museum" als Gemeinschaftsinitiative des *Deutschen Museumsbundes*, des *Bundesverbandes Museumspädagogik* und des *BDK Fachverbands für Kunstpädagogik* in Kooperation mit einzelnen Museen;
>> „denkmal aktiv" als Initiative der *Deutschen Stiftung Denkmalschutz* zur Vernetzung kultureller Schulbildung mit Geschichtsdenkmälern vor Ort.

Perspektiven Kultureller Bildung in den Kommunen

Problematisch für die Realisierung kommunaler Gesamtkonzepte und die Weiterentwicklung Kultureller Bildung sind die getrennten sachlichen wie finanziellen Zuständigkeiten von Land und Kommune, das unterschiedliche Selbstverständnis der Einrichtungen und eine unkoordinierte Ausbildung der AkteurInnen, die in der Regel ohne jede Kenntnis der jeweils anderen Kompetenzen und Arbeitsweisen erfolgt.

Die Auflösung der nur mehr historisch begründbaren Trennung der Finanz- und Bildungszuständigkeit von Ländern und Kommunen zugunsten einer strukturellen, freilich auch finanziell fundierten Verantwortungsgemeinschaft ist für die weitere Entwicklung Kultureller Bildung unerlässlich. Allerdings hat die zukunftsweisende Forderung des *Niedersächsischen Städtetags* (Niedersächsischer Städtetag 2007:12) nach Grundschulen in kommunaler Trägerschaft, um ein einheitliches Bildungskonzept für alle Kinder bis zehn Jahren in lokaler Gestaltungsverantwortung zu ermöglichen, bisher nicht zu konkreten Umsetzungsschritten geführt. Auch die verengte Bindung der Aufgaben von Schulsozialarbeit an die Integration devianten Verhaltens lässt für die notwendige Vernetzungs- und Präventionsarbeit zu wenig Raum.

Die Städte verfügen seit jeher über die meisten personellen wie institutionellen Ressourcen sowohl der Kulturarbeit als auch der Kulturellen Bildung, orientiert am Bedürfnis der Menschen, die dort leben. Sie sind bereit, diese in ein ganzheitliches Bildungskonzept zu integrieren, und haben dafür erhebliche Vorleistungen erbracht. Ihre zukunftsfähige Weiterentwicklung hängt nun allerdings von einer angemessenen und d.h. wesentlich verbesserten Finanzausstattung durch die Länder ab.

Nach Art. 27 der Allgemeinen Erklärung der Menschenrechte von 1948 hat jeder „das Recht, am kulturellen Leben der Gemeinschaft frei teilzunehmen". Diese Teilhabe jedoch setzt Kulturelle Bildung voraus. „Der Verfassungsauftrag, der die Kommunen zur Mitgestaltung des Kulturstaatsauftrags verpflichtet, ist von den Städten nicht nur aufgegriffen worden, sondern war schon immer Teil ihrer Identität und ihren Profils" (Rossmeissl/Przybilla 2006:106). In diesem Selbstverständnis der Kommunen liegt ein wesentliches Entwicklungspotential Kultureller Bildung für die Zukunft.

Zum Weiterlesen

Klepacki, Leopold/Schröer, Andreas/Zirfas, Jörg (2009): Der Alltag der Kultivierung. Studien zu Schule, Kunst und Bildung. Münster: Waxmann.

Kulturpolitische Gesellschaft (Hrsg.) (2010): Jahrbuch für Kulturpolitik 2010: Kulturelle Infrastruktur. Essen: Klartext.

Christine M. Merkel
Internationale Entwicklungen für Kulturelle Bildung

Rahmenbedingungen Kultureller Bildung sind unsichtbar, aber wesentlich. Sie erfüllen die Funktion einer Software. Hier treffen, reiben und verbinden sich Bildungs- und Kulturpolitik, Kinder-, Jugend- und Familienpolitik. Internationale Zusammenarbeit, Handelsvereinbarungen und Entwicklungskooperation beeinflussen Ressourcen, Ideen, Wissen und Austausch. Somit beeinflusst Internationale Politik auch, wer wo auf dieser Welt welche Lernmöglichkeiten hat, einschließlich qualitativ hochwertiger Kultureller Bildung. Die Auswirkung internationaler Politik auf Kulturelle Bildung kann aus globaler und regionaler Perspektive erfasst werden. Internationale Politik entfaltet Wirkung und Einfluss mindestens auf fünffache Art und Weise:
>> Entwicklung von Leitideen und Konzeptionen (z.B. [Kulturelle] Bildung für alle, Lebenslanges Lernen, Bildung für Nachhaltige Entwicklung u.a.);
>> Normativ: Empfehlungen wie Völkerrechtliche Vereinbarungen oder Menschenrechtsbasis;
>> Politikziele (Aktionspläne, Entwicklungsziele, Arbeitsprogramme);
>> Herstellen einer international vergleichbaren Wissensbasis (quantitative und qualitative Daten, Fallstudien, Statistiken, Kompendien, Begleitforschung) sowie
>> fallweise Förderprogramme (z.B. *EU*, international tätige Stiftungen).

Häufig genutzte Instrumente im Umfeld Internationaler Politik sind (Fach-)Konferenzen, (Umsetzungs-)Agenturen, Wissensnetzwerke sowie thematische Observatorys.

Die historische Dimension

Bereits unmittelbar nach dem Ersten Weltkrieg wurde die Notwendigkeit zu dauerhafter internationaler Bildungszusammenarbeit erkannt. 1925 wurde als Privatinitiative das *Internationale Bildungsbüro (IBE)* in Genf gegründet. Schwerpunkte waren Bildungsforschung und -dokumentation. 1929 öffnete sich das *IBE* für die Mitgliedschaft von Regierungen und internationalen Organisationen. Jean Piaget, Psychologieprofessor an der *Universität Genf*, leitete diese erste zwischenstaatliche Bildungsorganisation fast 40 Jahre lang.

Als Antwort auf die Katastrophe des Zweiten Weltkrieges entstand dann 1946 die *UNESCO* in Paris als *UN*-Sonderorganisation für Bildung, Kultur und Wissenschaft, mit der das *IBE* fortan kooperierte. Bereits im November 1948 beschloss die Dritte *UNESCO-Generalkonferenz* in Beirut unter dem Stichwort „The Arts in General Education", die *UNESCO* als Clearinghouse für Informationen zu Kultureller Bildung, Austausch von Materialien und Personal zwischen den damals 20 Mitgliedsstaaten zu nutzen (vgl. UNESCO 1948).

Am 10. Dezember 1948 wurde die Allgemeine Erklärung der Menschenrechte (AEMR) beschlossen (siehe Max Fuchs „Kulturelle Bildung als Menschenrecht?" in diesem Band). „Jeder hat das Recht auf Bildung", heißt es in Artikel 26. Dieser Artikel enthält Erziehungsziele wie die volle Entfaltung der menschlichen Persönlichkeit, Achtung der Menschenrechte und Grundfreiheiten, Verständnis, Duldsamkeit und Freundschaft zwischen allen Nationen und ethnischen oder religiösen Gruppen sowie die Aufrechterhaltung des Friedens; und Elternrechte, welche die Ausbildung der Kinder bestimmen. Unterricht muss zumindest in den

Grundschulen unentgeltlich sein, Elementarunterricht wird als verpflichtende Aufgabe des Staates festgeschrieben.

Der unmittelbar folgende Artikel 27 der AEMR, „Freiheit des Kulturlebens", proklamiert für „jede(n) Mensch(en) [...] das Recht, am kulturellen Leben der Gemeinschaft frei teilzunehmen, sich der Künste zu erfreuen und am wissenschaftlichen Fortschritt und dessen Wohltaten teilzuhaben", sowie das „Recht auf Schutz der moralischen und materiellen Interessen, die sich aus jeder wissenschaftlichen, literarischen oder künstlerischen Produktion ergeben, deren Urheber er ist". Hiermit rückt erstmalig Kulturelle Bildung im Bereich der Internationalen Politik normativ und praktisch in den Blick. Teilnahme am kulturellen Leben bedeutet aktiven Zugang und das Recht, kulturelle Ausdrucksformen kennenzulernen und zu (er-)leben, einschließlich des Zugangs zum kulturellen Erbe anderer.

Aktuelle Situation weltweit und regional

Seit 1990 (Internationales Alphabetisierungsjahr) und verstärkt seit 2000 (Weltforum Grundbildung, Dakar/Senegal und Verabschiedung der Milleniumsentwicklungsziele) ist Bildung eines der Hauptaktivitätsfelder der *UNESCO* und ihrer heute 194 Mitgliedsstaaten. *UNESCO* koordiniert das weltweite Aktionsprogramm „Bildung für alle". Die seit 1990 jährlich vorgelegten Berichte zur menschlichen Entwicklung, die Weltbankentwicklungsberichte sowie die seit 2002 veröffentlichen Jahresberichte zur Lage der Grundbildung in der Welt erlauben fortlaufend eine kritische Auswertung. Trotz Fortschritten werden allerdings die für 2015 gesetzten Ziele nicht erreicht werden.

Mit dem *UNESCO* Delors Bericht (1996) „Lernfähigkeit: Unser verborgener Reichtum" und dem Perez de Cuellar Weltbericht „Unsere kreative Vielfalt" (ebenfalls 1996) werden Lebensbegleitendes Lernen und Interkulturelles Lernen zu internationalen Leitkonzeptionen. Die erste Welle der Globalisierung und die Umstrukturierung von Arbeit und Gesellschaft durch Informations- und Kommunikationstechnologien stellen neue Anforderungen. Im Sinne einer umfassenden Persönlichkeitsentwicklung fordert der Appell des *UNESCO*- Generaldirektors zur Förderung Kultureller Bildung und Kreativität in der Schule (1999) zu einer aktiven Auseinandersetzung mit ästhetischer Bildung auf. Angesichts weltweiter Migration und unbegrenztem Austausch von Informationen stellt die Allgemeine Erklärung zur Kulturellen Vielfalt (2001) „Menschen und Gruppen mit zugleich mehrfachen, vielfältigen und dynamischen kulturellen Identitäten" in das Zentrum der Bildungsdebatte. Dies bereitet unter anderem den Boden für die erste *UNESCO*-Weltkonferenz Kulturelle Bildung in Lissabon im März 2006.

Die *OECD* ist heute ein weiterer globaler „Player". 1961 als westliche Wirtschaftsorganisation gegründet, hat sie ihr Arbeitsfeld auf Fragen der Bildung, der Innovationsfähigkeit und der Kreativität ausgeweitet. Heute (2011) gehören der *OECD* 34 Staaten an, darunter neben den USA und Kanada auch Japan, Korea, Australien, Neuseeland, die Türkei, Chile, Mexiko und zahlreiche osteuropäische Staaten. Russland ist Beitrittskandidat. Mit den Schwellenländern Indien, China, Brasilien, Südafrika und Indonesien bestehen vertiefte Kooperationen. Neben laufenden Vergleichsstudien zu Lernergebnissen (PISA-Studien), Wettbewerbsfähigkeit und Innovationskraft thematisiert die *OECD* unter diesen Gesichtspunkten auch Kulturelle Bildung (vgl. OECD 2011b).

Der *Europarat* und die *Europäische Union*, letztere besonders seit der erstmaligen Verabschiedung einer Kulturagenda 2007, sind für Bildung und Kultur wichtige Regionalorganisationen. Der *EU*-Ratsbeschluss zur Förderung der nächsten kreativen Generation (Brüssel, 27. November 2009) setzt sechs Schwerpunkte: eine ‚Kinder-und-Jugend'-Perspektive in

Kulturpolitik einbauen; das Potential des Bildungswesens zur Kreativitätsförderung optimieren; kulturelle Einrichtungen für Kinder und junge Leute öffnen; Talent und Kreativität auch im Rahmen sozialer Integrationsangebote fördern; besseren Zugang zu Kultur durch Nutzung von Informations- und Kommunikationstechnologien sowie Wissensaustausch organisieren. Die datengestützte Wissensbasis für dieses Aufgabenfeld soll weiter entwickelt werden (vgl. Eurydice 2009).

Auch andere Weltregionen haben in den letzten Jahrzehnten Regionalorganisationen entwickelt, so z.B. Asien-Pazifik (APEC, ASEAN, SARC), Lateinamerika (OAS, IO), Afrika (AU, SADC) und die arabische Region (ALECSO, Golfrat). Diese befassen sich seit 2000 verstärkt auch mit Fragen der Bildung und Kultur, auf Ministerebene und durch Fachnetze.

Neue Qualität internationaler Kooperation durch Weltkonferenzprozesse

2006 hat die UNESCO gemeinsam mit der portugiesischen Regierung erstmalig eine Weltkonferenz für Kulturelle Bildung ausgerichtet. In der daraus entstandenen Lissabon Road Map „Schaffung kreativer Kapazitäten für das 21. Jahrhundert" heißt es unter anderem: „Das Bewusstsein um kulturelle Praktiken und Kunstformen und das Wissen darüber stärken persönliche und kollektive Identitäten und Werte und tragen zum Schutz und zur Förderung von Kultureller Vielfalt bei" (Vgl. UNESCO 2006b).

Kulturelle Bildung steht zudem im Kontext der UN-Dekade „Bildung für nachhaltige Entwicklung" (2005-2014) und der damit verbundenen Anforderung an gesellschaftlichen Wandel. Sie zielt darauf ab, kulturelle Vielfalt im Horizont nachhaltiger Entwicklung zu bewerten und damit umgehen zu können. Mit der UNESCO-Konvention zur Vielfalt Kultureller Ausdrucksformen (2005, seit März 2007 in Kraft) verpflichten sich die Vertragsparteien unter anderem, das öffentliche Verständnis für Kulturelle Vielfalt auch durch (kulturelle) Bildungsprogramme zu fördern (Artikel 10).

Wesentliches Ergebnis dieser ersten Weltkonferenz für Kulturelle Bildung war die Mobilisierung der internationalen Fachverbände und NGOs. Die 2006 gebildete *Weltallianz für kulturelle Bildung* (WAAE), ein Zusammenschluss der Theater-, Tanz- und Musiklehrerverbände, arbeitet seither kontinuierlich. Erstmals informierte ein Kompendium (vgl. Bamford 2010:11) über den Stand Kultureller Bildung in vierzig Ländern weltweit.

Die koreanische Regierung ergriff Anfang 2006 die Initiative zu einer zweiten UNESCO-Weltkonferenz „Arts in Society – Education for Creativity", um in der Boomregion Asien eine Neuorientierung der Bildungsdebatte anzustoßen. Mehr als 2.000 Kultur- und BildungsexpertInnen, darunter Regierungsdelegierte, VertreterInnen von Nichtregierungsorganisationen, Stiftungen und Internationalen Organisationen, verabschiedeten im Mai 2010 in Seoul zehn „Entwicklungsziele für Kulturelle Bildung". Kernziele sind die Sicherstellung hoher Qualität Kultureller Bildung und deren Beitrag zur Bewältigung sozialer Aufgaben und kultureller Herausforderungen überall auf der Welt. „Kulturelle Bildung muss als Grundlage einer ausgewogenen kognitiven, emotionalen, ästhetischen und sozialen Entwicklung von Kindern und Jugendlichen begriffen werden", so die Seoul-Agenda (The Second World Conference on Arts Education [2010]). Die praxisorientierte Bildungsforschung hat mit dieser Konferenz einen deutlichen Schub erfahren. Als konkretes Ergebnis von Seoul hat die UNESCO Lehrstühle und Arts Education Observatorys im Sommer 2011 ein *International Research Network on Arts Education*, kurz IRNAE gegründet, um langfristige Wirkungen Kultureller Bildung zu erfassen.

Ausblick, Perspektiven, Herausforderungen

Die Stärkung der international vernetzten Wissensbasis Kultureller Bildung hat mittels internationaler Politik eine neue Qualität erreicht: Seit Oktober 2011 steht mit „World CP – International Database of Cultural Policies" – eine Plattform dauerhaft zur Verfügung, die im Kapitel „Promoting creativity and participation" „Arts and culture education" für alle beteiligten Länder erfasst. Im November 2011 hat die *UNESCO Generalkonferenz* beschlossen, diese Arbeit mit den Ergebnissen beider Weltkonferenzen zu verstärken und mittelfristig auf eine Dritte Weltkonferenz hinzuarbeiten. Die Rolle Ästhetischer und Kultureller Bildung soll aktiv mit den Fragen von Bildungsreform und Entwicklungszielen verbunden werden. Kulturelle Bildung kann entscheidende Beiträge zu qualitativ hochwertiger (Grund-)Bildung leisten, zu einer Befähigung zu lebenslangem Lernen, sozialer Kohäsion, Konfliktverarbeitung und zu Bildung für nachhaltige Entwicklung. Ab 2012 kann jeweils die letzte Maiwoche als Internationale Aktionswoche für Kulturelle Bildung genutzt werden, beginnend mit dem Welttag der Kulturellen Vielfalt am 21. Mai.

Zum Weiterlesen

Bamford, Anne (2010): Der WOW-Faktor. Eine weltweite Analyse der Qualität künstlerischer Bildung. Münster u.a.: Waxmann.

Deutsche UNESCO-Kommission (Hrsg.) (2008): Kulturelle Bildung für Alle. Von Lissabon 2006 nach Seoul 2010. Bonn: Deutsche UNESCO-Kommission.

Deutsche UNESCO-Kommission (Hrsg.) (1948): Records of the General Conference. Paris: UNESCO: http://unesdoc.unesco.org/images/0011/001145/114593e.pdf (Letzter Zugriff am 28.08.12).

Eurydice (2009): Bericht zu „Kunst- und Kulturerziehung an den Schulen in Europa" der Europäischen Kommission: http://eacea.ec.europa.eu/education/eurydice/documents/thematic_reports/113DE.pdf (Letzter Zugriff am 28.08.12).

The Second World Conference on Arts Education (2010): Seoul Agenda: Goals for the Development of Arts Education:http://portal.unesco.org/culture/en/ev.php-URL_ID=41117&URL_DO=DO_TOPIC&URL_SECTION=201.html (Letzter Zugriff am 28.08.12).

UNESCO (2006): Road Map for Arts Education. Building Creative Capacities for the 21st Century. Lissabon: http://portal.unesco.org/culture/en/ev.php-URL_ID=30335&URL_DO=DO_TOPIC&URL_SECTION=201.html (Letzter Zugriff am 28.08.12).

World CP. International Database of Cultural Policies: http://www.worldcp.org

Hans Fleisch
Förderung der Kulturellen Bildung durch Stiftungen

Universitäre Lehrveranstaltungen zu ästhetischer Praxis werden in der Regel nicht von JuristInnen angeboten. Und das Recht ist in der Regel kaum Thema, wenn es bei solchen Vorlesungen und Seminaren unter anderem um Schönheit und ihre „Gesetze" (dazu bereits Konfuzius, vgl. Kungfutse 1975:121) geht. Die Schönheit des Rechts ist vielmehr ein von den an Ästhetik Interessierten meist übersehener Aspekt, obschon sich die (rechts-)wissenschaftliche Literatur seit jeher damit befasst (dazu z.B. Öhlinger 1982:185). Indes ist Gesetzes- und Urteilstechnik ein Handwerk (Öhlinger 1982:189), das wie jedes Handwerk auch Kunsthandwerkliches und wahre KünstlerInnen hervorbringt. So findet sich denn im Juristischen allerhand ästhetische Praxis, und manch ein Gerichtsurteil oder Gesetz ist vor allem als praktische Ästhetik bemerkenswert.

In der Rechts(setzungs)kunst kann man nach Sektionen und unterschiedlichem Niveau differenzieren. Eine Gemeindeordnung und ihre Auslegung und Anwendung entspricht der soliden Hausmusik, Verfassungsrecht ist mehr mit großer Architektur in einer Riege zu sehen. Der Gipfel des rechts-künstlerischen Olymps gehört ohne Zweifel dem deutschen Steuer- und Gemeinnützigkeitsrecht.

Wer eine Stiftung gründet, geht meist nicht vom Steuerrecht aus, und auch das Stiftungswirken hat primär Gemeinwohlanliegen und nur sekundär gemeinnützigkeits- und steuerrechtliche Fragen im Blick. Und doch waren und sind diese Fragen bei der Komposition der Stiftung und ihrer Projekte ebenso bedeutsam wie die Entscheidung zwischen Öl- und Aquarellfarbe beim Malen eines Bildes. So hatte z.B. lange Zeit die Frage, ob eine gemeinnützige Körperschaft sich der Katastrophenhilfe in Entwicklungsländern widmen oder der Entwicklungshilfe in unterentwickelten Ländern mit katastrophalen Zuständen dienen soll, entscheidende Bedeutung für den jeweils unterschiedlichen möglichen Steuerabzug.

„Kulturelle Bildung" kein Begriff des Gemeinnützigkeitsrechts

Im Jahr 2007 sind solche gesetzlichen Unterschiede zwar partiell eingeebnet worden. Nach wie vor müssen aber gemeinnützige Stiftungen sich und ihren Zweck einordnen (lassen) in Kategorien, welche die Ellen des Steuer- und Gemeinnützigkeitsrechts zur Bemessung vorgeben. Ohne entsprechende Einordnung der Wirkrichtung der Stiftung nach Maßgabe der Abgabenordnung kann das Finanzamt der Stiftung hierzulande keinen eindeutigen Freistellungsbescheid erteilen, und ohne solchen Freistellungsbescheid gehen einer Stiftung erhebliche finanzielle Mittel und Möglichkeiten verloren.

Der Begriff der „Kulturellen Bildung" macht hier Schwierigkeiten. Denn die Liste der Gemeinwohlzwecke in § 52 der Abgabenordnung führt diesen Begriff nicht auf. Die Abgabenordnung nennt „Kunst und Kultur" in Nr. 5 des § 52, während Bildung – genauer „Erziehung, Volks- und Berufsbildung" – in Nr. 7 des entsprechenden Paragrafen gelistet ist, und Nr. 13 nennt „Förderung der Toleranz auf allen Gebieten der Kultur". Kirchliche Zwecke wiederum, wozu unter bestimmten Voraussetzungen auch die Kirchenmusik und Förderung kirchlicher Bauten gehören, sind in einem ganz anderen Paragrafen der Abgabenordnung (§ 54) geregelt, mit Folgewirkung auch für die Zuständigkeit der Stiftungsaufsicht. Ob aber die Durchführung von Dombesichtigungen zu den kirchlichen Zwecken gehört, richtet sich nach wiederum anderen Regelungen (Schauhoff 2010:295). Die Förderung des „bürgerschaftlichen Engagements" auf dem Gebiet Kultureller Bildung ist eine gemeinnützigkeitsrechtlich ganz andere Kategorie (siehe Kerstin Hübner „Kulturelle Bildung im freiwilligen/bürgerschaftlichen Engagement" in diesem Band). Kurz: eine Stiftung z.B. zur Förderung eines World Music Centers mit Forschungs-, Bildungs- und Völkerverständigungsaspekten kann den zuständigen Finanzbeamten ebenso ins Schwitzen bringen wie eine Stiftung für Integration, die sich dabei bereits in ihrem Satzungszweck auf das Mittel der Kulturellen Bildung konzentriert.

Wachstum des Stiftungssektors

Da sich gemeinnützige Stiftungen aus den vorgenannten Gründen entsprechend den Regelungen der Abgabenordnung kategorisieren lassen müssen, richtet sich auch ihre statistische Erfassung (Statistisches Bundesamt 2010:185) nach ebendiesen Kategorien – und zu diesen gehört „Kulturelle Bildung" nun einmal nicht. Seriöse statistische Aussagen dazu, wie viele Stiftungen mit welchem Finanzvolumen und welchen Schwerpunkten auf dem Gebiet der Kulturellen Bildung tätig sind, können darum nicht gemacht werden.

Dass gemeinnützige Stiftungen jedoch auf dem Gebiet der Kulturellen Bildung eine Rolle spielen, lässt sich bereits mit Google überprüfen und ist auch von der *Enquete-Kommission* des Bundestages anerkannt (Deutscher Bundestag 2007:165). Und es spricht einiges für die These, dass die Bedeutung der Stiftungen auch auf diesem Gebiet wachsen wird. Das ergibt sich bereits aus dem Wachstum des Stiftungssektors in Deutschland. Denn die Hälfte aller bestehenden gemeinnützigen Stiftungen – diejenigen aus mittelalterlicher Zeit eingerechnet – ist hierzulande erst im 21. Jh. errichtet worden (Bundesverband Deutscher Stiftungen 2011:16ff.); insgesamt sind es Ende 2011 rund 19.000 rechtsfähige Stiftungen bürgerlichen Rechts sowie eine wohl noch größere Zahl nicht rechtsfähige Treuhandstiftungen und Stiftungen sonstiger Rechtsformen (Stiftungs-GmbH etc.). Und ein weiteres kräftiges Wachstum von Zahl und Kapital der Stiftungen ist absehbar. Die prozentuale Verteilung der gewichteten Stiftungszweckhauptgruppen hat sich im Laufe der letzten vier Jahrzehnte aber nur geringfügig geändert (Bundesverband Deutscher Stiftungen 2011:102f.); allerdings ging der Anteil der privatnützigen Stiftungen von 4 % auf 2 % zurück, und innerhalb der gemeinnützigen Zwecke gewann der Satzungszweck Umwelt- und Naturschutz im Zuge der Umweltbewegung höhere Anteile.

Daraus lässt sich folgern, dass die Verdoppelung der Stiftungenzahl in den letzten zehn Jahren auch eine ungefähre Verdoppelung der Zahl der Kultur- und Kunst- sowie der Bildungs-Stiftungen in diesem Zeitraum implizierte. Bei Fortsetzung des heutigen Trends – derzeit werden über 800 rechtsfähige Stiftungen pro Jahr errichtet – werden wir eine weitere Verdoppelung der Zahl der Stiftungen in etwa 20 Jahren erleben. Gegenüber dem Jahr 2000 wird sich darum ungefähr im Jahr 2030 die Zahl der Stiftungen vervierfacht haben, bei voraussichtlich in etwa gleichbleibenden prozentualen Anteilen der jeweiligen Zwecke. Das Beispiel des Satzungszwecks Umwelt- und Naturschutz macht aber auch deutlich, dass es bei den Neuerrichtungen von Stiftungen Verschiebungen zugunsten solcher Zwecke geben kann, die als gesellschaftliche Herausforderung stärker ins öffentliche Bewusstsein gerückt sind.

Rund 15 % der deutschen Stiftungen haben heute wie in Vorjahren als satzungsmäßigen Hauptzweck Kunst und Kultur, der Anteil der Stiftungen mit dem Hauptzweck Bildung und

Erziehung ist in etwa ebenso groß (Bundesverband Deutscher Stiftungen 2011:94). Rund ein Fünftel der Stiftungen haben sowohl die Förderung der Bildung als auch die der Kunst und Kultur zum Zweck. Wie groß der Anteil der Stiftungen innerhalb dieser Gruppierungen ist, die speziell Kulturelle Bildung fördern, lässt sich nicht abschätzen. Hinzu kommt: Zahlenangaben wie die vorgenannten beruhen auf den ausdrücklichen Satzungszwecken. Eine Stiftung, deren Satzung andere Zwecke nennt, kann gleichwohl die Förderung der Kulturellen Bildung als Instrument zur Verfolgung ihrer anderen satzungsmäßigen Zwecke einsetzen – wie beispielsweise Kulturelle Bildung zum Zwecke der Integration von Menschen mit Migrationshintergrund –, sich der Thematik im Rahmen des Satzungszwecks „Wissenschaft" zuwenden oder „unterhalb" der Satzungszwecke Querschnitts-Schwerpunkte wie z.B. Kulturelle Bildung bilden, die nicht mit den statistisch erfassten, an der Abgabenordnung orientierten Satzungszwecken identisch sind.

Weiteres Potential

Stiftungen sind im Rahmen ihrer Satzung flexibel. Und mit dieser begrenzten Flexibilität sowie der Stifterfreiheit verbindet sich ein doppeltes Potential auch für die verstärkte Förderung der Kulturellen Bildung (einschließlich der diesbezüglichen Wissenschaft) durch Stiftungen. Denn zum einen kann die Popularisierung der Bedeutung Kultureller Bildung einen höheren Anteil der Stiftenden bei der Gestaltung des Satzungszwecks ihrer neuen Stiftung motivieren. Vor allem aber können mehr der bestehenden – und an Zahl laufend wachsenden – Stiftungen dazu gebracht werden, die Chancen zu ergreifen, die sich mit Kultureller Bildung verbinden.

Die Ausschöpfung dieses doppelten Potentials verlangt dreierlei: Zunächst einmal gilt es, förderliche Rahmenbedingungen für Stiftende und Stiftungen zu erhalten und so fortzuentwickeln, wie es die *Enquete-Kommission* „Kultur in Deutschland" des Bundestages empfohlen hat (Deutscher Bundestag 2007:177f.); denn mehr Stiftungen bedeuten auch: mehr Kultur- und Bildungs- sowie sonstige (potentiell) Kulturelle Bildung fördernde Stiftungen. Zweitens gilt es, weil sich die Wahrnehmung aktueller gesellschaftlicher Herausforderungen in den Satzungszwecken neuer Stiftungen sowie den Schwerpunkten bestehender Stiftungen spiegelt, das öffentliche Bewusstsein für die Bedeutung der Kulturellen Bildung zu schärfen und auf diesem Wege auch „agenda setting" gegenüber Stiftungsakteuren zu leisten. Und drittens kommt es darauf an, durch mehr bzw. bessere Projekte/Konzepte und entsprechendes professionelles „Marketing" EntscheiderInnen in Stiftungen zu einem stärkeren Engagement ihrer Stiftung auf dem Gebiet der Kulturellen Bildung zu motivieren.

Besondere Rolle

Stiftungen spielen im Finanzierungsmix öffentlicher Belange, auch der Kulturellen Bildung, quantitativ eine untergeordnete Rolle in Deutschland. Der Stiftungssektor wird darum auch künftig nicht erhebliche Kürzungen anderer Sektoren ausgleichen können. Aus eigenen Vermögenserträgen (das Gesamtkapital der gemeinnützigen Stiftungen in Deutschland wird auf über 100 Milliarden Euro geschätzt, vgl. Bundesverband Deutscher Stiftungen/Falk 2011:11) stehen den Stiftungen jährlich schätzungsweise vier bis fünf Milliarden Euro für sämtliche Zwecke, von Sport bis zu Mildtätigkeit, zur Verfügung, hinzu kommen von Stiftungen akquirierte Spenden. Ein Großteil der Stiftungsgelder steht dabei nicht für die Förderung von Projekten anderer bereit: 19 % der Stiftungen sind rein „operative" Stiftungen, verwenden ihre

Gelder also für selbst durchgeführte Eigenprojekte, und weitere 20 % sind teils operativ, teils finanziell fördernd tätig, 61 % rein fördernd (Bundesverband Deutscher Stiftungen 2011:109).

Soweit Stiftungen Fördermittel zur Verfügung stellen, können diese hebelwirksam eingesetzt werden, z.B. als Eigenanteil helfen zur „Loseisung" staatlicher Fördermittel oder zur Förderung des bürgerschaftlichen Engagements anderer (Bundesverband Deutscher Stiftungen 2010b:8ff.). Unabhängige private gemeinnützige Stiftungen sind aber vor allem in der Lage, Vorhaben zu ermöglichen, die jenseits des „Mainstreams" liegen oder für die aus anderen Gründen in der Regel weder Spenden noch anderweitige Fördermittel, z.B. des Staates, generiert werden können. Die Bedeutung der Stiftungen geht darum über ihr quantitatives Gewicht hinaus. Sie sind unabhängige zivilgesellschaftliche Akteure, wirken oft als Hebel oder Katalysatoren und bereichern die Vielfalt – auch im Bereich der Kulturellen Bildung. Und all dies wachsend.

Zum Weiterlesen

Bundesverband Deutscher Stiftungen (Hrsg.) (2010a): StiftungsReport 2010/11. Berlin.

Bundesverband Deutscher Stiftungen (Hrsg.) (2010b): Engagementförderung durch Stiftungen in Deutschland. Berlin.

Katharina Donath/Thomas Krüger
Zivilgesellschaftliche Akteure in der Kulturellen Bildung

Einleitung und Begriffsbestimmung

Angebote Kultureller Bildung in Deutschland sind ganz unterschiedlicher Art, doch eines ist vielen gemeinsam: Ohne das Engagement und die Unterstützung der Zivilgesellschaft könnten die Projekte, Initiativen und Gruppen in dieser Vielfalt nicht existieren. Der Begriff „Zivilgesellschaft" beschreibt das dritte große Aktionsfeld neben dem Staat und dem Markt, in dem sich jedes Individuum bewegt (siehe Norbert Sievers „Kulturelle Bildung zwischen Staat, Markt und Zivilgesellschaft" in diesem Band). Deshalb wird dieser Bereich häufig als der „Dritte Sektor" bezeichnet (Strachwitz 2009). Als Akteure der Zivilgesellschaft handeln sowohl die einzelnen Individuen, die sich engagieren, als auch Vereine, Verbände, Stiftungen, Unternehmen und Kirchen, die dieses Engagement generieren, unterstützen und auf politischer Ebene die Interessen ihres Bereichs vertreten.

Im ersten Teil dieses Beitrags soll die Bedeutung des zivilgesellschaftlichen Engagements in der Kulturellen Bildung genauer ausgeführt werden. Im zweiten Teil wird auf institutionelle Akteure, deren Geschichte und Aufgaben eingegangen. Der letzte Teil spricht aktuelle Herausforderungen an.

Das Potential von zivilgesellschaftlichem Engagement in der Kulturellen Bildung

BürgerInnen, die Zeit, Ideen, Kreativität oder materielle Ressourcen oft über Jahre freiwillig investieren, sind die Basis zivilgesellschaftlichen Engagements. Viele Kultureinrichtungen und Institutionen, die Kulturelle Bildung anbieten, sind durch Engagement der BürgerInnen und ihre Selbstorganisation entstanden, erst später wurden sie von der öffentlichen Hand unterstützt oder übernommen (Wagner/Witt 2003:1).

Die „Reichweite der Zivilgesellschaft" umfasst laut dem dritten Hauptbericht des Freiwilligensurveys des *Bundesministeriums für Familie, Senioren, Frauen und Jugend (BMFSFJ)* alle Menschen, die in Vereinen, Organisationen, Gruppen oder öffentlichen Einrichtungen aktiv waren oder sind, d.h. alle diejenigen, die etwa Veranstaltungen besuchen oder einer Mannschaft angehören. Dies waren 2009 71 % der Gesamtbevölkerung. Davon unterscheidet der Bericht das „freiwillige Engagement", das nur die BürgerInnen fasst, die bestimmte Aufgaben, Arbeiten oder Funktionen längerfristig übernommen haben. 2009 haben sich 36 % der Bevölkerung freiwillig engagiert (Gensicke/Geiss 2010:5). Im Kultur- und Musikbereich beträgt die Engagementquote 5,2 % der Gesamtbevölkerung. Damit bildet er einen großen Engagementbereich hinter Sport, Schule oder den Kirchen (Gensicke/Geiss 2010:7).

Engagement, gleich in welchem Bereich, hat indessen nicht nur infrastrukturbildenden Wert. Wer sich ehrenamtlich engagiert, übernimmt Verantwortung und trägt zur Gestaltung seines sozialen und gesellschaftlichen Umfelds bei. Er wird zum aktiven, partizipierenden Mitglied einer Gesellschaft.

Der mündige Bürger ist das Ziel von politischer Bildung und grundlegende Basis für eine lebendige Demokratie. Mündigkeit meint, dass Menschen urteils- und handlungsfähige Subjekte sein sollen, „die politische Fragen und Probleme kompetent [...] beurteilen und sich in öffentlichen Angelegenheiten [...] engagieren" (GPJE 2004:9). Denn Demokratie erschöpft sich nicht in der Beteiligung an Wahlen und am politischen Repräsentativsystem, auch wenn dies wichtig ist, sondern fordert eine umfassendere Teilhabe. Diese schließt ein, dass Mitgestaltungs- und Mitentscheidungsmöglichkeiten, mit denen BürgerInnen direkt die sie betreffenden Dinge beeinflussen können, erhalten und ausgebaut werden müssen. Dass BürgerInnen bereit sind, sich einzubringen und ihr Mitbestimmungsrecht einfordern, hat beispielsweise die Diskussion um „Stuttgart 21" deutlich gezeigt.

Als aktiv werden aber nach den oben erwähnten Zahlen des dritten Freiwilligensurveys nur zwei Drittel der Gesellschaft bezeichnet. Wer und wo ist das Drittel, das die „Reichweite der Zivilgesellschaft" nicht erfasst? „Der Bildungsstatus spielt [...] inzwischen die größte Rolle für die Frage, ob eine Person sich freiwillig engagiert", stellen Picot und Gensicke für den 2. Freiwilligensurvey fest (Gensicke/Picot/Geiss 2006:257). Gerade soziales und politisches Engagement ist bei politik- und bildungsfernen Menschen geringer als bei BürgerInnen aus der gut gebildeten Mittelschicht. Politische Bildung muss deshalb versuchen, gerade die benachteiligten Gruppen anzusprechen, um eine soziale Spaltung der Gesellschaft zu vermindern; dazu ist ein „Instrumentarium nötig, das der Heterogenität und Diversität der Gesellschaft angemessen ist" (Geisler 2012).

Besonders die Kulturelle Bildung bietet hier Möglichkeiten, junge Menschen zu aktivieren, die ansonsten wenig am gesellschaftlichen Leben teilnehmen, da sie Zugänge bieten kann, die an die Lebenswelt der Jugendlichen anknüpfen. Dabei ist die Kulturelle Bildung nicht als bloße Methode zu sehen, um Menschen an gesellschaftliche Themen heranzuführen, vielmehr ist der inkludierende Aspekt ihr entscheidendes Charakteristikum: Kulturelle und ästhetische Bildung stellt, wie auch die Kunst, routinierte (Ein-)Ordnungen in Frage und regt dazu an, die Welt aus der Perspektive eines anderen zu betrachten – beispielsweise wenn ein Jugendlicher in einem Theaterspiel eine Rolle spielt, bei der die gespielte Person andere Werte und Einstellungen vertritt als er selbst. „Jugendkultureller Selbstausdruck, die motivierende und mobilisierende, scheinbar nutzfreie Funktion von Kunst, ihre kommunikativen Eigenschaften und ihre offenen Aussagen, ohne eindeutige Interpretationsmechanismen, erlauben Suchbewegungen und schaffen Proberäume" (Geisler 2012). Diese Probe- (und Frei-)Räume sind wichtig und müssen in ihrer Vielfalt, die von Tanz und Theater über Graffiti bis zu Computerspielen und dem Web 2.0 reicht, anerkannt werden, da in ihnen eine Kreativität zum Ausdruck kommt, die Zeichen von Subjektivität und Handlungsfähigkeit ist. Diese Räume schafft Kulturelle Bildung, die in diesem Sinne zugleich auch politische Bildung ist.

Institutionelle Akteure der Zivilgesellschaft

Rahmenbedingungen, Strukturen und Unterstützung für dieses zivilgesellschaftliche Engagement schaffen, neben dem Staat und den Kommunen, Akteure des Dritten Sektors. Im Folgenden seien einige der wichtigsten im Feld der Kulturellen Bildung kurz skizziert.

Verbände und Vereine

In der Kulturpolitik vertritt der Kulturausschuss des *Deutschen Städtetages* die kulturellen Interessen aller kreisfreien und der meisten kreisangehörigen Städte und arbeitet Empfehlungen, Bestandsaufnahmen, Arbeitshilfen, Hinweise und Materialien für die Kulturverwalter-

Innen vor Ort aus (Klein 2005:163). Der kommunale Raum ist in der Kulturellen Bildung von zentraler Bedeutung, da hier Veränderungen unmittelbar wirksam werden und sich Probleme direkt zeigen, wie eine zunehmende soziale Spaltung der Gesellschaft. Hier gilt es, anzusetzen und den Kommunen Instrumente an die Hand zu geben, mit denen sie Engagement und Partizipation im Bereich Kultureller Bildung fördern können, gleichzeitig sollten sie aber auch qualitätssichernd und vernetzend wirken. Beispiel eines solchen Instruments ist der Berliner *Projektfonds Kulturelle Bildung*, der seit 2008 befristete Kooperationsprojekte sowie strukturbildende Projekte von stadtweiter Bedeutung und Projekte in den Bezirken fördert. Dabei steht den teilweise ehrenamtlich arbeitenden Projektträgern ein Team von ProjektmanagerInnen und WissenschaftlerInnen für organisatorische, technische, administrative, rechtliche oder finanzielle Fragen unterstützend zur Seite.

Ein weiterer wichtiger Verband, der *Deutsche Kulturrat e.V.*, wurde 1981 als politisch unabhängige Arbeitsgemeinschaft kultur- und medienpolitischer Organisationen und Institutionen von bundesweiter Bedeutung gegründet. 1995 wurde die Arbeitsgemeinschaft in einen gemeinnützigen Verein umgewandelt. Der „Dachverband der Dachverbände" vertritt die vielfältigen Interessen des gesamten Kultursektors auf Länder- und Bundesebene und bei der *Europäischen Union*. Mitglieder des *Deutschen Kulturrates* sind die Spitzenverbände der einzelnen Kultur-Sparten, wie beispielsweise der *Deutsche Musikrat*, der *Rat für Darstellende Kunst* oder der *Rat für Soziokultur und kulturelle Bildung*, die wiederum Verbände repräsentieren (für einen vollständigen Überblick vgl. Klein 2005:164f.). Wie schon auf Mitgliedsebene erkennbar, ist Kulturelle Bildung für den *Deutschen Kulturrat* ein zentrales Thema. Neben Stellungnahmen und Publikationen, wie etwa den Konzeptionen Kulturelle Bildung I-III, gibt er zu seiner regelmäßig erscheinenden Zeitung „politik und kultur" die Beilage „kultur.kompetenz. bildung" heraus, die sich mit Fragestellungen der Kulturellen Bildung beschäftigt.

Der zentrale Akteur im Feld der Kulturellen Bildung ist die *Bundesvereinigung Kulturelle Kinder- und Jugendbildung e.V. (BKJ)*. Sie ist als „nationaler Zusammenschluss von bundeszentralen Fachorganisationen und landesweiten Dachverbänden für alle Künste und kulturpädagogischen Arbeitsfelder" (BKJ 2011a:5) Mitgliedsorganisation des *Deutschen Kulturrates*. Die *BKJ* hat sich zum Ziel gesetzt, „Kulturarbeit als zivilgesellschaftlichen Akteur zu stärken" (BKJ 2011a:45). 2011 feierte sie das zehnjährige Bestehen des „Freiwilligen Sozialen Jahres Kultur", ein vom Bund gefördertes Angebot der *BKJ* und dem Verbund an einzelnen Trägern, bei dem junge Menschen ein Jahr lang freiwillig in Vollzeit in einer kulturellen Einrichtung mitarbeiten. Bis April 2011 hatte die *BKJ* drei Jahre lang den Wettbewerb „PlusPunkt KULTUR" ausgeschrieben, mit dem Engagement und Projekte junger Menschen im Kulturbereich gefördert wurden.

Die erwähnten Verbände fungieren als Dachorganisationen für weitere Verbände, unter denen die eigentlichen Träger und Vereine stehen, die die Arbeit an der Basis organisieren und in denen zivilgesellschaftliches Engagement stattfindet.

Unternehmen und Stiftungen

Private Unternehmen engagieren sich immer häufiger im Kulturbereich, meist über Spenden, Sponsoring oder Stiftungsmittel. Im Gegensatz zum Spenden ist das Sponsoring mit einer Gegenleistung des Geförderten verbunden, etwa der Nennung des Sponsors. 32 % der unternehmerischen Kulturförderung findet in der Kulturellen Bildung statt, 2008 hat ein Unternehmen durchschnittlich ca. 200.000 Euro pro Jahr dafür ausgegeben. Besonders intensiv engagieren sich sehr große Unternehmen (Kulturkreis der Deutschen Wirtschaft 2010:13ff.).

Neben dem kontinuierlichen Engagement der öffentlichen Stiftungen ist gerade bei den privaten Stiftungen das Interesse und das Engagement im Bereich der Kulturellen Bildung in den letzten Jahren massiv gestiegen – zu nennen sind hier z.B. die *Robert-Bosch-Stiftung* mit dem „Kulturmanager"-Programm, die *Deutsche-Bank-Stiftung* mit ihrer Unterstützung des „Kinder-zum-Olymp"-Wettbewerbs und die *Stiftung Mercator*, aktuell mit dem „Kultur-Agenten-Programm für kreative Schulen". Das Engagement der großen Stiftungen bringt für die Kulturelle Bildung einen Aufschwung, trotzdem sollte man nicht vergessen, dass projektorientierte Förderung durch Stiftungen befristet und interessegeleitet ist und deshalb nötige Struktur-Bildung auf staatlicher Ebene nicht ersetzen kann (siehe Hans Fleisch „Förderung der Kulturellen Bildung durch Stiftungen" in diesem Band).

Kirchen

Seit Jahrhunderten sind die Kirchen wichtige Träger kultureller Angebote – sie gehörten zu wichtigen Auftraggebern für KünstlerInnen, auch wenn gerade diese sich häufig kritisch mit ihnen auseinander setzen. Im Bereich der Kulturellen Bildung ist zivilgesellschaftliches Engagement für die Kirchen entscheidend: Die vielfältigen Angebote im Bereich der Kirchenmusik oder der Bibliotheksarbeit werden fast ausschließlich durch ehrenamtliches Engagement getragen. Darüber hinaus schaffen die Kirchen vor allem im Bereich der kulturellen Jugendarbeit Angebote; Spiel- und Theaterarbeit gehören genauso dazu wie Chöre, musikalische Früherziehung oder Fahrten zu Ausstellungen oder Museen. Die katholischen und evangelischen Akademien begleiten Kunst und Kultur diskursiv und bringen sich in die Kulturpolitik ein (Fuchs/Schulz/Zimmermann 2005:91f.).

Aktuelle Herausforderungen

Unsere Gesellschaft ist nicht nur von sozialer Spaltung bedroht, sondern auch von Schrumpfung und Überalterung (siehe Karl Ermert „Demografischer Wandel und Kulturelle Bildung in Deutschland" in diesem Band). Etwa die Hälfte aller 413 deutschen Kreise verliert Bevölkerung. Von wirtschaftlichem Wachstum und neuen Arbeitsplätzen profitieren vor allem urbane Räume, weshalb die ohnehin kleiner werdende junge Generation dorthin abwandert. Infolgedessen fehlt es in ländlichen Regionen nicht nur an Steuer- und GebührenzahlerInnen, NutzerInnen der kommunalen Infrastruktur und KundInnen für lokale Dienstleister, sondern auch an Nachwuchs für Vereine und Menschen, die sich zivilgesellschaftlich engagieren (Berlin-Institut 2011:102). Eine weitere Herausforderung ist die Zusammensetzung der Bevölkerung: Ein Fünftel (bei den unter Zehnjährigen jeder Dritte) hat einen Migrationshintergrund, ist also aus dem Ausland zugewandert oder hat mindestens einen zugewanderten Elternteil. Viele MigrantInnen sind zwar gut integriert, doch in bestimmten Stadtvierteln bilden sich Parallelgesellschaften; der jungen Generation fehlen Bildung und berufliche Perspektiven (Berlin-Institut 2011:6) Daneben gibt es weitere gesellschaftliche Bruchlinien wie die Spaltung in Jung und Alt, Stadt- und Landbevölkerung, bildungsaffin und bildungsfern. Gerade an diesen Stellen kann Kulturelle Bildung, wie im ersten Teil ausgeführt, integrierend und aktivierend wirken – auch wenn sie natürlich kein Allheilmittel ist.

Doch wie kann die eingangs erwähnte vielfältige kulturelle Infrastruktur erhalten werden, wenn der Kulturetat gekürzt wird und gerade die Kommunen, in denen der Handlungsbedarf am größten ist, erhebliche Probleme haben, ihre Aufgaben mit geringer finanzieller Ausstattung zu erfüllen?

Angesichts dieser Lage haben politische Debatten um eine Ausweitung und Förderung zivilgesellschaftlichen Engagements seit einigen Jahren Konjunktur. Der engagierte Bürger, aber auch die Wirtschaft soll einspringen, wo klamme Kassen Bund, Land und Kommunen zu Kürzungen zwingen.

De facto haben die Gründung von Landes- und Bundesnetzwerken für Engagierte, die Ehrenamtsbörsen, Konferenzen, Freiwilligentage und Seminare zur Schulung von Freiwilligen noch nicht dazu geführt, dass das ehrenamtliche Engagement gestiegen ist. Gleichwohl ist der Teil der Bevölkerung angestiegen, der sich zwar noch nicht engagiert, sich aber in Zukunft engagieren will (Gensicke/Geiss 2010:5ff.). Hier ist die Politik gefragt, gerade für die Gruppe der älteren, motivierten Menschen, die zahlenmäßig noch ansteigt, oft gut gebildet und gesundheitlich fit ist, Strukturen zu schaffen, in denen sich Engagement entwickeln kann. Die *Europäische Union* hat hier bereits ein Zeichen gesetzt und 2012 zum „Jahr des aktiven Alterns" ausgerufen. Denn so wünschenswert eine engagierte, partizipierende Zivilgesellschaft ist; sie enthebt den Staat nicht der Verantwortung, strukturbildend zu wirken und Rahmenbedingungen für Kulturelle Bildung zu schaffen, ohne durch zu strikte Steuerungsvorgaben Kreativität und Motivation zu bremsen. Und auch die politische Bildung ist in der Pflicht, (jugend-)kulturelle Ansätze in ihre Arbeit zu integrieren, um Bildungs- und Engagementchancen für breite Gesellschaftsschichten offen zu halten.

Zum Weiterlesen

Bergold, Ralph/Mörchen, Annette (Hrsg.) (2009): Zukunftsfaktor bürgerliches Engagement. Chance für kommunale Entwicklung. Beispiele und Perspektiven. Bad Honnef: http://www.engagiert-in-nrw.de/pdf/100406_Doku_Zukunftsfaktor_BE_.pdf (Letzter Zugriff am 28.08.12).

Besand, Anja (Hrsg.): Politik trifft Kunst. Zum Verhältnis von politischer und kultureller Bildung. Bonn: bpb.

Fuchs, Max (2008): Kulturelle Bildung. Grundlagen, Praxis, Politik. München: kopaed.

Gensicke, Thomas/Geiss, Sabine (2010): Hauptbericht des Freiwilligensurveys 2009. Zivilgesellschaft, soziales Kapital und freiwilliges Engagement in Deutschland 1999–2004–2009. In: BMFSFJ: http://www.bmfsfj.de/RedaktionBMFSFJ/Broschuerenstelle/Pdf-Anlagen/3._20Freiwilligensurvey-Hauptbericht,property=pdf,bereich=bmfsfj,sprache=de,rwb=true.pdf (Letzter Zugriff am 28.08.12).

Kamp, Peter (2010): Querschnittsaufgabe mit Lücken – zur Finanzierung kultureller Bildung. In: bpb: Online-Dossier „Kulturelle Bildung": http://www.bpb.de/themen/Z6U0AQ,2,0,Querschnittsaufgabe_mit_L%FCcken_Zur_Finanzierung_kultureller_Bildung.html (Letzter Zugriff am 28.08.12).

Kulturprojekte Berlin: www.kulturprojekte-berlin.de

Maecenata Institut: Datenbank Zivilgesellschaftsforschung: http://www.institut.maecenata.eu/forschungsdatenbank.html

Maedler, Jens (Hrsg.) (2008): Teilhabenichtse. Chancengerechtigkeit und kulturelle Bildung. München: kopaed.

PlusPunkt Kultur: http://plus-punkt-kultur.de

Wagner, Bernd (Hrsg.) (2000): Ehrenamt, Freiwilligenarbeit und bürgerschaftliches Engagement in der Kultur. Bonn/Essen: KuPoGe/Klartext.

Peter Kamp
Konzeptionen und Empfehlungen Kultureller Bildung

Zur Erfolgsgeschichte Kultureller Bildung gehören auch und ganz maßgeblich strategische Selbstinszenierung und intelligentes Marketing. Sicherlich wurden große Abschnitte dieser Geschichte von den Akteuren selbst aufgeschrieben, mit allen Chancen (der Begeisterung) und Risiken (der perspektivischen Täuschung). Richtig ist aber auch, dass sich im Zusammenwirken von Freien Trägern und dem Staat fast immer Entwicklungspartner gesucht und gefunden haben, die gemeinsam darauf hinwirkten, dass die gute Idee zu Geld kam und umgekehrt.

Wann der stete Tropfen den Stein höhlt oder das dicke Brett durchbohrt ist, ist immer schwer vorherzusagen. Daher wird die Geschichte hier auch nicht ab ovo, sondern vom Ende her erzählt. Aber *dass* Politik für Kulturelle Bildung originärer Übersetzungsleistungen, stabiler Partnerschaften und strategischer Allianzen bedarf, lässt sich an den Konzeptionen und Empfehlungen zur Kulturellen Bildung schlaglichtartig beleuchten. In allen relevanten Ministerien und Politikfeldern hat es immer (nicht selten streitbare) PartnerInnen gegeben, die am Übersetzungserfolg genau so interessiert waren wie die IdealistInnen vom Fach. Unter dieser Prämisse und bezogen auf das letzte halbe Jahrhundert drängen sich fünf Entwicklungsbaustellen geradezu auf.

1. „Kultur-Kompass für Deutschland": Der Enquete-Bericht

„Es ist vollbracht." Mit biblischem Pathos trat die Kommissionsvorsitzende Gitta Connemann (MdB) am 13. Dezember 2007 vor die Abgeordneten des Deutschen Bundestags und eröffnete die zweistündige Aussprache zum „Kultur-Kompass für Deutschland", der in vierjähriger Arbeit unter ihrer Leitung erstellt worden war. Auf knapp 800 Seiten bringt es die Buchfassung des Schlussberichts „Kultur in Deutschland" der gleichnamigen *Enquete-Kommission*. Etliche 100 weitere Seiten versammelt die DVD mit 13 Gutachten (darunter eines zur Kulturellen Bildung) und der Bundestagsdebatte zum Schlussbericht.

Vier Jahre lang hatten jeweils 22 Abgeordnete zweier Legislaturperioden und elf ExpertInnen bundesweit das „kulturelle Feld" vermessen, 87 Sitzungen, 22 Anhörungen und 21 Expertengespräche durchgeführt, sechs Delegationsreisen unternommen und abschließend ein Dokument vorgelegt, das Maßstäbe gesetzt hat. Dreierlei macht den Bericht zum Meilenstein:

1. das Engagement und die Energie, mit denen parteiübergreifend die kulturelle Vielfalt als Strukturressource ins Zentrum von Politik und Gesellschaft gerückt wurde;
2. der pragmatische Duktus, in dem ein hoher Anspruch in 465 Handlungsempfehlungen jenseits akademischer Debatten und partikularer Interessen politikkompatibel gemacht wird: eben „Kärrnerarbeit [...] für gesetzgeberisches Handeln" (Deutscher Bundestag 2007:5);
3. die Weite des Blicks, die das Abschlussdokument zur umfangreichsten Bestandsaufnahme zur Kultur in der Bundesrepublik macht und hierbei gesellschaftspolitische, wirtschaftliche, rechtliche und strukturelle Fragen in den Horizont einer Entwicklungsplanung stellt, ganz bewusst auch im europäischen Maßstab.

Die Chance des aus der Tagespolitik herausragenden Ausnahmegremiums Enquete-Kommission wurde damit in beispielhafter Weise genutzt: Der Bericht ist Maßstab für Entwicklungen und Stein des Anstoßes für mögliche Versäumnisse. Zwei Dimensionen sollen herausgehoben werden. Sie betreffen das Niveau der Darstellung und die exponierte Stellung der Kulturellen Bildung.

Jede Leistungsbilanz schärft den Blick für Defizite. Wie hier (nach streng durchgehaltenem Organisationsprinzip: A: Bestandsaufnahme, B: Problembeschreibung, C: Handlungsempfehlung) das Feld vermessen wird, ist beachtlich. Drei Gründe sind maßgeblich:

Erstens hat die Kommission offensichtlich allergrößten Wert darauf gelegt, die Handlungsempfehlungen weitestgehend einstimmig zu beschließen und dadurch dem Ganzen partei-, struktur- und fachspartenübergreifend spürbar Rückhalt gesichert.

Zweitens überschreitet der Kommissionsbericht in jedem Detail den Rahmen der individuellen Autorenperspektive und erschließt damit dem politischen und gesellschaftlichen Feld eine jugend-, kultur- und bildungspolitische Vogelperspektive, die den Abstand zwischen Sein und Sollen handlungsorientiert vor Augen führt.

Drittens schließlich gelingt dem Bericht die Gratwanderung, trotz heterogener Förderzuständigkeiten die Übergänge zwischen Kultur und Wirtschaft, Bildung und Jugend (und damit auch das jeweilige Berichtswesen) auf Bundes-, Länder- und europäischer Ebene so zu beleuchten, dass Entwicklungspartnerschaft wünschenswert und machbar erscheint.

Das Gewicht der Kulturellen Bildung im Enquete-Bericht (mit 55 Seiten und über 50 Handlungsempfehlungen) könnte nichts besser unterstreichen als die Tatsache, dass die Kommissionsvorsitzende dieses Feld als einziges in der Bundestagsdebatte hervorgehoben und der herausgehobenen Verantwortungspartnerschaft von Staat, Zivilgesellschaft und Kultureinrichtungen anempfohlen hat. In der sechsten Handlungsempfehlung zur außerschulischen Kulturellen Bildung heißt es: „Die Enquete-Kommission empfiehlt den Ländern, durch gesetzliche Regelungen die kulturelle Infrastruktur in ihrem Bestand auch qualitativ zu garantieren." Ergänzend wird an anderer Stelle empfohlen, eine noch defizitäre kulturelle Infrastruktur durch „Aufbau und Ausbau entsprechender Einrichtungen und Angebote" überhaupt erst zu schaffen. Damit greift der Enquetebericht Anregungen des 1977 verabschiedeten „Ergänzungsplans Musisch-kulturelle Bildung" und Vorgaben des Kinder- und Jugendhilfegesetzes von 1990 (§ 82) auf und hat erhebliche Dynamik in die legislative Landschaft fast aller Bundesländer getragen. Kreatives Novum der *Kulturenquete* ist die handlungsorientierte Definition eines Ortes oder Gestaltungsauftrags, den sie „Infrastruktur der Kulturellen Bildung" nennt (siehe Oliver Scheytt „Pflichtaufgabe, Grundversorgung, Infrastruktur: Begründungsmodelle der Kulturpolitik" in diesem Band).

2. Schrittmacher: Die Konzeption Kulturelle Bildung des Deutschen Kulturrats

Zur Kulturpädagogik als Beruf gehört die Erfahrung, wie lange es dauern kann, bis gute Ideen sich durchsetzen. Ironie der Geschichte ist heute, dass der demografische Wandel das Zielgruppenprinzip als solches auflöst. Mit dem paradoxen Ergebnis, dass einerseits das Kulturpublikum vergreist und andererseits der Bildungsnachwuchs versiegt.

Konsequenz dieser Konstellation ist das parallele Profilierungsbestreben bislang eher getrennter Sinnprovinzen: Die Kultur entdeckt die Jugend, damit sie selbst überhaupt eine Zukunft hat. Die Jugend sieht sich perspektivisch des Wirkungsradius bedroht und findet sich quasi über Nacht auf dem Schulhof wieder. Nicht alle begrüßen das uneingeschränkt.

Zur Situationsbeschreibung gehören zwei Leitideen. Vor allem Integration, die strukturell immer bedroht ist. Sodann Bildung, der man am ehesten zutraut, die Kuh vom Eis zu holen. Zur

Situationsbewältigung gehören Strategien, die Identität des (kulturpädagogischen) Feldes unter wechselnden Rahmenbedingungen expansiv weiterzuentwickeln und möglichst in die Fläche zu bringen.

Den exponiertesten, ehrgeizigsten und auch riskantesten Versuch in dieser Richtung unternimmt die „Konzeption Kulturelle Bildung" des *Deutschen Kulturrats* (2005). Dreimal hat der *Deutsche Kulturrat* unter diesem Titel aufgeschlagen. Die jüngste Auflage des erstmals 1988 erschienen Klassikers riskiert sehenden Auges zweierlei: Erstens bricht sie bewusst mit der Tradition einer „Vielfalt als Konzeption" und ersetzt die Pluralität der Stellungnahmen aus dem Mitgliederspektrum (so 1988) durch ein additives und in Teilen auch integratives Autorenkonzept, für das Max Fuchs, Gabriele Schulz und Olaf Zimmermann namentlich verantwortlich zeichnen. Zweitens stellt sie sich selbst erstmals (nach der strukturorientierten Erstveröffentlichung 1988 und ihrer problemorientierten Nachfolgerin 1994) in einen thematischen und organisationssoziologischen Rahmen, der Chancen, Risiken und Grenzen markiert und zugleich den Haupttitel bildet: „Kulturelle Bildung in der Bildungsreformdiskussion".

Der 470 Seiten starke Band fasziniert durch seinen Abstand. Wie jede bisherige „Konzeption" ist er auch programmatische Leistungsbilanz und Antwort auf die Frage „Was ist der Deutsche Kulturrat?" Sie lautet 2005, im 25. Jahr seines Bestehens: „Lobbyist im positiven Sinne". Der „grundlegende" Paradigmenwechsel vom Mitgliederverband zur Lobbyagentur für inzwischen über 200 Verbände in acht Sektionen wird als strategische Option beschrieben, die pragmatisch und konzeptionell weithin auch trägt. Zur Leistungsbilanz dieser Konzeption gehört eine Fülle an Positionspapieren und Interventionen sowie insbesondere der kontinuierliche Vernetzungsdiskurs von Politik und Fachlichkeit, wie ihn die Zeitmonatsschrift „Politik und Kultur" seit Jahren in die Fläche bringt, neuerdings (als Vernetzungselement und Diskussionsforum außerhalb der vorliegenden Buchpublikation) mit der Beilage „Kulturelle Bildung". Ein breiter Rechercheteil mit Handbuchcharakter bietet unter anderem Ländervergleiche zur Bildung im Vorschul- und Schulbereich. Das Dreiphasenmodell aus „Skepsis – Euphorie – Ernüchterung", das die „Kultur im Ganztag" rhythmisiert und auf lange Sicht begleiten wird, hilft beiden Seiten beim Wandel durch Annäherung.

3. Auf dem Weg zum Jugendkulturland: Der Jugendkulturbericht NRW

1994 veröffentlichten das *Jugendministerium* (das damalige *Ministerium für Arbeit, Gesundheit und Soziales*) und das *Kultusministerium* des Landes Nordrhein-Westfalen gemeinschaftlich den Bericht „Kinder- und Jugendkulturarbeit in Nordrhein-Westfalen. Bestandsaufnahme, Perspektiven, Empfehlungen". Der von zehn Expertisen flankierte „Jugendkulturbericht" wurde mehrfach nachgedruckt und hat typenbildend gewirkt. Konzeptionell bildet diese Landeserhebung eine Brücke zwischen dem Ergänzungsplan (1977, s.u.) und dem Enquete-Bericht (2007), strukturell und personell eine starke Schnittmenge aller landes- und bundesweit vernetzten Akteure.

Das ehrgeizige Vorhaben, das zeitlich in die Phase von Vorüberlegungen zur Landesjugendplanreform fiel und schon deshalb Kontroversen auslösen mochte, war politisch brisant, aus einer Vielzahl von Gründen. Erstens durfte oder wollte keiner wissen, wie der Berichtswunsch in die Rede des damaligen Landessozialministers Heinemann gekommen war. Zweitens war „Bericht" als solcher Landesprivileg bzw. als Jugendbericht Landespflicht und keineswegs an eine partikulare Trägersicht abzutreten, noch dazu an die ‚falsche' (also die parteiische *LKD* der Jugendkunstschulen und nicht die *LKJ* als Landesdachverband). Drittens sah es für etabliertere Träger der Jugendarbeit (namentlich die offene und die verbandliche Jugendarbeit) so aus, als wollte sich hier ein Teilbereich zur Messlatte des Ganzen aufschwingen. Und viertens schien besonders prekär, dass nur *ein* Ministerium (das *MAGS*) das Geld gab und ein anderes gleichberechtigt mitherausgeben sollte.

Den diversen Konfliktlagen begegnete die Projektträgerin *LKD* (*Landesarbeitsgemeinschaft Kulturpädagogische Dienste/Jugendkunstschulen NRW e.V.*) durch ein anspruchsvolles Projektdesign, in dem alle aktuellen und potentiellen KritikerInnen auf verschiedenen Ebenen (Fachliche Leitung, Projektbeirat, Ministeriumskonsultationen) in die Projektrealisierung eingebunden wurden. Insbesondere die sechsköpfige fachliche Leitung mit (in alphabetischer Reihenfolge) Eckhart Bücken bzw. Ute Froitzheim, Kurt Eichler, Dr. Max Fuchs, Christoph Honig, Dagmar von Kathen, Ulrike Werthmanns-Reppekus und das professionsgemischte Autorenteam mit Prof. Dr. Werner Thole, Dr. Stephan Kolfhaus und Peter Kamp schien eine Vernetzungs- und Entwicklungssynergie zu gewährleisten, deren Rendite sich erst im Rückblick erschließt. Drei Aspekte erscheinen festhaltenswert:

1. Aus Fremden wurden Freunde (oder zumindest Partner): Alle landeszentralen Träger der Jugendarbeit haben sich zum schlagkräftigen G5-Gipfel assoziiert, dessen wichtigster Erfolg sicher die Volksinitiative 2006 „Jugend braucht Vertrauen" war, die mit nahezu 300.000 Unterschriften dem Kinder- und Jugendförderungsgesetz des Landes einen eindrucksvollen gesellschaftlichen Rahmen gegeben hat, in dem auch Kulturelle Jugendarbeit Flagge und Kontur zeigt.
2. Kulturelle Jugendbildung konnte als „eigenständiger und integrierter" Bestandteil der Jugendarbeit konzeptionell gefasst und förderrechtlich operationalisiert werden.
3. Die Landesjugendplanreform (seit 1999 ein work in progress mit Wirksamkeitsdialog und strukturierter Erfolgskontrolle) hat in der Dualität von Struktur- und Projektförderung, Verstetigung und Innovation Kulturelle Jugendarbeit als Innovations- und Entwicklungspartner absichern können.

Glaubwürdigkeitsgewinne in unterschiedlichste Richtungen haben auch die begleitenden Expertisen eingefahren, unter anderem zu den Themen Interkultur (Nieke), Netzwerk (Honig/Zacharias), Strukturelle Grundlagen (Eichler/Kolfhaus), MitarbeiterInnen (Rauschenbach/Christ/Galuske) und Katholische Kinder- und Jugendkulturarbeit. Der Jugendkulturbericht hat sich in Nordrhein-Westfalen, aber auch bundesweit als Schrittmacher und Index der Feldentwicklung bewährt. Ein Großteil seiner Empfehlungen ist heute – 18 Jahre nach Erscheinen – umgesetzt, der Rest bleibt Stachel im Fleisch beim Ringen um Struktursicherung und Innovationsimpuls.

Landesberichte wurden in zeitlicher Nähe auch vorgelegt von der *LKJ* in Thüringen, der *LAG Jugendkunstschulen* in Brandenburg und auch von der *LKJ Sachsen-Anhalt*. Für Baden-Württemberg müssen die Kunstkonzeptionen aus den Jahren 1990 und aktualisiert 2011 erwähnt werden. Kulturelle Bildung ist auch hier ein Schwerpunkt. Eine Schneise ins Dickicht unübersichtlicher Förderlandschaften schlug 1996 die von Ina Bielenberg und Brigitte Prautzsch erarbeitete und höchst kundig kommentierte Richtliniensammlung „Durchblick im Föderalismus" (BKJ 1996).

4. Kulturelle Bildung in der Stadt – Kommunale Gesamtkonzepte

Starke Anregungen für die Entwicklung der kommunalen Kulturarbeit in NRW gingen von der Konzeptgruppe zum „Handbuch Kultur 90" um Ellen Lissek-Schütz und Oliver Scheytt aus (1988). Sie wurden mit der *LKD*-Veröffentlichung der „Impulse für die kommunale Jugendkulturarbeit" aufgegriffen und riefen ein erstes, informelles Städtenetzwerk auf den Plan. Im Zusammenspiel Stadt – Land – Bund sind von kommunalen Netzwerken und Initiatoren immer wieder starke Entwicklungsimpulse ausgegangen. Immerhin tragen die Kommunen im föderalen System trotz übergreifender Verantwortung „die finanzielle Hauptlast" (siehe Dieter Rossmeissl „Kommunale Politik für Kulturelle Bildung" in diesem Band).

Lange Zeit galt allein das kommunale Gesamtkonzept „Kinder- und Jugendkulturarbeit" der Landeshauptstadt München als bundesweit maßstabsetzend. Ihm folgten mit einigem zeitlichen Abstand die ebenfalls vorbildliche Vernetzungsinitiative in Hamburg unter Federführung des *Kultursenats* sowie in Nordrhein-Westfalen neuerdings der jährliche Landeswettbewerb zur Auszeichnung beispielhafter Kommunen, der seit 2005 40 Städte, Gemeinden und Kreise auszeichnen konnte. Darunter finden sich mehrfach Großstädte wie Dortmund, Düsseldorf und Oberhausen, aber auch Gemeinden wie Altenberge oder Würselen und – besonders wichtig zum Ausgleich regionaler Disparitäten – Städteverbünde, Kooperationsnetzwerke und Kreise. Auch Aurich hoch im Norden hat heute sein kommunales Gesamtkonzept.

Als wichtigste Erfolgsfaktoren für solche Kooperationsansätze identifiziert Kurt Eichler (2005:8) „die genuine Fachlichkeit von Orten, Konzepten und Angeboten der kulturellen Kinder- und Jugendbildung und die ressortübergreifende Verantwortlichkeit zwischen Jugend, Bildung und Kultur mit dem Ziel, zunehmend engmaschigere und passgenauere Angebotsbausteine zu entwickeln". „Findungsmerkmale" für ein Kommunales Gesamtkonzept hat Christoph Honig (2007:56) unter dem Titel „Kulturelle Bildung in der Stadt" handlungsorientiert konkretisiert. Von zentraler Bedeutung für die Übertragbarkeit kommunaler Entwicklungen ist die möglichst systematische Einbindung von Struktur- und Organisationserfahrungen anderer Bundesländer, damit eine echte Entwicklungspartnerschaft von Stadt und Land wachsen kann. Hierfür bieten der NRW-Landeswettbewerb „Kommunale Gesamtkonzepte" und auch das neue Förderprogramm „Kulturrucksack" interessante Anknüpfungspunkte, weil sie thematisch fokussierte Kontexte und Anlässe zur kommunalen Vernetzung schaffen.

5. Im Anfang war der „Ergänzungsplan"

Bildungskatastrophe und Bildungsgesamtplan sind Stichworte aus den 1970er Jahren, in denen die Kulturelle Bildung zunächst vergessen, dann jedoch nach Kräften nachgeholt wurde. 1977 erschien im Klett-Verlag ein schmales, zweibändiges Kompendium, unter dem etwas sperrigen Titel „Ergänzungsplan Musisch-kulturelle Bildung zum Bildungsgesamtplan", herausgegeben von der *Bund-Länder-Kommission für Bildungsplanung und Forschungsförderung*. Der Inhalt war revolutionär. Man kann ihn zusammenfassen mit den Worten: Kulturelle Bildung aller Sparten bundesweit überall für alle Kinder und Jugendlichen.

Ein flächendeckendes Netz von Einrichtungen und Angeboten sollte geknüpft werden. Wo die Maschen noch nicht eng genug oder womöglich gar nicht konturiert waren, sollten „Kulturpädagogische Dienste" als kommunale Servicestellen dem abhelfen, in allen Schulen und außerschulisch sollten alle Kunstsparten Flagge zeigen, und wo es sonst nichts gab, sollten wenigstens Jugendkunstschulen (bzw. Kunst- und Kreativitätsschulen) gegründet werden.

Systematisch gliedert sich der zweibändige Ergänzungsplan in einen programmatischen Textteil und einen Tabellenband mit konkreten Förderzahlen und Zuständigkeiten, gestaffelt nach Bundes- und Länderebene sowie nach Trägern und Sparten. Am Textband besticht die einheitliche Systematik, nach der generell alle damals einschlägigen Kunst- und Kultursparten zueinander ins Verhältnis gesetzt werden:

a) Ist-Zustand und Planungsvorstellungen,
b) Probleme und Abhängigkeiten,
c) Folgerungen.

Man sieht den roten Faden bis hin zur *Kulturenquete* 2007, die ihrerseits den Umsetzungsstau offenlegte. Eine exponierte Stellung nimmt der schon damals fachlich und strukturell am stärksten ausdifferenzierte Musikbereich ein (auch quantitativ), noch in den Kinderschuhen stecken damals die sogenannten „Multimedialen Angebote", worunter der Ergänzungsplan 1977 unter anderem neun Kunst- und Kreativitätsschulen in Nordrhein-Westfalen subsumieren kann. Qualitativ und quantitativ hat der Ergänzungsplan im Rückblick eine herausragende Rolle als „regulative Idee" zur breiten Verankerung Kultureller Bildung gespielt, mehr oder weniger zwangsläufig auf Kosten der Übersichtlichkeit des Feldes.

Ausblick

Die „Ausnahmen müßten [...] die Regel sein", hatte Gert Selle (1992:10) mit Bezug auf die Verbreitung Kultureller Bildung gefordert. Heute hat man zumindest das Gefühl, dass sich die Balance zugunsten des knappen Guts verschiebt. Schon am Ergänzungsplan Musisch-kulturelle Bildung, der sich auf das außerschulische Einrichtungs- und Angebotsfeld konzentriert, waren die Träger der Kulturellen Bildung im Wege einer Anhörung (am 27. Januar 1977) beteiligt. Wer heute das damalige Planungsraster über die Angebotslandschaft legt, wird – trotz erheblicher regionaler Disparitäten – mehr Licht als Schatten sehen, auch im gesamteuropäischen Vergleich. Vielleicht liegt das auch daran, dass in der Kulturellen Bildung mehr Überzeugte an einem Strang gezogen haben als in anderen Entwicklungsfeldern.

Zum Weiterlesen

Bund-Länder-Kommission für Bildungsplanung und Forschungsförderung (BLK) (1977): Musisch-kulturelle Bildung. Ergänzungsplan zum Bildungsgesamtplan. Band I (Textteil) und Band II (Dokumentationsteil). Stuttgart: Klett.

Deutscher Bundestag (Hrsg.) (2007): Schlussbericht der Enquete-Kommission „Kultur in Deutschland". Drucksache 16/7000. Berlin.

Deutscher Kulturrat (Hrsg.) (2005): Kulturelle Bildung in der Bildungsreformdiskussion. Konzeption Kulturelle Bildung III. Berlin: Deutscher Kulturrat.

Kamp, Peter/Taube, Gert (2010/2011): Was der kulturellen Bildungslandschaft noch fehlt. Disput über ein Umsetzungsproblem. In: infodienst. Das Magazin für Kulturelle Bildung 98, 12/2010,1/2011, 14-17.

Ministerium für Arbeit, Gesundheit und Soziales (MAGS)/Kultusministerium des Landes Nordrhein-Westfalen (Hrsg.) (1994): Bericht Kinder- und Jugendkulturarbeit in Nordrhein-Westfalen. Bestandsaufnahme, Perspektiven, Empfehlungen. Düsseldorf.

Mareike Berghaus
**Von Modellen zu Strukturen –
zur Bedeutung von Modellprojekten in der Kulturellen Bildung**

Modellprojekte sind aus dem Handlungsfeld der Kulturellen Bildung nicht mehr wegzudenken. Ob „FSJ Kultur", „Kultur macht Schule", „Jedem Kind ein Instrument", „Kulturagenten für kreative Schulen" oder „Kultur.Forscher!": Modellprojekte bieten Chancen für die Weiterentwicklung und Professionalisierung der Kulturellen Bildung auf vielfältigen Wegen und Ebenen. Die Fülle von Modellprojekten bietet Anlass, im Folgenden aufzuzeigen, welche Bedeutung sie für die Kulturelle Bildung haben und welche Schwierigkeiten damit ebenso verbunden sein können.

Im Zentrum steht im Sinne der Subjektorientierung die Persönlichkeitsentwicklung der Teilnehmenden an Angeboten Kultureller Bildung. Ein grundlegendes Ziel der Auseinandersetzung mit Kunst und Kultur ist es, die TeilnehmerInnen zu einer aktiven und selbstbestimmten Lebensführung zu befähigen und ihre Teilhabe an der Gesellschaft zu unterstützen. Dies bedeutet, dass die Akteure der Kulturellen Bildung fortwährend auf gesellschaftliche Veränderungen und Herausforderungen reagieren müssen. Denn die Rahmenbedingungen für eine Teilhabe am gesellschaftlichen und kulturellen Leben verändern sich permanent. Modellprojekte helfen, den Umgang mit geänderten Rahmenbedingungen zu erproben und Lösungen in den Strukturen zu verankern. Sie bieten finanzielle, personelle und zeitliche Ressourcen und ermöglichen damit Freiräume zur Erprobung neuer Konzepte, die in den regulären Strukturen nicht vorhanden sind.

Entwicklungsfelder

Die meisten Angebote in der Kulturellen Bildung richten sich an Kinder und Jugendliche. Daher wenden sich auch zahlreiche Modellprojekte an diese Zielgruppe. Nahezu alle flankieren dabei mehr oder weniger die Frage, wie die Teilhabe an Kultureller Bildung für Kinder und Jugendliche im Rahmen ihres gesamten Bildungsprozesses gewährleistet werden kann. Im Kontext gesellschaftlicher Veränderungen leben viele Kinder und Jugendliche in sozialen Verhältnissen, die ihnen keinen Zugang zu Kultureller Bildung und damit kaum Teilhabe an Kunst und Kultur ermöglichen. Zunehmend werden Konzepte entwickelt, die ihnen außerhalb des Elternhauses diese Teilhabechancen eröffnen sollen.

Es liegt auf der Hand, Lösungen zu entwickeln, die Kulturelle Bildung in der Institution Schule verstärkt verankern. Denn hier bieten sich die besten Chancen, möglichst alle Kinder und Jugendlichen unabhängig von ihrer Herkunft zu erreichen. Daneben ist auch die Verankerung von Kultureller Bildung in Kindergärten und Kindertagesstätten zu beobachten. Seit mehr als zehn Jahren hat sich die Kooperation zwischen Schulen (bzw. Kitas) und Kultureinrichtungen, kulturpädagogischen Einrichtungen sowie KünstlerInnen zu einem bedeutenden Entwicklungsfeld in der Kulturellen Bildung ausgeweitet. Durch den rasanten Ausbau von Ganztagsschulen sind das ganztägige Lernen und damit die verstärkte Anbindung an die Institution Schule Alltag vieler Kinder und Jugendlicher. Die Anbieter Kultureller Bildung entwickeln auch deshalb Angebote in Kooperation mit Schulen, weil Kinder und Jugendliche nach einem längeren Schultag nicht mehr außerschulische Angebote wahrnehmen können.

Vorangetrieben wurden diese Entwicklungen durch das dreijährige Modellprojekt „Kultur macht Schule", welches von 2004 bis 2007 durch die *Bundesvereinigung Kulturelle Kinder- und Jugendbildung (BKJ)* durchgeführt wurde. Ziel war es, allgemeinbildende Schulen und Träger sowie Einrichtungen der Kulturellen Kinder- und Jugendbildung zu begleiten, zu unterstützen und das Thema fachlich weiterzuentwickeln (Kelb 2007:55). Daneben gibt es weitere Beispiele für Modellprojekte, bei denen die Kooperation zwischen Schule und Kultur im Mittelpunkt steht, wie „Tanz in Schulen", „schule@museum", „Jedem Kind ein Instrument", „TUSCH – Theater und Schule".

Das Interesse an Kooperationen besteht aber nicht nur von Seiten der Kulturakteure. Auch Schulen sehen die Zusammenarbeit mit Kulturinstitutionen, kulturpädagogischen Einrichtungen und KünstlerInnen zunehmend als einen wichtigen Bestandteil eines umfassenden Lernens mit Kunst und Kultur (siehe Viola Kelb „Kulturelle Bildung und Schule" in diesem Band). Es wird zum Beispiel erprobt, wie ästhetisches Lernen und künstlerische Herangehensweisen in nichtkünstlerischen Fächern im Rahmen der Unterrichtsentwicklung verankert werden können. Das Modellprojekt „Kultur.Forscher!" untersucht in diesem Kontext forschendes Lernen im Unterricht mit Fokus auf Kunst und Kultur. Die Verankerung von Kultureller Bildung in allen Bereichen des Schulalltags führt zu einer kulturellen Schulentwicklung (vgl. Braun/Fuchs/Kelb 2010) und ist ein Entwicklungsfeld, dem sich vermutlich in Zukunft weitere Modellprojekte noch umfassender widmen werden. Modelle für die Entwicklung von individuellen Gesamtkonzepten Kultureller Bildung an Schulen werden seit 2011 in dem Programm „Kulturagenten für kreative Schulen" erprobt.

Das gesellschaftliche Engagement von Jugendlichen und jungen Erwachsenen ist ebenso ein Entwicklungsfeld der Kulturellen Bildung. Im Rahmen des Freiwilligen Sozialen Jahres Kultur (FSJ Kultur), welches 2001 als Modellprojekt begann, wird junges Engagement in Kulturinstitutionen und kulturpädagogischen Einrichtungen unterstützt. Neuere Entwicklungen verknüpfen dies auch mit dem Bereich Schule: In Nordrhein-Westfalen wurde das FSJ Schule, in Rheinland-Pfalz das FSJ Ganztagsschule eingeführt, welche auch einen Fokus auf die Kulturarbeit in Schulen setzen. Ein weiteres Beispiel für Modelle in diesem Entwicklungsfeld ist das Projekt „PlusPunkt KULTUR". Hier hatten Jugendliche die Möglichkeit, im Rahmen eines Engagementwettbewerbs ihre eigene Konzeption für ein kulturelles Projekt umzusetzen.

Beispiele für weitere Entwicklungsfelder sind die Anerkennung von Kompetenzen in der Kulturellen Bildung (z.B. siehe Brigitte Schorn/Vera Timmerberg „Kompetenznachweis Kultur" in diesem Band), Kulturelle Bildung und Medien (z.B. Kulturelle Bildung im Medienzeitalter) oder Kulturelle Bildung mit älteren Menschen (z.B. Polyphonie – Stimmen der kulturellen Vielfalt). Modellprojekte setzen bei der Lösung einzelner Fragestellungen in konkreten Entwicklungsfeldern der Kulturellen Bildung an.

Kennzeichen und Bestandteile

Auf die meisten Modellvorhaben in der Kulturellen Bildung trifft die gängige Definition des Begriffs „Projekt" nach DIN 69901 zu: „[Ein] Vorhaben, das im Wesentlichen durch die Einmaligkeit der Bedingungen in ihrer Gesamtheit gekennzeichnet ist, wie z.B. Zielvorgabe, zeitliche, finanzielle, personelle und andere Begrenzungen; Abgrenzung gegenüber anderen Vorhaben; projektspezifische Organisation" (Zell 2003:56). Der Kern eines Projekts besteht somit in der Zielvorgabe und in den zur Verfügung gestellten begrenzten Ressourcen.

Die Zielvorgabe spiegelt das übergeordnete Entwicklungsvorhaben wider und ist ein entscheidender Faktor, um am Ende den Erfolg eines Projekts messen zu können. Entsprechend den beteiligten Zielgruppen lassen sich daraus Handlungsziele und Maßnahmen für die Umsetzung ableiten.

Jedem Kind ein Instrument	„[…] Jedem Grundschulkind des Ruhrgebiets soll die Möglichkeit offen stehen, ein Musikinstrument zu erlernen, das es sich selbst ausgesucht hat. Im Mittelpunkt steht das gemeinsame Musizieren der Kinder – von der ersten bis zur vierten Klasse." (http://www.jedemkind.de/programm/home.php, 30.03.2012)
Kultur.Forscher!	„Kultur.Forscher! möchte Schülern und Schülerinnen ermöglichen, forschendes Lernen bzw. ästhetisches Forschen zu erproben. Die PwC-Stiftung Jugend-Bildung-Kultur und die Deutsche Kinder- und Jugendstiftung haben sich bei der Konzeption von Kultur.Forscher! vorgenommen, einen nachhaltigen Beitrag zur Entwicklung eines zeitgemäßen schulischen Unterrichts, der die Schülerinnen und Schüler und ihre kulturellen Lebenswelten in den Mittelpunkt der pädagogischen Bemühungen rückt, zu leisten." (EDUCULT 2011b)
Kulturagenten für kreative Schulen	„Das Programm ‚Kulturagenten für kreative Schulen' möchte bei Kindern und Jugendlichen Neugier für die Kunst wecken und mehr Kenntnisse über Kunst und Kultur vermitteln, um eine Bildung und Stärkung ihrer Persönlichkeit zu ermöglichen und ihnen die Chance zu eröffnen, künftig Akteure einer kulturinteressierten Öffentlichkeit werden zu können." (http://www.kulturagenten-programm.de/programm/, 30.03.2012)
Lebenskunst Lernen	„Unter dem Leitziel der Chancengerechtigkeit engagierte sich die BKJ im dreijährigen Modellprojekt ‚Lebenskunst lernen' (Juli 2007 – Juni 2010) für die Inklusion von Jugendlichen, die Kulturelle Bildung bisher zu wenig erreicht. In einer Innovationswerkstatt aus 16 Bildungspartnerschaften kultureller Träger mit Haupt-, Förder- und Gesamtschulen wurden mit Kunst und Kultur Wege aus der Bildungsbenachteiligung Jugendlicher entwickelt, umgesetzt und bundesweit evaluiert." (http://www.lebenskunstlernen.de/, 30.03.2012)
schule@museum	„schule@museum will langfristige Kooperationen zwischen Schulen und Museen entwickeln. Ziel der Ausschreibung ist es, bundesweit Strukturen für die Zusammenarbeit anhand eines interkulturellen Themas zu erproben." (http://www.schule-museum.de/, 30.03.2012)

Diese Beispiele für Zielvorgaben von Modellprojekten in der Kulturellen Bildung geben einen Eindruck von der Vielfalt unterschiedlicher Ansätze. Die Bandbreite erstreckt sich über Projekte, die ein konkretes pädagogisch-künstlerisches Entwicklungsziel in Bezug auf die TeilnehmerInnen verfolgen, bis hin zu Projekten, bei denen der Fokus eher auf der Entwicklung und Erprobung von neuen Strukturen der Zusammenarbeit liegt.

Neben der Zielvorgabe bestimmen die für das Projekt bereitgestellten zeitlichen, personellen und finanziellen Ressourcen die Rahmenbedingungen. Diese Ressourcen sind von Projektbeginn an klar definiert, wie z.B. Laufzeit, Budget und Personalausstattung. Gegenüber den regulären Strukturen in der Kulturellen Bildung sind die in Modellprojekten bereitgestellten Ressourcen für den jeweiligen Entwicklungsbereich überdurchschnittlich hoch. Es wird ein Freiraum für die Entwicklung neuer Konzepte ermöglicht, der unter regulären Umständen nicht vorhanden ist.

Entscheidende Voraussetzung für die operative Umsetzung eines Projekts ist eine gute projektspezifische Organisation. Zwischen der Konzepterstellung und der Durchführung vor Ort bei den TeilnehmerInnen sind viele Schritte notwendig, um die Zielvorgaben in der Praxis tatsächlich erreichen zu können. Umfang und Form der Projektorganisation können sehr unterschiedlich aussehen. Zum Beispiel gibt es Modellprojekte, bei denen die gesamte Organisation durch ein eigens für das Projekt gegründetes Unternehmen erfolgt (z.B. Forum K&B für das Modellprogramm „Kulturagenten für kreative Schulen"). Bei anderen Modellprojekten ist die Umsetzung mehr in den Strukturen vor Ort angesiedelt.

Doch was macht ein Projekt zu einem Modellprojekt? Ein Hinweis liegt vor, wenn ein Projekt durch den Initiator bzw. Förderer als Modell bezeichnet wird. Meist beinhaltet die Zielvorgabe dann auch Ziele, die über den reinen Projektkontext hinausgehen, wie die Generierung von wissenschaftlichen Erkenntnissen, die nachhaltige Beeinflussung von Strukturen der Kulturellen Bildung oder die Bereitstellung von Transferwissen im Anschluss an die Projektdurchführung. Im Rahmen eines Modells können Lösungen und Erkenntnisse für bestimmte Fragestellungen aus der Praxis heraus entwickelt werden, die möglicherweise auch auf andere Akteure übertragbar sind und langfristig in den regulären Strukturen verankert werden könnten. Häufig werden Projekte, die den Anspruch eines Modells formulieren, auch wissenschaftlich untersucht, um die Erkenntnisse zu belegen und Handlungsempfehlungen ableiten zu können. Der Modellcharakter eines Projekts bedeutet jedoch, dass nur in begrenzter Form die Rahmenbedingungen der Realität abgebildet werden. Konzepte, die in einem definierten Rahmen mit guter Ressourcenausstattung funktioniert haben, sind nicht immer eins zu eins auf die Flächenstrukturen übertragbar.

Chancen und Wirkungen

Modellprojekte tragen auf unterschiedlichen Ebenen zur Professionalisierung und fachlichen Weiterentwicklung im Feld der Kulturellen Bildung bei. Mit dem Modellcharakter verbindet sich der Anspruch, neue Erkenntnisse zu generieren und Konzepte für die Lösung spezifischer Fragestellungen zu entwickeln. Durch die wissenschaftliche Begleitung und Untersuchung können Gelingensbedingungen entwickelt werden. Auch zeigen Modellprojekte weitere Handlungs- und Forschungsbedarfe auf und geben Empfehlungen für die Strukturförderung.

Modellprojekte tragen ebenso dazu bei, das Feld der Kulturellen Bildung mehr und mehr in den Blick einer breiten Öffentlichkeit zu rücken. Besonders dann, wenn sie mit einem hohen Budget ausgestattet sind und bedeutende Institutionen (z.B. große private bzw. öffentliche Stiftungen oder Unternehmen) als Förderer fungieren, werden sie häufig auch außerhalb einer kleinen Fachöffentlichkeit kontrovers diskutiert. Dies bietet der Kulturellen Bildung eine hohe Aufmerksamkeit und die Chance, mehr für das Thema zu sensibilisieren. Obgleich nicht als Modellprojekt konzipiert, ist der Kinofilm „Rhythm is it" ein beeindruckendes Beispiel dafür, dass binnen weniger Monate die Arbeit der *Berliner Philharmoniker* in Community-Dance-Projekten in ganz Deutschland bekannt wurde und bis heute als Modell für viele ähnliche

Projekte steht. An Modellprojekten sind häufig auch neue Zielgruppen (z.B. Schulen, Kitas, SeniorInnen, Eltern) beteiligt, die die Auseinandersetzung mit Kunst und Kultur für sich entdecken und in der Folge als wichtige MultiplikatorInnen fungieren, die positive Erfahrungen in ihren Zielgruppen weitergeben.

Darüber hinaus bietet die Fülle von Modellprojekten Erkenntnisse und Chancen für die eigene Professionalisierung von Modellprojekten. Gerade groß angelegte Modellvorhaben erfordern ein professionelles Projektmanagement und eine hohe Kompetenz in der Steuerung und Begleitung von Entwicklungsprozessen. Dies führt zu der Fragestellung, wie Modellprojekte gewinnbringend auf die Strukturen Kultureller Bildung wirken können. Denn der Weg von den Strukturen zur Entwicklung von Modellprojekten scheint wesentlich einfacher zu sein, als der von Modellprojekten in die Strukturen zurück. Häufig begrenzt sich der Anspruch von Modellförderungen auf die Entwicklung von beispielhaften Lösungen. Wenn ein Projekt endet, bleibt nicht mehr viel übrig, da die Fallhöhe von einer guten finanziellen Projektausstattung zur Realität meist zu hoch ist. Wünschenswert wäre, dass der Transfer in die Strukturen bereits durch Modellprojekte unterstützt würde, und zwar auf zwei Ebenen: Einmal in Bezug auf die TeilnehmerInnen des Projekts. Sie müssen in die Lage versetzt werden, die entwickelten Konzepte weiterzuführen. Entscheidend ist dabei, dass die spezifischen Strukturen der beteiligten Institutionen und TeilnehmerInnen bei der operativen Umsetzung eines Modellprojekts besonders berücksichtigt werden. Tom Braun bezeichnet dies im Kontext der Kulturellen Schulentwicklung (siehe Tom Braun „Kulturelle Schulentwicklung" in diesem Band) als den „Grad der strukturellen Annehmbarkeit" (Braun 2011b:143).

In Bezug auf Zielgruppen, die nicht an dem Projekt teilgenommen haben, sollten bereits Modellprojekte Konzepte für den Transfer in die Fläche und die regulären Strukturen der Kulturellen Bildung mit entwickeln. Transferworkshops im Rahmen von Mentoren- oder Patenmodellen und die Schaffung von nachhaltigen Netzwerkstrukturen wären eine Möglichkeit dazu.

Ein gelungenes Beispiel für die nachhaltige Implementierung eines Modellvorhabens in den Strukturen der Kulturellen Bildung ist das „FSJ Kultur". Von Anfang an wurden dabei die entscheidenden Partner auf Bundes- und Landesebene sowie in den kulturellen Einrichtungen berücksichtigt. Durch die gesetzliche Verankerung im „Gesetz zur Förderung eines Freiwilligen Sozialen Jahres" (2002) bzw. im „Gesetz zur Förderung von Jugendfreiwilligendiensten" (2008) konnten Rahmenbedingungen geschaffen werden, die eine Fortführung des FSJ Kultur außerhalb des Modellprojekts ermöglichten (Bockhorst 2011).

Modellprojekte scheinen also Fluch und Segen zugleich zu sein. Sie bieten enorme Chancen für die Weiterentwicklung der Kulturellen Bildung, bergen aber auch große Gefahren in Hinblick auf eine tatsächliche Nachhaltigkeit zahlreicher neuer Konzepte. „Dabei kann eine Modellprojektinitiative Wichtiges und Neues anstoßen, sie kann jedoch auf keiner Ebene eine kontinuierliche Strukturförderung ersetzen, sondern nur flankieren. Dass ohne tragfähige Strukturen neuen Herausforderungen nicht angemessen begegnet werden und Innovation sich nicht verstetigen kann, das zeigt im Prinzip jedes Modellprojekt" (Eickhoff 2010:45).

Insgesamt ist die langfristige und nachhaltige Wirkung von Modellprojekten in der Kulturellen Bildung bislang wenig erforscht. Gerade im Hinblick auf die Frage, wie Modellprojekte strukturell angelegt sein müssen, damit sie nach ihrer Laufzeit auch über die Projektteilnehmerinnen hinaus wirken können, wäre es lohnenswert, dieses Thema wissenschaftlich näher zu beleuchten.

Webseiten von genannten Modellprojekten

FSJ Kultur	fsjk.freiwilligendienste-kultur-bildung.de
Jedem Kind ein Instrument	www.jedemkind.de
Kompetenznachweis Kultur	www.kompetenznachweiskultur.de
Kultur macht Schule	www.kultur-macht-schule.de
Kultur.Forscher!	www.kultur-forscher.de
Kulturagenten für kreative Schulen	www.kulturagenten-programm.de
Kulturelle Bildung im Medienzeitalter (kubim)	www.bildungsserver.de/Kulturelle-Bildung-im-Medienzeitalter-KuBIM--5751.html
PlusPunkt KULTUR	plus-punkt-kultur.de
POLYPHONIE – Stimmen der kulturellen Vielfalt	www.polyphonie.eu
Rythm is it!	www.boomtownmedia.de/btm/filme/rhythm-isit.html
schule@museum	www.schule-museum.de
Tanz in Schulen	www.tanzinschulen.de
TUSCH – Theater und Schule	www.tusch-berlin.de

Zum Weiterlesen

EDUCULT (2011): Programmevaluation KulturForscher!: http://www.educult.at/wp-content/uploads/2011/08/KuFo-Abschlussbericht2011_kurz_final.pdf (Letzter Zugriff am 7.10.12).

Eickhoff, Mechthild (2010): Alles immer neu erfinden? Bundesweite Modellprojekte sind ein Lernfeld für ein Einrichtungsnetz. In: Landesverband der Jugendkunstschulen und kulturpädagogischen Einrichtungen Bayern e.V. (Hrsg.): Infodienst. Curriculi, Curricula. Aus Bildung Kultur 19, 09/2010, 43-45.

Kirsten Witt
Bundesweite Wettbewerbe und Preise Kultureller Bildung

Dieser Artikel beleuchtet Zielsetzungen und Potentiale von Wettbewerben und Preisen unter folgenden Fragestellungen: Welche Rolle spielen Wettbewerbe in der kulturellen Bildungspraxis? Was können sie leisten und was bewirken sie für TeilnehmerInnen, Praxisfeld und Gesellschaft? Dabei werden nicht nur Teilnehmerwettbewerbe in den Blick genommen, sondern ebenso Auszeichnungen für gute Kulturprodukte und Preise für gelungene Praxis. Abschließend werden einige Bundeswettbewerbe vor allem aus dem Feld der Kulturellen Kinder- und Jugendbildung exemplarisch vorgestellt.

Wettbewerbe sind eine Praxisform Kultureller Bildung

Wettbewerbe und Preise bieten besondere Anreize und Anlässe zur kreativen und kritischen Auseinandersetzung mit dem jeweiligen Medium oder Thema. Unterstützt wird dies zusätzlich durch Workshops und Seminare, die zum Konzept vieler Wettbewerbe gehören. Dort wird auch die eigene künstlerische Arbeit reflektiert: „Was ist mir wirklich wichtig?" oder „Was macht Qualität aus?" Bei Wettbewerben verdichten sich gewissermaßen die „guten Nebenwirkungen" der Kulturellen Bildung: das Erfahren von Lebensfreude und die Stärkung persönlicher Fähigkeiten und Kompetenzen. Sie eröffnen neue Horizonte und liefern Inspirationen im Zusammenklang mit anderen Musik-, Theater- oder Filmbegeisterten – je nach Sparte. Dies kann durch Themen, Fragestellungen, formale Vorgaben oder auch durch die Praxis im Wettbewerb selbst geschehen. Auf diese Weise kann ein Wettbewerb ein kreatives Kraftfeld werden, gespeist aus dem gemeinsamen Enthusiasmus der TeilnehmerInnen, ExpertInnen, Jurymitglieder und OrganisatorInnen.

Schneller, weiter, höher? – Originalität und individueller Ausdruck zählen!

Selbstverständlich motivieren Wettbewerbe auch und spornen zu Höchstleistungen an. Im Unterschied etwa zum Leistungssport steht hier jedoch weniger im Mittelpunkt, besser zu sein als die anderen. Es geht vielmehr darum, seine persönliche Bestleistung zu erzielen – über sich selbst hinauszuwachsen, zu experimentieren und Neuland zu betreten. Dies verdeutlichen Auswahlkriterien wie Originalität, Spielfreude, eigener Ausdruck, innovative Ideen, Engagement, individueller künstlerischer Ansatz u.ä. Kulturelle Wettbewerbe haben eine weitere wichtige Funktion: sie leisten Anerkennung und Wertschätzung für kulturelle und künstlerische Aktivitäten, die sonst eher im privaten oder lokalen Bereich stattfinden. Sie schaffen öffentliche Plattformen für die künstlerischen Leistungen und kulturellen Ausdrucksformen von Kindern, Jugendlichen und Erwachsenen. Mit großen öffentlichkeitswirksamen Veranstaltungen, Festivals und Preisverleihungen, aber auch durch Online-Präsentationen sowie Publikationen machen Wettbewerbe die vielfältigen kreativen Weltsichten von Menschen eindrucksvoll erlebbar.

Experimentierfelder für gesellschaftliche Herausforderungen

Kulturelle und damit gesellschaftliche Teilhabe zu fördern, zählt ebenfalls zu den Aufgaben und Chancen von Wettbewerben, indem sie zur aktiven Mitgestaltung des kulturellen Lebens motivieren (siehe Larissa von Schwanenflügel/Andreas Walther „Partizipation und Teilhabe" in diesem Band). Sie sind für jeden offen und stärken insbesondere die kulturelle Praxis im Amateurbereich. Einige Bundeswettbewerbe sind Schülerwettbewerbe: über Schulen werden auch Jugendliche erreicht, in deren Lebensumfeld der Zugang zu kulturellen Bildungsangeboten erschwert ist. Mit Stipendien und Seminaren werden viele TeilnehmerInnen auch nach einem Wettbewerb weiter gefördert.

Die Träger der Kulturellen Bildung nutzen Wettbewerbe, um ihrer gesellschaftspolitischen Verantwortung gerecht zu werden: Sie setzen Themen, die eine Auseinandersetzung mit aktuellen Herausforderungen anregen, beleben den Dialog der Generationen, der Kulturen und der Lebenswelten. Wettbewerbe können dadurch zu Foren des Austauschs werden. Über die gemeinsame Begeisterung am künstlerischen Tun, Experimentieren und Forschen kommen Menschen verschiedener Generationen und aus unterschiedlichen Lebenswelten miteinander ins Gespräch. Zusatzangebote wie Workshopwochen, Exkursionen, Tagungen und Teilnehmer- oder Preisträgertreffen unterstützen dies.

Nachwuchsförderung und Vernetzung

Die Übergänge zwischen Amateurkunst, Breitenkultur und professionellem Kulturschaffen sind fließend. So ist die Teilnahme an einem Wettbewerb häufig Sprungbrett oder Anregung, einen beruflichen Weg im künstlerischen Bereich einzuschlagen. Auf diese Weise spielen insbesondere Bundeswettbewerbe eine zentrale Rolle für die Förderung des künstlerischen Nachwuchses. Ehemalige PreisträgerInnen sind heute erfolgreiche MusikerInnen, FilmemacherInnen oder FotografInnen. Eine wichtige Funktion von Wettbewerben ist es, den Austausch der NachwuchskünstlerInnen mit erfahrenen Profis zu unterstützen: in Workshops, Coachings, durch Patenprojekte oder Programme für Ehemalige.

Bundeswettbewerbe haben Vernetzungsfunktion und sind Foren für Erfahrungsaustausch und Zusammenarbeit. Die Praxis erhält wichtige Impulse, Infrastrukturen Kultureller Bildung werden gestärkt. Durch Evaluationen und wissenschaftliche Auswertungen liefern sie interessante Einblicke in die Gelingensbedingungen und Qualitätsfaktoren Kultureller Bildungspraxis (siehe Tobias Fink „Evaluationen im Feld der Kulturellen Bildung" in diesem Band).

Qualitätsentwicklung für die Kulturelle Bildung

Aktuelle gesellschaftspolitische Herausforderungen erfordern die ständige Weiterentwicklung der Praxis. Beispielsweise der demografische Wandel, der Ausbau der Ganztagsbildung oder die immensen Veränderungen jugendlicher Lebenswelten durch Neue Medien beeinflussen Inhalte, Methoden und Konzepte. Bundeswettbewerbe sind eine wichtige Plattform für innovative und gelingende Praxis. Gute Konzepte können eine große Strahlkraft entwickeln, wenn sie als PreisträgerInnen eines Bundeswettbewerbes ausgezeichnet werden. Gleichzeitig werden die Träger vor Ort in ihrer Arbeit gestärkt.

Kulturprodukte und -veranstaltungen insbesondere für Kinder und Jugendliche müssen höchsten Qualitätsansprüchen genügen, damit sie die Neugier, die Fragen, die Lebenswelten ihres jungen Publikums ansprechen und es fesseln und begeistern. Das ist Voraussetzung, damit junge Menschen sich und die Welt mit Kunst und Kultur entdecken und auch mitgestalten können. Bundesweite Wettbewerbe prämieren deshalb die besten Bücher, Filme, Musikmedien oder Theaterstücke für Kinder und Jugendliche. Sie ermutigen AutorInnen, RegisseurInnen, ProduzentInnen und VerlegerInnen zu sehr guten Kulturprodukten für junge Publikumsgruppen.

Ausgewählte Beispiele

Neben bundesweiten Ausschreibungen gibt es zahlreiche Landes- und regionale Wettbewerbe sowie solche, die von Städten und Kommunen ausgeschrieben werden. Im Folgenden werden exemplarisch einige der großen Bundeswettbewerbe sowie Preise für gute Kulturprodukte und ausgezeichnete Kulturelle Bildungspraxis vorgestellt, deren Spektrum vom Flaggschiff „Jugend musiziert" (seit 1964) des *Deutschen Musikrats* bis hin zum noch jungen Jugendkunstschulwettbewerb „Rauskommen!" reicht, beide gefördert durch das *BMFSFJ*. Eine ausführliche Übersicht über die wichtigsten bundesweiten Wettbewerbe der Kulturellen Kinder- und Jugendbildung findet man auf der Homepage der *Bundesvereinigung Kulturelle Kinder- und Jugendbildung (BKJ)*. Die Onlineausgabe des „Handbuchs der Kulturpreise" informiert noch umfassender auch über regionale Preise und Wettbewerbe aus dem gesamten Feld Kunst und Kultur.

Deutscher Jugendvideopreis
Die Stärkung der Medienkompetenz und die Nachwuchsförderung sind zentrale Ziele des Deutschen Jugendvideopreises. Außerdem bietet er medienpädagogischen Projekten eine Präsentationsplattform. Experimente mit Videohandys sind ebenso möglich wie computergenerierte Kurzfilme, Videoclips und lange Spielfilme. Gefragt sind originelle Ideen, umgesetzt als Inszenierung, Dokumentation, Reportage oder Musikvideo. Die besten Einreichungen werden einem großen Publikum auf dem Bundesfestival Video vorgestellt. Ein zusätzliches Themen-Special mit wechselnden Schwerpunkten ist ein Forum für Beiträge, in denen entsprechende persönliche Sichtweisen artikuliert werden können. Seminare und Workshops mit Medienprofis sind ein wichtiger Bestandteil des vom *Bundesministerium für Familie, Senioren, Frauen und Jugend (BMFSFJ)* geförderten Wettbewerbs. Träger ist das *Kinder- und Jugendfilmzentrum in Deutschland (KJF)* (siehe Christian Exner „(Jugend-)Film in der Kulturellen Bildung" in diesem Band).

Jugend jazzt
„Jugend jazzt" fördert den Jazznachwuchs. Neben dem eigentlichen Wettbewerb ist „Jugend jazzt" Festival, Kontakt- und Informationsbörse, ein bundesweites Treffen engagierter Nachwuchstalente und erfahrener Jazzprofis. Diese beraten die jungen Bands intensiv in begleitenden Workshops und betreuen die TeilnehmerInnen bei ihren Auftritten. Die fördernde Wirkung wird insbesondere durch die Vergabe von Förderpreisen und die Durchführung von Fördermaßnahmen erreicht. Sie sollen den beteiligten Gruppen helfen, ihre Fähigkeiten, ihre künstlerische Kreativität, ihre musikalischen Ausdrucksformen und ihren Bekanntheitsgrad auszubauen. Dazu zählen Studio-Aufnahmen, CD-Produktionen, Workshopteilnahmen, Mentoren-Coaching oder Einzelunterricht. Der *Deutsche Musikrat* ist für diesen Wettbewerb verantwortlich.

Bundeswettbewerb Theatertreffen der Jugend

Der Wettbewerb fördert das Theaterspiel in Schulen und Einrichtungen der Kulturellen Bildung. Im Mittelpunkt stehen die öffentlichen Aufführungen der ausgewählten Theater-Produktionen. Darüber hinaus bieten die Treffen den teilnehmenden Ensembles und den TeilnehmerInnen der begleitenden Fachtagung die Möglichkeit zu gemeinsamer praktischer Theaterarbeit sowie zur Auseinandersetzung mit den Inszenierungen und Produktionen. Das Rahmenprogramm des „Theatertreffens der Jugend" umfasst neben der Theaterpädagogischen Fachtagung Workshops in Tanz- und Bewegungstheater, Improvisationsarbeit, Szenisches Schreiben, Figuren- und Objekttheater, Stimmbildung etc. sowie eine Autorennacht.

LEOPOLD – empfehlenswerte Musikmedien für Kinder

Der „LEOPOLD" zeichnet Musik für Kinder aus allen Bereichen der Musikszene aus. Der Medienpreis wurde zu einer begehrten Auszeichnung, um die sich die Tonträgerbranche alle zwei Jahre bewirbt. Fachzeitschriften für Musik und Pädagogik, auch Presse und Rundfunk greifen die Empfehlungen als Service für ihr Publikum auf. Bibliotheken und Mediatheken haben den LEOPOLD als Qualitätszeichen zur Bereicherung ihrer Bestände für Kinder entdeckt. MusikschullehrerInnen, Kindergarten- und GrundschulpädagogInnen bietet der Preis ebenfalls eine Orientierungshilfe, wenn sie geeignete Musikmedien für Spiel und Unterricht suchen. Eine Kinderjury kürt in jedem Jahr die GewinnerInnen des Sonderpreises „Poldi". Der LEOPOLD wird vom *Verband deutscher Musikschulen (VdM)* vergeben.

junge ohren preis

Der „junge ohren preis" richtet sich an herausragende Projekte im Bereich konzertbezogener Musikvermittlung. Bewerben können sich Berufsorchester, freischaffende Ensembles, MusikvermittlerInnen, Konzerthäuser und Konzertveranstalter sowie etablierte Musikfestivals mit selbst veranstalteten Projekten. Das Netzwerk „junge ohren" will mit dem Preis das Augenmerk auf die Musikvermittlungsszene richten, die im gesamten deutschsprachigen Raum ein vielgestaltiges Leben entfaltet. Eine Sonderkategorie „Musik und Medien" richtet sich an Projekte, die auf ansprechende Weise über audiovisuelle Medien und Internet Zugänge zur Musik eröffnen.

Deutscher Jugendliteraturpreis

Mit dem „Deutschen Jugendliteraturpreis" werden herausragende Werke der Kinder- und Jugendliteratur ausgezeichnet. Damit trägt er zur Verbesserung der Qualität der Jugendliteratur bei. Der Jugendliteraturpreis und die damit verbundene Nominierungsliste bietet Kindern, Jugendlichen und Erwachsenen eine wichtige Orientierung bei der Suche nach geeignetem Lesestoff. Zugleich wird die Öffentlichkeit auf wichtige Neuerscheinungen und Entwicklungen der Kinder- und Jugendliteratur aufmerksam gemacht. Eine Kritikerjury des *Arbeitskreises für Jugendliteratur* prüft dafür jeweils die Neuerscheinungen des Vorjahres; eine Jugendjury vergibt einen eigenen Sonderpreis.

MIXED UP – Wettbewerb für Kooperationen zwischen Kultur und Schule

Hier werden modellhafte Kooperationen zwischen Kultur und Schule prämiert und einer breiten Öffentlichkeit bekannt gemacht. „MIXED UP" regt zum Nachahmen an und ist eine Anerkennung für diejenigen, die gemeinsam Lern- und Lebenswelten von jungen Menschen durch ein qualitätsvolles und kreatives Bildungsangebot gestalten. Kooperationen werden prämiert, die zur Vielfalt von Bildungsorten und Bildungssituationen beitragen, die innovative künstlerische

Lern- und Lehrformen beinhalten und Partizipation von Kindern und Jugendlichen stärken, individuelle Förderung ermöglichen oder zur sozialen Integration und zu Chancengleichheit von Kindern und Jugendlichen beitragen. Verantwortlich für den vom *BMFSFJ* geförderten Preis ist die *Bundesvereinigung Kulturelle Kinder- und Jugendbildung (BKJ)*.

BKM Preis für Kulturelle Bildung

Mit dieser Auszeichnung honoriert der *Beauftragte der Bundesregierung für Kultur und Medien (BKM)* hervorragende Projekte der künstlerisch-kulturellen Vermittlung. Der Preis unterstreicht die herausragende Bedeutung der Vermittlungsarbeit von Kultureinrichtungen. Er würdigt aber auch Initiativen des bürgerschaftlichen Engagements (siehe Kerstin Hübner „Kulturelle Bildung im freiwilligen/bürgerschaftlichen Engagement" in diesem Band). Sowohl die kulturellen Einrichtungen selbst als auch ihre Zuwendungsgeber, Kooperationspartner und potentielle NutzerInnen sollen durch den Preis ermutigt werden, der kreativen Vermittlung von Kunst ihre volle Aufmerksamkeit zu widmen. Gewürdigt werden Projekte aller Kunstgattungen.

Zum Weiterlesen

www.bkj.de
Übersicht über die bundesweiten Wettbewerbe in der Kulturellen Kinder- und Jugendbildung steht auf der Homepage der BKJ zum Download bereit.

www.kulturpreise.de
Die Internet-Datenbank des „Handbuchs der Kulturpreise" informiert über regelmäßig vergebene Fördermaßnahmen und Ehrungen im Kultur- und Medienbereich.

Teil II
Praxisfelder Kultureller Bildung

2
Handlungsfelder Kultureller Bildung

Hildegard Bockhorst
Kapiteleinführung: Handlungsfelder Kultureller Bildung

In diesem Kapitel steht die Praxis der Kulturellen Bildung mit ihren ebenso vielfältigen wie unterschiedlichen ästhetisch-künstlerischen Feldern und Institutionen, fachlichen Zielen, Inhalten und spartenspezifischen Methoden, Modellen und Akteuren im Mittelpunkt.

Endlich (!) mögen geneigte LeserInnen der vorhergehenden Kapitel denken, welche Strukturinformationen boten, Rahmenbedingungen darstellten und in den vier Kapiteln von Teil I ausführlich die theoretischen Grundlagen des komplexen Zusammenhangs und Wechselspiels von Mensch und Kultur, Bildung, Künsten und Gesellschaft erörterten – neugierig darauf, wie das Handlungsfeld der Kulturellen Bildung zwischen traditionellen, spartenspezifischen, interdisziplinären, schulischen und außerschulischen, institutionellen und informellen Orten und Praxisformen aufgestellt ist. Vor allem wird es interessant sein zu verfolgen, wie sich die in den vier Theoriekapiteln entwickelten konstitutiven Merkmale Kultureller Bildung in der Praxis wiederfinden: als Bildungsprozess, der an die symbolische Weltaneignung im Medium ästhetischer Erfahrung und Künste gebunden ist; als Bildungsangebot, welches die Subjekte mit ihren Bedürfnissen und Interessen in den Fokus rückt und die Träger Kultureller Bildung in der Verantwortung sieht, ein ebenso breites und vielfältiges Angebot an ästhetischen Praxisformen und Teilhabemöglichkeiten vorzuhalten.

Entsprechend differenziert, mit der Berücksichtigung der Spezifik der unterschiedlichen künstlerischen Ausdrucks- und Kommunikationsformen und der Praxisvielfalt von Angebotsformaten und Bildungsorten, wird das Handlungsfeld der Kulturellen Bildung dann auch in dem folgenden Kapitel vermessen. Die Binnengliederung folgt zunächst der Logik nach Sparten (Bildende/visuelle Künste, Literatur/Sprache, Medien, Musik, Tanz, Theater). Daran schließt sich ein Abschnitt mit mehreren Beiträgen aus dem Bildungsort Museum an, und das Kapitel endet mit dem Blick auf die Handlungsfelder mit interdisziplinärer Ausrichtung (Jugendkunstschulen, Spiel, Zirkus u.a.).

Versucht wird, in den einzelnen Unterkapiteln wiederum eine Systematik einzuhalten: Auf einen kunstspartenspezifischen Einleitungstext zu Geschichte, Inhalt, Bildungsqualität und aktueller Ausrichtung folgt die Auseinandersetzungen mit den für die Kunstform typischen Bildungsorten wie Schauspielhaus, Orchester, Bibliothek, Musikschule, Museum etc. Daran fügen sich Beiträge an, die den Blick auf das Handlungsfeld in seinen vielfältigen Gelegenheiten rezeptiver und produktiver Aneignung erweitern und formale, non-formale und informelle Bildungs- und Vermittlungskontexte darstellen. Auseinandersetzungen mit gesellschaftlichen Entwicklungen und Sichtweisen, die den jeweiligen Bereich als ästhetisches Experimentierfeld des Sozialen und Kulturellen profilieren und auch Beiträge, die über die Sparte hinaus und im Informellen des Alltags Feldentwicklungen als „Zukunftsmusik" beleuchten, bilden den Schluss jedes Unterkapitels.

Die Kapitelsystematik nach ästhetisch-künstlerischen Ausdrucks- und Präsentationsformen, Bildungsorten und Vermittlungskonzepten ist konsequent, da sich kulturelle Bildungsprozesse in ihren Wahrnehmungs-, Handlungs-, Wissens- und Erkenntnismöglichkeiten nur konkret und in Abhängigkeit zu den verschiedenen Künsten beschreiben lassen und daraus

Impulse für die Weiterentwicklung von Praxis und Konzepten zu gewinnen sind. Die Reflexion über die Besonderheiten des sich Bildens in den Sprachen der Kunst, des Spiels und der Medien, die Auseinandersetzung mit den komplexen Prozessen des ästhetischen Lernens und der Unterstützung künstlerischer und kultureller Kompetenz, muss im Feld der Akteure und Anbieter Kultureller Bildung stets im Fokus stehen. In den nachfolgenden Beiträgen wird so, auf der Basis einer systematischen, praxisnahen und differenzierten Beschreibung, das Potential ästhetisch-künstlerischer Bildungsprozesse in den verschiedenen Kultur- und Bildungsorten sowie Aneignungs- und Gestaltungskontexten erkennbar und nachvollziehbar. Die grundsätzliche Bedeutung des Ästhetischen wird durch diese vielseitige und vielperspektivische Feldbeschreibung hoffentlich deutlich. Ein Umdenken in der Bildungsdebatte und ein Ende der Marginalisierung von Bildungsprozessen in und durch die Künste stellt eine logische Konsequenz dieser Beschreibung dar.

Die Dynamik in einzelnen Handlungsfeldern (wie im Bereich der Medien), unterschiedliche Traditionen und Verortungen (beispielsweise haben nicht alle Künste gleichermaßen einen Schwerpunkt in der allgemeinbildenden Schule) verbieten es, ein zu starres Binnenraster zur Feldvermessung anzulegen: So kommen für das Feld der Medienbildung deutlich mehr ExpertInnen als in anderen Bereichen zu Wort; tendenziell strukturstarke Felder wie die Musik oder die Bildende Kunst können entsprechend stärker antreten als beispielsweise der Tanz, der als künstlerische Ausdrucksform und kulturelle Aktivität erst seit den 1970er Jahren eine deutliche gesellschaftliche Aufwertung erfahren hat.

Nicht voll zufrieden stellt bei diesem ersten Versuch der systematischen Darstellung aller Bildungsräume Kultureller Bildung, dass die temporären Orte, die informellen Bildungsgelegenheiten außerhalb von Institutionen, der gesamte Bereich der gestalteten Umwelt (Kleidung, Einrichtung, Landschaftskultur), des Life-Style und der populären Ästhetik nicht umfassender Erwähnung finden. Als symbolische Formen der ästhetischen Auseinandersetzung mit Welt gehören diese Felder des kulturellen Sich-Bildens zukünftig stärker in das Blickfeld gerückt.

Um angesichts der divergenten Praxisvielfalt und pluralen Unübersichtlichkeit eine Gesamtperspektive auf das Handlungsfeld der Kulturellen Bildung und seiner Charakteristika wiederzuerlangen, gibt es nur in diesem Kapitel zudem einen abschließenden „Kommentar mit Querschnittsperspektive".

An die 60 Beiträge sind es geworden, um einen feldangemessenen und systematischen Einblick in die reichhaltige Landschaft der Kulturellen Bildung zu gewährleisten und möglichst allen Sparten, Lernfeldern und Spielarten des künstlerischen Lernens gerecht zu werden: klassischen Kunstorten und informellen, offenen Formen der Begegnung mit Kunst ebenso wie Bildungs- und Kulturinstitutionen wie Musikschulen, Bibliotheken, Jugendkunstschulen, Museen, Schulkinowochen, Zirkussen. Laienmusik- und Amateurtheatervereine, Architektur, das Web 2.0, Pop- und Medienkultur, curricular gebundene, wenig angeleitete Bildungssettings oder ganz freie Vermittlungsstrukturen, ästhetische Erfahrungskontexte von Hoch-, Alltags- und Subkulturen, mobile Spielanimationen, digitalen Spielkulturen, Choreografien des Alltags oder urban culture sind eine Auswahl von Feldern der Kulturellen Bildung, die AutorInnen in diesem anwendungsorientierten Kapitel reflektieren.

Natürlich kommen bei dieser Pluralität von Angeboten und Akteuren viele unterschiedliche und auch widersprüchliche Sichtweisen (beispielsweise zur Vermittlung von Kompetenz) zusammen, und es versteht sich von selbst, dass alle Darstellungen immer auch als subjektiver Feldeinblick zu lesen sind. Auf jeden Fall bieten sie aber einen großen praktischen Nutzen und liefern:

>> Auseinandersetzungen mit Transformationsprozessen in der Gesellschaft und im Bildungssektor, um kulturelle Prozesse zu verstehen;
>> Informationen dazu, wo man für seine Praxis Unterstützung bekommt, welche Modelle und Formate sich in der Praxis bewährt haben, welche Bundesländer sich in welchen Feldern besonders engagieren;
>> Hinweise auf Wirkungsstudien und Evaluationen in den unterschiedlichen Kunstformen;
>> Mehr Wissen über Nutzungsmotive und konkrete Prozesse der Medien- und Symbolsozialisation;
>> Argumente dafür, als Kulturelle Bildung kein luxuriöser Zuckerguss auf der Torte zu sein, und Kenntnisse darüber, was die Kulturelle Bildung leistet, sodass Menschen Kultur leben lernen;
>> Fakten dazu, was an Feldentwicklung und Strukturförderung existiert und wie es noch zu verbessern wäre;
>> Ideen, wie Vermittlungsarbeit funktionieren kann, wenn Selbstbildung das Ziel ist;
>> Impulse für eine kulturelle Alphabetisierung, die früh im Leben beginnen und ein Leben lang fortgeführt werden sollte;
>> Orientierung für ein Bildungsverständnis und -konzept, dass Kunst nicht als Kunstwerk oder Kunsterfahrung vermitteln will, sondern sie auslegt, verhandelt, umdeutet, ihr Bedeutung gibt für ein Sich-In-Beziehung setzen, sodass ästhetisches Lernen der Modus ist, Welt und sich selbst im Verhältnis zur Welt und zur Weltsicht anderer zu erfahren;
>> Anregungen für eine Vermittlungskunst, der es gelingt, ein zielgerichtetes ästhetisch-künstlerisches Lernen in institutionellen Kontexten so zu erweitern, dass die Vermittlungsprozesse offen bleiben für informelle Qualitäten und zugleich die Selbstbildungsprozesse mit Unterstützung ästhetisch-künstlerischer Kompetenz gelingen;
>> Merkpunkte für Herausforderungen: beispielsweise die schulischen und außerschulischen Diskurse stärker aufeinander zu beziehen, sodass es gelingt, die erforderlichen Freiräume für ästhetische Erfahrung mit der Diskussion um Kompetenz und Bildungsstandards in Einklang zu bringen;
>> Kritische Fragen an das Feld der ExpertInnen und MultiplikatorInnen, z.B. dazu, ob die aktuellen Konzepte der Kulturellen Bildung an der sozialen Undurchlässigkeit des Bildungsfeldes etwas ändern;
>> Perspektiven für das Verständnis, dass Kulturelle Bildung Allgemeinbildung ist.

In der Vielfalt der nachfolgenden Darstellungen beeindruckt, dass die Kulturelle Bildung in ihren verschiedenen Spielarten Eingang findet in die individuelle Lebensgestaltung der Menschen und für viele Bedeutung erlangt für die „Kunst, gut zu leben". Entscheidend hierfür waren nachweislich stärker subjektorientierte Konzepte und die Öffnung der Strukturen. Hierzu gehört immer häufiger auch der Versuch, mit performativen Mitteln einen experimentellen Raum des künstlerischen Forschens, des Entdeckens und Verarbeitens von Erfahrungen des Eigenen und des Fremden zu eröffnen und mit partizipativer, explorativer und erlebnisintensiver Vermittlungskunst das Interesse an Kunst und Kultur zu wecken. Interessant wird es, über zukünftige Forschung zur Kulturellen Bildung zu verfolgen, ob der in den Handlungsfeldern beschriebene Zuwachs an spartenübergreifenden und interdisziplinären Vermittlungsangeboten eine Entwicklung aufzeigt, die gleichermaßen pädagogisch wie künstlerisch zu Innovationen führt.

Bemerkenswert sind auch folgende Aspekte, die wiederholt und spartenunabhängig reflektiert werden und auf Herausforderungen und Perspektiven für das Handlungsfeld verweisen: beispielsweise das gewachsene Interesse der KünstlerInnen und Kunsteinrichtungen, ihre Praxis auch als Bildungspraxis zu reflektieren und Kulturorte als Bildungsorte weiterzuentwickeln. Alle Felder erkennen inzwischen die Bedeutung der Bildungsorte Kita und Schule und sehen in der Kooperation von Kultur und Schule ein Erfolgsmodell nachhaltiger Bildung. Unterschiedlich in den Sparten sind dagegen die Bewertungen der Verschränkung von Unterrichtszeit und Freizeit. Der Musikbereich sieht die Ganztagsschulentwicklung und die Verdichtung durch G8 deutlich kritisch, anders als beispielsweise der Bereich Tanz. Überwiegend wird von den BeitraggeberInnen aber die Ganztagsschule als ein vermehrter „schulischer Freiraum" und Chance für die Kulturelle Bildung gesehen.

Feststellbar sind zudem die in allen Feldern angekommene Auseinandersetzung mit kultureller Vielfalt und die zunehmenden Auseinandersetzungen über einen geeigneten Umgang mit heterogenen kulturellen Hintergründen und Präferenzen. Besonders der Musikbereich, so ist dem Einstiegskapitel zu entnehmen, hat die Herausforderung Kultureller Vielfalt ganz oben auf seine Agenda gesetzt.

Nicht nur am Umfang und der Differenziertheit des Spartenkapitels „Medien" sind die Bedeutung der Veränderung von Kommunikation und Bildung in einer digitalen Welt abzulesen. Relevant ist zudem, dass auch die nichtmedienspezifischen Felder der Kulturellen Bildung inzwischen eine Sensibilität für die Chancen und Möglichkeiten des Web 2.0 entwickelt haben. Mehr oder weniger sieht sich das gesamte Praxisfeld gefordert, aktiver zu werden und Konzepte, Einrichtungen und Angebote kunst- und medienpädagogisch weiterzuentwickeln. Auffällig sind Perspektivwechsel in die Richtung, das Internet nicht mehr nur als ein Instrument für Öffentlichkeitsarbeit und Marketing anzusehen, sondern anzuerkennen, dass der Kulturraum Internet mit seinen Selbst-Bildungsprozessen durch Medien und Peers zu einer „Bildungsinstitution erster Ordnung" geworden ist.

Ein zentraler Aspekt, auf den alle AutorInnen immer wieder zurückkommen ist, dass die Kulturelle Bildung nur auf der Basis fachlicher Qualität und Qualifizierung ihre größtmögliche Wirkung entfalten kann. In den Sphären zwischen künstlerischer und pädagogischer Arbeit gilt es, die Standards ganzheitlicher Persönlichkeitsbildung durch Kunst weiterzuentwickeln und die Grundprinzipien Kultureller Bildung mit den gesellschaftlichen Herausforderungen der Beseitigung sozialer und kultureller Barrieren in Einklang zu bringen.

Teil II
Praxisfelder Kultureller Bildung

2.1
Bildende/Visuelle Künste und
Kommunikation

Kathrin Herbold/Johannes Kirschenmann
Bild- und Kunstvermittlung

Thema und Begriffsbestimmung

Der Begriff „Bild" steht im alltäglichen wie fachlichen Verständnis für Vieles: Ein Bild repräsentiert eine Situation, ein Erleben der inneren oder äußeren Wirklichkeit. Die Repräsentation kann verschiedene materielle oder virtuelle Formen annehmen. Innere Bilder als mentale Konstrukte des Denkens und Träumens finden ihre Übersetzung in die äußere Wirklichkeit als Gespräch, in Literatur und Kunst auch als schriftliche Texte, als Gemälde, Zeichnungen oder andere visuelle Inszenierungen. In den Bild- und Erziehungswissenschaften wird von „performativen Bildern" gesprochen, die auf dem Zusammenfließen von Emotion, Kognition und Einbildungskraft basieren. Ein Bild kann als physikalische Projektion etwas wiedergeben, kann einen sprachlich nur komplex zu umschreibenden Sachverhalt bündeln – sagt doch „ein Bild mehr als tausend Worte". In der Kunstpädagogik wird Bild erweitert für alle visuell wahrnehmbaren inneren und äußeren Konstitutionsmomente verstanden. Skulptur ist genauso Bild wie abstrakte Zeichnung – Fotografien, Malereien, Videofilme sind allemal Bilder. „Die Bilddefinition ist keineswegs gelöst, ging die Rekonstruktion des bildnerischen Gestaltens streckenweise vom Muster einer visuellen Grammatik in den Bildern aus, gehört die Suche nach einer gemeinsamen semiotischen Basis, die den verschiedensten kulturellen Ausdrucksformen zugrunde liegen könnte, zu den wiederkehrenden Themen der Debatte" (Boehm 1994:26). Diese semiotische Basis hat im Kunstunterricht eine Verbaldominanz begünstigt, die Bilder klar, aber auch verengt im Gegenwartshorizont als Zeichen liest. Hier stand die formalanalytische Bildbetrachtung, die Bilder in Wort- oder Schriftsprache zu übersetzen sucht, lange im Vordergrund. Als notwendige Sehschule ist sie für die Kunstpädagogik nicht ausreichend, da Kontexte von Bildproduktion und Wahrnehmung ausgeblendet werden. Ein kulturrekonstruktiver Ansatz greift hier weiter: „Eine Bildwissenschaft, die mit dem Anspruch auftritt, eine adäquate Beschreibung der grundlegenden Strukturen und Wirkungszusammenhänge von Bildern zu liefern, wird daher nicht darauf verzichten können, die gegenseitigen Einflüsse von Bildverwendungen und kulturellen Traditionen und Veränderungen zu reflektieren" (Frank/Sachs-Hombach 2006:185). Für die Kunstpädagogik kommen wesentliche Hinweise aus der Bild-Anthropologie von Hans Belting, der auf den doppelten Körperbezug des Mediums Bild verweist. „Die Körperanalogie kommt in einem ersten Sinne dadurch zustande, dass wir die Trägermedien als symbolische oder virtuelle Körper der Bilder auffassen. Sie entsteht in einer zweiten Hinsicht dadurch, dass sich Medien unserer körperlichen Wahrnehmung einschreiben und sie verändern. Sie steuern unsere Körpererfahrung durch den Akt der Betrachtung in dem Maße, wie wir an ihrem Modell der Eigenwahrnehmung ebenso wie die Entäußerung unserer Körper üben" (Belting 2001:13f.). Auch Horst Bredekamp sieht im Körper eine erste Verdichtung des Bildmediums zur Form und erschließt die vielen Bilder der Kunst mit Motiven des Körpers in anthropologischer Perspektive als Erkenntnisquelle (Bredekamp 2008:365).

Historische Dimension

In der platonischen Höhle ist der Mensch gefangen in einer Wahrnehmungshöhle, seine Blickrichtung auf einen engen Ausschnitt der Welt begrenzt. Wechselnde Lichtquellen werfen Schatten von Objekten als Projektionen von außen in die Höhle. Der Mensch kann nur die Schattenbilder wahrnehmen. Das Dispositiv, die dominierende und sozial verankerte Sichtweise der westlichen Gesellschaften, ist seit der Neuzeit durch den zentralperspektivischen Blick bestimmt gewesen. Es ist ein Dispositiv der geordneten Machtstrukturen, begründet von einem hochmittelalterlichen Gottesverständnis nach Aufhebung des alttestamentarischen Bildnisverbotes, abgelöst von einer weltlichen Naturbeherrschung der Neuzeit. Dem waren alle gängigen Wahrnehmungstheorien bis zu Beginn des 20. Jh.s eingeschlossen. Konrad Fiedler, Kunstwissenschaftler des späten 19. Jh.s, hat dem Sehen eine aktive und damit auch selbstbestimmte Funktion menschlicher Erkenntnis zugeschrieben. Hinweise aus Konstruktivismus und Neurobiologie unterstreichen den eigenaktiven Konstruktionsprozess im Sehen. Doch die antike Erkenntnistheorie wirkt bis heute nach, wenn das Auge als der schärfste Sinn des Körpers definiert wird und doch wie Platon erkannte, die Wahrheit nicht erblickt. Die Sinnestätigkeit wurde durch die Phänomenologie wieder als Einheit des Zusammenwirkens vorgestellt. Maurice Merleau-Ponty hat in seiner Wahrnehmungsphänomenologie den Leib als Feld der Wahrnehmung und des Handelns bestimmt. Bislang vermögen nur wenige Ansätze das Potenzial eines wissenden Leibes oder der Intelligenz des Körpers für die Kunstpädagogik aufzuschließen. Klaus Holzkamps „Sinnliche Erkenntnis" geriet rasch in den Hintergrund (Holzkamp 1973).

Bilder heute

Mit Immanuel Kant wurde die Erkenntnistätigkeit des Verstandes an die sinnliche Anschauung gebunden. Notwendig, so Kant, sei das verständige Sehen, das Sehen desjenigen, der sein eigenes Sehen betrachtet, der introspektiv auf den Vorgang des Sehens, Wahrnehmens und Erkennens schaut. Die jüngere Medienphilosophie meidet ein unumstößliches Apriori der Medien und spricht von Heteronomie als Fremdbestimmtheit (Krämer 2004:18ff.). So sind natürliche oder technische Medien immer im Spiel der Wahrnehmung, zu der es aber einen Außenstandpunkt gibt. Für die Kunst hat René Magritte diese Axiomatik bündig und anschaulich im Medium der Malerei formuliert: Die Wirklichkeit ist eine Wirklichkeit der Erscheinung und nicht der Dinge – diese sind in der Erscheinung vermittelt. Jean-Luc Nancy spricht erst vom Bild, wenn es als Erscheinung des Unterschiedes auftritt: „Das Distinkte ist unsichtbar (das Heilige war es stets), weil es nicht zum Reich der Gegenstände, ihrer Wahrnehmung und ihrer Verwendungsweisen gehört, sondern zum Reich der Kräfte, der Affekte und ihrer Übertragungen. Nicht als Gegenstand macht es sichtbar: es reicht an dessen Wissen heran" (Nancy 2006:26). Pädagogisch ist sowohl ein Außenstandpunkt einzunehmen als auch über Prozesse im Innenverhältnis zu informieren, innere Bilder und äußere Bilder erhalten Sinn in der kommunikativen Reflexion des Mediums wie seiner Inhalte. Die allgegenwärtigen digitalen Bilder stehen oft unter der Herrschaft der Geschwindigkeit und sind nicht historisch zu verorten. Ihre Authentizität wird fragwürdig und führt zu Bruchstellen, da Enthistorisierung und das Auflösen einer zeitlichen Gültigkeit von Information und Wissen Identitätssuche und Selbsterfahrung erschweren. Dem kritisch empfundenen Verlust steht auch ein Gewinn gegenüber: Die Fähigkeiten zum televisionären Erfahrungsgewinn sollen die affektiven Fähigkeiten steigern, indem die Informationsverarbeitungssysteme assimiliert werden. Solch eine Assimilationsthese sieht die Sozialisationsleistung der Medien in der Entwicklung neuer Zeit- und Fertigkeitsstrukturen bei ihren Nutzerinnen und Nutzer. Der Unterschied zwischen authentisch erlebter „Realität" und deren Digitalisierung zur zweiten Wirklichkeit wird verwischt, die Erfahrungsbereiche gehen ineinander über. Dabei vollziehen sich Kreativität und Subjektivierung in der Bildproduktion immer unmittelbarer im Kontext medialer Partizipationszusammenhänge (Jörissen 2008:38).

Gegenwartsdiagnose

Die digitale, televisionär evozierte Raumdehnung lässt durch die damit einhergehende medial erzeugte Allgegenwärtigkeit die räumlichen und zeitlichen Zwischenräume in den beteiligten Netzgesellschaften schrumpfen. Mit den Kontraktionen der Zwischenräume findet die Identitätsbildung im dahinrauschenden Fluß von Bildern kaum Ankerplätze. Im Netz sind zwei traditionelle Sicherheitsvermutungen für Interaktion und Identität lange außer Kraft gesetzt: „Angesichtigkeit" oder „Augenzeugenschaft" und der materiale Raum als mess-, begeh- und erfahrbares Prüfkriterium für Wirklichkeitsaussagen (Bahl 1997:129). Dem Ästhetisierungsschub in der Visualität steht ein Rückzug des taktil-haptischen Körpers gegenüber.

Bilder im traditionellen sowie erweiterten Sinn treffen neben einer individuellen auch immer auf eine kulturelle Resonanz. Erst ein Regelwerk zum Zeichenverständnis ermöglicht und beinhaltet zwischenmenschliche Übereinkünfte zur Bedeutung sichtbarer Zeichen. Im Verstehen des Regelwerkes wird Vermittlung als soziale Bindung und Bildung möglich. Im gemeinsamen dialogischen Annähern kann etwas über die Bilder, über sich selbst und andere erfahren werden. Im Medium der Sprache wird gewahr, dass es ein Wahrnehmen und ein Andersnehmen gibt. Dies ist Teil einer ästhetischen Reflexion, die als Gedankenspiel den notwendigen Zweifel am vermeintlich Offenkundigen leistet. Damit kann es in der Bildrezeption keine finale Bedeutungswahrheit geben. Vermittlung zielt auf Bildung, die sich im bildnerisch-praktischen Gestalten als Selbsterfahrung, im reflexiven und kommunikativen Auseinandersetzen mit dem symbolischen Bestand, in der Transkodierung und Transformierung dieses Bestandes vollzieht. Bildung, und dies ist eben essenzielle schulische Notwendigkeit, bedarf der Sprache. Für Wilhelm von Humboldt ist Sprache die Arbeit des Geistes und mehr als eine bloße Einkleidung des Gedankens, sie ist das „Organ", das die Gedanken bildet: Ohne Sprache kann das Denken nicht zur Deutlichkeit gelangen, die Vorstellung nicht zum Begriff werden. Mit der Sprache gelingt es, über das bereits Erkannte hinauszugelangen und doch Subjektivität zu wahren (Humboldt 2008).

Wenn Humboldt die Sprache als kreative Leistung sah, so vergrößert später Ludwig Wittgenstein die Leistung in der Übersetzungsrelation, da Kunst respektive die Ästhetik sich für Wittgenstein dem logischen und wissenschaftlichen Denken versagen. So ordnet er das Ästhetische jenseits der Grenzen der Sprache und von dieser getrennt dem Bereich des Unaussprechlichen zu (Wittgenstein 2003:82). Sprechen ist bei Wittgenstein ästhetischer Verweis, eine Zeigegeste, einer ästhetischen Handlung gleich. Sprache ist nicht festgezurrt, sie hat „Bedeutungsspiel". Die Sprachspiele, das Sprechen über Kunst ist zugleich ein Nachdenken über das in der Kunst eingefangene Leben und greift nicht nur zurück auf die Erfahrung, es weist in die Zukunft und gibt dem Leben (wie der Kunst) im Sprechen den Entwurf des Neuen und des Anderen mit. Es ist ein Sprechen, das unter dem Gesichtspunkt des Zusammenspieles von Subjekt und Objekt die Bedeutung von Sprache verändert. Neben dem kunstpädagogischen Sprechen zur Kunst als Vermittlung steht die Kunstkritik. Doch bis auf Ausnahmen meidet sie das profilierte Urteilen zunehmend, ist sie doch verlassen gegenüber einer Gegenwartskunst, die in postmoderner Pluralität sich in alle gesellschaftlichen Bereiche hineinverfranst und ihre Kraft zum Widerstand einzubüßen droht.

Kunstpädagogische Vermittlungen: Redend, handelnd

Klaus Mollenhauer sieht die Schwierigkeiten einer Vermittlung im Reden über Kunst darin, eigenes ästhetisches Erleben in Worte zu fassen, die nicht stereotypen Sprach- und Deutungsmustern gerade im akademischen oder schulischen Umfeld folgen: „Die Schwäche unserer Vokabularien ist keine Folge von oder kein Indiz für intellektuelles Unvermögen; sie hat vielmehr ihren Grund in der Schwierigkeit, die Gewissheitsempfindungen, die wir im Hinblick auf das haben, was wir selbst im Moment der ästhetischen Wahrnehmung sind, zur Sprache zu bringen, und zwar neben den institutionalisierten oder professionalisierten Sprachspielen, die uns sonst zur Verfügung stehen" (Mollenhauer 1996:14f.). Abseits einer kunstwissenschaftlich methodisch exakt operierenden Interpretation wird die ästhetische Rede über Kunst gefordert. Sie ist eigentümliche Zwischensphäre, der eine phänomenologische Aufmerksamkeit gilt, wenn in Bildern von Kindern sich zeigt, „dass sich in ihnen Sinn verwirklicht, der nicht fertig in der Welt vorliegt, aber auch nicht bloß im Bewusstsein produziert wird (Meyer-Drawe 1993:98f.).

Gunter Otto hat die Kunstpädagogik in der zweiten Hälfte des 20. Jh.s geprägt (siehe Georg Peez „Kunstpädagogik" in diesem Band). Eine zentrale Rolle in seinem Vermittlungskonzept spielt das „Percept". In der Wahrnehmungspsychologie beschreibt Percept den Verknüpfungsakt der Wahrnehmung, in dem das Bild und die Vorstellung des Betrachters zusammenstoßen. Percepte bilden das Fundament, von dem die Interpretation – als „Auslegung" – ausgeht. „Percepte kann man im Kopf, im Medium der Sprache und im Medium ästhetischer Praxis bilden, also gedanklich, verbal oder visuell" (Otto/Otto 1987:51). Otto setzt voraus, dass es im Sprechen zu Bildern nur Entsprechungen, doch keine Gleichungen geben könne. Maria Peters hat, in Anlehnung an Maurice Merleau-Ponty und Bernhard Waldenfels, die Phänomenologie auf die Vermittlung hin befragt. Sprache wird erneut als Äußerung eines unmittelbaren Wahrnehmungsausdrucks interpretiert, der vor aller begrifflichen Fixierung bereits einen Sinn in sich trägt (Peters 1996:43). Das Konzept geht nicht von einer Identität zwischen Zeichen und Bezeichnetem aus, sondern sieht eine Stiftung von Sinn gerade in der Differenz von Ausdruck und Auszudrückendem. Der Leib wird Fundament aller reflexiven Akte, und das leibgebundene Wahrnehmen geht dem reflexiven Denken voraus. Diese Erweiterung des Wahrnehmungs- und Erfahrungsprozesses begründet bei Peters einen mit Martin Seel formulierten größeren Spielraum in ästhetischer Freiheit (ebd.:94).

Vermittlung im Handeln

Kunstpädagogik kann sich nicht auf sprachliche Vermittlung begrenzen, sie wird mit Bildern Erfahrungsräume von Kindern und Jugendlichen betreten und so einen Proberaum für Experiment und Spiel erschließen. Zweck des Spiels, das für Friedrich Schiller erst menschliche Freiheit bedingt, ist ein Ausprobieren von weiteren Bestimmungen, die ebenfalls möglich sind (Kern 2000:181). Kunstwerk und Spiel sind nicht von außen, sondern nur durch die Erfahrung und Erkenntnis aus dem Handeln zu verstehen. Das Spiel als künstlerisches Navigieren wird zur ästhetischen Erkenntnisstrategie, die durch Grenzüberschreitung in Möglichkeitsräumen ihre ganz eigene Qualität bekommt. Hartmut von Hentig und Diethart Kerbs hatten in den 70er Jahren des 20. Jh.s an Schillers emanzipativen Spielbegriff der Kunstpädagogik erinnert. Spiel impliziert den Perspektivwechsel. Der Umgang mit Kunst provoziert Spiegelungsmomente und fordert in produktiver Weise fortwährend Perspektivübernahme oder zumindest Perspektivwechsel. Bilder stiften dazu an, andere Sichtweisen zur Kenntnis zu nehmen und für sich selbst Varianten zu erproben. Das Erkenntnismoment liegt also auch in den konkreten Möglichkeiten, zunächst fremde Sichtweisen für sich zu erschließen. Die vielen Bilder einer medial vernetzten Welt suggerieren Nähe mit zunächst Fremdem, jedoch nur dem Schein des Bildes nach. Der Umgang mit Alterität ist zentrales Bildungsziel in einer globalisierten und oft multiethnisch bestimmten Kultur. Es geht um Verstehen des Fremden, des Anderen in seiner kulturellen Konstruktion. Der Umgang mit dem Fremden und Ungewohnten lehrt und übt etwas – wie von Hentig sagt –, das wir für eine Welt, in der es Computer gibt, an diesen Computern gerade nicht erfahren können: das offene, dialogische, das zweifelnde und entwerfende, das bewertende und philosophische Denken (von Hentig 2002:71). Kunstpädagogik zielt auf Bildung durch eine Veränderung der Sichtweisen. Christoph Wulf nennt dazu drei zentrale Begriffe: Differenz (als Voraussetzung kultureller Identitätsbildung), Transgression (Grenzüberschreitung im Umgang mit kultureller Diversität zugunsten von Neuem) und Hybridität (neue Formen in Folge von Differenz und Transgression) (Wulf 2009:141ff.).

Praxis Kritik Ausblick

Die Vermittlungspraxis kennt viele Spielarten. Während lange im Kunstunterricht Adaptionen der kunstwissenschaftlichen Methoden die Bildanalyse bestimmten (Kirschenmann/Schulz 1999), plädiert Klaus-Peter Busse in seinen „Bildumgangsspielen" (2004) für „Handlungschoreografien" zwischen kunstwissenschaftlichen Methoden, bevorzugt er Ikonografie in einem Rekurs auf historische wie aktuelle Kunst, den Befunden und Modi der auch in Deutschland immer stärker diskutierten und mit Empirie aufwartenden Cultural Studies sowie den klassischen wie jüngeren kunstpädagogischen Adaptionen dieser Referenzen. Den ersten Platz erhält das Bild in der Dekonstruktion als einem vielschichtigen Rezeptionsverfahren, wobei Busse ein permanentes Wechselverhältnis zwischen dem Sammeln, Anschauen, Verorten, Auswerten der Bilder und einer ebenso differenzierten ästhetischen Praxis zu und mit den Bildern vorschlägt.

Zum Weiterlesen

Belting, Hans (2001): Bild-Anthropologie. München: Fink.

Busse, Klaus-Peter (2004): Bildumgangsspiele: Kunst unterrichten. Norderstedt: Books on Demand.

Kirschenmann, Johannes/Schulz, Frank (1999): Bilder erleben und verstehen. Einführung in die Kunstrezeption. Leipzig: Klett-Schulbuchverlag.

Georg Peez
Kunstpädagogik

Thema und Begriffsbestimmung

Kunstpädagogik ist ein wichtiger Teil ästhetischer Erziehung und Bildung, und zwar der, welcher sich auf im weitesten Sinne bildnerische Verfahren bezieht. Primär sind dies somit die Bildende Kunst und deren Gestaltungsweisen: sowohl die traditionellen wie Malerei, Grafik und Plastik als auch tendenziell interdisziplinäre Praxisformen wie Performances, Installationen und Film. Kunstpädagogik richtet sich grundsätzlich an alle Alters- und Bevölkerungsgruppen und entwirft hierfür Konzepte, sie hat jedoch ihren Schwerpunkt im schulischen Kunstunterricht. Die allgemeinbildende Schule dominiert immer schon außerschulische institutionelle Kontexte, obwohl sich stets auch Schnittmengen ergeben, wie etwa im Museum oder im Nachmittagsangebot der Ganztagsschule, das teilweise von Jugendkunstschulen bestritten wird (siehe Peter Kamp/Julia Niersteimer „Alle Künste unter einem Dach – Jugendkunstschule als konzeptioneller Rahmen" in diesem Band). Der Vorschulbereich rückte in den letzten Jahren stärker in das Bewusstsein der Kunstpädagogik. Im Zuge der demografischen Entwicklung wird dies zukünftig wohl auch für eine lebenslange ästhetische Bildung gelten.

Die Aufgabe von Kunstpädagogik heute besteht nicht primär in der Vermittlung von Kunst, sondern kunstpädagogische Grundintentionen zielen ab auf die Ermöglichung ästhetischer Erfahrungen im Bildnerischen sowie auf die Stärkung bildnerisch-ästhetischer und visueller Kompetenzen. In der Kunstpädagogik „geht es um mehr als Kunst, es geht um die ästhetischen Erfahrungsprozesse der Kinder und Jugendlichen – in ihrem Wahrnehmen, Handeln und Denken. Ihnen diese Prozesse zu eröffnen, sie darin zu begleiten und selbständig werden zu lassen, ist Praxis und Konzept des Kunstunterrichts" (Kirchner/Otto 1998:1). Diese programmatische Maxime von vor fast 15 Jahren gilt noch heute. Allerdings hat, wie oben erwähnt, neben der Ermöglichung ästhetischer Erfahrungen im Bildnerischen in den letzten zehn Jahren in der Kunstpädagogik die Diskussion um Bildungsstandards und Kompetenzen ihre Spuren hinterlassen. Diese gegenwärtigen Orientierungen werden im Folgenden nach einem knappen Aufriss fachhistorischer Wegmarken diskutiert (vgl. dazu auch Peez 2008:31ff.).

Historische Entwicklung der Kunstpädagogik in Deutschland

Sowohl unterschiedliche pädagogische und fachimmanente Konzepte als auch verschiedene Funktionen, die dem bildnerischen Gestalten zugewiesen wurden, führten in Deutschland im 20. Jh. zu einigen Namenswechseln des Faches. Die Bezeichnung des Bereiches, der hier und heute „Kunstpädagogik" genannt wird, hat sich im historischen Kontext immer wieder gewandelt. Im 19. Jh. sprach man allenthalben von „Zeichenunterricht", denn entweder wurde nach Vorlagenblättern abgezeichnet, oder Kinder und Heranwachsende wurden dazu angeleitet, ornamentale Muster nach Anweisung zu zeichnen, deren Schwierigkeitsgrad mit dem Alter wuchs. Die Aneignung von ästhetischen und handwerklichen Normen durch kopierendes Nachschaffen war, knapp gesagt, das Ziel des Zeichenunterrichts. Dies änderte sich um 1900 mit der Kunsterziehungsbewegung, die – wie der Namen bereits sagt – durch und mit Kunst erziehen und über kulturelle Teilhabe aller Gesellschaftsschichten auch soziale Spannungen abbauen wollte. Die freie Handzeichnung als Ausdrucksmittel des Kindes wurde im Gegensatz zum früheren Zeichenunterricht wertgeschätzt, gefördert und auch systematisch erforscht. Viele dieser Bestrebungen wurden zunächst durch den Ersten Weltkrieg (1914-1918) unterbrochen.

In den Jahren 1919-1933, der sogenannten Weimarer Republik, bezog man sich weiter auf Gedanken der Kunsterziehung, doch kam die Gebildetenreformbewegung mancherorts schnell ins Fahrwasser deutsch-nationaler Einflüsse. An der Reformpädagogik orientierte Kunsterziehungskonzepte standen autoritär orientierten Konzepten des Abzeichnens gegenüber. Aspekte der unter anderem im Bauhaus aufkeimenden Moderne fanden in der Kunsterziehung nur äußerst selten Widerhall.

In der Zeit des Nationalsozialismus ab 1933 wurde unter den Bedingungen der Diktatur weiter von „Kunsterziehung" gesprochen, doch hatte diese einen sehr verengten Blick auf Kunst: Man bezog sich einerseits auf Volkskunst (z.B. Stickereien und Scherenschnitt), um nationalistische Einstellungen zu fördern und angebliche jüdische Einflüsse zu eliminieren, andererseits auf heroisierende Darstellungen unter anderem von Kriegs- und ArbeitsheldInnen. Kunsterziehung diente häufig propagandistischen Zwecken, der Ent-Individualisierung und damit indirekt auch dem von Deutschland begonnenen Zweiten Weltkrieg.

Nach den barbarischen und traumatischen Ereignissen in der Nazi-Zeit gab man sich im westlichen Nachkriegsdeutschland zunächst bewusst unpolitisch und suchte einen Ausgleich in einer heil erscheinenden Welt des bildnerischen Schaffens. Das Konzept der „Musischen Erziehung" in den 1950er und frühen 1960er Jahren, das unter anderem reformpädagogische Elemente aus der Kunsterziehungsbewegung aufgriff und weiterentwickelte, orientierte sich erneut an einer wiederzubelebenden Volkskunst sowie am recht freien kindlichen Ausdruck. Man gab vor, durch diese „Ursprünglichkeit", „zivilisatorische Schäden" heilen zu können.

Erst der Formale Kunstunterricht in den 1960er Jahren brachte eine Wende, indem er der modernen, oft abstrakten Kunst der Gegenwart einen hohen Stellenwert einräumte. Es wurde nicht mehr mittels Kunst erzogen, sondern man unterrichtete von jetzt ab „Kunst". Doch führte dieses Konzept in der Schule oft zu sinnlich verarmten und auch sinnarmen Aufgaben, bei denen es primär auf formal-bildnerische Ordnungstätigkeiten ankam, die die Bedürfnisse der Heranwachsenden vernachlässigten.

Ende der 1960er Jahre und in der ersten Hälfte der 1970er Jahre erfolgte in der Bundesrepublik Deutschland eine starke gesamtgesellschaftliche Politisierung und diese Reform-Euphorie machte auch vor dem Kunstunterricht nicht Halt. Eine Umbenennung des Faches in „Visuelle Kommunikation" wurde angestrebt. Zwei innovative Aspekte, die diese Umbenennung rechtfertigten, waren zum einen die Integration von Analysen massenmedialer Produkte, wie Werbung, Zeitung oder Comic. Zum anderen waren die SchülerInnen auch selbst im Unterricht mit Video- und Fotokamera tätig, damit aus weitgehend hilflosen RezipientInnen kritisch-kompetente ProduzentInnen werden konnten. Wirkten die Ideen aus der Visuellen Kommunikation auch innovativ, so waren viele Hoffnungen und Ziele oftmals zu hoch gesteckt, um erreichbar zu sein.

Die 1980er Jahre waren geprägt von der inzwischen erstarkten Umweltschutzbewegung. Kulturkritische, teils auch technikfeindliche Bestrebungen beeinflussten das Fach dahingehend, dass es zur Konzeption einer stärker lustbezogenen, alle Sinne ansprechenden Ästhetischen Erziehung kam (siehe Cornelie Dietrich „Ästhetische Erziehung" in diesem Band). Dieses Konzept griff das Bedürfnis nach Selbsterfahrung – damals ein beliebter Begriff – und nach ganzheitlichen Lebens- und Handlungsvollzügen auf. Man versuchte, mit allen Sinnen zu lernen und beispielsweise durch das Streicheln von Bäumen ästhetisch-emotionale Bezüge zur Natur herzustellen. „Erfahren und Lernen aus erster Hand" war eine häufig vorgetragene Fachlegitimation. Doch ließ sich diese Position in den 1990er Jahren nicht mehr halten. Denn letztlich wäre es kunstpädagogisch unverantwortlich, die Kinder und Jugendlichen mit Fernseher, Computer und Co. alleine zu lassen.

Weitgehend unabhängig von diesen holzschnittartig umrissenen Positionen (ausführlicher in Peez 2008:31ff.) hat sich die gegenwärtig vorwiegend verwendete neutrale Bezeichnung „Kunstpädagogik" ab den 1970er Jahren durchgesetzt. Kunstpädagogik markiert seitdem die zwei wichtigsten Bezugsbereiche des Faches: die bildende Kunst mit ihren fachpraktischen und fachwissenschaftlichen Anteilen sowie die Pädagogik, verstanden als bildungs- bzw. erziehungswissenschaftliche Disziplin im Rahmen von Bildungsforschung. Themen und Legitimationen, die die gegenwärtige Kunstpädagogik bestimmen, werden im Folgenden ausführlicher diskutiert.

Ästhetische Erfahrung

Ein wichtiges Ziel der Kunstpädagogik ist es, Kindern, Jugendlichen und auch Erwachsenen ästhetische Erfahrungen zu ermöglichen. Ästhetische Erfahrungen lassen sich sowohl rezeptiv als auch produktiv machen, d.h. sowohl in der Wahrnehmung ästhetischer Objekte und Phänomene als auch im eigenen Gestalten, sei es bildnerisch, musikalisch, dichterisch oder darstellerisch. „Ästhetische Erfahrung bezieht sich nicht auf Kunsterfahrung, sondern ist ein Modus, Welt und sich selbst im Verhältnis zur Welt und zur Weltsicht anderer zu erfahren" (Otto 1994:56), so Gunter Otto, der einflussreichste Kunstpädagoge der zweiten Hälfte des 20. Jh.s.

Ästhetische Erfahrungen lassen sich im Alltag „in Ereignissen und Szenen" machen, „die das aufmerksame Auge und Ohr des Menschen auf sich lenken, sein Interesse wecken und, während er schaut und hört, sein Gefallen hervorrufen" (Dewey 1934/1980:11), schreibt der US-amerikanische Philosoph und Pädagoge John Dewey in seiner Sammlung von Vorlesungstexten aus dem Jahre 1934 „Art as Experience" (Dewey 1934/1980). Auf diese Grundaussagen Deweys beziehen sich in der Kunstpädagogik Tätige heute häufig. Ästhetische Erfahrungen können als Erfahrungen der Diskontinuität, der Differenz zu bisher Erlebtem gelten. Zentral sind hierfür das In-Beziehung-Setzen der eigenen ästhetischen Erfahrung mit kulturellen und ästhetischen Produkten, Festhalten der ästhetischen Erfahrung in eigener ästhetischer bzw. kultureller Handlung bzw. Produktion sowie Kommunikation dessen, was die Aufmerksamkeit erregte. Ihre Beziehung zur bildenden Kunst ist demnach für die Kunstpädagogik innerhalb Kultureller Bildung zwar zentral, aber nicht allgegenwärtig. Ästhetische Erfahrungen sind nicht das Mittel zum Zweck der Kunsterfahrung. Ästhetischen Erfahrungen kommt ein Wert an sich zu. Aber Kunsterfahrung – so Dewey – ist ohne zuvor erfolgte ästhetische Erfahrungen im Alltag nicht möglich (vgl. Dewey 1934/1980:11).

Bildungsstandards und Fachkompetenzen

Ein zweiter wichtiger Bereich kunstpädagogischer Fach-Legitimation innerhalb der gegenwärtigen bildungspolitischen und pädagogischen Diskurse bezieht sich auf die Formulierung von Bildungsstandards und fachspezifischen Kompetenzen. Bildungsstandards greifen laut *Ständiger Konferenz der Kultusminister der Länder (KMK)* „allgemeine Bildungsziele auf und legen fest, welche Kompetenzen Schülerinnen und Schüler bis zu einer bestimmten

Jahrgangsstufe an wesentlichen Inhalten erworben haben sollen. Die Bildungsstandards konzentrieren sich auf Kernbereiche eines Faches und beschreiben erwartete Lernergebnisse" (KMK 2005). In eine solche Vorstellung von Bildung als „erwartete Lernergebnisse" passt ästhetische Erfahrung freilich nicht hinein.

Unter anderem um der Gefahr entgegenzuwirken, dass das Schulfach Kunst ohne Bildungsstandards und Kompetenzauflistung dastehen könnte und dann plötzlich kein aktuell legitimierbares Schulfach mehr sei, beschäftigte sich eine Arbeitsgruppe des *BDK, Fachverband für Kunstpädagogik*, mit der Formulierung facheigener Bildungsstandards für den mittleren Schulabschluss (also bis zur Klasse 10) (BDK 2008:2-4). Hier fällt allerdings nicht nur die bürokratische Sprache auf, sondern auch die Vorgehensweise wirkt sehr geregelt. So heißt es etwa im Hinblick auf den zentralen Bereich des Faches bildnerische „Produktion": „Herstellen: Arbeitsprozesse in einzelnen Arbeitsschritten planen, strukturieren und organisieren; das Arbeitsumfeld sachgerecht organisieren; bildnerische Verfahren, Techniken und Medien erproben und strategisch sinnvoll verwenden" (ebd.:4). Oder: „Gestalten [...]: eigene bildnerische Lösungen dokumentieren und reflektieren; kreativ und strukturiert bei der Gestaltung von Bildern vorgehen" (ebd.:4). Was aber bedeutet eigentlich „kreativ und strukturiert" konkret? Kontroverse Diskussionen werden hierzu geführt. Der Kunstpädagoge Karl-Josef Pazzini charakterisiert Bildungsstandards kritisch als „nicht operationalisierbare Könnensbehauptungen" (nach Herring 2011:32f.).

Zwar betont der BDK, dass die „Standards – auch im Fach Kunst – nicht die gesamten, komplexen Bildungsmöglichkeiten des Fachs umfassen" (BDK 2008:2), gemeint sind etwa die Potentiale der ästhetischen Erfahrung. Doch lässt sich langfristig am starken Echo in der Fachdiskussion absehen, dass die ästhetische Erfahrung als höchstes Ziel und bisheriger weitgehender Konsens des Faches langsam von der Kompetenzdiskussion überlagert wird. Vorläufig stehen ästhetische Erfahrung und Bildkompetenz nebeneinander (vgl. Grünewald 2009b:17; Kirchner 2009:53). Neues, die Fachidentität stiftendes Kernprogramm kann die Bildkompetenz werden. Denn die Bildkompetenz hat die durchaus überzeugenden Potentiale eines Alleinstellungsmerkmals gegenüber anderen (Schul-)Fächern.

Aktuelle Situation: Drei gegenwärtige kunstpädagogische Positionen

Bild-Orientierung (Visuelle Kompetenz)
Weltaneignung und Persönlichkeitsentwicklung der Kinder und Jugendlichen werden zweifellos von ihrem Bildgebrauch maßgeblich geprägt. Hierdurch ergibt sich ein ständig wachsender Bedarf an Bildkompetenz. „‚Visuelle Kompetenz' meint eher die rezeptive, d.h. die erlebnishafte, analysierende und deutende Auseinandersetzung mit visuellen Gestaltungen unter Einbeziehung der räumlichen und haptischen Erfahrung, während der Begriff ‚Bildkompetenz' auch den produktiv-gestalterischen Aspekt einbezieht" (Bering u.a. 2004:9). Insofern müssten Erfahrungs- und Lernprozesse mit Bildern als unverzichtbare Elemente allgemeiner Bildung inzwischen eigentlich zu den Basisqualifikationen neben Lesen, Schreiben und Rechnen gezählt werden.

Als Argumente pro Bild-Orientierung lassen sich anführen, dass die Begründung des Schulfaches Kunst durch Anschluss an die Kompetenz-Diskussion (Bildlese-Kompetenz) erfolgt, dass die Bedeutung des Bildes als Grundlage für Bildung herausgestellt wird und eine Orientierung an den visuellen Medien-Welten der Jugend für das Konzept prägend ist. Argumente contra Bild-Orientierung lauten, dass die Gefahr der Marginalisierung von Kunst besteht, da es um „Bilder" im Allgemeinen geht und „Kunst" unter „Bilder" subsummiert wird, rationales Verstehen und Erklären zu stark betont werden und dass das Fach an künstlerischer Authentizität verliert.

Kunst-Orientierung (Künstlerische Bildung)

Bei einer starken Betonung des Bildes besteht die Gefahr, dass das zentrale Gegenstandsfeld der Kunstpädagogik, die Kunst, nur noch eine Nebenrolle spielt, insofern Kunst dabei unter den Bildbegriff subsumiert wird. Hingegen sollte es nach dem Ansatz der Künstlerischen Bildung darum gehen, Vermittlungs- und Handlungsprozesse ‚kunstanalog' zu initiieren. Mit der „Begründung der Kunstdidaktik aus der Kunst heraus" wird es zum Ziel, „künstlerische Formen des Denkens in kunstdidaktischen Prozessen auszubilden, die künstlerische Handlungsweisen praktizieren" (Buschkühle 2003:19). Bereits an diesem kurzen Zitat wird deutlich, welch zentrale Rolle die Kunst in dieser Argumentation spielt. Durch die Öffnung und Erweiterung des Kunstbegriffs verschließt sich die Künstlerische Bildung zugleich nicht den pluralen Gegenstandsbereichen des Faches Kunst. Denn unter dem erweiterten Kunstbegriff nach Joseph Beuys (1921-1986) kann man sich auf praktisch alles beziehen. Kunstpädagogik solle deshalb nicht vom Bild, den bildgenerierenden Medien her gedacht werden, sondern Künstlerische Bildung meint die Etablierung von künstlerischen Denk- und Handlungsweisen im Bildungsgeschehen (Buschkühle 2003:25). Die Kunstdidaktik initiiert kunst-ähnliche Prozesse und ermöglicht auf diesem Wege neue Kunst- und Alltagserfahrungen mit dem hohen Ziel der ‚Lebenskunst'.

Als Argumente pro Kunst-Orientierung sind zu nennen: Die Besinnung des Faches Kunst auf seinen Kern kommt ihm unmittelbar zugute, weil es die Unverwechselbarkeit erhöht. Das Fach berücksichtigt alle Lebensbereiche, denn die avantgardistische, zeitgenössische Kunst thematisiert diese ebenfalls. Verfremdungen in der Kunst machen die Welt ästhetisch neu erfahrbar. Wichtige Argumente contra Kunst-Orientierung sind, dass das Konzept auf eine zu starke Betonung irrationalistischer Kunsterfahrung setzt. Es ist eine Überschätzung der Möglichkeiten des Nebenfaches Kunst zu konstatieren. Und es gibt zu wenige tatsächliche Verbindungen zwischen zeitgenössischer Kunst und der Lebenswelt von Heranwachsenden.

Subjekt-Orientierung (Ästhetische Forschung)

In einem dritten Konzept – meist mit „Ästhetische Forschung" (Kämpf-Jansen 2001) oder „Biografieorientierung" (Kunst+Unterricht Hefte 280 u. 281, 2004) benannt – steht der Schüler im Fokus. Der Schüler und seine ästhetisch forschenden Interessen sind hier der Ausgangspunkt. Es werden sehr offene Aufgaben gestellt bzw. Themenschwerpunkte festgelegt, die innerhalb eines werkstatt-ähnlichen Settings bearbeitet werden. Ästhetische und kulturelle Selbstbildungsprozesse können hierdurch kunstpädagogisch angeregt und gefördert werden. Weil sich ästhetische Bildung durch das Merkmal des Erkundens einer selbst gewählten Thematik auszeichnet, liegt der Begriff der Ästhetischen Forschung nahe. Alles Material und jede Thematik kann genutzt werden, wenn sie für den einzelnen Schüler bedeutsam sind.

Wichtige Argumente pro Subjekt-Orientierung lauten, dass die Pädagogik immer vom einzelnen Menschen und dessen Individualität ausgehen muss, die Biografie die Grundlage jeder ästhetischen Erfahrung und jedes ästhetischen Verhaltens ist und eine Öffnung von Schule hin zum Alltag konsequent verfolgt wird. Als Argument contra Subjekt-Orientierung lässt sich anführen, dass die Zentrierung auf die persönliche, subjektbezogene Perspektive ein mögliches Ausblenden des Fremden und Unbekannten fördert, was die Gefahr der vorwiegenden Bearbeitung von Lieblingsthemen und Hobbys in sich birgt.

Ausblick

Ästhetische Erfahrungen und kunst- bzw. bildspezifische Kompetenzen sind mithilfe aller drei kunstdidaktischen Richtungen zu erreichen: der Bild-Orientierung, der Kunst-Orientierung und der Subjekt-Orientierung. Aus Sicht der Praxis garantiert keines der Konzepte quasi per se kunstdidaktisch hochwertigen Unterricht. Dies ist durchaus auch als ein Plädoyer für Pluralität zu verstehen. Ob schulisch oder außerschulisch: Fraglos bilden Medialisierung, Digitalisierung sowie digitalisierte Bildkommunikation wichtige Bezugspunkte kunstpädagogischen Handelns innerhalb aller drei hier dargestellten idealtypischen Positionen. Wenn aber mit allen Konzepten gute Kunstpädagogik gemacht werden kann, dann wäre ja eigentlich egal, auf welches Konzept man sich beruft. – Egal ist es jedoch nicht, denn die Legitimation nach außen gibt vor, wie Kunstpädagogik wahrgenommen wird, wie sie sich im Diskurs – auch der Kulturellen Bildung – positioniert. Was stellt sie bei ihrer Begründung in den Mittelpunkt? Richtet sie ihre Ziele an dem Bild und damit der visuellen Kompetenz aus? Versteht sie ihren Unterricht als kunstanalogen Prozess und stellt die Kunst ins Zentrum? Oder beginnt sie ihre didaktischen Überlegungen bei den einzelnen SchülerInnen und deren Biografie?

Zum Weiterlesen

Bering, Kunibert/Heimann, Ulrich/Littke, Loachim/Niehoff, Rolf/Rooch, Alarich (2004): Kunstdidaktik. Oberhausen: Athena.

Kämpf-Jansen, Helga (2001): Ästhetische Forschung. Wege durch Alltag, Kunst und Wissenchaft. Köln: Salon.

Peez, Georg (2012): Einführung in die Kunstpädagogik. Vierte, überarbeitete und aktualisierte Auflage. Stuttgart: Kohlhammer.

Andreas Brenne
Kunstunterricht in Schule und Kindergarten

Schulische Kunstpädagogik

Die Kunstpädagogik (siehe Georg Peez „Kunstpädagogik" in diesem Band) ist älter als die allgemeinbildende Schule; dennoch hat sie ihre spezifische Entfaltung erst in diesem Kontext erfahren. Als ein fester Bestandteil klassischer Bildungskonzeptionen haben sich die fachlich bedeutsamen Diskurse im Kontext des staatlichen Schulwesens entwickelt. So war ein wichtiger Beweggrund der Kunsterzieherbewegung die Auseinandersetzung mit der populären, aber technokratischen Zeichenmethode des Hamburger Schulrates Adolf Stuhlmann. Dem stellte man eine kindbezogene Auseinandersetzung mit künstlerischen und kunsthandwerklichen Bildungsinhalten gegenüber und beeinflusste dadurch nicht nur die schulischen Reformbewegungen, sondern prägte das Bewusstsein für Inhalte, Zielsetzungen, Potentiale und Grenzen schulischer Kunstvermittlung. Auch die in den 1970er Jahren sich formierende außerschulische Kunstpädagogik (vgl. Mayrhofer/Zacharias 1977) entstand in Abgrenzung zur schulischen Praxis.

Die schulische Kunstpädagogik ist aber keine homogene Angelegenheit, sondern zahlreichen Einflüssen ausgesetzt. Gemeint sind landesbezogene Akzentuierungen wie curriculare Vorgaben, Aus- und Fortbildungssysteme und vor allem die unterschiedlichen Schulformen und Schulstufen.

Im Folgenden werden zunächst zentrale Strukturelemente einer schulischen Kunstpädagogik vorgeführt. Dann folgt eine akzentuierte Beschreibung der schulstufenbezogenen Akzente.

Aisthesis vs. Ästhetik

Kunstpädagogik hat zwei Bezugsfelder bzw. Bezugsdisziplinen: Sie bezieht sich zum einen auf eine allgemeine Bildung des Menschen im Sinne einer basalen ästhetischen Erfahrungsbildung (Aisthesis). Sie ist aber zum anderen auch der schulische Ort der Begegnung mit der bildenden Kunst, visueller Alltagskultur in unterschiedlichen Medien (Ästhetik).

Ästhetische Erfahrungsbildung: Hier wird auf ein allgemeines Bildungsprinzip hingewiesen, das besagt, dass sich der Mensch von Anfang an selbsttätig bildet – und zwar primär ästhetisch. Ausgehend von der Sinnestätigkeit, die zu ästhetischen Mustern verdichtet wird, entwickeln sich ästhetische Erfahrungen, wobei Neues und Erstaunliches mit der bereits zugrunde liegenden Erfahrungsgeschichte abgeglichen und in sie integriert wird. Dies ist ein komplexer Prozess, der auf die Vernetzung unterschiedlicher Sinnesdaten angewiesen ist und mittels Kognition ein Bewusstsein von Selbst und Welt ausbildet.

Nach Wolfgang Klafki lassen sich die folgenden fünf Ziele der ästhetischen Bildung aus der Perspektive der klassischen Bildungstheorien unterscheiden (vgl. Klafki 1996:33): (1) Bildung der „Empfindsamkeit", (2) Entwicklung der Einbildungskraft oder Fantasie, (3) Entwicklung der ästhetischen Urteilskraft, (4) Entwicklung von Genussfähigkeit und (5) Befähigung zum Spiel und zur Geselligkeit.

Begegnung mit Kunst: Die kunstpädagogische Praxis des Umgangs mit (bildender) Kunst gliedert sich in zwei Bereiche: die ästhetisch-künstlerische Produktion und die Rezeption von Kunstwerken bzw. visuellen Zeichensystemen (in unterschiedlichen Medien).

Diese Bereiche sind miteinander verwoben, wobei sich die unterrichtlichen Zielsetzungen unterscheiden. Es geht dabei um die bereits auf dem ersten Dresdener Kunsterziehertag (1901) gestellte Frage, ob es um „Erziehung zur Kunst" oder „Erziehung durch Kunst" gehe.

In der kunstpädagogischen Praxis stellt sich diese zentrale Frage anders: Haben SchülerInnen die Möglichkeit, sich vom behandelten Gegenstand ergreifen zu lassen, um das Erlebte intermedial zum Ausdruck zu bringen?

Kunstdidaktische Positionen

Diese zentralen Paradigmen der schulischen Kunstpädagogik werden im kunstdidaktischen Diskurs divergent abgebildet. Ohne hier auf die komplexe Fachgeschichte eingehen zu können, sollen schlaglichtartig zwei gegenwärtige Positionen gegenübergestellt werden (vgl. Peez 2008):

(1) *Bildorientierte Kunstpädagogik:* Diese Strömung versucht, die Impulse der visuellen Kommunikation mit Gunter Ottos Konzept der ästhetischen Erziehung zu verbinden bzw. zu erweitern (vgl. Bering/Niehoff 2007). Zentraler Gegenstand der anvisierten Praxis ist der aufgeklärte und kritische Gebrauch von Bildern, wobei Bilder einer medialen Umwelt gleichrangig mit ausgewiesenen Kunstwerken behandelt werden. Dieser Unterricht versteht sich als Beitrag zur visuellen Alphabetisierung.

(2) *Künstlerische Bildung:* Zeitgleich und inhaltlich in Opposition hierzu etablierte sich eine Bewegung einer „künstlerischen Kunstpädagogik" (vgl. Buschkühle 2003). Künstlerische Bildung sieht sich in kritischer Opposition zur „ästhetischen Rationalität" und zu einer schulpädagogisch zugerichteten Welt, die lehrplankonformes Wissen zu operationalisieren weiß, um es als Lerninhalt abzuprüfen (siehe Vanessa-Isabelle Reinwand „Künstlerische Bildung – Ästhetische Bildung – Kulturelle Bildung" in diesem Band). Zu erwähnen sind in diesem Kontext biografiezentrierte Modelle, die unterschiedliche Formen des künstlerischen forschenden Lernens erproben und explizit an künstlerische Strategien anknüpfen (vgl. Kämpf-Jansen 2004; Brenne 2004; Heil 2006; Sabisch 2007; Busse 2007).

Schulstufenbezogene Kunstpädagogik

Pädagogik der frühen Kindheit / Kindertagesstätten und Betreuungseinrichtungen:
In der Pädagogik der frühen Kindheit hat die Kunstpädagogik eine integrierende Funktion – allerdings nicht als explizites Fach, sondern in Form einer interdisziplinär ausgerichteten ästhetischen Bildung. Damit ist weniger eine explizite Kunstvermittlung gemeint, sondern eine fokussiert sinnlich-emotionale Auseinandersetzung mit lebensweltlichen Phänomenen (vgl. Beck-Neckermann u.a. 2008). Kunstwerke werden in diesen Zusammenhängen selten thematisiert. Stattdessen spielen alle Dimensionen ästhetischen Handelns eine zentrale Rolle und werden in fächerverbindenden Projekten entwickelt (vgl. Schäfer 2001). Der experimentelle, handlungsorientierte Umgang mit Material steht dabei im Fordergrund (Kneten, Zeichnen, Malen, Bauen). Von besonderer Bedeutung ist das „wilde" Basteln/

Bricollage, bei dem Kinder spontane Materialexperimente situativ und narrativ ausdeuten (vgl. Kolhoff-Kahl 2007).

Dennoch ist in vielen frühpädagogischen Konzepten der Bereich Kunstpädagogik/ Ästhetische Bildung ein blinder Fleck. In vielen Kindertagesstätten wird meist nach Anleitung und unter Mithilfe von Eltern und ErzieherInnen nach Bauplan „gebastelt". Die künstlerisch ausgerichtete Waldorfpädagogik bietet dagegen vielfältige Betätigungsfelder – dennoch bauen diese Angebote auf der Steinerschen Lehre auf, und eine pädagogisch tragfähige Begründung wird ausgespart. Eine explizite Ausnahme stellt hier die Reggio-Pädagogik dar, in der eine umfangreiche gestalterische Praxis mit Formen der ästhetischen Forschung verknüpft wird (vgl. Ullrich/Brockschnieder 2001).

Grundschule:
Die Grundschule greift frühkindliche Bildungsprozesse auf und entwickelt sie weiter. Bildnerisches Verhalten, szenisches Spiel und Musik werden zunächst nicht fachbezogen thematisiert, sondern sind Medium einer kindbezogenen Auseinandersetzung mit Welt. Neben dieser fächerübergreifenden Praxis gibt es einen in der Stundentafel verankerten Kunstunterricht, in dem zumeist eine fertigkeits- oder produktorientierte Praxis dominiert. Gestaltungsanlässe sind zumeist Brauchtumsfeste oder Beiträge zur Schul- und Klassenkultur. Dabei wird oftmals auf einschlägige Publikationen aus dem sogenannten „Kreativbereich" zurückgegriffen. Daneben gibt es aber auch einen seriösen Fachunterricht, der Elementarerfahrungen in unterschiedlichen Gestaltungsbereichen ermöglicht, diese projektorientiert ausbaut und eine dezidierte Kunstbetrachtung anbahnt. Dazu gehört auch eine Auseinandersetzung mit der Alltagskultur und mit medialen Phänomenen.

In der Auseinandersetzung mit Kunst gibt es zwei methodische Herangehensweisen. Zum einen wird der mimetische Nachvollzug von Strukturelementen künstlerischer Arbeitsweisen und deren Einbindung in kindbezogene Themenstellungen propagiert. Gegenstand sind hier zumeist kanonisierte KünstlerInnen der Moderne, die eine bestimmte Nähe zur Ästhetik der Kinder aufweisen (sammeln, collagieren...) (vgl. Kirchner 1999). Dem steht ein Verfahren gegenüber, in dem Kinder assoziativ und unter Rückgriff auf die eigene Erfahrungsgeschichte den Wirkungen von Kunstwerken nachspüren und sie gestalterisch verdichten (vgl. Uhlig 2005).

Neben diesen Formen von Kunstrezeption gibt es auch eine Didaktik, die künstlerische Verfahren in der unmittelbaren Beschäftigung mit lebensweltlichen Phänomenen erprobt (vgl. Urlaß 2005; Brenne 2007).

Sekundarstufe I:
Auch im Übergang zwischen Primar- und Sekundarschule werden bereits erworbene Kompetenzen aufgegriffen. Dennoch kommt es in der adoleszenten Phase zu bedeutsamen Verschiebungen. Der krisenhafte Übergang zwischen später Kindheit und Jugendalter ist eine Phase der Identitätssuche in Hinblick auf das kommende Erwachsenenalter. In diesem Zusammenhang ist die Vermittlung eines Bewusstseins für die prinzipielle Gestaltbarkeit sozialer Systeme ein unverzichtbarer Förderaspekt kunstpädagogischen Lernens in der Sekundarstufe (vgl. Amirsedghi 2007).

Trotz dieser phasenspezifischen Merkmale fällt es schwer, ein einheitliches Profil zu entwickeln. Zu unterschiedlich sind die Lernvoraussetzungen und die schulformspezifischen Unterschiede. Wenn man auf der einen Seite die technisch-handwerkliche Seite des Faches forciert, wird auf der anderen Seite der allgemeinbildende Auftrag stark gemacht, d.h. Lernziele werden auf den weiteren Bildungsgang ausgerichtet (Abitur, Studium, Lehre ...).

Trotz dieser Einlassungen lassen sich folgende schulstufenbezogene Merkmale identifizieren: Thematisch geht es vordringlich um relevante Themen des Jugendalters (die Familie, die Peers, Alltagskultur, Berufsleben, mediale Formationen) (vgl. KUNST+UNTERRICHT/SB 2005). Diese Themenfelder werden experimentell befragt und gestalterisch umgesetzt. Auch Kunst wird herangezogen; allerdings nicht als selbstzweckhafter Gegenstand, sondern als Impuls einer lebensweltlichen Befragung und subjektiven Sinnsuche. Dieses Potential gilt es auszuschöpfen. Insbesondere die Erweiterung alltagskultureller Stilistiken durch Kunst befremdet geläufige Zusammenhänge und öffnet die Tür zu einer erweiterten Weltsicht.

Im Hinblick auf die praktische Arbeit spielen gestalterisch-technische Verfahren eine wichtige Rolle. Dabei geht es nicht allein um eine experimentelle Erprobung von Material, sondern auch um die Entwicklung von spezifischen Fertigkeiten und alltagstauglichen Kompetenzen. Auch die Bezüge zum vormaligen Werkunterricht sind wichtig. Dennoch ist eine Einbindung dieser Praxis in produktive und identitätsstiftende Projekte vonnöten (vgl. Sowa 2005:19). Eine Vermittlung rein technischer Inhalte oder die formale Einweisung in künstlerische Verfahren greift zu kurz und ignoriert die existentiellen Bedürfnisse jugendlicher Menschen.

Sekundarstufe II:

Vorab: In keiner anderen Schulstufe werden die Möglichkeiten kunstpädagogischer Praxis derart durch administrative Vorgaben eingeschränkt wie in der auf die allgemeine Hochschulreife vorbereitenden Oberstufe. Lernziele werden prüfungsorientiert festgelegt, wobei die Inhalte durch bundesweite Vorgaben eingeschränkt werden (vgl. Grünewald 2009a). Schülerorientiertes Arbeiten wird hier insofern erschwert, als dass sich durch den engen Rahmen freie Vermittlungsformen und individuelle Zugänge nur bedingt realisieren lassen.

Folgende Aspekte bestimmen den Unterricht in der Sekundarstufe II: Die spontane Kunstbegegnung wird durch die Anwendung kunstgeschichtlicher Auslegungsverfahren erweitert und systematisiert. Dabei geht es um epochales Wissen, das in Hinblick auf vielfältige Zeugnisse einer visuellen Kultur entwickelt wird. So finden Architektur, Design, Film, Internet und die ganze Breite der Alltagskultur ebenso Beachtung wie geistesgeschichtliche Bezugsfelder. Die in diesem Zusammenhang durchgeführte Gestaltungspraxis soll der Vertiefung der kunstgeschichtlich erarbeiteten Inhalte dienen. Es handelt sich aber zumeist um mimetische Vollzüge der behandelten Epoche.

Nichtsdestoweniger bietet auch die kunstpädagogische Praxis der Oberstufe Chancen, sich substanziell zu erproben (vgl. Kirschenmann/Grünberg 1997:49). Das gilt für die Auseinandersetzung mit Gegenwartskunst und ihren adäquaten Strategien. Auch historische Kunst kann bedeutsam werden, wenn man ihr Befremdungspotential aufrechterhält und eine produktive Bewältigung evoziert. Damit ist aber nicht die penible Rekonstruktion historischer Kunst gemeint, sondern die Transformation und Aktualisierung einer spezifischen Formensprache in die juvenile Lebenswelt. Dies beinhaltet auch den Zugriff auf unterschiedlichste mediale Formen (vgl. Brög u.a. 1988).

Sonderschule:

Sonderschulen haben ein jeweils unterschiedliches Profil. Gemeinsam ist der besondere Förderbedarf der Adressaten, wodurch sich spezifische Lehr-, Lern- und Förderschwerpunkte ergeben. Nach Barbara Wichelhaus sollten Entwicklungsverzögerungen, intellektuelle, physische und psychische Beeinträchtigungen Beachtung finden (vgl. Wichelhaus 2004:5). In welcher Weise kunstpädagogisches Arbeiten auf diese Merkmale eingehen und welche Ziele angestrebt werden sollten, ist in der Fachliteratur durchaus umstritten (vgl. Hubert 2004;

Ripper 2011). Grundsätzlich geht man aber davon aus, dass im Bereich des bildnerischen Gestaltens ein besonderes Förderpotential steckt. Hier kann man jenseits von Sprache individuelle Sichtweisen und Haltungen klären und kommunizieren. Hinzu kommen Elementarerfahrungen mit unterschiedlichen Materialien und in unterschiedlichen Medien. Diese sinnstiftenden Maßnahmen unterstützen Selbstbildungsprozesse und vermitteln das Gefühl von Wirksamkeit. Ein weiterer didaktischer Aspekt ist die Teilhabe am kulturellen Feld (vgl. Theunissen 2004).

Bezogen auf die administrativen Vorgaben haben Sonderschulen einen hohen Gestaltungsspielraum. Die ausgewählten kunstpädagogischen Inhalte konzentrieren sich nicht auf die Vermittlung kanonisierten Wissens, sondern fokussieren auf den Bereich der ästhetischen Erfahrungsbildung in seiner ganzen Breite. Diversität artikuliert sich hier nicht als Problem, sondern als Chance!

Fazit

Das heutige Schulsystem ist im Hinblick auf Chancengleichheit in hohem Maße reformbedürftig (vgl. Fereidooni 2010). Das berührt auch die schulische Kunstpädagogik. Eine partizipatorisch ausgerichtete Schulkultur muss den „Ausgeschlossenen" Zugang zur etablierten Kunst und Kultur ermöglichen. Nicht im Sinne einer „Anpassungsleistung kulturfremder Abweichler", sondern als akzeptierender und kooperativer Ausgleich zwischen divergenten Positionen und kulturellen Manifestationen. Hier bietet die Auseinandersetzung mit Kunst Chancen; das prinzipiell Fremde evoziert eine prinzipielle Ethik der Offenheit (vgl. Welsch 1994:4). Des Weiteren lassen sich durch ästhetisch-künstlerische Praxis individuelle Kompetenzen jenseits schulischer Bezugsnormen nachhaltig fördern. Gerade für SchülerInnen mit geringen literalen Kenntnissen sind derartige Qualifikationsmöglichkeiten wichtig und wirken sich positiv auf weitere Lernerfolge aus.

Die heutige Bildungslandschaft braucht die Kunstpädagogik mehr denn je. „Durch Menschen bewegen sich Ideen fort, während sie in Kunstwerken erstarren und schließlich zurückbleiben" (Beuys 1988:2).

Zum Weiterlesen

Brenne, Andreas (2007): „Künstlerische Feldforschung" – ästhetisch forschende Zugänge zur Lebenswelt. Schrödel Kunst Portal.

Grünewald, Dietrich (Hrsg.) (2009): Kunst entdecken – Oberstufe. München: Cornelsen.

Kirchner, Constanze (1999): Kinder und Kunst der Gegenwart. Seelze: Kallmeyer.

Uhlig, Bettina (2005): Kunstrezeption in der Grundschule: Zu einer grundschulspezifischen Rezeptionsmethodik. München: kopaed.

Leonie Baumann
Kunstvereine: Kunstvermittlung dezentral und experimentell

Zeitgenössische bildende Kunst als Impulsgeberin für Kulturelle Bildung

In Deutschland existieren über 300 Kunstvereine (vgl. Website ADKV). Die ersten wurden bereits Ende des 18. Jh.s gegründet, um einer breiteren Schicht von BürgerInnen die Teilhabe an Kunst zu ermöglichen. Bis heute hat sich an diesem erklärten Ziel auch bei Neugründungen nichts geändert. In Städten und Regionen engagieren sich Tausende von Menschen in Kunstvereinen, die in ihren Strukturen, Arbeitsbedingungen und Programmen so heterogen sind wie die Kontexte, in denen sie existieren. Seit über 200 Jahren werden in den Satzungen die Grundsätze formuliert, mit denen eine Qualifizierung durch die Auseinandersetzung mit Kunst beschrieben, ihre Vermittlung und die Heranführung an neue künstlerische Positionen angestrebt wird. Integraler Bestandteil der Programms sind daher neben den Ausstellungen immer auch die internen und öffentlich geführten Diskussionen mit Mitgliedern und BesucherInnen gewesen. Bis heute gewährleistet diese spezielle Vereinskonstruktion eine aktive und dadurch lebendige Form des Bürgerengagements und der Vermittlungsarbeit, die sich einzig und allein dem Förderungsgedanken zeitgenössischer Kunst verschrieben hat.

Künstlerische Strategien in der Kunstvermittlung

Seit Ende der 1990er Jahren wurde in deutschen Kunstvereinen zusätzlich zu den Angeboten an Veranstaltungen und Führungen über neue Formen einer Kunstvermittlung nachgedacht (siehe Kathrin Herbold/Johannes Kirschenmann „Bild- und Kunstvermittlung" in diesem Band). Anlass boten nicht nur die Impulse aus der sich verstärkenden Diskussion zur Kulturellen Bildung, sondern auch andere Beobachtungen und Erfahrungen. So hat z.B. der demografische Wandel Auswirkungen auf die Mitgliederstruktur der Vereine: junge Menschen organisieren sich auffallend weniger, wodurch Kunstvereine mit existenziellen Zukunftsfragen konfrontiert werden (siehe Karl Ermert „Demografischer Wandel und Kulturelle Bildung in Deutschland" in diesem Band). Die Ansprache neuer interessierter, vor allem jüngerer BesucherInnen stellte gleichzeitig die bisherige Arbeit mit ihren Angeboten in Frage, denn nur eine Veränderung versprach neue Beachtung. Die sich daraus ergebenden neuen Herausforderungen an Programme und deren Vermittlung ging einher mit veränderten Arbeitsweisen und Strategien von KünstlerInnen, die selber auch die Initiative für eine qualitative Veränderung von Vermittlungskonzepten ergriffen.

Die theoretische und inhaltliche Diskussion in den Kunstvereinen in dem Bestreben, sich neu zu öffnen, ist geprägt von der Suche nach einer gleichberechtigten Begegnung zwischen KünstlerInnen, VermittlerInnen, Beteiligten und BesucherInnen. Die Annäherung an zeitgenössische Kunst soll nicht von vermeintlich „wichtigem" Vor-Wissen geprägt werden, sondern alle subjektiven Meinungen und Sichtweisen zulassen, da die Existenz allgemein gültiger Bewertungskriterien in der Gegenwartskunst angezweifelt wird. Statt einer einseitigen Informationsvermittlung werden Verhandlungs- und Kommunikationsräume geschaffen, in denen eine nicht hierarchische Begegnung auf Augenhöhe stattfinden kann. Die Auseinandersetzung mit zeitgenössischer Kunst entzieht sich auf diese Weise jeder genormten und vorhersehbaren Planung.

Erste Praxisbeispiele

Auf der Grundlage dieser Prämissen entwickelte sich eine methodische Vielfalt, wie sie eben künstlerischen und kulturellen Prozessen eigen ist. Als eine der ersten initiierte die KünstlerInnengruppe *Kunstcoop©* in der *Neuen Gesellschaft für Bildende Kunst (NGBK)* in Berlin von 1999 bis 2002 begleitend und ergänzend zum Ausstellungsprogramm erste exemplarische Projekte (NGBK 2002) einer künstlerischen Kunstvermittlung. In der Folgezeit wurde das Thema vor allem vom kulturpolitischen Dachverband, der *Arbeitsgemeinschaft Deutscher Kunstvereine (ADKV)*, im Rahmen mehrerer Tagungen behandelt mit dem Ziel einer Qualifizierung der AkteurInnen in den Kunstvereinen und ihrer Aktions- sowie Vermittlungsformen. Hervorzuheben sind hier die erste Tagung „Kunstvermittlung" 2002 in Kassel (ADKV 2002) und die folgenden in Kooperation mit der *Bundesakademie für kulturelle Bildung* in Wolfenbüttel (Baumann/Baumann 2006/2009).

Auswirkungen hatte die inhaltliche Diskussion in den Kunstvereinen auf die Kulturpolitik und -förderung in einigen Bundesländern. 2008 startete das *Ministerium für Wissenschaft und Kultur* in Niedersachsen ein Modellprojekt „Vermittlung an niedersächsischen Kunstvereinen", das seither in einem jurierten Bewerbungsverfahren Kunstvereinen eine finanzielle Unterstützung, insbesondere für Personalmittel, gewährt. Mit Unterstützung der Landesregierung in NRW konnte die *ADKV* 2008 und 2009 das Modellvorhaben „COLLABORATION.Vermittlung. Kunst.Verein" realisieren (ADKV 2010). Auf der Grundlage eines Bewerbungsverfahren realisierten sieben Kunstvereine in NRW mit finanzieller Unterstützung aus Landesmitteln exemplarische Vermittlungsvorhaben. Seit 2008 vergibt die *NGBK* in Berlin ein Stipendium für Kunstvermittlung und fördert so explizit eine unabhängige und experimentelle Praxis von KünstlerInnen, die sich in der Vermittlungsarbeit qualifizieren können. Weitere Impulse, die insbesondere von ProtagonistInnen der Kunstvermittlungs-Diskurse ausgingen, fanden Eingang in die Vorbereitung und Durchführung von Großausstellungen wie „skulptur projekte münster 07" und die *Documenta*-Ausstellungen 2002 und 2007. Die Ansätze der Vermittlungskonzepte an vielen großen und kleinen Museen haben sich gewandelt und Förderprogramme wie der *Projektfonds Kulturelle Bildung* in Berlin zeigen in ihren Richtlinien auf, dass der künstlerischen Innovation in den Anträgen ein hoher Stellenwert eingeräumt wird.

Kunst verhandeln statt vermitteln

Entstanden sind in den letzten zehn Jahren zahlreiche Projekte, die gezeigt haben, dass in den unterschiedlichsten Kontexten durch künstlerische Ideen Begegnungen, Heranführungen und Beteiligungsformen entstehen können, die ungewöhnliche Prozesse anstoßen und in der Lage sind, Menschen einzubeziehen, um sie zu unvorhersehbarem Engagement zu aktivieren (ADKV 2004). Eine umfangreiche begleitende interviewbasierte Evaluation des ersten Kunstvermittlungsstipendiums der *NGBK* von 2008-2010 konnte belegen, dass die Steigerung des Selbstwertgefühls, die positiven Auswirkungen auf das Engagement in Schulzusammenhängen, die Erweiterung der Aktionsradien der Beteiligten direkte Folgen aus der Zusammenarbeit mit dem Künstler/Stipendiaten waren (NGBK 2010). Vergleichbare

Berichte und Ergebnisse, wenn auch nicht in der gleichen umfassenden Erhebungsmethodik, sind aus vielen der Projekte bekannt.

Die Situation für die Kunstvereine ist jedoch alles andere als gesichert. Trotz ihrer Pionierarbeit in der Förderung und Vermittlung zeitgenössischer Kunst, aus der sich Impulse für viele andere gesellschaftliche Bereiche entwickelten, werden öffentliche Förderungen gekürzt, erfolgreiche Modellversuche wie in NRW nicht fortgesetzt und der gesellschaftliche Wert der Arbeit nicht gewürdigt. Nur auf ihre eigenen Mittel beschränkt, werden sie zwar die begonnenen Fährten weiterverfolgen, aber in weit begrenzterem Maße, als es mit Unterstützung vorstellbar wäre.

Zum Weiterlesen

Arbeitsgemeinschaft Deutscher Kunstvereine (ADKV): http://www.kunstvereine.de

ADKV (Hrsg.) (2010): COLLABORATION. Vermittlung. Kunst. Verein. Ein Modellprojekt zur zeitgemäßen Kunstvermittlung an Kunstvereinen in Nordrhein-Westfalen. 2008-2009. Köln: Salon.

Baumann, Sabine/Baumann, Leonie (Hrsg.) (2009): Kunstvermittlung zwischen Konformität und Widerständigkeit. Wolfenbütteler Akademie-Texte Band 39.

Neue Gesellschaft für Bildende Kunst (NGBK) (Hrsg.) (2002): Kunstcoop. Künstlerinnen machen Kunstvermittlung. Berlin: NGBK.

Barbara Shatry/Ernst Wagner
Architektur und Design

Thema und Begriffe

Architektur und Design sind Sparten der sogenannten „angewandten Künste". Sie sind hier in einem Artikel zusammengefasst, da beide die von Menschen gestaltete Umwelt zentral betreffen: von der Einbettung der Autobahn in die Landschaft bis zum I-Phone, von der Zimmereinrichtung bis zur Mode. Menschen formen ihre Umgebung dabei nicht nur nach funktionalen sondern ganz wesentlich auch nach ästhetischen Gesichtspunkten und nach Bedeutungsaspekten. Sie schaffen Zeichen.

Architektur zieht eine Grenze zwischen außen und innen, durch die architektonische Hülle entsteht ein geschützter Raum für den Menschen. Menschen sind heute die meiste Zeit von Architektur umgeben, die einen enormen Einfluss auf ihr Empfinden, ihre Wahrnehmung und ihr Weltverständnis hat. Die Qualität des gestalteten Lebensumfeldes hat dabei eine nicht zu unterschätzende gesellschaftspolitische Dimension, von der Organisation der Stadträume bis zum Corporate Design, vom Markencharakter bis zur Formierung von Menschenströmen. Design wiederum ist ein Sammelbegriff für alle bewusst gestalteten Eigenschaften eines realen oder virtuellen Objektes, einer Dienstleistung oder Marke. Die heutige ökonomische und bedeutungsstiftende Aufwertung des Produktdesigns hat die vergleichsweise bescheidenen Dimensionen des traditionellen Handwerks längst verlassen. Für Life-Style, für die Ästhetisierung des Alltags, für das Design unserer Lebenswelt stehen längst große, gut ausgestattete Think- und Design-Tanks zur Verfügung, die als Trendscouts die Erwartungen, Stimmungen und Werte der KonsumentInnen antizipieren (vgl. Welsch 1993:7ff.).

Und auch Bildung wird dann zu Kultureller Bildung, wenn sie diese Gestaltung, diese ästhetische Formung der eigenen Umgebung (von der Schminke über die Kleidung und Einrichtung bis hin zur Landschaftsarchitektur) produktiv wie rezeptiv thematisiert.

Historische Dimension

Formale Bildungskonzepte und Schulfächer haben die Gegenstandsbereiche Architektur und Design sehr spät als bedeutende entdeckt. Bis zur „Visuellen Kommunikation" innerhalb der Kunstpädagogik in den 1970er Jahren, die zumindest das Mediendesign in den Blick nahm, war ein pädagogischer und gesellschaftsbildender Anspruch, wenn überhaupt, in den Künsten selbst aufgehoben. Dabei waren offensichtlich vor allem jene künstlerischen Positionen besonders gut geeignet, die einen ganzheitlichen, kunstspartenübergreifenden und lebensorientierten Gestaltungswillen als Anliegen hatten. Dazu zählen etwa die Arts-and-Crafts-Bewegung, der Jugendstil, die Reformbewegung um 1900, der Werkbund, das Bauhaus, die *Ulmer Hochschule für Gestaltung* oder die Pop-Künste in den 1960ern. All diesen war die Trennung von Kunst und Leben zum Problem geworden, eine Trennung, an der die ProtagonistInnen als Zerrissene litten. Wobei sie Kunst als moderne, ernst zu nehmende

Kunst mit Wahrheitsanspruch und Leben als zeitgenössisches Leben im kapitalistischen Kontext verstanden. Beim Versuch der Überwindung dieser Kluft entwickelten sie Ansätze, die der Kunst – zunächst meist noch als Kunsthandwerk verstanden – eine neue Aufgabe gab: die künstlerische Durchdringung und Gestaltung des alltäglichen zeitgenössischen Lebens. Ein solches Konzept musste dabei natürlich immer den „Abnehmer" mitdenken. Kunst wurde so (auch) zur Bildung. Das Spektrum der Ansätze war dabei naturgemäß sehr breit: von individualistischen bis zu gesamtgesellschaftlichen Lösungen, von konservierenden bis zu zukunftsorientierten Konzepten, von der Geschmacksbildung für „Ungebildete" bis zur Organisation von alltäglichen Arbeitsprozessen.

Ein wunderbares Beispiel ist die Kolonie „Monte Verità" im Tessin, die Anziehungspunkt für LebensreformerInnen aller Art auf der Suche nach neuen Lebens- und Kunstkonzepten war: VegetarierInnen, AnarchistInnen, Textil- und AlkoholabstinenzlerInnen ebenso wie TänzerInnen, TheosophInnen, OkkultistInnen, SpiritistInnen, SexualreformerInnen, KünstlerInnen und LebenskünstlerInnen. Hermann Hesse oder Max Weber hielten sich ebenso dort auf wie Rudolf Steiner oder Erich Mühsam. Gestaltung war dabei immer auch Bildung des Menschen, Bildung seines Geistes wie seines Körpers, seiner Sexualität wie seiner Kunst, seiner Gebäude wie seiner Objekte.

Zwanzig Jahre später entdeckte das Bauhaus eine zuvor nicht gesehene soziale Verpflichtung von Gestaltung. Die ernüchternde Erfahrung des Ersten Weltkriegs hatte zu einer intensiven Reflexion der Rolle von Kunst, Bildung und Gestaltung in der sich nun immer stärker durchsetzenden Industriegesellschaft geführt. Im Zentrum des Bauhauses stand die Gestaltung einer modernen Alltagswelt, die ein menschenwürdiges Leben für alle zum Ziel hatte. Die GestalterInnen beschäftigten sich mit Arbeitsabläufen in der Küche oder in Fabriken ebenso wie mit neuesten Materialien im Design oder Fragen der Preisgestaltung. Dass die Menschen, die diese Räume und Objekte nutzen sollten, erst herangezogen, herangebildet werden mussten, stand auf einem anderen Blatt.

Dass Architektur und Design Gegenstände schulischer Bildung wurden, ist wesentlich der Relativierung und Ausweitung des Bildungskanons Ende der 1960er Jahre zu verdanken. In Folge der Popart wie der Studentenunruhen kritisierten junge KunstpädagogInnen den bestehenden Kunstunterricht als wirklichkeitsfremd und ideologisch. Sie forderten eine zeitgenössische Orientierung, d.h. die Beschäftigung mit Werbung, Comics sowie den Massenmedien. Unter der Bezeichnung „Visuelle Kommunikation" wurde so die Bildende Kunst als Leitfigur entthront. Die SchülerInnen sollten nun vor allem die Alltagsästhetik als visuell gestaltete Kommunikation untersuchen und sie auch herstellen. Die heutige kunstpädagogische Orientierung an einem breiten „Bild"-Begriff, der selbstverständlich Architektur und Design umfasst (KMK 2005:4), fußt auf diesem Ansatz.

Aktuelle Situation – Stand der Praxis

Für Architektur- und Designbildung gibt es viele „Anbieter". Viele Schularten haben in den Lehrplänen der Bundesländer entsprechende Themenstellungen verankert, etwa im Kunst-, Geografie-, Sozialkunde-, Deutsch- oder Wirtschaftsunterricht. Bemühungen, ein eigenes Fach zu etablieren, waren und sind jedoch zum Scheitern verurteilt. Designzentren und ArchitektInnenkammern bieten – vor allem in Zusammenarbeit mit kommunalen oder Landes-Bildungsadministrationen – verstärkt Fortbildungen für Lehrkräfte an, da es für diese so gut wie keine Qualifizierung im Rahmen der Ausbildung gibt. Auf regionaler und örtlicher Ebene hat sich mittlerweile eine vielfältige Szene privater Initiativen von ArchitektInnen und

VermittlerInnen gebildet, die entsprechende Angebote entwickeln. Als Standard setzender Akteur im Feld muss die *Wüstenrot-Stiftung* genannt werden, die nicht nur entsprechende, die Praxis unterstützende Publikationen anbietet, sondern auch mit einer Stiftungsprofessur für Architekturkommunikation am *Karlsruher Institut für Technologie* zukunftsorientierte, wegweisende Schritte unternimmt. All diese Bemühungen sind noch jung, Architektur und Design sind als wichtige, zentrale, ja zukunftssteuernde Themen immer noch zu wenig in den Köpfen angekommen, wie öffentliche Debatten und gestalterische Praxen zeigen. Ob sich diese Themen in der zunehmenden Diversifizierung von Bildungsinhalten als zwei unter vielen behaupten können, bzw. – etwa unter dem Schlagwort „Nachhaltige Entwicklung" – den ihnen gebührenden Rang bekommen werden, werden die nächsten Jahre erweisen.

Stand der Konzeptentwicklung

Aktuelle Konzepte gehen davon aus, dass es nicht nur ein Grundbedürfnis, sondern auch ein Grundrecht des Menschen ist, den individuellen und gemeinschaftlichen Lebensraum produktiv mitzugestalten, da seine eigenen sozialen Befindlichkeiten, aber auch seine individuellen Entwicklungsmöglichkeiten stark an diese „Objekte" und „Räume" gebunden sind, die ihn und sein Verhalten prägen.

Deshalb müssen Kinder, Jugendliche und Erwachsene nicht nur Kenntnisse über Design und Architektur besitzen, sie müssen, um an aktuelle Kompetenzdiskussionen anzuschließen, darüber hinaus Fähigkeiten und Fertigkeiten besitzen, ihre Wahrnehmung für Objekte und Raumkörper sowie deren Qualitäten immer wieder zu schärfen, urteilsfähig zu werden, um so – auf der Ebene von Haltung – einen respektvollen Umgang mit der gestalteten Umwelt zu entwickeln, sowie gestalterisch Verantwortung zu übernehmen. Das heißt, dass es nicht nur um die „Vermittlung" von Design und Architektur (verstanden als Rezeption von Architektur und als Zugewinn an Wissen), sondern immer auch um Gestaltung (Produktion) geht. Dabei endet der Gestaltungsprozess nicht in einer spielerischen Entwurfspraxis, nicht bei Skizzen und Modellen, sondern bei der konkreten Intervention in die Umwelt, wenn Ideen und Entwürfe in reale Design- und Bauprojekte einfließen und wenigstens zum Teil realisiert werden. Hier kann es auch um die temporäre Umsetzung von Konzepten, um „Umwidmungen" bzw. intervenierende Nutzungen im öffentlichen Raum gehen (siehe Marion Thuswald „Urbanes Lernen – Kulturelle Bildung in städtischen öffentlichen Räumen" in diesem Band).

Authentizität in diesem Sinne bedeutet auch die Rückkopplung an konkrete Gestaltungs- und Bauaufgaben, die Notwendigkeit der Abstimmung und Konsensbildung, die Kooperation und Beratung durch professionelle ExpertInnen (z.B. Kommunikations- und IndustriedesignerInnen, ArchitektInnen, Stadt- und LandschaftsplanerInnen). Auf diese Weise wird Schule wie außerschulische Projektarbeit als geschützter „Raum", in dem normalerweise rein modellhaft gearbeitet wird, aufgebrochen.

Ausblick: Künftige Aufgabenfelder und Herausforderungen

Die Komplexität wie die Relevanz der Gegenstände Architektur und Design machen deutlich, dass Kulturelle Bildung nur dann adäquat agieren kann, wenn sie sich zugleich als politische Bildung und als Bildung für nachhaltige Entwicklung (BNE) versteht, sie hat also notwendigerweise inter-, ja transdisziplinären und immer auch politischen Charakter. Die dialektische Grundfigur ist dabei relativ einfach: Menschen bilden die Umwelt. Und: Umwelt bildet die Menschen. Versteht man Architektur und Design in diesem Sinne als Kommunikation, muss

Kulturelle Bildung also auch immer sowohl rezeptive wie produktive Ansätze (in gegenseitiger Durchdringung) verfolgen.

Und die TeilnehmerInnen an Bildungsprozessen müssen Wissen generieren, Fertigkeiten und Fähigkeiten ausbilden und Werthaltungen entwickeln (kompetenzorientierter Ansatz), ein Leben lang und in allen Bildungskontexten, informellen, formalen wie nonformalen. Eine besondere Herausforderung spielt dabei eine grundsätzliche Rolle: Im Begriff der Design- oder Architekturvermittlung, der heute vorrangig gebraucht wird, kommt ein wichtiger Aspekt zu kurz, der in der unmittelbaren Bedeutung dieser Bereiche für den Menschen begründet ist. Vermittlung ist immer Vermittlung von etwas, wobei das „etwas" zunächst meist als gegeben und statisch gesetzt erscheint. Dem widerspricht jedoch der produktiv-praktische Ansatz Kultureller Bildung ebenso wie die gesellschaftliche Dimension des Gegenstands. Kulturelle Bildung in den Bereichen Architektur und Design ist immer auch Befähigung zur Teilhabe, durchaus in dem Sinne wie dieser Begriff von der *OECD* definiert wird. Und das dürfte auch die wichtigste Herausforderung für Theorie und Praxis sein. Noch gibt es zu wenig überzeugende Modelle, wie Partizipation gelingt (siehe Larissa von Schwanenflügel/Andreas Walther „Partizipation und Teilhabe" in diesem Band). Noch gibt es zu wenig Theorien über Voraussetzungen, Strukturen, Prozesse und Ergebnisse von Partizipation. Noch gibt es kaum ModeratorInnen, die diese Partizipationsprozesse steuern können.

In Anlehnung an die Empfehlungen zur Kooperation von Schulen und Museen (dmb 2012:64) könnte man dennoch – im Hinblick auf die Schule – formulieren, dass jeder Schüler, der die Schule verlässt, mindestens einmal in seiner Schulzeit an einem Vorhaben beteiligt gewesen sein muss, das solche Partizipation bei der Gestaltung von Architektur und Design erfahrbar macht.

Zum Weiterlesen

Gaus-Hegner, Elisabeth/Hellmüller, Andreas/Wagner, Ernst/Weber-Ebnet, Jan (2009): Raum erfahren – Raum gestalten: Architektur mit Kindern und Jugendlichen. Oberhausen: Athena.

Kultusministerkonferenz (2005): Beschlüsse der Kultusministerkonferenz, Einheitliche Prüfungsanforderungen in der Abiturprüfung Bildende Kunst: http://www.kmk.org/fileadmin/veroeffentlichungen_beschluesse/1989/1989_12_01-EPA-Kunst.pdf (Letzter Zugriff am 12.08.12).

Katharina Matzig
Architektur und Vermittlung

Es ist nur ein Kinderspiel, und doch steckt – wie bei jedem guten Spiel – mehr dahinter als nur ein kurzweiliger Zeitvertreib während einer nicht enden wollenden Autofahrt: „Ich sehe was, was Du nicht siehst" heißt das Fragespiel. Wer dabei gewinnen will, muss hinsehen und wahrnehmen. Und auch wenn es vom Wahrnehmen noch weit ist bis zum Erkennen und Wissen: Der erste Schritt ist mit dem genauen Hinschauen getan. Ganz spielerisch also kommt man dem Goetheschen Satz: „Man sieht nur, was man weiß" mit dem Spiel „Ich sehe was, was du nicht siehst", nahe.

Architektur kann das Leben verändern

Dass man der Architektur nicht auskommt, wusste bereits der 1933 verstorbene Architekt und Architekturtheoretiker Adolf Loos. Denn man kann die Architektur nun einmal nicht weglegen wie ein Buch oder ausschalten wie einen Film. „Literatur und Schreiben", so der Essayist und Autor des Buchs „Glück und Architektur" Alain de Botton in einem Interview, das am 29./30.1.2011 in der *Süddeutschen Zeitung* zu lesen war, „kann ganz viele Menschen ein kleines bisschen verändern, aber Architektur kann das Leben ganz elementar verändern". Es müsste daher selbstverständlich sein, sich mit der Architektur intensiv und so früh wie möglich zu beschäftigen. Sie also zu sehen und wahrzunehmen als das, was sie ist: Unsere gestaltete Umwelt, die Einfluss hat auf unser Leben, auf Wohnen, Arbeiten, Einkaufen, Freizeit und die Möglichkeiten, dieses miteinander zu verbinden. Die aber auch und vor allem unser Wohlbefinden positiv oder negativ beeinflusst.

Doch die Architektur ist kein Thema, nicht in den Kindergärten, nicht in den Schulen. Auch wenn der Journalist Michael Mönninger vor einigen Jahren in der *Frankfurter Allgemeinen Zeitung* von der Architektur als Leitkultur unserer Zeit sprach: Im Alltag, jenseits von dem weltweit und medial omnipräsenten architektonischen Spektakel ambitionierter Prada-Filialen, Formel-eins-Rennstrecken oder den weltweit höchsten Häusern ist diese Botschaft nie angekommen. Der Schulalltag macht hier keine Ausnahme.

Material zur Architekturvermittlung

Dabei gibt es inzwischen anregende Schulbücher zum Thema Architektur und preisgekrönte Sachbücher für Kinder und Jugendliche. Es gibt Architektur-Projekte, die teilweise gemeinsam mit den Kultusministerien in Klassen aller Jahrgangsstufen und Schulformen durchgeführt werden.

Als Partner der bayerischen Klima-Allianz hat beispielsweise die *Bayerische Architektenkammer* Unterrichtsmaterialien für einen Projekttag entwickelt, an dem SchülerInnen ihr Schulhaus gemeinsam mit ArchitektInnen energetisch untersuchen. Diese Unterlagen werden kostenlos angeboten und auch das Honorar des Architekten wird dabei von der Kammer getragen. Eine Handreichung für LehrerInnen und ArchitektInnen, die gemeinsam das Projekt „Erlebnis Denkmal" durchführen, das sich vor allem in den dritten Klassen anbietet, wurde 2010 allen bayerischen Grundschulen seitens des *Bayerischen Staatsministeriums für Unterricht und Kultus* zur Verfügung gestellt, auch hier übernimmt die *Bayerische Architektenkammer* die Vergütung der ArchitektInnen, die das Projekt begleiten.

Es gibt zahlreiche ArchitektInnen überall in Deutschland, die an Schulen gehen und dort gemeinsam mit den Lehrkräften arbeiten, ohne dass den Schulen hierfür Kosten entstehen. Und es gibt Lehrerfortbildungen, die den PädagogInnen Wissen und Anregungen für den Unterricht geben. Stetig sind in den letzten Jahren die Anstrengungen – inhaltlich und auch finanziell – der Länderarchitektenkammern gestiegen, das Thema Architektur für Schulen und Kindergärten aufzuarbeiten und an Schulen und Kindergärten zu vermitteln. Doch das ist keine Garantie, dass jedes Kind im Laufe seiner Schulkarriere sich sehenden, erkennenden und wissenden Auges mit Architektur beschäftigt.

Architektur im Lehrplan

Auch an den Lehrplänen liegt das nicht: Schon in der Grundschule, bietet sich eine Auseinandersetzung mit Architektur an – in vielen Fächern und darüber hinaus in allen Jahrgangsstufen und das auch jenseits der nahe liegenden Überschneidungen beim Thema Geometrie oder beim Erlernen von Größen. Der Gewinn ist enorm, wenn man die abstrakten Themenfelder „Raumerfahrung und Raumvorstellung" oder „Flächen- und Körperformen", „Orientierung mit der Karte" oder „Schulhaus und Schulgelände" lebendig, das heißt, an konkreten Beispielen, mit Mitteln der Architektur im wahrsten Sinne des Wortes begreifbar macht.

Es spricht also nichts dagegen, sich mit Kindern und Jugendlichen in Kindergarten und Schule mit der Architektur zu beschäftigen, sondern alles dafür. Denn unsere geplante und gebaute Umwelt geht uns alle an, wir entkommen ihr nicht und – mehr noch – wir müssen Verantwortung für sie übernehmen. Denn nicht für die Schule lernen die Kinder, sondern fürs Leben.

Zum Weiterlesen

Akademie der Architekten- und Stadtplanerkammer Hessen und Bayerische Architektenkammer (Hrsg.) (2012): Wie ein Haus geplant und gebaut wird. Das handlungsorientierte Materialpaket rund um die Baustelle. Buxtehude: Persen.

Bayerisches Staatsministerium für Unterricht und Kultus ISB/Bayerisches Landesamt für Denkmalpflege/Bayerische Architektenkammer (Hrsg.) (2010): Erlebnis Denkmal, Projekte zur Denkmalpflege an bayerischen Schulen. Wolnzach: Kastner.

Dokumentation durchgeführter Unterrichtsprojekte:
www.byak.de/start/architektur/architektur-fur-kinder/unterrichtsprojekte

Dokumentation durchgeführter Unterrichtsprojekte zum Thema Denkmalpflege:
www.byak.de/start/architektur/architektur-fur-kinder/erlebnis-denkmal

Unterrichtsunterlagen zum Thema Klima:
www.byak.de/start/architektur/architektur-fur-kinder/klimadetektive

Eine Zusammenstellung der Aktivitäten der deutschen Länderarchitektenkammern: www.bak.de

Friederike Holländer/Katharina Stahlhoven
Architektur in Kita und Schule

Architektur als Gegenstand Kultureller Bildung für Kinder und Jugendliche

Der Mensch baut. Es ist ihm ein Grundbedürfnis, sich vor Einflüssen der Umwelt und anderen Gefahren durch gebaute Hüllen zu schützen. Von klein auf nimmt er daher Architektur wahr. „Daheim", „zu Hause", „in der Schule", „im Kindergarten", „auf dem Spielplatz" – bereits die Kleinsten verbinden über die Sprache bestimmte Orte mit Architekturen und ihren Funktionen. Der selbstverständliche Umgang mit Architektur und ihre Nutzung führen aber nicht zwangsläufig zu der Auseinandersetzung mit der Beschaffenheit gebauter Umgebung. Kindern und Jugendlichen zu ermöglichen, Qualitäten und Defizite festzustellen, die Umwelt in ihren Strukturen wahrzunehmen und zu sich selbst in Beziehung zu setzen, sind Anliegen der Architekturvermittlung.

Ein Blick in die Vergangenheit

Die Beschäftigung von Kindern mit Architektur lässt sich stichprobenartig an mehreren Beispielen ab Mitte des 18. Jh.s als Experimentierfeld „Höherer Bildung" nachweisen.
> „Ich hatte früh gelernt, mit Zirkel und Lineal umzugehen, indem ich den ganzen Unterricht, den man uns in der Geometrie erteilte, sogleich in das Tätige verwandte [...] Doch blieb ich nicht bei geometrischen Körpern, [...], sondern ersann mir artige Lusthäuser, welche mit Pilastern, Freitreppen und flachen Dächern ausgeschmückt wurden [...]" (von Goethe 1998:47).

Aus den Erinnerungen Karl Friedrich Klödens (1786-1856), der in armen Verhältnissen aufwuchs und später die erste Gewerbeschule in Berlin leitete, geht hervor, dass Zeichen- oder Kunstunterricht in den Elementar- oder Landschulen nicht vorgesehen war. Klöden beschreibt jedoch, wie er sich als Kind bereits mit Architektur und ihren Darstellungsformen beschäftigt: „[...] indem ich die Länge der Straßen nach Schritten maß und so ein ganz erträgliches Bild zustande brachte, nahm die Grundrisse der mir bekannten Häuser auf, zeichnete verjüngte Maßstäbe [...]" (Klöden 1976:184).

Seit etwa 200 Jahren ist die Beschäftigung von Kindern mit Architektur mit der Entwicklung von Baukästen und Bauspielen verknüpft:

Unter dem Stichwort „Kinderspiel" findet sich bereits in der „Oeconomischen Encyklopädie" von Johann Georg Krünitz der Hinweis, dass man Kindern mit „hölzernen Modellen", die die „Haupt- und wesentlichen Stücke" (eines Hauses oder anderen Bauwerks) enthalten, dessen Zusammensetzung beibringen kann, da sie „füglich auseinandergenommen und wieder zusammengesetzt werden". Die Verbindung der Teile geschieht durch „kleine Pflöckchen" (Krünitz 1786: 854).

Nach 1800 werden Bauspiele zu einem wichtigen Bestandteil der Reformpädagogik, die erkannte, dass Spielen „Lernen" bedeutet. Die „Spielgaben" Friedrich Fröbels (1782-1852) sollten das Kind zu einem kreativen Umgang mit stereometrischen Grundformen anregen und zugleich sein Verständnis für deren Eigenschaften von Dimensionen, Räumlichkeit und

Symmetrie wecken. Der amerikanische Architekt Frank Lloyd Wright (1867-1959) erzählt in seinen Memoiren , wie er als Kind mit den Fröbelgaben spielte: „...mehrere Jahre saß ich an dem kleinen Kindergartentisch, über den sich im Abstand von 10 Zentimetern Längs- und Querlinien zogen [...]; dort spielte ich unter anderem auf diesen „Einheitslinien" mit dem Quadrat (Würfel), dem Kreis (Kugel), und dem Dreieck (Tetraeder oder Dreifuss)- es waren glatte Ahornklötze [...] Noch heute fühle ich sie in den Fingern" (Jehle 1984:10).

Auch die Montessori-Pädagogik bedient sich vielfältiger Spiel- und Lernutensilien, wobei vor allem mit der Neugier des Kindes gerechnet wird, sinnliche und intellektuelle Eindrücke auf selbständige Art zu verarbeiten. Maria Montessori (1870-1952) schreibt: „Ich erinnere mich eines Kindes, das die Karte eines Flusses zeichnen wollte [...] Es wählte für seine Arbeit Millimeterpapier, wie es die Ingenieure für ihre Zeichnungen gebrauchen; und mit Hilfe des Kompasses und verschiedener anderer Instrumente führte es sein Vorhaben mit großer Ausdauer aus. Niemand würde ihm eine solche Arbeit aufgetragen haben" (Müller/Schneider 2002:124).

Architektur in der Elementarbildung

Kinder bauen intuitiv und unangeleitet von klein auf Türme oder Höhlen aus Gegenständen des Alltags. „Aufbauen" und „Einstürzen" sind erste Erfahrungen zu Statik und Konstruktion. In der Kita bilden traditionell die auf die ReformpädagogInnen Bezug nehmende Beschäftigung mit Architektur die Schwerpunkte: Bauen mit Bausteinen, Materialerforschung und das Training der räumlichen Orientierung und Wahrnehmung.

Der ganzheitliche Ansatz frühkindlicher Bildung lässt sich gut mit den elementaren Grundlagen architektonischen Handelns und Gestaltens verbinden, wie es Projekte zeigen, die zum Beispiel am Raum_Labor des Bauhaus-Archivs, *Museum für Gestaltung*, Berlin entwickelt und durchgeführt werden:

Ausgehend von Objekten in der Sammlung beschäftigen sich Kinder im Vorschul- und Grundschulalter mit Themen, die zunächst abstrakt erscheinen, die aber an ihre eigenen Erfahrungen und Lebenswelten anknüpfen. Beispiele sind „Kontraststudien", Zeichnungen, Materialcollagen oder Gipsskulpturen, die von BauhausschülerInnen im Zusammenhang mit der Erforschung von „Kontrasten" entworfen wurden. Für Kinder bildet die Betrachtung dieser Objekte im Museum den Ausgangspunkt für eine intensive Beschäftigung mit verschiedenen Themen wie „Maßstab", „Gleichgewicht" oder „Gegensätze". Beispielsweise beim Bauen von „Taststrassen" in verschiedenen Maßstäben setzen sich die Kinder mit unterschiedlichen Wahrnehmungsebenen auseinander: Der visuelle Eindruck wird mit dem haptischen verbunden. Dabei spielt auch die Sprache eine Rolle, wenn unterschiedliche Materialien untersucht, befühlt und beschrieben werden. Die Wahrnehmung der gebauten Umgebung wird geschult, wenn Kinder unterschiedliche Raumsituationen im Gebäude suchen und finden. Begriffe wie „groß und klein", „hell und dunkel", „innen und außen", „warm und kalt", „hoch und tief" etc. werden auf das Gebäude bezogen und dadurch anschaulich gemacht.

Die Kinder beschäftigen sich im Bauhaus_RaumLabor mit grundlegenden Aspekten von Architektur, mit Themen wie der Wirkung von Kontrasten, der Macht einer Linie, den konstruktiven Eigenschaften eines Stabes, dem Unterschied zwischen Gleichgewicht und Symmetrie, dem menschlichen Maßstab.

Architektur im Unterricht

Im Schulunterricht ist die Architektur explizit nur als Teilbereich des Kunstunterrichts in der Sekundarstufe II verankert. In den Rahmen- und Lehrplänen finden sich jedoch für viele Unterrichtsfächer Bezüge zur Architektur und konkrete Hinweise, wie an das Thema Architektur in der Schule ab der ersten Klassenstufe angeknüpft werden kann: Bauen von Türmen oder Brücken, die Beschäftigung mit Plänen und Karten in verschiedenen Maßstäben, die Erforschung der Stadt und die Ermittlung von Flächen und Rauminhalten. Das Thema Architektur bietet aber Inhalte und Vermittlungspotentiale, die Kindern und Jugendlichen darüber hinausreichende Erfahrungen ermöglichen.

Interdisziplinärer Ansatz

Die Bandbreite der Fächer, in denen Architektur in der Schule Unterrichtsbestandteil sein kann – Kunst, Mathematik, Erdkunde, Sachkunde, Geschichte –, spiegelt, wie fächerübergreifend sich das Thema darstellt und wo Architekturvermittlung in der Schule etabliert werden kann. Die Architektur ist ein interdisziplinäres Fach, das sich gleichermaßen mit Gestaltung und mit technischen Problemlösungen oder mathematisch-naturwissenschaftlichen Phänomenen beschäftigt. Darüber hinaus bedeutet die Auseinandersetzung mit der gebauten Umwelt immer ein Nachdenken über gesellschaftsrelevante Themen wie Umwelt, Natur, Klima, Nachhaltigkeit, Wirtschaft. Dies bewusst und anwendbar zu machen, ist ein Anliegen der Architekturvermittlung für Kinder und Jugendliche.

Allen Architekturprojekten mit Kindern liegt die Beschäftigung mit dem Thema „Raum" zu Grunde, ob es um das Erkunden, Erforschen, Analysieren, Wahrnehmen, Erkennen und Gestalten von realen Räumen geht oder das dreidimensionale Entwerfen und Konstruieren im Modell. Die Untersuchung von Raum aus unterschiedlichen Perspektiven und in verschiedenen Dimensionen – Landschaft, Stadt, Straße, Platz, Haus, Zimmer, Tisch, Türklinke – ist das Spielfeld der Architekturvermittlung:

Projekte mit Kindern und Jugendlichen, die im weitesten Sinne der Architektur zugeordnet werden können, sind vom Kindergarten bis zur Oberstufe möglich und bedienen sich eines breiten Spektrums von Themen:
>> gestalterischer Grundelemente wie Linien und Formen,
>> elementarer Gestaltungsgrundsätze wie Komposition, Maßstab, Gleichgewicht,
>> architekturrelevanter Begriffe wie Grenze, Hülle, Innen/Außen,
>> des gestalterischen und konstruktiven Potentials von Materialien,
>> der Visualisierung von architektonischen Ideen,
>> konkreter Entwurfs- und Bauprojekte mit partizipativem Ansatz.

Stellvertretend für andere Beispiele soll hier ein Architekturprojekt mit Kindern am *Bauhaus-Archiv, Museum für Gestaltung* genannt werden, das 2012 im Rahmen einer Workshopreihe zum Thema „Maßstab" mit dem Titel „Zwerge, die auf Riesen stehen..." durchgeführt wurde. Minka Kersten, Architektin, die das Projekt gemeinsam mit den VerfasserInnen leitete, beschreibt ihren Eindruck vom Ablauf des Projekts:

> „An fünf Workshopterminen erarbeiten 120 Schul- und Kindergartenkinder Raumskulpturen im Bauhaus-Archiv, Museum für Gestaltung, Berlin. Der strenge und sonst meist leere Hof des Museums verwandelt sich während dieser Zeit in einen lebendigen Ort der Kommunikation und des kreativen Spiels. Aufgabe ist es, aus Plastikrohren mit einer einfachen Verbindungstechnik

aus Ringen und Kabelbindern räumliche Skulpturen zu schaffen und mit diesen den Hof des Museums zu erobern. Das Material – etwa 1.000 Rohre – wird zuvor von den Kindern gemessen, gesägt und gebohrt. Die linearen Elemente verwandeln sich in kurzer Zeit zu räumlichen Strukturen. Stabile Dreiecke oder aber fragile lange Ketten bilden den Anfang der wilden Konstruktionen. Die Kinder sind während dieses Prozesses selbst überrascht von der Entstehung der Räume. Die Konstruktionen sind zwar zart und können nur mit den Augen erklettert werden, jedoch eignen sie sich hervorragend, um in ihnen neue Räume zu finden und zu erproben. Fast beiläufig eignen sich die Kinder den Museumshof an, ihr Blick wird fokussiert auf architektonische Elemente wie das Geländer der Rampe oder die begrenzende Mauer. Sogar der Lüftungsschacht eignet sich gut, um daran ihre Strukturen – Kletterpflanzen gleich – zu befestigen und hervor wachsen zu lassen. Die Identifikation mit dem eigenen Werk und die selbstbewusste Aneignung des Ortes hat den Workshop nicht nur für die Kinder zu einem besonderen Ergebnis geführt, welches sich räumlich sehr wirkungsvoll mit der Architektur des Museums auseinandersetzt."

Die Auseinandersetzung mit dem gestalterischen Potential des linearen Materials, der Konstruktion, den Verbindungsmöglichkeiten, der Stabilität, und das Eingehen auf die vorgefundenen Bedingungen des „Bauplatzes" standen hier im Zusammenhang mit einer Erforschung des Begriffs „Maßstab". Modellhaft wurde im Maßstab 1:1 ein begehbarer temporärer Raum geschaffen.

Modell

Das Besondere der Vermittlung von Architektur ist das Forschen am Modell gegenüber anderen Kunstsparten wie zum Beispiel Musik, Tanz oder Film (siehe Katharina Matzig „Architektur und Vermittlung" in diesem Band). Entwürfe können und müssen im Allgemeinen nicht im Maßstab 1:1 realisiert werden. Das „echte" Bauwerk auf dem Schulhof oder Kitagelände oder der Umbau eines Gebäudes ist daher meist nicht das erklärte Ziel der Architekturvermittlung. Architektonische Ideen können im Modell, in temporären Raumgebilden und in der Zeichnung visualisiert werden. Entwerfen und Planen erfordern eine Abstraktionsleistung, eine Übertragung vom Großen ins Kleine und umgekehrt. Kinder kennen diesen Maßstabssprung von Spielzeugen als Abbild der Wirklichkeit.

Der Prozess des Entwerfens bedeutet für ArchitektInnen und StudentInnen wie für Kinder und Jugendliche die forschende Auseinandersetzung mit einer gestalterischen Frage, ohne dass ein Ergebnis vorweggenommen wird. Dabei ist in der Architekturlehre und -vermittlung die Beschränkung auf einen Teilaspekt, zum Beispiel die Auseinandersetzung mit einem bestimmten Ort oder das Bauen mit einem bestimmten Material sinnvoll.

Akteure

Die Akteure der Architekturvermittlung kommen aus unterschiedlichen Bereichen und arbeiten mit unterschiedlichen Zielsetzungen. Seit etwa 15 Jahren gibt es Initiativen der Länderarchitektenkammern mit dem Ziel, das Berufsfeld des Architekten und das Verständnis für Bauen und Architektur bei Kindern und Jugendlichen zu fördern. Museen mit einem Schwerpunkt Architektur vermitteln im Bereich der Museumspädagogik Inhalte zu ihren Sammlungen, ArchitektInnen spezialisieren sich auf die Vermittlung von architekturrelevanten Themen für junge Zielgruppen, Städte und Wohnungsbaugesellschaften fördern die Mitbestimmung von Kindern und Jugendlichen bei der Gestaltung von Stadträumen durch Architekturprojekte.

Die Vermittlungsformate reichen von Vorlesungen in der Kinderuni, Stadtspaziergängen, Mitmachführungen im Museum, Themenworkshops bis zu Entwurfs- und Bauprojekten in Kitas und Schulen.

Generell haben die Bestrebungen, Architektur als Thema Kultureller Bildung für Kinder und Jugendliche ins Bewusstsein der Öffentlichkeit zu rücken, in den letzten Jahren kontinuierlich zugenommen. *„get involved – discover and create common ground"* lautete der Titel eines „Internationalen Symposiums zur Architektur- und Baukulturvermittlung für junge Menschen" auf der *Architektur Biennale* 2012 in Venedig: eine Aufforderung, die ernst genommen werden sollte und ein Rahmen, der die Aktualität des Themas belegt. Um das essentielle Thema „Architektur und Baukultur" noch stärker allen Zielgruppen zugänglich zu machen, ist es wünschenswert, dass die Bildungssysteme sich weiter dem Thema öffnen, die Architektur stärker curricular verankert wird und die themenbezogene Aus- und Weiterbildung von VermittlerInnen, LehrerInnen und ErzieherInnen gefördert wird.

Zum Weiterlesen

Dreyer, Andrea (Hrsg.) (2009): Kunst- und Architekturvermittlung im Bauhausjahr 2009. Weimar: Bauhaus Universität Weimar.

Krünitz, Johann Georg (1786): Ökonomisch-technologische Enzyclopädie, Band 37, 1786, 854: http://www.kruenitz.uni-trier.de/ (Letzter Zugriff am 30.08.12).

Müller, Thomas/Schneider, Romana (Hrsg.) (2002): Montessori, Lehrmaterialien 1913-1935, Möbel und Architektur. München: Prestel.

Münchner Kinder- und Jugendforum/Kultur & Spielraum e.V, Ökoprojekt/Mobilspiel e.V. im Auftrag der Kinderbeauftragten der Landeshauptstadt München (Hrsg.) (2000): Auf die Perspektive kommt es an! Münchner Kinder mischen mit. Kinder-Aktions-Handbuch. München: Selbstverlag.

Teil II
Praxisfelder Kultureller Bildung

2.2
Literatur/Sprache

Doris Breitmoser
(Kinder- und Jugend-)Literatur und Kulturelle Bildung

Das Erzählen von Geschichten, das Bewahren und Weitergeben von Erfahrungen sind menschliche Grundbedürfnisse. Es geschieht – seit der Erfindung des Buchdrucks und mit zunehmender Alphabetisierung mit immer größeren Reichweiten – über Schrift, über Bücher, und aktuell verstärkt über neue Medien und das Internet.

Allerdings müssen Texte, egal ob in gedruckter oder digitaler Form, zunächst entschlüsselt werden. Gerade für LeseanfängerInnen ist dies ein recht mühsames Unterfangen. Die Institution, die in erster Linie für die Vermittlung des Lesens und Schreibens zuständig ist, ist die Schule. Wobei das Schreiben – wie Klaus Doderer es formulierte – sozusagen die Kehrseite des Lesens ist. „Beide Tätigkeiten gehören wie das Einatmen und Ausatmen zusammen. Codieren und Decodieren, Chiffrieren und Dechiffrieren sind – wie die Kraft des Festhaltens und die Fähigkeit des Zurückholens – aufeinander angewiesen" (Doderer 1992:206). Lesen und Schreiben spiegeln auch die möglichen Zugänge zur Literatur: den rezeptiven und den produktiven.

Die Begegnung mit Literatur erfolgt für Kinder aber in der Regel schon, bevor sie Lesen und Schreiben erlernen, in den ersten Lebensjahren. Dies kann über Verse, Abzählreime, Kniereiter, über mündliches Erzählen und Zuhören geschehen (siehe Marion Glück-Levi „Hören und Sprechen lernen" in diesem Band). „Damit", so Klaus Doderer, „wird der Mensch heimisch in dem, was unser menschliches Leben ausmacht, nämlich in der Welt der Vorstellungen, der Gedanken, der Bilder und Phantasien. Sie gehört zu uns und haust in unseren Köpfen. Sie ist die andere Wirklichkeit" (Doderer 1992:27).

Der Literaturbegriff kann demnach nicht auf gedruckte Texte reduziert werden. Er umfasst auch das mündliche Erzählen und erfährt in einer multimedialen Kulturlandschaft eine Weitung hin zu Transformationen in andere Medien wie Theater, Film, Fernsehen, Computerspiel oder Internet.

Eine Besonderheit gerade im Bereich der Kinderliteratur ist das Erzählen in Text und Bildern. Der Bilderbuchforscher Jens Thiele stellt fest: „Neben der literarischen Sozialisation im Kindesalter gibt es also auch eine bildnerische Sozialisation [...]. Die bildnerische Sozialisation umfasst zum einen die ästhetischen Gegenstände, mit denen sich das Kind im Laufe seiner Entwicklung auseinander setzt [...]. Zum andern schließt bildnerische Sozialisation die Erfahrungs- und Lernprozesse ein, die das Kind im Umgang mit Bildern durchläuft, also Wahrnehmungsfähigkeit, Gewohnheiten, ästhetische Vorlieben, bestimmte Formen der Verarbeitung von Bildern, Situationen, in denen Bilder bedeutsam sind usw." (Thiele/Steitz-Kallenbach 2003:37).

Historische Dimension

Auch wenn erste Werke für Kinder und Jugendliche bereits im Mittelalter auszumachen sind, so kann man doch die eigentlichen Wurzeln der deutschen Kinder- und Jugendliteratur im Zeitalter der Aufklärung und der Romantik verorten. In diesen durchaus gegenläufigen Strömungen wird bereits deutlich, wie stark Kinder- und Jugendliteratur von der politischen und gesellschaftlichen Entwicklung einer Epoche ebenso wie von kulturellen Leitvorstellungen, vom vorherrschenden Kindheitsbild und der damit verbundenen Pädagogik geprägt ist.

Im letzten Drittel des 18. Jh.s machten sich die Aufklärer das Erzählen als Erziehungsmittel zu Nutze, sodass sich eine auf die Zielgruppe zugeschnittene Kinderliteratur überhaupt erst etablieren konnte (siehe Kristin Wardetzky „Erzählkunst" in diesem Band). Lehrhafte Gattungen wie ABC- und Lesebücher, so genannte Sittenbücher, aber auch Ratgeber und insbesondere Sachbücher sollten der konkreten Wissensvermittlung dienen. Dabei beugte die Literatur sich sozusagen zum Kind herab und versuchte, auf seine speziellen Bedürfnisse und Fähigkeiten Rücksicht zu nehmen. Die Vorstellung vom Kindgemäßen stand im Zentrum.

Die Romantik im frühen 19. Jh. hingegen sah sich in klarer Opposition zur Vernunftpädagogik und zum Nützlichkeitsdenken der Aufklärung. Vorherrschend war die Idee vom „göttlichen Kind", das in seiner Autonomie und Individualität und in enger Verbindung zur Natur wahrgenommen wurde. Kindheit wurde idealisiert und als eine Art paradiesischer Urzustand dargestellt. Die Leseangebote für Kinder lehnten sich – nicht zuletzt vor dem Hintergrund erstarkender nationaler Bestrebungen – an die Volksdichtung an. Ein berühmtes Beispiel hierfür ist die Sammlung der Kinder- und Hausmärchen der Brüder Grimm, die vor 200 Jahren, 1812, erstmals erschien.

Der Kinderliteraturforscher Hans-Heino Ewers sieht in den deutlich gegenläufigen Positionen – der didaktischen und der romantischen – ein Muster, das sich noch in der heutigen Debatte um Kinder- und Jugendliteratur und ihre Funktion spiegelt (vgl. Weinkauff/Glasenapp 2010:45). Tatsächlich ruft auch die moderne Kinder- und Jugendliteratur immer wieder Streitfälle hervor bezüglich der Adressatenangemessenheit und Zumutbarkeit von literarischen Werken. Symptomatisch hierfür ist, dass sich die Fachwelt oft nicht einig ist über die Bewertung von Kinder- und Jugendliteratur und die dazu angelegten Kriterien. Die Akzentsetzungen können je nach Standpunkt höchst unterschiedlich ausfallen. Sie können je nach Sichtweise dem Rezeptionsprozess, pädagogischen Erwägungen, ästhetischen Ansprüchen oder kulturkritischen Ansätzen den Vorrang geben (vgl. Rittelmeyer 2009b:56).

Warum überhaupt lesen?

Lesen und Schreiben, aber auch die Annäherung an einen literarischen Kanon, sind fest in den Schulcurricula verankert. Darüber hinaus gibt es im außerschulischen Bereich vielfältige Projekte und Initiativen, die sich der Leseförderung verschrieben haben. Manche sind vom Bund, von Ländern und Kommunen etabliert oder finanziert. Andere gehen auf private Initiativen zurück und viele wären ohne ehrenamtliches Engagement überhaupt nicht denkbar. Allen gemein ist das Anliegen, einen Beitrag zur literarischen Sozialisation von Kindern und Jugendlichen zu leisten. Jörg Steitz-Kallenbach versteht unter literarischer Sozialisation „den Prozess, innerhalb dessen ein Subjekt vor allem zwei Fähigkeiten entwickelt: Literatur für sich zu nutzen und sie als Kunstform zu verstehen" (Thiele/Steitz-Kallenbach 2003:18ff.). Literatur für sich zu nutzen, kann folgende Aspekte umfassen: sich entspannen, aus dem Alltag abtauchen, Antworten auf Fragen finden, die einen beschäftigen, sich eigener Gefühle bewusst werden oder Informationsbeschaffung und Wissenserweiterung. Literatur als Kunstform zu begreifen hingegen hieße, ihre Funktions- und Darstellungsweisen (verfremdetes Abbild der Wirklichkeit) zu verstehen. Steitz-Kallenbach sieht die literarische Sozialisation als einen „Prozess der Enkulturation", was heißen soll, dass das Individuum Kulturtechniken erlernt und so an der Kultur einer Gesellschaft teilhaben kann. Literarische Sozialisation umfasst also mehr als die reine Lesefähigkeit als Schlüsselkompetenz.

Für den Literaturwissenschaftler Christian Rittelmeyer geht es auf dem Weg zum Leser um die Entwicklung von Vergleichsmaßstäben und die Schärfung des Urteilsvermögens. Nur über ein gewisses Lesepensum und eine gewisse Titelkenntnis können sich Qualitätskriterien herausbilden, die zur Beurteilung eines Buches und die Einschätzung seiner Bedeutung relevant sein können (vgl. Rittelmeyer 2009b:56).

In dieselbe Kerbe schlägt der französische Literatur-Professor Pierre Bayard. Bildung sei allein eine Frage der Orientierung: „Gebildet zu sein bedeutet nicht, das ein oder andere Buch gelesen zu haben, es bedeutet, sich in der Ganzheit aller Bücher zurechtzufinden, also als Erstes zu wissen, dass sie eine Ganzheit bilden, und dann in der Lage zu sein, jedes einzelne Element im Zusammenhang mit den anderen einzuordnen" (Bayard 2007:29).

Unterschiedliche Startchancen

„Wer die Bildungschancen eines Kindes ermitteln will, muss nur nach der Zahl der Bücher im Haushalt der Eltern fragen." Der Hamburger Professor für Sonderpädagogik Hans Wocken sagt: „Vergesst die Intelligenztests. Nehmt einfach ein Zentimetermaß und messt die Bücherregale der Eltern" (Meyer-Timpe 2009:8). Er hat in einer Studie festgestellt: Bei jedem dritten Gymnasiasten gibt es zu Hause mehr als 500 Bücher. Aber nur bei 5 % der Haupt- und Realschüler sind es so viele, und bei keinem einzigen Sonderschüler." Die Wirtschaftsjournalistin Ulrike Meyer-Timpe beschreibt die Korrelation zwischen Bildungschancen und sozialer Herkunft, und macht deutlich, dass die Startchancen individuell sehr unterschiedlich sind und durch das Schulsystem nicht ausgeglichen, sondern eher noch verstärkt werden (vgl. Meyer-Timpe 2009:6ff.).

Lesefähigkeit ist ein wichtiger Garant für den Bildungserfolg, und die Familie ist die erste und damit wichtigste Instanz für literarische Bildung. Eltern, Großeltern oder Geschwister haben eine wichtige Vorbildfunktion, und sie sind es, die Kindern den ersten Zugang zu Literatur, zum Vorlesen und Erzählen eröffnen. Nicht in allen Familien aber gehört zum Beispiel das Vorlesen zum Alltag. Und nicht in allen Familien kann der Zugang zu Büchern oder die Vertrautheit mit Bibliotheksbesuchen vorausgesetzt werden.

Dieses Ungleichgewicht möglichst zu nivellieren, sollte Aufgabe der Vermittlungsinstanzen sein: Kindertagesstätten, Kindergärten, Schulen, freie Jugendarbeit und öffentliche Bibliotheken. Allerdings verfügen diese nur über begrenzte materielle und personelle Ressourcen. Zudem ist die Kenntnis über moderne Kinder- und Jugendliteratur nicht zwingend Bestandteil der Lehrer- oder Erzieherausbildung, sodass es zum Teil auch an fachlicher Orientierung bei der Auswahl geeigneter Texte mangelt.

Kinder- und Jugendbücher als Ware

Derzeit erscheinen jährlich über 8.000 deutschsprachige Kinder- und Jugendbücher, was einen Anteil am Novitäten-Volumen von 9,6 % ausmacht. Mit Kinder- und Jugendbüchern wurden im Jahr 2010 15,2 % des Gesamtumsatzes der Buchbranche erwirtschaftet (Börsenverein 2011:69,11). Das heißt, dass die Kinder- und Jugendliteratur sich nach der Belletristik als zweitwichtigstes Genre auf dem Buchmarkt behaupten konnte.

Diese Zahlen weisen bereits auf eine steigende Kommerzialisierung des Kinder- und Jugendbuches hin. Aus ökonomischer Sicht haben wir es mit einer Ware zu tun, mit der sich gutes Geld verdienen lässt. Dies führt zu literarisch nicht immer überzeugenden Reihenkonzepten, Angeboten im Medienverbund oder einer ganzen Flut von Merchandising-Produkten.

Angesicht der wirtschaftlichen Herausforderungen scheinen bisher geltende Spielregeln in Frage gestellt. Eine aktuelle Strategie der Verlage etwa ist es, gerade in der Jugendliteratur auf Tabubrüche und Exzesse zu setzen. Inzest, Vergewaltigung, Drogenmissbrauch oder Elternmord – alles wird mehr oder weniger literarisch und differenziert verarbeitet, immer mit den Umsatzzahlen im Blick. Oder wie es der Autor Andreas Steinhöfel in seiner Oldenburger Poetikvorlesung auf den Punkt brachte: „Die Situation – also die Antwort auf die Frage, was das Kinder- und Jugendbuch darf und was nicht – hat sich geändert, was aber weniger einem über die letzten Jahre gewachsenen Selbstbewusstsein der Kinder- und Jugendliteratur geschuldet ist, sondern eher [...] der Ökonomie. Auf der Suche nach neuen Zielgruppen und Absatzmärkten gilt inzwischen auch im Kinder- und Jugendbuch: Wir machen alles, was irgendwie außergewöhnlich ist, notfalls auch das Tabubrechende, Skandalöse. Bei der letzten Frankfurter Buchmesse erklärte mir ein Verleger – nicht meiner, sollte ich wohl besser festhalten –, ob des auf dem Kinder- und Jugendbuch lastenden ökonomischen Drucks sei er inzwischen bereit, alles zu publizieren, was durch unser Grundgesetz nicht ausdrücklich verboten sei" (Dettmar/Oetken 2012:127f.).

Für die VermittlerInnen von Kinder- und Jugendliteratur ergeben sich dadurch zwei große Herausforderungen: Zum einen gilt es in der Titelflut den Überblick zu behalten bzw. sich sinnvoll zu orientieren, zum anderen bedarf es einer besonders kritischen Prüfung der Leseangebote nicht nur in literarischer Hinsicht, sondern auch in Bezug auf die Identifikationsangebote für junge LeserInnen sowie auf vermittelte Kindheits- und Rollenbilder und stereotype Darstellungen.

Andererseits können sich VermittlerInnen den wirtschaftlichen Erfolg der Kinder- und Jugendliteratur gerade durch so angesagte Titel wie „Harry Potter" oder „Gregs Tagebuch" zu Nutze machen. Durch sie hat das Lesen als Freizeitbeschäftigung für die Zielgruppe einen nicht unbeträchtlichen Imagegewinn zu verzeichnen. Kinder- und Jugendbücher bevölkern die Bestsellerlisten und erfahren eine andere Wahrnehmung und eine höhere Wertschätzung. Dies ist insofern als Erfolg zu verzeichnen, als – um ein letztes Mal Andreas Steinhöfel zu zitieren – „die Werke der Kinder- und Jugendbuchautoren im öffentlichen Ansehen bestenfalls so hoch stehen wie das Publikum für das er sie schreibt" (Dettmar/Oetken 2012:180).

Zum Weiterlesen

> www.lesen-in-deutschland.de: Dieses empfehlenswerte Internetportal bietet eine Übersicht über relevante Akteure, einen Veranstaltungskalender, Materialsammlungen sowie redaktionelle Beiträge zur Leseförderung und zur Leseforschung.

Jan-Pieter Barbian
Öffentliche Bibliotheken als gesellschaftliche Orte kultureller Bildung

Die Förderung der Sprach- und Lesekompetenz

Kaum ein anderer Schriftsteller auf der Welt hat sich so hingebungsvoll mit dem Handwerk, der Kunst und der Ethik des Lesens beschäftigt wie der 1948 in Buenos Aires geborene Alberto Manguel. In seiner „Geschichte des Lesens" schreibt er: „Wir alle lesen in uns und der uns umgebenden Welt, um zu begreifen, wer wir sind und wo wir sind. Wir lesen, um zu verstehen oder auf das Verstehen hinzuarbeiten. Wir können gar nicht anders: Das Lesen ist wie das Atmen eine essentielle Lebensfunktion" (Manguel 1998a:16). Allerdings stellt Manguel 1998 in dem Essay „Der Computer des heiligen Augustinus" an der Wende zum 21. Jh. die kritische Frage, „wie wir uns in einer Welt der virtuellen Räume, die zweifellos mit dem Buch koexistieren wird (und dieses hier und da ersetzt), weiterhin die Fähigkeit des Erfindens, des Erinnerns, des Lernens, des Aufzeichnens, des Verwerfens, des Staunens, des Jubelns, des Protestierens erhalten. Wie werden wir es schaffen, kreative Leser zu bleiben, statt uns in passive Zuschauer zu verwandeln?" (Manguel 1998b:349).

Die Sprache und das Lesen sind Jahrtausende alte Kulturtechniken, ihre Erlernung und Beherrschung unabdingbar notwendige Schlüsselqualifikationen, um sich Informationen zu erschließen, das Wissen über unsere Lebenswelt anzueignen und sich mit anderen über das Gelernte auszutauschen. Das Lesen von Büchern bietet nach Einschätzung von Maryanne Wolf, Direktorin des *Center for Reading and Language Research* an der *Tufts University* in Boston/Massachusetts, einen positiven emotionalen Raum, in dem jedes Kind ganz aufgehen kann. „Schon kleine Kinder lernen beim Vorlesen so viel über ihre Gefühle und die Gefühle anderer, das sind wertvolle Lektionen". Auch wer das Internet nutzen will, muss zuerst lesen können. Die Freude und Begeisterung für das Lesen bei nachwachsenden Generationen zu wecken, ist daher eine zentrale Aufgabe für die Bildungspolitik, der sich auch die Öffentlichen Bibliotheken intensiv widmen.

Die Leseförderung bei Kindern muss bereits vor dem Eintritt in die Schule beginnen, denn die Phase, in der die Lesekompetenz erworben und der Grundstein zu einer „Lesebiografie" gelegt werden, ist allen wissenschaftlichen Forschungen zufolge sehr kurz. Die ersten vier bis acht Lebensjahre sind entscheidend. Eine vorbereitende Leseförderung sollte daher bereits in die vorschulische Erziehung integriert werden. Dabei spielen die Eltern eine entscheidende Rolle. Nach dem britischen Vorbild „Books for Babies" erhalten inzwischen auch in einer Reihe von Städten in Deutschland alle Eltern zur Geburt eines Kindes ein „Lesestart-Paket" mit ersten Informationen zur frühkindlichen Sprachförderung, ein erstes Bilderbuch, weitere Buchempfehlungen und eine „Leselatte". Sie ist eine Messlatte aus Hartplastik oder Papier, die neben dem körperlichen Wachstum auch die Fortschritte eines heranwachsenden Kindes im Umgang mit Büchern und dem Lesen verzeichnet. Zu jeder Altersstufe informiert die „Leselatte" die Eltern über ihre Möglichkeiten zur Förderung der Lesekompetenz ihres Kindes. Für Babys sind Bücher noch eine Art Spielzeug. Fühlbücher, Holzbücher und Badebücher können den ersten Kontakt zum Medium Buch herstellen. Mit zwei Jahren beginnen Kinder, kleine Szenen mit Personen und kurze, einfache und mündlich erzählte Geschichten zu begreifen. Im Alter von sieben Jahren steht die Erlernung des Lesens im Mittelpunkt. Vorlesen und Lesen im Wechsel mit einem Elternteil sind dabei besonders wichtig, weil auf diese Weise der Spaß am Lesen geweckt und das Lesen als eine soziale Kompetenz einstudiert werden. Kindergärten, Schulen und Bibliotheken können diesen Lernprozess unterstützen, sie können Eltern auch Empfehlungen und Hilfestellungen geben, aber die Eltern müssen selbst die Aufgabe als Vorbilder und Förderer ihrer Kinder auch bei der Entwicklung der Fähigkeit des Lesens übernehmen.

Das Projekt „Vorlesepaten für Kindergärten", das in zahlreichen Öffentlichen Bibliotheken läuft, möchte die Aktivitäten der ErzieherInnen in den Kindergärten im Bereich der Leseförderung unterstützen. Ehrenamtliche Vorleserinnen besuchen – nach einer grundlegenden Qualifizierung in Seminaren – kontinuierlich städtische Kindergärten. Durch das regelmäßige Vorlesen und Betrachten von ausgewählten Bilder- und Kinderbüchern sollen den Kindern das „Abenteuer" Lesen vermittelt, ihre Sprachentwicklung gefördert und die Freude am Lesen geweckt werden. Die Bibliotheken stellen den Kindergärten „Vorlese-Bibliotheken" mit einer ausgewählten Mischung an empfehlenswerten Kinderbüchern als Wechselbestand zur Verfügung. Darüber hinaus werden Medienboxen zu Themen, die Kinder beschäftigen, angeboten: der eigene Körper, gesunde Ernährung, Streiten und Vertragen, Sprachen, Berufe, Leben in der Stadt, Straßenverkehr, Glauben/Religion, Abschied und Tod.

Die Förderung der Medienkompetenz

Bücher sind auch heute noch das Leitmedium in jeder Öffentlichen Bibliothek. Doch neben ihnen und weiteren Printprodukten wie Zeitungen oder Zeitschriften gibt es mittlerweile ein reichhaltiges Angebot an audiovisuellen und digitalen Medien: Musik- und Hörbuch-CDs, MP3s, DVDs/Bluerays, Sach-CD-ROMs, CD-ROM-Spiele, eBooks, eJournals, Datenbanken. Darüber hinaus bietet das Internet eine Vielzahl an Informations- und Kommunikationsmöglichkeiten. Mit dieser Vielfalt an Medien sind nicht nur Kinder und Jugendliche, sondern auch zahlreiche Erwachsene hoffnungslos überfordert. In früheren Zeiten reichte es aus, wenn Öffentliche Bibliotheken eine qualifizierte Auswahl an Büchern zu unterschiedlichen Sachgebieten für die Ausleihe bereitstellten. Heute bringen sich die Bibliotheken aktiv in die Vermittlung von Medienkompetenz ein. Das ist aus zwei Gründen erforderlich: Zum einen erklärt sich die Nutzung der audiovisuellen und digitalen Medien ebenso wie des Internet – im Gegensatz zum Buch – nicht mehr von selbst, sodass der souveräne Umgang mit den neuen Technologien erst erlernt werden muss; zum anderen verändern die neuen Medien unser Leseverhalten. Das „lesende Gehirn" (Wolf 2009) steht nämlich immer stärker in Konkurrenz zum „digitalen Gehirn" (ebd.), das vielen Ablenkungen und einem Druck zur Schnelligkeit ausgesetzt ist. Daher weist Maryanne Wolf in ihrer Studie auf die akute Gefahr hin, „dass Kinder, deren lesendes Gehirn noch nicht voll ausgebildet ist, die noch nicht gelernt haben, Hintergrundwissen zu verknüpfen, einen sehr kurzen Schaltkreis entwickeln. Ein Gehirn, das nicht lernt zu fokussieren, sich zu konzentrieren" (Heidemann 2010:23).

Die Konsequenzen, die sich aus dieser Entwicklung ergeben, belegen die Ergebnisse von mehreren Befragungen unter Jugendlichen. Die Studie zur Frage „Haben Bücher eine Zukunft?", die 2007 von der Frankfurter Wirtschaftsprüfungsgesellschaft *PriceWaterhouseCoopers* in Auftrag gegeben wurde, stellte fest, dass Mädchen im Alter zwischen zehn und 13 Jahren regelmäßig und viel lesen, während es bei den Jungen im gleichen Alter nur jeder fünfte tut. Von den sogenannten VielleserInnen aus dieser Altersgruppe nutzt wiederum jeder zweite das Internet, um sich Informationen zu besorgen; demgegenüber bleibt die Welt des Internet 62 % der NichtleserInnen völlig verschlossen. D.h., wer viel liest, informiert sich in der Regel auch wesentlich besser über andere Medien und erreicht vermutlich damit einen wesentlich besseren Bildungsgrad als die Gruppe der Wenig- oder NichtleserInnen. Eine bundesweite Befragung von 5.700 Personen, darunter 1.000 Eltern von Kindern unter 14 Jahren, durch das *Institut für Demoskopie Allensbach* im Auftrag der *Stiftung Lesen*, der Wochenzeitung D*IE* Z*EIT* und der *Deutschen Bahn AG* kam im gleichen Jahr zu dem Ergebnis, dass 42 % der Eltern ihren Kindern nur noch unregelmäßig aus Büchern vorlesen und fast ein Fünftel aller Eltern dies überhaupt nicht mehr tun. In Familien mit einer Migrationsgeschichte ist diese Abwärtsentwicklung noch deutlicher nachzuweisen: Hier sind es nur 17 % der Eltern, die angeben, ihren Kindern täglich vorzulesen, während 80 % dies unregelmäßig oder überhaupt nicht mehr tun. Darüber hinaus stellt die Studie fest, dass sich 47 % aller Eltern vom Vorlesen ganz zurückziehen, sobald ihre Kinder die Schule besuchen. Auf die Frage, auf welches Medium Jugendliche zwischen zwölf und 19 Jahren am wenigsten verzichten könnten, landeten 2009 das Internet, der PC, der Fernseher und der MP-3-Player auf den ersten vier Plätzen, während Bücher nur von 10 % der Mädchen und 5 % der Jungen vermisst würden. Auch bei den Favoriten im Internet stehen Freizeitaktivitäten und virtuelle Kommunikationsmöglichkeiten im Vordergrund, wohingegen Bücher und Bibliotheken überhaupt keine Rolle spielen.

Damit stehen die Kindergärten und Schulen ebenso wie die Öffentlichen Bibliotheken vor der Herausforderung, die Welt der Bücher mit der Welt der digitalen Medien und des virtuellen Raums miteinander in Einklang bringen zu müssen (siehe Vera Haldenwang „Medienbildung in der Schule" und Hans-Jürgen Palme „Medien in der Kita" in diesem Band) . Dazu empfiehlt Maryanne Wolf, Kinder „langsam an die digitalen Medien heran[zu]führen." Wir müssen ihnen helfen, „das Beste aus beiden Welten zusammenzubringen: eine multiple Lesefähigkeit, die die Anforderungen der digitalen Welt erfüllt und sich doch auf die Tiefe eines Buchlesens einlassen kann." Um Kindern und Jugendlichen den „Mehrwert" des aktiven Lesens vermitteln zu können, sollten Erwachsene wissen, worauf Alberto Manguel in seinem Buch „Die Bibliothek bei Nacht" hinweist: „Die eigentliche Macht des Lesers liegt nicht in seiner Fähigkeit, Informationen zu sammeln, sie zu ordnen oder zu katalogisieren, sondern in seiner Gabe zu interpretieren, zu assoziieren und sich das Gelesene anzuverwandeln" (Manguel 2007:107). Diese Fähigkeit wird durch das Internet weder erleichtert noch ersetzt, denn es ist nichts anderes als „ein Hilfsmittel": „Es kann nichts dafür, dass unser Interesse an der Welt, in der wir leben, so oberflächlich ist. Sein Vorteil ist die Vielfalt und die schnelle Verfügbarkeit der Informationen; da kann es uns nicht gleichzeitig auch noch mit Konzentration und Tiefe dienen" (ebd.:252).

Bibliotheken als Bildungspartner der Schulen

Im November 2001 wurden die Ergebnisse der PISA-Studie (Programme for International Student Assessment) veröffentlicht, die im Auftrag der *OECD* die Basiskompetenzen 15-jähriger SchülerInnen in 32 Staaten untersuchte und miteinander verglich. Dabei stellte sich heraus, dass die Lesekompetenz deutscher SchülerInnen unter dem europäischen Durchschnitt lag. 42 % der SchülerInnen gaben an, dass sie überhaupt nicht gerne lesen, für 31 % war es sogar „Zeitverschwendung". Zudem waren die Qualität der Bildung und der schulische Abschluss so stark von der sozialen Herkunft abhängig wie in keinem anderen Land der Welt. Seither ist viel geschehen. Die Schul- und Bildungspolitik ist auf der Ebene des Bundes und der Länder, aber auch in den Medien und in der gesamten Gesellschaft als ein wesentliches Thema wiederentdeckt worden. Es besteht heute Konsens, dass Bildung die wichtigste Zukunftsressource in und für Deutschland ist.

Die Öffentlichen Bibliotheken haben ihre Aktivitäten zur Leseförderung seit 2001 noch einmal deutlich erweitert. Dabei wurden die Kindergärten als Orte der beginnenden Lesesozialisation erkannt und in die bis dahin zumeist auf die Schulen begrenzten Programme einbezogen. Die enge Verzahnung und Intensivierung der Zusammenarbeit mit Kindergärten und Grundschulen in Verbindung mit einer Sensibilisierung der Elternhäuser für die Notwendigkeit ihrer Mitwirkung bietet die Chance, dass die Sprach- und Leseförderung früh beginnen kann. Defizite in der Sprach- und Lesekompetenz können auf diese Weise rechtzeitig erkannt und ausgeräumt werden. Die Öffentlichen Bibliotheken übernehmen in diesem auf Nachhaltigkeit setzenden Prozess zum einen die Funktion der Bereitstellung von Medien (Kinder- und Jugendbüchern, Themenpaketen, Hörbüchern, Bilderbuchkinos), zum anderen machen sie ErzieherInnen, LehrerInnen an Grundschulen sowie Eltern qualifizierte Angebote zur praktischen Leseförderung – sei es durch die Bereitstellung entsprechender Fachliteratur, die Organisation von Lesenächten und Leseclubs, Autorenlesungen, die Aufführung von Theaterstücken oder durch die Vermittlung von Vorlesepaten.

Die Leseförderung muss über die Grundschule hinaus insbesondere bei den Hauptschulen, aber auch bei den weiterführenden Schulen fortgesetzt werden. Da die meisten Schulen entweder über keine oder allenfalls über eine unzureichend ausgestattete Schulbibliothek verfügen, steht auch hier das Angebot an Medien im Vordergrund: sei es in Form von Klassensätzen, Medienboxen und Themenpaketen, durch die Einrichtung spezieller SchülerCenter, durch die Bereitstellung von Lesestoff für die unterschiedlichen Jahrgangsstufen oder der entsprechenden digitalisierten Texte am PC oder durch die Abstimmung des allgemeinen Medienbestands auf die Unterrichtsstoffe der weiterführenden Schulen. Doch nicht nur die SchülerInnen, sondern auch die LehrerInnen bedürfen der Unterstützung: mit Print- und audiovisuellen Medien für den Unterricht, mit modernen Datenbanken und digital aufbereiteten Sachfilmsequenzen, mit pädagogischer und didaktischer Fachliteratur. Darüber hinaus erhalten und wecken die Öffentlichen Bibliotheken mit besonderen Veranstaltungsformen und Festivals die Lust am Lesen.

„Interkulturelle Bildung": Bibliotheken als Integrationsorte für MigrantInnen

Im Jahr 2008 lebten in Deutschland insgesamt 15,6 Millionen Menschen mit Migrationserfahrung. Das entspricht einem Anteil von 19 % an der Gesamtbevölkerung von 82,1 Millionen EinwohnerInnen. Dabei handelt es sich allerdings um keine homogene Gruppe von Menschen – weder im Hinblick auf die ethnische Herkunft und die Hintergründe der Migration noch im Hinblick auf die soziale Stellung und die individuellen Interessen. Diese disparate Ausgangslage hat Auswirkungen sowohl auf den Bereich der schulischen Bildung als auch auf die Teilhabe an kulturellen Angeboten. Die Politik sollte darauf reagieren und sie kann es am besten über das Medium der Kulturellen Bildung. Musik und Kunst sind kulturelle Äußerungsformen, die weltweit verstehbar sind – unabhängig von der Sprache. Aber selbst bei der Literatur, beim Theater und beim Film lassen sich Übersetzungs-Brücken zwischen unterschiedlichen Kulturen bauen.

Auf dem Gebiet des interkulturellen Dialogs haben Öffentliche Bibliotheken seit langem eine Vorreiterrolle übernommen. Fremdsprachige Medienangebote gehören schon seit den 1970er Jahren in vielen Bibliotheken zum Standard. Die Schwierigkeit besteht allerdings darin, trotz stagnierender oder sinkender Etats den Bestand so aufzubauen, dass eine repräsentative Auswahl an Medien in den Originalsprachen vorhanden ist. Daher wurde an vielen Orten die Konzentration auf wenige Sprachen erforderlich – beispielsweise Türkisch und Russisch wegen des hohen Anteils an MigrantInnen aus den entsprechenden Ländern. Öffentliche Bibliotheken können jedoch nicht nur einen wichtigen Beitrag für die soziale Integration von MigrantInnen aus unterschiedlichen Herkunftsländern leisten, sondern auch für das gegenseitige Verständnis der Menschen im zusammenwachsenden Europa. Dazu tragen die vielfältig angebotenen Medien mit Informationen über die 27 Mitgliedstaaten der *Europäischen Union* ebenso bei wie die Medien zum Erlernen der entsprechenden Fremdsprachen.

Lebenslanges Lernen

Die Förderung der Beschäftigung mit Kultur ebenso wie eines eigenständigen kreativen Engagements in Kindergärten und Schulen legt einen wesentlichen Grundstein. Es kommt allerdings darauf an, den damit eingeleiteten Prozess kulturellen Lernens zu verstetigen. Öffentliche Bibliotheken sind in der Regel diejenigen Kultur- und Bildungseinrichtungen in einer Stadt, die von der Bevölkerung am stärksten frequentiert werden. Nicht allein Kinder und Jugendliche, sondern Erwachsene aller Altersgruppen, aller sozialen Schichten und aller ethnischen Gruppen nutzen die Öffentlichen Bibliotheken – sei es für schulische, studentische und berufliche Zwecke, zur Erlernung von Sprachen und anderen Schlüsselqualifikationen, zur Orientierung in Verbraucher-, Rechts- und Lebensfragen oder für ihre Freizeitaktivitäten.

Die Bereitstellung von qualifiziert ausgewählten Medien und von Internetarbeitsplätzen allein genügt jedoch nicht mehr. Sie muss um eine aktive Komponente ergänzt werden: die Unterstützung bei der Orientierung auf dem großen Markt der jährlichen Neuerscheinungen, die Vermittlung von Kompetenz in der Nutzung der digitalen Medien ebenso wie der Recherchemöglichkeiten in Datenbanken und im World Wide Web. Auf diese Weise können Öffentliche Bibliotheken ihre Funktion als Orte lebenslangen Lernens erfüllen. Sie können dies entweder eigenständig leisten oder vernetzt mit Volkshochschulen und anderen Weiterbildungs- oder Kultureinrichtungen innerhalb einer Stadt.

Der demografische Wandel als Herausforderung

Der Aktionsradius für die Kulturelle Bildung sollte nicht allein auf die nachwachsenden Generationen begrenzt bleiben. Neben dem Schutz der Umwelt und der Sicherung des Bildungsniveaus bei nachwachsenden Generationen gehört der demografische Wandel in Europa zu den großen gesellschaftspolitischen Herausforderungen in der Gegenwart und für die Zukunft. In Deutschland waren im Jahr 2005 bereits knapp 16 Millionen Menschen (19,23 %) 65 Jahre und älter. Bis zum Jahr 2050 wird die deutsche Bevölkerung von derzeit rund 82 Millionen auf ca. 76 Millionen sinken. Im gleichen Zeitraum wird nach Berechnungen des Statistischen Bundesamtes der Anteil der 65-Jährigen und Älteren auf bis zu 38,1 % ansteigen. 2050 werden Menschen im Alter von 60 Jahren damit den stärksten Anteil an der Gesamtbevölkerung ausmachen und ihre Zahl doppelt so hoch sein wie die der Neugeborenen. Kulturelle Bildung muss daher eingebettet werden in die Bildungsbiografien und Bildungswelten der Kinder und Jugendlichen, der Erwachsenen jüngeren und mittleren Alters und der SeniorInnen ab 60.

Es handelt sich bei der Altersgruppe „60 plus" allerdings auch hier um eine sehr heterogene Gruppe mit differenzierten Interessen, unter anderem auf dem Gebiet der Kultur. Daraus lassen sich im Hinblick auf die Kulturelle Bildung drei Ansatzpunkte ableiten: Erstens sollten die zu dieser Gruppe gehörenden Individuen in ihren Interessen an einer Beschäftigung mit unterschiedlichen Sparten des kulturellen Lebens bestärkt werden; zweitens können sich diese kulturell Interessierten, die in der Regel familiär eingebunden sind, als ehrenamtliche MultiplikatorInnen für die Kulturelle Bildung der nachwachsenden Generationen engagieren; drittens sollten die Individuen dieser Gruppe, die bislang noch überhaupt kein oder nur ein geringes Interesse an Kultur haben, für das kulturelle Leben aktiviert werden. Auch diese Potentiale werden nur dann auszuschöpfen sein, wenn die öffentlichen Kultureinrichtungen diese Herausforderung wahrnehmen und sich verstärkt um diese Aufgabe bemühen.

Besondere Medien- und Veranstaltungsangebote für „SeniorInnen" finden sich bereits heute in einer Reihe von Öffentlichen Bibliotheken. Doch die demografische Entwicklung einer alternden Gesellschaft muss noch wesentlich stärker in den Blick genommen werden. Für diese Aufgabe gibt es keine Patentrezepte. Denn entweder nutzen ältere Menschen die Medien und Veranstaltungen der Bibliotheken oder sie bleiben ihnen fern. Daher sollten Kunden- beziehungsweise Nichtkundenbefragungen dem Aufbau besonderer Angebote für die „Generation 60 plus" vorausgehen, um den Bedarf präziser erfassen zu können. Was die Medien betrifft, so sind es sicherlich bestimmte Themen, die für diese Altersgruppe von besonderem Interesse sind: Gesundheit (Ernährung, Entspannung, Körperliche Fitness, Medizin, Geistige Fitness); Lebensorientierung (Älter werden, Familie, Partnerschaft, Wohnen, Krisenbewältigung, Zeitmanagement); Bildung und Kultur (Mobilität, Reisen, Literatur, Musik, Kunst); Verbraucherfragen (Rente, Geldanlage, Versicherungen, Erben, Patientenrecht). Daneben gehören Veranstaltungen (Lesungen, Vorträge, Ausstellungen), spezielle OPAC-, Internet- und Datenbankeinführungen sowie Informationen über aktuelle Literatur für die „Generation 60 plus" zu den Dienstleistungen, für die sich ältere Menschen besonders interessieren.

Fazit

Kulturelle Bildung ist ein wesentlicher Faktor zur Profilierung der aktuellen Kulturpolitik im Allgemeinen und der einzelnen Kultursparten im Besonderen. Sie darf allerdings nicht auf einen Aspekt, nämlich den der Schulen, begrenzt bleiben, sondern das Handlungsfeld sollte im Hinblick auf Inhalte und Zielgruppen weit gespannt werden. Eine konzeptionell ausdifferenzierte und professionell organisierte Kulturelle Bildung eröffnet zahlreiche Chancen:

>> zur Heranführung nachwachsender Generationen an den Wert des „kulturellen Erbes" und an die vielfältigen kulturellen Aktivitäten der Gegenwart – rezeptiver ebenso wie selbst-gestaltender Art;
>> als praxisorientierter Ansatz zur Verzahnung von Kultur und Bildung als zwei tragenden Säulen des gesellschaftlichen Lebens;
>> zur Aktivierung der kreativen Potentiale einer Gesellschaft, die nicht auf den reinen Materialismus und passiven Konsum beschränkt bleiben sollte, die Fantasie, Kreativität und Ideenreichtum benötigt, um im globalen Wettbewerb bestehen zu können;
>> zur Einbeziehung einer stetig wachsenden Schicht älterer Menschen, denen die Teilhabe an Kultur entweder bereits heute ein Bedürfnis ist oder bei denen dieses Bedürfnis noch geweckt werden kann;
>> als Medium der Integration ausländischer MitbürgerInnen, bei denen über die „Sprache der Kultur" ein Verständnis für ihre neue Lebensumwelt gefördert werden kann, und umgekehrt ein Zugang zu „fremden Welten" bei Einheimischen ermöglicht wird;
>> als politisches Instrument zur Legitimation der öffentlichen Subventionierung von Kultur trotz immer knapper werdender Finanzmittel.

Um diese Chancen konkret wahrnehmen zu können, muss Kulturelle Bildung als integraler Bestandteil der Kulturpolitik in den Ländern und Kommunen verstanden, im Rahmen von Kulturentwicklungsplänen konkret definiert und in der kulturellen Praxis verankert werden. Die aktive Rolle, die gerade die öffentlichen Bibliotheken auf diesem Gebiet seit langem in vielfältiger Weise wahrnehmen, sollte endlich gesetzlich anerkannt und die Finanzausstattung, die sich in der Mehrzahl der Kommunen seit Jahren dramatisch verschlechtert, nachhaltig gesichert werden.

Zum Weiterlesen

Keller-Loibl, Kerstin (Hrsg.) (2009): Handbuch Kinder- und Jugendbibliotheksarbeit. Im Auftrag der Expertengruppe Kinder- und Jugendbibliotheken des Deutschen Bibliotheksverbandes e.V. Bad Honnef: Bock+Herchen.

Stephanie Jentgens
Außerschulische Literaturvermittlung

Begriffsbestimmung und Thema

Die Vermittlung von Literatur beschäftigt sich mit einem weiten Feld gestalteter Sprache in Epik, Dramatik und Lyrik, in mündlicher oder schriftlicher Form sowie medial verarbeitet, sei es im Film, im Hörbuch oder Hörspiel, in der Hyperfiktion oder in interaktiven Spielen. Das Ziel von Literaturvermittlung lässt sich am ehesten in dem Begriff „Literacy" (Literalität) erfassen. Zunächst bezeichnet der Begriff die Fähigkeit des Menschen, sich in der Welt der Buchstaben zu orientieren. In den letzten zehn Jahren hat die Bedeutung des Begriffs eine Erweiterung erfahren.

Die *UNESCO* definiert Literacy als das Vermögen "to identify, understand, interpret, create, communicate, compute and use printed and written materials associated with varying contexts. Literacy involves a continuum of learning to enable an individual to achieve his or her goals, to develop his or her knowledge and potential, and to participate fully in the wider society" (Kamil 2010:516). Literacy umfasst weit mehr als die Kompetenz des Lesens und Schreibens, gemeint sind auch die Fähigkeiten des Sprechens, Erzählens, Zuhörens, Verstehens und Vorstellens, also vielfältige Formen des Umgangs mit Sprache. In der Definition der *UNESCO* wird zudem deutlich, dass Literacy eine Schlüsselkompetenz zur Entfaltung der individuellen Potentiale sowie zur Teilhabe am gesellschaftlichen Leben ist.

Zu den Bereichen der außerschulischen Literaturvermittlung gehören die Sprach-, Erzähl-, Lese- und Schreibförderung sowie die Vermittlung von Kinder- und Jugendliteratur mit kreativen, oft auch interdisziplinären Methoden. Die Methoden der Literaturvermittlung lassen sich danach unterscheiden, ob sie an die Literatur heranführen oder eine Literaturerfahrung vertiefen. Zur Heranführung dienen z.B. unterschiedliche Methoden der Buchpräsentation, die über den Büchertisch weit hinausreichen, bis hin zur Spielkette, durch die die Neugierde für ein Buch geweckt werden soll, oder den Bookslam®, eine Methode der Literaturvermittlung für Jugendliche. Zum Basis-Handwerkszeug der Heranführung an die Literatur gehören das Vorlesen, das Erzählen und das Kreative Schreiben. Zur Vertiefung von literarischen Erfahrungen können alle künstlerischen Ausdrucksformen genutzt werden, vom Darstellenden Spiel über die bildnerische Umsetzung bis hin zur Transformation in ein anderes Medium, wie z.B. ein Hörspiel.

Die außerschulische und die schulische Literaturvermittlung sind komplementär zu verstehen. Wesentlich unterscheidet sich die außerschulische Literaturvermittlung von der schulischen in zwei Aspekten: In der außerschulischen Arbeit werden keine Noten vergeben, und sie beruht auf Freiwilligkeit.

Historische Dimension des Lesens

Die gesellschaftliche Anerkennung der Kulturtechniken Lesen und Schreiben ebenso wie die des Buchs als Medium ist – historisch betrachtet – durchaus nicht selbstverständlich. Gegen den Buchdruck bringt der Dominikanermönch Filippo di Strata im letzten Viertel des 15. Jh.s folgende Argumente vor: „Er [der Buchdruck] korrumpiert die Texte, die in schlampigen Editionen und allein aus Profitgründen auf den Markt geworfen werden; er korrumpiert den

Geist durch Verbreitung unmoralischer und heterodoxer Texte, die sich der Kontrolle durch die Kirchenbehörden entziehen; und er korrumpiert die Bildung selbst, befleckt sie, weil er sie den Ungebildeten öffnet" (Ariès 1999:127).

Die Alphabetisierung erlebt zwischen dem 17. und 18. Jh. in den meisten europäischen Regionen einen sprunghaften Anstieg. Als Indiz hierfür werden die Unterschriften in den Heiratsregistern herangezogen. In Amsterdam signierten im Jahr 1630 57% der Männer und 32% der Frauen ihren Ehevertrag, im Jahr 1780 waren es 80% der Männer und 64% der Frauen (Ariès 1999:117). Die Ausbreitung von Lesefertigkeiten hatte aber nicht eine Literarisierung der Gesellschaft zur Folge. In der Weimarer Zeit las kaum 1% der erwachsenen Bevölkerung einmal im Jahr ein belletristisches Buch (Schön 1999:27). (Zum Vergleich: Heute rechnet man ein Viertel der Bevölkerung in Deutschland zu den sogenannten Viellesern). Im 19. Jh. kommt es durch die Einführung der allgemeinen Schulpflicht in den meisten Ländern Europas zu einer weitgehenden Alphabetisierung der Gesellschaften und auch zu einem deutlichen Anstieg der Zahl der tatsächlichen LeserInnen.

Mit der Ausbreitung der Lesefertigkeit kommen auch neue Lesegewohnheiten auf. Lesen wird immer mehr zu einem privaten und intimen Akt. Für das 18. Jh. spricht man zudem von einer „Verweiblichung" des Lesens. Eine Reaktion hierauf waren zum Teil heftige Polemiken gegen das Lesen, insbesondere gegen die weibliche Lektüre und das Lesen von Belletristik – auch durch männliche Jugendliche (vgl. Schön 1999:35,36). Die Geschichte der deutschsprachigen Kinder- und Jugendliteratur zeigt, dass bis zur zweiten Hälfte des 19. Jh.s Mädchen als Zielgruppe im Bewusstsein der AutorInnen und VerlegerInnen nur eine marginale Rolle spielten. Zwischen 1800 und 1850 macht der Anteil der Mädchenliteratur an der Kinder- und Jugendliteratur nur 7% aus (Brunken/Hurrelmann/Pech 1998:736). Es sind vor allem Schriften, die der Vorbereitung der jungen Leserinnen auf ihre Rolle in der Familie dienen. Erst ab der zweiten Hälfte des 19. Jh.s prägt sich eine eigenständige Mädchenliteratur aus, die davon zeugt, dass die gesellschaftliche Akzeptanz von Mädchen und Frauen als Leserinnen und auch als Schriftstellerinnen steigt. Heute stellt sich die Situation anders dar. In der öffentlichen Diskussion von Ergebnissen der Leseforschung wird immer wieder herausgestellt, dass „Mädchen lieber lesen als Jungen". Tatsächlich erweist sich die Lesemotivation für die Lektüre literarischer Texte bei Mädchen höher als bei Jungen. Dies hat zu einer verstärkten Konzentration auf die Zielgruppe der Jungen und zu einer Problematisierung dieser Zielgruppe geführt. Hilfreich sind in dieser Debatte die differenzierten Ausführungen von Maik Philipp, der aufzeigt, dass die Unterschiede bei Jungen und Mädchen weit weniger extrem sind (Philipp 2011:42-47,71-73).

Über das Vorlesen

Während sich das stille Lesen erst zwischen dem 16. und 18. Jh. entwickelte, ist das Vorlesen eine Lesepraktik, die sich schon viel früher ausprägte und über die Jahrhunderte erhielt. Das Vorlesen war auch in einfachen Haushalten bei der Arbeit und in Mußestunden eine gesellige Praxis. Man las denen vor, die des Lesens unkundig waren. Beliebte Stoffe waren z.B. im Spanien des 16. und 17. Jh.s Ritterromane. Aus dem 17. Jh. gibt es Zeugnisse, dass bei der französischen Armee in Ruhestunden einander vorgelesen wurde. FreundInnen und ReisegefährtInnen lasen einander vor und tauschten sich über die Lektüre aus. Das Vorlesen hatte eine sozialitätsstiftende Funktion. In Familien diente das Vorlesen dem Zusammenhalt, aber auch der religiösen, geistigen und moralischen Erziehung der Haushaltsangehörigen. Im Verlauf des 19. und 20. Jh. verliert das Vorlesen immer mehr seine gesellige Funktion und wird zu einer privaten Familienpraxis, die im 21. Jh. zu verschwinden droht.

Die aktuelle Situation der Literaturvermittlung

Familie und Kindergarten

Die erste und entscheidende Instanz für die Sprachentwicklung, die Affinität eines Menschen zur Literatur sowie seine Lesefähigkeiten ist die Familie. Die Leseforschung der letzten zwanzig Jahre bestätigt dies (vgl. Hurrelmann/Hammer/Nieß 1993:108; Philipp 2011:101). Nicht nur das Vorbild der Eltern als LeserInnen bzw. NichtleserInnen beeinflusst das Verhalten der Kinder, wie Bettina Hurrelmann 1993 schon feststellte. Vielmehr hängt das spätere Lesevermögen eines Kindes wesentlich davon ab, wie lange und wie oft ihm von seinen Eltern oder einer anderen engen Bezugsperson vorgelesen wurde. Die Ursache hierfür liegt in verschiedenen Faktoren, die die Vorlesesituation kennzeichnen: „Sobald ein Baby auf dem Schoß einer Bezugsperson sitzen kann, lernt es, den Akt des Lesens mit dem Gefühl, geliebt zu werden, zu assoziieren" (Wolf 2008:98). Das ist der Nährboden, in dem sich die Wahrnehmungs- und Konzentrationsfähigkeit, der Umgang mit Abstraktion und Symbolen, die innere Vorstellungswelt, Empathie und Sprechfreude entfalten können. Die Vorlesesituation ist eine der intensivsten Sprach-Lernsituationen. Hannelore Grimm hat in einer Studie verglichen, welchen Effekt die Bilderbuchbetrachtung gegenüber alltäglichen Konversationssituationen, z.B. beim Füttern, hat. Ergebnis war, dass die Mütter beim Anschauen eines Bilderbuchs komplexere Sätze formulierten, beim Vorlesen neue Wörter einführten, mehr W- Fragen und offene Fragen stellten und häufiger die kindlichen Äußerungen wiederholten. Die Kinder produzierten deutlich mehr und längere Äußerungen bei der Bilderbuchbetrachtung (Grimm 2003:188-193).

Die Bedeutung der Erfahrungen in den ersten beiden Lebensjahren der Kinder können gar nicht überschätzt werden. Demgegenüber zeichnet die Vorlesestudie der Stiftung Lesen ein düsteres Bild. „42 Prozent der Eltern lesen ihren Kindern nicht regelmäßig vor. 80 Prozent der Eltern mit türkischem Migrationshintergrund lesen ihren Kindern nicht regelmäßig vor. Bei Schuleintritt der Kinder ist ein Vorlese-Rückgang anstelle des wünschenswerten Anstiegs zu beobachten" (Stiftung Lesen 2007). Zudem zeigt die Studie: Je niedriger die Schulbildung, je geringer das monatliche Haushalts-Nettoeinkommen, je einfacher der „Berufskreis", umso weniger Eltern lesen vor. Diese Ergebnisse bestätigen das Bild von Deutschland, das bereits durch die Pisa-Studie gezeichnet wurde: Die Startchancen von Kindern sind wesentlich durch den sozialen Status ihrer Familien beeinflusst.

Die zweite Instanz der Literacy-Erziehung ist der Kindergarten und seine Bedeutung wächst, je mehr Kinder unter drei Jahren hier aufgenommen werden. Gerade für Kinder aus benachteiligten Familien kann der Kindergarten eine ausgleichende Funktion übernehmen. Zu diesem Zweck wurden in den letzten zehn Jahren unter anderem zahlreiche Sprachförderprogramme für den Kindergarten entwickelt.

Erschreckend sind wiederum die Ergebnisse der Leseforschung: Während im Jahr 1992 noch 56 % der 14- bis 19-Jährigen angaben, dass ihnen im Kindergarten häufig vorgelesen wurde, waren es 2000 nur noch 43 % und im Jahr 2008 38 % (Stiftung Lesen 2008:32). Die Zahl sinkt also stetig und wirft die Frage auf, ob in Kindergärten das Vorlesen noch in ausreichendem Maße praktiziert wird. Neben den herkömmlichen Bildungsinstitutionen Kindergarten und Schule gibt es eine Vielzahl von Initiativen, die die Literaturvermittlung zu einem zentralen Anliegen gemacht haben.

Initiativen, Vereine, Verbände der Literaturvermittlung

In den 1950er Jahren wurden die ersten außerschulischen Institutionen der Literaturvermittlung gegründet (siehe Lino Wirag „Zeitgenössische Formen informeller Literaturvermittlung" in diesem Band). Seitdem wächst die Zahl der Vereine, Verbände und Initiativen stetig. Besonders in den letzten zehn Jahren nimmt auch die Zahl der Agenturen und Ich-AGs zu, die professionell im Feld der Literaturvermittlung arbeiten, aber nicht an einen institutionellen Rahmen gebunden sind. So wie in den 80er Jahren des 20. Jh.s sich das Berufsfeld der TheaterpädagogInnen entwickelte, so ist derzeit eine entsprechende Entwicklung in der Literaturpädagogik zu beobachten. Diese Ausdifferenzierung der Szene kann hier nicht abgebildet werden. An dieser Stelle werden nur die bundesweit tätigen Akteure der Literaturvermittlung erwähnt.

>> *Arbeitskreis für Jugendliteratur e.V.* (seit 1955)
Ziele des Arbeitskreises sind: die Kinder- und Jugendliteratur zu fördern, die Forschung anzuregen und internationale Kontakte zu pflegen. Der Arbeitskreis richtet den Deutschen Jugendliteraturpreis aus, lässt Praxiskonzepte zu den Preisbüchern erarbeiten, die in Fortbildungen vermittelt und auf der Homepage des Arbeitskreises zur Verfügung gestellt werden.

>> *Akademie Remscheid für musische Bildung und Medienerziehung* (seit 1958)
Die Literaturvermittlung ist an der *Akademie Remscheid* seit 1995 mit einer eigenen Dozentur beheimatet. Hier werden berufsbegleitende Fortbildungen zur Kinder- und Jugendliteratur, zum Erzählen, zur Sprach-, Lese- und Schreibförderung sowie zu aktuellen Formaten der Literaturpräsentation (z.B. Poetry Slam) angeboten. Neben der Entwicklung neuer Methoden und Konzepte für die Literaturvermittlung liegt ein weiterer Schwerpunkt bei Projekten im Bereich der Erzählförderung. Seit 2009 bietet die *Akademie Remscheid* eine Qualifizierung Literaturpädagogik für LiteraturvermittlerInnen an.

>> *Literaturbüros* (seit 1980)
Die *Literaturbüros* fördern die regionale Literaturszene, pflegen den Austausch mit anderen Künsten und engagieren sich in der Autorenweiterbildung und -beratung. Darüber hinaus machen sie Angebote im Bereich der Lese- und Schreibförderung für Kinder und Jugendliche.

>> *Bundesverband der Friedrich-Bödecker-Kreise e.V.* (seit 1981)
Die *Friedrich-Bödecker-Kreise* vermitteln und finanzieren jährlich über 7000 Lesungen in Schulen, Bibliotheken und anderen Einrichtungen. Darüber hinaus veranstalten sie unter anderem Literaturwochen, Jugendbuchwochen, Lehrerfortbildungen und Wanderausstellungen.

>> *Literaturhäuser* (seit 1986)
Das Netzwerk literaturhaus.net vereinigt Literaturhäuser aus dem deutschen Sprachraum. Sie veranstalten Lesungen, organisieren Kinder- und Jugendprogramme, Film- und Hörspielabende, Ausstellungen und Workshops, Literaturfeste und Symposien. Die Jungen Literaturhäuser widmen sich speziell der Literaturvermittlung für Kinder und Jugendliche.

>> *Stiftung Lesen* (seit 1988)
Auftrag der Organisation ist die umfassende Förderung und Erforschung des Lesens in allen Bevölkerungskreisen, die Pflege einer zeitgemäßen Lese- und Sprachkultur sowie die Entwicklung von Medienkompetenz. Die Stiftung wendet sich mit ihren Projekten vor allem an Familien, Kindergärten und Schulen. Eine der wichtigsten Initiativen der letzten Jahre ist die systematische Förderung von Lesepatenschaften.

Auf Bundesebene gibt es des Weiteren kirchliche Verbände wie den *Borromäusverein e.V.* (seit 1845) und den *Deutschen Verband evangelischer Büchereien e.V.* (seit 1952), die ehrenamtliche BüchereimitarbeiterInnen aus- und weiterbilden, einen Literaturpreis ausrichten, Rezensionen zu aktuellen literarischen Werken in einer Zeitschrift sowie im Internet publizieren und Fachtagungen veranstalten. Zu den Interessen- und Berufsverbänden im Bereich der Literaturvermittlung gibt es seit 2009 den *Bundesverband Leseförderung e.V.*, die *Arbeitsgemeinschaft von Jugendbuchverlagen e.V.*, den *Börsenverein des Deutschen Buchhandels*, der alljährlich den Vorlesewettbewerb ausschreibt, und im schulischen Kontext die *Arbeitsgemeinschaft Jugendliteratur und Medien* der *Gewerkschaft Erziehung und Wissenschaft*. Letztere bietet ebenfalls im Internet Rezensionen zur aktuellen Kinder- und Jugendliteratur an.

Literatur im Internet

Die Literaturvermittlung hat viele Medien zur Verfügung: das Buch, das Hörbuch oder Hörspiel, den Film. Diese Medien sind seit Jahren in der Literaturvermittlung etabliert. Innovative Entwicklungen sind derzeit vor allem im Internet wahrzunehmen. In der Literaturvermittlung für Kinder spielt das Internet bereits heute eine wichtige Rolle. So wird z.B. das Angebot von *Antolin* in sehr vielen Grundschulen und auch in der Sekundarstufe 1 der weiterführenden Schulen verbreitet und von den Kindern auch gern genutzt. Sie finden hier Fragen zu aktuellen Kinderbüchern. Aber nicht nur für die Begleitung oder Vertiefung von Leseerfahrungen spielt das Internet eine Rolle, sondern auch für die Recherche, z.B. über KinderbuchautorInnen oder über Kinderbücher (z.B. Buchvorstellungen von „Lillipuz" auf der WDR 5-Seite), und für die Präsentation von eigenen literarischen Ergebnissen. Viele Akteure der Kinder- und Jugendarbeit stellen Gedichte und Geschichten von Kindern oder Projektdokumentationen rund um Kinderliteratur ins Netz. Der Computer selbst, das Schreiben an der Tastatur und das Gestalten von Texten am Bildschirm haben Eingang in die außerschulische Jugendarbeit gefunden. Mit digitalen Medien werden schon von Kindern im Grundschulalter Fotogeschichten oder Hörspiele erarbeitet. In dem außerschulischen Projekt „storymailing" wurden von niederländischen und deutschen Kindern gemeinsam Geschichten entwickelt (Schiebel 2003:64ff.). Das Internet war hierbei das über die Landesgrenzen hinweg verbindende Medium. Inzwischen gibt es eine große Zahl von positiven Beispielen, bei denen die Möglichkeiten der digitalen Technik und des Internet sinnvoll für den vertiefenden und produktiven Umgang mit Literatur eingesetzt wurden.

SchülerVZ, Facebook und Youtube nehmen viel Zeit und Raum im Leben von Jugendlichen ein. Sie schreiben dort über sich selbst, erstellen Profile und kommunizieren mit anderen. Schreiben und Lesen erweisen sich hier wieder einmal als Schlüsselkompetenzen, die unter anderem durch die Nutzung von Medien unterstützt werden können.

Für literarisch interessierte Jugendliche bietet das Internet eine Fülle von Angeboten. Es gibt auf Youtube und in Literaturportalen Buchbesprechungen und Buchpräsentationen, die Jugendliche erstellt haben. Beispielhaft ist zu beobachten, wie die Szene der Slam-PoetInnen das Internet nutzt, zur Kommunikation, aber auch zur Verbreitung ihrer Werke. Da es beim Poetry Slam auf das gesprochene Wort ankommt, ist das Internet mit seinen multimedialen Möglichkeiten die ideale Publikationsform für literarische Werke dieser Art. Auf Youtube findet man zahlreiche Beispiele aus Slam-Veranstaltungen. Literarisch herausragend ist die Seite des Autors Bastian Böttcher (basboettcher.de), der bereits in den 1990er Jahren als Slam-Poet seine Karriere startete und inzwischen zu den avancierten Persönlichkeiten der Szene gehört. Seine Seite bietet neben der Präsentation der eigenen Werke auch Workshop-Elemente, die für die Literaturproduktion mit Jugendlichen genutzt werden können. Ideen für die Literaturvermittlung für Jugendliche werden ebenfalls über das Internet verbreitet, so z.B. der Bookslam® unter www.bookslam.de.

Diese Entwicklungen können neue Impulse für die Lese- und Schreibförderung bei Jugendlichen bieten, die nicht zu den regelmäßigen BesucherInnen von Bibliotheken und Buchhandlungen gehören. So wie Handy und Computer selbstverständlicher Bestandteil der Lebenswelt von Kindern und Jugendlichen sind, sollte sich auch die Literaturvermittlung dieser Medien bedienen. Dabei geht es um die Eröffnung von Zugangsmöglichkeiten, um die Förderung von Lese- und Schreibfähigkeiten und die Chance, Lesen oder besser: die Beschäftigung mit Literatur als ein genussvolles Mittel der Weltaneignung und -orientierung zu erleben.

Perspektiven und Herausforderungen

Um Literatur wahrnehmen zu können, muss man schon heute nicht zwangsläufig lesen können. Hörbücher und E-Books können die Texte vorlesen, Filme zeigen zudem die dazugehörigen Bilder. Warum ist es also für die Literaturvermittlung überhaupt noch wichtig, dass Menschen lesen lernen? Das erste Argument ist nicht allein für die Literaturvermittlung bedeutsam, sondern betrifft das gesellschaftliche und politische Leben: Damit niemand von der Wahrnehmung von Informationen oder künstlerischen Werken ausgeschlossen ist, ist es wichtig, lesen zu lernen. Das zweite Argument ist eher kulturhistorisch und ästhetisch orientiert: Das Buch ist ein kulturhistorisch bedeutsames Kunstwerk, ohne das die Entwicklung der westlichen Kultur nicht zu verstehen ist und das viele ästhetische Ausdrucks- und Zugangsweisen eröffnet. Das dritte Argument ist lernpsychologisch: Beim Lesen wird das Gehirn verändert. Es werden Assoziationsareale angelegt und trainiert, die für die Decodierung von Symbolen verantwortlich sind (Wolf 2009:35). Diese Fähigkeit ist eine Voraussetzung für den Umgang mit Abstraktionen, das Entwickeln und Verstehen abstrakter Ideen. Lesen besitzt Relevanz – weit über die Literaturvermittlung hinaus. Umso bemerkenswerter sind Veränderungen, die im Lesevermögen und -verhalten beobachtet werden. So kann man feststellen, dass sich das Lesen durch den Medienkontext verändert hat. Man liest eher in kleinen Portionen und das kritische Lesen, die Fähigkeit, die tiefere Bedeutung eines Textes zu durchdringen sowie von dem Textinhalt ausgehend in eigenen Vorstellungen und Ideen weiterzudenken, nehmen tendenziell ab (Wolf 2009:264). Die Neurowissenschaftlerin Maryanne Wolf resümiert: „Die wichtigste Lehre, die ich aus der Untersuchung der Leseentwicklung gezogen habe, soll eine Mahnung sein. Ich fürchte, dass viele unserer Kinder Gefahr laufen, genau das zu werden, wovor Sokrates gewarnt hat – eine Gesellschaft von Informationsdecodierern, die sich vom trügerischen Gefühl, alles verstanden zu haben, davon abhalten lassen, ihr geistiges Potenzial voll auszuschöpfen" (Wolf 2009:265). Hierin steckt eine gesellschaftliche und bildungspolitische Herausforderung, auf die die Literaturvermittlung im schulischen wie im außerschulischen Kontext reagieren muss.

Begrüßenswert ist, dass immer mehr Menschen in Deutschland sich als Lesepaten oder Lesementoren engagieren und zugleich in den nächsten Jahren ein Professionalisierungsschub durch die Qualifizierung von LiteraturpädagogInnen zu erwarten ist.

Zum Weiterlesen

Jentgens, Stephanie (2011): Von echten Eselsohren und virtuellem Blätterrauschen – Medien in der Literaturpädagogik. In: MedienConcret, 10/2011, 50-53.

Mosler, Bettina/Herholz, Gerd (2003): Die Musenkussmischmaschine. Essen: Neue Deutsche Schule.

Oberrauch, Ruth (Hrsg.) (2006): Appetit auf Lesen. 125 Ideen zum Südtiroler Lesefrühling. Wien/Bozen: Folio.

Norbert Kruse
Literaturvermittlung in formalen Bildungsinstitutionen

Literatur als Gegenstand der Vermittlung

Literaturvermittlung ist in den Einrichtungen des öffentlichen Bildungswesens deshalb von grundlegendem Interesse für die Initiierung von Lernprozessen, weil Lesefähigkeit und die mit ihr verbundene Möglichkeit zur Teilhabe am literarischen Leben heute als ein wesentlicher Bestandteil von kultureller Literalität betrachtet wird. Als handhabbare Bestimmung für den Literaturunterricht kann für den Begriff „Literatur" gelten, dass damit literarische Texte gemeint sind, die durch ihre Fiktionalität und durch den damit verbundenen künstlerischen Anspruch ausgezeichnet sind.

Die produktive Begegnung mit Literatur wird in den öffentlichen Erziehungs- und Bildungseinrichtungen heute vom Kindergarten an mit dem Anspruch verknüpft, literarische Fähigkeiten und stabile Lesegewohnheiten so auszubilden, dass eine selbstbewusste und kritische Teilhabe am literarischen Leben möglich wird. Kindergarten und Schule als die entscheidenden Bildungsinstitutionen sind bestrebt, in Abhängigkeit von der Lese- und Mediensozialisation der Kinder, SchülerInnen Lesefreude zu ermöglichen, Lesemotivation aufzubauen, zu erhalten und weiterzuentwickeln. Die Geschichte des Literaturunterrichts zeigt indes, dass mit der Literaturvermittlung höchst unterschiedliche Ziele verfolgt wurden, an deren Ende zu Beginn des 21. Jh.s die Ausbildung von Lesekompetenz als Bestandteil literarischer Kompetenz angestrebt wird.

Geschichte der Didaktik und Methodik des Literaturunterrichts

Die Vor- und Frühgeschichte der Literaturvermittlung deutscher Literatur, die mit der Mitte des 15. Jh.s beginnt (vgl. Brüggemann 1987), in der Aufklärung mit Herders Schulschrift „Von der Ausbildung der Rede und Sprache in Kindern und Jünglingen" (Herder 1796) eine wichtige Wegmarke für „eine eigenständige und ausgebaute Didaktik des Literaturunterrichts" (Haas 1996:1231) hatte und eine nachhaltige Massenwirkung im 19. Jh. mit dem ersten deutschsprachigen Volkslesebuch des Philanthropen Friedrich Eberhard von Rochow (1734-1805) unter dem Titel „Der Kinderfreund" erreichte, soll hier übergangen werden. Auch die ersten systematischen Gesamtdarstellungen von Formen der Literaturvermittlung für das höhere Schulwesen von Robert Heinrich Hiecke (1842) und Phillipp Karl Eduard Wackernagel (ebenfalls 1842) können hier lediglich Erwähnung finden.

Zum Verständnis der Nachkriegsentwicklung des Literaturunterrichts in Deutschland ist hingegen der Hinweis wichtig, dass sich schon zwischen 1848 und 1918 der Deutschunterricht von der „biedermeierlichen Gefühlskultur" zum forcierten Nationalismus" im Wilhelminismus des Deutschen Reichs (Müller-Michaels 1996:1270) entwickelte. Nach dem Ersten Weltkrieg prägte die gegen eine humanistische Allgemeinbildung ausgerichtete reaktionäre und chauvinistische Idee der „Deutschheit" die Konzepte der Literaturvermittlung vor allem für die Gymnasien. Dominiert wurde der Diskurs um die „deutschkundliche"

Orientierung des Literaturunterrichts von kulturideologischen Auseinandersetzungen, weil mit der Ausrichtung an Texten aus der Aufklärung, Empfindsamkeit und Klassik auch die Beschäftigung mit antiker, französischer, englischer, russischer etc. Kultur verbunden war, sodass demgegenüber gefordert wurde, deutsche Heldensagen, Literatur des Sturm und Drang, der Befreiungskriege etc. zu behandeln.

Die den Leseunterricht an Volksschulen einschließende Literaturdidaktik wurde zu Beginn des 20. Jh.s geprägt von Heinrich Wolgast (1896) und seinen Überlegungen zu einer ‚genießenden Leseerziehung' sowie von Wilhelm Diltheys Dichtungs- und Verstehenstheorie (1905), die den Erlebnis- und Verstehensbegriff in spezifischer Weise bestimmte. Für die Volksschule lag der Schwerpunkt auf dem Erleben der Dichtung und auf der Einstimmung, ein Konzept, das dann in den reformpädagogischen Überlegungen (z.B. von Lotte Müller und Hugo Gaudig) gleichsam mit einer Lerner- und Schülerorientierung ausgestaltet wurde.

Unter dem faschistischen Regime des Nationalsozialismus wurde die scheinbar affine Idee der völkischen Deutschkunde einerseits aufgegriffen und mit dem Diltheyschen Lebensbegriff verschmolzen. Andererseits wollte die NS-Literaturdidaktik keine ‚Kunde' betreiben und ‚Wissen' vermitteln, sondern den „Gemeinschaftswillen der Tat" (vgl. dazu Hegele 1996:70ff.) im Literaturunterricht verwirklicht sehen. Die Schullektüre speiste sich nunmehr aus den vermeintlichen Epochen des Germanen- und Rittertums, der Mystik, der Reformation, des Sturm und Drang und der Befreiungskriege mit der Maßgabe der Eignung der Werke für die nationalsozialistische Weltanschauung (vgl. dazu Müller-Michaels 1996:1273). Damit war zugleich der deutschkundlichen ‚Lebenshilfedidaktik' der Boden entzogen.

Nach dem Krieg aber orientierten sich die Konzepte der Literaturvermittlung durchaus wieder an der ‚Lebenshilfe', so dass unklar bleibt, so Müller-Michaels (1996:1273), ob nach dem Jahr 1945 ein wirklicher Neuanfang versucht wurde. Erst Mitte der 1950er Jahre unterzogen der französische Germanist Robert Minder und der Literaturwissenschaftler Walter Killy die Textauswahl der im Unterricht eingesetzten deutschkundlichen Lesebücher einer grundlegenden Kritik, indem sie deren Heimat- und Ländlichkeitsidylle sowie die nach wie vor dominierende Blut-und-Boden-Ideologie belegten.

Modernisierungsversuche der Literaturvermittlung nach 1945

Neben der Lesebuchdebatte waren die Konzepte der Nachkriegszeit geprägt von der Suche nach bindenden Bildungszielen als Grundlage einer Methodik des Deutschunterrichts. Während man im Westen Deutschlands elitäre Ideale einer „fairen Führerschaft, wie sie von Robert Ulshöfers Leitbild vom ritterlichen Menschen transportiert wurden" (Kämper-van den Boogaart 2010:70), verfolgte, waren es im Osten Deutschlands, der späteren DDR, „Helden, Kämpfer, Pioniere, die als Leitbild für eine neue sozialistische Gesellschaft dienten […]" (Müller-Michaels 1996:1275). Die Methodik zur Dramaturgie des Literaturunterrichts von Robert Ulshöfer und die stark an ästhetischen Konzepten ausgerichteten Vorschläge von Erika Essen strebten jedoch vor allem nach anschaulicher Darstellung und Anwendung. So würden die Vorschläge Ulshöfers zur ‚mittelbaren Interpretation', die beispielsweise Verfahren zur Umwandlung einer Erzählung in ein Hörspiel vorsahen, heute als moderne mediengestützte produktionsorientierte Verfahren gehandelt werden.

Die 1960er-Jahre sind in der BRD ausgezeichnet durch die Wende von der Methodik zur Didaktik als Theorie der Bildungsinhalte und der Lehrpläne. Hermann Helmers legte Mitte der 60er Jahre als erster mit seiner „Didaktik der deutschen Sprache" eine Fachdidaktik vor, die ein wichtiger Schritt zur Systematisierung deutschdidaktischer Wissensinhalte war. Auch in der DDR wurde auf didaktischer Grundlage ein System der Inhalte entwickelt, das „trotz vieler Einseitigkeiten in der Auslegung der Texte wohlbegründet, ausgewogen in der Berücksichtigung historischer und systematischer Aspekte (war)" (Müller-Michaels 1996:1276). Die Lesedidaktik war in dieser Zeit mit dem Problem literarischer „Verfrühung" befasst, die mit dem literarästhetischen Lesebuch („Lesebuch 65") entstanden war und das Problem aufwarf, ob hochkomplexe literarische Texte (z.B. Lyrik von Paul Celan) Unterrichtsgegenstand in der Grundschule sein sollten.

Die „Politisierung der literaturdidaktischen Bildungsziele" (Kämper-van den Boogaart 2010:58) führte in Westdeutschland vor allem mit dem ideologiekritischen Konzept des „Kritischen Lesens" nach Hubert Ivo 1969 zu einer Modernisierung der Literaturvermittlung in den 1970er Jahren. Die ‚Entdeckung' der Lernenden als subjektive RezipientInnen von Literatur unter Bezug auf die von Hans Robert Jauß und Wolfgang Iser begründete literaturwissenschaftliche Rezeptionsästhetik ermöglichte das die Literaturvermittlung in den 1980er Jahren prägende Konzept des handlungs- und produktionsorientierten Literaturunterrichts. Und auch für die Entwicklung der Literaturvermittlung in der DDR lässt sich zeigen, dass dort die subjektiven Formen literarischer Rezeption für den Unterricht bedacht wurden (vgl. Kämper-van den Boogaart 2010:63ff.). Bis dann mit den internationalen Leistungsvergleichsstudien (PISA, IGLU etc.) das Lesen zu dem zentralen bildungspolitischen Thema werden und ‚Lesekompetenz' zu dem fachdidaktischen Schlüsselbegriff werden sollte, gab es für den gymnasialen Literaturunterricht eine Vielzahl poststrukturalistisch begründeter Modellierungen zur Vermittlung von Literatur. In der Grundschule und den übrigen Schulformen blieb dagegen der handlungs- und produktionsorientierte Literaturunterricht nach wie vor das beherrschende Paradigma.

Lesekompetenz als Grundkategorie der Fachdidaktik

Noch bis weit in die 1990er Jahre hinein war der Kompetenzbegriff in der Literaturdidaktik deskriptiv gebraucht worden. Für Jürgen Kreft (1977) etwa war ‚Kompetenz' eine Kategorie, um „Grundprobleme der Literaturdidaktik" (Kreft 1977) im „System der Ich-Abgrenzungen" (Kreft 1977:82) so zu verorten, dass Metaprobleme der Literaturdidaktik als gesellschaftliche und sprachliche Aspekte sowie als Dimensionen der äußeren Natur und der inneren Natur des Menschen beschreibbar werden konnten. Seit den internationalen Leistungsstudien – und entscheidend befördert durch das so genannte Klieme-Gutachten zu nationalen Bildungsstandards (2007) – wird der Kompetenzbegriff in normorientierter Hinsicht gebraucht. Für die Literaturvermittlung in der Schule wird nunmehr an der Modellierung von Lesekompetenz und literarischer Kompetenz (Frederking 2010) gearbeitet mit der Folge, dass der Kompetenzbegriff einerseits in seiner literalen Variante (Literalität) die Konzepte der Literaturvermittlung bestimmt (vgl. Bertschi-Kaufmann/Rosebrock 2009), andererseits an den Umgang mit Literatur in Hinblick auf literarische Lernprozesse (Literarität) gebunden ist (vgl. dazu Spinner 2006).

Perspektiven zukünftiger Literaturvermittlung: Literalität

Der Begriff des Lesens wird in in unspezifischer Weise zurzeit von textpsychologischen Forschungsansätzen geprägt, die ihn nicht als Tätigkeit, Handlung oder Operation situierter literaler und sozialer Praxis fassen, sondern Lesen als mentalen Vorgang konstruieren. Bei Christmann etwa wird Lesen definiert als „Fähigkeit, visuelle Informationen aus graphischen

Zeichenfolgen zu entnehmen und deren Bedeutung zu verstehen" (Christmann 2010:148). Diese technisch-operative Definition, die als Kategorie für empirische Forschungen zum alltäglichen zweckorientierten Umgang mit Texten jeglicher Art sinnvoll ist, findet ihre Rahmung in dem international gebräuchlichen Begriff der „Reading literacy". In der Praxis des Leseunterrichts folgen daraus Arbeitstechniken zum Verstehen von Texten, etwa das Unterstreichen wichtiger Begriffe im Text oder das Zusammenfassen von Textabschnitten.

Diese Perspektive auf die Literalität und den Gebrauch von Schrift in Texten hat den Blick auf die individuellen Erwerbsbedingungen grundlegend erweitert, weil sie erstens verdeutlicht, dass Lese- und Mediensozialisation (vgl. Groeben/Hurrelmann 2004) gleichsam mit dem Beginn des Spracherwerbs das Sprach- und Schriftbewusstsein prägen und zweitens darauf verweist, dass Formen und Funktionen von Literalität in hohem Maße kulturell geprägt sind. Dieses neue Literalitätsverständnis führt zusammen mit den Einsichten aus der Lese- und Mediensozialisationsforschung zur Entwicklung von Konzepten der Literalitätserziehung bereits in Kindergarten und Vorschule (vgl. dazu Andresen 2010). Dabei ist beispielsweise wichtig, dass die frühe Schriftorientierung über das Vorlesen und die angeleitete Medienrezeption mit der Produktion eigener Texte verbunden werden kann, indem Kinder etwa Erwachsenen ihre Texte diktieren (vgl. dazu Merklinger 2011). Außerdem gehören zu modernen Konzepten der Literaturvermittlung im Hinblick auf die Literalitätsdimensionen die Leseförderung (Rosebrock 2010) und die Didaktik der Gebrauchstexte (Maiwald 2010).

Perspektiven zukünftiger Literaturvermittlung: Literarität

Für Konzepte der Literaturvermittlung aber sind persönliche Erfahrungen, Imagination und subjektive Emotionen und Affekte wesentlicher Bestandteil literarischen Lernens. Das mit der Perspektivübernahme mögliche Fremdverstehen und die Bereitschaft, sich darauf einzulassen, gehören ebenso zum literarischen Lernen, wie die in literarischen Texten wirksame Symbolik von Wörtern und Textzusammenhängen. Und schließlich wird neben dem symbolischen Verstehen die Offenheit für das Verstehen moralischer Konflikte herausgefordert, in denen sich literarische Figuren befinden (vgl. dazu Spinner 2006; Frederking 2010).

Literaturvermittlung und kreatives Schreiben

Neben Konzepten des textnahen Lesens (Kämper-van den Boogaart 2010) und Formen der ‚intertextuellen Lektüre' gehört beispielsweise im identitätsorientierten Literaturunterricht (Frederking 2010) der produktive und kreativ-schreibende Umgang mit literarischen Texten zu den wichtigen Methoden der Literaturvermittlung (siehe Lino Wirag „Zeitgenössische Formen informeller Literaturvermittlung" in diesem Band). Kreative Formen dazu sind beispielsweise das antizipierende Schreiben, bei dem Erwartungen an einen Text kreativ entworfen werden. Andere kreative Schreibaufgaben richten sich auf Texterweiterungen, indem etwa der innere Monolog einer Figur gestaltet wird, oder sie fordern das analoge Schreiben heraus, bei dem die Lernenden an literarischen Genres orientiert eigene Texte herstellen bis hin zur Parodie beispielsweise von Märchen. Weniger im Blick dabei ist bisher, dass in Texten der Kinder von Schulbeginn an literarästhetische Dimensionen im Spiel sein können, sodass sich in ihren Texten literarische und mediale Erfahrungen indirekt und aktiv gestalten (vgl. dazu aber Kruse 2011).

Zum Weiterlesen

Andresen, Helga (2010): Literalitätserziehung in der Vorschule. In: Kämper-van den Boogart, M./Spinner K.-H. (Hrsg.): Lese- und Literaturunterricht, Teil 2. Geschichte und Entwicklung, Konzeptionelle Grundlagen (Deutschunterricht in Theorie und Praxis, Bd. 11/2) (3-20). Baltmannsweiler: Schneider-Hohengehren.

Bertschi-Kaufmann, Andrea/Rosebrock, Cornelia (Hrsg.) (2009): Literalität. Bildungsaufgabe und Forschungsfeld. Weinheim: Juventa.

Kämper-van den Boogart, Michael (2010): Geschichte des Lese- und Literaturunterrichts. In: Kämper-van den Boogart, M./Spinner K.-H. (Hrsg.): Lese- und Literaturunterricht, Teil 1. Geschichte und Entwicklung, Konzeptionelle Grundlagen (Deutschunterricht in Theorie und Praxis, Bd. 11/1) (3-83). Baltmannsweiler: Schneider-Hohengehren.

Rosebrock, Cornelia (2010): Leseförderung. In: Frederking, Volker/Huneke, Hans-Werner/Krommer, Axel/Meier, Christel (Hrsg.): Literatur- und Mediendidaktik (326-339). Baltmannsweiler: Schneider-Hohengehren.

Spinner, Kaspar H. (2006): Literarische Kompetenzen. In: Praxis Deutsch (33), 200, 6-16.

Kristin Wardetzky
Erzählkunst

Das Erzählen

Erzählen ist eine den Menschen konstituierende Kommunikationsform, in der (über)individuelle Erfahrungen sinnstiftend geordnet und kommuniziert werden. Erzählen erfolgt intentional. Es ist verbunden mit „unterschiedlichen Aspekten der Unterhaltung [...] bis hin zu Unterrichtung oder Belehrung über ethische und moralische Grundsätze der jeweiligen Zuhörer" (Marzolph 2010:7).

Erzählen als Kunst geht über das alltägliche Erzählen hinaus. Es lebt vom unmittelbaren Kontakt zwischen ErzählerInnen und physisch anwesendem Publikum. Allein über die Lebendigkeit des gesprochenen Wortes, die beredte Mimik und Gestik des Erzählenden entstehen im Miteinander von ErzählerInnen und ZuhörerInnnen imaginäre Welten, in denen Grundfragen der menschlichen Existenz bildhaft vermittelt werden.

In den schriftlosen Kulturen war (bzw. ist) das Erzählen ein Medium des Erinnerns, der Vergegenwärtigung vergangener (national bedeutsamer) Ereignisse und deren artifizieller Stilisierung sowie der Vergewisserung nationaler Identität. Mit der Einführung der Schrift wurden diese ephemeren Substrate fixiert und damit vor dem Vergessen bewahrt. Heute bilden diese Erzählungen einen Grundbestand des (inter)nationalen kulturellen Erbes.

Geschichte

Mündliches Erzählen als Kunstform kann auf eine mehr als 3000jährige Geschichte zurückblicken. Es hat in den verschiedenen Weltkulturen einen eigenen Berufsstand hervorgebracht. Heute haben Schrift und technische Medien (Hörfunk, Film, Internet-Formate) die herkömmlichen Funktionen des (künstlerischen) Erzählens übernommen. Gleichzeitig formiert sich weltweit seit ca. 30 Jahren eine Gegenbewegung, die so genannte „New Orality". Sie versteht sich als radical counter culture (Haggarty 2003), da sie auf den Kern dieser Kunst rekurriert, auf den Menschen als Medium der vermittelten Geschichte.

Als Berufsstand erlebt die Erzählkunst gegenwärtig ihre Revitalisierung. Internationale Festivals sind Katalysatoren dieser Entwicklung. Hier treffen sich ErzählerInnen aus aller Welt und suchen den globalen Austausch von Stoffen und Techniken. Ihr Repertoire ist in der Regel nicht mehr nur national konnotiert. Sie greifen auf Stoffe aus der internationalen oralen Tradition zurück, erweitern diese um Fantastisches, (Auto)Biografisches und erproben Formen des Story Slam.

Mündlichkeit (orality) wird weltweit zu einem Schlüsselbegriff im Bereich Kultureller Bildung. Mit dem Engagement der ErzählerInnen im Bereich der Schule versuchen sie, dem Verlust an literarischer Bildung, an Sprach- und Erzählkompetenz, an Imaginationsfähigkeit und Zuhörbereitschaft gegenzusteuern.

Internationale Projekte und Wirkungen

England z.B. reagierte auf massive bildungspolitische Probleme mit dem „National Oracy Project", in dem narrative Verfahren für alle Schulfächer erprobt und verbindlich in den Curricula fixiert wurden. Erzählkunst wird in Deutschland und in anderen europäischen Ländern (u.a. Norwegen, Schweden, Irland, Frankreich, Spanien) mehr und mehr zum festen Bestandteil schulischer Praxis. Als Beispiel sei auf das Langzeitprojekt „ErzählZeit" verwiesen, in dem seit 2005 professionelle ErzählerInnen an Berliner Kitas, Grund- und weiterführenden Schulen für jeweils ein Jahr Märchen und Mythen aus aller Welt erzählen. Mit der Evaluation dieses Projektes konnte zweifelsfrei belegt werden, welche Bedeutung der Erzählkunst im Rahmen interkultureller Bildung im Kindesalter zukommt. Erzählen stimuliert eine spezifische Form nicht nur des Zuhörens und der Aufmerksamkeit, sondern vor allem der Sprachbildung (siehe Marion Glück-Levi „Hören und Sprechen lernen" in diesem Band). Darüber hinaus fördert es emotionale Ansprechbarkeit, Vorstellungs- und Einbildungskraft, macht aufmerksam auf die narrativen Wurzeln der sprachgebundenen Künste und fördert den Zugang zu fundamentalen Fragen unserer Existenz. Kinder, die über mindestens ein Jahr kontinuierlich Märchen und Mythen aus aller Welt hören, zeigen deutliche Entwicklungsfortschritte in den Bereichen Sprach- und Erzählkompetenz, Konzentration und Zuhörfähigkeit, Fantasie und Kreativität, Erwerb kommunikativer und sozialer Fähigkeiten, literarische Bildung, Neugier auf fremde Kulturen, Neugier auf narrative Zugänge zur Welt und zu philosophischen Fragestellungen. In einem latenten Lernprozess verinnerlichen sie narrative Muster und nutzen diese zur Konstruktion eigener Erzählungen. Sie lernen, konflikthafte Handlungsfolgen sinnhaft zu strukturieren und in sprachlich geformten Bildern zu kommunizieren. So werden die Kinder selbst zu ErzählerInnen.

Darüber hinaus hilft Erzählen – ohne Zwang und Druck – beim Erlernen einer zweiten (oder dritten) Sprache. Hiervon profitieren insbesondere Kinder aus nicht-deutschen Herkunftsfamilien. Narrative Verfahren wecken auch bei Kindern mit Migrationshintergrund den Wunsch, das Gesprochene in Gänze zu verstehen, um dem Erzählten nicht nur in Umrissen, sondern im Detail folgen zu können. Geschichten mit abenteuerlichen Handlungen, besonders Märchen und Mythen, verfügen über eine suggestive Macht, die spontan und unaufdringlich eben diese Wirkung entfaltet. Das Verstehenwollen ist eine elementare Voraussetzung, um aus dem Ghetto des muttersprachlichen Idioms auszubrechen und die Fremdheit der anderen Nationalsprache überwinden zu können.

Professionelle ErzählerInnen sind im Schulalltag ein konkurrenzloses Sprachvorbild. Sie bringen in den Erfahrungsschatz der Kinder etwas ein, das diesen – auch den deutschsprachigen – mehrheitlich unvertraut ist: die Poesie des gesprochenen Wortes. Durch die wiederkehrende Begegnung mit einer vom Alltag unterschiedenen Sprache geschieht das allmähliche Sich-Einspielen in die Konventionen eines poetischen Wortgebrauchs und Sprachstils, und dies nicht nach dem strengen Regelsystem eines Lehrplanes, sondern im biegsamen Übereinkommen der miteinander Sprechenden (Gadamer 1998:11).

Somit erweist sich Erzählen als ein unverzichtbares Kapital im Bereich der Kulturellen Bildung und muss wieder zu einer Selbstverständlichkeit in allen Schulformen werden.

Zum Weiterlesen

Carrière, Jean-Claude (2002): Über das Geschichtenerzählen. Berlin: Alexander.

„ErzählZeit. Erzählen. Zuhören. Weitererzählen" (Projekt): www.erzaehlzeit.de

Merkel, Johannes (2000): Spielen, Erzählen, Phantasieren. München: Antje Kunstmann.

Wardetzky, Kristin (2007): Projekt Erzählen. Baltmannsweiler: Schneider-Hohengehren.

Wardetzky, Kristin/Christiane Weigel (2008): Sprachlos? Erzählen im interkulturellen Kontext. Erfahrungen aus einer Grundschule. Baltmannsweiler: Schneider-Hohengehren.

Wienker-Piepho, Sabine (2008): Das neue Europa und die alten Märchen. In: Märchenspiegel 19, 4/2008, 2-10.

Marion Glück-Levi
Hören und Sprechen lernen

Hören und Sprechen, Zuhören und Sprechen lernen gehören unauflöslich zusammen. So unauflöslich und so selbstverständlich, dass wir im Allgemeinen nicht darüber nachdenken, dass man nicht nur das Sprechen, sondern auch das Zuhören lernen muss.
 Wenn ein Kind nicht hören oder nur schwer hören kann, tut es sich unendlich schwer, sprechen zu lernen. Früher bedeutete Taubheit häufig auch, stumm bleiben zu müssen. Noch kennen wir den Begriff taubstumm, auch wenn heutzutage – zum Glück – durch viele Hilfsmittel wie Cochlea-Implantate und verschiedene Therapien, Kindern, deren Gehör beeinträchtigt ist, der Weg zur Sprache, zum Sprechen offen steht.

Neurowissenschaftliche Befunde

Gerade in den letzten Jahren haben NeurowissenschaftlerInnen (siehe Annette Scheunpflug „Kulturelle Bildung im Kontext biowissenschaftlicher Forschung und Reflexion" in diesem Band) viele Hinweise auf hirnphysiologische Zusammenhänge zwischen Hören, d.h. dem Empfangen akustischer Signale, und dem Sprechen gefunden. Unter der Überschrift „Töne üben, Wörter finden", wurde in der *Süddeutschen Zeitung* vom 07.10.2011 über eine Studie des kanadischen Neurowissenschaftlers Sylvain Moreno berichtet, der nachgewiesen hat, dass 4- bis 6-Jährige, die sich mehrere Wochen mit einer Lernsoftware beschäftigten, die Rhythmik, Melodik, Stimmung und andere musische Fähigkeiten trainierte, deutlich bessere sprachliche Fähigkeiten zeigten als eine gleichaltrige Kontrollgruppe, die kreativ bildnerische Programme zur Verfügung hatte. Musik und Sprache verlangen in gleicher Weise analytisches Hören – so die Erklärung der ForscherInnen.
 In die gleiche Richtung weisen Forschungen des Neurowissenschaftlers Henning Scheich. Henning Scheich, Professor für Neurobiologie und wissenschaftlicher Direktor des *Leibniz-Institutes für Neurobiologie* in Magdeburg, hat in einem Vortrag eindringlich darauf hingewiesen, dass nichts unsere Vorstellungskraft und Fantasie so befördere wie das Hören. Anhand komplexer Versuchsanordnungen aus der neurowissenschaftlichen Forschung demonstrierte er, dass Hören zutiefst in die kognitiven Fähigkeiten eingreift und Lernprozesse erheblich fördert. Akustische Impulse – so die vorsichtige Beschreibung Scheichs – aktivieren Hirnareale und Synapsen, die als grundlegend für die menschliche Abstraktionsfähigkeit angesehen werden, und diese wiederum sind eine Voraussetzung für Sprache. Hören ist laut Scheich von Beginn an ein kreativer Prozess, denn wenn der Mensch die Ohren öffnet, sucht er auch sofort nach Sinn. Allerdings: Noch hat auch die Hirnforschung keine exakte Antwort darauf, wo und wann aus Schall Bedeutung wird. Das sei – so Scheich – als ob man fragen würde, wo die Seele im Gehirn sitze.
 Klänge, Muster von Tönen wecken immer auch Assoziationen. Die meisten von uns kennen diese Erfahrung, wenn sie Musik hören. Fast immer wird man sich dabei ertappen, dass alle möglichen Gedanken und Assoziationen durch den Kopf gehen. Das Akustische regt ungeheuer an, frei über Zusammenhänge zu assoziieren. „Und das ist auch das, was die Akustik braucht, um Bedeutung zu konstituieren" (Scheich 2004/05:12ff.).

Ursprünge des Hörens

Das kindliche Gehirn lernt, die akustischen Muster zu verarbeiten, und das schon im Mutterleib, denn das Ungeborene hat bereits im sechsten Schwangerschaftsmonat ein vollständig ausgebildetes Gehör. So ist der prägende akustische Impuls für den Säugling die Stimme der Mutter. Er erkennt ihre Sprachmelodie und ihren Sprachrhythmus und kann sowohl diese individuelle Stimme als auch die „Muttersprache" von Beginn an von anderen SprecherInnen und Sprachen unterscheiden. Sprechen beginnt also mit dem Hören oder anders gesagt, lange vor dem Sprechen kommt das Hören.

Deshalb gilt es festzuhalten: Im ersten Lebenshalbjahr sind Kinder in ihrer Lautwahrnehmung offen für alle Sprachen, aber bereits im zweiten Lebenshalbjahr fokussieren sie auf die sprachlichen Kontraste ihrer Muttersprache. Auch für den Aufbau des Wortschatzes, des individuellen Lexikons ist das Hören unerlässlich. Im ersten Lebensjahr hilft den Kindern dabei die Prosodie. Sie können anhand der Betonung Wörter im Lautstrom der gesprochenen Sprache herausfiltern und so die Wörter erkennen. Und dieses Erkennen ist die Voraussetzung dafür, dass sie die Wörter selbst produzieren. Sprache und Sprechen entwickelt sich in dialogischen Situationen, in denen das genaue Hinhören, Nachahmen und achtsame Aufeinander-Reagieren unerlässlich sind. Kinder eignen sich Sprache vor allem in Beziehungen an, also dann, wenn sie Menschen um sich haben, die achtsam auf sie hören und die ihnen viele Gelegenheiten zum Hören geben.

Aber auch dann, wenn Kinder bereits über sprachliche Grundfähigkeiten verfügen, bleibt das Hören die wichtigste Voraussetzung für die Erweiterung dieser Kompetenzen.

Und auch der nächste Schritt, der für die Teilhabe an Bildung unerlässlich ist, der Erwerb der Schrift, kann nur erfolgreich sein, wenn Kinder gelernt haben, differenziert zu hören, denn die Schrift bildet Laute ab, die erkannt und analysiert werden müssen. (Vgl. Schönicke/Speck-Hamdan 2010:15ff.).

Zuhören lernen

Mehr und mehr wissen wir über die Bedeutung des Hörens und vor allem des Zuhörens, und dennoch wächst die Erkenntnis, dass Zuhören eine elementare Fertigkeit, eine kulturelle Grundfertigkeit und vor allem Voraussetzung für viele weitere Kompetenzen ist, nur langsam. Vor allem fehlt es an der Umsetzung der Erkenntnis, dass diese Fähigkeit, trainiert und gefördert werden muss.

Kinder, die das Zuhören gelernt haben, sind aufmerksamer und können sich besser konzentrieren. Sie erfassen Arbeitsaufträge schneller und können sich in einer Gruppe besser zurechtfinden. Bereits in der Krippe und im Kindergarten kann die spielerische Zuhörförderung beginnen, mit dem Ziel, sinnerschließendes Zuhören zu vermitteln. Speziell für Kinder hat die *Stiftung Zuhören* daher Konzepte und Projekte entwickelt, um diese Schlüsselkompetenz des Zuhörens zu fördern.

Die Hörclubs sind das älteste und zentrale Projekt der *Stiftung Zuhören*. Bundesweit gibt es mittlerweile über 2.000 Hörclubs. Dort lernen Kinder und Jugendliche das bewusste Zuhören. Einmal wöchentlich treffen sich die Kinder mit ihrem Hörclub-Betreuer – z.B. einem Lehrer oder einem Erzieher – und entdecken gemeinsam, was es heißt, richtig zu- und hinzuhören.

„Wie klingt ein plätschernder Bach?", „Wie hört sich stürmischer Wind an?" Die Kinder machen Spiele zum Hören, erfinden kleine eigene Laut- und Geräuschgeschichten und lauschen ausgewählten Hörspielen. Alle Hörclub-Materialien sowie zusätzliche Anregungen zur Zuhörförderung stellt die Stiftung als „HörSpielBox" zur Verfügung. Die Hörclubs sensibilisieren den Gehörsinn der Kinder. Diese lernen, sich im Gespräch mit einer Sache und mit ihrem Gesprächspartner auseinander zu setzen und sich auf das gesprochene Wort einzulassen. Kinder, die an einem Hörclub teilnehmen, erfahren eine spürbare Stärkung ihrer Wahrnehmungsfähigkeit, ihrer ästhetischen Kompetenz sowie ihrer Sozial-, Sprach- und Medienkompetenz.

Das Projekt „Ohrenspitzen" richtet sich an Kindergartenkinder. Im Mittelpunkt steht eine Hör- und Sprachschatzkiste, die in Kooperation mit ErzieherInnen aus 39 Einrichtungen entwickelt wurde und die in sechs Modulen viele Anregungen für „Hörspiele drinnen und draußen", zum „Geschichten hören und erzählen", oder beispielsweise zum Produzieren von eigenen Hörstücken und Hörspielen gibt. Erste Erfahrungen in Einrichtungen, die mit dieser Schatzkiste arbeiten, zeigen, dass ganz viele Kompetenzen der Kinder gefördert werden, allen voran die Sprach- und Sprechfähigkeit und damit auch die Dialogfähigkeit der Kinder.

Ein drittes Projekt für Jugendliche – „Mit Sprechen durchstarten" – sei hier noch beispielhaft angeführt. Ein Sprech- und Zuhörtraining, das sich an HauptschülerInnen richtet und besonders zur Vorbereitung auf die Berufsausbildung eingesetzt wird. Das Projekt vermittelt einerseits Kompetenzen für die Schule, etwa die Fähigkeit Inhalte zu erfassen, Fragen zu stellen, Sachverhalte mündlich zu präsentieren. Andererseits erwerben Jugendliche auch Kompetenzen für den Beruf, nämlich Vorstellungsgespräche zu führen, Arbeitsaufträge zu verstehen und zu erfassen, fehlende Informationen zu erfragen und Arbeitsergebnisse zu präsentieren.

Praktische Übungen in kurzen Trainingseinheiten und Projektarbeit in mehrtägigen Aktionen fördern gezielt die Zuhörfähigkeit und damit die mündliche Sprachkompetenz der Jugendlichen. Diese erwerben Memo-Strategien und stärken ihre Konzentrationsfähigkeit. Sie lernen, ihre Stimme gezielt einzusetzen, frei zu sprechen, Gespräche zu führen und Konflikte zu bewältigen.

Zuhören zu können ist nicht nur die Voraussetzung dafür, gut sprechen zu können. Zuhören ist auch und vor allem die Voraussetzung für grundsätzliches Verstehen und das Gelingen von Kommunikation, für konzentriertes Lernen und eine lebendige Gemeinschaft, und nicht zuletzt für die kulturelle und gesellschaftliche Teilhabe.

Zum Weiterlesen

Bernius, Volker/Imhof, Margarete (Hrsg.) (2010): Zuhörkompetenz in Unterricht und Schule, Edition Zuhören. Göttingen: Vandenhoeck und Ruprecht.

Hagen, Mechthild (2006): Förderung des Hörens und Zuhörens in der Schule, Edition Zuhören. Göttingen: Vandenhoek und Ruprecht.

Schönicke, Judith/Speck-Hamdan, Angelika (2010): Hören ohne Grenzen, Sprache entdecken – Interkulturelles Lernen – Deutsch als Zweitsprache. Braunschweig: Westermann.

Stiftung Zuhören: Hörclubs
www.zuhoeren.de/hoerclubs (Letzter Zugriff am 27.07.12).

Stiftung Zuhören: „Ohren spitzen"
www.stiftung-zuhoeren.de/ohrenspitzen (Letzter Zugriff am 27.07.12).

Lino Wirag
Zeitgenössische Formen informeller Literaturvermittlung

Begriffsbestimmung

Unter zeitgenössischen informellen Literaturformen werden im Folgenden Formate, Veranstaltungen und Konzepte verstanden, die im deutschsprachigen Raum literarische Vermittlungsarbeit außerhalb offizieller Institutionen (also staatlicher oder privater Bildungseinrichtungen, Bibliotheken, Literaturhäuser oder -büros) betreiben, also beispielsweise in Bars, Clubs, Kneipen oder Cafés stattfinden.

Zu den bekanntesten Formen informeller Literaturvermittlung zählen sogenannte Lesebühnen, deren Entstehung im Berlin der Wendezeit zu verorten ist (beispielsweise die „höhnende Wochenschau", die von 1989 bis 1991 stattfand und sich als ‚lebendes Feuilleton' verstand): Lesebühnen definieren sich über ein festes Autorenensemble, häufig durch Gäste ergänzt, sowie turnusmäßige Auftritte in der immer gleichen Lokalität, bei der jeweils für den Vortrag verfasste, oft autobiografisch gefärbte, unterhaltsame Texte vorgetragen werden. Der betont antiprofessionelle Bohème- und Performancecharakter und die polemische Abgrenzung gegenüber einem als elitär empfundenen Kulturbetrieb spricht vor allem ein junges (Stamm-) Publikum an. Zurzeit existieren im deutschsprachigen Raum etwa 40 regelmäßig stattfindende Lesebühnen.

Weitere Formen informeller Gegenwarts-Literatur umfassen darüber hinaus vielfältige Versuche, literarische Texte in andere Medien zu übertragen oder über neuartige Mechanismen zu transportieren. Dies muss sich nicht nur in den vielfältigen Erscheinungsformen digitaler Literatur niederschlagen, sondern kann sich auch ganz konkret im öffentlichen Raum materialisieren; in Form der ‚Textbox' beispielsweise, einer Erfindung des Performance-Poeten Bas Böttcher, die an eine gläserne Sprecherkabine erinnert. Während im Inneren eine Autorin oder ein Autor seinen bzw. ihren Text stimmlich gestaltet, versammelt sich das Publikum rund um den Kubus, um dem Vortrag per Kopfhörer zu lauschen.

Weitere Veranstaltungs- und Mediationsformen, die an der Grenze zwischen subliterarischem und offiziellem Kulturdiskurs anzusiedeln sind, sind beispielsweise die extemporierte Straßenpoesie des Autors Fabian Neidhardt; die experimentelle Hallenser Veranstaltungsreihe „Wörterspeise", bei der DichterInnen nach ihrem Vortrag beispielsweise Cocktails kreieren müssen; die Literaturshow „Turboprop" von Claudius Nießen und Christoph Graebel, bei der unter anderem Live-Lektorate stattfinden; oder das Format „Live.Poetry", bei dem zwei AutorInnen auf Basis derselben Stichwörter zeitgleich Texte erstellen, die per Beamer an die Wand geworfen und im Anschluss vorgelesen werden. Auch junge Literaturfestivals wie „Prosanova" experimentieren beispielsweise mit Dunkellesungen, Live-Hörspielen oder Lesungs-Installationen (vgl. Ortheil 2005).

Allen genannten Formaten ist gemein, dass sie sich in Abgrenzung zur klassischen Autorenlesung positionieren und zu diesem Zweck experimentelle Verfahren, neue Medien und/oder partizipative Elemente einsetzen. Informelle Literatur besonders mit den Merkmalen des Events belegen zu wollen, erschiene allerdings insofern einseitig, als sich auch der etablierte Literaturmarkt derselben Mittel (beispielsweise Erlebnisorientierung, Interaktivität und Inszenierung) bedient.

Poetry Slam als paradigmatische Mediationsform

Im Folgenden soll besonders auf sogenannte Poetry Slams (der Duden schlägt seit 2004 die Schreibungen ‚Poetry-Slam' bzw. ‚Poetryslam' vor, die allerdings kaum verwendet werden) sowie verschiedene Derivate desselben Formats eingegangen werden, die bis zu 4.000 ZuschauerInnen pro Veranstaltung (so beim Finale der deutschsprachigen Meisterschaften 2011 in Hamburg) erreichen und im öffentlichen Bewusstsein, zumindest der jüngeren Bevölkerung, angekommen sind. Sie verkörpern die informelle Vermittlung von zeitgenössischer Literatur nicht nur aufgrund ihrer breiten Resonanz, sondern auch der Vielfalt der episodenhaft dargebotenen Textformen und der erfolgreichen Kombination von literarischen mit theatralischen sowie von rezeptiven mit partizipativen Elementen.

Bei Poetry Slams handelt es sich um abendfüllende literarische Vortragswettbewerbe, die in der Regel jedem Vortragenden offenstehen. Die BühnenpoetInnen, die ‚SlammerInnen' genannt werden, tragen, häufig auswendig, selbstverfasste Lyrik oder kürzere Prosa vor, deren Wirkung in vielen Fällen durch performativ-theatrale Elemente (Stimmmodulation, Gestik und Mimik, Publikumsinteraktion) unterstützt wird. Der Einsatz von Requisiten ist untersagt, auch müssen die Vortragenden einen vorgegebenen Zeitrahmen (ca. 5-8 Min.) einhalten. Poetry Slams finden häufig in regelmäßigen Rhythmen in einer festen Lokalität statt und werden von einem oder mehreren Conférenciers (sogenannten ‚Slammasters') moderiert, die innerhalb der Autorenszene als MultiplikatorInnen dienen, indem sie nicht nur Veranstaltungen organisieren, sondern sich auch um Reisekosten, Gagen und Öffentlichkeitsarbeit bemühen. Die Zusammensetzung des Publikums kann je nach Veranstaltungsort spürbar variieren und reicht von klassischem Theaterpublikum bis zu studentischen und/oder politisch motivierten Auditorien. Eine entscheidende Rolle kommt dem Publikum zu, entscheidet es doch mittels einer repräsentativen Jury oder in seiner Gesamtheit über den Sieger des Abends. Aufgrund dieses partizipativen Grundgedankens im Sinn einer emphatischen ‚Demokratisierung des Literaturbetriebs' und der vergleichsweise niedrigen Einstiegsschwelle werden Poetry Slams seit einigen Jahren auch von öffentlichen wie privaten Bildungsträgern wahrgenommen und geschätzt.

Geschichte und kulturtheoretische Einordnung

Obwohl versucht wurde, Poetry Slam an die abendländische Tradition des Dichterwettstreits (beispielsweise der mittelalterlichen Meistersänger) oder des dadaistischen Tingeltangels des frühen 20. Jh.s anzuknüpfen, konnten bewusste Rückgriffe dieser Art nie nachgewiesen werden: Der erste Poetry Slam unter diesem Namen wurde vielmehr 1986 in Chicago von Marc Kelly Smith durchgeführt und war zugleich als gegenkulturelles Spektakel wie als parodistische Aneignung des etablierten Literaturbetriebs intendiert. Schnell verbreitete sich die Slam-Bewegung weltweit, der erste Poetry Slam in Deutschland ist zwischen 1993 und 1994 anzusiedeln (vgl. Preckwitz 2005:41). Nachdem Poetry Slam in den 1990er Jahren die kurzlebige subliterarische „SocialBeat"-Szene inkorporiert hatte und noch einen bewusst anarchischen, spürbar politisierten Charme pflegte, begann zu Beginn des 21. Jh.s mit größeren Medienberichten und zahlreichen Buchpublikationen die inkrementelle Vergesellschaftung des Formats. Kulturelle Wandel- und Austauschprozesse führten dazu, dass Protagonisten und Formate in die (Verwertungs-)Kontexte offizieller Kulturvermittlung eingespeist wurden; ein Prozess, der von den Betroffenen teilweise begrüßt, teilweise (in der Sorge vor Eventisierung und Merkantilisierung) vehement abgelehnt wurde. Insgesamt kam es zu einer

Professionalisierung, Öffnung und Weiterentwicklung des Formats, das KünstlerInnen nun erlaubte, von ihrer Arbeit zu leben: Slam-PoetInnen sind inzwischen auf Buchmessen präsent (so mit der erwähnten ‚Textbox'), sind Bestandteil von Literaturfestivals geworden oder werden vom Goethe-Institut zu Auftritten und Gesprächen ins Ausland eingeladen. Auch das Selbstverständnis vieler KünstlerInnen wandelt sich zu MedienunternehmerInnen in eigener Sache (vgl. Porombka 2001), die sich nicht mehr in erster Linie als kritische Gegenöffentlichkeit, sondern als Verantwortliche eines persönlichen Markenmanagements verstehen. Die auf diesem Weg entstandene erweiterte Öffentlichkeit zog schnell auch das Interesse von Forschung und Didaktik auf sich, was die Entstehung einer Nachwuchsszene mit eigenen Veranstaltungen (‚U20-Slams') und einer regen Workshop-Kultur beförderte. Obwohl innerhalb der diversifizierten Poetry-Slam-Kultur eine strenge Trennung zwischen offizieller und informeller Literaturvermittlung heute nicht mehr sinnvoll erscheint, bleibt der beschriebene Diskurs rund um (gegen-)kulturelle Legitimation weiterhin virulent. Damit eng verwandt ist ein stärker ästhetisch ausgerichteter Literarizitätsdiskurs, der Konsequenzen auch für das gattungstheoretische Verständnis von Slam Poetry als medial mündlicher Kunstform hat: Da die Beiträge auf Slam-Bühnen die ganze Bandbreite zwischen „Spoken Word", Lautgedicht, Rap, aber auch Kabarett- oder Comedy-Beiträgen abdecken, und das Buch als Textträger zugunsten von Audio-CDs oder DVDs in der Regel zurückgestellt wird, steht eine endgültige kulturwissenschaftliche Zuordnung der Veranstaltungsform zum Begriffsfeld ‚Literatur' immer noch aus; obwohl die Zugehörigkeit von Poetry Slam zumindest zur ‚literarischen Kultur' mit guten Argumenten (so auch an dieser Stelle) nahegelegt werden kann. Aus den genannten Gründen erweisen sich allerdings philologische Untersuchungen zu wiederkehrenden oder gleichbleibenden Textgattungen, Themen oder Stilmitteln einer präsumtiv generischen „Bühnendichtung" in der Regel als kaum durchführbar. Einen aktuellen, vor allem deskriptiven Überblick über die zeitgenössische Poetry-Slam-Szene mit ihren ca. 1.500 Protagonisten liefert Westermayr (2010), die auch zahlreiche Beispiele für intertextuelle Umsetzungen von Poetry-Slam-Texten in verschiedenen Medien (z.B. in Form sogenannter ‚Poetry Clips') aufführt.

Bedeutung für die Kulturelle Bildung

Die lebensnahe Aktualität vieler Texte, die persönliche Präsenz und Erreichbarkeit der DarstellerInnen (die in der Regel zwischen 18 und 35 Jahren alt sind), die nach wie vor vorhandene, im konstruktiven wie im negativen Sinn kulturkritische Aura des Veranstaltungsformats und die häufige Verortung in jugendnahen Kulturräumen sorgen dafür, dass Poetry Slam inzwischen auch als Instrument der Kulturförderung verwendet wird, um vor allem jungen Erwachsenen literarische Handlungskompetenz und „Teilhabe am kulturellen Handlungsfeld Literatur" (Abraham/Kepser 2005:15) zu ermöglichen (siehe Doris Breitmoser „(Kinder- und Jugend-) Literatur und Kulturelle Bildung" in diesem Band). Vermittlungsangebote wie Schul-Workshops oder Poetry-Slam-Veranstaltungen in Jugendhäusern überbrücken gewinnbringend die Grenze zwischen offizieller und informeller Kulturvermittlung und können auf diese Weise zur literarischen Sozialisation junger Erwachsener beitragen, indem sie diese beispielsweise zum Verfassen und performativ gestützten Vortragen eigener Texte anregen. Besonders in den wissenschaftspädagogischen Arbeiten von Petra Anders (2004, 2008, 2010, 2011) findet sich der Einsatz von Poetry Slam im Schulunterricht eingehend durchgearbeitet; vergleichbare Darstellung existieren aber auch von Protagonisten der Slam-Poetry-Kultur selbst (beispielsweise Schütz 2011 und 2012, Willrich 2010).

Performance-Dichtung wird aber nicht nur zur Literaturförderung im Jugendbereich, sondern auch erfolgreich in der Seniorenbildung eingesetzt: So existiert in Deutschland seit 2009 das Projekt „Weckwort" für Menschen mit Demenz, bei dem durch klassische Verse ein emotionaler Zugang zu alzheimer- und demenzkranken Menschen geschaffen wird. In einstündigen Veranstaltungen rezitiert ein erfahrener Bühnendichter bekannte Gedichte besonders lebendig und mithilfe sinnlich erfahrbarer Hilfsmittel: Auf diese Weise können Verstehens- und Erinnerungsprozesse der SeniorInnen angestoßen werden, die das Gehörte mit ihrer eigenen Biografie verknüpfen.

Zum Weiterlesen

Böttcher, Bas u.a. (2009): Die Poetry-Slam-Expedition. Materialien und Arbeitsanregungen. Braunschweig: Schroedel.

Lehmkuhl, Tobias (2009): Goodie, Booty, Party on. Der Poetry Slam und seine Mythen. In: Müller, Lothar: Stimmenzauber. Von Rezitatoren, Schauspielern, Dichtern und ihren Zuhörern (63-66). Göttingen: Wallstein.

Preckwitz, Boris (2002): Slam Poetry: Nachhut der Moderne. Norderstedt: BoD.

Samonig, Sabine (2010): Checker dichten! Poetry Slam mit Jugendlichen. Berlin: RabenStück.

Teil II
Praxisfelder Kultureller Bildung

2.3
Medien

Kai Hugger
Bildung im gegenwärtigen Mediatisierungsprozess

Der medienpädagogische Fachdiskurs über das Verhältnis von Medien und Bildung wird derzeit vor allem durch den Leitgedanken bestimmt, Subjekte durch Medienbildung und Medienkompetenz mehrdimensional zu befähigen, mit (digitalen) Medien nicht nur eigenständig, sondern auch sozial verantwortet umzugehen. In diesem Zusammenhang wird von *kultureller* Medienbildung vor allem dann gesprochen, wenn die Erschließung kreativer Wahrnehmungs- und Ausdrucksfähigkeiten sowie medienbezogener Kritikfähigkeit im Mittelpunkt pädagogischer Maßnahmen stehen soll. Ziel ist dabei die Ermöglichung gesellschaftlicher Partizipation und Inklusion. Im Folgenden werde ich aufzeigen, wie sich die Förderung von Medienbildung und Medienkompetenz konzeptionell begründen lässt. Dazu werde ich zunächst die Gestalt des heute zu beobachtenden Mediatisierungsprozesses und seine Bedeutung für Jugendliche umreißen. Es ist dieser Mediatisierungsprozess, der die medienpädagogischen Konzepte Medienbildung und Medienkompetenz im öffentlichen, bildungspolitischen und wissenschaftlichen Diskurs der letzten Jahre erst voll zur Entfaltung kommen lässt. Gleichwohl zeigt sich, dass diese beiden Antworten der Medienpädagogik nicht ganz ineinander aufgehen, sondern durchaus unterschiedliche Schwerpunkte setzen.

Digitale Medienwelten

Mediatisierung als Metaprozess sozialen Wandels, innerhalb dessen sich „immer komplexere mediale Kommunikationsformen (entwickeln), und Kommunikation [...] immer häufiger, länger, in immer mehr Lebensbereichen und bezogen auf immer mehr Themen in Bezug auf Medien" (Krotz 2007:38) stattfindet, zeigt sich heute nicht nur in der Zunahme, Digitalisierung und Ausdifferenzierung der Medien. Hinzu kommt: Der gegenwärtig zu beobachtende Mediatisierungsprozess eröffnet neue sozio-technische Möglichkeitsräume und impliziert einen Bedeutungsanstieg der digitalen Medien im kommunikativen Alltag mit anderen. Empirische Forschungsergebnisse zur Mediennutzung von Jugendlichen helfen dabei, diesen Zusammenhang deutlich zu machen: Die bedeutendste Veränderung in der Mediennutzung der letzten zehn Jahre zeigt sich ohne Zweifel bei der Integration von Computer, Internet und Handy ins Medienrepertoire der Heranwachsenden.

Jugend gehört (nicht erst) seit der öffentlichen Verfügbarmachung des Internets Mitte der 1990er Jahre – im Vergleich zu Erwachsenen – zu derjenigen Bevölkerungsgruppe, die die neuen Medienentwicklungen besonders schnell bearbeitet und an ihre individuellen Bedürfnisse anpasst. Und: Jugendliche nutzen die neuen Medien besonders intensiv (vgl. Feierabend/Rathgeb 2011:301).

Die nutzungsstärkste Altersgruppe beim Internet sind die 14- bis 29-Jährigen. Während Erwachsene das Internet vor allem informations- und kommunikationsorientiert nutzen, sicherlich bedingt durch die rationalen Verwendungsweisen im beruflichen Kontext, ist für Jugendliche typisch, dass sie die multimedialen und interaktiven Angebote der Online-Welt *zusätzlich* unterhaltungsorientiert nutzen. Dabei spielt das Abrufen von Audio- und Videodateien eine wichtige Rolle. Audio- und Videoclips sind Wahrnehmungsangebote, die sich Jugendliche mit großer Neugier, Unbefangenheit und Offenheit aneignen. Sie messen ihnen hohe emotionale Bedeutung bei, insbesondere im Hinblick auf Gefühlsmanagement, Lebensstilorientierung und Sinnfragen. So nimmt bei den Jugendlichen der Computer (68 %) bzw. das Internet (60 %) als Musikabspielstätte den höchsten Stellenwert ein. Von großer Bedeutung ist auch die Nutzung von vergleichsweise kurzen Sequenzen in Videoportalen, wie z.B. YouTube. Zwei Drittel (66 %) nutzen diese Angebote täglich oder mehrmals in der Woche (Feierabend/Rathgeb 2011:306).

Jugendliche setzen sich bei der Nutzung des Internet aber nicht nur beim Nutzungsmotiv „Unterhaltung" gegenüber älteren Usern ab, sondern auch im Hinblick auf die sozialen Motive, die mit den digitalen Community-Angeboten wie SchülerVZ, StudiVZ oder Facebook verbunden werden. Online-Communities werden von ihnen vor allem für die Pflege und Erweiterung des persönlichen Freundschaftsnetzwerkes aufgesucht (Busemann/Gscheidle 2011). Dabei können Anonymität bzw. Pseudonymität der Online-Existenz offenbar dazu beitragen, schneller als in der Offline-Welt bisher fremde Personen kennenzulernen, d.h. diese nicht nur in die eigene Freundesliste einer Social Network Site einzufügen („adden"), sondern mit diesen auch in kommunikativen Kontakt zu treten, bis hin zum Treffen im Real Life. Allerdings zeigt sich in den jüngsten Untersuchungen zur Nutzung des Social Web, dass Jugendliche den größten Stellenwert dort der Verankerung mit ihrem Freundschaftsnetzwerk in der Offline-Welt beimessen (Schmidt/Paus-Hasebrink/Hasebrink 2009). In ihren Selbstdarstellungen im Social Web positionieren sich die Heranwachsenden als Mitglieder jugendkultureller Gesellungen, seien es Cliquen oder bestimmte Jugendszenen, wie z.B. Musikszenen. Im sozialen Onlineverhalten der Jugendlichen lassen sich somit auch identitätsrelevante Aspekte erkennen, welche erstens in der Darstellung sowie Manifestierung der Zugehörigkeit zu einer jugendkulturellen Gruppe bestehen, zweitens in der Suche nach Anerkennung von Anderen – etwa mithilfe selbst verfasster Konzertkritiken – die sich ebenfalls einer bestimmten jugendkulturellen Gesellungsform zugehörig fühlen (vgl. Hugger 2009).

Insgesamt zeigt sich, dass Jugendliche flexibel mit den digitalen Medien interagieren und sich diese zu unterschiedlichen Zwecken aneignen. Sie besiedeln die Online-Welt entsprechend ihren Interessen und Hobbys, die in der Offline-Welt verankert sind. Sie verfügen über differente Aneignungsmuster, die sich sowohl im zeitlichen Umfang ihrer Medienzuwendung abbilden als auch im kreativen Umgang mit den digitalen Medien sowie in unterschiedlichen Dimensionierungen von Medienkompetenz (Treumann et al. 2007).

Im Vergleich zu den Massenmedien eröffnen die digitalen Medien ihren NutzerInnen erweiterte Partizipationsmöglichkeiten (vgl. Marotzki 2008), angeboten von Seiten wie z.B. Youtube, Wikipedia, Facebook. Die Jugendlichen suchen sich mediale Alternativen öffentlicher oder teilöffentlicher Artikulation zunehmend mithilfe des Internet. So finden politisch interessierte und vielfältig engagierte Jugendliche im Internet zahlreiche neue Freiheiten und Angebotsformen vor, die sie in der Offline-Welt nicht immer haben. Allerdings gelingt es nicht allen Jugendlichen in gleichem Maße, die sich eröffnenden Möglichkeiten der digitalen Medien für sich zu Nutze zu machen (Treumann u.a. 2007). Obwohl also die empirischen Daten auf eine fast schon flächendeckende Zuwendung der gegenwärtigen Jugendkohorte und ihrer kulturellen Gesellungen zu Computer, Internet und mobilen Geräten hinweisen, dürfen diese Ergebnisse nicht dazu verleiten, vorschnell und euphorisch eine neue digitale Generation zu feiern, die mit den neuen Medien immer und überall souverän umzugehen weiß. Bei genauerer Betrachtung der Daten sind die heutigen Jugendlichen in sich deutlich heterogener als sie auf den ersten Blick erscheinen.

Medienpädagogische Antworten auf den gegenwärtigen Mediatisierungsprozess

Wie beantwortet nun die Medienpädagogik die Frage der Bedeutung des gegenwärtigen Mediatisierungsprozesses für Kinder und Jugendliche? Es ist vor allem der Diskurs über Medienkompetenz und Medienbildung zu nennen. Auf diesen werde ich im Folgenden näher eingehen, weil er die enge Begrenztheit auf insbesondere zielgerichtetes digitales Lernen in institutionellen Kontexten erweitert, und zwar einerseits im Hinblick auf die informellen Lernorte (z.B. jugendkulturelle Szenen, siehe Christian Schmidt „Jugendkulturelle Szenen und Kulturelle Bildung" in diesem Band), die sich durch die Medien eröffnen, andererseits im Hinblick auf die Betonung von Selbstbildungsprozessen, in denen die Subjekte die von den Medien dargebotenen Wahrnehmungsangebote mithilfe einer gewissen Kompetenz und auf der Grundlage eigener Zwecke und Ziele deuten und ordnen.

Medienbildung

Benjamin Jörissen (siehe auch Benjamin Jörissen „Anthropologien der Medialität" in diesem Band) und Winfried Marotzki (2009), die mit ihrem Einführungsbuch „Medienbildung" einen systematischen Begründungsrahmen des Konzepts Medienbildung vorgelegt haben, kritisieren, dass es bildungstheoretische Ansätze in der Vergangenheit verpasst haben, die Bedeutung von Medien ernst zu nehmen. Das von den Autoren vorgestellte Konzept von Medienbildung ändert diesen Zustand insofern, als es die Relevanz von Medien für Bildungs-, Subjektivierungs- und Orientierungsprozesse anerkennt, und zwar in zweifacher Hinsicht: Erstens sind Medien ein Bestandteil unserer Lebenswelt, zweitens bieten sie neue Anlässe und Räume für Bildungserfahrungen und -prozesse im Sinne orientierender Reflexion. Hinzu kommt, dass menschliche Ausdrucksformen nicht von Medialität zu trennen sind und dass mediale soziale Räume in den *digitalen* Medien eine zunehmend größere Rolle für Bildungsprozesse spielen. So lassen sich im Internet neue Artikulations- und Partizipationsräume mit Bildungsrelevanz entdecken: Die Autoren stellen zum Beispiel hinsichtlich der Bildungsdimension „Wissensbezug" Wikipedia als kollaboratives Wissensprojekt und das Bloggen als neuen Artikulationsraum vor. Für die Bildungsdimension „Handlungsbezug" stehen Online-Communities, und für den „Biographiebezug" unter anderem Internetplattformen, welche kollektiv Geschichte erzählen (z.B. zeitzeugengeschichte.de), aber auch solche, die Microblogging (z.B. twitter.com) anbieten. Die Cyborg-Thematik (Durchdringung von Körperlichkeit und Technologie in Form von Avataren) steht schließlich für die Bildungsdimension „Grenzbezug".

Jörissen und Marotzki argumentieren in ihrer Begründung von Medienbildung eng bildungstheoretisch. Die Beantwortung der Frage, wie der Einzelne mit den reflektierenden Formen seiner Wissensverarbeitung und -erzeugung umgeht, reservieren sie für die Bildungstheorie. Das ist konsequent, verdeckt aber, dass die Medienpädagogik in den letzten Jahren durchaus alternative Antworten zu finden versucht hat. In welchem Verhältnis also Medienbildung insbesondere zu Begriff und Konzept von Medienkompetenz steht, thematisieren die Autoren nur implizit, wenn sie Kritik an der gesellschaftlichen Akkumulation von Verfügungswissen üben. Aus bildungstheoretischer Perspektive wird in den letzten Jahren gerade Medienkompetenz verdächtigt, diesem Verfügungs- oder Faktenwissen zu nahe zu stehen. Die Kritik freilich, Medienkompetenz habe einen vor allem zweckrationalen Charakter und könne zu leicht außerhalb der Selbstbestimmung des Subjekts dienenden Zielen untergeordnet werden, greift zu kurz, weil sie sich in erster Linie auf bestimmte Verwendungsweisen des Begriffs (z.B. in ökonomischen Zusammenhängen) bezieht.

Medienkompetenz

Die Anstöße zur Entwicklung des Medienkompetenzbegriffs stammen aus der sozial- und sprachwissenschaftlichen Diskussion um Kompetenz in den 1970er Jahren. Der Impuls für die medienpädagogische Debatte um Medienkompetenz stammt von Dieter Baacke (1973, 1996), der das Konzept mit den Dimensionen Medienkritik, Medienkunde, Mediennutzung und Mediengestaltung als eine Spezialform der kommunikativen Kompetenz versteht. Trotz ihrer Unterschiedlichkeit im Detail weisen alle theoretischen Konzepte von Medienkompetenz zentrale Übereinstimmungen auf, die aufzeigen, dass der Diskurs der Medienkompetenz nicht von einer Bestimmung zu trennen ist, die die Reflexionsfähigkeit sowie die aktive Steuerung des Subjekts ins Zentrum stellt:

1) Medienkompetenz rekurriert in zentraler Weise auf die Selbstorganisationsdispositionen und -fähigkeiten des Menschen. Kinder, Jugendliche und Erwachsene müssen in ihren immer mehr durch Mediatisierung gekennzeichneten Lebenswelten in der Lage sein, Medien selbst organisiert, reflektiert und kreativ zu nutzen, ihre symbolische Umwelt eigenständig zu strukturieren und mit Sinn zu versehen, und zwar unter medial, sozial wie gesellschaftlich unbestimmten Bedingungen, in denen immer weniger feste Traditionen und Autoritäten sowie klare Zielmarken der Lebensführung durchscheinen und erfahrbar werden.
2) Weil aber anzunehmen ist, dass es nicht allen Kindern und Jugendlichen in gleichem Maße erfolgreich gelingt, Medienkompetenz zu erwerben, bleibt eine Unterstützung und Förderung mit Hilfe medienpädagogischer Angebote und Programme notwendig. Die Entwicklung von Medienkompetenz ist nicht nur in informellen, sondern auch in formellen (z.B. Schule) wie non-formalen (z.B. Jugendarbeit) Bereichen grundsätzlich über selbst organisierte Lernprozesse zu verwirklichen.
3) Ebenso wie Kompetenz ist auch *Medien*kompetenz ein „Beobachterbegriff" (Schmidt 2005), d.h. er bezieht sich auf Dispositionen (Anlagen, Fähigkeiten, Bereitschaften), die es ermöglichen, bestimmte Medien-Handlungen auszuführen. Weil Medienkompetenz nicht direkt beobachtbar ist, kann diese dem Handelnden von Beobachtern lediglich aufgrund einer Bewertung zugeschrieben werden.

Schlussfolgerungen

Medienkompetenz und Medienbildung stehen auf dem jetzigen Stand der medienpädagogischen Debatte für zwei, theoretisch jeweils unterschiedlich hergeleitete Seiten derselben Medaille: Während Medienkompetenz ein vor allem kompetenz- und kommunikationstheoretisch begründetes Modell mit unterschiedlichen Wissens- und Fähigkeitsdimensionen darstellt, betont Medienbildung in bildungstheoretischem Verständnis den Aspekt des Prozesses der Freisetzung des Subjekts zu sich selbst und der Medien-Reflexion. Beide Konzepte versuchen einen Zielwert medienpädagogischen Denkens und Tuns zu definieren, der im Kontext des gegenwärtigen Mediatisierungsprozesses und seiner Bedeutung für Menschen allgemeine Gültigkeit beansprucht. Dabei gilt für beide Begriffe und Konzepte, dass ihre Bewertung vom jeweiligen Diskurs über Medienkompetenz bzw. Medienbildung abhängt. Dieser kann historisch unterschiedliche Verständnisse des Konzepts hervorbringen. So wurde der *Diskurs* über Medienkompetenz Anfang der 1970er Jahre vor allem mit Blick auf die Emanzipation des Subjekts geführt, gegenwärtig stehen deutlicher Selbstsozialisation und die Ermöglichung von Selbstorganisation im Vordergrund. Und auch der bildungstheoretische Diskurs hat seine Perspektive insofern erweitert bzw. verändert, als mit der Einführung des Begriffs Medienbildung seit Ende der 1990er Jahre die reflexiven Potentiale medialer Räume und medialer Artikulationsformen für Bildungs-, Subjektivierungs- und Orientierungsprozesse zur Debatte stehen.

Mit Blick auf die medienpädagogischen Herausforderungen, die sich aus der Bedeutung des gegenwärtigen Mediatisierungsprozesses für Kinder und Jugendliche eröffnen, sind Medienkompetenz und Medienbildung integrativ zu betrachten – wer von dem einen redet, darf das andere nicht vergessen. Damit meine ich nicht unbedingt die Möglichkeit der systematischen Verknüpfung beider Konzepte im Sinne eines integrierten Theorieentwurfs. Dies scheint mir schon aufgrund der unterschiedlichen theoretischen Herleitungen wenig ertragreich zu sein, was durch die bisher wenig fruchtbare Debatte über diese Möglichkeit eindrücklich bestätigt wird (vgl. Fromme/Jörissen 2010; Schorb 2009). Dennoch gehen beide Konzepte insofern ineinander auf, als sie die Entwicklung von Orientierungen, Wissensbeständen und Fähigkeiten nicht in erster Linie auf Seiten des medienpädagogisch Handelnden ansetzen, sondern auf der Seite des Subjekts, das sich (idealerweise) selbst die Medienkompetenz bzw. Medienbildung aneignet, die es ihm erlaubt, Medien souverän, sinnvoll und kreativ für sich und in Verantwortung gegenüber anderen zu nutzen. Beide Konzepte unterscheiden sich jedoch dort, wo sie in der Beobachtung und Bewertung des Medienhandelns von Menschen unterschiedliche Schwerpunkte setzen. Setzt der Diskurs der Medienkompetenz bisher vor allem an den erworbenen Orientierungen, Fähigkeiten, Wissensbeständen und Kompetenzen an, versucht der Diskurs der Medienbildung den Erwerb von reflexivem Orientierungswissen in erster Linie prozesshaft zu denken. Gleichwohl macht es sowohl praktisch, analytisch wie systematisch Sinn, Medienhandeln aus beiden Perspektiven heraus zu bewerten, um auf dieser Basis Schlussfolgerungen für alle Bereiche von Erziehung und (Kultureller) Bildung zu ziehen (vgl. BKJ 2011b). Konkret wird das am Beispiel der Bedeutung, die *ästhetische* Prozesse in der digitalen Alltagswelt von Kindern und Jugendlichen haben: Die digitalen Medien eröffnen durch die Vielfalt an Audiodateien in Musiktauschbörsen und Videoclips auf YouTube, die zumindest potentiell zusammen mit anderen geteilt und kommentiert werde können, ein insbesondere für Heranwachsende faszinierendes Wahrnehmungsspektrum, in Ergänzung zur Offlinewelt. Für das „genießende Verstehen" (Baacke 1995:46) dieses Spektrums ist eine auch heute pädagogisch immer noch zu wenig geförderte Wahrnehmungskompetenz (als Teil von Medienkompetenz) notwendig, die in einem Prozess der Wahrnehmungsbildung (als Teil von Medienbildung) ermöglicht werden kann.

Zum Weiterlesen

Baacke, Dieter (1996): Medienkompetenz – Begrifflichkeit und sozialer Wandel. In: Rein, Antje von (Hrsg.): Medienkompetenz als Schlüsselbegriff (112–124). Bad Heilbrunn: Julius Klinkhardt.

Bundesvereinigung Kulturelle Kinder- und Jugendbildung e.V. (BKJ) (2011): Kulturelle Bildung in der Netzgesellschaft gestalten. Positionen zur Medienbildung. Remscheid: BKJ.

Hugger, Kai-Uwe (2009): Junge Migranten online. Suche nach sozialer Anerkennung und Vergewisserung sozialer Zugehörigkeit. Wiesbaden: VS.

Marotzki, Winfried (2008): Multimediale Kommunikationsarchitekturen. Herausforderungen und Weiterentwicklungen der Forschungen im Kulturraum Internet: http://www.medienpaed.com/14/marotzki0804.pdf (Letzter Zugriff am 29.07.12).

Treumann, Klaus/Meister Dorothee M./Sander, Uwe/Burkatzki, Eckhard/Hagedorn, Jörg/Kämmerer, Manuela/Strotmann, Mareike/Wegener, Claudia (2007): Medienhandeln Jugendlicher. Mediennutzung und Medienkompetenz. Bielefelder Medienkompetenzmodell. Wiesbaden: VS.

Barbara Hornberger/Stefan Krankenhagen
Pop- und Medienkultur in der Kulturellen Bildung

Das Verhältnis von Kultureller Bildung und dem Populären ist von einem tradierten und tiefgehenden Widerspruch geprägt; einem Graben, der so tief ist, dass es auf den ersten Blick fraglich erscheint, die beiden Begriffe zusammen zu bringen. Denn nicht nur, dass die Idee der Kulturellen Bildung – in Deutschland zumal – an das Medium der Kunst gebunden ist, sondern das Konzept Kultureller Bildung selbst ist eine Reaktion auf Modernisierungsschübe seit der Neuzeit, die wesentlich durch eine veränderte Medien- und Öffentlichkeitskultur geprägt wurden (Habermas 1962). Ausdrücklich nennt Friedrich Schiller die Kunst sein „Werkzeug", wenn er den LeserInnen seiner Ästhetischen Briefe die Lösung des von ihm skizzierten Bildungsproblems präsentiert: „Ewig nur an ein einzelnes kleines Bruchstück des Ganzen gefesselt, bildet sich der Mensch nur als Bruchstück aus" (Schiller [1795] 2005:320). Der Mensch ist Fragment geworden; die Kunst dafür da, ihn zu heilen. Was sollen da die Medien, was soll eine Populärkultur richten, deren Entstehungsbedingungen und Wirkweisen auf den ausdifferenzierten Gesellschaftsformen der Moderne beruhen?

Kritik der Medienkultur

Medien und Populäre Kultur sind Symbole und Träger einer gesellschaftlichen Entwicklung, auf deren Zumutungen und Ungewissheiten mit der Forderung nach Kultureller Bildung reagiert wird. Dass es sich hierbei um eine ideengeschichtliche Konstante und weniger um die Spezifik des jeweiligen Mediums handelt, ist eindrücklich am Beispiel der Debatte um das Lesen im 18. und 19. Jh. zu verfolgen. Wenn gegen Ende des 20. Jh.s das Lesen ohne jede Einschränkung als kulturell hochstehende Kulturtechnik angesehen wird, dann ist das keineswegs eine selbstverständliche Haltung. Noch in den 1950er Jahren beklagten PädagogInnen die potentiell schädliche Wirkung des übermäßigen Lesens und der falschen Lektüre: „Ja, es ist ein regelrechtes Problem, die ‚Lesewut', welche die Jungen wie die Masern befällt. Sie lesen, was sie vor die Augen bekommen, es muss nur recht turbulent und aufregend darin zugehen" (Schmidt 1954:49). Vom Ende des 18. Jh.s bis in die Nachkriegszeit hinein ist das Lesen umstrittenes Terrain, auf dem um Deutungshoheit und gesellschaftliche Kontrolle gerungen wird. In den zahlreichen Streitschriften gegen das Lesen kommt eine vielfach motivierte Abwehrhaltung zum Ausdruck, die sich um die noch unerfahrenen und daher gefährdeten LeserInnen sorgt. Fast wortgleich werden z.B. in den folgenden Jahrzehnten erst der Film, dann die Kriminalliteratur und später die Computerspiele für Jugendkriminalität verantwortlich gemacht: „In Neunkirchen (Saar) erstach ein 15jähriger seinen gleichaltrigen Freund. Die Tatsache, daß der Täter nicht weniger als 40 Schundhefte, dazu eine Reihe von Werkzeugen wie Pistolen, Dolche, Schlingen usw., in seinem Besitz hatte, die nach dem Rezept der Heftchen angefertigt waren, weist eindeutig auf die Herkunft jener Mentalität hin, die zu der Tat führte" (zit. nach Schmidt 1954:18). Die Kritik macht sich dabei sowohl am Inhalt als auch an der spezifischen Rezeptionshaltung fest: Bei der sogenannten Lesesucht sei nicht Wissbegier, sondern Sensationslust, nicht Erbauung, sondern Entspannung, nicht Information, sondern

Empfindung Zweck der Lektüre. Besonders Frauen und Jugendliche erscheinen als gefährdet: Die Bilder halb sitzender, halb auf Diwanen und Betten liegender Frauen, deren eine Hand das Büchlein halb aufgeklappt hält, während die zweite Hand unter dem verrutschten Kleid verschwunden ist, illustrieren die sittliche Gefährdung, die in der Lektüre vermutet wird: Das scheinbar wahllose und massenhafte, verschwenderische, stille und lustvolle Lesen widersprach dem protestantischen Arbeitsethos, der bürgerlich-patriarchalen Vorstellung von Arbeit, Häuslichkeit und Bildung.

Von der so etablierten Dichotomie zwischen Kultureller Bildung einerseits und Unterhaltung andererseits werden alle kulturellen Bereiche erfasst. Die intensive, vertiefte Beschäftigung mit ästhetischen Artefakten wird einer extensiven Vergnügungskultur gegenübergestellt, der distanzierte Genuss einer distanzlosen Hingabe (Schulte-Sasse 1977) und das aufmerksame Schauen im bürgerlichen Museum dem ungebildeten, sensationslüsternen Gaffen auf Jahrmärkten und in den Varietés (Bennett 1995). Zu Anfang des 20. Jh.s, als die Populäre Kultur durch neue Medien wie Kino, Rundfunk und Schallplatte einen enormen Aufschwung erlebt, erheben sich aber auch einzelne Stimmen, die gerade in den „unscheinbaren Oberflächenäußerungen" (Kracauer [1927] 1984:50) die Verfasstheit einer Epoche zu erkennen glauben oder den Abschied von der auratischen Einmaligkeit des Kunstwerks als Weg in eine Kultur der Moderne beschreiben (Benjamin [1935] 2007).

Kultur für alle

Die wertende Hierarchisierung von sogenannter ernster versus unterhaltender Kultur bleibt im Wesentlichen unangetastet, bis in den 1960er Jahren durch den Einfluss der britischen Cultural Studies die Populäre Kultur verstärkt in den Fokus der Soziologie und der Pädagogik rückt. In den 1970er Jahren initiierte in Deutschland die Forderung „Kultur für alle" (Hoffmann 1979) eine Neuorientierung in der Kultur- und Bildungspolitik: Kultur sollte keine Enklave der gebildeten und besser verdienenden Menschen sein, sondern möglichst allen zur Verfügung stehen. Für Hilmar Hoffmann selbst war damit auch ein tendenziell weiter Kulturbegriff verbunden, der populäre Formen und mediale Praxen einschloss. Während aber sein Slogan zum Bestandteil offizieller Kulturpolitik wurde, konnte sich die Öffnung zum Populären nicht in gleichem Maße durchsetzen. Noch heute wird die Forderung nach einer Kultur für alle vor allem als freier Zugang zu Bibliotheken, Theatern und Museen verstanden. Die allen zugänglichen Massenmedien Fernsehen oder Internet sind nicht gemeint und damit implizit vom offiziellen Kulturverständnis ausgeschlossen. So steht etwa das Fernsehen, anders als (heute) das Lesen oder der Museumsbesuch, nach wie vor nicht für eine disziplinierte und vernünftige, konzentrierte und auf Erkenntnis gerichtete Rezeption, sondern als Ausdruck ungleiteter und damit unaufmerksamer visueller Wahrnehmung, die kaum als bildungsstiftend gilt. Inhaltlich trifft es vor allem dort auf Geringschätzung, wo das Medium nicht Information, sondern Unterhaltung sendet: in den seriellen, fiktionalen Programmformaten. Die dichotome Unterscheidung bleibt kulturpolitisch wie auch ökonomisch unangetastet: So macht etwa die GEMA einen Unterschied in der Bezahlung von E- oder U-Musik und das Finanzamt erhebt für ein Konzert, das sich durch Hinwendung zum Künstler aufzeichnet, nur 7% Steuern, für einen DJ-Clubabend hingegen 19%.

Populärkultur für alle

Während auf der Seite von Kulturpolitik und Pädagogik die Berührungsängste vor der Populären Kultur prägend bleiben, setzt sie sich als kulturelle Alltagserfahrung in nahezu allen Schichten und Milieus durch. Insbesondere der Einfluss amerikanischer und englischer Jugendkulturen in den 1950er, 1960er und 1970er Jahren verändert die Kultur und Gesellschaft des Landes nachhaltig (Maase 1992); so wie auch die Durchsetzung des Fernsehens als Leitmedium. Populäre Kultur ist de facto eine Kultur für alle – massenhaft vorhanden und für alle verfügbar. Des Weiteren beginnt die Populäre Kultur ein Bewusstsein der eigenen Tradition und Geschichtlichkeit zu entwickeln und sich von der E-Kultur zu emanzipieren. Retrowellen und Zitate aus dem Fundus des Pop sind Belege für die selbstbewusste Beschäftigung der Populären Kultur mit der eigenen Tradition. Damit einher geht eine Ausdifferenzierung der künstlerischen Möglichkeiten und Ansprüche: Das Populäre kann inzwischen so komplex wie simpel sein und entsprechend variationsreich ist das Reden und Schreiben über Populäre Kultur. Das Fernsehen, die Unterhaltungsliteratur oder die Popmusik haben Einzug gehalten in Wissenschaft, Publizistik und Feuilleton. Dabei arbeitet die Kritik durchaus mit herkömmlichen Maßstäben. Über die sogenannten Qualitätsserien wie „West Wing", „Sopranos", „Six Feet Under" oder „Mad Men" etwa wird heute mit Kategorien aus dem Kanon bürgerlicher Ästhetik und mit wissenschaftlicher Akribie geschrieben – aus der Glotze wird ein anspruchsvolles Erzählmedium, das gesellschaftlich und politisch relevante Themen verarbeitet. Medien, Genres und populäre Artefakte werden durch die Dauer ihrer medialen Präsenz und der damit einhergehenden Herausbildung einer eigenen Geschichtlichkeit nobilitiert und fließen in den bürgerlichen Bildungskanon ein: Karl May und die Rolling Stones, „Tatort" und „Star Wars" sind heute Teil des kulturellen Allgemeinwissens.

Das Populäre in der Schule

Weil die Inthronisierung der Populären Kultur als Alltagskultur vor allem über Jugendkulturen verlief (siehe Christian Schmidt „Jugendkulturelle Szenen und Kulturelle Bildung" in diesem Band), wird seit den 1970er Jahren in der Jugendkulturforschung und der Pädagogik vermehrt die Notwendigkeit gesehen, Medien und Populäre Kultur in das Wirkungsfeld der Kulturellen Bildung einzureihen. Für den Nachweis von Bildungsrelevanz ist die Aufnahme ins schulische Curriculum ein sicheres Zeichen. Zumindest die Populäre Musik hat den Sprung in den schulischen Bildungskanon geschafft, während andere Erscheinungsformen wie etwa der Unterhaltungsfilm erst seit wenigen Jahren curricular verankert sind.

Als allerdings in den 1960er und 1970er Jahren erstmals Populäre Musik im Unterricht gefordert und durchgesetzt wurde, geschah dies – gewissermaßen in der ideologischen Nachfolge des pädagogischen Umgangs mit der Lesewut – mit einem erklärten Willen zur Aufklärung. Die Jugendlichen sollten ein Bewusstsein entwickeln „für das, was man tut, wenn man Probleme mit solcher Musik verdrängt. Vertrieben sollte keiner werden aus diesem ‚Paradies', falls es für ihn eines ist, aber er sollte sich nach dem Unterricht an Schlagern nicht mehr herausreden dürfen, er wisse nicht, was er tue" (Wiechell 1975:28). Der jugendliche Hang zur Populären Musik wurde als zu überwindende Sozialisationsphase auf dem Weg zum besseren Geschmack angesehen. Erst eine Generation später traten MusiklehrerInnen in Erscheinung, die selbst popmusikalisch sozialisiert wurden. Sie brachten zunehmend die von ihnen favorisierte Musik in die Schulen, waren aber zugleich akademisch von der Werkästhetik der Musikwissenschaft geprägt. Als Reaktion darauf wurde primär auf hinreichend nobilitierte Beispiele zurückgegriffen, was die Bevorzugung etablierter Songs gegenüber aktuellen bzw. Indie-Musik gegenüber dem Mainstream bedeutete. Gleiches gilt für die Schulbücher: Orientiert am Gedanken eines bewährten kulturellen Kanons, wird dort nur aufgenommen, was sich als ästhetisch und historisch wertvoll herausgestellt hat. Kultur ist im schulischen Curriculum das Vergangene, die Populäre Kultur aber, besonders die, welche die SchülerInnen rezipieren, ist aktuell. Zudem ist die Schulmusikpädagogik zwar längst über ihre ideologischen und praktischen Anfangsschwierigkeiten hinausgewachsen, hat an Selbstbewusstsein und didaktischen Möglichkeiten vor allem im praktischen Bereich gewonnen, doch durch ihre Singularität innerhalb des Bildungscurriculums und durch eine stark fachdisziplinäre Ausrichtung der Schulbücher wie auch der Lehrenden fehlt eine breite Einordnung der Populären Musik in den Kontext der Populären Kultur insgesamt weitgehend.

Bedeutet das also am Ende doch, was Jürgen Terhag provokant die „Un-Unterrichtbarkeit aktueller Pop- und Rockmusik" genannt hat (Terhag 1984:346)? Ist es überhaupt sinnvoll, das Populäre als Bildung zu begreifen? Schließlich haben die Cultural Studies darauf aufmerksam gemacht, dass gerade das Offene, leicht Zugängliche, Polyseme der Populären Kultur ihr Kapital sei (vgl. Fiske 1989). Der Zugang zu Populärer Kultur funktioniert auch ohne Unterricht ausgezeichnet. Doch sind Zugang und Rezeption allein noch nicht als Kulturelle Bildung aufzufassen.

Möglichkeiten einer Didaktik des Populären

Wenn Bildung als ein rationaler, konzentrierter und disziplinierter Rezeptions- und Lernprozess verstanden wird, als Aneignung von klar umrissenem Wissen, dann steht das Populäre notwendigerweise außerhalb von Bildung. Denn es ist ja gerade die Besonderheit von Unterhaltungsgegenständen, dass sie auch mit weniger Konzentration, gewissermaßen beiläufig rezipiert werden können (Hügel 1996). Anders stellt es sich dar, wenn man Bildung als „Prozess der Erfahrung [begreift], den wir durchlaufen, wenn wir gewohnte Sichtweisen aufgeben müssen oder mit Erstaunen bestätigt finden, wenn wir plötzlich erkennen können, was die ganze Zeit vor unserer Nase lag, wenn wir lernen, anders zu handeln als bisher, oder das Gleiche aus besseren Gründen tun, wenn wir die Welt mit den Augen eines Anderen zu sehen lernen und gemeinsame Worte und Unterscheidungen finden, wo es zuvor nichts, jedenfalls nichts Sagbares gab" (Rolle 2010:50). Wenn Populäre Kultur als etwas verstanden wird, das Weltverständnisse formuliert, als etwas, woran die RezipientInnen in selbstbestimmter Intensität teilhaben und wovon sie sich etwas mitteilen lassen, und wenn Bildung als ein lebenslanger Prozess der Auseinandersetzung des Individuums mit sich und der Welt aufgefasst wird, dann ist die Rezeption des Populären genauso als Bildung zu verstehen wie die Rezeption klassischer Kunstwerke – zumal die Verarbeitung dieser Werke in zahlreichen populären Formaten (Videoclip, Kinofilm, Werbung, Klingelton) die rein kontemplative Rezeption immer seltener werden lässt. Dazu kommt, dass zunehmend der tradierte und hierarchisch geprägte Begriff von Bildung abgelöst wird durch einen Begriff, der in wesentlichen Teilen auch informelle Bildungserlebnisse integriert. „Wie bei allen Bildungsprozessen steht zu vermuten, dass das Individuum sehr viel mehr in informellen als in formellen Prozessen und sehr viel mehr außerhalb als innerhalb der dafür vorgesehenen Institutionen lernt – ohne, dass diese dadurch überflüssig würden" (Ermert 2009). Gerade die Kulturelle Bildung, die weniger als Vermittlung ökonomisch verwertbarer Wissensbestände denn als eine spezifische, kulturell geprägte Form der Allgemeinbildung verstanden wird, ist ohne den informellen Zugang kaum denkbar. Dabei kommen neben den Künsten auch die Massenmedien in den Blick. Informalisierte Bildungsprozesse, wie sie in der der spätmodernen Informationsgesellschaft mehr und mehr gefordert und vollzogen werden, können ohne die Einbeziehung wesentlicher Elemente zeitgenössischer Kultur, nämlich der Massenmedien und der Populären Kultur, nicht gedacht werden.

Eine Aufnahme der Populären Kultur in den Bereich Kultureller Bildung würde deren spezifische Teilhabe- und Bildungsprozesse intensivieren. Bislang wird Medienkompetenz eher beiläufig erworben – durch Benutzen, Probieren und Scheitern. Zugleich ist die heutige Alltagswelt in einem Maße medial geprägt, dass sich die Frage stellt, ob der Erwerb dieser Kompetenz dem Zufall überlassen werden kann. Längst gibt es eine Reihe von medienpädagogischen Konzepten innerhalb und außerhalb schulischer Bildung. Dabei wird jedoch ausgeblendet, dass Medienkompetenz und Kulturelle Bildung im Bereich Populärer Kultur nicht dasselbe sind. Die Formen, Genres und Erzählweisen der Populären Kultur sind in der Regel medienübergreifend. Während Buch, Schallplatte/CD und Film unterschiedliche Medien sind, bleibt ein Krimi doch ein Krimi, ob er als Roman, Hörspiel oder Kinofilm auftritt. Über ihre verschiedenen medialen Erscheinungsformen hinweg bietet die Populäre Kultur Interpretationen von zeitgenössischer und historischer Kultur und Gesellschaft an, moderiert Veränderungsprozesse, verschiebt oder verstetigt bereits erworbene Ansichten. Ein Bewusstsein über die Wirkungsweisen und Formen des Populären ist in einer Kultur, die so stark von Medien und Populärer Kultur geprägt ist, ein elementarer Bestandteil von Medienkompetenz und Kultureller Bildung. „Auch die Massenmedien, audiovisuelle Medien und Printmedien (vom Buch bis zur Tageszeitung), wirken mit ihren Inhalten faktisch kulturell prägend, also bildend. Die unendlichen Möglichkeiten des Internets enthalten fast ebenso unendliche Möglichkeiten der kulturellen Bildung – für den, der sie als solche sucht, ebenso wie für den, der sie nur konsumiert" (Ermert 2009). Um diesen Teil der Kultur aber auch als Bildung für den einzelnen verfügbar und nutzbar zu machen, um Unterscheidungs- und Wertungskompetenzen zu fördern, ist eine spezifische Didaktik des Populären gefordert, die diese informellen Prozesse zugänglich macht, ohne sie zu domestizieren oder zu instrumentalisieren. Stattdessen gilt es wie in anderen Bereichen der Bildung, durch Wissen über Produktions- und Rezeptionsprozesse und durch Vermittlung der Bedeutungsvielfalt des Populären Mündigkeit herzustellen im Umgang mit und in der Bewertung von populären Gegenständen und Medien. Denn eine Auffassung von Kultureller Bildung, die das Populäre ignoriert, generell abwertet oder als Durchgangsstadium zur ernsten Kultur missversteht, wird der postmodernen Kultur ebenso wenig gerecht wie den Bildungsanforderungen der Gegenwart.

Zum Weiterlesen

von Appen, Ralf (2007): Der Wert der Musik. Zur Ästhetik des Populären. Texte zur populären Musik. Bd. 4. Bielefeld: transcript.

Cavallo, Guglielmo/Chartier, Roger (1999): Die Welt des Lesens. Von der Schriftrolle zum Bildschirm. Frankfurt/New York: Campus.

Hall, Stuart/Whannel, Paddy (1964): The Popular Arts. London: Hutchinson Educational.

Hügel, Hans-Otto (2007): Lob des Mainstreams. Zu Begriff und Geschichte von Unterhaltung und Populärer Kultur. Köln: von Halem.

Maas, Georg/Terhag, Jürgen (2010): Zwischen Rockklassikern und Eintagsfliegen – 50 Jahre Populäre Musik in der Schule. Musikunterricht heute. Bd. 8. Marschacht: Lugert.

Maase, Kaspar (2012) Die Kinder der Massenkultur. Kontroversen um Schmutz und Schund seit dem Kaiserreich. Frankfurt/M.: Campus.

Eva Bürgermeister
Medienbildungsorte

„Hier habe ich alles gelernt, was nicht in Büchern steht", heißt es in einer Anzeige für einen Ferienflieger, die junge Leute beim Flirt an einem spanischen Strand zeigt. Gelernt werden kann schließlich allerorten – in der Familie, in der Freizeit mit der Clique, in den vernetzten virtuellen Welten, aber natürlich auch in der Schule und Einrichtungen der außerschulischen Jugendarbeit oder der Kulturellen Bildung.

Gerade den Umgang mit Medien erlernen Kinder und Jugendliche heute vor allem fernab der traditionellen Bildungsinstitutionen, schließlich erfolgt Sozialisation in digitalen Zeiten in nahezu allen Lebensbereichen medial. Heranwachsende verbringen zum Teil ebenso viel Zeit vor dem Bildschirm wie in der Schule. Musik, TV und Kino prägen ihre Lebensgefühle, stiften Gemeinsamkeit und Gesprächsstoff, das Internet dient ihnen komplementär als Kommunikations- und Aktionsraum.

Kein Wunder, dass die in die digitale Welt hineingeborenen Kinder und Jugendlichen mit neuen Medienangeboten meist schneller und besser umgehen können als die Eltern und PädagogInnen. Die richtige Handhabung von Technik steht bei der Medienbildung also nicht im Fokus, es geht vor allem um andere Kompetenzen, die an den verschiedenen Bildungsorten gelernt werden. Im Folgenden soll ein wenig Struktur in die vielfältigen Medienbildungsräume mit ihren unterschiedlichen Bildungspotentialen gebracht werden.

Bildungsorte und Lernwelten

„Formelles Lernen lehrt der Lehrplan, informelles Lernen lehrt das Leben!" — diese vereinfachte Formel beschreibt treffend die beiden Lernbereiche der *formellen Bildung* innerhalb unseres Bildungswesens und der *informellen Bildung* in Lebenszusammenhängen. Analog zu diesen beiden heute häufig verwendeten Bezeichnungen unterscheidet der 12. Kinder- und Jugendbericht der Bundesregierung in ähnlicher Form Bildungsorte und Lernwelten: „Typologisch betrachtet erscheint dabei der Begriff ‚Lernwelt' allgemeiner und diffuser zugleich, weniger eingrenzbar als ein spezifischer Ort, da er in der Regel weitaus mehr umfasst als Bildung. Demgegenüber bezieht sich der Begriff ‚Bildungsort' nur auf solche Orte und Institutionen, die u.a. auch eine explizite Bildungsfunktion haben und durch ein Minimum an Planung und Organisation auf diese Funktion ausgerichtet sind. In diesem Sinne werden Schule, Kindergarten und Jugendarbeit als ‚Bildungsorte' bezeichnet, während im Unterschied dazu die Medien und Gleichaltrigen-Gruppen als typische ‚Lernwelten' gelten können" (BMFSJ 2005:121).

Obwohl Studien belegen, dass Erwachsene 70-90 % ihrer berufsrelevanten Kompetenzen außerhalb institutioneller Bildungseinrichtungen erworben haben (Laur-Ernst 2001:161), wurde den „Lernwelten" bzw. der informellen Bildung erst in den letzten Jahren eine angemessene gesellschaftliche und wissenschaftliche Aufmerksamkeit zuteil. So betont die *Enquete-Kommission* „Kultur in Deutschland" in ihrem Schlussbericht 2007: „Informelles Lernen in der Familie, aber auch mit Freunden, im sozialen Umfeld oder durch Medien ist von kaum zu überschätzenden Bedeutung" (Deutscher Bundestag 2007:382).

In der Familie und im Freundeskreis

Früh übt sich – ganz wie es das Sprichwort sagt – in den Familien ein elternorientiertes Mediennutzungsverhalten bei den Kindern ein. Familie ist der erste Aushandlungsort über Medien und Eltern agieren als Vorbilder — das sagen alle gängigen Studien. Im besten Fall werden die Kinder zuhause an einen kritisch- kreativen, souveränen Medienumgang herangeführt und lernen dort ein wohldosiertes, anregendes, eben sorgsam ausgewähltes Medienspektrum kennen. Vielerorts aber herrscht auch Hilflosigkeit angesichts des gigantischen Medienangebots mit immer neuen Angeboten: Eltern sehen sich nicht in der Lage (bzw. sind gar nicht sensibilisiert dafür), ihrem Nachwuchs wichtige Impulse zu geben und zugleich angemessene Grenzen zu setzen und Schutz zu bieten – ihre Kinder also kompetent, aufmerksam und verständnisvoll durch den Medienalltag zu begleiten. Diese Eltern benötigen Aufklärung und Anregung, qualifizierte AnsprechpartnerInnen und Fortbildung, wie sie viele Medienzentren und in NRW die Initiative „Eltern und Medien" mit kostenlosen Elternabenden in Kitas und Schulen anbieten. Auch Projekte wie „Eltern-Lan" oder „Eltern-Talk" fördern die Medienbildung der Eltern.

Für Kinder und vor allem Jugendliche ist die Freundesclique ein wesentlicher informeller Medienbildungsort: Hier lernen sie beispielsweise, wie sie alle Funktionen ihres Handys oder der Social Community für ihre Belange nutzen können; hier erschließen sie gemeinsam die Welten der medialen Unterhaltung und Kommunikation. Für Medienkompetenz, die die effektive Nutzung von Medien gemäß der eigenen Ziele und Bedürfnisse meint, ist die Bedeutung der Peer Group nicht zu unterschätzen. Hier entwickeln sich die Interessen und bevorzugten Medienaktivitäten und werden im Austausch immer wieder auf den Prüfstand gestellt und weiter entwickelt.

Lernen in virtuellen Welten

Medien machen Meinung, sie bilden nicht nur ab, sondern prägen auch Weltbilder und stellen z.B. die Geschlechterrollen maßgeblich her. Medien sind ein wesentlicher Bildungs- und Sozialisationsfaktor sowie Mittel und Ort kulturellen Ausdrucks. Sie sind in allen Lebensbereichen präsent und damit zunächst per se Lernwelten: Schon im Vorschulalter nutzen Kinder die TV- Medienhelden und die Konfliktstrategien in den Geschichten als Reibungsflächen für ihren Identitätsaufbau; die Spielewelten bieten ihnen zudem mannigfaltige Herausforderungen, mit denen sie Reaktionsfähigkeiten, strategisches und vernetztes Denken schulen. In Blockbustern, Games, Serien, Popmusik und Castingshows finden Kinder und Jugendliche Vorbilder, Orientierung und mannigfaltige Projektionsflächen für ihre Sehnsüchte und Ängste. Anhand der Medien handeln Jugendliche heute ihre Lebensvorstellungen aus und erörtern Fragen nach Macht, Herrschaft und Kontrolle.

Digitale Medienwelten erweitern die Gesamtheit aller Gelegenheiten, Formen und Strukturen, über die eine kreative Auseinandersetzung angeregt wird, um die Welt kennen zu lernen, sich einen Platz darin und die Gesellschaft aktiv zu gestalten. Für Jugendliche hat das Internet eine enorme Faszination, macht es doch alles jederzeit verfügbar, fordert sie als aktive NutzerInnen heraus und hebt die Begrenzung durch den sozialen Nahraum auf. Das Internet bietet ihnen vielfältige Erfahrungen im informellen Bereich, hier erlernen sie kreative Selbstdarstellung und autonomes Handeln (Wagner 2011:8-9) und onlinegestützte Formen gesellschaftlicher Teilhabe: im Social Web bringen sie sich ein, positionieren sich und aktivieren andere (Wagner/Brüggen/Gebel 2009:79-81).

Natürlich spielt das Internet auch als Bildungsort der formellen Bildung eine große Rolle. Immer mehr Bildungsanbieter stellen E-Learning-Angebote ins Netz; die Bedeutung von Lernplattformen wie „Elias" oder „Moodle", die kollaboratives Arbeiten erlauben, wächst. Aufgrund seiner immensen

Potentiale im Hinblick auf Öffentlichkeit, Kommunikation, Kollaboration und Partizipation gehört das Internet heute als ergänzender Bildungsort integriert in alle Bereiche des formellen Lernens.

Der virtuelle Lernraum, die sich wandelnden Erwartungshaltungen und verändertes Lernverhalten erfordern auch eine Überprüfung des pädagogischen Selbstverständnisses der Lehrenden. Der Darmstädter Professor Franz-Josef Röll erkannte schon frühzeitig (vgl. Röll 2003), dass PädagogInnen zum selbstgesteuerten Lernen befähigen sollten: als Navigatoren sichten sie das Wissen, bereiten Inhalte zielgruppenscharf für Selbstlerneinheiten auf, bieten Hilfestellung und geben Rückmeldung – Lernen als hierarchiearmer und kooperierender Prozess.

Mediengrundbildung in Schule und Kita

Die Schule als konkreter Lernort mit klaren, vertrauten Strukturen eröffnet durch den Face-to Face-Kontakt zwischen Lehrer und Schüler die Chance, den individuellen Fähigkeiten und Persönlichkeiten der SchülerInnen eher gerecht zu werden. Schulen und Kitas (siehe Vera Haldenwang „Medienbildung in der Schule" und Hans-Jürgen Palme „Medien in der Kita" in diesem Band) mit speziellen Angeboten für Kinder, die aufgrund ihres sozialen Hintergrundes bisher wenig Förderung erhielten, können – wie auch die *Enquete-Kommission* „Kultur in Deutschland" betont – einer Spaltung der Gesellschaft in „information rich" und „information poor" entgegenwirken. In einer digital geprägten Kultur, in der Kinder von klein auf mit Medien aufwachsen, gehört Medienbildung als ein Teil der Allgemeinbildung selbstverständlich in beide Institutionen. Als wichtige erzieherische Aufgabe erkannt, ist die Förderung von Medienkompetenz zwar in allen Bundesländern in Richtlinien und Rahmenplänen verankert, in der Praxis erweisen sich die Vorgaben jedoch als zu unverbindlich, wie eine im Auftrag der *Medienanstalt Hamburg/Schleswig-Holstein* durchgeführte Expertise „Medienbildung – (k)ein Unterrichtsfach" (Kammerl/Ostermann 2010) bestätigt: In der Fülle des zu vermittelnden Lehrstoffs fallen Medienangebote oft hinten runter, zumal Lehrkräfte auch vor technischen und strukturellen Komplikationen zurückschrecken. Bereits die Lehrerausbildung hat erhebliche Mängel aufzuweisen, sodass im Expertenbericht des *Bundesministeriums für Bildung und Forschung* eine Mediengrundbildung für alle Lehramtsstudierenden vorgeschlagen wird (BMBF 2010). So wünschenswert es auch sei, die Medien als Querschnittsthema in alle Fächer zu integrieren, folgert die o.g. Expertise angesichts der Ergebnisse hinsichtlich der mangelhaften Medienbildung in den Schulen, könnte die Einführung eines eigenen Unterrichtsfaches das Problem am ehesten beheben, was allerdings von den befragten ExpertInnen als kaum durchsetzbar beschrieben wird (vgl. Kammerl/Ostermann 2010:7)

Medienbildungsprojekte waren traditionell und sind es auch immer noch verstärkt im Bereich der Jugendarbeit angesiedelt. Im Zuge der Entwicklung zur Ganztagsschule ist es sinnvoll, hier auf die Erfahrungen und Kompetenzen dieses außerschulischen Handlungsfeldes zurückzugreifen. Lobenswert und modellhaft erweist sich deshalb der Schulversuch „Schulische Medienbildung in Mecklenburg-Vorpommern", der im Jahr 2011 mit dem Dieter-Baacke-Preis ausgezeichnet wurde. In dem landesweiten Modellprojekt, das neue Wege in der Begleitung und Unterstützung schulischer Medienbildung aufzeigt, kooperieren außerschulische Träger mit Schulen und vermitteln dort vielseitig Medienkompetenz.

Außerschulische Jugend(kultur)orte

Hauptakteure der Medienbildung im außerschulischen Bereich sind bundesweite und überregional tätige Institutionen, die übergreifende Angebote für Jugendliche und MultiplikatorInnen anbieten, sowie die zahlreichen lokalen Einrichtungen wie Medienzentren, Offene Kanäle, Jugendzentren, Soziokulturelle Zentren und in zunehmenden Maße auch Jugendkunstschulen. An diesen Orten gibt es zum Teil jahrzehntelange Erfahrungen und fundierte Konzepte, die Gefahren und Chancen der Medien berücksichtigen, für Daten- und Persönlichkeitsrechte sensibilisieren und zeigen, wie sich Medienkompetenz oder genauer – mit Hilfe der Medien – Kreativität, Kritikfähigkeit und demokratische Teilhabe fördern lassen. Hier erwachsen innovative Ideen für Foto-, Podcast, Filmprojekte und den Umgang mit Computer, Handy und Internet; dabei stehen nicht in erster Linie curriculare Leistungsziele, sondern die Kinder und Jugendlichen mit ihren Kompetenzen und Problemen, ihren Lebensthemen und Medienvorlieben im Mittelpunkt. Gerade auch Heranwachsende aus schwiergen sozialen Verhältnissen, denen wichtige Impulse aus dem häuslichen Umfeld fehlen, erhalten in vielen dieser Einrichtungen eine spezielle Förderung. Die kontinuierliche Konfrontation mit neuen Erlebnis- und Erkenntnisräumen, z.B. die Erfahrungen eigener Stärken und Kompetenzen, ist dabei von zentraler Bedeutung (vgl. Bürgermeister 2010).

Kinder und Jugendliche erfahren hier eine Auseinandersetzung mit Medieninhalten, die interessengeleitete Hinführung zum Verständnis von Medien als Werkzeug, als Informationsquelle oder als Lernort bis hin zum Einsatz von Medien als Spielzeug und Mittel zur Identitätsfindung und Stärkung. Die aktive Medienarbeit als eine Form praxisbezogenen und ergebnisorientierten Medienhandelns gilt im außerschulischen Kontext als Königsweg zur Vermittlung von Medienkompetenz und als idealer Rahmen für die Auseinandersetzung mit Medien (Schell 2003; Röll 2003). Als realitäts- und lebensweltbezogene Bildung berührt diese Form der pädagogischen Arbeit zugleich ästhetisch-technische wie auch soziale und emotionale Dimensionen des Lernens.

Als schnell lernende Disziplin, die sich von den gesellschaftlichen und technischen Entwicklungen wie auch den Nutzungsweisen ihrer Zielgruppen inspirieren lässt, hat der außerschulische Bereich die Chancen (und Risiken) des Web 2.0 für Kinder und Jugendliche frühzeitig erkannt, Partizipations- und Schutzräume eingerichtet, die Kindern und Jugendlichen je nach Alter kulturelle Teilhabe ermöglichen (siehe Franz-Josef Röll „Medienkommunikation und Web 2.0" in diesem Band). Dies bedeutet mit Röll: „..., dass die Mitglieder einer Gesellschaft nicht nur in das kulturelle Geschehen eingebunden sein [können], sondern es ihnen möglich ist, diese partizipativ mit zu gestalten" (Röll 2010:51). Auch politische Meinungsbildung und politisches Handeln können fernab schulischer Zwänge nah an den persönlichen Interessen der Heranwachsenden gefördert werden.

Im Spannungsfeld zwischen neu formulierten Bildungsaufgaben im schulischen Kontext, dem Jugendkulturraum Internet und der kommerziellen Freizeitindustrie müssen sich heute außerschulische Lern- und Kommunikationsorte, die traditionell von Heranwachsenden in ihrer Freizeit aufgesucht wurden, behaupten und ihre Leistungsprofile wie auch pädagogischen Konzepte kritisch überprüfen. Angesichts der mediatisierten, vernetzten Alltagswelten von Jugendlichen ist Interdisziplinarität heute ein Gebot der Stunde, nicht zuletzt um die eigene Attraktivität zu steigern. Durch Kooperation könnten sich alle Akteure Kultureller Bildung, unterstützt durch medienpädagogische SpezialistInnen, an die medialen Chancen ihrer jeweiligen Sparten herantasten. Umgekehrt könnten z.B. journalistische, dokumentarische Herangehensweisen im Bereich der Medienpädagogik von der Auseinandersetzung mit künstlerischen Verfahren profitieren (vgl. Sieben 2011).

Fazit

Kulturelle Bildung unterstützt dabei, die Welt als Ausdruck menschlicher Kultur wahrzunehmen und durch kulturelle Praxis und mit Kunst zu begreifen. Bildung ist als ein lebenslanger Prozess zu verstehen, der mit Hilfe der Medien auch zeit- und ortsunabhängig stattfinden kann. Und Bildung ist heute nicht mehr ohne Medien denkbar, deshalb muss Medienbildung an allen formellen Lernorten – von der pädagogischen Ausbildung über Schule und Kita bis hin zur Erwachsenenbildung – eine zentrale Rolle spielen. Dabei sind auch die informellen Bildungsbereiche stärker in den Blick zu nehmen, allen voran die Familie als wesentlicher erster Bildungsort.

Auch die kommerziellen und virtuellen Erlebniswelten als „Lernwelten" der Kinder und Jugendlichen gehören ins Visier kultur- und medienpädagogischen Handelns. Hier kann es nicht mehr um Abgrenzung von informellen Orten der Freizeitgestaltung von Kindern und Jugendlichen gehen, vielmehr muss das Zusammenspiel von Lernorten verschiedenster Art Teil professioneller Erwägungen und Handlungsweisen werden (vgl. BMFSFJ 2005b:536).

Denn „neben den traditionellen Orten und Instrumenten der Kulturellen Bildung treten neue wie beispielsweise das Internet, Soziale Netzwerke, Games, mobile Kommunikations- und Spielformen, die analoge und digitale Realität verbinden und traditionelle Orte und Akteure in einen neuen Beziehungskontext überführen." So beschreibt die *Bundesvereinigung für Kulturelle Kinder- und Jugendbildung (BKJ)* in ihrem Positionspapier (BKJ 2011b) die Entwicklung der Medienwelt und folgert daraus, dass Bildungsangebote entsprechend der politischen und gesellschaftlichen Realität verstärkt sparten-, orts-, zielgruppen- und strukturenübergreifend verankert sein sollten. In dieser interdisziplinären Vernetzung verschiedener Kompetenzen nehmen die außerschulischen Medienzentren und andere Institutionen der Medienarbeit eine wichtige Rolle ein. Nah am Medienalltag der Kinder und Jugendlichen sind sie vertraut mit aktuellen Entwicklungen und der Bedeutung der virtuellen Welten für junge Leute. Den gesellschaftspolitischen Gesamtkontext im Blick, bemüht um Jugendschutzfragen und die Förderung von Benachteiligten sowie lebensweltorientierter Teilhabe junger Leute in Partizipationsräumen sind Medienzentren wichtige Partner für die Entwicklung von (innovativen) Medienbildungskonzepten. Diese sollten der Vielfalt der verschiedenen Lernorte Rechnung tragen und ihre unterschiedlichen Qualitäten für Kinder und Jugendliche gewinnbringend verbinden: digital und analog, drinnen und draußen, medienkritisch und künstlerisch-kreativ. Der Hessische Bildungs- und Erziehungsplan trifft es auf den Punkt: „Jeder Bildungsort hat seine Stärken und seine Grenzen. Wenn sie sich in ihren verschiedenen Stärken zusammentun, dann bewirken sie mehr als jeder einzelne allein" (Hessisches Sozialministerium 2005:13).

Zum Weiterlesen

Bürgermeister, Eva (2010): Mediensozialisation in außerschulischen Kontexten. In: Vollbrecht, Ralf/Wegener Claudia (Hrsg.): Handbuch Mediensozialisation (219-227). Wiesbaden: VS.

Kammerl, Rudolf/Ostermann, Sandra (2010) im Auftrag der MA HSH: Medienbildung - (k)ein Unterrichtsfach? Eine Expertise zum Stellenwert der Medienkompetenzförderung in Schulen: www.ma-hsh.de/cms/.../ma_hsh_studie_medienbildung_web.pdf (Letzter Zugriff am 29.07.12).

„Schulische Medienbildung in Mecklenburg-Vorpommern" (Modellversuch): http://medienundschule.inmv.de/

Sieben, Gerda (2011): Medien der kulturellen Bildung – kulturelle Bildung der Medien. In: MedienConcret, 1/2011, 70-74.

Wagner, Ulrike/Brüggen, Niels/Gebel, Christa (2009): Web 2.0 als Rahmen für Selbstdarstellung und Vernetzung. Analyse jugendnaher Internetplattformen und ausgewählter Selbstdarstellungen von 14-20 Jährigen. http://www.jff.de/dateien/Bericht_Web_2.0_Selbstdarstellungen_JFF_2009.pdf (Letzter Zugriff am 27.07.12).

Vera Haldenwang
Medienbildung in der Schule

Im Zuge der rasanten Entwicklung der Medien wachsen Kinder und Jugendliche als ‚Digital Natives' heute ganz selbstverständlich mit multifunktionalen digitalen Technologien auf. 79 % der Jugendlichen verfügen über einen eigenen Computer oder Laptop, etwa jeder Zweite kann von seinem Zimmer aus online gehen. Zwei Drittel der 12- bis 19-Jährigen sind täglich im Internet (vgl. JIM-Studie 2011). Die Möglichkeiten gesellschaftlicher, politischer, kultureller und beruflicher Teilhabe sind heute vornehmlich durch Medien und die Art ihrer Nutzung bestimmt.

Vor diesem Hintergrund wird es für Heranwachsende in der Informations- und Wissensgesellschaft immer wichtiger, über Computerfertigkeiten und geeignete Lernstrategien zu verfügen, wie z.B. das selbständige Aneignen von Wissen. Eine regelmäßige Nutzung von Medien befähigt die „Digital Natives" jedoch nicht per se zu einem selbstbestimmten und verantwortungsvollen Umgang mit Medien. Um sich in der modernen Gesellschaft zurechtzufinden, benötigen Heranwachsende neben Kenntnissen über Funktionsweisen vor allem die Fähigkeit zu einem kritisch-reflexiven, kreativen und kompetenten Umgang mit Medien, der jedoch in der Regel erst erlernt und von kompetenter Seite im Sinne einer umfassenden Kulturellen Bildung vermittelt werden muss.

Aufgaben und Inhalte schulischer Medienbildung

Das Lehren und Lernen mit (digitalen) Medien sowie die Förderung der Medienkompetenz gehören daher in allen Jahrgangsstufen und Schularten fraglos zum Bildungsauftrag und zur Weiterentwicklung von Schulen.

Gemäß der Bekanntmachung des *Bayerischen Staatsministeriums für Unterricht und Kultus* zur Medienbildung von 2009 „sollen Kinder und Jugendliche in der Schule
>> Medien kennen lernen,
>> Medien auswählen, analysieren und bewerten lernen,
>> Medien anwenden und reflektieren lernen,
>> die Möglichkeiten und Grenzen sowie die Gefahren von Medienangeboten einschätzen lernen,
>> Medien im gesellschaftlichen Zusammenhang sehen lernen"
    (Bayerisches Staatsministerium für Unterricht und Kultus 2009:358).

Die Förderung der Medienkompetenz geht einher mit der Vermittlung notwendigen (Funktions-)Wissens. Außerdem sollen Wertorientierung, Wahrnehmungs- und Urteilsvermögen, Verantwortungsbewusstsein, Kommunikationsfähigkeit und schöpferische Kräfte der Kinder und Jugendlichen ausgebildet und entfaltet werden. Damit dient die Medienbildung der Persönlichkeitsentwicklung der SchülerInnen. Heranwachsende sollen sich der Bedeutung und der Wirkung von Medien auf das Individuum, die Kultur und Gesellschaft bewusst werden und lernen, mit ihnen kritisch, sicher und kompetent umzugehen. So können sie die Vorzüge von Medien erkennen und nutzen, aber auch vor gefährdenden Einflüssen geschützt werden.

Verankerung der Medienbildung in den Lehr- und Rahmenplänen

Medienbildung wird in den Lehrplänen in der Regel als integratives, fächerübergreifendes Bildungsziel aller Schularten und als Querschnittsaufgabe aller Fächer definiert. Darüber hinaus ist das Lernen mit und über Medien in vielfältiger Weise in den Fachlehrplänen der verschiedenen Schularten zum Teil verbindlich verankert. Über die konkrete Realisierung dieses Auftrags im Unterricht entscheidet jede Lehrkraft gemäß ihrer pädagogischen Freiheit und den Vorgaben der Lehrpläne der einzelnen Schularten und Fächer.

In Bundesländern wie z.B. Baden-Württemberg, Berlin, Bremen, Hamburg, Sachsen-Anhalt und Thüringen existieren bereits Medienbildungspläne bzw. sind curriculare Vorgaben in Planung, die sich am kompetenzorientierten Konzept für die schulische Medienbildung der *Länderkonferenz Medienbildung* von 2008 orientieren. In Sachsen-Anhalt gibt es z.B. Bestrebungen, über die integrative Medienbildung hinaus, explizite Medienkurse (Wahlpflichtkurs ‚Moderne Medienwelten' für die Schuljahrgänge 7 bis 10 an Sekundarschulen) in den Schulen zu verankern (vgl. Bartsch 2011).

Die von der *Universität Hamburg* erstellte „Expertise zum Stellenwert der Medienkompetenzförderung in Schulen" von 2010 kommt zusammenfassend zu folgendem Ergebnis: „Die Analyse der Lehr- und Rahmenpläne zeigt in Bezug auf eine breitenwirksame und verbindliche Medienkompetenzvermittlung ein sehr heterogenes Bild. In einigen Bundesländern liegen spezielle Rahmenpläne für eine Medienerziehung in der Schule vor, die wiederum unterschiedlich stark ausdifferenziert werden. Teilweise werden Kompetenzniveaus für eine Medienkompetenz formuliert, altersangemessene Zielstellungen nach Aufgabenbereichen festgelegt oder konkrete Unterrichtsinhalte aufgeführt. Neben den Rahmenplänen zur Medienbildung sind medienerzieherische Anforderungen in die Lehrpläne einzelner Unterrichtsfächer oder die übergreifenden Bildungspläne einzelner Schulformen integriert. Medienpädagogische Ansätze finden sich zudem in der ‚informationstechnischen Grundbildung'" (Kammerl/Ostermann 2010:26).

Verzahnung der Medienbildung mit dem allgemeinen Schulentwicklungsprozess

Im Ländervergleich lässt sich konstatieren, dass Schulen als Teil oder Ergänzung der Schulprogrammarbeit, des Schulentwicklungsprozesses oder im Rahmen von Projekten verpflichtend aufgefordert sind, Medienkonzepte bzw. Medienentwicklungspläne zu entwickeln.

Der Status „Referenzschule für Medienbildung" wird z.B. ausgewählten bayerischen Schulen verliehen, die einen nachhaltigen Qualitätsentwicklungsprozess im Medienbereich in Gang gesetzt bzw. weitergeführt und diesen Prozess in einem Medienentwicklungsplan transparent dokumentiert haben. Im Fokus stehen dabei die Stärkung der Medienkompetenz der SchülerInnen und die weitere Verbesserung der Unterrichtsqualität. Dies soll vor allem durch die Implementierung schulspezifischer Medien- und Methodencurricula und eine systematische schulinterne Lehrerfortbildung im Bereich der Medienbildung erreicht werden.

Auch für die Bewerbung und Förderung von Schulen im Rahmen des 10-Punkte Programms der Landesregierung Rheinland-Pfalz „Medienkompetenz macht Schule" ist die Erstellung und Umsetzung eines Medienkonzepts Grundlage und Voraussetzung. Dabei steht die Weiterentwicklung der Schul- und Unterrichtsqualität im Fokus.

Als Teil des Schulprogramms sind Schulen in Hessen gehalten darzulegen, wie sie Medienbildung schulübergreifend und schullaufbahnbegleitend vermitteln.

Bei der Implementation des integrativen Kurses „Medienkunde" in Thüringen ist die Erarbeitung einer schulinternen Lehr- und Lernplanung verpflichtend.

In Bundesländern wie z.B. Bremen, Hamburg, Niedersachsen, Nordrhein-Westfalen und Sachsen erfolgt die (künftige) Ausstattung der Schulen nur noch bzw. größtenteils auf der Basis von Medienkonzepten bzw. Medienentwicklungsplänen (vgl. Bartsch 2011).

Verankerung der Medienbildung in der Lehrerbildung

Medienbildung in der Schule setzt voraus, dass Lehrkräfte selbst über informationstechnische Grundkenntnisse und vor allem über medienpädagogische Kompetenz verfügen. Ihre Stärkung muss demnach auch verpflichtendes Ziel der Lehreraus- und -fortbildung sein.

Die strukturelle Verankerung einer medienpädagogischen Grundbildung, die verbindlicher und prüfungsrelevanter Bestandteil in der ersten und zweiten Phase der Lehrerbildung ist, sowie eine Festschreibung medienpädagogischer Themen als (verpflichtende) Inhalte in der dritten Phase der Lehrerbildung lassen sich bisher nur in einzelnen Bundesländern beobachten. So heißt es z.B. in der Bekanntmachung des *Bayerischen Kultusministeriums* zur Medienbildung von 2009: „In den verschiedenen Phasen der Lehrerbildung wird der Medienpädagogik und der informationstechnischen Bildung in Bayern eine große Bedeutung beigemessen. Grundlagenwissen wird im Studium (1. Phase) und im Vorbereitungsdienst (2. Phase) vermittelt. Dieses Wissen ist in der Lehrerfortbildung (3. Phase) zu vertiefen." In der Ersten und Zweiten Staatsprüfung sind Medienpädagogik und informationstechnische Bildung zudem unter den für die Prüfung relevanten Themen verbindlich verankert.

Aktuelle Entwicklungen zur Förderung von Medienkompetenz in der Schule

Viele Bundesländer verstärken derzeit ihre Aktivitäten zur Förderung der Medienkompetenz in der Schule durch Landesprogramme und tragen somit einer Vielzahl neuer Entwicklungen Rechnung (z.B. Bayern: „Digitales Lernen Bayern"; Bremen: „Masterplan Medienbildung"; Niedersachsen: „Medienkompetenz in Niedersachsen – Meilensteine zum Ziel"; Nordrhein-Westfalen: „Medienpass NRW"; Thüringen: „Konzept der Landesregierung zur Stärkung und Weiterentwicklung der Vermittlung von Medienkompetenz in Thüringen").

Gemeinsam sind den Konzepten die besondere Bedeutung der schulischen Bildung für den Erwerb von Medienkompetenz sowie der verstärkte Netzwerkgedanke und die Bündelung vorhandener Aktivitäten innerhalb des Landes. Thematisch rücken die mit der Internetnutzung einhergehenden Schattenseiten wie Datenmissbrauch, Verletzung des Persönlichkeitsrechts und die Urheberrechtsproblematik sowie dementsprechende Präventions- und Interventionsmöglichkeiten stärker in den Vordergrund.

In einigen Ländern (z.B. Bayern, NRW, Thüringen) werden Medienpässe, Zertifikate, Portfolios oder ähnliches zur Systematisierung der Vermittlung von Medienkompetenz und zur Dokumentation der von den Lernenden erworbenen Kenntnissen und Fertigkeiten im Umgang mit Medien angeboten (vgl. Bartsch 2011).

Zudem wurde 2012 im Auftrag des Schulausschusses der *Kultusministerkonferenz (KMK)* die *KMK*-Erklärung zur „Medienpädagogik in der Schule" vom Mai 1995 inhaltlich überarbeitet (vgl. Beschluss der KMK vom 8. März 2012 zur „Medienbildung in der Schule"). Ziel ist es, den Ländern eine stringente Leitlinie für die Umsetzung einer zeitgemäßen kompetenzorientierten schulischen Medienbildung an die Hand zu geben.

Insbesondere der bundesweite Ausbau von Ganztagsangeboten bietet für die Kulturelle Bildung und die Zusammenarbeit zwischen dem Schul- und Kulturbereich vielfältiges Potential. Als moderne Lernorte ermöglichen Ganztagsschulen durch offene Unterrichtsformen, flexible Zeit- und Raumstrukturen, Themen- und Projektorientierung sowie die verstärkte Öffnung nach außen besondere pädagogische Chancen für die Medienbildung. Hier eröffnen sich – wie z.B. im Rahmen der bundesweiten „SchulKinoWochen" – vielfältige Möglichkeiten, Schülerinteressen und außerschulische Nutzungs- und Erfahrungsformen in den Schulalltag zu integrieren (siehe Michael Jahn „Kino und Schule am Beispiel der SchulKinoWochen" in diesem Band). Die Kooperation mit externen Partnern und die Nutzung kultureller Lern- und Bildungsorte, wie z.B. Kinos, kann die schulische Medienarbeit in vielerlei Hinsicht gewinnbringend unterstützen.

Ausblick

Medienbildung ist zu einem wesentlichen Bestandteil der Allgemeinbildung geworden, Medienkompetenz gilt heute neben Rechnen, Schreiben und Lesen als vierte Kulturtechnik. Die Erziehung zu einem verantwortungsbewussten und kompetenten Umgang mit Medien ist ein grundlegendes pädagogisches Erfordernis an allen Schulen, die jedoch unter konsequenter Einbindung der Elternhäuser erfolgen und altersgerecht bereits im vorschulischen Alter beginnen muss. Die Vermittlung von Medienbildung ist eine Gemeinschaftsaufgabe, die über die Schule hinaus reicht und die von allen gesellschaftlichen Kräften getragen werden sollte.

Die gezielte Beschäftigung mit Medien als Lernwerkzeug und Unterrichtsgegenstand ist ein Kennzeichen guter Schule und begünstigt das lebenslange Lernen. Dafür sind von staatlicher Seite die strukturellen, organisatorischen und technischen Rahmenbedingungen zu optimieren, ggf. auszubauen und den gesellschaftlichen Erfordernissen anzupassen. Von entscheidender Bedeutung für eine breitenwirksame, systematische und nachhaltige Medienbildung ist dabei neben einer adäquaten IT-Ausstattung der Schulen vor allem eine verbindliche Verankerung medienpädagogischer Inhalte in den schulischen Lehrplänen und Abschlussprüfungen. Gleiches gilt für die Curricula in allen pädagogischen Studiengängen und Ausbildungsbereichen. Förderlich wären zudem bundesweit festgelegte Bildungsstandards für den Bereich Medienkompetenz.

Eine Verbesserung der Medienkompetenz auf Seiten der SchülerInnen und Lehrkräfte lässt sich schulintern vor allem durch eine systematische, differenzierte und verbindliche Medienarbeit, d.h. im Rahmen eines Medienentwicklungsplans erreichen, dessen Ziele und Maßnahmen mit der Schulfamilie abgestimmt werden.

Zum Weiterlesen

Bartsch, Paul (2011): Synopse zu ausgewählten Fragen der Medienbildung in den Bundesländern. Interner Bericht der Länderkonferenz Medienbildung.

Medienpädagogischer Forschungsverbund Südwest (2011): JIM-Studie 2011: Jugend, Information, (Multi-)Media. Stuttgart.

Hans-Jürgen Palme
Medien in der Kita

Das Thema Medien in der Kita ist im Grunde genommen nicht neu, denn in Kindertageseinrichtungen wird seit jeher mit Medien gearbeitet. Das Bilderbuch ist fester Bestandteil im Ausstattungsrepertoire, und auch Trägermedien mit Kinderliedern werden wie selbstverständlich eingesetzt. Ein Hörspiel mit dem guten alten Kassettenrekorder oder CD-Player ist gang und gäbe.

Jedoch, über all das sprechen wir heute gar nicht, wenn es um Medien in der Kita geht. Eine solche Betitelung zielt eher auf Digitalmedien wie z.B. Computer, Datenbeamer, Tablets, Foto- oder Videokamera und manchmal sogar das Internet ab. Kleine Kinder und moderne Medien ist darauf bezogen ein durchaus heikles Thema.

Medienerziehung im Wandel der Zeit

Eine Art Blitzzusammenfassung der Medienerziehung im Wandel der Zeit verdeutlicht die enorme Veränderung, die auch die Vorschulerziehung direkt betrifft.

Medienerziehung ist in Deutschland seit den 1950er Jahren ein wichtiges Thema. Grund war die Verbreitung von Kino und Fernsehen. Dabei stand vor allem der bewahrpädagogische Aspekt im Vordergrund. Als zentrale Erziehungsaufgabe wurde der Schutz der jungen Menschen vor den schädigenden Auswirkungen der Medien verstanden. Erst Ende der 1970er Jahre begann sich der von Dieter Baacke geprägte Begriff der „Medienkompetenz" zu etablieren. Der Blick auf die Medien erhielt eine neue Dimension durch die aktive Medienarbeit. Medieninhalte selbst zu kreieren und deren Distribution unabhängig von den Massenmedien zu betreiben, etablierte sich als ein Königsweg zur Ausformung der Medienkompetenz. Grund hierfür waren auch technische Neuerungen für semiprofessionelle Anwendungen wie z.B. Videoaufnahme und -schnittgeräte.

Mit der starken Verbreitung von digitalen Techniken kam es Ende der 1980er Jahre zu einer Zäsur. Nicht mehr Fernsehen und Kino standen im Mittelpunkt der Medienerziehung, sondern der Computer und das Internet. Die flächendeckende Ausbreitung der digitalen Medien begann unsere Gesellschaft zu verändern. Dazu kam in Deutschland der sogenannte PISA-Schock. Die Bildungseinrichtungen gerieten in das öffentliche Scheinwerferlicht. Auch der Kindergarten blieb davon nicht verschont. Zu Beginn des Jahrtausends wurden die Bildungspläne der Länder für die Kindertageseinrichtungen überarbeitet. Waren Medien im Kindergarten bisher verpönt, so werden sie nun (zumindest in den Bildungsplänen von einigen Bundesländern) als Chance und Herausforderungen verstanden.

Die Medienkompetenz als eine wichtige Schlüsselqualifikation erlebte ihren endgültigen Durchbruch in den letzten zehn Jahren. Das Web 2.0 (siehe Franz-Josef Röll „Medienkommunikation und Web 2.0" in diesem Band), das sogenannte Mitmach-Web, trat seinen Siegeszug an, und der nationale Jungendschutz geriet an seine Grenzen angesichts der globalisierten Datenströme, die vor allem von den jungen Menschen mit Begeisterung genutzt wurden und werden (Stichwort Communities wie z.B. Facebook). So wichtig Verbote sind, so wichtig ist es auch, den jungen Menschen Hilfestellungen zu bieten, sich in den digitalen Welten verantwortungsvoll zu bewegen und diese persönlichkeitsfördernd zu nutzen.

Zu all diesem kommt hinzu, dass mit der technischen Entwicklung auch die didaktischen Einsatzfelder von Medien eine enorme Ausweitung erfahren haben. Wenn wir heute, im Jahr 2012, von Medien in der Vorschulerziehung sprechen, dann geht es auch darum, die kindliche Aneignung der vorgegebenen Welt mit Hilfe der Medien zu unterstützen.

Medienbildung für die Kinder der Wissensgesellschaft

Das Motto heute lautet: Medienkompetenz von klein an. „Ziel der Medienbildung ist es aber nicht nur, Kinder für einen verantwortungsvollen, kritischen Umgang mit Medien stark zu machen. Ebenso wichtig ist es, mit Kindern Medien für die Gestaltung ihrer Bildungsprozesse zu nutzen. Wenn man Bildung als einen Prozess organisiert, in dem Kinder aktiv, im ko-konstruktiven Austausch untereinander und mit Erwachsenen Wissen und Verständnis konstruieren, bieten sich Medien als Werkzeuge an, um diese gemeinsamen Lernprozesse zu unterstützen" (Fthenakis u.a. 2009:13).

Die Kinder einer Wissensgesellschaft haben ein Anrecht darauf, mit zeitgemäßen Spiel- und Lernmitteln umgehen zu dürfen. Den Kindertageseinrichtungen obliegt die besondere Möglichkeit, erste Schritte zur kreativen und vielfältigen Nutzung der Medien frühzeitig zu vermitteln und erlebbar zu machen.

Während im häuslichen Umfeld Medien für Kinder überwiegend unterhaltend und konsumierend erlebt werden, eröffnet sich für die Kindertageseinrichtungen ein großes Spektrum an Möglichkeiten, Medien kreativ und aktiv mit den Kindern zu nutzen. Beispielsweise können Kinder, unterstützt durch die Erziehungskräfte, experimentierend erleben, wie Fotografie, bewegte Bilder und Ton kombiniert, gemeinsam gestaltet und dargestellt werden. Die Kindertageseinrichtungen bieten ein ideales Lern- und Erfahrungsfeld, in dem Kinder auch die virtuellen Welten pädagogisch begleitet erkunden und diese zweckorientiert nutzen können.

Das Thema Medien in der Kindertageseinrichtung steckt längst nicht mehr in den Kinderschuhen, obwohl zugegebenermaßen viele pädagogisch Verantwortliche demgegenüber immer noch verunsichert sind. Informationen, Hilfestellungen und Ideen für die eigene Praxis bieten zahlreiche Projekte, deren Erkenntnisse für den eigenen Kindergartenalltag genutzt werden können. Das *SIN-Studio im Netz* führt beispielsweise seit 1997 das Projekt „Multimedia-Landschaften für Kinder" (MuLa) mit kommunalen Einrichtungen in München durch.

Interessant für pädagogisch Verantwortliche in den Kindertageseinrichtungen ist auch das bundesweite Projekt „Biber". Auf der Plattform www.bibernetz.de steht dazu: „BIBER, ein Projekt von Schulen ans Netz e. V., ist das Netzwerk für die frühkindliche Bildung. Hier können alle mitmachen, die sich im Berufsfeld der Frühpädagogik informieren, vernetzen und weiterbilden möchten". Die Internetplattform beinhaltet ein reichhaltiges Angebot an inspirierenden Projektideen. Als kostenloses Fortbildungsangebot wird im Rahmen dieses Projektes seit 2008 eine Medienqualifizierung für insgesamt bis zu 30.000 ErzieherInnen angeboten.

Ist-Zustand

Betrachtet man den derzeitigen Ist-Zustand, so werden Medien im Vorschulbereich vorwiegend dazu eingesetzt, um zu dokumentieren und dies nicht nur, um gelegentlich einmal ein Foto vom Sommerfest zu machen. In der Portfolioarbeit, manchmal auch als Mappen bezeichnet, werden wichtige Entwicklungsschritte der Kinder festgehalten. Vor allem der Fotoapparat spielt dabei eine wichtige Rolle.

Die aktive Medienarbeit ist demgegenüber seltener, aber das Interesse daran wächst.

Mit Geräten, die robust und einfach zu bedienen sind, können die Kinder hierbei eigenständig mediale Produkte erstellen. Digitale Fotoapparate ermöglichen z.B. selbstgemachte Bilder zu einem festgelegten Thema, womit im Nu eine eigene, von den Kindern gemachte Bildschirmpräsentation zusammengestellt werden kann. Wer über ein Mikrofon verfügt, der kann mit den Kindern Sprachaufnahmen machen. Der Computer als „digitales Tonband" zeichnet nicht nur die Stimme auf, er zeigt dazu auch grafische Ausschläge, die von den Kindern höchst interessiert zur Kenntnis genommen werden.

Diese Formen der aktiven Medienarbeit unterstützen die jungen Menschen in der Ausformung ihrer Medienkompetenz und fördern zudem in animierender Weise das Miteinander von Kindern unterschiedlicher sozialer Herkunft. Solche aktiven Anwendungen eröffnen für Kinder die Gelegenheit, die digitalen Techniken zur Gestaltung eigener medialer Produkte zu nutzen, womit frühzeitig ein pädagogisch wertvoller Gegenpol zum passiven Konsum aufgezeigt wird. Diese medienpädagogischen Aktivitäten zielen darauf ab, die Medienwelten kindgerecht zugänglich zu machen.

Auch ohne PC und Drucker kann man den kindlichen Aneignungsenergien bezüglich medialer Welten gerecht werden. Die Kinder sind begeistert dabei, wenn es gilt, aus einem Pappkarton einen Computer zu basteln, mit bunten Farben eine CD zu bemalen oder aus alten ausgedienten Computermäusen ein Mobile zu gestalten. Die bunte Medienwelt, die unseren Kindern allüberall begegnet, kann damit sinnlich erfahrbar thematisiert werden. Auch dies ist ein Beitrag zur Förderung der Medienkompetenz.

Der Medieneinsatz zur Unterstützung des Lernens ist ein weiterer Aspekt. Bundesweit bekannt ist dazu das Projekt „Schlaumäuse". Letztendlich geht es dabei um die Unterstützung beim Spracherwerb im Vorschulbereich mit Hilfe des Computers. Aber auch bei manchen anderen Gelegenheiten werden Medien im Kindergarten genutzt, wobei das Internet als Bildreservoir dient, der Beamer zur Gruppenpräsentation eingesetzt wird oder Lernprogramme zum spielerischen Vergleichen, Lernen und Entdecken ihre Verwendung finden.

Der Bereich Medien in der Kindertageseinrichtung umfasst somit im Wesentlichen die Bereiche Dokumentation, aktive Medienarbeit und die Lernunterstützung. Die inhaltliche Belebung dieser drei Bereiche wird entscheidend vom stetigen Veränderungsprozess in der Medientechnik geprägt. Die digitalen Technologien finden einerseits immer größere Verbreitung, und andererseits benötigt deren Anwendung immer weniger Spezialistenwissen. Mit beinahe jedem Handy können heute beispielsweise Fotos oder sogar kleine Videosequenzen aufgenommen werden. Ein Ende der technischen Entwicklung ist bisher nicht absehbar, weshalb sich für die Medienbildung in der Kindertageseinrichtung immer wieder neue Chancen und Möglichkeiten eröffnen.

Ausblick

Die Verfügbarkeit der Medien nimmt im Elementarbereich zu. Dabei ist der Einsatz privater Geräte nicht selten. Der schnelle technologische Wandel scheint die pädagogischen Institutionen wie z.B. den Elementarbereich zu überrollen. Beispielsweise sind technische Neuerungen, wie z.B. das iPad, auch für den Elementarbereich interessant. Diese Geräte werden mit den Fingern gesteuert, und deren Bedienung ist kinderleicht. Bereits jetzt gibt es Apps, die durchaus einer pädagogischen Betrachtung wert sind. Das bemerken derzeit eher manche Eltern.

Die Kinder kommen mit immer reicheren medialen Erfahrungen in die Einrichtungen. Spätestens die Verbreitung von Smartphones und Tablets deutet auf eine Kluft hin, die sich für die Kinder auftut. In der elterlichen Umgebung stehen technische Lernmaterialien zur Verfügung, während die Kindergartenwelt solche didaktischen Materialien kaum anbietet.

Die künftige Herausforderung für Medienerziehung, Medienbildung und Medienpädagogik in den Kindertageseinrichtungen ist sicherlich, ob und wie wir die neu zur Verfügung stehenden technischen Möglichkeiten pädagogisch sinnvoll nutzen. Dies auch und gerade im Hinblick auf eine veränderte Kultur des Aufwachsens.

Zum Weiterlesen

Biber. Netzwerk frühkindliche Bildung: www.bibernetz.de

Institut für Kulturpolitik der Kulturpolitischen Gesellschaft (Hrsg.) (2011): Jahrbuch für Kulturpolitik 2011. Thema: Digitalisierung und Internet. Essen: Klartext.

„Schlaumäuse" (Projekt): www.schlaumaeuse.de

SIN-Studio im Netz: www.sin-net.de

Jan Schmolling
Fotografie in der Kulturellen Bildung

Der subjektive Blick auf die Welt

Der mit dem Kulturpreis der *Deutschen Gesellschaft für Photographie* ausgezeichnete US-amerikanische Künstler Stephen Shore, einer der bedeutendsten Fotografen der Gegenwart, war ganze sieben Jahre alt, als er zu fotografieren anfing und in der Dunkelkammer zu experimentieren begann. Sein Thema ist der Blick auf das Alltägliche. „Mich interessiert, was alle sehen können: die öffentliche Welt. Und dass man diese Welt aufmerksam und bewusst betrachtet", so Stephen Shore. Die Einbeziehung des Mediums Fotografie in die Arbeitsfelder der Kulturellen Bildung verfolgt eben diese Ziele: Junge Menschen sollen motiviert werden, sich mit ihrem Alltag bewusst auseinander zu setzen und sich selbst sowie die Welt in allen ihren Facetten darzustellen – mit der Intention, das eigene Leben und die Welt als gestaltet und als gestaltbar zu erfahren. In der Bildungsarbeit existieren noch weitere Anwendungsmöglichkeiten von Fotografie, etwa die des fachspezifischen Einsatzes, um Sachinformationen zu visualisieren und Lerninhalte zu transportieren. Insbesondere aus didaktischen Gründen hat diese instrumentalisierte Nutzung von Fotografie ihre Bedeutung.

Der Nutzwert von Fotografie in der Kulturellen Bildung ist indessen von einer weitaus größeren Tragweite. Er beruht auf dem Potential von Fotografie, als Erkenntnismedium zu fungieren – und das in mehrfacher Hinsicht: persönlich-psychologisch, soziologisch-historisch-ökonomisch und künstlerisch-ästhetisch. Sowohl die analytisch-rezeptive als auch insbesondere die kreativ-künstlerische Beschäftigung mit Fotografie innerhalb der Kulturellen Bildung vermag Reflexionsprozesse in Bezug auf die Umwelt sowie auf die eigene Person zu initiieren und fördert den Selbst-Ausdruck und somit Identitätsbildung und Persönlichkeitsentwicklung. Das Besondere an Fotografie ist: Bilder sind mehrdeutig lesbar, bieten Raum für vielfältige Interpretationen, sie ermöglichen – ja: erzwingen – die Auseinandersetzung mit unterschiedlichen Sichtweisen, Standpunkten und Perspektiven. Den Selbst-Ausdruck fördernd und zur Fremd-Wahrnehmung einladend umfasst die Beschäftigung mit Fotografie die gesamte Bandbreite der kommunikativen Potentiale innerhalb der Bildungsarbeit.

Jugendfotografie in Deutschland

Nachdem bereits in der Weimarer Republik die Fotografie im schulischen Kontext verankert war, wurde ihr Einsatz nach dem Zweiten Weltkrieg auf den außerschulischen Bereich ausgeweitet. In der Bundesrepublik reicht die Tradition der geförderten Jugendfotografie und Fotopädagogik bis in die Anfänge der 1950er Jahre zurück. Die Absichten zielten damals darauf ab, in der Nachkriegssituation jungen Menschen eine Perspektive zu geben und sie zu sinnstiftenden, kritischen und kreativen Tätigkeiten zu motivieren. 1953 wurde von den Jugendverbänden und der Fotofachmesse *photokina* die Aktion „Jugend photographiert" ins Leben gerufen – in ihrem Anliegen offenbar eine Alternative zu einer damals vom *Institut für Film und Bild in Wissenschaft und Unterricht* auf der *photokina* durchgeführten Ausstellung über Foto, Dia und Film als Unterrichtsmittel. „Der Gedanke war naheliegend, der von der Behörde konzipierten Dokumentation ‚Mit Film und Foto lernen' eine unabhängige Ausstellung ‚So photographiert Jugend' gegenüberzustellen", so der damalige Projektleiter Hans Geifes (1968:8). Damit wurde bereits zu diesem Zeitpunkt Jugendlichen ein Forum für authentischen Selbstausdruck gegeben. „Jugend fotografiert" war der Wegbereiter des *Deutschen Jugendfotopreises*, der 1961 erstmalig vom damaligen *Bundesministerium für Familien- und Jugendfragen* gestiftet wurde. In seiner Ansprache begründete Minister Franz-Josef Wuermeling den Stellenwert der Fotografievermittlung, die kulturell und nicht technisch orientiert sein sollte, wie folgt: „Ich möchte das Anliegen der Fotovermittlung mit der Forderung umschreiben, über das Bild zum Bilden zu gelangen. Bildung hat besonders in unserer Gegenwart für den Bestand der Gesellschaft existenzielle Bedeutung. Daher muß die Gesellschaft ihrerseits dafür Sorge tragen, daß die junge Generation sich bilden kann. Bildung ist heute das Feld, auf dem die Entscheidungen im Kampf um die Selbstbehauptung des Menschen fallen. Auf das Photographieren des jungen Menschen angewandt, bedeutet dies, daß der Jugendliche die moderne Sprache des Photos versteht und bemüht ist, sie auf seine Weise zu sprechen und daß viele in der Lage sind, das Photo als Aussage und Erkenntnismittel zu verwenden. Wenn also ein junger Mensch mit seiner Kamera unterwegs ist, die Wirklichkeit erforscht und versucht, zu erkennen, Situationen, Dinge oder den Menschen im Photo wiederzugeben, dann ist das schon ein Bildungsvorgang […]. Mit seinem Photo greift er nach der Wirklichkeit und stellt es in seiner besonderen Weise neben das Wort. Damit steigt der junge Mensch durch sein Photographieren über die Technik und Mechanik hinaus und gestaltet etwas Neues, mag dies Neue auch subjektiv sein – es ist Ausdruck seiner schöpferischen Freiheit und damit Ausdruck seines Schöpfens, also ein wertvoller Bildungsvorgang" (Geifes 1968:180f.).

Mit den in den 1950er Jahren erfolgten Gründungen der *Bundesarbeitsgemeinschaft Jugend photographiert* und des *Bundesgremiums für Schulphotographie* erhielt die fotopädagogische Arbeit somit ihre bundesweiten Strukturen. Nicht unwesentlich für die Verbreitung der Fotografie in der Bildungsarbeit war die von Anbeginn bestehende Unterstützung durch die Fotoindustrie. Einzelne Firmen unterhielten spezielle fotopädagogische Abteilungen, und auch der *Photoindustrie-Verband* förderte die fotografischen Aktivitäten von Kindern, Jugendlichen, Schulen und anderen Projekten. Die *photokina* bot der *Bundesarbeitsgemeinschaft Jugend photographiert* und der *Landesarbeitsgemeinschaft Jugend photographiert Nordrhein-Westfalen* kostenlos Büroräumlichkeiten und Infrastruktur für die Planung und Durchführung von Wettbewerben, Ausstellungen und Fortbildungsveranstaltungen.

Auch in der DDR wurde die Fotografie frühzeitig in den Dienst der Bildungsarbeit gestellt. Entsprechende Aktivitäten sind seit Anfang der 1960er Jahre dokumentiert. Von 1971-1989 wurden die „Leistungsvergleiche der Kinder- und Jugendfotogruppen" veranstaltet – ein Wettbewerbsforum für Fotozirkel. Über den Kulturbund der DDR in die offiziellen politischen Strukturen integriert, boten die in Schulen, Pionierheimen und Betrieben angesiedelten Fotozirkel keineswegs nur ideologische Indoktrination, sondern ermöglichten Kindern und Jugendlichen kreative Freiräume für die Reflexion ihres Alltags. Die staatliche Förderung des Bildungsmediums Jugendfotografie spiegelte die jugendpolitischen Intentionen in beiden Teilen Deutschlands wider.

Nachhaltigen Einfluss auf die humanistisch geprägte sozialdokumentarische (Jugend-) Fotografie der 1960er Jahre hatte einerseits die 1951 von Edward Steichen kuratierte Großausstellung „Family of Man", die zwei Jahrzehnte durch die Welt tourte; andererseits beeinflussten die Anliegen der Studentenbewegung die Bildwelten bundesrepublikanischer Jugendfotografie. In den 1970er Jahren verlagerte sich die Vermittlung von Fotografie auf politische Aufklärungsarbeit – auf das Erkennen und Anwenden der Macht der Bilder. Rezeptionsseitig wurde in schulischen wie außerschulischen Kontexten die ideologiekritische Analyse massenmedialer Produkte (Werbung, Bild-Zeitung oder die Jugendzeitschrift Bravo) praktiziert. In der aktiven Jugendmedienarbeit wurde versucht, die Mechanismen der Manipulation zu entlarven und auch für Zwecke einer Gegenöffentlichkeit einzusetzen. Mit „Gegenöffentlichkeit" waren damals Aktivitäten gemeint, die gesellschaftliche Anliegen formulierten, die in den herrschenden Massenmedien keine Berücksichtigung fanden. In seinem Buch „Fotografieren als Waffe" (Günter 1977), konstatiert der Autor: „Es darf nicht irritieren, daß das Maximum an Fototechnik und Präsentationsfähigkeit von Fotografen mitentwickelt wurde, die vor allem auch heute für die Werbung arbeiten. […] Da die soziale Bewegung, in der wir arbeiten, keine asketische Glaubenssekte sein kann, müssen wir die entwickeltesten kulturellen und ästhetischen Formen aufgreifen und für unsere Ziele nutzbar machen." Eine andere Publikation, die für die Jugendfotoarbeit zu jener Zeit relevant war, trägt den Titel „Eingreifendes Fotografieren" (Kunde/Wawrzyn 1979); sie beschreibt Methoden medialer Interventionen im Alltag. Seminare für Jugendliche und MultiplikatorInnen, die entsprechende Konzepte vermittelten, fanden in zahlreichen Bildungseinrichtungen statt, so etwa in Berlin im Wannseeheim für Jugendarbeit. Ab den 1980er Jahren übernahm immer mehr das portabel gewordene Medium Video die Funktion des Bürgermediums für Gegenöffentlichkeit. Wenngleich als künstlerisches Medium immer präsent, begann sich im gleichen Zeitraum Fotografie verstärkt als Kunst zu definieren, und der subjektiv-künstlerische Selbstausdruck rückte in ihr Zentrum. Unter anderem aufgrund der bereits erwähnten technischen Innovationen in der Videotechnik, die zu einer größeren Praktikabilität für die aktive Medienarbeit führten, konzentrierte sich die Medienpädagogik stärker auf die Heranführung von Jugendlichen an das Medium Film und entwickelte hier passgenaue pädagogische Angebote, während die Fotografie innerhalb der Bildungsarbeit eine Enklave bildete.

Die digitale Wende – Is Photography Over?

Mit dem Aufkommen der Digitalfotografie und der Verbreitung ausgereifter und preisgünstiger Kameras erlebt die Fotografie seit den 2000er Jahren einen regelrechten Boom. Neben dem eigentlichen Fotografieren und der Bildbearbeitung bieten die Publikations- und Verbreitungsmöglichkeiten im Internet einen neuen Mehrwert. Fest steht:

Fotografie ist heute keine Domäne von Medienprofis, auratischen KünstlerInnen oder spezialisierten Hobbyisten. „Die Magie der Fotografie – nennen Sie es einen chemischen Zauber oder einen digitalen Trick – hat ihre Faszination verloren" sagte mit einem Unterton des Bedauerns der Fotograf Philip-Lorca diCorcia auf dem Symposium „Is Photography Over?", das 2010 im *Museum of Modern Art* in San Francisco stattfand (Ward 2012:8)

Indessen zeigt die Präsenz des Mediums Fotografie wie auch die Mediennutzung, dass die Faszination für Fotografie ungebrochen ist. Noch nie gab es so viele Fotoausstellungen und Gründungen von Fotogalerien, noch nie wurde Fotografie auf dem Kunstmarkt so hoch gehandelt wie heute. Der kulturelle Wert und der „Imagefaktor" der Fotografie war noch nie größer, und so verwundert es nicht weiter, dass sich die Beteiligung auch an Wettbewerben enorm erhöhte, wie etwa beim Deutschen Jugendfotopreis von 700 TeilnehmerInnen im Jahr 1990 auf 7.000 im Jahr 2010.

Mindestens ebenso relevant ist dabei die Bedeutung, die Jugendliche ihrem Medium beimessen: „Ich finde, in einem Foto kann man einfach seine Gedanken ausleben, zeigen, wie man die Welt sieht – und trotzdem kann der jeweilige Betrachter sich selbst eine Meinung bilden und über die dargestellten Themen nachdenken" (Carolin Lätsch, 13 Jahre, Preisträgerin 2008). „Fotografie hilft mir, die Welt um mich herum zu interpretieren, aus anderen Blickwinkeln anzuschauen und kritisch zu hinterfragen" (Konrad Lippert, 19 Jahre, Preisträger 2008). „Denken, beobachten und dabei noch fotografieren ist für mich eines der besten Geschenke dieses Lebens" (Georg Zieba auf facebook.com/jugendfotopreis vom 27.01.2010).

Bei diesen Aussagen handelt es sich nicht um Einzelfälle. Wie aus Gesprächen mit Jugendlichen hervorgeht, entscheiden sich diese sehr bewusst für die Fotografie als Ausdrucksmittel und erkennen in der heutigen beschleunigten Zeit die Qualität des stillen Bildes. In diesem Zusammenhang interessant ist die Tatsache, dass, wie aus der Beteilung am *Deutschen Jugendfotopreis* und *Deutschen Jugendvideopreis* abzulesen ist, nur die allerwenigsten Jugendlichen an beiden Wettbewerben teilnehmen – obwohl ihre digitalen Kameras die Option zum Fotografieren und Filmemachen bieten. Ein Grund mag darin liegen, dass die Fotografie so viele Möglichkeiten eröffnet. Die digitale Weiterverarbeitung hat viele Ausdrucks- und Präsentationsformen erheblich vereinfacht, wenn nicht gar erst möglich gemacht. Und die „Orte", an denen Fotografie präsentiert wird, reichen von der klassischen Fotoausstellung über die Herstellung von Fotobüchern bis hin zu Open Beamer Partys und öffentlichen Events mit Großprojektionen auf Hausfassaden im Stadtraum. Diese ästhetischen Ausdrucksformen wiederum beinhalten Freiräume für inhaltliche Schwerpunktsetzungen, die von post-ironisch geleitetem Google-Streetview-Surfing bis zur Veröffentlichung der eigenen Lebensrealität in sozialen Brennpunkten mit selbst gestalteten Zeitungen reichen. Und der Blick auf den Videokanal youtube zeigt die neue Popularität der Gattung der Fotofilme, deren Spektrum sich von Stop-Motion bis zu Foto-Streams erstreckt.

Im Fokus: Zeitgemäße Vermittlungsformen

Fotografie ist nicht nur zu einer ganz selbstverständlichen Ausdrucksform geworden, nicht nur ein Teil des „Lifestyle", sondern mehr denn je ein Medium der (Selbst-)Erkenntnis und der künstlerischen Auseinandersetzung mit dem Alltag und den realen und virtuellen Welten. Die Gründung einer Vielzahl von Fotoschulen und -projekten, wo Jugendliche und Erwachsene ohne die Absicht einer professionellen Verwertbarkeit des „Gelernten" zusammenkommen, bringt dies zum Ausdruck. Ebenfalls eine erfreuliche Tatsache ist es, dass Fotografie immer mehr zum integralen Bestandteil in den Lehrplänen wird.

Fotografien sind im Sinne des Kunstwissenschaftlers Hans Belting – auch und gerade, wenn sie von Kindern und Jugendlichen stammen – ein Medium der „Verähnlichung und Vergegenwärtigung" der Welt (Belting 2007:13). In ihnen kann sich die heute so oft geforderte Selbstbehauptung in der Gesellschaft als Teil der Gesellschaft entwickeln. Und anders als im Medium der Sprache können sich Kinder und Jugendliche über Sprachgrenzen hinweg ausdrücken und auch das Noch-Nicht-Sagbare visuell ausdrücken und dadurch Stellung nehmen.

In einer Welt, in der Medien für den gesellschaftlichen Dialog essentiell sind, ist es entscheidend, dass bereits Kinder auch an die Fotografie herangeführt werden und die Sprache dieses Mediums lernen. Das Interesse bei Kindern und Jugendlichen an Fotografie war noch nie so groß, die vielfältigen Chancen für die Bildungsarbeit liegen also auf der Hand. Für Kinder bietet Fotografie niederschwellige Zugangsmöglichkeiten, für Jugendliche beinhaltet sie anspruchsvolle Betätigungsfelder, die von Medienkritik bis hin zu Medienkunst reichen. Kulturelle Bildung mit Fotografie gelingt im konkreten, unmittelbaren Austausch und an realen Orten – mit Unterstützung professioneller Fachleute, die bereit sind, sich für die Sichtweisen und die mediale Praxis von Kindern und Jugendlichen zu öffnen. Die von der Sektion Bildung und Weiterbildung der *Deutschen Gesellschaft für Photographie* zusammen mit dem *Kinder- und Jugendfilmzentrum in Deutschland (KJF)* gestartete Bildungsinitiative Jugendfotografie bietet ein Forum, um die Potenziale der Fotografie in der Kulturellen Bildung auszuloten und Handlungsstrategien zu entwickeln. Denn das sind die Herausforderungen: zeitgemäße kinder- und jugendgerechte Vermittlungsformen, die in Medienzentren, Kultureinrichtungen und in der Schule erfolgreich praktiziert werden, zu identifizieren und zu fördern (siehe Vera Haldenwang „Medienbildung in der Schule" in diesem Band).

Zum Weiterlesen

Arte-Reportage vom 21.09.2010: „Der rote Bulli - Stephen Shore und die Neue Düsseldorfer Fotografie" http://videos.arte.tv/de/videos/_der_rote_bulli_stephen_shore_und_die_neue_duesseldorfer_foto grafie_-3438098.html (Letzter Zugriff am 30.07.12).

Grebe, Stefanie/Schneider, Sigrid (2004): Wirklich wahr! Realitätsversprechen von Fotografien. Ostfildern-Ruit: Hatje Cantz.

Holzbrecher, Alfred/Oomen-Welke, Ingelore/Schmolling, Jan (Hrsg.) (2006): Foto+Text. Handbuch für die Bildungsarbeit. Wiesbaden: VS.

Pilarczyk, Ulrike/Mietzner, Ulrike (2005): Das reflektierte Bild. Die seriell-ikonografische Fotoanalyse in den Erziehungs- und Sozialwissenschaften. Bad Heilbrunn: Klinkhardt.

Pschichholz, Christine/Vorsteher-Seiler, Dieter (Hrsg.) (2011): Für immer jung. 50 Jahre Deutscher Jugendfotopreis. Berlin: Deutsches Historisches Museum.

Schäffer, Burkhard/Ehrenspeck, Yvonne (Hrsg.)(2003/2010): Film- und Fotoanalyse in der Erziehungswissenschaft. Wiesbaden: VS.

Christian Exner
(Jugend-)Film in der Kulturellen Bildung

Vom Kintopp zu Youtube – kulturelle Lernung, um Benefiz für Film zu machen

Der Film ist noch ein recht junges Medium. Manchem gilt er als *die* Kunst des 20. Jh.s. Auch im digitalen Zeitalter lässt das Interesse an Audiovision nicht nach. Im Gegenteil: Mit den Spielformen von Multimedia durchdringen audiovisuelle Angebote viele Lebensbereiche. Ob Digital Signage oder Smartphone, ob Open Air Kino oder Public Viewing – Film und TV werden längst nicht mehr nur in geschlossenen Räumen zu Kern-(Frei-)Zeiten rezipiert. Audiovision schmiegt sich in alle Winkel unseres Alltags. Nicht mehr lang, und unsere Zeitungen liefern Bewegtbilder wie in Harry Potter. Bei aller Diversifizierung bleibt aber der Spielfilm im Kino eine der avanciertesten Formen der Filmkunst, die im Kontext der Kulturellen Bildung in den letzten Jahren im selben Maß eine Aufwertung erfährt, wie der Kinderfilm an Zuschauergunst bei den KinogängerInnen gewinnen konnte.

Pädagogik und Film

Ein knatternder 16mm-Filmprojektor und die knarzende Stimme eines Tierfilmers – das machte für eine ganze Generation von SchülerInnen eine sehr spezielle Form von Filmbildung aus. Der Film als sehr sachliches und wenig sinnliches Veranschaulichungsmittel von Unterrichtsinhalten – so sah viele Jahrzehnte die Filmdidaktik in Schulen aus. Geliefert wurden die Lehrfilme meistens vom *FWU (Institut für Film und Bild in Wissenschaft und Unterricht)*. Die Auseinandersetzung mit den Erzählformen und der Ästhetik des Films fand kaum statt.

Ein raffiniertes Spiel mit Inszenierungs-Formen, mit PädagogInnen und PolitikerInnen als Protagonisten treibt Sacha Baron Cohen. Man kennt ihn als „Ali G in da House", als Kulturagent „Borat" oder auch als Modeschöpfer „Brüno". Im Gewand des Hip-Hoppers Ali G stilisierte er sich zum geschmacksfreien Protagonisten der Political-In-Correctness – ein Provokateur, der in seiner TV-Show vorzugsweise PädagogInnen basht. Der Schauspieler tritt zurück hinter dem Eigenleben seiner Kunstfiguren. „Kulturelle Lernung von Amerika, um Benefiz für glorreiche Nation von Kasachstan zu machen" war sein Programm als schamlos radebrechender Kulturagent „Borat". Cohen scheut weder Grenzüberschreitung noch Konfrontation, um tief schlummernde Vorurteile zum Vorschein zu bringen. Für seine Strategie muss der Zuschauer relativ „schmerzfrei" sein. Viele seiner jugendlichen ZuschauerInnen sind es. Cohen sei „ein Schwein von einem Mann: dumm, streitsüchtig, ohne jeden Charme", kritisiert dagegen Erlan Idrissow, der kasachische Botschafter in Großbritannien weil er sein Land und seine Kultur durch Borat diffamiert sah. Die Form des Mockumentary, die Ironie und Satire nicht auf den ersten Blick erkennen lässt, hat bei ihm bestens verfangen. Zu Cohens Satire lieferte der Botschafter die Alltags-Satire. Besser kann es nicht laufen für einen Komiker. Mit einem Stück mehr an Medienkompetenz und einem Stück mehr an Selbstironie wäre das vielleicht zu vermeiden gewesen.

Zwei Beispiele für die Verquickung von Audiovision und Pädagogik. Was in diesen Beispielen nicht vorkommt, ist die Wahrnehmung des Films als Kulturträger und eine Bildungsarbeit, die jungen Menschen *das* Medium des 20. und des 21. Jh.s nahe bringt: „Kulturelle Lernung für Benefiz von glorreichen Film" sozusagen.

Veranschaulichung durch Film, Anschauung des Films und Anschauungen durch Film

Der pädagogische Umgang mit Film bietet von Anbeginn zwei Perspektiven. Der Film ist Veranschaulichungsmittel für Lerninhalte (à la *FWU*) einerseits und Gegenstand ästhetischer Betrachtung andererseits. Kulturpädagogische Anstrengungen mit dem Ziel der „Geschmacksbildung" und „Qualitätsorientierung" werden schon seit über hundert Jahren unternommen. Zusätzlich gelangte der Film im Zuge der Cultural Studies als identitätsbildendes Element von Jugendkulturen ins Blickfeld (siehe Christian Schmidt „Jugendkulturelle Szenen und Kulturelle Bildung" in diesem Band) und verband sich mit der handlungsorientierten Medienpädagogik. Spätestens seit den 1980er Jahren bietet Film mit dem Aufkommen einer Videotechnik auf Consumer-Niveau die Möglichkeit zur kreativen Anwendung. Video avancierte damit zu einem Schlüsselmedium der „aktiven Medienarbeit". Auch wenn die heutige Medienpädagogik ihre Projekte und Interventionen stärker auf die Computeranwendung ausrichtet, so behält doch die Filmbildung einen sehr starken Part. Schließlich kann man am Computer nicht nur Texten, Mailen oder Websites bearbeiten. Auch Filme schauen und Filme produzieren ist ein Anwendungsgebiet von Multimedia: Beileibe kein kleines!

Ziele der Filmbildung

Das junge Publikum dem Film als Sozialisationsinstanz nicht nur auszuliefern, sondern durch ihn persönlichkeits- und identitätsbildende Prozesse bewusst und zielgerichtet zu strukturieren, das ist eine Aufgabe der Filmbildung neben dem Wecken des Qualitätsbewusstseins. Das Wissen um die Historie, die technischen und ökonomischen Bedingen, die dramaturgischen Formen und ästhetischen Mittel des Films hilft, sich auf den Film einzulassen, ihn in seiner ganzen Komplexität wahrzunehmen oder sich von ihm zu distanzieren – je nachdem.

Anschlusskommunikation

Film bietet ausgezeichnete Anreize zur Anschlusskommunikation. Über Idole, Stile und Trends lässt sich ebenso diskutieren wie über den Sex-Appeal aktueller Stars oder die neuesten Raffinessen der Computeranimation. Zwischen Fan und jungem Cineasten, zwischen Autogrammsammler und ambitioniertem Amateurfilmer, zwischen passioniertem Kinogänger und Youtube-Aficionado eröffnen sich weite Felder an Expertise und Interessen.

Filmbildung informell und formalisiert

Ein breites Feld liegt auch zwischen informellen Bildungssituationen, wie dem Austausch von Filmerlebnissen und Filmwahrnehmungen im Gespräch unter Freunden und dem formalisierten Lernen in schulisch-curricularen Settings. Irgendwo dazwischen angesiedelt sind mehr oder weniger formalisierte Lernfelder wie die Jurymitarbeit bei einem Kinderfilmfest, die ersten Fingerübungen mit Animationssequenzen in einer Trickbox, das Verfassen von Filmkritiken für Homepage oder Blog, die Mitwirkung bei einer Videoproduktion, das Betreiben eines Filmclubs oder einfach der regelmäßige Besuch in einem gut kuratierten Programm von Filmtagen, Programmkinos oder Filmfestivals.

Kulturelle Bildung im Kino bedeutet, Anlässe und Orte zu schaffen, um die Begegnung mit filmästhetischer Qualität und audiovisueller Erfahrung von hoher Intensität und Dichte möglich zu machen. Zur Medienkompetenz zählen aber nicht nur analytische Fähigkeiten sondern auch Handlungskompetenzen, und so muss Kreativität – sprich das Selberfilmen – angeregt und gefördert werden. Auch die Orientierung in den Systemen von TV, Internet, Videomarkt und Kino ist eine Aufgabe der Medienkompetenzvermittlung mit dem Ziel einer bedürfnisgerechten und autonomen Gestaltung der Medienwahrnehmung.

Erzähle mir etwas und ich vergesse es, zeige mir etwas und ich erinnere es, mache mit mir etwas und ich verstehe es

Filme nicht nur zu schauen, sondern auch selber zu drehen hat seinen besonderen Reiz. Beim Einstieg in medienpädagogische Videoprojekte mag die Motivation bei TeilnehmerInnen oftmals darin liegen, Hollywood oder dem Fernsehen ein Stück näher zu kommen – dem Ruhm und Glanz der medialen Glitzerwelt. Doch Videoprojekte stärken eine ganze Reihe von Sekundärtugenden die irgendwann wichtiger werden als die Frage: Komme ich ins Fernsehen? Wer die Kamera selber zur Hand nimmt, versteht die Wirkungen und Erzählweisen des Mediums. Er geht fortan kritischer und bewusster mit vorgefertigten Medienaussagen um. Wer an einem Medienprojekt teilnimmt, der erlebt die hohe Komplexität der Gestaltungsprozesse, bei der eine Vielzahl von Gestaltungsmitteln (Bild, Ton, Text, Schauspiel, Mise en Scene) zusammenwirken. Wer einen Film dreht, muss sich mit vielen MitstreiterInnen einig werden und intensiv mit ihnen zusammenarbeiten. Das stärkt Teamgeist, soziale Fähigkeiten und Ausdauer in Arbeits- und Lernprozessen. Eigene Filme zu drehen kann bedeuten, seinen Ansichten und Haltungen Ausdruck zu verleihen und eine eigene audiovisuelle (Jugend-)Kultur zu erschaffen. Es kann bedeuten, in einen intensiven Dialog mit einer breiten Öffentlichkeit zu treten. Auch dies sind wichtige Entwicklungs- und Lernprozesse im Feld der Kulturellen Bildung. Vor allem aber vermittelt der Kontakt mit Kamera und Mikro ganz unmittelbar das Gefühl, ein anspruchsvolles Medium zu bedienen, das seinem Anwender viele kreative Entfaltungsmöglichkeiten und neue Artikulationsweisen bietet.

Jedem eine Kamera

Kreative Filmarbeit ist Ressourcen-intensiv. Wer einen Film drehen möchte, braucht mehr als eine Kamera. Er braucht ein technisches Team, Requisiten, DarstellerInnen und ein Drehbuch, das eine lange Entwicklungszeit erfordert. Er braucht viel Energie, Stehvermögen, ästhetisches Gespür auf mehreren Ebenen und ein ausgezeichnetes Coaching. Manche Video-Projekte geben sich damit zufrieden, um des Lernerfolgs willen einen filmischen Prozess durchzuspielen, egal was am Ende dabei herauskommt. Der prozessorientierte Ansatz wird aber inzwischen immer weniger praktiziert. Lohnenswerter erscheint es doch, die ästhetischen Bemühungen am Ende durch ein vorzeigbares Produkt zu krönen (diesen Ansatz nennt man produktorientiert).

Herausfinden, was einem gefällt

Im Sinne der Nachwuchsförderung bietet die junge Videoszene mit ihren Workshops, Wettbewerben und Festivals in Deutschland einen sehr fruchtbaren Nährboden. Denn längst eröffnet nicht mehr nur der klassische Weg über Filmhochschulen einen Einstieg ins Filmgeschäft. Bei Jugendfilmfestivals und Jugendvideowettbewerben verdienen sich Kinder und Jugendliche ihre ersten Sporen mit ihren Frühwerken und erhalten ein Feedback, das für ihre weiteren Werdegang außerordentlich motivierend sein kann. Der Regisseur und Autor Marcus H. Rosenmüller (Schöpfer unter anderem von „Wer früher stirbt ist länger tot") empfiehlt jungen FilmemacherInnen „herauszufinden, was ihnen selber gefällt und das am besten bei Festivals, wo man selbst dabei ist, wenn der Film gezeigt wird, wo man auch andere Filme anschaut und andere Erzählweisen kennen lernt" (Marcus H. Rosenmüller 2009:13) Auch dies ist eine wichtige Form der informellen Filmbildung und ein Weg, den viele Jugendliche sehr autonom beschreiten können.

So gesehen ist es erfreulich, dass es nicht nur spezifische Foren für junge FilmemacherInnen gibt, sondern dass auch immer mehr Festivals um vielfältige Programmzugänge bemüht sind. Sie bieten ihren jungen BesucherInnen nicht nur die originären Kinder- und Jugendprogramme an, sondern öffnen auch weitere Programm-Sektionen für junge Menschen (Vorreiter sind hier die Berlinale und das Münchener Filmfest).

Abstand gewinnen und Nähe nutzen

Für die Filmbildung und die Medienpädagogik stellen sich neben der Vermittlung gestalterischer Fähigkeiten zwei Grund-Aufgaben. Einerseits die Wirkungsweisen von Dramaturgie, Mythos, Ästhetik und Ideologie von Filmen goutierbar und reflektierbar zu machen. Andererseits Modellsituationen, Lebensentwürfe und Erfahrungswelten von Filmerzählungen zur Vermittlung ethisch-ästhetischer Orientierungen und sozialer Deutungsmuster zu nutzen.

Verglichen mit unseren Nachbarländern England und Frankreich hat Deutschland im Bereich der Filmbildung einen Rückstand. Da zählt jede Initiative, und jede Bildungsanstrengung im Filmbereich ist verdienstvoll. Doch wie effektiv sind die jeweiligen Konzepte?

„Andere Filme anders zeigen"

Das ist seit den 1970er Jahren das Motto der kommunalen Filmarbeit. Zugleich ist es ein Credo, das die Stärkung des künstlerischen Films gegenüber dem Popcorn-Kino beschwört. Andere Filme anders zeigen, dem entsprach auch ein besonderes Augenmerk auf das Kinderkino: junge Menschen sollten ihre ersten und womöglich prägendsten Kino-Erlebnisse nicht allein mit Disney-Filmen oder x-beliebigen Märchenproduktionen machen. An vielen Orten folgten Kinderfilmfestivals diesem Impetus. Ihr Engagement um anspruchsvolle und innovative Programme zielte darauf ab, einen Beitrag zur Persönlichkeitsentwicklung und zur kulturellen Teilhabe zu leisten. Essentieller Bestandteil dieser Veranstaltungen war immer die medienpädagogische Vermittlung. Das bedeutete, dass Filme in eine vor- und nachbereitende Filmarbeit eingebettet wurden. Was in den 1980er Jahren noch so bemüht nach schweißtreibender „Arbeit" klang, entwickelte sich im Lauf der Zeit zum besonderen Vorzug von Kinderkinoveranstaltungen. Und selbst wenn heute eher der Event-Charakter von Festivals und ihre feierliche Atmosphäre betont werden, so haben doch spiel-, theater- und erlebnispädagogische Aktionen, die die Auseinandersetzung mit Filminhalten und -formen fortführen und vertiefen, einen festen Platz bei Kinderfilmfestivals (siehe Michaela Pfadenhauer „Ereignis – Erlebnis – Event" in diesem Band). Auch das Erlernen filmhandwerklicher Techniken und die kritische Kompetenz der jungen ZuschauerInnen werden durch pädagogische Aktionen gefördert. Die TrickboxX, eine vom Schweden Erling Ericsson entwickelte Einheit, die als mobiles Studio die Herstellung von Legetrickfilmen ermöglicht, ist kaum noch aus den Kinderkinowochen wegzudenken. Reporterteams und junge KritikerInnen begleiten die Programme. Es werden Film-Workshops angeboten und die ZuschauerInnen als ExpertInnen ernst genommen, indem Zuschauerpreise vergeben werden. Festivals und Kinderkinos bieten informelle Lernfelder, die als außerschulische Projekte einen breiten Spielraum an Methoden ausspielen können.

Kanonisierung, „Inhaltismus" und Flexibilisierung

Der Auftakt zu einer Filmbildungs-Offensive auch in den Schulen ließ in Deutschland lange auf sich warten. Ein methodisches Hemmnis waren oftmals die engen Stunden- und Lehrplan-Vorgaben. Aber auch eine pauschale Mentalität der Verweigerung von Unterhaltungsbranche und moderner Audiovision waltete lange Zeit in den Köpfen von Schulverantwortlichen.

Einen Wendepunkt sollte der im Jahr 2005 herausgebrachte Filmkanon markieren. Jede verbindliche Festlegung auf einen Basis-Fundus fordert Mut zur Lücke. Doch die Lücken sind sehr eklatant in dem von Alfred Holighaus herausgegebenen Band mit dem Untertitel „35 Filme, die Sie sehen müssen". Kein Film einer Regisseurin ist darunter, kaum ein Kinder- und Jugendfilm. Teils haben die Werke nicht einmal eine schulkompatible Jugendfreigabe.

Nichtsdestotrotz: die Filmbildung ist seitdem im Vormarsch. Die Teilnehmer-Quoten der Schulkino-Wochen sind beeindruckend. Doch Kino-Wochen gibt es nur dort, wo es auch Kinos gibt! Filmbildung in Schulen läuft nicht selten nach dem Schema, das der Franzose Alain Bergala despektierlich als „Inhaltismus" bezeichnet: Für den Deutschunterricht die Literaturverfilmung, für den Biologieunterricht die Naturdokumentation, für Religion und Ethik das Sozialdrama. Film wird mehr instrumentalisiert als analysiert. Er wird mehr als didaktischer Container denn als Kunstwerk wahrgenommen.

Doch immerhin: Filmbildung wird stärker in der Lehrerbildung verankert und starre Lehrplan- und Stundenplanstrukturen lösen sich allmählich auf. Das kommt der Filmbildung sehr entgegen, die sich nur schwerlich durch ein 45 Minuten-Raster pressen lässt.

Eine Frage der Methode

„Der Film ist zu leicht verständlich, was es schwer macht, ihn zu analysieren" meinte der Filmtheoretiker James Monaco in Anlehnung an den Semiotiker Christian Metz (Monaco 2001:162). In der gängigen Filmnachbereitung wird genau dies versucht: Den Film zu durchleuchten, um ein tieferes Verständnis für ein Medium zu schaffen, das jedem im Grunde ganz alltäglich vertraut ist. Neben dem manchmal ermüdenden Filmgespräch gibt es ein reizvolles methodisches Repertoire, das bisher eher in der außerschulischen Filmbildung angewandt wurde. Mit theater-, spiel- und erlebnispädagogischen Ansätzen verlässt dort die Medienpädagogik die Pfade der vorwiegend kognitiven Frontal-Didaktik. Diese Methoden aktivieren die ZuschauerInnen ganzheitlicher und beziehen auch bildungsbenachteiligte SchülerInnen mit ein.

Film-Muggel?

Eine ganze Generation ist mit Harry, Hermine und Ron aufgewachsen. Beinahe jede neue Ausgabe des „Harry Potter-Sequels" führte zu Großereignissen in der Buch- und Filmkultur. Mit Harry und Co. gingen Kinder nicht nur auf zunehmend bedrohlicher werdende Fantasiereisen durch ein Reich zwischen Realität und Zauberwelt. Mit ihren Identifikationsfiguren als „Deligierten" im Film stellten sie sich altersspezifischen Entwicklungsthemen: Sie erprobten ihre Fähigkeiten als Zauberlehrlinge und Sportskanonen, sie erlitten und genossen Freud und

Leid der Freundschaft, der Liebe und der Eifersucht. Sie rangen um Vertrauen und Wahrheit. Und sie trotzen den dunklen Mächten. Monster und dunkle Mächte bestimmten mit jedem Film aus der „Harry Potter"-Reihe zunehmend die Leinwand, und Erziehungsverantwortliche bereitete die Frage der Alterseinstufung dieser Film ab zwölf Jahre immer mehr Kopfzerbrechen. Wie viel Gewalt, Düsternis und Bedrängnis sind für Kinder und Jugendliche erträglich? Setzt der Jugendmedienschutz die richtigen Signale und treffen die Gremien der *FSK* die richtigen Entscheidungen? Wer sich als Medienpädagoge mit einer Spezialisierung auf Film outet, der wird immer wieder mit diesem Komplex konfrontiert. Jugendschutzdebatten engen die Sicht auf die Filmkultur junger Menschen ein und lassen Medienerlebnisse potenziell riskant erscheinen. Auf der anderen Seite ist die Altersscheide „ab zwölf" Jahre auch so etwas wie eine Initiationsstufe. Wer dieses Alter erreicht hat, der darf ein wenig teilhaben an den Vergnügen und Geheimnissen der Erwachsenenwelt, und darf mit Sehnsucht auf die nächste Stufe „FSK 16" schauen. Die Entfaltung der Persönlichkeit geht mit abgestuften Kultur- und Medienerlebnissen einher. Wie das System des Jugendmedienschutzes zu verstehen ist und warum manche Darstellungen und Bilder als sozial schädigend eingestuft werden, auch darüber gibt es viel zu lernen. Die Antworten auf solche Fragen reichen tief in unsere Kulturhistorie und in die Sozialgeschichte der Kindheit hinein.

Zum Weiterlesen

Barg, Werner/Niesyto, Horst/Schmolling, Jan (Hrsg.) (2006): Jugend: Film: Kultur – Grundlagen und Praxishilfen für die Filmbildung. München: kopaed.

Goehlnich, Birgit/Sauvage, Verena (2003/2004): Medienkompetenz und Jugendschutz I+II. Wiesbaden.

Schäfer, Horst/Wegener Claudia (Hrsg.) (2009): Kindheit und Film. Konstanz: UVK.

Michael Jahn
Kino und Schule am Beispiel der SchulKinoWochen

Seit der Erfindung des Kinos aus dem Geiste des Jahrmarktsvergnügens hat es in unterschiedlichen Epochen immer wieder um die Anerkennung als „seriöser" Kultur- und Bildungsort kämpfen müssen. Das Image des Kinos als Ort belangloser Unterhaltung und damit verbundene Ängste vor schädlichen Effekten des Kinofilms auf die geistige und moralische Entwicklung von Kindern und Jugendlichen gehörten lange Zeit zum Repertoire einer fundamentalen Skepsis gegenüber dem Kino. Fast erübrigte sich da die Frage, warum man mit der Schulklasse an einen Ort gehen soll, der – nicht immer zur Freude der Erziehungsberechtigten – von Kindern und Jugendlichen allein und vor allem in ihren Peer Groups ohnehin regelmäßig aufgesucht wird. Stets fanden sich Gründe für ein tiefsitzendes Misstrauen gegenüber dem Kino – gerade auch im Bildungsbereich.

Der Ansatz, das Vergnügen im Kino mit seinen spezifischen Erfahrungspotentialen für eine lustvolle und zugleich analytische Beschäftigung pädagogisch zu nutzen, spielte im schulischen Bereich aus eben genannten Gründen lange Zeit eine untergeordnete Rolle.

Raus aus der Schmuddelecke – das Kino als Bildungsstätte

Das hat sich inzwischen geändert: Das Kino hat – neben hochkulturellen Einrichtungen wie Theater, Museum und anderen kulturellen Ausstellungsräumen – als Lernort Eingang in den Schulalltag gefunden. Sei es etwa im Rahmen des Deutschunterrichts, in dem Schulklassen ganz selbstverständlich ins Kino gehen, um beispielsweise anhand der aktuellen Verfilmung von „Krabat" grundlegende Unterschiede zwischen dem Medium „Buch" und dem Medium „Film" zu erlernen. Oder als Exkursion im Oberstufen-Geschichtsunterricht, wo der Widerstand gegen den Nationalsozialismus mittels eines Kinobesuchs von „Sophie Scholl – Die letzten Tage" erfahrbar gemacht wird. Für Grund- und FörderschülerInnen hingegen ist der Besuch des Kinos oftmals die erste Begegnung mit einem Film auf der großen Leinwand. Zugleich dient der Ausflug dem Erwerb wichtiger sozialer und kommunikativer Kompetenzen, die auch für den Besuch anderer kultureller Einrichtungen eine Rolle spielen.

Der Kinobesuch mit der Klasse als bundesweites Angebot

Das Projekt, das diesen Image- und Paradigmenwechsel des Kinos im Bildungsbereich in den vergangenen Jahren am nachhaltigsten befördert hat, sind die SchulKinoWochen. Sie haben bei der Integration von Film- und Kinokultur in schulische Bildungskontexte maßgebliche Vorarbeit geleistet und eine Brücke zwischen Schule und Kino geschlagen, die auch über die jeweilige SchulKinoWoche hinaus vielfältige Kooperationen ermöglicht. Zugleich ist es im Rahmen der SchulKinoWochen gelungen, sich in der Schule immer wieder auch mit ästhetisch und künstlerisch relevanten Kinofilmen auseinanderzusetzen, um auf diese Weise Kindern und Jugendlichen Wege zu anspruchsvollen Filmen zu eröffnen, denen sie sonst vermutlich nicht begegnet wären.

Das Konzept der SchulKinoWochen basiert auf einer film- und medienpädagogisch intensiv begleiteten Vernetzung von Schulen und Kinos vor Ort, die der Kino- und Filmkultur wie der Pädagogik gegenseitig neue Räume erschließen hilft. Sie sind ein bundesweites Angebot zur Filmbildung, das jeweils für die Dauer einer bzw. mehrerer Wochen in allen 16 Ländern stattfindet. In diesem Zeitraum können Schulklassen zu einem ermäßigten Eintrittspreis vormittags Kinovorstellungen in einem nahegelegenen Kino besuchen.

Die Vorzüge des Kinos liegen dabei auf der Hand: Gerade bei SchülerInnen ist dieses ein äußerst positiv besetzter Ort, an dem sich unterschiedlichste Unterrichtsinhalte auf abwechslungsreiche und innovative Art und Weise sinnlich vermitteln und gemeinsam erschließen lassen. Im Vergleich zum Klassenzimmer bietet das Kino nicht nur die Möglichkeit einer „Ganz-Film-Rezeption", wie sie im getakteten Schulunterricht fast nicht möglich ist, sondern zugleich auch ein emotional berührendes Filmerlebnis, das sich in dieser optischen und akustischen Qualität nicht in der Schule herstellen lässt.

Der Erfolg des Angebots lässt sich in Zahlen ausdrücken: Seit 2006 haben über drei Millionen SchülerInnen Vorführungen im Rahmen von SchulKinoWochen besucht. Allein im Schuljahr 2011/12 nahmen über 690.000 SchülerInnen und Lehrkräfte an dem Angebot teil. 755 Filmtheater aller Typen und Größen beteiligten sich, über 430 Filmgespräche und Seminare mit FilmpädagogInnen und 220 Sonderveranstaltungen mit Filmschaffenden und ExpertInnen fanden statt. In knapp 60 Fortbildungen konnten über 1.000 Lehrkräfte im Vorfeld der SchulKinoWochen ihr Wissen zum Umgang mit Film im Unterricht vertiefen.

Damit zählt das Angebot zu den populärsten Angeboten Kultureller Bildung an deutschen Schulen.

Miteinander statt gegeneinander: die SchulKinoWochen als erfolgreiche Bund-Länder-Kooperation

Veranstaltet werden die SchulKinoWochen von *VISION KINO*, dem 2005 vom *Beauftragten der Bundesregierung für Kultur und Medien*, der *Filmförderungsanstalt* und der Filmwirtschaft in Form einer Public-Private-Partnership gegründeten Netzwerk für Film- und Medienkompetenz. *VISION KINO* als bundesweiter Veranstalter bringt das grundlegende Fachwissen und den Hauptteil der finanziellen Mittel in das Projekt mit ein. Der große Erfolg der SchulKinoWochen beruht auch auf der Vielzahl an engen Kooperationen mit regionalen und bundesweiten Partnern. Die SchulKinoWochen werden ganz im Geiste des Föderalismus in allen Ländern gemeinsam mit Projektpartnern realisiert, die meist ganzjährig im Bereich der Filmvermittlung tätig und die Ansprechpartner für Schulen, Lehrkräfte und Kinos vor Ort sind. Hier in den Ländern haben die jeweiligen Projektteams ihren Sitz; sie stehen im ständigen Kontakt zu Schulen und Kinos, beraten Lehrkräfte und organisieren das Anmeldeverfahren. Auch das Kinoprogramm vor Ort wird von den Projektpartnern ausgewählt; das pädagogische Begleitprogramm in Form von Seminaren, Fortbildungen und Workshops wird ebenfalls dezentral organisiert. Sowohl bei der Konzeption als auch bei der Bewerbung wird das Angebot aktiv durch die zuständigen Bildungs- und Kultusministerien unterstützt. In Schulbriefen und Rundschreiben laden die Ministerien zur Teilnahme an dem Projekt im Rahmen des Unterrichts ein. Die zuständigen MinisterInnen, SenatorInnen und und StaatssekretärInnen haben darüber hinaus stets große Bereitschaft gezeigt, auch persönlich im Rahmen von Auftaktveranstaltungen und Pressekonferenzen die Bedeutung des Projektangebotes aus ihrer Sicht zu betonen. Nicht zuletzt werden die SchulKinoWochen aktiv von der Filmwirtschaft unterstützt. Die Filmverleiher verzichten im Rahmen der SchulKinoWochen auf die sonst übliche Mindestgarantie. Breite

Unterstützung erhalten die SchulKinoWochen auch von den Kinos, die für einen stark reduzierten Eintrittspreis vormittags ihre Säle öffnen. Schließlich unterstützt die *Bundeszentrale für politische Bildung* das Projekt bei der Durchführung von Fortbildungen und Kinoseminaren. Auf regionaler Ebene beteiligen sich zahlreiche weitere Kooperationspartner an der Realisierung der SchulKinoWochen.

Allen Partnern gemein ist das Ziel, Film als Teil schulischer Bildungsarbeit zu popularisieren und Kinos langfristig als Orte Kultureller Bildung zu etablieren.

Ein Kinoprogramm für Schulen – der Prozess der Filmauswahl

Die Erwartungen von Lehrkräften an ein von Kultusministerien empfohlenes Filmprogramm sind naturgemäß hoch. Bei der Auswahl, die durch VISION KINO in Zusammenarbeit mit seinem Beirat und den Kooperationspartnern vor Ort, teils auch in direkter Absprache mit den Kultusministerien, Landesmedienzentren und Fortbildungsinstitutionen der Länder erfolgt, ist daher besondere Sorgfalt angebracht. Als eine besondere Herausforderung kommt hinzu, dass viele Lehrkräfte die Filme, die oftmals noch nicht auf DVD im Handel erhältlich sind, nicht im Vorfeld sichten können und daher auf eine pädagogische Beratung durch das Projektbüro, vor allem aber auch auf eine zutreffende Altersempfehlung angewiesen sind. Hier gilt es, die Altersempfehlung so zu wählen, dass einerseits jüngere SchülerInnen nicht überfordert, ältere SchülerInnen aber auch nicht unterfordert werden.

Bei der Auswahl der Filme spielen sowohl Filmästhetik, der Inhalt des Films als auch (film-)pädagogische Aspekte eine Rolle. Bildungsrelevante Filme finden sich dabei im gesamten Spektrum des Kinos, sowohl Arthousefilme als auch Blockbuster haben für die filmische Bildungsarbeit Relevanz. Der im engeren Sinne schulpädagogisch leitende Auswahlgesichtspunkt ist, dass ein nach filmästhetischen und thematischen Kriterien ausgewählter Film sich mit Anforderungen und Aufgabenstellungen der vorhandenen Bildungspläne und Fachcurricula in den Ländern verbinden lässt. Die Auswahl der Filme wie auch die pädagogische Einschätzung nehmen daher einen gewichtigen Anteil der Vorbereitungszeit der SchulKinoWochen ein und erfordern eine ganzjährige Beobachtung der Film- und Festivallandschaft.

Für den Einsatz im Kino kommt hinzu, dass ausschließlich Werke berücksichtigt werden können, die als hochauflösende Kinokopie bzw. Festplatte verfügbar sind und einen deutschen Verleih haben.

Rund 200 Filme sind derzeit im Filmpool der SchulKinoWochen. Bei der Auswahl des Filmpools wie auch bei der Zahl der Anmeldungen überwiegt der deutsche Film. Zu den erfolgreichsten Titeln der vergangenen Jahre zählten demnach auch einige deutsche Produktionen wie „Almanya – Willkommen in Deutschland", „Lippels Traum", „Tom Sawyer", „Vincent will meer" oder „Vorstadtkrokodile".

Filmbildung in der Schule und im Kino: Perspektiven des Angebots

Für viele SchülerInnen bietet die Begegnung mit Filmen aus dem Angebot der SchulKinoWochen Einstiegsmöglichkeiten für einen reflektierten, über die Rezeption im Kino hinausführenden Umgang mit dem Medium Film. So schreiben im Rahmen der SchulKinoWochen SchülerInnen Filmkritiken, drehen eigene kleine Filme in Workshops oder vertonen gar – wie in Frankfurt geschehen – einen Stummfilm von Lotte Reiniger. In zahlreichen moderierten Veranstaltungen und Begegnungen mit Filmschaffenden wird das Kino zum Ort einer produktiven Auseinandersetzung über den Film, bei dem spontane Reaktionen durch einen filmpädagogischen Referenten in ein Gespräch überführt werden.

Der filmkulturelle Ansatz des Projektes hat allerdings auch seine Grenzen. Aufgrund bislang weitgehend fehlender medien- und filmpädagogischer Basisqualifikationen sind Lehrkräfte im Umgang mit Film häufig unsicher, so dass die Vermittlung von Kenntnissen über den Film als eigener Kunstform mit einer spezifischen Mediengeschichte oft zu kurz kommt. Dies ist mit ein Grund, dass Verfilmungen bekannter Kinder- und Jugendliteratur von „Mullewapp" über „Krabat" bis hin zu „Die Welle" besonders populär sind, wohingegen Filmklassiker oder ästhetisch besonders außergewöhnliche Werke eher zurückhaltend angenommen werden. Die zunehmende Verankerung von Filmbildung einschließlich verbindlicher medienpädagogischer Qualifizierung von Lehrkräften in Aus- und Fortbildung, wie sie im Zuge des jüngsten Beschlusses der *Kultusministerkonferenz* zur Medienbildung in der Schule berechtigterweise zu erwarten ist, wird dem Angebot der SchulKinoWochen hier eine besondere Perspektive bieten und sicherlich auch eine stärkere Öffnung von Schulen gegenüber Filmklassikern und anderen Filmen des Repertoires bewirken.

Bei alledem bleibt das Kino, das, was es schon immer war: ein kulturell prägender Ort des gemeinschaftlichen Erlebens und des besonderen Sehens, ein dunkler Raum mit einer großen Leinwand, der bei aller Zerstreuung eine ungestörte Konzentration bieten kann. Die Fokussierung auf ein Werk mit seiner spezifischen dramaturgischen Struktur bietet eine Wahrnehmungs- und Rezeptionsform, die vielen SchülerInnen im Zeitalter konvergenter Medienentwicklung (siehe Helga Theunert „Die konvergente Medienwelt – Veränderter Rahmen für den Mediengebrauch" in diesem Band) anderenorts nicht (mehr) begegnet. Wenn im Saal das Licht ausgeht, der Projektor die Leinwand beleuchtet, SchülerInnen und LehrerInnen gemeinsam in eine andere Welt entführt werden, um sich anschließend über ihre jeweils individuelle Seherfahrung auszutauschen, dann muss einem angesichts dieses sozial-kommunikativen „Mehrwerts" nicht bange sein um die Zukunft des Kinos – als Ort des Vergnügens und als Ort ganz besonderer Lernerfahrungen.

Zum Weiterlesen

Bergala, Alain (2006): Kino als Kunst. Filmvermittlung an der Schule und anderswo. Marburg: Schüren Verlag.

Kinofenster.de – das filmpädagogische Online-Angebot von VISION KINO und Bundeszentrale für politische Bildung/bpb: www.kinofenster.de

Vision Kino – Netzwerk für Film- und Medienkompetenz: www.visionkino.de (hierin insbesondere die Abschnitte „SchulKinoWochen", „Publikationen" und „Film und Lehrplan").

Franz Josef Röll
Medienkommunikation und Web 2.0

Unsere Mediengesellschaft befindet sich im Umbruch. Die bisher passiven KonsumentInnen von Produkten und Dienstleistungen können zu aktiven und mündigen KommunikatorInnen werden. Neue Formen des dezentralisierenden Dialogs eröffnen sich, neue individuelle und kollektive Kommunikationsformen bilden sich heraus. Kommunikationsformen wie Soziale Netzwerke (SNS), Blogs, Twitter, Instant Messaging, Podcasts und Wikis verkörpern eine veränderte Partizipationskultur, die nicht an reale Orte gebunden ist (siehe Kathrin Demmler/ Ulrike Wagner „Mediensozialisation und kulturelles Lernen" in diesem Band). Zudem ist mit Handys, Smartphones, MP3-Player und (Video-)iPods mobile Kommunikation möglich.

Web 2.0 – Begriffsbestimmung

Der Begriff Web 2.0 entstand bei der Vorbereitung zu einer Konferenz, die 2004 stattfand. Veränderungen der technischen und kommunikativen Möglichkeiten des Internets werden mit Web 2.0 in Verbindung gebracht. So gilt die Unabhängigkeit von Geräten und Betriebssystemen als ein wesentliches Kennzeichen von Web 2.0. Daten können zugleich mit anderen Tools genutzt werden. Die Software wird nicht bedient, sondern aktiv genutzt.

Web 2.0-Anwendungen unterstützen Interaktionen innerhalb von Gruppen und fördern Communities. Die Matrix von Web 2.0 lautet Beteiligung, gemeinsame Intention, Personenorientierung, Freiwilligkeit der Teilnahme, eine auf dem Tauschprinzip beruhende Beziehung und ein personenbezogenes Beziehungsgeflecht, das ein gemeinsames Basisinteresse hat, das bei aktuellen Anlässen aktiviert wird.

Die NutzerInnen (ProdUser) werden zu Ko-EntwicklerInnen von Plattformen und/oder Betriebssystemen (z.B. Opera, Linux). Diese Produkte zeichnen sich durch Unfertigkeit bzw. Vorläufigkeit aus (Beta-Versionen). Die Formung und Entwicklung geschieht durch eine wachsende Community. Kollektiv können Ressourcen erschlossen, Kompetenzen und Potentiale zur Verfügung gestellt werden. Das beginnt beim Filesharing (tauschen bzw. zur Verfügung stellen von Daten) und endet bei der gemeinsame Arbeiten an Themen, Texten und Erfahrungen, wie z.B. Etherpad, Weblogs oder Wikis.

Kommunikation und Beziehung im Web 2.0

Die aktuell dominante Kommunikationskultur ist vom Web 2.0 geprägt. Dabei kommt es zu informellen Lernprozessen. Die Individualisierung wird gefördert, Öffentlichkeit und Privatheit vermischen sich ebenso wie Professionalität und Amateurhaftigkeit. Bezüge werden nicht über fachliche Kompetenz, sondern über gleiche Interessen und/oder Zugehörigkeiten zu Communities hergestellt. Authentizität wird gesucht: die subjektiv nachvollziehbare Information. Der Freund eines Freundes (schwache Beziehung) wird als glaubwürdiger angesehen als die Webseite einer seriösen Tageszeitung. Die Beziehung steht im Vordergrund. Durch Rückkanäle gibt es Austausch und Feedback (Trackback, Feeds, RSS), somit entstehen dialogische Kommunikationskulturen und eine höhere Transparenz. Für die Beziehungsarbeit haben vor allem die SNS eine zentrale Bedeutung. In diesen Netzwerken produzieren die User Inhalte und tauschen sie untereinander aus.

Praxisbeispiele

Der *Landesjugendring Niedersachsen* erprobt in vielfältiger Weise Beteiligungsformen. Wikis, Weblogs und Foren können genutzt werden, um sich mit unterschiedlichen Themen auseinander zu setzen, sich zu informieren oder in Kontakt zu bleiben. Jugendgruppen, Vereine oder Initiativen können Teil der Jugendserver-Community werden und die Plattform gemeinsam mit den anderen Mitgliedern nutzen. Mit Hilfe von *mixxt* können eigene Communities erstellt werden. In Facebook kann eine Fanseite eingerichtet werden, um das besondere Anliegen von Institutionen und/oder Verbänden zum Ausdruck zu bringen.

Auch in der Pädagogik und bei Tagungen lassen sich neue Beteiligungsformen beobachten (siehe Larissa von Schwanenflügel/ Andreas Walther „Partizipation und Teilhabe" in diesem Band). Beispielhaft sei hier auf die Barcamps verwiesen, die auf dem Konzept von Educamps basieren. Educamps sind offene Tagungen, deren Ablauf und Inhalte von den TeilnehmerInnen im Tagungsverlauf selber entwickelt werden.

In Bad Homburg nahmen über hundert Personen an einem globalen Klima-Weckruf teil. Am 21.09.09 um 18:12 Uhr reckten sie ihre Handys in den Himmel und versuchten per Mobiltelefon EntscheidungsträgerInnen in aller Welt zu erreichen, um sie zum Handeln für das Weltklima zu motivieren. Zum gleichen Zeitpunkt fanden 2000 vergleichbare Aktionen in 88 Ländern statt. Alle diesen Aktionen sind Ausdruck einer neuen jugendkulturellen Beteiligungs- bzw. Gesellungsform, die Flashmob, d.h. „Blitz-Versammlung" genannt werden.

Erkennbar wird ein neues Verständnis politischen und gesellschaftlichen Handelns. Es geht nicht mehr um eine Auseinandersetzung mit kognitiven Zielen, wie auch das mangelnde Interesse von Jugendlichen belegt, sich für traditionelle politische Entscheidungsprozesse zu engagieren. Aktionsbezug (Erlebnisorientierung, Handlungsorientierung), Wahrnehmungsdimension (Beteiligung des Körpers und der Sinne) und Virtualität (Communities, Weblogs, Mobiltelefon, Email-Kettenbriefe) sind die Parameter, die bei der Web 2.0 Generation positiv besetzt sind.

Herausforderung für die Kulturarbeit

Typisch für die Web 2.0-Kultur ist auch der Wunsch vieler User, Unterstützung zu bekommen bei der Bewältigung des Lebensalltags. Ebenso ist erkennbar, dass Bedürfnisse vorhanden sind, mit Beziehungsnetzen verbunden zu sein. Der Fokus, der bisher bestimmend war, dass die KulturpädagogInnen Programme gestalten und dann versuchen, InteressentInnen zu finden, wird sich ändern müssen. Aufmerksamkeit kann man bei der Web 2.0-Generation generieren, wenn man im Dialog mit dieser Zielgruppe deren kulturell-ästhetische Wahrnehmungsdispositiv akzeptiert und nutzt. Die Web 2.0-Generation will beteiligt sein, sie erwartet, dass die neuen Kommunikationsmedien genutzt werden. Ihr Interesse an einer langfristigen Bindung schwindet, da ihr Interesse an Bindung einerseits aktionsbezogen ist, andererseits sich an den subjektiven Fragen orientiert, vor die sie der Lebensalltag stellt. Diese Generation sucht nach Räumen, wo sie sich mit ihren Entwicklungsaufgaben angenommen fühlt. Dieses Verhalten entspricht den gewandelten Lebensbedingungen (flexibler Kapitalismus, beschleunigte Gesellschaft, Entgrenzung, Durchlässigkeit).

Kulturelle Bildung muss sich angesichts dieser Veränderungen als lernendes System verstehen, d.h. die Bereitschaft haben, sich ständig an den unterschiedlichen Lebenslagen der NutzerInnen zu orientieren, und sie muss ihre differenzierten Angebote im Dialog mit ihnen entwickeln. Sich als lernendes System zu verstehen bedeutet nicht nur ein vorbestimmtes Ziel zu verfolgen, sondern vor allem auch von den NutzerInnen zu lernen und deren Ressourcen im Blick zu haben. Im idealen Falle wird der Kulturpädagoge zum Navigator, der zuständig ist für den Erfahrungs- und Lernraum, der aber nicht die Ziele bestimmt. Er ist Coach und/oder Mentor, der unterstützt, berät und anregt. Sein Blick ist auf Ressourcen gerichtet, seine besondere Aufgabe besteht darin, die NutzerInnen zu begleiten, sie ihre Kompetenzen zur Entfaltung bringen zu lassen, er ist dabei ein Lernender, der von den Kompetenzen der NutzerInnen profitiert, wie er umgekehrt seine Lebenserfahrung nutzbringend einbringt.

Zum Weiterlesen

Alby, Tom (2008): Web 2.0: Konzepte, Anwendungen, Technologien. München: Carl Hanser.

Ertelt, Jürgen/Röll, Franz Josef (Hrsg.) (2008): Web 2.0: Jugend online als pädagogische Herausforderung. Navigation durch die digitale Jugendkultur. München: kopaed.

Jugendserver Niedersachsen: www.jugendserver-niedersachsen.de

mixxt: www.mixxt.de

Röll, Franz Josef (2003): Pädagogik der Navigation. Selbstgesteuertes Lernen durch Neue Medien. München: kopaed.

Schmidt, Jan-Hinrik/Hasebrink, Uwe/Paus-Hasebrink, Ingrid (Hrsg.) (2011): Heranwachsen mit dem Social Web: Zur Rolle von Web 2.0 - Angeboten im Alltag von Jugendlichen und jungen Erwachsenen. Berlin: Vistas.

Schmidt, Jan-Hinrik (2006): Weblogs – eine kommunikationssoziologische Studie. Konstanz: UVK.

Wikipedia: Barcamp: http://de.wikipedia.org/wiki/Barcamp

Wikipedia: EduCamp: http://de.wikipedia.org/wiki/EduCamp

Zacharias, Wolfgang (2010): Kulturell-ästhetische Medienbildung 2.0. München: kopaed.

Christoph Deeg
Digitale Spielkulturen

Digitale Spielkultur = Kulturelle Lebensrealität

Es gibt eine Vielzahl an unterschiedlichen Kulturformen, aber keine ist im Moment auch nur ansatzweise so erfolgreich wie die Welt der Computerspiele (siehe Andrea Winter „Spiel zwischen leiblichen und digitalen Spielräumen" in diesem Band). Millionen von Menschen spielen. Sie bewegen sich in virtuellen Welten. Sie sind Zauberer, Magier, Soldaten, Rennfahrer, Manager, Ehefrauen, Tiere etc. Ihre Stars heißen nicht Mozart oder Wagner, sondern Super Mario oder Commander Shepard. Gewiss, wir nehmen dieses Phänomen nicht als Kulturform wahr. Im Gegenteil, Gaming ist immer noch das andere. Es ist wenig akzeptiert und wird in der Regel vor allem im Kontext von Diskussionen über Gewaltdarstellungen und Spielsucht wahrgenommen. Der Gedanke, die Welt der Computerspiele wäre gleichberechtigt mit Oper, Tanz oder Musik ist vielen Menschen zuwider. Und doch müssen wir akzeptieren: Computerspiele gehören zur kulturellen Lebensrealität von Millionen von Menschen. Und dies hat einen einfachen Grund: Spielen gehört zur Kultur des Menschen. Schon Johann Huizinga beschäftigte sich Anfang des letzten Jh.s in seinem Werk „Homo Ludens – Vom Ursprung der Kultur im Spiel" mit der Frage, ob das Spiel nicht die wahre Basis unserer Kultur(en) darstellt. Der „Homo Ludens" der heutigen Zeit spielt mit den ihm zur Verfügung stehenden Plattformen und hat in der digitalen Welt eine interaktive und globale Spielwiese gefunden, die also vor allem eines ist: menschlich (vgl. auch Zacharias 2010:212ff.).

Digitale Spielkultur – eine kurze Erfolgsgeschichte

Die Geschichte der digitalen Spielkultur ist kurz, spannend und beeindruckend. Ende der 60er Jahre des letzten Jh.s entwickelte der US-amerikanische Spieleentwickler Ralph Baer die erste massentaugliche Spielkonsole mit dem Namen „Odyssee". Sie wurde 1972 von dem Unternehmen *Magnavox* auf den Markt gebracht. Das System erweiterte die Nutzungsmöglichkeiten des ebenfalls noch jungen Fernsehens. Die Grafik und die Spieloptionen waren einfach. Es handelte sich um eine Art Tennis. Jeder Spieler steuerte mittels eines kabelgebundenen Controllers einen Balken. Die SpielerInnen versuchten nun den Ball hin und her zu spielen. Wenn man den Ball nicht traf, hatte man verloren.

In den letzten 40 Jahren hat sich die Welt der Computerspiele sehr schnell weiter entwickelt. Immer bessere Konsolen ermöglichten neue Formen der Visualisierung und damit verbundene neue Spielkonzepte. In verhältnismäßig kurzer Zeit gab es immer mehr Menschen, die Teil dieser digitalen Spielkultur wurden. Im Laufe der Jahre und Jahrzehnte wurde nahezu jedes neue Massenmedium mit Gaming verbunden. Computer wie der berühmte C64 von Commodore waren vor allem aufgrund der dafür erhältlichen Spiele erfolgreich. Gaming war immer ein Massenphänomen, und es war für die meisten Menschen zudem der erste Kontakt mit neuen Technologien. Dieser Prozess dauert bis heute an. Die digitale Spielkultur ist letztlich eine Querschnittsfunktion unserer kulturellen Realität geworden. Wir finden Spiele auf Computern, auf Konsolen, auf Smartphones und Tablet-PCs, aber auch Online-Plattformen wie Facebook oder Google+ werden durch verschiedene Spiele gestaltet bzw. wären ohne die Spiele nicht so erfolgreich.

Wir spielen alles und überall

Heutige Spiele sind immer öfter komplexe virtuelle Welten. Die SpielerInnen können darin verschiedene Rollen übernehmen und die sich ihnen öffnende Welt spielerisch erschließen. Die Hardware ist Hochtechnologie. Der Controller, welcher 1972 noch den Zugang zum Spiel ermöglichte, verschwindet. Der Spieler wird zum Controller und steuert das System mittels Gesten und Sprache. Die Konsolen werden immer mehr zu multioptionalen Plattformen, die nicht nur zum Spielen, sondern für den Konsum von Filmen und Musik oder das Surfen im Internet genutzt werden können. Dadurch, dass wir auch auf Smartphones und Tablet-PC's spielen können, ist das Spiel auch nicht mehr an einen festen Ort gebunden.

Digitale Spielkulturen können heute nahezu jeden Inhalt darstellen und spielerisch erfahrbar machen. Ihre besondere Stärke liegt in der Möglichkeit, die Geschichte aktiv zu gestalten. SpielerInnen werden Teil des Ganzen. Die Spielfigur/der Avatar ist ein Teil von mir und zugleich Teil einer virtuellen Welt.

Das Spiel wird zu mehr

Und die Teilhabe, das Erleben und Erschaffen endet nicht im Spiel. Das Spiel, bzw. die Beschäftigung damit, wird Teil der Realität. Manches Level lässt sich nicht alleine lösen. Man benötigt die Hilfe von anderen SpielerInnen. Hierfür trifft man sich zumeist online in Foren, auf Blogs oder Wikis. Einige SpielerInnen entwickeln eine Bindung zu ihrer virtuellen Identität ihrem Avatar. Auf Conventions (realen Zusammenkünften) verkleiden sie sich als der Zauberer, Heiler oder Krieger. Diese Verkleidung ist sehr oft eine detaillierte Kopie des digitalen Originals.

Digitale Spielkulturen beeinflussen andere Kulturformen. Es gibt Bücher und Filme, die auf Spielen basieren und es gibt genauso Spiele, die sich auf Filme, Bücher, historische Ereignisse etc. beziehen. Es gibt Theateraufführungen, die wie ein Computerspiel ablaufen. Es gibt Talkshows und Ballettaufführungen in Computerspielen. Dabei machen es sich die SpielerInnen zunutze, dass immer mehr Spiele offene Welten sind, in denen meine Handlungen nicht zwingend vorgegeben sind. Ich kann in einem Ego-Shooter schießen – oder aber eine Talkshow veranstalten, diese aufzeichnen und dann bei Youtube senden. Es gibt die ersten Museen für Computerspiele, und die Community hat, um ihre eigene Kultur vor dem Zerfall zu bewahren, ein eigenes Archivierungssystem entwickelt. Elemente und Modelle aus Computerspielen gestalten in zunehmendem Maße unsere Gesellschaft. Der Begriff „Gamification" steht beispielsweise für die Übernahme von Spielelementen in Webplattformen und in moderne Management-Konzepte.

Kulturelle Bildung und Digitale Spielkulturen

Möchte Kulturelle Bildung Teil dieser Kultur werden, muss zuerst akzeptiert sein, dass Gaming eine Kulturform darstellt. Oder wie es Max Fuchs formulierte: „Computerspiele sind also vielfältig mit Fragen der kulturellen Entwicklung unserer Gesellschaft und speziell der Jugend verbunden" (Fuchs 2008d:8). Wir müssen aufhören, diese Welt zu stigmatisieren, und beginnen, die Gamer ernst zu nehmen. Und wir können und müssen von ihnen lernen. Es gibt in Deutschland ein paar sehr interessante Ansätze. Das Projekt „Spielbar" der *Bundeszentrale für politische Bildung*, die Initiative *Creative Gaming,* der Verein *Zukunftswerkstatt Kultur- und Wissensvermittlung e.V.*, die Computerspielschule in Leipzig und auch die globale *Electronic Sports League (ESL)* sollen hier beispielhaft genannt werden. Zu ihren Aktivitäten gehört der Wettbewerb in einer Liga, das Testen und Rezensieren von Spielen und sogar Workshops, bei denen Spiele entwickelt werden.

Darüber hinaus können die Arbeits- und Denkweisen auch Vorbild für andere Bereiche der Kulturellen Bildung sein. Spielen bedeutet hier die Analyse eines fremden und zugleich komplexen Systems und die daran anschließende Strategieentwicklung und -umsetzung. Dies alles findet zumeist in Gruppen statt. Wenn wir diese Modelle verstehen, können wir sie in andere Systeme adaptieren.

Zum Weiterlesen

Beck, John C./Wade, Mitchell (2006): the kids are alright – How the Gamer Generation is changing the Workplace. Boston: Harvard Business School Press.

Computerspielschule Leipzig: www.uni-leipzig.de/~compsp/Csl

Electronic Sports League: www.esl.eu/de

Initiative Creative Gaming: www.creative-gaming.eu

Johnson, Steven (2006): Neue Intelligenz – Warum wir durch Computerspiele und TV klüger werden. Köln: Kiepenheuer und Witsch.

Lober, Andreas (2007): Virtuelle Welten werden real. Hannover: Heise Zeitschriften.

McGonigal, Jane (2011): Reality is Broken. London: Jonathan Cape/Random House.

Prensky, Marc (2006): Don't bother me Mom – I am Learning. St. Paul: Paragon House.

Spielbar: Beurteilungen von Computerspielen: www.spielbar.de/neu

Talkshow „This spartans life": A Talk Show in Game Space: www.thisspartanlife.com

www.christoph-deeg.de

Horst Niesyto
Medienkritik und pädagogisches Handeln

Digitalisierung, Internet, Selbstorganisation im Netz, Verschmelzung von alten und neuen Medien haben in den letzten 15 bis 20 Jahren weitreichende Auswirkungen für die Menschen in allen Lebensbereichen mit sich gebracht. Die zeit- und ortsunabhängige Verfügbarkeit von Medien eröffnet den Menschen neue Informations-, Kommunikations-, Bildungs- und Lernmöglichkeiten. Gleichzeitig entwickeln sich Problemfelder, die von einer zunehmenden Kommerzialisierung sozialer Kommunikation, risikobehafteten Mediennutzungen bis hin zu sogenannten digitalen Klüften im Mediengebrauch reichen.

Es war schon immer eine Aufgabe Kultureller Bildung, sich in reflexiv-kritischer Perspektive mit gesellschaftlichen Entwicklungen differenziert auseinanderzusetzen mit dem Ziel, die kreativen Potentiale der Menschen zu stärken und sie darin zu unterstützen, Orientierung, Wissen, Urteils- und Handlungskompetenz für ein souveränes Leben in der Gesellschaft zu verbessern. Medienpädagogik und kulturelle Medienbildung teilen diese Aufgabenstellung und betonen in besonderer Weise die selbstreflexive Auseinandersetzung mit eigenen Medienerfahrungen und die Befähigung zu Selbstausdruck, zu Kommunikation, zu ästhetischer Bildung und zur Partizipation mit Medien.

Medienkritik ist eine übergreifende Aufgabenstellung und bezieht sich auf die Auseinandersetzung mit Einzelmedien (z.B. Fernsehkritik, Filmkritik, Literaturkritik), crossmedialen Angeboten und gesellschaftlichen Medienentwicklungen, ihrer Analyse und Bewertung bezüglich Produktionsbedingungen, Inhalt, Form und Distribution (inkl. rechtlicher, politischer und ökonomischer Aspekte) sowie auf die Reflexion und Selbstreflexion der Mediennutzung in verschiedenen lebensweltlichen Kontexten.

Die kritische Analyse und Bewertung von Medienangeboten und die reflexive Auseinandersetzung mit der Mediennutzung ist ein wichtiges Aufgabengebiet der Medienpädagogik und der kulturellen Medienbildung, kann jedoch keineswegs auf den pädagogischen Bereich begrenzt werden. Kübler (2006) unterscheidet folgende zentrale Felder der Medienkritik: publizistisch-professionelle Medienkritik; institutionelle, routinierte Medienkritik bzw. Medienkontrolle; alltägliche Medienkritik; pädagogische Medienkritik. Der folgende Beitrag legt den Schwerpunkt auf Medienkritik im Kontext pädagogischen Handelns und akzentuiert Aspekte der kulturellen Medienbildung.

Begriffliche Annäherung

„Kritik", abgeleitet vom griechischen Wort *krinein*, bedeutet „unterscheiden", „trennen". Es geht um Unterscheiden, Vergleichen, Bewerten von Fakten, Eigenschaften, Qualitäten. Wer eine kritische Haltung einnimmt, benötigt Kriterien für die Bewertung. Kriterien sind auch notwendig, um aus der Vielzahl von Angeboten eine bewusste Wahl treffen zu können.

Nach Dieter Baacke (1997) ist Medienkritik neben Medienkunde, Mediennutzung und Mediengestaltung einer der vier grundlegenden Medienkompetenzbereiche. Er differenziert Medienkritik in drei Dimensionen:

>> Die *analytische* Dimension umfasst die Fähigkeit, problematische gesellschaftlich-mediale Prozesse angemessen zu erfassen.
>> Die *reflexive* Dimension bezeichnet die Fähigkeit, dass Menschen das analytische Wissen auf sich selbst und ihr Medienhandeln anwenden können.
>> Die *ethische* Dimension verknüpft das analytische Denken und den reflexiven Rückbezug im Hinblick auf ein gesellschaftlich und sozial verantwortliches Handeln.

Die Entwicklung medienkritischer Kompetenzen ist dabei *altersabhängig* und wird durch Sozialisationsbedingungen beeinflusst. In Anlehnung an entwicklungspsychologische Studien unterscheiden Sonja Ganguin und Uwe Sander (2007) verschiedene Entwicklungsphasen bzw. -stadien. Während in der „Aneignungsphase" (bis etwa elf Jahre) Adaption und Nachahmung im Vordergrund stehen, geht es in der „Kritischen Phase" (Pubertät) vor allem um die Auseinandersetzung mit körperlichen Veränderungen und die Suche nach der eigenen Identität. Jugendliche stehen vor der Aufgabe, Distanzierungs-, Reflexions- und Urteilsfähigkeit zu entwickeln, die zwischen der eigenen Perspektive und der von anderen unterscheidet.

Historische Entwicklungslinien

In historischer Perspektive entzündete sich Medienkritik stets am Aufkommen und der Verbreitung der jeweils neuen Medien. So begründete der griechische Philosoph Platon seine Kritik gegenüber dem Medium Schrift (im Vergleich zur gesprochenen Sprache) unter anderem mit dem schädlichen Einfluss externer Speicher- und Übertragungsmedien auf das Gedächtnisvermögen der Menschen und dem Verlust der unmittelbaren Präsenz des Gegenübers. Platons Einwände gegen Schrift, Dichtung und Malerei können historisch als Beginn einer *kulturpessimistischen* Medienkritik betrachtet werden. Dies bedeutet, dass in den jeweils neuen Medien einseitig Gefahren für die Kulturentwicklung betont und Potentiale für die kulturelle Weiterentwicklung unterschätzt werden.

So gab es im Zeitalter der Aufklärung nicht nur emanzipatorische Bestrebungen, sondern auch rückwärtsgewandte Stimmen, die z.B. vor den schlimmen Folgen der „Lesesucht" bei Frauen warnten. Im 19. Jh. häuften sich in pädagogischen Kreisen und Schulbehörden die Bestrebungen, durch Richtlinien und Verordnungen den Lesestoff unter staatlicher Kontrolle zu halten und „Das Elend der Jugendliteratur" zu bekämpfen. Mit dem Aufkommen des Mediums Film setzte sich kulturpessimistische Medienkritik in Form von bewahrpädagogischern Bestrebungen fort, die im Kinofilm und seiner massenhaften Verbreitung unter anderem eine Bedrohung der traditionellen Künste, eine Verrohung des Geschmacks und eine moralische Verwahrlosung der Jugend durch Kinobesuche erblickte.

Nach dem Zweiten Weltkrieg und dem Zusammenbruch der nationalsozialistischen Diktatur entstanden in Westdeutschland in den 1960er und 1970er Jahren vor dem Hintergrund von Pressekonzentrationen und der zunehmenden Verbreitung von Fernsehen, Rundfunk und Tonträgern ideologie- und medienkritische Analysen, die vor der nivellierenden Wirkung einer „totalitären Kulturindustrie" warnten. Gespeist durch die „Kritische Theorie", die den Waren- und Tauschcharakter von Kunst- und Kulturgütern betonte (Horkheimer/Adorno 1944/1969), wurde ein weitgehender Manipulationsverdacht gegenüber den Massenmedien formuliert.

Öffentlichkeit und Erfahrung der Subjekte wieder zusammen zu bringen, war ein zentrales Anliegen gesellschaftlicher Protestbewegungen vor allem in den 1970er und frühen 1980er Jahren. Gestützt auf Überlegungen von Sergei Michailowitsch Tretjakov, Walter Benjamin, Bertolt Brecht, Hans Magnus Enzensberger, Oskar Negt/Alexander Kluge entstanden Konzepte und Projekte *operativer* und *aktiver Medienarbeit*. Diese zielten darauf ab, dass die Menschen mit Medien ihre eigenen Bedürfnisse und Interessen artikulieren und öffentlich machen. Die aktive Medienarbeit wurde auch zu einem zentralen Aufgabenfeld der handlungsorientierten Medienpädagogik, vor allem im außerschulischen Bereich (Schell 1993).

Mediennutzung und Selbstausdruck mit Medien

In Zusammenhang mit gesellschaftlichen Individualisierungs- und medienkulturellen Pluralisierungsprozessen rückte die Förderung ästhetisch-kultureller Ausdrucksformen mit Medien in den 1980er und 1990er Jahren immer mehr in den Vordergrund. In deutlicher Abgrenzung von einem elitären Kulturverständnis und einem pauschalisierenden Begriff von „Masse" akzentuierten Medienstudien die Aneignungs- und Auswahlleistungen der Subjekte in unterschiedlichen *Medienkulturen* (Leitfrage: „Was machen die Menschen mit Medien?"). Im Mittelpunkt steht eine multiperspektivische Analyse und Kritik, die medienmit rezipienten- und kontextbezogenen Dimensionen verknüpft (unter anderem Cultural Studies). Sich mit Medien kreativ und kritisch zu artikulieren wurde zum Leitmotiv zahlreicher medienpraktischer Aktivitäten.

In den letzten Jahren stand die Auseinandersetzung mit *digitalen Medien*, Internetkommunikation, mobilen Medien und digitalen Spielkulturen im Vordergrund medienpädagogischer Bemühungen (siehe Christoph Deeg „Digitale Spielkulturen" in diesem Band). Entgegen einer (bewahrpädagogischen) Fokussierung auf Fragen des Kinder- und Jugendmedienschutzes geht es vor allem darum, wie digitale Medien von Kindern, Jugendlichen und Erwachsenen als Chance für Information, Kommunikation, Selbstausdruck und gesellschaftliche Partizipation genutzt werden können. Mit Blick auf die reflexiven Potentiale digitaler Kommunikation betonen verschiedene AutorInnen unter anderem die Kritik-, Ergänzungs- und Kommentierungspraktiken (z.B. bei Weblogs), die Notwendigkeit von Quellenkritik und Kontextualisierung von Informationen (z.B. bei Wikipedia), die kreativen Möglichkeiten digitaler Medienproduktion (z.B. kompilierte Filme erstellen; Röll 2011).

Zweifelsohne eröffnen die technischen und sozialen Möglichkeiten des Web 2.0 neue Chancen für selbstgesteuerte Bildungs- und Lernprozesse an verschiedenen Medienbildungsorten (siehe Franz-Josef Röll „Medienkommunikation und Web 2.0" in diesem Band). Dennoch ist darauf hinzuweisen, dass dies kein „Selbstläufer" ist – die Nutzung dieser Möglichkeiten hängt zu wesentlichen Teilen von den zugänglichen bildungsbezogenen und sozialen Ressourcen ab. Es gibt viele Kinder und Jugendliche, die weder im Rahmen der familiären noch der schulischen Sozialisation hinreichend Anregung und Förderung für einen reflektierten Medienumgang erhalten (Niesyto 2010). Auch sind problematische Medienentwicklungen wie z.B. mediale Aufmerksamkeitserregung (Emotionalisierung, Personalisierung, Dramatisierung in verschiedenen Genres) oder die zunehmende Kommerzialisierung im Social Web nicht zu unterschätzen. Diese Entwicklungen unterhöhlen systematisch Bildungsanstrengungen und verweisen auf gesamtgesellschaftliche Herausforderungen (Stichworte: digitaler Kapitalismus, Primat der Ökonomie, gesellschaftliche Beschleunigung).

Medienkritik als Bestandteil kultureller Medienbildung

Im Unterschied zu einer kulturpessimistischen Medienkritik, die als Alternative zu problematischen Medienentwicklungen und Mediennutzungsformen „medienfreie" Aktivitäten empfiehlt, fördert die Medienpädagogik und die kulturelle Medienbildung den aktiv-produktiven, kritischen und sozial verantwortlichen Umgang mit Medien. Medienkritik bedeutet in dieser Perspektive z.B., sich mit stereotypen Rollenbildern in Medien auseinanderzusetzen (unter anderem Holzwarth 2006), mediale Ton- und Bildmanipulationsmöglichkeiten zu entdecken (z.B. Inszenierungen in Dokumentarfilmen), in Medienwerkstätten den Umgang mit persönlichen Daten bei Chats, in Foto- und Videoportalen zu reflektieren (vgl. webhelm.de), gemeinsam Computerspiele zu erproben und Spielkritiken zu entwickeln (vgl. spielbar.de) oder neue Kinofilme im Rahmen von Filmjurys und Online-Plattformen zu bewerten (vgl. spinxx.de).

Kulturelle Medienbildung betont vor allem die ästhetischen Dimensionen von Medien und nutzt die Chancen medialer Eigenproduktion und neuer Formen des Lernens in der partizipativ-kreativen Netzkultur (BKJ 2011). Neben qualifizierten Fachkräften und guten Infrastrukturen (vgl. keine-bildung-ohne-medien.de) braucht es hierfür vor allem ausreichend Zeit. Ein Medienangebot aus unterschiedlichen Perspektiven zu betrachten, setzt Zeit für Erkundungen, für Experimentieren, für Nachdenken voraus. Ästhetische Reflexivität überschreitet eine Reduktion auf Kognition, betont das Zusammenspiel Anschauung und Denken, von präsentativer und diskursiver Symbolik (Langer 1942/1987). Bezogen auf mediale Artefakte bedeutet dies unter anderem, sich auf intuitiv-assoziative Suchbewegungen einzulassen und kognitiv-analytische Elemente zu integrieren (z.B. Kenntnis medienspezifischer Kodes, Dramaturgien; vgl. Maurer 2010). Ästhetische Erfahrung und Produktion leben von der Assoziation und Intuition, von der Sprunghaftigkeit und Ungereimtheit der Erfahrung (Selle 1990), von ihrem Ereignischarakter, ihrer Augenblicklichkeit und Nicht-Planbarkeit (Mollenhauer 1990). Gerade assoziativ-intuitive Suchbewegungen benötigen Gelegenheitsorte und Zeiträume, die sich reglementierenden Vorgaben und Zeitdiktaten diverser Art entziehen.

Die vielfältigen Erfahrungen aus der aktiven Medienarbeit (u.a. JFC Medienzentrum Köln 2005) und der kulturell-ästhetischen Medienbildung (unter anderem Zacharias 2010) zeigen, dass der Schritt von der Rezeption zur Eigenproduktion mit Medien entscheidend für ein tieferes Verständnis medialer Funktionsweisen und medienästhetischer Ausdrucksformen ist. In ihrer jeweiligen Medien- und Symbolsozialisation haben sich Kinder und Jugendliche Wissensbestände und Alltagsmedienkompetenzen (Bachmair 2009) angeeignet, die auch in ihren medialen Eigenproduktionen sichtbar sind. In den Eigenproduktionen werden die unterschiedlichen Stile der symbolischen Verarbeitung, die Art und Weise des Auswählens von Bildern und Tönen und des Gestaltens mit Medien deutlich. Reflexiv ist dieser Prozess dann, wenn nicht nur ästhetische Eindrücke und Erlebnisse aneinandergereiht, sondern Räume für symbolische Differenzerfahrungen und Irritationen eröffnet werden.

Gerade Kinder und Jugendliche aus bildungsbenachteiligten Sozialmilieus sind darin zu unterstützen, eigene Themen mit Medien auszudrücken und aus dem Modus der Produktion heraus Kritik- und Distanzierungsfähigkeit auszubilden. Auf der Basis einer handlungsorientierten Medienpraxis ist es vor allem möglich, medienkritische Überlegungen zu Risiken des Internets und zum sozial verantwortlichen Umgang mit digitalen Medien in Bildungsprozesse einzubringen.

Zum Weiterlesen

Bundesvereinigung Kulturelle Kinder- und Jugendbildung e.V. (BKJ) (2011): Kulturelle Bildung in der Netzgesellschaft gestalten. Positionen zur Medienbildung: http://www.miz.org/artikel/2011_BKJ_Positionspapier_Medienbildung.pdf (Letzter Zugriff am 30.07.12).

Ganguin, Sonja/Sander, Uwe (2007): Medienkritik im Kontext kultureller Indifferenzen. In: Lauffer, Jürgen/Röllecke, Renate (Hrsg.): Dieter Baacke Preis. Mediale Sozialisation und Bildung. Handbuch 2 (30-43). Bielefeld: AJZ-Druck & Verlag.

JFC Medienzentrum Köln (Hrsg.) (2005): Kritische Zeiten – Medienkritik mit Kindern und Jugendlichen. MedienConcret – Magazin für die pädagogische Praxis, 18. Jhg., Themenheft 2005. Köln: Eigenverlag.

Keine Bildung ohne Medien: www.keine-bildung-ohne-medien.de

Niesyto, Horst/Rath, Matthias/Sowa, Hubert (Hrsg.) (2006): Medienkritik heute. Grundlagen, Beispiele und Praxisfelder. München: kopaed.

Spielbar- Beurteilungen von Computerspielen: www.spielbar.de

Theunert, Helga (Hrsg.) (2010): Medien. Bildung. Soziale Ungleichheit. Differenzen und Ressourcen im Mediengebrauch Jugendlicher. München: kopaed.

Webhelm.Netzcheckers: www.webhelm.de

Zacharias, Wolfgang (2010): Kulturell-ästhetische Medienbildung 2.0. München: kopaed.

Teil II
Praxisfelder Kultureller Bildung

2.4
Musik/Klang

Christian Höppner
Musik und Kulturelle Bildung

Thema und Begriffsbestimmung

Der Begriff der Kulturellen Bildung als Sammelbegriff für die Vermittlung der schönen Künste hat sich erst kürzlich etabliert. Er meint die ganzheitliche Formung des Menschen durch die Künste und beschreibt „die zu erwerbende Kompetenz, mit Kultureller Vielfalt souverän umzugehen" (Fuchs 2008f:30). Die Musik bildet ein Handlungsfeld der Kulturellen Bildung. Das Wort Musik bezeichnet in seiner umfassendsten Bedeutung „die absichtsvolle Organisation von Schallereignissen" (Lexikonredaktion des Bibliographischen Instituts 1981:89). Frei von gesellschaftlicher oder individueller Bewertung lässt die Definition des organisierten Schalls – des „son organisé" (Varèse 1983:106) Raum für jede erdenkliche Form des menschlichen Selbstausdrucks durch Klänge. Die Eröffnung dieser Form des Ausdrucks, das Erlebbar-Machen von Klangerfahrungen und deren Verknüpfung mit den jeweils individuellen Lernerfahrungen stehen im Mittelpunkt der musikalischen Bildung.

Historische Dimension

Selbstausdruck und Klangerzeugung haben die Menschheit seit ihrem Beginn begleitet. Für die europäisch-abendländische Kultur im Konkreten werden die griechische Antike und das Christentum als die bedeutendsten Einflüsse bezeichnet. Ideen und Entwicklungen der Antike, wie die Anfänge der Demokratie in der Polis und die Erfindung des Dramas und der Tragödie, prägen bis heute unsere Gesellschaft und unser Kulturleben. Inwiefern jedoch konkret die Musik die damalige Zeit beeinflusst hat, ist wenig bis gar nicht dokumentiert. Dennoch sind sich WissenschaftlerInnen einig, dass gerade Platon und Aristoteles die Musik und ihre erzieherische sowie stabilisierende Funktion für den Menschen in hohem Maße gewürdigt haben (Ehrenforth 2010:41ff.).

Im Alten Testament spielten die Musik und ihre Wirkung eine große Rolle: Lobgesänge und Rachelieder unterstrichen die bildhafte Darstellung der Heiligen Schriften. Die Gesänge gewannen auch im Neuen Testament zunehmend an Bedeutung, so dass die „altjüdische und die neuchristliche Welt verbunden blieben vor allem durch die Idee und Praxis des gesungenen Gotteslobes, wie es in den Psalmen seinen Ausdruck gefunden hat" (Ehrenforth 2010:110). Die Musik ist bis heute ein fester Bestandteil der kirchlichen Liturgie und somit Teil der Verkündigung und der religiös-kulturellen Erziehung.

Die Bindung der Musik an das christliche Wort verursachte jedoch auch eine Abhängigkeit der Kultur und damit der Kulturellen Bildung von der Kirche und später auch vom Staat: „Es gab mehrere Jahrhunderte keine von der Kirche getrennte ‚legitime' Kunst, Philosophie und Moral. Malerei, Literatur, Musik, Bildhauerei und Architektur hatten bis zum Hoch- und Spätmittelalter dienenden Charakter, erst vornehmlich für Religion und Kirche, mit der Zeit auch stärker für weltliche Herrschaften" (Wagner 2009:51).

Jedoch entwickelte sich im Mittelalter parallel zur Kirchenmusik eine weltliche Musikkultur. Der Bildungsanspruch der adligen Oberschicht führte zum Konkurrenzdenken mit dem Mönchstum und forderte ein ebenso hohes Niveau in der Kunst, Architektur und Musik ein. Minnesänger, Spielleute und Stadtpfeifer hatten im 12. Jh. ihre Blüte. Die Meistersinger erreichten mit Hans Sachs im 16. Jh. ihren Höhepunkt. „Zusammenfassend kann man sagen, dass die ‚zünftige' Ordnung der Ausbildung von Fachmusikern ein Meilenstein auf dem Wege zur gesellschaftlichen Anerkennung der Musik und des Musikerstandes war. Nach der Schola Cantorum der Kirche war es nun die kommunale Stadtpfeiferei, die mit ihrem öffentlichen Ausbildungsauftrag einen wichtigen Schritt zur institutionellen Fundierung und Absicherung der Musikerziehung bedeutete" (Ehrenforth 2010:203).

Ohne den Anspruch auf eine lückenlose historische Darstellung spielten nachfolgend Leo Kestenberg und seine Reformpädagogik in der Weimarer Republik eine entscheidende Rolle für die heutige Bedeutung der Musik in der Kulturellen Bildung. Der Pianist Kestenberg, der von 1918 bis 1932 Musikreferent im preußischen Kultusministerium war, forderte eine „Erziehung durch die Kunst zur Kunst" (zitiert nach Ehrenforth 2010:458). Dabei solle die Musik nicht als Luxus, sondern als Bedürfnis empfunden werden. Erstmals wurde ein Gesamtkonzept musikalischer Bildung vom Kindergarten bis zur Musikhochschule vorgelegt. Seine Reformvorstellungen fasste er in seiner 1921 erschienenen Publikation „Musikerziehung und Musikpflege" zusammen, die bis heute ein musikpolitisches Standardwerk geblieben ist.

Die Zeit des Nationalsozialismus wirkte sich traumatisch auf den Bereich der Musikerziehung aus. Dies zeigt z.B. das Grußwort des Bundesvorsitzenden des 1949 gegründeten *Verbandes Deutscher Schulmusikerzieher*, Egon Kraus, bei einem Kongress 1953: „Die letzte große deutsche Schulmusikwoche wurde 1932 durchgeführt. Seitdem gleicht unser Weg einer Straße, die der Teufel mit zerstörten Werten pflastert. Auf dieser Straße liegen auch die Trümmer der Werte, die wir als musische Erzieher in jahrzehntelanger, mühsamer Arbeit errichten halfen." (zitiert nach Ehrenforth 2010:480). Die Instrumentalisierung von Musik und musikalischer Bildung durch die Nationalsozialisten hat die pädagogische, wissenschaftliche und politische Sichtweise auf Musik in den nachfolgenden Jahrzehnten in hohem Maße beeinflusst. So lehnte der Soziologe, Philosoph und Komponist Theodor W. Adorno die musische Erziehung radikal ab und forderte eine zweckfreie Autonomie der Musik (Ehrenforth 2010:484f.).

Mit dem politischen System des deutschen Föderalismus ab 1949 und der damit verbundenen subsidiären Ordnung erfuhr die musikalische Bildung in der zweiten Hälfte des 20. Jh.s eine Befreiung, die bis heute durch die Bildungs- und Kulturhoheit der Länder fortgeführt wird.

Aktuelle Situation

Aktuell ist das Verhältnis von Kultureller Bildung und Musik von starken Disparitäten geprägt, die – wie es die Betrachtung der historischen Aspekte verdeutlicht – oft Ausfluss gesamtgesellschaftlicher Entwicklungen sind. Vor diesem Hintergrund lassen sich folgende relevanten Tendenzen beschreiben, die die musikalische Bildung in Theorie und Praxis formen.

Globalisierung
Das Zusammenwachsen der Weltbevölkerung und die Begegnung unterschiedlicher Kulturen stellen unsere Gesellschaft vor neue Herausforderungen. Die Globalisierung der Kultur ist ein komplexer Prozess mit sehr widersprüchlichen Formen, Reichweiten und Ausdrucksweisen, der sich einer eindeutigen Kennzeichnung entzieht (Wagner 2002:10). Sie bietet einerseits Zugang zur Kulturellen Vielfalt eines ganzen Planeten, birgt aber andererseits auch das Risiko einer zunehmenden Standardisierung von Inhalten und wirkt sich dabei wesentlich auf Kultureinrichtungen und die Inhalte Kultureller Bildung aus. Die Auseinandersetzung mit neuen Zielgruppen, z.B. Menschen mit unterschiedlichen kulturellen Hintergründen, erfordert neue gesellschafts- und kulturpolitische Sichtweisen und Konzepte (Bäßler 2009:33).

Verdichtung des Lebensalltages

Eine wesentliche Herausforderung für den Bereich der musikalischen Bildung bildet die Verdichtung des Lebensalltages. „Die zeitlichen Zwänge, die wir heute erleben, die sich als Belastungs- und Überlastungsfaktoren auswirken können, sind Ausdruck der abstrakt-linearen Zeitordnung, die die Individuen zu einem zweckrationalen, kalkulatorischen und ökonomischen Zugriff aus Zeit drängt" (Ehling 2005:87). Die gesellschaftliche Entwicklung, in immer weniger Zeit immer mehr schaffen zu wollen bzw. zu müssen, der Fördereifer überehrgeiziger Eltern, die Herausforderungen zunehmend global bestimmter Arbeitswelten, der soziale Druck ständiger Erreichbarkeit stellen nur einige der Faktoren dar, die insbesondere Kindern und Jugendlichen den notwendigen Raum für freie Entfaltung und Persönlichkeitsentwicklung entziehen. Durch den Rückgang von Musik- bzw. Kunstunterricht, Schul-AGs und der damit einhergehenden sozialen Bindungen und Verbindungen gehen prägende Erlebniswelten, z.B. die des gemeinsamen Musizierens, verloren. Wenn es keine Zeit mehr für Kultur gibt, weil durch G8 dieselbe Menge des Lehrstoffs in einem Schuljahr weniger zu bewältigen ist, stellt dies die Erziehung selbst in Frage, „welche ganz grundlegend das Ziel verfolgt, jungen Menschen zu helfen, ihr Leben jetzt und später zu bejahen" (Dartsch 2010:196).

Ökonomisierung von Lebenswelten

Seit der deutlich vom Geist der protestantischen Ethik geprägten Mahnung von Benjamin Franklin, dass Zeitverschwendung gleich Geldverschwendung sei, man also jenes Geld verliert, das man in einer bestimmten Zeitspanne hätte verdienen können (Heintel 2007:127), fällt es uns schwer, uns von der rein nutzenorientierten Betrachtung unseres Handelns zu lösen. Die nutzbringenden Wirkungen des Musizierens auf das Individuum müssen deshalb immer wieder wissenschaftlich belegt werden, um Investitionen in die musikalische Bildung zu rechtfertigen. Der Irrglaube, dass Musik die Intelligenz fördere, hält sich deshalb ebenso hartnäckig wie die Überzeugung, dass Musik bessere Menschen mache. Der Blick in unsere Geschichte und in die Untersuchungen, die die manipulativen Potentiale von Musik beschreiben, könnte diese Fehleinschätzungen korrigieren, wenn nicht der gesellschaftliche Druck, dass sich jede Investition rechnen muss, dagegen stände.

In der permanenten Rechtfertigungsdebatte um die Investitionen in Bildung und Kultur haben sich auch die Akteure aus diesem Bereich mit der Konzentration der individuellen und gesellschaftlichen Verwertungsmöglichkeiten in eine regelrechte Verwertungsfalle manövriert. Dass Musik ein Wert an sich ist, vermittelt sich im öffentlichen Diskurs immer weniger.

Digitalisierung

Einerseits ist so viel Musik verfügbar, wie noch nie in der Menschheitsgeschichte. Gerade durch das Internet, aber auch durch die technischen Fortschritte der Distributionsmedien ist Musik in fast unendlichen Mengen unabhängig von Ort und Zeit verfügbar und kann individuell konsumiert werden. Zudem regen die technischen Möglichkeiten zu neuen Kunstformen an und ermöglichen damit nicht nur neue Orte kultureller Erfahrung, sondern eröffnen auch neue Wege in der Vermittlung kultureller Inhalte (iPad-Orchestra, Digital Concert Hall, Internetorchester und -chor, Gemeinschaftskomposition via Internet). Der Tendenz zur individuellen Selbstdarstellung wird durch viele Plattformen Vorschub geleistet. Die Massenmedien haben das Musikleben ohne Frage revolutioniert. Die omnipräsente Verfügbarkeit, die Repertoireerschließung und die Konservierung von Interpretationen haben die Rezeption entscheidend geprägt. Dies führt zu einer Demokratisierung des Zugangs zu Musik und einer Individualisierung des Musikkonsums, aber auch zu einem starken Rückgang des aktiven Musizierens (Overbeck 2006:77).

Andererseits geht in diesem Überangebot der Blick für Zusammenhänge leider verloren. Die Orientierung, welche eine ausgebildete Auswahl- und Entscheidungsfähigkeit erfordert, wird bei der schier unüberschaubaren Auswahl immer schwieriger. Darüber hinaus ist eine Standardisierung von Klangästhetik zu beobachten, die individuelle Klangprofile verwässert und zurückdrängt. Das wachsende Angebot hat für das Individuum oft „eine Narkotisierung durch Überreizung" zur Folge (Wils 2000:32). Das Ohr ist das erste Sinnesorgan, das im Mutterleib anfängt zu arbeiten und im Sterbeprozess das letzte Sinnesorgan, das aufhört zu funktionieren (Karst 1994:45) – Abschalten quasi unmöglich.

Perspektiven und Herausforderungen

Die aufgezeigten Themenfelder stellen die musikalische Bildung als Teil der Kulturellen Bildung vor große Herausforderungen. In einem sich stetig wandelnden gesellschaftlichen Umfeld gilt es, alt hergebrachte Grundsätze auf ihre Tragfähigkeit hin zu untersuchen und neue Strategien der Vermittlung zu entwickeln. Ziel dieses Prozesses ist es, den Wert von Kultur für das Individuum und damit auch für die Gesellschaft zu verdeutlichen, um auch den kommenden Generationen Modelle der Sinnstiftung, Identitätsbildung und Selbsterfahrung anbieten zu können. Dafür ist ein Verständigungs- und Vernetzungsprozess aller Akteure im Bildungs- und Kulturbereich dringend erforderlich, der sich aus der Perspektive des Musiklebens auf die folgenden Kernthemen zu fokussieren hätte:

Kulturelle Vielfalt als Grundlage von Bildungs- und Kulturpolitik

Die völkerrechtlich verbindliche *UNESCO*-Konvention zum Schutz und zur Förderung der Vielfalt kultureller Ausdrucksformen (kurz: *UNESCO*-Konvention Kulturelle Vielfalt) bietet sich als die zentrale Berufungs- und Handlungsgrundlage für die Akteure im Bildungs- und Kulturbereich an. Die erste Herausforderung besteht in dem Erkennen ihrer Handlungspotentiale für Zivilgesellschaft und Politik. Dazu bedarf es der „Übersetzung" und der Vermittlung des Konventionstextes im Hinblick auf die Kernbotschaften und die Möglichkeiten der Operationalisierung für die politischen Akteure auf allen föderalen Ebenen und die Zivilgesellschaft. Im Kern beschreibt die *UNESCO*-Konvention Kulturelle Vielfalt die Gleichrangigkeit der drei Grundsäulen

>> Schutz und Förderung des kulturellen Erbes,
>> Schutz und Förderung der zeitgenössischen künstlerischen Ausdrucksformen (einschließlich der Jugendkulturen),
>> Schutz und Förderung der Kulturen anderer Länder in dem jeweiligen Land.

Die zweite Herausforderung besteht in der Deutung des Begriffes „Kulturelle Vielfalt". Sehr häufig wird Kulturelle Vielfalt – insbesondere in den Medien und der Politik – auf die dritte Säule der Trans- bzw. Interkulturalität reduziert (siehe Susanne Keuchel/Ernst Wagner „Poly, Inter- und Transkulturalität" in diesem Band). Die Verständigung der zivilgesellschaftlichen Akteure auf ein gemeinsames Verständnis von „Kultureller Vielfalt" könnte das öffentliche Bewusstsein für die Komplexität dieses Begriffes im Sinne des folgenden Definitionsvorschlages schärfen: *Kulturelle Vielfalt umfasst das kulturelle Erbe, die zeitgenössischen künstlerischen Ausdrucksformen einschließlich der Jugendkulturen und die Kulturen anderer Länder in dem jeweiligen Land. Kulturelle Vielfalt steht für die Summe kultureller Identitäten und ihrer Beziehungen zueinander und beschreibt einen Prozess in der Entwicklung unterschiedlicher kultureller Ausdrucksformen. Kulturelle Vielfalt setzt kulturelle Teilhabe voraus.*

In der Anwendung der *UNESCO*-Konvention Kulturelle Vielfalt vor Ort wird dann schnell deutlich, wo die Balance zwischen den drei Grundsäulen nicht gegeben und die Kulturelle Vielfalt folglich gefährdet ist – beispielsweise durch ausfallenden Musikunterricht oder durch monokulturelle Entwicklungen, die durch erschwerte kulturelle Teilhabe oder Abschottung entstehen können.

Der *Deutsche Musikrat* hat sich bereits 2005 mit seinem 2. Berliner Appell für kulturelle Teilhabe, unabhängig von der sozialen und ethnischen Herkunft, und für die Intensivierung des interkulturellen Dialoges ausgesprochen. Die zentrale Botschaft – „Wer das je Eigene nicht kennt, kann das je Andere nicht erkennen" – wird darin mit zwölf Thesen zum interkulturellen Dialog ausgeführt.

Stärkung der Orte kultureller Erstbegegnung

Die Orte kultureller Erstbegegnung, wie Familie, Kindertagesstätte oder Schule tragen als Erstvermittler eines Zugangs zu Kultur eine große Verantwortung. Vor diesem Hintergrund wird insbesondere Kitas, Schulen und Musikschulen von Seiten der Bildungspolitik seit vielen Jahren zu wenig Aufmerksamkeit entgegengebracht. Kontinuität und Qualität in der musikalischen Bildung sind in der öffentlichen Diskussion in den Hintergrund getreten. Stattdessen gibt es eine Vielzahl von zeitlich begrenzt geförderten Projekten, die oft nicht mit den Orten kultureller Erstbegegnung vernetzt werden. Wertvolle Erfahrungen aus der Projektarbeit gehen so nach Beendigung wieder verloren. Parallel dazu ist eine Eventisierung musikalischer Bildung zu beobachten, die sich auf neuartige Vermittlungsformen fokussiert, ohne die nachhaltige Wirkung der Maßnahme zu hinterfragen. Das Denken und Handeln in temporären Projekten täuscht darüber hinweg, dass musikalische Bildung ein langfristig angelegter Prozess ist – von Anfang an und ein Leben lang. Dort, wo die Nachhaltigkeit musikalischer Bildung konzeptionell und strukturell mit bedacht ist, wie beispielsweise bei dem Projekt „Jedem Kind ein Instrument", führt die finanzielle Unterausstattung von Schulen und Musikschulen zu deutlichen Abstrichen in der Wirkung. Projekte können Impulse für die Weiterentwicklung bestehender Vermittlungskonzepte setzen, aber nicht die bestehenden Defizite in der musikalischen Bildungslandschaft ausgleichen.

Kindertagesstätten

Fachliche Bildung hält zunehmend Einzug in die Kindertagesstätten. Das freie Spiel wird zu Gunsten einer möglichst frühen Sprachausbildung zurückgedrängt. Weil unsere Gesellschaft einen ökonomisch leistungsfähigen Menschen schaffen will, bleibt für eine spielerische Erforschung der Welt und die Erfahrung der eigenen Ausdrucksmöglichkeiten immer weniger Raum. Die Ausbildung der ErzieherInnen braucht deshalb eine fachliche Basisqualifizierung für die elementare Musikerziehung, um gerade im Bereich der Frühförderung in den Kindertagesstätten das Interesse für die Musik und das sich selbst Ausprobieren mit der Musik zu wecken (siehe Vanessa-Isabelle Reinwand „Kulturelle Bildung für U6" in diesem Band).

Schule

Die allgemeinbildende Schule ist der einzige Bildungsort, den jeder Mensch besucht. Seit dem Postulat eines kontinuierlichen und fachlich qualifiziert vermittelten Musikunterrichts von Kestenberg (Ehrenforth 2010:458), ist dieser Anspruch zu keiner Zeit in Gänze erfüllt worden. Mit bis zu 80 % ausfallendem und wenn, dann oft fachfremd erteiltem Musikunterricht insbesondere in Grund- und Hauptschule sind die Defizite aktuell erschreckend groß. Eine valide Datenbasis über die Situation der musikalischen Bildung in den Ländern wurde bisher nicht erhoben. Der 4. Nationale Bildungsbericht der *Kultusministerkonferenz (KMK)* und der Bundesregierung überspielt diesen Missstand, indem er sich auf eine nichtrepräsentative SchulleiterInnenbefragung zur Situation der Kulturellen Bildung beruft, die naturgemäß eher positiv ausfällt.

Zusätzlich verschärft wird die Situation durch den wachsenden Fachkräftemangel. Dieser zeitigt seine Folgen unter anderem durch zunehmend wegfallende Musikleistungskurse in der gymnasialen Oberstufe und durch begrenzte Ausbildungskapazitäten in den weiterführenden Ausbildungseinrichtungen.

Als problematisch erweist sich weiterhin der Beschluss der *Kultusministerkonferenz* vom 16. Oktober 2008 zum fächerübergreifenden Unterrichtsfach musisch-ästhetische Erziehung. Dieser sieht die Zusammenführung diverser ästhetisch orientierter Fächer in einem Fach „Ästhetische Bildung" vor. Im Sinne von Interdisziplinarität und fächerübergreifender Vernetzung von Inhalten wäre dies ein begrüßenswerter Ansatz, wenn er nicht die Eigenständigkeit der einzelnen Fächer verneinen und eine Verkürzung der Gesamtstundenzahl anstreben würde.

Außerschulische Musikalische Bildung: Musikschule und Laienmusik
100.000 SchülerInnen auf den Wartelisten der kommunalen Musikschulen deuten seit vielen Jahren auf einen eklatanten kürzungsbedingten Missstand in der musikalischen Bildung hin. Die außerschulische Bildungsarbeit, die viele Akteure, von der Musikschule über den Musikverein bis zum freiberuflichen Pädagogen und konzertierenden Künstler abdeckt, hat mit sich verschlechternden Rahmenbedingungen zu kämpfen. So wird entgegen der anderslautenden politischen Postulate immer mehr Kindern und Jugendlichen die kulturelle Teilhabe erschwert bzw. verwehrt.

Musikalische Bildung als öffentliche Aufgabe
Was John F. Kennedy 1962 deklarierte, könnte heute kaum zutreffender sein: „Es gibt nur eins, was auf Dauer teurer ist als Bildung – keine Bildung" (Köhler 2006:13). Dennoch gehen die langfristigen Investitionen in die Kulturelle Bildung zurück. Kulturelle und damit auch musikalische Bildung im Rahmen einer ganzheitlich angelegten Bildungspolitik als eine öffentliche Aufgabe zu begreifen, die in öffentlicher Verantwortung und damit in öffentlicher Trägerschaft und Finanzierung wahrzunehmen ist, wird deshalb eine zentrale Herausforderung künftiger Bildungspolitik auf allen föderalen Ebenen werden.

Musikalische Bildung von Anfang an und ein Leben lang
Vom pränatalen Musizieren bis zur Begleitung der Sterbephase mit Musik: Musik trägt zu einem menschenwürdigen Leben und einer positiven Wahrnehmung des eigenen Lebens bei. Neben allen nachweisbaren Wirkungen auf Geist, Körper und Seele des Individuums wirkt sich Musik außerdem auch auf das soziale Verhalten von Menschen aus und fördert so den Zusammenhalt in unserer Gesellschaft. In der täglichen Erfahrung mit Musik, mindestens aber mit Geräusch, gilt es vor dem Hintergrund der multimedialen Reizüberflutung, die Potentiale des bewussten Hinhörens zu stärken. Hier sollten die Initiativen, wie z.B. die „Schule des Hörens" der *Initiative Hören* von Bildungs- und Kultureinrichtungen besser vernetzt und genutzt werden.

Die prägende Wirkung von Musik entfaltet sich insbesondere in den frühen Jahren, etwa bis zum 13. Lebensjahr, und trifft beim Individuum in diesem Lebensabschnitt auf eine große Neugierde auf das Eigene und Andere. Die Aufnahme des Ausbildungsbereichs „Elementare Musikerziehung" in die Ausbildungsgänge der ErzieherInnen und die personell wie infrastrukturell angemessene Ausstattung der kommunalen Musikschulen für den Bereich der Frühförderung bilden deshalb die Voraussetzung dafür, dass jedem Kind die Chance auf kulturelle Teilhabe und Selbsterfahrung eröffnet wird.

Die Ausbildungseinrichtungen müssen durch eine entsprechende Prioritätensetzung der politischen Akteure in die Lage versetzt werden, den Bedarf musikalischer Bildung zu decken. Die Erkenntnisse der Musikpädagogik im Hinblick auf die Berücksichtigung gesellschaftlicher Veränderungsprozesse, die unter anderem das selbstbestimmte Lernen stärken und neue Orte musikalischer Erfahrung mit einbeziehen, können nur dann sinnvoll in die Musikvermittlung einfließen, wenn die entsprechenden Strukturen und Kapazitäten dafür geschaffen werden. Zwischen dem theoretischen Konzept der gebundenen bzw. halbgebundenen Ganztagsschule und der anzutreffenden Praxis einer Verwahranstalt im Nachmittagsbereich ist die Ganztagsschule ein wesentliches Handlungsfeld.

Fazit: Bewusstsein schaffen und Rahmenbedingungen verbessern

Das Bewusstsein dafür, dass Bildungspolitik ein gestaltender Teil von Gesellschaftspolitik ist, ist grundlegende Voraussetzung für wirkungsvolles politisches Handeln. Mit dem Anspruch auf eine gesamtgesellschaftlich wirksame Bildungs- und Kulturpolitik verbindet sich die Herausforderung für die zivilgesellschaftlichen Akteure, ihr Engagement stärker als bisher in einen gesellschaftspolitischen Zusammenhang zu stellen.

Der *Deutsche Musikrat* engagiert sich in diesem Sinne für die Weiterentwicklung der musikalischen Bildung. Die Erkenntnis, dass das fachliche Engagement in seiner Wirkung um ein Vielfaches verstärkt werden kann, wenn das Selbstverständnis auf der Übernahme einer gesamtgesellschaftlichen Mitverantwortung für Musik und Kulturelle Bildung beruht, ist im Dachverband des Musiklebens mit seiner strategischen Neuausrichtung 2004/2005 gewachsen. Das Interesse an der bestmöglichen Bildung der jungen Generation muss dabei an erster Stelle stehen und darf nicht von Partikularinteressen überlagert werden. Daraus folgt die Einbeziehung gesellschaftspolitischer Themen, wie etwa die Verdichtung des Lebensalltages, die Chancen und Risiken der Digitalisierung (3. Berliner Appell), die transkulturelle Verständigung und die Chancen des demografischen Wandels (Wiesbadener Erklärung) in die fachbezogene und musikpolitische Arbeit. Umgekehrt liegt auch die Kulturelle Bildung von Kindern und Jugendlichen in einer gesamtgesellschaftlichen Verantwortung, auf deren Wahrnehmung von Seiten der Zivilgesellschaft immer wieder hinzuweisen ist, denn die Bedeutung der Kulturellen und damit auch der musikalischen Bildung für die Zukunftsfähigkeit unserer Gesellschaft spiegelt sich noch nicht in einer ausgewogenen Balance zwischen Erkenntnisgewinn und Umsetzung wider. Erst mit einem breit in der Gesellschaft verankerten Bewusstsein für den Wert Kultureller Bildung können die notwendigen Prioritäten gesetzt und erforderliche Ressourcen bereitgestellt werden, um adäquate Rahmenbedingungen zu schaffen.

Zum Weiterlesen

Bäßler, Hans/Jank, Birgit/Knolle, Niels (Hrsg.) (1999): Autonome Schule – andere Musikpädagogik? Hamburg: Fachbereich Erziehungswissenschaft der Universität Hamburg.

Deutscher Musikrat (Hrsg.) (2007): Musik bewegt – Positionspapiere zur Musikalischen Bildung. Berlin: Deutscher Musikrat und Arbeitskreis für Schulmusik.

Gruhn, Winfried (2003). Geschichte der Musikerziehung. Eine Kultur- und Sozialgeschichte vom Gesangunterricht der Aufklärungspädagogik zu ästhetisch-kultureller Bildung. Hofheim: Wolke.

Kaiser, Hermann J./Nolte, Eckhard/Roske, Michael (Hrsg.) (1993): Vom pädagogischen Umgang mit Musik. Mainz: Schott.

Köhler, Horst (2006): Bildung für alle. Berliner Rede von Bundespräsident Horst Köhler am 21.06.2006: http://www.bundespraesident.de/SharedDocs/Reden/DE/Horst-Koehler/Reden/2006/09/20060921_Rede_Anlage.pdf;jsessionid=7951F6C652A806A34EE32E20DB1366F5.2_cid293?_blob=publicationFile&v=3 (Letzter Zugriff am 07.08.12).

Noltze, Holger (2010): Die Leichtigkeitslüge. Über Musik, Medien und Komplexität. Hamburg: Edition Körber-Stiftung.

Gerald Mertens
Konzerthäuser und Orchester als Orte Kultureller Bildung

Die Diskussion zur Bedeutung der Kulturellen Bildung hat innerhalb weniger Jahre eine beachtliche Breite und Nachhaltigkeit gewonnen, die alle Kulturbereiche und -institutionen in Deutschland erfasst. Für die Konzerthäuser, Orchester und Rundfunkensembles muss aber zunächst ganz klar festgehalten werden, dass sie in erster Linie Kulturinstitutionen und keine Bildungseinrichtungen sind. Denn Bildung ist nicht ihr Kernauftrag. Sie reproduzieren vielmehr in Spielzeiten (und nicht in Lehrpläne) gegliedert den Kanon der abendländischen Musikkultur mit einem Kernrepertoire vom 18. bis zum 20. Jh. Das wesentliche Personal dieser Einrichtungen besteht aus KünstlerInnen, nicht aus PädagogInnen. Auch werden sie aus dem Kulturetat (bzw. aus Rundfunkgebühren), nicht aber aus dem Bildungsetat finanziert.

Historische Entwicklung

Ungeachtet dieser durchaus bedeutenden formalen Aspekte hat sich die inhaltliche Ausrichtung und Angebotsstruktur der Konzerthäuser, Orchester und Rundfunkensembles seit Beginn des 21. Jh.s dennoch signifikant verändert. Ein Widerspruch? Nur auf den ersten Blick. Denn historisch entstanden die ersten deutschen Hofkapellen im frühen 16. Jh., um dem Potentaten bei Jagd, beim Militär, bei Fest und feierlicher Repräsentation zu dienen. Die Entwicklung der Kunstformen Oper und Konzert mit all ihren Ausprägungen bis hin zur bürgerlichen Emanzipation seit dem 17. Jh. war ebenso Ursache wie Wirkung eines sich rasch entwickelnden kulturellen Lebens, dessen Vielfalt und Einzigartigkeit Deutschland bis heute prägt: Über 130 öffentlich finanzierte Kulturorchester und mehrere große Konzerthäuser, unter anderem in Hamburg, Essen, Dortmund, Köln, Leipzig oder Berlin, bieten im Jahr mehrere tausend Konzerte in einer immer weiter ausdifferenzierten Vielfalt von Konzert- und Veranstaltungsformaten an.

Neues Selbstverständnis durch Legitimationsdruck

Auf den zweiten Blick hat das Selbstverständnis von Orchestern und Konzerthäusern einen durchgreifenden Wandel durchgemacht. Es geht längst nicht mehr um das bloße Durchführen von Musikveranstaltungen. Es geht immer mehr um Audience Development, um die Gewinnung neuer und langfristige Bindung bereits bestehender Publikumsgruppen (siehe Birgit Mandel „Kulturvermittlung, Kulturmanagement und Audience Development als Strategien für Kulturelle Bildung" in diesem Band). Die Kombination von Marketing und Audience Development im Sinne totaler Besucherorientierung wird neuerdings auch als Audiencing bezeichnet (Mertens 2010:60).
    Hiermit sind verschiedene weitere Aspekte verbunden:
1. Orchester und Konzerthäuser werden in Deutschland ganz überwiegend öffentlich finanziert. Bei knapper werdenden öffentlichen Mitteln werden Verteilungskämpfe mit anderen

Ressorts härter. Der entsprechende Legitimationsdruck für die Kultureinrichtungen ist seit Anfang der 1990er Jahre kontinuierlich gestiegen.
2. Diesem Druck begegnen die Institutionen idealtypisch mit möglichst hohen und stabilen Besucher- und Auslastungszahlen und einem möglichst hohen Eigenerwirtschaftungsgrad.
3. Orchester und Konzerthäuser versuchen verstärkt, ihre gesellschaftliche Relevanz unter Beweis zu stellen. Sie verstehen sich nicht mehr nur als Einrichtungen der sogenannten „Hochkultur", sondern auch als Orte Kultureller Bildung. Durch diese Erweiterung des Selbstverständnisses erhoffen sie sich in der Öffentlichkeit eine breitere Wahrnehmung und Akzeptanz sowie in den regelmäßig wiederkehrenden Haushaltsdebatten eine bessere Positionierung.

Vorbilder aus den USA und Großbritannien

Kulturelle Bildung firmiert bei Orchestern, Opern- und Konzerthäusern heute unter den Begriffen Theater- bzw. Konzertpädagogik, Musikvermittlung oder „Education". Projektnamen wie z.B. „Zukunft@BPhil" *(Berliner Philharmoniker)*, „Listen to our future" *(Deutsche Staatsphilharmonie Rheinland-Pfalz)* oder „freakquenzy" *(Dresdner Philharmonie)* verwenden oftmals nicht nur Anglizismen, sondern weisen damit auch auf die Vorreiter hin. Die nordamerikanischen Orchester begannen bereits in den 1950er, die britischen etwa ab den 1970er Jahren mit Education- und Outreachprojekten, vor allem für Kinder und Jugendliche. Die Fernsehliveübertragungen der „Young People's Concerts" mit Leonard Bernstein und den *New Yorker Philharmonikern* Mitte der 1950er Jahre gelten als legendär und setzten erste Maßstäbe für moderierte Konzerte.

Impulse für Deutschland

In Deutschland gab es seit den 1950er Jahren eher vereinzelt und längst nicht flächendeckend Schüler- oder Jugendkonzerte von Orchestern (Keuchel/Weil 2010:25). Ab dem Jahr 2000 bekam die Musikvermittlung in Deutschland als Teilbereich der Kulturellen Bildung wesentliche Impulse durch das mehrjährige Projekt der *Jeunesses Musicales* mit dem Titel „Konzerte für Kinder", welches seit 2007 im *netzwerk junge ohren* aufgegangen ist. Für viele Orchester und Konzerthäuser gaben auch seit 2002 der Aufbau der Education-Abteilung der *Berliner Philharmoniker* mit dem Amtsantritt von Chefdirigent Sir Simon Rattle und das verfilmte Tanzprojekt „Rhythm is it!" mit Choreograf Royston Maldoom entscheidende Impulse (Schulze Steinen 2011:30). Es gibt heute kaum mehr ein deutsches Konzertorchester, das nicht über ein eigenes Musikvermittlungsprogramm verfügt. Bei Opernorchestern gilt dies mit gewissen Einschränkungen, da dort die Theaterpädagogik eine größere Rolle spielt, die das Orchester immer nur am Rande berücksichtigt. Für die Konzerthäuser wiederum sind eigene Education-Aktivitäten inzwischen ebenfalls allgemeiner Standard. Auch die öffentlich-rechtlichen Rundfunkanstalten mit eigenen Klangkörpern haben ihre Musikvermittlungsaktivitäten in den letzten Jahren stark ausgebaut.

Nur ausnahmsweise wurden für diese neuen Aktivitäten auch neue Personalstellen z.B. für KonzertpädagogInnen und MusikvermittlerInnen bzw. Sachkostenbudgets geschaffen. Vereinzelt werden die Programme über Sponsoren finanziert (z.B. die *Deutsche Bank* bei den *Berliner Philharmonikern*). Ganz überwiegend jedoch erfolgt die Finanzierung aus den laufenden Etats der Konzerthäuser und Orchester sowie unter hohem, teilweise ehrenamtlichem Einsatz einzelner, besonders engagierter Orchester- und Ensemblemitglieder. Gerade bei den Orchestern spielen die MusikerInnen in der Musikvermittlung die Hauptrolle, während die Vermittlungsarbeit bei anderen Kultureinrichtungen eher von pädagogischen Fachkräften übernommen wird (Keuchel/Weil 2010:87).

Angebotserweiterungen und Publikumssegmentation

Betrachtet man die erweiterte und immer mehr professionalisierte Angebotserweiterung der Orchester und Konzerthäuser näher, fällt auf, dass es gerade in der Musikvermittlung zu einer letztlich sinnvollen und ausdifferenzierten Publikumssegmentation gekommen ist. Systematisch sind hierbei im Wesentlichen drei Bereiche zu differenzieren:
1. Erweiterte Konzert- und Veranstaltungsformate,
2. Neue Projekt- und Workshopformate,
3. Outreach-Aktivitäten.

Bei den erweiterten Konzert- und Angebotsformaten reicht die Palette von „Konzerten für Schwangere und Stillende" *(Deutsche Staatsphilharmonie Rheinland-Pfalz)*, Konzerten für Kleinkinder, für Kindergarten- und Vorschulkinder, „Sitzkissenkonzerten" (z.B. *NDR Radiophilharmonie*), über das „musikspielzimmer" – Konzerten für Eltern mit Kinderbetreuung *(Dresdner Philharmonie)* bis hin zu moderierten Kinder-, Schüler- und Jugendkonzerten. Unter die zweite Kategorie neuer Projekt- und Workshopformate fallen Educationprojekte und Workshops mit Kindern, Jugendlichen, Behinderten, MigrantInnen oder alten Menschen, die neben der Musik spartenübergreifend meist auch Tanz, Bewegung, szenisches Spiel, Malerei, bildende Kunst, Film oder visual arts einbeziehen. Die dritte Kategorie (Outreach-Aktivitäten) umfasst vor allem kleinformatige Aktivitäten in Schulen, Kindergärten, Jugendclubs, z.B. MusikerInnen im Klassenzimmer oder „Rhapsody in School" (Gesangs- und Instrumentalsolisten in Schulen). Vor allem zwischen den letzten beiden Kategorien kommt es in der Regel zu Überschneidungen.

Unter dem Aspekt der Partizipation wurde in der Studie „Lernorte oder Kulturtempel" im Jahr 2010 ermittelt, dass 52 % der Vermittlungsangebote der Orchester nur rezeptiv (also reine Konzertformate) waren. 17 % der Angebote waren nur künstlerisch-kreativ (z.B. experimentelle Workshops) und 31 % waren sowohl rezeptiv als auch künstlerisch-kreativ (Keuchel/Weil 2010:83).

Lückenhafte quantitative Besucherdokumentation

Quantitativ werden die durch die wachsende Vielzahl der Musikvermittlungsaktivitäten zusätzlich erreichten BesucherInnen leider bislang nicht flächendeckend erfasst. Die bloße Zählung von Eintrittskarten lässt z.B. die BesucherInnen kostenloser Workshops oder von Outreach-Aktivitäten in Schulen oder Kindergärten außer Acht. Nach einer Meldung des *Norddeutschen Rundfunks* vom Mai 2011 hatten das Sinfonieorchester, die Radiophilharmonie, der Chor und die Bigband des *NDR* mit ihren Education-Angeboten in der Spielzeit 2010/11 fast 45.000 Kinder, Jugendliche und Eltern erreicht. In zahlreichen Musikvermittlungsprogrammen wurde dem Publikum die Musik der *NDR*-Klangkörper nahegebracht. Kinder und Jugendliche wurden nicht selten erstmals überhaupt mit Klassik in Berührung gebracht (NDR-Pressemeldung 6.5.2011).

Weiter steigende Zahl von Musikvermittlungsangeboten

Die zuletzt verfügbare Konzertstatistik der *Deutschen Orchestervereinigung* hat für die Spielzeit 2009/2010 eine leichte Steigerung der Gesamtzahl aller angebotenen Konzerte in den zwei zurückliegenden Spielzeiten um 1 % auf 12.847 Veranstaltungen verzeichnet. Im Bereich der Sinfonie- und Chorkonzerte war hingegen ein Rückgang um 2 % auf 5.902 Veranstaltungen festzustellen, der insbesondere auf den Einbruch im Auslandsgeschäft zurückzuführen ist. Besonders positiv verlief jedoch die Entwicklung bei den Musikvermittlungsangeboten der Orchester und Rundfunkklangkörper, wo es mit gut 2 % eine erneute Zunahme auf insgesamt 4.069 Veranstaltungen gab. In der Konzertstatistik erfasst sind die Veranstaltungen aller 133 öffentlich finanzierten Kulturorchester sowie der sieben Rundfunkchöre und vier Rundfunk Big Bands. Nicht berücksichtigt sind die Musikvermittlungsaktivitäten der Konzerthäuser ohne eigenes Orchester oder durch Fremdanbieter.

Veränderte Wahrnehmung durch Kulturelle Bildung

Bemerkenswert ist, wie die Verstärkung der Musikvermittlungsangebote der Orchester und Konzerthäuser in den vergangenen Jahren ganz offenbar zu einer veränderten Wahrnehmung in der Bevölkerung geführt hat. Im 9. KulturBarometer des *Zentrums für Kulturforschung* vom September 2011 wurde als wichtigste Aufgabe für die Orchester genannt, Kinder und Jugendliche für Musik und das musikalische Erbe zu begeistern. Die musikalische Unterhaltung oder die Arbeit von Orchestern in sozialen Brennpunkten waren vergleichsweise weniger bedeutend (Keuchel 2011a:35).

Ausblick, Perspektiven und Herausforderungen

Die Bedeutung der Kulturellen Bildung durch Orchester und Konzerthäuser wird noch weiter zunehmen. Der Rückgang der musikalischen Breitenbildung durch die fortschreitende Einschränkung des Musikunterrichts an den allgemein bildenden Schulen kann dadurch nicht aufgefangen werden. Dies ist und bleibt eine gesamtgesellschaftliche Aufgabe. In ihrem unmittelbaren Einzugsbereich können und müssen Orchester und Konzerthäuser jedoch langfristig auf Publikums-„Bildung" setzen. Dies wird den Ausbau der Professionalisierung in der Musikvermittlung durch Schaffung neuer Stellen und Ausbildungsgänge beschleunigen.

Zum Weiterlesen

> Wimmer, Constanze (2010): EXCHANGE – Die Kunst Musik zu vermitteln. Qualitäten in der Musikvermittlung und Konzertpädagogik. Salzburg: Stiftung Mozarteum: www.kunstdervermittlung.at/start.php (Letzter Zugriff am 07.08.12).

Ortwin Nimczik
Musik in formalen Bildungsinstitutionen

Allgemeine Aspekte – bildungspolitische Rahmenbedingungen und historische Dimension

Die formalen Bildungsinstitutionen werden in der Post-PISA-Debatte auf unterschiedlichen Ebenen diskutiert: Einerseits stehen die verschiedenen Schulformen auf dem Prüfstand (vieles spricht dafür, dass sich das tradierte dreiteilige Schulsystem in ein differenziert zweiteiliges fortentwickeln wird); andererseits werden inhaltliche Vorgaben bis hin zum Zuschnitt der Fächer diskutiert und in neue pädagogisch-didaktische Strukturen (z.B. bezogen auf fächerverbindenden Unterricht oder auf neue Fächerkombinationen) gegossen. Davon ist nicht zuletzt Musik(-unterricht) betroffen. Die Diskussionen lassen neue Sichtweisen zu, insgesamt muss aber darauf geachtet werden, dass Musik(-unterricht) nicht aus dem Bildungskanon eliminiert wird. Als Ausschnitt aus dem Bildungssystem in seiner Gesamtheit stehen hier der Primar-, der Sekundarbereich sowie die Gymnasiale Oberstufe der allgemein bildenden Schule (als Schwerpunkt) sowie der zeitlich vorgelagerte Elementarbereich (in komprimierter Form) im Blick.

Dem Elementarbereich sind all die Einrichtungen in freier wie öffentlicher Trägerschaft zugehörig, welche Kinder bis zur Wirksamkeit der Schulpflicht betreuen. Diese Einrichtungen stellen fakultativ Angebote im Kontext frühkindlicher bzw. vorschulischer Erziehung bereit. Somit sind sie nicht fixe Bestandteile des staatlich organisierten und für alle obligatorischen Schulwesens. Die Rahmengesetzgebung für den Elementarbereich liegt übergeordnet auf der Bundesebene. Sie wird entsprechend der föderalen Struktur Deutschlands durch länderspezifische Ausführungsgesetze spezifiziert. Den Kommunen obliegt die Sicherstellung des Angebotes; Länder, Kommunen, Träger und Eltern sind in diversen Mischungen für die Finanzierung zuständig (vgl. Schultheis 2009:155ff.).

Musikalische Tätigkeiten und musikalisches Lernen in unterschiedlichen Facetten waren und sind immer aufs engste mit den Aktivitäten und Verknüpfungen zwischen den primären und sekundären Orten der Erziehung ab der frühen Kindheit verbunden. Dem gestalteten Zusammenwirken von Elternhaus und formalen Bildungsinstitutionen kommt dabei eine spezifische und konstruktive Rolle zu. Die Erkenntnis, dass musikalisches Lernen im weitesten Sinne so früh wie möglich beginnen kann und soll, reicht in der Geschichte der Musikpädagogik weit zurück und ist gerade in letzter Zeit von wissenschaftlichen Studien unterfüttert worden. Dies hat zwar dazu geführt, dass von einem allgemeinen Konsens darüber ausgegangen werden kann, dass musikalische Fähigkeiten von Anfang an entfaltet und musikalisches Lernen möglichst früh gefördert werden sollten. Ob, in welcher Intensität und wie sich dies jedoch vollzieht, bleibt abhängig vom Wechselspiel zwischen privater Freiwilligkeit und der Qualität von formalen Angeboten, deren Nutzung wiederum gleichermaßen unter anderem durch soziale, finanzielle, konzeptionelle und lokale Gegebenheiten bestimmt ist.

Das Schulwesen in Deutschland ist doppelseitig bestimmt: durch den individuellen Rechtsanspruch auf Bildung und durch den staatlich verfassten Erziehungsauftrag. Aus der Kulturhoheit der Bundesländer resultiert, dass die rechtlichen Grundlagen und Strukturen des allgemein bildenden Schulsystems in sechzehn verschiedenen Landesschulgesetzen festgeschrieben sind. Dementsprechend besteht die Schullandschaft aus de facto sechzehn Einzelsystemen. Diese differieren mehr oder weniger z.B. im Blick auf Aufbau und Struktur, Gliederung oder Benennung der Schulformen. Ein allgemeiner Überblick erweist sich somit als relativ schwierig und komplex. Im Rahmen der angedeuteten föderalen Anlage dient die *Kultusministerkonferenz (KMK)* bezogen auf die hier relevanten Bereiche der Schul-, Bildungs- und Kulturpolitik als Koordinations- und Kooperationsinstanz zwischen Bund und Ländern bzw. zwischen den einzelnen Ländern (vgl. Reuter/Menz 2009:139ff.).

Der schulische Unterricht gilt in unserer Gesellschaft gleichermaßen als Bedürfnis wie als Notwendigkeit und Pflicht. Er konkretisiert sich in der Regel für alle SchülerInnen zeitlich fixiert im Rahmen der professionell arbeitenden und länderspezifisch differenzierten Institution der allgemein bildenden Schule. Auf der Theorie- und Planungsebene wie im praktischen Vollzug erscheint er bisher vornehmlich in tradierten fachspezifischen Ausprägungen (z.B. als Deutsch-, Sport- oder Französischunterricht). Zunehmend trifft man jedoch auch auf Erweiterungen, wie fachübergreifenden Unterricht, Fächerverbünde oder auf integrative Lernbereiche (z.B. Naturwissenschaften, Gesellschaftslehre oder Musisch-ästhetische Bildung).

Der Begriff Musikunterricht bezieht sich auf das breit angelegte Schulfach Musik, dessen Etablierung sich historisch gesehen mit der sogenannten Kestenberg-Reform ab den 1920er Jahren vollzog. In diesem Kontext löste der Musikunterricht den zuvor üblichen Schulgesangunterricht ab. Der Terminus „Musikunterricht" schließt Voraussetzungen, Konzeptionen sowie das tatsächliche konkrete, interaktive Unterrichtsgeschehen und dessen Planung, Durchführung und Analyse im Feld der allgemein bildenden Schulen mit ein. Im bildungstheoretischen Kontext heute findet er seinen Referenzrahmen im Spannungsbezug von allgemeiner und fachbezogener pädagogisch-didaktischer Reflexion. Er ist bezogen auf Musik in ihren aktuellen wie historischen Gebrauchspraxen sowie fundiert in den Relationen der Musik zu ihren Bezugswissenschaften und den Bildungswissenschaften.

Dem Unterrichtsfach Musik als einem Bestandteil des Fächerkanons der allgemein bildenden Schulen wird von politischer und administrativer Seite im Blick auf eine zeitgemäße Allgemeinbildung in offiziellen Verlautbarungen ein durchaus bedeutsamer bildungspolitischer Wert zugesprochen. Fachimmanente wie sekundär wirksame Bildungs- oder Erziehungsziele erscheinen dabei meistens als gleichermaßen relevant. Die *KMK* formulierte in ihrem zuletzt vorgelegten Bericht zur „Situation des Musikunterrichts" drei schulform- und stufenübergreifende Leitlinien, welche die bildungspolitischen Positionen der Bundesländer bündeln und sie bis heute variativ weitgehend widerspiegeln: Aus allgemein-pädagogischer Perspektive leistet das Unterrichtsfach Musik „einen unverzichtbaren Beitrag zur Erziehung des jungen Menschen. Praktischer Umgang mit Musik, allein oder in Gemeinschaft, kommt dem existenziellen Ausdrucksbedürfnis des Menschen entgegen, entwickelt Wahrnehmungs- und Empfindungsfähigkeit, fördert Kreativität und Erlebnistiefe sowie Genuss- und Gestaltungsfähigkeit, Phantasie und Toleranz. [...] Das Fach Musik legt damit Grundlagen zu einem eigenständigen und selbst bestimmten Lebensentwurf" (KMK 1998:11). Aus kulturpolitischer Sicht ist das Schulfach Musik „für die Pflege und das Wachstum der Musikkultur in Deutschland unentbehrlich. Es vermittelt an die heranwachsende Generation das musikkulturelle Erbe, indem es durch vertiefte Sach- und Fachkenntnisse Verständnis für die vielfältigen Erscheinungen der Musik weckt, zu einer eigenen Identität beiträgt und das ‚Publikum von morgen' zur aktiven Teilhabe und zur Mitwirkung am kulturellen Leben ermuntert und befähigt. Dabei wird unter kulturellem Leben sowohl die traditionelle Überlieferung in der eigenen Region als auch die Musikpflege anderer Völker und Kulturen verstanden" (KMK 1998:11f.). Aus der

Perspektive der Institution selbst betrachtet, trägt das Schulfach Musik mit seinen spezifischen Möglichkeiten „wesentlich zum äußeren Erscheinungsbild einer Schule bei. Es prägt durch seine vielfältigen, in die außerschulische Öffentlichkeit hineinwirkenden Aktivitäten das Erscheinungsbild von Schule und fördert die Schulverbundenheit von Schülern, Lehrern und Eltern. Darbietungen von Musikgruppen bereichern schulische Veranstaltungen und helfen, das Schulklima zu verbessern" (KMK 1998:12).

Dem Musikunterricht kommt somit die zentrale Aufgabe zu, potentiell alle SchülerInnen mit musikalischer Bildung in Berührung kommen zu lassen. Die allgemein bildenden Schulen sind somit die einzigen gesellschaftlichen Orte, die im Prinzip eine gezielte, kontinuierliche, systematische und aufbauende Förderung und Präsentation der musikalischen Fähigkeiten aller Kinder bis mindestens zum 16. Lebensjahr und unabhängig von ihrer sozialen Herkunft ermöglichen können.

Das Unterrichtsfach Musik in der Schule

Unterricht im Fach Musik ist in den Jahrgangsstufen 1 bis 10 in allen Stundentafeln der diversen Schulformen in den Bundesländern, zumindest indirekt, verankert. Musik hat dabei entweder direkt den Status eines ordentlichen Schul- bzw. Pflichtfaches mit entsprechender Bezeichnung, oder ist indirekt ein gewichtiger Bestandteil von übergeordneten Lernbereichen bzw. Fächerverbünden. Die Stundentafeln der Bundesländer sehen durchaus verschiedene Quantitäten für die Verteilung der Musikstunden vor. Für Lernbereiche wird in der Regel ein Stundenpool bzw. eine Kontingentstundenzahl vorgegeben. So kann die interne Verteilung bzw. Anteiligkeit entsprechend den lokalen Gegebenheiten partiell von den Schulen autonom bestimmt und festgelegt werden. Sogenannte Wahlpflichtbereiche eröffnen zusätzliche Möglichkeiten des Einbezuges von Musikunterricht in die schulische Praxis. Auch in diesem Feld kommt es zum Teil zu Fächerverbünden, z.B. mit ästhetischen Fächern. In den Jahrgangsstufen 7 bis 9 bzw. 10 wird das Fach Musik vielfach in Phasen des Epochenunterrichts, d.h. im Wechsel mit anderen Schulfächern, erteilt. Es kann verschiedentlich auch abgewählt bzw. durch andere Fächer ersetzt werden.

Über die Kongruenz zwischen den länderspezifischen Stundentafeln und dem tatsächlich erteilten Unterricht in Musik gibt es bislang keine empirisch abgesicherten Daten. Vielmehr ist man auf Teilerhebungen und Hochrechnungen angewiesen, die z.B. die musikpädagogischen Verbände unter ihren Mitgliedern machen. Die Schulbehörden und Kultusministerien publizieren in den amtlichen Schulstatistiken zwar die absoluten Zahlen der existierenden Lerngruppen bzw. der erteilten Stunden, berücksichtigen dabei jedoch nicht die tatsächliche Relation zu den Vorgaben der Stundentafeln. Zudem erweist sich in diesen Statistiken die Differenz zwischen (zusätzlichen) Angeboten wie AG-Stunden (Chor, Orchester, Spielkreise etc.) und konkretem Musikunterricht vielfach als unzureichend.

An den unterschiedlichen Schulformen in Deutschland weisen knapp 47.000 LehrerInnen eine Lehr- oder Unterrichtsbefähigung für das Fach Musik auf. Dies entspricht gegenwärtig einem Anteil von rund 6 % aller Lehrkräfte insgesamt. Eine Aufschlüsselung der tatsächlichen (formalen) Qualifikation (z.B. hinsichtlich der Ausbildung und Fakultas) dieser Lehrkräfte liegt nicht vor. Grundlegendes Problem im Zusammenhang mit der Verankerung des Faches Musik in der Schule bleibt der beständige FachlehrerInnenmangel. Vor allem im Primarbereich und mit graduellen Abstufungen in den nicht gymnasialen Sek. I-Schulformen ist aus diesem Grund eine Kontinuität des Musikunterrichts vielerorts nicht gewährleistet. Nach Erhebungen verschiedener musikpädagogischer Verbände auf Länderebene muss davon ausgegangen werden, dass in den Grundschulen lediglich 20-30 % des Musikunterrichts von fachspezifisch ausgebildeten MusiklehrerInnen unterrichtet werden; ca. 70-80 % des Unterrichts werden fachfremd oder gar nicht erteilt. Der eklatante Mangel an ausgebildeten MusiklehrerInnen trifft aus pädagogischer Sicht insbesondere die Sonderschulen (Förderschulen), da in diesen Schultypen erwiesenermaßen die Förderung der SchülerInnen durch Musik große Erfolge haben kann. Mit direkten negativen Auswirkungen durch den MusiklehrerInnenmangel ist auch für den anstehenden Umbau der Schulen in inklusive Systeme zu rechnen. Die Problematik des MusiklehrerInnenmangels wird zusätzlich dadurch virulent, dass Musikunterricht (in der Regel) bei Erkrankung oder Abwesenheit der FachlehrerInnen nicht fachgerecht vertreten werden kann.

Diskussionswürdig ist die Frage, inwieweit das originäre Unterrichtsfach Musik in Klammerungen und Fächerverbünden seinen Status als Fach verliert und es so zu einer schleichenden Reduzierung der Stundenzahl und letztlich zum Verlust der Dignität des Faches kommt. In diesem Kontext ist auch der Beschluss der *KMK* vom Oktober 2008 zu den „Ländergemeinsame(n) inhaltliche(n) Anforderungen für die Fachwissenschaften und Fachdidaktiken in der Lehrerausbildung" kritisch zu sehen. In seinem auf die GrundschullehrerInnenausbildung bezogenen Teil wird dort von einer grundlegenden Fachlichkeit Abstand genommen, indem die „Fachlichen Perspektiven" sowie die „Fachdidaktischen Grundlagen der Ausbildung" nur noch rudimentär bezogen auf einen „Studienbereich Ästhetische Bildung: Kunst, Musik, Bewegung" angedeutet werden. Der Studienbereich soll für Lehramtsstudierende als Alternative zum traditionellen Studium des Unterrichtsfaches Musik für die Grundschule wählbar werden. Bei Umsetzung dieses Beschlusses in den Bundesländern bzw. nach der Etablierung entsprechender Studiengänge muss in der Folge mit weiteren negativen Auswirkungen auf die Qualität der schulisch vermittelbaren musikalischen Bildung in der Grundschule gerechnet werden.

Die *KMK*-„Vereinbarung zur Gestaltung der gymnasialen Oberstufe in der Sekundarstufe II" ist in den letzten Jahren signifikant verändert worden, momentan gilt sie in der Fassung vom 01.12.2011. Besonders im Blick stand dabei die Festlegung der Schulzeitdauer bis zur Erlangung der Allgemeinen Hochschulreife auf zwölf oder 13 Schuljahre, welche im Gymnasialbereich zur nahezu flächendeckenden Einführung von G8 führte. Die damit verbundenen Auswirkungen der Schulzeitverkürzung und -verdichtung werden kontrovers gewertet und lassen sich in Gänze noch nicht endgültig abschätzen. Zudem wurde bis auf Rheinland-Pfalz in allen Bundesländern die Einführung von landesweit einheitlichen Aufgabenstellungen für die Abiturprüfungen (Zentralabitur) vollzogen, die in Bundesländern wie Baden-Württemberg und Bayern bereits eine lange Tradition haben. Weiterhin gehört zur Grundstruktur der gymnasialen Oberstufe die Gliederung in eine Einführungsphase (einjährig) und eine Qualifikationsphase (zweijährig) sowie die Differenzierung der Unterrichtsfächer nach Pflicht- und Wahlfächern, die auch auf unterschiedlichen Anspruchsebenen unterrichtet und entsprechend den „Einheitliche(n) Prüfungsanforderungen in der Abiturprüfung" ausgerichtet werden. Im Bereich der Gymnasialen Oberstufe in der Sekundarstufe II kann Musikunterricht als Bestandteil der Pflicht- oder Wahlfächer auch mit erhöhtem Anforderungsniveau (dann mindestens vierstündig) angeboten bzw. erteilt werden. Die Organisation und Festlegung des Pflicht- und Wahlbereiches soll individuelle Schwerpunktsetzungen durch die SchülerInnen ermöglichen. Zugeordnet ist dieser Unterricht dem sprachlich-literarisch-künstlerischen Aufgabenfeld, das zudem Deutsch, Fremdsprachen, Kunst sowie ggf. weitere Fächer des künstlerischen Spektrums umfasst.

Im Verlauf der zweijährigen Qualifikationsphase gilt die Belegung von zwei Schulhalbjahren in einem literarischen oder künstlerischen Fach als verpflichtende Mindestauflage.

Musik als schriftliches oder mündliches Prüfungsfach in das Abitur einzubringen, ist nicht ausgeschlossen, wird aber von verschiedenen Auflagen erschwert. Hier spielen die möglichen Fächerkombinationen, das Kursangebot der jeweiligen Schule sowie die Disposition des individuellen Schullaufbahnprofils der SchülerInnen eine entscheidende Rolle. Institutionelle Vorgaben (wie z.B. Mindestkursgrößen, Fixierungen von Profilschienen) bauen zunehmend Hindernisse auf. An die Stelle der schriftlichen Abiturprüfung im Fach Musik kann eine spezifische Fachprüfung mit schriftlichem Anteil treten. Alle konkreten Vorgaben und Festlegungen erfolgen länderspezifisch.

Vor den skizzierten Veränderungen der Gymnasialen Oberstufe lag der Anteil der SchülerInnen innerhalb der Qualifikationsphase (alte Jahrgangsstufen 12 und 13), die Unterricht in Musik gewählt hatten, im Schnitt bei etwa einem Viertel der Gesamtschülerschaft. Der Anteil von SchülerInnen mit Leistungskurs Musik verblieb gegenüber der Zahl der GrundkursschülerInnen dabei unter 10 %. Mit geringen Schwankungen galt dieser Proporz durchgängig seit Mitte der 1990er Jahre. Mit einer Erhöhung der Anteile des Musikunterrichts in der Gymnasialen Oberstufe ist nicht zu rechnen.

Ein besonderes Problem bezogen auf den Musikunterricht stellt sich im Zusammenhang mit der Sekundarstufe II dort, wo Zeugnisse der Allgemeinen Hochschulreife vergeben werden (z.B. in beruflichen Gymnasien) und Musik lediglich als Wahlfach, d.h. ohne Pflichtstatus vorgesehen ist (vgl. Ahner 2011).

Rahmenbestimmungen für den Musikunterricht

Die Formulierungen von wegweisenden Impulsen für die Ausgestaltung von Musikunterricht heute sind bezogen auf die umfassende Reform der allgemein bildenden Schulen. Sie sind eingebettet in die Qualitätsdiskussionen im Horizont von Bildungsplänen, Standardsetzungen und Kompetenzorientierung. Im allgemeinen wird die fachliche Qualität des Musikunterrichts durch die landeseigenen Bildungspläne, Lehrpläne bzw. Kernlehrpläne und/oder Rahmenrichtlinien oder Kompetenzbeschreibungen auf unterschiedlichen Konkretionsniveaus geregelt. Derartige curriculare Vorgaben rekurrieren einerseits auf inhaltliche Breite und methodische Vielfalt, sie geben andererseits in länderspezifischer Differenzierung aber auch, z.B. im Blick auf das Zentralabitur, verbindliche Unterrichtsinhalte für einzelne Kurse oder thematische Schwerpunkte einschließlich festgelegter Werke vor. Sie konkretisieren in unterschiedlicher Gewichtung die musikpädagogische Theoriebildung im Blick auf deren schulformspezifische Anwendbarkeit und legen entsprechende Rahmenbedingungen oder fachspezifische Kerne fest. Die didaktisch-methodischen Festlegungen im Detail sind weitgehend Aufgabe der schulischen Fachkonferenzen und der Kompetenz der Fachlehrkräfte zugewiesen. Für die entsprechende Planung und Durchführung des Musikunterrichts geben Schulbücher, Liederbücher, Unterrichtsmaterialien und Themenhefte sowie unterrichtspraktische Beiträge der musikpädagogischen Fachzeitschriften Anregung und Hilfestellung.

Über die konkrete Ausgestaltung des Musikunterrichts in der Praxis der allgemein bildenden Schulen gibt es nur wenige ausgewiesene Untersuchungen. Es ist besonders zu beachten, dass sich im Kontext der umfassenden musikkulturellen Bewegungen innerhalb der letzten Jahrzehnte und auch bezogen auf das Verhältnis von Jugend und Musik die Konditionen für den Musikunterricht deutlich verändert haben. Musik erweist sich heute aufgrund ihrer Vielfalt und Omnipräsenz im Verbund von Ton, Bild und anderen Medien als ein Bestandteil allgemeiner Existenz- und Ausdruckserfahrung innerhalb eines umgreifenden Spektrums, in dem Jugendliche auf ganz unterschiedliche Weise ihre persönliche wie gesellschaftliche

Identität suchen und finden. Mit diesem Wandel hatte und hat besonders ein Musikunterricht zu kämpfen, der sich vornehmlich als Kultur tradierende und vermittelnde Institution versteht und sich dabei inhaltlich weitgehend auf die sogenannte „Kunstmusik" kapriziert. Vor dem Hintergrund der veränderten und sich in Zukunft auch weiter verändernden Bedingungen ist davon auszugehen, dass es *den* Musikunterricht nicht geben kann. Die tatsächliche Praxis des Musikunterrichts an den allgemein bildenden Schulen ist sicherlich multifaktoriell bestimmt. Sie muss im konstruktiven Sinne als zentrale Leitfragen mit berücksichtigen, welche SchülerInnen, mit welchen biografischen Hintergründen, mit welchen Erfahrungen musikalischer Gebrauchspraxen, an welchen Orten, in welchen sozio-kulturellen Kontexten, an welchen Schulen an ihr teilnehmen.

Der *Deutsche Musikrat* hat vor diesem Problemhintergrund einen Rahmen definiert, der im allgemeinen Sinne die Zielperspektive wie die fachliche Qualität von Musikunterricht an den Schulen bestimmen soll. In diesem Positionspapier werden folgende Punkte herausgestellt:

„Musikunterricht muss
1. Freude an Musik wecken durch
>> eigene wie auch gemeinsame Musizierpraxis (Singen, Tanzen, Instrumentalspiel),
>> vielfältige Hörerlebnisse und Hörerfahrungen,
>> eigenes musikalisches Gestalten und Erfinden;
2. die Sensibilisierung und Differenzierung des Ohres und der anderen Sinnesvermögen fördern;
3. im Zusammenhang mit der sinnlich konkreten Erfahrung von Musik Wissen über deren Entstehung, Struktur und Nutzung vermitteln;
4. anregen, außerunterrichtliche und außerschulische Beschäftigung mit Musik zu erweitern und zu vertiefen;
5. die Vielgestaltigkeit der Musik, insbesondere in den Erscheinungsformen der Neuen Musik, der Populären Musik wie auch der Musik der außereuropäischen Kulturen, mit ihren historischen Einschlüssen und in ihren aktuellen Gestaltungen erschließen;
6. die Vernetzung von Musik mit anderen Denk- und Tätigkeitsformen sichtbar zu machen;
7. die eigene Musikkultur in Geschichte und Gegenwart verstehen lernen" (Deutscher Musikrat 2005:17f.).

Musikalische Praxis in der Schule

Die Musikpraxis hat im Bezug auf verschiedene musikdidaktische Konzeptionen und in diversen Gewichtungen im Verlauf der letzten gut 25 Jahren einen wichtigen Stellenwert für den Musikunterricht (zurück-)gewonnen. Sie spielt zunächst einmal in den Schulen eine gewichtige Rolle, die besonders musikinteressierten und -begabten SchülerInnen speziell ausgerichtete Musikzweige anbieten. Hierzu zählen vornehmlich Musikgymnasien oder andere Schulformen mit einem musikalischen Schwerpunkt. Partiell kooperieren diese auch mit Musikhochschulen. Derartige Institutionen, die zum Teil als Internatsschulen geführt werden, bieten neben einem verstärkten Musikunterricht auch intensiven Instrumental-, Vokal- und Musiktheorieunterricht sowie Kurse in Gehörbildung an. Dabei steht zudem die Pflege und Förderung der Orchester-, Ensemble- und Chorarbeit im Zentrum. Übergeordnetes Ziel dieser Schulen ist eine gezielte Förderung musikalisch Hochbegabter und die Vorbereitung auf einen späteren Musikerberuf.

Eine intensive Instrumental- und Vokalpraxis wird in den „regulären" allgemein bildenden Schulen vornehmlich im Bereich des ergänzenden AG-Bereichs und des Wahlfachangebotes praktiziert. Hier fungieren Chöre, Big-Bands, Orchester, Spielkreise, Neue-Musik-AGs, Combos etc. als wichtige Bestandteile des jeweiligen Schullebens. Das Zustandekommen solcher Formationen bleibt jedoch abhängig vom Engagement der SchülerInnen sowie von den motivationalen Impulsen der jeweiligen Lehrkräfte. Anrechnungen auf deren Lehrdeputat werden von administrativer Seite zunehmend erschwert. Insgesamt gesehen ist es im Kontext der schulreformerischen Aktivitäten der letzten Jahre zu einer Verschlechterung der Arbeitsbedingungen für Schulensembles gekommen. In Folge der Schulzeitverdichtung werden z.B. die Zeitfenster für das jahrgangsübergreifende Musizieren immer kleiner. Dieses Dilemma setzt sich im außerschulischen Bereich, bei der Ensemblearbeit der Musikschulen und bei den Jugendorchestern, fort. Mittelfristig sind somit negative Konsequenzen für das Laienmusizieren sowie den professionellen Chor- und Orchesternachwuchs absehbar (siehe Stephan Schmitz „Musikalische Bildung in der Laienmusik" in diesem Band).

In den letzten ca. 20 Jahren haben sich zudem im Rahmen des Musikunterrichts verschiedene Ausprägungen des Klassenmusizierens etabliert, die jenseits von musikalischer Spezialbildung auf die Entwicklung musikalischer Fähigkeiten und einen breiten musikalischen Kompetenzaufbau setzen. Sie scheinen aus heutiger Sicht eine erfolgreiche Form des Musikunterrichts zu sein. Erreicht werden sollen dabei gerade die SchülerInnen, die außerhalb der Schule nicht die Möglichkeit haben, ein Instrument zu erlernen. Dieser Trend hat sich in letzter Zeit im Kontext von Profilbildungen, durch die zunehmende Autonomisierung und nicht zuletzt durch den Ausbau der Ganztagsschulen dynamisiert. Das Gesamtvolumen des Klassenmusizierens ist schwer ermittelbar, unverkennbar jedoch ist die steigende Tendenz. Im allgemeinen Sinne werden unter dem Terminus „Klassenmusizieren" „alle auf Musik bezogenen Tätigkeiten verstanden, die aktives Musizieren beinhalten – einschließlich der Reflexion von Gegenstand und Tätigkeit" (Bähr 2005:160). Klassenmusizieren kann folglich Bestandteil jedweder Form des Musikunterrichts sein. Es ist eingebunden in die Grunderkenntnis, dass musikalisches Handeln als Basis und durchgängiger Referenzpunkt für musikalisches Lernen fungiert. Im spezifischen Sinn realisiert Klassenmusizieren sich in sogenannten Musikklassen. Sie zeichnen sich dadurch aus, dass alle SchülerInnen ein Instrument erlernen und/oder im Gesang ausgebildet werden. Musikklassen erhalten in der Regel im Vergleich zu den regulären Stundentafeln einen quantitativ erweiterten Musikunterricht. Neben der geschlossenen Form der Musikklasse existieren auch Einwahlmodelle aus mehreren Parallelklassen oder aus dem gesamten Jahrgang. Bezüglich des Instrumentariums variieren die Modelle (z.B. Bläser, Streicher, Keyboards, Blockflöten, Gitarren, Perkussionsinstrumente oder Gesangsklassen sowie diverse Mischformen). Die weiteste Verbreitung haben Musikklassen in den Jahrgangsstufen 5 und 6 der weiterführenden Schulen. Mancherorts finden sich Ansätze zur Fortführung in die Mittelstufe hinein. Im Grundschulbereich haben sich ebenfalls Formen von Musikklassen etabliert. Das Klassenmusizieren ist in allen Schulformen zu einem wichtigen Bereich geworden, in dem es zu konstruktiven Kooperationen zwischen MusiklehrerInnen der allgemein bildenden Schulen und MusikschullehrerInnen bzw. PrivatmusiklehrerInnen kommt.

Die angesprochenen Formen der Musikpraxis in den Schulen boten in den letzten Jahren verstärkt Andockstationen für Projektkonzeptionen, die von außen in die Schulen hineingetragen wurden. Dies ist einerseits positiv zu werten, da auf diese Weise die systembedingte Isolation schulischer Arbeit im Musikbereich durchbrochen werden kann. Andererseits bleibt aus musikpädagogischer Sicht zu bedenken, dass der Aufbau musikalischer Fähigkeiten, also musikalisches Lernen, ein Prozess ist, der Kontinuität und Konsequenz braucht und keinesfalls durch befristete Projekte ersetzt werden kann. Im Zusammenhang mit den unterschiedlich konzeptionierten Musizierpraxen in den Schulen eröffnen sich weitere Fragen. Diese richten sich unter anderem auf die jeweilige konzeptionelle Zielrichtung, Ausgestaltung und Stimmigkeit, auf methodisch-didaktische Konsistenz, auf die bildungstheoretische Einbindung oder die Balance zwischen den musikpraktischen und den (möglichen) anderen

Anteilen des Musikunterrichts an den Schulen (vgl. Schäfer-Lembeck 2005). Zugleich fordert das Feld der Musikpraxis in spezifischer Weise die Kompetenz der MusiklehrerInnen, sodass in diesem Kontext auch Veränderungen in der Musiklehrerausbildung notwendig bleiben (vgl. Nimczik 2011).

Perspektiven

Die Perspektiven von Musik(-Unterricht) in den formalen Bildungsinstitutionen sind und bleiben abhängig von den aktuellen kultur-, bildungs- und schulpolitischen Entwicklungen in Deutschland. Bezogen auf den Elementarbereich heißt dies, dass der allgemeinen Bildungsfunktion dieses Bereiches ein deutlich höherer Stellenwert beizumessen ist. Eine breit angelegte und vielfältig ausgerichtete musikalische Bildung für alle Kinder unabhängig von ihren sozialen Kontexten ist dabei zentraler Bestandteil. Voraussetzung hierfür ist, dass Musik in der Ausbildung der in diesem Bereich tätigen ErzieherInnen einen wichtigen Platz einnehmen muss. Ergänzend sind intensive Fortbildungsmaßnahmen im Musikbereich notwendig. Wichtig erscheinen zudem inhaltliche wie methodische Vernetzungen mit weiteren qualifizierten musikalischen Kultur- und Bildungseinrichtungen. Dabei muss auf eine stimmige Anschlussfähigkeit zum Instrumental- und Vokalunterricht und zum Musikunterricht der Grundschulen geachtet werden. Insgesamt ist dafür zu sorgen, dass die musikerzieherische Arbeit im Elementarbereich als tragfähige Basis für eine lebenslange Beschäftigung mit Musik und eine konstruktive Teilhabe an lebendiger Musikkultur fungiert.

In Bezug auf den Musikunterricht gilt es, seine Spezifik und Singularität im Fächerkanon aller Formen der allgemein bildenden Schulen zu stärken. Dazu gehört unabdingbar die Forderung, seine Kontinuität zu sichern. Hierzu ist eine Erhöhung der Kapazitäten der MusiklehrerInnenausbildung besonders für den Primarbereich und den Bereich der Sekundarstufe I notwendig. Zur Unterstützung sollten zeitlich befristete Programme zur Nach- und Weiterqualifizierung aufgebaut werden, die sinnvoll im fachdidaktischen Bereich angesiedelt werden.

Das Musiklehrerstudium muss insgesamt darauf ausgerichtet sein, die AbsolventInnen auf ihre zukünftige Aufgabe, nämlich die professionelle musikpädagogische Arbeit in der Institution Schule, vorzubereiten. Dabei zentral ist die Anleitung zur Organisation von musikalischen Lernprozessen und deren Reflexion.

Zum Weiterlesen

Deutscher Musikrat (2005): Sieben Thesen zur Musik in der Schule. In: Deutscher Musikrat/Verband Deutscher Schulmusiker (Hrsg.): „Musik bewegt". Positionspapiere zur Musikalischen Bildung (16-25). Berlin: DMR.

Schäfer-Lembeck, Hans-Ulrich (Hrsg.) (2005): Klassenmusizieren als Musikunterricht!? Theoretische Dimensionen unterrichtlicher Praxen. München: Allitera.

Matthias Pannes
Musizieren ist Sprache der Persönlichkeit – Ein Weg zur Musik durch die Musikschule

Musizieren – für sich, in der Familie, in der allgemein bildenden Schule, in Musikvereinigungen, in Kirche und in vielfältigen freien Gruppierungen – dazu bildet die Musikschule als originärer Ort musikalischer Bildung SchülerInnen jeden Alters und auf jedem Leistungsstand aus. Eigenes Musizieren trägt hervorragend dazu bei, musikalische Orientierungs- und Urteilsfähigkeit zu entwickeln. In Verbindung damit können aktives Musikhören, Besuch von Konzerten oder intellektuelle Beschäftigung mit musikalischen Werken zum Erkenntnis- und Kompetenzgewinn, letztlich zu einem Bildungserfolg beitragen. Spezifik und Eigenwert der Musik als Kunstdisziplin können sich in der ästhetischen Entwicklung und Differenzierung des Individuums vollenden. Zugleich wird ein Bildungsprozess gefördert, der zu einem ganzheitlichen Verständnis des Einzelnen in der Welt und zu einer positiven Persönlichkeitsentwicklung beiträgt. Auf dem Fundament einer kontinuierlichen Ausbildung im sozialen Bindungsgefüge der Musikschule können sich neben musikalischen Fähigkeiten und Fertigkeiten weitere Kompetenzen wie z.B. Konzentrations- und Gestaltungsvermögen, Kreativität, Kommunikationsfähigkeit, Sozialkompetenz und Teamfähigkeit als wichtige Schlüsselqualifikationen ausgezeichnet entfalten (siehe Alexander Wenzlik „Schlüsselkompetenzen in der Kulturellen Bildung" in diesem Band).

Ziele und Aufgaben – Funktionen und Strukturen

Die öffentliche Musikschule nimmt einen Auftrag kommunaler Daseinsvorsorge wahr. Sie ist wichtiger und konstitutiver Bestandteil einer jeden kommunalen Bildungslandschaft. Sämtliche kommunalen Spitzenverbände (*Deutscher Städtetag, Deutscher Landkreistag* und *Deutscher Städte- und Gemeindebund*) haben 2009/10 in einem gemeinsamen Positionspapier Leitlinien und Hinweise für die Musikschularbeit in Städten, Kreisen und Gemeinden beschlossen. Diese Leitlinien zur Sicherung und Weiterentwicklung der öffentlichen Musikschulen bilden einen Orientierungsrahmen für die Kommunen zur Strukturierung ihres öffentlichen Musikschulangebotes. Zum Auftrag der Musikschule heißt es darin:

> Musikschulen sind in der Regel öffentlich getragene Bildungseinrichtungen, die möglichst vielen Kindern und Jugendlichen, aber vor dem Hintergrund der demografischen Entwicklung auch Erwachsenen und Senioren Zugang zum eigenen Musizieren ermöglichen. Sie haben gegenüber den Kindertagesstätten und allgemein bildenden Schulen eine eigenständige pädagogische und kulturelle Aufgabe. Im Rahmen der Gestaltung zukunftsfähiger kommunaler Bildungslandschaften sind sie wesentliche Kooperationspartner von Kindertagesstätten und Schulen. Ihre Angebotsstruktur wird sich inhaltlich, personell und räumlich auf zunehmende ganztägige Bildung von Kindern und Jugendlichen einstellen. Musikschulen sollten durch eine soziale Gebührenstaffelung im Rahmen der landesrechtlich vorgesehenen Gestaltungsmöglichkeiten allen den Zugang ermöglichen.

Auch die *Kommunale Gemeinschaftsstelle für Verwaltungsmanagement* (*KGSt*) führt in ihrem 2012 eigens zur Musikschule veröffentlichten Referenzgutachten (*KGSt*-Gutachten Musikschule) diese als wichtige Einrichtung in der kommunalen Bildungslandschaft an:

> [...] Dabei kommt den Musikschulen eine besondere Bedeutung zu. Als Kompetenzzentrum für musikalische Bildung und Erziehung haben sie eine eigenständige pädagogische und kulturelle Aufgabe jenseits formaler Bildungsangebote. Sie werden dieser Aufgabe durch ein umfassendes, abgestimmtes Konzept gerecht, das die Kontinuität und Qualität ihres Bildungsangebots sichert. Es umfasst die musikalische Grundbildung, die Breitenförderung, die Begabtenfindung und Begabtenförderung sowie die Vorbereitung auf ein Musikstudium. [...] Die Musikschulen haben als Baustein in der kommunalen Bildungslandschaft einen etablierten Platz inne. Sie sind kommunal verantwortete Einrichtungen mit bildungs-, kultur-, jugend- und sozialpolitischen Aufgaben. Mit ihren umfassenden, überwiegend auf längere Zeit angelegten Unterrichtsangeboten gehen sie auf unterschiedliche Musikinteressen und Lernwünsche ein und legen die Grundlagen für ein lebenslanges Musizieren. [...] Musikschulen bieten die Möglichkeit, besondere Zielgruppen (Menschen mit Behinderungen, sozial Benachteiligte, Personen mit Migrationshintergrund) durch gemeinsames Musizieren besser zu integrieren. Daher ist es wichtig, Musikschulen in die örtliche Bildungslandschaft entsprechend einzubinden, um ihre Leistungen zum Wohle der Bürgerinnen und Bürger effektiv einzusetzen und Synergien mit weiteren Bildungseinrichtungen zu schaffen, zumal die Lernorte des musikalischen Bildungsangebots sowohl innerhalb der Musikschulräumlichkeiten als auch bei anderen Einrichtungen im kommunalen Kontext angesiedelt sein können. [...] Die Kooperation mit allgemein bildenden Schulen ist das wichtigste Feld zur Einbindung der Musikschulen in die kommunale Bildungslandschaft.

Musikschulen leisten also als Einrichtungen der kulturellen Infrastruktur einen wesentlichen Beitrag zur kulturellen Grundversorgung. Dies hat auch die *Enquete-Kommission* des Deutschen Bundestages „Kultur in Deutschland" in ihrem Schlussbericht an zahlreichen Stellen herausgearbeitet.

Die Geschichte der Musikschulen in den Kommunen geht bis in das 19. Jh. zurück. Die älteste noch existierende Musikschule ist die *Musikschule Aschaffenburg*, die von Dalberg vor 200 Jahren (in der napoleonischen Zeit des Rheinbundes) gegründet wurde. Die Musikschulen hatten ihre Wurzeln aber im Wesentlichen in kirchlichen und privaten Initiativen. Musikschulträger waren daher zunächst vielfach Vereine; Anfang des 20. Jh.s wurde diese Funktion immer mehr kommunalisiert. Die Musikschulen wurden in der Zeit des Nationalsozialismus zu Zwecken der „Volksbildung" instrumentalisiert – teils stark in der damaligen Ideologie gefangen, teils aber auch Fluchtpunkt in vermeintlich unpolitischen Situationen des reinen Musizierens oder der inneren Emigration. In der DDR wurden staatlich finanzierte Musikschulen parallel zum allgemeinen Schulsystem begründet, während sich in den westlichen Bundesländern auf kommunaler Ebene nach und nach ein flächendeckendes System von öffentlichen Musikschulen etablierte. Die Musikschulen haben sich im 1952 gegründeten *Verband deutscher Musikschulen* (*VdM*) zusammengeschlossen, dem nach der deutschen Wiedervereinigung auch die Träger in den neuen Ländern beigetreten sind. Nachdem in den 90er Jahren des vorigen Jh.s die Marke von 1.000 Mitgliedsschulen überschritten war, ging bis zum Zeitpunkt der Buchredaktion die Mitgliederzahl aufgrund von Musikschul-Fusionen aus Anlass kommunaler Gebietsreformen etwas zurück; allerdings ist im selben Zeitraum eine deutliche Zunahme der Zahl der NutzerInnen festzustellen. Derzeit sind die Träger von 924 Musikschulen im *VdM* organisiert.

Die Musikschule wird als Aufgabe der öffentlichen Hand in einer vielgestaltigen Verantwortungspartnerschaft von Ländern und Kommunen wahrgenommen. Die Länder verstehen und fördern die Musikschulen als Bildungseinrichtungen, die Aufgabe wird indes auf kommunaler

Ebene getragen. Es existieren in der Bundesrepublik Deutschland zwar keine einheitlichen gesetzlichen Regelungen zu den Musikschulen, doch das vorhandene Landesrecht konstatiert eine große Nähe zum Schulwesen und konstituiert die Musikschule als öffentliche Aufgabe, die im Zusammenspiel von Land und Kommune wahrgenommen und ausgestaltet wird. Die Länder unterstützen dabei die Kommunen bei der Aufgabenwahrnehmung durch die Gewährung von Fördermitteln und haben durch die Gesetze und Erlasse wesentliche Kriterien festgelegt, die Fördervoraussetzung sind. Die einschlägigen Regelungen zur Einbindung der Musikschulen als Partner von Ganztagsschulen geben den Musikschulen eine weitere Auftragslage und Verankerung im Bildungswesen.

Die öffentliche Musikschule verfolgt das Prinzip der Zugänglichkeit nach drei Prinzipien:
>> örtliche/räumliche Zugänglichkeit („kurze Beine – kurze Wege");
>> soziale Zugänglichkeit (Sozialstaffelung der Gebühren/Entgelte; „keinem Kind, keinem Jugendlichen darf allein aus wirtschaftlichen Gründen der Zugang zur Musikschule verwehrt sein");
>> fachliche Zugänglichkeit (voraussetzungsloser Zugang – „Musikalische Bildung von Anfang an").

Die Musikschulen im *VdM* weisen unter den Einrichtungen kultureller Jugendbildung die größte Flächendeckung und höchste Einrichtungsanzahl auf. Sie sind mit ihrer Reichweite der deutlich größte Typus von Einrichtungen Kultureller Bildung mit demselben Auftrag.

Angebote und Zielgruppen – Unterrichtsformen und Ensemblearbeit

Die öffentliche Musikschule legt mit qualifiziertem Fachunterricht die Grundlage für eine lebenslange Beschäftigung mit Musik. Sie eröffnet ihren SchülerInnen Möglichkeiten zum qualitätsvollen gemeinschaftlichen Musizieren in der Musikschule, in der allgemein bildenden Schule, in der Familie oder in den vielfältigen Formen des Laienmusizierens (siehe Stephan Schmitz „Musikalische Bildung in der Laienmusik" in diesem Band). Die Musikschule schlägt Brücken zu anderen Künsten und kulturellen Aktivitäten. Sie kommt unterschiedlichen Musikinteressen und Lernwünschen entgegen.

Die Hinführung zum aktiven Musizieren korrespondiert mit Freude am Lernen, am eigenen Tun, an der Leistung und am Erfolg. Musizieren mit Anderen ermöglicht die Anwendung des Gelernten, gibt Anregungen für die nächsten Schritte, schult Ohr und Reaktionsfähigkeit, steigert die Motivation und vermittelt soziale Kompetenz. Ensemblefächer sind daher in allen Leistungsstufen integraler Bestandteil des ganzheitlichen Bildungskonzepts der öffentlichen Musikschule. Das Zusammenspiel muss in seinen Techniken und Regeln ebenso erlernt und geübt werden wie Instrumentalspiel und Singen selbst. Erst die Befähigung dazu ermöglicht eine eigenständige Beteiligung am aktiven Musikleben. Im gemeinsamen Musizieren werden kommunikative und soziale Kräfte, die zum Wesen der Musik gehören, erlebbar, wirksam und lernbar. Kontinuierliche Ensemblearbeit bildet daher an der Musikschule mit dem Unterricht im Instrumental- bzw. Vokalfach eine aufeinander abgestimmte Einheit und stellt ein Kernmerkmal öffentlicher Musikschularbeit dar. Eine Vielzahl vokaler und instrumentaler Ensembles unterschiedlicher Besetzungen und stilistischer Prägungen gehört daher zum verbindlichen Unterrichtsangebot der Musikschule.

Die Elementarstufe/Grundstufe beinhaltet eine breite Palette von Grundfächern und Angeboten für bestimmte Zielgruppen: von Eltern-Kind-Gruppen über Musikalische Früherziehung, über Elementare Musikpädagogik in Kindertageseinrichtungen, Musikalische Grundausbildung, Orientierungsangebote hin zu musikalischen Einstiegsprogrammen im

Grundschulalter. Dabei liegen qualitätsvolle Formen der Elementaren Musikpädagogik allen Angeboten in der Elementarstufe/Grundstufe zugrunde. Breite Zugänge zur Musik und zum aktiven Musizieren werden vielfach als landesspezifische (Einstiegs-)Programme angeboten, die zumeist in Kooperation zwischen Musikschule und allgemein bildender Schule vollzogen werden. Die Grundfächer können ohne besondere Voraussetzungen besucht werden. Hier steht die bildende Begegnung mit den elementaren musikalischen Erlebnis- und Ausdrucksweisen im Mittelpunkt: Sensibilisierung der Wahrnehmung – insbesondere des Gehörs – das Erleben und Kennenlernen einer Vielzahl von Musikstücken und Instrumenten, der Umgang mit der Stimme und das Singen, die Erfahrung des Zusammenhangs von Musik und Bewegung, erstes Spiel mit Instrumenten sowie erste Einsichten in musikalische Zusammenhänge und der Umgang mit grundlegenden Elementen der Musiklehre – immer in altersgerechten Formen, die aufbauend angeboten werden.

Der Unterricht fördert individuelle musikalische Fähigkeiten und schafft die Grundlage für vielfältige musikalische Entwicklungen. In Unter-, Mittel- und Oberstufe der Musikschule wird ein breitgefächertes Angebot vorgehalten:
a) an Instrumental-/Vokalfächern aus folgenden Fachbereichen:
>> Streichinstrumente (Violine, Viola, Violoncello, Kontrabass, Gambe u.a.)
>> Zupfinstrumente (Gitarre, E-Gitarre, E-Bass, Mandoline, Zither, Harfe, Baglama u.a.)
>> Holzblasinstrumente (Blockflöte, Querflöte, Oboe, Klarinette, Fagott, Saxofon u.a.
>> Blechblasinstrumente (Trompete, Posaune, Horn, Tuba u.a.)
>> Tasteninstrumente (Klavier, Cembalo, Orgel, Akkordeon, Keyboard u.a.)
>> Schlaginstrumente (Schlagzeug, Pauken, Mallets, Percussion u.a.)
>> Gesang (Singen in unterschiedlichen Stilrichtungen, Stimmbildung u.a.)
b) an einer Vielfalt von Ensemblefächern unterschiedlicher Besetzungen und Stilistiken:
Sing- und Spielgruppen, Chöre, Streichorchester, Kammerorchester, Sinfonieorchester, Zupforchester, Blasorchester, Kapellen, Akkordeonorchester, Kammermusik, Spielkreise, Instrumentalgruppen, Big Bands, Combos, Jazz-, Rock- und Pop-Bands, Salonorchester, Folkloregruppen, Volksmusik, Musiktheater, Musical u.v.m.
sowie c) an Ergänzungsfächern (weiteres dazu s.u.).

Ein besonderes Programm stellt bei öffentlichen Musikschulen und im *Verband deutscher Musikschulen* die integrative Arbeit bzw. die Arbeit mit Menschen mit Behinderung dar, die sich an den individuellen Möglichkeiten orientiert und somit eine über das normale Maß hinausgehende Differenzierung erfordert. Die Arbeit in integrativen Gruppen steht hierbei gleichberechtigt neben behinderungsspezifischem Einzel- und Gruppenunterricht. Angebote für Menschen mit Behinderung sind somit ein selbstverständlicher Teil des Auftrages öffentlicher Musikschulen. Musiktherapie folgt dagegen einem spezifisch therapeutischen Bedarf und kann als Förder- und Unterstützungsmaßnahme angeboten werden.

Möglichkeiten musikalisch-kultureller Bildung eröffnet die Musikschule übrigens jedem Lebensabschnitt: Mit Angeboten für Erwachsene und SeniorInnen in Form von Unterricht, Kursen, Workshops oder Projekten werden für diese Altersgruppen spezifische, örtlich oder situativ unterschiedliche musikpädagogische, musikalische oder musikbezogene Angebote nachgefragt, auch in Kooperation mit SeniorInneneinrichtungen oder -vereinigungen.

Für alle Unterrichtsfächer der Musikschule formulieren Rahmenlehrpläne (bzw. Bildungspläne) Ziele und Inhalte der Ausbildung. Mehrjähriger, kontinuierlicher Unterricht führt zu einem Ergebnis, das – den Möglichkeiten der SchülerInnen entsprechend – den Anforderungen eines sinnerfüllten Musizierens besonders gerecht wird Die Lehrpläne gewährleisten einen dem Alter und der persönlichen Entwicklung gemäßen Aufbau eines Lern- und Erlebnisprozesses, in dem musikalische und technische Herausforderungen miteinander harmonieren. Wesentliches Kennzeichen der Arbeit einer Musikschule ist die sorgfältige Abstimmung der praktischen, theoretischen, der allgemein-musikalischen und der speziellen instrumentalen oder vokalen Ausbildung. Musikschulen bieten besonders begabten SchülerInnen, die ein musikalisches Berufsstudium anstreben, eine studienvorbereitende Ausbildung an.

Ergänzungsfächer sind zum einen kontinuierliche Unterrichtsfächer, die zur inhaltlichen Bereicherung des instrumentalen und vokalen Bildungsangebots der Musikschule dienen. Zum anderen stellen sie auch eine Ergänzung des Musikschulangebotes dar, wie z.B. Musik und Bewegung, Tanz, Musiktheater, Darstellendes Spiel oder Rhythmik. Projekte sind zeitlich begrenzte und inhaltlich abgeschlossene musikpädagogische Angebote einer Musikschule. Als Kurse, Freizeiten, Workshops, Exkursionen, Konzertreisen, Kooperationen und andere geeignete Formen eröffnen sie Raum für besondere Aktivitäten der Musikschule und gehen flexibel auf Nachfragen nach speziellen Angeboten ein. Projekte gewinnen neue Zielgruppen, ermöglichen die Erprobung neuer Angebote und erweitern das Angebotsrepertoire. Veranstaltungen gehören zum pädagogischen Auftrag und zum individuellen Erscheinungsbild einer Musikschule. Vorspiele und Konzerte sind für SchülerInnen unverzichtbare Lernerfahrungen, motivierendes Übe- und Probenziel – als ein Ergebnis ihres Unterrichts im Instrumental- oder Vokalfach wie auch im Ensemblefach. Die Auftrittserfahrung ist außerdem eine wesentliche Dimension des Musikerlebnisses, wendet sich Musik doch als künstlerische Kommunikation an ein Publikum. Veranstaltungen gewährleisten kulturelle Teilhabe in der Kommune im Bereich der Musik. Die öffentliche Musikschule ist dabei offen für Musik und musikalische Praxen anderer Kulturen. Wenn sich unterschiedliche Kulturen hörend und beim gemeinsamen Musizieren begegnen, entsteht eine tragfähige Basis für Verständnis, Respekt, gegenseitige Wertschätzung und gesellschaftliche Integration.

Pädagogische Prinzipien und Fachkompetenz – Motivation und Bildung

Das Credo, dass die Musikschule eine Schule ist und bleibt, aber eine Schule, zu der man kommen *will*, weil man *darf* und nicht *muss*, äußert sich wesentlich auch in dem „Spirit" von Musikschul-Lehrkräften und -Leitungen. Eine richtige Musikschule ist also eine Schule – aber grundsätzlich eine Schule anderer Art: Sie ist und bleibt, wenn sie den öffentlichen Auftrag erfüllen können soll, ein veritabler, auf Vollständigkeit angelegter Bildungsorganismus, der nicht zur musikalischen Bespaßungsstelle oder zur Vermittlungsagentur für Musikunterricht degeneriert.

Aufgabe der öffentlichen Musikschule ist es nach wie vor, mit der hohen Fach- und Methodenkompetenz und der Kreativität ihrer Lehrkräfte durch attraktive Angebote zielgruppengerecht SchülerInnen jeden Alters einen stimmigen musikalischen Bildungsweg zu eröffnen und zu gewährleisten. Begriff und Reichweite von „musikalischer Bildung" gehen im Aufgabenportfolio öffentlicher Musikschulen weit darüber hinaus, reine Musikerziehung zu betreiben, also lediglich Musikverständnis und die Fähigkeit zum aktiven Musizieren zu vermitteln. Die öffentliche Musikschule sieht sich der Leitvorstellung verpflichtet, dass umfassende musikalische Bildung die Identitätsbildung einer Persönlichkeit in besonderer Weise ermöglichen und stärken kann und damit wesentlich zum gelingenden Aufwachsen und zu einem erfüllten Leben beizutragen hilft. Dabei kommt gerade musikalischer Bildung das Privileg zu, in einem spezifischen semiotischen Kontext hin zu einer Ausdrucks- und Gestaltungsfähigkeit bilden zu können, welcher die Sinne und die emotionale Intelligenz in besonderem Maße anspricht und berührt. Bildungsprozesse werden in der Musikschule dialogisch-kommunikativ verstanden – sowohl mit Komponenten der Selbstentwicklung in der Auseinandersetzung mit Musik und der Entfaltung im musizierenden Miteinander als auch mit Hilfe profunder pädagogischer Begleitung, mit klaren Zielen und Konzepten, mit hoher didaktischer und methodischer Kompetenz. Für erfolgreiche Bildungsverläufe gilt die Faustregel, dass man sich etwa zehn Jahre lang intensiv und kontinuierlich, mit möglichst hoher (Eigen-)Motivation, eingebettet in ein stimmiges pädagogisches Setting, mit einer Sache aus-ein-ander-setzen muss. *Res severa, verum gaudium* – die ernsthafte Befassung mit Musik als Kunst- und Ausdrucksform jedweder Stilistik ist kein Gegensatz zur Freude an der musikalischen Betätigung, sondern ganz im Gegenteil Anreiz und Motivation. Auf jedem Niveau der Auseinandersetzung mit Musik kann das Individuum, kann die Gruppe positive Erfahrungen machen; ebenso ist von jeder erreichten Ebene sichtbar, welche musikalischen Dimensionen noch weiter erreicht werden können. Bestätigung und Neugier, die Freude über den Erfolg und das Wissen wollen, wie es weiter gehen kann, die Erschließung der musikalischen Kartografie und die Entdeckungslust zu bisher unbekannten Räumen sind durch Schwingung und Balance in lebendiger Wechselwirkung und machen den Reiz der Beschäftigung mit der als vornehmster Kunst der *septem artes liberales* geltenden Musik aus.

Perspektiven und Herausforderungen – Ausblick und Zusammenfassung

Dabei geht es darum, mit sinnvollen Konzepten und attraktiven musikpädagogischen Angeboten auf die Veränderungen in unserer Gesellschaft einzugehen. Die Musikschule stellt sich in der kommunalen Bildungslandschaft deshalb zunehmend als Kompetenzzentrum musikalischer Bildung in einem 2-Säulen-System auf: einerseits weiter als autochthone Bildungseinrichtung, mit eigenständigem Bildungsauftrag und spezifischer Strukturierung, also sozusagen weiter mit ihrer Kernaufgabe, andererseits aber bereits seit mehreren Jahren zunehmend auch im Kooperationsfeld der Bildungsinstanzen und -akteure in der Kommune, vor allem in der Zusammenarbeit mit der allgemein bildenden Schule oder der Kindertageseinrichtungen. Aber auch hier im Kooperationsfeld kommt der Musikschule eine eigenständige Aufgabe zu; sie will und kann nicht die Schulmusik ersetzen, auch nicht den ErzieherInnen die Aufgabe abnehmen, Musik als Methode und Mittler in der Vielfalt des KiTa-Alltags einzusetzen. Vielmehr ist Musikschule immer dann in der Regelschule oder im Kindergarten gefragt, wenn die Musik nicht als (Hilfs-)Mittel eingesetzt wird, um andere Bildungsziele zu erreichen, sondern wenn sie und ihr Bildungspotential selbst im Mittelpunkt stehen, wenn es also um die Musik selbst als Feld ästhetischer Erfahrung und Gestaltung geht, wenn Musik somit als anthropologisch konstitutiv begriffen wird.

Es sind also vielfältige neue Herausforderungen wahrzunehmen, die schon heute und künftig noch stärker das Arbeitsfeld in der Musikschule bestimmen dürften:
>> multiple Wanderungsprozesse der Bevölkerung sind bedeutend für regionale Entwicklung;
>> der Verlauf der „Alterspyramide" hat bedeutenden Einfluss auf die Angebotsstruktur;
>> Herausforderungen im Migrations- bzw. Integrationskontext verlangen eine geeignete Aufstellung der Einrichtungen Kultureller Bildung, auch wenn die hier anstehenden Fragen nicht von ihnen gelöst werden können (was die Politik zur Kenntnis nehmen muss);
>> auf die möglichen Wirkungen von tief greifenden sozialen Veränderungen und gesellschaftlichen Spaltungstendenzen muss auch in der Art und Form musikalischer Bildungsangebote einzugehen versucht werden;
>> Veränderungen in der Mediennutzung, bei Bindungsaspekten und im Konsumverhalten werden neue Kompetenzen erforderlich machen.

Die Konsequenz aus diesen Entwicklungen bedeutet für die öffentliche Musikschule vor allem, sehr früh mit musikalischen Bildungsangeboten Kinder und Eltern aller Milieus zu erreichen, bedeutet auch, musikpädagogische Konzepte in diesem frühen Lebensalter stärker unter dem Aspekt von Vernetzung zu anderen Lernfeldern zu sehen: Förderung von Spracherwerb, Sozialkompetenzen und Integration mit Hilfe geeigneter musikpädagogischer Angebote sind Aspekte für die künftigen Anforderungen, die aber auch heute schon aktuell bewegen.

Was aber in der gesamten Bildungsdebatte – die ja derzeit wesentlich eine Schul-Debatte ist – als unbedingt notwendig erscheint, sind Erhalt und strukturelle Einbeziehung von Freiräumen für Kinder und Jugendliche angesichts der Veränderungen von schulischen Rahmenbedingungen, insbesondere der Schulzeitverdichtung. Wenn es den Anschein hat, dass Entfaltungsmöglichkeiten junger Menschen vorwiegend wirtschaftlichen Interessen untergeordnet werden, wenn also Konditionierungstendenzen im Bildungssektor die Agenda dominieren, dann kann betriebswirtschaftliche Kurzsichtigkeit zu volkswirtschaftlichen Langzeitschäden führen: nämlich dann, wenn nicht gesehen wird, dass personale Kompetenz und Kreativität der Menschen die entscheidende, ja wahrscheinlich die einzige Chance sind, eine Zukunftsfähigkeit der Gesellschaft sichern zu helfen. Es gilt, angemessene Freiräume für musikalische Bildung von Kindern und Jugendlichen und für die Zugänglichkeit zu Musikschulangeboten gerade hinsichtlich der zu erwartenden Folgen von Schulzeitverkürzung (G8) und Schulzeitverdichtung zu erhalten und zu sichern.

Fazit

Musikschulen sind, bleiben und werden immer mehr *die* Schlüsselorte für musikalische Bildung in den Kommunen. Sie sind klingender Lebensraum und Begegnungsstätten der Musik für Jung und Alt in den Städten und Landkreisen. Ihre Bedeutung in der Entwicklung der kommunalen Bildungslandschaft wird kaum überschätzt werden können.

Zum Weiterlesen

Deutscher Städtetag/Deutscher Landkreistag/Deutscher Städte- und Gemeindebund (2010): Die Musikschule, Leitlinien und Hinweise.

Kommunale Gemeinschaftsstelle für Verwaltungsmanagement (2012): Gutachten Musikschule (Nr. 1/2012). Köln: KGSt.

Scheytt, Oliver (1989): Die Musikschule. Ein Beitrag zum kommunalen Verwaltungsrecht. Köln: W. Kohlhammer.

Verband deutscher Musikschulen e.V. (2012): VdM Jahresbericht 2011 – Themenschwerpunkte und statistische Daten. Bonn: VdM

Verband deutscher Musikschulen e.V. (2012): Statistisches Jahrbuch der Musikschulen in Deutschland 2011. Bonn: VdM.

Verband deutscher Musikschulen e.V. (2010): Bildungsplan Musik für die Elementarstufe/Grundstufe. Bonn: VdM.

Verband deutscher Musikschulen e.V. (2010): Strukturplan des VdM – Der Weg zur Musik durch die Musikschule. Bonn: VdM.

Verband deutscher Musikschulen (2009): Rahmenlehrpläne des VdM. Kassel: Gustav Bosse.

Stephan Schmitz
Musikalische Bildung in der Laienmusik

Rund 5.000.000 Aktive – soweit sie sich mit einiger Sicherheit und sinnvoll erfassen lassen – musizierten 2009/2010 in über 170.000 Ensembles des vokalen und instrumentalen Laienmusizierens (Deutsches Musikinformationszentrum 2010). Vor allem auf lokaler Ebene durchdringt das Laienmusizieren in seinen vielfältigen Erscheinungsformen zahlreiche Lebensbereiche (vgl. beispielhaft für Köln: Reimers 1996). Damit bildet es einen wesentlichen Bestandteil nicht nur des Musiklebens in Deutschland, sondern auch dessen, was das soziale und kulturelle Leben in der Gesellschaft trägt und insgesamt ausmacht.

Bestimmung von Begriff und Gegenstand

Der Begriff der „Laienmusik" meint hier
1. den Bereich des aktiven, (re)produzierenden Musizierens in Abgrenzung zu rezeptionsorientierten Aneignungs- und Umgangsformen,
2. den nicht-professionellen Bereich in Abgrenzung zum professionellen Musizieren, das auf Gewinnerwerb gerichtet ist und dessen AkteurInnen in der Regel durch eine entsprechende musikalische Fachausbildung qualifiziert sind. Dabei sind die Übergänge zwischen Laienmusizieren und professionellem Musizieren vielfach fließend, insbesondere in den Bereichen Rock/Pop/Jazz (vgl. Bruhn/Rösing 2002) und in der Phase der beruflichen Etablierung angehender professioneller MusikerInnen. Der Begriff „Laie" wird in dieser Darstellung gegenüber Begriffsalternativen wie „Amateur", „Liebhaber" oder „Dilettant" bevorzugt, da er sich weitestgehend durchgesetzt hat (zur Geschichte der genannten Bezeichnungen vgl. Sponheuer 1996; Pape/Pickert 1999:39ff.; insgesamt Pape 2007).

Die Verbindung mit dem Begriff der „musikalischen Bildung" verweist auf das Leitthema Kulturelle Bildung. Damit ist nicht nur der Aspekt des musikalischen Lernens im Sinne eines Kompetenzerwerbs (im Singen oder Instrumentalspiel) im Kontext des Laienmusizierens gemeint; vielmehr ist auch die substantielle Bedeutung des Laienmusizierens für die Existenz einer in ihren unterschiedlichen Traditionen und Kontexten vielfältigen und vitalen Musikkultur wie auch – zwei Seiten einer Medaille – die Möglichkeit einer individuellen aktiven Teilhabe daran zu betonen. Weitere denkbare und sinnvolle Perspektiven auf das Phänomen „Laienmusizieren" als Ort bürgerschaftlichen Engagements, als Träger der Kultur und des Musiklebens in Städten und Gemeinden, als „Katalysator" für Inklusion und Integration, als sinnstiftende Freizeitbeschäftigung und Form aktiver Lebensgestaltung, als Wirtschaftsfaktor oder als Form sozialer Bindung müssen hier leider weitgehend ausgeklammert werden (zu einigen der genannten Aspekte vgl. Deutscher Bundestag 2007:163f.;191ff.;389f.; Probst-Effah/Reimers 2003; zu Ehrenamt und Migration Reimers 2006; zu Laienmusik als sozialintegratives Feld Noll/Stein 1996).

Musik und Musikvermittlung in formalen Bildungsinstitutionen und in der außerschulischen Bildung sind in ihrer praktischen Ausgestaltung teilweise ebenfalls der Laienmusik zuzuordnen und haben – um etwa für die Musikschulen zu sprechen – die Hinführung zum

Laienmusizieren in Familien, Schulen, Vereinen, Kirchen und freien Gruppen und dessen Förderung zum Ziel (vgl. Verband deutscher Musikschulen 2009).

Informelle und/oder sporadische Formen des Musizierens (beispielsweise Hausmusik, private Musikkreise, Karaoke, DJing, Sampling oder auch Singen in Fußball-Fankulturen) sind äußerst bedeutsam und prägend für den alltäglichen und aktiven Umgang von Laien mit Musik (vgl. Kalies/Lehmann/Kopiez 2009). Da dieses weite Feld zugleich Teilgegenstand eines anderen Beitrags (siehe Susanne Binas-Preisendörfer „Selbst-Bildungen. Praktiken musikalischer und kultureller Sozialisation im Zeitalter medialer Multioptionalität" in diesem Band) ist, liegt der Schwerpunkt dieser Darstellung auf den über Verbandsstrukturen abgebildeten Formen des Laienmusizierens.

Geschichte

Eine noch so knappe Übersicht über die Geschichte des Laienmusizierens kann an dieser Stelle nicht in sinnvoller Weise geleistet werden. Daher sei hier lediglich auf die Wurzeln einiger Korporations- und Erscheinungsformen hingewiesen, die auch heute noch maßgeblich das öffentliche Erscheinungsbild des Laienmusizierens prägen (ausführlich und konkret für das Rheinland vgl. Schwedt/Schwedt 2002:9ff.). Mit dem Erstarken des Bürgertums entwickelte sich seit dem 18. Jh. das Musizieren bürgerlicher Amateurmusiker, zum Teil in Nachahmung höfischer Kultur, zum Teil als Ausdruck (bildungs-)bürgerlichen Selbstbewusstseins (vgl. Schleuning 2000). Musikalische Liebhabergesellschaften, Collegia Musica und Singvereine wurden bereits vor 1800, besonders aber ab der ersten Hälfte des 19. Jh.s gegründet. Im 19. Jh. hat ebenfalls eine Vielzahl von Orchester- und Blasmusikvereinen ihre Wurzeln. Etwa ab der Mitte des 19. Jh.s entstanden Posaunenchöre, später besonders in Bergbauzentren auch Bandoneon- und Zitherorchester im Arbeitermilieu. Als historisches Phänomen für das Laienmusizieren überaus bedeutsam war die Jugendmusikbewegung im ersten Drittel des 20. Jh.s, zumal die auf Interdependenzen mit der nationalsozialistischen Ideologie gerichtete Kritik die Musikpädagogik und das Laienmusizieren in der Nachkriegszeit nachhaltig prägte (zur Jugendmusikbewegung insgesamt Antholz 1996). In jüngerer Vergangenheit lässt sich eine weitere Pluralisierung der Erscheinungsformen des Laienmusizierens beobachten.

Strukturen

Derzeit sind die Verbände des instrumentalen und vokalen Laienmusizierens weitgehend in der *Arbeitsgemeinschaft Deutscher Chorverbände (ADC)* bzw. der *Bundesvereinigung Deutscher Orchesterverbände (BDO)* zusammengeschlossen.

Der *ADC* gehören an: *Allgemeiner Cäcilien-Verband für Deutschland (ACV); Arbeitskreis Musik in der Jugend (AMJ); Internationaler Arbeitskreis für Musik (IAM); Verband Deutscher Konzert-Chöre (VDKC); Chorverband in der Evangelischen Kirche in Deutschland (CEK).* AMJ und IAM mit Wurzeln in der Jugendmusikbewegung sind auch dem instrumentalen Musizieren zuzurechnen.

Der *BDO* gehören an: *Bund Deutscher Blasmusikverbände (BDB); Bund Deutscher Zupfmusiker (BDZ); Bund für Zupf- und Volksmusik Saar (BZVS); Bund Saarländischer Musikvereine (BSM); Bundesverband Deutscher Liebhaberorchester (BDLO); Bundesvereinigung Deutscher Musikverbände (BDMV); Deutscher Akkordeonlehrer-Verband (DALV); Deutscher Bundesverband der Spielmanns-, Fanfaren-, Hörner- und Musikzüge (DBV); Deutscher Harmonika-Verband (DHV); Deutscher Turner-Bund, Fachgebiet Musik und Spielmannswesen; Deutscher Zithermusik-Bund (DZB); Evangelischer Posaunendienst in Deutschland (EPiD).*

Alleine an den unterschiedlichen Verbandsbezeichnungen lässt sich die Pluralität ablesen, die in vielfacher Hinsicht unter dem gemeinsamen Dach „Laienmusizieren" besteht. Weitere

Verbände, die ihren Schwerpunkt direkt oder mittelbar im Laienmusizieren haben, jedoch nicht in den beiden großen Zusammenschlüssen abgebildet sind, sind aus dem Spektrum der Mitglieder des *Deutschen Musikrats (DMR)*: *Deutscher Chorverband (DCV)*; *Jeunesses Musicales Deutschland (JMD)*; *Arbeitskreis der Musikbildungsstätten in Deutschland*.

Die Verbände sind in der Regel über Landes- bis auf Kreisebene bzw. entsprechende (kirchliche oder sonstige) Verwaltungsebenen untergliedert. Sie bieten ihren Mitgliedern neben den üblichen zum Teil umfangreichen Verbands-Serviceleistungen (wie beispielsweise gemeinsame politische Vertretung, nationale und internationale Vernetzung, Austauschforen und Fachtagungen, Rahmenverträge mit Verwertungsgesellschaften, Beratung, zentrale Veranstaltungen und Wettbewerbe, Auszeichnungen, Modellprojekte etc.) hinsichtlich der musikalischen (Aus-)Bildung einen mitunter sehr ausdifferenzierten Rahmen für die Ausbildung des musikalischen Nachwuchses sowie der ehrenamtlichen MultiplikatorInnen. Der Landesverbandsebene kommt dabei – wie auch bei der regionalen Vernetzung und Interessenvertretung – häufig eine zentrale Bedeutung zu. Vielfach bestehen verbandsinterne Lehrgangsstrukturen zum Erwerb von Leistungsabzeichen für den musikalischen Nachwuchs sowie zum Erwerb von Qualifikationen für StimmführerInnen und DirigentInnen als MultiplikatorInnen in der Erwachsenenbildung; hierbei nehmen die Musikbildungsstätten eine zentrale Rolle ein. Auf lokaler Ebene erfolgt die (Jugend-)Ausbildung vielfach in ehrenamtlicher Eigenregie, soweit nicht eine Kooperation mit einer Musikschule besteht oder die Ensemblemitglieder privat qualifizierten Unterricht erhalten. Einige Verbände, die nicht so sehr als Dachverband Vereinsstrukturen abbilden (*AMJ, IAM, JMD*), bieten schwerpunktmäßig Kurse und Freizeiten für das praktische Laienmusizieren, berufliche Fort- und Weiterbildung und internationale (Jugend-)Begegnungen an.

Ausblick

Eine aktuelle Herausforderung für das organisierte Laienmusizieren besteht im Jugendbereich vielfach darin, im Umfeld einer zunehmenden Etablierung von Ganztagsschul-Modellen und von Schulzeitverkürzungen SchülerInnen mit knapper werdender Freizeit für das Engagement in Laienmusikvereinen zu gewinnen. In der Schule ist zudem die gegenläufige Entwicklung zu beobachten, dass regulärer Musikunterricht seltener stattfindet, aber mehr Kinder über Profilbereiche und Projekte (Klassenmusizieren, JeKi, JeKiSS etc.) mit praktischem Musizieren in Berührung kommen. Im Erwachsenenbereich bedeutet zunehmende (Arbeits-)Mobilität mitunter ein Problem für Vereinsstrukturen, die stark auf Kontinuität und nachhaltige soziale Bindung angelegt sind. Ensembles, die in geeigneter Form mit Fluktuation und temporärer Bindung umgehen, können jedoch profitieren. Dazu gehört auch ein geeigneter Umgang mit heterogenen musikalischen Hintergründen und Präferenzen der Aktiven.

Zum Weiterlesen

Bruhn, Herbert/Oerter, Rolf/Rösing, Helmut (Hrsg.) (2002): Musikpsychologie. Ein Handbuch (4. Auflage). Reinbek: Rowohlt.

de la Motte-Haber, Helga (Hrsg.): Handbuch der Systematischen Musikwissenschaft. Laaber: Laaber.

Pape, Winfried/Pickert, Dietmar (1999): Amateurmusiker: Von der klassischen bis zur populären Musik. Perspektiven musikalischer Sozialisation. Frankfurt/M.: Peter Lang.

Susanne Binas-Preisendörfer
Selbst-Bildungen. Praktiken musikalischer und kultureller Sozialisation im Zeitalter medialer Multioptionalität

Populäre Musik bleibt höchst attraktiv

Nach wie vor besitzt die Aneignung populärer Musikformen im Leben von Kindern, Jugendlichen und jungen Erwachsenen (sowie einem großen Teil der Erwachsenen) einen hohen Stellenwert. Quantitativ orientierte Studien wie die jährlich erhobenen JIM-Studien (Medienpädagogischer Forschungsverband Südwest 2011) oder die jüngsten TdW-Studien (TdW – Typologie-der-Wünsche-Studien gehören zu den größten Markt-Media-Studien in Deutschland und werden vom Burda-Verlag herausgegeben) belegen, dass der Umgang mit Musik, ob im Rahmen des Austausches mit FreundInnen, mittels technischer Medien wie CDs, MP3, technisch generierter sozialer Netzwerke wie Facebook oder auch das Selber-Musik-Machen angesichts medialer Multioptionalität in keiner Weise an Attraktivität verloren hat. Im Gegenteil, im Zusammenspiel der heutzutage maßgeblichen Sozialisationsinstanzen (Peers und Medien) wird einmal mehr deutlich, wie mittels populärer Musik Identitäten gestiftet werden und sich Gemeinschaften bilden, wie ästhetische Erfahrungen gemacht und Konsumbedürfnisse befriedigt werden, sich kulturelle Codes durchsetzen und permanent verändern und auf diese Weise „Räume" besetzt werden, die der Kontrolle durch Erwachsene und die traditionellen Bildungseinrichtungen tendenziell entzogen sind. Diese qualitativen Aspekte des Umgangs mit der mittlerweile unüberschaubaren Vielfalt an Formen populärer Musik verweisen auf Praktiken der Selbst-Bildung. Hierbei bilden sich die Subjekte in medialen Umgebungen selbst, in dem sie permanent aufeinander eingehen und auf andere (z.B. Eltern, LehrerInnen, andere Peers, Szenen, Communities) strategisch einwirken.

Eigenwert und Potentiale musikalischer Selbst-Bildungsprozesse

Seit Jahrzehnten schon belegen Forschungen aus sozial- und kulturwissenschaftlich orientierten Disziplinen diese Zusammenhänge. Sie verweisen auf informelle, außerhalb der Schule stattfindende „Bildungs"-Prozesse und betonen deren Eigenwert sowie widerständiges Potential in Bezug auf „traditionelle" Sozialisationsinstanzen wie Schule und Eltern. Zugleich scheinen die letzten Fünkchen kulturellen Aufbegehrens gegen Establishment und Mehrheitsgesellschaft in Formaten wie „Deutschland sucht den Superstar" oder „Unser Star für Oslo, Baku" etc. ausgetreten und desavouiert. Identitätssuche ist immer mehr auch durch Strategien des im wahrsten Sinne nackten Kampfes um soziale Anerkennung und ökonomisches Überleben gekennzeichnet. In bestimmten gesellschaftlichen Milieus kann vom spielerischen, ironischen Umgang mit kulturellen Formen und ästhetischer Stilbildung nicht die Rede sein. In anderen Milieus und Szenen führt das Übermaß an medialen Informationen und die rasante Umwertung von Codes zur Notwendigkeit fortwährender Anpassungsprozesse und Richtungswechsel, Recycling und Retrospektiven. Für beide Pole trifft jedoch gleichermaßen zu, dass das, was ein Großteil junger Menschen in Bezug auf Musik denkt, fühlt und tut, seit längerer Zeit schon kein unmittelbarer Effekt institutioneller Diszplin (Musikunterricht in der

Schule, Projekte musikkultureller Bildung) mehr ist, sondern – so meine These – ein mittelbarer und insbesondere ein Effekt von Mediengebrauch, Medienkonsum und medialer Kontrolle.

Populäre Kulturen und Diversität

Hatte Theodor W. Adorno doch uneingeschränkt Recht, wenn er wie in seinem berühmt gewordenen Aufsatz „Résumé über Kulturindustrie" (Adorno 1963/2004:202) die Massen als ein Sekundäres, Einkalkuliertes, als Anhängsel der Maschinerie beschreibt! Ebenso sei angemerkt, dass die Szenarien von Widerstand, Stilbildung und Subkultur, so wie man sie aus den Untersuchungen der Britischen Cultural Studies aus den 1970er Jahren in Folge der Chicagoer Gangstudien der 1940er Jahre kennt, vor allem auch einem Modus von wissenschaftlicher Analyse als Diskurspolitik folgen. Die Fokussierung und Analyse kultureller Regeln, Normen und Strukturen gesellschaftlich Unterprivilegierter implizierte schließlich auch deren Anerkennung. Abweichendes wurde nicht mehr als Primitives interpretiert, sondern als ein mit eigenen Regeln und Normen versehenes Anderes. Indem die historisch konkreten Zeichen kultureller Macht in den Jugend(sub)kulturen wie auch den wissenschaftlichen Darlegungen der Cultural Studies umgewertet, kritisiert und unscharf gemacht wurden, wurden gleichsam Grenzen der vermeintlich totalen Beherrschung derselben durch die Deutungshoheit der Mehrheitsgesellschaft als Konfliktfeld markiert. In Folge verabschiedete sich die wissenschaftliche Community wie auch die westlichen Gesellschaften von normativen universellen Kulturbegriffen. Dies ging einher mit der Anerkennung kultureller Diversität und pluraler Gesellschaften, in denen Phänomene wie populäre Kultur und Musik zum selbstverständlichen Teil von Kultur wurden und damit auch deren Bedeutung als Medium und Raum der Selbst-Bildungen bzw. Sozialisationsinstanzen erlangen konnten (siehe Barbara Hornberger/Stefan Krankenhagen „Pop- und Medienkultur in der Kulturellen Bildung" in diesem Band).

Interessenskonflikte und Interessensallianzen

Populäre Musik als eine Praxis der Selbst-Bildung zu begreifen, verlangt, sie als ästhetisches, kulturelles, soziales, mediales wie auch ökonomisches Phänomen ernst zu nehmen. Die Reduktion auf jeweils ein Attribut wäre im Rahmen einer wissenschaftlich-methodischen Reduktion ggf. von Vorteil, für das Gesamtverständnis jedoch fatal. Mit dem Begriff der Selbst-Bildungen bezeichnet Thomas Alkemeyer „Formungs- und Erfahrungsprozesse [...], die man in der Teilnahme an sozialen Praktiken an und mit sich selbst macht" (Alkemeyer 2010). Aus der Perspektive der Betrachtung populärer Musikformen würde ich hinzufügen wollen, dass soziale Praktiken immer auch vor dem Hintergrund medialer Kommunikationsformen und sozialökonomischer Verhältnisse ihre spezifische Formung erhalten. In den Ereignisfeldern von Populärer Musik treffen sehr unterschiedliche und zugleich aufeinander bezogene Interessen der verschiedenen an diesem Prozess beteiligten Akteure bzw. Subjekte aufeinander. Was für einen Musiker im Rahmen seiner künstlerischen Selbstverwirklichung mittels populärer Musik von Interesse ist, kann beim Konzertbesuch für einen Fan oder den Facebooknutzer, der seine Lieblingsband auf seiner Pinwand postet, völlig irrelevant sein. Allerdings weiß „der" Musikunternehmer sehr wohl, wie entscheidend die Kommunikation auf einer „artist2fan"-Seite für den kommerziellen Erfolg sein kann. Popstars der jüngeren Geschichte, wie z.B. Lady Gaga, wären ohne die Marketinginstrumente des Web 2.0, auch Facebook gehört dazu, gar nicht denkbar. Angesichts der dynamischen medientechnologischen Entwicklungen ist jedoch eine klare Trennung der hier genannten Akteure bzw. Subjekte nicht immer möglich. Zu Recht wird heutzutage immer öfter von sogenannten „Prosumern" gesprochen, d.h. Subjekten, die offenkundig aktiv in den Prozess der Gestaltung aus mehrerlei Subjektpositionen heraus eingreifen. Die Organisation von Fan- als Zielgruppen findet heutzutage beispielsweise in einem sogenannten vormedialen, d.h. noch nicht durch professionelle mediale Kommunikatoren wie JournalistInnen oder PR-Profis, sondern in den auf technischer und sozialer Interaktion beruhenden sogenannten sozialen Netzwerken wie Blogs, Facebook, Twitter usw. statt. Auch auf diese Weise werden die traditionellen Schemata von Produzent und Konsument (medien)praktisch zusammengeführt. Dies unterminiert zugleich das nie ganz aus den Debatten um den Wert populärer Musik verschwundene Widerspruchsfeld vom aktiven Musiker/Autoren einerseits und dem passiven Konsumenten andererseits. Die Trennung in ein primär schaffendes Subjekt und ein sekundär konsumierendes galt den ForscherInnen der Cultural Studies als nicht existent. In diesem Sinne argumentierende Studien zu populären Musikformen gehen in Bezug auf ihren Gegenstand von einer Bedeutung produzierenden Praxis aus. Diese Bedeutung kann von allen am Musikprozess beteiligten Subjekten erzeugt werden, freilich jeweils auch mit oder aus einer anderen Perspektive, wie weiter oben angesprochen. Sie alle erzeugen kulturelle Realitäten und werden auf ihre je spezifische Weise gestaltend und selbstbildend wirksam.

Medien und Peers unterminieren das Verständnis von Bildungsprozessen

Ein solches Konzept geht allerdings davon aus, dass nicht die Institution Schule, pädagogische Einrichtungen oder von kulturellen Eliten angebotene Konzepte musikkultureller Bildung Subjekte bilden, d.h., dass diese allein auf das Denken, Fühlen und Handeln von Individuen mit den Mitteln von Musik und Klang Subjekt-bildend einwirken. Nicht nur weil Medien und Peers von so offensichtlich großer Bedeutung für die Selbst-Bildungsprozesse von Menschen und damit – würde ich zugespitzt formulieren wollen – zu Bildungsinstitutionen erster Ordnung geworden sind, sondern insbesondere wenn Menschen zugebilligt wird, dass sie mittels kultureller Praktiken in der Lage sind, sich sozial kompetent zu verhalten, müsste – mehr als dies bisher der Fall ist – diese Transformation von Bildungsprozessen in den Blick genommen werden. Dies beträfe dann rückwirkend auch das Verständnis bzw. Konzept von musikalischer oder Kultureller Bildung in der Schule oder von Projekten der musikalischen oder medienpädagogischen Bildung. Hier schlägt die Verfasserin vor, Kulturelle Bildung außerhalb und in der Schule als eine stärker sozialwissenschaftlich informierte Auseinandersetzung mit den hier genannten unterschiedlichen kulturellen Praktiken zu konzipieren. Dies umso mehr, als zunehmend Stimmen laut werden, die das Konzept Kulturelle Bildung als Hype und Projekt der sozialen Grenzziehung kritisieren (vgl. Zimmermann 2011). Kann das Konzept Kulturelle Bildung tatsächlich an der sozialen Undurchlässigkeit des Bildungssystems in Deutschland etwas ändern? Und wem nützen Initiativen wie „Jedem Kind ein Instrument" wirklich?

Ich kann und möchte diese Fragen im Rahmen dieses Beitrags nicht klären, sondern im zweiten Teil an einem konkreten wie auch verallgemeinerbaren Beispiel aufzeigen, vor welchen Herausforderungen Musik- und Medienpädagogik angesichts der hier angedeuteten Transformation von Bildungsprozessen heute stehen.

Musik- und Medienpädagogik im Spannungsfeld von musikkulturellen Selbst-Bildungsprozessen und staatlicher Aufsicht: HipHop in der Spruchpraxis der Bundesprüfstelle für jugendgefährdende Medien (BPjM)

Im Allgemeinen bestehen die Ziele von Medienpädagogik im Wunsch, LehrerInnen bzw. MedienpädagogInnen möchten jungen Menschen den „richtigen" bzw. vor allem „kompetenten" Umgang mit Medien vermitteln. Ein normatives Konzept, das direkt oder indirekt mit einer letztlich moralischen Unterscheidung von 'richtig' und 'falsch', 'kompetent' oder 'inkompetent' arbeitet, macht nur dann Sinn, wenn man in der Position ist, diese Norm durchzusetzen (für Anregungen zu diesem Thema danke ich meinem wissenschaftlichen Mitarbeiter Thomas Schopp). Angesichts der interaktiv und multioptional operierenden Medienverbundsysteme der Gegenwart (Online-Medien, mobile Endgeräte wie Smartphones u.ä.) sowie der erheblichen Wissensvorsprünge von Kindern und Jugendlichen im Umgang mit Medientechnologien (Digital Natives) dürfte diese Voraussetzung nicht gelten. Einmal abgesehen von der technischen Medienkompetenz auf Seiten von Kindern und Jugendlichen heißt dies vor allem, dass die hier angesprochenen Medienverbundsysteme selbst am Zustandekommen popmusikalischer bzw. -kultureller Wissenswelten, der Bedeutung und des Umgangs mit Symbolen und Zeichen, Stils und Codes maßgeblich beteiligt sind. Medienkompetenz in diesem Sinne meint und bezieht sich also insbesondere auf das Verstehen kultureller Systeme mit ihren Symbolen und Zeichen.

Vor dem Hintergrund dieser Erkenntnis entstanden und entstehen immerfort Spannungen zwischen den Selbst-Bildungen und Selbstinszenierungsstrategien jugendlicher Vergemeinschaftungsformen einerseits und der staatlichen Kontrolle der medialen Produktionen ihrer musikalischen und kulturellen Trendsetter (vgl. Custodis 2008) anderseits. Besonders offenkundige Beispiele dieser Spannungen finden sich in der Spruchpraxis der Bundesprüfstelle für jugendgefährdende Medien (BPjM). Dies betrifft seit Jahren immer wieder Tonträgerproduktionen aus dem Repertoiresegment und der kulturellen Praxis des HipHop. Gründe der Indizierung bestehen dabei im Einzelnen vor allem in zu Gewalt anreizenden Texten und die Gleichgültigkeit gegenüber Gesetzesverstößen sowie in der positiven Darstellung von Drogenkonsum. Des Weiteren indiziert die BPjM solche Medien, deren Texte von ihren Entscheidungsgremien als ausländerfeindlich und rassistisch eingestuft werden. Schließlich gaben Texte und Videos, in denen die Herabwürdigung der Frau zum sexuell willfährigen Objekt gesehen wurde, wiederholt Anlass zum Verbot (BPjM 2008:3).

Anders als möglicherweise vermutet, reagiert die BPjM auf Indizierungsanzeigen berechtigter Institutionen zunächst mit einer sorgfältigen Auseinandersetzung in Bezug auf die zu behandelnde Szene bzw. Jugendkultur (siehe Christian Schmidt „Jugendkulturelle Szenen und Kulturelle Bildung" in diesem Band). Sie setzt sich mit Hilfe von ExpertInnen mit der Geschichte des HipHop und seiner Bedeutung in der Bundesdeutschen Gegenwart auseinander. Ein besonderes Gewicht erhalten dabei Fragen der kulturellen Aneignung dieses Stils in migrantischen Communities und deren Bedeutung für den Musikmarkt in Deutschland. Es wird nicht übersehen, dass es sich bei HipHop um einen Stil handelt, der mit speziellen Codes in Sprache, Accessoires, Kleidung, Musik, Tanz, Begrüßungsritualen, Treffpunkten etc. symbolischen Widerstand bzw. ein kulturelles Differenzbewusstsein inszeniert und praktiziert. Bei HipHop – als einer der letzten konsistenten Jugendkulturen – handelt es sich um ein umfassendes System von Zeichen, Symbolen und Verweisungen zur sozialen Orientierung, die Ausdruck, Instrument und Ergebnis sozialer Orientierung sind. Der Stil eines Menschen zeigt nicht nur an, wer „wer" oder „was" ist, sondern auch, wer „wer" für „wen" in „welcher" Situation ist. Dinge, die einfach angeeignet und getragen werden oder denen man nur zuhört, bilden noch keinen Stil. Was den Stil ausmacht, ist die aktive Stilisierung, die aktive Organisation von Objekten mit Aktivitäten und Ansichten, welche eine organisierte Gruppenidentität in Form einer kohärenten und eigenständigen Daseinsweise in der Welt produzieren (vgl. Clarke 1979). Dabei wird auch im HipHop in der Selektion von Objekten aus der „Matrix des Bestehenden" (Hebdige 1979/1983) Stil geschöpft. Die selektierten Objekte werden einem Transformationsprozess unterzogen und ihre gegebenen (alten) Bedeutungen in einen Zusammenhang übersetzt, der neue Bedeutungen erzeugt. „Diebstahl", Beschlagnahmung, Aneignung von Gebrauchsgütern, das Einfügen in neue symbolische Ordnungen und damit auch das Untergraben und Zurückdrängen der ursprünglichen Bedeutung können auf Seiten derer, die die Bedeutung der Codes nicht kennen, erhebliche Irritationen und Abwehrreaktionen erzeugen. Das ist gewollt und wird medial zu kommerziellen Zwecken bis an den Rand des für viele Menschen Erträglichen ausgereizt.

Gleichsam gilt HipHop in deutschen Klassenzimmern, Schulmusikbüchern und Jugendfreizeiteinrichtungen als eine willkommene Musikpraxis, um auf Jugendliche zuzugehen, weil hierbei Formen von Musikalität und Authentizität angesprochen scheinen, die Kreativität und handlungsorientierten Unterricht eher ermöglichen, als dies mit anderen Musikformen der Fall zu sein scheint. Was aber, wenn der Porno- oder Battle-Rapper eine ganze Salve unflätiger Worte reimt: Ficken, Nigger, Pimp, Hate, Bitches haben nichts, aber auch gar nichts mit dem kecken bunten „Rap-Huhn" (Felix Janosa) zu tun. Sie entstammen einem vielfach gebrochenen Sprachreservoire und codieren Formen der Selbstermächtigung, die unabhängig ihrer Kontexte missverstanden werden müssen und freilich auch provozieren sollen.

Wie aber kann Gesellschaft und Schule mit diesen Formen von Selbst-Bildungen umgehen? Der Medienwissenschaftler Stefan Münker, in einem Vortrag zu Fragen der De-/Regulierung im Internet (Münker 2012) daraufhin befragt, welche Funktion eine Institution wie die BPjM angesichts der Emergenz digitaler Öffentlichkeiten (Münker 2009) hat, antwortete, dass die Gesellschaft damit umgehen lernen muss, sehr verschiedene aufeinander und nicht aufeinander bezogene kulturelle Systeme zu akzeptieren. Indizierungspraktiken werden in ihrer Reichweite stets begrenzt sein und umgekehrt das Verbotene umso interessanter machen. Schließlich bestünde die Aufgabe der *BPjM* zunehmend in einer medienpädagogischen.

Herausforderung und Fazit: Kulturelle Prozesse verstehen lernen

Als Hochschullehrerin, die insbesondere in der Ausbildung von MusiklehrerInnen und MusikvermittlerInnen tätig ist, möchte ich diese Herausforderung annehmen und den Studierenden analytische Navigationssysteme und solche Begriffe nahe legen, die es ihnen ermöglichen, der permanenten Neuordnung und Rekontextualisierung von Zeichen, Symbolen und Objekten in vorhandenen und sich neu bildenden kulturellen Verstehens- und Selbst-Bildungssystemen nachzugehen. Basis dessen wäre eine theoretisch informierte Auseinandersetzung mit unterschiedlichen kulturellen Praktiken, die keineswegs allein auf populäre Musikformen beschränkt bleiben sollten. Das Ziel bestünde darin, uns selbst und unsere eigenen Erfahrungen im Feld der Musik zu verstehen und zugleich zu problematisieren, bevor wir Konzepte für andere bzw. mit anderen entwerfen. Eine maßgebliche Koordinate in diesem Mit- und Durcheinander stellt die fortwährende Entwicklung von Medientechnologien und -systemen dar. So sozial sie erscheinen, so zugänglich und verfügbar sie die Artefakte musikalischer Kreativität gemacht haben und machen, im Kern handelt es sich um kapitalisierte technologische Apparaturen, die die Suche nach Sinn, Gemeinschaft und Selbst in Profilen und Formaten organisieren und auf diese Weise unser Selbst und die Formen kultureller Subjektivierung real mit bestimmen. Auch dies sollte uns sehr bewusst sein.

Zum Weiterlesen

Alkemeyer, Thomas (2010): Konzept Graduiertenkolleg Selbst-Bildungen. Praktiken der Subjektivierung in historischer und interdisziplinärer Perspektive: http://www.praktiken-der-subjektivierung.de/download/Forschungsprogramm.pdf (Letzter Zugriff am 07.08.12).

Bundesprüfstelle für jugendgefährdende Medien (2008): Hip-Hop-Musik in der Spruchpraxis der Bundesprüfstelle für jugendgefährdende Medien (BPjM) – Rechtliche Bewertung und medienpädagogischer Umgang: http://www.bundespruefstelle.de/bpjm/redaktion/PDF-Anlagen/bpjm-thema-hiphop-broschuere-2008,property=pdf,bereich=bpjm,sprache=de,rwb=true.pdf (Letzter Zugriff am 07.08.12).

Custodis, Michael (2008): Tadel verpflichtet. Indizierung von Musik und ihre Wirkung. In: Helms, Dietrich/Phleps, Thomas (Hrsg.): No Time for Losers. Charts, Listen und andere Kanonisierungen in der Populären Musik. Beiträge zur Popularmusikforschung 36 (161-172). Bielefeld.

Medienpädagogischer Forschungsverband Südwest (2011): JIM 2011 - Jugend, Information, (Multi-)Media. Basisuntersuchung zum Medienumgang 12 bis 19-Jähriger: http://www.mpfs.de/ fileadmin/JIM-pdf11/JIM2011.pdf (Letzter Zugriff am 07.08.12).

Münker, Stefan (2009): Emergenz digitaler Öffentlichkeiten. Die Sozialen Medien im Web 2.0. Frankfurt/M.: Suhrkamp.

Teil II
Praxisfelder Kultureller Bildung

2.5
Tanz/Bewegung

Claudia Fleischle-Braun
Tanz und Kulturelle Bildung

Tanz ist eine nonverbale Darstellungs- und Ausdrucksform des Menschen, in deren Zentrum die subjektive ästhetische Inszenierung des Körpers und eine Formung der Bewegung in Raum und Zeit stehen. Die Erscheinungsformen und Funktionen des Tanzes sind geprägt von ihrem jeweiligen geschichtlichen und soziokulturellen Umfeld. Daher spiegeln die verschiedenen traditionellen Tanzformen und stilistischen Spielarten des zeitgenössischen Tanzes ein jeweils eigenes Verständnis von Körperlichkeit und Bewegung wider, das sich in unterschiedlichen ästhetischen Idealen, Normen und Praktiken äußert. Verschiedene Tanzstile beinhalten und zeigen daher immer auch kollektive oder individuelle Wahrnehmungs- und Umgangsweisen mit dem Körper; und sie können den Zeitgeist und die Lebensgefühle einer Generation erfahrbar werden lassen. Die heutigen jugendkulturellen Tanzstile wie auch der Rock'n'Roll der 1950er und 1960er Jahre sind hierzu anschauliche Beispiele.

Tanz ist wie alle Bewegungskünste selbstreferentiell – auf sich selbst bezogen: Er ist nicht unmittelbar zweckgebunden und weist über das Alltägliche und Reale hinaus. Der Wert liegt im Vollzug und in der Erlebnishaftigkeit selbst begründet. Nach Leopold Klepacki (2008) stellen Tanzformen selbst bereits Leitbilder dar für ganz unterschiedliche Motivationen des Tanzens. Schließlich ist das aktive Tanzengagement immer auch verknüpft mit Orten, Anlässen und settingspezifischen Inszenierungs- und Vermittlungsformen. In seiner bildungstheoretischen Standortbestimmung beschreibt Klepacki das „Tanzen als Bewegungskunst im Zwischenraum von Leibpoesie und Körpertraining" und macht dabei deutlich, dass „der Tanz vor allem eine habituelle Transformation der Tanzenden selbst bewirkt" (Klepacki 2008:151).

„Jeder Mensch ist ein Tänzer" (R. v. Laban): Tanz als ästhetisch-expressives Bildungsmedium

Als künstlerische und erlebnisbezogene körperliche Ausdrucksform fokussiert der Tanz vor allem den Prozess der ästhetischen Erfahrung und Kultivierung des Körpers mit seinem sensorischen Reichtum und seinem Bewegungspotential zum Entdecken und Erproben neuer „Möglichkeitsräume" des kreativen und künstlerischen Selbstausdrucks. Als ästhetisch-symbolische Bewegungsform ist Tanz nicht nur wegen seiner Bezüge und strukturellen Analogien zu anderen Ausdrucksmedien (Musik, Darstellende Kunst, Theater, Bildende Kunst, Film, neue Medien etc.) ein bedeutsamer bildungsrelevanter Inhalt geworden. Entwicklungspsychologie und Neurowissenschaften bestätigen zunehmend die Erkenntnis, dass im Körper und in der Bewegung die Wurzel allen Lernens liegt. Unter diesem anthropologisch-pädagogischen Blickwinkel verweisen Jörg Bietz und Brigitte Heusinger (2010:60) darauf, dass Bewegung sowohl eine grundlegende Artikulationsform unserer Leiblichkeit darstellt, durch welche die Gliederung und Gestaltung der Mensch-Welt-Relation geschieht, als auch gleichzeitig eine Ausdrucksform, in welcher unsere Leiblichkeit bzw. das jeweilige Mensch-Welt-Verhältnis repräsentiert und performativ zur Schau gestellt wird. Tanz macht die Expressivität des Körpers und der Bewegung selbst zum Thema und schafft eigene poetische und symbolische Formenwelten, die sich zugleich auf individuelle und soziokulturelle Lebenswelten beziehen können und etwas über diese zeigen. Tanz stellt in diesem Sinn ein Mittel der Erkenntnisgewinnung und eine kulturelle Wissensform dar, in der gleichsam synästhetisch grundlegende Ordnungsstrukturen, Fähigkeiten und Fertigkeiten vermittelt werden, die das tanzende Subjekt innerhalb des jeweiligen Tanzkontextes aufbaut und entwickelt. Dabei erlebt sich das tanzende Subjekt mit anderen in Beziehung und in der Gruppe.

Das dem „Ich" zugrunde liegende Körper- und Selbstkonzept konstituiert sich ganz wesentlich aus Prozessen des Ausgestaltens und Nachvollziehens solcher bewegungsmäßiger dynamisch-zeitlicher, räumlicher oder sozialer Ordnungen, die sich im Tanz in stilistischen und qualitativen Bewegungsmerkmalen und -konfigurationen manifestieren. So bieten die verschiedenen tanzkulturellen Ausprägungsformen und Körpersprachen vielerlei Ansatzpunkte zur Erprobung des eigenen Körpers hinsichtlich seiner Funktions- und Ausdrucksweisen, zur Erfahrung seiner Möglichkeiten und Grenzen. Und nicht zuletzt ist der Tanz eine Gelegenheit zum Ausagieren von Energien oder Gefühlen, Gedanken, Vorstellungen, inneren Einstellungen oder Erinnerungen, die auch ohne Worte in Bewegung „versetzt" und „umgesetzt" werden können. Innerhalb des tänzerischen Arbeitsprozesses können solche im Alltag häufig un- und vorbewussten Erfahrungen mit der Ebene des reflexiven Bewusstseins verknüpft werden.

Bietz und Heusinger (2010:61) heben zwei Momente des tänzerischen Formungsprozesses hervor: Durch die Performativität des Körpers und seiner Bewegungen werden im Tanz neue Wirklichkeiten hervorgebracht. Damit kann eine Objektivierung der realen Lebenswelt erfolgen und des weiteren eine Distanzierung, beispielsweise durch die Konfrontation mit Überraschendem, Ungewohntem, Verfremdetem und Fiktivem. Darüber hinaus finden im Tanz eine Dramatisierung des alltäglichen Bewegungsverhaltens und eine Intensivierung von lebensweltlichen Stilisierungen statt, die sich beispielsweise in der tänzerischen Ausgestaltung zuspitzen und in der Vervollkommnung ästhetischer und normativer Prinzipien artikulieren können. Die Erzeugung von Brüchen, Differenzen und Verdichtungen schafft Irritation, regt zum Nachdenken an und führt zu subjektiven Sinnzuschreibungen oder kollektiv geteilten Auslegungen.

Den Vorgang des poietischen Gestaltens von Weltbezügen durch das tanzende Individuum beschreibt Bietz (2005:90) als einen Prozess der symbolischen Formung, in dem gewissermaßen „Sinn und Sinnliches verknüpft" und damit „sinnlichem Eindruck ein sinnhafter Ausdruck" gegeben wird. Das kann gerade für Jugendliche in der Phase der Selbstfindung eine wichtige und unterstützende Erfahrung sein. Im sozialphilosophischen Mimesis-Konzept sieht der Sportwissenschaftler und Anthropologe eine geeignete Folie, um die kulturelle Verankerung des Bewegens und Tanzens zu beleuchten: Die mimetische Aneignung von kulturell vorgeformten Bewegungsstrukturen, das Sich-ähnlich-Machen, Nachvollziehen, Nach- und Umgestalten einer äußeren Form sowie das Nachahmen eines tänzerischen Vorbilds ist ebenfalls als ein aktiver Prozess der Produktion und Neugestaltung zu betrachten, in der eine Re-Codierung, Angleichung und Synthese zwischen den Strukturen von „innen" und „außen" erfolgt, in der Auseinandersetzung mit den Widerständigkeiten bereits leiblich verankerter habitueller Strukturen und ausgebildeter Bewegungsschemata. In Zusammenhang mit dem sozialen und bewegungskulturellen Feld entwickelt das tanzende Individuum so einen Habitus, den wir als ein System von Wahrnehmungs-, Denk- und Handlungsmustern betrachten können, in dem implizit körperlich-sinnliches, kinetisches und kinästhetisch vermitteltes dynamisches Wissen enthalten ist (Brandstätter 2007:87), mit den immanent vermittelten sozialen Bezügen, Ritualen und tradierten Symbolen oder Sinnbedeutungen. Das Gefühl von Fremdheit oder Vertrautheit beim Erlernen einer Tanzkultur hängt mit dem inkorporierten Habitus des tanzenden Subjekts zusammen. Daher kann die zeitgenössische, häufig multikulturelle und transkulturelle Praxis des Tanzes auch ein Modell sein für eine ganzheitliche „leibliche" Erfahrungsbildung und körperliche Reflexivität, bei der das tanzende Subjekt durch die immanenten Vorgänge des Aufbaus, der Irritation und der Neuordnung sowie der Differenzierung von Körper- und Bewegungsstrukturen in einen Dialog mit seinen „inneren" Dispositionen und „äußeren" Weltsichten tritt. Vor allem in der symbolischen Mehrdeutigkeit, in den Brechungen und Ambivalenzen liegen die Attraktivität und Relevanz, welche die Bewegungskunst des Tanzes als kulturell-ästhetischer Bildungsinhalt in unserer heutigen Zeit besitzt.

Tanz im Rahmen der Kulturellen Bildung

(Inter-)Kulturelle Bildungsprozesse im Handlungsfeld des Tanzes bewegen sich häufig zwischen der Auseinandersetzung mit traditionellen und zeitgenössischen Tanzformen und dem kreativen Schaffen innovativer und subjektiv stimmiger Ausdrucksformen. Entscheidend ist dabei ihr Bezug zur jeweiligen Lebenswelt der AkteurInnen. Daher liegen in der Einbettung und adressatengerechten Gestaltung der Bildungsangebote ebenfalls entscheidende didaktische Kriterien. In der Vermittlung des Tanzes als eines kulturellen Bildungsangebots verbinden sich drei Modalitäten der ästhetisch-sinnlichen Erfahrung:

>> Rezeptivität: Tanz betrachten und beobachten, d.h. aktive Auseinandersetzung mit dem Phänomen der Vielfalt kultureller Manifestationen von Tanz und Tanzkunst.
>> Reflexivität: Entdecken, reaktives Erleben, Versprachlichen und Reflektieren des Neuen, Befremdlichen oder Ungewöhnlichen als Voraussetzung für die Entwicklung der eigenen schöpferischen Ausdrucksfähigkeit durch und mit dem Körper.
>> Performative Erfahrungen in ästhetisch-gestaltenden Tanzaktivitäten: Erproben von tänzerischen Ausdrucksmöglichkeiten, Variieren bzw. Um- und Ausformen, Verknüpfen und Neu-Schaffen von Tanzstücken oder rituell-symbolischen tänzerischen Ausdrucksformen. Dieser Erfahrungsbereich beinhaltet sowohl individuelles Darstellen und Interpretieren als auch schöpferisch-gestalterisches Arbeiten.

Werden die hier aufgezählten qualitativen Modalitäten bzw. Vermittlungsdimensionen berücksichtigt, können Tänze aus allen kulturellen Bereichen (Tanzkunst, Social Dance, Ethnischer Tanz, Tanzsport etc.) exemplarisch zum Thema oder Gegenstand ästhetisch-kultureller Bildung werden, gleichgültig, ob es sich dabei um symbolisch-expressive, narrative oder abstrakte oder um spontan getanzte „offene" oder um codifizierte, nach Regeln festgelegte Tanzformen handeln mag. Die Bildungspotentiale dieser tanzkulturellen Manifestationen lassen sich nur in ihrer Abhängigkeit vom jeweiligen Tanzverständnis, von den Zielsetzungen des jeweiligen Angebots und den gewählten Arbeits- und Vermittlungsweisen beurteilen, da diese jeweils auch eine bestimmte Auffassung vom lernenden Subjekt beinhalten.

Arbeitsmethoden

Tanzen lernen im Sinne des ästhetisch-kulturellen Bildungskonzepts beinhaltet das Entdecken neuer Erfahrungs- und „Möglichkeitsräume" (Westphal 2009b:171; Klinge 2010:86), gleichzeitig aber auch eine Auseinandersetzung mit Tanztraditionen und Tanzkunst, mit aktuellen Tanzwelten und individuellen tänzerischen Ausdrucksweisen. Die Programme der ästhetisch-kulturellen Bildung zeichnen sich vor allem durch einen sensitiven Umgang mit dem eigenen Körper und das Kennenlernen und Erproben einer tänzerischen Bewegungsvielfalt aus. In der tanzpädagogischen Vermittlungsarbeit werden häufig erlebnisorientierte, induktive und explorative Arbeitsweisen sowie Gestaltungsaufgaben in Form von Gruppen- und Einzelimprovisation eingesetzt, unter Verwendung grundlegender Bewegungsprinzipien und Kategorien der Tanzanalyse (z.B. nach dem Laban-Konzept), ebenso kompositorische Arbeitsverfahren, die vor allem auf die kreative Produktion von Tänzen ausgerichtet sind.

Wie bereits ausgeführt, liegen im leiblichen Erfahrungsprozess und in der qualitativen Erweiterung und Ausdifferenzierung des körperlichen Ausdrucks- und Bewegungspotentials wichtige Ressourcen der ästhetischen Bildung. Daher haben eine sensible, nachspürende und bewusste tänzerische Körper- und Bewegungsbildung mit dem Akzent der bewussten Artikulation von Bewegungsmustern und Aneignung von elementaren tänzerischen „Basistechniken" und die Entwicklung grundlegender rhythmisch-musikalischer sowie gestalterischer Fähigkeiten einen hohen Stellenwert. Tanzprojekte, bei denen die Beteiligten gemeinsam eine Choreografie für ein Tanzstück entwickeln und nach einem intensiven Proben- und Arbeitsprozess zur Aufführung bringen, zeigen zumeist positive Effekte hinsichtlich der Entwicklung von personalen und sozialen Schlüsselkompetenzen sowie hinsichtlich des Selbstkonzepts der AkteurInnen.

Ein relativ neues Feld der kulturpädagogischen Arbeit liegt darin, den Zugang zur Kunstform Tanz zu erleichtern und Interesse und Neugier für diese zu wecken.

Tanz im Kontext des gesellschaftlichen Wandels

Kulturelle Bildungsangebote in der Sparte Tanz fanden sich bis vor einigen Jahren vor allem im Rahmen der außerschulischen, sozialpädagogisch betreuten oder von Vereinen organisierten Jugendarbeit und in der Erwachsenenbildung. Tanz wurde hauptsächlich als Freizeitaktivität in Sport- und Kulturvereinen gepflegt und im Rahmen der Brauchtumspflege ausgeübt (Volkstanz) oder in privatwirtschaftlichen Tanzschulen und Ballettstudios als Gesellschaftstanz bzw. als Künstlerischer Tanz unterrichtet.

Seit den 1970er Jahren hat der Tanz als künstlerische Ausdrucksform und als kulturelle Aktivität eine starke gesellschaftliche Aufwertung erfahren. Das Interesse am Tanz als Kunstform und als einer in der Freizeit ausgeübten Aktivität nahm zu, was zu einer Pluralisierung der verschiedenen Träger von organisierten tanzkulturellen Angeboten führte und gleichermaßen zu einer erheblichen inhaltlichen Diversifikation und adressatenspezifischen Ausdifferenzierung der Inszenierungsformen des Tanzangebots. Nicht nur im kulturellen Feld, sondern auch innerhalb der sportiven Fitnessbewegung hat Tanzen eine hohe Akzeptanz und vermehrte Teilhabe erfahren. Immerhin gehört das Tanzen in Deutschland zu den zehn beliebtesten und hauptsächlich in der Freizeit ausgeführten Bewegungsaktivitäten und wird von ca. 5 % der Bevölkerung ausgeübt. Rund 20 % der künstlerisch aktiven Jugendlichen sind nach der Jugendkultur-Barometer-Studie des *Zentrums für Kulturforschung* (2004:13) in der Kultursparte „Ballett und Tanz" engagiert. Wenn sich auch der Anteil der Tanzaktiven in der Gesamtbevölkerung nicht wesentlich verändert haben dürfte, so können wir im Spektrum der Tanzarten und der AkteurInnen sehr wohl einen Wandel feststellen. Neben den etablierten tradierten Tanzformen werden jugend- und alltagskulturelle Tanztrends und Tanzmoden bevorzugt, die durch die weltweite mediale Kommunikation und Vermarktung ebenso wie die zeitgenössische Tanzkunst zumeist eine internationale Beachtung und globale Verbreitung erfahren. In ihrer Ästhetik sind sie häufig eine hybride und transkulturelle Mischung aus verschiedenen bewegungskulturellen und musikalischen Stilen und soziokulturellen Einflüssen.

Im freizeitkulturellen Bereich gibt das vorhandene breite zielgruppenspezifische Angebotsspektrum dem Einzelnen heutzutage Möglichkeit und Gelegenheit, im Tanz das zu finden und auszuleben, was seiner Motivations- und Bedürfnislage entspricht, sowohl hinsichtlich der gewählten Tanzform bzw. des Tanzstils als auch im Hinblick auf den gewählten persönlichen und gestalteten Selbstausdruck.

Tanzvermittlung im Kontext schulischer Bildung

Durch die in den letzten Jahren ausgebauten schulischen Reformen zur Ganztagsschule ergaben sich tiefgreifende Veränderungen bezüglich des Settings tanzkultureller Bildungs- und Vermittlungsangebote (siehe Marie Beyeler/Livia Patrizi „Tanz – Schule – Bildung. Überlegungen auf der Erfahrungsgrundlage eines Berliner Tanz-in-Schulen-Projekts" und Ronit Land „Tanzerfahrung und professionelle Tanzvermittlung" in diesem Band). Auch auf dem Gebiet des Tanzes ist die Schule für Kinder und Jugendliche zum zentralen Ort der kulturell-ästhetischen Bildung geworden.

Im Allgemeinen ist Tanz in allen Schularten und -stufen im Fachunterricht von Sport und Musik, teilweise auch im Fach Darstellendes Spiel curricular verankert. Im Rahmen dieser Fächer hat Tanz allerdings kaum eine eigenständige Bildungsrelevanz entfalten können, sondern blieb den fachdidaktischen Zielen des jeweiligen Faches untergeordnet. Nur in wenigen Modellschulen ist Tanz zu einem eigenständigen Unterrichtsfach geworden.

Im Rahmen der Ganztagsbetreuung und durch die Verschränkung von Unterrichtszeit und Freizeit in Ganztagsschulen ergaben sich seit 2005 vermehrt schulische „Freiräume", die es TanzkünstlerInnen und Kultureinrichtungen ermöglichen, in Kooperation mit Schulen Choreografie- und Tanzprojekte durchzuführen. Die öffentliche Resonanz des Films „Rhythm is it" über den Probenprozess des Choreografen Royston Maldoom mit SchülerInnen für das kulturelle Bildungsprojekt „Sacre du Printemps" der *Berliner Philharmoniker* (2004) tat ein Übriges und verhalf den Formaten der künstlerischen Tanzvermittlung zu einem deutlichen Aufschwung. Inzwischen werden des öfteren Großprojekte mit Beteiligung verschiedener Schulen und Kultureinrichtungen realisiert (z.B. *Community Dance Minden*, gefördert und koordiniert durch das kommunale Kulturamt und dem „Arbeitskreis KulturSchule").

Neue und wichtige Impulse gingen vor allem auch von der konzeptionellen Grundlegung und Qualitätsdiskussion innerhalb der MultiplikatorInnenarbeit des neu gegründeten *Bundesverbands Tanz in Schulen e.V.* aus, nicht nur für die tanzpädagogische Vermittlungsarbeit der TanzkünstlerInnen, sondern auch für die schulische Pädagogik.

Aktuelle Konzepte und Programme der Tanzvermittlung und Bildung in und durch Tanz

Einige der aktuellen Konzepte und adressatenspezifischen Programme zur Förderung von Tanz in Bildungs- und Kultureinrichtungen werden im Folgenden beschrieben. Sie verdeutlichen nicht nur den geschilderten strukturellen Wandel, sondern zeigen auch die Breite der tanzpädagogischen und -künstlerischen Vermittlungsarbeit im Rahmen der Kulturellen Bildung auf.

Um allen Kindern und Jugendlichen ein kulturell-ästhetisches Bildungsangebot durch Tanz zu ermöglichen und dieses nachhaltiger in das allgemeinbildende Schulwesen zu integrieren, werden Partnerschaften zwischen Kultureinrichtungen bzw. Tanzinstitutionen und Schulen durch verschiedene Modellinitiativen und Projekte unterstützt. Programme wie „Kultur macht Schule" der *Bundesvereinigung Kulturelle Kinder- und Jugendbildung (BKJ)* mit dem „MIXED UP"-Wettbewerb, in dessen Rahmen Tanz sowohl als künstlerische Disziplin in spartenübergreifenden Projekten als auch als eigenständige Kunstsparte vertreten ist, gehören dazu. Nach der neuesten Evaluationsstudie von Susanne Keuchel und Wolfgang Keller (2011) sind mehr als 30 % der Projekte spartenübergreifender Natur, nur 6 % der Projekte beziehen sich auf Tanz als eine eigenständige Kunstsparte. Damit rangiert die Sparte Tanz erst an vierter Stelle nach Bildender Kunst (18 %), Musik (13 %) und Theater (12 %), im Gefolge von Literatur (4 %) und Museum (3 %). Eine Ursache für diese Verteilung dürfte unter anderem im stärkeren Einfluss der in der Schule bereits etablierten Schulfächer liegen.

Mit dem *Tanzfonds* Partner-Vorhaben unterstützt die Kulturstiftung des Bundes Kooperationsprojekte, die eine mindestens drei Jahre andauernde Zusammenarbeit zwischen Schulen und kulturellen Einrichtungen zur Vermittlung zeitgenössischer Tanzkunst planen. Diese Fördermaßnahme möchte, an die Großinitiative *Tanzplan Deutschland* (2005-2010) anknüpfend, bei der ein umfangreicher Maßnahmenkatalog zur Strukturentwicklung und Stärkung des zeitgenössischen Tanzes umgesetzt wurde, insbesondere eine institutionelle Öffnung ermöglichen und darüber hinaus eine verstärkte Vermittlung von Handlungswissen über den Tanz als Kunstform erreichen. KünstlerInnen sollen nicht nur auf eine einmalige pädagogische „Stippvisite" in die Schulen kommen, sondern SchülerInnen sollen dadurch auch Gelegenheit erhalten, deren Wirkungsstätten kennenzulernen, um beispielsweise eine gemeinsame Tanzproduktion zu erarbeiten oder im Arbeitskontext der jeweiligen Kultureinrichtung mehr über die Kunstform Tanz zu erfahren. Diese Beispiele verdeutlichen, dass Tanz im Schulbereich zunehmend auch in interdisziplinären Projekten eingebunden ist und auf die Implementierung nachhaltiger Bildungsmaßnahmen Wert gelegt wird.

Des Weiteren werden in der frühkindlichen Bildung verschiedene Modelle einer ganzheitlichen polyästhetischen Erziehung in verschiedenen Bundesländern erprobt und implementiert. Dieses Erziehungskonzept baut insbesondere auf dem integralen Zusammenwirken der Sinneswahrnehmungen auf und betont die Verbundenheit der medialen Ausdrucksformen Bild, Musik, Körper, Bewegung, Spiel und Sprache. „Singen-Bewegen-Sprechen" ist ein in Baden-Württemberg neu initiiertes Landesförderprogramm, das im Verbund mit Musikschulen und Kindergärten, Grundschulen sowie Kindertagesstätten durchgeführt wird. In Niedersachsen wird von der Universität Hildesheim momentan ein Pilotprojekt („Zeig mal – lass hören") erprobt, in dem KünstlerInnen der Sparten Musik, Tanz, Theater und Bildende Kunst mit Kindern am Übergang vom Kindergarten zur Grundschule arbeiten. Ziel ist es, zusätzlich zum pädagogischen Konzept der Sprachbildung und Förderung nonverbaler Ausdrucksmöglichkeiten ein Implementierungskonzept zu entwickeln, damit dieses Förderprogramm auch landesweit erfolgreich umgesetzt werden kann (vgl. Reinwand 2011).

Generationsübergreifende Bühnenproduktionen sowie Tanztheater-Projekte für die Zielgruppe der älteren Erwachsenen, zumeist organisiert von Einrichtungen oder Trägern der Erwachsenenbildung, finden momentan ein verstärktes Interesse. Insbesondere Bildungsangebote und Formate, die Kunst- und Kulturvermittlung verbinden und so die Gelegenheit der Rezeption von aktuellen Tanzproduktionen mit einem regelmäßigen Tanztraining zur Selbsterfahrung verknüpfen, finden – zumindest in Ballungsräumen – hohen Zuspruch. Als exemplarisches Beispiel sei hier das 2011 initiierte Münchner Tanz-Kultur-Forscher-Projekt für SeniorInnen „Sinn-Stift" von Andrea Marton genannt.

Ausblick

Unter der Perspektive einer tanzbezogenen breitenkulturellen Bildungsarbeit im Sinne des „Community Dance"-Gedankens sind in den letzten Jahren im deutschsprachigen Raum eine Menge neuer interessanter Initiativen und zielgruppenspezifischer Bildungs- und Vermittlungsformate entstanden, die Menschen aller Altersstufen anregen, sich mit der Kunstform des Tanzes zu befassen und Tanz als lebenslange Aktivität schätzen zu lernen. Diese breitenkulturelle tanzbezogene Bildungsarbeit hat in der Bundesrepublik –im Gegensatz zur Community Dance-Bewegung in England– allerdings noch keine ausreichende Organisationsstruktur, d.h. keine gemeinsame Plattform und keine zentrale fachliche Koordinierungs- und Anlaufstelle gefunden. Dennoch finden tanzkünstlerische und tanzkulturelle Aktivitäten in immer stärkerem Maße Eingang in die individuelle Lebensgestaltung der Menschen und in die „Kunst, gut zu leben" (Shusterman 2005:189).

Zum Weiterlesen

Bietz, Jörg/Laging, Ralf/Roscher, Monika (Hrsg.) (2005): Bildungstheoretische Grundlagen der Bewegungs- und Sportpädagogik. Hohengehren: Schneider.

Bischof, Margrit/Rosiny, Claudia (Hrsg): Konzepte der Tanzkultur. Wissen und Wege der Tanzforschung. Bielefeld: transcript.

Keuchel, Susanne/Keller, Wolfgang (Zentrum für Kulturforschung) (2011): Zur Chronologie von „MIXED UP". Empirische Daten zur Kooperation von Kultur und Schule. Evaluation im Auftrag der Bundesvereinigung Kulturelle Kinder- und Jugendbildung e. V. Sankt Augustin: http://www.kultur-macht-schule.de/index.php?id=743 (Letzter Zugriff am 01.08.12).

Reinwand, Vanessa-Isabelle (2011): Wissenschaftliche Begleitung und Dokumentation des Projektes „Zeig mal – lass hören!" Mit allen Sinnen SPRECHEN - Ein Projekt von Kindern mit Künstlern: http://www.fruehe-kindheit-niedersachsen.de/index.php?id=102 (Letzter Zugriff am 01.08.12).

Zentrum für Kulturforschung (2004): Teilergebnisse des Jugendkultur-Barometers 2004 „Zwischen Eminem und Picasso":
http://www.miz.org/artikel/jugendkulturbarometer2004.pdf (Letzter Zugriff am 01.08.12).

Ronit Land
Tanzerfahrung und professionelle Tanzvermittlung

Antonio Damasio definiert jeden Umgang mit individuellen Emotionen als einen ersten Schritt zu künstlerischer Betätigung. Er spricht über die Verbindung zwischen Glückserfahrungen und kreativen Ressourcen und bezeichnet die somatischen Verbindungen des einzelnen Menschen zu den expliziten Emotionen wie Freude, Angst und Wut als Grundlage jedes körperlichen Ausdrucks.

In diesem Aufsatz soll verdeutlicht werden, dass die Intensität der ästhetischen Erfahrung die sinnliche und emotionale Qualität vertieft und das Individuum mit Schlüsselkompetenzen für einen kulturell erfüllten Alltag ausstattet (siehe Alexander Wenzlik „Schlüsselkompetenzen in der Kulturellen Bildung" in diesem Band). Wenn die Aufmerksamkeit auf den alltäglichen Augenblick ins Zentrum der Wahrnehmung rückt, kann auch eine Motivation für ästhetisches Lernen hervorgerufen werden. Die Art und Weise, in der emotionale Alltagserfahrungen in eine künstlerische Handlung übertragen werden können, sowie die zentrale Wichtigkeit dieser Übertragung hat die gesellschaftliche Philosophie seit der Antike beschäftigt.

In allen Erfahrungs- und Lernprozessen wirken stets mehrere Mechanismen zusammen. An erster Stelle steht aber das schon vorhandene Erlebnis von Erfolg, Bestätigung oder Frust. Hat ein Kind bereits Erfolgserlebnisse in einer Tanzgruppe gemacht, reicht alleine die Aussicht auf weitere positive Erfahrungen, um kreative Potentiale in Gang zu setzen. Mit der Überzeugung, dass Kommunikationsmuster eine körperliche Reflexion ermöglichen wie auch ästhetische Themen umfassen, kann durch tänzerische Handlung die Verbindung zwischen den drei Wahrnehmungsdimensionen des Alltags – dem Ich, dem Du und dem Wir – hergestellt werden.

Ein künstlerischer Prozess, auch wenn er in therapeutischen oder pädagogischen Zusammenhängen stattfindet, muss die unvorhersehbaren Emotionen und Wahrnehmungserfahrungen der Mitwirkenden mit einbeziehen können, um eine Konzentration auf den Prozess des Augenblicks zu ermöglichen. Die Wahrnehmung im Augenblick kann weder körperlich noch emotional vorhersehbar gemacht werden und basiert einzig und allein auf der intersubjektiven Kommunikation, die in der tänzerischen Ensemblearbeit a priori stattfindet (Clarke 2007:35-37).

Wenn der Körper als Projektionsfläche von Emotionen agiert, ohne dass ein auf Lösungen und Ergebnisse fixierter Lernprozess ihn blockiert, können wir von einer angemessenen Tanzhandlung sprechen, in der es gelungen ist, individuelle Emotionen und somatische Praktiken ineinander zu integrieren. Die Fähigkeit zur Differenzierung und Entscheidung zwischen einer Vielfalt künstlerischer Prozesse, die ebenso eine Vielfalt individueller Handlungen beinhaltet, bringt eine Überschneidung zwischen Form und Ausdruck hervor, die dem Paradox von Kunst und Alltag widersprechen lässt. Ein Beispiel dafür ist der anthropologische Ansatz von Richard Shusterman, den dieser unter anderem anhand der Hip-Hop Szene entwickelt hat und in dem der postmoderne Blick auf die gegenwärtige Tanzszene des Hip-Hop keinen Raum für ein ähnliches Paradox zulässt. Die ursprüngliche Form des Hip-Hops, eine Straßen-Improvisation, die in Privathäusern, Schulen und öffentlichen Räumen stattgefunden hat, entspricht den Hinterfragungen der Postmoderne in Bezug auf einen sozialen Kontext von Tanz, Theater und Musik und lässt in ihrer logischen Konsequenz keine kulturelle oder soziale Katalogisierung zu. „Since Aristotle, aestheticians have often viewed the work as an organic whole so perfectly unified that any tampering with its parts would damage the whole" (Shusterman 2000:65). Bei den Praktiken des Hip-Hop werden bekanntlich persönliche Fertigkeiten und improvisatorische Gruppenressourcen eingesetzt, um komplexe Inhalte und künstlerische Strukturen zum Ausdruck zu bringen. Glücklicherweise hat sich der Hip-Hop als hoch komplexe und intertextuelle Tanzsprache entwickelt, sodass man ihm den Adornoschen Verdacht, körperliche Alltagskulturen könnten auf Grund ihrer Einfachheit und Undifferenziertheit einer faschistischen Grundstruktur entspringen, nicht anheften kann. Aus den basics-Techniken des Hip-Hop hat sich eine komplexe Form der Ästhetik entwickelt. Das *mixing* und das *refrasing*, um nur zwei Beispiele zu nennen, entsprechen der aleatorischen Komposition und den Techniken des postdramatischen Theaters, in dem kompositorische Versatzstücke und Bausteine zum ontologischen Bestandteil einer interaktiven Kunsterfahrung werden (vgl. Shusterman 2000:60-75).

Prozessorientierte Professionalität

In der alltäglichen Praxis wird sehr oft vergessen, wie prägend sich eine Tanzerfahrung auf die emotionale Intelligenz auswirken kann. Wir ordnen den Tanz der sozialen Unterhaltung zu, häufig ohne der soma-ästhetischen Erfahrung ihren Stellenwert zu geben. Zwar ist die körperliche Wahrnehmung grundsätzlich subjektiv und unvollständig, gerade dies ermöglicht es aber den TanzpädagogInnen, individuell mit persönlichen Ressourcen umzugehen sowie sie als kollektive Entwicklungsmöglichkeit einer Gruppe einzusetzen. Ein improvisatorischer Ansatz wie etwa der von Anna Halprin kann den Tanzpädagogen in seinem Bemühen unterstützen, die Kreativität der mitwirkenden SchülerInnen oder TeilnehmerInnen so zu lenken, dass diese ihre Handlungsmöglichkeiten selbst erkennen. In diesem Zusammenhang kann auch der kreative Aspekt dieser Methode als gesellschaftliche Verantwortung verstanden werden. Mit Hilfe dieses Ansatzes umfasst der Prozess, der sich mit den Wechselbeziehungen zwischen Kunst und Alltag beschäftigt, die künstlerische Ebene der Wahrnehmung wie auch die emotionale Fähigkeit, Körpererfahrungen sinnlich zu integrieren und sie ins alltägliche Bewusstsein zu bringen (Gallese 2009:29-31).

In allen improvisatorischen Praktiken handelt es sich um eine unvorhersehbare Wechselwirkung zwischen den Normen des Alltags und der Fantasie der künstlerischen Handlung. „Die normativen Bindungen improvisierender Praktiken sind dadurch etabliert, dass die Improvisierenden in ihren wechselseitigen Bezugnahmen aufeinander Freiheit gewinnen. Die Bindungen resultieren aus dem Spielraum, den einzelne in improvisatorischen Geschehnissen durch ihre wechselseitige und reflexive Anerkennung haben. Gerade in Improvisationen ist, so würden wir sicherlich auch vortheoretisch sagen, der Spielraum des Tuns besonders groß" (Bertram 2010:35). Die kollektiven Performances, die multi-ethnischen Projekte und die 'Seniors Rocking Events' von Anna Halprin waren Vorreiter der vielfältigen Kulturphänomene der Gegenwart, in denen sich abstrakte Formen der Hochkultur mit alltäglichen Phänomenen wie Hip-Hop und Dancemob gegenseitig bereichern und keineswegs einen dialektischen Widerspruch hervorbringen. Sie bereichern den öffentlichen Raum und tragen, zu seiner strukturellen Veränderung bei. Die *community natives* der 1970er Jahre haben sich zu den *digital natives* von heute verwandelt; sie lassen sich auf ungewöhnliche Ausdrucksformen ein und lösen damit, mit den Mitteln ihrer intersubjektiven Körpererfahrung, die Grenzen zwischen dem Privaten und dem Öffentlichen sowie dem Künstlerischen und dem Gesellschaftlichen auf.

Wichtig ist es, noch einmal festzuhalten, dass Theorien der prozessorientierten künstlerischen Arbeit kamen und gingen. Sie waren eine wichtige, zusätzliche Anregung zur Überprüfung des eigenen Tuns, nie aber eine Grundlage, die die Praxis ersetzen konnte. Der methodische Ansatz bei der Vermittlung von alltäglichen Tanzkulturen kann nur einer sein: derjenige, der dem Verantwortlichen (Tanzpädagoge) die Freiheit überlässt, von Mensch zu Mensch jeweils neu zu entscheiden und seine improvisatorischen Fähigkeiten beim alltäglichen Handeln einzusetzen. Diesen Ansatz bezeichnete Anna Halprin schon in den 1950er Jahren als die transformativen Potentiale des künstlerischen Handelns und wies damit auf die heutigen neurowissenschaftlichen Erkenntnisse etwa eines Antonio Damasio voraus.

Das Phänomen des 'Sich im Alltag Erprobens', das in der Tanzpädagogik immer im Mittelpunkt der Arbeit stehen sollte, ist für den Lehrenden und den Lernenden gleichermaßen von Bedeutung. Es stellt als kreativer Akt einen wichtigen Zustand der Objektivität und der Verbindung zwischen ästhetischer Bildung und sozialen Kompetenzen her und umfasst die Ganzheitlichkeit des Seins im Alltag. Für die Verwirklichung der persönlichen Qualitäten steht dem Tanzpädagogen das ressourcenorientierte RSVP-Modell Halprins als methodisches Handwerkszeug zur Verfügung (vgl. Wittmann/Schorn/Land 2010).

Ziel des Modells ist es, mit Hilfe einfacher Bewegungen individuelle Emotionen und Körperreaktionen hervorzurufen und diese auf Grundlage eines prozessorientierten Ansatzes weiter zu entwickeln. Diese direkte Art ermöglicht den Teilnehmenden, an einem kreativen Prozess teilzuhaben und diesen unmittelbar in ihre Alltagserfahrungen zu übertragen. Die Professionalität der tanzpädagogischen Leitung liegt in der Fähigkeit, diese Übertragung zu begleiten, zu unterstützen und mit einem moderativen wie auch künstlerischen Know-how reflektieren zu können.

Der Tanz definiert seinen Wirkungsbereich über seine formale Ordnung hinaus. Er kann sich über die Gesamtheit von Form und die Einzigartigkeit des Erlebnisses artikulieren. Er ist immer relativ zu demjenigen, der ihn erlebt und soll, obwohl in seinem Erlebnischarakter auf die alltägliche Gegenwart reduziert, immer die Perspektive einer ästhetischen Bildung beinhalten.

Wenn die Perspektive der ästhetischen Qualität im Vordergrund stehen soll, kann sich die Professionalität der künstlerischen Arbeit nur daran messen, wie Menschen, mit denen tänzerisch gearbeitet wird, ihre kulturellen Lebenshandlungen optimieren. Die pädagogische und gesellschaftliche Professionalität einer tanzpädagogischen Leitung liegt in der Verantwortung, das Spannungsfeld zwischen dem Erkennen und dem Reflektieren alltagskultureller Verhaltensweisen und der ungehinderten Fokussierung auf künstlerischen Ausdruck stattfinden zu lassen.

Über die Gestaltung von Tanzprozessen im postmodernen Alltag

Wenn Tanzen mit der Lebensgestaltung verbunden wird, erübrigen sich die Grenzen, die wir uns so massiv zwischen Tanz als Kunst und Tanz als kulturellem Erlebnis im Alltag auferlegt haben. Die Begegnung mit künstlerischen Materialien trifft immer auf die Lebenserfahrungen von Kindern und Jugendlichen (oder sollte es wenigstens tun). So werden Grenzen zwischen Wirklichkeit und Fiktion transparenter, und die künstlerische Aktivität wird zur sozialen Notwendigkeit.

Das Potential des tänzerischen Handwerks geht weit über die tänzerische Kunstform hinaus. Tänzerische und sogenannte choreografische Fähigkeiten dringen in gesellschaftliche Bereiche ein. Ein Choreograf wie auch eine tanzpädagogische Leitung kann unter vielen Umständen eines Erfahrungsprozesses zum Vorbild werden. Dieses Prinzip des Vorbilds hat die sogenannten zwei Facetten des Tanzes, den künstlerischen Tanz und den Tanz als soziales Vehikel, seit langem verbunden. In beiden Fällen geht es um die Erfahrung, Teil eines Ensembles, Bestandteil einer übergreifenden Wahrnehmung zu sein, die zwar durch die Bewegung gefördert wird, aber einen zusätzlichen Bildungseffekt beinhaltet, der über die explizite Auseinandersetzung mit dem künstlerischen Gegenstand hinausgeht. Es ist im Grunde irreführend, Prozesse der Tanzpädagogik und Prozesse der Förderung sozialer Kompetenzen zu trennen. In beiden Fällen handelt es sich nämlich um sehr eng anliegende Entscheidungs- und Differenzierungsprozesse. Wie schon in diesem Text erläutert, geht es in der Tanzpädagogik um das Nachvollziehen von persönlichen Handlungen, die durch ressourcen-orientierte Praktiken ausgelöst werden und als Unterbau für die Gestaltung des Alltags hervorgerufen und eingesetzt werden können.

Zeuge eines Tanzevents zu sein oder selbst aktiv Tanz auszuüben findet in einem inneren Raum der Bewertung und Kritikfähigkeit statt. Bewertung und Kritikfähigkeit werden zum Maßstab kreativen Handelns und ermöglichen eine Integrationsarbeit im Zwischenraum von künstlerischer und pädagogisch-therapeutischer Entfaltung. Durch die Verbindung, die zwischen einer ästhetischen Erfahrung und einem emotionalen Prozess entsteht, wird der Weg geöffnet zu spontanen Reaktionen und von Erlebnissen geprägten strukturellen Erfahrungen, die aus tänzerischen, musikalischen oder theatralen Erlebnissen gewonnen werden können. Gilles Deleuze bezeichnet solche Möglichkeiten als ‚transzendental' und bewertet diese als Voraussetzung dafür, dass unsere sinnlichen und geistigen Fähigkeiten als Handwerk des Alltags eingesetzt werden und jeder improvisatorische Ansatz als Lösungssuche angesichts einer gegenwärtigen Herausforderung verstanden wird.

Fazit

So wird auch ein Plädoyer verständlich, dass das Lernen als universale Erfahrung zu verstehen versucht und die ästhetische Bildung als Mittel statt als Zweck betrachtet. Der Stellenwert der Mittel wird nur dann verstanden und wertgeschätzt, wenn das Variationspotential einer gesamten Bildungsstruktur, eines gesamten Bildungssystems erkannt wird. Die transzendentale Bewegung, die Deleuze in jedem interdisziplinären Bildungsprozess erkennt, setzt die Anregungen der emotionalen Intelligenz, der Kognition und des Körpers voraus und plädiert für einen interdisziplinären Bildungsansatz. Wenn der eigene Körper als Bezugsort erkannt wird (vgl. Huschka 2008), darf nicht vergessen werden, dass jeder tänzerischen Praxis auch eine soziale Interaktion zu Grunde liegt. Kompetenzen der Orientierung im eigenen Lebensraum und in der Interaktion mit dem Anderen bilden eine Schlüsselkompetenz, die Levinas zufolge der Inbegriff der vom Subjekt ausgeführten Alltagshandlung ist (vgl. Levinas 1995). Dieser Ansatz ermöglicht die Annäherung von Kunst und Alltagsbewältigung, ohne die Reflexionsbedürfnisse unterschiedlicher gesellschaftlicher Gruppen aus dem Blick zu verlieren. So kann ein postmodernes anthropologisches Verständnis zu einem Paradigmenwechsel im Diskurs zwischen Alltagskultur und l'art pour l'art, zwischen dem ästhetischen Körpererleben und dem alltäglichen Handlungserleben führen.

Zum Weiterlesen

Bertram, George W. (2010): Improvisation und Normativität. In: Brandstätter, Gabriele/Bormann, Hans-Friedrich/Matzke, Annemarie (Hrsg.): Improvisieren. Paradoxien des Unvorhersehbaren (21-39). Bielefeld: transcript.

Gallese, Vittorio (2009): Mitgefühl ist Eigenschutz. In: Zeitmagazin, Nr. 21, 6.1.2009, 29-31: http://www.zeit.de/2008/21/Klein-Mitgef-hl-21 (Letzter Zugriff am 29.08.12).

Huschka, Sabine (2008): Sich-Bewegen, Grundzüge ästhetischer Erfahrung. In: Fleischle-Braun, Claudia/Stabel, Ralf (Hrsg.): Tanzforschung & Tanzausbildung (176-182). Berlin: Seemann Henschel.

Wittmann, Gabriele/Schorn, Ursula/Land, Ronit (2010): Tanzprozesse gestalten. München: Kieser.

Ulla Ellermann/Barbara Flügge-Wollenberg
Tanz als Alltagskultur

Für Curt Sachs, den großen Musikwissenschaftler, der sich in den 30er Jahren des vergangenen Jahrhunderts intensiv mit dem Tanz beschäftigte und seine Erkenntnisse in dem heute immer noch gültigen Werk „Eine Weltgeschichte des Tanzes" (1933) dargelegt hat, steht der Tanz „den Wurzeln aller Kunst am nächsten" (1984:V). Für ihn ist der Tanz „unsere Mutterkunst", denn er „lebt in Zeit und Raum zugleich", dessen „überschäumende Lebenslust die Glieder aus stumpfer Ruhe reißt, [...] weil dem Tanzenden magische Kraft erwächst, die ihm [...] Gesundheit, Leben spendet; [...] es gibt keine ‚Kunst', die solche Weite hätte" (1984:1).
　　Diese Gedanken machen das Elementare des Tanzes deutlich und zeigen auf, welchen Stellenwert der Tanz von jeher hatte. Auch heute ist Tanz ein wichtiger Teil des gesellschaftlichen Lebens in Deutschland, sei es in der Tanzkultur, in der Tanzkunst oder im Tanzsport.

Historische Dimension

Historisch betrachtet diente Tanz von den sogenannten Naturvölkern über die höfische und später ständisch geprägte Gesellschaft bis zur heute individualistisch geprägten Gesellschaft dazu, Gruppen zu verbinden oder die eigene Gruppe gegen andere Gruppen abzugrenzen. So waren z.B. die Kreistänze der Frühzeit eine gemeinsame Aktion mit zumeist kultischer Bedeutung oder der Höfische Tanz eine bewusste Abgrenzung des Adels zum einfachen Volk. Außerdem richtete man sich immer nach den gesellschaftlichen Formen und Normen des Landes, das die stärkste politische Macht entfaltete und den Ton in Geschmack und Kultur angegeben hat. Nicht selten wurden Verstöße gegen die gesellschaftlich akzeptierten Konventionen des Tanzes als Angriff auf die eigene Kultur, die eigenen Normen schlechthin verstanden. So gab es immer wieder Tanzverbote, galt der Tanz als unsittlich und sündig. Auch der Walzer war im 18. Jh. ein Skandal und selbst unter den Nationalsozialisten waren die modernen Tanzformen – wie der Ausdruckstanz – verpönt oder sogar verboten. Tanz war also nie nur einfach Bewegen nach Lust und Laune mit oder ohne Musik, sondern spiegelte seit jeher den Zeitgeist wider – war durchaus ein politisches Machtmittel.
　　Besonders der Missbrauch des Volkstanzes durch die Nationalsozialisten hat dazu beigetragen, dass noch heute in unserem Land dem Deutschen Volkstanz in Forschung, Lehre und Unterricht verbreitet der Ruf der Rückwärtsgewandtheit anhaftet. Im Gegensatz hierzu sind weltweit die meisten Länder bzw. Völker stolz auf ihre traditionellen Tänze, ihr traditionelles Erbe.
　　Es lohnt sicherlich darüber nachzudenken, ob Goethes Aussage nicht immer noch Gültigkeit hat, dass derjenige, der seine Herkunft und Wurzeln nicht kennt, seine Zukunft nicht gestalten kann und inwieweit eine Gesellschaft, die solches zulässt, sich ihrer eigenen Wurzeln und Möglichkeiten beraubt. Iskra Zankova (Präsidentin *Deutscher Ballettrat/Deutscher Tanzrat*) meinte sogar in der 10. Sitzung (11.11.2010) des *Beirat Tanz* der Sektion „Rat für darstellende Kunst und Tanz" des *Deutschen Kulturrats*, dass „Kinder und Jugendliche zunächst etwas über ihre Wurzeln erfahren sollten und daher die Volkstänze und Volkslieder ihres Landes kennen lernen müssen".

Begriffsbestimmung: Tanz als Alltagskultur

Tanz als Alltagskultur kann nur verstanden werden, wenn zunächst klar ist, dass es den Tanz nicht gibt, sondern eine Vielzahl von unterschiedlichen Erscheinungsformen und Stilrichtungen, wie z.B.: Historischer Tanz, Klassischer Tanz, Moderner Tanz, Zeitgenössisch Künstlerischer Tanz, Tanztheater, Zeitgenössische Tanzformen wie HipHop, Jazz, Show etc., Gesellschaftstanz mit Walzer, Tango, Rumba, Cha-Cha-Cha etc. bis hin zum deutschen oder internationalen Volkstanz. Hinzu kommt, dass sich die Vermittlung in allen Bereichen einerseits an die Tanzkünstler, die professionellen Bühnentänzer und andererseits an die Laien wendet, die mit unterschiedlicher Motivation und Befähigung tanzen – vom Kleinkind bis zum Erwachsenen. Unklarheiten in der Definition, bei Diskussionen etc. über Tanz sind deshalb quasi vorprogrammiert. Die Dachorganisationen des Tanzes in Deutschland, die im *Deutschen Kulturrat* in der „Sektion Rat für darstellende Kunst und Tanz" vereint sind, haben sich deshalb auf eine gemeinsame Sprachregelung geeinigt. Seit einigen Jahren wird nun unterschieden in: Tanzkultur – Tanzkunst – Tanzsport.

Da mit „Tanzkunst" der künstlerische Bühnentanz, also die Hochkultur gemeint ist, findet die Alltagskultur im Tanz – mit dem größten und vielfältigsten Angebot – heute in den Bereichen „Tanzkultur" und „Tanzsport" statt. Sind im Tanzsport die Regeln mit Punktbewertungen im Wettkampf, Turnier etc. maßgebend, so stehen bei der Tanzkultur die ganzheitliche Bildung und das gesellschaftliche Miteinander im Vordergrund. Zielgruppe der Tanzkultur sind die Laien, und zwar vom Kleinkind (ab dem dritten Lebensjahr) bis hin zum Senior bzw. zur Seniorin.

Tanz als Alltagskultur findet in den unterschiedlichsten Bereichen statt:

>> In der frühkindlichen Bildung sollte die Tanzerziehung ihren Ausgangspunkt in dem natürlichen Bewegungsbedürfnis und den Spielerfahrungen des Kindes haben (Martin/Ellermann 1998:13). Die vielseitige, rhythmisch-musikalisch-tänzerisch geprägte Bewegungserziehung muss im Mittelpunkt stehen! Diese Tanzerziehung erfordert in besonderer Weise ein fundiertes Wissen über die physische und psychische Entwicklung des Kindes und die daraus resultierenden Möglichkeiten, um das Kind zu fördern und ihm nicht – im ungünstigsten Fall – sogar zu schaden. Für diese verantwortungsvolle Aufgabe müssen die ErzieherInnen entsprechend ausgebildet werden.

>> In der schulischen Bildung steht die Vielseitigkeit im Vordergrund. Neben dem Angebot zum Kennenlernen der vielfältigen Erscheinungsformen und Stilrichtungen des Tanzes müssen die Kinder und Jugendlichen jetzt verstärkt angeregt werden, ihr schöpferisches Potential durch Improvisations- und Gestaltungsaufgaben zu entdecken und sich vor einem Publikum zu präsentieren, um ihr Selbstvertrauen und Selbstwertgefühl zu steigern. In der Regel wird dieser Unterricht von den SportlehrerInnen oder MusiklehrerInnen angeboten. Bei Projekten kann die Zusammenarbeit mit ausgebildeten TanzpädagogInnen oder TanzkünstlerInnen eine gute und interessante Ergänzung sein.

>> In der außerschulischen Bildung wollen die TeilnehmerInnen – Kinder, Jugendliche oder junge Erwachsene – in der Regel einen bestimmten Tanzstil erlernen (z.B. Klassischer Tanz, HipHop) oder sich darin vervollkommnen. Aber auch hier muss darauf geachtet werden, dass wie bei jeglichem Umgang mit Laien verantwortbewusste PädagogInnen den Unterricht erteilen, die die funktionell-anatomischen Gesetzmäßigkeiten und psychosozialen Zusammenhänge beachten, um gesundheitliche Schäden – physischer und psychischer Art – zu vermeiden.

>> Bei den Angeboten für Erwachsene steht neben den oben angesprochenen Bedingungen auch das Miteinander in einer Gruppe im Vordergrund. Diese TeilnehmerInnen suchen oft einen Ausgleich von ihren Alltags- und Berufsaktivitäten.

>> Ein Bereich, der in der Zukunft immer mehr in den Mittelpunkt rücken wird, ist der Tanz mit Senioren. Dabei kann es nicht nur darum gehen, sie mit Sitztänzen zu unterhalten. Sie

sind an einem vielfältigen Angebot interessiert, das sie einerseits fordert, um sich gesund und fit halten zu können, ihnen andererseits aber auch die Möglichkeit gibt, mit Gleichgesinnten zusammen zu sein, um soziale Kontakte zu pflegen. Hier sind insbesondere erfahrene und für diese Zielgruppe qualifizierte TanzpädagogInnen gefragt, die diesen Ansprüchen gerecht werden.
>> Auch für die Rehabilitation und Prävention wurde der Tanz entdeckt. Gerade die Verbindung von Musik und Bewegung scheint hier einen besonderen Effekt zu erzielen, lassen sich doch so z.B. die Schmerzen vergessen durch das Miteinander beim Tanzen.
>> Ein eigener Bereich ist die Tanztherapie, die jedoch nur von speziell ausgebildeten Tanztherapeuten angeboten werden sollte.

Was Tanz als Alltagskultur für Kinder und Jugendliche leisten kann

Tanzpädagogik in der Alltagskultur mit ihrem ganzheitlichen Bildungsanspruch legt Grundlagen für eine tänzerisch akzentuierte, ästhetische Bildung junger Menschen. Dazu nutzt sie Potenzen, wie sie der Tanz bietet. Damit weckt und fördert sie:
>> Ausdrucksfähigkeit durch Variationsreichtum in der Bewegung
>> rhythmisch-musikalisch-tänzerische Vielfalt in der Wechselbeziehung von Bewegung und Musik
>> Wahrnehmung des eigenen Körpers und Entwicklung eines individuellen Körperschemas/Körperbildes
>> Einstellung zu verantwortungsvollem Umgang mit dem eigenen Körper
>> Achtung vor der Individualität des anderen, auch des anderen Körpers
>> schöpferische Potentiale jedes Einzelnen
>> Teamfähigkeit in kreativen Gruppenprozessen
>> individuelle Präsentationsfähigkeit mit Stärkung des Selbstwertgefühls
>> Sozialkompetenz beim Tanzen in und mit der Gruppe
>> Kommunikation durch Bewegung
>> Aufbau und die Förderung von Kritikfähigkeit
>> Bewusstsein für die Entstehung und das Wachstum der eigenen (deutschen) Kultur,
>> Bewusstsein für und Akzeptanz von Kulturen anderer Völker bzw. Ethnien
>> Verständnis für historische Wurzeln europäischer und außereuropäischer Kulturen.

Tanzpädagogik kann also Fähigkeiten wecken und fördern, die in jungen Menschen angelegt sind, und helfen, personale und soziale Kompetenzen aufzubauen. Aufbau und Entwicklung der Fähigkeit und Motivation zur Teilhabe an der Gesellschaft und ihrer Mitgestaltung sind damit impliziert.

Weiterhin prägt auch die persönlichkeitsbildende Auseinandersetzung beim Entwickeln von eigenen Tanzmotiven oder Tänzen die jungen Menschen,
>> sei es in Einzelarbeit, wenn es darum geht, die vielfältigen Bewegungsmöglichkeiten des Körpers zu entdecken und wahrzunehmen, um daraus etwas Eigenes zu entwickeln,
>> sei es mit PartnerInnen oder in der Gruppe, um dabei den oder die anderen in ihrer Individualität zu akzeptieren und sich anzupassen.

Tanz war und ist bis heute eine zentrale, gesellschaftlich anerkannte Lerngelegenheit, um das andere Geschlecht kennen zu lernen und sich immer wieder auf neue PartnerInnen einzustellen. Akzeptanz des anderen Geschlechts wird wie selbstverständlich aufgebaut und intensiv gefördert. Es wird allerdings auch die Notwendigkeit deutlich erkannt, im Sinne eines Gender Mainstreamings geschlechtsspezifische Angebote für Jungen zu machen, um das aus der Tradition gewachsene Männerbild zu korrigieren und für Mädchen, um sich frei von psychischen Barrieren ausdrücken zu können.

Projektarbeit, Vorführungen und Wettbewerbe

Eine besondere Herausforderung an die Sozialkompetenz entsteht immer dann, wenn es darum geht, in persönlichem Einsatz anstehende Aufgaben über das Tanzgeschehen hinaus zu übernehmen – eine Lerngelegenheit, die sich gerade im Zusammenhang von Tanzkreisen, Vereinsarbeit etc. bietet. Eine pädagogisch besonders fruchtbare Vernetzung der unterschiedlichen Herausforderungen entsteht im Zusammenhang von Projektarbeit, Vorführungen und Wettbewerben.

Projektarbeit zeichnet sich aus durch interdisziplinäres und interkulturelles Arbeiten sowie durch wechselnde Arbeitsformen von der Einzelarbeit über die Arbeit mit PartnerInnen und in Kleingruppen bis zum Zusammenwirken in der Gesamtgruppe. Diese Form wird bevorzugt bei der Vorbereitung von Tanzvorführungen praktiziert, wenn es darum geht, Tänze für eine Präsentation zu gestalten. In diesem Prozess sind die schöpferischen Potenzen jedes Einzelnen gefordert, wird Teamfähigkeit beansprucht und Kritikfähigkeit aufgebaut. Schließlich wird bei der Aufführung selbst die individuelle Ausdrucks- und Präsentationsfähigkeit verlangt und – je nach Thema des jeweiligen Stückes – in den Dienst der Gruppe gestellt.

Im Wettbewerb werden Kritikfähigkeit und Toleranz in besonderer Weise gefordert, weil sich die Gruppe einer Jury stellt und lernen muss, die Leistung anderer anzuerkennen, wie z.B. bei dem Wettbewerb „Jugend tanzt" des *Deutschen Bundesverbandes Tanz*, einem bundesweiten Wettbewerb im Bereich der Tanzkultur, bei den Tanzturnieren des *Deutschen Tanzsportverbandes*, den internationalen Ballettwettbewerben in Lausanne/Schweiz oder Varna/Bulgarien.

Voraussetzungen und Ausbildungsmöglichkeiten für TanzpädagogInnen

Notwendig sind – sowohl in der Tanzkultur, dem Tanzsport, als auch in der Tanzkunst – TanzpädagogInnen, die über Kenntnisse, Fähigkeiten und Fertigkeiten verfügen, wie sie der bereits erwähnte Beirat Tanz/Deutscher Kulturrat mit RepräsentantInnen aus der Tanzkultur und der Tanzkunst im Jahr 2007 in seinen „Mindestkompetenzen und Grundkenntnisse für Tanzpädagoginnen und Tanzpädagogen" festgehalten hat. Ausbildungsmöglichkeiten bestehen in staatlichen Ausbildungsstätten, den Universitäten und Hochschulen, darüber hinaus gibt es berufsbegleitende Aus- und Fortbildungen, durch die sich interessierte Laien, aber auch TänzerInnen und LehrerInnen tänzerisch-pädagogisch weiter qualifizieren können. Einerseits gibt es Angebote, die mehr auf einen Bereich ausgerichtet sind, wie z.B. BallettpädagogIn oder TanzlehrerIn für Gesellschaftstanz und anderseits breit angelegte Fortbildungen, wie z.B. das Gesamtkonzept Tanzpädagogik des Deutschen Bundesverbandes Tanz mit den drei aufeinander aufbauenden Stufen: TanzleiterIn, Tanzpädagogin/Tanzpädagoge und Diplom-Tanzpädagogin/Diplom-Tanzpädagoge für den Bereich der Tanzkultur, in Kooperation mit Universitäten, Hochschulen und Landesverbänden.

Angebote für Tanz in der Alltagskultur

Tanz als Alltagskultur findet heute in Vereinen, Tanzstudios, Tanzschulen, Fitnessstudios, Volkshochschulen und Schulen statt, mit umfangreichen und vielfältigen Angeboten für alle Altersstufen und trägt damit zu einer Kulturellen Bildung im Tanz bei.

Zum Weiterlesen

> Beirat Tanz der Sektion „Rat für darstellende Kunst und Tanz" des Deutschen Kulturrats: www.beirattanz.de

Linda Müller
Tanz in formalen Bildungseinrichtungen

Bedeutung individueller Projektformate

Die Kunstsparte Tanz zeichnet sich durch ein breites Spektrum unterschiedlicher Voraussetzungen und individuell gewachsener Strukturen aus. Die vielseitig tanzkünstlerischen Aktivitäten, die sich in formalen Bildungseinrichtungen bereits etabliert haben, sind aufgrund der jeweiligen lokalen Möglichkeiten entstanden. Diese Individualität bietet eine große Flexibilität in der Zusammenarbeit zwischen Bildungseinrichtungen und externen TänzerInnen, ChoreografInnen und TanzpädagogInnen. Vielfältige Themen und gesellschaftlichen Entwicklungen können aufgegriffen und mit der Kunstsparte Tanz verknüpft werden. In jedem Tanz-Projekt können Bedürfnisse der beteiligten PartnerInnen erkundet, zusammengefasst und in ein für alle befriedigendes und nachhaltiges Ergebnis geführt werden.

Die Ergebnisse der Pilotstudie „Tanz in Schulen – ein empirischer Blick in die Praxis" des *Bundesverband Tanz in Schulen e.V.*, die sich mit Kooperationen von Tanz-KünstlerInnen und Schulen befasst, bestätigen, dass individuelle Bedürfnisse und Möglichkeiten aller Projektbeteiligten (TänzerInnen/LehrerInnen/SchülerInnen) aufgegriffen werden müssen, damit ein Tanz-Projekt „funktioniert" (vgl. Keuchel 2009:48).

Durch eine individuelle Projektgestaltung erhöht sich nicht nur die Zufriedenheit aller Beteiligten, auch die Motivation zur eigenständigen Weiterführung und Weiterentwicklung steigt. Die Projekte gewinnen so enorm an Qualität. Auch internationale Forschungsergebnisse belegen die Bedeutung von Kooperationen für die Wirksamkeit künstlerisch-kultureller Angebote an Schulen (siehe Marie Beyeler/Livia Patrizi „Tanz – Schule – Bildung. Überlegungen auf der Erfahrungsgrundlage eines Berliner Tanz-in-Schulen-Projekts" in diesem Band). In einer Zusammenstellung der Merkmale "guter künstlerischer Bildung" von Anne Bamford führen „aktive Partnerschaften", „gemeinsame Verantwortung" und „flexible Strukturen" die Liste an (Bamford 2010:114/115). Unterschiedliche Projektformate, die sich in der Zusammenarbeit mit allgemeinbildenden Schulen wiederfinden, können benannt werden:

Tanz…
>> als Angebot im Ganztagsbereich
>> eingebunden in den Fachunterricht (Sport, Musik, Deutsch, Geschichte etc.)
>> als Wahlpflichtfach
>> als Profilklasse (im Schulprofil)
>> in Form von Block-/ Projekttagen
>> als zeitlich begrenztes Projekt (i.d.R. produktorientiert)
>> als Lehrerfortbildung
>> für ein junges Publikum
>> als Thema einer außerschulischen Aktion (Besuch eines Tanztheaters, Blick hinter die Theaterkulissen, Proben-Besuche, Gespräche mit KünstlerInnen, Tanzfilme, tanzgeschichtliche Lehrangebote etc. sowie Tanz an außerschulischen Bildungsorten).

Die interdisziplinäre Zusammenarbeit mit Kunstsparten wie Musik, Bildende Kunst, Theater, Literatur und neue Medien sorgt für eine gegenseitige Befruchtung. Zusammen mit PartnerInnen lassen sich grenzenlos neue Ideen und Konzepte für innovative Projekte entwickeln.

Präsentationen der erarbeiteten Werke helfen, in Schulen die künstlerisch-kulturelle Bildung zu verankern. Darüber hinaus ist es wichtig, den Kindern einen künstlerischen Rahmen in Form einer Bühne zur Verfügung zu stellen. Durch das Erleben einer Aufführung mit Kostümen, Lichttechnik und Publikum erfahren die Kinder und Jugendlichen eine Würdigung ihres Engagements, Wirkungsweisen der künstlerischen Tanzerziehung verstärken sich.

Externe

Eine Zusammenarbeit zwischen schulexternen TänzerInnen, ChoreografInnen, TanzpädagogInnen und Schulen wird in Deutschland seit Jahrzehnten gefordert und von einzelnen Akteuren praktiziert. Die Externen, die den Unterricht fachlich leiten, stehen in Kommunikation mit den LehrerInnen. Je nach Gruppenstruktur, Schulform und Projektziel, kann alleine oder in Teams unterrichtet werden. In der Vorbereitung eines Tanz-in-Schulen-Projekts ist es zuerst notwendig, die Zuständigkeiten festzulegen und eine Ansprechperson zu finden, bei der alle Informationen gebündelt werden. Die beteiligten Partner (z.B. KünstlerInnen, Schulleitung, Schulbehörde, Fachbehörde) definieren gemeinsam Struktur und Inhalte des Projekts ausgehend von den Rahmenbedingungen. Zunächst ist der regelmäßige Austausch aller Projektpartner sicherzustellen. Ziel ist es, das Projekt meist qualitativ zu begleiten und den Prozess zu reflektieren. Im nächsten Schritt gilt es, schulinterne Kommunikationswege und Veranstaltungen (z.B. Lehrerkonferenzen) zu nutzen, um die Schulleitung und das Lehrerkollegium über das Projekt zu informieren und eine langfristige Verankerung von Tanz in der Schule anzuregen und vorzubereiten.

Eine fachliche Prozessbegleitung von außen kann die Vernetzung der unterschiedlichen Arbeitsweisen von Schule, freischaffender künstlerischer Tätigkeit und anderen Partnern unterstützen und optimale Schnittstellen herausfiltern, die für eine nachhaltige Zusammenarbeit wünschenswert sind. Sinnvoll ist in diesem Prozess eine Koordinationsstelle (Tanz Kompetenzzentrum) einzurichten.

Perspektiven

Die inzwischen hohe Anzahl an Einzelprojekten fordert nun eine besondere Struktur der Vernetzung, die in ihrer Präsenz und Dichte zum Beispiel mit Musikschulen oder Jugendkunstschulen zu vergleichen wären. Um Kontinuität und Professionalität zu stärken, benötigt die Tanzkunst ein stärkeres Netzwerk aus kompetenten AnsprechpartnerInnen und kooperierenden Akteuren. Dies trägt zum einen zur Qualitätssicherung bei, zum anderen kann das gemeinsame Ziel, die Etablierung der Tanzkunst in Schulen, nur erreicht werden, wenn die Aktivitäten auch sichtbar werden!

Tanz-Kompetenzzentren übernehmen die Rolle eines Initiators, der die Durchführung der Tanzprojekte in Schulen unterstützt, die Eigeninitiative der Schulen, der TänzerInnen und weiterer Institutionen einfordert und dadurch die langfristige Etablierung künstlerischer Angebote in Schulen sichert.

Diese Vorgehensweise setzt zu Projektbeginn einen Mehraufwand an Kommunikation voraus. Um die Planung und Durchführung eines Tanzangebotes individuell an die Bedürfnisse und Voraussetzungen einer Gruppe anzupassen, muss die Schule einen schulinternen

Ansprechpartner zur Verfügung stellen. Auf der anderen Seite müssen Tanz-Kompetenzzentren benannt und sichtbar gemacht werden, um die Beratung zu Beginn einer Kooperation leisten zu können. Verantwortliche Stellen könnten in regionalen Institutionen, Kulturbüros, Theatern, etc. einen geeigneten Anknüpfungspunkt finden. Jede größere Stadt, die eine lebendige Tanzszene, ein festes Tanzensemble oder eine Tanzbühne hat, sollte sich um ihr „junges Publikum" kümmern.

Des Weiteren hat sich nicht nur die Anzahl der TänzerInnen, ChoreografInnen und TanzpädagogInnen, die sich für die Vermittlung von Tanz in Schulen einsetzen, rasant vermehrt, auch Theater, Ensembles und Institutionen der Tanzkunst binden mehr und mehr die Zusammenarbeit mit Bildungsinstitutionen in ihre Programme ein (vgl. Website des Bundesverbandes Tanz in Schulen).

Wenn es das Ziel ist, Tanzkunst als Bestandteil der Kulturellen Bildung allen zugänglich zu machen, darf der Aspekt der Rezeption nicht fehlen. „Erst in der Verbindung von Vermittlung durch Unterricht und Vermittlung durch das Sehen professioneller Tanzproduktionen wird uns eine sinnvolle Heranführung an die Tanzkunst in ihrer gesamten Bandbreite gelingen" (Kessel 2010:8).

Zum Weiterlesen

Bundesverband Tanz in Schulen: www.bv-tanzinschulen.de

Howahl, Stephani (2010): Tanz in Schulen. Die Bedeutung von Kooperationen für die Integration von Tanzkunst an Schulen. In: Burkhard, Helga/Walsdorf, Hanna (Hrsg.): Tanz vermittelt – Tanz vermitteln. Leipzig: Henschel. 147-162.

Meier, Marion (2007): Zeitsprung. Vier Generationen tanzen vier Jahreszeiten. Ein Projekt vom Tanztheater Bielefeld. Bielefeld: J. Kamphausen Verlag & Distribution GmbH.

Schneider, Katja. (Hrsg.) (2009): Wann beginnt Choreographie? Einblicke in den Alltag von Tanz in Schule. München: Tanz und Schule e.V.

Tanz in Schulen: www.tanzinschulen.de

Wolf, Dagmar (2011): Elementanz. Dokumentation und Evaluation des generations- und fächerübergreifenden Schultanzprojektes. Oberhausen: Athena.

Zedlitz, Sanna von (2009): Auf der Bühne seid ihr Tänzer! Hinter den Kulissen von TanzZeit – Zeit für Tanz in Schulen. München: kopaed.

Marie Beyeler/Livia Patrizi (unter Mitarbeit von Jovana Foik)
Tanz – Schule – Bildung.
Überlegungen auf der Erfahrungsgrundlage eines Berliner Tanz-in-Schulen-Projekts

Im Bereich der Kulturellen Bildung nehmen Tanzprojekte eine besondere Stellung ein, da Tanz nicht – wie Musik oder Bildende Kunst – im Fächerkanon des deutschen Schulwesens verankert ist. Im Lehrplan der Fächer Sport und Musik ist Tanz existent, nimmt aber eine Randstellung ein.

Tanz in Schulen birgt die Möglichkeit, Kindern und Jugendlichen verschiedener sozialer und kultureller Herkunft, unabhängig von ihrem Alter oder Geschlecht Tanz als Kunstform näher zu bringen. Werden Tanzprojekte im Vormittagsbereich, also innerhalb des schulischen Alltags von Kindern und Jugendlichen positioniert, erreichen sie auch diejenigen SchülerInnen, die sonst vielleicht niemals ihr Interesse an Tanz und Musik entdeckt hätten und denen somit dieser Zugang zu ihrer eigenen Kreativität verwehrt geblieben wäre.

Tanz als sinnliche und unmittelbare Kunstform erfahrbar zu machen bedeutet, alternative Wege des Denkens und Handelns zu erforschen und damit Kinder und Jugendliche in ihrer physischen, geistigen und emotionalen Entwicklung langfristig zu unterstützen. Tanz vermittelt Bewegungsvielfalt und Körperwahrnehmung, stärkt das Selbstbewusstsein und schafft damit die Voraussetzung für positive Lernprozesse. Auf diese Weise kann Tanz auch das kognitive Lernen fördern.

Tanz überwindet Sprachbarrieren, fördert nonverbale, kreative Kommunikation und kann damit einen Beitrag zur Verbesserung des Klassenklimas, zur Integration von benachteiligten SchülerInnen, zur Überwindung kultureller und sozialer Unterschiede und zur Gewaltprävention leisten.

Beispiel „TanzZeit – Zeit für Tanz in Schulen": Entstehung und Struktur

Das Projekt „TanzZeit" ist ein Vorreiterprojekt für die Schaffung von Strukturen an Berliner Schulen im weiten Feld der Kulturellen Bildung. Nirgendwo sonst in Deutschland tanzen so viele Kinder und Jugendliche jede Woche zeitgenössischen Tanz im Schulunterricht und erhalten dadurch eine Form der ganzheitlichen Förderung, die schon nach kurzer Zeit zu positiven Ergebnissen führt.

Im Frühjahr 2005 wurde unter der Trägerschaft des Vereins *Zeitgenössischer Tanz Berlin e.V.* das Projekt „TanzZeit – Zeit für Tanz in Schulen" von der Tänzerin und Choreografin Livia Patrizi ins Leben gerufen. Das „TanzZeit"-Projekt hat sich seit seiner Gründung stetig ausgeweitet. In den sieben Jahren des Bestehens haben über 100 Schulen und über 11.000 SchülerInnen teilgenommen.

Zu jedem neuen Schuljahr bewerben sich LehrerInnen um die Teilnahme ihrer Schulklasse/n. Nach einem Auswahlverfahren entsendet die Koordinierungsstelle für die Dauer eines Schuljahres zwei professionelle ChoreografInnen in die teilnehmenden Klassen, wo in enger Zusammenarbeit mit der jeweiligen Lehrkraft zeitgenössischer Tanz vermittelt wird. Dies geschieht gemäß den Rahmenbedingungen zur Unterrichtung von Tanz durch TänzerInnen bzw. TanzpädagogInnen im Pflichtunterricht, die vom *Berliner Senat für Bildung, Jugend und Wissenschaft* erlassen wurden.

In Werkstattpräsentationen führen jeweils zum Schuljahresende alle Schulklassen, die ein ganzes Schuljahr über getanzt haben, das Erlernte unter professionellen Bedingungen in einem großen Berliner Theater auf. Auch auf diese Weise erhalten Kinder und Jugendliche Einblick in künstlerische Schaffensprozesse und können erste Bühnenerfahrungen sammeln. Es liegt allerdings im Ermessen der KünstlerInnen, LehrerInnen und SchülerInnen, im Unterrichtsverlauf zu entscheiden, ob – z.B. statt produktorientiert auf eine Präsentation hinzuwirken – prozessorientiert gearbeitet werden soll.

Zur Qualitätssicherung des „TanzZeit"-Unterrichts werden die unterrichtenden KünstlerInnen zu regelmäßigen Fortbildungen, intensiver Supervision und individuellem Coaching verpflichtet. Zudem beteiligen sie sich an moderiertem Austausch mit Kollegen sowie an der Projektdokumentation und -evaluation. „TanzZeit" favorisiert eine langfristige Zusammenarbeit mit seinen KünstlerInnen, damit Investitionen in deren Weiterbildung den „TanzZeit"-SchülerInnen unmittelbar zugute kommen.

Nicht selten führt das Unterrichten bei den KünstlerInnen dazu, die eigenen Ziele und Schwerpunkte besser kennen zu lernen, da sie herausgefordert sind, unbewusstes Verhalten und Handeln auszuformulieren und klar und deutlich zu artikulieren. Manchmal platzieren KünstlerInnen Fragen, die sie gerade selbst beschäftigen, im Unterricht und profitieren so durch die Vermittlung von Impulsen der SchülerInnen für die eigene Arbeit.

Auch LehrerInnen profitieren vom Tanzunterricht. Dadurch, dass sie gemeinsam mit den KünstlerInnen die Verantwortung für das Projektgelingen tragen, werden die „TanzZeit"-Stunden zu einer Form der Lehrertanzfortbildung. Aktuell beginnt „TanzZeit" damit, LehrerInnen individuell zu coachen, die nach Abschluss einer mehrjährigen Kooperation in ihrem regulären Unterricht selbst Tanz vermitteln wollen.

Bedeutung und Wirkungsorientierung

Tanz in Schulen sieht sich mit der Aufgabe konfrontiert, die beiden Systeme Tanz und Schule miteinander in Beziehung zu bringen. Die Kooperation birgt Herausforderungen und Chancen für LehrerInnen und KünstlerInnen, voneinander zu lernen und von Synergien zu profitieren. Die Verteilung von Verantwortungsbereichen und Aufgaben muss jeweils individuell ausgehandelt werden. Auch das jeweilige Verständnis von Disziplin und Autorität, von Kunst und deren Vermittlung muss grundlegend diskutiert werden.

Aus Sicht von „TanzZeit" hat sich bewährt, dass KünstlerInnen mit professioneller Ausbildung unterrichten, um SchülerInnen damit einen Einblick in die Lebenswelt eines professionellen Tänzers und Choreografen zu ermöglichen. Dazu gehört auch, die Bühnenarbeit kennen zu lernen. Das Erlebnis eines Tanztheaterbesuchs bringt die SchülerInnen in ihrer Motivation einen großen Schritt weiter. Sie werden in ihren eigenen Vorbereitungen auf einen Auftritt effektiver und gewinnen eine Vorstellung von Herausforderungen und Möglichkeiten einer Bühnenpräsentation.

Um die Effizienz sicher zu stellen, ist eine Koordinierungsstelle für Tanz-in-Schulen Projekte notwendig. Sie hat unter anderem die Aufgabe, Strukturen zu schaffen und diese klar zu kommunizieren. Regelmäßig Feedback von LehrerInnen, KünstlerInnen und SchülerInnen einzuholen, Verbesserungsvorschläge in die Projektentwicklung aufzunehmen und auf aktuelle Bedürfnisse und Herausforderungen zu reagieren ist fester Bestandteil eines jeden „TanzZeit"-Jahrs. Eine weitere Aufgabe der Koordinierungsstelle ist es, Prozessbegleitung zu leisten, d.h. allen Beteiligten wechselseitig deren Grenzen und Möglichkeiten aufzuzeigen und zwischen LehrerInnen und KünstlerInnen zu vermitteln.

Diskussion um die Frage „Sollte Tanz Schulfach werden?"

Aus der Erfahrung von „TanzZeit" gesprochen ist es unerlässlich, dass Tanz an Schulen von professionellen TanzkünstlerInnen unterrichtet wird. Die besondere Kraft von Projekten freier Träger liegt aus „TanzZeit"-Sicht darin, einen anderen Zugang zur Kunstform Tanz zu ermöglichen, als das von Schulseite möglich wäre. In der Regel findet eine andere Form des Lernens statt. Offene Prozesse können zugelassen werden, da der Künstler sich vom Bewertungssystem der Schule in der Regel weitgehend freimachen kann.

Wichtig ist dabei, dass zeitgenössischer Tanz nicht als freiwillige Arbeitsgemeinschaft sondern im Klassenverband unterrichtet wird, da Vorurteile den ersten Zugang oftmals verhindern. Wenn der Grundstein gelegt ist, können die SchülerInnen entscheiden, ob sie ihre Tanzerfahrung freiwillig im Nachmittagsbereich vertiefen wollen (siehe Ronit Land „Tanzerfahrung und professionelle Tanzvermittlung" in diesem Band).

Parallel sollten LehrerInnen kompetenter in Tanz ausgebildet werden, um Tanz in den regulären Sport- und Musikunterricht integrieren zu können. Ideal wäre aus „TanzZeit"-Sicht ein Wechselspiel zwischen in Tanz gut ausgebildeten LehrerInnen und KünstlerInnen, die für Projektarbeit und für Weiterbildung des Lehrpersonals herangezogen werden.

Zu unterstützen ist auch die Idee eines Fachs „Kulturelle Bildung", in dem je nach Jahrgang und Schule unterschiedliche Kunstfächer von LehrerInnen und professionellen TanzkünstlerInnen aus dem außerschulischen Bereich unterrichtet werden (siehe Claudia Fleischle-Braun „Tanz und Kulturelle Bildung" in diesem Band).

Wünschenswert wäre zudem die Entwicklung von Schulen mit Tanzprofil. Schon lange gibt es Schulen mit Musik-, Theater- oder Sport-Zweig. In Anlehnung daran ließe sich ein Profil aufbauen, das eine stärkere Intensität und Kontinuität ermöglicht und in dem auch das Kollegium – gemeinsam mit professionellen TanzkünstlerInnen und Kooperationspartnern – Wissen über Tanz vermitteln kann.

Entwicklungspotentiale

Die Strukturen, die Projekte Kultureller Bildung in den vergangenen Jahren in der Schullandschaft geschaffen haben, basieren bisher weitgehend auf dem Engagement Einzelner. Sie sind aus den Bedürfnissen der Beteiligten heraus entstanden und damit natürlich gewachsen. Damit diese Strukturen auch zukünftig weiter wachsen können, müssen Räume zur Entwicklung geschaffen werden.

Ohne das Eingehen auf individuelle Wünsche und Bedürfnisse zu vernachlässigen, wäre eine strukturelle Verankerung eine angemessene Entwicklung. Die Erfahrungen der letzten Jahre haben deutlich gezeigt, dass die positiven Gesamtauswirkungen umso nachhaltiger sind, je länger eine Schulklasse die Möglichkeit hat, sich künstlerische Ausdrucksformen zu erarbeiten. Wenn junge Menschen über Kulturelle Bildung nachhaltig zu sozialer und gesellschaftlicher Kompetenz befähigt werden sollen, ist Kontinuität der wichtigste Faktor.

Deswegen ist „TanzZeit" dabei, Schulklassen zur mehrjährigen Teilnahme zu bewegen und eine Tanzbildungskette aufzubauen, um besonders motivierten und talentierten Kindern und Jugendlichen nach Ende der Tanz-in-Schulen-Projekte in Kinder- und Jugendcompanies eine Chance zu dauerhafter tänzerischer Weiterentwicklung zu bieten.

Ein wichtiges Anliegen ist nach Meinung von „TanzZeit", die Bereiche Kunst bzw. Kultur und Bildung enger zu verzahnen. Die Durchlässigkeit beider Bereiche könnte optimiert werden, um nach und nach zu einer möglichst gleichgewichtigen Zusammenarbeit zu kommen und

Kunst und ihre Vermittlung gleichzeitig zu denken. Aus „TanzZeit"-Sicht müssen beide Seiten aufeinander zugehen – zum einen sollten Schulen dem Tanz im Vormittagsunterricht mehr Raum geben, zum anderen sollte sich auch die Tanzszene für den Vermittlungsaspekt öffnen. Aufführungen von Schulklassen und Tanz für ein junges Publikum sollten selbstverständlicher Teil von Tanzfestivals und Tanz-Fachtagungen sein und Vermittlung fester Bestandteil der Arbeit von (Tanz-)Theatern und von Companies werden.

Nach „TanzZeit"-Erfahrung wächst das Bewusstsein für den Wert der Vermittlungsarbeit und wird von vielen KünstlerInnen als wesentlicher Bestandteil ihres Schaffens erkannt. Viele aktiv tanzende KünstlerInnen sehen in der Vermittlung inzwischen eine wertvolle Ergänzung zu ihrem künstlerischen Schaffen. Es ist ihnen wichtig, jungen Menschen Zugang zu zeitgenössischem Tanz zu ermöglichen und sie für die besonderen Ausdrucksformen dieser Kunst zu sensibilisieren.

Die Übernahme in den Haushalt der *Senatsverwaltung für Bildung, Jugend und Wissenschaft* seit 2010 bedeutet für „TanzZeit" eine wichtige Basissicherung und ist ein deutliches Zeichen, dass der Stellenwert von Kunstvermittlung im Bildungswesen nach und nach anerkannt wird. Die Zahl der Schulen, die gerne teilnehmen möchten, übersteigt dennoch bei Weitem das zur Verfügung stehende Budget, weshalb das Engagement vieler Schulen leider durch Finanzierungsschwierigkeiten gebremst wird.

Die mehrjährige Unterstützung durch unter anderem Rotary Clubs und Fördervereine wie dem *Vincentino e.V.* sind ein wesentlicher Bestandteil des Finanzierungsplans, um möglichst vielen Schulen die Teilnahme zu ermöglichen. Vorhaben wie „TanzZeit" flächendeckend in der Schullandschaft zu verbreiten ist ohne Unterstützung aus der Politik nicht möglich. Dies ist auf dem Weg zur Etablierung von Tanz im Bildungssystem unerlässlich.

Zum Weiterlesen

Bundesverband Tanz in Schulen e.V.: www.bv-tanzinschulen.de

Kessel, Martina/Müller, Bertram/Kosubek, Tanja/Barz, Heiner (Hrsg.) (2011): Aufwachsen mit Tanz. Erfahrungen aus Praxis, Schule und Forschung. Weinheim/Basel: Beltz.

Keuchel, Susanne/Günsche, Carolin/Groß, Stefanie (Hrsg.) (2009): Tanz in Schulen in NRW. Ein empirischer Blick in die Praxis. Studie im Auftrag des Bundesverband Tanz in Schulen. Köln: Selbstverlag.

Müller, Linda/Schneeweis, Katharina (2006): Tanz in Schulen. Stand und Perspektiven. Dokumentation der Bundesinitiative Tanz in Schulen. München: Kieser.

TanzZeit: www.tanzzeit-schule.de

Vogel, Corinna (2004): Tanz in der Grundschule. Geschichte – Begründungen – Konzepte. Augsburg: Wißner.

Zedlitz, Sanna von (2009): Auf der Bühne seid Ihr Tänzer! Hinter den Kulissen von TanzZeit – Zeit für Tanz in Schulen. München: kopaed.

Jovana Foik
Zehn Jahre Tanzfieber. Eine Zwischenbilanz

Wir schreiben das Jahr 2002. Ein junges Berliner Filmteam unternimmt den mutigen und gleichzeitig waghalsigen Versuch, ein Pionierprojekt der *Berliner Philharmoniker* unter der Leitung des bis dahin in Deutschland noch gänzlich unbekannten Choreografen Royston Maldoom dokumentarisch zu begleiten. Es hätte vieles schief gehen können, ist es aber nicht. „Rhythm is it!" lockte mehr als 600.000 Menschen in die Kinos, bis heute legen die Geschichten von Marie, Martin und Olayinka Zeugnis darüber ab, wie mächtig die Kunst für persönliche und gesellschaftliche Veränderungsprozesse sein kann. Gewusst haben wir das vorher schon – wirklich glauben tun viele es aber erst jetzt.

In den darauf folgenden Jahren hat die Arbeit Maldooms den Ansatz des „Community Dance" als wichtigen Bestandteil Kultureller Bildung in Deutschland geprägt. Zahlreiche neue Projekte, besonders im Bereich „Tanz in Schulen", haben die Arbeitsweise mittlerweile bekannt gemacht (siehe Linda Müller „Tanz in formalen Bildungseinrichtungen" in diesem Band). Community Dance richtet sich an alle Menschen, unabhängig von Alter, Konstitution, Geschlecht oder tänzerischer Vorerfahrung. Darin lässt sich sein besonderes Potential für die Schule erkennen: Community Dance begreift sich als Kunstform, die aus dem unmittelbaren sozialen Leben entsteht. Dass es sich bei den Beteiligten um tänzerische Laien handelt, ist daher nebensächlich. Dennoch ist es wichtig zu bemerken, dass hier der hauptsächliche Unterschied zum Profi-Tanz begründet liegt: Community Dance zielt nicht auf tänzerische Perfektion der Darbietung ab, vielmehr basiert die Arbeit darauf, jeden prinzipiell einzuschließen und Unterschiede von Herkunft, Geschlecht und Alter zu überwinden.

Zehn Jahre nach „Rhythm is it!" blicken wir auf eine beispiellose Entwicklung zurück. Die Idee, mit Hunderten von Kindern und Jugendlichen aus allen sozialen Milieus einer Stadt künstlerisch aktiv zu werden und den Tanz als „Werkzeug für persönliche Entwicklung und sozialen Wandel" (Boxberger 2005:27) einzusetzen, hat eine enorme Strahlkraft entwickelt, die nicht nur für unzählbare Nachfolgeprojekte gesorgt hat, sondern auch bis in die obersten politischen Ebenen vordringen konnte. Ein Fieber, das bundesweit LehrerInnen, TänzerInnen und ChoreografInnen erfasst hat und neben IntendantInnen auch PolitikerInnen gleich mitinfizierte. Was aber macht den Erfolg des deutschen Community Dance bis heute aus?

Vom Modellprojekt zur Strukturbildung

Projekte wie „TanzZeit- Zeit für Tanz in Schulen" schafften es relativ zügig, der großen Nachfrage seitens der Schulen nach ähnlichen Projekten gerecht zu werden (siehe Marie Beyeler/Livia Patrizi „Tanz – Schule – Bildung. Überlegungen auf der Erfahrungsgrundlage eines Berliner Tanz-in-Schulen-Projekts" in diesem Band). Gerade in Berlin, der Stadt mit der größten freien Tanzszene in Deutschland, gelang es, die Verbindung von freischaffenden ChoreografInnen mit interessierten PädagogInnen herzustellen und die Idee von „Tanz in Schulen" schnell in die Tat umzusetzen. Im Laufe der Jahre sorgte das Projekt für die Setzung von Rahmenbedingungen, damit die Arbeit der ChoreografInnen als curricularer Bestandteil von Schule direkt vor Ort stattfinden und damit möglichst viele erreichen konnte. Diesem und anderen Modellvorhaben ist es sicherlich zu verdanken, dass medien- und öffentlichkeitswirksame Tanzprojekte wie „Rhythm is it!" nicht allein für sich blieben, sondern von anderen als Motor für notwendige Strukturentwicklungen in Ländern und Kommunen genutzt werden konnten.

Später sorgte die Gründung des *Bundesverbands Tanz in Schulen e.V.* für eine Stärkung und Vernetzung der verschiedenen Akteure in den einzelnen Bundesländern. Der Verband setzt sich bis heute maßgeblich für die Evaluation der geleisteten Arbeit ein und spricht fachliche Empfehlungen zur Umsetzung, Qualitätsentwicklung und Qualitätssicherung für tanzkünstlerische Projekte an Schulen aus.

Auch auf politischer Ebene ging die Entwicklung weiter. So erkennt auch die deutsche *Enquete-Kommission* im Jahr 2007 die positiven Auswirkungen von Kunst im Rahmen von Bildungsprozessen und beschreibt, dass „eine ganzheitliche Bildung, die Musik, Bewegung und Kunst einbezieht, wenn diese Komponenten im richtigen Verhältnis stehen, im Vergleich zu anderen Lernsystemen bei gleicher Informationsdichte des Unterrichts für den Lernenden zu höherer Allgemeinbildung führt. Gleichzeitig werden höhere Kreativität, bessere soziale Ausgeglichenheit, höhere soziale Kommunikationsfähigkeit, höhere Lernleistungen in den nichtkünstlerischen Fächern (Mathematik, Informatik), bessere Beherrschung der Muttersprache und allgemein bessere Gesundheit erreicht" (Deutscher Bundestag 2007:379). In ihrem Schlussbericht „Kultur in Deutschland" empfiehlt die Kommission daher unter anderem „den Aufbau von Netzwerken der Kooperation von Schulen und Kultureinrichtungen zu fördern und allen Kindern während der Schulzeit die Begegnung mit Künstlern zu ermöglichen" (Deutscher Bundestag 2007:399).

Die Wege scheinen geebnet. Was aber überall fehlt, ist Geld. Nicht nur der Bereich Kulturelle Bildung ist in vielen Bundesländern und Städten unterfinanziert, auch in der Sparte Tanz liegen die öffentlichen Förderungen weit unter denen anderer Kunstsparten (Zentrum für Kulturforschung/Tanzplan Deutschland 2011: 88 ff.). 2005 entscheidet sich die *Kulturstiftung des Bundes*, 12,5 Millionen Euro für den Tanz in die Hand zu nehmen. Das ursprüngliche Vorhaben eines großen und international ausstrahlenden Festivals wurde von der späteren Projektleiterin Madeline Ritter durch die Idee eines in Europa bis heute einzigartigen Strukturentwicklungsplans abgelöst, der auch den Bereich der Kulturellen Bildung als zentrales Handlungsfeld einschließen sollte.

Der Tanzplan Deutschland (2005 – 2010) – eine beispielhafte Strukturmaßnahme

Was möglich ist, wenn eine Förderung über einen längeren Zeitraum vergeben und an die Bedingung geknüpft wird, alle beteiligten Akteure auf lokaler Ebene in einen Entwicklungsprozess einzubeziehen, beweist das Modellprogramm „Tanzplan Deutschland". Anders als bei der *Kulturstiftung des Bundes* damals üblich, wurde hier kein für sich stehender Leuchtturm, sondern eine bundesweite Strukturmaßnahme gefördert, die auf lange Sicht Anreize für die lokale Politik schaffen sollte, künftig mehr in den Tanz zu investieren. Als zentrale Handlungsfelder des Tanzplans wurden die KünstlerInnen- und Nachwuchsförderung, die Tanzausbildung, das Kulturelle Erbe Tanz – und die Kulturelle Bildung benannt. Städte und Länder wurden dazu aufgerufen, modellhafte Zukunftspläne zu entwerfen, die die Tanzentwicklung in ihrer Region und damit in ganz Deutschland vorantreiben sollten.

Neun beispielhafte Tanzpläne wurden zur Umsetzung ausgewählt: Berlin, Bremen, Dresden, Düsseldorf, Essen, Frankfurt am Main, Hamburg, München und Potsdam. Die geplanten Maßnahmen mussten zur Hälfte durch die jeweiligen Haushalte zusätzlich zur regulären

Tanzförderung und verbindlich für die Dauer von fünf Jahren kofinanziert werden. Mit Hilfe des Match-Funding-Prinzips war es so möglich, eine Summe von insgesamt 21 Millionen Euro in den Tanz zu investieren (vgl. Ritter 2011:14-15).

Die Tanzpläne München, Düsseldorf, Frankfurt und Bremen konzentrierten sich dabei besonders auf die Kooperation mit Schulen und Jugendeinrichtungen. Das Projekt „Take-off: Junger Tanz" aus Düsseldorf entwickelte ein Modell für eine „umfassend vernetzte tänzerische Breitenarbeit für Schul- und Vorschulkinder. Das umfangreiche [...] Planungspapier sieht einen Stufenplan vor, in dem von der Lehrerausbildung bis zur künstlerischen Produktion so ziemlich alle Aspekte des Kinder- und Jugendtanzes bedacht sind" (Pölert 2007:33ff.). Bemerkenswert und einzigartig scheint hier die intensive Zusammenarbeit zwischen Theatern, Schulen und Jugendclubs mit international renommierten KünstlerInnen und freien Ensembles. Das Projekt „Access to Dance" aus München legte seinen Schwerpunkt auf die kontinuierliche Qualifizierung von TänzerInnen, ChoreografInnen, TanzpädagogInnen und LehrerInnen. In Kooperation mit der *Ludwigs-Maximilian-Universität* und dem *Bayerischen Staatsballet* wurden zahlreiche Weiterbildungsangebote realisiert, die künftig in ein Curriculum eingebunden und zertifiziert werden sollen. Auch das Projekt „Anna tanzt", das vom Münchner *St. Anna Gymnasium*, dem *Bayerischen Staatsballet* sowie *Tanz und Schule e.V.* jährlich durchgeführt wird, hat mittlerweile einen großen Bekanntheitsgrad erreicht. Anstatt in die Schule zu gehen, erarbeiten hier alle achten Klassen über vier Wochen eine professionelle Tanzproduktion zum Schuljahresende (Schneider 2007:49ff.). Nach fünf Jahren Laufzeit konnte der Tanzplan im Bereich der Kulturellen Bildung insgesamt mit knapp 700 Tanzaufführungen und über 30.000 Kindern und Jugendlichen im Umfang von 13.000 Unterrichtsstunden aufwarten.

Nach dem erfolgreichen Abschluss des Modellvorhabens setzte die *Kulturstiftung des Bundes* ihr Engagement fort und stattete gleich zwei neue Fonds – den „Tanzfonds Partner" und den „Tanzfonds Erbe" – mit einer Fördersumme von jeweils 2,5 Millionen Euro aus. Über zwei Jahre unterstützt der „Tanzfonds Partner" nun zwölf verschiedene Kooperationsvorhaben zwischen Tanzinstitutionen und allgemeinbildenden Schulen in ganz Deutschland, die die Kunstform Tanz für SchülerInnen im realen Theaterbetrieb erfahrbar machen und gleichzeitig das Potential zur Öffnung des Kulturbetriebs für junge Menschen in den Blick nehmen. Darüber hinaus sollen 80 % der durch den Tanzplan geförderten Initiativen – vor Ort und auf Bundesebene – ihre Arbeit fortsetzen (vgl. Ritter 2011:15).

Zwangsmaßnahmen für mehr Freiraum

Der Kunstsparte Tanz, die bis vor gar nicht allzu langer Zeit vielerorts noch ohne öffentliche Aufmerksamkeit, Geld und politische Lobby dastand, ist es – besonders im Bereich der Kulturellen Bildung – in den vergangenen zehn Jahren geradezu vorbildlich gelungen, für die Entwicklung von Strukturen zu sorgen. Pionier-Projekte wie „TanzZeit" setzen sich bis heute maßgeblich dafür ein, nicht in der Beliebigkeit zu versinken, sondern das künstlerische Selbstverständnis stetig neu zu hinterfragen und KünstlerInnen für ihre Zusammenarbeit mit SchülerInnen und LehrerInnen fachlich weiter zu qualifizieren und durch professionelle Supervision bei ihrer Arbeit zu unterstützen. Sichtbar wird dadurch eine künstlerische und gleichermaßen auch pädagogische Qualität, die sich im Kontext von Schule und freier Szene kontinuierlich weiter entwickelt und damit bis heute eine ungebrochene Nachfrage generiert. Was anfangs niemand geglaubt hätte, ist Wirklichkeit geworden: dass sich aus der Begeisterung für ein einziges Projekt heraus eine ganze Bewegung formatiert, dass Kräfte intelligent gebündelt und damit strukturelle Veränderungen in Gang gesetzt werden können, die auch zehn Jahre nach „Rhythm is it!" noch neue Früchte tragen. Deutlich ist aber auch geworden, dass alle Begeisterung nichts nützt, wenn nicht auch auf politischer Ebene den AkteurInnen dann und wann „die Pistole auf die Brust gesetzt" wird. Der Tanzplan hat gezeigt, was möglich ist, wenn sich lokale VertreterInnen aus der freien Szene mit TheaterintendantInnen und KultusministerInnen zusammensetzen und gemeinsam eine Vision darüber entwickeln, was in fünf Jahren zu erreichen ist. Die Ergebnisse sprechen dafür, dass eine Kooperationsbereitschaft lokaler Partner auch zukünftig weiter politisch einzufordern und durch adäquate Fördermaßnahmen zu untermauern ist. Was nach einer Zwangsmaßnahme klingt, kann letztendlich alte Strukturen aufbrechen und neue und kreative Freiräume etablieren. Denn „das ist kulturpolitisch kluges Handeln: nichts aufdrücken, sondern Raum schaffen, damit andere sich artikulieren können, und diese dann, wenn man Glück hat, auch den richtigen Moment erwischen, etwas durchzusetzen" (Völkers 2008:2).

Zum Weiterlesen

Bundesverband Tanz in Schulen: www.bv-tanzinschulen.org

Foik, Jovana (2008): Tanz zwischen Kunst und Vermittlung. Eine Untersuchung der Kunstform Community Dance am Beispiel des Tanzprojekts Carmina Burana (2006) der Berliner Philharmoniker unter der choreografischen Leitung von Royston Maldoom. In: Mandel, Birgit (Hrsg.): Audience Development, Kulturmanagement, Kulturelle Bildung. Konzeptionen und Handlungsfelder von Kulturvermittlung (123-132). München: kopaed.

Tanzfonds: www.tanzfonds.de

Tanzplan Deutschland: www.tanzplan-deutschland.de

TanzZeit: www.tanzzeit-schule.de

Gabriele Klein
Choreografien des Alltags. Bewegung und Tanz im Kontext Kultureller Bildung

Wir richten unsere Wohnungen ein und stellen damit eine choreografische Ordnung unseres privaten Raumes her. Wir folgen in öffentlichen Gebäuden, den Bahnhöfen, Flughäfen, Stadien und Behörden dem Flow, der den Architekturen eingeschrieben ist. Wir erleben die choreografischen Ordnungen öffentlicher Räume durch das Verfolgen der Hinweisschilder. Wir orientieren uns im Straßenverkehr an den in der Verkehrsinfrastruktur materialisierten Bewegungskonzepten der Stadt- und Raumplanung und an den normativen Ordnungen der Verkehrsregeln. Wir stehen in Schlangen an Theaterkassen, Supermarkttheken und Bushaltestellen, überholen links auf Rolltreppen und Autobahnen. Wir warten in Foyers auf den Einlass und setzen uns auf die zugewiesenen Plätze.

Wir haben raum-zeitliche Strukturierungen des Alltags gefunden, die für uns zur alltagsweltlichen Orientierung notwendig sind: Wir richten den Alltagsablauf an linearer und mitunter auch an rhythmischer Zeit (bei Vollmond kann man nicht schlafen) aus und durchlaufen die Räume des Tages und der Nacht: Küche, Bad, Vorlesungssaal, Seminarraum, Supermarkt, Tanzstudio, Kino, Schlafzimmer etc. In unseren Bewegungen durch die Tageszeiten und Räume bringen wir das immer wieder unhinterfragt hervor, was wir Alltagswelt nennen.

Die Choreografien der Alltagswelt einerseits und die choreografischen Verarbeitungen von Alltagswelt andererseits lassen sich aus drei Perspektiven beschreiben:

Die Beispiele zeigen, dass Bewegung und Choreografie als grundlegende Bestandteile kultureller und sozialer Alltagserfahrung und -gestaltung und damit als Grundlage einer Sozialität und Kulturalität der (Bewegungs-)Bildung angesehen werden können. Betrachtet man Bewegungsbildung als ästhetische und kulturelle Bildung, rückt zwangsläufig die Frage in den Vordergrund, wie diese in globalisierten, transnationalen, multikulturellen Gesellschaften den verschiedenen (bewegungs-, körper- und tanz-)kulturellen Traditionen, Körperästhetiken, Geschlechterkonzepten, klassenspezifischen Lebensstilen und religiösen Orientierungen Rechnung tragen will. Eine Antwort auf diese Frage liegt in einer praxeologischen Perspektive, d.h. einer Perspektive, die die Praktiken und Techniken des alltäglichen Handelns in den Vordergrund rückt und sich an dem alltäglichen Umgang der Körper mit Dingen orientiert. Der Text zielt darauf ab, eine sozial- und kulturwissenschaftlich begründete praxeologische Perspektive auf ästhetische und kulturelle Bildung zu richten. Dabei richtet sich der Blick vor allem auf die Kulturalität und Sozialität der Alltagsbewegung und des Tanzes.

Alltagswelt: Bewegung und Wissen

Der soziologische Begriff der „Alltagswelt" ist zurückzuführen auf den phänomenologischen Begriff der „Lebenswelt", der die menschliche Welt in ihrer vorwissenschaftlichen Selbstverständlichkeit und Erfahrbarkeit meint und sich damit von einer theoretisch bestimmten wissenschaftlichen Weltsicht absetzt.

Prägend für diese Lesart ist die Phänomenologie Edmund Husserls (Husserl 1996). Unter Lebenswelt versteht Husserl die selbstverständlich gegebene, unhinterfragte Basis jeglichen alltäglichen Handelns und Denkens wie auch jeden wissenschaftlichen Theoretisierens und Philosophierens und dies in einem doppelten Sinn: Lebenswelt bezeichnet einerseits das Universum des Selbstverständlichen, d.h. das anthropologische Fundament jeder Bestimmung des Verhältnisses des Menschen zur Welt. Zum anderen bezeichnet der Begriff die praktische, anschauliche und konkrete Lebenswelt. Diese Doppeldeutigkeit spannt den Lebensweltbegriff auf zwischen Ahistorischem und historisch Wandelbarem, Universellem und Konkretem, zwischen Singulärem und historisch Vielfältigem. Auf diese Weise fungiert er zugleich als Basis der Kritik, insofern aus der lebensweltlichen Erfahrung Kritik erst hervorgeht. Im Sinne der Aufklärung ist er ein emanzipatorischer Begriff, insofern Lebenswelt als konkreter Lebensraum immer auch veränderbar ist.

Ausgehend von dieser phänomenologischen Lesart entwickelten sich vor allem in der Soziologie verschiedene Bedeutungsvarianten des Begriffes. Einflussreich wurde die von Alfred Schütz (Schütz 2004; Schütz/Luckmann 2003), der die Husserlsche Doppeldeutigkeit in den Alltagsbegriff fortsetzt. Alltagswelt versteht Schütz einerseits als kulturell geformte Sinnwelt und andererseits als Basis jeden Wahrnehmens und Verstehens einer sozio-kulturell gegebenen Umwelt und ihrer Wissensbestände.

Die Alltagswelt, so Schütz, ist jedem einfach vorgegeben und wird fraglos und selbstverständlich hingenommen; sie ist die unhinterfragte Basis aller Geschehnisse. Dies ist aber nicht so zu verstehen, dass Alltagswelt essentiell gegeben sei. Vielmehr versteht Schütz sie als eine intersubjektiv erzeugte Kultur- und Sozialwelt. Als Sozialwelt geht die Alltagswelt dem Einzelnen voraus, insofern sie sozial erzeugt und tradiert, d.h. von früheren Generationen erfahren und interpretiert wurde. Da sie mit anderen Menschen geteilt und gemeinsam gedeutet und kommuniziert wird, ist sie eine intersubjektive Welt und alles Wissen von und in ihr ist intersubjektiv.

Wissen ist nach Schütz' Auffassung die Summe aller Fertigkeiten, Erwartungen und Überzeugungen, aller Wahrnehmungsmuster und Handlungsrezepte und – so möchte ich ergänzen – aller Bewegungsordnungen, insofern sie von einer gesellschaftlichen Gruppe als Wissen angesehen und in der Ausführung beglaubigt werden. Alltagswelt ist demnach zugleich lesbar als die Basis jeglichen Handelns, als eine intersubjektive Welt, die auf Verständigung beruht und die als Kultur- und Sozialwelt mit Wissensbeständen und Ordnungen durchzogen ist, die allerdings präreflexiv sind und als ein Universum des Selbstverständlichen erscheinen. Sie ist damit auch Grundlage jeglicher kulturellen Bildung.

Geprägt ist die Struktur der Lebenswelt nach Schütz durch das, was er „natürliche Einstellung" nennt: Sie lässt dem Menschen die Existenz seiner alltäglichen Welt, die Erfahrungen, die er in ihr macht, die Handlungen, die er durchführt und die Bedeutungen, die die Dinge in ihr haben, natürlich und unhinterfragbar erscheinen. Der Mensch orientiert sich in ihr, indem er pragmatischen Maximen folgt und Handlungsroutinen und Praktiken, d.h. auch Bewegungsmuster etabliert, die wie ich argumentieren möchte, immer auch choreografischer Natur sind. Ihre Stabilität bezieht die Alltagswelt folglich auch aus der Zuversicht des Handelnden, dass sich Erlebnisse und Situationen gleichförmig gestalten und er selbst, auf seinen Erfahrungen aufbauend, auch in Zukunft bestimmte Fähigkeiten einsetzen und Handlungen ausführen kann, die sich schon in der Vergangenheit bewährt haben. Diese Zuversicht, die Pierre Bourdieu, Schütz aufgreifend, in der habituellen Disposition verankert sieht, entsteht, so hat Erving Goffman (Goffmann 1986) überzeugend nachgewiesen, durch Interaktionsrituale. Mein Argument greift diese Lesart auf und folgt einem bewegungssoziologischen Ansatz mit der These, dass diese Zuversicht vor allem in Bewegungsroutinen begründet liegt, die choreografischen Ordnungen folgen.

Die choreografierte Ordnung der Alltagswelt

Bewegung ist, phänomenologisch betrachtet, der Vermittler zwischen Mensch und Welt, das Medium, mit dem und über das der Mensch die Welt erfasst (Merleau-Ponty 1974, Waldenfels 2009; 1985). Und diese Welt stellt sich aus sozialwissenschaftlicher Sicht immer als Sozial- und Kulturwelt dar, ebenso wie Bewegungen nicht anthropologisch gegeben sind, sondern als Sozial- und Kulturtechniken verstanden werden: als Kulturtechniken insofern sie Wissensbestände in der körperlichen Erfahrung aktualisieren, beglaubigen oder unterlaufen. Als Sozialtechniken insofern sie mit Ordnungssystemen, Machtverhältnissen und Bedeutungsstrukturen des Sozialen verbunden sind, wie z.B. geschlechtsspezifische Körper- und Bewegungssprachen.

Als Sozial- und Kulturtechniken sind Bewegungen immer intersubjektiv, da sie immer auf etwas, „das Andere" oder „den Anderen" bezogen sind. Vor allem Goffman hat diesen Aspekt der Intersubjektivität alltäglicher Erfahrung soziologisch gedeutet und damit Bewegung weniger als ein anthropologisches Phänomen, sondern als eine soziale Tatsache vorgestellt (vgl. Goffmann 1986). Goffman hat herausgearbeitet, dass soziale Interaktion fundamental von der Organisation des Körpers in Raum und Zeit abhängt. Sein Vermächtnis an die Soziologie ist es, Interaktionsordnungen als Ordnungen von sich bewegenden Körpern vorgestellt zu haben, die, so möchte ich hinzufügen, auf choreografische Muster rekurrieren. Am Beispiel des Fußgängerverkehrs hat Goffman deutlich gemacht, dass körperliche Bewegungen immer intersubjektiv sind und zudem einerseits auf Wissensbestände zurückgreifen, die die Bewegungen des Anderen lesbar machen. Andererseits ereignet sich der Fußgängerverkehr auf der Grundlage von choreografischen Ordnungen, die wiederum in der Bewegung als Interaktionsordnungen hergestellt werden. Dies gelingt, weil die Bewegung der Körper aufgrund erlernter Kulturtechniken vorhersehbar und lesbar ist. Die Lesbarkeit von Bewegung einerseits und die quasi automatischen, mit Bourdieu gesprochen über den „sens pratique" (Bourdieu 1980) abgerufenen Bewegungen gehören basal, so möchte ich ergänzen, zu den unhinterfragten kulturellen Wissensvorräten und sozialen Ordnungen, die für die alltagsweltliche Orientierung als selbstverständlich angenommen und unhinterfragt ausgeführt werden.

Wenn Bewegung – auch aus alltagsweltlicher Sicht – nicht ein auf ein einzelnes Subjekt zu beziehendes Phänomen ist, sondern eine intersubjektive Form, die eine Bezugnahme der Körper in Raum und Zeit voraussetzt und nur in Bezug auf „den Anderen" oder „das Andere" generiert wird, dann ist alltagsweltliche Erfahrung immer auch an tradierte choreografische Ordnungen des Sozialen gebunden. Diese haben sich als Wissensordnungen in die Körper eingeschrieben und werden in der Bezugnahme aktualisiert – und hier können sie konventionalisierend oder transformierend wirken.

Soziale Choreografien

Hier kommt das Konzept der sozialen Choreografie ins Spiel, das ich als einen zentralen Bestandteil Kultureller Bildung vorschlagen möchte (vgl. Klein 2012; 2009). Ich benutze es, um den aus dem Tanz stammenden Begriff der Choreografie, verstanden als (mitunter schriftlich fixierte) Organisation von Körpern und Raum und Zeit für soziale Figurationen fruchtbar zu machen (vgl. Klein 2011). „Soziale Choreografie" verstehe ich doppeldeutig: zum einen als konkrete räumlich-zeitliche Organisationsformen von Körpern, die sich interaktiv aufeinander beziehen bzw. interkorporal sind (z.B. im Straßenverkehr, in Paar- oder Gruppentänzen etc.). Zum anderen verwende ich „soziale Choreografie" als ein Konzept, das darauf abzielt, eine Verbindung von Sozialem und Ästhetischem herzustellen und dem Ästhetischen eine fundamentale Rolle bei der Beschreibung des Sozialen – sowohl in seinen Strukturen wie in Interaktionen – zuzuschreiben. Als Konzept fokussiert es auf die Räumlichkeit und Zeitlichkeit des Sozialen, das hier als eine in der Bewegungsorganisation generierte emergente Ordnung (Luhmann) von In- und Exklusion, von Marginalisierung und Macht, aber auch von Subversion, Transformation oder Revolution gedacht werden kann. Die grundlegende Behauptung, die in dem Begriff „soziale Choreografie" steckt, ist, dass in der choreografischen Ordnung des Sozialen eine politische Dimension steckt und diese in der Bewegungsordnung der Körper ihren sichtbaren Ausdruck findet.

Soziale Choreografie als konkrete, historisch wandelbare emergente Ordnung bezieht sich auf eine körperliche Praxis, die eine performative Ordnung des Sozialen herstellt, die als ästhetische und soziale Praxis gleichermaßen lesbar wird. Das Konzept der sozialen Choreografie thematisiert von daher nicht primär das Soziale der Choreografie im Sinne eines sozialen Aspekts des Tänzerisch-Ästhetischen. Vielmehr thematisiert soziale Choreografie die Ästhetik des Sozialen als performative Ordnung von Raum, Körper, Objekten und Materialien.

Soziale Choreografien zeigen sich sowohl in künstlerischen wie auch alltäglichen Aufführungen. Sie existieren nicht unabhängig von räumlichen Gegebenheiten und Architekturen, man denke nur an „Nicht-Orte" (Augé 2010) wie den Straßenverkehr, die Fußgängerampel, an Bahnhöfe oder Flughäfen oder an Tanzaufführungen im öffentlichen Raum, die an Hauswänden oder auf Dächern stattfinden, wie es Trisha Brown in die Tanzgeschichte prominent eingeführt hat, oder auch an die „Choreographic objects" von William Forsythe und Dana Caspersen. Sie existieren nicht unabhängig von den in diese Räume eingeschriebenen sozialen Normen, Konventionen und Werten. Folgt man Maurice Merleau-Ponty oder Marcel Mauss sind kulturelle Konventionen mit einer Räumlichkeit und Zeitlichkeit ausgestattet, die dem Körper innewohnt und die er, wie Bourdieu sagt, habitualisiert hat. Die Art des Ausstreckens des Arms bei der Begrüßung oder das Tempo, mit dem jemand alltägliche Tätigkeiten durchführt, sind Beispiele dafür.

Es wäre aber verkürzt anzunehmen, dass Körper in Bewegung die habitualisierten sozialen Strukturen und kulturellen Konventionen lediglich reproduzieren und damit stabilisieren (vgl. Nickl 2005), indem sie z.B. den choreografierten Ordnungen als „Gesetz" (Siegmund 2010:94-104) folgen. Umgekehrt sind Körper aber auch nicht euphorisch als die letzte Bastion des Widerstands gegen soziale Ordnungen und Bewegung als Unterlaufen, Intervention oder als mikropolitische Strategie gegen die Ordnung beschreibbar. Körper und körperliche Praktiken haben vielmehr eine Eigenlogik, die jenseits von Kognition und Reflexion eigenständig agiert. Ohne den (Um-)Weg über das Bewusstsein zu nehmen, bilden Körper ‚Zwischen-Leiblichkeiten' und interkorporale Strukturen heraus. Gerade darüber stellen Körper choreografische Ordnungen performativ her und unterlaufen sie auch.

Diese interkorporalen Konventionen werden in den sozialen Choreografien performativ hervorgebracht und entfalten dadurch ihre soziale Wirkmächtigkeit. Anders gesprochen: Die choreografische Ordnung von Raum und Zeit bildet den Rahmen, mit Goffman (Goffman 2000) verstanden als Sinnhorizont, für die in der Bewegungsausführung sich aktualisierenden habituellen Dispositionen der Körper.

Genau in diesem Beziehungsgefüge zwischen Bewegungsausführung und choreografischer Ordnung zeigt sich die von Foucault beschriebene Mikrophysik der Macht auf vier Ebenen: in den Raum- und Zeitordnungen sozialer Figurationen, in der Art und Weise, wie Körper in der Bewegung interagieren, in den einzelnen Körpern selbst, die das Soziale habitualisiert haben und zugleich in ihren Bewegungen hervorbringen und schließlich in den Strategien der Beglaubigung choreografischer Ordnungen.

Gerade aufgrund der Verbindung von Ästhetischem und Sozialem wäre es verkürzt, den Begriff „Soziale Choreografie" nur auf Bewegungsordnungen des Alltags oder auf alltägliche Performances zu beziehen. Vielmehr dient der Begriff auch dazu, eine bestimmte Perspektive auf künstlerische Projekte zu werfen: die Frage richtet sich hier auf das Herstellen sowie auf das Gelingen und Scheitern der Aktualisierung von sozialer Ordnung in der und durch die Bewegungsausführung. Wann und wie unterlaufen künstlerische Interventionen choreografische Ordnungen? Wie intervenieren künstlerische Projekte in diese Ordnungen? Wie generieren sie selbst choreografische Ordnungen? Und wie reflektieren sie diese Ordnungen mit den Mitteln des Ästhetischen? Und welchen Beitrag leisten sie, um Choreografie als Grundlage jeglicher sozialen Figuration und kulturellen Formation zu verstehen? Diesen Fragen werde ich an einem Beispiel, dem „White Bouncy Castle" von William Forsythe und Dana Caspersen nachgehen.

Soziale Choreografien im Feld der Kunst

Die „choreografischen Objekte" machen in der Eigenbewegung und -erfahrung aller AkteurInnen eine ästhetische Reflexion möglich, gerade indem sie nicht gegen eine vorgegebene Ordnung intervenieren, sondern sie in interkorporalen Bewegungsaktivitäten erst hervorbringen. So zum Beispiel das „White Bouncy Castle": Es ist weiß und riesig und dabei luftig leicht: das „White Bouncy Castle", eine der größten Innenraum-Kunstinstallationen der Welt, die Forsythe und Caspersen 1997 entwickelten. Das „Schloss" ist eine gut 30 Meter lange und elf Meter hohe Hüpfburg. Es ist ein Objekt, das allgemein bekannt ist von der Kirmes, von Kindergeburtstagen und öffentlichen Events in Shopping Malls und anderswo.

Für Forsythe verkörpert das Bouncy Castle einen „alternativen Choreografieraum". Hier gibt es weder BetrachterInnen noch ZuschauerInnen, sondern nur TeilnehmerInnen, die auf eine lebensweltliche Erfahrung zurückgreifen, das Hüpfen und Springen. Jeder, der mitmacht, ist Tänzer und Choreograf zugleich. Im gemeinsamen Hüpfen wird eine performative Form der Choreografie geschaffen, die nicht vorgegeben ist, sondern in der intersubjektiven Bezugnahme aufeinander in dem Moment besteht. Sie demonstriert Forsythes Verständnis von Choreografie als einer sozialen Choreografie, wenn er sagt, dass es in Choreografie darum geht:

„Organising bodies in space, or organising bodies with other bodies, or a body with other bodies in an environment that is organised" (William Forsythe, zitiert in Rosenthal 2011:105).

Das Bouncy Castle ist kein künstlerisches Objekt, das man distanziert betrachtet, und sich, ähnlich wie bei Marcel Duchamps Pissoir, die Frage nach dem Ästhetischen im Profanen, nach dem Verhältnis von Kunst- und Alltagsobjekten stellt. Es ist vielmehr ein Ort, in dem Bewegung, Choreografie und Kunst mit lebensweltlichen Erfahrungen in einem Kunstraum ineinander fließen, die Grenzen zwischen Kunst und Alltag, Lebenswelt und Welt der Außeralltäglichkeit in der und durch die Bewegungserfahrung nicht existieren. Im Hüpfen und Gehüpft-Werden machen alle körperliche Erfahrungen, die sich aus Interaktionen speisen, und das heißt auch immer: aus den (Macht-) Balancen mit den Anderen: So wird in dem Schloss immer auch die Ordnung des Sozialen choreografiert: Als Machtbalance, die (ganz im Sinne des Machtbegriffs von Norbert Elias; vgl. Elias 2009) immer ein (Kampf-)Spiel mit den Anderen ist und sich als Mechanismus der Ein- und Ausgrenzung und der Differenzsetzung von Zentrum und Peripherie zeigt. Genau in diesen Erfahrungen des Profanen erfahren die Teilnehmenden sinnlich-körperlich, dass Ordnungen keine Vor-Schriften sind, sondern performativ und interaktiv in der gemeinsamen Bewegung hergestellt werden.

Tanz und Choreografie: Kulturelle Bildung als Kritik

Das „White Bouncy Castle" zeigt: Tanz und Choreografie stehen nicht nur für Bewegung und Transformation. Sie können auch in Bewegung bringen und transformierend sein (vgl. Lepecki 2008; Martin 1998). Es ist deshalb kein historischer Zufall, dass zu Beginn des 21. Jh.s Tanz (erneut) zu einem wichtigen Bildungsgut erklärt wird.

In einer fragmentierten und medialisierten Gesellschaft, in der alles kontingent ist, Bilder dominieren und die Differenz zwischen Schein und Sein immer schwieriger auszumachen ist (vgl.Sloterdijk 1998), gelten Körper- und Bewegungserfahrungen dort (wieder) als Basiskompetenzen und Tanz als Medium subjektiver Sinnstiftung und Selbst-Vergewisserung, wo eine neoliberale Politik der Entstaatlichung und Deregulierung sich vom sozialpolitischen Engagement weitgehend verabschiedet hat und den einzelnen Menschen in die Freiheit – und das heißt im neoliberalen Projekt: in die individuelle Verantwortung der Selbstsorge – entlassen hat.

Wenn auf der einen Seite der ortlose, flüchtige, vergängliche und damit immer abwesende Tanz eine zentrale Metapher einer medialisierten, von Bildern überfluteten, globalisierten Moderne ist und damit affirmativ zum neoliberalen Projekt steht, ist er andererseits als kulturelles Archiv einer „unterirdischen Geschichte des Körpers" (Horkheimer/Adorno 1971) immer auch Kultur- und Erkenntniskritik – dies gerade in einer praxisorientierten Weise, indem die experimentelle zeitgenössische Tanzkunst Fragen stellt, die weniger das ‚knowing that' sondern eher das ‚knowing how' betonen: Wie ist Choreografie, wie Bewegung, wie Tanz? Es sind gerade diese praxisorientierten, kollaborativen, performativen Herangehensweisen, die das kulturelle und politische Potential des Tanzes und der Choreografie hervorheben, indem sie mit ästhetischen Mitteln nach dem Ort und Stellenwert des Tanzes im kulturellen Archiv der Moderne fragen. Diese Auseinandersetzung ist immer auch Gesellschaftskritik, ist sie doch ein ästhetisches Experimentierfeld des Sozialen und Kulturellen, das immer auch die Möglichkeit des Anderen, des Utopischen in sich birgt. Tanz und Choreografie gehen nicht in einer binären Logik auf, sind nie das eine oder das andere, sondern ereignen sich im Dazwischen (vgl.Rancière 2008). Und dieses Dazwischen meint auch eine Bewegung zwischen Denken und Gefühl, Bewegung und Bewegtheit, Theorie und Praxis, Wissenschaft und Kunst. Vielleicht liegt gerade in der praktischen, körperlichen Auseinandersetzung mit der Produktivkraft dieses Dazwischen die kulturelle Bedeutung von Tanz und Choreografie als Bildung und Kunst.

Zum Weiterlesen

Goffman, Erving (2000): Rahmen-Analyse: Ein Versuch über die Organisation von Alltagserfahrungen. Frankfurt/M.: Suhrkamp.

Klein, Gabriele (2011): Zeitgenössische Choreografie: Textband. In: Dies. (Hrsg.): Choreographischer Baukasten. Bielefeld: transcript.

Merleau-Ponty, Maurice (1974): Phänomenologie der Wahrnehmung. Berlin: De Gruyter.

Teil II
Praxisfelder Kultureller Bildung

2.6
Theater

Gerd Taube
Theater und Kulturelle Bildung

Theater – Begriff und Betrachtungsperspektiven

Im allgemeinen Sinne verweist der Begriff Theater auf die Kunstform, die sich in Mitteleuropa mit der Etablierung des Bürgertums als prägende gesellschaftliche Kraft seit dem 18. Jh. entwickelt hat. Im alltäglichen Sprachgebrauch sind mit dem Begriff „Theater" entweder der Ort eines szenischen Schauereignisses oder das Schauereignis selbst gemeint. Theater bezeichnet daher auch die Institutionen, Gruppierungen und Organisationen, von denen solche Schauereignisse produziert und präsentiert werden.

Die Bestimmung des Begriffs „Theater" kann hier nur oberflächlich und auf bestimmte Aspekte reduziert erfolgen, denn selbst in der Theaterwissenschaft existiert kein einheitlicher Theaterbegriff (vgl. z.B. Balme 2001; Kotte 2005:62-139; Fischer-Lichte 2010:7-12). Um das Phänomen Theater zur Kulturellen Bildung ins Verhältnis zu setzen, soll die Begriffsbestimmung vor allem auf soziale und kommunikative Wirkungsaspekte fokussiert werden.

Theater ist eine darstellende Kunst und kann aus soziologischer Sicht als eine Sonderform sozialer Interaktion gelten. Die soziale Kunstform Theater basiert auf Kommunikation, Rahmung und spezifischen Konventionen. Die einfachste Beschreibung des theatralen Kommunikationsvorgangs lautet: A spielt B während C zuschaut. In der Tradition des europäischen Literaturtheaters ist A der Schauspieler, B die Figur, die er verkörpert und C der Zuschauer der Aufführung. Die theatrale Kommunikation zwischen DarstellerInnen und ZuschauerInnen erfolgt über die Verkörperung von Figuren im Rahmen einer speziell etablierten Spielsituation, in der die darstellenden AkteurInnen bzw. die dargestellten Figuren handeln. Mit der räumlichen Hervorhebung der szenischen Vorgänge durch die Theaterarchitektur und die körperliche Hervorhebung durch die leiblich-performativen Handlungen der DarstellerInnen wird diese Rahmung verstärkt. Zu den Konventionen des Theaters gehört die unausgesprochene Verabredung, dass der Zuschauer zwischen der Alltagsrealität und der spielerischen Fiktion der theatralen Wirklichkeit zu unterscheiden vermag. Im Theater wird, mit Bezugnahme auf die Realität, eine andere Wirklichkeit konstituiert, in der das Handeln der Figuren als konsequenzvermindertes Probehandeln (Kotte 2005:21-45) charakterisiert werden kann.

Diese Begriffsbestimmung bezieht sich auf die Eigenarten des dramatischen Literaturtheaters europäischer Prägung. Das jüngere postdramatische und performative Theater folgt grundsätzlich einem anderen Konstruktionsprinzip der theatralen Wirklichkeit. A spielt nicht mehr B, also einen anderen, sondern A zeigt sich als A und führt dem Zuschauer C Realitätsmaterial vor, aus dem sich die besondere Wirklichkeit der Performance konstituiert.

Für das Literaturtheater ebenso wie für das performative Theater ist die „leibliche Ko-Präsenz von Akteuren und Zuschauern" (Fischer-Lichte 2004:58ff.) in einem aus dem Alltag herausgehobenen Ereignis konstituierend. Dabei macht sich das Theater nahezu alle künstlerischen Ausdrucksformen zu Eigen und setzt sie jeweils neu und anders zueinander in Beziehung. Die Künste wirken damit nicht eigenständig, sondern im Verhältnis zu den anderen Ausdrucksformen.

Aus der Perspektive der Kulturellen Bildung erscheint das Theater als eine Kunstsparte und Kulturtechnik, aus deren Eigenarten spezielle kunst- und kulturpädagogische Methoden hervorgegangen sind, um die kulturellen Bildungspotentiale der Theaterkunst wirksam zu machen. Aus der Perspektive der Theaterkunst erscheint die Kulturelle Bildung als ein im gesellschaftlichen, bildungstheoretischen und -politischen Diskurs dominierendes Paradigma, das vor allem als Anspruch an die soziale Wirksamkeit der Theaterkunst verstanden wird.

Aus der Perspektive der NutzerInnen entfaltet das Theater seine Bildungswirkungen in den beiden grundlegenden Methoden der Aneignung von Theater, dem Zuschauen und dem Spielen, und macht die NutzerInnen zu ZuschauerInnen und SpielerInnen. Die begriffliche Unterscheidung von Theaterkunst und Theaterpädagogik markiert diese unterschiedlichen methodischen Ansätze, sagt aber nichts über die Anteile von künstlerischen und pädagogischen Praktiken aus. Mit der Theaterkunst verbindet sich oftmals auch eine pädagogische Haltung, und die Theaterpädagogik vertritt einen künstlerischen Anspruch. Mit dem Konzept der Vermittlungskunst wird inzwischen versucht, die prinzipielle Dichotomie von Zuschauen und Spielen tendenziell aufzuheben und die Kunstvermittlung selbst als künstlerische Praxis zu begreifen. Dabei werden die institutionellen und formalen Koordinaten einer szenisch-dramatischen Theaterkunst zugunsten der Offenheit emanzipatorischer und partizipativer Konzepte des performativen Theaters aufgegeben.

Historische Aspekte des Verhältnisses von Theater und Bildung

Noch vor der Entstehung des Berufstheaters in Deutschland nutzten das humanistische Schultheater des späten 15. Jh.s sowie das Jesuitentheater und das reformatorische Schultheater des 16. und 17. Jh.s das Drama und dessen Aufführung durch die Schüler pädagogisch zur Ausbildung von sozialen Kompetenzen, wie rhetorische Eloquenz und Gewandtheit im Auftreten, Tugendhaftigkeit und Moral. Die spielerische Einübung von sozialen Verhaltensweisen durch die Darstellung der Figuren in den Schuldramen sollte die Schüler auf die Bewältigung der Realität vorbereiten.

Die öffentlichen Aufführungen des Schultheaters konstituierten zugleich eine allgemein bildende Öffentlichkeit zur religiösen und moralischen Festigung der bürgerlichen Ordnung. Diese Funktion als Schule sozialen Verhaltens wurde im 18. Jh. mit der Etablierung der Wanderkomödianten und der Einrichtung von stehenden öffentlichen Berufstheatern obsolet (vgl. Klepacki 2005).

In der Zeit der Aufklärung fanden das Drama und das Theaterspielen bei der Erziehung im privaten Kreis der Familie Verbreitung. In Zeitschriften und Almanachen wurden Kinderschauspiele veröffentlicht: szenische Miniaturen mit Kindern in den Hauptrollen, die Alltagsgeschichten aus der bürgerlichen Familie thematisierten (vgl. Cardi 1983).

Das berufsmäßige Theater entwickelte sich im 18. Jh. zu einer Form der bürgerlichen Öffentlichkeit mit ausgesprochenem Bildungsanspruch. Für Johann Christoph Gottsched galt die Bühne als „weltliche Kanzel", Gotthold Ephraim Lessing bezeichnete das Theater als „Schule der moralischen Welt", und Friedrich Schiller proklamierte die „Schaubühne als moralische Anstalt". Dabei ging es mit dem bürgerlichen Trauerspiel nicht mehr nur um Moral und Tugend, sondern um die Formulierung von politischen Ansprüchen des Bürgertums gegen die Vorherrschaft des Adels. Im 19. Jh. schuf sich das Bürgertum mit den Stadt- und Staatstheatern eine öffentlich geförderte, institutionelle Infrastruktur. Das etablierte bürgerliche Theater war nicht mehr politisch-aufklärerisch, sondern verklärte das „Gute, Wahre und Schöne" zu seinem Bildungsanspruch.

Um die Wende zum 20. Jh. bemühten sich reformpädagogische LehrerInnen darum, SchülerInnen Zugang zu den Vorstellungen klassischer Dramen an Berufstheatern zu ermöglichen, um den Dramenunterricht didaktisch zu unterstützen. In der Weimarer Republik übernahmen es außerdem noch Besucherorganisationen wie die Volksbühnen-Bewegung und der Bühnenvolksbund, solche Zugänge zur Theaterkunst zu schaffen. Sie folgten dem pädagogischen Prinzip der Erziehung durch die Kunst zur Kunst, das von der reformpädagogischen Kunsterzieherbewegung seit der Jahrhundertwende proklamiert und praktiziert wurde.

In den ersten drei Jahrzehnten des 20. Jh.s entstand, aus den Traditionen der Jugendbewegung und der Reformpädagogik gespeist, die Laienspielbewegung, in der Theaterspielen als Persönlichkeits- und Volksbildung begriffen wurde. Die Theorie und Praxis des Laienspiels der Weimarer Republik beeinflusste das Schultheater und das Amateurtheater in der alten Bundesrepublik bis in die 1960er Jahre. Seitdem hat sich das Schultheater als Unterrichtsfach (Darstellendes Spiel) und pädagogische Methode etabliert (vgl. Klepacki 2007; Liebau 2005).

Nach dem zweiten Weltkrieg hat sich mit dem Kinder- und Jugendtheater ein Spezialtheater für junges Publikum herausgebildet (vgl. Hoffmann/Israel 2008). Im Osten begann die Gründungsphase eigenständiger Kinder- und Jugendtheater bereits kurz nach dem Zweiten Weltkrieg, während im Westen erst im Zuge der Protestbewegung der StudentInnen Ende der 1960er Jahre mit dem emanzipatorischen Kindertheater ein eigenständiges Spezialtheater entstand, dessen künstlerische und pädagogische Wirkung in den 1980er Jahren eine Gründungswelle von Kinder- und Jugendtheater-Sparten an Stadt- und Landestheatern der Bundesrepublik auslöste. Zu der Zeit wurde das Kinder- und Jugendtheater in der DDR an großen Theatern für junge ZuschauerInnen und an allen anderen staatlichen Bühnen gepflegt und begann sich als Theaterkunst vom Bildungswesen zu emanzipieren. Seit der deutschen Vereinigung hat sich das Kinder- und Jugendtheater zu einem integralen Bestandteil der Theaterkultur in Deutschland entwickelt (vgl. Israel/Riemann 1996; Gronemeyer/Hesse/Taube 2009). Neben den Spezialtheatern (eigenständiges Kinder- und Jugendtheater, vierte Sparte am Stadttheater und Freie Theater) macht heute fast jedes öffentlich geförderte Theater in Deutschland Angebote für das junge Publikum, die als Beitrag der Theater zur Kulturellen Bildung der jungen Generation verstanden werden (vgl. Taube 2011).

Bildungsprozesse im Theater

Ulrike Hentschel rät zur Skepsis gegenüber pädagogischen Heilserwartungen an den Einsatz von „Theater als Mittel im pädagogischen Feld" (Hentschel 2007:89), weil diese Erwartungen immer von „wünschenswerten Zielvorstellungen" ausgingen und das Theaterspielen als ein Instrument begriffen, um diese Zielvorstellungen zu erreichen (Hentschel 2007:90). Gleichwohl sind dem Theaterspielen und dem Theaterschauen Lernprozesse immanent, die jedoch nicht mittels eines vorher bestimmten Lernziels steuerbar sind. Wie schon eingangs bei der Begriffsbestimmung gezeigt wurde, ermöglicht es das Theatererlebnis, „von einer anderen Wirklichkeitsebene aus auf die Wirklichkeit des Alltags zu blicken" (Hentschel 2007:94). Diese Differenzwahrnehmung ist „eine wesentliche Eigenheit ästhetischer Erfahrung, die Akteure bei der Produktion und Zuschauende bei der Rezeption theatraler Gestaltung machen können, und damit das zentrale Bildungserlebnis des Theaterspielens und -schauens" (Hentschel 2007:94; vgl. auch Hentschel 2000).

Die ästhetische Bildung in der Kunst, als eine Spielart der Kulturellen Bildung, ist mit Klaus Mollenhauer „eine wesentliche Dimension der Auseinandersetzung des Menschen, hier besonders des Kindes, mit ‚Welt' und seiner je eigenen Weise der Weltaneignung" (Mollenhauer

1996:253). Die künstlerischen Ereignisse der Theaterprobe, des Workshops, der eigenen Aufführung oder des Theaterbesuchs bilden jeweils den Rahmen für die individuellen Erfahrungen des gestaltenden bzw. wahrnehmenden Subjekts. Je anregungsreicher diese Rahmung ist und je größer die Relevanz der Themen, Geschichten und Kontexte für die Subjekte ist, umso intensiver können die Bildungsprozesse des Theaterspielens und Theaterschauens wirken (vgl. Taube 2009a; Taube 2007).

Theaterpädagogik – Spiel als Kunst und die Kunst der Vermittlung

In der Praxis sind die Sphären künstlerischer und pädagogischer Theaterarbeit nicht zu trennen. Theaterpädagogik am Theater gilt längst nicht mehr als Erklärungs- und Vermittlungsinstrument der Theaterkunst, sondern als deren konzeptioneller Bestandteil. Kunst und Pädagogik, „das Zwillingspaar, das gleichgesichtig und verschiedenen Charakters ist" (Hoffmann 2006:156), wie Christel Hoffmann bemerkt, können als einander dialektisch bedingende Sphären der Kulturellen Bildung im Theater begriffen werden.

Theaterpädagogik macht die vielfältigen Formen, Ausdrucks- und Wirkungsweisen des Theaters für soziale und künstlerische Bildungsprozesse nicht nur für junge Menschen nutzbar. Daher steht der spielende Mensch im Mittelpunkt der Theaterpädagogik: Sei es der Jugendliche, der gemeinsam mit anderen auf der Bühne steht oder seien es die jungen ZuschauerInnen, die zu einem bestimmten Thema improvisieren, um einen Theaterbesuch vor- oder nachzubereiten. Zudem versteht sich die Theaterpädagogik zunehmend als eine Vermittlungskunst mit performativem Charakter. Mit spielerischen und performativen Mitteln werden Themen der Kinder und Jugendlichen szenisch bearbeitet und das Theater als ein experimenteller Raum des künstlerischen Forschens für die jugendlichen ExpertInnen ihrer Lebenswirklichkeit begriffen. Künstlerische Praxis wird so zu Kultureller Bildung in und mit der Theaterkunst (vgl. Schneider/Fechner 2010). Die Vermittlungskunst wird mittlerweile als eigenständiges Kunstformat gesehen. Exemplarisch dafür ist die „Winterakademie" am Theater an der Parkaue in Berlin als „Ausdruck und Bestandteil eines erweiterten Verständnisses von Theaterpädagogik" (Willenbacher 2007:139). Das ästhetische Forschungsprojekt folgt zwei Grundprinzipien des ästhetischen Lernens im Theater: Partizipation und Spiel. Die „Winterakademie" beteiligt Jugendliche und KünstlerInnen an einem gemeinsamen spielerischen Prozess des Suchens und Entdeckens, in den sich alle mit ihrer Persönlichkeit, ihren Ideen, ihrer Weltsicht und ihren Erfahrungen einbringen, um „das Spiel in der Wirklichkeit und die Wirklichkeit im Spiel" (Sauer 2010:89) zu erforschen.

Bildungspotentiale der Theaterrezeption

Die Theaterkunst wirkt über ein vielschichtiges Zeichensystem, das einem internen theatralen Code folgend Bedeutungen erzeugt (vgl. Fischer-Lichte 1994). Im Rezeptionsprozess entschlüsselt der Zuschauer den theatralen Code und interpretiert die Zeichen bzw. Zeichenzusammenhänge. Sowohl in der theatralen Produktion als auch in der interpretierenden Rezeption kann der theatrale Code von externen Codes beeinflusst werden. Die Interpretation des theatralen Codes ist die schöpferische Leistung des Zuschauers in dem durch das theatrale Ereignis angeregten Prozess des ästhetischen Lernens.

Im Theater für junges Publikum lassen sich aktuell zwei wirkungsästhetische Grundprinzipien beobachten, die dieses Bildungspotential der Rezeptionsprozesse im Theater nutzen. Sie verweisen gleichzeitig auf das unterschiedliche Verständnis von Kultureller Bildung im Theater.

Die einen verstehen den Theaterbesuch per se als pädagogische Veranstaltung und bewerten ihn nach der Verwertbarkeit in Lehr- und Lernprozessen. Theater versuchen diese Erwartung zu erfüllen, indem sie alle künstlerischen Mittel einer Inszenierung der Vermittlung eines bestimmten Inhalts unterordnen und eine relative Eindeutigkeit der Aussage eines Textes oder einer Inszenierung anstreben.

Die anderen setzen auf die Bildungspotentiale der Theaterkunst aufgrund der Polyvalenz des theatralischen Codes, der sich eindeutiger Bedeutungszuweisung oft entzieht und erst im Abgleich mit den eigenen Erfahrungen der ZuschauerInnen sinnvoll entschlüsselt werden kann. Solche künstlerischen Lernprozesse sind der ästhetischen Erfahrung während der Aufführung nicht nachgelagert, sondern Teil und Ergebnis des Rezeptions- und Interpretationsprozesses.

Die Kommunikation im Theater beruht auf dem Wechselspiel von AkteurInnen und ZuschauerInnen, mithin auf einem produktiven Prozess, „der letztendlich von der Phantasie der Zuschauer abhängig ist" (Hentschel 1996:40). Jens Roselt begreift die Theateraufführung als ein gemeinsames Ereignis von SpielerInnen und ZuschauerInnen und betont die produktive Dimension der Wahrnehmungs- und Erfahrungsweisen der ZuschauerInnen. „Die Kreativität dieser Prozesse besteht darin, dass Zuschauer im Theater nicht lediglich tradierte Rezeptionsregister ziehen, sondern lernen, sich auf ungewohnte und unerwartete Situationen einzustellen und notwendige Verhaltensweisen selbst zu generieren" (Roselt 2008:367).

Herausforderungen

Zivilgesellschaftliche Kräfte wie die in der *Bundesvereinigung für Kulturelle Kinder- und Jugendbildung (BKJ)* organisierten Theaterfachverbände, der *Deutsche Bühnenverein*, der *Deutsche Kulturrat*, die Akteure in den Feldern der Theaterkunst, der Theaterpädagogik und der Schule sowie die Akteure in der Kultur-, Bildungs- und Jugendpolitik stehen vor der gemeinsamen Herausforderung, die Rahmenbedingungen und Ressourcen für die Kulturelle Bildung im Theater und mit dem Theater zu sichern. Gleichzeitig sind sie aber auch verpflichtet, ihr Agieren auf den unterschiedlichen Ebenen immer wieder mit den Grundprinzipien der Kulturellen Bildung in Einklang zu bringen. Denn nur auf der Basis fachlicher Qualität und Qualifizierung können die eingesetzten Ressourcen ihre größtmögliche Wirkung entfalten. Von besonderer Bedeutung sind die Prinzipien der Teilhabegerechtigkeit, der Partizipation, der Interessenorientierung, der Stärkeorientierung und Fehlerfreundlichkeit sowie der Öffentlichkeit und Anerkennung.

Die Akteure stehen vor der großen gesellschaftlichen Herausforderung, allen Kindern und Jugendlichen die Teilhabe an Theaterkunst und Theaterpädagogik zu ermöglichen. Dabei gilt es soziale und kulturelle Zugangsbarrieren zu beseitigen. Kinder und Jugendliche müssen zukünftig noch intensiver in die konzeptionelle Entwicklung von Angeboten der Kulturellen Bildung im Theater einbezogen werden, wie das beispielsweise mit jugendlichen Theaterscouts als Verbindungsleuten zwischen dem Theater und seinem Publikum praktiziert wird. Die Entwicklung von partizipativen Theaterformaten für Kinder und Jugendliche muss besonders gefördert werden. Die Orientierung theaterpädagogischer und theaterkünstlerischer Angebote an den Interessen der NutzerInnen darf sich nicht im thematischen Bezug auf ihre Lebenswirklichkeit erschöpfen. In der partizipativen Arbeit mit Kindern und Jugendlichen müssen Räume für den Blickwinkel der jüngeren Generation geschaffen und die Stimme der Jugendlichen wahrnehmbar gemacht werden. In der künstlerischen Arbeit für Kinder und Jugendliche müssen die Interessen und die Perspektive der Jugendlichen anwaltlich vertreten werden. Interessenorientierung hieße also Themen platzieren, das gesellschaftliche Bild von Kindheit und Jugend reflektieren und utopische Entwürfe ermöglichen. Das Prinzip der Stärkenorientierung und Fehlerfreundlichkeit betrifft vor allem die Haltung, mit der TheaterpädagogInnen und TheatermacherInnen Kindern und Jugendlichen gegenübertreten. Theaterarbeit mit Kindern und Jugendlichen sollte sich nicht an den Konventionen des bürgerlichen Repräsentationstheaters orientieren oder gar auf dessen Nachahmung zielen, sondern an die Ausdrucksformen der Kinder und Jugendlichen anknüpfen. Das Prinzip der Öffentlichkeit ist dem Theater als eine Form der sozialen Interaktion eingeschrieben und gehört zu den Wirkungsbedingungen des Theaters als soziale Kunst. Eine wichtige Herausforderung für die Zukunft ist es, die verschiedenen Bereiche theatraler Öffentlichkeit – des Theaters für junges Publikum, der Theaterpädagogik, des Amateurtheaters (siehe Norbert Radermacher „Kulturelle Bildung im Mehrgenerationenmodell Amateurtheater" in diesem Band) und des Schultheaters – nicht als gegeneinander austauschbar, sondern als auf je spezielle künstlerische und pädagogische Methoden gründende und sich gesellschaftlich ergänzende Systeme zu achten und wechselseitig durchlässiger zu machen.

Zum Weiterlesen

Fischer-Lichte, Erika (2010): Theaterwissenschaft. Tübingen/Basel: Francke.

Hentschel, Ulrike (2000): Theaterspielen als ästhetische Bildung. Weinheim: Deutscher Studien-Verlag.

Liebau, Eckart u.a. (Hrsg.) (2005): Grundrisse des Schultheaters. Pädagogische und ästhetische Grundlegung des Darstellenden Spiels in der Schule. Weinheim/München: Juventa.

Taube, Gerd (Hrsg.) (2007): Kinder spielen Theater. Spielweisen und Strukturmodelle des Theaters mit Kindern. Berlin/Milow: Schibri.

Rolf Bolwin
Theater als Ort Kultureller Bildung

Bei der Bildungsdebatte in Deutschland dominieren seit Jahren Gesichtspunkte der Erzeugung unmittelbar verwertbaren Wissens und entsprechender Kompetenzen, deren Nützlichkeit außer Zweifel steht. Demgegenüber werden häufig die Bildungsprozesse marginalisiert, in denen es um die Kunst, um Theater, Literatur, Musik und Bildende Kunst geht. Das gilt immer noch als Luxus, wünschenswert, aber nicht unbedingt notwendig zur Sicherung der Zukunftsfähigkeit des Standortes Deutschland. Maßnahmen im Bereich der Kulturellen Bildung werden wohlwollend zur Kenntnis genommen und gelobt, ein strukturelles Umdenken ist aber nicht wirklich zu bemerken. Dabei kann man nicht oft genug die grundsätzliche Bedeutung des Ästhetischen in der Bildung betonen. Hier geht es um Wahrnehmung und Erfahrung als Tiefenschicht des menschlichen Bewusstseins, auf der auch Wissenschaft und Technik aufruhen. Hier liegen wesentliche Ursprünge von Kreativität und Einfallsreichtum, von freiem und zukunftsweisendem Denken. Zukunft wird auch – und in den kühlen Regionen des Elitediskurses erst recht – durch Wahrnehmen, Verstehen und Begreifen geprägt. Eigenschaften, in denen sich das Intellektuelle mit dem Sinnlichen zu Fähigkeiten verbindet, auf die keine Gesellschaft verzichten kann und deren Bedeutung für die Zukunft unseres Bildungssystems kaum überschätzt werden kann. Nach den ernüchternden PISA-Studien aus den Jahren 2001 und 2004, die gravierende Mängel im deutschen Bildungssystem zutage förderten, stellte sich auf vielen Ebenen die Frage, ob eine Verbesserung im Bereich der Kulturellen Bildung auch insgesamt bessere Bildungsergebnisse erzielen kann.

Welche Rolle spielen Theater und Orchester in der Kulturellen Bildung? Können Theater- und Orchesteraufführungen eigentlich (weiter-)bilden? Welche Vermittlungsarbeit wird zusätzlich geleistet? Warum müssen sich Kulturinstitutionen überhaupt dieses Themas annehmen? Dies sind nur einige der Fragen, mit denen sich der *Bühnenverein* in diesem Zusammenhang immer wieder beschäftigt.

Kein neues Thema für Theater und Orchester

Für den *Deutschen Bühnenverein* und die ihm angeschlossenen Theater und Orchester steht fest: Theater und Orchester leisten zur Kulturellen Bildung tagtäglich einen großen Beitrag. Das Thema beschäftigt den Verband und kleine wie große Häuser schon seit vielen Jahren. Sie widmen sich der Kulturellen Bildung immer wieder und immer wieder neu.

2004 organisierte der *Bühnenverein* ein Symposion zum Thema „Zukunft durch ästhetische Bildung". Um deutlich zu machen, dass Bildung die gemeinsame Aufgabe von Kulturinstitutionen und Bildungseinrichtungen ist, wurde das Symposion in Kooperation mit dem *Kulturwissenschaftlichen Institut Essen* veranstaltet. Die Veranstaltung stieß auf eine ungeheuer positive Resonanz und motivierte alle Beteiligten, das Thema mit neuen Erkenntnissen in der eigenen, städtischen Realität weiter anzugehen.

Theater und Orchester haben jährlich rund 35 Millionen ZuschauerInnen, davon 18,8 Millionen an den öffentlich getragenen Häusern. Ihre Möglichkeiten, die Menschen mit anspruchsvollen dramatischen Werken, mit Musik und Tanz zu erreichen, sind also immens. Insbesondere für junge Menschen halten die Spielpläne der Theater ein vielseitiges Angebot bereit. Und dennoch: Theaterbesuche gehören nach wie vor nicht zur bevorzugten Freizeitbeschäftigung junger Menschen. Der *Bühnenverein* sah sich vor einigen Jahren daher veranlasst, sich näher mit dem jungen Zuschauer und dessen Bedürfnissen zu befassen. In einer repräsentativen Nichtbesucher-Befragung bei jungen Menschen zwischen 16 und 29 Jahren wurden unter anderem die Motive für die Entscheidung, nicht ins Theater zu gehen, erfragt. Das nicht überraschende Ergebnis zeigte, dass die Mehrheit lieber ins Kino ging oder fernsah. Viele unterlagen auch der irrigen Annahme, dass man sich im Theater immer schick kleiden müsse und offenbarten eine hohe Unsicherheit, wie man sich bei einem Theaterbesuch benehmen müsse. Hier ist also weiterhin Aufklärungsarbeit zu leisten, um diese Hemmschwellen abzubauen.

Die Theater- und Orchesterbetriebe sind sich nicht erst seit PISA der Tatsache bewusst, dass sie einen Beitrag zur ästhetischen Bildung zu leisten haben (siehe Leopold Klepacki/Jörg Zirfas „Die Geschichte der Ästhetischen Bildung" in diesem Band). Dabei geht es vor allem darum, Reflexion und Kreativität sowie Sprachkompetenz durch die Künste zu fördern. Wer nicht liest und nicht in der Lage ist, den komplizierten Texten einer Theaterproduktion zu folgen, wird nicht über die Sprachkompetenz verfügen, die er zum Diskurs und zur Meinungsbildung wie zur Erarbeitung von Lösungen im Diskurs braucht. Moderne Kommunikationstechnologien zu beherrschen reicht alleine nicht aus. Der Mensch sollte auch wissen, welche Inhalte er – mit welchen Kommunikationsmitteln auch immer – vermitteln möchte. Zudem heißt die Weltliteratur der Vergangenheit und der Gegenwart zu erkennen, dass die eigene Existenz eine Geschichte hat, die es erlaubt, auf gelebtes Leben und gewonnene Erkenntnisse für das eigene Leben zurückzugreifen. Und dass es Menschen mit anderen Erfahrungen und Lebensentwürfen gibt, an der man die eigenen zu messen in der Lage ist. Das alles leistet selbstverständlich die Literatur, das alles leistet aber auch – und zwar in direktem Dialog mit den KünstlerInnen – die darstellende Kunst. Gerade das Theater bietet durch die Möglichkeit der Identifikation oder der Ablehnung dessen, was auf der Bühne geschieht, eine in dieser Art fast einmalige Gelegenheit zur Meinungsbildung und zur damit verbundenen Entwicklung von Beurteilungsvermögen. So ist Theater in jedem Fall ein Teil der ästhetischen Bildung. Diese Gedankengänge lassen sich auch auf die Rezeption von Musik übertragen.

Projektarbeit und programmatische Arbeit

In einer Studie zum Thema „Bildungsangebote in klassischen Kultureinrichtungen", die im Zeitraum von 2008 bis 2010 vom *Zentrum für Kulturforschung* durchgeführt wurde, vom *Bundesministerium für Bildung und Forschung (BMBF)* gefördert und unter anderem vom *Bühnenverein* als Netzwerkpartner unterstützt wurde, wurden 771 Kultureinrichtungen zu ihrem Bildungsangebot befragt. An der Umfrage beteiligten sich etwas mehr als die Hälfte (54 %) der Kulturinstitutionen. Das Ergebnis der Studie zeigte, dass 13 % der befragten Einrichtungen sich nicht auf dem Feld der kulturellen Bildungsarbeit betätigen. Vor allem bei den Theatern und Orchestern ist aber in den letzten fünf Jahren eine generelle Zunahme der Angebotsvielfalt für Kinder und Jugendliche zu bemerken.

Wie die Studie belegt, arbeiten die Theater im Bereich der Kulturellen Bildung oft auf der Basis von Seminaren und Workshops sowie künstlerisch-kreativen Projekten. Eine öffentliche Anerkennung dieser Projekte erfolgt unter anderem durch den 2009 von *Kulturstaatsminister* Bernd Neumann gestifteten Preis für beispielhafte und innovative Projekte in der Kulturellen

Bildung. Insgesamt ist der Preis mit 60.000 Euro dotiert. Der *Bühnenverein* als vorschlagsberechtigter Verband sichtet hierfür Jahr für Jahr viele unterschiedliche und ambitionierte Projekte, und hat dem *BKM* im Jahr 2011 „Mutwerk – Ein Theaterprojekt über Zivilcourage" des *Theaters Erlangen*, die Kinderoper „Brundibar" des *Konzerthauses Berlin* sowie „Horch, es brennt!" der *Theater und Orchester GmbH Neubrandenburg/Neustrelitz* vorgeschlagen. Ein weiteres Beispiel ist das Projekt „Hauptschule der Freiheit", das in einer Kooperation der *Münchner Kammerspiele* gemeinsam mit der Münchner *Hauptschule an der Schwindstraße* entstand, und mit dem „BKM-Preis Kulturelle Bildung 2010" ausgezeichnet wurde. Ziel des Projektes war es, im gegenseitigen Dialog von Schule und Theater innovative Formen der künstlerischen Zusammenarbeit zu entwickeln (siehe Leopold Klepacki/Dieter Linck „Schule und Theater" in diesem Band). Durch „Hauptschule der Freiheit" wurde eine effektive und andauernde Verbindung zwischen beiden Institutionen geschaffen. Die SchülerInnen, die bisher nicht mit dem Theater in Berührung gekommen waren, werden auch nach dem Projekt kontinuierlich an den *Münchner Kammerspielen* beschäftigt, etwa im hauseigenen Jugendclub oder als PraktikantInnen in den Werkstätten.

2009 wurde ein Projekt ausgezeichnet, das bereits 2007 am *Thalia Theater Halle* entstanden ist. „Opferpopp" beschäftigt sich mit der erschreckenden Realität von Jugendlichen aus sozialen Brennpunkten, die kaum Zukunftsperspektiven haben und sich gegenüber der Gesellschaft jeden Tag aufs Neue behaupten müssen. Die Leistung der Inszenierung des Regisseurs und Filmemachers Mirko Borscht bestand darin, dass sie einer „innerhalb der kulturellen Bildung immer noch kaum repräsentierten Zielgruppe Gehör verschaffte und Jugendlichen [...] Lust auf künstlerische Prozesse gemacht hat" (siehe bundesregierung.de – Preis für Kulturelle Bildung „Opferpopp").

Diese Beispiele verdeutlichen, wie sehr die Theater in Deutschland darum bemüht sind, Kulturelle Bildung erlebbar und erfahrbar zu machen und die Gesellschaft dadurch nachhaltig zu verändern.

Die sogenannten „Projekte" machen aber nur einen Teil der Bildungsarbeit der Theater und Orchester aus. Schon allein die Tatsache, dass die meisten Theater eine Kinder- und Jugendsparte haben, ist eine Form von Bildungsarbeit durch das direkte Erleben von Kunst. Laut der Theaterstatistik des Bühnenvereins sind seit der Spielzeit 2008/2009 die BesucherInnenzahlen bei den öffentlich getragenen Theatern im Kinder- und Jugendtheaterbereich um ca. 4,8 % gestiegen. 2.795.433 BesucherInnen sahen in der Spielzeit 2010/2011 13.205 Veranstaltungen. Das Ensemble- und Repertoiresystem, das die deutsche Theaterlandschaft so wertvoll, so einzigartig macht, bildet, und zwar Tag für Tag. Und es geht hierbei nicht nur um das berühmte Weihnachtsmärchen, das allerdings nicht unterschätzt werden darf, bedeutet es doch für die meisten Kinder und Jugendliche den ersten Kontakt zum Theater. Es geht darum, dass die Sparte Kinder- und Jugendtheater an den Häusern genauso ernst genommen wird wie Schauspiel, Musiktheater oder Ballett. Dort wird mit einem eigenen Team zielgruppengerecht gearbeitet, werden gesellschaftlich relevante Themen aufgespürt und theatralisch umgesetzt. Auch die Orchester geben fast alle regelmäßig Kinder- und Jugendkonzerte und engagieren sich nachhaltig für diese Klientel.

Erfreulicherweise sind in den letzten Jahren auch neue Kinder- und Jugendsparten an den Häusern eingerichtet worden, so z.B. das *Junge Schauspielhaus Hamburg*, die *Kinderoper* in Dortmund, die *Semperoper Junge Szene* in Dresden oder das *Junge Staatstheater* in Karlsruhe. Der von verschiedenen öffentlichen und privaten Geldgebern finanzierte Neubau für das *Comedia Theater* in Köln, eines der anerkanntesten privaten Kinder- und Jugendtheater Deutschlands, gibt Hoffnung, dass die Arbeit für Kinder und Jugendliche auch langfristig

Anerkennung findet. Überhaupt leisten die privaten Kinder- und Jugendtheater, die meist mit kleinem Budget ausgestattet sind, täglich Großes für die Kulturelle Bildung.

DER FAUST

Daher war es für den *Bühnenverein* und die Bundesländer besonders wichtig, eine eigene Kategorie „Regie Kinder- und Jugendtheater" beim Deutschen Theaterpreis „DER FAUST", der seit 2006 verliehen wird, vorzusehen. Seitdem erhält jedes Jahr ein Regisseur den „FAUST" für die beste Regie im Kinder- und Jugendtheater. Schon die Nominierung ist die eigentliche Auszeichnung, und in den letzten Jahren deckten die Nominierten ein breites Spektrum des Kinder- und Jugendtheaters in Deutschland ab. Es reicht vom *Jungen Schauspiel Hamburg* (Klaus Schumacher), dem *Jungen Ensemble Stuttgart* (Brigitte Dethier und Yves Thuwis) und dem *Berliner Gripstheater* (Frank Panhans) bis zum *Theater Pfütze* in Nürnberg (Christopher Gottwald) oder dem *Theater Marabu* aus Bonn (Claus Overkamp).

Materialien und Publikationen – Unentbehrlich für die Vermittlungsarbeit

Viele Theater und Orchester versorgen das junge Publikum sowie LehrerInnen und Eltern mit hervorragenden Materialien, ob mit Unterrichtsmaterialien, kindgerechten Publikationen, witzigen Werbeartikeln und vielem mehr. Dies erleichtert den Zugang zu Theater oder Musik. Es ist daher wichtig, dass speziell im theater- und musikpädagogischen Bereich kein Stellenabbau erfolgt, denn diese Abteilungen leisten unglaublich wertvolle Arbeit. Aufpassen müssen allerdings alle Beteiligten, dass die pädagogische Arbeit mit Kindern und Jugendlichen nicht schleichend von anderen Institutionen auf die Theater und Orchester abgeschoben wird. Vermittlungsarbeit ist nur ein Teil des öffentlichen Auftrags dieser Häuser. Sollte dieser Arbeitsbereich weiterhin so stark zunehmen, muss die öffentliche Hand über andere Strukturen nachdenken, so z.B. über ausreichend besetzte Schnittstellen zwischen Schulen und Theatern bzw. Orchestern.

Auch der *Bühnenverein* unterstützt die Vermittlungsarbeit der Häuser mit Publikationen und Materialien, die sowohl von Theatern und Orchestern als auch von Schulen gerne bestellt und verteilt werden. Besonders hervorzuheben sind hier die Broschüre „Berufe am Theater", das Pixi-Buch „Julia und Anton im Theater", das bald auch vom Carlsen-Verlag in sein normales Programm aufgenommen wird, sowie der Bastelbogen „Orchester zum Ausschneiden".

Junge Bühne

Die ästhetische Bildung junger Menschen zu fördern hat sich auch die „junge bühne", das Jugendtheater-Magazin des *Bühnenvereins*, zur Aufgabe gemacht. Das seit 2007 einmal jährlich erscheinende, kostenlose Heft wird neben den RedakteurInnen der „Deutschen Bühne" und professionellen TheatermacherInnen von jungen JournalistInnen und Theaterfans mitgestaltet. Viele Schulen, Theater und sonstige kulturelle Einrichtungen nutzen inzwischen das Angebot für ihren Unterricht, ihre Jugendclubs oder Festivals. Die mittlerweile erreichte Auflage von 70.000 Heften zeigt, dass das Bedürfnis von PädagogInnen und Jugendlichen nach jugendgerecht aufbereiteten Theaterthemen gleichermaßen gewachsen ist. Ein gutes Beispiel ist der „Antigone"-Comic in der Ausgabe Nr. 3, mit dem die Redaktion gemeinsam mit einem jungen Illustrator den Versuch wagte, den Zugang zu dramatischer Literatur auf unkonventionelle Weise zu ermöglichen. Das Heft fand großen Anklang bei LehrerInnen und

SchülerInnen, die die Tragödie gerade im Unterricht behandelten. Comics und Graphic Novels gehören mittlerweile ganz selbstverständlich zur Kultur, und zwar nicht nur zur Jugendkultur (siehe Christian Schmidt „Jugendkulturelle Szenen und Kulturelle Bildung" in diesem Band). Auch im Kleist-Jahr 2011 schlug die „junge bühne" daher eine Brücke zwischen verschiedenen Kunstformen und schrieb einen Comic-Wettbewerb zum Thema Kleist aus, mit erstaunlichen, äußerst kreativen Ergebnissen, die von einer Fachjury sehr positiv bewertet wurden.

Gleichzeitig informiert die „junge bühne" über die Arbeit am Theater, über Jugendprojekte, beschäftigt sich mit Theatertexten, begleitet KünstlerInnen – kurzum, sie beleuchtet die Vielfalt dieses Arbeitsbereichs „Theater" auf eine anspruchsvolle und dennoch äußerst unterhaltsame Weise, etwas, das es bislang noch nicht in dieser Form gab. Die Website www.die-junge-buehne.de und das dazugehörige Blog sind ein weiteres wichtiges Element, um das Zielpublikum zu erreichen.

Netzwerke analog und digital

Überhaupt arbeiten zunehmend mehr Kinder- und Jugendprojekte mit Websites, Blogs, Facebook-Seiten und mit anderen interaktiven Formen. Dies ist wichtig, da der Großteil des jungen Publikums durch Webpräsenz zu erreichen ist. Ob es hier um konkrete Projekte geht oder um die Zurverfügungstellung von Material und Informationen – beides ist wichtig, um den Kontakt zu jungen InternetnutzerInnen aufzubauen bzw. nicht zu verlieren. Auch für die Datensammlung und den Austausch über Kinder- und Jugendprojekte ist das Internet mittlerweile eine nicht mehr wegzudenkende Plattform geworden.

Die Vielfalt der Projekte und Initiativen in der kulturellen Arbeit mit Kindern und Jugendlichen waren für den *Bühnenverein* Anlass, 2009 das Online-Portal „Forum Junges Theater" zu gründen. Das Forum zeigt die Aktivitäten der deutschen Theater im Bereich der Kinder- und Jugendarbeit. Es bietet einen bundesweiten Überblick über die theaterpädagogische Arbeit der Theater, über Stücke für Kinder und Jugendliche, über die Arbeit von knapp 100 Jugendclubs und über sonstige Projekte aus der Jugendarbeit der Theater. 2010 wurden über 700 Stücke und Projekte in dem Forum vorgestellt. Anhand dieser Übersicht wird deutlich, welchen Beitrag die Theater tagtäglich zur ästhetischen Bildung unserer Gesellschaft leisten. Gleichzeitig bietet die Plattform den Theatern die Möglichkeit der Vernetzung untereinander. Über 120 TheaterpädagogInnen tauschen sich bereits über das Forum aus und vermitteln zwischen dem Medium Theater und jungen Menschen.

Netzwerke sind im Übrigen ein gutes Stichwort für die Förderung von Kultureller Bildung. Es gibt viele gute Initiativen mit unterschiedlichen Schwerpunkten die Jahr für Jahr Wichtiges leisten. Besonders hervorzuheben ist hierbei die Initiative „Kinder zum Olymp!" der *Kulturstiftung der Länder*, die seit 2003 existiert. Schwerpunkt der Arbeit von „Kinder zum Olymp!" ist die Zusammenarbeit zwischen Kulturinstitutionen und KünstlerInnen, Schulen und Kindergärten. Museen, Theater und Opernhäuser, Bibliotheken und Literatureinrichtungen, Orchester und Tanztheater, Musik- und Kunstschulen, aber auch einzelne KünstlerInnen sind gefragt, die Freude an Kunst und Kultur authentisch zu vermitteln. Regelmäßig schreibt „Kinder zum Olymp!" einen Wettbewerb aus, regelmäßig findet ein Kongress statt, in dem Ergebnisse und Weiterentwicklungen der Bildungsarbeit diskutiert und Best-Practice-Beispiele vorgestellt werden. Zudem gibt es Publikationen, die die Arbeit zusammenfassen und grundlegende Informationen vermitteln. Der *Bühnenverein* unterstützt „Kinder zum Olymp!" mit seiner Zeitschrift „junge bühne" als Netzwerkpartner und war bei den Kongressen auch mit einem Informationsstand vertreten. Hier konnten sich die Theater und Orchester, die unter dem

Dach des *Bühnenvereins* vereint sind, mit ihren Kinder- und Jugendprojekten vorstellen. Beeindruckend war auch hier die Vielfalt der vorgestellten Projekte und der Arbeit, die diese Häuser täglich leisten.

Fazit

Zusammenfassend lässt sich also feststellen, dass Theater und Orchester sich jeden Tag der Kulturellen Bildung unserer Kinder und Jugendlichen annehmen. Die vielen Puzzlestücke ihrer Arbeit, die hier längst nicht umfassend vorgestellt werden konnten, fügen sich nicht zu einem einzigen Bild zusammen. Sie sind so unterschiedlich, wie die einzelnen Kunst-, Vermittlungs- und Darstellungsformen, die man im engeren oder weiteren Sinn unter „Kulturelle Bildung" subsumieren kann. Ob die erste Begegnung mit Mozarts „Entführung aus dem Serail" durch eine Kindervorstellung im Bürgerzentrum, durch den schulischen Musikunterricht oder durch eine Rap-Oper wie „Culture Clash – Die Entführung" in Hannover erfolgt – das ist egal. Wichtig ist, dass diese Begegnung überhaupt stattfindet und immer wieder stattfinden kann! Dafür brauchen wir auch in Zukunft unsere Theater und Orchester. Für ein kontinuierliches Arbeiten und ein nachhaltiges Ergebnis.

Zum Weiterlesen

„Junge Bühne" (Theaterzeitschrift): www.die-junge-buehne.de

Kulturstiftung der Länder/Kulturstiftung des Bundes (Hrsg.) (2011): Kinder zum Olymp! Selbstverständlich! Kulturelle Bildung in der Schule. Kongress in Dessau am 23. und 24. Juni 2011. Berlin.

Mandel, Birgit (Hrsg.)(2008): Audience Development, Kulturmanagement, Kulturelle Bildung. Konzeptionen und Handlungsfelder der Kulturvermittlung. München: kopaed.

Preis für Kulturelle Bildung der Bundesregierung: http://www.bundesregierung.de/Content/DE/_Anlagen/BKM/2009-07-09-preis-kulturelle-bildung-opferpopp.html (Letzter Zugriff am 27.07.12).

Gabi dan Droste
Theater von Anfang an

„Theater von Anfang an", das Theater für Kinder bis fünf Jahre, ist ein junger Bestandteil Kultureller Bildung in Deutschland. Es wurde im Kontext der vehement geführten bildungspolitischen Debatte über Bildung und Erziehung in der frühen Kindheit und künstlerische Strömungen in Europa binnen weniger Jahre aus einem Dornröschenschlaf erweckt und entwickelt. Damit wird kleinen Kindern entgegen bisheriger Tradition vor allem in den Teilen der alten Bundesrepublik die Teilnahme an einem öffentlichen Raum und an Kultur eröffnet.

Auch das Theater gibt nun Impulse für die Veränderung der Kindertagesstätte als Ort für (ästhetische) Bildung. Es entfaltet in der Kita ein hohes kommunikatives und inkludierendes Wirkungspotential, wenn es vielfältig in den Kita-Alltag eingewoben wird. Es trägt zu ihrer Öffnung bei, wenn Kitas z.B. Kooperationen mit Theater eingehen: ErzieherInnen und Kinder gehen ins Theater und sehen Produktionen, die eigens für Menschen ab zwei Jahren kreiert werden, und KünstlerInnen und TheaterpädagogInnen gehen in die Kita, um ihnen Theater zu zeigen oder mit ihnen zu spielen, zu singen und Zeit zu verbringen.

Durch die Begegnung mit künstlerischen Strategien und Denkweisen öffnet sich das Leben in der Kita: andere, künstlerische Formen der Weltaneignung halten Einzug und hinterlassen Spuren im pädagogischen Denken – KünstlerInnen erkunden die Welt mit ihren Mitteln. Hier entsteht eine Schnittfläche, die für kleine Kinder und die sie begleitenden Erwachsenen relevant gemacht werden kann – Kinder stehen am Anfang ihrer Welterkundung. Theater kann Kindern neue, besondere Erfahrungsräume eröffnen, in denen sie ihrer Aneignung von Welt selbsttätig nachgehen können (siehe Rolf Bolwin „Theater als Ort Kultureller Bildung" in diesem Band). Diese Erfahrungen können Bildungsprozesse initiieren oder sie fruchtbringend begleiten.

Welche Potentiale das Theater für das Aufwachsen von kleinen Kindern bieten kann, möchte ich anhand von drei Aspekten darlegen: das Erleben von *Differenz und Zeichenhaftigkeit*, *Entdeckungen* sowie *Kommunikation und Gemeinschaft*; dabei gehe ich vom professionellen Theater und seiner Rezeption aus und flechte das Theaterspielen von Kindern ein.

Theater als ein besonderer Erfahrungsraum

Theater ist ein besonderer Raum, in dem eine Differenzerfahrung gemacht und die Welt lesbar werden kann.

Die Geschichten, die im „Theater von Anfang an" erzählt werden, thematisieren oft einen Beginn. Den Beginn des Lebens oder das Auftauchen und Verschwinden von Etwas. Manche gehen von Gegensätzen aus wie schwarz und weiß, mein und dein, andere von Material wie Wasser, Holz oder Sand oder von elementaren, philosophischen Fragestellungen, von Themen wie Freundschaft, dem Wunsch nach Nähe und dem Verlangen nach Eigenständigkeit. Die thematische Ausrichtung im Theater für die Allerkleinsten knüpft nicht lediglich an einen Erfahrungsstand von kleinen Kindern an. Die Themen sind verdichtet zu eigenen Erzählungen. Sie sind zumeist bildhaft und assoziativ verknüpft; sie finden im Moment statt, im Augenblick ihres Geschehens. Die Gestaltung von Atmosphären spielt eine entscheidende Rolle. Musik und Sprache werden häufig in ihrer Materialität eingesetzt.

Die Kinder erleben im Theater eine Differenzerfahrung zu der sie im Alltag umgebenden Wirklichkeit. Die Aufmerksamkeit, die den Blick des Kindes im Theater fesselt, wird hier auf den Vorgang der künstlerischen Transformation gelenkt. Oft hört man ein dem Spiel auf der Bühne zuschauendes Kind im Publikum laut fragen: Was macht die Frau da? „Ich kommuniziere mit den Kindern auf einer theatralen Ebene, über theatrale Zeichen", so formuliert es die Berliner Schauspielerin Melanie Florschütz (Florschütz 2009:242). Sie lesen das ihnen Dargebotene, wie es Florschütz ausdrückt: „Wir hatten das Gefühl, die Kinder ‚lesen' die ganze Zeit: Was machen die da auf der Bühne? Was wollen die uns erzählen? Manchmal habe ich verfolgt, wie Kinder miteinander darüber sprachen, was gerade auf der Bühne zu sehen ist, welches Gefühl gezeigt und welche Beziehung verhandelt wird. Sie unterhielten sich darüber, was sie anhand der Körpersprache erkannten und wie sie sie interpretieren könnten" (Florschütz 2009:245).

Auch beim angeleiteten Theaterspielen von Kindern werden ihre Wahrnehmung gelenkt und der Lesevorgang bewusst evoziert. Die Dresdener Theaterpädagogin Katrin Jung beispielsweise macht während einer spielerischen Vorbereitung auf einen Inszenierungsbesuch die zwei- bis dreijährigen Kinder auf Bilder aufmerksam, die sie mit ihren eigenen Körpern auf einem Tuch liegend kreieren, und fragt, welche Bilder wiederum diese Körperkonstellationen bei den Kindern hervorrufen. Sie tauscht die Ideen mit den Kindern aus. Die Mannheimer Theaterpädagogin Marcela Herrera stellt das Erleben von Verwandlung und die Entstehung von Vorstellungswelten in den Mittelpunkt ihres Arbeitens mit einer Gruppe: Die Zwei- bis Dreijährigen erfinden imaginäre, verschiedene Vögel, die sich im Hohlraum ihrer Hände befinden; sie lassen sie in ihrer Vorstellung fliegen und wieder landen. Mit Hilfe dieser Imaginationsübungen verwandeln die Kinder andere(s), sich selbst und den sie umgebenden Raum. Im gemeinsamen Austausch erfahren sie, wie unterschiedliche Vorstellungen entstehen.

Ein kleines Kind steht am Anfang seiner Begegnung mit der Welt und ist permanent damit beschäftigt, alles um sich herum wahrzunehmen, es zu deuten, zu begreifen. Das Theater macht die „Schöpfung von Kunst auf lustvolle Weise öffentlich" (Brendenal 2009:196). Es unterstützt Kinder in ihrem Aneignungsprozess, die Welt um sich herum lesen und verstehen zu lernen. Es erweitert ihr Leben um eine Möglichkeit, Zeichen dekodieren zu lernen. Diese Fähigkeit ist wiederum eine Grundvoraussetzung, um Welt begreifen und selbst in sie gestaltend eingreifen zu können.

Theater ist ein besonderer Raum, in dem Frei-Raum für eigentätige Entdeckungen eigener Bilder und Wege entsteht.
In der Inszenierung „rawums (:) – Ein Ausflug in das Wunderland der Schwerkraft" von *florschütz & döhnert* erfinden zwei Figuren, die durch ihre Spiellust und Skurrilität an Clowns erinnern, in einer assoziativ miteinander verknüpften Bildfolge immer wieder neue Möglichkeiten des Fallens und Fliegens. Bemerkenswerterweise hat hierbei alles seine Daseinsberechtigung, das Fallen, das Fliegen, das Mögliche, das Unmögliche, das Faktische, das Erdachte. Die ZuschauerInnen erleben, wie die beiden die Welt erkunden und sich diese aneignen. Diese Weltaneignung ist umfassend, denn sie schließt die imaginäre Welt mit ein. Beide Figuren und die ZuschauerInnen gehen auf eine gemeinsame Entdeckungsreise in ein Dazwischen, einen Raum zwischen den Dingen, zwischen oben und unten. Die poetische Dichte dieser Inszenierung und ihre archaischen, auf Einfachheit reduzierten Bilder entziehen sich monokausaler Interpretation; die ZuschauerInnen sind gefordert, eigene Bilder entstehen und ihre Fantasie spielen zu lassen.

Die Rauminstallation „Le Jardin possible" von Benoît Sicat besteht aus mehreren rechteckigen Flächen aus Steinen und Holz, die mit farbigen Mustern angeleuchtet werden. Die Kinder werden durch das Handeln des Performers als Gärtner, der sich um die Felder kümmert, eingeladen, sich frei zu bewegen und eigenen Spielimpulsen zu folgen. Sie können sich in Beziehung zu dem Performer oder anderen bringen oder mit dem Material hantieren. In der Tanzperformance „Ets-beets" begegnen sich die niederländische Bewegungskünstlerin Katrina Brown, der Musiker Han Buhrs und die beteiligten Kinder in einem musikalisch-tänzerischen Dialog, der durch ihren Tanz und ihre Zeichenbewegungen und seine Body-Percussion in einer offenen Weise initiiert wird. Ihre Bewegungen hinterlassen gezeichnete Spuren wie Kreise, Geraden und fragile Linien auf dem mit Papier ausgelegten Boden.

Die Rauminstallation und die Tanzperformance sind Beispiele einer (neuen) Form der Partizipation, der gemeinschaftlichen, theatralen Aktion von Kindern und KünstlerInnen, bei denen Kinder einen eigenen Raum für individuelles Erleben und Erfinden erfahren (damit unterscheiden sie sich wesentlich von Ansätzen der 1970er Jahre [vgl. Kuhn 2009] und von animierten Mitspielaktionen). Jedes Kind hat die Möglichkeit seinen ganz eigenen Weg von Bewegung, Aktion und Interaktion zu gehen – allein oder mit den anderen oder mit dem Material oder auch zuschauend. Eigenen Bedürfnissen und Interessen folgend kann es auf die für ihn gültige Weise agieren, die Welt erkunden und eigenen Entdeckungen nachgehen.

Erkundungen und Entdeckungen spielen in der theaterpädagogischen Arbeit mit kleinen Kindern eine große Rolle. In der „SpielZeltWelt" gehen die Kinder den Gegensätzen drinnen und draußen nach. Sie werden von der Theaterpädagogin Bettina Seiler und dem Puppenspieler Patrick Borck in ein Kuppel-Zelt eingeladen und erleben dort wie die beiden mit der Puppe „Löchlein" und anderen Materialien wie Stäben und Stäbchen, Kreisen und runden Schachteln, Sequenzen zum Thema spielen. Immer wieder werden sie angeregt, dies selbst zu tun. In „Wenn Räume träumen" gehen die PerformerInnen des *Theaters Kormoran* gemeinsam mit den Kindern auf eine Entdeckungsreise durch die Räume ihrer Kita, die sie aus ungewöhnlichen Perspektiven betrachten – von unten auf dem Boden durch die Räume kriechend, in einem anderen Raum, in dem sie das Plätschern aus dem Wasserhahn im Badezimmer durch Lautsprecher hören. Stets sind sie gefordert, zu lauschen, zu gucken, zu fühlen, mit wachen Sinnen wahrzunehmen.

Theaterspielen mit sehr jungen Kindern ist in erster Linie ästhetische Bildung, im Sinne der Bedeutung des griechischen Begriffes aisthesis, Wahrnehmung (siehe Vanessa Isabelle Reinwand „Künstlerische Bildung – Ästhetische Bildung – Kulturelle Bildung" in diesem Band).

Die Theaterpädagogin Katrin Jung macht innerhalb einer Vorbereitung auf einen Aufführungsbesuch die elementaren Bausteine des Theaters Raum, Klang und Licht erfahrbar. In Spielreihen für 2-Jährige, in denen es jeweils um das Kreieren von Bildern und um Hören oder Sehen geht, fokussiert sie einen Aspekt und richtet z.B. die Aufmerksamkeit der Kinder auf bewusstes Hören. Kinder erleben so elementare Bestandteile des Theaters am eigenen Leib. Richten sie ihre Aufmerksamkeit auf einen Ton, einen Klang oder erfahren sie, wie sich ihr Körper anfühlt, wenn er drinnen oder draußen ist, oder erkunden sie Blickrichtungen mit ihrem ganzen Körper, so werden ihre Sinne angesprochen, und sie erleben hautnah das Zusammenspiel der sie umgebenden Dingen und der eigenen Wahrnehmung. Theaterspielen hat das Potential, den Prozess der Ausdifferenzierung der Sinne und das Selbstbewusstsein zu unterstützen, im Sinne des sich Seiner-selbst-bewusst-Werdens.

Im Spiel und über das Spielen erkundet das Kind die Welt. Es erforscht ihre Gesetzmäßigkeiten. Es sortiert und ordnet sie immer wieder neu, spielt Erlebtes nach und macht Zukünftiges, Unmögliches in der Fantasie möglich. Über Spielen eignet sich das Kind Welt an. Theaterpädagogische Arbeit kann an diese Form der Welterkundung anknüpfen, kindliche Spielformen aufgreifen und in das Theaterspielen einfließen lassen. Stehen bei sehr jungen Kindern vor allem Exploration und Wahrnehmung im Vordergrund, sind Spielformen älterer Kinder geprägt von schnellem Rollenwechsel,

Theaterpädagogische Arbeit kann an diese Form der Welterkundung anknüpfen, kindliche Spielformen aufgreifen und in das Theaterspielen einfließen lassen. Stehen bei sehr jungen Kindern vor allem Exploration und Wahrnehmung im Vordergrund, sind Spielformen älterer Kinder geprägt von schnellem Rollenwechsel, assoziativen Erzählweisen, Zeitsprüngen, Hantieren mit Material usw. Mit Bezug auf diese Spielformen kann theaterpädagogische Arbeit ihnen einen adäquaten und altersangemessenen Rahmen bieten, in dem sie ihr Können, ihre Art der Welterkundung und ihre Sichtweisen einbringen können.

Welterkundung und Partizipation stellen im besonderen Maße eine korrespondierende Ebene zwischen der Art und Weise, wie kleine Kinder ihre Umwelt wahrnehmen und entdecken, und künstlerischen Strategien her. Sie ermöglichen kleinen Kindern, selbstbestimmt Theater zu erleben und zu spielen. In dieser Selbstbestimmung geben sie Raum für eigene Entdeckungen, für eigene Empfindung und Erfindung.

Im Theater ist das Undenkbare denkbar – wie auch im Spiel von Kindern. Kinder können im Theater das tun, worin sie Spezialisten sind. Sie können damit einen Raum für sich entdecken, der ihre Fantasie beflügelt, der Beweglichkeit des Denkens fordert und fördert.

Theater ist ein besonderer Raum, in dem Kommunikation und Gemeinschaft erlebt wird.
Viele Inszenierungen kommen fast ohne Worte aus, manche verzichten ganz auf sie. Und doch ist Kommunikation von zentraler Bedeutung in allen Arbeiten. Sie spielt auf allen Ausdrucksebenen eine Rolle und zeigt sich körperlich, gestisch im Zeigen, Schauen, Verweisen, Auffordern, aber auch im stillen Zuhören und wachen Wahrnehmen. Es entsteht ein künstlerisch geformtes Kommunikationsgeflecht zwischen AkteurInnen und Kindern. Ein Kind erlebt Theater nicht *allein*, sondern zusammen mit anderen im selben Raum; es erfährt dabei wie andere reagieren, welche Gefühle sie äußern. Indem es sich „Wörter und Bilder dieser anderen Welt aneignet, findet das Kind außerhalb von sich selbst all diese Wahrnehmungen, für die es in seinem Inneren keine Worte hat. Das ist entscheidend, damit sich seine Wünsche herausbilden und es gleichzeitig einen Weg findet, der ihn neugierig auf die anderen macht" (Desfosses 2007:5).

Theater ist ein „Haus der Emotionen" (Desfosses 2007:1), das den Austausch von individuellen Erlebnissen und Sichtweisen ermöglicht. „Die Anerkennung und das Wissen um die Tatsache, dass jeder anders ist, machen den Dialog überhaupt erst möglich, bereichern ihn und stärken die Persönlichkeit und die Individualität eines Jeden" (Desfosses 2007:6-7).

Der Austausch über Erlebtes kann auch im Elternhaus oder in der Kita geführt werden, nicht nur im Dialog, auch im (Nach-)Spielen, im Basteln, Tanzen und Malen. Kinder und Erwachsene können sich auf eine für sie ungewöhnliche Weise begegnen und sich in ungewohnter Weise erleben. Das eröffnet neue Wege, Zeit miteinander zu teilen.

Ab einem Alter von vier Jahren ist ein Kind in der Lage, mentale Zustände anderer nachzuvollziehen und sich in andere hineinzuversetzen (vgl. Reinwand 2011:11 in Bezug auf den Anthropologen Michael Tomasello). Mit dem Ziel, einen Raum für Probehandlungen zu schaffen, der es Kindern in diesem Alter ermöglicht, Themen wie Anderssein und Dazugehören zu bearbeiten, setzt die Hamburger Theaterpädagogin Annetta Meißner-Jarasch reflexive Anteile in das Spiel zur Geschichte „Das schwarze Schaf isst gerne Eis" ein. In einer Interaktionsübung im Probenprozess formieren sich die Kinder mit ihren Körpern so, dass sie ein schützendes Haus mit Dach bilden, in das abwechselnd Kinder hineinklettern, um die Kraft und Geborgenheit im Kreise der Anderen zu spüren. In einer weiteren Übung wird ein zuvor unbemerkt markiertes schwarzes Schaf von den Anderen umkreist. Beide Seiten reflektieren hierbei entstandene Erfahrungen: Wie ist der Moment des Entdeckens, dass man das schwarze Schaf in der Übung ist, wie fühlt es sich an, mit anderen gemeinsam jemanden einzukreisen? Die Kinder erfahren die Themen am eigenen Leib, können sich zum Gegenüber in Beziehung setzen; ein Raum für Probehandlungen ist entstanden. Über dieses Spiel wird den Kindern ermöglicht, das Erleben von anderen nachzuvollziehen. Damit ist der Grundstein für die Fähigkeit zur Empathie gelegt. In der „Herausbildung der Überzeugung einer mit anderen geteilten Realität, die sich dennoch perspektivisch voneinander unterscheiden kann" sieht Vanessa Reinwand „die Grundlage aller Denkprozesse und die Fähigkeit des Nachdenkens über mentale Prozesse [als] Kern des Bewusstseins" (Reinwand 2011:13).

Theater ermöglicht dem Kind ästhetische Erfahrungen. Was Kinder vor allem dazu brauchen ist Zeit. „Wo keine Zeit ist, können sich keine ästhetischen Erfahrungen entfalten [...] Erfahrungen im Theater widersetzen sich der unmittelbaren didaktischen und pädagogischen Verwertbarkeit" (Hentschel 2008:18). Gelingt dies, ermöglichen die Erfahrungsräume des Theaters viel mehr als nur die Teilhabe von kleinen Kindern am öffentlichen Raum. Das Erleben von Differenz und Zeichenhaftigkeit, von Erkundungen, Kommunikation und Gemeinschaft bietet einen reichen Nährboden für Ausbildung von Grundfertigkeiten für eine gelingende Teilhabe an Kultur und Gesellschaft, von Anfang an!

Zum Weiterlesen

Droste, Gabi dan (Hrsg.) (2011): Theater von Anfang an! Reflexionen und Positionen für die Praxis. Arbeitshefte zum Kinder- und Jugendtheater, Schriftenreihe des Kinder- und Jugendtheaterzentrums in der Bundesrepublik Deutschland, hrsg. von Christel Hoffmann, Arbeitsheft 5.

Droste, Gabi dan (Hrsg.) (2009): Theater von Anfang an! Bildung, Kunst und frühe Kindheit. Bielefeld: transcript.

Kinder- und Jugendtheaterzentrum / Helios Theater (Hrsg.) (2008): first steps, Dokumentation des Internationalen Symposions, 16.-18. September 2005 im HELIOS Theater, Hamm. Frankfurt/M., Berlin.

Schneider, Wolfgang (Hrsg.) (2009): Theatre for Early Years. Research in Performing Arts for Children from Birth to Three. Frankfurt/M.: Peter Lang.

Tomasello, Michael (2009): Die Ursprünge der menschlichen Kommunikation. Frankfurt/M.: Suhrkamp.

Winderlich, Kirsten/ Nick, Ash (2011): Kreativität von Anfang an. Erwachsene machen Vorschläge – Kinder geben Einblicke. Weimar, Berlin: das netz.

Winderlich, Kirsten (2010): Bildungsjournal Frühe Kindheit. Kunst und Ästhetik. Berlin: Cornelsen.

Leopold Klepacki/Dieter Linck
Schule und Theater

Schule und Theater – ein begrifflicher und inhaltlicher Bestimmungsversuch

Die Begriffe, die den schulischen Bereich „Theater" beschreiben, sind vielfältig: Schultheater, Theater (in der Schule), Darstellendes Spiel, Darstellen und Gestalten, Schulspiel usw. Genauso vielfältig erscheinen die Organisationsformen dieses schulischen Feldes: Theater gibt es als Wahlpflichtfach, als Wahlfach, als Arbeitsgemeinschaft, in Form von Klassenprojekten oder auch in der Gestalt von klassenübergreifenden Projekten. Auf einer anderen Ebene findet Theater darüber hinaus in der methodischen Form des szenischen Lernens Eingang in den schulischen Unterricht. Der genaue Status des Theaters in der Schule ist allerdings von Schulart zu Schulart und von Bundesland zu Bundesland höchst unterschiedlich.

Die schultheatralen Aktivitäten finden sowohl in regulären Unterrichtsstrukturen, als auch in intensiven Arbeits- und Probenblöcken jenseits der regulären Unterrichtszeiten statt. Zumeist sind die betreuenden Personen LehrerInnen, die traditionellerweise den Titel „Spielleiter", in neuester Zeit auch die Bezeichnung „Theaterlehrer" – ein Begriff der die gleichberechtigte fachliche Relevanz des Theaters neben Musik und Kunst in der Schule betont bzw. betonen soll – tragen. Daneben ist eine Bedeutungszunahme von Kooperationen zwischen Schulen und Theatern bzw. KünstlerInnen zu verzeichnen, die dazu führt, dass vermehrt außerschulische Theaterprofis wie Theater- und TanzpädagogInnen, SchauspielerInnen oder RegisseurInnen in schulischen Kontexten tätig werden.

Im Kern konstituiert sich das Theater in der Schule dabei in all diesen Kontexten und Erscheinungsweisen als ein Praxisbereich, der das aktive Theaterspielen von SchülerInnen didaktisch und methodisch fokussiert. Theoretische Formen der schulischen Auseinandersetzung mit Theater kommen tendenziell ausschließlich in der gymnasialen Oberstufe vor.

Theater in der Schule kann demnach in einer allgemeinen Art und Weise verstanden werden als eine nicht berufliche Theaterform mit bzw. von Kindern oder Jugendlichen in ihrer sozialen Rolle als SchülerInnen, die im Rahmen der Grundsätze, Aufgaben und Ziele der Institution Schule stattfindet (vgl. Klepacki 2006). Dem Theater in der Schule ist damit ein spezifischer Bildungsauftrag zu Eigen.

Eigentümlich für den Status des Theaters in der Schule ist dabei, dass der Bereich einerseits über weite Strecken noch gekennzeichnet ist durch den strukturell schwierigen Status „Nicht-Fach" und sich jedoch andererseits auszeichnet durch ein hohes Maß an pädagogischem Zuspruch. Auch wenn es momentan noch in vielerlei Hinsicht an empirischer Erforschung des Schultheaters mangelt, so sind doch die bildungs-, lern- und qualifikationstheoretischen Fundierungen des Schultheaters umfassend und von hoher Bedeutsamkeit für die Entwicklung dieses Bereiches (vgl. Klepacki/Zirfas 2009). Das Theaterspiel soll hierbei einen Raum bieten, in dem sich SchülerInnen ästhetisch bilden können und dadurch aber auch nützliche Kompetenzen erwerben, die sie im regulären Schulalltag nicht oder nicht in dieser Art und Weise bzw. nicht in dieser Intensität erwerben könnten. Ästhetische Bildung im Medium des Theatralen und qualifikationsbezogene Lernprozesse durch das Theaterspiel sollen in diesem Kontext jedoch nicht als Gegenpole aufgefasst werden, sondern als gleichwertige pädagogische Potentiale, die aus der praktischen Auseinandersetzung der SchülerInnen mit der Kunst des Theaters resultieren (vgl. Liebau/Klepacki/Zirfas 2009).

Genau diese beiden pädagogischen Aspekte sowie die erwähnte Doppelstruktur von geringem Institutionalisierungsgrad und hohem pädagogischem „Erwartungsdruck" spiegeln sich auch in der historischen Entwicklung des Schultheaters wider.

Die historische Entwicklung des Schultheaters in Deutschland

Sowohl in pädagogischer als auch in ästhetischer Hinsicht zeigt die Geschichte des Schultheaters einerseits, dass die historisch spezifischen pädagogischen Begründungen, Erwartungshaltungen, Zuschreibungen jeweils mit bestimmten Realisierungsformen einhergingen und dass es andererseits stets wiederkehrende Argumentationsmuster für die pädagogische Leistungsfähigkeit des Theaterspiels in der Schule gab.

Seit Ende des 15. Jh.s war zunächst die Entstehung eines humanistisch geprägten Schultheaters zuerst in lateinischer, später auch in deutscher Sprache zu beobachten. In Anlehnung an die Unterrichtsziele der humanistisch-protestantischen Gymnasien sollte das Theaterspiel vor allem die Beredsamkeit schulen und moralisch wirksam werden. Gegen Mitte des 16. Jh.s erhielt das protestantische Schulspiel seinen katholischen Gegenpol in Form des Jesuitentheaters, das sehr viel mehr als das wortzentrierte humanistische Theater in einer performativen und effektgeladenen Inszenierungs- und Spielweise emotional wirksam werden wollte.

Im 17. und 18. Jh. lässt sich insbesondere mit der Entwicklung eigener schuldramatischer Werke sowie mit der Entstehung des Kinder- und Jugendschauspiels der Aufklärung eine weitere Fokussierung der Wirkungsabsichten auf Sprachkompetenzerwerb und auf Vermittlung von Vernunft und Moral feststellen.

Nachdem das Theater in der Schule seit Ende des 18. Jh.s offenbar an Bedeutung verlor, ist seit dem Beginn des 20. Jh.s ein deutlicher Aufschwung zu verzeichnen. Im ersten Drittel des 20. Jh.s waren es im Kern die Jugendbewegung, die sogenannte Laienspielbewegung und die Reformpädagogik, die die modernen Ansätze des Schultheaters und der außerschulischen Theaterpädagogik begründeten. Stilmittel wie das chorische Spiel, die Betonung der Spielergruppe und des Spielprozesses, die Suche nach eigenen theatralen Ausdrucksmitteln und die Eröffnung von subjektiven Erfahrungsmöglichkeiten im Theaterspiel standen hierbei im Zentrum. Einen weiteren Impuls für die Entwicklungen im Schultheater gab die Lehrstücktheorie Bertolt Brechts, die reformpädagogische Ideen mit einer politischen Wirkungsabsicht verbanden.

Nachdem nach dem Zweiten Weltkrieg im Zuge der sogenannten Musischen Bildung zunächst die individuelle Entfaltung und allgemeine Persönlichkeitsbildung im Theaterspiel stark gemacht wurden, zeigte das Schultheater der 1970er Jahre ganz zeitgemäß eine deutliche politische Tendenz, ein Interesse an Fragen der Sozialisation sowie eine Fokussierung kreativer Gruppenprozesse.

Seit den 1980er Jahren ist schließlich sowohl eine Tendenz zur Professionalisierung der SpielleiterInnen sowie zur ästhetischen und methodischen Ausdifferenzierung von Spielformen zu beobachten als auch eine kontinuierliche Auseinandersetzung mit Formen des zeitgenössischen Theaters zu verzeichnen. Hier ist es insbesondere der Ansatz des Postdramatischen Theaters, der seit der Jahrtausendwende mit seiner Absage an die textlichlogische Zentriertheit des Theaters und seinen Fokus auf körperlich-performative Erzeugungen emergenter ästhetischer Situationen dem Theater in der Schule vielfältige Impulse geliefert hat (vgl. Klepacki 2005).

Aktuelle fachliche Entwicklungen und Tendenzen

Darstellendes Spiel oder Theater gibt es an den ca. 37.000 allgemeinbildenden Schulen in der Bundesrepublik in höchst unterschiedlichen Formen. Seitdem die *Kultusministerkonferenz (KMK)* im Jahr 2007 sogenannte Einheitliche Prüfungsanforderungen für das Darstellende Spiel verabschiedet hat, existiert Darstellendes Spiel/Theater in nahezu jedem Bundesland in der Sekundarstufe II als Unterrichtsfach, das hier ausschließlich von TheaterlehrerInnen unterrichtet wird. In elf Bundesländern (Stand 2012) kann ein Schüler in diesem Fach die Abiturprüfung ablegen, die anderen fünf Bundesländer werden hier folgen müssen: Laut *KMK*-Beschluss sollte die Abiturprüfung im Darstellenden Spiel/Theater bereits 2010 in allen Bundesländern verwirklicht sein.

In der Sekundarstufe I ist das Bild wesentlich vielfältiger. Darstellendes Spiel/Theater gibt es hier in einigen Bundesländern als Fach, das entweder als Pflichtfach in der Stundentafel in einzelnen Jahrgangsstufen verankert ist oder das alternativ zu Kunst oder Musik gewählt werden kann. In der überwiegenden Zahl der Bundesländer aber existiert Darstellendes Spiel/Theater „nur" in der Form von frei wählbaren Arbeitsgemeinschaften, die häufig jahrgangsübergreifend, zum Teil auch im Fächerverbund mit den anderen Künsten organisiert sind (vgl. Mönch 2008).

Letzteres gilt auch für die Primarstufe. In dieser Stufe wird sehr viel Schultheater gespielt, als Fach ist es aber in 15 Bundesländern noch nicht verankert. Es taucht hier wie in der Sekundarstufe I vor allem in der Form von Arbeitsgemeinschaften beziehungsweise freien Wahlkursen als Additivum zur Stundentafel auf, zum Teil allerdings wird auch Theater in den einzelnen Klassen im regulären Unterricht gespielt (vgl. Assies 2008). Von alldem bildet seit dem Jahr 2011 das Bundesland Hamburg die große Ausnahme: Hier ist das Fach Darstellendes Spiel/Theater regulär in allen Schulformen und in allen Jahrgangsstufen fest in der Stundentafel verankert und mit entsprechenden Curricula versehen. Es ist davon auszugehen, dass auch hier die anderen Bundesländer „nachziehen" werden. In zahlreichen Bundesländern existieren bereits Modellversuche mit sogenannten „Theaterklassen". Dabei werden bei Schuleintritt SchülerInnen, die einen Profilschwerpunkt auf den Theaterbereich legen wollen, in Klassen zusammengefasst, die dann zusätzlich zur „normalen" Stundentafel zwei Unterrichtsstunden verpflichtend Theaterunterricht erhalten.

So vielfältig und unterschiedlich wie sich die Situation des Faches in den einzelnen Bundesländern darstellt, so unterschiedlich ist auch die Lage hinsichtlich der Ausbildungssituation (siehe Ulrike Hentschel „Theaterpädagogische Ausbildung" in diesem Band) der LehrerInnen in den einzelnen Bundesländern. Reguläre Lehramtsstudiengänge gibt es lediglich in fünf Bundesländern beziehungsweise sechs Universitäten oder Hochschulen. Zu diesen zählen die Kooperation der *HBK Braunschweig*, der *TU Braunschweig*, der *HMT Hannover*, der *Universität Hannover* und der *Universität Hildesheim*, die *Friedrich-Alexander-Universität Erlangen-Nürnberg*, die *Universität Bayreuth*, die *Universität der Künste Berlin*, die *Hochschule für Musik und Theater Rostock* und die *Pädagogische Hochschule Ludwigsburg*. In Rheinland-Pfalz soll zudem 2012 ein neuer Ausbildungsstudiengang entstehen (genauere Darstellung vgl. Linck 2008).

In allen anderen Bundesländern sind die FachlehrerInnen für Darstellendes Spiel/Theater auf Weiterbildungsangebote angewiesen, die wiederum sehr unterschiedliche Ausprägungen haben. In einigen Bundesländern schließen mehrjährige Weiterbildungen mit einem Staatsexamen im Fach Darstellendes Spiel/Theater ab. In anderen Bundesländern besteht lediglich die Möglichkeit, an Fortbildungen teilzunehmen, die zum Teil von staatlichen Institutionen, zum Teil von freien Trägern angeboten werden.

Die TheaterlehrerInnen sind in den einzelnen Bundesländern in Landesverbänden organisiert, die je nach Bundesland höchst unterschiedliche Mitgliederzahlen aufweisen. Die Landesverbände wiederum haben sich zu einem Bundesverband zusammengeschlossen, der seit dem Jahr 2009 den Namen *Bundesverband Theater in Schulen (BV TS)* führt. Mit ca. 3.000 Mitgliedern gilt diese Organisation als ein relativ starker Verband. Der Bundesverband fordert und fördert die deutschlandweite Etablierung des Schulfaches Theater und die Bereitstellung von Theaterangeboten für alle SchülerInnen, damit allen Kindern und Jugendlichen ein breites ästhetisches Gestaltungsrepertoire in den Darstellenden Künsten wie Theater, Tanz, Performance und Film erschlossen wird und sie ihr Verständnis von sich selbst und der Welt im Theaterspielen erforschen, deuten und reflektieren können. SchülerInnen aller Schularten und aller Jahrgangsstufen sollen so zu aktiver und kreativer Teilhabe am gesellschaftlichen und kulturellen Leben befähigt werden. An die Forderung nach einer fachlich-institutionalisierten Verankerung des Unterrichtsangebotes im Bereich Darstellendes Spiel/Theater, schließt sich die Forderung nach einer grundständigen Ausbildung im Fach Theater in allen Bundesländern an. Nach Auffassung des Bundesverbandes soll verbindlicher Unterricht im Fach Theater ausschließlich – wie in allen anderen Schulfächern auch – von ausgebildeten LehrerInnen gegeben werden. Das wiederum schafft die Basis von Kooperationen aller Art mit außerschulischen Partnern beziehungsweise Institutionen.

Als Kernaufgabe sieht der Bundesverband zudem die jährliche Ausrichtung des bundesweiten Festivals „Schultheater der Länder", das von den Kultusministerien der Länder und von der *Körber-Stiftung* (ab 2012 von der *Stiftung Mercator*) gefördert wird und inzwischen Europas größtes Schultheaterfestival ist. Es findet jedes Jahr zu einem fachbezogenen Thema in einem anderen Bundesland statt. 16 von einer Jury ausgewählte Gruppen und eine Gastgruppe aus dem europäischen Ausland präsentieren hier ihre Produktionen. Eine Fachtagung, Werkstätten, Fachforen und Aufführungsbesprechungen und -analysen erweitern das Festival. Die Zeitschrift „Fokus Schultheater" dokumentiert jährlich die fachlichen und praktischen Ergebnisse des Festivals.

Insgesamt zeigt sich somit das Theater in der Schule als ein sehr dynamischer Bereich, der seit geraumer Zeit sowohl in bildungspolitischer als auch in methodisch-didaktischer und ästhetischer Hinsicht zugleich innovative und strukturschaffende Entwicklungen erfahren hat. Charakteristisch für diese hier dargestellten Traditionen, Perspektiven und Tendenzen ist v.a. eine im positiven Sinn andauernde wissenschaftliche Erforschung und eine fachlich-politische Reflexion und Kommunikation über das Theater in der Schule und darüber, was es ist, was es sein kann und was es zukünftig sein soll.

Zum Weiterlesen

BV TS/edition Körber-Stiftung (Hrsg.) (2002ff.): Fokus Schultheater. Hamburg: edition Körber-Stiftung.

Hentschel, Ulrike (1996): Theaterspielen als ästhetische Bildung. Über einen Beitrag produktiven künstlerischen Gestaltens zur Selbstbildung. Weinheim: Deutscher Studien Verlag.

Klepacki, Leopold/Liebau, Eckart/Linck, Dieter/Warstat, Matthias (Hrsg.) (2010ff.): Schultheater. Seelze: Friedrich.

Körber-Stiftung/BAG für das Darstellende Spiel (Hrsg.) (2000): Theater in der Schule. Hamburg: edition Körber-Stiftung.

Kultusministerkonferenz (KMK): Einheitliche Prüfungsanforderungen für „Darstellendes Spiel" www.kmk.org/fileadmin/veroeffentlichungen_beschluesse/2006/2006_11_16-EPA-darstellendes-Spiel.pdf (Letzter Zugriff am 27.07.12).

Norbert Radermacher
Kulturelle Bildung im Mehrgenerationenmodell Amateurtheater

Kulturelle Bildung als lebenslanger Prozess

Im „Leitfaden für kulturelle Bildung" der *UNESCO* Weltkonferenz 2006 in Lissabon wird festgestellt, dass „die jeweilige Kultur der Lernenden Ausgangspunkt für jede Art der kulturellen Bildung sein muss" (Deutsche UNESCO-Kommission 2008:24). Gleichzeitig aber werden zwei Ansätze Kultureller Bildung vorgestellt, die sich ausschließlich auf den schulischen Sektor beziehen. Die These, der Künstler/Lehrer sei der alleinige Vermittler kultureller Fähigkeiten und Fertigkeiten, greift zu kurz. Kulturelle Bildung vollzieht sich nicht allein in Systemen formaler Bildung, sondern muss als ein lebenslanger Lernprozess definiert werden, der sich aus dem jeweiligen gesellschaftlichen und kulturellen Umfeld des Einzelnen heraus gestaltet und entwickelt. Diese Eigenart der Aneignung Kultureller Bildung verlangt die Betrachtung der spezifischen Faktoren und Charakteristika außerschulischer kultureller Arbeitsfelder. Auch wenn die Überlieferung von kulturellen Traditionen und künstlerischen Praktiken innerhalb der Familie sich scheinbar immer schwieriger gestaltet (vgl. Deutsche UNESCO-Kommission 2008:19), so gibt es außerhalb von Familie und Schule zahlreiche kulturelle Tätigkeitsfelder, die Kulturelle Bildung in nonformalen Bildungszusammenhängen vermitteln. Zu diesen Feldern lebenslanger Bildung außerhalb von Schule und Familie gehört unter anderem das Amateurtheater, das sich ganz besonders durch die Zusammenarbeit der Generationen auszeichnet (siehe Almuth Fricke „Kulturelle Bildung im Dialog zwischen Jung und Alt" in diesem Band).

Bildung in der Historie des Amateurtheaters

Der Begriff „Amateur" leitet sich ab vom lat. „amare", d.h. „lieben". Theateramateur ist, wer seine Beschäftigung mit dem Theater aus Liebhaberei und Freude am Spiel ausübt. Mit dieser Definition ist keine künstlerische Wertung verbunden, sondern es wird damit die Abgrenzung zu einer berufs- und erwerbsmäßig ausgeübten Tätigkeit beschrieben.

Mit dem Sammelbegriff „Amateurtheater" (AT) werden alle historischen und gegenwärtigen Formen der darstellenden Künste gekennzeichnet, soweit sie sich auf die außerberufliche Beschäftigung mit der Kunstform Theater beziehen. Im engeren Sinne bezeichnet Amateurtheater das vereinsmäßig organisierte Theaterspiel mit AmateurInnen (Radermacher 2003:19).

Historische Vorläufer des organisierten AT finden sich in den bürgerlichen Spielgemeinschaften am Ende des 17. Jh.s. Am 18. Oktober 1686 wurde in Biberach am Riß die *Bürgerliche Komödiantengesellschaft* gegründet. Es ist der älteste noch existierende Theaterverein, und er kann über einen Zeitraum von 325 Jahren einen kontinuierlichen Spielbetrieb nachweisen.

In der damals beschlossenen Satzung (1686) wird für den Theaterverein ein Bildungsanspruch formuliert, der weit über das rein theaterpraktische Handwerk hinausgeht. „Demnach sich zu Ausübung guter Sitten und Tugenden auch der Jugend, sowohl derer Erlernung […] als sind zur besseren Aufnahm derselben löblichen Verhalten, und damit alles in ehrbarer Aufrichtigkeit und Bescheidenheit daher gehe. Alle unnötige Religions- und Streit-Fragen,

Disputiren wie auch Fluchen und Schwören sollen gänzlich und bei einem Reichs-Taler Straff verboten sein; ja da es auch einer gar zu grob machte, gar aus der Gesellschaft mit Schimpf fort- und abgewiesen werden." (Dramatischer Verein 2011:15).

Der Anspruch der Theatervereine als Ort von Bildung und Vermittler kultureller Werte durchzieht wie ein roter Faden die Vereinsgründungen der Amateurtheatervereine in den vergangenen 300 Jahren. Er geht allerdings einher mit ständigen Verboten und Repressionen seitens der Obrigkeiten, die in der Ausübung des Theaterspiels immer wieder „sitten- und rechtswidriges Verhalten" vermuteten.

Die *Privat-Theater-Gesellschaft von 1792* aus Berlin gilt als Wiege des verbandsmäßig organisierten deutschen AT. Daraus entstand 1892 der *Verband der Privat-Theater-Vereine Deutschlands*, der später in *Bund Deutscher Amateurtheater e.V. (BDAT)* umbenannt wurde.

Heute wird die große Szene der Amateurtheater in Deutschland durch den *Bund Deutscher Amateurtheater e.V. (BDAT)* und die *Bundesarbeitsgemeinschaft (BAG) Spiel und Theater e.V.* vertreten.

Amateurtheater ist Leben

Im vielgestaltigen Spektrum der deutschen Theaterlandschaft hat das Amateurtheater ganz besondere Eigenschaften und Qualitäten. Die folgende Charakterisierung und Aufgabenbeschreibung versteht sich nicht in Abgrenzung, sondern in Ergänzung zu einem Theaterverständnis, das das Theater als ein künstlerisches Medium definiert – ganz gleich in welchen Organisations- und Erscheinungsformen es stattfindet. Dabei versteht sich das AT im Wesentlichen als Akteur auf dem Gebiet der Breitenkultur.

1. Der Amateurschauspieler ist weitgehend befreit von ökonomischen Zwängen, öffentlichen Ansprüchen, gesetzlichen Vorgaben usw. Sein persönliches Interesse am Theater ist sein besonderer Zugang zur Kunst. Aus dieser Freiwilligkeit des Tuns und der damit verbundenen Freiheit des künstlerischen Schaffens ergeben sich Spielräume sowohl für das gestaltende Individuum selbst, als auch für den gesellschaftlichen Kontext, in dem sich der Spieler bewegt. Auf die Persönlichkeit eines Amateurtheaterspielers wirkt das gemeinsame Spiel in einem Ensemble entlastend. Im Kontrast zu beruflichen Zwängen vermittelt die befreiende Wirkung des Spiels eine positive Grundhaltung zum Leben und trägt zur Bewältigung des Lebensalltags bei. Die Freiwilligkeit des Tuns gibt dem Menschen die Kraft, sich in hohem Maß ehrenamtlich zu engagieren. Sie ist eine der wesentlichen Voraussetzungen für sein gesellschaftliches Engagement.

2. Innerhalb der vielseitigen Theaterlandschaft zeigt sich die besondere Stärke des AT in einer lokalen und regionalen Verbundenheit zwischen SpielerInnen und Publikum. Die Nähe zum Publikum ist vielfach Bestandteil des Regiekonzepts und der Dramaturgie von Theateraufführungen.

Auf der Suche nach einer Heimat verschafft sich das AT angesichts ständig neuer globaler Herausforderungen vor allem mit seinen Volks-Theaterstücken nicht nur einen Zugang zum Zuschauer, sondern entwickelt anhand authentischer Charakterdarstellungen und Milieubeschreibung eine einzigartige künstlerische Ausdrucksform (vgl. Radermacher 2011:14).

3. Das Amateurtheater übernimmt Teile der kulturellen Grundversorgung in Deutschland, insbesondere in den ländlich strukturierten Räumen. Es spielt unter anderem in Gaststätten, Jugendzentren, Hallen, Kirchen und auf Dorfplätzen und ist in der Regel allein verantwortlich für alle organisatorischen, künstlerischen und finanziellen Belange. Damit nimmt es der Gemeinde, der Stadt, dem Staat wichtige infrastrukturelle Aufgaben ab.

4. Das Amateurtheater trägt mit seinem ehrenamtlichen Engagement entscheidend zur Stabilisierung der Bürgergesellschaft bei. Die breitenkulturellen Angebote des Amateurtheaters verfolgen in ihrer Voraussetzungslosigkeit das Prinzip einer „Kultur für alle" (siehe Hilmar Hoffmann/Dieter Kramer „Kultur für alle. Kulturpolitik im sozialen und demokratischen Rechtsstaat" in diesem Band). Die *Enquete-Kommission* des Deutschen Bundestages „Kultur in Deutschland" hat dieses Engagement besonders gewürdigt und sieht darin einen „unverzichtbaren Bestandteil der kulturellen Infrastruktur" und „Garant des vielfältigen kulturellen Angebots und der kulturellen Teilhabe in Deutschland" (Deutscher Bundestag 2007:190).

Amateurtheater als Mehrgenerationenorte

Im Spektrum des Amateurtheaters in Deutschland gibt es sowohl Kinder- und Jugendtheatergruppen, als auch zahlreiche Erwachsenen- und Seniorentheaterensembles sowie Theatergruppen mit besonderen Aufgaben und Zielsetzungen. Alle Sparten und Genres der darstellenden Künste – vom Schauspiel über das Tanz- und Musiktheater, Figurenspiel, Freilichttheater, Performance u.v.a.m. – sind im AT vertreten.

Eine besondere Qualität des organisierten Theaterlebens in den Vereinen besteht in der generationsübergreifenden Zusammenarbeit. Amateurtheater sind vielfach Mehrgenerationenorte: Das Kind, der jugendliche Darsteller, die erwachsene Spielerin und der Senior sind Mitglied einer Bühne. Dabei spielt die soziale Lage und die „Standeszugehörigkeit" des Einzelnen keine Rolle: Der Arzt, die Lehrerin, der Handwerker, die Beamtin, der Student, die Verwaltungsangestellte und der Hausmann sind Mitglied einer Bühne.

Viele dieser Theatergruppen bestehen seit über 100 Jahren und das Interesse am Theaterspiel wird von Generation zu Generation vermittelt. Oft sind es ganze Familien mit Großmutter, Mutter und Enkelin, die sich vor oder hinter den Kulissen leidenschaftlich für ihr Theater engagieren. Sie verbringen ihre Freizeit miteinander und nehmen Urlaub, um während der Spielzeit präsent zu sein.

Sie nähen, bauen, singen, tanzen und spielen in einem Team. Die kulturellen Erfahrungen des Einzelnen und die handwerklichen und technischen Fertigkeiten werden in der praktischen Arbeit auf der Bühne vermittelt. Dabei lernen die Jungen von den „Alten Meistern", aber auch die Alten von den jungen ExpertInnen. Die Zugangsvoraussetzungen für NeueinsteigerInnen und ältere Menschen sind im AT nicht hoch, weil die technischen und künstlerischen Fertigkeiten niedrigschwellig angesetzt werden. Im Gegensatz dazu kann der einzelne Mitwirkende seinen „reichen Fundus an Gelebtem" (Simone de Beauvoir) in die gemeinsame Arbeit einbringen (vgl. Radermacher 2006:45). In dieser Voraussetzungslosigkeit trägt das AT zur Integration von MitbürgerInnen und interkulturellen Kulturvermittlung bei. Konkret wird ein solches Mehrgenerationenmodell Amateurtheater, wenn bei der Aufführung „Der Besuch der alten Dame" von Friedrich Dürrenmatt, 2011 gespielt von der *Waldbühne Ahmsen* – einem kleinen Ort im niedersächsischem Emsland mit ca. 250 EinwohnerInnen –, neunzig Aktive im Alter von acht bis 80 Jahren auftreten und den Applaus der zahlreichen ZuschauerInnen entgegennehmen.

Wirkung und Ausblick

Dieses Mehrgenerationenmodell AT ist sowohl aus soziologischer als auch aus künstlerischer und bildungspolitischer Sicht bemerkenswert, weil es einen Gesellschaftsentwurf auf die Bühne transportiert, der heute immer mehr ins Abseits gerät. Angesichts der demografischen Entwicklung werden soziale Spannungen und Szenarien des Misstrauens zwischen den Generationen prognostiziert. Demgegenüber ist das Spiel auf der Bühne darauf ausgerichtet, die Kommunikation zwischen den Menschen und Generationen zu befördern. Im intergenerativen Dialog entfalten sich die schöpferischen Potentiale und Modelle des helfenden Miteinanders. Das befreiende Element des Spiels wird genutzt, um im Dialog der Generationen innovative Potentiale freizusetzen und Grenzen zu überschreiten. Die Theatergruppe versteht sich als Kompetenzteam im Austausch von Jung und Alt (vgl. Radermacher 2006:45). In der Kostümschneiderei, in der Bühnenwerkstatt, im Spiel auf der Bühne, im Gesang und im Tanz finden die Menschen zusammen und lernen voneinander und miteinander. Die Lebenserfahrung des Einzelnen wird von TheatermacherInnen, die den Begriff des Amateurtheaterspielers scheuen, als „Expertise des Alltags" beschrieben.

Mit dem Modell des Mehrgenerationentheaters und seiner spezifischen Methode des Transfers von Kompetenz und Wissen geht die älteste Form der Vermittlung von Bildung einher, die der Menschheit bekannt ist. Im Zeitalter der differenzierten Lernsysteme und Methodenvielfalt hat das Prinzip der Wissensvermittlung von Alt zu Jung und umgekehrt seine Bedeutung nicht eingebüßt. Das Amateurtheater bedient sich darüber hinaus auch anderer Fortbildungsstrukturen und Qualifizierungsmaßnahmen. Mit dem Fortbildungsprogramm „Spielleitung im AT" verfügt der *BDAT* z.B. über eine differenzierte und systematisch aufgebaute Weiterbildungsstruktur in den Bereichen Schauspiel, Regie, Ausstellung, Technik und Management.

Der Bundesarbeitskreis „Kultur und Bildung" des *BDAT* hat 2010 in einem Positionspapier zur Kulturellen Bildung festgestellt, dass Kulturelle Bildung im *BDAT* als künstlerische Bildung verstanden werden muss. In der aktiven, künstlerischen Auseinandersetzung mit Theater eröffnet sich dem Menschen ein ganz eigener, von den anderen Künsten unterschiedener Zugang zur Kulturellen Bildung. Dabei wird im szenischen Spiel das Verständnis von künstlerischer und sozialer Bildung unter anderem durch empathische Aneignung vermittelt. In Achtung der sozialen und künstlerischen Ausdrucksformen eines jeden Menschen müssen diese Bildungspotentiale außerhalb formaler Bildungsstrukturen genutzt und weiter ausgebaut werden (BDAT-Positionspapier 2010).

Zum Weiterlesen

Arts by Children – Voices for a better world (Hrsg.) (2010): Die Kraft des Malens – Bilder von Kindern in Not, Redaktion Norbert Radermacher. Lingen: Kultur-Dialog.

Ermert, Karl/Lang, Thomas (Hrsg.) (2006): Alte Meister. Über Rolle und Ort Älterer in Kultur und Kultureller Bildung, Wolfenbütteler Akademie-Texte, Band 25. Wolfenbüttel: Bundesakademie für kulturelle Bildung.

Radermacher, Norbert (Hrsg.) (2010): Kindern eine Bühne geben, 20 Jahre Welt-Kindertheater-Fest. Lingen: Kultur-Dialog.

Spiel&Bühne: Fach- und Verbandszeitschrift des Bundes Deutscher Amateurtheater (Hrsg.), vierteljährliche Erscheinungsweise (März/Juni/September/Dezember), ISSN 1616-6809.

Eckhard Mittelstädt
Formen und Formate Freier Darstellender Künste

Im Folgenden soll es um die Praxis der Freien Darstellenden Künste in Deutschland gehen. Der Begriff Freie Darstellende Künste setzt sich in den vergangenen Jahren zunehmend gegenüber dem älteren Begriff des Freien Theaters durch, da sich hier die verschiedenen Formen der Bühnenkunst vereinen lassen: Neben dem Drama sind es zunehmend performative Formate, Tanz, Musiktheater, Figurentheater und die Verbindung verschiedener Genres, also das Cross-Over zwischen verschiedenen Medien und Genres. Dennoch bietet sich zur Definition weiterhin der Begriff Freies Theater an, da er im politischen Diskurs aufgrund der historischen Entwicklung weiterhin der gängige und vielfach genutzte Begriff ist. Freie Theater definieren sich seit den 1960er bzw. 1970er Jahren vor allem in Abgrenzung und Opposition zum etablierten Stadttheaterbetrieb, der natürlich alle Betriebsformen wie Staats- und Landestheater einschließt. Die Abgrenzung bezieht sich dabei sowohl auf finanzielle und strukturelle wie auch auf ästhetische Unterschiede. Frei bedeutet hier auf der einen Seite die Freiheit von den strukturellen Zwängen der Institution Theater mit Repertoirebetrieb, Abonnement und den starren Leitungshierarchien. Frei bedeutet auf der anderen Seite aber auch die Abwesenheit kontinuierlicher Förderung. Nicht zuletzt bedeutet frei in diesem Zusammenhang die Wahlfreiheit der künstlerischen Mittel jenseits von Sparten und Genres.

Die Definition des Freien Theaters erhebt dennoch keinen Anspruch auf allgemeine Gültigkeit, denn für jede genannte Abgrenzung zum Stadttheaterbetrieb lassen sich unter den Freien Theatern Gegenbeispiele finden. So gibt es natürlich Freie Theater in großen Städten, aber auch im ländlichen Raum, die über eine Spielstätte und eine Leitungsstruktur verfügen. Vor allem in Großstädten wie Berlin, Frankfurt, Hamburg, Hannover, Köln, München und Stuttgart werden sowohl die Spielstätten wie auch Freie Theater ohne Spielstätte langfristig gefördert. Ein wesentlicher Unterschied zum Stadttheaterbetrieb ist hier die fehlende Verpflichtung zur Förderung seitens der öffentlichen Hand. Daraus ergibt sich die Notwendigkeit, Fördermittel für geplante Inszenierungsprojekte jährlich neu zu beantragen. Unter den laut *Bundesverband Freier Theater* etwa 1.500 Freien Theatern in Deutschland sind nicht wenige, die sich auf ein Genre der Darstellenden Künste spezialisiert haben. Zusammenfassend lässt sich also konstatieren, dass „Freies Theater" heute vor allem als kulturpolitischer Begriff genutzt wird und der Begriff Freie Darstellende Künste die große Vielfalt an Formen, Ästhetiken und Genres repräsentiert, die dieses Feld im deutschsprachigen Raum ausmacht.

Nah an der Lebenswirklichkeit: Zur Geschichte des Freien Theaters in Deutschland

Das Freie Theater zeichnete schon seit seinen Anfängen in den 1960er und 1970er Jahren eine große Nähe zur Lebenswirklichkeit seines Publikums aus, mit dem es dann auch gern in einen Diskurs trat. Heutige Formen, mit dem Publikum zu arbeiten, die zum Standardprogramm nahezu aller Theater gehören, wie Vor- und Nachbereitung von Inszenierungen, Publikumsgespräche sowie die professionelle Arbeit mit AmateurInnen, Kindern und Jugendlichen haben ihre Ursprünge im Freien Theater. Die Formen des Diskurses mit dem Publikum haben sich gerade in den performativen Formaten stark verändert, geblieben ist die Diskursfreudigkeit mit der Freies Theater auf sein Publikum zugeht. Rainer Harjes bezeichnet eine veränderte Rolle des Publikums in seinem „Handbuch zur Praxis des Freien Theaters" als eines der Hauptmotive bei der Entstehung des Freien Theaters: „Prozesse kreativen menschlichen Zusammenlebens werden verfolgt und führen zu vielfältigen Formen von Mitmach- und Animationstheater. Man will den Zuschauer nicht mehr in seiner passiven Rolle belassen, sondern ihm wieder die zentrale Funktion, die er einmal besaß, in diesem uralten Menschheitsspiel, das Theater heißt, zurückgeben" (Harjes 1983:12f.).

Eine sehr direkte Form, ein besonderes Verhältnis zum Publikum herzustellen, manifestierte sich in den Ende der 1960er Jahre entstehenden Straßentheatern. Aufgrund fehlender Theaterräume auf der einen Seite und dem Wunsch, mit den Theateraufführungen die politische Debatte anzuregen auf der anderen Seite, lag die Straße als Aufführungsort nahe. Parallel zu diesen Entwicklungen fand in der bildenden Kunst eine Debatte zum Selbstverständnis der Kunst statt. Die Happening-KünstlerInnen suchten nach neuen Wirkungsweisen der Kunst und beeinflussten so auch die Theaterdebatte um das Verhältnis von Schauspieler und Zuschauer. Daraus entwickelten sich Formen des Mitspieltheaters, die den Zuschauer zum Mitakteur der Aufführung machte (Harjes 1983: 20f.).

Erziehung zum Hoffnungsträger: Das Freie Kindertheater nach 68

Das Kindertheater vollzog diese Entwicklungen in Abgrenzung zum Weihnachtsmärchen am Stadttheater mit einer Tagung in Marl 1971: „Im Anschluss an die Marler Tagung forderte eine Autorengruppe die Verbindung von Vorführtheater und Selbstspiel der Kinder, das sogenannte Marler Modell [...] Das Modell sah vor, die von den Kindern entwickelten Spielvorlagen in Kindertheatern, Kindergärten und Grundschulen zu erproben und anschließend sowohl von Theaterleuten wie von Pädagogen im Hinblick auf die Anwendbarkeit und Allgemeingültigkeit zu diskutieren. Die Ergebnisse der Spielprozesse sollten in den Produktionsprozess des Theaters zurückfließen" (Sauer 2007:344f.). Dieses im Kontext der Politisierung der Studentenbewegung entstandene Modell eines neuen Kindertheaters setzte auf die Kinder „als Hoffnungsträger für eine zukünftige bessere Welt" (Sauer 2007:343). Wesentlicher Motor dieser Entwicklung war das *Grips Theater* in Berlin, das zwar ein Privattheater war und ist, aber mit dem dort entwickelten ‚emanzipatorischen Kindertheater' Vorbild für viele Freie Theater war, die sich dem Kinderpublikum zuwandten. Der künstlerische Leiter und Autor vieler „Grips-Stücke", Volker Ludwig, beschrieb die bildende Wirkung dieser Stücke so:

> „Trummi kaputt entsteht in der Absicht, Kindern gesellschaftliche Verhältnisse, die von ihnen erlebt und erlitten werden, durchschaubar zu machen: hauptsächlich das Verhalten der Eltern, die als Opfer gesellschaftlichen Drucks entsprechend bedrückend reagieren. Im Vordergrund steht nun nicht mehr das „Antiautoritäre", die Steigerung des kindlichen Selbstgefühls allein, sondern Einsicht in die gesellschaftlichen Ursachen elterlichen Fehlverhaltens. Was die Kinder durchschauen, nimmt ihnen die Angst, macht sie selbstbewusster, bringt ihnen die Eltern näher und macht sie gleichzeitig unabhängiger von deren Zuneigungsschwankungen" (Volker Ludwig zitiert nach Hoffmann 2008:87f.).

Im Kinder- und Jugendtheater bildeten sich in dieser Zeit zwei Strömungen, die sich parallel und voneinander abgrenzend entwickelten. Während die professionellen Kinder- und Jugendtheater das Ziel, ihr Publikum zu „emanzipieren", in erster Linie durch das Zeigen von Aufführungen erreichen wollten und dies in den folgenden Jahren durch die Entwicklung von

Nachbereitungsheften und Nachgesprächen mit dem Publikum noch intensivierten, begannen andere TheatermacherInnen, mit Kindern Theater zu spielen, um dieses Ziel zu erreichen. Ein Beispiel für diese Entwicklung ist das *Kindertheater im Märkischen Viertel* in Berlin. Zu seinen Gründern zählte Volkhard Paris, der in einem Konzeptpapier die bildende Wirkung des Theaterspiels unterstrich: „Durch das Selbstspiel der Kinder sollen hemmende Faktoren abgebaut und Ich-Stärkung ausgebildet werden, es sollen kognitive, emotionelle und motivationale Fähigkeiten entwickelt werden" (Volkhard Paris zitiert nach Hoffmann 2008:83).

In den folgenden Jahren entwickelte sich das Theater für und mit Kindern nahezu unabhängig voneinander. Auch das Freie Theater für Erwachsene achtete auf eine strenge Trennung vom Theater mit AmateurInnen. Im Theater für Erwachsene begann sich diese Haltung in den 1980er Jahren zu ändern. RegisseurInnen begannen sich für die Arbeit mit Laien zu interessieren und erarbeiteten Inszenierungen in soziokulturellen Kontexten. So entstanden etwa im Frankfurter *Gallus-Theater* unter der Leitung von Brian Michaels Inszenierungen mit süditalienischen Jugendlichen und jungen Erwachsenen, deren Ausgangspunkt die Geschichten dieser ersten in Deutschland aufgewachsenen Generation von MigrantInnen waren. Eine andere Form der Theaterarbeit mit Laien entwickelte Willy Praml. Er begann um 1980 ein langfristiges Theaterprojekt mit den EinwohnerInnen eines Dorfes bei Limburg, dem bis 1990 weitere Projekte folgten. „Es ging darum, den Übergang der tausendjährigen bäuerlichen Traditionskette in die industrielle Zeit nachzuvollziehen, und dies aus dem eigenen, im Ort tradierten Erinnern zu rekonstruieren", erläutert Praml den Ansatz seiner Theaterarbeit (Seitz 2005:276). Diese beiden Beispiele stehen für eine Arbeit mit Laien, die soziale und künstlerische Aspekte in den Vordergrund stellten. Im Allgemeinen war bis zur Jahrtausendwende eine scharfe Trennung zwischen Kunst (im professionellen Theater) und Pädagogik (in der Arbeit mit Kindern und Jugendlichen) Konsens. In den 1990er Jahren beginnen sich diese Bereiche in Teilen zu vermischen, für die gängige Praxis im Freien Theater hatte dies aber nur punktuelle Bedeutung.

Veränderte Praxis des Freien Theaters

Mit der 2000 veröffentlichten PISA-Studie und der sich daran anschließenden Bildungsdebatte begann die gesamte Theaterlandschaft, ihr Verhältnis zu den bildenden Aspekten der Darstellenden Künste neu zu definieren. Zeitgleich begann sich die Praxis wie auch die Struktur der Freien Theater grundlegend zu verändern. Der von dem Theaterwissenschaftler Hans-Thies Lehmann eingeführte Begriff des postdramatischen Theaters (vgl. Lehmann 1999) begann sich in der Praxis der Freien Theater durchzusetzen. Dem klassischen Drama und seinen Repräsentationsformen wurden neue Formen der Präsentation entgegengestellt, die vor allem auf eine veränderte Kommunikation mit dem Publikum setzten. Dabei wurden nicht nur Grenzen der unterschiedlichen Genres bewusst überschritten, sondern auch die Unterscheidung zwischen AmateurInnen und professionellen SchauspielerInnen außer Kraft gesetzt. Der von *Rimini Protokoll* und *Hofmann&Lindholm* genutzte Begriff der „Experten des Alltags" ist ein Beispiel dafür. Häufig geht es den ProduzentInnen solcher Formate, seien sie nun interaktiv oder konfrontativ, um neue Sichtweisen auf die Wirklichkeit. Dabei wird häufig mit der Kenntlichmachung theatraler Wahrnehmungsprozesse gespielt, um dem Zuschauer Einblicke in Themen zu bieten, aber auch um mit ästhetischen Mitteln die Strukturen öffentlicher Darstellung und ihrer Wahrnehmung zu untersuchen. Es entstehen dokumentarische Rechercheprojekte, Lecture-Performances, performative Stadtraumprojekte und site-specific-Stücke als Formate, die den Zuschauer oder besser vielleicht Teilnehmer einer Aufführung oder

Performance zum Überdenken eigener Wahrnehmungsmuster herausfordern. Das Material der Performances wird durch Recherchen gewonnen, wobei der Recherchecharakter in der Präsentation erkennbar bleibt und dem Zuschauer überlassen bleibt, wie er das Gesehene bewertet (vgl. Deck 2011).

Eroberung des öffentlichen Raums

Motor dieser Entwicklung sind sogenannte Produktionshäuser wie etwa die *Kampnagel-Fabrik* in Hamburg, der Frankfurter *Mousonturm*, die *Sophiensäle* und das *HAU* in Berlin. Sie treten als Produzenten dieser Formate auf, die von TheatermacherInnen kollektiv und in losen Ensemblestrukturen entwickelt werden. Dabei sind die Produktionshäuser untereinander gut vernetzt, sodass sie nicht selten gemeinsam produzieren und veranstalten. Zugleich entstehen immer mehr Formate, die den Theaterraum gegen öffentliche Orte eintauschen und den Stadtraum als Kulturraum nutzen. Eva Behrendt hat dies in ihrer Bilanz von neun Jahren *HAU* unter der künstlerischen Leitung von Matthias Lilienthal so beschrieben: „Und dann war das HAU in den letzten Jahren ausgerechnet das Berliner Theater, das mir [...] meine Stadt am nächsten gebracht hat. Mit dem HAU habe ich in den vietnamesischen Markthallen des Dong Xuang Centers in Berlin-Lichtenberg Armani-Kopien geshoppt und den Unterschied zwischen West- und Ostberliner Vietnamesen verstanden, habe ich mit einer türkischen Großfamilie am Kottbusser Tor Tee getrunken, aus einem Penthouse über die Gropiusstadt geschaut, ein ausrangiertes Bordell im Wedding besucht, bei verschiedenen Plattenbaubewohnern vor der Schrankwand gesessen, habe mit den Augen bulgarischer Fernfahrer auf Berliner Großparkplätze geschaut und im Niemandsland hinter dem HAU ein langes Telefongespräch mit einem netten Inder aus Kalkutta geführt" (Behrendt 2012:33).

Der Zuschauer wird eingeladen, einen ihm vielleicht schon aus dem Alltag bekannten Ort neu wahrzunehmen und eine andere Perspektive auf diesen Ort einzunehmen. In den meisten Fällen wird er auch zur Mitwirkung eingeladen. Ein Beispiel für solche Theaterformen ist das Projekt „Schlimm City" des *Ringlokschuppens* in Mülheim an der Ruhr. Ort und Gegenstand dieses Projekts ist die durch massive Ladenschließungen verödende Innenstadt Mülheims. In den leeren Läden und Kaufhäusern wird ein Radioballett inszeniert, mit Hilfe von Audioguides wird ein Arbeiteraufstand von 1923 am Originalschauplatz nachgestellt und ein Parkhauslauf veranstaltet. Zudem wurden verschiedene Performancegruppen eingeladen, ihre interaktiven Formate in dieses „Stadtspiel" einzufügen. Neben den PerformerInnen sind vor allem die TeilnehmerInnen die HauptakteurInnen dieses Spiels, an dessen Ende TheaterwissenschaftlerInnen, ArchitektInnen, KünstlerInnen und BürgerInnen über die Stadt der Zukunft debattieren. Solche Formate, welche verschiedene Genres vermischen und ein Thema auf verschiedene Weisen und gemeinsam mit TeilnehmerInnen, KünstlerInnen, WissenschaftlerInnen und anderen Fachleuten bearbeiten, verbinden soziokulturelle mit künstlerischen Aspekten.

Eine andere Verbindung von soziokulturellen mit künstlerischen Aspekten geht der Regisseur Uli Jäckle ein, der seit 1990 jeden Sommer an seinem Wohnort Inszenierungen mit bis zu 120 TeilnehmerInnen erarbeitet. Mit professionellen DarstellerInnen und AmateurInnen wird die ganze Landschaft bespielt. Das Stück wird gemeinsam nach einem vorher festgelegten Thema erarbeitet und dann jeweils an den Wochenenden vor und nach den Sommerferien gezeigt. Dabei spielt die vorgefundene und durchaus nicht spektakuläre Landschaft eine große Rolle. So setzte man sich in „Der Himmel über Heersum" amüsant mit der Schöpfungsgeschichte auseinander, holte in „Die Piraten sind los" kurzerhand Seefahrergeschichten in die Hildesheimer Börde und will 2012 den Olymp mitsamt seinen Göttern dort auferstehen lassen.

Zur Rolle der AkteurInnen

Dies sind nur zwei sehr unterschiedliche Beispiele für Formen Freien Theaters, die sich mit dem städtischen bzw. ländlichen Raum auseinandersetzen. Dabei werden professionelle AkteurInnen mit nichtprofessionellen AkteurInnen zusammengeführt und es wird mit unterschiedlichen künstlerischen Strategien ein Thema bearbeitet. Zu unterscheiden sind hier drei Formen der Teilhabe (siehe Larissa von Schwanenflügel/Andreas Walther „Partizipation und Teilhabe" in diesem Band) am theatralen bzw. performativen Ereignis: die Arbeit mit nichtprofessionellen AkteurInnen, die langfristig theaterpädagogisch auf das Ereignis vorbereitet werden, sogenannten „Experten des Alltags", die ihre Auftritte stets neu produzieren und dabei auf ihre Alltagserfahrung zurückgreifen und ZuschauerInnen, die zur Mitwirkung im Rahmen des Ereignisses eingeladen werden.

Hinzu kommen noch klassische theaterpädagogische Formate mit Kindern, Jugendlichen und Erwachsenen, die in der Praxis der Freien Theater schon seit vielen Jahren eine Rolle spielen.

Betrachtet man die beschriebenen Formate unter Bildungsaspekten, so sind neben den Aspekten ästhetischer Bildung durch die Produktion und Rezeption von Theaterereignissen vor allem die künstlerischen Strategien und die Offenlegung des Recherchecharakters interessant. Es werden Fragen gestellt, es wird experimentiert und recherchiert, es werden Ergebnisse zur Verfügung gestellt, überraschende Sichtweisen gezeigt, aber die Einordnung wird dabei immer dem Zuschauer überlassen.

Während performative Formate (siehe Malte Pfeiffer „Performativität und Kulturelle Bildung" in diesem Band) in theaterpädagogischen Arbeiten stark an Bedeutung gewinnen und vor allem Freie Kinder- und Jugendtheater sich in vielen „Theater und Schule-Programmen" engagieren und diese Formate dort ausprobieren, genannt seien hier TUSCH in Hamburg und Berlin sowie das Projekt „flux. Theater in Hessen unterwegs", sind performative Formate für Kinder bisher noch selten zu finden. Ausnahmen bilden das Hamburger *Fundus Theater* und die junge Formation aus dem Umfeld der Hildesheimer Kulturwissenschaften *pulk fiktion*.

Das *Fundus Theater* hat mit der Kulturwissenschaftlerin Sybille Peters ein Forschungslabor eröffnet und z.B. mit Kindern, KünstlerInnen und WissenschaftlerInnen in „Kinder testen Schule", den bewertenden Charakter der Institution Schule einfach umgedreht und Kinder ihre Schule testen lassen. Pulk fiktion hat sich in „Der Rest der Welt" mit der Nachrichtenwelt und den dort stattfindenden Manipulationen und Fälschungen auseinandergesetzt und sie dem Publikum offengelegt bzw. es daran mitwirken lassen.

Fazit

Im Feld der Kulturellen Bildung haben die Freien Theater seit den Anfängen eine Vorreiterrolle gespielt, immer wieder mit neuen Formen experimentiert, durch ihre Nähe zum Publikum dessen Teilhabe ermöglicht und aus verschiedenen Motiven den bildenden Charakter des Theaterereignisses herausgestellt. Nach der um die Jahrtausendwende einsetzenden Bildungsdebatte hat sich diese Haltung im deutschen Theater durchgesetzt und kaum ein Stadttheater verzichtet auf die Vermittlung seiner künstlerischen Arbeit. Mit den performativen Formaten stellt sich auf der einen Seite die Frage nach der Rolle der AkteurInnen, aber auch nach der Rolle der ZuschauerInnen neu. Der bildenden Wirkung solcher Formate konnte sich hier nur beschreibend angenährt werden. Ein sich veränderndes Kunstverständnis, das sich zunächst im Freien Theater manifestierte, muss nun auch in den Diskurs im Feld der

Kulturellen Bildung eingebunden sein. Dies gilt vor allem für die Rezeption, denn in der theaterpädagogischen Debatte ist die Performance als Praxis schon angekommen. „In Anlehnung an ein autonomes Verständnis des Akteurs in der Performancekunst untersuchte der Salon die Gesamtbeteiligung aller Teilnehmenden an einem Projekt. Wenn die einzelnen Beteiligten Entscheidungen über Auswahl, Inhalt, künstlerische Komposition treffen, findet eine Übertragung der künstlerischen Verantwortung am Gesamtprodukt statt, die das Projekt zu ihrem macht. Mit der Demokratisierung der künstlerischen Mittel geht eine Enthierarchisierung des Produktionsprozesses einher, in der jeder seinen Platz mit seinen Mitteln findet" (Marsch o.J.:1). Was Karola Marsch hier zur Einführung in das Thema eines Theaterpädagogischen Salons zur Rolle der AkteurInnen formuliert, beschreibt im Kern das Ideal eines Produktionsprozesses im Freien Theater seit seinen Anfängen.

Zum Weiterlesen

Deck, Jan/Sieburg, Angelika (Hrsg.) (2011): Politisch Theater Machen. Neue Artikulationsformen des Politischen in den Darstellenden Künsten. Bielefeld: transcript.

Fonds Darstellende Künste (Hrsg.) (2010): Report Darstellende Künste. Wirtschaftliche, soziale und arbeitsrechtliche Lage der Theater- und Tanzschaffenden in Deutschland. Klartext.

Mittelstädt, Eckhard/Pinto, Alexander (Hrsg.) (2013/im Erscheinen): Die Freien Darstellenden Künste in Deutschland. Diskurse – Entwicklungen – Perspektiven. Bielefeld: transcript.

Schneider, Wolfgang/Fechner, Meike (Hrsg.) (2010): Grimm & Grips Jahrbuch für Kinder- und Jugendtheater 2011. Theater und Schule. Vom Modell zum Programm. ASSITEJ.

Sting, Wolfgang/Mieruch, Gunter/Stüting, Eva Maria/Klinge, Anne Katrin (Hrsg.) (2012): TUSCH: Poetiken des Theatermachens. Werkbuch für Theater und Schule. München: kopaed.

Teil II
Praxisfelder Kultureller Bildung

2.7
Museum

Hannelore Kunz-Ott
Museum und Kulturelle Bildung

Die Institution Museum hat sich im Laufe der Zeit ständig gewandelt: von der fürstlichen Wunderkammer, über den Musentempel, zur Bildungseinrichtung und schließlich zum Freizeit- und Erlebnisort. Gleichzeitig haben sich auch die Aufgaben wesentlich geändert. Seit einigen Jahren kommt der Besucherorientierung sowie dem Vermitteln und Bilden eine immer größer werdende Bedeutung zu, neben jenen Tätigkeiten, die vom Publikum selten wahrgenommen werden: dem Sammeln, Bewahren sowie dem Erforschen und Ausstellen der Objekte. Mit ihren vielfältigen originalen Sammlungsbeständen, mit Objekten aus Natur und Wissenschaft, aus Technik, Geschichte, Kunst und Kultur stellen Museen einen umfangreichen Kosmos dar und bieten sich in besonderer Weise als Orte Kultureller Bildung an (siehe Matthias Henkel „Museen als Orte Kultureller Bildung" in diesem Band).

In Deutschland verzeichnen wir im Jahr 2011 über 6.100 Museen, und die Zahl der Häuser wird jährlich mehr. Die großen Publikumsmagneten, die Kunstmuseen, bilden mit ca. 10 % nur einen kleinen Teil, das Gros bilden die kleineren und mittelgroßen Volkskunde- und heimatkundlichen Sammlungen. Etwa die Hälfte der Museen wird von einer hauptamtlichen Fachkraft geleitet, die andere Hälfte, meist die kleineren heimatkundlichen Sammlungen, von ehrenamtlich Engagierten betreut (Institut für Museumsforschung 2008:15). Diese facettenreiche Museumslandschaft mit ihren Technik- und naturwissenschaftlichen Museen, den Freilicht- und Industriemuseen sowie den Geschichts- und Kulturgeschichtlichen Sammlungen bieten einen unerschöpflichen Fundus an Bildungsinhalten für jedermann, ein immenses Potential, das es für Jung und Alt zu nutzen gilt.

Museum – ein besonderer Lernort

Bildung und Vermittlung gehören heute nach der Definition des *Internationalen Museumsrates ICOM* zu den grundlegenden Aufgaben von Museen, die ihre bildungspolitische Funktion weiterentwickeln und ein immer breiteres Publikum aus der Gesellschaft, für die sie eingerichtet sind, anziehen sollen (ICOM 2010:19). Die unmittelbare Begegnung mit originalen Zeugnissen aus vergangenen Jahrhunderten oder fremden Kulturen zeichnet die Kulturinstitution Museum in Zeiten, wo virtuelle Dinge und massenhafte Reproduktionen den Alltag prägen, als besonderen Lernort aus. Die Authentizität des originalen Kunstwerks oder das authentische historische Gerät erleichtern und fördern das Verstehen und Begreifen und damit das Lernen. Diese besondere Rolle des Museums hebt auch die *Enquete-Kommission* „Kultur in Deutschland" in ihrem Schlussbericht hervor: „Das Museum ist wahrscheinlich – wie kaum eine andere Kultureinrichtung – ein besonders wirkungsvolles Umfeld für informelles, ganzheitliches und individuelles Lernen, ein Lernumfeld, das die Sinne anspricht und die Verbindung von begrifflichem und bildlich-symbolischem Denken fördert" (Deutscher Bundestag 2007:391).

Neben den originalen Exponaten unterstützt der Museumsraum selbst die kognitive wie sinnliche Auseinandersetzung mit Themen und Inhalten. Museums- und Ausstellungsarchitektur bilden ein besonderes Umfeld, in dem sich die Objekte in wechselndem Kontext immer wieder neu erschließen. Im Museum ist somit ein besonderer Freiraum gegeben für inspirierende Begegnungen mit Exponaten, um mit ihnen in einen Dialog zu treten, aber auch um Diskussionen der BesucherInnen untereinander zu ermöglichen.

Wenn im Folgenden von „Bildung im Museum" gesprochen wird, ist darunter nicht nur „Belehrung" oder „Wissensvermittlung" zu verstehen, vielmehr ist damit nach Wilhelm von Humboldt die Selbständigkeit oder nach Hartmut von Hentig das „Sich-Bilden der Persönlichkeit" beinhaltet. Unter „Bildung im Museum" ist daraus folgend eine intensive, sowohl kognitive wie sinnliche Auseinandersetzung mit den Sammlungsbeständen zu verstehen. Bildungsprozesse im Museum wirken nachhaltig und fördern kognitive Fähigkeiten und Fertigkeiten, um Probleme in unterschiedlichsten Situationen lösen zu können. Die ganzheitlichen und sinnlichen Erfahrungen unterstützen Lernprozesse und motivieren dabei den Lernenden. Im Museum können daher Sach- und Methodenkompetenz, interkulturelle und Sozialkompetenz sowie personale Kompetenz, Medien- und Präsentationskompetenz in besonderer Weise gefördert werden.

Die Rolle der Museumspädagogik

Der Besuch eines Museums oder einer Ausstellung kann solche Bildungsprozesse initiieren. Dieser kulturelle Schatz erschließt sich aber nicht von selbst. Um die kulturelle Teilhabe allen Menschen zu ermöglichen, ist methodisches Handwerkszeug notwendig. Für die Bildungsangebote eines Museums ist ein eigens dafür verantwortliches Personal zuständig: museumsintern, in zentralen Diensten organisiert oder museumsextern, hauptamtlich oder ehrenamtlich tätig, traditionell als MuseumspädagogInnen bezeichnet. Da dieser Begriff häufig missverstanden und ausschließlich mit der Zielgruppe der SchülerInnen verbunden wird, haben sich die Österreichischen und Schweizer MuseumskollegInnen inzwischen in KulturvermittlerInnen umbenannt. In Deutschland diskutiert man immer wieder über die Berufsbezeichnung und variiert zwischen MuseumspädagogInnen, ReferentInnen für Bildung und Kommunikation oder Fachkraft für Vermittlung.

Ein kurzer historischer Überblick über die Entwicklung der Museumspädagogik in Deutschland soll den Wandel dieses Aufgabenfelds veranschaulichen. Alfred Lichtwark (1852-1914), Direktor der *Hamburger Kunsthalle*, verstand als einer der ersten das Museum als Stätte der Volksbildung. Wegweisend in der Geschichte der Museumspädagogik wurde sein Grundsatzreferat 1903 in Mannheim über die Bildungsaufgabe des Museums.

Die Prinzipien der Anschauung, des Exemplarischen und der Interaktion in einem Museum gehen auf Georg Kerschensteiner (1854-1932) zurück. Der Gymnasiallehrer, Stadtschulrat in München, wurde von Oskar von Miller, dem Gründer des *Deutschen Museums*, in die Konzeptionsphase des Museums miteinbezogen. Es ist Kerscheinsteiners Verdienst, das *Münchner Museum* unter didaktischen Gesichtspunkten wesentlich mitgestaltet zu haben. Sein Ansatz einer besucherorientierten Vermittlungsarbeit mit zahlreichen (Funktions-) Modellen kann als wegweisend für die moderne Museumspädagogik gelten.

Schließlich darf Adolf Reichwein (1898–1944) nicht fehlen, der in den Jahren 1939 bis 1944 die Abteilung „Schule und Museum" am *Museum für Volkskunde* in Berlin leitete. Aus der Reformpädagogik kommend, verstand er das Museum als wichtiges Mittel zur Erziehung – besonders im Werkunterricht. Er führte die Berufsbezeichnung „Museumspädagoge" ein.

Eine wichtige Phase waren aber auch die 1960er Jahre, als in Westdeutschland die öffentliche Diskussion zum Thema „Bildung für alle" stattfand und sich die Museen zwischen den beiden Polen „Lernort" und „Musentempel" positionierten. Die *Kultusministerkonferenz* richtete sich 1963 und 1969 an die Museen mit dem Aufruf, der Bildungsarbeit größere Aufmerksamkeit zu widmen. In Ostdeutschland, wo 1963 der *Wissenschaftliche Rat des Ministeriums für Volksbildung* der DDR eine Arbeitsgemeinschaft „Schule und Museum" initiierte, gab es eine ähnliche Entwicklung.

All diese Bildungsinitiativen richteten sich vor allem an die Schulen. Als Reaktion entstanden die großen Museumspädagogischen Zentren: 1961 der *Museumsdienst Berlin* als Außenamt der Museen gegründet ebenso wie 1965 der spätere *Museumsdienst Köln*, 1969 in Nürnberg das *Kunstpädagogische Zentrum am Germanischen Nationalmuseum (KPZ)* und schließlich 1973 das *Museumspädagogische Zentrum München (MPZ)*. Diese zentralen Dienste hatten die Aufgabe, in ihren Städten mehrere Museen mit Vermittlungsangeboten speziell für Schulklassen zu versorgen. Inzwischen haben sie ihre Arbeitsfelder ausgebaut, bieten Fortbildungen an (Kulturprojekte in Berlin), beraten in museumsfachlichen Fragen (z.B. KPZ), erweitern ihre Zielgruppen (z.B. Kindergärten - MPZ) oder haben eine ausdifferenzierte Museumsschule mit vielfältigen Angeboten für die unterschiedlichen Schularten, Jahrgangsstufen, Museumstypen, Sachthemen und Zielgruppen (*Museumsdienst Köln*).

MuseumspädagogInnen organisieren sich

Ende der 1970er Jahre beginnen die MuseumspädagogInnen sich verbandsmäßig zu organisieren, 1978 gründete sich die deutschsprachige Gruppe des *ICOM Komitees CECA (Committee for Education and Cultural Action)*. Aus dieser Initiative entwickelte sich 1991 in Deutschland der *Bundesverband Museumspädagogik (BVMP)* für festangestellte und freiberufliche MuseumspädagogInnen. Strukturiert ist der ehrenamtlich tätige Verband in sieben Landesverbänden mit ca. 800 Mitgliedern (Stand 2011).

Der *BVMP* gibt die einzige deutschsprachige Fachzeitschrift für museale Vermittlungsthemen heraus, „Standbein Spielbein – Museumspädagogik aktuell", organisiert regelmäßige Tagungen und Fortbildungen, initiiert Modellprojekte und bietet in Kooperation mit der *Bundesakademie für kulturelle Bildung* in Wolfenbüttel seit 1994 berufsbegleitende Weiterqualifizierungsprogramme an. Neben der Aus- und Weiterbildung ist die Förderung der Museumspädagogik innerhalb der Museumslandschaft ein wichtiges Ziel des Verbands. 2009 stellte er daher in Kooperation mit dem *Deutschen Museumsbund*, mit den Österreichischen und Schweizer Fachverbänden eine Beschreibung von Qualitätskriterien für die Bildungs- und Vermittlungsarbeit in Museen zusammen. Erstmals wurden hier Standards zu den grundlegenden Bereichen von Vermittlungsinhalten, Zielgruppen und Methoden der Vermittlung, zu Qualifikation des Personals, zu notwendigen Partnern und Rahmenbedingungen definiert und beschrieben (Qualitätskriterien 2009). Dieser Leitfaden spiegelt den Stand der Bildungsarbeit Anfang des 21. Jhs. an deutschen Museen wider und will zugleich den MuseumspädagogInnen Anregungen für ihren Berufsalltag geben sowie den politisch Verantwortlichen und Museumsdirektionen zeigen, welche Aufgabenfelder Bildung und Vermittlung im Museum umfassen.

Tätigkeitsfelder der Vermittlungsarbeit

Im Laufe der Jahre haben sich diese Tätigkeitsfelder gewandelt und unter dem Aspekt der Besucherorientierung ausgeweitet. Vermittlung und Bildung ist eine Aufgabe für alle im Museum Tätigen. Sie greift konzeptionell und praktisch in alle Bereiche des Museums hinein. Das beginnt bei der Mitarbeit bei Ausstellungskonzeption und -präsentation (besucherfreundliche interaktive Stationen oder Kinderpfade usw.) sowie bei Ausstellungstexten (z.B. Kriterien der

Verständlichkeit). Es führt weiter zur Konzeption und Durchführung vielfältiger begleitender Vermittlungsformen (z.B. Führungen in Deutsch und Fremdsprachen, Cicerones, Kurse, Seminare, Workshops, Vorträge, Kindergeburtstage, Ferienprogramme, Museumstheater, Vorführungen oder Aktionsprogramme; siehe hierzu die Liste des Institut für Museumsforschung 2008:52). Seit den 1990er Jahren wächst die Mitwirkung bei Events und öffentlichkeitswirksamen Veranstaltungen (Edutainment), z.B. Lange Nacht der Museen, Internationaler Museumstag oder Museumsfeste (siehe Michaela Pfadenhauer „Erlebnis – Ereignis – Event" in diesem Band).

Ebenso wie die personalen Vermittlungsformen erweitert sich die Palette medialer Begleitangebote, z.B. Aktiv- oder Arbeitsblätter, Suchspiele, Detektivspiele, Computerstationen oder Internetangebote. Ein großes Aufgabengebiet stellen mehr und mehr die elektronischen Medien dar, angefangen von Audioguides über Computerstationen bis hin zum Einsatz von sogenannten Social Media. Hier stehen wir noch am Beginn einer Entwicklung, deren Ausmaß auch für Museen noch nicht abzuschätzen ist. Erste positive Erfahrungen zeigen, welch großes Potential in einer „digitalen Museumspädagogik" steckt. Bildungsangebote im Internet, wie LeMO (Lebendiges virtuelles Museum Online, ein multimediales Informationssystem zur deutschen Geschichte des 20. Jh.s, entwickelt und betrieben vom *Deutschen Historischen Museum Berlin* und dem *Haus der Geschichte der Bundesrepublik Deutschland*) oder Weimarpedia (eine von SchülerInnen zu gestaltende Homepage mit Texten, Hörspielen, Fotoserien usw. betreut von der *Klassik Stiftung Weimar*) ergänzen die Programme der Museen vor Ort. Hier sind zusätzliche und vernetzte Informationen verfügbar sowie selbstgesteuertes und mobiles Lernen jederzeit möglich. Mit Hilfe von Kommunikation und Interaktion verändern sich Museen zu offenen Bildungseinrichtungen, wo Besucherorientierung und Partizipation des Publikums in besonderer Weise realisierbar wäre. Während z.B. englische Museen unter dem Leitgedanken des Lebenslangen Lernens mit Web 2.0-Anwendungen dem Publikum eine aktive und kreative Rolle ermöglichen, stecken deutsche Museen in dieser Hinsicht noch in den Anfängen (Standbein Spielbein 2010).

Erschließung und Differenzierung von Zielgruppen

Die bunte Vielfalt der Bildungsangebote hängt mit der Ausdifferenzierung der Zielgruppen zusammen. Die Unterscheidung nach Alter, Geschlecht, Herkunft, Beeinträchtigung, Bildung, sozialer Schicht, Interesse usw. hat konkrete Auswirkungen auf die methodische Umsetzung der Bildungsprogramme, denn das Ziel ist die kulturelle Teilhabe für alle Bevölkerungs- und Bildungsschichten.

Das beginnt bei speziellen Angeboten für 3- bis 5-Jährige, in denen experimentelles Forschen, ästhetisches Gestalten und handlungsorientierte Methoden dominieren. Mehr als 70 Methodenvorschläge aus dem Modellprojekt „Museen und Kindergärten" des *BVMP* belegen, wie umfassend Museumsbesuche gerade auch Kleinkinder fördern können.

Seit den Anfängen der Museumspädagogik war die Zusammenarbeit mit Schulen für Museen wichtiger Bestandteil ihrer Bildungsarbeit. Anstelle von zufälligen Einzelbesuchen setzt man heute mehr und mehr auf langfristige Kooperationen und nachhaltige Projektarbeit, insbesondere im Rahmen der offenen und gebundenen Ganztagsschule. Museumspädagogik kann gegenüber dem Schulunterricht in der Regel offener, ganzheitlicher und fächerübergreifend arbeiten, ist partizipatorischer angelegt mit handlungsorientierten und interaktiven Elementen. Immer häufiger tritt der Museumspädagoge als Informationsgeber zurück und schlüpft in die Rolle eines Moderators, der die SchülerInnen die Themen im Museum selber erarbeiten lässt. Zahlreiche Datenbanken geben Einblick in gelungene Formen der schulischen Projektarbeit mit Museen (z.B. www.museum-bildet.de).

Unter dem Stichwort „Lebenslanges Lernen" wenden sich Museen mit ihren Bildungsprogrammen an Erwachsene, insbesondere auch an SeniorInnen. So differenziert man Kinder und Jugendliche anspricht, so einseitig werden SeniorInnen im Museum bedient. Neben aktiven Kulturinteressierten, Reiselustigen und rüstigen RentnerInnen umfasst die Gruppe aber auch Hochbetagte und nicht mehr so mobile Personen. Dann geht das Museum auch schon mal nach „draußen", z.B. mit einem mobilen Museumskoffer oder geeigneten anschaulichen und konservatorisch unbedenklichen Objekten. Der demografische Wandel in unserer Gesellschaft wird diese Zielgruppe künftig stärker in das Blickfeld der Bildungsarbeit stellen (Gajek 2010) (siehe Karl Ermert „Demografischer Wandel und Kulturelle Bildung in Deutschland" in diesem Band).

Zielgruppenspezifische Bildungsangebote für unsere multikulturelle Gesellschaft stellen Museen ebenfalls vor neue Herausforderungen. Wie kann die Realität einer Zuwanderungsgesellschaft in ihren Sammlungen, in Ausstellungen und in der Vermittlung anschaulich dargestellt werden und vor allem, wie kann man Menschen mit Migrationshintergrund eine stärkere Teilhabe am Museum ermöglichen? In einem Memorandum aus dem Jahre 2010 formuliert der Arbeitskreis Migration des *Deutschen Museumsbundes* zehn Aufgabenfelder zur Förderung des Austausches und der Zusammenarbeit mit dieser Zielgruppe (verfügbar unter www.museumsbund.de).

Personalsituation im Bildungsbereich der Museen

Mit der wachsenden Bedeutung der Bildungsaufgaben im Museum, den erweiterten Tätigkeitsfeldern und der differenzierteren Zielgruppenarbeit geht eine deutliche Zunahme an Museumspersonal in der Vermittlung und Bildung einher. Insgesamt arbeiten ca. 20.000 Menschen in deutschen Museen in der Vermittlung. Trotz dieser großen Zahl überrascht es, dass nur etwa 5 % der Museen hauptamtliche MuseumspädagogInnen beschäftigen, fast die Hälfte davon sind halbtags tätig. 34 % der Museen in Deutschland arbeiten mit Honorarkräften, die Mehrheit im Bildungssektor, 47 %, sind ehren- oder nebenamtlich tätig (Institut für Museumsforschung 2008:45). Im Vergleich zu den letzten zwanzig Jahren ist eine deutliche Professionalisierung in der deutschen Museumslandschaft im Bereich der Vermittlung zu konstatieren, bei einer Größenordnung von über 106.820.000 Museumsbesuchen, die zuletzt im Jahr 2009 gezählt wurden (Institut für Museumsforschung 2010:7).

Die ständig wachsenden Aufgaben sind personalintensiv. Für die Bewältigung der neuen Aufgaben bedarf es qualifizierter Fachkräfte, gerade im Bildungssektor. Bis heute aber gibt es in Deutschland keine geregelte Ausbildung zum Museumspädagogen oder Kulturvermittler. Allein die Kunstpädagogik ist seit langem als Studiengang etabliert. In den museologischen Studiengängen der Fachhochschulen und Universitäten spielt Museumspädagogik noch eine untergeordnete Rolle. Derzeit kommen KuratorInnen für Bildung und Vermittlung in den Museen zur einen Hälfte aus dem Fachbereich Pädagogik zum anderen aus den jeweiligen Fachgebieten der Museen (z.B. Archäologie, Kunstgeschichte, Geschichte). Kompetenzen aus dem jeweils anderen Bereich werden durch berufsbegleitende Weiterbildungen angeeignet. Die bestehenden und bewährten Weiterbildungsangebote reichen nicht aus, daher wird der Ruf nach einem universitären Studiengang immer lauter.

Neue Herausforderungen

Neben den bereits erwähnten Themen wie digitale Medien, interkulturelle Zusammenarbeit, Seniorenprogramme und Ausbildung ist die Qualitätssicherung in der Vermittlung eine zentrale zukünftige Aufgabe für die Museen. Dazu fehlen einerseits die notwendigen Besucherforschungen und Evaluationen der Bildungsangebote. Es fehlen aber auch Untersuchungen aus der Wirkungsforschung über die Bildungsprozesse während eines Besuchs bzw. während der Teilnahme an museumspädagogischen Veranstaltungen.

Ausreichende personelle und finanzielle Strukturen im Bildungssektor fehlen in deutschen Museen, was unter anderem auf die geringe Zahl von 5 % hauseigener MuseumspädagogInnen zurückzuführen ist. Noch zu viele Museen können keine professionelle Bildungsarbeit in Ausstellungen anbieten, hier liegt ein großes Potential brach. Ein Vermittlungskonzept mit einer Zielgruppenanalyse, einer Bestandsaufnahme möglicher Bildungspartner vor Ort ist grundlegende Voraussetzung für erfolgreiche Vermittlungsarbeit. Eine Vernetzung mit anderen regionalen Kultureinrichtungen sowie mit anderen Bildungspartnern wäre zum Nutzen der Kulturellen Bildung für Jung und Alt. Museen können hierbei einen wichtigen Beitrag leisten.

Zum Weiterlesen

Deutscher Museumsbund et. al. (Hrsg.) (2008): Qualitätskriterien für Museen: Bildungs- und Vermittlungsarbeit. Berlin.

John, Hartmut/Dauschek, Anja (Hrsg.) (2007): Museen neu denken: Perspektiven der Kulturvermittlung und Zielgruppenarbeit. Bielefeld: transcript.

Kunz-Ott, Hannelore/Kudorfer, Susanne/ Weber, Traudel (Hrsg.) (2009): Kulturelle Bildung im Museum, Aneignungsprozesse-Vermittlungsformen-Praxisbeispiele. Bielefeld: transcript.

Noschka-Roos, Annette/Hagedorn-Saupe, Monika (2009): Klar Schiff! Museumspädagogik im Aufwind! In: Standbein Spielbein – Museumspädagogik aktuell: Vom Projekt zur Professionalisierung – Geschichte der Museumspädagogik. Nr. 83, 10-13.

Weschenfelder, Klaus/Zacharias, Wolfgang (1992): Handbuch Museumspädagogik. Orientierungen und Methoden für die Praxis. (2. überarbeitete Auflage) Düsseldorf: Schwann.

Matthias Hamann
Orte und Organisationsformen von Museen

Thema und Begriffsbestimmung

Im Zusammenhang Kultureller Bildung werden Museen oftmals als „Lernorte" bezeichnet (siehe Matthias Henkel „Museen als Orte Kultureller Bildung" in diesem Band). Aber ist der Lernort Museum immer gleich? Oder sind es nicht vielmehr Orte unterschiedlicher Kategorie, abhängig von den Spezifika der jeweiligen Einrichtung? Und sind es überhaupt Lernorte? Ob „Museum" und „Lernort" synonym zu begreifen sind, ist durchaus anzweifelbar, denn der Museumsbegriff ist in Deutschland nicht geschützt. So kann es trotz der vom *Internationalen Museumsrat ICOM* verfassten ethischen Richtlinien, dem „Code of Ethics for Museums", zu einer unterschiedlichen Gewichtung musealer Aufgaben kommen. Zudem möchte nicht jeder Besucher auch etwas lernen. Mithin erscheint das Beiwort „Erlebnisort" geeigneter, um Museen zu beschreiben.

Tatsächlich resultiert ein gelungenes Besuchserlebnis aus dem Zusammenspiel von Inhalt, Didaktik und Präsentationsform (Kirchhoff/Schmidt 2007), wobei hier in den letzten Jahren ein Wandel hin zu mehr Besucherorientierung zu konstatieren ist. Besucherorientierung umfasst auch Aspekte von Besucherfreundlichkeit, die sich durch Raumbereiche wie Empfang, Kasse, Garderobensituation, Shop und Gastronomie auszeichnen sollten, aber auch die Rolle der Aufsichten, die Sauberkeit der Räume, die Bereitstellung von Sitzgelegenheiten, ein verständliches Leitsystem, mehrsprachige Beschriftungen oder den barrierefreien Zugang. Ein wirklich nachhaltiges Besuchserlebnis erwächst aus dem stimmigen Zusammenklang all dieser Bereiche (Günter/John 2000; Hausmann 2001).

Somit ist Vermittlung im Museum Teil des Audience Development – eine Bezeichnung für die strategische Entwicklung des Publikums, bei der sich Ansätze aus dem Kulturmarketing, der kulturbezogenen Presse- und Öffentlichkeitsarbeit, der Besucherforschung und der Kulturellen Bildung verbinden, um kulturelle Angebote für unterschiedliche Zielgruppen zu konzipieren, zu positionieren, zu kommunizieren, zu vertreiben und zu vermitteln (siehe Birgit Mandel „Kulturvermittlung, Kulturmanagement und Audience Development als Strategien für Kulturelle Bildung" in diesem Band). Seit Beginn des Höhenfluges Kultureller Bildung spielen Museen ihre Rolle als Orte der Bildung und der Kommunikation mit deutlich mehr Verve und wenden sich ihren echten und potentiellen Zielgruppen aktiv zu. Dabei ist Museum jedoch nicht gleich Museum. Organisationsform, geografische Lage und Museumstyp sind entscheidend für die Formen der Vermittlungsarbeit.

Die Bedeutung der Organisationsform

Wie die Rolle angelegt ist, hängt in Teilen von der Rechts- und Organisationsform eines Museums ab. Museen – von denen es 2010 in Deutschland 6.281 gab (IfM 2011) – können sich in staatlicher Trägerschaft befinden (8 %), zu lokalen Gebietskörperschaften gehören (40 %), von gemeinnützigen Vereinen betrieben werden (28 %), als Anstalten oder Stiftungen des öffentlichen Rechts (7 %) oder von Gesellschaften oder Genossenschaften geführt werden (4 %), Stiftungen des privaten Rechts sein (2 %) oder von Privatpersonen betrieben werden (7 %). Mischformen wie Public-Private-Partnership-Modelle finden sich bei 3 % der bundesdeutschen Museen (ebd.). In der Regel wird die Finanzierung und damit der Dauerbetrieb eines Museums durch seine(n) Träger gesichert. Unabdingbar für den dauerhaften Betrieb eines Museums sind nicht nur regelmäßige Öffnungszeiten, sondern auch ein geeignetes Gebäude, die permanente Präsentation eines Teils der Sammlung, ein fester Kern von permanent beschäftigten oder ehrenamtlich tätigen MitarbeiterInnen und vor allem ein dokumentierter Sammlungsbestand. Ständige Dokumentation und Betreuung der Objekte – ein von der Öffentlichkeit und der Trägerschaft zumeist übersehenes oder hinsichtlich der benötigten Ressourcen oftmals unterschätztes Aufgabenfeld – sind die Grundlagen einer öffentlichen Präsentation.

In privat oder von Vereinen geführten Museen, mit oftmals ehrenamtlicher Organisation, werden die BesucherInnen auf Vermittlungsangebote stoßen, die von einem starken persönlichen Zugang geprägt sind. Eigene Lebenserfahrung, der persönliche Bezug zu Objekt oder Sammlung und die Zeitzeugenschaft sind Wesenszüge dieser Form von Vermittlung, die einen unmittelbaren Zugang und die Chance zur persönlichen Auseinandersetzung bietet. In allen anderen Museen finden sich die beschriebenen Tätigkeitsfelder – mit unterschiedlich starker Ausprägung, denn die Quantität von Vermittlungsangeboten und -formaten hängt an der personellen Ausstattung (siehe Hannelore Kunz-Ott „Museum und Kulturelle Bildung" in diesem Band). Je nach Größe eines Museums sind VermittlerInnen hauptamtlich, auf Honorarbasis, neben- oder ehrenamtlich beschäftigt und können dabei auch weitere Aufgaben wahrnehmen. Eine klassische Kombination ist jene aus Vermittlungs- und Kommunikationsaufgaben. In der Regel gilt: Je größer ein Museum, desto breiter die Palette der Vermittlungsformen und desto größer die Auswahl an Themen.

Größe jedoch ist kein Hinweis auf Qualität. Kleine Museen kennen ihren Markt und ihre Zielgruppen sehr genau und können spezifischer auf Vermittlungsbedürfnisse reagieren als große Häuser. Zudem ist dort eine passgenaue Projektentwicklung, die die Nachfrageintentionen der NutzerInnen berücksichtigen, leichter möglich, wie die innovativen Ansätze zeigen, die in der Kooperation von Museen und Schulen gerade an kleineren Häusern entstehen (Dengel/Dreykorn/Grüne u.a. 2011).

Die geografische Lage

Betrachtet man den Zusammenhang zwischen der Verbreitung von Museen und der Größe der jeweiligen Kommunen (IfM 2011:67-68), in denen sie liegen, und setzt man dies in Relation zu den jeweiligen Besucherströmen, so zeigt sich der Museumsbesuch als urbanes Phänomen. Die im folgenden genannten Werte sind auf 2010 zu beziehen und schwanken jährlich, sind in ihrem Verhältnis zueinander jedoch stabil und daher allgemeingültig. 41,5 % aller Museen (ca. 2.600 Einrichtungen) liegen in Gemeinden mit über 20.000 EinwohnerInnen. Damit ziehen die beiden Fünftel der Museen, die in Mittel- oder Großstädten oder gar in Metropolen – allein die drei größten deutschen Städte Berlin, München und Hamburg haben zusammen ca. 260 Museen und erzielen 22,6 Millionen Besuche – zu finden sind, drei Viertel aller Besuche an. Genauer gesagt: In den knapp 100 bundesdeutschen Kommunen mit mehr als 100.000 EinwohnerInnen finden sich etwa 1.170 Museen mit 58 Millionen Besuchen jährlich. In kleinen Gemeinden mit weniger als 10.000 Einwohnern liegen weitere 41 % aller Museen, mit einem Aufkommen von einem knappen Fünftel aller Besuche (19 % bzw. 20,8 Millionen Besuche). Die verbleibenden 18,5 % der Museen finden sich in Kommunen mit 10.000 bis

20.000 EinwohnerInnen. Der ländliche und der urbane Raum haben unterschiedliche Bevölkerungsstrukturen, und die dort jeweils angesiedelten Museen sprechen unterschiedliche Zielgruppen an. So profitieren zwar beide Räume von touristischen BesucherInnen, doch ziehen die Metropolen mit ihren vielseitigen Sammlungen und Blockbuster-Ausstellungen ein kulturaffines touristisches (Gruppen-)Publikum an, während Museen im ländlichen Raum eher von einem freizeitorientierten Publikum aufgesucht werden (Hausmann/Murik 2011). Im ländlichen Zusammenhang kann es zudem leichter zu festen Partnerschaften zwischen Museen und einzelnen Interessengruppen (Volksbildungswerk, historischer Verein, Schulen, Behinderteneinrichtungen etc.) kommen, da die Auswahl der Erlebnisorte geringer ist. Ein Museum, das permanent mit örtlichen Bildungseinrichtungen kooperiert, findet sich in kleineren Kommunen eher als in großen, in denen Museen – im Sinne des Audience Development – breiter aufgestellt sein müssen bzw. eine zu starke Bündelung der Ressourcen für einzelne Partner nicht erfolgen kann, wenn nicht der Bildungsauftrag eingeschränkt werden soll. Der Ort Museum eignet sich im urbanen Raum für die zielorientierte, einzelfallbezogene Vermittlung, im ländlichen hingegen für die permanente Kooperation.

Museumsgattung und Vermittlung

Das *Institut für Museumsforschung,* das den Staatlichen Museen zu Berlin angegliedert ist, unterscheidet in Anlehnung an die von der *UNESCO* erstellte Klassifikation neun Museumsgattungen, analog zum jeweiligen Sammelgebiet bzw. der wissenschaftlichen Bezugsdisziplin oder der künstlerischen Sparte. Entgegen der öffentlichen Wahrnehmung sind es nicht die Kunstsammlungen, die die Museumslandschaft dominieren. Nur 10,5 % aller deutschen Museen sind Kunstmuseen, also Häuser, die Kunst und Architektur, Kunsthandwerk, Keramik, Kirchenschätze und kirchliche Kunst, Film oder Fotografie zeigen. Die Nutzungszahlen sind jedoch höher, denn 17,7 % aller Besuche führen in ein Kunstmuseum. Die meisten Museen hierzulande sind Volkskunde- und Heimatmuseen (44,8 % aller Museen); zu dieser Gattung zählen jene Häuser, die Volkskunde, Heimatkunde, Bauernhäuser, Mühlen, Landwirtschaft, Orts- und Regionalgeschichte zum Thema haben – damit gehören auch Stadtmuseen zu dieser Gruppe. Hier finden jedoch nur 14 % aller Besuche statt. Die dritte Gruppe bilden Schloss- und Burgmuseen (4,3 % aller Museen; 11,7 % aller Besuche), worunter Schlösser und Burgen mit Inventar, Klöster mit Inventar und historische Bibliotheken zu fassen sind – oftmals also Sehenswürdigkeiten. Naturkundliche Museen sind jene, die die Themengebiete Zoologie, Botanik, Veterinärmedizin, Naturgeschichte, Geowissenschaften, Paläontologie und Naturkunde zeigen; sie machen 4,9 % aus, ziehen dabei allerdings 7,4 % aller Besuche an. Ein ähnliches Verhältnis kennzeichnet die naturwissenschaftlichen und technischen Museen (12,1 % aller Museen; 15,9 % aller Besuche). Diese widmen sich den Themen Technik, Verkehr, Bergbau, Hüttenwesen, Chemie, Physik, Astronomie, Technikgeschichte, Humanmedizin, Pharmazie, Industriegeschichte und anderen zugehörigen Wissenschaften. Historische und archäologische Museen, in denen die Disziplinen Archäologie, Ur- und Frühgeschichte und weitere Geschichte – sofern es sich nicht um Ortsgeschichte handelt – präsentiert werden, bilden 7,1 % aller Museen und haben 16,6 % aller Besuche. Zu dieser Kategorie gehören ferner die Gedenkstätten mit Ausstellungsgut, personalgeschichtliche und militärgeschichtliche Sammlungen. Kulturgeschichtliche Spezialmuseen, in denen sich Objekte zu den Themen Kulturgeschichte, Religions- und Kirchengeschichte, Ethnologie, Kindheit, Spielzeug, Musikgeschichte, Brauereiwesen und Weinbau, Literaturgeschichte, Feuerwehr, Musikinstrumente und sonstigen Spezialgebieten finden, sind 14,7 % aller Häuser, die 10,3 % der Besuche anziehen.

Sammelmuseen mit komplexen Beständen aus den vorgenannten Sammlungsschwerpunkten bilden in Anzahl und Besuchsaufkommen eine kleine Gruppe (0,4 % aller Museen bzw. 2,5 % aller Besuche), und ähnliches gilt für Museumskomplexe (1,2 % aller Museen; 3,9 % aller Besuche), d.h. mehrere Museen mit unterschiedlichen Sammlungsschwerpunkten im gleichen Gebäude.

Im Zusammenhang der hier behandelten Fragestellung von Formen „ortsspezifischer" Kultureller Bildung können auch die strukturell von den Museen zu unterscheidenden Ausstellungshäuser – sie verfügen über keine Sammlung – hinzu genommen werden (IfM 2011:74-75), denn die dort eingesetzten Vermittlungsmethoden sind jene der Museumspädagogik. Von den über 480 Ausstellungshäusern haben mehr als vier Fünftel einen Kunst-Schwerpunkt, weitere relevante Bereiche sind Geschichte und Archäologie bzw. Kulturgeschichte, während technische oder naturkundliche Themen in Ausstellungshäusern vergleichsweise selten vorkommen. Allerdings stehen im Zentrum der Vermittlung (Fast 1995; Kunz-Ott 2008 und 2009) in der Regel die Sammlungen, denn sie garantieren Dauer und Nachhaltigkeit. Die zumeist aus dem Sammlungszusammenhang abgeleiteten Sonderausstellungen bieten Raum für Sekundäranwendungen oder Erprobungen neuer Vermittlungsmethoden. Angesichts des breiten Spektrums der Gattungen muss Vermittlung sammlungsspezfisch erfolgen – und ist dabei so vielfältig wie die Museen selbst. Bei aller methodischen Unterschiedlichkeit gibt es jedoch Konstanten, denen jede Form von Vermittlung idealerweise folgt. Dies sind Objektangemessenheit, die Schaffung eines Gegenwartsbezugs, ein handlungsorientierter und publikumsaktivierender Zugang sowie die Würdigung des Museums als Ort des Sammelns, Bewahrens und Forschens.

Die Vermittlung der Spezifika einer Sammlung geschieht über den jeweiligen fachwissenschaftlichen Ansatz, der zielgruppengerecht in ein pädagogisches Methodenrepertoire überführt wird. Dabei ähneln sich einige Formen der Vermittlung. Bei verbalen Angeboten sind Führungen, Dialoge, Gesprächskreise, Diskussionen, Expertengespräche oder Vorträge in jedem Museum denk- und realisierbar. Auch die mediale Vermittlung kann überall in voller Breite zum Einsatz kommen. Hierbei handelt es sich um didaktische Objekte wie Hands Ons, Museumskoffer, Spiele oder interaktive Stationen, Texte in Form von Ausstellungsbeschriftungen, Unterrichtsmaterialien, Begleitheften und Katalogen für unterschiedliche Zielgruppen, oder ton- und bildgebende Medien wie Audioguides, PC-Terminals und multimediale Anwendungen.

Zu museumsabhängigen Vermittlungsformen kommt es vor allem bei der Handlungsorientierung, die Inhalt und Wesen der Sammlung am besten transportieren kann: In volkskundlichen, heimatgeschichtlichen oder kulturhistorischen Häusern mit ihrer Präsentation von sachkulturellen Zusammenhängen werden die BesucherInnen Demonstrationen von Handwerkstechniken oder Vorführungen historischer Abläufe eher erleben können als in Kunstmuseen, in denen die Sensibilisierung für formal-ästhetische Merkmale und die Förderung kreativer Anlagen und Fähigkeiten im Mittelpunkt stehen, sodass das freie bildnerische oder das mimetische Gestalten eine wichtige Rolle spielt. Vorführungen von Geräten oder Maschinen und experimentelle bzw. explorative Aspekte finden sich in naturkundlichen, naturwissenschaftlichen und technischen Museen in weitaus höherem Maße als andernorts. Die Vermittlung in historischen und archäologischen Museen kann Elemente von Living History und Reenactment nutzen oder Methoden der experimentellen Archäologie einsetzen, um geschichtliche und kulturgeschichtliche Zusammenhänge zu verdeutlichen. Dort, wie auch in Kunstmuseen und Spezialmuseen haben literarische oder musikalische Zugangsweisen ebenso Platz wie assoziative Techniken. Den Zugang zu fremden Kulturen erleichtern schauspielerische oder tänzerische Umsetzungen, sodass sich ethnologische Vermittlung an den Disziplinen Tanz-, Theater- oder Musikpädagogik orientieren kann.

Perspektiven und Herausforderungen

Der demografische Wandel stellt Museen vor neue Aufgaben (siehe Karl Ermert „Demografischer Wandel und Kulturelle Bildung in Deutschland" in diesem Band). Die Herausforderung, Lern- und Erlebnisprozesse für jede Lebenslage bis ins hohe Alter zu ermöglichen, eine zunehmend pluralistische Gesellschaft mit zahlreichen divergierenden Zielgruppen sowie eine sich verringernde Bevölkerungszahl machen Vermittlung zu einem immer nachfragebezogeneren Vorgang. Hinzu kommen sich verändernde Bildungsinhalte, Lernprozesse und Kommunikationsformen. Insbesondere der rasante Wandel von Kommunikation durch das Web 2.0 und seine Hardware erzeugt veränderte Publikumsansprüche an das Museum. Analog zum Mitmach-Web schlägt die Stunde des Mitmach-Museums (Scheurer/Spiller 2010): Partizipation wird eingefordert. Neue museologische Ansätze zeigen, wie der Publikumswille zur aktiven Beteiligung fruchtbar gemacht werden kann. Echte und virtuelle BesucherInnen werden eingebunden in Objektrecherche und -beschreibung, in Sammlungsstrategien, in stadtgeschichtliche Feldforschungsansätze, in die Kuration von Ausstellungen und in Keywork-Projekte. Publikumsbeteiligung gewinnt in allen musealen Aufgaben – von Sammeln, Bewahren, Forschen und Ausstellen bis Vermitteln – an Gewicht. Wie sich der Wille des Publikums zur Teilhabe mit dem Anspruch des Wissenschaftsortes Museum verbindet, bleibt offen.

Zum Weiterlesen

Dauschek, Anja/John, Hartmut (Hrsg.) (2008): Museen neu denken. Perspektiven der Vermittlung und Zielgruppenarbeit. Bielefeld: transcript.

John, Hartmut/Günter, Bernd (Hrsg.) (2008): Das Museum als Marke. Branding als strategisches Managementinstrument für Museen, Bielefeld: transcript.

Kirchberg, Volker (2005): Gesellschaftliche Funktionen von Museen. Makro-, meso- und mikrosoziologische Perspektiven. Wiesbaden: VS.

Klein, Armin (2008): Der exzellente Kulturbetrieb. 2. Auflage. Wiesbaden: VS.

Matthias Henkel
Museen als Orte Kultureller Bildung

Eine Zeitreise

Johann Amos Comenius 1657 (Flitner 1954:135f.): „Daher die goldene Regel für alle Lehrenden: Alles soll wo immer möglich den Sinnen vorgeführt werden […]. Und wenn etwas durch verschiedene Sinne aufgenommen werden kann, soll es den verschiedenen zugleich vorgesetzt werden. […]Und weil die Sinne die treuesten Sachwalter des Gedächtnisses sind, so wird diese Veranschaulichung der Dinge bewirken, dass jeder das, was er weiß, auch behält."

Immanuel Kant 1781 (Kant 1977:45f.): „Dass alle unsere Erkenntnis mit Erfahrung anfange, daran ist gar kein Zweifel; denn wodurch sollte das Erkenntnisvermögen sonst zur Ausübung erweckt werden, geschähe dies nicht durch Gegenstände, die unsere Sinne rühren und teils von selbst Vorstellungen bewirken […]. Derzeit nach geht also keine Erkenntnis in uns vor der Erfahrung vorher, und mit dieser fängt alle an."

Karl-Friedrich Schinkel/Wilhelm von Humboldt 1830 (Krumeich 2011:27): „Erst erfreuen, dann belehren…"

Otto Lauffer (1907:241): „Die Museumsbesucher sind in der Regel nicht in der Lage, „mit sicherem geschulten Blicke aus einem Stücke das herauszuholen, was es wirklich zu geben hat."

Wolf-Dieter Könenkamp (1988: 137ff.): „Es kann also nie darum gehen, einen Gegenstand in seiner Totalität zu erklären, denn strenggenommen wäre eine vollständige Erklärung oder nur Beschreibung grenzenlos, da sie sämtliche Beziehungen in Raum und Zeit, zu anderen Dingen und Ereignissen umfassen müsste."

Hugues de Varine (1993): „The community is the museum."

Michael Parmentier (1998:21ff.): „Ein gutes Museum entsteht, wie die Kunstwerke, die es zeigt, experimentell. Im Idealfall ist es ein Labor, in dem im ständigen Gespräch zwischen Museumsmachern und Besuchern […] den Kunstwerken durch den Wechsel von Auswahl und Arrangements immer neue Bedeutungsdimensionen abgewonnen und ästhetische Wirkungen entlockt werden."

Peter-Klaus Schuster (2001:46ff.): „Die Begegnung mit der Welt des Fremden in der Mitte Berlins soll für die Besucher zugleich zur Selbstbegegnung und Selbstbefragungen werden. […] Der Besucher soll als Sehender, als Forschender, als Reisender und schließlich als Forschungsreisender durch die ganze Welt erfahren, um schließlich […] in dem Museum der Weltkunst zu enden."

Bazon Brock (2002): „Wir haben den Begriff der Professionalisierung des Publikums eingeführt. Was nützt ein hoch anspruchsvolles Kunstwerk, wenn niemand da ist, der auf dem Niveau, auf dem das konstruiert wurde, gedichtet wurde, geschrieben wurde, überhaupt mitzukommen vermag. Da muss man sich schon zum Partner der Produzenten-Künstler machen lassen."

Anke Haarmann (o.J.:58): „Kunst ist der privilegierte Ort einer Erfahrung, die innovative Welterschließung zulässt, ja provoziert."

Léontine Meier-van Mensch (2011:89): „Deshalb müsse das Museum der Gesellschaft über seine Handlungen Rechenschaft ablegen. Museen werden so immer weniger an der Qualität ihrer Prozesse und Verfahrensweisen gemessen, als vielmehr auf der Basis der beabsichtigten Auswirkungen ihrer Aktivitäten im Hinblick auf die langfristige gesellschaftliche Entwicklung."

schule@museum (2011:64): „Jeder Jugendliche bis zur 9. Klasse muss in seiner Schulzeit ein Projekt in Kooperation mit einem Museum erlebt haben. Die Auseinandersetzung mit den originalen Objekten und authentischen Zeugnissen im Museum ermöglicht den Jugendlichen, die Vergangenheit zu reflektieren, die Gegenwart zu begreifen sowie Bezüge zu ihrer eigenen Lebenswelt herzustellen und in der eigenen Identität nachzuspüren. In kreativen Lernprozessen erwerben sie Wissen und Kompetenzen, die sie in ihrer Persönlichkeitsentwicklung stärken die sie für ihr zukünftiges Leben besser qualifizieren."

Tyne & Wear Museums (2012): "Our mission is to help people determine their place in the world and define their identities, so enhancing their self-respect and their respect for others."

Einführung

Innerhalb der letzten 350 Jahre, so legen die aufgeführten Zitate nahe, besteht weitgehend Einigkeit über das hohe Maß an Anschaulichkeit, das von Museumsexponaten ausgeht. Sukzessive entwickelt sich der Besucher von einem zu unterweisenden Betrachter zu einem in den Bildungsprozess integrierten Akteur. Der Besuch der Höhlen von Lascaux dürfte für die jungpaläologischen Zeitgenossen demnach – über die kultische Bedeutung hinaus – wohl als eine der frühesten kulturelle Erfahrungen mit Kunst interpretiert werden. Annähernd 20.000 Jahre später versucht Giulio Camillo Delminio mit seiner „L'Idea del Theatro", ein mnemotechnisches Wissenstheater zu entwickeln, mit dem man sich an alle Dinge der Welt gleichzeitig erinnern können soll (Kahle 2005). Angeregt durch diese Konzeption verfasst Samuel Quiccheberg die erste museumstheoretische Schrift in Deutschland (Roth 2011). In seinen „Inscriptiones vel Tituli Theatri Amplissimi" geht es um eine enzyklopädische Aufarbeitung des Wissens. Im Zeitalter der Kunstkammern, Raritätenkabinette und Wissenstheater wird also – lange bevor Johann Heinrich Zedler sein „Grosses vollständiges Lexicon Aller Wissenschaften und Künste" (1732-54) auflegt – bereits über die geistige und räumliche Architektur einer Veranschaulichung des Wissens diskutiert. Aus dieser Perspektive heraus ist es scheinbar ein nur kleiner Schritt bis zu dem von Hugo Kükelhaus für die Weltausstellung von 1967 in Montreal entwickelten „Erfahrungsfeld zur Entfaltung der Sinne", das als konzeptionelles Vorbild für die Science Center des 21. Jh.s gelten kann (Kükelhaus o.J). War also Kulturelle Bildung immer schon integraler Bestandteil der Kunst- und Wunderkammern, der Sammlungen, der Museen?

Die aktuellen museologischen Diskurse sind geprägt von der Frage nach Ressourcen, Zielsetzungen und Möglichkeiten. Es geht darum, welche Rolle Museen künftig im gesamtgesellschaftlichen Zusammenhang übernehmen können. Die Herausforderungen in Bezug auf die Kulturelle Bildung formuliert die *UNESCO* im Jahr 2006 so: „Die Gesellschaften des 21. Jh.s verlangen zunehmend Arbeitskräfte, die kreativ, flexibel, anpassungsfähig und innovativ sind [...]. Kulturelle Bildung stattet die Lernenden mit diesen Fähigkeiten aus, die es ihnen erlauben, sich auszudrücken, ihre Umgebung kritisch wahrzunehmen und aktiv an verschiedenen Aspekten des menschlichen Lebens teilzunehmen. Kulturelle Bildung ermöglicht es auch einem Staat die Humanressourcen hervorzubringen, die zum Erschließen eines wertvollen kulturellen Kapitals notwendig sind. Aus diesen Mitteln und diesem Kapital zu schöpfen ist unerlässlich, wenn die Staaten starke und nachhaltige kulturelle (kreative) Industrien und Unternehmen entwickeln wollen" (UNESCO 2006a:5).

Neben den klassischen Orten formeller Bildung, zeigt ein Blick auf die Geschichte der Institution Museum, dass diese Orte ein einzigartiges Potential für informelles Lernen besitzen. Ein analytischer Blick auf die Geschichte der Museen macht deutlich, dass sich diese Institution im Verlauf der letzten Jahrhunderte überaus facettenreich den sich wandelnden Zeitläuften hat anpassen können. Damit Museen relevante Bildungsinstitutionen sein können, gilt es, eine zeitgemäße Bildungsgrammatik zu formulieren. Es liegt nahe, die gemeinsam von *ICOM*-Deutschland und dem *Deutschen Museumsbund* herausgegebenen „Standards für Museen" als Grundlage zu verwenden und den *Kanon* unter dem Fokus der Kulturellen Bildung zu betrachten (Standards für Museen 2006).

Sammeln
Das Sammeln gehört zu den Kernaufgaben im museologischen Alltag. Die Herausforderung besteht darin, die Gegenwart ins Museum zu holen – „we need to collect and exhibit the future" (Lubar 2007:28). „Samdok", eines der bedeutenden museologischen Sammlungsprojekte, entwickelt sich im Verlauf von 30 Jahren zu einer diskursiven und gesellschaftspolitisch agierenden Plattform (Mattsson 2007:1). Mit solchen Projekten wird eine Basis an Partizipationsmöglichkeiten gelegt, die auch durch Oral-History-Projekte flankiert wird. Die Bevölkerung als „Source Community" aktiv in Musealisierungsprozesse einzubinden, schafft neue Handlungsspielräume: „The museum does not collect objects, but interactions; the museum participates as an equal within a heritage community; the Museum acts as an Platform for Individuals and Groups to collect their own Heritage" (Meyer-van Mensch/van Mensch 2010:51). Dass trotz aller berechtigten Forderungen nach Partizipation und einer zu führenden Diskussion über die zukünftigen Strategien des Sammelns die Kernkompetenz des Museums als Ort der Originale zukünftig nicht aus dem Blick verloren werden darf, zeigt die *ICOM*-Tagung zur „Ethik des Sammelns" (vgl. Ethik des Sammelns 2011).

Bewahren
Lange Zeit wurde Bewahren mit Restaurieren gleichgesetzt. Heute steht dagegen die *Präventive Konservierung* im Vordergrund der museologischen Bewahrungsstrategien – d.h. die Abwehr von Gefahren, die Reversibilität restauratorischer Eingriffe, die Bewahrung des Ist-Zustandes, der auch Rückschlüsse auf die Geschichte des Objektes zulässt (Burmester o.J.). Im Hinblick auf die Kulturelle Bildung ist es von Bedeutung, die MuseumsbesucherInnen dafür zu sensibilisieren, dass (historische) Objekte allein noch keinen besonderen Aussagewert besitzen, sondern erst die objektbegleitenden Informationen (z.B. zur Nutzungsgeschichte, Bedeutungswandel) die kulturale/kulturhistorische Bedeutung ausmachen. In einer Zeit, in der auch Institutionen der Kulturwirtschaft unter dem Gesichtspunkt der Rentabilität gesehen werde, ist es sinnvoll, Investitionen in Bewahrungsstrategien (z.B. Depots, Restaurierung etc.) durch öffentlichkeitswirksame Maßnahmen verständlich zu machen. Die Einrichtung „gläserner Depots" kann hierfür nützlich sein.

Forschen
Ausgehend von der „Grabe-wo-Du-stehst-Bewegung" in Skandinavien hat sich in Europa ein Netz von Initiativen entwickelt, die im deutschen Sprachraum auch unter dem Begriff „Geschichtswerkstätten" firmieren (Lindqvist 1989). Der Fokus liegt auf von LaienforscherInnen getragenen regional- und lokalhistorischen Forschungen (Ehalt 1984 sowie Heer/

Ullrich 1985). Mitunter sind daraus eigenständige Forschungseinrichtungen entstanden. In Bezug auf die Herausbildung lokaler Identitäten sind solche Projekte erfolgreiche Werkzeuge, bieten sie doch die Chance, sich mit der eigenen Geschichte selbständig – oder in fachlicher Begleitung – auseinander zu setzten. Durch die Reform der gymnasialen Oberstufe lässt sich Forschendes Lernen durch das Angebot von P- und W-Seminaren (Projekt-Seminar zur Studien-und Berufsorientierung und Wissenschaftspropädeutisches Seminar) in schulische Curricula integrieren. Eine auf Sachkultur orientierte, geisteswissenschaftliche Forschung ist seit den 1970er Jahren von universitärer Seite immer wieder in Frage gestellt worden. Die Repräsentanz interdisziplinär orientierter Sachkulturforschung in der akademischen Lehre ist weiterhin erforderlich, damit Museen auch in Zukunft Orte anschaulichen Lernens bleiben können.

Dokumentieren / Publizieren

Für die Dokumentation und Inventarisation von Museumsexponaten sind Fach- und Sachkenntnisse erforderlich. Eine umfassende Dokumentation des Sammlungsgutes bildet die Grundlage für eine abwechslungsreiche Ausstellungs- und Präsentationstätigkeit. Im Sektor der Museumspublikationen ist ein Bewusstseinswandel wünschenswert, denn im deutschen Sprachraum werden begleitend zu Sonderausstellungen aufwendig gestaltete, wissenschaftliche Kataloge publiziert, die auf eine fachlich vorgebildete Käuferschicht fokussiert sind. Die Auflagenzahlen sind niedrig, die Rezeption neuer Forschungsergebnisse bleibt den RezensentInnen überlassen. Im skandinavisch-angelsächsischen Raum wird hingegen ein populäreres Publikationswesen gepflegt, das sich stärker an der potentiellen Leserschaft orientiert und auch komplexe Sachverhalte anschaulich vermittelt.

Ausstellen

Das Format der Ausstellung, ob permanent oder temporär, ist Basis und wesentliches Instrument museologischer Erkenntnisvermittlung und kann – allein in Deutschland werden jährlich über 110 Millionen Museumsbesuche gezählt – als Massenkommunikationsmittel angesehen werden. Eine zeitgemäße Art und Weise der Präsentation zu entwickeln, ist Anforderung und Ansporn zugleich. Stand über Jahrhunderte das originale Exponat im Rampenlicht, so werden heute durch szenografische Inszenierungen oder den Einsatz von Medien regelrechte Wissenslandschaften entwickelt. Dabei wird im angelsächsischen Raum, basierend auf Web 2.0-Technologien, mit den Möglichkeiten von Co-Creation experimentiert (Museum of the Future 2012 / Science Museum Discovery 2012) (siehe Franz-Josef Röll „Medienkommunikation und Web 2.0" in diesem Band). Erfahrungen aus dem museologischen Alltagsbetrieb zeigt, dass objektzentrierte Ausstellungen vom Publikum stark nachgefragt werden und im Bereich der Schausammlung oft eine längere Standzeit besitzen als stark durch den Einsatz von Medien geprägte Inszenierungen. Die viel beschworene „Aura der Originale" hat auch im Zeitalter von Social Media nichts von ihrer Faszination verloren.

Vermitteln

Wissenschaftlich fundierte museologische Vermittlungskonzepte sind seit den 1960er Jahren erprobt und heute in die laufende Museumsarbeit voll integriert (vgl. Weschenfelder/Zacharias 1996). Beispielgebend ist die 1968 zur *Documenta IV* eingerichtete Besucherschule (Brock 2002). Durch die Einrichtung museumspädagogischer Dienstleistungsangebote haben sich personale Vermittlungsformen institutionalisiert. Im Trend liegen derzeit Mischungen aus Vermittler, Animateur und Sympathieträger. Künftig die Vermittlung noch stärker in die

Ausstellungskonzepte zu integrieren, kann aus dem Blickwinkel der Kulturellen Bildung als Forderung formuliert werden. Je nach Vermittlungsumfang können einzelne Informationsangebote gestaffelt und medial unterschiedlich aufbereitet sein. Partizipation kann gerade bei der Vermittlung künftig eine größere Rolle spielen. Seit Mitte der 1990er Jahre entwickelt sich – als eine Verknüpfung von Ansätzen klassischer Kunstvermittlung, der Besucher- und Kulturmarktforschung, des Kulturmarketings und von PR-Strategien – das Audience Development (siehe Birgit Mandel „Kulturvermittlung, Kulturmanagement und Audience Development als Strategien für Kulturelle Bildung" in diesem Band). Die Basis bildet eine systematisch-empirische Erforschung der Zielgruppen und der Programmfindung von Kultureinrichtungen im Hinblick auf eine stärkere Besucherorientierung (ZAB 2012). Die aktuellen Trends in der gesellschaftlichen Entwicklung sind auch bei der konzeptionellen Gestaltung der Museumslandschaft zu berücksichtigen: Kulturelle Bildung umfasst den gesamten Lebenszyklus des Menschen und ist insbesondere in einer multikulturellen Gesellschaft Chance und Aufgabe zugleich.

Soziale Inklusion / Partizipation / Qualifikation

Die Zeiten, in denen ein „Bürgerrecht Kultur" formuliert und damit ein emanzipatorischer Anspruch ausgedrückt wurde, liegen annähernd 30 Jahre zurück (Glaser/Stahl 1983). Die Neupositionierung der Volkskunde, einer für die Analyse kulturaler Phänomene wichtigen (Museums)wissenschaft, sind auf das Jahr 1970 zu datieren (Brückner 1971:303). Das Selbstverständnis der Museumslandschaft zeigt demgegenüber ein institutionelles Beharrungsvermögen. Partizipation nicht allein als mediale Teilhabe sondern als gleichberechtigte Partnerschaft an Prozessen von Musealisierung – im Sinne der „New Museology" (MINOM 1985 und Vergo 1989/2009) – zu verstehen, ist bislang nicht flächendeckend in der Museumspraxis verankert (Tagung im Stapferhaus 2011). Wenngleich eine konsequente Integration dieser theoretischen Ansätze gleichzeitig eine Neuorientierung in der Qualifizierung des künftigen Museumspersonals zur Folge haben müsste. Davon unberührt kann Museumsarbeit auch zukünftig nur dann qualifiziert erfolgen, wenn entsprechend ausgebildetes Fachpersonal zur Verfügung steht. Für das Verständnis historischer und allgemein kulturaler Prozesse und Zusammenhänge hat sich als Basis eine umfassend geisteswissenschaftliche Ausbildung im humboldtschen Sinne als dienlich erwiesen.

Kommunizieren

Zeitgemäß zu kommunizieren bedeutet nicht, ein Corporate Design für die eigene Museumseinrichtung zu entwickeln und einen Account bei Twitter einzurichten, sondern es bedeutet, mit den Kommunikationsinstrumenten, die die jeweilige Zielgruppe erreichen, authentisch und unverwechselbar umzugehen. Abgestimmt auf den Charakter der jeweiligen Einrichtung ist eine angemessene Kommunikationsstrategie zu entwickeln (vgl. Henkel 2010). Dabei sind auch Barrierefreiheit, Datenschutz und bezüglich der kommunizierten Inhalte Aspekte der Cultural Correctness zu berücksichtigen.

Ausblick

„Kulturelle Bildung bedeutet Bildung zur kulturellen Teilhabe. Kulturelle Teilhabe bedeutet Partizipation am künstlerisch kulturellen Geschehen einer Gesellschaft..." (vgl. Ermert 2009). Kulturelle Bildung ist darüber hinaus im Kontext sowohl des Lebenslangen Lernens als auch im interkulturellen Diskurs zu sehen. Das Museum weist seit seiner Frühzeit eine hohe Bildungsaffinität auf: Als Institution informellen Lernens besitzt es als „Heimat der Originale" eine einzigartige Schlüsselqualifikation in Bezug auf Anschaulichkeit, Beeindruckungspotential und Authentizität. Allerdings: Es gilt, die Originale jeweils so zum Sprechen zu bringen, dass zeitgenössischen BetrachterInnen die (historischen) Zusammenhänge deutlich werden. Die Herausforderung besteht darin, die historisch gewachsene und funktional notwendige Objektzentrierung zeitgemäß fortzuentwickeln und gleichzeitig eine unverzichtbare Besucherorientierung in das museologische Denken zu integrieren, die MuseumsbesucherInnen zukünftig (noch) mehr als PartnerInnen zu verstehen und die Noch-Nicht-BesucherInnen stärker in den Blick zu nehmen – ohne dabei die Museumsexponate aus dem Blick zu verlieren. Damit ist Kulturelle Bildung sowohl als Mittel zum Zweck als auch als intendiertes Ziel definiert. Wenn wir im folgendem Zitat das Wort Verweilen durch Interagieren ergänzen, behält die Aussage Hans-Georg Gadamers auch für das beginnende 21. Jh. Gültigkeit: „Denn es geht in der Erfahrung der Kunst darum, dass wir am Kunstwerk eine spezifische Art des Verweilens lernen. Es ist ein Verweilen, das sich offenbar dadurch auszeichnet, dass es nicht langweilig wird. Je mehr wir verweilen und uns darauf einlassen, desto sprechender, desto vielfältiger, desto reicher erscheint es" (Gadamer 1993:132ff.).

Das Museum als inszenatorischen Ort höchst wahrscheinlicher, zeitgebundener Wirklichkeitsinterpretation zu verstehen, die Prozesshaftigkeit des (historischen) Verstehens den (partizipierenden) BesucherInnen gegenüber offenzulegen und aus den Wunderkammern, den Theatern des Wissens, den Weltausstellungen, den Wissenswelten und Universalmuseen nach wie vor sinnliche Orte kultureller Wertschöpfung zu entwickeln, bleibt eine herausfordernde Perspektive.

Zum Weiterlesen

Kunz-Ott, Hannelore/Kudorfer, Susanne/Weber, Traudel (Hrsg.) (2009): Kulturelle Bildung im Museum. Aneignungsprozesse, Vermittlungsformen, Praxisbeispiele. Dokumentation der Fachtagung „Bildung – Was sonst?! Aneignungsprozesse und Vermittlungsformen in Museen". Veranstaltet vom Bundesverband Museumspädagogik e. V. in Kooperation mit dem Deutschen Museum, 6. bis 8. November 2008 in München. Bielefeld: transcript.

Schule und Museum (1998): Schule und Museum. Vom Nutzen des Museums für die Schule. Anregungen für den Unterricht in den Fächern Geschichte, Deutsch, Physik, Bildende Kunst, Erdkunde/Sachkunde. Herausgegeben vom Museumspädagogischen Dienst Berlin in Zusammenarbeit mit der Senatsverwaltung für Schule, Jugend und Sport und dem Außenamts der Staatlichen Museen zu Berlin preußischer Kulturbesitz. Berlin: Schibri.

Wagner, Ernst/Dreykorn, Monika (Hrsg.) (2007): Museum – Schule – Bildung. Aktuelle Diskurse, innovative Modelle, erprobte Methoden. München: kopaed.

Weschenfelder, Klaus/Zacharias, Wolfgang (1981/1992): Handbuch Museumspädagogik. Orientierungen und Methoden für die Praxis (1. Auflage)/ (3.Auflage). Düsseldorf: Schwann.

Doris Lewalter/Annette Noschka-Roos
Museum und formale Bildungsinstitutionen

Thema und Begriffsbestimmung

Museen, bekannt in ihren Funktionen des Sammelns, Bewahrens, Forschens, Ausstellens und Vermittelns, sind mit ihren vielfältigen und heterogenen Sammlungen aus unterschiedlichen Gattungen ein idealer Ort der bildenden Begegnung, nicht zuletzt wegen der sinnlich-ästhetischen Präsenz der Objekte aus der Menschheits- und Naturgeschichte. Museumsbesuche zeichnen sich durch ihre Freiwilligkeit aus, die unter anderem auch in der selbstbestimmten Wahl von Zeit, Art und Ausrichtung der Besichtigung zum Ausdruck kommt; in der Regel bewegen sich BesucherInnen nicht linear, sondern lassen sich visuell leiten und werden hauptsächlich durch individuelle Interessen, durch Neugier weckende oder zur Erkundung und Manipulation einladende Elemente, durch Fantastisches oder durch soziale Interaktion gelenkt. Diese Charakterisierung des Museumsbesuchs von Chandler Screven (1988:229-240) entspricht in den Merkmalen dem Konzept des informellen Lernens mit beispielsweise selbst gesteuerten, interesse- oder erlebnisorientierten Elementen. Schulen, als Bildungsinstitutionen für formale Bildungsabschlüsse, sind in dem von Nahrstedt (2004:29-37) skizzierten Kontinuum zwischen informellem und formellem Lernen als Stätten des formellen Lernens zu definieren, da sie beispielsweise Elemente der Berufsorientierung, der Pflicht oder der Belehrung enthalten. Was verbindet, was trennt die beiden Orte und worin liegt in ihrer Zusammenarbeit die spezifische Qualität für Kulturelle Bildung?

Zu einer sicher nur vorläufigen Beantwortung wird im Folgenden davon ausgegangen, dass das Konzept der Kulturellen Bildung in einem Kontinuum von Selbst und Welt aufgespannt ist, mit je individuell unterschiedlichen Positionen und Ausprägungen. In diesem Beitrag umfasst der Begriff kulturelle Leistungen mehr als die Künste und die tradierten Kulturformen und bezieht beispielsweise naturwissenschaftlich-schöpferische Leistungen mit ein; damit wird eine bezogen auf die Museen notwendige Definition gewählt, die neben Kunst- und kulturhistorischen Museen auch naturkundliche oder naturwissenschaftliche Museumsgattungen einbezieht (siehe Hannelore Kunz-Ott „Museum und Kulturelle Bildung" in diesem Band). Bildung als ein subjektives Vermögen, die Welt zu erschließen, bezieht sich auf alle Formen – kognitive ebenso wie emotionale oder soziale Bildung. Bildung wird hierbei als Prozess betrachtet und nicht als Produkt; dadurch ist es möglich, die für einen gelungenen Bildungsprozess notwendigen Lernvoraussetzungen, quasi die Rahmenbedingungen in den Fokus zu nehmen und sie aus pädagogisch-psychologischer Perspektive zu untersuchen.

Historische Dimension

Es wäre ein eigener und in diesem Rahmen nicht zu leistender Beitrag, die je unterschiedlichen Dimensionen des Bildungsbegriffs theoretisch wie geschichtlich auszuleuchten und insbesondere die Zeit der 1970er Jahre zu erforschen, in der „Bildung" als „stratosphärisches Denken" obsolet und durch „Lernen" mit curricular definierten operationalisierbaren Schritten abgelöst werden sollte – ein Pendelschlag, eine Gegenbewegung mit bekannten Grenzen. Eine besondere Ironie der Geschichte liegt nun vielleicht darin, dass in dieser Zeit vor dem Hintergrund des damaligen bildungspolitischen Aufbruchs das Museum als „Lernort" entdeckt und professionell mit ersten museumspädagogischen Stellen oder Zentren ausgebaut wurde, mit durchaus curricularen Modellvorstellungen (Rohmeder 1977) (siehe Matthias Henkel „Museen als Orte Kultureller Bildung" in diesem Band). Aus pädagogisch-psychologischer Perspektive ist der Begriff des Lernorts zu eng: Screven betrachtete Museen als learning environments, sie werden als eine zum Lernen anregende Umgebung definiert (Prenzel 2009:137-142). Strukturell ähnliche Merkmale einer solchen weit gefassten Definition waren zu jener Zeit bereits bei Treinen zu finden, der eher massenmediale Kommunikationsmerkmale des Museums hervorhob und den sogenannten „Treinen-Schock" (Kirchberg 2010:171-184) auslöste, indem er die Aneignungsprozesse in Museen dezidert von denen in Schulen unterschied. Eine solche Unterscheidung berücksichtigte damals Ansätze, die die besonderen Qualitäten einer subjektorientierten Museumspädagogik ausarbeiteten und praktizierten (Weschenfelder/Zacharias 1981). Doch trotz allem lag zu Beginn der museumspädagogischen Praxis ein charakteristisches Merkmal darin, das Museum als einen lebendigen Anschauungsort für den Unterricht (Grote 1974) zu betrachten, unter Rückgriff auf museumspädagogische Ansätze, die in der Zeit der Volksbildungsbewegung ausformuliert worden waren (z.B. Kerschensteiner 1925:39-50; Lichtwark 1917:185-195). Diese anfängliche schulische Orientierung der museumspädagogischen Praxis zeigt sich noch heute: So nennen über zwei Drittel der 3.770 Museen in einer vom *Institut für Museumsforschung* für 2007 erhobenen Befragung SchülerInnen in Schulklassen als ihre Zielgruppe (insgesamt 2.531 Museen). Zu beachten ist dabei allerdings, dass diese Nennungshäufigkeit im Vergleich zu einer Erhebung von 1997 leicht abgenommen hat, ebenso wie die Nennung des Unterrichts als wesentliche pädagogische Betreuungsform (IfM 2008). Dieses Ergebnis erklärt sich vermutlich vor dem Hintergrund weiterer Befunde der Studie, die aufzeigen, dass insgesamt eine Differenzierung in der Zielgruppenansprache und im Methodenspektrum stattgefunden hat, die aus einer Neugewichtung schulischer Methoden resultiert. So werden zunehmend Aktionsprogramme, Kurse, Seminare und Ferienprogramme durchgeführt.

Aktuelle Situation (Beschreibung – Bewertung – Beispiel)

Die derzeit genutzten pädagogischen Betreuungsformen zeichnen sich dadurch aus, dass sie nicht zuletzt aufgrund der Erweiterung des Methodenspektrums und der Formate den pädagogischen Eigenwert der Museen zunehmend freilegen und das Prinzip der Eigenaktivität deutlich stärker betonen. Anzunehmen ist, dass dies zu einem positiven Effekt auf die Betreuung von Schulklassen führt: Zu neuen, kreativen Kooperationsformen zwischen Schule und Museum liegen aktuell verschiedene Dokumentationsformen vor (vgl. Deutscher Museumsbund e.V. u.a. 2011; Wagner/Dreykorn 2007; Kahl/Metzger 2011:71-80). Zudem finden sie nobilitierende Beachtung in der *BKM*-Preisverleihung für Kulturelle Bildung (Ahrndt/ Bolduan 2009).

Alle Projekte zeigen unabhängig von ihren jeweiligen thematischen Zugängen folgende zentralen Merkmale: Sie sind schülerorientiert und beziehen systematisch das „informelle Lernfeld" des Museums ein, das in der Vielfalt der Themen, Objekte und Vermittlungsformen sowie in seinem hohen Differenzierungsgrad individuelle Einstiege und die Chance zum selbstbestimmten Lernen erlaubt: Die lernanregenden Arrangements des informellen Lernortes Museum unterstützen das entdeckende, das eigenaktive Lernen.

Eine zentrale Größe bilden hierbei sicherlich nach wie vor die Objekte. Museen – und das zeichnet sie von allen Bildungsinstitutionen als einzigartig aus – sind Orte des (zwar konstruierten, aber dennoch) Authentischen und Realen; im Unterschied zur medialen Welt erlauben sie einen sinnlich haptischen Zugang. Objekte bilden den zentralen Inhalt des Museumserlebnisses, wie zahlreiche Forschungsergebnisse belegen. Paris, Yambor & Packard (1998) beschreiben die besonderen Qualitäten von Museumsobjekten und den Umgang damit anhand von sechs grundlegenden Charakteristika: Hands-on-(Lern-)Aktivitäten erlauben die Konstruktion persönlicher Bedeutung des jeweiligen Inhalts (Constructing personal meaning), da die individuelle Auseinandersetzung mit den Inhalten zur Reflexion über den jeweiligen Sachverhalt anregt; sie bieten bezogen auf die Lernhandlung Wahlmöglichkeiten (Choice), die die Entwicklung einer selbstbestimmten interessebasierten Lernmotivation unterstützen, stellen eine Herausforderung dar (Challenge), die ebenfalls motivierend wirkt; sie unterstehen der eigenen Kontrolle und werden selbstbestimmt ausgeführt (Control) und sie können gemeinsam ausgeführt werden und erlauben somit die Zusammenarbeiten mit anderen (Collaboration), was das Gefühl der sozialen Integration unterstützt. Schließlich fördern sie die Entwicklung des Erlebens von Selbstwirksamkeit als eine wichtige Quelle für selbstbestimmte Lernhandlungen (Consequences that promote self-efficacy).

Damit unterstützten die vielfältigen lernanregenden Begegnungsmöglichkeiten, die Museen bereitstellen, einen aus lerntheoretischer Perspektive äußerst relevanten, lebendigen und interessegelenkten Zugang, der die Eigenaktivität unterstützt. Die eingangs zitierten Charakteristika des informellen Lernfelds von Screven erhalten somit insbesondere durch die konstruktivistische Wende in der museumsbezogenen Lernforschung ein neues Gewicht: Lernen wird insgesamt als ein selbstgesteuerter Aneignungsprozess postuliert und die dafür wesentlichen Prinzipien wie Eigenaktivität, Verknüpfen mit Vorwissen oder Vorerfahrungen, Einbettung in einen Sinn- und Verwendungszusammenhang oder in einen sozialen Kontext werden betont.

Inzwischen liegen zahlreiche zielgruppendifferenzierte Angebote mit einer methodischen (Theater, Workshops, Filmwerkstatt usw.) und thematischen Vielfalt vor, die individuell unterschiedliche Einstiege erlauben. Das bedeutet: Museumspädagogische Programme können die Lernchancen im Museum ergänzen und unterstützen und die Interesseentwicklung fördern.

Perspektiven

Derzeit zeichnen sich folgende Aufgabenfelder ab. Zum einen bedarf es der Entwicklung neuer museumsadäquater Lernformen, die sowohl dazu beitragen, die Potentiale dieser Lernumgebung aufzudecken, weiterzuentwickeln und zu nutzen, als auch der Berücksichtigung und Entwicklung möglicher Synergieeffekte, die aus der Kooperation zwischen formalen Bildungsinstitutionen und Museen resultieren (Geyer 2008; Lewalter/Geyer 2005; Waltner/Wiesner 2009). Zum anderen steht eine theoriebasierte grundlagenorientierte Analyse der Effekte, die sich aus der Nutzung von Museen und deren Kooperation mit formalen Bildungsinstitutionen in Hinblick auf das breite Feld der Kulturellen Bildung ergeben, noch am Anfang. Hier bedarf es der Entwicklung und Erprobung neuer methodischer Zugänge (Graf/Noschka-Roos 2009:7-27; Schwan/Trischler/Prenzel 2006). Darüber hinaus stellt die Entwicklung geeigneter Evaluationsverfahren, die sowohl der Komplexität der Bildungsprozesse als auch der Bildungswirkung der Lernumgebung Museum gerecht werden, eine wesentliche Herausforderung der künftigen Beschäftigung mit Kultureller Bildung in diesem Kontext dar.

Zum Weiterlesen

Dengel, Sabine u.a. (2011): schule@museum – Eine Handreichung für die Zusammenarbeit. Berlin: Deutscher Museumsbund e.V.

Grote, Andreas (1971): „Schule und Museum". In: Museumskunde, 40, 93-99.

Hagedorn-Saupe, Monika/Noschka-Roos, Annette (1989): Museumspädagogik in Zahlen. Erhebungsjahr 1988 (Materialien aus dem Institut für Museumskunde, 27). Berlin: Institut für Museumskunde.

Lewalter, Doris/Noschka-Roos, Annette (2009): Museum und Erwachsenenbildung. In: Tippelt, Rudolf/von Hippel, Aiga: Handbuch Erwachsenenbildung/Weiterbildung (527-541). Wiesbaden: VS.

Gabriele König
Kinder- und Jugendmuseen und Museen als Orte für alle Generationen

Anfänge in den USA

Weltweit entstand die Idee der „Kinder- und Jugendmuseen" in den USA. Das älteste Kindermuseum ist das *Brooklyns Children's Museum* in New York, dessen Tore sich erstmals am 16.12.1899 öffneten. Die Initiative zur Gründung dieser neuartigen Museumsgattung geht auf Willy Goodyear, den Direktor der Kunstsammlungen des *Brooklyn Institute of Art and Science* zurück, der die museale Aufbereitung und Präsentation der traditionellen Museen zu komplex und zu wenig ansprechend für Kinder fand, grundsätzlich aber davon ausging, dass Museen geeignete Orte seien, Kindern die Welt zu erschließen (siehe Matthias Henkel „Museen als Orte Kultureller Bildung" in diesem Band). Anders als in traditionellen Museen, deren Mittelpunkt die Sammlung darstellt, orientieren sich Kinder- und Jugendmuseen an ihrer Zielgruppe. Das *Brooklyn Children´s Museum* fand schnell großen Zuspruch und dementsprechend auch andernorts Nachahmer; zwischen 1899 und 1925 entstanden in drei weiteren Großstädten entlang der Ostküste der USA Kindermuseen. Zu einem weltweit wahren Boom an Kindermuseumsgründungen kommt es ab 1963 durch die Aktivitäten des *Boston Children´s Museum*. Michael Spock, damaliger Direktor der Institution, entwickelte die Zielgruppenorientierung und das handlungsorientierte Lernen entscheidend weiter. Die BesucherInnen erschließen sich die Ausstellungsinhalte auch durch eigenes Handeln und Ausprobieren, wie beispielsweise das Fahren mit einem Rollstuhl in einer Ausstellung über Behinderung. Dadurch werden die BesucherInnen nicht nur intellektuell angesprochen, sondern auch emotional erreicht. Mittlerweile gibt es in vielen US-amerikanischen Städten Kindermuseen, laut der Amerikanischen Kindermuseumsorganisation (*Association of Youth Museums, AYM*) liegt die Zahl landesweit bei über 250 Institutionen dieser Art.

Kinder- und Jugendmuseen in Europa

Bis Kindermuseen auch in Europa Einzug fanden, dauerte es bis in die 1970er Jahre. Bis dahin war es üblich, dass klassische kulturelle Institutionen wie Theater, Bibliotheken und Museen sich mit ihren Programmen fast ausschließlich an die Zielgruppe bildungsbürgerlicher Erwachsener richteten. Erst die gesellschaftlichen Umwälzungen Ende der 1960er/Anfang der 1970er Jahre brachten Diskussionen in Gang, die die Rechtmäßigkeit des elitären Anspruchs von Kultur in Frage zu stellen wagten und auch darauf drängten, sich für neue Zielgruppen zu öffnen. Im Zuge dieser Entwicklungen wurden Forderungen formuliert, Kultur an sich, vor allem aber den Zugang zu Kultur, zu demokratisieren. Die ersten Kindermuseen entstanden in Deutschland im *Ethnologischen Museum* in Berlin (1970) und im *Historischen Museum Frankfurt/Main* (1972) als Abteilungen dieser Häuser. Aufgrund ihrer besucherorientierten Ausrichtung hatten diese Einrichtungen innerhalb der Museen einen schweren Stand. Für die VertreterInnen traditioneller Museen war die mangelnde Sammlungszentrierung Anlass, Kindermuseen die Existenzberechtigung abzusprechen, mit der Folge, dass zunächst keine weiteren Kindermuseen innerhalb der bestehenden Museen gegründet wurden. Anfang der 1990er Jahre bekommen die AnhängerInnen der Kindermuseums-Idee durch das Bekanntwerden der Aktivitäten des *Boston Children´s Museum* erneuten Schwung. Die InitiatorInnen gehen jetzt aber einen anderen Weg, sie treten nun an, Kinder- und Jugendmuseen als eigenständige Kulturorte für Kinder und Jugendliche außerhalb traditioneller Museen zu etablieren. Überwiegend geht diese Initiative von engagierten Privatpersonen aus; nahezu überall liegt die Umsetzung, das tägliche Handling, in den Händen und auf den Schultern von Frauen, die vielfach gerade in den Anfangsjahren auf ehrenamtlicher Basis tätig sind. Die Erscheinungsform dieser Kinder- und Jugendmuseen ist dabei so unterschiedlich wie ihre GründerInnen. In den 1980er Jahren überwog die Idee mobiler Kindermuseen wie in Nürnberg durch das „Museum im Koffer" und in Freiburg durch das *Augusteenager Museum* während der Kunstwochen praktiziert. Die Mobilität galt als großer Vorteil und entsprach dem kulturpolitischen Anspruch, breitere Bevölkerungsschichten anzusprechen, „die Partizipation aller Gesellschaftsschichten an der kulturellen Praxis zu ermöglichen und in der Folge die Entwicklung neuer kultureller Ausdrucksformen zu fördern" (Eppensteiner 1992:175). Die Gründung eigenständiger, nicht mobiler Kindermuseen außerhalb traditioneller Museen prägen die 1990er Jahre. In Frankfurt entstand 1987 das *Werkstattmuseum Kaleidoskop*, 1988 in Berlin das *Neue Universum*. Die InitiatorInnen konzipierten zunächst als Pilotprojekte Ausstellungen an ihren jeweiligen Standorten. Die ursprüngliche Planung, daraus langfristig Kindermuseen mit eigenem Haus und ganzjährigem Betrieb zu realisieren, fand keinen politischen Widerhall, sodass bis in die Gegenwart weiterhin temporäre Ausstellungen in wechselnden Örtlichkeiten realisiert werden. Das erste eigenständige Kindermuseum mit eigenem Haus und ganzjährigem Ausstellungsbetrieb entstand 1991 mit der *Kinder-Akademie Fulda*; Kindermuseen mit eigenem Haus folgten in Berlin mit dem *Kindermuseum Machmit!* und dem *Kindermuseum Labyrinth*. Das im Südosten Berlins angesiedelte Kindermuseum im FEZ ist Teil des größten Kinder- und Jugendfreizeitzentrums.

Bei den namentlich genannten Einrichtungen handelt es sich um eine exemplarische Aufführung der verschiedenen Kindermuseumstypen in ihrer mobilen, temporären, innerinstitutionellen und eigenständigen Form. Die Entstehung und Entwicklungsgeschichte der hier nicht Genannten ist meist ganz ähnlich verlaufen.

Explizite Besucherorientierung

In der explizit formulierten Besucherorientierung liegt das Innovative des konzeptionellen Ansatzes von Kinder- und Jugendmuseen. Bis heute halten die Konzepte von Kindermuseen an dieser Maxime fest. Anders als für das traditionelle Museum ist für sie nicht die Reihenfolge der Museumsprinzipien Sammeln, Bewahren, Erforschen, Ausstellen, Vermitteln bindend, vielmehr messen sie dem Vermittlungsaspekt die größte Bedeutung bei. Im Mittelpunkt ihrer Museumsarbeit steht nicht die Sammlung, sondern der Besucher. Mit ihren Ausstellungen und Projekten setzen sie auf ein existierendes Weltinteresse ihrer BesucherInnen und ermöglichen ihnen Zugang zu Kunst und Kultur sowie Naturwissenschaft und Technik, indem sie alle Sinne des Publikums ansprechen – nicht nur mit den visuellen. Dieser Ansatz hat sich über all die Jahre bewährt: Denn es ist ganz offensichtlich, dass immer dort, wo Menschen die Möglichkeit haben, etwas auszuprobieren, die Chancen am größten sind, dass Zusammenhänge nachhaltig begriffen werden. Zentrale Aussagen von Ausstellungen werden deshalb in der Regel ganz bewusst mit interaktiven Stationen gekoppelt, an denen die BesucherInnen mitdenken und mitmachen können. Dabei ist es wichtig, dass bei der Konzeption mitbedacht wird, dass im Zentrum des Tuns die Vermittlung von Wissen steht und nicht das Tun an sich zum Selbstzweck wird.

Kindermuseen – Orte für alle Generationen

Kinder- und Jugendmuseen erreichen mit ihren Ausstellungen viele BesucherInnen, keinesfalls nur Kinder und Jugendliche. Weil sie dem Aspekt der Vermittlung großen Raum geben, fühlen sich vielfach Menschen jeden Alters davon angesprochen und kommen beim Besuch auf ihre Kosten. Anders als noch vor dreißig Jahren sind die Menschen durch die vielfältigen Möglichkeiten der Freizeitgestaltung anspruchsvoller geworden. Ob jemand dem Impuls folgt, ins Museum zu gehen, wird auch nach dem Unterhaltungsaspekt entschieden. Menschen wollen durch einen Museumsbesuch ganz gewiss ihr Wissen erweitern, was sie dabei nicht wollen, ist im klassischen Sinne belehrt werden. Kindermuseen mit ihren Ausstellungen gelingt die Vermittlung von Wissen im besten Fall auf unterhaltsame, kurzweilige Weise. Die Museen haben erkannt, dass ihre BesucherInnen unterschiedliche Zielgruppen mit sehr unterschiedlichen Bedürfnissen sind, die es nicht nur zu erkennen, sondern auch in der Museumsarbeit zu berücksichtigen gilt.

Die Kindermuseen im deutschsprachigen Raum sind seit März 1997 im *Bundesverband der Deutschen Kinder- und Jugendmuseen e.V.* organisiert. Als Fachvertretung dieser zielgruppenorientierten Museumsgattung sah der Verband seine Aufgabe anfangs vor allem darin, das Modell Kinder- und Jugendmuseum zu etablieren und kulturpolitisch durchzusetzen, sowie den Aus- und Aufbau bestehender Kinder- und Jugendmuseen zu unterstützen. Inzwischen hat das Modell Kindermuseum in der Museumswelt weiträumig Einzug gehalten und nachhaltig und maßgeblich dazu beigetragen, das Verhältnis Museum gegenüber BesucherInnen zu verändern. Das kommt unter anderem darin zum Ausdruck, dass nahezu alle (großen) Museen wie beispielsweise das *Deutsche Hygiene Museum* in Dresden oder das *Deutsche Museum München* eigene Kindermuseumsabteilungen gegründet haben oder zumindest regelmäßig auch Kindermuseumsausstellungen realisieren – wie zum Beispiel das *Rheinische Landesmuseum* in Bonn. Kindermuseen gehören heute also zu einem unverzichtbaren Teil Kultureller Bildung (siehe Hannelore Kunz-Ott „Museum und Kulturelle Bildung" in diesem Band).

Zum Weiterlesen

Bundesverband Deutscher Kinder- und Jugendmuseen: www.bv-kindermuseum.de

von Kathen, Dagmar/ Zacharias, Wolfgang (Hrsg.) (1993): Initiative Kinder- und Jugendmuseum - ein neuer Ort kultureller Bildung in der Stadt. Unna: LKD.

Kinder-Akademie Fulda: www.kaf.de

Kinder- und Jugendmuseum Nürnberg: www.kindermuseum-nuernberg.de

König, Gabriele (2002): Kinder- und Jugendmuseen. Genese einer besucherorientierten Museumsgattung. Opladen: Leske + Budrich.

Labyrinth Kindermuseum Berlin: www.kindermuseum-labyrinth.de

MACHmit! Museum für Kinder: www.machmitmuseum.de

Waidacher, Friedrich (1996): Handbuch der Museologie. Wien/Köln/Weimar: Böhlau.

Worm, Nel (1994): Hands on! Kinder- und Jugendmuseum - Kulturort mit Zukunft. Unna: LKD.

Teil II
Praxisfelder Kultureller Bildung

2.8
Interdisziplinäre Perspektiven

Peter Kamp/Julia Nierstheimer
**Alle Künste unter einem Dach –
Jugendkunstschule als konzeptioneller Rahmen**

„Jugendkunstschule" ist der Name für ein Einrichtungskonzept, das 1967 mit der „Denkschrift Jugendkunstschule" in die Bildungsreformdiskussion eingeführt wurde und seither um seine bundesweite Profilierung und Durchsetzung ringt. Im Kern handelt es sich um außerschulische, spartenübergreifende, mithin „multimediale" Einrichtungen der Kulturellen Kinder- und Jugendbildungsarbeit (siehe Benedikt Sturzenhecker „Kulturelle Bildung in der Kinder- und Jugendarbeit" in diesem Band), die mit vielfältigen Konzepten und Methoden Kindern und Jugendlichen aller Altersstufen und aller familiären, kulturellen und sozialen Hintergründe – in jüngster Zeit zunehmend auch Erwachsenen – Experimentier- und Entfaltungsangebote mit und in den Künsten unterbreiten.

Idealiter vereinen Jugendkunstschulen „alle Künste unter einem Dach" und erschaffen so in Kursen, Workshops, Ferienateliers, Projekten – auch der aufsuchenden Kulturpädagogik oder in Schul- und Kitakooperationen einen breit angelegten, zugangsoffenen Möglichkeitsraum, um den BesucherInnen dabei zu helfen, die eigene schöpferische Fähigkeit gemeinsam und in Auseinandersetzung mit anderen zu entdecken und zuweilen bis zur Hochschulqualifikation zu entfalten. Die Angebotsformate reichen vom Zeichenkurs bis zum Handyfilmprojekt, von der Installation im öffentlichen Raum bis zum Tanzprojekt in der Kita. Ein weiteres, wachsendes Wirkungsfeld öffnet sich in der Qualifizierung kulturpädagogischen Fachpersonals und der Beratung anderer Bildungsträger. Dies gilt in fast allen Bundesländern vor allem für Kindertagesstätten und Schulen, insbesondere im offenen Ganztag.

Das weitreichende Ideal, „allen" Menschen, zumindest jedoch allen Kindern und Jugendlichen ästhetische Erfahrung in „allen" Künsten zu ermöglichen, bleibt beständige Herausforderung und Entwicklungsaufgabe für Jugendkunstschulen. Diese erarbeiten ihre Angebote zwar auf der Grundlage des Kinder- und Jugendhilfegesetzes (§ 11, Abs. 3: kulturelle Bildung). Doch dessen Ausführungen zur Jugendarbeit und Jugendbildung werden durch landesrechtliche Regelungen präzisiert – wie beispielsweise durch Jugendfördergesetze, Landesjugendpläne, die Kunstkonzeption des Landes Baden-Württemberg, das Kunstschulkonzept des Landes Niedersachsen. Weitere rechtliche Bestimmungen ergeben sich aus den Weiterbildungsgesetzen der Länder (in der Regel für Teilnehmende ab 16 Jahren), während der Kulturbereich – und damit auch die in seinem Zusammenhang initiierte kulturelle Jugendbildung – auf bundes- oder landesgesetzliche Regelungen bislang verzichten muss. Die konkrete Ausgestaltung erfahren diese Angebote erst durch die Jugendhilfe- und die Kultur- und Bildungsentwicklungsplanung der Kommunen (Kolfhaus/Eichler 1993).

Jugendkunstschulen agieren entsprechend lokal höchst unterschiedlich, sodass nicht von einer bundeseinheitlichen Jugendkunstschule ausgegangen werden kann. Als Scharniereinrichtungen lokaler Jugend-, Kultur- und Bildungsnetzwerke kooperieren Jugendkunstschulen nicht nur mit verschiedensten Partnern in allen relevanten Handlungsfeldern, sondern gehen auch von den Zielgruppen, Gegebenheiten, Bedarfslagen und Gestaltungsmöglichkeiten vor Ort aus und verfügen dementsprechend über unterschiedlich breite Spartenvielfalt bei individueller, künstlerischer und pädagogisch-methodischer Schwerpunktsetzung und

Handlungsfähigkeit. Je nach landespolitischer Förderpraxis und kommunaler Rückendeckung sind Jugendkunstschulen unterschiedlich stark verbreitet. Die Ausdifferenzierung des Selbstverständnisses berührt auch die Bezeichnung der Einrichtungen: Kreativitätsschule, Kunstschule, Kulturpädagogischer Dienst, Bildkunstschule, Kreativitätszentrum, Kultur- und Kunstwerkstatt sind nur einige Begriffe, die sich in starker konzeptioneller Nähe bis hin zur Deckungsgleichheit mit dem Konzept Jugendkunstschule bewegen.

Diese – auch durch den *Bundesverband der Jugendkunstschulen und Kulturpädagogischen Einrichtungen* mitverantwortete – „Vielfalt" ist insoweit also Stärke und Schwäche zugleich. Denn die Offenheit für heterogene Selbstverständnisse erschwert einerseits eine klassische Profilbildung nach außen; ein hoher, verpflichtender Standard für alle Einrichtungen würde das Feld andererseits zu stark ausdünnen. Anzustreben wäre daher ein bindender Dialog über konzeptionelle Entwicklungsziele im Bundesmaßstab, der Perspektiven eines gemeinsamen Konzeptrahmens formuliert, ohne dabei jedoch exklusive Wirkungen in der Praxis in Kauf zu nehmen. Gemeinschaftlich ausgehandelte Entwicklungsziele, etwa in Bezug auf Themen-, Sparten- und Methodenvielfalt für Jugendkunstschulen müssen wiederum in den Landesentwicklungen operationalisiert werden, um praktische Wirkung zu zeigen. Schrittmacherfunktion übernimmt hier etwa Nordrhein-Westfalen mit den vom *Landesverband LKD* gemeinsam mit allen 60 Mitgliedseinrichtungen entwickelten „Mindeststandards" – die auch den Zugang zur Landesförderung regeln – wie ebenso Mecklenburg-Vorpommern mit seiner staatlichen Anerkennungsregelung, die die Anwendung „geeigneter Verfahren der Qualitätssicherung und Selbstevaluation" (MBWK MV 2010:15) voraussetzt. Anerkennung und Förderzugang sind hier derzeit nicht aneinander gekoppelt.

Von Oederan bis zum Berliner Modell – Verbreitung und Vernetzung

Bei der Gründung der ersten Jugendkunstschulen in Wesel (1968), Wuppertal (1969) und Oederan (1967) standen die tschechischen Volkskunstschulen ebenso Pate wie die flämischen und niederländischen Bildkunstschulen und Kreativitätszentren. Heute gibt es in Deutschland 400 Jugendkunstschulen, die mit ihren Angeboten jährlich 600.000 Kinder und Jugendliche erreichen. Da Bildung und Kultur in Deutschland den Bundesländern obliegen und auch die Jugendfördergesetzgebung wie oben ausgeführt Ländersache ist, haben sich Jugendkunstschulen in der Bundesrepublik uneinheitlich bzw. ungleichzeitig entwickelt (bzw. noch nicht entwickelt). Eine aktive Jugendförderplanung macht das bevölkerungsreichste Bundesland Nordrhein-Westfalen zum „Mutterland" der Jugendkunstschulen in Deutschland. Hier hat sich seit den 1970er Jahren, unterstützt durch zahlreiche Bundesmodellversuche, eine relativ homogene Landschaft von heute etwa 60 Einrichtungen herausgebildet. Die 1980er und 1990er Jahre sind geprägt durch aktive Landesentwicklungen insbesondere in Baden-Württemberg, Berlin, im Saarland und zum Teil auch in Niedersachsen, dessen Einrichtungslandschaft jedoch auch heute noch stark ehrenamtlich geprägt ist. Die konzeptionelle Fokussierung auf die „Kunstschule" hat sich betrieblich-institutionell hier nicht amortisiert, so dass einer der traditionsreichsten Landesverbände heute vor einem Neubeginn steht. Unter den neuen Bundesländern haben sich in diesen Jahren vor allem Thüringen, Brandenburg und Sachsen-Anhalt engagiert. Aktuell besonders aktiv sind Mecklenburg-Vorpommern, das 2009 landesgesetzlich die „staatliche Anerkennung" von Jugendkunstschulen geregelt hat und eine echte Drittelfinanzierung der Einrichtungen aus Landesmitteln gewährleistet, und Rheinland-Pfalz. Die rheinland-pfälzische Förderinitiative zur Jugendkunstschulgründung verdient vor allem deshalb besondere Beachtung, weil dieses Bundesland in der Ganztagsschulentwicklung besonders weit fortgeschritten ist und zugleich die Strukturentwicklung außerschulischer Bildungspartner gezielt fördert. Ein ähnlicher Bedarf zeichnet sich auch in Sachsen ab, ohne jedoch gezielte Förderinitiativen nach sich zu ziehen. Äußerst zurückhaltend hat sich bislang das in der Musikschulförderung vorbildliche Bundesland Bayern gezeigt, dessen Einrichtungsentwicklung im Bundesmaßstab abfällt und weitgehend ehrenamtlich oder durch Einzelkommunen getragen ist. Den jüngsten Vorstoß in Sachen Strukturentwicklung hat kürzlich Berlin gemacht, wo zugunsten eines flächendeckenden Netzes (in jedem Stadtteil eine Jugendkunstschule) KunstlehrerInnen für die Einrichtungsleitung von schulischen Verpflichtungen (teilweise) freigestellt werden.

Seit 1983 vertritt der *Bundesverband der Jugendkunstschulen und Kulturpädagogischen Einrichtungen e.V. (bjke)* die in 13 Landesverbänden organisierten Jugendkunstschulen in Deutschland. Der *bjke* fördert bundesweit den Auf- und Ausbau einer lebendigen kunst- und kulturpädagogischen Einrichtungslandschaft, ist Ansprechpartner von Initiativen, Institutionen, Fachverbänden, Einrichtungen sowie Kommunen und Ministerien und bietet für seine Mitglieder Tagungen, Workshops und Konzeptberatung an. Er war außerdem Träger von Modellprojekten (z.B. in den Bereichen Interkultur (bjke e.V./Smith 2008)), ästhetischer Früherziehung, kulturpädagogischer Arbeit in sozialen Brennpunkten) sowie des Bundeswettbewerbs „Rauskommen! – Der Jugendkunstschuleffekt" und Mitherausgeber von „infodienst. Das Magazin für Kulturelle Bildung". Europaweit haben sich die Jugendkunstschulen im Netzwerk *arts4all* zusammengeschlossen, das im Wesentlichen Konzept- und Informationstransfer betreibt.

Vom Kulturpädagogischen Angebotsverbund zum eigenständigen Dienst – Organisationsformen und Trägerschaft

Über 65 % der Jugendkunstschulen befinden sich in freier, rund 30 % in kommunaler Trägerschaft, die übrigen 5 % in privater oder Stiftungshand. Als Rechtsform freier und privater Trägerschaft überwiegt der eingetragene Verein. Unabhängig von der Rechtsform reicht die organisatorische Bandbreite von Jugendkunstschulen vom kulturpädagogischen Angebotsverbund in strukturschwachen Regionen bis hin zu den kulturpädagogischen Diensten und kommunalen Vernetzungskonzepten der Metropolen.

Die von Raimund Bartella 2003 zusammengestellte Orientierungshilfe des *Deutschen Städtetages* unterscheidet zudem – vor allem mit Blick auf mittelgroße Städte – zwischen „‚eigenständigen' und ‚angegliederten' oder ‚integrierten' Konzepten" (DST 2003:16ff.). Eigenständig sind demnach all diejenigen Modelle, die – in der Regel in eigenen Räumlichkeiten/eigenem Haus im Stadtbild – in mehr oder weniger differenzierter Form der Spartenvielfalt (mit oder ohne Musik) unter dem einen Dach der Jugendkunstschule verpflichtet sind. Ungeachtet dezentraler Angebotsinitiativen ‚ist' das Haus dann die Jugendkunstschule. Angegliedert oder integriert sind solche Formen, in denen der Jugendkunstschulbereich – nicht selten nachträglich – in bereits bestehende Institute einbezogen worden ist.

Unproblematisch sei dies am ehesten dann, wenn – ähnlich den niederländischen Kreativitätszentren – Jugendkunstschule eine von mehreren (in etwa gleich starken) Säulen unter einem gemeinsamen Dach sei. Schwieriger – so der *Deutsche Städtetag* weiter – werde es, „wenn das ‚Dach' selbst ‚Einrichtung' ist, weil Jugendkunstschule sich dann einem eingeführten ‚Markenkonzept' unterordnen soll oder muss. Relativ verbreitet (vor allem in Baden-Württemberg), jedoch bundesweit immer noch Ausnahmefälle, sind die Musik- und Kunstschule und die Jugendkunstschule im VHS-Kontext (siehe Hans-Hermann Groppe „Kulturelle Bildung an den Volkshochschulen" in diesem Band). Gelungene Integrationsbeispiele basieren auf einem Mindestmaß an Eigenständigkeit, insbesondere durch räumliche Entflechtung und eigenständige Programmverantwortung." Dementsprechend fordern z.B. auch die Mindeststandards der Jugendkunstschulen in NRW ein „ausgewogenes Verhältnis" zwischen den angebotenen Kunstsparten sowie Eigenständigkeit in Leitung, Budget und Programm.

Viel mit wenig – Personalstruktur und Finanzierung

Jugendkunstschulen sind klassische Honorarkraftbereiche: 90 % des Angebots werden auf Honorarbasis von KünstlerInnen aller Sparten realisiert, was dem Angebot seine Flexibilität, Dynamik und Innovationsbereitschaft sichert, allerdings um den hohen Preis oft unzulänglich gesicherter Arbeitsverhältnisse und mangelnder Kontinuität in der Aufbauarbeit. Dementsprechend verorten Thomas Rauschenbach u.a. Jugendkunstschulen im Kontext „risikogesellschaftlicher Unterbeschäftigung" (Rauschenbach 1994:80f).

Statistisch gesehen setzt eine Jugendkunstschule in Deutschland rund 144.000 Euro im Jahr um. Jedoch erreicht nicht einmal die Hälfte aller Einrichtungen im Bundesgebiet einen Jahresetat von 80.000 Euro. Als Spitzenreiter arbeiten lediglich 5 % der Jugendkunstschulen mit einem Budget von über 400.000 Euro. Diese befinden sich überwiegend in kommunaler Trägerschaft und sind als Mehrspartenbetriebe nicht selten Musik- und Kunstschulen. Wichtigster Partner ist mit rund 40 % am Gesamtjahresetat die Kommune, wobei sich auch hier eine breite Spanne zeigt: Während 6 % mit Hilfe kommunalen Engagements 80 % ihrer Ausgaben decken, erreichen 37 % der Jugendkunstschulen in Deutschland lediglich einen kommunalen Förderanteil von unter 10 % am Jahresetat. Die Landesförderung spielt mit einem Mittelwert von 11,3 % – gemessen an der Gestaltungsverantwortung für Kultur und Bildung – eine eher bescheidene Rolle. In jeder Kommune und in jedem Bundesland werden Jugendkunstschulen unterschiedlich gefördert und greifen auf einen sehr individuellen Finanzierungsmix zurück. Die selbst erwirtschafteten Mittel (vor allem aus Teilnehmerbeiträgen, in geringem Maße auch Einnahmen aus Sponsoring und Spenden) machen ca. 38 % des durchschnittlichen Jahresbudgets aus (bjke 2011:15). Auf einen Festangestellten kommen im Mittel 16 freie MitarbeiterInnen. Während die *bjke* statistisch von einer für das gesamte Bundesgebiet belastbaren Zahl von 1,2 festen Stellen pro Einrichtung ausgeht, ist die Abweichung von diesem Durchschnitt als ehrenamtliche Leitung, Honorar- oder Teilzeitstelle bestimmender Alltag vor Ort. Einem Drittel fehlt jedwede Hauptamtlichkeit. Seit fast 20 Jahren stagnieren zudem die Jahresetats der Jugendkunstschulen im Bundesdurchschnitt bei steigenden Mitarbeiterzahlen, die Honorarentwicklung für freie (hochqualifizierte) MitarbeiterInnen blieb seit 1995 ebenfalls unverändert. So gilt für Honorarkräfte an Musikschulen – bei immerhin gleicher Effizienz / Gesamtauslastung – durchschnittlich ein 1,7 mal höherer Stundensatz, obwohl dort Kleinstgruppen und Einzelunterricht überwiegen (Eickhoff 2003:16 ff.).

Flexibilität und Verstetigung – Herausforderungen

Jugendkunstschulen und Kulturpädagogische Einrichtungen bilden in Deutschland eine relevante Größe lokaler Grundversorgung mit ganzheitlicher Bildung. Sie sind neben den Musikschulen das wichtigste außerschulische Einrichtungsnetz kultureller Jugendbildung. Ihre Sparten- und Methodenvielfalt, Interdisziplinarität, hohe Innovationsdynamik und passgenauen, niedrigschwelligen Angebotskonzepte sowie ihre kulturpädagogische Kompetenz in allen Altersstufen machen sie einerseits zu starken, erfahrenen Partnern vielfältiger zivilgesellschaftlicher Kooperationen. Ebendiese konzeptionell eingeschriebene Vielfalt und Flexibilität erfordert für eine qualitätsorientierte Profilierung und strukturierte Feldentwicklung andererseits kontinuierlich interne bundesweite Wirksamkeits- und Zukunftsdialoge. Eine empirisch fundierte Leistungsevalution (bezogen auf alle 45 landesgeförderten Jugendkunstschulen des bevölkerungsreichsten Bundeslandes mit der größten Einrichtungszahl) stellt der seit 1999 in der Landesförderung Nordrhein-Westfalen verbindlich verankerte „Wirksamkeitsdialog" in der kulturellen Jugendarbeit dar. Unter anderem wird erhoben und flächendeckend anhand von Programmauswertungen und Nutzungsdaten dokumentiert, ob und inwieweit Jugendkunstschulen dem selbst gesetzten Anspruch einer „Kultur für alle" gerecht werden (siehe Hilmar Hoffmann/Dieter Kramer „Kultur für alle. Kulturpolitik im sozialen und demokratischen Rechtsstaat" in diesem Band). Geschlechterparitätische Nutzung (in Nordrhein-Westfalen: 55 % weiblich, 45 % männlich), hohe Verweildauer gerade auch in der ‚sensiblen' Altersspanne der Pubertät und spezifische Angebotsinitiativen in Querschnittsbereichen begründen diesen Anspruch, wobei insbesondere partizipative Ansätze, Kooperationen mit Schulen, integrative Angebote in Stadtteilen mit besonderem Erneuerungsbedarf und Angebote für Kinder und Jugendliche nichtdeutscher Nationalität realisiert wurden. Des weiteren wurden und werden qualitative Analysen im Hinblick auf Mädchenarbeit (1999), Interkulturelle Arbeit (2000), Bildungswirkungen mit außerschulischen (2002/03) und schulischen Partnern (2003/04) durchgeführt, die die hohe Struktur- und Prozessqualität von Projekten kultureller Jugendbildung unterstreichen (LKJ NRW 2000, bjke/LKD 1999). Exemplarisch lässt sich aufzeigen, dass die kulturpädagogische Praxis der Jugendkunstschulen bei individueller Schwerpunktbildung in besonderer Weise geeignet ist, spezifischen „Problemlagen" und Gestaltungsdefiziten mit individuellen Lösungskonzepten zu begegnen.

Die Gestaltungserwartungen an Jugendkunstschulen etwa in den Bereichen gesellschaftliche Teilhabe und Integration, Berufsorientierung, frühkindliche Bildung sind entsprechend groß. Diesen hohen Erwartungen entspricht die Bereitschaft zur Struktursicherung derzeit in der Regel noch nicht. Abgesehen von Ausnahmen verlässlicher Förderpraxis in einigen Bundesländern wie Nordrhein-Westfalen, Mecklenburg-Vorpommern, Baden-Württemberg, zum Teil Berlin (s.o.) und Rheinland-Pfalz arbeiten Jugendkunstschulen mehrheitlich immer noch am Rand – oder jenseits – ihres strukturellen Existenzminimums. Hohe Personalfluktuation infolge zu vieler prekärer Arbeitsverhältnisse gefährdet auf Dauer nicht nur die Grundlage für erfolgreiche Vernetzungsarbeit und (Eigen-)Mittelakquise, sondern vor allem auch „die sachliche Konsolidierung und konzeptionelle Kontinuität, insbesondere in sich neu erschließenden Arbeitsfeldern, da die Unsicherheit in der Beschäftigung von den Betroffenen allenfalls lebensphasenspezifisch in Kauf genommen [...] werden kann" (Rauschenbach 1994:53). Auch vor dem Hintergrund angespannter kommunaler Finanzen ist die Realisierung der Kernforderung der *Kulturenquete* nach bundesweiter gesetzlicher Absicherung von Infrastrukturen der Kulturellen Bildung unumgänglich. Kulturelle Bildung sollte als Selbstverwaltungspflichtaufgabe kommunaler Haushalte im Querschnitt von Jugend, Bildung und Kultur verankert werden. Kommunen waren und sind die wichtigsten Träger und Ermöglicher von Jugendkunstschulen und kulturpädagogischen Einrichtungen. Sie (strukturell, ideell und finanziell) in dieser Gestaltungsverantwortung allein zu lassen, wäre jugend-, bildungs- und kulturpolitisch fatal. Die praktische Umsetzung erfordert eine partnerschaftliche Trägerschaft des gesamtstaatlichen Bildungsauftrags, vor allem eine entsprechende förderrechtliche Verankerung für Jugendkunstschulen in Bezug auf Infrastruktur, Projektarbeit und Konzeptentwicklung in allen Bundesländern. Bundespolitisch wünschenswert ist die Gewährleistung bundeszentraler Infrastrukturen und Kommunikationsressourcen zum breitenwirksamen Innovationstransfer.

Zum Weiterlesen

Bundesverband der Jugendkunstschulen und Kulturpädagogischen Einrichtungen (bjke) (2003): Bundesverband der Jugendkunstschulen und Kulturpädagogischen Einrichtungen e.V. (Hrsg.): Arbeitshilfe „Bitte wenden!". Kulturpädagogische Projekte mit Kindern und Jugendlichen in benachteiligten Stadtteilen. Unna.

Bundesverband der Jugendkunstschulen und Kulturpädagogischen Einrichtungen (bjke) (2003): Bundesverband der Jugendkunstschulen und Kulturpädagogischen Einrichtungen e.V. (Hrsg.): Mechthild Eickhoff, Jugendkunstschule. Das Handbuch. Konzepte, Strukturen, Organisation, Ratgeber für kulturelle Initiativen und kulturpädagogische Einrichtungen. Unna: LKD.

Bundesverband der Jugendkunstschulen und Kulturpädagogischen Einrichtungen (bjke) (1992): Bundesverband der Jugendkunstschulen und Kulturpädagogischen Einrichtungen e.V. (Hrsg.): Dagmar von Kathen/Peter Vermeulen, Handbuch Jugendkunstschule. Konzepte, Organisation, Finanzierung. Ein Ratgeber für kulturelle Initiativen. Unna: LKD.

Bundesverband der Jugendkunstschulen und Kulturpädagogischen Einrichtungen (bjke)/LKD (Hrsg.) (1987 bis heute): infodienst. Das Magazin für Kulturelle Bildung. Quartalsmagazin zu allen Themen kultureller Bildung mit bundesweitem Nachrichtenteil (Termine, Wettbewerbe, Bundesländer usw.), herausgegeben durch die Jugendkunstschulverbände bjke e.V. und LKD e.V. mit Sitz in Unna, online-Themenübersicht www.infodienst-online.de

Erhart, Kurt/Peise-Seithe, Mechthild/Raske, Peter (1980): Die Jugendkunstschule. Kulturpädagogik zwischen Spiel und Kunst. Regensburg: Bosse.

Ulrich Baer
Spiel und Bildung

Hier soll geklärt werden, was Spiel ist, in welchen Formen und mit welchen Funktionen es in unserer gegenwärtigen Gesellschaft vorkommt und welche vielfältigen Beiträge Spiel als pädagogische Methode zur Kulturellen Bildung leisten kann (siehe Ursula Stenger „Spiel als anthropologische Konstante" in diesem Band).

Begriffsbestimmung „Spiel"

Sven spielt mit einfachen glatten Holzbausteinen, die für ihn mal ein Auto, mal ein Haus, mal eine Garage sind. Gerade so wie er es braucht für sein Spiel. Sein Spiel – jedes Spiel – ist eine eigene erfundene Welt, mit bestimmten Regeln, Personen und Handlungen. Dabei ist es egal, ob es sich um ein Brettspiel, ein Rollenspiel, ein Computerspiel oder das Spiel mit Puppen und Bauklötzen handelt. Spiel ist „so tun als ob". Im Spiel wird eine eigene Wirklichkeit in den Gedanken und Handlungen der Spielenden konstruiert. Und annehmen, sich ausdenken kann man alles bis zu den Grenzen der Fantasie. Das Spiel ist der große Freiraum zum Experimentieren, zum Erproben, zum Ausleben, zum Erholen von den Begrenzungen der alltäglichen Realität. Im Spiel kann man schalten und walten wie man will mit den fiktiven Symbolen aus der Realität. Es ist dieselbe Freiheit zur Fiktion, die auch die künstlerische Produktion kennt.

> „Der Form nach betrachtet, kann man das Spiel also zusammenfassend eine freie Handlung nennen, die als ‚nicht so gemeint' und außerhalb des gewöhnlichen Lebens stehend empfunden wird und trotzdem den Spieler völlig in Beschlag nehmen kann, an die kein materielles Interesse geknüpft ist und mit der kein Nutzen erworben wird, die sich innerhalb einer eigens bestimmten Zeit und eines eigens bestimmten Raums vollzieht, die nach bestimmten Regeln ordnungsgemäß verläuft und Gemeinschaftsverbände ins Leben ruft, die sich ihrerseits gern mit einem Geheimnis umgeben oder durch Verkleidung als anderes als die gewöhnliche Welt herausheben" (Huizinga 1954).

Wie sieht diese Spielwelt aus? Sie ist meistens angereichert mit Materialien oder Symbolen aus der realen Umwelt: Spielzeugautos und Puppen, Material zum Bauen und Experimentieren. Dabei benutzen Kinder die vorgefertigten Spielzeuge oder verwenden Alltagsgegenstände und Materialien in ihrem eigenen Sinne. Sie selbst spielen oft auch in dieser ausgedachten Welt mit – in vielen Fällen kopieren sie dabei Aktivitäten und Rollen von Erwachsenen. Im Spiel bilden Kinder symbolisch und vereinfacht einen Ausschnitt aus dem komplizierten Erwachsenenleben nach. Worum geht es in diesen Spielwelten? Kinder spielen, um sich das Leben handhabbar zumachen, um die vielen tagtäglichen neuen Eindrücke zu verarbeiten, um sich das Leben durch Wiederholung mit eigenen Mitteln zu eigen zu machen. „Zu eigen machen" heißt: es selbst zu beherrschen und nicht von fremden und unbegriffenen Mächten beherrscht zu werden. Spiel ist für Kinder ein Hilfsmittel auf dem langen Weg in ein selbständiges Leben, also ein richtiges „Lebens-Mittel".

Im Spiel geht es immer um die Bewältigung von (oft selbst gesetzten oder von Erwachsenen abgeschauten) Aufgaben – und zwar auf einem mittleren Spannungsniveau, d.h.: Die Probleme und Aufgaben im Spiel werden gelöst und bewältigt, das Ziel wird erreicht, aber es bleibt das Risiko des Scheiterns – genau das macht jedes Handeln im Spiel so spannend, interessant und lustvoll. Diese Dynamik ist ein weiteres wichtiges Kennzeichen (neben der erwähnten Als-ob-Realität) des Spiels: Erscheinen die zu bewältigenden Aufgaben zu leicht, verliert das Spiel an Spannung und wird als langweilig bezeichnet. An- und Entspannung wechseln durch Herausforderung und Bewältigung, durch eigene Aktivität, durch die Eigendynamik des Spiels und durch die Konfrontation mit der Umwelt (dem Spielmaterial, den Mitspielenden, der Natur).

Schauen wir uns noch weitere Merkmale an: Spielen ist eine zumeist freiwillige Handlung – vielfach ohne ein vorzeigbares Ergebnis: nicht ein Produkt ist das Ziel, sondern die Aktivität, der Ablauf selbst verschafft Befriedigung und wird deshalb auch gerne oft wiederholt und geübt, solange, bis die Bewältigung der Aufgaben zu leicht fällt und keine spannende Herausforderung mehr darstellt. Das Spiel macht Spaß, es wird von angenehmen Gefühlen begleitet oder ruft sie hervor. Es beansprucht den ganzen Menschen, seine geistigen und körperlichen Fähigkeiten und seine Gefühle. Beim Zusammenspiel mit anderen kommt es grundlegend auf die sozialen Fähigkeiten zur Kooperation und auf die besondere Fähigkeit zu einer gemeinsamen Fantasie bei allen Mitspielenden an. Im Einzelspiel kann sich jeder ausdenken, was er will, aber beim Zusammenspiel in der Gruppe wird eine hochkomplexe Kommunikations- und Interaktionsfähigkeit benötigt.

Der Reiz des Spiels

Jürgen Fritz erklärt in seiner Spieltheorie-Veröffentlichung „Das Spiel verstehen" (Fritz 2004), was den Reiz des Spiels für Menschen aller Altersgruppen ausmacht, und unterscheidet elf Reizquellen: Wettkampf, Wagnis, vom Zufall bestimmt werden, Spaß/Überraschung, Rausch, Entspannung, Sammelleidenschaft, sich in andere verwandeln, ästhetischer Genuss, künstlerische Gestaltung, Problemlösung. Mit diesen Reizquellen kennzeichnet Fritz zugleich die Erlebniskategorien des Spiels, wobei mir noch ein wichtiges Element fehlt, nämlich das Erlebnis von Gemeinsamkeit, Interaktion – das Zusammenspiel.

Diese Reize wirken in den unterschiedlichen Spielformen (z.B. Theaterspiel, Kindergruppenspiel, Computerspiel, Spielaktion) in verschiedener Zusammensetzung und beschreiben die Antriebs- und Auslöserkombinationen. Damit lässt sich die subjektive, psychische Funktion des Spiels analysieren. Das ist in Bezug auf die Klärung spielerischer Elemente in der künstlerischen Arbeit durchaus bedeutend. Wenn es in der Kulturellen Bildung um die Förderung spielerisch-experimenteller Produktionsweisen geht, ist die bewusste Beeinflussung der Reizkombinationen beachtenswert. Für die Beschreibung der gesellschaftlichen Funktion des Spiels müssen jedoch andere Faktoren, nämlich Wirkungsbeobachtungen, heran gezogen werden.

Für die Sozialwissenschaft ist das Spiel ein wichtiger Bestandteil der frühkindlichen Sozialisationsprozesse, in denen das Kind die Grundqualifikationen des sozialen Handelns erwirbt. Es lernt einerseits an die Erwartungen anderer Menschen anzuknüpfen, aber andererseits auch eine eigene Identität zu entwickeln und zu behaupten. Beim Spiel handelt es sich – sozialwissenschaftlich betrachtet – um Prozesse, die sowohl unter der Perspektive der Integration des Kindes in soziale Beziehungssysteme als auch unter der Perspektive der Individualisierung betrachtet werden müssen. Diese im Spiel und mit dem Spiel ablaufenden Sozialisationsprozesse bestimmen auch die geistige Leistungsfähigkeit, die sozialen Fähigkeiten und die gefühlsmäßigen Dispositionen der Kinder. Das beschrieb der Erziehungswissenschaftler Lothar Krappmann in seinem Gutachten für den *Deutschen Bildungsrat* bereits 1975. Im Spiel lernen die Kinder den Umgang mit Objekten, mit anderen Menschen und mit sich selbst. Durch diese generelle Weltaneignungsfunktion lässt sich das Spiel nicht einzelnen Fachbereichen oder Disziplinen zuordnen, sondern stellt eine interdisziplinäre Handlungskategorie dar. Werden spielerische Handlungsformen in bewusst gesteuerten und geplanten Lernvorgängen eingesetzt, spricht man vom Spiel als Lernform bzw. vom Spiel als pädagogische Methode. Die didaktische Theorie hierzu wird als Spielpädagogik bezeichnet.

Spielpädagogik

Die Spielpädagogik als sozialwissenschaftliche Methodenlehre ist in Deutschland zu Beginn der 1970er Jahre in den pädagogischen Aus- und Fortbildungseinrichtungen (z.B. *Akademie Remscheid für musische Bildung und Medienerziehung, Pädagogische Hochschule Berlin, Fachhochschule Köln*) verstärkt in die Curricula aufgenommen worden und durch die neue Entwicklung praktischer Modelle in der Kinder-, Jugend- und Sozialarbeit auch konzeptionell voran gebracht worden. Exemplarische Praxismodelle: die Entstehung der für Deutschland völlig neuen Abenteuer-, Bau- und Aktivspielplätze (der erste im Berliner „Märkischen Viertel", einer anfangs infrastrukturell vernachlässigten Hochhaus-Satellitensiedlung), die Entwicklung der jährlich stattfindenden mehrwöchigen Ferienspielaktion „Mini-München" durch die *Pädagogische Aktion München*, die Einrichtung von Spielmobilen, die mit umgebauten Lkw, Bussen oder Bauwagen vernachlässigte Stadtteile anfahren und dort Spielaktionen durchführen. Diese Einrichtungen haben sich in Deutschland inzwischen flächendeckend ausgebreitet und werden ergänzt durch Spielangebote in allen Kinder- und Jugendeinrichtungen und auch in Sportvereinen, Behinderteneinrichtungen, Kinder-, Kunst- und Familienmuseen. Durch die Bildungsreform in den 1970er Jahren sind in der Bundesrepublik vor allem für die Vorschulerziehung viele neue Lernspielmaterialien entwickelt worden, die auch im Grundschulunterricht genutzt werden. Im Unterricht der Sekundarschulen konnten dagegen Spielmethoden nie recht Fuß fassen, weil Spiel eher diskursives und nicht das von den Lehrplänen geforderte systematisch-fachspezifische Lernen ermöglicht. In Projektwochen und der zunehmenden Ganztagsbetreuung werden inzwischen auch spielerische Lernverfahren genutzt. Die Verbreitung von Spielaktivitäten in pädagogischen Praxisfeldern wurde und wird gefördert durch regelmäßige Großveranstaltungen (Spielmärkte Remscheid und Potsdam, Spielmobilkongresse) und Publikationen (Praxisdokumentationen, Fachliteratur, Spielkarteien und -sammlungen, Zeitschriften „gruppe & spiel" und „Spielmobilszene").

Die Bedeutung des Spiels in pädagogischen Einrichtungen

Die gesellschaftliche Bedeutung des Spiels liegt nicht nur in der allgemeinen Sozialisationsfunktion. In pädagogischen Einrichtungen der Vorschulerziehung, im Schulunterricht, im Ganztagsbereich der Schulen, in Freizeiteinrichtungen für Kinder und Jugendliche, in der Weiterbildung und der Museumspädagogik, in soziokulturellen und sozialtherapeutischen Institutionen sowie in Einrichtungen für Menschen mit Behinderungen wird Spiel als Methode eingesetzt und gefördert. Die Spielpädagogik in Deutschland als verbreiteter und anerkannter Aus- und Fortbildungsbereich ist jetzt rund 40 Jahre alt. Inzwischen haben sich die pädagogische Spieltheorie, ihre Spielkonzeption und ihre Praxis erheblich ausdifferenziert – eine Querschnittsaufgabe zwischen Freizeit- und Sozialpädagogik, Kulturarbeit und Bildungswesen ist sie geblieben: Erziehung zum Spiel und mit Spiel.

Die Spielpädagogik geht von einer vielschichtigen Relevanz des Spiels in pädagogischen Einrichtungen für die Entwicklung von Heranwachsenden aus:

Bildungsfunktion
Durch die Fantasieentwicklung im Spiel und den Experimentalcharakter von Spielhandlungen können Kinder ihrem Alter und Entwicklungsstand entsprechende Erfahrungen sammeln. Diese kulturellen Bildungsprozesse, die im Spiel stattfinden, können durch die Auswahl der Spielmaterialien, durch bestimmte Spielangebote und Interventionen beim Spielen von den pädagogischen Fachkräften unterstützt und beeinflusst werden.

Lernfunktion
Spiel wird als Aktionsform häufig in mehreren Phasen der Entwicklung einer Gruppe verwendet, sei es eine schulische Projektgruppe oder eine außerschulische Freizeitgruppe. Da spielerisches Handeln eine Aktionsweise ist, können beliebige (Lern-)Inhalte zum Spielthema gemacht werden. Die spielerische Herangehensweise und Bearbeitung eines Themas entspricht dabei mehr einem kreativen, künstlerischen und ganzheitlichen Umgang mit Inhalten als einer systematischen, wissenschaftlichen, fachspezifischen Methodik. Dadurch eignen sich Spielformen besonders gut, wenn es um interdisziplinäres, projektorientiertes Lernen geht, bei dem Experimente, Fiktionen, Analogien und Umwege eine Rolle spielen dürfen.

Analysefunktion
Durch die Beobachtung und Dokumentation des Verhaltens der Kinder beim Spielen kann erfasst und bewertet werden, was die Kinder auf welchen Gebieten und in welchen Leistungs- und Fähigkeitsbereichen können. Im Spiel drücken die Kinder – häufig ungehemmter als in Realsituationen – ihre Ängste, Sorgen und Wünsche aus. Dies wird in der Spieltherapie zur Problemanalyse genutzt.

Beschäftigungsfunktion
Nicht nur in der Familie, auch in der pädagogischen Einrichtung dient das Spiel der Kinder ihrer eigenständigen Beschäftigung in einer relativ sicheren, betreuten Umgebung.

Bestätigungsfunktion
Kinder verbessern durch Spielwiederholungen ihre Leistungen, differenzieren und vertiefen ihre Fähigkeiten und verschaffen sich durch die wiederholte Bewältigung der Spielanforderungen Bestätigungen, Anerkennungen und Erfolgserlebnisse.

Kommunikationsfunktion
Bei allen Spielaktivitäten, die in Kindergruppen stattfinden, wird nonverbal, präverbal und verbal kommuniziert. Je nach Spiel ist das Miteinander-Sprechen ein notwendiger Spielbestandteil. Viele Spiele erfordern zusätzliche spielexterne Absprachen (z.B. über die Spielmaterialien) und Klärungen der Spielregeln. Alle sprachlichen Interaktionen fördern die Sprachentwicklung der Kinder.

Verarbeitungsfunktion
Im Spiel ver- und bearbeiten Kinder Erlebnisse und Situationen, die sie aufgewühlt, beeindruckt oder psychisch belastet haben. Sie können mit manchen Bewegungsspielen aufgestaute Aggressionen abreagieren oder versuchen, Konflikte durch das Nachspielen im Puppen- oder Rollenspiel zu verarbeiten.

Unterhaltungsfunktion

Die überwiegende Zahl der Spiele besitzt für die meisten Spielenden einen Freude bereitenden Unterhaltungswert – sie machen Spaß und ermöglichen Abwechslung durch Spannungserlebnisse (kontrollierte Angst-Lust-Erfahrungen). Riskante Spiele verschaffen den Kindern material- und zufallsgesteuerte Abenteuer. In den pädagogischen Einrichtungen werden die Spielbedingungen derart organisiert, dass möglichst keine ernsthafte Gefährdung oder nicht zu bewältigende Folgen beim Spiel hervorgerufen werden.

Sozialordnungsfunktion

Spiele dienen in den Gruppen in der Einrichtung auch dazu, die Sozialstruktur der Kindergruppe zu bilden und zu festigen. Viele Spiele werden von Kindern dazu genutzt, die Rangordnung untereinander zu organisieren, Hierarchien festzulegen, Untergruppen zu bilden und zu erproben und Freundschaften zu entwickeln und zu kultivieren.

Zeitstrukturierungsfunktion

Für den Alltag in der Einrichtung dienen bestimmte ritualisierte Spiele der Orientierung im Tagesablauf – ein Kreisspiel am Morgen, das Aufräumspiel kurz vor dem Verlassen der Einrichtung. Spielfeste und Spiele bei Feieranlässen markieren Höhepunkte und ergeben Zeitstrukturen – bis hin zu jahreszeitlich bedingten Spielformen.

Bildungsmöglichkeiten durch Spiel

Spiele schaffen Bildungsmöglichkeiten. Eine solche Aussage muss differenziert werden. Es existieren verschiedene Forschungsergebnisse zur Bildungswirkung einzelner Spiele, Spielarten, Spielformen und Nutzung bestimmter Spielmaterialien (Retter 1979; van der Kooij 1983; Baer/Thole 1985). Aber bei komplexen Spielhandlungen und den zahllosen Einflussfaktoren stößt die empirische Sozialforschung schnell an ihre Grenzen. Dennoch liefern langfristige Beobachtungen und systematische Erfahrungen von pädagogischen Fachkräften und viele spielpädagogische Fallstudien belastbare und vor allem praxisrelevante Aussagen zur möglichen Bildungswirkung von verschiedenen Spielen unter günstigen äußeren Bedingungen. Diese Zuweisung von Bildungswirkungen zu einzelnen Spielen und Spielformen findet man in den letzten Jahren verstärkt in den Spielesammlungen für Spielaktivitäten und -projekte im Vorschulalter und im schulischen Ganztag (Baer 2007, Baer 2008).

In der weit verbreiteten Sammlung kooperativer Gruppenspiele (Baer 1994b) habe ich die nach meiner Erfahrung zutreffenden Merkmale aus vier Bildungskategorien den einzelnen Spielbeschreibungen zugeordnet. Für die praktische Umsetzung haben sich folgende Kategorien und Deskriptoren zu jedem Spiel als besonders nützlich und berücksichtigenswert herausgestellt:

>> Spielaktivität (Bildungsbereich: Individuelle Fähigkeiten)
    z.B. ertasten, kombinieren, improvisieren, darstellen...
>> Aktivität in der Gruppe (Bildungsbereich: Soziale Fähigkeiten)
    z.B. Kennenlernen, Körperkontakt, Rollenaufteilung, Kooperation...
>> Spiel-Themen (Bildungsbereich: Wissenserwerb)
    z.B. Biografie, Familie, Werte, Selbsterfahrung, Außenseiter...
>> Spielformen (Bildungsbereich: Ausdrucks- und Gestaltungsfähigkeiten)
    z.B. Darstellendes Spiel, Materialspiel, Musikspiel, Spielaktion...

Zu jeder dieser vier Spielbeschreibungskategorien werden exemplarisch etwa 20 Deskriptoren aufgelistet, mit denen man eine Vermutung über die Bildungswirkung des jeweiligen Spiels präzisieren kann. Eine vollständige Liste aller Deskriptoren ist der Spielesammlung zu entnehmen (Baer 1994b:6-9).

Ein Beispiel für die vermuteten Bildungswirkungen: Wir vermuten, dass das Verständnis für bauliche Konstruktionen bei einem Kind gefördert wird, wenn es sich mit der Gestaltung einer Kugelbahn beschäftigt und selbst eine Bahn aufbaut. Wir vermuten, dass das Kind die dabei gemachten Einsichten als Erfahrung abspeichern kann, und sie dann später im Leben so nutzen kann, dass sie beispielsweise beim Zusammenbau eines Ikea-Regals helfen. Wie kommen wir zu dieser Vermutung? Wir stellen fest, dass beide Tätigkeiten – Kugelbahnspiel und Regalbau – ähnliche geistige Leistungen erfordern. Die Zusammenstellung von Konstruktionsteilen soll also bewirken, dass die Konstruktion in beiden Fällen einen bestimmten Zweck erfüllen kann. In diesem Beispiel haben wir auf die Fernwirkung der Spieltätigkeit geschlossen.

Oftmals können wir eine Bildungswirkung auch direkt beobachten. Im folgenden Beispiel beobachten wir einen Bildungsvorgang, bei dem eine im Spiel gemachte Erfahrung sich gerade nicht so ohne weiteres in der Realwelt nachvollziehen lässt:

Ein Kind kleidet seine Puppe an und biegt die Puppenarme ganz nach hinten, damit die Arme einfach in die Jackenärmel geschoben werden können. Ein paar Stunden später hilft das Kind seinem jüngeren Bruder, eine Jacke anzuziehen, will den Arm des Bruders so weit wie bei der Puppe nach hinten biegen. Das geht aber nicht, weil sich die Armgelenke unterscheiden, das Brüderchen fängt an zu schreien, und wir können beobachten, dass das Kind die unterschiedliche Bewegungsmöglichkeit von Puppen- und Menschenarm erlebt und versteht.

Je genauer die Fähigkeiten benannt werden können, die im Spiel gelernt und geübt werden, umso differenzierter kann auch der mögliche Bildungsprozess beschrieben werden. Für ein Bildungstagebuch, für die Dokumentation der individuellen Entwicklung der Kinder in der Einrichtung hilft es sehr, wenn die vermuteten Bildungswirkungen detailliert benannt werden können. Denn um Kinder individuell zu fördern, müssen Fachkräfte analysieren können und verstehen, welche Bildungsprozesse bei welchen Spieltätigkeiten ausgelöst und gefördert werden können.

Ausblick

Kunst und Kultur müssen sich – vor allem, wenn es um die Vergabe öffentlicher Fördermittel geht – immer wieder gegen den Vorwurf zur Wehr setzen, als luxuriöser „Zuckerguss auf der Torte" nur der Unterhaltung und Verzierung zu dienen. Gegen das Spiel wird Vergleichbares vorgebracht: es diene nur dem Spaß, der Ablenkung, dem Genuss, dem Eskapismus. Für das kommerzielle Spiel kann diese Wirkung nicht bestritten werden, für das Spiel im pädagogischen Kontext wird die Bildungsfunktion jedoch häufig noch unterschätzt, obgleich die Anerkennung der Lernfunktion des Spiels gerade in nonformalen und informellen Bereichen zunimmt, was auch an der Einbeziehung elektronischer Kommunikationsmittel in Spielaktivitäten liegt: z.B. webbasierter Spiele auf Kinderwebseiten, Geocaching mit GPS-Geräten, interaktiver Spielexperimente in Museen und von Spielen mit Digitalkameras und Tabletcomputern. Insgesamt wird sich die Ausdifferenzierung der verschiedensten Spielwelten fortsetzen, und so entstand auch neben der Einbeziehung elektronischer Medien in Spielaktionen die dazu gegensätzliche Bevorzugung natürlicher Spielmaterialien und Spielumwelten (z.B. mit der Waldspielplatzbewegung). Den weitaus größten Anteil im gesamten Spektrum der Spielwelten von Kindern, Jugendlichen und Erwachsenen stellt jedoch weiterhin nicht das pädagogisch intendierte

Spiel, sondern das kommerziell verbreitete Freizeitspiel dar, auf dessen zum Teil fragwürdige Inhalte und Formen von öffentlicher Seite kein Einfluss genommen werden kann. Deshalb muss das nicht-kommerzielle Spiel weiterhin – vor allem wegen seiner Benachteiligungen kompensierenden Bildungswirkungen – staatlich unterstützt und gefördert werden.

Zum Weiterlesen

Baer, Ulrich (1984): Kooperative Spiele in der Jugendarbeit. In: Kreuzer, Karl Josef (Hrsg.): Handbuch der Spielpädagogik, Band 3 (129-139). Düsseldorf: Schwann.

Heimlich, Ulrich (1989): Soziale Benachteiligung und Spiel. Trier: Wissenschaftlicher Verlag.

Knecht, Gerhard/Lusch,Bernhard/BAG Spielmobile (Hrsg.) (2011): Spielen Leben Lernen. München: kopaed.

Kreuzer, Karl Josef (Hrsg.) (1983,1984): Handbuch der Spielpädagogik, Band 1 - 4. Düsseldorf: Schwann.

Winter, Andrea (Hrsg.) (2011): Spielen und Erleben mit digitalen Medien. München: Reinhardt.

Zacharias, Wolfgang (2011): Stichwort „Spiel" in: Otto, Hans-Uwe/Thiersch, Hans (2011) (Hrsg.): Handbuch soziale Arbeit, (1560-1568). München: Reinhardt.

Gerhard Knecht
Mobile Spielanimation

Der Begriff der mobilen Spielanimation ist Anfang der 1970er Jahre entstanden. Er setzt sich zusammen aus „Spiel" (siehe Ursula Stenger „Spiel als anthropologische Konstante" in diesem Band) und „Animation", beides vielschichtige Begriffe, die zum Verständnis der folgenden Ausführungen kurz beschrieben werden sollen:

Spiel
>> ist eine aktive, freiwillige Handlung, die SpielerInnen in ihrer ganzen Person beansprucht;
>> ist eine „als ob"-Realität, die jedoch einen Bezug zur Wirklichkeit hat;
>> ist Erfahrung mit Personen, Sachen, Räumen und Ideen;
>> ist Verhalten erproben und die Wirkungen in der Umwelt kennen lernen;
>> ist Zusammenhänge erkennen, begreifen und daraus Schlüsse für das eigene Verhalten ziehen, d.h. eigenständig Orientierungen gewinnen.

Animation
>> lädt zum Mitmachen ein;
>> bereitet Unterhaltung und Spaß;
>> richtet sich an den Bedürfnissen der TeilnehmerInnen aus.

Spielanimation ist also die Kunst, Menschen zum Spielen zu bewegen, sie einzuladen, sich auf unterschiedliche Erfahrungen einzulassen.

Spielanimation so verstanden, ist nicht eine Domäne ausschließlich der Kinder und Jugendlichen, sondern dient allen Menschen in zunehmendem Maße zur Weiterentwicklung ihrer Persönlichkeit. Wer viel spielt, entwickelt eine spielerische Haltung, die gekennzeichnet ist von Offenheit und dem gemeinsamen Aushandeln von Regeln des Zusammenspiels. Spielanimation zeigt Möglichkeiten des Wandels auf, sie bietet Anregungen, etwas Neues auszuprobieren und ist so ein Garant für Fortschritt und Weiterentwicklung der eigenen Persönlichkeit und damit auch der gesamten Gesellschaft. Und das Wichtigste: Spielen macht Spaß, es dient der Lebensfreude und damit der Kraft für Selbstbestimmung und Verantwortung für die eigene Person und für die Umgebung in einer Gesellschaft, die sich durch eine Reizüberflutung und durch ein „Wirrwarr" an Angeboten für Kinder und Familien auszeichnet, das immer unübersichtlicher wird.

Historie

Das Thema Spiel rückte Ende der 1960er Jahre in den Mittelpunkt des pädagogischen Interesses. Gründe für diese Entwicklung waren die Kritik vor allem von jungen Menschen an den gesellschaftlichen Zuständen in Deutschland und in den USA. In beiden Ländern gab es ein Interesse an neuen Lebensformen, die sich politisch mit der Studentenbewegung in Deutschland an überkommenen Lebensformen und mit der New Games Bewegung in den

USA als Ausdruck der Kritik am Vietnamkrieg äußerte. Zudem verstärkte sich die Kritik an der Funktionalisierung von Räumen in der Stadt- und Siedlungsplanung, insbesondere an langweiligen Spielplätzen, die nur bestimmte Spielhandlungen zuließen.

Die Idee: Durch das Erproben alternativer Lebensweisen kann eine neue, andere Art des gesellschaftlichen Lebens entwickelt werden. Das Spiel wurde dabei als die Tätigkeit entdeckt, mit der man die neuen Möglichkeiten erproben und daraus Schlüsse für das wirkliche Leben ziehen kann. Spiel in dem damaligen Verständnis wurde Teil einer gesellschaftlichen Veränderungsstrategie. Die Spielpädagogik, die damals entstand, war die Methode, um im Spiel Menschen Handlungsalternativen erleben zu lassen.

Anstelle von den bis dahin üblichen Konkurrenzspielen wurden Spiele zur Förderung der Kooperation und der Kreativität (siehe Gisela Ulmann „Kreativität und Kulturelle Bildung" in diesem Band) entwickelt. In Plan-, Rollen-, Kommunikations- und Simulationsspielen wurden soziale Situationen simuliert und erprobt im Hinblick darauf, welche unterschiedlichen Reaktionen in bestimmten Situationen möglich sind. Ausgehend von der Kritik an langweiligen Spielplätzen mit Standardgeräten wie Rutsche, Schaukel, Wippe und ein paar Sitzbänken und fehlenden öffentlichen Spielräumen im wörtlichen wie übertragenen Sinne entwickelte sich neben dem Spielen in Gruppen das Spiel im öffentlichen Raum unter dem Begriff „mobile Spielanimation".

Spielmobile, die fahrenden Werkstätten der Fantasie

Mobile Spielanimation bedeutete zuallererst: „Spielen, da, wo die Kinder wohnen". Die Kinder gehen nicht zum Spielplatz, zum Spielhaus, sondern das Spiel findet direkt vor der Haustür statt, mit ungewöhnlichem Material, meist aus der Alltagswelt der Kinder, mit spielfreudigen und experimentierfreudigen Erwachsenen in lustigen Rollen, meistens zu einem Thema, das Kinder fasziniert und das sie zum eigenständigen Mitmachen einlädt. Die Rolle der PädagogInnen bei dieser Tätigkeit unterscheidet sich von der der klassischen SpielpädagogInnen, die mit Gruppen arbeiten und vor allem beim Spielen die Gruppenbeziehung im Auge haben. Die MitarbeiterInnen bei Spielmobilen schaffen mit ihren Materialien, ihren Themen, eine inszenierte Spielwelt an einem für alle zugänglichen Ort, zu der jeder kommen und gehen, sich beteiligen oder zuschauen kann, nach eigener Regie, nach eigenem Zutrauen und Zeitplan. Spiel(mobil)pädagogInnen gestalten Spiel- und Lernräume, die durch ihre Inszenierung zum Mitspielen einladen und ein bestimmtes Thema transportieren, sei es Jahrmarkt, Stadtleben, Waschen früher usw. Für den Transport ihrer Materialien haben sie unterschiedliche Fahrzeuge, angefangen vom Puppenwagen bis hin zum Sattelschlepper. Mit ihren bunten Fahrzeugen, ihren Materialien aus der Alltagswelt und ihren MitarbeiterInnen entwickeln sie gemeinsam mit den Kindern Spielideen im öffentlichen Raum, um deutlich zu machen: Spielraum war und ist überall, nicht nur auf Spielplätzen. SpielmobilerInnen spielen auf Gehwegen, auf Parkplätzen, in verkehrsberuhigten Bereichen, in Spielstraßen, in Unterführungen, auf Brachen, in Kaufhäusern, in Schulhöfen und Schulen, Kindergärten und Kinderkrippen sowie auf Spielplätzen und in Parks.

Aktueller Stand der Diskussion

Spielmobile sind die mobilen Spezialisten für Spielaktionen. Sie haben bis heute vielfältige Formen entwickelt, sodass sie eigentlich unter dem Begriff Spielmobile aus den 1970er Jahren nicht mehr gefasst werden können. Es gibt inzwischen gleichberechtigt nebeneinander klassische Spielmobile, Partizipationsmobile, Umweltmobile, Werkstattmobile, Bewegungsmobile, Wissenschaftsmobile, Bildungs- und Lernmobile, Spaßmobile, generationenübergreifende Mobile. Genauso vielfältig wie ihre Themen ist ihre Rechtsform, ihre Finanzierung, ihre Personalausstattung, ihre Einsatzzeiten.

Es gibt ca. 400 Spielmobile in Deutschland, davon ist die Hälfte das ganze Jahr über tätig, die anderen sind nur zu bestimmten Zeiten wie den Sommerferien unterwegs. Ungefähr 500 SpielexpertInnen sind fest angestellt, dazu kommen ca. 1.600 Honorarkräfte und ca. 500 PraktikantInnen und MitarbeiterInnen, z.B. aus dem FSJ Kultur.

In Luxemburg, Österreich und der Schweiz gibt es ca. 40 Spielmobile, in Großbritannien dagegen gibt es seit den 1970er Jahren eine große Szene mit etwa 200 Playbusses und in Italien sind es etwas mehr als 50 sogenannte Ludobusse.

Spielbusse haben seit 1979 den Kontakt untereinander gehalten. Dem ersten Spielmobiltreffen in Mayrhofen in Österreich mit 14 TeilnehmerInnen folgten bis heute ein oder zwei internationale Spielmobiltreffen pro Jahr mit über 200 TeilnehmerInnen.

1992 wurde der Kontakt untereinander institutionalisiert mit der Gründung der *Bundesarbeitsgemeinschaft Spielmobile e.V.* auf der Augustusburg in Sachsen. Die *Bundesarbeitsgemeinschaft Spielmobile* fördert die Zusammenarbeit der Spielmobile national und international durch Kongresse, sie organisiert Fortbildungen, sie entwickelt gemeinsam mit ihren Mitgliedern Qualitätsstandards, gibt halbjährlich die Fachzeitschrift „Spielmobilszene" heraus, veröffentlicht Fachbücher für das spielpädagogische Feld und ist im Netz unter www.spielmobile.de vertreten.

Spielen und Lernen mit dem Spielmobil

Spielen im öffentlichen Raum bietet die Gelegenheit zum Lernen im öffentlichen Raum. Spielen beim Spielmobil bedeutet für die beteiligten SpielerInnen, Lernen, ohne es zu wissen. Spielbusse erreichen durch ihre Mobilität auch Personen, die die klassischen freiwilligen Bildungsorte nicht erreichen. Die Spielangebote sind niederschwellig, flexibel und an der Lebenswelt der Kinder orientiert. Sie erreichen Kinder aus unterschiedlichen Milieus an ein und demselben Ort und bieten durch ihre zeitlich begrenzten Aktivitäten Spiel- und Begegnungsräume, die diesen Kindern neue Erfahrungen miteinander ermöglichen.

Die MitarbeiterInnen von Spielmobilen sind die KulturAgenten im öffentlichen Raum. Sie spüren Orte, Personen und Materialien im öffentlichen Raum auf, die neugierig machen, die etwas zu „erzählen haben". Sie schaffen durch ihre spielpädagogischen Methoden einen Weg, um diese vor Ort liegenden Bildungspotentiale zu finden und sie als Erfahrungsschatz zu heben. Sie ermöglichen die Aneignung von Welt in einer sozialräumlichen Dimension. Ihr Einsatzgebiet ist der Stadtteil mit seinen verschiedenen Bildungsorten wie Kindergarten, Hort, Schule, aber auch der Spielplatz, die Baustelle, die im öffentlichen Raum inszenierte Aktion.

Bereits 1983 wurde von der *Pädagogischen Aktion* in München, basierend auf den sozialökologischen Forschungen von Uri Bronnenbrenner die Lebenswelt als Lernumwelt beschrieben und deutlich gemacht, welche Rolle Spielmobile mit ihren Angeboten in einer vielfältigen Spiel- und Erfahrungslandschaft haben. „[Wolfgang] Zacharias unterscheidet in einer Skizze einer subjektiven Bildungslandschaft pädagogisch veranstaltete Situationen und Milieus von natürlichen, funktionellen Funktionen. Die Skizze zeigt eine bunte Mischung institutioneller Bildungsorte, Orte der nonformalen und informellen Bildung. Aus heutiger Sicht könnte man die Skizze auch als eine Beschreibung eine subjektiven Bildungslandschaft sehen, die ausgesprochen anregungsreiche variable Bildungsorte und -räume im direkten Umfeld eines Kindes oder eines Jugendlichen bietet. Von der Eisdiele als Treffpunkt einer Clique über den Saxophonkurs in der Volkshochschule bis hin zur Spielaktion zeigt die Skizze ein breites Bild sehr unterschiedlicher Settings, in denen Bildung stattfinden kann" (Deinet 2011:60).

Aus dieser Skizze der vielfältigen Erfahrungsmöglichkeiten an unterschiedlichen Orten in München ist 1985 das Konzept der „Spiellandschaft Stadt" entstanden, das versucht, mit unterschiedlichen Akteuren an unterschiedlichen Orten in der Stadt vielfältige Spiel- und Lernmöglichkeiten anzubieten. Jeder Ort hat seine eigenen Qualitäten, diese werden von dem Lernsubjekt nach eigenen Bedürfnissen aufgesucht. Damit es das kann, braucht es

1. eine trägerübergreifende Information (wo, was, wann los ist und was man da machen kann);
2. eine Abstimmung und gegenseitige Anerkennung der Angebote, um die Vielfalt zu erhalten und für alle Bedürfnisse unterschiedliche Angebote bereit zu stellen;
3. eine Anerkennung von Spiel als wichtige Lerntätigkeit, die innerhalb, aber vor allem außerhalb der Schule erfolgt;
4. den Aufbau eines Netzwerkes, das gemeinsam an einer vielgestaltigen Spiellandschaft arbeitet.

Diese Idee der Spiel- und Lernlandschaft wird seit der PISA-Untersuchung von dem Begriff der „Bildungslandschaft" (siehe Wolfgang Mack „Kulturelle Bildung in lokalen Bildungslandschaften" in diesem Band) überlagert. Bildungslandschaft in meinem Verständnis bezieht nicht nur die Institutionen formeller und nonformaler Bildung ein, sondern auch diejenigen, die für die informellen Bildungsprozesse die Rahmenbedingungen schaffen: Stadtplanung, Politik, vor allem aber die Kinder, Jugendlichen und deren Eltern. Der Landschaftsbegriff beinhaltet alle möglichen Entdeckungen und Potentiale, die das spielende und forschende Kind in seiner Lebensumgebung findet.

> „Zum einen geht es darum, im Einsatz von Spielmobilen an unterschiedlichen Orten im öffentlichen Raum diese als Bildungsorte zu qualifizieren, Kindern gezielte Angebote zu machen und andererseits auch ihr Freispiel zu fördern, ihnen Anregungen zu geben und Settings zur Verfügung zu stellen" (Deinet 2011:66)

Spielmobile sind hier diejenigen, die durch ihre Aktivitäten, durch ihr ständiges „Herumvagabundieren" in den Stadtteilen immer wieder neue und interessante Erfahrungsmöglichkeiten für Kinder und deren Eltern eröffnen und zur Bereicherung einer Spiel-, Lern- und Bildungslandschaft beitragen.

Ausblick

Spielen als die Tätigkeit und Fähigkeit, die aller Kultur und Kunst zu Grunde liegt, muss sich gerade in der Kulturellen Bildung ihrer Bedeutung bewusst sein und das entsprechend artikulieren. In vielen Kontexten der Lern- und Bildungsdiskussionen wird die Bedeutung des Spielens an unterschiedlichen Orten zu wenig nach außen getragen. Auch wird die Bedeutung von verschiedenen Lernorten nicht genügend gewürdigt. Spielmobile können hier auf allen Feldern agieren und ihre Potentiale einbringen, sie müssen nur dafür sorgen, dass diese Vielfalt der Spiel- und Lernmöglichkeiten, ihre Qualität und Flexibilität bei allen Akteuren, die sich um die Ganztagsbildung in Bildungslandschaften bemühen und diese profilieren, bekannt und anerkannt ist. Sie setzen auf die Persönlichkeitsbildung der Menschen durch das Spiel, auf die spielerische Haltung, mit der den Anforderungen der Schule und des Erwerbslebens begegnet wird. Sie zeigen, wie es anders gehen kann und dass keine Entscheidung alternativlos ist, wie uns Politik manchmal vermitteln will.

Spielmobile haben ein Verständnis von Bildung, „das auf die Befähigung von Individuen ausgerichtet ist, sich als selbstbewusste Gestalter ihrer Lebenspraxis zu begreifen, als eigensinnige Persönlichkeiten, die sich den Anforderungen der modernen Ökonomie nicht einfach blind unterwerfen" (Scherr 2011:53).

So bekommen mobile SpielpädagogInnen in den Kontexten von Ganztag und betreuter Kindheit neue Aufgaben, die sie mit neuen Programmangeboten und Ideen füllen können, ohne die Grundlagen ihrer Arbeit in neuen Kontexten aufgeben zu müssen.

Für diese Neuentwicklungen bietet die *BAG Spielmobile* in Kooperation mit der *Akademie Remscheid* Werkstätten an, die einerseits neue Konzepte und Projekte entwickeln sowie den Erfahrungsschatz von über 40 Jahren mobiler Spielpädagogik vermitteln. In den Bundesländern finden landesweite Vernetzungstreffen statt, und einmal im Jahr werden auf den internationalen Spielmobilkongressen neue Konzepte vorgestellt und gemeinsam weiterentwickelt, um auf die Veränderungen in unserer Gesellschaft eingehen zu können.

Zum Weiterlesen

Berbig, Evelyn/Knecht, Gerhard (1990): Auf dem Weg zu einer Spiellandschaft Stadt. München: Pädagogische Aktion.

Bundesarbeitsgemeinschaft Spielmobile: www.spielmobile.de

Deutsches Kinderhilfswerk/Landesfachgruppe Spielmobile NRW – IPA Recht auf Spiel (Hrsg.) (1990): Das Spielmobilbuch. München, Berlin: Fipp.

Grüneisl, Gerd/Knecht, Gerhard/Zacharias, Wolfgang (Hrsg.) (2001): Mensch und Spiel. Der mobile „homo ludens" im digitalen Zeitalter. Unna: LKD.

Knecht, Gerhard/Lusch, Bernhard (Hrsg.) (2011): Spielen Leben Lernen. Bildungschancen durch Spielmobile. München: kopaed.

Andrea Winter
Spiel zwischen leiblichen und digitalen Spielräumen

> „[...] innovatives Denken bedeutet die Fähigkeit, Perspektiven zu wechseln, Konventionen anzuzweifeln, Bekanntes in unbekannten Situationen auszuprobieren – kurz, es geht darum ‚mit der Welt zu spielen'" (Janus 2010:63).

In Anbetracht der Tatsache, dass Spielen immer auch eine leibliche Erfahrung ist, mit der wir uns selbst stets auf ein Neues in unserer Umgebung verorten, sollen hier insbesondere digitale Spielräume und deren aktuelle Spielformen im Leib-Welt-Bezug im Blickpunkt stehen. Hierbei werden auch die interdisziplinären Handlungsfelder und Einsatzmöglichkeiten, an die diese Spielformen anknüpfen, mit einbezogen.

Begriffliche Positionierung

Unser Leib als Einheit von Körper und Geist ist das, womit wir uns in dem uns umgebenden Raum darstellen. Körper und Geist als dem Leib zugehörige Anteile sind dabei vorrangig rezeptiv-wahrnehmend ausgerichtet (vgl. Métraux/Waldenfels 1989 zur Theorie von Merleau-Ponty). Sprechen wir statt von Leib nur von Körper, was alltagssprachlich oft der Fall ist, so vernachlässigen wir den Geist. Die begriffliche Differenzierung zwischen Körper und Geist ermöglicht hingegen sowohl in Bezug auf reale als auch auf digitale Spielräume eine exaktere Betrachtung der sich darin ergebenden unterschiedlichen Perspektiven (siehe Doris Schuhmacher-Chilla „Körper – Leiblichkeit" in diesem Band).

Blick in die nahe Vergangenheit

Vor der „digitalen Revolution" war das Spielen als Tätigkeit im realen Raum verankert, wo es entweder vermehrt körperlich oder geistig ausgerichtet war. Ein vorrangig körperlicher Bezug wird beispielsweise im Bereich der Sport-/Mannschaftsspiele deutlich, wohingegen Brett- oder Kartenspiele meist einen geistigen Fokus aufweisen. Die Spielhandlung, also die Aktion, fand dabei immer im realen Raum statt. Des Weiteren sind hier szenische und theaterpädagogische Spielformen im Bereich des Darstellenden Spiels, wie z.B. Improvisationstheater, Theatersport oder auch Jeux Dramatiques zu nennen.

Seit der Verbreitung von Bildschirmspielen kam bezüglich der Verortung des Spielens eine weitere Komponente dazu – der digitale Raum als Spielraum. Dies führte zu einer Erweiterung der Örtlichkeit von Spielhandlungen, da diese nun nicht mehr nur in der realen Umgebung, sondern zusätzlich auch in einem digital geschaffenen Spielraum stattfinden konnten. Da sich Spielen als Handlung stets über den Leib des Spielers ausdrückt, ist es wichtig mitzubedenken, dass sich eine Spielhandlung nie ausschließlich in digitalen Spielräumen vollzieht, da der Spieler durch seine körperliche Präsenz stets auch in der realen Umgebung verankert ist und in ihr (re)agiert – und sei es nur der Fingerklick auf die Eingabetaste. Dabei ist es nicht ausschlaggebend, welches Genre gespielt wird. Die reale Spielhandlung des Bedienens der Tastatur bei einem Ego-Shooter, die beispielsweise dazu führt, dass diverse Monster erschossen werden, ist die gleiche, wie z.B. beim Lösen eines Rätsels in einem Point and Klick Adventure, auf das hin sich eine Tür öffnet.

Das Ergebnis der real ausgeführten körperlichen Spielaktion unterscheidet sich somit von der digital stattfindenden Spielhandlung des Spielcharakters, also der Repräsentanz des Spielers im digitalen Spielraum. Hieran wird erkennbar, dass die in der realen Spielumgebung ausgeführte Spielhandlung des Spielers nicht der des Spielercharakters im digitalen Spielraum entsprechen muss – was mitunter gerade den Reiz einer solchen Spielhandlung ausmachen kann, da sich dadurch neue Erfahrungsräume simulieren lassen. Der Begriff der Simulation ist hierbei wichtig, da die Erfahrung im realen Raum eine andere, meist so nicht durchführbare wäre – egal ob aus praktischen (z.B. nicht schweben können) oder moralischen Gründen (z.B. jemanden verletzen).

Aktueller Stand

Im Zuge der Weiterentwicklung von Spielekonsolen ergab sich zusätzlich zu den „klassischen" Bildschirmspielen die Möglichkeit, real mit dem Körper ausgeführte Bewegungen mittels bewegungsempfindlicher Sensoren oder Kameraabtastung in den digitalen Spielraum zu übertragen. Hierdurch entsteht eine Erweiterung und Vermischung des leiblichen Spielens im Realraum mit dem digitalen Spielraum. Führt der Spieler z.B. eine Handbewegung mit dem Controller aus, als ob er z.B. eine Bowlingkugel auf einer Bowlingbahn führt und drückt dabei die erforderlichen Tasten, dann wird seine Bewegung auf den Spielcharakter übertragen, der diese so präzise wie technisch möglich im digitalen Spielraum simuliert. Dieses so erschaffene Abbild zeigt deutlich die Kombination real-leiblicher mit digitalen Spielumgebungen. Zu bedenken bleibt hier die Differenz in der Körpererfahrung, beispielsweise in Bezug auf das Gewicht des Controllers der das digitale Spielzeug simuliert, im Gegensatz zu dem realen Gewicht z.B. einer Bowlingkugel.

Außer den eben betrachteten Bildschirmspielen haben sich besonders in den letzten Jahren einige mediale Spielformen etabliert, die neue leiblichen Erfahrungen zwischen realen und digitalen Spielräumen eröffnet haben. Hierbei handelt es sich meist um Spielformen, die draußen, z.B. im Stadtraum, durchgeführt werden.

Teils aus dem City Bound entspringende Ideen werden mit dem klassischen Muster einer Rallye verwoben und um digitale Medien erweitert zu einer Spielform, die man unter dem Begriff Medienrallye zusammenbringen kann. Diese verknüpft, oft im Stadtraum, Elemente der klassischen Schnitzeljagd (Hinweispfade, denen die TeilnehmerInnen folgen sollen und die am Ende eine Route ergeben) mit Stationen, die mit unterschiedlichen Inhalten rund um Wissen, Rätsel, Suchen und kreative Aufgaben ausgestattet sein können. An diesen Stationen werden unter Einsatz verschiedener Medien vor allem kreativ-schöpferische Prozesse und Aufgaben wie z.B. eine Internetrecherche, das Drehen eines kleinen Filmes, das Inszenieren einer Fotografie oder das Verfassen eines Gedichts und Versenden per MMS/SMS oder auch das Erstellen eines Weblogs eingeübt. Hierzu dienen Hilfsmittel wie Smartphones, Digitalkameras und Notebooks. Im Sinne einer Rallye wird auch die Medienrallye von mehreren SpielerInnen oder Gruppen gleichzeitig gespielt und hat zumeist zum Ziel, das ein Spiele bzw. eine Gruppe am Ende durch das Lösen der Aufgaben (evtl. in Kombination mit dem Faktor der Schnelligkeit, mit der die Route bewältigt wurde) als Sieger aus der Rallye hervorgeht. Dabei werden der adäquate Einsatz und das Bedienen der Medien geübt und durch den körperlich-spielerischen Einsatz dieser Methode werden mehrere Sinne miteinander verknüpft und die Wahrnehmung für den umgebenden Ort geschärft (siehe Winter 2011).

Das *Dresdner Medienkulturzentrum* hat eine medienbasierte Schnitzeljagd durchgeführt, die kulturpädagogische Aspekte in den Mittelpunkt stellte (Frommhold/Mewes 2011:85-88). In Kooperation mit dem *Frauenstadtarchiv Dresden* wurden Bildungsinhalte zu bekannten historischen Dresdner Frauen aufbereitet, sodass die Teilnehmerinnen, die sonst wenig Zugang zu kulturellen Bildungsangeboten hatten, sich an mehreren Stationen, beispielsweise durch das Erfüllen kreativer Aufgaben in kleinen Workshops, spielerisch neue mediale Erfahrungsräume erschließen konnten.

Eine weitere Methode ist die Einbindung von QR-Codes (Quick Response Codes) in multimediale Aufgaben an den Stationen einer Rallye. Dies sind zweidimensionale Barcodes, mit denen z.B. Wörter, Zahlen oder Links verschlüsselt werden. Mit Hilfe einer vorinstallierten oder kostenlos im Internet verfügbaren Software (QR-Code-Reader) können sie mit dem Mobiltelefon fotografiert und entschlüsselt werden und so als Hinweise in unterschiedlichen digitalen Spielformen eingesetzt werden.

Entweder als eigenständig angewandte Spielform oder als in eine Rallye integrierte Methode erfreut sich auch das Geocaching wachsender Beliebtheit. Beim Geocaching, einer modernen Form der Schatzsuche, werden über GPS (Global Positioning System) anhand der Eingabe von Koordinaten in ein GPS-Gerät oder ein Mobiltelefon mit entsprechender GPS-Software Orte gesucht, an denen Caches (Schätze) versteckt sind, die der Geocacher „heben" möchte. Findet er den Schatz, so trägt er sich in das dem Cache beiliegende Logbuch ein und kann seinen Fund auch im Internet auf einer der zahlreichen Geocacheforen in seinem zuvor angelegten Profil vermerken. Dort erhält er auch vorab die Koordinaten für den ausgewählten Cache samt Beschreibung des Terrains sowie dem Schwierigkeitsgrad und der Größe des zu findenden Schatzes (siehe z.B. Gründel 2009; Sadewasser 2008).

Auf diesem System basierend ist es leicht, z.B. eine Route aus miteinander verbundenen Caches (Multi-Cache) zu legen, die einen größeren Cache als Endpunkt (Final-Cache) haben – oft mit einer Belohnung. So können die unterschiedlichsten Themen mit der Methode des Geocaching verknüpft werden. Beispielsweise gelangen die SpielerInnen nur durch das Lösen von Aufgaben und Rätseln an die weiteren Koordinaten für die Route – wobei Hinweise zur Lösung angeboten werden sollten.

Der Einsatz einer so aufgebauten Spielform könnte im pädagogischen Bildungskontext folgendermaßen aussehen: Im Rahmen eines Blockseminars für Bachelor-Studierende der Erziehungswissenschaften fand eine dreitägige Exkursion zu einem Jugendwaldheim statt. Kern des Seminars war unter anderem eine 18 Stationen umfassende Geocaching-Waldrallye mit erlebnispädagogischen Elementen. Neben der Vermittlung der angewandten Methoden und den technischen Möglichkeiten, wurde besonders auf das leibliche Erleben und die Sinneswahrnehmung in der Natur geachtet. So entstand einerseits ein Bewusstsein für den Einsatz digitaler Medien und andererseits für die Verknüpfung des realen Raums, hier speziell des Waldes, mit digitalen Spielräumen. Deutlich wurde hierbei, dass sich ein hohes Maß an leiblichen Erfahrungen im realen Spielraum sowohl in der körperlichen als auch geistigen Wahrnehmung und der Einsatz von digitalen Hilfsmitteln nicht ausschließen, sondern einander bereichern können.

Eine weitere neuere digitale Spielform sind sogenannte Alternate Reality Games (ARGs): „Alternate Reality Games sind urbane Spiele, welche die traditionelle Stadtrallye mit Rollenspielelementen und einer spannenden, dicht gewobenen, fiktiven Hintergrundgeschichte kombinieren. Dabei werden bewusst die Grenzen zwischen Realität und Fiktion verwischt" (Steinbach/Springenberg 2011:104). Da diese Spielform zu den die Realität durchdringenden Pervasive Games gehört, erhalten die TeilnehmerInnen bei dieser Art von ARGs für den Spielverlauf wichtige Hinweise oft über Einbindung neuer Medien. Versteckte QR-Codes oder GPS-Koordinaten dienen hier ebenso der Spielerlenkung wie z.B. Rätsel auf einer „aus dem Nichts" auftauchenden Speicherkarte, eigens für das Spiel angelegten Internetseiten, Kontaktaufnahme über soziale Netzwerke oder geheimnisvolle SMS-Botschaften bzw. Anrufe. Durch die am Spiel teilhabenden Nicht-Spieler-Charaktere (NSCs), die mit den SpielerInnen in Kontakt treten, kann die Spielleitung diese zusätzlich mit Hinweisen versorgen, um den Ausgang des Spiels zu beeinflussen (weitere Informationen zu ARGs siehe Montola et al.

2009:37-40). Der zuvor bereits beschriebene Aspekt der erweiterten Körperwahrnehmung durch den Einsatz digitaler Hilfsmittel im real umgebenden Raum findet im Leib-Welt-Bezug hier eine Zuspitzung, da die Spielszenarien zuweilen eine Trennung von Realität und Fiktion kaum ermöglichen, was eine Zusammenführung der geistigen und körperlichen Ebene dank der engen Verbindung von realem und fiktivem Spielraum ermöglicht. Am Ende einer solchen Spielaktion muss daher, wie generell in pädagogischen Kontexten, eine fundierte Reflexion stehen, die den TeilnehmerInnen einen aufklärenden Überblick über das Geschehene bietet, sodass eine Verarbeitung der meist sehr intensiv erlebten Spielerfahrungen erfolgen kann.

Blick in die nahe Zukunft

Betrachtet man die Entwicklung dieser Spielformen, so geht derzeit ein Trend hin zu digitalen Spielräumen, die z.B. durch technische Hilfsmittel in den realen Raum eingebunden sind. Der in den letzten zwei Jahrzehnten im Vordergrund stehende digitale Spielraum mit Gewichtung im Bereich der Bildschirmspiele erhält so eine immer größer werdende Ergänzung durch neuere Spielformen hin zu real-digitalen Spiel-Räumen, die eine gesteigerte leibliche Komponente enthalten und besonders den körperlichen Aspekt im Spiel (wieder) vermehrt mit einbinden. Der Leib als Ausganspunkt und zentrales Objekt des Spielens bildet dabei die Schnittstelle zu den unterschiedlichen Erlebnisräumen – egal ob reale, digitale oder real-digitale Spielräume. Unterschiedlich ist dabei die Art, mit welcher körperlichen Beteiligung diese Spielräume erschlossen werden. Sie sollte sich an den Bedürfnissen des Spielers orientieren, was durch den Einsatz digitalgestützter Hilfsmittel enorm verbessert werden kann. Wünschenswert wären künftig z.B. die Weiterentwicklung und die vermehrte Nutzung von Sprachsteuerungen, Neurofeedbacktechniken und auch Augmented Reality-Anwendungen, die auch für bisher noch nicht vorrangig berücksichtigte Zielgruppen wie SeniorInnen und Menschen mit körperlichen und geistigen Beeinträchtigungen geeignet sind. Anhand der beschriebenen vielschichtigen Einsatz- und Kombinationsmöglichkeiten bieten diese neueren Spielformen im real-digitalen Spielraum vor allem Anknüpfungspunkte für interdisziplinäre Handlungsfelder zwischen Spiel-, Medien- und Erlebnispädagogik, insbesondere im Kontext Kultureller Bildung (Zacharias 2010:212) – auch für den generationsübergreifenden Einsatz –, was dazu beitragen kann, dass die Erweiterung des realen Spielraums durch digitale Spielangebote wachsen wird.

Zum Weiterlesen

Crowther, Christina (2005): City Bound. Erlebnispädagogische Aktivitäten in der Stadt. München: Reinhardt.

Deubzer, Barbara/Feige, Karin (2004): Praxishandbuch City Bound. Erlebnisorientiertes soziales Lernen in der Stadt. Augsburg: Ziel.

Fromme, Johannes/Meder, Norbert (Hrsg.) (2001): Bildung und Computerspiele. Zum kreativen Umgang mit Bildschirmspielen. Opladen: VS.

Ganguin, Sonja/Hoffmann, Bernward (Hrsg.) (2010): Digitale Spielkultur. München: kopaed.

Reinhardt-Verlag: Spielen und Erleben mit digitalen Medien: http://e-u-l.reinhardt-verlag.de/wi1 (Letzter Zugriff am 28.09.12).

„Senioren an die Konsole" (Projekt): http://www.wii-senioren.de

Helga Theunert
**Die konvergente Medienwelt –
Veränderter Rahmen für den Mediengebrauch**

Der Kinofilm „Spider-Man", der 2002 zum Kassenhit wurde, basiert auf einem Comic von 1962. Zu diesem Comic wurden ab Ende der 1960er Jahre zahlreiche Animationsserien produziert, die weltweit und teilweise sehr erfolgreich vermarktet wurden, so z.B. Mitte der 1990er Jahre die Serie „New Spider-Man". Ende der 1970er Jahre kam eine Realfilmserie hinzu, die in Form ausgekoppelter Folgen auch fürs Kino zweitverwertet wurde, allerdings ohne großen Erfolg. Den erzielte dann 2002 der erste Spielfilm, der weltweit hohe Einspielquoten verzeichnete und der Figur des Spinnenmenschen zu großer Popularität verhalf. 2004 kam „Spider-Man 2" auf den Markt, 2007 „Spider-Man 3" und der vierte Kinofilm lief 2012 an. Zeitgleich mit dem ersten Kinofilm erschienen Soundtrack und Hörspiel und es begann ein umfassendes System crossmedialer Vermarktung. Neben der Weiterverwertung auf dem Konsummarkt, z.B. in Form von Spielfiguren und Postern, existiert mittlerweile eine breite Palette von Medienprodukten: Videos und DVDs, Off- und Online-Computerspiele und Internetseiten mit Foren, Chats und Shops für die Fans. Auf der Homepage www.spider-man-der-film.de stößt man unter der Rubrik Spider-Man-Produkte auf den Lego Movie Maker. Mit ihm kann man eigene Filme mit Lego-Figuren drehen, und zwar im voll ausgestatteten Mini-Filmstudio inklusive Spider-Man-Kulisse, digitaler Videokamera mit USB-Kabel zum direkten Einspielen in den PC. Dort kann der Film dann beliebig weiter bearbeitet und über das Internet verbreitet werden.

Die konvergente Medienwelt integriert crossmediale Vermarktung in einem Vernetzungssystem

Das Beispiel „Spider-Man" veranschaulicht zweierlei:
1. Crossmediale Vermarktung erfolgreicher Medienproduktionen oder beliebter Medienfiguren ist kein neues Phänomen. Die mediale Mehrfachvermarktung und die Verzahnung von Medien- und Konsummarkt existieren schon recht lange und in variantenreichen Ausprägungen. So werden beliebte Kinderfernsehstars wie „die Maus" schon lange umfassend vermarktet, über mediale und sächliche Produkte gleichermaßen. Neben DVDs, Büchern und Computerspielen findet man Maus, Elefant und Ente als Stofftiere, auf Nachtlichtern, Trinkbechern, T-Shirts und Kinderautositzen. So bleibt die Maus nicht nur ein Fernsehstar, sondern sie wird in allerlei medialen und sächlichen Variationen zum Rundumbegleiter von Kindern. Crossmediale Vermarktung und Verknüpfung mit dem Konsummarkt sind aus der heutigen Medienwelt nicht mehr weg zu denken.
2. Die konvergente Medienwelt integriert diese Strategien; jedoch haben Digitalisierung und multifunktionale Endgeräte wie der PC neue Impulse gegeben und die Verweis- und Vernetzungssysteme erweitert. Die konvergente Medienwelt verzahnt unterschiedliche Medienträger (technische Ebene), Medienangebote (inhaltliche Ebene) und mediale Aktivitäten (Handlungsebene). Über die zentrale Schaltstelle, die multifunktionale und multimediale Struktur des Internets, wird alles „aus einer Hand" zugänglich gemacht und miteinander vernetzt.

Ein Fan von Spider-Man sieht sich so einer Inhaltsvervielfachung gegenüber und kann zwischen verschiedenen medialen Wegen zu seinem Favoriten wählen: Kino, Fernsehen, DVD und weitere massenmediale Angebote, aber auch Produktionen anderer Fans auf einschlägigen Plattformen, die wie YouTube User-Generated-Content offerieren. Mediale Zusatzangebote wie Informationen über SchauspielerInnen, Produktionshintergründe, News und Events aus dem Spider-Man-Universum u.ä. unterstützen Fantum und Involvement. Inhaltsähnliche Angebote wie Computerspiel, Hörspiel, Roman, Soundtrack usw. erlauben multimediale Beschäftigung mit dem Favoriten. All das kann der Spider-Man-Fan mit eigenen medialen Aktivitäten koppeln, sei es in kommunikativer Ausrichtung, wie sie Foren und Chats ermöglichen, oder sei es in produktiven Formen, wie sie z.B. vom Lego Movie Maker angeregt werden. Deren Ergebnisse können dann via Internet wiederum in die Fangemeinde rückvermittelt und von dieser kommentiert werden.

Die konvergente Medienwelt animiert zu vernetztem Medienhandeln

Die Vernetzung von Rezeption, Interaktion und Produktion impliziert nicht ein bloßes Mehr an medialen Angeboten, sondern die Palette medialer Aktivitäten auf unterschiedlichen Aktivitätsniveaus und mit unterschiedlichen Eigenanteilen führt zu qualitativen Veränderungen des Medienerlebens und -handelns. Die konvergente Medienwelt mit ihren materiellen Strukturen, ihren inhaltlichen Angeboten aus globalen massenmedialen und privaten Quellen, ihren miteinander verknüpften Optionen für Rezeption, Kommunikation und Interaktion sowie ihren medialen Artikulations-, Präsentations- und Distributionsmöglichkeiten konturiert heute den Rahmen für Medienaneignung, also für das Handeln der Menschen mit und in Medien. Die zentralen Implikate von Medienaneignung, nämlich die selektiven mentalen, kommunikativen und eigentätigen Akte der Realisierung der Angebote und Tätigkeitsoptionen der Medienwelt, deren Interpretation im Kontext persönlicher und sozialer Lebensbedingungen sowie deren subjektiv variierende und variierte Integration in die eigenen Lebensvollzüge, beziehen sich in der konvergenten Medienwelt nicht mehr nur auf Einzelmedien. Sie integrieren vielmehr die Vernetzungsstrukturen zwischen Einzelmedien auf technischer und inhaltlicher Ebene sowie zwischen inhaltlichen Angeboten und Kommunikationsräumen und medialen Produktionswerkzeugen und Veröffentlichungsflächen.

Für die Nutzerseite bedeuten gerade die Vernetzungsstrukturen der konvergenten Medienwelt eine Ausweitung ihrer medialen Handlungsmöglichkeiten. Nach dem derzeitigen Kenntnisstand werden diese Handlungsmöglichkeiten ab der zweiten Hälfte der Kindheit, wenn die Strukturen des Internets allmählich selbständig zugänglich werden, zunehmend interessant, und mit dem beginnenden Jugendalter werden sie in wachsender Breite und Komplexität ausgeschöpft (siehe Kathrin Demmler/Ulrike Wagner „Mediensozialisation und kulturelles Lernen" in diesem Band). Zuwendung erfahren vor allem die kommunikativen und in deren Kontext auch die produktiven Mitmachangebote des Social Web.

Vernetztes Medienhandeln birgt Problemlagen und Potentiale

Die erweiterten medialen Handlungsmöglichkeiten bergen auf der einen Seite Unterstützungspotential für ein souveränes Leben in unserer zunehmend mediatisierten Gesellschaft. Auf der anderen Seite können daraus Problemlagen erwachsen, die nicht auf den Umgang mit Medien und auf den Einzelnen beschränkt bleiben. Zwei Stichpunkte mögen beide Richtungen illustrieren:

1. Gebündelte mediale Orientierungsofferten können einseitige Denk- und Handlungsmuster begünstigen

Medien sind – für Heranwachsende ist das gut belegt – zentrale Orientierungsquellen, sei es für Äußerlichkeiten, Alltags- und Problembewältigung, Weltverständnis und Menschenbilder oder für die Ausformung von Lebensperspektiven. Im Wechselspiel mit den Vorgaben der eigenen sozialen Umwelt werden mediale Orientierungsofferten vorrangig verstärkend wirksam, und zwar primär dann, wenn sie sich in das eigene Lebenskonzept einfügen oder tragfähiger erscheinen als reale Vorbilder. Die Strukturen der konvergenten Medienwelt setzen hier neue Akzente: Die medialen Orientierungsofferten werden gebündelt und in unterschiedlichen Kontexten werden so identische Botschaften ausgesendet: Im Fernsehen werden Supermodels gesucht, in Zeitschriften ohne Ende Diäten angepriesen, im Internet wird auf pro-ana-Seiten „Hungern als Lebensgefühl" abgefeiert usw. Über die Vernetzungsstrukturen kann man sich einspinnen in die penetrante Propagierung eines Ideals, das Schlanksein mit Wohlbefinden, Anerkennung und Erfolg koppelt. Die Möglichkeit eigener Artikulation und Präsentation mit medialen Mitteln klinkt sich hier verstärkend ein. Social Communitys sind für viele junge Menschen mittlerweile zentrale Orte, um sich ihrer Lebenskonzepte zu versichern und an ihrer Identität zu arbeiten, indem sie das mediale Auftreten von anderen studieren, sich mit realen und virtuellen Bekannten austauschen oder Rückmeldungen auf die eigene mediale Darstellung erhalten (siehe Franz-Josef Röll „Medienkommunikation und Web 2.0" in diesem Band). Die Perspektive der (vermeintlich) eigenen Generation hat dabei hohen Stellenwert. Da Teile des sozialen Lebens heute in medialen Räumen stattfinden, ist davon auszugehen, dass die hier als tauglich erachteten Orientierungen an Gewicht gewinnen.

Ob das dem Einzelnen zum Guten oder zum Schlechten gereicht, ist nicht ausgemacht. Fest steht jedoch, dass es in der konvergenten Medienwelt ein Leichtes ist, sich in der Rezeption von Unterhaltung und informativen Angeboten, in der Interaktion mit Gleichgesinnten und in der eigenen medialen Artikulation auf eine einseitige Perspektive zu konzentrieren und diese fortwährend bestätigen zu lassen. Medien fungieren heute nicht mehr nur als Materiallieferanten für mentale Prozesse, sie sind zugleich Erfahrungs- und Handlungsräume. So können die Vernetzungsstrukturen der konvergenten Medienwelt die Verstrickung in einseitige Denk- und Handlungswelten begünstigen.

2. Medienbasierte Partizipation kann souveräne Lebensführung unterstützen

Medien sind integrierter Bestandteil gesellschaftlicher Realität und ein kompetenter Umgang mit den jeweils aktuellen medialen Gegebenheiten markiert einen Teil sozialer Handlungsfähigkeit. Die mediale Konnotation von Partizipation hat in der Medienpädagogik seit den 1970er Jahren Tradition; eine der zentralen Methoden medienpädagogischer Praxis, die aktive Medienarbeit, ist darin verwurzelt. Die Strukturen der konvergenten Medienwelt und insbesondere die von ihr vorgehaltenen Aktivitätsoptionen geben neue und erweiterte Impulse für medienbasierte Partizipation: Zahllose Zugänge zu Information und Wissensbeständen, globale Interaktionsmöglichkeiten, mediale Werkzeuge zur Artikulation und Selbstinszenierung, Distributionswege und Veröffentlichungsflächen – all das ist im Prinzip jedem Menschen zugänglich und kann potenziell für Teilhabe am sozialen und gesellschaftlichen Leben nutzbar gemacht werden. Die Optionen des Mitmach-Internets aktivieren allerdings nicht per se und nicht allein partizipatives Handeln. So tummelt sich zwar die Mehrheit der jungen Generation ausgiebig im Social Web, doch nur ein kleiner Teil realisiert (bisher) die Möglichkeiten für Partizipation im Sinne von sozial verantwortlicher Selbstbestimmung. Bildungsstand, Aktivitätslevel im Medienhandeln und vor allem Interesse und Engagement für soziale, zivilgesellschaftliche und politische Kontexte sind offenbar die entscheidenden Moderationsfaktoren. Und dennoch bieten die partizipationsorientierten Optionen der konvergenten Medienwelt Ansatzpunkte und Anreize, um den partizipativen Handlungshorizont der Subjekte zu erweitern. So realisieren Heranwachsende in ihren Community-Aktivitäten z.B. Mitwirkung, wenn sie sich durch Meinungsäußerung oder Darstellung eigener Perspektiven in bestehende Gruppen oder Foren aktiv einbringen. Ein weiterer Schritt zur Realisierung partizipativen Handelns mit einem größeren Maß an Selbstbestimmung ist getan, wenn Heranwachsende selbst mediale Strukturen und Räume ausgestalten oder initiieren, um für ihre Belange einzutreten.

Souveränität in der mediatisierten Gesellschaft benötigt Medienkompetenz

Seit es sie gibt gestalten Medien die kommunikativen Strukturen öffentlichen, sozialen und individuellen Lebens mit. Durch die konvergente Medienwelt hat sich dieser Zusammenhang intensiviert. Insbesondere die breite Verfügbarkeit medialer Artikulationsmittel und Veröffentlichungsflächen verzahnt mediale Räume mit realen Lebensbereichen. Mediale Gegebenheiten und Aktivitäten werden immer selbstverständlicher ins soziale und öffentliche Leben integriert durch subjektives und gesellschaftliches Handeln. In den so vorangetriebenen Mediatisierungsprozessen verschränken sich mediale Gegebenheiten, soziale Handlungspraktiken und kulturelle Sinnkonstitution. Durch ihre Aktivitäten in den vernetzten Strukturen der konvergenten Medienwelt gestaltet insbesondere die junge Generation Mediatisierungsprozesse auch aktiv mit.

Die bisherige Kenntnislage verweist allerdings auf Ungleichverteilung sowohl was das Ausschöpfen der Potentiale für medienbasierte Partizipation angeht als auch hinsichtlich der Risiken und Problemlagen, die die konvergente Medienwelt birgt. Eine zentrale Trennlinie wird durch das Bildungsniveau markiert. Je höher dieses ist, desto größer ist die Chance, sich die Potentiale der konvergenten Medienwelt zunutze zu machen, die Partizipation und souveräne Lebensführung unterstützen können und desto geringer ist die Gefahr für einen (dauerhaft) riskanten Mediengebrauch. Gegen diese Ungleichverteilung anzugehen markiert eine wesentliche Anforderung an die heutige Gesellschaft und speziell an das Bildungssystem. Medienkompetenz im Sinne eines selbstbestimmten, kritisch-reflexiven und eigentätigen Umgangs mit den jeweils aktuellen medialen Gegebenheiten ist eine Schlüsselkompetenz, die für ein souveränes Leben in der mediatisierten Gesellschaft zunehmend mehr Gewicht erhält. Denn mediale Wege der Wissens- und Informationsaneignung, der Kommunikation und der eigenen Positionierung und Artikulation werden bedeutsamer und mehr und mehr selbstverständlicher Bestandteil sozialen und gesellschaftlichen Handelns. Die Optionen der konvergenten Medienwelt erweitern das Medienhandeln der Subjekte. Gleichzeitig erhöhen sie die soziale Verantwortung all derjenigen, die sich die Artikulations- und Veröffentlichungsmöglichkeiten zunutze machen. Medienkompetenz und mit ihr die Anforderungen an Maßnahmen zu ihrer Förderung werden dadurch komplexer.

Zum Weiterlesen

JFF – Institut für Medienpädagogik in Forschung und Praxis (seit 2001): Medienkonvergenz-Studien: www.jff.de/medienkonvergenz (Letzter Zugriff am 27.07.12).

Krotz, Friedrich/Hepp, Andreas (Hrsg.) (2012): Mediatisierte Welten: Forschungsfelder und Beschreibungsansätze. Wiesbaden: VS.

Lehrstuhl für Medienpädagogik der Universität Leipzig (seit 2003): Medienkonvergenz-Monitoring: www.uni-leipzig.de/~mepaed/medienkonvergenz-monitoring (Letzter Zugriff am 27.07.12).

Theunert, Helga (Hrsg.) (seit 2006): Reihe Interdisziplinäre Diskurse, Band 1 bis 6. München: koepaed.

Wolfgang Pruisken/Gisela Winkler
Zirkus

Zirkusarbeit mit Kindern und Jugendlichen

Zirkus ist ein Kunstgenre, das für Kinder und Jugendliche eine besondere Attraktivität und Faszination besitzt und einen idealen Spielraum zur Persönlichkeitsentwicklung bietet.

Zirkus zeichnet sich durch eine große Breite an künstlerischen Gestaltungsmöglichkeiten aus: von den Bewegungskünsten Akrobatik, Jonglage und Balance bis zu Theaterelementen, Musik, Tanz, aktuellen Jugendtrends und -sportarten. Neben eine körperliche Dimension, die Entwicklung motorischer Fähigkeiten, Geschicklichkeit und Koordination, treten soziale und ästhetisch-künstlerische Dimensionen. Mit seiner breiten Angebotspalette bietet der Zirkus für jeden etwas, das ihm Freude macht, seinen Fähigkeiten und Interessen entspricht, eine Herausforderung darstellt und Erfolgserlebnisse verspricht. Zirkus richtet sich an alle Altersstufen, alle kulturellen Identitäten und ist ein anregendes Feld in der Arbeit mit Behinderten.

Die Kunst des Zirkus in der Kinder- und Jugendkultur

Mit dem Begriff des Zirkus weiß jeder etwas anzufangen; eigene Erfahrungen und Erlebnisse prägen das persönliche Bild vom Zirkus. Und doch ist es nicht einfach zu definieren, was denn nun das Unverwechselbare ist, was ihn ausmacht, und vor allem, was ihn zur Kunst macht. Als „Einheit der Vielfalt" bezeichnete ihn der russische Zirkushistoriker Jewgeni Kusnezow (Kusnezow 1970:7), und diese bündige Definition trifft wohl am ehesten den Kern. Verschiedene artistische Genres werden zu einer gemeinsamen Kunstform, dem Zirkus verschmolzen, können durch Elemente anderer Künste wie Tanz, Musik, Theater ergänzt und bereichert werden und sind damit bei weitem mehr als die bloße Summe der Einzelelemente.

Der Zirkus ist mit über 200 Jahren eine relativ junge Kunstform, die Artistik dagegen kann auf jahrtausende alte Traditionen zurückblicken. Akrobaten, Jongleure, Dresseure, Spaßmacher und Taschenspieler gab es schon in den alten Hochkulturen. Und die Artistik ist nicht nur im Zirkus zuhause, sondern ebenso im Varieté und in vielen anderen Veranstaltungsarten. In der Gegenwart haben sich mit dem Cirque Nouveau neue Formen entwickelt, die das Spielerische, auch Artifizielle betonen und stark auf Theater, Pantomime und Musik orientiert sind. Gleichzeitig haben viele PädagogInnen den Wert und die Potentiale des Zirkus für die Persönlichkeitsbildung von Heranwachsenden, die Herausbildung sozialer Kompetenzen und die Förderung von Schlüsselqualifikationen entdeckt (siehe Alexander Wenzlik „Schlüsselkompetenzen in der Kulturellen Bildung" in diesem Band). Als relativ niedrigschwelliges Angebot erreicht der Zirkus auch Kinder, die anderen Künsten eher fern stehen.

„Die tradierte Lebensform des Zirkus zieht als uraltes Kulturgut, als echte Volkskunst seit jeher Alt und Jung in seinen Bann. Zirkus, das bedeutet Faszination, Erlebnis und spannendes Abenteuer. Es ist ein farbenprächtiges Gegengewicht zur Nüchternheit und zur emotionslosen ‚Verkopfung' unseres überreglementierten Alltags. Gerade Kinder fühlen sich angezogen von dieser glitzernden Märchenwelt. Sie nehmen sie mit allen Sinnen wahr. Zirkus beflügelt ihre Fantasie und reizt zum Nachmachen" (Kiphard 2000:51).

Der soziale Aspekt der Zirkusarbeit mit Kindern und Jugendlichen spielte schon eine zentrale Rolle, als 1949 in Amsterdam der „Zirkus Elleboog" begann, die Nachkriegskinder von der Straße zu holen und mit ihnen artistische Künste zu üben. Auch der spanische Zirkus „Los Muchachos", der seit den 1960er Jahren bekannt wurde, entstand aus dem sozialen Projekt der „Kinderrepublik Bemposta", die Straßenkindern eine Heimstatt bot. Zu einer weltweiten Bewegung wurde der Kinderzirkus jedoch erst in den 1980er Jahren, als die pädagogischen und sozialen Möglichkeiten dieses künstlerischen Mediums erkannt wurden und sich viele verschiedenartige Kinderzirkusprojekte entwickelten. Das stand auch im Zusammenhang mit dem „Cirque Nouveau" und dem „Alternativzirkus", mit denen die Zirkuskunst von KünstlerInnen verschiedener Genres wiederentdeckt und aufgewertet wurde. Die Besonderheiten der Zirkuskunst haben den Kinderzirkus in kurzer Zeit in vielen Ländern zu einem ganz wesentlichen Bestandteil der Jugendkultur gemacht (vgl. Winkler 2007:4).

Eine große Vielfalt

Kinderzirkus gibt es in der Gegenwart in ganz verschiedenen Formen und Strukturen. In Schulen bereichert er den Schulalltag als Arbeitsgemeinschaft aber auch zeitlich begrenztes Projekt – beispielsweise als Schulprojektwoche in Kooperation mit einer zirkuspädagogischen Einrichtung. Als Schulzirkus mit längerfristig Mitwirkenden und regelmäßigen Aufführungen wirkt er oft weit über die Grenzen der Schule hinaus. Zirkusprojekte sind aber auch in Kitas und Horten angesiedelt. Viele Zirkusgruppen sind ein Ort der Freizeitgestaltung, an dem sich Kinder und Jugendliche regelmäßig treffen, um ganz unterschiedliche artistische Genres zu trainieren, Inszenierungen und Auftritte vorzubereiten und einfach Spaß an dieser Betätigung zu haben, die körperlich-sportliche Bewegung mit kreativer künstlerischer Gestaltung verbindet. Es gibt Vereine als freie Träger, die öffentlich gefördert werden oder aber sich nur über Beiträge, Einnahmen und Spenden finanzieren. Kinderzirkusse werden von kirchlichen und sozialen Einrichtungen betrieben und sind an Jugendkunst- und Musikschulen angeschlossen.

Es gibt Mitmachzirkusse, die Kindern für einen begrenzten Zeitraum, der von wenigen Stunden bis zu mehreren Wochen dauern kann, die Möglichkeit des Zirkusmachens, Zirkusspielens bieten. Es existieren Zirkusse mit eigenen Zelten, Wagen und BetreuerInnen, die manchmal selbst als Kinder in „ihrem" Zirkus angefangen haben und nun im Erwachsenenalter die nächste Generation trainieren.

Und es gibt Mischformen zwischen Kinderzirkus und Artistenschule, die durchaus eine Ausbildung zu professionellen ArtistInnen vermitteln. In den Artistenschulen kommt ein sehr großer Anteil der SchülerInnen aus Kinderzirkussen. Sie haben hier die Liebe zum Zirkus entdeckt und eine artistische Vorbildung erhalten.

Kinderzirkusse werden von ehrenamtlichen Enthusiasten geleitet, aber auch von angestellten MitarbeiterInnen, unter denen ausgebildete ArtistInnen, PädagogInnen und auch KünstlerInnen anderer Bereiche sind.

So wie es im modernen Zirkus ein breites Spektrum künstlerischer Spielarten vom traditionellen Zirkus mit der „klassischen" Dreiteilung von Akrobatik – Dressur – Clownerie bis zum Theaterzirkus gibt, hat auch der Kinderzirkus sehr unterschiedliche Formen zu bieten: von Nummernprogrammen mit vorwiegend klassischen Zirkusdisziplinen bis zu Theaterstücken mit artistischen Darbietungen und der Einbeziehung von Tanz- und Musiktheater.

Es ist schwer zu sagen, wie viele Kinderzirkusprojekte es gegenwärtig in Deutschland geben mag. Sie sind wegen ihres Amateurstatus und der ganz unterschiedlichen Anbindung nirgends wirklich erfasst. Es existieren *Landesarbeitsgemeinschaften Zirkus (LAG)* in fünf verschiedenen

Bundesländern. Im Herbst 2005 wurde die *Bundesarbeitsgemeinschaft Zirkuspädagogik (BAG)* gegründet, die die Vernetzung und Zusammenarbeit der zirkuspädagogischen Einrichtungen in Deutschland zum Ziel hat und sich vorrangig um die Aus- und Weiterbildung von ZirkuspädagogInnen und die künstlerische und strukturelle Weiterentwicklung der einzelnen Einrichtungen kümmert. Es kann von einer gegenwärtigen Zahl von über 600 regelmäßig arbeitenden Kinderzirkusprojekten in Deutschland ausgegangen werden. Darüber hinaus nehmen zigtausende Kinder besonders im Grundschulalter an kurzfristigen Zirkusprojekten teil.

Die Vernetzung und Kooperation findet aber auch über Ländergrenzen hinweg statt. Auf europäischer Ebene gibt es die Vereinigungen *Caravan* und die *European Youth Circus Organisation (EYCO)*. Regelmäßige Treffen und internationale Jugendzirkusfestivals tragen dazu bei, den interkulturellen Austausch zu befördern. Einen Schwerpunkt der nationalen wie internationalen Vernetzung stellt auch der Ausbau des Europäischen Freiwilligendienstes dar, in dessen Rahmen Jugendliche aus verschiedenen europäischen Ländern in Kinder- und Jugendzirkussen arbeiten.

Perspektiven und Visionen

Nach den Jahren des Aufbruchs strukturiert sich jetzt das Feld. Die BAG Zirkuspädagogik e.V. entwickelt Leitlinien und Standards für die Arbeit der ZirkuspädagogInnen. Es gibt Ausbildungsinstitute, die sich im Rahmen dieser Diskussion auf gemeinsame Ausbildungsrichtlinien und Curricula einigen.

Ziel ist die Anerkennung und Etablierung des Berufs Zirkuspädagoge. Ähnlich wie in den benachbarten Ländern Frankreich und Holland soll es in der Zukunft in Deutschland neben der Ausbildung zum Zirkuspädagogen auch mehr Möglichkeiten für ArtistInnen geben an anerkannten Schulen mit staatlicher Förderung ausgebildet zu werden. Zirkusensembles, ähnlich den Ensembles freier Theater, werden sich gründen. Die Nachfrage nach Zirkusangeboten wird weiter steigen und mit ihr der Bedarf an qualifizierten AnleiterInnen.

Zirkus wird für noch mehr Kinder als bisher der erste aktive Kontakt zu einer darstellenden Kunstform und somit ein Türöffner zu den verschiedensten Formen der Kulturellen Bildung sein.

Zum Weiterlesen

Ballreich, Rudi/Lang, Tobias/Grabowiecki, Udo von (Hrsg.) (2007): Zirkusspielen. Das Handbuch für Zirkuspädagogik, Artistik und Clownerie. Stuttgart: Hirzel.

Funke, Jürgen (1987): Bewegungskünste und ästhetische Selbsterziehung – oder: Sieh mal Kunst! In: Sportpädagogik 3/87, 11-19.

Schnapp, Sibylle/Zacharias, Wolfgang (2000): Zirkuslust. Zirkus macht stark und ist mehr... Zur kulturpädagogischen Aktualität einer Zirkuspädagogik. Unna: LKD.

Zeitschrift für Erlebnispädagogik (2007): Zirkuspädagogik, Versuche einer Standortbestimmung. Lüneburg: edition erlebnispädagogik.

Ziegenspeck, Jörg W. (1997): Zirkuspädagogik. Grundsätze – Beispiele – Anregungen. Lüneburg: edition erlebnispädagogik.

Marion Thuswald
Urbanes Lernen –
Kulturelle Bildung in städtischen öffentlichen Räumen

Kulturelle Bildung findet auch außerhalb von Bildungs- und Kulturinstitutionen statt, wie der folgende Beitrag anhand von Praktiken urbanen Lernens in öffentlichen Räumen zeigt. Ausgehend von Überlegungen zu Stadt, Urbanität, öffentlichem Raum und Bildung sowie von Entwicklungen zeitgenössischer Kunst wird das Feld Kultureller Bildung in urbanen öffentlichen Räumen mit seinen Bedingungen und Herausforderungen im Folgenden skizziert.

Stadt als Austragungsort und Gegenstand politischer Kämpfe

Stadt konzentriert und spiegelt die Widersprüche gegenwärtiger sozialer, ökonomischer, kultureller und politischer Verhältnisse. Stadt ist Austragungsort und Gegenstand gesellschaftlicher Konflikte und politischer Kämpfe.

„Urban" dient im gegenwärtigen Sprachgebrauch einerseits als Synonym für „städtisch" und wird andererseits mit Toleranz, kultureller Offenheit und einer wünschenswerten Qualität politischer Partizipation und Öffentlichkeit assoziiert (siehe Larissa von Schwanenflügel/ Andreas Walther „Partizipation und Teilhabe" in diesem Band). Die auf Stadt und Urbanität bezogenen Veränderungen werden in den letzten Jahrzehnten als neoliberale Ökonomisierung und Kulturalisierung beschrieben sowie als soziale Homogenisierung, die etwa durch zunehmende Kontrolle und Vertreibung finanzschwacher sowie subkultureller Gruppen aus den Innenstädten vorangetrieben wird. Trotz dieser Tendenzen sind städtische öffentliche Räume noch immer wichtige Demonstrationsräume von Gegenöffentlichkeiten und Aufenthalts- und Reproduktionsräume unterschiedlicher sozialer Gruppen (vgl. Lewitzky 2005).

KünstlerInnen und KunstvermittlerInnen sind auf verschiedene Art und Weise in die Auseinandersetzungen um urbanen öffentlichen Raum involviert: Sie werden Teil urbaner Imagefindung und Stadtteilaufwertung (vgl. Holub 2010:5; Mörsch 2010:9ff.) oder tragen dazu bei, vorhandene soziale Probleme zu lösen (vgl. wochenklausur). Sie agieren als Akteure in sozialen Bewegungen und politischen Auseinandersetzungen und bringen ihre künstlerischen und vermittlerischen Praktiken in Kämpfe um Stadtplanung ein (vgl. Park Fiction Hamburg), für eine Stadt ohne Rassismus (vgl. Klub Zwei 2009) oder gegen die Verdrängungen bestimmter sozialer Gruppen aus den Zentren der Städte (vgl. BettelLobby Wien).

Öffentliche Räume nutzen, aneignen und herstellen

Teil dieser künstlerischen Involvierung und Auseinandersetzung waren und sind intensive Diskussionen über die Konzepte Öffentlichkeit und Raum sowie über deren Veränderungen (vgl. dérive – Zeitschrift für Stadtforschung; Marchart 2002).

Der Begriff des öffentlichen Raums wird in vielfältiger Weise benutzt: Zum einen werden damit frei zugängliche städtische Außenräume bezeichnet und in manchen Definitionen auch öffentlich zugängliche, verhäuslichte Räume wie Bahnhöfe oder institutionalisierte öffentliche Räume wie Schulen dazu gezählt (vgl. Frey 2004:170), ebenso wie öffentliche virtuelle Räume (vgl. Schubert 2000:60). Zum anderen wird öffentlicher Raum über die Interaktion heterogener Nutzergruppen und die Qualität und Vielfältigkeit von Öffentlichkeiten definiert (vgl. Lewitzky 2005:51). Öffentliche Räume sind von Hegemonie und Ausschluss geprägt und die freie Zugänglichkeit von urbanen öffentlichen Räumen gilt nicht für alle Menschen gleichermaßen.

Bezogen auf ein dynamisches und machtsensibles Verständnis von Raum und Öffentlichkeit konzentriert sich dieser Beitrag auf Initiativen Kultureller Bildung in urbanen öffentlichen Außenräumen. Akteure Kultureller Bildung nutzen urbane öffentliche Räume, eignen sie an und stellen sie gleichzeitig auch her.

Kommunikative Situationen gestalten – Bildungsprozesse initiieren

Als Räume der Heterogenität, der Begegnung mit Unbekanntem und der Erfahrung von Fremdheit, Irritation und Verunsicherung können urbane öffentliche Räume auch als Orte angesehen werden, die prädestiniert dazu sind, Lern- und Bildungsprozesse auszulösen.

Menschen, die in Städten leben, werden durch städtische Lebensbedingungen sozialisiert; sie lernen sich in der Stadt zu bewegen und zu interagieren. Diese impliziten Lernprozesse könnten als *urbanes Lernen* bezeichnet werden. In diesem Beitrag wird der Begriff jedoch enger gefasst auf Kulturelle Bildung in urbanen öffentlichen Räumen bezogen und als Gestaltung von kommunikativen Situationen zur Initiierung von Bildungsprozessen verstanden. Alltägliches implizites Lernen wird nur insofern einbezogen, als es zum Gegenstand von Auseinandersetzung und somit zum Anlass von Bildungsprozessen wird.

Kunst im öffentlichen Raum – Kunst als sozialer Raum

Die Entwicklung kultureller Bildungsangebote in urbanen öffentlichen Räumen ist unter anderem von den Diskursen und Ansätzen zeitgenössischer Kunst beeinflusst. Miwon Kwon (1997) spricht im Bezug auf *Public Art* von drei Paradigmen, die durch Kritik und Weiterentwicklung ebenso geprägt sind wie durch Gleichzeitigkeit: Das seit den 1950er Jahren vorherrschende Paradigma der „Kunst im öffentlichen Raum" (art in public places) wurde zum Ansatz von ortsspezifischer „Kunst als öffentlichem Raum" (art as public spaces) weiterentwickelt, auch befördert durch die Idee der Demokratisierung von Kultur und der Rückeroberung städtischer Räume ab den 1970er Jahren. Als drittes Paradigma gilt „Kunst im öffentlichen Interesse" (art in the public interest): Partizipation, Vermittlung, Prozessorientierung und emanzipatorischer Anspruch spielen in der New Genre Public Art, der Vermittlungs- und Sozialkunst und ähnlichen Richtungen eine große Rolle (vgl. Rollig/Sturm 2002). Die Initiierung von Bildungsprozessen – wenn auch zumeist nicht so benannt – kann als integraler Bestandteil dieser Ansätze künstlerischen Arbeitens verstanden werden.

Neue Kulturpädagogik und die Stadt als Lebens- und Lernraum

Ende der 1960er Jahren entwickelten sich auch explizit kunstpädagogische Initiativen, wie etwa die Gruppe *KEKS* (Kunst – Erziehung – Kybernetik – Soziologie), die in München abseits von institutionalisierter Bildung Stadt als Lebens- und Lernraum thematisierte und vielfältige Aktionen, Projekte, Modelle und Netzwerke zu Kunst, Spiel und Kinderkultur entwickelte (vgl. Pädagogische Aktion e.V. 1989:15). Unter dem Namen *Pädagogische Aktion* veröffentlichte die Gruppe unter anderem das „Kulturpädagogische Lesebuch", das vielfältige spiel- und kulturpädagogische Aktionen in der Stadt sowie theoretische Bezüge beschreibt (vgl. ebd. 1984; 1989:315-319).

Die *Pädagogische Aktion* stand im Kontext der sich in den 1970er Jahren entwickelnden „neuen Kulturpädagogik", die sich von der „alten Kulturpädagogik" zu Beginn des 20. Jh.s mit ihrem problematischen Kulturbegriff abgrenzte. Die neue Kulturpädagogik wurde aus den Denk- und Handlungsformen der neuen sozialen und soziokulturellen Bewegungen gespeist und war durch einen subjektorientierten Ansatz und einen „eigenwertig-nichtinstrumentellen Bezug zu Künsten und Kulturen, zum Ästhetischen im weitestens Sinn von Alltagkultur bis Hochkultur" geprägt (Zacharias 2001:70). Sie bezog sich auf die Forderung nach Demokratisierung von Kultur und sah ihren Auftrag durch Studien zu den Lebensbedingungen von Kindern in Großstädten bestätigt. Die kunst- und spielpädagogische Bewegung mit der Forderung „Spielräume für Spielraum" in der Stadt stand in gegenseitiger Beeinflussung zur Kinderrechtsbewegung und zur lebensweltlich und sozialräumlich orientierten Sozialpädagogik und Jugendarbeit (vgl. Zacharias 2001:159ff.).

Projektarbeit, Pluralität und Kooperation

Es fehlt gegenwärtig an Fachliteratur, die sich systematisch mit Kultureller Bildung in urbanen öffentlichen Räumen beschäftigt. Hinweise auf die vielfältigen – zumeist als Projektarbeit organisierten – Initiativen und ihre Reflexion finden sich verstreut in Fachbüchern (vgl. Thuswald 2010), öfter jedoch in Broschüren und auf Homepages.

Praxen urbanen Lernens
Zum oben skizzierten Verständnis von Kultureller Bildung in urbanen öffentlichen Räumen können personale Vermittlung, forschende Ansätze sowie künstlerisches und gestalterisches Tun gezählt werden. Vermittlerische, forschende, gestalterische und künstlerische Handlungsweisen können zwar theoretisch unterschieden werden, sind jedoch in Projekten oft nicht eindeutig zu trennen bzw. werden kombiniert angewandt. Zu urbanem Lernen kann die Auseinandersetzung mit Stadt und ihren Veränderungen, mit städtischer Architektur sowie mit Kunst und Gedenkstätten in urbanen Außenräumen ebenso gezählt werden wie städtische Raumwahrnehmung, -aneignung, -gestaltung und ihre jeweiligen Bedingungen. Auch Jugend-, Alltags- und Stadtkultur können Thema urbanen Lernens sein.

Beteiligte an Projekten Kultureller Bildung in urbanen öffentlichen Räumen sind aufgefordert, sich mit den spezifischen politischen, rechtlichen und sozialen Bedingungen vor Ort auseinanderzusetzen und – mehr als in anderen Kontexten – mit Unvorhersehbarem wie Passantenreaktionen oder Witterungsbedingungen umzugehen.

Als Bezugstheorien dienen Akteuren Kultureller Bildung in urbanen öffentlichen Räumen etwa die von der Situationistischen Internationale entwickelte Taktik des *dérive*, des ziellosen Umherschweifens (vgl. die street trainings der Künstlerin Lottie Child 2010), Henri Lefebvres „Recht auf Stadt" und Michel de Certeaus „Kunst des Handelns" (vgl. Krasny 2010) oder Joseph Beuys „soziale Plastiken" (vgl. kunstwerkStadt 2011).

Akteure urbanen Lernens
Organisationen wie das *Center for Urban Pedagogy* in New York, das Pädagogik, Design, Kunst und Stadtplanung systematisch zusammenbringt (vgl. CUP), gibt es im deutschsprachigen Raum bisher nicht. Die Initiativen zu Kultureller Bildung in urbanen öffentlichen Räumen gehen von MitarbeiterInnen in Bildungs-, Kunst- und Kulturinstitutionen ebenso aus wie von KünstlerInnen, KulturvermittlerInnen, JugendarbeiterInnen oder ErwachsenenbildnerInnen

und finden oftmals in Kooperation zwischen verschiedenen Akteuren statt. Exemplarisch wird im Folgenden auf schulische Projekte in Kooperation mit KünsterInnen eingegangen.

Urbanes Lernen von Schule aus

Eine der wenigen Veröffentlichungen, die sich explizit diesem Thema widmet, erschien unter dem Titel „Handeln und Gestalten im öffentlichen Raum" (Kirschenmann/Stark 2005) und stellt Projekte aus dem schulischen Kunstunterricht vor.

Auch im Rahmen der bundesdeutschen Bildungsinitiative „Kinder zum Olymp" finden Kooperationsprojekte statt, die sich mit öffentlichem Raum beschäftigen. Die Herangehensweisen von Projekten wie „Expedition STADTraum" in Lüneburg oder „STADTMACHTKUNST" in Hannover sind sehr unterschiedlich und reichen von Werbeaktionen für die Stadt bis zur Auseinandersetzung mit Geschichte oder Machtverhältnissen im öffentlichen Raum (vgl. Kulturstiftung der Länder).

Eine explizit (institutions)kritische Herangehensweise verfolgen die Schulprojekte des Büros *trafo:K* in Wien, das gemeinsam mit SchülerInnen und KünstlerInnen zu Themen wie transnationale Geschichtsbilder oder Privatisierung im Bildungsbereich arbeitet und künstlerisch in urbane öffentliche Räume interveniert (vgl. Sternfeld 2009:92ff.; Höllwart in Ehgartner u.a. 2010:177).

Widersprüche als konstitutive Elemente von Urbanität und Bildung

Die moderne Stadt kann kein widerspruchsfreier Raum sein. Basierend auf dem Anspruch von Gleichheit und Freiheit ist sie zugleich ein Ort kapitalistischer Ökonomie und geprägt von sozialer Ungleichheit und Ausschlüssen (vgl. Siebel 1992). Für Stadt und Urbanität wie auch für Bildung (vgl. Bernhard 2001:72) sind unter den gegebenen gesellschaftlichen Bedingungen Widersprüche konstitutiv. Die Akteure Kultureller Bildung stehen nicht außerhalb, sondern sind in Subjektivierung und Differenz-Herstellungsprozesse und somit auch in Widersprüche involviert (vgl. Reichenbach 2001, Messerschmidt 2009). Die Widersprüche, auf welche Praxen urbanen Lernens treffen, sowie die daraus entstehenden Verunsicherungen und Konflikte gilt es nicht auszublenden, sondern als Anlässe urbaner Bildungsprozesse zu begreifen und aufzugreifen, wie es etwa Katharina Morawek und Tomash Schoiswohl mit ihrem Konzept der Geschichtsbaustelle vorschlagen (2010) oder wie es die Künstlerin Mikki Muhr mit ihrer Kartiermethode „Sich Verzeichnen" praktiziert (Muhr 2012).

Carmen Mörsch verweist in diesem Zusammenhang auch auf die Notwendigkeit eines kritisch reflexiven Bezugs auf Kunst: „Kulturelle Bildung im öffentlichen Raum muss sich, so sie einen emanzipatorischen Anspruch verfolgt, über [solche] Mehrdeutigkeiten und Instrumentalisierungen klar sein und sich ausgehend von der Reflexion der in sie eingebetteten Machtverhältnisse gestalten. Und sie muss sich jenseits einer idealisierenden Haltung, die Kunst unhinterfragt als grundsätzlich positive Wirkmacht im Bildungsgeschehen versteht, Rechenschaft über ihre Lernziele ablegen" (Mörsch 2010:11).

Als Orientierung wie Herausforderung urbanen Lernens könnten zusammenfassend folgende Perspektiven dienen: den Blick auf Widersprüche und die Herstellung von Subjekten und Differenzen richten; die eigene Praxis an Demokratisierung orientieren, ohne Machtverhältnisse zu verschleiern; Lernen als situierte soziale Praxis begreifen und aus dem Wissen um die eigene Involviertheit und die Notwendigkeit von Positionierung heraus agieren und reflektieren. Künstlerisches und gestalterisches Arbeiten in urbanen öffentlichen Räumen bietet als Bezugspunkt zahlreiche Anlässe und vielfältige Handlungsmöglichkeiten, derartige Bildungsprozesse zu gestalten.

Zum Weiterlesen

BettelLobby Wien: http://bettellobby.wordpresss.com

CUP - Center for Urban Pedagogy: http://welcometocup.org

dérive – Zeitschrift für Stadtforschung: www.derive.at

Kulturstiftung der Länder: „Kinder zum Olymp!": www.kinderzumolymp.de

KunstwerkStadt (2011): Tagung „urbanes lernen – Räume bilden": http://kunstwerk-stadt.de

Lewitzky, Uwe (2005): Kunst für alle? Kunst im öffentlichen Raum zwischen Partizipation, Intervention und Neuer Urbanität. Bielefeld: transcript.

Marchart, Oliver (2002): Kunst, Raum und Öffentlichkeit(en). Einige grundsätzliche Anmerkungen zum schwierigen Verhältnis von Public Art, Urbanismus und politischer Theorie: http://eipcp.net/transversal/0102/marchart/de (Letzter Zugriff am 27.07.12).

Muhr, Mikki (2012): „Da hab ich mich verzeichnet." Karten als Reflexions- und Forschungsmittel. In: Ortner, Rosemarie (Hrsg.): exploring differences. Zur Vermittlung von Forschung und Bildung in pädagogischer Praxis. arts&culture&education Sonderband I (45-60). Wien: Löcker.

Park Fiction Hamburg: www.parkfiction.org

Rollig, Stella/Sturm, Eva (2002): Dürfen die das? Kunst als sozialer Raum. Art | Education | Cultural Work | Communities. Wien: Turia + Kant.

Thuswald, Marion (Hrsg.) (2010): urbanes lernen. Bildung und Intervention im öffentlichen Raum. arts&culture&education Bd. 4. Wien: Löcker.

Wochenklausur: www.wochenklausur.at

Wolfgang Zacharias
Pluralität und Praxisvielfalt Kultureller Bildung

Kulturelle Bildung als ein Praxisfeld pädagogischen Handelns zeichnet sich durch Diversität und Differenz ihrer Vermittlungsformen und inhaltlichen Bezüge aus. Man kann dies auch als ihre besondere Qualität und Stärke werten, etwa im Vergleich und Unterschied zu anderen Lern- und Bildungsfeldern wie den Naturwissenschaften, der Mathematik, den Sprachen oder Wissensgebieten wie z.B. Geografie, Geschichte, Politik und Soziales.

Diese Vielfalt ist für Kulturelle Bildung als Sammelbegriff unterschiedlicher ästhetischer Praxisformen, theoretischer Fundierungsmöglichkeiten und vor allem Orte und Formate ihrer Vermittlung konstitutiv. Analog und akzentuiert gilt das auch für allgemeine Feldbezeichnungen wie „musische Erziehung", „Kinder- und Jugendkulturarbeit", „Kulturpädagogik", „künstlerische und ästhetische Bildung". Vor allem seit den kulturpolitischen Setzungen der „Konzeption Kulturelle Bildung" des *Deutschen Kulturrats* (1994/2005), dem Schlussbericht der *Enquete-Kommission* des Deutschen Bundestags „Kultur in Deutschland" (2008) und den grundlegenden „Annäherungen an den Begriff" von Max Fuchs (2008a), hat sich die Bezeichnung „Kulturelle Bildung" als Feldmarkierung unhintergehbar und allgemein etabliert.

Kulturelle Bildung hat allerdings als allgemeiner Feldbegriff und als anschauliche Praxis ein Profilproblem: Ihre Einzelformate und Erscheinungsformen – von Musikschulen über Malkurse, Zirkusprojekte, Medienwerkstätten bis hin zur Tanzperformance und Theateraufführung – werden nicht per se dem Rahmen „Kulturelle Bildung" zugeordnet. Zur Profilierung Kultureller Bildung ist es daher notwendig, einen Weg zu finden, um sowohl den allgemeinen Kontingenzbedarf (Was ist Kulturelle Bildung?) als auch die spezifische plurale Diversität (Das alles ist Kulturelle Bildung!) herauszuarbeiten. Es muss gelingen, in Theorie und Praxis einen identifizierenden Zusammenhang zwischen den Einzelphänomenen und „Kultureller Bildung" herzustellen bzw. ihn gut wahrnehmbar darzustellen. Theoriebildung und Praxisentwicklung sind daher aufgefordert, diese Profilbildung im engen Verbund und „auf Augenhöhe" gemeinsam voranzubringen, um das Handlungsfeld „Kulturelle Bildung" identifizierbar werden zu lassen.

Kulturelle Pluralität und Subjektorientierung

Es ist nach wie vor schwierig bzw. weder möglich noch wünschenswert, die Praxisvielfalt Kultureller Bildung einer standardisierten Systematik unterzuordnen bzw. dafür generelle Gültigkeit zu beanspruchen. Kulturelle Bildung ist kein vereinheitlichtes Handlungsfeld mit entsprechenden exklusiven Inhalts- und Vermittlungsstandards. Die divergente Vielfalt der Inhalte, Orte, Formate und Angebote Kultureller Bildung ist sowohl Chance als auch Problem, und dies wiederum ist systematisch begründbar: „Kulturelle Bildung' führt mit seinen Wortbestandteilen ‚Kultur' und ‚Bildung' zwei der – zumindest in der deutschen Sprache – reichhaltigsten und komplexesten Begrifflichkeiten zusammen" (Fuchs 2008a:11). Dies hat Ursachen und Folgen:

>> Es gilt als je aktuelle Praxis und inhaltlich-bildender Bezug nicht die Kunst, bzw. die Kultur, sondern immer Künste und Kulturen im Plural zugrunde zu legen, entsprechend je historisch-zeitaktueller Erscheinungen.
>> Geht man zudem von einem angemessen weiten, subjektorientierten Bildungsbegriff aus, so lassen sich Künste und Kulturen bestenfalls in ihren Techniken und Wissenskontexten, aber nicht in ihren gestalterisch-kreativen Substanzen und Möglichkeiten planvoll und systematisch vermitteln. Dies bleibt als spezifisch kulturell-ästhetischer Bildungsgewinn dem Subjekt selbst entsprechend seiner Lebens- und Interessenslagen vorbehalten.
>> Kulturelle Bildung ist nicht eindeutig einem kultur-, sozial-, oder bildungspolitischen Feld zuzuordnen, im Gegenteil. Es ist besonderes Kennzeichen Kultureller Bildung, dass sie von Anfang an und lebenslang viele alltägliche und gesellschaftliche Lebens- und Gestaltungsbereiche durchdringt, mit sehr verschiedenen Ausdrucks- und Angebotsformen und unterschiedlichen Professionen.

Kulturelle Bildung im Lebenslauf

Kulturelle Bildung hat, wie jede Form Allgemeiner Bildung, einen starken biografischen Bezug, der in Theorie und Praxis von Bildung und Erziehung, erziehungswissenschaftlich und soziologisch, unumstritten ist (siehe Rainer Treptow „Biografie, Lebenslauf und Lebenslage" in diesem Band). Der Zusammenhang von Kultureller Bildung und Lebenslauf ist unhintergehbar.

„Ein Lebenslauf ist der Lebenslauf jeweils eines Individuums, also ein anderer als der jedes anderen Individuums" (Luhmann 1997:20). Pluralität und Angebotsvielfalt erhalten so im subjektiven Lebenslauf ihre bedeutungsvolle Kontingenz – soweit Teilhabe und Partizipationschancen gegeben sind: Erreichbarkeit, Angemessenheit, Interessenorientierung, Motivation und Selbstwirksamkeit. Der Soziologe Niklas Luhmann schreibt weiter: „Der aus Wendepunkten bestehende Lebenslauf ist einerseits ein Medium im Sinne eines Kombinationsraums von Möglichkeiten und andererseits eine von Moment zu Moment fortschreitende Festlegung von Formen, die den Lebenslauf vom jeweiligen Stand aus reproduzieren, indem sie ihm weitere Möglichkeiten eröffnen und erschließen" (a.a.O.:22). Genau das ermöglicht Kulturelle Bildung als Handlungsfeld und die Pluralität ihrer Formate. Es ist die gesellschaftliche und soziale Funktion von Künsten, Kulturen und Medien, eine Bildungslandschaft bereitzustellen, die es erlaubt, in aller Differenz und Diversität, aber mit einer gemeinsamen Perspektive, das ethisch-ästhetische Lernziel Allgemeiner Bildung zu verfolgen: Lebenskunst (siehe Hildegard Bockhorst „Lernziel ,Lebenskunst' in der Kulturellen Bildung" in diesem Band).

Kulturelle Bildung als lebensweltliche Topografie und Kartografie

In der Konsequenz und auch als Resümee der zunächst additiven Darstellung der Handlungsfelder Kultureller Bildung gilt es zu betonen, dass diese vom experimentellen Spiel über die auch emotional ereignishafte Kunst, die Erfahrung von Schönheit bis zur ästhetischen Eigenproduktivität und dem aktiven wie rezeptiven Mediengebrauch, eigentlich nur als vielgestaltige und idealerweise reichhaltige Landschaft konzeptionell vorstellbar und systematisch beschreibbar ist. Dies schließt auch an neuere Diskurse und vernetzende Kooperationskonzepte erweiterten kultur- und sozialräumlichen Bildungsdenkens an zugunsten von „Räumen flexibler Bildung" (Bollweg/Otto 2010) und ist eigentlich die ideale auch didaktisch-konzeptionelle Rahmung von Ermöglichungsstrukturen Kultureller Bildung in Lebenswelt und Lebenslauf.

Dem Konzept regionaler, lokaler und kommunaler Bildungslandschaften als erweiteter Blickwinkel der räumlichen Dimension von Bildungsoptionen ordnet sich analog das Konzept von Ganztagsbildung (vgl. Coelen/Otto 2008) über Ganztagsschulen hinaus auch in lebensweltliche Dimensionen der ‚Kulturen des Aufwachsens' zu. Die zeiträumlichen Koordinaten von Bildung sind ausgesprochen angemessene und hilfreiche Formen, um Pluralität und Differenz kulturpädagogischer Praxis in vorstellbaren Strukturen organisierter Bildungsräume als „Chronotopologie" (vgl. Liebau/Miller-Kipp/Wulf 1999) zu denken und zu gestalten.

Kulturelle Bildung in der Interpretation als topografische Landschaft eröffnet die Chance, ihre Pluralität in mehrfacher Weise (Künste und Kulturen, Subjektorientierung, politisch-gesellschaftliche Ordnungen) mit eher additiv-differenzierenden Methoden der Kartografie, des ‚mappings', des explorativen und auch flexiblen Vermessens darzustellen (vgl. Zacharias 2001:139). Dies entlastet auch vom Standardisierungs- und Systematisierungszwang einer Beschreibung der pluralen Handlungsfelder in ihrer Reichhaltigkeit und Verschiedenheit entsprechend Inhalten, Zielen, Adressaten, Orten, Aneignungs- und Ausdrucksformen, politisch-institutionellen Zuständigkeiten sowie Entscheidungs- und Bedingungsdimensionen des variantenreichen kulturpädagogischen Handelns, bzw. bildender Wirkung von Künsten und Kulturen. Eine kulturpädagogische Praxistopografie lässt sich dann auch gliedern nach Sektoren, Sparten, Ebenen, Politikfeldern, Zielgruppen, zeitlich-räumlichen Koordinaten, Bildungsformen, Adressaten und Professionen (vgl. Fuchs 2008a:119).

Die also durchaus nötige und unübersichtliche Pluralität der Erfahrungs- und Gestaltungsinhalte sowie der Praxisformate Kultureller Bildung und des diesbezüglichen unmittelbaren und mittelbaren kulturpädagogischen Handelns wird plausibel und anschaulich begründet, wenn man das Handlungsfeld im Detail und exemplarisch in seinen Spielarten benennt bzw. dann auch systematisch im Prinzip einer Bestandsaufnahme analysieren würde. Das Handlungsfeld Kulturelle Bildung reicht – ohne systematischen Anspruch als illustrative Auswahl addiert – vom schulischen Musik-, Literatur- und Kunstunterricht einschließlich Abiturfach über freiwillige Kurse aller Art (z.B. Musikschule, Jugendkunstschule, Tanz, Theater, Zirkus usw.), Werkstätten und Projekte (Inszenierung, Medienproduktion, Ausstellung, Performance, Stadt- und Geschichtserkundung, Aufführung, Parade) bis zu Festen und Feiern, Events, Jubiläen und Protestveranstaltungen.

Das Handlungsfeld schließt zudem methodisch und je alters- und spartenspezifisch differenziert Wettbewerbe, Ferienangebote, Exkursionen und Reisen ein. Kindermuseen, Spielmobile, Castings und Shows, urban art, hip-hop und Bands, digitale blogs, Netze und communities in Web 2.0 erweitern die zeit-räumlich denkbaren und gestaltbaren kulturellen Lernfelder in allen möglichen vorstellbaren Gruppenkonstellationen, auch intergenerationell, spartenübergreifend und interdisziplinär, cross-over und transkulturell. Dazu kommt noch die gleichberechtigte Vielfalt der Kultur-, Lern-, Natur- und Alltagsorte, z.B. von Schule und Schulhof, Museum und Theater, urbanen (Spiel-)Plätzen und öffentlichen Räumen, Einrichtungen der Jugend- und Sozialarbeit, Volkshochschulen, Kirchen, Sporteinrichtungen, soziokulturellen Zentren, Geschichts- und Medienwerkstätten, Wälder und Wiesen, Seen, Strände und Berge. Nicht zu vergessen auch als informelle Kultur- und Bildungsräume sind Kino und TV sowie natürlich und zunehmend dominant-dynamisch die digitalen Spiel- und Kommunikationswelten, die „games" und „networks" des Cyberspace für die net-Kids bzw. die „facebook-Generation".

Das alles hat individuelle kulturelle Bildungseffekte und wird damit zum Inhalt, Gegenstand und Ansatz des kulturell-ästhetischen Lernens in formalen, nonformalen und informellen Settings und eines derart mittelbar und unmittelbar bezogenen kulturpädagogischen Handelns mit differenzierten Akzentuierungen: Als Orte und Angebote für ästhetische Erfahrung und Gestaltungsprozesse, als Chancen für neue Lernkulturen – von Schule bis Freizeit, von Familie bis Internet und peer groups.

Das Handlungsfeld Kulturelle Bildung in der Vielfalt seiner einzelnen Handlungsfelder, Lernkulturen, Orte, Zeiten und Angebotsformate zeichnet sich durch eine besondere und im Horizont von Allgemeinbildung auffällig-eigensinnige Komplexität aus, wie sich dies auch im Leitbild (mit) „Kultur leben lernen" (BKJ 2002) illustrativ darstellt.

Kulturelle Bildung – Teil Allgemeiner Bildung

Praxisvielfalt kennzeichnet also das Handlungsfeld Kultureller Bildung und ist aller dringenden und wünschenswerten Struktur- und Theoriequalifizierung vorgängig. Die Frage, die sich daraus ergibt, ist: Was ist das Gemeinsame dieser real existierenden pluralen Unübersichtlichkeit? Was ist das Allgemeine, das z.B. die sich im Horizont von Medialisierung und Digitalisierung permanent wandelnden Phänomene miteinander verbindet?

Die Frage nach dem Umgang mit Pluralität ist für die Bildungstheorie und die Erziehungswissenschaften nicht neu (vgl. Gogolin/Krüger-Potratz/Meyer 1998). Zum erziehungswissenschaftlichen „Pluralitätskonzept" heißt es bei dem Allgemeinpädagogen Hermann Röhrs 1979, durchaus übertragbar auf den Teilbereich Kultureller Bildung: „Erzieherische Komplexität als Signum der Erziehungswirklichkeit lässt sich weder durch bloße Komplexitätsreduktion noch durch Pluralität der wissenschaftlichen Konzepte allein pädagogisch angemessen beantworten" (Röhrs 1979:9). Er empfiehlt, die Konkurrenz von Konzepten in Korrespondenz zur Praxis – heute sagen wir dazu Evaluation, bzw. Wirkungsforschung – sowie die Akzeptanz unterschiedlicher Standorte und Sichtweisen positiv zu nutzen. Pluralität und Bildung bedeutet dann auch, das ‚Allgemeine' immer wieder neu zu bestimmen als professioneller öffentlicher Auftrag: Bildungsstrukturen müssen permanent den gesellschaftlichen Veränderungen entsprechend überdacht werden. Pluralität bedeutet zudem auch die Akzeptanz der Differenz, des Anderen und Fremden gerade auch in den vielfältigen Vollzügen kulturell-ästhetischen Lernens und kulturpädagogischer Praxis. Von besonderer Aktualität und Brisanz ist dies – und damit insbesondere Herausforderung und Chance Kultureller Bildung –, wenn das Verweisungsverhältnis „Pluralität und Bildung" auf Lehren und Lernen beispielsweise in interkulturellen und inklusiven Konstellationen, bezogen wird, gerade auch in öffentlich verantworteten Lernkulturen: „Die Vermittlungsaufgabe, vor der Lehrende und Lernende stehen, ist eine Aufgabe, in der ‚Ungleiches' miteinander vermittelt wird, auf der einen Seite die Welt, die Wirklichkeit und Objektivationen, auf der anderen Seite die Heranwachsenden in ihrer Subjektivität, ihren Lernbedürfnissen und ihren Lernfähigkeiten, in ihrer Unfertigkeit und ihrer Verschiedenheit von den Lehrenden" (Gogolin/Krüger-Potratz/Meyer 1998:267).

Bezüge Kultureller Bildung in Richtung „Allgemeine Bildung" (Tenorth 1986), „Allgemeine Pädagogik" (Benner 1991) und „Allgemeine Didaktik" (Reich 1977) signalisieren die möglicherweise unlösbaren Problemkonstellationen als bildungstheoretische Dauerthematik einer systematischen und funktionalen Bestimmung der bildenden und strukturellen Wechselverhältnisse zwischen Theorie und Praxis, Denken und Handeln, Planen und Verwirklichen. Daran schließt sich die Frage nach einem allgemeinen Bildungskanon und Curriculum an: „‚Alle alles zu lehren' – das ist ein altes Thema der Pädagogik, seit Johann Amos Comenius es in seiner ‚Didactica Magna' im 17. Jahrhundert erstmals formulierte. ‚Allgemeine Bildung' ist aber auch ein noch uneingelöstes Versprechen der bürgerlichen Gesellschaft, seit sie sich an der Wende zum 19. Jahrhundert formierte und ihr Selbstverständnis auch in universalen Bildungsprogrammen festschrieb" (Tenorth 1997:1).

Es ist die bildende und klassische Basisidee von Wilhelm von Humboldt um 1800, die auch heute Pluralität, Diversität und Komplementarität von Bildung als Verknüpfung unseres Ichs mit der Welt begründet in aller nur denkbaren Mannigfaltigkeit, „mit welcher die äußeren Gegenstände unsere Sinne rühren" (Humboldt in Thenorth 1986:34). Das zu qualifizierende und bildende Subjekt- und Weltverhältnis, auch als biografisch „höherbildender" Transformationsprozess benennbar (vgl. Marotzki 1990), ist es, das die Pluralität und Komplexität Kultureller Bildung – so schwierig sie strukturell und systematisch zu fassen, zu begründen, zu organisieren und zu planen ist – besonders angemessen und zeitgemäß erscheinen lässt. Kulturelle Bildung kann auch als provokative Herausforderung für Positionen verstanden werden, die technologisch-funktionales, be- und verwertbares Wissen in den Mittelpunkt pädagogischer Aufmerksamkeit stellen.

Handlungsbedarf und Feldqualifizierung

Die wechselseitige Dialektik von Allgemeinem und Speziellem, Gesellschaft und Individuum, Kultur- und Bildungskanon und Subjektorientierung, gehört zum immanenten und auch expliziten Wissen Kultureller Bildung. Der *Deutsche Kulturrat* hat dies beispielsweise 1994 in einer Stellungnahme, die der „Konzeption Kulturelle Bildung" vorangestellt war, so formuliert: „Kunst und Kultur sind unverzichtbare Elemente einer zeitgemäßen Allgemeinbildung. Jedes innovative und zukunftsorientierte Bildungssystem muss das berücksichtigen. Kulturelle Bildung ist weit mehr als Wissensvermittlung. Kulturelle Bildung hat das Ziel, allen Menschen den Zugang zu Kunst und Kultur und über diesen Weg die Entwicklung eigener schöpferischer Kräfte zu ermöglichen" (Deutscher Kulturrat 1994:15). Dem folgte der Appell zu Kooperation und Vernetzung, wie es die aktuelle Entwicklung seitdem theoretisch, praktisch und politisch allenthalben fordert und zeigt: „Eine planvolle Entwicklung der kulturellen Bildungslandschaft erfordert Kontakt, Austausch und Abstimmung aller Träger und Beteiligten. Der Verwaltung kommt dabei eine Moderatenrolle zu" (a.a.O.:16).

Kulturelle Bildung in der „Lebensperspektive", wie dies auch die *Enquete-Kommission* „Kultur in Deutschland" des Deutschen Bundestags (2008) in einem angemessen weiten Verständnis nennt, stellt für Deutschland fest, dass es kaum möglich ist, von „Kultureller Bildung im Allgemeinen" zu sprechen, aufgrund der Vielfalt an Akteuren und Angeboten, an Organisationsformen, Adressaten, Einrichtungen, Zuständigkeiten, orts- bzw. spartenspezifischen Formaten, Zugängen und Nutzungen. Betont wird der Bedarf an angemessener Infrastruktur, die allerdings Pluralität und Differenz befördern sollte, statt sie zu vereinheitlichen. „Der öffentliche Auftrag zu Aufbau und Erhalt einer Infrastruktur der Kulturellen Bildung bedarf aktiven staatlichen und kommunalen Handelns. Förderleistungen in diesem Bereich liegen im öffentlichen Interesse'" (Deutscher Bundestag 2008: 571).

Gerade die unübersichtlich-reichhaltige Pluralität und Komplexität des Handlungsfeldes Kultureller Bildung erfordert konsequenterweise neue Formen eher horizontaler basisnaher Unterstützung. Als Handlungsbedarf und Feldqualifizierung lässt sich stichwortartig folgern:
>> Durchführung periodischer empirischer Bestandsaufnahmen der existierenden Praxisformen und eine explizierende Verallgemeinerung des hier vorhandenen immanenten professionellen Handlungswissen, einschließlich der inzwischen unüberschaubaren Flut zeitbegrenzter „Modelle".

>> Neugestaltung von Förderung und Zuständigkeiten je nach Sparte/Adressat/Format entsprechend der verschiedenen politischen Ebenen und fachlichen Zusammenhängen.
>> Entwicklung wissenschaftlicher Verfahren und Standards der Evaluation und Wirkungsforschung, die den Praxisformen und der Handlungsvielfalt Kultureller Bildung gerecht werden.
>> Qualifizierung künstlerisch-ästhetisch akzentuierter auch medial-digitaler Gestaltungskompetenzen aller pädagogischen, insbesondere natürlich auch kulturpädagogischen und kulturvermittelnden Akteure und Professionen. Dies betrifft sowohl die Ausbildung wie auch die Fort- und Weiterbildung.
>> Ausbau systematischer lokaler, regional vernetzender und qualifizierender Infrastrukturen als Kultur- und Bildungslandschaften bzw. erreichbare Spiel- und Lernräume.
>> Aufwertung von Sozial-, Kooperations- und Vernetzungskompetenzen als professionelle Schlüsselkompetenzen Kultureller Bildung.

Dies alles führt idealerweise zur Entfaltung von didaktischen Strukturen, die vom formalen bis zum informellen Lernen reichen, die entsprechend den kulturpädagogischen Handlungsformen differenzieren und die die Kennzeichen von Pluralität, Differenz und Diversität haben.

Zum Weiterlesen

Bundesvereinigung Kulturelle Kinder- und Jugendbildung (BKJ) (Hrsg.) (2002): Kultur leben lernen. Remscheid: BKJ.

Deutscher Kulturrat (Hrsg.) (2005): Kulturelle Bildung in der Bildungsreformdiskussion. Konzeption Kulturelle Bildung III. Berlin: Deutscher Kulturrat.

Deutscher Kulturrat (Hrsg.) (1994): Konzeption Kulturelle Bildung. Bd. 1/2. Essen: Klartext.

Fuchs, Max (2008): Kulturelle Bildung. München: kopaed.

Zacharias, Wolfgang (2001): Kulturpädagogik. Eine Einführung. Opladen: Leske+Budrich.

Teil II
Praxisfelder Kultureller Bildung

3
Kontexte Kultureller Bildung

Burkhard Hill
Kapiteleinführung: Kontexte Kultureller Bildung

Im Gegensatz zu den Feldern und Institutionen, in denen die Kulturelle Bildung selbst im Zentrum und in der Verantwortung steht, also in Theatern, Museen, Bibliotheken, Musikschulen, Medienzentren usw., behandelt der nachfolgende Abschnitt diejenigen Kontexte mit ihren spezifischen Aufgaben und Zielsetzungen, in denen die Kulturelle Bildung als Ergänzung oder spezifische Methode eingebettet ist. Dies betrifft die zahlreichen Kooperationen zwischen verschiedenen Trägerschaften, beispielsweise zwischen Schule oder Jugendhilfe und den Anbietern Kultureller Bildung, oder diejenigen Fälle, in denen eine ästhetische Praxis als Methode zur Vermittlung von besonderen Inhalten und spezifischen Wahrnehmungs-, Ausdrucks- und Erlebnisformen eingesetzt wird. Dabei dient sie in der Regel übergeordneten Zielen, zum Beispiel der Vermittlung von persönlich sozialen Schlüsselqualifikationen, der sozialen Teilhabe und Integration, der allgemeinen Persönlichkeitsentwicklung usw. In diesen Fällen muss sich der sogenannte Eigenwert der Künste in den Dienst anderer, zumeist pädagogischer Zielsetzungen stellen, was für (produktive) Reibungen sorgen kann.

Am Beispiel der Gedenkstättenpädagogik soll dies zunächst aufgezeigt werden: Als primäres Ziel wird hier die politische Bildung an historisch bedeutsamen Orten verfolgt, die für die gesellschaftliche Vergangenheit und Gegenwart von Bedeutung sind. In Deutschland sind dies in erster Linie Orte des NS-Verbrechens oder des DDR-Unterdrückungssystems. Die Kulturelle Bildung ist dort insofern integriert, als sie besondere, oft nicht sprachliche Vermittlungsformen ermöglicht, durch die die Wahrnehmung der BesucherInnen in einer Weise angesprochen wird, die nicht nur das kognitive Erfassen von Wissensbeständen ermöglicht, sondern auch ein emotionales Erleben und dessen Reflexion. Die Ästhetik wird dabei durch den besonderen Rahmen begrenzt, denn nicht alle denkbaren Darstellungsformen wären hier ethisch vertretbar.

Das Beispiel Schule verweist auf eine andere Dimension, welche die Kulturelle Bildung in ihrer möglichen Eigendynamik begrenzt: Institutionelle Rahmenbedingungen schränken die ästhetische Praxis zeitlich, inhaltlich und in den möglichen Aktivitäten ein. Im Rahmen des schulischen Bildungs- und Erziehungsauftrags liegt die Verantwortung allein beim Schulträger. Die Kulturelle Bildung tritt insofern nicht hauptverantwortlich auf, sondern sie muss ihre Inhalte und Aktivitäten mit dem Schulträger abstimmen und in Form von Kooperationen vereinbaren.

In der Sozialen Arbeit sind es andere Paradigmen, die im Vordergrund stehen, beispielsweise die Bearbeitung oder Bewältigung von sozialen Problemen. Auf diese Weise ist nicht nur die mögliche Zielgruppe begrenzt. Die geplante ästhetische Praxis muss zum Beispiel, wie im Falle der Kinder- und Jugendhilfe, mit einem spezifischen Erziehungsauftrag in Einklang gebracht werden. Bei Resozialisierungsmaßnahmen werden die Texte von jugendlichen RapperInnen dann vor der Audioaufnahme z.B. der Zensur in der Jugendstrafanstalt vorgelegt. Dies ist zwar ein extremes Beispiel, aber es verdeutlicht, wie die ästhetische Eigentätigkeit der Akteure ggf. institutionellen Zwängen unterworfen ist.

Daher fällt es KulturpädagogInnen und insbesondere KünstlerInnen häufig schwer, den ästhetischen Gestaltungsprozess gegenüber einer engen Vereinnahmung durch die übergeordneten Ziele der jeweiligen Institution frei zu halten, um die gewünschte Intensität, Qualität und Beteiligung der Akteure zu erreichen.

Dennoch ist dies der Alltag der Kulturellen Bildung. Denn das „Brot-und-Butter-Geschäft" findet zu einem großen Teil im Rahmen von Schule und Jugendhilfe bzw. in der sozialpädagogischen Arbeit mit Kindern und Jugendlichen statt. Zwar entwickelt sich im Bereich der Arbeit mit SeniorInnen ein wachsendes Feld, und auch die Erwachsenenbildung spielt in der Kulturellen Bildung traditionell eine gewichtige Rolle. In den nachfolgenden Beiträgen wird zudem auch ein Blick auf das freiwillige (bürgerschaftliche) Engagement geworfen, das in Vereinen, Verbänden und Institutionen eine lange Tradition hat und ein wichtiger Bestandteil zivilgesellschaftlicher Aktivitäten ist. Die Masse der gegenwärtigen Kulturellen Bildung wird allerdings nicht in den zuletzt genannten Feldern geleistet, obwohl sie über ein Entwicklungspotential verfügen, das noch nicht ausgeschöpft ist.

Der Großteil der Kulturellen Bildung wird derzeit von den zahlreichen Schulprojekten und Freizeitaktivitäten mit Kindern und Jugendlichen getragen, die unter kommunaler Trägerschaft und Zuständigkeit der verschiedenen Ämter, also der Kultur-, Schul-, Jugend- und Sozialämter, durchgeführt werden. Die Kulturelle Bildung hat sich in der Praxis mehr und mehr zu einer ressortübergreifenden Querschnittsaufgabe entwickelt, in der die Funktionen verschiedener Bereiche, beispielsweise von Schule, Kultur und Freizeit, zusammengeführt werden. Dies sprengt allerdings oft die Logik der einzelnen Ressorts. Vor diesem Hintergrund setzen sich zwei Beiträge des nachfolgenden Abschnitts mit Fragen der kommunalen Gesamtverantwortung bzw. einer Bildungsgesamtplanung auseinander. Denn die Kulturelle Bildung ist mit ihren oft innovativen Projektansätzen und Kommunikationsformen ressortübergreifend angelegt, da sie zum Beispiel die Trennung von Schule und Lebenswelt aufhebt und neue (nichtsprachliche) Kommunikationsformen unter den SchülerInnen einführt. Allerdings müssen gerade diese Querschnittsaufgaben zwischen den verschiedenen Zuständigkeitsbereichen besser verankert werden, da sie ansonsten zwischen den Partikularinteressen zerrieben zu werden drohen.

Im folgenden Kapitel setzen sich die AutorInnen also damit auseinander, in welche Kontexte übergeordneter Institutionen und gesellschaftlicher Systeme die Kulturelle Bildung eingebettet sein kann und in welcher Form sie dann ihre eigenen Ziele ggf. an die übergeordneten Ziele anpassen muss.

Viola Kelb
Kulturelle Bildung und Schule

„Bildung ist mehr als Schule!" Der seit 2002 vielzitierte Slogan der „Leipziger Thesen" (Bundesjugendkuratorium u.a. 2002) sollte bis heute, in Zeiten von Ganztagsschulen und lokalen Bildungslandschaften, allgemeiner Konsens sein. Seither existieren zahlreiche Positionierungen, die eine Stärkung der Kulturellen Bildung an Schulen fordern: Die „Unesco-Road Map zur Kulturellen Bildung" (2006b), die *Enquete-Kommission* „Kultur in Deutschland" des Deutschen Bundestages (2007) und die „Aachener Erklärung" des *Deutschen Städtetags* (2007) sind nur einige Beispiele.

Fachlich wie politisch scheint man sich einig zu sein: Angebote der Kulturellen Bildung mit ihren Potenzialen für ganzheitliches Lernen, für Kompetenz- und Persönlichkeitsentwicklung mit und in den Künsten, sollte allen jungen Menschen in umfassendem Maße zur Verfügung stehen. Dieses Ziel ist nur durch die vernetzte Zusammenarbeit von Trägern und Einrichtungen der Kulturellen Bildung mit Schulen zu erreichen. Denn die Schule ist der Ort, an dem potenziell alle Kinder und Jugendlichen erreicht werden. Doch wie steht es, über die künstlerischen Schulfächer hinaus, um die Kulturelle Bildung an allgemeinbildenden Schulen?

Best Practice versus Strukturmangel

Ob Zirkuszelte auf dem Schulhof, Matheunterricht im Museum oder Musiktheater im offenen Ganztag – das Praxisfeld „Kulturelle Bildung an Schulen" hat sich innerhalb der letzten Jahre rasant entwickelt. Der Auf- und Ausbau von Ganztagsschulen infolge des PISA-Schocks veränderte die deutsche Schullandschaft ab 2003 stark und beförderte die Zusammenarbeit von schulischen mit außerschulischen Bildungsträgern mehr denn je. Seither ist bundesweit eine vielfältige Kooperationspraxis von Einrichtungen der Kulturellen Bildung mit Schulen entstanden. Die verschiedenen Kunstsparten und Angebotsformen Kultureller Bildung bieten vielfältige Formate für die Zusammenarbeit mit Ganztagsschulen. Bundesweit beweist die Praxis: Kultur und Schule können sich unter entsprechenden Voraussetzungen sehr gut vernetzen und Kindern und Jugendlichen in gemeinschaftlicher Zusammenarbeit umfassende Gelegenheiten zu Persönlichkeitsentwicklung, zu Kompetenzerwerb und kultureller Teilhabe bieten. Wettbewerbe für Kooperationen zwischen Kultur und Schule wie „MIXED UP" (*BKJ* und *BMFSFJ*) und „Kinder zum Olymp!" (*Kulturstiftung der Länder*) zeigen dies Jahr für Jahr eindrucksvoll auf.

Die „Best-practice"-Frage also kann heutzutage als „geklärt" bezeichnet werden. Bereits seit 2004 beschäftigt sich die *Bundesvereinigung Kulturelle Kinder- und Jugendbildung (BKJ)* im Rahmen ihres Netzwerks „Kultur macht Schule" intensiv mit der Qualitätsentwicklung und Struktursicherung von Kooperationen. Ihr Ziel ist es, die spezifischen Bildungswerte der Kulturellen Bildung innerhalb des Lernortes Schule aufrecht zu erhalten. So wurden 2006 die „11 Qualitätsbereiche für Kooperationen" (Kelb 2007:60 ff.) generiert und darauf aufbauend das „Qualitätsmanagementinstrument für Kooperationen (QMI)" (BKJ 2007b).

Ebenso wie die Aktivitäten der *BKJ* trugen weitere bundesweite Initiativen wie die der *Deutschen Kinder- und Jugendstiftung* („Ideen für mehr – ganztägig lernen") und der *Kulturstiftung der Länder* („Kinder zum Olymp" s.o.) maßgeblich zur aktuellen Popularität der Kulturellen Bildung bei. Der „Kooperationsboom" beschert der Kulturellen Bildung also insgesamt erhöhte Aufmerksamkeit. Und auch in der Politik ist der Bedarf erkannt worden, Kulturelle Bildung an Schulen auszubauen. So sieht beispielsweise die *Kultusministerkonferenz* „aufgrund der herausragenden Zukunftsbedeutung des Themas den Bedarf, Aktivitäten und Akteure durch geeignete politische Maßnahmen zu flankieren und stärker miteinander zu vernetzen" (Kultusministerkonferenz 2007:3). Heinz-Jürgen Stolz kritisiert gar die „überbordenden Erwartungen" der Politik als realitätsfern, „schulbildungsferne Milieus […] ausgerechnet per Kultureller Bildung erreichen zu wollen" (Stolz 2011:8).

Trotz wachsendem Bewusstsein für ihre Notwendigkeit ist der Ausbau kultureller Bildungsangebote an Schulen noch lange nicht flächendeckend erfolgt. Bundesweit betrachtet erhalten vor allem von Bildungsbenachteiligung betroffene Kinder und Jugendliche immer noch vergleichsweise wenig Möglichkeiten zur Teilhabe an kulturellen Angeboten (siehe Larissa von Schwanenflügel/ Andreas Walther „Partizipation und Teilhabe" in diesem Band). Diese bleiben vor allem Jugendlichen der Mittelschicht vorbehalten (Fuchs 2011:177).

Zudem finden Kulturkooperationen häufig unter einschränkenden Bedingungen statt, z.B. im Rahmen zeitlich begrenzter und finanziell schlecht ausgestatteter Projekte, die keine strukturelle Verankerung finden und damit wenig Nachhaltigkeit in ihren Bildungswirkungen erfahren. Dies liegt vor allem an mangelnden Förderstrukturen in Ländern und Kommunen. Die vom *Zentrum für Kulturforschung* durchgeführte Evaluation der bundesweiten Beiträge zum Wettbewerb „MIXED UP" aus den Jahren 2005 bis 2010 zeigt deutlich: Ein überproportionaler Anteil der Wettbewerbsbeiträge wurde aus den Ballungsgebieten Berlin und Hamburg sowie aus NRW eingereicht. Zum einen sind dort reichhaltige kulturelle Infrastrukturen vorhanden. Vor allem aber werden in diesen drei Ländern Strategien zur Vernetzung von Partnern in der Kulturellen Bildung konkret vorangetrieben (Keller/Keuchel 2011). „Man könnte aufgrund dieser Beobachtung ableiten, dass politische landesweite Initiativen helfen können, die Bedeutung von kultureller Bildung an Schulen zu stärken" (a.a.O.:61). Gleichzeitig ergab die Evaluation ein deutliches Defizit eingereichter Kooperationsprojekte aus ländlichen Regionen. Der Strukturaufbau insgesamt und insbesondere in ländlichen Regionen stellt folglich eine der großen zukünftigen Herausforderungen dar.

Von Projekten zu Netzwerken

Ein weiteres Phänomen zeigt der Kooperationswettbewerb „MIXED UP", den die *BKJ* seit 2005 auslobt, deutlich auf: Was mit überschaubaren Wettbewerbsbeiträgen, bestehend aus zumeist bilateral und zeitlich begrenzt angelegten Kooperationsprojekten, begann, wuchs mit den Jahren zu einer Bewerberschaft heran, die sich zunehmend durch umfassende Netzwerkstrukturen auszeichnet. Nicht selten beteiligen sich mehrere Schulen und mehrere außerschulische Partner gleichzeitig an Projekten, unterschiedliche KünstlerInnen und PädagogInnen, Vereine und Institutionen der verschiedenen Kunstsparten. So zeigte die Evaluation der Wettbewerbsdaten, dass sogenannte spartenübergreifende Projekte, die verschiedene Kunstdisziplinen thematisieren, am stärksten vertreten sind. Über alle Wettbewerbsjahre hinweg definierte sich fast jedes dritte „MIXED UP Projekt" (29 %) als spartenübergreifend (Keller/Keuchel, 2011:25). Nicht selten erwächst aus einer sparten- und trägerübergreifenden Kooperation ein Netzwerk, das kontinuierlich zusammenarbeitet und die Verzahnung der Angebote innerhalb einer Region bzw. eines Stadtteils befördert. Eine neue Qualität von Verbindlichkeit erhalten Bildungsnetzwerke durch die Verortung in kommunalen Strukturen (siehe Brigitte Schorn „Kulturelle Bildung in kommunalen Gesamtkonzepten" in diesem Band).

Zentrale Strategien für mehr Nachhaltigkeit

Derzeitig scheinen zwei Strategien Bildungskooperationen konzeptionell fortzusetzen und zu erweitern und damit dem Ziel „Mehr kulturelle Teilhabe für alle" auf nachhaltige Weise näher zu kommen, von zentraler Bedeutung:

Kulturelle Bildung in lokalen Bildungslandschaften fest verankern
Diese Strategie setzt auf eine eher dezentrale Organisation von Bildung und verfolgt die gleichwertige Einbeziehung aller schulischen und außerschulischen Bildungspartner einer Kommune, einer Region oder eines Stadtteils. Dahinter steht die Überzeugung, dass eine Vielfalt von Bildungsgelegenheiten bessere Bedingungen des Aufwachsens für Kinder und Jugendliche schaffen. Es existieren einige gelungene Beispiele, wie Kulturelle Bildung durch gute Vernetzung innerhalb einer lokalen Bildungslandschaft eine gewisse Struktursicherheit erfährt.

Mehr Teilhabe durch kulturelle Schulentwicklung
Seit des „Kooperationsbooms" erwächst bei den Trägern und Einrichtungen der Kulturellen Bildung auch der Anspruch an den schulischen Partner. Für zahlreiche außerschulische Fachkräfte gilt das erklärte Ziel, an einer Schulreform mitzuwirken und die Bildungswirkungen von Schule und Jugendkulturarbeit unter dem Dach eines „neuen Haus des Lernens" zusammenzuführen (Becker 2007:77). Für die Gestaltung „neuer Häuser des Lernens" bietet Kulturelle Bildung vielfältige Möglichkeiten. Die Erfahrungen haben gezeigt, dass Schulen, die sich in allen Bereichen durch eine gewisse Kulturaffinität auszeichnen, gute Voraussetzungen für Kooperationen mit außerschulischen Partnern mitbringen (siehe Tom Braun „Kulturelle Schulentwicklung" in diesem Band).

Betont sei, dass keine der beiden Strategien durch die jeweils andere ersetzbar ist. Im Gegenteil brauchen wir dringend beides: Schulen, die offen sind für ganzheitliche Bildung, für vielfältige Bildungsgelegenheiten, außerschulische Kooperationspartner und dritte Lernorte. Und wir brauchen kommunal verantwortete Bildungslandschaften, die eine systembezogene Vernetzung der Träger und Einrichtungen Kultureller Bildung mit den Orten der formalen Bildung, insbesondere der Schulen und Kindertagesstätten, ermöglichen.

„Von Projekten zu Strukturen" zu kommen lautet also die zentrale Herausforderung, für dessen Umsetzung vor allem die Politik gefragt ist. Im Allgemeinen gilt: Kulturelle Bildung ist eine Querschnittsaufgabe der Ressorts Jugend(hilfe), Kultur und Schule bzw. Bildung. Und im Besonderen: Auf den relevanten Ebenen Bund, Länder und Kommunen muss dieser Querschnitt im Rahmen von Förderprogrammen, Netzwerken und Kooperationsvorhaben aktiv gestaltet werden.

Mindestens so dynamisch, wie sich Kulturelle Bildung und Schule in den letzten Jahren aufeinander zu bewegt haben, fallen bis heute die Fachdebatten rund um dieses Thema aus. Dabei ist vor allem die fehlende „gleiche Augenhöhe" der Kooperationspartner vielfach bemängelt worden. Allen Hürden entgegen jedoch steht das Leitziel „kulturelle Teilhabe für alle Kinder und Jugendlichen". Und dies ist ohne Bildungskooperationen nicht zu erreichen.

Zum Weiterlesen

Braun, Tom (Hrsg.) (2011): Lebenskunst lernen in der Schule. Mehr Chancen durch Kulturelle Schulentwicklung. München: kopaed.

„Ganztägig lernen" (Programm): www.ganztaegig-lernen.de

Kelb, Viola (Hrsg.) (2007): Kultur macht Schule. Innovative Bildungsallianzen, neue Lernqualitäten. München: kopaed.

„Kinder zum Olymp" (Bildungsinitiative): www.kinderzumolymp.de

„Kultur macht Schule" (BKJ-Fachportal): www.kultur-macht-schule.de

„Mixed Up" (Wettbewerb): www.mixed-up-wettbewerb.de

Tom Braun
Kulturelle Schulentwicklung

Auf dem Weg zu einer neuen Lernkultur

Kinder und Jugendliche haben ein Recht auf vollen Zugang zum kulturellen Leben sowie auf eigene künstlerische und kulturelle Betätigung. Dies ist ein in § 31 der *UN*-Kinderrechtskonvention verbrieftes Recht (Bundeszentrale 2004:178). Da Schule alle Jugendlichen und Kinder erreicht, kann sie als der zentrale gesellschaftliche Ort verstanden werden, um die Forderung der *UN*-Kinderrechtskonvention nach kultureller Teilhabe umzusetzen. Aktuell geraten die Schulen darüber hinaus zunehmend unter Druck, eine weitaus flexiblere individuelle Förderung der Kinder und Jugendlichen zu ermöglichen als bisher. Ausgehend von sich immer rasanter vollziehenden gesellschaftlichen und technologischen Veränderungen stehen die Schulen vor keinen geringen Anforderungen: Immer mehr liegt ihre Aufgabe darin, Jugendliche und Kinder zu einem lebenslangen Lernen zu befähigen. Damit rückt das einzelne Individuum mit seinen biografischen, sozialen und kulturellen Ressourcen und Bedürfnissen in den Mittelpunkt der schulischen Bildungsarbeit. Dies verlangt von den Schulen, ihre Flexibilität in Unterrichtsgestaltung und Lehrinhalten, in Leistungsbewertung sowie zeitlichen und räumlichen Rahmenbedingungen radikal auszubauen.

In den Schulen und in der kulturellen Kinder- und Jugendbildung hat sich deshalb das gemeinsame Interesse entwickelt, bisher unverbundene Arbeitsansätze – ganz im Sinne einer Kultur eines gerechten Aufwachsens – stärker aufeinander zu beziehen und damit Jugendlichen und Kindern verbesserte Ausgangsbedingungen für eine gelungene Bildungsbiografie und die Entwicklung ihrer Persönlichkeit zu bieten. Wem die Aufgabe gelingen soll, die ästhetisch-kulturelle Dimension in allen Bereichen des Schullebens zu stärken, dem stellen sich zwei zentrale Herausforderungen. Zum einen müssen ästhetische und künstlerische Praxis für die in den Schulen arbeitenden Fachkräfte als tatsächlicher Mehrwert für ihre tägliche Arbeit erfahrbar werden. Zum anderen setzt dies eine Veränderung der schulischen Rahmenbedingungen voraus. Diese beziehen sich auf alle Ebenen der Schule: Auf die Lehr- und Lernsituationen im Unterricht ebenso wie auf den sogenannten „geheimen Lehrplan". Sie betrifft die organisatorischen und strukturellen Rahmenbedingungen ebenso wie die Vernetzung der Schule im Sozialraum, ihre Haltung zu externen ExpertInnen und die Qualifizierung des Schulpersonals.

Wenn von der Annehmbarkeit kultureller Angebote für Schulen die Rede ist, dann muss daher berücksichtigt werden, dass sich Handlungsstrukturen in einer Schule sowohl aus den jeweils gültigen Schulgesetzen bzw. Schulformen als auch aus ihren gesellschaftlichen Funktionen der Qualifikation, Sozialisation, Selektion, Allokation und Legitimation (vgl. Fend 1980) ableiten. Genauso muss jedoch beachtet werden, dass jede Schule über eine eigene Schulkultur verfügt. Jede Einzelschule tritt in ihrer vielfältigen strukturellen und kulturellen Einbettung mit einer eigenen Schulidentität auf. Diese ist das Produkt einer aktiven, fortlaufenden Identitätsarbeit der schulinternen Akteure und realisiert sich über Haltungen, Mentalitäten, Werte, Arbeitsweisen und Strukturen. Max Fuchs verweist auf das zentrale Gelingenskriterium für jede wirksame

Schulentwicklung: „Die Einzelschule muss Subjekt und Objekt eigener Gestaltungs- und Entwicklungsprozesse sein: Die Schule besteht aus einer Vielzahl von internen Akteursgruppen (Mikropolitik), sie agiert aber auch selbst in ihrem Kontext als eigenständiger Akteur" (Fuchs/Braun 2011:249; vgl. Fend 2008). Die Aufgabe einer wirksamen Schulentwicklung ist es daher, gleichermaßen für die in der Schule handelnden Menschen und für die Institution selbst Möglichkeiten der Selbstreflexion und Weiterentwicklung zu schaffen. Schulentwicklung bedeutet daher in diesem doppelten Sinne immer Identitätsbildung.

Die Antwort auf die Frage, wie die Voraussetzungen für die Annehmbarkeit von Kultureller Bildung an Schulen verbessert werden können, ist demnach unmittelbar an die Lernprozesse der jeweiligen Schulkultur gebunden (siehe Viola Kelb „Kulturelle Bildung und Schule" in diesem Band). Dass dies die gesetzgebenden und steuernden Ebenen in den Ländern und Kommunen jedoch nicht davon entbindet, entsprechende Voraussetzungen für mehr Kulturelle Bildung an Schulen zu schaffen, verdeutlich das Qualitätstableau für Kulturelle Schulentwicklung der *Bundesvereinigung Kulturelle Kinder- und Jugendbildung (BKJ)* (Abb. 1). Es bietet eine komprimierte Übersicht zu allen beteiligten Handlungsfeldern und Akteuren.

Kulturelle Bildung in der Schonraumfalle

Das Bemühen, die Erweiterung des schulischen Bildungsangebots durch kulturelle Bildungspartnerschaften nachhaltig abzusichern, zielt in der Praxis häufig auf eine Verzahnung, die eine friedliche Koexistenz der beiden Bildungswege ermöglichen soll. In diesem Umgang mit der Unterschiedlichkeit der beiden Bildungsformen liegt jedoch eine zentrale Barriere für die Entwicklung einer neuen Lernkultur in der Zusammenarbeit von Kultur und Schule. Im Sinne einer Integration eines willkommenen Anderen/Fremden bemühen sich die VertreterInnen der Schule in der Regel, temporäre Schonräume einzurichten, innerhalb derer ein künstlerisches Arbeiten der Kooperationspartner mit den Kindern und Jugendlichen ermöglicht wird. Dieses Einräumen von Sonderspielräumen bedeutet für die beteiligten LehrerInnen, ihre unmittelbaren KollegInnen und letztlich das gesamte System innerhalb der Schule eine erhöhte Anstrengung. Darüber hinaus beinhaltet dieser Umgang zugleich eine Unterscheidung zwischen den „zusätzlichen" Kunst- und Kulturprojekten und der „eigentlichen" Schulidentität. Die künstlerischen und kulturellen Lernräume bleiben auf diese Weise von den schulinternen Entwicklungsprozessen strukturell getrennt. Eine verbesserte Annehmbarkeit von Kultureller Bildung an Schulen verlangt daher einen grundlegenden Perspektivenwechsel: Die Bedeutung der ästhetisch-künstlerischen Praxis liegt nicht nur in der Erweiterung der schulischen Bildungsarbeit durch Kooperationsprojekte. Viel mehr geht es darum, sie als zentrale Dimension des Schullebens zu etablieren, von der aus die gesamte Organisationsentwicklung wie auch die Unterrichts- und Personalentwicklung stattfinden. Diese Perspektive bedeutet, dass ästhetisch-kulturelle Praxis nicht nur zur 'Kultivierung' der Kinder und Jugendlichen eingesetzt wird. Sie verdeutlicht gleichermaßen das Ziel der Schule, sich durch ästhetisch-künstlerische Praxis selbst zu kultivieren (vgl. hierzu auch Liebau 2009b).

Eckpunkte für ein kulturelles Schulprofil

Ein solcher Prozess der 'Selbstkultivierung' einer Schule kann in ein kulturelles Schulprofil einmünden, für das sich elf Eckpunkte beschreiben lassen.
>> Alle SchülerInnen haben regelmäßig qualitativ hochwertige Möglichkeiten zu eigener künstlerisch-ästhetischer Praxis.

	Strukturqualität Infrastrukturen / Ressourcen	Prozessqualität Organisationsentwicklung / Management	Ergebnisqualität Wirkungen / Output	Partizipative Evaluation Reflexion / Kritik
Theorieebene Konzeptionelle Grundlagen	- Wissenschaftliche Flankierung in Hochschulen, Verbänden, Stiftungen - Ressourcen für Konzeptentwicklung und Forschung (Studien, Projekte)	- Theoriebildung - Weiterentwicklung und Zusammenführung von Konzepten der Schulentwicklung und der Kulturellen Bildung	- Transferierbare Konzepte kultureller Schulentwicklung - Qualitätsstandards, Checklisten, Leitfäden, Instrumente	- Transfer von Praxiserfahrungen - Konzeptkritik - Kritische Reflexion theoretischer Grundlagen
Makroebene Politischer Rahmen / Öffentlichkeit	- Richtlinien, Erlasse, Förderprogramme der Länder und Kommunen - Rahmenvereinbarungen - Kommunale Bildungslandschaften	- Förder- und Unterstützungsprogramme in Ländern und Kommunen - Verortung innerhalb der Kommune - Verankerung in Bildungsnetzwerken - Qualifizierungsangebote für Lehrer und Fachkräfte	- Politische Unterstützung - Unterstützung durch Fachstrukturen und Verbände - Öffentlichkeitswirksamkeit - Nachhaltigkeit und Verstetigung	- Politische Forderungen - Stellungnahmen (Resolutionen, Positionen) - Empfehlungen zu Aus-, Fort- und Weiterbildung
Mesoebene Schule / Träger	- Schulprogramme - Zeitstruktur - Organisationsform der Schule - Kooperationsstrukturen - Rechtsrahmen - Personalausstattung, Koordination - Bildungspartner - Finanzielle Ressourcen	- Gesamtkonzept zur kulturellen Schulentwicklung - Leitung und Zuständigkeiten - Teamentwicklung und kollegiale Beratung - Kommunikation und Dialog - Partizipation - Öffentlichkeitsarbeit	- Transfermöglichkeiten des Konzepts (Modellhaftigkeit) - Schulklima und Schulkultur - Vernetzung im Sozialraum - Qualifikation des Personals - Identifikation der Mitarbeiterinnen - Zufriedenheit der Eltern - Öffentlichkeitswirksamkeit	- Kritische Reflexion des Entwicklungsprozesses (intern und extern) - Kritische Bestandsaufnahme der Ergebnisqualität - Evaluation
Mikroebene Lehr- Lernsituation / Interaktionen	- Personelle Ausstattung (Lehrerinnen, Künstlerinnen, Kulturpädagogen/innen) - Raumausstattung - Materialausstattung, Mittel, Medien - Erreichbarkeit von Drittlernorten	- Konzepte, Inhalte und Methoden der Kulturellen Bildung - Unterrichtsentwicklung - Stärkenorientierte Anerkennungsverfahren - Qualifizierung - Qualität von Unterricht und Angeboten	- Ästhetisch-künstlerische Qualität - Unterrichtsqualität - Integration kulturpädagogischer Bildungsprinzipien - Öffentliche Darstellung	- Kontinuierlicher Fachdiskurs um geeignete Konzepte und Methoden - Kritische Bestandsaufnahme der Unterrichtsqualität und der künstlerischen Qualität
Subjektebene Das lernende Individuum	- Sozialisation - Bildungsbiografie - Erfahrungsorte - Ökonomisches, kulturelles, soziales Kapital	- Partizipation und Identifikation mit dem Prozess - Reflexion von Lernprozessen - Motivation, Mitgestaltung, Aneignung - Individuelle Förderung - Gestaltung von Beziehungen	**Ziel / Vision:** - Fachkompetenzen - Sozial-, Personal- und Methodenkompetenzen - Künstlerische Kompetenzen - Emanzipation - Zufriedenheit, Selbstwirksamkeit - Schul- und Bildungslaufbahn = **Lebenskompetenz**	- Dokumentation der Kompetenzentwicklung (Kompetenznachweis Kultur) - Langzeitdokumentationen der individuellen Laufbahnen

© Bundesvereinigung Kulturelle Kinder- und Jugendbildung, e. V.

Abb. 1: Qualitätstableau für Kulturelle Schulentwicklung (Braun/Fuchs/Kelb 2010:73)

>> KünstlerInnen, außerschulische KulturpädagogInnen und KulturmanagerInnen gestalten als BildungspartnerInnen gemeinsam mit LehrerInnen Unterricht. Außerhalb des Unterrichts gibt es zahlreiche Angebote künstlerischer Arbeitsgemeinschaften, die von den SchülerInnen gemeinsam mit schulischen und außerschulischen ExpertInnen umgesetzt werden.
>> Alle künstlerischen Fächer werden von ausgebildeten Fachkräften unterrichtet und kontinuierlich für alle SchülerInnen angeboten.
>> Kulturell-ästhetische Lernwege sind Bestandteil auch aller nichtkünstlerischen Schulfächer. Neben der Integration der Künste als Medien des Lernens und Forschens sind Prinzipien der Kulturellen Bildung, wie z.B. Selbstwirksamkeit, Partizipation und Stärkenorientierung, Kernbestandteile einer neuen Lernkultur.
>> Der Stundenplan ist so gestaltet, dass längere Zeit und fächerübergreifend an einem künstlerischen Vorhaben gearbeitet werden kann. Kulturell-ästhetische Bildungsangebote sind nicht ausschließlich auf den Nachmittagsbereich verschoben. Im Sinne eines umfassenden Bildungskonzepts rhythmisieren Unterricht und kulturelle Angebote einander ergänzend als gleichberechtigte Lernformen den Schultag.
>> Es sind Räume mit entsprechender Ausstattung vorhanden, die ein Arbeiten im Medium der Künste ermöglichen. Dies betrifft sowohl Arbeits- als auch Aufführungsräume.
>> Neue Lernorte und Erfahrungsräume werden in das Bildungskonzept integriert. SchülerInnen und LehrerInnen nutzen regelmäßig die Räume und das Angebot der Einrichtungen von Kultureinrichtungen vor Ort sowohl im Rahmen des Unterrichts als auch im Rahmen nichtformaler kultureller Angebote der Schule.
>> Nicht nur im Unterricht und Ganztagsbereich wird eng mit Kultur- und Kunsteinrichtungen im Stadtteil oder der Kommune zusammengearbeitet. Die Schule ist auch selbst ein offener Ort der Begegnung und Präsentation.
>> Kulturschulen verfügen über ein Lehrpersonal, das sowohl über kulturell-ästhetische Kompetenzen (siehe Siegfried J. Schmidt „Kulturelle Kompetenz als Schlüsselkompetenz" in diesem Band) als auch über die Fähigkeit verfügt, gemeinsam mit außerschulischen ExpertInnen ein ganzheitliches Bildungsangebot umzusetzen.
>> Alle Mitglieder der Schulgemeinschaft sind an der Gestaltung des Schullebens aktiv und wirksam beteiligt. Für die Gestaltung von Beteiligungsprozessen werden Methoden aus Kunst und Kultur als Reflexions-, Ausdrucks- und Entwicklungswege genutzt.
>> Die Schule nimmt das Subjekt in seiner Wahrnehmungs-, Gestaltungs- und Kommunikationsfähigkeit ernst, indem sie über eine Architektur verfügt, die Begegnung ermöglicht und Kreativität anregt. Auch dies macht die Schule für alle sich in ihr bewegenden Menschen zu einem guten Ort des Lernens, Arbeitens und Lebens.

Auf dem Weg zur Kulturschule

Wenn also eine nachhaltige und wirksame Veränderung der schulischen Rahmenbedingungen als Prozess der Identitätsbildung jeder Schule stattfindet, dann sind Wertschätzung und Partizipation aller Beteiligten – Schulleitung, LehrerInnen, SchülerInnen, Eltern, Verwaltungspersonal, HausmeisterInnen, pädagogische Fachkräfte und KulturpartnerInnen – die Voraussetzung. In Anlehnung an den „Index für Inklusion" (deutschsprachige Ausgabe: Boban/Hinz 2003) lassen sich fünf Fragen formulieren, an denen sich der Prozess einer kulturellen Schulentwicklung orientieren kann:
>> Was sind Barrieren für ein Lernen mit Kunst und Kultur in unserer Schule?
>> Für wen ergeben sich in unserer Schule Barrieren für ein Lernen mit Kunst und Kultur?

>> Was kann dabei helfen, Barrieren für ein Lernen mit Kunst und Kultur in unserer Schule zu überwinden?
>> Welche Ressourcen sind in unserer Schule vorhanden, um Lernen mit Kunst und Kultur zu unterstützen?
>> Wie können zusätzliche Ressourcen mobilisiert werden, um Lernen mit Kunst und Kultur in unserer Schule zu unterstützen?

Die besondere Qualität dieser Fragen besteht nicht nur darin, dass sie alle in der Schule handelnden Menschen einbeziehen. Sie ermöglichen darüber hinaus einen veränderten Umgang mit der Unterschiedlichkeit von Kultur und Schule, indem sie die Unterschiede als Möglichkeit zur Weiterentwicklung des Schullebens aufgreifen.

Damit die Einbindung der Kunst- und Kulturprojekte in den Prozess der Identitätsbildung der jeweiligen Schule gelingen kann, sind demnach entsprechende Grundwerte und Handlungsprinzipien zu berücksichtigen, in deren Zentrum das Verständnis von Bildung als Prozess der Selbstkultivierung steht (nach Fuchs/Braun 2011:249f. und Braun 2011a:101):

>> Die Schule wird als fortlaufend lernende Organisation verstanden, wobei es – gerade bei dem Prozess der kulturellen Schulentwicklung – um kulturelles Lernen mit den Mitteln der Kunst geht.
>> So wie sich die Bildung des Einzelnen als ein Prozess der Kultivierung vollzieht, so ist auch der Prozess der Schulentwicklung ein Prozess der Selbstkultivierung der Institution.
>> Im Prozess der kulturellen Schulentwicklung müssen im Sinne der Inklusion die Lernprozesse der Individuen und der Institution als einander bedingend berücksichtigt werden.
>> Kulturelle Schulentwicklung wird als ein partizipativer Prozess gestaltet, der die Erfahrungs- und Mitgestaltungsmöglichkeiten aller intensiviert.
>> Nicht nur die Organisation der Einzelschule ist als ein soziales System zu verstehen. Auch der Einzelne muss im Prozess der Schulentwicklung im Wechselspiel der verschiedenen Persönlichkeitsdimensionen (Kognition, Emotion etc.) berücksichtigt werden.
>> Der Prozess der 'Selbstkultivierung' der Schule verlangt einen schulinternen Prozess der Selbstreflexion der eigenen Schulkultur als symbolische Ordnung, die das Handeln der sich in der Schule bewegenden Menschen beeinflusst und die zugleich von ihnen gestaltet wird. Hierbei benötigen Schulen eine Moderation und Beratung durch qualifizierte Fachkräfte.
>> Weil der Prozess der kulturellen Schulentwicklung eine Einbindung der Kunst- und Kulturprojekte in die Identitätsarbeit der Schule beabsichtigt, erfolgt er von Beginn an unter Einbeziehung ästhetisch-künstlerischer Zugänge.

Zum Weiterlesen

Boban, Ines/Hinz, Andreas (2003): Der Index für Inklusion. Lernen und Teilhabe in Schule der Vielfalt entwickeln: http://www.inklusionspaedagogik.de/content/blogcategory/19/58/lang,de (Letzter Zugriff am 04.08.12).

Bundesvereinigung Kulturelle Kinder- und Jugendbildung (BKJ) (Hrsg.) (2008): Mit Kunst und Kultur Schule gestalten. Remscheid: BKJ.

Burow, Olaf-Axel (2011): Positive Pädagogik. Weinheim: Beltz.

Duncker, Ludwig/Scheunpflug, Annette/Schultheis, Klaudia (2004): Schulkindheit. Zur Anthropologie des Lernens im Schulalter. Stuttgart: Kohlhammer.

Helsper, Werner/Böhme, Jeanette/Kramer, Rolf-Torsten (Hrsg.) (2001): Schulkultur und Schulmythos. Opladen: Leske + Budrich.

Hill, Burkhard/Biburger, Tom/Wenzlik, Alexander (Hrsg.) (2008): Lernkultur und kulturelle Bildung. München: kopaed.

Kelb, Viola (2007): Kultur macht Schule. Innovative Bildungsallianzen – Neue Lernqualitäten. München: kopaed.

Mattenklott, Gundel (1998): Grundschule der Künste. Vorschläge zur Musisch-Ästhetischen Erziehung. Baltmannsweiler: Schneider-Hohengehren.

Brigitte Schorn
Kulturelle Bildung in kommunalen Gesamtkonzepten

Der entscheidende Ort für eine gelingende Kulturelle Bildung von Kindern und Jugendlichen ist die Kommune (siehe Benedikt Sturzenhecker „Kulturelle Bildung in der Kinder- und Jugendarbeit" in diesem Band). Als ressortübergreifende Querschnittsaufgabe ist sie in den kommunalen Handlungsfeldern Jugend, Bildung, Schule und Kultur verortet. Aufgrund der Vielzahl von Akteuren und Strukturen und der kommunal sehr unterschiedlichen Absichten der einzelnen Ressorts, was Kulturelle Bildung ist und bewirken soll, verlaufen Aktivitäten und Prozesse häufig unkoordiniert, punktuell und ohne langfristige Perspektive. Dies verringert die Wirkung einzelner Prozesse und führt nicht selten zu einer Verdichtung der Angebote an der einen Stelle bzw. dazu, dass bestimmte Zielgruppen oder Stadtteile selten oder gar nicht von den Angeboten Kultureller Bildung profitieren. Es bedarf eines abgestimmten kommunalen Gesamtkonzepts, um kulturelle Bildungsprozesse allen Kindern und Jugendlichen, allen BürgerInnen einer Stadt zugänglich zu machen, ihre Qualität zu sichern und die Vielfalt und Verbreitung ihrer Angebote langfristig zu verankern (siehe Christiane Liebald „Qualitätsstandards und Qualitätssicherung in der Kulturellen Bildung" in diesem Band).

Entwicklungen

Bundesweit wird der Aufbau von lokalen und regionalen Gesamtkonzepten und Netzwerken für Kulturelle Bildung diskutiert. Spätestens seit dem Aachener Kongress des *Deutschen Städtetags* 2007 haben die Städte den Anspruch formuliert, Gestalter kommunaler Bildungslandschaften zu sein und die Vielfalt und Potentiale der örtlichen Einrichtungen und Akteure in planvollen Handlungsmodellen zu verzahnen. Kulturelle Bildung wird als wichtiger Teil ganzheitlicher Bildung explizit genannt und einbezogen (Deutscher Städtetag 2007). Die *Enquete-Kommission* „Kultur in Deutschland" wirbt 2007 in ihrem Schlussbericht für eine aktive Rolle der Kommunen: „Der öffentliche Auftrag zum Aufbau und Erhalt einer Infrastruktur der kulturellen Bildung bedarf aktiven staatlichen und kommunalen Handelns. Förderleistungen in diesem Bereich liegen im öffentlichen Interesse" (Deutscher Bundestag 2007).

In der Rückschau ist der Ergänzungsplan zum Bildungsgesamtplan der *Bund-Länder-Kommission* von 1977 ein erster systematischer Versuch, das kulturpädagogische Feld zu beschreiben und die Verzahnung mit anderen Bildungseinrichtungen zu fordern. Eine der ersten Kommunen, die ein Gesamtkonzept für Kulturelle Bildung entwickelte, war die Stadt München. Bereits Ende der 1970er Jahre arbeitete man dort an der Entwicklung systematischer Infrastrukturen. Es folgten zahlreiche Initiativen in einzelnen Städten und Gemeinden, Bildungs-, Jugendhilfe- und Kulturentwicklungsplanungen aufeinander abzustimmen. Richtungweisend war neben dem Münchener Konzept, das sich bis heute dynamisch weiterentwickelt, auch das „Rahmenkonzept Kinder- und Jugendkulturarbeit" der Stadt Hamburg, das 2004 veröffentlicht wurde. 2008 machten sich auch Berlin und Dresden auf den Weg, ein ressortverzahnendes Rahmenkonzept für Kulturelle Bildung zu etablieren. Seit 2007 schreibt das Land Nordrhein-Westfalen den Förderwettbewerb für „Kommunale Gesamtkonzepte für

Kulturelle Bildung" aus. So trägt hier die Politik eines Bundeslandes maßgeblich dazu bei, dass immer mehr Kommunen versuchen, ein kulturelles Gesamtkonzept umzusetzen – und das in den Städten ebenso wie im ländlichen Raum.

Grundlegende Voraussetzungen

Beim Vergleich der kommunalen Gesamtkonzepte für Kulturelle Bildung werden einige grundlegende Voraussetzungen sichtbar, die in allen Kommunen trotz ihrer Unterschiedlichkeit für den Erfolg unverzichtbar sind. Als wichtigste Grundlage wird die politische Akzeptanz, Wahrnehmung und Wertschätzung durch die politischen Fachgremien Kultur-, Jugendhilfe- und Schulausschuss sowie den Rat der Stadt benannt. Diese Gremien müssen das Gesamtkonzept beschließen und dauerhaft unterstützen; entsprechend ist die Kulturelle Bildung im kommunalen Leitbild verankert. Daneben ist eine ressortübergreifende Koordinierungsstelle wichtiger Garant des Erfolgs. Von hier aus werden Kooperationen angebahnt, Bildungsangebote planvoll umgesetzt und Strukturen für die Verankerung entwickelt. Den Fachstellen werden Steuerungs- oder Lenkungsgruppen an die Seite gestellt, in denen die betroffenen Ressorts vertreten sind. Regelmäßig kommen darüber hinaus alle Akteure in sogenannte Bildungskonferenzen oder auf stadtteilbezogenen Arbeitsplattformen zusammen. Hierbei werden auch die freien Trägerstrukturen berücksichtigt. Freie Träger sind zwar anfälliger für personelle und finanzielle Diskontinuitäten, sie sind in der Regel aber flexibler in der Reaktion auf die aktuellen Interessenslagen und Bedürfnisse ihrer Zielgruppe. Neben der kommunalen Trägerverantwortung sind die freien Trägerstrukturen unverzichtbarer Bestandteil kultureller Bildungsplanung.

Es werden somit Strukturen auf drei Ebenen geschaffen: auf der ressortübergreifenden Entscheidungsebene, der operativen Arbeitsebene und der fachlichen Beteiligungsebene. Gemeinsam und auf der Grundlage mehrheitsfähiger Spielregeln und schriftlichen Kooperationsvereinbarungen wird eine transparente und verlässliche Kommunikationskultur entwickelt. Dem politisch legitimierten Auftrag zur Kooperation und Vernetzung müssen neben professionellen UmsetzerInnen in den Fachstellen auch die nötigen finanziellen Mittel bereitgestellt werden, aus denen konkrete Maßnahmen finanziert werden können.

Die Entwicklung von Gesamtkonzepten Kultureller Bildung braucht eine mehrjährige Erprobungs- und Reifezeit. Der Erfolg ist abhängig von einer dynamischen Entwicklung, die auf Weiterentwicklung und ständige Qualifizierung angelegt ist. Ein hilfreicher Bestandteil des Entwicklungsprozesses ist die Evaluation. Nur durch Evaluation können die gemachten Fortschritte beobachtet, Weichenstellungen initiiert und Neuerungen integriert werden. Evaluationsprozesse sollten von Beginn an (nach einer umfassenden Bestandsaufnahme) die Netzwerkarbeit begleiten. Die Ergebnisse geben Anlass zur notwendigen, gemeinsamen Reflexion. Jährlich erstellte Bildungsberichte dokumentieren den Prozessverlauf. Die konzeptionellen Grundlinien eines einmal festgelegten kommunalen Gesamtkonzepts müssen permanent fortgeschrieben werden, sie müssen sich immer neu anpassen an die kulturelle Vielfalt in Städten und Gemeinden, die sich rasant entwickelt.

Ein besonderes Augenmerk wird auf die fortwährende Qualifizierung der Akteure Kultureller Bildung gelegt. Fortbildungen in diesem Feld werden verknüpft und aufeinander abgestimmt. Kultureinrichtungen werden dabei unterstützt, kulturelle Bildungsprogramme umzusetzen. Vernetztes, institutionsübergreifendes Arbeiten erfordert neben den fachspezifischen Kenntnissen von KünstlerInnen, von ErzieherInnen und LehrerInnen ein Arbeiten in multiprofessionellen Teams, auf das in sogenannten Tandemfortbildungen vorbereitet wird. Die Ausrichtung lokaler Fachtage zu bildungsbezogenen Fragestellungen begleitet die Entwicklung des kommunalen Gesamtkonzepts.

Die Ergebnisse kultureller Bildungsarbeit in den Jugend- und Kultureinrichtungen, in den Kindertagesstätten und Schulen werden regelmäßig im politischen Raum, in den Medien, für Eltern und die Fachöffentlichkeit öffentlich präsentiert. Nur so entwickelt sich ein Bewusstsein für die Bedeutung und Wirksamkeit Kultureller Bildung.

Nicht in allen Kommunen mit Gesamtkonzept für Kulturelle Bildung spielt die Partizipation von Kindern und Jugendlichen eine Rolle. Doch einige Städte wie z.B. Dortmund betonen, wie wichtig es ist, die Konzepte Kultureller Bildung nicht über die Köpfe der Subjekte hinweg zu entscheiden, sondern die betroffenen Kinder und Jugendlichen aktiv einzubeziehen. Um diese Beteiligung konkret zu gewährleisten, lädt die Stadt Dortmund Jugendliche regelmäßig zu Jugendkulturkonferenzen ein. Die Berücksichtigung jugendlicher Interessen und Lebenswelten, ihrer Bedürfnisse und kulturellen Ausdrucksformen ist Grundvoraussetzung umfassender Bildungskonzepte.

Wirkungen

Die strukturbildenden Wirkungen kommunaler Gesamtkonzepte Kultureller Bildung wurden bislang nicht systematisch evaluiert. Und doch gibt es Zeichen für deren Wirkung, die sich z.B. an der Zahl von Schulen messen lässt, die sich für Kooperationen mit kulturpädagogischen Einrichtungen öffnen und ein umfassendes kulturelles Schulprofil entwickeln. Oder an der Zahl der Museen, Bibliotheken, Theater oder Opernhäuser, die ihre vermittelnden Bildungsprogramme entwickeln bzw. weiterqualifiziert haben. An den bundesweiten Wettbewerben „Mixed up" oder „Kinder zum Olymp" kam eine deutlich erhöhte Zahl von Wettbewerbsbeiträgen aus eben solchen Regionen und Städten mit Vernetzungsstrukturen (Keller/Keuchel 2011).

In der Stadt München, die im Bestreben um ein kommunales Gesamtkonzept Kultureller Bildung die meisten Erfahrungen hat, werden folgende Wirkungen erkannt, die sich in anderen Städten ähnlich darstellen:

>> „gestiegenes politisches und öffentliches Image der Kinder- und Jugendkulturarbeit,
>> viele Einrichtungen und Träger wurden von Kürzungen verschont,
>> neue Formate und fachspezifische Netzwerke entstanden, z. B. ein Kultur- und Schulservice,
>> es gibt regelmäßige Treffen, Fachveranstaltungen, vernetzte Schwerpunktprogramme und Veranstaltungen,
>> andere Städte arbeiten nach ähnlichen Modellen, und es besteht ein regelmäßiger Austausch, und
>> die Landesebene steht prinzipiell positiv zu den kommunalen Netzwerken kultureller Kinder- und Jugendbildung" (Zacharias 2011).

Überall dort, wo sich aufgrund paralleler Entwicklungen innerhalb der Kommunen regionale Bildungsnetzwerke und kommunale Bildungslandschaften entwickeln, müssen kommunale Gesamtkonzepte Kultureller Bildung integrativer Bestandteil des Ganzen sein bzw. werden. Dass dies nicht immer der Fall ist, zeigen Beispiele in München, Dortmund oder Rheine, wo die kommunalen Gesamtkonzepte Kultureller Bildung in den Bildungskonzepten der kommunalen bzw. regionalen Bildungsbüros kaum eine Rolle spielen und die Aktivitäten nicht oder nur zögernd miteinander verzahnt werden.

Fazit

Es gibt keine „Patentrezepte" für die Entwicklung von Gesamtkonzepten für Kulturelle Bildung – sie sind immer entsprechend der örtlichen Gegebenheiten differenziert zu entwickeln. Dies erfordert die Überwindung eines Denkens in Schablonen/Ressorts und den Mut, neue, kooperative Wege zu gehen. Sicherlich ist eine starke und aktive Basis im Kinder- und Jugendkulturbereich die Voraussetzung für gute Netzwerke mit einer entsprechenden nachhaltig wirksamen Praxis. Und doch ist der Auf- und Ausbau von Strukturen für Kulturelle Bildung keine Frage von Einwohnerzahlen oder einer städtischen Infrastruktur. Denn Akteure, die in das Feld Kultureller Bildung gehören, gibt es in der Stadt ebenso wie auf dem Land. Die Akteure sind andere, und ihre Dichte ist ebenfalls sehr unterschiedlich. Doch – das zeigen gelungene Gesamtkonzepte für den ländlichen Raum – das Bemühen um Verzahnung und gegenseitige Unterstützung ermöglicht gerade in den infrastrukturell schwächeren Regionen eine Steigerung der Attraktivität von Angeboten und die Realisierung neuer Projekte und die Nutzung bislang unbeachteter Ressourcen.

Kommunale Gesamtkonzepte Kultureller Bildung müssen vor allem auf der operativen Ebene funktionieren, um erfolgreich Konzepte und Ideen umsetzen zu können, müssen aber auch auf der Konzeptions- und Leitungsebene durch bindende Absprachen verankert sein. Erst das schafft die notwendige Verbindlichkeit unabhängig von persönlichen Netzwerken und dem Engagement Einzelner. Ihr Nutzen muss für alle Akteure erkennbar sein und ihre Entwicklung muss aufbauen auf Transparenz und Partizipation. Nur dann realisieren kommunale Gesamtkonzepte nicht nur ein Handlungspaket zur Umsetzung bestimmter Maßnahmen, sondern sind die Klammer für kulturelle Teilhabe und Chancengerechtigkeit.

Zum Weiterlesen

Bleckmann, Peter/Durdel, Anja (Hrsg.) (2009): Lokale Bildungslandschaften. Perspektiven für Ganztagsschulen und Kommunen. Wiesbaden: VS.

Bundesvereinigung Kulturelle Kinder- und Jugendbildung (BKJ) (Hrsg.) (2011): Magazin „Kulturelle Bildung" (Nr. 8): Lokale Bildungslandschaften.

Wolfgang Mack
Kulturelle Bildung in lokalen Bildungslandschaften

Bildungslandschaften eröffnen Perspektiven für Kulturelle Bildung, damit sind allerdings auch Herausforderungen verbunden. Diese Herausforderungen gehen weit über Fragen der Organisation von Bildungsangeboten im lokalen oder kommunalen Raum und des Aufbaus und der Gestaltung von Kooperationen im Bildungsbereich hinaus. Mit dem Konzept Bildungslandschaften werden auch Fragen nach dem Selbstverständnis Kultureller Bildung und der Thematisierung sozialer Ungleichheit und ihren sozialräumlichen Folgen durch Kulturelle Bildung aufgeworfen.

Begriff Bildungslandschaften

Der Begriff „Bildungslandschaften" fokussiert Bildung und Bildungspolitik in einer sozialräumlichen Perspektive. Mit dem Begriff Bildungslandschaften werden bildungspolitische Ansätze und Strategien bezeichnet, mit denen versucht wird, Bildung im kommunalen Raum durch Kooperationen und in gemeinsamer Verantwortung vieler Institutionen und Akteure besser zu fördern und insbesondere Bildungsbenachteiligungen von Kindern und Jugendlichen in benachteiligten Lebenslagen und schwierigen Lebensverhältnissen abzubauen. Bildungslandschaften werden gestaltet von Institutionen und Initiativen aus den Bereichen Bildung, Jugend, Soziales, Wirtschaft, Kultur, Gesundheit, Sport, unter Einbezug zivilgesellschaftlicher Organisationen und Verbände, Gewerkschaften, Kirchen und Vereine. All diese Institutionen und weitere intermediäre Instanzen werden als Akteure bei der Gestaltung von Bildungsangeboten und -gelegenheiten wahrgenommen und einbezogen. Schule und Jugendhilfe als öffentlichen Institutionen kommen beim Aufbau von lokalen Bildungslandschaften eine besonders wichtige Funktion zu. Kommunale Politik und Verwaltung haben eine steuernde und gestaltende Aufgabe im Projekt Bildungslandschaften. Begriff und Konzept der Bildungslandschaft beziehen sich jedoch nicht nur auf institutionelle und administrative Aspekte der Gestaltung von Bildungsangeboten und der Verbesserung von Bildungsmöglichkeiten. Partizipative Formen kommunaler Politik stellen ein zentrales Merkmal von Bildungslandschaften dar. Ohne eine Beteiligung der BürgerInnen kann kaum von einem Projekt Bildungslandschaften gesprochen werden. Öffentliche demokratische Prozesse der Planung und Entscheidung sowie partizipative Verfahren in allen Handlungsbereichen sind ein unverzichtbares Merkmal von Bildungslandschaften (Mack 2008).

Hintergründe

Im Folgenden werden Hintergründe beleuchtet, die das wachsende Interesse an Bildungslandschaften erklären können und es zugleich ermöglichen, den Bedeutungshorizont des Begriffes genauer zu umreißen.

Formale, non-formale und informelle Bildung

In der neueren Bildungsdebatte wird der Blick neben der formalen Bildung zunehmend auch auf non-formale und informelle Bildung gerichtet. Bildung erfolgt demnach in einem Wechselspiel von formalen, non-formalen und informellen Bildungsprozessen. Damit einher gehen neue Herausforderungen für Bildungspolitik und für Institutionen der formalen und non-formalen Bildung, Bildung in diesem Wechselspiel zu gestalten und Bildungsbenachteiligungen abzubauen, indem Bezüge zwischen institutionalisierten Bildungsangeboten und lebensweltlichen Bildungsbedingungen hergestellt werden (BMFSFJ 2005b).

Abbau von Bildungsbenachteiligungen

Ein zweiter Begründungsaspekt fokussiert auf Fragen der Chancengleichheit im Bildungssystem. Schule eröffnet soziale Räume, doch geschieht dies in einem gegliederten Schulsystem sozial selektiv. Internationale Leistungsvergleichsstudien zu Schülerleistungen belegen den engen Zusammenhang von Bildungswahlentscheidung, Bildungserfolg und sozialem Hintergrund der SchülerInnen in Deutschland. Man kann das Interesse an Bildungslandschaften somit auch als Versuch interpretieren, diesen selektiven Wirkungen etwas entgegenzusetzen, indem neue Bildungsmöglichkeiten eröffnet werden und Kinder und Jugendliche Zugang zu anderen sozialen Kontexten und Netzwerken – zu neuen sozialen Räumen – erhalten.

Ganztagsschule

Das bildungspolitische Reformprojekt Ganztagsschule basiert zu großen Teilen auf der Kooperation von Schule und Jugendhilfe und anderen Institutionen. Ganztagsschulen bzw. ganztägige Bildungsangebote für Kinder und Jugendliche werden in den meisten Bundesländern in der Kooperation von Jugendhilfe und Schule gestaltet. Der Ausbau von Ganztagsschulen macht es erforderlich, dass Schulen mit außerschulischen Institutionen kooperieren. Kooperationen von Jugendhilfe und Schule können dazu beitragen, eine neue pädagogische Kultur zu entwickeln. Dadurch werden weiterführende Perspektiven in Bezug auf eine Stärkung des Lebensweltbezugs von Schulen eröffnet. Durch die Kooperation mit der Jugendhilfe kann die Schule stärker an die Lebenswelten von Kindern, Jugendlichen und Familien rückgebunden werden. Hier bestehen gemeinsame Aufgaben und Herausforderungen für Jugendhilfe und Schule.

Kommunalpolitisches Interesse an Bildung

Kommunen artikulieren ein deutliches Interesse an Bildung, sie sehen Bildungspolitik zunehmend als eine wichtige kommunale Gestaltungsaufgabe an. Der *Deutsche Städtetag* hat in der Aachener Erklärung von 2007 eine stärkere und weit reichende Mitgestaltung der Kommunen in der Bildungspolitik gefordert. „Ausgangspunkt für Bildungsprozesse in den verschiedenen Lebensphasen ist die kommunale Ebene. Hier entscheidet sich Erfolg oder Misserfolg von Bildung, werden die Grundlagen für berufliche Perspektiven, gesellschaftliche Teilhabe und gleichzeitig die Zukunftsfähigkeit einer Region gelegt" (Deutscher Städtetag 2007).

Bedeutung des Konzepts Bildungslandschaften für Kulturelle Bildung

Das Konzept Bildungslandschaften ist für Kulturelle Bildung in zweifacher Sicht bedeutsam. Erstens kann Kulturelle Bildung zur Profilierung lokaler Bildungslandschaften beitragen, dazu ist es zweitens erforderlich, Kulturelle Bildung als Teil lokaler Bildungslandschaften wahrzunehmen und zu positionieren.

Erstens: Mit ihrem Selbstverständnis und ihrem Angebotsprofil kann Kulturelle Bildung maßgeblich dazu beitragen, lokale Bildungslandschaften zu konturieren und zu profilieren. An der inhaltlichen und programmatischen Arbeit der Institutionen und Initiativen in lokalen Bildungslandschaften sind Akteure mit in der Regel sehr unterschiedlichen inhaltlichen Schwerpunktsetzungen und Vorstellungen von Bildung beteiligt. Ob dabei Bildung als Qualifikationskonzept interpretiert wird, bei dem es vorrangig um die Vermittlung von in Ausbildung und Arbeit verwertbaren Qualifikationen geht, ob erfolgreiche Platzierung im Berufsbildungssystem und auf dem Arbeitsmarkt ausschließlich Geltung beanspruchen kann oder ob Bildung in einem umfassenden Sinne als Entwicklung und Entfaltung der Persönlichkeit im Fokus des Interesses der Akteure steht, hat Einfluss auf das inhaltliche Angebot und das von den Akteuren gemeinsam getragene Programm einer lokalen Bildungslandschaft. Diese unterschiedlichen Akzentuierungen und Konturierungen des Verständnisses von Bildung bereichern das Profil von Bildungslandschaften. Keine der skizzierten Positionen kann alleinige Geltung beanspruchen, vielmehr sind gegenseitige Ergänzungen und der Ausgleich von einseitigen Akzentuierungen erforderlich. Deshalb ist es wichtig, dass sich Kulturelle Bildung mit ihrem Bildungsverständnis und ihrem Bildungsangebot in die Diskussion um Bildung in lokalen Bildungslandschaften einbringt und damit auch zu deren Profilierung beiträgt.

Zweitens: Kulturelle Bildung ist charakterisiert durch eine Vielzahl von Anbietern und Trägern, künstlerischen Sparten und inhaltlichen Themen. In Bezug auf politisch-administrative Zuständigkeiten ist Kulturelle Bildung ebenfalls nicht einheitlich geregelt, sie bewegt sich auf mehreren Bühnen, verteilt auf Bund, Länder und Kommunen und auf unterschiedliche Ressorts in den Ministerien und Verwaltungen. Kulturelle Bildung ist in mehreren Rechtsbereichen verankert – es handelt sich somit um einen höchst unübersichtlichen Arbeitsbereich, dessen Förderung komplex und manchmal undurchschaubar ist (siehe Hildegard Bockhorst „Überblick für die Bundesebene: Rahmenbedingungen, Zuständigkeiten und Förderschwerpunkte von Jugend-, Kultur- und Bildungspolitik" in diesem Band).

Trotz ihrer Unübersichtlichkeit und Komplexität in den administrativen Strukturen und im institutionellen Angebot ist Kulturelle Bildung an konkreten Orten lokalisiert: Sie wird in der übergroßen Mehrheit vor Ort, in den Kommunen und Landkreisen angeboten und nachgefragt. Kulturelle Bildung ist Teil der lokalen oder kommunalen Bildungsszene, sie bietet eine eigene Infrastruktur mit ihren vielfältigen Initiativen und Institutionen. Daraus ergibt sich eine zweifache Aufgabe: Kulturelle Bildung ist als Bestandteil lokaler oder kommunaler Strukturen und Institutionen für Bildung kenntlich zu machen, und sie muss sich dabei als Bestandteil lokaler Bildungslandschaften verstehen und ausweisen (BKJ 2011c).

Kulturelle Bildung ist Bestandteil der Kinder- und Jugendarbeit, der Schule, der Erwachsenenbildung und vieler Initiativen und Projekte, die keiner einzelnen Institution und nicht ausschließlich einem Rechtsbereich zugeordnet werden können. Das ist eine ebenso schwierige wie herausfordernde Aufgabe: Es gilt, Kulturelle Bildung als Bestandteil lokaler Bildungslandschaften erkennbar zu machen. Mit dem Aufbau von erkennbaren Strukturen vor Ort und mit einer institutionalisierten Beteiligung an der Kommunikation über Bildung in den Kommunen kann Kulturelle Bildung zur Profilierung lokaler Bildungslandschaften beitragen. Diese Profilierung lokaler Bildungslandschaften kann auch in einer sozialräumlichen Perspektive reflektiert werden.

Kulturelle Bildung in sozialräumlicher Perspektive

Lokale Bildungslandschaften werden durch politisch-administrative und institutionelle Vorgaben, Interessen und Entscheidungen gestaltet. Damit ist jedoch nur eine Seite dessen in den Blick genommen, was das Konzept Bildungslandschaften charakterisiert. Das Konzept Bildungslandschaften bezieht sich nicht nur auf institutionelle Strukturen und Arrangements, es nimmt lebensweltliche Kontexte und Bezüge in den Blick. Erst mit dieser lebensweltlichen Dimension kann das Konzept Bildungslandschaften erfasst werden und zum Tragen kommen. In der politisch-administrativen Ebene werden Bildungslandschaften in Bezug auf territoriale Einheiten wie Stadtteil, Gemeindebezirk, Stadt und Landkreis definiert, in einer sozialräumlichen Perspektive werden nicht territoriale Einheiten sondern Handlungsräume von sozialen Akteuren in den Blick genommen.

Sozialraumorientierung in diesem Sinne bezieht sich auf einen soziologischen Raumbegriff, der Raum als relationale Kategorie fasst und nach dem Verhältnis von sozialem Raum der Gesellschaft und physisch-materiellen Räumen fragt (Bourdieu 1991; Löw 2001). Die soziale Struktur der Gesellschaft spiegelt sich in der Beschaffenheit und Struktur von räumlichen Einheiten. Dabei werden Macht- und Herrschaftsverhältnisse sichtbar, Ausgrenzungs- und Exklusionsprozesse erhalten ein physisch-materielles Substrat. In Quartieren und Stadtteilen, in Städten und in ländlichen Räumen sind diese Prozesse wirksam und beobachtbar. Neben Verdrängungs- und Ausgrenzungsprozessen geht es auch um Fragen der Erreichbarkeit und Verfügbarkeit von Infrastruktur und Ressourcen, um Integrationsbemühungen der von Ausgrenzung bedrohten oder betroffenen Personen und Personengruppen und um Prozesse der Selbstausgrenzung und der sozialräumlichen Segregation. Diese sozialräumliche Perspektive stellt einen wichtigen theoretischen Bezugspunkt für das Konzept Bildungslandschaften dar (Reutlinger 2003; Kessl u.a. 2004).

Kulturelle Bildung ist demnach in sozialräumlicher Perspektive ein Bestandteil des Sozialraums ihrer NutzerInnen, sie kann auch begriffen werden als Option, neue Sozialräume zu erschließen. Beide Positionen sind unverzichtbar als Beitrag Kultureller Bildung für lokale Bildungslandschaften. In der ersten Position spiegeln sich überwiegend traditionelle Muster der Zuschreibungen und Zuständigkeiten Kultureller Bildung wider. Kulturelle Bildung wird nachgefragt von sozialen Gruppen mit einer Affinität zu Kunst und Kultur. Sie ist in diesem Verständnis eine kulturbürgerliche Veranstaltung. Ihre Adressaten kommen aus mittleren und gehobenen sozialen Statusgruppen, an Aufstieg und Erhalt ihrer sozialen Position interessiert, wissend um die Bedeutung von Bildung und kalkulierend mit Kultur als Distinktionsmedium. Institutionen der Kulturellen Bildung gehören selbstverständlich zu ihrem Sozialraum, sie sind erreichbar, verfügbar, Kurse und Angebote sind finanzierbar, das Netz Kultureller Bildung ist in die Handlungsräume der Akteure eingewoben.

Kulturelle Bildung begnügt sich nicht und kann sich nicht begnügen mit dieser Position. Würde sie das tun, reproduzierte sie Bildungsbenachteiligung in Folge sozialer Benachteiligung. In vielen Projekten und Initiativen der Kulturellen Bildung wird deshalb auch nach Wegen gesucht, wie Kinder und Jugendliche in benachteiligten Lebensverhältnissen mit Angeboten Kultureller Bildung erreicht und wie ihnen dadurch neue Sozialräume eröffnet werden können, die ihre herkunfts- und milieubedingten Handlungs- und Aktionsräume erweitern und ihnen neue Möglichkeiten bieten, sich zu sich selbst und zu ihrem sozialen Umfeld zu verhalten (siehe Rainer Treptow „Kulturelle Bildung für benachteiligte Kinder und Jugendliche" in diesem Band). Das kann man bereits als Kulturelle Bildung verstehen, im Sinne einer Erweiterung des Horizonts und der Eröffnung neuer sozial-kultureller Räume und Perspektiven. Der spezifische Charakter Kultureller Bildung fehlt in dieser Beschreibung, denn unverzichtbar für eine solche Öffnung für neue Welten ist eine ästhetische Praxis, die sich in einer künstlerischen Aktion von Kindern und Jugendlichen und in der kulturpädagogischen Arbeit mit Kindern und Jugendlichen zum Ausdruck bringt, von der aus diese neuen Welten, Selbstwahrnehmungen, Denkweisen, Wahrnehmungsmuster und Handlungsformen sich erschließen.

Für Kulturelle Bildung in diesem Sinne einer Eröffnung neuer Welten gibt es mittlerweile viele gute Beispiele in der künstlerischen und kulturpädagogischen Arbeit mit Kindern und Jugendlichen in deprivilegierten Lebenslagen. Mit dem Projekt „Bitte wenden! Kunstaktionen auf der Rückseite der Stadt" des *Bundesverbands der Jugendkunstschulen und Kulturpädagogischen Einrichtungen (BJKE)* sind gefördert vom *Bundesministerium für Familie, Senioren, Frauen und Jugend (BMFSFJ)* im Jahr 2002 Kunstprojekte in städtischen Quartieren mit besonderen sozialen Problemlagen durchgeführt worden (Eickhoff 2002). In Kooperationen von Jugendkunstschulen mit Quartierbüros, Planungsämtern und Einrichtungen der Offenen Jugendarbeit haben KünstlerInnen mit Kindern und Jugendlichen Kunstaktionen in leer stehenden Gebäuden, auf Plätzen und Straßen durchgeführt. Damit konnten die am Projekt beteiligten Kinder und Jugendliche sich ihren Stadtteil mit Mitteln der Kunst neu aneignen.

Das Modellprojekt „Lebenskunst lernen" der *Bundesvereinigung Kulturelle Kinder- und Jugendbildung (BKJ)* hatte zum Ziel, Kindern und Jugendlichen in benachteiligten Lebenslagen Zugänge zur Kulturellen Bildung zu eröffnen (Braun 2011a). Dabei wurden Kooperationsprojekte zwischen Schulen des unteren Bildungsbereichs, vor allem Haupt- und Förderschulen, mit Einrichtungen der Kulturellen Bildung und mit KünstlerInnen und KulturpädagogInnen ebenfalls mit Mitteln des *BMFSFJ* gefördert. Die Erschließung neuer Sozialräume und neuer Zugänge zu Kunst und Kultur erfolgte in diesem Projekt über die Institution Schule. Mit diesem Projekt wurden damit Formen der Kooperation von Institutionen formaler und non-formaler Bildung erprobt. Damit verbunden ist das Interesse, durch Kooperationen mit Kultureller Bildung die Entwicklung einer „Kulturschule" anzuregen (siehe Tom Braun „Kulturelle Schulentwicklung" in diesem Band).

Betrachtet man Kulturelle Bildung als Teil lokaler Bildungslandschaften in sozialräumlicher Perspektive, dann wird es möglich, Fragen der Zugänge und Erreichbarkeit, des sozialen Ausschlusses und der sozialen Integration in Bezug auf Teilhabe an Kultureller Bildung und auf Schließung und Öffnung von sozialen Räumen zu reflektieren. Dabei geht es dann nicht mehr um die Frage, ob Kulturelle Bildung ein Teil lokaler Bildungslandschaften ist, sondern vielmehr darum, in welcher Form Kulturelle Bildung dazu beiträgt, lokale Bildungslandschaften so zu gestalten, dass soziale Herkunft sich nicht nachteilig auswirkt auf Bildungsbeteiligung und Teilhabe an Kunst und Kultur.

Herausforderungen und Chancen für Kulturelle Bildung

Kulturelle Bildung kann an formalen und non-formalen Bildungsorten und in informellen Lernwelten stattfinden. Vermutlich bestehen Chancen und Stärken Kultureller Bildung gerade darin, dass sie keinen exklusiven Ort hat, sondern institutionell und lebensweltlich geformt sein kann. Für Kinder, Jugendliche und Erwachsene als Subjekte von Bildung eröffnen sich damit viele Chancen und Perspektiven, Kulturelle Bildung als Ko-Konstruktionsprozess zu gestalten. In Bezug auf Planung, Organisation und Gestaltung von institutionalisierten Angeboten Kultureller Bildung ergibt sich daraus die Aufgabe, das Wechselspiel von formaler, non-formaler und informeller Bildung mit und durch Kunst und Kultur so zu gestalten, dass Bildungsprozesse als Ko-Konstruktionsprozess möglich werden. Dabei kommt Einrichtungen und Angeboten der außerschulischen Kulturellen Bildung als non-formalen Bildungsorten ein besondere Aufgabe zu, da sie einerseits gegenüber den Lebenswelten ihrer NutzerInnen offener sind als Institutionen formaler Bildung und da sie mit ihren institutionellen Strukturen und mit dem professionellen Wissen und Können ihrer ProtagonistInnen auch in der Lage sind, institutionalisierte Kooperationen und professionelle Arbeitsbeziehungen in Bezug auf Institutionen formaler Bildung einzugehen und mitzugestalten.

Mit diesen Herausforderungen sind wichtige Aufgaben für professionelles Handeln in lokalen Bildungslandschaften markiert. Es geht damit zum einem darum, den Bereich der Kulturellen Bildung als einen Sektor von lokalen Bildungslandschaften zu gestalten und Verbindungen und Vermittlungen zwischen formaler, non-formaler und informeller Bildung herzustellen. Kulturelle Bildung muss sich darüber hinaus zum zweiten auch als Bestandteil von lokalen Bildungslandschaften verstehen, da es über den Sektor der Kulturellen Bildung hinaus darum geht, sich als ein Akteur unter vielen in die Gestaltung von lokalen Bildungslandschaften einzubringen. Denn gerade in der Überwindung von sektoralen Grenzen in der Thematisierung und Bearbeitung von jugend-, sozial- und bildungspolitischen Fragen und Herausforderungen besteht das entscheidende Surplus des Konzepts Bildungslandschaften. Versteht sich Kulturelle Bildung auf diese Weise als Teil von lokalen Bildungslandschaften, kann sie bereichernd wirken für Bildungsmöglichkeiten in der Kommune und für lokale oder kommunale Bildungspolitik. Diese Beteiligung an lokalen Bildungslandschaften ist dann auch gewinnbringend für Kulturelle Bildung.

Zum Weiterlesen

Deutscher Städtetag (2007): Aachener Erklärung des Deutschen Städtetags anlässlich des Kongresses „Bildung in der Stadt" am 22./23. November 2007: ec.europa.eu/education/migration/germany9_de.pdf (Letzter Zugriff am 28.08.12).

Eickhoff, Mechthild (2002): Kunstort Straße. Gestaltungsräume von Kindern und Jugendlichen. In: Infodienst Kulturpädagogische Nachrichten 66, 11-12.

Kessl, Fabian/Reutlinger, Christian/Maurer, Susanne/Frey, Oliver (Hrsg.) (2004): Handbuch Sozialraum.Wiesbaden: VS.

Löw, Martina (2001): Raumsoziologie. Frankfurt/M.: Suhrkamp.

Mack, Wolfgang (2008): Bildungslandschaften, in: Coelen, Thomas/Otto, Hans-Uwe (Hrsg.): Grundbegriffe Ganztagsbildung. Das Handbuch (741-749). Wiesbaden: VS.

Reutlinger, Christian (2003): Jugend, Stadt und Raum. Sozialgeographische Grundlagen einer Sozialpädagogik des Jugendalters. Opladen: Leske + Budrich.

Burkhard Hill
Kulturelle Bildung in der Sozialen Arbeit

Die Soziale Arbeit tritt in einer Vielzahl von Fällen als Träger von Kultureller Bildung auf. Aufgrund ihrer spezifischen Zielsetzung ist allerdings immer ein Bezug zu Erziehungsaufgaben oder zu der Bewältigung von sozialen Problemen gegeben, der sich nicht immer widerspruchsfrei zum Eigensinn der Künste oder zu einem gängigen Verständnis von (Hoch-)Kultur verhält. In diesem Spannungsfeld hat sich eine vielfältige Praxis Kultureller Bildung im Rahmen der Sozialen Arbeit etabliert.

Thema und Begriffsbestimmung

Die Soziale Arbeit befasst sich nach einer Definition der *International Federation of Social Workers (IFSW)* mit „sozialem Wandel, Problemlösungen in zwischenmenschlichen Beziehungen sowie der Ermächtigung und Befreiung von Menschen, um ihr Wohlbefinden zu heben". Sie nutzt dazu die wissenschaftlichen Grundlagen der Sozial-, Human-, Geistes- und Rechtswissenschaften. Dabei fühlt sie sich besonders dem Prinzip der sozialen Gerechtigkeit und den Menschenrechten verpflichtet. Als eigenständige Profession dient die Soziale Arbeit zur Unterstützung der Lebensbewältigung (Böhnisch/Lenz/Schröer 2009:40ff.) und zielt auf die Gestaltung eines gelingenden Alltags (Thiersch 2005:41ff.). Sie verfolgt in der Regel einen eigenständigen systemischen Ansatz, der multiperspektivisch und interdisziplinär angelegt ist (Staub-Bernasconi 2010:269f.). Das Prinzip der Hilfe zur Selbsthilfe will vorhandene Ressourcen der Betroffenen in ihrer sozialen Umgebung aufdecken und aktivieren, um diese nachhaltig zur Entwicklung und Problembewältigung aus eigener Kraft zu führen (Herringer 2006:90ff.). Das methodisch strukturierte professionelle Handeln bewegt sich dabei zwischen sozialer Diagnose und verschiedensten Formen der Intervention, von der Aktivierung bis hin zur Hilfe in akuten Krisen.

Die Kulturelle Bildung ist im Kontext der Sozialen Arbeit als gezielter aktiver Umgang mit künstlerischen Ausdrucksformen, kreativen Entwicklungsprozessen, kommunikativen Praktiken, sinnlichen Erfahrungen und kulturellen Konventionen zu verstehen. Sie ist als ressourcenorientierter Ansatz integriert, der am Alltag und an den Bedürfnissen der Individuen bzw. Zielgruppen ansetzt. Einerseits geht es um die Entwicklung individueller Potentiale von Kreativität und Sinnlichkeit zur Förderung des Selbstbewusstseins und der Persönlichkeitsentwicklung. Andererseits stehen die Aktivitäten immer in einem sozialen und kommunikativen Kontext. Soziale und kulturelle Teilhabe zur Überwindung von Benachteiligung, der Umgang mit kultureller Unterschiedlichkeit durch interkulturelle Verständigung, das sind wichtige Ziele neben der individuellen Entwicklungsförderung und aktiven Gestaltung des sozialen Lebens (Jäger/Kuckhermann 2004:49ff.; Hill 2010:76; Hill 2011b:22).

Historische Dimension

Die Soziale Arbeit entstand historisch aus zwei Entwicklungslinien (Schilling 2005:123). Zum einen ist dies die Armenfürsorge, die seit dem Mittelalter die Versorgung von Armen, Kranken,

Siechen und Waisen übernahm. Mit der Massenarmut der Industrialisierung wurde ein institutionalisiertes Fürsorgesystem erforderlich, das im 19. Jh. schließlich zu einem sozialstaatlichen Sicherungssystem ausgebaut wurde. Die Sozialarbeit hatte im Rahmen dessen die Aufgabe, die Bedürftigkeit zu klären, die Hilfe systematisch zur Verfügung zu stellen und die Kontrolle über die richtige Verwendung der Mittel auszuüben (vgl. Sachße/ Tennstedt 1988:19-22). Die zweite Entwicklungslinie der Sozialpädagogik entstand aus der Aufklärung und den allgemeinen Überlegungen zur sittlichen Erziehung des Menschen (Johann Heinrich Pestalozzi). Aufgabe der Sozialpädagogik ist nach Paul Natorp einerseits die Bildung des Menschen zur Gemeinschaftsfähigkeit, andererseits die Berücksichtigung der sozialen Bedingungen der Bildung. Natorp fordert demnach schon an der Wende zum 20. Jh. dazu auf, das soziale Lernen an die Lebens- und Erfahrungswelten der Kinder und Jugendlichen anzupassen. Im Zuge der reformpädagogischen Bewegungen der 1920er Jahre wurde die Sozialpädagogik schließlich besonders als Jugendfürsorge außerhalb von Familie und Schule konzipiert und im Reichsjugendwohlfahrtsgesetz (RJWG) verankert. Die Erziehung sollte nicht allein nach den Erfordernissen der Gesellschaft gestaltet werden, sondern sich auch am Entwicklungsstand und den Bedürfnissen der Kinder und Jugendlichen orientieren (vgl. Engelke 1999:139f.). Die reformpädagogischen Ideen stützten sich besonders auf die Erfahrungen der bürgerlichen Jugendbewegung an der Wende zum 20. Jh., die als Wandervögel dem Bedürfnis Ausdruck verliehen, sich selbstständig und außerhalb der Erwachsenenwelt zu bewegen. Aus diesen Impulsen entstanden Reformschulen, die Kunsterziehungsbewegung und andere, die das Erziehungssystem reformieren wollten (vgl. Scheibe 2010:139). Der Nationalsozialismus setzte diesen Bestrebungen ein Ende. Ein Teil der reformierten bündischen Jugend ging allerdings in der nationalsozialistischen Jugendorganisation auf, da ein Teil der Jugendbewegung den nationalsozialistischen Ideen folgte (vgl. Giesecke 1981).

In der Nachkriegszeit stand in den Reeducation-Centern der Besatzungsmächte zunächst die politische Bildung im Vordergrund. Die musische Bildung wurde als eher unpolitisches Freizeitvergnügen zu einem Teil der Nachkriegsjugendpflege, die in den 1950er Jahren stark von gruppenpädagogischen Methoden geprägt war (vgl. Müller 1997:23-66). In den 1960er und 1970er Jahren wandelten sich die Diskurse mit der allgemeinen Politisierung eines Teils der Jugend. Die Aufarbeitung des Nationalsozialismus, die Kritik an der Restauration autoritärer Strukturen in der Bundesrepublik und die Forderung nach mehr Selbstbestimmungsrechten für Jugendliche führten zu selbstorganisierten SchülerInnen- und Lehrlingstreffs, wobei besonders in Süddeutschland Initiativen für selbstverwaltete Jugendzentren entstanden. (vgl. zur sogenannten Jugendzentrumsbewegung Damm 1973). In den frühen 1980er Jahren fand einerseits eine Therapeutisierung der Sozialarbeit statt, wodurch Kunst- und Musiktherapie auch in der Sozialen Arbeit – im Wesentlichen in der Methodendiskussion – thematisiert wurden (Galuske 2002:129). Andererseits bekam über die Gemeinwesenarbeit auch die soziale Kulturarbeit Aufschwung in der Sozialen Arbeit, wobei Soziokultur als „Bürgerrecht auf Kultur" verstanden und die „Demokratisierung des Ästhetischen" gefordert wurde (Glaser 2005:558ff.). In der Praxis wuchs die Zahl der kulturellen Projekte, Initiativen und Experimente und förderte einen kulturpädagogischen Wandel: „Klassisch-musisch-kulturelle Tanz-, Spiel-, Rhythmik-, Sing-, Theater-, Mal- und Literaturprojekte sahen sich konfrontiert mit neuen, nicht mehr nur die individuellen Ausdrucksformen des Einzelnen fördernden Experimenten. Musische Bildung wurde zur soziokulturellen Animation, zur ästhetisch-kulturellen Erziehung und kulturpädagogischen Aktion [...] sowie partiell in den Konzepten der sozialpädagogischen Gemeinwesenarbeit und der Erwachsenenbildung zur sozialen Kultur- und Bildungsarbeit. Im Kontrast zu den traditionellen und ursprünglichen Überlegungen verstand sie sich fortan als alltagsweltbezogene soziale Kulturarbeit sowie als Teil der Bewegung einer sozialkulturellen gesellschaftlichen Erneuerung von unten und nicht mehr als Elitebildung" (Thole 2001:1099). Auf diese Weise entwickelten die Soziokulturbewegung und die Soziale Arbeit gemeinsame Ziele und Projekte, wie sie beispielsweise von der *Pädagogischen Aktion* in München auch in den institutionellen Kontexten des Jugendamtes verwirklicht werden konnten (vgl. Mayrhofer/Zacharias 1982).

In den 1990er Jahren geriet die Soziale Arbeit angesichts der Krise der öffentlichen Haushalte verstärkt unter Druck, ihre Angebote entlang der Logik standardisierter Prozesse (Neue Steuerungsmodelle) zu organisieren. Qualitätsmanagement und Kostenkontrolle bestimmten den Fachdiskurs. Die Kulturelle Bildung wurde im Angebotskatalog der Jugendämter fortan z.B. als eigenständiges „Produkt" geführt. Das bedeutete, dass die Angebote, Methoden, Maßnahmen und Ergebnisse im Vorhinein klar beschrieben werden mussten und anhand der Zielformulierungen überprüfbar wurden. Für die Sozial- und KulturpädagogInnen bedeutete dies überwiegend ein völlig neues Denken, das nicht ohne Widerstände eingeführt werden konnte.

Angesichts der wachsenden Konkurrenz kommerzieller Anbieter verloren Jugendverbände und Freizeitstätten an Bedeutung für die Freizeitgestaltung von Kindern und Jugendlichen aus allen gesellschaftlichen Schichten. In einer sich nach verschiedenen sozialen Milieus ausdifferenzierenden Gesellschaft musste sich die Jugendhilfe seit den 1980er Jahren mehr und mehr den benachteiligten Zielgruppen zuwenden (Wendt 1995:354) (siehe Rainer Treptow „Kulturelle Bildung für benachteiligte Kinder und Jugendliche" in diesem Band). Auch die Soziokulturbewegung hatte sich inzwischen unabhängig von der Jugendhilfe in (Stadtteil-) Kulturzentren etabliert und professionalisiert. Während dieses Prozesses der Ausdifferenzierung, Ökonomisierung und Professionalisierung der Sozial- und Kulturarbeit entwickelte sich die Kulturelle Bildung als ein Arbeitsfeld neben vielen anderen. Allerdings trafen kommunale Sparbeschlüsse, die seit den 1990er Jahren vielfach auf der Tagesordnung standen, immer zuerst die sogenannten „freiwilligen" Leistungen der Kommunen und Kreise, für die eben keine unmittelbare gesetzliche Verpflichtung bestand. Insofern mussten Projekte der Kulturarbeit und Kulturellen Bildung seither oft um ihre Finanzierung bangen. Gleichzeitig rückten die Kulturelle Bildung und die Medienpädagogik immer enger zusammen, da zuletzt durch die Digitalisierung immer mehr hybride Ausdrucksformen entstanden waren (Zacharias 2010:61f.).

Erst durch den PISA-Schock erhielt die Kulturelle Bildung Anfang des neuen Jahrtausends wieder eine verstärkte Aufmerksamkeit. Vor dem Hintergrund eines erweiterten Bildungsbegriffs wurde thematisiert, dass die Bildung der Sinne neben der Bildung des Geistes zu den dringenden Aufgaben schulischer Sozialisation gehört (Liebau/Zirfas 2008:11f.). Auch im Sinne einer Rhythmisierung des Unterrichts wurden die Schulsozialarbeit sowie die außerschulischen Anbieter der Jugendhilfe aufgefordert, ihre Angebote stärker mit den Schulen zu vernetzen. Zwar sehen die Träger Kultureller Bildung in diesem Zusammenhang ihre Domäne, den außerschulischen Freizeitbereich, gefährdet, da die SchülerInnen sich zukünftig mehr ganztags am Lernort Schule aufhalten werden. Insgesamt aber hat die Diskussion um die Kulturelle Bildung in den ersten 2000er Jahren einen enormen Aufschwung erlebt.

Neben dieser Entwicklung entstanden mit der Ausdifferenzierung der Sozialen Arbeit in verschiedenste Arbeitsfelder vielfältige Ansätze der Kulturellen Bildung mit unterschiedlichen Zielgruppen: Menschen mit Behinderung, ältere Menschen, Menschen mit Psychiatrieerfahrung, Menschen mit Suchterfahrung usw. (Hoffmann u.a. 2004). Besonders in der Altenhilfe entwickelte sich eine rege Fachdiskussion zur Aktivierung älterer Menschen durch künstlerisch-kreative Angebote (vgl. Hartogh/Wickel 2008).

Aktuelle Situation

Im Kern der Kulturellen Bildung in der Sozialen Arbeit steht auch aktuell noch die Kinder- und Jugendhilfe. In Kindertagesstätten, Horten, schulbezogenen Projekten und in Freizeitstätten werden vielfältige Kurse und Arbeitsgemeinschaften angeboten. Häufig folgen sie den Seh- und Hörgewohnheiten der Adressaten und praktizieren einen Crossover zwischen künstlerischen und elektronischen (digitalen) Medien. So gehören Tanzprojekte, Musikprobenräume und Internetcafe zu den gängigen Angeboten in Freizeitstätten, die zunehmend mit einem Publikum mit Migrationshintergrund arbeiten. Oft dienen sie kompensatorisch dem Ausgleich von Misserfolgen in der Schule bzw. von Erfahrungen sozialer Ausgrenzung. Projekte wie „Beatstomper" (Zaiser 2008) zeigen, welche Arbeitsformen entwickelt wurden, um den Besonderheiten sogenannter „schwieriger" Jugendlicher gerecht zu werden und ihnen Spaß und Erfolgserlebnisse zu vermitteln. Gleichzeitig gewinnt die interkulturelle Verständigung in einer Gesellschaft an Bedeutung, in der die Heterogenität von Lebensweisen und kulturellen Zugehörigkeiten zunimmt (siehe Susanne Keuchel/Ernst Wagner „Poly-, Inter- und Transkulturalität" in diesem Band). Kulturelle Teilhabe wiederum ermöglicht Kindern und Jugendlichen Aktivitäten, zu denen sie aufgrund ihrer Herkunft ansonsten keinen Zugang hätten. Diese Programme werden zunehmend auch an Schulen in Kooperation mit außerschulischen Trägern durchgeführt (Hill 2005:144). Eine der wesentlichen Herausforderungen der nächsten Jahre wird darin bestehen, die in der außerschulischen Kulturpädagogik entwickelten Arbeitsformen, die sich durch Projektform, Lebensweltorientierung und Partizipation auszeichnen, auch in der zunehmenden Orientierung an Schule als besondere Lernkultur zu erhalten. (Hill/Biburger/Wenzlik 2008a:11ff.)

Im Schnittfeld zwischen Sozialer Arbeit und Heil- bzw. Sonderpädagogik, beispielsweise in den Hilfen für Menschen mit Behinderungen, gibt es eine lange Tradition sinnlich-kreativer Beschäftigungen. Sie dienen beispielsweise dazu, bei den Adressaten Potentiale und neue Kommunikationsformen zu wecken, wo sprachliche Kommunikation nicht immer möglich ist. Gelegentlich bewegen sich die Angebote hier im Grenzbereich zu therapeutischen Arbeitsformen. In der Praxis zeigt sich, dass Kulturelle Bildung mit Menschen mit Behinderung möglich ist und von der eher therapeutisch geprägten Beziehungs- und Kontaktaufnahme bis hin zu aufführungsreifen Projekten in allen Kunstgenres reicht. Beispielhaft sei hier die Aufführung des Bolero (Ravel) durch Kinder des *Münchner Downkind e.V.* in Kooperation mit dem *Münchner Kammerorchester* im *Gärtnerplatztheater* erwähnt, das vom Bayerischen Fernsehen am 20.04.07 dokumentiert wurde.

Zunehmend finden sich Angebote Kultureller Bildung auch im Bereich der Familienhilfe. In Mütter- und Familienzentren bzw. Mehrgenerationenhäusern entwickeln sich aus geselligen Treffpunkten beispielsweise neue Formen interkultureller Verständigung, Tanzgruppen, Medienarbeitskreise, Theaterfahrten und Museumsexkursionen sind Programmpunkte, die aus der sozialen Selbsthilfe heraus entstehen. In Seniorenheimen und Altenservicezentren wiederum wächst die Nachfrage nach kulturellen Angeboten, um die Lebensqualität zu steigern und ältere Menschen im Alltag zu aktivieren. Das Projekt „Senioren an die Konsole" nutzte z.B. die Möglichkeiten moderner Spielekonsolen mit bewegungssensiblen Joysticks ein „virtuelles Bowling" durchzuführen, und dadurch SeniorInnen spielerisch und medial zu aktivieren. Mehrgenerationenprojekte, zum Beispiel „Anna Tanzt", an dem die *Bayerische Staatsoper*, das Münchner *St. Anna Gymnasium*, der *Verein „Tanz und Schule"* sowie das *Alten- und Servicezentrum im Lehel* beteiligt sind, zeigen die Richtung auf, in die zukünftig gedacht wird: verschiedene Zielgruppen zusammenbringen und untereinander die Kommunikation fördern. Das Besondere des ästhetischen Mediums besteht darin, dass einerseits die Kommunikation gefördert wird, andererseits die Sinne und der ganze Mensch aktiviert wird. Die besondere Herausforderung liegt hier in den nächsten Jahren darin, die bestehenden Barrieren und Vorbehalte zwischen den Generationen abzubauen und übertragbare Konzepte für ein methodisch durchdachtes Handeln sozialkultureller Bildung zu entwickeln.

Die Kulturelle Bildung unterliegt in der Sozialen Arbeit in besonderer Weise dem Spannungsfeld zwischen Kunst und Pädagogik. Durch die Funktionalisierung der Künste könne mehr als ein dilettantischer Umgang mit Malerei, Musik, Tanz usw. nicht erreicht werden (vgl. Jäger/Kuckhermann 2004:65f.). Auch die gelegentlich geäußerten Kritiken, die Erarbeitung eines Rap-Textes habe nichts mit Kultur zu tun, zeugen von den Vorbehalten, die in- und außerhalb der Sozialen Arbeit bestehen. Diese Argumentationen sind von einem engen, normativen Kunst- und Kulturverständnis geprägt, das von den Entwicklungen der zeitgenössischen Kunst längst überholt worden ist. Auch dort stehen die sozialen und kommunikativen Wirkungen der Künste im Fokus und werden mit dem Alltag verknüpft (Dorner 2004:85). Nach dieser Programmatik werden Kulturen als Lebensweisen und ästhetische Praktiken als Bestandteil menschlicher Lebensäußerungen verstanden und sind als soziales Handeln in jegliche Maßnahmen der Sozialen Arbeit integrierbar. Die Herausforderung wird auch zukünftig darin bestehen, dieses Arbeitsfeld in der Sozialen Arbeit hinreichend zu legitimieren, da es doch immer wieder Tendenzen gibt, sie auf „das Wesentliche" der unmittelbaren sozialen Hilfen und Interventionen zu reduzieren, gerade in Zeiten knapper öffentlicher Haushalte. Die Inhalte, Methoden und Legitimationen für die Kulturelle Bildung in der Sozialen Arbeit müssen sowohl von der Fachbasis wie in der wissenschaftlichen Reflexion als soziale Teilhabe weiter entwickelt werden, wie es der *Bundesarbeitskreis Kultur-Ästhetik-Medien* als Arbeitsgruppe des *Fachbereichstages Soziale Arbeit* bereits 2002 begonnen hat.

Zum Weiterlesen

Böhnisch, Lothar/Lenz, Karl/Schröer, Wolfgang (2009): Sozialisation und Bewältigung. Eine Einführung in die Sozialisationstheorie. Weinheim/München: Juventa.

Galuske, Michael (2002): Methoden der Sozialen Arbeit. Eine Einführung. 4. Auflage. Weinheim/München: Juventa.

Hill, Burkhard (2011): Kulturelle Bildung und Soziale Arbeit. In: Bundesvereinigung Kulturelle Kinder- und Jugendbildung e.V. (BKJ): Kultur macht Schule in Bayern (22-23). Remscheid/München: BKJ.

International Federation of Social Workers: www.ifsw.org

„Senioren an die Konsole!" (Projekt): http://www.wii-senioren.de

Thiersch, Hans (2005): Lebensweltorientierte Soziale Arbeit. Aufgaben der Praxis im sozialen Wandel. Weinheim/München: Juventa.

Benedikt Sturzenhecker
Kulturelle Bildung in der Kinder- und Jugendarbeit

Das Feld der Kinder- und Jugendarbeit

Kinder- und Jugendarbeit ist ein großes Feld der außerschulischen Bildung im Rahmen der Kinder- und Jugendhilfe. Die §11 und 12 des SGBVIII (Kinder- und Jugendhilfegesetz) geben die rechtlichen Grundlagen der Kinder- und Jugendarbeit an (siehe Klaus Schäfer „Jugendpolitik und Kulturelle Bildung" in diesem Band). Sie regeln, dass sich dieses Arbeitsfeld generell an alle Kinder und Jugendliche (bis 27 Jahre) wendet und nicht eingegrenzt ist auf Zielgruppen eines bestimmten Alters oder mit einer bestimmten Problem- oder Themenstellung. Als Ziele gibt das Gesetz dem Arbeitsfeld vor, die Kinder und Jugendlichen zur Entwicklung von Selbstbestimmung, gesellschaftlicher Mitverantwortung und sozialem Engagement anzuregen. Dieses ist in den Konzepten der Kinder- und Jugendarbeit immer wieder auch als eine Aufforderung zur politischen Bildung bzw. zur Demokratiebildung verstanden worden. § 11 SGBVIII (Abs. 3) nennt unter anderem ausdrücklich „kulturelle Bildung" als Schwerpunkt der Kinder- und Jugendarbeit.

Kinder- und Jugendarbeit wird von freien und öffentlichen Trägern angeboten und ist gekennzeichnet durch die zwei großen institutionellen Typen: die Jugendverbandsarbeit und die Offene Kinder- und Jugendarbeit. Gemeinsam sind beiden Bereichen die Strukturbedingungen der Freiwilligkeit und der Interessenorientierung, aus denen auch eine Offenheit für spezifisch zu entwickelnde Ziele und Inhalte folgt. Die institutionellen Typen sind sehr differenziert sowohl in der Offenen Kinder- und Jugendarbeit, die durch eine Orientierung an „stationären" Einrichtungen (etwa Jugendhäusern) und pädagogischem Hauptamt gekennzeichnet ist, als auch in den weltanschaulich differenzierten Jugendverbänden, die sich eher durch Selbstorganisation und Ehrenamtlichkeit charakterisieren lassen. In den vergangenen 15 Jahren haben auch die Jugendverbände ihre Ausrichtung an Mitgliedern aufgeweicht und beide Arbeitsbereiche gehen eher von einem Begriff (auch wechselnder bzw. sporadischer) Teilnehmender aus. Wissenschaftliche Untersuchungen und Einschätzungen können zeigen, dass zwischen 40 und 70 % der Kinder und Jugendlichen (zehn bis 20 Jahre) Mitglieder in einem Jugend- oder Sportverein sind, während die Zahlen der BesucherInnen der Offenen Kinder- und Jugendarbeit schwanken (je nach Alter der untersuchten Gruppe), z.B. zwischen 6 % der 12- bis 25-Jährigen oder 9 % der 15- bis 17-Jährigen (vgl. Schmidt 2010). Während Jugendverbandsarbeit eher eine mittelschichtige Herkunft ihrer Teilnehmenden unterstellt wird, können Untersuchungen zeigen, dass die Offene Kinder- und Jugendarbeit besonders Zielgruppen mit einem sozial benachteiligten und migrantischen Hintergrund erreicht (a.a.O.).

Konzeptionell ist die Kinder- und Jugendarbeit seit den 1960er Jahren immer wieder als „Bildung" entworfen worden, diese Orientierung ist auch in der aktuellen theoretischen Debatte dominant. Bildung wird hier als selbsttätiger Aneignungsprozess des Subjekts in seinen Sozialitäten verstanden, der vor dem Hintergrund gesellschaftlicher Bedingungen und Lebenslagen einzelner Gruppierungen unterschiedlich ermöglicht oder auch behindert erscheint (vgl. Lindner/Sturzenhecker 2004; Sting/Sturzenhecker 2012). Diese Konzepte kennzeichnet eine emanzipatorische Grundorientierung an der Ermöglichung von zunehmender Selbstbestimmung im Rahmen einer demokratischen Mitgestaltung der Gesellschaft.

Kulturelle Bildung in der Kinder- und Jugendarbeit

Die Kulturelle Bildung in der Kinder- und Jugendarbeit stellt sich außerordentlich vielfältig dar (vgl. Exner/Schmidt-Apel 2005). Sie hängt besonders von den spezifischen kulturellen Handlungsweisen und Orientierungen der Teilnehmenden der einzelnen Organisationsformen ab, also etwa den Jugendszenen, die ein lokales Jugendhaus besuchen oder den spezifischen soziokulturellen Milieus, die einen Jugendverband ausmachen. Kommen die kulturellen Vorlieben und Ausdrucksweisen der jeweiligen Teilnehmenden nicht zu ihrem „Recht", besteht schnell die Gefahr, dass diese „abwandern". Auf der Basis dieser grundsätzlichen Orientierung an den spezifischen kulturellen Interessen und Handlungsformen der Teilnehmenden entfaltet sich in der Praxis ein großes Spektrum Kultureller Bildung. Dazu gehören: Animations- und Unterhaltungsangebote eines eher passiven Konsums von besonders Musik, Video/Film und Internet; alltägliche informelle Praxis von (Handy-)Fotografie und Video; kursförmige Angebote des Lernens kultureller Ausdruckstechniken (Musikinstrument spielen, Theatertechniken einüben, Fotografie und Videografie lernen); projektorientierte Formen der Erstellung eigener kultureller Produkte (z.B. Foto-Love- oder Actionstory, Videofilme, Theaterstücke, Websites, Rap-CDs, Breakdance-Events, Graffitiwände, Fanzines und andere Printpublikationen u.v.m.). Teilweise wirken in solchen Projekten KünstlerInnen/Fachleute mit, und die Arbeitsweisen sind durch unterschiedliche Grade der Vorgaben bzw. der Eigenständigkeit der Kinder und Jugendlichen als ProduzentInnen gekennzeichnet. So gibt es Projekte, die sowohl Themen wie Medien und Ausdrucksstil vorgegeben und in denen es einen deutlichen Erwachseneneinfluss gibt (bis hin zu erzieherischen Disziplinierungsstrategien nach dem Muster von „Rhythm is it"), aber auch Arbeitsweisen, die in Inhalten, Mitteln und Prozess dem Selbstausdruck der teilnehmenden Kindern und Jugendlichen folgen.

Ästhetische Bildung in der Kinder- und Jugendarbeit

Eine Bildungsorientierung, die eigenständige aktive Aneignung und ästhetischen Selbstausdruck fördern will, geht von vorfindbaren Themen- und Gestaltungsweisen der Teilnehmenden aus und sucht diese mit ihnen zu entfalten und weiterzutreiben. Bei einer solchen konzeptionellen Ausrichtung geht es dann zunächst darum, die kulturellen bzw. ästhetischen Praxen der Kinder und Jugendlichen wahrzunehmen, ohne sie sofort mit Angeboten gestalterisch-medialer Arbeitsweisen zu überfrachten. Vor allem die in den letzten Jahren erschienenen richtungsweisenden ethnografischen Studien über die Alltagspraxen von Kindern und Jugendlichen besonders in der Offenen Kinder- und Jugendarbeit haben gezeigt (Müller u.a. 2008; Rose/Schulz 2007), dass das alltägliche Handeln der Kinder und Jugendlichen in den „Arenen" dieser Einrichtungen als ästhetische Aufführungspraxis, ja als „Performance" (Schulz 2010) betrachtet werden kann. Performances sind situativ körperliche Aufführungshandlungen von Individuen und Gruppen vor und mit „Publikum", die über ihre unmittelbar sinnliche Wirkung Sinn erzeugen, soziale Experimente wagen, die Handelnden „auf´s Spiel stellen", Irritation und Reflexivität ermöglichen u.v.m. Bei diesen „Vorführungen" in Form von Tänzen, expressiven Äußerungen, Provokationen, Körperaktionen, Sing- und Musikeinlagen (z.B. in Raps und „Battles"), medialen Einspielungen, modischen Selbststilisierungen, Tatoos und Körperbemalungen usw. werden sowohl vorhandene Muster aus Pop- und Konsumprodukten aufgegriffen als auch lokalspezifische jugendkulturelle Stilelemente aufgenommen, gesampelt und variiert. Damit lassen sich verschiedene selbstbildende Funktionen dieser Performance erkennen: z.B. die Wirkung der Person in der Reaktion des Gegenübers wird erprobt; Gemeinschaft wird hergestellt, präsentiert und weiterentwickelt; inhaltliche Kommentare und Positionen werden ausgedrückt; Wertorientierungen befragt; Beziehungsmuster unter Peers und zu Erwachsenen getestet und erweitert; Raum wird besetzt und umgenutzt; Geschlechterkonstruktionen werden praktiziert und dekonstruiert. Der spielerische Charakter dieser Inszenierungen eines „ernsten so tun als ob" (Scheuerl 1979) erlaubt den AkteurInnen, sich nicht festzulegen oder festgelegt zu werden, sondern offen Möglichkeiten der Person und ihrer Peergruppen im sozial-pädagogischen Rahmen der Kinder- und Jugendarbeit durchzuspielen und auszuloten und so sozial wie ästhetisch selbstbildende Erfahrungen zu sammeln. Ein solcher Begriff von Ästhetik geht über ein Verständnis von Wahrnehmen als passiv hinaus und bezeichnet den konstruierenden Charakter von Wahrnehmung. Ästhetik ist dann eine wahrnehmende, aktive aneignende und erzeugende Tätigkeit, wie sie auch schon in der Wortbedeutung von „Bildung" als Schaffung, Entstehung, Herausbildung, Formung, Gestalt enthalten ist. Eine pädagogische Assistenz solcher ästhetischen Bildung nimmt diese Praxen der Kinder und Jugendlichen wahr und spiegelt sie anerkennend wider, greift ihre Medien und Inhalte auf und eröffnet ihnen die Möglichkeit, aus dem sporadisch Situativen in reflexive Bildungsprozesse der Gestaltung ästhetischer Produktionen zu gelangen. Denn Selbst*bildung* besteht nicht in „Erlebnissen" (bei denen gerade eine auf „Spaß" reduzierte Erlebnisorientierung kulturellen Konsums in der Jugendarbeit zu häufig stecken bleibt), sondern in einer selbstreflexiven und mit anderen befragten Erzeugung und Verdichtung von Erfahrungen. Die Vergegenständlichung in ästhetischen Produkten ermöglicht gerade solche Reflexion auf das Eigene/Soziale: Was habe/n ich/wir wie geschaffen? Was zeigt mir/uns das über mich/uns? Wer bin/sind ich/wir, wer könnte ich, wer könnten wir sein? Wie könnte es (anders) sein? Die sozialen Rückmeldungen auf ästhetische Gestaltungen eröffnen: Wer bin ich/wir in den Augen der anderen? Wer könnte ich mit ihnen, für sie sein?

Eine solche Vorgehensweise hat besonders der Ansatz von „Playing Arts" auch für die Kinder- und Jugendarbeit vorgeschlagen (vgl. Riemer/Sturzenhecker 2005): Dabei geht es darum, nicht schon von vornherein Ausdrucksmedien und Inhalte vorzugeben (wie z.B. „Rap gegen Gewalt", „Theater gegen Rassismus" o.ä.) und einen kreativen Ausdruck nur in diesen Rahmen vorzusehen, sondern stattdessen den Gestaltungsweisen und -themen der Kinder und Jugendlichen zu folgen, wie immer diese sich auch zunächst zeigen mögen – selbst wenn sie aus Sicht von Erwachsenen oder üblichen „kulturellen" Bewertungen als primitiv, trivial, provokativ, nur nachgemacht, altbekannt o.ä. erscheinen mögen. Wenn man den Selbstausdruck ernst nimmt und ihm über Rückmeldungen und Reflexionen einen „produktiven" Gestaltungs- und Weiterentwicklungsprozess eröffnet, entsteht erst die Möglichkeit einer selbstbestimmten ästhetischen Bildung von Kindern und Jugendlichen.

Nicht nur das jugendarbeiterische Ziel der Förderung von Selbstbestimmung, sondern auch das der gesellschaftlichen Mitverantwortung lässt sich hervorragend über die Möglichkeiten ästhetischer Bildung(sassistenz) angehen. Ästhetischer Selbstausdruck von Kindern und Jugendlichen thematisiert immer auch ihre Personen und Gruppen im Verhältnis zu sozialen und gesellschaftlichen Bedingungen, er erzeugt Positionen und Kritiken. Damit lässt sich den Teilnehmenden auch über ästhetische Gestaltungen der Einstieg in eine politisch-demokratische Artikulation eröffnen. Politisches Handeln beginnt nicht erst mit differenziert ausgearbeiteten (Gegen-)Vorschlägen, sondern bereits mit einem „Nein", das sich mit einer Kritik an Verhältnissen an eine Öffentlichkeit wendet und damit eine gemeinsame Auseinandersetzung sucht. So kann die Kinder- und Jugendarbeit ihre Teilnehmenden ermutigen und befähigen, ihre auf die „Polis", das (kommunale) Gemeinwesen bezogenen Positionen (nach ihrem „Geschmack") ästhetisch zu gestalten und sie in demokratische Diskurse einzubringen (vgl. Sturzenhecker 2008).

Eine so verstandene ästhetische Bildung mit Kindern und Jugendlichen benötigt keine spezifische Problematisierung von Kommerzialisierung und Medialisierung jugendlichen Handelns. Sie geht stattdessen davon aus, dass in den selbsttätigen Aneignungsweisen der Kinder und Jugendlichen in einer sich wandelnden Kultur und Gesellschaft grundsätzlich Potentiale einer eigenständigen und reflexiven Bildung vorhanden sind. Statt aktuelles kulturelles Handeln von Kindern und Jugendlichen als defizitär zu begreifen, geht es einer solchen Bildung immer darum, den ästhetischen Selbstausdruck von Kindern und Jugendlichen zu unterstützen und ihm reflexive Freiräume zu öffnen. Solche ästhetische Bildungsassistenz in der Kinder- und Jugendarbeit entwickelt sich mit ihren Adressaten in einer sich verändernden Gesellschaft weiter.

Zum Weiterlesen

Sturzenhecker, Benedikt /Riemer, Christoph (Hrsg.) (2005): Playing Arts – Impulse ästhetischer Bildung für die Jugendarbeit. Weinheim/München: Juventa.

Hans-Hermann Groppe
Kulturelle Bildung an den Volkshochschulen

Selbstverständnis, Ziele und Arbeitsweisen der Kulturellen Bildung der Volkshochschulen sind in der vom *Deutschen Volkshochschul-Verband e.V. (DVV)* im Mai 2011 herausgegebenen Publikation „Die Volkshochschule – Bildung in öffentlicher Verantwortung" skizziert. Diese Ziele sind der Programmatik und dem Anspruch der gesamten VHS-Arbeit verpflichtet, in ihrer Offenheit für alle Altersgruppen, sozialen Schichten und Milieus, für Menschen mit unterschiedlicher Auffassung und Herkunft, Zugänge zur Kultur und zu kulturell-kreativer Tätigkeit zu schaffen. Zugänge zu schaffen nicht nur für jene, die dafür schon aufgrund ihrer Bildungsbiografie die entsprechenden Voraussetzungen mitbringen.

Die Programme der Kulturellen Bildung der Volkshochschulen sprechen Menschen an mit unterschiedlichen Neigungen, Ansprüchen und Wünschen. „Dazu gehören diejenigen, die in Kindheit und Jugend nur eingeschränkte Möglichkeiten hatten, ihre musischen und künstlerischen Talente zu entwickeln, die Mut zum Experimentieren oder Begeisterung für das kreative Gestalten haben und sie mit professioneller Anleitung weiter entwickeln möchten, die am kulturellen Reichtum ihrer Region oder am Reichtum anderer Kulturen teilhaben wollen, die sich auf eine Ausbildung in einem künstlerischen Beruf vorbereiten möchten" (DVV 2011:36).

Die Kulturelle Bildung in den Volkshochschulen versteht sich als selbstverständliches und integratives Element von Allgemeinbildung, ebenso wie die anderen VHS-Bereiche Sprachenbildung, politische und berufliche Bildung, Grundbildung (Alphabetisierung) sowie Gesundheitsbildung. Sie will in Kultur und durch Kultur Lern-, Erfahrungs- und Erlebnisräume eröffnen, damit Kreativität und kulturelle Kompetenz in vielen Lebensbereichen Wirkung entfalten können.

„Wahrnehmen, Erkennen, Gestalten sind die Merkmale der kulturellen Bildung. Wir bieten Raum zum Erleben von Gemeinsamkeiten im künstlerischen Prozess, zur Kommunikation über Kunst und Kultur und zur Entwicklung der eigenen Persönlichkeit. Die TeilnehmerInnen erhalten Wissen und Praxis zur persönlichen Orientierung. Sie erfahren Bildung als Erlebnis und erschließen sich neue Horizonte" (www.vhs-hamburg.de). So fasst beispielsweise die *Hamburger Volkshochschule* ihr breites Spektrum intentional und konzeptionell zusammen.

Ausgehend von einem breiten Kulturverständnis stellt die Kulturelle Bildung für die Volkshochschule sowohl eine Querschnittsaufgabe als auch einen bedeutenden eigenständigen Programmbereich dar. Unter der Überschrift „Kultur und Gestalten" findet sich ein breites Programmspektrum: Kunst- und Kulturgeschichte, Malen und Zeichnen, künstlerisch-handwerkliche Kurse, Fotografie/Film/Video und Multimedia, Literatur und Kreatives Schreiben, Musizieren, Tanzen und Theaterspiel.

Nahezu eine Million Menschen nehmen jährlich in etwa 120.000 Veranstaltungen und Kursen die Angebote in den 938 deutschen Volkshochschulen wahr (VHS-Statistik 2010). Der Anteil der Kulturellen Bildung am Gesamtangebot ist in den einzelnen Volkshochschulen sehr unterschiedlich, oft abhängig von Landesgesetzgebungen oder auch von kommunalen oder lokalen Gegebenheiten, von Nachfrage und Image vor Ort. Dieser Anteil kann von 10 % bis zu 30 % betragen. Im Durchschnitt beträgt er 16 % (hinter den beiden größten Bereichen

Gesundheit und Sprachen). Der Anteil der Belegungen liegt bei 15 %. Die in der Statistik des *DIE* (*Deutsches Institut für Erwachsenenbildung*) gesammelten VHS-Jahresdaten zeigen, dass die Belegungszahlen in den Jahren vor 2010 etwas rückläufig waren, aber für 2010 wieder ein leichter Anstieg zu verzeichnen ist.

Programmentwicklung zwischen Kontinuität und Innovation

Kurse der Kulturellen Bildung waren bereits in der Gründungsphase der deutschen Volkshochschulen nach dem 1. Weltkrieg Bestandteil der VHS-Angebote, ebenso in der zweiten Gründungsphase (oder Neugründungsphase) nach dem 2. Weltkrieg.

Waren noch bis in die 70er Jahre des 20. Jh.s. die sogenannten rezeptiven Kurse in der Mehrzahl (Kunst- und Kulturgeschichte, Ausstellungs-, Konzert- und Theaterbesuche, Literatur- und Musikgeschichte), machen heute in den meisten Volkshochschulen die sogenannten „Kreativkurse" den Hauptbestandteil des Programms aus. Darin spiegelt sich auch die Veränderung in den Erwartungen der TeilnehmerInnen wider. Neben der Wissensvermittlung sind Produkt-, Prozess- und Erlebnisorientierung wichtiger geworden.

Ein von den Teilnehmenden geschätztes Charakteristikum des VHS-Kulturprogramms ist die Zuverlässigkeit und Kontinuität. Gut nachgefragte Kurse werden wieder angeboten, es gibt Fortsetzungskurse und Spezialisierungen. In größeren Volkshochschulen gibt es einen differenzierten Programmaufbau, der AnfängerInnen wie Fortgeschrittene anspricht. Zugleich werden in der Programmplanung beständig neue Angebote in das Programm aufgenommen. Die VHS reagiert auf Trends, Bedarfe und auch auf Wünsche von Teilnehmenden. Manche dieser Trends sind kurzlebig (z.B. im Tanzbereich), sie können aber auch große Bereiche grundlegend verändern, wie dies beispielsweise in den letzten Jahren im Fotobereich bei der Umstellung der analogen zur digitalen Fotografie geschehen ist.

Wichtig für die Programmqualität und -entwicklung ist der enge Kontakt zu den freiberuflichen Kursleitenden. Über sie kommen immer wieder neue Impulse und Anregungen, wie das Angebot erweitert und variiert werden kann. Oft kommen die Kursleitenden aus der Kunst- und Kulturszene, haben dort einen Namen, können neue Verbindungen schaffen und so neue Teilnehmende für die VHS-Angebote interessieren.

Orte und Zeiten, Kooperationen und Formate

Im Weiterbildungsverhalten der Teilnehmenden ist seit vielen Jahren der Trend zu kurzen und kompakten Angebotsformen und -zeiten zu beobachten. Wochenendangebote und Crashkurse gibt es in vielen Schattierungen. Volkshochschulen experimentieren seit vielen Jahren mit ungewöhnlichen Orten, Räumen und Zeiten. In der *Volkshochschule Hamburg* wurde viele Jahre mit der „Langen Nacht" ein sehr spezielles Zeitfenster eröffnet. Von acht Uhr abends bis acht Uhr morgens wurden von 40-50 Teilnehmenden in unterschiedlichen Workshops Stimmungen und Inspirationen der Nacht in künstlerische Prozesse einbezogen. In zahlreichen Volkshochschulen wird mit einem „Jahreskurs Bildende Kunst" ein Intensivangebot für Fortgeschrittene im Bereich Malen/Zeichnen/Installation angeboten. Viele Volkshochschulen bieten Sommerakademien oder Sommerateliers an, die über die Stadt und die Region hinaus bekannt sind und zur Profilierung des Programmbereichs beitragen. Spezielle Kultur- und Kunststudienreisen oder auch „Kunst auf Reisen" finden sich in vielen Programmen.

Erfolgreiche und innovative Arbeit kann in hohem Maße davon abhängen, kulturelle Institutionen und Akteure als Partner zu gewinnen, sich im kulturellen Umfeld zu vernetzen.

Diese Kooperationen können sich auf Theater, Museen, Bibliotheken, Stadtteilzentren, Kunst- oder Musikschulen, aber auch auf private Anbieter beziehen, die gute Räume zur Verfügung stellen (z.B. Werkstätten/Ateliers oder Räume für Tanz oder Theater). Diese Partnerschaften eröffnen fachlich gut geeignete Veranstaltungsorte, erhöhen die Attraktivität des Programms, ermöglichen neue Wege der TeilnehmerInnenansprache und sind oft ein Imagegewinn für die VHS wie auch die Partner.

Kompetenzerwerb, Persönlichkeitsentwicklung, sich Gutes tun und der Spaß an der Sache

Zur Geschichte der Kulturellen Bildung an den Volkshochschulen gehört auch die immer wieder aufgeworfene Frage nach der Legitimation einer öffentlich finanzierten bzw. bezuschussten Kulturellen Bildung als Teil der Erwachsenenbildung und des Lebenslangen Lernens (siehe Wiltrud Gieseke „Kulturelle Erwachsenenbildung" in diesem Band). In Zeiten knapper öffentlicher Finanzressourcen der Länder und besonders der Kommunen nimmt dieser Legitimationsdruck zu. In den Volkshochschulen und ihren Landesverbänden ist viel über Qualitätsstandards, Qualität und Qualitäten Kultureller Bildung diskutiert worden. Neben allgemeinen Qualitätskriterien (Einrichtungs-, Programm- und Durchführungsqualität) sind Qualitätsmerkmale auf der Fachebene und der pädagogischen Ebene beschrieben worden. (Groppe 2003:34-36). Richard Stang verweist in diesem Zusammenhang auf die Schwierigkeit, ästhetische und kulturelle Qualitäten messen zu können, sodass Angebote Kultureller Bildung oft als „Freizeitangebote" disqualifiziert werden. Dies liegt zum einen an dem hohen „subjektiven Faktor", der Erfolg und Wirkung für jeden Einzelnen anders aussehen lassen und sich einer quantitativen Messbarkeit entzieht. Stärker noch als in anderen Bildungsbereichen bestimmen die Teilnehmenden letztlich den Gebrauchswert und die damit verbundene Qualität selbst. Zum anderen liegt dies daran, dass förderungswürdige Qualitätskriterien sich nach wie vor stark an Kompetenzen orientieren, die der arbeitsmarktbezogenen und beruflichen Weiterentwicklung dienen (Stang 2010:167/177).

In letzter Zeit mehren sich die Stimmen, die den Wert Kultureller Bildung anerkennen und in Teilen der Öffentlichkeit und Bildungspolitik scheint sich die Wahrnehmung der Kulturellen Bildung zu verändern. Rita Süssmuth, die Präsidentin des *Deutschen Volkshochschul-Verbands*, spricht von einer „Wiederentdeckung der Kulturellen Bildung". Sie sagt, dass Kulturelle Bildung als Querschnittsaufgabe „nicht nur Teil der Bildung ist, sondern sie ist das Fundament der Bildung", da sie die Potentiale der Menschen in den Mittelpunkt stelle. „Macht das Beste aus dem Menschen um mit Herder und Humboldt zu sprechen" (Unveröffentlichter Vortrag auf der Bundeskonferenz für kulturelle Bildung der Volkshochschulen in Essen 2010).

> „Kulturelle Bildung ist eine der besten Investitionen in die Zukunft unseres Landes" heißt es im Schlussbericht der *Enquete-Kommission* „Kultur in Deutschland" 2007. Und die Kommission empfiehlt Bund, Ländern und Kommunen „kulturelle Erwachsenenbildung sicherzustellen und zu unterbreiten sowie Weiterbildung nicht auf einen verengten Begriff beruflicher Weiterbildung zu reduzieren" (Deutscher Bundestag 2007:405).

Viele VHS-Kulturangebote ermöglichen den Erwerb von Fähigkeiten und Fertigkeiten, von Kompetenzen und Qualifikationen, die persönlich wie beruflich relevant sein können. Gerade in den sogenannten „Kreativkursen" können Kernkompetenzen wie Kreativität, Flexibilität, Improvisationsbereitschaft, Problemlösungsstrategien oder Teamfähigkeit spielerisch erprobt, entwickelt und erweitert werden. Kreativkurse können zur Anregung und Fortbildung genutzt werden, persönliche und berufliche Interessen lassen sich oft optimal miteinander verbinden. Das Erlernte ist nützlich für den Job, gleichzeitig tut man sich etwas Gutes, hat Freude und

Spaß. Der Besuch von Kulturkursen wird also oft genutzt, um eine Balance im Alltag zu finden, aber auch um sein persönliches und berufliches Portfolio zu erweitern.

VHS als Ort der Begegnung und der Kultur

Kulturelle Bildung in den Volkshochschulen bietet „mehr als nur Kurse". Sie gibt den Teilnehmenden die Möglichkeit, sich mit ihren Arbeitsergebnissen zu präsentieren, Kommunikation und Öffentlichkeit darüber herzustellen. Teilnehmende von Mal- und Fotokursen stellen ihre Arbeiten in den VHS-eigenen Häusern aus. AutorInnen aus Schreibkursen lesen ihre Texte öffentlich, Chöre und Orchester laden zu Konzerten, VHS-Theatergruppen präsentieren ihre Stücke.

Viele Volkshochschulen sind Kulturveranstalter und besonders in kleineren Kommunen und in ländlichen Regionen die erste Adresse für Kunst- und Kulturveranstaltungen.

Die VHS-Kultur kommt der Erreichung der Ziele der Leitidee einer „Kultur für alle" der 1970er Jahre nahe (siehe Hilmar Hoffmann/Dieter Kramer „Kultur für alle. Kulturpolitik im sozialen und demokratischen Rechtsstaat" in diesem Band). Menschen verschiedener Altersstufen, von 16 bis über 80 Jahren, verschiedenster Milieus und – dank der relativ moderaten Entgelte – unterschiedlicher Einkommensverhältnisse kommen in VHS-Kurse. Es gibt wohl kaum eine andere kulturelle Institution, die einen so breiten Milieumix schafft.

Hierbei darf nicht übersehen werden, dass die Kulturelle Bildung überwiegend weiblich ist, fast 80 % der Teilnehmenden sind Teilnehmerinnen. Kommt der Körper ins Spiel, z.B. beim Tanz oder Theater, bleiben die Männer weg. Kommt die Technik ins Spiel, wie bei der Fotografie, oder ein Instrument, wie bei der Gitarre, sind mehr Männer dabei.

Die Kulturelle Bildung in den Volkshochschulen erreicht aber nicht alle Zielgruppen gleichermaßen. Nach wie vor ist es sehr schwierig, Menschen aus sogenannten bildungsfernen Milieus zu erreichen, die oft einen Migrationshintergrund haben. Die VHS für diese Zielgruppen stärker zu öffnen, neue Angebote zu entwickeln, sie direkter anzusprechen und einzuladen im Sinne einer „Kultur mit allen!" ist eine der Herausforderungen und Zukunftsaufgaben.

Zur Umsetzung dieser Ziele ist die Zusammenarbeit mit Einrichtungen und Initiativen vor Ort notwendig, in den Stadtteilen, Sozialräumen, nachbarschaftlichen Communities. Und es ist notwendig key-worker aus den betreffenden Milieus zu finden, die Türen öffnen können. Allein der demografische Wandel, verbunden mit einem deutlichen Anstieg des Anteils der Bevölkerung mit Migrationshintergrund erfordert Anstrengungen, die VHS-Kultur als lebendigen Ort der Begegnung und der interkulturellen Vielfalt weiter zu entwickeln (siehe Karl Ermert „Demografischer Wandel und Kulturelle Bildung in Deutschland" in diesem Band).

Perspektiven und Herausforderungen

Die Kulturelle Bildung der Volkshochschulen muss sich den Zukunftsherausforderungen der gesellschaftlichen Entwicklung wie dem demografischen Wandel stellen und damit aktiv umgehen. Neben der Ansprache Bildungsferner sowie von Menschen mit Migrationshintergrund, sind weitere Herausforderungen:

>> Die Digitalisierung unserer Gesellschaft: Wir leben in einer Zeit sehr schnellen kulturellen Wandels, insbesondere befinden wir uns in einem rasanten medienkulturellen Wandlungsprozesses. Es wächst eine Generation heran, die unter anderen medienkulturellen Bedingungen aufwächst als die meisten der jetzigen VHS-TeilnehmerInnen, KursleiterInnen und auch MitarbeiterInnen. Neue Bedarfe, Methoden

und Selbstverständlichkeiten im Lernen Erwachsener entstehen. Das bedeutet, dass die VHS-Kultur stärker in digitale Lebens- und Kulturwelten eintauchen muss, um anschlussfähig zu bleiben. Und es bedeutet darüber hinaus, dass der interne Generationswechsel aktiv betrieben werden muss, eine Verjüngung notwendig ist. In vielen Volkshochschulen gibt es die „Junge Volkshochschule" (JVHS). Oft steht kulturelle Projektarbeit mit jungen Menschen im Zentrum der JVHS-Planung. Die dort erprobten Ansätze sollten ausgebaut und für das Gesamtprogramm genutzt werden.

>> Die Kulturelle Bildung muss offen bleiben für Experiment, Innovation, Wagnis (und auch das Scheitern in Kauf nehmen). Es müssen immer wieder neue Formate, Orte, Zeiten, Kooperationen und Kombinationen, Projekte und Blended Learning-Angebote etc. entwickelt und probiert werden. Die Kulturelle Bildung muss eine gute Mischung von Angebots- und Nachfrageorientierung vorhalten. Sie muss nicht alles machen, was gerade boomt oder gute Einnahmen verspricht. Denn auch sie steht wie alle anderen VHS-Bereiche unter einem hohen Einnahmedruck, der nicht zu Lasten von Qualität und Innovation gehen darf. Sie sollte den Markt im Auge haben, aber nicht alles anbieten, was der Markt will. Oder, wie Karl Ermert, der ehemaliger Leiter der *Bundesakademie für kulturelle Bildung Wolfenbüttel*, 2012 in einem Vortrag bei der Bundeskonferenz für Kulturelle Bildung der Volkshochschulen in Ulm gesagt hat: „So viel Bildung wie möglich, soviel Markt wie nötig." Und sie sollte versuchen, eine Verständigung darüber herzustellen, was die Gesellschaft an Kultureller Bildung braucht.

>> Und die Kulturelle Bildung der Volkshochschulen – wie die Kulturelle Bildung überhaupt – sollte selbstbewusst immer wieder daran erinnern, dass Bildung im Sinne einer Beschäftigungsbefähigung nur ein Teilaspekt von Bildung ist, Kulturelle Bildung als Teil allgemeiner Erwachsenenbildung zur Gesellschaftsbefähigung, zu Teilhabe und Partizipation beiträgt, dem Einzelnen gut tut und helfen kann, in einer immer komplexer werdenden Gesellschaft Orientierung zu finden und innere Balance zu wahren.

Zum Weiterlesen

Bamford, Anne (2010): Der Wow-Faktor, eine weltweite Analyse der Qualität künstlerischer Bildung. Münster u.a.: Waxmann.

Bastian, Hannelore/Groppe, Hans-Hermann/Gehren, Friederike von (2011): Kulturelle Bildung an der Hamburger Volkshochschule. In: forum erwachsenenbildung 4/2011, 48-51.

Ermert, Karl (Hrsg.)(2012): Kultur für alle oder Produktion der „feinen Unterschiede"? Wozu kulturelle Bildung dient. Wolfenbüttel: BKJ.

Fuchs. Max (2010), Herausforderung Kultur. In: DIE, Zeitschrift für Erwachsenenbildung, III/2010, 35-38.

Hamburger Volkshochschule: www.vhs-hamburg.de

Stang, Richard/Peez, Georg/Groppe, Hans-Hermann u.a. (2003): Kulturelle Bildung. Ein Leitfaden für Kursleiter und Dozenten. Bielefeld: W. Bertelsmann.

Wiltrud Gieseke
Kulturelle Erwachsenenbildung

Kulturelle Erwachsenenbildung (EB) hat eine lange Tradition bei verschiedenen Trägern. Sie erhielt in der Weimarer Republik ihren spezifischen Platz in den EB-Einrichtungen, speziell in den Volkshochschulen (siehe Hans-Hermann Groppe „Kulturelle Bildung an den Volkshochschulen" in diesem Band), und zwar bereits damals als „Kultur für alle" (siehe Hilmar Hoffmann/Dieter Kramer „Kultur für alle. Kulturpolitik im sozialen und demokratischen Rechtsstaat" in diesem Band). Kulturelle Bildung findet sich in den klassischen EB-Institutionen ebenso wie in neuen organisatorischen Konzepten als beigeordnete Bildung angekoppelt an die klassischen Kulturinstitutionen (Museen, Theater etc.), aber auch bei kommerziellen Institutionen (z.B. Bücherläden und bei diversen Vereinen). Stets stehen dabei Formen der Präsentation und Interpretation von Kunst und künstlerischen Produkten im Mittelpunkt.

Positionierungen zur Kulturellen Erwachsenenbildung

Kulturelle EB wird nach dem Kulturbericht der Bundesregierung in einem erweiterten Sinne als Förderung von Schlüsselqualifikationen verstanden, nicht nur für „Beschäftigungsfähigkeit", sondern auch für „Gesellschaftsfähigkeit" (Deutscher Bundestag 2007:400). Sie unterstützt kulturelle Handlungs- und biografische Gestaltungskompetenz. Kulturelle Bildung wirkt dabei im Dreiklang von historisch-systematischer Kunstaneignung, selbsttätig-kreativer Gestaltung und interkulturell-kommunikativer Beschäftigung mit Lebensstilen. Richard Stang (2010) formuliert als zentrale Aufgaben der Kulturellen EB dementsprechend:

>> „[...] die Förderung gestalterischer, kreativer Fähigkeiten,
>> die Sensibilisierung für die verschiedenen Formen künstlerischen Ausdrucks,
>> die Erweiterung von kulturellen und kommunikativen Kompetenzen, u.a. der Medienkompetenz,
>> die Sensibilisierung für soziokulturelle und interkulturelle Lebenszusammenhänge (interkulturelle Bildung)" (Stang 2010:176).

Der Kulturellen EB wird in den offiziellen Papieren zur Kulturpolitik konzeptionell Raum gegeben, so z.B. 2007 im Positionspapier des *Kulturrates*: „Kulturelle Bildung befähigt den einzelnen Menschen, komplexe Veränderungen nicht nur zu begreifen, sondern sich darin zu orientieren und sie aktiv zu gestalten. Kunst und Kultur sind, wie im Bereich der Kulturellen Kinder- und Jugendbildung vielfach nachgewiesen, zentrale Sozialisationsfaktoren, ‚Werkzeuge des Weltzugangs' und Basis für den Erwerb von ‚Schlüsselkompetenzen' und als Brücke zur Teilhabe an gesellschaftlichen und kulturellen Möglichkeiten" (Kultur und demografischer Wandel 2007:7). In der Stellungnahme des *Kulturrates* von 2009 wird Kulturelle EB unter kultureller Daseinsvorsorge behandelt, um eine breite Beteiligung der Bevölkerung zu erreichen (Deutscher Kulturrat 2009:409). Um die bisherigen Offerten und das breite Spektrum zu Kunst, Kultur und künstlerisch-kreativem Gestalten zu erhalten und weiter zu entwickeln (ebd.:410/411), wird eine flächendeckende und kommunale Verankerung der Kulturellen Bildung durch die Weiterbildungsgesetze gefordert. Denn Kulturelle Bildung, so die Argumentation des *Kulturrates*, „ist ein elementarer Teil lebensbegleitenden Lernens und schafft Zugänge zu neuen Lern-, Lehr- und Arbeitsformen" (ebd.:413; siehe ebenfalls Zimmermann/Schulz 2009, ebenso Fuchs 2009). In der Bildungspolitik, niedergelegt in den Gesetzesnovellierungen der Länder, gelten selbsttätig-kreativ gestalterische Angebote, wie z.B. Malen und Zeichnen, jedoch nicht mehr als förderwürdige Bereiche. Die gegenwärtige Nachfrage durch die Bevölkerung liegt aber gerade besonders im selbsttätig-kreativen Bereich (VHS-Statistik), auch als Gegenpol zum gelenkten Arbeitsleben. Zudem erwarten TeilnehmerInnen in den EB-Institutionen zusätzlich Konzepte und Kurse, die anschlussfähig zur medialen gesellschaftlichen Eventwelt sind.

Die EB-Institutionen sind unter Vermarktungsaspekten und Finanzierungsengpässen herausgefordert, einen weiten Wissensbegriff, der für Lebenslanges Lernen (LLL) eine Voraussetzung ist, theoretisch zu begründen und ihm neue Schubkraft zu geben, zumindest was die Programmentwicklung und die Vernetzung mit Kultur- und Bildungsinstitutionen in der Region betrifft. Denn Kulturelle Bildung (bzw. kulturelles Wissen) erfährt nur dann eine selbstverständliche Akzeptanz, wenn sie in Kulturerlebnisse eingebettet ist oder darauf vorbereitet.

Angebote und Nachfrage

Für Managementfragen der Kultur- und Bildungsinstitutionen sind Besucherbewegungen von Interesse. Was die Museumsforschung als milieuspezifisches Kulturmarketing betrifft, liegt hierzu eine große Anzahl von Untersuchungen vor (siehe z.B. Überblick Klein 2008). Besucherforschung, bildungswissenschaftlich betrachtet als Partizipationsforschung, benötigt jedoch vertiefende Zugänge, um die Bildungsherausforderungen im Partizipationsverhalten sichtbar zu machen. Aktive Programmgestaltung, die auf kulturelle Entwicklung und Innovationen eingeht, beginnt damit. Die Kulturmarketingforschung sorgt zwar für eine Besucherbindung, aber über Lernentwicklungen, das Gewinnen neuer Perspektiven durch kulturelle Erlebnisse und/oder das Kennen neuer Praktiken wissen wir noch zu wenig, um die gegenwärtigen Fragen nach den Wirkungen auf die BesucherInnen beantworten zu können.

Die Frage nach der Partizipation und den nachgefragten Themenschwerpunkten beantwortet die neue Vielzahl an Weiterbildungsstatistiken im Sinne eines Monitoring: Nach der VHS-Statistik von 2010 hat der Bereich ‚Kultur – Gestalten' gegenüber dem Vorjahr zugelegt, was die Belegungen und die Unterrichtsstunden betrifft (Huntemann 2011). Im Trendbericht des *Adult Education Survey (AES)* von 2010 wird festgestellt, dass der klassische Anteil der Allgemeinen EB mit einem Viertel des Angebots relativ stabil ist. Für die Bereiche ‚Sprachen', ‚Kultur' und ‚Politik' wird hingegen ein Rückgang konstatiert (BMBF 2011b:14ff.). Dieser Rückgang kann damit erklärt werden, dass der Aspekt ‚künstlerische Selbsttätigkeit – Gestalten' in der Klassifikation des *AES* fehlt. In der Weiterbildungsstatistik im Verbund der öffentlich unterstützten Träger von 2009 nimmt ‚Kulturelle Bildung' als Angebotseinheit nach ‚Gesundheit' und ‚Sprachen' den dritten Platz, bezüglich der Unterrichtsstunden sogar nur den vierten Platz ein (Weiß/Horn 2011:28ff.). Bei Einzelveranstaltungen, auch wenn sie über drei Stunden gehen, nimmt der Bereich ‚Kultur und Gestalten', allerdings auch was die Teilnehmerfälle betrifft, den Spitzenplatz mit 30 % ein. Jede dieser Statistiken gibt andere Auskünfte über die Platzierung, aber verweist auf die Präsenz der Kulturellen Bildung bei den Weiterbildungsträgern.

Nachfrageverhalten und subjektive Entfaltung

Empirisch betrachtet lassen sich die nachfragebezogenen Angebote in der Kulturellen EB nach drei bildungskonzeptionellen Ausrichtungen, besser nach drei Portalen zur Kulturellen

Bildung unterscheiden: 1. systematisch-rezeptive Zugänge, 2. selbsttätig-kreative Zugänge, 3. interkulturell-kommunikative Zugänge. Eine weiterführende Theorie Kultureller EB hat diese Dimensionen in ihren bildungswirksamen Bedeutungen auszudifferenzieren (Gieseke u.a. 2005).

Dabei erweist sich das Angebot in den Institutionen der öffentlich verantworteten Weiterbildung im interkulturell-kommunikativen Bereich eher als marginal. Die Institution mit dem differenziertesten und verlässlich kontinuierlichsten Angebot ist die Volkshochschule. Einen Eindruck über die Spannbreite der Angebote in der Kulturellen EB gibt die ländervergleichende Regionalstudie über zwei europäische Nachbarländer, die nachstehend zu sehen ist (Berlin/Brandenburg und Warschau/Lubuskie).

Des Weiteren führen die Befunde zu der nachstehenden Grafik. Allerdings ist festzuhalten, dass eine reine Nachfrageorientierung oder eine Steuerung durch sehr gut finanzierte Highlights einer Vereinseitigung in der Kulturellen EB Vorschub leistet. Dieses zeigt sich hier für Kunstgeschichte sowie Malen/Zeichnen und Tanzen. Jede Programmentwicklung verlangt als Handlungsspielraum eine Gegensteuerung, um eine Vielfalt im Angebot zu sichern.

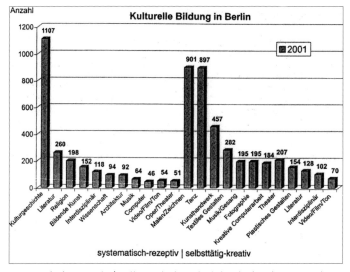

systematisch-rezeptiv | selbsttätig-kreativ (Gieseke/Opelt 2005:60)

Für den Vergleich mit Polen:

Ort und Zeit der Untersuchung	Rezeptive Bildung	Kreative Bildung	Interkulturelle Bildung
Berlin (1996 / 2001)	41,6% / 35,6%	53,3% / 60,1%	5% / 4%
Warschau (2001-2002)	51,2%	48,8%	-
Płock (2003)	41,83%	45,62%	12,55%
W. Lubuskie (2001)	18,91%	76,68%	4,39%
Brandenburg (1996 / 2001)	39% / 35,4%	50,4% / 55%	11,5% / 9,8%

(Solarczyk 2005:169)

Theoretische Ansätze zur Kulturellen Erwachsenenbildung

Bildungstheorien geht es darum, die Angebots-Nachfrage-Entwicklung beschreiben und erklären zu können. Des Weiteren geht es darum, Anschlussprozesse zu identifizieren, sie mit den verschiedenen Ausläufen neuer kultureller Diskurse zu verbinden und die speziellen Bildungsherausforderungen sichtbar zu machen (Gieseke/Opelt 2005:321).

Man kann von folgenden Veränderungen in den theoretischen Diskussionen ausgehen, die für den Bildungsdiskurs wirksam waren und sind: Galt in den 1950er Jahren noch eine Einheit von Kultur und Bildung, wobei gesellschaftlich abgewandte Perspektiven dominierten, überwogen in den 1960er/1970er Jahren Diskurse zur Kultur in der Demokratie, d.h. Fragen des selbsttätigen Gestaltens sowie der Anspruch, auch in der Kulturellen Bildung „Bildung für alle" zu realisieren. In den 1980er Jahren verknüpften sich dann Ansätze der Kulturellen Bildung mit Selbstfindung, Selbstaktivierung, Persönlichkeitsfindung und neuer Erlebnisfähigkeit. Kulturelle Bildung suchte dabei eine Nähe zu den sozialen, ökologischen Bewegungen (Holzapfel 2002). Parallel zu dieser Entwicklung differenzierten sich Angebote aus: Einerseits bestimmten Kunst und Kultur bis in die 1990er Jahre dieses Angebot, was auch im neuen Jahrzehnt anhält. Andererseits verblasst der Bildungsaspekt gegenüber kulturwirtschaftlichen Neupositionierungen mit den verschiedensten Eventkonzepten und öffentlicher medialer Aufmerksamkeit. Gleichzeitig treten durch die Globalisierung interkulturell-kommunikative Interessen nach vorne und neue Lebensstile, neue hybride Strukturen entstehen. Gesellschaftliche Interessen und Bildungsvorstellungen werden einem cultural turn (Reckwitz 2006) untergeordnet. Gegenwärtig werden durch neurobiologische Grundlagenforschung Zusammenhänge bzw. Entgrenzungen zwischen Körperlichkeit und Emotionalität, Kognition und Lernen, Kreativität und auch Gesundheit sichtbar, die auch in der Nachfrage erkennbar sind. Neue Perspektiven in der Betrachtung von Kultureller Bildung eröffnen sich.

Was meint Kulturelle Bildung vor diesem Hintergrund? Kulturelle Bildung nach Max Fuchs bleibt „[...] eine aktive Disposition des Menschen zur Selbstgestaltung. Und sie leistet dieses mit künstlerischen Formen" (Fuchs 1999:217). „Kulturelle Bildung als mit künstlerischen Mitteln erzeugte Bildung unterscheidet diese von anderen Möglichkeiten der Entwicklung von Bildung" (ebd.:221). Diese Definition gibt eine Erklärung dafür, warum so viele Menschen ganz und gar freiwillig an Kultureller Bildung partizipieren. Eine empirische Auswertung von Interviews mit PlanerInnen der Kulturellen Bildung ergibt, dass es der Kulturellen Bildung um Lebenstüchtigkeit, -bewältigung, -gestaltung, Identität, interkulturelle Erfahrung, um Kunst und Werkverständnis im Sinne der Interpretation von Welt, um Selbstausdruck, Suche nach Techniken, Können, Nachempfinden und Wahrnehmen geht (Stock 2005). Kulturelle Bildung meint nicht inhaltlich angereicherte Geselligkeit, sondern meint Berührung, Muße, Tiefe, Grenzziehung und Verbindung sowie Können, Wissen und Verstehen. Nicht umsonst wird Kulturelle Bildung auch für die berufliche Weiterbildung mit Kreativitätsforderung in Verbindung gebracht. Nur so kann der/die Erwachsene statt als fertiges Produkt, als ein im Prozess befindliches aktives Lebewesen betrachtet werden.

Die postmoderne Position von Wolfgang Welsch (1998a) schafft daneben eine interessante Rahmung, die verschiedene Zugänge zur Kulturellen Bildung, auch die differenten europäischen Positionen, in Bezug zueinander bringen. Der Ästhetik-Diskurs kann über Wahrnehmungsfähigkeit und Erkenntnisbereitschaft geschärft werden, indem Ästhetik und Anästhetik als Kontrastpunkte postmodern verschränkt werden.

Gleichzeitig hat Kulturelle Bildung den Anspruch, Methodenerwerb zur kreativen Selbstentäußerung, katharsische Funktionen und Wahrnehmungsschärfung aufeinander zu beziehen bzw. zu ermöglichen. Für die systematisch-rezeptive Perspektive liegt die Arbeit von Karla Görner-Schipp (2012) vor. Neben der Erschließung persönlicher ästhetischer Zugänge zur Wirklichkeit sind es gerade diese auf Selbsterfahrung und Kreativität orientierten menschlich-leiblich-emotionalen Ressourcen, die sich in der Kulturellen Bildung auftun. Nach Georg Peez (1993), einer der wenigen, der sich intensiv mit den bildenden Prozessen selbsttätig-kreativer Kultureller Bildung beobachtend beschäftigt, zeigt sich, wie sich bei den Individuen eine kreative intrapsychische Kommunikationsfähigkeit herausbildet, die zu einer ausdifferenzierten ästhetischen Kompetenz beiträgt. Eine ästhetische Bildung sichert die emotionale Differenzierungsmöglichkeit der Person, und dieses geschieht am besten über weitreichendere und tiefere Kenntnisse von Verfahren und Methoden. Kulturelle Bildung ist dann kreatives Probehandeln zur Befreiung, zum Ausgleich, zum Neuanfang. Dabei wechseln die Techniken auch im Kunsthandwerklichen mit den Ansprüchen und mit dem Lebensgefühl der Nachfragenden. Besonders deutlich ist dieses an sich wandelnden Frauenbildern und dem sich daraus ergebenden veränderten Interessen auch im kunsthandwerklichen Bereich zu sehen.

Mode und Tanz sind unverständlicherweise die Reizthemen in der aktuellen Kulturellen Bildung, vielleicht weil sie am deutlichsten Lebensstile, Beziehungsformen auch zwischen den Geschlechtern als Suche nach neuen Symbolformen darstellen. Zudem sind die wechselseitigen Wirkungen von Körper und Geist bzw. von Emotion und Kognition in der neurobiologischen Forschung untersucht und belegt worden (Dinse 2008).

Die fehlende Innenbetrachtung kultureller Bildungsprozesse, die sich in den Veröffentlichungen von Hermann Glaser (1999) und Hilmar Hoffmann (2010) als Nichtthematisierung von Bildung ankündigt, ist die Herausforderung der Gegenwart, um dem LLL in diesem thematischen Feld milieuübergreifend neue Impulse zu geben. Eine offene, mobile Gesellschaft mit breiten, sich ausdifferenzierenden kulturellen Offerten bei einer neuen Vielfalt der Kontexte für Kulturelle Bildung steht vor der Herausforderung, sich zu fragen, wer, warum und wie an Kultureller EB partizipiert, mit welchen Interessen und Lernwegen und wodurch sich milieuüberschreitende Gewohnheiten herausbilden. Sich auf Bildungsbewegungen zwischen den Milieuinteressen (siehe Barz/Tippelt 2004; Tippelt u.a. 2008) einzulassen und sie bildungswissenschaftlich zu verstehen und zu erklären, ist ein anstehendes theoretisches und empirisches Interesse in der Kulturellen EB.

Schlussbemerkung

Die starke Nachfrage nach selbsttätiger Bildung differenziert sich unabweisbar als Folge indirekter Verwertung und Kompensation für den Alltag in Familie und Beruf aus. Sie bestätigt die These von zivilgesellschaftlichen Fluchtpunkten mit individueller stützender Funktion. Bildung sucht Kultur. Für zukünftige Entwicklungen bleibt der Anspruch, die Veränderungen in der Wissensgesellschaft in eine fließende, mitgehende Praxis zu bringen und für die Nachfrage offen zu halten, d.h. aufklärerisch, ästhetisch betrachtend, erlebend, selbsttätig auslegend, also lebendig kulturaktiv zu sein.

Zum Weiterlesen

Bourdieu, Pierre (1986): Die feinen Unterschiede. Frankfurt/M.: Suhrkamp.

Bundesministerium für Bildung und Forschung (Hrsg.): Weiterbildungsverhalten in Deutschland. Weiterbildungsverhalten in Deutschland AES 2010 Trendbericht. Bonn/Berlin 2011: http://www.bmbf.de/pub/trendbericht_weiterbildungsverhalten_in_deutschland.pdf (Letzter Zugriff am 03.08.12).

Deutscher Bundestag (2007): Schlussbericht der Enquete-Kommission „Kultur in Deutschland". Drucksache 16/7000. Berlin.

Genscher, Hans-Dietrich (2010): Der Fortschritt braucht Leute wie Hilmar Hoffmann. In: Kulturpolitische Mitteilungen 130, III/2010, 32-35.

Gieseke, Wiltrud (2007): Lebenslanges Lernen und Emotionen. Wirkungen von Emotionen auf Bildungsprozesse aus beziehungstheoretischer Perspektive. Bielefeld: W. Bertelsmann.

Huntemann, Hella (2011): Volkshochschul-Statistik 2010 – Zahlen in Kürze: http://www.die-bonn.de/doks/2011-volkshochschule-statistik-02.pdf (Letzter Zugriff am 03.08.12).

Keuchel, Susanne (2009): „Kultur für alle" in einer gebildeten, ungebundenen, multikulturellen und veralteten Gesellschaft? Der demografische Wandel und seine Konsequenzen für die kulturelle Partizipation. In: Hausmann, Andrea/Körner, Jana (Hrsg.): Demografischer Wandel und Kultur: Veränderungen im Kulturangebot und der Kulturnachfrage (150-176). Wiesbaden: VS.

Kultur und demografischer Wandel (2007): Konsequenzen für kulturelle Bildung und Soziokultur. Positionspapier des Rates für Soziokultur und kulturelle Bildung im Deutschen Kulturrat: http://www.bundesakademie.de/pdf/positionspapier.pdf (Letzter Zugriff am 03.08.12).

Sanders, Olaf (2002): Pop. Bildungstheoretische Überlegungen im Kontext der Cultural Studies. In: Friedrichs, Werner/Sanders, Olaf (Hrsg.): Bildung/Transformation. Kulturelle und gesellschaftliche Umbrüche aus bildungstheoretischer Perspektive (165-180). Bielefeld: transcript.

Scharfe, Martin (2002): Menschenwerk. Erkundungen über Kultur. Köln/Weimar/Wien: Böhlau.

Schmid, Wilhelm (1998): Philosophie der Lebenskunst. Frankfurt/M: Suhrkamp.

Sennett, Richard (1998): Der flexible Mensch. Die Kultur des neuen Kapitalismus. Berlin: Berlin-Verlag.

Weiß, Christina/Horn, Heike (2011): Weiterbildungsstatistik im Verbund 2009 – Kompakt: http://www.die-bonn.de/doks/2011-weiterbildungsstatistik-01.pdf (Letzter Zugriff am 03.08.12).

Rolf Witte
jugend.kultur.austausch: Kulturelle Bildung mit internationalen Partnern

Das Zusammenleben in multikulturellen Gesellschaften ist heute tägliche Lebensrealität von Kindern und Jugendlichen (siehe Bernd Wagner „Von der Multikultur zur Diversity" in diesem Band). Kulturelle Vielfalt ist Reichtum und gleichzeitig Herausforderung für unsere modernen Gesellschaften. Kulturelle Bildung nutzt Unterschiede und Verunsicherungen gezielt als Anlass für die Entwicklung kreativer Neugier und bietet Räume für künstlerische Auseinandersetzungen, den Dialog der Kulturen und die Entwicklung interkultureller Kompetenzen. In der konkreten Begegnung mit Menschen, die über andere kulturelle Hintergründe verfügen, öffnen sich Jugendlichen und KulturpädagogInnen beim internationalen Jugendkultur- und Fachkräfteaustausch immer wieder fremde Welten und neue Sichtweisen. Kulturelle Vielfalt erleben heißt hier ganz konkret, über Ländergrenzen und Sprachbarrieren hinweg, aktiv zum friedlichen Zusammenleben beizutragen und gemeinsam mit PartnerInnen aus anderen Ländern selbst kreative Beiträge und Strategien zu den viel diskutierten Themen „Globalisierung" und „interkultureller Dialog" zu entwickeln.

Jugendkulturaustausch

Immer mehr lokale, regionale, landes- und bundesweite Einrichtungen und Träger der Kulturellen Bildung, wie Jugendkunstschulen, Kinder- und Jugendzirkusse, Medienwerkstätten, Theater- und Tanzgruppen usw., führen internationalen Jugendkulturaustausch durch. Allein durch den „JugendkulturService International" der *Bundesvereinigung Kulturelle Kinder- und Jugendbildung (BKJ)* werden jährlich fast 100 Maßnahmen mit ca. 2.000 Teilnehmenden beraten und mit Mitteln des *Bundesjugendministeriums (BMFSFJ)*, der *Stiftung Deutsch-Russischer Jugendaustausch* und der beiden deutsch-französischen und deutsch-polnischen Jugendwerke *(DFJW, DPJW)* finanziell gefördert. Daneben sind weitere bundesweite Fachorganisationen vor allem der musikalischen Bildung ebenfalls anerkannte „Zentralstellen" für die finanzielle Förderung des Jugendkulturaustauschs, sodass interessierte AntragstellerInnen ihre Förderanträge bei fachlich versierten KollegInnen stellen können und nicht auf die Bearbeitung durch öffliche Verwaltungsstellen angewiesen sind.

Internationaler Fachkräfteaustausch

Viele Einrichtungen und Träger der Kulturellen Bildung nutzen internationale Fachkräfteprogramme zum Know-how-Transfer zwischen Deutschland und für sie interessanten Partnerländern. So wurde z.B. von den jeweiligen Fachorganisationen mit Unterstützung des *BMFSFJ* je ein mehrteiliges deutsch-japanisches Studienprogramm von 2005 bis 2007 zum Thema „Theaterarbeit mit Jugendlichen" sowie von 2008 bis 2010 zum Thema „Bildende Kunst in der schulischen und außerschulischen Kulturellen Bildung" durchgeführt, was sowohl die Theaterpädagogik als auch die Kunsterziehung in beiden Ländern konzeptionell bereichert hat. Aber auch lokale und regionale Einrichtungen und Träger der Kulturellen Bildung organisieren mit Fachpartnern aus verschiedensten Ländern Fachtagungen, Hospitationen, Workshops und internationale Fortbildungen, die für alle Teilnehmenden neue fachliche Impulse für die eigene Arbeit aus den Partnerländern mit sich bringen.

Internationale Freiwilligendienste in der Kultur

In den letzten Jahren engagieren sich Einrichtungen und Träger der Kulturellen Bildung vermehrt für internationale Freiwilligendienste in ihren eigenen Einrichtungen und bei ihren internationalen Partnern. Sie reagieren damit auf eine starke Nachfrage von Jugendlichen aus Deutschland und aus dem Ausland und nutzen zur Finanzierung vor allem das Förderangebot des Europäischen Freiwilligendienstes im Rahmen des *EU*-Programms „Jugend in Aktion". Erste europaweite Netzwerke für den Austausch Jugendlicher als Freiwillige in Kultureinrichtungen sind in diesem Zusammenhang schon entstanden, teilweise auch gezielt für die Arbeit mit benachteiligten Jugendlichen in Stadtteilkulturzentren. Eine Angebotsform, die sich sicherlich in den nächsten Jahren noch wesentlich weiterentwickeln wird und die durch die langfristigen freiwilligen „BotschafterInnen" in ausländischen Partnereinrichtungen der Kulturellen Bildung zu deutlich tieferen Beziehungen und konzeptionellem Austausch führen kann und damit den „klassischen" kurzfristigen Jugendkulturaustausch in Gruppen sehr sinnvoll ergänzt.

Nationale und internationale Fördermöglichkeiten

Deutschland ist mit der Einrichtung der bilateralen Jugendwerke *DFJW* und *DPJW*, den bilateralen Koordinierungszentren *Tandem* (mit Tschechien) und *ConAct* (mit Israel), der *Stiftung Deutsch-Russischer Jugendaustausch* und mit dem „Programm Internationale Jugendarbeit" im Rahmen des Kinder- und Jugendplans des Bundes (KJP), das den Austausch mit interessierten Partnern aus beliebigen Partnerländern fördert, führend in der Unterstützung konkreter Mobilitätsmaßnahmen für junge Menschen und Fachkräfte der Jugendarbeit. Von all diesen Fördermechanismen profitieren natürlich auch die Akteure der Kulturellen Bildung, auch wenn die Förderquote dieses Bereichs im Vergleich zu anderen Bereichen der Jugendarbeit angesichts seiner gesellschaftlichen Bedeutung auf jeden Fall noch deutlich gesteigert werden könnte.

Diese vor allem die bilaterale Zusammenarbeit fördernden Strukturen ergänzen sich aus Sicht der Träger von internationalem Jugendkulturaustausch sehr gut mit den Unterstützungsmöglichkeiten von Seiten der *Europäischen Union*, die einen Schwerpunkt auf die multilaterale Zusammenarbeit bei der Förderung legt. So können sich Einrichtungen und Träger der Kulturellen Bildung entsprechend ihrer personellen und inhaltlichen Möglichkeiten Schritt für Schritt zu aktiven und erfahrenen AkteurInnen des Jugendkulturaustauschs entwickeln und nach und nach anspruchsvollere Begegnungskonzepte mit einer steigenden Anzahl internationaler Partnereinrichtungen in die Tat umsetzen.

In Zeiten der „Generation facebook" zeigen sich jedoch auch die Grenzen der reinen Mobilitätsförderung der verschiedenen Zuschussgeber, die, wie in den letzten Jahrzehnten des 20. Jh.s, davon ausgehen, dass ein internationales Austauschprojekt erst mit der Anreise einer Partnergruppe beginnt. Aber heute entwickeln sich internationale Begegnungsprojekte zunehmend schon lange vor der physischen Begegnung digital, die Partnergruppen kommunizieren regelmäßig miteinander, bereiten Bestandteile des gemeinsamen künstlerischen Vorhabens zu Hause vor, und auch künstlerische Ergebnisse von „analogen" Begegnungen werden zunehmend digital weiter be- und verarbeitet. Dabei handelt es sich zum Teil durchaus um kostenintensive Projektteile, die von den veralteten Fördermechanismen zurzeit nicht unterstützt werden können.

Wirkungsforschung und Qualitätsentwicklung

Der Bereich der Kulturellen Kinder- und Jugendbildung arbeitet über die finanzielle Förderung von Begegnungen hinaus auch eng mit den binationalen Jugendwerken und Koordinierungszentren, der *Fachstelle für Internationale Jugendarbeit (IJAB)*, dem *Forscher-Praktiker-Dialog Internationale Jugendarbeit* und dem zuständigen Referat für europäische und internationale Jugendpolitik des *BMFSFJ* in übergreifenden Fragen des internationalen Jugendaustauschs zusammen. So z.B. bei der Entwicklung und Implementierung der „Nachweise International", die zum Teil auf der Konzeption des Kompetenznachweises Kultur beruhen, bei der Langzeitstudie zum internationalen Jugendaustausch, die unter Federführung der *BKJ* von der *Universität Regensburg* durchgeführt wurde, und bei der „Evaluation von Jugendbegegnungen", wo leicht zu nutzende Fragebögen zur Evaluation auch speziell des Jugendkulturaustauschs entwickelt wurden und allen Trägern zur Verfügung stehen (siehe Brigitte Schorn/ Vera Timmerberg „Kompetenznachweis Kultur" in diesem Band).

Auswärtige Kultur- und Bildungspolitik

Offiziell sind alle Aktivitäten der Internationalen Jugendarbeit Bestandteil der Auswärtigen Kultur- und Bildungspolitik des *Auswärtigen Amtes (AA)*, und dementsprechend werden sie auch im jährlichen Bericht des *AA* zu diesem Politikbereich aufgeführt. Es gibt jedoch keine eindeutige und offizielle Anerkennung des so weit reichenden und sich beständig aktiv weiterentwickelnden Bereichs des Jugendkultur- und Fachkräfteaustauschs der Träger der Kulturellen Bildung durch das *Auswärtige Amt*. Gründe hierfür sind einerseits die Ressortzuständigkeit des *Bundesjugendministeriums* und die rechtliche Verfasstheit der Träger meist als zivilgesellschaftliche Strukturen und freie Träger der Kinder- und Jugendhilfe. Das *Auswärtige Amt* konzentriert seine Aktivitäten (und damit leider auch die Förderung) stark auf die offiziellen Mittlerorganisationen der Auswärtigen Kultur- und Bildungspolitik, wie z.B. das *Goethe-Institut* und das *Institut für Auslandsbeziehungen (ifa)*. Und das obwohl die Austauschprogramme im Bereich der Kulturellen Bildung größtenteils idealtypisch die qualitativen Anforderungen der Auswärtigen Kultur- und Bildungspolitik konsequent erfüllen, wie z.B. an die Dialogform und die partnerschaftliche Zusammenarbeit mit den ausländischen Partnern. Eine Anerkennung und Förderung der Rolle und Funktion der Träger der Kulturellen Bildung als für Deutschland wichtige Akteure in der internationalen Zusammenarbeit in den Feldern Bildung und Kultur muss dringend erreicht werden, auch damit Begegnungsvorhaben der entsprechenden Akteure mit ihren Partnern adäquat unterstützt und gefördert werden können.

Kulturelle Bildung und Entwicklungszusammenarbeit

Zunehmend mehr lokale, regionale und landesweite *BKJ*-Mitglieder unterhalten regelmäßige Beziehungen zu Partnerorganisationen und lokalen Trägern in afrikanischen, lateinamerikanischen und asiatischen Entwicklungs- und Schwellenländern, die zum Teil bemerkenswerte Formen der kulturellen Bildungsarbeit entwickelt haben. Erfahrungen dieser anspruchsvollen partnerschaftlichen Projektarbeit werden immer wieder publiziert, und eine vertiefte Beschäftigung mit den dortigen Konzepten könnte Einrichtungen und Träger der Kulturellen Bildung in Deutschland noch wesentlich deutlicher dazu motivieren, schwer erreichbare Zielgruppen stärker in den Blick zu nehmen, wie dies z.B. in südamerikanischen Stadtteilkultureinrichtungen ausgezeichnet gelingt.

Insgesamt stellt die internationale Zusammenarbeit mit Partnern aus einzelnen oder mehreren Ländern für die Einrichtungen und Träger der Kulturellen Bildung immer eine Herausforderung dar und verlangt zum Teil sehr große personelle und zeitliche Anstrengungen, die es manchmal auch innerhalb der eigenen Einrichtung zu verteidigen gilt. Aber alle Akteure des internationalen Jugendkultur- und Fachkräfteaustauschs bestätigen immer wieder, dass sich dieser Aufwand sowohl für die jugendlichen Teilnehmenden als auch für die mitwirkenden haupt-, neben- und ehrenamtlichen Fachkräfte der Kulturellen Bildung lohnt. Viele Projektbeschreibungen und auch alle bisher angestellten wissenschaftlichen Untersuchungen bestätigen dies einhellig.

Zum Weiterlesen

Bundesvereinigung Kulturelle Kinder- und Jugendbildung (BKJ) (2008): Kulturelle Vielfalt erleben, Internationale Jugend-Kultur-Begegnungen, 21 Beispiele aus der Praxis: http://www.bkj.de/fileadmin/user_upload/documents/jugend.kultur.austausch_BKJ/BKJ_International_web61011.pdf (Letzter Zugriff am 03.08.12).

Fachstelle für Internationale Jugendarbeit (IJAB)/Forscher-Praktiker-Dialog Internationale Jugendarbeit (Hrsg.) (2012): Internationale Jugendarbeit wirkt, Forschungsergebnisse im Überblick. Bonn/Köln: IJAB/transfer e.V.

Ilg, Wolfgang/Dubiski, Judith (2011): Begegnung schafft Perspektiven, Empirische Einblicke in internationale Jugendbegegnungen. Berlin/Potsdam: DFJW/DPJW.

Thomas, Alexander/Abt, Heike/Chang, Celine (2006): Internationale Jugendbegegnungen als Lern- und Entwicklungschance. Bensberg: Thomas-Morus-Akademie.

Kristin Bäßler
Kulturelle Bildung in Migrantenorganisationen

Ursprünge migrantischer Organisationen in Deutschland

Seit in den 1950er und 1960er Jahren die ersten Anwerbeabkommen zwischen der Bundesrepublik Deutschland und verschiedenen südeuropäischen Ländern abgeschlossen wurden, bildeten sich in Deutschland zahlreiche Migrantenorganisationen. Die sogenannten „Gastarbeiter" aus Italien, Spanien, Griechenland, der Türkei, Marokko, Portugal, Tunesien und Jugoslawien begannen früh, sich in Vereinen zusammenzuschließen, zumeist auf der Basis einer gemeinsamen Sprache, Kultur und entlang ethnischer Grenzen (vgl. Hunger 2005:234). Daraus entwickelte sich „ein eigenständiges System von Migrantenselbstorganisationen, die sich der Probleme ausländischer Arbeitnehmer und deren Familien bei ihrer Lebensgestaltung annahmen" (Hunger 2004:6). Diese Organisationen stellten zunächst vor allem soziale Begegnungsstätten dar, in denen die gemeinsame Sprache gesprochen, religiöse Feste gefeiert und kulturelle Traditionen gelebt wurden.

Je mehr sich die Zuwanderung auch aus anderen Ländern verstetigte und Familienangehörige nach Deutschland nachzogen, desto mehr differenzierten sich die Funktionen der Migrantenorganisationen aus (vgl. Hunger 2004:7). Neben den anfänglichen Arbeiter- und Begegnungsvereinen wurden Kulturvereine, religiöse Vereine, Sport- und Freizeitvereine, Eltern- und Berufsvereine sowie politische Vereine gegründet. Weil die ZuwandererInnen insbesondere in den 1960er und 1970er Jahren in vielen Städten und Kommunen nur wenige Möglichkeiten vorfanden, kulturelle Angebote in ihren jeweiligen Muttersprachen wahrzunehmen, fungierten diese Vereine für die jeweiligen Zuwanderergruppen auch als lebensgestaltende Kulturorte. So wurden Chöre, Literaturkreise, Folklore- und Theatergruppen ins Leben gerufen, um kulturelle Traditionen der Herkunftsländer zu pflegen und diese an die nachfolgende Generation weiterzugeben.

Migrantenorganisationen im politischen Dialog

Seit den 1990er Jahren haben sich viele Migrantenorganisationen als Interessensverbände formiert (vgl. Hunger 2004:8), die sich für die Anerkennung sowie Partizipation von ZuwanderInnen an Politik, Bildung und Kultur etc. einsetzen. Dachorganisationen wie beispielsweise die *Bundesarbeitsgemeinschaft der Immigrantenverbände (BAGIV)* möchte durch „kulturelle, soziale und pädagogische Projekte und Tätigkeiten [...] die Migranten, dabei insbesondere die Jugendlichen, bei der Bewahrung und Entwicklung der Herkunftskultur und Identität [...] unterstützen"; Elternvereine (z.B. die Mitgliedsverbände der *Föderation Türkischer Elternvereine in Deutschland* oder der *Bund Spanischer Elternvereine in der BRD*) verfolgen die Verbesserung der schulischen Bildungschancen von Kindern und Jugendlichen mit Migrationshintergrund sowie die Förderung mehrsprachiger Angebote; Weiterbildungsinstitutionen wie das *CGIL-Bildungswerk* in Frankfurt am Main oder die *AEF-Spanische Weiterbildungsakademie* in Bonn sind sowohl in der schulischen als auch in der Erwachsenenbildung tätig und bieten Qualifizierungsangebote insbesondere für Jugendliche und junge Erwachsene mit Zuwanderungsgeschichte an.

Spätestens seit der Initiierung der *Deutschen Islam Konferenz*, dem ersten Integrationsgipfel im Jahr 2006 sowie der Verabschiedung des Nationalen Integrationsplans der Bundesregierung 2007 (die Beauftragte der Bundesregierung für Migration, Flüchtlinge und Integration 2007) wurden diese Migrantenorganisationen zu festen Dialogpartnern der Politik unter anderem zu den Themen Bildung und Kultur. Ging es bei der damals begründeten Zusammenarbeit zunächst darum, die Integration von Kindern und Jugendlichen mit Migrationshintergrund durch die Teilhabe an kulturellen Bildungsangeboten in Schule und außerschulischen Einrichtungen wie Jugendkunstschulen, Musikschulen, soziokulturellen Zentren, Bibliotheken, Museen oder Theatern zu fördern, so wird heute verstärkt die integrative kultur- und bildungspolitische Arbeit der Migrantenorganisationen in den Blick genommen.

Bildung und Kultur in Migrantenorganisationen

Im Jahr 2001 betrug die Zahl ausländischer Vereine in Deutschland über 16.000 (Hunger 2005:223). Auch wenn viele Organisationen teilweise unterschiedliche Vereinsziele verfolgen, so ist zu konstatieren, dass die Themen Bildung und Kultur eine zentrale Rolle spielen. In einer Studie, die 2010 vom *Bundesministerium für Familie, Senioren, Frauen und Jugend (BMFSFJ)* in Auftrag gegeben wurde, gaben 64 % der befragten Migrantenorganisationen an, kulturelle Angebote zu unterbreiten. 57 % engagieren sich in den Bereichen Bildung und Erziehung und 47 % im interkulturellen Austausch (BMFSFJ 2010:56). Dies hängt nicht zuletzt eng damit zusammen, dass viele Eltern mit Migrationshintergrund ihren Kindern eine angemessene Bildung ermöglichen möchten und diese von Migrantenvereinen, wie beispielsweise von Migrantenkulturvereinen, angeboten werden (vgl. Acevic 2008). So verfolgen viele Vereine und Organisationen satzungsmäßig die Vermittlung kultureller Kenntnisse, die kulturelle Teilhabe von Kindern und Jugendlichen sowie den interkulturellen Austausch.

Neben größeren Verbänden unterbreiten vor allem kleinere lokale Initiativen wie Kulturvereine, Begegnungsvereine und multikulturelle Einrichtungen kulturelle Bildungsangebote. In einer regionalen Studie des *Zentrums für Kulturforschung* wurde daher z.B. neben den professionellen interkulturellen Kulturangeboten der Stadt Köln auch das kulturelle Angebot der Kölner Migrantenkulturvereine untersucht. Die Studie zeigt, dass die in Köln ansässigen Migrantenorganisationen im Jahr 2009 fast 1.400 kulturelle Einzelveranstaltungen wie Vorträge, Lesungen oder Musikveranstaltungen durchgeführt haben (Keuchel/Larue 2011:56). Über die Hälfte der befragten Migrantenvereine (51 %), darunter insbesondere Vereine mit griechischen und russischen Mitgliedern, gab darüber hinaus an, künstlerisch-kreative Angebote zu unterbreiten (vgl. ebd.).

Zu den künstlerisch-kreativen Angeboten von Migrantenvereinen zählen unter anderem musisch-künstlerische Bildungsangebote, aber auch pädagogische Projekte, länderkundliche Seminare, Deutschkurse oder muttersprachlicher Unterricht. Die Kreisgruppen der *Deutschen Jugend aus Russland* beispielsweise unterbreiten insbesondere Kindern und Jugendlichen die Möglichkeit, sich in Theatergruppen, bei Kinoabenden, in Chorgruppen, beim Erlernen von Musikinstrumenten, in Malkursen, in Workshops zu Volks- und Hip-Hop-Tänzen, bei Märchen-Lesetagen oder bei Foto- und Video-Gruppen mit Kunst und Kultur auseinander zu setzen. Sowohl professionelle KulturpädagogInnen als auch ehrenamtlich Tätige aus den jeweiligen Vereinen organisieren diese Angebote. Neben der eigenen ästhetisch-künstlerischen Erfahrung geht es bei den Kursen und kulturellen Veranstaltungen vielfach auch um die Vermittlung von kulturellem Wissen aus den jeweiligen Herkunftsländern.

Außerschulische kulturelle Bildungsorte

Diese Aufgabe übernehmen auch außerschulische Einrichtungen wie das *Konservatorium für türkische Musik* in Berlin, das durch hochqualifizierte Lehrkräfte unter anderem orientalische Musik vermittelt. Neben musikalischer Früherziehung, Ballettunterricht, Kinder- und Jugendchören werden dort sowohl klassische türkische Musikinstrumente wie Bağlama, Ud, Ney, Tanbur, Kanun oder Kemence unterrichtet als auch der Bau von Zupfinstrumenten erlernt. Das Ziel ist es, einen kulturellen Ort zu schaffen, an dem die verschiedenen Kulturen durch das Zusammenspiel von westlicher Musik und der Ausübung orientalischer Musik weiterentwickelt werden (vgl. Konservatorium für türkische Musik Berlin). Außerschulische Bildungseinrichtungen und Migrantenkulturvereine öffnen sich daher vielfach auch für die Zusammenarbeit mit anderen Vereinen und Kultureinrichtungen; sie engagieren und vernetzen sich bei interkulturellen Literaturtagen, Musik- und Theaterfestivals. Zu nennen sind neben vielen anderen das 2005 gegründete **türkisch-deutsche Literaturfestival** „Literatürk" in Essen, das Interkulturelle „Theaterfestival Stuttgart" des *Forums der Kulturen*, das „Masala Festival" in Hannover oder das bundesweite Weltmusikfestival „creole" in Berlin. Diese Festivals tragen sowohl zur Sichtbarkeit der eigenen kulturellen Vielfalt als auch zum interkulturellen Dialog bei.

Vernetzung der Kulturverbände

Die verstärkte politische Zusammenarbeit verschiedener überregional aktiver Organisationen im Feld der Kulturellen Bildung in Deutschland kann diese Bestrebungen unterstützen. Gemeinsam mit bundesweit arbeitenden Migrantenorganisationen sowie Kulturverbänden hat der *Deutsche Kulturrat*, der Spitzenverband der Bundeskulturverbände, daher den Runden Tisch „Lernorte interkultureller Bildung" ins Leben gerufen, an dem Fragen der Kulturellen und Interkulturellen Bildung in schulischen und außerschulischen Bildungsorten erörtert werden. Gemeinsam formulieren die rund 20 ExpertInnen des Runden Tisches Handlungsempfehlungen, wie sowohl die Teilhabe (siehe Larissa von Schwanenflügel/ Andreas Walther „Partizipation und Teilhabe" in diesem Band) von Kindern und Jugendlichen mit und ohne Migrationshintergrund an Kultureller und Interkultureller Bildung in den unterschiedlichen Lernorten verbessert werden und darüber hinaus die Kulturorte von ZuwanderInnen stärkere Anerkennung finden können. Konkret geht es dabei um die Wertschätzung der Vielfalt kultureller Ausdrucksformen einschließlich der Muttersprachen der ZuwandererInnen, die individuelle Förderung von Kindern und Jugendlichen unter besonderer Berücksichtigung ihres kulturellen Hintergrundes sowie die interkulturelle Öffnung und Professionalisierung der zivilgesellschaftlichen Strukturen in Deutschland (vgl. Deutscher Kulturrat 2010). Mit diesem Runden Tisch wurde ein Gremium etabliert, das zentrale kultur- und bildungspolitische Fragen der Einwanderungsgesellschaft thematisiert.

Postmigrantische Kultur

Auch die zeitgenössische Kunstszene greift diese Fragen verstärkt auf. In den vergangenen Jahren haben sich in Deutschland viele Kultureinrichtungen etabliert, die sich explizit mit den Geschichten und Kulturen von ZuwandererInnen auseinandersetzen, so z.B. das Theater *Ballhaus Naunynstraße* in Berlin. RegisseurInnen, DramaturgInnen und SchauspielerInnen mit und ohne migrantischem Hintergrund behandeln in ihren Theaterstücken unter anderem Themen und Fragen der Einwanderungsgesellschaft, der Migration und der kulturellen Identität. Neben der Theaterarbeit engagiert sich das *Ballhaus Naunynstraße* seit 2004 mit seiner „akademie der autodidakten" auch im Bereich der Kulturellen Bildung. Das Ziel seiner theaterpädagogischen Projekte wie die „Kiez-Monatsschau – Nachrichten aus der Naunynstraße" oder Theaterstücke wie „Ferienlager – die 3. Generation" ist es, Jugendlichen die Auseinandersetzung mit Kunst und Kultur sowie mit ihren eigenen kreativen und kulturellen Fähigkeiten und Fertigkeiten zu ermöglichen. Dazu baut die „akademie der autodidakten" Kooperationen mit Schulen, Jugendträgern und Initiativen vor Ort auf, die sie in ihr Programm einbindet.

Resümee

Subsumiert man unter Migrantenorganisationen all jene Orte, an denen Kunst und Kultur von und für Menschen mit Migrationshintergrund repräsentiert und vermittelt werden, so ist festzustellen, dass sich deren Angebotsspektrum seit den 1950er Jahren erweitert hat. Stand zunächst die soziale und gemeinschaftsstiftende Funktion im Vordergrund, so rücken heute verstärkt die Vermittlung von Bildung, Kultur sowie des interkulturellen Dialogs in den Fokus. Mit Blick auf die Frage, wie kulturelle Vielfalt in Kunst und Kultureller Bildung stärker sicht- und erlebbar werden kann, können Migrantenorganisationen daher als zentrale Impulsgeber identifiziert werden. Die dargestellten Initiativen veranschaulichen, wie unterschiedliche kulturelle Erfahrungen in der Einwanderungsgesellschaft sowohl gelebt als auch in neuen kulturellen Räumen zusammentreffen können. Kunst und Kultur leben vom Spannungsfeld zwischen Tradition und Gegenwart: sowohl das Wissen über traditionelle kulturelle Ausdrucksformen als auch das aktive Erfahren von Kunst und Kultur sind grundlegend, um in der Auseinandersetzung mit der Gegenwart Neues zu erschaffen. Die kultur- und bildungspolitische Aufgabe der kommenden Jahre wird es insbesondere sein, dieses Spannungsfeld im Kontext von Migration, Identität und Transkultur in der kulturellen Bildungsarbeit zu vermitteln (siehe Susanne Keuchel/Ernst Wagner „Poly-, Inter- und Transkulturalität" in diesem Band) und darüber hinaus die Vielfalt der Kulturen in der Bildungslandschaft stärker sichtbar werden zu lassen.

Zum Weiterlesen

Archiv der Jugendkultur (Hrsg.) (2010): KanaKultures. Kultur und Kreativität junger MigrantInnen. Projektgruppe JugendArt. Berlin.

Bäßler, Kristin (2010): Interkulturelle Öffnung der Bundeskulturverbände. Auswertung einer Befragung des Deutschen Kulturrates zum Themenfeld „Integration und interkulturelle Bildung" im Rahmen des vom Bundesministerium für Bildung und Forschung geförderten Projektes „Strukturbedingungen für eine nachhaltige interkulturelle Bildung": www.bmbf.de/pub/bundeskulturverbaende.pdf (Letzter Zugriff am 03.08.12).

Bundesarbeitsgemeinschaft der Immigrantenverbände (BAGIV): www.bagiv.de

Bundesvereinigung Kulturelle Kinder- und Jugendbildung (Hrsg.) (2006): Kulturelle Vielfalt leben lernen. Interkulturelle Kompetenz durch kulturelle Bildung. Remscheid: BKJ.

„creole" (Weltmusikfestival): www.creole-weltmusik.de

Deutscher Kulturrat (2011): Lernorte interkultureller Bildung. Außerschulische Kultur- und Bildungsorte. www.kulturrat.de/detail.php?detail=2169&rubrik=4 (Letzter Zugriff am 03.08.12).

Deutscher Kulturrat (2010): Stellungnahme „Lernorte interkultureller Bildung im vorschulischen und schulischen Kontext": www.kulturrat.de/detail.php?detail=1881&rubrik=4 (Letzter Zugriff am 03.08.12).

Die Beauftragte der Bundesregierung für Migration, Flüchtlinge und Integration (2007): Der Nationale Integrationsplan. Neue Wege – Neue Chancen: http://www.bundesregierung.de/Content/DE/_Anlagen/IB/nip-broschuere-best-practise.pdf?_blob=publicationFile (Letzter Zugriff am 03.08.12).

Drücker, Ansgar u.a. (Hrsg.) (2010): Leitfaden Interkulturell on Tour. Internationale Jugendbegegnungen – Schauplatz neuer Kooperationen zwischen Migrantenjugend(selbst)organisationen und Internationaler Jugendarbeit. Schwalbach/Ts.

Interkulturelles Theaterfestival des Forums der Kulturen: www.forum-der-kulturen.de

Jerman, Tina (Hrsg.) (2007): Kunst verbindet Menschen. Interkulturelle Konzepte für eine Gesellschaft im Wandel. Bielefeld: transcript.

Konservatorium für türkische Musik: www.btmk.de

Masala-Festival: www.masala-festival.de

Reinecke, Meike/Stegner, Kristina/Zitzelsberger, Olga/Latorre, Patricia/Kocaman, Iva (2010): Forschungsstudie Migrantinnenorganisationen in Deutschland: http://www.bmfsfj.de/RedaktionBMFSFJ/Broschuerenstelle/Pdf-Anlagen/Migrantinnenorganisationen-in-Deutschland-Abschlussbericht,property=pdf,bereich=bmfsfj,sprache=de,rwb=true.pdf(Letzter Zugriff am 03.08.12).

Türkisch-deutsches Literaturfestival „Literatürk": www.literaturek.de

Ina Bielenberg
Politische Bildung kreativ. Über die gelingende Verbindung von Kultureller und Politischer Bildung

„Demokratie ist keine Glücksversicherung, sondern das Ergebnis politischer Bildung und demokratischer Gesinnung!" Dieses Zitat wird Theodor Heuss zugeschrieben, und er formulierte damit in den 1950er Jahren eine bis heute wirkende Triebfeder Politischer Bildung. Politische Bildung richtet sich an junge Menschen wie an Erwachsene. Sie will Wissen über gesellschaftliche und politische Zusammenhänge vermitteln, Orientierung ermöglichen, zur Mitwirkung und Mitgestaltung in der Demokratie anregen und die dazu notwendigen Kompetenzen vermitteln. Politische Bildung richtet sich an den Interessen und Bedürfnissen ihrer TeilnehmerInnen aus, verfügt über ein anregungs- und abwechslungsreiches Methoden- und Formaterepertoire, arbeitet international und interkulturell. Getragen wird sie von zahlreichen Vereinen und Verbänden, und der klassische Ort politischer Bildungsarbeit ist auch heute noch die Bildungsstätte.

Ein unsystematischer Streifzug über die Online-Plattformen eben dieser Bildungsstätten gibt einen Einblick in das Angebot und die Themenvielfalt: „Du warst dabei – Diskussion mit Zeitzeugen; Schule mitgestalten – SV Seminare für SchülerInnen"; „Mit der Kamera unterwegs, Spuren suchen im Stadtteil"; „Jetzt mal ganz ruhig – Ausbildung zum Streitschlichter"; „Deine Welt von Morgen – was geht, was kommt?"; „Menschenrechte gestern und heute"; „Demokratiewerkstatt Schule"; „Generation Wiedervereinigung"; „Konflikte verstehen – Haltungen entwickeln – Gewalt verhindern"; „Zukunft – nur mit uns!"; „Vielfalt statt Einfalt"; „Die Welt verändern – wir sind dabei!"; „Energie(w)ende?"; „Die Rolle der Staatssicherheit in der DDR"; „Gott und die Welt – Politik und Religion in Deutschland"; „Fußballfans gegen Diskriminierung – Rote Karte gegen Rechts"; „Ohne Angst verschieden sein"; „Ohne mich kein Wir"; „Radio Alte Feuerwache"; „Krise der Demokratie?"; „S-Bahn 1 – Vielfalt leben im Revier"...

Hinter diesen Titeln verbergen sich Seminare, Projekte und internationale Maßnahmen, und in einer ganzen Reihe von ihnen kommen künstlerische Mittel und Methoden zum Einsatz: Rollenspiele helfen beim Perspektivwechsel, in einer Fotoausstellung werden Projektergebnisse präsentiert, eigens gestaltete Plakate richten sich gegen rechte Tendenzen in der eigenen Stadt, ein selbst gedrehtes Video zeigt, wie Mobbing entsteht. Gerade Medien spielen eine herausragende Rolle in der politischen Bildungsarbeit, theaterpädagogische Methoden erfreuen sich bei TeamerInnen und TeilnehmerInnen großer Beliebtheit, aber auch Musik, Literatur, Spiel und sogar Bildende Kunst haben ihren festen Platz in der Politischen Bildung – ohne dass damit die Politische Bildung zur Kulturellen Bildung wird. Im Folgenden soll die Spezifik Politischer Bildung erläutert und anhand von Praxisbeispielen aufgezeigt werden, wie eine sinnvolle und gewinnbringende Verknüpfung beider Arbeitsbereiche gelingen kann.

Träger und Strukturen Politische Bildung

Viele der klassischen Einrichtungen der Politischen Bildung, wie z.B. das *wannseeFORUM* in Berlin, die *Stätte der Begegnung in Vlotho*, die *Frankenakademie Schloß Schney* oder das *Europahaus Marienberg,* konnten in den letzten Jahren ihren 60. Geburtstag feiern. Sie wurden bereits kurz nach dem Ende der nationalsozialistischen Diktatur und des Zweiten

Weltkriegs mit dem Auftrag gegründet, durch Politische Bildung mit dazu beizutragen, das demokratische Bewusstsein vor allem junger Menschen zu entwickeln und mitzuhelfen, eine demokratische politische Kultur aufzubauen. Auf die Reeducation-Politik durch die Amerikaner folgten dann auch eigene deutsche Konzepte und Entwürfe einer politischen Bildungsarbeit, die einhergingen mit dem strukturellen Ausbau des Arbeitsfeldes.

Die überregional und bundesweit arbeitenden Träger der Politischen Bildung schlossen sich 1966 zum damaligen Arbeitsausschuss und heutigen *Bundesausschuss Politische Bildung (bap)* zusammen. Dem Bundesausschuss gehören heute über 30 Organisationen und Verbände an, darunter sind konfessionelle und gewerkschaftliche Träger ebenso wie die parteinahen Stiftungen oder überparteiliche Fachverbände wie der *Arbeitskreis deutscher Bildungsstätten (AdB)*. Allerdings ist der *bap* bis heute ein loser Zusammenschluss ohne Rechtsform und eigene hauptamtliche Geschäftsstelle geblieben, im Vergleich mit anderen Bildungsbereichen, etwa der Kulturellen Bildung, ist dies eine deutliche Unterstrukturierung des Arbeitsfeldes, die sich vor allem in (finanziell) schwierigen Zeiten negativ bemerkbar macht, aber auch gemeinsame Projekt- und Konzeptentwicklungen erschwert.

Ein aktiver Bestandteil des Bundesausschuss ist die *Gemeinsame Initiative der Träger politischer Jugendbildung GEMINI*, in der diejenigen mitarbeiten, deren Schwerpunkt die politische Jugendbildung ist. Dazu gehören die *Arbeitsgemeinschaft katholisch-sozialer Bildungswerke (aksb)*, der *Arbeitskreis deutscher Bildungsstätten (AdB)*, der *Bundesarbeitskreis Arbeit und Leben (AL)*, der *Deutsche Volkshochschul-Verband (DVV)*, die *Evangelische Trägergruppe für gesellschaftspolitische Jugendbildung (et)* sowie der *Verband der Bildungszentren im ländlichen Raum*.

Nicht unerwähnt bleiben darf, dass neben den freien Trägern in den 1950er Jahren auch die *Landeszentralen* und die *Bundeszentrale für politische Bildung (bpb)* gegründet wurden. Landeszentralen und Bundeszentrale arbeiten als staatliche Akteure bis heute eng mit den freien Trägern, also mit den zivilgesellschaftlichen Akteuren, zusammen und tragen gemeinsam mit ihnen Verantwortung für die politische Bildung der BürgerInnen.

Konzept und Aufgabe Politischer Bildung

Die geschilderte Heterogenität und Pluralität der Trägerlandschaft verweisen darauf, dass man von *der* Politischen Bildung eigentlich gar nicht sprechen kann. Wertegebundenheit, Leitbilder, Schwerpunkte, Themen, Methoden und Zielgruppen der Träger sind ausgesprochen vielfältig. Daher fällt es nicht leicht, ein gemeinsames Verständnis Politischer Bildung zu formulieren.

Im Jahr 2002/2003 wurde das Programm „Politische Bildung" im Kinder- und Jugendplan des Bundes, also das Programm, aus dem die Träger der *GEMINI* auf Bundesebene gefördert werden, evaluiert. In der die Ergebnisse zusammenfassenden Publikation ist das gemeinsame Bildungsanliegen aller Träger kurz und knapp zusammengefasst mit den Worten: „Wissen vermitteln, Urteilsbildung ermöglichen, zur Mitwirkung anregen" (Schröder 2004:27).

Diese auf den Punkt gebrachte Definition korrespondiert mit dem Bildungsauftrag, der sich aus dem Kinder- und Jugendhilfegesetz (KJHG) für die Jugendarbeit allgemein und als Teil von Jugendarbeit damit auch für die Politische Jugendbildung ableiten lässt. Daher findet sich dieser Dreischritt von „Wissen vermitteln, Urteilsbildung ermöglichen, zur Mitwirkung anregen" auch in der Definition Politischer Bildung wieder, die das *Bundesministerium für Familie, Senioren, Frauen und Jugend (BMFSFJ)* bei der Förderung der entsprechenden Träger zugrunde legt:

> „Politische Bildung soll jungen Menschen *Kenntnisse* über Gesellschaft und Staat, europäische und internationale Politik einschließlich der politisch und sozial bedeutsamen Entwicklungen in Kultur, Wirtschaft, Technik und Wissenschaft vermitteln. Sie soll die *Urteilsbildung* über gesellschaftliche und politische Vorgänge und Konflikte ermöglichen, zur Wahrnehmung eigener Rechte und Interessen ebenso wie der Pflichten und Verantwortlichkeiten gegenüber Mitmenschen, Gesellschaft und Umwelt befähigen sowie zur *Mitwirkung* an der Gestaltung einer freiheitlich-demokratischen Gesellschafts- und Staatsordnung anregen" (Kinder- und Jugendplan des Bundes KJP).

Auch wenn diese Definition aus dem Kinder- und Jugendplan des Bundes sicher nicht falsch ist, versprüht sie dennoch den angestaubten Charme eines Staatsbürgerkundeseminars. Eine angemessenere Definition moderner politischer Bildungsarbeit würde heute sicher anders formuliert. Im aktuell erschienenen Handbuch Außerschulische Jugendbildung gibt es dazu ein Angebot, das meiner Meinung nach tragfähig ist:

> „Politische Jugendbildung ist die Unterstützung und Förderung von selbsttätigem Handeln durch pädagogisch reflektierte Angebote mit dem Ziel, sich mit den Angelegenheiten des demokratischen Gemeinwesens zu beschäftigen, sich selbst im Politischen zu verorten und auf diese Weise Zusammenhänge herzustellen" (Schröder 2011:175).

Für die außerschulische politische Bildung bedeutet dieser Auftrag, dass sie sich nicht darauf reduzieren lässt, Wissen über politische Strukturen, Entscheidungen oder Ereignisse zu vermitteln, sondern dass sie, anknüpfend an den Interessen, Erfahrungen und Lebenswelten der Teilnehmenden, die Zusammenhänge zwischen der eigenen Lebenssituation und den gesellschaftlichen Bedingungen deutlich macht und Möglichkeiten zur politischen Artikulation und Mitgestaltung aufzeigt.

„Das Politische", auf das sich Politische Bildung als ihren Gegenstand immer beziehen muss, meint also nicht nur staatliches Handeln (also die Politik), sondern die Art und Weise, wie Menschen gesellschaftlich miteinander verbunden sind. In Weiterentwicklung und auch Abgrenzung einer Institutionenkunde, die Wissen über Organisation und Verfasstheit von Staat und Politik vermitteln will, geht es in der Politischen Bildung um einen erfahrungs- und subjektgebundenen Politikbegriff. Es sollen die Berührungspunkte zwischen dem Einzelnen und politischen Entscheidungen sichtbar gemacht und die Erfahrung ermöglicht werden, dass Demokratie nicht nur ein politisches System ist, sondern auch im Alltag gelebt wird. Im Mittelpunkt eines so verstandenen Konzeptes Politischer Bildung stehen damit selbstständiges Lernen, Handlungsorientierung, Aktivierung und Lebenskompetenz.

Überschneidungsbereiche Kultureller und Politischer Bildung

Diese Begrifflichkeiten sind anschlussfähig an Konzept und Ziele Kultureller Bildung. Kulturelle Bildung will Fantasie und Kreativität fördern, die sinnliche Wahrnehmung schulen, die Gestaltungsfreude und Gestaltungsfähigkeit wecken. Die Besonderheiten der dabei zum Einsatz kommenden kulturellen Ausdrucksformen sind es, die auch die oben beschriebenen Anliegen der Politischen Bildung unterstützen: Sie knüpfen gerade bei Jugendlichen an deren eigene Kommunikationsformen und Ausdrucksweisen an, sie entsprechen den Wünschen und Erwartungen vor allem junger Menschen, sie ermöglichen einen spielerischen Zugang, sie erleichtern den Ausdruck von Gefühlen und Haltungen – wenn nötig auch ohne Worte –, sie ermöglichen eine schnelle Verständigung und Gemeinschaftsgefühl. Zudem erfordert der künstlerische Prozess den Perspektivwechsel und gibt die Chance, Gewohntes neu zu betrachten und „gegen den Strich zu bürsten". Auf ihren Homepages haben zwei Träger der

Politischen Bildung das für sie fruchtbare Zusammenwirken von Politischer und Kultureller Bildung wie folgt beschrieben:

„Für die EJBW [*Europäische Jugendbildungs- und Jugendbegegnungsstätte Weimar*] ist es wichtig, politische Themen auch mit kulturpädagogischen Methoden zu verknüpfen und mit neuen Angebotsformen zu experimentieren, um ein Lernen mit Kopf, Hand und Herz zu ermöglichen. Kulturpädagogik heißt, sich ganzheitlich einem Thema zu nähern, gesamtgesellschaftlich relevanten Fragestellungen nachzugehen und Konzepte zu entwickeln, die mit Mitteln der Kunst mögliche Antworten oder Standpunkte formulieren. Die Schwerpunkte in der EJBW liegen auf Theater- und Medienpädagogik."

„Politische Bildung mit kultureller Bildung verbinden? Für das *af* [aktuelles forum nrw, Gelsenkirchen] stellt sich diese Frage nicht. Mittels kulturpädagogischer Methoden werden politische und gesellschaftliche Themen für alle greifbar und erlebbar. Um unterschiedliche Zielgruppen wie Jugendliche oder Erwachsene, bildungsnahe und -ferne Menschen gleichermaßen anzusprechen und aktivieren zu können, nutzt das *af* in seiner Bildungsarbeit kulturpädagogische Ansätze und Methoden, also Musik, bildende Kunst, Theater, Film und Tanz. In den Bildungsveranstaltungen werden auf diese Weise schöpferische Fähigkeiten und Kräfte der Teilnehmenden aktiviert und gefördert sowie Begegnungen geschaffen. In den Seminaren wird den Teilnehmenden Raum gegeben, sich und die anderen zu erfahren sowie ressourcenorientiert zu arbeiten."

Erfahrungen aus der Praxis

Zwei Praxisbeispiele sollen darüber hinaus verdeutlichen, wie kreative Ausdrucksformen, künstlerische Gestaltungsmöglichkeiten und kulturpädagogische Methoden genutzt werden können, um die Bildungsanliegen der Politischen Bildung zu unterstützen.

Das *Europahaus Aurich* wurde vor 50 Jahren als deutsch-niederländische Heimvolkshochschule gegründet mit dem Auftrag, über Grenzen hinweg das Zusammenleben von Menschen verschiedener Kulturen und Nationen zu verbessern und das friedliche Zusammenleben in Europa zu fördern. Die politische Bildungsarbeit im Europahaus steht unter der Prämisse, Menschen miteinander in Kontakt zu bringen und Fragen nach Gerechtigkeit, Toleranz und Solidarität zu stellen. So auch bei einem bemerkenswerten Projekt „Maskentheater mit Obdachlosen". Ziel dieses Projektes war es, Langzeitarbeitslose, Wohnungslose und von Wohnungslosigkeit bedrohte Menschen, also diejenigen am Rande der Gesellschaft, für die Bildungsarbeit zu gewinnen und sie zu ermutigen und zu befähigen, Selbstbewusstsein zu entwickeln und ihre Rechte wahrzunehmen. Die Themen in den fünf aufeinander aufbauenden Workshops lagen dabei buchstäblich auf der Straße: Ausgrenzung und Teilhabe, Armut und Reichtum, Menschenrechte, soziale Ungleichheit und Chancengerechtigkeit, Akzeptanz und Vorurteile.

Ausgehend von dem, was die TeilnehmerInnen auf der Straße erlebt hatten, entstanden Rollenspiele und kurze Spielszenen. Die begleitende Theaterpädagogin unterstützte die Gruppe mit Übungen zu Mimik und Körpersprache. Aus Papier, Gips und Pappmaché entstanden zudem einfache Masken. Jeder Teilnehmende fertigte eine eigene Maske an, die ein Ausdruck des eigenen Selbst war und gleichzeitig Schutz und Sicherheit auf der Bühne bot. Dermaßen gut gerüstet trauten sich die Obdachlosen, öffentlich aufzutreten und auf ihre Lage aufmerksam zu machen. Die positiven Erfahrungen dabei und der Austausch mit dem Publikum ermutigten die Teilnehmenden, beim anschließenden „Nationalen Treffen von Menschen mit Armutserfahrungen" mitzuwirken und ihrem Recht auf Teilhabe Ausdruck zu verleihen.

Ein zweites Beispiel gibt einen Einblick in die politische Bildungsarbeit mit Jugendlichen: Handys sind aus dem Alltag von Jugendlichen nicht mehr wegzudenken. Sie sind das zentrale Medium für die soziale Vernetzung: telefonieren, simsen, twittern, navigieren, Musik hören, spielen, fotografieren, filmen. Handys sind zu ständigen Begleitern geworden. Die 39 Auszubildenden, die für eine Woche ins *wannseeFORUM* nach Berlin gekommen waren, bestätigten diesen Eindruck. Ohne Handy, so die klare Ansage der jungen Erwachsenen, geht nichts, und spätestens alle zwei Jahre muss ein neues Gerät her. Im *wannseeFORUM*, einer Einrichtung der außerschulischen Jugendbildung, haben sie sich die Frage gestellt, ob das eigene Nutzungsverhalten mit Globalisierungsfragen in Zusammenhang steht. Hat das eigene Handy etwas mit dem Krieg im Kongo zu tun? Hat der Konsum immer neuer Geräte Auswirkungen in Afrika? Da Medien im Mittelpunkt der Seminarwoche standen, boten sie sich auch für die kreative Umsetzung an. Den inhaltlichen Anstoß gab der Film „Blutige Handys", den alle Jugendlichen gemeinsam sahen. Im Anschluss machten sie sich daran, weitere Informationen zu recherchieren und zusammenzutragen. Sie interviewten ExpertInnen z.B. von *german watch*, besuchten Recyclinganlagen, informierten sich durch das Internet. Ihre Erfahrungen und Ergebnisse tauschten sie aus, um sich dann in Arbeitsgruppen aufzuteilen. Jede Arbeitsgruppe war gefragt, die je eigenen Erfahrungen mit den neu erworbenen Erkenntnissen in Verbindung zu bringen. Die Jugendlichen wählten künstlerische Formen der Auseinandersetzung, es entstanden ein Video, eine Fotostory, ein Hörspiel, ein Comic und ein Theaterstück. Unterstützt von einer Medienpädagogin und einer Theaterpädagogin war es das Ziel der Seminarwoche, die kreativ kritische Auseinandersetzung mit dem eigenen Medienkonsum zu fördern und Zusammenhänge zwischen dem eigenen Handeln und ökologischen, sozialen und menschenrechtlichen Problemen in anderen Teilen der Welt aufzuzeigen.

Zukunftsaufgabe: Zusammenarbeit verbessern

Kulturelle und Politische Bildung können unbestreitbar voneinander profitieren und tun dies auch, wie der kurze Einblick in die Praxis zeigt. Eine Zusammenarbeit bietet sich auch an, denn beide Arbeitsfelder liegen nah beieinander. Kulturelle und Politische Bildung sind Bestandteil der außerschulischen Bildung, beide sind aber auch eng mit Schule verbunden, da sie über Fächerpendants im formalen Bildungsbereich (hier Kunst, Musik, Darstellendes Spiel, dort Politik, Geschichte und Sozialkunde) verfügen. Sie legen ihrer Arbeit die Prinzipien der außerschulischen Bildung zugrunde, dies sind Freiwilligkeit, Partizipation, Lebensweltbezug und Stärkenorientierung. Beide Arbeitsbereiche schaffen mit ihren Angeboten die Möglichkeit, Kompetenzen zu erwerben, die zur Persönlichkeitsbildung beitragen. Dennoch sind Kulturelle und Politische Bildung nicht identisch, da ihre Ziele (siehe oben) verschieden sind, genauso wie ihr jeweiliger Sachgegenstand: hier Kunst und Kultur, dort Politik und das Politische. Dies ändert sich auch nicht durch den Einsatz künstlerischer Mittel und Methoden in der Politischen Bildung oder durch politische Themen in künstlerischen Projekten.

Kulturelle Mittel und Methoden sind aus der Politischen Bildung nicht mehr wegzudenken und bereichern diese in vielerlei Hinsicht. Aber interessanterweise schlagen sich die unbestreitbare Nähe der beiden Bildungsbereiche zueinander und ihre partielle Überschneidung kaum in ihren strukturellen Ausformungen nieder. Es gibt einige Träger vor Ort, wie das oben erwähnte *wannseeFORUM* in Berlin, die die gekonnte Verknüpfung Politischer und Kultureller Bildung als Alleinstellungsmerkmal ihr Eigen nennen können. Doch insgesamt ist das Wissen über das je andere Arbeitsfeld wenig ausgeprägt. Hier liegt eine zentrale Aufgabe für die Zukunft: der Ausbau der Zusammenarbeit und die Intensivierung der Kooperationen auf allen Ebenen, von der lokalen Einrichtung bis zum Bundesverband. Eine Zusammenarbeit, die ohne Übernahmeabsichten in die ein oder andere Richtung auskommen sollte, sondern zum gegenseitigen Nutzen und zur Bereicherung der Bildungsarbeit auf Austausch und Know-how-Transfer setzten sollte.

Zum Weiterlesen

Aktuelles Forum NRW e.V.: www.aktuelles-forum.de

Arbeitskreis deutscher Bildungsstätten (2009): Ästhetische und künstlerische Dimensionen politischer Bildung, 3/2009.

Becker, Helle (2009): Kulturelle und politische Bildung sollen sich nicht gegenseitig kolonialisieren: http://www.bpb.de/themen/PBRT2Y,0,0,Kulturelle_Bildung.html (Letzter Zugriff am 03.08.12).

Europäische Jugendbildungs- und Jugendbegegnungsstätte Weimar: www.ejbweimar.de

Lösch, Bettina/Thimmel, Andreas (2010) (Hrsg.): Kritische politische Bildung. Schwalbach/Ts.: Wochenschau.

Schröder, Achim/Balzter, Nadine/Schroedter, Tommy (2004): Politische Jugendbildung auf dem Prüfstand. Ergebnisse einer bundesweiten Evaluation. Weinheim/München: Juventa.

Reiner Bode/Bernd Hesse/Torsten Nagel
Kulturelle Bildung in den Soziokulturellen Zentren

Thema und Begriffsbestimmung

Kulturelle Bildung ist zuerst und vor allem Selbst- und Persönlichkeitsbildung und nicht Bildung zu anderen, übergeordneten Zwecken, so nützlich diese sein mögen. Auch Soziokultur ist demnach nicht Soziale Arbeit mit kulturellen Mitteln, sondern Kulturarbeit und Kulturelle Bildung im sozialen gesellschaftspolitischen Feld – bezogen auf die Menschen am Ort (siehe Burkhard Hill „Kulturelle Bildung in der Sozialen Arbeit" in diesem Band).

Für die Soziokulturellen Zentren waren und sind die Vermittlung ästhetischer Erfahrungen und die künstlerische Auseinandersetzung mit der jeweiligen Lebenswelt in all ihren Facetten von Beginn an Bestandteil ihrer Programmatik: für Jung und Alt, vom kulturpädagogischem Kursangebot bis zum World Music-Konzert, vom Skulpturenbau bis zum Frauentheater und Kindermusical, vom Zirkusangebot bis zur Multimediaperformance, von der lokalen Musikförderung bis hin zum „professionellen" Konzert, der Literaturwerkstatt oder Poetry-Slam (siehe Lino Wirag „Zeitgenössische Formen informeller Literaturvermittlung" in diesem Band). Soziokulturelle Zentren waren und sind Lernorte und Experimentierfelder Kultureller Bildung. Neben der „Schulung" ästhetischer Fähigkeiten bei den Kulturangeboten für alle ging es bei der Idee Soziokultureller Zentren auch um die Entdeckung der vorhandenen persönlichen kreativen Ressourcen, ganz im Sinne „Kunst und Kultur von allen". Es ging aber auch um die heute überall propagierten Schlüsselkompetenzen, die sozusagen immanent vermittelt und in der Arbeit konkret erprobt wurden und werden. Dazu gehört auch, dass BesucherInnen und TeilnehmerInnen MitakteurInnen sein können, eingebunden in Planung, Organisation und Umsetzung. Nicht nur die heute allseits proklamierte „Bürgergesellschaft" findet vor Ort in den Zentren statt und realisiert bis heute vielerorts den Fortbestand, die Erweiterung und Aktualisierung der Angebote. Aus der Selbstverwaltung kommend ist das Arbeiten im Team in unterschiedlichen Funktionen, oft unabhängig von Status und konkreter Ausbildung, in vielen Häusern bis heute die vorherrschende Arbeitsweise. Alle Beteiligten sehen sich damit neben der fachlichen Anforderung auch mit einem hohen Anspruch an interkultureller Kompetenz konfrontiert, die nicht nur mit ethnischen und religiösen, sondern auch altersgruppen-, szene- und spartenbezogenen Unterschieden umgehen können muss.

Historische Dimension

Soziokultur ist eine programmatische Bezeichnung für Diskurse, Inhalte, Praxis- und Organisationsformen, die gesellschaftliches Leben und kulturellen Ausdruck aufeinander beziehen. Sie öffnet sich unterschiedlichsten Auffassungen von Kultur, fördert – unabhängig von Alter, Geschlecht und Herkunft – durch kulturelle Beteiligung bürgerschaftliches Engagement und die kreativ-kulturellen Kompetenzen möglichst vieler Menschen und sucht damit Antworten auf die Frage, wie wir leben wollen.

Die Geschichte der soziokulturellen Arbeit und Einrichtungen begann in den 1970er Jahren. Entstanden im Zuge der Neuen Sozialen Bewegungen aus einer urbanen Bewegung für alternative kulturelle Ausdrucks- und Vermittlungsformen, die auf gesellschaftliche Veränderung drängte, sind Soziokulturelle Zentren und Initiativen in Groß- und Kleinstädten wie auch in ländlichen Räumen mittlerweile fester Bestandteil der Kulturlandschaft. Die *Bundesvereinigung Soziokultureller Zentren e.V.* engagiert sich als Dach- und Fachverband, in dem mittlerweile 460 Zentren und Initiativen organisiert sind, für die Anerkennung und angemessene Förderung der soziokulturellen Arbeit.

Aktuelle Situation: Beschreibung und Bewertung und Anwendungskontexte – Soziokulturelle Akteure

Mit jährlich über 24 Millionen Besuchen bei über 84.000 Veranstaltungen pro Jahr und über 13.000 regelmäßigen Angeboten (Kurse, Gruppenangebote, Proben, Offene Angebote usw.) pro Woche gehören soziokulturelle Einrichtungen zu den attraktiven und nachfragestarken Kultureinrichtungen. Die vielfältige und vielschichtige Kulturarbeit wird von den AkteurInnen in soziokulturellen Zentren, Netzwerken und Initiativen geleistet sowie kulturpolitisch auf Landes- und Bundesebene vertreten.

Die Arbeit der soziokulturellen AkteurInnen ist durch folgende Leitsätze geprägt, die damit einem breiten Spektrum Kultureller Bildung entsprechen:
>> Die Zentren ermöglichen einem breiten Bevölkerungsspektrum, selbst kreativ zu werden, kulturelle Angebote zu organisieren und künstlerische Darbietungen unterschiedlicher Genres zu erleben.
>> In den Zentren stehen Profis und Laien auf der Bühne und können in Kursen, Workshops und künstlerischen Produktionen von- und miteinander lernen.
>> Die Zentren ermöglichen den NutzerInnen, ihr kulturelles und soziales Potential zu entfalten und ihr Lebensumfeld nachhaltig mitzugestalten.
>> Die Zentren bieten Strukturen und Erfahrungen, die vielfältiges bürgerschaftliches Engagement fördern.
>> Die Zentren stellen Räume, Technik und Netzwerke für kulturelle Ausdrucksformen und Veranstaltungsformate zur Verfügung.
>> Die Zentren bringen PartnerInnen aus unterschiedlichen Bereichen, z.B. Kultur, Soziales und Bildung, in Netzwerken zusammen, initiieren und realisieren Kooperationen.

In der konkreten Praxis sind Soziokulturelle Zentren weit über den engeren Kulturbereich hinaus in sehr unterschiedliche Arbeitsfelder verzahnt. Das Spektrum reicht von Kinder- und Jugendarbeit, Bildungsarbeit, Stadtteilarbeit bis hin zu interkultureller Arbeit. Dieser übergreifende Arbeitsansatz findet sich auch im Veranstaltungsbereich wieder. So umfasst die programmatische Angebotsstruktur in den Zentren nahezu alle künstlerischen Sparten: Musik, Disco, Comedy, Kabarett, Ausstellungen, Kleinkunst, Theater, Tanz, Literatur, Lesungen, Poetry Slam, Diskussionen, Film, aber auch Feste, Karneval und Festivals sowie Stadtführungen werden angeboten. Vielfältigkeit, Multifunktionalität und die Funktion als kultureller Rezeptions- wie Produktionsort zeichnen die Soziokulturellen Zentren aus, sodass das Motto „Vielfalt aus Prinzip" von der *Bundesvereinigung Soziokultureller Zentren* als konstituierendes Element der soziokulturellen Praxis bezeichnet werden kann. Als Orte kultureller Produktion bzw. Drehscheibe Kultureller Bildung für alle Generationen werden in den Zentren z.B. mit Jugendlichen partizipativ Theater-, Tanz-, und Musicalproduktionen entwickelt, generationsübergreifende Projekte veranstaltet, Sampler von lokalen Bands gegen Rechtsradikalismus produziert, Poetry Workshops, Textwerkstätten an Schulen, Angebote im Bereich bildender Kunst und neuen Medien oder Ausstellungen im Museum durchgeführt. Die Partizipation von Jugendlichen kann auch eine Konzertgruppe sein, die eigenständig mit professioneller Unterstützung aus dem Zentrum Konzerte plant, organisiert und durchführt.

Anzumerken ist dabei, dass die Programme und die jeweiligen Schwerpunkte der Soziokulturellen Zentren in einem Kontext der örtlichen Kulturvermittlung stehen und sich auf die jeweiligen lokalen Anforderungen und Bedürfnisse beziehen. So kann sich das Programm in ländlichen Regionen, in denen das Soziokulturelle Zentrum häufig einziger konkurrenzloser Anbieter ist, erheblich von dem Programm eines Zentrums unterscheiden, das im urbanen Raum agiert. In ländlichen Regionen haben die Zentren eher den Charakter von multifunktionalen Häusern und sind sowohl spartenbezogen als auch zielgruppenorientiert offener.

Zusammenfassend lässt sich sagen, dass ein Großteil der vielfältigen Aktivitäten Soziokultureller Einrichtungen auf mehr als bloße Rezeption angelegt ist. Durch Interdisziplinarität, vielfältige Vernetzungen und Partizipationsmöglichkeiten sowie die Verzahnung mit der Lebenswelt vor Ort machen Soziokulturelle Zentren ein Geflecht unterschiedlicher Aktivitäten Kultureller Bildung möglich.

Ausblick, Perspektiven, Herausforderungen

Bezogen auf die Kulturelle Bildung werden nachfolgend exemplarisch einige Herausforderungen genannt:

a) Ökonomische Entwicklung: In den Gründungsjahren der Soziokulturellen Zentren, die von einem partizipativen Ansatz von „Kultur für alle" bzw. politischer begriffen „Kultur von unten" geprägt waren, wäre eine Oper oder ein klassisches Konzert in den Zentren undenkbar gewesen (siehe Hilmar Hoffmann/Dieter Kramer „Kultur für alle. Kulturpolitik im sozialen und demokratischen Rechtsstaat" in diesem Band). Im Zuge der Ökonomisierung und „Mainstreamisierung" von Soziokultur werden die Kulturangebote in den Zentren durchlässiger und ehemals „klare" Abgrenzungen zur sogenannten Hochkultur lösen sich zunehmend auf. Wie auf der einen Seite „klassische" Kulturinstitute wie Theater, Oper, Konzerthäuser oder Museen sich der „Popkultur" und „Soziokultur" geöffnet haben, findet die Öffnung, die Transformation der Stile, auch auf Seiten der Soziokulturellen Zentren statt. Dass das heute möglich ist, bestätigt zum einen die immer noch wichtige Offenheit der Zentren, zum anderen verdeutlicht sich in der Offenheit ein anderes Profil bildendes Element der Soziokultur. Ort und Freiraum zu sein für Formate wie Neue Musik oder experimentelle Musik, die es in ihrer „Unpopularität" schwer haben. „Fördern, was es schwer hat", die Ermöglichung von Unmöglichem, die Bereitstellung der Bühne für Experimentelles, für Un- oder noch Wenigbekanntes sowie Nachwuchsförderung sind Ansätze, die immer noch, trotz finanzieller Nöte und daraus resultierendem Kommerzialisierungsdruck, für ein Profil von Soziokulturellen Zentren handlungsleitend sind. Fraglich ist, wie sich der Kanon der zunehmenden Ökonomisierung der Kultur weiter auf die Profilbildung der Zentren auswirken wird. Bei einem hohem Eigenfinanzierungsanteil, der in vielen Häusern zwischen 60-70 % liegt, ist neben den Forderungen nach angemessener Wertschätzung und Finanzierung der Soziokulturellen Zentren eine Anpassung des Programms an die Wünsche und Bedürfnisse des Publikums sowie im zunehmenden Konkurrenzdruck eine Profilschärfe für das „Überleben" der Zentren unumgänglich.

b) Zusammenarbeit schulischer und außerschulischer Träger: Hier drängen sich verschiedene Fragestellungen auf: Wie sind die jeweiligen und teils drastisch unterschiedlichen Arbeitsformen besser als bisher in Einklang zu bringen? Wie sollen die jeweiligen Anteile gewichtet sein? Zerstören Ganztagsschulstrukturen auf Dauer gewachsene Strukturen außerschulischer Kultur- und Jugendarbeit? Folgt eine Fokussierung der Förderung auf schulische zu Lasten außerschulischer Angebote?

c) Substanzerhalt der kulturellen Infrastruktur und Trägervielfalt: Die Bedeutung Kultureller Bildung für die gesamte Entwicklung von Kindern und Jugendlichen und letztlich aller Menschen sollte über Sonntagsreden hinaus durch ausreichende finanzielle Ressourcen so gestärkt werden, dass die verschiedenen Einrichtungen in diesem Tätigkeitsfeld ihrer Aufgabe gerecht werden können. Dabei geht es um Zukunftssicherheit, da die vorhandenen Infrastrukturen soziokultureller Einrichtungen und sonstiger Einrichtungen Kultureller Bildung oft unzulänglich ausgestattet und gesichert sind und Innovationsfelder erst in Ansätzen erschlossen werden können.

d) Reichweite: Es geht außerdem um die Frage der Reichweite, da wir vom Ziel kultureller Bildungsvielfalt für ALLE Kinder und Jugendlichen noch weit entfernt sind. Auch dafür ist die Sicherstellung der Ressourcen für die Einrichtungen vor Ort unabdingbar. Dabei fehlt es an Abstimmung und Durchlässigkeit: Weder in der Förderlogik noch in der Praxis vor Ort, noch im Berichtswesen ist derzeit eine hinreichende Verzahnung erkennbar.

e) Dabei geht es insgesamt um die Themen Bildungsgerechtigkeit, Interkulturalität und Intergeneralität und den Generationenwechsel, um Teilhabe und Partizipation und Möglichkeiten für Engagement und gelebte Demokratie.

f) Da der potentielle Beitrag Kultureller Bildung zur Herstellung der grundgesetzlich gebotenen gleichwertigen Lebensverhältnisse erst in Ansätzen erkannt, geschweige denn umgesetzt ist, ist hier die Politik am Zug: Wer das Geld gibt, kann z.B. auch Einfluss nehmen auf die Schulen, damit sie sich öffnen, neue Partner suchen, neue Formen entwickeln. Denn der bloße Einkauf von KünstlerInnen zu Dumpingpreisen ist nicht nachhaltig.

Kulturelle Bildung ist ein Lebens- und Praxisfeld, in dem Orientierung und Selbstverortung möglich sowie Selbstwirksamkeit und gemeinschaftliches Handeln erfahrbar werden. Interesse und Bereitschaft, Möglichkeit und Fähigkeit zum eigenen Engagement sind Grundlagen gelebter Demokratie und gestalteter Freiheit, die mit und durch Kunst und Kultur gestärkt werden. Kulturelle Bildungsprozesse bergen dabei enorme Potentiale für die Entwicklung von Strategien der sozialen Inklusion und der kulturellen Vielfalt.

Bezogen auf die Zentren und andere kulturelle Einrichtungen heißt das: Sie können auf ihre langjährigen Erfahrungen und gewachsenen Partnerschaften aufbauen, ihre Aktivitäten in diesem riesigen Arbeitsfeld ausweiten und intensivieren.

Zum Weiterlesen

Bundesvereinigung Soziokultureller Zentren e.V.: www.soziokultur.de

Bundesvereinigung Soziokultureller Zentren e.V. (Hrsg.) (2011): Soziokulturelle Zentren in Zahlen. Auswertung der Statistikumfrage der Bundesvereinigung Soziokultureller Zentren e.V. 2009/2010. Berlin.

Bundesvereinigung Soziokultureller Zentren e.V. (Hrsg.) (2011): soziokultur. Prinzipien – Praxis – Perspektiven: www.soziokultur.de/bsz/sites/default/files/file/sk_1-11_Reader.pdf (Letzter Zugriff am 03.08.12).

Dallmann, Gerd/Emert, Karl (Hrsg.) (2008): Zwischen Kunst und Gesellschaft. Zur Zukunft soziokultureller Arbeit. Wolfenbütteler Akademie-Texte 36. Wolfenbüttel.

Deutscher Bundestag (2008): Kultur in Deutschland. Schlussbericht der Enquete-Kommission „Kultur in Deutschland". Regensburg: ConBrio Verlagsgesellschaft.

Flohé, Alexander/Knopp, Reinhold (Hrsg.) (1999): Drehpunkte. Kontexte und Perspektiven soziokultureller Praxis. Essen.

Institut für Kulturpolitik der Kulturpolitischen Gesellschaft e.V./LAKS Hessen e.V. (Hrsg.) (2004): Soziokultur und ihre Förderung durch die Länder. Bonn: Klartext.

Kerstin Hübner
Kulturelle Bildung im freiwilligen/bürgerschaftlichen Engagement

Begriffe und historische Einordnung

Bürgerschaftliches Engagement umfasst jene Tätigkeiten, die freiwillig, nicht auf materiellen Gewinn gerichtet und gemeinwohlorientiert sind, zugleich im öffentlichen Raum stattfinden und in der Regel kooperativ ausgeübt werden (Enquete-Kommission 2002:57ff.). Dieser Begriff versucht seit der Jahrtausendwende eine Vielfalt von historisch gewachsenen und neueren Engagementformen in allen gesellschaftlichen Feldern zu fassen: im Sozial- und Gesundheitsbereich, in Sport, Kultur und Ökologie, in den Bereichen der Bildungs- und Jugendarbeit, in Kirche, Politik und Justiz etc. Nicht nur das klassische Ehrenamt in Vereinen und Verbänden findet im bürgerschaftlichen Engagement seinen Platz, sondern auch die neuen sozialen Bewegungen der 1960er bis 1980er Jahre (z.B. Frauen-, Friedens- und Ökobewegung) oder aktueller Couleur (z.B. Bürgerinitiativen, Stuttgart21), die Nachbarschafts- und Selbsthilfebewegung oder das Engagement im Web 2.0. Mit diesen Ausdrucksformen des „Neuen Ehrenamtes" waren ein Strukturwandel des bürgerschaftlichen Engagements und ein hoher Anspruch an Basisdemokratie und Mitgestaltung, Selbstverantwortung und -verwaltung verbunden. Diese stehen durchaus im Widerspruch zu politischen Tendenzen, den Rückzug des Staates aus der gesellschaftlichen Verantwortung in vielen Bereichen durch Engagement zu flankieren (Olk/Hartnuss 2011).

Freiwilliges Engagement in der Kultur geht auf Aktivitäten des Bürgertums als Kulturelite im 18. und 19. Jh. (Lesegesellschaften, Kunstvereine, Theaterassoziationen) zurück – Grundstein für das bis heute lebendige und häufig traditionsbewusste Vereinswesen. Eine zweite Traditionslinie begründet sich in der kulturellen Aktivität von Laien, vorrangig im Musizieren, eine dritte in der Arbeiterbewegung. Die einzig neue kulturelle Engagemententwicklung im 20. Jh. war die Soziokultur (Enquete-Kommission 2002:167ff.). Zu diesen Entwicklungen gesellt sich bis heute eine Vielfalt an selbstorganisierten Kulturinitiativen.

Viele Jahrzehnte wurde die Ehrenamtsdebatte, auch in der Kultur, ohne Anknüpfung zum Bildungsdiskurs geführt (Wagner 2000, Ermert 2003). Dies veränderte sich spätestens mit dem o.g. Strukturwandel. Einerseits konstatierte die Empirie eine veränderte Motivationslage, wonach Freiwillige immer weniger altruistische Motive und immer mehr eigene (Bildungs-)Interessen und Bedürfnisse nach Selbstentfaltung und Mitgestaltung betonten. Andererseits wurde im Bildungsbereich das freiwillige Engagement als Lernfeld „entdeckt".

Engagementfeld Kultur: Profil und Entwicklungen

Die im Folgenden zusammengefassten Ergebnisse nehmen vorrangig das klassische und strukturierte Engagement in den Blick, da bisher informelle und neue Formen kaum fundiert erforscht sind. 36 % der Deutschen engagieren sich freiwillig (z.B. Vorstandsfunktionen, Vereinsaufgaben, Projektorganisation/-initiative) (TNS 2010), wobei die Übergänge zwischen privaten Aktivitäten (z.B. Hobbys und Mitgliedschaften im Verein) und Engagementhandeln – auch in der Kultur – nicht immer klar definiert sind (Düx u.a. 2008:111f.).

„Kultur, Kunst und Musik" zählen zu den großen Bereichen öffentlicher und freiwilliger Aktivitäten. In ihnen sind ca. 18 % der deutschen Bevölkerung ab 14 Jahren öffentlich aktiv (z.B. durch Mitgliedschaft) und 5,2 %, d.h. über drei Millionen Menschen, freiwillig engagiert (z.B. durch Ehrenamt) (BKJ 2007a:48). Am stärksten engagieren sich die 55- bis 65-Jährigen (7,5 %). Alle anderen Altersgruppen haben eine kulturelle Engagementquote von ca. 5 % (Männer: 6,5 %, Frauen: 4,6 %) (ebd.).

Der sogenannte „Elite-Effekt" des freiwilligen Engagements ist im kulturellen Bereich besonders hoch (BKJ 2007a:50ff.): Besser gebildete Menschen engagieren sich häufiger freiwillig, sind deutlich politisierter bzw. der Kirche stärker verbunden und haben einen größeren Bekannten- und Freundeskreis als Nichtengagierte (BKJ 2007a:50f.).

Engagierte in „Kultur, Kunst und Musik" äußern jenseits ihres ausgeprägten Kulturinteresses ganz ähnliche Engagementmotive und -erwartungen wie in anderen Bereichen Engagierte. Am wichtigsten ist ihnen, die Gesellschaft mitzugestalten (69 %) und mit anderen Menschen zusammenzukommen (65 %). Kulturengagierte haben einen höheren Mitgestaltungsanspruch und betonen stärker den Geselligkeitsaspekt (z.B. sympathische Menschen kennen lernen), fokussieren jenseits karitativer Haltungen (z.B. anderen Menschen helfen) zunehmend eigene Interessen (z.B. Kenntnisse und Erfahrungen erweitern, beruflich aus dem Engagement profitieren) (BKJ 2007a:52).

Kulturelle Engagementfelder haben spezifische Tätigkeitscharakteristika. Veranstaltungsorganisation, Öffentlichkeitsarbeit und Verwaltungsaufgaben spielen eine zum Teil weit größere Rolle, persönliche Hilfeleistungen eine geringere (BKJ 2007a:48f., Düx u.a. 2008:71f.).

Vereine stellen mit 46 % (Kultur: 67 %) das wichtigste organisatorische Umfeld des freiwilligen Engagements dar. Öffentliche Einrichtungen (staatliche, kommunale und kirchliche) sind das zweitwichtigste Umfeld (23 %), gefolgt von Gruppen und Initiativen (13 %). Es gibt in der Kultur besonders geringe Anteile hauptamtlicher MitarbeiterInnen, zugleich aber auffällig günstige Rahmenbedingungen für Mitsprache und Mitentscheidung (Kultur: 78 %, alle Engagierten: 68 %) (BKJ 2007a:54f.; TNS 2010:175ff. und 183ff.).

Bildungsaspekte im freiwilligen Engagement: Diskussionen und Befunde

Bildung im freiwilligen Engagement hat im Wesentlichen drei Bezugsebenen (Enquete-Kommission 2002:282ff.): die Organisationen, in denen sich Freiwillige engagieren (z.B. Organisationsentwicklung und Professionalisierung), die hauptamtlichen MitarbeiterInnen und deren Qualifizierungsbedarfe für die Zusammenarbeit mit Freiwilligen und die freiwillig Engagierten mit den für sie bestimmten Bildungsgelegenheiten selbst.

Die Interessenorientierung von Freiwilligen („für mich") ergänzt die Gemeinwohl- („für andere") und Geselligkeitsorientierung („mit anderen") und ist ein Indikator für Bildungserwartungen: Dass man die eigenen Kenntnisse und Erfahrungen erweitern kann, wird als wichtig gewertet. „Ich will mir Qualifikationen erwerben" erhält zu 27 % die volle Zustimmung (Jugendliche: 47 %), „Ich will ... auch beruflich vorankommen" zu 10 % (Jugendliche: 25 %) (TNS 2010:12ff.).

Insgesamt berichten 45 % aller Freiwilligen (Kultur: 47 %), ihr Engagement würde in mindestens hohem Maße dazu beitragen, dass sie für sich persönlich wichtige Fähigkeiten erwerben; in gewissem Maße wird dies zu 43 % (Kultur: 44 %) bestätigt. 12 % verneinen Lernmöglichkeiten (Kultur: 9 %) (TNS 2010:227).

Die bisherige Engagementforschung konzentriert sich auf Kompetenzvermittlung: Vorrangig werden neben fachlichen engagementspezifische Fähigkeiten vermittelt, insbesondere

Management- und Leitungskompetenzen, organisatorische und pädagogische Fähigkeiten, rhetorische und publizistische Kompetenzen, weniger dagegen alltagspraktische, soziale und instrumentelle Kompetenzen. Engagement ist zudem ein wichtiger Ort für demokratische Bildung (Düx u.a. 2008:175f.). Daneben spielt der Erwerb sozialen Kapitals, d.h. der Aufbau persönlicher Kontakte, eine große Rolle (Düx u.a. 2008:72).

Dabei geht es nicht nur um Lernprozesse für Engagement, die im engeren Sinne mit der Qualifizierung für die freiwilligen Tätigkeiten selbst verbunden sind. Es wird zunehmend ein darüber hinausgehender weiter *Bildungsbegriff* konturiert – Bildung im und durch Engagement –, der in zwei Richtungen weist: Die eine bezieht sich als Persönlichkeitsbildung im Sinne von Selbstentfaltung und -wirksamkeit auf die tätigen Subjekte (Münchmeier 2010:6; Düx u.a. 2008:258). Die andere ist gesellschaftsbezogen und lässt sich als soziales Lernen interpretieren. Soziales Lernen ist auf einer allgemeinen Ebene zunächst unvermeidliche Begleiterscheinung bzw. ungeplante Nebenfolge jeder menschlichen Interaktion, die sich durch Handeln vollzieht. Es lässt sich darüber hinaus als Erwerb sozialer Kenntnisse, Einstellungen und Verhaltensweisen unter den Lernmechanismen Imitation, Identifikation und Internationalisierung durch die Lernenden selbst verstehen. Soziales Lernen wird schließlich auch als geplantes, intentional betriebenes Lernarrangement mit spezifischen Lernorten, Methoden und Zielen verstanden. Damit ist unter anderem die Entwicklung von Wertehaltungen und Einstellungen, Kooperations- bzw. Kontaktbereitschaft und Solidarität und das Einüben zivilgesellschaftlicher Handlungsdispositionen verbunden (Rauschenbach 2005:36; Münchmeier 2010:6; Enquete-Kommission 2002:289f.). Freiwilliges Engagement hat demnach eine emanzipatorische Funktion, weil es Menschen befähigt, (eigen-)verantwortlich und selbstbewusst für sich und für andere zu handeln (Schenkel 2007:117). Mit Blick auf *Lernsettings* sind zunächst strukturierte Angebote zu nennen. Die Organisationen freiwilligen Engagements verfügen in der Regel über eigene, teilweise obligatorische, non-formale Bildungsangebote mit aufgabenbezogenen Inhalten – vom klassischen Wochenendkurs, über regelmäßige Trainings bis hin zu individuellen Mentorenprogrammen (Düx u.a. 2008:113). Inhaltlich fokussieren sie auf allgemeine Kompetenzvermittlung, Organisation und Management, arbeitsfeld- und fachspezifische Qualifikationen sowie Begleitung und Reflexion (Enquete-Kommission 2002:284f.). Kulturengagierte berichten deutlich seltener (39 %) von Fortbildungsangeboten als alle Engagierten (47 %) (TNS 2010:230), zeigen sich mit diesem Umfang aber offenbar zufrieden: Sie wünschen sich seltener bessere Weiterbildungsmöglichkeiten und fachliche Unterstützung (TNS 2010:282ff.).

Verwiesen sei auf andere lern- und entwicklungsfördernde Bedingungen, auf informelle Bildungsqualitäten, welche sich auf der Basis von konkreter Beteiligung, frei gewählten Verantwortungsbereichen und gemeinsamem Handeln, aber auch als fachliche und pädagogische Begleitung mittels spezieller AnsprechpartnerInnen (Alle Engagierten: 61 %, Kulturengagierte: 49 %) erfolgreich zu non-formalen Angeboten verknüpfen (Autorengruppe Bildungsberichterstattung 2010:80; TNS 2010:183ff.).

Als vier zentrale strukturelle Merkmale dieser informellen Lernprozesse im freiwilligen Engagement sind zu nennen:

>> Freiwilligkeit, die Selbstentfaltung, -bestimmung und -entwicklungsprozesse ermöglicht;
>> Lernen in sozialen Bezügen, das öffentlich außerhalb der Privatsphäre geschieht;
>> Verantwortungsübernahme, die das Zutrauen in die eigenen Fähigkeiten stärkt, Selbstbewusstsein, -sicherheit und -vertrauen entstehen lässt;
>> sowie Frei- und Gestaltungsräume, die Gelegenheitsstrukturen für Lebensentwürfe und Wertvorstellungen bieten (Schenkel 2007:114f.; Düx et al. 2008:114).

Mit diesem Katalog ist eine hohe Anschlussfähigkeit zu den Prinzipien Kultureller Bildung – wie z.B. Freiwilligkeit, Selbstwirksamkeit, Partizipation, Offenheit – gegeben.

Für die Aneignung vieler Kompetenzen ist das informelle, praxisbezogene „learning by doing" ausschlaggebend. Lernen (als Übung) und Handeln (als Ernstfall) sind im Engagement inhaltlich und zeitlich eng verknüpft (Düx u.a. 2008:175). Engagierte erleben und reflektieren sich selbst als Handelnde, Verändernde und Nützliche (Selbstwirksamkeit) (Düx u.a. 2008:175ff).

Kulturelle Bildung im freiwilligen Engagement: Herausforderungen und Entwicklungsaufgaben

Sowohl das kulturelle Engagement als auch die Bildungsaspekte im freiwilligen Engagement sind weder grundständig erforscht noch flächendeckend konzeptionell und systematisch miteinander verknüpft. Das verunmöglicht aktuell eine spezifische Betrachtung von kulturellem Engagement unter damit verbundenen kulturellen Bildungsprozessen. Zunächst müsste ein adäquater Begriff entwickelt werden, der über ein enges kulturelles Bildungsverständnis hinausgeht, der die zivilgesellschaftliche und arbeitsweltliche Ausrichtung von Engagement sowie alle Ausdrucksformen von Engagement einbezieht und der zudem dem Eigenwert des kulturellen Engagements und der Nichtinstrumentalisierbarkeit von Bildung Rechnung trägt.

Freiwillige ermöglichen Kulturangebote, die ihnen je nach Aufgabe und Einsatzgebiet ein kulturelles Umfeld bieten, welches ästhetische, künstlerisch-kreative, politische-historische und gesellschaftlich-soziale Dimensionen beinhalten kann. Kulturelle Bildung im engeren Sinne kann mittels spezifischer Qualifizierungsmaßnahmen (z.B. für ehrenamtliche ChorleiterInnen) oder kreativer Bildungsangebote (z.B. als Anerkennung) gewährleistet werden, ist aber nur ein kleiner Ausschnitt engagementbezogener Bildung. Freiwilligendienste sind eine spezifische Form freiwilligen Engagements und können durch ihre konzeptionelle Rahmung und strukturierte Begleitung eine kulturelle Bildungsprogrammatik garantieren (siehe Jens Maedler „Kulturelle Bildung in Freiwilligendiensten" in diesem Band).

Bildungs- und Engagementpotentiale in der Kultur zu stärken und zu fördern, müsste zudem z.B. bedeuten:

>> Bildungs-, Sozial- oder kulturell Benachteiligten mittels Angeboten und Aktivitätsformen mit niedriger Hemmschwelle in Engagement integrieren;
>> Jugendlichen frühzeitig und nachhaltig zum Engagement heranführen (Sozialisation zur Freiwilligkeit);
>> mehr Bewährungs- und damit Bildungsmöglichkeiten in Leitungsfunktionen und Führungsaufgaben für junge Engagierte und Frauen schaffen;
>> selbstorganisierte Initiativen sowie informelle Engagementkontexte und dortige Bildungsgelegenheiten stärken sowie Engagement in Kultureinrichtungen oder lokalen Bildungslandschaften mit Kulturprofil anregen.

Diese Ziele sind nur in gemeinsamer Anstrengung von Organisationen und Netzwerken, Politik und Verwaltung aus den Feldern Kultur, Jugend und Bildung sowie Engagement zu erreichen.

Zum Weiterlesen

Christoph, Gabriela/Reinders, Heinz (2011): Jugend. Engagement. Politische Sozialisation. Deskriptive Befunde der ersten Erhebungswelle 2010. Schriftenreihe Empirische Bildungsforschung. Band 19: http://www.jugendforschung.de/pdf/jeps-zwischenbericht-2011.pdf (Letzter Zugriff am 03.08.12).

Deutscher Bundestag (2008): Kultur in Deutschland: Schlussbericht der Enquete-Kommission „Kultur in Deutschland": http://dipbt.bundestag.de/dip21/btd/16/070/1607000.pdf (Letzter Zugriff am 03.08.12).

Hübner, Kerstin (2006): Das Freiwillige Soziale Jahr in der Kultur. Motivationen, Hintergründe und Erwartungen junger Engagierter. In: Keuchel, Susanne/Wiesand, Andreas Johannes/Zentrum für Kulturforschung (Hrsg.): Das 1. Jugend-KulturBarometer – Zwischen Eminem und Picasso... (202-211). Bonn: Arcult Media.

Institut für Kulturpolitik der Kulturpolitischen Gesellschaft/Röbke, Thomas/Wagner, Bernd (2001): Jahrbuch für Kulturpolitik: 2000/1 Band 1. Bürgerschaftliches Engagement. Essen: Klartext.

Münchmeier, Richard (2010): Für mich und für andere. Jugendfreiwilligendienste im Spannungsfeld zwischen Engagement, Persönlichkeitsentwicklung und berufsvorbereitender Bildung. Beitrag zur Tagung Bildung und Inklusion am 15./16.11.2010: http://www.fwd-kompetent.de/fileadmin/user_upload/Dokumente/Abschlusstagung/Manuskript_Votrag_Muenchmeier.pdf (Letzter Zugriff am 03.08.12).

Picot, Sibylle/Bertelsmann Stiftung (Hrsg.) (2011): Jugend in der Zivilgesellschaft. Freiwilliges Engagement Jugendlicher von 1999 bis 2009: http://www.bertelsmann-stiftung.de/bst/de/media/xcms_bst_dms_33702_33705_2.pdf (Letzter Zugriff am 03.08.12).

Rauschenbach, Thomas/Zimmer, Annette (Hrsg.) (2011): Bürgerschaftliches Engagement unter Druck?: Analysen und Befunde aus den Bereichen Soziales, Sport und Kultur. Opladen: Barbara Budrich.

TNS Infratest Sozialforschung/Gensicke, Thomas/Geiss, Sabine (2010): Hauptbericht des Freiwilligensurvey 2009. Zivilgesellschaft, soziales Kapital und freiwilliges Engagement in Deutschland 1999-2004-2009: http://www.tns-infratest.com/.../Buergergesellschaft_Freiwilligensurvey.asp (Letzter Zugriff am 03.08.12).

Jens Maedler
Kulturelle Bildung in Freiwilligendiensten

Begriffsbestimmung und Entstehungsgeschichte

Freiwilligendienste sind eine besondere Form bürgerschaftlichen Engagements vor allem junger Menschen im Alter zwischen 16 und 27 Jahren (siehe Kerstin Hübner „Kulturelle Bildung im freiwilligen/bürgerschaftlichen Engagement" in diesem Band). Definiert werden sie im Gesetz zur Förderung von Jugendfreiwilligendiensten (JFDG), in dem auch das kulturelle Einsatzfeld ausdrücklich benannt wird (JFDG §3, Abs.1). Anfang und Ende, Dauer und Umfang, Inhalt, Aufgaben, Ziel, Ort und Art der freiwilligen Tätigkeit sind festgelegt, ebenso der finanzielle und organisatorische Rahmen und die rechtliche wie soziale Absicherung.

Seit 2011 ist es auch Menschen über 27 Jahren möglich, einen gesetzlich geregelten Freiwilligendienst, den Bundesfreiwilligendienst zu leisten. Der Bundesfreiwilligendienst orientiert sich vielfach an den Regelungen im FSJ, steht jedoch allen Generationen offen und lässt auch das Engagement in Teilzeit (20,5 Wochenstunden) zu (BMFSFJ 2011).

Rahmenbedingungen im FSJ Kultur

Gesetzlich geregelte Freiwilligendienste junger Menschen gibt es in Form des Freiwilliges Soziales Jahr (FSJ) seit 1964 (BMFSFJ 1998:35), das Freiwillige Soziale Jahr in der Kultur (FSJ Kultur) existiert seit 2001. Das FSJ Kultur ist offen für alle jungen Menschen die sich für Engagement einerseits und Kultur andererseits interessieren. Es geht zurück auf eine Initiative der *Bundesvereinigung Kulturelle Kinder- und Jugendbildung (BKJ)*, die anfangs mit Trägern in fünf Bundesländern ein Modellvorhaben mit 125 Plätzen durchführte (BKJ 2011d, Kulturelle Bildung 7:6). Im Jahrgangszyklus 2012/13 haben bundesweit über 1.400 Freiwillige ihren Freiwilligendienst aufgenommen. Mit den Formaten FSJ Schule, FSJ Politik und internationale kulturelle Jugendfreiwilligendienste differenzieren sich im Trägerverbund Freiwilligendienste Kultur und Bildung der BKJ die Angebote weiter aus.

In 2009/10 waren laut Statistik des *Bundesarbeitskreises FSJ* im FSJ Kultur 38 % der Freiwilligen männlichen, entsprechend 62 % weiblichen Geschlechts. 97,5 % der Freiwilligen waren über 18 Jahre alt, 94,6 % verfügten zumindest über die Fachhochschulreife. Von den Freiwilligen wiesen 4,3 % einen Migrationshintergrund auf (Bundesarbeitskreis FSJ 2010).

Die Mindestdauer jedes Jugendfreiwilligendienstes beträgt sechs Monate, die Höchstdauer 18 Monate, in der Regel werden Vereinbarungen über 12 Monate geschlossen(JFDG § 5). Freiwillige engagieren sich ganztägig in einer am Gemeinwohl orientierten Einsatzstelle und leisten vorwiegend praktische Tätigkeiten. Sie haben im Jahreslauf Anspruch auf 25 Bildungstage und erhalten nach einem Jahr ein detailliertes Zertifikat.

Freiwillige, Träger und ein besonderer Bildungsmix

Die Freiwilligen werden in der Einsatzstelle und durch den Träger pädagogisch begleitet. Jugendfreiwilligendienste wie das FSJ Kultur definieren sich als ein Ort der (Selbst-)Bildung unter dem Zugangsprinzip der Freiwilligkeit (BKJ 2011d). Sie werden vom Gesetz als Bildungs- und Orientierungszeit deklariert (BMFSFJ 2011:8). Es gilt, die sozialen, kulturellen und interkulturellen Kompetenzen, das Verantwortungsbewusstsein für das Gemeinwohl und die Bildungs- und Beschäftigungsfähigkeit der Freiwilligen zu fördern (JFDG §3). Für die Umsetzung insbesondere des Bildungsauftrags sind die TrägerInnen verantwortlich (JFDG § 10). Referenzrahmen bildet für sie das Kinder- und Jugendhilfegesetz.

Allgemein strukturieren die Träger ein non-formales Bildungsangebot, da sie zahlreiche begleitende und reflektierende Angebote aufbieten. Zudem beinhalten die Jugendfreiwilligendienste – vorrangig im Praxiseinsatz – Anteile des informellen Lernens (BKJ 2011d:7). Ein wichtiges Instrument ist hierbei das eigenverantwortliche Projekt der Freiwilligen, das gemeinsam vereinbart und im Rahmen der Tätigkeit in der Einsatzstelle realisiert wird. Gerade die Kombination aus informellen und non-formalen Aspekten trägt dazu bei, dass ein ganzheitlicher Bildungsauftrag umgesetzt wird. Dazu werden verschiedene Konzepte aus den Bereichen der Kulturellen Bildung, der sozialen Bildung, der politischen Bildung, der werteorientierten Bildung und der beruflichen Bildung genutzt.

Explizit ist das FSJ Kultur ein Vorhaben im Kulturbereich. Kulturnutzung und -gestaltung spielen eine wichtige Rolle im Leben junger Menschen; sie können im FSJ Kultur diesem Interesse nachkommen. Das FSJ Kultur ist zudem verwurzelt in der Kulturellen Bildung. Damit ist es eng rezeptiv wie produktiv mit der Teilhabe am kulturellen Leben und mit künstlerischer Praxis verknüpft. Im Rahmen der Kulturellen Bildung geht es um die kulturelle Integration und die Entwicklung kultureller Identität etwa durch die Schulung der Sinne und Wahrnehmungsfähigkeit, durch die Erweiterung der eigenen Ausdrucksmöglichkeit (unter anderem künstlerische Gestaltungs-, Aktions- und Artikulationsmöglichkeit), durch die Entwicklung von Kreativität und Fantasie (BKJ 2011d:6f.).

Das FSJ Kultur erschließt Jugendlichen ein facettenreiches Einsatz- und Erfahrungsfeld mit ästhetischen (Kultur als Kunst), künstlerisch-kreativen (Kultur als Ausdruck und aktives Handlungsangebot), politisch-gesellschaftlich-sozialen (Kultur als Werte und Normen) und historischen (Kultur als Tradition und Geschichte) Dimensionen. Kulturvermittlung und -management sind weitere wichtige Inhalte. Die pädagogische Begleitung legt ein besonderes Augenmerk darauf, dass sowohl im Praxiseinsatz als auch in der begleitenden Bildungsarbeit kulturelle Begegnungen ermöglicht wie auch künstlerisch-kreative Erfahrungen gesammelt werden. So ist beispielsweise die Qualität der Seminararbeit durch Methoden der Kulturellen Bildung bestimmt (BKJ 2011d:6f.).

Einsatzstellen und Motivationen

Diese vielfältigen Merkmale spiegelt das Einsatzstellenspektrum wider. Einrichtungen der Kulturellen Bildung, Hoch- und Breitenkultur, Soziokultur, Kinder- und Jugendkulturarbeit und anverwandter Felder bieten den Jugendlichen Einsatzmöglichkeiten. Voraussetzung zur Anerkennung als Einsatzstellen sind eine engagementfreundliche Haltung, gemeinwohlorientierte Aufgabenfelder sowie ein Angebotsprofil, in welchem die jungen Freiwilligen kulturelle Praxis im Alltag und in Projekten erleben und gestalten können (BKJ 2011d:5). Für 76,9 % der Einsatzstellen formulieren die TrägerInnen in einer internen Evaluation entsprechend, dass sie Freiwillige bei sich aufnehmen, „weil sie neue Impulse geben". Bei 58,3 % schätzen sie ein, dass sie eine „Unterstützung der Arbeit" benötigen. Nicht die unmittelbare Entlastung der Beschäftigten ist – so die Beobachtung – vorherrschendes Argument, sondern der Anspruch, eigenes Handeln zu befragen, ist Ausgangspunkt für die Beteiligung von Einsatzstellen.

Eine Entsprechung findet dies in der Charakterisierung der Motivationslagen von Freiwilligen, die sich für ein FSJ Kultur bewerben. Bei 80,8 % wird durch die interne Trägerevaluation konstatiert, dass sie durch das FSJ Kultur Einblicke in kulturpädagogische und kulturelle Arbeitsfelder erhalten, also umfassend an Prozessen beteiligt werden. Bei 70,2 % wird davon ausgegangen, dass sie Erfahrungen für den beruflichen Alltag sammeln. Die Zahlen belegen eine hohe konzeptionelle Schlüssigkeit und beidseitige Gewinnsituation für die Zielgruppe der Freiwilligen und Einsatzstellen, die sich im FSJ Kultur einstellt.

Trotz der Erweiterung und Ausdifferenzierung im Spektrum der Jugendfreiwilligendienste wird das FSJ Kultur von Jugendlichen nach wie vor stark nachgefragt. Statistisch konkurrieren vier BewerberInnen und sieben Bewerbungen bundesweit um einen Platz. Dieses Verhältnis zu relativeren ist abhängig von der Gewinnung weiterer und neuer geeigneter Einsatzstellen.

Die Jugendfreiwilligendienste stehen dabei in ihrem Qualitätsmanagement vor der Aufgabe, die Teilhabemöglichkeiten junger Menschen mit schwächeren Bildungsabschlüssen zu erhöhen. Auch die Zahl von Freiwilligen mit Migrationshintergrund entspricht nicht ihrem Bevölkerungsanteil. Während die (berufs-)orientierende Ausrichtung für Freiwillige eine Präferenz darstellt, ist für die Entwicklung der Jugendfreiwilligendienste bedeutsam, dass es gelingt, den Eigensinn des Engagements in seiner zivilgesellschaftlichen Dimension sichtbar zu machen.

Zum Weiterlesen

Bundesministerium für Familie, Senioren, Frauen und Jugend (BMFSFJ) (2011): Gesetz zur Einführung eines Bundesfreiwilligendienstes: http://www.bmfsfj.de/BMFSFJ/gesetze,did=172814.html (Letzter Zugriff am 03.08.12).

Bundesvereinigung Kulturelle Kinder- und Jugendbildung (BKJ) (2011): Pressemitteilung vom 01.09.2011: http://www.bkj.de/fileadmin/user_upload/documents/Presse/PM_Start_Bundesfreiwilligendienst_FWD_Kultur_Bildung_20110901_BKJ1.pdf (Letzter Zugriff am 03.08.12).

Bundesvereinigung Kulturelle Kinder- und Jugendbildung (2011): Pädagogische Rahmenkonzeption der Jugendfreiwilligendienste Kultur und Bildung: http://fsjkultur.de/qualitaet.html (Letzter Zugriff am 03.08.12).

Bundesvereinigung Kulturelle Kinder- und Jugendbildung (BKJ) (2011): Kulturelle Bildung Nr.7. Zehn Jahre FSJ Kultur. Berlin/Remscheid.

Bundesvereinigung Kulturelle Kinder- und Jugendbildung (BKJ) (2004): Ganz nah dran. Junges Engagement in der Kultur. Berlin/Remscheid.

Gille, Martina/Sardei-Biermann, Sabine/Gaiser, Wolfgang/de Rijke, Johann (2006): Jugendliche und junge Erwachsene in Deutschland. Lebensverhältnisse, Werte und gesellschaftliche Beteiligung 12- bis 29-Jähriger. DJI Jugendsurvey, Bd. 3. Wiesbaden: VS.

Otto, Hans-Uwe/Rauschenbach, Thomas (Hrsg.)(2008): Die andere Seite der Bildung. Zum Verhältnis von formellen und informellen Bildungsprozessen. Wiesbaden: VS.

Shell Deutschland Holding (Hrsg.) (2010): Jugend 2010. Eine pragmatische Generation behauptet sich. 16. Shell Jugendstudie. Frankfurt/M.: Fischer.

Birgit Dorner
Gedenkstätten als kulturelle Lernorte –
Gedenkstättenpädagogik mit ästhetisch-künstlerischen Mitteln

Gedenkstättenpädagogik ist historisch-politische Bildung an außerschulischen Lernorten. In ihrer inhaltlichen und methodischen Ausrichtung steht sie stets im Dialog mit ihrem Wirkungsort der jeweiligen Gedenkstätte. Dabei stellt der Lernort der konkreten Gedenkstätte einen beispielhaften historischen Ort, einen Erinnerungsort dar, der eingebettet ist in einen größeren geschichtlichen Zusammenhang, dessen Bedeutung das Heute prägt. Gedenkstättenpädagogik weist eine methodisch-didaktische Nähe zu museumspädagogischen Konzepten auf (vgl. Klenk 2006:36/37).

In Deutschland entstanden Gedenkstätten vorwiegend an Erinnerungsorten an die Gewaltherrschaft des Nationalsozialismus und des DDR-Sozialismus, zum Gedenken an die Opfer von Krieg und an die deutsche Teilung. Gedenkstätten als bewusst gestaltete Lernorte befinden sich an den unterschiedlichsten historischen Orten, beispielsweise an Orten politischer Verfolgung wie der Haftanstalt Berlin-Hohenschönhausen oder der ehemaligen NS-Konzentrationslager, an Orten, die die politische Führung nutzte wie das Haus der Wannsee-Konferenz in Berlin oder das Reichsparteitagsgelände in Nürnberg ebenso wie an ehemaligen Grenzübergängen zwischen DDR und BRD und in Gerichtsgebäuden.

Ziele der Gedenkstättenpädagogik

Zentrales Ziel historischen Lernens ist die Entwicklung und Förderung von Geschichtsbewusstsein und das meint einen komplexen Zusammenhang von gedeuteter Vergangenheit, wahrgenommener Gegenwart und erwarteter Zukunft. Geschichtsbewusstsein ist ein Faktor, der individuelle und kollektive Identität formt. Historisch-politische Bildung greift Geschichte als bewusstseins- und identitätsbildenden Inhalt auf, denn als Individuum und Kollektiv brauchen wir die Vergangenheit zur Konstruktion und Verankerung unserer Identität, zum Verstehen der Gegenwart und zur Ausbildung einer Vorstellung von Zukunft (vgl. Engelhardt 2000:31/32).

Für die Gedenkstättenpädagogik ist darüber hinaus die Frage bedeutend, welche transkulturellen, also kulturübergreifenden Verallgemeinerungen und welchen Gegenwartsbezug die historischen Themen an den Gedenk- und Lernorten ermöglichen. Uwe Bergmeier nennt als Beispiel dazu die Entwicklung einer Vorstellung davon, wie eigentlich ein staatliches System, ein Ordnungssystem für heutige Gesellschaften aussehen und wie Gesellschaft organisiert, gestaltet werden sollte (vgl. Bergmeier 2000).

Politisches, soziales Handeln und seine Folgen können an den Lernorten exemplarisch betrachtet, nach den eigenen ethischen Wertvorstellungen kann gefragt und das Bewusstsein für die notwendige eigene Partizipation bei der Gestaltung des Gemeinwesens geschärft werden. Allerdings wird seit längerem in Fachkreisen kontrovers diskutiert, ob Orte, an denen Menschenrechtsverletzungen praktiziert wurden, besonders geeignet sind für politische Bildung im Sinne von Demokratie- und Menschenrechtsbildung (vgl. Thimm/Kößler/Ulrich 2010:11,53ff.).

Bedeutung von Methoden Kultureller Bildung in der Gedenkstättenarbeit

Mit dem wachsenden zeitlichen Abstand, in einer Situation, in der die Erlebnisgenerationen der historischen Ereignisse für ein direktes Gespräch immer weniger zur Verfügung stehen und die Geschichtsbilder der nachwachsenden Generationen zunehmend von Medienbildern geprägt werden, stellen sich für die Gedenkstättenpädagogik neue didaktische Herausforderungen. Welche Herangehensweisen, welche Methoden der Auseinandersetzung mit dem Nationalsozialismus und dem DDR-Sozialismus sind für diese Zeit des „Übergangs vom kommunikativen zum kulturellen Gedächtnis" angemessen und sinnvoll, wie die vielzitierte Aleida Assmann (1999, 2004) die derzeitige Ausgangslage für Erinnerungs- und Bildungsarbeit beschreibt? (siehe Hermann Glaser „Erinnerungskultur und Denkmalpflege" in diesem Band).

Traditionell richtete sich historisch-politische Bildungsarbeit vielfach nur an einen kleinen Kreis von Zielgruppen, da sie geprägt war von wissenschaftlichen, also text-geprägten Diskursen, die mit einem möglichst genauen Schatz an historischen Fakten versuchen, die Geschichte zu rekonstruieren, zu interpretieren und die Ursachenanalyse voranzubringen (vgl. Bergmeier 2000). Diese Diskurse zu verstehen, fordert eine hohe Textkompetenz, was viele Zielgruppen ausschließt.

Zeitgemäße Gedenkstättenpädagogik fordert daher andere, nicht nur textbasierte methodische Zugangsweisen. Soziale und kulturelle Herkunft, Lebensstile, Berufsbiografie, kulturelle Alltagspraktiken und ästhetische Prägungen sind Ausgangspunkt methodischer Überlegungen ebenso wie die unterschiedlichen Kenntnisse, Erfahrungen, Lebenswelten der jeweiligen Zielgruppe (vgl. Dorner/Engelhardt 2006:2,8; Behrens/Ciupke/Reichling 2000:7). So halten in die historisch-politischen Bildungsarbeit an Gedenkstätten didaktische Konzepte verstärkt Einzug, die mit ästhetischer Praxis, mit Methoden der Kulturellen Bildung, beispielsweise mit Mitteln der Bildender Kunst, des Theaters, der Musik, Literatur und Medienpädagogik arbeiten. Sie stellen eine Erweiterung der text- und faktenorientierten Bildungsarbeit dar und richten daher ihren Fokus auch auf die Arbeit mit Zielgruppen, die mit den herkömmlichen Ansätzen schwer zu erreichen sind wie Kinder, sozial- und damit häufig bildungsschwache Jugendliche und Erwachsene, Menschen mit Migrationshintergrund oder mit Behinderungen. Zudem gehören handlungsorientierte, selbstgeleitete, selbsttätige Prozesse des Lernens zu den effektivsten und nachhaltigsten Lernformen, die Teilnehmende motivieren und Lernressourcen mobilisieren. Durch handlungsorientierte Methoden werden die Teilnehmenden selbst aktiv, sie spielen, stellen dar, entdecken, suchen Spuren, übernehmen Rollen, Geschichte wird dabei erlebbar. Sinnlich-haptische Elemente, Erkundungen, Inszenierungen versuchen alle Sinne und Erlebensdimensionen im kognitiven, emotionalen und körperlichen Bereich anzusprechen (vgl. Behrens/Ciupka/Reichling 2000:51) und fördern eine nachhaltige, mehrdimensionale Auseinandersetzung mit geschichtlichen Themen. Die Atmosphären der Lernorte und die Dimensionen des leiblichen Spürens fließen ebenso in die thematische Auseinandersetzung ein (vgl. Dorner/Engelhardt 2006:13f.).

Emotionale Entlastung durch Ausdruck

Gerade in der persönlichen Auseinandersetzung mit der NS- und DDR-Geschichte werden die Teilnehmenden von Bildungsangeboten mit einer Fülle von Emotionen konfrontiert, das unendliche Leid der Verfolgten und die Brutalität oder Kaltblütigkeit der TäterInnen wird als stark belastend empfunden. Auch Erzählungen aus der eigenen Familie, das Verhalten von Familienmitgliedern werfen Fragen auf, schaffen Verunsicherung. Die persönliche Beziehung zu Verwandten kann ins Wanken geraten, Klärung wird gesucht. Der Aspekt des Ausdrucks des emotionalen Berührtseins wird in der historisch-politischen Bildungsarbeit tendenziell immer noch vernachlässigt oder der Ausdruck vielfältiger, widersprüchlicher Gefühle, die in der Auseinandersetzung entstehen können, durch eine unterschwellige Forderung von PädagogInnen nach kollektiver Betroffenheit und Solidarität mit den Opfern behindert. Ästhetische und kulturelle Praxis gibt durch den Ausdruck und die Darstellung den emotionalen Aspekten der Auseinandersetzung Raum, kann dadurch Wesentliches zu Klärungsprozessen beitragen und Erleichterung schaffen. Bildungsangebote, die die emotionale Belastung in der Auseinandersetzung mit historischen und gegenwärtigen Menschenrechtsverletzungen berücksichtigen, ermöglichen also nachhaltiges Interesse an solchen Themen.

Zum Weiterlesen

Bergmeier, Uwe (2000): Pädagogische Arbeit zur NS-Geschichte mit Jugendlichen aus Migrantenfamilien. In: Pädagogik in Gedenkstätten: Beiträge zur Fachtagung „Pädagogik in Gedenkstätten", 12.-15. Oktober 2000 im Haus der Wannsee-Konferenz. Berlin: http://www.ghwk.de/deut/tagung/paed1.htm (Letzter Zugriff am 03.08.12).

Bildungsportal „Lernen aus der Geschichte": http://lernen-aus-der-geschichte.de

Dorner, Birgit/Engelhardt, Kerstin (Hrsg.) (2006): Arbeit an Bildern der Erinnerung. Ästhetische Praxis, außerschulische Jugendbildung und Gedenkstättenpädagogik. Stuttgart: Lucius & Lucius.

Dorner, Birgit (2000): Bildende Kunst in der Gedenkstättenarbeit. In: Pädagogik in Gedenkstätten: Beiträge zur Fachtagung „Pädagogik in Gedenkstätten", 12.-15. Oktober 2000 im Haus der Wannsee-Konferenz. Berlin: http://www.ghwk.de/deut/tagung/paed1.htm (Letzter Zugriff am 03.08.12).

Thimm, Barbara/Kößler, Gottfried/Ulrich, Susanne (Hrsg.) (2010): Verunsichernde Orte. Selbstverständnis und Weiterbildung in der Gedenkstättenpädagogik. Frankfurt/M.: Brandes & Apsel.

Birgit Mandel
Kulturelle Bildung im Tourismus

Begriffsbestimmungen und historische Dimension

Das Thema Kulturtourismus hat in den letzten Jahren vor allem aus der Perspektive kultureller Anbieter stark an Interesse gewonnen, denn der Kulturtourismus gilt als Wachstumsmarkt und bietet neues Publikum für Kultureinrichtungen.

Die Bedeutung des Tourismus als informelles Lernfeld für die Kulturelle Bildung nicht nur von Kindern und Jugendlichen, sondern auch von Erwachsenen, ist hingegen bislang noch nicht in den Blick genommen worden. Der Urlaub als freie, weitgehend selbstbestimmte Zeit bietet großes Potential für die Auseinandersetzung mit Kunst und Kultur, denn eine neue Umgebung sensibilisiert in besonderer Weise zu bewusster ästhetischer Wahrnehmung ebenso wie zur Reflexion kultureller Unterschiede. Auf Urlaubsreisen sind auch nicht-kunstaffine Menschen deutlich interessierter an Kunst und Kultur (Mandel 2012).

Kulturtourismus ist die seit den 1980er Jahren eingeführte Bezeichnung für Reisen, auf denen sich der Tourist bewusst mit Kunst und Kultur im weitesten Sinne auseinandersetzt, seien es die Kulturen anderer Völker, Kulturdenkmäler oder kulturelle und künstlerische Veranstaltungen. Dabei wird unterschieden zwischen „spezifisch kulturinteressierten Touristen", die nur ca. 4 % der TouristInnen ausmachen, und der großen Anzahl der „Auch-kulturinteressierten Touristen", die im Urlaub auch mal Kultur besichtigen oder eine kulturelle Veranstaltung besuchen (Steinecke 2007:4f.). 77 % der Deutschen besuchen im Urlaub mindestens gelegentlich kulturelle Sehenswürdigkeiten, 37 % besuchen Musikaufführungen (Forschungsgemeinschaft Urlaub und Reisen e.V. 2009).

Für die „Auch-Kultur-Touristen", die gelegentlich oder zufällig kulturelle Angebote wahrnehmen könnte die Urlaubsreise also eine erste Chance sein, sich Welt auch über Kunst und Kultur anzueignen und dabei Kulturelle Bildung zu erwerben.

Der Tourismus, der in erster Linie der Erholung dienen soll, ist, anders als das Reisen, ein jüngeres Phänomen. Er entwickelte sich mit der fortschreitenden Industrialisierung und setzte massenhaft erst in den 1960er Jahren ein.

Viele der Reiseformen vor dem Tourismus waren explizit am Motiv der Kulturellen Bildung orientiert. Die *Grand Tour* der Adligen im 17./18. Jh., die in der Regel ein Jahr dauerte und von einem Mentor als Kulturvermittler begleitet wurde, diente der Persönlichkeitsbildung, der Erweiterung des Weltbildes, dem Knüpfen von Kontakten zu anderen Adligen in Europa sowie vor allem der Herausbildung kommunikativer und interkultureller Fähigkeiten. Neben den Studienreisen der Adligen nutzten auch Handwerkerstände und Studenten Reisen als Wissens- und Bildungserwerb. Die Bildungsreise des höheren deutschen Bildungsbürgertums im 19. Jh. diente vor allem der Selbstbildung, vorwiegend in Auseinandersetzung mit Kulturleistungen vorangegangener Generationen. Ihre innere Orientierung erhielt sie durch die deutsche Klassik, die maßgeblich in kulturhistorischen Zeugnissen der Antike Anregungen und ideellen Halt für die Gegenwart suchte. Die Idee, dass die Begegnung mit dem „Guten, Wahren, Schönen" analoge Kräfte der Seele wecke und ausbilde, wurde besonders durch Goethes „Italienische Reise" zum Gemeinplatz bürgerlicher Kultur (Goethe 1786/1976; Spode 1993:3).

Der Tourismus unterscheidet sich deutlich von der klassischen Bildungsreise durch die Kürze der Reisezeit und seine Massenhaftigkeit, die andere Formen der Aneignung von Kultur hervorbringen musste. Durch die Tourismusindustrie und die Massenmedien ist die Welt für TouristInnen aufbereitet im Angebot und das „Sehenswürdige" ist normiert.

Touristische Aneignungsweisen

Die Prozesse touristischer Aneignung verlaufen in stark ritualisierter Weise und zeichnen sich vor allem durch das Konsumieren von Symbolen aus (Gyr 1988:234), wozu auch das Besichtigen berühmter Sehenswürdigkeiten gehört.

TouristInnen eignen sich Sehenswürdigkeiten in der Regel über Souvenirs an, materialisierte Erinnerungen im weitesten Sinne, seien es eigene Fotografien oder für den Tourismus in Serie gefertigte Andenken. Souvenirs sind Ausdruck der persönlichen Teilhabe an einem gesellschaftlichen Ritual. Anders als das übermächtige, nicht fassbare Original sind sie in ihrer Verkleinerung handhabbar und individuell in Besitz zu nehmen. Über die Aktivität des Auswählens von Souvenirs kann das Sehenswürdige noch einmal persönlich definiert und die faktische Realität vor Ort für den Touristen in selbst erfahrene Realität verwandelt, d.h. angeeignet werden. Über das Sammeln und Aufbereiten von Souvenirs ordnen, klassifizieren, erhöhen und gestalten TouristInnen das Gesehene und Erlebte.

Inwiefern dabei neben „demonstrativem Erfahrungskonsum" (Knebel 1962) auch Erlebnisse, ästhetische Erfahrungen und im besten Falle Kulturelle Bildung entstehen können, ist umstritten und noch kaum empirisch untersucht.

Das Medium Fotografie ist die populärste, weil besonders geeignete Form des Sammelns und Gestaltens von Urlaubs-Souvenirs. Knipsen, einschließlich der Aufbereitung der selbst erstellen Urlaubsfotos, ist eine ästhetische Form der Aneignung von Urlaubswelt, die Erleben und bewusste Wahrnehmung intensivieren kann und damit Prozesse Kultureller Bildung befördern könnte. „Das Urlaubsknipsen und Aufbereiten der Fotosouvenirs geht über die bloße Reproduktion hinaus", so zumindest das Ergebnis einer qualitativen Studie zu den Fotoalben von Italientouristen der 1960er Jahre: „Es beinhaltet einen persönlichen, ästhetischen und zum Teil auch schöpferischen Umgang mit den medial vermittelten Vorstellungsbildern des Urlaubslandes und den Fundstücken der Urlaubswelt" (Mandel 1996:218).

Auch die stark ritualisierten Aneignungsformen im Tourismus können Spielräume für kulturelle Selbstbildungsprozesse ermöglichen, wenn sie bewusst reflektiert werden, entweder bereits vor Ort oder aber in der Aufbereitung der Souvenirs im Nachhinein.

Formate von Kunst und Kultur im Tourismus

Kunst und Kultur sind im Tourismus in verschiedenen Formaten erleb- und erfahrbar.

Am häufigsten wird Kultur in Form kulturhistorisch als bedeutsam markierter Architekturdenkmäler rezipiert, denn die Besichtigung solcher „Sehenswürdigkeiten" gibt der touristischen Reise Struktur und Sinn. Als „authentische Manifestationen menschlicher (Kultur-) Geschichte" (Mc Cannell 1976) verspricht ihre Besichtigung dem Touristen, „die großen gesellschaftlichen Zusammenhänge zu begreifen" (Graburn 1978).

Auch Museen sind beliebte touristische Orte, da sie flexibel zu besuchen sind und ihre Inhalte, gerade wenn es um kulturhistorische Museen geht, als relevant für die Aneignung eines bestimmten Ortes oder einer Region begriffen werden.

Aber auch Theater- und Musikaufführungen werden im Rahmen touristischer Reisen besucht, vor allem dann, wenn sie als Bestandteil des Gesamt-Urlaubs-Settings wahrgenommen werden können, wie etwa der Besuch der *Semperoper* während eines Städteurlaubs in Dresden.

Darüber hinaus gibt es speziell für den Tourismus geschaffene kulturelle Events und Sehenswürdigkeiten: von Musik-Festivals an touristisch relevanten Orten, die auf die Verbindung von Kunst, Architektur und Natur setzen, häufig Open Air, über Folklore-Veranstaltungen, die traditionelle Kulturformen wieder aufgreifen bis zu kulturellen Erlebnisparks wie etwa dem *Europapark Rust*, der in komprimierter Form verschiedene Länder Europas erlebbar macht (siehe Michaela Pfadenhauer „Ereignis – Erlebnis – Event" in diesem Band). Bei Cluburlauben wird kulturelle Animation in Form von abendlichen Theater- und Musik-Shows, zum Teil auch mit Mitmachangeboten sowie in Form von sogenannten Kreativateliers angeboten.

Es spricht vieles für die These, dass in all diesen touristischen Formaten ästhetische Erlebnisse, ästhetische Erfahrungen und auch kulturelle Bildungsprozesse möglich sind, dass letztere jedoch nicht automatisch stattfinden, sondern durch Kulturvermittlung stimuliert werden können und müssen (Mandel 2012).

Kulturvermittlung im Tourismus

Die häufigste, von fast allen TouristInnen genutzte Form der Kulturvermittlung sind schriftliche Reiseführer, die neben praktischen Serviceinformationen auch Hintergründe über Land, Leute, Kunst und Kultur vermitteln. Diese Informationen beschränken sich jedoch in der Regel auf standardisierte Kurzbeschreibungen zentraler Sehenswürdigkeiten (vgl. unter anderem Steinecke 2007).

Der Prototyp des Kulturvermittlers im Tourismus ist der Reiseleiter, der zum einen als Gesamtreiseleitung auf Studienreisen präsent ist, zum anderen als Stadtführer Sehenswürdigkeiten vermittelt und einordnet. Auffällig ist, dass sich die traditionelle Studienreise verändert hat hin zur erlebnisorientierten Kulturreise, die sich nicht nur auf vergangene Kulturdenkmäler beschränkt, sondern auch Gegenwarts- und Alltagskultur eines bereisten Landes vermittelt (Krohm/Studiosus 2007:99). Auch im Format der touristischen Stadtführung gibt es den Trend zu einer großen Vielfalt an alltagsrelevanten Themen und neuen, erlebnisorientierten Formaten (vgl. unter anderem die Initiative Stattreisen/Forum Neues Reisen, Mandel 2012).

Der Animateur in Cluburlauben und größeren Hotels hat die Aufgabe, „Kommunikation und Kreativität in offenen Situationsfeldern anzuregen" (Opaschowski 1979:47).

Erste Untersuchungen zur kulturellen Animation im Urlaub zeigen jedoch, dass, anders als in der Sportanimation, diese noch nicht als professionelles Feld einer inhaltlich reflektierten Kulturvermittlung begriffen wird, sondern eher reproduktive und konsumtive Angebote umfasst (Mandel 2012).

Mediale Kulturvermittlung in Form von Inszenierungen findet sich vor allem in den touristischen Erlebniswelten. Diese „auf populären Mythen basierenden, optimierten Orte" (Steinecke 2009:32) bieten in der Regel eine sinnfällige Gesamtdramaturgie und einprägsame Geschichten, verbinden niedrigschwellige Mitmachangebote mit Erlebnisgastronomie und Shopping. Die BesucherInnen werden aktiviert und können Kultur mit verschiedenen Sinnen erleben. Offensichtlich gelingt es mit dieser Art von Kulturvermittlung sehr viele Menschen zu faszinieren: *Disneyland* in Paris hat z.B. viermal so viele BesucherInnen wie der Louvre. Eine erste Studie zum Bildungswert von Erlebniswelten zeigt, dass diese auch nachwirkende emotionale Lerneffekte haben können (Brinkmann u.a. 2005).

Ausblick: Potentiale des Tourismus für die Kulturelle Bildung

Der Tourismus bietet also in mehrfacher Hinsicht Potential für den Erwerb Kultureller Bildung auch jener Bevölkerungsgruppen, die im Alltag noch keinen Bezug zu Kunst und Kultur haben.

Kulturrezeption im Urlaub unter entspannten und erlebnisorientierten Bedingungen, sei es das Sightseeing kulturhistorischer Denkmäler oder der Besuch von Museen oder Konzerten, kann nachhaltiges Interesse und Verständnis wecken für kulturelle Angebote. Hierbei dürfte eine entscheidende Rolle spielen, wie Kunst und Kultur auf einer Reise vermittelt werden.

Die touristische Reise kann zudem Muße und Anregung für eigene kreative, ästhetische Tätigkeiten bieten, entweder in Verbindung mit einer professionellen Anleitung etwa im Rahmen eines Cluburlaubs oder aber selbst initiiert wie beim Fotografieren oder Schreiben in Auseinandersetzung mit dem bereisten Land.

Tourismus kann aber auch ein interkulturelles Lernfeld sein, denn die Beschäftigung mit einer fremden Kultur fordert den Vergleich mit der eigenen heraus und ermöglicht ein differenzierteres Verständnis des bereisten wie des eigenen Landes, wenn Erfahrungen und Begegnungen mit Menschen des bereisten Landes reflektiert werden.

Um die Potentiale des Tourismus für die Kulturelle Bildung auszuschöpfen, müssten die im touristischen Kontext entwickelten Präsentations-, Kommunikations- und Vermittlungsformen so ausgestaltet werden, dass sie zur produktiven und reflektierten ästhetischen Wahrnehmung kultureller Phänomene anregen. Dazu müsste der Tourismus als Tätigkeitsfeld für die professionelle Kulturvermittlung anerkannt werden, sowohl von den kommerziellen Tourismusanbietern, die damit nachhaltig ihre Attraktivität steigern könnten und ihre kulturelle gesellschaftliche Verantwortung demonstrieren, ebenso wie von gemeinnützigen Kulturanbietern, für die der Tourismus ein neues Feld des Audience Development darstellen könnte.

Zum Weiterlesen

Busse, Gerd/Fromme, Johannes/Günther, Wolfgang/Isenberg, Wolfgang (1995): Lernen auf Reisen? Reisepädagogik als neue Aufgabe für Reiseveranstalter, Erziehungswissenschaft und Tourismuspolitik.(Bensberger Protokolle 65) (2. Auflage). Köln: Thomas Morus Akademie.

Forschungsgemeinschaft Urlaub und Reisen e.V./Lohmann, Martin (2009): Reiseanalyse/Urlaubsreisetrends: www.fur.de/fileadmin/user_upload/CMT_2009-text_finale.pdf (Letzter Zugriff am 03.08.12).

Freericks, Renate (2000): Reiseleitung im Kulturtourismus. In: Dreyer, Axel (Hrsg.) Kulturtourismus (345-362) (2. Auflage). München: Oldenbourg.

Mac Cannell, Dean (1976): The tourist. A new theory of the leisure class. New York: University of California Press.

Mandel, Birgit (2012): Tourismus und Kulturelle Bildung. Potentiale, Voraussetzungen, Praxisbeispiele und empirische Erkenntnisse. München: kopaed.

Müllenmeister, Horst-Martin (1978): Animationsmodell Länderkunde. In: Studienkreis für Tourismus (Hrsg.): Mehr Ferienqualität (225-253). Starnberg: Studienkreis für Tourismus.

Eva Leipprand
Kultur, Bildung und Nachhaltige Entwicklung

Die kulturelle Dimension der Nachhaltigkeit

Nachhaltige Entwicklung ist eine der großen Aufgaben unserer Zeit. Die Menschheit steht in der Evolution an einem kritischen Scheideweg, an dem es ganz klar um ihr Überleben geht. Der fortschreitende Klimawandel und die sich verschärfende Ressourcenknappheit, aber auch die Armuts- und Finanzkrise setzen das Wohl der kommenden Generationen aufs Spiel. Weltweit, aber auch in unserem Land, stellt Nachhaltige Entwicklung eine politische und gesellschaftliche Herausforderung ersten Ranges dar. Ohne eine grundlegende Transformation unserer Lebens- und Wirtschaftsweisen wird diese Aufgabe nicht zu leisten sein.

Technologisch-naturwissenschaftliche Lösungsansätze reichen nicht aus. Gegen eine solche Transformation stehen die kulturellen Normen und Verhaltensweisen der Industriegesellschaft, die auf stetigem Wachstum, Beschleunigung und der Anhäufung materieller Güter gründen (Assadourian 2010). Tagtäglich werden diese Normen durch Botschaften aus Werbung und Politik verstärkt, Botschaften, die vor allem an den Eigennutz der Adressaten appellieren. Das Ständig-mehr-haben-Wollen treibt den Wachstumsmotor an.

Immer lauter wird daher der Ruf nach einem kulturellen Wandel (siehe Max Fuchs „Kulturbegriffe, Kultur der Moderne und kultureller Wandel" in diesem Band). In diesem Zusammenhang ist die vor kurzem neu entfachte Debatte um Wohlstand ohne Wachstum bemerkenswert (vgl. z.B. Jackson 2011). Das ständige Wachstum gefährdet die Existenz der Menschheit auf dem Planeten. Der Mythos Wachstum und damit auch die Konsumkultur müssen also auf ihre tatsächliche Tauglichkeit für das Wohl des Menschen hin überprüft werden. Was braucht der Mensch wirklich und was sind durch Wettbewerb und Werbung geschaffene Wünsche? Wie sieht ein gutes, gelingendes Leben aus? Wie kann sich die Gesellschaft von den untauglich gewordenen Bildern und Botschaften der Wachstumskultur befreien? Erprobte, aber lange vernachlässigte menschliche Fähigkeiten wie etwa Hilfsbereitschaft und Kooperation sind neu zu bewerten, Eigennutz und Gemeinnutz müssen wieder ausbalanciert werden, und zwar im Rahmen weltweiter Gerechtigkeit, im Sinne eines globalen Wir. Kulturelle Setzungen wie „Macht euch die Erde untertan" oder „Seid fruchtbar und mehret euch" haben sich als überholt erwiesen; dagegen lässt aufhorchen, wenn ein Staat wie Ecuador 2008 beschließt, die Rechte der Natur in die Verfassung aufzunehmen. Die Umweltbedingungen haben sich verändert, die alten Rezepte taugen nicht mehr, die Menschheit muss sich an die neue Situation anpassen, wenn sie ihr Überleben sichern will. Allerorten ist eine Suchbewegung zu beobachten. Gefragt sind neue Leitbilder und Menschen, die bereit sind, sich auf Unbekanntes einzulassen und neue kreative Wege in die Zukunft zu finden.

Das Aufbrechen alter Denkmuster, der gewachsenen mentalen Infrastrukturen (Welzer 2011) ist das Kerngeschäft von Kunst und Kultur. Hier eröffnet sich ein Raum der Möglichkeiten, in dem das ganz Andere, das Unerwartete auftauchen kann, in dem auch das Ungewisse Platz hat und Optionen imaginiert und durchgespielt werden können.

Rückblick

Schon seit Jahren wird auf die Bedeutung der Kultur für das Leitbild Nachhaltige Entwicklung hingewiesen. Die Studie „Grenzen des Wachstums" des *Club of Rome* hat im Jahr 1972 vor der ungebremsten Ausbeutung der Ressourcen und der Gefährdung der Ökosysteme gewarnt. Donella Meadows, eine der AutorInnen der Studie, hielt schon damals einen Paradigmenwechsel, also eine Veränderung der kulturellen Normen der westlichen Gesellschaften, für unerlässlich. Der Brundtland-Bericht von 1987, mit dem weltweit der Diskurs über Nachhaltige Entwicklung begann, geht ebenfalls von einem umfassenden Wandlungsprozess aus. Entscheidend in diesem Zusammenhang ist die *UNESCO*-Erklärung zur kulturellen Vielfalt von 2001, die die Vielfalt der Kulturen in ihrer Bedeutung als Ressource für die Zukunft der Menschen mit der biologischen Vielfalt gleichsetzt. Art. 13 der entsprechenden Konvention von 2005 verlangt die „Integration von Kultur in die nachhaltige Entwicklung".

In Deutschland hat sich unter anderem die *Kulturpolitische Gesellschaft* frühzeitig mit der kulturellen Dimension der Nachhaltigkeit beschäftigt. 1998 versuchten sich die „Toblacher Thesen" an einer Definition nachhaltiger Schönheit – „langsamer, weniger, besser, schöner". Das „Tutzinger Manifest" verstand die Kultur als „quer liegende Dimension" zu der Nachhaltigkeits-Trias Ökonomie, Ökologie und Soziales. In engem Austausch mit KünstlerInnen wurden behutsam Elemente einer Ästhetik der Nachhaltigkeit gesammelt – der souveräne und verantwortlich gestaltende Mensch, die selbstbegrenzungsfähige Zivilgesellschaft, kulturelle Vielfalt, das gute, gelingende Leben.

Im Fortschrittsbericht 2008 zur nationalen Nachhaltigkeitsstrategie (Bundesregierung 2008:188) fordert der *Rat für Nachhaltige Entwicklung* „die Idee der Nachhaltigkeit zum Thema für Stil, Sinn und Kultur des Lebens zu machen." Die 2010 eingesetzte *Enquete-Kommission* „Wachstum, Wohlstand, Lebensqualität – Wege zu nachhaltigem Wirtschaften und gesellschaftlichem Fortschritt in der Sozialen Marktwirtschaft" des Deutschen Bundestages untersucht derzeit intensiv die Zusammenhänge zwischen den Schlüsselbegriffen.

Wesentliche Akteure der wissenschaftlichen Diskussion zur kulturellen Dimension der Nachhaltigkeit sind in Deutschland unter anderem das *Kulturwissenschaftliche Institut Essen KWI*, die *Universität Hildesheim*, die *Universität Lüneburg* oder der *Deutsche Kulturrat*. Diese Diskussion muss naturgemäß interdisziplinär geführt werden und die Frage einschließen, ob und wie man den kulturellen Wandlungsprozess politisch befördern kann. Hier kommt die Kulturelle Bildung ins Spiel.

Kulturelle Bildung und Anschlussfähigkeit des Themas Nachhaltigkeit

Der Bereich Bildung befasst sich bereits intensiv mit dem Thema Nachhaltigkeit. „Bildung für nachhaltige Entwicklung" heißt die Weltdekade der *Vereinten Nationen* 2005-2014. Bildung in diesem Sinne fördert Gestaltungskompetenz; sie „versetzt Menschen in die Lage, Entscheidungen für die Zukunft zu treffen und dabei abzuschätzen, wie sich das eigene Handeln auf künftige Generationen oder das Leben in anderen Weltregionen auswirkt."

Im März 2011 wurde im Auftrag des *Umweltbundesamtes* eine Studie erstellt mit dem Titel: „Einblick in die Jugendkultur. Das Thema Nachhaltigkeit bei der jungen Generation anschlussfähig machen" (Thio/Göll 2011). Wesentliche Ergebnisse der Studie sind: Jugendliche fühlen sich durch die Komplexität der globalen Probleme und durch die Fülle der Fakten überfordert. Verbunden mit dem Gefühl der Ohnmacht führt dies oft zu Resignation und Rückzug in den privaten Bereich. Nachhaltige Verhaltensweisen und Ideen sind bislang nicht in die jugendlichen Lebenswelten integriert. Es fehlt an Bildern, Leitbildern, an positiven, mobilisierenden Emotionen. Mit der Ratio allein ist die Kluft zwischen Wissen und Handeln nicht zu überbrücken.

Die Studie bestätigt: will man Jugendliche (und das gilt auch für Kinder und Erwachsene) für die Mitarbeit an der Nachhaltigen Entwicklung gewinnen, dann darf die kulturelle Dimension nicht fehlen. Alle Sinne müssen einbezogen werden, das Emotionale, das Schöpferische. Die Frage der Werte, der Einstellungen, der Haltung zur Welt. Nur dann lassen sich Vorstellungen und Lebensstile tatsächlich verändern. Es geht um eine positive Zukunftsvision: nämlich für sich selbst ein gutes, gelingendes Leben zu entwerfen, das das gute, gelingende Leben der anderen (das möglicherweise ganz anders aussieht) nicht beeinträchtigt und auch den Erhalt der Ökosysteme für zukünftige Generationen mit einschließt. Dafür ist in der Tat Kreativität gefragt, die Fähigkeit, sich immer wieder neuen Bedingungen anzupassen. Das eigene Projekt ist dabei Teil eines großen, gemeinsamen Projektes. Es bietet die Möglichkeit, Verantwortung zu übernehmen und dies auch als Chance für die eigene Entfaltung und Erfüllung zu erleben. Die Erfahrung, ein sinnvoll mitgestaltender Teil der Gesellschaft zu sein, sich auch als Teil eines weltweiten Menschheits-Wir zu erleben, das den Einsatz aller Kräfte lohnt. Derzeit diskutierte Vorstellungen von kollektiver oder Schwarmintelligenz können hier hilfreiche Bilder bieten. Auch wenn der Einzelne als kleiner Teil des großen Ganzen nicht den vollen Überblick hat, kommt es trotzdem darauf an, was er tut. Jeder kann mithelfen, und sei sein Beitrag noch so klein.

Kulturelle Bildung für „nachhaltige" Kompetenzen

Es liegt deshalb auf der Hand, dass für eine Kulturelle Bildung, die sich der Nachhaltigen Entwicklung verschreibt, Partizipation (siehe Larissa von Schwanenflügel/Andreas Walther „Partizipation und Teilhabe" in diesem Band) ein Kernelement sein muss. Der kulturelle Wandel kann nur als zivilgesellschaftliches Projekt funktionieren. Es geht darum, im einzelnen Menschen und in der Gesellschaft, von der Kita bis zur Erwachsenenbildung, diejenigen Kompetenzen zu stärken, die wir für den Übergang in die postindustrielle Gesellschaft brauchen.

Für eine Nachhaltige Entwicklung sind, wie dargelegt, neben Partizipation auch Kooperation, Verantwortung, Aufbrechen von Denkmustern, Respekt vor der Natur sowie Respekt vor der Vielfalt der Kulturen unabdingbar. „Nachhaltige Kompetenzen" könnte man also wie folgt formulieren:

>> die eigene Kultur als Teil der weltweiten Vielfalt und gleichzeitig als besonderen und unverwechselbaren Ort zu erleben, an dem man sich verwurzelt und zu Hause fühlt. Das Zuhausesein in der eigenen Kultur ist Voraussetzung für fruchtbare interkulturelle Erfahrung;
>> den Umgang mit der Natur auch als eine kulturelle Aufgabe wahrzunehmen und dabei überkommene Denkmuster (z.B. das Recht auf Ausbeutung der Natur) zu überprüfen. Das bedeutet, nach allen Seiten offen zu sein, sich auf das Unbekannte einzulassen, das Ungewisse auszuhalten;
>> sich anderen Kulturen zu öffnen und ihre Vielfalt als eine Ressource für die Zukunft der Menschheit zu erkennen, zu schützen und zu nutzen. Dies bedeutet auch, die kulturelle Bedingtheit des eigenen Handelns zu hinterfragen und Angebote anderer Kulturen in die Transformationsstrategien einzubeziehen;
>> Zufriedenheit, Glück, Erfüllung nicht nur im Materiellen zu suchen, sondern in den Möglichkeiten zum eigenen kreativen Tun und der Teilhabe am kulturellen Leben; Sinn zu finden in gemeinsamen Aufgaben.

>> die Perspektive auch des anderen einnehmen zu können, gerade auch in Fragen globaler Gerechtigkeit; vernetzt zu denken und zu fühlen; ein Wir-Gefühl in der Gemeinschaft zu entwickeln bis hin zum globalen Wir der Menschheit insgesamt;
>> den Weg in die Zukunft in diesem Sinne als einen weltweiten Suchprozess zu begreifen, Anpassungsfähigkeit zu entwickeln und selbst Verantwortung für die Zukunft des Planeten zu übernehmen.

Bereits heute befasst sich die Kulturelle Bildung in vielen Projekten mit dem Thema Nachhaltigkeit (vgl. z.B. *Bildung für Nachhaltige Entwicklung BNE*; *Bundesvereinigung Kulturelle Kinder- und Jugendbildung (BKJ)*; das Projekt „Überlebenskunst" der *Kulturstiftung des Bundes*; *Goethe-Institut*), die nun aber in systematische Prozesse überführt werden müssen. Voraussetzung hierfür sind Schulen, Kulturinstitutionen und Kulturschaffende, Akteure in Wirtschaft und Gesellschaft wie auf den politischen Ebenen, die bereit sind, sich dem interdisziplinären Arbeiten zu öffnen und das große Zukunftsprojekt zu ihrer eigenen Sache zu machen.

Zum Weiterlesen

Fuchs, Max (2011): Künste setzen sich stets mit existentiellen Fragen auseinander. In: UNESCO heute. Magazin der deutschen UNESCO-Kommission 2/2011, 57-58.

Fuchs, Max (2007): Nachhaltigkeit und Entwicklung aus der Sicht der Kulturpolitik. In: BNE-Journal. Online-Magazin für nachhaltige Entwicklung 2/2007.

Kurt, Hildegard/Wagner, Bernd (Hrsg.) (2002): Kultur – Kunst –Nachhaltigkeit. Die Bedeutung von Kultur für das Leitbild Nachhaltige Entwicklung. Kulturpolitische Gesellschaft e. V. Essen: Klartext.

Leggewie, Claus/Welzer, Harald (2009): Das Ende der Welt, wie wir sie kannten. Klima, Zukunft und die Chancen der Demokratie. Frankfurt/ M.: S. Fischer.

Leicht, Alexander/Plum, Jacqueline (Hrsg.) (2006): Kulturelle Bildung und Bildung für nachhaltige Entwicklung. Ergebnisse einer Fachkonferenz der Konrad-Adenauer-Stiftung und der Deutschen UNESCO-Kommission. www.kas.de

Parodi, Oliver/Banse, Gerhard/Schaffer, Axel (2010): Wechselspiele: Kultur und Nachhaltigkeit. Annäherung an ein Spannungsfeld. Berlin: edition sigma.

Teil II
Praxisfelder Kultureller Bildung

4
Adressatengruppen Kultureller Bildung

Hildegard Bockhorst
Kapiteleinführung: Adressatengruppen Kultureller Bildung

Dieses Kapitel richtet den Fokus auf besondere Adressatengruppen und greift die Verantwortung von Akteuren, Einrichtungen und Verbänden der Kulturellen Bildung auf, die subjektiven Potentiale und strukturellen Einschränkungen der Teilhabe an Bildung und Kultur zu berücksichtigen. Die Auseinandersetzung mit vorhandener sozialer Ungleichheit an der Realisierung kultureller Teilhabe, mit soziokulturellen und generationenspezifischen Erfahrungen, mit unterschiedlichen Bedürfnissen, ästhetischen Codes und Kompetenzen liefert Orientierung für eine gekonnte Gestaltung kreativ-künstlerischer Bildungssettings und für eine unverzichtbare Breite und Vielfalt von Formaten und Angeboten. So kann Vermittlungskunst entstehen und die Verwirklichung des Menschenrechts auf Bildung und Kultur für alle gelingen.

Adressatenbezug heißt für die AutorInnen, in Vorhaben der Kulturellen Bildung die Brücke zu schlagen zwischen der Lebenswelt der Teilnehmenden, ihren Bildungsinteressen und Voraussetzungen und einem künstlerischen Gestaltungsangebot bzw. Vermittlungsprozess, sodass sich jeder Mensch in dieser Praxis mit seiner ihm eigenen Geschichte und Identität respektiert fühlt, sich mit seinen bereits erworbenen Kenntnissen und Wissensbeständen anerkannt sieht und hierauf aufbauend Gelegenheiten bekommt, seine Kreativität und Produktivität zu vervollkommnen und seine Persönlichkeit zu entfalten. „Cultural diversity" fordert dazu heraus, die Vorstellungen einer monokulturellen Sozialisation aufzugeben und „gewohnte Kultur-Sicherheiten" infrage zu stellen. Die Anerkennung kultureller Unterschiede, die Orientierung am persönlichen Bedarf und die Ausrichtung an den individuellen Voraussetzungen und Wünschen der Menschen in der Kulturellen Bildung werden damit unabdingbar, aber auch machbar.

Entsprechend den Besonderheiten des Lernens, den altersmäßigen, körperlichen und kognitiven Unterschieden, der Verschiedenheit von kultureller Biografie und Sozialisation wird das „Prinzip der Teilnehmerorientierung" in den folgenden Beiträgen reflektiert und für professionelles kulturpädagogisches Handeln betont. So finden sich in diesem Kapitel Beiträge zur Kulturellen Bildung der unter 6-Jährigen, der Jugendlichen an dem als krisenhaft erfahrenen Lebenspunkt im Übergang von Schule und Beruf, der Menschen in hohem Alter oder in den Kontexten autonomer, jugendkultureller Szenen. Darüber hinaus wurden AutorInnen gebeten, auf besondere Adressatengruppen Kultureller Bildung einzugehen: auf benachteiligte Kinder und Jugendliche, auf Eltern, auf Menschen mit Behinderung, auf Gruppenkonstellationen im Dialog zwischen Jung und Alt und nicht zuletzt auf Menschen, die aufgrund ihrer transkulturellen Erfahrung leider immer noch mehrheitlich durch Bildungs- und Kulturpolitik in ihrem Recht auf kulturelle Teilhabe benachteiligt werden.

In keinem der Beiträge ist mit dieser Adressaten-Differenzierung eine Zielgruppen-Perspektive verbunden, welche die Teilnehmenden als besondere Problemgruppe oder unfertige, hilfebedürftige, möglicherweise sogar bemitleidenswerte Subjekte stigmatisiert. Zu den kulturpädagogischen Qualitätsvorstellungen aller Beitraggebenden gehört eine Adressatenperspektive, die die Stärken dieser Menschen wertschätzt, sie zum Ausgangsmaterial eines künstlerischen Prozesses macht und sie damit auch in ihrem Potential für gesellschaftliche Veränderungen befördert. Was eigentlich für alle Adressatengruppen gilt, selbst für die Allerjüngsten, wird in den Beiträgen zur Kulturellen Bildung zwischen den Kulturen und in jugendkulturellen Szenen besonders deutlich: Die Akteure sind stets ExpertInnen in eigener Sache. KulturarbeiterInnen sollten also nicht nur die Vorlieben, Bedürfnisse und Gewohnheiten „ihrer Klientel" kennen. Sie sollten diese Besonderheiten auch als Vermögen ansehen und sich entwickeln lassen; nur so können die Teilnehmenden „von Objekten der Kulturpädagogik zu deren Subjekten" werden.

Eine verantwortliche Zielgruppenorientierung in der Kulturellen Bildung bedeutet auch, nicht bei der Perspektive individueller Förderung stehen zu bleiben. Fachimpulse zur Verbesserung des professionellen pädagogischen Handelns müssen verknüpft werden mit gesellschaftspolitischen Entwicklungsvorstellungen dazu, wie sich Mechanismen der Exklusion durchbrechen lassen, so die Haltung der AutorInnen. Adressatenorientierung als Schlüssel für individuellen Bildungserfolg und Chance auf mehr Teilhabe an Kunst und Kultur wird nicht zuletzt von dem vorhandenen Anregungs- und Anerkennungsreichtum der Infrastruktur öffentlicher und privater Bildungseinrichtungen beeinflusst. Folglich sollte die Verschränkung personaler und struktureller Teilhabevoraussetzungen als Koordinaten für die Wirksamkeit Kultureller Bildungsangebote stets berücksichtigt und in der konzeptionellen Ausrichtung kultureller Bildungsvorhaben zum Ausgangspunkt gemacht werden.

Aus der Lektüre aller Kapitelbeiträge ist zu schlussfolgern: Zielgruppenorientierung in obigem Sinne birgt große Chancen für die Verbesserung der fachlichen, personalen, methodischen und kommunikativen Kompetenzen der Fachkräfte in der Kulturellen Bildung.

Vanessa-Isabelle Reinwand
Kulturelle Bildung für U6

Als Adressaten Kultureller Bildung fallen einem in Deutschland hauptsächlich die Kinder und Jugendlichen ein. Zahlreiche Projekte Kultureller Bildung wenden sich in den letzten Jahren vor allem an Kinder und Jugendliche im schulfähigen Alter, da hier der Anspruch, alle SchülerInnen einer Altersstufe zu erreichen, unabhängig von Milieuzugehörigkeit, kulturellem Interesse oder kulturellen Vorerfahrungen am einfachsten einzulösen erscheint. Zudem verspricht man sich durch eine frühe Kulturerfahrung und -nutzung ein andauerndes Kulturinteresse bis ins Erwachsenenalter hinein und darüber hinaus. Zunehmend rücken aber auch, ganz dem Ideal einer „Kulturellen Bildung für alle" folgend, die Altersgruppen jenseits der staatlich curricular organisierten Allgemeinbildung in den Blick: die Kleinkinder wie die Vorschulkinder in Familie und Kindertageseinrichtungen und die Erwachsenen wie die Personen im sogenannten dritten und vierten Lebensalter (siehe Kim de Groote „Kulturelle Bildung im Alter" in diesem Band).

Im Folgenden soll die formale und non-formale frühkindliche (Kulturelle) Bildung im Alter von 0 bis 6 Jahren, d.h. vor Schuleintritt, im Mittelpunkt der Betrachtung stehen, auf Erwartungen und Legitimation der Kulturellen Bildung für diese Altersgruppe und auf aktuelle Tendenzen, Praxisbeispiele und Herausforderungen eingegangen sowie ein Ausblick auf die zukünftige Entwicklung dieses Bereiches geworfen werden.

Warum Kulturelle Bildung für unter 6-Jährige?

Die frühkindliche Kulturelle Bildung hat ebenso wie die Kulturelle Bildung generell in den Jahren seit 2000 deutlich an öffentlicher Aufmerksamkeit hinzugewonnen, welche einhergeht mit einem Ausbau der Förderstrukturen und einer Aufstockung der Mittel, die in diese Bildungsbereiche investiert werden. Spätestens seit dem PISA-Schock ist Deutschlands BildungspolitikerInnen klar, dass ein gutes Bildungssystem aus einer Vielzahl an unterschiedlichen Angeboten und Zugängen besteht und möglichst früh einsetzen muss, um wirksam zu sein. Alle einschlägigen wissenschaftlichen Studien kommen zu dem Schluss, dass die Bildungsbiografie eines Menschen wesentlich in den ersten Lebensjahren eines Kindes beeinflusst werden kann (z.B. Osborn/Milbank 1987; Sammons u.a. 2008 2). Neuronale Strukturen, die im Mutterleib und in diesen ersten Jahren aufgebaut werden, schaffen die Grundlage für alle weiteren Lern- und Bildungsprozesse (vgl. z.B. Tomasello 2006; Dornes 2009). Allerdings ist das „Wie" eines frühen Lernens zu beachten: „Den Schriftspracherwerb erleichtert man nicht, indem man bereits mit Dreijährigen Kindern Buchstaben paukt. Geübt werden kann aber der Umgang mit Stiften, und mit gezielten Sing- und Sprechspielen lässt sich die akustische Struktur unserer Sprache bewusst machen, was nachweislich das Lesen lernen erleichtert" (Stern/Grabner/Schumacher 2007:21). Es steht also nicht die Vermittlung von Wissen, sondern die Unterstützung von Lernprozessen in der frühkindlichen Bildung im Mittelpunkt.

Zu entwicklungspsychologischen und pädagogischen Begründungsmustern früher Bildung kommt hinzu, dass auch aus politischen und wirtschaftlichen Gründen die frühkindliche Bildung, Betreuung und Erziehung zunehmend nachgefragt ist. Immer mehr Frauen wollen, gut und lange ausgebildet, berufstätig sein, und Unternehmen können es sich nicht mehr leisten, auf diese Menge an Fachkräften zu verzichten. Bis 2013 soll infolgedessen für jedes Kind unter 3 Jahren ein Betreuungsplatz zur Verfügung stehen – so zumindest die Theorie.

Was ist „gute" frühkindliche Bildung?

Neben der Frage nach der ausreichenden Quantität von halb- oder ganztägigen staatlichen Betreuungsplätzen steht zunehmend auch die Frage nach der entsprechenden Qualität dieser Betreuung zur Debatte. Längst – und eigentlich bereits seit dem „Erfinder" des deutschen Kindergartens Friedrich Fröbel – ist man sich einig darin, dass eine Betreuung, die lediglich die körperlichen Grundbedürfnisse des Kindes befriedigt, nicht ausreicht. Die Trias von Bildung, Betreuung und Erziehung findet ihren Niederschlag z.B. in den Bildung- und Orientierungsplänen der Bundesländer, die – in unterschiedlicher Ausprägung und Betonung – deutlich machen, was zu einer umfassenden frühkindlichen Bildung gehört. So werden z.B. im „Bildungs- und Erziehungsplan für Kinder von 0 bis 10 Jahren in Hessen" die Bereiche „Emotionalität", „Gesundheit", „Bewegung und Sport", „Sprache und Literacy", „Medien" ebenso zum frühen Bildungsprogramm gezählt wie „Mathematik", „Naturwissenschaften" und nicht zuletzt „Bildnerische und darstellende Kunst" und „Musik und Tanz" (Hessisches Sozialministerium/Hessisches Kultusministerium 2011:3). Insgesamt stellt die ästhetische Bildung in den Bildungsplänen aller Länder einen unverzichtbaren Teil der frühen Anregung dar.

Qualität ist im Frühbereich jedoch nicht nur von der Vielfalt des Angebots sondern auch zu einem wesentlichen Teil vom jeweiligen Betreuungsschlüssel abhängig. Das heißt, je jünger die Kinder sind, desto günstiger sollte der Personalschlüssel ausfallen. Die Anzahl der Beschäftigten im Frühbereich stieg unter anderem aus diesen Gründen von 2006 bis 2011 um 24 % (Autorengruppe Bildungsberichterstattung 2012:59). Mit einer zunehmenden Menge an zu betreuenden und vor allem zu bildenden Kindern und dem zukünftigen Rechtsanspruch auf Betreuung *und* Bildung wächst der Ruf nach qualifiziertem Personal, vor allem aufgrund gestiegener Anforderungen in der Sprachförderung von Kindern mit Deutsch als erster Fremdsprache und im integrativen Bereich.

In den letzten Jahren boomten zwar wissenschaftliche Studiengänge sowie Fort- und Weiterbildungen im Frühbereich, aber nach wie vor wird qualifiziertes Personal dringend gesucht (vgl. a.a.O.:60). Viele Erzieherinnen (in Deutschland sind über 90 % der FrühpädagogInnen weiblich) fühlen sich nur ungenügend vorbereitet, gerade in bestimmten nachgefragten Teildisziplinen wie den Künsten oder den Naturwissenschaften den Kleinen didaktisch gut aufbereitet Lerninhalte auf dem neuesten frühpädagogischen Stand zu präsentieren. An dieser Stelle sind Kooperationen mit außerschulischen Partnern häufig die erste Wahl, um dennoch ein qualifiziertes Angebot oder gar Profil (z.B. Theater- oder Musikkita) anzubieten, wonach auch anspruchsvolle Eltern zunehmend Ausschau halten. Leider kooperieren aber z.B. bislang nur etwa 11 % der Kindertageseinrichtungen mit Musikschulen (Autorengruppe Bildungsberichterstattung 2012:176). Weitere Zahlen, die Auskunft über die Zusammenarbeit mit Jugendkunstschulen oder privaten KünstlerInnen geben könnten, sind bisher nicht erhoben.

Die private frühkindliche kulturelle, meist kostenpflichtige Bildung hängt im Gegensatz zu öffentlichen Angeboten sehr stark vom Bildungsniveau der Eltern ab, beträgt aber bei hohem elterlichen Bildungsstand zum Beispiel im Bereich der musikalischen Förderung auch nur 30 % im Altersegment der 2- bis unter 6-Jährigen (a.a.O.:162). Musikalische Förderung rangiert hier vor der künstlerischen Förderung (Malen) und, wie zu vermuten ist, auch vor anderen Angeboten wie Theater oder Tanz. Diese zugegebenermaßen spärlichen Befunde und Beobachtungen bestätigen, wie wichtig eine öffentliche Förderung künstlerischer Angebote in der frühen Kindheit ist, um die Bildungspotentiale, welche zu einer umfassenden Elementarbildung gehören, auf hohem Niveau möglichst vielen Kindern zugänglich zu machen.

Wie sieht eine moderne kulturelle Frühbildung aus und welche Ziele verfolgt sie?

Bevor anhand einer beispielhaften Auswahl von ästhetischen Projekten und dauerhaften Angeboten im Frühbereich gezeigt werden soll, dass die Allerkleinsten eine anspruchsvolle Zielgruppe darstellen, für die notwendigerweise eigene, künstlerisch adäquate, aber durchaus qualitativ anspruchsvolle Vermittlungsangebote entwickelt werden müssen, ist es entscheidend zu klären, welche Ziele frühkindliche Kulturelle Bildung verfolgt.

Eine zeitgemäße kulturelle Frühbildung hat *nicht* zum Ziel, möglichst früh kleine Künstlerpersönlichkeiten auszubilden und zu fördern. Es geht also nicht darum, dass das Kind beispielsweise schon mit 5 Jahren eine Karriere als Konzertpianist oder Tänzer einschlägt. Daher ist der Begriff „künstlerische Bildung" für die 0- bis 6-Jährigen kaum passend. Vielmehr geht man pädagogisch davon aus, dass eine umfassende frühe Wahrnehmungsschulung die Grundlage für alle weiteren Lernprozesse legt und daher die Bezeichnung „ästhetische Bildung", vom griechischen „aisthesis" (sinnliche Wahrnehmung) abgeleitet, zutreffender erscheint. Der Frühpädagoge Gerd Schäfer betont dies folgendermaßen: „Wenn Wahrnehmung eine komplexe Transformation von bedeutsamen Aspekten der Wirklichkeit in die Sprache des Gehirns bedeutet, dann kommt ihr eine Schlüsselstellung im Prozess des kindlichen Lernens zu. Dabei geht es nicht nur darum, dass nichts aus der Wirklichkeit gelernt werden kann, was nicht vorher durch die Sinne gegangen ist. Das wäre trivial. Sondern, sinnliche Erfahrung ist selbst bereits ein Denk- und Verarbeitungsprozess" (Schäfer 2005:116). Da künstlerische und ästhetische Formen (Musik, Tanz, Theater etc.) eine verdichtete und komplexe Form der Wahrnehmung erfordern, sind sie ein optimales „Lernmaterial" für die neugierigen Kleinen. Die AutorInnen des nationalen Bildungsberichtes 2012, der sich im Schwerpunkt kulturell-ästhetischer Bildung widmet (siehe Mariana Grigic/Thomas Rauschenbach „Kulturelle Bildung im Horizont der Bildungsberichterstattung des Bundes" in diesem Band), äußern sich hierzu: „Auf diese Weise [durch die Künste, V.R.] sollen nicht nur die Sinne und Emotionen der Kinder angesprochen, sondern auch deren Fantasie und Kreativität sowie deren personale, soziale, motorische und kognitive Entwicklung gefördert werden" (Autorengruppe Bildungsberichterstattung 2012:176). Es handelt sich also bei frühkindlicher Kultureller Bildung nicht um eine frühe künstlerische „Elitebildung" oder Hochbegabtenförderung, sondern im Gegenteil um einen unverzichtbaren Teil einer frühen umfassenden Allgemeinbildung, auf die alle Kinder spätestens nach der Festschreibung dieses Rechtes auf Bildung in der *UN*-Kinderrechtskonvention einen Anspruch qua Geburt haben. Die rezeptive und vor allem die produktive Beschäftigung mit künstlerischen Formen fördert neben der Wahrnehmungskompetenz, die Ausgangspunkt und Schlüsselkompetenz eines frühen Lernens ist, aber auch die Gestaltungslust und -kompetenz der Kinder. Der bekannte Neurobiologe Gerald Hüther ist der Überzeugung: „Nur unter dem einfühlsamen Schutz und der kompetenten Anleitung durch erwachsene ‚Vorbilder' können Kinder vielfältige Gestaltungsangebote auch kreativ nutzen und dabei ihre eigenen Fähigkeiten und Möglichkeiten erkennen und weiterentwickeln. Nur so kann im Frontalhirn ein eigenes, inneres Bild von Selbstwirksamkeit stabilisiert und für die Selbstmotivation in allen nachfolgenden Lernprozessen genutzt werden" (Hüther 2012:19). Ein Kind bildet sich in der Tat zu einem großen Teil selbst, indem es forschend und entdeckend seine Umwelt und seine Mitmenschen analysiert. Es braucht dafür aber notwendigerweise qualifizierte Unterstützung von außen. Angebote, die eine breite, altersgemäße Anregung bieten, ohne zu überfordern, aber gleichzeitig sehr viel Raum zum eigenen sinnlichen

Entdecken, Ausprobieren, Erforschen und Experimentieren lassen, sodass Selbstwirksamkeit erfahren werden kann, sind die optimalen Lernfelder früher Kindheit.

Frühkindliche Kulturelle Bildung beinhaltet daher neben der Schulung der Wahrnehmung (ästhetische Bildung) auch schon eine frühe ästhetische Alphabethisierung, die darauf zielt, die Symbole und Zeichen einer Kultur (z.B. Geschichten, Lieder, zentrale Bilder…) sowie deren Tradition zu verstehen und sich darüber auszudrücken. Damit scheint der Begriff der „ästhetisch-kulturellen Frühbildung" am deutlichsten zu umreißen, was hier mit frühkindlicher Kultureller Bildung gemeint ist.

Welche Angebote mit welchen Herausforderungen bilden das Feld der Kulturellen Bildung U6?

Qualifizierte Angebote, wie oben beschrieben, benötigen nicht nur frühpädagogisch qualifiziertes Personal, sondern auch ästhetisch geschulte Fachleute, die Kinder durch eine ungewohnte und durchaus komplexe Symbol- und Formensprache begeistern können. In den letzten Jahren sind zahlreiche rezeptive wie produktive Angebotsformate in den unterschiedlichen künstlerischen Sparten für die (Aller-)Kleinsten entstanden, die sowohl pädagogisch wie auch ästhetisch auf hohem Niveau angesiedelt sind und teilweise sogar Erwachsenen einen neuen Blick auf die Künste erlauben.

Neben den bereits seit Jahrzehnten etablierten ersten Musikangeboten wie Rhythmikkursen oder dem freien Spiel mit Orffinstrumenten, die erfolgreich in den Musikschulen laufen, haben z.B. Kindergärten mit musikalischem Profil deutlich an Zuwachs gewonnen. Zudem bieten etablierte Orchester wie beispielsweise die *Essener Philharmoniker* Krabbelkonzerte an, bei denen Musik in Verbindung mit Geschichten vermittelt wird und Instrumente wie Musiker „zum Anfassen" da sind. Auch in der Bildenden Kunst (z.B. Projekt „Mobiles Atelier") und im Tanz („Kitatanz", vgl. Westphal 2009a) sind ästhetisch anspruchsvolle Projekte für die Allerkleinsten längst keine Seltenheit mehr. Auch die frühe außer- und vorschulische Leseförderung hat, unterstützt von dem Projekt „Lesestart – Drei Meilensteine für das Lesen" des *Bundesministeriums für Bildung und Forschung (BMBF)* und der *Stiftung Lesen*, bundesweit an Relevanz gewonnen, und nicht zuletzt ist eine frühe Medienbildung essentiell. Der Medienkonsum von Kindern und Jugendlichen ist im letzten Jahrzehnt weiter gestiegen (Theunert 2005:196, siehe auch Helga Theunert „Die konvergente Medienwelt – Veränderter Rahmen für den Mediengebrauch" in diesem Band). Eine US-Studie aus dem Jahr 2003 (Rideout/Vandewater/Wartella 2003:4) kommt zu dem Schluss, dass Kinder im Alter zwischen 0 und 6 Jahren schon durchschnittlich zwei Stunden täglich „Bildschirmmedien" wie Fernseher/DVD oder Computer(-spiele) nutzen – dreimal so viel Zeit, wie diese mit (Vor-)Lesen verbringen. Deutsche Studien kommen zu ähnlichen Ergebnissen (Bundeszentrale für politische Bildung 2003; Medienpädagogischer Forschungsverbund Südwest 2005). Diese Befunde weisen darauf hin, dass Medienbildung nicht früh genug einsetzen kann und selbstverständlich in Bildungs- und Erziehungsplänen angemessen berücksichtigt werden muss.

Am deutlichsten ist jedoch die Orientierung an Teilnehmerinteressen und den Bedürfnissen der jüngsten Altersgruppe im Theater zu erkennen. Das Theater von Anfang an hat in den letzten Jahren nach Vorläufern zum Beispiel in Italien, Frankreich oder Schweden auch hierzulande einen Boom erfahren. Deutlich zu betonen ist, dass es hier nicht um eine Simplifizierung des altbekannten Weihnachtsmärchens geht, um in publikumsarmen Zeiten die Theater mit Vorschulkindern zu füllen, sondern um die Entwicklung einer eigenen ästhetischen Theaterform für die Allerkleinsten (vgl. zu den spezifischen Merkmalen Taube 2009b). Als positives Beispiel ist hier das *theater junge generation Dresden* zu nennen, dessen Team in enger Kooperation auch beteiligt ist an der ersten Theater-Kita in Dresden *FunkeldunkelLichtgedicht*. Nicht nur für Kinder, auch für Erwachsene bietet diese Form der theatralen Inszenierung ein neues ästhetisches Erleben, das deutlich macht, dass eine frühe ästhetisch-kulturelle Bildung eine Herausforderung für KünstlerInnen und KulturvermittlerInnen darstellt. Kinder, jünger als 4 Jahre, können intentionales Handeln der Figuren noch nicht nachvollziehen, die Konzentrationsspanne ist geringer, der Theaterraum noch fremd, vielleicht beängstigend, die Abgrenzung zum Zuschauerraum unbekannt. Künstlerische Fragen wie: Was beschäftigt mein Publikum? Welche ästhetischen Mittel sind faszinierend und verständlich? Welche Formsprache ist aussagekräftig ohne zu verstören? Wie bildet sich ein anregendes Schnittfeld aus dem interdisziplinären Miteinander unterschiedlicher Sparten? und: Welchen Inhalt transportieren ästhetische Symbole, ohne eine lineare Geschichte zu erzählen? Sind nicht nur im Hinblick auf ein junges Publikum interessant, sondern sollten viel öfter auch in künstlerischen Vermittlungskontexten für Erwachsene gestellt werden, um erfolgreich zu sein, d.h. die Adressaten zu erreichen, zu berühren, zu unterhalten und damit auch zu bilden. KünstlerInnen und VermittlerInnen aller Kunstsparten stehen solchen Fragen und Herausforderungen gegenüber, wenn sie die Jüngsten als Zielgruppe ernst nehmen und eine ehrliche Rückmeldung schätzen.

Ausblick

Insgesamt kann festgehalten werden, dass sich in den letzten Jahren einiges in der ästhetisch-kulturellen Bildung im Frühbereich getan hat. Erfahrungen wurden mit zahlreichen Pilot- und Modellprojekten gesammelt, und selbst KünstlerInnen, die vorher nichts mit der Altersgruppe der 0- bis 6-Jährigen zu tun hatten, haben diese Zielgruppe für sich als anspruchsvolles Feld künstlerischer Vermittlung entdeckt. Trotz dieser Entwicklung und vor dem Hintergrund der Ausweitung öffentlicher Frühförderung besteht jedoch nach wie vor Potential im quantitativen wie qualitativen Ausbau und der Erprobung neuer früher Vermittlungsformen und -formate für die erste ästhetisch-künstlerische Bildung. Ein bedeutsamer Teilbereich Kultureller Bildung, der künstlerisch wie pädagogisch leicht unterschätzt wird, dessen Potentiale aber noch längst nicht ausgeschöpft sind.

Zum Weiterlesen

Bockhorst, Hildegard (2007) (Hrsg.): Kinder brauchen Spiel & Kunst. Bildungschancen von Anfang an – Ästhetisches Lernen in Kindertagesstätten. München: kopaed.

Droste, Gabi dan (2011) (Hrsg.): Theater von Anfang an!: Reflexionen und Postionen für die Praxis. Frankfurt/M.: ASSITEJ.

Droste, Gabi dan (2009) (Hrsg.): Theater von Anfang an! Bildung, Kunst und frühe Kindheit. Bielefeld: transcript.

Medienpädagogischer Forschungsverbund Südwest (2005): Kim – Studie 2005. Basisuntersuchung zum Medienumgang 6 - 13jähriger in Deutschland: http://www.mpfs.de/fileadmin/Studien/KIM05.pdf (Letzter Zugriff am 31.7.12).

Reinwand, Vanessa-Isabelle/Speckmann, Julia (2012): Die Sprachen der Künste. Oberhausen: Athena.

Schäfer, Gerd E. (2005): Bildungsprozesse im Kindesalter. Selbstbildung, Erfahrung und Lernen in der frühen Kindheit. 3. Auflage. Weinheim/München: Juventa.

Rainer Treptow
Kulturelle Bildung für benachteiligte Kinder und Jugendliche

TheaterpädagogInnen und Clowns, die sich regelmäßig in einer Klinik für krebskranke Kinder einfinden, Tanz und Musik mit Jugendlichen, die Träger des Down-Syndroms sind, ein Foto- bzw. ein Filmprojekt mit Heranwachsenden, die in einer Bürgerkriegszone, einem Katastrophengebiet leben, BildhauerInnen, die mit jugendlichen Strafgefangenen, MusikerInnen, die mit autistischen, mit hyperaktiven, mit traumatisierten Menschen arbeiten, Zirkusprojekte, die von Straßenkindern gestaltet werden – dies alles sind Beispiele für die Bereitstellung von Zugangs- und Gestaltungsmöglichkeiten, die die eigenständige kulturelle Selbstbildung der Adressaten mit organisierter Unterstützung verbinden (vgl. z.B.: Müller 2009; Braun 2011a; Lowinski 2007; Zaiser 2011; Klinikclowns 2012; Inclusion Life Art Network 2012; Kultur vom Rande 2011; The Freedom Theatre 2012; Kinderkulturkarawane 2012).

Diesen Beispielen ist gemeinsam, dass Kulturelle Bildung an solchen sozialen Orten mit Angeboten aufwartet, in denen die Gelegenheiten für symbolische Ausdruckstätigkeit institutionell nicht vorgesehen oder gar weitestgehend zerstört sind. Sie findet aber auch an etablierten Bildungsorten statt, die von den Betroffenen kaum aufgesucht werden. Sie ermöglichen Menschen eine Teilhabe am kulturellen Leben, die von ihrer Lebenslage her teils subjektive, teils strukturelle Einschränkungen aufweisen (Fuchs 2008c). Im Unterschied zu selbstorganisierten Aktivitäten – Kinder, die Bilder malen, Jugendliche, die eigene Bands gründen – sind es hier zielgerichtete Maßnahmen kulturell Schaffender, die ihr Engagement teils ethisch-moralisch, teils sozialpädagogisch, teils (semi-)therapeutisch begründen. Sie versuchen dazu beizutragen, die gegebene soziale Ungleichheit an der Realisierung kultureller Teilhabe zu verringern. Von hier aus erschließt sich, warum von Benachteiligten gesprochen werden kann.

Denn Kulturelle Bildung bietet – dem Anspruch nach – für alle Kinder und Jugendlichen die gleichen Zugangschancen zur Welt ästhetisch-kultureller Gegenstände, Symbole und Ausdrucksformen (Deutsche UNESCO Kommission 2010). Doch ob und welche dieser Chancen von ihnen ergriffen werden (können), hängt nicht nur von der Entwicklung und der Bildung ihrer individuellen Interessen ab; es steht vielmehr in engem Zusammenhang mit den sozialen und (inter-)kulturellen Kontexten ihres Aufwachsens, mit Herkunftsmilieu und Lebensgeschichte, mit wirtschaftlicher Lage und Bildungshorizont der Eltern und Familie und nicht zuletzt mit dem Anregungs- und Anerkennungsreichtum der Infrastruktur öffentlicher und privater Bildungseinrichtungen.

Benachteiligung

Der Begriff „Benachteiligung" umfasst teils episodenhafte, vor allem aber strukturell-dauerhafte Kontexte, in die Kinder und Jugendliche geraten können und aufwachsen (vgl. Münder 2006). So wäre die zeitweise Ausgrenzung eines Kindes aus der Gruppe seiner Spielfreunde, die es von gleichberechtigter Teilhabe an gemeinschaftlichen Aktivitäten ausschließt, von einer über Jahre hinweg beinahe unveränderten Situation zu unterscheiden, die sein Recht auf

Teilhabe durch die enge Begrenzung seiner Ressourcen auf lebensgeschichtlich nachhaltige Weise stark einschränkt, etwa durch Armut, durch Rassismus, durch gewaltsame Beeinträchtigung oder durch Stigmatisierung von Menschen mit Handicaps. Benachteiligung hängt zweifellos stark mit der eingeschränkten wirtschaftlichen Lage der Einzelnen zusammen, sie kann aber auch unabhängig von Armutslagen der Betroffenen vorliegen, weil bereits kulturelle Konstruktionen von Andersheit ausreichen, die sich in Fremdenfeindlichkeit, Vorenthaltung von Informationen und Zugängen zu allgemein anerkannten Teilhabebereichen als Strategien der Exklusion verfestigen (Treptow 2010).

Dementsprechend trifft Kulturelle Bildung *für* benachteiligte Kinder und Jugendliche auf unterschiedliche Kontexte, in denen kulturelle Ausdrucksformen *von* Kindern und Jugendlichen stattfinden, ermöglicht oder verhindert werden. Denn zunächst finden ihre ästhetisch-kulturellen Bildungsprozesse in jenen sozialen Lebenswelten und institutionellen settings statt, in die sie hineingeboren werden und in denen sie aufwachsen. Diese sind durch eine Reihe von räumlichen, sachlichen, symbolischen und ökonomischen Strukturbedingungen beeinflusst, die die Lebenslage, den sozialen Status und die Reichweite markieren, innerhalb derer symbolische Inhalte, Wahrnehmungskompetenzen und Ausdrucksmöglichkeiten entwickelt und gestaltet werden können. Diese Strukturbedingungen können sehr begrenzt sein oder sehr weite Spannweiten bilden, innerhalb derer Kindern und Jugendlichen Inhalte, Zugänge, Methoden eröffnet oder eben verschlossen werden.

Unterschiede, Vergemeinschaftung, Resilienz

Dennoch sind es nicht selten Kinder und Jugendliche selbst, die die durch Erwachsene vorgenommenen Unterscheidungen gleichsam überspringen. Mögen diese auch deutliche Gründe geltend machen, besondere Andere auszugrenzen – sie selbst finden nicht selten Möglichkeiten, sich durch solidarische Kooperationen über die Grenzen sozialer Unterscheidung hinwegzusetzen. Also jene Bedeutungszuschreibungen zu ignorieren – Hautfarbe, Geschlecht, Handicaps, Herkunft u.a. –, die für Erwachsene Grund genug sind, sie zu benachteiligen. Sie tun dies, indem sie differente Stilelemente zusammen führen und auf diese Weise eine eigene kreative Ausdrucksgestaltung entwickeln, die eher an erlebnisreichen Prozessen und herausfordernder Formgebung interessiert ist als an der Frage, was die beteiligten Akteure voneinander unterscheidet. In dieser Eigendynamik ästhetischer Gestaltung liegt das Potential einer sowohl differenzbestätigenden wie differenzüberwindenden Tätigkeit: Unterschiede werden als wichtige Bedingung für die Entwicklung kreativen Ausdrucks entdeckt, aber sie werden auch als Hemmnis für gemeinschaftliche Aktivitäten überbrückt. Damit arbeitet Kulturelle Bildung auf der doppelten Ebene: auf der Ebene sach- und ausdrucksbezogener Gestaltung (Herstellung und Produkt) und auf einer Ebene sozialer Verständigung (Kommunikation und Interaktion) und bildet so einen Beitrag für integrative Gruppenprozesse (vgl. Treptow 2008).

Hier reicht die Spannweite von einzelnen situativ wechselnden Angeboten Einzelner über die Gründung von Selbsthilfe-Initiativen der Eltern, die programmatische Selbstverpflichtung öffentlicher und privater Einrichtungen wie Museen, Theater, Orchester (vgl. Grube/Lasch 2005; Müller 2009) bis hin zu regionalen und nationalen Förderprogrammen, die über großflächige Projektfinanzierung in Zusammenarbeit mit Unternehmen Sach- und Personalmittel bereitstellen (Jedem Kind ein Instrument 2011).

Indessen kann der starke öffentliche Zuspruch, den vor allem solche Projekte erfahren, die mit Aufwand für relativ kurze Zeit durchgeführt und dann nicht wiederholt werden, nicht übersehen lassen, dass es Einwände gibt (siehe Mareike Berghaus „Von Modellen zu Strukturen – zur Bedeutung von Modellprojekten in der Kulturellen Bildung" in diesem Band). Die Kritik setzt an der mangelnden Verstetigung, an der Vereinzelung des spektakulären Eventcharakters an, der keineswegs immer der Motivlage der Kinder und Jugendlichen, sondern den Image-Interessen von Unternehmen und Kultureinrichtungen entsprechen und die eine als positiv empfundene Signalwirkung setzen, es gelänge nachhaltig, bildungsfernen Schichten den Zugang zur klassischen Hochkultur zu sichern (Treptow 2011). Zwischen kurzfristig intensivierten, jedoch langfristig reduzierten Events und dem Staunen vor den Möglichkeiten eines professionell geplanten Multimedia-Projekts entsteht aber immerhin die Vision, dass soziale Spaltung wenigstens über die Inszenierung ästhetisch-kultureller Gemeinschaft auf Zeit überbrückt werden kann.

Teilhabe, Unterstützung, Hilfe

Zugangschancen zur kulturellen Teilhabe für Benachteiligte, genauer: die Chancen ihrer Realisierung nachhaltig zu verbessern, heißt auch, die Begründungen für die Auswahl der Inhalte, der Methoden, der Orte und der Absichten genauer zu bestimmen. Diese Begründungen lassen sich danach unterscheiden, ob allein der Kontakt zur ästhetisch-kulturellen Welt (der Künste, der Museen) intensiviert und die Bildungsgelegenheiten erweitert werden und/oder ob dies darüber hinaus zu Effekten führen soll, die ausdrücklich als Unterstützung bzw. Hilfe bei der Bewältigung von definierten Anforderungen und Problemlagen im Alltagsleben der Kinder und Jugendlichen wirken sollen. Zwar wird der Wahrnehmung kultureller Interessen nicht selten ein positiver Effekt zugesprochen (Findung innerer Balance, Lebenssinn), mitunter auch die antike Idee der Seelenreinigung (Katharsis) etwa beim Erleben der Aufführung von Tragödien. Indessen strebt die Unterstützung von Kindern und Jugendlichen mehrere Ziele an.

Selbstwirksamkeit, Kommunikation, Interaktion

In ihrem Verhältnis zu sich selbst werden sie unterstützt, sich in der Fähigkeit zu bestätigen, ästhetische Prozesse wahrzunehmen, Unterschiede zu erkennen und zu vergleichen, aber auch durch Eigentätigkeit Symbole absichtsvoll zu kreieren, sich zuzutrauen expressiv-gestaltend sein zu können und darin anerkannt zu sein. Im Bereich der sozialen Kommunikation werden Kinder ermutigt, ihren Platz im Gefüge einer interpersonellen Beziehung selbstbewusst einzunehmen und „ihre Rolle" zu spielen – sei es in musikalischen Gruppenprojekten oder in Inszenierungen des Kindertheaters.

Wie Projekte der Jugendmusikwerkstätten zeigen, ist die Erfahrung der Selbstwirksamkeit, die Überraschung über sich selbst – „Ich hab gar nicht gemerkt, dass ich was lern" (Biburger/Wenzlik 2009) – eine Chance zur Erweiterung des eigenen Explorationsverhaltens. Wie indessen die Theatererfahrung mit jugendlichen Drogenabhängigen lehrt (Wilde Bühne 2012), entwickelt sich das Bewusstsein, es mit gleichermaßen Betroffenen zu tun haben, denen der Hintergrund ihrer Biografie die Sicherheit verleiht, nicht allein zu sein mit den damit verbundenen Weltbildern, Schwierigkeiten und Hoffnungen. Diese Erfahrung von Ähnlichkeit schafft eine vertrauensbildende Umgebung, die es erleichtert, die individuellen Ängste vor dem Unverständnis Anderer aufgeben und einen kooperativen Gruppenprozess beginnen zu können.

Produkt und Prozess. Erfolge organisieren, Übersetzungen vornehmen

Auf der Ebene der Inszenierung schließlich, verstanden als Ergebnis einer gemeinsamen Anstrengung, die für (Teil-)Öffentlichkeiten präsentiert wird, bildet das Erlebnis, ein Produkt entwickelt zu haben, einen nicht unerheblichen Anteil an der Erfahrung unterstützter Selbstbildung im Kindes- und Jugendalter. Denn die dazu nötigen Verständigungen, die wiederholten Übungen, die Thematisierung unterschiedlicher Vorschläge und Geschmacksvorstellungen sowie die mit der Realisierung zusammenhängenden organisatorischen zeitlich-räumlichen Regeln werden als positive Bedingungen für die eigene produktive Realisierung von Möglichkeiten erfahrbar (siehe Tom Braun/Brigitte Schorn „Ästhetisch-kulturelles Lernen und kulturpädagogische Bildungspraxis" in diesem Band).

Die durch ein Ergebnis (eine wiederholbare Inszenierung, einen Text, eine Skulptur, ein Bild, ein Foto, einen Film u.ä.) mögliche Erfahrung von eigenen Potentialen steht damit in Zusammenhang mit einer durchaus anstrengenden Erfahrung eines Prozesses, in dem soziale Kommunikation eine fundamentale Rolle übernimmt. Im Idealfall verbinden sich die Anerkennungserfahrungen des Prozesses mit denen des Produktes. Das bedeutet beispielsweise im Bereich des „biographischen Theaters" (Köhler 2009), dass die Thematisierung von selbst erlebten Konflikten, Enttäuschungen, Krisen in eine der Logik des Inszenierungsprozesses entsprechende Formgebung „übersetzt" werden muss. Diesen Übersetzungs-, d.h. Reduzierungs-, Zuspitzungs- und Korrekturprozess zu meistern kann als gelingender Lernprozess im Kontext von Selbstregulierung und wachsender Verständigungsfähigkeit verstanden werden. Er ist sach- und themenbezogen, kann aber durchaus Erweiterung finden im Blick auf davon abgelöste Fragen nach Austausch über Interessen, die im weiteren lebensweltlichen Zusammenhang der Kinder und Jugendlichen stehen. Nach einem solchen Prozess können Kinder- und Jugendliche auf ein Geschehen zurückblicken, in dem sie selbst die Hauptbeteiligten waren. Dies wird wahrscheinlicher, wenn der Unterstützungsprozess die gelingende Balance zwischen Ermutigung und Verzicht auf Leistungsdruck, zwischen Selbstbestätigung und Abstimmung mit Interessen anderer, schließlich zwischen schrittweisen Herausforderungen und eigenen Erfolgserlebnissen erzeugt.

Forschung und Theorie

Je intensiver kulturelle Projekte als Hilfe angeboten werden, desto stärker können sie in die Nähe von therapeutischen Verfahren geraten. Tanz wird dann zur Tanz-, Musik zur Musik- und Malen zur Maltherapie. Die dabei einsetzende Logik des Helfens wird nur dann seriös einzuschätzen sein, wenn sie von entsprechend professioneller Diagnostik begleitet wird, etwa bei der Bewältigung posttraumatischer Belastungsstörungen. Noch immer sind wissenschaftlich gesicherte Belege für diesen Anspruch rar; doch häufig wird nicht die therapeutische, sondern die therapiebegleitende Aufgabe der Arbeit mit benachteiligten Kindern und Jugendlichen gesucht. Im Bereich der Unterstützung zur Lebensbewältigung im sozialen Raum liegen Untersuchungen vor, die den konstitutiven Zusammenhang von Kommunikation und ästhetischem Ausdruck belegen (vgl. z.B. Hill 2011a). Im Kern jedoch wird der Teilhabeanspruch Benachteiligter am kulturellen Leben realisiert, der nicht allein durch Wirkung, sondern durch Wahrnehmung von Rechten, wenn nicht des Menschenrechts auf Bildung, begründet werden sollte.

Zum Weiterlesen

Braun, Elisabeth (2011): Kleine Fluchten – Große Freiheit. Kulturarbeit mit Menschen mit Behinderung oder sozialer Benachteiligung. In: Bockhorst, Hildegard (Hrsg.): Kunststück Freiheit. Leben und Lernen in der Kulturellen Bildung. München: kopaed.

Deutscher Bundestag (2007): Schlussbericht der Enquete-Kommission „Kultur in Deutschland". Drucksache 16/7000. Berlin.

Grube, Thomas/Lasch, Enrique S. (2005): Rhythm is it! You can change your life in a dance class: http://www.rhythmisit.com/de/php/index_flash.php (Letzter Zugriff am 30.07.2012).

Inclusion Life Art Network (ILAN) (2012): www.inclusion-life-art-network.de

Jedem Kind ein Instrument (2012): www.jedemkind.de

Klinikclowns (2012): Ein Lachen schenken: www.klinikclowns.de

Kultur vom Rande (2011): www.kultur-vom-rande.de

Maurer, Björn (2004): Medienarbeit mit Kindern aus Migrationskontexten Grundlagen und Praxisbausteine. München: kopaed.

Müller, Alexander K. (2009): Accompagnato. Die Kunst des Begleitens oder „So geht des!" www.accompagnato.eu

The Freedom Theatre (2012): www.thefreedomtheatre.org

Treptow, Rainer (2010): Kulturelle Strategien und soziale Ausgrenzung. Was kann Kulturarbeit leisten? In: ders. (2012): Wissen, Kultur, Bildung. Beiträge zur Sozialen Arbeit und Kulturellen Bildung (192-200). Weinheim und Basel: Beltz, Juventa.

Wilde Bühne (2012): www.wilde-buehne.de/ueberUns/index.asp (Letzter Zugriff am 30.07.2012).

Zaiser, Dierk (2011): Rhythmus und Performance. Kulturprojekte als Chance für sozial benachteiligte und straffällige Jugendliche. München: kopaed.

Tom Braun
Kulturelle Jugendbildung im Übergang von Schule, Ausbildung und Beruf

In den letzten Jahren hat sich die Forschung vermehrt um neue Beschreibungen der Lebensphase „Jugend" bemühen müssen. Die zunehmende Individualisierung von Lebensverläufen und die Pluralisierung lebensweltlicher Ressourcen wie gemeinsame Sinnvorräte, Wertorientierungen oder Rollendefinitionen werden besonders in eben jener Lebensphase virulent, die von Veränderung und Orientierungssuche geprägt ist. Jugend als eingrenzbare Statuspassage vom Kindsein zum Erwachsensein hat sich entsprechend der gesamtgesellschaftlichen Entwicklung ausdifferenziert. In seiner Neupositionierung zur Jugendpolitik verdeutlicht das *Bundesjugendkuratorium* daher, dass sich die Lebensphase Jugend von einer kollektiv zu durchschreitenden Übergangsphase in eine Folge von Teilübergängen aufgeschlüsselt hat (BJK 2009:11). Bemerkenswert ist, dass die zeitliche Kopplung dieser Teilübergänge wie z.B. Ablösung vom Elternhaus und Übergang in Beschäftigung wesentlich von der individuellen sozialen Lebenslage abhängig ist. Diese neue Unschärfe der Jugendphase ist demnach in Eigenleistung durch die Individuen zu bearbeiten und in eine belastbare Lebensform zu überführen. Heiner Keupp verweist deshalb eindringlich auf die Fähigkeit der „Selbsteinbettung" (Keupp 2008:21). „Die roten Fäden für die Stimmigkeit unserer inneren Welten zu spinnen, wird ebenso zur Eigenleistung der Subjekte wie die Herstellung lebbarer Alltagswelten", so Keupp (ebd.). Identitätsarbeit wird zur zentralen Voraussetzung für gesellschaftliche Teilhabe (siehe Larissa von Schwanenflügel/Andreas Walther „Partizipation und Teilhabe" in diesem Band). Sie bemisst sich in der flexibilisierten und sich rasch verändernden Gesellschaft daher für das Subjekt vor allem an zwei Kriterien: „von innen am Kriterium der Authentizität und von außen am Kriterium der Anerkennung" (ebd.).

Die Gestaltung von Übergangssituationen wird dementsprechend für Jugendliche häufig zu einer prekären und von Unsicherheit geprägten Erfahrung, weil sich die Anerkennung des eigenen Identitätsentwurfs nicht nur durch eine innere Stimmigkeit realisiert, sondern zugleich mit einem antizipierten Grad sozialer, kultureller, ökonomischer und auch rechtlicher Teilhabe korreliert (vgl. Kaufmann 2003). Besonders die Übergangssituation von der Schule in die weiteren Ausbildungsgänge ist in mehrfacher Weise von instabilen Aussichten auf eine offene und kaum planbare Zukunft geprägt. Das Verlassen der von klaren Regeln und Rollen geprägten Institution Schule wird besonders häufig dann als Krise erlebt, wenn der eigene Verbleib durch einen fehlenden Ausbildungsplatz unklar ist. Neben der eigenen Selbstdefinition sind dann zugleich alle Teilhabedimensionen betroffen. In dieser Übergangssituation – aber auch im Falle einer erfolgreichen Suche nach einem Ausbildungsplatz – stehen die Jugendlichen vor der hohen Anforderung, ihre eigenen Wünsche und Ziele mit den vorhandenen Ressourcen verknüpfen zu können (vgl. Keupp 2008:21). Neben einer guten schulischen Ausbildung sind es daher zunehmend personale Voraussetzungen wie Belastbarkeit, Eigeninitiative, Kreativität u.a., die über die Partizipationsmöglichkeiten der Individuen entscheiden.

Im Übergang von der Schule zu Ausbildung und Beruf kulminiert zudem die Verknüpfung sozialer und personaler Teilhabevoraussetzungen. Pierre Bourdieu hat in seinen Forschungen zum „Habitus" nachgewiesen, dass die sich von Geburt an vollziehende soziokulturelle Schematisierung der eigenen Selbstwahrnehmung sowie die damit verbundene Schematisierung des eigenen Verhältnisses zur Welt als gestaltbares Gegenüber entscheidend sind für sozialen, kulturellen und ökonomischen Erfolg (vgl. Bourdieu 1998). Indem die gelingende Gestaltung von Übergangssituationen einer zunehmenden Individualisierung unterliegt, erhalten daher zugleich die soziokulturellen Ausschlussmechanismen einen wachsenden Einfluss. Der Zerfall der Jugendphase dynamisiert in diesem Sinne Ungleichheit und Ausgrenzung. Durch institutionalisierte Veränderungen wie Massenarbeitslosigkeit und Arbeitsmarktkrise wird dies wiederum besonders im Übergang von Schule zu Ausbildung virulent (vgl. BJK 2009:11). Einen entsprechenden Hinweis hierauf geben ebenfalls die Zahlen des aktuellen Bildungsberichts. Die Zahlen führen vor Augen, dass trotz demografischen Wandels sowohl in Stadtstaaten wie auch in Flächenländern vor allem SchülerInnen aus dem unteren Bildungssegment kaum Zugang zu nachschulischen Ausbildungsgängen finden (vgl. Autorengruppe Bildungsberichterstattung 2012:103): So befinden sich von den Jugendlichen ohne Hauptschulabschluss in Stadtstaaten 79,9 % im sogenannten Übergangssystem zwischen Schule und Berufsausbildung. In den Flächenländern Ost sind es 71,9 % und in den Flächenländern West 73,3 %. Aber auch Jugendliche mit Hauptschulabschluss verbleiben zu einem großen Anteil im Übergangssystem: 38 % in den Stadtstaaten, 28,1 % in den Flächenländern Ost und sogar 50,1 % in den Flächenländern West. Hingegen werden seit dem Jahr 2000 zwei Drittel der Ausbildungsplätze im dualen Ausbildungssystem laut Bildungsbericht von Jugendlichen und jungen Erwachsenen mit mittlerem Schulabschluss bzw. Hochschulreife besetzt (vgl. ebd.).

Die Autorengruppe fasst dementsprechend zusammen: „Die sozialen Selektionsprozesse, die sich in der Regel bei Übergängen zwischen Bildungsgängen oder -stufen vollziehen, sind für den Übergang aus der allgemeinbildenden Schule in die Berufsausbildung in Deutschland bisher besonders stark ausgeprägt – sowohl nach schulischer Vorbildung als auch nach Geschlecht, Migrationshintergrund bzw. Staatsangehörigkeit und Region. Die Hoffnung, dass sich durch den demografisch bedingten Rückgang in der Nachfrage nach Ausbildungsplätzen die starken Differenzen im Zugang zu einer vollqualifizierenden Ausbildung verringern und die Übergangssituation der Jugendlichen mit maximal Hauptschulabschluss verbessern würden, hat sich bisher nicht erfüllt" (Autorengruppe Bildungsberichterstattung 2012:103).

Potentiale der Kulturellen Jugendbildung

Die nachschulische Jugendphase kann vor dem Hintergrund des bisher Gesagten nur zu einer wirksamen Statuspassage werden, wenn Jugendliche sowohl in der schulischen Jugendphase als auch in der Übergangssituation nach der Schule Zugänge zu Lern- und Erfahrungsfeldern haben, in denen sie in ihrer Persönlichkeit sowie in ihren Kompetenzen, Situationen aktiv zu gestalten, gestärkt werden. Dabei ist jedoch zu beachten, dass eine erfolgreiche Vorbereitung und Begleitung der Übergangssituationen durch künstlerische und kulturpädagogische Ansätze sich nicht nur auf die individuelle Förderung der Jugendlichen konzentrieren darf. Sie muss die Verschränkung personaler und struktureller Teilhabevoraussetzungen als Koordinaten ihrer Wirksamkeit berücksichtigen und zum Ausgangspunkt ihrer konzeptionellen Ausrichtung machen. In der Konzeption von Kunst- und Kulturprogrammen, die auf den Übergang von der Schule in das weiterführende Ausbildungssystem fokussieren, ist neben den Qualitätsdimensionen einer *individuellen Förderung* der Jugendlichen sowie einer *strukturellen Einbettung* des Angebots eine weitere Bildungsqualität zu berücksichtigen. Diese bezieht sich auf den spezifischen Beitrag, den *künstlerische Arbeitsweisen* für eine individuelle Förderung von Persönlichkeit und Fähigkeiten leisten können.

Individuelle Förderung und Sichtbarkeit
Pädagogische Angebote zur Vorbereitung des Übergangs von Schule zu Ausbildung und Beruf konzentrieren sich häufig auf eine effektive Heranführung an die Ausbildungs- und Berufsrealität. Eine Förderung zur individuellen Gestaltung von Übergangssituationen muss jedoch besonders auf subjektbezogene Erfahrungen fokussieren. Hierbei ist es wichtig, dass für die Jugendlichen ihre individuellen Leistungen und das, was sie sich an Wissen und Fähigkeiten angeeignet haben, durch konkrete Selbstwirksamkeitserfahrungen erlebbar werden. Neben der Intensivierung des eigenen Selbsterlebens bedarf es daher zugleich der Möglichkeit, zu erfahren, Anforderungen durch eigenes Tun bewältigen zu können, und den Erfolg mit der eigenen Person in Bezug setzen zu können. Angebote der Kulturellen Bildung bieten hierfür beste Ausgangsbedingungen. Auf der Bühne zu stehen, gemeinsam ein Musikstück zu meistern, sich ein eigenes Bild zu machen, beinhaltet komplexe, subjektbezogene Handlungsanforderungen, die an den Fähigkeiten der Jugendlichen ansetzen und zugleich eine reflektorische Sinnebene enthalten. Sie wirken identitätsbildend, weil das entstehende Produkt die Wirksamkeit des eigenen Handelns sichtbar macht und eigenen Erfahrungszusammenhängen symbolischen Ausdruck verleiht. Besondere Bedeutung kommt zudem der häufig mit kulturellen Projekten verbundenen Herstellung von Öffentlichkeit zu, z.B. durch einen Auftritt oder eine Ausstellung,. Die individuelle Selbstwirksamkeitserfahrung erfährt dann eine soziale und kulturelle Anerkennung. Die Erfahrung, dass eigene Vorstellungen und Fähigkeiten auch für andere relevant und interessant sein können, ist gerade vor dem Hintergrund der Gestaltung von Übergängen zwischen gewohnten und fremden Lebenssituationen für viele Jugendliche eine wichtige Erfahrung. Sie fördert Selbstvertrauen und Motivation, das unsichere Neuland zu betreten. Besondere Bedeutung kommt hier dialogischen Kompetenznachweisverfahren zu, wie sie z.B. der „Kompetenznachweis Kultur" ermöglicht (siehe Brigitte Schorn/Vera Timmerberg „Kompetenznachweis Kultur" in diesem Band und Schorn/Timmerberg 2009).

Wirksamkeit durch Feldcharakter
Eine subjektbezogene Förderung von Jugendlichen in Übergangssituationen zwischen Schule, Ausbildung und Beruf kann nur dann erfolgreich sein, wenn pädagogische Angebote nicht als vorbereitende Simulation angelegt werden, sondern die Jugendlichen als verantwortliche Akteure anerkannt und ernst genommen werden. Zugleich stehen pädagogische Angebote vor der Anforderung, die Jugendlichen in der Weiterentwicklung ihrer Kompetenzen und Handlungsstrategien zu unterstützen sowie ihnen neue Denk- und Handlungsmöglichkeiten zu eröffnen. Angebote Kultureller Bildung bieten hierfür komplexe Settings, die umfassende Handlungsanforderungen und Entwicklungsfragen an die Jugendlichen stellen. Sie knüpfen jedoch gleichermaßen an die individuellen Erfahrungs- und Ausdrucksmöglichkeiten der Jugendlichen an. Diese werden innerhalb eines künstlerischen Produktionsprozesses zum Ausgangsmaterial, ohne welches das betreffende Kulturprojekt nicht stattfinden kann. Die individuellen Sichtweisen auf die Welt, die persönlichen Arten und Weisen, sich mitzuteilen, gewinnen hier an unverzichtbarer Bedeutung. Neben dem Erlernen künstlerischer Handwerklichkeiten werden damit die subjektspezifischen Möglichkeiten der Jugendlichen zu Gelingensvoraussetzungen. Hier treffen sich die Anforderungen der Übergangssituation und die Anforderung künstlerischen Handelns.

Die konzeptionelle Ausrichtung, Jugendliche als MitgestalterInnen ihrer eigenen Bildungsprozesse anzuerkennen, bedeutet in Angeboten Kultureller Bildung in Übergangssituationen auch, bisherige Erfahrungen mit Lernprozessen zu hinterfragen und Neuanfänge zu wagen. In der Praxis verbinden entsprechende Übergangs-Projekte daher non-formale Lernsituationen auch mit den formalen in Schule oder Ausbildung. Sie zeichnen sich aber dadurch aus, dass sich die Relevanz der formalen Lernsituationen und ihrer Inhalte durch deren Bewährung für einen unmittelbaren Arbeits-, Lern- und Reflexionsprozess neu herleitet. So erschließen beispielsweise im Rahmen einer gemeinsamen Theaterproduktion stattfindende theoretische und unterrichtsförmige praktische Einweisungen in bühnenbezogene Berufe und Techniken Motivation und Vertrauen in bisher von negativen Erfahrungen geprägte Lernzusammenhänge. So kann z.B. das Arbeiten am Computer, die Mühen in der Holzwerkstatt oder in der Lichttechnik deshalb durchgehalten werden, weil sie dazu dienen, die eigenen Sichtweisen auf das eigenen Können und das Leben in einer Zirkusshow auszuloten und vor anderen zu präsentieren. Eine solche Berufsorientierung unter der Zirkuskuppel ermöglicht, dass subjektbezogene Bildungsprozesse und formale Qualifizierung sich mit Hilfe künstlerischer Fragestellungen und Produktionsprozesse gegenseitig befördern (vgl. hierzu eine Vielzahl von Praxisbeispielen in BKJ 2008a)

Michael Kreutzer hat in seinen Überlegungen zur Gestaltung von künstlerisch-kultureller Bildung im Übergangsfeld von Schule und Beruf daher die Wirksamkeit sogenannter künstlerischer „Feld-Projekte" hervorgehoben (Kreutzer 2008:19ff.). In Anlehnung an die Theorie sozialer Felder (vgl. Bourdieu 1982) werden künstlerische Produktionsprozesse als die Erzeugung zeitlich begrenzter ästhetischer und sozialer Felder verstanden, innerhalb derer sich Jugendliche als Akteure verhalten. Gerade kulturpädagogische Projekte, die auf ein Übergangsmanagement zielen, sind, so Kreutzer, demnach gehalten, sich nicht lediglich auf ein vielfältiges Arsenal an kompetenzfördernden Übungs-, Trainings- und Spielformen zu konzentrieren, sondern die gemeinsame Arbeit an einem *künstlerischen Produkt* in den Mittelpunkt zu stellen. Das Potential der künstlerischen „Feld-Projekte" besteht darin, einen Handlungsraum einzurichten, in dem unter den ernsten Bedingungen eines aus der Zielstellung des anvisierten künstlerischen Produkts sich herleitenden, kommunikativ verhandelten ästhetischen und sozialen Handlungsfelds die kulturelle Tragfähigkeit von z.B. sprachlichen und körperlichen Symbolhandlungen erprobt und überprüft wird. Sie ermöglichen durch die künstlerische Produktorientierung sowohl eine unreduzierte Ernsthaftigkeit der Situation als auch ein Erproben der eigenen Möglichkeiten in einem geschützten Raum. Indem das eigene Handeln und fachliche Können für die Erreichung des gemeinsamen künstlerischen Ziels relevant ist, erfahren der Reflexions- und Entwicklungsprozess des/r Einzelnen sowie die formalen Lernangebote eine Kontextualisierung in einem klar umrissenen Feld. Ihr eigenes Lernen und Wagen von bisher ungegriffenen Möglichkeiten gewinnt für die Jugendlichen damit sowohl in individueller als auch sozialer Hinsicht an Relevanz. Weil eigene künstlerische Entwürfe für ein mögliches Verhalten in einem selbstbestimmt geschaffenen kulturellen Feld als angemessen oder unangemessen erfahrbar werden, wird nicht nur die eigene Fähigkeit, Wirklichkeit zu gestalten, für die Jugendlichen greifbar. Sie werden durch die Anerkennung als künstlerisch Schaffende auch in die Lage versetzt, ihre Rolle als verantwortliche Feld-Akteure auszugestalten und anzunehmen. „Gerade diese 'existenzielle' Bezug- und Distanznahme", so Kreutzer, „kann dazu beitragen, sich den Anforderungen der 'harten Realität' selbstbewusster, souveräner, gelassener und realistischer zu stellen" (Kreutzer 2008:24).

Übergänge und Dezentralisierung

Die Zahlen der Bildungsberichterstattung zum Übergangssystem lassen mehr als fraglich erscheinen, inwiefern die Schulen tatsächlich in der Lage sind, nachhaltig jene Kompetenzen zu vermitteln, die entscheidend für die Teilhabemöglichkeiten der Jugendlichen sind. Soll das Lernziel Lebenskompetenz erreicht werden, dann müssen die Schulen, aber auch die Träger und Einrichtungen im Übergangssystem wie z.B. die Jugendberufshilfe und Jugendsozialarbeit u.a., vermehrt an individuellen Ressourcen zur Identitätsentwicklung der Jugendlichen ansetzen. Mittlerweile hat sich mehr und mehr die Erkenntnis durchgesetzt, dass Bildung Koproduktion ist. Schulen und Einrichtungen der vorberuflichen Qualifikation brauchen Partner, die sie mit den Möglichkeiten von Kunst und Kultur in der Ausgestaltung einer Bildung der Lebenskompetenz unterstützen. Sollen Jugendliche wirksam in ihrem Übergangsmanagement unterstützt werden, dann müssen bereits in der schulischen Jugendphase die Schwellen des Übergangs zwischen den unterschiedlichen Bildungsorten mit ihren vielfältigen Erfahrungsgelegenheiten gesenkt werden. Noch viel zu häufig erfolgen die Kooperationen im Übergangsfeld von Schule und nachschulischer Ausbildung jedoch in einer auf die einzelne Schule bzw. Ausbildungseinrichtung zentrierten Perspektive. Übergänge zu gestalten bedeutet, in lokalen Netzwerken die unterschiedlichen strukturellen und fachlichen Ressourcen zusammenzuführen. Die Realität der sich in zeitlich disparate Teilübergänge ausdifferenzierenden Jugendphase muss sich in den Konzeptionen der Bildungsverantwortlichen in dezentralisierten Kooperationen abbilden. Diese Dezentralisierung bezieht sich sowohl auf die Akteure als auch auf die Orte und Bildungsformate. So sollte eine Kooperation, die auf die Gestaltung von Übergängen fokussiert, möglichst immer Akteure mehrerer FachvertreterInnen einbeziehen. Dies betrifft VertreterInnen der Schule, der Ausbildungsträger, der Kultur sowie der Kinder- und Jugendhilfe. Diese Vernetzung der Akteure ermöglicht eine Individualisierung der Lernangebote, weil sie durch die Verschränkung verschiedener Lernorte und Fachlichkeiten für die Jugendlichen überhaupt erst Wahlmöglichkeiten schafft und neue Erfahrungsräume öffnet. So kann z.B. ein Projekt „Berufsorientierung unter der Zirkuskuppel" die besonderen persönlichkeitsbildenden Erfahrungen im sozialen und ästhetischen Feld Zirkus als (selbst-)wirksamen Kontext nutzen, um die formale vorberufliche Qualifizierungen für die Jugendlichen mit einer unmittelbaren Relevanz zu verbinden. Mit dieser Entwicklung von Relevanz für den/die Einzelne/n durch Kooperation der Strukturen und Orte ist zugleich eine notwendige Weiterqualifizierung der Fachkräfte verbunden. Wollen sie Jugendliche wirksam in ihrem Übergangsmanagement unterstützen, dann müssen auch sie selbst Kompetenzen für die Verknüpfung bestehender Arbeitsansätze entwickeln. Dem zugrunde liegt sowohl eine Reflexion der Wirkungsdimensionen der eigenen Arbeitsweisen als auch der Potentiale der unterschiedlichen Lernorte.

Zum Weiterlesen

Baethge, Martin/Solga, Heike/Wieck, Martin u.a. (2007): Berufsbildung im Umbruch. Signale eines überfälligen Aufbruchs. Bonn: Friedrich-Ebert-Stiftung.

Brater, Michael/Büchele, Ute/Fucke, Erhard/Herz, Gerhard (1989): Künstlerisch handeln. Die Förderung beruflicher Handlungsfähigkeit durch künstlerische Prozesse. Stuttgart: Freies Geistesleben.

Bundesvereinigung Kulturelle Kinder- und Jugendbildung e.V. (Hrsg.) (2008): Übergänge gestalten. Kunst- und Kulturprojekte zwischen Schule und Beruf. Remscheid: BKJ.

Keupp, Heiner (1999): Identitätskonstruktionen: Das Patchwork der Identitäten in der Spätmoderne. Reinbek: Rowohlt.

Kreutzer, Michael (2008): Kompetenz und Autonomie. Künstlerisch-kulturelle Bildung im Übergang Schule-Beruf. In: Bundesvereinigung Kulturelle Kinder- und Jugendbildung e.V. (Hrsg.): Übergänge gestalten. Kunst- und Kulturprojekte zwischen Schule und Beruf. Remscheid: BKJ.

Peter Cloos
Kulturelle Bildung und Eltern

Kulturelle Bildung und Eltern: (k)ein neues Thema?

Ein grober Blick in die vorliegende Literatur zur Kulturellen Bildung erweist sich als wenig ergebnisreich. Das Verhältnis von Kultureller Bildung und Eltern scheint zwar immer wieder mal in vorliegenden Beiträgen zum Thema zu werden (vgl. u.a. Braun 2006), jedoch ist es bislang kaum systematisch aufgearbeitet worden. Dies verwundert, weil grundsätzlich von einem Zusammenwirken informeller, non-formaler und formaler Bildungsorte und Lernwelten auszugehen ist (vgl. BMFSFJ 2005b). Im gemeinsamen Flyer der *Bundesvereinigung Kulturelle Kinder- und Jugendbildung e.V. (BKJ)* und des *BundesElternRates* zum Thema „Mehr kulturelle Bildung in der Schule. Argumentationshilfe für Eltern" wird dies ansatzweise aufgegriffen, indem davon ausgegangen wird, dass Kulturelle Bildung an der Schule zum einen Möglichkeiten der Beteiligung von Eltern schafft und zum anderen hier erworbene Kompetenzen auf die Familie einwirken könnten. Die Frage, wie die Begriffe Kulturelle Bildung und Eltern bzw. Familie zusammenhängen, kann aus mehreren Perspektiven, beantwortet werden. Zunächst soll geklärt werden, auf welchen Ebenen und an welchen Orten in der Kulturellen Bildung das Verhältnis bearbeitet wird. Zweitens kann das Verhältnis als erziehungswissenschaftliches Problem und drittens als eine professionelle Herausforderung für die in der Kulturellen Bildung Tätigen erörtert werden. Im Schlusskapitel werden schließlich zentrale Herausforderungen an die Kulturelle Bildung formuliert.

Ebenen des Verhältnisses von Kultureller Bildung und Eltern in der Praxis

Das Verhältnis von Kultureller Bildung und Eltern gestaltet sich in der Praxis auf vier Ebenen:
1. Kulturelle Bildung für Eltern: Kulturelle Bildung als gesondertes Angebot für Mütter und Väter wird es in der Praxis selten geben. Möglicherweise könnten z.B. Theaterstücke, die die Mutter- oder Vaterrolle zum Thema machen, auf dieser Ebene angesiedelt sein.
2. Kulturelle Bildung für Familien: Im Kontext des Erziehungs- und Bildungsmixes entsteht ein wachsender Markt an Angeboten, die sich auch als Kulturelle Bildung an Kinder und ihre Familien richten. Zu nennen wären hier z.B. Kindermuseen (siehe Gabriele König „Kinder- und Jugendmuseen und Museen als Orte für alle Generationen" in diesem Band), Kindertheater, kulturelle Feste oder Angebote der Familienbildung, wie z.B. Eltern-Kind-Gruppen zum Thema Musik. Kulturelle Bildung kann bei Angeboten für Familien, wie ein Theaterstück beim soziokulturellen Familienfest, als ein Thema unter anderen gelten oder wie das gemeinsame Singen in der Eltern-Kind-Gruppe eher als Medium dienen, um pädagogische Ziele wie die Stärkung des Gruppengefühls zu erreichen.
3. Elternzusammenarbeit und Kulturelle Bildung: Die Zusammenarbeit mit den Eltern kann aus Perspektive der Erziehungswissenschaft als ein zentraler Schlüssel für Bildungserfolg angesehen werden. Zusammenarbeit mit Eltern ist jedoch nicht überall notwendig und kann zuweilen – z.B. in der kulturellen Jugendbildung – auf Jugendliche abschreckend wirken.

4. Kulturelle Bildung als ergänzende oder kompensatorische Leistung zur Familie: Kulturelle Bildung macht Angebote, die Familien in der Regel nicht leisten können. In diesem Sinne ergänzt sie Familien in ihrer Erziehungsverantwortung, sei es als allgemeines Förderangebot in der Kindertageseinrichtung oder als Kurs in der Jugendkunstschule. Kulturelle Bildung als Veranstaltung nicht nur für Kinder und Jugendliche aus höheren Bildungsschichten übernimmt kompensatorische Leistungen, sei es in Form klassischer soziokultureller Arbeit (vgl. u.a. BKJ 2000) oder in neueren Projekten wie „Rhythm Is It!".

Das Verhältnis von Kultureller Bildung und Eltern als erziehungswissenschaftliches Problem

In der erziehungswissenschaftlichen Diskussion werden Familie und Elternschaft unter verschiedenen Gesichtspunkten thematisiert. Generell wird Familie als eine zentrale gesellschaftliche Reproduktions- und Sozialisationsinstanz hervorgehoben. Besonders stark wird hier der historische und aktuelle Wandel von Familie betrachtet, der damit einhergehende Funktionswandel, neu hinzugekommene Familienformen, die sich verändernden Konzepte von Elternschaft sowie die Frage, wie Familien angesichts gesellschaftlicher Veränderungen die von ihnen erwarteten Betreuungs-, Erziehungs- und Bildungsleistungen erbringen können. Zuweilen wurden in der Debatte Skandalisierungen vorgenommen. Gesprochen wurde vom Funktionsverlust der Familie und von einer zunehmenden Verunsicherung von Eltern in Erziehungsfragen. Weniger skandalisierend formuliert ergeben sich für Thomas Rauschenbach (2009) drei familienpolitische Herausforderungen angesichts bestehender „Ambivalenzen des Bildungsortes Familie" (Rauschenbach 2009:123).

Erstens nennt er das Betreuungsdefizit der Familie. Familien könnten angesichts gestiegener Erwartungen an Flexibilität und Mobilität nicht mehr selbstverständlich Betreuungsleistungen eigenständig bewältigen. Immer mehr Kinder werden immer früher für eine immer längere Dauer am Tag an für sie speziell hergerichteten Orten betreut. Mehrere Betreuungs- und Bildungsorte wirken hier in Form eines Bildungs- und Betreuungsmixes zusammen.

Zweitens spricht Rauschenbach von einem Erziehungsdefizit der Familie. In einer Gesellschaft, die immer mehr Handlungsoptionen für die Menschen bereithalte, gingen in „Sachen Erziehung vermeintliche Sicherheiten verloren" (ebd.:129). Gleichzeitig lässt sich aber auch angesichts sich erschwerender Bedingungen am Arbeitsmarkt beobachten, dass der Erwartungsdruck an Eltern steigt, die für die (berufliche) Zukunft ihrer Kinder notwendigen Leistungen zu erbringen.

Im Anschluss an die PISA-Ergebnisse (vgl. Wissenschaftlicher Beirat für Familienfragen 1993) wird die Familie zudem als die entscheidende Bildungsinstitution für Kinder und Jugendliche betont, in der „die grundlegenden Fähigkeiten und Bereitschaften für schulische Lern- und lebenslange Bildungsprozesse der nachwachsenden Generation [...] geschaffen werden" (Wissenschaftlicher Beirat für Familienfragen 2002:9). „Mehr öffentlich veranstaltete Bildung, so lautet die Forderung, weil die Erfolglosigkeit des Bildungsgeschehens in der Privatheit vieler Familien mehr als offenkundig sei" (Büchner 2008:184). Geschlussfolgert wird aus dieser „Erziehungsmächtigkeit der Familie" (Liegle 2009:100) aber auch, dass erst durch eine „gemeinsame Verantwortung für die Förderung des Wohls der Kinder" (Liegle 2005:15) die pädagogische Qualität von öffentlicher und privater Bildung und Erziehung zu verbessern sei.

Auch wenn nun nicht pauschal beantwortet werden kann, wie stark Familien heute durch diese Ambivalenzen geprägt sind, lassen sich aus diesen Tendenzen Konsequenzen für die Kulturelle Bildung ableiten. Lässt sich ein Betreuungsdefizit konstatieren, dann stellt sich an Kulturelle Bildung die Anforderung, ihren funktionalen Ort im Kanon des bestehenden

Bildungs- und Betreuungsmixes zu bestimmen. Angebote der Kulturellen Bildung – sei es im Rahmen von Ganztagsschule, in Form kultureller Ferienprojekte oder als zusätzliches Angebot im Kindergarten – tragen schon längst im Rahmen einer institutionalisierten Kindheit (vgl. Honig 2009) dazu bei, Lösungen für das Betreuungsdefizit zu finden. Die Bedeutung der Kulturellen Bildung angesichts des beschriebenen Erziehungsdefizits steht außer Frage, auch wenn ihr kein Mandat in Sachen Erziehungsberatung zukommt. Indem Kulturelle Bildung (immer auch alternative) Betrachtungsweisen von Welt ermöglicht, damit selbstreflexive Prozesse initiiert und Sinnzusammenhänge bearbeitet sowie kulturelle Kompetenzen vermittelt (siehe Siegfried J. Schmidt „Kulturelle Kompetenz als Schlüsselkompetenz" in diesem Band), stellt sie einen nebenfamiliären Erziehungsort dar. Kulturelle Bildung kann als allgemeine Förderung möglichst aller oder angesichts der hohen Bedeutung kulturellen Kapitals für die Hervorbringung von sozialen Unterschieden (vgl. Bourdieu 1982) als ein Programm zur Kompensation bei spezifischen Gruppen zur Sicherung der kulturellen Teilhabe von Kindern und Jugendlichen betrachtet werden.

Zusammenarbeit mit den Eltern als professionelle Herausforderung

Als überwiegend autoritär-hierarchisch wird bis in die 1960er und 1970er Jahre die Zusammenarbeit zwischen Familie und pädagogischen Institution gekennzeichnet (vgl. im Folgenden Cloos/Karner 2010). Bauer und Brunner (2006:9) fassen die Bedeutung der Elternarbeit im pädagogischen Alltag als ungeliebte Zusatzbelastung, als „Unterrichtung der Eltern" zusammen. Seit Mitte der 1990er Jahre bietet das Konstrukt der Erziehungspartnerschaft in vielfältigen pädagogischen Handlungsfeldern einen wichtigen Maßstab für professionelles Handeln. Im Gegensatz zur Elternarbeit wurde Erziehungspartnerschaft als ein Programm für ein verändertes Interaktionsverhältnis auf Basis einer „neuen" Haltung gegenüber den Eltern entwickelt. Im Gegensatz zum alten Verständnis haben PädagogInnen und Eltern hier die enorme Bedeutung von Familien für die Bildungsbiografien ihrer Kinder wahrzunehmen. Sie sollen sich gegenseitig als ExpertInnen für das Kind akzeptieren. Ein offenes, respekt- und vertrauensvolles Verhältnis soll zwischen ihnen entwickelt werden. Erziehungspartnerschaft sei schließlich nur zu realisieren, wenn beide Parteien sich über ihre Erziehungsvorstellungen austauschen und sich auf gemeinsame Ziele verständigen (vgl. u.a. Wissenschaftlicher Beirat für Familienfragen 2005).

Unter dem Konstrukt Erziehungspartnerschaft wird ein breites Spektrum an Aufgaben zusammengefasst. Es beinhaltet Formen der Mitwirkung von Eltern, betont die Zusammenarbeit bei der Förderung der Kinder und beinhaltet die Unterstützung von Familien und die Familienbildung. Genannt wird hier auch die gegenseitige Information über den jeweiligen Alltag. Darüber hinaus ist es Ziel, dazu beizutragen, Erwerbstätigkeit und Kindererziehung besser miteinander zu vereinbaren. Die mit dem Konstrukt der Erziehungspartnerschaft verbundenen Aufgaben scheinen für die Praxis nicht einfach umsetzbar zu sein, zumal Eltern und MitarbeiterInnen ungleiche PartnerInnen sind. Eltern können nicht zur Zusammenarbeit verpflichtet werden. Die Zusammenarbeit nimmt auch bei den Eltern Zeit in Anspruch, die ihnen möglicherweise fehlt. Eine erfolgreiche Zusammenarbeit erfordert, dass Eltern sich auch mit den jeweiligen Zielen der kulturellen Bildungsmaßnahme identifizieren können, was bei sprachlicher Förderung vielleicht besser und schneller vermittelt werden, im Falle der Kulturellen Bildung durchaus stärkere Widersprüche hervorbringen kann.

Die Kulturelle Bildung – wenn sie nicht gerade in solchen Arbeitsfeldern stattfindet, bei denen der Zugang zu den Eltern relativ niedrigschwellig funktioniert und zum selbstverständlichen Kanon der Arbeit gehört – steht vor dem Problem, dass die Zusammenarbeit mit den Eltern zum einen methodisch wenig ausbuchstabiert ist. Zum anderen hat sie insbesondere bei Arbeitsformen, die kursförmig, projektförmig und weniger kontinuierlich sind, das Problem, dass eine Arbeitsbeziehung zu den Eltern angesichts der zur Verfügung stehenden Zeit schwierig aufzubauen ist. Insbesondere dann, wenn sie mit Kindern und Jugendlichen aus anderen sozialen und kulturellen Kontexten arbeitet und erhebliche Differenzen z.B. bei Kunstvorstellungen und Bildungszielen bestehen, steht sie vor der Aufgabe, mit diesen Differenzen entweder produktiv umzugehen oder ihre Inhalte und Ziele lebensweltlich anzugleichen. Aufgrund der oben beschriebenen „Erziehungsmächtigkeit der Familie" (Liegle 2009:100) wird es jedoch weniger wahrscheinlich, dass eine Kulturelle Bildung sich als Arbeit gegen die kulturellen Vorstellungen der Eltern als wirksam erweisen dürfte.

Herausforderungen an die Kulturelle Bildung

Der Beitrag konnte verdeutlichen, dass Kulturelle Bildung und familiäre Erziehung in einem vielschichtigen Wechselverhältnis zueinander stehen. Kulturelle Bildung steht vor der Herausforderung, Methoden und Konzepte der Zusammenarbeit mit Eltern (weiter) zu entwickeln, insbesondere in solchen Arbeitsfeldern, die kompensatorische Aufgaben übernehmen, und in denen sich der Zugang zu den Eltern weniger selbstverständlich und einfach gestaltet. Angesichts der zunehmenden Bedeutung eines Bildungs- und Betreuungsmixes ist sie herausgefordert, ihre Stellung und Funktion innerhalb dieser Angebotsvielfalt auch bildungs- und kulturpolitisch deutlicher hervorzuheben und klarer zu konturieren. Zudem scheint es notwendig, Konzepte der Zusammenarbeit mit den Eltern empirisch zu unterfüttern. Auch wenn die Zusammenarbeit mit den Eltern nicht überall zum Portfolio Kultureller Bildung gehören muss, kann sie ihre Wirksamkeit vor dem Hintergrund der hohen Bedeutung der Familie für die Bildungs- und Berufsbiografie von Kindern und Jugendlichen durch eine Zusammenarbeit erhöhen.

Zum Weiterlesen

Bauer, Petra/Brunner, Ewald Johannes (Hrsg.) (2006): Elternpädagogik. Freiburg i.Br.: Lambertus.

Cloos, Peter/Karner, Britta (2010): Erziehungspartnerschaft? Auf dem Weg zu einer veränderten Zusammenarbeit zwischen Kindertageseinrichtungen und Familien. In: Cloos, Peter/Karner, Britta (Hrsg.): Erziehung und Bildung von Kindern als gemeinsames Projekt (169-189). Baltmannsweiler: Schneider Verlag Hohengehren.

Ecarius, Jutta (Hrsg.) (2007): Handbuch Familie. Wiesbaden: VS.

Christian Schmidt
Jugendkulturelle Szenen und Kulturelle Bildung

Besondere Adressaten

Jugendkulturelle Szenen stellen eine Herausforderung für die Kulturelle Bildung dar. Zum einen finden in diesen Gemeinschaften bereits informelle kulturelle Bildungsprozesse abseits einer kulturpädagogischen Einflussnahme statt. Dadurch erwerben Heranwachsende nicht selten einen hohen Grad an szene-spezifischem Wissen, das außerhalb der Szene stehende KulturarbeiterInnen und -pädagogInnen meist nicht vorweisen können. Diese werden deshalb von den Jugendlichen in vielen Fällen nicht ernst genommen und damit als kulturelle BildnerInnen nicht akzeptiert. Zum anderen bieten solche Szenen aber auch ein enormes Potential für die kulturelle Bildungsarbeit. Jugendliche können hier direkt bei ihren kulturellen Vorlieben und persönlichen Interessen abgeholt werden und pädagogische Interventionen können gezielt an dem bereits innerhalb der Szene erworbenen Wissen der Heranwachsenden ansetzen und dieses erweitern.

Mit *Szenen* bezeichnet man „thematisch fokussierte kulturelle Netzwerke von Personen, die bestimmte materiale und/oder mentale Formen der kollektiven Selbststilisierung teilen" (Bucher/Niederbacher/Hitzler 2001:20). Der thematische Fokus dieser Netzwerke kann dabei von einem Musikstil (z.B. Black Metal) über eine Sportart (z.B. Skateboarding) bis hin zur Nutzung eines speziellen Mediums (z.B. Computerspiele) reichen. Szenen sind grundsätzlich frei wählbar und unterscheiden sich von traditionellen Gruppierungsformen wie Vereinen oder Verbänden dadurch, dass sie nicht mit herkömmlichen Verbindlichkeitsansprüchen einhergehen. Sie werden deshalb auch als „posttraditionale Vergemeinschaftungsformen" bezeichnet (vgl. ebd.:18).

Der Begriff *Jugendkultur* taucht zwar bereits in den 1910er Jahren innerhalb der Reformpädagogik auf, als analytische Kategorie wird er allerdings erst seit den 1980er Jahren in der Jugendforschung verwendet. Er bezeichnet seitdem die verschiedenen selbstgeschaffenen und über Medien vermittelten Lebensstile von Jugendlichen, die sich in Musik, Mode, Konsum und der Schaffung neuer sozialer Treffpunkte ausdrückt (vgl. Baacke 1987:99). Diese dienen den Heranwachsenden als Orientierungspunkte bei ihrer Identitätsbildung und Abnabelung vom Elternhaus. Angesichts der Pluralisierung jugendlicher Lebensstile ab den 1980er Jahren wird in der Jugendforschung von *Jugendkulturen* im Plural gesprochen.

Nach Klaus Farin schließen sich 20-25 % der Heranwachsenden jugendkulturellen Szenen an. Der Einfluss auf die restlichen Jugendlichen ist jedoch weitaus größer, „denn die Angehörigen von Jugendkulturen sind so etwas wie die Avantgarde der Jugend, die Meinungsbildner und kulturellen Vorbilder für die große Mehrzahl der Gleichaltrigen, die sich mit keiner Jugendkultur voll identifizieren können – aber sich doch an diesen orientieren" (Farin 2006:9).

Relative Autonomie

Jugendkulturelle Szenen sind bei Heranwachsenden deshalb so beliebt, weil „sie relativ autonom gegenüber anderen Sozialräumen und Sozialisationsinstanzen sind" (Großegger/Heinzlmaier 2002:9). In ihnen können sich Jugendliche zu einem gewissen Grad unabhängig von Autoritäten und Institutionen ausprobieren und eigene kulturelle Werte und Ausdrucksformen entwickeln.

Diese relative Autonomie jugendkultureller Szenen gilt auch mit gewissen Einschränkungen gegenüber dem kommerziellen Markt. Dieser Umstand macht sie seit den Anfängen der Neuen Kulturpädagogik zu einem interessanten Adressaten der Kulturellen Bildung. In dem von Hilmar Hoffmann verfassten Programm *Kultur für alle* von 1979 (siehe Hilmar Hoffmann/Dieter Kramer „Kultur für alle. Kulturpolitik im sozialen und demokratischen Rechtsstaat" in diesem Band), das den „Grundstein für das (legte), was wir heute Kulturelle Bildung nennen" (Schneider 2010a:11), wird bereits Bezug genommen auf die alternative Szene der Kultur, zu der Hoffmann auch die „heterogenen Erscheinungsformen der mehr oder minder autonomen Jugendkultur" (Hoffmann 1981:288) zählt. Hoffmann sieht vor allem Handlungsbedarf in Bezug auf die „immer stärkere Kommerzialisierung (der Jugendkultur)", an der die „öffentliche Hand nicht ganz schuldlos (ist), solange sie jene Mittel verweigert, welche Jugendkultur braucht, um unabhängig und autonom zu bleiben oder es wieder zu werden" (ebd.:288f.). Vor Augen hat er dabei vor allem alternative und selbstverwaltete Jugendzentren, die ab den 1970er Jahren bundesweit entstehen und die sich nach ihrem Selbstverständnis einer kulturindustriellen Vereinnahmung verweigern.

Eine solche Sichtweise muss mittlerweile jedoch angesichts der immer rasanteren Kommerzialisierung jugendkultureller Stilisierungspraktiken kritisch betrachtet werden. „Heute stürzen sich kommerzielle Anbieter, wie die Mode-, Werbe- oder Musikbranche, auf jegliche innovativen Impulse der Jugendszene und adaptieren sie für die eigene Produktentwicklung" (Keuchel 2010b:232f.). Das heißt allerdings nicht, dass jugendkulturelle Szene-Mitglieder völlig ohnmächtig gegenüber diesen Formen der Kommerzialisierung sind. Gerade innerhalb der Cultural Studies wird seit den 1970er Jahren auf die Deutungsmacht auch jugendlicher KonsumentInnen hingewiesen. Hier bieten sich immer wieder neue Möglichkeiten der Selbststilisierung für die Heranwachsenden: „Hinter dem Konsum verbirgt sich in der Regel [...] eine Produktion, denn die Kulturkonsumenten fabrizieren mit den Bildern und Tönen der Medien eigene Bedeutungen und lustvolle Erlebnisse" (Winter 1997:40). Diese „Kunst des Eigensinns" (vgl. Winter 2001) emanzipiert jugendkulturelle Szenen zwar nicht von der Kulturindustrie als solcher, aber auf der Ebene der kulturellen Bedeutungen besitzt sie eine relative Autonomie.

Unsichtbares sichtbar machen

Jugendkulturelle Szenen sind bereits für sich „Sozialisationsinstanzen" (Baacke 1987:202). In ihnen bestimmen Jugendliche nicht nur ihr Verhältnis zur Welt und experimentieren auf dem Feld der Selbststilisierung, sondern sie teilen auch das Wissen, das sie dabei erwerben. Explizit wird dies in der Hardcore-Szene, die sich auf die *Do It Yourself*-Idee von Punk beruft. Nach dieser kann sich jeder kreativ ausdrücken, egal wie perfekt er die künstlerischen Produktionsmittel beherrscht. Das bei diesen autodidaktischen Gehversuchen generierte Wissen wird in der Hardcore-Szene öffentlich gemacht. Es kursiert dort beispielsweise in Form von Anleitungen in den szene-eigenen Medien (vgl. Calmbach/Rhein 2007).

Auch in anderen jugendkulturellen Szenen lässt sich diese Form von *Kultureller Selbstbildung* innerhalb der eigenen Peer Group abseits pädagogischer Institutionen beobachten. Ob es sich dabei um die auf YouTube hochgeladene Video-Anleitung einer Breakdance-Crew handelt oder um die von einem LAN-Gamer in einem Weblog gepostete Bauanleitung für ein technisches Tool. Stefanie Rhein und Renate Müller sprechen in diesem Zusammenhang auch von einer „Selbstsozialisation" und verstehen darunter „die Einarbeitung in audiovisuelles Symbolwissen und der selbst organisierte Erwerb rezeptiver und produktiver Kompetenzen" (Rhein/Müller 2006:552). In jugendkulturellen Szenen sind damit bereits „unsichtbare Bildungsprogramme" (Hitzler/Pfadenhauer 2004:15) wirksam. Diese sind „unsichtbar nicht nur für die Augen von Bildungspolitikern, sondern weitgehend auch für die Szenegänger selber, da Kompetenzen hier [...] überwiegend doch in eher beiläufigen Entwicklungs- und Aneignungsprozessen erworben werden" (ebd.: 86).

In der Jugendkulturarbeit wird diese Form der Wissens- und Kompetenzaneignung auch als „informelles kulturelles Lernen" (Fuchs 2008a:122) bezeichnet.

KulturpädagogInnen stoßen bei Mitgliedern jugendkultureller Szenen also auf eine grundsätzliche Bereitschaft, sich in kulturelle Kompetenzen und Wissensbestände einzuarbeiten. Diese kann gerade in der deutschen Jugendkulturarbeit, deren pädagogische Arbeitsweise stark geprägt ist „von der Leitidee einer Stärkung der eigenen Kreativität und künstlerischen Produktion" (Reinwand 2010a:195f.) produktiv genutzt werden. Das bereits informell erworbene praktische Knowhow gilt es im Sinne von Hoffmann zu *animieren*. Unter „Animation" versteht er eine Technik, die nicht immer neue Bedürfnisse wecken, sondern vielmehr dazu anregen soll, die bereits vorhandenen zu artikulieren und zu entwickeln (vgl. Hoffmann 1981:316f.). Es geht ihm im Prinzip also um eine Sichtbarmachung der bislang noch *unsichtbaren Bildungsprogramme*, um diese über ihren Szene-Rahmen hinaus zu erweitern. Kulturelle Bildung kann man deshalb auch als den Versuch verstehen, „die Brücke zu schlagen zwischen der Lebenswelt der Kinder und Jugendlichen, ihren Bildungsmöglichkeiten und Voraussetzungen und zugleich anspruchsvollen wie bewältigbaren ästhetischen Herausforderungen, die von ihnen selbst mitentwickelt werden" (Hill/Biburger/Wenzlik 2008b:13).

Gegenseitige Anerkennung

Dafür ist es jedoch notwendig, dass JugendkulturarbeiterInnen nicht nur die Vorlieben, Bedürfnisse und Gewohnheiten ihrer Klientel kennen (vgl. Baer 1994a:141), sondern auch, dass sie die Szenemitglieder als kulturelle ExpertInnen ansehen und entsprechend behandeln. Erst dann kann es zu einem Austausch kommen, wie ihn Rhein und Müller in Bezug auf die Kulturarbeit mit musikzentrierten jugendkulturellen Szenen beschreiben: „Jugendliche Selbstsozialisierer vermitteln die audiovisuellen Codes und szenespezifisches Wissen der für sie bedeutsamen Kulturen besser als (Musik-)Pädagoginnen und Pädagogen, weil sie sie besser beherrschen und zudem über die entsprechenden Aneignungsstrategien verfügen. Umgekehrt kann (Musik-)Pädagogik jugendlichen Selbstsozialisierern diejenigen Aspekte ihrer (musikalischen) Umwelt erhellen, die ihnen unvertraut sind. Dies gilt. z.B. für die hinter aktuellen Jugendkulturen stehenden kulturellen Wurzeln und Traditionen, für die wiederum (Musik-)Lehrerinnen und Lehrer die Experten sein können" (Rhein/Müller 2006:565). Die gegenseitige Anerkennung von Jugendlichen und PädagogInnen als ExpertInnen auf ihrem jeweiligen Gebiet ist Voraussetzung für eine gelingende Jugendkulturarbeit. Erst wenn sich die jugendlichen Szenemitglieder mit ihrer eigenen kulturellen Identität akzeptiert fühlen, können sie die über ihre bereits erworbenen Kenntnisse und Wissensbestände hinausführenden Angebote der Kulturellen Bildung ernst nehmen und schließlich auch annehmen. Erst dadurch werden die Mitglieder jugendkultureller Szenen von *Objekten* der Kulturpädagogik zu deren *Subjekten*.

Zum Weiterlesen

Baacke, Dieter (1987): Jugend und Jugendkulturen. Darstellung und Deutung. Weinheim/München: Juventa.

Bucher, Thomas/Niederbacher, Arne/Hitzler, Ronald (2001): Leben in Szenen. Formen jugendlicher Vergemeinschaftung heute. Opladen: Leske + Budrich.

Farin, Klaus (2006): Jugendkulturen in Deutschland. 1950 - 1989. Bonn: bpb.

Kim de Groote
Kulturelle Bildung im Alter

Der demografische Wandel beeinflusst längst die Praxis der Kulturellen Bildung (siehe Karl Ermert „Demografischer Wandel und Kulturelle Bildung in Deutschland" in diesem Band): In immer mehr Städten entstehen Seniorentheatergruppen. Der *Deutsche Musikrat* hat das Thema Musizieren 50+ auf der Agenda und diskutiert notwendige Rahmenbedingungen für das Musizieren im Alter. In der Medienarbeit werden Ansätze zur generationenübergreifenden Arbeit entwickelt. An manchen Museen entstehen Führungskonzepte für Menschen mit Demenz. Immer mehr feste und freie KulturpädagogInnen entdecken die Zielgruppe und entwickeln neue Angebotsformen. Neben Angeboten, die in (sozio-)kulturellen Einrichtungen stattfinden, entstehen auch aufsuchende Angebote für Ältere in ihrem Lebensumfeld (zum Beispiel „Kino auf Rädern", „Museum im Koffer", „Oper im Altenheim"). Die Bildungsformate sind sowohl rezeptiver als auch aktivierender Natur. Neben altersspezifischen Programmen gibt es auch Projekte, die den Dialog zwischen den Generationen anregen (siehe Almuth Fricke „Kulturelle Bildung im Dialog zwischen Jung und Alt" in diesem Band). Kulturelle Bildung mit Älteren findet heute nicht nur in Kulturinstitutionen und kulturpädagogischen Einrichtungen statt, sondern in vielen (kirchlichen) Einrichtungen der Altenarbeit und der Erwachsenenbildung sowie in Seniorenheimen (vgl. de Groote/Nebauer 2008).

Aufgrund der Heterogenität der Zielgruppe sind die Angebote mindestens genauso vielfältig wie die der kulturellen Kinder- und Jugendbildung, die sich an Kinder im Vorschulalter bis an junge Erwachsene richten. Schließlich umfasst das Alter je nach Definition 30 bis 40 oder sogar mehr Lebensjahre. Dies sind mehrere Generationen, von den sogenannten „jungen" Alten zwischen 50 und 60 bis hin zu den Hochaltrigen. Diese Generationen sind geprägt von ganz unterschiedlichen Lebensstilen, kulturellen Sozialisationen, Bedürfnissen und Vorlieben. Daher sind auch Kulturinteressen Älterer je nach Bildungsgrad, sozialer Herkunft und Gesundheitszustand zunehmend heterogen. Die Kulturgewohnheiten und -bedürfnisse eines soeben verrenteten „Babyboomer" sind vollkommen andere als die eines 80-Jährigen Bewohners eines Pflegeheims. Das Publikum der Rolling Stones ist mit der Band gealtert und hört wahrscheinlich weder Volksmusik noch André Rieu. Bevorzugte kulturelle Inhalte werden über das Leben hinweg beibehalten, wie das „KulturBarometer50+" anschaulich gezeigt hat (Keuchel/Wiesand 2008:10).

Die *Enquete-Kommission* „Kultur in Deutschland" konstatiert, dass gerade in der Kulturellen Bildung bei Angeboten für Erwachsene und Ältere ein großer Nachholbedarf besteht, der im Zuge der Alterung der Gesellschaft gravierender wird (Deutscher Bundestag 2008:329). Die Bundesregierung bekräftigt im fünften Altenbericht, dass Kulturelle Bildung für Ältere die aktive Teilhabe an der Gesellschaft fördern kann.

> „Bildungsmaßnahmen – gerade im kulturellen Bereich – sind oft eine Mischung zwischen Weiterbildung und aktiver Lebensführung und Freizeitgestaltung. Für ein aktives Altern ist diese Form der Lebensführung eine zentrale Voraussetzung" (BMFSFJ 2005a:133).

Kulturelle Bildung, bei der der Erwerb der gern genannten „Schlüsselkompetenzen" wie Kreativität, Kommunikations- und Reflexionsfähigkeit ganz zentral ist, stellt einen Weg dar, Herausforderungen des Alterns zu begegnen. Angesichts der demografischen Prognosen liegt es daher in der öffentlichen Verantwortung, die Kulturelle Bildung für Ältere weiter zu stärken.

Die Rolle von Kultureller Bildung für Ältere

Die Beschäftigung mit Kunst und Kultur bietet Älteren Unterstützung im „Projekt des guten Lebens" (Fuchs 2008b:118). Für viele ältere Menschen bietet Kulturteilhabe einen Weg, sich in der nachfamiliären und -beruflichen Phase neu zu orientieren und individuelle Möglichkeiten von sinnvoller Lebensgestaltung und gesellschaftlichem Engagement zu finden. Vor allem aber die Erkenntnis: „Wenn nicht jetzt, wann dann?" bringt Menschen dazu, in der nachberuflichen Phase (noch) ganz Neues zu wagen und zu erlernen, sich neuen Lebensentwürfen zu stellen, denn das sogenannte dritte Lebensalter fordert dazu heraus, sich neu zu orientieren und vielleicht auch noch selbst zu verwirklichen. Kulturelle Bildung öffnet eine Tür zum lebenslangen Lernen. Viele Menschen altern gesund, sind bis ins hohe Alter geistig fit und haben ein Bildungsinteresse. Ältere Menschen sind an Angeboten interessiert, die sie fordern und fördern und bei denen sie kreativ sein können. Kulturelle Bildung bedeutet, sich mit Themen zu beschäftigen, die Spaß machen, und gibt das Gefühl mitten im Leben zu stehen und etwas Schönes zu tun.

Eine Studie aus den USA belegt zudem den Zusammenhang zwischen kreativem Ausdruck und Lebensqualität im Alter. Gemeinsam haben das *National Centre for Creative Aging* und die Universität in Washington eine Langzeitstudie zu den Wirkungen von aktiver Kulturteilhabe auf ältere Menschen mit zwei Vergleichsgruppen (zwischen 66 und 103 Jahren) durchgeführt (Cohen 2006). Die Studie hat gezeigt, dass Ältere, die sich künstlerisch betätigen, über ein besseres Wohlbefinden verfügen, weil ihre Perspektive für die Zukunft verbessert wird. Hinzu kommt, dass Kulturteilhabe sogar Gesundheitsprävention bedeutet. Die ProbandInnen aus der Studie gingen seltener zum Arzt als Vergleichsgruppen, die sich nicht künstlerisch betätigen, und nahmen weniger Medikamente.

Verbesserungen fanden sich auch im sozialen Bereich. Die Teilnahme an kulturellen Bildungsangeboten kann Ältere in Kontakt mit Gleichgesinnten bringen. Künstlerisch Aktive fühlen sich weniger einsam und verfügen über eine bessere geistig-seelische Verfassung. So kann der Vereinsamung im Alter entgegengesteuert und der Austausch mit anderen und die Bildung sozialer Netze gefördert werden.

Notwendigkeit der Disziplin Kulturgeragogik

Die Ausgestaltung der Angebote ist noch stark durch die Kulturpädagogik geprägt, die allerdings schon vom Wortstamm her einen Schwerpunkt auf Kinder und Jugendliche legt (griechisch „Pädagogik": das Kind anleiten). Besonderheiten einer älteren Zielgruppe werden kaum thematisiert. Die Schaffung einer neuen Disziplin – der Kulturgeragogik (griechisch „Geragogik": den älteren Menschen anleiten) – erscheint sinnvoll. Schließlich geht ein älterer, kranker Mensch auch nicht zum Kinderarzt, sondern zum Geriater. Die *Fachhochschule Münster* und das *Institut für Bildung und Kultur* reagieren auf diesen Bedarf und bieten seit 2011 in Kooperation eine entsprechende berufsbegleitende Weiterbildung für KünstlerInnen, KulturpädagogInnen sowie Fachkräfte der Sozialen Arbeit, Altenhilfe und Pflege an.

Die Kulturgeragogik „ist die folgerichtige Antwort auf selbstverständliche Bedarfe, die ganz breit in unserer Gesellschaft vorhanden sind. Denn kulturelle Aktivitäten und Kulturelle Bildung sind für Ältere ein wichtiger, ja nahezu zentraler Schlüssel zu sozialer Teilhabe, zu Lebensqualität und Zufriedenheit, zu sinnerfüllter Zeit im Alter" (Wickel 2011:7).

Die Kulturgeragogik kombiniert Erkenntnisse aus Kulturpädagogik, Gerontologie und Geragogik. Sie schafft kulturelle Bildungsangebote, die sich an der Biografie und Lebenswelt Älterer orientieren und deren Lernverhalten methodisch und didaktisch berücksichtigen.

Erfordernisse kulturgeragogischer Angebote

Grundsätzlich gilt es, von den Bedürfnissen der älteren Teilnehmenden auszugehen (vgl. hierzu ausführlich de Groote/Fricke 2010). Ältere Menschen haben eine lange Lebens- und Bildungsgeschichte. Mit den Älteren sollte dialogisch auf Augenhöhe ausgehandelt werden, was gelernt werden soll, und geklärt werden, welche Kompetenzen und Ressourcen sie mitbringen. Sie verfügen über jede Menge kulturelle Erfahrungen, sei es aus der Schulzeit, aus ihrer Freizeit oder aus dem Berufsleben. Sie hatten viele Gelegenheiten, ihre Vorlieben zu festigen und Abneigungen zu entwickeln. Das Prinzip der Teilnehmerorientierung und die Berücksichtigung ihrer kulturellen Biografie und Sozialisation sind bei der Arbeit mit Älteren von großer Bedeutung. Ältere möchten ihre Erfahrungen und Kompetenzen einbringen. Es sollte ihnen die Chance zur aktiven Partizipation gegeben werden.

Insgesamt verfügen Ältere heute über höhere Schulabschlüsse als frühere Kohorten, und sie nehmen im Vergleich zu älteren Kohorten häufiger an Bildungsmaßnahmen teil. Sie stellen dementsprechend Qualitätsansprüche an die Kulturelle Bildung. Negative Altersbilder verstellen jedoch oft den Blick darauf. Ältere wollen kein Unterhaltungsprogramm und Kaffeetrinken, sondern Angebote, die ihren unterschiedlichen Interessen, Bedürfnissen und kulturellen Erfahrungen Rechnung tragen. Nichtsdestotrotz haben viele Ältere auch ein Bedürfnis nach Edutainment: Sie möchten sich nicht nur weiterentwickeln und Neues lernen, sondern auch unterhalten werden und soziale Kontakte knüpfen. Dies sollten kulturgeragogische Angebote berücksichtigen.

KulturgeragogInnen benötigen ein breites Hintergrundwissen über biologische, kognitive und psychische Alterungsprozesse. Körperliche oder kognitive Einschränkungen (z.B. bei einer Demenz, vgl. hierzu Nebauer/de Groote 2012) müssen berücksichtigt werden können. Zu einem Wissen über das Altern gehört auch ein Wissen über die Sozialisation Älterer. Viele ältere Menschen haben beispielsweise keinen habituellen Umgang mit dem Computer. In einem Kurs zur Digitalfotografie müssen Anleitungen daher schrittweise erfolgen, jeder Schritt muss nachvollziehbar und erreichbar sein.

Zudem sind die Besonderheiten des Lernens im Alter zu berücksichtigen. Die Teilnehmenden können vorhandene Lernstrategien und Denkmuster, die sie über viele Jahre hinweg erworben haben, nicht einfach ablegen und möchten diese berücksichtigt wissen. Ältere lernen zwar etwas langsamer als Jüngere, dem steht aber die Genauigkeit des Lernens gegenüber. Im Laufe ihres Lebens haben sie sich einen großen Wissensbestand angeeignet. Neues Wissen können sie mit vorhandenem Wissen in Verbindung bringen. Bestehendes Wissen hilft, neues Wissen einzuordnen, zu integrieren, zu strukturieren und zu verankern (Spitzer 2003:40).

Heute schon sind rund 21 % der deutschen Bevölkerung über 65 Jahre alt, Tendenz steigend (Stat. Bundesamt 2011b:11). Der Anteil der Kinder und Jugendlichen sinkt dagegen kontinuierlich. Angesichts dieser demografischen Entwicklung ist es nur folgerichtig, dass Kulturelle Bildung diese attraktive Zielgruppe in den Blick nimmt und sich methodisch und didaktisch differenziert darauf einstellt.

Zum Weiterlesen

Groote, Kim de/Fricke, Almuth (Hrsg.) (2010): Kulturkompetenz 50+. Praxiswissen für die Kulturarbeit mit Älteren. München: kopaed.

Groote, Kim de/Nebauer, Flavia (2008): Kulturelle Bildung im Alter. Eine Bestandsaufnahme kultureller Bildungsangebote für Ältere in Deutschland. München: kopaed.

Keuchel, Susanne/Wiesand, Andreas J. (2008): Das KulturBarometer 50+. Zwischen Bach und Blues... Bonn: ARCult Media.

Kulturgeragogik – Kulturarbeit mit Älteren: www.kulturgeragogik.de

Almuth Fricke
Kulturelle Bildung im Dialog zwischen Jung und Alt

Generationensolidarität als politisches Desiderat

Im Zuge der demografischen Veränderungen unserer Gesellschaft stehen immer weniger Kinder und Jugendliche einer wachsenden Gruppe von älteren Menschen gegenüber (siehe Karl Ermert „Demografischer Wandel und Kulturelle Bildung in Deutschland" in diesem Band). Der jüngste Demografie-Bericht der Bundesregierung 2011 konstatiert, dass die Bevölkerung derzeit zu je einem Fünftel aus Kindern und Jugendlichen unter 20 und aus Über-65-Jährigen besteht, im Jahr 2030 werden die Über-65-jährigen bereits etwa 29 % der Bevölkerung ausmachen (BMI 2011:32f.).

Begegnungen zwischen Jung und Alt zu initiieren ist in den letzten Jahren zum politischen Desiderat geworden. Damit soll einem befürchteten Konflikt zwischen den Generationen, bedingt durch den bevölkerungsstrukturellen Wandel und die damit verbundene Angst vor der Übermacht der Alten und um die Sicherheit der Renten- und Versorgungssysteme vorgebeugt werden. Mit Initiativen auf Bundesebene (durch Förderung des Netzwerks „Dialog der Generationen", des Wettbewerbs „Video der Generationen" oder in jüngster Zeit von „Mehrgenerationenhäuser"), auf Landesebene (z.B. durch Einrichtung eines „Generationen-Ministeriums" in Nordrhein-Westfalen zwischen 2005 und 2010) und auf Europa-Ebene (2012 ist das „Europäische Jahr des Aktiven Alterns und der Solidarität zwischen den Generationen") will die Politik gesellschaftliche Solidarität und Zusammenhalt stärken.

Der „Kampf der Generationen" (Gronemeyer 2004) lässt sich allerdings nicht empirisch belegen: Die letzten *Shell-Jugendstudien* (2006 und 2010) verweisen vielmehr darauf, dass persönliche Beziehungen junger Menschen zu Älteren mit einem positiven Blick auf das Alter einhergehen und dass in den Familien gut funktionierende Generationenbeziehungen überwiegen. Allerdings wachsen immer mehr Kinder und Jugendliche in großer räumlicher Distanz zu ihren Großeltern auf, andererseits wird künftig etwa ein Drittel der Über-65-Jährigen überhaupt keine eigenen Kinder oder Enkel haben. Freiwillige und selbstverständliche Begegnungen und Austauschmöglichkeiten zwischen den Generationen sind so eher die Ausnahme geworden. Es herrsche vielmehr ein „gepflegtes Nebeneinander der Generationen" (Clausen 2010:69) bzw. „eine gewisse Sprach- und Beziehungslosigkeit zwischen Jung und Alt" (Baiocco 2004:6f.).

Der Blick auf die andere Generation

In dem Maße, wie die Möglichkeiten für implizites mitgängiges Lernen zwischen den Generationen in der Familie abnehmen, wächst der Bedarf nach arrangierten intergenerationellen Begegnungen. Kunst und Kultur bzw. Methoden Kultureller Bildung scheinen hier ein besonders gutes Vehikel zu sein. In einer Vielzahl von generationenübergreifenden Projekten, besonders im Bereich der Darstellenden Künste, der Musik und Medien, werden Begegnungen zwischen den Generationen inszeniert, um Gemeinsamkeiten und Unterschiede zu thematisieren. Ältere wie auch Jüngere sollen durch Methoden der Kulturellen Bildung die Möglichkeit erhalten, einen Blick auf die jeweils andere Generation zu entwickeln und die Welt mit deren Augen zu sehen.

Dabei ist die besondere Stärke der Kulturellen Bildung, dass sie Settings für ein Miteinander eröffnen kann. Neben dem Voneinander-Lernen, das auf einem Expertentum der einen oder anderen Generation beruht (z.B. in Paten- oder Mentorenprojekten) oder dem Übereinander-Lernen, in dem Wissen über die andere Generation vermittelt wird (z.B. in Zeitzeugenprojekten) vermögen es intergenerationelle Projekte der Kulturellen Bildung einen Dialog auf Augenhöhe zu stiften, bei dem alle Beteiligten ihre individuellen Kompetenzen und Fähigkeiten einbringen können: „Intergenerative Kunstprojekte ermöglichen einen gleichwertigen gemeinsamen Handlungsraum, in dem durch gestaltende und kreative Begegnungen zwischen den Generationen zum einen über das gemeinsame Tun, zum anderen über die entstehenden Objekte, aber vor allem durch die Gestaltung des Projektes durch die Teilnehmenden Begegnungsräume entstehen. Das Projekt stellt dabei unweigerlich einen inszenierten Raum dar, der vielleicht einen kleinen Impuls für die kulturelle Entwicklung in der Gesellschaft geben kann" (Ganß 2010:159).

Gelingensbedingungen intergenerationeller Kunst- und Kulturarbeit

Solche Begegnungen in der Kunst können im Gelingensfall von allen Beteiligten als bereichernd, anregend und fruchtbar empfunden werden. Dennoch sind intergenerationelle Projekte keine Selbstläufer. Schon in der Planung ist zu überlegen, wie man beide Generationen dazu motivieren kann, sich aufeinander einzulassen. Unterschiedliche Werte, Lebensvorstellungen, kulturelle Vorlieben und mediale Wahrnehmungsmuster treffen aufeinander (vgl. auch de Groote 2010:50f.). Es bedarf einer professionellen pädagogischen Anleitung und Moderation, die Interessen und Bedürfnisse beider Generationen kennt und berücksichtigt. Hier sind fachliche, personale, kommunikative und methodische Kompetenzen gefordert, um Erfahrungen und Kenntnisse aus der Kulturellen Kinder- und Jugendbildung und erwachsenbildnerisches bzw. (kultur-)geragogisches Wissen zu kombinieren. Ergebnisoffenheit, Partizipations- und Aktionsorientierung als wichtige didaktische Orientierungen Kultureller Bildung sind dabei von größtem Wert. Lernarrangements sollten so beschaffen sein, dass sie die Mitgestaltung durch die Beteiligten ermöglichen und unterschiedliche generationsspezifische Kompetenzen, Wissensbestände, Einstellungen und Werte einbeziehen. Dies funktioniert, wenn alle Beteiligten den Projektprozess gemeinsam aushandeln und mitbestimmen können. Um gemeinsame Themen zu finden, können Ressourcen aus Lebenswelt, Sozialraum und Biografie genutzt werden. Wichtig ist es darüber hinaus, im Lernprozess mit den Beteiligten die vorhandenen Rollenmuster und Stereotype zu reflektieren, die Alters- und Generationsdifferenzen müssen thematisiert werden (vgl. auch Clausen 2010:71f.). Eine Herausforderung stellt auch die Rekrutierung von TeilnehmerInnen für intergenerationelle Projekte dar: Hierfür bedarf es nicht nur der Kontakte zu Akteuren der schulischen oder außerschulischen Bildung, sondern auch einer guten Vernetzung in den Bereich der Sozial- und Altenarbeit.

Vorsicht vor sozial-romantischen Generationenvorstellungen

In einer Gesellschaft von drei und mehr Generationen gewinnen Bestrebungen zur Förderung von Toleranz und Solidarität zwischen Jung und Alt, zur Stärkung der intergenerationellen Solidarität oder zur Verbesserung des Erfahrungs- und Wissenstransfers zwischen den Generationen immer stärker an Bedeutung. Kunst und Kultur können hier als Katalysatoren wirken.

Doch sollte man dabei keinen „sozial-romantischen Generationenvorstellungen" erliegen, denn oft werden intergenerationelle Aktivitäten nur als bedeutsam erachtet, „weil man stillschweigend davon ausgeht, dass die Generationensolidarität früher besser war" (Höpflinger 2011:47). Kontakte zu anderen Generationen können zwar wertvoll sein, aber in manchen Lebensphasen und Fragen sind Kontakte zu Gleichaltrigen wesentlich bedeutsamer. Zudem zeigt die Erfahrung, dass das Interesse älterer Menschen an Generationenprojekten oft höher ist als das von Jüngeren. Diese Tendenz wird durch neue Konzepte eines produktiven Alterns verstärkt, durch die Ältere sich geradezu herausgefordert fühlen, durch Teilnahme an generationenübergreifenden Projekten ihre „Anschlussfähigkeit" zu wahren. Ältere suchen auch zuweilen den Kontakt zu Jüngeren, um das eigene Alter zu verdrängen, oder sie überschätzen den Wert der eigenen Erfahrung, die z.B. für Jugendliche zwar interessant, aber nicht alltagsrelevant sind (ebd.). Michael Ganß weist darauf hin, dass intergenerationelle Projekte oft auf die „unterstützende wohltätige Komponente zurechtgestutzt sind". Er fordert stattdessen generationsübergreifende Kommunikationsräume bereitzustellen: „Kunst ist wesentlicher Bestandteil der permanent stattfindenden Gestaltung menschlichen Zusammenlebens und muss als Ausdruck jeder gesellschaftlichen Praxis gesehen werden. Die intergenerative Arbeit sollte deshalb nicht das Besondere, sondern das Normale sein" (Ganß 2010:138). Intergenerationelle Kunstprojekte bieten mehr als eindimensionales zielgerichtetes Tun: Sie ermöglichen Begegnung, Offenheit für das ganz Neue, die Kreation des Unerwarteten und Austausch über gemeinsames Handeln.

Zum Weiterlesen

Achenbach, Vera von/Eifert, Barbara (2010): Junge Bilder vom Alter. Werkbuch. Essen: Klartext.

Franz, Julia/Frieters, Norbert/Scheunpflug, Annette/Tolksdorf, Markus/Antz, Eva-Maria (Hrsg.) (2009): Generationen lernen gemeinsam. Theorien und Praxis intergenerationeller Bildung. Bielefeld: W. Bertelsmann.

Kinder- und Jugendfilmzentrum in Deutschland (Hrsg.) (2008): Intergenerative Videoarbeit. Ein Praxishandbuch. Remscheid.

Lüscher, Kurt (2010): Ambivalenz der Generationen. Generationendialoge als Chance der Persönlichkeitsentfaltung. In: EB Erwachsenenbildung. Vierteljahresschrift für Theorie und Praxis 1/2010, 9-13.

Marquard, Markus/Schabacker-Bock, Marlis/Stadelhofer, Carmen (2008): Alt und Jung im Lernaustausch. Eine Arbeitshilfe für intergenerationelle Lernprojekte. Weinheim/München: Juventa.

Elisabeth Braun
Kulturelle Bildung für Menschen mit Behinderung

Die Bedeutung der Kulturellen Bildung für Menschen mit Behinderungen ist die gleiche wie für alle anderen Zielgruppen und – wiederum auch nicht.

Die Kulturelle Bildung hat ihren Wert an sich, gerade auch dann, wenn „behindernde" Lebensumstände den betroffenen Personen Entscheidungs- und Gestaltungsmöglichkeiten nehmen. In der Arbeit mit Kindern, Jugendlichen und Erwachsenen mit unterschiedlichen Beeinträchtigungen werden künstlerisch-kulturelle Aktivitäten oft nicht als solche definiert, sondern als Kompensationsmöglichkeiten der Beeinträchtigungen und als psychotherapeutische oder sozialkommunikative Angebote interpretiert. Dabei wird auf mehr oder weniger gesicherte Transferwirkungen verwiesen, die den besonderen Wert kultureller Bildungsbemühungen unterstreichen sollen.

Geschichtlicher Rückblick

Das Verhältnis Kultureller Bildung bzw. künstlerischer Ausdrucksformen zum Phänomen der Behinderung lässt sich in verschiedenen Strängen historisch nachvollziehen. Christian Mürner bringt das exemplarisch auf folgende Begriffe: Missachtung, Mystifizierung, Anerkennung (Mürner 2003:162).

Die künstlerische Darstellung und die Zurschaustellung von Menschen mit Behinderung als Projektionsfläche bürgerlicher Emotionen gehört einem mittelalterlichen Denken an, zieht sich aber bis zu den Freak Shows im letzten Jahrhundert durch. Die mystifizierenden Vorstellungen von einer besonderen künstlerischen Genialität der Menschen mit Behinderung werden heute ebenfalls in der Regel abgelehnt, obwohl die Kunstszene von den Formen der Art Brut oder OutsiderArt profitiert (Bäumer 2007).

Im 21. Jh. hat sich mit Hilfe professioneller Betreuung und Assistenz der künstlerisch interessierten Menschen mit Behinderung eine Kunstszene entwickelt, die den künstlerischen Arbeitsergebnissen und Produktionen ein öffentliches Forum und entsprechende Anerkennung bietet (Kulturfestivals, Theatertreffen, Ausstellungen, Schulkooperationen mit Musicalproduktionen etc.).

Rechtliche Grundlagen

In der „Betreuung" von Menschen mit Behinderung vollzieht sich derzeit eine Reihe einschneidender Paradigmenwechsel. Klassifikationen von Beeinträchtigungen und Schädigungen werden weiterentwickelt: von der Analyse der Beeinträchtigungen der betroffenen Personen zur Darstellung und Bewertung der einschränkenden Lebensbedingungen. Die *Weltgesundheitsorganisation (WHO)* verwarf 2005 die bestehenden defizitorientierten Beschreibungen von Behinderung und entwarf die „ICF – International Classification of Functioning, Disability and Health" (Kastl 2010:122). ICF begründet einen relationalen Behinderungsbegriff. Die behindernden Bedingungen werden als Stufen der Einschränkung im alltäglichen Leben dargestellt. Der Begriff der Behinderung als feststehendes Merkmal von Menschen wird damit abgelöst durch eine ganzheitlich-situative Beschreibung der Lebenssituation (Kastl 2010:108 ff.).

Die Ausgangslage für ein Leben unter behindernden Bedingungen hat sich durch die Unterzeichnung der *UN*-Konvention für die Rechte behinderter Menschen (2009) stark verändert. Darüber hinaus ermöglichen Bestimmungen des Sozialgesetzbuches IX mehr Unterstützung bei der Lebensgestaltung, die sich als selbstbestimmt und selbstgestaltet ausweist. Ziel ist die Ermöglichung gleicher Chancen der Teilhabe in allen gesellschaftlichen Bereichen für alle Menschen im Sinne einer „inklusiven Gesellschaft" (siehe Larissa von Schwanenflügel/ Andreas Walther „Partizipation und Teilhabe" in diesem Band).

Herausforderungen für die Kulturelle Bildung

Kulturelle Bildung versteht sich als Querschnittsaufgabe über verschiedene Altersstufen, Bildungszusammenhänge und Schichten hinweg. Sie müsste mit dem Phänomen der behindernden Lebensbedingungen produktiv umgehen können.

Es leitet sich daraus die Anforderung ab, eine größtmögliche Breite und Vielfalt von Angeboten in den Kunstsparten, Realisierungsformen und Settings anzubieten. Kulturelle Bildung kann mit dem zentralen Ziel der Teilhabe Formen des klassischen und des alternativen, des lernorientierten und experimentellen Arbeitens mit künstlerischen Mitteln nutzen.

Teilhabe im Zusammenhang mit Kultureller Bildung ist als zusammenfassender Begriff zu verstehen, der die aktive Produktion künstlerischer Werke genauso meint, wie die Teilnahme an Veranstaltungen und Bildungsmaßnahmen oder die hedonistische Rezeption. Sie hat ihre Mittel auch für die kommunikativ-kritische und politische Auseinandersetzung bereit zu stellen, doch sind die Realisierungschancen dieser Ansprüche zur Zeit sehr unterschiedlich zu bewerten.

Kulturelle Bildung muss mit folgenden „Problemfeldern" rechnen, wenn sie sich konsequent für Kinder, Jugendliche und Erwachsene mit Behinderung öffnen und den Teilhabe-Gedanken für Menschen mit Behinderung ernst nehmen will:
>> Zugangsproblematik,
>> Altersstufenproblematik,
>> Spartenproblematik,
>> Methodenproblematik,
>> Professionalisierungsproblematik sowohl der Menschen mit Behinderung selbst als auch der Assistierenden/ Unterstützenden und Lehrkräfte ohne Behinderung.

Zugangsproblematik

Unter dieses Stichwort fallen zunächst alle erreichten und noch anzumahnenden Mobilitätserleichterungen. Mobilität verlangt Barrierefreiheit an allen Orten und bei allen Gelegenheiten. Darunter fallen aber nicht nur bauliche, sondern auch logistische Hindernisse bei der Fortbewegung von Ort zu Ort. Oft ist die Zugänglichkeit zu kulturellen Bildungsangeboten nicht nur durch die finanziell zu leistenden Beiträge erschwert, sondern auch durch die mangelnde Berücksichtigung der Menschen mit Lernschwierigkeiten, Leseunkenntnis oder Sinnesbehinderungen. Hinzu kommt wenig verfügbare Assistenz in Form persönlicher Lotsen, wie z.B. MuseumsführerInnen und TheaterbegleiterInnen.

Altersstufenproblematik

Bei vielen kulturellen Angeboten wird eine methodisch notwendige Elementarisierung oft mit einer Art Infantilisierung verwechselt. Besonders problematisch wirkt es, wenn Aufführungen mit einem Repertoire, das in krassem Widerspruch zu altersgemäßem Repertoire steht, vor Publikum präsentiert werden. Kinderliedgut und Bilderbuchgeschichten sind Beispiele für solche Gefahrenquellen. Auch verhindern höhere Schulbesuchsjahre bei Menschen mit sogenannter geistiger Behinderung und die Abhängigkeit in der alltäglichen Versorgung nur allzu oft die Entwicklung einer eigenen Form von Jugendkultur (siehe Christian Schmidt „Jugendkulturelle Szenen und Kulturelle Bildung" in diesem Band). Dabei sind künstlerische Kreativität, darstellerische Spontaneität, musikalische Empfindsamkeit oder sprachschöpferische Fähigkeiten oft in einem außerordentlichen Maß vorhanden und stehen für die kulturelle Bildungsarbeit „zur Verfügung". Die Zunahme alter Menschen mit Behinderung fordert die Kulturelle Bildung mit der großen Akzeptanz ihrer künstlerischen Mittel gerade auch im Hinblick auf Demenz und Verhaltensveränderungen heraus.

Spartenproblematik

Interessant ist die ungleiche Verteilung der einzelnen Kunstsparten in der Arbeit mit Menschen mit Behinderung. Zahlreich sind Kunstgruppen meist angegliedert an große Einrichtungen der Behindertenhilfe. Die Anzahl von Theaterensembles und Musikgruppen (vor allem Bands) und der Besuch von Musikschulen hat sich im ersten Jahrzehnt dieses Jahrhunderts gesteigert. Tanzgruppen und der Literatur- und Medienbereich sind dagegen wenig repräsentiert. Möglicherweise engt die Kulturelle Bildung mit der Orientierung an Kunstsparten das Angebot für künstlerisch interessierte Menschen mit Behinderung stark ein. Grenzüberschreitungen in neuen Formen der Performance durch unkonventionelle Spielorte und szenische Großformen wie Masken- und Wandertheater, Straßentheater und zirzensische Formen können dazu beitragen, inklusive Arbeit zu erleichtern.

Methodenproblematik

In der Regel wird mangelnde Inklusion in Feldern der Kulturellen Bildung fehlenden Methoden angelastet. Sonderpädagogische Detailvorgaben aus behindertenspezifischer Perspektive sind oft eher einengend als hilfreich. Unumstritten ist ein größerer Zeitbedarf, der für Übungs- und Wiederholungsphasen verfügbar sein sollte. Besonders wichtig ist die Sensibilisierung der Wahrnehmung und die laufende Beobachtung, um auch kleine Fortschritte und eigenständige Gestaltungsversuche zu verstärken. Sonderbedingungen wie arbeitsteiliges Playback-Theater, umgebaute Instrumente oder Sonderinstrumente (z.B. Veehharfe) sind nur von Fall zu Fall notwendig. Die Kulturelle Bildung kann je nach Zusammenhang zwischen sonderpädagogischer Feinmethodik und offeneren partizipativen Angeboten wählen.

Professionalisierungsproblematik: Chancen für eine Professionalisierung für Assistenzwillige, Lehrkräfte und KulturpädagogInnen

Kulturelle Bildung wird zunehmend als spezielle und inklusive Arbeitsmöglichkeit attraktiv. Die Professionalität der sonderpädagogischen Dienstleistung und Assistenz hat sich durch die Herausforderung des gewandelten Verständnisses von Behinderung sehr verändert. Die Orientierung am persönlichen Bedarf und die Ausrichtung an den individuellen Voraussetzungen und Wünschen der Menschen mit Behinderung sind in der Kulturellen Bildung unabdingbar, aber auch machbar. Doch sind berufliche Profilbildungen für entsprechende KulturpädagogInnnen nur an sehr wenigen Ausbildungsstätten bislang eingeführt.

Chancen für eine professionelle Weiterentwicklung bieten sich für Menschen mit Behinderung in der Ausübung künstlerischer Berufe: Kunstateliers, Theater- und Tanzensembles, Musikgruppen und Medienwerkstätten. Sie bieten längerfristige berufliche Arbeitsmöglichkeiten (auch als ausgelagerte Werkstattplätze). Die Ausbildung erfolgt in der Regel als Training-on-the-job. Noch zu entwickeln ist der Ausbau professioneller Trainingsmöglichkeiten schon für Jugendliche mit Behinderung beim Übergang von der Schule in die Erwerbsarbeit (z.B. Theater Hora Zürich).

Zusammenfassendes Fazit

Kulturelle Bildung mit Menschen mit Behinderung ist ein im Aufbruch und Wandel befindliches Arbeitsfeld, das Kunst und Kultur als Mittel zur selbstgestalteten Lebensführung, zu kultureller Teilhabe und zu inklusiven Erfahrungen zur Verfügung stellt.

Zum Weiterlesen

Bockhorst, Hildegard (Hrsg.) (2011): KUNSTstück FREIHEIT. Leben und lernen in der Kulturellen Bildung. München: kopaed.

Föhl, Patrick S./Erdrich, Stefanie/John, Hartmut/Maaß, Karin (Hrsg.) (2007): Das barrierefreie Museum. Theorie und Praxis einer besseren Zugänglichkeit. Landschaftsverband Rheinland. Rheinisches Archiv- und Museumsamt. Bielefeld: transcript.

Hartogh, Theo/Wickel, Hans Hermann (2004): Handbuch Musik in der Sozialen Arbeit. Weinheim/München: Juventa.

Müller, Angela/Schubert, Jutta (Hrsg.) (2007): Show up!. Beiträge zur kunstlerischen Aus- und Fortbildung geistig beeinträchtigter Menschen. Hamburg: Tiamat.

Ruping, Bernd (Hrsg.) (1999): Theater Trotz & Therapie. Im ästhetischen Prozeß gibt es keine Behinderung außer der, der wir uns stellen. Ein Lies- und Werkbuch des theaterpädagogischen Zentrums der Emsländischen Landschaft e. V. und des Studiengangs Theaterpädagogik der Fachhochschule Osnabrück, Standort Lingen.

Schluchter, Jan-René (2010): Medienbildung mit Menschen mit Behinderung. Medienpädagogische Praxisforschung. München: kopaed.

Schuppener, Saskia (2005): Selbstkonzept und Kreativität von Menschen mit geistiger Behinderung. Bad Heilbrunn: Klinkhard.

Theater Hora Zürich: http://www.hora.ch

Theunissen, Georg/Großwendt, Ulrike (Hrsg.) (2006): Kreativität von Menschen mit geistigen und mehrfachen Behinderungen. Grundlagen – Ästhetische Praxis – Theaterarbeit- Kunst- und Musiktherapie. Bad Heilbrunn: Klinkhardt.

Dorothea Kolland
Kulturelle Bildung zwischen den Kulturen

Adressaten Interkultureller Bildung

Kulturelle Bildung vermag einen Raum der Begegnung zu schaffen zwischen verschiedenen Kulturen – ob ethnisch, alters- oder geschlechtsspezifisch, regional, religiös u.a. geprägt -, der Annäherungen und Verknüpfungen ebenso ermöglicht wie Erkenntnis der Unterschiede und damit Interkulturelle Bildung realisiert. Dieser Raum ist nicht für besondere Zielgruppen oder Adressaten bestimmt, sondern eine Chance für alle, die sich aktiv oder passiv in den Wirkungshorizont Kultureller Bildung begeben. Die Gesellschaft eines Einwanderungslandes, wie dies Deutschland mittlerweile ist, ist in ihrer Alltäglichkeit so kulturell vielfältig geprägt, dass jegliche Bildungsbemühung stets auf kulturell vielfältig geprägte Menschen gleichgültig welcher Herkunft trifft.

In dem Kontext Interkulturalität wird Kultur(en) meist verstanden als eine Vielzahl von sich gegenseitig abgrenzenden Lebensweisen und Werteprägungen. Kultur kann als gemeinsamer, Kohärenz schaffender Nenner einer Gruppe – vom Dorf bis zum Kontinent – gelten, wie das der „Leitkultur" unterstellt wird. In der Kulturwissenschaft wird dies als „Kohärenz-Position" (Thomas 2003:138ff.) bezeichnet. Hier ist die so verstandene Kultur oft mit qualitativen Wertungen und vermeintlicher Homogenität ausgestattet, die nach außen abgrenzt. Sie baut auf einer hohen Kohärenz nach innen und Konstruktion von Differenz nach außen auf.

Dagegen steht die „Differenz-Position" (Feldtkeller 2003:165ff.) für die Dekonstruktion der Vorstellung, dass eine monokulturelle Sozialisation in der heutigen Welt fraglos den Normalfall darstellt, und geht vielmehr von Kultur als Ergebnis einer Vielfalt von Erfahrungen, Handlungen, Erkenntnissen und Verhalten aus, die ständiger Veränderung durch Fremdes und Neues unterworfen ist. Sie verweigert sich qualitativer Wertung, gerät damit jedoch häufig in die Position libertärer Beliebigkeit, weil losgelöst von sozialen Bedingungen.

Die Basis: Kulturelle Vielfalt

Im Rahmen dieser beiden Positionen bewegen sich Theorie und Praxis interkultureller Arbeit; sie erscheinen selten in Reinform, aber prägen den gesamten Integrationsdiskurs und die Integrationspolitik und somit natürlich interkulturelle Kulturarbeit wie Kulturpädagogik (siehe Kolland 2012a).

Beide Positionen fußen auf der Einsicht in die Notwendigkeit kultureller Vielfalt, von diversity, so wie diese in der *UNESCO*-Deklaration seit 2001 weltweit ratifiziert ist.

„Cultural diversity" (siehe Bernd Wagner „Von der Multikultur zur Diversity" in diesem Band) bedeutet Mannigfaltigkeit, aber auch Differenz und Verschiedenheit. Insbesondere für den Prozess von Integration und den Abbau von Diskriminierung ist diese Erkenntnis fundamental, denn der Zugewinn kann nur dann fruchtbar werden, wenn die differierenden Werte, Traditionen, Erfahrungen, Lebenspraxen erkannt, zueinander in Bezug gesetzt, in der gesellschaftlichen Interaktion erprobt sowie gemeinsame Regeln des Konfliktaustrags entwickelt werden: eine Demokratie des Respekts (siehe Kolland 2006:147f.).

Ein ideales Forum für diesen Prozess im Bildungskontext ist Kulturelle Bildung, weil sie relativ wenig durch Leistungs- und Bildungskanons festgelegt ist und Experimenten offen steht, die dafür Voraussetzung sind.

Dieser Ansatz ist einerseits keineswegs neu, da Kulturelle Bildung, wenn sie sich ihres Kontextes und Kerns „ästhetische Erziehung" und Umgang mit den Künsten bewusst ist, erkennt, dass Entwicklung in der Kunst stets die Begegnung mit dem „Anderen", dem „Fremden" sucht und findet, sei dies beim Bau gotischer Dome oder im avantgardistischen Tanz, andererseits aber lange durch eine versperrende Assimilationstheorie und -politik, die auf Anpassung an die deutsche „Leitkultur" orientierte und Fremdes abwehrte, blockiert war. Die Entwicklung interkultureller Kultureller Bildung spiegelt sehr genau die Geschichte des Einwanderungslandes Deutschland und seiner verschiedenen Phasen, ebenso wie die Phasen deutscher Bildungspolitik, wobei der Pisa-Schock zwar Kulturelle Bildung ernsthaft bedrohte, die dadurch ausgelöste Erkenntnis aber, dass das große Potential junger Menschen mit Migrationsgeschichte vernachlässigt worden war, dazu führte, dass diese – vom neuen Bildungsnotstand getrieben – neu in den Fokus bildungspolitischer Aufmerksamkeit und Förderung gerieten.

Die Antwort auf den Pisa-Schock

Kulturelle Bildung galt und gilt als (Geheim-)Rezept gegen gesellschaftliche Exklusion und für Chancengerechtigkeit, weil hier Möglichkeiten der Persönlichkeitsentwicklung und kreativer Tätigkeit bereitstehen, die (nicht unmittelbar) abhängig sind von sprachlichen Fähigkeiten und Wissensfundus und die Kindern und Jugendlichen aus bildungsvernachlässigenden sozialen Kontexten Chancen der Partizipation und Entfaltung ihrer Potentiale bieten und sie auf ihrem Weg in die Transkulturalität (siehe Welsch 1998b; Datta 2005) begleiten.

Das Betriebssystem Kulturelle Bildung hat den MigrantInnen viel zu verdanken: Skeptisch und unsicher dem Eigenwert Kunst gegenüber, dessen Wertschätzung eigentlich keine Begründung benötigt, bieten die von sozialer Exklusion Bedrohten immer wieder aufs Neue den wichtigen Begründungszusammenhang der Notwendigkeit Kultureller Bildung mit den bekannten Stichworten Empowerment, Identitätsfindung, Überwindung von Sprachlosigkeit, Konfliktaustragungsort, Kommunikationsbrücke, Stärkung interkultureller Kompetenz. Um dies wirklich nachhaltig nachzuweisen, fehlen noch Instrumente und Zeit (siehe Kolland 2012b:101ff.).

Eigene Erfahrung und Beobachtung lehrt aber, was es z.B. für eine junge Muslima bedeuten kann, auf der Bühne ihre Identität zu formulieren und zu behaupten – gegen ihre Familie, community oder die Mehrheitsgesellschaft. Sie geht stärker von der Bühne herunter als sie diese betrat. Dieser Moment wird ihr vielleicht erst zehn Jahre später nutzen, vergessen wird sie ihn jedenfalls nie. Beeindruckend sind Beispiele von interkulturell gemischten Gruppen oder Klassen, die sich mit Comic-Zeichen befassen – das genaue Beobachten und die Entscheidung für sehr individuelle Zeichenweisen führt zu neuen Wegen visueller Kunst und Kommunikation.

Die Internationalisierung der Bevölkerungsstruktur hat dazu gezwungen, Kultur- und Bildungskanons zu überprüfen und aufzubrechen. Sie hat gewohnte Kultur-Sicherheiten infrage gestellt und leitkulturelle Arroganz sichtbar und damit zweifelhaft werden lassen (Kolland 2004:43ff.).

Die Achtung vor den neuen kulturellen und künstlerischen Potentialen, die Immigration mit sich brachte, haben die Sprachen der Kunst, insbesondere die der Jugendkultur (siehe Christian Schmidt „Jugendkulturelle Szenen und Kulturelle Bildung" in diesem Band) verändert. „Urban culture", die Kunst des Untergrunds der Metropolen dieser Welt, ist aus dieser migrantischen Szene heraus gewachsen und von allen ihren Schattierungen geprägt. Rap und HipHop haben den Weg aus den Ghettos herausgefunden, Bollywood-Tanz auch. Dennoch bleibt die Konnotation als Kultur der Exkludierten und wird auch so voll Stolz von ihnen genutzt; Sprache wird weiterentwickelt – nicht aus Unvermögen, sondern als jugendkulturelles Distinktionsmerkmal. Diese Entwicklungen heben nach und nach Grenzen zur „Hochkultur" auf.

Zum Weiterlesen

Hoffmann, Klaus/Klose, Rainer (2009): Theater Interkulturell: Theaterarbeit mit Kindern und Jugendlichen. Uckerland: Schibri.

Institut für Kunst im Kontext/Universität der Künste (2011): ZOOM. Berliner Patenschaften Künste & Schule. Berlin: Kulturprojekte Berlin GmbH.

Trunk, Wiebke (2011): Voneinander lernen – Kunstvermittlung im Kontext kultureller Diversität. Stuttgart: Ifa-Edition Kultur und Außenpolitik.

Teil II
Praxisfelder Kultureller Bildung

5
Ausbildung – Weiterbildung –
Professionalisierung

Karl Ermert
Kapiteleinführung: Ausbildung – Weiterbildung – Professionalisierung

Die Kompetenz, Kulturelle Bildung zu vermitteln, fällt nicht vom Himmel. Sie fußt, jedenfalls bei den professionellen kulturellen BildnerInnen, auf Wissen und Können, die in der Regel durch ein Hochschulstudium grundgelegt werden. ErzieherInnen in der Frühpädagogik erwerben häufig noch ihre Grundlagen über eine Fachschulausbildung. Inzwischen existieren aber auch schon zahlreiche diesbezügliche (oft Ergänzungs-)Studiengänge, insbesondere an Fachhochschulen. Unter den zahlreichen nicht-professionell, also normalerweise freiwillig-gemeinnützig/ ehrenamtlich arbeitenden VermittlerInnen Kultureller Bildung gibt es viele sich über Praxis, Selbststudium und Weiterbildungen autodidaktisch bildende Amateure.

Das folgende Kapitel beleuchtet in seinen Beiträgen vor allem die Ausbildung derjenigen, die Kulturelle Bildung als Beruf betreiben, und ihre Rahmenbedingungen. Weiterbildung spielt gleichwohl im Kompetenzerwerb für Kulturelle Bildung eine nicht zu unterschätzende Rolle. Auch AbsolventInnen kulturwissenschaftlicher oder künstlerischer Ausbildungsgänge, die den Bereich der Kulturvermittlung/Kulturellen Bildung noch nicht abdecken, werden im Verlauf ihrer Berufsbiografie in der Kulturvermittlung tätig und müssen sich dafür qualifizieren. Weiterbildung hilft zudem, die auch in der Berufsbiografie kultureller BildnerInnen neu auftretenden Anforderungen zu bewältigen.

Gegenstände, Ziele, Orte und Rahmenbedingungen Kultureller Bildung sind außerordentlich vielfältig. Ebenso vielfältig sind die Wege, auf denen die Akteure die Kompetenzen erwerben, um ihre Tätigkeit auszuüben. Sie reichen von der Lehrerausbildung über spartenbezogene oder auch institutionenbezogene Fachstudiengänge in den Kulturwissenschaften bis zu künstlerischen Ausbildungen, die – oft in Weiterbildungen – um didaktische Elemente angereichert werden. Ergänzt wird diese schon reichhaltige Ausbildungs-/Studiengangslandschaft durch sozialpädagogische oder auch kulturmanagementbezogene Studiengänge, die mit künstlerischen bzw. kulturwissenschaftlichen Elementen (oft ebenfalls über Weiterbildungen) untersetzt werden. Begonnen hat die explizite Berufsfeldentwicklung unterlegt mit Studiengängen außerhalb der Lehramtstudiengänge erst Ende der 1970er Jahre. Geradezu explosionsartig sind die diesbezüglichen Studienangebote an den Hochschulen in den letzten zehn Jahren expandiert.

Im folgenden Kapitel werden einführend Grundsatzfragen und Geschichte der Professionsentwicklung im Bereich Kulturvermittlung/Kulturelle Bildung thematisiert. Ihnen folgt eine Übersicht über die aktuellen Strukturen der Ausbildungsgänge an Hochschulen, über den Arbeitsmarkt Kulturelle Bildung sowie über Ziele, Struktur und Orte der Weiterbildung für Handlungsfelder Kultureller Bildung. Der Schwerpunkt des Kapitels liegt bei den Ausbildungen für Vermittlung/Kulturelle Bildung in der klassischen Kunstspartenperspektive: Bildende Kunst (ergänzt durch einen Blick auf die spezifischen Verhältnisse von KünstlerInnen zur Vermittlungstätigkeit), Literatur (Kinder- und Jugendbuch, Literarisches Schreiben), Musik, Theater und Tanz.

Mit der Ausbildung für das umfangreiche Handlungsfeld Vermittlung im Museum wird die institutionen- bzw. arbeitsfeldbezogene Perspektive exemplarisch eingeführt. Im medialen

Informationszeitalter darf ein Artikel über die Ausbildung im komplexen und in rasanter Entwicklung befindlichen Feld der Medienbildung nicht fehlen. Ebenfalls quer zur spartenorientierten Wahrnehmung Kultureller Bildung steht die Betrachtung der Ausbildung für inklusive Kulturelle Bildung, also wie in der Kulturellen Bildung Menschen mit Behinderung gleichberechtigt einbezogen werden können. Gleichwohl konnte nicht alles, was denkbar und wünschbar wäre, in den Artikeln dieses Kapitel abgedeckt werden. Das gilt beispielsweise für das Thema Literaturvermittlung im Allgemeinen. Das gilt für die weitergehende Darstellung der Ausbildungsstrukturen für bestimmte Anwendungsfelder, z.B. Bibliotheken. Auch ist es kein Zufall, dass – von den HerausgeberInnen besonders bedauert – ein Artikel zur Ausbildung in Kulturpädagogik im Allgemeinen in diesem Kapitel fehlt.

Der Ausdruck ‚Professionalisierung' in der Kapitelüberschrift verweist auf den Vorgang der Professionswerdung, die in Kulturpädagogik und Kultureller Bildung immer noch im Gange ist. Andererseits markiert er einen Qualitätsanspruch. Kulturelle Bildung professionell zu betreiben, heißt, sie kulturfachlich wie auch pädagogisch „nach den Regeln der Kunst" auszuüben. Freilich muss es dafür eben diese „Regeln der Kunst" Kultureller Bildung geben, also quasi Standards, die in den wissenschaftlichen wie den berufspraktischen „Communitys" mit Blick auf definierte Fächer, Berufs- und Handlungsfelder entwickelt worden wären. Das ist noch überhaupt nicht selbstverständlich. Einer reichhaltigen und über weite Strecken erfolgreichen Praxis steht keine gleichermaßen entwickelte theoretische Durchdringung und Grundlegung gegenüber, jedenfalls soweit es um außerschulische Kulturelle Bildung geht. Auch fehlt evaluative Forschung zu den Prozessen und Wirkungen Kultureller Bildung, wie auch zur berufsvorbereitenden Tauglichkeit der Studiengänge und -abschlüsse, aus denen die professionell kulturvermittelnd oder kulturell bildend Tätigen sich rekrutieren.

Teil II
Praxisfelder Kultureller Bildung

5.1
Professionen und Berufsfelder Kultureller Bildung

Michael M. Roth
Professionalisierung im Feld der Kulturellen Bildung

Zum Begriff der Professionalisierung

Versteht man unter Kultureller Bildung den (Bildungs-)Prozess, den ein Mensch durch seine Begegnung und seine Auseinandersetzung mit dem Medium der Künste durchmacht, so ergibt sich für Fachkräfte in der Kulturellen Bildung (KulturpädagogInnen) als zentrale Aufgabe, Anlässe, Rahmenbedingungen und Interaktionen für die und mit den sich kulturell Bildenden zu ermöglichen, zu fördern und auch anzuleiten.

Spricht man in diesem Zusammenhang von Professionalisierung, so bedeutet diese in einem weiteren Sinne, dass Menschen sich berufsmäßig damit beschäftigen, kulturelle Bildungsprozesse in anderen Menschen anzuregen und zu fördern. Berufsmäßig bedeutet zunächst, dass sie für ihre Tätigkeit bezahlt werden, des Weiteren aber (in der Regel) auch, dass sie eine fachspezifische Ausbildung durchlaufen haben und sich mit einem profilierten Berufsbild identifizieren (siehe Ulrike Blumenreich „Das Studium der Kulturvermittlung an Hochschulen in Deutschland" in diesem Band). Dies ist für zahlreiche Tätigkeitsfelder in der Kulturellen Bildung der Fall, z.B. für Musik-, Kunst-, Tanz- oder Theaterpädagogik; andere Tätigkeitsbereiche wie die Spiel- oder Zirkuspädagogik haben einen solchen Reifegrad noch nicht erreicht.

Professionalisierung im engeren Sinne bezeichnet hingegen Professionswerdung, also den Prozess, dass sich aus einem Beruf eine Profession entwickelt (hat). Im Folgenden soll zunächst dargelegt werden, ob und wie berufsmäßiges Handeln im Bereich der Kulturellen Bildung als professionelles Handeln (im engeren Sinne) gesehen werden kann und welche Konsequenzen sich daraus ergeben.

Professionstheoretische Zugänge und Perspektiven

Aus berufsstruktureller Perspektive werden vor allem folgende Kriterien, die Professionen von Berufen unterscheiden, als entscheidend genannt (vgl. Keiner 2011):
>> Professionen erfüllen eine „für eine Gesellschaft spezifische, zentrale und systemrelevante Funktion" (Keiner 2011:199).
>> Sie verfügen über eine weitgehend autonome Regulation ihrer Funktions- und Leistungserbringung (vgl. ebd.).
>> „Stabile Beschäftigungsverhältnisse, sozialer Status und Prestige" (ebd.) prägen die Berufsausübung.
>> Es existiert ein „eigenständiger, von anderen Professionen abgegrenzter Wissensbestand" (ebd.), der „in der Regel an Hochschulen verwaltet und weiterentwickelt wird" (ebd.).

Nach diesen Kriterien sind unbestritten ÄrztInnen, JuristInnen und TheologInnen Angehörige von Professionen. Dieses klassische Professionsmodell wird jedoch seit den 1970er Jahren kritisiert und weiterentwickelt, nicht zuletzt deshalb, weil eine strenge Anwendung der oben genannten Kriterien dazu führte, dass alle anderen Berufe keine Professionen sein könnten – zumindest, solange sie z.B. das über Jahrhunderte gewachsene Prestige der klassischen Professionen nicht aufgebaut hätten.

Neben der berufsstrukturellen Perspektive wird daher insbesondere in den sozialen und pädagogischen Berufen eine „handlungs- und wirkungsorientierte Perspektive" (Heiner 2004:16) bevorzugt, „die Berufsvollzüge daraufhin analysiert, ob die Fachkräfte die angestrebten Resultate bei der Erledigung bestimmter Aufgaben erzielen und dabei nach ihren beruflichen Standards handeln dürfen und können" (ebd.). Dabei ist für Professionen charakteristisch, dass sie das Recht haben, „entscheidend in den Lebenszusammenhang ihrer Klientel einzugreifen" (Heiner 2004:17). Ulrich Oevermann spricht daher auch von einem „implizit therapeutischen" (Oevermann 1996:146) Handeln. Bezogen auf den Lehrerberuf ergibt sich daraus für Oevermann, „daß im Zuge der Wissens- und Normenvermittlung am sozialen Schulort zwangsläufig eine Interaktionspraxis mit den Schülern eröffnet wird, die – zumindest bis zur Adoleszenzreife bzw. zum Abschluss der Pubertät angesichts der noch offenen Bildungsprozesse des Schülers – objektiv folgenreich für die spätere personale Integrität ist" (ebd.). Dieser Interaktionsprozess zielt darauf ab, KlientInnen – oder allgemeiner: Adressaten des professionellen Handelns – bei der Bewältigung von Krisensituationen zu helfen und zwar einerseits individuell bezogen auf den konkreten Fall, aber andererseits auch objektiv verantwortbar durch Rückgriff auf die Standards der jeweiligen Profession. Aufgrund der hohen Variabilität möglicher Fallkonstellationen müssen Professionelle einen relativ weiten Entscheidungsspielraum haben, was sich in ihrer relativ hohen Autonomie bzw. geringen Weisungsgebundenheit zeigt.

In dieser handlungstheoretischen Perspektive lassen sich auch soziale und pädagogische Berufe als Professionen beschreiben, da zentrale Merkmale für professionelles Handeln hier durchaus zutreffen: Umgang mit Wissen und Nicht-Wissen sowie Handeln in Ungewissheit bei potentiell weit reichenden Konsequenzen des Handelns mit dem damit verbundenen Vorhandensein eines expliziten Berufsethos. Andererseits trifft in sozialen und pädagogischen Berufen das Merkmal der weitgehend autonomen und individuell zu verantwortenden Anwendung des Professionswissens auf Einzelfälle aufgrund der institutionellen Rahmenbedingungen häufig gerade nicht zu. Daher werden soziale und pädagogische Berufe häufig auch als Semiprofessionen bezeichnet (Etzioni 1969).

Im Bereich der Kulturellen Bildung ist die Professionalisierung im weiteren Sinne im Laufe des 20. Jh.s zum Teil weit fortgeschritten, so wurden z.B. zahlreiche Berufsbilder und entsprechende Studiengänge oder Studiengangsschwerpunkte entwickelt. Zum Thema „Kulturpädagogik als Beruf" sind einige wichtige Publikationen entstanden (Müller-Rolli 1988; Hügel/Fetting 1994; Fuchs 1994; Liebald/Wagner 1995; Zacharias 2001; Bischoff/Brandi 2005; Mandel 2005; Noak 2006 u.a.). Allerdings steht eine umfassende Analyse, inwieweit sich die kulturpädagogischen Berufe im Prozess der Professionswerdung (also der Professionalisierung im engeren Sinne) befinden, noch aus. Das liegt unter anderem daran, dass das Berufsfeld von erheblicher Heterogenität geprägt ist (Fuchs 1994:121-127; Zacharias 2001:196-202). Des Weiteren wäre zu prüfen, inwieweit das Merkmal des potentiell weit reichenden Eingriffs in die personale Integrität für die kulturelle Bildungsarbeit zutrifft. Da künstlerisch-kreative Prozesse ebenso wie pädagogische oder therapeutische Interventionen in der Tat tief in die Persönlichkeitsstruktur eingreifen können, muss von Fachkräften für Kulturelle Bildung – gerade wenn sie „nachhaltige" Bildungswirkungen anstreben – durchaus gefordert werden, dass sie professionell (im engeren Sinne) handeln.

Eine Modellvorstellung professionellen Handelns in der Kulturellen Bildung

Ungeachtet des Desiderats einer professionstheoretischen Analyse kann im handlungstheoretischen Paradigma ein Konzept für professionelles Handeln in der Kulturellen Bildung entwickelt werden, wenn es im Kern darum geht, dass kulturpädagogisch Handelnde einen entsprechenden professionellen Habitus entwickeln bzw. entwickelt haben, also über eine Persönlichkeitsstruktur (im Folgenden als professionelles Selbst bezeichnet) verfügen, die professionelles kulturpädagogisches Handeln ermöglicht.

Karl-Oswald Bauer hat für den Lehrerberuf eine Modellvorstellung für die Entwicklung des professionellen Selbst bei PädagogInnen vorgestellt (Bauer 2000), in deren Rahmen sich auch eine Professionswerdung der Kulturpädagogik denken lässt: „Das professionelle Selbst entsteht aus den Versuchen des Handlungsträgers, zwischen pädagogischen Zielen und Werten, subjektiven Motiven und persönlichen Kompetenzen einerseits, den Erwartungen eines vorgestellten kritischen Beobachters andererseits eine Balance zu finden. Das professionelle Selbst greift dabei auf eine besondere Berufssprache zurück, sucht oder erfährt soziale Unterstützung in der Kooperation mit Kollegen und orientiert sich an pädagogischen Werten" (Bauer 2000:64).

Dieses professionelle Selbst entwickelt sich weiter, indem der Balanceakt zwischen dem Subjekt (dem Ich des Pädagogen) und den Anforderungen des Berufes (subjektiv internalisiert als vorgestellter kritischer Beobachter) durch Praxiserfahrung, Training und Beratung/Supervision ständig angereichert, korrigiert und differenziert wird (s. Abb. 1).

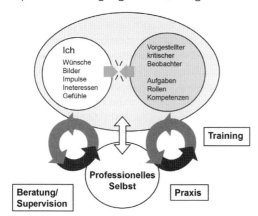

Abbildung 1: Entstehung des professionellen Selbst (aus: Bauer 2000:65)

Aus dieser Modellvorstellung kann ein holistisches Modell professioneller pädagogischer Handlungskompetenz entwickelt werden (vgl. Roth 2008): „Wenn die Erfordernisse der Situation mit dem individuellen Konglomerat von Fähigkeiten einer Person ‚zusammentreffen', so besitzt die Person ‚Kompetenz' zur Bewältigung der Aufgabe" (Frey 2006:31). Die Instanz, in der dieses Zusammentreffen stattfindet – oder aktiver formuliert: die die Verbindung der Komponenten herstellt – ist das professionelle Selbst (vgl. Abb. 2).

Dabei wird in diesem Modell der Tatsache Rechnung getragen, dass Handeln in Professionen nicht nur von der Qualifikation, sondern in hohem Maße auch von Intuition und der individuellen Umsetzung eines Berufsethos abhängig ist. Zudem wird deutlich: Kompetenz ist kein statisches Gebilde, sondern ein sich je nach Situation verwirklichender Impuls, der die konkrete Handlung adäquat steuert. Darin liegt auch das gerade für professionelles Handeln

Abbildung 2: Holistisches Modell professioneller pädagogischer Handlungskompetenz

kennzeichnende Moment der prinzipiellen Unsicherheit des Handelns begründet: Jede Situation ist eine komplexe und prinzipiell einmalige Konstellation. Nur durch die Intuitionsfähigkeit entsteht die nötige Flexibilität situationsangemessen zu handeln. Gerade ExpertInnen handeln oft intuitiv, wobei diese Intuition nicht ein „Entscheiden aus dem Bauch heraus" ist, sondern vielmehr als eine Fähigkeit entsteht, die sich auf einem langen Professionalisierungsweg entwickelt (vgl. Dreyfus/Dreyfus 1986; Neuweg 1999).

Donald A. Schön hat in den 1980er Jahren das seither häufig zitierte Konzept des „Reflective Practitioner" vorgestellt (Schön 1982), in dem er herausarbeitet, dass gerade in Professionen die Reflexion des Handelns eine spezifische Eigenart hat: Sie ist keine explizit-elaborierte rationale Reflexion (,technical rationality'), sondern sie vollzieht sich häufig als ein unausgesprochener, vorbewusster Prozess, der sich im konkreten Handeln vollzieht (,Reflection-In-Action').

Da Fachkräfte für Kulturelle Bildung einerseits pädagogisch Handelnde sind und zudem mit dem Medium der Künste arbeiten, ist das hier entwickelte holistische Modell in besonderem Maße geeignet, das Handeln dieser Fachkräfte als ein professionelles zu beschreiben. Denn Pädagogik und Kunst sind durchaus verwandt: Das Handeln ist in hohem Maße situativ, die Konstellation (sei es die „pädagogische Situation" oder der „kreative Akt") prinzipiell einmalig und im Kern unplanbar. Dass gute KulturpädagogInnen – ebenso wie gute PädagogInnen und gute KünstlerInnen – aber nicht beliebig handeln (und dabei beliebig viele Fehler machen) liegt daran, dass ihre Intuition die Ergebnisfähigkeit eines langen Entwicklungsweges ist, auf dem ihr professionelles Selbst Qualifikation, Ethos, Sinn für das Wesentliche und die Fähigkeit zur achtsamen Wahrnehmung der Gesamtsituation integriert hat.

Zum Weiterlesen

Bischoff, Johann/Brandi, Bettina (Hrsg.) (2005): Kulturpädagogik. Berufsbild, Qualifikationsansprüche und Positionen. Merseburger Medienpädagogische Schriften. Bd. 2. Aachen: Shaker.

Fuchs, Max (1994): Kultur lernen. Eine Einführung in die Allgemeine Kulturpädagogik. Remscheid: BKJ.

Mandel, Birgit (Hrsg.) (2005): Kulturvermittlung – zwischen kultureller Bildung und Kulturmarketing. Eine Profession mit Zukunft. Bielefeld: transcript.

Noak, Winfried (2006): Kulturpädagogik. Grundzüge und Tätigkeitsfelder. Berlin: Soziokultur.

Zacharias, Wolfgang (2001): Kulturpädagogik. Kulturelle Jugendbildung. Eine Einführung. Opladen: Leske + Budrich.

Wolfgang Zacharias
Kulturpädagogische Fachlichkeit und Berufsfeldentwicklung

Kulturelle Bildung als plurales professionelles Handlungsfeld bedarf gerade wegen ihrer Diffusität und Differenz, die sich in der Vielfalt ihrer praktischen Anwendungen, Orte, Adressaten, Formate und Inhalte zeigt, besonderer Anstrengungen, wenn es um spezifische Professionalisierungen geht. Dies betrifft vor allem auch Ausbildungen und ein identifizierbares Berufsfeld, etwa in der gesellschaftlichen und institutionellen Spannweite von Kultur – Jugend – Schule sowie Staat – Markt – Zivilgesellschaft (siehe Norbert Sievers „Kulturelle Bildung zwischen Staat, Markt und Zivilgesellschaft" in diesem Band). Dazu gilt es, als Professionsbezeichnung den Begriff Kulturpädagogik/Kulturpädagoge zu profilieren, auch als erkennbare und akzeptierte Qualitätsbezeichnung, der sich spezifische Feld- und Teilbegriffe wie Kunst-, Musik-, Literatur-, Theater-, Tanz-, Medien-, Museums-, Spiel-, Zirkuspädagogik/-pädagoge u.a. verallgemeinert zu- bzw. unterordnen lassen. Dies identifiziert dann die besondere und gemeinsame Fachlichkeit von Kulturpädagogik/Kulturvermittlung in plausibel-erkennbarer Unterscheidung zu anderen künstlerischen, kulturellen, pädagogischen und sozialen Fachlichkeiten und Berufsfeldern.

Festzustellen ist zunächst allerdings, dass diesbezüglich keineswegs Einvernehmen besteht und theoretisch wie praktisch keine gesicherten Definitionen verfügbar sind. Dies betrifft sowohl das differente Selbstverständnis der mehr oder weniger professionellen AkteurInnen im Handlungsfeld, auf dem Arbeitsmarkt und im Berufsfeld selbst, als auch die unterschiedlichen Ausbildungskonzepte und diesbezügliche kultur-, jugend-, sozial- und schulpolitischen Positionierungen.

Profilierung zugunsten des Berufsfeldes

In der Kultur- und Bildungsarbeit „wird oft synonym von ,Fachlichkeit' oder ,Professionalität' gesprochen. Gemeint ist damit, dass man hinreichend praktische und theoretische Kompetenzen mitbringt" (Fuchs 2008a:352), differenziert etwa nach Projekten, Orten, Adressaten, Feldern, Institutionen, Strukturen mit kulturpädagogischen Intentionen, Inhalten, Methoden und Medien. Allerdings akzentuieren die Begriffe ,Fachlichkeit' und ,Professionalität' jeweils auch etwas Unterschiedliches: einerseits das je spezifische allgemeine und detaillierte Wissen und Können und andererseits die personale innere Haltung, den ,Habitus' inkorporierter und angemessener Umgangs- und Verhaltenskompetenzen.

Der Bedarf und das öffentliche Interesse sowohl an professioneller Fachlichkeit als auch an einem qualifizierten eigenen Berufsfeld Kultureller Bildung, das ein integrales Element von Allgemeinbildung darstellt, ist seit längerem bekannt. Sie sind beispielsweise 2002 formuliert worden in der Standortbestimmung des *Deutschen Kulturrats* zur Zukunft der Kulturberufe: ‚Zugunsten Kultureller Bildung im digitalen Zeitalter': „Kulturelle Bildung ist ein elementarer Teil des lebensbegleitenden Lernens und schafft Zugänge zu neuen Lern-, Lehr-, und Arbeitsformen […] Wird Kulturelle Bildung in einem umfassenden gesellschaftspolitischen Sinn verstanden, kommt gerade ihr die Aufgabe zu, den Menschen zu befähigen, seine eigene kulturelle Identität auszubilden. Und zwar dies sowohl durch eigene sinnlich-ästhetische Praxis als auch durch aktive Rezeption" (Deutscher Kulturrat 2002:20).

Klar ist aber auch, dass Kulturelle Bildung in einem weiten und subjektorientierten Verständnis nicht allein von der kulturpädagogischen Profession und Fachlichkeit und dem Diskurs über Berufsfeld, Arbeitsmarkt, Kulturmanagement und Kulturvermittlung abhängt und auch nicht darin aufgeht. Es geht darüber hinaus auch um die aus der Entgrenzung von Lern- und Bildungsformen folgenden selbstverantworteten und selbstmotivierten Arten beispielsweise des informellen kulturellen Lernens und von unmittelbar-authentischen ästhetischen Erfahrungen, von situativen Erlebnissen und Handlungen. „Kulturelle Bildung kann mit und ohne pädagogische Unterstützung erfolgen" (Deutscher Kulturrat 2005:5).

Erste systematische und fachlich ambitionierte Suchbewegungen als „experimentelle Kartographierungen des kulturpädagogischen Feldes" und für eine „Professionalisierung der neuen Kulturpädagogik" (BKJ 2001:137/171) entstanden vor und um 1980 im Gefolge sowohl der neuen Kulturpolitik und der wachsenden Aktualität des Ästhetischen als auch der ersten systematischen Bestandsaufnahme „Musisch-Kultureller Bildung", die als Ergänzungsplan zum Bildungsgesamtplan erarbeitet worden ist (vgl. Bund-Länder-Kommission 1977). Erstmals wurden Verweisungsverhältnisse zwischen einer besonderen auch didaktisch zu präzisierenden kulturpädagogischen Fachlichkeit und Ästhetischer Erziehung/Bildung und ihrer öffentlichen Rahmenbedingungen thematisiert. Kurt Eichler nannte dies angemessen und exemplarisch „Jugendkulturarbeit im Planungsgestrüpp" (Eichler 1983:95).

Der Zusammenhang von qualifizierender kulturpädagogischer Fachlichkeit und Inhaltlichkeit einerseits und einem besonderen Bedarf an Infrastruktur, Organisation, Planung und professionalisierenden Ausbildungschancen andererseits wurde damals allerdings eher als Vision, sozusagen realutopisch, thematisiert. Auf der Suche nach einem spezifischen und zeitgemäßen Habitus, also einer personalen Identität zugunsten von ‚Kulturpädagogik als Beruf' war eigentlich von vornherein klar, dass es sich dabei immer um eine Art professioneller und gleichberechtigter Doppelorientierung handeln müsse: Ästhetisch-gestaltende und pädagogisch-vermittelnde Kompetenzen sollten gleichberechtigt nebeneinander stehen. Der Zugang zum Berufsfeld ‚Kulturpädagogik' sollte dabei aus den Künsten und kulturellen Praktiken als auch aus vermittelnden, d.h. aus pädagogischen Berufen möglich sein.

Es ging ja immer – und geht auch weiterhin – um pädagogisches Handeln im Rahmen einer konstruierten unmittelbaren pädagogischen Beziehung in einem situativen zeit-räumlichen Feld zugunsten von bildender Transformation. Der Allgemeinpädagoge Hermann Giesecke formulierte damals und auch für Kultur, Schule, Soziales im Prinzip generell gültig: „Richtet sich das Handeln auf die Veränderung von Menschen, beziehungsweise von menschlichen Verhältnissen und Bedingungen, dann sprechen wir von sozialem Handeln. Dazu gehört offensichtlich auch das pädagogische Handeln" (Giesecke 1987:18). Als Grundformen, die ausgehend von den fachlichen Sach- und Inhaltsbezügen des vermittelnden Interesses entsprechend zu variieren und ‚begreifbar' im doppelten Wortsinn auszugestalten sind, nennt Giesecke „Unterrichten, Informieren, Beraten, Arrangieren, Animieren" (a.a.O.:66). All dies ist natürlich auch fachlicher Teil methodisch-kulturpädagogischer Handwerklichkeit. Mit historischem Bezug und akzentuiert auf Freizeitpädagogik und Jugendarbeit hatte Giesecke damals auch die Auftragslage der Kulturpädagogik so gerahmt – vom Subjekt und der pädagogischen Profession aus gesehen:

1. „Das, was die Menschen sowieso tun, zu verbessern helfen.
2. Das, was die Menschen nicht tun, aber vielleicht tun sollten, ihnen zeigen und vormachen.
3. Die kulturellen Fähigkeiten der Menschen aktiv werden lassen" (Giesecke 1986:43).

Professionalisierung kulturpädagogischer Fachlichkeit

Ausgehend von den Impulsen und Öffnungen ab 1970 (vgl. z.B. Schwencke 1972; Glaser/Stahl 1974) wurde nach 1980 Kulturpädagogik als Berufsfeld mit der Suche nach ihrer besonderen Fachlichkeit Thema im Diskursfeld Jugend-, Kultur- und Schulpolitik. Daraus entwickelten sich verschiedene Initiativen, die eigene Formen der Ausbildung konzipierten:

Die *Hochschule der Künste (HDK) Berlin* beispielsweise etablierte 1979 die „Kulturpädagogische Arbeitsstelle für Weiterbildung", die Zusatzqualifikationen für KünstlerInnen ermöglicht (vgl. Hoffmann 1987).

Die *Universität Hildesheim* richtete 1980 einen – damals durchaus erziehungswissenschaftlich kontrovers diskutierten – Diplomstudiengang „Kulturpädagogik" ein (vgl. Nolte 1987; Lüttge 1989).

Das bundesweite allgemeine Interesse am Thema war manifest: „Kulturpädagogik als Berufsfeld" war 1986 Thema der kulturpolitischen Jahrestagung in der *Evangelischen Akademie Loccum* mit Diskussionen zu „Kulturpädagogik als Berufswissenschaft", „Anforderungen an kulturpädagogische Aus- und Fortbildungen" aus Sicht von PraxisvertreterInnen und Berufsfeldern sowie den ersten Aus- und Weiterbildungsmodellen (vgl. Kulturpolitische Gesellschaft 1987).

Arbeit am kulturpädagogischen Berufsbild

Der Reflexions- und Kommunikationsbedarf über Kulturpädagogik war damals groß und wurde zumindest erkannt. Es entstanden bundesweit in Westdeutschland systematische Diskurse sozusagen zur „Enttarnung des Rumpelstilzchens Kulturpädagogik", die sich für ein eigenständiges und profiliertes Berufs- und Arbeitsfeld einsetzten (vgl. Zacharias 1987:4). Diese entfalteten sich sowohl als Positionspapiere, Veröffentlichungen wie als Tagungen und Treffen. So leitete Sebastian Müller-Rolli, damals an der *Universität Hildesheim* tätig, als Herausgeber eine systematische Felduntersuchung ein: „Der Handlungsdruck ist offenkundig so stark, dass die Bemühungen um eine kulturpädagogische Theorie nicht mehr aufgegeben werden können" (Müller-Rolli 1987:11).

Das besondere Interesse an einer kulturpädagogischen Theorie entstand natürlich gleichermaßen auch durch die innovativen Setzungen kulturpädagogischer Ausbildungen und die neuen Entwicklungen von Praxisfeldern mit Arbeitsplätzen. Daher galt es, Fachlichkeit, Berufsidentität, Arbeitsfeldstrukturen, Praxiskompetenzen einerseits und Theorieanschlüsse sowie Forschungsansätze andererseits im Horizont von Kultur-, Erziehungs- und Sozialwissenschaften zu gewinnen und institutionell zu etablieren. Das Problembewusstsein zumindest war deutlich: als latente kulturpädagogische Orientierungslosigkeit. Die Kulturpädagogik versuchte zwischen Jugend- und Sozialarbeit, einem ‚entfesselten Kulturbegriff' und Kunstpädagogik als Schulfach sowie Kunstvermittlung aller Art etwa im Museum und Theater (Behr/Knauf 1989) ihren Platz zu finden. Der Kunstpädagoge Gert Selle konstatierte damals diese ‚Ratlosigkeit der Kulturpädagogen' hinsichtlich ihrer intentionalen Auftragslage in Sachen Kultureller Bildung aufgrund der potentiellen Beliebigkeit der Basisfragen ‚Was ist Kultur?' und präzisierend ‚Was heißt ‚Kulturelle' Bildung?'. Die früh erkannte Aktualität dieser kulturpädagogischen Problematik besteht nach wie vor, mit dauerhaftem Klärungsbedarf: „Diese Frage ist dringend zu beantworten, da der Kulturpädagoge ja angestellt ist bzw. angestellt werden soll, um kulturell zu bilden, das heißt wohl, um Kultur zu vermitteln oder um zu helfen, dass Kulturen sich erhalten, sich regenerieren oder neu entstehen, oder dass in den Kulturen bestimmte Bestände an Tugenden und Fähigkeiten sich entwickeln etc." (Selle 1989:78).

Allgemeine und systematische Einführungen in das Berufs- und Arbeitsfeld „Kulturpädagogik" folgten nach 1990 sowohl im Umfeld des *Deutschen Kulturrats* (vgl. z.B. Konzeption Kulturelle Bildung 2, 1994), der *Akademie Remscheid* und der *Bundesvereinigung Kulturelle Kinder- und Jugendbildung* (vgl. Fuchs 1994; Zacharias 2001) und weiterhin mit dem Akzent ‚Ausbildung' aus dem Kontext der *Universität Hildesheim* (vgl. Thole/Cloos 1997; Mandel 2001). Max Fuchs zählt als ‚Fachlichkeiten in der Kulturpädagogik' auf: künstlerisch-praktische und wissenschaftliche Kompetenz, methodisch-didaktische Kompetenz und Adressatenkenntnisse, Organisationsfähigkeiten und Gestaltungskompetenz kulturpädagogischer Rahmenbedingungen (‚Management'), Teamfähigkeit und soziale Kompetenz, konzeptionelle und gesellschaftspolitisch-analytische Wissens- und Handlungskompetenzen (vgl. Fuchs 1994:123).

Aus der Arbeitsmarktperspektive und als Ausbildungskriterien gerade auch für arbeitsfeldrelevante kulturpädagogische Qualifikationen und Kompetenzen nennt Birgit Mandel „Vermittlungskompetenz, Ästhetische Kompetenz und Managementkompetenz" (vgl. Mandel 2001:293). Das vielgestaltige Berufsfeld selbst hat sich nach Mandel über den kulturpädagogischen Traditionsbereich der außerschulischen Kinder- und Jugendarbeit erweitert: Freizeitmarkt, Öffentlichkeitsarbeit und Marketing, Hochkultureinrichtungen, reformierte Kulturverwaltungen, Betriebe und wirtschaftliches Engagement in der Kulturförderung, Tourismus, Neue Medien, Schulkooperation (vgl. Mandel 2001:295; vgl. dazu auch Mandel 2008a).

Die Suche nach kulturpädagogischer Fachlichkeit und Qualitätsentwicklung geht weiter

Die Profilierungs- und Identifizierungsarbeit dessen, was professionelle kulturpädagogische Fachlichkeit und Qualität ist, ist auch heute noch ein wichtiges Thema. „Es gibt eine Menge an interessanten fachlichen Fragen, die sich im Felde der kulturellen Bildung bei dem Problem der Qualität, ihrer Definition, ihrer Erfassung und Verbesserung stellen. Diese fachlichen Fragen müssen wir angehen, zumal wir im Bereich der wissenschaftlichen Bearbeitung von kultureller Bildung erhebliche Defizite haben. Gerade bei der Frage nach der Qualität muss man allerdings sehen, dass dies entschieden eine politische Frage ist, dass also Fragen der Macht die fachlichen Aspekte eindeutig überwiegen" (Fuchs 2008e:370).

Immerhin steigt aktuell das sowohl empirische wie qualitative Forschungsinteresse an Fragen der Kulturvermittlung, der Kulturellen Bildung und Kulturpädagogik auch in Bezug auf Arbeitsmarktorientierung und „employability". Ulrike Blumenreichs bundesweite Untersuchungen zu „Studium – Arbeitsmarkt – Kultur" im Rahmen des *Instituts für Kulturpolitik der Kulturpolitischen Gesellschaft* ist hier beispielhaft zu nennen (vgl. Blumenreich 2011:36) ebenso wie das bundesweite *Netzwerk Forschung Kulturelle Bildung*. Dieses junge Netzwerk hat sich aus den vernetzten Studiengängen und verstreuten Hochschulstandorten Kultureller Bildung auf den Weg gemacht, um mehr zu erfahren über „die Kunst, über Kulturelle Bildung zu forschen" (vgl. Fink/Hill/Reinwand/Wenzlik 2012).

Ausblick: Struktureller Qualifizierungsbedarf in Theorie und Forschung, Praxis und Handlungsfeldern

Die kulturpädagogischen Spannungen und Schwierigkeiten, ihre Pluralität und Diffusität existieren weiter, die professionelle Herausforderungen und Hoffnungen bleiben und wachsen. Es gilt, zugunsten von Fachlichkeit, Berufsfeld, Arbeitsmarkt, Aus- und Weiterbildung an Systematik zu gewinnen. Dies betrifft die Theoriebildung Kultureller Bildung als einem unverzichtbaren und identifizierbaren Feld Allgemeiner Bildung und gesellschaftlicher Gestaltung.

Die Aufgabe ist darüber hinaus, das Handlungsfeld zu profilieren und infrastrukturell zu sichern und auszubauen. Es geht um ‚Lernen mit Kunst und Kultur' in den vielen und vernetzten ‚Räumen im Dazwischen', von Jugend, Kultur, Kunst, Medien, Schule, Lebenswelten und sehr aktuell auch um eine besondere professionelle kulturpädagogische Kooperationskompetenz Jugend – Kultur – Schule – Soziales. Weiterer Bedarf besteht zugunsten situativer, aber auch infrastrukturell gesicherter lokaler und regionaler Kultur-, Bildungs-, und Lernlandschaften. Diese gilt es immer wieder neu und aktuell zu vermessen und zu kartographieren, differenziert nach Standort und Interesse im vielgestaltigen Feld Kultureller Bildung.

Kulturelle Bildung ist permanent darauf angewiesen, sich den fachlichen Herausforderungen zur Weiterentwicklung zu stellen und sowohl neue didaktische Strukturen und Formate für die Praxis als auch neue Ansätze für Theoriebildung und Wirkungsforschung zu finden. Der größte inhaltliche Innovationsbedarf seit 2000 besteht insbesondere in folgenden Themenkomplexen: Kulturpädagogik für alle Altersgruppen, sowohl als frühkindliche Bildung als auch verstärkt durch die demografische Entwicklung im Alter; Interkulturelle Bildung, Neue Medien (vgl. Deutscher Kulturrat 2009:3).

Für den Arbeitsmarkt ‚Kultur und Qualifizierung' gilt nach wie vor, was der *Deutsche Kulturrat* in der Konzeption Bildung III (2005) im Horizont von Fachlichkeit und Professionalisierung feststellt hinsichtlich evaluativer Bestandsaufnahmen, Analysen und operativen politischen Handelns: „Was fehlt ist eine Zusammenschau unter Einbeziehung der Kultureinrichtungen, der Schule und der Seniorenkulturarbeit. [...] Mit Blick auf Qualifikationsprofile, die Veränderung von Studiengängen im Zuge des Bologna-Prozesses und die Frage nach der Professionalisierung kultureller Bildungsarbeit in Abgrenzung zum Bürgerschaftlichen Engagement müsste eine solche Arbeit geleistet werden" (Deutscher Kulturrat 2005:114). Die Hochschulstudiengängen sollten ihre unterschiedlichen kulturpädagogischen Profile – zukunftsorientiert auf Arbeitsmarkt und Berufsfeld bezogen – weiter ausbauen, um Fachlichkeit, Professionalität, Qualität und Zeitaktualität sicherzustellen.

Hinzuzufügen ist der Bedarf an fachlich und politisch kompetenten und effizienten Organisationen sowohl spezifischer wie allgemeiner Art auf allen Ebenen von kommunal über föderal, national bis international. Dabei geht es sowohl um sparten- und einrichtungsspezifische wie auch um allgemeine Profile und Interessenvertretungen Kultureller Bildung. Auch diese gilt es weiterhin zu stärken.

Zum Weiterlesen

Bundesvereinigung Kulturelle Kinder- und Jugendbildung (BKJ) (Hrsg.) (2001): Kultur – Jugend – Bildung: Kulturpädagogische Schlüsseltexte 1970 – 2000. Remscheid: BKJ.

Deutscher Kulturrat (Hrsg.) (2002): Kulturelle Bildung in der Wissensgesellschaft. Bonn: Deutscher Kulturrat.

Fuchs, Max (2008): Kulturelle Bildung. München: kopaed.

Institut für Kulturpolitik der Kulturpolitischen Gesellschaft: Datenbank zum Studium Kultur: www.studium-kultur.de

Kulturpolitische Gesellschaft (Hrsg.) (1987): Kulturpädagogik – Zur Zukunft eines Berufsfeldes. Loccum/Hagen (Dokumentation 29).

Müller-Rolli, Sebastian (1988): Kulturpädagogik und Kulturarbeit. Weinheim: Juventa.

Netzwerk Forschung Kulturelle Bildung: www.forschung-kulturelle-bildung.de

Ulrike Blumenreich
Das Studium der Kulturvermittlung an Hochschulen in Deutschland

Das Angebot an Studienmöglichkeiten der Kulturvermittlung in Deutschland ist in den letzen 35 Jahren stark gestiegen: Waren es 1987 noch elf Studiengänge der Kulturpädagogik, die bei einer ersten Bestandaufnahme durch die *Kulturpolitische Gesellschaft e.V.* erfasst wurden, so konnten Anfang der 1990er Jahre in einem Forschungsprojekt bereits 43 Studienangebote der Kulturpädagogik, Kulturarbeit und Kulturellen Bildung (vgl. Liebald/Wagner 1993) verzeichnet werden. Wenn auch die Angaben nur bedingt vergleichbar sind (aufgrund von leicht divergierenden Grundgesamtheiten) zeigen sie eine Entwicklung, die sich in den letzten Jahren nicht zuletzt durch die Umgestaltung in Bachelor- und Masterangebote noch deutlich verstärkt hat. Im Dezember 2011 existierten 364 Studienangebote der Kulturvermittlung an Hochschulen in Deutschland (siehe Birgit Mandel „Kulturvermittlung, Kulturmanagement und Audience Development als Strategien für Kulturelle Bildung" in diesem Band). Dies ist ein Ergebnis des Forschungsprojektes „Studium – Arbeitsmarkt – Kultur", das das *Institut für Kulturpolitik der Kulturpolitischen Gesellschaft e.V.* von 2008 bis 2011 durchgeführt hat. Ziel des Projektes war es unter anderem, einen Überblick über die Studienangebote der Kulturvermittlung zu erarbeiten (vgl. Blumenreich 2012). Ausgewählte Aspekte der Studienlandschaft werden in diesem Beitrag vorgestellt.

Begriff der Kulturvermittlung

Der Begriff „Kulturvermittlung" wird im wissenschaftlichen Diskurs und in der praktischen Arbeit mit sehr unterschiedlichen Bedeutungen gebraucht, nicht selten wird er auf ein ausschließlich kulturpädagogisches Verständnis reduziert. Im o.g. Forschungsprojekt wurde von einem deutlich weiteren Verständnis ausgegangen und die Definition von Birgit Mandel (Mandel 2008b:17) nochmals erweitert. Kulturvermittlung wird danach definiert als Analyse und Gestaltung der Beziehung zwischen kultureller Produktion, Rezeption und Distribution.

Bei den Studienangeboten wurden daher die Bereiche Kulturwissenschaft(en), Kulturmanagement, Kulturpädagogik, Kulturarbeit, Kulturjournalismus, Kulturphilosophie, Kulturelles Erbe, Kulturtourismus, Kultur und Technik, Kulturanthropologie/Ethnologie, Europäische Ethnologie/Volkskunde und Interkultur in die Untersuchung einbezogen, soweit sie – gemäß ihren Selbstdarstellungen und eigenen Internetpräsentationen – im weiten Verständnis für den Arbeitsmarkt Kulturvermittlung qualifizieren. Einbezogen wurden auch spartenspezifische Studienangebote wie beispielsweise Theaterpädagogik und Musikvermittlung sowie institutionenbezogene Studienangebote wie Bibliotheksmanagement. Berücksichtigt in struktureller Hinsicht wurden Aus- und Fortbildungsangebote der Kulturvermittlung an Hochschulen in Deutschland (eigenständige Studienangebote sowie Weiterbildungsangebote mit Zertifikatsabschluss), die mit einem Bachelor, Master, Magister, Diplom oder sonstigem Zertifikat abschließen.

Nicht erfasst wurden ausschließlich auf die künstlerische Produktion und ausschließlich auf Medien ausgerichtete Studienangebote.

Stetige Veränderungen der Studienangebotslandschaft

Die Landschaft der Studienangebote befindet sich in stetiger Veränderung. Allein zwischen 2008 und 2011 entstanden 63 Studienangebote, von denen sich 47 aus bereits existierenden Disziplinen entwickelt haben. 16 sind vollkommen neu eingerichtet worden. Sieben haben in dieser Zeit ihren Betrieb eingestellt. Eine Reihe von Studienangeboten hat in den letzten Jahren die Bezeichnung geändert, etwa von „Kultur- und Medienmanagement" zu „Arts and Media Administration", von „Kulturpädagogik" zu „Kulturwissenschaften und Ästhetische Praxis", von „Musikjournalismus für Rundfunk und Multimedia" zu „KulturMedia Technologie". Teilweise sind mit den Namensänderungen auch inhaltliche Neuausrichtungen der Studienangebote verbunden, teilweise sind sie auf neue Marketingkonzepte zurückzuführen. Neben der Änderung der Bezeichnungen der Studienangebote wechseln nicht selten auch die Studiengangsverantwortlichen.

Inhaltliche Ausrichtung der Studienangebote

Bei der inhaltlichen Ausrichtung dominieren bezogen auf die Bereiche der Kulturvermittlung die Kulturwissenschaft(en), das Kulturmanagement und die Kulturpädagogik.

Die Grafik (Abb. 1) zeigt, dass etwa die Hälfte der ermittelten Studienangebote in den Bereichen Kulturwissenschaften(en), Kulturmanagement und Kulturpädagogik zu verorten sind (25 % Kulturwissenschaften, 13 % Kulturmanagement, 12 % Kulturpädagogik). Kleinere Anteile in den Nennungen verzeichnen die Bereiche Interkultur (6 %), Kulturanthropologie/Ethnologie, Kultur und Medien sowie Europäische Ethnologie/Volkskunde (je 5 %) und Kulturarbeit (4 %). Noch geringere Anteile werden in den Bereichen Kulturjournalismus, Kulturelles Erbe, Kultur und Technik, Kulturphilosophie sowie Kulturtourismus offeriert.

Unter den Studienangeboten überwiegen mit 59 % diejenigen mit Spartenbezug. Den größten Anteil unter den Sparten weisen Medien (37 %) und Musik (36 %) auf. Es folgen Tanz/Theater (21 %), Literatur/Bibliothek (18 %), Bildende Kunst (14 %) und Musik (13 %). Jeweils weniger als 10 % der Studienangebote weisen Spartenbezüge zur Kinder- und Jugendkultur, zur Soziokultur, zum Museum oder zur Baukultur auf.

Ein Problem für die Orientierung und Einschätzung besteht darin, dass selbst gleichnamige Studienangebote häufig unterschiedlich inhaltlich gefüllt sind, umgekehrt unter unterschiedlichen Studiengangsbezeichnungen auch gleiche inhaltliche Elemente zu finden sind (siehe dazu auch die Studiengangsprofile in der Datenbank unter www.studium-kultur.de).

Berufsfelder

Die Studienangebote bilden für eine Vielzahl an Berufsfeldern aus bzw. weiter, wie in der nebenstehenden Grafik (Abb. 2) dargestellt.

Neben dem eigentlichen Berufsfeld Kulturvermittlung sind es insbesondere Wissenschaft und Forschung (64 %), Kulturmanagement (62 %), Medien (60 %) und Kulturelle Praxis (58 %), für die die Studienangebote aus- bzw. weiterbilden. Im mittleren Bereich mit Werten zwischen 49 und 34 % der Nennungen sind es die Berufsfelder Lehre/Bildung/Pädagogik, Kulturverwaltung, Kulturberatung, Kulturplanung, Kulturpolitik, Interkultur sowie Werbung/Marketing. Jeweils weniger als ein Drittel der Studienangebote zielt auf die Berufsfelder künstlerische Praxis, Archiv/Dokumentation, Tourismus oder Denkmalpflege.

Dabei ist die Mehrheit der Studienangebote nicht (mehr) auf einen der drei Sektoren – den staatlichen, den privatwirtschaftlichen oder den frei-gemeinnützigen – festgelegt: 52 % der

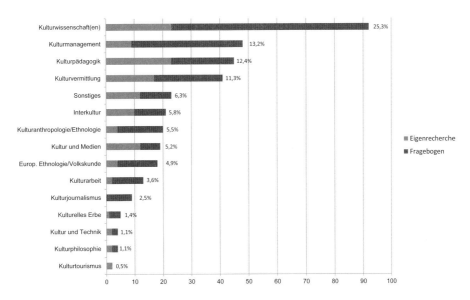

Abbildung 1: Inhaltliche Ausrichtung der Studienangebote der Kulturvermittlung
n = 364, Mehrfachnennungen möglich, ER = Eigenrecherche, FB = Fragebogen

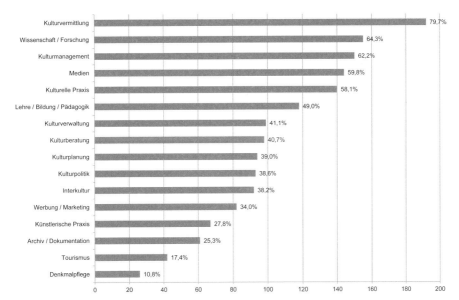

Abbildung 2: Berufsfelder, für die die Studienangebote aus- bzw. weiterbilden
n = 241, Mehrfachnennungen möglich

Studienangebote bilden für alle drei Sektoren aus bzw. weiter. Etwa ein Drittel hat jeweils zwei Sektoren für die zukünftige Tätigkeit ihrer AbsolventInnen im Fokus. 13 % der Studienangebote haben ihre inhaltliche Ausgestaltung auf lediglich einen Sektor ausgerichtet, dabei ist der Anteil mit dem Fokus auf den privatwirtschaftlichen Bereich mit 8 % am größten.

Struktur der Studienangebote

Das „Durchschnitts-Studienangebot" wird an einer Universität offeriert, schließt mit einem Bachelor oder Master ab und ist ein Präsenz-Vollzeit-Studiengang.

Etwa zwei Drittel der Studienangebote der Kulturvermittlung werden an Universitäten vorgehalten. Deutlich geringer ist die Anzahl der Angebote an Fachhochschulen wie auch an Kunst- bzw. Musikhochschulen mit jeweils 16 %. Nur 3 % der Studienangebote finden sich an sonstigen Hochschulen, wie beispielsweise Wirtschafts- und Verwaltungsakademien.

Die Umwandlung der Studiengänge in Bachelor- und Masterstudiengänge als Auswirkung des Bologna-Prozesses ist weit vorangeschritten: Diplom- oder Magisterabschlüsse sind fast gar nicht mehr vorgesehen. 43 % Studienangebote werden als grundständige Studiengänge mit Bachelorabschluss angeboten, etwas höher ist der Anteil der Masterstudiengänge mit 49 %. Der Anteil der Weiterbildungsangebote mit Zertifikatsabschluss liegt bei lediglich 5 %.

Bei fast allen Studienangeboten handelt es sich um Präsenz-Angebote (97 %). Bei 90 % handelt es sich um ein Vollzeitstudienangebot, nur 10 % der Studienangebote sind berufsbegleitend konzipiert.

Arbeitsmarktorientierung

Die Arbeitsmarktvorbereitung wird von den befragten StudiengangsleiterInnen als sehr wichtiges Ziel ihrer Studienangebote angesehen. Auf einer Skala von 1 (sehr wichtig) bis 5 (unwichtig) wird ein Durchschnittswert von 1,81 erreicht. Lediglich 5 % der StudiengangsleiterInnen betrachten die Arbeitsmarktvorbereitung in ihrem Studienangebot als „sehr wenig wichtig" bis „unwichtig".

Bei der Beurteilung der Umsetzung der Arbeitsmarktorientierung stellen sich die Studiengangsverantwortlichen selbst gute Noten aus. Fast drei Viertel der Antwortenden sind der Meinung, dass sie in ihren Angeboten eine sehr gute bzw. gute Arbeitsmarktorientierung erreichen.

Dabei verfolgen die Studienangebote durchaus unterschiedliche Strategien zur Vorbereitung auf den Arbeitsmarkt: von einer direkten Orientierung auf als zukunftsträchtig eingeschätzte Berufsfelder über eine Orientierung auf das Entdecken von neuen Berufsfeldern bis hin zu einer fachspezifischen Fokussierung ohne engen Bezug zur beruflichen Praxis (letzteres wird aber von nur 16 Studiengängen als alleinige Strategie angegeben.)

Zur Arbeitsmarktorientierung setzen die Studienangebote unterschiedliche Methoden ein. In mehr als 80 % der Studienangebote werden Lehrkräfte aus der Praxis eingebunden, bei drei Vierteln in Form von Projekten mit Partnern aus der Praxis. Praktika sind weit verbreitet, in 68 % der Studienangebote ist das Absolvieren von mindestens einem Praktikum sogar Pflicht. Informationsveranstaltungen zum Arbeitsmarkt, z.B. durch Vorträge ehemaliger Studierender, finden sich in etwa 40 % der Studienangebote. Die Career Center haben in den letzten Jahren einen deutlichen Aufschwung erfahren; etwa ein Drittel der Studienangebote der Kulturvermittlung arbeitet inzwischen mit derartigen Einrichtungen zusammen, teilweise sind sie bereits Bestandteil der Hochschule. Dagegen ist die Zusammenarbeit mit Gründerzentren bislang noch wenig umgesetzt, lediglich 10 % der Studiengänge nutzen diese Möglichkeit.

Perspektiven der AbsolventInnen auf dem Arbeitsmarkt

Ähnlich positiv wie die Bedeutung des Ziels der Arbeitsmarktvorbereitung und deren Umsetzung im Studienangebot sehen die StudiengangsleiterInnen auch die beruflichen Perspektiven der AbsolventInnen. Auf einer Skala von 1 (sehr gut) bis 5 (sehr schlecht) wurde ein Durchschnittswert von 1,77 ermittelt.

Diese positive Einschätzung der Studiengangsverantwortlichen stimmt nicht unbedingt mit den Ergebnissen der Sekundärauswertung von Absolventenbefragungen überein, die im Rahmen des Projektes ebenfalls vorgenommen wurden (vgl. Jöhnk/Blumenreich 2011). Die Arbeitslosenraten der AbsolventInnen lagen danach jeweils zwischen 3 und 23 % und der Anteil an Teilzeit- und befristeten Stellen war erheblich. Auch die im Rahmen des Projektes durchgeführten Befragungen von Akteuren des Arbeitsmarktes, beispielsweise in Interviews mit 45 ExpertInnen aller Sektoren und Sparten, zeigen auf, dass die ExpertInnen überwiegend eine Verschlechterung der Rahmenbedingungen auf dem Arbeitsmarkt Kultur erwarten. Etwa die Hälfte der ExpertInnen geht davon aus, dass ein Stellenabbau zu erwarten ist, dieser wird insbesondere für den öffentlichen Sektor prognostiziert. Aber es gibt durchaus auch optimistische Einschätzungen: mit einen Anstieg der Stellenanzahl rechnet etwa ein Viertel der befragten ExpertInnen (vgl. Blumenreich/Strittmatter/Iber-Rebentisch 2011).

Diskussionsanregungen

Anzahl der Studienangebote
Mit 364 Studienangeboten halten die Hochschulen in Deutschland ein sehr großes Angebot vor, das insbesondere in den letzten Jahren deutlich gewachsen ist. Die Studienlandschaft ist dabei sehr vielfältig, strukturell ist allerdings auffällig, dass nur ein sehr geringer Anteil an berufsbegleitenden oder Fernstudienangeboten der Kulturvermittlung an Hochschulen offeriert wird.

Die hohe Anzahl an Studienangeboten hat die UntersucherInnen überrascht – aber vor allem die Studiengangsverantwortlichen selbst und auch die befragten VertreterInnen des Arbeitsmarktes.

Bemerkenswert ist, dass die StudiengangsleiterInnen in der Regel selbst keinen umfassenden Überblick über die Landschaft der Studienangebote haben. Dies zeigt sich sowohl in den Ergebnissen der Fragebogenerhebung und wird darüber hinaus in vielen persönlichen Gesprächen bestätigt, die während des Projektes mit Studiengangsverantwortlichen geführt wurden.

Vor diesem Hintergrund lassen sich zwei – zugegebenermaßen provokante – Fragen stellen:
>> Ist es notwendig, dass StudiengangsleiterInnen, Hochschulen, Verwaltung bzw. Länderministerien (und Politik) – also diejenigen Akteure, die Studienangebote planen, konzipieren, zulassen und umsetzen – einen Überblick über die bestehenden Studienangebote der Kulturvermittlung haben?
>> Gibt es ein Überangebot an Studiengängen der Kulturvermittlung?

Eine Antwort wird abhängig von der Betrachtungsperspektive sein: Vielleicht gibt es kein Überangebot mit Blick auf die Interessen der Hochschulen oder auf die Interessen von potentiellen Studierenden. Möglicherweise aber gibt es ein Überangebot in Bezug auf die auf dem Arbeitsmarkt zur Verfügung stehenden beziehungsweise auch noch zu schaffenden Stellen? (Interessanterweise ist ein Drittel der StudiengangskoordinatorInnen, die eine Bewertung hierzu abgegeben haben, selbst dieser Auffassung.)

Arbeitsmarktvorbereitung der Studienangebote
Um Missverständnissen vorzubeugen: Es war nicht Grundannahme des Projektes, dass ein Studium an einer Hochschule eine Berufsausbildung darstellt, die „Fertigkeiten" für einen konkreten Beruf vermittelt. Aber es war Grundannahme des Projektes, dass es Ziel eines Studiums an einer Hochschule ist, „employability", also Beschäftigungsfähigkeit zu erreichen, wie es bereits im – inzwischen außer Kraft gesetzten – Hochschulrahmengesetz §2 formuliert war: „Sie [die Hochschulen] bereiten auf berufliche Tätigkeiten vor, die die Anwendung wissenschaftlicher Erkenntnisse und wissenschaftlicher Methoden oder die Fähigkeit zur künstlerischen Gestaltung erfordern."

Nach Auffassung der StudiengangsleiterInnen ist die Arbeitsmarktorientierung ein wichtiges Ziel der Studienangebote, welches bereits gut erreicht wird. Aber: Was beinhaltet denn eine gute Umsetzung von Arbeitsmarktorientierung, die Herstellung von „employability" in einem Studienangebot?

In der Operationalisierung von „employability" sieht etwa Jürgen Kohler die zentrale Herausforderung, die von den Hochschulen zu leisten ist: „Die Art und das Maß, in der bzw. dem das pädagogisch gelingt, wird über die Qualität und den Erfolg der Institution in der Lehre entscheiden" (Kohler 2004:15). Aber ist dies wirklich eine Herausforderung, die die Hochschulen allein bewältigen können beziehungsweise müssen oder braucht es dafür weitere Partner? Wenn ja, welche Partner sollten in einen Diskussions- und Operationalisierungsprozess eingebunden werden? Und ist dafür bei den StudiengangsleiterInnen nicht ein Überblick über die Landschaft des Arbeitsmarktes bzw. eine Beschäftigung mit zu erwartenden Entwicklungen des Arbeitsmarktes erforderlich?

Die Perspektiven der Studierenden auf dem Arbeitsmarkt

Die StudiengangsleiterInnen schätzen die Perspektiven ihrer AbsolventInnen als sehr gut bis gut ein, der hier erzielte Durchschnittswert liegt bei 1,77. Aber: Wie viel soziale Erwünschtheit liegt in dieser Auffassung? Und was bedeuten „gute Perspektiven" in einem zumindest teilweise prekären Arbeitsmarkt? Bedeutet es einen schnellen Einstieg in diesen? Bedeutet es eine existierende oder neu zu schaffende Arbeitsstelle, von der man leben kann? Bedeutet es eine möglicherweise neue, umfangreichere Gestaltungsfreiheit von Entscheidungen und Arbeitsinhalten? Für die Beantwortung nicht nur dieser Fragen bedarf es des Dialogs zwischen StudiengangskoordinatorInnen, AbsolventInnen, VertreterInnen des Arbeitsmarktes, der Verwaltung und der Politik.

Zum Weiterlesen

> Blumenreich, Ulrike (Hrsg.) (2012): Studium – Arbeitsmarkt – Kultur. Ergebnisse des Forschungsprojektes, Bonn/Essen: Institut für Kulturpolitik der Kulturpolitischen Gesellschaft e.V./Klartext (Dokumentation, 70).

> Blumenreich, Ulrike/Strittmatter, Thomas/Iber-Rebentisch, Cornelia (2011): Arbeitsmarkt Kulturvermittlung: Ergebnisse der Interviews mit 45 ExpertInnen. In: Blumenreich, Ulrike (Hrsg.): Arbeitsmarkt Kultur. Ergebnisse des Forschungsprojektes „Studium – Arbeitsmarkt – Kultur" (9-52). Bonn: Institut für Kulturpolitik (Materialien, 13).

> Jöhnk, Lena/Blumenreich, Ulrike (2011): Sekundäranalyse von Absolventenbefragungen kulturvermittelnder Studienangebote. In: Blumenreich, Ulrike (Hrsg.): Arbeitsmarkt Kultur. Ergebnisse des Forschungsprojektes „Studium – Arbeitsmarkt – Kultur" (53-86). Bonn: Institut für Kulturpolitik (Materialien, 13).

Gabriele Schulz
Arbeitsmarkt Kulturelle Bildung

Der Arbeitsmarkt Kulturelle Bildung ist ein Segment aus dem Arbeitsmarkt Kultur, das ein breites Feld an Tätigkeiten, Berufen und Beschäftigungsformen umfasst. Er erstreckt sich sowohl auf den erwerbswirtschaftlichen Teil, also Kultur- und Kreativwirtschaft, auf den Non-Profit-Bereich, Vereine und Stiftungen, sowie den staatlichen Bereich, öffentliche Kultureinrichtungen. Zum Arbeitsmarkt Kultur gehören sowohl handwerkliche Berufe und Beschäftigungsfelder etwa im Kunsthandwerk, technische Berufe z.B. in der Medientechnik, der Bühnentechnik usw. als auch geistes- und kunstwissenschaftliche Berufe und Tätigkeitsfelder.

Der Arbeitsmarkt Kultur ist hochkomplex und Angehörige sehr vieler verschiedener Berufe sind in diesem Arbeitsfeld tätig. Es kann daher kaum von einem abgeschlossenen Arbeitsmarktsegment gesprochen werden. Im Arbeitsfeld Kultur arbeiten nicht nur KünstlerInnen und Kulturschaffende, sondern ebenso TechnikerInnen, Kaufleute usw. Die Unternehmen des Arbeitsmarktes Kultur sind teils sehr klein, so sind die kleinste Einheit die KünstlerInnen als Einpersonenunternehmen, teils handelt es sich aber auch um sehr große Unternehmen mit bis zu 4.000 MitarbeiterInnen, wie etwa ein Rundfunksender wie der *WDR*. Egal, ob ein Film, ein Theaterstück, eine Ausstellung oder anderes mehr, bis zur Präsentation und Vermittlung des Produktes „Kunst" wirken mitunter sehr viele Menschen mit.

Eine genaue Abgrenzung des Arbeitsmarktes Kultur ist teilweise schwierig. Gehören z.B. Drucker noch zum Arbeitsmarkt Kultur? Wie sieht es aus mit Steinmetzen, die ausschließlich Grabmale herstellen? Was ist mit NäherInnen? In vielen Studien zum Arbeitsmarkt Kultur insgesamt oder auch zu Teilbereichen wird als erstes hervorgehoben, dass das statistische Material zu diesem Arbeitsmarktsegment unzureichend sei.

Teilarbeitsmarkt Kulturelle Bildung

Wird der Teilarbeitsmarkt der Kulturellen Bildung betrachtet, wird das Thema nicht einfacher, sondern noch komplexer, denn es gilt zusätzlich, den Arbeitsmarkt für soziale Arbeit, der Kinder- und Jugendhilfe sowie der Arbeit mit älteren Menschen in den Blick zu nehmen. Hinzu kommt, dass gerade im Bereich der Kulturellen Bildung das bürgerschaftliche Engagement eine wichtige Rolle spielt (siehe Kerstin Hübner „Kulturelle Bildung im freiwilligen/bürgerschaftlichen Engagement" in diesem Band). Vermittlungsarbeit im ländlichen Raum findet vielfach in Zusammenarbeit mit bürgerschaftlich Engagierten statt. Aber auch in den urbanen Zentren sollte die Rolle bürgerschaftlich Engagierter nicht unterschätzt werden.

Eine Annäherung an den Arbeitsmarkt Kulturelle Bildung kann zunächst über die Institutionen erfolgen. Der Arbeitsmarkt Kultur umfasst alle LehrerInnen für künstlerische Fächer an den allgemein bildenden Schulen. Weiter sind dadurch die LehrerInnen an Einrichtungen der Kulturellen Bildung wie Musikschulen oder Jugendkunstschulen erfasst. Zudem gehören die PädagogInnen in Museen, Theatern, Bibliotheken und weiteren Kultureinrichtungen dazu. Sind diese Gruppen noch relativ einfach zu umgrenzen, da es sich um etablierte Orte Kultureller Bildung handelt, wird es schwieriger bei jenen Orten, die frei flottierend sind, die sich stetig ändern und die in Grenzbereichen angesiedelt sind. Dazu gehören beispielsweise Zirkus- oder Medienprojekte, temporäre Aktionen für verschiedene Zielgruppen usw.

Weitere Spezifika des Arbeitsmarktes Kultur

Diese Annäherung führt zu einer zweiten Besonderheit des Arbeitsmarktes Kulturelle Bildung. Anders als der allgemeine Arbeitsmarkt, auf dem ein langsamer Anwuchs an sozialversicherungspflichtiger Beschäftigung festzustellen ist, sinkt im Arbeitsmarkt Kultur die sozialversicherungspflichtige Beschäftigung. Die Selbstständigkeit nimmt stetig an Bedeutung zu. Daraus folgt, dass ein Teil der Beschäftigten als Selbstständige auf der Basis von Honorar- oder Werkverträgen arbeitet. Im Feld der Kulturellen Bildung hat dies eine Tradition, da teils sehr spezielle Kompetenzen gefordert sind. Die Kehrseite davon ist die teilweise wirtschaftliche und soziale Unsicherheit der Beschäftigten. Werden darüber hinaus die Beschäftigungsanteile der verschiedenen Altersgruppen in Kultureinrichtungen betrachtet, so fällt auf, dass Belegschaften gemeinsam altern. Das heißt, dass der Anteil der älteren Beschäftigten wächst und der der Jüngeren sinkt. Das hat den Nachteil, dass jüngere Menschen schwieriger eine Beschäftigung finden und ältere Beschäftigte ihr Erfahrungswissen kaum weitergeben können. Weiter führt es zu einer Starrheit des Arbeitsmarktes Kultur. Auch wenn keine differenzierten Daten für den Arbeitsmarkt Kulturelle Bildung vorliegen, ist zu vermuten, dass das Genannte gleichermaßen für dieses Arbeitsmarktsegment zutrifft.

Weiter sind bei den sozialversicherungspflichtig Beschäftigten im Arbeitsmarkt Kulturelle Bildung befristete Beschäftigungsverhältnisse üblich. In zeitlich begrenzten Projekten sollen neue Methoden oder neue Einsatzmöglichkeiten Kultureller Bildung erprobt werden. So wichtig diese Erprobung zur Weiterentwicklung des Feldes ist, so führt sie doch zu einer beruflichen Unsicherheit der in diesem Feld Beschäftigten. Neben dem Arbeitsplatzverlust für die Betroffenen, der mit dem Ende eines Projektes oft einhergeht, stellt sich auch die Frage nach der Anschlussfähigkeit der gewonnenen Erfahrungen für die Institutionen selbst. In zeitlich befristeten Projekten erworbene Erfahrungen können vielfach nicht weitergegeben werden. Zugleich bieten zeitlich befristete Projekte KünstlerInnen die Möglichkeit, ihr eigenes Berufsfeld zu erweitern und neben der künstlerischen Arbeit ein zweites Standbein in der Kulturvermittlung aufzubauen. Die Gleichzeitigkeit von Starrheit des Arbeitsmarktes Kultur auf der einen Seite und dem steten Wandel durch befristet Beschäftigte sowie Honorar- und Werkvertragskräfte ist ein besonderes Kennzeichen dieses Arbeitsmarktsegments.

Eine weitere Besonderheit des Arbeitsmarktes Kulturelle Bildung ist der teilweise ungeregelte Zugang. Er bietet die Chance einer großen Offenheit. Im Arbeitsmarkt Kulturelle Bildung kann ein bestimmter Abschluss, zumindest wenn es sich um eine Honorartätigkeit handelt, nachrangig sein. Das ist sehr positiv, wenn es um die Etablierung neuer Arbeitsfelder und die Berufsfelderweiterung geht. Es wirft auf der anderen Seite die Frage der Professionalität der Tätigkeiten auf. Die professionelle Ausübung eines Berufes bedeutet stets auch die Abgrenzung von anderen. Wenn vermeintlich jeder im Feld der Kulturellen Bildung tätig sein kann, wird diese Professionalität in Frage gestellt. Vor diesem Hintergrund ist es kaum verwunderlich, wenn von Seiten der MusiklehrerInnen so massiv beklagt wird, dass das Fach fachfremd unterrichtet wird. Hier geht es zum einen um die fachliche Qualität des Unterrichts und zum anderen um die Fachlichkeit und Professionalität des eigenen Berufes.

Notwendigkeit einer Abgrenzung des Arbeitsmarktes Kultureller Bildung

Fachlichkeit, Qualifizierung und Qualität sind die Begriffe, mit denen eine Abgrenzung des Arbeitsmarktes Kulturelle Bildung erfolgen soll. Die beschriebene Offenheit des Arbeitsmarktsegments und die teilweise nicht erforderlichen Berufsabschlüsse können durch eine konsequente Anwendung dieser Begrifflichkeiten eingegrenzt werden. Damit wird unter anderem eine Trennung zwischen den Methoden und Formaten Kultureller Bildung, die von ganz verschiedenen pädagogischen Berufsgruppen angewandt werden, und denjenigen, die aus Sicht der Kunst an Kultur heranführen bzw. die Auseinandersetzung damit ermöglichen sollen, erreicht.

Ausblick

Angesichts des in den nächsten Jahren anstehenden Generationenwechsels in vielen Kultureinrichtungen wie auch in Einrichtungen der Kulturellen Bildung wird es voraussichtlich einen stärkeren Bedarf sowie auch eine stärkere Nachfrage an MitarbeiterInnen geben. Mit Blick auf den demografischen Wandel werden insbesondere Profile im Bereich der Arbeit mit älteren Menschen oder mit MigrantInnen nachgefragt werden. Es bleibt zu hoffen, dass der Bedeutungsgewinn, den die Kulturelle Bildung seit einiger Zeit erfährt, sich auch in einer Abgrenzung und Qualifizierung dieses Arbeitsmarktsegmentes niederschlagen wird.

Zum Weiterlesen

Deutscher Kulturrat (Hrsg.) (2005): Kulturelle Bildung in der Bildungsreformdiskussion – Konzeption Kulturelle Bildung III. Redaktion: Gabriele Schulz, Olaf Zimmermann. Berlin : Deutscher Kulturrat.

Schulz, Gabriele/Zimmermann, Olaf: Arbeitsmarkt Kultur I. Zur wirtschaftlichen und sozialen Lage. Berlin : Deutscher Kulturrat.

Karl Ermert
Weiterbildung für Handlungsfelder Kultureller Bildung

Weiterbildungsbegriff

Weiterbildung wurde im Berichtssystem Weiterbildung (BMWF 2006:12) nach einer traditionellen Definition gefasst als „Fortsetzung oder Wiederaufnahme organisierten Lernens nach Abschluss einer unterschiedlich ausgedehnten ersten Ausbildungsphase [...] Das Ende der ersten Bildungsphase und damit der Beginn möglicher Weiterbildung ist in der Regel durch den Eintritt in die volle Erwerbstätigkeit gekennzeichnet [...] Das kurzfristige Anlernen oder Einarbeiten am Arbeitsplatz gehört nicht in den Rahmen der Weiterbildung" (Deutscher Bildungsrat 1970:197).

Für die Handlungsfelder der Kulturellen Bildung gilt wie für nahezu alle nicht im engeren Sinne wissenschaftlichen beruflichen Handlungsfelder, dass die Ausbildung an der Hochschule in der Regel nur die fachliche Grundlage für die Berufsausübung liefert (siehe Ulrike Blumenreich „Das Studium der Kulturvermittlung an Hochschulen in Deutschland" in diesem Band). Die eigentliche Berufstauglichkeit wird in der Praxis erworben. Auch im Erfolgsfall wird die neue grundsätzliche Praxisorientierung des Studiums nach der Bologna-Studienreform nur den Berufseinstieg erleichtern. Jede neue Aufgabe fordert die Ausbildung neuer Kompetenzen. Dies geschieht meist informell durch learning by doing, aber auch, indem Angebote der organisierten Weiterbildung in Anspruch genommen werden (vgl. Ermert 2008). Fort- und Weiterbildung ist das Instrument der Qualitätssicherung und des Qualitätsausbaus beruflichen und – gerade im Kulturbereich – auch freiwillig-gemeinnützigen bzw. ehrenamtlichen Handelns. Weiterbildung ist das professionelle Instrument zur Unterstützung des lebenslangen bzw. lebensbegleitenden Lernens.

Für diese Angebote sorgt die sogenannte Vierte Säule des Bildungswesens, Fort- und Weiterbildung. Nach einer traditionellen Unterscheidung bedeutet Fortbildung Ausbau der Kompetenzen innerhalb des bereits durch eine vorherige Ausbildung grundgelegten Fachparadigmas, Weiterbildung den Erwerb von Kompetenzen, die demgegenüber neu sind. Zwischen diesen Weiterbildungsarten bestehen fließende Übergänge. Inzwischen werden diese Begriffe weitgehend deckungsgleich gebraucht, so auch in diesem Artikel.

Bezogen auf Lerner-Aktivitäten hat sich inzwischen die Unterscheidung zwischen „formalem", „non-formalem" und „informellem" Lernen durchgesetzt (nach European Commission 2006:20ff.). *Formales Lernen* geschieht innerhalb der ersten drei Säulen des formalen Bildungssystems von der Grundschule über die weiterführenden allgemeinbildenden Schulen bis zum Berufsbildungssystem (einschließlich Hochschulen) und dient jeweils innerhalb staatlicher curricularer Vorgaben dem Erwerb von formal qualifizierenden Bildungsabschlüssen. *Non-formales* Lernen findet (in der Regel im Anschluss an das formale Lernen) in vielgestaltigen organisatorischen Kontexten der vierten Säule des non-formalen Bildungssystems statt und ist in vielfältigen Erscheinungsformen verbunden mit organisierten Formen des Unterrichts. Non-formales Lernen *kann* zu weiteren tätigkeitsqualifizierenden Abschlüssen führen. Es unterscheidet sich vom formalen Lernen vor allem dadurch, dass es nicht im

Rahmen curricular organisierter Bildungsgänge des primären bis tertiären Bildungssystems mit staatlich anerkannten Abschlüssen stattfindet. Mit *informellem Lernen* werden alle nicht institutionalisierten, lediglich individuellen Aktivitäten der Weiterbildung bezeichnet (ungeachtet dessen, ob es individuell oder in Gruppen, im privaten, beruflichen oder öffentlichen Raum stattfindet). Als Weiterbildung im Sinne dieses Artikels werden alle Aktivitäten des „non-formalen" Lernens Erwachsener angesehen.

Weiterbildungsebenen

Die Handlungsfelder Kultureller Bildung, auf die hin Weiterbildung qualifiziert, sind mannigfaltig und auf verschiedenen Ebenen angesiedelt. Zur Kulturellen Bildung gehören nicht nur im engeren oder weiteren schulischen Sinne curricular organisierte Vorgänge, sondern auch die offeneren Vorgänge der Kulturvermittlung, wie sie für Einrichtungen der außerschulischen Kulturellen Bildung, Erwachsenenbildung und vor allem Kultureinrichtungen charakteristisch sind. Einen guten Überblick liefert der Bericht der Bundestagsenquetekommission „Kultur in Deutschland" in seinem Kapitel „Kulturelle Bildung" (Deutscher Bundestag 2008:377-410).

Auf unmittelbare Teilhabe an kultureller Tätigkeitspraxis von der professionellen bis zur privaten Dimension zielen Weiterbildungen z.B. für Menschen, die künstlerisch oder kulturschaffend (auch im Sinne von Kulturmanagement und Kulturverwaltung) tätig sind oder sein wollen oder auch Kunst und künstlerisches Arbeiten verstehen wollen (siehe Larissa von Schwanenflügel/Andreas Walther „Partizipation und Teilhabe" in diesem Band) . Das ist ein typisches Handlungsfeld und eine Weiterbildungsebene, auf der die Volkshochschulen wirken, private Anbieter, aber auch Kulturverbände und Berufsverbände im Kulturbereich, die für ihre Mitglieder tätig werden, z.B. Musikverbände, die Fortbildungen für ihre KünstlerInnen oder Ensembles anbieten, ein typisches Handlungsfeld auch für Landesmusikakademien. Hier handelt es sich um *Weiterbildung für „Endnutzer"*. Zunehmend werden hier übrigens auch Kultureinrichtungen selbst im Zuge des „audience development" aktiv (siehe Birgit Mandel „Kulturvermittlung, Kulturmanagement und Audience Development als Strategien für Kulturelle Bildung" in diesem Band).

Davon zu unterscheiden ist *Weiterbildung für MultiplikatorInnen*, für Personen, die die erworbenen Kompetenzen ihrerseits an „Endnutzer" weitergeben. Typische MultiplikatorInnen sind LehrerInnen, ErwachsenenbildnerInnen, KindergärtnerInnen, Kunst-, Musik-, Theater-, MuseumspädagogInnen, also (kulturelle) Bildungsberufe und ihre freiwillig-gemeinnützigen Spielarten. Das ist ein typisches Handlungsfeld und die Weiterbildungsebene, auf der die Lehrerfortbildungseinrichtungen der Bundesländer tätig sind, aber auch Kulturverbände, Berufsverbände und bundes-, länder- und kommunal getragene Fort-/Weiterbildungsakademien, Weiterbildungseinrichtungen der Hochschulen sowie private Anbieter.

Weiterbildungen für MultiplikatorInnen wollen – idealtypisch gesehen – entweder die Vermittlungskompetenzen künstlerisch und kulturwissenschaftlich vorgebildeter Personengruppen – wie KünstlerInnen aller Sparten, KulturwissenschaftlerInnen und KulturmanagerInnen – ausbilden bzw. stärken. Oder sie wollen solchen Personengruppen, die schon über pädagogische und Vermittlungskompetenzen verfügen – wie (Sozial-)PädagogInnen, KindergärtnerInnen, BeschäftigungstherapeutInnen und GeragogInnen – die nötigen künstlerischen bzw. kulturwissenschaftlichen Grundlagen Kultureller Bildung vermitteln. Oft hat man es mit Mischformen zwischen beiden Typen zu tun.

Der Arbeitsmarkt der beruflich in der Kulturellen Bildung Beschäftigten ebenso wie der „Engagementmarkt" der freiwillig-gemeinnützig Tätigen ist umfangreich und sehr differenziert je nach Thematik und Status (vgl. Deutscher Kulturrat 2008). Er reicht von dem Lehrer im Beamtenstatus über den befristet angestellten Museumspädagogen, den nebenberuflichen Chorleiter oder literarischen Autor, den freiberuflichen Theaterpädagogen oder Journalisten bis zum ehrenamtlich engagierten Mitarbeiter eines Soziokulturellen Zentrums, eines Museums oder eines Literaturhauses. Ihr Interesse gilt fachlichen Kompetenzen im engeren Sinne ebenso wie Schlüsselkompetenzen der Beschäftigungsfähigkeit. Dabei wird der Kompetenzbegriff hier nicht zufällig gebraucht; er bezeichnet nach einer einflussreichen Definition der OECD „die Fähigkeit, komplexe Herausforderungen kontextgerecht erfolgreich zu bewältigen". Dazu werden nicht nur Wissen, intellektuelle und praktische Fähigkeiten gebraucht, sondern auch soziale und Verhaltensdispositionen, wie Einstellungen, Gefühle und Werthaltungen: „A competence is defined as the ability to successfully meet complex demands in a particular context. Competent performance or effective action implies the mobilization of knowledge, cognitive and practical skills, as well as social and behaviour components such as attitudes, emotions, and values and motivations. A competence – a holistic notion – is therefore not reducible to its cognitive dimension, and thus the terms competence and skill are not synonymous" (OECD 2003:2). Der Kompetenzbegriff übersteigt insoweit den Qualifikationsbegriff. Gerade deshalb passt er für künstlerisch-kulturelle Bildung besonders gut.

Weiterbildungsstrukturen

Die Kulturschaffenden und Kulturinstitutionen sind in zahlreichen *Verbänden* organisiert, die ihre Mitglieder in ihren praktischen Bedürfnissen unterstützen, ihre Interessen gegenüber Öffentlichkeit und Politik vertreten und an der verbandsinternen kulturpolitischen Willensbildung arbeiten. Die bundesweite Dachorganisation der Bundeskulturverbände ist der *Deutsche Kulturrat* in Berlin. Auf seiner Homepage finden sich die Zugänge zu seinen acht Sektionen mit derzeit gut 230 Verbänden und Organisationen. Der größte spartenübergreifende allgemein kulturpolitisch arbeitende Verband ist die *Kulturpolitische Gesellschaft* in Bonn. Der größte Dachverband mit expliziter Zielsetzung in Kultureller Bildung ist die *Bundesvereinigung Kulturelle Kinder- und Jugendbildung (BKJ)* in Remscheid. Alle Kulturverbände und Kulturberufsverbände – von Baukultur bis Tanz – arbeiten nach ihrem Selbstverständnis auch an der qualitativen Weiterentwicklung ihrer Handlungsfelder bzw. der ihrer Mitglieder. Dazu gehören für die meisten auch Fortbildungsangebote.

Darüber hinaus stehen Kulturschaffenden und KulturvermittlerInnen zahlreiche, meist öffentlich geförderte *Weiterbildungseinrichtungen* zur Verfügung, die der föderalen Organisation der Bundesrepublik Deutschland entsprechend auf Länderebene, kommunaler Ebene oder auch bundesweit arbeiten. Die dichtesten Weiterbildungsangebote hat der Musikbereich; fast jedes Bundesland hat mindestens eine Landesmusikakademie. Bundesweit arbeiten hier die *Bundesakademie für musikalische Jugendbildung Trossingen e.V.* (gegründet 1973) und die *Musikakademie Rheinsberg GmbH* (gegründet 1991, seit 2001 Bundes- und Landesakademie).

Einen bundesweiten Auftrag für jeweils mehrere Kultursparten nehmen die *Akademie Remscheid für musische Bildung und Medienerziehung e.V.* (gegründet 1958) sowie die *Bundesakademie für kulturelle Bildung Wolfenbüttel e.V.* (gegründet 1986) wahr. Sie arbeiten multiplikatorenorientiert für die berufliche Weiterentwicklung ebenso wie für ehrenamtliche Tätigkeiten in Kulturvermittlung, Kultureller Bildung, Kulturproduktion und Kulturmanagement auf professionellem Niveau.

Zum Weiterlesen

Akademie Remscheid für musische Bildung und Medienerziehung e.V.: www.akademieremscheid.de

Arbeitskreis der Musikbildungsstätten in Deutschland: www.musikbildungsstaetten.de

Bundesakademie für kulturelle Bildung Wolfenbüttel: www.bundesakademie.de

Bundesvereinigung Kulturelle Kinder- und Jugendbildung (BKJ): www.bkj.de

Deutscher Kulturrat: www.kulturrat.de

European Commission/eurostat (2006): Classification of learning activities: http://epp.eurostat.ec.europa.eu/cache/ITY_OFFPUB/KS-BF-06-002/EN/KS-BF-06-002-EN.PDF (Letzter Zugriff am 05.08.12).

Kulturpolitische Gesellschaft: www.kupoge.de

Stang, Richard (2005): Angebot, Perspektive und rechtliche Rahmenbedingungen der kulturellen Erwachsenenbildung in Deutschland. Gutachten für die Enquete-Kommission „Kultur in Deutschland" des Deutschen Bundestags, vorgelegt vom Deutschen Institut für Erwachsenenbildung. Kommissionsdrucksache 15/494.

Teil II
Praxisfelder Kultureller Bildung

5.2
Spartenspezifische Ausbildung

Manfred Blohm
Ausbildung in Bildender Kunst für Kulturelle Bildung

Thema und Begriffsbestimmung

Bildende Kunst der Gegenwart umfasst nicht nur unterschiedlichste künstlerische Verfahren und Strategien, sondern realisiert sich in den verschiedensten visuellen und audio-visuellen Medien (z.B. Malerei, Film, Fotografie, Raum, digitale Medien) und medialen Bezugnahmen. Darüber hinaus ist Bildende Kunst kontext- und institutionenabhängig. Was Bildende Kunst ist und wie sie entsteht und rezipiert wird, kann ohne die jeweiligen institutionellen Kontexte nicht greifbar werden.

Der Begriff „Ausbildung" im Feld der Bildenden Kunst scheint nahe zu legen, dass es insbesondere in der Gegenwartskunst so etwas wie Ausbildung tatsächlich geben kann. Abgesehen von handwerklich-technischen Fertigkeiten in den jeweiligen Feldern der Bildenden Kunst wie Malerei, Druckgrafik, Installation, Performance etc. könnte man von künstlerischen Haltungen und Strategien sprechen, die im Rahmen Bildender Kunst in Ausbildungskontexten erfahren und angeeignet werden können. Es geht dabei immer auch zugleich um Selbsterfahrung und Kontexterfahrung. Eine Professionalisierung der Ausbildung in Bildender Kunst für Kulturelle Bildung wird also immer beide Aspekte zusammensehen: Erfahrungen einer eigenen dynamischen künstlerischen Verortung und Selbsterfahrung und zugleich die zu erwerbende Fähigkeit, künstlerische Projekte im Kontext ihrer institutionellen Einbindung zu konzipieren, zu realisieren und zu reflektieren. Zur institutionellen Einbindung gehören dabei nicht nur Museen und Galerien, sondern all jene Bereiche, die über das rein Private hinausgehen.

Historische Dimension

Bildende Kunst hat in den verschiedenen Ausbildungsfeldern für Menschen, die in der Kulturellen Bildung tätig werden wollen, historisch gesehen unterschiedlichen Stellenwert, je nachdem, wo die Ausbildung derjenigen, die sich dort ihre Nischen suchen, stattfindet. An Kunsthochschulen studieren zukünftige PädagogInnen oder KunstvermittlerInnen schon immer neben denjenigen, die freie Kunst studieren. Sie ordnen sich Ateliers zu und ggf. ProfessorInnen. An Universitäten ist tendenziell ein geringerer Stellenwert der Praxis Bildender Kunst in Ausbildungsgängen vorgesehen, dafür gibt es eher Schwerpunkte in der anwendungsbezogenen Reflexion von künstlerischen Handlungsfeldern. In der Regel gibt es in allen Ausbildungsinstitutionen Lehrende, die sich tendenziell eher als KünstlerInnen und solche, die sich eher als PädagogInnen verstehen, die im Feld Bildender Kunst den Vermittlungsblick in den Fokus nehmen (siehe Kathrin Herbold/Johannes Kirschenmann „Bild- und Kunstvermittlung" in diesem Band). Institutionshistorische Aspekte spielen also genauso eine Rolle wie die Berufsbiografien der Lehrenden. Neuere Ansätze wie der von Helga Kämpf-Jansen (siehe Folgendes) zur Ästhetischen Forschung oder der von Carl-Peter Buschkühle zur Künstlerischen Bildung zeigen neue und offene Wege Bildender Kunst als projektorientierte und prozessorientierte künstlerische Felder der Selbst- und Kulturaneignung auf, die die

Beteiligten in ihren biografischen Wegen ernst nehmen und die Rolle der Lehrenden eher als Initiator oder Begleiter definieren.

Aktuelle Situation

Bildende Kunst im Feld Kultureller Bildung macht ein Feld auf, das die Vermittlungsarbeit unter Umständen auf neue Weise mit dem Begriff der Kulturellen Bildung konfrontiert. Bildende Kunst, so kann man formulieren, ist eher sperrig für Vermittlungsprozesse, weil sie sich zuweilen der sprachlichen Reflexion entzieht. Bildung im Feld Bildender Kunst verweist in starkem Maße auf Selbstbildung und Selbsterfahrung im künstlerischen Medium. Und das (vermittelnde) Sprechen über Bildende Kunst bleibt immer ein Sprechen neben der Kunst oder entlang der Kunst. Kommunikationsformen über eigene und fremde künstlerische Arbeiten zu entwickeln, ist eine der zentralen Herausforderungen von Ausbildung in Bildender Kunst für Kulturelle Bildung. Es geht dabei darum, nicht nur Formen des verbalen Sprechens zu entwickeln, sondern Sprache erweitert zu begreifen, indem Dinge, der eigene Körper, die Geste, die Skizze oder Resonanzen, die in anderen medialen Kontexten möglich werden, auch als Form des Sprechens über Kunst verstanden werden.

Ausblick, Perspektiven, Herausforderungen

Hanne Seitz schreibt über die Gegenwart und die Aufgabe Bildender Kunst als performativen Prozess: „Indem wir erkennen, wie wir erkennen, bringen wir uns hervor. Dieses Projekt ist durchaus und gerade jetzt Selbstbildung zu nennen – sofern es die Aufklärung zugunsten der Klärung zurück nach vorn wendet. Es gibt Augenblicke, in denen dies gelingt – davon handelt Kunst, davon kann ästhetische Praxis handeln – bisweilen" (Seitz 1998:272). Was hier bewusst umständlich formuliert ist, verweist auf künstlerische Erfahrungspotentiale auch im Feld einer Professionalisierung Kultureller Bildung. Künstlerische Erfahrungen verlaufen nicht linear, sie verweisen gleichzeitig in die Biografie, in Vergangenes und reflektieren zugleich in diesem Zurückgehen die Gegenwart und die gegenwärtigen Erfahrungen, in der das Nicht-Lineare auf diese Weise einen Ort erhält, in dem kulturelle Aspekte eingebunden sind. Hier liegt eine Herausforderung der Ausbildung in Bildender Kunst in kulturellen Bildungskontexten.

Christine Heil verweist darauf, dass Kunst eines von mehreren Bezugsfeldern in der Kulturellen Bildung ist. Dort wo Kunst, Design und Alltag produktiv kollidieren und an ihren Rändern aufeinander Bezug nehmen, werden neue Wahrnehmungs- und Erkenntnisräume möglich. Darin liegt ein produktives Moment Bildender Kunst im Rahmen Kultureller Bildung. „Dabei sind die Bezugsfelder der Kunst, des Designs und des Alltags gerade in ihrer Unterschiedlichkeit produktiv. In der Differenz der Sichtweisen und Bewertungen werden sie als solche überhaupt oft erst wahrnehmbar, sodass vor allem an den Rändern der Diskurse Erkenntnisse möglich werden, meistens in der Ausdehnung der Bezüge und Erweiterung der Räume" (Heil 2010:155).

Helga Kämpf-Jansens Konzept der ästhetischen Forschung verweist vielleicht am radikalsten darauf, wie Ausbildung in Bildender Kunst in Kultureller Bildung aktuell verstanden werden kann. Ihr Konzept verknüpft Alltagserfahrungen mit Bezugnahmen auf Wissenschaft und Kunst, insbesondere Gegenwartskunst. Die AkteurInnen müssen in der ästhetisch-künstlerischen Arbeit ihre eigenen Fragen entwickeln. „Bei der Bearbeitung, beim Fragen, Forschen und Recherchieren wird sozusagen der Strom der Dinge angehalten, wird einzelnen von ihnen eine besondere Aufmerksamkeit entgegengebracht, wird über sie in besonderer Weise nachgedacht und geschrieben" (Kämpf-Jansen/Wirtz 2002:179f.). Kämpf-Jansens

Ansatz macht die Herausforderung des Feldes der Bildenden Kunst in Kultureller Bildung deutlich und zeigt Chancen auf, die in andere Felder Kultureller Bildung hineinstrahlen: Kulturelle Bildung ist aus dem Blickwinkel der Bildenden Kunst als Selbstbildung zu verstehen, die nicht im Kreisen um die eigene Person verharrt. Vielmehr eröffnet sie neue Blicke auf die uns umgebene Welt der Dinge, der Denkweisen und der medialen Präsentationen von Welt und verbindet sie mit den neuen Erfahrungs- und Erkenntnisweisen, die in der Kunst zur Erscheinung und zur Anwendung kommen.

Zum Weiterlesen

Kämpf-Jansen, Helga (2001): Ästhetische Forschung. Wege durch Alltag, Kunst und Wissenschaft. Köln: salon.

Seitz, Hanne (1998): „...nicht ich und doch so gespenstisch immer-da". In: Internationale Gesellschaft der Bildenden Künste (IGBK) (Hrsg.): Kunst lehren? Künstlerische Kompetenz und kunstpädagogische Prozesse – Neue subjektorientierte Ansätze in der Kunst und Kunstpädagogik in Deutschland und Europa (260-272) Stuttgart: Radius.

Regina Pantos
Ausbildung für Kinder- und Jugendliteratur als Gegenstand Kultureller Bildung

Damit Kulturelle Bildung im Bereich der Literatur stattfinden kann, müssen die VermittlerInnen sowohl die Literatur kennen wie auch über Methodenwissen verfügen, um ihre Adressaten zu erreichen.

Literatur im Elternhaus

Sprachliche Bildung beginnt mit der Geburt und die literarische mit dem ersten Bilderbuch. D.h., dass die ersten VermittlerInnen in der Regel die Eltern der Kinder sind. Ausschlaggebend ist hier, welche eigenen Erfahrungen mit Literatur vorliegen. Wichtig besonders für Eltern, die keine entsprechende literarische Sozialisation als Kind erfahren haben, sind Programme wie „Buchstart" in Hamburg oder „Lesestart" der *Stiftung Lesen*, die Eltern über die KinderärztInnen mit Informationen über die frühe literarische und sprachliche Bildung und einem ersten Bilderbuch versorgen. Um das Beziehungsdreieck Eltern-Kind-Buch zu festigen, werden in Hamburg z.B. entsprechende Veranstaltungen ergänzend angeboten und Kontakte zu Bibliotheken als Ansprechpartner der Eltern geknüpft (siehe Jan-Pieter Barbian „Öffentliche Bibliotheken als gesellschaftliche Orte Kultureller Bildung" in diesem Band).

Kinder- und Jugendliteratur in der Erzieherausbildung

Ein Teil der Kinder besucht die Krippe und anschließend den Kindergarten. Im Jahr vor der Schule sind es über 90 % (Forschungsverbund Deutsches Jugendinstitut/Universität Dortmund 2008). Hier kommt den ErzieherInnen die entscheidende Rolle für die Literaturvermittlung zu. In ihrer Ausbildung hat es in den letzten zehn Jahren einen Paradigmenwechsel vom Fach- zum Themenfeldunterricht gegeben. In der früheren Ausbildung gab es das Unterrichts- und Prüfungsfach Kinder- und Jugendliteratur mit unterschiedlicher Stundenzahl je nach Bundesland. Klassische und aktuelle Kinder- und Jugendliteratur, gattungsspezifische Besonderheiten und der Bezug zu den Entwicklungsaufgaben der Kinder wurden thematisiert. Hinzu kamen Aspekte der Sprach- und Leseförderung sowie Methoden der Vermittlung. Es resultierten auch Aufgabenstellungen für das Praktikum aus diesem Fach. Man könnte hier von einer Variante der Fachdidaktik Deutsch mit dem Fokus auf der Kinder- und Jugendliteratur sprechen. Mit der Umstellung der Ausbildung auf das Konzept der Themenfelder, durch die die Ausbildung strukturiert wird, wurde der Fokus auf Fragestellungen gerichtet, die sich aus der praktischen Arbeit der ErzieherInnen vor Ort ergeben. Folge ist, dass hier die Funktion der Kinder- und Jugendliteratur im Erziehungsprozess im Vordergrund steht und nicht das Kunstwerk mit seinen vielfältigen Bezugssystemen und seiner ästhetischen Qualität. Beide Aspekte müssen jedoch in der Ausbildung zusammengebracht werden, damit Literatur in der Kulturellen Bildung ihre volle Wirkung entfalten kann. Da es keine bundeseinheitliche Ausbildung im Berufsfeld Erzieher gibt, können keine verbindlichen Aussagen zur derzeitigen Ausbildung gemacht werden, sondern nur Hinweise gegeben werden auf mögliche Problembereiche.

Kinder- und Jugendliteratur in der Lehrerausbildung

Traditionell wird die literarische Bildung als Kerngeschäft in der Schule dem Fach Deutsch zugeordnet. Die Beschäftigung mit Kinder- und Jugendliteratur ist in den letzten dreißig Jahren immer mehr in den Unterricht der Grundschule, teilweise sogar ins Gymnasium integriert worden. Daraus könnte man schließen, dass sie verbindlich zumindest in die Ausbildung von GrundschullehrerInnen gehört. Das ist jedoch immer noch nicht überall der Fall. Einen Eindruck von der Ausbildungssituation vermittelt eine Untersuchung von Gina Weinkauff von der *PH Heidelberg* zur Situation der Kinder- und Jugendliteratur im Lehramtsstudium von 2008. Sie stellt fest, dass die Entwicklung der Kinder- und Jugendliteratur in den letzten dreißig Jahren international eine bemerkenswerte qualitative Entwicklung genommen hat, mit der die Entwicklung in Forschung und Lehre quantitativ nicht Schritt gehalten hat.

Die einzige universitäre Institution im deutschsprachigen Raum, die einen Magister-Teilstudiengang „Kinder- und Jugendliteraturwissenschaft" anbietet, ist das 1963 gegründete *Institut für Jugendbuchforschung*, das Teil der Germanistik der *Goethe-Universität Frankfurt/M.* ist. Das Lehrangebot steht auch Studierenden für das Lehramt mit dem Fach „Deutsch" zur Verfügung. Dieses Institut unter der Leitung von Professor Hans-Heino Ewers ist der wichtigste Impulsgeber für die literaturwissenschaftliche Auseinandersetzung mit der Kinder- und Jugendliteratur seit über vierzig Jahren. Weitere Einrichtungen, die sich mit der Kinder- und Jugendliteratur speziell beschäftigen, finden sich an der *Universität Köln* (*Arbeitsstelle für Leseforschung und Kinder- und Jugendmedien ALEKI*), an der *Universität Oldenburg* (*Oldenburger Forschungsstelle Kinder- und Jugendliteratur OLFOKI*), an der *PH Ludwigsburg* (*Zentrum für Literaturdidaktik – Kinder Jugend Medien ZeLd*) an der *PH Heidelberg* sowie an der *Humboldt Universität* in Berlin. Der Schwerpunkt der Angebote in der Ausbildung liegt jedoch im Bereich der Literaturdidaktik, die an diversen Universitäten Bezug auf die Kinder- und Jugendliteratur nimmt. Dass dieser Bereich in den letzten Jahren gewachsen ist, ist unter anderem eine Folge der PISA Ergebnisse und der Diskussion um Leseförderung und Lesekompetenz als Basisqualifikation für den Schulerfolg. Was für die Erzieherausbildung gesagt wurde, gilt auch für die LehrerInnenausbildung. Es gibt keine verbindlichen Aussagen, weil es keine verbindlichen Standards für die Ausbildung gibt.

Kinder- und Jugendliteratur in der außerschulischen Bildung

Immer relevanter wird auch die Beschäftigung mit Literatur im außerschulischen Bereich (siehe Stephanie Jentgens „Außerschulische Literaturvermittlung" in diesem Band). Hier spielen die Bibliotheken eine wichtige Rolle. Es gibt jedoch nur einen Lehrstuhl, der speziell für Kinder- und Jugendbibliotheksarbeit ausgewiesen ist. Ihn hat Professorin Kerstin Keller-Loibl an der Fakultät Medien der *Hochschule für Technik, Wirtschaft und Kultur* in Leipzig inne. Da sich die Ausbildung der BibliothekarInnen zur Zeit ebenfalls im Umbruch befindet und sich der Schwerpunkt in Richtung Wissens- und Medienmanagement verschiebt, bleibt die Frage nach der Relevanz von Kinder- und Jugendliteratur in der Ausbildung offen.

Der enorme Zuwachs der letzten Jahre an Bachelor-Studiengängen in Kulturwissenschaften, Medienwissenschaften und Pädagogik macht einen Überblick über diese Ausbildungen kaum mehr möglich. Fakultativ gibt es hier auch immer wieder die Möglichkeit, sich mit Literatur für Kinder und Jugendliche zu beschäftigen.

Deutlich ist, dass die Nachfrage nach qualifizierter Auseinandersetzung mit der Literatur für Kinder und Jugendliche das Angebot übersteigt. Erfolgreich bietet die *STUBE* (*Studien- und*

Beratungsstelle für Kinder- und Jugendliteratur) in Wien einen viersemestrigen Fernkurs für Kinder- und Jugendliteratur mit zwei Tagungen und Zertifikat an. Auch an der *Akademie Remscheid für musische Bildung und Medienerziehung e.V.* bietet Dr. Stephanie Jentgens eine Qualifizierung zum Literaturpädagogen an, die sich an eine breitgefächerte Zielgruppe von VermittlerInnen wendet. Zu speziellen Themen bietet auch der *Arbeitskreis für Jugendliteratur e.V. (AKJ)* regelmäßig Fortbildungen an.

Wünschenswert wäre, dass die Auseinandersetzung mit Kinder- und Jugendliteratur sowohl in der Erzieher- wie in der Lehrerausbildung zum verbindlichen Standard würde und entsprechende ExpertInnen ausgebildet und eingebunden werden. Darüber hinaus sollte das Fortbildungsangebot für VermittlerInnen in der pädagogischen Praxis, in Bibliotheken und Buchhandel auch im Hinblick auf viele ehrenamtlich engagierte LesepatInnen deutlich ausgebaut werden. Denn der Kompetenzzuwachs bei den Kindern hängt wesentlich von den Kompetenzen der VermittlerInnen ab.

Zum Weiterlesen

Akademie Remscheid für musische Bildung und Medienerziehung e.V.: www.akademieremscheid.de

Arbeitskreis für Jugendliteratur e.V.: www.jugendliteratur.org

Buchstart Hamburg: www.buchstart-hamburg.de

Ewers, Hans-Heino (2000): Literatur für Kinder und Jugendliche. Eine Einführung. Stuttgart: UTB.

Keller-Loibl, Kerstin (2009): Handbuch Kinder- und Jugendbibliotheksarbeit. Bad Honnef: Bock+Herchen.

Lesestart. Drei Meilensteine für das Lesen: www.lesestart.de

STUBE (Studien- und Beratungsstelle für Kinder- und Jugendliteratur): www.stube.at

Wege, Brigitte vom/Wessel, Mechthild (2009): Kinderliteratur für sozialpädagogische Berufe. Köln: Bildungsverlag EINS.

Weinkauff, Gina/Glasenapp, Gabriele von (2010): Kinder- und Jugendliteratur. StandardwissenLehramt. Stuttgart: UTB.

Zentrum für Kinder- und Jugendliteratur der Pädagogischen Hochschule Ludwigsburg: www.ph-heidelberg.de/zentrum-fuer-kinder-und-jugendliteratur

Olaf Kutzmutz
Literatur lehren

Erst lesen, dann schreiben

Literatur lehren bedeutet heute mehr, als angehende Schriftsteller und Schriftstellerinnen auszubilden. Das Spektrum und die Arbeitsfelder sind vielfältiger geworden. Wer virtuos mit Sprache umgehen kann, hat nicht nur Chancen als Schriftsteller, sondern in zahlreichen Berufen an der Schnittstelle von Literatur und Öffentlichkeit: beispielsweise bei Verlagen oder in Redaktionen, als PR-Mitarbeiter oder Programmverantwortlicher von Kulturinstitutionen, als Schreibdozent oder in den Literatur- und Kulturwissenschaften der Universitäten.

Lehre und Produktion von Literatur finden in verschiedenen Kontexten statt. Dabei bestellen Dozenten und Dozentinnen von Schreibstudiengängen dasselbe Feld wie Anleiter und Anleiterinnen privater Literaturgruppen, wenn auch mit unterschiedlichem Ziel und unterschiedlichen Verfahren. Von der Schreibanimation als Freizeitvergnügen bis zum literarischen Feinschliff am Romandebüt, von Angeboten für Kinder, Erwachsene sowie Senioren und Seniorinnen erstreckt sich die weite Landschaft des Schreibens und Schreibenlehrens. In der Breite hat dafür in Deutschland die Schreibbewegung der 1980er Jahre Voraussetzungen und Perspektiven für weitere Entwicklungen geschaffen. Wenn auch manch immergrüne Grundsatzdebatte noch nicht abgeschlossen ist, scheint das Spekulieren vorüber, wie talentiert jemand sein müsse, um sich überhaupt mit literarischem oder kreativem Schreiben befassen zu dürfen. Aktuell geht es nicht darum, ob Schreiben gelernt, sondern wie Schreiben gelehrt werden kann (vgl. Porombka 2009:167). Einigkeit besteht darin, dass sich literarisches Handwerk – analog zu Musik und bildender Kunst – vermitteln lässt. Ziel der Ausbildung sind die 90 % handwerklicher Fertigkeiten, die (fast) jeder lernen kann, und nicht die Geburt des genialen Überfliegers als Ausnahme von der Regel. „Die einzige Begabung, die man haben kann," ist laut Christoph Niemann ein „stoischer Enthusiasmus, der einem hilft, den ständigen Frust zu ignorieren, der ein unumgänglicher Teil kreativer Arbeit ist" (Niemann 2012:17).

Versierte Schreibtechnik und Textkritik bringen freilich nicht zwingend ein gutes Buch hervor, jedoch schärfen solche Arbeitsprozesse den Blick auf die Grundlagen der Schreibproduktion und Literaturvermittlung (siehe Lino Wirag „Zeitgenössische Formen informeller Literaturvermittlung" in diesem Band). Handwerklich-professionelles Schreiben darf zudem nicht mit markttauglichem Schreiben verwechselt werden, zumal eine entsprechende Ausbildung nicht immer auf den Literaturmarkt zielt – man denke beispielsweise an die Lehrer und Lehrerinnen der verschiedenen Schulformen, die Schreiben und Literatur in unterschiedlichsten Fächern vermitteln.

Die Möglichkeiten, das Handwerk zu lernen, sind vielfältig. Und wer auf Patentrezepte hofft, wird enttäuscht. Strenge Regeln verfolgen nicht einmal einschlägige Ratgeber, die den wissbegierigen Leser in die Geheimnisse einweihen möchten, „wie man einen verdammt guten Roman schreibt", so der Titel von James N. Freys 1987 erstmals erschienenem Praxisleitfaden für Autorinnen und Autor.

Aber wie lässt sich das Schreiben lernen und lehren, wenn solche Regeln und Rezepte fehlen? Die Antwort von Daniel Kehlmann fällt schlicht aus: „Schreiben lehrt man, indem man lesen lehrt" (Wood 2011:13). Genaues Lesen setzt – als Schlüsselkompetenz – Standards fürs Schreiben. Diese Standards gibt keine DIN-Poetik vor, sondern der jeweilige Text eines Autors. Das gilt gleichermaßen für Fremdtexte, von denen man lernt, wie für die eigenen, die im Werkstattgespräch überprüft werden. Vorbildliche Literatur im weitesten Sinne unterstützt daher den Schreibprozess in allen Phasen: von der Planung bis zur Vollendung eines Projekts, ja darüber hinaus. Und sie befördert gleichsam die Kunst zu leben. „Durch die Literatur werden wir zu besseren Beobachtern, wir wenden das Gelernte auf das Leben selbst an", schreibt James Wood. „Dadurch werden wir umgekehrt detailgenauere Leser der Literatur; dies wiederum lässt uns das Leben besser lesen und immer so weiter" (Wood 2011:69). Durch die Lektüre beispielhafter Autoren entsteht zudem ein Bewusstsein für die Geschichtlichkeit und Gegenwärtigkeit von Themen. Um den eigenen Ort in der literarischen Welt zu bestimmen und um Dopplungen und falsche Originalität zu vermeiden, sind solche vorbildlichen Lektüren unerlässlich.

Literarisches Schreiben ist nicht ausschließlich etwas für Schriftsteller. An Ausbildungsstätten wie der 1979 gegründeten *Henri-Nannen-Schule* (Hamburg) oder der *Deutschen Journalistenschule* (München, seit 1949) trainiert der journalistische Nachwuchs Schreiben für die Öffentlichkeit. Die Grenzen zur Literatur verlaufen dabei fließend. Vor allem erzählende Formen des Journalismus bedienen sich literarischer Verfahren, um Spannung zu erzeugen, den Leser mit Leitfiguren durch den Text gehen zu lassen oder ihn dramaturgisch und stilistisch von der ersten bis zur letzten Zeile ans Thema zu fesseln. Ein guter Journalist muss heutzutage auch ein guter Erzähler sein, und umgekehrt muss ein guter Erzähler ein guter Journalist sein, was Recherche, Sachkunde und Glaubwürdigkeit der literarischen Welt angeht.

Von den Werkstätten in Iowa zu den Studiengängen für literarisches Schreiben

Schreiben lehren hieß in Deutschland zunächst, von anderswo zu lernen. International modellbildend für viele Nachfolger wurden die Creative-writing-Angebote der *Universität Iowa*. Obwohl Iowa schon 1897 erste Kurse für kreatives Schreiben im Programm hatte, ließ sich das Fach erst ab 1936 systematisch studieren; heute ist der Master of Fine Arts Ziel des Studiums. Zum Konzept gehört seit jeher, dass namhafte Autorinnen und Autoren die Arbeiten der Studenten besprechen und Ratschläge fürs Überarbeiten geben. Schreiben könne nicht gelehrt werden, heißt es bescheiden auf der Website des Writers' Workshop von Iowa, Schreibende könnten jedoch durch die Werkstätten zumindest „ermutigt" werden. Aus solchen „Ermutigungen" sind jede Menge Schriftstellerinnen und Schriftsteller und Bücher sowie zahlreiche Schreiblehrer und Vermittler von Literatur hervorgegangen.

Deutschland bekam Mitte des letzten Jahrhunderts eine annähernd vergleichbare Einrichtung. Das 1955 gegründete *Leipziger Institut für Literatur*, seit 1959 *Institut für Literatur Johannes R. Becher*, orientierte sich jedoch nicht an den amerikanischen Modellen, sondern blickte nach Osten. Vorbild für Leipzig wurde das 1933 gegründete *Maxim-Gorki-Institut für Literatur* in Moskau. Die Ausbildung in Leipzig setzte auf die traditionellen Sparten Lyrik, Prosa und Dramatik und wurde kultur- und parteipolitisch überhöht durch das allgemeine Ziel, Schriftsteller für den sozialistischen Realismus zu begeistern. Das hinderte die Autoren und Autorinnen aber keineswegs, ihre Freiheiten für Buchprojekte zu nutzen, die jenseits der parteipolitischen Doktrin angesiedelt waren und über die Grenzen der DDR hinaus beachtet wurden. Das Ende der DDR bedeutete 1990 auch das Ende dieses Literaturinstituts. Öffentliche Proteste bewahrten die Einrichtung vor dem endgültigen Aus, und so wurde es 1995 unter dem Namen *Deutsches Literaturinstitut Leipzig* als Teil der *Universität Leipzig* neu gegründet.

Nur vier Jahre später hob die *Universität Hildesheim* ein vergleichbares Angebot für heranreifende Autoren aus der Taufe: den Studiengang „Kreatives Schreiben und Kulturjournalismus".

Leitinstitutionen und Basisarbeit

Im neuen Jahrtausend sind die Einrichtungen in Leipzig und Hildesheim zu Leitinstitutionen für die Lehre literarischen Schreibens herangereift. So bietet das *Hildesheimer Institut für Literarisches Schreiben und Literaturwissenschaft* einen Bachelor-Studiengang zu „Kreativem Schreiben und Kulturjournalismus" an, darüber hinaus einen Master-Studiengang „Literarisches Schreiben". Am *Deutschen Literaturinstitut Leipzig* können Studenten „Literarisches Schreiben" mit einem Bachelor und Master abschließen.

Die Orte, an denen Literatur gelehrt wird, sind nicht auf die Universitäten beschränkt. Orte fürs Schreibenlehren und Schreibenlernen schaffen auch Literaturhäuser, Volkshochschulen oder Stiftungen und literarische Gesellschaften, die die Produktion von und das Gespräch über Literatur unterstützen. Neben den (über-)regional sichtbaren Orten gibt es viele weitere teils private, teils an Institutionen angedockte Literaturgruppen und Schreibwerkstätten, die auf unterschiedlichem Niveau ähnliche Ziele verfolgen: genaues Lesen und professionelles Schreiben zu vermitteln.

Die Modelle, Literatur zu lehren und zu lernen, sind vielfältig. Wer sich nicht auf ein Studium einlassen kann, findet bundesweit diverse Möglichkeiten, das literarische Schreiben sowie den Blick auf eigene und fremde Texte auf eine solidere Basis zu stellen. Ein Beispiel dafür ist die *Bundesakademie für kulturelle Bildung Wolfenbüttel*, die sich in den letzten Jahren als Ort für Schreibvermittler und Schreibvermittlerinnen sowie Autoren aus ganz Deutschland etabliert hat. Im Literaturprogramm der Bundesakademie lehren in den Werkstattseminaren meist Gastdozentinnen und Gastdozenten (Autoren/Journalisten/Übersetzer), die ihren Bereich in beispielhafter Weise vertreten. Der Akzent der Literaturlehre liegt auf der Gegenwartsliteratur, die nach dem Grundsatz „Erst lesen. Dann schreiben" vermittelt wird (vgl. Kutzmutz/Porombka 2007:9-13). Was sich zu einem Standard vieler Seminare und Studiengänge entwickelt hat, gilt auch hier: Die Texte der Schreiberinnen und Schreiber stehen im Mittelpunkt, sind idealerweise vorab von der Gruppe vorbereitet und werden dann nach den Gesetzen, die der jeweilige Text schafft, besprochen und bewertet. Als weiteres Beispiel sei die *Alice-Salomon-Hochschule Berlin* erwähnt. Dort ist seit 2006 der postgraduale Masterstudiengang „Biografisches und Kreatives Schreiben" angesiedelt, der einen ersten akademischen Studienabschluss im Bereich der Human- und Gesundheitswissenschaften voraussetzt. Bei diesem Modell steht das Selbststudium im Vordergrund, das im Laufe von fünf Semestern durch überschaubare Präsenzzeiten an der Hochschule ergänzt wird.

In die Breite gehen – ein Blick nach vorn

Was das literarische und kreative Schreiben durch die einschlägigen Studiengänge und vergleichbare Spitzenangebote an Strahlkraft gewonnen hat, bedarf auf lange Sicht noch der Verankerung in der Breite. Bis zu 600 Bewerbungen jährlich allein am *Deutschen Literaturinstitut Leipzig*, von denen 20 Bewerberinnen und Bewerber zum Studium zugelassen werden, zeigen das Interesse am Gegenstand und die Richtung, in die sich Angebote an Hochschulen und anderen Lernorten entwickeln müssten. Auf solche Konjunktur reagieren erste Pläne, neben die Institute von Leipzig und Hildesheim ein „Literaturzentrum NRW" zu setzen, das die bestehenden Schreiblehrorte ergänzen und erweitern würde. Insgesamt sieht der Trend wie folgt aus: Die Angebote an Hochschulen für kreatives oder literarisches Schreiben nehmen fortwährend zu, auch wenn eigene Studiengänge noch immer die Ausnahme sind; vielfach wurde Creative writing einfach „als zusätzliches Angebot in literaturwissenschaftliche, journalistische oder künstlerische Fachrichtungen integriert" (Haslinger/Treichel 2005:184).

Wer literarisches und kreatives Schreiben lehrt, sollte nicht nur die spärlich besiedelten Höhen im Blick haben, sondern auch die vielen Interessierten an der Basis, die Schreiben (und Lesen) professioneller lernen möchten. Literarisches und kreatives Schreiben müsste deswegen zur Grundausbildung an Schulen und Hochschulen gehören. Das Erfinden, Erzählen und Besprechen von Geschichten vermittelt eine Universalkompetenz, die lebenslanges Training fordert – am besten von Kindesbeinen an. Es geht dabei darum, dass alle, die es möchten, ihre eigene Sprache sowie Wege zur Produktion und Vermittlung von Literatur finden sollten. Neben den ästetischen Selbstzweck von Literatur träte – als unvermeidliches Plus – eine Kulturelle Bildung im umfassenden Sinne; das bedeutet, dass sich der Erfolg von Programmen für literarisches und kreatives Schreiben mitunter über Bande herstellt. Ablesbar ist das nicht vor allem an den literarischen Spitzenerzeugnissen, sondern generell an geschärften Standardkompetenzen bei jenen, die sich intensiv mit Schreiben und Literatur beschäftigen. So sind Vortragende aus den USA, wo Creative writing zu den Standards gehört, meist in der Lage, „sich auf ihre Zuhörer einzustellen, sich verständlich auszudrücken und auch noch Interesse für ihr Thema zu wecken" (Haslinger/Treichel 2005:190). Theorie und Praxis in dieser Hinsicht zu verbinden, erweitert die beruflichen Perspektiven einer Ausbildung, die auf den ersten Blick auf eine Schriftstellerbiografie hinausläuft. Schreiben müsste in Deutschland ganz selbstverständlich fachübergreifend studiert werden können, um diese Wirkungen auch bei uns zu befördern. Literatur wäre – neben ihrem Eigenwert als künstlerische Form – eine Kernkraft fürs Auftreten, ja fürs Leben.

Der Blick nach Übersee gibt eine Richtung für die Zukunft vor: Die Website der *Association of Writers & Writing Programs* verzeichnet allein für Nordamerika mehr als 500 Creative Writing Programs an Universitäten und Colleges. Das beschreibt eine Entwicklung, die für Deutschland und Europa durch eine stärkere Institutionalisierung des Schreibenlehrens noch zu leisten ist – um das Besondere zum Normalfall zu machen, zum Besten der Sprache und ihrer Autorinnen und Autoren.

Zum Weiterlesen

Bundesakademie für kulturelle Bildung Wolfenbüttel (Literaturprogramm): www.bundesakademie.de/li.htm (Letzter Zugriff am 05.08.12).

Deutsches Literaturinstitut Leipzig: www.deutsches-literaturinstitut.de

Ermert, Karl/Kutzmutz, Olaf (Hrsg.) (2005): Wie aufs Blatt kommt, was im Kopf steckt. Über Kreatives Schreiben. Wolfenbüttel: Bundesakademie für kulturelle Bildung Wolfenbüttel.

European Association for the Teaching of Academic Writing (EATAW): www.eataw.eu

Haslinger, Josef/Treichel, Hans-Ulrich (Hrsg.) (2006): Schreiben lernen – Schreiben lehren. Frankfurt/M.: S. Fischer.

Haslinger, Josef/Treichel, Hans-Ulrich (Hrsg.) (2005): Wie werde ich ein verdammt guter Schriftsteller. Berichte aus der Werkstatt. Frankfurt/M.: Suhrkamp.

Henri-Nannen-Schule. Hamburger Journalistenschule: www.journalistenschule.de

Institut für Literarisches Schreiben und Literaturwissenschaft der Universität Hildesheim: www.uni-hildesheim.de/index.php?id=856

King, Stephen (2011 [2000]): Das Leben und das Schreiben. Aus dem Amerikanischen von Andrea Fischer. München: Heyne.

Krechel, Ursula (2003): In Zukunft schreiben. Handbuch für alle, die schreiben wollen. Salzburg: Jung und Jung.

Kruse, Otto (2001): Kunst und Technik des Erzählens. Frankfurt/M.: Zweitausendeins.

Kutzmutz, Olaf/Porombka, Stephan (Hrsg.) (2007): Erst lesen. Dann schreiben. 22 Autoren und ihre Lehrmeister. München: Luchterhand.

Master „Biografisches und Literarisches Schreiben" der Alice Salomon Hochschule Berlin: www.ash-berlin.eu/studienangebot/weiterbildende-masterstudiengaenge/biografisches-und-kreatives-schreiben/willkommen

Wood, James 2011 [2008]: Die Kunst des Erzählens. Mit einem Vorwort von Daniel Kehlmann. Aus dem Englischen von Imma Klemm unter Mitwirkung von Barbara Hoffmeister. Reinbek bei Hamburg: Rowohlt.

„Writers' Workshop" der Universität in Iowa: www.uiowa.edu/~iww

Birgit Jank
Ausbildung in Musik für Kulturelle Bildung

Musik ist Ereignis, Aktion und Schauspiel. Sie speist sich nicht nur aus Tanz, Dichtung, Gestik und Pantomime, sondern hat sich in enger Wechselwirkung mit anderen Künsten entwickelt. Musik ist durch ihre Gemeinschaftlichkeit und durch die von ihr verkörperte Ordnung von jeher ein bevorzugtes Medium von Kultureller Bildung (siehe Christian Höppner „Musik und Kulturelle Bildung" in diesem Band). Zu einer vertieften Auseinandersetzung in diesem Kontext gehören insbesondere das Finden eigener kultureller Identität in und durch Musik, das emotionale Nachvollziehen musikalischer Prozesse, das Experimentieren mit musikalischen Strukturen sowie das Spielen und Präsentieren von Musik.

Ausbildungskonzeptionen in Musik gehen von einer Vielfalt möglicher Betrachtungsweisen von Musik aus. So fragen z.B. musikästhetische Betrachtungsweisen nach dem Musikgeschmack, musikpädagogische nach der Musikvermittlung, musiktheoretische nach der Struktur von Musik, musiksoziologische nach dem Zusammenhang von Musik und Gesellschaft, musikpsychologische nach der musikbezogenen Wahrnehmung und kulturwissenschaftliche Betrachtungsweisen nach den Bezügen von Musik zu anderen Kommunikationsformen.

Musikausbildung vollzieht sich zum einen in technisch-handwerklichen Bereichen (z.B. instrumentale und vokale Ausbildung in allen Musikgenres, Musiktheater, digitale Musikprogramme, musikalisch-künstlerische Ausdruckstechniken) und zum anderen im Kontext musikpädagogischer und kulturvermittelnder Denkmuster und verschiedener künstlerischer Leitorientierungen.

Prägend für Musikausbildungen in Deutschland sind die unterschiedlichen Ausbildungsinstitutionen und die damit verbundenen institutionellen Rahmungen: die Musikhochschulen haben sich von jeher neben musikpädagogischen Ausbildungsgängen auf die professionelle Musikerausbildung nach abendländischer Musiktradition sowie auf moderne Bereiche wie Rock, Pop, Jazz, Performance und Digitale Medien spezialisiert. Berufsakademien, Fachhochschulen und Universitäten bieten in vernetzten Formen mit anderen Disziplinen eher akademisch orientierte Studiengänge in Musikwissenschaft, Musikpädagogik, Musikvermittlung und Kulturarbeit/Soziale Arbeit mit dem Schwerpunkt Musik an.

Eine zunehmende Rolle vor allem in Kontexten der Kulturellen Bildung spielt die musikalische Selbstprofessionalisierung von Kindern, Jugendlichen, Erwachsenen und der Generation 50+ innerhalb und außerhalb institutioneller Ausbildungseinrichtungen. Das Prinzip des informellen Musiklernens sowie regionale, aber auch digitale Bildungs- und Fortbildungsangebote ermöglichen dies in sich ständig erweiternden und verändernden Formen und Inhalten.

Historische Dimensionen und globale Spannungsfelder

Musikausbildung in der abendländischen Musiktradition wird häufig als Klangkunst definiert und orientiert sich deshalb in starkem Maße an einem Kunstwerk. Dies schlägt sich in der Mehrzahl von eher traditionell gehaltenen Musikausbildungen in Deutschland, z.B. in der Musikschullehrerausbildung nieder. Musiktraditionen anderer Kontinente hingegen beziehen seit jeher Klangumwelten sowie sinnliche und soziale Ereignisse im Sinne musikalischer Zeremonien in ihr Musikverständnis mit ein. Dementsprechend wurde auch Musikerfahrung an die nächsten Generationen mit anders strukturierten Lernmustern wie z.B. sozialen Gruppenlernprozessen weitergegeben.

Aktuelle kulturelle Globalisierungsprozesse haben gegenwärtig die Musik als Kunst ebenso erfasst wie musikalische Alltagskulturen und beeinflussen mit Kunst und Kultur verbundene Werthaltungen. Die Qualität des Austausches, der Vermischung und Entstehung neuer Musikkulturen geht vor allem auf drei grundlegende gesellschaftliche Veränderungen zurück: die Herausbildung einer Weltgemeinschaft, deren Kern die Internationalisierung der (Musik-)Wirtschaft ist, die weltweiten Migrationsprozesse und die Medienentwicklung.

Seit den 1970er Jahren, verstärkt seit den 1990er Jahren sind in Deutschland auch sozialpädagogische und kulturwissenschaftliche Perspektiven in die praktische und theoretische Musikausbildung eingeflossen. So wurden entsprechende Konzeptionen entwickelt und in Musik-Ausbildungsgängen angeboten: Ansätze einer inter- und transkulturellen Musikpädagogik, einer subjektorientierten Konzertpädagogik, einer sozialen Kulturarbeit/ Schwerpunkt Musik, einer Produktionsdidaktik in der musikalischen Projektarbeit oder Konzeptionen der Digitalen Musikmedien und der Musikarbeit in zielgruppenausgerichteten sozialen Feldern.

In der Musiklehrerausbildung und der Ausbildung von KulturarbeiterInnen in den Feldern der Musik haben sich zunehmend Denkweisen und Ausbildungsformen entwickelt, die auf notwendige unterschiedliche Bedingungsanalysen für das eigene Agieren und Unterrichten an verschiedenen gesellschaftlichen Lernorten (Musikschulen, Jugendzentren, Kultur- und Freizeiteinrichtungen, Konzerthäuser , soziale Einrichtungen u.a.) abheben, die zu mehr Mut zur Entschulung aufrufen und sozio-kulturelles Eingreifen und Intervenieren mit der Zielstellung der Stärkung und Stabilisierung beteiligter Menschen mit Hilfe der Musik zum Ziel haben (siehe Matthias Pannes „Musizieren ist Sprache der Persönlichkeit – Ein Weg zur Musik durch die Musikschule" in diesem Band). Lehrende werden in solchen Bildungskontexten immer mehr zu BeraterInnen, BegleiterInnen und ImpulsgeberInnen. Hervorragende Beispiele sind die mobilen Rock- und Medienmobile, die Mädchenmusikarbeit im Perkussionsbereich oder die Musikgeragogik.

In den theoretischen Arbeiten sind die Überlegungen von Hermann J. Kaiser (Kaiser 1993:161f.) zur ästhetischen und musikalischen Erfahrung richtungweisend, die im Rahmen einer Systematischen Musikpädagogik Dialoge zwischen Theorien des praktischen Musiklernens, Theorien der Bildung musikbezogener Erfahrung und übergreifenden ästhetischen und gesellschaftlichen Theorien einfordert.

Aktuelle Situation und neuere Modellfälle

Musikarbeit nimmt in der Kulturellen Bildung einen exponierten Platz ein. So zeigen Besucher- und Veranstaltungszahlen aus soziokulturellen Zentren von 2009 und 2010, dass von den 84.123 Veranstaltungen die Musikworkshops und Konzerte an erster Stelle stehen

(Ahbe 2011:11). Der *Deutsche Musikrat (DMR)* als Dachverband aller Musikschaffenden und Musikinstitutionen vertritt rund acht Millionen Menschen, ein nicht geringer Teil davon arbeitet im Bereich der Kulturellen Bildung und Ausbildung. So hat der *DMR* bereits 2000 ein Memorandum zur Ausbildung für musikpädagogische Berufe verfasst, in dem er eine Neubestimmung von Ausbildungsprofilen einfordert, die stärker berufsbezogen sind, und eine enge Verflechtung musikalischer Praxen in der Gesellschaft ebenso für notwendig hält wie die Möglichkeiten zu individuellen Profilbildungen (Deutscher Musikrat 2007:27ff.). Auch der Bologna-Prozess im Hochschulbereich unterstützt und ermöglicht die Neuorientierung und Neugründung neuartiger Studiengänge in der musikalischen Berufsbildung (DTKV 2010:26ff.). An der *Hochschule für Musik Detmold* wurde ein Masterstudiengang „Musikvermittlung/Konzertpädagogik" ins Leben gerufen, der MusikerInnen, MusikpädagogInnen, MusikwissenschaftlerInnen und KulturmanagerInnen auf dieses neue Berufsfeld vorbereitet. An der *Hoffbauer-Berufsakademie* in Potsdam verbindet ein dualer Bachelor-Studiengang Grundlagen sozialer Arbeit und sozialpädagogischen Handelns mit auf Soziale Arbeit zugeschnittenen Kompetenzen im Bereich Musikpädagogik und Musikvermittlung. Diese neuartigen Studiengänge bilden fächerübergreifend aus und kreieren damit auch neue Berufsbilder in der Kulturellen Bildung. Neue Kommunikationsformen in und über Musik werden so erprobt und initiiert.

Ausblick

Musikausbildungen in Deutschland werden sich trotz der langen abendländischen Tradition immer mehr an die Realitäten und Erfordernisse der heutigen Gesellschaft anzupassen haben und sich neuen Berufsbildern öffnen müssen. Diese Veränderungsmöglichkeiten sollten traditionelle Ausbildungsstätten im Rahmen von Studienreformen aktiv ergreifen und hierbei auch europäische Dimensionen im Blick haben. Ebenso müssen neue Lehrinhalte und Lehrformen in der Musikausbildung im Kontext von Direkt-, Fort- und Weiterbildungsangeboten entwickelt und umgesetzt werden, die sich stärker an musikalischen Kommunikationsformen und soziokulturellen Perspektiven orientieren. Künftige MusikschullehrerInnen müssen z.B. durch Ausbildung besser befähigt werden, auf konkrete regionale Bedingungen und Erfordernisse mit speziellen Angeboten in den Musikschulen wie in der MusikseniorInnenarbeit, der Musikarbeit mit MigrantInnen oder behinderten Menschen reagieren zu können. Musikarbeit an allgemeinbildenden Schulen muss schrittweise hin zur kulturellen Bildungsarbeit geöffnet werden. Der Zugang zu Konzerthäusern sollte für alle Bevölkerungsschichten ermöglicht und motivierend gestaltet werden, damit die Menschen diese Angebote auch wahrnehmen wollen. Entwicklungen in den Kinder- und Jugendmusikkulturen sind Signale und Seismografen für neuere Entwicklungen und sollten von KulturarbeiterInnen in Musik erkannt und decodiert werden können. Hierzu müssen analytische, musiksoziologische, musikpädagogische und erziehungswissenschaftliche Kompetenzen in der jeweiligen Ausbildung erworben werden können. Inklusion und Arbeitstechniken in der Projektarbeit im ästhetischen Feld bieten hier gute neue Ansätze, um musikalische Erfahrung für alle Beteiligten zu ermöglichen, aus der dann Bildungspotentiale für die Kulturelle Bildung erwachsen können.

Zum Weiterlesen

Bäßler, Hans/Jank, Birgit/Knolle, Niels (Hrsg.) (1999): Autonome Schule – andere Musikpädagogik? Hamburg: Fachbereich Erziehungswissenschaft der Universität Hamburg.

Bastian, Hans Günther (Hrsg.) (2001): Musikpädagogik studieren – und was dann? Ein Handbuch für Magister über Berufsprofile, Berufsqualifikationen und Berufspraxis. Augsburg: Wißner.

Clausen, Bernd (2009): Der Hase im Mond – Studie zu japanischer Musik im japanischen Musikunterricht. Musikpädagogische Beiträge. Band 8. Berlin: LIT.

Deutscher Tonkünstlerverband e.V. (Hrsg.) (2010): Der Bologna-Prozess: Schaffung eines gemeinsamen Europäischen Hochschulraumes. Umsetzung im Bereich der musikalischen Berufsausbildung. München: DTKV.

Hoffbauer Berufsakademie: http://www.hoffbauer-berufsakademie.de

Masterstudiengang Musikvermittlung/Konzertpädagogik, Hochschule für Musik Detmold (HfM): http://www.musikvermittlung-detmold.de

Wicke, Peter (Hrsg.) (2006): Duden Musik. Berlin: DUDEN PAETEC.

Ulrike Hentschel
Theaterpädagogische Ausbildung

Die Theaterpädagogik ist eine relativ junge akademische Disziplin. Erste Überlegungen zu Studiengängen gingen aus theaterpädagogischen Tagungen und Kongressen zu Ausbildungsfragen in den 1970er Jahren hervor. Als ein wesentlicher Schritt zur Etablierung theaterpädagogischer Studiengänge in der Bundesrepublik Deutschland kann die Gründung des *Instituts für Spiel- und Theaterpädagogik* und dessen Integration in die *Hochschule der Künste Berlin* (1980) angesehen werden. Hier wurde Ende der 1980er Jahre der erste theaterpädagogische Studiengang in der Bundesrepublik Deutschland eingerichtet. Ende der 1990er Jahre folgte an der *Fachhochschule Osnabrück*, Standort Lingen (Ems) der erste theaterpädagogische Diplom-Studiengang (vgl. Streisand u.a. 2005).

Zur gleichen Zeit entwickelte der *Bundesverband Theaterpädagogik e.V. (BuT)* Kriterien zur Zertifizierung von theaterpädagogischen Fort- und Weiterbildungen, die außerhalb der Hochschulen von Fachverbänden oder privaten Anbietern organisiert werden. Die Anerkennung über den Berufsverband erfolgt entsprechend dem Umfang und der Qualität der absolvierten Fort- und Weiterbildungen (siehe Karl Ermert „Weiterbildung für Handlungsfelder Kultureller Bildung" in diesem Band).

Aktuelle Situation

Seit Beginn dieses Jahrhunderts sind zahlreiche neue theaterpädagogische Studiengänge auf Bachelor- und Masterniveau an deutschsprachigen Hochschulen entstanden. Speziell für den Bereich der außerschulischen Bildungsarbeit sind hier zu nennen: die Bachelorstudiengänge „Theaterpädagogik" an der *Fachhochschule Osnabrück*, Standort Lingen (Ems) und „Theater im Sozialen, Theaterpädagogik" an der *Fachhochschule in Ottersberg*, Masterstudiengänge an der *Universität der Künste Berlin*, der *Universität Erlangen-Nürnberg*, der *Hochschule für Musik und Theater Rostock*, ein Bachelor- und Masterstudiengang „Theaterpädagogik" an der Züricher Hochschule der Künste. An der *Universität Hildesheim* wird der Masterstudiengang „Kulturvermittlung" angeboten, in dem „Theater" als ein Schwerpunktfach gewählt werden kann. Darüber hinaus bieten Fachhochschulen innerhalb sozialpädagogischer und kulturvermittelnder Studiengänge in der Regel einen theaterpädagogischen Studienschwerpunkt an.

Mit Ausnahme des forschungsorientierten Masterstudiengangs an der *Universität Erlangen-Nürnberg* sind die gemeinsamen Kennzeichen der o.g. Bachelor- und Masterstudiengänge ihr Anwendungsbezug und ihr handlungs- und projektorientiertes Vorgehen. Die Studiengänge beinhalten Module in den Bereichen der Theaterpraxis (Bewegung, Sprecherziehung, schauspielerische Grundlagen, Improvisation, spezielle Theaterformen u.a.), der Vermittlung (Spielleitung, Kulturelle Bildung, Kulturmanagement u.a.) und der Theorie (Theatertheorie und -geschichte, Dramaturgie, Theorien der Theaterpädagogik u.a.) sowie didaktische und künstlerische Projekte, die diese Studienbereiche integrieren. Hinzu kommen Praktika, Theaterbesuche und die Teilnahme an einschlägigen Festivals.

Ziel ist es, TheaterpädagogInnen auszubilden, die professionell dazu in der Lage sind, die Kunst des Theaters an nicht professionelle AkteurInnen zu vermitteln, also über künstlerische Kompetenz, Vermittlungskompetenz und die Fähigkeit zur theoretischen Reflexion theatraler und theaterpädagogischer Praxis verfügen. Die Schwerpunktsetzung zwischen Theorie und Praxis, Theater und Pädagogik ist dabei vom jeweiligen Fachverständnis der ausbildenden Institution bzw. ihrer FachvertreterInnen abhängig (vgl. Dörger/Nickel 2005).

Weiterhin lassen sich theaterpädagogische Ausbildungsgänge danach unterscheiden, von welcher Vorstellung von ästhetischer Erfahrung, der Erfahrung im Umgang mit Theater sie ausgehen. In Anlehnung an Eva Sturm (2011), die diese Unterscheidung für die Kunstpädagogik formuliert, lassen sich idealtypisch zwei Positionen unterscheiden. Stärker repräsentationsorientierte Positionen stellen das theatrale Rollenspiel in den Mittelpunkt und bestimmen die Erfahrung des Theaterspielens als ein „Probehandeln" für den Ernstfall des sozialen Handelns. Differenzorientierte Ansätze legen eine paradoxe Struktur theatraler Kommunikation zugrunde, in der Wirklichkeiten gleichzeitig konstruiert und dekonstruiert werden und bestimmen so die ästhetische Erfahrung aus der - der theatralen Produktion innewohnenden - Differenzerfahrung (vgl. Hentschel 2010, 2005)..

Herausforderungen

Professionalisierung im Rahmen eines Berufsfeldes, das noch keine lange Tradition hat und sich in den wenigen Jahrzehnten seines Bestehens vielfältig gewandelt hat, bedeutet nicht ausschließlich das Erreichen von „Employability", im Sinne einer Reaktion auf die heterogenen Anforderungen des Berufsfeldes. Über eine unmittelbare Fachkompetenz hinaus geht es innerhalb theaterpädagogischer Studiengänge auch darum, die Fähigkeit zu konzeptionellem Denken und zur kritischen Befragung von Konzepten und Institutionen zu entwickeln, neue Praxisfelder zu erschließen und damit aktiv zu Entwicklungen des Faches beizutragen, die zum Zeitpunkt der Ausbildung noch nicht abzusehen sind. Im Rahmen des theaterpädagogischen Studiums heißt das, die künstlerische Praxis des Theaters und die (eigene) theaterpädagogische Praxis als historisch und kulturell bedingt und damit veränderbar zu reflektieren und sie im Zusammenhang mit anderen performativen Praxen einer jeweiligen Kultur zu betrachten.

Die Ausbildung einer solchen reflexiven Haltung gegenüber dem eigenen Tun ist einerseits die Grundlage für eine Skepsis gegenüber einem emphatischen Bildungsverständnis und übertriebenen Erwartungen an die Wirkungsweisen theaterpädagogischer Arbeit. Andererseits schafft sie ein Bewusstsein dafür, dass mit dieser Arbeit immer auch ein Beitrag zu einer konkreten gesellschaftlichen Wirklichkeit produziert wird und stellt damit die Frage nach den immer schon vorhandenen Formen der Vereinnahmung theaterpädagogischer Arbeit im Kontext Kultureller Bildung. Solche Fragen – letztlich die entscheidenden Fragen nach dem beruflichen Selbstverständnis – überschreiten das Ausbildungs- und Prüfungssystem von Bachelor- und Masterstudiengängen. Sie sind nicht einem einzelnen Modul zuzuweisen, sondern bilden eine Grundhaltung, die zu vermitteln und ständig zu überprüfen eine Herausforderung für theaterpädagogische Ausbildungen darstellt.

Zum Weiterlesen

Hentschel, Ulrike/Pinkert, Ute (2008): Was tue ich hier und warum? Vortrag bei der Jahrestagung der Ständigen Konferenz Spiel und Theater in Görlitz. In: Musik und Unterricht. Das Magazin für Musikpädagogik, Heft 93/2008, 10-12: http://194.95.94.66:8080/sites/theaterpaedagogik/content/e348/e111003/e111016/infoboxContent111017/Wastueichhierundwarum UlrikeHentschel,UtePinkert,20082_ger.pdf (Letzter Zugriff am 05.08.12).

Hentschel, Ulrike (2005): Das so genannte Reale. Realitätsspiele im Theater und in der Theaterpädagogik. In: Klein, Gabriele/Sting, Wolfgang (Hrsg.): Performance. Positionen zur zeitgenössischen szenischen Kunst (131-146). Bielefeld: transcript.

Nix, Christoph/Sachser, Dietmar/Streisand, Marianne (Hrsg.) (2012): Lektionen Theaterpädagogik. Berlin: Alexander.

Antje Klinge
Ausbildung im Tanz für Kulturelle Bildung

Ein Auslöser der angestiegenen Nachfrage nach Tanz für Kinder und Jugendliche in schulischen wie außerschulischen Bildungseinrichtungen war vermutlich der Kinofilm „Rhythm ist it!" aus dem Jahr 2004. Der damit aufgekommene Tanzboom betraf die Ausbildungsorte, in denen Tanz und Tanzpädagogik angeboten wurden, unmittelbar. Sie mussten sich sowohl auf die große Nachfrage als auch neue Qualitätsansprüche einstellen. Konzentrierte sich bislang das Angebot kreativer Tanzerziehung auf die außerschulische kulturelle Kinder- und Jugendbildung, erweiterte es sich nun – dem Vorbild sogenannter Educational Projekte folgend – auf Regelschulen (siehe Marie Beyeler/Livia Patrizi unter Mitarbeit von Jovana Foik „Tanz – Schule – Bildung. Überlegungen auf der Erfahrungsgrundlage eines Berliner Tanz-in-Schulen-Projekts" in diesem Band). Professionell ausgebildete TänzerInnen (Bühnentanz) sowie diplomierte TanzpädagogInnen gab es zwar, von einer professionellen Ausbildung, die die Belange kultureller Bildungsarbeit in den verschiedenen Bildungsorten (Jugendkunstschule, Jugendhilfeeinrichtungen, Vereine und Schulen) sowie die Bedürfnisse der Kinder und Jugendlichen thematisiert und Tanz als ästhetisches Medium individueller Entwicklungsförderung und Gestaltungsfähigkeit betrachtet, konnte allerdings nicht die Rede sein. So war für viele Ausbildungsstätten die steigende Nachfrage ein willkommener und notwendiger Anlass, über Inhalte, Zielperspektiven von Tanz in der Kulturellen Bildung und vor allem über Qualitätsansprüche von TanzvermittlerInnen nachzudenken und Konzepte wie Profile für eine beginnende bzw. fortführende Professionalisierung vorzulegen (siehe Claudia Fleischle-Braun „Tanz und Kulturelle Bildung" in diesem Band).

Akademische Ausbildungen

Derzeitig werden an staatlichen Hochschulen Qualifizierungen vorgenommen, die Tanzpädagogik bzw. Tanzvermittlung für Kinder und Jugendliche im schulischen wie außerschulischen Bereich in ihr Studienprogramm aufgenommen haben. Je nach Ausrichtung und Schwerpunkt der Hochschule werden dabei unterschiedliche Abschlüsse vergeben. Grundlage der hier zusammen getragenen Informationen sind die Ergebnisse einer Umfrage von *Tanzplan Deutschland* zu den tanzpädagogischen Qualifikationsmaßnahmen in staatlichen Ausbildungsinstitutionen, Hochschulen und Berufsfachschulen. An der *Akademie des Tanzes* in der *Hochschule für Musik und darstellende Kunst in Mannheim* existiert der Bachelor-Studiengang „Kindertanzpädagogik" sowie an der *Palucca Schule Dresden* der Bachelor-Studiengang „Tanzpädagogik". Die *Hochschule für Musik und Darstellende Kunst in Frankfurt am Main* hat seit 2006 den Master-Studiengang „Zeitgenössische Tanzpädagogik" eingerichtet, der sich allerdings verstärkt an professionelle TänzerInnen wendet. Das gleiche gilt für den Master-Studiengang „Tanzpädagogik" an der *Folkwang-Universität der Künste* in Essen. In Kooperation mit der *Deutschen Sporthochschule (DSHS)* Köln, die seit den 1960er Jahren einen künstlerisch-pädagogischen Schwerpunkt Tanz verfolgt, bietet das *Zentrum für Zeitgenössischen Tanz* an der *Hochschule für Musik und Tanz in Köln (HfMT)* seit dem WS 2010/11 das Modul „Tanz in Schulen" an. Ein ähnliches Angebot macht die *Universität*

Hamburg im Fachbereich Bewegungswissenschaft, mit dem Modul „Choreografieren mit SchülerInnen", das in die Lehrerausbildung im Bachelor-Studium integriert ist. Schließlich gibt es an der *Universität Konstanz* im Rahmen des Bachelor-Studiums Sportwissenschaft den Studienschwerpunkt „Tanzpädagogik".

Fort- und Weiterbildungen

Ein großer Teil tanzpädagogischer Qualifizierungsmaßnahmen ist im Bereich berufsbegleitender Fort- und Weiterbildungen für Tanz in der Kulturellen Bildung zu finden. Dabei sind die Angebote so vielfältig wie ihre Anbieter, was den Professionalisierungsgrad tanzpädagogischer Aus- oder Weiterbildung in Deutschland verwässert. Um einem Wildwuchs begegnen zu können, hat der *Beirat Tanz* der Sektion „Rat für Darstellende Kunst und Tanz" 2007 im *Deutschen Kulturrat* Richtlinien vorgelegt, die die Mindestkompetenzen und Grundkenntnisse von TanzpädagogInnen beschreiben (vgl. Beirat Tanz 2007). Zur gleichen Zeit hat der neu gegründete *Bundesverband Tanz in Schulen* fachliche Empfehlungen zur Umsetzung, Qualitätsentwicklung und -sicherung von Tanz in Schulen vorlegt, die das Bemühen qualifizierter und professioneller Aus- und Weiterbildung in der Tanzvermittlung deutlich machen.

Je nach Profil der Hochschule, Schule bzw. Ausbildungsort werden unterschiedliche Voraussetzungen von den Studierenden bzw. Lernenden erwartet. So richten sich die meisten staatlichen Institutionen an professionelle TänzerInnen. Nur wenige setzen Schwerpunkte im Bereich der Kulturvermittlung und Kulturellen Bildung (z.B. Hamburg, *HfMT* und *DSHS* Köln, lanciert vom *Tanzplan Deutschland* 2008 sowie der *Bundesverband Tanz in Schulen*). Dementsprechend unterscheidet sich das jeweilige Verständnis von Tanzvermittlung von Institution zu Institution. Während einige einen eher klassischen Begriff von Vermittlung im Sinne von Einübung in und Erwerb von Tanztechniken zugrunde legen, verstehen wiederum andere Tanzvermittlung als eigenständigen Bildungsbereich, der den Gegenstand Tanz – vor allem in seiner zeitgenössischen Ausrichtung – als ästhetisches Medium Kultureller Bildung auslegt (vgl. Klinge 2002, 2010, 2011).

Da es keine einheitlichen Vorstellungen, Erwartungen und Qualitätsansprüche an professionelle VermittlerInnen und Anbieter von Tanz im Bereich der Kulturellen Bildung gibt, fallen die jeweiligen Aus- und Fortbildungsangebote unterschiedlich aus. Diese Vielfalt unterstützt zwar die Möglichkeit, persönliche und berufsbiografische Profilbildungen zu entwickeln bzw. zu vertiefen, sie fördert aber auch die Gefahr einer beliebigen, je nach Schule und Tradition verpflichteten pädagogischen Orientierung. Eine im Sinne der Professionalisierung notwendige Standardisierung von Zielperspektiven und Ausbildungselementen ist bisher nicht vorgenommen worden. Dies wohl auch aufgrund der Tatsache, dass es keine rechtlichen Regelungen zur Förderung oder gar Verpflichtung von Kultureller Bildung gibt (vgl. Deutscher Städtetag 2009) und somit auch die Notwendigkeit einer Übereinstimmung in Fragen professioneller Tanzangebote in der Kulturellen Bildung nicht von allen Beteiligten geteilt wird.

Fazit

Die knappe Übersicht macht deutlich, dass der Professionalisierungsprozess im Bereich von Tanz in der Kulturellen Bildung gerade erst begonnen hat. Die große Vielfalt und Heterogenität an Angeboten und Anbietern spricht zwar für das Bemühen, den Tanz in der Kulturellen Bildung weiter zu stärken; sie ist aber auch ein Hinweis dafür, dass die Ausbildung im Tanz für Kulturelle Bildung einer qualitativ hochwertigen Professionalisierung gegenübersteht.

Zum Weiterlesen

Bundesverband Tanz in Schulen: www. bv-tanzinschulen.de

Deutscher Bundesverband Tanz e.V.: www.dbt-remscheid.de

Deutscher Städtetag (2009): Kultur in Deutschland aus Sicht der Städte. Positionspapier zum Bericht der Enquete-Kommission „Kultur in Deutschland" des Deutschen Bundestages: www.staedtetag.de/imperia/md/content/.../kultur_in_deutschland.pdf (Letzter Zugriff am 05.08.12).

Klinge, Antje (2011). Kulturelle Bildung im Bereich Tanz. In: Bundeszentrale für politische Bildung (Hrsg.): Dossier Kulturelle Bildung: http://www.bpb.de/themen/ADPUT4,0,Kulturelle_Bildung_und_Tanz.html (Letzter Zugriff am 05.08.12).

Internetadressen von Aus- und Weiterbildungsstätten

Berufsbegleitende Weiterbildung „Tanzkunst in die Schule": http://www.tanzkunst-in-die-schule.de

Deutsche Sporthochschule Köln: Tanz in Schulen: www.dshs-koeln.de/modultanzinschulen

Folkwang-Universität der Künste: www.folkwang-uni.de

Hochschule für Musik und Darstellende Kunst Frankfurt/M.: www.hfmdk-frankfurt.info

Hochschule für Musik und Darstellende Kunst Mannheim: Akademie des Tanzes: www.akademiedestanzes.de

Hochschule für Musik und Tanz Köln: Bachelor of Arts Tanz: http://www.hfmt-koeln.de/studiengaenge/ba/tanz.html

Palucca-Hochschule für Tanz Dresden: www.palucca.eu

Universität Hamburg: Abteilung Kultur, Medien und Gesellschaft: www1.uni-hamburg.de/gklein

Universität Konstanz: Studienschwerpunkt Tanzpädagogik: http://cms.uni-konstanz.de/sportwissenschaft/studium-und-lehre/studiengaenge/bachelor-studium/studienschwerpunkte/tanzpaedagogik/

Andreas Grünewald Steiger
Ausbildung für Vermittlung im Museum

Einordnung: Das Museum und seine Pädagogik

Die Frage der Ausbildung für die Museumspädagogik ist seit ihrer ersten modernen Wiederbegründung in den 1970er Jahren untrennbar mit der Diskussion um die Bezeichnung dieses Tätigkeitsbereiches und damit mit deren inhaltlicher Definition und Abgrenzung zu den anderen museumsspezifischen Bezugswissenschaften verflochten.

Die Wechselwirkung zwischen der Beschreibung der eigentlichen Kernprofession der Museumspädagogik und den Voraussetzungen und Rahmenbedingungen, diese adäquat in einem grundständigen Curriculum zu lehren, führt bis heute zu einem Zustand, der die Museumspädagogik als Studienvorkommnis, also als mehr oder weniger relevanten Bestandteil innerhalb anderer museumsbezogener Ausbildungsgänge aufscheinen lässt. Eine eigenständige Ausbildung Museumspädagogik existiert in Deutschland weder in hochschulischen noch in postgradualen Zusammenhängen. Diese fehlende Möglichkeit zur theoretisch-wissenschaftlichen Forschung und Reflexion mit entsprechender Weiterentwicklung museumspädagogischer Theorie in universitären Zusammenhängen führt in der gegenwärtigen Praxis an vielen Stellen zu dem Versuch, sich begrifflich anzupassen oder sich zu positionieren. Der gegenwärtig viel genutzte Begriff der „Vermittlung", meist unter Bezugnahme auf die Kulturelle Bildung, kann als ein solcher Ansatz verstanden werden, der Museumspädagogik durch nominale Umwidmung eine Neuorientierung in einem Arbeitsfeld zu verschaffen, das sich inhaltlich und strukturell in einem permanenten Wandel befindet (siehe Hannelore Kunz-Ott „Museum und Kulturelle Bildung" in diesem Band).

Die Entwicklung seit 1980

Die Auseinandersetzung um das Für und Wider einer Ausbildung, um ihre Inhalte und Strukturen und ihre Kausalitäten für die Praxis bzw. umgekehrt wurde Mitte der 1980er Jahre öffentlicher und konkreter. Die museumspädagogische Fachzeitschrift „Standbein/Spielbein – Museumspädagogik aktuell" erschien 1987 mit dem Schwerpunktthema „Ausbildung" und fokussierte im Leitartikel die Situation wie folgt: „Auch taucht die Frage auf, ob Professionalisierung und Standardisierung überhaupt die Ziele sein können. [...] Ist es sinnvoll, angesichts der unterschiedlichen Inhalte und Zielgruppen, eine Ausbildung in Rahmenpläne und Raster zu packen? Die Gefahr ist, dass Entwicklungsmöglichkeiten und Vitalität gekappt werden" (Westfehling 1987:1).

Dieser Angelpunkt in der Debatte wurde nie aufgelöst, verlagerte sich aber Ende der 1980er Jahre durch verstärkte Aktivitäten im Bereich der berufsbegleitenden Weiterbildungsmöglichkeiten, wie sie zunächst an der *Akademie Brauweiler* und später an der *Bundesakademie für kulturelle Bildung Wolfenbüttel* konzipiert und angeboten wurden. In den 1990er Jahren entwickelte sich die postgraduale Form der Professionalisierung durch deren Aufnahme in die Lehrangebote von Universitäten und Fachhochschulen. Parallel dazu erfolgte eine Diversifizierung der Themen – besonders zugunsten von Fragen des Museumsmanagements. Eine

Entwicklung, die zur Folge hatte, dass museumspädagogische Inhalte deutlich reduzierter in Erscheinung traten und die Diskussion um eine Ausbildung zugunsten von Fragen zur Positionierung und Legitimation der Museumspädagogik in der Organisation in den Hintergrund trat. Etwa um die Mitte des ersten Jahrzehnts des 21. Jh.s erhielt die Museumspädagogik einen deutlichen Auftrieb durch die (kultur)politische Diskussion um den Stellenwert, die Wertigkeit und die Wirkung Kultureller Bildung. In Verbindung damit entstanden die Qualitätskriterien für Bildungs- und Vermittlungsarbeit in Museen, die innerhalb der Reihe der „Standards für Museen des Deutschen Museumsbundes" vom *Bundesverband Museumspädagogik* formuliert und 2008 herausgegeben wurden.

Die aktuelle Situation

Die Ausweitung der gefragten Fähigkeiten auf sammlungsspezifisches Fachwissen, museologisches Hintergrundwissen, pädagogische Kenntnisse sowie spezifische Qualifikationen in Bereichen wie Projektmanagement, Besucherforschung, Personalführung, Öffentlichkeitsarbeit, Marketing, zusätzlich ergänzt durch soziale und kommunikative Kompetenzen, macht es schwer, ein Curriculum zu denken, das diesen Ansprüchen in voller Breite und ohne Qualitätsverlust gerecht werden könnte. So liegt es nahe, dass der *Bundesverband Museumspädagogik* in seinen Qualitätskriterien unter dem Stichwort „Ausbildung" folgende Bedingungen für qualifiziertes Personal benennt und damit zugleich den aktuellen Stand der Diskussion um die Ausbildung für VermittlerInnen im Museum bezeichnet: Zu den Voraussetzungen einer hauptberuflichen Fachkraft gehört „...ein akademischer Abschluss in einem fachwissenschaftlichen, kommunikationswissenschaftlichen, museologischen oder erziehungswissenschaftlichen Fach." Und weiter: „Viele der notwendigen Fähigkeiten und Kenntnisse können auch berufsbegleitend erworben werden, die Bereitschaft zur Fort- und Weiterbildung muss vorhanden sein." Dieser Punkt ist, neben anderen genannten Kompetenzen, Bestandteil der „Checkliste Qualifiziertes Personal" (Deutscher Museumsbund/Bundesverband Museumspädagogik 2008).

Gegenwärtig bestehen an deutschen Lehranstalten eigenständige Professuren für „Museumspädagogik" an der *Hochschule für Technik und Wirtschaft Berlin* im Rahmen des Studienganges „Museumskunde" (FH) sowie an der *Hochschule für Technik, Wirtschaft und Kultur* in Leipzig im Rahmen des Studiengangs „Museologie" (FH). Im September 2011 wurde eine Professur für „Museumspädagogik" an der *Technischen Universität München/School of Education* als Extraordinaria besetzt.

Die Professur für „Museumspädagogik" im Rahmen der Erziehungswissenschaften an der *Humboldt-Universität zu Berlin* wurde 2008 mit der Emeritierung des Stelleninhabers eingestellt.

Ausblick und Perspektiven

Ganz im Sinne des Imperativs, das Museum als „Ort der permanenten Konferenz" zu verstehen (Beuys 1980), hat sich die Museumspädagogik einem solchen Prozess unterworfen und befindet sich seit ihren modernen Anfängen in einer andauernden Diskussion um ihre Aufgaben und Zielstellung. Die fehlende curriculare Struktur einer grundständigen Ausbildung wird dabei – je nach Perspektive als Vor- oder Nachteil gesehen, prägt jedoch in jedem Fall die Perspektiven der zukünftigen Entwicklung des Fachs. Mittelfristig ist abzusehen, dass Flexibilität und Variabilität konstituierend für das Berufsfeld und dessen Qualifizierung bleiben, eine Tendenz, die sich auch in vergleichbaren Entwicklungen in den deutschsprachigen Nachbarländern zeigt. Wesentlich mehr als durch die Ausbildung wird die Qualität der Kulturellen Bildung im

Museum in Zukunft durch die Formulierung und Definition von Standards bestimmt werden. Ein erster Schritt in diese Richtung ist von den maßgeblichen Verbänden Österreichs, der Schweiz und Deutschlands mit den Qualitätskriterien für Bildungs- und Vermittlungsarbeit in Museen bereits gesetzt worden. Die Herausforderung dabei bleibt, die Verbindlichkeit dieser Kriterien in eine Professionalität der Praxis umzusetzen.

Zum Weiterlesen

Bundesverband Museumspädagogik e.V. (Hrsg.) (2009): Aus- und Weiterbildung im Bereich der Bildungs- und Vermittlungsarbeit in Museen: http://www.museumspaedagogik.org/Zusammenstellung_Aus-_und_Weiterbildung_BVMP.pdf (Letzter Zugriff am 07.08.12).

Bundesverband Museumspädagogik (Hrsg.) (2001): Standbein/Spielbein, Museumspädagogik aktuell: Aus- und Weiterbildung. Heft 12.

Bundesverband Museumspädagogik (Hrsg.) (1993): Standbein/Spielbein, Museumspädagogik aktuell: Zwischen klassischer Wissenschaft und neuen Wegen? Zur Aus- und Weiterbildung in der Museumspädagogik. Heft 36/37.

Deutscher Museumsbund/ICOM/ICTOP (2008): Museumsberufe – Eine europäische Empfehlung: http://www.icom-deutschland.de/client/media/339/europaeische_museumsberufe_2008.pdf (Letzter Zugriff am 07.08.12).

Deutscher Museumsbund: Museumsbezogene Studiengänge: http://www.museumsbund.de/index.php?id=102&L=0&STIL=&studID=38 (Letzter Zugriff am 07.08.12).

Deutscher Museumsbund: Museumsbezogene Studiengänge im Ausland: http://www.museumsbund.de/de/aus_und_weiterbildung/studiengaenge/ausland/ (Letzter Zugriff am 07.08.12).

Museumspädagogisches Zentrum (Hrsg.) (1998): Berufsfeld Museumspädagogik im Wandel. Annäherungen, Herausforderungen, Visionen. Dokumentation einer Tagung vom 25.-28. April 1998 in München. München: MPZ.

Parmentier, Michael (2006): Unsystematische Anmerkungen zur Ausbildungssituation der Museumsberufe. Diskussionsbeitrag zum Workshop „Museologische Aus- und Weiterbildung: Perspektiven: http://www.60320ffm.de/orbis/wpcontent/uploads/2008/09 Anmerk.z.Ausbildungssituation %20der%20Museumsberufe.pdf (Letzter Zugriff am 07.08.12).

Schuck-Wersig, Petra (2007): Museumskunde im Fokus. Untersuchung über Studienabschlüsse im Bereich Museum und Kultur in Deutschland, Österreich und der Schweiz. Veröffentlichung der Fachhochschule für Technik und Wirtschaft Berlin, 48/2007.

Treff, Hans-Albert (Hrsg.) (1995): Reif für das Museum? Ausbildung – Fortbildung – Einbildung. Bericht über ein internationales Symposion von den Icom-Nationalkomitees der BRD, Österreichs und der Schweiz vom 1. bis 4. Juni 1994 am Bodensee. Münster: Ardey.

Vieregg, Hildegard (2006): Museumswissenschaften. Eine Einführung. Paderborn: UTB.

Dagmar Hoffmann
Ausbildung in Medienbildung, Medienpädagogik, Medienwissenschaft

Einordnung: Medien und Kultur

Medien und Kultur können nicht als Dichotomie gedacht werden, denn kulturelles Wissen wird in modernen Gesellschaften nicht nur, aber doch wesentlich über Medien vermittelt. Medien sind die Komponenten, die die Selektion, Thematisierung und Gewichtung kulturellen Wissens vornehmen, steuern und damit bestimmen. Medial vermitteltes Wissen über die Kultur der Gesellschaft ist für moderne Individuen eine wichtige Referenz. Medien informieren über Kultur(en), beobachten sie und modifizieren sie, und zugleich sind Medien auch wiederum Teil der Kultur. Sie sind Vermittler, Speicher und Instrument zur Kommunikation des kulturellen Wissens einer Gesellschaft. Kultur funktioniert heute in erster Linie durch die von den Medien zur Verfügung gestellten Inhalte und Materialien (Castells 2001:385). Insofern ist unsere Kultur im Wesentlichen Medienkultur. Wir attribuieren unsere Gesellschaft zudem als Wissensgesellschaft. Um an der komplexen kulturellen Vielfalt dieser Gesellschaft teilhaben zu können, bedarf es eines Zugangs zu den allgemeinverbindlichen und verbindlichen Informations- und Kommunikationstechniken. Der Umgang *mit* Medien und die Aneignung von Medien sind wichtige Parameter Kultureller Bildung. Medien können als soziale und kulturelle Räume betrachtet werden, die vielfältige Bildungsprozesse und Bildungserfahrungen erlauben.

Ausbildungssituation

Realisiert man die immense Bedeutung der Medien bei der Bereitstellung von kulturellem Wissen und kultureller Teilhabe, so sollte man meinen, müsse Medienbildung respektive der Erwerb von Medienkompetenz eine wesentliche gesellschaftliche Aufgabe sein und sollte ein qualifizierter Umgang mit Medien als Lehr- und Lerngebiet im Bildungssystem fest verankert sein (zur Diskussion der Begriffe „Medienbildung" und „Medienkompetenz" siehe Schorb 2009). Doch dies ist bislang bedauerlicherweise nicht der Fall. Eine medienpädagogische Grundbildung ist flächendeckend weder in Lehramtsstudiengängen noch in anderen pädagogischen Disziplinen obligatorisch vorgesehen. Bemängelt wird auch, dass Kulturelle Bildung keine Kern- und Pflichtaufgabe von allgemeiner Bildung ist, die Medienbildung einschließen könnte. Mit Nachdruck setzt sich die Netzwerkinitiative *Keine-Bildung-ohne-Medien* derzeit für eine elementare medienpädagogische Ausbildung für Fachkräfte ein, die in der frühkindlichen und schulischen Bildung tätig sind sowie in außerschulischen Arbeitsfeldern. Medienbildung wird in Deutschland zwar als Querschnittaufgabe verstanden, de facto aber gibt es weder ein Schulfach „Medienerziehung" oder „Medienbildung" noch sind entsprechende Inhalte in den Lehrplänen der Schulen festgeschrieben (siehe Vera Haldenwang „Medienbildung in der Schule" in diesem Band). Forderungen und Konzepte für eine umfassende Medienbildung in der Schule sind vorhanden, werden aber nicht oder nur in Teilen umgesetzt (siehe etwa Tulodziecki 2009, 2010). Im Grunde findet der Kompetenzerwerb im Hinblick auf den Umgang mit Medien, in Bezug auf eine kritisch-reflexive Auseinandersetzung mit Medien und deren

Inhalten sowie der Bewertung von Medienangeboten primär außerschulisch statt, d.h. peer-to-peer und/oder in der Familie, in Freizeiteinrichtungen, der Jugendarbeit und in verschiedenen Weiterbildungsstätten. Sich mit Medien kulturell zu bilden, ist zumeist an Freiwilligkeit und das Eigenengagement der Bedürftigen geknüpft und häufig auch ressourcenabhängig (z.B. Zeit und Geld). Somit haben nicht alle Kinder und Jugendlichen die gleichen Chancen, an Medien herangeführt zu werden, sich diese anzueignen und sich kritisch mit Technologien, Umgangsweisen und Inhalten auseinanderzusetzen.

Sich zu sozialisieren und zu kultivieren, ist ohne den kommunikativen Austausch über Medien heute aber kaum denkbar. In Zeiten der Digitalisierung und Mediatisierung sollten Menschen allerdings nicht nur an kulturellem Wissen partizipieren, sondern auch selber ihres bereitstellen können (Stichwort: media literacy). Deshalb ist ein emanzipatorischer Umgang mit Medien wesentlich. Als soziale und kulturelle Wesen sind Menschen für den sozialen sowie medialen Wandel mitverantwortlich und sollten entsprechend daran mitwirken respektive darauf Einfluss nehmen können. Folglich gilt es, Voraussetzungen dafür zu schaffen, dass alle Mitglieder einer Gesellschaft am kulturellen Geschehen teilhaben können, niemand aufgrund seines Alters, Geschlechts, seines Bildungshintergrundes oder seiner ethnischen Herkunft oder seines Einkommens ausgeschlossen ist (Stichwort: digital gap/digital divide). Gerade die digitalen Kommunikationstechnologien ermöglichen neue Formen des Lernens, neue Formen der Bildung, neue Formen der Wahrnehmung und Gestaltung in Interaktion mit anderen – also Kultur. Sie erlauben dialogische Kommunikationen aller und nicht nur elitäre Diskurse weniger – nicht zuletzt über das kulturell Bedeutsame. Medien werden heute als essentielle Ressource verstanden, die kulturelle Teilhabe ermöglichen. Da sie allerdings dauernd in Veränderung sind und sich weiterentwickeln, sind Menschen gefordert, sich kontinuierlich mit ihnen zu beschäftigen, mit ihren Potentialen, Herausforderungen und Begrenzungen. Menschen dabei zu begleiten und zu unterstützen, ist eine wesentliche Bildungsaufgabe.

Ausbildungsangebote

Wie oben erwähnt, gibt es in Deutschland eine Vielzahl an außerschulischen Angeboten, bei denen Kinder und Jugendliche befähigt werden, kreativ und kritisch mit Medien umzugehen. Auch finden sich zunehmend Weiterbildungsangebote für Erwachsene im mittleren und höheren Lebensalter. Ein systemischer Überblick über das weite Spektrum an medienpädagogischen Aus- und Weiterbildungsangeboten fehlt bislang. Einige Landesmedienzentralen pflegen einen sogenannten „Medienpädagogischen Atlas", das sind in der Regel umfangreiche Online-Datenbanken, die Einrichtungen, Initiativen, Projekte und Netzwerke auflisten, die in den jeweiligen Ländern (z.B. Baden-Württemberg, Hessen, Niedersachsen, Nordrhein-Westfalen, Mecklenburg-Vorpommern, Thüringen) medienpädagogisch arbeiten und mit ihren Angeboten und Aktivitäten medientheoretische und medienpraktische Kompetenzen vermitteln. Zudem wird aktuell ein Wiki vom Expertenkreis *Co:llaboratory* erstellt, in dem Angebote, Einrichtungen und Netzwerke nach bestimmten Auswahlkriterien zusammengeführt werden sollen. Ferner erhofft man sich über den ersten Medienkompetenzbericht des *Bundesministeriums für Familie, Senioren, Frauen und Jugend (BMFSFJ)*, der 2013 erscheinen soll, eine aussagekräftige Bestandsaufnahme zur Situation der Medienbildung und Medienpädagogik in Deutschland.

Betrachtet man die derzeitige Ausbildungs- und Beschäftigungssituation, so kommen die in der Medienbildung und Medienpädagogik tätigen Fachkräfte aus verschiedenen Disziplinen und verfügen entsprechend über unterschiedliche Berufsqualifikationen. Insbesondere im außerschulischen Bereich engagieren sich unter anderem ErzieherInnen, PädagogInnen,

SozialarbeiterInnen und auch KulturmanagerInnen oder -pädagogInnen. Die wenigsten Fachkräfte verfügen über eine grundständige medienpädagogische Ausbildung, da diese auch nur an wenigen Hochschulen angeboten wird. Medienbildung und Medienpädagogik ist meistens als (Teil-)Modul oder als Neben-, Ergänzungs- oder Erweiterungsfach in (bzw. zu) anderen Studiengängen wie etwa Lehramtsstudiengängen, Sozialarbeit/-pädagogik, Medienwissenschaft, Informatik oder Medienkommunikation zu finden. Anzumerken ist hier, dass an den jeweiligen Hochschulen einschließlich Universitäten ein uneinheitliches Verständnis darüber besteht, was unter Medienbildung und Medienpädagogik verstanden wird. Auch ist es für Außenstehende schwierig auszumachen, inwieweit die Module und komplementären Studienangebote eine besondere Orientierung auf kulturelle Bildungsprozesse gewährleisten.

An dieser Stelle sollen einige Studiengänge aufgeführt werden, die ein grundständiges und/oder ein weiterführendes Studium im Bereich der Medienbildung und Medienpädagogik anbieten. Grundlage der Zusammenstellung sind die Eintragungen im Hochschulkompass der *Hochschulrektorenkonferenz*. Studiengänge der Erziehungswissenschaft, Pädagogik (z.B. *Universität der Bundeswehr München*), der Bildungswissenschaft sowie der Sozialen Arbeit (z.B. Westfalen/Lippe, Nürnberg) mit den Schwerpunkten Medienbildung oder Medienpädagogik sind nicht berücksichtigt worden, da die Anteile am Studium unterschiedlich gewichtet sind. Zudem existieren Studiengänge wie Medien und Kommunikation an den *Universitäten Augsburg* (Bachelor) und *Passau* (Bachelor und Master), die explizit eine medienpädagogische Ausrichtung haben. Zudem verfügt der Studiengang Medienkommunikation an der *Technischen Universität Chemnitz* über einen Schwerpunkt im Bereich Medienpädagogik/E-Learning. Ebenso sind inzwischen einige Studiengänge der Sozialen Arbeit in Deutschland auf die Vermittlung medienpädagogischer Inhalte spezialisiert. Nach Durchsicht des Angebotskatalogs und eigenen Recherchen sind lediglich vier grundständige Studiengänge im Bereich der Medienbildung/Medienpädagogik an deutschen Hochschulen vorhanden.

Studienfach	Hochschule	Abschluss/Abschlüsse
Kultur- und Medienbildung	Pädagogische Hochschule Ludwigsburg	Bachelor Kultur- und Medienbildung
Kultur- und Medienpädagogik	Hochschule Merseburg	Bachelor
Medienbildung: Visuelle Kultur und Kommunikation	Universität Magdeburg	Bachelor
Medienpädagogik vier Studiengänge je Schulform	Universität Regensburg	Lehramt für Grund-, Haupt-, Realschulen, Gymnasium

Abbildung 1. Grundständige Studiengänge im Bereich Medienbildung und Medienpädagogik

Weiterführende Studiengänge sind die Folgenden an den Standorten Freiburg, Heidelberg, Köln, Magdeburg, Erlangen-Nürnberg und Schwäbisch Gmünd:

Studienfach	Hochschule	Abschluss/Abschlüsse
Handlungsorientierte Medienpädagogik	Fachhochschule Köln/Donau Universität Krems	Master of Arts
Medienbildung: Visuelle Kultur und Kommunikation	Universität Magdeburg	Master
Pädagogische Hochschule Freiburg	Pädagogische Hochschule Heidelberg	Master of Arts
Medienpädagogik	Pädagogische Hochschule Freiburg	Lehramt an Grund- und Hauptschulen
Medienpädagogik	Universität Erlangen-Nürnberg	Staatsexamen
Medienpädagogik, zwei Studiengänge je Schulform	Pädagogische Hochschule Schwäbisch Gmünd	Lehramt an Grundschulen, Werkreal-, Haupt- und Realschullehramt

Abbildung 2. Weiterführende Studiengänge im Bereich Medienbildung und Medienpädagogik

Es ist anzunehmen, dass auch viele der insgesamt 200 Kommunikations- und Medienwissenschaftsstudiengänge über einen Schwerpunkt Kultur verfügen, wobei sich nicht überblicken lässt, inwieweit Aspekte Kultureller Bildung dort verstärkt unterrichtet werden. Grundständige kulturwissenschaftlich ausgerichtete Medienwissenschaftsstudiengänge (vgl. die Übersicht unter www.gfmedienwissenschaft.de/gfm/studiengaenge/index.html) werden unter anderem an der *Universität Paderborn*, der *Universität Siegen* und der *Universität Trier* angeboten. An der *Universität Weimar* wurde erfolgreich ein Bachelorstudiengang „Medienkultur" installiert, zu dem aufbauend ein Studium der „Europäischen Medienkultur" angeboten wird. Darüber hinaus gibt es interdisziplinär ausgerichtete Studiengänge mit einer ‚Kultursäule' wie etwa „Literatur-Kunst-Medien" an der *Universität Konstanz* oder „Literatur-Kultur-Medien" an der *Universität Siegen*. Kulturschwerpunkte finden sich auch in folgenden weiterführenden Studiengängen:

Studienfach	Hochschule	Abschluss/Abschlüsse
Angewandte Kultur- und Medienwissenschaft	Hochschule Merseburg	Master
Kulturwissenschaft: Culture, Arts, Media	Universität Lüneburg	Master of Arts
Mediale Kulturen	Universität Paderborn	Master
Medienkultur	Universität Bremen	Master
Medienkultur	Universität Siegen	Master
Medienkultur	Universität Trier	Master
Medienkulturanalyse	Universität Düsseldorf	Master
Medien und kulturelle Praxis	Universität Marburg	Master

Abbildung 3. Weiterführende Studiengänge im Bereich Medien und Kultur

In der Regel geht es in diesen Studiengängen darum, Medien und Kultur sowohl kultur-, medien- und sozialwissenschaftlich zu analysieren. Analysiert werden kommunikative Vorgehensweisen, die dafür verwendeten und präferierten Medien sowie Medienprodukte. Je nach Universität sind die Fachrichtungen mal weniger mal stärker anwendungs- und praxisorientiert angelegt. Einige sind inhaltlich auf bestimmte Handlungs- und Berufsfelder spezialisiert, andere sind an der Vermittlung ganzheitlicher medien- und kulturwissenschaftlicher Ansätze interessiert. Der Kompetenzerwerb erstreckt sich über Kultur- und Medienanalyse, Kultur- und Medienproduktion/-gestaltung, Kulturvermittlung und Medien- und Kulturberatung. Besonderer Wert wird zudem auf ästhetische Bildung gelegt.

Insgesamt sind Studiengänge, die ‚etwas mit Medien' zu tun haben, derzeit in Deutschland gut nachgefragt. Die beruflichen Tätigkeitsfelder der AbsolventInnen sind thematisch breit gestreut, die StudienabgängerInnen entsprechend einsetzbar. Im Studium werden neben den inhaltlichen Kernkompetenzen auch Qualifikationen wie Problemlösungs-, Kommunikations- und Medienkompetenz vermittelt, die die Grundlage für spätere Tätigkeiten unter anderem in den Bereichen Kulturmanagement, Journalismus, Public Relation, Kinder-, Jugend- und Erwachsenenbildung sind. Die Berufsaussichten für AbsolventInnen der Medienbildung, Medienpädagogik und Medienwissenschaften lassen sich aktuell nur vage einschätzen und hängen oftmals von den Schwerpunkten der Studierenden in ihrem Studium ab und nicht zuletzt von den Projekten, an denen sie beteiligt waren. Praxiserfahrungen während des Studiums und Projekt(mit)arbeiten sind für Arbeitgeber stets gute Anknüpfungspunkte. Generell arbeiten viele (wenn nicht die meisten) MedienpädagogInnen als freie MitarbeiterInnen. Auch sind MedienwissenschaftlerInnen und KulturmanagerInnen häufig beruflich selbständig beziehungsweise als FreiberuflerInnen unterwegs.

Zum Weiterlesen

Expertenkreis: Co:llaboratory http://www.collaboratory.de/.

Hochschulkompass der Hochschulrektorenkonferenz: http://www.hochschulkompass.de.

Netzwerkinitative „Keine-Bildung-ohne-Medien": http://www.keine-bildung-ohne-medien.de/

Irmgard Merkt
Ausbildung für inklusive Kulturelle Bildung

Gestaltung einer inklusiven Gesellschaft

Menschen mit Behinderung haben in der Bundesrepublik das Recht auf gesellschaftliche Inklusion, das Recht auf gleichberechtigte Teilhabe am kulturellen Leben und auf Kulturelle Bildung. Zentrale Bezugstexte sind das Sozialgesetzbuch IX von 2001 und die *UN*-Behindertenrechtskonvention, die 2009 vom Bundestag ratifiziert wurde. § 55 des SGB IX regelt die „Leistungen zur Teilhabe am Leben in der Gemeinschaft". Leistungen sind „Hilfen zum Erwerb praktischer Kenntnisse und Fähigkeiten, die erforderlich und geeignet sind, behinderten Menschen die für sie erreichbare Teilnahme am Leben in der Gemeinschaft zu ermöglichen (SGB IX:§ 55 Abs. 3) und „Hilfen zur Teilhabe am gemeinschaftlichen und kulturellen Leben (SGB IX:§ 55 Abs. 7). Die *UN*-Behindertenrechtskonvention formuliert in Artikel 30 Abs. 2: „Die Vertragsstaaten treffen geeignete Maßnahmen, um Menschen mit Behinderungen die Möglichkeit zu geben, ihr kreatives, künstlerisches und intellektuelles Potenzial zu entfalten und zu nutzen, nicht nur für sich selbst, sondern auch zur Bereicherung der Gesellschaft."

Beiden Texten implizit ist das Wissen darum, dass Teilhabe (siehe Larissa von Schwanenflügel/Andreas Walther „Partizipation und Teilhabe" in diesem Band) und Inklusion nicht nur gesellschaftlich gewollt, sondern auch bewusst gestaltet sein müssen. Wichtige Voraussetzungen zur Gestaltung des Rechtes auf Kulturelle Bildung von Menschen mit Behinderung sind die Ausbildung derjenigen, die für und mit Menschen mit Behinderung in allen Bereichen der Pädagogik und Rehabilitation arbeiten, die Ausbildung von Menschen in künstlerischen Berufen für die Arbeit mit Menschen mit Behinderung und die Ausbildung von Menschen mit Behinderung selbst. Im Folgenden werden Grundstrukturen der akademischen Ausbildungsgänge für die Arbeit mit Menschen mit Behinderung aufgezeigt, in denen die Aspekte Kultureller Bildung explizit und implizit berücksichtigt werden.

Zur Entwicklung von Ausbildungsgängen

Bis in die 1980er Jahre werden künstlerische Aktivitäten von Menschen mit Behinderung überwiegend dem Bereich der Therapie zugeordnet. Die Umsetzung des Normalisierungsprinzips (Thimm 2005) und der politisch gewollte Paradigmenwechsel von der Fürsorge weg hin zur Inklusion lassen allmählich auch auf breiterer Ebene eine neue Sichtweise vom Menschen mit Behinderung entstehen: Der Blick richtet sich mehr auf die Kompetenz als auf das Defizit. In diesem Kontext entsteht auch ein breiteres Verständnis von kultureller Teilhabe und Professionalisierung (Merkt 2010).

Ein Pionier der Kulturellen Bildung für Menschen mit Behinderung war Werner Probst, von 1977 bis 1990 Professor für Musik und Menschen mit Behinderung an der *Universität Dortmund*. Er initiierte den Modellversuch „Instrumentalspiel mit Behinderten", der 1979 bis 1983 an der *Musikschule Bochum* durchgeführt wurde (Probst 1991). Dieser Modellversuch bestätigte zwei Annahmen: Kinder mit Behinderung sind fähig, ein Instrument zu lernen und

LehrerInnen an Musikschulen brauchen eine gezielte Ausbildung für ihre musikalische Arbeit mit Kindern mit Behinderung. Da sich die Musikhochschulen, zuständig für die Ausbildung der MusikschullehrerInnen, bislang nur ansatzweise – wie Düsseldorf oder Essen – der Thematik annehmen, ist der vor 30 Jahren begründete berufsbegleitende Ausbildungsgang BLIMBAM des *Verbandes deutscher Musikschulen* an der *Akademie Remscheid* bis heute das wesentliche Ausbildungsorgan für die musikalische Arbeit mit Kindern mit Behinderung an Musikschulen.

Die Ausbildung für die Lehrämter an Sonder-, oder wie sie heute eher genannt werden, Förderschulen obliegt seit den 1950er Jahren den Pädagogischen Hochschulen und später den Universitäten. So etwas wie ein „Musischer Schein" war in der frühen Zeit der LehrerInnenausbildung für alle Studierenden der Sonderpädagogik obligatorisch. Im Rahmen der Angleichung aller Lehramtstudiengänge konnten und können nun die künstlerischen Fächer als Unterrichtsfächer studiert werden. Pionier in der Ausbildung für das Unterrichtsfach Musik an Förderschulen war Franz Amrhein, bis 1983 tätig im Fachbereich Erziehungswissenschaft an der *Philipps-Universität* in Marburg und Leiter der hessischen Lehrplangruppe „Musik an Sonderschulen", dann Professor für Musikpädagogik an der *Hochschule für Musik und Theater Hannover* von 1987–1998. Amrhein versteht Musik als Teilbereich einer allgemeinen Ästhetischen Erziehung von Kindern mit Behinderung; gleichzeitig stellt er Musik in das Zentrum einer Wahrnehmungs-, Bewegungs- und Kommunikationsförderung (Amrhein/Bieker 2005:21).

Entwicklung der Kulturarbeit für und mit Menschen mit Behinderung

Weitgehend unabhängig von konkreten Anregungen akademischer Ausbildungsinstitutionen hat sich in den vergangenen zehn Jahren eine kulturelle Szene etabliert, in der sich Menschen mit Behinderung als künstlerisch aktiv und kompetent zeigen. Festzumachen ist dies an einer deutlichen Zunahme von inklusiven Festivals, Theater- und Musikprojekten sowie an Preisen für Projekte in allen künstlerischen Disziplinen. Beispiele für Festivals sind das *No limits-Festival* in Berlin und das *Together-Festival* in Basel, für Projekte „palaixbrut" und „Station 17", für Preise der europäische Kunstpreis für Malerei und Graphik von Künstlern mit geistiger Behinderung „euward" und der musikorientierte „Förderpreis InTakt" der *miriamstiftung*. Auch die Kulturhauptstädte Europas greifen die Thematik auf: Linz 2009 veranstaltet „sicht:wechsel" und Essen bzw. RUHR.2010 fördert „Europa InTakt.2010".

Die Projekte, die aus Einrichtungen der Rehabilitation und aus der Freien Szene heraus entstehen, werfen in doppeltem Sinne die Frage nach der Notwendigkeit künstlerischer Ausbildungsgänge für die Arbeit mit Menschen mit Behinderung auf. Bedarf es neuer Ausbildungsgänge mit den Möglichkeiten der Schwerpunktsetzung für die Arbeit mit Menschen mit Behinderung – oder gibt es bereits genügend Impulse?

Aktuelle Ausbildungssituation an Universitäten und Pädagogischen Hochschulen

Zum Themenfeld Kulturelle Bildung und Menschen mit Behinderung tragen die Universitäten und Pädagogischen Hochschulen über ihre Lehramtstudiengänge, aber auch über Studienangebote für die „nichtschulische" Rehabilitation bei. Das Lehramt Sonderpädagogik – wie es überwiegend – noch genannt wird, kann an 24 Universitäten und Pädagogischen Hochschulen derzeit in BA- und MA-Studiengängen studiert werden.

Die Ausbildung zum Lehramt Sonder- bzw. Förderpädagogik umfasst behindertenspezifische Studien und das Studium der Unterrichtsfächer. Als Unterrichtsfächer können Musik, Kunst oder Sport studiert werden, in manchen Bundesländern ist ein – durchaus umstrittener

– Zusammenschluss dieser Fächer unter dem Oberbegriff „Ästhetische Bildung" in Diskussion. Der Anteil Sonderpädagogik wird meist in spezifischen Instituten oder Fachbereichen der Universitäten oder Pädagogischen Hochschulen angeboten. Das künstlerische oder bewegungsorientierte Unterrichtsfach wird entweder in einem anderen hochschuleigenen Fachbereich wie z.B. an den Universitäten Dortmund oder Köln oder in Kooperation mit einer benachbarten Kunst- oder Musikhochschule studiert. An der *Humboldt-Universität Berlin* lässt sich das Studium des „Lehrers an Sonderschulen" mit dem Studium des Unterrichtsfaches Musik an der *Universität der Künste UdK* verbinden, in Leipzig ist es die Kombination Universität – *Hochschule für Musik und Theater Felix Mendelssohn-Bartholdy*.

Der Ausbildungsinhalt „Kulturelle Bildung für Menschen mit Behinderung" ist in behindertenspezifischen Studiengängen über das künstlerische Unterrichtsfach hinaus keineswegs selbstverständlich. Er ist abhängig von der Gestaltung der Lehre und dem inhaltlichen Selbstverständnis der Lehrenden. Zwei LehrstuhlinhaberInnen haben hier besondere Verdienste um die Weiterentwicklung des Themenfeldes erworben: Georg Theunissen in Halle und Saskia Schuppener in Leipzig. Theunissen, Professor für Geistigbehindertenpädagogik an der *Martin-Luther-Universität* in Halle-Wittenberg steht für den Begriff „Empowerment" innerhalb der Heilpädagogik, insbesondere in Verbindung mit ästhetischer Praxis im Bereich der Kunst (Theunissen 2004). Schuppener, Professorin für Geistigbehindertenpädagogik an der *Universität Leipzig*, behandelt in Forschung und Lehre Fragen der Entwicklung des Selbstkonzepts von Menschen mit geistiger Behinderung im Zusammenhang mit künstlerischer Kreativität (Schuppener 2006). Sie veranstaltete als Kooperationsprojekt mit dem *Institut für Kunstpädagogik* das Integrative Kunstfestival „Ohne Wenn und Aber" im Herbst 2010.

In der Bundesrepublik gibt es derzeit lediglich zwei Lehrstühle, die auf der Basis der Lehrerbildung auch das Themenfeld der „außerschulischen" Kulturellen Bildung für und mit Menschen mit Behinderung gestalten und weiterentwickeln. Es sind dies die Professuren Kulturarbeit mit Behinderten und benachteiligten Menschen/Sonderpädagogische Rhythmik/Musik am *Institut für Allgemeine Sonderpädagogik* der *PH Ludwigsburg* und die Professur *Musikerziehung und Musiktherapie in Pädagogik und Rehabilitation bei Menschen mit Behinderung* an der Fakultät Rehabilitationswissenschaften der *TU Dortmund*. Beide Lehrstühle stehen aktuell wegen des Erreichens der Altersgrenze der InhaberInnen vor einer Wiederbesetzung bzw. inhaltlichen Neuausrichtung.

Die hochschulpolitische Entwicklung der vergangenen Jahre gibt allerdings zu Optimismus wenig Anlass. Der sukzessive Abbau des Engagements für die Ausbildungsinhalte Kultureller Bildung und Menschen mit Behinderung ist nicht zu übersehen. 2005 wurde in Giessen eine Akademische Ratstelle für die musikalische Ausbildung von Studierenden der Sonderpädagogik ersatzlos gestrichen (Amrhein 2005:21). Die Musikprofessur an der früheren Heilpädagogischen Fakultät der *Universität zu Köln* (heute Department Heilpädagogik) wurde in eine Mittelbaustelle umgewandelt und an der *TU Dortmund* werden die beiden Professuren für Musik und Bewegung in Zukunft voraussichtlich zur einer Professur Kulturarbeit zusammengefasst. Ein klarer Impuls in Richtung des gesellschaftlichen Themas Kulturelle Bildung und Inklusion von Seiten der Universitäten ist derzeit nicht erkennbar.

Aktuelle Ausbildungssituation an Fachhochschulen

Die Fachhochschulen stellen sich aufgrund ihrer größeren Praxisnähe im Kontext Kulturelle Bildung und Menschen mit Behinderung seit jeher anders auf als die Universitäten: Die Verknüpfung von Sozialer Arbeit bzw. Sozialpädagogik mit den Künsten in ihren Anwendungsaspekten ist den Fachhochschulen selbstverständlich. So gibt es in den meisten Studiengängen Soziale Arbeit, Heilpädagogik o.ä. Studienfelder im Umfeld der Medienpädagogik, denen die künstlerischen Disziplinen zugeordnet werden. Professuren wie „Theater- und Medienpädagogik" (Merseburg), „Medienpädagogik, Ästhetik und Kommunikation, Schwerpunkt Musikpädagogik" (Dortmund) oder „Bildung, Kultur und Medien" (München) sind an Fachhochschulen in den Fachbereichen der angewandten Sozialwissenschaften in der Regel zu finden.

Zwei neue Studiengänge repräsentieren die aktuelle Entwicklung in Richtung Kulturelle Bildung. Sie lassen sich durchaus als Aufschwung verstehen. Der BA-Studiengang „Musik- und bewegungsorientierte Soziale Arbeit" an der *FH Regensburg* verbindet das Studium der Sozialpädagogik mit einer starken Profilierung im Bereich der Musik- und Bewegungserziehung und benennt Menschen mit Behinderung ausdrücklich als zukünftige berufliche Zielgruppe. Der Masterstudiengang an der *Hochschule München* „Kultur-Ästhetik-Medien", angeboten als Weiterbildungsstudiengang, reagiert auf die Tatsache, dass kulturelle Aktivitäten eine Möglichkeit der Gestaltung gesellschaftlicher Prozesse sind.

Die Bedeutung, die die Fachhochschulen der Kulturellen Bildung geben, lässt sich an der Gründung eines eigenen Arbeitskreises ablesen: Der *Bundesarbeitskreis BAKÄM* wurde 2002 in Hannover gegründet. Er ist ein Gremium des fachlichen Austauschs, vertreten sind in ihm nahezu alle Fachhochschulen des Bundesgebiets.

Kunst- und Musikhochschulen

Die Kunst- und Musikhochschulen verstehen sich in der Regel als Ausbildungsstätten für künstlerischen Nachwuchs und die Ausbildung von Kunst- oder MusikpädagogInnen. Wenn sie für die Arbeit mit Menschen mit Behinderung ausbilden, dann in der Regel unter dem Gesichtspunkt der künstlerischen Therapien. Beispiele sind die berufsbegleitenden Masterstudiengänge „Musiktherapie" an der *Hochschule für Musik und Theater Hamburg* und am Institut für Musiktherapie der *UdK Berlin* sowie z.B. ein Studienbereich „Bildnerisches Gestalten und Therapie" an der *Akademie der Bildenden Künste München*.

Insbesondere im Rahmen der Ausbildung für künstlerisch-pädagogische Berufsfelder sollten die künstlerischen Hochschulen auch für eine künstlerisch orientierte Arbeit mit Menschen mit Behinderung qualifizieren. Nicht wenige Studierende sind für die Vermittlung offen und qualifizieren sich später in berufsbegleitenden Zusatzausbildungen.

Ausblick

Das Ausbildungsfeld Kulturelle Bildung und Menschen mit Behinderung ist geteilt in schulische und nicht-schulische berufliche Arbeitsbereiche der Pädagogik und der Sozialen Arbeit bzw. Rehabilitation, es bildet letztlich immer noch die Institutionen der Pädagogik und Rehabilitation ab. Die politische Entwicklung in Richtung Inklusion, die demografische Entwicklung (siehe Karl Ermert „Demografischer Wandel und Kulturelle Bildung in Deutschland" in diesem Band) und die Entwicklung des Arbeitsmarktes werden bestimmend sein für die Gestaltung des Arbeitslebens und des gesellschaftlichen Lebens von Menschen mit und ohne Behinderung. In naher Zukunft wird es hier neue Berufsfelder geben, die das Zusammenleben einer heterogenen und inklusiven Gesellschaft gestalten. Der Kulturellen Bildung kommt in diesem Kontext eine kommunikations- und sinnstiftende Rolle zu. Künstlerische und unmittelbar anwendungsbezogene Aus- und Weiterbildungsstudiengänge können hier auf eine sich wandelnde Gesellschaft vorbereiten, indem sie den Umgang mit Verschiedenheit zur Schlüsselkompetenz erheben.

Zum Weiterlesen

Akademie der Bildenden Künste München: http://www.adbk.de

BLIMBAM – Der berufsbegleitende Lehrgang: http://www.musikschule-fuerth.de/Musik-integrativ-BLIMBAM/m249l1/Musik-integrativ-BLIMBAM.html

Europa InTakt: www.europaintakt.de

EUWARD – Europäischer Kunstpreis für Malerei und Graphik für Künstler mit geistiger Behinderung: www.euward.de

FH Regensburg: Bachelor Musik- und Bewegungsorientierte Soziale Arbeit: http://t3.hs-regensburg.de/fakultaeten/sozialwissenschaften/studien-gaenge/bachelor-mub.html

Gesetz zu dem Übereinkommen der Vereinten Nationen vom 13. Dezember 2006 über die Rechte von Menschen mit Behinderungen: http://www.un.org/Depts/german/uebereinkommen/ar61106-dbgbl.pdf (Letzter Zugriff am 07.08.12).

Hochschule für Musik und Theater Hamburg: Studiengang Musiktherapie: www.hfmt-hamburg.de/wissenschaftliche-und-paedagogische-studiengaenge/musiktherapie/studiengaenge

Hochschule München: Masterstudiengang Kultur-Ästhetik-Medien: http://www.hm.edu/allgemein/studienangebote/wissenschaftliche_weiterbildung/master/kaem.de.html

miriam-stiftung: www.miriam-stiftung.de

Palaixbrut – ein inklusives Kunstprojekt für die Metropolregion Rhein – Ruhr: www.palaixbrut.org

Schuppener, Saskia (2006) Kreativität von Menschen mit geistigen und mehrfachen Behinderungen. Bad Heilbrunn: Klinkhardt.

Sicht:Wechsel – Verein integrative Kulturarbeit: www.sicht-wechsel.at

Sozialgesetzbuch IX Rehabilitation und Teilhabe behinderter Menschen v. 19.06.2001: www.sozialgesetzbuch-sgb.de

Station 17: www.station17.net

Theunissen, Georg (2004) Kunst und geistige Behinderung. Bildnerische Entwicklung, ästhetische Erziehung, Kunstunterricht und Kulturarbeit. Bad Heilbrunn: Klinkhardt.

Universität der Künste Berlin: Studiengang Musiktherapie: www.udk-berlin.de/sites/musiktherapie/content/index_ger.html

Teil II
Praxisfelder Kultureller Bildung

6
Evaluation und Forschung in der Kulturellen Bildung

Vanessa-Isabelle Reinwand
Kapiteleinführung: Evaluation und Forschung in der Kulturellen Bildung

Es mangelt an Forschung zu Kultureller Bildung. Zu diesem Schluss kommen nicht nur die VerfasserInnen des nationalen Bildungsberichts, der sich 2012 mit dem Schwerpunkt „Kulturelle/musisch-ästhetische Bildung im Lebenslauf" beschäftigt, sondern auch die AutorInnen des folgenden Kapitels. Warum ist das so?

Kulturelle Bildung, einerseits pädagogischer Inhalt, Haltung und Methode, andererseits Angebotsstruktur, ist ein weites Feld, und damit sind zahlreiche unterschiedliche Forschungsdisziplinen, Forschungsansätze und -methoden notwendig, um diesen Komplex in diverse Richtungen hin zu erforschen. Das Wissen und die Erkenntnisse über Kulturelle Bildung verteilen sich demnach auch auf unterschiedlichste Disziplinen. Erkenntnisse über Kulturelle Bildung werden in den klassischen geisteswissenschaftlichen Fächern wie Pädagogik, Philosophie, Geschichte oder Soziologie generiert (siehe Teil I dieses Handbuches), aber natürlich auch in den einzelnen Kunstsparten mit direktem Praxisbezug (siehe das Kapitel „Handlungsfelder" in Teil II dieses Handbuches); und wenn es um Wirkungen Kultureller Bildung geht, reihen sich auch noch die NeurowissenschaftlerInnen, SportwissenschaftlerInnen oder die PsychologInnen in dieses Forschungsfeld ein. Statistische Daten über Kulturelle Bildung und Kulturnutzung werden erhoben und zahlreiche Evaluationen kultureller Praxis finden Eingang in den Wissenskanon um Kulturelle Bildung. So entsteht „Forschung" zu Kultureller Bildung klassischerweise an Hochschulen, aber auch an Forschungszentren wie dem *Zentrum für Kulturforschung (ZfKf)* oder dem *Deutschen Institut für internationale Pädagogische Forschung (DIPF)* sowie ausgehend von Verbänden, Akademien und Organisationen und nicht zuletzt in Form von Beobachtungen und Erfahrungen reflektierter PraktikerInnen und VermittlerInnen.

Diese reiche Landschaft trägt zum Erkenntnisgewinn unterschiedlichster Art über Historie, Begrifflichkeiten, Prozesse und Wirkungen Kultureller Bildung bei. Leider haben diese potentiellen „Forschungspartner" jedoch oft wenig Kenntnis voneinander, was dazu führt, dass kaum ein interdisziplinärer Austausch über neue Forschungsergebnisse stattfindet, derselbe Gegenstand ohne Bezug auf frühere Arbeiten mehrfach erforscht wird, keine spezifische wissenschaftliche Nachwuchsförderung für das Feld Kultureller Bildung erfolgt und kaum Metastudien, welche verschiedene Forschungsarbeiten zu einem Gegenstand vergleichend darstellen, existieren.

Um es vorweg zu nehmen: auch dieses letzte Kapitel des Handbuches kann eine solche Arbeit nicht leisten. Vielmehr sollen anhand der Unterkapitel „Statistik und Kulturnutzung", „Forschung und Forschungsmethoden" sowie „Qualität und Evaluation" verschiedene Forschungsbereiche voneinander abgegrenzt und damit exemplarisch Einblicke in unterschiedliche Herangehensweisen an das Forschungsfeld Kulturelle Bildung gegeben werden. Dadurch wird die Fülle an Forschungsfragen und -zugängen deutlich, es werden aber auch Desiderata sichtbar. So mangelt es an verlässlichen Daten über Kulturnutzung generell und die Nutzung Kultureller Bildungsangebote, unterschieden z.B. nach Altersgruppen, Kunstsparten, Bundesländern und soziokulturellen Milieus. Das föderale System und das divergierende Wissen der einzelnen Kultureinrichtungen über ihre BesucherInnen erleichtern weder den Zugang, noch machen sie Mut zur Durchführung solcher umfassenden Erhebungen. Forschungsstudien über die Qualität und Wirkung spartenspezifischer Angebote sind auch nicht leicht durchführbar, da es bislang keine Einigung über normative Folien gibt und Wirkungen aufgrund der engen situativen und biografischen Verknüpfung von Angebot und Akteur schwer wissenschaftlich transparent zu machen sind. Laborstudien, wie z.B. die Ergebnisse neurowissenschaftlicher Versuchsanordnungen, bleiben in ihrer Aussagekraft begrenzt, wenn sie nicht mit Ergebnissen aus der Praxis kombiniert werden; fachliche Beobachtungen bleiben subjektiv, so sie nicht mittels Theorien und wissenschaftlicher Methoden reflektiert werden. Evaluationen kranken daran, dass die ForscherInnen häufig durch die Erwartungen und Wünsche der Auftraggeber sowie die Nähe zu den Akteuren zu einem untrennbaren Teil des Praxisfeldes werden und kaum mehr einen unabhängigen, reflektierten Blick auf den Gegenstand gewinnen können. Zudem ist die wissenschaftliche Begleitforschung kultureller Praxisprojekte häufig personell und finanziell schlecht ausgestattet und dient eher der politischen Legitimation als dem Erkenntnisgewinn. Zuletzt ist noch auf die geringe Rezeption internationaler Forschungsergebnisse in Deutschland zu arts education verwiesen. Dies sind nur einige Hinweise darauf, dass eine breite wissenschaftliche Fundierung des Feldes unbedingt notwendig ist.

Seit einiger Zeit wird das Problem jedoch erkannt, und Gegenmaßnahmen wurden eingeleitet. 2010 wurde an der *Universität Hildesheim* das bundesweite *Netzwerk Forschung Kulturelle Bildung* gegründet, das im Verbund von Universitäten, Hochschulen und Praxiseinrichtungen jährliche Netzwerktagungen an unterschiedlichen Orten durchführt, um einen interdisziplinären Dialog zwischen Theorie und Praxis zu befördern. Das *Bundesministerium für Wissenschaft und Forschung (BMBF)* will sich aktuell stärker in der Forschungsförderung Kultureller Bildung engagieren, und acht deutsche Stiftungen, welche den Schwerpunkt Kulturelle Bildung bislang förderten, schließen sich 2012 zu einem *Rat für Kulturelle Bildung* zusammen, um ihre Investitionen in Forschung und Praxis Kultureller Bildung aufeinander abzustimmen. Dies alles sind erste Versuche, Strukturen eines gemeinsamen Forschungsfeldes Kulturelle Bildung zu entwickeln und damit nicht nur systematische Grundlagenforschung zu befördern, sondern vor allem auch die Praxis zu verbessern.

Teil II
Praxisfelder Kultureller Bildung

6.1
Statistik und Kulturnutzung

Patrick Glogner-Pilz
Kulturstatistiken und Kulturberichte in der Kulturellen Bildung

Es gibt einfachere Aufgaben als die Orientierung im Feld der Kulturellen Bildung, geht es doch um nicht weniger als um Kunst, Kultur und Ästhetik im Kontext von Bildung, Pädagogik und sozialer Arbeit. Dieser Eindruck des Labyrinthischen, der sich bei theoretischen Verortungen aufdrängt (vgl. Zacharias 2001:91), setzt sich fort, wenn man die Praxis der Kulturellen Bildung betrachtet. Kulturelle Bildung geschieht auf der Basis öffentlicher Förderung und privaten Engagements, sie findet statt in Einrichtungen der Länder und Kommunen ebenso wie bei kommerziellen Anbietern. Zu den Institutionen wiederum gehören unter anderem Theater, Museen, Musik- und Kunstschulen sowie Ganztagsschulen. Und auch die Zielgruppen sind sehr vielfältig und umfassen z.B. Kinder, Jugendliche, MigrantInnen sowie SeniorInnen. Entsprechend komplex gestaltet sich das Vorhaben, Kulturelle Bildung aus einer Makroperspektive heraus in quantifizierbaren Dimensionen und Beziehungen zu erfassen, zu dokumentieren und Entwicklungen über längere Zeiträume über sogenannte Monitorings zu analysieren. Ausgehend von Hinweisen zur Relevanz des Themas sollen im Folgenden zentrale Statistiken und Berichte in Kultur- und Bildungskontexten vorgestellt werden.

Kulturstatistiken und Kulturberichte als Voraussetzung für strategisches Handeln

Kulturelle Bildung hat in den letzten Jahren einen enormen Bedeutungsgewinn erfahren. Fristete sie lange Zeit ein zwar überaus aktives, kulturpolitisch gleichwohl eher randständiges Dasein in einer angebots- und institutionsorientierten Kulturlandschaft, so avanciert sie aufgrund vieler Problemlagen in Kultur und Bildung – als Stichworte seien hier z.B. der demografische Wandel (siehe Karl Ermert „Demografischer Wandel und Kulturelle Bildung in Deutschland" in diesem Band), die Ergebnisse der PISA-Studien oder die soziale Schere genannt – zum zentralen Hoffnungsträger. Um mit diesen Problemlagen angemessen umgehen zu können, bedarf es vor allem Informationen über bisherige Entwicklungen und die aktuelle Situation der Kulturellen Bildung. Nur auf der Basis verlässlicher Daten über laufende Aktivitäten, bestehende Rahmenbedingungen und Infrastrukturen, vorhandene Ressourcen sowie erschlossene Zielgruppen lassen sich Erreichtes, aber auch Defizite ermitteln, um in einem nächsten Schritt eindeutige Ziele für die Zukunft zu entwickeln. Kulturstatistiken und -berichte sind hierbei eine wichtige Grundlage, darüber hinaus helfen sie – im Falle einer regelmäßigen Fortschreibung in Form von Monitorings – dabei, die Zielerreichung kontinuierlich zu überprüfen bzw. frühzeitig Fehlentwicklungen zu erkennen (siehe Tobias Fink „Evaluationen im Feld der Kulturellen Bildung" in diesem Band).

Versuch eines Überblicks

Die einleitend beschriebene Vielfalt an Kontexten, in denen Kulturelle Bildung stattfindet, geht einher mit einer großen Anzahl an öffentlichen Statistiken und Berichten sowie Verbandserhebungen. Diese erfassen zum einen allgemein die Entwicklungen in der deutschen Kultur- und Bildungslandschaft, zum anderen gehen sie mitunter spezifischen Fragestellungen nach, ohne dabei aber immer die Situation der Kulturellen Bildung explizit zu analysieren. Im Folgenden wird zunächst eine Auswahl an Statistiken bzw. Berichten zu allgemeinen Entwicklungen der Kulturlandschaft vorgestellt. Sodann wird ein Überblick über zentrale Erhebungen von Verbänden sowie zu speziellen Fragestellungen in Bezug auf die Kulturelle Bildung gegeben.

Einen Überblick über die öffentliche Förderung von Kultur in Deutschland vermittelt der jährliche Kulturfinanzbericht der *Statistischen Ämter des Bundes und der Länder* (2010:14). Hier finden sich im Wesentlichen Informationen zur Entwicklung der allgemeinen Haushaltsmittel für den Kulturbereich, zur Verteilung der Kulturausgaben auf Bund, Länder und Gemeinden sowie zur Verteilung der Mittel auf die diversen Sparten. Kulturelle Bildung wird jedoch keiner eigenen Betrachtung unterzogen. Anders ist dies bei den Kulturberichten der Länder Niedersachsen und Nordrhein-Westfalen (vgl. Niedersächsisches Ministerium für Wissenschaft und Kultur 2011; Staatskanzlei des Landes Nordrhein-Westfalen 2010). Beide Berichte widmen sich ebenfalls umfassend der allgemeinen Landeskulturförderung, gehen darüber hinaus aber auch explizit auf die Ziele und die aktuelle Fördersituation der Kulturellen Bildung ein.

Da sich die genannten Berichte auf das Förderengagement beschränken, liefern sie keine Informationen zur Kulturnutzung und zum Kulturinteresse in der Bevölkerung. Repräsentative Informationen zur Kulturnachfrage sind insbesondere zu finden bei den KulturBarometern des *Zentrums für Kulturforschung* (z.B. Keuchel 2012b). Mit Blick auf die Kulturnutzung und die Interessen von Jugendlichen und Kindern kann außerdem auf die regelmäßig erscheinenden *Shell*-Jugendstudien (Shell Deutschland 2010) sowie auf die Studie „Kinder in Deutschland 2010" (World Vision Deutschland e.V. 2010) hingewiesen werden. Der Vollständigkeit halber erwähnt seien zudem die Kinder- und Jugendberichte des *Bundesministeriums für Familie, Senioren, Frauen und Jugend (BMFSFJ* 2009) sowie die Berichte zur Bildung in Deutschland (siehe Mariana Grgic/ Thomas Rauschenbach „Kulturelle Bildung im Horizont der Bildungsberichterstattung des Bundes" in diesem Band), bei denen Kulturelle Bildung jedoch kaum eine nennenswerte Rolle spielt.

Auch wenn die bisher dargestellten Kulturberichte und -statistiken vielfältige Informationen liefern, ist doch zu problematisieren, dass Rahmenbedingungen, Angebote, Finanzierung und Nutzung getrennt voneinander erhoben und nicht aufeinander bezogen werden (vgl. Glogner-Pilz 2011). Eine wichtige Ausnahme ist hier der Schlussbericht der *Enquete-Kommission* „Kultur in Deutschland" (Deutscher Bundestag 2007), der auch ein ausführliches Kapitel zur Kulturellen Bildung in Deutschland enthält. Abhilfe schafft ferner – zumindest für einen ersten Gesamtüberblick – das Statistische Jahrbuch für die Bundesrepublik Deutschland (2011a). Hier sind zum einen für Theater, Bibliotheken, Museen und Musikschulen die Anzahl an Institutionen, Spielstätten, Ausstellungen und Kursen zu finden, zum anderen werden die Besuche, Kursanmeldungen, Ausleihen etc. gezählt.

Für vertiefende Informationen können folgende, regelmäßige Statistiken und Berichte empfohlen werden:
>> Theaterstatistik: Deutschland, Österreich, Schweiz (zuletzt: Deutscher Bühnenverein 2011)
>> Statistische Gesamterhebung an den Museen der Bundesrepublik Deutschland 2009 (zuletzt: Institut für Museumsforschung 2011)
>> Bericht zur Lage der Bibliotheken des *Deutschen Bibliotheksverbands* (zuletzt: dbv 2011)
>> Jahresbericht des *Verbandes deutscher Musikschulen* (zuletzt: VdM 2010a)
>> Zudem gibt es beispielsweise Einzelerhebungen zur Situation Soziokultureller Zentren (Bundesvereinigung Soziokultureller Zentren e.V. 2011) und Jugendkunstschulen (Bundesverband der Jugendkunstschulen und Kulturpädagogischen Einrichtungen e.V. (bkje) 2010) oder zu spezifischen Themenfeldern wie Kultur und Schule der *Bundesvereinigung Kulturelle Kinder- und Jugendbildung* (BKJ 2011).

Ausschließlich der Kulturellen Bildung und hiermit verbundener Spezialfragen widmen sich sehr umfassend und differenziert folgende Erhebungen:

>> Lernorte oder Kulturtempel: Ziel dieser Infrastrukturerhebung ist eine systematische Bestandsaufnahme von Aktivitäten der klassischen Kultureinrichtungen (Theater, Orchester, Musiktheater, Museen und Bibliotheken) im Bereich Kultureller Bildung. „Im Fokus standen neben strukturellen und inhaltlichen Merkmalen die Zahl der außerhalb des regulären Programms im Rahmen von Bildungsangeboten erreichten Besucher" (Keuchel/Weil 2010:5).

>> mapping//kulturelle-bildung: Die Studie setzt sich zum einen „eine Kartographierung der kulturellen Bildung zum Ziel: Welche Akteure sind an kulturellen Bildungsprozessen für Kinder und Jugendliche auf Bundes-, Landes- und kommunaler Ebene beteiligt?" (Keuchel 2011b: 49). Zum anderen soll auf explorativem Weg die kulturelle Bildungsarbeit quantitativ vermessen werden, z.B. in Bezug auf finanzielle Partner, Zielgruppen, Sparten oder Personal (vgl. Keuchel 2011b:49).

>> Arts Education Monitoring System: „Ziel des AEMS Projekts ist es, nachhaltig eine Struktur in Europa zu implementieren, die die Erfassung nationaler Daten zu den Beschäftigten im Sektor der kulturellen Bildung zulässt und auf europäischer Ebene einen Datenaustausch ermöglicht. Nachhaltig soll dies den Sektor in seiner Entwicklung unterstützen und ihn transparent darstellen" (EDUCULT 2011a).

Schluss

Es wurde deutlich, dass Kulturelle Bildung über viele Jahre nur ein Randdasein in den zentralen Kulturstatistiken und -berichten geführt hat. Umso erfreulicher sind die abschließend aufgeführten Projekte zur breiten und differenzierten Bestandsaufnahme des Feldes. Nur mit Hilfe regelmäßig und zuverlässig erhobener Daten ist es möglich, den Aufbau von Programmen und Infrastrukturen aktiv zu steuern: zum einen, um systematisch Leerstellen zu füllen, zum anderen aber auch, um Fehlentwicklungen zu korrigieren bzw. die – ohnehin immer knapperen – Ressourcen zielgerichtet einzusetzen und damit die Voraussetzungen für eine breitere kulturelle Teilhabe schaffen zu können.

Zum Weiterlesen

BKJ (2011): „Kultur macht Schule in..." – eine länderbezogene Publikationsreihe: http://www.kultur-macht-schule.de/index.php?id=741 (Letzter Zugriff am 31.07.12).

EDUCULT (2011): Arts Education Monitoring System: http://www.educult.at/forschung/arts-education-monitoring-system (Letzter Zugriff am 31.07.12).

Glogner-Pilz, Patrick (2011): Das Spannungsfeld von Angebot, Nachfrage und generationsspezifischen kulturellen Einstellungen: offene Fragen für eine nachhaltige Kulturpolitik. In: Föhl, Patrick u.a. (Hrsg.): Nachhaltige Entwicklung in Kulturmanagement und Kulturpolitik. Ausgewählte Grundlagen und strategische Perspektiven (97-118). Wiesbaden: VS.

Keuchel, Susanne/Weil, Benjamin (2010): Lernorte oder Kulturtempel – Infrastrukturerhebung: Bildungsangebote in klassischen Kultureinrichtungen. Bonn: ARCult Media.

Statistische Ämter des Bundes und der Länder (2010): Kulturfinanzbericht. 2010. Wiesbaden.

Susanne Keuchel
**Empirische kulturelle Bildungsforschung –
Methodik, Themen und aktueller Forschungsstand**

Hintergrund

Die kritische Haltung der „Frankfurter Schule" (Ladwig 2006) gegenüber der empirischen Soziologie war mit dafür verantwortlich, dass sich die empirische Kulturforschung und damit auch die empirische kulturelle Bildungsforschung in Deutschland vergleichsweise spät etablierte und immer wieder sehr kritisch reflektiert wurde.

Nach der Medienforschung öffneten sich als einer der ersten Kulturbereiche die Museen für empirische Forschungsmethoden. So kam es in den 1970er Jahren zu einer Öffnung historischer Museen für eher bildungsferne Besuchergruppen mit neuen thematischen Schwerpunkten, wie die Geschichte der Industrie oder der Arbeiterbewegung, für die es neuer Grundlagen und Bildungskonzepte bedurfte.

Einen weiteren Aufschwung bekam die kulturelle Bildungsforschung durch die Etablierung neuer kulturpädagogischer Konzepte mit Gründung der Jugendkunstschulen oder auch Soziokulturellen Zentren in den 1970er Jahren (Bundesministerium für Bildung und Wissenschaft 1980).

Durch die zunehmende Konkurrenz kommerzieller Freizeit-, Kultur- und Medienanbieter in den letzten 20 Jahren, die zu einer Neuorientierung des Freizeitverhaltens jüngerer Bevölkerungsgruppen führte und mit einer deutlichen Überalterung des klassischen Kulturpublikums einherging, erhielten kulturelle Bildungsfragen neuen Aufwind, insbesondere im Zuge des medial sehr präsenten kulturellen Bildungsprojekts „Rhythm is it" der *Berliner Philharmoniker*, der Vorlage des 1. Jugend-KulturBarometers und des Starts von „Kinder zum Olymp" der *Kulturstiftung der Länder* – Maßnahmen, die alle zeitgleich 2004 erfolgten.

In den letzten Jahren rückte zunehmend die Qualitätsfrage, unter anderem durch die *UNESCO*-Studie „Wow-Faktor" (Bamford 2006), in der festgestellt wurde, dass schlecht durchgeführte kulturelle Bildungsprogramme einen negativen Einfluss auf die künstlerische Kreativität junger Menschen haben können, in den Vordergrund, die den Einsatz der empirischen kulturellen Bildungsforschung im Rahmen von Evaluationen, Qualitäts- und Wirkungsfragen begünstigte.

Ziele und Aufgabenfelder

Vier zentrale Aufgabenfelder können für die empirische kulturelle Bildungsforschung formuliert werden:
>> Statistische Kennziffern bzw. Strukturstatistiken,
>> Grundlagenforschung: Analyse von Zielgruppen, kulturpolitischen Akteuren und Handlungsfeldern,
>> Wirkungsforschung,
>> Evaluationen von Programmen und konkreten Maßnahmen.

Statistische Kennziffern eignen sich sehr gut, um einen Gesamtüberblick über die Struktur einer Maßnahme zu erhalten und im Rahmen einer kontinuierlichen Erfassung, also mittels Zeitvergleichen, Entwicklungen aufzuzeigen. Ein typisches Beispiel ist hier die Musikschulstatistik, die einen Überblick über Finanzierung, erreichte Zielgruppen etc. bietet.

Grundlagenforschung schafft eine Basis für die Weiterentwicklung von geeigneten kulturellen Bildungsmaßnahmen und -konzepten. Kennt man die Sichtweise spezieller Zielgruppen auf bestehende Angebote, kann man diese entsprechend gestalten und verändern. Beispiele wären hier das Jugend-KulturBarometer, eine bundesweit repräsentative Befragung der 14- bis 24-Jährigen, deren Inhalte nachfolgend noch ausführlicher dargestellt werden, oder beispielsweise auch das aktuelle Projekt „Theatrale Bildung als Forschungsprojekt" mit einem qualitativen Ansatz von Eckart Liebau und Jörg Zirfas, in dem die beim Schultheater ablaufenden Bildungsprozesse exemplarisch anhand von Video-, Ton- und Fotoaufnahmen dokumentiert und analysiert werden.

Wirkungsforschung beschäftigt sich nicht primär mit dem „Output" von kulturellen Bildungsprozessen, sondern den Transfereffekten (siehe Christian Rittelmeyer „Die Erforschung von Transferwirkungen künstlerischer Tätigkeiten" in diesem Band), die durch Teilnahme an kulturellen Bildungsprozessen gefördert werden, wie Förderung sozialer Kompetenzen, Intelligenzleistung oder Konzentration, so z.B. die Bastian-Studie (Bastian 2000), die in einer Langzeitstudie die Wirkung zusätzlichen Musikunterrichts auf die Intelligenz- und weiteren Transferleistungen untersuchte.

Evaluationen in der kulturellen Bildungsforschung beziehen sich explizit auf bestehende kulturelle Bildungsmaßnahmen (siehe Tobias Fink „Evaluationen im Feld der Kulturellen Bildung" in diesem Band), deren konkreter Erfolg und deren Gelingensbedingungen, wie z.B. die über mehrere Jahre dialogisch und begleitend angelegte Evaluation zum NRW-Landesprogramm „Kultur und Schule" (Keuchel 2009).

Zur Methodik

Wie allgemein in der Soziologie wird bei den Erhebungstechniken in der empirischen kulturellen Bildungsforschung zwischen quantitativen Verfahren, die den wissenschaftlichen Anspruch der Repräsentativität aufweisen und mit standardisierten Daten arbeiten, und qualitativen Verfahren, die theoriebildend arbeiten und ein exploratives Arbeiten ermöglichen, unterschieden. Beide Ansätze können mit unterschiedlichen Methoden der Datenerhebung praktisch umgesetzt werden: im Rahmen von primären Datenerhebungen, wie Beobachtung bzw. Experiment oder Befragung, oder sekundären Datenerhebungen, wie Inhalts- bzw. Sekundäranalyse.

Bei der Auswahl der Datenerhebung gilt es den Erhebungskontext zu berücksichtigen. Bei Analysen von kulturellen Bildungsmaßnahmen mit Vorschul- oder Grundschulkindern empfehlen sich z.B. aufgrund des Alters der Zielgruppe weniger Befragungen und Interviews als vielmehr teilnehmende Beobachtungen, wie bei dem Sprachbildungsprojekt „Zeig mal – lass hören!" (Reinwand 2010b), das bei Vorschulkindern den Übergang vom Kindergarten zur Grundschule untersucht. Bei der Evaluation des Landesprogramms „Kultur und Schule" wurde beispielsweise alternativ ein Eltern-/Kindfragebogen für junge Grundschulkinder entwickelt, in dem die Eltern gebeten wurden, Fragen an die Kinder zu stellen und die Antworten auf dem Fragebogen zu dokumentieren (Keuchel 2010a).

Stand der Forschung

Eine Vielzahl von Studien belegt die hohe Abhängigkeit kultureller Bildungszugänge von Kindern und Jugendlichen vom Bildungsstatus der Eltern. Sehr deutlich wird in vielen Studien auch der wichtige Stellenwert einer frühen Förderung, möglichst schon im Kindergartenalter. Jugendliche Zielgruppenanalysen belegen, dass sich junge Menschen andere Rahmenbedingungen und Zugänge für kulturelle Veranstaltungen wünschen. Zudem hat speziell das 2. Jugend-KulturBarometer noch einmal sehr deutlich herausgearbeitet, dass es wichtig ist, kulturelle Bildungsprozesse auch außerhalb von schulischen Kontexten zu initiieren, da junge Menschen, die Kunst und Kultur nur in schulischen Kontexten kennengelernt haben, in späteren Jahren nur sehr selten Interesse für entsprechende Angebote entwickeln.

Unter den grundlegenden Studien, die sich mit Zielgruppen, Lernprozessen und Handlungsfeldern auseinandersetzen, finden sich vorrangig qualitative Studien. Noch sehr selten ist der Rückgriff auf quantitative Verfahren in der kulturellen Bildungsforschung, wie Bevölkerungsumfragen. Eine Ausnahme bildet das erwähnte Jugend-KulturBarometer, das sich mit dem aktiven Umgang junger Menschen mit Kunst und Kultur beschäftigt und in einer Retroperspektive auch die kulturellen Biografieverläufe erfasst. Mit der Vorlage eines 2. Jugend-KulturBarometers 2012 konnten erstmals auch der Erfolg von kulturellen Bildungsmaßnahmen der letzten Jahre sichtbar gemacht und Entwicklungen aufgezeigt werden.

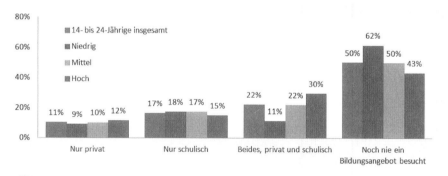

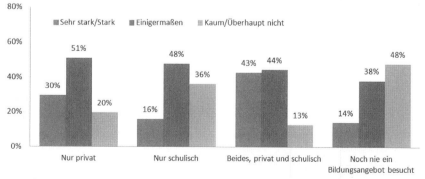

Interesse am Kulturgeschehen und Schulbildungsniveau bei den 14- bis 24-Jährigen 2010/11 differenziert nach dem bisherigen Besuch von Bildungsangeboten in Kultureinrichtungen ZfKf/Gfk 2011

Eine weitere bundesweite repräsentative Bevölkerungsumfrage in der kulturellen Bildungsforschung ist das KulturBarometer 50+ (Keuchel/Wiesand 2008). Angesichts des demografischen Wandels und der also zunehmenden „Alterung" der Gesellschaft rücken kulturelle Bildungsmaßnahmen für die ältere Bevölkerung stärker in den Fokus. Im Rahmen qualitativer Verfahren erarbeitet z.B. das *Institut für Bildung und Kultur e.V.* auch an Grundlagenforschung zur Seniorenkulturarbeit (Groote/Nebauer 2008).

Das Interesse für Studien zur Wirkungsforschung im Hinblick auf Transfereffekte, das vor einigen Jahren noch sehr groß gewesen ist, nicht zuletzt durch die große mediale und politische Resonanz der eben zitierten „Bastian-Studie", ist zurückgegangen mit dem zunehmenden Selbstvertrauen des kulturellen Bildungsfelds, kulturelle Bildungseffekte und nicht mehr Transfereffekte als Begründungszusammenhang für die Förderung von Kultureller Bildung heranzuziehen. Eine kritische Distanz förderte hier auch eine vom *BMBF* geförderte Studie (BMBF 2006a), die 2006 systematisch zahlreiche Studien zur Förderung kognitiver Kompetenzen durch Musik auf ihre Aussagekraft hin untersuchte, unter anderem auch die „Bastian-Studie" mit dem Ergebnis, dass diese vielfach methodische Mängel und in der Regel keine aussagekräftigen Ergebnisse belegen konnten. Es wurde schon auf die deutliche Zunahme an Evaluationen zu kulturellen Bildungsprogrammen verwiesen. So hat z.B. das *BMBF* ein großes Forschungsprogramm zu „Jedem Kind ein Instrument" aufgelegt mit einem Fördervolumen von jährlich 1 Million Euro, das nicht nur Evaluation sondern in der Tendenz auch Grundlagenforschung umfasst.

Auch hat die eingangs erwähnte *UNESCO*-Studie „Wow-Faktor" neben der Qualitätsfrage auch den internationalen Diskurs in der kulturellen Bildungsforschung belebt. Im Rahmen des eingerichteten *UNESCO*-Chairs arts education an der Universität Erlangen-Nürnberg (Wagner 2010) wurde ein Netzwerk *International Network for Research in Arts Education (INRAE)* eingerichtet. Entsprechende Zusammenschlüsse zur Professionalisierung des Austauschs in der kulturellen Bildungsforschung können auch auf nationaler Ebene beobachtet werden, so das *Netzwerk Forschung Kulturelle Bildung*.

Im internationalen Diskurs wie auch im nationalen werden verstärkt Forderungen laut nach statistischen vergleichbaren Kennziffern, die helfen, den Output von kulturellen Bildungsprogrammen und nationalen Systemen auf der strukturellen Ebene zu vergleichen. Auch der nationale Bildungsbericht (Autorengruppe Bildungsberichterstattung 2012), der 2012 erstmals als Sonderthema Kulturelle Bildung thematisierte, unterstrich die Notwendigkeit in Zukunft entsprechende Instrumentarien und Indikatoren zu entwickeln. Im Projekt „mapping//kulturelle-bildung" (Keuchel 2011b), wurde ein erster explorativer Vorstoß in diese Richtung unternommen. Auch das von der *Europäischen Kommission* geförderte Programm „Arts Education Monitoring System" versucht länderübergreifend vergleichbare Kennziffern und Kriterien zusammenzutragen.

In jüngster Zeit gewinnt auch die interkulturelle Bildungsforschung an Bedeutung, so wurde jüngst ein InterKulturBarometer (Keuchel 2012a) durchgeführt, in dem der Einfluss von Migration auf kulturelle Partizipation und künstlerisch-kreative Ausdrucksformen untersucht wurde.

Ausblick

Neben der empirisch gestützten Erschließung des kulturellen Bildungsfelds, eine Herausforderung für die nächsten Jahre, und der verstärkten Erforschung von interkulturellen Bildungsprozessen, fehlt es auch an Grundlagenforschung, die sich explizit mit kulturellen

Bildungsprozessen und geeigneten Methoden der Vermittlung von künstlerisch-kreativen Fertigkeiten und ihrer Reflexion auseinandersetzen. Vorteilhaft wäre hier ein stärkerer Rückgriff bei der Grundlagenforschung auf mehr multimethodisch, interdisziplinär angelegte Forschungsansätze. Bei der Erforschung einzelner Themenfelder kann in der aktuellen Praxis beobachtet werden, dass ForscherInnen oftmals entweder ausschließlich mit qualitativen oder ausschließlich mit quantitativen Ansätzen arbeiten. Aufgrund des komplexen Themenfelds wäre es jedoch sinnvoll, sich diesem aus unterschiedlichen Perspektiven zu nähern, ein eindimensionaler Blickwinkel ist kaum in der Lage, dem komplexen Themenfeld Kulturelle Bildung gerecht zu werden.

Zum Weiterlesen

Autorengruppe Bildungsberichterstattung (2012): Bildung in Deutschland 2012. Ein indikatorengestützter Bericht mit einer Analyse zur kulturellen Bildung im Lebenslauf: http://www.bildungsbericht.de/index.html?seite=10203 (Letzter Zugriff am 31.07.12).

Bamford, Anne (2006): The Wow-Factor. Münster: Waxmann.

Keuchel, Susanne/Dominic Larue (2012): Das 2. Jugend-KulturBarometer. Köln: ARCult Media.

Keuchel, Susanne/Wiesand, Andreas Johannes (2008): Das KulturBarometer 50+. Bonn: ARCult Media.

Keuchel, Susanne/Wiesand, Andreas Johannes (Hrsg.) (2006): Das 1. Jugend-KulturBarometer. Bonn: ARCult Media.

Mariana Grgic/Thomas Rauschenbach
Kulturelle Bildung im Horizont der Bildungsberichterstattung des Bundes

Um den Blick auf Bildung jenseits der in den Schulleistungsstudien von PISA, IGLU und TIMSS gemessenen Kompetenzen zu weiten, beschlossen die *Kultusministerkonferenz* und das *Bundesministerium für Bildung und Forschung (BMBF)* als Auftraggeber des Bildungsberichts, dass sich der Bildungsbericht 2012 schwerpunktmäßig dem Thema der „Kulturellen Bildung im Lebenslauf" widmen sollte. Neben einer indikatorenbasierten Berichterstattung zu wichtigen Stationen der Bildung im Lebenslauf wird in einem gesonderten Schwerpunktkapitel ein besonders steuerungsrelevanter Themenbereich in den Mittelpunkt gerückt, der die standardisierten Teile ergänzt. Mit dem Schwerpunktthema für 2012 *Kulturelle Bildung im Lebenslauf* war mehr als zuvor die Herausforderung verbunden, einem grundlegenden Anspruch an die Berichterstattung gerecht zu werden: Das Schwerpunktthema quantitativ zu vermessen, sprich: es möglichst auf der Basis amtlicher oder zumindest bundesweit repräsentativer Umfragedaten auszuloten. Dies ist für ein quantitativ-empirisch ausgesprochen wenig erschlossenes Feld eine kaum zu lösende Herausforderung. Für ein empirisch gestütztes Monitoring der Rahmenbedingungen kultureller Vielfalt in Deutschland sprach sich auch die *Deutsche UNESCO-Kommission* im Zuge der Umsetzung des *UNESCO*-Übereinkommens zur Vielfalt kultureller Ausdrucksformen aus (Deutsche UNESCO-Kommission 2009:4).

Berichterstattung zwischen einschlägigen Studien und amtlichen Daten

Aufgrund der fachlichen Traditionen und einer Großzahl der untersuchten Fragestellungen gibt es im Feld der Kulturforschung ein deutliches Übergewicht an Studien und Erkenntnissen auf der Basis qualitativer Forschungsdesigns. Dazu zählen beispielsweise die Studien zu jugendkulturellen Aktivitäten, die sich meist qualitativ-ethnologischer Zugänge bedienen (etwa Hitzler/Niederbacher 2010). Bei der Untersuchung von künstlerischen Angeboten und Modellprojekten an Schulen kommen daneben häufig Fallanalysen mit verschiedenen qualitativen Forschungsmethoden zum Einsatz, die teilweise noch durch quantitative Methoden ergänzt werden (Bamford 2010; Lehmann-Wermser u. a. 2010).

Daneben bieten verschiedene Haushaltsbefragungen, wie z.B. das Sozioökonomische Panel (SOEP), die Zeitbudgetstudien des *Statistischen Bundesamtes*, der Allbus oder der *DJI*-Survey „Aufwachsen in Deutschland: Alltagswelten – AID:A", auch zahlenmäßige Einblicke in die Verbreitung kultureller Aktivitäten in verschiedenen Altersgruppen. Hinzu kommen teilweise regelmäßig durchgeführte Studien der Kindheits- und Jugendforschung, wie z.B. die SHELL-Studien (SHELL 2010), die World Vision-Kinderstudien (Hurrelmann/Andresen 2010), die KIM- und JIM-Studien des *Medienpädagogischen Forschungsverbunds Südwest* (Medienpädagogischer Forschungsverbund Südwest 2012) oder verschiedene Studien des *Deutschen Jugendinstituts*, die die Freizeitaktivitäten von Kindern und Jugendlichen, darunter auch die künstlerischen und musischen Aktivitäten miterfassen. Auch in den Schulleistungsstudien PISA, IGLU/PIRLS und TIMSS werden einzelne Aspekte kultureller Aktivität, beispielsweise die Nutzung von Bibliotheken, erhoben. Dennoch setzen die genannten Studien überwiegend andere thematische Schwerpunkte, sodass kulturelle Aktivitäten nicht in ihrer Breite erfasst werden.

Hervorzuheben als umfassende themenspezifische Studien sind das 1. und 2. Jugendkulturbarometer sowie das Kulturbarometer 50+ des *Instituts für Kulturforschung* (Keuchel/Larue 2012; Keuchel/Wiesand 2008), die, ausgehend von einem weiten Kunst- und Kulturbegriff, die kulturellen Interessen und Hobbys sowie die Nutzung kultureller Angebote von 14- bis 24-Jährigen bzw. über 50-Jährigen untersucht haben. Durch eine weitgehende Replikation der ersten Befragung von 2004 gibt das 2. Jugendkulturbarometer Hinweise auf gesellschaftliche Veränderungen in der Teilhabe an Kultur (Keuchel/Larue 2012: 21f.).

Vorliegende Studien zur kulturellen Jugend(bildungs)arbeit weisen zwar auf vielfältige Wirkungen auf Seiten der Teilnehmenden bei der Nutzung entsprechender Kulturangebote hin, allerdings hat ein Großteil der Studien lediglich eine regionale Reichweite und/oder einen qualitativen Charakter, sodass auf dieser Basis keine zuverlässigen Aussagen zur Situation in Deutschland möglich sind (vgl. Buschmann 2010:60f.). Einige Aussagen können jedoch mit Blick auf die kulturellen Angebote der Kinder- und Jugendhilfe auf Basis der amtlichen Kinder- und Jugendhilfestatistik getroffen werden, etwa über die Anzahl der Einrichtungen, die sich *schwerpunktmäßig* als „Jugendkunstschule, kulturpädagogische und kulturelle Einrichtung für junge Menschen" bezeichnen sowie das dort tätige Personal (nach Anzahl, Qualifikation und Arbeitszeitvolumen).

Demnach hat die Anzahl jugendkultureller Einrichtungen zwischen 1994 und 2010 von 285 auf 330 zugenommen. In diesen Einrichtungen arbeiten zusammen 3.603 Personen. Vergleicht man dieses Personal mit allen Personen in der Kinder- und Jugendhilfe, die sich überwiegend dem Arbeitsbereich der kulturellen Jugend(bildungs)arbeit zuordnen lassen, so wird deutlich, dass auch jenseits der jugendkulturellen Einrichtungen kulturelle Bildungsarbeit geleistet wird, deren genauere Erfassung aber nicht möglich ist. Die Kinder- und Jugendhilfestatistik kann somit keine Informationen zu den Kulturangeboten in der Kinder- und Jugendhilfe sowie den daran Teilnehmenden liefern (vgl. auch Rauschenbach et. al. 2010:205ff.).

Im Jahr 2008 hat das *Statistische Bundesamt* als Einstieg in die statistische Berichterstattung über Kultur 20 Indikatoren zur Kulturproduktion und -rezeption zusammengestellt (Statistische Ämter des Bundes und der Länder 2008). Auf Basis von amtlichen Daten, Studien und Institutionenstatistiken, etwa des *Verbands Deutscher Musikschulen (VDM)* sowie des *Deutschen Chor- und Bibliotheksverbandes*, können jedoch kaum Informationen über die kulturelle Teilhabe von Kindern, Jugendlichen oder Erwachsenen in Deutschland oder verschiedener sozialer Gruppen dargestellt werden. Daneben geben die in einigen Bundesländern vorliegenden Kulturberichte schwerpunktmäßig über spartenbezogene Kulturförderung und länderspezifische Initiativen, Programme und Modellprojekte Auskunft.

Auch der Bildungsbericht „Schule in Nordrhein-Westfalen" 2009 umschreibt die musikalisch-künstlerische Bildung an Schulen und stellt Modellprojekte des Landes vor (Ministerium für Schule und Weiterbildung des Landes Nordrhein-Westfalen 2009). Im Bildungsbericht „Ruhr 2012" wird daneben explizit auf kulturelle Angebote außerhalb der formalen Bildungseinrichtungen hingewiesen, doch kann die Vielfalt der Kulturlandschaft in der Region bislang noch nicht auf Basis von statistischen Daten dargestellt werden. Hierfür wird derzeit die Studie „mapping//kulturelle-bildung" durchgeführt, die strukturelle Rahmenbedingungen Kultureller Bildung in vier Bundesländern beschreiben möchte, sowie der „Ruhratlas Kulturelle Bildung" erstellt, der den Zusammenhang zwischen den Rahmenbedingungen und der Qualität Kultureller Bildung in der Praxis untersucht (Regionalverband Ruhr 2012:2011f.).

Ergebnisse der Bildungsberichterstattung des Bundes

Um sich dem Thema der „Kulturellen Bildung im Lebenslauf" von der frühen Kindheit bis zum Erwachsenenalter anzunähern, wurden im Bildungsbericht „Bildung in Deutschland 2012" insgesamt drei Perspektiven verfolgt (Autorengruppe Bildungsberichterstattung 2012). Zunächst standen (1) die kulturellen Aktivitäten und die kulturelle Praxis von Kindern, Jugendlichen und Erwachsenen in unterschiedlichen sozialen Kontexten und im Zusammenhang mit ihrer individuellen Lebensgestaltung im Vordergrund. Im Anschluss daran wurde der Blick auf (2) die kulturellen Angebote *formaler* Bildungseinrichtungen gerichtet. Diese Einschränkung erfolgte nicht zuletzt deswegen, weil die große Vielfalt an kulturellen Angeboten verschiedenster Akteure jenseits der formalen Bildungseinrichtungen, darunter Angebote von Vereinen, Kunst- und Musikschulen, Kirchen, sozio-kulturellen Zentren oder Privatpersonen, durch die vorhandenen statistischen Daten nur bruchstückhaft und punktuell darstellbar gewesen wären. Schließlich lag ein weiteres Augenmerk (3) auf dem Personal in den Arbeitsfeldern der Kulturellen Bildung und dessen Qualifizierung. Der dabei zugrunde liegende Kulturbegriff umfasst die Kernbereiche der kulturellen/musisch-ästhetischen Sparten. Daneben wurden – soweit dies auf Basis vorliegender Daten möglich war – aber auch moderne Ausdrucksformen und medienunterstützte kulturelle Aktivitäten, wie Musik samplen, Bilder am PC bearbeiten oder Graffiti, berücksichtigt.

Die Autorengruppe konnte bei der Bearbeitung des Themas auf drei Sondererhebungen zurückgreifen, die eine wichtige Datenbasis für das gesamte Schwerpunktthema darstellten. Dies waren eine telefonische Befragung von knapp 5.000 Personen im Alter von neun bis 24 Jahren (MediKuS-Studie), eine Online-Befragung von über 8.000 Studierenden (HISBUS-Studierendenbefragung) sowie eine Online-Befragung von Schulleitungen an 2.550 öffentlichen Schulen in Deutschland (Schulleiterbefragung).

Individuelle Bildungsaktivitäten

Ausgehend von einer Lebenslaufperspektive lässt sich festhalten, dass die kulturelle Alphabetisierung der Kinder von Anfang an in der Familie beginnt, in der sie alltagsintegriert musikalische und ästhetische Erfahrungen machen. Besonderen Stellenwert hat in der überwiegenden Mehrheit der Familien von unter 6-Jährigen das regelmäßige Vorlesen, durch das die Kinder narrative Welten kennenlernen. Es zeigt sich dabei, dass Kinder, denen in der frühen Kindheit häufig vorgelesen wurde, auch im Alter von sechs bis acht Jahren häufiger selbst in der Freizeit lesen. Darüber hinaus ist das Singen und Malen in Familien mit unter 6-Jährigen Kindern ein integraler Bestandteil ihres Alltags – auch in vielen bildungsfernen Familien und in Familien mit Migrationshintergrund.

Deutlicher sind hingegen die sozialen Unterschiede in der Teilhabe von Unter-6-Jährigen Kindern an der musikalischen Früherziehung (siehe Larissa von Schwanenflügel/Andreas Walther „Partizipation und Teilhabe" in diesem Band). Während 33 % der Eltern mit hohem Bildungsstand ihre Kinder zu solchen Angeboten anmelden, sind es bei Eltern mit niedrigem Bildungsstand lediglich etwa 9 %. Dies trifft in ähnlicher Weise auch für Kinder mit Migrationshintergrund zu. Diese selektive Nutzung von musikalischen Angeboten ist auch im Alter von sechs bis acht Jahren beobachtbar und weist darauf hin, dass schon in der frühesten Kindheit eine unterschiedliche Teilhabe an Gelegenheitsstrukturen Kultureller Bildung vorherrscht, die sich in späteren Lebensjahren verfestigen kann.

Zwischen neun und 24 Jahren zeigt sich – außerhalb des formalen Schulunterrichts – ein breites Spektrum kultureller Aktivitäten, wobei die Hochphase der Aktivität zwischen neun und zwölf Jahren stattfindet und die Anteile kulturell Aktiver in höheren Altersgruppen niedriger sind. Während bei den 9- bis 12-Jährigen das Malen/Zeichnen und das Spielen eines Instruments sowie Basteln und Singen dominieren, sind medienunterstützte kreative Tätigkeiten wie Fotografieren, Videos drehen, Bilder am PC erstellen und Blogs im Internet schreiben am häufigsten bei 13- bis 17-Jährigen verbreitet. Nur bei einzelnen *Aktivitäten* wie Instrument oder Theater spielen ist ein Einfluss der sozialen Herkunft erkennbar, wohingegen junge Menschen mit niedrigem sozioökonomischen Status und/oder mit im Ausland geborenen Eltern deutlich seltener Theater, Konzerte und Museen besuchen.

Betrachtet man die Orte, an denen 13- bis 20-Jährige aktiv sind, so wird insbesondere bei musikalischen und darstellend-künstlerischen Aktivitäten die große Bedeutung von organisierten Angeboten außerhalb der non-formalen schulischen Angebote deutlich. Über 60 % der *aktiven* 13- bis 20-Jährigen sind in Vereinen, Gruppen oder anderen Organisationen musikalisch oder darstellend-künstlerisch aktiv, 35 % nutzen außerunterrichtliche kulturelle Angebote der Schule. Zugleich übt etwa ein Drittel der Aktiven seine kulturellen Aktivitäten ausschließlich selbstorganisiert aus, wobei dies häufiger auf Jungen sowie Jugendliche mit niedrigem sozioökonomischem Status zutrifft.

SchülerInnen, Auszubildende und Studierende sind nach eigenen Angaben fast in gleichem Maße kulturell aktiv. Die häufigsten Aktivitätsfelder von Studierenden sind das Fotografieren und die populäre Musik, die von über 20 % genannt werden. Allerdings werden einige kulturelle Aktivitäten mit dem Studium aufgegeben: Knapp 40 % waren vor dem Studium im Bereich klassischer Musik aktiv, während es nur noch 13 % als Studierende tun. Deutlich weniger zurück gehen mit dem Alter bzw. einem Statuswechsel die Aktivitäten im Bereich Fotografieren. Auch bei Studierenden dominieren dabei die non-formalen und informellen Aktivitätsorte. Im Alter von 19 bis 64 Jahren sind noch etwa 28 % der Erwachsenen in ihrer Freizeit selbst kulturell aktiv. Knapp 60 % besuchen regelmäßig kulturelle Sehenswürdigkeiten, Theater oder Konzerte.

Wie auch im Jugendalter sind soziale Differenzen bei einer solchen rezeptiven Teilhabe stärker als bei kulturellen Eigenaktivitäten. Betrachtet man die über 50-Jährigen, so ist der Anteil der nicht oder nur wenig kulturell Aktiven ab dem Alter von 65 Jahren etwas höher. Es scheint somit in der Nacherwerbsphase nicht zu einer vermehrten Wiederaufnahme kultureller Aktivitäten zu kommen. Von der frühen Kindheit bis ins Erwachsenenalter zeigt sich eine stärkere kulturelle Teilhabe von Mädchen bzw. Frauen. Auch ein Zusammenhang von eigener kultureller Aktivität mit der Eigenaktivität der Eltern lässt sich sogar noch bei Studierenden feststellen (vgl. ebd.: 161ff.).

Kulturelle Angebote in formalen Bildungseinrichtungen

Formale Bildungseinrichtungen haben eine besondere Bedeutung im Kindes- und Jugendalter, da sie potentiell allen Kindern und Jugendlichen einen Zugang zu Kultureller Bildung ermöglichen. In den Bildungsplänen der Länder für die frühkindliche Bildung in Kindertageseinrichtungen ist das Bildungsziel der Kulturellen Bildung, darunter auch die musikalische Früherziehung, fest verankert. Wie dies in der Praxis umgesetzt wird, ist nicht bekannt. Doch deuten einzelne Studien darauf hin, dass die überwiegende Mehrheit der Kindertageseinrichtungen entsprechende Angebote anbietet. Im Zuge der sozialräumlichen Vernetzung haben sich Kooperationen mit Musik- und Kunstschulen, Bibliotheken oder KünstlerInnen ausgeweitet. Etwa 11 % der Kindertageseinrichtungen und etwa 20 % der Schulen kooperierten 2010 mit öffentlichen Musikschulen. Werden auch die Kooperationen mit privaten Anbietern berücksichtigt, so gibt etwa die Hälfte der Schulen an, mit externen Partnern zusammenzuarbeiten.

Betrachtet man den formalen Schulunterricht, so wird deutlich, dass mit Blick auf das intendierte Curriculum für die künstlerischen Fächer eine höhere Stundenzahl vorgesehen ist als in vielen anderen Staaten Europas. Doch zeigt sich auch, dass die Ausgestaltung des tatsächlichen Unterrichts teilweise sehr flexibel gehandhabt werden kann. An den beruflichen Schulen kommen die künstlerischen Fächer außerhalb der künstlerischen Berufsausbildungen nicht mehr als Pflichtfächer vor, können aber freiwillig belegt werden.

Daneben bieten allgemeinbildende Schulen ergänzende außerunterrichtliche Angebote in Form von Schul-AGs und Kursen an (allen voran Schulorchester und Bands). Insbesondere Ganztagsschulen haben eine größere Vielfalt an Angeboten und vernetzen sich häufiger mit externen Partnern. Betrachtet man das Angebot an Ausbildungsplätzen für künstlerische Berufe (der Fächergruppe 83 der Berufsklassifikation), so wird deutlich, dass 7 % der SchülerInnen an Berufsfachschulen und 0,7 % der Auszubildenden in der dualen Ausbildung einen solchen Beruf erlernen, wobei sowohl das Angebot als auch das Interesse an einem künstlerischen Ausbildungsberuf zurückgegangen ist.

Schließlich ist davon auszugehen, dass es derzeit etwa 1.500 Studiengänge im Bereich Kunst und Kultur gibt. Betrachtet man die Weiterbildungsangebote im kulturellen Bereich, so werden die Volkshochschulen als wichtigste Anbieter sichtbar (siehe Hans-Hermann Groppe „Kulturelle Bildung an den Volkshochschulen" in diesem Band). Die Kursteilnahme an Volkshochschulkursen im Programmbereich „Kultur/Gestalten" hat dabei allerdings absolut wie relativ abgenommen. Während die Kursbelegungen vor allem bei Kursen im Bereich „Werken/textiles Gestalten/Textilkunde/Mode/Nähen" zurückgegangen sind, haben Angebote im Bereich „Medien/Medienpraxis" jedoch an Beliebtheit gewonnen (vgl. ebd.: 176ff.).

Das Personal für Kulturelle Bildung und seine Qualifizierung

Mit Blick auf das Personal in formalen Bildungseinrichtungen, das die Aufgabe hat, Kulturelle Bildung zu vermitteln, zeigt sich, dass in allen Ausbildungen von pädagogischen Fachkräften, die für die Arbeit in Kindertageseinrichtungen qualifizieren, die Kulturelle Bildung als Fach oder Lernfeld verankert ist. Während sich die pädagogischen Fachkräfte in fast allen Domänen ihrer Arbeit gut qualifiziert fühlen, geben nur etwa 57 % an, sich bei der Vermittlung musisch-darstellender Bildung, also in den Bereichen Musik und Tanz, sicher zu fühlen (siehe Vanessa-Isabelle Reinwand „Kulturelle Bildung für U6" in diesem Band).

Betrachtet man die Lehrkräftesituation in der Schule, so wird deutlich, dass trotz des gleichen Gewichts der Fächer Kunst und Musik ein größeres Angebot an Lehrkräften mit der Lehrbefähigung für das Fach Kunst vorherrscht als für das Fach Musik. Etwa 14 % der Schulen beschäftigen Honorarkräfte, die den Pflichtunterricht im Fach Musik oder Kunst abhalten. An etwa der Hälfte der Schulen werden Honorarkräfte für außerunterrichtliche Angebote eingesetzt, darunter häufig für Angebote im Bereich „Tanz/Akrobatik/Zirkus", „Instrumentalmusik" oder „Textiles Gestalten/Basteln/Handarbeit". Insbesondere Ganztagsschulen und Gesamtschulen greifen häufiger auf Honorarkräfte zurück.

Die Hochschulausbildung in künstlerischen Studiengängen ist mit Blick auf die Professionalisierung in künstlerischen und kulturvermittelnden Berufen von besonderer Bedeutung. An den Hochschulen wurden 2010 etwa 3.300 Lehrkräfte für die künstlerischen Fächer ausgebildet. Daneben sind die Hochschulen in der Ausbildung von Fachkräften in den Fächern Kunstgeschichte oder Musikwissenschaft vorherrschend. Trotz ansteigender Studierendenzahlen ist der Anteil der StudienanfängerInnen in der Fächergruppe Kunst/Kunstwissenschaft bei rund 3,4 % stabil geblieben. Ausgebaut wurden entsprechende Studienangebote insbesondere an Kunst- und Musikschulen sowie an Fachhochschulen – in letzteren vor allem im Bereich „Gestaltung". Knapp 12.000 AbsolventInnen haben 2010 einen Studienabschluss in der Fächergruppe Kunst/Kunstwissenschaft erworben. Mit Ausnahme der Lehramtsstudierenden gestaltet sich die Berufseinmündung schwieriger als bei AbsolventInnen anderer Studienfächer (vgl. ebd.: 189ff.).

Fazit und Forschungsdesiderata

Der Bildungsbericht 2012 konnte nur einen groben Einblick in die verschiedenen Aspekte der Kulturellen Bildung liefern. Infolgedessen ist es mit Blick auf die Zukunft von erheblicher Bedeutung, auf der Basis von amtlichen Daten und einschlägigen Forschungsvorhaben die gravierenden Datenlücken zu schließen, um künftig ein regelmäßiges Monitoring kultureller Aktivitäten und Angebote in Deutschland gewährleisten zu können. Eine bedeutsame und noch zu wenig erforschte Fragestellung ist dabei, wie das Bildungsziel der Kulturellen Bildung, das in Bildungs- und Lehrplänen verankert ist, in der Praxis von Kindertageseinrichtungen und Schulen flächendeckend umgesetzt werden kann, welche Qualität derartige Angebote aufweisen und welche Bedeutung sie für Kinder und Jugendliche haben.

Bisher kann die Landschaft außerschulischer, non-formaler kultureller Angebote für Kinder, Jugendliche und Erwachsene auf Basis von statistischen Daten so gut wie nicht dargestellt werden, obwohl diese als Orte kultureller Aktivitäten eine erhebliche Bedeutung in Kindheit und Jugend erlangen können. Hier gilt es, nicht nur einmalig oder punktuell Daten zu erheben, sondern eine regelmäßige Angebotserfassung aufzubauen. Dies gilt auch für individuelle Bildungsaktivitäten der Kinder und Jugendlichen. Insbesondere auf Basis von Zeitreihendaten über eine längere Periode hinweg können Trends, positive wie negative Entwicklungen in der Angebots- und Teilhabestruktur von jungen Menschen an Kultureller Bildung in Deutschland sichtbar gemacht werden, die als Eigenwissen für das Arbeitsfeld ebenso genutzt werden können wie für gesellschaftliche Diskurse und politische Entscheidungsprozesse.

Zum Weiterlesen

Autorengruppe Bildungsberichterstattung (2012): Bildung in Deutschland 2012. Ein indikatorengestützter Bericht mit einer Analyse zur kulturellen Bildung in Deutschland. Bielefeld: W. Bertelsmann.

Deutsche UNESCO-Kommission (2009): Kulturelle Vielfalt gestalten. Handlungsempfehlungen aus der Zivilgesellschaft zur Umsetzung des UNESCO-Übereinkommens zur Vielfalt kultureller Ausdrucksformen (2005) in und durch Deutschland: www.unesco.de/fileadmin/medien/Dokumente/Kultur/kkv/_FINAL_Weissbuch.pdf (Letzter Zugriff am 31.07.212).

Medienpädagogischer Forschungsverbund Südwest (2012): JIM-Studie 2011. Jugend, Information, (Multi-)Media. Basisuntersuchung zum Medienumgang 12- bis 19-Jähriger: http://www.mpfs.de/index.php?id=225 (Letzter Zugriff am 31.07.12).

Anke Schad/Peter Szokol
Ressourcen Kultureller Bildung in Europa

Das Thema Kulturelle Bildung hat in den letzten Jahren im öffentlichen Diskurs zwischen Bildungs- und Kulturpolitik eine neue Aufmerksamkeit gefunden. Diese Tendenz ist nicht allein im deutschsprachigen Raum zu beobachten, sondern ebenso in einer Reihe anderer europäischer Länder. So erfreulich dieser Bedeutungszuwachs erscheint, so zeigen doch die Auswirkungen der europaweiten Finanz- und Wirtschaftskrise, dass der Sektor Kulturelle Bildung nach wie vor fragil ist.

Ein anschauliches Beispiel ist die Situation in England: Durch die nach dem Regierungswechsel 2010 veranlasste Budgetkürzung des *Arts Council England* um 30 % kam es zu einem Kahlschlag im Bereich der öffentlichen Kunst- und Kulturförderung. In der Folge wurde das während der Regierung Blair zu einem auch international anerkannten Vorzeigemodell entwickelte Programm „Creative Partnerships" durch Entzug der Fördergelder zu einem Auslaufmodell degradiert (Arts Council England 2011). Besonders bemerkenswert dabei ist der Umstand, dass die Entscheidungen entgegen einer Reihe von positiven Befunden der Wirkungsforschung getroffen wurden, die Creative Partnerships allesamt nachweisbare Erfolge, sei es im Bereich der learning skills, social integration oder employability attestierten.

Im europäischen Vergleich zeigt sich unmittelbar, dass die meisten Programme im Bereich Kultureller Bildung auf nur schwachen Entscheidungsgrundlagen beruhen. Ihre Implementierung folgt nicht datenbasierten Verfahren, wie dies in anderen Politikfeldern wie Verkehr, Gesundheit oder Umwelt der Fall ist. Dieser Umstand führt zur Frage, ob man angesichts der Vielfalt der individuellen Akteure, die jeweils unterschiedliche Ziele mit unterschiedlichen Methoden in unterschiedlichen institutionellen Zusammenhängen verfolgen, überhaupt von so etwas wie *einem* gemeinsamen Sektor sprechen kann. In der Regel beschränken sich die Akteure auf ihren jeweiligen Bezugsrahmen und damit auf ihre Institution und/oder ihre Sparte. Die Folge ist eine weitgehende Unklarheit über die jeweilige Ressourcenlage, mit der bestimmte Wirkungen erzielt werden sollen. Entsprechend bleibt mit Ausnahme einzelner Leuchtturmprojekte die zentrale Frage, was mit welchen Mitteln erreicht werden soll, unbeantwortbar. Da ist es nur folgerichtig, dass die Auswirkungen von Erhöhungen oder Kürzungen den Spekulationen von Insidern überlassen bleiben, die notgedrungen zu keinerlei neuen Handlungsoptionen führen.

Dieser spezifische „blinde Fleck" bildete den Ausgangspunkt für das Projekt „European Arts Education Fact Finding Mission". Im Versuch, der fehlenden Transparenz und unklaren Informationslage zu den eingesetzten Mitteln im Bereich Kultureller Bildung entgegenzuwirken, verfolgte dieses europäische Kooperationsprojekt das Ziel, mit Hilfe einer Ressourcenbezogenen Strukturierung des Bereichs die professionellen Grundlagen für PraktikerInnen ebenso wie für EntscheidungsträgerInnen zu verbessern und darüber hinaus die Grundlagen für eine europäische Vergleichbarkeit zu legen. Das von *EDUCULT* aus Wien geleitete Projekt wurde 2010 in Kooperation mit Forschungseinrichtungen aus England, Deutschland, den Niederlanden und Spanien durchgeführt. Projektziel war, Strukturierungsvorschläge zu den

Inputfaktoren im Bereich Kultureller Bildung als notwendige Voraussetzung für künftige Datenerhebungen vorzunehmen.

Im Fokus standen Maßnahmen Kultureller Bildung im außerschulischen Kontext. Kooperationen zwischen dem Bildungs- und Kultursektor wurden somit in erster Linie aus der Perspektive der Kultureinrichtungen betrachtet (Educult 2011).

Definitionen Kultureller Bildung im europäischen Vergleich

Bei unseren Recherchen stellte sich bald heraus, dass die fehlende Ressourcentransparenz zuallererst dem Mangel einer gemeinsamen Definition geschuldet ist. Kulturelle Bildung, die in der, im Rahmen des Projektes notwendig gewordenen Verkehrssprache Englisch nur sehr ungenügend in „arts education" übersetzt werden kann, erweist sich bei näherer Betrachtung rasch als ein nach mehreren Richtungen offen interpretierbares Feld. Und so galt es einerseits, den Bereich von Nicht-Bildungsaktivitäten wie Audience Development und andere Marketingmaßnahmen abzugrenzen; andererseits verlangten begriffliche Kontexte in den einzelnen Ländern eine Ausweitung der Definition. So wurden in England diesbezügliche Aktivitäten in den letzten Jahren zunehmend unter dem Begriff *creative education* verhandelt, während sich das spanische Pendant auf die professionelle künstlerische Ausbildung bezieht, obwohl auch hier Kultureinrichtungen einen Bildungsauftrag wahrnehmen (ebd.:24ff.).

Zum Begriff der Ressourcen

Aus ökonomischer Sicht werden Ressourcen als Produktionsfaktoren oder Input verstanden, d.h. als materielle und immaterielle Elemente, die durch einen Prozess einen Output (ein Produkt) erzeugen. Während man in der klassischen Ökonomie wie bei Adam Smith (Smith 1776) oder David Ricardo (Ricardo 1817) zwischen Land, Kapital und Arbeit unterschied, nehmen neuere Modelle eine systemtheoretische Perspektive ein und fokussieren auf den Prozess (Gutenberg 1959) oder das Produkt (Barney 1991:99ff.).

Damit verbundene Verschiebungen von Mikro-, zu Meso- und Makroperspektive gehen einher mit der Identifizierung unterschiedlicher Ressourcenkategorien und deren Abgrenzung zur gegebenen Umwelt. So stellte sich die Aufgabe, für zukünftige quantitative Datenerhebungen vergleichbare Kategorien auf der Mikro- und der Makroebene zu entwickeln.

Um für den Bereich der Kulturellen Bildung relevante Ressourcenkategorien zu identifizieren, erschien uns die Sicht der handelnden Akteure als entscheidend. Anhand von 21 explorativen qualitativen Interviews mit VertreterInnen von Kultureinrichtungen aller Sparten, wurden die entscheidenden Ressourcendimensionen im Rahmen der „European Arts Education Fact Finding Mission" entwickelt (Educult 2010:54ff). Sie reichen von der Infrastruktur bis zu organisatorischen Rahmenbedingungen.

Infrastruktur als zentrale und zugleich besonders intransparente Ressource

Die historisch gewachsene Infrastruktur für Kulturelle Bildung in Europa, vom Musik- und Kunstschulwesen bis hin zu öffentlichen Kultureinrichtungen, verweist auf langjährige Traditionen und damit verbundene routinisierte Ressourcenzuweisungen. Diese historisch gewachsene Automatik ist möglicherweise der Grund dafür, dass der Transparenz im Bereich der eingesetzten Mittel bislang nur wenig Aufmerksamkeit zuteil geworden ist. Dabei sind gerade die öffentlich geförderten Kultureinrichtungen neben den Schulen zentrale Instrumente, um kulturelle Bildungsprogramme durchzuführen. Auffallend ist, dass sich im europäischen Vergleich große Unterschiede sowohl qualitativ als auch quantitativ festmachen lassen.

Das Forschungsinteresse der Fact Finding Mission war darauf gerichtet, sich nicht auf die (meist zeitlich begrenzten) Projekte und Initiativen – die im Vergleich der gesamten Infrastruktur zumeist nur einen Bruchteil der Gesamtressourcen ausmachen – zu beschränken. Für Erhebungen der anteilsmäßigen Leistungen der Kulturinstitutionen erschien uns stattdessen die Erfassung des gesamten Sektors die einzig zielführende Methode. Auch Programme, die von privaten und intermediären Einrichtungen getragen werden, galt es einzubeziehen. Ein erster Praxisversuch wird zur Zeit vom Deutschen Zentrum für Kulturforschung im Rahmen des Projektes „mapping" in vier deutschen Bundesländern vorgenommen.

Finanzielle Ressourcen

„Money makes the world go round...", doch bei genauerer Betrachtung bereiten die Versuche, in Kultureinrichtungen Budgetdaten für Kulturelle Bildung zu erheben, große Schwierigkeiten. Weder bestehen innerhalb zwischen den einzelnen Gebietskörperschaften einheitliche Richtlinien, wie Ressourcen für Kulturelle Bildung in den Budgets der Kultureinrichtungen abgebildet werden sollen, noch gibt es internationale Bemühungen, solche Schemata aufzubauen.

Human Resources

Die wohl zentrale Ressource für Kulturelle Bildung ist das handelnde Personal. Die professionelle Betreuung durch VermittlerInnen oder PädagogInnen ist entscheidend für einen zielgruppengerechten Zugang zu Kultureller Bildung.

Entscheidend erschien uns die Darstellung der Personalkosten, die in der Regel den Großteil der kulturellen Bildungsausgaben umfassen. Zurzeit herrschen entsprechend den unterschiedlichen Anstellungsverhältnissen von freien und festen MitarbeiterInnen völlig unbezogene Darstellungen und Zurechnungen zu den Budgets in Kulturinstitutionen vor.

Für künftige Verbesserungen der Datenlage sind sowohl qualitative als auch quantitative Kriterien zu berücksichtigen. Aus der Perspektive der Beschäftigten können Schlüsse im Hinblick auf das Arbeitsumfeld getroffen werden. Die in der Regel sehr bescheidenen Einkommen, das weitgehende Fehlen fester Arbeitszeiten oder der Mangel an Aufstiegschancen sind nur einige Indikatoren, die laut der European Arts Education Fact Finding Mission auf prekäre Realitäten hinweisen.

Entscheidend für eine nachhaltige Entwicklung im Bereich Kultureller Bildung ist eine zunehmende Professionalisierung des Sektors. Entsprechend wird zu eruieren sein, über welche Qualifikationen wird verfügt, und/oder welcher Aus- und Fortbildungsbedarf besteht.

Organisatorische Ressourcen

Der organisatorische Rahmen innerhalb und die Vernetzung außerhalb der Kultureinrichtungen haben entscheidenden Einfluss auf die Arbeitsbedingungen und damit die Qualität Kultureller Bildung.

Große Kultureinrichtungen verfügen meist über eine eigene Abteilung für Kulturelle Bildung (meist als education department, Vermittlungsabteilung etc. bezeichnet). In dem Zusammenhang wurde als wesentliche Ressource der Grad der Eigenständigkeit in Personal-, Budget- oder Programmangelegenheiten genannt. Kleinere Institutionen haben hingegen oft erst gar nicht die Kapazitäten, eigene Bildungsabteilungen zu führen. Meist firmieren entsprechende Angebote als Teilbereiche des Marketings oder der operativen Leitung. Bei der organisatorischen Gliederung ist es von Bedeutung, ob Kulturelle Bildung einen strategischen Schwerpunkt der Organisation bildet oder nicht.

Die organisatorische Vernetzung außerhalb der Organisation hat neben dem Wissenstransfer zunehmend die Funktion, politisches Gewicht zu erzeugen. Da sich bestehende Verbände aus den jeweiligen (pädagogischen) Traditionen der Kunstsparten gebildet haben, verfügen übergreifende Vernetzungsinitiativen bislang nur selten über eine entsprechende kulturpolitische Durchsetzungskraft.

Wissen als Ressource

Auf europäischer Ebene gibt es Versuche, Wissen über den Bereich Kulturelle Bildung zu bündeln und öffentlich verfügbar zu machen. Anzuführen sind in diesem Zusammenhang die *Community of knowledge on Arts and Cultural Education in Europe (ComACE)*, die Informationsplattform culturalpolicies.net, koordiniert von *EricArts* und die *Open Method of Coordination (OMC) Working Group on Synergies between Culture and Education*.

Die *ComACE*-Initiative umfasst unter anderem ein Glossar, das erstmals ein gemeinsames Begriffsinstrumentarium über Sprachen und Traditionen einzelner europäischer Länder hinweg beinhaltet. Nachdem Beiträge aus Belgien, den Niederlanden, Frankreich und Österreich erstellt wurden, ist die Initiative ins Stocken geraten (ComACE 2011).

In der Arbeitsgruppe *OMC Working Group on Synergies between Culture and Education* waren ExpertInnnen aus den *EU*-Mitgliedsstaaten vertreten, die von den jeweiligen Behörden entsandt wurden. Die Arbeitsgruppe informierte sowohl ihre Nationalstaaten über ihre Ergebnisse und Empfehlungen, als auch die *Europäischen Kommission*, den *Europarat* und das *Europäische Parlament* (Lauret/Marie 2010).

Culturalpolicies.net wurde im Auftrag des *Europarates* von EricArts entwickelt. Die Plattform verfügt über ein Netzwerk von nationalen ExpertInnen, die mit der Erstellung der jeweiligen Länderprofile beauftragt sind. Bisher sind 42 Länder mit ihren kulturpolitischen Profilen vertreten. Seit 2010 wird auch eine Rubrik „arts education" mit Daten aus den teilnehmenden Ländern angeboten. Die Plattform eignet sich in ihrer Systematik für einen internationalen Vergleich in Europa und darüber hinaus (Culturalpolicies.net 2011) (siehe Christine Merkel „Internationale Entwicklungen für Kulturelle Bildung" in diesem Band).

Was den Bereich Wissenstransfer betrifft, gibt es noch Entwicklungsbedarf, auf den bestehenden Initiativen aufzubauen. Erleichtern würde dies etwa eine eigene Förderschiene für die Kulturelle Bildung im Kulturprogramm der *Europäischen Union* (EACEA 2011).

Herausforderungen zukünftiger Datenerhebungen

Bisherige Kulturstatistiken erfassen durch ihre Systematik den Bereich Kultureller Bildung als Querschnittsmaterie nicht oder nicht vollständig. Erschwerend kommt dazu, dass in diesen Statistiken nur öffentliche Ausgaben erfasst werden, die dem vermehrten Auftreten privater und zivilgesellschaftlicher Akteure (etwa Stiftungen) und gemischten Finanzierungsformen nicht gerecht werden (UNESCO 2009; Hofecker 2003:17 f.).

Die Konjunktur Kultureller Bildung basiert weitestgehend auf der Finanzierung von Projekten und Programmen. Selten ist in diesen Fällen eine nicht terminisierte Grundfinanzierung vorgesehen. Dies birgt die Gefahr, wie der Fall England verdeutlicht, bisherige Errungenschaften durch Haushalts- und Finanzkrisen oder Politikwechsel wieder zu verlieren.

Nur durch die strategische Integration Kultureller Bildung in den Kultur- und Bildungssektor können eine nachhaltige Entwicklung und zunehmende Professionalisierung vorangetrieben werden. Erste Schritte zur Transparentmachung der Ressourcen sind die Voraussetzung für jede Form von evidence based policy.

Neben quantitativen Kennzahlen, die Aufschluss über Größe und Dynamik des Sektors geben können, erscheint uns auch eine weitere qualitative Beforschung von besonderer Bedeutung, um die Realitäten der Arbeits- und Beschäftigungsverhältnisse adäquat zu erfassen. Aufgrund dieser Erkenntnis wurde von *EDUCULT* das „European Arts Education Monitoring System" initiiert, das den Fokus auf die Human Ressources für Kulturelle Bildung legt und unter anderem mit dem *Zentrum für Kulturforschung* in Deutschland kooperiert (AEMS 2011).

Zum Weiterlesen

Arts Council England (2011): Arts Council England announces funding decisions and new national portfolio of arts organisations: http://press.artscouncil.org.uk/Press-Releases/ARTS-COUNCIL-ENGLAND-ANNOUNCES-FUNDING-DECISIONS-AND-NEW-NATIONAL-PORTFOLIO-OF-ARTS-ORGANISATIONS-4c3.aspx (Letzter Zugriff am 31.07.12).

ComACE (2011): Community of knowledge on Arts and Cultural Education in Europe: www.comace.org

Compendium. Cultural policies and trends in Europe: www.culturalpolicies.net

Lauret, Jean-Marc/Marie, Francoise (2010): European Agenda for Culture. Working group on developing synergies with education, especially arts education: Final Report: http://ec.europa.eu/culture/documents/mocedu_final_report_en.pdf (Letzer Zugriff am 31.07.12).

The 2009 UNESCO Framework for Cultural Statistics (FCS): http://unesdoc.unesco.org/images/0018/001840/184082e.pdf (Letzter Zugriff am 31.07.12).

Teil II
Praxisfelder Kultureller Bildung

6.2
Forschung und Forschungsmethoden

Manfred Prenzel/Johanna Ray
Bildungsqualität, Bildungsforschung und Kulturelle Bildung

Im letzten Jahrzehnt hat die (mit empirischen Verfahren arbeitende) Bildungsforschung in Deutschland große Aufmerksamkeit durch internationale Vergleichsstudien erlangt. Im Blickpunkt stand dabei insbesondere die Bildungsqualität der Schule. Tatsächlich reicht das Feld der Bildungsforschung sehr viel weiter. Ihr Gegenstand umfasst „Voraussetzungen, Prozesse und Ergebnisse von Bildung über die Lebensspanne, innerhalb und außerhalb von (Bildungs-)Institutionen" (Prenzel 2005:12). In den folgenden Abschnitten nutzen wir diese Definition, um den Gegenstandsbereich „Kulturelle Bildung" für weiterführende Forschung zu strukturieren. Dabei gehen wir auch der Frage nach, inwieweit Ansätze der empirischen Bildungsforschung auf diesen besonderen Gegenstandsbereich angewendet werden können, um Anhaltspunkte für die Qualität Kultureller Bildung in Deutschland zu gewinnen.

Thema und Begriffsbestimmung

Der Zweck einer auf die aktuelle Bildungswirklichkeit bezogenen Forschung kann darin gesehen werden, Probleme im Bildungswesen zu identifizieren und Wissen zu ihrer Lösung beizutragen (Berliner 1992). Anders formuliert zielt die Bildungsforschung auf Wissen, das hilft, die Bildungswirklichkeit besser zu verstehen und weiter zu entwickeln. Hier kann unterschieden werden zwischen

>> deskriptivem Wissen, das z. B. Bildungsergebnisse oder Prozesse sowie Voraussetzungen von Bildung beschreibt;
>> explanativem Wissen, das Bildungsergebnisse auf bestimmte Prozesse, Voraussetzungen oder Bedingungen von Bildung zurückführt und erklärt;
>> Veränderungswissen, das darlegt, wie gegebene Ziele unter bestimmten Voraussetzungen mit bestimmten Maßnahmen erreicht werden können.

Diese verschiedenen Arten von Wissen sind miteinander verbunden. Erklärungen setzen Beschreibungswissen voraus. Erklärungswissen wiederum liefert Hinweise auf Ansatzpunkte für Veränderungen. Auf deskriptives Wissen zielen typischerweise Überblicksstudien (Surveys), die umfangreiche, oft repräsentative Stichproben einbeziehen. Aber auch Fallstudien können zum Beschreibungswissen beitragen. Experimentelle (zum Teil auch quasi-experimentelle) Designs sind erforderlich, um Vermutungen/Hypothesen über beeinflussende Faktoren und ihre Effekte zu prüfen. Belastbare Befunde über die Wirkung von Maßnahmen oder Innovationen setzen Interventionsstudien oder Feldexperimente voraus, bei denen andere Einflussgrößen systematisch kontrolliert werden. Gemeinsam ist allen empirisch orientierten Forschungszugängen, dass Merkmale (z.B. von Bedingungen, Prozessen und Ergebnissen) mit Hilfe von schriftlichen oder mündlichen Befragungen, Beobachtungsverfahren oder Tests erfasst werden. Selbstverständlich müssen die Zuverlässigkeit und Gültigkeit solcher Messungen kritisch geprüft werden.

Betrachtet man die inhaltliche und systemische Breite des oben skizzierten Gegenstandsbereichs von Bildungsforschung, dann liegt es auf der Hand, dass unterschiedliche Disziplinen gefordert sind – von der Erziehungswissenschaft über die Psychologie und Soziologie bis zu den Fachdidaktiken und Fachwissenschaften. Viele relevante Fragestellungen der Bildungsforschung können nur in interdisziplinärer Zusammenarbeit ertragreich beantwortet werden. Deshalb ist Bildungsforschung insgesamt nicht als Disziplin, sondern als interdisziplinäres Forschungsfeld (analog z.B. zur Klima- oder Meeresforschung) zu verstehen.

Historische Dimension

Die Anfänge einer empirischen Bildungsforschung in Deutschland liegen über 100 Jahre zurück. Pioniere wie August Lay, Ernst Meumann und etwas später Aloys Fischer wendeten empirische Erhebungsverfahren und Untersuchungsansätze erfolgreich auf pädagogische Fragestellungen an, fanden jedoch in der stark geisteswissenschaftlich orientierten Pädagogik wenig Beachtung. Offensichtlich werdende Problemlagen im deutschen Bildungssystem der Nachkriegszeit ließen einen großen Wissensbedarf erkennen, der in der Forderung von Heinrich Roth (1962) nach einer „realistischen Wende" in der pädagogischen Forschung ihren Ausdruck fand. Ein starkes Gewicht und hohe Sichtbarkeit erhielt die Bildungsforschung um das Jahr 2000 mit den großen internationalen Schulleistungsstudien (vgl. Krapp/Prenzel/Weidenmann 2006; Zlatkin-Troitschanskaia/Gräsel 2011). Eine wichtige Rolle spielte dabei das „Programme for International Student Assessment" (PISA), das von der OECD im Kontext ihrer regelmäßigen Berichterstattung über Bildungssysteme (z.B. OECD 2011a) aufgelegt wurde. Die schwachen Leistungen der SchülerInnen in Deutschland und Belege für große Disparitäten (z.B. nach sozialer oder ethnischer Herkunft, aber auch Geschlecht oder Region), die in der ersten PISA-Erhebung gefunden wurden (Baumert u. a. 2001), haben den Stellenwert empirischer Studien zur Bildungsqualität und Qualitätsentwicklung hervorgehoben und die Nachfrage nach empirisch fundierten Erkenntnissen im Bezug auf lern- und lehrrelevante Bedingungen kräftig verstärkt (z.B. Prenzel/Allolio-Näcke 2006).

Das inhaltliche Spektrum der Erhebungen bei PISA lässt durch die regelmäßige Untersuchung der Lesekompetenz (neben mathematischen und naturwissenschaftlichen Kompetenzen) eine erste Öffnung hin zum Feld der Kulturellen Bildung erkennen. Erhebungen zur Lesefreude oder zur Nutzung von Medien und Computern erweitern die Perspektive. Generell betonen die Erhebungskonzeptionen, die sich an Vorstellungen von „Literacy" orientieren, den Stellenwert der Kompetenzen für die gesellschaftliche und kulturelle Teilhabe (siehe Larissa von Schwanenflügel/Andreas Walther „Partizipation und Teilhabe" in diesem Band). Hier ist von einer Kultur im weiten Sinne die Rede, die auch die Mathematik, die Naturwissenschaften oder die Technik einschließt. Aber auch die Ausrichtung auf Schlüsselkompetenzen wie Lesen gewinnt Relevanz für unzählige andere Domänen oder Kulturbereiche, weil der (bildende) Zugang zu diesen in einem hohen Maße von einer elaborierten Lesefähigkeit abhängt. Das Untersuchungsprogramm schließt aber auch kulturelle Ressourcen und Praktiken im Elternhaus und in der Schule ein, die als mögliche Bedingungsfaktoren für die Entwicklung von Kompetenzen und Orientierungen betrachtet werden (vgl. Klieme u. a. 2010; Prenzel u. a. 2007). Kulturelle Praktiken wie zum Beispiel Leseverhalten oder Mediennutzung sind ebenfalls seit geraumer Zeit Gegenstand von Überblicksstudien, die z.B. im Auftrag der *Deutschen Shell* oder der *Stiftung Lesen* durchgeführt werden (z.B. Albert u. a. 2010). Insgesamt werden die großen nationalen und internationalen Vergleichsstudien, die auch Ergebnisse von Bildungsprozessen erfassen, bisher noch durch eine relativ enge Ausrichtung auf wenige Inhaltsbereiche und auf das formelle Lernen in Unterricht und Schule bestimmt.

Aktuelle Situation

Während Kompetenzen von Kindern, Jugendlichen und sogar Erwachsenen in den Bereichen Mathematik, Naturwissenschaften sowie Lesen bereits seit längerer Zeit in regelmäßigen Abständen mit hohem methodischem Aufwand evaluiert werden (TIMSS, PISA, PIACC), gibt es bisher kaum umfassende, systematische oder international vergleichende Untersuchungen zu kulturellen Bildungsaktivitäten und deren Ergebnissen. Als Ausnahme kann zum Beispiel die von der UNESCO in Auftrag gegebene Studie zu „Arts Education" (Bamford 2010) gelten, in der künstlerische Angebote für Kinder und Jugendliche in über 40 Ländern dokumentarisch abgebildet und in Hinblick auf bestimmte Qualitätsmerkmale untersucht wurden. Diese Studie kann als wichtiger Schritt zur Erschließung der Kulturellen Bildung für international vergleichende Forschung verstanden werden. Allerdings ist die Untersuchung noch weit von dem Ziel entfernt, an repräsentativen Stichproben Indikatoren für Voraussetzungen, Bedingungen, Prozesse und Ergebnisse Kultureller Bildung zu erfassen. Tatsächlich ist es aus verschiedenen Gründen im Bereich der Kulturellen Bildung sehr viel schwieriger, mit den etwa bei PISA verwendeten Test- und Erhebungsmethoden zu arbeiten. Im Bereich Mathematik und Naturwissenschaften hat die Schule gewissermaßen das Monopol für die Bereitstellung von Lerngelegenheiten, die curricular eingeordnet sind und mehr oder weniger weltweit auf ähnliche Ziele abheben. Kulturelle Bildung dagegen findet in vielfältigen Einrichtungen und an unterschiedlichsten Orten statt – und dabei häufig informell. Daraus ergibt sich die große Schwierigkeit, Bezugssysteme für (Teilbereiche) der Kulturellen Bildung zu definieren, an denen sich zum Beispiel die Testentwicklung orientieren könnte. Ebenso kompliziert ist die Aufgabe, zuverlässige und aus theoretischer Sicht vergleichbare Angaben und Daten über Prozesse Kultureller Bildung zu erhalten. Nicht zuletzt stellt sich die Frage nach Umfang und Komplexität von Aufgabenstellungen, die für die Erfassung von Kompetenzen im Bereich Kultureller Bildung als angemessen betrachtet werden, verbunden mit der Herausforderung, die unter diesen Aufgabenstellungen erbrachten Leistungen in ihrer Qualität zuverlässig und valide zu beurteilen (siehe Tobias Fink „Evaluationen im Feld der Kulturellen Bildung" in diesem Band). Hindernisse für umfassendere Untersuchungen zur Kulturellen Bildung liegen somit weniger im methodischen, sondern eher im theoretischen Bereich. Repräsentative Studien setzen Theorien und Modelle Kultureller Bildung voraus, die von den Fachleuten in diesem Bereich weitgehend akzeptiert sind und die einigermaßen konkrete Aussagen zulassen, zum Beispiel über die Struktur der angestrebten und zu erfassenden Kompetenzen.

Erhebliche Anstrengungen zur Strukturierung des Feldes der Kulturellen Bildung und zu einer ersten, breit angelegten Beschreibung der Situation in Deutschland wurden für den im Juni 2012 erschienenen Bildungsbericht unternommen (Autorengruppe Bildungsbericht 2012) (siehe Mariana Grgic/Thomas Rauschenbach „Kulturelle Bildung im Horizont der Bildungsberichterstattung des Bundes" in diesem Band). Das Schwerpunktthema dieses Berichts ist die musisch-ästhetische und Kulturelle Bildung in Deutschland sein. Mit dieser Schwerpunktsetzung verbindet sich das Ziel, Indikatoren für ein fortlaufendes Monitoring von Kultureller Bildung zu klären und eine erste Datenbasis zu schaffen.

Folgt man der typischen Herangehensweise der Bildungsforschung, dann können vordringliche Aufgaben und Funktionen von Forschungsvorhaben zum Thema Qualität Kultureller Bildung darin gesehen werden, Bedingungen, Prozesse, Wirkungen und Erträge von Kultureller Bildung theoretisch zu differenzieren und mit Hilfe empirischer Methoden zu beschreiben.

Ausblick – Perspektiven – Herausforderungen

Entscheidend für die weiterführende Erforschung des Felds der Kulturellen Bildung wird es sein, die Expertisen unterschiedlicher Disziplinen zusammenzuführen, um von kleineren explorativen Studien ausgehend größere Forschungsprogramme vorzubereiten. Auf diese Weise haben mehrere interdisziplinäre Arbeitsgruppen in Deutschland seit einiger Zeit begonnen, das Feld „Bildung im Museum" zu erschließen (vgl. Graf/Noschka-Roos 2009). Fragen der Besucherforschung werden inzwischen auch durch *DFG*-geförderte Untersuchungen Effekte der Situierung und Wirkungen der Textgestaltung und gezielter Medienunterstützung im Museum aufgeklärt. Für den hier im Blickpunkt stehenden Bereich der Kulturellen Bildung ist das Erfordernis interdisziplinärer Forschungszugänge besonders offensichtlich. Die Vielfalt kultureller Bildungsgegenstände verlangt domänenspezifische Kompetenz in den jeweiligen Gebieten (Theater, Kunst, Musik...), die – je nach Fragestellung – mit fachdidaktischer, pädagogischer oder genereller sozial- und kulturwissenschaftlicher Expertise verbunden sein muss.

Zum Weiterlesen

Bamford, Anne (2010): Der Wow-Faktor. Eine weltweite Analyse der Qualität künstlerischer Bildung. Münster: Waxmann.

Klieme, Eckhard/Artelt, Cordula/Hartig, Johannes/Jude, Nina/Köller, Olaf/Prenzel, Manfred/Schneider, Wolfgang/Stanat, Petra (Hrsg.) (2010): PISA 2009. Bilanz nach einem Jahrzehnt. Münster: Waxmann.

Zlatkin-Troitschanskaia, Olga (Hrsg.): Stationen Empirischer Bildungsforschung. Traditionslinien und Perspektiven. Wiesbaden: VS.

Christian Rittelmeyer
Die Erforschung von Transferwirkungen künstlerischer Tätigkeiten

Begriff und Begründung der Transferforschung

Lernziele, die in Rahmenrichtlinien bzw. Kerncurricula, aber auch in fachdidaktischen Publikationen zur ästhetischen Bildung deklariert werden, gehen häufig über unmittelbar künstlerische Kompetenzen weit hinaus: Proklamiert wird z.B. die Steigerung der sinnlichen Empfänglichkeit, die Kultivierung des Ausdrucksvermögens oder die Schulung der Kreativität (siehe Gisela Ulmann „Kreativität und Kulturelle Bildung" in diesem Band). Zu fragen ist allerdings, ob derartige Ziele tatsächlich erreicht werden. In den letzten Jahren hat sich eine umfangreiche internationale Forschung etabliert, die dieser Frage nachgeht und Auswirkungen künstlerischer Tätigkeiten auf *außerkünstlerische* Fähigkeiten aufzuklären sucht. Es handelt sich dabei um die sogenannte „Transferforschung" (ausführlich dazu: Rittelmeyer 2010). Obgleich es zum Teil heftige Kontroversen um die methodische Zuverlässigkeit vieler Untersuchungen gibt, kann man inzwischen doch festhalten, dass Kinder und Jugendliche hinsichtlich ihres intellektuellen Vermögens, ihrer Kreativität, ihrer Sensibilität für Umweltreize, ihrer sozialen und emotionalen Fähigkeiten durch künstlerische Tätigkeiten gefördert werden können. Die Effekte sind nicht für jedes Kind zu beobachten, ihre Langfristigkeit ist bisher eher selten untersucht worden, sie fallen meistens moderat bis schwach aus. Dennoch kann man inzwischen mit guten empirischen Gründen behaupten, dass die künstlerische Betätigung die Bildungschancen zahlreicher Kinder erhöht.

Methoden und Ergebnisse der Forschung

Man kann die Transferforschung gegenwärtig in vier Hauptgebiete unterteilen: die psychologisch orientierte *empirisch-statistische Wirkungsforschung* und die biologisch orientierten Disziplinen der *Hirnforschung*, der *Psychoneuroimmunologie* und der *Chronobiologie*.

Die psychologisch orientierte empirisch-statistische Wirkungsforschung hat bisher die meisten Arbeiten zum Thema hervorgebracht: Sie untersucht z.B., wie sich SchülerInnen mit relativ häufigen oder eher seltenen künstlerischen Erfahrungen hinsichtlich bestimmter kognitiver, sozialer oder emotionaler Merkmale unterscheiden. Die meisten Arbeiten aus diesem Bereich beziehen sich auf die Transferwirkungen der Musik, weitaus seltener wurden Effekte der Beschäftigung mit bildender Kunst, Theater und Tanz untersucht, fast überhaupt nicht die Wirkung der Lektüre belletristischer Literatur. Bestimmte künstlerische Praktiken scheinen für bestimmte Fähigkeiten besonders zu prädestinieren – z.B. das Theaterspielen und Musizieren für eine Steigerung des räumlichen Vorstellungsvermögens, Theater und Gruppentanz für die Verbesserung empathischer Fähigkeiten, die bildende Kunst für feinmotorisches Geschick und Kreativität. Während bis zur Jahrtausendwende monokausale Untersuchungen dominierten, wird in den letzten Jahren auch zunehmend mit komplexeren Forschungsmodellen (wie z.B. pfadanalytischen Untersuchungen) gearbeitet, die das Wechselgefüge verschiedener Wirkungsfaktoren deutlich machen (vgl. dazu auch Rittelmeyer 2011a). Wie sind solche Transfereffekte zu erklären? *Eine* wichtige Deutung liefern uns Studien aus dem Bereich der Hirnforschung, womit ein zweiter Forschungssektor neben der empirisch-psychologischen Wirkungsforschung angesprochen wird (vgl. z.B. Altenmüller 2003; Jäncke 2008).

In diesen neurologischen Untersuchungen wird unter Verwendung bildgebender Verfahren danach gefragt, was sich im Gehirn z.B. musizierender oder malender Kinder ereignet und welche Folgen das für die synaptische Vernetzung bestimmter Hirnareale hat. Ein wichtiger Forschungsüberblick aus diesem Bereich wurde von der gemeinnützigen U.S.-Organisation *Dana Foundation* unter dem Titel „Learning, Arts and the Brain" veröffentlicht (Asbury/Rich 2008). Diese Forschungsrichtung hat einige sehr wichtige Einsichten im Hinblick auf die Frage erbracht, wie Transfereffekte entstehen und warum sie nicht immer auftreten. So ist z.B. beim Herstellen einer Tonskulptur neben anderen Fähigkeiten immer auch das räumliche und damit geometrische Vorstellungsvermögen gefordert. Für dieses Vermögen sind bestimmte Hirnareale maßgebend, die sich bei häufiger Provokation durch entsprechende Tätigkeiten synaptisch komplexer vernetzen. Diese Bereicherung der Hirnarchitektur führt ihrerseits wieder zu einer gesteigerten Fähigkeit des räumlichen Vorstellungsvermögens auch außerhalb künstlerischer Betätigung (vgl. beispielhaft dazu Spelke 2008). Der „Transfer" besteht aus dieser neurologischen Sicht also nicht in einer echten Übertragung künstlerischer auf kognitive Leistungen. Es ist vielmehr dasselbe Hirnareal, das bei künstlerischen wie mathematisch-topologischen Tätigkeiten aktiv ist und sich verändert. Ebenso konnte diese neurologische Forschung aber auch nachweisen, wie individuell solche Verarbeitungsprozesse verlaufen. So zeigt die Forschung beispielsweise, dass durch den Unterricht in Musik, bildender Kunst oder Theaterspiel bei einigen Jugendlichen das räumliche Vorstellungsvermögen gefördert wird, bei anderen hingegen die sogenannte „executive attention", eine Form der Aufmerksamkeit, die durch einen hohen Grad der Offenheit und Sensibilität für die Gegenstände der Wahrnehmung geprägt ist (z.B. Posner u. a. 2008).

Es wäre allerdings verfehlt, *biologische* Aspekte der Transferwirkungen in einer Art neurozentrischer Blickverengung nur im Gehirn zu suchen (dazu auch Rittelmeyer 2009a). Darauf machen uns zwei weitere und noch sehr neue Forschungsrichtungen aufmerksam, die auf immunologische Wirkungen der Kunstpraxis und auf die Veränderung rhythmischer Körperprozesse durch künstlerische Tätigkeiten bezogen sind. In beiden Fällen liegen allerdings bisher erst wenige Untersuchungen vor – sie sollen hier nur knapp charakterisiert werden.

Die Psychoneuroimmunologie beschreibt Auswirkungen künstlerischer Tätigkeiten auf das menschliche Immunsystem. So haben beispielsweise ForscherInnen der *Universität Frankfurt* durch physiologische Messungen festgestellt, dass sich bei Chormitgliedern während des *Singens*, nicht aber während des *Hörens* eines Mozart-Requiems die Konzentration von Immunglobulin A im Blut (Kenngröße der „Immunkompetenz") erhöhte. Diese Erhöhung korrelierte mit einer Stärkung des bekundeten subjektiven Wohlbefindens (Kreutz u. a. 2004). Ähnliche Forschungsresultate wurden auch an der psychologischen Fakultät der Universität Wien erzielt (Biegl 2004). Sollte sich dieser Befund in weiteren Studien bestätigen lassen, könnte die hygienische oder salutogenetische Funktion bestimmter musikalischer Aktivitäten hervortreten – ein Aspekt, der in der bisherigen Transferforschung kaum Beachtung gefunden hat. Namentlich zeigen diese Untersuchungen jedoch, dass künstlerisches Tun nicht nur auf das Gehirn, sondern auf den gesamten Organismus wirkt – dessen Prozesse sich dann wiederum im Gehirn, z.B. als Gefühl von Gesundheit und Wohlbefinden „spiegeln". Es ist unwahrscheinlich, dass sich derartige physiologische Prozesse nur beim Hören von Musik ereignen.

Ebenfalls neu ist die chronobiologische Erforschung künstlerischer Tätigkeiten. Hier geht es um die Frage, wie sich künstlerische Aktivitäten auf unser Atmungs- und Herz-Kreislauf-System auswirken. Herzfrequenz-Variabilität und Puls-Atmungs-Verhältnis sind wichtige Indikatoren krankheitsbegünstigender oder -verhindernder Körperprozesse. Während es bei den ersten beiden Forschungsbereichen mit inzwischen vielen hundert Arbeiten vor allem um die kognitiven, sozialen und emotionalen Transferwirkungen geht, thematisieren die letzten beiden Forschungsrichtungen mit vorerst noch wenigen Arbeiten eher salutogenetische Aspekte ästhetischer Praxis. Es gibt eine Reihe interessanter Studien, die zeigen, wie sich die erlebte Ästhetik von Landschaften oder Klassenzimmern positiv auf die Herzfrequenz, auf die Atmung sowie psychische Indikatoren wie Stress- oder Entspannungsgefühle auswirken (Hinweise in Rittelmeyer 2011).

Ästhetische Erfahrungen, so kann man den bisherigen Ertrag der Transferforschung zusammenfassend umschreiben, sind immer auch eine Schule der Denk- und Reflexionsfähigkeit, der Wahrnehmungssensibilität, der emotionalen Kultivierung, der salutogenetischen und der sozialen Kompetenz Heranwachsender. Aber solche Effekte sind sehr individuell, sie artikulieren sich im Lebensgang einzelner Menschen unterschiedlich – das zeigt sowohl die Hirnforschung als auch die Analyse biografischer Berichte. Wir wissen bisher noch sehr wenig über diese individuellen Prozesse der Verarbeitung und biografischen Transformation ästhetischer Erfahrungen (vgl. Reinwand 2008). Das hängt auch damit zusammen, dass die bisherige Transferforschung eine Reihe von Mängeln aufweist, die abschließend kurz charakterisiert werden sollen.

Kritische Aspekte und Perspektiven

Eines der Hauptprobleme bisheriger Transferstudien besteht darin, dass in den meisten Arbeiten von einem ungeklärten Begriff der „ästhetischen Erfahrung" oder des „Kunstunterrichts" ausgegangen wird. Es ist aber z.B. ersichtlich, dass die Ausmalung vorgegebener Baum- oder Tierumrisse andere Erfahrungen ermöglicht als ein frei gemaltes Landschaftsaquarell. Daher ist es für eine anspruchsvolle, bildungstheoretisch begründete Wirkungsforschung erforderlich, dass genauer analysiert wird, worin die jeweils als künstlerisch deklarierte Tätigkeit besteht – ich bezeichne diese Interpretationsform als „Strukturanalyse der Tätigkeiten und Werke" (z.B. sowohl der Einübung als auch der formalen Gestalt eines Theaterstücks). Ferner muss geklärt werden, was man mit den Begriffen „künstlerisch" oder „ästhetisch" meint – was voraussetzt, dass man sich hier mit Theorien des Ästhetischen befasst. Die eben schon erwähnten biografischen Berichte über bildende Schlüsselerlebnisse durch künstlerische Erfahrungen geben uns einen Einblick in die je besonderen, sehr individuellen lebensweltlichen Situierungen ästhetischer Praxis (einige Beispiele in Rittelmeyer 2010, 2011b). Und schließlich: Es gibt zahlreiche Kindergärten, Schulen und außerschulische Einrichtungen mit dem Schwerpunkt eines künstlerischen Bildungsangebotes: In ihnen müssten sich die in Transferuntersuchungen gefundenen Bildungswirkungen besonders deutlich zeigen – was durch ihre Evaluation zu klären wäre (vgl. einen solchen – qualitativ orientierten – Versuch in der Arbeit von Bender 2010). Geeignete Evaluationsverfahren, die in dem hier beschriebenen umfassenderen Sinne biografische Quellen, künstlerisch akzentuierte Bildungseinrichtungen, Transferuntersuchungen, Strukturanalysen und ästhetische Theorien berücksichtigen, werden daher in Zukunft erforderlich. In einem solchen Zusammenhang erarbeitete Argumente werden der ästhetischen Bildung jenes Gewicht verleihen, das ihr als gleichberechtigter Partnerin der „Sciences" zukommt.

Zum Weiterlesen

>Bamford, Anne (2006): The Wow Factor. Global research compendium on the impact of the arts in education. Münster: Waxmann.

>Bundesministerium für Bildung und Forschung (Hrsg.) (2007): Macht Mozart schlau? Die Förderung kognitiver Kompetenzen durch Musik. Bonn/Berlin.

>Rittelmeyer, Christian (2010): Warum und wozu ästhetische Bildung? Über Transferwirkungen künstlerischer Tätigkeiten. Ein Forschungsüberblick. Oberhausen: Athena.

Annette Scheunpflug
Kulturelle Bildung im Kontext biowissenschaftlicher Forschung und Reflexion

In diesem Beitrag stehen die natürlichen Bedingungen Kultureller Bildung im Mittelpunkt. Zunächst soll es darum gehen, die grundlegenden Annahmen biowissenschaftlicher Forschung zur Kultur und zum kulturellen Lernen in den Blick zu nehmen. Dann werden einzelne Befunde berichtet, bevor diese dann abschließend auf die Kulturelle Bildung bezogen werden.

Natur und Kultur

„Kultur" wird häufig – zumindest implizit – im Gegensatz zu „Natur" verstanden. Dabei wird unter „Natur" die menschliche Entwicklung in der Tradition der „natura naturata", der geschaffenen Natur, interpretiert. Mit dem Begriff „Kultur" werden hingegen menschliche Entwicklungsleistungen in Verbindung gebracht. Diese dichotome Perspektive entspricht jedoch nicht dem Verständnis heutiger Biowissenschaft (vgl. Scheunpflug 2003). In dieser Disziplin wird heute auf die natürlichen Grundlagen von Kultur verwiesen. Kulturfähigkeit wird über die biologische Evolution erklärt und nach dem Anpassungswert von Kulturausprägungen gefragt (vgl. Tooby/Cosmides 1992; Flinn/Alexander 1982; Voland 2003). In dieser Theorieofferte wird die Fähigkeit zur Kultur als das natürliche Erbe der Menschen verstanden. Der Biologe Hubert Markl hat das Verhältnis von Natur und Kultur nach diesem Verständnis knapp und präzise so auf den Punkt gebracht: „Es ist uns natürlich, unser Dasein durch eine Kulturtradition zu bewältigen" (Markl 1983:40). Anstatt nach dem Verhältnis von Natur zur Kultur zu fragen, ist nach den heute in den Biowissenschaften diskutierten Theorien von einem naturalistischen Kulturverständnis auszugehen.

Evolution als historische Perspektive

Dieses Kulturverständnis geht auf die darwinische Entwicklungstheorie und das mit ihr verbundene Verständnis geschichtlicher Abläufe zurück.

Kultur wird in diesem Kontext interpretiert als ein Beitrag zur „Fitnesssteigerung". Menschen sind so evolviert, dass sie in sehr verschiedenen Lebensräumen überleben können. Dabei hilft ihnen ihre unspezifische Angepasstheit und große Lernfähigkeit. Menschen können sich durch ihre breite Lernfähigkeit an unterschiedliche Umwelten anpassen. Dieses ist durch den großen Neocortex und die lange Zeit der Kindheit und Jugend (Neotonie) bedingt, in der kulturelle Errungenschaften der vorhergehenden Generationen erworben werden. Menschen sind als Spezies dadurch für sehr viele unterschiedliche Situationen ausgestattet und können lernen, sowohl in Großstädten, als auch Savannen oder nordischen Eismeeren zu überleben. Formen der Ressourcenakkumulation, der Partnerwahl und der familiären Reproduktion stehen unmittelbar im Dienst der Fitnesssteigerung. Diese Formen menschlicher Kultur – wie beispielsweise des Nahrungsmittelanbaus, der Familienorganisation und der Kindererziehung – lassen sich als evolvierte Antworten auf bestimmte Bedingungen der Umwelt interpretieren (vgl. dazu im Überblick Voland 2009; Buss 2004). So haben sich beispielsweise unterschiedliche Kulturen der Partnerwahl (Polygamie, Polyandrie, Monogamie oder serielle Monogamie) in unterschiedlichen ökologischen Umwelten entwickelt (vgl. die ausführliche Erklärung deren funktionaler Logik in Buss 2004). Das kulturelle Lernen im Verlaufe der Sozialisation ist damit eine unhintergehbare Notwendigkeit.

Mögen diese Formen von Kultur noch durch biologische Theorien unmittelbar einsichtig erklärbar sein, so ist es mit Formen der Hochkultur – von der Baukunst über das Theater bis hin zum Klavierspiel – schon schwieriger. Lange Zeit haben sich die Biowissenschaften schwer getan, diese Aktivitäten durch eine konsistente evolutionäre Theorie funktional zu erklären. Neuere Forschung kann zeigen, dass ästhetische Schönheit häufig ein äußeres Merkmal funktionaler Fitness darstellt. So zeugen Pfaue mit dem schönsten Rad die vitalsten Küken (Petrie 1994). Das Rad des Pfaus, der geschwellte Hahnenkamm oder der anstrengende Gesang der Nachtigall – all dieses sind täuschungssichere Merkmale aufwändiger Investitionen, die sich nicht jedes Männchen leisten kann und die die Attraktivität entsprechend steigern. Dieser Mechanismus wurde von Amotzi Zahavi (1975; Zahavi/Zahavi 1998) als „Handicap-Prinzip" bezeichnet und damit darauf verwiesen, dass diejenigen, die sich selbst behindern, vergleichsweise fit sein müssen, um sich dieses leisten zu können. Dieser auch als Signalkommunikation bekannte Mechanismus erklärt auch vielfältige Formen von Hochkultur (vgl. Voland 2003). Performativität und individuellen Ausdruck muss man sich leisten können. Tattoos als Form der Körperkunst benötigen ein stabiles Immunsystem bzw. markieren dieses. Klavierspielen markiert, dass man die Zeit hat, eine solche Kompetenz zu erwerben, und damit Ressourcen übrig hat, die nicht unmittelbar dafür eingesetzt werden müssen, den Lebensunterhalt zu sichern. Nach der Handicap-Theorie ist beispielsweise Kunst ein Ausdruck genetischer Fitness von Individuen, die es sich leisten können, nicht in das unmittelbare Überleben zu investieren.

Spiegelneuronen und Sozialität

Besonders bedeutsam für das Verständnis der kulturellen Fähigkeiten des Menschen war die Endeckung der sogenannten „Spiegelneuronen" durch die Forschergruppe um Giacomo Rizzolatti in den 1990er Jahren. Gegenstand ihrer Forschung war das Verständnis der Planung und Zielgerichtetheit von Handlungen. Sie konnten (zunächst an Makaken) zeigen, dass bestimmte Neuronen im Gehirn nicht nur „feuern", wenn eine Handlung tatsächlich ausgeführt wird, sondern auch dann, wenn man lediglich beobachtet, dass eine Handlung ausgeführt wird. Diese Fähigkeit ist es, die es Menschen um so vieles besser als anderen Lebewesen erlaubt, andere nachzuahmen. Mit Hilfe von Spiegelneuronen ist es also möglich, eine Art „innere Simulation von Handlungen" (Lauer 2006) durchzuführen. Zudem ermöglichen Spiegelneuronen, die sehr eng an der somatosensiblen Zone der Hirnrinde angesiedelt sind, die die Selbstwahrnehmung des Körpers steuert, ein Verständnis dessen, wie es sich anfühlt, wenn andere eine Handlung ausführen (vgl. Rizzolatti u. a. 2002; 2004; 2009). Diese Art von Neuronen ermöglichen offenbar, sich in das Gehirn eines anderen „hineinzudenken" und die Zielperspektiven eines anderen Individuums zu erfassen. Diese Kompetenz ist beim Menschen im besonderen Maße ausgeprägt.

Spiegelneuronen werden gemeinhin als das neuronale Korrelat der kulturellen Kompetenz des Menschen beschrieben und sind die Grundlage dafür, dass Menschen Sprache über akustische und optische Nachahmung lernen können, und dass es ihnen gelingt, nicht nur die Oberfläche einer Handlung nachzuahmen, sondern ihr vermutetes Ziel. Damit lassen sich beispielsweise Fehler korrigieren, Handlungen in anderen Umwelten durchführen oder sie so ausführen, dass ein Individuum besser werden kann als sein Vorbild. Individuelle Variation in der Nachahmung als Anpassung an die eigene Selbstwahrnehmung, eine spezifische Umwelt oder eine bestimmte Zielperspektive sind damit spezifischer Ausdruck menschlicher Imitationsfähigkeit. Dies ermöglicht die „kulturelle Entwicklung des menschlichen Denkens" (Tomasello 2002).

Vor diesem Hintergrund kann die Freude an kultureller Praxis als eine intensive Form der selbstdeutenden Nachahmung interpretiert werden: „Literatur ist Nahrung für unseren Nachahmungsinstinkt" (Lauer 2006:4). Dies gilt ebenso für Musik, Tanz, Malerei und andere Formen von Performanz und Mimesis, die als Nahrung für diese auf Selbstdeutung ausgelegte Nachahmungskompetenz interpretiert werden können, da „Nachahmung beim Menschen nicht Mimikry ist, sondern variierend in sich simuliert wird, was geäußert wurde" (Lauer 2006:16). Über diesen durch Spiegelneuronen induzierten Mechanismus lassen sich zum Beispiel beim Musizieren noch weitere neuronale Aktivitäten beschreiben (vgl. Altenmüller 2012; Spitzer 2002), die im Rahmen dieses nur kurzen Beitrags nicht näher dargestellt werden können.

Erkenntnisse für die Kulturelle Bildung

Lassen sich aus diesen wenigen Andeutungen zu den biologischen Kontexten von Kultur irgendwelche Erkenntnisse für die Kulturelle Bildung formulieren? Diese Theorieperspektive eröffnet sicherlich keine bisher nicht bekannten Einsichten, aber sie vermag bereits bekannte Zusammenhänge neu zu begründen und zu akzentuieren.

>> Kulturelle Bildung ist mitgängige Bildung: Kultur lernt man durch Beobachtung und Nachahmung bzw. Mitmachen. Kulturelle Bildung ist vor diesem Hintergrund mitgängige Bildung. Sie ist auf soziale Zusammenhänge angewiesen und vollzieht sich in sozialen Prozessen. Eine Theorie Kultureller Bildung hat also in besonderer Weise das mitgängige kulturelle Lernen in der Familie oder der Gruppe der Gleichaltrigen in den Blick zu nehmen. Empirisch dürfte es von besonderem Interesse sein, die dabei sich ereignenden intergenerationellen Transmissionsprozesse in den Blick zu nehmen. Für die Praxis der Kulturellen Bildung würde dieses bedeuten, besonders auf die Organisation mitgängiger Lernprozesse, z.B. in Jugendzentren, Jugendgruppen, Theatergruppen, Orchester etc. zu setzen.

>> Entsprechend zeigen sich damit die Probleme intentionaler Kultureller Bildung: Kulturelle Bildung kann nicht ohne Umfeld intentional gefördert werden. Besonders deutlich wird dies beispielsweise in der Förderung aussterbender Sprachen: Ist die Anzahl der aktiven SprecherInnen unter eine kritische Masse gesunken, so dass kaum noch sprachliche Sozialität gegeben ist, dann wird es schwer sein, eine solche Sprache weiter zu fördern. Theater und Musik sind auf eine hinreichende Menge an Menschen angewiesen, die die Praxis gemeinsam ausüben. Deshalb müssen Schulklassen Lieder lernen, da nur über gemeinsam bekannte Lieder überhaupt gemeinsames Singen möglich ist – welche Lieder gelernt werden, tritt demgegenüber in den Hintergrund. Eine Theorie Kultureller Bildung wird sich mit der paradoxen Situation auseinander setzen müssen, dass Kulturelle Bildung durch intentionale Bildung dazu beitragen möchte, Kultur zu vermitteln, für diesen Vermittlungsprozess aber auf kulturelle Praxis angewiesen ist. Empirisch dürfte es von Interesse sein, diese Prozesse im Kontext einer sich individualisierenden Gesellschaft genauer in den Blick zu nehmen. Für die Praxis Kultureller Bildung ist davon auszugehen, dass die Bedeutung Kultureller Bildung gerade in Gesellschaften, in denen Sozialität angesichts

der zunehmenden Individualisierung nicht zufällig passiert, sondern geplant werden muss bzw. Orte erfordert, im Hinblick auf kulturelle Partizipation und gesellschaftliche Kohäsion zunehmen wird.

>> Kulturelle Bildung als soziales Phänomen: Kulturelle Bildung ist auf Anwesende angewiesen. Spiegelneuronen feuern zwar auch beim Lesen oder Fernsehen, erhalten aber durch die Reaktion des Gegenübers bei diesen medialen Formen kein unmittelbares Feedback, und so dürfte das Lernen von Kultur in der Virtualität nicht einfach sein (siehe Kathrin Demmler/Ulrike Wagner „Mediensozialisation und kulturelles Lernen" in diesem Band). Durch die neuen Medien entstehen immer mehr Anschauungsformen von Kultur im Fernsehen oder Internet sowie Formen kultureller Performanz unter Einbeziehung dieser Medien (z.B. Karaoke). Eine Theorie Kultureller Bildung wird deren soziale Eingebundenheit thematisieren müssen. Empirisch wird es besonders interessant sein, die oben beschriebenen Theorien in entsprechenden sozialen Prozessen Kultureller Bildung abbilden zu können. Und für die Praxis Kultureller Bildung ist es von großer Bedeutung, Kulturelle Bildung nicht nur unter dem Aspekt der kulturellen Vermittlung, sondern auch als sozialen Prozess in den Blick zu nehmen.

Zum Weiterlesen

Rizzolatti, Giacomo/Sinigaglia, Corrado (2009): Empathie und Spiegelneuronen. Die biologische Basis des Mitgefühls. Frankfurt/M.: Suhrkamp.

Tomasello, Michael (2002): Die kulturelle Entwicklung des menschlichen Denkens. Frankfurt/M.: Suhrkamp.

Voland, Eckart/Grammer, Karl (Hrsg.) (2003): Evolutionary Aesthetics. Heidelberg: Springer.

Zahavi, Amotzi/Zahavi, Avishag (1998): Signale der Verständigung. Das Handicap-Prinzip. Frankfurt/M.: Insel.

Verena Buddenberg
Biografieforschung

Biografieforschung als Forschungsmethode in der Kulturellen Bildung

Empirische Forschungsarbeiten in der Kulturellen Bildung zielen zumeist auch darauf ab, die Wirkung kultureller Bildungsarbeit darzustellen und nachvollziehbar zu machen. Was dabei jeweils unter Wirkung verstanden wird, ist nicht von vorneherein festgelegt, sondern muss immer wieder neu bestimmt werden (vgl. Fink/Hill/Reinwand/Wenzlik 2010:3ff.). Dabei birgt der Wunsch oder die Aufforderung zur Wirkungsdarstellung die Gefahr, dass das jeweilige kulturelle Bildungsmedium – der Tanz, das Theater, der bildnerische Gestaltungsprozess oder das künstlerische Produkt, das ja eigentlich im Mittelpunkt kultureller Bildungsarbeit steht – aus dem Blick gerät. Denn die wissenschaftliche Darstellbarkeit erfordert notwendigerweise eine Reduktion des ursprünglichen Erfahrungsraums, den die Praxis der kulturellen Bildungsarbeit ermöglicht. Ein Problem der kulturellen Bildungsforschung ist somit der Spagat zwischen diesem ursprünglichen, komplexen Erfahrungsraum, den die Teilnehmenden kultureller Bildungsangebote erleben und der auf seine spezifische Weise ‚wirkt' und seiner wissenschaftlich-abstrahierten Darstellung. Wie kann diesem Problem begegnet werden?

>> Es erscheint notwendig, Forschungsmethoden zu wählen, die eine möglichst *komplexe Darstellung* erlauben und somit möglichst viel vom ursprünglichen Erfahrungsraum sichtbar machen. Hierin liegt ein Vorteil in den qualitativen Methoden gegenüber den quantitativen Methoden.
>> Die Darstellung der Möglichkeiten und Grenzen der gewählten Forschungsmethode kann die *Art und Weise der Reduktion* sichtbar machen, die die wissenschaftliche Darstellung mit sich bringt.
>> Durch den Einbezug der jeweiligen künstlerisch-kulturellen Praxis bieten sich ebenfalls Möglichkeiten, etwas von der ursprünglichen Erfahrungswelt und ihrer Besonderheit und Vielschichtigkeit zu vermitteln.

Im Folgenden soll nun die biografische Forschungsmethode mit ihren Möglichkeiten und Grenzen dargestellt werden:

>> Biografieforschung beschäftigt sich mit autobiografischen Äußerungen von Subjekten. Der Fokus liegt dabei auf dem *inneren Erleben* und den *subjektiven Erfahrungen* und Sinnkonstruktionen von Menschen. Sie ermöglicht eine Innensicht auf ihre Identitäts- und Sinnkonstruktionen (vgl. Schulze 2006:40).
>> Da in der Biografie unterschiedlichste Lebensbereiche sichtbar werden, können interessierende Phänomene in ihrer komplexen Verwobenheit mit anderen Lebensbereichen nachgezeichnet werden. So können zum Beispiel individuelle oder kollektive Wandlungsprozesse in ihrer *Genese*, also im „Prozess ihrer Entstehung, Aufrechterhaltung und Veränderung" (Rosenthal 2008:165) rekonstruiert werden. Soziale Wirklichkeit kann „aus der Perspektive der handelnden und erleidenden Subjekte" (Jakob 2010:222) dargestellt werden.
>> Biografieforschung kann somit als ‚*langfristige Wirkungsforschung*' beschrieben werden. Dabei bietet sich bei dieser Methode die Möglichkeit, dass die Wirkung nicht vorab the-

oretisch festgelegt werden muss. Es kann aus dem jeweiligen Fall erschlossen werden, was jeweils als ‚Wirkung' erfahren wird.
>> Diese Forschungsrichtung kann keine Aussagen machen zu numerischen, d.h. auf Häufigkeiten beruhenden Verallgemeinerungen. Eine Verallgemeinerung findet auf *theoretischem Wege* statt, und eine Typenbildung kann durch Kontrastierung von ausgewerteten Einzelfällen vorgenommen werden (vgl. Rosenthal 2008:26).

Das Datenmaterial der Biografieforschung besteht in den meisten Fällen aus biografischen Erzählungen, die z.B. in Form von narrativen Interviews erhoben und anschließend in eine schriftliche Form gebracht werden.

Eine biografische Erzählung ist die sprachliche Organisation von Erfahrungen und Ereignissen des gelebten Lebens, die als Konstruktionsleistung vom Subjekt hervorgebracht wird. Die erlebten Ereignisse werden rückblickend durch eine subjektive Sinnzuschreibung des Biografieträgers miteinander verknüpft, sodass eine zusammenhängende Geschichte entsteht. Eine biografische Erzählung ist immer nur eine vorläufige Erzählung, denn neue Erfahrungen verändern auch die bereits bestehenden Bewertungen und Erinnerungen, und so muss die biografische Erzählung ständig reorganisiert werden. Das forschende Interesse bezieht sich auf die Art dieser biografischen Erfahrungsaufschichtung.

Zur Geschichte der Biografieforschung

Die Biografieforschung kann mittlerweile auf umfassende methodologische und theoretische Grundlagenarbeiten aus der Pädagogik, der Soziologie und der Psychologie zurückgreifen. Frühe Formen einer Erforschung von Biografien und Lebensläufen finden sich bereits im 18. Jh. Im Bereich der Pädagogik kann der bekannte autobiografische Erziehungsroman Jean-Jaques Rousseaus „Emile" zu diesen Anfängen zählen.

Während im 19. Jh. die Biografie in den Wissenschaften eher vernachlässigt wurde, ist es am Anfang des 20. Jh.s insbesondere die pädagogische Psychologie, die wieder intensive biografische Forschung betreibt. So hat beispielsweise Charlotte Bühler mit ihrem Mann Karl Bühler umfangreiche Tagebuchdaten in einem lebenslauftheoretischen Kontext ausgewertet.

Wichtige Impulse für die heutige Form der Biografieforschung entstehen in den 1980er Jahren: in der Soziologie verweist Martin Kohli auf den Zusammenhang zwischen modernen gesellschaftlichen Pluralisierungsprozessen und der zunehmenden Notwendigkeit, die eigene Biografie zu thematisieren und aktiv zu gestalten (vgl. Fischer/ Kohli 1987).

In den Erziehungswissenschaften ist es besonders der Sammelband von Dieter Baacke und Theodor Schulze „Aus Geschichten lernen" (1979, 1993), der auf die grundlegende Beziehung zwischen Biografie und Pädagogik verweist. Er bildet einen wichtigen Bezugspunkt für weitere konstitutive Arbeiten (vgl. Krüger 2010:15ff.; Schulze 2010:49ff.; Krüger/ Deppe 2010:61f.).

Erhebung und Auswertung

Sowohl die verwendeten Erhebungs- als auch die Auswertungsmethoden müssen ein hohes Maß an Offenheit zulassen, denn eine wissenschaftliche Vorstrukturierung würde die subjektiven Sinnkonstruktionen der Beforschten vorzeitig einschränken.

Ein häufig verwendetes Erhebungsverfahren ist das narrativ-biografische Interview, das von Fritz Schütze entwickelt wurde (vgl. Schütze 1987). Im Zentrum steht dabei die autobiografische Erzählung der Interviewperson. Sie soll möglichst ohne Interventionen des

Interviewers präsentiert werden. Auf diese Weise werden Stegreiferzählungen produziert, in denen die Themenauswahl und die Art der Strukturierung des Erzählten dem Interviewpartner obliegt. Andererseits kommen in der Erzählung auch die sogenannten „Zugzwänge des Stegreiferzählens" (Schütze 1984:81) zur Wirkung. Sie tragen dazu bei, dass eine Geschichte für den Zuhörer verständlich wird (vgl. zur Übersicht Jakob 2010:223; Rosenthal 2008:137ff.).

In der Auswertung eines narrativen Interviews werden durch eine detaillierte Textanalyse die fallspezifischen biografischen Strukturen nach und nach herausgearbeitet. Ein häufig verwendetes Auswertungsverfahren ist dabei die Narrationsstrukturanalyse, die ebenfalls von Schütze entwickelt wurde. Schütze geht dabei von fallübergreifenden Prozessstrukturen des Lebenslaufs aus, die eine Lebensgeschichte strukturieren (siehe Rainer Treptow „Biografie, Lebenslauf und Lebenslage" in diesem Band; vgl. Schütze 1984, Riemann 2006).

Neben diesem Verfahren zählen die objektive Hermeneutik, die Grounded Theory und weitere Methoden bzw. Kombinationen dieser Methoden zu möglichen Auswertungsverfahren (vgl. zum Überblick Krüger 2010:26f.; Deppe 2010:63ff.).

Ziel einer biografischen Analyse ist die „Herausarbeitung von Prozessstrukturen und theoretischen Kategorien, die ein soziales Phänomen in seinen unterschiedlichen Ausprägungen verstehbar werden lassen" (Jakob 2010:222). Eine umfangreiche *Einzelfallanalyse* ist der Ausgangspunkt für anschließende verallgemeinernde Aussagen. Verallgemeinerungen sind in der qualitativen Forschung nicht wie in der quantitativen Forschung auf numerischem Wege herzustellen. Stattdessen geht es hier um eine aus dem Einzelfall heraus entwickelte theoretische Verallgemeinerung (vgl. Rosenthal 2008:74), die im Vergleich mit anderen Fällen auch zu einer Typenbildung führen kann.

Aktuelle Forschungslage

Die Biografieforschung ist mittlerweile eine feste Größe in den qualitativen Forschungsmethoden der Geistes- und Sozialwissenschaften geworden. In den letzen 30 Jahren hat sich diese Forschungsrichtung methodisch etabliert und thematisch ausdifferenziert: so z.B. im Bereich der historischen Erziehungs- und Sozialisationsforschung, innerhalb der Kinder- und Jugendforschung, im Bereich der Frauenforschung, der Sozialpädagogik, der Erwachsenenbildung und weiteren Themengebieten (vgl. hierzu z.B. Krüger 2010:17ff.; Schulze 2010:50ff.; Deppe 2010:65f.).

Im Bereich der Kulturellen Bildung sind in den letzten Jahren ebenfalls zunehmend Arbeiten mit einem qualitativ-biografischen Forschungszugang entstanden.

So z.B. im Bereich der Theaterarbeit: Die Studie von Vanessa-Isabelle Reinwand (2008) untersucht die biografische Wirkung des Theaterspielens auf Laientheaterspielende. Ute Karl (2005) legte eine empirisch-bildungstheoretische Studie zur ästhetischen und psychosozialen Praxis des Altentheaters vor. Die Studie von Norma Köhler (2009) beschäftigt sich mit der Wirkung biografischer Theaterarbeit auf unterschiedliche Altersgruppen. Hier findet die biografische Forschung also bereits in der kulturellen Praxis statt und wird anschließend theoretisch ausgewertet.

Die Studien von Burkhard Hill (1996) und Elke Josties (2008) beschäftigen sich mit der Wirkung von jugendkulturellen Bildungsangeboten im Bereich Musik und Musikveranstaltungen und ihrer Wirkung auf die biographische Statuspassage der Berufsfindung. Sylvia Thünemanns Studie (2009) betrachtet die biografische Entwicklung von BerufsmusikerInnen.

Im Bereich der Kunstpädagogik hat Georg Peez Ansätze biografischen Forschens eingebracht. Anhand eines autobiografischen Textes einer Laienmalerin analysiert er Bezüge zwischen Biografie und bildnerischem Gestalten (2001). Eine neuere Arbeit untersucht den Zusammenhang zwischen biografischer Entwicklung und beruflicher Orientierung von Kunstlehrenden (2009).

Perspektiven und neue Forschungsimpulse

Lebensgeschichten haben ihren Fokus auf der Subjektperspektive. Aus der pädagogischen Perspektive liegt damit eine Nähe zur Betrachtung von Lebensgeschichten als Lern- und Bildungsgeschichten nahe. Im Bereich der biografischen Lern- und Bildungsforschung sind bereits vielfältige Arbeiten entstanden (vgl. zum Überblick von Felden 2008; Marotzki/ Tiefel 2010). Biografisches Lernen wird dabei nicht im psychologischen Sinne als Informationsaufnahme verstanden, sondern bezieht sich auf „komplexe und längerfristige" Prozesse (Schulze 2006:51), bei denen die Transformation und Neubewertung von Erfahrungen eine zentrale Rolle spielen (vgl. von Felden 2008; Schulze 2005).

Einen theoretisch und methodisch ausgearbeiteten Ansatz zur empirischen Erfassung von Bildungsprozessen innerhalb von biografisch-narrativen Interviews hat Winfried Marotzki bereits 1990 vorgelegt. Bildung bedeutet in diesem Ansatz ein ‚Reflexivwerden von Lernprozessen' und eine Transformation der Selbst- und Weltverhältnisse.

Die kulturelle Bildungsforschung findet im Bereich der Lern- und Bildungsforschung vielfältige Anschlussmöglichkeiten. Sie geht darin aber nicht auf. Darüber hinaus ist sie aufgefordert, die spezifische Konturierung von Lern- und Bildungsprozessen im Kontext kultureller Bildungsangebote zu verdeutlichen. Dabei könnte der Einbezug des jeweiligen *künstlerischen Ausdrucksmediums* eine wichtige Rolle spielen. Und darin könnte auch ein besonderes Spezifikum der kulturellen Bildungsforschung liegen. Die Auswertung biografischer Interviews ließe sich kombinieren mit dem Einbezug der jeweiligen spartenspezifischen künstlerischen, also z.B. bildnerischen, literarischen, tänzerischen oder theatralen Produkte. Hierdurch würden sich einerseits neue Forschungsperspektiven eröffnen aber andererseits auch neue methodische Probleme zu lösen sein. Dabei liegt die Herausforderung darin, die Diskrepanzen zwischen künstlerischer und wissenschaftlicher Darstellungsweise kreativ zu meistern.

Zum Weiterlesen

Felden, Heide von (Hrsg.) (2008): Perspektiven erziehungswissenschaftlicher Biographieforschung. Wiesbaden: VS.

Fink, Tobias/Hill, Burkhart/Reinwand, Vanessa-Isabelle/Wenzlik, Alexander (2010): Wirkungsforschung zwischen Erkenntnisinteresse und Legitimationsdruck: www.forschung-kulturelle-bildung.de/downloads/Wirkungsforschung.pdf (Letzter Zugriff am 31.07.12).

Friebertshäuser, Barbara/Langer, Antje/Prengel, Annedore (Hrsg.) (2009): Handbuch Qualitative Forschungsmethoden in der Erziehungswissenschaft (3. vollst. überarb. Auflage). Weinheim/ München: Juventa.

Karl, Ute (2005): Zwischen/Räume. Eine empirisch-bildungstheoretische Studie zur ästhetischen und psychosozialen Praxis des Altentheaters, Münster: LIT.

Reinwand, Vanessa-Isabelle (2008): „Ohne Kunst wäre das Leben ärmer" – Zur biografischen Bedeutung aktiver Theater-Erfahrung. München: kopaed.

Annemarie Matzke
Künstlerische Praktiken als Wissensproduktion und künstlerische Forschung

Künstlerische Praktiken zeichnen sich durch eine spezifische Verflechtung kognitiver wie körperlich-habitueller *Wissensformen* aus. Für das Feld Kultureller Bildung ist dies von besonderer Bedeutung, da hier eine Verschiebung hinsichtlich tradierter Wissensordnungen zu konstatieren ist. Dies entspricht jenen Konzepten von *Wissenskultur* kultur- und wissenschaftshistorischer Studien, die darauf hinweisen, dass Wissen nicht als Korpus objektiver Wahrheiten verstanden werden kann, sondern durch soziale wie performative Handlungskontexte hervorgebracht wird (Lyotard 1986; Knorr-Cetina 2002). Verbunden ist damit die Einsicht, dass die Erfassung von Welt und Konstruktion von Erkenntnis nicht rein kognitiv zu beschreiben ist, sondern es immer auch körperlicher Formen kultureller Praxis bedarf. Diese Verschiebung des Wissenskonzepts ist im Kontext des *performative turn* in den Kulturwissenschaften zu lesen, der den Fokus vom Text auf die Prozesse des Hervorbringens, Machens und Handelns legt. Der amerikanische Philosoph Gilbert Ryle unterscheidet 1949 zwischen zwei Formen des Wissens: dem „knowing how" und dem „knowing that". Während das erstere ein Alltags- und Handlungswissen meint, das die Handelnden anwenden ohne notwendig Kenntnis der Regeln ihrer Handlungen haben zu müssen, meint das zweite ein primär theoretisches Wissen, das sich benennen und in Regeln ausdrücken lässt. Ryle hierarchisiert nun beide Formen des Wissens nicht, sondern stellt sie gleichberechtigt nebeneinander. Das besondere Potential der Künste liegt nun darin, dass sich hier beide Formen des Wissens treffen und überlagern (Ryle 2002). Wissen wird in diesem Kontext in seiner besonderen Performativität reflektiert (siehe Malte Pfeiffer „Performativität und Kulturelle Bildung" in diesem Band): nicht als standardisiertes Wissen, sondern in seiner besonderen Dynamik, Relationalität und Subjektivität. Ein solches Konzept von Wissen, gebunden an dynamische Strukturen und Handlungen, bezeichnet Michael Polany als „tacid knowledge", d.h. praktiziertes oder impliziertes Wissen (Polany 1985), das als Regel- und Erfahrungswissen in besonderer Weise an (körperliche) Handlungen gebunden ist.

Künstlerische Forschung

Die Thematisierung und Reflexion der Kunst als einer solchen epistemischen Praxis wird in jüngerer Zeit unter Begriffen wie „Künstlerische Forschung", „Kunst als Forschung" oder „Forschung mit Kunst" diskutiert (Bippus 2009). Mit diesen Konzepten wird aber die bisherige Abgrenzung von Kunst und Wissenschaft grundlegend in Frage gestellt mit dem Ziel, Hierarchisierungen von Wissensformen zu unterlaufen. Künstlerische Forschung zielt auf ein in und durch künstlerische Praktiken und ästhetische Darstellungsformen hervorgebrachtes Wissen, das sich in je eigenen Präsentationsweisen und Rezeptionsstrukturen vermittelt, die sich grundlegend von denen der anderen Wissenschaften unterscheiden. Ansätze zu einer solchen Praxis finden sich in verschiedenen Künsten: die Erforschung von Körper- und Bewegungskonzepten im Tanz; in Projekten der bildenden Kunst, die sich mit Archiven und dokumentarischen Verfahren beschäftigen; in Lecture-Performances der Performance-Art. Vor allem aber wird die Frage nach der Wissensproduktion der Künste hinsichtlich der Neustrukturierung der universitären Lehre im Zuge des Bologna-Prozesses gestellt, die mit der Frage nach künstlerischen Promotionen auch die Diskussion aufwarf, ob forschende künstlerische Praktiken einen mit wissenschaftlicher Forschung vergleichbaren Status haben kann und soll.

Historische Dimension

Die Gegenüberstellung von Künsten und Wissenschaften und der ihnen eigenen Wissensformen- und Erkenntnisprozesse beginnt erst mit der Aufklärung (vgl. dazu Mersch/Ott 2007:9-31). In der Antike verbanden sich noch in der Vorstellung der „techné" die „poeisis" mit den „mathemata", das heißt den Erkenntnissen von Wissenschaft und Mathematik. Die Akademien des 17. und 18. Jh. vereinen Künste wie Naturphilosophien unter ihrem Dach. Erst in der Neuzeit wird mit der Trennung der Künste und Wissenschaften der Bereich des Wissens aus den Künsten ausgelagert. Mit einer zunehmenden Technisierung versuchen die Wissenschaften, jede Form der Subjektivität aus ihrem Bereich auszuschließen. Im Kontext der Künste wird dagegen mit dem Konzept des Genies die künstlerische Praxis in den Bereich der Intuition verortet und nicht als ein Konzept des Wissens gefasst. Diese Abgrenzung impliziert die Annahme, dass mathematisches und (natur-)wissenschaftliches Wissen grundsätzlich von den Erkenntnisformen in den Künsten zu unterscheiden seien. Allerdings wird bereits in der Romantik diese Aufspaltung in Frage gestellt: die Erkenntnis und Erfahrung der Wirklichkeit der Welt schien nicht allein über objektivierende Verfahren der Wissenschaften möglich, so dass von den KünstlerInnen der Romantik neben Verstand und Vernunft Fantasie und Vorstellungsvermögen als künstlerische Praktiken zu Instrumenten der Weltaneignung erklärt wurden. Die historischen Avantgarden Anfang des 20. Jh.s wiederum thematisieren diese Trennung von Kunst und Wissenschaft, in dem sie sich auf wissenschaftliche Konzepte berufen, diese zitieren und reflektieren. In der Selbstreflexion der Kunst wird auch deren Potential als spezifische Wissensform offensichtlich.

Aktuelle Situation: Beschreibung – Ansätze – Projekte

Zahlreiche Projekte im Bereich der Kulturellen Bildung verorten sich im Bereich künstlerischer Forschung oder verbinden künstlerische und wissenschaftliche Methoden miteinander. Reflektiert wird dabei nicht nur die Form des Wissens und seine Hervorbringung sondern ebenso die Vermittlung von Erkenntnisprozessen (siehe Eva Maria Gauß/Kati Hannken-Illjes „Vermittlung von wissenschaftlichen Erkenntnissen in künstlerischer Form" in diesem Band). Wenn die Wissenschaften sich auf Erkenntnistheorien berufen, die auf eine objektivierende Distanz zum Untersuchungsgegenstand zielen und in der Vermittlung von Wissen nach Objektivität suchen, dann zielen künstlerische Verfahren darauf ab, die Materialität und Performativität solcher Vermittlungsprozesse mitzureflektieren. In den Blick rücken damit auch die Verfahren von Aufzeichnung, Dokumentieren und Schreiben und die damit verbundene materielle und mediale Konstitution von Forschungsgegenständen. Dabei finden sich je eigene Ansätze in den verschiedenen Kunstsparten (vgl. Meyer/Sabisch 2009). Geprägt hat die Debatte das Konzept der ästhetischen Forschung von Helga Kämpf-Jansen (Kämpf-Jansen 2001). Verstanden wird darunter die Erforschung von Dingen, Situationen, Menschen oder Orten, ohne konkrete Vorgaben und Richtlinien. Beschrieben wird damit ein Modell prozessorientierten Lernens, das auf eine künstlerische Präsentationsform zielt und Praktiken der gegenwärtigen Künste, meist aus dem Bereich der bildenden Kunst, sowohl in der Recherche wie auch in der

Präsentation aufgreift. Für ein solches Vorgehen, das wissenschaftliche und künstlerische Methoden miteinander verbindet, ist eine Auseinandersetzung mit Formen und Praktiken gegenwärtiger Kunst Voraussetzung.

Im Bereich der Theaterpädagogik, beispielsweise am *Theater an der Parkaue* (Berlin), sind in jüngerer Zeit Formate entstanden, die nicht mehr auf das Produzieren von traditionellen künstlerischen Formaten zielen, sondern den forschenden Blick zum Ausgangspunkt der pädagogischen Arbeit machen. Dabei wird bewusst die Nähe von künstlerischer und wissenschaftlicher Praxis unterstrichen, wie beispielsweise der Titel „Winterakademie", die jährlich am *Theater an der Parkaue* stattfindet, schon unterstreicht. Mit dem Konzept einer „Theaterpädagogik des Performativen" wird eine spezifische Form der Wirklichkeitswahrnehmung und Wirklichkeitsaneignung verbunden. Performative Handlungen bringen Wirklichkeit immer erst hervor. Im Handeln selbst wird Realität geschaffen. Das Performative des künstlerischen Aktes ist das, was durch den gemeinsamen Prozess zwischen Akteur (Künstler, Schauspieler) und Zuschauer entsteht. Im Fokus steht eine veränderte Form der Wahrnehmung von Gesellschaft und Kunst. Grundlegend ist hierfür die Offenheit des ästhetisch-forschenden Prozesses. Damit verändert sich auch die Betrachter- und Handlungsposition: Nicht das bewusste Produzieren steht im Mittelpunkt, sondern die Aufmerksamkeit auf Situationen, in denen etwas geschieht. Ausgangspunkt der theaterpädagogischen Arbeit ist damit eine Recherche, deren Ergebnis nicht im Vorhinein feststeht. Aber auch die Position des Spielenden selbst verschiebt sich. Die klare Rollenzuweisung in Akteur und Betrachter löst sich auf: die Jugendlichen werden zu Betrachter der Gesellschaft wie auch zu Akteuren auf der Bühne. Dies bedeutet auch eine Hinwendung zu anderen Kunstformen und Verfahren der Wissenschaft selbst, die immer schon andere Wahrnehmungsformen auf Gesellschaft eröffnen: sei es der Film, das Schreiben oder die wissenschaftliche Recherche. Solche transdisziplinären Projekte verflechten verschiedene künstlerische und mediale Praktiken miteinander und arbeiten an der Hervorbringung verschiedener Wissensformen.

Perspektiven und Herausforderungen

Auch wenn sich für Bildungsprozesse neue Perspektiven aus dem Konzept der künstlerischen Forschung ergeben, bleiben doch auch Fragen offen. Die Annäherung der Künste an die Wissenschaften kann auch als eine Legitimierungspraxis gelesen werden, durch welche die künstlerische Praxis aufgewertet werden soll. Aufgrund der Angst vor einer Akademisierung der Künste tritt verstärkt die Frage nach der Abgrenzung von wissenschaftlicher und künstlerischer Praxis in den Vordergrund. Denn anders als in der Wissenschaft gibt es in den Künsten keine standardisierten, kollektiv akzeptierten und vor allem allgemein anwendbaren (Forschungs-)Methoden. Dies gilt es nicht als Defizit, sondern als besonderes Potential der Künste zu erkennen. Nachdem vor allem nach Parallelen gesucht wurde, gilt es zukünftig auch an einer präzisen Differenzierung verschiedener Ansätze wie auch Wissensformen zu arbeiten, die das je eigene der Praktiken nicht unterschlägt. Dies gilt auch für eine genaue Differenzierung zwischen den Praktiken in den verschiedenen Kunstformen, die je eigene Fragen wie Potentiale für eine forschende Suche eröffnen.

Zum Weiterlesen

Brandstätter, Gabriele (2007): Tanz als Wissenskultur. Körpergedächtnis und wissenstheoretische Herausforderung. In: Gehm, Sabine/Husemann, Pirkko/Wilke, Katharina von (Hrsg.): Wissen in Bewegung. Perspektiven der künstlerischen und wissenschaftlichen Forschung im Tanz (37-48). Bielefeld: transcript.

Brandstätter, Ursula (2004): Bildende Kunst und Musik im Dialog. Ästhetische, zeichentheoretische und wahrnehmungspsychologische Überlegungen zu einem kunstspartenübergreifenden Konzept ästhetischer Bildung. Augsburg: Weißner.

Meyer, Torsten/Sabisch, Andrea (Hrsg.) (2009): Kunst Pädagogik Forschung. Aktuelle Zugänge und Perspektiven. Bielefeld: transcript.

Porombka, Stephan/Schneider, Wolfgang/Wortmann, Volker (Hrsg.) (2008): Theorie und Praxis der Künste. Jahrbuch für Kulturwissenschaften und ästhetische Praxis. Tübingen: Francke.

Sabisch, Andrea (2007): Inszenierung der Suche. Vom Sichtbarwerden ästhetischer Erfahrung im Tagebuch. Entwurf einer wissenschaftskritischen Grafieforschung. Bielefeld: transcript.

Vera Hennefeld
Zum Einsatz sozialwissenschaftlicher Datenerhebungsmethoden im Rahmen der Evaluation Kultureller Bildung

Evaluation Kultureller Bildung

Evaluation im wissenschaftlichen Sinne ist eine Form angewandter Sozialforschung, die dazu dient, unter Einsatz sozialwissenschaftlicher Datenerhebungsmethoden fundierte Informationen zu generieren, diese mit einer Bewertung zu verknüpfen und auf dieser Basis Entscheidungen zu treffen (vgl. Stockmann 2007a:25f.). Gegenstand der Bildungsforschung ist ein „sehr breites Spektrum von Fragestellungen" (Tippelt 2002:9) auf der institutionengerichteten Meso- und Makroebene sowie der auf Lehr- und Lernprozesse in schulischen wie außerschulischen Bereichen ausgerichteten Mikroebene (vgl. ebd.). Gerade im letztgenannten Bereich werden oftmals auch evaluative Forschungsfragen bearbeitet. Kulturelle Bildung wiederum kann als eine spezifische Form der Bildung verstanden werden, die auf die Vermittlung künstlerisch-kultureller Inhalte abzielt – sei es durch Ausstellungen und Museen, durch Theater, Tanz und Film, durch Konferenzen, Tagungen und klassische Bildungsangebote (z.B. Trainings in der Aus-, Fort- und Weiterbildung) sowie auch durch Literatur, Musik und Design. Je nach verwendetem Kulturbegriff und Verwertungszusammenhang könnte diese Aufzählung kultureller Bildungsangebote natürlich erweitert werden.

Im Rahmen von Evaluationen im Bereich der Kulturellen Bildung stehen in der Regel die Veränderungen, die bei den RezipientInnen kultureller Bildungsangebote ausgelöst werden, im Zentrum des Interesses (siehe Tobias Fink „Evaluationen im Feld der Kulturellen Bildung" in diesem Band). In Abhängigkeit von Erkenntnisinteresse, Evaluationskontext und -zweck ist damit die Frage nach der Wirksamkeit oder auch der fehlenden Wirksamkeit kultureller Bildungsangebote in konkreten Forschungs- bzw. Evaluationsfragen zu differenzieren.

Evaluationsprozess

Evaluationen können in drei Hauptphasen untergliedert werden: eine Planungs- und Konzeptionsphase, eine Design- und Erhebungsphase und eine Berichts- und Verwertungsphase (vgl. hierzu auch Silvestrini 2007). Da diese Phasen eng miteinander verknüpft sind, werden im Folgenden die damit verbundenen Evaluationsschritte kurz benannt und der Einsatz sozialwissenschaftlicher Methoden im Forschungsprozess verortet.

Im Zentrum der *Planungs- und Konzeptionsphase* stehen die Festlegung des Untersuchungsgegenstands und der Ziele der Evaluation, die Identifikation und Einbeziehung wichtiger Beteiligter, die Festlegung der Untersuchungsfragen sowie der Bewertungskriterien und die Klärung der zur Verfügung stehenden Ressourcen. In der *Design- und Erhebungsphase* werden zunächst Untersuchungshypothesen und Indikatoren zur Bewertung des zu evaluierenden Sachverhalts entwickelt. Auf dieser Basis wird ein Untersuchungsdesign erarbeitet, das in die Auswahl adäquater Datenerhebungsmethoden und die Instrumentenentwicklung mündet. Diese Phase schließt mit der Datensammlung und -aufbereitung sowie der Datenauswertung und -interpretation. In der *Berichts- und Verwertungsphase* werden die Evaluation sowie die

Evaluationsergebnisse dokumentiert sowie ggf. präsentiert und mit den an der Evaluation Beteiligten diskutiert. Letztlich sollte diese Phase mit konkreten Handlungen und Veränderungsprozessen und damit mit einer Verwertung der Evaluationsergebnisse schließen.

Im Kontext von Evaluationen dienen sozialwissenschaftliche Methoden also der systematischen Gewinnung und Sammlung von Informationen und Daten, auf deren Basis anschließend Bewertungen vorgenommen und Entscheidungen getroffen werden sollen. Daher wird die Qualität einer Evaluationsstudie in hohem Maße von der Qualität der gesammelten Daten bestimmt, wobei diese wiederum von der Angemessenheit des Untersuchungsdesigns abhängig ist, in dem die einzusetzenden Datenerhebungsmethoden festgelegt werden. In einem Untersuchungsdesign ist präzisiert, welche Datenerhebungen in welcher zeitlichen Abfolge vorgesehen sind und welche Daten mittels welcher Datenerhebungsmethoden bei bestimmten Personen oder Gruppen erhoben werden (Primärdaten) oder aus anderen Quellen gewonnen werden können (Sekundärdaten).

Sozialwissenschaftliche Datenerhebungsmethoden

Die sozialwissenschaftliche Forschung stellt eine Vielzahl von Methoden zur Datenerhebung bereit, die auch zur Evaluation Kultureller Bildung genutzt werden können. Wolfgang Meyer unterscheidet die Erhebungsmethoden in (1) Befragungen, (2) Beobachtungen und (3) nicht-reaktive Verfahren (vgl. Meyer 2010:207). Befragungen können schriftlich (postalisch, Online und Classroom-Befragungen), mündlich (telefonisch oder persönlich) oder als Gruppeninterviews (Peer-Review, Delphi-Methode, Fokusgruppe) realisiert werden. Bei den Beobachtungen werden teilnehmende sowie nicht-teilnehmende Beobachtungen unterschieden, die sowohl verdeckt als auch offen angelegt sein können. Unter dem Begriff der „nicht-reaktiven Verfahren" können physikalisch-technische sowie physiologisch-medizinische Messungen, die Analyse von textlichen, visuellen und Audio-Dokumenten sowie prozessproduzierte und fremderhobene Sekundärdaten subsumiert werden.

Bei der Auswahl einer Datenerhebungsmethode sollte bedacht werden, dass alle Methoden mit spezifischen Stärken und Schwächen verbunden sind, weshalb Datenerhebungen immer mit einem gewissen Fehlerrisiko verbunden sind. Zwar können in der Praxis geeignete Maßnahmen zur Reduktion dieses Risikos ergriffen werden, eine vollständige Kontrolle von Störfaktoren ist allerdings im Rahmen von Evaluationen in der Regel nicht möglich. Darüber hinaus ist die Eignung einer Methode von der spezifischen Forschungssituation abhängig, wobei die Zusammensetzung der InformationsträgerInnen und deren Verhältnis zu den Auftraggebern einer Evaluation, ihre Erreichbarkeit, der Durchführungsort der Erhebungen sowie weitere den Datensammlungsprozess beeinflussende Rahmenbedingungen zu berücksichtigen sind (vgl. Meyer 2010:193; zu den Datenerhebungsmethoden im Einzelnen vgl. die weiterführende Methodenliteratur). Grundsätzlich ist im Kontext von Evaluationen zu beachten, dass aus Effizienzgründen nur solche Daten erhoben werden sollten, die zur Bearbeitung der Evaluationsfragestellung tatsächlich erforderlich sind.

Forschungsstand und Ausblick

Während im Bildungskontext, z.B. in den Bereichen Schule und Hochschule, Fort- und Weiterbildung, sowie in den Themenfeldern Umwelt, Gesundheit oder neue Medien auf viele Evaluationen verwiesen werden kann, zeichnet sich die Evaluationsforschung in der Kulturellen Bildung durch einen starken Fokus auf die Bereiche Museumsevaluation und Besucherforschung aus. Obwohl sich in Studien aus dem Bereich der Bildungsforschung oftmals auch evaluative Fragestellungen zur Kulturellen Bildung finden und gerade vor dem Hintergrund zunehmenden Legitimationsdrucks auch im Kultursektor inzwischen viele Studien zu spezifischen Aspekten Kultureller Bildung vorliegen, steht eine Bündelung des bisherigen Forschungsstands sowie insbesondere des methodischen Know-How zur Evaluation Kultureller Bildung bislang aus.

Zum Weiterlesen

Diekmann, Andreas (2007): Empirische Sozialforschung: Grundlagen, Methoden, Anwendungen (18. Auflage, wesentlich revidierte und erweiterte Ausgabe). Reinbek bei Hamburg: Rowohlt.

Häder, Michael (2006): Empirische Sozialforschung. Eine Einführung. Wiesbaden: VS.

Schnell, Rainer/Hill, Paul/Esser, Elke (2008): Methoden der empirischen Sozialforschung (8. Auflage). München/Wien: Oldenbourg.

Stockmann, Reinhard/Meyer, Wolfgang (2010): Evaluation. Eine Einführung (UTB 8337). Opladen & Farmington Hills/MI: Barbara Budrich.

Stockmann, Reinhard (Hrsg) (2007): Handbuch zur Evaluation. Eine praktische Handlungsanleitung (Sozialwissenschaftliche Evaluationsforschung; Bd. 6). Münster u.a.: Waxmann.

Teil II
Praxisfelder Kultureller Bildung

6.3
Qualität und Evaluation

Tobias Fink
Evaluationen im Feld der Kulturellen Bildung

Um Evaluationen von anderen Formen der Forschung abzugrenzen, ist es sinnvoll, die Kriterien zu benennen, die für Evaluationen kennzeichnend sind. Stockmann schlägt vor, diejenigen Formen von Forschung als Evaluation zu bezeichnen, die (1) einer Entscheidungsvorbereitung dienen. Zu diesem Zweck müssen (2) Informationen gewonnen werden, die dann (3) bewertet werden können (vgl. Stockmann 2010:66). Diese Unterscheidung grenzt Evaluationen von Formen der Forschung ab, die ausschließlich auf Informationsgewinn ausgerichtet sind, wie zum Beispiel Grundlagenforschung, die keine Bewertung oder Entscheidungsvorbereitung im Blick hat (zur Abgrenzung von Evaluationen von ähnlichen Verfahren wie „Controlling, Benchmarking, Audit" usw. vgl. Stockmann 2007b).

Evaluationen werden in sehr vielen, sehr unterschiedlichen Bereichen durchgeführt. Die *Deutsche Gesellschaft für Evaluation (DeGEval)* beispielsweise unterscheidet innerhalb der Struktur ihrer Arbeitskreise vierzehn verschiedene Felder von Evaluationen aus den Bereichen Politik, Bildung, Wirtschaft und Verwaltung (vgl. www.degeval.de/arbeitskreise).

Kulturelle Bildung wird in diesem Beitrag als pädagogisches Handlungsfeld und als erziehungswissenschaftliche Teildisziplin verstanden, daher wird zunächst auf die Bedeutung und die Spezifika von Evaluationen im Bildungsbereich eingegangen. Im Anschluss daran wird gezeigt, dass die bisherigen Versuche, die sehr große Zahl an Evaluationen im Feld der Kulturellen Bildung systematisch darzustellen, noch am Anfang stehen. Es werden keine methodischen Fragen diskutiert (siehe Vera Hennefeld „Zum Einsatz sozialwissenschaftlicher Datenerhebungsmethoden im Rahmen der Evaluation Kultureller Bildung" und Helle Becker „Evaluation in der Praxis der kulturellen Kinder- und Jugendbildung" in diesem Band).

Evaluationen im Bildungssystem

Harm Kuper bestimmt als den wichtigsten Bereich erziehungswissenschaftlicher Evaluationsforschung eine durch erziehungswissenschaftliche Theorie geleitete Praxis der Evaluation (vgl. Kuper 2005:51). Er unterscheidet zwei erziehungswissenschaftliche Traditionen, aus denen heraus sich verschiedene Evaluationspraktiken entwickelt haben: (a) pädagogisch-psychologische Diagnostik und (b) Handlungsforschung.

(a) Zum einen gibt es eine lange Tradition pädagogisch-psychologischer Diagnostik, die vor allem in der alltäglichen Leistungsbeurteilung praktiziert wird. Aus dieser Tradition heraus hat sich eine umfangreiche erziehungswissenschaftliche Evaluationspraxis entwickelt, die nicht mehr die Leistungen einzelner SchülerInnen, sondern Organisationseinheiten (Schule, Weiterbildungsträger, Hochschulen) oder Bildungssysteme in den Blick nimmt.

Das bekannteste Beispiel für diese Art von Evaluationen sind die PISA-Studien, die seit dem Jahr 2000 die Leistungen der SchülerInnen in den Bildungssystemen verschiedener Länder miteinander vergleichen (ähnlich wie TIMMS und IGLU).

Die Adressaten dieser Art von Evaluation sind in erster Linie die politischen Entscheidungsträger. Die Informationsgewinnung erfolgt durch Testverfahren, und die Bewertung richtet sich anhand definierter Standards auf den „Output" der untersuchten Bildungssysteme, d.h. die Kompetenzen der getesteten SchülerInnen (eine kenntnisreiche Argumentation für die Notwendigkeit einer Outputorientierung findet sich in BMBF 2007:11ff. Zur Kritik an einer Outputorientierung siehe Gruschka 2004).

(b) Im Vergleich zum massiven Auf- und Ausbau der Evaluationsinstrumente, die an einem diagnostischen Paradigma orientiert sind, spielen Evaluationen, die an einem handlungstheoretischen Paradigma orientiert sind, zurzeit nur eine untergeordnete Rolle. In diesen Evaluationsansätzen geht es nicht um den Output, sondern um die konkrete Gestaltung pädagogischer Praxis. Ziel der Evaluation ist, PraktikerInnen die Möglichkeit zur (Selbst-)Evaluation der eigenen Arbeit zu geben. Die Bewertungskriterien stehen dabei nicht im Vorhinein fest, sondern werden im Laufe der Evaluation gemeinsam mit den Akteuren entwickelt. Die Informationsgewinnung erfolgt durch verschiedene Methoden, die oft miteinander kombiniert werden (Beobachtung, Tagebücher, Interviews, Gruppendiskussionen) (ausführlicher zu diesem Ansatz: Altrichter 1999).

An der Gegenüberstellung dieser beiden erziehungswissenschaftlichen Evaluationsansätze wird deutlich, dass in Evaluationen die Fragen nach den jeweiligen Adressaten und den verwendeten Bewertungskriterien eine entscheidende Rolle spielen. Die Bestimmung pädagogischer „Qualität" rückt in den Mittelpunkt des Interesses. Für die Bereiche Schule, Soziale Arbeit und Weiterbildung hat Lutz Galiläer eine wichtige Arbeit vorgelegt (Galiläer 2005). Er kommt zu dem Fazit, dass sich pädagogische Qualität nicht an den Qualitätsstandards anderer Felder, wie etwa betriebswirtschaftlichen, orientieren sollte. Er fordert eine „rekonstruktive Qualitätssicherung", die von der Praxis ausgehend auf der Grundlage pädagogischer Theorie die Spezifika des jeweiligen pädagogischen Feldes erfasst (vgl. Galiläer 2005:240ff.) (zur Diskussion über „Qualität" im Feld der Kulturellen Bildung siehe Manfred Prenzel/Johanna Ray „Bildungsqualität, Bildungsforschung und Kulturelle Bildung" und Christiane Liebald „Qualitätsstandards und Qualitätssicherung in der Kulturellen Bildung" in diesem Band, eine Bestandsaufnahme der entwickelten Verfahren zur Qualitätssicherung im Feld der Kulturellen Bildung findet sich in BKJ 2010).

Evaluationen im Feld der Kulturellen Bildung

Durch die internationalen Vergleichsstudien und die nationalen Bildungsstandards, die sich auf die sogenannten „Kernfächer" konzentrieren, droht der Bereich der Kulturellen Bildung marginalisiert zu werden. Eine Reaktion auf diese Gefahr war der Beginn einer Fachdebatte darüber, ob – und wenn ja: wie – Wirkungen Kultureller Bildung zur Darstellung gebracht werden können. Wichtige Impulse zu dieser Diskussion finden sich bei Bamford 2006 (dt.: Bamford 2010), die den Diskussionsstand in verschiedenen Ländern zu dieser Frage zusammenträgt. Im Unterschied zu den internationalen Vergleichsstudien in den Kernfächern liegen aber für den Bereich der Kulturellen Bildung weder formulierte Standards noch geeignete und erprobte Testverfahren vor. Und selbst die Frage nach den zu untersuchenden (Aus-)Wirkungen Kultureller Bildung wird kontrovers diskutiert: Soll es dabei um die Steigerung künstlerischer Fähigkeiten – produktiv oder rezeptiv? –, um die Steigerung von Schlüsselkompetenzen oder um salutogenetische Effekte gehen?

Evaluationsprogramme, die den internationalen Leistungsvergleichsstudien ähnlich wären, sind für den Bereich der Kulturellen Bildung wegen dieser Schwierigkeiten bisher nicht in Sicht.

Es sind gleichwohl in den letzten zehn Jahren im deutschsprachigen Raum Hunderte von Studien im Feld der Kulturellen Bildung entstanden, die sich als „Evaluationen" bezeichnen. Neben Universitäten und Fachhochschulen sind auch mehrere privatwirtschaftliche Forschungseinrichtungen auf Evaluationen im Bereich der Kulturellen Bildung spezialisiert, zum Beispiel das *Zentrum für Kulturforschung (ZfKf)*, *Educult* und das *Büro für Expertise und Kommunikation für Bildung*.

Es gibt bisher noch keine Systematik zur Darstellung der existierenden Evaluationen. Es finden sich nur erste Ansätze: Vera Timmerberg und Brigitte Schorn (o.J.) stellen sparten- und gegenstandsübergreifend elf Evaluationen überblicksartig vor. Die Website kulturvermittlung-online.de versammelt Studien und Evaluationen zur Kulturvermittlung, in einer eigenen Rubrik sind Studien zur Kulturellen Bildung versammelt. In der „Studie zur Qualitätssicherung in der Kulturellen Bildung" findet sich auch ein Kapitel zu „Evaluation" (BKJ 2010:21-23), in dem einzelne Evaluationen vorgestellt werden. In allen drei Fällen ist die Darstellung nicht systematisch, die Zahl der einbezogenen Evaluationen klein und deren Auswahl erscheint zufällig. Zudem werden Evaluationen nicht von anderen Formen der Forschung unterschieden. Im Bereich „Tanz" gibt es eine Arbeitsgruppe „Evaluation und Forschung des Bundesverbandes Tanz in Schulen e.V.", die in einem Sammelband verschiedene aktuelle tanzpädagogische Forschungs- und Evaluationsarbeiten versammeln (Arbeitsgruppe Evaluation und Forschung 2009).

Die systematische Analyse und Darstellung der vorhandenen Evaluationen stellt ein wichtiges Desiderat dar, das zur weiteren Professionalisierung der Kulturellen Bildung erheblich beitragen könnte.

Dabei sollte es weniger darum gehen, die Ergebnisse von Evaluationen zusammenzufassen, da die Reichweite von Evaluationsergebnissen über den konkreten Gegenstand hinaus grundsätzlich in Frage steht. Ziel sollte es vielmehr sein, verschiedene Formen von Evaluationen nach ihrem theoretischen und methodischen Vorgehen zu unterscheiden, um so die Grundlage für eine Diskussion über ertragreiche Evaluationen im Bereich der Kulturellen Bildung zu schaffen.

Eine gute Ausgangsfrage für dieses Vorhaben bietet Stockmann: „Was (welcher Gegenstand) [soll] wozu (zu welchem Zweck), anhand welcher Bewertungskriterien, von wem (intern oder extern), wie (mit welchen Methoden) [für wen, Ergänzung T.F.] evaluiert werden?" (Stockmann 2010:11).

Zur Differenzierung möglicher Gegenstände von Evaluationen in pädagogischen Handlungsfeldern liegen ausgearbeitete erziehungswissenschaftliche Vorschläge vor, die im Feld der Kulturellen Bildung bisher kaum rezipiert werden.

Ditton unterscheidet die Evaluation von „Voraussetzungen" von der Evaluation von „Merkmalen und Prozessen" und der Evaluation von „Ergebnissen". Innerhalb dieser Hauptunterscheidungen differenziert er wiederum und unterscheidet so sechs verschiedene Evaluationsbereiche: „Bedingungen", „Intentionen", „Qualität der einzelnen Bildungseinrichtungen", „Qualität der Lehr- und Lernsituation", „Wirkungen (Outputs)", „Langfristige Wirkungen (Outcomes)" (Ditton 2010:609f.).

Das Desiderat einer Übersicht über die vorhandenen Evaluationen in der Kulturellen Bildung sollte auf Grundlage solcher systematischen Unterscheidungen angegangen werden.

Zum Weiterlesen

Gesellschaft für Evaluation e.V. (DeGEval): www.degeval.de

Kulturvermittlung-online: www.kulturvermittlung-online.de

Stockmann, Reinhard/Meyer, Wolfgang (2010): Evaluation: eine Einführung. Opladen u.a.: Barbara Budrich.

Stockmann, Reinhard (Hrsg.) (2007): Handbuch zur Evaluation: eine praktische Handlungsanleitung. Münster u.a.: Waxmann.

Thonhauser, Josef/Roland, Albert (Hrsg.) (1999): Evaluation im Bildungsbereich: Wissenschaft und Praxis im Dialog. Innsbruck [u.a.]: Studien-Verlag.

Helle Becker
Evaluation in der Praxis der kulturellen Kinder- und Jugendbildung

Thema und Begriffsbestimmung

Evaluation ist Teil jeder systematischen Reflexion über die Bedingungen, Prozesse und Wirkungen professionellen Handelns. Anhand von Qualitätsdefinitionen und -kriterien werden mit der Beschreibung, Analyse und Bewertung der Arbeit deren Zielerreichung und Qualität geprüft. Evaluation ist eine Voraussetzung für Qualitätssicherung und Qualitätsentwicklung.

Evaluation in der kulturellen Kinder- und Jugendbildung kann unterschiedliche Ausprägungen haben (siehe Tobias Fink „Evaluationen im Feld der Kulturellen Bildung" in diesem Band): von der alltäglichen, individuellen Reflexion über die planvoll angelegte Selbstevaluation bis zur nach wissenschaftlichen Standards durchgeführten Fremdevaluation. Sie kann sich auf die Bedingungen (Kontext-, Struktur- und Inputqualität), den Prozess (Durchführungsqualität) oder die Ergebnisse und Wirkungen (Output- und Outcome-Qualität) kultureller Kinder- und Jugendbildung beziehen. Gegenstand von Evaluationen können alle Bereiche kultureller Kinder- und Jugendbildung sein, die Teil eines Qualitätsmanagements sein können, d.h. kulturelle und künstlerische Erfahrungs- und Bildungsprozesse, Ressourcen und Infrastrukturen, Organisations- und Managementprozesse, kulturpädagogische Professionalität, Geschäfts- und Kundenkommunikation, Leitungsverantwortung sowie Kooperations- und Vernetzungsaktivitäten (vgl. BKJ 2010:204).

Ziele und Formen von Evaluationen richten sich nach den vorausgesetzten Qualitätsdefinitionen, -kriterien und -bereichen. Evaluation kann sich punktuell auf als defizitär erkannte Teilbereiche beziehen oder Teil eines umfangreichen Qualitätsmanagementsystems von Einrichtungen und Organisationen Kultureller Bildung sein. Häufig wird sie als Anforderung von Zuwendungsgebern auferlegt, z.B. als Zielerreichungsprüfung von Maßnahmen, für die (externe) Akkreditierung förderungswürdiger ZuwendungsempfängerInnen oder zur Erlangung von Qualitätssiegeln.

Historie

Das Thema Evaluation wurde für die kulturelle Kinder- und Jugendbildung seit Ende der 1980er Jahre aktuell. Anlass gab die Neuausrichtung der öffentlichen Verwaltung. Mit der Debatte über die Effektivität und Effizienz öffentlicher Dienstleistungen wurden „Neue Steuerungsmodelle" eingeführt, die unter anderem die Bewertung des Outputs bürokratischen Handelns vorsahen. Im Zuge von Verwaltungsreformen waren auch Kultureinrichtungen und öffentliche Einrichtungen Kultureller Bildung wie Bibliotheken, Museen, Musikschulen oder Jugendkunstschulen davon betroffen. Einen zweiten Anlass bot die Thematisierung von Qualität und Qualitätsnachweis durch die Bundesinitiative „Qualitätssicherung in der Kinder- und Jugendhilfe" des *Bundesministeriums für Familie, Senioren, Frauen und Jugend (BMFSFJ)*. Seit Ende der 1990er Jahre wurden im Rahmen dieser Bundesinitiative Evaluierungsvorhaben gefördert, die exemplarisch Ziele und Wirkungen der durch den Kinder- und Jugendplan des

Bundes (KJP) geförderten Kinder- und Jugendhilfe untersuchten. Die Ergebnisse wurden von 1996 - 2001 in der Broschürenreihe „Qs – Materialien zur Qualitätssicherung" veröffentlicht und halfen mit, Qualitätsmanagement und Qualitätssicherungsverfahren – darunter auch Modelle der Selbstevaluation – in der Fachpraxis der deutschen Jugendhilfe zu etablieren.

Aktuelle Situation: Beschreibung – Bewertung – Anwendungskontext

Seitdem, und verstärkt durch eine zunehmende Output-Orientierung in Bildungstheorie und Bildungsforschung, kann das Thema Evaluation und Qualitätsentwicklung als bei den Trägern der kulturellen Kinder- und Jugendbildung etabliert gelten. Laut einer Mitgliederbefragung der *Bundesvereinigung Kulturelle Kinder- und Jugendbildung e.V. (BKJ)* im Jahr 2009 gehört die regelmäßige Evaluation der eigenen Arbeit mittlerweile zum Alltagsgeschäft von Einrichtungen und Organisationen der kulturellen Kinder- und Jugendbildung (siehe BKJ 2010:25-35).

Dabei ist die Zahl der Fremdevaluationen, vor allem aus Kostengründen, eher gering. Hier dominieren Abschluss- oder Qualifizierungsarbeiten von Hochschulen, gefolgt von Untersuchungen und Forschungsprojekten, in die Träger der Kulturellen Bildung eingebunden sind, wissenschaftliche Begleitstudien, z.B. zu Modellprojekten und -programmen sowie, eher selten, selbst in Auftrag gegebene wissenschaftliche Untersuchungen. Im Rahmen von Selbstevaluationen führen Einrichtungen und Organisationen kultureller Kinder- und Jugendbildung vor allem Befragungen an Teilnehmenden durch, entweder standardisiert in Form schriftlicher Fragebögen oder mittels qualitativer Feedbackmethoden, beides meist am Ende einer Veranstaltung oder eines Projektes. Auch allgemeinere Befragungen zum Gesamtangebot, z.B. unter TeilnehmerInnen vergangener Maßnahmen oder deren Eltern, zählen dazu. Verbände setzen analog dazu Mitgliederbefragungen ein. Daneben ist die Auswertung von Strukturdaten (Anzahl, Merkmale der Teilnehmenden; bei Verbänden Merkmale der Mitglieder) Teil von Selbstevaluationen. Selbstevaluation findet auch auf der Ebene des Personals (ReferentInnen, TeamerInnen, KünstlerInnen), beispielsweise durch regelmäßige Berichterstattung, Feedback- und Auswertungsgespräche statt. Ein besonderes Evaluierungsinstrument stellen Zertifizierungsverfahren wie der „Kompetenznachweis Kultur" oder der „Nachweis International" dar, mit dem individuelle Wirkungen bei den Teilnehmenden festgestellt werden können. Nicht zuletzt gehört die Selbstevaluation von einzelnen Betriebsbereichen zum Management von Trägern, z.B. die Überprüfung von Führungs- und Kompetenzstrukturen, der Presse- und Öffentlichkeitsarbeit sowie interner und externer Kommunikationsabläufe anhand von Zielvorgaben sowie ein Finanz- und Projektcontrolling.

Ausblick, Perspektiven und Herausforderungen

Die Frage, was „gute" kulturelle Kinder- und Jugendbildung ausmacht, ist abhängig von den jeweiligen fachlichen Qualitätsvorstellungen, von den Intentionen und Zielperspektiven, die mit einem Engagement in der Kulturellen Bildung verknüpft werden. Hier sind im Feld der Kulturellen Bildung unterschiedliche Positionen zu finden. Daher gewinnt in den letzten Jahren die Referenz auf Qualitätsrahmen an Bedeutung. Hierbei handelt es sich überwiegend um fachliche Orientierungsrahmen, die in Zusammenarbeit mit Wissenschaft von Fachverbänden erarbeitet und für ihre Mitgliedsbereiche nutzbar gemacht wurden (Beispiele gibt es im Bereich Museumspädagogik oder den Musikschulen, aber auch für das FSJ Kultur). Qualitätsrahmen gibt es in Form von Rahmenkonzeptionen, Kriterienlisten oder Qualitätsleitfäden. Avancierte Formen von Qualitätsrahmen setzen fachliche (kulturpädagogische) Qualitätsmerkmale mit normativen Qualitätsdimensionen (träger- und einrichtungsbezogene Wert- und Qualitätsvorstellungen) mit betrieblichen Qualitätskriterien (Management, Markt, Wirtschaftlichkeit) in Beziehung. Daneben geben Referenzbereiche, in denen kulturelle Kinder- und Jugendbildung stattfindet oder mit denen sie kooperiert, eigene Qualitätsrahmungen vor, beispielweise im Bereich der Kultur (spartenspezifische oder einrichtungsspezifische Qualitätsvorgaben, z.B. für Museen, Bibliotheken, Theater), Jugend (Standards der Jugendarbeit und der Internationalen Jugendarbeit), des Freiwilligendienstes (FSJ Kultur), der frühkindlichen Bildung (Kindergarten, Kindertagesstätten) und besonders im Bildungsbereich (bildungstheoretische Vorannahmen), speziell im Bereich der Schule, vor allem der Ganztagsschule. Damit sehen sich viele Träger Verpflichtungen und Anforderungen an (Selbst-)Evaluationen gegenüber, die je nach Praxis- und Politikbereich sowie Zuwendungsvorgaben der öffentlichen Hand auf Bundes-, Landes- und kommunaler Ebene sehr verschiedenartig ausfallen.

In der Diskussion um die Relevanz von Evaluation und Qualitätssicherung in der Kulturellen Bildung sind (mindestens) drei Aspekte als Zukunftsaufgaben zu nennen: Einmal gilt es, die wachsende und Ressourcen strapazierende Vielfalt von Evaluationsanforderungen unter gemeinsamen Standards oder Rahmensystemen zusammenzuführen. Darüber hinaus ist nach wie vor ungelöst, wie Effekte, vor allem aber Wirkungen Kultureller Bildung valide festgestellt werden können. Hier stellen sich Fragen nach der grundsätzlichen Möglichkeit von Wirkungsanalysen pädagogischer und künstlerischer Prozesse, nach Möglichkeiten der Ziel- und Indikatorenformulierung ebenso wie die nach gegenstandsadäquaten Evaluationsmethoden.

Zum Weiterlesen

Bundesministerium für Familie, Senioren, Frauen und Jugend (BMFSFJ) (Hrsg.) (1996): Qs 1: Evaluation der kulturellen Kinder- und Jugendarbeit. Auszug aus BKJ Texte: Wirkungen der Kinder- und Jugendarbeit - Rahmenbedingungen für eine Evaluation in der kulturellen Kinder- und Jugendarbeit von Christiane Liebald: www.bmfsfj.de/BMFSFJ/Service/Publikationen/publikationsliste,did=3744.html (Letzter Zugriff am 31.07.12).

Bundesvereinigung Kulturelle Kinder- und Jugendbildung (BKJ) (Hrsg.) (2010): Studie zur Qualitätssicherung in der Kulturellen Bildung. Bestandsaufnahme zu Instrumenten der Qualitätssicherung in der Kulturellen Bildung, Weiterbildung, Ganztagsschule und in Kindertageseinrichtungen. Fachbeiträge zu verschiedenen Qualitätsdimensionen und Evaluationsverfahren in der Kulturellen Bildung. Remscheid.

Deutsche Gesellschaft für Evaluation e.V. (DeGEval) (Hrsg.) (2004): Empfehlungen zur Anwendung der Standards für Evaluation im Handlungsfeld der Selbstevaluation: www.alt.degeval.de/calimero/tools/proxy.php?id=24059 (Letzter Zugriff am 31.07.12).

Fuchs, Max (2010): Qualitätsdiskurse in der Kulturellen Bildung. Entwicklungslinien der letzten zwanzig Jahre und aktuelle Herausforderungen. In: Bundesvereinigung Kulturelle Kinder- und Jugendbildung (BKJ) (Hrsg.): Studie zur Qualitätssicherung in der Kulturellen Bildung. Bestandsaufnahme zu Instrumenten der Qualitätssicherung in der Kulturellen Bildung, Weiterbildung, Ganztagsschule und in Kindertageseinrichtungen. Fachbeiträge zu verschiedenen Qualitätsdimensionen und Evaluationsverfahren in der Kulturellen Bildung (91-95). Remscheid.

Qualitätssicherung (QS) in der Kulturellen Bildung: http://qualitaetsentwicklung.bkj.de

Christiane Liebald
Qualitätsstandards und Qualitätssicherung in der Kulturellen Bildung

Thema und Begriffsbestimmung

In der Kulturellen Bildung wie auch in anderen pädagogischen oder sozialen Handlungsfeldern sind Qualitätsstandards eng mit dem Begriff der Qualitätssicherung verbunden, der ursprünglich aus der betriebswirtschaftlichen Managementlehre und nicht aus der empirischen Sozial- und Evaluationsforschung stammt. Mit Qualitätssicherung werden alle organisatorischen und technischen Verfahren zur Vorbereitung, Durchführung und Ergebnissicherung von Produkten oder Dienstleistungen beschrieben (Gabler 2011).

Unter anwendungsbezogenen Gesichtspunkten sind die Grenzen zwischen betriebswirtschaftlichen und sozialwissenschaftlichen Ansätzen jedoch fließend. So sind Qualitätsstandards mit der in der Sozial- und Bildungsforschung gebräuchlichen Bezeichnung der Indikatoren als empirisch zu ermittelnde Kenngrößen oder Messwerte vergleichbar (Meyer 2004:6). Und auch die üblichen Verfahren zur Qualitätsmessung oder Datenerhebung sind weitgehend identisch und decken das breite Spektrum des qualitativen und quantitativen Instrumentariums der empirischen Sozial- und Bildungsforschung ab (siehe Vera Hennefeld „Zum Einsatz sozialwissenschaftlicher Datenerhebungsmethoden im Rahmen der Evaluation Kultureller Bildung" in diesem Band). Aus Sicht der Qualitätsmanagementlehre versteht man unter Qualitätsstandards die Festlegung allgemein gültiger Mindestwerte für Dienstleistungen oder Herstellungsverfahren. In der industriellen Produktion sind dies oft von externer Seite vorgegebene Messwerte oder Kennziffern, wie sie beispielsweise im deutschsprachigen Raum als Deutsche-Industrie-Norm (DIN) oder im internationalen Bereich als ISO-Norm bekannt sind. Pädagogische Qualitätsstandards, wie sie beispielsweise für frühpädagogische Einrichtungen beschrieben werden, verstehen sich im Vergleich dazu als fachlicher Kriterienkatalog, um die zuvor als relevant identifizierten Prozesse bezüglich ihrer Durchführung und der damit verbundenen Anforderungen und angestrebten positiven Ergebnisse zu beschreiben (Kneidinger 2008).

In Arbeitsfeldern Kultureller Bildung sind Qualitätsstandards relativ schwierig zu definieren, denn es liegt nahe, dass in der Regel auf keine universell gültigen Vorgaben oder Normen zurückgegriffen werden kann (siehe Manfred Prenzel/Johanna Ray „Bildungsqualität, Bildungsforschung und Kulturelle Bildung" in diesem Band). Es sind vielfach selbst gewählte quantitative oder qualitative Zielvorgaben, bei denen auf Grundlage vorhandener Erfahrungen oder Berechnungen auf angestrebte Erwartungswerte im Sinne eines Soll-Ist-Vergleichs geschlossen wird. (Beispiele: Besucherzahlen einer Theaterveranstaltung, die Mindestteilnehmerzahl, um ein medienpädagogisches Projekt kostendeckend durchzuführen oder ein bestimmter Mittelwert zur Teilnehmerzufriedenheit, ab dem ein Kulturevent als Erfolg gewertet werden kann.)

Historische Dimension

Wie bereits erwähnt, wird Qualitätssicherung in der Kulturellen Bildung vorwiegend als ein organisationsorientierter Ansatz zur Steuerung von (kulturellen) Dienstleistungsprozessen verstanden. In anderen Fachdisziplinen wie beispielsweise den Gesundheitswissenschaften sieht dies anders aus, denn hier geht es oftmals um wissenschaftliche Qualitätsstandards als Teil einer evidenzbasierten Medizinforschung (BZgA 2011).

Dieser für die Kulturelle Bildung spezifische Bedeutungskontext lässt sich vor dem Hintergrund der Entwicklungen in den zurückliegenden zwanzig Jahren erklären. Anfang der 1990er Jahre wurde von staatlicher Seite die Frage aufgeworfen, wie die Effektivität und Effizienz von Angeboten in der Kinder- und Jugendhilfe wirksamer überprüft und transparent dokumentiert werden können. Davon war auch die Kulturelle Bildung als Bestandteil des Kinder- und Jugendhilfeplans des Bundes betroffen.

Das *Bundesministerium für Familie, Senioren, Frauen und Jugend (BMFSFJ)* griff diese Debatte im Rahmen ihrer damaligen Bundesinitiative „Qualitätssicherung in der Kinder- und Jugendhilfe" auf, an der sich von Beginn an die *Bundesvereinigung Kulturelle Kinder- und Jugendbildung e.V. (BKJ)* aktiv beteiligte (BMFSFJ:1996). Ging es der Bundesinitiative anfangs ausschließlich um Dimensionen der (Selbst-)Evaluation als sozialwissenschaftliche Verfahren, wurden im Laufe der Jahre auch betriebswirtschaftliche Ansätze wie beispielsweise die „Balanced Scorecard" aufgegriffen und damit eine Annäherung an die Handlungslogik eines betriebswirtschaftlich orientierten Qualitätsmanagements vollzogen.

Eine vergleichbare Entwicklung fand zeitgleich auch in der Allgemeinen und Beruflichen Weiterbildung statt. Hier wird die Situation dadurch verschärft, dass mittlerweile in vielen Bundesländern die Weiterbildungsgesetze als Fördervoraussetzung für die Trägerorganisationen und Weiterbildungseinrichtungen eine Verpflichtung zur Qualitätsüberprüfung durch eine Zertifizierungsagentur verbindlich vorschreiben. Diese Prüfverfahren orientierten sich vorrangig an betriebswirtschaftlichen Qualitätsmodellen. Es wurden daher in den zurückliegenden zehn Jahren aus der Wirtschaft stammende Qualitätsmanagementsysteme – als standardisierte Form des Qualitätsmanagements nach einem bestimmten Regelwerk – adaptiert oder eigenständige Branchenmodelle entwickelt. In der Kulturellen Bildung sind diese Modelle allerdings bisher selten anzutreffen. Das derzeit bekannteste dürfte das „Qualitätssystem Musikschule (QsM)" des *Verbandes Deutscher Musikschulen* sein.

Aktuelle Situation und Anwendungskontexte

Im Unterschied zur Wirkungs- und Bildungsforschung wird in der betrieblichwirtschaftlich orientierten Qualitätssicherung nicht der Anspruch verfolgt, die inhaltliche Qualität oder Wirkung Kultureller Bildung zu erfassen. Es geht hingegen um die Schaffung geeigneter fachlicher, organisatorischer und struktureller Rahmenbedingungen, damit möglichst optimale Voraussetzungen zur Erreichung der gewünschten Ergebnisse geschaffen werden.

Damit dies gelingen kann, müssen kulturpädagogische Fachkräfte die angestrebten Leitziele und Wirkungen ihrer Arbeit definieren, was in der Regel durch die Entwicklung eines pädagogischen Leitbildes oder ähnliches geschieht. Von diesem Bildungsverständnis ausgehend, werden alle zentralen pädagogischen und organisatorischen Arbeitsprozesse so ausgestaltet, dass die angestrebten (kulturellen) Bildungswirkungen möglichst erreicht werden können. Diese Herangehensweise nimmt daher die ganze Organisation oder Einrichtung einschließlich ihres Umfeldes in den Blick. Dafür bietet sich eine Differenzierung nach den folgenden Qualitätsdimensionen an:

>> *Inputqualität*: strukturelle und konzeptionelle Voraussetzungen, die für die Erbringung der Angebote wichtig sind (dies können auch fachpolitische Zielvorgaben sein).
>> *Strukturqualität*: infrastrukturelle, organisatorische und personelle Rahmenbedingungen, wozu auch die finanziellen und materiellen Ressourcen zählen.

>> *Prozessqualität*: inhaltliche und organisatorische Durchführungsmodalitäten für die Umsetzung eines Angebots.
>> *Ergebnisqualität (Output)*: erzielte qualitative Resultate, Effekte und quantitative Ergebnisse.
>> *Wirkungen (Outcome)*: längerfristig wirksame Auswirkungen der (Bildungs-)Arbeit (von einzelnen Einrichtungen aufgrund des methodischen Aufwands kaum leistbar, sondern eher Aufgabe der Bildungs- und Wirkungsforschung).
>> *Kontext*: gesamtgesellschaftliche sowie regionale/lokale Rahmenbedingungen, soweit sie für die Arbeit und Organisation einer Einrichtung bedeutsam sind (vgl. Liebald 2010:9).

Diese Qualitätsdimensionen stehen in einem wechselseitigen Wirkungszusammenhang und ergeben erst in ihrer Gesamtheit einen vollständigen Qualitätsrahmen, der alle Handlungsebenen einer Organisation oder Einrichtung berücksichtigt.

Ausblick / Perspektiven / Herausforderungen

Ob sich in Zukunft für die Kulturelle Bildung ein mit der Weiterbildung vergleichbarer Trend zur Qualitätssicherungs- und Zertifizierungspflicht abzeichnen wird, erscheint aus jetziger Perspektive eher unwahrscheinlich. Auf freiwilliger Basis ist ein umfassendes betriebliches Qualitätsmanagement mit der Möglichkeit zum Erwerb eines Gütesiegels vor allem für kommunale Einrichtungen wie Musikschulen oder Museen interessant. Denn sie stehen unter anderem in einem stärkeren Wettbewerb mit privaten Anbietern. Aber auch für andere Programmbereiche der Kulturellen Bildung kann die Entwicklung von „branchenspezifischen" Qualitätssicherungsverfahren im Sinne einer kontinuierlichen Qualitäts- und Organisationsentwicklung eine lohnenswerte Aufgabe sein. Dabei sollte allerdings auf ein ausgewogenes Verhältnis von Aufwand und Nutzen geachtet werden.

Zum Weiterlesen

Bundesvereinigung Kulturelle Jugendbildung (BKJ) (Hrsg.) (2010): Studie zur Qualitätssicherung in der Kulturellen Bildung. Remscheid: Eigenverlag.

Gabler Verlag (Hrsg.) (2011): Gabler Wirtschaftslexikon: http://wirtschaftslexikon.gabler.de (Letzter Zugriff am 31.07.12).

Deutscher Museumsbund e.V./Bundesverband Museumspädagogik e.V. (2008): Bildungs- und Vermittlungsarbeit. Berlin: Eigenverlag.

Deutscher Museumsbund e.V. gemeinsam mit ICOM-Deutschland (2006): Standards für Museen. Kassel/Berlin: Eigenverlag.

Kneidinger, Lisa (2008): Von der Vision zu Qualitätsstandards. Klarheit, Struktur und Platz für kinderorientierte Pädagogik. In: Textor, Martin R. (Hrsg.): Online-Handbuch im Internet: www.kindergartenpaedagogik.de (Letzter Zugriff am 31.07.12).

Krüger, Christiane/Wanner, Claudia (2010): Das „Qualitätssystem Musikschule – QSM" des Verbandes Deutscher Musikschulen. In: Bundesvereinigung Kulturelle Jugendbildung (Hrsg.): Studie zur Qualitätssicherung in der Kulturellen Bildung (142-149). Remscheid: Eigenverlag.

Brigitte Schorn/Vera Timmerberg
Kompetenznachweis Kultur

Der Kompetenznachweis Kultur ist ein Bildungspass, der an Jugendliche zwischen zwölf und 27 Jahren vergeben wird, die aktiv an Angeboten Kultureller Bildung teilgenommen haben. Er hat die Funktion, ihre personalen, sozialen, methodischen und künstlerischen Kompetenzen zu dokumentieren, transparent zu machen und anzuerkennen. Damit gehört der Kompetenznachweis Kultur zu den standardisierten partizipativen Verfahren, informell und nicht formal erworbene Kompetenzen zu erfassen.

Genese

Die Bedeutung von Kompetenzen, die an verschiedenen Bildungsorten, also formellen, informellen und nicht formalen, erworben werden, ist im bildungs- und beschäftigungspolitischen Diskurs seit Mitte der 1990er Jahre deutlich gestiegen. Dies zeigt sich vor allem im Konzept des Lebenslangen Lernens sowie in den Schlussfolgerungen, die aus den Ergebnissen der großen internationalen Schülerleistungsvergleichstests gezogen wurden (vgl. Europäische Kommission 2000 und OECD 2001). *Europäische Union, Bund-Länder-Kommission, Kultusministerkonferenz, Forum Bildung* und *Bündnis für Arbeit* greifen diese Perspektiven auf und betonen die Bedeutung einer umfassenden Bildung sowie der Anerkennung informeller und nicht formal erworbener Kompetenzen für allgemeine Bildungsprozesse und Beschäftigungsfähigkeit. So formuliert etwa das Forum Bildung: „Kompetenzen werden nicht nur in den klassischen Bildungseinrichtungen, sondern in starkem Maße in der Lebens- und Arbeitswelt erworben. Die Orte der informellen Bildung müssen neu entdeckt, als solche ernst genommen, gestaltet und stärker gefördert werden" (Arbeitsstab Forum Bildung 2000:3).

Zugleich bedurfte es zur Erfassung dieser Kompetenzen adäquater Verfahren zu deren Anerkennung. Auf diesem Wege entstanden unterschiedliche Konzepte für die verschiedenen Bildungsbereiche (vgl. Seidel/Bretschneider 2008). Im Zuge dessen etablierten die VertreterInnen Kultureller Bildung ein eigenes Verfahren. Dies trägt sowohl der Bedeutung des Handlungsfeldes Kulturelle Bildung als eines selbstverständlichen Teils allgemeiner Bildung Rechnung, wie es auch dessen Spezifika berücksichtigt. Die *Bundesvereinigung Kulturelle Kinder- und Jugendbildung (BKJ)* entwickelte ab 2001 den Kompetenznachweis Kultur und richtete sein Konzept konsequent an den Prinzipien Kultureller Bildung aus. Dieser Bildungspass ist sukzessive weiterentwickelt worden und wird heute in allen Praxisfeldern Kultureller Bildung angewendet. Die Implementation und Organisation liegt federführend bei der *BKJ* im Verbund mit einem bundesweiten Netzwerk entsprechender Servicestellen.

Konzept

Der Kompetenznachweis Kultur ist in ein umfassendes Theorie- und Qualitätssicherungssystem integriert. Er unterliegt einem standardisierten partizipativen Verfahren und bietet den unterschiedlichen Arbeitsfeldern Kultureller Bildung Platz, Kompetenzen jeweilig kunstspartenspezifisch zu erfassen. Der Kompetenznachweis Kultur erfüllt überdies nachweislich die notwendigen Qualitätsstandards für Kompetenznachweisverfahren (vgl. Erpenbeck 2009:261ff.). Er stellt das sich bildende Subjekt in den Mittelpunkt und versteht Kompetenzen als individuelle Dispositionen, konkrete Probleme lösen und sie auf persönlicher, sozialer und beruflicher Ebene nutzen zu können. Der besondere Schwerpunkt liegt darin, künstlerische und kulturelle Kompetenzen zu dokumentieren (siehe Siegfried J. Schmidt „Kulturelle Kompetenz als Schlüsselkompetenz" in diesem Band). Insgesamt ist die Kompetenzerfassung ergebnisoffen, dialogisch angelegt und fokussiert auf individuelle Stärken.

(Kultur-)Pädagogische Einrichtungen können den Kompetenznachweis Kultur nur vergeben, wenn sie folgende Qualitätskriterien einhalten: (1) Die Angebote müssen freiwillig und teilnehmerorientiert sein sowie Möglichkeiten der Partizipation eröffnen. (2) Die Vergabe ist auch in künstlerischen und kulturpädagogischen Projekten in der Schule möglich, wenn diese Bedingungen erfüllt sind. (3) Die Vergabe kann nur über Fachkräfte erfolgen, die in der Kulturellen Bildung arbeiten und ein entsprechendes Fortbildungszertifikat erworben haben. (4) Für die Vergabe muss das Nachweisverfahren vollständig durchgeführt worden sein. (5) Jeder Jugendliche entscheidet selbst, ob er einen Kompetenznachweis Kultur erhalten möchte. (6) Für den Erhalt müssen die Jugendlichen aktiv an einem Angebot Kultureller Bildung und am Prozess des Nachweisverfahrens teilgenommen haben (mind. 50 Std.).

Potential

Das *Deutsche Jugendinstitut* und die *Universität Eichstätt-Ingolstadt* haben den Kompetenznachweis Kultur evaluiert und attestierten ihm folgende Wirkungen (vgl. Timmerberg/Schorn 2009). Durch ihn wird die Bedeutung Kultureller Bildung für allgemeine Bildungsprozesse, Persönlichkeitsentwicklung und Kompetenzerwerb auch für Dritte nachvollziehbar. Sein Kern liegt darin, Jugendliche zu stärken, ihre eigenen Fähigkeiten zu erfassen, verbalisieren, reflektieren und weiter entwickeln zu können. Er trägt zudem zur Professionalisierung der Fachkräfte bei, indem er ihnen ein Instrument an die Hand gibt, die eigene Arbeit sinnvoll zu reflektieren, qualitätvoll zu gestalten und unreduziert Bildungsprozesse von Jugendlichen zu dokumentieren.

Perspektiven

Offenheit, Dialogizität und Kompetenzorientierung des Verfahrens bilden zusammen das besondere Potential des Kompetenznachweises Kultur. Es zeigt exemplarisch, wie Stärkenorientierung und Ergebnisoffenheit bei der Erfassung von Bildungsprozessen mit Qualität und Leistungsanspruch zusammengehen können. Seine Stärke als Bildungspass wurde in der 2006 durchgeführten Begleitforschung hervorgehoben: „Hierin steckt eine große Chance der außerschulischen kulturellen Jugendbildung. Nirgendwo sonst können Zertifikate erstellt werden, an deren Formulierung die Zertifizierten mitarbeiten können" (Geier 2006:52).

Prinzipiell wäre es denkbar, ihn auch auf andere Bildungsbereiche zu übertragen. Somit könnte er zum Vorbild für eine andere Form der Leistungsbeurteilung in sämtlichen Bildungsbereichen werden, indem er auf Partizipation und Stärkenorientierung fokussiert. Dass es hierfür einen generellen Bedarf gibt, zeigt nicht zuletzt das Interesse von allgemeinbildenden Schulen sowie Aus- und Weiterbildungsinstitutionen an solchen Nachweisverfahren, wie sie der Vergabe für den Kompetenznachweis Kultur zugrunde liegen. Um tatsächlich mit anderen Nachweisverfahren (Zertifizierungen) gleichgestellt werden zu können, bedürfte es der bildungspolitischen und bildungsrechtlichen Anerkennung. Dies ist allerdings längst noch nicht der Fall, wie Sabine Seidel und Markus Bretschneider analysieren. Konzepte zur Anerkennung von Kompetenzen rangieren nämlich in Deutschland weitgehend unterhalb der ordnungspolitischen Ebene (vgl. Seidel/Bretschneider 2008:9). Käme es zu einer formalrechtlichen Anerkennung, müsste jedoch besondere Sorgfalt bei der Weiterentwicklung solcher Instrumente darauf gelegt werden, ihre spezifischen Stärken und Qualität in der Kompetenzerfassung beizubehalten.

Zum Weiterlesen

Europäische Gemeinschaft (2007): Schlüsselkompetenzen für Lebenslanges Lernen. Ein europäischer Referenzrahmen. Luxemburg: Amt für amtliche Veröffentlichungen der Europäischen Gemeinschaften.

Gnahs, Dieter (2010): Kompetenzen – Erwerb, Erfassung, Instrumente. Bielefeld: Bertelsmann.

Gutschow, Katrin u.a. (2010): Anerkennung von nicht formal und informell erworbenen Kompetenzen (Heft Nr. 118). Bonn: Schriftenreihe des Bundesinstituts für Berufsbildung.

Münk, Dieter/Schelten, Andreas (2010): Kompetenzermittlung für die Berufsbildung. Verfahren, Probleme und Perspektiven im nationalen, europäischen und internationalen Raum. Herausgegeben vom Bundesinstitut für Berufsbildung (BIBB). Gütersloh: Bertelsmann.

Netzwerk für den Kompetenznachweis Kultur: www.kompetenznachweiskultur.de

Eva Maria Gauß/Kati Hannken-Illjes
Vermittlung von wissenschaftlichen Erkenntnissen in künstlerischer Form

Die Vermittlung von wissenschaftlichen Erkenntnissen in künstlerischer Form steht im Spannungsverhältnis von Wissen(schaft) und Kunst und berührt daher Fragen der Erkenntnistheorie, des Wissens- und des Bildungsbegriffs sowie der gesellschaftlich-sozialen Praxis von Wissensvermittlung. Die Intention verschiedener aktueller Formate lässt sich in zwei Richtungen beschreiben: Entweder geht es um die Vermittlung einer wissenschaftlichen Erkenntnis durch sinnliche und veranschaulichende (etwa körperliche, visuelle, mediale) Darstellung oder um die Darstellung als Andeutung dessen, was sich dem wissenschaftlichen Wissen entzieht bzw. darüber hinausreicht. Das Spektrum reicht von künstlerisch gestalteten Ausstellungen über Wissenschaftsfilme und Radiofeatures bis hin zu Lecture Performances. Der vorliegende Artikel befasst sich vor allem mit leibhaftigen Präsentationen in Gegenwart eines Publikums.

Konkret liegen in den derzeitigen Formen vor allem zwei Spannungsverhältnisse vor. Zum einen changieren sie zwischen Spiel und Ernst. Der Kontext der Präsentation im Sinne der Rahmung (nach Erving Goffman) des sozialen Ereignisses spielt hier eine wesentliche Rolle, da er sowohl Erwartungen als auch Beurteilungskriterien leitet. So zielen Veranstaltungen wie Science Slams in erster Linie auf Unterhaltung, im Gegensatz zu explizit künstlerischen Formaten wie Lecture Performances oder Action Teaching. Letztere bewegen sich zumeist bewusst innerhalb eines Kunstkontextes und zielen darauf, den gesetzten Rahmen zu erweitern bzw. spielerisch Bezug auf Praktiken des Bildungsbetriebs zu nehmen.

Zum anderen unterscheiden sich die Formen und dahinter liegenden Konzepte in dem Status des Wissens, das vermittelt werden soll. So findet sich der Anspruch, Wissen – als Produkt – zu vermitteln, anderen Formen liegt dagegen ein Verständnis von Wissen als Prozess zugrunde. Hier wird der Prozess des Wissens – d.h. auch die Produktionsbedingungen von Wissen – thematisiert und sichtbar gemacht. Hinter den aktuellen Entwicklungen der Zwischenformate steht die gesellschaftliche Verhandlung dessen, was als Wissen gilt, wie Erkenntnis gewonnen und wie darüber kommuniziert werden kann. Vonseiten der Kunst reflektiert dies unter anderem die künstlerische Forschung (siehe Annemarie Matzke „Künstlerische Praktiken als Wissensproduktion und künstlerische Forschung" in diesem Band), vonseiten der Wissenschaft sind künstlerische Darstellungsformen dem Bereich der Wissenschaftskommunikation zuzuordnen.

Historische Dimension

Die Überschrift dieses Artikels suggeriert eine klare Unterscheidung zwischen Wissenschaft und Kunst, die noch nicht sehr alt ist. Diese noch ausstehende Differenzierung zeigte sich beispielsweise in der Aufführung von Experimenten im 17. Jh. (vgl. Schramm u. a. 2006). Die Wissensgenerierung erfolgt hier im öffentlichen Raum – nicht im Labor – und ist ein kollektives und populäres Schauereignis. So fanden spektakuläre Experimente unter großer Anteilnahme auf öffentlichen Plätzen und Veranstaltungen statt (vgl. Schramm 2006:XVI).

Eine zentrale Metapher in der Wissenschaft war die Bühne oder das Theater. So bestanden bis in das 19. Jh. unter der Überschrift „Lecture Theatre" Orte, an denen Experimente zur Aufführung gebracht wurden (vgl. Schramm 2006: XVI). Leibniz entwirft ein „Theater der Natur und der Kunst", worunter eine vollständige und systematische Bildersammlung des damaligen Wissens zu verstehen ist. Der Begriff „Theater" meint also in erster Linie: Ort der Anschauung (vgl. Bredekamp 2003).

Lecture Performances im engeren Sinne treten seit den frühen 1960er Jahren auf. Der Begriff stammt, so Wolf-Dieter Ernst (2003:193), aus der Aktionskunst und benennt hybride Formen die sich auf dem Kontinuum von Theatralem und Wissenschaft bewegen. Aus diesen Anfängen stammt auch eine verwandte Form, das Action Teaching im Sinne einer durch künstlerische Mittel verfremdeten Lehr- und Lernsituation. Einer der Hauptvertreter hier ist Bazon Brock. Fraglich ist allerdings, ob künstlerische Lecture Performances etwas grundlegend anderes schaffen, wenn sie mit diesen Konventionen des wissenschaftlichen Vortrags brechen, oder ob sie nicht mit dem Vor-Augen-Führen von Wissensprozessen fortführen, was auch wissenschaftliche Vorträge kennzeichnet (vgl. Peters 2006:208). Die Literaturwissenschaftlerin Sibylle Peters (2006) beschreibt dies als „Figuration von Evidenz".

Durch die Ausdifferenzierung der Wissenschaften, den rasanten Wissenszuwachs und die neuen Medien haben Formate, die wissenschaftliche Inhalte mit unkonventionellen Mitteln darstellen und in denen die Person des Forschers sichtbar ist, an Bedeutung gewonnen. Das zeigt sich in auf Unterhaltung orientierten Formaten wie Science Slams, in denen ein – teilweise abseitiger – Forschungsinhalt einem Laienpublikum in kurzer Zeit möglichst verständlich gemacht werden soll, aber auch in Formaten wie Online-Vorträgen die mit den medialen Möglichkeiten auch künstlerisch arbeiten. Letzterer Ansatz wird insbesondere durch die Arbeiten von Peters untersucht.

Aktuelle Situation

Seit Mitte der 1980er Jahre wurden in Großbritannien, seit den 1990ern auch im deutschsprachigen Raum, unter der Überschrift „Public Understanding of Science" Initiativen und Förderprogramme zur Vermittlung der (Natur)Wissenschaften und innovativer Technologien gegründet. Hierunter zählen auch Wissenschaftsfestivals, Events wie die „Lange Nacht der Wissenschaften", die Auszeichnungen als „Stadt der Wissenschaft", Wissenschaftsjahre, Science Center/ Wissenschaftsausstellungen und Science Slams. Bei Science Slams handelt es sich, in Anlehnung an das Format des Poetry Slams (siehe Lino Wirag „Zeitgenössische Formen informeller Literaturvermittlung" in diesem Band), um einen Wettbewerb bei dem in der Regel das Publikum über den unterhaltsamsten und anschaulichsten Kurzvortrag über ein Forschungsthema abstimmt. Daneben gibt es Spezialisierungen, wie z.B. den Kasseler Philosophie Slam, der literarisch angelegt ist. In den einzelnen Präsentationen kommen auch theatrale Mittel zum Einsatz. So sind Publikumsansprache, körperliche Präsenz und Imagination in den Erklärungen/Erzählungen wesentliche Faktoren, deren Untersuchung hinsichtlich ihrer Erkenntnisfunktion noch aussteht. Veranstaltungsformen wie "Nerd Nites" oder "Powerpoint-Karaoken" spielen ebenfalls mit der Präsentation von Wissen(schaft).

Der künstlerische Aspekt und die Entwicklung des Formats der Lecture Performance werden in Wettbewerben wie „Performing Science" in den Blick genommen, der 2007 erstmals an der Universität Gießen ausgerichtet wurde. Vonseiten der Philosophie wird im deutschsprachigen Raum an der Entwicklung von Theorie auf der Bühne gearbeitet, so etwa in „Philosophy on Stage" – seit 2003 in Wien. Beachtung findet auch der seit 2008 stattfindende internationale Wettbewerb „Dance your PHD", initiiert von einem Wissenschaftsjournalisten und dem Fachmagazin Science.

Innerhalb der Qualitativen Sozialforschung gibt es eine Bewegung der „Performative Social Sciences", die in Methode und Vermittlung ihre performativen Anteile reflektiert. Beispielhaft dafür sei die Methode der Autoethnografie genannt. Hier reflektiert der Forscher die eigene Praxis und damit verbundene Emotionen, Einstellungen u.ä. Die entstehenden Ethnografien verstehen sich oft explizit auch als literarische Texte. Zugleich sind diese Methoden umstritten und werden als solipsistisch eingeordnet.

Die Vortragssituation als bekanntes kommunikatives Setting wird seit gut zehn Jahren verstärkt in der Bildenden Kunst, im Tanz und im Theater eingesetzt. Arbeitsdemonstrationen – wie etwa in der Tradition der Theaterlaboratorien, die sich als praktische Forschungseinrichtungen verstehen – sind als Vorläufer zu werten, haben jedoch allein den künstlerischen Prozess zum Inhalt. In den neueren Entwicklungen der Lecture Performance werden subjektive Geschichten, wissenschaftliche oder politische Themen mit der Reflexion des künstlerischen Prozesses und der wissenschaftlichen Methodik gekreuzt. Oftmals sind Rednerpult, Projektion oder Tafel Bühnenelemente; die verschiedenen Aufführungsorte (Theaterräume, Vorlesungssäle oder der Öffentliche Raum) kreieren jeweils die Situation der oszillierenden Wissensdarstellung. Meist handelt es sich um Soloperformances, zuweilen wird die Lecture Performance auch zu zweit ausgeführt. 2009 widmete der *Kölnische Kunstverein* der Lecture Performance eine eigene Ausstellung.

In Lecture Performances stehen das Sagen und das Zeigen in einem spannungsreichen Verhältnis. Das als Wissen Präsentierte wird sagend oder zeigend kommentiert, ironisiert, illustriert, unterlaufen oder erweitert. Die Kunsthistorikerin Marianne Wagner (2009:21) stellt fest: „In the lecture performance half-knowledge, invention and fiction in the treatment of truth play a fundamental role. In contrast to scholarship, the artistic lecture performance is an ideal framework within which to test out knowledge." Die Akteure der Lecture Performance sind in der Regel auch "biografische Hybride" und sowohl in der Wissenschaft als auch in der künstlerischen Praxis verortet.

Ausblick

Der „Eventisierung" der Wissenschaften wird durchaus mit Unbehagen begegnet (z.B. Weingart 2008). Dennoch zeugt die Zunahme der lokal organisierten Science Slams von einem breiten gesellschaftlichen Bedürfnis, zudem lässt der Legitimierungsdruck der Wissenschaften auch eine förderpolitische Forcierung dieser Formate weiter vermuten.

Es ist zu erwarten, dass künstlerische, ästhetische und sinnliche Mittel weiterhin verstärkt eingesetzt werden, um wissenschaftliche Entwicklungen und ihre gesellschaftlichen Auswirkungen zu vermitteln. Dabei geht es nicht nur um Verständlichkeit einer Information, sondern auch um emotionale und lebensgebundene Aspekte des Wissens. Je stärker in diesen Formen der Eigensinn der Kunst zum Zuge kommt, umso weniger handelt es sich um Info- oder Edutainment (Begriffe, die im künstlerischen und wissenschaftlichen Kontext durchaus pejorativ verwendet werden), sondern um ein erweitertes Verständnis von Bildung und einen relativierenden Wissensbegriff, der den wissenschaftlichen Wahrheitsanspruch neben andere sinngebende Praktiken der Gesellschaft stellt.

Im Bereich der Didaktik der Wissenschaften gewinnen künstlerische Zugänge an Gewicht. So wird etwa Mathematik durch Tanz vermittelt, um Abstraktion kinästhetisch begreifbar zu machen, genauer: um gleichzeitig körperlich und geistig, konkret und abstrakt, ikonisch und symbolisch zu arbeiten (Watson 2005:22). Ein Beispiel aus einer anderen Disziplin ist das „theatrale Philosophieren" (Gefert 2002). In einzelnen Wissenschaftsdidaktiken verzahnen sich also Kulturelle Bildung und klassische theoretische Wissenschaften.

Die Wissenschaftstheorie selbst nimmt seit etwa 20 Jahren Aspekte der Wissensproduktion in den Blick, die traditionell mit den Künsten in Verbindung gebracht werden, wie Kreativität und Gestaltung (z.B. Feyerabend 1984; Krohn 2006).

Durch die zunehmende Selbstreflexion der Wissenschaft und durch den neu aufgelebten Diskurs zum Verhältnis von Wissenschaft und Kunst ist anzunehmen, dass sich die Konventionen der wissenschaftlichen Präsentation verändern. Neues Wissen entsteht, wenn etwas Fremdes ins Denken einfällt, wie Helmar Schramm (2003:10) formuliert. Er weist darauf hin, dass Kunst oft mit der Verfremdung, Störung und Irritation arbeitet und so auf die kulturellen Gefüge der Wissensproduktion und -akzeptanz aufmerksam machen kann.

Während in der Bildenden Kunst und im Tanz die KünstlerInnen durch das Format der Lecture Performance sich „ihre Stimme erobert" haben, hat die Lecture Performance im Theater historische Vorläufer, so etwa in der Tradition des Lehrtheaters oder im Dokumentarischen Theater des vergangenen Jahrhunderts. Das aktuelle dokumentarische Theater arbeitet teilweise explizit in Anlehnung an wissenschaftliche (ethnologische) Methoden. Kennzeichnend ist jedoch, dass im Bereich der Lecture Performance die Grenzen der klassischen Kunstdisziplinen nicht aufrecht zu erhalten sind.

Neben dem Format der Lecture Performance, das sich der Konvention des wissenschaftlichen Vortrags bedient, gibt es ebenso künstlerische Aufführungen von Wissen(schaft), welche die künstlerische Kommunikationssituation anders herstellen. Zu nennen sind Gesprächsperformances/-installationen, wie die Arbeiten von Hannah Hurtzig (z.B. seit 2005 der „Schwarzmarkt für nützliches Wissen und Nicht-Wissen") oder künstlerische Wissensinstallationen, in denen das Publikum partizipativ Abstraktion begreifen kann. Ein Beispiel dafür ist die Installation „Of All the People in All the World" der britischen Performancegruppe *Stans Café*, in der die Statistiken zum Klimawandel mittels Reiskörnern dargestellt wurden. Diese Formate sind allerdings noch nicht der Lecture Performance vergleichbar auf den Begriff gebracht und daher noch nicht systematisch untersucht.

Zum Weiterlesen

Ernst, Wolf-Dieter (2003): Die Lecture-Performance als dichte Beschreibung. In: Kurzenberger, Hajo/Matzke, Annemarie (Hrsg.): TheorieTheaterPraxis (192-201). Berlin: Theater der Zeit.

GRENZ-film (Hrsg.) (2007): Philosophy on Stage. Wien: Passagen. DVD-Buch.

Krohn, Wolfgang (Hrsg.) (2006): Ästhetik in der Wissenschaft – Interdisziplinärer Diskurs über das Gestalten und Darstellen von Wissen. Hamburg: Felix Meiner.

Peters, Sibylle (2006): Von der Kunst des Demonstrierens. Zur Figuration von Evidenz in der Perfomance des Vortrags. In: Peters, Sibylle/Schäfer, Martin Jörg (Hrsg.): Intellektuelle Anschauung. Figuration von Evidenz zwischen Kunst und Wissen (201-223). Bielefeld: transcript.

Schramm, Helmar/Herrmann, Hans-Christian von/Nelle, Florian/Schäffner, Wolfgang/Schmidgen, Henning/Siegert, Bernhard (Hrsg.) (2003): Bühnen des Wissens. Berlin: Dahlem University Press.

Literaturverzeichnis Teil II

Abraham, Ulf/Kepser, Matthis (2005): Literaturdidaktik Deutsch. Berlin: Erich Schmidt.

Acevic, Svetlana (2008): (Inter-)Kulturelle Bildung und Teilhabe von Kindern und Jugendlichen in den Migrantenkulturvereinen. In: Institut für Kulturpolitik der Kulturpolitischen Gesellschaft (Hrsg.): Interkulturelle Bildung – Ein Weg zur Integration (80-82). Dokumentation 67. Bonn/Essen: KuPoGe/Klartext.

Adorno, Theodor (1963/2004): Résumé über Kulturindustrie. In: Pias, Claus u.a. (Hrsg.): Kursbuch Medienkultur. Die maßgeblichen Theorien von Brecht bis Baudrillard (202-208). Stuttgart: Deutsche Verlags-Anstalt.

Ahbe, Ellen u.a. (Hrsg.) (2011): Soziokulturelle Zentren in Zahlen. Auswertung der Statistikumfrage der Bundesvereinigung Soziokultureller Zentren e.V. 2009/2010. Berlin: Bundesvereinigung Soziokultureller Zentren.

Ahner, Philipp (2011): Wahlfach „Musik". Musikunterricht an beruflichen Gymnasien in der Sekundarstufe II in Baden-Württemberg aus der Perspektive von Jugendlichen, Musikpädagogik und Kultusverwaltung. Norderstedt: Books on Demand.

Ahrndt, Wiebke/Bolduan, Anka (2009): Das interkulturelle Jugendprojekt FIES. Forschen in eigener Sache am Übersee-Museum Bremen. In: Deutscher Museumsbund, Museumskunde „Chefsache Bildung" 74, 2/2009, 15-19.

Albert, Mathias/Hurrelmann, Klaus/Quenzel, Gudrun (Hrsg.) (2010): 16. Shell Jugendstudie. Jugend 2010. Frankfurt/M.: Fischer Taschenbuch.

Altenmüller, Eckart (2012): Vom Neandertal in die Philharmonie: Gehirn, Musik und Evolution. Heidelberg: Spektrum Akademischer Verlag.

Altenmüller, Eckart (2003): Die Einflüsse von Musikerziehung auf das Gehirn. In: Gebauer, Kurt/Hüther, Gerald (Hrsg.): Kinder brauchen Spielräume. Perspektiven einer kreativen Erziehung (76-95). Düsseldorf: Walter.

Altrichter, Herbert/Posch, Peter (1999): Im Dialog: Evaluation aus Sicht der Action Research. In: Thonhauser, Josef/Albert, Roland (Hrsg.): Evaluation im Bildungsbereich: Wissenschaft und Praxis im Dialog (103-120). Innsbruck u.a.: Studien-Verlag.

Amirsedghi, Nasrin (Hrsg.) (2007): Die sieben Dimensionen. Ästhetische Bildung als Mittel zur Integration. Ein Grundkonzept für das Leben mit Schule. Mainz: DIA.

Amrhein, Franz/Bieker, Margret (2005): Ästhetische Erziehung/Musik in der Sonderschullehrerausbildung und in der Sonderschule. In: Zeitschrift für Heilpädagogik 1/2005, 21-27.

Anders, Petra (2011): Poetry Slam. Unterricht, Workshops, Texte und Medien. Baltmannsweiler: Schneider.

Anders, Petra (2010): Poetry Slam im Deutschunterricht. Dissertation. Baltmannsweiler: Schneider.

Anders, Petra (2008): Slam Poetry. Arbeitstexte für den Unterricht. Stuttgart: Reclam.

Anders, Petra (2004): Poetry Slam. Live-Poeten in Dichterschlachten. Mülheim: Verlag an der Ruhr.

Antholz, Heinz (1996): „Jugendmusikbewegung". In: Finscher, Ludwig (Hrsg.): Die Musik in Geschichte und Gegenwart (2., neubearb. Ausg.). Sachteil Band 4 (sp. 1569-1587). Kassel/Stuttgart: Bärenreiter/Metzler.

Arbeitsgemeinschaft Deutscher Kunstvereine (ADKV) (Hrsg.) (2010): COLLABORATION. Vermittlung. Kunst.Verein. Ein Modellprojekt zur zeitgemäßen Kunstvermittlung an Kunstvereinen in Nordrhein-Westfalen. 2008-2009. Köln: Salon.

Arbeitsgemeinschaft Deutscher Kunstvereine (ADKV) (Hrsg.) (2004): Der Friesische Teppich. Ein Gewebe aus Kunst, Kirche & Kommunikation. Berlin: Vice Versa.

Arbeitsgemeinschaft Deutscher Kunstvereine (ADKV) (Hrsg.) (2002): Kunstvermittlung zwischen partizipatorischen Kunstaktionen und interaktiven Kunstprojekten, Berlin: Vice Versa.

Arbeitsgruppe Evaluation und Forschung des Bundesverbands Tanz in Schulen (2009): Empirische Annäherungen an Tanz in Schulen. Befunde aus Evaluation und Forschung. Oberhausen: Athena.

Arbeitskreis deutscher Bildungsstätten e.V. (AdB) (2009): Ästhetische und künstlerische Dimensionen politischer Bildung, 3/2009. Verlagsgesellschaft Potsdam.

Arbeitsstab Forum Bildung (2000): Expertenberichte des Forum Bildung. Ergebnisse des Forum Bildung III. Berlin.

Ariès, Philippe/Chartier, Roger (Hrsg.) (1999): Geschichte des privaten Lebens. 3. Band. Von der Renaissance zur Aufklärung. Augsburg: Bechtermünz.

Asbury, Carolyn/Rich, Barbara (Hrsg.) (2008): The Dana Consortium Report on Arts and Cognition: Learning, Arts, and the Brain. New York/Washington.

Assadourian, Erik (Hrsg.) (2010): 2010 State of the World. Transforming Cultures. From Consumerism to Sustainability. New York: W.W. Norton & Company.

Assies, Michael (2008): Grundschultheater: Vom Kopf auf die Füße. Grundlagenbildung, Struktur und Verankerung. In: Jurké, Volker/Linck, Dieter/Reiss, Joachim (Hrsg.): Zukunft Schultheater (156-160). Hamburg: edition Körber-Stiftung.

Assman, Aleida (2004): Erinnerungen verändern sich von einer Generation zur anderen. In: Psychologie heute, 10/2004, 26-28.

Assman, Aleida (1999): Erinnerungsräume. Formen und Wandlungen des kulturellen Gedächtnis. München: C. H. Beck.

Augé, Marc (2010): Nicht-Orte. München: Beck.

Autorengruppe Bildungsberichterstattung (2012): Bildung in Deutschland 2012. Ein indikatorengestützter Bericht mit einer Analyse zur kulturellen Bildung in Deutschland. Bielefeld: W. Bertelsmann.

Autorengruppe Bildungsberichterstattung (2010): Bildung in Deutschland 2010. Ein indikatorengestützter Bericht mit einer Analyse zu Perspektiven des Bildungswesens im demografischen Wandel. Bielefeld: W. Bertelsmann.

Baacke, Dieter (1997): Medienpädagogik. Tübingen: Niemeyer.

Baacke, Dieter (1996): Medienkompetenz – Begrifflichkeit und sozialer Wandel. In: von Rein, Antje (Hrsg.): Medienkompetenz als Schlüsselbegriff (112-124). Bad Heilbrunn: Julius Klinkhardt.

Baacke, Dieter (1995): Zum pädagogischen Widerwillen gegen den Seh-Sinn. In: Baacke, Dieter/Röll, Franz Josef (Hrsg.): Weltbilder – Wahrnehmung – Wirklichkeit. Bildung als ästhetischer Lernprozess (25-49). Opladen: Leske + Budrich.

Baacke, Dieter (1987): Jugend und Jugendkulturen. Darstellung und Deutung. Weinheim/München: Juventa.

Baacke, Dieter (1973): Kommunikation und Kompetenz. Grundlegung einer Didaktik der Kommunikation und ihrer Medien. Weinheim/München: Juventa.

Baacke, Dieter/Schulze, Theodor (Hrsg.) (1993): Aus Geschichten lernen (2.Auflage). Weinheim/München: Juventa.

Bachmair, Ben (2009): Medienwissen für Pädagogen. Medienbildung in riskanten Erlebniswelten. Wiesbaden: VS.

Bähr, Johannes (2005): Klassenmusizieren. In: Jank, Werner (Hrsg.): Musikdidaktik. Praxishandbuch für die Sekundarstufe I und II (159-167). Berlin: Cornelsen.

Baer, Ulrich (2008): Spiel. In: Coelen, Thomas/Otto, Hans-Uwe (Hrsg.): Grundbegriffe Ganztagsbildung. Das Handbuch (155-163). Wiesbaden: VS.

Baer, Ulrich (2007): Spielpraxis. In: Gruppe & Spiel, 5+6/2007, 3-78.

Baer, Ulrich (Hrsg.) (2007): entdecken – gestalten – verstehen. Kreative Bausteine für die kulturelle Bildung in Kita, Hort und Grundschule. Münster: Ökotopia.

Baer, Ulrich (1994a): Barbie, Gameboy und Streetball. Mit der Alltagskultur von Kindern und Jugendlichen kritisch und produktiv umgehen. In: Bundesvereinigung Kulturelle Jugendbildung e.V. (Hrsg.): Zukunft Jugendkulturarbeit. Gesellschaftliche Herausforderungen und kulturelle Bildung (141-147). Remscheid: BKJ.

Baer, Ulrich (1994b): 666 Spiele für jede Gruppe – für alle Situationen. Seelze: Friedrich.

Baer, Ulrich/Thole, Werner (Hrsg.) (1985): Kooperatives Verhalten im Spiel. Projektergebnisse, Spielaktionen, Brettspiele. Remscheid: Akademie Remscheid.

Bäßler, Kristin (2009): Handlungsfelder Kultureller Bildung. In: Dies. u.a. (Hrsg.): Kulturelle Bildung: Aufgaben im Wandel (27-371). Berlin: Eigenverlag.

Bäumer, Angelica (Hrsg.) (2007): Kunst von Innen – Art Brut in Austria. Wien: Holzhausen.

Bahl, Anke (1997): Zwischen On- und Offline. Identität und Selbstdarstellung im Internet. München: kopaed.

Baiocco, Oliver (2004): Ist die Zukunft inter-generativ!?! In: LAG Lokale Medienarbeit NRW (Hrsg.): Generationenübergreifende Medienarbeit im Ruhrgebiet (6-10). Duisburg.

Bamford, Anne (2010): Der WOW-Faktor. Eine weltweite Analyse der Qualität künstlerischer Bildung. Münster u.a: Waxmann.

Bamford, Anne (2006): The Wow Factor: Global Research Compendium on the Impact of the Arts in Education. Münster u.a.: Waxmann.

Bank, Volker (2012): Vom Wert der Bildung. Bildungsökonomie vs. Qualifikationsökonomie. In: Deutscher Lehrerverband (DL) (Hrsg.): Wozu Bildungsökonomie? Fachtagung 2011 (21-33). Berlin: DL.

Barney, Jay B. (1991): Firm Resources and Sustained Competitive Advantage. In: Journal of Management 1/1991, 99-129.

Bartsch, Paul (2011): Synopse zu ausgewählten Fragen der Medienbildung in den Bundesländern. Interner Bericht der Länderkonferenz Medienbildung. Halle (Saale).

Barz, Heiner/Tippelt, Rudolf (Hrsg.) (2004): Weiterbildung und soziale Milieus in Deutschland. Band 1: Praxishandbuch Milieumarketing. Band 2: Adressaten- und Milieuforschung zu Weiterbildungsverhalten und -interessen. Bielefeld: W. Bertelsmann.

Bastian, Hans Günther (2000): Musik(erziehung) und ihre Wirkung. Eine Langzeitstudie an Berliner Grundschulen. Mainz: Schott Musik International.

Bauer, Karl-Oswald (2000): Konzepte pädagogischer Professionalität und ihre Bedeutung für die Lehrerarbeit. In: Bastian, Johannes u.a. (Hrsg.): Professionalisierung im Lehrerberuf. Von der Kritik der Lehrerrolle zur pädagogischen Professionalität (55-72). Opladen: Leske + Budrich.

Bauer, Petra/Brunner, Ewald Johannes (2006): Elternpädagogik. Eine Einführung. In: Dies. (Hrsg.): Elternpädagogik (7-19). Freiburg i.Br.: Lambertus.

Baumann, Sabine/Baumann, Leonie (Hrsg.) (2009): Kunstvermittlung zwischen Konformität und Widerständigkeit. Wolfenbütteler Akademie-Texte Band 39.

Baumann, Sabine/Baumann, Leonie (Hrsg.) (2006): Wo laufen S(s)ie denn hin?! Neue Formen der Kunstvermittlung fördern. Wolfenbütteler Akademie-Texte Band 22.

Baumert, Jürgen u.a. (Hrsg.) (2001): PISA 2000. Basiskompetenzen von Schülerinnen und Schülern im internationalen Vergleich. Opladen: Leske + Budrich.

Bayard, Pierre (2007): Wie man über Bücher spricht, die man nicht gelesen hat. München: Antje Kunstmann.

Bayerisches Staatsministerium für Unterricht und Kultus (2009): Medienbildung – Medienerziehung und informationstechnische Bildung in der Schule. Bekanntmachung. München.

BDK e.V. Fachverband für Kunstpädagogik (2008): Bildungsstandards im Fach Kunst für den mittleren Schulabschluss. In: BDK-Mitteilungen 3, 2-4.

Becker, Helle (2007): Auf dem Weg zur neuen Bildung. Trägererfahrungen evaluiert. In: Kelb, Viola (Hrsg.): Kultur macht Schule. Innovative Bildungsallianzen, neue Lernqualitäten (73-90). München: kopaed.

Beck-Neckermann, Johannes u.a. (Hrsg.) (2008): Die Bildungsbereiche im Kindergarten: Orientierungswissen für Erzieherinnen. Freiburg: Herder.

Behr, Michael/Knauf, Tassilo (Hrsg.) (1989): Kulturelle Bildung und kulturpädagogisches Handeln in interdisziplinärer Sicht. Baltmansweiler: Pädagogischer Verlag Burgbüchererei Schneider.

Behrendt, Eva (2012): Hundert Prozent Gegenwart. Das HAU ist kein Modell zum Kuscheln, aber ein Modell für die Zukunft. In: Theater heute, 4/2012, 32-33.

Behrens, Heidi/Ciupke, Paul/Reichling, Norbert (2000): Neue Lernsettings in Kultureinrichtungen. Expertise im Rahmen des DIE-Projekts „Entwicklung und Förderung innovativer weiterbildender Lernarrangements in Kultur- und Weiterbildungseinrichtungen" (EFIL). Essen: Bildungswerk der Humanistischen Union. Wissenschaftlich-pädagogische Arbeitsstelle.

Belting, Hans (2007): Die Herausforderung der Bilder. In: Ders. (Hrsg.): Bilderfragen. Die Bildwissenschaften im Aufbruch (11-23). München: Fink.

Belting, Hans (2001): Bild-Anthropologie. München: Fink.

Bender, Saskia (2010): Kunst im Kern von Schulkultur. Wiesbaden: VS.

Benjamin, Walter (2007/1935): Das Kunstwerk im Zeitalter seiner technischen Reproduzierbarkeit und weitere Dokumente. Frankfurt/M.: Suhrkamp.

Benner, Dietrich (1991): Allgemeine Pädagogik. Weinheim: Juventa.

Bennett, Tony (1995): The Birth of the Museum. History, theory, politics. New York: Routledge.

Bergala, Alain (2006): Kino als Kunst – Filmvermittlung an der Schule und anderswo. Marburg: Schüren.

Bering, Kunibert/Niehoff, Rolf (Hrsg.) (2007): Vom Bilde aus... – Beiträge des Faches Kunst für andere Fächer. Oberhausen: Athena.

Bering, Kunibert u.a. (2004): Kunstdidaktik. Oberhausen: Athena.

Berlin-Brandenburgische Akademie der Wissenschaften (Hrsg.) (2008): Wissen schafft Publikum: Ansichten von Wissenschaft, Medien und Öffentlichkeit. Gegenworte: Hefte für den Disput über Wissen. H.19. Berlin: Akademie.

Berliner, David C. (1992): Telling the stories of educational psychology. In: Educational Psychologist 27, 2/1992, 143-152.

Berlin-Institut für Bevölkerung und Entwicklung (Hrsg.) (2011): Die demografische Lage der Nation. Was freiwilliges Engagement für die Regionen leistet. Bonn: bpb.

Bernhard, Armin (2001): Bildung. In: Bernhard, Armin/Rothermel, Lutz (Hrsg.): Handbuch kritische Pädagogik (62-73). Weinheim/Basel: Beltz.

Bertelsmann-Stiftung/Bundespräsidialamt (Hrsg.) (2009): Familie. Bildung. Vielfalt. Den demographischen Wandel gestalten. Gütersloh: Bertelsmann-Stiftung.

Bertram, George W. (2010): Improvisation und Normativität. In: Brandstätter, Gabriele/Bormann, Hans-Friedrich/Matzke, Annemarie (Hrsg.): Improvisieren. Paradoxien des Unvorhersehbaren (21-39). Bielefeld: transcript.

Beuys, Joseph (1988): Künstler – Kritisches Lexikon. München: WB.

Beuys, Joseph (1980): Das Museum – ein Ort der permanenten Konferenz. In: Kurnitzky, Horst (Hrsg.): Notizbuch 3. Kunst, Gesellschaft, Museum (56). Berlin: Medusa.

Biburger, Tom/Wenzlik, Alexander (Hrsg.) (2009): „Ich hab' gar nicht gemerkt, dass ich was lern'!". Untersuchungen zu künstlerisch- kulturpädagogischer Lernkultur in Kooperationsprojekten mit Schulen. München: kopaed.

Biegl, Thomas (2004): Glücklich singen – singend glücklich? Gesang als Beitrag zum Wohlbefinden. Serotonin, Noradrenalin, Adrenalin, Dopamin und Beta-Endorphin als psychophysiologische Indikatoren. Diplomarbeit an der Psychologischen Fakultät der Universität Wien.

Bietz, Jörg (2005): Bewegung und Bildung – Eine anthropologische Betrachtung in pädagogischer Absicht. In: Bietz, Jörg/Laging, Ralf/Roscher, Monika (Hrsg.): Bildungstheoretische Grundlagen der Bewegungs- und Sportpädagogik (83-122). Hohengehren: Schneider.

Bietz, Jörg/Heusinger, Brigitte (2010): EigenSINN – Tanzen in der ästhetischen Bildung. In: Helga Burkhard/Walsdorf, Hanna (Hrsg.): Tanz vermittelt – Tanz vermitteln (58-70). Leipzig: Henschel.

Bildungsverein Kinder – Jugend – Erwachsene e.V. (bjke) (2011): Phantasie fürs Leben – Jugendkunstschulen in Deutschland. Ergebnisse der bundesweiten Datenerhebung. Unna: bjke.

Bildungsverein Kinder – Jugend – Erwachsene e.V. (bjke)/Smith, Dolores (Hrsg.) (2008): Der Kunst-Code. Jugendkunstschulen im interkulturellen Dialog. Arbeitshilfe für die Kulturpädagogische Praxis. Unna: LKD.

Bildungsverein Kinder – Jugend – Erwachsene e.V. (bjke) u.a. (1999): Kleine Ursache – große Wirkung?! Kulturpädagogik im Wirksamkeitsdialog. infodienst Kulturpädagogische Nachrichten 54. Unna: LKD.

Bippus, Elke (Hrsg.) (2009): Kunst des Forschens. Berlin/Zürich: Diaphanes.

Bischoff, Johann/Brandi, Bettina (Hrsg.) (2005): Kulturpädagogik. Berufsbild, Qualifikationsansprüche und Positionen (= Merseburger Medienpädagogische Schriften. Bd. 2). Aachen: Shaker.

Blumenreich, Ulrike (2012): Studium – Arbeitsmarkt – Kultur. Ergebnisse des Forschungsprojektes. Bonn/Essen: Institut für Kulturpolitik der Kulturpolitischen Gesellschaft e.V./Klartext.

Blumenreich, Ulrike (2011): Das Studium der Kulturvermittlung an Hochschulen in Deutschland. In: Kulturpolitische Mitteilungen 135, 4/2011, 36-40.

Blumenreich, Ulrike/Strittmatter, Thomas/Iber-Rebentisch, Cornelia (2011): Arbeitsmarkt Kulturvermittlung: Ergebnisse der Interviews mit 45 ExpertInnen. In: Blumenreich, Ulrike (Hrsg.): Arbeitsmarkt Kultur. Ergebnisse des Forschungsprojektes „Studium – Arbeitsmarkt – Kultur" (9-52). Bonn: Institut für Kulturpolitik.

Bockhorst, Hildegard (2010): Hebefigur – FSJ Kultur vom Rand in die Mitte. In: Bundesvereinigung Kulturelle Kinder- und Jugendbildung e.V. (Hrsg.): Zehn Jahre FSJ Kultur. Stimmen. Einblicke. Perspektiven. Magazin Kulturelle Bildung, 7/2011 (Sonderausgabe), 5-7.

Bockhorst, Hildegard (2007) (Hrsg.): Kinder brauchen Spiel & Kunst. Bildungschancen von Anfang an – Ästhetisches Lernen in Kindertagesstätten. München: kopaed.

Böhler, Arno/Granzer, Susanne (Hrsg.) (2009): Ereignis Denken. TheatRealität, Performanz, Ereignis. Wien: Passagen.

Boehm, Gottfried (Hrsg.) (1994): Was ist ein Bild? München: Fink.

Böhnisch, Lothar/Lenz, Karl/Schröer, Wolfgang (2009): Sozialisation und Bewältigung. Eine Einführung in die Sozialisationstheorie. Weinheim/München: Juventa.

Börsenverein des Deutschen Buchhandels (Hrsg.) (2011): Buch und Buchhandel in Zahlen 2011. Frankfurt/M.: MVB Marketing- und Verlagsservice.

Bollweg, Petra/Otto, Hans-Uwe (Hrsg.) (2010): Räume flexibler Bildung. Wiesbaden: VS.

Bourdieu, Pierre (1998): Die feinen Unterschiede. Kritik der gesellschaftlichen Urteilskraft (10. Auflage). Frankfurt/M: Suhrkamp.

Bourdieu, Pierre (1997): Zur Genese der Begriffe Habitus und Feld. In: Steinrücke, Margareta (Hrsg.): Der Tote packt den Lebenden. Schriften zu Politik und Kultur 2 (59-78). Hamburg: VSA.

Bourdieu, Pierre (1991): Physischer, sozialer und angeeigneter physischer Raum, in: Wentz, Martin (Hrsg.): Stadt-Räume (25-34). Frankfurt/M.: Campus.

Bourdieu, Pierre (1982): Die feinen Unterschiede. Kritik der gesellschaftlichen Urteilskraft. Frankfurt/M.: Suhrkamp.

Bourdieu, Pierre (1980): Le sens pratique. Paris: Minuit.

Boxberger, Edith (2005) Social Dance. In: ballet-tanz, 06/2005, 26-31.

Brandstätter, Gabriele (2007): Tanz als Szeno-Graphie des Wissens. In: Brandstätter, Gabriele/Wulf, Christoph (Hrsg.): Tanz als Anthropologie (84-99). München: Wilhelm Fink.

Brandstätter, Gabriele/Wulf, Christoph (2007): Einleitung: Tanz als Anthropologie. In: Dies. (Hrsg.): Tanz als Anthropologie (9-13). München: Wilhelm Fink.

Braun, Elisabeth (2011): Kleine Fluchten – Große Freiheit. Kulturarbeit mit Menschen mit Behinderung oder sozialer Benachteiligung. In: Bockhorst, Hildegard (Hrsg.): KUNSTstück FREIHEIT. Leben und Lernen in der Kulturellen Bildung (98-106). München: kopaed.

Braun, Elisabeth (2006): „Im Biotop Familie". Kulturarbeit mit der Familiengemeinschaft benachteiligter Kinder. Herausforderungen für die traditionelle „kulturelle" Bildung. In: Bockhorst, Hildegard (Hrsg.): Kinder brauchen Spiel & Kunst (57-63). München: kopaed.

Braun, Tom (Hrsg.) (2011a): Lebenskunst lernen in der Schule. Mehr Chancen durch Kulturelle Schulentwicklung. München: kopaed.

Braun, Tom (2011b): Mehr Wirkung durch Inklusion. In: Ders. (Hrsg.): Lebenskunst Lernen. Mehr Chancen durch Kulturelle Schulentwicklung (135-152). München: kopaed.

Braun, Tom/Fuchs, Max/Kelb, Viola (2010): Auf dem Weg zur Kulturschule. Bausteine zu Theorie und Praxis der Kulturellen Schulentwicklung. München: kopaed.

Bredekamp, Horst (2008): Bildmedien. In: Belting, Hans u.a. (Hrsg.): Kunstgeschichte. Eine Einführung (361-386). Berlin: Reimer.

Bredekamp, Horst (2003): Gottfried Wilhelm Leibniz' Bildtheater des Wissens. Das theatre de la nature et de l'art. In: Schramm, Helmar u.a. (Hrsg.): Bühnen des Wissens (168-182). Berlin: Dahlem University Press.

Brendenal, Silvia (2009): Fragmentarisches Nachdenken über das Theater für Ganzkleine. In: dan Droste, Gabi (Hrsg.): Theater von Anfang an! Bildung, Kunst und frühe Kindheit (193-199). Bielefeld: transcript.

Brenne, Andreas (2007): „Künstlerische Feldforschung" – ästhetisch forschende Zugänge zur Lebenswelt. In: BDK-Mitteilungen, 2/2003, 6-7.

Brenne, Andreas (2004): Ressource-Kunst: Künstlerische Feldforschung in der Primarstufe – Qualitative Erforschung eines kunstpädagogischen Modells. Münster: Monsenstein und Vannerdat.

Brenner, Gerd (2010): Jugend und Medien. In: Deutsche Jugend, 3/2010, 103-113.

Brinkmann, Dieter u.a. (2005): Projekt Aquilo. Aktivierung und Qualifizierung erlebnisorientierter Orte. Endbericht des Forschungsprojekts. Bremen.

Brög, Hans/Richter, Hans-Günther/Wichelhaus, Barbara (Hrsg.) (1988): Arbeitsbuch Kunstunterricht. Kunst im Mittelalter. Anfänge der abendländischen Kunst bis zum ausgehenden Mittelalter. Düsseldorf: Pädagogischer Verlag Schwann.

Brückner, Wolfgang (Hrsg.) (1971): Falkensteiner Protokolle. Papiere und Protokolle der in Falkenstein/Taunus – Heimvolkshochschule der Adolf-Reichwein-Stiftung – vom 21. bis 26. September 1970 abgehaltenen wissenschaftlichen Arbeitstagung des Ständigen Ausschusses für Hochschul- und Studienfragen der Deutschen Gesellschaft für Volkskunde e.V. Frankfurt/M.: Aku-Fotodruck GmbH.

Brüggemann, Theodor (1987): Handbuch zur Kinder- und Jugendliteratur. Vom Beginn des Buchdrucks bis 1570. Unter Mitarbeit von Otto Brunken. Stuttgart: Metzler.

Bruhn, Herbert/Rösing, Helmut (2002): Amateurmusiker. In: Bruhn, Herbert/Oerter, Rolf/Rösing, Helmut (Hrsg.): Musikpsychologie (221-228). Ein Handbuch (4. Auflage). Reinbek: Rowohlt.

Brunken, Otto/Hurrelmann, Bettina/Pech, Klaus Ulrich (Hrsg.) (1998): Handbuch zur Kinder- und Jugendliteratur. Von 1800 bis 1850. Stuttgart/Weimar: J.B. Metzler.

Bucher, Thomas/Niederbacher, Arne/Hitzler, Ronald (2001): Leben in Szenen. Formen jugendlicher Vergemeinschaftung heute. Opladen: Leske + Budrich.

Büchner, Peter (2008): Der Zugang zu hochwertiger Bildung unter Bedingungen sozialer, kultureller und individueller Heterogenität. Über die Bedeutung des Bildungsorts Familie. In: Thole, Werner u.a. (Hrsg.): Bildung und Kindheit (183-194). Opladen/Farmington Hills: Barbara Budrich.

Bürgermeister, Eva (2010): Mediensozialisation in außerschulischen Kontexten. In: Vollbrecht, Ralf/Wegener Claudia (Hrsg.): Handbuch Mediensozialisation (219-227). Wiesbaden: VS.

Bund Deutscher Amateurtheater (BDAT) (2010): Positionspapier. Empfehlung des Bundesarbeitskreises Kultur und Bildung im BDAT.

Bundesgesetzblatt (2008): Gesetz zur Förderung von Jugendfreiwilligendiensten, Teil I Nr. 19, vom 26. 5. 2008.

Bundesjugendkuratorium (Hrsg.) (2001): Zukunftsfähigkeit sichern! Für ein neues Verhältnis von Bildung und Jugendhilfe. Eine Streitschrift des Bundesjugendkuratoriums.

Bundesjugendkuratorium (BJK) (o.J.): Zur Neupositionierung von Jugendpolitik: Notwendigkeit und Stolpersteine. Bonn: BJK.

Bundesjugendkuratorium (BJK)/Sachverständigenkommission für den Elften Kinder- und Jugendbericht/Arbeitsgemeinschaft für Jugendhilfe (AGJ) (2002): Bildung ist mehr als Schule. Leipziger Thesen zur aktuellen bildungspolitischen Debatte. Bonn u.a.: BJK.

Bundesministerium des Inneren (BMI) (2011): Demografiebericht. Bericht der Bundesregierung zur demografischen Lage und künftigen Entwicklung des Landes. Berlin: BMI.

Bundesministerium des Innern/Bundesministerium für Familie, Senioren, Frauen und Jugend (Hrsg.) (2009): Gemeinsames Ministerialblatt GMBI Nr. 38. Richtlinien über die Gewährung von Zuschüssen und Leistungen zur Förderung der Kinder- und Jugendhilfe durch den Kinder- und Jugendplan des Bundes (KJP) vom 28. August 2009. Berlin.

Bundesministerium für Bildung und Forschung (BMBF) (2010): Kompetenzen in einer digital geprägten Kultur. Medienbildung für die Persönlichkeitsbildung, für gesellschaftliche Teilhabe und für die Entwicklung von Ausbildungs- und Erwerbsfähigkeit. Bonn/Berlin: BMBF.

Bundesministerium für Bildung und Forschung (BMBF) (2007): Zur Entwicklung nationaler Bildungsstandards. Expertise. Bonn/Berlin: BMBF.

Bundesministerium für Bildung und Forschung (BMBF) (Hrsg.) (2006a): Macht Mozart schlau? Bildungsforschung Band 18. Bonn/Berlin: BMBF.

Bundesministerium für Bildung und Forschung (BMBF) (Hrsg.) (2006b): Berichtssystem Weiterbildung IX. Integrierter Gesamtbericht zur Weiterbildungssituation in Deutschland. Bonn/Berlin: BMBF.

Bundesministerium für Familie, Senioren, Frauen und Jugend (BMFSFJ) (2011): Freiwilliges Soziales Jahr Freiwilliges Ökologisches Jahr. Freiwillig für mich und für andere. Berlin: BMFSFJ.

Bundesministerium für Familie, Senioren, Frauen und Jugend (BMFSFJ) (2009): Kinder- und Jugendbericht des Bundesministeriums für Familie, Senioren, Frauen und Jugend. Berlin: BMFSFJ.

Bundesministerium für Familie, Senioren, Frauen und Jugend (BMFSFJ) (2005a): Fünfter Bericht zur Lage der älteren Generation in der Bundesrepublik Deutschland. Potenziale des Alters in Wirtschaft und Gesellschaft. Der Beitrag älterer Menschen zum Zusammenhalt der Generationen. Bericht der Sachverständigenkommission. Bundesdrucksache 16/2190.

Bundesministerium für Familie, Senioren, Frauen und Jugend (BMFSFJ) (2005b): Zwölfter Kinder- und Jugendbericht. Bericht über die Lebenssituation junger Menschen und die Leistungen der Kinder- und Jugendhilfe in Deutschland. Bildung, Betreuung und Erziehung vor und neben der Schule. Berlin: Eigendruck.

Bundesministerium für Familie, Senioren, Frauen und Jugend (BMFSFJ) (1998): Untersuchung zum Freiwilligen Sozialen Jahr. Stuttgart: Kohlhammer.

Bundesministerium für Familie, Senioren, Frauen und Jugend (BMFSFJ) (Hrsg.) (1996): Materialien zur Qualitätssicherung in der Kinder- und Jugendhilfe, QS 1: Evaluation der Kulturellen Kinder- und Jugendarbeit. Bonn.

Bundesregierung (Hrsg.) (2008): Fortschrittsbericht 2008 zur nationalen Nachhaltigkeitsstrategie. Berlin: Presse- und Informationsdienst der Bundesregierung.

Bundesverband Deutscher Stiftungen (Hrsg.) (2011): Verzeichnis Deutscher Stiftungen Bd. 1. Berlin.

Bundesverband Deutscher Stiftungen (Hrsg.) (2010a): StiftungsReport 2010/11. Berlin.

Bundesverband Deutscher Stiftungen (Hrsg.) (2010b): Engagementförderung durch Stiftungen in Deutschland. Berlin.

Bundesverband Deutscher Stiftungen (Hrsg.) (2008): StiftungsReport 2008/09. Berlin.

Bundesverband Deutscher Stiftungen/Falk, Hermann (2011): Vermögensanlage. Berlin.

Bundesvereinigung Kulturelle Kinder- und Jugendbildung e.V. (BKJ) (2011a): Flagge zeigen für Kulturelle Bildung. Jahresbericht 2010. Remscheid: BKJ.

Bundesvereinigung Kulturelle Kinder- und Jugendbildung e.V. (BKJ) (2011b): Kulturelle Bildung in der Netzgesellschaft gestalten. Positionen zur Medienbildung. Remscheid: BKJ.

Bundesvereinigung Kulturelle Kinder- und Jugendbildung e.V. (BKJ) (Hrsg.) (2011c): Kulturelle Bildung. Reflexionen, Argumente, Impulse, Heft 8: Lokale Bildungslandschaften. Remscheid: BKJ.

Bundesvereinigung Kulturelle Kinder- und Jugendbildung e.V. (BKJ) (2011d): Kulturelle Bildung. Zehn Jahre FSJ Kultur. Magazin Kulturelle Bildung 7/2011. Berlin/Remscheid: BKJ.

Bundesvereinigung Kulturelle Kinder- und Jugendbildung e.V. (BKJ) (Hrsg.) (2011e): Kultur macht Schule in Bayern. Remscheid/München: BKJ.

Bundesvereinigung Kulturelle Kinder- und Jugendbildung (BKJ) (Hrsg.) (2010): Studie zur Qualitätssicherung in der Kulturellen Bildung. Bestandsaufnahme zu Instrumenten der Qualitätssicherung in der Kulturellen Bildung, Weiterbildung, Ganztagsschule und in Kindertageseinrichtungen. Fachbeiträge zu verschiedenen Qualitätsdimensionen und Evaluationsverfahren in der Kulturellen Bildung. Remscheid: BKJ.

Bundesvereinigung Kulturelle Kinder- und Jugendbildung e.V. (Hrsg.) (2008): Übergänge gestalten. Kunst- und Kulturprojekte zwischen Schule und Beruf. Remscheid: BKJ.

Bundesvereinigung Kulturelle Kinder- und Jugendbildung e.V. (BKJ) (Hrsg.) (2007a): EngagementPLUSTatkraft. Empirische Ergebnisse aus dem Engagemenfeld Kultur. Berlin/Remscheid: Eigenverlag.

Bundesvereinigung Kulturelle Kinder- und Jugendbildung e.V. (BKJ) (2007b): Qualitätsmanagementinstrument für Kooperationen „Kultur macht Schule". Remscheid: BKJ.

Bundesvereinigung Kulturelle Kinder- und Jugendbildung e.V. (BKJ) (Hrsg.) (2003): Kompetenzentwicklung in der kulturellen Bildung. Dokumentation der internationalen Fachkonferenz der Bundesvereinigung Kulturelle Jugendbildung e.V. in Zusammenarbeit mit dem Bundesministerium für Bildung und Forschung, der OECD und der EU-Kommission. Remscheid: Schriftenreihe der Bundesvereinigung Kulturelle Jugendbildung, Band 61.

Bundesvereinigung Kulturelle Kinder- und Jugendbildung e.V. (BKJ) (Hrsg.) (2002): Kultur leben lernen. Remscheid: BKJ.

Bundesvereinigung Kulturelle Kinder- und Jugendbildung e.V. (BKJ) (Hrsg.) (2001): Kultur – Jugend – Bildung: Kulturpädagogische Schlüsseltexte 1970 – 2000. Remscheid: BKJ.

Bundesvereinigung Kulturelle Kinder- und Jugendbildung e.V. (BKJ) (Hrsg.) (2000): Kulturarbeit und Armut. Remscheid/Bonn: Eigendruck.

Bundesvereinigung Kulturelle Kinder- und Jugendbildung e.V. (BKJ)/BundesElternRat (BER) (o.J.): Mehr kulturelle Bildung in der Schule. Argumentationshilfe für Eltern. Flyer.

Bundesvereinigung Soziokultureller Zentren e.V. (2011): Soziokulturelle Zentren in Zahlen. Auswertung der Statistikumfrage der Bundesvereinigung Soziokultureller Zentren e.V. 2009/2010. Berlin: Bundesvereinigung Soziokultureller Zentren e.V.

Bundeszentrale für Gesundheitliche Aufklärung (Hrsg.) (2011): Leitbegriff der Gesundheitsförderung und Prävention. Glossar zu Konzepten, Strategien und Methoden. Werbach-Gamburg: Verlag für Gesundheitsförderung.

Bundeszentrale für politische Bildung (2004): Menschenrechte. Dokumente und Deklarationen. Bonn: bpb.

Bundeszentrale für politische Bildung (2003): Über Medien reden. Informationen für pädagogische Fachkräfte in Kindergarten, Hort und Grundschule. Bonn/Berlin: Medienhaus Froitzheim.

Bund-Länder-Kommission für Bildungsplanung und Forschungsförderung (2004): Strategie für Lebenslanges Lernen in der Bundesrepublik Deutschland (Heft 15). Bonn: Materialien zur Bildungsplanung und zur Forschungsförderung.

Bund-Länder-Kommission für Bildungsplanung und Forschungsförderung (1977): Musisch-kulturelle Bildung. Ergänzungsplan zum Bildungsgesamtplan. Band I (Textteil) und Band II (Dokumentationsteil). Stuttgart: Klett.

Bund-Länder-Kommission für Bildungsplanung und Forschungsförderung (Hrsg.) (1973): Bildungsgesamtplan I. Stuttgart: Klett-Cotta.

Burmester, Andreas (2001): Was ist präventive Konservierung? Eine Einführung. München: Doerner Institut.

Buschkühle, Carl-Peter (2007): Die Welt als Spiel (2 Bände). Oberhausen: Athena.

Buschkühle, Carl-Peter (Hrsg.) (2003): Perspektiven künstlerischer Bildung. Köln: Salon.

Buschmann, Mirja (2010): Kapuzenpulli meets Nadelstreifen. Die Kinder- und Jugendarbeit im Fokus von Wissenschaft und Wirtschaft. Neuss: Arbeitskreis G5, c/o Landesjugendring NRW.

Busemann, Katrin/Gscheidle, Christoph (2011): Web 2.0: Aktive Mitwirkung verbleibt auf niedrigem Niveau. Ergebnisse der ARD/ZDF-Onlinestudie 2011. In: Media Perspektiven, 7+8/2011, 360-369.

Buss, David M. (2004): Evolutionäre Psychologie. München: Pearson.

Busse, Klaus-Peter (2007): Vom Bild zum Ort – Mapping lernen. Norderstedt: Books on Demand.

Busse, Klaus-Peter (2004): Bildumgangsspiele: Kunst unterrichten. Norderstedt: Books on Demand.

Calmbach, Marc/Rhein, Stefanie (2007): DIY or DIE! Überlegungen zur Vermittlung und Aneignung von Do-It-Yourself-Kompetenzen in der Jugendkultur Hardcore. In: Göttlich, Udo u.a. (Hrsg.): Arbeit, Politik und Religion in Jugendkulturen (69-86). Weinheim/München: Juventa.

Cardi, Carola (1983): Das Kinderschauspiel der Aufklärungszeit. Eine Untersuchung der deutschsprachigen Kinderschauspiele von 1769-1800. Frankfurt/M.: Lang.

Castells, Manuel (2001): Das Informationszeitalter I. Die Netzwerkgesellschaft. Opladen: Leske + Budrich.

Child, Lottie (2010): Street Training – Apprenticeship in Social/Antisocial Behaviour for Rewriting the Script Of the City. In: Thuswald, Marion (Hrsg.): urbanes lernen. Bildung und Intervention im öffentlichen Raum (55-66). Wien: Löcker.

Christmann, Ursula (2010): Lesepsychologie. In: Kämper-van den Boogart, Michael/Spinner, Kaspar-H. (Hrsg.): Deutschunterricht in Theorie und Praxis, Bd. 11/1. Lese- und Literaturunterricht Teil 1. Geschichte und Entwicklung, Konzeptionelle Grundlagen (148-200). Baltmannsweiler: Schneider-Hohengehren.

Clarke, Gill (2007): Mind as in Motion. In: Politics and Policy, Spring 2007, 35-37.

Clarke, John u.a. (1979): Jugendkultur als Widerstand. Milieus, Rituale, Provokationen. Frankfurt/M.: Syndikat.

Clausen, Jens (2010): Rahmenbedingungen intergenerationeller Projekte. In: Ganß, Michael/Narr, Barbara (Hrsg.): Alt und Jung im Pflegeheim. Intergenerative Projekte mit Malen, Werken und Theater (69-78). Frankfurt/M.: Mabuse.

Cloos, Peter/Karner, Britta (2010): Erziehungspartnerschaft? Auf dem Weg zu einer veränderten Zusammenarbeit zwischen Kindertageseinrichtungen und Familien. In: Dies. (Hrsg.): Erziehung und Bildung von Kindern als gemeinsames Projekt (169-189). Baltmannsweiler: Schneider-Hohengehren.

Coelen, Thomas/Otto, Hans-Uwe (Hrsg.) (2008): Grundbegriffe Ganztagsbildung. Wiesbaden: VS.

Cohen, Gene D. (2006): Vital und kreativ. Geistige Fitness im Alter. Düsseldorf: Patmos.

Comenius, Johann Amos/Flitner, Wilhelm (Hrsg.) (1954): Grosse Didaktik. Die vollständige Kunst, alle Menschen Alles zu lehren. Düsseldorf/München: Helmut Küpper vormals Georg Bondi.

Commandeur, Beatrix/Dennert, Dorothee (2004): Event zieht – Inhalt bindet. Besucherorientierung von Museen auf neuen Wegen. Bielefeld: transcript.

Custodis, Michael (2008): Tadel verpflichtet. Indizierung von Musik und ihre Wirkung. In: Helms, Dietrich/Phleps, Thomas (Hrsg.): No times for losers. Charts, Listen und andere Kanonisierungen in der Populären Musik (=ASPM Beiträge zur Popularmusikforschung 36) (161-172). Bielefeld: transcript.

Damasio, Antonio R. (2000). Ich Fühle also bin Ich. München: List.

Damm, Diethelm (1973): Möglichkeiten emanzipatorischer Bildungsarbeit in Jugendzentren. In: deutsche jugend, 6/1973, 264-274.

Dartsch, Michael (2010): Mensch, Musik und Bildung. Grundlagen einer Didaktik der Musikalischen Früherziehung. Wiesbaden u.a.: Breitkopf & Härtel.

Datta, Asit (Hrsg.) (2005): Transkulturalität und Identität. Bildungsprozesse zwischen Exklusion und Inklusion. Frankfurt/M.: Brandes & Apsel.

Daublebsky, Benita (1980): Vorschläge und Begründungen für ein Spielcurriculum. Stuttgart: Klett.

Deck, Jan (2011): Politisch Theater machen – Eine Einleitung. In: Deck, Jan/Sieburg, Angelika (Hrsg.): Politisch Theater machen. Neue Artikulationsformen des Politischen in den Darstellenden Künsten (11-28). Bielefeld: transcript.

Deinet, Ulrich (2011): Mit dem Spielmobil in die Bildungslandschaft. In: Knecht, Gerhard/Lusch, Bernhard (Hrsg.): Spielen Leben Lernen. Bildungschancen durch Spielmobile (59-68). München: kopaed.

Deleuze, Gilles (1992): Differenz und Wiederholung. München: Wilhelm Fink.

Dengel, Sabine u.a. (2011): schule@museum – Eine Handreichung für die Zusammenarbeit. Berlin: Deutscher Museumsbund e.V.

Dettmar, Ute/Oetken, Mareile (2012): Poetikvorlesung zur Kinder- und Jugendliteratur 2009-2011. Lutz van Dijk, Alexa Hennig von Lange, Andreas Steinhöfel. Oldenburg: BIS-Verlag der Carl von Ossietzky Universität.

Deutscher Bibliotheksverband e.V. (dbv) (2011): Bericht zur Lage der Bibliotheken. Berlin: dbv.

Deutscher Bildungsrat (1970): Empfehlungen der Bildungskommission. Strukturplan für das Bildungswesen. Stuttgart: Klett.

Deutscher Bühnenverein (2011): Theaterstatistik 2009/2010: Deutschland, Österreich, Schweiz. Köln: Deutscher Bühnenverein.

Deutscher Bühnenverein/Kulturwissenschaftliches Institut Essen (Hrsg.) (2004): Zukunft durch ästhetische Bildung. Dokumentation des Symposions in Dortmund (08. Mai 2004).

Deutscher Bundestag (2008): Kultur in Deutschland. Schlussbericht der Enquete-Kommission „Kultur in Deutschland". Regensburg: ConBrio Verlagsgesellschaft.

Deutscher Bundestag (Hrsg.) (2007): Schlussbericht der Enquete-Kommission „Kultur in Deutschland". Drucksache 16/7000. Berlin.

Deutscher Bundestag (2002): Bericht der Enquete-Kommission „Zukunft des bürgerschaftlichen Engagements". Bürgerschaftliches Engagement: Auf dem Weg in eine zukunftsfähige Bürgergesellschaft. Schriftenreihe Band 4. Opladen: Leske + Budrich.

Deutscher Kulturrat (Hrsg.) (2009): Kulturelle Bildung: Aufgaben im Wandel. Berlin: Deutscher Kulturrat.

Deutscher Kulturrat (Hrsg.) (2008): Kultur als Arbeitsfeld und Arbeitsmarkt für Geisteswissenschaftler. Berlin: Deutscher Kulturrat.

Deutscher Kulturrat (Hrsg.) (2005): Kulturelle Bildung in der Bildungsreformdiskussion. Konzeption Kulturelle Bildung III. Berlin: DKR.

Deutscher Kulturrat (Hrsg.) (2002): Kulturelle Bildung in der Wissensgesellschaft. Bonn: Deutscher Kulturrat.

Deutscher Kulturrat (Hrsg.) (1994): Konzeption Kulturelle Bildung. Analysen und Perspektiven. Essen: Klartext.

Deutscher Kulturrat (Hrsg.) (1988): Konzeption Kulturelle Bildung. Positionen und Empfehlungen. Bonn: Fördergesellschaft für kulturelle Bildung e.V.

Deutscher Museumsbund (dmb) (2012): schule@museum – Eine Handreichung für die Zusammenarbeit. Berlin:dmb.

Deutscher Museumsbund e.V./BDK Fachverband für Kunstpädagogik/Bundesverband Museumspädagogik/Bundeszentrale für politische Bildung/Stiftung Mercator (Hrsg.) (2011): schule@museum. Eine Handreichung für die Zusammenarbeit. Berlin: dmb.

Deutscher Museumsbund e.V./Bundesverband Museumspädagogik e.V. in Zusammenarbeit mit dem Österreichischen Verband der KulturvermittlerInnen im Museums- und Ausstellungswesen sowie mit Mediamus – Schweizerischer Verband der Fachleute für Bildung und Vermittlung im Museum (Hrsg.) (2008): Qualitätskriterien für Museen: Bildungs- und Vermittlungsarbeit. Berlin: dmb.

Deutscher Museumsbund e.V./ICOM Deutschland (Hrsg.) (2006): Standards für Museen. Berlin: dmb.

Deutscher Musikrat (Hrsg.) (2007): Musik bewegt – Positionspapiere zur Musikalischen Bildung. Berlin: Deutscher Musikrat/Arbeitskreis für Schulmusik.

Deutscher Musikrat (2005): Sieben Thesen zur Musik in der Schule. In: Deutscher Musikrat/Verband Deutscher Schulmusiker (Hrsg.): „Musik bewegt". Positionspapiere zur Musikalischen Bildung (16-25). Berlin: DMR.

Deutscher Städtetag (2010): Die Musikschule. Leitlinien und Hinweise, verabschiedet vom Präsidium des Deutschen Städtetages, vom Präsidium des Deutschen Landkreistages und vom Ausschuss für Bildung, Sport und Kultur des Deutschen Städte- und Gemeindebundes.

Deutscher Städtetag (2009): Kultur in Deutschland aus Sicht der Städte. Köln.

Deutscher Städtetag (2007): Aachener Erklärung des Deutschen Städtetags (anlässlich des Kongresses „Bildung in der Stadt" am 22./23. November 2007).

Deutscher Städtetag (2003): Jugendkunstschulen und Kulturpädagogische Einrichtungen als Elemente der kulturellen Jugendbildung in den Städten. Eine Orientierungshilfe. Köln.

Deutscher Städtetag (1996): Perspektiven kommunaler Weiterbildungspolitik. Köln.

Deutscher Städtetag/Deutscher Landkreistag/Deutscher Städte- und Gemeindebund (2010): Die Musikschule, Leitlinien und Hinweise.

Deutscher Volkshochschul-Verband e.V. (Hrsg.) (2011): Die Volkshochschule – Bildung in öffentlicher Verantwortung. Bonn: DVV.

Deutsches Pisa-Konsortium (Hrsg.) (2001): PISA 2000: Basiskompetenzen von Schülerinnen und Schülern im internationalen Vergleich. Opladen: Leske + Budrich.

Deutsche UNESCO-Kommission (Hrsg.) (2010): UNESCO-Weltbericht Bildung für Alle. Ausgeschlossene einbinden. Bonn: Deutsche UNESCO-Kommission.

Deutsche UNESCO-Kommission (Hrsg.) (2008): Kulturelle Bildung für Alle. Von Lissabon 2006 nach Seoul 2010. Bonn: Deutsche UNESCO-Kommission.

Deutsche UNESCO-Kommission (Hrsg.) (1996): Lernfähigkeit: Unser verborgener Reichtum. UNESCO-Bericht zur Bildung für das 21. Jahrhundert. Mit einer Einleitung von Jacques Delors. Neuwied-Berlin: Luchterhand.

Deutscher Verein für Öffentliche und Private Fürsorge (2007): Diskussionspapier zum Aufbau kommunaler Bildungslandschaften (Beschluss des Vorstandes Juni 2007).

Dewey, John (1934/1980): Kunst als Erfahrung. Frankfurt/M.: Suhrkamp

Dinse, Hubert (2008): Vital und hochbetagt. Altern hat Zukunft. In: Spektrum Dossier der Wirtschaft, 4/2008, 58-62.

Ditton, Hartmut (2010): Evaluation und Qualitätssicherung. In: Tippelt, Rudolf (Hrsg.): Handbuch Bildungsforschung (607-626). Wiesbaden: VS.

Doderer, Klaus (1992): Literarische Jugendkultur. Weinheim: Juventa.

Dörger, Dagmar/Nickel, Hans-Wolfgang (Hrsg.) (2005): Spiel- und Theaterpädagogik studieren. Milow: Schibri.

Dorner, Birgit (2004): Bildende Kunst. In: Jäger/Kuckhermann (Hrsg.) (2004): Ästhetische Praxis in der Sozialen Arbeit. Wahrnehmung, Gestaltung und Kommunikation (83-102). Weinheim/München: Juventa.

Dorner, Birgit/Engelhardt, Kerstin (Hrsg.) (2006): Arbeit an Bildern der Erinnerung. Ästhetische Praxis, außerschulische Jugendbildung und Gedenkstättenpädagogik. Stuttgart: Lucius & Lucius.

Dornes, Martin (2009): Der kompetente Säugling (12. Auflage). Frankfurt/M.: Fischer.

Dramatischer Verein – Bürgerliche Komödiantengesellschaft von 1686 e.V. (Hrsg.) (2011): Chronik. 300 Jahre Dramatischer Verein. Biberach.

Dreyer, Andrea (Hrsg.) (2009): Kunst- und Architekturvermittlung im Bauhausjahr 2009. Bauhaus Universität Weimar.

Dreyfus, Hubert L./Dreyfus, Stuart E. (1986): Mind over Machine: The Power of Human Intuition and Expertise in the Era of the Computer. New York: Free Press.

Düx, Wiebken u.a. (2008): Kompetenzerwerb im freiwilligen Engagement. Eine empirische Studie zum informellen Lernen im Jugendalter. Wiesbaden: VS.

EDUCULT (2011): European Arts Education Fact Finding Mission. Final Report. Wien: Educult.

Ehalt, Hubert Christian (1984): Geschichte von unten: Fragestellungen, Methoden und Projekte einer Geschichte des Alltags. Wien: Böhlau.

Ehgartner, Claudia/Höllwart, Renate/Schanner, Roland (2010): Räume aneignen – Räume herstellen. Eine Gesprächsrunde mit Marion Thuswald zu Kunst- und Kulturvermittlung und öffentlichem Raum. In: Thuswald, Marion (Hrsg.): urbanes lernen. Bildung und Intervention im öffentlichen Raum (167-188). Wien: Löcker.

Ehling, Manfred (2005): Zeit für Freizeit und kulturelle Aktivitäten. Ergebnisse aus Zeitbudgeterhebungen. In: Institut für Kulturpolitik der Kulturpolitischen Gesellschaft (Hrsg.): Jahrbuch für Kulturpolitik 2005 (87-97). Bonn/Essen.

Ehrenforth, Karl Heinrich (2010): Geschichte der musikalischen Bildung. Eine Kultur-, Sozial- und Ideengeschichte in 40 Stationen von den antiken Hochkulturen bis zur Gegenwart. Mainz: Schott Music.

Eichler, Kurt (2010): Kulturelle Bildung in Dortmund. Kommunale Gesamtkonzepte zur Stärkung der Kulturellen Bildung. In: Bundesvereinigung Kulturelle Kinder- und Jugendbildung (BKJ) (Hrsg.): Magazin Kulturelle Bildung 5/2010, 58-59.

Eichler, Kurt (2005): Kooperativ – Kreativ – Kommunal. PädAktion vernetzt Bildung in der Stadt. In: infodienst Kulturpädagogische Nachrichten 76, 7/2005, 5.

Eichler, Kurt (1983): Jugendkulturarbeit im Planungsgestrüpp – Rahmenbedingungen und Einflußfaktoren. In: Bundesvereinigung Kulturelle Jugendbildung (Hrsg.): Jugendkulturarbeit (95-133). Bad Heilbrunn: Klinkhardt.

Eickhoff, Mechthild (2010): Alles immer neu erfinden? Bundesweite Modellprojekte sind ein Lernfeld für ein Einrichtungsnetz. In: Landesverband der Jugendkunstschulen und kulturpädagogischen Einrichtungen Bayern e.V. (Hrsg.): Infodienst. Curriculi, Curricula. Aus Bildung Kultur19, 09/2010, 43-45.

Eickhoff, Mechthild (2002): Kunstort Straße. Gestaltungsräume von Kindern und Jugendlichen. In: Infodienst Kulturpädagogische Nachrichten, 66/2002, 11-12.

Eickhoff, Mechthild/bjke (Hrsg.) (2003): Jugendkunstschule. Das Handbuch. Unna: LKD.

Elbertzhagen, Mareike (2010): Künstlerische Kompetenzen erwerben, Kreativität fördern oder Sozialkompetenz stärken? Eine kritische Betrachtung von Argumenten für Kulturelle Bildung. In: Schneider, Wolfgang (Hrsg.): Kulturelle Bildung braucht Kulturpolitik. Hilmar Hoffmanns „Kultur für alle" reloaded (61-71). Hildesheim: Universitätsverlag Hildesheim.

Elias, Norbert (2009): Was ist Soziologie? Weinheim/München: Juventa.

Ellermann, Ulla/Flügge-Wollenberg, Barbara/Martin, Karin (2010): Tanzen – ein unverzichtbares Angebot zur frühkindlichen Kulturellen Bildung. In: Magazin Kulturelle Bildung, 06/2010, 32-35.

Engelhardt, Kerstin (2000): Gedenkstättenbesuche als politische Erziehungsmaßnahme: Chancen und Grenzen der Gedenkstättenpädagogik an Orten der NS-Verfolgung. In: Klameth, Wolfgang/ Wagner, Andreas (Hrsg.): Gedenkstättenpädagogik in der Jugendarbeit (29-41). Rostock: Neuer Hochschulschriftenverlag.

Engelke, Ernst (1999): Theorien der Sozialen Arbeit (2. Auflage). Freiburg im Breisgau: Lambertus.

Eppensteiner, Barbara (1997): Die Initiative für Kulturpädagogik. Dezentrale Aktionen. Mobilität und Arbeit im öffentlichen Raum. Ein Nachruf auf die achtziger Jahre. In: Erber-Groiß, S./Heinisch, H. (Hrsg.): Kultur und Kultur des Ausstellens. Beiträge zur Praxis, Theorie und Didaktik des Museums (167-177). Wien: o.V.

Ermert, Karl (2012): Wo steht kulturelle Bildung an Volkshochschulen? (Noch) unveröffentlichter Vortrag, Bundesfachtagung Kultur des Bundesarbeitskreises Kulturelle Bildung im Deutschen Volkshochschul-Verband. Ulm.

Ermert, Karl (2008): Kulturelle Bildung in der Kulturgesellschaft als Aufgabe von Geisteswissenschaftlern und ihrer Weiterbildung. In: Deutscher Kulturrat (Hrsg.): Kultur als Arbeitsfeld und Arbeitsmarkt für Geisteswissenschaftler (81-89). Berlin: DKR.

Ermert, Karl (Hrsg.) (2003): Bürgerschaftliches Engagement in der Kultur – Politische Aufgaben und Perspektiven. Wolfenbüttel: Bundesakademie für Kulturelle Bildung.

Ernst, Wolf-Dieter (2003) : Die Lecture-Performance als dichte Beschreibung. In: Kurzenberger, Hajo/ Matzke, Annemarie (Hrsg.): TheorieTheaterPraxis (192-201). Berlin: Theater der Zeit.

Erny, Richard/Godde, Wilhelm/Richter, Karl (1988): Handbuch Kultur 90. Modelle und Handlungsbedarf für die kommunale Kulturarbeit. Köln: Deutscher Gemeindeverlag.

Erpenbeck, John (2009): Europäische Qualitätsstandards und der Kompetenznachweis Kultur – eine Expertise. In: Timmerberg, Vera/Schorn, Brigitte (Hrsg.): Neue Wege der Anerkennung von Kompetenzen in der Kulturellen Bildung. Der Kompetenznachweis Kultur in Theorie und Praxis (261-277). München: kopaed.

Etzioni, Amitai (Hrsg.) (1969): The semi-professions and their organization. Teachers, nurses, social workers. New York: Free Press.

Europäische Kommission (2000): Memorandum on lifelong learning. Brüssel: SEK (2000) 1832.

Exner, Christine/Schmidt-Apel, Simone (2005): Kultur- und Medienarbeit(2005). In: Deinet, Ulrich/Sturzenhecker, Benedikt (Hrsg.): Handbuch Offene Kinder- und Jugendarbeit (3. ‚völlig überarbeitete und erweiterte Auflage) (197-205). Wiesbaden: VS.

Farin, Klaus (2006): Jugendkulturen in Deutschland. 1950 - 1989. Bonn: bpb.

Fast, Kirsten (Hrsg.) (1995): Handbuch museumspädagogischer Ansätze. Opladen: Leske + Budrich.

Feierabend, Sabine/Rathgeb, Thomas (2011): Medienumgang Jugendlicher in Deutschland. Ergebnisse der JIM-Studie 2010. In: Media Perspektiven, 6/2011, 299-310.

Felden, Heide von (Hrsg.) (2008): Perspektiven erziehungswissenschaftlicher Biographieforschung. Wiesbaden: VS.

Feldtkeller, Andreas (2003): Dekonstruktion der eigenen Voraussetzungen – ein Lernerfolg in interkultureller Kompetenz. In: Erwägen Wissen Ethik 14, 1/2003, 163-165.

Fend, Helmut (2008): Schule gestalten. Systemsteuerung, Schulentwicklung und Unterrichtsqualität. Wiesbaden: VS.

Fend, Helmut (1980): Theorie der Schule. München/Wien/Baltimore: Urban und Schwarzenberg.

Fereidooni, Karim (2010): Schule – Migration – Diskriminierung: Die institutionellen Ursachen der Bildungsbenachteiligung von Kindern mit Migrationshintergrund im deutschen Schulwesen. Wiesbaden: VS.

Feyerabend, Paul (1984): Wissenschaft als Kunst. Frankfurt/M.. Suhrkamp.

Fink, Tobias u.a. (Hrsg.) (2012): Die Kunst, über Kulturelle Bildung zu forschen. München: kopaed.

Fischer-Lichter, Erika (2010): Theaterwissenschaft. Tübingen/Basel: A. Franke.

Fischer-Lichte, Erika (2004): Ästhetik des Performativen. Frankfurt/M.: Suhrkamp.

Fischer-Lichte, Erika (1994): Semiotik des Theaters. Band 1: Das System der theatralischen Zeichen. Tübingen: Gunter Narr.

Flinn, Michael V./Alexander, Richard D. (1982): Culture Theory: The Developing Synthesis from Biology. In: Human Ecology 10, 3/1982, 383-400.

Fiske, John (1989) Reading the Popular. London/New York: Routledge

Florschütz, Melanie/Döhnert, Michael (2009): Da lacht das kleine Kind. In: dan Droste, Gabi (Hrsg.): Theater von Anfang an! Bildung, Kunst und frühe Kindheit (241-245). Bielefeld: transcript.

Fohrbeck, Karla/Wiesand, Andreas Johannes (1989): Von der Industriegesellschaft zur Kulturgesellschaft? Kulturpolitische Entwicklungen in der Bundesrepublik Deutschland. München: Beck.

Fonatti, Franco (1982): Elementare Gestaltungsprinzipien in der Architektur. Wiener Akademie-Reihe. Band 11. Wien: Edition Tusch.

Forschungsverbund Deutsches Jugendinstitut/Universität Dortmund (Hrsg.) (2008): Kindertagesbetreuung im Spiegel der Statistik. Zahlenspiegel 2007. München: o.V.

Frank, Gustav/Sachs-Hombach, Klaus (2006): Bildwissenschaft und Visual Culture Studies. In: Sachs-Hombach, Klaus (Hrsg.): Bild und Medium. Kunstgeschichtliche und philosophische Grundlagen der interdisziplinären Bildwissenschaft (184-196). Köln: Halem.

Franke, Petra/dan Droste, Gabi (2011): FunkeldunkelLichtgedicht – ein Theaterkindergarten in Dresden. In: dan Droste, Gabi (Hrsg.): Theater von Anfang an! Reflexionen und Positionen für die Praxis. Arbeitshefte zum Kinder- und Jugendtheater, Schriftenreihe des Kinder- und Jugendtheaterzentrums in der Bundesrepublik Deutschland. Arbeitsheft 5 (24-27). Frankfurt/M. u.a.: Kinder- und Jugendtheaterzentrum in der Bundesrepublik Deutschland.

Frederking, Volker (2010): Modellierung literarischer Rezeptionskompetenz. In: Kämper-van den Boogart, Michael/Spinner, Kaspar-H. (Hrsg): Deutschunterricht in Theorie und Praxis, Bd. 11/1. Lese- und Literaturunterricht Teil 1. Geschichte und Entwicklung, Konzeptionelle Grundlagen (148-200). Baltmannsweiler: Schneider-Hohengehren.

Frey, Andreas (2006): Methoden und Instrumente zur Diagnose beruflicher Kompetenzen von Lehrkräften – eine erste Standortbestimmung zu bereits publizierten Instrumenten. In: Zeitschrift für Pädagogik 51 (Beiheft), 30-46.

Frey, Oliver (2004): Urbane öffentliche Räume als Aneignungsräume. Lernorte eines konkreten Urbanismus? In: Deinet, Ulrich/Reutlinger, Christian (Hrsg.): "Aneignung" als Bildungskonzept der Sozialpädagogik. Beiträge zur Pädagogik des Kindes- und Jugendalters in Zeiten entgrenzter Lernorte (219-233). Opladen: VS.

Fritz, Jürgen (2004): Das Spiel verstehen. Weinheim: Juventa.

Fromme, Johannes/Jörissen, Benjamin (2010): Medienbildung und Medienkompetenz. Berührungspunkte und Differenzen nicht ineinander überführbarer Konzepte. In: merz – medien + erziehung 54, 5/2010, 46-54.

Frommhold, Almuth/Mewes, Doreen (2011): Mediale Bildungspfade. In: Winter, Andrea (Hrsg.): Spielen und Erleben mit digitalen Medien. Pädagogische Konzepte und praktische Anleitungen (82-102). München: Reinhardt.

Fthenakis, Wassilios (2009): Bildung neu definieren und hohe Bildungsqualität von Anfang an sichern. In: Das Praxisjournal für ErzieherInnen, Eltern und GrundschullehrerInnen, 03/2009, 6-10.

Fthenakis, Wassilios E. u.a. (2009): Natur-Wissen schaffen. Band 5: Frühe Medienbildung. Troisdorf: Bildungsverlag EINS.

Fuchs, Max (2011): Teilhabe, kulturelle Bildung und die Schule. Anmerkungen zum Modellprojekt „Lebenskunst lernen". In: Braun, Tom (Hrsg.): Lebenskunst lernen in der Schule. Mehr Chancen durch Kulturelle Schulentwicklung" (176-182). München: kopaed.

Fuchs, Max (2009): Kulturelle Bildung – eine Bestandsaufnahme. In: Deutscher Kulturrat (Hrsg.): Kulturelle Bildung: Aufgaben im Wandel (7-26). Berlin: DRK.

Fuchs, Max (2008a): Kulturelle Bildung. Grundlagen – Praxis – Politik. München: kopaed.

Fuchs, Max (2008b): Kultur macht Sinn. Einführung in die Kulturtheorie. Wiesbaden: VS.

Fuchs, Max (2008c): Kulturelle Teilhabe und kulturelle Bildung. In: Maedler, Jens (Hrsg.): TeilHabeNichtse. Chancengerechtigkeit und kulturelle Bildung (69-77). München: kopaed.

Fuchs, Max (2008d): Vorwort. In: Zimmermann, Olaf/Geißler, Theo (Hrsg.): Streitfall Computerspiele: Computerspiele zwischen kultureller Bildung, Kunstfreiheit und Jugendschutz (7-8). Berlin: DRK.

Fuchs, Max (2008e): Kultur – Teilhabe – Bildung. München: kopaed.

Fuchs, Max (2008f): Kommen die musischen Zeiten zurück? Konzepte und Traditionen in der Debatte über kulturelle Bildung. In: Politik und Kultur, 01/2008, 30-33.

Fuchs, Max (1999): Mensch und Kultur. Zu den anthropologischen Grundlagen von Kulturarbeit und Kulturpolitik (7-26). Opladen/Wiesbaden: Westdeutscher Verlag.

Fuchs, Max (1994): Kultur lernen. Eine Einführung in die Allgemeine Kulturpädagogik. Remscheid: BKJ.

Fuchs, Max/Braun, Tom (2011): Zur Konzeption und Gestaltung einer kulturellen Schulentwicklung. In: Braun, Tom (Hrsg.): Lebenskunst lernen in der Schule. Mehr Chancen durch Kulturelle Schulentwicklung (228-260). München: kopaed.

Fuchs, Max/Schulz, Gabriele/Zimmermann, Olaf (2005): Kulturelle Bildung in der Bildungsreformdiskussion. Konzeption Kulturelle Bildung III. Berlin: DRK.

Gadamer, Hans-Georg (1998): Unterwegs zur Schrift?. In: Assmann, Alaida/Assmann, Jan/Hardmeier, Christof (Hrsg.): Schrift und Gedächtnis (19-20). München: Wilhelm Fink.

Gadamer, Hans-Georg (1993): Die Aktualität des Schönen. Kunst als Spiel, Symbol und Fest. In: Ders. (Hrsg.): Ästhetik und Poetik I. Kunst als Aussage (94-142). Tübingen: Mohr.

Gajek, Esther (2010): Seniorenprogramme an Museen. Eine ethnographische Annäherung an die Diversität der Erfahrungen der Teilnehmer. Dissertation Universität Regensburg.

Galiläer, Lutz (2005): Pädagogische Qualität: Perspektiven der Qualitätsdiskurse über Schule, Soziale Arbeit und Erwachsenenbildung. Weinheim/München: Juventa.

Galuske, Michael (2002): Methoden der Sozialen Arbeit. Eine Einführung (4. Auflage). Weinheim/München: Juventa.

Ganguin, Sonja/Sander, Uwe (2007): Medienkritik im Kontext kultureller Indifferenzen. In: Lauffer, Jürgen/Röllecke, Renate (Hrsg.): Dieter Baacke Preis. Mediale Sozialisation und Bildung. Handbuch 2 (30-43). Bielefeld: AJZ.

Ganß, Michael (2010): Von plastischen Projekten mit Menschen mit Demenz und jungen Kindern. In: Ganß, Michael/Narr, Barbara (Hrsg.): Alt und Jung im Pflegeheim. Intergenerative Projekte mit Malen, Werken und Theater (131-161). Frankfurt/M.: Mabuse.

Gefert, Christian (2002): Didaktik theatralen Philosophierens: Untersuchungen zum Zusammenspiel argumentativ-diskursiver und theatral-präsentativer Verfahren bei der Texteröffnung in philosophischen Bidlungsprozessen. Dresden: Thelem.

Geier, Thomas (2006): Schlüsselkompetenzen durch kulturelle Bildung. Eine Expertise – Zusammenfassung der Ergebnisse einer qualitativen Befragung von Jugendlichen und jungen Erwachsenen. In: Der Kompetenznachweis Kultur. Ein Nachweis von Schlüsselkompetenzen durch kulturelle Bildung (43-53). Band 63. Schriftenreihe der BKJ e.V. Remscheid: BKJ.

Geifes, Hans (1968): Junge Photographie. Köln: Bachem.

Geisler, Martin (2012): Spiegelbilder im Monitor. Kunst- und medienpädagogische Arbeit mit Compterspielen. In: Besand, Anja (Hrsg.): Politik trifft Kunst. Zum Verhältnis von politischer und kultureller Bildung (212-225). Bonn: bpb.

Gensicke, Thomas/Picot, Sibylle/Geiss, Sabine (2006): Freiwilliges Engagement in Deutschland 1999-2004. Wiesbaden: BMFSFJ.

Gesellschaft für Politikdidaktik und politische Jugend- und Erwachsenenbildung (Hrsg.) (2004): Nationale Bildungsstandards für den Fachunterricht in der Politischen Bildung an Schulen. Ein Entwurf. Schwalbach/Ts: Wochenschau.

Gestrich, Helmut (1984): Kulturarbeit in den Kreisen. Freiwillige Aufgabe oder Pflichtaufgabe der Selbstverwaltung? In: Der Landkreis, 1984, 366-371.

Geyer, Claudia (2008): Museum- und Science-Center-Besuche im naturwissenschaftlichen Unterricht aus einer motivationalen Perspektive. Berlin: logos.

Giesecke, Hermann (1987): Pädagogik als Beruf. München: Juventa.

Giesecke, Hermann (1986): Jugendarbeit als Kulturpädagogik. In: Deutsche Jugend 34, 7+8/1986, 297-303.

Giesecke, Hermann (1981): Vom Wandervogel bis zur Hitlerjugend. Jugendarbeit zwischen Politik und Pädagogik. München: Juventa.

Gieseke, Wiltrud u.a. (2005): Kulturelle Erwachsenenbildung in Deutschland – Exemplarische Analyse Berlin/Brandenburg. Münster u.a.: Waxmann.

Gieseke, Wiltrud/Opelt, Karin (2005): Programmanalyse zur kulturellen Bildung in Berlin/Brandenburg. In: Gieseke, Wiltrud u.a.: Kulturelle Erwachsenenbildung in Deutschland. Exemplarische Analyse Berlin/Brandenburg (43-108). Münster u.a.: Waxmann.

Gieseke, Wiltrud/Opelt, Karin (2005): Zusammenfassung: Bildungstheoretische Ansätze für kulturelle Bildung – Aspekt Programm. In: Gieseke, Wiltrud u.a.: Kulturelle Erwachsenenbildung in Deutschland. Exemplarische Analyse Berlin/Brandenburg (317-332). Münster u.a.: Waxmann.

Glaser, Hermann (2005): Soziale Kulturarbeit. In: Kreft, Dieter/Mielenz, Ingrid (Hrsg.): Wörterbuch Soziale Arbeit (5., überarbeitete Auflage) (558-561). Weinheim/München: Juventa.

Glaser, Hermann (1999): Deutsche Kultur 1945-2000 (2. Auflage). Berlin: Ullstein.

Glaser, Hermann/Stahl, Karl Heinz (1983): Bürgerrecht Kultur. Frankfurt/M. u.a.: Ullstein.

Glaser, Hermann/Stahl, Karl-Heinz (1974): Die Wiedergewinnung des Ästhetischen. München: Juventa.

Glogner-Pilz, Patrick (2011): Das Spannungsfeld von Angebot, Nachfrage und generationsspezifischen kulturellen Einstellungen: offene Fragen für eine nachhaltige Kulturpolitik. In: Föhl, Patrick u.a. (Hrsg.): Nachhaltige Entwicklung in Kulturmanagement und Kulturpolitik. Ausgewählte Grundlagen und strategische Perspektiven (97-118). Wiesbaden: VS.

Görner-Schipp, Karla (2012): Kunst und Bildung. Studien zur Kunstgeschichte in der Erwachsenenbildung. Marburg: Tectum.

Goethe, Johann Wolfgang von (1998): Dichtung und Wahrheit (hrsg. von Walter Hettche). Stuttgart: reclam.

Goethe, Johann Wolfgang von (1786/1976): Italienische Reise. Auch ich in Arkadien. Band 1. Frankfurt/M.: Insel.

Goffman, Erving (2000): Rahmen-Analyse: Ein Versuch über die Organisation von Alltagserfahrungen. Frankfurt/M.: Suhrkamp.

Goffman, Erving (1993): Rahmen-Analyse (3. Auflage). Frankfurt/M.: Suhrkamp.

Goffman, Erving (1986): Interaktionsrituale: über Verhalten in direkter Kommunikation. Frankfurt/M.: Suhrkamp.

Gogolin, Ingrid/Krüger-Potratz, Marianne/Meyer, Meinert A. (Hrsg.) (1998): Pluralität und Bildung. Opladen: Leske + Budrich.

Graburn, Nelson (1989): Tourism. The Sacred Journey. In: Smith, Valene (Hrsg.): Hosts and Guests. The Anthropology of Tourism (21-36). Oxford: Blackwell.

Graf, Bernhard/Noschka-Roos, Annette (2009): Stichwort: Lernen im Museum oder: Eine Kamerafahrt mit der Besucherforschung. In: Zeitschrift für Erziehungswissenschaft, 1/2009, 7-27.

Grimm, Hannelore (2003): Störungen der Sprachentwicklung: Grundlagen – Ursachen – Diagnose – Intervention – Prävention. Göttingen: Hogrefe.

Groeben, Norbert/Hurrelmann, Bettina (Hrsg.) (2004): Lesesozialisation in der Mediengesellschaft. Ein Forschungsüberblick. Weinheim: Juventa.

Gronemeyer, Andrea/Hesse, Julia Dina/Taube, Gerd (Hrsg.) (2009): Kindertheater Jugendtheater. Perspektiven einer Theatersparte. Berlin: Alexander.

Gronemeyer, Reimer (2004): Kampf der Generationen. München: DVA.

Groote, Kim de (2010): Ideen und Anregungen für die Kulturpraxis mit Älteren. In: de Groote, Kim/Fricke, Almuth (Hrsg.): Kulturkompetenz 50+. Praxiswissen für die Kulturarbeit mit Älteren (13-59). München: kopaed.

Groote, Kim de/Fricke, Almuth (Hrsg.) (2010): Kulturkompetenz 50+. Praxiswissen für die Kulturarbeit mit Älteren. München: kopaed.

Groote, Kim de/Nebauer, Flavia (2008): Kulturelle Bildung im Alter. Eine Bestandsaufnahme kultureller Bildungsangebote für Ältere in Deutschland. München: kopaed.

Groppe, Hans-Hermann (2003): „Mit Kopf, Herz und Hand" - Qualitätsmerkmale. In: Stang, Richard u.a. (Hrsg.): Kulturelle Bildung. Ein Leitfaden für Kursleiter und Dozenten (34-37). Bielefeld: W. Bertelsmann.

Großegger, Beate/Heinzlmaier, Bernhard (2002): Jugendkultur-Guide. Wien: öbv – hpt.

Grote, Andreas (1974): Der Museumspädagoge. In: Deutsche UNESCO-Kommission (Hrsg.): Die Praxis der Museumsdidaktik (57). München: De Gruyter.

Gründel, Markus (2009): Geocaching: Basiswissen für draußen (3., überarb. Auflage). Welver: Conrad Stein.

Grünewald, Dietrich (Hrsg.) (2009a): Kunst entdecken – Oberstufe. München: Cornelsen.

Grünewald, Dietrich (2009b): Orientierung: Bild. In: Kunst+Unterricht 334/335, 14-21.

Gruschka, Andreas (2004): Empirische Bildungsforschung – das muss keineswegs, aber es kann die Erforschung von Bildungsprozessen bedeuten. Oder: Was lässt sich zukünftig von der forschenden Pädagogik erwarten? In: Pädagogische Korrespondenz, 32/2004, 5-35.

Günter, Roland (1977): Fotografieren als Waffe. Hamburg: VSA.

Gutenberg, Erich (1959): Grundlagen der Betriebswirtschaftslehre. Berlin/Heidelberg: Springer.

Gyr, Ueli (1988): Touristenkultur und Reisealltag. Volkskundlicher Nachholbedarf in der Tourismusforschung. In: Zeitschrift für Volkskunde 84, o.S.

Haarmann, Anke (o.J.): Differenzerfahrung. Zwischen Disziplin und Differenz (57-98). o.O.

Haas, Gerhard (1996): Aspekte und Probleme des Leseunterrichts: Literaturunterricht. In: Günther, Hartmut/Ludwig, Otto (Hrsg.): Schrift und Schriftlichkeit. Handbücher zur Sprache und Kommunikation 10.2 (1230-1240). Berlin/New York: Mouton de Gruyter.

Habermas, Jürgen (1962): Strukturwandel der Öffentlichkeit. Untersuchungen zu einer Kategorie der bürgerlichen Gesellschaft. Neuwied: Luchterhand.

Häberle, Peter (1985): Das Kulturverfassungsrecht der Bundesrepublik Deutschland. In: Aus Politik und Zeitgeschichte, Nr. B28, 11-31.

Häberle, Peter (1979): Kulturpolitik in der Stadt – ein Verfassungsauftrag. Heidelberg: Müller.

Haggarty, Ben (2003): Memories and Breath. Professional Storytelling in England and Wales. An unofficial report conducted via e-mail survey. The Centre for the Research and Development of Traditional Storytelling.

Harjes, Rainer (1983): Handbuch zur Praxis des Freien Theaters. Lebensraum durch Lebenstraum. Köln: Dumont.

Hartogh, Theo/Wickel, Hans Hermann (2008): Musizieren im Alter. Arbeitsfelder und Methoden. Mainz: Schott Music.

Haslinger, Josef/Treichel, Hans-Ulrich (Hrsg.) (2005): Wie werde ich ein verdammt guter Schriftsteller. Berichte aus der Werkstatt. Frankfurt/M.: Suhrkamp.

Hausmann, Andrea (2001): Besucherorientierung von Museen unter Einsatz des Benchmarking. Bielefeld: transcript.

Hausmann, Andrea/Murzik, Laura (Hrsg.) (2011): Neue Impulse im Kulturtourismus. Wiesbaden: VS.

Hebdige, Dick (1883): Subculture. Die Bedeutung von Stil. Reinbek: Rowohlt.

Heer, Hannes/Ullrich, Volker (1985): Geschichte entdecken. Erfahrungen und Projekte der neuen Geschichtsbewegung. Hamburg: Rowohlt.

Hegele, Wolfgang (1996): Literaturunterricht und literarisches Leben in Deutschland (1850-1990). Historische Darstellung – systematische Erklärung. Würzburg: Königshausen & Neumann.

Heidemann, Britta (2010): Wie wir Lesen lernen – und warum wir es vielleicht gerade verlernen. Ein Interview mit der Bildungsforscherin Maryanne Wolf. In: Westdeutsche Allgemeine Zeitung, 187/2010, 23.

Heil, Christine (2010): Etwas setzt sich fort. Kunst, Partizipation, Bildung. Beitrag. In: Institut für Wissenschaft und Kunst (Hrsg.): kunst fragen. Ästhetische und kulturelle Bildung – Erwartungen, Kontroversen, Kontexte (137-158). Wien: Löcker.

Heil, Christine (2006): Kartierende Auseinandersetzung mit aktueller Kunst: Reflexionsräume und Handlungsfelder zur Erfindung und Erforschung von Vermittlungssituationen. München: kopaed.

Heiner, Maja (2004): Professionalität in der Sozialen Arbeit. Theoretische Konzepte, Modelle und empirische Perspektiven. Stuttgart: W. Kohlhammer.

Heintel, Peter (2006): Geld ist Zeit. In: Kellermann, Paul (Hrsg.): Die Geldgesellschaft und ihr Glaube. Ein interdisziplinäres Polylog (125-129). Wiesbaden: VS.

Heinz, Daniel/Kohring, Torben (2011): In: Winter, Andrea (Hrsg.): Spielen und Erleben mit digitalen Medien. Pädagogische Konzepte und praktische Anleitungen (169-189). München: Reinhardt.

Henkel, Matthias (2010): Museen sind Identitätsfabriken. Interview in: ZeitenRaum. Das Museumsmagazin aus Franken, II/2010, 20-23.

Henkel, Matthias (2001): Das Museum als Ort der Langsamkeit. In: Messe München GmbH/Müller-Straten, Christian (Hrsg.): (Wunderkammer Bd. 1) Das moderne Museum. Vorträge auf der MUTEC 1999 (30-37). München: Dr. Christian Müller-Straten.

Hentig, Hartmut von (2002): Der technischen Zivilisation gewachsen bleiben. Nachdenken über die Neuen Medien und das gar nicht mehr allmähliche Verschwinden der Wirklichkeit. Weinheim/Basel: Beltz.

Hentschel, Ingrid (1996): Über Grenzverwischungen und ihre Folgen. Hat das Kindertheater als Spezialtheater noch Zukunft? In: Israel, Annett/Riemann, Silke: Das andere Publikum. Deutsches Kinder- und Jugendtheater (31-59). Berlin: Henschel.

Hentschel, Ulrike (2010): Theaterspielen als ästhetische Bildung. Über einen Beitrag produktiven künstlerischen Gestaltens zur Selbstbildung (3. Auflage). Milow: Schibri.

Hentschel, Ulrike (2007): Theaterspielen als ästhetische Bildung. In: Taube, Gerd (Hrsg.): Kinder spielen Theater. Spielweisen und Strukturmodelle des Theaters mit Kindern (88-101). Berlin/Milow: Schibri.

Hentschel, Ulrike (2005): Das Theater als moralisch-pädagogische Anstalt? Zum Wandel der Legitimation von der Pädagogik des Theaters zur Theaterpädagogik. In: Liebau, Eckart u.a. (Hrsg.): Grundrisse des Schultheaters. Pädagogische und ästhetische Grundlegung des Darstellenden Spiels in der Schule (31-52). Weinheim/München: Juventa.

Hentschel, Ulrike (2000): Theaterspielen als ästhetische Bildung. Weinheim: Deutscher Studien-Verlag.

Herder, Johann Gottfried (1796): Von der Ausbildung der Rede und Sprache in Kindern und Jünglingen. In: Suphan, Bernhard (Hrsg): Sämtliche Werke. Bd. 30 (221-222). Berlin: o.A.

Herriger, Norbert (2006): Empowerment in der Sozialen Arbeit. Eine Einführung. Stuttgart: Kohlhammer.

Herring, Carina (2011): Überforderung als Antidepressivum. Bundeskongress der Kunstpädagogik 2012. Part01 – Wie viel Kunst braucht die Kunstpädagogik? In: BDK-Mitteilungen 1/2011, 32-33.

Herrmann, Sebastian: Töne üben, Wörter finden. Musikunterricht verbessert Sprachfähigkeit von Kindern. In: Süddeutsche Zeitung, 231/2011, 18.

Hessisches Sozialministerium/Hessisches Kultusministerium (Hrsg.) (2011): Bildung von Anfang an. Bildungs- und Erziehungsplan für Kinder von 0 bis 10 Jahren in Hessen (3. Auflage). Mainz-Kastel: mww.

Hill, Burkhard (2011a): Die Rekonstruktion von Prozessen Kultureller Bildung. In: Eppler, Natalie/Miethe, Ingrid/Schneider, Armin (Hrsg.): Quantitative und Qualitative Wirkungsforschung. Theorie, Forschung und Praxis Sozialer Arbeit (255-270). Opladen & Farmington Hills MI: Barbara Budrich.

Hill, Burkhard (2011b): Kulturelle Bildung und Soziale Arbeit. In: Bundesvereinigung Kulturelle Kinder- und Jugendbildung e.V. (BKJ): Kultur macht Schule in Bayern (22-23). Remscheid/München: BKJ.

Hill, Burkhard (2010): Praxisforschung in der Kulturellen Bildung. In: Bischoff, Johann/Brandi, Bettina (Hrsg.): Räume im Dazwischen. Lernen mit Kunst und Kultur. Merseburger Medienpädagogische Schriften. Band 6 (76-98). Aachen: Shaker.

Hill, Burkhard (2005): Der Beitrag der Jugendarbeit zu Bildungsprozessen in Kooperation mit Schulen. In: Liebich, Haimo/Marx, Julia/Zacharias, Wolfgang (Hrsg.): Bildung in der Stadt – Kooperativ, Kreativ, Kommunal (144-147). München: Pädagogische Aktion München.

Hill, Burkhard (1996): Rockmobil. Ethnographische Fallstudien aus der Jugendarbeit. Opladen: Leske + Budrich.

Hill, Burkhard/Biburger, Tom/Wenzlik, Alexander (Hrsg.) (2008a): Lernkultur und Kulturelle Bildung. München: kopaed.

Hill, Burkhard/Biburger, Tom/Wenzlik, Andreas (2008b): Kulturelle Bildung verändert Lernkulturen. In: Dies. (Hrsg.): Lernkultur und Kulturelle Bildung. Veränderte Lernkulturen - Kooperationsauftrag an Schule, Jugendhilfe, Kunst und Kultur (9-23). München: kopaed.

Hitzler, Ronald/Niederbacher, Arne (2010): Leben in Szenen. Formen juveniler Vergemeinschaftung heute (3., vollständig überarbeitete Auflage). Wiesbaden: VS.

Hitzler, Ronald/Pfadenhauer, Michaela (2004): Unsichtbare Bildungsprogramme? Zur Entwicklung und Aneignung praxisrelevanter Kompetenzen in Jugendszenen. Expertise zum 8. Kinder- und Jugendbericht der Landesregierung Nordrhein-Westfalens. Düsseldorf: Ministerium für Schule, Jugend und Kinder des Landes Nordrhein-Westfalens.

Höpflinger, François (2011): Intergenerationelles Lernen – Chancen und Voraussetzungen. In: Stadelhofer, Carmen/Marquard, Markus/Schabacker-Bock, Marlis (Hrsg.): Intergenerationelles Lernen als Teil einer lebendigen Stadtkultur (43-53). Ulm: Klemm + Oelschläger.

Hofecker, Franz-Otto (2003): Zur Definition des Kulturbudgets in Österreich nach LIKUS. Ein Prozess in mehreren Sequenzen. In: Hofecker, Franz-Otto/Tschmuck, Peter (Hrsg.): Kulturpolitik, Kulturforschung und Kulturstatistik: Zur Abklärung einer spannungsreichen Textur (17-64). Innsbruck: Studienverlag.

Hoffman, Bernward u.a. (2004): Gestaltungspädagogik in der Sozialen Arbeit. Paderborn u.a.: Schöningh.

Hoffmann, Christel (2006): spiel.raum.theater. Aufsätze, Reden und Anmerkungen zum Theater für junge Zuschauer und zur Kunst des Darstellenden Spiels. Frankfurt/M.: Peter Lang.

Hoffmann, Christel/Israel, Annett (2008): Arbeitshefte 4: Gedacht – Gemacht. Programmschriften und Standpunkte zum deutschen Kinder- und Jugendtheater von 1922-2008. Frankfurt/M.: kjtz.

Hoffmann, Hilmar (1981): Kultur für alle. Perspektiven und Modelle. Frankfurt/M.: Fischer Taschenbuch.

Hoffmann, Hilmar (1979): Kultur für alle. Perspektiven und Modelle. Frankfurt/M.: Fischer.

Hoffmann, Volker (1987): Hochschule der Künste – kulturpädagogische Arbeitsstelle. In: Kulturpolitische Gesellschaft (Hrsg.): Kulturpädagogik – Zur Zukunft eines Berufsfeldes (175-180). Loccum/Hagen.

Holighaus, Alfred (Hrsg.) (2005): Der Filmkanon – 35 Filme, die Sie kennen müssen. Berlin: bpb.

Holub, Barbara (2010): Für wen, warum und wie weiter? Die Rolle von Kunst im Kontext urbaner Entwicklungen zwischen Freiraum und Abhängigkeit. In: dérive – Zeitschrift für Stadtforschung, 39/2010, 5-10.

Holzapfel, Günther (2002): Leib, Einbildungskraft, Bildung. Nordwestpassagen zwischen Leib, Emotion und Kognition in der Pädagogik. Bad Heilbrunn: Klinkhardt.

Holzkamp, Klaus (1973): Sinnliche Erkenntnis. Historischer Ursprung und gesellschaftliche Funktion der Wahrnehmung. Frankfurt/M.: Athenäum.

Holzwarth, Peter (2006): ‚Optik ist das Hauptkriterium sagt Dir Dein Medium' - Medienbild, Körperbild, Selbst- und Fremdwahrnehmung. In: Niesyto, Horst/Rath, Matthias/Sowa, Hubert (Hrsg.): Medienkritik heute. Grundlagen, Beispiele und Praxisfelder (211-222). München: kopaed.

Honig, Christoph (2007): Kulturelle Bildung in der Stadt. Findungsmerkmale für ein kommunales Gesamtkonzept. In: infodienst. Das Magazin für Kulturelle Bildung 85, 10/2007, 56-57.

Honig, Michael-Sebastian (2009): Das Kind der Kindheitsforschung. In: Ders. (Hrsg.): Ordnungen der Kindheit (25-51). Weinheim/München: Juventa.

Horkheimer, Max/Adorno, Theodor W. (1971): Dialektik der Aufklärung. Frankfurt/M.: Fischer.

Horkheimer, Max/Adorno, Theodor W. (1969/1944): Dialektik der Aufklärung. Philosophische Fragmente. Frankfurt/M.: Suhrkamp.

Hubert, Christin N. (2004): Ästhetische Forschung – ein relevantes kunstpädagogisches Konzept für den Unterricht mit Schülern einer Schule für Gehörlose? Hamburg: Shaker.

Hügel, Hans-Otto (1993): Ästhetische Zweideutigkeit der Unterhaltung. Eine Skizze ihrer Theorie. In: Montage AV. Zeitschrift für Theorie und Geschichte audiovisueller Kommunikation 2/1/1993, 119-141.

Hügel, Hans-Otto/Fetting, Friederike (1994): Kulturwissenschaftler/Kulturwissenschaftlerin. Kulturpädagoge/Kulturpädagogin. Blätter zur Berufskunde 3 – X L 05. Bielefeld: W. Bertelsmann.

Hüther, Gerald (2012): Verschaltungen im Gestrüpp: kindliche Hirnentwicklung. In: Aus Politik und Zeitgeschichte. Frühkindliche Bildung, 22-24/2012. 15-19.

Hugger, Kai-Uwe (2009): Junge Migranten online. Suche nach sozialer Anerkennung und Vergewisserung sozialer Zugehörigkeit. Wiesbaden: VS.

Huizinga, Johan (2006/1938): Homo Ludens – Vom Ursprung der Kultur im Spiel. Reinbek: Rowohlt Taschenbuch.

Huizinga, Johan (1939): Versuch einer Bestimmung des Spielelementes der Kultur. Amsterdam: Pantheon Akademische Verlagsanstalt.

Humboldt, Wilhelm von (2008): Schriften zur Sprache. Frankfurt/M.: Zweitausendeins.

Hunger, Uwe (2005): Ausländische Vereine in Deutschland. Eine Gesamterfassung auf der Basis des Bundesausländervereinsregisters. In: Weiss, K./Thränhardt, D. (Hrsg.): Selbst-Hilfe. Wie Migranten Netzwerke knüpfen und soziales Kapital schaffen (221-244). Freiburg i.Br.: Lambertus.

Hunger, Uwe (2004): Wie können Migrantenselbstorganisationen den Integrationsprozess betreuen? Gutachten im Auftrag des Sachverständigenrats für Zuwanderung und Integration. Osnabrück/Münster.

Hurrelmann, Bettina/Hammer, Michael/Nieß, Ferdinand (1993): Lesesozialisation Band 1: Leseklima in der Familie. Gütersloh: Bertelsmann Stiftung.

Hurrelmann, Klaus/Andresen, Sabine (Hrsg.) (2010): Kinder in Deutschland 2010. 2. World Vision Kinderstudie. Frankfurt/M.: Fischer.

Huschka, Sabine (2008): Sich-Bewegen, Grundzüge ästhetischer Erfahrung. In: Fleischle-Braun, Claudia/Stabel, Ralf (Hrsg.): Tanzforschung & Tanzausbildung (176-182). Berlin: Seemann Henschel.

Husserl, Edmund (1996): Die Krisis der europäischen Wissenschaften und die transzendentale Phänomenologie: Eine Einleitung in die phänomenologische Philosophie. Hamburg: Meiner.

Husserl, Edmund (1986): Phänomenologie der Lebenswelt. Ausgewählte Texte Band II. Stuttgart: Reclam.

Institut für Kulturpolitik der Kulturpolitischen Gesellschaft/Wagner, Bernd (Hrsg.) (2010): Jahrbuch für Kulturpolitik 2010: Kulturelle Infrastruktur. Bonn/Essen: Klartext.

Institut für Museumsforschung (2011): Statistische Gesamterhebung an den Museen der Bundesrepublik Deutschland für das Jahr 2010. Berlin: Institut für Museumsforschung.

Institut für Museumsforschung (Hrsg.) (2010): Statistische Gesamterhebung an den Museen der Bundesrepublik Deutschland für das Jahr 2009 (Materialien aus dem Institut für Museumsforschung, Heft 64). Berlin.

Institut für Museumsforschung (Hrsg.) (2008): Statistische Gesamterhebung an den Museen der Bundesrepublik Deutschland für das Jahr 2007 (Materialien aus dem Institut für Museumsforschung, Heft 62). Berlin.

Institut für Museumsforschung/Staatliche Museen zu Berlin - Preußischer Kulturbesitz (SMBPK) (2011): Statistische Gesamterhebung an den Museen der Bundesrepublik Deutschland für das Jahr 2010 (Materialien aus dem Institut für Museumskunde, Heft 65). Berlin.

Institut für Museumsforschung/Staatliche Museen zu Berlin - Preußischer Kulturbesitz (SMBPK) (2002): Museumspädagogik in technischen Museen - Dokumentation des 2. Symposions 1. bis 2. Oktober 2000 in Mannheim (Mitteilungen und Berichte aus dem Institut für Museumskunde, Nr. 26). Berlin.

Internationaler Museumsrat (ICOM) - ICOM Schweiz/ICOM Deutschland/ICOM Österreich (Hrsg.) (2010): Ethische Richtlinien für Museen von ICOM (überarb 2. Auflage der deutschen Version). Graz: ICOM Schweiz.

Israel, Annett/Riemann, Silke (1996): Das andere Publikum. Deutsches Kinder- und Jugendtheater. Berlin: Henschel.

Jackson, Tim (2011): Wohlstand ohne Wachstum. Leben und Wirtschaften in einer endlichen Welt. Herausgegeben von der Heinrich-Böll-Stiftung. München: oekom.

Jäger, Jutta/Kuckhermann, Ralf (Hrsg.) (2004): Ästhetische Praxis in der Sozialen Arbeit. Wahrnehmung, Gestaltung und Kommunikation. Weinheim/München: Juventa.

Jäncke, Lutz (2008): Macht Musik schlau? Neue Erkenntnisse aus der Neurowissenschaft und der kognitiven Psychologie. Bern/Stuttgart: Huber.

Jakob, Gisela (2010): Biographische Forschung mit dem narrativen Interview. In: Friebertshäuser Barbara/Langer, Antje/Prengel, Annedore (Hrsg.): Handbuch Qualitative Forschungsmethoden in der Erziehungswissenschaft (3., vollst. überarb. Auflage) (219-233). Weinheim/München: Juventa.

Janus, Ulrich (2010): Live-Rollenspiel in der Schule. Grenzen und Möglichkeiten. In: Dombrowski, Karsten (Hrsg.): LARP: Einblicke (59-65). Braunschweig: Zauberfeder.

Jehle, Werner (1984): Architektur-Spielsachen, eine Ausstellung im Architekturmuseum Basel. Basel: Architekturmuseum.

Jentjens, Kathrin u.a. (2009): Lecture Performance. Berlin: Revolver Publ. by VVV.

JFC Medienzentrum Köln (Hrsg.) (2005): Kritische Zeiten – Medienkritik mit Kindern und Jugendlichen. MedienConcret – Magazin für die pädagogische Praxis, 18. Jhg., Themenheft 2005, Köln.

Jöhnk, Lena/Blumenreich, Ulrike (2011): Sekundäranalyse von Absolventenbefragungen kulturvermittelnder Studienangebote. In: Blumenreich, Ulrike (Hrsg.): Arbeitsmarkt Kultur. Ergebnisse des Forschungsprojektes „Studium – Arbeitsmarkt – Kultur" (53-86). Bonn: Institut für Kulturpolitik.

Jörissen, Benjamin (2008): Kreativer Selbstausdruck in den Neuen Medien – zwischen Artikulation und „Crowdsourcing". In: ZfK – Zeitschrift für Kulturwissenschaften, 1/2008, 31-47.

Jörissen, Benjamin/Marotzki, Winfried (2009): Medienbildung – Eine Einführung. Stuttgart: UTB.

John, Hartmut/Günter, Bernd (Hrsg.) (2000): Besucher zu Stammgästen machen! Neue und kreative Wege zur Besucherbindung. Bielefeld: transcript.

Josties, Elke (2008): Szeneorientierte Jugendkulturarbeit. Berlin u.a.: Schibri.

Kämpf-Jansen, Helga (2004): Ästhetische Forschung. Köln: Salon.

Kämpf-Jansen, Helga (2001): Ästhetische Forschung. Wege durch Alltag, Kunst und Wissenschaft. Zu einem innovativen Konzept ästhetischer Bildung. Köln: Salon.

Kämpf-Jansen, Helga/Wirtz, Nicole (2002): Urgroßmutter, Großmutter, Mutter und Kind – Fünf ästhetische Biografien. Aspekte einer Genealogie des Weiblichen. In: Blohm, Manfred (Hrsg.): Berührungen & Verflechtungen. Biografische Spuren in ästhetischen Prozessen. Köln: salon.

Kahl, Paul/Metzger, Folker (2011): „... der Stoff/ist ja von gestern und heut". Projektorientierte Bildungsarbeit der Klassik Stiftung Weimar zu historischen und gegenwärtigen Menschenbildern. In: Deutscher Museumsbund: Museumskunde „Interdisziplinarität" 76, 1/2011, 71-79.

Kahle, Manuela (2005): Zwischen Mnemotechnik und Sammlungstheorie. Eine Untersuchung zu Giulio Camillos L'idea del theatro und Samuel Quicchebergs Inscriptiones vel tituli theatri amplissimi. M.A. Ludwig-Maximilians-Universität München.

Kaiser, Hermann J./Nolte, Eckhard/Roske, Michael (Hrsg.) (1993): Vom pädagogischen Umgang mit Musik. Mainz: Schott.

Kalies, Christoph/Lehmann, Andreas C./Kopiez, Reinhard (2009): Musikleben und Live-Musik. In: Bruhn, Herbert/Kopiez, Reinhard/Lehmann, Andreas C. (Hrsg.): Musikpsychologie. Das neue Handbuch (2. Auflage) (293-315). Reinbek: Rowohlt.

Kamil, Michael L. u.a. (2010): Handbook of Reading Research, Volume IV. New York: Routledge Chapman & Hall.

Kammerl, Rudolf/Ostermann, Sandra (2010): Medienbildung – (k)ein Unterrichtsfach? Eine Expertise zum Stellenwert der Medienkompetenzförderung in Schulen. Hamburg: Medienanstalt Hamburg/Schleswig-Holstein (MA/HSH).

Kamp, Peter (2012): Ausnahmen regeln. Über die Angst der Bildung vor der Teilhabe. In: infodienst. Das Magazin für Kulturelle Bildung 103, 4/2012, 14-15.

Karl, Ute (2005): Zwischen/Räume. Eine empirisch-bildungstheoretische Studie zur ästhetischen und psychosozialen Praxis des Altentheaters. Münster: LIT.

Karst, Karl (1994): Geschichte des Ohrs. Eine Chronologie. In: Kunst und Ausstellungshalle der Bundesrepublik Deutschland GmbH (Hrsg.): Welt auf tönernen Füßen. Die Töne und das Hören. Schriftenreihe Forum. Band 2 (45-57). Göttingen: Steidl.

Kastl, Jörg Michael (2010): Einführung in die Soziologie der Behinderung – Lehrbuch. Wiesbaden: VS.

Kaufmann, Xaver (2003): Varianten des Wohlfahrtsstaats. Frankfurt/M.: Suhrkamp.

Keiner, Edwin (2011): Disziplin und Profession. In: Kade, Jochen u.a. (Hrsg.): Pädagogisches Wissen. Erziehungswissenschaft in Grundbegriffen (199-210). Stuttgart: W. Kohlhammer.

Kelb, Viola (2007): Qualität und Struktur der Zusammenarbeit: Ergebnisse aus dem Projekt „Kultur macht Schule". In: Dies. (Hrsg.): Kultur macht Schule. Innovative Bildungsallianzen, neue Lernqualitäten (55-71). München: kopaed.

Keller, Wolfgang/Keuchel, Susanne (Zentrum für Kulturforschung) (2011): Zur Chronologie von „MIXED UP". Empirische Daten zur Kooperation von Kultur und Schule. Im Auftrag der Bundesvereinigung Kulturelle Kinder- und Jugendbildung (BKJ) e.V. Sankt Augustin.

Keller-Loibl, Kerstin (Hrsg.) (2009): Handbuch Kinder- und Jugendbibliotheksarbeit. Bad Honnef: Bock & Herchen.

Kern, Andrea (2000): Schöne Lust. Eine Theorie der ästhetischen Erfahrung nach Kant. Frankfurt/M.: Suhrkamp.

Kerschensteiner, Georg (1925): Die Bildungsaufgabe des Deutschen Museums. In: Matschoss, Conrad (Hrsg.): Das Deutsche Museum. Geschichte, Aufgaben, Ziele (39–50). Berlin: VDI.

Kessel, Martina (2010): Tanzkunst für junges Publikum. In: Bundesverband Tanz in Schulen e.V. (Hrsg.): TANZ bildet KUNST SCHULE tanzt BILDUNG (8). Imagebroschüre des Bundesverbandes Tanz in Schulen e.V. Köln: Beltz.

Kessl, Fabian u.a. (Hrsg.) (2004): Handbuch Sozialraum. Wiesbaden: VS.

Keuchel, Susanne (2012a): Kunst, Kultur und Migration – Ein Thema? In: Bund Deutscher Amateurtheater e.V. (Hrsg.): Spiel & Bühne (9-11). Berlin.

Keuchel, Susanne (2012b): Neue „alte" Besucher und ein Imagewandel. Ergebnisse aus dem 9. KulturBarometer. In: Politik und Kultur, I/2012, 7-8.

Keuchel, Susanne (2011a): Ist die Krise überwunden? Nachwuchsarbeit in Orchester und Musiktheatern ist erwünscht – Ergebnisse aus dem 9. „KulturBarometer". In: Das Orchester, 10/2011, 33-37.

Keuchel, Susanne (2011b): Wo kommt das Geld her? Zur systematischen Vermessung und Kartographierung der kulturellen Bildung im Rahmen des Projektes mapping//kulturelle-bildung. In: Kulturstiftung der Länder/Kulturstiftung des Bundes (2011): Kinder zum Olymp. Selbstverständlich! Kulturelle Bildung in der Schule (48-62). Berlin.

Keuchel, Susanne (2010a): „Das Bärenkostüm war zu warm…". In: infodienst. Das Magazin für kulturelle Bildung 95, 18-19.

Keuchel, Susanne (2010b): Von kulturellen Allesfressern und hybriden Kunstformen. Kulturelle Bildung im Spiegel empirischer Forschung. In: Schneider, Wolfgang (Hrsg.): Kulturelle Bildung braucht Kulturpolitik. Hilmar Hoffmanns Kultur für alle reloaded (231-243). Hildesheim: Universitätsverlag.

Keuchel, Susanne (2009): Kunstvoll mit allen Sinnen. In: Landesregierung Nordrhein-Westfalen (Hrsg.): Augen öffnen. Kulturelle Bildung in der Kulturförderung des Landes Nordrhein-Westfalen (24-33). Düsseldorf.

Keuchel, Susanne/Larue, Dominic (2012): Das 2. Jugendkulturbarometer. „Zwischen Xavier Naidoo und Stefan Raab…". Köln: ARCult Media.

Keuchel, Susanne/Larue, Dominic (2011): Kulturwelten in Köln. Eine empirische Analyse des Kulturangebots mit Fokus auf Internationalität und Interkulturalität. Hrsg. vom Zentrum für Kulturforschung. Köln: ArCult Media.

Keuchel, Susanne/Weil, Benjamin (2010): Lernorte oder Kulturtempel – Infrastrukturerhebung: Bildungsangebote in klassischen Kultureinrichtungen. Köln: ARCult Media.

Keuchel, Susanne/Wiesand, Andreas J. (2008): Das KulturBarometer 50+: „Zwischen Bach und Blues…": Ergebnisse einer Bevölkerungsumfrage. Köln: ARCult Media.

Keuchel, Susanne/Günsche, Karolin/Groß, Stefanie (2008): Tanz in Schulen in NRW – Ein Erfolgsmodell? In: Bundesverband Tanz in Schulen e.V. (Hrsg.): Tanz in Schulen in NRW. Ein empirischer Blick in die Praxis (41-48). Bonn.

Keuchel, Susanne/Wiesand, Andreas Johannes (Hrsg.) (2006): Das 1. Jugend-KulturBarometer. Bonn: ARCult Media.

Keupp, Heiner (2008): Sozialpsychologische Dimensionen der Teilhabe. In: Maedler, Jens (Hrsg.): TeilHabeNichtse. Chancengerechtigkeit und Kulturelle Bildung (20-28). München: kopaed.

Kiphard, Ernst Jonny (2000): Präventive und therapeutische Aspekte der Kinderzirkusarbeit. In: Dokumentation des Internationalen Kongresses der Kinder- und Jugendzirkusse Berlin 12.-14.7.2000 (50-58). Berlin: Kinder- und Jugendzirkus CABUWAZI e.V.

Kirchberg, Volker (2010): „Besucherforschung in Museen: Evaluation von Ausstellungen". In: Baur, Joachim (Hrsg.): Museumsanalyse. Methoden und Konturen eines neuen Forschungsfeldes (171-184). Bielefeld: transcript.

Kirchhoff, Heike/Schmidt, Martin (Hrsg.) (2007): Das magische Dreieck. Die Museumsausstellung als Zusammenspiel von Kuratoren, Museumspädagogen und Gestaltern. Bielefeld: transcript.

Kirchner, Constanze (1999): Kinder und Kunst der Gegenwart. Zur Erfahrung mit zeitgenössischer Kunst in der Grundschule. Seelze: Kallmeyer.

Kirchner, Constanze/Otto, Gunter (1998): Editorial. Praxis und Konzept des Kunstunterrichts. In: Kunst+Unterricht 223/224, 1/1998, 1-11.

Kirschenmann, Johannes/Stark, Johanna (2005): Handeln und gestalten im öffentlichen Raum. Projekte aus dem Kunstunterricht. Donauwörth: Auer.

Kirschenmann, Johannes/Schulz, Frank (1999): Bilder erleben und verstehen. Einführung in die Kunstrezeption. Leipzig: Klett-Schulbuchverlag.

Kirschenmann, Johannes/Grünberg, Clemens (1997): Was Sie schon immer über Kunst wissen wollten. Ein Schulbuch im Unterricht der Oberstufe. In: Kunst + Unterricht 210, 33-34.

Klafki, Wolfgang (1996): Neue Studien zur Bildungstheorie und Didaktik. Zeitgemäße Allgemeinbildung und kritisch konstruktive Didaktik. Weinheim/Basel: Beltz.

Klameth, Wolfgang/Wagner, Andreas (Hrsg.) (2000): Gedenkstättenpädagogik in der Jugendarbeit. Dokumentation eines Workshops vom 8. bis 9. April 1999. Rostock.

Klein, Armin (2008): Besucherbildung im Kulturbetrieb. Ein Handbuch. Wiesbaden: VS.

Klein, Armin (2005): Kulturpolitik. Eine Einführung (2. Auflage). Wiesbaden: VS.

Klein, Gabriele (2012): Choreo-Politik. Kulturelle und künstlerische Performances im öffentlichen Raum. In: Danko, Dagmar/Glauser, Andrea (Hrsg.): Soziologie der Künste. Sonderheft der Zeitschrift Sociologica Internationalis (im Erscheinen).

Klein, Gabriele (2011): Zeitgenössische Choreografie: Textband. In: Dies. (Hrsg.): Choreographischer Baukasten. Bielefeld: transcript.

Klein, Gabriele (2009): Choreographien des Sozialen. In: Ästhetik und Kommunikation 146, 25-30.

Klenk, Sonja (2006): Gedenkstättenpädagogik an den Orten nationalsozialistischen Unrechts in der Region Freiburg-Offenburg. Berlin: Lit.

Klepacki, Leopold (2008): Tanzen. Bewegungskunst im Zwischenraum von Leibpoesie und Körpertraining. In: Liebau, Eckart/Zirfas, Jörg (Hrsg.): Die Sinne und die Künste. Perspektiven ästhetischer Bildung (149-169). Bielefeld: transcript.

Klepacki, Leopold (2007): Die Ästhetik des Schultheaters. Pädagogische, theatrale und schulische Dimensionen einer eigenständigen Kunstform. Weinheim/München: Juventa.

Klepacki, Leopold (2005): Die Geschichte des Schultheaters in Deutschland. In: Liebau, Eckart u.a. (Hrsg): Grundrisse des Schultheaters. Pädagogische und ästhetische Grundlegung des Darstellenden Spiels in der Schule (9-30). Weinheim/München: Juventa.

Klepacki, Leopold/Zirfas, Jörg (2009): Ästhetische Bildung: Was man lernt und was man nicht lernt. In: Liebau, Eckart/Zirfas, Jörg (Hrsg): Die Kunst der Schule. Über die Kultivierung der Schule durch die Künste (111-139). Bielefeld: transcript.

Klieme, Eckhard u.a. (Hrsg.) (2010): PISA 2009. Bilanz nach einem Jahrzehnt. Münster: Waxmann.

Klinge, Antje (2010): Bildungskonzepte im Tanz. In: Bischof, Margrit/Rosiny, Claudia (Hrsg.): Konzepte der Tanzkultur. Wissen und Wege der Tanzforschung (79-94). Bielefeld: transcript.

Klinge, Antje (2002): Tanz als Medium kultureller Bildung. In: Bundesvereinigung Kulturelle Jugendbildung e.V. (Hrsg.): Kultur leben lernen. Bildungswirkungen und Bildungsauftrag der Kinder- und Jugendkulturarbeit (171-177). (Schriftenreihe der Bundesvereinigung Kulturelle Jugendbildung, 60). Remscheid: Topprint.

Klöden, Karl Friedrich (1976): Von Berlin nach Berlin. Erinnerungen 1786-1824. Berlin: Verlag der Nation.

Klub Zwei (2009): Für eine Stadt ohne Rassismus. In: Egermann, Eva/Pritz, Anna (Hrsg.): class works. Weitere Beiträge zu vermittelnder, künstlerischer und forschender Praxis (101-112). Wien: Löcker.

Knebel, Hans Joachim (1962): Soziologische Strukturwandlungen im modernen Tourismus. Stuttgart: Enke.

Knecht, Gerhard/Lusch, Bernhard (Hrsg.) (2011): Spielen Leben Lernen. Bildungschancen durch Spielmobile. München: kopaed.

Knorr-Cetina, Karin (2002): Wissenskulturen. Ein Vergleich naturwissenschaftlicher Wissensformen. Frankfurt/M.: Suhrkamp.

Köhler, Norma (2009): Biografische Theaterarbeit zwischen kollektiver und individueller Darstellung. Ein theaterpädagogisches Modell. München: kopaed.

Könenkamp, Wolf-Dieter (1988): Erklärung durch Zusammenhang. Zu Theorie und Praxis der Ausstellung im kulturhistorischen Museum. In: Götsch, Silke/Sievers, Kai-Detlev (Hrsg.): Forschungsfeld Museum. Festschrift für Arnold Lühning zum 65. Geburtstag (= Kieler Blätter zur Volkskunde 20) (137-167). Kiel: Mühlau in Komm.

Kohler, Jürgen (2004): Schlüsselkompetenzen und „employability" im Bologna-Prozess. In: Stifterverband für die Deutsche Wissenschaft e.V. (Hrsg.): Schlüsselkompetenzen und Beschäftigungsfähigkeit. Konzepte für die Vermittlung überfachlicher Qualifikationen an Hochschulen (5-15). Essen.

Kolfhaus, Stephan/Eichler, Kurt (1993): Planerische, strukturelle und finanzielle Grundlagen der Kinder- und Jugendkulturarbeit in Nordrhein-Westfalen. Expertise zum Projekt „Kinder- und Jugendkulturarbeit in Nordrhein-Westfalen: Bestandsaufnahme – Perspektiven – Empfehlungen". Unna: LKD

Kolhoff-Kahl, Iris (Hrsg.) (2007): Wildes Basteln. In: Grundschulzeitschrift 3/2007, 4-8.

Kolland, Dorothea (2012a): Kultursensible Schulkultur – Herausforderung und Chance der Multikulturalität. In: Senbill, Dieter/Warwas, Julia (Hrsg.): Kultur der Schule – Schule der Kulturen. Schneider Hohengehren GmbH (im Erscheinen).

Kolland, Dorothea (2012b): Von den Wechselwirkungen zwischen Kultur, Politik, Kultureller Bildung und Migration. In: Wolfenbüttler Akademietexte: Kultur für alle oder Produktion der ‚feinen Unterschiede' (101ff.). Wolfenbüttel.

Kolland, Dorothea (2006): Kulturelle Vielfalt: Diversität und Differenz. In: Institut für Kulturpolitik (Hrsg.): Jahrbuch für Kulturpolitik 2006 (139-148). Essen: Klartext.

Kolland, Dorothea (2004): Grenzen öffnen, um Welten zu erkennen. Kulturelle Bildung im kultur-und sozialpolitischen Kontext. In: Bundesvereinigung Kulturelle Kinder- und Jugendbildung (Hrsg.): Kultur öffnet Welten (43ff.). Remscheid: BKJ.

Kommunale Gemeinschaftsstelle für Verwaltungsmanagement (2012): Gutachten Musikschule (Nr. 1/2012). Köln: KGSt.

Kooij, Rimmert van der (1983): Die psychologischen Theorien des Spiels. In: Kreuzer, Karl J. (Hrsg.): Handbuch der Spielpädagogik. Band 1 (297-335). Düsseldorf: Schwann.

Kracauer, Siegfried (1984/1927): Das Ornament der Masse. Essays. Frankfurt/M.: Suhrkamp.

Krämer, Sybille (2004): Über die Heteronomie der Medien. Grundlinien einer Metaphysik der Medialität im Ausgang einer Reflexion des Boten. In: Journal Phänomenologie 22/2004,18-38.

Krapp, Andreas/Prenzel, Manfred/Weidenmann, Bernd (2006): Geschichte, Gegenstandsbereich und Aufgaben der Pädagogischen Psychologie. In: Krapp, Andreas/Weidenmann, Bernd (Hrsg.): Pädagogische Psychologie (1-31). Weinheim: BeltzPVU.

Krasny, Elke (2010): Die Schritte und die Worte. Gehen als urbanistische Wissensproduktion und kulturelle Bildungspraxis. In: Thuswald, Marion (Hrsg.): urbanes lernen. Bildung und Intervention im öffentlichem Raum (95-110). Wien: Löcker.

Kreft, Jürgen (1977): Grundprobleme der Literaturdidaktik. Eine Fachdidaktik im Konzept sozialer und individueller Entwicklung und Geschichte. Heidelberg: Quelle & Meyer.

Kreutz, Gunter u.a. (2004): Effects of Choir Singing or Listening on Secretory Immunoglobin A, Cortisol, and Emotional State. In: Journal of Behavioral Medicine 27/2004, 623-635.

Kreutzer, Michael (2008): Kompetenz und Autonomie. Künstlerisch-kulturelle Bildung im Übergang Schule-Beruf. In: Bundesvereinigung Kulturelle Kinder- und Jugendbildung e.V. (Hrsg.): Übergänge gestalten. Kunst- und Kulturprojekte zwischen Schule und Beruf (8-27). Remscheid: BKJ.

Krohm, Christoph (2007): Was gutes Reisen besser macht. Die Qualität von Studiosus Studienreisen. In: Grünewald Steiger, Andreas/Brunotte, Jörn (Hrsg.): Forum Kulturtourismus. Qualitäten des kultivierten Reisens (95-106). Wolfenbütteler Akademie-Texte. Band 32. Wolfenbüttel.

Krohn, Wolfgang (Hrsg.) (2006): Ästhetik in der Wissenschaft – Interdisziplinärer Diskurs über das Gestalten und Darstellen von Wissen. Hamburg: Felix Meiner.

Krotz, Friedrich (2007): Mediatisierung: Fallstudien zum Wandel von Kommunikation. Wiesbaden: VS.

Krüger, Heinz-Hermann (2006): Entwicklungslinien, Forschungsfelder und Perspektiven der erziehungswissenschaftlichen Biographieforschung. In: Krüger, Heinz-Herman/Marotzki, Winfried (Hrsg.): Handbuch erziehungswissenschaftliche Biographieforschung (2. überarb. u. akt. Auflage) (13-33). Wiesbaden: VS.

Krüger, Heinz-Herrmann/Deppe Ulrike (2010): Erziehungswissenschaftliche Biographieforschung. In: Friebertshäuser, Barbara/Langer, Antje/Prengel, Annedore (Hrsg.): Handbuch Qualitative Forschungsmethoden in der Erziehungswissenschaft (3., vollst. überarb. Auflage) (61-72). Weinheim/München: Juventa.

Krüger, Thomas (2008): Teilhabe und Willensbildung – Chancen für mehr Demokratie. In: Maedler, Jens (Hrsg.): TeilHabeNichtse (59-68). München: kopaed.

Kruse, Norbert (2011): Zur Poetik in Kindertexten in schulischen Lernprozessen. In: Kohl, Eva Maria/Ritter, Michael (Hrsg.): Die Stimmen der Kinder. Kindertexte in Forschungsperspektiven (73-82). Baltmannsweiler: Schneider-Hohengehren.

Kübler, Hans-Dieter (2006): Zurück zum „kritischen Rezipienten"? Aufgaben und Grenzen pädagogischer Medienkritik. In: Niesyto, Horst/Rath, Matthias/Sowa, Hubert (Hrsg.): Medienkritik heute. Grundlagen, Beispiele und Praxisfelder (17-52). München: kopaed.

Kükelhaus, Hugo/Lippe, Rudolf zur (1997): Erfahrungsfeld zur Entfaltung der Sinne. Frankfurt/M.: Fischer-Taschenbücher.

Kuhls, Heike (1996): Erinnern lernen? Pädagogische Arbeit in Gedenkstätten. Münster: agenda.

Kuhn, Sinje (2009): Partizipation im >Erlebnisgarten< im Theater für die Allerkleinsten. In: dan Droste, Gabi (Hrsg.): Theater von Anfang an! Bildung, Kunst und frühe Kindheit (187-191). Bielefeld: transcript.

Kulturausschuss des Deutschen Städtetages (DST) (Hrsg.) (2003): Jugendkunstschulen/Kulturpädagogische Einrichtungen als Elemente der kulturellen Jugendbildung in den Städten. Eine Orientierungshilfe. Verabschiedet vom Kulturausschuss des Deutschen Städtetages am 22./23. Mai in Schwetzingen. Zusammenstellung und Redaktion: Raimund Bartella. Schwetzingen: o.A.

Kulturkreis der Deutschen Wirtschaft im Bundesverband der Deutschen Industrie e.V. (Hrsg.) (2010): Unternehmerische Kulturförderung in Deutschland. Berlin: Kulturkreis der Deutschen Wirtschaft im BDI e.V.

Kulturpolitische Gesellschaft (2010): Kulturpolitische Mitteilungen 130, 3/2010. Hilmar Hoffmann zum 85. Geburtstag. o.A.

Kulturpolitische Gesellschaft (Hrsg.) (1987): Kulturpädagogik – Zur Zukunft eines Berufsfeldes. Loccum/Hagen (Dokumentation 29).

Kulturpolitische Gesellschaft (Hrsg.) (1986): Kinder- und Jugendkultur. Hagen (Dokumentation 27).

Kulturstiftung der Länder/Kulturstiftung des Bundes (Hrsg.) (2011): Kinder zum Olymp! Selbstverständlich! Kulturelle Bildung in der Schule. Kongress in Dessau am 23. und 24. Juni 2011. Berlin.

Kulturstiftung der Länder/Kulturstiftung des Bundes/Kulturreferat der Landeshauptstadt (Hrsg.) (2009): Kinder zum Olymp! Konkret! Kooperationen für kulturelle Bildung. Kongress in München am 25. und 26. Juni 2009. München/Berlin.

Kultusministerkonferenz (KMK) (2005): Bildungsstandards der Kultusministerkonferenz. Erläuterungen zur Konzeption und Entwicklung. o.O.: Luchterhand.

Kultusministerkonferenz (1998): Zur Situation des Unterrichts im Fach Musik an den allgemein bildenden Schulen in der Bundesrepublik Deutschland. Bericht. Berlin: KMK.

Kunde, Wolfgang/Wawrzyn, Lienhard (1979): Eingreifendes Fotografieren. Berlin: Ästhetik und Kommunikation.

Kungfutse (1975): Lun Yu. Gespräche. Düsseldorf/Köln: Eugen Diederichs.

Kunz-Ott, Hannelore/Kuhdorfer, Susanne/Weber, Traudel (Hrsg.) (2009): Kulturelle Bildung im Museum. Aneignungsprozesse, Vermittlungsformen, Praxisbeispiele. Bielefeld: transcript.

Kunz-Ott, Hannelore u.a. (2008): Qualitätskriterien für Museen: Bildungs- und Vermittlungsarbeit. Herausgegeben v. Deutschen Museumsbund e.V. und Bundesverband Museumspädagogik e.V. in Zusammenarbeit mit dem Österreichischen Verband der KulturvermittlerInnen im Museums- und Ausstellungswesen und Mediamus –Schweizerischer Verband der Fachleute für Bildung und Vermittlung im Museum. Berlin.

Kuper, Harm (2005): Evaluation im Bildungssystem: Eine Einführung. Stuttgart: Kohlhammer.

Kusnezow, Jewgeni (1970): Der Zirkus der Welt. Berlin: Henschel.

Kutzmutz, Olaf/Porombka, Stephan (Hrsg.) (2007): Erst lesen. Dann schreiben. 22 Autoren und ihre Lehrmeister. München: Luchterhand.

Kwon, Miwon (1997): Public art und städtische Identitäten (erstmals veröffentlicht 1997 unter dem Titel: Für Hamburg: Public Art und städtische Identitäten). In: Müller, Christian P./Kunstverein Hamburg/Kulturbehörde Hamburg: Ausstellungskatalog „Kunst auf Schritt und Tritt" (94-109). Hamburg.

Ladwig, Bernd (2006): Die politische Theorie der Frankfurter Schule: Franz L. Neumann. In: Brodocz, André/Schaal, Gary S. (Hrsg.): Politische Theorien der Gegenwart I (30-34). Opladen: Barbara Budrich.

Lammert, Norbert (2012): Sind wir gut genug in Kultur? In: Bunte, 4/2012, 88-90.

Lammert, Norbert (2002): In bester Verfassung? Oder: der Kulturstaat als Kompetenzproblem. In: Institut für Kulturpolitik der Kulturpolitischen Gesellschaft (Hrsg.) (2002): Jahrbuch für Kulturpolitik 2001. Thema: Kulturföderalismus (75-85). Bonn: Klartext.

Landesarbeitsgemeinschaft kulturpädagogische Dienste/Jugendkunstschulen NRW e.V. (Hrsg.) (1989): Impulse für die kommunale Jugendkulturarbeit. Unna: LKD.

Landesvereinigung Kulturelle Jugendarbeit (LKJ) NRW e.V. (Hrsg.) (2000): Jugendkulturarbeit auf dem Prüfstand. Sind wir gut? Bericht zum Wirksamkeitsdialog NRW. Drei Bände (2000: Teil 1, 2001: Teil 2, 2006: Teil 3). Dortmund: o.V.

Landtag NRW (2008): Chancen für Kinder, Rahmenbedingungen und Steuerungsmöglichkeiten für ein optimales Betreuungs- und Bildungsangebot in Nordrhein-Westfalen. Bericht der Enquetekommission 2008. Landestagsdrucksache 14/7070. Bönen: DruckVerlag Kettler GmbH.

Langer, Susanne K. (1987/1942): Philosophie auf neuem Wege. Frankfurt/M.: Fischer.

Lauer, Gerhard (2006): Spiegelneuronen. Über den Grund des Wohlgefallens an der Imitation. Diskussionsfassung. Tagung „Die Natur der Kulturen", Bielefeld, 25.-28.1.2006.

Lauffer, Otto (1907): Das historische Museum. Sein Wesen und Wirken und sein Unterschied von den Kunst- und Gewerbe-Museen. In: Museumskunde Bd. 3, 1-14, 78-99, 179-185, 222-245.

Laur-Ernst, Ute (2001): Informelles und formalisiertes Lernen in der Wissensgesellschaft. Wie lassen sich beide Lern- und Kompetenzbereiche gleichwertig anerkennen? In: BIBB- Bundesinstitut für Berufsbildung (Hrsg.): Kompetenzentwicklung- Lernen begleitet das Leben. Ereignisse, Veröffentlichungen und Materialien aus dem BIBB (111-128). Bonn.

Lehmann, Gerhart (2010): Der genetische Notenschlüssel. Warum Musik zum Menschsein gehört. München: Herbig.

Lehmann, Hans-Thies (1999): Postdramatisches Theater. Frankfurt/M.: Verlag der Autoren.

Lehmann-Wermser, Andreas u.a. (2010): Musisch-kulturelle Bildung an Ganztagsschulen: Empirische Befunde, Chancen und Perspektiven. Weinheim: Juventa.

Lepecki, André (2008): Option Tanz: Performance und die Politik der Bewegung. Berlin: Theater der Zeit.

Levinas, Emmanuel (1995): Zwischen uns. Versuch über das Denken an den Anderen. München: Carl Hanser.

Lewalter, Doris/Geyer, Claudia (2005): Evaluation vom Museumsbesuchen unter besonderer Berücksichtigung von Schulklassenbesuchen. In: Zeitschrift für Pädagogik 51, 6/2005, 774-785.

Lewitzky, Uwe (2005): Kunst für alle? Kunst im öffentlichen Raum zwischen Partizipation, Intervention und Neuer Urbanität. Bielefeld: transcript.

Lexikonredaktion des Bibliographischen Instituts (Hrsg.) (1981): Meyers großes Taschenlexikon. Band 15. Mannheim: Meyers Lexikonverlag.

Lichtwark, Alfred (1917): Museen als Bildungsstätten. In: Ders. (Hrsg.): Eine Auswahl seiner Schriften. Band 2 (185–195). Berlin: Cassirer.

Liebald, Christiane (2010): Bestandsaufnahme zu Instrumenten der Qualitätssicherung in der Kulturellen Bildung, Weiterbildung, Ganztagsschule und in Kindertageseinrichtungen. In: Bundesvereinigung Kulturelle Jugendbildung (Hrsg.): Studie zur Qualitätssicherung in der Kulturellen Bildung (3-88). Remscheid: BKJ.

Liebald, Christiane/Wagner, Bernd (Hrsg.) (1995): Aus- und Fortbildung für kulturelle Praxisfelder. Hagen: KuPoGe.

Liebald, Christiane/Wagner, Bernd (Hrsg.) (1993): Aus- und Fortbildung für kulturelle Praxisfelder. Dokumentation zweier Forschungsprojekte der Kulturpolitischen Gesellschaft und des Deutschen Kulturrates. Hagen/Bonn: Kulturpolitische Gesellschaft/Deutscher Kulturrat.

Liebau, Eckart (2009a): Theatrale Bildung. Produktions- und rezeptionsästhetische Perspektiven der darstellenden Künste. In: Schneider, Wolfgang (Hrsg.): Theater und Schule. Ein Handbuch zur kulturellen Bildung (53-63). Bielefeld: transcript.

Liebau, Eckart (2009b): Schulkünste. In: Liebau, Eckart/Klepacki, Leopold/Zirfas, Jörg (Hrsg.): Die Kunst der Schule. Über die Kultivierung der Schule durch die Künste (47-65). Bielefeld: transcript.

Liebau, Eckart/Klepacki, Leopold/Zirfas, Jörg (2009): Theatrale Bildung. Theaterpädagogische Grundlagen und kulturpädagogische Perspektiven für die Schule. Weinheim/München: Juventa.

Liebau, Eckart/Zirfas, Jörg (Hrsg.) (2008): Die Sinne und die Künste. Perspektiven ästhetischer Bildung. Bielefeld: transcript.

Liebau, Eckart u.a. (Hrsg.) (2005): Grundrisse des Schultheaters. Pädagogische und ästhetische Grundlegung des Darstellenden Spiels in der Schule. Weinheim/München: Juventa.

Liebau, Eckart/Miller-Kipp, Gisela/Wulf, Christoph (Hrsg.) (1999): Metamorphosen des Raums. Weinheim: Beltz.

Liegle, Ludwig (2009): Müssen Eltern erzogen werden? In: Beckmann, Christof u.a. (Hrsg.): Neue Familialität als Herausforderung der Jugendhilfe (100-107). neue praxis Sonderheft 9. Lahnstein: Verlag neue praxis.

Liegle, Ludwig (2005): Erziehungspartnerschaft als Grundlage der Zusammenarbeit zwischen Kindergarten und Elternhaus. In: Hammes-Di Bernardo, Eva/Hebenstreit-Müller, Sabine (Hrsg.): Innovationsprojekt Frühpädagogik (14-27). Baltmannsweiler: Schneider-Hohengehren.

Linck, Dieter (2008): Lehrerausbildung: Engpass auf Dauer? Ausbildung im Fach Theater/Darstellendes Spiel an Hochschulen. In: Jurké, Volker/Linck, Dieter/Reiss, Joachim (Hrsg.): Zukunft Schultheater (212-221). Hamburg: edition Körber-Stiftung.

Lindner, Werner/Sturzenhecker, Benedikt (Hrsg.) (2004): Bildung in der Kinder- und Jugendarbeit – vom Bildungsanspruch zur Bildungspraxis. Weinheim/München: Juventa.

Lindqvist, Sven (1989): Grabe, wo du stehst. Handbuch zur Erforschung der eigenen Geschichte. Bonn: Dietz.

LKJ Thüringen e.V. (1997): Kinder- und Jugendkulturarbeit in Thüringen. Erfurt.

Loeffelholz von Colberg, Bernhard Freiherr (1997): Ein ›Contrat Culturel‹ zur Aktivierung einer europäischen Wertegemeinschaft. In: Kulturpolitische Mitteilungen 79, 4/1997, 19-22.

Lösch, Bettina/Thimmel, Andreas (2010) (Hrsg.): Kritische politische Bildung. Schwalbach/Ts.: Wochenschau.

Löw, Martina (2001): Raumsoziologie. Frankfurt/M.: Suhrkamp

Lowinski, Felicitas (2007): Bewegung im Dazwischen. Ein körperorientierter Ansatz für kulturpädagogische Projekte mit benachteiligten Jugendlichen. Bielefeld: transcript.

Lubar, Steven (2007): Twentieth is the new Nineteenth: Thinking about Collecting an Exhibiting the last Century. Rhode Island: Brown University

Lüttge, Dieter (Hrsg.) (1989): Kunst – Praxis – Wissenschaft. Bezugspunkte kulturpädagogischer Arbeit. Hildesheim: Olms.

Luhmann, Niklas (1997): Erziehung als Forum des Lebenslaufs. In: Lenzen, Dieter/Luhmann, Niklas (Hrsg.): Bildung und Weiterbildung im Erziehungssystem. (11-29) Frankfurt/M.: Suhrkamp.

Lyotard, Jean-Francois (1986): Das postmoderne Wissen. Wien: Passagen.

Maase, Kaspar (2012) Die Kinder der Massenkultur. Kontroversen um Schmutz und Schund seit dem Kaiserreich. Frankfurt/M.: Campus.

Maase, Kaspar (1992): BRAVO Amerika. Erkundungen zur Jugendkultur der Bundesrepublik in den fünfziger Jahren. Hamburg: Junius.

Mack, Wolfgang (2008): Bildungslandschaften. In: Coelen, Thomas/Otto, Hans-Uwe (Hrsg.): Grundbegriffe Ganztagsbildung. Das Handbuch (741-749). Wiesbaden: VS.

Maiwald, Klaus (2010): Didaktik der Gebrauchstexte. In: Frederking, Volker u.a. (Hrsg.): Literatur- und Mediendidaktik (393-413). Baltmannsweiler: Schneider-Hohengehren.

Mandel, Birgit (2012): Tourismus und Kulturelle Bildung: Potentiale, Voraussetzungen, Praxisbeispiele und empirische Erkenntnisse. München: kopaed.

Mandel, Birgit (Hrsg.) (2008a): Audience Development. Kulturmanagement und Kulturelle Bildung. München: kopaed.

Mandel, Birgit (2008b): Kulturvermittlung als Schlüsselfunktion auf dem Weg in eine Kulturgesellschaft. In: Dies. (Hrsg.): Audience Development, Kulturmanagement, Kulturelle Bildung. Konzeptionen und Handlungsfelder der Kulturvermittlung (17-72). München: kopaed.

Mandel, Birgit (Hrsg.) (2005): Kulturvermittlung – zwischen kultureller Bildung und Kulturmarketing. Eine Profession mit Zukunft. Bielefeld: transcript.

Mandel, Birgit (2001): Kulturpädagogik als Beruf – Entwicklung des Berufsfeldes". In: Kultur – Jugend – Bildung: Kulturpädagogische Schlüsseltexte 1970 – 2000 (291-298). Remscheid.

Mandel, Birgit (1996): Wunschbilder werden wahr gemacht. Aneignung von Urlaubswelt durch Fotosouvenirs am Beispiel deutscher Italientouristen der 50er und 60er Jahre. Frankfurt/M.: Lang.

Manguel, Alberto (2007): Die Bibliothek bei Nacht. Aus dem Englischen von Manfred Allié und Gabriele Kempf-Allié. Frankfurt/M.: S. Fischer.

Manguel, Alberto (1999): Im Spiegelreich. Berlin: Volk & Welt.

Manguel, Alberto (1998a): Eine Geschichte des Lesens. Berlin: Volk & Welt.

Manguel, Alberto (1998b): Der Computer des heiligen Augustinus. Berlin: Volk & Welt.

Markl, Hubert (1983): Wie unfrei ist der Mensch? Von der Natur in der Geschichte. In: Ders. (Hrsg.): Natur und Geschichte (11-50). München/Wien: Oldenburg.

Marotzki, Winfried (2006): Forschungsmethoden und -methodologie der Erziehungswissenschaftlichen Biographieforschung. In: Krüger, Heinz-Herman/Marotzki, Winfried (Hrsg.): Handbuch erziehungswissenschaftliche Biographieforschung (2. überar. u. akt. Auflage) (59-135). Wiesbaden: VS.

Marotzki, Winfried (1990): Entwurf einer strukturalen Bildungstheorie. Biographietheoretische Auslegung von Bildungsprozessen in hochkomplexen Gesellschaften. Weinheim: Dt. Studienverlag.

Marotzki, Winfried/Tiefel, Sandra (2010): Qualitative Bildungsforschung. In: Friebertshäuser Barbara/Langer, Antje/Prengel, Annedore (Hrsg.): Handbuch Qualitative Forschungsmethoden in der Erziehungswissenschaft (3., vollst. überarb. Auflage) (73-88). Weinheim/München: Juventa.

Marsch, Karola (o.J.): Editorial. Der Theaterpädagogische Salon. In: Theater an der Parkaue: Sagen wir wie. Der Theaterpädagogische Salon (o.S.). Berlin: Theater an der Parkaue.

Martin, Karin/Ellermann, Ulla (1998): Rhythmische Vielseitigkeitsschulung. Schorndorf: Hofmann.

Martin, Randy (1998): Critical Moves: Dance Studies in Theory and Politics. Durham: Duke University Press.

Marzolph, Ulrich (Hrsg.) (2010): Strategien des populären Erzählens. Berlin: LIT.

Mattsson, Christina (2007): Towards extended Collaboration. In: Connecting Collecting – 30 years of Samdok. Samtid & Museer 31, 2/2007, 2.

Maurer, Björn (2010): Subjektorientierte Filmbildung in der Hauptschule. Theoretische Grundlegung und pädagogische Konzepte für die Unterrichtspraxis. München: kopaed.

Mayrhofer, Hans/Zacharias, Wolfgang (1982, 1977): Projektbuch ästhetisches Lernen. Reinbek: Rowohlt Taschenbuch.

Medienpädagogischer Forschungsverbund Südwest (2011): JIM-Studie 2011: Jugend, Information, (Multi-)Media. Stuttgart.

Merklinger, Daniela (2011): Frühe Zugänge zu Schriftlichkeit. Eine explorative Studie zum Diktieren. Univ., Diss. Hamburg 2010. Freiburg i. B.: Fillibach.

Merkt, Irmgard (2010): Die Stärken stärken. Kulturarbeit und Menschen mit Behinderung. In: Kulturpolitische Mitteilungen 130, 3/2010, 54-56.

Merleau-Ponty, Maurice (1974): Phänomenologie der Wahrnehmung. Berlin: De Gruyter.

Mersch, Dieter/Ott, Michaela (Hrsg.) (2007): Kunst und Wissenschaft. München: Wilhelm Fink.

Mertens, Gerald (2010): Orchestermanagement. Wiesbaden: VS.

Messerschmidt, Astrid (2009): Weltbilder und Selbstbilder. Bildungsprozesse im Umgang mit Globalisierung, Migration und Zeitgeschichte. Frankfurt/M.: Brandes & Apsel.

Métraux, Alexandre/Waldenfels, Bernhard (1989): Leibhaftige Vernunft. Spuren von Merleau-Pontys Denken. München: Wilhelm Fink.

Meyer, Torsten/Sabisch, Andrea (Hrsg.) (2009): Kunst Pädagogik Forschung. Aktuelle Zugänge und Perspektiven. Bielefeld: transcript.

Meyer, Wolfgang (2010): Informationssammlung und -bewertung. In: Stockmann, Reinhard/Meyer, Wolfgang (Hrsg.): Evaluation. Eine Einführung (191-234). Opladen & Farmington Hills, MI: Barbara Budrich.

Meyer, Wolfgang (2004): Indikatorenentwicklung: Eine praxisorientierte Einführung (2. Auflage). Saarbrücken: CEval Arbeitspapiere 10.

Meyer-Drawe, Käte (1993): „Die Welt betrachtet die Welt" oder: Phänomenologische Notizen zum Verständnis von Kinderbildern. In: Herrlitz, Hans-Georg/Rittelmeyer, Christian (Hrsg.): Exakte Phantasie. Pädagogische Erkundungen bildender Wirkungen in Kunst und Kultur (93-104). Weinheim: Juventa.

Meyer-Timpe, Ulrike (2009): Arme Kinder, armes Land. Kinderarmut hat verheerende Folgen. In: JuLit 2/2009, o.S.

Meyer-van Mensch, Léontine (2011): Welches Museum für wen? Besucher und Museen – zwei Welten prallen aufeinander. In: Henkel, Matthias (Hrsg.): Wie viel Museum braucht eine Stadt? Dokumentation der Fachtagung am 18./19. September 2009. Museen der Stadt Nürnberg (85-93). Berlin: Siebenhaar.

Meyer-van Mensch, Léontine/van Mensch, Peter (2010): From Disciplinary Control to Co-Creation – Collecting and the Development of Museums as Praxis in the Ninteeth and Twentieth Century. In: Pettersson, Susanna u.a. (Hrsg.): Encouraging Collections Mobility – A Way Forward for Museums in Europe (33-53). Helsinki: Finnish National Gallery.

Mielenz, Ingrid (1981) Die Strategie der Einmischung. Sozialarbeit zwischen sozialer Kommunalpolitik und Selbsthilfe. In: Müller, Siegfried/Olk, Thomas/Otto, Hans-Uwe (Hrsg.): Soziale Arbeit als soziale Kommunalpolitik. Ansätze zur aktiven Gestaltung lokaler Lebensbedingungen. Neue Praxis, Sonderheft 6/1981, 57-66.

Ministerium für Arbeit, Gesundheit und Soziales (MAGS)/Kultusministerium des Landes Nordrhein-Westfalen (Hrsg.) (1994): Bericht Kinder- und Jugendkulturarbeit in Nordrhein-Westfalen. Bestandsaufnahme, Perspektiven, Empfehlungen. Düsseldorf.

Ministerium für Schule und Weiterbildung des Landes Nordrhein-Westfalen (2009): Schule in Nordrhein-Westfalen. Bildungsbericht 2009. Düsseldorf.

Ministerium für Wissenschaft, Forschung und Kunst Baden-Württemberg (Hrsg.) (2010): Kultur 2020. Kunstpolitik für Baden-Württemberg. Stuttgart.

Mönch, Olaf (2008): Geht doch: Theater in der Sekundarstufe I. Kreativität und Engagement für Darstellendes Spiel. In: Jurké, Volker/Linck, Dieter/Reiss, Joachim (Hrsg.): Zukunft Schultheater (170-173). Hamburg: edition Körber-Stiftung.

Mörsch, Carmen (2010): Vorwort. In: Thuswald, Marion (Hrsg.): urbanes lernen. Bildung und Intervention im öffentlichem Raum (9-14). Wien: Löcker.

Mollenhauer, Klaus (1996): Grundfragen ästhetischer Bildung. Theoretische und empirische Befunde zur ästhetischen Erfahrung von Kindern. Weinheim/München: Juventa.

Mollenhauer, Klaus (1990): Ästhetische Bildung zwischen Kritik und Selbstgewißheit. In: Zeitschrift für Pädagogik, 4/1990, 481-494.

Monaco, James (2001): Film Verstehen. Reinbek: Rowohlt Taschenbuch

Montola, Markus/Stenros, Jaako/Waern, Annika (2009): Pervasive Games: Theory and Design. Experiences on the Boundary between Life and Play (37-40). Morgan Kaufmann Publishers.

Morawek, Katharina/Schoiswohl, Tomash (2010): Von der Geschichtswerkstatt zur Geschichtsbaustelle. Historische Bildungsprozesse in urbanen Räumen. In: Thuswald, Marion (Hrsg.): urbanes lernen. Bildung und Intervention im öffentlichen Raum (43-54). Wien: Löcker.

Muhr, Mikki (2012): „Da hab ich mich verzeichnet." Karten als Reflexions- und Forschungsmittel. In: Ortner, Rosemarie (Hg.): exploring differences. Zur Vermittlung von Forschung und Bildung in pädagogischer Praxis. arts&culture&education Sonderband I (45-60). Wien: Löcker.

Münder, Johannes/Meysen, Thomas/Trenczek, Thomas (Hrsg.) (2009): Frankfurter Kommentar SGB VIII Kinder- und Jugendhilfe (6. Auflage). Baden-Baden: Nomos.

Müller, Burkhard/Schmidt, Susanne/Schulz, Marc (2008): Wahrnehmen können. Jugendarbeit und informelle Bildung (2. erw. Auflage). Freiburg i. B.: Lambertus.

Müller, Thomas/Schneider, Romana (Hrsg.) (2002): Montessori, Lehrmaterialien 1913-1935, Möbel und Architektur. München: Prestel.

Müller, C. Wolfgang (1997): Wie helfen zum Beruf wurde. Band 2 (3. erweiterte Auflage). Weinheim/Basel: Beltz.

Müller-Michaels, Harro (1996): Geschichte der Didaktk und Methodik des Literaturunterrichts und der Lektüre. In: Günther, Hartmut/Ludwig, Otto (Hrsg.): Schrift und Schriftlichkeit. Handbücher zur Sprache und Kommunikation (HSK) 10.2 (1268-1277). Berlin/New York: Mouton de Gruyter.

Müller-Rolli, Sebastian (Hrsg.) (1988): Kulturpädagogik und Kulturarbeit. Grundlagen, Praxisfelder, Ausbildung. Weinheim/München: Juventa.

Münchner Kinder- und Jugendforum/Kultur & Spielraum e.V, Ökoprojekt/Mobilspiel e.V. im Auftrag der Kinderbeauftragten der Landeshauptstadt München (Hrsg.) (2000): Auf die Perspektive kommt es an! Münchner Kinder mischen mit. Kinder-Aktions-Handbuch. München: Selbstverlag.

Münder, Johannes u.a. (2006): Frankfurter Lehr- und Praxiskommentar zum Kinder- und Jugendhilfegesetz/Sozialgesetzbuch III.§ 13 Rz 13.

Münker, Stefan (2012): De/Regulierung des Internets. Gastvortragsreihe Integrated Media, Institut für Musik, Carl-von-Ossietzky Universität Oldenburg, 26.01.2012.

Münker, Stefan (2009): Emergenz digitaler Öffentlichkeiten. Die Sozialen Medien im Web 2.0. Frankfurt/M.: Suhrkamp.

Mürner, Christian (2003): Medien- und Kulturgeschichte behinderter Menschen. Sensationslust und Selbstbestimmung. Weinheim: Beltz.

Nahrstedt, Wolfgang (2004): Interesse wecken – Kompetenz entwickeln: Lernen in Erlebniswelten. In: Commandeur, Beatrix/Dennert, Dorothee (Hrsg.): Event zieht - Inhalt bindet. Besucherorientierung von Museen auf neuen Wegen (29-37). Bielefeld: transcript.

Nancy, Jean-Luc (2006): Am Grund der Bilder. Zürich/Berlin: Diaphanes.

National Coalition für die Umsetzung der UN-Kinderrechtskonvention in Deutschland (Hrsg.) (2000): Kinderrechte sind Menschenrechte. Impulse für die zweite Dekade 1999 – 2009. Bonn: Arbeitsgemeinschaft für Jugendhilfe.

Nebauer, Flavia/Groote, Kim de (2012): Auf Flügeln der Kunst. Ein Handbuch zur künstlerisch-kulturellen Praxis mit Menschen mit Demenz. München: kopaed.

Neue Gesellschaft für Bildende Kunst (NGBK) (Hrsg.) (2010): Mischen: possible, Mona Jas 2008-2010 Stipendium Kunstvermittlung NGBK. Berlin: NGBK.

Neue Gesellschaft für Bildende Kunst (NGBK) (Hrsg.) (2002): Kunstcoop. Künstlerinnen machen Kunstvermittlung. Berlin: NGBK.

Neuweg, Georg H. (1999): Könnerschaft und implizites Wissen. Zur lehr-lerntheoretischen Bedeutung der Erkenntnis- und Wissenstheorie Michael Polanyis. Münster: Waxmann.

Nickl, Peter (2005): Ordnung der Gefühle: Studien zum Begriff des Habitus. Hamburg: Meiner.

Nida-Rümelin, Julian (2002): Perspektiven des Kulturföderalismus in Deutschland. In: Institut für Kulturpolitik der Kulturpolitischen Gesellschaft (Hrsg.): Jahrbuch für Kulturpolitik 2001. Thema: Kulturföderalismus (63-74). Bonn: Klartext.

Niedersächsischer Städtetag (2007): Celler Thesen zur kommunalen Bildungspolitik. Hannover.

Niedersächsisches Ministerium für Wissenschaft und Kultur (MWK) (Hrsg.) (2011): Kulturbericht Niedersachsen 2010. Hannover: MWK.

Niemann, Christoph (2012): Witz, komm raus. In: Zeit-Magazin, 16/2012, 14-21.

Niesyto, Horst (2010): Medienpädagogik: Milieusensible Förderung von Medienkompetenz. In: Theunert, Helga (Hrsg.): Medien. Bildung. Soziale Ungleichheit. Differenzen und Ressourcen im Mediengebrauch Jugendlicher (147-161). München: kopaed.

Nimczik, Ortwin (2011): Zum Studienfeld Klassenmusizieren. In: Diskussion Musikpädagogik, Sonderheft 2011, 69-79.

Noak, Winfried (2006): Kulturpädagogik. Grundzüge und Tätigkeitsfelder. Berlin: Soziokultur.

Noll, Günther/Stein, Helga (Hrsg.) (1996): Musikalische Volkskultur als soziale Chance. Laienmusik und Singtradition als sozialintegratives Feld. Tagungsbericht Hildesheim 1994 der Kommission für Lied-, Musik- und Tanzforschung in der Deutschen Gesellschaft für Volkskunde e.V. Essen: Die Blaue Eule.

Nolte, Josef (1987): Diplomstudiengang Kulturpädagogik. In: Kulturpolitische Gesellschaft (Hrsg.): Kulturpädagogik – Zur Zukunft eines Berufsfeldes (181-185). Loccum/Hagen (Dokumentation 29).

Noschka, Anette/Knerr, Günter (1986): Bauklötze staunen. 200 Jahre Geschichte der Baukästen. München: Hirmer.

OECD (2011a): Bildung auf einen Blick. Paris: OECD.

OECD (2011b): Education for innovation: the role of arts and STEM education. Workshop summary report. EDU/CERI/CD(2011)8.

OECD (2003): Definition and Selection of Competencies: Theoretical and Conceptual Foundations (DeSeCo). Summary of the final report „Key Competencies for a Successful Life and a Well-Functioning Society". Paris: OECD.

OECD (2001): Knowledge and Skills for Life. First results from PISA 2000. Paris: OECD.

Oevermann, Ulrich (1996): Theoretische Skizze einer revidierten Theorie professionalisierten Handelns. In: Combe, Arno/Helsper, Werner (Hrsg.): Pädagogische Professionalität. Untersuchungen zum Typus pädagogischen Handelns (70-182). Frankfurt/M.: Suhrkamp.

Olk, Thomas/Hartnuß, Birger (2011): Handbuch Bürgerschaftliches Engagement. Weinheim: Juventa.

Opaschowski, Horst (1979): Einführung in die freizeitkulturelle Breitenarbeit. Methoden und Modelle der Animation. Bad Heilbrunn: Klinkhardt.

Ortheil, Hanns-Josef (2005): Das große Fest der Schrift: Aufzeichnungen zum Literaturfestival „Prosanova". Hildesheim: Glück und Schiller.

Osborn, Albert F./Milbank, J. E. (1987): The effects of early education: a report form the child health an d education study. Oxford: Clarendon press.

Otto, Gunter (1994): Das Ästhetische ist „Das Andere der Vernunft". Der Lernbereich Ästhetische Erziehung. In: Friedrich Jahresheft, XII/1994, 56-58.

Otto, Gunter/Otto, Maria (1987): Auslegen. Ästhetische Erziehung als Praxis des Auslegens in Bildern und des Auslegens von Bildern. Seelze: Friedrich.

Otto, Hans-Uwe/Schrödter, Mark (2009): Befähigungs- und Verwirklichungsgerechtigkeit im Post-Wohlfahrtsstaat, in: Kessl, Fabian/Otto, Hans-Uwe (Hrsg): Soziale Arbeit ohne Wohlfahrtsstaat? (173-190). Weinheim/München: Juventa.

Overbeck, Peter (2006): Die Entwicklung der Tonträgertechnologie. In: Jacobshagen, Arnold/Reininghaus, Frieder (Hrsg.): Musik und Kulturbetrieb. Medien, Märkte, Institutionen (77-112). Laaber: Laaber.

Pädagogische Aktion e.V. (1989): Kulturpädagogisches Lesebuch IV/1. Die neue Kinder- und Jugendkulturarbeit. München: Eigenverlag.

Pädagogische Aktion e.V. (1984): Kulturpädagogisches Lesebuch III. Netzwerke für Spielen und Lernen in der Lebenswelt. München: Eigenverlag.

Pankoke, Eckart (2006): Konzentrieren und Konzertieren. Neue Kulturpolitik zwischen Steuerung und Selbststeuerung. In: Institut für Kulturpolitik der Kulturpolitischen Gesellschaft (Hrsg.): Jahrbuch für Kulturpolitik 2006 (321-328). Band 6. Bonn/Essen: Institut für Kulturpolitik der Kulturpolitischen Gesellschaft e.V./Klartext.

Pankoke, Eckart (1982): Kulturpolitik, Kulturverwaltung, Kulturentwicklung. In: Hesse, Joachim Jens (Hrsg.): Politikwissenschaft und Verwaltungswissenschaft (386-398). Politische Vierteljahreszeitschrift (PVS) Sonderheft 13/1982.

Pape, Winfried (2007): Amateurmusiker. In: de la Motte-Haber, Helga/Neuhoff, Hans (Hrsg.): Musiksoziologie (244-259). Laaber: Laaber.

Pape, Winfried/Pickert, Dietmar (1999): Amateurmusiker: Von der klassischen bis zur populären Musik. Perspektiven musikalischer Sozialisation. Frankfurt/M.: Peter Lang.

Pappermann, Ernst (1980): Grundzüge eines kommunalen Kulturverfassungsrechts. In: Deutsches Verwaltungsblatt, 701-708.

Paris, Scott/Yambor, Kirsten M./Packard, Becky W.-L. (1998): Hand-on Biology: A Museum-School-University Partnership for Enhancing Students' Interest and Learning in Science. In: The Elementary School Journal 98, 3/1998, 267-288.

Parmentier, Michael (1998): In entgegengesetzte Richtung. Sieben Thesen zur Pädagogik in Kunstmuseen. In: Stadt Neuss (Hrsg.): Wege in die Zukunft. Zwischen Besucherorientierung und Sammlungspflege (21-26). Dokumentation des Museums-Symposions im Clemens-Sels-Museum der Stadt Neuss am 12. Mai 1998. Neuss.

Paule, Gabriele (2009): Kultur des Zuschauens. Theaterdidaktik zwischen Textlektüre und Aufführungsrezeption. München: kopaed.

Peez, Georg (2009): Kunstpädagogik und Biografie. 52 Kunstlehrerinnen und Kunstlehrer erzählen aus ihrem Leben. Professionsforschung mittels autobiografisch-narrativer Interviews. München: kopaed.

Peez, Georg (2008): Einführung in die Kunstpädagogik. Stuttgart: Kohlhammer.

Peez, Georg (2001): Qualitativ empirische Forschung in der Kunstpädagogik (2. unveränd. Auflage). Norderstedt: books on demand.

Peez, Georg (1993): Kontinuität und Brüche im Bildungsprozess zwischen Anleitung und Selbstvergewisserung. Das Beispiel von Frau A. in einem Kurs der kulturellen Bildung. In: Hessische Blätter für Volksbildung, 1/1993, 73-80.

Peters, Sibylle (2006): Von der Kunst des Demonstrierens. Zur Figuration von Evidenz in der Perfomance des Vortrags. In: Peters, Sibylle/Schäfer, Martin Jörg (Hrsg.): Intellektuelle Anschauung. Figuration von Evidenz zwischen Kunst und Wissen (201-223). Bielefeld: transcript.

Peters, Sibylle/Schäfer, Martin Jörg (Hrsg.) (2006): Intellektuelle Anschauung. Figuration von Evidenz zwischen Kunst und Wissen. Bielefeld: transcript.

Petrie, M. (1994): Improved growth and survival of offspring of peacocks with more elaborate trains. In: Nature 371, 598-599.

Philipp, Maik (2011): Lesesozialisation in Kindheit und Jugend. Stuttgart: W. Kohlhammer.

Pölert, Gesa (2007): Alles tanzt. Das Publikum von morgen. In: Tanzplan Jahresheft 2006/07, 32-35.

Polany, Michael (1985): Implizites Wissens. Frankfurt/M.: Suhrkamp.

Porombka, Stephan (2009): Das neue Kreative Schreiben. In: German as a foreign language, 2-3/2009, 167-193.

Porombka, Stephan (2001): Slam, Pop und Posse. Literatur in der Eventkultur. In: Harder, Matthias (Hrsg.): Bestandsaufnahmen: Deutschsprachige Literatur der neunziger Jahre aus interkultureller Sicht (27-41). Würzburg: Königshausen & Neumann.

Posner, Michael u.a. (2008): How arts training influences cognition. In: Asbury, C./Rich, B. (Hrsg.): learning, arts, and the brain: The Dana Consortium Report on arts and cognition (1-10). New York: Dana Press.

Preckwitz, Boris (2005): Spoken Word und Poetry Slam: Kleine Schriften zur Interaktionsästhetik. Wien: Passagen.

Prenzel, Manfred (2009): Was man alles im Museum lernen kann: Lernvoraussetzungen, Prozesse und Ergebnisse. In: ICOM Deutschland/ICOM Frankreich/Deutsches Technikmuseum Berlin (Hrsg.): Wissenschaftskommunikation. Perspektiven der Ausbildung. Lernen im Museum. Dritte Tagung der Wissenschaftsmuseen im deutsch-französischen Dialog (137-142). Berlin 14.-16.10.2007. Frankfurt u.a.

Prenzel, Manfred (2005): Zur Situation der Empirischen Bildungsforschung. In: Impulse für die Bildungsforschung. Stand und Perspektiven. Dokumentation eines Expertengesprächs (7-21). DFG: Akademie.

Prenzel, Manfred u.a. (Hrsg.) (2007): PISA 2006. Die Ergebnisse der dritten internationalen Vergleichsstudie. Münster: Waxmann.

Prenzel, Manfred/Allolio-Näcke, Lars (Hrsg.) (2006): Untersuchungen zur Bildungsqualität von Schule. Abschlussbericht des DFG-Schwerpunktprogramms. Münster: Waxmann.

Presse- und Informationsamt der Bundesregierung (Hrsg.) (2011): Nationaler Aktionsplan Integration. Zusammenhalt stärken – Teilhabe verwirklichen. Berlin.

Probst, Werner (1991) Instrumentalspiel mit Behinderten. Ein Modellversuch und seine Folgen. Mainz: Schott.

Probst-Effah, Gisela/Reimers, Astrid (Hrsg.) (2003): Laienmusizieren in Nordrhein-Westfalen In: Landesmusikrat Nordrhein-Westfalen (Hrsg.): Musikland NRW Band 5 (o.S.). Münster: agenda.

Radermacher, Norbert (2011): Das Volkstheater im deutschen Amateurtheater heute. In: Korrespondenzen. Zeitschrift für Theaterpädagogik 58, 14.

Radermacher, Norbert (2006): Der Bund Deutscher Amateurtheater – Ein Mehr-Generationen-Modell. In: Ermert, Karl/Lang, Thomas (Hrsg.): Alte Meister - über Rolle und Ort Älterer in Kultur und kultureller Bildung (45ff.), Wolfenbütteler Akademie-Texte, Band 25. Wolfenbüttel.

Radermacher, Norbert/Weber, Hans Albrecht (2003): Amateurtheater. In: Koch, Gerd/Streisand, Marianne (Hrsg.): Wörterbuch der Theaterpädagogik (19ff.). Berlin: Schibri.

Rancière, Jacques (2008): Die Aufteilung des Sinnlichen: Die Politik der Kunst und ihre Paradoxien. Berlin: b_books.

Rauschenbach, Thomas (2009): Zukunftschance Bildung. Weinheim/München: Juventa.

Rauschenbach, Thomas (2005): Freiwilligendienste – wer hat was vom FSJ? In: Hessisches Sozialministerium (Hrsg.): 40 Jahre Freiwilliges Soziales Jahr in Hessen (25-44). Wiesbaden.

Rauschenbach, Thomas u.a. (2010): Lage und Zukunft der Kinder- und Jugendarbeit in Baden-Württemberg. Eine Expertise. Dortmund u.a.

Rauschenbach, Thomas/Christ, Bettina/Galuske, Michael (1994): Die MitarbeiterInnen in der Kinder- und Jugendkulturarbeit. In: Rauschenbach, Thomas (Hrsg.): Expertise zum Projekt „Kinder- und Jugendkulturarbeit in Nordrhein-Westfalen: Bestandsaufnahme – Perspektiven – Empfehlungen". Unna: LKD.

Reckwitz, Andreas (2006): Das hybride Subjekt. Eine Theorie der Subjektkulturen von der bürgerlichen Moderne zur Postmoderne. Weilerswist: Velbrück.

Regionalverband Ruhr (2012): Bildungsbericht Ruhr. Münster: Waxmann.

Reich, Kersten (1977): Theorien der Allgemeinen Didaktik. Stuttgart: Klett-Cotta.

Reichenbach, Roland (2001): Demokratisches Selbst und dilettantisches Subjekt. Demokratische Bildung und Erziehung in der Spätmoderne. Münster: Waxmann.

Reimers, Astrid (2006): Laienmusizieren. In Deutscher Musikrat (Hrsg.): Musikalmanach 2007/08. Daten und Fakten zum Musikleben in Deutschland (38-50). Regensburg: ConBrio.

Reimers, Astrid (1996): Laienmusizieren in Köln. Köln: Concerto.

Reinwand, Vanessa-Isabelle (2011): Bildungswirkungen der Künste in der frühen Kindheit. Eine kritische Sichtweise auf ihr Potenzial. In: Droste, Gabi dan (Hrsg.): Theater von Anfang an! Reflexionen und Positionen für die Praxis. Arbeitshefte zum Kinder- und Jugendtheater, Schriftenreihe des Kinder- und Jugendtheaterzentrums in der Bundesrepublik Deutschland, hrsg. von Christel Hoffmann, Arbeitsheft 5, 9-14.

Reinwand, Vanessa-Isabelle (2010a): „Ich glaube, wir müssen von Grund auf beginnen. Bei den Kindern." Kulturelle Bildung für Kinder und Jugendliche. In: Schneider, Wolfgang (Hrsg.): Kulturelle Bildung braucht Kulturpolitik. Hilmar Hoffmanns Kultur für alle reloaded (193-206). Hildesheim: Universitätsverlag.

Reinwand, Vanessa-Isabelle (2010b): „Zeig mal – lass hören! Mit allen Sinnen sprechen". Zwischenbericht wissenschaftliche Begleitung. Universität Hildesheim.

Reinwand, Vanessa-Isabelle (2008): „Ohne Kunst wäre das Leben ärmer" – Zur biografischen Bedeutung aktiver Theater-Erfahrung. München: kopaed.

Reinwand, Vanessa-Isabelle/Speckmann, Julia (2012): Die Sprachen der Künste. Oberhausen: Athena.

Retter, Hein (1979): Spielzeug. Weinheim: Beltz.

Reuter, Lutz R./Menz, Margarete (2009): Das Schulwesen in der Bundesrepublik Deutschland. In: Mertens, Gerhard/Frost, Ursula/Böhm, Wilfried (Hrsg.): Handbuch der Erziehungswissenschaft, Teilband II/1, Schule (139-154). Paderborn: Schöningh.

Reutlinger, Christian (2003): Jugend, Stadt und Raum. Sozialgeographische Grundlagen einer Sozialpädagogik des Jugendalters. Opladen: Leske + Budrich.

Rhein, Stefanie/Müller, Renate (2006): Musikalische Selbstsozialisation Jugendlicher. Theoretische Perspektiven und Forschungsergebnisse. In: Diskurs Kindheits- und Jugendforschung 4/2006, 551-568.

Ricardo, David (1817): Über die Grundsätze der politischen Ökonomie und der Besteuerung. München: FinanzBuch.

Rideout, Victoria/Vandewater, Elizabeth/Wartella, Ellen (2003): Zero to six. Electronic Media in the Lives of Infants, Toddlers and Preschoolers. Washington: Henry J. Kaiser Family Foundation.

Riemann, Gerhard (2006): Erzählanalyse. In: Bohnsack, Ralf/Marotzki, Winfried/Meuser, Michael (Hrsg.): Hauptbegriffe qualitativer Sozialforschung (2. Auflage) (45-48). Opladen: Budrich.

Riemer, Christoph/Sturzenhecker, Benedikt (Hrsg.) (2005): Playing Arts – Impulse ästhetischer Bildung für die Jugendarbeit (in Kooperation mit der aej Deutschland), incl. DVD mit Projektbeispielen. Weinheim/München: Juventa.

Ripper, Klaus (2011): Sehen – Denken – Handeln – Sprechen: Kunst im Bildungsprozess bei eingeschränkter Sprachfähigkeit. München: kopaed.

Rittelmeyer, Christian (2011a): Über Transferwirkungen künstlerischer Tätigkeiten. In: Kirschenmann, Johannes/Lutz-Sterzenbach, Barbara (Hrsg.): Kunst.Schule.Kunst. Modelle, Erfahrungen, Debatten (237-256). München: kopaed.

Rittelmeyer, Christian (2011b): Bildung. Ein pädagogischer Grundbegriff. Stuttgart: Kohlhammer.

Rittelmeyer, Christian (2010): Warum und wozu ästhetische Bildung? Über Transferwirkungen künstlerischer Tätigkeiten. Ein Forschungsüberblick. Oberhausen: Athena.

Rittelmeyer, Christian (2009a): Der menschliche Körper als Erkenntnisorgan. In Kraus, Anja (Hrsg.): Körperlichkeit in der Schule. Aktuelle Körperdiskurse und ihre Empirie (19-38). Oberhausen: Athena.

Rittelmeyer, Christian (2009b): Was sollen Kinder lesen. Kriterien, Beispiele, Empfehlungen. Stuttgart: Kohlhammer.

Ritter, Madeline (2011) All about Tanzplan Deutschland – Eine Strategie für den Tanz. In: Tanzplan Deutschland, eine Bilanz, 14-15.

Rizzolatti, Giacomo/Sinigaglia, Corrado (2009): Empathie und Spiegelneuronen. Die biologische Basis des Mitgefühls. Frankfurt/M.: Suhrkamp.

Rizzolatti, Giacomo/Craighero, L. (2004): The Mirror Neuron System. In: Annual Review of Neuroscience 27, 169-192.

Rizzolatti, Giacomo u.a. (2002): From Mirror Neurons to imitation. Facts and speculations. In: Meltzoff, Andrew N./Prinz, Wolfgang. (Hrsg.): The Imitative Mind. Development, Evolution, and Brain Bases (247-266). Cambridge: University Press.

Röhrs, Hermann (Hrsg.) (1979): Die Erziehungswissenschaft und die Pluralität ihrer Konzepte. Wiesbaden: Akademische Verlagsgesellschaft.

Röll, Franz Josef (2011): Zur Veränderung des Wahrnehmungsdispositivs durch Webvideo. In: JFC Medienzentrum Köln (Hrsg.): Jugendmedienarbeit für kulturelle Vielfalt (8-11). Köln.

Röll, Franz Josef (2010): Digital Divide oder e-Inclusion? Wie die Netze die kulturelle Teilhabe verändern. In: Kulturpolitische Mitteilungen 130, III/2010, 51-53.

Röll, Franz Josef (2003): Pädagogik der Navigation. Selbstgesteuertes Lernen durch Neue Medien. München: kopaed.

Rohmeder, Jürgen (1977): Methoden und Medien der Museumsarbeit: Pädagogische Betreuung der Einzelbesucher im Museum. Köln: DuMont.

Rolle, Christian (2010): Über Didaktik Populärer Musik. Gedanken zur Un-Unterrichtbarkeit aus der Perspektive ästhetischer Bildung. In: Maas, Georg/Terhag, Jürgen (Hrsg.): Zwischen Rockklassikern und Eintagsfliegen – 50 Jahre Populäre Musik in der Schule. Musikunterricht heute. Band 8 (48-57). Marschacht: Lugert.

Rollig, Stella/Sturm, Eva (2002): Dürfen die das? Kunst als sozialer Raum. Art | Education | Cultural Work | Communities. Wien: Turia + Kant.

Rose, Lotte/Schulz, Marc (2007): Gender-Inszenierungen. Jugendliche im pädagogischen Alltag. Königstein/T.: Ulrike Helmer.

Roselt, Jens (2008): Phänomenologie des Theaters. München: Fink.

Rosenmüller, Marcus H. (2009): Katalog des Bundesfestival Video 2009. Remscheid.

Rosenthal, Gabriele (2008): Interpretative Sozialforschung. Eine Einführung (2., korrigierte Auflage). Weinheim/München: Juventa.

Rosenthal, Stephanie (2011): Move: Choreographing you; art and dance since the 1960s. London u.a.: Hayward.

Rossmeissl, Dieter (2009): Die drei Kinder der Pädagogik. In: infodienst. Das Magazin für Kulturelle Bildung, 10/2009, 24-25.

Rossmeissl, Dieter (2009): Kulturelle Bildung in Kommunalen Bildungslandschaften. In: Kinder zum Olymp! Konkret! Kooperationen für kulturelle Bildung. Kongress-Dokumentation. München.

Rossmeissl, Dieter (2008): Jede Stadt braucht ein Gesamtkonzept Kulturelle Bildung. In: infodienst. Das Magazin für Kulturelle Bildung 86, 1/2008/, 18-19.

Rossmeissl, Dieter/Przybilla, Andrea (2006): Schulsozialpädagogik. Denken und Tun als Weg zum mündigen Menschen. Bad Heilbrunn: Klinkhardt.

Roth, Harriet (2011): Vom Ursprung des Museums. Die Kunst- und Wunderkammer. Interdisziplinarität in Samuel Quiccheberges Inscriptiones vel tituli theatri Amplissimi von 1565. In: Museumskunde 76, I/2011, 20-25.

Roth, Heinrich (1962): Die realistische Wende in der pädagogischen Forschung. In: Neue Sammlung, 2/1962, 481-490.

Roth, Michael M. (2008): Professionelle pädagogische Handlungskompetenz – ein holistisches Modell. In: Schieren, Jost (Hrsg.): Was ist und wie entsteht: Unterrichtsqualität an der Waldorfschule? (57-84). München: kopaed.

Rübsaamen, Dieter (2002): Verfassungsrechtliche Aspekte des Kulturföderalismus. In: Institut für Kulturpolitik der Kulturpolitischen Gesellschaft (Hrsg.): Jahrbuch für Kulturpolitik 2001. Thema: Kulturföderalismus (153-183). Bonn: Klartext.

Ryle, Gilbert (2002): Der Begriff des Geistes. Stuttgart: Reclam.

Sabisch, Andrea (2007): Inszenierung der Suche. Bielefeld: transcript.

Sachs, Curt (1933):Eine Weltgeschichte des Tanzes (Nachdruck 1984). Hildesheim: Olms.

Sachße, Christoph/Tennstedt, Florian (1988): Geschichte der Armenfürsorge in Deutschland, Band 2. Fürsorge und Wohlfahrtspflege 1871-1929. Stuttgart: Kohlhammer.

Sadewasser, Thomas (2008): Geocaching-Handbuch (2. Auflage). Norderstedt.

Sammons, Pam u.a. (2008): Effective pre-school and primary education 3-11 project (EPPE 3-11). Influences on children's attainment and progress in key stage 2: cognitive outcomes in year 6 (<Research Report DCSF-RR048). London: Department for Children, Schools and Families.

Sauer, Ilona (2010): Die Winterakademie ist eine Inszenierung, die ihren eigenen Titel trägt. In: Schneider, Wolfgang/Fechner, Meike (Hrsg.): Grimm & Grips. Jahrbuch für Kinder- und Jugendtheater 2010: Jugend im Theater. Von A wie Akteure bis Z wie Zuschauer (89-100). Frankfurt/M.: ASSITEJ Deutschland.

Sauer, Ilona (2007): Literaturbericht. Der Fachdiskurs zum Theater mit Kinder. In: Taube, Gerd (Hrsg.): Kinder spielen Theater (340-465). Milow: Schibri.

Schäfer, Gerd E. (2005): Bildungsprozesse im Kindesalter. Selbstbildung, Erfahrung und Lernen in der frühen Kindheit (3. Auflage). Weinheim/München: Juventa.

Schäfer, Gerd E. (2001): Bildungsprozesse im Kindesalter: Selbstbildung, Erfahrung und Lernen in der frühen Kindheit. Weinheim/München: Juventa.

Schäfer-Lembeck, Hans-Ulrich (Hrsg.) (2005): Klassenmusizieren als Musikunterricht!? Theoretische Dimensionen unterrichtlicher Praxen. München: Allitera.

Schauhoff, Stephan (Hrsg.) (2010): Handbuch der Gemeinnützigkeit (3. Auflage). München: C.H.Beck.

Scheibe, Wolfgang (2010): Die reformpädagogische Bewegung. Eine einführende Darstellung. Weinheim/Basel: Beltz.

Scheich, Henning (2007): Am Anfang war das Hören – Eine Kulturtechnik aus Sicht der Neurobiologie, Vortrag am 2.05.2007 in Kloster Banz.

Scheich, Henning (2004/05): Jahresbericht der Abteilung Akustik, Lernen, Sprache. Magdeburg: o.A.

Schell, Fred (2003, 1993): Aktive Medienarbeit mit Jugendlichen. Theorie und Praxis. München: kopaed.

Schenkel, Martin (2007): Engagement macht kompetent. Zivilgesellschaft und informelle Bildung. In: Forschungsjournal Neue Soziale Bewegungen. Bürgergesellschaft. Wunsch und Wirklichkeit. II/2007, 111-125.

Scherr, Albert (2011): Der Eigensinn des Spiels und seine (Un)Nützlichkeit für Bildungsprozesse. In: Knecht, Gerhard/Lusch, Bernhard (Hrsg.): Spielen Leben Lernen. Bildungschancen durch Spielmobile (49-54). München: kopaed.

Scheunpflug, Annette (2003): Natur oder Kultur? Anmerkungen zu einer alten pädagogischen Debatte. In: Liebau, E./Peskoller, H./Wulf, C. (Hrsg.): Natur-Pädagogisch-anthropologische Perspektiven (149-160). Weinheim: Beltz.

Scheurer, Hans/Spiller, Ralf (Hrsg.) (2010): Kultur 2.0. Neue Web-Strategien für das Kulturmanagement im Zeitalter von Social Media. Bielefeld: transcript.

Scheytt, Oliver (2010): Pflichtaufgabe, Grundversorgung und kulturelle Infrastruktur – Begründungsmodelle der Kulturpolitik. In: Institut für Kulturpolitik der Kulturpolitischen Gesellschaft (Hrsg.): Jahrbuch für Kulturpolitik 2010. Thema: Kulturelle Infrastruktur (27-43). Bonn: Klartext.

Scheytt, Oliver (2008): Kulturstaat Deutschland. Plädoyer für eine aktivierende Kulturpolitik. Bielefeld: transcript.

Scheytt, Oliver (2005): Kommunales Kulturrecht. Kultureinrichtungen, Kulturförderungen und Kulturveranstaltungen. München: Beck.

Scheytt, Oliver (1996): Sparen als Politikersatz? Anforderungen an das Kulturmanagement von morgen. In: Kulturpolitische Mitteilungen 74, III/1996, 40-45.

Schiebel, Daniela (2003): Storymailing. In: gruppe & spiel, 2+3/2003, 64ff.

Schikorsky, Isa (2003): Schnellkurs Kinder- und Jugendliteratur. Köln: Dumont.

Schiller, Friedrich (2005/1795): Sämtliche Werke. Band 4: Philosophische Schriften. Berlin: Aufbau.

Schilling, Johannes (2005): Soziale Arbeit. Geschichte – Theorie – Profession (2. Auflage). München: Ernst Reinhard/UTB.

Schinkel, Karl-Friedrich/Humboldt, Wilhelm von (1830): Zitiert nach: Kirsten Krumeich: "erst erfreuen, dann belehren". Eine preußische Bildungsdebatte und die Anfänge des öffentlichen Museums in Berlin. In: Göttinger Forum für Altertumswissenschaft 2011, 19-29.

Schleuning, Peter (2000): Der Bürger erhebt sich. Geschichte der deutschen Musik im 18. Jahrhundert. Stuttgart/Weimar: Metzler.

Schmidt, Heiner (1954): Die Lektüre der Flegeljahre. Ein Beitrag zur positiven Bekämpfung der Schundliteratur. Duisburg-Beeck: Arbeitsgemeinschaft Junge Lesefreunde.

Schmidt, Holger (Hrsg.) (2010): Empirie der Offenen Kinder- und Jugendarbeit. Wiesbaden: VS.

Schmidt, Jan-Hinrik/Paus-Hasebrink, Ingrid/Hasebrink, Uwe (Hrsg.) (2009): Heranwachsen mit dem Social Web. Zur Rolle von Web 2.0-Angeboten im Alltag von Jugendlichen und jungen Erwachsenen (Schriftreihe Medienforschung der Landesanstalt für Medien Nordrhein-Westfalen, Bd. 62). Berlin: Vistas.

Schmidt, Siegfried J. (2005): Lernen, Wissen, Kompetenz, Kultur. Vorschläge zur Bestimmung von vier Unbekannten. Heidelberg: Carl-Auer.

Schneider, Katja (2007) Aufforderung zum Andocken. In: Tanzplan, Jahresheft 2006/07, 48-51.

Schneider, Wolfgang (2010a): Entfaltungsprozesse ermöglichen. Kultur für alle als Plädoyer für eine Politik der Kultursteuerung. In: Ders. (Hrsg.): Kulturelle Bildung braucht Kulturpolitik. Hilmar Hoffmanns Kultur für alle reloaded (8-12). Hildesheim: Universitätsverlag.

Schneider, Wolfgang (2010b): Kulturpolitik für Kinder. Eine Studie zum Recht auf ästhetische Erfahrung und künstlerische Praxis in Deutschland. München: kopaed.

Schneider, Wolfgang/Fechner, Meike (Hrsg.) (2010): Grimm & Grips. Jahrbuch für Kinder- und Jugendtheater 2010: Jugend im Theater. Von A wie Akteure bis Z wie Zuschauer. Frankfurt/M.: ASSITEJ Deutschland.

Schön, Donald A. (1982): The Reflective Practitioner. How Professionals Think in Action. New York: Basic Books.

Schön, Erich (1999): Geschichte des Lesens. In: Franzmann, Bodo u.a. (Hrsg.): Handbuch Lesen (1-85). München: K.G. Saur.

Schönicke, Judith/Speck-Hamdan, Angelika (2010): Hören ohne Grenzen, Sprache entdecken – Interkulturelles Lernen – Deutsch als Zweitsprache. Braunschweig: Westermann.

Schorb, Bernd (2009): Gebildet und kompetent. Medienbildung statt Medienkompetenz? In: merz, 5/2009, 50-56.

Schorn, Brigitte/Timmerberg, Vera (o.J.): Evaluation in der kulturellen Bildungsarbeit. Remscheid: BKJ.

Schramm, Helma/Schwarte, Ludger/Lazardzig, Jan (Hrsg.) (2006): Spektakuläre Experimente. Praktiken der Evidenzproduktion im 17. Jahrhundert. Theatrum Scientarium 3. Berlin: De Gruyter.

Schröder, Achim (2011): Politische Jugendbildung. In: Hafeneger, Benno (Hrsg.): Handbuch außerschulische Jugendbildung. Grundlagen, Handlungsfelder, Akteure (173-186). Schwalbach/Ts.: Wochenschau.

Schubert, Herbert (2000): Städtischer Raum und Verhalten. Zu einer integrierten Theorie des öffentlichen Raumes. Opladen: Leske + Budrich.

Schule@Museum/Stiftung Mercator (Hrsg.) (2011): Eine Handreichung für die Zusammenarbeit. Deutscher Museumsbund. V. Gemeinsam mit BDK – Fachverband für Kunstpädagogik, Bundesverband Museumspädagogik, Bundeszentrale für politische Stiftung. Berlin.

Schulte-Sasse, Jochen (1977): Die Kritik an der Trivialliteratur seit der Aufklärung. München: Fink.

Schultheis, Klaudia (2009): Der Elementarbereich. In: Mertens, Gerhard/Frost, Ursula/Böhm, Wilfried (Hrsg.): Handbuch der Erziehungswissenschaft, Teilband II/1, Schule (155-160). Paderborn: Schöningh.

Schulz, Marc (2010): Performances. Jugendliche Bildungsbewegungen im pädagogischen Kontext. Wiesbaden: VS.

Schulze, Theodor (2006): Biographieforschung in der Erziehungswissenschaft. In: Krüger, Heinz-Herman/Marotzki, Winfried (Hrsg.): Handbuch erziehungswissenschaftliche Biographieforschung (2. überarb. u. akt. Auflage) (35-58). Wiesbaden: VS.

Schulze, Theodor (2005): Strukturen und Modalitäten biographischen Lernens. Eine Untersuchung am Beispiel der Autobiographie von Marc Chagall. In: ZBBS, 1/2005, 43-64.

Schulze Steinen, Mark (2011): „Neugier gehört zu unserem Beruf" – Musiker der Berliner Philharmoniker über ihr Engagement in der Education-Abteilung. In: Berlin Philharmoniker, das magazin, Mai/Juni 2011, 30-33.

Schütz, Alfred (2004): Der sinnhafte Aufbau der sozialen Welt. Eine Einleitung in die verstehende Soziologie. Konstanz: UVK.

Schütz, Alfred/Luckmann, Thomas (2003): Strukturen der Lebenswelt (Soziologische Texte; Bd. 82). Konstanz: UVK.

Schütz, Xóchil A. (2012): Slam Poetry mit Grundschulkindern. Buxtehude: Persen.

Schütz, Xóchil A. (2011): Slam Poetry. Eigene Texte verfassen und performen. Buxtehude: Persen.

Schütze, Fritz (1987): Das narrative Interview in Interaktionsfeldstudien: erzähltheoretische Grundlagen. Hagen: Studienbrief.

Schütze, Fritz (1984): Kognitive Figuren des autobiographischen Stehgreiferzählens [1]. In: Kohli, Martin/Robert, Günther (Hrsg.): Biographie und soziale Wirklichkeit (78-117). Stuttgart: Metzler.

Schuppener, Saskia (2006) Kreativität von Menschen mit geistigen und mehrfachen Behinderungen. Bad Heilbrunn: Klinkhardt.

Schuppener, Saskia (2005): Selbstkonzept und Kreativität von Menschen mit geistiger Behinderung. Bad Heilbrunn: Klinkhardt.

Schuster, Peter-Klaus (2001): Das Berliner Museumsschloss. Eine Freistätte für Kunst und Wissenschaft. In: Senatsverwaltung für Stadtentwicklung Berlin (Hrsg.): Internationale Expertenkommissionen Historische Mitte Berlin. Materialien (46-51). Berlin: Brandenburgische Universitätsdruckerei und Verlagsgesellschaft Potsdam mbH.

Schwan, Stephan/Trischler, Helmuth/Prenzel, Manfred (Hrsg.) (2006): Lernen im Museum: die Rolle von Medien. Mitteilungen und Berichte aus dem Institut für Museumsforschung, Nr. 38. Berlin: Institut für Museumsforschung.

Schwedt, Elke/Schwedt, Herbert (2002): Gesang- und Musikvereine 1800-2000. Zur Geschichte und Verbreitung laienmusikalischer Vereinigungen. In: Irsigler, Franz (Hrsg.): Geschichtlicher Atlas der Rheinlande, Beiheft XI/8-XI/10 (o.S.). Köln: Rheinland.

Schwencke, Olaf (1972): Ästhetische Erziehung und Kommunikation. Frankfurt/M.: Diesterweg.

Screven, Chandler G. (1988): Teaching science to voluntary learners and the role of evaluation. In: Heltne, Paul G./Marquardt, Linda A. (Hrsg.): Science learning in the informal setting. (229-240). Chicago: Chicago Academy of Sciences.

Seidel, Sabine u.a. (2008): Stand der Anerkennung non-formalen und informellen Lernens in Deutschland im Rahmen der OECD Aktivität „Recognition of non-formal and informal Learning". Bonn/Berlin: BMBF.

Seitz, Hanne (2005): Willy Praml. Für mich ist Theater mehr als das Leben. In: Streisand, Marianne u.a. (Hrsg.) Generationen im Gespräch. Archäologie der Theaterpädagogik I (269-282). Milow: Schibri.

Seitz, Hanne (1998): „...nicht ich und doch so gespenstisch immer-da". In: Internationale Gesellschaft der Bildenden Künste (IGBK) (Hrsg.): Kunst lehren? Künstlerische Kompetenz und kunstpädagogische Prozesse – Neue subjektorientierte Ansätze in der Kunst und Kunstpädagogik in Deutschland und Europa (260-272) Stuttgart: Radius.

Selle, Gert (1992): Das ästhetische Projekt. Plädoyer für eine kunstnahe Praxis in Weiterbildung und Schule. Unna: LKD.

Selle, Gert (Hrsg.) (1990): Experiment ästhetische Bildung. Reinbek: Rowohlt.

Selle, Gert (1989): Über die Ratlosigkeit der Kulturpädagogen. In: Behr, Michael/Knauf, Tassilo (Hrsg.): Kulturelle Bildung und kulturpädagogisches Handeln in interdisziplinärer Sicht (65ff.). Baltmannsweiler: Pädagogischer Verlag Burgbüchererei Schneider.

Shell Deutschland Holding (2010): Jugend 2010. 16. Shell-Jugendstudie. Frankfurt/M.: Fischer.

Shusterman, Richard (2005): Leibliche Erfahrung in Kunst und Lebensstil. Berlin: Akademie.

Shusterman, Richard (2000): Performing Life. Ithaka/London: Cornell University Press.

Siebel, Walter (1992): Was macht eine Stadt urban? Definitionen, Einwände und Widersprüche. In: Einblicke – Wissenschaft und Forschung an der Carl von Ossietzky Universität Oldenburg, Nr. 16/1992 (5-20). Oldenburg: Eigenverlag.

Sieben, Gerda (2011): Medien der kulturellen Bildung – kulturelle Bildung der Medien. In: MedienConcret, 1/2011, 70-74.

Siegmund, Gerald (2010): Choreografie und Gesetz. Zur Notwendigkeit des Widerstands. In: Haitzinger, Nicole/Fenböck, Karin (Hrsg.): Denkfiguren: Performatives zwischen Bewegen, Schreiben und Erfinden (94-104). München: epodium.

Sievers, Norbert (2001): „Fördern ohne zu fordern". Begründungen aktivierender Kulturpolitik. In: Institut für Kulturpolitik der Kulturpolitischen Gesellschaft (Hrsg.): Jahrbuch für Kulturpolitik 2000 (131-155). Band 1. Bonn/Essen: Institut für Kulturpolitik der Kulturpolitischen Gesellschaft e.V./Klartext.

Sievers, Norbert (2000): Netzwerk Kulturpolitik. Begründungen und Praxisbeispiele. In: Kulturpolitische Mitteilungen 90, III/2000, 31-38.

Sievers, Norbert (1998): Kooperative Kulturpolitik. Zauberformel oder Zukunftschance? In: Kulturpolitische Mitteilungen 83, IV/1998, 32-38.

Sievers, Norbert (Hrsg.) (1998): Neue Wege der Kulturpartnerschaft. Materialien, Heft 3. Bonn.

Sievers, Norbert (1996): Der Fonds Soziokultur. Ein bewährtes Förderkonzept wird weiterentwickelt. In: Kulturpolitische Mitteilungen 72/73, I-II/1996, 46-51.

Sievers, Norbert (1988): „Neue Kulturpolitik". Programmatik und Verbandseinfluss am Beispiel der Kulturpolitischen Gesellschaft, Dokumentation 32. Hagen.

Silvestrini, Stefan (2007): Organisatorischer Ablauf von Evaluationen. In: Stockmann, Reinhard (Hrsg.): Handbuch zur Evaluation. Eine praktische Handlungsanleitung (Sozialwissenschaftliche Evaluationsforschung; Bd. 6) (108-142). Münster u.a.: Waxmann.

Sloterdijk, Peter (1998): Eurotaoismus: Zur Kritik der politischen Kinetik. Frankfurt/M.: Suhrkamp.

Smith, Adam (1776): An Inquiry into the Nature and Causes of the Wealth of Nations (Edited by Sálvio M. Soares) Lausanne: MetaLibri.

Söndermann, Michael (2008): Öffentliche Kulturfinanzierung in Deutschland 2007. In: Institut für Kulturpolitik der Kulturpolitischen Gesellschaft: Jahrbuch für Kulturpolitik 2008 (397-405). Essen: Klartext.

Solarczyk, Hanna (2005): Vergleich der kulturellen (Erwachsenen-)Bildung in Polen und Deutschland. In: Depta, Henryk/Kargul, Józef/Półturzycki, Józef (Hrsg.): Kulturelle Erwachsenenbildung in Polen am Beispiel Lubuskie, Warschau und Płock (163-174). Münster u.a.: Waxmann.

Sowa, Hubert (2009): Der Spielraum der kreativen Imagination. Hermeneutische Untersuchungen zur bildnerischen Arbeit von Realschülern. In: Kunst + Unterricht, 331/332//2009, 19-28.

Sowa, Hubert (Hrsg.) (2005): KUNST+UNTERRICHT. Ich – Wir – Welt. Kunstpädagogik in der Sekundarstufe I (Sammelband). Seelze: Friedrich.

Spelke, Elizabeth (2008): Effects of Music Instruction on Developing Cognitive Systems at the Foundations of Mathematics and Science. In: Asbury, Carolyn/Rich, Barbara (Hrsg.): The Dana Consortium Report on Arts and Cognition: Learning, Arts, and the Brain (17-50). New York/Washington.

Spitzer, Manfred (2003): Langsam, aber sicher. Gehirnforschung und das Lernen Erwachsener. In: DIE Zeitschrift für Erwachsenenbildung, 3/2003, 8-40.

Spitzer, Manfred (2002): Musik im Kopf. Hören, Musizieren, Verstehen und Erleben im neuronalen Netzwerk. Stuttgart: Schattauer.

Spode, Hasso (1993): Geschichte des Tourismus. In: Hahn, Heinz/Kagelmann, Jürgen (Hrsg.): Tourismuspsychologie und Tourismussoziologie. Ein Handbuch zur Tourismuswissenschaft (3-9). München: Quintessenz.

Sponheuer, Bernd (1996): Artikel „Kenner – Liebhaber – Dilettant". In: Finscher, Ludwig (Hrsg.): Die Musik in Geschichte und Gegenwart (2., neubearb. Ausg.) (Sp. 31-37). Sachteil Band 5. Kassel: Bärenreiter/Stuttgart: Metzler.

Staatskanzlei des Landes Nordrhein-Westfalen (2010): Kulturbericht Nordrhein-Westfalen Landeskulturförderung 2009. Düsseldorf: Staatskanzlei des Landes Nordrhein-Westfalen.

Standbein Spielbein – Museumspädagogik aktuell (2010): Museumspädagogik im Internet – Dokumentation, Kommunikation, Marketing. Nr. 88.

Stang, Richard (2010): Kulturelle Bildung. In: Arnold, Rolf/Nolda, Sigrid/Nuissl, Ekkehard (Hrsg.): Wörterbuch der Erwachsenenbildung (176f.), 2. Auflage. Bad Heilbrunn: Klinkhardt.

Stang, Richard (2005): Angebot, Perspektive und rechtliche Rahmenbedingungen der kulturellen Erwachsenenbildung in Deutschland. Gutachten für die Enquete-Kommission „Kultur in Deutschland" des Deutschen Bundestags, vorgelegt vom Deutschen Institut für Erwachsenenbildung. Kommissionsdrucksache 15/494.

Statistische Ämter des Bundes und der Länder (2010): Kulturfinanzbericht 2010. Wiesbaden.

Statistische Ämter des Bundes und der Länder (2008): Kulturindikatoren auf einen Blick. Ein Ländervergleich. Wiesbaden.

Statistisches Bundesamt (2011a): Statistisches Jahrbuch für die Bundesrepublik Deutschland 2011. Stuttgart/Wiesbaden: Statistisches Bundesamt.

Statistisches Bundesamt (Hrsg.) (2011b): Im Blickpunkt. Ältere Menschen in Deutschland und der EU. Wiesbaden: Statistisches Bundesamt.

Statistisches Bundesamt (2010): Statistisches Jahrbuch, basierend auf der „Datenbank Deutscher Stiftungen" des Bundesverbandes Deutscher Stiftungen.

Staub-Bernasconi, Silvia (2010): Soziale Arbeit und Soziale Probleme. In: Thole, Werner (Hrsg.): Grundriss Soziale Arbeit. Ein einführendes Handbuch (3., erweiterte Auflage) (267-282). Wiesbaden: VS.

Steinbach, Daniel/Springenberg, Dirk (2011): In: Winter, Andrea (Hrsg.): Spielen und Erleben mit digitalen Medien. Pädagogische Konzepte und praktische Anleitungen (104-122). München: Reinhardt.

Steinecke, Albrecht (2009): Themenwelten im Tourismus. München: Oldenbourg.

Steinecke, Albrecht (2007): Kulturtourismus. Marktstrukturen, Fallstudien, Perspektiven, München: Oldenbourg.

Steiner, Udo (1983): Kulturauftrag im staatlichen Gemeinwesen. In: Veröffentlichungen der Vereinigung der Deutschen Staatsrechtslehrer 42 (7-45). Berlin: de Gruyter.

Stern, Elsbeth/Grabner, Roland/Schumacher, Ralph (2007): Lehr-Lern-Forschung und Neurowissenschaften: Erwartungen, Befunde und Forschungsperspektiven. Bildungsforschung Band 13. Berlin: BMBF.

Sternfeld, Nora (2009): Schule und Institutionskritik. In: Egermann, Eva/Pritz, Anna (Hrsg.): class works. Weitere Beiträge zu vermittelnder, künstlerischer und forschender Praxis (81-100). Wien: Löcker.

Sting, Stephan/Sturzenhecker, Benedikt (2012): Bildung und Offene Kinder- und Jugendarbeit. In: Deinet, Ulrich/Sturzenhecker, Benedikt: Handbuch Offene Kinder- und Jugendarbeit (5.,völlig erneuerte Auflage) (o.S.). Wiesbaden: VS (im Erscheinen).

Stock, Helga (2005): Konzeptionelle Vorstellungen von Erwachsenenbildnerinnen zur Programmgestaltung für die kulturelle Bildung. In: Gieseke, Wiltrud u.a.: Kulturelle Erwachsenenbildung in Deutschland. Exemplarische Analyse Berlin/Brandenburg (108-130). Münster u.a.: Waxmann.

Stockmann, Reinhard (2007a): Einführung in die Evaluation. In: Ders. (Hrsg.): Handbuch zur Evaluation. Eine praktische Handlungsanleitung (Sozialwissenschaftliche Evaluationsforschung; Bd. 6) (24-70). Münster u.a.: Waxmann.

Stockmann, Reinhard (2007b): Konkurrierende und komplementäre Ansätze zur Evaluation. In: Ders. (Hrsg.): Handbuch zur Evaluation: eine praktische Handlungsanleitung (71-107). Münster u.a.: Waxmann.

Stockmann, Reinhard/Meyer, Wolfgang (2010): Evaluation: eine Einführung. Opladen u.a.: Barbara Budrich.

Stolz, Heinz-Jürgen (2011): Lokale Bildungslandschaften. Gelingensbedingungen und Perspektiven für die Kulturelle Bildung. In: Bundesvereinigung Kulturelle Kinder- und Jugendbildung (Hrsg.): Magazin Kulturelle Bildung Nr. 8/Lokale Bildungslandschaften (7-9). Remscheid.

Strachwitz, Rupert Graf (2009): Plädoyer für eine Zivilgesellschaftspolitik. In: Niebel, Dirk (Hrsg.): Horizonte – Geschichte(n) der Zukunft. Berlin: liberal.

Streisand, Marianne u.a. (Hrsg.) (2005): Generationen im Gespräch. Archäologie der Theaterpädagogik I. Milow: Schibri.

Sturm, Eva (2011): Von Kunst aus. Kunstvermittlung mit Gilles Deleuze. Wien/Berlin: Turia + Kant.

Sturzenhecker, Benedikt (2008): Die Stimme erheben und mitbestimmen. Politische Bildung in der Offenen Kinder- und Jugendarbeit. In: deutsche jugend, 7-8/2008, 308-315.

Tagung im Stapferhaus (2011): Häuser der Gegenwart und ihr partizipatorischer Ansatz. Eine Arbeitstagung für Museumsfachleute. 30. Juni bis 1. Juli 2011. Stapferhaus Lenzburg.

Taube, Gerd (2011): Kinder- und Jugendtheater der Gegenwart. In: Lange, Günter (Hrsg.): Kinder- und Jugendliteratur der Gegenwart (290-306). Baltmannsweiler: Schneider.

Taube, Gerd (2009a): Zuschauen und Spielen. In: Ducker, Ludwig u.a. (Hrsg): Bildung in der Kindheit. Das Handbuch zum Lernen in Kindergarten und Grundschule (153-156). Seelze: Kallmeyer'sche Verlagsbuchhandlung.

Taube, Gerd (2009b): First Steps – Erste Erträge. Zu ästhetischen Eigenarten des Theaters für die Jüngsten. In: Gabi dan Droste (Hrsg.): Theater von Anfang an (87-101). Bielefeld: transcript.

Taube, Gerd (Hrsg.) (2007): Kinder spielen Theater. Spielweisen und Strukturmodelle des Theaters mit Kindern. Berlin/Milow: Schibri.

Tenorth, Heinz-Elmar (1997): „Alle alles zu lehren." Möglichkeiten und Perspektiven allgemeiner Bildung. Darmstadt: Wissenschaftliche Buchgesellschaft.

Tenorth, Heinz-Elmar (Hrsg.) (1986): Allgemeine Bildung. Weinheim/München: Juventa.

Terhag, Jürgen (1984): Die Un-Unterrichtbarkeit aktueller Pop- und Rockmusik. Gedankengänge zwischen den Stühlen. In: Musik und Bildung 16, 5/1984, 345-349.

Theunert, Helga (2005): Kinder und Medien. In: Hüther, Gerald/Schorb, Bernd (Hrsg.): Grundbegriffe Medienpädagogik (195-202). München: kopaed.

Theunissen, Georg (2004): Kunst und geistige Behinderung – Bildnerische Entwicklung – Ästhetische Erziehung – Kunstunterricht – Kulturarbeit. Bad Heilbrunn: Klinkhardt.

Theunissen, Georg (1997): Basale Anthropologie und ästhetische Erziehung. Bad Heilbrunn: Klinkhardt.

Thiele, Jens/Steitz-Kallenbach, Jörg (Hrsg.) (2003): Handbuch Kinderliteratur. Grundwissen für Ausbildung und Praxis. Freiburg: Herder.

Thiersch, Hans (2005): Lebensweltorientierte Soziale Arbeit. Aufgaben der Praxis im sozialen Wandel. Weinheim/München: Juventa.

Thimm, Barbara/Kößler, Gottfried/Ulrich, Susanne (Hrsg.) (2010): Verunsichernde Orte. Selbstverständnis und Weiterbildung in der Gedenkstättenpädagogik. Frankfurt/M.: Brandes & Apsel.

Thimm, Walter (2005): Das Normalisierungsprinzip, ein Lesebuch zu Geschichte und Gegenwart eines Reformkonzepts. Marburg: Lebenshilfeverlag.

Thole, Werner (2001): Kulturarbeit. In: Otto, Hans-Uwe/Thiersch, Hans (Hrsg.): Handbuch Sozialarbeit, Sozialpädagogik (2. völlig überarbeitete Auflage) (1098-1109).Neuwied: Luchterhand.

Thole, Werner/Cloos, Peter (Hrsg.) (1997): Kulturpädagogik studieren. Hildesheim: Olms.

Thomas, Alexander (2003): Interkulturelle Kompetenz – Grundlagen, Probleme und Konzepte. In: Erwägen, Wissen Ethik 14, 1/2003, 137-228.

Thünemann, Silvia (2009): Künstlerischer Selbstausdruck und kreative Wandlung. Opladen und Farmington Hills: Barbara Budrich.

Thuswald, Marion (Hrsg.) (2010): urbanes lernen. Bildung und Intervention im öffentlichen Raum. Wien: Löcker.

Timmerberg, Vera/Schorn, Brigitte (Hrsg.) (2009): Neue Wege der Anerkennung von Kompetenzen in der Kulturellen Bildung. Der Kompetenznachweis Kultur in Theorie und Praxis. München: kopaed.

Tippelt, Rudolf (2002): Einleitung des Herausgebers. In: Ders. (Hrsg.): Handbuch Bildungsforschung (9-18). Opladen: Leske + Budrich.

Tippelt, Rudolf u.a. (Hrsg.) (2008): Weiterbildung und soziale Milieus in Deutschland. Band 3: Milieumarketing implementieren. Bielefeld: Bertelsmann.

Tomasello, Michael (2006/2002): Die kulturelle Entwicklung des menschlichen Denkens. Frankfurt/M.: Suhrkamp Taschenbücher Wissenschaft.

Tooby, John E./Cosmides, Leda (1992): The Psychological Foundations of Culture. In: Barkow, Jerome/Cosmides, Leda/Tooby, John E. (Hrsg.): The Adapted Mind. Evolutionary Psychology and the Generation of Culture (19-135). New York/Oxford: Oxford University Press.

Treptow, Rainer (2011): Über die Produktion von Bildungsarmut und mögliche Auswege, In: Braun, Tom (Hrsg.): Lebenskunst lernen in der Schule. Mehr Chancen durch Kulturelle Schulentwicklung (28-40).München: kopaed.

Treptow, Rainer (2010): Kulturelle Strategien und soziale Ausgrenzung. Was kann Kulturarbeit leisten? In: Kulturpolitische Mitteilungen 130, III/2010, 42-46.

Treptow, Rainer (2008): Kunst und Kulturelle Bildung. In: Ders. (2012): Wissen, Kultur, Bildung. Beiträge zur Sozialen Arbeit und Kulturellen Bildung (142-153). Weinheim/Basel: Beltz/Juventa.

Treumann, Klaus u.a. (2007): Medienhandeln Jugendlicher. Mediennutzung und Medienkompetenz. Bielefelder Medienkompetenzmodell. Wiesbaden: VS.

Tulodziecki, Gerhard (2010): Medienbildung in der Schule. In: Bauer, Petra/Hoffmann, Hannah/Mayrberger, Kerstin (Hrsg.): Fokus Medienpädagogik. Aktuelle Forschungs- und Handlungsfelder (45-61). München: kopaed.

Tulodziecki, Gerhard (2009): Ganztagsschule und Medienbildungsstandards. In: merz – medien + erziehung, 1/2009, 8-15.

Uhlig, Bettina (2005): Kunstrezeption in der Grundschule: Zu einer grundschulspezifischen Rezeptionsmethodik. München: kopaed.

Ullrich, Wolfgang/Brockschnieder, Franz-Josef (Hrsg.) (2001): Reggio-Pädagogik im Kindergarten. Freiburg: Herder.

UNESCO (2006a): Leitfaden für kulturelle Bildung. UNESCO-Weltkonferenz für Kulturelle Bildung. (Road Map for Arts Education). Schaffung kreativer Kapazitäten für das 21. Jahrhundert. 6.- 9. März. Lissabon.

United Nations Educational, Scientific and Cultural Organization (UNESCO) (2006b): Road Map for Arts Education. Lisbon.

Urlaß, Mario (Hrsg.) (2005): Pflanzen. In: Kunst+Unterricht 289, 4-10/22-30.

Varèse, Edgar (1983): Liberté pour la musique in Écrits. Paris: Bourgois.

Verband deutscher Musikschulen e.V. (2012): VdM Jahresbericht 2011 – Themenschwerpunkte und statistische Daten. Bonn: VdM

Verband deutscher Musikschulen e.V. (2012): Statistisches Jahrbuch der Musikschulen in Deutschland 2011. Bonn: VdM.

Verband deutscher Musikschulen e.V. (VdM) (2010a): VdM Jahresbericht 2010 – Themenschwerpunkte und statistische Daten. Bonn: VdM.

Verband deutscher Musikschulen e.V. (2010b): Strukturplan des VdM – Der Weg zur Musik durch die Musikschule. Bonn: VdM.

Verband deutscher Musikschulen (VdM) (2009): Strukturplan des VdM – Der Weg zur Musik durch die Musikschule. Bonn: VdM.

Vergo, Peter (Hrsg.) (1989/2009): The New Museology. London: Reaktion Books.

Völckers, Hortensia (2009): Themen zum Kongress. In: Kulturstiftung der Länder/Kulturstiftung des Bundes/Kulturreferat der Landeshauptstadt München (Hrsg.) (2009): Kinder zum Olymp! Konkret! Kooperationen für kulturelle Bildung (15-17). Berlin.

Völkers, Hortensia (2008): Man muss die Progressivsten den Raum bauen lassen. Arnd Wesemann im Gespräch mit Madeline Ritter und Hortensia Völkers. In: politik und kultur, 14/2008, 2.

Voland, Eckart (2009): Soziobiologie – Die Evolution von Kooperation und Konkurrenz (3. Auflage). Heidelberg: Spektrum.

Voland, Eckart (2003): Aesthetic preferences in the world of artefacts: Adaptation for the evaluation of 'honest signals'? In: Voland, Eckart/Grammer, Karl (Hrsg.): Evolutionary Aesthetics (239-260). Heidelberg: Springer.

Voland, Eckart (2000): Natur oder Kultur? Eine Jahrhundertdebatte entspannt sich. In: Fröhlich, Siegfried (Hrsg.): Kultur – Ein interdisziplinäres Kolloquium zur Begrifflichkeit (41-53). Halle/Saale: Landesamt für Archäologie.

Wagner, Bernd (2009): Fürstenhof und Bürgergesellschaft. Zur Entstehung, Entwicklung und Legitimation von Kulturpolitik. Essen: Klartext.

Wagner, Bernd (2002): Kulturelle Globalisierung. Von Goethes „Weltliteratur" zu den weltweiten Teletubbies. In: Aus Politik und Zeitgeschichte, 12/2002, 10-18.

Wagner, Bernd (Hrsg.) (2000): Ehrenamt, Freiwilligenarbeit und bürgerschaftliches Engagement in der Kultur. Dokumentation eines Forschungsprojektes. Dokumentation 55 Kulturpolitische Gesellschaft e. V. Essen: Klartext.

Wagner, Ernst (2010): Establishing a UNESCO Chair at the University Erlangen-Nuremberg. In: UNESCO today. Magazine of the German Commission No 1/2010, 86-89.

Wagner, Ernst/Dreykorn, Monika (Hrsg.)(2007): Museum Schule Bildung. Aktuelle Diskurse/Innovative Modelle/Erprobte Methoden. München: kopaed.

Wagner, Marianne (2009): Doing Lectures. Performative Lectures as a Framework for Artistc Action. In: Jentjens, Kathrin u.a. (Hrsg.): Lecture Performance (17-30). Berlin: Revolver Publ. by VVV.

Wagner, Ulrike (2011): Freiräume für die Facetten des Selbst. In: MedienConcret, 1/2011, 6-9.

Waldenfels, Bernhard (2009): Ortsverschiebungen, Zeitverschiebungen: Modi leibhaftiger Erfahrung. Frankfurt/M.: Suhrkamp.

Waldenfels, Bernhard (1985): In den Netzen der Lebenswelt. Frankfurt/M.: Suhrkamp.

Waltner, Christine/Wiesner, Hartmut (2009): Lernwirksamkeit eines Museumsbesuchs im Rahmen von Physikunterricht. Learning effectiveness of museum visits as part of physics class. In: Zeitschrift für Didaktik der Naturwissenschaften, Jg. 15 (2009), 195-217.

Ward, Ossian (2012): State of the Art Photography. Düsseldorf: Feymedia.

Watson, Anne (2005): Dance and Mathematics: Engaging Senses in Learning. In: Australian Senior Mathematics Journal 19, 1/2005,16-23.

Weingart, Peter (2008): Die Öffentlichkeit der Wissenschaft: Vorderbühne und Hinterbühne. In: Berlin-Brandenburgischen Akademie der Wissenschafte (Hrsg.): Gegenworte: Hefte für den Disput über Wissen (11-14.). Berlin: Akademie.

Weinkauff, Gina/Glasenapp, Gabriele von (2010): Kinder- und Jugendliteratur. Paderborn: Schöningh UTB.

Welsch, Wolfgang (1998a): Ästhetisches Denken. Stuttgart: Reclam.

Welsch, Wolfgang (1998b): Transkulturalität. Zwischen Globalisierung und Partikularisierung. In: Drechsel, Paul (Hrsg.): Interkulturalität – Grundprobleme der Kulturbegegnung (45-72). Mainz.

Welsch, Wolfgang (1994): Ethik der Ästhet/hik – Ethische Implikationen und Konsequenzen der Ästhetik. In: Wulf, Christoph/Kamper, Dietmar/Gumbrecht, Hans Ulrich (Hrsg.): Ethik der Ästhetik (3-22). Berlin: Akademie.

Welsch, Wolfgang (Hrsg.) (1993): Die Aktualität des Ästhetischen. München: Fink.

Welzer, Harald (2011): Mentale Strukturen. Wie das Wachstum in die Welt und in die Seelen kam. Heinrich-Böll-Stiftung, Schriften zur Ökologie, Band 14.

Wendt, Wolf Rainer (1995): Geschichte der Sozialen Arbeit (4. überarbeitete Auflage). Stuttgart: Ferdinand Enke.

Weschenfelder, Klaus/Zacharias, Wolfgang (1981/1992): Handbuch Museumspädagogik. Orientierungen und Methoden für die Praxis. Düsseldorf: Schwann.

Westermayr, Stefanie (2010): Poetry Slam. Marburg: Tectum.

Westfehling, Uwe (1987): Ausbildung. In: Standbein/Spielbein, Museumspädagogik aktuell, 19/1987,1-3.

Westphal, Kristin (2009a): KITATANZ. Zur Evaluation eines Pilotprojektes. Online veröffentlichter Zwischenbericht. Universität Koblenz-Landau. Institut für Grundschulpädagogik.

Westphal, Kristin (2009b): Zur Aktualität der Künste im Morgen. An einem Beispiel von Theater mit Kindern und Erwachsenen. In: Westphal, Kristin/Liebert, Wolf-Andreas (Hrsg.): Gegenwärtigkeit und Fremdheit. Wissenschaft und Künste im Dialog über Bildung (171-184). Weinheim/München: Juventa.

Wichelhaus, Barbara (2004): Sonderpädagogische Aspekte der Kunstpädagogik – Normalisierung, Integration und Differenz. Hamburg: Hamburg University Press.

Wickel, Hans Hermann (2011): Kulturgeragogik. Eine Standortbestimmung. In: Kulturgeragogik. Impulse für die Kulturarbeit mit Älteren. Dokumentation zum Fachtag am 11. Oktober 2011 in der Akademie Franz Hitze Haus in Münster (5-10). Remscheid.

Wiechell, Dörte (1975): Didaktik und Methodik der Popmusik. Schriftenreihe zur Musikpädagogik. Frankfurt/M.: Diesterweg.

Willenbacher, Sascha (2007): Theater an der Parkaue. Die Winterakademie. In: Victor, Marion (Hrsg.): Spielplatz 20 (137-177). Frankfurt/M.

Willrich, Alexander (2010): Poetry Slam für Deutschland. Paderborn: Lektora.

Wils, Jean-Pierre (2000): Medienwelt. Vernichtung oder Verdichtung der Sinne. In: Demuth, Volker/Wagner, Robin (Hrsg.): Vom Sinn multipler Welt: Medien und Kunst (9-38). Würzburg: Königshausen und Neumann.

Winkler, Gisela (2007): Kinderzirkus als Bestandteil der internationalen Jugendkultur. In: Dies.: Zirkuspädagogik, Versuche einer Standortbestimmung (4-6). Lüneburg: Verlag edition erlebnispädagogik.

Winter, Rainer (2001): Die Kunst des Eigensinns. Cultural Studies als Kritik der Macht. Weilerswist: Velbrück Wissenschaft.

Winter, Rainer (1997): Medien und Fans. Zur Konstitution von Fan-Kulturen. In: SPoKK (Hrsg.): Kursbuch JugendKultur. Stile, Szenen und Identitäten vor der Jahrtausendwende (40-53). Mannheim: Bollmann.

Wintzerith, Stéphanie (2011): Die Ethik des Sammelns. Jahrestagung 2010 von ICOM-Deutschland, Leipzig, 23. bis 25. September 2010. In: ICOM-Deutschland (Hrsg.): Beiträge zur Museologie Heft 33 2011, 22-26.

Wissenschaftlicher Beirat für Familienfragen (2005): Familiale Erziehungskompetenzen. Weinheim/München: Juventa.

Wissenschaftlicher Beirat für Familienfragen (2002): Die bildungspolitische Bedeutung der Familie. Folgerungen aus der PISA-Studie. Stuttgart: Kohlhammer.

Wissenschaftlicher Beirat für Familienfragen beim BMFuS (1993): Familie und Beratung. Schriftenreihe des BMFuS, Band 16. Stuttgart: Kohlhammer.

Wittgenstein, Ludwig (2003): Philosophische Untersuchungen. Frankfurt/M.: Suhrkamp.

Wittmann, Gabriele/Schorn, Ursula/Land, Ronit (2010): Tanzprozesse gestalten. München: Kieser.

Wolf, Maryanne (2009): Das lesende Gehirn. Wie der Mensch zum Lesen kam – und was es in unseren Köpfen bewirkt. Heidelberg: Akademischer Verlag.

Wood, James (2011) [2008]: Die Kunst des Erzählens. Mit einem Vorwort von Daniel Kehlmann. Aus dem Englischen von Imma Klemm unter Mitwirkung von Barbara Hoffmeister. Reinbek: Rowohlt.

World Vision Deutschland e.V. (Hrsg.) (2010): Kinder in Deutschland 2010. 2. World Vision Kinderstudie. Frankfurt/M.: S. Fischer.

Wulf, Christoph (2009): Grundbegriffe interkulturellen Lernens. Konvergenzen mit ästhetischer Bildung. (141-148) In: Liebau, Eckart (Hrsg.): Lebensbilder. Oberhausen: Athena.

Zacharias, Wolfgang (2011): Bildungsnetzwerken kommunal und kulturell am Beispiel München – Erfahrungen, Bedingungen und Empfehlungen für Gesamtkonzepte und Netzwerke kultureller Bildung als Teil lokaler Bildungslandschaften. In: Magazin Kulturelle Bildung. Lokale Bildungslandschaften, 8/2011, 26-30.

Zacharias, Wolfgang (2010): Kulturell-ästhetische Medienbildung 2.0: Sinne. Künste. Cyber. München: kopaed.

Zacharias, Wolfgang (2001): Kulturpädagogik. Kulturelle Jugendbildung. Eine Einführung. Opladen: Leske+Budrich.

Zacharias, Wolfgang (1987): Beruf Kulturpädagoge – Arbeitsfeld Kulturpädagogik? In: Kulturpolitische Gesellschaft (Hrsg.): Kulturpädagogik. Zur Zukunft eines Berufsfeldes, Dokumentation 29, 4-7.

Zahavi, Amotzi (1975): Mate selection – A selection for a handicap. In: Journal of theoretical Biology 53, 205-214.

Zahavi, Amotzi/Zahavi, Avishag (1998): Signale der Verständigung. Das Handicap-Prinzip. Frankfurt/M.: Insel.

Zaiser, Dierk (2011): Rhythmus und Performance. Kulturprojekte als Chance für sozial benachteiligte und straffällige Jugendliche. München: kopaed.

Zaiser, Dierk (2008): Beatstomper (Reutlingen): Rhythmus- und Performanceprojekt. In: Maedler, Jens (Hrsg.): TeilHabeNichtse. Chancengerechtigkeit und kulturelle Bildung (148-150). München: kopaed.

Zell, Helmut (2003): Grundbegriffe und Grundstrukturen von Projekten (incl. DIN-Normen). In: Bernecker, Michael/Eckrich, Klaus (Hrsg.): Handbuch Projektmanagement (53-68). München: Oldenbourg.

Zentrum für Kulturforschung/Tanzplan Deutschland (2011): Öffentliche Tanzausgaben in Deutschland – Eine explorative Analyse. In: Tanzplan Deutschland, eine Bilanz, 88-91.

Zimmermann, Olaf/Schulz, Gabriele (2009): Einleitung. In: Deutscher Kulturrat (Hrsg.): Kulturelle Bildung: Aufgaben im Wandel (1-5). Berlin:Deutscher Kulturrat e.V.

Zlatkin-Troitschanskaia, Olga/Gräsel, Cornelia (2011): Empirische Bildungsforschung – ein Überblick aus interdisziplinärer Perspektive. In: Zlatkin-Troitschanskaia, Olga (Hrsg.): Stationen Empirischer Bildungsforschung. Traditionslinien und Perspektiven (9-20). Wiesbaden: VS.

Internetquellen
(letzter Zugriff am 17.09.12)

Akademie Remscheid für musische Bildung und Medienerziehung e.V.: www.akademieremscheid.de

Akademie der Bildenden Künste München: www.adbk.de

Aktuelles Forum NRW e.V. Politische Bildungsstätte: www.aktuelles-forum.de

Alice Salomon Hochschule Berlin: Master Biografisches und Kreatives Schreiben: www.ash-berlin.eu/studienangebot/weiterbildende-masterstudiengaenge/biografisches-und-kreatives-schreiben/willkommen

Alkemeyer, Thomas (2010): Konzept Graduiertenkolleg Selbst-Bildungen. Praktiken der Subjektivierung in historischer und interdisziplinärer Perspektive, Universität Oldenburg: www.praktiken-der-subjektivierung.de/download/Forschungsprogramm.pdf

Arbeitsgemeinschaft Deutscher Kunstvereine (ADKV): www.kunstvereine.de

Arbeitskreis für Jugendliteratur e.V. (AKJ): www.jugendliteratur.org

Arbeitskreis der Musikbildungsstätten in Deutschland: www.musikbildungsstaetten.de

Arbeitsstelle Kulturelle Bildung in Schule und Jugendarbeit NRW: www.kulturellebildung-nrw.de

Arte-Reportage vom 21.09.2010: „Der rote Bulli - Stephen Shore und die Neue Düsseldorfer Fotografie": http://videos.arte.tv/de/videos/_der_rote_bulli_stephen_shore_und_die_neue_duesseldorfer_fotografie_-3438098.html

Arts Council England (2011): Arts Council England announces funding decisions and new national portfolio of arts organisations: http://press.artscouncil.org.uk/Press-Releases/ARTS-COUNCIL-ENGLAND-ANNOUNCES-FUNDING-DECISIONS-AND-NEW-NATIONAL-PORTFOLIO-OF-ARTS-ORGANISATIONS-4c3.aspx

Autorengruppe Bildungsberichterstattung (2012): Bildung in Deutschland 2012. Ein indikatorengestützter Bericht mit einer Analyse zur kulturellen Bildung im Lebenslauf. Bielefeld: Bertelsmann: www.bildungsbericht.de/index.html?seite=10203

Becker, Helle (2009): Kulturelle und politische Bildung sollen sich nicht gegenseitig kolonialisieren. In: Dossier Kulturelle Bildung: www.bpb.de/gesellschaft/kultur/kulturelle-bildung/59945/interview-bildung-nicht-kolonialisieren?p=all

Beirat Tanz (2007): Mindestkompetenzen und Grundkenntnisse für Tanzpädagoginnen und Tanzpädagogen: http://dbt-remscheid.de/fileadmin/Dokumente/BTKG.pdf

Bergmeier, Uwe (2000): Pädagogische Arbeit zur NS-Geschichte mit Jugendlichen aus Migrantenfamilien. In: Pädagogik in Gedenkstätten: Beiträge zur Fachtagung „Pädagogik in Gedenkstätten", 12.-15. Oktober 2000 im Haus der Wannsee-Konferenz. Berlin: www.ghwk.de/deut/tagung/paed1.htm

Bergold, Ralph/Mörchen, Annette (Hrsg.) (2009): Zukunftsfaktor bürgerliches Engagement. Chance für kommunale Entwicklung. Beispiele und Perspektiven. Bad Honnef: www.engagiert-in-nrw.de/pdf/100406_Doku_Zukunftsfaktor_BE_.pdf

Berufsbegleitende Weiterbildung BLIMBAM: www.musikschule-fuerth.de/Musik-integrativ-BLIMBAM/m249I1/Musik-integrativ-BLIMBAM.html

Berufsbegleitende Weiterbildung „Tanzkunst in die Schule": www.tanzkunst-in-die-schule.de

BettelLobby Österreich: www.bettellobby.at

Bildung für nachhaltige Entwicklung. Weltdekade der Vereinten Nationen 2005-2014: www.bne-portal.de

Boban, Ines/Hinz, Andreas (2003): Der Index für Inklusion. Lernen und Teilhabe in Schule der Vielfalt entwickeln: www.inklusionspaedagogik.de/content/blogcategory/19/58/lang,de

Brock, Bazon (2002): Documenta11-Gespräch. „Man sieht nur, was man weiß". Die Besucherschulen des Wuppertaler Professors Bazon Brock zeigen Wege zum Verständnis zeitgenössischer Kunst. FAZ 32, August 2002: http://m.faz.net/aktuell/feuilleton/documenta11-gespraech-bazon-brock-man-sieht-nur-was-man-weiss-173631.html

Buchstart- Hamburg: www.buchstart-hamburg.de

Bundesakademie für kulturelle Bildung Wolfenbüttel: www.bundesakademie.de

Bundesarbeitsgemeinschaft der Immigrantenverbände e.V. (BAGIV): www.bagiv.de

Bundesjugendkuratorium (BJK) (2009): Zur Neupositionierung von Jugendpolitik: Notwendigkeiten und Stolpersteine: www.bundesjugendkuratorium.de/positionen.html

Bundesjugendkuratorium (BJK) – Sachverständigenkommission für den Elften Kinder- und Jugendbericht – Arbeitsgemeinschaft für Jugendhilfe (AGJ) (2002): Bildung ist mehr als Schule, Leipziger Thesen zur aktuellen bildungspolitischen Debatte: www.bundesjugendkuratorium.de/positionen.html

Bundesministerium für Bildung und Forschung (BMBF) (2012a): Ganztagsforschung – Studien zur Entwicklung von Ganztagsschulen: www.bmbf.de/de/18357.php

Bundesministerium für Bildung und Forschung (BMBF) (2012b): Pressemitteilung 10. Mai 2012 „Kultur macht stark": www.bmbf.de/_media/press/pm_0510-058.pdf

Bundesministerium für Bildung und Forschung (BMBF) (2011a): Allianz für Bildung: www.bmbf.de/pubRD/110218_Allianzpapier_final.pdf

Bundesministerium für Bildung und Forschung (BMBF) (Hrsg.) (2011b): Weiterbildungsverhalten in Deutschland. Weiterbildungsverhalten in Deutschland AES 2010 Trendbericht: www.bildungsserver.de/db/mlesen.html?Id=47321

Bundesministerium für Familie, Senioren, Frauen und Jugend (BMFSFJ) (2011): Gesetz zur Einführung eines Bundesfreiwilligendienstes: www.bmfsfj.de/BMFSFJ/gesetze,did=172814.html

Bundesprüfstelle für jugendgefährdende Medien (2008): Hip-Hop-Musik in der Spruchpraxis der Bundesprüfstelle für jugendgefährdende Medien (BPjM) – Rechtliche Bewertung und medienpädagogischer Umgang: www.bundespruefstelle.de/bpjm/redaktion/PDF-Anlagen/bpjm-thema-hiphop-broschuere-2008,property=pdf,bereich=bpjm,sprache=de,rwb=true.pdf

Bundesverband Deutscher Kinder- und Jugendmuseen: www.bv-kindermuseum.de

Bundesverband Museumspädagogik e.V: www.museumspaedagogik.org

Bundesverband Museumspädagogik e.V. (2010): Museen und Kindergärten: www.museen-und-kindergaerten.de

Bundesverband Tanz in Schulen: www. bv-tanzinschulen.de

Bundesverband Tanz in Schulen (o.J): Qualitätsrahmen: www.bv-tanzinschulen.de/qualitaetsrahmen.html

Internetquellen

Bundesvereinigung Kulturelle Kinder- und Jugendbildung e.V. (BKJ): www.bkj.de; Übersicht über die bundesweiten Wettbewerbe in der Kulturellen Kinder- und Jugendbildung steht auf der Homepage der BKJ zum Download bereit.

Bundesvereinigung Kulturelle Kinder- und Jugendbildung (2011): „Kultur macht Schule in ..." – eine länderbezogene Publikationsreihe: www.kultur-macht-schule.de/index.php?id=741

Bundesvereinigung Kulturelle Kinder- und Jugendbildung (Hrsg.) (2011): Kulturelle Bildung in der Netzgesellschaft gestalten. Positionen zur Medienbildung: www.miz.org/artikel/2011_BKJ_Positionspapier_Medienbildung.pdf

Bundesvereinigung Kulturelle Kinder- und Jugendbildung (2011): Pressemitteilung vom 01.09.2011: www.bkj.de/fileadmin/user_upload/documents/Presse/PM_Start_Bundesfreiwilligendienst_FWD_Kultur_Bildung_20110901_BKJ1.pdf

Burow, Olaf-Axel (2010): Warum brauchen wir kulturelle Bildung in der Schule? Ein Plädoyer. In: bpb: Dossier Kulturelle Bildung: www.bpb.de/gesellschaft/kultur/kulturelle-bildung/59965/kulturelle-bildung-in-der-schule?p=all

Center for Urban Pedagogy (CUP): www.anothercupdevelopment.org/

ComACE (2011): Community of knowledge on Arts and Cultural Education in Europe. www.comace.org/

ComCol - International Committee for Collecting. Annual Conference 2001. „Participative Strategies in Documenting the Present". Berlin-Dahlem, 31.10.-3.11.2011: http://comcol-icom.org/annual-conference-2011/; www.socialinclusion.org.uk/

Computerspielschule Leipzig: www.uni-leipzig.de/~compsp/Csl/

Compendium. Cultural policies and trends in Europe: www.culturalpolicies.net

Culture 21. Die Agenda 21 der Kultur: www.agenda21culture.net

DeGEval – Gesellschaft für Evaluation e.V.: www.degeval.de

dérive – Zeitschrift für Stadtforschung: www.derive.at

Desfosses, Agnès (2007): Rauminszenierungen: die Initiierung von Wahrnehmung durch den Raum in der Kunst für die Allerkleinsten: www.theatervonanfangan.de/texte/TheatervonAnfangan_Vortrag_Desfosses.pdf

Deutsche Sporthochschule Köln: Tanz in Schulen: www.dshs-koeln.de/modultanzinschulen

Deutscher Bundestag (2008): Kultur in Deutschland: Schlussbericht der Enquete-Kommission des Deutschen Bundestages: http://dipbt.bundestag.de/dip21/btd/16/070/1607000.pdf

Deutscher Kulturrat (2010): Stellungnahme „Lernorte interkultureller Bildung im vorschulischen und schulischen Kontext": www.kulturrat.de/detail.php?detail=1881&rubrik=4

Deutscher Museumsbund: KulturGut vermitteln – Museum bildet!: www.museumbildet.de

Deutscher Städtetag (2009): Kultur in Deutschland aus Sicht der Städte. Positionspapier zum Bericht der Enquete-Kommission „Kultur in Deutschland" des Deutschen Bundestages: www.google.de/url?sa=t&rct=j&q=&esrc=s&source=web&cd=1&cad=rja&ved=0CCIQFjAA&url=http%3A%2F%2Fwww.staedtetag.de%2Fimperia%2Fmd%2Fcontent%2Fdst%2Fkultur_in_deutschland.pdf&ei=EQJWUMuLA43WsgaXzYGQBg&usg=AFQjCNEIF3oLG3ecIm9C9Gm9oAOuNQD7pg

Deutscher Städtetag (2007): Aachener Erklärung des Deutschen Städtetags anlässlich des Kongresses „Bildung in der Stadt" am 22./23. November 2007: ec.europa.eu/education/migration/germany9_de.pdf

Deutsches Musikinformationszentrum (2010): Orchester, Ensembles, Chöre und Musizierende im Laienbereich 2009/2010: www.miz.org/intern/uploads/statistik39.pdf

Deutsche UNESCO-Kommission (2009): Kulturelle Vielfalt gestalten. Handlungsempfehlungen aus der Zivilgesellschaft zur Umsetzung des UNESCO-Übereinkommens zur Vielfalt kultureller Ausdrucksformen (2005) in und durch Deutschland: www.unesco.de/fileadmin/medien/Dokumente/Kultur/kkv/_FINAL_Weissbuch.pdf

Deutsche UNESCO-Kommission (Hrsg.) (1948): Records of the General Conference: http://unesdoc.unesco.org/images/0011/001145/114593e.pdf

Deutscher Bundesverband Tanz e.V.: www.dbt-remscheid.de

Deutscher Kulturrat: www.kulturrat.de

Deutsches Literaturinstitut Leipzig: www.deutsches-literaturinstitut.de

Die Beauftragte der Bundesregierung für Migration, Flüchtlinge und Integration (2007): Der Nationale Integrationsplan. Neue Wege – Neue Chancen: www.bundesregierung.de/nn_56708/Content/DE/Publikation/IB/nationaler-integrationsplan.html

Dorner, Birgit (2000): Bildenden Kunst in der Gedenkstättenarbeit. In: Beiträge zur Fachtagung „Pädagogik in Gedenkstätten", 12.-15. Oktober 2000 im Haus der Wannsee-Konferenz: www.ghwk.de/deut/tagung/paed1.htm

EDUCULT (2011a): Arts Education Monitoring System: www.educult.at/forschung/aems

EDUCULT (2011b): Programmevaluation KulturForscher!: www.educult.at/wp-content/uploads/2011/08/KuFo-Abschlussbericht2011_kurz_final.pdf

Electronic Sports League: www.esl.eu/de

Ermert, Karl (2009): Was ist kulturelle Bildung? Bundeszentrale für politische Bildung: www.bpb.de/themen/JUB24B,0,0,Was_ist_kulturelle_Bildung.html

„Europa InTakt.2010" (Kulturhauptstadt RUHR.2010): www.europaintakt.de

Europäische Jugendbildungs- und Jugendbegegnungsstätte Weimar: www.ejbweimar.de

European Association for the Teaching of Academic Writing (EATAW): www.eataw.eu

European Commission (ed.) (2006): Classification of learning activities – Manual. Luxemburg: European Commission/eurostat: http://epp.eurostat.ec.europa.eu/cache/ITY_OFFPUB/KS-BF-06-002/EN/KS-BF-06-002-EN.PDF

Eurydice (2009): Bericht zu Kunst- und Kulturerziehung an den Schulen in Europa: http://eacea.ec.europa.eu/education/eurydice/documents/thematic_reports/113DE.pdf

EUWARD – European Award Painting and Graphic Art by Artists with Mental Disability: www.euward.de

Expertenkreis Co:llaboratory: www.collaboratory.de

Fachhochschule Regensburg Bachelor Musik- und Bewegungsorientierte Soziale Arbeit: http://t3.hs-regensburg.de/fakultaeten/sozialwissenschaften/studien-gaenge/bachelor-mub.html

Fink, Tobias u.a. (2010): Wirkungsforschung zwischen Erkenntnisinteresse und Legitimationsdruck: www.forschung-kulturelle-bildung.de/downloads/Wirkungsforschung.pdf

Folkwang Universität der Künste: www.folkwang-uni.de

Fonds Soziokultur: www.fonds-soziokultur.de

Forschungsgemeinschaft Urlaub und Reisen e.V./Lohmann, Martin (2009): Urlaubsreisetrends 2009: www.fur.de/fileadmin/user_upload/CMT_2009-text_finale.pdf

FSJ Kultur: www.fsjkultur.de

Gabler Verlag (Hrsg.) (2011): Gabler Wirtschaftslexikon. Stichwort: Qualitätssicherung: http://wirtschaftslexikon.gabler.de

Gallese, Vittorio: Mitgefühl ist Eigenschutz. In: Zeitmagazin, Nr. 21, 6.1.2009, 29-31: www.zeit.de/2008/21/Klein-Mitgef-hl-21

Ganztägig lernen: www.ganztaegig-lernen.de

Internetquellen

Gensicke, Thomas/Geiss, Sabine (2010): Hauptbericht des Freiwilligensurveys 2009. Zivilgesellschaft, soziales Kapital und freiwilliges Engagement in Deutschland 1999 – 2004 – 2009: www.bmfsfj.de/RedaktionBMFSFJ/Broschuerenstelle/Pdf-Anlagen/3._20Freiwilligensurvey-Hauptbericht,property=pdf,bereich=bmfsfj,sprache=de,rwb=true.pdf

Grube, Thomas/Lasch, Enrique S. (2005): Rhythm is it! You can change your life in a dance class: www.rhythmisit.com/de/php/index_flash.php

Hamburger Volkshochschule: www.vhs-hamburg.de

Henri-Nannen-Journalistenschule: www.journalistenschule.de

Hentschel, Ingrid (2008): Medium und Ereignis – warum Theaterkunst bildet. Vortrag zur Eröffnung der Fachtagung Bildung braucht Kunst, Bundesakademie für kulturelle Bildung Wolfenbüttel, 19.2.2008: www.fh-bielefeld.de/multimedia/Fachbereiche/Sozialwesen/Dokumente/Kontakt/Personen/Hentschel/Warum_Theaterkunst_bildet.pdf

Hochschule für Angewandte Wissenschaften München Masterstudiengang Kultur-Ästhetik-Medien (Weiterbildungsstudiengang): www.hm.edu/allgemein/studienangebote/wissenschaftliche_weiterbildung/master/kaem.de.html

Hochschule für Musik Detmold: Warum Musikvermittlung I Konzertpädagogik?: www.musikvermittlung-detmold.de

Hochschule für Musik und Darstellende Kunst Frankfurt am Main: www.hfmdk-frankfurt.info

Hochschule für Musik und Darstellende Kunst Mannheim: Akademie des Tanzes: www.akademiedestanzes.de

Hochschule für Musik und Tanz Köln: Bachelor of Arts Tanz: www.hfmt-koeln.de/studiengaenge/ba/tanz.html

Hochschule für Musik und Theater Hamburg: Studiengang Musiktherapie: www.hfmt-hamburg.de/wissenschaftliche-und-paedagogische-studiengaenge/musiktherapie/studiengaenge

Hochschulkompass der Hochschulrektorenkonferenz (HRK): www.hochschulkompass.de

Hoffbauer Berufsakademie: www.hoffbauer-berufsakademie.de

Huntemann, Hella (2011): Volkshochschul-Statistik 2010 – Zahlen in Kürze: www.die-bonn.de/doks/2011-volkshochschule-statistik-02.pdf

Inclusion Life Art Network (ILAN) (2012): www.inclusion-life-art-network.de

International Federation of Social Workers: www.ifsw.org

Initiative Creative Gaming: www.creative-gaming.eu

Institut für Kulturpolitik der Kulturpolitischen Gesellschaft: Datenbank zum Studium Kultur: www.studium-kultur.de

Interkulturelles Theaterfestival des Forums der Kulturen Stuttgart e.V.: www.forum-der-kulturen.de

Janosa, Felix: Das Raphuhn – Unterrichtsmaterialien. Zum Download bereitgestellt u.a. vom Förderkreis Musizieren: www.fkmu.de

Jedem Kind ein Instrument: www.jedemkind.de

Jugendserver Niedersachsen: www.jugendserver-niedersachsen.de

Kaleidoskop Kulturelle Bildung e.V.: www.kaleidoskop-frankfurt.de

Kammerl, Rudolf/Ostermann, Sandra (2010) im Auftrag der MA HSH: Medienbildung - (k)ein Unterrichtsfach? Eine Expertise zum Stellenwert der Medienkompetenzförderung in Schulen: www.ma-hsh.de/cms/upload/downloads/Medienkompetenz/ma_hsh_studie_medienbildung_web.pdf

Kamp, Peter (2010): Querschnittsaufgabe mit Lücken – zur Finanzierung kultureller Bildung. In: bpb: Online-Dossier „Kulturelle Bildung", www.bpb.de/themen/Z6U0AQ,2,0,Querschnittsaufgabe_mit_L%FCcken_Zur_Finanzierung_kultureller_Bildung.html

Kant, Immanuel (1781): Kritik der reinen Vernunft. In: Ders. (1977): Werke in zwölf Bänden: www.zeno.org/nid/20009188444

Keuchel, Susanne/Keller, Wolfgang (Zentrum für Kulturforschung) (2011): Zur Chronologie von „MIXED UP". Empirische Daten zur Kooperation von Kultur und Schule. Evaluation im Auftrag der Bundesvereinigung Kulturelle Kinder- und Jugendbildung e.V. Sankt Augustin: www.kultur-macht-schule.de/index.php?id=491

Kinder-Akademie-Fulda: www.kaf.de

Kinder- und Jugendmuseum Nürnberg: www.kindermuseum-nuernberg.de

Kinderkulturkarawane (2012): Bukarest, Rumänien. Zirkus Parada. Mit Clownpower gegen die Gleichgültigkeit: www.kinderkulturkarawane.de/PARADA/projekt.htm

Kindermuseum MACHmit! Museum für Kinder Berlin: www.machmitmuseum.de

Klinge, Antje (2011). Kulturelle Bildung im Bereich Tanz. In: bpb: Dossier Kulturelle Bildung: www.bpb.de/themen/ADPUT4,0,Kulturelle_Bildung_und_Tanz.html

Klinikclowns Bayern e.V.: www.klinikclowns.de

Kneidinger, Lisa (2008): Von der Vision zu Qualitätsstandards. Klarheit, Struktur und Platz für kinderorientierte Pädagogik: www.kindergartenpaedagogik.de/1918.html

Köhler, Horst (2006): Bildung für alle. Berliner Rede von Bundespräsident Horst Köhler am 21.06.2006: www.bundespraesident.de/SharedDocs/Reden/DE/Horst-Koehler/Reden/2006/09/20060921_Rede_Anlage.pdf;jsessionid=7951F6C652A806A34EE32E20DB1366F5.2_cid293?_blob=publicationFile&v=3

Köhler, Karl-Heinz (2006): Thesen zur Kulturellen Bildung: www.ups-schulen.de/forum/06-3-4/06.pdf

komm museum. Museumspädagogik in Niedersachsen und Bremen: www.komm-museum.de

Kompetenznachweis Kultur: www.kompetenznachweiskultur.de

Konservatorium für türkische Musik Berlin: www.btmk.de

Krünitz, Johann Georg (1786): Ökonomisch-technologische Enzyclopädie, Band 37, 1786, 854: www.kruenitz.uni-trier.de

Kulturagenten für kreative Schulen: www.kulturagenten-programm.de

Kulturarbeit mit Älteren. Kulturgeragogik: www.kulturgeragogik.de

Kulturelle Bildung im Medienzeitalter (KuBIM): www.bildungsserver.de/Kulturelle-Bildung-im-Medienzeitalter-KuBIM--5751.html

Kultur.Forscher!: www.kultur-forscher.de

Kultur macht Schule: www.kultur-macht-schule.de

Kulturpolitische Gesellschaft: www.kupoge.de

Kulturpolitische Gesellschaft (1998): Toblacher Thesen: www.kupoge.de/ifk/tutzinger-manifest/pdf/toblach-d.pdf

Kulturpolitische Gesellschaft: Tutzinger Manifest: www.kupoge.de/ifk/tutzinger-manifest

Kulturpreise: www.kulturpreise.de Die Internet-Datenbank des „Handbuchs der Kulturpreise" informiert über regelmäßig vergebene Fördermaßnahmen und Ehrungen im Kultur- und Medienbereich.

Kulturprojekte Berlin: www.kulturprojekte-berlin.de

Kulturstiftung der Länder: Kinder zum Olymp!: www.kinderzumolymp.de

Kulturstiftung des Bundes (2012): Programmschwerpunkt Kunst der Vermittlung: www.kulturstiftung-des-bundes.de/cms/de/programme/kunst_der_vermittlung/index.html

Kulturvermittlung-online: www.kulturvermittlung-online.de

Kultur vom Rande 2011: www.kultur-vom-rande.de

Kultusministerkonferenz (KMK) (2006): Einheitliche Prüfungsanforderungen in der Abiturprüfung Darstellendes Spiel: www.kmk.org/fileadmin/veroeffentlichungen_beschluesse/2006/2006_11_16-EPA-darstellendes-Spiel.pdf

Kultusministerkonferenz (KMK) (2005): Beschlüsse der Kultusministerkonferenz, Einheitliche Prüfungsanforderungen in der Abiturprüfung – Bildende Kunst: www.kmk.org/fileadmin/veroeffentlichungen_beschluesse/1989/1989_12_01-EPA-Kunst.pdf

Kultusministerkonferenz (KMK) (2004): Bildungsstandards der Kultusministerkonferenz. Erläuterungen zur Konzeption und Entwicklung: www.kmk.org/fileadmin/veroeffentlichungen_beschluesse/2004/2004_12_16-Bildungsstandards-Konzeption-Entwicklung.pdf

Kultusportal Baden-Württemberg: Singen – Bewegen – Sprechen: Ein ganzheitliches Bildungs- und Entwicklungsangebot für Kindertageseinrichtungen!: www.singen-bewegen-sprechen.de

KunstwerkStadt (2011): Tagung „urbanes lernen – Räume bilden": www.kunstwerk-stadt.de

Labyrinth Kindermuseum Berlin: www.kindermuseum-labyrinth.de

Landesarbeitsgemeinschaft Kulturpädagogische Dienste/Jugendkunstschulen NRW (LKD): www.lkd-nrw.de

Landesarbeitsgemeinschaft Kulturpädagogische Dienste/Jugendkunstschulen NRW (LKD) (Hrsg.) (2003): Mindeststandards der Jugendkunst-, Kreativitätsschulen und Kulturpädagogischen Einrichtungen in NRW: www.jugendkunstschule.com/index.php/standards.html

Lauret, Jean-Marc/Marie, Francoise (2010): European Agenda for Culture. Working group on developing synergies with education, especially arts education: Final Report: www.ec.europa.eu/culture/documents/mocedu_final_report_en.pdf

Lesestart. Drei Meilensteine für das Lesen: www.lesestart.de

Marchart, Oliver (2002): Kunst, Raum und Öffentlichkeit(en). Einige grundsätzliche Anmerkungen zum schwierigen Verhältnis von Public Art, Urbanismus und politischer Theorie: www.eipcp.net/transversal/0102/marchart/de

Marotzki, Winfried (2008): Multimediale Kommunikationsarchitekturen. Herausforderungen und Weiterentwicklungen der Forschungen im Kulturraum Internet: www.medienpaed.com/14/marotzki0804.pdf

Masala Weltbeat Festival: www.masala-festival.de

Medienpädagogischer Forschungsverbund Südwest (2012): JIM-Studie 2011. Jugend, Information, (Multi-)Media. Basisuntersuchung zum Medienumgang 12- bis 19-Jähriger. Stuttgart: c/o Landesanstalt für Kommunikation Baden-Württemberg (LFK): www.mpfs.de/index.php?id=225

Medienpädagogischer Forschungsverbund Südwest (2005): Kim – Studie 2005. Basisuntersuchung zum Medienumgang 6 – 13jähriger in Deutschland: www.mpfs.de/fileadmin/Studien/KIM05.pdf

Minden: www.minden.de/internet/page.php?naviID...2

Ministerium für Bildung, Wissenschaft und Kultur Mecklenburg Vorpommern (2010): Verordnung zur staatlichen Anerkennung von Musikschulen und von Kinder- und Jugendkunstschulen (Musik- und Kunstschulanerkennungsverordnung - MKSchAnVO M-V) Vom 11. Dezember, 2009, In: GVOBl. M-V 2010 (15): www.mv.juris.de/mv/MKSchulAnerkV_MV_P2.htm

mixxt: www.mixxt.de

MINOM-ICOM Internationale Movement for a New Museology: www.minom-icom.net

miriam-stiftung: www.miriam-stiftung.de

Modellversuch „Schulische Medienbildung in Mecklenburg-Vorpommern": www.medienundschule.inmv.de

Müller, Alexander K. (2009): Accompagnato. Die Kunst des Begleitens oder „So geht des!": www.accompagnato.eu

Münchmeier, Richard (2010): Für mich und für andere. Jugendfreiwilligendienste im Spannungsfeld zwischen Engagement, Persönlichkeitsentwicklung und berufsvorbereitender Bildung. Beitrag zur Tagung Bildung und Inklusion am 15./16.111.2010: www.fwd-kompetent.de/fileadmin/user_upload/Dokumente/Abschlusstagung/Manuskript_Votrag_Muenchmeier.pdf

Museum of the Future: www.themuseumofthefuture.com

Museumsverband Rheinland-Pfalz: www.abenteuer-museum.rlp.de

NDR (2011): Pressemeldung vom 6. Mai 2011: Große Nachfrage bei Kindern und Jugendlichen für Angebote der NDR Orchester: www.presseportal.de/meldung/2039541

Netzwerk Forschung Kulturelle Bildung: www.forschung-kulturelle-bildung.de

Netzwerkinitative „Keine-Bildung-ohne-Medien": www.keine-bildung-ohne-medien.de

Niessen, Anne/Lehmann-Wermser, Andreas/Knigge, Jens/Lehmann, Andreas C. (2008): Entwurf eines Kompetenzmodells ‚Musik wahrnehmen und kontextuali-sieren': www.zfkm.org/sonder08-niessenetal.pdf

Öhlinger, Theo (1982): Methodik der Gesetzgebung: www.redi.net/maconbar/BeautLaw.htm

Oelkers, Jürgen (2011): Bildungsföderalismus und Kooperationsverbot: www.telekom-stiftung.de/dtag/cms/contentblob/Telekom-Stiftung/de/1520810/blobBinary/Expertise.pdf

Pädagogische Hochschule Ludwigsburg: Zentrum für Kinder- und Jugendliteratur: www.ph-heidelberg.de/zentrum-fuer-kinder-und-jugendliteratur

palaixbrut. Ein inklusives Kunstprojekt für die Metropolregion Rhein-Ruhr: www.palaixbrut.org

Palucca Hochschule für Tanz Dresden: www.palucca.eu

Park Fiction Hamburg: www.parkfiction.org

Peez, Georg (2008): Zur Bedeutung ästhetischer Erfahrung für Produktion und Rezeption in gegenwärtigen Konzepten der Kunstpädagogik: www.georgpeez.de/texte/musikpaed.htm

PlusPunkt KULTUR: www.plus-punkt-kultur.de

POLYPHONIE – Stimmen der kulturellen Vielfalt: www.polyphonie.eu

Preis für Kulturelle Bildung der Bundesregierung: www.bundesregierung.de/Content/DE/_Anlagen/BKM/2009-07-09-preis-kulturelle-bildung-opferpopp.html

Rat für Soziokultur und kulturelle Bildung im Deutschen Kulturrat (2007): Kultur und demografischer Wandel: Konsequenzen für kulturelle Bildung und Soziokultur. Positionspapier vom 18. Januar 2007: www.bundesakademie.de/pdf/positionspapier.pdf

Reinecke, Meike/Stegner, Kristina/Zitzelsberger, Olga/Latorre, Patricia/Kocaman, Iva (2010): Forschungsstudie Migrantinnenorganisationen in Deutschland. Hrsg. v. Bundesministerium für Familie, Senioren, Frauen und Jugend. Berlin: www.bmfsfj.de/RedaktionBMFSFJ/Broschuerenstelle/Pdf-Anlagen/Migrantinnenorganisationen-in-Deutschland-Abschlussbericht,property=pdf,bereich=bmfsfj,sprache=de,rwb=true.pdf

Reinhardt-Verlag: Spielen und Erleben mit digitalen Medien: www.e-u-l.reinhardt-verlag.de/wi1

Reinwand, Vanessa-Isabelle (2011): Wissenschaftliche Begleitung und Dokumentation des Projektes „Zeig mal – lass hören!" Mit allen Sinnen SPRECHEN - Ein Projekt von Kindern mit Künstlern: www.fruehe-kindheit-niedersachsen.de/index.php?id=aesthet-kultur-bildung-akt-proj

Rythm is it! You can change your life in a dance class: www.boomtownmedia.de/btm/filme/rhythmisit.html

Sachsens Museen: www.sachsens-museen-entdecken.de

schule@museum: www.schule-museum.de

Science Museum Discovery (2012): www.sciencemuseumdiscovery.com

Sekretariat der Ständigen Konferenz der Kultusminister der Länder in der Bundesrepublik Deutschland (KMK) (2007): Empfehlung der Kultusministerkonferenz zur kulturellen Kinder- und Jugendbildung: www.kmk.org/fileadmin/veroeffentlichungen_beschluesse/2007/2007_02_01-Empfehlung-Jugendbildung.pdf

„Senioren an die Konsole!" Ein Projekt von Markus Deindl und Josef Kiener: www.wii-senioren.de

„Sicht:Wechsel". Verein integrative Kulturarbeit: www.sicht-wechsel.at

Sinn-Stift: www.sinn-stift.de/andrea-marton.html

Sozialgesetzbuch IX Rehabilitation und Teilhabe behinderter Menschen v. 19.06.2001: www.sozialgesetzbuch-sgb.de

Spielbar: www.spielbar.de/neu

Station 17: www.station17.net

Statistisches Bundesamt Deutschland (2010): Pressemitteilung Nr. 33 vom 26.1.2010: Anteil der Einwohner mit Migrationshintergrund leicht angestiegen: www.destatis.de

Stiftung Lesen (Hrsg.) (2007): Vorlesen in Deutschland 2007. Eine Forschungsinitiative der Deutschen Bahn AG, der ZEIT und der Stiftung Lesen: www.stiftunglesen.de/vorlesestudie-2007

Stiftung Zuhören: Hörclubs: www.zuhoeren.de/hoerclubs

STUBE (Studien- und Beratungsstelle für Kinder- und Jugendliteratur): www.stube.at

Tanzplan Deutschland: Ausbildungsprojekte: www.tanzplan-deutschland.de/ausbildungsprojekte.php

TanzZeit: www.tanzzeit-schule.de

Theater Hora Zürich: Ausbildung zur Schauspielerin/zum Schauspieler: www.hora.ch/neu/start.php?menu=angebot&untermenu=ausbildung&lan=d

The Freedom Theatre: www.thefreedomtheatre.org

The Second World Conference on Arts Education (2010): Seoul Agenda: Goals for the Development of Arts Education: www.unesco.org/new/en/custom-search/?cx=000136296116563084670%3Ah14j45a1zaw&cof=FORID%3A9&ie=UTF-8&q=soul+agenda&hl=en&sa=ok&siteurl=www.unesco.org%2Fnew%2Fen%2F&ref=&ss=1002j125486j12

Thio, Sie Liong/Göll, Edgar (2011): Einblick in die Jugendkultur. Das Thema Nachhaltigkeit bei der jungen Generation anschlussfähig machen. Im Auftrag des Umweltbundesamtes: www.uba.de/uba-info-medien/4078.html

This Spartan Life: A Talkshow: www.thisspartanlife.com

Türkisch-deutsches Literaturfestival „Literatürk": www.literatuerk.de

TUSCH – Theater und Schule: www.tusch-berlin.de

Tyne & Wear Archives & Museums: www.twmuseums.org.uk/home.html

Übersee-Museum Bremen: FIES – Forschen in eigener Sache: http://uebersee-museum.de.fies.1bin.de

UN-Behindertenrechtskonvention: www.institut-fuer-menschenrechte.de/de/menschenrechtsinstrumente/vereinte-nationen/menschenrechtsabkommen/behindertenrechtskonvention-crpd.html

UNESCO (2009): The 2009 UNESCO Framework for Cultural Statistics (FCS): Information Document of the General Meeting 35th session in Paris 2009: www.unesdoc.unesco.org/images/0018/001840/184082e.pdf

UNESCO (2006): Road Map for Arts Education. Building Creative Capacities for the 21st Century. Lissabon: http://portal.unesco.org/culture/en/files/40000/12581058115Road_Map_for_Arts_Education.pdf/Road%2BMap%2Bfor%2BArts%2BEducation.pdf

Universität der Künste Berlin: Studiengang Musiktherapie: www.udk-berlin.de/sites/musiktherapie/content/index_ger.html

Universität Hamburg: Abteilung Kultur, Medien und Gesellschaft: www1.uni-hamburg.de/gklein

Universität Hildesheim: Institut für Literarisches Schreiben und Literaturwissenschaft: www.uni-hildesheim.de/index.php?id=856

Universität Konstanz: Studienschwerpunkt Tanzpädagogik: http://cms.uni-konstanz.de/sportwissenschaft/studium-und-lehre/studiengaenge/bachelor-studium/studienschwerpunkte/tanzpaedagogik/

University of Iowa: Writers' Workshop: www.uiowa.edu/~iww

Varine, Hugues de (1993): Tomorrow's Community Museums. Lecture given on 15. October 1993 in the Senate Hall of the University of Utrecht: http://assembly.coe.int/Museum/ForumEuroMusee/Conferences/tomorrow.htm

Verein Zukunftswerkstatt Kultur- und Wissensvermittlung e.V.: www.zukunftswerkstatt.org

Wagner, Bernd/Witt, Kirsten (2003): Engagiert für Kultur: www.kupoge.de/ifk/ehrenamt/einleitung.htm

Wagner, Ulrike/Brüggen, Niels/Gebel, Christa (2009): Web 2.0 als Rahmen für Selbstdarstellung und Vernetzung. Analyse jugendnaher Internetplattformen und ausgewählter Selbstdarstellungen von 14-20 Jährigen: www.jff.de/dateien/Bericht_Web_2.0_Selbstdarstellungen_JFF_2009.pdf

webhelm: www.webhelm.de

Weckerle, Christoph/Söndermann, Michael (2003): Kultur.Wirtschaft.Schweiz. Das Umsatz- und Beschäftigungspotential des kulturellen Sektors: www.buchlobby.ch/pdf/HGKZ_kulturwirtschaft_deutsch.pdf

Weiß, Christina/Horn, Heike (2011): Weiterbildungsstatistik im Verbund 2009 – Kompakt: www.die-bonn.de/doks/2011-weiterbildungsstatistik-01.pdf

Weltmusikfestival "creole": www.creole-weltmusik.de

Wikipedia: Barcamp: http://de.wikipedia.org/wiki/Barcamp

Wikipedia: EduCamp: http://de.wikipedia.org/wiki/EduCamp

Wilde Bühne e.V. Soziokulturelles Forum für ehemalige Drogenabhängige: www.wilde-buehne.de/ueberUns/index.asp

Wochenklausur: www.wochenklausur.at

World CP. International Database of Cultural Policies: www.worldcp.org

Zentrum für Audience Development (ZAD) an der FU-Berlin: www.geisteswissenschaften.fu-berlin.de/v/zad/index.html

Zentrum für Kulturforschung (2004): Teilergebnisse des Jugendkultur-Barometers 2004 „Zwischen Eminem und Picasso": www.miz.org/artikel/jugendkulturbarometer2004.pdf

Anhang

Hildegard Bockhorst/Nina Selig
Zivilgesellschaftliche Organisationen für Kulturelle Bildung in Deutschland

Kulturelle Bildung in Deutschland „lebt" durch die Vielfalt ihrer Trägerlandschaft und den Facettenreichtum ihrer Erscheinungsformen, Orte und Strukturen: formal, non-formal und informell, produktiv wie auch rezeptiv. Wollte man alle Leistungserbringer Kultureller Bildung systematisch erfassen, müsste man mit einem Beschreibungsraster arbeiten, welches zum einen die föderalen Ebenen (Kommunen, Länder, Bund, EU, Internationales) in ihrem Tun unterscheidet, welches zum anderen die Erfassung von Angeboten und Strukturen differenziert nach den drei Sektoren Markt, Staat bzw. öffentliche Hand und frei-gemeinnütziger Bereich/Dritter Sektor, und welches zum dritten die fachpädagogischen und -politischen Dimensionen systematisch durchdekliniert, also der Topografie Kultureller Bildung noch die Unterscheidungen entsprechend der möglichen Politikfelder (Jugendpolitik, Kultur, Schule, ...), der künstlerischen Sparten (Theater, Tanz, Musik, Literatur, Medien, Bildende Kunst...) sowie der unterschiedlichen Zielgruppen und gesellschaftlichen Themen hinzufügt.

Zur Topografie von Strukturen der Kulturellen Bildung ist vielfach der hierfür grundlegende „Kompass", der Enquete-Bericht „Kultur in Deutschland", von den AutorInnen des Handbuchs benannt worden. Da aber auch dort darauf verwiesen wird, dass das breitgefächerte Akteursnetzwerk für Kulturelle Bildung unübersichtlich ist und von einer Vielzahl von verbandlichen und zivilgesellschaftlichen Trägern geprägt wird, soll im Folgenden eine Auswahl bundeszentraler Fachorganisationen und zentraler Ansprechpartner aufgelistet werden, die mit je unterschiedlichem Profil für Information, Beratung, Qualifizierung, Strukturentwicklung und Anliegen der Interessenvertretung und Förderung Kultureller Bildung Bedeutung haben: Allen voran der mit über 230 bundesweiten Fachorganisationen größte Spitzenverband für Kulturpolitik, der *Deutsche Kulturrat* und die *Bundesvereinigung Kulturelle Kinder- und Jugendbildung* mit ihren 55 bundes- und landesweite Fachorganisationen für Kulturelle Bildung. Darüber hinaus werden bundesweit bedeutsame Organisationen wie die *Bundesakademie für kulturelle Bildung Wolfenbüttel*, die *Bundesvereinigung Soziokultureller Zentren*, die *Kulturpolitische Gesellschaft*, die *Stiftung Genshagen* und viele mehr mit Kurzprofilen vorgestellt sowie die Stiftungen aufgelistet, die sich im Sommer 2012 zum *Rat für Kulturelle Bildung* zusammengeschlossen haben.

Staatliche Akteure für Kulturelle Bildung sind im Kapitel „Rahmenbedingungen und Strukturen" bezüglich ihres Wirkens im Schnittfeld von Jugend-, Kultur und Bildungspolitik erfasst. Im Anhang werden sie nicht noch einmal benannt und stattdessen angeregt, Informationen zu bundes- und landespolitischen Schwerpunkten sowie Zuständigkeiten für die Kulturelle Bildung dem Internet zu entnehmen.

Der Deutsche Kulturrat

Der *Deutsche Kulturrat* ist der Ansprechpartner der Politik und Verwaltung des Bundes, der Länder und der Europäischen Union in allen die einzelnen Mitglieder (Sektionen) des *Deutschen Kulturrates* betreffenden übergreifenden kulturpolitischen Angelegenheiten. Ziel des Deutschen Kulturrates ist es, bundesweit spartenübergreifende Fragen in die kulturpolitische Diskussion auf allen Ebenen einzubringen.

Der *Deutsche Kulturrat* wurde 1981 als politisch unabhängige Arbeitsgemeinschaft kultur- und medienpolitischer Organisationen und Institutionen von bundesweiter Bedeutung gegründet. 2346 Bundeskulturverbände und Organisationen haben sich in acht Sektionen dem *Deutschen Kulturrat* angeschlossen.

Einmal im Jahr tagt die Mitgliederversammlung, viermal im Jahr der Sprecherrat. Der Sprecherrat, welcher aus VertreterInnen der Mitgliedersektionen gebildet ist, verabschiedet die kulturpolitischen Stellungnahmen und wählt den Vorstand des *Deutschen Kulturrates*. Die Kulturelle Bildung ist seit einigen Jahren nicht nur für die 8. Sektion, den „Rat für Soziokultur und kulturelle Bildung", sondern für alle Mitglieder ein wichtiges Aufgabenfeld.

Bundesgeschäftsstelle Deutscher Kulturrat
Chausseestraße 103
10115 Berlin
Telefon: 030/24728014
Fax: 030/24721245
post@kulturrat.de
www.kulturrat.de

Die Mitglieder (Sektionen) des Deutschen Kulturrats >>

Deutscher Musikrat
Schumannstraße 17
10117 Berlin
Telefon: 030/30881010
Fax: 030/30881011
www.musikrat.de

Rat für darstellende Kunst und Tanz
c/o Deutscher Bühnenverein - Bundesverband der Theater und Orchester
St.-Apern-Straße 17-21
50667 Köln
Telefon: 0221/20 81 20
Fax: 0221/20 81 228

Deutsche Literaturkonferenz
Köthener Straße 44
10963 Berlin
Telefon: 030/261 38 45
Fax: 030/261 38 79
www.literaturkonferenz.de

Deutscher Kunstrat
c/o Bundesverband Bildender Künstlerinnen und Künstler
Wilhelmstraße 50
10117 Berlin
Telefon: 030/264 09 70
Fax: 030/280 99 305
www.deutscher-kunstrat.de

Rat für Baukultur
c/o Bundesarchitektenkammer
Askanischer Platz 4
10963 Berlin
Telefon: 030/26394440
Fax: 030/26394490
www.baukulturrat.de

Sektion Design
c/o Deutscher Designertag
Grindelberg 15a
20144 Hamburg
Telefon: 040/45 48 34
Fax: 040/45 48 32
www.designertag.de

Sektion Film und Audiovisuelle Medien
c/o Arbeitsgemeinschaft Dokumentarfilm / AG DOK
Schweizer Straße 6
60594 Frankfurt/M.
Telefon: 069 / 62 37 00
Fax: 06142 / 966 424
www.agdok.de

Rat für Soziokultur und kulturelle Bildung
c/o Bundesvereinigung Kulturelle Kinder- und Jugendbildung
Küppelstein 34
42857 Remscheid
Telefon: 02191/794-390
Fax: 02191/794-389

Wegen ihrer Schwerpunktsetzung im Feld der Kulturellen Bildung werden zur Informations- und Kontaktaufnahme auch alle Einzelmitglieder dieser 8. Sektion des Deutschen Kulturrates benannt:

Akademie Remscheid >>> www.akademieremscheid.de
Bund Deutscher Kunsterzieher >>> www.bdk-online.info
Bundesakademie für kulturelle Bildung Wolfenbüttel >>> www.bundesakademie.de
Bundesverband der Jugendkunstschulen und kulturpädagogischen Einrichtungen >>> www.bjke.de
Bundesverband Museumspädagogik >>> www.museumspaedagogik.org
Bundesvereinigung Kulturelle Kinder- und Jugendbildung >>> www.bkj.de
Bundesvereinigung Soziokultureller Zentren >>> www.soziokultur.de
Deutsche UNESCO-Kommission >>> www.unesco.de
Deutscher Gewerkschaftsbund >>> www.dgb.de
Fachverband Kulturmanagement >>> www.fachverband-kulturmanagement.org
Gesellschaft für Medienpädagogik und Kommunikationskultur >>> www.gmk-net.de
Gewerkschaft Erziehung und Wissenschaft >>> www.gew.de
Institut für Bildung und Kultur >>> www.ibk-kubia.de
Kulturpolitische Gesellschaft >>> www.kupoge.de
Spiele-Autoren-Zunft e.V. >>> www.spieleautorenzunft.de
Stiftung Zuhören >>> www.stiftung-zuhoeren.de
Verband für sozial-kulturelle Arbeit >>> http://stz.spinnenwerk.de

Die Bundesvereinigung Kulturelle Kinder- und Jugendbildung

Die *Bundesvereinigung Kulturelle Kinder- und Jugendbildung (BKJ)* ist der Dachverband für die Kulturelle Bildung in Deutschland. Ihr zentrales Anliegen ist die Weiterentwicklung des Handlungsfelds. Kulturelle Bildung, insbesondere Kulturelle Kinder- und Jugendbildung, ist nach Auffassung der *BKJ* unabdingbar für die Bildungsbiografie jedes Menschen, für das kulturelle Leben in Deutschland und für eine auf die Interessen von Kindern und Jugendlichen ausgerichtete Gesellschaft.

Die *BKJ* ist ein Zusammenschluss von 55 bundesweit agierenden Institutionen, Fachverbänden und Landesvereinigungen der Kulturellen Kinder- und Jugendbildung. Vertreten sind die Bereiche Musik, Spiel, Theater, Tanz, bildnerisches Gestalten, Literatur, Museum, Medien, Zirkus und kulturpädagogische Fortbildung.

Die *BKJ* engagiert sich für die Kulturelle Bildung im Schnittfeld von Jugend-, Kultur- und Bildungspolitik. Sie informiert, berät, qualifiziert und regt den Erfahrungsaustausch der Mitglieder an. Über die Geschäftsbereiche „Kultur macht Schule", „Freiwilligendienste Kultur und Bildung" sowie „Jugend.Kultur.Service International" und mit Veröffentlichungen, Evaluationen, Fachtagungen, Wettbewerben und Modellprojekten liefert sie Impulse für die Theorie und Praxis der Kulturellen Bildung.

Ihre Arbeit wird insbesondere vom *Bundesministerium für Familie, Senioren, Frauen und Jugend (BMFSFJ)* gefördert.

Geschäftsstelle Remscheid >>
Küppelstein 34
42857 Remscheid
Telefon: 02191/794-390
Fax: 02191/794-389
info@bkj.de
www.bkj.de

Geschäftsstelle Berlin
Büro Freiwilliges Engagement >>
Mühlendamm 3
10178 Berlin
Fon: 030/247811-11
Fax: 030/247811-13
buero-berlin@bkj.de
www.bkj.de

Die Fachorganisationen für Kulturelle Bildung in der BKJ
(In alphabetischer Reihenfolge nach Kunstsparten geordnet; danach folgen die interdisziplinär tätigen Strukturen)

Bildende Kunst >>

BDK – Fachverband für Kunstpädagogik
Jakobistr. 40
30163 Hannover
Telefon: 0511/6622-29
Fax: 0511/3971843
geschaeftsstelle@bdk-online.info
www.bdk-online.info

Literatur >>

Arbeitskreis für Jugendliteratur (AKJ)
Metzstraße 14c
81667 München
Telefon: 089/458080-6
Fax: 089/458080-88
info@jugendliteratur.org
www.jugendliteratur.org

Bundesverband Friedrich-Bödecker-Kreise (FBK)
Künstlerhaus
Sophienstr. 2
30159 Hannover
Telefon: 0511/9805823
Fax: 0511/8092119
bundesverband@boedeckerkreis.de
www.boedecker-kreis.de

Deutscher Bibliotheksverband (dbv)
Fritschestraße 27-28
10585 Berlin
Telefon: 030/644989910
Fax: 030/644989929
dbv@bibliotheksverband.de
www.bibliotheksverband.de
oder www.bibliotheksportal.de

Internationale Jugendbibliothek (IJB)
Schloss Blutenburg
81247 München
Telefon: 089/8912110
Fax: 089/8117553
info@ijb.de
www.ijb.de

Stiftung Lesen
Römerwall 40
55131 Mainz
Telefon: 06131/288900
Fax: 06131/230333
mail@stiftunglesen.de
www.stiftunglesen.de

Medien >>

Bundesverband Jugend und Film (BJF)
Ostbahnhof 15
60314 Frankfurt a. M.
Telefon: 069/631-2723
Fax: 069/631-2922
mail@bjf.info
www.bjf.info

Bundesweites Schülerfilm- und Videozentrum
Lister Platz 1
30163 Hannover
Telefon: 0511/6611-02
Fax: 0511/3930-25
info@up-and-coming.de
www.up-and-coming.de

Deutscher Verband für Fotografie (DVF)
Theodor-Gierath-Straße 8
51381 Leverkusen
Telefon: 02171/7605-18
praesident@dvf-fotografie.de
www.dvf-fotografie.de

Förderverein Deutscher Kinderfilm (FDK)
Postfach 8002
99027 Erfurt
Telefon: 0361/66386-12
Fax: 0361/66386-29
fdk@kinderfilm-online.de
www.foerderverein-kinderfilm.de

Gesellschaft für Medienpädagogik
und Kommunikationskultur (GMK)
Körnerstr. 3
33602 Bielefeld
Telefon: 0521/67788
Fax: 0521/67727
gmk@medienpaed.de
www.gmk-net.de

Kinder- und Jugendfilmzentrum in Deutschland (KJF)
Küppelstein 34
42857 Remscheid
Telefon: 02191/794-233
Fax: 02191/794-230
info@kjf.de
www.kjf.de

Vision Kino gGmbH
Netzwerk für Film- und Medienkompetenz
Große Präsidentenstr. 9
10178 Berlin
Telefon: 030/27 57 75 71
Fax: 030/27 57 75 70
info@visionkino.de
www.visionkino.de

Musik >>

Arbeitskreis für Schulmusik
und allgemeine Musikpädagogik (AfS)
c/o HFMT Köln
UnterKrahnenbäumen 87
50668 Köln
Telefon: 0221/9128181-17
Fax: 0221/9128181-23
bundesgeschaeftsstelle@afs-musik.de
www.afs-musik.de

Arbeitskreis Musik in der Jugend (AMJ)
Grüner Platz 30
38302 Wolfenbüttel
Telefon: 05331/900 95 90
Fax: 05331/9009599
info@amj-musik.de
www.amj-musik.de

Bundesvereinigung Deutscher Orchesterverbände (BDO)
Cluser Straße 5,
78647 Trossingen
Telefon: 07425/8312
Fax: 07425/21519
info@orchesterverbaende.de
www.orchesterverbaende.de

Deutsche Bläserjugend (DBJ) in der Bundesvereinigung Dt. Musikverbände (BDMV)
Weberstr. 59
53113 Bonn
Telefon: 0228/2626-80 / -81
Fax: 0228/2626-82
info@deutsche-blaeserjugend.de
www.deutsche-blaeserjugend.de

Deutsche Chorjugend e.V.
Eichendorffstr. 18
10115 Berlin
Telefon: 030/847 10 89-50
Telefax: 030/847 10 89-59
info@deutsche-chorjugend.de
www.deutsche-chorjugend.de

Deutscher Musikrat (DMR)
Schumannstraße 17
10117 Berlin
Telefon: 030/30881010
Fax: 030/30881011
generalsekretariat@musikrat.de
www.musikrat.de

Internationaler Arbeitskreis für Musik (iam)
Am Kloster 1a
49565 Bramsche-Malgarten
Telefon: 05461/9963-0
Fax: 05461/9963-10
IAMev@t-online.de
www.iam-ev.de

Jeunesses Musicales Deutschland (JMD)
Marktplatz 12
97990 Weikersheim
Telefon: 07934/9936-0
Fax: 07934/9936-40
weikersheim@jeunessesmusicales.de
www.jmd.info

Bund Deutscher Zupfmusiker (BDZ)
Postfach 1320
55003 Mainz
Telefon: 06131/3272110
Fax: 06131/272110
geschaeftsstelle@bdz-online.de
www.bdz-online.de

Verband deutscher Musikschulen (VdM)
Plittersdorfer Straße 93
53173 Bonn
Telefon: 0228/95706-0
Fax: 0228/95706-33
vdm@musikschulen.de
www.musikschulen.de

Werkgemeinschaft Musik (WGM)
Carl-Mosterts-Platz 1
40477 Düsseldorf
Telefon: 0211/46931-91
Fax: 0211/46931-59
geschaeftsstelle@werkgemeinschaft-musik.de
www.werkgemeinschaft-musik.de

Tanz >>

Bundesverband Tanz in Schulen
c/o nrw landesbuero tanz
Im Mediapark 7
50670 Köln
Telefon: 0221/88895398
Fax: 0221/88895391
info@bv-tanzinschulen.de
www.bv-tanzinschulen.de

Deutscher Bundesverband Tanz (DBT)
Küppelstein 34
42857 Remscheid
Telefon: 02191/794-241
Fax: 02191/794-292
info@dbt-remscheid.de
www.dbt-remscheid.de

Theater / Spiel >>

ASSITEJ – Sektion Bundesrepublik Deutschland
Internationale Vereinigung des Theaters für Kinder
und Jugendliche Deutschland
Schützenstraße 12
60311 Frankfurt a. M.
Telefon: 069/291538
Fax: 069/292354
assitej@kjtz.de
www.assitej.de

Bund Deutscher Amateurtheater (BDAT)
Bundesgeschäftsstelle
Lützowplatz 9
10785 Berlin
Telefon: 030/2639859-0
Fax 030/2639859-19
berlin@bdat.info
www.bdat-online.de

Bundesarbeitsgemeinschaft (BAG) Spiel und Theater
Simrockstraße 8
30171 Hannover
Telefon: 0511/4581799
Fax: 0511/4583105
info@bag-online.de
www.bag-online.de

Bundesverband Theater in Schulen (BV.TS)
c/o Schultheater Studio Frankfurt
Schwalbenweg 2
90552 Röthenbach/Renzenhof
Telefon/Fax: 09120/183074
bv.ts@t-online.de
www.bvts.org

Bundesverband Theaterpädagogik (BuT)
Genter Str. 23
50672 Köln
Telefon: 0221/95210-93
Fax: 0221/95210-95
mail@butinfo.de
www.butinfo.de

Katholische Arbeitsgemeinschaft Spiel und Theater (KAST)
c/o Ede Kirchhoff
Agnesstr. 9
45475 Mülheim a.d. Ruhr
Telefon: 0700/527811-11
info@kast-theaterforum.de
www.kast-theaterforum.de

Kinder- und Jugendtheaterzentrum in der Bundesrepublik Deutschland (KJTZ)
Schützenstraße 12
60311 Frankfurt a. M.
Telefon: 069/29-6661
Fax: 069/29-2354
zentrum@kjtz.de
www.kjtz.de

Spiel >>

Bundesarbeitsgemeinschaft (BAG) Spielmobile
c/o Spiellandschaft Stadt e. V.
Albrechtstr. 37
80636 München
Telefon: 089/127996-67
Fax: 089/127996-68
bag@spielmobile.de
www.spielmobile.de

Zirkus >>

Bundesarbeitsgemeinschaft (BAG) Zirkuspädagogik
Rappenhof (vorläufiges Büro)
74417 Gschwend
Telefon: 07972/9344-30
Fax: 07972/9344-50
info@bag-zirkus.de
www.bag-zirkus.de

Bundesakademien >>

Akademie Remscheid für Kulturelle Bildung (ARS)
Küppelstein 34
42857 Remscheid
Telefon: 02191/794-0
Fax: 02191/794-205
info@akademieremscheid.de
www.akademieremscheid.de

Bundesakademie für musikalische Jugendbildung
Hugo-Herrmann-Straße 22
78647 Trossingen
Telefon: 07425/9493-0
Fax: 07425/9493-21
mail@bundesakademie-trossingen.de
www.bundesakademie-trossingen.de

Bundesverband Kulturarbeit in der evangelischen
Jugend (bka) >>

Bundesverband Kulturarbeit in der evangelischen
Jugend (bka)
Georgenkirchstraße 70
10249 Berlin
Telefon: 030/2434418-51
Fax: 030/2434418-50
info@bka-online.de
www.bka-online.de

Jugendkunstschulen >>

Bundesverband der Jugendkunstschulen und
kulturpädagogischen Einrichtungen (bjke)
Kurpark 5
59425 Unna
Telefon: 02303.25302-0
Fax: 02303.25302-25
info-bjke@bjke.de
www.bjke.de

Museen >>

Bundesverband Deutscher
Kinder- und Jugendmuseen
Xantener Str. 7
10707 Berlin
Telefon: 030/39501218
Fax: 030/831862
info@bv-kindermuseum.de
www.bv-kindermuseum.de

Bundesverband Museumspädagogik (BVMP)
LWL-Industriemuseum
Westfälisches Landesmuseum für Industriekultur
Grubenweg 5
44388 Dortmund
Telefon: 0231/6961-139
Fax: 0231/6961-114
anja.hoffmann@lwl.org
www.museumspaedagogik.org

Landesdachorganisationen für Kulturelle Bildung in den Bundesländern >>

Die Landesvereinigungen der Kulturellen Bildung vertreten auf Landesebene die jugend-, bildungs- und kulturpolitischen Interessen der Kulturellen Bildung, erbringen für ihre Mitglieder vielfältige Service- und Vernetzungsleistungen und setzen sich für eine verlässliche und dauerhafte Angebotsstruktur im Bereich Kultureller Bildung für Kinder und Jugendliche ein. Dabei treten sie zum Teil selbst als Träger und Anbieter von Angeboten Kultureller Bildung auf. Sie verbreiten spartenübergreifend Informationen und tragen entscheidend zur Umsetzung von Fach- und Strukturimpulsen bei. Hier arbeiten sie insbesondere bei den kulturellen Freiwilligendiensten, der Kooperation zwischen Kultur und Schule und dem Kompetenznachweis Kultur eng mit der *Bundesvereinigung Kulturelle Kinder- und Jugendbildung (BKJ)* zusammen. Innerhalb dieses gemeinsamen Aufgabenspektrums haben die Landesvereinigungen aufgrund ihrer jeweiligen Entstehungsgeschichten und Förderungen aus unterschiedlichen Ressorts verschiedene Arbeits- und Themenschwerpunkte, Strukturen, Strategien, konkrete Ziele und nicht zuletzt eine unterschiedliche Namensgebung entwickelt.

Landesarbeitsgemeinschaft (LAG) Kinder- und Jugendkultur Hamburg
Hasselbrookstraße 25
22089 Hamburg
Telefon: 040/18 01 80 44
info@kinderundjugendkultur.info
www.kinderundjugendkultur.info

Landesarbeitsgemeinschaft (LAG) Soziokultur und Kulturpädagogik Rheinland-Pfalz
Koblenzer Str. 83
56112 Lahnstein
Telefon: 0 26 21/62 31 50
info@kulturbuero-rlp.de

Landesvereinigung Kulturelle Bildung Bayern (LKB:BY)
Leopoldstr. 61
80802 München
Telefon: 089/2609208
Fax: 089/268575
info@lkb-by.de
www.lkn-by.de

Landesvereinigung Kulturelle Bildung (LKB) Hessen
c/o Kulturzentrum Schlachthof
Mombachstraße 12
34130 Kassel
Telefon: 0561/89068-81
Fax: 0561/89068-82
info@laks.de
www.laks.de und www.kubi-hessen.de

Landesvereinigung Kulturelle Jugendbildung (LKJ) Baden-Württemberg
Rosenbergstraße 50
70176 Stuttgart
Telefon: 0711/620390-85
Fax: 0711/620390-86
projektbuero@lkjbw.de
www.lkjbw.de

Landesvereinigung Kulturelle Jugendbildung (LKJ) Berlin
Obentrautstr. 57
10963 Berlin
Telefon: 030/29 6687-55
Fax: 030/29 6687-70
info@lkj-berlin.de
www.lkj-berlin.de

Landesvereinigung kulturelle Kinder- und Jugendbildung (LKJ) Brandenburg
Breite Straße 7a
14467 Potsdam
Telefon: 0331/2908575
Fax: 0331/7482325
info@lkj-brandenburg.de
www.lkj-brandenburg.de

Landesvereinigung Kulturelle Jugendbildung (LKJ) Mecklenburg-Vorpommern
Am Bahnhof 1
19395 Ganzlin
Telefon: 038733/334-13 (Fax: -14)
info@lkj-mv.de
www.lkj-mv.de

Landesvereinigung Kulturelle Jugendbildung
(LKJ) Niedersachsen
Arnswaldtstraße 28
30159 Hannover
Telefon: 0511/600605-50
Fax: 0511/600605-60
info@lkjnds.de
www.lkjnds.de

Landesvereinigung Kulturelle Jugendarbeit (LKJ)
Nordrhein-Westfalen
Wittener Straße 3
44149 Dortmund
Telefon: 0231/101335
Fax: 0231/101352
eichler@lkj-nrw.de
www.lkj-nrw.de

Landesvereinigung Kulturelle
Kinder- und Jugendbildung (LKJ) Sachsen
Sternwartenstr. 4
04103 Leipzig
Telefon: 0341/2577305
Fax: 0341/2577306
info@lkj-sachsen.de
www.lj-sachsen.de

Landesvereinigung kulturelle Kinder- und
Jugendbildung (LKJ) Sachsen-Anhalt
Liebigstrasse 5
39104 Magdeburg
Telefon: 0391/24451-60
Fax: 0391/24451-70
lkj@jugend-lsa.de
www.lkj-sachsen-anhalt.de

Landesvereinigung Kulturelle Kinder-
und Jugendbildung (LKJ) Schleswig-Holstein
Am Gerhardshain 44
24768 Rendsburg
Telefon: 04331/ 4396494
Fax: 04331/143820
info@lkj-sh.de
www.lkj-sh.de

Landesvereinigung Kulturelle Jugendbildung
(LKJ) Thüringen
Marktstr. 6
99084 Erfurt
Telefon: 0361/56233-06
Fax: 0361/56233-45
kontakt@lkjthueringen.de
www.lkjthueringen.de

Bundesakademien der Kulturellen Bildung und weitere Ansprechpartner auf der Bundesebene

Akademie Remscheid für Kulturelle Bildung

Die *Akademie Remscheid für Kulturelle Bildung* ist das zentrale Institut für kulturelle Jugendbildung der Bundesrepublik Deutschland und des Landes Nordrhein-Westfalen. Als Fortbildungsakademie für Fachkräfte der Jugend-, Sozial-, Bildungs- und Kulturarbeit ist sie eine anerkannte Einrichtung der Kinder- und Jugendförderung nach § 75 des Kinder- und Jugendhilfegesetzes.

Träger der *Akademie Remscheid* ist ein gemeinnütziger Verein, in dem die Praxisfelder der Kinder- und Jugendarbeit und der Kulturellen Bildung sowie der ausbildenden Hochschulen vertreten sind. Der Verein hat rund 30 Mitglieder. Die *Akademie Remscheid* finanziert sich zu etwa gleichen Teilen durch Fördermittel des Bundesjugendministeriums, des Landesjugendministeriums NRW und durch Eigeneinnahmen.

> Akademie Remscheid für Kulturelle Bildung
> Küppelstein 34
> 42857 Remscheid
> Telefon: 02191/794-0
> Fax: 02191/794-205
> info@akademieremscheid.de
> www.akademieremscheid.de

Bundesakademie für kulturelle Bildung Wolfenbüttel

Die *Bundesakademie für kulturelle Bildung Wolfenbüttel* hat einen bundesweiten öffentlichen kultur- und bildungspolitischen Auftrag. Sie bietet Fortbildungen, Tagungen und Symposien für Menschen an, die künstlerisch arbeiten und Kultur vermitteln und dafür ihr Wissen und Können erweitern wollen. Das Programm beinhaltet Fortbildungen aus dem Bereich bildende Kunst, Literatur, Musik, Theater, Museum und kulturpolitischem Diskurs. Zudem werden unter anderem in der Reihe „Wolfenbütteler Akademie-Texte" Fachbücher publiziert.

Der Trägerverein „Bundesakademie für kulturelle Bildung Wolfenbüttel e.V." hat 39 Mitglieder, die sich aus juristischen und natürlichen Personen zusammensetzen. Kontinuierliche Zuwendungsgeber sind das Land Niedersachsen, das den größten Teil der öffentlichen Zuschüsse als institutionelle Förderung beisteuert, und der Bund, der regelmäßig eine Auswahl von innovativen Seminaren und Tagungen projektbezogen fördert.

> Bundesakademie für kulturelle Bildung Wolfenbüttel
> Schlossplatz 13
> 38304 Wolfenbüttel
> Telefon: 05331/808-411
> Fax: 05331/808-413
> post@bundesakademie.de
> www.bundesakademie.de

Bundesakademie für musikalische Jugendbildung Trossingen

Die *Bundesakademie für musikalische Jugendbildung Trossingen* ist das Fortbildungsinstitut bundeszentraler Verbände der außerschulischen Musikerziehung und Musikpflege. Sie nimmt als öffentlich anerkannter Träger Aufgaben der Jugendhilfe und -pflege besonders auf musikalischem Gebiet wahr. Die Bundesakademie dient als Fort- und Weiterbildungszentrum für MusikschulleiterInnen und MusikschullehrerInnen, für DirigentenInnen, ChorleiterInnen, JugendleiterInnen und AusbilderInnen in Vereinen des Laienmusizierens, für MusiklehrerInnen im freien Beruf, für KirchenmusikerInnen, für MitarbeiterInnen in sozialpädagogischen Berufen und ist zudem als Tagungsort und Beratungsstelle aktiv. Die Bundesakademie wurde 1973 eröffnet und wird institutionell gefördert aus Mitteln des Kinder- und Jugendplanes des Bundes (*Bundesministerium für Familie, Senioren, Frauen und Jugend*) und aus Mitteln des Landesjugendplanes Baden-Württemberg (*Ministerium für Wissenschaft, Forschung und Kunst Baden-Württemberg*).

Bundesakademie für musikalische Jugendbildung Trossingen
Hugo-Herrmann-Straße 22
78647 Trossingen
Telefon: 07425/9493-0
Fax: 07425/9493-21
sekretariat@bundesakademie-trossingen.de
www.bundesakademie-trossingen.de

Die Bundesvereinigung Soziokultureller Zentren

Die 1979 gegründete *Bundesvereinigung Soziokultureller Zentren* vertritt fast 500 überwiegend freie, unabhängige, nicht-kommerzielle soziokulturelle Zentren und Initiativen in 14 Landesverbänden (außer im Saarland und in Sachsen).

Bundesverband und Landesarbeitsgemeinschaften respektive Landesverbände haben die Aufgabe, die Arbeit der Zentren zu koordinieren und zu fördern sowie deren Interessen gegenüber der Öffentlichkeit und den politischen Gremien zu vertreten.

Die Soziokultur umfasst auch weite Bereiche der Kulturellen Bildung, insbesondere der Kulturellen Kinder- und Jugendbildung, der Kulturpädagogik, der Frauenkultur, der Seniorenarbeit, der Nachbarschaftshilfe etc., die ihren Platz nicht nur, aber auch gerade in Soziokulturellen Zentren haben.

Bundesvereinigung Soziokultureller Zentren
Lehrter Straße 27-30
10557 Berlin
Telefon: 030/397 44 590
Telefax: 030/397 44 599
ellen.ahbe@soziokultur.de
www.soziokultur.de

Bundeszentrale für politische Bildung

Die *Bundeszentrale für politische Bildung (bpb)* ist eine nachgeordnete Behörde des *Bundesministeriums des Innern*. Gemeinsam mit einem bundesweiten Netzwerk aus Landeszentralen, Bildungseinrichtungen und -trägern engagiert sich die *bpb* für politische Bildung und Kultur – unabhängig und überparteilich.

Im Zentrum der Arbeit steht die Förderung des Bewusstseins für Demokratie und politische Partizipation. Aktuelle und historische Themen greift sie mit Veranstaltungen, Printprodukten, audiovisuellen und Online-Produkten auf. Veranstaltungsformate der *bpb* sind Tagungen, Kongresse Festivals, Messen, Ausstellungen, Studienreisen, Wettbewerbe, Kinoseminare und Kulturveranstaltungen sowie Events und Journalistenweiterbildungen. Das Thema Kulturelle Bildung hat viele Schnittstellen mit der politischen Bildungsarbeit im Allgemeinen. Kultur steht im Themenspektrum neben der Palette von Innen- und internationaler Politik bis zu Geschichte, Wirtschaft und Medien. Auf der Homepage der *bpb* sind die Bereiche Kultur, Kulturelle Bildung und Medienpädagogik mit ausführlichen handbuchartigen Dossiers und weiterführenden Informationen vertreten.

Bundeszentrale für politische Bildung
Adenauerallee 86
53113 Bonn
Telefon: 0228/99515-0
Fax: 0228/99515-113
info@bpb.de
www.bpb.de

Fachstelle Kultur macht Schule

Als bundesweite Fachstelle steht „Kultur macht Schule" für kontinuierliche Qualitätsentwicklung kultureller Bildungsangebote in, an und um Schulen: Sie bündelt und kommuniziert Informationen, Entwicklungen und Impulse rund um die Themen:

>> Kooperationen zwischen Kultur und Schule,
>> Kulturelle Bildung in lokalen Bildungslandschaften,
>> Kulturelle Schulentwicklung.

Die Fachstelle „Kultur macht Schule" will kulturelle Teilhabemöglichkeiten an Musik, Spiel, Theater, Tanz, Rhythmik, bildnerischem Gestalten, Literatur, Medien und Zirkus für alle Kinder und Jugendlichen grundlegend verbessern. Wenn Träger und Einrichtungen der Kulturellen Bildung mit Schulen zusammenarbeiten, erreichen sie eine Vielzahl von Kindern und Jugendlichen – vor allem diejenigen, die aufgrund ihrer sozialen Lebenslage wenig Möglichkeiten haben, an Kunst- und Kulturangeboten teilhaben zu können. Vor diesem Hintergrund bewegen sich die Aktivitäten der Fachstelle im Schnittfeld der Bereiche Jugend, Kultur und Schule. „Kultur macht Schule" will den Ausbau umfassender lokaler Bildungslandschaften befördern, den Bildungswert von dritten Lernorten neben Schule und Familie betonen und Kulturelle Bildung nachhaltig in Familien, Kindertagesstätten, Schulen, Jugendhilfe und Kulturförderung ermöglichen. Nur im Verbund mit allen Bildungspartnern im Rahmen von kommunal gut abgestimmten Gesamtkonzepten aus Bildungs-, Beratungs- und Freizeitangeboten kann eine bessere Ausrichtung auf Lebenslagen und -situationen von Kindern und Jugendlichen erreicht werden.

Gefördert wird die Fachstelle aus Mitteln des Kinder- und Jugendplan des Bundes, *Bundesministerium für Familie, Senioren, Frauen und Jugend*.

> Bundesvereinigung Kulturelle Kinder- und Jugendbildung
> Fachstelle „Kultur macht Schule"
> Küppelstein 34
> 42857 Remscheid
> Telefon: 02191/794398
> Fax: 02191/794389
> info@bkj.de
> www.kultur-macht-schule.de

Über das Online-Fachportal „Kultur macht Schule" kommt man über die Seiten „Ländervergleich" auf weiterführende Informationen zu Förderpartnern und Anlaufstellen für Kulturelle Bildung und Schule in den Ländern. Dort findet man entsprechende Hinweise auf kulturpädagogische und politische Strukturebenen im Schnittfeld von Kultur, Schule und Jugendbildung, die in allen Bundesländern aber entsprechend der Vielfalt und Pluralität des Feldes unterschiedlich organisiert sind.

Zum Beispiel: Arbeitsstelle „Kulturelle Bildung in Schule und Jugendarbeit NRW"

Die Arbeitsstelle „Kulturelle Bildung in Schule und Jugendarbeit NRW" ist eine gemeinsame Einrichtung des *Ministeriums für Schule und Weiterbildung des Landes Nordrhein-Westfalen*, des *Ministeriums für Familie, Kinder, Jugend, Kultur und Sport des Landes Nordrhein-Westfalen* und des Trägervereins der *Akademie Remscheid*.

Die Arbeitsstelle hat zu Beginn des Jahres 2009 ihre Tätigkeit aufgenommen. Auftrag der Arbeitsstelle ist es, die zahlreichen Initiativen der Kulturellen Bildung im Land noch enger miteinander vernetzen, qualifizierte Praxis zu kommunizieren, über Qualifizierungs- und Fortbildungsmöglichkeiten zu informieren sowie Konzepte, Materialien und Fortbildungsformate zu entwickeln und zu erproben, Schulen (Schulträger, Schulaufsicht) und die öffentlichen und freien Träger der Jugendarbeit zu beraten und die Rahmenbedingungen für Kulturelle Bildung in Schule und Jugendarbeit zu optimieren sowie der Aufbau und die Pflege von Kontakten zur Einbindung der Kulturellen Bildung in lokale und regionale Bildungsnetzwerke.

Die Arbeitsstelle erfüllt ihren Auftrag in enger Abstimmung mit ihren Trägern sowie mit einer Reihe weiterer Einrichtungen und Institutionen aus dem Bereich der Kulturellen Bildung in Nordrhein-Westfalen.

> Akademie Remscheid
> (Träger der Arbeitsstelle "Kulturelle Bildung in Schule und Jugendarbeit NRW")
> Küppelstein 34
> 42857 Remscheid
> Telefon: 02191/794-0
> Fax: 02191/794-205
> info@akademieremscheid.de:
> www.akademieremscheid.de

Zum Beispiel: Kulturschule Hamburg

Die Kulturelle Bildung und die aktive Beteiligung von Kindern und Jugendlichen in der Schule zu fördern, sind die zentralen inhaltlichen Ziele des Programms „Kulturschule Hamburg 2011-2014". Kulturschulen entwickeln Ideen, ihren Unterricht so zu verändern, dass neben den kognitiven auch die kommunikativen, sozialen und kreativen Kompetenzen der beteiligten SchülerInnen gestärkt werden. Kulturschulen öffnen ihren Blick und entwickeln fach- oder jahrgangsübergreifende Unterrichtskonzepte. In den traditionellen künstlerischen Fächern und in geistes-, gesellschafts- und naturwissenschaftlichen Bereichen werden Methoden und Erfahrungen der Kulturellen Bildung genutzt, um Lernprozesse vielseitiger und anschaulicher zu gestalten.

> **Behörde für Schule und Berufsbildung**
> Unterrichtsentwicklung Deutsch und Künste (B 52-5)
> Ruth Schütte, Operative Projektleitung
> Moorkamp 3
> 22357 Hamburg
> Telefon: 040/428 842 - 636
> Fax: 040/428 842 - 609
> ruth.schuette@bsb.hamburg.de
> www.kulturschule.hamburg.de

Zum Beispiel: TUSCH. Theater und Schule Berlin

TUSCH Berlin initiiert dreijährige Partnerschaften zwischen den Schulen und Theatern und unterstützt diese inhaltlich, organisatorisch, finanziell und durch eine fundierte Prozessbegleitung. Innerhalb des Netzwerks wird ein kontinuierlicher Informations- und Erfahrungsaustausch angeregt, der die Gelingensbedingungen der Kooperationen stets weiter verbessert. 122 Berliner Schulen und über 40 Berliner Theater waren und sind bei TUSCH aktiv. TUSCH ermöglicht einen lebendigen Austausch zwischen SchülerInnen und Theaterleuten. Über den direkten Kontakt zwischen einer Schule und einem Theater lernen die Jugendlichen den Theaterbetrieb in seiner ganzen Vielfalt kennen. Sie bekommen Einblicke in das konkrete Bühnengeschehen, in einzelne Inszenierungsvorgänge, die dramaturgischen Vorarbeiten, die handwerklichtechnischen Bereiche, die Öffentlichkeitsarbeit und in Organisationsvorgänge.

TUSCH eröffnet den SchülerInnen einen sinnlich-erfahrbaren Zugang zur Theaterwelt und zu den eigenen Gestaltungs- und Ausdrucksmöglichkeiten durch die aktive Begegnung und Zusammenarbeit mit Theaterprofis. Im unmittelbaren Erleben und Erproben entwickeln sie ihre künstlerischen, sozialen und kognitiven Kompetenzen weiter.

TUSCH Berlin ist ein Projekt des *JugendKulturService*, einer gemeinnützigen GmbH des *Berliner Jugendclub e.V.*, gefördert von der *Berliner Senatsverwaltung für Bildung, Wissenschaft und Forschung*.

TUSCH Berlin
Projektbüro im Podewil
Klosterstraße 68-70
10179 Berlin
Tel: 030/247 49 -852 und -856
Fax: 030/247 49 710
info@tusch-berlin.de
www.tusch-berlin.de

Zum Beispiel: KÜNSTE & SCHULE – Partnerschaften für Berlin
Seit die Offensive Kulturelle Bildung im Jahr 2006 langfristige kreative Kooperationen zwischen Berliner Kunstinstitutionen und Schulen angestoßen hat, sind diese zu wichtigen Treibern von Entwicklung und Veränderung geworden. Partnerschaften im Programm KÜNSTE & SCHULE bauen eine verbindliche, intensive und langfristige Zusammenarbeit einer Kunstinstitution und einer Schule auf allen Ebenen des jeweiligen Alltagsbetriebs auf. Jenseits punktueller künstlerischer Projekte entstehen dadurch viele Möglichkeiten struktureller Koppelungen, von denen alle Mitglieder der Institutionen profitieren können: KünstlerInnen, Programmverantwortliche, SchülerInnen, Eltern, LehrerInnen und auch das sozialräumliche Umfeld der jeweiligen Einrichtungen.

Das Programm KÜNSTE & SCHULE – Partnerschaften für Berlin wurde 2006 im Rahmen der Offensive Kulturelle Bildung unter dem Titel „Patenschaften Künste & Schule" gegründet. Es ist neben dem *Berliner Projektfonds Kulturelle Bildung* und der *Museumsdienst Berlin* Teil des Geschäftsbereichs Kulturelle Bildung/ Kulturvermittlung der *Kulturprojekte Berlin GmbH*.

Kulturprojekte Berlin GmbH
Klosterstraße 68
10179 Berlin-Mitte
Telefon. 030/247 49 700
info@kulturprojekte-berlin.de
www.kulturprojekte-berlin.de

Institut für Bildung und Kultur
Das *Institut für Bildung und Kultur (IBK)* in Remscheid ist eine in 1984 gegründete Einrichtung der Forschung und Modellentwicklung im Bereich der Kulturellen Bildung.

Bereits seit Ende der 1980er Jahre führt das *IBK* europa-, bundes- und NRW-weit Projekte zur Seniorenkulturarbeit durch. Besonders seit 2004 liegt ein Arbeitsschwerpunkt auf dem demografischen Wandel und seinen Auswirkungen auf die Kultur. Mit Unterstützung der Kulturabteilung des Landes NRW entstand 2008 das *Kompetenzzentrum für Kultur und Bildung im Alter (kubia)* als Fachforum für alle, die Kulturelle Bildung und Teilhabe von und mit älteren Menschen ermöglichen. *kubia* unterstützt mit Forschung, Beratung, Expertise, Qualifizierung und Information Kulturakteure und Einrichtungen bei der Entwicklung zukunftsgerechter

Konzepte und innovativer Modell für die Gestaltung unserer älter werdenden Gesellschaft. Neben der Professionalisierung der künstlerisch-kulturellen Vermittlungspraxis für ältere Menschen und der Stärkung des kulturellen Engagements im Alter sind die Kulturteilhabe von Hochaltrigen und Menschen mit Demenz, die Förderung des Generationendialogs sowie die Entwicklung interkultureller Angebote Themenschwerpunkte der Arbeit des Zentrums. Mit *Theatergold* bietet *kubia* zudem ein Forum für Theater im Alter in Nordrhein-Westfalen.

Institut für Bildung und Kultur
Küppelstein 34
42857 Remscheid
Telefon: 02191/794 294
Fax: 02191/794 290
ibk@ibk-kultur.de
www.ibk-kubia.de

Kulturpolitische Gesellschaft

Die *Kulturpolitische Gesellschaft* ist ein bundesweiter Zusammenschluss kulturpolitisch interessierter und engagierter Menschen aus den Bereichen Kulturarbeit, Kunst, Politik, Wissenschaft, Publizistik und Kulturverwaltung. Die *Kulturpolitische Gesellschaft* bildet keinen berufsständigen Interessenverband und ist an keine Partei, Kirche oder Gewerkschaft gebunden. Sie will neue Leitbilder und Zielsetzungen für Kulturpolitik entwickeln.

Zusammen mit dem *Deutschen Kulturrat* betreibt der Verband seit 1998 im Bonner *Haus der Kultur* den *Cultural Contact Point (CCP)*. Es hat die Aufgabe, die kulturpolitischen Entwicklungen und Förderkonzepte auf europäischer Ebene zu verfolgen und darüber die Kulturverbände in Deutschland auf dem Laufenden zu halten. Das Spektrum der Verbandsaktivitäten ist vielfältig. Schwerpunkte sind die Intensivierung der kulturpolitischen Diskussion, die publizistische Vermittlung von Informationen und Meinungen und die Erarbeitung von wissenschaftlichen Expertisen, Bestandsaufnahmen und Forschungsaufträgen.

Die *Kulturpolitische Gesellschaft* ist eine bundesweite Vereinigung für die Entwicklung der Kulturpolitik. Sie wurde 1976 in Hamburg gegründet und hat ihren Sitz seit 1996 in Bonn. Ihre Mitglieder verstehen sich als kulturpolitische Arbeitsgemeinschaft, die sich in den alten und neuen Bundesländern für eine zeitgemäße und demokratische Kulturpolitik engagiert, damit Kunst und Kultur die ihr angemessene Förderung in der Gesellschaft erfahren können.

Kulturpolitische Gesellschaft
Weberstr. 59a
53113 Bonn
Telefon.: 0228/201 67-0
Fax: 0228/201 67-33
post@kupoge.de
www.kupoge.de

Stiftungen auf der Bundesebene für Kulturelle Bildung

Kulturstiftung des Bundes

Die *Kulturstiftung des Bundes* fördert Kunst und Kultur im Rahmen der Zuständigkeit des Bundes. Ein Schwerpunkt ist die Förderung innovativer Programme und Projekte im internationalen Kontext. Dabei investiert die Stiftung auch in die Entwicklung neuer Verfahren der Pflege des Kulturerbes und in die Erschließung kultureller und künstlerischer Wissenspotentiale für die Diskussion gesellschaftlicher Fragen. Die *Kulturstiftung des Bundes* setzt außerdem einen Schwerpunkt auf den kulturellen Austausch und eine grenzüberschreitende Zusammenarbeit. Sie initiiert und fördert dazu Projekte auf Antrag ohne thematische Eingrenzung in allen Sparten.

Außerdem fördert sie die selbstverwalteten Kulturförderfonds – die *Stiftung Kunstfonds*, den *Fonds Darstellende Künste*, den *Deutschen Literaturfonds*, den *Deutschen Übersetzerfonds* und den *Fonds Soziokultur* – und fördert kulturelle Leuchttürme wie beispielsweise die documenta, das Programm „Jedem Kind ein Instrument", den *Tanzplan Deutschland* oder die *Donaueschinger Musiktage*.

Gegründet wurde die Stiftung 2002 durch die Bundesregierung, vertreten durch den *Beauftragten für Kultur und Medien*. Sie ist eine Stiftung des Bürgerlichen Rechts mit Sitz in Halle an der Saale.

> Kulturstiftung des Bundes
> Franckeplatz 1
> 06110 Halle an der Saale
> Telefon: 0345/2997-0
> Fax: 0345/2997-333
> info@kulturstiftung-bund.de
> www.kulturstiftung-bund.de

Forum K&B – Modellprogramm „Kulturagenten für kreative Schulen"

„Kulturagenten für kreative Schulen" ist ein Modellprogramm der gemeinnützigen Forum K&B GmbH, initiiert und gefördert durch die *Kulturstiftung des Bundes* und die *Stiftung Mercator* in den Bundesländern Baden-Württemberg, Berlin, Hamburg, Nordrhein-Westfalen und Thüringen in Zusammenarbeit mit den zuständigen Ministerien, der *Bundesvereinigung Kulturelle Kinder- und Jugendbildung*, der *conecco UG – Management städtischer Kultur und der Deutschen Kinder- und Jugendstiftung*.

Das Modellprogramm „Kulturagenten für kreative Schulen" läuft seit dem Schuljahr 2011/2012. Für insgesamt vier Jahre betreuen 46 KulturagentInnen jeweils ein lokales Netzwerk aus drei Schulen – insgesamt nehmen 138 Schulen an dem Programm teil. Bis 2015 werden die KulturagentInnen gemeinsam mit den SchülerInnen, LehrerInnen, der Schulleitung, Eltern, KünstlerInnen und Kulturinstitutionen ein umfassendes und fächerübergreifendes Angebot der Kulturellen Bildung entwickeln sowie langfristige Kooperationen zwischen Schulen und Kulturinstitutionen aufbauen.

> Forum K&B GmbH
> Geschäftsstelle „Kulturagenten für kreative Schulen"
> Neue Promenade 6
> 10178 Berlin
> Telefon: 030/20 21 563 15
> Fax 030/20 21 563 16
> sybille.linke@kulturagenten-programm.de
> www.kulturagenten-programm.de

Fonds Soziokultur

Aus den Mitteln des *Fonds Soziokultur e.V.* werden Vorhaben gefördert, die für die demokratische Kulturentwicklung in der Bundesrepublik Deutschland insgesamt von Bedeutung sind und konkret die Qualifizierung der soziokulturellen Praxis bewirken. Die Vorhaben sollen in diesem Sinne Modellcharakter besitzen und beispielgebend sein für die weitere Entwicklung der Soziokultur. Ziele sind die Entwicklung der Kulturellen Bildung der Kinder, Jugendlichen und Erwachsenen durch Vermittlung und Aneignung kultureller und künstlerischer Ausdrucksformen und Ermutigung und Befähigung zur aktiven Teilnahme am gesellschaftlichen Leben.

Der Fonds fördert insbesondere solche Modellvorhaben, die sonst aus finanziellen Gründen nicht realisierbar wären. Dabei wird freien Trägern (Initiativen, Vereinen) der Vorrang gegeben vor öffentlichen Antragstellern. In der Gesamtheit der durch den Fonds geförderten Projekte soll die gesamtstaatliche Bedeutung der Förderpraxis sichtbar werden.

> **Fonds Soziokultur**
> Weberstr. 59 a
> 53113 Bonn
> Telefon: 0228/97 144 790
> Fax: 0228/97 144 799
> info@fonds-soziokultur.de
> www.fonds-soziokultur.de

Kulturstiftung der Länder

Die *Kulturstiftung der Länder* hat die Förderung und Bewahrung von Kunst und Kultur nationalen Ranges zur Aufgabe. Die *Kulturstiftung der Länder* wird durch drei verschiedene Organe verantwortet: den Stiftungsrat, den Vorstand und das Kuratorium.

Der Stiftungszweck wird insbesondere verwirklicht durch die Förderung des Erwerbs besonders wichtiger und bewahrungswürdiger Zeugnisse für die deutsche Kultur, vor allem wenn deren Abwanderung ins Ausland verhindert werden soll oder wenn sie aus dem Ausland zurückerworben werden sollen; die Förderung von und die Mitwirkung bei Vorhaben der Dokumentation und Präsentation deutscher Kunst und Kultur; die Förderung zeitgenössischer Formen und Entwicklungen von besonderer Bedeutung auf dem Gebiet von Kunst und Kultur sowie die Förderung von überregional und international bedeutsamen Kunst- und Kulturvorhaben.

> **Kulturstiftung der Länder**
> Stiftung bürgerlichen Rechts
> Lützowplatz 9
> 10785 Berlin
> Telefon: 030/89 36 35 0
> Fax 030/891 42 51
> kontakt@kulturstiftung.de
> www.kulturstiftung.de

Kinder zum Olymp!

Mit ihrer Bildungsinitiative Kinder zum Olymp! widmet sich die *Kulturstiftung der Länder* zudem der Kulturellen Bildung, indem sie Kinder und Jugendliche aktiv mit Kultur in Kontakt bringt. Kooperationen von Kultureinrichtungen und KünstlerInnen auf der einen Seite und Schulen auf der anderen sollen bereits bei jungen Menschen Interesse an Kunst und Kultur wecken, nicht zuletzt, um die eigene Kreativität zu entdecken.

Im Rahmen ihrer Bildungsinitiative Kinder zum Olymp! ruft die *Kulturstiftung der Länder* jedes Jahr bundesweit zu einem Wettbewerb für Schulen auf. Kinder und Jugendliche sollen die Möglichkeit erhalten, sich aktiv in kulturellen Projekten zu engagieren und eigene künstlerische Erfahrungen zu sammeln.

Gemeinsam mit außerschulischen Partnern – kulturellen Einrichtungen oder KünstlerInnen – können SchülerInnen und LehrerInnen neue Ideen entwickeln und umsetzen. Kinder zum Olymp! sucht nicht nur Einzelprojekte, sondern möchte darüber hinaus die Schulen mit dem überzeugendsten Kulturprofil auszeichnen, d.h. Schulen, in denen die Künste fächerübergreifend den Alltag prägen.

Kulturstiftung der Länder
Kinder zum Olymp!
Lützowplatz 9
10785 Berlin
Telefon: 030/89 36 35 - 17
Fax: 030/89 36 35 – 99
kinderzumolymp@kulturstiftung.de
www.kinderzumolymp.de

Rat für Kulturelle Bildung
Acht deutsche Stiftungen haben 2012 den *Rat für Kulturelle Bildung* gegründet. Das unabhängige Expertengremium hat zum Ziel, den Stellenwert und die Qualität von Kultureller Bildung in Deutschland zu erhöhen und diese nachhaltig in den Bildungsstrukturen zu verankern. Insgesamt stellt der von der *Stiftung Mercator* initiierte Stiftungsverbund dafür in den kommenden drei Jahren rund 1,5 Millionen Euro zur Verfügung.

Die zentrale Aufgabe des Rates wird darin bestehen, die aktuelle Situation der Kulturellen Bildung im politischen wie auch im bildungstheoretischen und bildungspraktischen Raum in Deutschland zu analysieren und zu bewerten. Zu diesem Zweck wird er Studien, Expertisen und Forschungsprojekte in Auftrag geben und die Ergebnisse in seinem jährlich erscheinenden Gutachten zusammenfassen. Dem Rat werden bis zu 13 VertreterInnen aus Wissenschaft, Kunst und Kultur angehören.

Der Initiative gehören an:
Altana Kulturstiftung gGmbH >>> www.altana-kulturstiftung.de
Bertelsmann Stiftung >>> www.bertelsmann-stiftung.de
Deutsche Bank Stiftung >>> www.deutsche-bank-stiftung.de
Körber-Stiftung >>> www.koerber-stiftung.de
PwC-Stiftung >>> www.pwc.de
Siemens Stiftung >>> www.siemens-stiftung.org
Stiftung Mercator >>> www.stiftung-mercator.de
Vodafone Stiftung >>> www.vodafone-stiftung.de

Kontaktadresse für dem Rat:
Stiftung Mercator
Huyssenallee 46
45128 Essen
Telefon: 0201/24522-878
mechthild.eickhoff@stiftung-mercator.de
www.stiftung-mercator.de

Stiftung Genshagen

Die *Stiftung Genshagen* ist eine gemeinnützige Stiftung bürgerlichen Rechts. Stifter sind der *Beauftragte der Bundesregierung für Kultur und Medien (BKM)* und das Land Brandenburg. Finanzielle Mittel stehen nur für die Umsetzung der eigenen operativen Ziele zur Verfügung.

Die *Stiftung Genshagen* bietet eine Plattform für künstlerisch-kulturelle Initiativen von gesellschaftlicher Bedeutung. Dabei verbindet sie künstlerischen Eigensinn und gesellschaftlichen Diskurs. Unter besonderer Berücksichtigung von Deutschland, Frankreich und Polen will die *Stiftung Genshagen* mit Kunst und Kultur zu Vielfalt, Chancengleichheit und gesellschaftlicher Teilhabe in Europa beitragen. Dabei organisiert sie auch den Austausch unter KünstlerInnen, ExpertInnen, politischen und anderen Verantwortungsträgern. Für ihre Begegnungen, Projekte und Publikationen entwickelt sie innovative Formen. Dieses Anliegen realisiert die Stiftung primär in drei Themenfeldern, die stets interagieren und sich gegenseitig bereichern: „Forum Kulturelle Bildung", „Kunst und künstlerische Praxis" und „Forum Kulturpolitik und Wissenschaft".

> Stiftung Genshagen
> Berlin-Brandenburgisches Institut für Deutsch-Französische Zusammenarbeit in Europa
> Im Schloss
> 14974 Genshagen
> Telefon: 03378/805931
> Fax: 03378/870013
> institut@stiftung-genshagen.de
> www.stiftung-genshagen.de

Autorinnen und Autoren

Baer, Ulrich, Dipl. Pädagoge, Dozent für Spiel- und Kulturpädagogik sowie Studienleiter der Akademie Remscheid für musische Bildung und Medienerziehung i.R., Herausgeber Zeitschrift „gruppe & spiel" (Friedrich Verlag, Seelze). *Arbeitsschwerpunkte*: Digitalfotografie, Spiel- und Kreativitätspädagogik, Fortbildungsdidaktik, Webseitengestaltung. ulrichbaer@aol.com

Bäßler, Kristin, M.A., Studium der Literaturwissenschaften. Von 2006 bis 2011 wissenschaftliche Mitarbeiterin beim Deutschen Kulturrat mit dem Schwerpunkt Kulturelle Bildung. Im Rahmen dieser Tätigkeit erschienen die Publikationen „Kulturelle Bildung: Aufgaben im Wandel" (2009) sowie „Interkulturelle Öffnung der Bundeskulturverbände" (2010). Zahlreiche Artikel zu den Themen Kulturelle und Interkulturelle Bildung u.a. in der Zeitung *politik und kultur*, der Zeitung des Deutschen Kulturrates. Seit 2011 Kommunikation des Modellprogramms „Kulturagenten für kreative Schule". kristin.baessler@kulturagenten-programm.de

Bahr, Amrei, Philosophin und Theologin. Wissenschaftliche Mitarbeiterin am Philosophischen Seminar der Westfälischen Wilhelms-Universität Münster. *Arbeitsschwerpunkte:* Kunstphilosophie, Sprachphilosophie, Philosophie des Geistes. amrei.bahr@uni-muenster.de

Barbian, Jan-Pieter, Dr. phil., Studium Geschichte, Germanistik, Philosophie. Wissenschaftlicher Mitarbeiter im Fach Geschichte der Universität Trier (1987-1991), Fachbereichsleiter für Kulturelle Bildung an der VHS Duisburg (1991-1998). Seit 1999 Direktor der Stadtbibliothek Duisburg, ehrenamtlicher Geschäftsführer des Vereins für Literatur und Kunst Duisburg und der Duisburger Bürgerstiftung Bibliothek, seit 2010 Mitglied im Vorstand des Deutschen Bibliotheksverbands (dbv). *Arbeitsschwerpunkte*: Kultur-, Film-, Buch- und Bibliotheksgeschichte im 20. Jahrhundert, internationale Beziehungen auf dem Gebiet des Bibliothekswesens, Kulturelle Bildung in Öffentlichen Bibliotheken. J.barbian@stadt-duisburg.de

Baumann, Leonie, Dipl. Pädagogin, Rektorin der Kunsthochschule Berlin-Weißensee, langjährige Geschäftsführerin der Neuen Gesellschaft für Bildende Kunst (NGBK) und Vorsitzende der Arbeitsgemeinschaft Deutscher Kunstvereine (ADKV). Mitglied in zahlreichen Beiräten und Gremien, u.a. Projektfonds Kulturelle Bildung Berlin, Beratungsausschuss Kunst der Senatskanzlei und Sprecherin Rat für die Künste Berlin. Autorin, Kuratorin und Kunstvermittlerin. rektorin@kh-berlin.de

Becker, Helle, Dr. phil., Erziehungs- und Kulturwissenschaftlerin, Leiterin des Büros Expertise & Kommunikation für Bildung, in Forschung, Lehre, Fortbildung und Projektmanagement tätig. *Arbeitsschwerpunkte*: kulturelle und politische Jugend- und Erwachsenenbildung, Bildungstheorie, europäische und internationale Jugend- und Bildungsarbeit, Qualitätsmanagement, Evaluationen von Projekten kultureller und politischer Bildung, zahlreiche Veröffentlichungen und Lehraufträge, z.Zt. in Luxemburg, Italien und an der Hochschule Osnabrück, Institut für Theaterpädagogik. projekte@helle-becker.de

Berghaus, Mareike, Diplom-Kulturwissenschaftlerin (Universität Hildesheim) mit den Schwerpunkten Kulturpolitik, Musik und Betriebswirtschaftslehre. Referentin im Landesbüro NRW im Modellprogramm Kulturagenten für kreative Schulen bei der Bundesvereinigung Kulturelle Kinder- und Jugendbildung (BKJ). *Arbeitsschwerpunkte*: Kulturelle Bildung an der Schnittstelle von Schule, Kultur und Jugend, Kooperationen, Kulturelle Schulentwicklung, Lokale Bildungslandschaften, Qualitätsentwicklung in der Kulturellen Bildung. berghaus@bkj.de

Beyeler, Marie, M.A., Angewandte Kulturwissenschaften, Projektkoordinatorin bei TanzZeit – Zeit für Tanz in Schulen. *Arbeitsschwerpunkte*: Kommunikation mit Schulen und KünstlerInnen, Organisation von Veranstaltungen und Präsentationen. beyeler@tanzzeit-schule.de

Bielenberg, Ina, M.A., Historikerin und Politikwissenschaftlerin, Geschäftsführerin des Arbeitskreises deutscher Bildungsstätten (AdB), langjährige Grundsatzreferentin der Bundesvereinigung Kulturelle Kinder- und Jugendbildung (BKJ). bielenberg@AdB.de

Bilstein, Johannes, Prof. Dr. phil. habil., Erziehungswissenschaftler. Professor für Pädagogik an der Kunstakademie Düsseldorf. *Arbeitsschwerpunkte*: Pädagogische Anthropologie, Ästhetische Bildung, Imaginationsgeschichte der Erziehung. johannes.bilstein@kunstakademie-duesseldorf.de

Binas-Preisendörfer, Susanne, Prof. Dr. phil., Musik- und Kulturwissenschaftlerin, Universitätsprofessorin für Musik und Medien am Institut für Musik der Carl-von-Ossietzky Universität Oldenburg. *Arbeitsschwerpunkte*: Theorie und Geschichte mediatisierter Musik- bzw. Kulturformen, Jugendkulturen und populäre Musik, Musik und Globalisierung, Transkulturalität, Musik- und Kreativwirtschaft, Kultur- und Kunstpolitik. susanne.binas.preisendoerfer@uni-oldenburg.de

Blohm, Manfred, Prof. Dr. phil., Professor für Bildende Kunst an der Universität Flensburg. *Arbeitsschwerpunkte*: Ästhetische Biografiearbeit, Ästhetische Forschung, Medienpädagogik. http://www.kunst-textil-medien.de/manfred_blohm.html. blohm@uni-flensburg.de

Blumenreich, Ulrike, Kulturwissenschaftlerin, wissenschaftliche Mitarbeiterin am Institut für Kulturpolitik der Kulturpolitischen Gesellschaft in Bonn, Leiterin des Projektes „Studium – Arbeitsmarkt – Kultur". *Arbeitsschwerpunkte*: Studium Kultur, Kulturförderung, Soziokultur, Bürgerschaftliches Engagement. blumenreich@kupoge.de

Bockhorst, Hildegard, Erziehungswissenschaftlerin und Kulturpädagogin, Geschäftsführerin der Bundesvereinigung Kulturelle Kinder- und Jugendbildung (BKJ). *Arbeitsschwerpunkte*: Konzeptentwicklung für Theorie und Praxis Kultureller Kinder- und Jugendbildung, Vernetzung und Infrastrukturentwicklung, Jugend- und Kulturpolitik. bockhorst@bkj.de

Autorinnen und Autoren

Bode, Rainer, Geschäftsführer der Landesarbeitsgemeinschaft Soziokultureller Zentren Nordrhein-Westfalen, Vorstand der Bundesvereinigung Soziokultureller Zentren, Fonds Soziokultur, Kulturrat NRW. Mitglied im Beirat der Künstlersozialkasse und Mitarbeit im Bundesnetzwerk Bürgerschaftliches Engagement (BBE), Gründungsmitglied und ehrenamtlicher Geschäftsführer vom Kulturzentrum cuba in Münster. lagnw@soziokultur.de

Bolwin, Rolf, Geschäftsführender Direktor des Deutschen Bühnenvereins. Mitherausgeber des im Decker-Verlag erschienenen Kommentars zum Bühnentarifrecht. Als Herausgeber zahlreicher Publikationen in den letzten Jahren an der öffentlichen Debatte um die zukünftige Struktur der Staats- und Stadttheater beteiligt. *Mitgliedschaften*: Vorsitz des Beirates der Künstlersozialkasse, Mitglied des Kammerrates der Bayerischen Versorgungskammer, Mitglied des Bildungsausschusses der Bundesvereinigung der Arbeitgeberverbände, Mitglied des Executive Committees der Performing Arts Employers Associations League Europe (PEARLE*), dem Dachverband der europäischen Arbeitgeberverbände für Theater und Orchester (Vorsitzender von 2002 bis 2005). debue@buehnenverein.de

Brandstätter, Ursula, Prof. Dr. phil, Professorin für Musikpädagogik an der Universität der Künste Berlin, Mitglied des Leitungsteams der interdisziplinären Graduiertenschule für die Künste und die Wissenschaften sowie des Graduiertenkollegs „Das Wissen der Künste" (beide UdK Berlin), langjährige Tätigkeit als Museumspädagogin am Museum moderner Kunst Stiftung Ludwig Wien. *Arbeitsschwerpunkte*: kunstspartenübergreifendes Lernen und Lehren, kognitionspsychologische und zeichentheoretische Grundlagen ästhetischer Wahrnehmung, ästhetische Bildung, Grundfragen der Ästhetik, Vermittlung Neuer Musik. Zusatzqualifikation: Master für Organisationsentwicklung. u.brandstaetter@web.de

Braun, Elisabeth, Dipl. Pädagogin, Grundschul- und Sonderschullehrerin, Rhythmiklehrerin, Professorin i.R. für Kulturarbeit in sonderpädagogischen Arbeitsfeldern, Fakultät für Sonderpädagogik der Pädagogischen Hochschule Ludwigsburg/Reutlingen. *Arbeitsschwerpunkte*: Professionalisierung der Kulturarbeit mit Menschen mit Behinderung, internationale Vergleiche in der Kulturarbeit mit Menschen mit Behinderung, Künstlerische Leitung: Kultur vom Rande Reutlingen, sicht:wechsel Linz. braun.elisabeth@onlinehome.de

Braun, Tom, M.A., Erziehungswissenschaftler, Theaterwissenschaftler und Literaturwissenschaftler, Leiter des Handlungsschwerpunkts Kulturelle Schulentwicklung bei der Bundesvereinigung Kulturelle Kinder- und Jugendbildung e.V. (BKJ). *Arbeitsschwerpunkte*: Subjekt- und Bildungstheorie, Ästhetik und Kulturelle Bildung, Kulturelle Schulentwicklung, Inklusion. braun@bkj.de

Breitmoser, Doris, Diplom-Kulturwirtin, Geschäftsführerin des Arbeitskreises für Jugendliteratur e.V. breitmoser@jugendliteratur.org

Brenne, Andreas, Prof. Dr. phil., Professur für Kunstpädagogik/Kunstdidaktik Universität Osnabrück. *Arbeitsschwerpunkte*: Künstlerisch-ästhetische Forschung, Grundschulpädagogik, qualitativ-empirische Unterrichtsforschung, Kulturelle Bildung in der Ganztagsschule. http://kuenstlerischefeldforschung.blogspot.de/2012/04/vita.html, andreas.brenne@uni-osnabrueck.de

Buddenberg, Verena, M.A., Studium der Erziehungswissenschaft, Kunstpädagogik und Psychologie. Von 2005 bis 2010 wissenschaftliche Mitarbeiterin an der Fakultät für Pädagogik der UniBW München. Zurzeit freiberuflich in der Erwachsenenbildung tätig und Promotion zum Thema „Ästhetische Erfahrungsprozesse in der biografischen Perspektive". verena.buddenberg@freenet.de

Bürgermeister, Eva, Dr. phil., Studium der Kunstgeschichte und Pädagogik, Leiterin des Kinder- und Jugendfilmzentrums in Deutschland (KJF), Entwicklung, Steuerung und Evaluation vielfältiger medienpädagogischer Modellprojekte. *Arbeitsschwerpunkte*: kulturelle Medienbildung, außerschulische Medienarbeit und Jugendkultur, Medienkunst und interdisziplinäre Arbeitsformen, interkulturelle Medienarbeit. Mitherausgeberin des Magazins „MedienConcret", Mitarbeit in diversen Gremien, u.a. Mitglied im Vorstand der Bundesvereinigung für Kulturelle Kinder- und Jugendbildung e.V. (BKJ) und Sprecherin des Fachausschuss Medien. buergermeister@kjf.de

Cloos, Peter, Prof. Dr. phil., Hochschullehrer am Fachbereich Erziehungs- und Sozialwissenschaften der Stiftung Universität Hildesheim, Sprecher des Kompetenzzentrums Frühe Kindheit Niedersachsen. *Arbeitsschwerpunkte*: Qualitative Forschungsmethoden (der Pädagogik der Kindheit), Erziehung und Bildung in Kindertageseinrichtungen, institutionelle und situative Übergänge im Lebenslauf und Alltag von Kindern, Professionelles Handeln in Arbeitsfeldern der Pädagogik der frühen Kindheit. cloosp@uni-hildesheim.de

Deeg, Christoph, Berater und Speaker für Social-Media-Management, Game-Studies und Kulturmanagement. Gründer und 2. Vorsitzender des Vereins Zukunftswerkstatt Kultur- und Wissensvermittlung e.V., Lehrbeauftragter an der Universität Hildesheim. *Arbeitsschwerpunkte*: Social-Media-Management, Gaming als Management-Querschnittsfunktion in Unternehmen und Institutionen, Trendforschung und Innovationsmanagement, die Kultur der Computerspiele und Ihre Bedeutung für heutige Gesellschaftssysteme. Christoph.deeg@googlemail.com

Demmler, Kathrin, Medienpädagogin, Direktorin des JFF – Institut für Medienpädagogik, *Arbeitsschwerpunkte*: Medienarbeit mit Kindern, Neue Medien und Internet, Vernetzung. kathrin.demmler@jff.de

Dietrich, Cornelie, Prof. Dr., Professorin für Allgemeine Erziehungswissenschaft an der Leuphana Universität Lüneburg. *Arbeitsschwerpunkte*: Erziehungs- und Bildungstheorien, Ästhetische Bildung, kulturwissenschaftliche Kindheits- und Jugendforschung, Pädagogik der Frühen Kindheit, sprachliche Bildung. cornelie.dietrich@uni.leuphana.de

Donath, Katharina, geb. 1984, hat Sprachen, Wirtschafts- und Kulturraumstudien in Passau und Paris studiert. Bis September 2012 arbeitete sie in der Bundeszentrale für politische

Bildung als Referentin an der Schnittstelle kulturelle und politische Bildung. Seitdem ist sie als freiberufliche Lektorin und Journalistin tätig.

Dorner, Birgit, Prof. Dr., Kunstpädagogin, Professorin für Kunstpädagogik in der Sozialen Arbeit an der Katholischen Stiftungsfachhochschule München. *Arbeitsschwerpunkte*: Kunstpädagogik in der Sozialen Arbeit und in der frühen Kindheit, kulturelle und ästhetische Bildung, Kunstpädagogik in der Gedenkstättenarbeit, Diversityforschung in der Kunstpädagogik. birgit.dorner@ksfh.de

Droste, Gabi dan, M.A., Theaterwissenschaftlerin, Theaterpädagogin (UdK). Fachmitarbeiterin beim Kinder- und Jugendtheaterzentrum in der Bundesrepublik Deutschland, hier Leitung der bundesweiten Initiative „Theater von Anfang an!". Tätig als Dramaturgin, Regisseurin im Theater für junges Publikum mit dem Schwerpunkt auf visuelle und interdisziplinäre Formen wie Körpertheater, Dozentin für Theater und Medien. G. Droste@kjtz.de

Ellermann, Ulla, Dr. phil., Tanzpädagogin, Diplom-Sportlehrerin, Dozentin an der Deutschen Sporthochschule Köln und Universität Kassel (a.D.). *Arbeitsschwerpunkte*: Tanz-Gymnastik -Rhythmik-Bewegungstheater, Pädagogik/Didaktik/Methodik, Stressbewältigung. Präsidentin des Deutschen Bundesverbandes Tanz. Ausbildungsleiterin des „Gesamtkonzept Tanzpädagogik" des Deutschen Bundesverbandes Tanz. ullaell@t-online.de

Ermert, Karl, Dr. phil., Germanist, Historiker, Erziehungswissenschaftler, Direktor der Bundesakademie für kulturelle Bildung Wolfenbüttel 1999 bis 2011, verschiedene Ehrenämter im kulturellen Bereich. *Arbeitsschwerpunkte*: Theorie Kultureller Bildung, Kulturpolitik, Kultur und Demografie, bürgerschaftliches Engagement/Ehrenamt in der Kultur. ermert.wf@t-online.de

Exner, Christian, wissenschaftlich pädagogischer Mitarbeiter im Kinder- und Jugendfilmzentrum in Deutschland (KJF), Redakteur des Internetmagazins „Top-Videonews", Autor von Beiträgen zum Kinder- und Jugendfilm in diversen Büchern und Periodika, Lehrbeauftragter an der Universität Bielefeld, Prüfer bei der Freiwilligen Selbstkontrolle der Filmwirtschaft. exner@kjf.de

Fenner, Dagmar, Prof. Dr. phil., Titularprofessorin für Philosophie an der Universität Basel, unterrichtet Ethik an den Universitäten Tübingen und Basel. *Arbeitsschwerpunkte*: Ethik, Angewandte Ethik und Ästhetik. Autorin zahlreicher philosophischer Bücher, zuletzt: Ethik. Wie soll ich handeln? (UTBbasics, Tübingen 2008) und Einführung in die Angewandte Ethik (UTB 2010). www.Ethik-Fenner.de. Dagmar.Fenner@unibas.ch

Fink, Tobias, Dr. phil., Erziehungswissenschaftler und Theaterpädagoge, Gründungsmitglied des Netzwerk Forschung Kulturelle Bildung, arbeitet am Institut für Kulturpolitik der Universität Hildesheim und freiberuflich mit seinem Büro „Akademische Kulturtechniken" (www.akademische-kulturtechniken.de) im Bereich der Evaluation kultureller Bildungsprojekte. *Arbeitsschwerpunkte*: Forschung und Evaluation in der Kulturellen Bildung, Diversity Education, Praxisforschung, Regionalentwicklung und Arbeit mit Großgruppen. tobias.fink@uni-hildesheim.de

Fischer, Bianca, M.A., Kulturwissenschaftlerin, Referentin der Bundesvereinigung Kulturelle Kinder- und Jugendbildung im Bereich deutsch-polnischer Jugendkulturaustausch und Kulturelle Bildung für nachhaltige Entwicklung, seit Juli 2012 leitet sie das BKJ-Projekt „Künste bilden Umwelten". Vertritt die BKJ u.a. am Runden Tisch der UN-Dekade Bildung für nachhaltige Entwicklung, der in dem Kontext einberufenen Arbeitsgruppe „Außerschulische" und im Arbeitskreis „BNE und internationale Jugendarbeit" beim IJAB. fischer@bkj.de

Fleisch, Hans, Prof. Dr., Generalsekretär des Bundesverbandes Deutscher Stiftungen und Geschäftsführer der Deutschen StiftungsAkademie, Honorarprofessor der Universität Hildesheim, Vertreter im Beirat der „Hamburger Tage des Stiftungs- und Non-Profit-Rechts", im Koordinierungsausschuss Bundesnetzwerk Bürgerschaftliches Engagement, im Deutschen Kulturrat und im Deutschen Kunstrat, Vorsitzender der Jury des Modellvorhabens „Daseinsvorsorge 2030" des Bundesinnenministeriums, Mitglied im deutschen Komitee für UNICEF, im Beirat von Transparency International Deutschland und im KfW-Begleitausschuss zur Finanzierung von Sozialunternehmen. Mitherausgeber der Zeitschrift für das Recht der Non-Profit-Organisationen – npoR. hans.fleisch@stiftungen.org

Fleischle-Braun, Claudia, Dr. phil, Tanz- und Sportpädagogin, von 1978 bis 2006 wissenschaftliche Mitarbeiterin und Dozentin für Gymnastik und Tanz am Institut für Sport- und Bewegungswissenschaft der Universität Stuttgart, Vorstandsmitglied der Gesellschaft für Tanzforschung und ehrenamtliches Engagement in weiteren kulturpolitischen Gremien (u.a. Bundesverband Tanz in Schulen). claudia.fleischle@arcor.de

Flügge-Wollenberg, Barbara, Geschäftsführerin des Deutschen Bundesverbandes Tanz, Sprecherin der Sektion „Rat für darstellende Kunst und Tanz" des deutschen Kulturrates und Vorsitzende des Beirat Tanz/Deutscher Kulturrat. info@dbt-remscheid.de

Foik, Jovana, Dipl.-Kulturwissenschaftlerin, Mitarbeit in freien und institutionellen Projekten Kultureller Bildung in Berlin, u. a. in der Education-Abteilung der Berliner Philharmoniker und als Projektmanagerin bei „TanzZeit – Zeit für Tanz in Schulen", seit 2010 Leiterin des Programms Künste & Schule – Partnerschaften für Berlin/ Projektfonds Kulturelle Bildung der Kulturprojekte Berlin GmbH. *Arbeitsschwerpunkt*: Kooperationen zwischen Schulen, Künstlern und Kultureinrichtungen. J.foik@kulturprojekte-berlin.de

Fricke, Almuth, M.A., Literaturwissenschaftlerin und Kulturmanagerin, Leiterin des Instituts für Bildung und Kultur. *Arbeitsschwerpunkte*: Demografischer Wandel und Kultur, Kulturgeragogik, Kultur und Alter in Europa. Vertreterin in kulturpolitischen Gremien, u.a. Deutscher Kulturrat, Internationales Theaterinstitut. Herausgeberin und Autorin zahlreicher Veröffentlichungen. fricke@ibk-kultur.de

Fuchs, Max, Prof. Dr., Studium der Mathematik und Wirtschaftswissenschaften (Dipl.-Math.) sowie der Erziehungswissenschaften und Soziologie (M.A., Dr. phil.), Direktor der Akademie Remscheid, Präsident des Deutschen Kulturrates, Ehrenvorsitzender der Bundesvereinigung Kulturelle Kinder- und Jugendbildung, Vorsitzender des Instituts für Bildung und Kultur. Lehrt Kulturarbeit an den Universitäten Duisburg-Essen und Basel. *Forschungsinteressen*: Konstitution von Subjektivität, kulturelle Schulentwicklung. fuchs@akademieremscheid.de

Gauß, Eva Maria, Dipl.-Sprechwissenschaftlerin, Magistra Philosophie und Theaterwissenschaft. Freie Dramaturgin, Performerin, Sprecherzieherin. Projektleitung des Philosophie-Performance-Festivals [soundcheck philosophie]: Vermittlungsformate des Denkens. an der Universität Halle-Wittenberg. Lehrtätigkeit an verschiedenen Universitäten. Lecture Performances u.a. unter dem Label [performative sinnerfassungsmaßnahmen]. *Arbeitsschwerpunkte:* Körperwissen, Theorie auf der Bühne, künstlerische Wissenschaftskommunikation. www.plum-productions.de. emgauss@googlemail.com

Gieseke, Wiltrud, Prof. Dr. habil., Diplompädagogin, Professorin an der Humboldt-Universität zu Berlin für Erwachsenenpädagogik. *Arbeitsschwerpunkte:* Programmforschung, Beratungsforschung, Professionsforschung im Bereich Erwachsenenbildung, Kulturelle Erwachsenenbildung. wiltrud.gieseke@cms.hu-berlin.de

Glaser, Hermann, Dr. phil., Honorarprofessor für Kulturvermittlung, Technische Universität Berlin. Von 1964 bis 1990 Kultur und Schuldezernent der Stadt Nürnberg. Publizist. *Arbeitsschwerpunkte*: Bücher und Aufsätze zu pädagogischen, sozialwissenschaftlichen, kulturgeschichtlichen und kulturpolitischen Themen. Bis 1990 Vorsitzender des Kulturausschusses im Deutschen Städtetag. Mitglied des PEN. Auszeichnungen: Waldemar-von-Knoeringen-Preis, Schubart-Preis, Großer Kulturpreis der Stadt Nürnberg, Verdienstkreuz am Bande des Verdienstordens der Bundesrepublik Deutschland. hermannglaser@gmx.de

Glogner-Pilz, Patrick, Dr. phil., Kulturmanager M.A., stellvertretender Leiter der Abteilung Kultur- und Medienbildung an der Pädagogischen Hochschule Ludwigsburg. *Arbeitsschwerpunkte*: Publikums-/Besucherforschung, Methoden empirischer Kulturforschung, Kulturelle Bildung, Kulturpolitik und Kultursoziologie. glogner@ph-ludwigsburg.de

Glück-Levi, Marion, Magister in politische Wissenschaften und Germanistik, Leiterin der Abtlg. Bildungsprojekte beim Bayerischen Rundfunk, Vorsitzende des Vorstands der Stiftung Zuhören, Vorstand Landesvereinigung Kulturelle Bildung in Bayern e. V. (LKB:BY). *Arbeitsschwerpunkte*: Entwicklung strategischer Bildungspartnerschaften zwischen öffentlich-rechtlichem Rundfunk und Bildungsinstitutionen sowie von Bildungsprojekten zur Zuhörförderung im Kontext Kultureller Bildung. glueck-levi@stiftung-zuhoeren.de

Göschel, Albrecht, Dr. rer. pol., Dipl.-Ing., Stadt- und Kultursoziologe, *Arbeitsschwerpunkte*: Sozialer und kultureller Wandel, Generationenforschung, Kommunale Kultur- und Sozialpolitik, Stadt und Wohnen der Zukunft, Megatrends der Stadtentwicklung. Akademiepreisträger der Evangelischen Akademie Baden 2007, Mitglied im Deutschen Werkbund Bayern, Dozent u.a. in der Referendarsausbildung des Instituts für Städtebau, Berlin. a.goeschel@arcor.de

Grgic, Mariana, Dipl.-Soziologin, wissenschaftliche Referentin am Deutschen Jugendinstitut e.V. in den Projekten „Nationale Bildungsberichterstattung", „Medien, Kultur und Sport bei jungen Menschen" sowie Grundsatzreferentin der Abteilung Kinder und Kinderbetreuung, *Arbeitsschwerpunkte:* Informelles und non-formales Lernen, Übergang in die Schule, Bildungs- und Ungleichheitsforschung, quantitative Forschungsmethoden. grgic@dji.de

Groppe, Hans-Hermann, Studium der Germanistik, Geschichte und Pädagogik für das Lehramt an Gymnasien. Langjähriger Mitarbeiter des Museumspädagogischen Dienstes in Hamburg mit den Arbeitsschwerpunkten Museumspädagogik und Ausstellungskonzeption und -durchführung. Seit 1990 pädagogischer Mitarbeiter der Hamburger Volkshochschule mit dem Arbeitsschwerpunkt Kulturelle Bildung, langjähriges Mitglied des Beirats der Bundesakademie für Kulturelle Bildung in Wolfenbüttel. VHS-Vertreter in zahlreichen Gremien, u.a. im Deutschen Kulturrat. h.groppe@vhs-hamburg.de

Groote, Kim de, Dipl. Päd., Erwachsenenbildnerin, wissenschaftliche Mitarbeiterin beim Institut für Bildung und Kultur. *Arbeitsschwerpunkt*: Kultur und Bildung im Alter. de-groote@ibk-kultur.de

Grünewald Steiger, Andreas, Dr. phil., Studium der Kulturpädagogik an der Universität Hildesheim. Seit 1991 Leiter des Programmbereichs Museum an der Bundesakademie für kulturelle Bildung Wolfenbüttel. *Arbeitsschwerpunkte*: Konzeption, Planung und Realisierung von berufsbegleitenden Qualifizierungen und Professionalisierung in den Themenfeldern externe und interne Museumskommunikation. Daneben Projektentwicklung und Projektbegleitung sowie Beratung zu museumsrelevanten Inhalten in bundesweiten und internationalen Zusammenhängen. Lehrbeauftragter der Hochschule für Bildende Künste Braunschweig im Bereich überfachliche Professionalisierung in der Kulturellen Bildung. Andreas.gruenewald@bundesakademie.de

Haldenwang, Vera, Dr. phil., Medienwissenschaftlerin und Medienpädagogin, Leiterin des Referats Medienbildung am Staatsinstitut für Schulqualität und Bildungsforschung München (ISB). *Arbeitsschwerpunkte*: Medienbildung in der Schule, Digitales Lehren und Lernen, Filmbildung. vera.haldenwang@isb.bayern.de

Hamann, Matthias, Dr. phil., Kunsthistoriker, Germanist und Archäologe, Direktor des Museumsdienstes Köln. *Arbeitsschwerpunkte*: Museums- und Kulturmanagement, Museums- und Kulturpädagogik, Kommunikation, kommunale und regionale Netzwerke. Sprecher der Direktorenschaft der Museen der Stadt Köln, Mitglied im AK Migration des Deutschen Museumsbundes. matthias.hamann@stadt-koeln.de

Hannken-Illjes, Kati, Prof. Dr. phil., hat seit 2011 die Professur für Sprechwissenschaft an der Hochschule für Musik und Darstellende Kunst Stuttgart inne. *Forschungsschwerpunkte*: Erzähltheorie – insbesondere das Verhältnis von Argumentieren und Erzählen, Juristische Rhetorik, Ethnographische Methoden in der Argumentationsforschung, Kommunikative Kompetenz und die Verbindung von rhetorischen und künstlerischen Formen. kati.hannken-illjes@mh-stuttgart.de

Henkel, Matthias, Dr. phil., M.A., Volkskundler und Archäologe, Direktor der Museen der Stadt Nürnberg – ein Museumsverbund von sieben Museen, drei Sammlungen und zwei historischen Sehenswürdigkeiten. *Arbeitsschwerpunkte*: Museums- und Kulturmanagement, interdisziplinärer Sachkulturforschung, Museologie, visuelle Anthropologie. Mitglied im Vorstand von ICOM-Deutschland, Beirat der Fachgruppe Geschichtsmuseen im DMB, Mitglied im Vorstand der Landesarbeitsgemeinschaft der Museen in Bayern, Mitglied im Kuratorium der Museumsstiftung Post und Kommunikation, Beirat für Kultur im Deutschen Fachjournalistenverband. museumsdirektion@stadt.nuernberg.de

Hennefeld, Vera, Dr. phil., Soziologin, Geschäftsführerin und Leiterin des Arbeitsbereichs „Bildung und Kultur" am Centrum für Evaluation (CEval) sowie Dozentin im Masterstudiengang Evaluation der Universität des Saarlandes. *Arbeitsschwerpunkte:* Evaluationsforschung, Methoden der empirischen Sozialforschung, Bildungsforschung sowie (Auswärtige) Kulturpolitik. v.hennefeld@ceval.de.

Hentschel, Ulrike, Prof. Dr. phil., Theaterpädagogin, Professorin für Theaterpädagogik und Darstellendes Spiel an der Universität der Künste Berlin. *Arbeitsschwerpunkte*: Ästhetische Bildung, zeitgenössisches Theater und Theaterpädagogik, Theater und Schule, Geschichte der Theaterpädagogik. Mitherausgeberin der „Zeitschrift für Theaterpädagogik. Korrespondenzen". uhen@udk-berlin.de

Herbold, Kathrin, Dipl.-Päd, M.A., Kunstpädagogin. Wissenschaftliche Mitarbeiterin an der AdBK München. *Arbeitsschwerpunkte*: Kunst- und Museumspädagogik. herbold@adbk.mhn.de

Hesse, Bernd, Geschäftsführer der Landesarbeitsgemeinschaft der Kulturinitiativen und soziokulturellen Zentren in Hessen (LAKS Hessen e.V.). Vorsitzender der Bundesvereinigung Soziokultureller Zentren (Berlin), Vorstandsmitglied der Kulturpolitischen Gesellschaft (Bonn). Gründungsmitglied der Kulturinitiative Hängnichrum e.V., seit über 20 Jahren ehrenamtliche Kulturarbeit im ländlichen Raum. info@laks.de

Hill, Burkhard, Prof. Dr., Sozialpädagoge mit langjähriger Berufserfahrung in der Jugend- und Kulturarbeit. Von 1994 bis 2000 Professur für Jugendarbeit und Medienpädagogik an der Fachhochschule Neubrandenburg. Seit 2000 Lehre an der Hochschule München „Berufliches Handeln in der Sozialen Arbeit" mit Schwerpunkt Kulturelle Bildung und Musik. Burkhard Hill war Schlagzeuger und Percussionist in verschiedenen Bands. hill@hdm.edu

Höppner, Christian, Cellist, Dirigent, Kulturpolitiker, Generalsekretär des Deutschen Musikrates, Lehrbeauftragter für Violoncello an der Universität der Künste Berlin. *Arbeitsschwerpunkte:* Musik-, Kultur- und Medienpolitik, Kulturelle Bildung auf Kommunal-, Landes- und Bundesebene, politische Kommunikation. Leitung des Fachausschusses Bildung des Deutschen Kulturrates, Leitung der Strategiekommission des Deutschen Musikrates. choeppner@t-online.de

Hoffmann, Dagmar, Dr. phil., Soziologin, Professorin für Medien und Kommunikation an der Universität Siegen, stellvertretende Vorsitzende der Gesellschaft für Medienpädagogik und Kommunikationskultur (GMK) und geschäftsführende Herausgeberin der Zeitschrift Diskurs Kindheits- und Jugendforschung. *Arbeitsschwerpunkte:* Jugend-, Kultur- und Mediensoziologie, Mediensozialisationsforschung, Medienbiografien. hoffmann@medienwissenschaft.uni-siegen.de.

Hoffmann, Hilmar, Kulturdezernent in Oberhausen (1965-70) und in Frankfurt (1970-90), Leiter der „Stiftung Lesen" (1990-93), Präsident der Goethe-Institute (1992-2002). Honorarprofessor an der Philipps-Universität Marburg und der Tel Aviv University; Dr. h.c. der Universitäten Marburg und Tel Aviv.

Holländer, Friederike, Dipl.-Ing. Architektur, Kulturagentin in Berlin im Modellprogramm „Kulturagenten für kreative Schulen", initiiert und gefördert von der Kulturstiftung des Bundes und der Stiftung Mercator. *Arbeitsschwerpunkte:* Architektur, Architekturvermittlung, Museumspädagogik. Projektleitung Bauhaus RaumLabor, Bauhaus Archiv-Museum für Gestaltung, friederike.hollaender@kulturagenten-programm.de

Hornberger, Barbara, Dr. phil, Kulturwissenschaftlerin an der Universität Hildesheim im Fach Kulturwissenschaft/Populäre Kultur. *Arbeitsschwerpunkte*: Populäre Musik, Theorie und Praxis der Populären Kultur, Kulturgeschichte des Populären, Didaktik des Populären. hornberg@uni-hildesheim.de

Hübner, Kerstin, M.A., Studium der Theater-, Erziehungs-, Kommunikations- und Medienwissenschaft. Bildungsreferentin bei der Bundesvereinigung Kulturelle Kinder- und Jugendbildung e. V., *Arbeitsschwerpunkte*: Freiwilliges Engagement und Freiwilligendienste in der Kultur, „Kultur macht Schule". huebner@bkj.de

Hugger, Kai-Uwe, Dr. phil., Professor für Medienpädagogik und Mediendidaktik an der Universität zu Köln. *Arbeitsschwerpunkte*: Erforschung digitaler Kindheit und Jugend, Medienkompetenzforschung, medienpädagogische Professionalität. Mitherausgeber der Reihe „Digitale Kultur und Kommunikation" im VS Verlag. Kai.hugger@uni-koeln.de

Jahn, Michael, M.A. Kommunikations-, Medien- und Kulturwissenschaft, seit Beginn des Studiums in Leipzig im weitesten Sinne „Film vermittelnd" publizistisch und organisatorisch tätig, seit 2006 verantwortlich für die SchulKinoWochen bei der Vision Kino gGmbH – Netzwerk für Film- und Medienkompetenz. michael.jahn@visionkino.de

Jank, Birgit, Prof. Dr. päd., Dr. sc. päd., Professorin für Musikpädagogik und Musikdidaktik an der Universität Potsdam und Präsidentin der Hoffbauer-Berufsakademie Potsdam. *Arbeitsschwerpunkte*: Interdisziplinäre ästhetische Praxis, Musik in sozialen Kontexten, Liedforschung, Historische Musikpädagogik/Bearbeitung DDR-Musikerziehung. bjank@uni-potsdam.de

Jentgens, Stephanie, Dr., Studium in Germanistik, Politik, Psychologie. Leiterin des Fachbereichs Literatur an der Akademie Remscheid, Autorin von Fach- und Lesebüchern, Jurorin für Kinder- und Jugendliteratur, Rezensentin und Fortbildnerin. jentgens@akademieremscheid.de

Jörissen, Benjamin, Dr. phil., Erziehungs- und Medienwissenschaftler, Akademischer Rat am Institut für Pädagogik der Universität Erlangen-Nürnberg. *Arbeitsschwerpunkte*: Theorie und Forschungsmethoden der Medienbildung, Theorien und Probleme der Identität, Historische und pädagogische Anthropologie, Qualitative Bildungs- und Sozialforschung. benjamin@joerissen.name

Kamp, Peter, Lehramtsstudium Philosophie und Geschichte in Münster, Freier Journalist und Übersetzer, ab 1991 Redakteur, ab 1992 Bildungsreferent und Geschäftsführer (1995) beim Landesverband LKD der Jugendkunstschulen in Nordrhein-Westfalen. Ehrenamtlicher Vorsitzender des Bundesverbands der Jugendkunstschulen und Kulturpädagogischen Einrichtungen (bjke) und stellvertretender Vorsitzender beim Fonds Soziokultur und bei der Bundesvereinigung Kulturelle Kinder- und Jugendbildung (BKJ). Peter.kamp@lkd-nrw.de

Kelb, Viola, Diplom-Pädagogin und Diplom-Sozialpädagogin. Leiterin des Geschäftsbereichs „Kultur macht Schule" der BKJ. Langjährige Tätigkeit in der Jugendkulturarbeit, seit 2005 als Bildungsreferentin der BKJ zuständig für den Themenschwerpunkt „Kulturelle Bildung an Schulen" sowie für den Wettbewerb MIXED UP. Seit 2010 Leitung der BKJ-Fachstelle „Kultur macht Schule". kelb@bkj.de

Keuchel, Susanne, Prof. Dr., Soziologin/Musikwissenschaftlerin, Direktorin des Zentrums für Kulturforschung, Honorarprofessorin Institut für Kulturpolitik der Universität Hildesheim, Dozentin an der Hochschule für Musik und Darstellende Kunst in Hamburg. *Arbeitsschwerpunkte und Publikationsthemen*: empirische Kulturforschung, Anwendung Neuer Technologien im Kulturbereich, speziell audiovisuelle Medien, Kulturelle und Interkulturelle Bildung. Susanne.keuchel@kulturforschung.de

Keupp, Heiner, Dr. phil. habil, Studium der Psychologie und Soziologie in Frankfurt am Main, Erlangen und München. Diplom, Promotion und Habilitation in Psychologie, von 1978 bis 2008 Professor für Sozial- und Gemeindepsychologie an der Universität München. Aktuell Gastprofessuren an den Universitäten in Klagenfurt und Bozen. *Arbeitsschwerpunkte und Publikationen*: Soziale Netzwerke, gemeindenahe Versorgung, Gesundheitsförderung, Jugendforschung, individuelle und kollektive Identitäten in der Reflexiven Moderne und Bürgerschaftliches Engagement. Erster Preisträger der Deutschen Gesellschaft für Verhaltenstherapie (2000). Vorsitzender der Kommission für den 13. Kinder- und Jugendbericht der Bundesregierung. heinerkeupp@psy.lmu.de

Kirschenmann, Johannes, Prof. Dr. phil., Kunstpädagoge, Professor für Kunstpädagogik an der Akademie der Bildenden Künste München. *Arbeitsschwerpunkte*: Kunstpädagogik, Medienbildung, Mitherausgeber der Fachzeitschrift „Kunst + Unterricht", Mitherausgeber der Reihe Kontext Kunstpädagogik. kirschenmann@adbk.mhn.de

Klein, Gabriele, Prof. Dr. rer.soc., Professorin für Soziologie von Bewegung am Fachbereich Bewegungswissenschaft der Universität Hamburg, Direktorin des Zentrums für Performance Studies, Sprecherin des Fachbereichs Bewegungswissenschaft, *Arbeitsschwerpunkte:* Körper-, Bewegungs- und Tanzforschung, Performance Studies, Gender-Studies, Stadtforschung. gabriele.klein@uni-hamburg.de

Klepacki, Leopold, Dr. phil., Pädagoge, Theaterwissenschaftler und Germanist, Akademischer Rat am Institut für Pädagogik der Friedrich-Alexander-Universität Erlangen-Nürnberg. *Arbeitsschwerpunkte*: Ästhetische Bildung, Schultheater, Theatrale Bildung, Theateranthropologie, geisteswissenschaftliche pädagogische Forschung. Leopold.Klepacki@paed.phil.uni-erlangen.de

Klinge, Antje, Prof. Dr., Professorin für Sportpädagogik und Sportdidaktik an der Ruhr-Universität Bochum. *Arbeitsschwerpunkte*: Sportlehrerbildung und Fachkulturforschung, ästhetische und kulturelle Bildung. Gründungs- sowie Vorstandmitglied im Bundesverband Tanz in Schulen, 2007 bis 2010 Kuratoriumsmitglied im Tanzplan Deutschland. Antje.klinge@rub.de

Knecht, Gerhard, Diplompädagoge, Dozent für Spielpädagogik an der Akademie Remscheid und Vorsitzender der Bundesarbeitsgemeinschaft Spielmobile e.V. *Arbeitsschwerpunkte*: Spielpädagogik, Kulturelle Bildung, Netzwerkarbeit, Veröffentlichungen spielpädagogischer Themen in Fachzeitschriften und Fachbüchern. bagspielmobile@aol.com

König, Gabriele, Dr. rer. soc., Kulturwissenschaftlerin, Geschäftsführerin der Kinder-Akademie Fulda, Gründungsmitglied des Bundesverbandes der Deutschen Kinder- und Jugendmuseen e.V., Gründungs- und Vorstandsmitglied des Landesverbandes der hessischen Jugendkunstschulen e.V.. koenig@kaf.de

Kohlmann, Andreas, Dipl.-Kfm., Dr. rer. pol., Wirtschafts- und Sozialwissenschaftler, Kulturökonom, freier Unternehmensberater, Autor und Entrepreneur. *Arbeitsschwerpunkte*: Theorie der Kultur- und Kreativwirtschaft, Kulturökonomie, Ökonomie des geistigen Eigentums, Governance der Kultur- und Kreativwirtschaft, Kapitalmarktintegration der Kreativen Ökonomie. a.kohlmann@economicturn.de

Kolland, Dorothea, Dr. phil., Musikwissenschaftlerin, Leiterin des Amtes für Kultur und Bibliotheken in Berlin-Neukölln (bis 2012). *Arbeitsschwerpunkte:* Stadtteilkulturarbeit, Kulturelle Bildung, Interkulturelle Kulturarbeit, Kultur und Stadtentwicklung, Kultur und soziale Inklusion, Kulturpolitik, Regionalkulturgeschichte. Vorstand Kulturpolitische Gesellschaft, Rat für die Künste Berlin, Landesbeirat Kulturelle Bildung Berlin. Dorotheakolland@aol.com

Kramer, Dieter, Dr., Kulturwissenschaftler/Europäischer Ethnologe, Studium in Mainz und Marburg, 1977 bis 1990 im Dezernat Kultur und Freizeit der Stadt Frankfurt am Main, bis Juni 2005 Oberkustos im Museum für Völkerkunde Frankfurt am Main, zeitweise als wissenschaftlicher Referent des Präsidenten des Goethe-Instituts in München tätig. Außerordentliche Professur an der Universität Wien, Gastprofessuren in Hildesheim, Salzburg und Innsbruck. Veröffentlichungen u.a.: Alte Schätze und neue Weltsichten (2005), Von der Freizeitplanung zur Kulturpolitik. Eine Bilanzierung von Gewinnen und Verlusten (2011), Kulturpolitik neu erfinden (2012). kramer.doerscheid@web.de

Krankenhagen, Stefan, Prof. Dr., Kulturwissenschaftler, Professor für Kulturwissenschaft und Populäre Kultur an der Stiftung Universität Hildesheim. *Arbeitsschwerpunkte*: Kulturtheorien der Moderne, Museumstheorie und -praxis, Inszenierung von Geschichte in den Künsten, Medien und in der Populären Kultur, Theorie und Praxis partizipatorischer Medien. krankenh@uni-hildesheim.de

Krüger, Thomas, Präsident der Bundeszentrale für politischen Bildung (seit 2000), Präsident des Deutschen Kinderhilfswerkes (seit 1995), Mitglied der Kommission für Jugendmedienschutz, des Kuratoriums für den Geschichtswettbewerb des Bundespräsidenten, im Beirat Deutscher Kinderpreis (World Vision) und im Aufsichtsrat Initiative Musik, 1991 bis 1994 Senator für Jugend und Familie in Berlin, 1994 bis 1998 Mitglied des Deutschen Bundestages. krueger@bpb.de

Kruse, Norbert, Dr. phil., Professor für Deutschdidaktik mit dem Schwerpunkt Grundschule an der Universität Kassel. *Arbeitsschwerpunkte*: Schriftspracherwerb und frühe literale Textualität, Lese-/Rechtschreibschwierigkeiten, Grammatik- und Rechtschreiblernen, Textschreiben und Textkompetenz, kreatives Schreiben. Mitglied in der internationalen Forschergruppe „didaktisch-empirische Schreibforschung (DIES)", Vorstand des Zentrums für Lehrerbildung der Universität Kassel (ZLB), Symposion Deutschdidaktik, Segeberger Kreis – Gesellschaft für Kreatives Schreiben e.V. (Vorsitzender). Norbert.kruse@uni-kassel.de

Kunz-Ott, Hannelore, Dr. phil., Kunsthistorikerin, Referentin für Museumspädagogik bei der Landesstelle für nichtstaatliche Museen in Bayern. *Arbeitsschwerpunkte*: Museumsberatung, Bildung und Vermittlung in Museen, Beirat im Bundesverband Museumspädagogik und in der Landesvereinigung Kulturelle Bildung Bayern e.V. Hannelore.Kunz.Ott@blfd.bayern.de

Kutzmutz, Olaf, Dr., Programmleiter Literatur an der Bundesakademie für kulturelle Bildung Wolfenbüttel (seit 1999). olaf.kutzmutz@bundesakademie.de.

Land, Ronit, Dr., Tanzpädagogin. Studium von Tanz, Tanzpädagogik und Tanzwissenschaft in Tel Aviv, London, New York und San Francisco. Seit 1977 regelmäßige Mitarbeit und Forschung in „RSVP" und „LIFE ART PROCESS" von Anna Halprin. Bis 1990 Tanzbeauftragte am Bildungsministerium in Israel sowie Tanzredakteurin beim israelischen Rundfunk und Fernsehen. Eigene Tanzensembles in San Francisco, Brüssel, Tel Aviv und Remscheid. Seit 1990 Leiterin des Fachbereichs Tanz an der Akademie Remscheid, Lehraufträge u.a. an der Kibbutz Hochschule in Tel Aviv und an der Hebrew University, Jerusalem. land@akademieremscheid.de

Leipprand, Eva, Bürgermeisterin a.D., Autorin (zuletzt 2011: „Politik zum Selbermachen". Suhrkamp). Vorstand Kulturpolitische Gesellschaft, Vorstand Kulturausschuss Bayerischer Städtetag, Verband Deutscher Schriftsteller (Beirat Landesverband Bayern), Sprecherin Bundesarbeitsgemeinschaft Kultur Bündnis 90/Die Grünen. *Arbeitsschwerpunkte*: Kultur und Nachhaltigkeit. Eva.leipprand@gmx.de

Lewalter, Doris, Professorin für Gymnasialpädagogik an der School of Education der Technischen Universität München. Studium der Pädagogik, mit den Nebenfächern Psychologie und Kunstgeschichte. *Arbeitsschwerpunkte*: Motivations- und Lehr-Lernforschung in formellen und informellen Lehr-Lern-Settings, Evaluation von Museumsausstellungen. Doris.lewalter@tum.de

Lichau, Karsten, Dipl.-Pädagoge, Erziehungs- und Kulturwissenschaftler am Berliner Centre Marc Bloch, Deutsch-französisches Forschungszentrum für Sozialwissenschaften. *Arbeitsschwerpunkte*: Historische Anthropologie, Körper-Inszenierungen, Literatur- und Kulturgeschichte des Gesichts, Akustik und Politische Kulturen, Interkulturelle Erziehung. lichau@cmb.hu-berlin.de

Liebald, Christiane, Dipl. Sozialwissenschaftlerin, Autorin, Beraterin für Organisations- und Projektentwicklung in der Kinder- und Jugendhilfe und Weiterbildung. *Arbeitsschwerpunkte*: Qualitätsmanagement, Projektmanagement und Selbstevaluation. liebald@tele2.de

Liebau, Eckart, Prof. Dr. phil., Pädagoge und Soziologe, Professor für Pädagogik (Lehrstuhl für Pädagogik II) und zugleich Inhaber des UNESCO-Lehrstuhls für Kulturelle Bildung am Institut für Pädagogik der Friedrich-Alexander-Universität Erlangen-Nürnberg. *Arbeitsschwerpunkte*: Allgemeine Pädagogik (v.a. Pädagogische Anthropologie), Kulturpädagogik (v.a. Ästhetische Bildung, Theaterpädagogik und Museumspädagogik), Schulpädagogik (v.a. kulturelle Schulentwicklung), Internationale und Interkulturelle Bildung (v.a. Monitoring Kultureller Bildung und Netzwerkentwicklung). eckart.liebau@paed.phil.uni-erlangen.de

Linck, Dieter, Studiendirektor, Dozent im Studiengang Darstellendes Spiel (Fachpraxis, Fachmethodik und Fachdidaktik) der Friedrich-Alexander-Universität Erlangen-Nürnberg, 1. Vorsitzender des Bundesverbandes Theater in Schulen. *Arbeitsschwerpunkte:* Ästhetische Bildung, Schultheater, Theatrale Bildung, Fachpraxis, Fachmethodik, Fachdidaktik DS/Theater. Tina.dieter@gmx.de

Maase, Kaspar, Prof. Dr. phil. habil., Kulturwissenschaftler, bis 2011 außerplanmäßiger Professor am Ludwig-Uhland-Institut für Empirische Kulturwissenschaft der Universität Tübingen. *Arbeitsschwerpunkte*: Kulturelle Amerikanisierung, Populärkultur vom 19. bis zum 21. Jahrhundert, Geschichte des Jugendmedienschutzes, Ästhetik des Alltags. kaspar.maase@uni-tuebingen.de

Mack, Wolfgang, Prof. Dr. phil., Dipl.-Pädagoge, Professor für Sonderpädagogik mit dem Schwerpunkt Sonderpädagogische Erwachsenen- und Berufsbildung an der Pädagogischen Hochschule Ludwigsburg. *Arbeitsschwerpunkte*: Bildung und Lebensbewältigung, Benachteiligtenförderung, Übergänge Schule/Beruf, Bildungslandschaften, Kulturelle Bildung, Kooperation Schule und Jugendhilfe. mack@ph-ludwigsburg.de

Maedler, Jens, Dipl.-Soz., Leitung Geschäftsbereich Freiwilliges Engagement bei der Bundesvereinigung Kulturelle Kinder- und Jugendbildung. Herausgeber: „TeilHabeNichtse. Chancengerechtigkeit und Kulturelle Bildung". maedler@bkj.de

Mandel, Birgit, Prof. Dr. habil, Dipl.-Kulturpädagogin, Professorin für Kulturmanagement und Kulturvermittlung an der Universität Hildesheim. *Forschungsschwerpunkte*: Kultur-PR und Kulturmarketing, Audience Development, Kulturnutzerforschung, Herausgeberin der Forschungsplattform: www.kulturvermittlung-online.de. Vorstandsmitglied der deutschsprachigen Vereinigung für Kulturmanagement in Forschung und Lehre e.V.. Birgit.Mandel@gmx.de

Mattenklott, Gundel, Prof. Dr. phil., Literatur- und Erziehungswissenschaftlerin, Professorin für Musisch-Ästhetische Erziehung an der Universität der Künste Berlin. *Arbeitsschwerpunkte* u.a.: Ästhetische Bildung, Ästhetische Erziehung in der Grundschule, künstlerische Schaffensprozesse im Bildungsweg, Kinder- und Jugendliteratur. merz@udk-berlin.de

Matzig, Katharina, Dipl.-Ing. Referentin für Öffentlichkeitsarbeit bei der Bayerischen Architektenkammer, freie Journalistin für Fach- und Tagespresse, *Arbeitsschwerpunkte*: Architektur in der Schule, Architektur für Kinder und Jugendliche. matzig@byak.de

Matzke, Annemarie, Prof. Dr. phil., Theaterwissenschaftlerin und Performance-Künstlerin, Professorin für experimentelle Formen des Gegenwartstheaters an der Universität Hildesheim und Mitglied des Performance-Kollektiv She She Pop. *Arbeitsschwerpunkte:* Theorie und Geschichte der Theaterprobe, Schauspieltheorien, Lehre in den Künsten, theatrale Raumkonzepte. annemarie.matzke@uni-hildesheim.de

Merkel, Christine M., Dipl.-Psychologin, Historikerin. Leiterin Fachbereich Kultur, Memory of the World, Deutsche UNESCO Kommission e.V. *Arbeitsschwerpunkte*: Kultur- und Bildungspolitik in den multilateralen Beziehungen, UNESCO Rahmenkonvention Vielfalt kultureller Ausdrucksformen, internationale Zivilgesellschaft, Kultur und Entwicklung. Vorsitzende des Kulturausschusses des Europarats, Expertin des internationalen UNESCO-EU Panels zu Cultural Governance. Zahlreiche Veröffentlichungen zu Demokratieentwicklung, internationaler Kulturpolitik und Konfliktforschung. merkel@unesco.de

Merkt, Irmgard, Dr. paed., Musikpädagogin, Univ.-Professorin an der Fakultät Rehabilitationswissenschaften der TU Dortmund für Musikpädagogik und Inklusion. *Arbeitsschwerpunkte:* Interkulturelle Musikpädagogik, Kulturelle Bildung und Menschen mit Behinderung, Musik und Inklusion. irmgard.merkt@tu-dortmund.de

Mertens, Gerald, Rechtsanwalt und Kirchenmusiker, Geschäftsführer der Deutschen Orchestervereinigung, Leitender Redakteur der Zeitschrift „das Orchester", Geschäftsführendes Kuratoriumsmitglied der Deutschen Orchester-Stiftung, Vorsitzender des „netzwerk junge ohren". Lehraufträge für Orchestermanagement an der FU Berlin und an der Europa-Universität Viadrina, Frankfurt/Oder. Regelmäßige Publikationen u.a. zum Orchestermanagement, zur Kulturfinanzierung sowie Auslandsreportagen. mertens@dov.org

Mertin, Andreas, Dr. phil h.c., Theologe, Kulturwissenschaftler, Kurator und Publizist. *Arbeitsschwerpunkte*: Theologische Kulturhermeneutik, Zeitgenössische Kunst, Neue Medien. Herausgeber des E-Zines „tà katoprizómena – Magazin für Kunst | Kultur | Theologie | Ästhetik". Andreas.Mertin@googlemail.com

Missomelius, Petra, Dr. phil., Medienwissenschaftlerin an der Philipps-Universität Marburg. *Arbeitsschwerpunkte*: Digitale Medien, Wissensgesellschaft, e-learning, Aufmerksamkeitsökonomie, mediale Wahrnehmungskonfigurationen, bildgebende Verfahren, digitale Räume. Monografie: Digitale Medienkultur. Wahrnehmung – Konfiguration – Transformation. (Bielefeld, transcript Verlag 2006). Sprecherin der AG Medienkultur und Bildung der Gesellschaft für Medienwissenschaft, Researcher in Projekten des Lifelong Learning Programmes der EU. missomel@staff.uni-marburg.de

Mittelstädt, Eckhard, M.A., Geschäftsführer des Landesverbandes Freier Theater in Niedersachsen und stellvertretender Vorsitzender des Bundesverbandes Freier Theater, von 2000 bis 2007 Herausgeber von Grimm & Grips, dem Jahrbuch für Kinder- und Jugendtheater, seit 2005 verantwortlicher Redakteur von „IXYPSILONZETT", dem Magazin für Kinder- und Jugendtheater. Zahlreiche Beiträge zum Theater, Beratung von Förderanträgen für Stiftungen, Jurytätigkeit vor allem im Nachwuchsbereich der Darstellenden Künste, gemeinsam mit Alexander Pinto Herausgeber des Bandes „Freies Theater in Deutschland – Diskurse, Perspektiven und Entwicklungen". Eckard.mittelstaedt@freie-theater.de

Müller, Linda, Leiterin des Fachbereich tanz in schulen im nrw landesbuero tanz. Sportwissenschaftlerin und Physiotherapeutin und seit Gründung 2007 Vorstand des Bundesverband Tanz in Schulen e.V.. Außerdem Vorstand des Kulturrat NRW e.V. und aktives Mitglied der Gesellschaft für zeitgenössischen Tanz NRW e.V.. Engagiert sich für die Etablierung der Tanzkunst in Schule und Jugendhilfe und setzt sich für die Vielfalt individueller Konzepte ein. L-mueller@lb-tanz.de

Nagel, Torsten, Dipl.-Sozialpädagoge, Kulturpädagoge und Kulturmanager, Leitung des Kinder- und Jugendkulturbereichs und Programmplanung in der WERK°STADT Witten, Lehrbeauftragter Soziale Arbeit an der FH Düsseldorf und EFH Bochum. Kulturpädagogik an der HS Niederrhein, Dozent an der HAN Nimwegen, Arbeitsausschuss LAG Soziokultur NRW, Autor für die testcard. nagel@werk-stadt.com

Nierstheimer, Julia, Studium der Theater-, Film- und Medienwissenschaft, Kinder- und Jugendliteraturwissenschaft, Philosophie. Seit 2012 Geschäftsführerin des Bundesverbands der Jugendkunstschulen und Kulturpädagogischen Einrichtungen (bjke) e.V.. *Arbeitsschwerpunkte*: Verbands- und Einrichtungsentwicklung, Kommunikation und Öffentlichkeitsarbeit. Julia.nierstheimer@bjke.de

Niesyto, Horst, Prof. Dr., Erziehungswissenschaftler und Medienpädagoge, Pädagogische Hochschule Ludwigsburg, Vorsitzender der Sektion Medienpädagogik in der Deutschen Gesellschaft für Erziehungswissenschaft, Sprecher der Initiative „Keine Bildung ohne Medien!". *Arbeitsschwerpunkte*: Medienpädagogik und soziokulturelle Unterschiede, interkulturelle Medienbildung, Filmbildung, medienpädagogische Praxisforschung, visuelle Forschungsmethoden. niesyto@ph-ludwigsburg.de

Nimczik, Ortwin, Dr. phil, Professor für Musikpädagogik und -didaktik an der Hochschule für Musik Detmold. *Arbeitsschwerpunkte*: Neue Musik, Musikalische Gestaltungsarbeit, Theorie und Praxis des Musikunterrichts. Mitherausgeber der Zeitschrift „Musik & Bildung", Bundesvorsitzender des Verbandes Deutscher Schulmusiker (VDS). nimczik@gmx.de

Noschka-Roos, Annette, Dr. Päd., Professorin für Museumspädagogik an der TUM School of Education, Leitern der Hauptabteilung Bildung am Deutschen Museum (München), *Arbeitsschwerpunkte*: Evaluation und Erforschung spezifischer Lehr-Lernqualitäten von Ausstellungen, Besucherorientierte Konzeptionen von Begleitprogrammen für Ausstellungen. a.noschka@deutsches-museum.de

Oelkers, Jürgen, Prof. Dr. phil., Studium der Erziehungswissenschaft, Germanistik und Geschichte an der Universität Hamburg, Professuren in Lüneburg und Bern, seit 1999 o. Professur für Allgemeine Pädagogik an der Universität Zürich. *Forschungsschwerpunkte*: Geschichte der Pädagogik, demokratische Erziehung, Bildungspolitik. oelkers@ife.uzh.ch

Otto, Ulf, Dr. phil., Theater- und Kulturwissenschaftler, freier Regisseur und Dramaturg, wissenschaftlicher Mitarbeiter am Institut für Medien und Theater der Universität Hildesheim. *Arbeitsschwerpunkte*: Theatralität digitaler Medien, mediale Versuchsanordnungen im zeitgenössischen Theater, Konvergenz und Konkurrenz technologischer und ästhetischer Praktiken im 19. Jahrhundert, Theaterhistoriographie und die Kulturgeschichte des Theatralen. ulf.otto@uni-hildesheim.de

Palme, Hans-Jürgen, Medienpädagoge, geschäftsführender Vorstand der medienpädagogischen Einrichtung SIN-Studio im Netz (München), Sprecher der GMK-Fachgruppe Multimedia, Buchautor und Initiator zahlreicher medienpädagogischer Modellprojekte, Mitorganisator der AG Inter@ktiv (München). palme@sin-net.de

Pannes, Matthias, Bundesgeschäftsführer des Verbandes deutscher Musikschulen (VdM), zuvor Generalsekretär des Landesmusikrates NRW. Vorstandsmitglied der Bundesvereinigung Kulturelle Kinder- und Jugendbildung (BKJ), Vertretung in Fachgremien des Deutschen Kulturrates und des Deutschen Musikrates (u.a. Jugend musiziert). 1989 bis 1998 Mitglied der Medienkommission NRW. *Arbeitsschwerpunkt*: musikalische/kulturelle Bildung. Mitwirkung in mehreren bildungs-, jugend- und kulturpolitischen Gremien. pannes@musikschulen.de

Pantos, Regina, M.A., Literaturwissenschaftlerin und Pädagogin, Studiendirektorin an der Fachschule für Sozialpädagogik a.D., Fortbildnerin und Journalistin im Bereich der Kinder- und Jugendliteratur. Ehem. Vorsitzende des Arbeitskreises für Jugendliteratur AKJ e.V., München. *Arbeitsschwerpunkte:* Kinder- und Jugendliteratur in Theorie und Praxis, Sozialpädagogische Aus- und Fortbildung, Frühkindliche Bildung. regina.pantos@web.de

Patrizi, Livia, Tanzausbildung an der Folkwang Hochschule in Essen. Tänzerin und freie Choreographin (u.a. Cullbergballet, Pina Bausch-Wuppertaler Tanztheater, Cie Maguy Marin). Gründerin, Künstlerische Leiterin und Projektleiterin von TanzZeit – Zeit für Tanz in Schulen in Berlin, Künstlerische Leiterin der TanzZeit-Jugendcompany, Kuratorin eines internationalen Tanztheaterfestival für junges Publikum. patrizi@tanzzeit-schule.de

Peez, Georg, Dr. phil., Kunstpädagoge und Kunstdidaktiker, Professur für Kunstpädagogik an der Goethe-Universität Frankfurt a.M.. *Arbeitsschwerpunkte*: Qualitative empirische Forschung in der Kunstpädagogik, Evaluations- und Wirkungsforschung in kunst- und kulturpädagogischen Bereichen, Digitale Medien im Kunstunterricht und in der Kunstvermittlung, Dimensionen ästhetischen Verhaltens von Kindern, Jugendlichen und Erwachsenen. peez@kunst.uni-frankfurt.de

Pfadenhauer, Michaela, Dr. phil., Soziologin, Professur für Soziologie unter besonderer Berücksichtigung des Kompetenzerwerbs am Karlsruher Institut für Technologie (KIT). *Arbeits- und Forschungsschwerpunkte*: Wissenssoziologie und Handlungstheorie (u.a. Soziologie kompetenten Handelns, Kompetenzerwerb in Jugendszenen), Kultur- und Konsumsoziologie (u.a. Mediatisierung, Kommunikationsbarrieren und deren gelingende Überwindung beim Online-Shopping), Methoden interpretativer Sozialforschung (u.a. Experteninterview und lebensweltanalytische Ethnographie). pfadenhauer@kit.edu

Pfeiffer, Malte, wissenschaftlicher Mitarbeiter an der Universität Hamburg im Studiengang Performance Studies. Er promoviert zu Vermittlungsstrategien künstlerischer Forschung im Theater, ist Mit-Autor des Kursbuch Darstellendes Spiel für den abiturvorbereitenden Theaterunterricht und als Theaterpädagoge an verschiedenen Bildungseinrichtungen tätig. Mit dem Künstlerkollektiv „Fräulein Wunder AG" entwickelt er ästhetische Forschungsarbeiten zwischen Theater, Performance und ethnologischer Feldforschung. Malte.Pfeiffer@uni-hamburg.de

Prenzel, Manfred, Dr. phil. habil., Lehrstuhl für Empirische Bildungsforschung an der TUM School of Education, TU München. *Arbeitsschwerpunkte:* Internationale Leistungsvergleiche, Unterrichtsmuster und mehrdimensionale Lernergebnisse, Lehrerkompetenzen. manfred.prenzel@tum.de

Pruisken, Wolfgang, Lehrer und Zirkuspädagoge, IGS Hannover-Linden, Vorsitzender der LAG Zirkus Niedersachsen, Vorstand der BAG Zirkuspädagogik. *Arbeitsschwerpunkte*: Netzwerk für Zirkuskünste „CircO Hannover", Fortbilder im Bereich Schule und Zirkus, Internationale Vernetzung. pruisken@circo-hannover.de

Radermacher, Norbert, Kunstwissenschaftler und Kunstpädagoge, Präsident des Bundes Deutscher Amateurtheater e.V. (BDAT), Begründer und Leiter des Theaterpädagogischen Zentrums in Lingen (1980-2006), Initiator und Künstlerischer Leiter des Welt-Kindertheater-Festes (1990-2006), Vertreter in zahlreichen kultur- und bildungspolitischen Gremien, u.a. Fonds Darstellende Künste, Deutscher Kulturrat, International Amateur Theatre Association (AITA/IATA). berlin@bdat.info

Rauschenbach, Thomas, Prof. Dr. rer. soc., Dipl.-Pädagoge, Direktor und Vorstandsvorsitzender des Deutschen Jugendinstituts (DJI) sowie Professor für Sozialpädagogik an der Technischen Universität Dortmund. Mitglied der Autorengruppe Bildungsberichterstattung und mehrerer Kinder- und Jugendberichte. Autor zahlreicher Publikationen und Herausgeber mehrerer Buchreihen und Zeitschriften. rauschenbach@dji.de

Ray, Johanna, Dr.phil., Pädagogin, Musiktherapeutin und -psychologin, Wissenschaftliche Mitarbeiterin an der TUM School of Education, TU München. *Arbeitsschwerpunkte*: Lehrerbildung in den nordischen Ländern, Empathiefähigkeit bei Lehrkräften, PISA. johanna.ray@tum.de

Reinwand, Vanessa-Isabelle, Prof. Dr. phil., Pädagogin, Theater- und Medienwissenschaftlerin, Italoromanistin. Professorin an der Universität Hildesheim für Kulturelle Bildung und Direktorin der Bundesakademie für kulturelle Bildung in Wolfenbüttel. *Arbeitsschwerpunkte*: Ästhetische und Kulturelle Bildung, Bildungstheorie, Frühkindliche Kulturelle Bildung, qualitative Forschungsmethoden und Wirkungsforschung. vanessa.reinwand@bundesakademie.de

Rittelmeyer, Christian, Diplom-Psychologe, Dr. phil., bis 2003 Professor für Erziehungswissenschaft am Pädagogischen Seminar der Georg-August-Universität Göttingen. *Arbeitsschwerpunkte*: Pädagogische Psychologie, Pädagogische Anthropologie, Erziehungsgeschichte und Forschungsmethoden der Erziehungswissenschaft. rittelmeyer@keerl.net

Röll, Franz Josef, Prof. Dr. phil, Dipl.-Pädagoge, Soziologe, Professor an der Hochschule Darmstadt, Fachbereich Gesellschaftswissenschaften und soziale Arbeit, Schwerpunkt Neue Medien und Medienpädagogik. *Arbeitsschwerpunkte*: Web 2.0., Chancen und Risiken von Neuen Medien. Bewusste und unbewusste Botschaften in populären Medien, handlungsorientierte Medienpädagogik, Lernen lernen mit Neuen Medien. franz-josef.roell@h-da.de

Rossmeissl, Dieter, Dr. phil., Historiker und Politologe, Kulturdezernent der Stadt Erlangen, Vorsitzender Kulturausschuss Bayerischer Städtetag, Mitglied Kultur- und Bildungsausschuss Deutscher Städtetag, Geschäftsführer Forum Kultur der Europäischen Metropolregion Nürnberg. *Publikationsschwerpunkte*: Geschichte der Arbeiterbewegung, Beiträge zur politischen und Kulturellen Bildung, Kulturpolitik. dieter.rossmeissl@stadt.erlangen.de

Roth, Michael M., Studienleiter der Akademie Remscheid für musische Bildung und Medienerziehung. *Arbeitsschwerpunkte:* Professionelle Entwicklung in Pädagogik und Kultureller Bildung, Dokumentation und Zertifizierung non-formal und informell erworbener Kompetenzen, Europäischer/Deutscher Qualifikationsrahmen und seine Bedeutung für die Kulturelle Bildung. roth@akademieremscheid.de

Schad, Anke, BA (Europäische Kulturgeschichte), MA (European Cultural Policy and Management). Wissenschaftliche Mitarbeiterin bei EDUCult. *Arbeitsschwerpunkte*: Grundlagen- und Begleitforschung sowie Beratung im Bereich Kultureller Bildung, qualitative/partizipative Forschungsmethoden. Anke.schad@educult.at

Schäfer, Klaus, Prof., Sozialarbeiter (FH) und Diplom-Pädagoge, Honorarprofessor an der Universität Bielefeld, Staatssekretär im Ministerium für Familie, Kinder, Jugend, Kultur und Sport des Landes Nordrhein-Westfalen. klaus.schaefer@mfkjks.nrw.de

Scheunpflug, Annette, Prof. Dr. phil., Professorin für Allgemeine Erziehungswissenschaft an der Friedrich-Alexander Universität Erlangen-Nürnberg, *Arbeitsschwerpunkte:* Naturwissenschaftliche Anthropologie, Weltbürgerliche Bildung, Bildungsqualität. Annette.Scheunpflug@ewf.uni-erlangen.de

Scheytt, Oliver, Prof. Dr., Studium Musik (Folkwang Hochschule Essen) und Rechtswissenschaften (Ruhr-Universität Bochum). Seit 2006 Geschäftsführer der RUHR.2010 GmbH Essen, Professor für Kulturpolitik und kulturelle Infrastruktur an der Hochschule für Musik und Theater Hamburg, Geschäftsführer der Dr. Scheytt KULTUREXPERTEN GmbH, Personalberatung für Kultur- und Kreativbranchen. Ehrenämter (Auswahl): Präsident der Kulturpolitischen Gesellschaft e.V., Bonn (seit 1997), Mitglied des Kulturausschusses der Deutschen UNESCO-Kommission, Mitglied des Beirates der Kulturstiftung des Bundes, Sachverständiges Mitglied der Enquete-Kommission Kultur in Deutschland des Deutschen Bundestages 2003 bis 2007. scheytt@kulturexperten.de

Schmidt, Christian, M.A., Historiker, Europäischer Ethnologe, Politischer Bildner des Berliner Archiv der Jugendkulturen e.V. und Inhaber der Leipziger Ausstellungsagentur „Zeitläufer". *Arbeitsschwerpunkte*: Jugend-, Sub- und Popkulturen, Cultural Studies, Kulturökonomie, Ethnografie, materielle Kultur, partizipative Ausstellungen. christian.schmidt@jugendkulturen.de

Schmidt, Siegfried J., emeritierter Universitätsprofessor der Universität Münster. *Arbeitsschwerpunkte*: Kommunikations- und Medientheorie, Kulturwissenschaft, Konstruktivismus. sjschmidt@gmx.net

Schmitz, Stephan, Musikwissenschaftler und Musikpädagoge, Wissenschaftlicher Mitarbeiter an der Abteilung für Musikwissenschaft/Sound Studies der Universität Bonn. *Arbeitsschwerpunkte*: Bildungstheorie, Musiktheorie. stephanschmitz@uni-bonn.de

Schmolling, Jan, Stellv. Leiter und wissenschaftlich-pädagogischer Mitarbeiter im Kinder- und Jugendfilmzentrum in Deutschland (KJF). *Arbeitsschwerpunkte*: Medienwettbewerbe, Jugendkultur und Generationendialog. Initiator der Bildungsinitiative Jugendfotografie. Autor und Herausgeber zahlreicher Bücher und Artikel zum Themenbereich Jugend/Kultur/Medien. schmolling@kjf.de

Schneider, Wolfgang, Prof. Dr. phil., Ordentlicher Universitätsprofessor für Kulturpolitik, Geschäftsführender Direktor des Instituts für Kulturpolitik der Universität Hildesheim, UNESCO-Chair „Cultural Policy for the Arts in Development", Sachverständiges Mitglied der Enquete-Kommission „Kultur in Deutschland" des Deutschen Bundestages (2003–2007). Vorsitzender der deutschen ASSITEJ, Ehrenpräsident der Internationalen Vereinigung des Theaters für Kinder und Jugendliche. Publikationen (Auswahl): „Theater und Schule. Handbuch zur kulturellen Bildung" (2009), „Kulturelle Bildung braucht Kulturpolitik" (2010), „Theater und Migration. Herausforderungen für Kulturpolitik und Theaterpraxis" (2011). schneider@uni-hildesheim.de

Schorn, Brigitte, Kulturpädagogin, Leitung der Arbeitsstelle „Kulturelle Bildung in Schule und Jugendarbeit NRW", Fortbildungsbeauftragte für den Kompetenznachweis Kultur. *Arbeitsschwerpunkte*: Theorie und Praxis Kultureller Bildung, Kulturelle Bildung und Schule/Jugendarbeit, Kulturelle Bildung in regionalen und kommunalen Bildungsnetzwerken. schorn@kulturellebildung-nrw.de

Schrödter, Mark, Prof. Dr. phil. habil., Diplompädagoge, Professor an der Universität Kassel für Sozialpädagogik des Kindes- und Jugendalters. *Arbeitsschwerpunkte:* Theorie der Sozialpädagogik, Autonomisierungsprozesse bei Kindern und Jugendlichen, Kindeswohlgefährdung, interkulturelle/rassismuskritische Soziale Arbeit. mark.schroedter@uni-kassel.de

Schuhmacher-Chilla, Doris, Dr. phil. habil., Kunsttheoretikerin, Professorin für Kunsttheorie am Institut für Kunst und Kunsttheorie der Universität zu Köln. *Arbeitsschwerpunkte*: Kunsttheorie, Historische Anthropologie und Kunstwissenschaft, Kunst des 20. und 21. Jhdt. bes. zeitgenössische Kunst mit dem Schwerpunkt Fotografie, Mitglied der DGfE, der wissenschaftlichen Sozietät Kunst – Medien – Bildung und des Interdisziplinären Zentrums für Historische Anthropologie, Berlin. dschuma@uni-koeln.de, schuhmacher.chilla@t-online.de

Schulz, Gabriele, Studium Germanistik, Haushalts- und Ernährungswissenschaft, Erstes Staatsexamen, stellv. Geschäftsführerin des Deutschen Kulturrates. *Arbeitsschwerpunkte*: Kulturelle Bildung, Kulturrecht, Kulturwirtschaft, Bürgerschaftliches Engagement im Kulturbereich; stellv. Chefredakteurin von „Politik & Kultur", Zeitung des Deutschen Kulturrates, Mitherausgeberin und Autorin zahlreicher Publikationen zur Kulturpolitik, post@kulturrat.de

Schwanenflügel, Larissa von, Sozialpädagogin, Promovendin am Institut für Erziehungswissenschaft der Universität Tübingen, freie wissenschaftliche Mitarbeiterin des Instituts für regionale Innovation und Sozialforschung. *Arbeitsschwerpunkte*: Partizipation, informelles Lernen, Jugendarbeit, Jugendarbeitsforschung. sigler@gmx.de

Selig, Nina, Studium der Film- und Fernsehwissenschaft, Publizistik- und Kommunikationswissenschaften sowie Politikwissenschaft. Sie arbeitet seit vielen Jahren im Themenfeld der Kulturellen Bildung, vorwiegend mit den Schwerpunkten Kulturelle Bildung für Ältere sowie Filmbildung und Öffentlichkeitsarbeit. Sie war u.a. für die Bundesvereinigung Kulturelle Kinder- und Jugendbildung und das Institut für Bildung und Kultur tätig. Seit dem Frühjahr 2012 arbeitet sie als Marketingleiterin bei dem Programmkino Endstation in Bochum. n.selig@bkj.de

Shatry, Barbara, Grund- und Hauptschullehrerin, Vorstand der Landesarbeitsgemeinschaft „Architektur und Schule"/Bayern. *Arbeitsschwerpunkte*: Kulturelle Bildung in der Ganztagsschule, Schulentwicklung mit Schwerpunkt Ästhetische und kulturelle Bildung, Baukulturelle Bildung. Barbara.shatry@t-online.de

Sievers, Norbert Dr. phil., Diplom-Soziologe, Geschäftsführer der Kulturpolitischen Gesellschaft, Geschäftsführer des Fonds Soziokultur e.V. *Arbeitsschwerpunkte*: Theorie und Konzepte der Kulturpolitik, Soziokultur, Verbandstheorie. nsievers@kupoge.de

Sliwka, Anne, Prof. Dr., Professorin für Erziehungswissenschaft an der Pädagogischen Hochschule Heidelberg. Arbeitsschwerpunkte Demokratiepädagogik, Unterrichts- und Schulentwicklung, Lehrerprofessionalität. Mitarbeit an der OECD-Studie „Teacher Education for Diversity". sliwka@ph-heidelberg.de

Stahlhoven, Katharina, Dipl.-Ing. Architektur, freie Museumspädagogin in Berlin, *Arbeitsschwerpunkte:* Architektur- und Kunstvermittlung, Projektleitung Bauhaus_RaumLabor, Bauhaus Archiv-Museum für Gestaltung, Projektleitungen, Kooperationen und Mitarbeit an Berliner Museen, für die Stiftung Preußische Schlösser und Gärten und an Berliner Kitas und Schulen, Leitung themenbezogener Fortbildungsseminare für LehrerInnen und ErzieherInnen. info@berlin-architektouren.de

Steenblock, Volker, Prof. Dr. phil., Professor für Philosophie unter besonderer Berücksichtigung von Kulturphilosophie und Philosophiedidaktik an der Ruhr-Universität Bochum. *Arbeitsschwerpunkte*: Philosophie der Bildung, Theorie der Kulturwissenschaften. Mitherausgeber der „Zeitschrift für Didaktik der Philosophie und Ethik" und Mitbegründer des gleichnamigen „Forums", verschiedenste Reihen- und Einzelpublikationen zur Philosophischen und Kulturellen Bildung. volker.steenblock@rub.de

Stenger, Ursula, Prof. Dr., Professorin für Erziehungswissenschaftlerin mit Schwerpunkt Kindheit und Familie an der Universität zu Köln. *Arbeitsschwerpunkte*: Bildung in der Kindheit, ästhetische und Kulturelle Bildung, kulturelle Praxen, Krippenpädagogik, Elementare Didaktik, Phänomenologie und Pädagogische Anthropologie. Ursula.stenger@uni-koeln.de

Sting, Wolfgang, Prof. Dr. phil., *Erziehungs-* und Theaterwissenschaftler, Professor für Theaterpädagogik am Fachbereich Erziehungswissenschaft der Universität Hamburg, Leiter des Masterstudiengangs Performance Studies. *Arbeitsschwerpunkte*: Theorie und Praxis der Theaterpädagogik, Theater und Schule, Kinder- und Jugendtheater, Interkulturelles Theater und Kulturelle Bildung. wolfgang.sting@uni-hamburg.de

Sturzenhecker, Benedikt, Prof. Dr. phil., Dipl. Pädagoge, Professor für Sozialpädagogik/außerschulische Bildung an der Universität Hamburg, Fakultät für Erziehungswissenschaft, Psychologie und Bewegungswissenschaft. *Arbeitsschwerpunkte*: Offene Kinder- und Jugendarbeit, Jugendverbandsarbeit, Demokratiebildung in Kindertageseinrichtungen und Jugendarbeit, ästhetische Bildung in der Jugendarbeit, Kooperation Jugendarbeit und Schule. benedikt.sturzenhecker@uni-hamburg.de

Szokol, Peter, Student der Betriebswirtschaftslehre, wissenschaftlicher Mitarbeiter bei EDUCult und Projektleiter der European Arts Education Fact Finding Mission. *Arbeitsschwerpunkte*: New Public Management, NPO Management, Tourismus- und Freizeitforschung, Kulturökonomie. peter.szokol@educult.at

Taube, Gerd, Dr. phil., Theaterwissenschaftler, Leiter des Kinder- und Jugendtheaterzentrums in der Bundesrepublik Deutschland in Frankfurt am Main und Vorsitzender der Bundesvereinigung Kulturelle Kinder- und Jugendbildung. *Arbeitsschwerpunkte*: Kulturelle Bildung, Kultur-, Bildungs- und Jugendpolitik, Geschichte, Dramaturgie, Spielweisen und Ausdrucksformen des Kinder- und Jugendtheaters, Theater für die Jüngsten, Kinder spielen Theater. g.taube@kjtz.de

Theunert, Helga, Prof. Dr., Honorarprofessorin für Kommunikations- und Medienwissenschaft/ Medienpädagogik an der Universität Leipzig, Mitherausgeberin von „merz | medien + erziehung. Zeitschrift für Medienpädagogik", Mitglied des Bundesjugendkuratoriums. Bis Ende 2010 Direktorin des JFF – Institut für Medienpädagogik in Forschung und Praxis, München. *Arbeitsschwerpunkte*: Medienaneignung in Kindheit und Jugend, qualitative Forschungsmethoden, Medienpädagogik im Bildungssystem. h.theunert@jff.de

Thuswald, Marion, Sozialpädagogin und Bildungswissenschaftlerin. Universitätsassistentin im Fachbereich Kunst- und Kulturpädagogik am Institut für das künstlerische Lehramt/ Akademie der bildenden Künste Wien. *Arbeitsschwerpunkte*: öffentlicher Raum und Lernen, Differenz und pädagogische Professionalisierung, kulturelle und sexuelle Bildung. 2010 Veröffentlichung „urbanes lernen – Bildung und Intervention im öffentlichen Raum" als Band 4 der Reihe „arts & culture & education". m.thuswald@akbild.ac.at

Timmerberg, Vera, Bildungswissenschaftlerin, Referentin an der Folkwang Universität der Künste, Fortbildungsbeauftragte für den Kompetenznachweis Kultur. *Arbeitsschwerpunkte:* Theorie und Praxis Kultureller Bildung, qualitative kulturelle Bildungsforschung, Evaluation Kultureller Bildung, Kulturelle Bildung und Schule, Kompetenznachweis Kultur. timmerberg@folkwang-uni.de

Treptow, Rainer, Prof. Dr. rer. soc. habil, Dipl. Päd., Professor für Erziehungswissenschaft mit dem Schwerpunkt Sozialpädagogik an der Eberhard-Karls-Universität Tübingen. *Arbeitsschwerpunkte*: Theorie und Geschichte der Sozialen Arbeit, Kulturelle Bildung, Internationaler Vergleich. rainer.treptow@uni-tuebingen.de

Ulmann, Gisela, Dr. phil, Diplompsychologin, Privatdozentin an der Freien Universität Berlin im Diplomstudiengang Psychologie. *Arbeitsschwerpunkte*: Entwicklungspsychologie und Pädagogische Psychologie, Praxisforschung. ulmann@zedat.fu-berlin.de

Wagner, Bernd, Dr. phil., († 2012) war wissenschaftlicher Leiter des Instituts für Kulturpolitik der Kulturpolitischen Gesellschaft, stellvertretender Geschäftsführer der Kulturpolitischen Gesellschaft in Bonn und verantwortlicher Redakteur der Kulturpolitischen Mitteilungen sowie des Jahrbuches für Kulturpolitik und hatte Lehraufträge an versch. Hochschulen. Arbeitsschwerpunkte: allgemeine Fragen der Kulturpolitik, der Kulturförderung und der Kulturgeschichte und -theorie, sowie interkultureller Themen.

Wagner, Ernst, Dr. phil., Mitarbeiter am UNESCO-Lehrstuhl für Kulturelle Bildung, Universität Erlangen-Nürnberg, Referent für das Fach Kunst am Staatsinstitut für Schulqualität und Bildungsforschung München. *Arbeitsschwerpunkte*: Lehrplanentwicklung, Kompetenzorientierung, Interkulturelle Kunstpädagogik, Kulturelle Bildung im Zeitalter der Globalisierung, UNESCO-Kontexte. Ernst.Wagner@paed.phil.uni-erlangen.de

Wagner, Ulrike, Dr. phil., Kommunikationswissenschaftlerin, Direktorin des JFF – Institut für Medienpädagogik. *Arbeitsschwerpunkte*: Umgang von Kindern und Jugendlichen mit digitalen Medien, Medienkonvergenz, Mediensozialisationsforschung in sozial- und bildungsbenachteiligten Milieus, Methoden der Kindheits- und Jugendforschung. Ulrike.wagner@jff.de

Walther, Andreas, Prof. Dr., Professor für Erziehungswissenschaft, Sozialpädagogik und Jugendhilfe an der Goethe Universität Frankfurt am Main. Leitung der Sozialpädagogischen Forschungsstelle „Bildung und Bewältigung im Lebenslauf". *Arbeitsschwerpunkte*: Jugend und junge Erwachsene, Übergänge in Lebenslauf und Biografie, Partizipation, Internationaler Vergleich. A.Walther@em.uni-frankfurt.de.

Wanka, Johanna, Prof. Dr. rer. nat., Niedersächsische Ministerin für Wissenschaft und Kultur, ehemalige Professorin an der Fachhochschule Merseburg. Derzeitige *Arbeitsschwerpunkte*: Kultur- und Bildungspolitik. Poststelle@mwk-niedersachsen.de

Wardetzky, Kristin, Prof. Dr. sc., bis 2007 Professorin für Theaterpädagogik an der Universität der Künste Berlin. *Arbeitsschwerpunkte*: Künstlerisches Erzählen, Kinder- und Jugendtheater, Märchenforschung. Initiatorin der Projekte „Sprachlos?" und „ErzählZeit" sowie des Studienganges „Künstlerisches Erzählen – Storytelling in Art and Education" an der UdK Berlin. kristin.wardetzky@gmx.de

Wenzlik, Alexander, M.A., Pädagoge, Kultur- und Tanzpädagoge, 1. Vorstand und Geschäftsführer der spiel- und kulturpädagogischen Einrichtung PA/Spielen in der Stadt e. V. in München, zahlreiche Projekte, Workshops, Seminare, Fachvorträge und Publikationen sowie Durchführung von Tagungen und Veranstaltungen im Bereich der Kulturellen Bildung. Dozent für Kulturelle Bildung an der Universität Passau und der Hochschule München, Mitinitiator des bundesweiten Netzwerks Forschung Kulturelle Bildung (www.forschung-kulturelle-bildung.de), Jurymitglied des bundesweiten Wettbewerbs Mixed Up für Kooperationen zwischen Kultur und Schule. *Arbeits- und Forschungsschwerpunkte*: Tanzpädagogik, Kooperation Schule und Kultur, Wirkungen Kultureller Bildung sowie Qualitätsentwicklung und -sicherung. a.wenzlik@spielen-in-der-stadt.de

Winkler, Gisela, Dipl.-Germanistin, Fachautorin, Mitarbeiterin Kinder- und Jugendzirkus CABUWAZI, Vorstand LAG Zirkus Berlin/Brandenburg. winkler@circusarchiv.de

Winter, Andrea, M.A., Kunstpädagogin, umweltpädagogische Weiterbildung (Schwerpunkte Erlebnispädagogik, Natur und Kunst), Weiterbildung im Bereich Rollenspiele, Dozentin für Kreatives Lehren und Lernen und Neue Medien an der Universität Frankfurt, Lehrbeauftragte an der Universität Würzburg, Lehrkraft für Kunst, Live-Rollenspiele, Neue Medien und Arbeitslehre in der Realschule und Gymnasialstufe einer Privatschule. *Arbeitsschwerpunkte*: Pädagogische Förderpotentiale (medialer) Abenteuer- und Live-Rollenspiele, Körperbild und Selbstkonzept in (urbanen) Spielwelten, Kreatives Lehren und Lernen in Mixed Reality Spiel-/Lernräume. schnittstellen@andreawinter.de, www.andreawinter.de

Wirag, Lino, Dipl.-Kult., Promotion am Freiburger Institut für Medienkulturwissenschaft zu Figurationen der ästhetischen Praxis (am Beispiel des Comiczeichnens), Mitherausgeber der „Zeitschrift für komische Literatur EXOT" und veranstaltet seit 2003 den Poetry Slam in seiner Heimatstadt Pforzheim. info@linowirag.de

Witt, Kirsten, Dipl.-Kulturwissenschaftlerin, Grundsatzreferentin der Bundesvereinigung Kulturelle Kinder- und Jugendbildung. Verantwortlich für Querschnittsthemen der Kulturellen Bildung, Verantwortliche Redakteurin des Magazins KULTURELLE BILDUNG der BKJ, Kuratoriumsmitglied im Fonds Soziokultur. k.witt@bkj.de

Witte, Rolf, Diplom-Sozialarbeiter (FH), Bereichsleiter „Kulturelle Bildung International" der Bundesvereinigung Kulturelle Kinder- und Jugendbildung. Mitglied im Fachausschuss Europäische Kinder- und Jugend(hilfe)politik der Arbeitsgemeinschaft für Kinder- und Jugendhilfe (AGJ), im Fachausschuss Europa/Internationales des Deutschen Kulturrats, im Nationalen Beirat für die Umsetzung des EU-Programms „Jugend in Aktion", im Beirat des Deutsch-Französischen Jugendwerks und im Beirat zur Umsetzung der EU-Jugendstrategie in Deutschland. Stellvertretender Vorsitzender des europäischen Netzwerks Culture Action Europe. witte@bkj.de

Wulf, Christoph, Prof. Dr. phil., Professor für Allgemeine und Vergleichende Erziehungswissenschaft, Mitglied des Interdisziplinären Zentrums für Historische Anthropologie, des Sonderforschungsbereichs „Kulturen des Performativen", des Clusters „Languages of Emotion" und des Graduiertenkollegs „InterArts Studies" an der Freien Universität Berlin. Vizepräsident der Deutschen UNESCO-Kommission. Aufgrund seiner anthropologischen Forschungen wurde ihm von der Universität Bukarest der Titel eines Professors honoris causa verliehen. Gastprofessuren und Forschungsaufenthalte u.a. in Stanford, Paris, Wien, Stockholm, Amsterdam, London, Modena, Tokio, Kyoto, Beijing, Sankt Petersburg, New Delhi, Mysore. Aktuelle Veröffentlichungen (Auswahl): Ritual and Identity. The Staging and Performing of Rituals in the Lives of Young People (2010), Gesten. Inszenierung, Aufführung, Praxis (2010), Die Geste in Erziehung, Bildung und Sozialisation: Ethnographische Fallstudien (2011). christoph.wulf@fu-berlin.de

Zacharias, Wolfgang, Prof. Dr. phil., Kunst- und Kulturpädagoge in München, Honorarprofessur für Kulturpädagogik Hochschule Merseburg. *Arbeitsschwerpunkte*: Kultur-, Spiel-, Medien- und Museumspädagogik, lokale und kommunale Netzwerke Kulturelle Bildung, Kooperation Kultur-Jugendarbeit-Schule, Vorstand Landesvereinigung Kultureller Bildung Bayern e.V. (LKB:BY) und Bundesverband Jugendkunstschulen und Kulturpädagogische Einrichtungen e.V. (BJKE), mitverantwortlich für die Schriftenreihe „Kulturelle Bildung" (kopaed). Zacharias-muc@t-online.de

Zimmermann, Olaf, Kunsthändler, Geschäftsführer des Deutschen Kulturrates. Sprecher des Bündnis für Gemeinnützigkeit, Moderator des Kulturkonvent Sachsen-Anhalt, Vorstandsmitglied Initiative Hören, Beiratsmitglied Erich Pommer Institut, Mitglied der Enquete-Kommission des Deutschen Bundestags „Zukunft des Bürgerschaftlichen Engagements", Mitglied der Enquete-Kommission des Deutschen Bundestags „Kultur in Deutschland". *Arbeitsschwerpunkte*: Kulturrecht, Kulturwirtschaft, Kulturelle Bildung, Bürgerschaftliches Engagement im Kulturbereich, Herausgeber von „Politik & Kultur", Zeitung des Deutschen Kulturrates, Herausgeber zahlreicher Publikationen zur Kulturpolitik. post@kulturrat.de

Zirfas, Jörg, Prof. Dr. phil., Pädagoge, Philosoph und Germanist, Professor am Institut für Pädagogik und Vorstandsmitglied des Interdisziplinären Zentrums Ästhetische Bildung an der Friedrich-Alexander-Universität Erlangen-Nürnberg. Vorsitzender der Gesellschaft für Historische Anthropologie an der Freien Universität Berlin. *Arbeitsschwerpunkte*: Pädagogische Anthropologie und Ethik, Erziehungs- und Bildungsphilosophie, Qualitative Bildungs- und Sozialforschung, Kulturpädagogik und Ästhetische Bildung. joerg.zirfas@paed.phil.uni-erlangen.de

Stichwortverzeichnis

A

Aachener Erklärung	392
Abbild	209
abendländische Musiktradition	875f.
Abwesenheit	201
Ästhetik	68ff., **115ff.**, **181ff.**, 202ff., **443ff.**, **745ff.**
Ästhetische Bildung	68ff., 110f., **744ff.**, 800ff.
Ästhetisches Denken	179
Ästhetische Erfahrung, Ästhetische Erkenntnis	**174ff.**, **181ff.**, **439ff.**, 711, 790f., 928ff.
Ästhetische Erlebnisse	789ff.
Ästhetische Erziehung	**121ff.**, **183**, 208ff., 284f.,
Ästhetische Forschung	**864ff.**, **939ff.**,
Ästhetische Reflexivität	543
Ästhetische Wahrnehmung	176f.
aisthesis	**68ff.**, **115ff.**, 168, 181, 194
Allgemeinbildung	718ff., **747ff.**
Alltag	222f., 591f., 593ff., **608ff.**
Alphabetisierung	**125f.**, **425**
Alter	237ff., **822ff.**, **826ff.**
Alterität	436
Alternative	163
Amateur	**572ff.**, **637ff.**
Aneignung	**122**, 628ff., 743ff., **790**
Anerkennung	**274ff.**, 415
Anthropogenese	36ff.
Anthropologie	31ff., **41ff.**, **47ff.**, **57ff.**
Anwesenheit	201
Arbeitsmarkt	**844ff.**, **852ff.**, **857ff.**
Architektur	**451ff.**, **455ff.**, **457ff.**
Architekturvermittlung	455ff.
ars vivendi	69
Artikulation	59ff.
Artistenschule, Artistik	700f.
Audience Development	**279ff.**, 553, 654f., 663, 792
Aufklärung	**72f.**, 284, 286
Ausbildung	652f., **810ff.**, 844ff., **849ff.**, **888ff.**
Ausstellungshäuser	657
Austausch	758ff.
Auswärtige Kultur- und Bildungspolitik	760
Autonomie	137, 157f., **189ff.**, **193ff.**, 263ff., 284ff.
Avantgarde	209

B

Ballett	624
Barrierefreiheit	663
Befragung	914, **944**
Beschäftigungsverhältnisse	856
Begegnung	**758ff.**, 825ff.
Benachteiligung	805ff.
Beobachtung	944
Berufsethos	841f.
Berufsfeld	**844ff.**, 850ff.
Berufsfelderweiterung	856
Besucherorientierung	648, 650f., 654, **670**
Beteiligung	275f., 535, 732ff.
Bewegung	582ff., **608ff.**
Bild, Bild-Anthropologie, Bildbetrachtung	57ff., 432
Bilderlosigkeit	88
Bilderstreit	86ff.
Bildkompetenz	440
bildnerische Sozialisation	464
Bildung für nachhaltige Entwicklung	241ff., 453f.
Bildungsangebot	254, 943
Bildungsbenachteiligung	540ff., 719, **732ff.**, 738ff.
Bildungsbeteiligung	736

Bildungsforschung	907ff., **924ff.**	Demokratisierung	300ff.
Bildungskooperationen	720	Denkmalpflege	292ff.
Bildungslandschaft	709f., 712f., **732ff.**	Design	451ff.
Bildungsmonitoring	924ff.	Dialog der Kulturen	758ff.
Bildungspass	958ff.	Didaktik	711, 844ff., **963**
Bildungspolitik	**363ff.**, 388ff., **348ff.**, 557ff., 732ff.,	Differenz	**177ff.**, 435f., 618
Bildungsprozesse	109, 114, 704, 706	digitale Medien, digitale Spielkulturen	496ff., **537ff.**, 542, 693
Bildungsstatus	909f.	Digitalisierung	519ff., **548ff.**
Bildungssystem	269ff., 948f.	Digital Natives	511
Bildungstheorie	57ff.	Dispositiv	433
Bildungswirkungen	684ff., 928ff.	Distinktion	44
Bildungszugang	907ff.	Diversität	269ff.
Bildwissenschaft	432ff.	doppelte Historizität	29ff.
Biografie	**103ff.**, 826, 864f., **935ff.**	Dramaturgie	217
Biografisches Lernen	938	Drei-Sektoren-Modell	382f.
Biologie	928ff.		
Buchmarkt	258		
Buchstart	867ff.	E	
Bürgerschaftliches Engagement	399ff., 572ff., **778ff.**,**783ff.**, 855	Education	382f.
Bürgertum	196f.	Effizienz	262ff.
Bundesfreiwilligendienst	738ff.	Ehrenamtliches Engagement	406
Bundeswettbewerbe	420ff.	Eigensinn	198
		Einsatzstellen FSJ Kultur	784f.
		Einwanderungsgesellschaft	764f.
C		Elementarstufe/Grundstufe	567f., **628ff.**, **800ff.**
		Eloquenz	72f.
capability approach	150, 263ff.	Eltern, Elternarbeit	815ff.
Chancengleichheit	263, 733	Emanzipation	78, 139
Choreograf, Choreografie	600f., **608ff.**	emotionale Intelligenz	589ff.
Communities	534f.	Entfremdung	284ff.
Community Dance	**586ff.**, 604	Entwicklung	**36ff.**, 168ff., **241ff.**
Computerspiele	55f., **537ff.**	Entwicklungszusammenarbeit	760f.
Creative Partnerships	918	Ereignis	220ff.
Cultural Diversity	832ff.	Erfahrung (-sraum), Erfahrungsprozesse	591, 629
Cultural Studies	**576f.**, 752ff., **820**	Ergänzungsplan zum Bildungsgesamtplan	410, 412f., 728
		Erinnerungskultur	292ff.
D		Erkenntnis	178f., 181ff.
		Erlebnis	**220ff.**, 791
Darstellende Kunst	616	Erscheinungskörper	201
Darstellendes Spiel	618, 633, **635f.**	Erwachsenenbildung	80, **747ff.**, **752ff.**
Datenerhebung	944f., **955**	Erzählen, Erzählkunst	464ff., **485ff.**
Demografie, demografischer Wandel	**234f.**, 237ff., 269, 472	Ethik	**181ff.**, 196
Demokratie	389f., **767ff.**, 786	Ethnologie	43f.

Europa	258ff., 295ff., **920ff.**
Evaluation	904, 907f., 910, **945ff.**, **950ff.**, 954ff.
Event	**220ff.**, 962f.
Evolution	**36ff.**, 931ff.

F

Fachdidaktiken	80f.
Fachkräfteaustausch	758, 760f.
Fachlichkeit (Schulz)	
Familie, Familienbildung	475ff., 506f., **815ff.**
Fantasie	680f., 683, 688
Fernsehen	502f.
Film, Filmbildung, Filmkunst	**524ff.**, **530ff.**, 696
Finanzielle Ressourcen	920
Fingerfertigkeiten	125
Förderung	385f., **399ff.**, 722ff.
formale Bildung	718ff., 732ff., 858ff.
Forschendes Lernen	662
Forschung	900ff., 907ff., **912ff.**, **930ff.**, 933ff.
Fortbildung	**858ff.**, 879ff.
Fotografie	432, **519ff.**
Freie Darstellende Künste, freies Theater	641ff.
Freiwillige, Freiwilligendienste	778ff., 783ff.
Freiwilligkeit	131
Fremdwahrnehmung	519ff.
frühkindliche Bildung	515ff., **628ff.**, **800ff.**
FSJ Kultur	783ff.

G

Games	537ff.
Ganzheitlichkeit	131
Ganztagsbildung	710f., 718ff.
Ganztagsschule	366ff., **718ff.**, 733
Gedächtniskultur	294ff.
Gedenkstätte, Gedenkstättenpädagogik	786ff.
Gefühl	41ff.
Gegenwartsliteratur	491ff.
Geisteswissenschaften	29ff., **78ff.**
Gemeinschaft	221ff., 773ff.
Gemeinwohl	284ff., **783ff.**
Generationen	233f., **825ff.**
Geschmacksbildung	72, 75
Gesellschaft	**230ff.**, **376ff.**, 773f.
gesellschaftliches Engagement	414ff.
Gesellschaftstänze	593ff.
Gestaltung, Gestaltungskompetenz, Gestaltungsprozess	155ff., **241ff.**, 451ff.
Globalisierung	235f., 252f., **258ff.**, 547f.
Governance	382, 386f.

H

Habitus	583, 844f.
Handlungskompetenz	135ff., 842
Handlungsorientierung	131, 654ff.
Handlungssinn	200
Herkunft	**245ff.**, 252ff.
Hermeneutik	78
Heteronomie	433
Historismus, Historizität	29ff., **78ff.**
Hörclubs	489f.
Humankapital	**262ff.**, 918ff.
Humanität	29ff., 63ff., 80f.
Hybridität	436

I

Identität, Identitätsbildung	45, **84**, **98ff.**, 247ff., 277, **294**
Individualität, Individuation	98ff.
informelle Bildung, informelles Lernen	665ff., **733**, 858ff., **958ff.**
Infrastruktur	349, **376ff.**, 409, 712f., **919ff.**
Inklusion	**269ff.**, 572, 830, **893ff.**
institutionelle Kontexte	864f.
Instrumental-/Volkalfächer	568
Inszenierung	**211ff.**, 791
Integration, Integrationspolitik, integrative Arbeit	**245ff.**, 371, 374, 568ff., 572, **832ff.**
Interaktion	155, 157f., 204f.
Interdisziplinarität	**459f.**, 674ff., 598, 925ff.
Interkulturalität, Interkulturelle Bildung, Interkulturelle Kompetenz	63, 245ff., **252ff.**, 281ff., 471, 758ff., **832ff.**
international	395ff., 758ff.
Internet	**477f.**, 506ff., 537ff.
Intuition	842f.

J

Journalismus	871f.
Jugend(-liche), Jugendbildung, Jugendhilfe 622ff., 740f., **768ff.**, **805ff.**, **810ff.**, 825ff.,	
Jugendkulturaustausch	758ff.
Jugendkunstschulen	392, 410ff., **674ff.**
Jugendpolitik	262, 350f., **356ff.**

K

Kinder	45, **372ff.**, **623ff.**, 805ff.
Kinderfilm	524ff.
Kindergarten, Kindertagesstätte/Kita 443ff., 455f., 476, 508f., **515ff.**, 550, **800ff.**	
Kindertheater	628ff., 642f.
Kinder- und Jugendarbeit, Kinder- und Jugendhilfe	357ff., 674, **743ff.**, 855
Kinder- und Jugendliteratur	464ff., 869ff.
Kinder- und Jugendmuseum	669ff.
Kinder- und Jugendtheater	**618**, 628ff.
Kinderzirkus	701
Kino	530ff.
Kleinkinder	800ff.
Körper, Körperkonzept, Körperlichkeit	41f., 60ff., **199ff.**, 582, **589ff.**, 629, 631f.,
Kommunale Bildungslandschaften	391ff., 728ff.
Kommunale Gesamtkonzepte	411f., **728ff.**
Kommunen	373f., 376ff.
Kommunikation	122, 124, 448ff., 961
Kompetenz, Kompetenzbegriff	155, 157, **262ff.**, 437, 439f., 442, 446ff., **499f.**, 649, 784, 836, 842f., **960ff.**
Kompetenzdiskurs	**142f.**, 149
Kompetenznachweis Kultur (KNK)	140, **149f.**, 243, **960ff.**
Konstruktivismus	211f.
konvergente Medienwelt	155ff., **696ff.**
Konzepte	414ff.
Konzerthäuser	553ff.
Konzertpädagogik	554, 556
Kooperation/Zusammenarbeit	**360f.**, 666f., 674, 677, 709, 712f., **718ff.**, 748f., 771,
Kooperationskompetenz	848
kreatives Schreiben	483, **871f.**
Kreativität	**160ff.**, 288ff., 589ff., 747, 749
Kreativitätsindex	289f.
Künste	**47ff.**, 961
KünstlerInnen	48, 448ff., 855ff.
künstlerische Bildung	108ff.
Künstlerische Forschung	179, **939ff.**
Kultur	**63ff.**, 98ff., **151ff.**, 230ff., **931ff.**
Kulturen	832ff.
Kultur für alle	298ff.
Kulturalität	**29ff.**, 252ff.
Kulturbericht	904ff.
Kulturnutzerforschung	279ff., 907ff.
Kulturelle Animation	791
Kulturelle Bildung, kulturelles Lernen	**96ff.**, 708ff., 726, 958ff.
Kulturelle Codes	575
Kulturelle Diversität	237ff., **245ff.**, 252ff.
Kulturelle Erwachsenenbildung	752ff.
Kulturelle Rechte	91ff., 395ff.
Kulturelle Schulentwicklung	722ff.
Kulturelle Vielfalt	**245ff.**, 258ff., 549, 762ff., **832ff.**
Kulturentwicklungsplanung	376ff.
Kulturföderalismus	349, 372
Kulturforschung	907ff.
Kulturgeragogik	822ff.
Kulturinteresse	912ff.
Kulturkritik	**284ff.**, 298ff., 501ff.
Kulturlandschaft	904f.
Kulturmanagement	**279ff.**, 849ff.
Kulturmarketing	279ff., 753f.
Kulturnutzung	907ff., 912ff.
Kulturpädagoge	844ff.
Kulturpädagogik	**111ff.**, **128ff.**, 674ff., 708ff.
Kulturpolitik	**298ff.**, 349f., **370ff.**, **376ff.**
Kultur-PR	280
Kulturrucksack	412
Kulturschaffende, KulturvermittlerInnen, KunstvermittlerInnen	649, **855ff.**, 864
Kulturschule	725
Kulturstatistik	904ff.
Kulturtradition	256
Kulturverbände	764f.
Kulturvermittlung	113f., 279ff., 849ff.
Kultur- und Kreativwirtschaft	**288ff.**, 855
Kulturwissenschaft(en)	**78ff.**, 849ff.
Kunst	**47ff.**, **188ff.**, 284ff.

Kunstautonomie	193ff.
Kunstdidaktik	441, 443
Kunstpädagogik	**437ff.**, 443ff.
Kunstverein	448ff.
Kunstvermittlung	113, 279f., **448ff.**

L

Ländlicher Raum	641
Laienmusik	572ff.
Laientheater	637ff.
Lebensgeschichte	103, 105f.
Lebenskunst	**135ff., 184**, 205f., 242f.
Lebenslage	103ff.
Lebenslanges Lernen	395, 398, 472, 652, 753, 958
Lebenslauf	103ff., 709
Lebensweise	64f.
Lebenswelt(en)	**608ff.**, 806ff., 826
Lebensweltorientierung	132
Leib, Leiblichkeit	32, 35, 115ff., **175ff., 199ff.**
Lernen	128ff.
Lernkultur	722ff.
Lernort, Lernumwelt(en)	508ff., 654ff., 689f., **786ff.**
Lesen, Leseförderung, Lesekompetenz	**474f.**, 464ff., 480ff., 870ff.
Literacy	474
literarisches Schreiben	464ff., 871ff.
Literatur (-vermittlung)	**474ff., 491ff.**, 870
lokale Bildungslandschaften	718ff., **732ff.**

M

Märchen	486
Malerei	432f., 437
Markt	288ff., 376ff., 382ff.
Massenmedien	504
Materialität	940
Medialität	**57ff.**, 155ff., 692ff., 696ff.
Medien	**57ff.**, 202ff., 218, 358, 360, 506ff., 515ff., 531ff.
Medienästhetik	203ff.
Medienbildung	496, 498ff., **511ff.**, 516, **888ff.**
Medienbildungsorte	506ff.
Medienerziehung	515ff.
Medienkompetenz	205, 469f., **496ff.**, 511ff., 524ff., 699
Medienpädagogik	517f., 525, 527f., **888ff.**
Medienwissenschaft	888ff.
Mehrgenerationenorte	**639**, 669ff., 674ff., 773ff.
Menschenbild	**29ff.**, 91
Menschen mit Behinderung	828ff.
Menschenrechte	91ff., 394, 786, 788
Menschenwürde	92f.
Methoden	928
Migrantenorganisationen	762ff.
Migration	238ff., **252ff.**, 269ff., 470ff., **762ff.**
Milieu	753, 756
mimesis	69, 75, **208ff.**
Modellprojekte	350, 352, 414ff.
Moderne	195, 198
Monitoring	904, 906
Motivation	277
Multikultur	245ff.
Museologie	886
Museumspädagogik	**649ff.**, 657, 664, 666
Musik, musikalische Bildung	546ff., 557ff., 565ff., 572ff.
Musikausbildung	875ff.
MusiklehrerInnen	559f., 563f.
Musikmarkt	258
Musikpädagogik	575ff., **875ff.**
Musikschule, Musikunterricht	550f., **558ff., 565ff.**
Musiktheater	624
Musikvermittlung	**554ff.**, 875, 877

N

Nachhaltige Entwicklung	241ff., 793ff.
Nachwuchsförderung	421f.
Natur	48f., 209, **931ff.**
Neue Kulturpädagogik	704f., 820
Neurowissenschaften	931ff.
non-formale Bildung	732ff., 858ff.

O

Öffentlicher Kulturauftrag	376ff.
Öffentlicher Raum	644f., 703ff.
Ökonomie	231f., **288ff.**
Orchester	**553ff.**, 622ff.

P

Pädagogik	**151ff.**, 739ff.
Pädagogische Anthropologie	31ff.
Partizipation	125, 132, 204f., **274ff.**, 265, 298ff., 459, 540, 542, 658, 730f., 775f.
Performance	208ff., **211ff., 217ff.**, 643ff.
Performativität	58, 62, 208ff., **211ff.**, 217ff., 939f.
Persönlichkeitsbildung, -entwicklung	241, 388f., 780
Phänomenologie	433, 435
Phasen	161f.
Philosophie der Lebenskunst	135ff.
PISA-Studie	470f., 833, 925ff.
Playing Arts	745f.
Poetik	871
Poetry Slam	492ff.
Politische Bildung	767ff.
Polyvalenz	620
Popkultur, Popmusik, populäre Ästhetik	105f., **501ff.**, 575ff.
Populäre Kultur	501ff., 575ff.
Populärkultur	285
postmigrantische Kultur	764f.
Präsentation	157f.
Preise	420ff.
Prinzipien Kultureller Bildung	958
Professionalisierung	829ff., **840ff.**
Projekt	414ff.
Prosument	288f., 577

Q

Qualifikation	842f.
Qualifizierung	729f., 857, 914, 916
Qualität, Qualitätsentwicklung, Qualitätsmessung, Qualitätssicherung, Qualitätsstandards	420ff., 650, 653, 801, 856f., 913, 917, **949f., 952f., 955ff.**
Querschnittsaufgabe	372f., 388ff., 728

R

Rahmenbedingungen	414, 417
Raum	82ff., 451, 456
Recht	399f., 654f.
Reformpädagogik	151ff., **457f., 819**
Religionen	86ff.
Repräsentation	208ff.
Resilienz	805f.
Ressourcen	99, 102, 414f., **417**
Ritual	220, 222f., 225
Rollen, Rollenspiel	**52ff.**, 84f.

S

Schauspiel	219, 624f.
Schlüsselkompetenz(en)	**142ff., 146ff.**, 860, 949
Schönheit	47, 49, **68ff.**, 203
Schreiben	464ff.
Schriftsteller	870ff.
Schule, Schulentwicklung	151ff., 366ff., 443ff., 455f., 506ff., 547f., 557ff., 597ff., **718ff., 722ff.**, 912ff.
Schultheater	633ff.
Schultheater der Länder	636
Selbst-Bildung, Selbstaufmerksamkeit	126f., **575ff.**, 865f., 900ff.
Selbstwirksamkeit	**132**, 709, 776
Selektion	84, **271f.**
Sinn(e)	41ff., **168ff.**, 630f.
Sinnlichkeit	72f., 75, 116ff.
Soziale Arbeit	**738ff.**, 855, 875, 877
Soziale Choreografie	610ff.
soziale Ungleichheit	274ff.
Sozialisation, Sozialisationsprozess	**155ff.**, 542, **575ff.**, 681f.
Sozialität	29, 32, 932f.
Sozialpädagogik	356, 358
Sozialraum	735, 826

Soziokultur **773ff.**, 778
Spiel **52ff.**, 123, 125ff., 166ff., 433ff., 616ff., 628ff., 637ff., **687ff.**, **692ff.**
Spielmobil 682
Spielpädagogik **682f.**, 688, 691
Spieltheorie 682
Sprache, Sprachbildung 125ff., 178, 469, 471, 473, **488ff.**
Staat 376f., **382ff.**
Stadt, Stadtraum 693f., 703ff.
Statistik 907ff., 913
Stiftungen 399ff.
Strukturen 348, 351, 353, **414ff.**
Studienangebot 849ff., 888ff.
Subjekt 32, 34f., 66f., 98ff.
Subjektivierung 151
Subjektivität 32, 34f., 60
symbolische Formen **36ff.**, 202, 205
Synästhesie 175

T

TänzerInnen 597ff.
Tanz 582ff., 589ff., 593ff., 597ff., 600ff., 604ff., 608ff.
Tanzausbildung 600ff., **882ff.**
Tanzkultur, Tanzkunst, Tanzsport 593ff.
Tanzkunst 593ff.
TanzpädagogInnen, Tanzpädagogik, Tanzvermittlung 582ff., 597ff., 882ff.
Tanzstile 582
Teilhabe **67**, 92ff., **274ff.**, 351, 355, 356, 359f., 388f., 572, 733, 736, 738, 741, 770, **805ff.**, 829ff.
Theater 217ff., **616ff.**, 879ff.
Theaterlandschaft 638ff.
Theaterpädagogik 617, 619ff., 879ff.
Theaterverein 637f.
Theatrale Bildung 80, **616ff.**, **633ff.**
Tradition 87ff.
Träger 767f., 783ff.
Transformation 203, 205, 591, 793
Transkulturalität 142, 145, **252ff.**, 833

U

Übergänge 810ff.
Ungleichheit 269ff.
Unterhaltung 502ff.
Urbanes Lernen 703ff.
Urheberrecht 260f.

V

Vermittlung, Vermittlungskonzept, Vermittlungskunst **448ff.**, 617, 619f., 662, 625, 627, 670f., 879f., **961f.**
Vernetzung 709, 712f., 719f.
Vernunft 41, 45, 72f.
Verwirklichungschancen 262ff.
Video 432, 438, **525ff.**
virtuelle Welten 506ff., 537f.
Volkshochschule 80, **747ff.**, **752ff.**
Vorlesen 474ff.
Vorschulerziehung 682f.

W

Wahrnehmung **82ff.**, **128ff.**, 168ff., 439, 533, 629ff., **802f.**
Wandel 230ff.
Wechselspiel 168f., 173
Weiterbildung 858ff.
Werte 233ff.
Wettbewerbe 420ff.
Wirklichkeitsinterpretation **144f.**, 659ff.
Wirkung(en) 814, **928ff.**
Wirkungsforschung 848, 907f., 910, 928ff.
Wissen 169ff., 608ff.
Wissenschaft 961ff.
Wissensformen, Wissenskultur 939ff.
Wissensgesellschaft 516
Wohlergehen 262ff.
Wohlstand ohne Wachstum 793

Z

Zeichen	176ff.
zeitgenössischer Tanz	600ff.
Zertifikat	783
Zirkus	700ff.
Zivilgesellschaft	**382ff.**, 402, 403ff.
Zweckfreiheit	55f.

Kulturelle Bildung ///

Ina Bielenberg (Hrsg.)
Bildungsziel Kreativität
Kulturelles Lernen zwischen
Kunst und Wissenschaft
vol. 1, München 2006, 160 S.,
ISBN 978-3-938028-91-9 € 14,80

Hildegard Bockhorst (Hrsg.)
Kinder brauchen Spiel & Kunst
Bildungschancen von Anfang an –
Ästhetisches Lernen in Kindertagesstätten
vol. 2, München 2006, 182 S.,
ISBN 978-3-86736-002-9 € 14,80

Viola Kelb (Hrsg.)
Kultur macht Schule
Innovative Bildungsallianzen –
Neue Lernqualitäten
vol. 3, München 2006, 216 S. + CD-ROM,
ISBN 978-3-86736-033-3 € 14,80

Jens Maedler (Hrsg.)
TeilHabeNichtse
Chancengerechtigkeit und kulturelle Bildung
vol. 4, München 2008, 216 S.,
ISBN 978-3-86736-034-0 € 14,80

Birgit Mandel (Hrsg.)
**Audience Development, Kulturmanagement,
Kulturelle Bildung**
Konzeptionen und Handlungsfelder
der Kulturvermittlung
vol. 5, München 2008, 205 S.,
ISBN 978-3-86736-035-7 € 16,80

Jovana Foik
Tanz zwischen Kunst und Vermittlung
Community Dance am Beispiel
des Tanzprojekts *Carmina Burana* (2006)
unter der choreografischen Leitung
von Royston Maldoom
vol. 6, München 2008, 104 S.,
ISBN 978-3-86736-036-4 € 14,80

Kim de Groote / Flavia Nebauer
Kulturelle Bildung im Alter
Eine Bestandsaufnahme kultureller Bildungs-
angebote für Ältere in Deutschland
vol. 7, München 2008, 279 S.,
ISBN 978-3-86736-037-1 € 18,80

Vanessa-Isabelle Reinwand
„Ohne Kunst wäre das Leben ärmer"
Zur biografischen Bedeutung
aktiver Theater-Erfahrung
vol. 8, München 2008, 210 S.,
ISBN 978-3-86736-038-8 € 16,80

Max Fuchs
Kultur – Teilhabe – Bildung
Reflexionen und Impulse aus 20 Jahren
vol. 9, München 2008, 424 S.,
ISBN 978-3-86736-039-5 € 22,80

Max Fuchs
Kulturelle Bildung
Grundlagen - Praxis - Politik
vol. 10, München 2008, 284 S.,
ISBN 978-3-86736-310-5 € 19,80

kopaed (muenchen) www.kopaed.de

Kulturelle Bildung ///

Wolfgang Schneider
Kulturpolitik für Kinder
Eine Studie über das Recht auf ästhetische
Erfahrung und künstlerische Praxis
in Deutschland
vol. 11, München 2010, 188 S.,
ISBN 978-3-86736-311-2 € 16,80

B. Hill / T. Biburger / A. Wenzlik (Hrsg.)
Lernkultur und kulturelle Bildung
Veränderte Lernkulturen – Kooperationsauftrag
an Schule, Jugendhilfe, Kunst und Kultur
vol. 12, München 2008, 192 S.,
ISBN 978-3-86736-312-9 € 16,80

Tom Biburger / Alexander Wenzlik (Hrsg.)
**„Ich hab gar nicht gemerkt,
dass ich was lern!"**
Zur Wirkung kultureller Bildung und
veränderter Lernkultur an Schulen
vol. 13, München 2009, 301 S.,
ISBN 978-3-86736-313-6 € 18,80

Almuth Fricke / Sylvia Dow (Hrsg.)
**Cultural Participation and Creativity
in Later Life – A European Manual**
vol. 14, München 2009, 182 S.,
ISBN 978-3-86736-314-3 € 16,80

Vera Timmerberg / Brigitte Schorn (Hrsg.)
**Neue Wege der Anerkennung von
Kompetenzen in der Kulturellen Bildung**
Der Kompetenznachweis Kultur
in Theorie und Praxis
vol. 15, München 2009, 296 S.,
ISBN 978-3-86736-315-0 € 18,80

Norma Köhler
**Biografische Theaterarbeit zwischen
kollektiver und individueller Darstellung**
Ein theaterpädagogisches Modell
vol. 16, München 2009, 215 S.,
ISBN 978-3-86736-316-7 € 16,80

Tom Braun / Max Fuchs / Viola Kelb
Auf dem Weg zur Kulturschule
Bausteine zu Theorie und Praxis
der Kulturellen Schulentwicklung
vol. 17, München 2010, 140 S.,
ISBN 978-3-86736-317-4 € 14,80

Wolfgang Zacharias
Kulturell-ästhetische Medienbildung 2.0
Sinne. Künste. Cyber
vol. 18, München 2010, 507 S.,
ISBN 978-3-86736-318-1 € 24,80

Kim de Groote / Almuth Fricke (Hrsg.)
Kulturkompetenz 50+
Praxiswissen für die Kulturarbeit mit Älteren
vol. 19, München 2010, 156 S.,
ISBN 978-3-86736-319-8 € 16,80

Max Fuchs
Kunst als kulturelle Praxis
Kunsttheorie und Ästhetik
für Kulturpolitik und Pädagogik
vol. 20, München 2011, 202 S.,
ISBN 978-3-86736-320-4 € 18,80

kopaed (muenchen) www.kopaed.de

Kulturelle Bildung ///

Gerhard Knecht / Bernhard Lusch (Hrsg.)
Spielen Leben lernen
Bildungschancen durch Spielmobile
vol. 21, München 2011, 211 S.,
ISBN 978-3-86736-321-1 € 18,80

Hildegard Bockhorst (Hrsg.)
KUNSTstück FREIHEIT
Leben und lernen
in der Kulturellen BILDUNG
vol. 22, München 2011, 260 S.,
ISBN 978-3-86736-322-8 € 18,80

Tom Braun (Hrsg.)
Lebenskunst lernen in der Schule
Mehr Chancen durch
kulturelle Schulentwicklung
vol. 23, München 2011, 333 S.,
ISBN 978-3-86736-323-5 € 19,80

Flavia Nebauer / Kim de Groote
Auf Flügeln der Kunst
Handbuch zur künstlerisch-kulturellen
Praxis mit Menschen mit Demenz
vol. 24, München 2012, 206 S.,
ISBN 978-3-86736-324-2 € 16,80

Tobias Fink
**Lernkulturforschung
in der Kulturellen Bildung**
Eine videographische Rahmenanalyse
der Bildungsmöglichkeiten
eines Theater- und Tanzprojektes
vol. 25, München 2012, 450 S.,
ISBN 978-3-86736-325-9 € 22,80

Max Fuchs
Kunst als kulturelle Praxis
Bildungsprozesse zwischen
Emanzipation und Anpassung
vol. 26, München 2012, 213 S.,
ISBN 978-3-86736-326-6 € 18,80

Wolfgang Sting / Gunter Mieruch / Eva Maria
Stüting / Anne Katrin Klinge (Hrsg.)
TUSCH: Poetiken des Theatermachens
Werkbuch für Theater und Schule
vol. 27, München 2012, 221 S. + DVD,
ISBN 978-3-86736-327-3 € 18,80

Birgit Mandel
Tourismus und Kulturelle Bildung
Potentiale, Voraussetzungen,
Praxisbeispiele und empirische
Erkenntnisse
vol. 28, München 2012, 188 S.,
ISBN 978-3-86736-328-4 € 16,80

Tobias Fink / Burkhard Hill /
Vanessa-Isabelle Reinwand /
Alexander Wenzlik (Hrsg.)
**Die Kunst, über Kulturelle
Bildung zu forschen**
Theorie- und Forschungsansätze
vol. 29, München 2012, 305 S.,
ISBN 978-3-86736-329-7 € 19,80

Bockhorst/Reinwand/Zacharias (Hrsg.)
Handbuch Kulturelle Bildung
vol. 30, München 2012, 1.100 S.,
ISBN 978-3-86736-330-3 € 44,-

kopaed (muenchen) www.kopaed.de

Wir fördern soziale und kreative Kompetenz

Die BKJ ist der Dachverband der Kulturellen Kinder- und Jugendbildung in Deutschland. Sie vertritt die jugend-, bildungs- und kulturpolitischen Interessen von 56 bundesweit agierenden Institutionen, Fachverbänden und Landesvereinigungen der Kulturellen Kinder- und Jugendbildung. Vertreten sind die Bereiche Musik, Spiel, Theater, Tanz, Rhythmik, bildnerisches Gestalten, Literatur, Museum, Medien, Zirkus und kulturpädagogische Fortbildung. Die BKJ und ihre Mitglieder unterstützen und fördern gemeinsam Vielfalt, Qualität und Strukturen der Kulturellen Bildung.

Durch Tagungen, Seminare, Evaluationen und Fachpublikationen trägt die BKJ zur Qualifizierung und Qualitätssicherung sowie zum Transfer zwischen Praxis und Wissenschaft bei und regt den Informations- und Erfahrungsaustausch an. Mit ihren Modellprojekten liefert sie Impulse für die Praxis. Dabei agiert sie sowohl außerhalb von Schule als auch in und mit Schulen sowie in den kulturellen Freiwilligendiensten und dem internationalen Jugendkulturaustausch.

Kontakt
BKJ – Bundesvereinigung Kulturelle Kinder- und Jugendbildung e. V.
Küppelstein 34
42857 Remscheid
Fon: 02191.794 390
Fax: 02191.794 389
info@bkj.de
www.bkj.de
www.facebook.com/kulturelle.bildung